2024
年 版
法律法规全书系列

中华人民共和国

金融法律法规全书

LAWS AND REGULATIONS ON BANKING FINANCE

·含相关政策·

法律出版社法规中心 编

法律出版社
LAW PRESS·CHINA
北 京

图书在版编目(CIP)数据

中华人民共和国金融法律法规全书：含相关政策／法律出版社法规中心编. -- 6版. -- 北京：法律出版社，2024
(法律法规全书系列)
ISBN 978-7-5197-8645-8

Ⅰ. ①中… Ⅱ. ①法… Ⅲ. ①金融法－汇编－中国 Ⅳ. ①D922.280.9

中国国家版本馆CIP数据核字(2023)第243532号

中华人民共和国金融法律法规全书(含相关政策)
ZHONGHUA RENMIN GONGHEGUO JINRONG FALÜ FAGUI QUANSHU(HAN XIANGGUAN ZHENGCE)

法律出版社法规中心 编

责任编辑 翁潇潇
装帧设计 臧晓飞

出版发行 法律出版社
编辑统筹 法规出版分社
责任校对 张红蕊
责任印制 耿润瑜
经　　销 新华书店

开本 787毫米×960毫米 1/16
印张 60　　字数 2248千
版本 2024年1月第6版
印次 2024年1月第1次印刷
印刷 三河市龙大印装有限公司

地址：北京市丰台区莲花池西里7号(100073)
网址：www.lawpress.com.cn
投稿邮箱：info@lawpress.com.cn
举报盗版邮箱：jbwq@lawpress.com.cn

销售电话：010-83938349
客服电话：010-83938350
咨询电话：010-63939796

书号：ISBN 978-7-5197-8645-8
定价：115.00元

凡购买本社图书，如有印装错误，我社负责退换。电话：010-83938349

编辑出版说明

随着我国依法治国方略的实施，法律的价值日益凸显，法律已经全面渗透到社会生活的各个领域。金融领域在我国国民经济中占有极其重要的地位，其资金数额巨大，关系国家经济的健康平稳发展与人民群众财产安全，与其相关的法律法规在政府、从业人员、公众及社会各界的关注程度一直很高。为此我们精心编辑出版了这本《中华人民共和国金融法律法规全书（含相关政策）》。本书具有以下特点：

一、全面收录，创新编排，便利查询

收录改革开放以来至2023年12月期间公布的现行有效的与金融相关核心法律、行政法规、部门规章、司法解释，以及重要的政策性文件，全面覆盖金融法律制度的方方面面。

需要说明的是，本书所指的"金融"为传统狭义上的概念，即仅限于银行业相关的业务。对于现代金融"三大行业"中的证券和保险，则难以在本书中容纳。需要查阅证券业和保险业法律法规的读者可购买我社出版的其他图书。

本次再版摒弃了以往版本按照监管、企业、业务简单分类的体例，结合金融法务实际及法规规章之间的关系，分为行政监督、银行业综合管理、商业银行、国家政策性银行、非银行金融机构、与金融相关的非金融机构、外汇管理、金融犯罪惩治八个部分，并在各部分细分诸多小类。体例的创新更有利于读者根据工作、事务需求查询对应类别相关规定。全书具有体例清晰、查询方便的特点。

二、特色服务，动态增补

为保持本书与新法的同步更新，特结合法律出版社法规中心的资源优势提供动态增补服务。读者可扫描封底二维码，查看、下载免费增补材料。

由于编者水平有限，还望读者在使用过程中不吝赐教，提出您的宝贵意见（邮箱地址：faguizhongxin@163.com），以便本书继续修订完善。

法律出版社法规中心

2024年1月

总　目　录

目　　录

一、行政监督

1. 综合

2. 市场准入和行政许可

3. 执法检查

4. 违法处罚

5. 行政复议

6. 其他

二、银行业综合管理

1. 中央银行

---

① 目录中对有修改的文件,将其第一次公布的时间和最近一次修改的时间一并列出,在正文中收录的是最新修改后的文本。特此说明。

2. 货币、利率管理

3. 现金、国库、金银管理

4. 反洗钱、反恐怖融资

5. 征信管理

6. 银行间市场管理

三、商 业 银 行

1. 综合

2. 资本与风险管理

6. 会计与统计

7. 外资银行相关规定

8. 农村中小金融机构相关规定

四、国家政策性银行

五、非银行金融机构

1. 信托公司

2. 金融资产管理公司

3. 其他非银行金融机构

六、与金融相关的非金融机构

七、外汇管理

1. 综合

八、金融犯罪惩治

一、行政监督

《中华人民共和国银行业监督管理法》导读：

2003年12月27日，十届全国人大常委会第六次会议通过了《中华人民共和国银行业监督管理法》（以下简称银监法）。主要内容如下：

（一）关于监管机构、监管对象。关于监管机构即银监会，银监法规定：国务院银行业监督管理机构负责对全国银行业金融机构及其业务活动监督管理的工作。关于监管对象，银监法规定：本法所称银行业金融机构，是指在中国境内设立的商业银行、城市信用合作社、农村信用合作社等吸收公众存款的金融机构以及政策性银行。对在中国境内设立的金融资产管理公司、信托投资公司、财务公司、金融租赁公司以及经国务院银行业监督管理机构批准设立的其他金融机构的监督管理，适用本法对银行业金融机构监督管理的规定。国务院银行业监督管理机构依照本法有关规定，对经其批准在境外设立的金融机构以及前两款金融机构在境外的业务活动实施监督管理。

（二）关于银监会的监管职责。（1）按照银监会的"三定"规定，规定了银监会的七项职责。（2）借鉴巴塞尔银行监管委员会制定的《有效银行监管核心原则》，规定：银监会应当制定商业银行的审慎经营规则，并制定其他银行业金融机构相应的审慎经营规则；银监会应当对银行业金融机构实行并表监管；银监会可以与其他国家或者地区的银行业监管机构建立监管合作机制，共同实施跨境监管。

（三）关于银监会的监管措施。银监会有权要求银行业金融机构报送有关材料，进行现场检查时采取有关措施，对可能发生信用危机等严重问题的银行业金融机构实行接管，对严重危害金融秩序并损害公众利益的银行业金融机构予以撤销。

（四）关于银行业突发风险的发现、报告和处置制度。（1）国务院银行业监督管理机构应当建立银行业突发事件的发现、报告岗位责任制度。（2）国务院银行业监督管理机构应当会同中国人民银行、国务院财政部门等有关部门建立银行业突发事件处置制度，制定银行业突发事件处置预案。

与银监法相关适用的法律主要有《中国人民银行法》《商业银行法》等。

2006年，全国人大常委会对银监法作了修改，主要涉及监管措施和法律责任。

资料补充栏

1. 综　合

中华人民共和国
银行业监督管理法

1. 2003年12月27日第十届全国人民代表大会常务委员会第六次会议通过

2. 根据2006年10月31日第十届全国人民代表大会常务委员会第二十四次会议《关于修改〈中华人民共和国银行业监督管理法〉的决定》修正

目　　录

第一章　总　　则

第一条　【立法目的】[①]为了加强对银行业的监督管理，规范监督管理行为，防范和化解银行业风险，保护存款人和其他客户的合法权益，促进银行业健康发展，制定本法。

第二条　【监管主体及对象】国务院银行业监督管理机构负责对全国银行业金融机构及其业务活动监督管理的工作。

本法所称银行业金融机构，是指在中华人民共和国境内设立的商业银行、城市信用合作社、农村信用合作社等吸收公众存款的金融机构以及政策性银行。

对在中华人民共和国境内设立的金融资产管理公司、信托投资公司、财务公司、金融租赁公司以及经国务院银行业监督管理机构批准设立的其他金融机构的监督管理，适用本法对银行业金融机构监督管理的规定。

国务院银行业监督管理机构依照本法有关规定，对经其批准在境外设立的金融机构以及前二款金融机构在境外的业务活动实施监督管理。

第三条　【监管目标及任务】银行业监督管理的目标是促进银行业的合法、稳健运行，维护公众对银行业的信心。

银行业监督管理应当保护银行业公平竞争，提高银行业竞争能力。

第四条　【监管原则】银行业监督管理机构对银行业实施监督管理，应当遵循依法、公开、公正和效率的原则。

第五条　【监管保护】银行业监督管理机构及其从事监督管理工作的人员依法履行监督管理职责，受法律保护。地方政府、各级政府部门、社会团体和个人不得干涉。

第六条　【信息共享机制】国务院银行业监督管理机构应当和中国人民银行、国务院其他金融监督管理机构建立监督管理信息共享机制。

第七条　【跨境监管】国务院银行业监督管理机构可以和其他国家或者地区的银行业监督管理机构建立监督管理合作机制，实施跨境监督管理。

第二章　监督管理机构

第八条　【派出机构】国务院银行业监督管理机构根据履行职责的需要设立派出机构。国务院银行业监督管理机构对派出机构实行统一领导和管理。

国务院银行业监督管理机构的派出机构在国务院银行业监督管理机构的授权范围内，履行监督管理职责。

第九条　【监管人员的技能要求】银行业监督管理机构从事监督管理工作的人员，应当具备与其任职相适应的专业知识和业务工作经验。

第十条　【监管人员的职务要求】银行业监督管理机构工作人员，应当忠于职守，依法办事，公正廉洁，不得利用职务便利牟取不正当的利益，不得在金融机构等企业中兼任职务。

第十一条　【监管人员的保密义务】银行业监督管理机构工作人员，应当依法保守国家秘密，并有责任为其监督管理的银行业金融机构及当事人保守秘密。

国务院银行业监督管理机构同其他国家或者地区的银行业监督管理机构交流监督管理信息，应当就信息保密作出安排。

第十二条　【监管责任制和内部监督】国务院银行业监督管理机构应当公开监督管理程序，建立监督管理责任制度和内部监督制度。

第十三条　【监管协助】银行业监督管理机构在处置银行业金融机构风险、查处有关金融违法行为等监督管理活动中，地方政府、各级有关部门应当予以配合和协助。

第十四条　【监督机构】国务院审计、监察等机关，应当依照法律规定对国务院银行业监督管理机构的活动进行监督。

---

① 条文主旨为编者所加，下同。

第三章 监督管理职责

第十五条 【制定监管规章、规则】国务院银行业监督管理机构依照法律、行政法规制定并发布对银行业金融机构及其业务活动监督管理的规章、规则。

第十六条 【审批职责】国务院银行业监督管理机构依照法律、行政法规规定的条件和程序，审查批准银行业金融机构的设立、变更、终止以及业务范围。

第十七条 【股东审查】申请设立银行业金融机构，或者银行业金融机构变更持有资本总额或者股份总额达到规定比例以上的股东的，国务院银行业监督管理机构应当对股东的资金来源、财务状况、资本补充能力和诚信状况进行审查。

第十八条 【业务品种审批、备案】银行业金融机构业务范围内的业务品种，应当按照规定经国务院银行业监督管理机构审查批准或者备案。需要审查批准或者备案的业务品种，由国务院银行业监督管理机构依照法律、行政法规作出规定并公布。

第十九条 【金融机构设立及其业务活动监管】未经国务院银行业监督管理机构批准，任何单位或者个人不得设立银行业金融机构或者从事银行业金融机构的业务活动。

第二十条 【董事及高层任职资格管理】国务院银行业监督管理机构对银行业金融机构的董事和高级管理人员实行任职资格管理。具体办法由国务院银行业监督管理机构制定。

第二十一条 【审慎经营规则】银行业金融机构的审慎经营规则，由法律、行政法规规定，也可以由国务院银行业监督管理机构依照法律、行政法规制定。

前款规定的审慎经营规则，包括风险管理、内部控制、资本充足率、资产质量、损失准备金、风险集中、关联交易、资产流动性等内容。

银行业金融机构应当严格遵守审慎经营规则。

第二十二条 【申请事项的批准】国务院银行业监督管理机构应当在规定的期限，对下列申请事项作出批准或者不批准的书面决定；决定不批准的，应当说明理由：

（一）银行业金融机构的设立，自收到申请文件之日起六个月内；

（二）银行业金融机构的变更、终止，以及业务范围和增加业务范围内的业务品种，自收到申请文件之日起三个月内；

（三）审查董事和高级管理人员的任职资格，自收到申请文件之日起三十日内。

第二十三条 【非现场监管】银行业监督管理机构应当对银行业金融机构的业务活动及其风险状况进行非现场监管，建立银行业金融机构监督管理信息系统，分析、评价银行业金融机构的风险状况。

第二十四条 【现场检查】银行业监督管理机构应当对银行业金融机构的业务活动及其风险状况进行现场检查。

国务院银行业监督管理机构应当制定现场检查程序，规范现场检查行为。

第二十五条 【并表监管】国务院银行业监督管理机构应当对银行业金融机构实行并表监督管理。

第二十六条 【回复检查建议】国务院银行业监督管理机构对中国人民银行提出的检查银行业金融机构的建议，应当自收到建议之日起三十日内予以回复。

第二十七条 【监管评级体系和风险预警机制】国务院银行业监督管理机构应当建立银行业金融机构监督管理评级体系和风险预警机制，根据银行业金融机构的评级情况和风险状况，确定对其现场检查的频率、范围和需要采取的其他措施。

第二十八条 【突发事件的发现报告岗位责任制】国务院银行业监督管理机构应当建立银行业突发事件的发现、报告岗位责任制度。

银行业监督管理机构发现可能引发系统性银行业风险、严重影响社会稳定的突发事件的，应当立即向国务院银行业监督管理机构负责人报告；国务院银行业监督管理机构负责人认为需要向国务院报告的，应当立即向国务院报告，并告知中国人民银行、国务院财政部门等有关部门。

第二十九条 【联合处理银行业突发事件】国务院银行业监督管理机构应当会同中国人民银行、国务院财政部门等有关部门建立银行业突发事件处置制度，制定银行业突发事件处置预案，明确处置机构和人员及其职责、处置措施和处置程序，及时、有效地处置银行业突发事件。

第三十条 【统计数据报表的编制公布】国务院银行业监督管理机构负责统一编制全国银行业金融机构的统计数据、报表，并按照国家有关规定予以公布。

第三十一条 【指导监督自律组织活动】国务院银行业监督管理机构对银行业自律组织的活动进行指导和监督。

银行业自律组织的章程应当报国务院银行业监督管理机构备案。

第三十二条 【国际交流合作】国务院银行业监督管理机构可以开展与银行业监督管理有关的国际交流、合作活动。

第四章 监督管理措施

第三十三条 【报送相关资料】银行业监督管理机构根

据履行职责的需要,有权要求银行业金融机构按照规定报送资产负债表、利润表和其他财务会计、统计报表、经营管理资料以及注册会计师出具的审计报告。

第三十四条　【现场检查措施】银行业监督管理机构根据审慎监管的要求,可以采取下列措施进行现场检查:

(一)进入银行业金融机构进行检查;

(二)询问银行业金融机构的工作人员,要求其对有关检查事项作出说明;

(三)查阅、复制银行业金融机构与检查事项有关的文件、资料,对可能被转移、隐匿或者毁损的文件、资料予以封存;

(四)检查银行业金融机构运用电子计算机管理业务数据的系统。

进行现场检查,应当经银行业监督管理机构负责人批准。现场检查时,检查人员不得少于二人,并应当出示合法证件和检查通知书;检查人员少于二人或者未出示合法证件和检查通知书的,银行业金融机构有权拒绝检查。

第三十五条　【要求重大事项说明】银行业监督管理机构根据履行职责的需要,可以与银行业金融机构董事、高级管理人员进行监督管理谈话,要求银行业金融机构董事、高级管理人员就银行业金融机构的业务活动和风险管理的重大事项作出说明。

第三十六条　【责令披露重大信息】银行业监督管理机构应当责令银行业金融机构按照规定,如实向社会公众披露财务会计报告、风险管理状况、董事和高级管理人员变更以及其他重大事项等信息。

第三十七条　【对违反审慎经营规则的处理】银行业金融机构违反审慎经营规则的,国务院银行业监督管理机构或者其省一级派出机构应当责令限期改正;逾期未改正的,或者其行为严重危及该银行业金融机构的稳健运行、损害存款人和其他客户合法权益的,经国务院银行业监督管理机构或者其省一级派出机构负责人批准,可以区别情形,采取下列措施:

(一)责令暂停部分业务、停止批准开办新业务;

(二)限制分配红利和其他收入;

(三)限制资产转让;

(四)责令控股股东转让股权或者限制有关股东的权利;

(五)责令调整董事、高级管理人员或者限制其权利;

(六)停止批准增设分支机构。

银行业金融机构整改后,应当向国务院银行业监督管理机构或者其省一级派出机构提交报告。国务院银行业监督管理机构或者其省一级派出机构经验收,符合有关审慎经营规则的,应当自验收完毕之日起三日内解除对其采取的前款规定的有关措施。

第三十八条　【机构的接管或重组】银行业金融机构已经或者可能发生信用危机,严重影响存款人和其他客户合法权益的,国务院银行业监督管理机构可以依法对该银行业金融机构实行接管或者促成机构重组,接管和机构重组依照有关法律和国务院的规定执行。

第三十九条　【机构撤销】银行业金融机构有违法经营、经营管理不善等情形,不予撤销将严重危害金融秩序、损害公众利益的,国务院银行业监督管理机构有权予以撤销。

第四十条　【对被接管、重组、撤销金融机构直接责任人的处理】银行业金融机构被接管、重组或者被撤销的,国务院银行业监督管理机构有权要求该银行业金融机构的董事、高级管理人员和其他工作人员,按照国务院银行业监督管理机构的要求履行职责。

在接管、机构重组或者撤销清算期间,经国务院银行业监督管理机构负责人批准,对直接负责的董事、高级管理人员和其他直接责任人员,可以采取下列措施:

(一)直接负责的董事、高级管理人员和其他直接责任人员出境将对国家利益造成重大损失的,通知出境管理机关依法阻止其出境;

(二)申请司法机关禁止其转移、转让财产或者对其财产设定其他权利。

第四十一条　【查询相关人账户及资金冻结】经国务院银行业监督管理机构或者其省一级派出机构负责人批准,银行业监督管理机构有权查询涉嫌金融违法的银行业金融机构及其工作人员以及关联行为人的账户;对涉嫌转移或者隐匿违法资金的,经银行业监督管理机构负责人批准,可以申请司法机关予以冻结。

第四十二条　【监督检查措施】银行业监督管理机构依法对银行业金融机构进行检查时,经设区的市一级以上银行业监督管理机构负责人批准,可以对与涉嫌违法事项有关的单位和个人采取下列措施:

(一)询问有关单位或者个人,要求其对有关情况作出说明;

(二)查阅、复制有关财务会计、财产权登记等文件、资料;

(三)对可能被转移、隐匿、毁损或者伪造的文件、资料,予以先行登记保存。

银行业监督管理机构采取前款规定措施,调查人员不得少于二人,并应当出示合法证件和调查通知书;调查人员少于二人或者未出示合法证件和调查通知书的,有关单位或者个人有权拒绝。对依法采取的措施,有关单位和个人应当配合,如实说明有关情况并提供有关文件、资料，不得拒绝、阻碍和隐瞒。

第五章 法律责任

第四十三条 【工作人员违法犯罪情形】银行业监督管理机构从事监督管理工作的人员有下列情形之一的，依法给予行政处分；构成犯罪的，依法追究刑事责任：

（一）违反规定审查批准银行业金融机构的设立、变更、终止，以及业务范围和业务范围内的业务品种的；

（二）违反规定对银行业金融机构进行现场检查的；

（三）未依照本法第二十八条规定报告突发事件的；

（四）违反规定查询账户或者申请冻结资金的；

（五）违反规定对银行业金融机构采取措施或者处罚的；

（六）违反本法第四十二条规定对有关单位或者个人进行调查的；

（七）滥用职权、玩忽职守的其他行为。

银行业监督管理机构从事监督管理工作的人员贪污受贿，泄露国家秘密、商业秘密和个人隐私，构成犯罪的，依法追究刑事责任；尚不构成犯罪的，依法给予行政处分。

第四十四条 【对擅自设立金融机构或非法从事其业务活动的处罚】擅自设立银行业金融机构或者非法从事银行业金融机构的业务活动的，由国务院银行业监督管理机构予以取缔；构成犯罪的，依法追究刑事责任；尚不构成犯罪的，由国务院银行业监督管理机构没收违法所得，违法所得五十万元以上的，并处违法所得一倍以上五倍以下罚款；没有违法所得或者违法所得不足五十万元的，处五十万元以上二百万元以下罚款。

第四十五条 【对金融机构违规从业的处罚】银行业金融机构有下列情形之一，由国务院银行业监督管理机构责令改正，有违法所得的，没收违法所得，违法所得五十万元以上的，并处违法所得一倍以上五倍以下罚款；没有违法所得或者违法所得不足五十万元的，处五十万元以上二百万元以下罚款；情节特别严重或者逾期不改正的，可以责令停业整顿或者吊销其经营许可证；构成犯罪的，依法追究刑事责任：

（一）未经批准设立分支机构的；

（二）未经批准变更、终止的；

（三）违反规定从事未经批准或者未备案的业务活动的；

（四）违反规定提高或者降低存款利率、贷款利率的。

第四十六条 【对金融机构逃避监管的处罚】银行业金融机构有下列情形之一，由国务院银行业监督管理机构责令改正，并处二十万元以上五十万元以下罚款；情节特别严重或者逾期不改正的，可以责令停业整顿或者吊销其经营许可证；构成犯罪的，依法追究刑事责任：

（一）未经任职资格审查任命董事、高级管理人员的；

（二）拒绝或者阻碍非现场监管或者现场检查的；

（三）提供虚假的或者隐瞒重要事实的报表、报告等文件、资料的；

（四）未按照规定进行信息披露的；

（五）严重违反审慎经营规则的；

（六）拒绝执行本法第三十七条规定的措施的。

第四十七条 【对不按规定提供文件资料的处罚】银行业金融机构不按照规定提供报表、报告等文件、资料的，由银行业监督管理机构责令改正，逾期不改正的，处十万元以上三十万元以下罚款。

第四十八条 【对相关董事及高级管理人员违规的处罚】银行业金融机构违反法律、行政法规以及国家有关银行业监督管理规定的，银行业监督管理机构除依照本法第四十四条至第四十七条规定处罚外，还可以区别不同情形，采取下列措施：

（一）责令银行业金融机构对直接负责的董事、高级管理人员和其他直接责任人员给予纪律处分；

（二）银行业金融机构的行为尚不构成犯罪的，对直接负责的董事、高级管理人员和其他直接责任人员给予警告，处五万元以上五十万元以下罚款；

（三）取消直接负责的董事、高级管理人员一定期限直至终身的任职资格，禁止直接负责的董事、高级管理人员和其他直接责任人员一定期限直至终身从事银行业工作。

第四十九条 【对阻碍监管行为的处罚】阻碍银行业监督管理机构工作人员依法执行检查、调查职务的，由公安机关依法给予治安管理处罚；构成犯罪的，依法追究刑事责任。

第六章 附则

第五十条 【金融机构监管】对在中华人民共和国境内设立的政策性银行、金融资产管理公司的监督管理，法律、行政法规另有规定的，依照其规定。

第五十一条 【金融监管规定】对在中华人民共和国境内设立的外资银行业金融机构、中外合资银行业金融机构、外国银行业金融机构的分支机构的监督管理，法律、行政法规另有规定的，依照其规定。

第五十二条　【施行日期】本法自 2004 年 2 月 1 日起施行。

金融业企业划型标准规定

1. 2015 年 9 月 28 日中国人民银行、中国银行业监督管理委员会、中国证券监督管理委员会、中国保险监督管理委员会、国家统计局发布
2. 银发〔2015〕309 号

一、根据《中华人民共和国中小企业促进法》、《国务院关于进一步促进中小企业发展的若干意见》（国发〔2009〕36 号）和《国务院办公厅关于金融支持小微企业发展的实施意见》（国办发〔2013〕87 号），制定本规定。

二、适用范围。本规定适用于从事《国民经济行业分类》（GB/T 4754－2011）中 J 门类（金融业）活动的企业。

三、行业分类。采用复合分类方法对金融业企业进行分类。首先，按《国民经济行业分类》将金融业企业分为货币金融服务、资本市场服务、保险业、其他金融业四大类。其次，将货币金融服务分为货币银行服务和非货币银行服务两类，将其他金融业分为金融信托与管理服务、控股公司服务和其他未包括的金融业三类。最后，按经济性质将货币银行服务类金融业企业划为银行业存款类金融机构；将非货币银行服务类金融业企业分为银行业非存款类金融机构，贷款公司、小额贷款公司及典当行；将资本市场服务类金融业企业划为证券业金融机构；将保险业金融企业划为保险业金融机构；将其他金融业企业分为信托公司，金融控股公司和除贷款公司、小额贷款公司、典当行以外的其他金融机构。

四、划型标准指标。采用一个完整会计年度中四个季度末法人并表口径的资产总额（信托公司为信托资产）平均值作为划型指标，该指标以监管部门数据为准。

五、指标标准值。依据指标标准值，将各类金融业企业划分为大、中、小、微四个规模类型，中型企业标准上限及以上的为大型企业。

（一）银行业存款类金融机构。资产总额 40000 亿元以下的为中小微型企业。其中，资产总额 5000 亿元及以上的为中型企业，资产总额 50 亿元及以上的为小型企业，资产总额 50 亿元以下的为微型企业。

（二）银行业非存款类金融机构。资产总额 1000 亿元以下的为中小微型企业。其中，资产总额 200 亿元及以上的为中型企业，资产总额 50 亿元及以上的为小型企业，资产总额 50 亿元以下的为微型企业。

（三）贷款公司、小额贷款公司及典当行。资产总额 1000 亿元以下的为中小微型企业。其中，资产总额 200 亿元及以上的为中型企业，资产总额 50 亿元及以上的为小型企业，资产总额 50 亿元以下的为微型企业。

（四）证券业金融机构。资产总额 1000 亿元以下的为中小微型企业。其中，资产总额 100 亿元及以上的为中型企业，资产总额 10 亿元及以上的为小型企业，资产总额 10 亿元以下的为微型企业。

（五）保险业金融机构。资产总额 5000 亿元以下的为中小微型企业。其中，资产总额 400 亿元及以上的为中型企业，资产总额 20 亿元及以上的为小型企业，资产总额 20 亿元以下的为微型企业。

（六）信托公司。信托资产 1000 亿元以下的为中小微型企业。其中，信托资产 400 亿元及以上的为中型企业，信托资产 20 亿元及以上的为小型企业，信托资产 20 亿元以下的为微型企业。

（七）金融控股公司。资产总额 40000 亿元以下的为中小微型企业。其中，资产总额 5000 亿元及以上的为中型企业，资产总额 50 亿元及以上的为小型企业，资产总额 50 亿元以下的为微型企业。

（八）除贷款公司、小额贷款公司、典当行以外的其他金融机构。资产总额 1000 亿元以下的为中小微型企业。其中，资产总额 200 亿元及以上的为中型企业，资产总额 50 亿元及以上的为小型企业，资产总额 50 亿元以下的为微型企业。

六、组织实施。由人民银行会同银监会、证监会、保监会和统计局联合组成金融业企业划型标准工作组，负责金融业企业划型标准的实施、后期评估和调整工作，按年组织金融业企业规模认定，并在人民银行建立的《金融业机构信息管理系统》中增加相应的字段模块。经过认定的金融业企业在系统中进行规模登记，方便政府部门和社会各界查询使用。

七、标准值的评估和调整。金融业企业划型标准工作组每五年对划型标准值受经济发展与通货膨胀等因素的影响程度进行评估和调整。

八、本规定的中型金融业企业标准上限即为大型金融业企业下限。国务院有关部门据此进行相关数据的统计分析，不得制定与本规定不一致的金融业企业划型标准。

九、融资担保公司参照本规定中“除贷款公司、小额贷款公司、典当行以外的其他金融机构”标准划型。

十、本规定由人民银行会同银监会、证监会、保监会和统计局负责解释。

十一、本规定自发布之日起实施。

附：金融业企业划型标准

附：

金融业企业划型标准

<table>
<tr><th colspan="2">行　　业</th><th>类　　别</th><th>类型</th><th>资 产 总 额</th></tr>
<tr><td rowspan="9">货币金融服务</td><td rowspan="3">货币银行服务</td><td rowspan="3">银行业存款类金融机构</td><td>中型</td><td>5000 亿元(含)至 40000 亿元</td></tr>
<tr><td>小型</td><td>50 亿元(含)至 5000 亿元</td></tr>
<tr><td>微型</td><td>50 亿元以下</td></tr>
<tr><td rowspan="6">非货币银行服务</td><td rowspan="3">银行业非存款类金融机构</td><td>中型</td><td>200 亿元(含)至 1000 亿元</td></tr>
<tr><td>小型</td><td>50 亿元(含)至 200 亿元</td></tr>
<tr><td>微型</td><td>50 亿元以下</td></tr>
<tr><td rowspan="3">贷款公司、小额贷款公司及典当行</td><td>中型</td><td>200 亿元(含)至 1000 亿元</td></tr>
<tr><td>小型</td><td>50 亿元(含)至 200 亿元</td></tr>
<tr><td>微型</td><td>50 亿元以下</td></tr>
<tr><td colspan="2" rowspan="3">资本市场服务</td><td rowspan="3">证券业金融机构</td><td>中型</td><td>100 亿元(含)至 1000 亿元</td></tr>
<tr><td>小型</td><td>10 亿元(含)至 100 亿元</td></tr>
<tr><td>微型</td><td>10 亿元以下</td></tr>
<tr><td colspan="2" rowspan="3">保险业</td><td rowspan="3">保险业金融机构</td><td>中型</td><td>400 亿元(含)至 5000 亿元</td></tr>
<tr><td>小型</td><td>20 亿元(含)至 400 亿元</td></tr>
<tr><td>微型</td><td>20 亿元以下</td></tr>
<tr><td rowspan="9">其他金融业</td><td rowspan="3">金融信托与管理服务</td><td rowspan="3">信托公司</td><td>中型</td><td>400 亿元(含)至 1000 亿元</td></tr>
<tr><td>小型</td><td>20 亿元(含)至 400 亿元</td></tr>
<tr><td>微型</td><td>20 亿元以下</td></tr>
<tr><td rowspan="3">控股公司服务</td><td rowspan="3">金融控股公司</td><td>中型</td><td>5000 亿元(含)至 40000 亿元</td></tr>
<tr><td>小型</td><td>50 亿元(含)至 5000 亿元</td></tr>
<tr><td>微型</td><td>50 亿元以下</td></tr>
<tr><td rowspan="3">其他未包括的金融业</td><td rowspan="3">除贷款公司、小额贷款公司、典当行以外的其他金融机构</td><td>中型</td><td>200 亿元(含)至 1000 亿元</td></tr>
<tr><td>小型</td><td>50 亿元(含)至 200 亿元</td></tr>
<tr><td>微型</td><td>50 亿元以下</td></tr>
</table>

中国人民银行、中国银行保险监督管理委员会、中国证券监督管理委员会、国家外汇管理局关于规范金融机构资产管理业务的指导意见

1. 2018年4月27日发布
2. 银发〔2018〕106号

近年来，我国资产管理业务快速发展，在满足居民和企业投融资需求、改善社会融资结构等方面发挥了积极作用，但也存在部分业务发展不规范、多层嵌套、刚性兑付、规避金融监管和宏观调控等问题。按照党中央、国务院决策部署，为规范金融机构资产管理业务，统一同类资产管理产品监管标准，有效防控金融风险，引导社会资金流向实体经济，更好地支持经济结构调整和转型升级，经国务院同意，现提出以下意见：

一、规范金融机构资产管理业务主要遵循以下原则：

（一）坚持严控风险的底线思维。把防范和化解资产管理业务风险放到更加重要的位置，减少存量风险，严防增量风险。

（二）坚持服务实体经济的根本目标。既充分发挥资产管理业务功能，切实服务实体经济投融资需求，又严格规范引导，避免资金脱实向虚在金融体系内部自我循环，防止产品过于复杂，加剧风险跨行业、跨市场、跨区域传递。

（三）坚持宏观审慎管理与微观审慎监管相结合、机构监管与功能监管相结合的监管理念。实现对各类机构开展资产管理业务的全面、统一覆盖，采取有效监管措施，加强金融消费者权益保护。

（四）坚持有的放矢的问题导向。重点针对资产管理业务的多层嵌套、杠杆不清、套利严重、投机频繁等问题，设定统一的标准规制，同时对金融创新坚持趋利避害、一分为二，留出发展空间。

（五）坚持积极稳妥审慎推进。正确处理改革、发展、稳定关系，坚持防范风险与有序规范相结合，在下决心处置风险的同时，充分考虑市场承受能力，合理设置过渡期，把握好工作的次序、节奏、力度，加强市场沟通，有效引导市场预期。

二、资产管理业务是指银行、信托、证券、基金、期货、保险资产管理机构、金融资产投资公司等金融机构接受投资者委托，对受托的投资者财产进行投资和管理的金融服务。金融机构为委托人利益履行诚实信用、勤勉尽责义务并收取相应的管理费用，委托人自担投资风险并获得收益。金融机构可以与委托人在合同中事先约定收取合理的业绩报酬，业绩报酬计入管理费，须与产品一一对应并逐个结算，不同产品之间不得相互串用。

资产管理业务是金融机构的表外业务，金融机构开展资产管理业务时不得承诺保本保收益。出现兑付困难时，金融机构不得以任何形式垫资兑付。金融机构不得在表内开展资产管理业务。

私募投资基金适用私募投资基金专门法律、行政法规，私募投资基金专门法律、行政法规中没有明确规定的适用本意见，创业投资基金、政府出资产业投资基金的相关规定另行制定。

三、资产管理产品包括但不限于人民币或外币形式的银行非保本理财产品，资金信托，证券公司、证券公司子公司、基金管理公司、基金管理子公司、期货公司、期货公司子公司、保险资产管理机构、金融资产投资公司发行的资产管理产品等。依据金融管理部门颁布规则开展的资产证券化业务，依据人力资源社会保障部门颁布规则发行的养老金产品，不适用本意见。

四、资产管理产品按照募集方式的不同，分为公募产品和私募产品。公募产品面向不特定社会公众公开发行。公开发行的认定标准依照《中华人民共和国证券法》执行。私募产品面向合格投资者通过非公开方式发行。

资产管理产品按照投资性质的不同，分为固定收益类产品、权益类产品、商品及金融衍生品类产品和混合类产品。固定收益类产品投资于存款、债券等债权类资产的比例不低于80%，权益类产品投资于股票、未上市企业股权等权益类资产的比例不低于80%，商品及金融衍生品类产品投资于商品及金融衍生品的比例不低于80%，混合类产品投资于债权类资产、权益类资产、商品及金融衍生品类资产且任一资产的投资比例未达到前三类产品标准。非因金融机构主观因素导致突破前述比例限制的，金融机构应当在流动性受限资产可出售、可转让或者恢复交易的15个交易日内调整至符合要求。

金融机构在发行资产管理产品时，应当按照上述分类标准向投资者明示资产管理产品的类型，并按照确定的产品性质进行投资。在产品成立后至到期日前，不得擅自改变产品类型。混合类产品投资债权类资产、权益类资产和商品及金融衍生品类资产的比例范围应当在发行产品时予以确定并向投资者明示，在产品成立后至到期日前不得擅自改变。产品的实际投向不得违反合同约定，如有改变，除高风险类型的产品超出比例范围投资较低风险资产外，应当先行取得投

资者书面同意，并履行登记备案等法律法规以及金融监督管理部门规定的程序。

五、资产管理产品的投资者分为不特定社会公众和合格投资者两大类。合格投资者是指具备相应风险识别能力和风险承担能力，投资于单只资产管理产品不低于一定金额且符合下列条件的自然人和法人或者其他组织。

（一）具有2年以上投资经历，且满足以下条件之一：家庭金融净资产不低于300万元，家庭金融资产不低于500万元，或者近3年本人年均收入不低于40万元。

（二）最近1年末净资产不低于1000万元的法人单位。

（三）金融管理部门视为合格投资者的其他情形。

合格投资者投资于单只固定收益类产品的金额不低于30万元，投资于单只混合类产品的金额不低于40万元，投资于单只权益类产品、单只商品及金融衍生品类产品的金额不低于100万元。

投资者不得使用贷款、发行债券等筹集的非自有资金投资资产管理产品。

六、金融机构发行和销售资产管理产品，应当坚持"了解产品"和"了解客户"的经营理念，加强投资者适当性管理，向投资者销售与其风险识别能力和风险承担能力相适应的资产管理产品。禁止欺诈或者误导投资者购买与其风险承担能力不匹配的资产管理产品。金融机构不得通过拆分资产管理产品的方式，向风险识别能力和风险承担能力低于产品风险等级的投资者销售资产管理产品。

金融机构应当加强投资者教育，不断提高投资者的金融知识水平和风险意识，向投资者传递"卖者尽责、买者自负"的理念，打破刚性兑付。

七、金融机构开展资产管理业务，应当具备与资产管理业务发展相适应的管理体系和管理制度，公司治理良好，风险管理、内部控制和问责机制健全。

金融机构应当建立健全资产管理业务人员的资格认定、培训、考核评价和问责制度，确保从事资产管理业务的人员具备必要的专业知识、行业经验和管理能力，充分了解相关法律法规、监管规定以及资产管理产品的法律关系、交易结构、主要风险和风险管控方式，遵守行为准则和职业道德标准。

对于违反相关法律法规以及本意见规定的金融机构资产管理业务从业人员，依法采取处罚措施直至取消从业资格，禁止其在其他类型金融机构从事资产管理业务。

八、金融机构运用受托资金进行投资，应当遵守审慎经营规则，制定科学合理的投资策略和风险管理制度，有效防范和控制风险。

金融机构应当履行以下管理人职责：

（一）依法募集资金，办理产品份额的发售和登记事宜。

（二）办理产品登记备案或者注册手续。

（三）对所管理的不同产品受托财产分别管理、分别记账，进行投资。

（四）按照产品合同的约定确定收益分配方案，及时向投资者分配收益。

（五）进行产品会计核算并编制产品财务会计报告。

（六）依法计算并披露产品净值或者投资收益情况，确定申购、赎回价格。

（七）办理与受托财产管理业务活动有关的信息披露事项。

（八）保存受托财产管理业务活动的记录、账册、报表和其他相关资料。

（九）以管理人名义，代表投资者利益行使诉讼权利或者实施其他法律行为。

（十）在兑付受托资金及收益时，金融机构应当保证受托资金及收益返回委托人的原账户、同名账户或者合同约定的受益人账户。

（十一）金融监督管理部门规定的其他职责。

金融机构未按照诚实信用、勤勉尽责原则切实履行受托管理职责，造成投资者损失的，应当依法向投资者承担赔偿责任。

九、金融机构代理销售其他金融机构发行的资产管理产品，应当符合金融监督管理部门规定的资质条件。未经金融监督管理部门许可，任何非金融机构和个人不得代理销售资产管理产品。

金融机构应当建立资产管理产品的销售授权管理体系，明确代理销售机构的准入标准和程序，明确界定双方的权利与义务，明确相关风险的承担责任和转移方式。

金融机构代理销售资产管理产品，应当建立相应的内部审批和风险控制程序，对发行或者管理机构的信用状况、经营管理能力、市场投资能力、风险处置能力等开展尽职调查，要求发行或者管理机构提供详细的产品介绍、相关市场分析和风险收益测算报告，进行充分的信息验证和风险审查，确保代理销售的产品符合本意见规定并承担相应责任。

十、公募产品主要投资标准化债权类资产以及上市交易的股票，除法律法规和金融管理部门另有规定外，不得投资未上市企业股权。公募产品可以投资商品及金融衍生品,但应当符合法律法规以及金融管理部门的相关规定。

私募产品的投资范围由合同约定,可以投资债权类资产、上市或挂牌交易的股票、未上市企业股权(含债转股)和受(收)益权以及符合法律法规规定的其他资产,并严格遵守投资者适当性管理要求。鼓励充分运用私募产品支持市场化、法治化债转股。

十一、资产管理产品进行投资应当符合以下规定:

(一)标准化债权类资产应当同时符合以下条件:

1. 等分化,可交易。

2. 信息披露充分。

3. 集中登记,独立托管。

4. 公允定价,流动性机制完善。

5. 在银行间市场、证券交易所市场等经国务院同意设立的交易市场交易。

标准化债权类资产的具体认定规则由中国人民银行会同金融监督管理部门另行制定。

标准化债权类资产之外的债权类资产均为非标准化债权类资产。金融机构发行资产管理产品投资于非标准化债权类资产的,应当遵守金融监督管理部门制定的有关限额管理、流动性管理等监管标准。金融监督管理部门未制定相关监管标准的,由中国人民银行督促根据本意见要求制定监管标准并予以执行。

金融机构不得将资产管理产品资金直接投资于商业银行信贷资产。商业银行信贷资产受(收)益权的投资限制由金融管理部门另行制定。

(二)资产管理产品不得直接或者间接投资法律法规和国家政策禁止进行债权或股权投资的行业和领域。

(三)鼓励金融机构在依法合规、商业可持续的前提下,通过发行资产管理产品募集资金投向符合国家战略和产业政策要求、符合国家供给侧结构性改革政策要求的领域。鼓励金融机构通过发行资产管理产品募集资金支持经济结构转型,支持市场化、法治化债转股,降低企业杠杆率。

(四)跨境资产管理产品及业务参照本意见执行,并应当符合跨境人民币和外汇管理有关规定。

十二、金融机构应当向投资者主动、真实、准确、完整、及时披露资产管理产品募集信息、资金投向、杠杆水平、收益分配、托管安排、投资账户信息和主要投资风险等内容。国家法律法规另有规定的,从其规定。

对于公募产品,金融机构应当建立严格的信息披露管理制度,明确定期报告、临时报告、重大事项公告、投资风险披露要求以及具体内容、格式。在本机构官方网站或者通过投资者便于获取的方式披露产品净值或者投资收益情况,并定期披露其他重要信息:开放式产品按照开放频率披露,封闭式产品至少每周披露一次。

对于私募产品,其信息披露方式、内容、频率由产品合同约定,但金融机构应当至少每季度向投资者披露产品净值和其他重要信息。

对于固定收益类产品,金融机构应当通过醒目方式向投资者充分披露和提示产品的投资风险,包括但不限于产品投资债券面临的利率、汇率变化等市场风险以及债券价格波动情况,产品投资每笔非标准化债权类资产的融资客户、项目名称、剩余融资期限、到期收益分配、交易结构、风险状况等。

对于权益类产品,金融机构应当通过醒目方式向投资者充分披露和提示产品的投资风险,包括产品投资股票面临的风险以及股票价格波动情况等。

对于商品及金融衍生品类产品,金融机构应当通过醒目方式向投资者充分披露产品的挂钩资产、持仓风险、控制措施以及衍生品公允价值变化等。

对于混合类产品,金融机构应当通过醒目方式向投资者清晰披露产品的投资资产组合情况,并根据固定收益类、权益类、商品及金融衍生品类资产投资比例充分披露和提示相应的投资风险。

十三、主营业务不包括资产管理业务的金融机构应当设立具有独立法人地位的资产管理子公司开展资产管理业务,强化法人风险隔离,暂不具备条件的可以设立专门的资产管理业务经营部门开展业务。

金融机构不得为资产管理产品投资的非标准化债权类资产或者股权类资产提供任何直接或间接、显性或隐性的担保、回购等代为承担风险的承诺。

金融机构开展资产管理业务,应当确保资产管理业务与其他业务相分离,资产管理产品与其代销的金融产品相分离,资产管理产品之间相分离,资产管理业务操作与其他业务操作相分离。

十四、本意见发布后,金融机构发行的资产管理产品资产应当由具有托管资质的第三方机构独立托管,法律、行政法规另有规定的除外。

过渡期内,具有证券投资基金托管业务资质的商业银行可以托管本行理财产品,但应当为每只产品单独开立托管账户,确保资产隔离。过渡期后,具有证券投资基金托管业务资质的商业银行应当设立具有独立法人地位的子公司开展资产管理业务,该商业银行可以托管子公司发行的资产管理产品,但应当实现实质性的独立托管。独立托管有名无实的,由金融监督管理部门进行纠正和处罚。

十五、金融机构应当做到每只资产管理产品的资金单独管理、单独建账、单独核算，不得开展或者参与具有滚动发行、集合运作、分离定价特征的资金池业务。

金融机构应当合理确定资产管理产品所投资资产的期限，加强对期限错配的流动性风险管理，金融监督管理部门应当制定流动性风险管理规定。

为降低期限错配风险，金融机构应当强化资产管理产品久期管理，封闭式资产管理产品期限不得低于90天。资产管理产品直接或者间接投资于非标准化债权类资产的，非标准化债权类资产的终止日不得晚于封闭式资产管理产品的到期日或者开放式资产管理产品的最近一次开放日。

资产管理产品直接或者间接投资于未上市企业股权及其受（收）益权的，应当为封闭式资产管理产品，并明确股权及其受（收）益权的退出安排。未上市企业股权及其受（收）益权的退出日不得晚于封闭式资产管理产品的到期日。

金融机构不得违反金融监督管理部门的规定，通过为单一融资项目设立多只资产管理产品的方式，变相突破投资人数限制或者其他监管要求。同一金融机构发行多只资产管理产品投资同一资产的，为防止同一资产发生风险波及多只资产管理产品，多只资产管理产品投资该资产的资金总规模合计不得超过300亿元。如果超出该限额，需经相关金融监督管理部门批准。

十六、金融机构应当做到每只资产管理产品所投资资产的风险等级与投资者的风险承担能力相匹配，做到每只产品所投资资产构成清晰，风险可识别。

金融机构应当控制资产管理产品所投资资产的集中度：

（一）单只公募资产管理产品投资单只证券或者单只证券投资基金的市值不得超过该资产管理产品净资产的10%。

（二）同一金融机构发行的全部公募资产管理产品投资单只证券或者单只证券投资基金的市值不得超过该证券市值或者证券投资基金市值的30%。其中，同一金融机构全部开放式公募资产管理产品投资单一上市公司发行的股票不得超过该上市公司可流通股票的15%。

（三）同一金融机构全部资产管理产品投资单一上市公司发行的股票不得超过该上市公司可流通股票的30%。

金融监督管理部门另有规定的除外。

非因金融机构主观因素导致突破前述比例限制的，金融机构应当在流动性受限资产可出售、可转让或者恢复交易的10个交易日内调整至符合相关要求。

十七、金融机构应当按照资产管理产品管理费收入的10%计提风险准备金，或者按照规定计量操作风险资本或相应风险资本准备。风险准备金余额达到产品余额的1%时可以不再提取。风险准备金主要用于弥补因金融机构违法违规、违反资产管理产品协议、操作错误或者技术故障等给资产管理产品财产或者投资者造成的损失。金融机构应当定期将风险准备金的使用情况报告金融管理部门。

十八、金融机构对资产管理产品应当实行净值化管理，净值生成应当符合企业会计准则规定，及时反映基础金融资产的收益和风险，由托管机构进行核算并定期提供报告，由外部审计机构进行审计确认，被审计金融机构应当披露审计结果并同时报送金融管理部门。

金融资产坚持公允价值计量原则，鼓励使用市值计量。符合以下条件之一的，可按照企业会计准则以摊余成本进行计量：

（一）资产管理产品为封闭式产品，且所投金融资产以收取合同现金流量为目的并持有到期。

（二）资产管理产品为封闭式产品，且所投金融资产暂不具备活跃交易市场，或者在活跃市场中没有报价、也不能采用估值技术可靠计量公允价值。

金融机构以摊余成本计量金融资产净值，应当采用适当的风险控制手段，对金融资产净值的公允性进行评估。当以摊余成本计量已不能真实公允反映金融资产净值时，托管机构应当督促金融机构调整会计核算和估值方法。金融机构前期以摊余成本计量的金融资产的加权平均价格与资产管理产品实际兑付时金融资产的价值的偏离度不得达到5%或以上，如果偏离5%或以上的产品数超过所发行产品总数的5%，金融机构不得再发行以摊余成本计量金融资产的资产管理产品。

十九、经金融管理部门认定，存在以下行为的视为刚性兑付：

（一）资产管理产品的发行人或者管理人违反真实公允确定净值原则，对产品进行保本保收益。

（二）采取滚动发行等方式，使得资产管理产品的本金、收益、风险在不同投资者之间发生转移，实现产品保本保收益。

（三）资产管理产品不能如期兑付或者兑付困难时，发行或者管理该产品的金融机构自行筹集资金偿付或者委托其他机构代为偿付。

（四）金融管理部门认定的其他情形。

经认定存在刚性兑付行为的，区分以下两类机构进行惩处：

（一）存款类金融机构发生刚性兑付的，认定为利用具有存款本质特征的资产管理产品进行监管套利，由国务院银行保险监督管理机构和中国人民银行按照存款业务予以规范，足额补缴存款准备金和存款保险保费，并予以行政处罚。

（二）非存款类持牌金融机构发生刚性兑付的，认定为违规经营，由金融监督管理部门和中国人民银行依法纠正并予以处罚。

任何单位和个人发现金融机构存在刚性兑付行为的，可以向金融管理部门举报，查证属实且举报内容未被相关部门掌握的，给予适当奖励。

外部审计机构在对金融机构进行审计时，如果发现金融机构存在刚性兑付行为的，应当及时报告金融管理部门。外部审计机构在审计过程中未能勤勉尽责，依法追究相应责任或依法依规给予行政处罚，并将相关信息纳入全国信用信息共享平台，建立联合惩戒机制。

二十、资产管理产品应当设定负债比例（总资产/净资产）上限，同类产品适用统一的负债比例上限。每只开放式公募产品的总资产不得超过该产品净资产的140%，每只封闭式公募产品、每只私募产品的总资产不得超过该产品净资产的200%。计算单只产品的总资产时应当按照穿透原则合并计算所投资资产管理产品的总资产。

金融机构不得以受托管理的资产管理产品份额进行质押融资，放大杠杆。

二十一、公募产品和开放式私募产品不得进行份额分级。

分级私募产品的总资产不得超过该产品净资产的140%。分级私募产品应当根据所投资资产的风险程度设定分级比例（优先级份额/劣后级份额，中间级份额计入优先级份额）。固定收益类产品的分级比例不得超过3∶1，权益类产品的分级比例不得超过1∶1，商品及金融衍生品类产品、混合类产品的分级比例不得超过2∶1。发行分级资产管理产品的金融机构应当对该资产管理产品进行自主管理，不得转委托给劣后级投资者。

分级资产管理产品不得直接或者间接对优先级份额认购者提供保本保收益安排。

本条所称分级资产管理产品是指存在一级份额以上的份额为其他级份额提供一定的风险补偿，收益分配不按份额比例计算，由资产管理合同另行约定的产品。

二十二、金融机构不得为其他金融机构的资产管理产品提供规避投资范围、杠杆约束等监管要求的通道服务。

资产管理产品可以再投资一层资产管理产品，但所投资的资产管理产品不得再投资公募证券投资基金以外的资产管理产品。

金融机构将资产管理产品投资于其他机构发行的资产管理产品，从而将本机构的资产管理产品资金委托给其他机构进行投资的，该受托机构应当为具有专业投资能力和资质的受金融监督管理部门监管的机构。公募资产管理产品的受托机构应当为金融机构，私募资产管理产品的受托机构可以为私募基金管理人。受托机构应当切实履行主动管理职责，不得进行转委托，不得再投资公募证券投资基金以外的资产管理产品。委托机构应当对受托机构开展尽职调查，实行名单制管理，明确规定受托机构的准入标准和程序、责任和义务、存续期管理、利益冲突防范机制、信息披露义务以及退出机制。委托机构不得因委托其他机构投资而免除自身应当承担的责任。

金融机构可以聘请具有专业资质的受金融监督管理部门监管的机构作为投资顾问。投资顾问提供投资建议指导委托机构操作。

金融监督管理部门和国家有关部门应当对各类金融机构开展资产管理业务实行平等准入、给予公平待遇。资产管理产品应当在账户开立、产权登记、法律诉讼等方面享有平等的地位。金融监督管理部门基于风险防控考虑，确实需要对其他行业金融机构发行的资产管理产品采取限制措施的，应当充分征求相关部门意见并达成一致。

二十三、运用人工智能技术开展投资顾问业务应当取得投资顾问资质，非金融机构不得借助智能投资顾问超范围经营或者变相开展资产管理业务。

金融机构运用人工智能技术开展资产管理业务应当严格遵守本意见有关投资者适当性、投资范围、信息披露、风险隔离等一般性规定，不得借助人工智能业务夸大宣传资产管理产品或者误导投资者。金融机构应当向金融监督管理部门报备人工智能模型的主要参数以及资产配置的主要逻辑，为投资者单独设立智能管理账户，充分提示人工智能算法的固有缺陷和使用风险，明晰交易流程，强化留痕管理，严格监控智能管理账户的交易头寸、风险限额、交易种类、价格权限等。金融机构因违法违规或者管理不当造成投资者损失的，应当依法承担损害赔偿责任。

金融机构应当根据不同产品投资策略研发对应的人工智能算法或者程序化交易，避免算法同质化加剧投资行为的顺周期性，并针对由此可能引发的市场波动风险制定应对预案。因算法同质化、编程设计错误、对数据利用深度不够等人工智能算法模型缺陷或者系统异常，导致羊群效应、影响金融市场稳定运行的，金融机构应当及时采取人工干预措施，强制调整或者终止人工智能业务。

二十四、金融机构不得以资产管理产品的资金与关联方进行不正当交易、利益输送、内幕交易和操纵市场，包括但不限于投资于关联方虚假项目、与关联方共同收购上市公司、向本机构注资等。

金融机构的资产管理产品投资本机构、托管机构及其控股股东、实际控制人或者与其有其他重大利害关系的公司发行或者承销的证券，或者从事其他重大关联交易的，应当建立健全内部审批机制和评估机制，并向投资者充分披露信息。

二十五、建立资产管理产品统一报告制度。中国人民银行负责统筹资产管理产品的数据编码和综合统计工作，会同金融监督管理部门拟定资产管理产品统计制度，建立资产管理产品信息系统，规范和统一产品标准、信息分类、代码、数据格式，逐只产品统计基本信息、募集信息、资产负债信息和终止信息。中国人民银行和金融监督管理部门加强资产管理产品的统计信息共享。金融机构应当将含债权投资的资产管理产品信息报送至金融信用信息基础数据库。

金融机构于每只资产管理产品成立后 5 个工作日内，向中国人民银行和金融监督管理部门同时报送产品基本信息和起始募集信息；于每月 10 日前报送存续期募集信息、资产负债信息，于产品终止后 5 个工作日内报送终止信息。

中央国债登记结算有限责任公司、中国证券登记结算有限公司、银行间市场清算所股份有限公司、上海票据交易所股份有限公司、上海黄金交易所、上海保险交易所股份有限公司、中保保险资产登记交易系统有限公司于每月 10 日前向中国人民银行和金融监督管理部门同时报送资产管理产品持有其登记托管的金融工具的信息。

在资产管理产品信息系统正式运行前，中国人民银行会同金融监督管理部门依据统计制度拟定统一的过渡期数据报送模板；各金融监督管理部门对本行业金融机构发行的资产管理产品，于每月 10 日前按照数据报送模板向中国人民银行提供数据，及时沟通跨行业、跨市场的重大风险信息和事项。

中国人民银行对金融机构资产管理产品统计工作进行监督检查。资产管理产品统计的具体制度由中国人民银行会同相关部门另行制定。

二十六、中国人民银行负责对资产管理业务实施宏观审慎管理，会同金融监督管理部门制定资产管理业务的标准规制。金融监督管理部门实施资产管理业务的市场准入和日常监管，加强投资者保护，依照本意见会同中国人民银行制定出台各自监管领域的实施细则。

本意见正式实施后，中国人民银行会同金融监督管理部门建立工作机制，持续监测资产管理业务的发展和风险状况，定期评估标准规制的有效性和市场影响，及时修订完善，推动资产管理行业持续健康发展。

二十七、对资产管理业务实施监管遵循以下原则：

（一）机构监管与功能监管相结合，按照产品类型而不是机构类型实施功能监管，同一类型的资产管理产品适用同一监管标准，减少监管真空和套利。

（二）实行穿透式监管，对于多层嵌套资产管理产品，向上识别产品的最终投资者，向下识别产品的底层资产（公募证券投资基金除外）。

（三）强化宏观审慎管理，建立资产管理业务的宏观审慎政策框架，完善政策工具，从宏观、逆周期、跨市场的角度加强监测、评估和调节。

（四）实现实时监管，对资产管理产品的发行销售、投资、兑付等各环节进行全面动态监管，建立综合统计制度。

二十八、金融监督管理部门应当根据本意见规定，对违规行为制定和完善处罚规则，依法实施处罚，并确保处罚标准一致。资产管理业务违反宏观审慎管理要求的，由中国人民银行按照法律法规实施处罚。

二十九、本意见实施后，金融监督管理部门在本意见框架内研究制定配套细则，配套细则之间应当相互衔接，避免产生新的监管套利和不公平竞争。按照“新老划断”原则设置过渡期，确保平稳过渡。过渡期为本意见发布之日起至 2020 年底，对提前完成整改的机构，给予适当监管激励。过渡期内，金融机构发行新产品应当符合本意见的规定；为接续存量产品所投资的未到期资产，维持必要的流动性和市场稳定，金融机构可以发行老产品对接，但应当严格控制在存量产品整体规模内，并有序压缩递减，防止过渡期结束时出现断崖效应。金融机构应当制定过渡期内的资产管理业务整改计划，明确时间进度安排，并报送相关金融监督管理部门，由其认可并监督实施，同时报备中国人民银行。过渡期结束后，金融机构的资产管理产品按照本意见进行全面规范（因子公司尚未成立而达不到第三方独立托管要求的情形除外），金融机构不得再发行或存续违反本意见规定的资产管理产品。

三十、资产管理业务作为金融业务，属于特许经营行业，必须纳入金融监管。非金融机构不得发行、销售资产管理产品，国家另有规定的除外。

非金融机构违反上述规定，为扩大投资者范围、降低投资门槛，利用互联网平台等公开宣传、分拆销售具有投资门槛的投资标的、过度强调增信措施掩盖产品风险、设立产品二级交易市场等行为，按照国家规定进行规范清理，构成非法集资、非法吸收公众存款、非法发行证券的，依法追究法律责任。非金融机构违法违规开展资产管理业务的，依法予以处罚；同时承诺或进行刚性兑付的，依法从重处罚。

三十一、本意见自发布之日起施行。

本意见所称"金融管理部门"是指中国人民银行、国务院银行保险监督管理机构、国务院证券监督管理机构和国家外汇管理局。"发行"是指通过公开或者非公开方式向资产管理产品的投资者发出认购邀约，进行资金募集的活动。"销售"是指向投资者宣传推介资产管理产品，办理产品申购、赎回的活动。"代理销售"是指接受合作机构的委托，在本机构渠道向投资者宣传推介、销售合作机构依法发行的资产管理产品的活动。

中国人民银行、银保监会、证监会、财政部、农业农村部关于金融服务乡村振兴的指导意见

1. *2019年1月29日发布*
2. *银发〔2019〕11号*

实施乡村振兴战略，是以习近平同志为核心的党中央作出的重大部署，是新时代做好"三农"工作的总抓手，是金融系统开展农村金融服务工作的根本遵循。按照《中共中央、国务院关于实施乡村振兴战略的意见》和《乡村振兴战略规划（2018—2022年）》有关要求，现就做好金融服务乡村振兴工作提出如下意见：

一、总体要求、目标和原则

（一）总体要求。

以习近平新时代中国特色社会主义思想为指导，紧紧围绕党的十九大关于实施乡村振兴战略的总体部署，按照产业兴旺、生态宜居、乡风文明、治理有效、生活富裕的总要求，坚持目标导向和问题导向相结合、市场运作和政策支持相结合，聚焦重点领域，深化改革创新，建立完善金融服务乡村振兴的市场体系、组织体系、产品体系，完善农村金融资源回流机制，把更多金融资源配置到农村重点领域和薄弱环节，更好满足乡村振兴多样化、多层次的金融需求，推动城乡融合发展。

（二）工作目标。

到2020年，金融服务乡村振兴实现以下目标：

金融精准扶贫力度不断加大。2020年以前，乡村振兴的重点就是脱贫攻坚。涉农银行业金融机构在贫困地区要优先满足精准扶贫信贷需求。新增金融资源要向深度贫困地区倾斜，深度贫困地区贷款增速力争每年高于所在省（区、市）贷款平均增速，力争每年深度贫困地区扶贫再贷款占所在省（区、市）的比重高于上年同期水平。

金融支农资源不断增加。涉农银行业金融机构涉农贷款余额高于上年，农户贷款和新型农业经营主体贷款保持较快增速。债券、股票等资本市场服务"三农"水平持续提升。农业保险险种持续增加，覆盖面有效提升。

农村金融服务持续改善。基本实现乡镇金融机构网点全覆盖，数字普惠金融在农村得到有效普及。农村支付服务环境持续改善，银行卡助农取款服务实现可持续发展，移动支付等新兴支付方式在农村地区得到普及应用。农村信用体系建设持续推进，农户及新型农业经营主体的融资增信机制显著改善。

涉农金融机构公司治理和支农能力明显提升。涉农金融机构差别化定价能力不断增强，农村金融产品和服务创新加快推进，涉农贷款风险管理持续改进，确保涉农不良贷款水平稳定在可控范围，县域法人金融机构商业可持续性明显改善，金融服务乡村振兴能力和水平持续提升。

中长期目标，到2035年，基本建立多层次、广覆盖、可持续、适度竞争、有序创新、风险可控的现代农村金融体系，金融服务能力和水平显著提升，农业农村发展的金融需求得到有效满足；到2050年，现代农村金融组织体系、政策体系、产品体系全面建立，城乡金融资源配置合理有序，城乡金融服务均等化全面实现。

（三）基本原则。

以市场化运作为导向。尊重市场规律，充分发挥市场机制在农村金融资源配置和定价中的决定性作用，通过运用低成本资金、增加增信措施等引导涉农贷款成本下行，推动金融机构建立收益覆盖成本的市场化服务模式，增强农村金融服务定价能力。

以机构改革为动力。持续深化全国政策性、商业性涉农金融机构改革，增强中长期信贷投放能力和差别化服务水平。规范县域法人金融机构公司治理，促进服务当地、支持城乡融合发展，增加农村金融资源有效供给。

以政策扶持为引导。加大货币政策支持力度，完善差异化监管，发挥财政资金对金融的引导和撬动作用。建立健全政府性融资担保和风险分担机制，发挥农业信贷担保体系和农业保险作用，弥补农业收益低风险高、信息不对称的短板，促进金融资源回流农村。

以防控风险为底线。金融机构要坚持信贷投放和风险防控两手抓，探索与服务乡村振兴相适应的资本

补充渠道、合理回报机制和风险资本管理模式,提高法人治理水平,关注贷款质量,完善市场化风险处置机制,增强涉农业务风险防控能力,提高金融服务乡村振兴的可持续性。

二、坚持农村金融改革发展的正确方向,健全适合乡村振兴发展的金融服务组织体系

(四)鼓励开发性、政策性金融机构在业务范围内为乡村振兴提供中长期信贷支持。国家开发银行要按照开发性金融机构的定位,充分利用服务国家战略、市场运作、保本微利的优势,加大对乡村振兴的支持力度,培育农村经济增长动力。农业发展银行要坚持农业政策性银行职能定位,提高政治站位,在粮食安全、脱贫攻坚等重点领域和关键薄弱环节发挥主力和骨干作用。

(五)加大商业银行对乡村振兴支持力度。中国农业银行要强化面向“三农”、服务城乡的战略定位,进一步改革完善“三农”金融事业部体制机制,确保县域贷款增速持续高于全行平均水平,积极实施互联网金融服务“三农”工程,着力提高农村金融服务覆盖面和信贷渗透率。中国邮政储蓄银行要发挥好网点网络优势、资金优势和丰富的小额贷款专营经验,坚持零售商业银行的战略定位,以小额贷款、零售金融服务为抓手,突出做好乡村振兴领域中农户、新型经营主体、中小企业、建档立卡贫困户等小微普惠领域的金融服务,完善“三农”金融事业部运行机制,加大对县域地区的信贷投放,逐步提高县域存贷比并保持在合理范围内。股份制商业银行和城市商业银行要结合自身职能定位和业务优势,突出重点支持领域,围绕提升基础金融服务覆盖面、推动城乡资金融通等乡村振兴的重要环节,积极创新金融产品和服务方式,打造综合化特色化乡村振兴金融服务体系。

(六)强化农村中小金融机构支农主力军作用。农村信用社、农村商业银行、农村合作银行要坚持服务县域、支农支小的市场定位,保持县域农村金融机构法人地位和数量总体稳定。积极探索农村信用社省联社改革路径,理顺农村信用社管理体制,明确并强化农村信用社的独立法人地位,完善公司治理机制,保障股东权利,提高县域农村金融机构经营的独立性和规范化水平,淡化农村信用社省联社在人事、财务、业务等方面的行政管理职能,突出专业化服务功能。村镇银行要强化支农支小战略定力,向乡镇延伸服务触角。县域法人金融机构资金投放使用应以涉农业务为主,不得片面追求高收益。要把防控涉农贷款风险放在更加重要的位置,提高风险管控能力。积极发挥小额贷款公司等其他机构服务乡村振兴的有益补充作用,探索新型农村合作金融发展的有效途径,稳妥开展农民合作社内部信用合作试点。

三、明确金融重点支持领域,加大金融资源向乡村振兴重点领域和薄弱环节的倾斜力度

(七)不断加大金融精准扶贫力度,助力打赢脱贫攻坚战。加大对建档立卡贫困户的扶持力度,用好用足扶贫小额信贷、农户小额信用贷款、创业担保贷款、助学贷款、康复扶贫贷款等优惠政策,满足建档立卡贫困户生产、创业、就业、就学等合理贷款需求。推动金融扶贫和产业扶贫融合发展,按照穿透式原则,建立金融支持与企业带动贫困户脱贫的挂钩机制。

(八)围绕藏粮于地、藏粮于技,做好国家粮食安全金融服务。以国家确定的粮食生产功能区、重要农产品生产保护区和特色农产品优势区为重点,创新投融资模式,加大对高标准农田建设和农村土地整治的信贷支持力度,推进农业科技与资本有效对接,持续增加对现代种业提升、农业科技创新和成果转化的投入。结合粮食收储制度及价格形成机制的市场化改革,支持农业发展银行做好政策性粮食收储工作,探索支持多元市场主体进行市场化粮食收购的有效模式。

(九)聚焦产业兴旺,推动农村一二三产业融合发展。积极满足农田水利、农业科技研发、高端农机装备制造、农产品加工业、智慧农业产品技术研发推广、农产品冷链仓储物流及烘干等现代农业重点领域的合理融资需求,促进发展节水农业、高效农业、智慧农业、绿色农业。支持农业产业化龙头企业及联合体发展,延伸农业产业链,提高农产品附加值。充分发掘地区特色资源,支持探索农业与旅游、养老、健康等产业融合发展的有效模式,推动休闲农业、乡村旅游、特色民宿和农村康养等产业发展。加大对现代农业产业园、农业产业强镇等的金融支持力度,推动产村融合、产城融合发展。

(十)重点做好新型农业经营主体和小农户的金融服务,有效满足其经营发展的资金需求。针对不同主体的特点,建立分层分类的农业经营主体金融支持体系。鼓励家庭农场、农民合作社、农业社会化服务组织、龙头企业等新型农业经营主体通过土地流转、土地入股、生产性托管服务等多种形式实现规模经营,探索完善对各类新型农业经营主体的风险管理模式,增强金融资源承载力。鼓励发展农业供应链金融,将小农户纳入现代农业生产体系,强化利益联结机制,依托核心企业提高小农户和新型农业经营主体融资可得性。支持农业生产性服务业发展,推动实现农业节本增效。

(十一)做好农村产权制度改革金融服务,发展壮大农村集体经济。配合农村土地制度改革和农村集体产权制度改革部署，加快推动确权登记颁证、价值评估、交易流转、处置变现等配套机制建设，积极稳妥推广农村承包土地的经营权抵押贷款业务，结合宅基地“三权分置”改革试点进展稳妥开展农民住房财产权抵押贷款业务，推动集体经营性建设用地使用权、集体资产股份等依法合规予以抵押，促进农村土地资产和金融资源的有机衔接。结合农村集体经济组织登记赋码工作进展，加大对具有独立法人地位、集体资产清晰、现金流稳定的集体经济组织的金融支持力度。

四、强化金融产品和服务方式创新，更好满足乡村振兴多样化融资需求

（十二）积极拓宽农业农村抵质押物范围。推动厂房和大型农机具抵押、圈舍和活体畜禽抵押、动产质押、仓单和应收账款质押、农业保单融资等信贷业务，依法合规推动形成全方位、多元化的农村资产抵质押融资模式。积极稳妥开展林权抵押贷款，探索创新抵押贷款模式。鼓励企业和农户通过融资租赁业务，解决农业大型机械、生产设备、加工设备购置更新资金不足问题。

（十三）创新金融机构内部信贷管理机制。各涉农银行业金融机构要单独制定涉农信贷年度目标任务，并在经济资本配置、内部资金转移定价、费用安排等方面给予一定倾斜。完善涉农业务部门和县域支行的差异化考核机制，落实涉农信贷业务的薪酬激励和尽职免责。适当下放信贷审批权限，推动分支机构尤其是县域存贷比偏低的分支机构，加大涉农信贷投放。在商业可持续的基础上简化贷款审批流程，合理确定贷款的额度、利率和期限，鼓励开展与农业生产经营周期相匹配的流动资金贷款和中长期贷款等业务。

（十四）推动新技术在农村金融领域的应用推广。规范互联网金融在农村地区的发展，积极运用大数据、区块链等技术，提高涉农信贷风险的识别、监控、预警和处置水平。加强涉农信贷数据的积累和共享，通过客户信息整合和筛选，创新农村经营主体信用评价模式，在有效做好风险防范的前提下，逐步提升发放信用贷款的比重。鼓励金融机构开发针对农村电商的专属贷款产品和小额支付结算功能，打通农村电商资金链条。

（十五）完善“三农”绿色金融产品和服务体系。完善绿色信贷体系，鼓励银行业金融机构加快创新“三农”绿色金融产品和服务，通过发行绿色金融债券等方式，筹集资金用于支持污染防治、清洁能源、节水、生态保护、绿色农业等绿色领域，助力打好污染防治攻坚战。加强绿色债券后续监督管理，确保资金专款专用。

五、建立健全多渠道资金供给体系，拓宽乡村振兴融资来源

（十六）加大多层次资本市场的支持力度。支持符合条件的涉农企业在主板、中小板、创业板以及新三板等上市和挂牌融资，规范发展区域性股权市场。加强再融资监管，规范涉农上市公司募集资金投向，避免资金“脱实向虚”。鼓励中介机构适当降低针对涉农企业上市和再融资的中介费用。在门槛不降低的前提下，继续对国家级贫困地区的企业首次公开募股（IPO）、新三板挂牌、公司债发行、并购重组开辟绿色通道。健全风险投资引导机制，积极引导风险资金投早投小，加大对初创期涉农企业的支持力度。鼓励有条件的地区发起设立乡村振兴投资基金，推动农业产业整合和转型升级。

（十七）创新债券市场融资工具和产品。鼓励地方政府发行一般债券，用于农村人居环境整治、高标准农田建设等领域。支持地方政府根据乡村振兴项目资金需求，试点发行项目融资和收益自平衡的专项债券。鼓励商业银行发行“三农”专项金融债券，募集资金用于支持符合条件的乡村振兴项目建设。加大对非金融企业债务融资工具的宣传力度，支持对优质涉农企业开辟注册发行绿色通道，在满足信息披露要求的前提下简化注册发行流程。

（十八）发挥期货市场价格发现和风险分散功能。加快推动农产品期货品种开发上市，创新推出大宗畜产品、经济作物等期货交易，丰富农产品期货品种。积极运用期货价格信息引导农业经营者优化种植结构，完善农产品期货交易、交割规则。创新农产品期权品种，改进白糖、豆粕期权规则，加快推进并择机推出玉米、棉花等期权合约，丰富农业风险管理手段。稳步扩大“保险 + 期货”试点，探索“订单农业 + 保险 + 期货（权）”试点，探索建立农业补贴、涉农信贷、农产品期货（权）和农业保险联动机制，形成金融支农综合体系。

（十九）持续提高农业保险的保障水平。科学确定农业保险保费补贴机制，鼓励有条件的地方政府结合财力加大财政补贴力度，拓宽财政补贴险种，合理确定农业经营主体承担的保费水平。探索开展地方特色农产品保险以奖代补政策试点。落实农业保险大灾风险准备金制度，组建中国农业再保险公司，完善农业再保险体系。逐步扩大农业大灾保险、完全成本保险和收入保险试点范围。引导保险机构到农村地区设立基层服务网点，下沉服务重心，实现西藏自治区保险机构地市级全覆盖，其他省份保险机构县级全覆盖。

六、加强金融基础设施建设,营造良好的农村金融生态环境

(二十)在可持续的前提下全面提升农村地区支付服务水平。大力推动移动支付等新兴支付方式的普及应用,鼓励和支持各类支付服务主体到农村地区开展业务,积极引导移动支付便民工程全面向乡村延伸,推广符合农村农业农民需要的移动支付等新型支付产品。推动银行卡助农取款服务规范可持续发展,鼓励支持助农取款服务与信息进村入户、农村电商、城乡社会保障等合作共建,提升服务点网络价值。推动支付结算服务从服务农民生活向服务农业生产、农村生态有效延伸,不断优化银行账户服务,加强风险防范,持续开展宣传,促进农村支付服务环境建设可持续发展。

(二十一)加快推进农村信用体系建设。按照政府主导、人民银行牵头、各方参与、服务社会的整体思路,全面开展信用乡镇、信用村、信用户创建活动,发挥信用信息服务农村经济主体融资功能。强化部门间信息互联互通,推行守信联合激励和失信联合惩戒机制,不断提高农村地区各类经济主体的信用意识,优化农村金融生态环境。稳步推进农户、家庭农场、农民合作社、农业社会化服务组织、农村企业等经济主体电子信用档案建设,多渠道整合社会信用信息,完善信用评价与共享机制,促进农村地区信息、信用、信贷联动。

(二十二)强化农村地区金融消费权益保护。深入开展"金惠工程"、"金融知识普及月"等金融知识普及活动,实现农村地区金融宣传教育全覆盖。加大金融消费权益保护宣传力度,增强农村金融消费者的风险意识和识别违法违规金融活动的能力。规范金融机构业务行为,加强信息披露和风险提示,畅通消费者投诉的处理渠道,构建农村地区良好的金融生态环境。

七、完善政策保障体系,强化政策激励和约束

(二十三)加大货币政策支持力度。发挥好差别化存款准备金工具的正向激励作用,引导金融机构加强对乡村振兴的金融支持。加大再贷款、再贴现支持力度。根据乡村振兴金融需求合理确定再贷款的期限、额度和发放时间,提高资金使用效率。加强再贷款台账管理和效果评估,确保支农再贷款资金全部用于发放涉农贷款,再贷款优惠利率政策有效传导至涉农经济实体。

(二十四)更好发挥财政支持撬动作用。更好地发挥县域金融机构涉农贷款增量奖励等政策的激励作用,引导县域金融机构将吸收的存款主要投放当地。健全农业信贷担保体系,推动农业信贷担保服务网络向市县延伸,扩大在保贷款余额和在保项目数量。充分发挥国家融资担保基金作用,引导更多金融资源支持乡村振兴。落实金融机构向农户、小微企业及个体工商户发放小额贷款取得的利息收入免征增值税政策。鼓励地方政府通过财政补贴等措施支持农村地区尤其是贫困地区支付服务环境建设,引导更多支付结算主体、人员、机具等资源投向农村贫困地区。

(二十五)完善差异化监管体系。适当放宽"三农"专项金融债券的发行条件,取消"最近两年涉农贷款年度增速高于全部贷款平均增速或增量高于上年同期水平"的要求。适度提高涉农贷款不良容忍度,涉农贷款不良率高出自身各项贷款不良率年度目标2个百分点(含)以内的,可不作为银行业金融机构内部考核评价的扣分因素。

(二十六)推动完善农村金融改革试点相关法律和规章制度。配合乡村振兴相关法律法规的研究制定,研究推动农村金融立法工作,强化农村金融法律保障。结合农村承包土地的经营权和农民住房财产权抵押贷款试点经验,推动修改完善农村土地承包法等法律法规,使农村承包土地的经营权和农民住房财产权抵押贷款业务有法可依。

八、加强组织领导,有效推动政策落实

(二十七)强化党对农村金融工作的领导。全面做好金融服务乡村振兴工作,要以习近平总书记关于"三农"工作、乡村振兴工作的重要论述为指导,切实加强党对农村金融工作的领导。各金融机构要切实加强组织领导,由总行(总部)一把手直接抓乡村振兴,各级分支机构一把手切实承担起政策落实的第一责任,为农村金融发展提供坚强组织保障。

(二十八)开展金融机构服务乡村振兴考核评估。根据乡村振兴战略目标,加强乡村振兴领域贷款监测,在完善新型农业经营主体认定标准的基础上,探索建立家庭农场、农民合作社等新型农业经营主体贷款统计,及时动态跟踪金融机构服务乡村振兴的工作进展。建立金融机构服务乡村振兴考核评估制度,从定性指标和定量指标两大方面对金融机构进行评估,定期通报评估结果,并作为实施货币政策、金融市场业务准入、开展宏观审慎评估、差别化监管、财政支持等工作的重要参考依据。

(二十九)抓好推进落实和经验宣传。人民银行分支机构要会同银行保险监管、证券监管、财政、农业农村等部门,根据本意见细化辖区服务乡村振兴的目标任务和部门分工,扎实推进各项工作举措落地见效。鼓励具备条件的地区,加大农村金融改革力度,依照程序建设金融服务乡村振兴试验区,开展先行先试,加强典型经验宣传推广,确保政策惠及乡村振兴重点领域。

关于加强金融服务民营企业的若干意见

2019年2月14日中共中央办公厅、国务院发布

民营经济是社会主义市场经济的重要组成部分，在稳定增长、促进创新、增加就业、改善民生等方面发挥着不可替代的作用。党中央、国务院始终高度重视金融服务民营企业工作。各地区各部门及各金融机构认真落实，出台措施，积极支持民营企业融资，取得一定成效，但部分民营企业融资难融资贵问题仍然比较突出。为深入贯彻落实党中央、国务院决策部署，切实加强对民营企业的金融服务，现提出如下意见。

一、总体要求

（一）指导思想。以习近平新时代中国特色社会主义思想为指导，全面贯彻党的十九大和十九届二中、三中全会精神，落实中央经济工作会议和全国金融工作会议要求，坚持基本经济制度，坚持稳中求进工作总基调，围绕全面建成小康社会目标和高质量发展要求，毫不动摇地巩固和发展公有制经济，毫不动摇地鼓励、支持、引导非公有制经济发展，平等对待各类所有制企业，有效缓解民营企业融资难融资贵问题，增强微观主体活力，充分发挥民营企业对经济增长和创造就业的重要支撑作用，促进经济社会平稳健康发展。

（二）基本原则

——公平公正。坚持对各类所有制经济一视同仁，消除对民营经济的各种隐性壁垒，不断深化金融改革，完善金融服务体系，按照市场化、法治化原则，推动金融资源配置与民营经济在国民经济中发挥的作用更加匹配，保证各类所有制经济依法公平参与市场竞争。

——聚焦难点。坚持问题导向，着力疏通货币政策传导机制，重点解决金融机构对民营企业“不敢贷、不愿贷、不能贷”问题，增强金融机构服务民营企业特别是小微企业的意识和能力，扩大对民营企业的有效金融供给，完善对民营企业的纾困政策措施，支持民营企业持续健康发展，促进实现“六稳”目标。

——压实责任。金融管理部门要切实承担监督、指导责任，财政部门要充分发挥财税政策作用并履行好国有金融资本出资人职责，各相关部门要加强政策支持，督促和引导金融机构不断加强和改进对民营企业的金融服务。各省（自治区、直辖市）政府要认真落实属地管理责任，因地制宜采取措施，促进本地区金融服务民营企业水平进一步提升。金融机构要切实履行服务民营企业第一责任人的职责，让民营企业有实实在在的获得感。

——标本兼治。在有效缓解当前融资痛点、堵点的同时，精准分析民营企业融资难融资贵背后的制度性、结构性原因，注重优化结构性制度安排，建立健全长效机制，持续提升金融服务民营企业质效。

（三）主要目标。通过综合施策，实现各类所有制企业在融资方面得到平等待遇，确保对民营企业的金融服务得到切实改善，融资规模稳步扩大，融资效率明显提升，融资成本逐步下降并稳定在合理水平，民营企业特别是小微企业融资难融资贵问题得到有效缓解，充分激发民营经济的活力和创造力。

二、加大金融政策支持力度，着力提升对民营企业金融服务的针对性和有效性

（四）实施差别化货币信贷支持政策。合理调整商业银行宏观审慎评估参数，鼓励金融机构增加民营企业、小微企业信贷投放。完善普惠金融定向降准政策。增加再贷款和再贴现额度，把支农支小再贷款和再贴现政策覆盖到包括民营银行在内的符合条件的各类金融机构。加大对民营企业票据融资支持力度，简化贴现业务流程，提高贴现融资效率，及时办理再贴现。加快出台非存款类放贷组织条例。支持民营银行和其他地方法人银行等中小银行发展，加快建设与民营中小微企业需求相匹配的金融服务体系。深化联合授信试点，鼓励银行与民营企业构建中长期银企关系。

（五）加大直接融资支持力度。积极支持符合条件的民营企业扩大直接融资。完善股票发行和再融资制度，加快民营企业首发上市和再融资审核进度。深化上市公司并购重组体制机制改革。结合民营企业合理诉求，研究扩大定向可转债适用范围和发行规模。扩大创新创业债试点，支持非上市、非挂牌民营企业发行私募可转债。抓紧推进在上海证券交易所设立科创板并试点注册制。稳步推进新三板发行与交易制度改革，促进新三板成为创新型民营中小微企业融资的重要平台。支持民营企业债券发行，鼓励金融机构加大民营企业债券投资力度。

（六）提高金融机构服务实体经济能力。支持金融机构通过资本市场补充资本。加快商业银行资本补充债券工具创新，支持通过发行无固定期限资本债券、转股型二级资本债券等创新工具补充资本。从宏观审慎角度对商业银行储备资本等进行逆周期调节。把民营企业、小微企业融资服务质量和规模作为中小商业银行发行股票的重要考量因素。研究取消保险资金开展财务性股权投资行业范围限制，规范实施战略性股权投资。聚焦民营企业融资增信环节，提高信用保险和债券信用增进机构覆盖范围。引导和支持银行加快处置不良资产，将盘活资金重点投向民营企业。

三、强化融资服务基础设施建设，着力破解民营企业信息不对称、信用不充分等问题

（七）从战略高度抓紧抓好信息服务平台建设。依法开放相关信息资源，在确保信息安全前提下，推动数据共享。地方政府依托国家数据共享交换平台体系，抓紧构建完善金融、税务、市场监管、社保、海关、司法等大数据服务平台，实现跨层级跨部门跨地域互联互通。健全优化金融机构与民营企业信息对接机制，实现资金供需双方线上高效对接，让信息“多跑路”，让企业“少跑腿”。发展各类信用服务机构，鼓励信用服务产品开发和创新。支持征信机构、信用评级机构利用公共信息为民营企业提供信用产品及服务。加大守信激励和失信惩戒力度。

（八）采取多种方式健全地方增信体系。发挥国家融资担保基金引领作用，推动各地政府性融资担保体系建设和业务合作。政府出资的融资担保机构应坚持准公共定位，不以营利为目的，逐步减少反担保等要求，对符合条件的可取消反担保。对民营企业和小微企业贷款规模增长快、户数占比高的商业银行，可提高风险分担比例和贷款合作额度。鼓励有条件的地方设立民营企业和小微企业贷款风险补偿专项资金、引导基金或信用保证基金，重点为首贷、转贷、续贷等提供增信服务。研究探索融资担保公司接入人民银行征信系统。

（九）积极推动地方各类股权融资规范发展。积极培育投资于民营科创企业的天使投资、风险投资等早期投资力量，抓紧完善进一步支持创投基金发展的税收政策。规范发展区域性股权市场，构建多元融资、多层细分的股权融资市场。鼓励地方政府大力开展民营企业股权融资辅导培训。

四、完善绩效考核和激励机制，着力疏通民营企业融资堵点

（十）抓紧建立“敢贷、愿贷、能贷”长效机制。商业银行要推动基层分支机构下沉工作重心，提升服务民营企业的内生动力。尽快完善内部绩效考核机制，制定民营企业服务年度目标，加大正向激励力度。对服务民营企业的分支机构和相关人员，重点对其服务企业数量、信贷质量进行综合考核。建立健全尽职免责机制，提高不良贷款考核容忍度。设立内部问责申诉通道，为尽职免责提供机制保障。授信中不得附加以贷转存等任何不合理条件，对相关违规行为一经查实，严肃处理。严厉打击金融信贷领域强行返点等行为，对涉嫌违法犯罪的机构和个人，及时移送司法机关等有关机关依法查处。

（十一）有效提高民营企业融资可获得性。新发放公司类贷款中，民营企业贷款比重应进一步提高。贷款审批中不得对民营企业设置歧视性要求，同等条件下民营企业与国有企业贷款利率和贷款条件保持一致。金融监管部门按法人机构实施差异化考核，形成贷款户数和金额并重的考核机制。发现数据造假的，依法严肃处理相关机构和责任人员。国有控股大型商业银行要主动作为，加强普惠金融事业部建设，落实普惠金融领域专门信贷政策，完善普惠金融业务专项评价机制和绩效考核制度，在提高民营企业融资可获得性和金融服务水平等方面积极发挥“头雁”作用。

（十二）减轻对抵押担保的过度依赖。商业银行要坚持审核第一还款来源，把主业突出、财务稳健、大股东及实际控制人信用良好作为授信主要依据，合理提高信用贷款比重。商业银行要依托产业链核心企业信用、真实交易背景和物流、信息流、资金流闭环，为上下游企业提供无需抵押担保的订单融资、应收应付账款融资。

（十三）提高贷款需求响应速度和审批时效。商业银行要积极运用金融科技支持风险评估与信贷决策，提高授信审批效率。对于贷款到期有续贷需求的，商业银行要提前主动对接。鼓励商业银行开展线上审批操作，各商业银行应结合自身实际，将一定额度信贷业务审批权下放至分支机构；确需集中审批的，要明确内部时限，提高时效。

（十四）增强金融服务民营企业的可持续性。商业银行要遵循经济金融规律，依法合规审慎经营，科学设定信贷计划，不得组织运动式信贷投放。健全信用风险管控机制，不断提升数据治理、客户评级和贷款风险定价能力，强化贷款全生命周期的穿透式风险管理，在有效防范风险前提下加大对民营企业支持力度。加强享受优惠政策低成本资金使用管理，严格监控资金流向，防止被个别机构或个人截留、挪用甚至转手套利，有效防范道德风险。加强金融监管与指导，处理好支持民营企业发展与防范金融风险之间关系。

五、积极支持民营企业融资纾困，着力化解流动性风险并切实维护企业合法权益

（十五）从实际出发帮助遭遇风险事件的企业摆脱困境。加快实施民营企业债券融资支持工具和证券行业支持民营企业发展集合资产管理计划。研究支持民营企业股权融资，鼓励符合条件的私募基金管理人发起设立民营企业发展支持基金。支持资管产品、保险资金依法合规通过监管部门认可的私募股权基金等机构，参与化解处置民营上市公司股票质押风险。对暂时遇到困难的民营企业，金融机构要按照市场化、法治化原则，区别对待，分类采取支持处置措施。

（十六）加快清理拖欠民营企业账款。坚持边界清晰、突出重点、源头治理、循序渐进，运用市场化、法治化手段，抓紧清理政府部门及其所属机构（包括所属事业单位）、大型国有企业（包括政府平台公司）因业务往来与民营企业形成的逾期欠款，确保民营企业有明显获得感。政府部门、大型国有企业特别是中央企业要做重合同、守信用的表率，认真组织清欠，依法依规及时支付各类应付未付账款。要加强政策支持，完善长效机制，严防新增拖欠，切实维护民营企业合法权益。

（十七）企业要主动创造有利于融资的条件。民营企业要依法合规经营，珍惜商业信誉和信用记录。严格区分个人家庭收支与企业生产经营收支，规范会计核算制度，主动做好信息披露。加强自身财务约束，科学安排融资结构，规范关联交易管理。不逃废金融债务，为金融支持提供必要基础条件。

（十八）加强对落地实施的监督检查。各地区各部门及各金融机构要树牢“四个意识”，坚定“四个自信”，坚决做到“两个维护”，坚持问题导向，明确责任，确定时限，狠抓落实。推动第三方机构开展金融服务民营企业政策落实情况评估，提高政策落实透明度。及时总结并向各地提供可复制易推广的成功案例和有效做法。对贯彻执行不力的，要依法依规予以严肃问责，确保各项政策落地落细落实。

中国银行业监督管理委员会办公厅关于做好银行业金融机构债权人委员会有关工作的通知

1. 2016年7月6日发布
2. 银监办便函〔2016〕1196号

各银监局，各政策性银行、大型银行、股份制银行，邮储银行，外资银行，金融资产管理公司，其他会管机构：

为加强金融债权管理，维护经济金融秩序，支持实体经济发展，做好银行业金融机构债权人委员会（以下简称“债委会”）有关工作，现就相关事项通知如下：

一、债委会是由债务规模较大的困难企业三家以上债权银行业金融机构发起成立的协商性、自律性、临时性组织。

二、债委会的职责是依法维护银行业金融机构的合法权益，推动债权银行业金融机构精准发力、分类施策，有效保护金融债权，支持实体经济发展。债委会按照“一企一策”的方针集体研究增贷、稳贷、减贷、重组等措施，有序开展债务重组、资产保全等相关工作，确保银行业金融机构形成合力。

三、债委会应当按照“市场化、法治化、公平公正”的原则开展工作。债委会实施债务重组的，应当采取多方支持、市场主导、保持稳定的措施，积极争取企业发展的有利条件，实现银企共赢。

四、债委会可以由债权银行业金融机构自行发起成立。债委会要明确主席单位和副主席单位，启动相关工作。

五、债务企业的所有债权银行业金融机构和银监会批准设立的其他金融机构原则上应当参加债委会；非银监会批准设立的金融机构债权人，也可以加入债委会。

六、债委会主席单位原则上由债权金额较大且有协调能力和意愿的一至两家银行业金融机构担任，副主席单位可以由代表债权金额较大的银行业金融机构和代表债权金额较小的银行业金融机构共同组成。其他债权金融机构应当按照要求出席相关会议。债委会应当设立工作组，负责日常工作。

七、债委会原则上由企业所在地的债权银行业金融机构组建。涉及中央企业以及重大复杂的企业集团，可以在总行层面组建债委会。

八、债委会成员应当签署《债权人协议》。《债权人协议》是债委会有约束力的法律文件，协议内容包括但不限于以下事项：债委会组织架构、议事规则、权利义务及共同约定、相关费用等。

九、债委会应当制定议事规则，所有债权金融机构按照议事规则开展活动。重大事项、主要议题由主席单位及副主席单位召开会议共同协商，达成共识后，形成会议纪要。

债委会重大事项的确定，原则上应当同时符合以下条件：一是经占金融债权总金额的三分之二以上比例债委会成员同意；二是经全体债委会成员过半数同意。

十、债委会对企业实施金融债务重组的，企业一般应当具备以下条件：企业发展符合国家宏观经济政策、产业政策和金融支持政策；企业产品或服务有市场、发展有前景，具有一定的重组价值；企业和债权银行业金融机构有金融债务重组意愿。

十一、债委会实施金融债务重组的，可以采取协议重组和协议并司法重组的方式。

十二、债委会应当积极与企业进行协商谈判，研究讨论金融债务重组及债委会其他工作。

实施金融债务重组的，重组双方围绕重组方式、重组安排及方案内容，开展协商和谈判。主席单位、副主席单位与企业共同研究，形成金融债务重组初步方案后，由主席单位提交债委会全体成员大会讨论，按照议事规则进行表决。表决通过后,发送各债权金融机构和债务企业执行。

十三、为保证企业的正常运营,企业提出的新资金需求有充分理由的,债委会可以通过组建银团贷款、建立联合授信机制或封闭式融资等方式予以支持。

各债权银行业金融机构应当一致行动,切实做到稳定预期、稳定信贷、稳定支持,不得随意停贷、抽贷;可通过必要的、风险可控的收回再贷、展期续贷等方式,最大限度地帮助企业实现解困。

十四、各银行业金融机构要建立债委会相关工作的授权沟通机制,将债委会工作纳入内部管理体系,建立授权沟通机制,适当下放权限,确保债委会工作高效、有序开展。

十五、债委会成立后,主席单位应当以债委会的名义将债委会成立情况、重要事项等及时向银行业监督管理机构报告。

十六、银行业监督管理机构依法对债权人委员会和金融债务重组等工作进行指导、协调和监督;支持银行业协会在债务重组等工作中发挥积极作用;鼓励金融资产管理公司、地方资产管理公司积极参与债务重组等相关工作。

执行中有疑问的,请及时与银监会法规部联系。

2. 市场准入和行政许可

银行保险机构许可证管理办法

1. 2021年4月28日中国银行保险监督管理委员会令2021年第3号公布
2. 自2021年7月1日起施行

第一条 为了加强银行保险机构许可证管理,促进银行保险机构依法经营,根据《中华人民共和国行政许可法》《中华人民共和国银行业监督管理法》《中华人民共和国商业银行法》《中华人民共和国保险法》等有关法律规定,制定本办法。

第二条 本办法所称许可证是指中国银行保险监督管理委员会(以下简称银保监会)依法颁发的特许银行保险机构经营金融业务的法律文件。

许可证的颁发、换发、收缴等由银保监会及其授权的派出机构依法行使,其他任何单位和个人不得行使上述职权。

第三条 本办法所称银行保险机构包括政策性银行、大型银行、股份制银行、城市商业银行、民营银行、外资银行、农村中小银行机构等银行机构及其分支机构,保险集团(控股)公司、保险公司、保险资产管理公司、金融资产管理公司、信托公司、企业集团财务公司、金融租赁公司、汽车金融公司、货币经纪公司、消费金融公司、银行理财公司、金融资产投资公司以及经银保监会及其派出机构批准设立的其他非银行金融机构及其分支机构,保险代理集团(控股)公司、保险经纪集团(控股)公司、保险专业代理公司、保险经纪公司、保险兼业代理机构等保险中介机构。

上述银行保险机构开展金融业务,应当依法取得许可证和市场监督管理部门颁发的营业执照。

第四条 本办法所称许可证包括下列几种类型:

(一)金融许可证;

(二)保险许可证;

(三)保险中介许可证。

金融许可证适用于政策性银行、大型银行、股份制银行、城市商业银行、民营银行、外资银行、农村中小银行机构等银行机构及其分支机构,以及金融资产管理公司、信托公司、企业集团财务公司、金融租赁公司、汽车金融公司、货币经纪公司、消费金融公司、银行理财公司、金融资产投资公司等非银行金融机构及其分支机构。

保险许可证适用于保险集团(控股)公司、保险公司、保险资产管理公司等保险机构及其分支机构。

保险中介许可证适用于保险代理集团(控股)公司、保险经纪集团(控股)公司、保险专业代理公司、保险经纪公司、保险兼业代理机构等保险中介机构。

第五条 银保监会对银行保险机构许可证实行分级管理。

银保监会负责其直接监管的政策性银行、大型银行、股份制银行、外资银行,保险集团(控股)公司、保险公司、保险资产管理公司、保险代理集团(控股)公司、保险经纪集团(控股)公司,金融资产管理公司、银行理财公司、金融资产投资公司、保险兼业代理机构等银行保险机构许可证的颁发与管理。

银保监会派出机构根据上级管理单位授权,负责辖内银行保险机构许可证的颁发与管理。

第六条 银保监会及其派出机构根据行政许可决定或备案、报告信息向银行保险机构颁发、换发、收缴许可证。

经批准设立的银行保险机构应当自收到行政许可决定之日起10日内到银保监会或其派出机构领取许可证。对于采取备案或报告管理的机构设立事项,银行保险机构应当在完成报告或备案后10日内到银保监会或其派出机构领取许可证。

第七条 许可证载明下列内容:

（一）机构编码；
（二）机构名称；
（三）业务范围；
（四）批准日期；
（五）机构住所；
（六）颁发许可证日期；
（七）发证机关。

机构编码按照银保监会有关编码规则确定。

金融许可证和保险许可证的批准日期为机构批准设立日期。保险中介许可证的批准日期为保险中介业务资格批准日期。对于采取备案或报告管理的机构设立事项，批准日期为发证机关收到完整备案或报告材料的日期。

第八条　银行保险机构领取许可证时，应当提交下列材料：

（一）银行保险机构介绍信或委托书；
（二）领取许可证人员的合法有效身份证明。

第九条　许可证记载事项发生变更的，银行保险机构应当向发证机关缴回原证，并领取新许可证。

前款所称事项变更须经发证机关许可的，银行保险机构应当自收到行政许可决定之日起 10 日内到发证机关领取新许可证。前款所称变更事项须向发证机关备案或报告的，银行保险机构应当在完成备案或报告后 10 日内到发证机关领取新许可证。前款所称变更事项无须许可或备案、报告的，银行保险机构应当自变更之日起 15 日内到发证机关领取新许可证。

第十条　许可证破损的，银行保险机构应当自发现之日起 7 日内向发证机关缴回原证，并领取新许可证。

第十一条　许可证遗失，银行保险机构应立即报告发证机关，并于发现之日起 7 日内发布遗失声明公告、重新领取许可证。

报告内容包括机构名称、地址、批准日期，许可证流水号、编码、颁发日期，当事人、失控的时间、地点、事发原因、过程等情况。

发布遗失声明公告的方式同新领、换领许可证。

许可证遗失的，银行保险机构向发证机关领取新许可证时，除应提交本办法第八条规定的材料外，还应当提交遗失声明公告及对该事件的处理结果报告。

第十二条　银行保险机构行政许可被撤销，被吊销许可证，或者机构解散、关闭、被撤销、被宣告破产的，应当在收到银保监会及其派出机构有关文件、法律文书或人民法院宣告破产裁定书之日起 15 日内，将许可证缴回发证机关；逾期不缴回的，由发证机关在缴回期满后 5 日内依法收缴。

第十三条　新领、换领许可证，银行保险机构应于 30 日内进行公告。银行保险机构应采取下列一种或多种方式进行公告：

（一）在公开发行报刊上公告；
（二）在银行保险机构官方网站上公告；
（三）其他有效便捷的公告方式。

公告的具体内容应当包括：事由、机构名称、机构住所、机构编码、联系电话。公告的知晓范围应至少与机构开展业务经营的地域范围相匹配。银行保险机构应保留相关公告材料备查。

第十四条　银行保险机构应当在营业场所的显著位置公示许可证原件。保险中介机构分支机构应当在营业场所的显著位置公示加盖法人机构公章的许可证复印件。

银行保险机构应当依据行政许可决定文件和上级管理单位授权文件，在营业场所的显著位置以适当方式公示其业务范围、经营区域、主要负责人。通过网络平台开展业务的，应当在相关网络页面及功能模块以清晰、醒目的方式展示上述内容。

上述公示事项内容发生变更，银行保险机构应当自变更之日起 10 日内更换公示内容。

第十五条　银行保险机构应当妥善保管和依法使用许可证。

任何单位和个人不得伪造、变造、转让、出租、出借银行保险机构许可证。

第十六条　银保监会及其派出机构应当加强银行保险机构许可证的信息管理，建立完善的许可证管理信息系统，依法披露许可证的有关信息。

第十七条　银保监会及其派出机构依法对银行保险机构许可证管理、公告和公示等情况进行监督与检查。

第十八条　银行保险机构违反本办法，有下列情形之一的，依照《中华人民共和国银行业监督管理法》《中华人民共和国商业银行法》《中华人民共和国保险法》有关规定进行处罚；法律、行政法规没有规定的，由银保监会及其派出机构责令改正，予以警告，对有违法所得的处以违法所得一倍以上三倍以下罚款，但最高不超过三万元，对没有违法所得的处以一万元以下罚款；构成犯罪的，依法追究刑事责任：

（一）转让、出租、出借、伪造、变造许可证；
（二）未按规定新领、换领、缴回许可证；
（三）损坏许可证；
（四）因管理不善导致许可证遗失；
（五）遗失许可证未按规定向发证机关报告；
（六）未按规定公示许可证、业务范围、经营区域、主要负责人；
（七）新领、换领许可证等未按规定进行公告；

（八）新领、换领许可证后未按规定向市场监督管理部门办理登记，领取、换领营业执照。

第十九条 银行保险机构许可证由银保监会统一印制和管理。颁发时加盖发证机关的单位印章方可生效。

银保监会及其派出机构应按照行政审批与许可证管理适当分离的原则，对许可证进行专门管理。许可证保管、打印、颁发等职能应相互分离、相互制约，同时建立许可证颁发、收缴、销毁登记制度。

对于许可证颁发管理过程中产生的废证、收回的旧证、依法缴回和吊销的许可证，应加盖“作废”章，作为重要凭证专门收档，定期销毁。

第二十条 银保监会根据电子证照相关法律法规、国家标准和全国一体化在线政务服务平台标准，制定银行保险机构许可证电子证照标准，推进银行保险机构许可证电子化。

银行保险机构许可证电子证的签发、使用、管理等，按国家和银保监会有关规定执行。

第二十一条 本办法规定的有关期限，均以工作日计算。

第二十二条 本办法由银保监会负责解释。本办法自2021年7月1日起施行，《金融许可证管理办法》（银监会令2007年第8号修订）和《保险许可证管理办法》（保监会令2007年第1号）同时废止。

中国人民银行行政许可实施办法

1. 2020年3月20日中国人民银行令〔2020〕第1号公布
2. 自2020年6月1日起施行

第一章 总 则

第一条 为了规范中国人民银行及其分支机构实施行政许可的行为，保护公民、法人和其他组织的合法权益，根据《中华人民共和国行政许可法》和《中华人民共和国中国人民银行法》，制定本办法。

第二条 中国人民银行及其分支机构实施行政许可适用本办法。

中国人民银行对其直接管理的事业单位的人事、财务、外事等事项的审批，不适用本办法。

中国人民银行及其分支机构根据相关规定对公民、法人或者其他组织申请接入中国人民银行及其直接管理的事业单位等建设、运营的信息化系统进行审核的，不适用本办法。

第三条 中国人民银行应当在法定职权范围内依法实施行政许可；中国人民银行分支机构应当在中国人民银行授权范围内依法实施行政许可。

第四条 中国人民银行及其分支机构实施行政许可，应当依照法定的权限、范围、条件和程序，遵循公开、公平、公正、便民、高效、非歧视的原则。

第五条 中国人民银行及其分支机构实施行政许可的依据为法律、行政法规、国务院决定、规章。

规章和规范性文件中不得增设行政许可，不得增设违反法律、行政法规和国务院决定的行政许可条件。

第六条 中国人民银行及其分支机构依法保护申请人的商业秘密和个人隐私。

行政许可的实施和结果，除涉及国家秘密、工作秘密、商业秘密或者个人隐私的外，应当公开。

第七条 中国人民银行及其分支机构推进行政许可电子办理，提高办事效率，提供优质服务。

申请人通过电子政务系统提出申请的，符合相关要求的电子申请材料、电子证照、电子印章、电子签名、电子档案与纸质申请材料、纸质证照、实物印章、手写签名或者盖章、纸质档案具有同等法律效力。

中国人民银行及其分支机构通过电子政务系统向申请人发送的相关文书、颁布的各种决定书和行政许可证，与纸质文件具有同等法律效力。

第二章 行政许可的一般程序

第一节 申请与受理

第八条 中国人民银行及其分支机构依法制作行政许可事项服务指南，按规定在办公场所、互联网站公示行政许可事项及其适用范围、审查类型、审批依据、受理机构和相关职能部门、决定机构、申请条件、申请接受方式和接受地址、办理基本流程和办理方式、办理时限、审批结果和送达方式、收费依据、监督投诉渠道等信息，以及需要提交的全部材料的目录和申请书示范文本。

申请人要求对公示内容予以说明、解释的，中国人民银行及其分支机构应当说明、解释，并提供准确、可靠的信息。

第九条 公民、法人或者其他组织从事特定活动，依法需要取得中国人民银行或其分支机构行政许可的，应当向中国人民银行或其分支机构提出申请。

申请书需要采用格式文本的，该格式文本由中国人民银行统一公布，并通过电子政务系统提供下载，或者由承办行政许可事项的职能部门提供。申请书格式文本中不得包含与申请行政许可事项没有直接关系的内容；不得要求申请人提交与其申请的行政许可事项无关的技术资料和其他材料。

申请人可以当面提交行政许可申请，也可以通过电子政务系统提出，并按照行政许可事项服务指南在指定地点提交或者通过电子政务系统在线提交申请材料。

第十条 申请人提出的行政许可申请，由中国人民银行及其分支机构承办行政许可事项的职能部门负责审查受理。

依法应当由中国人民银行下级行先行审查后报上级行决定的行政许可事项的申请，由下级行承办行政许可事项的职能部门受理；需要多个职能部门办理的申请，由中国人民银行确定一个职能部门统一受理、牵头办理。

第十一条 申请人提交行政许可申请时，应当出示身份证明文件；单位申请的，应当出示单位统一社会信用代码证或者营业执照，以及法定代表人身份证明文件或者主要负责人身份证明文件、授权委托书、被委托人身份证件等身份证明文件。

申请人可以委托代理人提出行政许可申请。申请人委托代理人提出行政许可申请的，还应当提供申请人、代理人的身份证明文件和授权委托书；办理开户许可等事项，由商业银行等机构批量代理提交的除外。

中国人民银行及其分支机构应当核对上述身份证明文件，必要时可以利用技术手段核实申请人身份。

第十二条 申请人向中国人民银行或其分支机构申请行政许可，应当如实提交有关材料和反映真实情况，并对其申请材料实质内容的真实性负责。

中国人民银行及其分支机构有权要求申请人提供申请材料真实性声明。

第十三条 申请人提交申请材料，中国人民银行及其分支机构应当及时办理登记手续，并向申请人出具申请材料接收凭证，载明申请材料接收日期；当场出具行政许可受理通知书、不予受理决定书、补正告知书等的，可以不再出具申请材料接收凭证。

申请人现场办理的，申请材料接收凭证应当由申请人或者其代理人签字确认。

第十四条 中国人民银行及其分支机构收到申请人提出的行政许可申请，发现申请事项依法不需要取得行政许可的，应当即时告知申请人不受理；发现申请事项属于中国人民银行职权范围，但不属于本级机构受理的，应当即时向申请人说明情况，并告知其向有权受理的机构提出申请。

第十五条 中国人民银行及其分支机构收到申请人提出的行政许可申请，发现申请材料存在错误可以当场更正的，应当允许申请人当场更正。

第十六条 申请材料不齐全、不符合法定形式或者存在错误不能当场更正的，中国人民银行及其分支机构应当当场或者在收到申请材料之日起五日内一次告知申请人需要补正的全部内容，出具加盖本行行政许可专用章并载明日期的补正告知书。逾期不告知的，自收到申请材料之日起即为受理。

申请人拒不补正，或者自补正告知书送达之日起十日内无正当理由未补正的，视为放弃行政许可申请，中国人民银行及其分支机构应当退回已经收到的全部申请材料。

第十七条 申请人提出的行政许可申请存在下列情形之一的，中国人民银行及其分支机构可以不予受理，并出具加盖本行行政许可专用章的不予受理决定书，说明不予受理的理由和依据，退回已经收到的全部申请材料：

（一）申请事项不属于中国人民银行职权范围的；

（二）申请人提供的补正材料不齐全、不符合法定形式的；

（三）申请人补正后仍存在不符合受理条件的其他情形的。

中国人民银行及其分支机构依据前款第一项不予受理的，应当即时作出不予受理的决定，并告知申请人向有关行政机关申请。

依法由中国人民银行下级行先行审查后报上级行决定的行政许可事项的申请，由下级行出具不予受理决定书。

第十八条 申请事项属于中国人民银行职权范围，申请材料齐全、符合法定形式，或者申请人按照要求提交全部补正申请材料的，中国人民银行及其分支机构应当受理行政许可申请。

依前款规定受理行政许可的，中国人民银行及其分支机构应当于收到申请材料或者全部补正申请材料之日起五日内，出具加盖本行行政许可专用章并注明受理日期的行政许可受理通知书。

依法由中国人民银行下级行先行审查后报上级行决定的行政许可事项的申请，由下级行出具行政许可受理通知书。

第二节　审查与决定

第十九条 中国人民银行及其分支机构依法对申请人提交的申请材料进行审查。需要对申请材料的实质内容进行核实的，中国人民银行及其分支机构应当指派两名以上工作人员，根据法定条件和程序进行。

第二十条 行政许可事项依法由中国人民银行下级行先行审查后报上级行决定的，下级行应当将初步审查意见和全部申请材料直接报送上级行。

上级行在审查该行政许可事项时，不得要求申请人重复提供申请材料。

第二十一条 中国人民银行及其分支机构审查行政许可

申请时，发现行政许可事项直接关系他人重大利益的，应当告知该利害关系人。

申请人、利害关系人有权进行陈述和申辩，并自被告知之日起三日内提交陈述、申辩意见；对于口头陈述、申辩的，中国人民银行及其分支机构应当做好记录，并交陈述人、申辩人签字确认。

中国人民银行及其分支机构应当听取申请人、利害关系人的意见。

第二十二条 中国人民银行及其分支机构在审查过程中发现申请人提交的申请材料存在实质性问题，可能影响作出行政许可决定的，可以要求申请人限期对申请材料进一步修改、完善，或者解释说明。

申请人在合理期限内拒不修改、完善、解释说明，或者修改、完善、解释说明后仍存在实质性问题的，中国人民银行及其分支机构应当继续审查，不利后果由申请人承担。

第二十三条 中国人民银行及其分支机构可以通过实地调查、面谈等方式对申请材料进行核实。申请人或者有关人员应当配合；拒不配合的，应当自行承担相关不利后果。

通过实地调查、面谈等现场方式进行核实的，中国人民银行及其分支机构的工作人员应当出示证件，并制作核实记录。

第二十四条 中国人民银行及其分支机构在审查过程中，有下列情形之一的，可以作出中止审查的决定，并书面通知申请人，法律、行政法规、国务院决定、规章另有规定的除外：

（一）申请人因涉嫌违法违规被中国人民银行或者其他行政机关调查，或者被司法机关侦查，尚未结案，对行政许可事项影响重大的；

（二）申请人被中国人民银行或者其他行政机关依法采取限制业务活动、责令停业整顿等监管措施，尚未解除的；

（三）申请人被中国人民银行或者其他行政机关接管，接管期限尚未届满的；

（四）对有关法律、行政法规、国务院决定、规章的规定，需要进一步明确具体含义，中国人民银行及其分支机构请求有关机关作出解释的；

（五）申请人主动要求中止审查，且有正当理由的。

因前款第一项至第四项规定情形中止审查的，相关情形消失后，中国人民银行及其分支机构恢复审查，并书面通知申请人。

申请人主动要求中止审查或者申请恢复审查的，应当向受理行政许可申请的中国人民银行或其分支机构提交书面申请。中国人民银行或其分支机构同意的，书面通知申请人。

第二十五条 中国人民银行及其分支机构对行政许可申请进行审查后，应当根据下列情况分别作出处理：

（一）申请符合法定条件、标准，拟准予行政许可的，应当拟定准予行政许可决定书；

（二）申请不符合法定条件、标准，拟不予行政许可的，应当拟定不予行政许可决定书。

第二十六条 中国人民银行及其分支机构按照相关规定对行政许可决定实施法制审核，确保行政许可主体合法、程序合规、证据充分、法律适用准确。

第二十七条 准予行政许可或者不予行政许可决定书由作出行政许可的中国人民银行或其分支机构行长（主任）或者分管副行长（副主任）审查批准。

第二十八条 准予行政许可或者不予行政许可决定书应当统一编号、加盖本行行章，并注明日期。

准予行政许可决定书应当明确行政许可的效力范围、有效期限、变更及延续方式等事项。

不予行政许可决定书应当说明不予行政许可的理由，并告知申请人享有依法申请行政复议或者提起行政诉讼的权利。

第二十九条 中国人民银行及其分支机构作出准予行政许可决定，依照法律、行政法规、国务院决定、规章的规定需要颁发行政许可证的，依法向申请人颁发加盖本行行章的行政许可证，可以不再制作行政许可决定书。

第三十条 中国人民银行及其分支机构作出行政许可决定前，申请人撤回申请的，应当提交正式书面请求，并说明理由。

申请人撤回申请的，中国人民银行及其分支机构应当退回已经收到的全部申请材料。

第三节 期限与送达

第三十一条 除根据本办法适用简易程序作出行政许可决定的外，中国人民银行及其分支机构应当自受理行政许可申请之日起二十日内，作出行政许可决定。二十日内不能作出决定的，经本行行长（主任）批准，可以延长十日，并应当将延长期限的理由告知申请人。但法律、行政法规、国务院决定另有规定的，依照其规定。

第三十二条 依法由中国人民银行下级行审查后报上级行决定的行政许可事项申请，下级行应当自受理申请之日起二十日内审查完毕，并将初步审查意见和申请材料移交上级行。

上级行应当自收到申请材料和下级行初步审查意见之日起二十日内，作出是否准予行政许可的决定。

但法律、行政法规、国务院决定另有规定的，依照其规定。

第三十三条 中国人民银行及其分支机构作出行政许可决定，下列时间不计入本节规定的期限内：

（一）依照法律、行政法规、国务院决定、规章的规定需要检验、检测、鉴定和专家评审，或者需要听证的；

（二）依照法律、行政法规、国务院决定、规章的规定需要公示相关信息的；

（三）依照相关规定需要进行国家安全审查的；

（四）申请材料存在实质性问题，需要进一步修改、完善的，或者需要申请人进一步解释说明的；

（五）需要对行政许可申请进行实地核查，以及听取申请人、利害关系人陈述、申辩的；

（六）在行政许可过程中收到对申请人相关违法违规行为的举报，需要进行核查的；

（七）依据本办法第二十四条规定中止审查的。

发生前款第一项、第二项所列情形的，中国人民银行及其分支机构应当将所需时间书面告知申请人。

第三十四条 对于受理、不予受理或者要求补正申请材料的通知书，除即时告知的外，应当自相关文书作出之日起五日内送达当事人。

第三十五条 中国人民银行及其分支机构作出准予行政许可决定的，应当自作出决定之日起十日内向申请人送达准予行政许可的书面决定或者行政许可证。

中国人民银行及其分支机构作出不予行政许可决定的，应当自作出决定之日起十日内向申请人送达不予行政许可的书面决定。

第三十六条 申请人应当在申请行政许可时，选择相关文书、许可证的送达方式，并如实告知通讯地址、联系方式等信息。

申请人选择邮寄送达的，邮件签收，视为送达；邮件因地址错误、拒收等原因被退回的，到达上述地址，视为送达。

申请人选择自行领取或者代理人领取的，应当按照中国人民银行及其分支机构通知的时间及时领取相关文书、许可证，并应当在领取时参照本办法第十一条的要求出示身份证明文件和授权委托书等，予以签收。

办理开户许可等事项，由商业银行等机构批量代理提交的行政许可申请，中国人民银行及其分支机构一般采取由提交行政许可申请的商业银行等机构代为送达的方式，相关文书、许可证送交提交行政许可申请的商业银行等机构的，视为送达。申请人明确提出通过邮寄、自行领取等方式送达的除外。

申请人或者代理人在接到领取通知十日内不领取相关文书、许可证且无法通过邮寄等方式送达的，可以公告送达，公告期为两个月。公告期满，视为送达。

第三十七条 申请人通过电子政务系统提出行政许可申请的，中国人民银行及其分支机构可以通过电子政务系统，以电子形式出具本办法规定的申请材料接收凭证、补正告知书、行政许可受理通知书、不予受理决定书、准予行政许可决定书、不予行政许可决定书等。

申请人在电子政务系统完成申请书填写，并完成申请材料提交的日期为该行政许可的申请日期；中国人民银行及其分支机构通过电子政务系统以电子形式出具文书并能够被申请人查阅，视为送达。

第四节 听 证

第三十八条 法律、行政法规、国务院决定、规章规定实施行政许可应当听证的事项，或者中国人民银行及其分支机构认为需要听证的其他涉及公共利益的重大行政许可事项，应当向社会公告，并举行听证。

第三十九条 行政许可直接涉及申请人与他人之间重大利益关系的，中国人民银行及其分支机构在作出行政许可决定前，应当告知申请人、利害关系人享有要求听证的权利；申请人、利害关系人在被告知听证权利之日起五日内提出听证申请的，中国人民银行或其分支机构应当在收到听证申请之日起二十日内组织听证。

申请人、利害关系人不承担中国人民银行及其分支机构组织听证的费用。

第四十条 听证由中国人民银行及其分支机构法律事务部门组织，按照下列程序公开举行：

（一）中国人民银行及其分支机构应当于举行听证的七日前将听证的时间、地点通知申请人、利害关系人，必要时予以公告；

（二）听证由中国人民银行及其分支机构法律事务部门工作人员担任主持人，或者由本行行长（主任）或者分管副行长（副主任）指定该行政许可事项承办部门以外的其他部门的工作人员担任主持人；申请人、利害关系人认为主持人与该行政许可事项有直接利害关系的，有权申请回避；听证主持人是否回避，由本行行长（主任）或者分管副行长（副主任）决定；

（三）举行听证时，承办行政许可事项的职能部门应当提供作出审查意见的证据、理由；申请人、利害关系人可以提出证据，并进行申辩和质证；

（四）听证应当由听证主持人指定专人记录并制作听证笔录，笔录的内容包括：举行听证的时间、地点、参加听证的人员、听证事项、听证当事人的意见。

听证笔录应当交听证当事人确认并签字或者盖章。听证当事人拒绝签字或者盖章的，应当记录在案，并由其他听证参加人签字或者盖章证明。

第四十一条　申请人、利害关系人根据本办法第三十九条提出的听证申请，中国人民银行及其分支机构开始听证前，听证申请人可以书面提出撤回听证申请，并说明理由。

听证申请人撤回听证申请的，视为放弃听证权利，不得再次就同一行政许可事项提出听证申请。

第三章　行政许可的特殊程序

第四十二条　行政许可事项简单、审查标准明确，申请人以格式文书提出申请，材料齐全、符合法定形式，且申请事项依据有关规定能够于当场或者五日内确认准予行政许可的，中国人民银行及其分支机构可以适用简易程序作出行政许可。

适用简易程序的行政许可事项，在行政许可事项服务指南中载明，并由中国人民银行公布。

第四十三条　适用简易程序的，由承办行政许可事项的职能部门根据本行行长（主任）或者分管副行长（副主任）的授权，在受理行政许可后及时制作准予行政许可决定书或者依据有关规定制发行政许可证。

适用简易程序作出行政许可决定的，可以不再出具申请材料接收凭证、行政许可受理通知书等过程性文书，并适当简化内部审批流程。

第四十四条　中国人民银行及其分支机构在按照简易程序审查的过程中，发现申请人提交的申请材料存在实质性问题，不能在五日内准予行政许可的，应当告知申请人，并按照本办法第二章的相关规定处理相关行政许可申请。

第四十五条　被许可人拟变更下列事项的，应当向作出行政许可决定的中国人民银行或其分支机构提出申请，法律、行政法规、国务院决定、规章另有规定的除外；符合法定条件、标准的，中国人民银行及其分支机构应当依法办理变更手续：

（一）变更准予行政许可决定书或者行政许可证记载事项的；

（二）变更根据法律、行政法规、国务院决定、规章规定应当经中国人民银行或其分支机构批准变更的事项的。

第四十六条　被许可人需要延续行政许可有效期的，应当在该行政许可有效期届满六个月前向作出行政许可决定的中国人民银行或其分支机构提出申请。但法律、行政法规、国务院决定、规章另有规定的，依照其规定。

第四十七条　中国人民银行及其分支机构应当根据被许可人的申请，按照法律、行政法规、国务院决定、规章规定的行政许可条件，综合被许可人在该行政许可有效期内的合规经营情况，在行政许可有效期届满前作出是否准予延续的决定。

被许可人不符合法律、行政法规、国务院决定、规章规定的行政许可条件，或者在该行政许可有效期内存在重大违法违规行为的，中国人民银行及其分支机构应当不再准予延续。

第四十八条　中国人民银行及其分支机构受理、审查、决定被许可人变更和延续申请的程序，以及适用简易程序的，本章有规定的，适用本章规定；本章没有规定的，适用本办法第二章的有关规定。法律、行政法规、国务院决定、规章另有规定的，依照其规定。

第四章　监督检查

第四十九条　中国人民银行及其分支机构依法对行政许可办理过程进行记录，完善行政许可案卷管理制度。

第五十条　中国人民银行及其分支机构上级行依法对下级行实施行政许可的情况进行监督，及时纠正下级行实施行政许可中的违法违规行为。

第五十一条　中国人民银行及其分支机构可以要求被许可人提供从事行政许可事项活动情况的有关材料，有权对被许可人从事行政许可事项的活动进行现场检查。

中国人民银行及其分支机构有权对涉嫌非法从事应当得到中国人民银行及其分支机构批准的行政许可事项活动的当事人进行现场检查。

第五章　法律责任

第五十二条　申请人隐瞒有关情况或者提供虚假材料申请行政许可的，中国人民银行及其分支机构不予受理或者不予行政许可，并给予警告。

第五十三条　被许可人以欺骗、贿赂等不正当手段取得行政许可的，中国人民银行及其分支机构依据《中华人民共和国行政许可法》第六十九条撤销行政许可，有关法律、行政法规、规章有处罚规定的，依照其规定给予处罚；有关法律、行政法规、规章未作处罚规定的，中国人民银行及其分支机构给予警告，并处三万元以下罚款。

第五十四条　被许可人有下列行为之一，有关法律、行政法规有处罚规定的，中国人民银行及其分支机构依照其规定给予处罚；有关法律、行政法规未作处罚规定的，中国人民银行及其分支机构依据《中华人民共和国中国人民银行法》第四十六条进行处罚：

（一）涂改、倒卖、出租、出借行政许可证，或者以其他形式非法转让行政许可的；

（二）超越许可范围从事经营活动；

（三）向负责监督检查的行政机关隐瞒有关情况、

提供虚假材料或者拒绝提供反映其活动情况的真实材料的；

（四）法律、行政法规、国务院决定、规章规定的其他违法违规行为。

第五十五条　其他单位和个人非法从事应当得到中国人民银行及其分支机构批准的行政许可事项活动的，由中国人民银行及其分支机构责令改正，并可以根据经营活动的实际情况，依据《中华人民共和国中国人民银行法》第四十六条进行处罚。拒不改正的，由中国人民银行及其分支机构会同有关行政机关予以取缔；涉嫌构成犯罪的，移送司法机关依法追究刑事责任。法律、行政法规、国务院决定、规章另有规定的除外。

第六章　附　　则

第五十六条　中国人民银行及其分支机构作出准予行政许可、变更、延续决定，依法撤销、注销行政许可的，应当于决定作出之日起七日内依据行政许可事项服务指南和中国人民银行的相关规定予以公开。

第五十七条　中国人民银行及其分支机构实施行政许可和对行政许可事项进行监督检查，不得收取任何费用。但法律、行政法规另有规定的，依照其规定。

第五十八条　本办法规定的期限以“日”为单位的，均以工作日计算，不含法定节假日。

第五十九条　国家外汇管理局及其分支机构实施行政许可不适用本办法。

第六十条　本办法由中国人民银行负责解释。

第六十一条　本办法自2020年6月1日起施行。《中国人民银行行政许可实施办法》（中国人民银行令〔2004〕第3号发布）同时废止。

中国银保监会行政许可实施程序规定

1. 2020年5月24日中国银行保险监督管理委员会令2020年第7号公布

2. 自2020年7月1日起施行

第一章　总　　则

第一条　为规范中国银行保险监督管理委员会（以下简称银保监会）及其派出机构实施行政许可行为，明确行政许可程序，提高行政许可效率，保护申请人的合法权益，根据《中华人民共和国银行业监督管理法》《中华人民共和国保险法》《中华人民共和国行政许可法》等法律及行政法规，制定本规定。

第二条　银保监会依照本规定的程序，对银行保险机构及银保监会监督管理的其他金融机构实施行政许可。银保监会可以依法授权派出机构实施行政许可，银保监局在银保监会授权范围内，可以依法授权银保监分局实施行政许可。授权实施的行政许可，行政许可决定以被授权机构的名义作出。

银保监局在银保监会授权范围内，依照本规定的程序实施行政许可。银保监分局在银保监会、银保监局授权范围内，依照本规定的程序实施行政许可。

第三条　银保监会实施行政许可应当遵循公开、公平、公正、非歧视、效率及便民的原则。法律、行政法规规定实施行政许可应当遵循审慎监管原则的，从其规定。

第四条　银保监会的行政许可事项包括银行保险机构及银保监会监督管理的其他金融机构设立、变更和终止许可事项，业务许可事项，银行业金融机构董事（理事）和高级管理人员任职资格许可事项，保险业金融机构董事、监事和高级管理人员任职资格许可事项，法律、行政法规规定和国务院决定的其他许可事项。

第五条　行政许可实施程序分为申请与受理、审查、决定与送达三个环节。

第六条　银保监会及其派出机构按照以下操作流程实施行政许可：

（一）由银保监会、银保监局或银保监分局其中一个机关受理、审查并决定；

（二）由银保监分局受理并初步审查，报送银保监局审查并决定；

（三）由银保监局受理并初步审查，报送银保监会审查并决定；

（四）由银保监会受理，与其他行政机关共同审查并决定；

（五）法律、行政法规和银保监会规定的其他情形。

第二章　申请与受理

第七条　申请人应按照银保监会公布的行政许可事项申请材料目录和格式要求提交申请材料。

第八条　申请人向受理机关提交申请材料的方式为当面递交、邮寄或电子传输至银保监会办公厅、银保监局办公室或银保监分局办公室。

申请材料中应当注明详细、准确的联系方式和送达行政许可决定的邮寄地址。当面递交申请材料的，经办人员应当出示授权委托书和合法身份证件。申请人为自然人的应当出示合法身份证件；申请人委托他人提交申请材料的，受托人还应提交申请人的授权委托书及受托人的合法身份证件。

第九条　由下级机关受理、报上级机关决定的申请事项，申请人应向受理机关提交申请材料，并提交受理申请书，简要说明申请事项。

前款提交的申请材料的主送单位应当为决定机关。

第十条　申请事项依法不需要取得行政许可或者申请事项不属于受理机关职权范围的，受理机关应当即时告知申请人不予受理，并出具不予受理通知书。申请事项不属于本机关职权范围的，还应当告知申请人向有关行政机关申请。

第十一条　申请事项属于受理机关职权范围的，受理机关对照行政许可事项申请材料目录和格式要求，发现申请材料不齐全或不符合规定要求的，应在收到申请材料之日起5日内向申请人发出补正通知书，一次告知申请人应补正的全部内容，并要求其在补正通知书发出之日起3个月内提交补正申请材料。

申请材料齐全并符合规定要求的，受理机关应在收到完整申请材料之日起5日内受理行政许可申请，并向申请人发出受理通知书。受理通知书应注明接收材料日期及受理日期，接收材料日期以接收完整材料日期为准。

第十二条　申请人有下列情形之一的，作出不予受理申请决定：

（一）在补正通知书发出之日起3个月内，申请人未能提交补正申请材料的；

（二）在补正通知书发出之日起3个月内，申请人提交的补正申请材料仍不齐全或者不符合规定要求的；

（三）法律、行政法规及银保监会规定的其他情形。

决定不予受理申请的，受理机关出具不予受理通知书，并说明不予受理的理由。不予受理申请决定，应当自补正期满后5日内，或接收全部补正申请材料之日起5日内作出。

第十三条　在作出受理申请决定之前，申请人要求撤回申请的，应当向受理机关提交书面撤回申请。受理机关应在登记后将申请材料退回申请人。

第十四条　受理通知书、不予受理通知书、补正通知书应由受理机关加盖本机关专用印章并注明日期，并由受理机关交予、邮寄或电子传输至申请人。

第三章　审　　查

第十五条　由下级机关受理、报上级机关决定的申请事项，下级机关应在受理之日起20日内审查完毕并将审查意见及完整申请材料上报决定机关。

第十六条　由银保监会受理的申请事项，涉及银保监局属地监管职责的，银保监会可以征求相关银保监局的意见。

由银保监局受理的申请事项，涉及银保监分局属地监管职责的，银保监局可以征求相关银保监分局的意见。

由银保监局、银保监分局受理的申请事项，涉及同级或上级机关监管职责的，银保监局、银保监分局可以征求同级或上级机关的意见。

各级机关应当及时向征求意见机关提出反馈意见。

第十七条　受理机关或决定机关对行政许可申请进行审查时，发现行政许可事项直接关系他人重大利益的，应当告知该利害关系人。申请人、利害关系人有权进行陈述和申辩。受理机关或决定机关应当听取申请人、利害关系人的意见。

第十八条　受理机关或决定机关在审查过程中，认为需要申请人对申请材料作出书面说明解释的，可以将问题一次汇总成书面意见，并要求申请人作出书面说明解释。决定机关认为必要的，经其相关负责人批准，可以第二次要求申请人作出书面说明解释。

书面说明解释可以通过当面递交、邮寄或电子传输方式提交；经受理机关或决定机关同意，也可以采取传真、电子邮件等方式提交。

申请人应在书面意见发出之日起2个月内提交书面说明解释。未能按时提交书面说明解释的，视为申请人自动放弃书面说明解释。

第十九条　受理机关或决定机关认为需要由申请人对申请材料当面作出说明解释的，可以在办公场所与申请人进行会谈。参加会谈的工作人员不得少于2人。受理机关或决定机关应当做好会谈记录，并经申请人签字确认。

第二十条　受理机关或决定机关在审查过程中，根据情况需要，可以直接或委托下级机关对申请材料的有关内容进行实地核查。进行实地核查的工作人员不得少于2人，并应当出示合法证件。实地核查应当做好笔录，收集相关证明材料。

第二十一条　受理机关或决定机关在审查过程中对有关信访、举报材料认为有必要进行核查的，应及时核查并形成书面核查意见。

第二十二条　决定机关在审查过程中，对于疑难、复杂或者专业技术性较强的申请事项，可以直接或委托下级机关或要求申请人组织专家评审，并形成经专家签署的书面评审意见。

第二十三条　行政许可直接涉及申请人与他人之间重大利益关系的，决定机关在作出行政许可决定前，应当告知申请人、利害关系人享有要求听证的权利；申请人、利害关系人在被告知听证权利之日起5日内提出听证申请的，决定机关应当在20日内组织听证。

第二十四条　在受理机关或决定机关审查过程中，有下列情形之一的，可以作出中止审查的决定，并通知申请人：

（一）申请人或相应行政许可事项直接关系人因涉嫌违法违规被行政机关调查，或者被司法机关侦查，尚未结案，对相应行政许可事项影响重大；

（二）申请人被银保监会依法采取责令停业整顿、接管等监管措施，尚未解除；

（三）对有关法律、行政法规、规章的规定，需要进一步明确具体含义，请求有关机关作出解释；

（四）申请人主动要求中止审查，理由正当。

法律、行政法规、规章对前款情形另有规定的，从其规定。

第二十五条　因本规定第二十四条第一款第（一）（二）（三）项规定情形中止审查的，该情形消失后，受理机关或决定机关恢复审查，并通知申请人。

申请人主动要求中止审查的，应当向受理机关提交书面申请。同意中止审查的，受理机关应当出具中止审查通知。申请人申请恢复审查的，应当向受理机关提交书面申请。同意恢复审查的，受理机关应当出具恢复审查通知。

第二十六条　以下时间不计算在审查期限内：

（一）需要申请人对申请材料中存在的问题作出书面说明解释的，自书面意见发出之日起到收到申请人提交书面说明解释的时间；

（二）需要对有关信访、举报材料进行核查的，自作出核查决定之日起到核查结束的时间；

（三）需要专家评审的，自组织专家评审之日起到书面评审意见形成的时间；

（四）需要组织听证的，自申请人、利害关系人提出听证申请之日起到听证结束的时间；

（五）中止审查的，自中止审查决定作出之日起到恢复审查通知出具的时间；

（六）法律规定不计算在审查期限内的检验、检测等其他时间。

前款扣除的时间，受理机关或决定机关应及时告知申请人。第（二）（三）项所扣除的时间不得超过合理和必要的期限。

第四章　决定与送达

第二十七条　在受理机关或决定机关审查过程中，因申请人死亡、丧失行为能力或依法终止，致使行政许可申请不符合法定条件或行政许可决定没有必要的，受理机关或决定机关应当终止审查。

第二十八条　在受理机关或决定机关审查过程中，申请人主动要求撤回申请的，应当向受理机关提交终止审查的书面申请，受理机关或决定机关应当终止审查。

第二十九条　由一个机关受理并决定的行政许可，决定机关应在规定期限内审查，作出准予或者不予行政许可的书面决定，并在作出决定后10日内向申请人送达书面决定。

由下级机关受理、报上级机关决定的行政许可，决定机关自收到下级机关的初步审查意见及申请人完整申请材料后，在规定期限内审查，作出准予或者不予行政许可的书面决定，并在作出决定后10日内向申请人送达书面决定，同时抄送下级机关。

作出中止审查或终止审查决定的，应于决定作出后10日内向申请人送达书面决定。

第三十条　由银保监会受理，与其他行政机关共同审查并决定的行政许可，由银保监会受理、审查后，将申请材料移送有关行政机关审查，并根据审查意见在规定的期限内，作出准予或者不予行政许可的书面决定。

第三十一条　对于不符合条件的行政许可事项，决定机关应当作出不予行政许可决定。决定机关作出不予行政许可决定的，应当说明理由，并告知申请人依法享有在法定时间内申请行政复议或者提起行政诉讼的权利。

第三十二条　有下列情形之一的，决定机关或者其上级机关，根据利害关系人的请求或者依据职权，可以撤销行政许可：

（一）银保监会及其派出机构工作人员滥用职权、玩忽职守作出准予行政许可决定的；

（二）超越法定职权作出准予行政许可决定的；

（三）违反法定程序作出准予行政许可决定的；

（四）对不具备申请资格或者不符合法定条件的申请人准予行政许可的；

（五）依法可以撤销行政许可的其他情形。

申请人以欺骗、贿赂等不正当手段取得行政许可的，应当予以撤销。

依照前两款规定撤销行政许可，可能对公共利益造成重大损害的，不予撤销。

依照本条第一款规定撤销行政许可，申请人的合法权益受到损害的，应当依法给予赔偿。依照本条第二款规定撤销行政许可的，申请人基于行政许可取得的利益不受保护。

第三十三条　行政许可决定文件由决定机关以挂号邮件或特快专递送达申请人，也可电子传输至申请人。采取邮寄方式送达的，决定机关应当及时向邮政部门索取申请人签收的回执。

行政许可决定文件也可应申请人要求由其领取，领取人应出示授权委托书、合法身份证件并签收。

申请人在接到领取通知5日内不领取行政许可文件且受理机关无法通过邮寄等方式送达的，可以通过银保监会外网网站或公开发行报刊公告送达。自公告之日起，经过60个自然日，即视为送达。

第三十四条　决定机关作出准予行政许可决定后，需要向申请人颁发、换发金融许可证、保险许可证的，决定机关应当通知申请人到发证机关领取、换领金融许可证、保险许可证。

发证机关应当在决定作出后10日内颁发、换发金融许可证、保险许可证。

第五章　公　　示

第三十五条　银保监会及其派出机构将行政许可的事项、依据、条件、程序、期限以及需要申请人提交的申请材料目录和格式要求等进行公示，方便申请人查阅。

第三十六条　银保监会及其派出机构采取下列一种或多种方式进行公示：

（一）在银保监会外网网站上公布；

（二）在公开发行报刊上公布；

（三）印制行政许可手册，并放置在办公场所供查阅；

（四）在办公场所张贴；

（五）其他有效便捷的公示方式。

第三十七条　除涉及国家秘密、商业秘密、个人隐私外，银保监会及其派出机构作出的行政许可决定应当通过银保监会外网网站或者公告等方式公布。

第六章　附　　则

第三十八条　除特别说明外，本规定中的“日”均为工作日。

第三十九条　本规定由银保监会负责解释。

第四十条　本规定自2020年7月1日起施行。《中国银行业监督管理委员会行政许可实施程序规定》（银监会令2006年第1号）和《中国保险监督管理委员会行政许可实施办法》（保监会令2014年第2号）同时废止。

中国银保监会办公厅关于授权派出机构实施部分行政许可事项的通知

2019年3月11日发布

各银保监局，各保险公司：

为贯彻落实国务院机构改革精神，进一步简政放权，优化监管流程，提高监管质效，现就授权派出机构实施部分行政许可事项通知如下：

一、授权派出机构实施的行政许可事项

（一）保险公司在银保监局辖内变更营业场所审批；

（二）保险公司省级分公司开业审批；

（三）保险公司除董事长、总经理（含主持工作的副总经理）以外的其他董事、监事和高级管理人员任职资格核准。

上述保险公司不包括政策性保险公司、再保险公司、相互保险组织、自保公司、互联网保险公司、健康保险公司、养老保险公司及其他银保监会认定的保险公司。

二、授权派出机构实施的行政许可事项，由保险公司或拟设省级分公司所在地银保监局受理、审查和决定。

三、银保监会相关部门应加强对派出机构市场准入工作的指导和监督。各银保监局应严格依法依规做好相关行政许可事项审批工作。

中国银行保险监督管理委员会派出机构监管职责规定

1. 2021年7月30日中国银行保险监督管理委员会令2021年第9号公布

2. 自2021年10月1日起施行

第一条　为明确中国银行保险监督管理委员会（以下简称银保监会）派出机构监管职责，根据《中华人民共和国银行业监督管理法》《中华人民共和国商业银行法》《中华人民共和国保险法》等法律、行政法规，制定本规定。

第二条　本规定所称派出机构，是指银保监会派驻各省（自治区、直辖市）和计划单列市的监管局（以下简称银保监局）、派驻地市（州、盟）的监管分局（以下简称银保监分局）以及设在县（市、区、旗）的监管组。

本规定所称银行保险机构，是指依法由银行保险监督管理机构监管的商业银行、政策性银行、开发性银行、农村合作银行、村镇银行、外国银行分行、外国银行代表处、农村信用社、农村资金互助社、贷款公司、保险集团（控股）公司、保险公司、外国保险机构驻华代表机构、保险资产管理公司、保险代理机构、保险经纪机构、保险公估机构、信托公司、金融资产管理公司、金融资产投资公司、金融租赁公司、企业集团财务公司、消费金融公司、汽车金融公司、银行理财公司、货币经纪公司等机构。

第三条　银保监会对派出机构实行垂直领导。

派出机构监管职责的确立，遵循职权法定、属地监管、分级负责、权责统一的原则。

银保监局在银保监会的领导下，履行所在省（自治区、直辖市）和计划单列市银行业和保险业监督管理职能。银保监局根据银保监会的授权和统一领导，依法依规独立对辖内银行业和保险业实行统一监督管理。

银保监分局在银保监局的领导下，履行所在地市银行业和保险业监督管理职能。银保监分局根据银保监会和省（自治区、直辖市）银保监局的授权和统一领导，依法依规独立对辖内银行业和保险业实行统一监督管理。

县（市、区、旗）监管组在银保监局或银保监分局的授权和统一领导下，依法依规负责所在县市银行保险机构及其业务活动的监管工作，收集所在县市有关金融风险的信息并向上级机构报告，承担交办的其他工作。

第四条　派出机构在履行职责过程中坚持和加强党对银行业和保险业监管工作的集中统一领导，确保党中央关于银行业和保险业监管工作的方针政策和决策部署得到贯彻落实。

第五条　派出机构依法、公开、公正履行对辖内银行业和保险业的监管职责，维护银行业和保险业金融活动当事人的合法权益，促进辖内银行业和保险业合法、稳健运行，防范和化解金融风险等。

第六条　派出机构根据有关规定统计辖内银行保险机构有关数据和信息，跟踪、监测、研判辖内银行业和保险业运行情况，报送辖内银行业和保险业运行情况和风险情况，及时向上级监管机构报告有可能影响当地银行业和保险业稳健运行的重大事项。

第七条　银保监会依照法律法规统一监督管理全国银行业和保险业。银保监会可以根据实际需要，明确银保监会直接监管的机构，并在官方网站公布各银行保险机构法人的监管责任单位。

银保监局、银保监分局根据法律、行政法规及银保监会的规定，负责辖内银行保险机构的直接监管，具体名单由银保监局、银保监分局公布。

第八条　银保监局、银保监分局依照法定权限和程序制定涉及辖内银行业和保险业监管的规范性文件，并负责监督相关法律、行政法规及规章制度在辖内的贯彻实施。

第九条　银保监局、银保监分局根据法律、行政法规和银保监会的规定，依法对辖内银行保险机构及其有关人员实施行政许可。

第十条　银保监局、银保监分局依法对辖内银行保险机构的公司治理、风险管理、内部控制、资本充足、偿付能力、资产质量、业务活动、信息披露、信息科技、第三方合作等实施监督管理，具体监管事项依照法律、行政法规和银保监会的相关规定确定。

第十一条　银保监局、银保监分局依法对辖内银行保险机构实施现场检查、调查和非现场监管，参与防范和处置辖内银行保险机构有关风险。

第十二条　银保监局、银保监分局负责辖内银行业和保险业消费者权益保护工作，督促辖内银行保险机构健全消费者权益保护体制机制，规范经营行为，强化落实消费投诉处理主体责任，做好金融消费者教育宣传等工作。

第十三条　银保监局、银保监分局根据法律、行政法规和银保监会的规定，负责辖内信访、银行保险违法行为举报处理以及消费投诉督查等工作。

第十四条　银保监局、银保监分局依法负责本机构政府信息公开工作。

第十五条　银保监局、银保监分局根据法律、行政法规及银保监会的规定，负责辖内银行业和保险业重大风险事件处置、涉刑案件管理、反保险欺诈、反洗钱和反恐怖融资监督管理，督导银行保险机构做好安全保卫相关工作。

第十六条　银保监局、银保监分局依法督导银行保险机构做好非法集资可疑资金的监测工作，建立健全与非法集资之间的防火墙。

第十七条　银保监局、银保监分局依法查处辖内非法设立银行保险机构、非法以银行业金融机构名义从事业务以及非法经营保险业务的行为。

第十八条　银保监局、银保监分局负责辖内应急管理工作，督促银行保险机构落实突发事件信息报送首报责任，按规定组织开展应急演练，制定应急预案并向上级单位报备。

第十九条　银保监局、银保监分局负责统筹开展辖内新闻宣传工作，指导辖内银行保险机构新闻宣传工作。

银保监局、银保监分局负责督促辖内银行保险机构做好声誉风险管理工作，及时、妥善处置声誉风险事件。

第二十条　银保监局、银保监分局按照银保监会统一部署，推动辖内银行业和保险业信用体系建设工作。

第二十一条　银保监局、银保监分局对违反法律、行政法规、银行保险监管规定的机构和人员，依法实施行政处罚或者监管措施。

第二十二条　上级监管机构发现下级监管机构负责监管的银行保险机构出现下列情形时，应当督促下级监管机构加强监管，情节严重的，可以上收监管权限：

（一）风险状况急剧恶化；

（二）存在重大违法违规问题；

（三）上级监管机构认为需要上收监管权限的其他情况。

第二十三条　上级监管机构可以依法委托下级监管机构实施监管行为，并负责监督委托实施的行为，对委托实施行为的后果承担法律责任。

第二十四条　设有银保监分局的银保监局负责审理以辖内银保监分局为被申请人的行政复议案件。

第二十五条　银保监局、银保监分局负责涉及本机构的各类诉讼的应诉工作。

第二十六条　银保监局、银保监分局在监管职责范围内与辖区司法机关建立协助机制，依法处理司法机关来访、来函等事项。

银保监局、银保监分局负责建立和完善与辖区公安机关、纪检监察机关的协作配合机制，按照规定向公安机关、纪检监察机关通报和移送银行保险机构违法犯罪案件线索，配合公安机关、纪检监察机关开展调查工作。

第二十七条　银保监局、银保监分局按照银保监会的统一部署，支持辖内相关自律组织等发挥金融纠纷调解作用，监督辖区银行业和保险业调解机构规范运行，加强与辖区司法机关、司法行政机关、仲裁机构的联系，推动建立完善多元化金融纠纷解决机制。

第二十八条　银保监局、银保监分局依法依规协同配合做好辖内银行业和保险业风险防范和化解工作，切实承担监管责任，推动落实地方党委党的领导责任、地方国有金融资本股东责任和属地金融风险处置责任。

第二十九条　银保监局、银保监分局指导和监督地方金融监管部门相关业务工作，并有权纠正不符合相关监管规则的行为。

第三十条　银保监局、银保监分局负责与辖区地方人民政府相关部门、其他金融管理机构协同推动当地普惠金融发展，指导辖内银行保险机构推进小微企业、“三农”等普惠金融重点领域工作。

第三十一条　银保监局、银保监分局依照法律、行政法规和银保监会的规定对辖内银行业保险业社团组织进行指导和监督。

第三十二条　银保监会对各级派出机构的监管职责另有规定的，从其规定。

第三十三条　本规定由银保监会负责解释。

第三十四条　本规定自2021年10月1日起施行。《中国银行业监督管理委员会关于印发〈中国银行业监督管理委员会监管职责分工和工作程序的暂行规定〉的通知》（银监发〔2004〕28号）同时废止。

3. 执法检查

中国人民银行执法检查程序规定

1. 2022年4月14日中国人民银行令〔2022〕第2号公布
2. 自2022年6月1日起施行

第一章　总　　则

第一条　为促进中国人民银行及其分支机构依法履行职责，严格规范公正文明执法，保护被检查人合法权益，根据《中华人民共和国中国人民银行法》《中华人民共和国商业银行法》《中华人民共和国行政处罚法》等法律、行政法规，制定本规定。

第二条　中国人民银行及其分支机构依法履行职责，对被检查人进行执法检查的，适用本规定。

本规定所称被检查人，是指根据法律、行政法规、国务院决定和中国人民银行规章规定，中国人民银行及其分支机构有监督管理权限的法人、非法人组织和自然人。

第三条　本规定所称执法检查，是指中国人民银行及其分支机构根据履行职责需要，通过进入被检查人现场、查阅相关材料、询问相关人员、访问计算机信息系统等方式，监督被检查人执行有关金融管理规定情况的行政执法活动。

第四条　中国人民银行及其分支机构开展执法检查，应当遵循合法、公开、公平、公正、合理、效率的原则，加大关系群众切身利益的重点领域执法力度，不断提升执法效能。

第五条　中国人民银行及其分支机构开展执法检查，可以采取非现场检查、现场检查或者两者相结合的方式。

第六条　中国人民银行及其分支机构根据“分级负责”原则，按照法律、行政法规、国务院决定、中国人民银行规章和有关规定，对本单位负责监管的被检查人和发生在本辖区的违法违规行为开展执法检查。

中国人民银行统筹、指导、协调全系统执法检查工作，根据需要，可以对分支机构负责监管的被检查人开展执法检查，或者委托特定分支机构以中国人民银行的名义开展执法检查。

第七条　中国人民银行可以授权特定分支机构对部分业务类型或者部分被检查人开展执法检查。

第八条　中国人民银行及其分支机构应当配备与执法检查需求相适应的检查力量，建立完善检查人员库。

本规定所称检查人员，是指承担行政执法工作职责、掌握相关法律和业务知识、具备执法检查工作能力，按照规定取得《中国人民银行执法证》的中国人民银行及其分支机构正式工作人员。

第九条 中国人民银行及其分支机构根据执法检查工作需要，可以聘请注册会计师、资产评估人员、律师等专业人员，以及数据分析、信息技术等领域技术人员作为辅助人员协助执法检查，或者邀请上述人员出具专业意见。

第十条 中国人民银行及其分支机构的工作人员、参与执法检查的辅助人员对执法检查中知悉的国家秘密、工作秘密、商业秘密、个人隐私和个人信息应当依法予以保密，不得违反规定对外提供；中国人民银行及其分支机构可以要求上述人员签署保密协议。

执法检查结果公布之前，被检查人及其工作人员对执法检查情况负有保密义务，不得泄露与执法检查有关的信息。

除法律、行政法规或者中国人民银行规章另有规定外，中国人民银行及其分支机构在执法检查过程中形成的案卷信息不予公开。被检查人及其代理人可以按照规定申请查阅证据材料等相关案卷信息。

第十一条 中国人民银行及其分支机构应当加强与其他监管部门的沟通协调，依法共享检查信息，必要时可以与其他监管部门联合组织现场检查。

第十二条 中国人民银行及其分支机构按照相关财务管理规定对执法检查工作给予经费保障。

第二章 非现场检查

第十三条 中国人民银行及其分支机构可以对被检查人的相关活动以及其风险状况进行非现场检查，充分运用互联网、大数据等技术手段，依托国家统一建立的在线监管系统，建立完善监管信息系统，加强监管信息归集共享和关联整合，分析、评价被检查人的风险状况，及时发现被检查人的违法违规行为。

第十四条 中国人民银行及其分支机构可以要求被检查人通过业务管理系统、监管信息系统等信息化系统提供监管所需的信息，并通过对相关信息的汇总、分析了解被检查人的业务开展情况、风险状况等。

第十五条 中国人民银行及其分支机构在日常监管中，或者通过业务管理系统、监管信息系统等信息化系统发现被检查人可能存在违法违规行为的，可以采取线上检查的方式直接通过信息化系统对相关情况进行进一步核实。

线上检查应当由两名以上检查人员实施。检查人员应当全面、客观、完整地记录检查工作情况，并制作执法检查工作底稿。

第十六条 中国人民银行或其分支机构发现被检查人存在违法违规行为问题线索的，可以向被检查人发出函询通知书，要求其限期说明情况，提供相关信息、电子数据、文件和资料等。

被检查人应当书面答复中国人民银行或其分支机构的函询，并按照中国人民银行或其分支机构指定的方式、规定的时间，如实、完整提供相关信息、电子数据、文件和资料等。

第十七条 中国人民银行及其分支机构开展线上检查、函询等非现场检查的，应当立项。

第三章 现场检查

第一节 检查的准备

第十八条 中国人民银行及其分支机构根据执法检查计划、日常监管中发现的问题、非现场检查情况以及其他履行职责的需要，组织实施现场检查。

第十九条 中国人民银行于每年年初统筹制定中国人民银行系统年度执法检查计划，确定本年度拟开展的执法检查项目。

第二十条 中国人民银行副省级城市中心支行以上分支机构根据中国人民银行制定的执法检查计划和本辖区履行职责的需要，对本辖区的执法检查工作作出统一部署。

第二十一条 中国人民银行及其分支机构制定执法检查计划时，应当将防范金融风险与随机抽查相结合，充分利用非现场检查结果和日常监管信息，确定被检查人。

第二十二条 中国人民银行及其分支机构根据日常监管工作的需要、突发风险事件等拟对被检查人开展现场检查的，应当立项、制定检查方案，经法制审核后，报本单位行长或者副行长（主任或者副主任）批准后实施。

已经列入执法检查计划的现场检查项目可以不再立项，在制定检查方案，经法制审核后，报本单位行长或者副行长（主任或者副主任）批准后实施。

第二十三条 中国人民银行及其分支机构应当根据检查方案组成检查组，检查组的组成人员不得少于两人，原则上从本单位检查人员库中随机抽取。

检查组的组成人员与被检查人存在利害关系或者有其他关系可能影响公正执法的，应当回避。

第二十四条 根据现场检查的需要，检查组可以组织检查人员进行法律、业务知识培训和纪律教育。

第二十五条 检查组应当在实施现场检查前，向被检查人送达执法检查通知书，告知现场检查的依据、内容、检查期限范围、检查开展时间、要求、检查组成员名单等事项；因特殊情况需要立即实施现场检查的，检查组应当在进入被检查人现场时送达执法检查通知书。

第二十六条　检查组在实施现场检查前，可以书面通知被检查人提供与现场检查相关的信息、电子数据、文件和资料等，被检查人应当配合，并按照检查组指定的方式、规定的时间，如实、完整提供。

第二十七条　中国人民银行分支机构对管辖权存在争议的案件，应当逐级报请共同上级行指定管辖，或者由共同上级行直接指定管辖。

对重大、特殊案件，中国人民银行可以指定中国人民银行分支机构开展现场检查，或者自行开展现场检查。

作出指定管辖决定的中国人民银行或其分支机构应当出具指定管辖通知书。

第二节　检查的实施

第二十八条　检查组实施现场检查时，检查人员应当向被检查人出示《中国人民银行执法证》，自觉接受监督。

第二十九条　检查组实施现场检查的，应当与被检查人进行进场会谈，说明检查的目的、内容、工作安排和要求；充分听取被检查人的业务情况报告和其他有关情况报告。

检查组实施现场检查前，应当告知被检查人享有的权利和配合检查的义务，并由被检查人签字、盖章确认。

第三十条　检查组在现场检查中需要查阅被检查人的工作制度、业务凭证、会计账目、财务报表等资料的，应当填写执法检查调阅资料清单，并由专人负责接收和退还调阅资料。

第三十一条　检查组可以采取抽样检查的方式核实有关情况。

检查组在实施抽样检查前，应当书面告知被检查人拟采取抽样检查方式的检查项目、抽样方式、拟抽取的最低样本数量或者比例等信息；被检查人有异议的，应当在抽样检查实施前向检查组书面提出。

第三十二条　检查组应当全面、客观、完整地记录检查工作的情况，并制作执法检查工作底稿。

第三十三条　检查组可以根据检查工作的实际需要，变更下列事项，并书面告知被检查人：

（一）执法检查通知书载明检查期限范围可以追溯或者顺延的，调整检查期限范围；

（二）执法检查通知书载明可以对被检查人的分支机构、营业网点开展检查的，增加、变更被检查人的分支机构、营业网点；

（三）增加、变更检查人员；

（四）变更检查开展时间。

第三十四条　现场检查过程中，为进一步查明相关事实，检查组可以向被检查人以外的其他法人、非法人组织和自然人调查情况。

相关法人、非法人组织和自然人不在本地的，检查组经本单位行长或者副行长（主任或者副主任）批准，可以请求其所在地中国人民银行分支机构协助调查。

第三节　简易现场检查程序

第三十五条　中国人民银行及其分支机构为核实较为明确的特定违法违规线索、了解特定情况，可以适用简易现场检查程序对被检查人开展执法检查。

中国人民银行及其分支机构适用简易现场检查程序的，应当立项、制作执法检查通知书，经法制审核后，报本单位行长或者副行长（主任或者副主任）批准后实施。

第三十六条　中国人民银行及其分支机构应当指派两名以上检查人员，参照本规定第二十五条、第三章第二节、第四章规定的具体程序和证据收集规范开展执法检查。

适用简易现场检查程序进行执法检查的，根据实际需要，可以不再拟定检查方案、进行进场会谈和退场会谈等，但应当以适当形式告知被检查人享有的权利和配合检查的义务。

第四章　证　　据

第三十七条　检查组应当严格遵守法定程序，根据违法违规行为的不同类别、阶段、环节，合理使用音视频记录和文字记录等多种方式，全面、客观、及时、准确地收集符合法定形式的证据，实现执法全过程留痕和可回溯管理。

第三十八条　检查组在现场检查中可以要求被检查人对相关检查事实进行确认，制作执法检查事实认定书，由被检查人签字、盖章确认。

执法检查事实认定书应当载明被检查人的名称或者姓名、检查开展时间、检查内容、确认的事实等内容。

被检查人对执法检查事实认定书无异议的，视为被检查人认可执法检查事实认定书载明的内容。

第三十九条　检查组在现场检查中收集有关书证、物证、视听资料等证据的，应当尽可能取得原件；无法取得原件的，可以制作复印件、影印件、节录本等复制件。

能够证明合法来源，与原件一致的复制件可以作为认定相关事实的证据使用。

第四十条　检查组可以直接提取被检查人电子计算机数据库及其他信息化系统中的电子数据作为证据，也可以采用抽样、汇总、分解、转换、计算、统计、比对等方式形成新的电子数据。

检查组形成新的电子数据的，应当通过取证说明、音视频记录等方式，记录电子数据的形成方式或者过程。

第四十一条 检查组向被检查人或者其工作人员、其他知悉相关情况的人员询问有关情况的，应当制作执法检查询问笔录，由被询问人进行核对并签字确认；执法检查询问笔录有错误或者有遗漏的，应当允许被询问人提出更正意见或者补充意见。

第四十二条 对可能灭失或者以后难以取得的证据，检查组经本单位行长或者副行长（主任或者副主任）批准，可以根据具体情况依法采取先行登记保存、聘请公证人员进行公证、申请有权机关冻结或者查封等保全措施。

采取保全措施的，检查组应当通知被检查人。先行登记保存证据期间，被检查人或者其他有关人员不得毁损、销毁或者转移证据。

第四十三条 中国人民银行及其分支机构通过函询，或者在线上检查中通过信息化系统获取的信息、电子数据、文件和资料等可以作为认定被检查人是否存在违法违规行为的证据使用。

第五章 检查结果的处理

第四十四条 现场检查结束时，检查组应当与被检查人进行退场会谈，通报现场检查中认定的事实，并制作执法检查退场会谈纪要。被检查人存在异议的，可以在会谈中提出，或者自收到执法检查退场会谈纪要之日起五个工作日内向检查组书面提出。

确因特殊原因难以在现场检查结束时举行退场会谈，或者通过非现场检查方式、适用简易现场检查程序拟认定被检查人存在违法违规行为的，应当及时书面告知被检查人拟认定的事实、理由和依据。被检查人存在异议的，可以自收到书面告知之日起五个工作日内向作出该书面告知的中国人民银行或其分支机构书面提出。

检查组应当听取被检查人的意见，并以适当形式向被检查人反馈。

第四十五条 中国人民银行及其分支机构在现场检查，或者函询、线上检查等非现场检查中发现被检查人存在违反法律、行政法规、国务院决定，以及中国人民银行规章、规范性文件规定的行为的，应当向被检查人出具责令整改通知书，要求被检查人整改；必要时，可以将责令整改通知书抄送被检查人的上级机构。

责令整改通知书应当载明被检查人的名称或者姓名、被检查人违法违规行为情况及认定依据、被检查人应当采取的整改措施、整改期限等。

中国人民银行及其分支机构应当参照《中国人民银行行政处罚程序规定》第四十五条、第四十六条规定的时限和方式送达责令整改通知书。

第四十六条 被检查人应当在责令整改通知书规定的整改期限内完成整改，并向发出责令整改通知书的中国人民银行或其分支机构提交整改报告。

中国人民银行或其分支机构可以采取适当方式对被检查人的整改情况进行核实。

第四十七条 中国人民银行及其分支机构根据非现场检查和现场检查认定的事实，可以约谈被检查人的实际控制人、法定代表人或者主要负责人、董事、监事、高级管理人员以及相关责任人员。

被检查人拒绝、阻碍中国人民银行及其分支机构的非现场检查和现场检查工作，或者未按要求进行整改的，中国人民银行及其分支机构可以采取前款规定的约谈措施。

第四十八条 中国人民银行及其分支机构根据非现场检查和现场检查认定的事实，可以对被检查人采取出具警示函、监管意见书等监管措施。

第四十九条 被检查人有违反法律、行政法规或者中国人民银行规章规定的行为，并且中国人民银行或其分支机构对相关违法违规行为有管辖权的，应当及时依照《中华人民共和国行政处罚法》和《中国人民银行行政处罚程序规定》处理。

第五十条 中国人民银行分支机构在日常监管、执法检查中发现被检查人存在违法违规行为，但不属于本单位管辖的，应当移送有管辖权的中国人民银行分支机构处理；发现属于中国人民银行管辖的，应当逐级报请中国人民银行处理。

中国人民银行及其分支机构在日常监管、执法检查中发现被检查人涉嫌存在应当由其他部门查处的违法违规行为的，应当依法移送有关部门处理。

第五十一条 中国人民银行及其分支机构在执法检查过程中发现被检查人及其工作人员涉嫌犯罪，依法需要追究刑事责任的，应当按照《行政执法机关移送涉嫌犯罪案件的规定》，及时向公安机关移送。

中国人民银行及其分支机构在执法检查过程中发现被检查人的工作人员中存在被监察对象涉嫌违反党纪、职务违法或者职务犯罪等问题线索的，应当及时向纪检监察机关移送。

第五十二条 中国人民银行及其分支机构应当依照有关规定，将执法检查材料整理归档，妥善保存。

第六章 法律责任

第五十三条 中国人民银行及其分支机构的工作人员违

反本规定，按照法律、行政法规规定应当给予处分的，依法给予处分；涉嫌犯罪的，依法移送监察机关或者司法机关处理。

第五十四条　被检查人或其工作人员违反本规定，拒绝、阻碍中国人民银行或其分支机构的非现场检查和现场检查工作，拒绝提供信息、电子数据、文件和资料等或者提供虚假信息、电子数据、文件和资料等，拒绝参加或者配合中国人民银行或其分支机构约谈的，有关法律、行政法规和中国人民银行规章有处罚规定的，依据其规定给予处罚；有关法律、行政法规和中国人民银行规章未作处罚规定的，中国人民银行或其分支机构给予警告，并处十万元以下罚款，视情况给予通报批评。

第五十五条　被检查人未按照中国人民银行或其分支机构的要求整改，或者提交的整改报告内容不实，有关法律、行政法规和中国人民银行规章有处罚规定的，依据其规定给予处罚；有关法律、行政法规和中国人民银行规章未作处罚规定，情节严重的，中国人民银行或其分支机构给予警告，并处十万元以下罚款，视情况给予通报批评。

第七章　附　　则

第五十六条　本规定所称中国人民银行分支机构包括中国人民银行上海总部，各分行、营业管理部、中心支行和支行。

第五十七条　本规定所称被检查人享有的权利，是指被检查人对检查组工作进行监督、申请检查人员回避、对检查情况提出异议、举报检查人员违法违纪行为等权利。

本规定所称被检查人配合检查的义务，包括：

（一）不得阻碍、拒绝监督检查，不得提出不合理的要求；

（二）如实回复函询或者回答检查人员的询问，及时就相关事项进行说明；

（三）按照要求及时提供执法检查所需的信息、电子数据、文件和资料等，并对所提供的信息、电子数据、文件和资料等的真实性、准确性、完整性负责。

第五十八条　国家外汇管理局及其分支机构实施执法检查的程序规定，由国家外汇管理局另行制定。

第五十九条　中国人民银行及其分支机构与其他行政执法部门联合实施执法检查的，可以参照本规定执行。

中国人民银行可以依法与其他监管部门建立执法合作机制，相关办法由中国人民银行会同相关监管部门另行制定。

第六十条　本规定由中国人民银行负责解释。

第六十一条　本规定自2022年6月1日起施行。《中国人民银行执法检查程序规定》（中国人民银行令〔2010〕第1号发布）同时废止。

中国银保监会现场检查办法（试行）

1. 2019年12月24日中国银行保险监督管理委员会令2019年第7号公布

2. 自2020年1月28日起施行

第一章　总　　则

第一条　为全面贯彻落实党中央、国务院对金融工作的决策部署，加强对银行业和保险业的监督管理，规范现场检查行为，提升现场检查质效，促进行业健康发展，根据《中华人民共和国银行业监督管理法》《中华人民共和国保险法》《中华人民共和国商业银行法》等有关法律法规，制定本办法。

第二条　本办法所称现场检查，是指中国银行保险监督管理委员会（以下简称“银保监会”）及其派出机构依法对银行业和保险业机构经营管理情况进行监督检查的行政执法行为。

第三条　现场检查是银保监会及其派出机构监督管理的重要组成部分，通过发挥查错纠弊、校验核实、评价指导、警示威慑等作用，督促银行业和保险业机构贯彻落实国家宏观政策及监管政策，提高经营管理水平、合法稳健经营，落实银行业和保险业机构风险防控的主体责任，维护银行业和保险业安全，更好服务实体经济发展。

第四条　银保监会及其派出机构开展现场检查应当依照法律、行政法规、规章和规范性文件确定的职责、权限和程序进行。

第五条　银保监会及其派出机构和实施现场检查的人员（以下简称检查人员）应当依法检查，文明执法，严格落实中央八项规定精神，遵守保密和廉政纪律。银保监会及其派出机构应当加强现场检查纪律和廉政制度建设，加强对检查人员廉洁履职情况的监督。

第六条　银保监会及其派出机构依法开展现场检查，被查机构及其工作人员应当配合，保证提供的有关文件资料及相关情况真实、准确、完整、及时。对于被查机构及其工作人员存在不配合检查、不如实反映情况或拒绝、阻碍检查等行为的，银保监会及其派出机构可以根据情节轻重，对相关机构和个人依法采取监管措施和行政处罚。

检查期间，被查机构应当为现场检查工作提供必要的办公条件和工作保障。

被查机构及其工作人员未经银保监会及其派出机

构同意，不得将检查情况和相关信息向外透露。

第七条 本办法所指现场检查包括常规检查、临时检查和稽核调查等。

常规检查是纳入年度现场检查计划的检查。按检查范围可以分为风险管理及内控有效性等综合性检查，对某些业务领域或区域进行的专项检查，对被查机构以往现场检查中发现的重大问题整改落实情况进行的后续检查。

临时检查是在年度现场检查计划之外，根据重大工作部署或临时工作任务开展的检查。

稽核调查是适用简化现场检查流程对特定事项进行专门调查的活动。

第八条 银保监会及其派出机构应当建立和完善现场检查管理信息系统，实现检查资源共享，提高现场检查效率。

第九条 银保监会及其派出机构应当严格按照法律法规规定的程序编制现场检查项目经费预算，强化预算管理，合规使用检查费用。

第十条 银保监会及其派出机构应当配备与检查任务相适应的检查力量，加强现场检查专业人才培养，建立完善随机检查人员名录库，细化人才的专业领域，提升现场检查水平，将现场检查作为培养银行业和保险业监管队伍和提高监管能力的重要途径。

第十一条 银保监会各部门、各派出机构在现场检查工作中应当加强沟通协调，建立有效的现场检查联动机制。

第二章 职 责 分 工

第十二条 根据监管职责划分，银保监会及其派出机构现场检查工作实行分级立项、分级实施，按照“谁立项、谁组织、谁负责”的工作机制，开展现场检查。

第十三条 银保监会负责统筹全系统现场检查工作，根据监管职责划分，组织对相关银行业和保险业机构的现场检查，组织全系统重大专项检查、临时检查和稽核调查，对派出机构的现场检查进行统筹指导和考核评价。

第十四条 各派出机构负责统筹辖内现场检查工作，根据监管职责划分，组织对辖内银行业和保险业机构的现场检查，完成上级部门部署的现场检查任务，对下级部门的现场检查工作进行指导、考核和评价。

第十五条 根据需要，银保监会可以对银保监局监管的机构、银保监局可以对辖内银保监分局监管的机构直接开展现场检查。

第十六条 银保监会及其派出机构现场检查部门负责现场检查的归口管理。

银保监会及其派出机构承担现场检查任务的部门负责现场检查的立项和组织实施，提出整改、采取监管措施和行政处罚的建议，通过约谈、后续检查和稽核调查等方式对被查机构整改情况进行评价，并就现场检查情况及时与相关部门进行沟通。

银保监会及其派出机构的其他机构监管和功能监管等部门积极配合开展现场检查工作，负责提出现场检查立项建议，加强信息共享，提供现场检查所需的数据、资料和相关信息。

第十七条 银保监会及其派出机构应当加强与政府相关部门的工作联动，沟通检查情况，依法共享检查信息，积极探索利用征信信息、工商登记信息、纳税信息等外部数据辅助现场检查工作。配合建立跨部门双随机联合抽查工作机制，必要时可以联合其他部门开展对银行业和保险业机构相关业务领域的现场检查。

第十八条 银保监会及其派出机构应当根据监管备忘录等合作协议规定和对等原则，开展对中资银行业和保险业机构境外机构及业务的检查，并加强与境外监管机构的沟通协作，配合境外监管机构做好外资银行业和保险业机构境内机构及业务的检查。

第三章 立 项 管 理

第十九条 根据监管职责划分，银保监会及其派出机构实行分级立项。银保监会及其派出机构应当加强现场检查立项管理，根据银行业和保险业机构的依法合规情况、评级情况、系统重要性程度、风险状况和以往检查情况等，结合随机检查对象名录库及随机抽查事项清单，确定现场检查的频率、范围，确保检查项目科学、合理、可行。未经立项审批程序，不得开展现场检查。

第二十条 银保监会现场检查部门应当在征求机构监管、功能监管等部门以及各银保监局意见基础上，结合检查资源情况，制定年度现场检查计划，报委务会议或专题主席会议审议决定，由银保监会主要负责人签发。各银保监局制定辖内的年度现场检查计划，按相关规定向银保监会报告。

第二十一条 银保监会按年度制定现场检查计划，现场检查计划一经确定原则上不作更改。列入年度计划的个别项目确需调整的，应当说明调整意见及理由，每年中期集中调整一次。调整时，对于银保监会负责的项目，应当经银保监会负责人审批；对于派出机构负责的项目，应当经银保监局负责人审批同意后，按要求向银保监会报告。

第二十二条 经银保监会或银保监局主要负责人批准，银保监会或银保监局可以立项开展临时检查。各银保监局应当在临时立项后10个工作日内，将立项情况向银保监会报告。银保监会相关部门针对重大风险隐患或重大突发事件拟按照现场检查流程开展的检查,原则上应当按照职责分工和分级立项要求,会签相应的现场检查部门。

第二十三条 稽核调查可以纳入年度现场检查计划,也可以适用临时检查立项程序。

第四章 检查流程

第二十四条 现场检查工作分为检查准备、检查实施、检查报告、检查处理和检查档案整理五个阶段。

第二十五条 银保监会及其派出机构组织实施现场检查可以采取以下方式:

(一)由立项单位组织实施;

(二)由上级部门部署下级部门实施;

(三)对专业性强的领域,可以要求银行业和保险业机构选聘符合条件的第三方机构进行检查,并将检查结果报告监管部门;

(四)必要时可以按照相关程序,聘请资信良好、符合条件的会计师事务所等第三方机构参与检查工作,具体办法由银保监会另行制定;

(五)采用符合法律法规及规章规定的其他方式实施。

第二十六条 银保监会及其派出机构依法组织实施现场检查时,检查人员不得少于二人,并应当出示执法证或工作证等合法证件和检查通知书。检查人员少于二人或未出示合法证件和检查通知书的,被检查单位和个人有权拒绝检查。

第二十七条 存在影响或者可能影响依法公正履行职责情况的,现场检查人员应当按照履职回避的相关规定予以回避,并且不得参加相关事项的讨论、审核和决定,不得以任何方式对相关事项施加影响。被查机构认为检查人员与其存在利害关系的,有权申请检查人员回避。

第二十八条 银保监会及其派出机构应当在实施现场检查前组成检查组,根据检查任务,结合检查人员业务专长,合理配备检查人员。检查组实行组长负责制。检查组组长在检查组成员中确定主查人,负责现场检查工作的具体组织和实施。

第二十九条 检查组根据检查项目需要,开展查前调查,收集被查机构检查领域的有关信息,主要包括被查机构内外部审计报告及其对内外部检查和审计的整改和处罚情况,被查机构的业务开展情况、经营管理状况,监管部门掌握的被查机构的情况等,并进行检查分析和模型分析,制定检查方案,做好查前培训。

第三十条 检查组应当提前或进场时向被查机构发出书面检查通知,组织召开进点会谈,并向被查机构提出配合检查工作的要求。同时由检查组组长或负责人宣布现场检查工作纪律和有关规定,告知被查机构对检查人员履行监管职责和执行工作纪律、廉政纪律情况进行监督。

第三十一条 检查人员应当按要求做好工作记录、检查取证、事实确认和问题定性。

第三十二条 检查过程中,应当加强质量控制,做到检查事实清楚、问题定性准确、责任认定明晰、定性依据充分、取证合法合规。

第三十三条 检查组通过事实确认书、检查事实与评价等方式,就检查过程中发现的问题与被查机构充分交换意见,被查机构应当及时认真反馈意见。承担现场检查任务的部门应当与相关部门加强对检查情况的沟通。

第三十四条 检查结束后,检查组应当制作现场检查工作报告,并向被查机构出具现场检查意见书。必要时,可以将检查意见告知被查机构的上级管理部门或被查机构的董事会、监事会、高级管理层或主要股东等。

第三十五条 检查人员应当按照相关规定认真收集、整理检查资料,将记录检查过程、反映检查结果、证实检查结论的各类文件、数据、资料等纳入检查档案范围。

第三十六条 稽核调查参照一般现场检查程序,根据工作要求和实际情况,可以简化流程,可以不与调查对象交换意见,可以不出具检查意见书,以调查报告作为稽核调查的成果。调查过程中如发现涉及需要采取监管措施或行政处罚的事项,应当按照相关要求收集证据,依程序进行处理。

第三十七条 对于有特殊需要的现场检查项目,经检查组组长确定,可以适当简化检查程序,包括但不限于不进行查前培训、不组织进点会谈等。

第五章 检查方式

第三十八条 检查过程中,检查人员有权查阅与检查事项有关的文件资料和信息系统、查看经营管理场所、采集数据信息、测试有关系统设备设施、访谈或询问相关人员,并可以根据需要,收集原件、原物,进行复制、记录、录音、录像、照相等。对可能被转移、隐匿或者毁损的文件、资料,可以按照有关法律法规进行封存。

根据工作需要,可以采取线上检查、函询稽核等新型检查方法。线上检查是运用信息技术和网络技术分析筛查疑点业务和机构并实施的穿透式检查。函询稽核是对重大风险或问题通过下发质询函等方式检查核实的活动。

第三十九条 银保监会及其派出机构应当持续完善检查

分析系统,充分运用信息技术手段,开展检查分析,实施现场检查,提高现场检查质效。银行业和保险业机构应当按照银保监会及其派出机构要求,加强数据治理,按照监管数据标准要求,完成检查分析系统所需数据整理、报送等工作,保证相关数据的全面、真实、准确、规范和及时。银保监会及其派出机构应当加强对银行业和保险业机构信息科技外包服务等工作的监督检查。

第四十条 检查人员可以就检查事项约谈银行业和保险业机构外聘审计机构人员,了解审计情况。银行业和保险业机构外聘审计机构时,应当在相关合同或协议中明确外聘审计人员有配合银保监会及其派出机构检查的责任。对外聘审计机构审计结果严重失实、存在严重舞弊行为等问题的,银保监会及其派出机构可以要求被查机构立即评估该外审机构的适当性。

第四十一条 必要时,银保监会及其派出机构可以要求银行业和保险业机构内审部门对特定项目进行检查。内审部门应当按照监管要求实施检查、形成报告报送监管部门。银保监会及其派出机构应当加强检查指导,对检查实行质量控制和评价。

第四十二条 检查过程中,为查清事实,检查组需向除被查机构以外的其他银行业和保险业机构了解情况的,可以要求相关机构予以配合。经银保监会承担现场检查任务部门的负责人批准,检查人员可以向相关银行业和保险业机构了解情况,也可以委托相关机构所在地银保监局或检查组予以协助。涉及跨银保监局辖区的协查事项,经银保监局负责人批准,可以发函要求相关机构所在地银保监局予以协助。银保监局辖内的协查事项,由各银保监局自行确定相关程序和要求。协查人员负责调取相关资料,查明相关情况,检查责任由检查组承担。

第四十三条 银保监会及其派出机构依法对银行业和保险业机构进行检查时,为了查清涉嫌违法行为,可以根据《中华人民共和国银行业监督管理法》第四十二条、《中华人民共和国保险法》第一百五十四条的规定对与涉嫌违法事项有关的单位和个人进行调查。

第四十四条 银保监会及其派出机构行使相关调查权应当符合以下条件:

(一)在检查中已获取银行业和保险业机构或相关人员涉嫌违法的初步证据;

(二)相关调查权行使对象限于与涉嫌违法事项有关的单位和个人。

第四十五条 与涉嫌违法事项有关的单位和个人包括与涉嫌违法行为有直接关系的民事主体,也包括没有参与违法行为,但掌握违法行为情况的单位和个人。主要指:

(一)银行业和保险业机构的股东、实际控制人、关联方、一致行动人及最终受益人等;

(二)银行业和保险业机构的客户及其交易对手等;

(三)为银行业和保险业机构提供产品和服务的企业、市场中介机构和专业人士等;

(四)通过协议、合作、关联关系等途径扩大对银行业和保险业机构的控制比例或巩固其控制地位的自然人、法人或其他组织;

(五)其他与银行业和保险业机构涉嫌违法事项有关的单位和个人。

第四十六条 调查人员依法开展相关调查时,被调查单位和个人应当配合,如实说明有关情况,并提供有关文件、资料,不得拒绝、阻碍和隐瞒。阻碍银保监会及其派出机构工作人员依法执行调查任务的,由银保监会及其派出机构提请公安机关依法给予治安管理处罚,涉嫌构成犯罪的,依法移送司法监察机关等部门。

第六章 检查处理

第四十七条 银保监会及其派出机构可以将现场检查情况通报被查机构的上级部门或主要股东,可以与被查机构的董事、监事、高级管理人员进行监管谈话,要求其就检查发现的问题作出说明和承诺,也可以对相关责任人进行谈话提醒、批评教育或者责令书面检查等。

第四十八条 对于检查中发现的问题,银保监会及其派出机构应当在检查意见书中责令被查机构限期改正。被查机构应当在规定时间内提交整改报告。

第四十九条 对于被查机构在现场检查前反馈的自查情况中主动发现并及时纠正相关问题,符合《中华人民共和国行政处罚法》第二十七条规定的相关情形的,应当依法提出从轻、减轻或不予行政处罚的意见建议。

第五十条 银保监会及其派出机构在检查中发现被查机构存在违反法律法规、审慎经营规则和偿付能力监管规则等情形的,应当依法采取《中华人民共和国银行业监督管理法》《中华人民共和国保险法》规定的监管措施。

第五十一条 银保监会及其派出机构应当对现场检查中发现涉及行政处罚的违法违规行为及时启动行政处罚立案调查程序,按照《中华人民共和国银行业监督管理法》《中华人民共和国保险法》及银保监会行政处罚有关规定办理。

第五十二条 立案前现场检查中已经依法取得的证据材料,符合行政处罚证据要求的可以作为认定违法、违规事实的证据。审查过程中确需补充证据材料的,应当按照有关规定开展补充立案调查。

第五十三条 银保监会及其派出机构在现场检查中发现银行业和保险业机构及其工作人员、客户以及其他相关组织、个人涉嫌犯罪的,应当根据有关规定,依法向司法监察机关等部门移送。

第五十四条 检查结束后,承担现场检查任务的部门应当将现场检查意见书及时抄送机构监管部门及其他相关部门。机构监管部门应当根据检查意见,督促被查机构落实整改要求。必要时,可以设立一定的整改观察期。

第五十五条 承担现场检查任务的部门负责对被查机构整改情况进行评价。评价过程中,可以查阅被查机构的整改报告、要求被查机构补充相关材料、约谈被查机构相关人员、听取机构监管部门等相关部门意见,必要时可以通过后续检查、稽核调查等方式进行。

第五十六条 被查机构未按要求整改的,银保监会及其派出机构可以根据《中华人民共和国银行业监督管理法》《中华人民共和国保险法》规定采取进一步监管措施或进行行政处罚。

第五十七条 银保监会及其派出机构应当加强对检查情况和整改情况的统计分析,建立现场检查信息反馈和共享机制。对于检查中发现的普遍性、典型性风险和问题,应当及时采取监管通报、风险提示等措施;对于检查中发现的系统性风险苗头,应当及时专题上报;对于检查中发现的监管机制和制度存在的问题,应当及时提出修订和完善监管机制与制度的建议。

第五十八条 银保监会及其派出机构应当将现场检查发现的情况和问题,在被查机构的监管评级和风险评估中反映,必要时相应调整被查机构的监管评级和风险评估,并依照相关规定在市场准入工作中予以考虑。

第五十九条 银保监会及其派出机构有权按照规定披露相关检查情况,但涉及国家秘密、商业秘密、个人隐私以及公布后可能危及国家安全、公共安全、经济安全和社会稳定的除外。

第七章 考核评价

第六十条 银保监会及其派出机构应当建立现场检查工作质量控制和考核评价机制,对检查立项的科学性、检查实施的合规性、检查成果的有效性以及现场检查人员的履职尽责情况等进行质量控制和考核评价。

第六十一条 银保监会及其派出机构可以建立现场检查正向激励机制,对于检查能力突出、查实重大违法违规问题、发现重大案件或重大风险隐患的检查人员,可以给予表彰奖励。

第六十二条 银保监会及其派出机构应当按照权责一致、宽严适度、教育与惩戒相结合的原则,完善现场检查工作问责和免责机制。对于在现场检查工作中不依法合规履职的,应当在查清事实的基础上依照有关法律法规及银保监会履职问责有关规定,对相关检查人员予以问责。对于有证据表明检查人员已履职尽责的,免除检查人员的责任。

第六十三条 对于滥用职权、徇私舞弊、玩忽职守、泄露所知悉的被查机构商业秘密等严重违反现场检查纪律的人员,依法给予纪律处分;涉嫌构成犯罪的,依法移送司法监察机关等部门。

第八章 附 则

第六十四条 银保监会及其派出机构根据日常监管需要,开展的信访举报和投诉核查、监管走访、现场调查、核查、督查或调研等活动,不属于本办法规定的现场检查,具体办法由银保监会另行制定。

第六十五条 本办法所称银行业和保险业机构,包括:

(一)在中华人民共和国境内依法设立的政策性银行和商业银行、农村信用社等吸收公众存款的金融机构、外国银行在华代表处;

(二)在中华人民共和国境内依法设立的保险集团(控股)公司、保险机构、保险资产管理机构、保险中介机构、外国保险公司驻华代表处;

(三)在中华人民共和国境内依法设立的信托机构、金融资产管理公司、企业集团财务公司、金融租赁公司、汽车金融公司、消费金融公司、货币经纪公司以及经银保监会及其派出机构批准设立的其他非银行金融机构;

(四)经银保监会及其派出机构批准在境外设立的金融机构。

第六十六条 银保监会可以依照本办法制定现场检查规程及相关实施细则。各派出机构可以依照本办法制定辖内现场检查实施细则。

第六十七条 本办法由银保监会负责解释。

第六十八条 本办法自2020年1月28日起施行。《中国银监会现场检查暂行办法》同时废止。本办法施行前有关规定与本办法不一致的,以本办法为准。

中国银监会非现场监管暂行办法

1. 2016年2月6日中国银行业监督管理委员会发布
2. 银监发〔2015〕53号

第一章 总 则

第一条 为明确非现场监管的职责分工和工作内容,规范非现场监管的程序、报告路径和方法，提高非现场监管的工作质量和效率，根据《中华人民共和国银行业监督管理法》等有关法律法规，制定本办法。

第二条　本办法适用于银监会及其派出机构对银行业金融机构进行的非现场监管工作。

第三条　本办法所称非现场监管是指通过收集银行业金融机构以及行业整体的业务活动和风险状况的报表数据、经营管理情况及其他内外部资料等信息，对银行业金融机构以及行业整体风险状况和服务实体经济情况进行分析，做出评价，并采取相应措施的持续性监管过程。

非现场监管是对银行业金融机构监管的重要手段，在监管流程、风险识别判断、监管行动制定和实施中发挥核心作用。

第四条　非现场监管应当贯彻风险为本的监管理念，督促银行业金融机构完善内部控制和全面风险管理体系，切实承担风险管理主体责任，持续提高风险管控和服务实体经济的能力。

第五条　非现场监管应当根据银行业金融机构风险状况、业务规模及复杂程度、系统重要性程度等因素，实施差异化监管。

第六条　非现场监管应当加强联动，形成系统内以及跨部门的监管联动机制，不断提高监管协作水平和监管效率。

第七条　非现场监管应积极运用现代科技手段，加强信息系统建设，强化基础信息收集，提升信息审核和分析技术水平，捕捉苗头性、趋势性风险信号，提高风险预警能力和监管有效性。

第二章　非现场监管工作机制

第一节　职责分工

第八条　银监会负责制定非现场监管规则，实施对全国性银行业金融机构的非现场监管，组织开展对全国同类银行业金融机构的非现场监管，负责银行业系统性区域性风险防范控制，指导协调银监会派出机构非现场监管工作，承担与国家有关部门、境外监管当局的监管协调职责。

银监会非现场监管牵头部门负责统筹协调银监会非现场监管工作，研究制定和完善非现场监管政策和规则，包括监管流程框架、指标体系、信息系统、监管工具和联动工作机制等，并作为系统性区域性风险监管牵头部门牵头负责系统性风险监测制度的制定、监管工具的开发、监管方法的研究、预警系统的建设、银行业整体风险压力测试的统筹开展、重大监管行动组织实施等系统性区域性风险监管工作，协调银监会机构监管部门和功能监管部门、指导派出机构相应部门开展系统性区域性风险监管。

银监会各机构监管部门负责全国性银行业金融机构的非现场监管，组织开展全国同类银行业金融机构的非现场监管，包括相应机构系统性风险的监测识别和防范控制工作，并指导派出机构相应部门开展非现场监管工作。

银监会功能监管部门负责各自相应领域的非现场监管，包括相应领域系统性风险监测识别和防范控制工作，并协调银监会机构监管部门、指导派出机构相应部门开展本领域的非现场监管工作。

第九条　银监会派出机构负责辖内银行业金融机构（含法人及分支机构）以及银行业区域性风险的非现场监管，指导协调下级派出机构非现场监管工作，承担与地方有关部门的监管协调职责。

银监会派出机构应当指定一个部门作为辖内非现场监管牵头部门，统筹协调辖内非现场监管工作，并作为辖内系统性区域性风险监管牵头部门，协调本级机构监管部门和功能监管部门、指导下级派出机构开展区域性风险监管。

银监会派出机构的机构监管部门负责辖内同类及直接监管的单体银行业金融机构的非现场监管，包括相应机构区域性风险的监测识别和防范控制工作，并指导下级派出机构相应部门开展非现场监管工作。

银监会派出机构功能监管部门负责各自相应领域的非现场监管，包括相应领域区域性风险的监测识别和防范控制工作，并协调本级机构监管部门和指导下级派出机构开展本领域的非现场监管工作。

第十条　各级监管机构应当建立非现场监管人员的定期轮岗、履职回避和培训交流制度。

第二节　数据信息管理

第十一条　各级监管机构应当健全数据、信息采集和管理工作制度，持续完善风险监测指标体系，改进非现场监管信息系统功能，夯实非现场监管基础。

银监会非现场监管牵头部门应当牵头负责非现场监管报表指标的设计、发布、执行、修订和废止，会同相关部门制定统一的非现场监管报表制度，明确银行业金融机构的数据报送和管理要求，建立报表指标解释说明机制，形成统一规范的非现场监管数据内部共享和对外披露规范，并负责非现场监管信息系统业务管理、维护。银监会派出机构可以根据辖区内非现场监管工作需要，增加设置非现场监管报表指标或区域特色报表。

银监会信息科技管理部门负责非现场监管信息系

统技术管理、维护，改进完善非现场监管信息系统功能。

第十二条 各级监管机构应督促银行业金融机构持续强化数据、信息系统建设，加强数据、信息报送管理，确保数据、信息的真实、准确、及时、完整。

各级监管机构应当按照非现场监管报表制度的要求，依托非现场监管信息系统定期收集银行业金融机构的非现场监管报表，并按要求进行加工处理。各级监管机构可根据监管工作需要，要求银行业金融机构提供必要的数据、信息。非现场监管报表收集流程应当包括信息采集、质量审核、情况记录和信息变更四个主要环节。

第十三条 各级监管机构应当加强数据审核工作，在非现场监管信息系统的支持下，从报表完整性、逻辑关系、异常变动等方面对非现场监管报表质量进行审核。

各级监管机构可以根据非现场监管工作需要，对银行业金融机构数据质量管理情况和监管监测指标真实性进行问询、约谈、专项评估、实地走访或现场检查等。对数据信息报送存在问题的，可以根据情节轻重，按照《中华人民共和国银行业监督管理法》等有关法律法规和银监会相关规定采取相应的监管措施。

第十四条 各级监管机构应当对收集的数据、信息及时整理，按要求进行传递、共享和报告，同时对信息收集过程中的信息报送情况、异常分析情况等及时记录，并进行汇总、整理和归档。

第十五条 各级监管机构应当根据重要性原则审慎处理银行业金融机构对所报送数据提出的变更申请。如数据变更将对银行业金融机构的风险判断产生重大实质性影响，应重新进行数据收集和审核，并对全部有关监管结论和报告意见进行调整。

第十六条 各级监管机构应当按照档案管理有关规定对非现场监管资料进行收集、分类、整理，确保资料完整并及时归档。

第三节 联动监管

第十七条 非现场监管应当充分发挥应有的核心作用，加强与市场准入和现场检查的衔接，形成三者之间相辅相成、相互补充的有机整体。

第十八条 系统性区域性风险监管牵头部门、功能监管部门、机构监管部门以及其他相关部门之间应当建立非现场监管联动工作机制，加强沟通协调，做好监管配合。

第十九条 各级监管机构应当加强横向和纵向监管联动。上级机构应当统筹部署、指导评价下级派出机构非现场监管工作，各派出机构应当加强信息沟通，促进监管行动协调。

第二十条 法人监管机构与分支机构监管机构应当在监管政策、年度计划、现场检查、监管评级、风险评估、采取监管措施等重大问题上加强监管沟通，交流工作信息，统一监管行动，提高监管效率。

第二十一条 银行业金融机构并表监管机构应当与该银行业金融机构附属机构的属地监管机构加强双向沟通交流，协调行动，互为支撑。

第二十二条 各级监管机构应当加强与人民银行、证券监督管理机构、保险监督管理机构以及国家相关部门的信息共享，强化监管协调，形成监管合力，确保银行业体系稳健运行。

第二十三条 银监会应当加强与境外金融监管机构的交流合作，通过监管联席会议、监管磋商等方式促进国际监管协作。

第二十四条 银监会系统性区域性风险监管牵头部门负责制定和完善信息共享要求，推动非现场监管信息、分析报告、工作经验、实践案例的共享，加强信息共享平台建设，优化共享账户管理，对共享工作进行考核通报。

信息共享应遵守保密法律法规以及银监会相关保密规定。

第二十五条 机构监管部门应当及时将监管报告、各类重要监管信息、重大风险情况、重点分析报告、重大监管行动情况抄送系统性区域性风险监管牵头部门、相关功能监管部门及其他有关部门。功能监管部门应当及时将现场检查报告、专题调查分析和研究报告、重大专项风险情况抄送系统性区域性风险监管牵头部门、相关机构监管部门及其他有关部门。

银监会派出机构应及时将区域性风险报告、辖内重要监管信息、重大风险情况、重点分析报告、重大监管行动情况、突发风险及其处置情况报送上级机构。上级机构系统性区域性风险监管牵头部门和其他相关部门应及时进行研究处理。

系统性区域性风险监管牵头部门应定期将银行业运行分析报告等信息与相关监管部门、派出机构共享，同时根据风险在不同领域、机构、区域的分布情况及发展趋势，及时向相关监管部门、下级派出机构进行提示，加强工作协调，提出相关意见和建议。

第三章 法人（集团）非现场监管

第一节 一般规定

第二十六条 各级监管机构应当对银行业金融机构在法人和集团层次上实施非现场监管。

前款所称集团是指该银行业金融机构法人及其各

级附属机构所形成的银行集团。

第二十七条　各级监管机构系统性区域性风险监管牵头部门应当根据履职需要做好辖内法人(集团)非现场监管的协调工作。

第二十八条　负责法人监管的机构监管部门应当根据银行业金融机构的风险水平和对金融体系稳定的影响程度确定该法人(集团)的监管周期。单一监管周期包括制定监管计划、日常监测分析、风险评估、现场检查联动、监管评级和监管总结等六个环节,形成持续性的非现场监管循环。

根据银行业金融机构风险状况、业务规模和复杂程度,结合监管资源的配置情况,可以适当调整或优化上述程序。

第二十九条　对银行业金融机构分支机构的非现场监管应当遵循法人监管的原则,根据法人监管机构的总体部署与要求,结合本地分支机构的特点具体开展,特别是注重督促分支机构落实风险管理要求,强化信用风险、操作风险、声誉风险防控,切实提高合规水平,注重加强数据真实性核查,及时反映风险隐患以及重大、突发风险事件。

第三十条　功能监管部门可以参照本章对机构监管部门的规定开展各自职责领域内的非现场监管工作。

第二节　制定监管计划

第三十一条　机构监管部门应当在充分了解银行业金融机构风险状况的基础上,根据职责分工,就其负责监管的同类银行业金融机构制定当期监管工作安排,对直接监管的法人银行业金融机构制定监管计划,明确重点关注风险领域、风险评估、现场检查建议、监管评级、监管措施等主要监管任务和时间进度安排。

第三十二条　机构监管部门制定监管工作安排和监管计划时应当了解被监管的银行业金融机构的准入情况,并可向系统性区域性风险监管牵头部门、现场检查部门、其他功能监管部门征求意见。

监管计划还可同时征求分支机构监管机构、属地监管机构的意见,监管计划经审定后,应当抄送同级系统性区域性风险监管牵头部门及功能监管部门等相关部门,并发送给分支机构监管机构和属地监管机构。

监管计划格式可参考附件 1。

第三十三条　机构监管部门应按照监管计划掌握和控制计划执行进程,并根据银行业金融机构经营管理情况和风险状况的重大变化,及时修订监管计划和更新执行记录。

第三节　日常监测分析

第三十四条　机构监管部门应当根据职责分工,全面、持续收集所监管的单体及同类银行业金融机构经营管理和风险信息,清晰连续地了解和掌握银行业金融机构的基本状况。

经营管理和风险信息来源包括但不限于:向银行业金融机构收集或通过参加会议、现场走访等方式获取的非现场监管报表、内部制度、文件报告等资料及其他信息;与银监会内部有关部门共享得到的信息;从其他政府部门、社会中介机构、媒体等第三方获得的信息。

负责法人监管的机构监管部门应当根据非现场监管报表制度要求收集、审核非现场监管报表,处理迟报、错报、漏报,对数据异常变化情况进行审核和跟踪,协调解答被监管机构疑问。

第三十五条　负责法人监管的机构监管部门应当编制机构概览(格式可参考附件 2),至少每年更新一次,遇有重大变化及时更新。

第三十六条　机构监管部门应当综合运用多种方法对单体及同类银行业金融机构的经营状况、风险特点和发展趋势进行监测分析(法人机构日常风险监测分析参考要点见附件 3)。

机构监管部门的日常风险监测分析结论应当作为市场准入的重要考虑因素。机构监管部门在日常风险监测分析过程中,认为监管法规、政策或者功能监管等领域存在需要关注的事宜的,应当及时与相关部门进行沟通。

第三十七条　机构监管部门应当在日常风险监测分析的基础上,按以下规定定期形成风险分析报告,并在信息共享平台上予以共享:

(一)银监会相关机构监管部门对全国性银行业金融机构,应当按月形成单体及同类银行业金融机构的营运分析报告,会同功能监管部门按季形成单体及同类银行业金融机构季度监管报告;对地方银行业金融机构,应当按半年度形成同类银行业金融机构半年度监管报告;

(二)下级派出机构的机构监管部门应当按银监会机构监管部门确定的频度形成风险分析报告,并报上级机构的机构监管部门。

分支机构监管机构应当按法人监管机构确定的频度(至少每季)向法人监管机构提供风险分析报告,主要反映当期分支机构的重要风险领域和应关注的主要变化等内容。

第三十八条　机构监管部门针对所监管的单体及同类银行业金融机构的重大风险、异常变动、突发事件等情况,应当及时撰写专题分析报告,分析原因,提出建议,并依据事件的紧急和严重程度逐级上报。分支机构监管机构应向法人监管机构上报相关专题分析报告。

掌握银行业金融机构案件(风险)信息的功能监管部门应定期(至少按季)将相关信息反馈至机构监管部门、系统性区域性风险监管牵头部门。

第三十九条 机构监管部门应当根据日常监测分析结论和突发事件情况,结合银行早期风险预警系统反映风险迹象的先行指标、脆弱性指标等,科学预判重大风险变化趋势,前瞻性开展短期和中长期风险预警。

机构监管部门应当根据风险预警情况,及时上报并采取相应的监管措施,督促银行业金融机构缓释控制风险。

银监会系统性区域性风险监管牵头部门应当会同相关部门针对重大风险和突发事件制定相应的预警和应急处置制度,根据风险严重程度明确相应的应对机制、措施和程序。

第四节 风险评估

第四十条 负责法人监管的机构监管部门应当在综合考虑非现场监管、现场检查和市场准入等情况的基础上,通过评估被监管机构主要业务的内在风险水平、相应的风险管理能力和风险未来发展变动方向,对银行业金融机构法人的整体风险状况进行定期评估。

对分支机构一般不需要进行整体风险评估,可针对特定业务或特定风险进行专项风险评估。

第四十一条 风险评估应当界定银行业金融机构的主要业务种类、风险种类,进而明确风险的主要来源,分析、识别内在风险水平,评估主要业务的风险管理能力,确定风险发展趋势,通过风险矩阵分析评估整体风险水平(风险评估操作要点参见附件4)。

第四十二条 风险评估是一个动态过程,每个监管周期至少要对银行业金融机构法人进行一次整体风险评估。如果遇到重大情况或突发事件对银行的风险及风险管理带来较大影响时,机构监管部门应及时对风险评估结果进行调整。现场检查结束后,如有必要,机构监管部门应当根据现场检查结果对风险评估进行调整。

第四十三条 进行风险评估时,系统性区域性风险监管牵头部门、相关功能监管部门应当向机构监管部门提供必要的协助。信息科技、消费者保护领域的风险评估,由信息科技、消费者保护部门组织实施,并将评估结果向机构监管部门反馈。

机构监管部门应将风险评估结果及时向系统性区域性风险监管牵头部门等非现场监管相关部门反馈。

第四十四条 机构监管部门应当通过风险评估,摸清单体及同类银行业金融机构的风险特征,有效配置监管资源,实现差别化监管。

第五节 现场检查联动

第四十五条 系统性区域性风险监管牵头部门、机构监管部门、功能监管部门及其他相关部门应结合日常监管情况,对需要现场检查的重点机构、重点地区、重点业务、重点风险领域及主要风险点提出立项建议。

现场检查部门应在征求相关部门及各银监局意见的基础上,根据银行业金融机构依法合规情况、风险状况和前期检查情况,并结合检查资源状况,统筹制定现场检查计划(现场检查立项建议书格式可参考附件5)。

第四十六条 现场检查项目确定后,现场检查部门应与系统性区域性风险监管牵头部门、机构监管部门、功能监管部门及其他相关部门进行检查前座谈沟通。系统性区域性风险监管牵头部门、机构监管部门、功能监管部门及其他相关部门应根据检查项目需要及时提供非现场监管相关数据、信息资料和工作协助,并根据检查需要参加现场检查。

第四十七条 现场检查部门应当将现场检查意见书及时抄送各相关部门。机构监管部门应当根据检查意见督促银行业金融机构落实整改要求,必要时可设立一定的整改观察期。对现场检查反映的情况,机构监管部门应当在风险评估和监管评级中予以反映,并将情况反馈现场检查部门,同时作为市场准入的考量因素。

现场检查部门负责对银行业金融机构整改情况进行评估,评估过程中可听取机构监管部门等相关部门意见,必要时可进行后续检查。

法人监管机构应当根据分支机构的现场检查情况,针对法人层面存在的缺陷采取相应的监管措施,并督促整改。

第六节 监管评级

第四十八条 机构监管部门应当根据日常监管、风险评估和现场检查结果,对银行业金融机构法人开展监管评级。商业银行的监管评级应当执行《商业银行监管评级内部指引》。除另有规定外,其他银行业金融机构的监管评级可参照执行。

外国银行分行的监管评级根据《外国银行分行综合监管评级(ROCA + S)规程(试行)》进行。

第四十九条 监管评级应当遵循以下原则:

(一)全面性原则。即汇集监管过程中搜集到的各方面信息,全面反映银行业金融机构公司治理、风险管理、业务经营、并表管理等各方面情况。

（二）及时性原则。即发生对监管评级结论可能产生实质影响的重大事件后，应当遵循评级流程和权限及时调整监管评级。

（三）系统性原则。即在评级过程中充分考虑同业的情况、宏观经济形势、区域经济发展、外部政策等影响因素。

（四）审慎性原则。即尽可能做出合理的判断和审慎的预测，对于被监管机构不愿提供或者无法证实的信息，应视为对机构不利的信息。

第五十条 监管评级应当考虑银行业金融机构的系统性区域性风险因素、消费者保护、普惠金融服务、创新业务风险管理以及法律合规工作情况。

第五十一条 银监会各机构监管部门负责统筹组织和协调监管评级工作，并审核银监会派出机构对地方银行业金融机构的评级结果。

机构监管部门开展监管评级应当征求系统性区域性风险监管牵头部门、现场检查及其他功能监管部门的意见。监管评级结果应抄送同级系统性区域性风险监管牵头部门。各监管部门及参与评级工作的监管人员应当对监管评级结果严格保密，不得违规对外披露监管评级情况。

第五十二条 各级监管机构应按照规定的程序、方式和范围，向银行业金融机构通报监管评级结果，并提出监管要求。

监管评级结果应当作为制定监管计划、配置监管资源、采取监管行动的主要依据，以及市场准入的重要参考因素。

第七节 监管总结

第五十三条 机构监管部门应当在监管周期结束后总结单体及同类银行业金融机构在本周期内的经营情况、风险状况，全面梳理银行业金融机构存在的主要问题，对监管措施和要求的落实情况形成综合的监管报告，并在信息共享平台上予以共享。银监会机构监管部门应当按年形成单体全国性银行业金融机构和全国各类银行业金融机构的年度监管报告。

下级派出机构的监管报告应报送上级机构，报送时限和路径由银监会机构监管部门确定。

第五十四条 监管报告应当包括但不限于：

（一）报告期内被监管机构经营情况的变化和重大事项；

（二）对被监管机构的风险状况评价；

（三）被监管机构存在的主要问题；

（四）各级监管机构提出的监管措施和要求；

（五）各级监管机构拟开展的主要工作。

第五十五条 机构监管部门可以通过审慎监管会谈、监管通报、监管意见书等形式向银行业金融机构反馈本监管周期的监管情况，提出监管要求。监管通报、监管意见书等监管反馈意见应征求同级系统性区域性风险监管牵头部门意见。监管反馈意见应告知银行业金融机构的董事会、监事会和高级管理层。

机构监管部门向银行业金融机构反馈监管意见时，可以邀请系统性区域性风险监管牵头部门、现场检查部门及其他相关部门参加。

第四章 系统性区域性风险非现场监管

第一节 一般规定

第五十六条 各级监管机构应在单体机构非现场监管的基础上，将银行业体系视为一个整体，关注宏观经济与金融体系的相互影响，以及金融体系内部相互联系产生的风险及其蔓延，开展系统性区域性风险非现场监管。

第五十七条 各级监管机构相关监管部门和工作人员，应当在各司其职的基础上，树立系统性区域性风险监管理念，加强协同配合和政策协调。

系统性区域性风险监管牵头部门应当加强对系统性区域性风险监管的指导协调，完善风险防控手段和工具，及时采取有效措施，防控系统性区域性风险。机构监管部门、功能监管部门，应当在各自职责领域内开展相应的系统性区域性风险监测识别与风险防范控制工作。

第五十八条 各级监管机构开展系统性区域性风险非现场监管应当加强内部联动，形成监管合力，同时加强与其他金融监管部门以及国家相关部门之间的监管协调。

第五十九条 银监会系统性区域性风险监管牵头部门应当设置系统性区域性风险监管协调员，负责银监会机构监管部门、功能监管部门以及银监会派出机构系统性区域性风险监管的联络工作。

银监会各机构监管部门、功能监管部门应当设置系统性区域性风险监管联络员，负责与银监会系统性区域性风险监管牵头部门以及各派出机构进行联络工作。

银监会各派出机构应当设置系统性区域性风险监管联络员，负责与上下级机构进行联络工作。

第二节 系统性区域性风险监测识别

第六十条 系统性区域性风险监管牵头部门应当会同机构监管部门和相关功能监管部门制定年度系统性区域性风险监管工作计划，确定各级监管机构全年系统性区域性风险防控重点任务，并做好相关工作的统筹推进。

第六十一条　系统性区域性风险非现场监管应当加强信息采集等基础性工作，通过银行报送、监管统计及第三方信息等渠道及时、准确、全面地收集信息。

银监会系统性区域性风险监管牵头部门应当会同银监会机构监管部门和相关功能监管部门，根据系统性区域性风险监管需要，明确应报送相关信息的重点银行业金融机构范围以及报送内容、频度、途径等要求。

系统性区域性风险监管牵头部门根据系统性风险和重点区域性风险防控需要，可以补充收集重点银行业金融机构和其他机构的信息和数据，与银行业金融机构进行会谈，进一步了解情况。

第六十二条　系统性区域性风险非现场监管应重点监测：

（一）国际主要经济体和国内宏观经济运行情况，评估特定行业、特定领域和经济周期波动对金融体系的冲击；

（二）金融体系运行情况，关注金融风险的跨部门传递；

（三）银行业风险情况，特别是系统重要性机构风险情况；

（四）法律政策调整情况，包括境内外法律制度、货币政策、财政政策、产业政策等对系统性区域性风险的影响；

（五）区域性风险情况，关注特定地域内的经济、金融市场以及地方性金融机构的风险状况。

第六十三条　系统性区域性风险监管牵头部门应当牵头建立系统性区域性风险的识别指标体系，并根据银行业总体风险特点持续加以完善。

第六十四条　系统性区域性风险非现场监管应当加强系统性区域性风险分析，关注风险积累、变化和传导情况，通过压力测试等方式，持续动态地对金融体系，特别是银行体系抵御外部冲击和吸收损失的能力进行评估。

第六十五条　对发现或可能存在的系统性区域性风险隐患，系统性区域性风险监管牵头部门可单独或会同相关监管部门进行调查研究，及时发现问题，研究对策。

第六十六条　系统性区域性风险监管牵头部门可以根据需要，组织同级机构监管部门、相关功能监管部门、下级派出机构和重点银行业金融机构召开风险例会，分析系统性区域性风险发展变化情况，研究监管对策。

系统性区域性风险监管牵头部门可以单独或联合相关机构监管部门、下级派出机构、银行业金融机构对发现的或可能存在的系统性区域性风险隐患进行调查研究，或者根据需要，委托下级派出机构开展特定行业、区域的风险监测并定期报告。

第六十七条　银监会系统性区域性风险监管牵头部门应当会同相关监管部门按半年度、年度形成系统性风险监管报告。银监会派出机构系统性区域性风险监管牵头部门应当会同同级相关监管部门按季形成辖内区域性风险监管报告，报送上级机构，并于季度结束后30天内在信息共享平台上予以共享。

系统性区域性风险监管报告应当重点分析系统性区域性风险来源、传递方式，潜在冲击的范围和大小以及风险发展趋势，主要的风险机构和区域，并提出相应意见和建议。

发生重大突发系统性区域性风险事件的，机构监管部门、相关功能监管部门应当及时告知同级系统性区域性风险监管牵头部门，下级派出机构应当及时报告上级机构。

第三节　系统性区域性风险防范控制

第六十八条　系统性区域性风险监管牵头部门可以根据系统性区域性风险分析结果，向本级机构监管部门、相关功能监管部门及下级派出机构进行工作提示，并提出监管措施建议。

第六十九条　根据系统性区域性风险防控需要，系统性区域性风险监管牵头部门可以采取风险提示、通报、约谈、窗口指导、印发监管意见书等措施，必要时经相应监管机构负责人同意可以采取其他的纠正措施。

第七十条　对需要进一步查证的系统性区域性风险问题，系统性区域性风险监管牵头部门、机构监管部门、功能监管部门可以向现场检查部门提出现场检查立项建议。

有关现场检查工作配合和查后督促整改的要求适用本办法第四十六条、第四十七条的规定。

第七十一条　系统性区域性风险监管牵头部门应当会同相关部门针对可能引发系统性区域性风险的突发风险事件，根据风险严重程度建立分级预警和处置机制，明确相应的预警标准和处置措施和程序，及时有效预警和处置突发风险。

第七十二条　系统性区域性风险监管牵头部门应当将突发风险预警结果通报本级相关机构监管部门、现场检查部门、功能监管部门以及下级派出机构，并及时指导和协调处置工作。

机构监管部门应当将处置情况及时告知系统性区域性风险监管牵头部门。下级派出机构应当将处置情况及时报告上级机构。

第五章　监 管 措 施

第七十三条　各级监管机构应当根据非现场监管的风险分析和评价结果，适时采取相应的监管措施，指导、提示银行业金融机构了解和关注重点风险，督促其持续改进内部控制，提高风险管理水平，切实防范化解风险。

第七十四条　系统性区域性风险监管牵头部门、机构监管部门、功能监管部门应当根据风险分析和评价结果，采取相应的监管措施。各非现场监管部门采取重大监管措施应当通报其他相关监管部门。

第七十五条　各级监管机构可以向下级派出机构提出采取相关监管措施的建议或者要求。

法人监管机构可以向分支机构监管机构，并表监管机构可以向属地监管机构提出采取相关监管措施的建议。分支机构监管机构、属地监管机构也可以分别向法人监管机构、并表监管机构提出相关建议。

第七十六条　各级监管机构可以根据风险监管需要，依法采取窗口指导、提高信息报送频率、督促开展自查、要求充实风险管理力量、做出风险提示和通报、进行监管谈话、开展现场检查等常规性监管措施。

第七十七条　各级监管机构可以根据风险监管需要，依法采取开展或要求开展压力测试、要求制定应急预案并开展演练、明确恢复处置安排、做出流动性承诺、资本补充承诺等预防性监管措施。

第七十八条　各级监管机构发现银行业金融机构违反法律法规或者有关监管规定的，应当责令限期改正，并依法采取责令暂停部分业务、停止批准开办新业务、限制分配红利和其他收入、限制资产转让、责令控股股东转让股权或者限制有关股东的权利、责令调整董事、高级管理人员或者限制其权利、停止批准增设分支机构等监管强制措施或者行政处罚。

第六章　监管后评价

第七十九条　各级监管机构应当建立非现场监管后评价机制，根据有关监管标准与制度办法，对照预期监管目标，对一定时期内实施的监管计划和措施的效果进行客观评价，发现问题，分析原因，总结经验教训，为改进非现场监管、提高监管效能和水平提供依据。

监管后评价的具体规则另行制定。

第八十条　监管后评价应坚持“客观、公正、科学”的原则，按照被评价对象承担的不同监管职责分别进行。

第八十一条　监管后评价包括自评与第三方评价两种方式。上级机构应当对下级派出机构的非现场监管工作做出评价。后评价的频度可以结合监管周期确定。

第三方评价结论做出前应当征询被评价对象对评价结论的意见，并在做出后评价结论后抄送被评价对象。

第八十二条　法人监管机构与分支机构监管机构之间、并表监管机构与属地监管机构之间应当建立双向监管后评价机制。

第八十三条　监管后评价重点是评价非现场监管的有效性，包括非现场监管信息收集是否全面，监管指标体系是否合理，风险分析和评价是否准确，监管联动机制运转是否顺畅，监管措施是否及时有效，信息系统支撑是否足够等。监管后评价应当同时对监管法规和政策的有效性以及监管制度执行的统一性作出评价。

第八十四条　监管后评价采取过程评价与效果评价相结合、对比分析与成因分析相结合等综合手段，使评价结论、问题与建议具有可信度和使用价值。

第八十五条　各级监管机构应当根据监管后评价结果改进和完善自身的非现场监管工作。

第七章　附　　则

第八十六条　银监会监管的其他金融机构的非现场监管适用本办法。

第八十七条　银监会非现场监管牵头部门、系统性区域性风险监管牵头部门、机构和功能监管部门、各银监局可以结合自身的非现场监管职责依照本办法制定相应的操作规程或实施细则。

第八十八条　本办法所称银监会非现场监管牵头部门、系统性区域性风险监管牵头部门是指审慎规制局。机构监管部门是指各级监管机构负责各类银行业金融机构监管工作的内设部门。功能监管部门是指各级监管机构负责现场检查、普惠金融服务、信息科技、业务创新监管协作、消费者保护、银行业安全保卫、国际监管合作等功能监管工作的内设部门，没有单独设置相应部门的，是指承担该项职能的内设部门。

法人监管机构是指承担银行业金融机构法人监管职责的银行业监督管理机构。分支机构监管机构是指承担银行业金融机构分支机构监管职责的银行业监督管理机构。

并表监管机构是指按照《商业银行并表管理与监管指引》等相关规定承担银行集团并表监管职责的银行业监督管理机构。属地监管机构是指负责对银行业金融机构的附属机构法人监管的银行业监督管理机构。

第八十九条　本办法由中国银监会负责解释。

第九十条　本办法自印发之日起施行。《中国银行业监督管理委员会非现场监管指引（试行）》（银监发〔2006〕52号）同时废止。

附件：（略）

4. 违法处罚

金融违法行为处罚办法

1999 年 2 月 22 日国务院令第 260 号公布施行

第一条　为了惩处金融违法行为，维护金融秩序，防范金融风险，制定本办法。

第二条　金融机构违反国家有关金融管理的规定，有关法律、行政法规有处罚规定的，依照其规定给予处罚；有关法律、行政法规未作处罚规定或者有关行政法规的处罚规定与本办法不一致的，依照本办法给予处罚。

本办法所称金融机构，是指在中华人民共和国境内依法设立和经营金融业务的机构，包括银行、信用合作社、财务公司、信托投资公司、金融租赁公司等。

第三条　本办法规定的行政处罚，由中国人民银行决定；但是本办法第二十四条、第二十五条规定的行政处罚，由国家外汇管理机关决定。

本办法规定的纪律处分，包括警告、记过、记大过、降级、撤职、留用察看、开除，由所在金融机构或者上级金融机构决定。

金融机构的工作人员依照本办法受到开除的纪律处分的，终身不得在金融机构工作，由中国人民银行通知各金融机构不得任用，并在全国性报纸上公告。金融机构的高级管理人员依照本办法受到撤职的纪律处分的，由中国人民银行决定在一定期限内直至终身不得在任何金融机构担任高级管理职务或者与原职务相当的职务，通知各金融机构不得任用，并在全国性报纸上公告。

本办法所称高级管理人员，是指金融机构的法定代表人和其他主要负责人，包括银行及其分支机构的董事长、副董事长、行长、副行长、主任、副主任；信用合作社的理事长、副理事长、主任、副主任；财务公司、信托投资公司、金融租赁公司等金融机构的董事长、副董事长、总经理、副总经理等。

第四条　金融机构的工作人员离开该金融机构工作后，被发现在该金融机构工作期间违反国家有关金融管理规定的，仍然应当依法追究责任。

第五条　金融机构设立、合并、撤销分支机构或者代表机构的，应当经中国人民银行批准。

未经中国人民银行批准，金融机构擅自设立、合并、撤销分支机构或者代表机构的，给予警告，并处 5 万元以上 30 万元以下的罚款；对该金融机构直接负责的高级管理人员，给予撤职直至开除的纪律处分。

第六条　金融机构有下列情形之一的，应当经中国人民银行批准：

（一）变更名称；

（二）变更注册资本；

（三）变更机构所在地；

（四）更换高级管理人员；

（五）中国人民银行规定的其他变更、更换情形。

金融机构未经中国人民银行批准，有前款所列情形之一的，给予警告，并处 1 万元以上 10 万元以下的罚款；有前款第（四）项所列情形的，对该金融机构直接负责的高级管理人员，给予撤职直至开除的纪律处分。

第七条　金融机构变更股东、转让股权或者调整股权结构的，应当经中国人民银行批准；涉及国有股权变动的，并应当按照规定经财政部门批准。

未经依法批准，金融机构擅自变更股东、转让股权或者调整股权结构的，给予警告，没收违法所得，并处违法所得 1 倍以上 3 倍以下的罚款，没有违法所得的，处 5 万元以上 30 万元以下的罚款；对该金融机构直接负责的高级管理人员，给予撤职直至开除的纪律处分。

第八条　金融机构不得虚假出资或者抽逃出资。

金融机构虚假出资或者抽逃出资的，责令停业整顿，并处虚假出资金额或者抽逃出资金额 5% 以上 10% 以下的罚款；对该金融机构直接负责的高级管理人员给予开除的纪律处分，对其他直接负责的主管人员和直接责任人员给予记过直至开除的纪律处分；情节严重的，吊销该金融机构的经营金融业务许可证；构成虚假出资、抽逃出资罪或者其他罪的，依法追究刑事责任。

第九条　金融机构不得超出中国人民银行批准的业务范围从事金融业务活动。

金融机构超出中国人民银行批准的业务范围从事金融业务活动的，给予警告，没收违法所得，并处违法所得 1 倍以上 5 倍以下的罚款，没有违法所得的，处 10 万元以上 50 万元以下的罚款；对该金融机构直接负责的高级管理人员给予撤职直至开除的纪律处分，对其他直接负责的主管人员和直接责任人员给予记过直至开除的纪律处分；情节严重的，责令该金融机构停业整顿或者吊销经营金融业务许可证；构成非法经营罪或者其他罪的，依法追究刑事责任。

第十条　金融机构的代表机构不得经营金融业务。

金融机构的代表机构经营金融业务的，给予警告，没收违法所得，并处违法所得 1 倍以上 3 倍以下的罚款，没有违法所得的，处 5 万元以上 30 万元以下的罚款;对该金融机构直接负责的高级管理人员给予撤职直至开除的纪律处分,对其他直接负责的主管人员和直接责任人员给予降级直至开除的纪律处分;情节严重的,撤销该代表机构。

第十一条 金融机构不得以下列方式从事帐外经营行为:

(一)办理存款、贷款等业务不按照会计制度记帐、登记,或者不在会计报表中反映;

(二)将存款与贷款等不同业务在同一帐户内轧差处理;

(三)经营收入未列入会计帐册;

(四)其他方式的帐外经营行为。

金融机构违反前款规定的,给予警告,没收违法所得,并处违法所得1倍以上5倍以下的罚款,没有违法所得的,处10万元以上50万元以下的罚款;对该金融机构直接负责的高级管理人员、其他直接负责的主管人员和直接责任人员,给予开除的纪律处分;情节严重的,责令该金融机构停业整顿或者吊销经营金融业务许可证;构成用帐外客户资金非法拆借、发放贷款罪或者其他罪的,依法追究刑事责任。

第十二条 金融机构不得提供虚假的或者隐瞒重要事实的财务会计报告、统计报告。

金融机构提供虚假的或者隐瞒重要事实的财务会计报告、统计报告的,给予警告,并处10万元以上50万元以下的罚款;对该金融机构直接负责的高级管理人员给予撤职直至开除的纪律处分,对其他直接负责的主管人员和直接责任人员给予记大过直至开除的纪律处分;情节严重的,责令该金融机构停业整顿或者吊销经营金融业务许可证;构成提供虚假财会报告罪或者其他罪的,依法追究刑事责任。

第十三条 金融机构不得出具与事实不符的信用证、保函、票据、存单、资信证明等金融票证。

金融机构弄虚作假,出具与事实不符的信用证、保函、票据、存单、资信证明等金融票证的,给予警告,没收违法所得,并处违法所得1倍以上5倍以下的罚款,没有违法所得的,处10万元以上50万元以下的罚款;对该金融机构直接负责的高级管理人员、其他直接负责的主管人员和直接责任人员,给予开除的纪律处分;构成非法出具金融票证罪或者其他罪的,依法追究刑事责任。

第十四条 金融机构对违反票据法规定的票据,不得承兑、贴现、付款或者保证。

金融机构对违反票据法规定的票据,予以承兑、贴现、付款或者保证的,给予警告,没收违法所得,并处违法所得1倍以上3倍以下的罚款,没有违法所得的,处5万元以上30万元以下的罚款;对该金融机构直接负责的高级管理人员、其他直接负责的主管人员和直接责任人员,给予记大过直至开除的纪律处分;造成资金损失的,对该金融机构直接负责的高级管理人员,给予撤职直至开除的纪律处分;构成对违法票据承兑、付款、保证罪或者其他罪的,依法追究刑事责任。

第十五条 金融机构办理存款业务,不得有下列行为:

(一)擅自提高利率或者变相提高利率,吸收存款;

(二)明知或者应知是单位资金,而允许以个人名义开立帐户存储;

(三)擅自开办新的存款业务种类;

(四)吸收存款不符合中国人民银行规定的客户范围、期限和最低限额;

(五)违反规定为客户多头开立帐户;

(六)违反中国人民银行规定的其他存款行为。

金融机构有前款所列行为之一的,给予警告,没收违法所得,并处违法所得1倍以上3倍以下的罚款,没有违法所得的,处5万元以上30万元以下的罚款;对该金融机构直接负责的高级管理人员给予撤职直至开除的纪律处分,对其他直接负责的主管人员和直接责任人员给予降级直至开除的纪律处分;情节严重的,责令该金融机构停业整顿或者吊销经营金融业务许可证。

第十六条 金融机构办理贷款业务,不得有下列行为:

(一)向关系人发放信用贷款;

(二)向关系人发放担保贷款的条件优于其他借款人同类贷款的条件;

(三)违反规定提高或者降低利率以及采用其他不正当手段发放贷款;

(四)违反中国人民银行规定的其他贷款行为。

金融机构有前款所列行为之一的,给予警告,没收违法所得,并处违法所得1倍以上5倍以下的罚款,没有违法所得的,处10万元以上50万元以下的罚款;对该金融机构直接负责的高级管理人员、其他直接负责的主管人员和直接责任人员,给予撤职直至开除的纪律处分;情节严重的,责令该金融机构停业整顿或者吊销经营金融业务许可证;构成违法向关系人发放贷款罪、违法发放贷款罪或者其他罪的,依法追究刑事责任。

第十七条 金融机构从事拆借活动,不得有下列行为:

(一)拆借资金超过最高限额;

(二)拆借资金超过最长期限;

(三)不具有同业拆借业务资格而从事同业拆借业务;

（四）在全国统一同业拆借网络之外从事同业拆借业务；

（五）违反中国人民银行规定的其他拆借行为。

金融机构有前款所列行为之一的，暂停或者停止该项业务，没收违法所得，并处违法所得1倍以上3倍以下的罚款，没有违法所得的，处5万元以上30万元以下的罚款；对该金融机构直接负责的高级管理人员、其他直接负责的主管人员和直接责任人员，给予记大过直至开除的纪律处分。

第十八条 金融机构不得违反国家规定从事证券、期货或者其他衍生金融工具交易，不得为证券、期货或者其他衍生金融工具交易提供信贷资金或者担保，不得违反国家规定从事非自用不动产、股权、实业等投资活动。

金融机构违反前款规定的，给予警告，没收违法所得，并处违法所得1倍以上5倍以下的罚款，没有违法所得的，处10万元以上50万元以下的罚款；对该金融机构直接负责的高级管理人员给予开除的纪律处分，对其他直接负责的主管人员和直接责任人员给予撤职直至开除的纪律处分；情节严重的，责令该金融机构停业整顿或者吊销经营金融业务许可证；构成非法经营罪、违法发放贷款罪或者其他罪的，依法追究刑事责任。

第十九条 金融机构应当遵守中国人民银行有关现金管理的规定，不得允许单位或者个人超限额提取现金。

金融机构违反中国人民银行有关现金管理的规定，允许单位或者个人超限额提取现金的，给予警告，并处5万元以上30万元以下的罚款；对该金融机构直接负责的高级管理人员、其他直接负责的主管人员和直接责任人员，给予记大过直至开除的纪律处分。

第二十条 金融机构应当遵守中国人民银行有关信用卡管理的规定，不得违反规定对持卡人透支或者帮助持卡人利用信用卡套取现金。

金融机构违反中国人民银行有关信用卡管理的规定，对持卡人透支或者帮助持卡人利用信用卡套取现金的，给予警告，并处5万元以上30万元以下的罚款；对该金融机构直接负责的高级管理人员、其他直接负责的主管人员和直接责任人员，给予记大过直至开除的纪律处分。

第二十一条 金融机构应当遵守中国人民银行有关资产负债比例管理的规定。

金融机构违反中国人民银行有关资产负债比例管理规定的，给予警告，没收违法所得，并处违法所得1倍以上3倍以下的罚款，没有违法所得的，处5万元以上30万元以下的罚款；对该金融机构直接负责的高级管理人员，给予记大过直至开除的纪律处分。

第二十二条 金融机构不得占压财政存款或者资金。

金融机构占压财政存款或者资金的，给予警告，没收违法所得，并处违法所得1倍以上3倍以下的罚款，没有违法所得的，处5万元以上30万元以下的罚款；对该金融机构直接负责的高级管理人员给予撤职直至开除的纪律处分，对其他直接负责的主管人员和直接责任人员给予降级直至开除的纪律处分。

第二十三条 金融机构应当依法协助税务机关、海关办理对纳税人存款的冻结、扣划。

金融机构违反前款规定，造成税款流失的，给予警告，并处10万元以上50万元以下的罚款；对该金融机构直接负责的高级管理人员、其他直接负责的主管人员和直接责任人员，给予撤职直至开除的纪律处分；构成违反治安管理行为的，依法给予治安管理处罚；构成妨害公务罪或者其他罪的，依法追究刑事责任。

第二十四条 经营外汇业务的金融机构应当遵守国家外汇管理规定。

经营外汇业务的金融机构违反国家外汇管理规定的，依照外汇管理条例的规定，给予行政处罚；对该金融机构直接负责的高级管理人员、其他直接负责的主管人员和直接责任人员，给予记过直至开除的纪律处分；情节严重的，对该金融机构直接负责的高级管理人员，给予撤职直至开除的纪律处分；构成犯罪的，依法追究刑事责任。

第二十五条 经营外汇业务的金融机构，不得有下列行为：

（一）对大额购汇、频繁购汇、存取大额外币现钞等异常情况不及时报告；

（二）未按照规定办理国际收支申报。

经营外汇业务的金融机构有前款所列行为之一的，给予警告，并处5万元以上30万元以下的罚款；对该金融机构直接负责的高级管理人员、其他直接负责的主管人员和直接责任人员，给予记过直至开除的纪律处分；情节严重的，对该金融机构直接负责的高级管理人员，给予撤职直至开除的纪律处分；构成签订、履行合同失职被骗罪或者其他罪的，依法追究刑事责任。

第二十六条 商业银行不得为证券、期货交易资金清算透支或者为新股申购透支。

商业银行为证券、期货交易资金清算透支或者为新股申购透支的，给予警告，没收违法所得，并处违法所得1倍以上5倍以下的罚款，没有违法所得的，处10万元以上50万元以下的罚款；对该商业银行直接负责的高级管理人员给予开除的纪律处分，对其他直接负责的主管人员和直接责任人员给予撤职直至开除的纪律处分。

第二十七条 财务公司不得有下列行为：

（一）超过中国人民银行批准的规模发行财务公司债券；

（二）吸收非集团成员单位存款或者向非集团成员单位发放贷款；

（三）违反规定向非集团成员单位提供金融服务；

（四）违反中国人民银行规定的其他行为。

财务公司有前款所列行为之一的，给予警告，没收违法所得，并处违法所得1倍以上5倍以下的罚款，没有违法所得的，处10万元以上50万元以下的罚款；对该财务公司直接负责的高级管理人员、其他直接负责的主管人员和直接责任人员，给予记过直至开除的纪律处分；情节严重的，责令该财务公司停业整顿，对直接负责的高级管理人员给予撤职直至开除的纪律处分；构成非法吸收公众存款罪、擅自发行股票、公司企业债券罪或者其他罪的，依法追究刑事责任。

第二十八条 信托投资公司不得以办理委托、信托业务名义吸收公众存款、发放贷款，不得违反国家规定办理委托、信托业务。

信托投资公司违反前款规定的，给予警告，没收违法所得，并处违法所得1倍以上5倍以下的罚款，没有违法所得的，处10万元以上50万元以下的罚款；对该信托投资公司直接负责的高级管理人员、其他直接负责的主管人员和直接责任人员，给予记大过直至开除的纪律处分；情节严重的，暂停或者停止该项业务，对直接负责的高级管理人员给予撤职直至开除的纪律处分；构成非法吸收公众存款罪、集资诈骗罪或者其他罪的，依法追究刑事责任。

第二十九条 金融机构缴纳的罚款和被没收的违法所得，不得列入该金融机构的成本、费用。

第三十条 对中国人民银行所属从事金融业务的机构的金融违法行为的处罚，适用本办法。

第三十一条 对证券违法行为的处罚，依照国家有关证券管理的法律、行政法规执行，不适用本办法。

对保险违法行为的处罚，依照国家有关保险管理的法律、行政法规执行，不适用本办法。

第三十二条 本办法自发布之日起施行。

金融机构撤销条例

1. 2001年11月23日国务院令第324号公布
2. 自2001年12月15日起施行

第一章 总 则

第一条 为了加强对金融活动的监督管理，维护金融秩序，保护国家利益和社会公众利益，制定本条例。

第二条 中国人民银行撤销金融机构，依照本条例执行。

本条例所称撤销，是指中国人民银行对经其批准设立的具有法人资格的金融机构依法采取行政强制措施，终止其经营活动，并予以解散。

第三条 中国人民银行及其工作人员以及其他有关人员依照本条例履行职责，应当依法为被撤销的金融机构保守秘密。

第四条 被撤销的金融机构所在地的地方人民政府应当组织有关部门，做好与撤销有关的工作。

第二章 撤 销 决 定

第五条 金融机构有违法违规经营、经营管理不善等情形，不予撤销将严重危害金融秩序、损害社会公众利益的，应当依法撤销。

第六条 中国人民银行决定撤销金融机构，应当制作撤销决定书。

撤销决定自中国人民银行宣布之日起生效。

撤销决定应当在报纸上公告，并在被撤销的金融机构的营业场所张贴。

第七条 自撤销决定生效之日起，被撤销的金融机构必须立即停止经营活动，交回金融机构法人许可证及其分支机构营业许可证，其高级管理人员、董事会和股东大会必须立即停止行使职权。

第三章 撤 销 清 算

第八条 商业银行依法被撤销的，由中国人民银行组织成立清算组；非银行金融机构依法被撤销的，由中国人民银行或者中国人民银行委托的有关地方人民政府组织成立清算组。清算自撤销决定生效之日起开始。清算组向中国人民银行负责并报告工作。

清算组由中国人民银行、财政、审计等有关部门、地方人民政府的代表和被撤销的金融机构股东的代表及有关专业人员组成。清算组组长及成员，由中国人民银行指定或者经中国人民银行同意。

清算期间，清算组行使被撤销的金融机构的管理职权，清算组组长行使被撤销的金融机构的法定代表人职权。

第九条 清算组成立后，被撤销的金融机构的法定代表人及有关负责人应当将被撤销的金融机构的全部印章、账簿、单证、票据、文件、资料等移交清算组，并协助清算组进行清算。

第十条 清算期间，被撤销的金融机构的法定代表人、董事会和监事会成员、部门负责人以上高级管理人员、财务人员及其他有关人员，应当按照清算组的要求进行工作，不得擅离职守，不得自行出境。

第十一条 清算期间,清算组履行下列职责:

(一)保管、清理被撤销的金融机构财产,编制资产负债表和财产清单;

(二)通知、公告存款人及其他债权人,确认债权;

(三)处理与清算被撤销的金融机构有关的未了结业务;

(四)清理债权、债务,催收债权,处置资产;

(五)制作清算方案,按照经批准的清算方案清偿债务;

(六)清缴所欠税款;

(七)处理被撤销的金融机构清偿债务后的剩余财产;

(八)代表被撤销的金融机构参加诉讼、仲裁活动;

(九)提请有关部门追究对金融机构被撤销负有直接责任的高级管理人员和其他有关人员的法律责任;

(十)办理其他清算事务。

第十二条 清算期间,清算组可以将清算事务委托中国人民银行指定的金融机构(以下简称托管机构)办理。

托管机构不承担被撤销的金融机构债务,不垫付资金,不负责被撤销的金融机构人员安置。托管费用列入被撤销的金融机构清算费用。

第十三条 被撤销的金融机构所在地的地方人民政府应当成立撤销工作领导小组,组长由地方人民政府负责人担任。

撤销工作领导小组应当支持、配合清算组催收债权和办理其他清算事务,并组织有关部门依法维护社会治安秩序,处理突发事件,查处违法行为,依法追究有关责任人员的法律责任。

第十四条 清算组应当自成立之日起10日内,书面通知债权人申报债权,并于60日内在报纸上至少公告3次。

债权人应当自接到通知书之日起30日内,未接到通知书的债权人应当自第一次公告之日起90日内,向清算组申报债权。

清算组可以决定小额储蓄存款人可以不申报债权,由清算组根据被撤销的金融机构会计账册和有关凭证,对储蓄存款予以确认和登记。

第十五条 债权人申报债权,应当说明债权性质、数额和发生时间,并提供有关证明材料。清算组应当审查申报债权的证明材料,确认债权有无财产担保及数额,对有财产担保的债权和无财产担保的债权分别登记。

第十六条 债权人未在规定期限内申报债权的,按照下列规定处理:

(一)已知债权人的债权,应当列入清算范围;

(二)未知债权人的债权,在被撤销的金融机构的清算财产分配结束前,可以请求清偿;被撤销的金融机构的清算财产已经分配结束的,不再予以清偿。

第十七条 自撤销决定生效之日起,被撤销的金融机构债务停止计算利息。

第十八条 被撤销的金融机构下列财产,作为清偿债务的清算财产:

(一)清算开始之日起被撤销的金融机构全部财产,包括其股东的出资及其他权益、其全资子公司的财产和其投资入股的股份;

(二)清算期间被撤销的金融机构依法取得的财产;

(三)被撤销的金融机构的其他财产。

撤销决定生效之日前,被撤销的金融机构恶意转移或者变相转移财产的行为无效;由此转移和变相转移的财产由清算组负责追回,并入清算财产。

第十九条 清算组清理被撤销的金融机构财产时,应当依法评估其财产的实际价值;财产有损失的,应当核实损失数额。

第二十条 清算组可以依法变卖被撤销的金融机构的有效资产;拍卖被撤销的金融机构有效资产的,应当按照具有资产评估业务资格的中介机构出具的评估结果确定拍卖底价。

前款所称有效资产,是指被撤销的金融机构经清理、核实后具有实际价值的财产。

第二十一条 被撤销的金融机构财产的清理和处置,免交税收和行政性收费。

第二十二条 被撤销的金融机构财产经清理、核实后,清算组应当制作清算方案。

清算方案应当包括债权人情况、债权数额、清算财产数额、支付个人储蓄存款的本金和合法利息的数额、清偿其他债务的数额等内容,并附资产负债表、财产清单、资产评估报告等材料。

清算方案由清算组与债权人协商后,报中国人民银行确认。

第四章 债务清偿

第二十三条 被撤销的金融机构清算财产,应当先支付个人储蓄存款的本金和合法利息。

第二十四条 被撤销的金融机构的清算财产支付个人储蓄存款的本金和合法利息后的剩余财产,应当清偿法人和其他组织的债务。

第二十五条 被撤销的金融机构的清算财产清偿债务后的剩余财产,经清算应当按照股东的出资比例或者持有的股份比例分配。

第五章 注 销 登 记

第二十六条 清算结束后，清算组应当制作清算报告、清算期内收支报表和各种财务账册，报中国人民银行确认。

第二十七条 清算结束后，清算组应当向工商行政管理机关办理注销登记手续，被撤销的金融机构股东的资格终止，被撤销的金融机构即行解散，由中国人民银行予以公告。

第二十八条 被撤销的金融机构的各种会计凭证、会计账册、会计报表等资料以及有关营业、清算的重要文件，应当在注销登记后由中国人民银行指定的机构负责保管。

第二十九条 审计机关应当对被撤销的金融机构负责人进行审计。

第六章 法 律 责 任

第三十条 被撤销的金融机构的高级管理人员和其他有关人员，利用职务上的便利收受他人财物、违法发放贷款、非法出具金融票证、徇私舞弊造成该金融机构被撤销的，依照刑法关于受贿罪、违法发放贷款罪、非法出具金融票证罪、徇私舞弊造成破产、亏损罪或者其他罪的规定，依法追究刑事责任；尚不够刑事处罚的，给予撤职直至开除的纪律处分，并终身不得在任何金融机构担任高级管理职务或者与原职务相当的职务。

第三十一条 中国人民银行的工作人员违法审批金融机构，对金融机构不依法实施监督管理、不依法查处违法行为，情节严重、导致金融机构被撤销的，依照刑法关于滥用职权罪、玩忽职守罪或者其他罪的规定，依法追究刑事责任；尚不够刑事处罚的，给予记大过、降级或者撤职的行政处分。

第三十二条 任何国家机关工作人员非法干预金融机构的正常经营活动，对该金融机构被撤销负有直接责任的，依照刑法关于滥用职权罪或者其他罪的规定，依法追究刑事责任；尚不够刑事处罚的，给予记大过、降级或者撤职的行政处分。

第三十三条 在撤销清算过程中，被撤销的金融机构工作人员有下列行为之一的，依照刑法关于妨害公务罪、妨害清算罪或者其他罪的规定，依法追究刑事责任；尚不够刑事处罚的，给予撤职直至开除的纪律处分：

（一）阻挠清算组依法履行职责的；

（二）拒绝提供情况或者提供虚假情况的；

（三）抽逃资金、隐匿财产，逃避债务的；

（四）恶意转移或者变相转移被撤销的金融机构财产的。

第三十四条 被撤销的金融机构在撤销决定生效后非法从事经营活动的，由中国人民银行依照《非法金融机构和非法金融业务活动取缔办法》予以取缔；依照刑法关于非法吸收公众存款罪或者其他罪的规定，依法追究刑事责任；尚不够刑事处罚的，依法给予行政处罚。

第三十五条 清算组的工作人员在清算过程中滥用职权、玩忽职守、徇私舞弊，造成财产损失，损害债权人利益的，依照刑法关于滥用职权罪、玩忽职守罪或者其他罪的规定，依法追究刑事责任；尚不够刑事处罚的，给予降级直至开除的行政处分或者纪律处分。

第三十六条 中国人民银行工作人员及其他有关人员在依照本条例履行职责中，泄露国家秘密或者所知悉的商业秘密的，依照刑法关于泄露国家秘密罪、侵犯商业秘密罪或者其他罪的规定，依法追究刑事责任；尚不够刑事处罚的，给予降级直至开除的行政处分或者纪律处分。

第三十七条 托管机构不履行托管职责，造成被撤销的金融机构财产损失的，应当依法承担民事责任，并对其负有责任的主管人员和其他直接责任人员依法给予纪律处分。

第七章 附 则

第三十八条 本条例自2001年12月15日起施行。

防范和处置非法集资条例

1. 2021年1月26日国务院令第737号公布
2. 自2021年5月1日起施行

第一章 总 则

第一条 为了防范和处置非法集资，保护社会公众合法权益，防范化解金融风险，维护经济秩序和社会稳定，制定本条例。

第二条 本条例所称非法集资，是指未经国务院金融管理部门依法许可或者违反国家金融管理规定，以许诺还本付息或者给予其他投资回报等方式，向不特定对象吸收资金的行为。

非法集资的防范以及行政机关对非法集资的处置，适用本条例。法律、行政法规对非法从事银行、证券、保险、外汇等金融业务活动另有规定的，适用其规定。

本条例所称国务院金融管理部门，是指中国人民银行、国务院金融监督管理机构和国务院外汇管理部门。

第三条　本条例所称非法集资人，是指发起、主导或者组织实施非法集资的单位和个人；所称非法集资协助人，是指明知是非法集资而为其提供帮助并获取经济利益的单位和个人。

第四条　国家禁止任何形式的非法集资，对非法集资坚持防范为主、打早打小、综合治理、稳妥处置的原则。

第五条　省、自治区、直辖市人民政府对本行政区域内防范和处置非法集资工作负总责，地方各级人民政府应当建立健全政府统一领导的防范和处置非法集资工作机制。县级以上地方人民政府应当明确防范和处置非法集资工作机制的牵头部门（以下简称处置非法集资牵头部门），有关部门以及国务院金融管理部门分支机构、派出机构等单位参加工作机制；乡镇人民政府应当明确牵头负责防范和处置非法集资工作的人员。上级地方人民政府应当督促、指导下级地方人民政府做好本行政区域防范和处置非法集资工作。

行业主管部门、监管部门应当按照职责分工，负责本行业、领域非法集资的防范和配合处置工作。

第六条　国务院建立处置非法集资部际联席会议（以下简称联席会议）制度。联席会议由国务院银行保险监督管理机构牵头，有关部门参加，负责督促、指导有关部门和地方开展防范和处置非法集资工作，协调解决防范和处置非法集资工作中的重大问题。

第七条　各级人民政府应当合理保障防范和处置非法集资工作相关经费，并列入本级预算。

第二章　防　　范

第八条　地方各级人民政府应当建立非法集资监测预警机制，纳入社会治安综合治理体系，发挥网格化管理和基层群众自治组织的作用，运用大数据等现代信息技术手段，加强对非法集资的监测预警。

行业主管部门、监管部门应当强化日常监督管理，负责本行业、领域非法集资的风险排查和监测预警。

联席会议应当建立健全全国非法集资监测预警体系，推动建设国家监测预警平台，促进地方、部门信息共享，加强非法集资风险研判，及时预警提示。

第九条　市场监督管理部门应当加强企业、个体工商户名称和经营范围等商事登记管理。除法律、行政法规和国家另有规定外，企业、个体工商户名称和经营范围中不得包含“金融”、“交易所”、“交易中心”、“理财”、“财富管理”、“股权众筹”等字样或者内容。

县级以上地方人民政府处置非法集资牵头部门、市场监督管理部门等有关部门应当建立会商机制，发现企业、个体工商户名称或者经营范围中包含前款规定以外的其他与集资有关的字样或者内容的，及时予以重点关注。

第十条　处置非法集资牵头部门会同互联网信息内容管理部门、电信主管部门加强对涉嫌非法集资的互联网信息和网站、移动应用程序等互联网应用的监测。经处置非法集资牵头部门组织认定为用于非法集资的，互联网信息内容管理部门、电信主管部门应当及时依法作出处理。

互联网信息服务提供者应当加强对用户发布信息的管理，不得制作、复制、发布、传播涉嫌非法集资的信息。发现涉嫌非法集资的信息，应当保存有关记录，并向处置非法集资牵头部门报告。

第十一条　除国家另有规定外，任何单位和个人不得发布包含集资内容的广告或者以其他方式向社会公众进行集资宣传。

市场监督管理部门会同处置非法集资牵头部门加强对涉嫌非法集资广告的监测。经处置非法集资牵头部门组织认定为非法集资的，市场监督管理部门应当及时依法查处相关非法集资广告。

广告经营者、广告发布者应当依照法律、行政法规查验相关证明文件，核对广告内容。对没有相关证明文件且包含集资内容的广告，广告经营者不得提供设计、制作、代理服务，广告发布者不得发布。

第十二条　处置非法集资牵头部门与所在地国务院金融管理部门分支机构、派出机构应当建立非法集资可疑资金监测机制。国务院金融管理部门及其分支机构、派出机构应当按照职责分工督促、指导金融机构、非银行支付机构加强对资金异常流动情况及其他涉嫌非法集资可疑资金的监测工作。

第十三条　金融机构、非银行支付机构应当履行下列防范非法集资的义务：

（一）建立健全内部管理制度，禁止分支机构和员工参与非法集资，防止他人利用其经营场所、销售渠道从事非法集资；

（二）加强对社会公众防范非法集资的宣传教育，在经营场所醒目位置设置警示标识；

（三）依法严格执行大额交易和可疑交易报告制度，对涉嫌非法集资资金异常流动的相关账户进行分析识别，并将有关情况及时报告所在地国务院金融管理部门分支机构、派出机构和处置非法集资牵头部门。

第十四条　行业协会、商会应当加强行业自律管理、自我约束，督促、引导成员积极防范非法集资，不组织、不协助、不参与非法集资。

第十五条　联席会议应当建立中央和地方上下联动的防范非法集资宣传教育工作机制，推动全国范围内防范非法集资宣传教育工作。

地方各级人民政府应当开展常态化的防范非法集资宣传教育工作,充分运用各类媒介或者载体,以法律政策解读、典型案例剖析、投资风险教育等方式,向社会公众宣传非法集资的违法性、危害性及其表现形式等,增强社会公众对非法集资的防范意识和识别能力。

行业主管部门、监管部门以及行业协会、商会应当根据本行业、领域非法集资风险特点,有针对性地开展防范非法集资宣传教育活动。

新闻媒体应当开展防范非法集资公益宣传,并依法对非法集资进行舆论监督。

第十六条 对涉嫌非法集资行为,任何单位和个人有权向处置非法集资牵头部门或者其他有关部门举报。

国家鼓励对涉嫌非法集资行为进行举报。处置非法集资牵头部门以及其他有关部门应当公开举报电话和邮箱等举报方式、在政府网站设置举报专栏,接受举报,及时依法处理,并为举报人保密。

第十七条 居民委员会、村民委员会发现所在区域有涉嫌非法集资行为的,应当向当地人民政府、处置非法集资牵头部门或者其他有关部门报告。

第十八条 处置非法集资牵头部门和行业主管部门、监管部门发现本行政区域或者本行业、领域可能存在非法集资风险的,有权对相关单位和个人进行警示约谈,责令整改。

第三章 处 置

第十九条 对本行政区域内的下列行为,涉嫌非法集资的,处置非法集资牵头部门应当及时组织有关行业主管部门、监管部门以及国务院金融管理部门分支机构、派出机构进行调查认定:

(一)设立互联网企业、投资及投资咨询类企业、各类交易场所或者平台、农民专业合作社、资金互助组织以及其他组织吸收资金;

(二)以发行或者转让股权、债权,募集基金,销售保险产品,或者以从事各类资产管理、虚拟货币、融资租赁业务等名义吸收资金;

(三)在销售商品、提供服务、投资项目等商业活动中,以承诺给付货币、股权、实物等回报的形式吸收资金;

(四)违反法律、行政法规或者国家有关规定,通过大众传播媒介、即时通信工具或者其他方式公开传播吸收资金信息;

(五)其他涉嫌非法集资的行为。

第二十条 对跨行政区域的涉嫌非法集资行为,非法集资人为单位的,由其登记地处置非法集资牵头部门组织调查认定;非法集资人为个人的,由其住所地或者经常居住地处置非法集资牵头部门组织调查认定。非法集资行为发生地、集资资产所在地以及集资参与人所在地处置非法集资牵头部门应当配合调查认定工作。

处置非法集资牵头部门对组织调查认定职责存在争议的,由其共同的上级处置非法集资牵头部门确定;对跨省、自治区、直辖市组织调查认定职责存在争议的,由联席会议确定。

第二十一条 处置非法集资牵头部门组织调查涉嫌非法集资行为,可以采取下列措施:

(一)进入涉嫌非法集资的场所进行调查取证;

(二)询问与被调查事件有关的单位和个人,要求其对有关事项作出说明;

(三)查阅、复制与被调查事件有关的文件、资料、电子数据等,对可能被转移、隐匿或者毁损的文件、资料、电子设备等予以封存;

(四)经处置非法集资牵头部门主要负责人批准,依法查询涉嫌非法集资的有关账户。

调查人员不得少于2人,并应当出示执法证件。

与被调查事件有关的单位和个人应当配合调查,不得拒绝、阻碍。

第二十二条 处置非法集资牵头部门对涉嫌非法集资行为组织调查,有权要求暂停集资行为,通知市场监督管理部门或者其他有关部门暂停为涉嫌非法集资的有关单位办理设立、变更或者注销登记。

第二十三条 经调查认定属于非法集资的,处置非法集资牵头部门应当责令非法集资人、非法集资协助人立即停止有关非法活动;发现涉嫌犯罪的,应当按照规定及时将案件移送公安机关,并配合做好相关工作。

行政机关对非法集资行为的调查认定,不是依法追究刑事责任的必经程序。

第二十四条 根据处置非法集资的需要,处置非法集资牵头部门可以采取下列措施:

(一)查封有关经营场所,查封、扣押有关资产;

(二)责令非法集资人、非法集资协助人追回、变价出售有关资产用于清退集资资金;

(三)经设区的市级以上地方人民政府处置非法集资牵头部门决定,按照规定通知出入境边防检查机关,限制非法集资的个人或者非法集资单位的控股股东、实际控制人、董事、监事、高级管理人员以及其他直接责任人员出境。

采取前款第一项、第二项规定的措施,应当经处置非法集资牵头部门主要负责人批准。

第二十五条 非法集资人、非法集资协助人应当向集资参与人清退集资资金。清退过程应当接受处置非法集资牵头部门监督。

任何单位和个人不得从非法集资中获取经济利益。

因参与非法集资受到的损失，由集资参与人自行承担。

第二十六条　清退集资资金来源包括：

（一）非法集资资金余额；

（二）非法集资资金的收益或者转换的其他资产及其收益；

（三）非法集资人及其股东、实际控制人、董事、监事、高级管理人员和其他相关人员从非法集资中获得的经济利益；

（四）非法集资人隐匿、转移的非法集资资金或者相关资产；

（五）在非法集资中获得的广告费、代言费、代理费、好处费、返点费、佣金、提成等经济利益；

（六）可以作为清退集资资金的其他资产。

第二十七条　为非法集资设立的企业、个体工商户和农民专业合作社，由市场监督管理部门吊销营业执照。为非法集资设立的网站、开发的移动应用程序等互联网应用，由电信主管部门依法予以关闭。

第二十八条　国务院金融管理部门及其分支机构、派出机构，地方人民政府有关部门以及其他有关单位和个人，对处置非法集资工作应当给予支持、配合。

任何单位和个人不得阻挠、妨碍处置非法集资工作。

第二十九条　处置非法集资过程中，有关地方人民政府应当采取有效措施维护社会稳定。

第四章　法律责任

第三十条　对非法集资人，由处置非法集资牵头部门处集资金额20%以上1倍以下的罚款。非法集资人为单位的，还可以根据情节轻重责令停产停业，由有关机关依法吊销许可证、营业执照或者登记证书；对其法定代表人或者主要负责人、直接负责的主管人员和其他直接责任人员给予警告，处50万元以上500万元以下的罚款。构成犯罪的，依法追究刑事责任。

第三十一条　对非法集资协助人，由处置非法集资牵头部门给予警告，处违法所得1倍以上3倍以下的罚款；构成犯罪的，依法追究刑事责任。

第三十二条　非法集资人、非法集资协助人不能同时履行所承担的清退集资资金和缴纳罚款义务时，先清退集资资金。

第三十三条　对依照本条例受到行政处罚的非法集资人、非法集资协助人，由有关部门建立信用记录，按照规定将其信用记录纳入全国信用信息共享平台。

第三十四条　互联网信息服务提供者未履行对涉嫌非法集资信息的防范和处置义务的，由有关主管部门责令改正，给予警告，没收违法所得；拒不改正或者情节严重的，处10万元以上50万元以下的罚款，并可以根据情节轻重责令暂停相关业务、停业整顿、关闭网站、吊销相关业务许可证或者吊销营业执照，对直接负责的主管人员和其他直接责任人员处1万元以上10万元以下的罚款。

广告经营者、广告发布者未按照规定查验相关证明文件、核对广告内容的，由市场监督管理部门责令改正，并依照《中华人民共和国广告法》的规定予以处罚。

第三十五条　金融机构、非银行支付机构未履行防范非法集资义务的，由国务院金融管理部门或者其分支机构、派出机构按照职责分工责令改正，给予警告，没收违法所得；造成严重后果的，处100万元以上500万元以下的罚款，对直接负责的主管人员和其他直接责任人员给予警告，处10万元以上50万元以下的罚款。

第三十六条　与被调查事件有关的单位和个人不配合调查，拒绝提供相关文件、资料、电子数据等或者提供虚假文件、资料、电子数据等的，由处置非法集资牵头部门责令改正，给予警告，处5万元以上50万元以下的罚款。

阻碍调查人员依法执行职务，构成违反治安管理行为的，由公安机关依法给予治安管理处罚；构成犯罪的，依法追究刑事责任。

第三十七条　国家机关工作人员有下列行为之一的，依法给予处分：

（一）明知所主管、监管的单位有涉嫌非法集资行为，未依法及时处理；

（二）未按照规定及时履行对非法集资的防范职责，或者不配合非法集资处置，造成严重后果；

（三）在防范和处置非法集资过程中滥用职权、玩忽职守、徇私舞弊；

（四）通过职务行为或者利用职务影响，支持、包庇、纵容非法集资。

前款规定的行为构成犯罪的，依法追究刑事责任。

第五章　附　　则

第三十八条　各省、自治区、直辖市可以根据本条例制定防范和处置非法集资工作实施细则。

第三十九条　未经依法许可或者违反国家金融管理规定，擅自从事发放贷款、支付结算、票据贴现等金融业务活动的，由国务院金融管理部门或者地方金融管理部门按照监督管理职责分工进行处置。

法律、行政法规对其他非法金融业务活动的防范和处置没有明确规定的,参照本条例的有关规定执行。其他非法金融业务活动的具体类型由国务院金融管理部门确定。

第四十条 本条例自2021年5月1日起施行。1998年7月13日国务院发布的《非法金融机构和非法金融业务活动取缔办法》同时废止。

中国人民银行行政处罚程序规定

1. 2022年4月14日中国人民银行令〔2022〕第3号发布
2. 自2022年6月1日起施行

第一章 总 则

第一条 为规范中国人民银行及其分支机构的行政处罚行为,维护当事人合法权益,根据《中华人民共和国中国人民银行法》《中华人民共和国商业银行法》《中华人民共和国行政处罚法》等有关法律、行政法规,制定本规定。

第二条 中国人民银行及其分支机构依法对管辖的法人、非法人组织和自然人违反相关法律、行政法规、中国人民银行规章的行为给予行政处罚的,依照本规定实施。

第三条 中国人民银行及其分支机构应当依照法律、行政法规、中国人民银行规章的规定,公正、公开、合理地实施行政处罚,坚持处罚与教育相结合,与违法行为的事实、性质、情节以及社会危害程度相当。

第四条 中国人民银行及其分支机构实施行政处罚,实行分级管理、分工负责,执法检查、案件调查与案件审理、案件决定相分离。

第五条 中国人民银行及其分支机构依法公开行政处罚决定信息。

除法律、行政法规或者中国人民银行规章另有规定外,中国人民银行及其分支机构在行政处罚案件立案、调查、审理、决定过程中形成的案卷信息不予公开。当事人及其代理人可以按照规定申请查阅相关案卷信息。

第六条 中国人民银行及其分支机构的工作人员对实施行政处罚过程中知悉的国家秘密、工作秘密、商业秘密、个人隐私和个人信息应当依法予以保密,不得违反规定对外提供。

行政处罚决定信息公布之前,当事人、中国人民银行及其分支机构的工作人员、参与案件调查的辅助人员、提供意见的外部专家等对行政处罚情况负有保密义务,不得泄露与行政处罚有关的信息。

第二章 管 辖

第七条 中国人民银行负责对下列违法违规行为实施行政处罚:

(一)法律、行政法规、中国人民银行规章规定由中国人民银行实施行政处罚的违法违规行为;

(二)以中国人民银行名义开展执法检查发现的违法违规行为;

(三)全国范围内有重大影响的违法违规行为;

(四)中国人民银行认为应当由其直接实施行政处罚的其他违法违规行为。

第八条 中国人民银行分支机构负责对下列违法违规行为实施行政处罚:

(一)所监管的法人、非法人组织和自然人的违法违规行为;

(二)发生在辖区内的违法违规行为;

(三)以本单位名义开展执法检查发现的违法违规行为;

(四)中国人民银行授权其开展执法检查发现的违法违规行为;

(五)中国人民银行指定其管辖的其他违法违规行为。

当事人的违法违规行为涉及信息网络等因素,无法确定发生地的,原则上由当事人所在地的中国人民银行分支机构管辖。

第九条 中国人民银行或其分支机构根据需要可以直接对下级行辖区内有重大影响、案情复杂的违法违规行为实施行政处罚。

中国人民银行分支机构认为应当由其实施行政处罚的违法违规行为情节严重、有重大影响的,可以请求上级行实施行政处罚。

第十条 中国人民银行根据实际情况,认为案件不适宜由相关中国人民银行分支机构负责实施行政处罚的,可以自行实施行政处罚,或者指定其上级行、其他同级中国人民银行分支机构负责实施行政处罚。

第十一条 中国人民银行根据履行法定职责的需要,可以决定由特定中国人民银行分支机构集中行使其他中国人民银行分支机构的部分或者全部管辖权,具体方式和集中管辖的案件范围由中国人民银行另行规定。

第十二条 除法律、行政法规另有规定外,《中华人民共和国行政处罚法》第九条第三项、第四项所规定的行政处罚,以及其他涉及许可证件、资质等级、生产经营等行政处罚,由颁发该许可证件、授予该资质等级、准许生产经营的中国人民银行或其分支机构实施。

第十三条 两个以上中国人民银行分支机构对同一违法违规行为均有管辖权的,由最先立案的中国人民银行分支机构管辖。

中国人民银行分支机构对管辖权发生争议的，应当协商解决，协商不成的，逐级报请共同的上级行指定管辖；也可以由共同的上级行直接指定管辖。

作出指定管辖决定的中国人民银行或其分支机构应当出具指定管辖通知书。

第三章　行政处罚委员会

第十四条　中国人民银行及其分支机构设立行政处罚委员会，负责案件审理和审议决定行政处罚、决定涉及行政处罚的其他重大事项。

行政处罚委员会集体行使行政处罚权，接受上级行行政处罚委员会的指导和监督，其他部门和个人不得干涉行政处罚委员会依法独立行使职权。

行政处罚委员会的组成人员、设立方式等事项由中国人民银行另行规定。

第十五条　行政处罚委员会的主任由中国人民银行或其分支机构的行长（主任），或者其授权的副行长（副主任）担任，实行主任负责制；主任因故不能履行职责时，可以委托副主任代行主任职责。

第十六条　行政处罚委员会履行下列职责：

（一）审议行政处罚案件，作出行政处罚决定；

（二）审议案件审理指导意见、本单位涉及行政处罚工作的重要管理制度等；

（三）对下级行行政处罚委员会进行指导和监督；

（四）审议本单位与行政处罚工作相关的其他重大事项。

第十七条　行政处罚委员会下设办公室，行政处罚委员会办公室设在中国人民银行及其分支机构的法律事务部门；暂未设立法律事务部门的中国人民银行分支机构，由具体承担法律事务工作的部门履行其职责。

行政处罚委员会办公室承担行政处罚委员会的日常工作，履行下列职责：

（一）立案审查；

（二）进行法制审核，提出案件处理意见；

（三）组织召开行政处罚委员会会议和组织书面审议；

（四）听取当事人陈述、申辩，组织听证；

（五）制作相关法律文书；

（六）督促行政处罚的执行或者申请人民法院强制执行；

（七）中国人民银行规定的其他职责。

第十八条　行政处罚委员会采取集体审议的方式作出行政处罚决定，可以根据案件具体情况采取会议审议和书面审议两种方式。具体审议程序由中国人民银行另行规定。

第四章　立案和调查

第十九条　除符合《中华人民共和国行政处罚法》第五十一条规定，依法适用简易程序作出行政处罚外，中国人民银行及其分支机构执法职能部门根据下列情形，认为符合立案标准的，依法向本单位行政处罚委员会办公室申请立案：

（一）在现场检查、非现场检查及日常监管中发现当事人存在违法违规行为，或者有违法违规行为确切线索的；

（二）对于公安机关、其他监管部门、行业自律组织等移送的违法违规线索，经初步核实认为当事人存在违法违规行为的；

（三）中国人民银行及其他分支机构发现违法违规行为，移送本单位管辖的；

（四）上级行指定本单位管辖的；

（五）本单位对相关违法违规行为有管辖权的其他情形。

第二十条　中国人民银行及其分支机构立案后，认为需要对违法违规行为进一步调查，了解相关情况、补充证据材料的，可以对当事人开展案件调查。

中国人民银行及其分支机构开展案件调查的，应当向当事人送达案件调查通知书，告知案件调查的依据、内容、调查期限范围、调查开展时间、要求、调查人员名单等事项。

第二十一条　案件调查程序参照《中国人民银行执法检查程序规定》简易现场检查程序进行；案件情况较为复杂、影响较大的，可以参照现场检查程序进行。

调查人员应当按照《中华人民共和国行政处罚法》《中国人民银行执法检查程序规定》等规定全面、客观、公正地调查，充分收集证据材料。

第二十二条　中国人民银行及其分支机构根据案件调查工作需要，可以聘请注册会计师、资产评估人员、律师等专业人员，以及数据分析、信息技术等领域技术人员作为辅助人员协助案件调查，或者邀请上述人员出具专业意见。

第二十三条　当事人应当配合中国人民银行及其分支机构的案件调查，履行下列义务：

（一）不得阻碍、拒绝案件调查，不得提出不合理的要求；

（二）如实回答调查人员的询问，及时就相关事项进行说明；

（三）按照要求及时提供案件调查所需的信息、电子数据、文件和资料等，并对所提供的信息、电子数据、文件和资料等的真实性、准确性、完整性负责。

第五章　案件审理

第二十四条　行政处罚委员会办公室根据相关证据材料，依法提出案件处理意见。

第二十五条　行政处罚委员会办公室提出案件处理意见后，经行政处罚委员会主任批准，组织召开行政处罚委员会会议或者组织书面审议。

行政处罚委员会审议下列事项：

（一）本单位是否具有管辖权，是否超越法定权限；

（二）违法违规事实是否清楚，证据是否合法、充分，定性是否准确；

（三）执法检查、案件调查程序是否合法；

（四）适用法律、行政法规、中国人民银行规章是否正确，裁量基准运用是否适当；

（五）拟作出行政处罚的种类、金额是否适当，拟不予行政处罚或者减轻处罚的理由和依据是否充分。

第二十六条　行政处罚委员会审议案件时，可以听取与案件不存在利害关系的法官、律师、学者等外部专家的意见。

听取意见可以采取当面听取的方式，也可以邀请外部专家提供书面意见。

第二十七条　行政处罚委员会审议通过，拟作出行政处罚决定的，行政处罚委员会办公室制作行政处罚意见告知书，经行政处罚委员会主任或者其授权的副主任批准后，送达当事人。

第二十八条　行政处罚意见告知书应当载明违法违规行为的事实和证据，拟作出行政处罚的种类、金额、理由和依据，以及当事人依法享有提出陈述和申辩的权利；拟作出的行政处罚决定符合《中华人民共和国行政处罚法》第六十三条规定的听证情形的，应当告知当事人依法享有提出听证的权利。其中，“较大数额罚款”“没收较大数额违法所得、没收较大价值非法财物”，是指：

（一）中国人民银行对法人、非法人组织拟作出罚款、没收违法所得、没收非法财物合计五百万元及以上的，对单一自然人合计二十万元以上的；

（二）中国人民银行副省级城市中心支行以上分支机构对法人、非法人组织拟作出罚款、没收违法所得、没收非法财物合计三百万元及以上的，对单一自然人合计十万元以上的；

（三）中国人民银行地市中心支行对法人、非法人组织拟作出罚款、没收违法所得、没收非法财物合计一百万元及以上的，对单一自然人合计五万元以上的。

第二十九条　案件调查人员、行政处罚委员会委员、行政处罚委员会办公室从事案件处理工作的人员与当事人存在利害关系，或者有其他可能影响案件公平审理的情形的，应当主动申请回避；应当回避而未主动申请回避，当事人申请回避且理由充分的，行政处罚委员会主任应当要求相关人员回避。

第三十条　当事人可以在中国人民银行及其分支机构立案后、送达行政处罚决定书前书面提出先行整改承诺申请，载明清晰、可查证的整改目标、整改措施和完成时间，或者消除损害、不良影响的措施等。中国人民银行认为当事人通过先行整改能够更好符合金融监管要求且不立即实施行政处罚不会损害社会公共利益、他人合法权益的，可以决定中止审理、暂缓作出行政处罚决定，督促当事人进行整改。当事人按承诺期限完成整改的，中国人民银行或其分支机构可以依法从轻、减轻处罚；到期未实质完成整改工作，或者没有合理理由拖延整改的，恢复审理，并依法从重处罚。

先行整改承诺主要适用于拟作出较大数额罚款、吊销相关许可证、责令停业整顿等重大行政处罚案件，且当事人不存在违法违规行为情节严重、社会影响恶劣等情形。

第三十一条　当事人在中国人民银行及其分支机构作出行政处罚决定前发生金融风险事件，金融管理部门或者存款保险机构依法完成处置的，对当事人在金融风险事件处置完成前实施的违法违规行为，可以按照经批准的金融风险处置方案处理。

第三十二条　中国人民银行及其分支机构对于不适用《中华人民共和国行政处罚法》第五章第二节规定的简易程序，但事实清楚，当事人书面申请、自愿认错认罚，且相关违法违规行为有证据佐证的案件，可以适当简化案件审理程序，及时作出行政处罚决定。

第六章　陈述、申辩和听证

第三十三条　当事人要求陈述和申辩的，应当自收到行政处罚意见告知书之日起五日内将陈述和申辩的书面材料提交至制作行政处罚意见告知书的中国人民银行或其分支机构。

当事人收到行政处罚意见告知书后，可以书面提出放弃陈述和申辩权利；当事人逾期未提交陈述和申辩的书面材料，且没有合理理由的，视为放弃陈述和申辩权利。

第三十四条　当事人根据《中华人民共和国行政处罚法》第六十三条规定要求听证的，应当自收到行政处罚意见告知书之日起五日内，向制作行政处罚意见告知书的中国人民银行或其分支机构提交听证申请书，说明听证的要求和理由；当事人对违法违规事实有异议，或者主张应当从轻、减轻、免除行政处罚的，应当同时提交相关证据材料。

当事人收到行政处罚意见告知书后，可以书面提出放弃听证权利；当事人逾期不提出听证申请，且没有合理理由的，视为放弃听证权利。

第三十五条　当事人申请听证的，中国人民银行或其分支机构应当自收到听证申请之日起三十日内组织听证，并在召开听证会七日前，通知当事人及有关人员举行听证的时间、地点。

除涉及国家秘密、商业秘密或者个人隐私等依法予以保密的情形外，听证应当公开进行。

第三十六条　听证由行政处罚委员会办公室未参与本案案件处理、案件调查的人员担任听证主持人，两名正式工作人员担任听证员，也可以由行政处罚委员会主任指定未参与本案案件处理、案件调查的正式工作人员担任听证主持人。

当事人认为听证主持人、听证员与本案有直接利害关系的，有权申请回避。听证主持人、听证员是否回避，由行政处罚委员会主任决定。

第三十七条　举行听证时，由负责执法检查或者案件调查的执法职能部门说明拟作出行政处罚的事实、证据和行政处罚建议；当事人及其代理人可以进行申辩和质证，并可以出示无违法违规事实、违法违规事实较轻或者应当从轻、减轻、免除行政处罚的证据材料。

听证应当由听证主持人指定专人记录并制作听证笔录，听证笔录的内容包括：举行听证的时间、地点、参加听证的人员、听证事项、听证参与人的意见。

听证笔录应当交当事人或其代理人确认并签字或者盖章。当事人或其代理人拒绝签字或者盖章的，由听证主持人在听证笔录中注明。

第三十八条　听证结束后，听证主持人和听证员应当制作听证报告，提出处理意见，并将听证报告、听证笔录及听证取得的证据，一并报行政处罚委员会办公室。

第三十九条　听证申请人提出延期申请且有合理理由，或者因不可抗力，导致听证无法如期举行的，中国人民银行或其分支机构行政处罚委员会办公室可以决定延期举行听证，并告知听证申请人。

第四十条　听证开始前或者在听证过程中，听证申请人有下列情形的，视为放弃听证权利，不得再次就同一行政处罚事项提出听证申请：

（一）撤回听证申请；

（二）无正当理由拒不参加听证；

（三）听证过程中严重扰乱听证秩序，或者未经听证主持人允许中途退场。

听证申请人可以在听证前书面提出撤回听证申请，也可以在听证过程中书面或者口头提出撤回听证申请。

第四十一条　中国人民银行及其分支机构应当充分听取当事人的意见，不得因当事人进行陈述、申辩或者提出听证而加重处罚。

第七章　处罚决定

第四十二条　行政处罚委员会办公室应当根据案件审议情况，结合当事人的陈述和申辩意见、听证情况制作行政处罚决定书，经行政处罚委员会主任批准后，送达当事人。

第四十三条　行政处罚决定书应当载明下列事项：

（一）当事人的姓名或者名称、地址；

（二）违法违规事实和证据；

（三）行政处罚的种类和依据；

（四）行政处罚的履行方式和期限；

（五）不服行政处罚决定，申请行政复议或者提起行政诉讼的途径和期限；

（六）作出行政处罚决定的中国人民银行或其分支机构的名称、印章和作出决定的日期。

当事人提出陈述和申辩意见或者进行听证的，行政处罚决定书中还应当说明是否采纳当事人的意见及理由。

第四十四条　当事人的违法违规行为涉嫌犯罪，依法需要追究刑事责任的，中国人民银行及其分支机构应当按照《行政执法机关移送涉嫌犯罪案件的规定》，及时向公安机关移送。

中国人民银行及其分支机构在行政处罚过程中发现当事人或其工作人员存在被监察对象涉嫌违反党纪、职务违法或者职务犯罪等问题线索的，应当及时向纪检监察机关移送。

第四十五条　中国人民银行及其分支机构应当在行政处罚决定书制作完成后七日内送达当事人。

第四十六条　中国人民银行及其分支机构可以采取下列方式送达行政处罚意见告知书、行政处罚决定书等文书：

（一）在中国人民银行及其分支机构办公场所当面送达当事人；

（二）派两名以上正式工作人员赴当事人身份证件载明的住址，或者当事人确认的其他地址送达当事人；

（三）根据当事人确认的通讯地址、联系方式等信息邮寄送达，采取邮寄送达的，邮件签收视为送达，邮件因地址错误、拒收等原因被退回的，邮件退回之日视为送达；

（四）经当事人同意，使用电子邮件、信息化系统等电子送达方式送达当事人；

（五）采取前述方式向当事人委托的代收人送达；

（六）无法通过前述方式送达的，中国人民银行及其分支机构可以公告送达，公告期为三十日，公告期满，视为送达。

中国人民银行及其分支机构可以委托其他中国人民银行分支机构采取前款第一项、第二项、第五项规定的方式代为送达。

第四十七条　中国人民银行及其分支机构作出罚款、没收违法所得行政处罚决定的，当事人应当自收到行政处罚决定书之日起十五日内按照行政处罚决定书载明的方式缴纳罚款、违法所得。

当事人根据《中华人民共和国行政处罚法》第六十六条的规定，申请延期或者分期缴纳罚款的，应当自收到行政处罚决定书之日起十五日内向作出行政处罚决定的中国人民银行或其分支机构提出书面申请，并提交相关证明材料。

第四十八条　中国人民银行及其分支机构应当自行政处罚决定作出之日起七日内依据中国人民银行的相关规定公开行政处罚决定信息。

第四十九条　当事人逾期不履行行政处罚决定的，中国人民银行及其分支机构可以根据《中华人民共和国行政处罚法》第七十二条的规定，采取相关措施。

第五十条　当事人对行政处罚决定不服的，可以依法申请行政复议或者提起行政诉讼。

第五十一条　中国人民银行及其分支机构应当自行政处罚案件立案之日起九十日内作出行政处罚决定，下列程序所需必要时间不计入行政处罚办理期限：

（一）行政处罚立案后，根据本规定对当事人开展案件调查的；

（二）根据当事人申请组织听证，或者相关证据需要进行检验、鉴定的；

（三）通过公告方式送达行政处罚意见告知书的；

（四）中国人民银行及其分支机构决定中止审理的。

中国人民银行及其分支机构在九十日内确实无法作出行政处罚决定的，经行政处罚委员会主任或者其授权的副主任批准，可以延长九十日。

第五十二条　中国人民银行及其分支机构在作出行政处罚决定前，有下列情形之一的，经行政处罚委员会主任或者其授权的副主任批准，可以作出中止审理的决定：

（一）当事人因涉嫌违法违规被其他行政机关调查，或者被司法机关侦查，尚未结案，对该行政处罚案件影响重大的；

（二）当事人被依法接管或者采取其他金融风险处置措施，接管期限尚未届满或者金融风险处置尚未完成的；

（三）行政处罚决定必须以相关诉讼的审理结果为依据，而相关诉讼未审结的；

（四）对有关法律、行政法规、国务院决定、规章的规定，需要进一步明确具体含义，中国人民银行或其分支机构请求有关机关作出解释的；

（五）当事人按照本规定第三十条的规定，向中国人民银行或其分支机构提出先行整改承诺申请，中国人民银行经审核同意的。

相关情形消失后，中国人民银行及其分支机构应当及时恢复审理，作出行政处罚决定。

第八章　附　　则

第五十三条　当事人违反本规定，拒绝、阻碍中国人民银行或其分支机构的案件调查，拒绝提供信息、电子数据、文件和资料等或者提供虚假信息、电子数据、文件和资料等的，有关法律、行政法规和中国人民银行规章有处罚规定的，依照其规定给予处罚；有关法律、行政法规和中国人民银行规章未作处罚规定的，由中国人民银行或其分支机构给予警告，并处十万元以下罚款，视情况给予通报批评。

第五十四条　中国人民银行分支机构包括中国人民银行上海总部，各分行、营业管理部、中心支行和支行。

第五十五条　中国人民银行可以依法与其他监管部门建立执法合作机制，相关办法由中国人民银行会同相关监管部门另行制定。

第五十六条　国家外汇管理局及其分支机构实施行政处罚的程序规定，由国家外汇管理局另行制定。

国家外汇管理局可以参照实施本规定第五十一条、第五十二条的相关规定。

第五十七条　本规定中"五日""七日"均以工作日计算，不含法定节假日。

第五十八条　本规定由中国人民银行负责解释。

第五十九条　本规定自2022年6月1日起施行。《中国人民银行行政处罚程序规定》（中国人民银行令〔2001〕第3号发布）同时废止。

中国银保监会行政处罚办法

1. 2020年6月15日中国银行保险监督管理委员会令2020年第8号公布

2. 自2020年8月1日起施行

第一章　总　　则

第一条　为规范中国银行保险监督管理委员会（以下简

称银保监会)及其派出机构行政处罚行为,维护银行业保险业市场秩序,根据《中华人民共和国行政处罚法》《中华人民共和国银行业监督管理法》《中华人民共和国商业银行法》《中华人民共和国保险法》等相关法律,制定本办法。

第二条 银行保险机构、其他单位和个人(以下简称当事人)违反法律、行政法规和银行保险监管规定,银保监会及其派出机构依法给予行政处罚的,按照本办法实施。法律、行政法规另有规定的除外。

第三条 本办法所指的行政处罚包括:

(一)警告;

(二)罚款;

(三)没收违法所得;

(四)责令停业整顿;

(五)吊销金融、业务许可证;

(六)取消、撤销任职资格;

(七)限制保险业机构业务范围;

(八)责令保险业机构停止接受新业务;

(九)撤销外国银行代表处、撤销外国保险机构驻华代表机构;

(十)要求撤换外国银行首席代表、责令撤换外国保险机构驻华代表机构的首席代表;

(十一)禁止从事银行业工作或者禁止进入保险业;

(十二)法律、行政法规规定的其他行政处罚。

第四条 银保监会及其派出机构实施行政处罚,应当遵循以下原则:

(一)公平、公正、公开;

(二)程序合法;

(三)过罚相当;

(四)维护当事人的合法权益;

(五)处罚与教育相结合。

第五条 银保监会及其派出机构实行立案调查、审理和决定相分离的行政处罚制度,设立行政处罚委员会。

行政处罚委员会下设办公室,行政处罚委员会办公室设在银保监会及其派出机构的法律部门;暂未设立法律部门的,由相关部门履行其职责。

第六条 银保监会及其派出机构在处罚银行保险机构时,依法对相关责任人员采取责令纪律处分、行政处罚等方式追究法律责任。

第七条 当事人有下列情形之一的,应当依法从轻或者减轻行政处罚:

(一)主动消除或者减轻违法行为危害后果的;

(二)受他人胁迫有违法行为的;

(三)配合行政机关查处违法行为有立功表现的;

(四)其他依法从轻或者减轻行政处罚的。

违法行为轻微并及时纠正,没有造成危害后果的,不予行政处罚。

第八条 当事人有下列情形之一的,依法从重处罚:

(一)屡查屡犯的;

(二)不配合监管执法的;

(三)危害后果严重,造成较为恶劣社会影响的;

(四)其他依法从重行政处罚的情形。

第九条 银保监会及其派出机构参与行政处罚的工作人员有下列情形之一的,本人应当申请回避,当事人及其代理人也有权申请其回避:

(一)是案件当事人或其代理人的近亲属的;

(二)与案件有直接利害关系的;

(三)与案件当事人或其代理人有其他关系,可能影响案件公正处理的;

(四)根据法律、行政法规或者其他规定应当回避的。

当事人及其代理人提出回避申请的,应当说明理由。回避决定作出前,有关工作人员应当暂停对案件的调查审理,有特殊情况的除外。

第十条 案件调查人员及审理人员的回避由相关人员所在部门负责人决定,行政处罚委员会委员的回避由主任委员决定;主任委员的回避由所在银行保险监督管理机构的主要负责人决定,主要负责人担任主任委员的,其是否回避由上一级机构决定。

第十一条 当事人对银保监会及其派出机构作出的行政处罚,享有陈述权和申辩权。对行政处罚决定不服的,有权依法申请行政复议或者提起行政诉讼。

当事人提出的事实、理由和证据成立的,银保监会及其派出机构应当予以采纳,不得因当事人申辩而加重处罚。

第十二条 银保监会及其派出机构参与行政处罚的工作人员应当保守案件查办中获悉的国家秘密、商业秘密和个人隐私。

第二章 管 辖

第十三条 银保监会对下列违法行为给予行政处罚:

(一)直接监管的银行业法人机构及其从业人员实施的;

(二)直接监管的保险业法人机构及其从业人员实施的;

(三)其他应当由银保监会给予行政处罚的违法行为。

第十四条 派出机构负责对辖区内的下列违法行为给予行政处罚:

（一）直接监管的银行业法人机构及其从业人员实施的；

（二）银行业法人机构的分支机构及其从业人员实施的；

（三）保险公司分支机构及其从业人员实施的；

（四）保险中介机构及其从业人员实施的；

（五）非法设立保险业机构，非法经营保险业务的；

（六）其他应由派出机构给予行政处罚的违法行为。

第十五条 异地实施违法行为的，由违法行为发生地的派出机构管辖。行为发生地的派出机构应当及时通知行为主体所在地的派出机构，行为主体所在地的派出机构应当积极配合违法行为的查处。

违法行为发生地的派出机构认为不宜行使管辖权的，可以移交行为主体所在地的派出机构管辖。

违法行为发生地的派出机构或行为主体所在地的派出机构作出行政处罚决定前可以征求对方意见，并应当书面告知处罚结果。

第十六条 因交叉检查（调查）或者跨区域检查（调查）发现违法行为需要给予行政处罚的，应当提请有管辖权的监督管理机构立案查处，并及时移交相关证据材料。

第十七条 派出机构发现不属于自己管辖的违法行为的，应当移送有管辖权的派出机构。两个以上派出机构对同一违法行为都有管辖权的，由最先立案的派出机构管辖。

对管辖权不明确或者有争议的，应当报请共同的上一级机构指定管辖。

第十八条 上级机构可以直接查处应由下级机构负责查处的违法行为，可以授权下级机构查处应由其负责查处的违法行为，也可以授权下级机构查处应由其他下级机构负责查处的违法行为。

授权管辖的，应当出具书面授权文件。

第十九条 派出机构管辖的电话销售保险违法行为，原则上按照下列要求确定具体管辖地：

（一）在对电话销售业务日常监管中发现的违法行为，由呼出地派出机构查处；

（二）在投诉、举报等工作中发现的违法行为，由投保人住所地派出机构查处，经与呼出地派出机构协商一致，也可以由呼出地派出机构查处。

第二十条 吊销银行业机构金融许可证的行政处罚案件，由颁发该金融许可证的监督管理机构管辖，处罚决定抄送批准该机构筹建的监督管理机构及银保监会相关部门。

责令银行业机构停业整顿的行政处罚案件，由批准该银行业机构开业的监督管理机构管辖，处罚决定抄送批准该机构筹建的监督管理机构及银保监会相关部门。

第三章 立案调查

第二十一条 银保监会及其派出机构发现当事人涉嫌违反法律、行政法规和银行保险监管规定，依法应当给予行政处罚且有管辖权的，应当予以立案。

第二十二条 立案应当由立案调查部门填写行政处罚立案审批表，由分管立案调查部门的负责人批准。

立案调查部门应当在立案之日起九十日以内完成调查工作。有特殊情况的，可以适当延长。

第二十三条 调查人员应当对案件事实进行全面、客观、公正的调查，并依法充分收集证据。

行政处罚立案前通过现场检查、调查、信访核查等方式依法获取的证明材料符合行政处罚证据要求的，可以作为行政处罚案件的证据，但应当在调查报告中载明上述情况。

第二十四条 在证据可能灭失或者以后难以取得的情况下，可以采取先行登记保存措施。采取先行登记保存措施，应当填写先行登记保存证据审批表，并由银保监会负责人或者派出机构负责人批准。

第二十五条 先行登记保存证据的，应当签发先行登记保存证据通知书，填写先行登记保存证据清单，由当事人签字或者盖章确认，并加封银保监会或者派出机构先行登记保存封条，就地由当事人保存。

登记保存证据期间，当事人或者有关人员不得损毁、销毁或者转移证据。对于先行登记保存的证据，应当在七日以内作出处理决定。

第二十六条 调查人员进行案件调查时不得少于二人，并应当向当事人或者有关单位和个人出示合法证件和调查（现场检查）通知书。

第二十七条 需要银保监会派出机构协助调查的，调查机构应当出具协助调查函。协助机构应当在调查机构要求的期限内完成调查。需要延期的，协助机构应当及时告知调查机构。

第二十八条 当事人违法行为不属于银保监会及其派出机构管辖的，立案调查部门应当依法及时向有关部门移送处理。

当事人违法行为涉嫌犯罪的，立案调查部门应当依照有关规定及时移送司法机关或者纪检监察机关。

第二十九条 立案调查部门在调查银行保险机构违法行为时，应当对相关责任人员的违法行为及其责任一并进行调查认定。

第三十条　调查终结后，立案调查部门应当制作调查报告。调查报告应当载明以下事项：

（一）案件来源；

（二）当事人的基本情况；

（三）调查取证过程；

（四）机构违法事实和相关证据；

（五）相关责任人员的违法事实、相关证据以及责任认定情况；

（六）行政处罚时效情况；

（七）当事人的陈述意见、采纳情况及理由；

（八）违法行为造成的风险、损失以及违法所得情况；

（九）从重、从轻、减轻的情形及理由；

（十）行政处罚建议、理由及依据。

第四章　取　　证

第三十一条　行政处罚证据包括：

（一）书证；

（二）物证；

（三）视听资料；

（四）电子数据；

（五）证人证言；

（六）当事人陈述；

（七）鉴定意见；

（八）勘验笔录、现场笔录；

（九）法律、行政法规规定的其他证据。

第三十二条　调查人员应当全面收集当事人违法行为及其情节轻重的有关证据，证据应当符合以下要求：

（一）与被证明事实具有关联性；

（二）能够真实、客观反映被证明事实；

（三）收集证据行为符合法定程序。

第三十三条　调查人员收集书证，应当符合下列要求：

（一）收集书证的原件，收集原件确有困难的，可以收集与原件核对无误的复印件、扫描件、翻拍件、节录本等复制件；

（二）复印件、扫描件、翻拍件、节录本等复制件应当注明提供日期、出处，由提供者载明"与原件核对一致"，加盖单位公章或由提供者签章，页数较多的可以加盖骑缝章；

（三）收集报表、会计账册、专业技术资料等书证，应当说明具体证明事项。

第三十四条　调查人员收集物证时，应当收集原物。收集原物确有困难的，可以收集与原物核对无误的复制件或证明该物证的照片、录像等其他证据，但是应当附有制作过程、时间、制作人等情况的相关说明。

第三十五条　调查人员提取视听资料应当符合下列要求：

（一）提取视听资料的原始载体，提取原始载体有困难的，可以提取复制件，但是应附有制作过程、时间、制作人等内容的说明，并由原始载体持有人签字或者盖章；

（二）视听资料应当附有声音内容的文字记录。提取视听资料应当注明提取人、提取出处、提取时间和证明对象等。

第三十六条　调查人员可以直接提取电子计算机管理业务数据库中的数据，也可以采用转换、计算、分解等方式形成新的电子数据。调查人员收集电子数据，应当提取电子数据原始载体，并附有数据内容、收集时间和地点、收集过程、收集方法、收集人、证明对象等情况的说明，由原始数据持有人签名或者盖章。

无法提取原始载体或者提取确有困难的，可以提供电子数据复制件，但是应当附有复制过程、复制人、原始载体存放地点等情况的说明。

第三十七条　调查人员可以询问当事人或有关人员，询问应当分别进行，询问前应当告知其有如实陈述事实、提供证据的义务。

询问应当制作调查笔录，调查笔录应当交被询问人核对，对没有阅读能力的，应当向其宣读；笔录如有差错、遗漏，应当允许其更正或者补充，更正或补充部分由被询问人签字或盖章确认；经核对无误后，调查人员应当在笔录上签名，被询问人逐页签名或者盖章；被询问人拒绝签名或者盖章的，调查人员应当在笔录上注明。

第三十八条　当事人或有关人员拒绝接受调查、拒绝提供有关证据材料或者拒绝在证据材料上签名、盖章的，调查人员应当在调查笔录上载明或以录音、录像等视听资料加以证明。必要时，调查人员可以邀请无利害关系的第三方作为见证人。

通过上述方式获取的材料可以作为认定相关事实的证据。

第三十九条　调查人员对涉嫌违法的物品进行现场勘验时，应当有当事人在场，并制作现场勘验笔录；当事人拒绝到场的，应当在现场勘验笔录中注明。

第四十条　抽样取证，应当开具物品清单，由调查人员和当事人签名或者盖章。

第四十一条　现场检查事实确认书记载的有关违法事实，当事人予以确认的，可以作为认定违法事实的证据。现场检查事实确认书应当有相关检查取证材料作为佐证。

第四十二条　对司法机关或者其他行政执法机关保存、

公布、移送的证据材料，符合证据要求的，可以作为行政处罚的证据。

第四十三条　调查人员应当制作证据目录，包括证据材料的序号、名称、证明目的、证据来源、证据形式、页码等。

第四十四条　其他有关收集和审查证据的要求，本办法没有规定的，可以按照其他法律、行政法规、规章规定或者参照有关司法解释规定执行。

第五章　审　　理

第四十五条　立案调查结束后，需要移送行政处罚委员会的，由立案调查部门提出处罚建议，将案件材料移交行政处罚委员会办公室。

其他案件由立案调查部门根据查审分离的原则，指派调查人员以外的工作人员进行审理，审理程序参照本章规定执行。行政处罚委员会办公室在立案调查部门认定的违法事实基础上，就处罚依据、处罚种类法律适用问题进行审核。

第四十六条　立案调查部门移交行政处罚委员会办公室的案件材料应当包括：

（一）立案审批表；

（二）调查（现场检查）通知等文书；

（三）案件调查报告书；

（四）证据、证据目录及相关说明；

（五）当事人的反馈材料；

（六）拟被处罚机构负责法律文书接收工作的联系人、联系方式；

（七）当事人送达地址确认书；

（八）移交审理表；

（九）其他必要材料。

第四十七条　立案调查部门移交审理的案件材料应当符合下列标准：

（一）材料齐全，内容完整，装订整齐，页码连续；

（二）证据目录格式规范，证据说明清晰，证据材料与违法事实内容一致；

（三）证据应当是原件，不能提供原件的，复制件应与原件一致。

立案调查部门对送审材料的真实性、准确性、完整性，以及执法的事实、证据、程序的合法性负责。

第四十八条　行政处罚委员会办公室收到立案调查部门移交的案件材料后，应当在三个工作日以内进行审查并作出是否接收的决定。

符合规定标准的，行政处罚委员会办公室应当办理接收手续，注明案件接收日期和案卷材料等有关情况。不符合接收标准的，应当退回立案调查部门并说明理由。

第四十九条　行政处罚委员会办公室接收案件材料后，应当基于调查报告载明的违法事实和责任人员，从调查程序、处罚时效、证据采信、事实认定、行为定性、处罚种类与幅度等方面进行审理，对案件审理意见负责。

第五十条　有下列情形之一的，行政处罚委员会办公室应当请立案调查部门书面说明或者退回补充调查：

（一）违法事实不清的；

（二）证据不足或不符合要求的；

（三）责任主体认定不清的；

（四）调查取证程序违法的；

（五）处罚建议不明确或明显不当的。

第五十一条　行政处罚委员会办公室应当自正式接收案件之日起九十日以内完成案件审理，形成审理报告提交行政处罚委员会审议。有特殊情况的，可以适当延长。

立案调查部门根据办公室意见需要补充材料的，自办公室收到完整补充材料之日起重新计算审理期限。

审理报告主要内容应当包括：

（一）当事人的基本情况；

（二）当事人违法事实与有关人员责任认定情况；

（三）拟处罚意见、理由和依据。

审理报告可以对调查报告载明的违法事实认定、行为定性、量罚依据、处罚幅度或种类等事项提出调整或者变更的意见或建议。

第六章　审　　议

第五十二条　行政处罚委员会审议会议应当以审理报告为基础对案件进行审议，审议的主要内容包括：

（一）程序是否合法；

（二）事实是否清楚、证据是否确凿；

（三）行为定性是否准确；

（四）责任认定是否适当；

（五）量罚依据是否正确；

（六）处罚种类与幅度是否适当。

第五十三条　行政处罚委员会审议会议由主任委员主持，每次参加审议会议的委员不得少于全体委员的三分之二。

第五十四条　参会委员应当以事实为依据，以法律为准绳，坚持专业判断，发表独立、客观、公正的审议意见。

第五十五条　行政处罚委员会审议会议采取记名投票方式，各委员对审理意见进行投票表决，全体委员超过半数同意的，按照审理意见作出决议，会议主持人当场宣布投票结果。

参会委员应当积极履行职责，不得投弃权票。

第五十六条 行政处罚委员会审议案件，可以咨询与案件无利益冲突的有关法官、律师、学者或专家的专业意见。

第七章 权利告知与听证

第五十七条 银保监会及其派出机构拟作出行政处罚决定的，应当制作行政处罚事先告知书，告知当事人拟作出行政处罚决定的事实、理由及依据，并告知当事人有权进行陈述和申辩。

第五十八条 行政处罚事先告知书应当载明下列内容：

（一）拟被处罚当事人的基本情况；

（二）拟被处罚当事人违法事实和相关证据；

（三）拟作出处罚的理由、依据；

（四）拟作出处罚的种类和幅度；

（五）当事人享有的陈述、申辩或者听证权利；

（六）拟作出处罚决定的机构名称、印章和日期。

第五十九条 当事人需要陈述和申辩的，应当自收到行政处罚事先告知书之日起十个工作日以内将陈述和申辩的书面材料提交拟作出处罚的银保监会或其派出机构。当事人逾期未行使陈述权、申辩权的，视为放弃权利。

第六十条 银保监会及其派出机构拟作出以下行政处罚决定前，应当在行政处罚事先告知书中告知当事人有要求举行听证的权利：

（一）作出较大数额的罚款；

（二）没收较大数额的违法所得；

（三）限制保险业机构业务范围、责令停止接受新业务；

（四）责令停业整顿；

（五）吊销金融、业务许可证；

（六）取消、撤销任职资格；

（七）撤销外国银行代表处、撤销外国保险机构驻华代表机构或要求撤换外国银行首席代表、责令撤换外国保险机构驻华代表机构的首席代表；

（八）禁止从事银行业工作或者禁止进入保险业。

前款所称较大数额的罚款是指：

（一）银保监会对实施银行业违法行为的单位作出的五百万元以上（不含本数，下同）罚款、对实施银行业违法行为的个人作出的五十万元以上罚款，对实施保险业违法行为的单位作出的一百五十万元以上罚款、对实施保险业违法行为的个人作出的十万元以上罚款；

（二）银保监局对实施银行业违法行为的单位作出的三百万元以上罚款、对实施银行业违法行为的个人作出的三十万元以上罚款，对实施保险业违法行为的单位作出的五十万元以上罚款、对实施保险业违法行为的个人作出的七万元以上罚款；

（三）银保监分局对实施银行业违法行为的单位作出的一百万元以上罚款、对实施银行业违法行为的个人作出的十万元以上罚款，对实施保险业违法行为的单位作出的三十万元以上罚款、对实施保险业违法行为的个人作出的五万元以上罚款。

本条第一款所称没收较大数额的违法所得是指银保监会作出的没收五百万元以上违法所得，银保监局作出的没收一百万元以上违法所得，银保监分局作出的没收五十万元以上违法所得。

第六十一条 当事人申请听证的，应当自收到行政处罚事先告知书之日起五个工作日以内，向银保监会或其派出机构提交经本人签字或盖章的听证申请书。听证申请书中应当载明下列内容：

（一）申请人的基本情况；

（二）具体的听证请求；

（三）申请听证的主要事实、理由和证据；

（四）申请日期和申请人签章。

当事人逾期不提出申请的，视为放弃听证权利。

当事人对违法事实有异议的，应当在提起听证申请时提交相关证据材料。

第六十二条 银保监会或者派出机构收到听证申请后，应依法进行审查，符合听证条件的，应当组织举行听证，并在举行听证七个工作日前，书面通知当事人举行听证的时间、地点。

第六十三条 行政处罚委员会办公室可以成立至少由三人组成的听证组进行听证。其中，听证主持人由行政处罚委员会办公室主任或其指定的人员担任，听证组其他成员由行政处罚委员会办公室的工作人员或者其他相关人员担任。

听证组应当指定专人作为记录员。

第六十四条 听证主持人履行下列职责：

（一）主持听证会，维持听证秩序；

（二）询问听证参加人；

（三）决定听证的延期、中止或终止；

（四）法律、行政法规和规章赋予的其他职权。

第六十五条 当事人在听证中享有下列权利：

（一）使用本民族的语言文字参加听证；

（二）申请不公开听证；

（三）申请回避；

（四）参加听证或者委托代理人参加听证；

（五）就听证事项进行陈述、申辩和举证、质证；

（六）听证结束前进行最后陈述；

（七）核对听证笔录；

（八）依法享有的其他权利。

第六十六条 当事人和其他听证参加人应当承担下列义务：

（一）按时参加听证；

（二）依法举证和质证；

（三）如实陈述和回答询问；

（四）遵守听证纪律；

（五）在核对无误的听证笔录上签名或盖章。

第六十七条 当事人可以委托一至二名代理人参加听证。

第六十八条 代理人参加听证的，应当提交授权委托书、委托人及代理人身份证明等相关材料。授权委托书应当载明如下事项：

（一）委托人及其代理人的基本情况；

（二）代理人的代理权限；

（三）委托日期及委托人签章。

第六十九条 调查人员应当参加听证，提出当事人违法的事实、证据和行政处罚建议，并进行质证。

第七十条 需要证人、鉴定人、勘验人、翻译人员等参加听证的，调查人员、当事人应当提出申请，并提供相关人员的基本情况。经听证主持人同意的，方可参加听证。

证人、鉴定人、勘验人不能亲自到场作证的，调查人员、当事人或其代理人可以提交相关书面材料，并当场宣读。

第七十一条 听证应当公开举行，但涉及国家秘密、商业秘密、个人隐私或影响金融稳定的除外。听证不公开举行的，应当由银保监会及其派出机构行政处罚委员会主任委员决定。

第七十二条 听证公开举行的，银保监会或者派出机构应当通过张贴纸质公告、网上公示等适当方式先期公告当事人姓名或者名称、案由、听证时间和地点。

公民、法人或者非法人组织可以申请参加旁听公开举行的听证；银保监会或其派出机构可以根据场地等条件，确定旁听人数。

第七十三条 听证开始前，记录员应当查明听证当事人和其他听证参加人是否到场，并宣布听证纪律。

对违反听证纪律的，听证主持人有权予以制止；情节严重的，责令其退场。

第七十四条 听证应当按照下列程序进行：

（一）听证主持人宣布听证开始，宣布案由；

（二）听证主持人核对听证参加人身份，宣布听证主持人、听证组成员、听证记录员名单，告知听证参加人在听证中的权利义务，询问当事人是否申请回避；

（三）案件调查人员陈述当事人违法的事实、证据、行政处罚的依据和建议等；

（四）当事人及其代理人就调查人员提出的违法事实、证据、行政处罚的依据和建议进行申辩，并可以出示无违法事实、违法事实较轻或者减轻、免除行政处罚的证据材料；

（五）经听证主持人允许，案件调查人员和当事人可以就有关证据相互质证，也可以向到场的证人、鉴定人、勘验人发问；

（六）当事人、案件调查人员作最后陈述；

（七）听证主持人宣布听证结束。

第七十五条 记录员应当制作听证笔录，听证笔录当场完成的，应当交由当事人核对；当事人核对无误后，应当逐页签名或盖章。

当事人认为听证笔录有差错、遗漏的，可以当场更正或补充；听证笔录不能当场完成的，听证主持人应指定日期和场所核对。

当事人拒绝在听证笔录上签名或盖章的，记录员应当在听证笔录中注明，并由听证主持人签名确认。

第七十六条 出现下列情形的，可以延期或者中止举行听证：

（一）当事人或其代理人因不可抗拒的事由无法参加听证的；

（二）当事人或其代理人在听证会上提出回避申请的；

（三）需要通知新的证人到场，调取新的证据，需要重新鉴定、调查，需要补充调查的；

（四）其他应当延期或者中止听证的情形。

第七十七条 延期、中止听证的情形消失后，应当恢复听证，并将听证的时间、地点通知听证参加人。

第七十八条 出现下列情形之一的，应当终止听证：

（一）当事人撤回听证要求的；

（二）当事人无正当理由不参加听证，或者未经听证主持人允许中途退场的；

（三）其他应当终止听证的情形。

当事人撤回听证要求的，听证记录员应当在听证笔录上记明，并由当事人签名或者盖章。

第七十九条 银保监会及其派出机构应当对当事人陈述、申辩或者听证意见进行研究。需要补充调查的，进行补充调查。

第八十条 采纳当事人陈述、申辩或者听证意见，对拟处罚决定作出重大调整的，应当重新对当事人进行行政处罚事先告知。

第八章 决定与执行

第八十一条 银保监会及其派出机构应当根据案件审理

审议情况和当事人陈述、申辩情况，以及听证情况拟定行政处罚决定书。

第八十二条 行政处罚决定书应当载明下列内容：

（一）当事人的基本情况；

（二）违法事实和相关证据；

（三）处罚的依据、种类、幅度；

（四）处罚的履行方式和期限；

（五）申请行政复议或者提起行政诉讼的途径和期限；

（六）作出处罚决定的机构名称、印章和日期。

第八十三条 银保监会及其派出机构送达行政处罚决定书等行政处罚法律文书时，应当附送达回证，由受送达人在送达回证上记明收到日期，并签名或者盖章。

受送达人被羁押、留置的，可以通过采取相关措施的机关转交行政处罚法律文书，确保行政处罚程序正常进行。

送达的具体程序本办法没有规定的，参照民事诉讼法的有关规定执行。

第八十四条 行政处罚决定作出后，应当报送相应纪检监察部门，并按要求将相关责任人被处罚情况通报有关组织部门。涉及罚款或者没收违法所得的，同时将行政处罚决定抄送财会部门。

第八十五条 作出取消、撤销相关责任人员任职资格处罚的，应当将行政处罚决定书抄送核准其任职资格的监督管理机构和其所属的银行保险机构。

第八十六条 作出禁止从事银行业工作或者禁止进入保险业处罚的，应当将行政处罚决定书抄送被处罚责任人所属的银行保险机构。

第八十七条 银保监会及其派出机构作出的罚款、没收违法所得行政处罚决定，当事人应当自收到行政处罚决定书之日起十五日以内缴款。银保监会及其派出机构和执法人员不得自行收缴罚款。

第八十八条 银保监会及其派出机构作出停业整顿或者吊销金融、业务许可证行政处罚的，应当在银保监会官方网站或具有较大影响力的全国性媒体上公告，公告内容包括：

（一）银行保险机构的名称、地址；

（二）行政处罚决定、理由和法律依据；

（三）其他需要公告的事项。

第八十九条 立案调查部门负责行政处罚决定的监督执行。

第九十条 当事人确有经济困难，需要延期或者分期缴纳罚款的，经当事人申请，由分管立案调查部门的负责人批准，可以暂缓或者分期缴纳。

第九十一条 当事人逾期不履行行政处罚决定的，作出行政处罚决定的机构可以采取下列措施：

（一）到期不缴纳罚款的，每日按照罚款数额的百分之三加处罚款；

（二）经依法催告后当事人仍未履行义务的，申请人民法院强制执行；

（三）法律、行政法规规定的其他措施。

加处罚款的数额不得超出罚款数额。

第九十二条 行政处罚案件材料应当按照有关法律法规和档案管理规定归档保存。

第九十三条 银保监会及其派出机构应当按照规定在官方网站上公开行政处罚有关信息。

第九十四条 当事人对行政处罚决定不服的，可以在收到行政处罚决定书之日起六十日以内申请行政复议，也可以在收到行政处罚决定书之日起六个月以内直接向有管辖权的人民法院提起行政诉讼。

行政处罚委员会审议并作出处罚决定的案件，当事人申请行政复议或者提起行政诉讼的，法律部门应当做好复议答辩和应诉工作，立案调查部门予以配合。

无需移送行政处罚委员会的案件，当事人申请行政复议或者提起行政诉讼的，立案调查部门应当做好复议答辩和应诉工作，法律部门予以配合。

第九章 法律责任

第九十五条 对于滥用职权、徇私舞弊、玩忽职守、擅自改变行政处罚决定种类和幅度等严重违反行政处罚工作纪律的人员，依法给予行政处分；涉嫌犯罪的，依法移送纪检监察机关处理。

第九十六条 银保监会及其派出机构违法实施行政处罚给当事人造成损害的，应当依法予以赔偿。对有关责任人员应当依法给予行政处分；涉嫌犯罪的，依法移送纪检监察机关处理。

第九十七条 银保监会及其派出机构工作人员在行政处罚过程中，利用职务便利索取或者收受他人财物、收缴罚款据为己有的，依法给予行政处分；涉嫌犯罪的，依法移送纪检监察机关处理。

第十章 附则

第九十八条 银保监会及其派出机构应当为行政处罚工作提供必要的人力资源与财务经费保障。

第九十九条 银保监会建立行政处罚信息管理系统，加强行政处罚统计分析工作。

银保监会及其派出机构应当按照规定及时将行政处罚决定书等有关行政处罚信息录入行政处罚信息管理系统。必要时可向有关部门和机构披露银行保险机构和从业人员的处罚情况。

第一百条 本办法所称银行业机构，是指依法设立的商业银行、农村合作银行、农村信用社、村镇银行等吸收公众存款的金融机构和政策性银行，金融资产管理公司、信托公司、企业集团财务公司、金融租赁公司、汽车金融公司、消费金融公司，以及经银保监会及其派出机构批准设立的其他银行业机构。

本办法所称保险业机构，是指依法设立的保险集团（控股）公司、保险公司、保险资产管理公司、保险代理机构、保险经纪机构、保险公估机构、外国保险机构驻华代表机构，以及经银保监会及其派出机构批准设立的其他保险业机构。

第一百零一条 本办法所称"以内"皆包括本数或者本级。

第一百零二条 执行本办法所需要的法律文书式样，由银保监会制定。银保监会没有制定式样，执法工作中需要的其他法律文书，银保监局可以制定式样。

第一百零三条 本办法由银保监会负责解释。

第一百零四条 本办法自2020年8月1日起施行，《中国银监会行政处罚办法》（中国银监会令2015年第8号）、《中国保险监督管理委员会行政处罚程序规定》（中国保监会令2017年第1号）同时废止。

5. 行政复议

中国人民银行行政复议办法

2001年2月1日中国人民银行令〔2001〕第4号公布施行

第一章 总 则

第一条 为保障中国人民银行依法行使职责，保护金融机构、其他单位和个人的合法权益，根据《中华人民共和国行政复议法》和《中华人民共和国中国人民银行法》，制定本办法。

第二条 金融机构、其他单位和个人认为中国人民银行及其依法授权的金融机构的具体行政行为侵犯其合法权益，向有管辖权的中国人民银行提出行政复议申请，中国人民银行受理行政复议申请、作出行政复议决定，适用本办法。

第三条 本办法所称行政复议机关，包括中国人民银行总行、营业管理部、分行、分行营业管理部、中心支行、支行。

本办法所称申请行政复议的金融机构，是指经中国人民银行批准，在中华人民共和国境内设立，经营金融业务的商业银行、政策性银行，信用合作社、财务公司、信托投资公司、金融租赁公司、邮政储蓄机构、金融资产管理公司以及中国人民银行批准的其他从事金融业务的机构。

第四条 行政复议机关的法律事务工作部门具体办理行政复议事项，履行下列职责：

（一）受理行政复议申请；

（二）向有关组织和人员调查取证，查阅文件和资料；

（三）审查申请行政复议的具体行政行为是否合法与适当，拟定行政复议决定；

（四）处理或者转送对本办法第八条规定的审查申请；

（五）对中国人民银行下级分支机构违反本办法规定的行为依照规定的权限和程序提出处理意见；

（六）办理因不服行政复议决定提起行政诉讼的应诉事项；

（七）法律、行政法规规定的其他职责。

第五条 行政复议机关履行行政复议职责，应当遵循公正、公开、及时的原则，保障金融法律、行政法规和规章的正确实施。

第六条 金融机构、其他单位和个人对中国人民银行各级行作出的行政复议决定不服的，可以依照行政诉讼法的规定向人民法院提起行政诉讼；对中国人民银行总行的行政复议决定不服的，可以在收到《中国人民银行行政复议决定书》之日起15日内向国务院申请裁决，国务院依法作出的裁决为最终裁决。

第二章 行政复议范围

第七条 有下列情形之一的，金融机构、其他单位和个人可以依照本办法申请行政复议：

（一）对中国人民银行作出的警告、罚款、没收违法所得、没收非法财物、暂停或者停止金融业务、责令停业整顿、吊销经营金融业务许可证、撤销金融机构的代表机构等行政处罚决定不服的；

（二）对中国人民银行作出的取消金融机构高级管理人员任职资格的决定不服的；

（三）认为中国人民银行的具体行政行为侵犯其合法的经营自主权的；

（四）认为符合法定条件，申请中国人民银行颁发经营金融业务许可证，或者申请中国人民银行审批有关事项，中国人民银行没有依法办理的；

（五）认为中国人民银行的其他具体行政行为侵犯其合法权益的。

第八条 金融机构、其他单位和个人认为中国人民银行的具体行政行为所依据的金融规章以下的业务规则不合法，在对具体行政行为申请行政复议时，可以一并向行政复议机关提出对该规则的审查申请。对金融规章的审查依照法律、行政法规办理。

前款所称金融规章是指中国人民银行制定，以中国人民银行令形式公开发布的规范性文件；金融规章以下的业务规则是指总行、分行、营业管理部、分行营业管理部、金融监管办事处、中心支行、支行制定并发布的其他规范性文件。

第九条 不服中国人民银行作出的行政处分或者其他人事处理决定的，依照有关法律、行政法规的规定提出申诉。

不服中国人民银行对金融机构之间的金融业务纠纷作出的调解的，可依法就该纠纷向仲裁机关申请仲裁或者向人民法院提起诉讼，不得向中国人民银行提起行政复议。

第三章 行政复议机构和管辖

第十条 中国人民银行中心支行以上各级行政复议机关应当设立行政复议委员会。

行政复议委员会由行长或副行长（主任或副主任）、法律事务工作部门、主要执法职能部门的负责人组成。

行政复议委员会设主任一名，副主任一名，其他委员5—7人。

行政复议委员会的日常工作由行政复议机关的法律事务工作部门承担。

中国人民银行总行行政复议委员会领导、管理人民银行系统的行政复议工作。

第十一条 行政复议委员会实行主任负责制，主任因故不能履行职责时，可以委托副主任代行主任职责。

第十二条 行政复议委员会履行下列职责：

（一）作出行政复议决定；

（二）依法对申请人提出的对金融规章以下规则的审查申请作出处理决定；

（三）依法对被申请人作出的具体行政行为的依据作出处理决定；

（四）行政复议委员会认为依法应当由其决定的其他事项。

第十三条 中国人民银行总行管辖下列行政复议案件：

（一）对中国人民银行总行作出的具体行政行为不服，申请行政复议的；

（二）对中国人民银行分行、营业管理部作出的具体行政行为不服，申请行政复议的；

（三）对中国人民银行省会城市及深圳经济特区中心支行在国库经理、支付清算、现金发行和金融统计方面作出的具体行政行为不服，申请行政复议的；

（四）中国人民银行总行认为应当管辖的其他复议案件。

第十四条 营业管理部管辖对其所辖中心支行、支行作出的具体行政行为不服，申请行政复议的案件。

第十五条 中国人民银行分行管辖下列行政复议案件：

（一）对分行营业管理部、金融监管办事处作出的具体行政行为不服，申请行政复议的；

（二）对分行所在省（区）的中心支行作出的具体行政行为不服，申请行政复议的；

（三）对分行所在省（区）以外的其他所辖省（区）中心支行作出的具体行政行为不服，申请行政复议的。但具体行政行为涉及国库经理、支付清算、现金发行、金融统计的除外。

第十六条 中国人民银行分行营业管理部管辖对所辖支行作出的具体行政行为不服，申请行政复议的案件。

第十七条 中国人民银行省会城市中心支行管辖下列行政复议案件：

（一）对所辖支行作出的具体行政行为不服，申请行政复议的；

（二）对所在省（自治区）其他中心支行在国库经理、支付清算、现金发行、金融统计方面作出的具体行政行为不服，申请行政复议的。

第十八条 非省会城市中心支行管辖对所辖支行作出的具体行政行为不服申请行政复议的案件。

第十九条 对依法从事现金管理的金融机构作出的具体行政行为不服申请行政复议的，由直接监管该金融机构的人民银行管辖。

对金融机构作出的有关收缴假币的具体行政行为不服申请行政复议的，由直接监管该金融机构的中国人民银行管辖。

第四章 行政复议申请

第二十条 金融机构、其他单位和个人认为中国人民银行的具体行政行为侵犯其合法权益的，可以自知道该具体行政行为之日起60日内提出行政复议申请；但法律规定的申请期限超过60日的除外。

因不可抗力或者其他正当理由耽误法定申请期限的，申请期限自障碍消除之日起继续计算。

第二十一条 依照本办法申请行政复议的金融机构、其他单位和个人是申请人。

有权申请行政复议的公民死亡的，其近亲属可以申请行政复议。有权申请行政复议的公民为无民事行为能力人或者限制民事行为能力人的，其法定代理人可以代为申请行政复议。有权申请行政复议的金融机构或者其他单位终止的，承受其权利的金融机构或者其他单位可以申请行政复议。

金融机构、其他单位和个人对中国人民银行的具体行政行为不服申请行政复议的，作出具体行政行为的中国人民银行是被申请人。

对依法从事现金管理的金融机构作出的具体行政行为不服申请行政复议的，作出具体行政行为的金融机构是被申请人。

对金融机构收缴假币的行为不服申请行政复议的，作出收缴假币决定的金融机构是被申请人。

与申请行政复议的具体行政行为有利害关系的单位和个人，可以作为第三人参加行政复议。

申请人、第三人可以委托代理人代为参加行政复议。

第二十二条 申请人申请行政复议，应当递交《行政复议申请书》。《行政复议申请书》应当载明下列内容：

（一）申请人的名称、地址、法定代表人或主要负责人的姓名、职务（申请人是个人的为姓名、性别、年龄、职业、住址）；

（二）被申请人的名称、地址；

（三）申请复议的要求和理由；

（四）提出复议申请的日期；

（五）行政处罚决定书或者其他行政决定的副本及其他证据的附件。

第二十三条 行政复议机关已经依法受理行政复议申请或法律、行政法规规定应当先向行政复议机关申请复议的，在法定行政复议期限内不得向人民法院提起行政诉讼。

申请人向人民法院提起行政诉讼，人民法院已经依法受理的，不得申请行政复议。

第五章 行政复议受理

第二十四条 行政复议机关收到行政复议申请后，应当在5日内进行审查。对符合本办法规定的，予以受理。对不符合本办法规定的行政复议申请，不予受理，并发出《中国人民银行不予受理决定书》，告知申请人。

行政复议申请有下列情形之一的，行政复议机关决定不予受理：

（一）复议申请超过法定期限，且无正当延长期限理由的；

（二）申请人不是具体行政行为直接侵犯其合法权益的金融机构、其他单位和个人；

（三）没有明确的被申请人；

（四）没有具体的复议请求和事实根据；

（五）不属于申请复议的范围；

（六）不属于本行政复议机关管辖。

不属于本机关受理的行政复议申请的，应当告知申请人向有关行政复议机关提出。

除第二、三款规定外，行政复议申请自行政复议机关的法律事务工作部门收到之日起即为受理。

第二十五条 对依法从事现金管理的金融机构作出的行政处罚决定不服的，应当先向人民银行申请行政复议。对行政复议决定不服的，或者行政复议机关决定不予受理的，或者受理后超过行政复议期限不作答复的，申请人可以自收到《中国人民银行行政复议决定书》、《中国人民银行不予受理决定书》之日起或者行政复议期满之日起15日内，依法向人民法院提起行政诉讼。

第二十六条 行政复议机关对申请人依法提出的行政复议申请，无正当理由不予受理的，行政复议机关的上级机关应当责令其受理；必要时，行政复议机关的上级机关也可以直接受理。

第二十七条 行政复议期间除有下列情形之一外，具体行政行为不停止执行：

（一）被申请人认为需要停止执行的；

（二）行政复议机关认为需要停止执行的；

（三）申请人申请停止执行，行政复议机关认为其要求合理，决定停止执行的；

（四）法律规定停止执行的。

第六章 行政复议决定

第二十八条 行政复议原则上采取书面审查的办法，但是申请人提出要求或者行政复议机关的法律事务工作部门认为有必要时，可以向有关组织和人员调查情况，听取申请人、被申请人和第三人的意见。

复议机关在进行调查时，复议人员不得少于两人。调查应当作调查笔录，调查笔录应当由调查人员、被调查人员签字或盖章。委托其他行政机关进行调查的，应当制作委托书。

第二十九条 行政复议机关的法律事务工作部门应当自行政复议申请受理之日起7日内，将《行政复议案件答辩通知书》及行政复议申请书副本发送被申请人。被申请人应当自收到《行政复议案件答辩通知书》及行政复议申请书副本之日起10日内，提出《行政复议答辩书》，并提交当初作出具体行政行为的证据、依据和其他有关材料。《行政复议答辩书》应当载明以下内容：

（一）答辩的被申请人的名称、地址、法定代表人或主要负责人的姓名、职务；

（二）作出具体行政行为的事实、理由和依据的法律、行政法规、规章和其他规范性文件；

（三）被申请人认为应当答辩的其他事实和理由；

（四）作出答辩的日期，并加盖被申请人的印章。

申请人、第三人可以查阅被申请人提出的书面答复、作出具体行政行为的证据、依据和其他有关材料，除涉及国家秘密、商业秘密或者个人隐私外，行政复议机关不得拒绝。

第三十条 在行政复议过程中，被申请人不得自行向申请人和其他有关组织或者个人收集证据，但被申请人有关于案件的重要证据线索的，可以向复议机关提出取证申请，复议机关认为有必要时，可以调查取证。

第三十一条 行政复议决定作出前，申请人要求撤回行政复议申请的，说明理由，可以撤回；撤回行政复议申请的，行政复议终止。

第三十二条 申请人在申请行政复议时，一并提出对金融规章以下的规则审查申请的，行政复议机关对该规则有权处理的，应当在受理之日起30日内依法处理；无权处理的，应当在受理之日起7日内按照法定程序转送有权处理的行政复议机关依法处理，有权处理的行政复议机关应当在受理之日起60日内依法处理。处理期间，中止对具体行政行为的审查。

第三十三条 行政复议机关在对被申请人作出的具体行政行为进行审查时，认为其依据不合法，本机关有权处理的，应当在30日内依法处理；无权处理的，应当在7日内按照法定程序转送有权处理的行政复议机关依法处理。处理期间，中止对具体行政行为的审查。

第三十四条 行政复议机关的法律事务工作部门应当对被申请人作出的具体行政行为进行审查，提出意见，经行政复议委员会讨论通过或报经主管行长或副行长（主任或副主任）审查批准后，按照下列规定作出行政复议决定：

（一）具体行政行为认定事实清楚，证据确凿，适用依据正确，程序合法，内容适当的，决定维持；

（二）被申请人不履行法定职责的，责令其在一定期限内履行；

（三）具体行政行为有下列情形之一的，决定撤销、变更或者确认该具体行政行为违法；决定撤销或者确认该具体行政行为违法的，可以责令被申请人在一定期限内重新作出具体行政行为：

1. 主要事实不清、证据不足的；
2. 适用依据错误的；
3. 违反法定程序的；
4. 超越或者滥用职权的；
5. 具体行政行为明显不当的。

（四）被申请人不按照本办法第二十九条的规定提出书面答复、提交作出具体行政行为的证据、依据和其他有关材料的，视为该具体行政行为没有证据、依据，决定撤销该具体行政行为。

行政复议机关责令被申请人重新作出具体行政行为的，被申请人不得以同一的事实和理由作出与原具体行政行为相同或者基本相同的具体行政行为。

第三十五条 国家赔偿法规定应当给予赔偿的，行政复议机关在决定撤销、变更具体行政行为或者确认具体行政行为违法时，应当同时决定依法对被申请人给予赔偿或返还财产。

第三十六条 行政复议机关应当自受理行政复议申请之日起60日内作出行政复议决定；但是法律规定的行政复议期限少于60日的除外。情况复杂，不能在规定期限内作出行政复议决定的，经行政复议机关的负责人批准，可以适当延长，并告知申请人和被申请人；但是延长期限最长不超过30日。

第三十七条 行政复议机关作出行政复议决定，应当制作《行政复议决定书》，并加盖行政复议机关的印章。

《行政复议决定书》应当载明下列内容：

（一）申请人的名称、地址、法定代表人或主要负责人的姓名、职务（申请人是个人的为姓名、性别、年龄、职业、住址）；

（二）被申请人名称、地址；

（三）申请人提出复议申请的理由和复议要求；

（四）复议机关认定的事实和理由；

（五）行政复议决定的内容；

（六）申请人不服行政复议决定的救济途径；

（七）不履行行政复议决定的法律后果；

（八）行政复议决定的日期和复议机关的印章。

《行政复议决定书》一经送达，即发生法律效力。

第三十八条 被申请人应当履行行政复议决定。

被申请人不履行或者无正当理由拖延履行行政复议决定的，行政复议机关应当责令其限期履行。

第三十九条 申请人逾期不起诉又不履行行政复议决定的，或者不履行国务院最终裁决的，按照下列规定分别处理：

（一）对维持具体行政行为的行政复议决定的，由作出具体行政行为的中国人民银行或金融机构申请人民法院强制执行；

（二）对变更具体行政行为的行政复议决定的，由行政复议机关申请人民法院强制执行。

第七章 法律责任

第四十条 行政复议机关违反本办法规定，无正当理由不予受理依法提出的行政复议申请或者在法定期限内不作出行政复议决定的，对直接负责的主管人员和其他直接责任人员依法给予警告、记过、记大过的行政处分；经责令受理仍不受理行政复议申请，造成严重后果的，依法给予降级、撤职、开除的行政处分。

第四十一条 行政复议机关工作人员在行政复议活动

中,徇私舞弊或者有其他渎职、失职行为的,依法给予警告、记过、记大过的行政处分;情节严重的,依法给予降级、撤职、开除的行政处分;构成犯罪的,依法追究刑事责任。

第四十二条 被申请人违反本办法规定,不提出书面答复或者不提交对申请人作出具体行政行为的证据、依据和其他有关材料,或者阻挠、变相阻挠申请人依法申请行政复议的,对直接负责的主管人员和其他直接责任人员依法给予警告、记过、记大过的行政处分;进行报复陷害的,依法给予降级、撤职、开除的行政处分;构成犯罪的,依法追究刑事责任。

第四十三条 被申请人不履行或者无正当理由拖延履行行政复议决定的,对直接负责的主管人员和其他直接责任人员依法给予警告、记过、记大过的行政处分;经责令履行仍拒不履行的,依法给予降级、撤职、开除的行政处分。

第四十四条 中国人民银行的法律事务工作部门发现下级行政复议机关有无正当理由不予受理行政复议申请、不按照规定期限作出行政复议决定、徇私舞弊、对申请人打击报复或者不履行行政复议决定等情形的,应当向监察部门提出处理建议,监察部门应当依照本办法和有关法律、行政法规的规定在2个月内作出处理。

第八章 附 则

第四十五条 行政复议机关受理行政复议申请,不得向申请人收取任何费用。行政复议活动所需经费,应当列入本机关的行政经费。

第四十六条 行政复议期间的计算和行政复议文书的送达,依照民事诉讼法第七十五条至第八十四条关于期间、送达的规定执行。

本办法关于行政复议期间有关"5日"、"7日"的规定是指工作日,不含节假日。

第四十七条 本办法所称法律事务工作部门包括中国人民银行总行条法司,各级分支机构法律事务办公室以及未设法律事务办公室的分支机构中承担法律事务工作职能的有关部门。

第四十八条 金融机构、其他单位和个人认为国家外汇管理局及其分支局的具体行政行为侵犯其合法权益,申请行政复议,以及国家外汇管理局及其分支局受理行政复议,作出行政复议决定的事宜,由国家外汇管理局另行规定。

第四十九条 本办法由中国人民银行总行负责解释。

第五十条 本办法自发布之日起施行。1992年3月1日发布施行的《中国人民银行行政复议办法(试行)》同时废止。

中国银行业监督管理委员会行政复议办法

1. 2004年12月28日中国银行业监督管理委员会令2004年第8号公布

2. 自2005年2月1日起施行

第一条 为了防止和纠正违法或者不当具体行政行为,保护银行业金融机构、其他单位和个人的合法权益,保障和监督中国银行业监督管理委员会(以下简称银监会)及其派出机构依法行使职权,根据《中华人民共和国行政复议法》、《中华人民共和国银行业监督管理法》及相关法律、行政法规,制定本办法。

第二条 银行业金融机构、其他单位和个人认为银监会及其派出机构的具体行政行为侵犯其合法权益,向行政复议机关提出行政复议申请,行政复议机关受理行政复议申请、作出行政复议决定,适用本办法。

第三条 本办法所称行政复议机关是指依照《中华人民共和国行政复议法》和本办法履行行政复议职责的机关,具体为银监会和银监局。

第四条 行政复议机关履行行政复议职责,应当遵循合法、公正、公开、及时、便民的原则,坚持有错必纠,保障法律、法规和规章的正确实施。

第五条 有下列情形之一的,银行业金融机构、其他单位和个人可以依照本办法申请行政复议:

(一)对银监会或其派出机构作出的警告、罚款、没收违法所得、责令停业、吊销金融许可证等决定不服的。

(二)对银监会或其派出机构作出的取消银行业金融机构董事、高级管理人员一定期限或者终身任职资格的决定不服的。

(三)认为银监会或其派出机构的具体行政行为侵犯其合法的经营自主权的。

(四)认为银监会或其派出机构没有依法办理其申请的行政许可事项的。

(五)认为银监会或其派出机构的其他具体行政行为侵犯其合法权益的。

第六条 银行业金融机构、其他单位和个人认为银监会或其派出机构的具体行政行为所依据的金融规章以下的规定不合法,在对具体行政行为申请行政复议时,可以一并向行政复议机关提出对该规定的审查申请。

前款所称金融规章是指根据《中华人民共和国立法法》的规定,银监会制定,并由银监会主席签署命令予以公布的规范性文件;金融规章以下的规定是指银监会及其派出机构制定并发布的其他规范性文件。

第七条　银监会管辖下列行政复议案件：

（一）对银监会作出的具体行政行为不服，申请行政复议的案件；

（二）对银监局作出的具体行政行为不服，申请行政复议的案件；

（三）银监会认为应当管辖的其他行政复议案件。

第八条　对银监分局作出的具体行政行为不服，申请行政复议的案件，由银监分局的上级银监局管辖。

第九条　银监会、辖区内设有银监分局的银监局设立行政复议委员会。

第十条　行政复议委员会由行政复议机关负责人、法律部门和监督检查部门的负责人组成。

行政复议委员会设主任一名，副主任一名，其他委员若干人，行政复议委员会人数应当为单数。

第十一条　行政复议委员会履行下列职责：

（一）对行政复议申请依法作出行政复议决定。

（二）依法对申请人提出的对金融规章以下的规定的审查申请作出处理决定。

（三）依法对被申请人作出具体行政行为所依据的规定作出处理决定。

（四）行政复议委员会认为依法应当由其决定的其他事项。

第十二条　行政复议机关的法律部门具体办理行政复议事项，履行下列职责：

（一）受理行政复议申请。

（二）向有关组织和人员调查取证、查阅文件和资料。

（三）审查申请行政复议的具体行政行为是否合法与适当，拟定行政复议决定。

（四）处理或者转送本办法第六条规定的审查申请。

（五）对下级机构违反本办法规定的行为依照规定的权限和程序提出处理意见。

（六）办理因不服行政复议决定提起行政诉讼的应诉事项。

（七）承担行政复议委员会的日常工作。

（八）法律、行政法规规定的其他职责。

第十三条　银行业金融机构、其他单位和个人认为银监会或其派出机构的具体行政行为侵犯其合法权益的，可以自知道该具体行政行为之日起60日内依照《中华人民共和国行政复议法》和本办法的规定提出行政复议申请；但法律规定的申请期限超过60日的除外。

因不可抗力或者其他正当理由耽误法定申请期限的，申请期限自障碍消除之日起继续计算。

第十四条　依照本办法申请行政复议的银行业金融机构、其他单位和个人是申请人。

银行业金融机构、其他单位和个人对银监会或其派出机构的具体行政行为不服申请行政复议的，作出具体行政行为的银监会或其派出机构是被申请人。

与申请行政复议的具体行政行为有利害关系的单位和个人，可以作为第三人参加行政复议。

申请人、第三人可以委托代理人参加行政复议。

第十五条　申请人书面申请行政复议的，应当递交行政复议申请书，行政复议申请书包括下列内容：

（一）申请人为单位的，载明名称、地址、法定代表人或主要负责人的姓名、职务，提供营业执照复印件；申请人为个人的，载明姓名、性别、年龄、工作单位、通讯地址、电话，提供身份证件复印件。

（二）被申请人的名称、地址。

（三）具体的行政复议请求。

（四）申请行政复议的主要事实、理由和证据。

（五）提出复议申请的日期。

（六）行政处罚决定书或者其他行政决定的复印件。

第十六条　银行业金融机构、其他单位和个人申请行政复议，行政复议机关已经依法受理的，在法定行政复议期限内不得向人民法院提起行政诉讼。

银行业金融机构、其他单位和个人向人民法院提起行政诉讼，人民法院已经依法受理的，不得申请行政复议。

第十七条　行政复议机关收到行政复议申请后，应当在5日内进行审查，对不符合本办法规定的行政复议申请，决定不予受理，发出不予受理决定书，告知申请人。

行政复议申请有下列情形之一的，行政复议机关决定不予受理：

（一）复议申请超过法定期限，且无正当延长期限理由的。

（二）没有明确的被申请人。

（三）没有具体的复议请求和事实根据。

（四）不属于本行政复议机关管辖。

对不属于本机关受理的行政复议申请，应当告知申请人向有关行政复议机关提出。

除上述规定外，行政复议申请自行政复议机关负责法律事务工作的部门收到之日起即为受理。

第十八条　行政复议机关对申请人依法提出的行政复议申请，无正当理由不予受理的，行政复议机关的上级机关应当责令其受理；必要时，行政复议机关的上级机关也可以直接受理。

第十九条　行政复议期间具体行政行为不停止执行；但有下列情形之一的，可以停止执行：

（一）被申请人认为需要停止执行的。

（二）行政复议机关认为需要停止执行的。

（三）申请人申请停止执行，行政复议机关认为其要求合理，决定停止执行的。

（四）法律规定停止执行的。

第二十条　行政复议原则上采取书面审查的办法。

申请人提出要求或者行政复议机关的法律部门认为有必要时，可以向有关组织和人员调查情况，听取申请人、被申请人和第三人的意见。

第二十一条　行政复议机关在进行调查时，调查人员不得少于两人。调查时，应当出示合法证件。

调查应当作调查笔录，应当载明时间、地点和具体调查内容。调查笔录应当由调查人员、被调查单位或人员盖章或签字，被调查单位或人员拒绝的，调查人员应当注明原因。

第二十二条　行政复议申请经办人员与当事人有利害关系的，应当回避。

第二十三条　行政复议机关工作人员应当保守工作秘密，不得将复议案件办理过程和行政复议委员会的讨论情况泄露给申请人、被申请人和其他人员。

第二十四条　行政复议机关的法律部门应当自行政复议申请受理之日起7日内，将行政复议案件答辩通知书、行政复议申请书副本或复印件发送被申请人。

被申请人应当自收到行政复议案件答辩通知书及行政复议申请书之日起10日内，提出行政复议答辩书，并提交当初作出具体行政行为的证据、依据和其他有关材料。

行政复议答辩书应当载明以下内容：

（一）被申请人的名称、地址、法定代表人或主要负责人的姓名、职务。

（二）作出具体行政行为的法律依据。

（三）作出具体行政行为的证据。

（四）被申请人认为应当答辩的其他事实和理由。

（五）作出答辩的日期。

行政复议答辩书应当加盖被申请人的印章。

申请人、第三人可以查阅被申请人提出的书面答复、作出具体行政行为的证据、依据和其他有关材料，除涉及国家秘密、商业秘密或者个人隐私外，行政复议机关不得拒绝。

第二十五条　在行政复议过程中，被申请人不得自行向申请人、其他有关组织或者个人收集证据。

第二十六条　行政复议决定作出前，申请人要求撤回行政复议申请的，说明理由，可以撤回；撤回行政复议申请的，行政复议终止。

第二十七条　申请人在申请行政复议时，一并提出对金融规章以下的规定审查申请的，行政复议机关对该规定有权处理的，应当在受理之日起30日内依法处理；无权处理的，应当在受理之日起7日内按照法定程序转送有权处理的行政复议机关依法处理，有权处理的行政复议机关应当在受理之日起60日内依法处理。处理期间，中止对具体行政行为的审查。

第二十八条　行政复议机关在对被申请人作出的具体行政行为进行审查时，认为其依据不合法，本机关有权处理的，应当在30日内依法处理；无权处理的，应当在7日内按照法定程序转送有权处理的行政复议机关依法处理。处理期间，中止对具体行政行为的审查。

第二十九条　行政复议机关的法律部门应当对被申请人作出的具体行政行为进行审查，提出意见，经行政复议委员会通过，按照下列规定作出行政复议决定：

（一）具体行政行为认定事实清楚，证据确凿，适用依据正确，程序合法，内容适当的，决定维持。

（二）被申请人不履行法定职责的，责令其在一定期限内履行。

（三）具体行政行为有下列情形之一的，决定撤销、变更或者确认该具体行政行为违法；决定撤销或者确认该具体行政行为违法的，可以责令被申请人在一定期限内重新作出具体行政行为：

1. 主要事实不清、证据不足的。
2. 适用依据错误的。
3. 违反法定程序的。
4. 超越或者滥用职权的。
5. 具体行政行为明显不当的。

（四）被申请人不按照本办法的规定提出书面答复、提交作出具体行政行为的证据、依据和其他有关材料的，视为该具体行政行为没有证据、依据，决定撤销该具体行政行为。

行政复议机关责令被申请人重新作出具体行政行为的，被申请人不得以同一事实和理由作出与原具体行政行为相同或者基本相同的具体行政行为。

第三十条　行政复议机关应当自受理行政复议申请之日起60日内作出行政复议决定；但是法律规定的行政复议期限少于60日的除外。情况复杂，不能在规定期限内作出行政复议决定的，经行政复议机关的负责人批准，可以适当延长，并告知申请人和被申请人；但是延长期限最长不超过30日。

第三十一条　行政复议机关作出行政复议决定，应当制作行政复议决定书，行政复议决定书应当载明下列内容：

（一）申请人为单位的，载明名称、地址、法定代表人或主要负责人的姓名、职务；申请人为个人的，载明姓名、性别、工作单位、住址。

（二）被申请人名称、地址。

（三）申请人的复议请求、申请行政复议的主要事实、理由。

（四）行政复议机关认定的事实和理由。

（五）行政复议决定的内容。

（六）申请人不服行政复议决定的救济途径。

（七）行政复议决定的日期。

行政复议决定书应该加盖行政复议机关的印章。

行政复议决定书一经送达，即发生法律效力。

第三十二条　被申请人应当履行行政复议决定。

被申请人不履行或者无正当理由拖延履行行政复议决定的，行政复议机关应当责令其限期履行。

第三十三条　银行业金融机构、其他单位和个人对银监会的行政复议决定不服的，可以在收到行政复议决定书之日起15日内向国务院申请裁决。

对银监会、银监局作出的行政复议决定不服的，可以依法向人民法院提起行政诉讼。

第三十四条　申请人逾期不起诉又不履行行政复议决定的，或者不履行国务院最终裁决的，按照下列规定分别处理：

（一）对维持具体行政行为的行政复议决定的，由作出具体行政行为的银监会或其派出机构依法强制执行，或者申请人民法院强制执行。

（二）对变更具体行政行为的行政复议决定的，由行政复议机关依法强制执行，或者申请人民法院强制执行。

第三十五条　行政复议机关违反本办法规定，无正当理由不予受理依法提出的行政复议申请或者在法定期限内不作出行政复议决定的，对直接负责的主管人员和其他直接责任人员依法给予警告、记过、记大过的行政处分；经责令受理仍不受理或者不按照规定转送行政复议申请，造成严重后果的，依法给予降级、撤职、开除的行政处分。

第三十六条　行政复议机关工作人员在行政复议活动中，有下列情形之一的，依法给予警告、记过、记大过的行政处分；情节严重的，依法给予降级、撤职、开除的行政处分；构成犯罪的，依法追究刑事责任：

（一）徇私舞弊。

（二）违反规定泄露行政复议案件办理过程和行政复议委员会讨论情况的。

（三）其他渎职、失职的行为。

第三十七条　被申请人违反本办法规定，不提出书面答复或者不提交对申请人作出具体行政行为的证据、依据和其他有关材料，或者阻挠、变相阻挠申请人依法申请行政复议的，对直接负责的主管人员和其他直接责任人员依法给予警告、记过、记大过的行政处分；进行报复陷害的，依法给予降级、撤职、开除的行政处分；构成犯罪的，依法追究刑事责任。

第三十八条　被申请人不履行或者无正当理由拖延履行行政复议决定的，对直接负责的主管人员和其他直接责任人员依法给予警告、记过、记大过的行政处分；经责令履行仍拒不履行的，依法给予降级、撤职、开除的行政处分。

第三十九条　银监会的法律部门发现下级行政复议机关有无正当理由不予受理行政复议申请、不按照规定期限作出行政复议决定、徇私舞弊、对申请人打击报复或者不履行行政复议决定等情形的，应当向监察部门提出处理建议，监察部门应当依照本办法和有关法律、行政法规的规定作出处理。

第四十条　行政复议期间的计算和行政复议文书的送达，依照《中华人民共和国民事诉讼法》第七十五条至第八十四条关于期间、送达的规定执行。

本办法关于行政复议期间有关“5日”、“7日”等的规定是指工作日，不含节假日。

第四十一条　本办法所称银行业金融机构，是指在中华人民共和国境内设立的商业银行、城市信用合作社、农村信用合作社等吸收公众存款的金融机构以及政策性银行。

中华人民共和国境内设立的金融资产管理公司、信托投资公司、财务公司、金融租赁公司以及经国务院银行业监督管理机构批准设立的其他金融机构向银监会或其派出机构申请行政复议，适用本办法。

第四十二条　外资金融机构、外国人、无国籍人、其他外国组织在中华人民共和国境内向银监会或其派出机构申请行政复议，适用本办法。

第四十三条　本办法由银监会负责解释。

第四十四条　本办法自2005年2月1日起施行。

国家外汇管理局行政复议程序

2020年10月23日国家外汇管理局公告2020年第2号公布施行

第一条　为了防止和纠正违法的或者不当的外汇管理具体行政行为，保护公民、法人和其他组织的合法权益，保障和监督国家外汇管理局及其分支局（以下简称外汇局）依法行使职权，根据《中华人民共和国行政复议法》《中华人民共和国行政复议法实施条例》和《中华人民共和国外汇管理条例》，制定本程序。

第二条　公民、法人或者其他组织认为外汇局的具体行政行为侵犯其合法权益，向有管辖权的外汇局提出行政复议申请，作为行政复议机关的外汇局（以下简称行政复议机关）受理行政复议申请、作出行政复议决定，适用本程序。

第三条　本程序所称的作为行政复议机关的外汇局，包括国家外汇管理局及其有管辖支局的分局、外汇管理部和中心支局。

第四条　行政复议机关办理行政复议案件时，依法履行下列职责：

（一）决定受理或者不予受理行政复议申请；

（二）向有关组织和人员调查取证，查阅文件和资料；

（三）对申请人提起复议的内容进行审查，并作出行政复议决定；

（四）对外汇局违反本程序规定的行为依照规定的权限和程序提出处理建议；

（五）处理或者转送具体行政行为所依据的规定的审查申请；

（六）办理因不服行政复议决定等原因提起的行政诉讼应诉事项；

（七）法律、法规规定的其他职责。

行政复议机关中初次从事行政复议的人员，应当通过国家统一法律职业资格考试取得法律职业资格。

行政复议机关履行行政复议职责，应当遵循合法、公正、公开、及时、便民的原则，坚持有错必纠，保障法律、法规的正确实施。

第五条　公民、法人或者其他组织可以作为申请人，依照本程序在《中华人民共和国行政复议法》及其实施条例规定的范围内申请行政复议。作出具体行政行为的外汇局是被申请人。

第六条　公民、法人或者其他组织认为外汇局的具体行政行为所依据的外汇管理规范性文件规定不合法，可以在对具体行政行为申请行政复议的同时，一并向行政复议机关提出对该规定的审查申请。对外汇管理部门规章的审查依照法律、行政法规的规定办理。

第七条　公民、法人或者其他组织认为外汇局的具体行政行为侵犯其合法权益的，可以自知道该具体行政行为之日起六十日内先向行政复议机关提出行政复议申请。对行政复议决定不服的，可以依法向人民法院提起行政诉讼，但是法律规定行政复议决定为最终裁决的除外。

因不可抗力或者其他正当理由导致无法在法定期限内申请行政复议的，申请期限自障碍消除之日起继续计算。

第八条　申请人申请行政复议，可以书面申请，也可以口头申请。

口头申请的，行政复议机关应当当场记录申请人的基本情况、行政复议请求、申请行政复议的主要事实、理由和时间，并由申请人签字确认。

第九条　对外汇局具体行政行为不服的，向上一级外汇局申请行政复议。

对两个或者两个以上外汇局以共同名义作出的具体行政行为不服的，向其共同上一级外汇局申请行政复议；对被撤销的外汇局在撤销前所作出的具体行政行为不服的，向继续行使其职权的外汇局的上一级外汇局申请行政复议。

对国家外汇管理局作出的具体行政行为不服的，向国家外汇管理局申请行政复议；对国家外汇管理局行政复议决定不服的，可以依法向人民法院提起行政诉讼，也可以向国务院申请最终裁决。

第十条　行政复议机关收到行政复议申请后，应当在五个工作日内进行审查，对不符合《中华人民共和国行政复议法》及其实施条例和本程序规定的行政复议申请，决定不予受理，并书面告知申请人；对符合规定，但是不属于本机关受理的行政复议申请，应当书面告知申请人向有关行政复议机关提出。

除前款规定外，行政复议申请自行政复议机关负责法制工作的机构收到之日起即为受理。

第十一条　行政复议原则上采取书面审查的办法，但是申请人提出要求或者行政复议机关负责法制工作的机构认为有必要时，可以向有关组织和人员调查情况，听取申请人、被申请人和第三人的意见。

第十二条　在行政复议过程中，被申请人不得自行向申请人或其他有关组织或者个人收集证据。

第十三条　行政复议决定作出前，申请人要求撤回行政复议申请的，经说明理由，可以撤回；撤回行政复议申请的，行政复议终止。

申请人撤回行政复议申请的，不得再以同一事实和理由提出行政复议申请。但是，申请人能够证明撤回行政复议申请违背其真实意思表示的除外。

第十四条　行政复议机关应当对被申请人作出的具体行政行为进行审查，并按照《中华人民共和国行政复议法》及其实施条例，自受理申请之日起六十日内作出行政复议决定；情况复杂，不能在规定期限内作出行政复议决定的，经行政复议机关负责人批准，可以适当延长,并书面告知申请人和被申请人,但是延长期限最多不超过三十日。

国家外汇管理局作出行政复议决定,应当经过专题办公会议审议。国家外汇管理局分支局作出行政复议决定,应当采取适当形式进行集体审议。

第十五条 行政复议机关作出行政复议决定,应当制作行政复议决定书,并加盖印章。行政复议决定书一经送达,即发生法律效力。

行政复议决定书应当载明下列内容:

(一)行政复议申请人、被申请人的具体情况,个人应当注明姓名、性别、年龄、住址、工作单位,单位应当注明名称、地址、法定代表人,委托代理人代为行政复议或者第三人参加行政复议的,还应当载明代理人或第三人的具体情况;

(二)行政复议申请的事实和理由;

(三)行政复议机关调查的情况;

(四)行政复议决定及其法律依据;

(五)告知当事人行政诉讼权利及期限。

第十六条 被申请人应当履行行政复议决定。

被申请人不履行或者无正当理由拖延履行行政复议决定的,行政复议机关或者上级外汇局应当责令其限期履行。

第十七条 申请人逾期不起诉又不履行行政复议决定的,或者不履行最终裁决的行政复议决定的,按照下列规定分别处理:

(一)维持具体行政行为的行政复议决定,由作出具体行政行为的外汇局依法申请人民法院强制执行;

(二)变更具体行政行为的行政复议决定,由行政复议机关依法申请人民法院强制执行。

第十八条 行政复议机关、行政复议机关工作人员、被申请人有违反《中华人民共和国行政复议法》及其实施条例和本程序规定的,由有关部门依法进行处理。

第十九条 行政复议机关受理行政复议申请,不得向申请人收取任何费用。行政复议活动所需经费,应当列入本单位的行政经费。

第二十条 本程序未尽事宜,按照《中华人民共和国行政复议法》及其实施条例执行。

第二十一条 本程序自公布之日起施行,由国家外汇管理局负责解释。《国家外汇管理局关于发布〈国家外汇管理局行政复议程序〉的通知》(汇发〔2002〕80号)同时废止。

6. 其他

金融统计管理规定

1. 2002年11月1日中国人民银行令〔2002〕第9号公布
2. 自2002年12月15日起施行

第一章 总 则

第一条 为适应金融管理体制改革和金融业务的发展,依法强化金融统计管理,规范金融统计行为,提高金融统计质量,根据《中华人民共和国统计法》、《中华人民共和国统计法实施细则》、《中华人民共和国中国人民银行法》、《中华人民共和国商业银行法》、《金融违法行为处罚办法》等法律、法规,制定本规定。

第二条 本规定适用于中国人民银行,以及经中国人民银行批准从事金融业务的中、外资金融机构,包括政策性银行、商业银行、城市信用合作社、农村信用合作社、信托投资公司、企业集团财务公司、金融租赁公司、金融资产管理公司、邮政储汇局等。

第三条 本规定所称金融统计,系指中国人民银行和各金融机构统计部门对各项金融业务活动的情况和资料进行调查收集、整理和分析,提供统计信息和统计咨询意见,实行信息交流与共享,进行金融统计管理和监督等活动的总称。它包括货币统计、本外币信贷收支统计、现金收支统计、贷款累放累收统计、金融监管统计、资金流量统计、金融市场统计、银行中间业务及各种专项统计等金融业务统计。

本规定所称统计部门,系指中国人民银行和各金融机构内部从事金融统计业务的工作部门。

第四条 金融统计工作的基本任务是:及时、准确、全面地完成各项金融业务统计;收集、整理、积累金融和有关国民经济的统计资料;开展统计调查、统计分析和统计预测,依法进行统计管理和统计检查,为国家和金融部门进行宏观经济决策、监测经济与金融运行情况、金融监管和经营管理提供统计信息和统计咨询意见;为社会公众提供统计信息;进行国际交流和为有关国际金融组织提供信息资料。

第五条 金融统计工作遵循客观性、科学性、统一性、及时性的原则。

第六条 金融统计实行统一领导、分级负责的管理体制。中国人民银行是组织、领导、监督、管理和协调全国金融统计工作的主管机关。

第七条 金融统计要以计算机网络为依托逐步实现自动

化、规范化、标准化管理。

第八条 加快金融统计与国际接轨的进程，逐步实现按国际准则加工和披露金融统计数据。

第九条 金融统计是以会计科目和各类账户信息为基础的全面统计，在此基础上形成各类统计报表。

第二章 金融统计资料的管理与统计调查

第十条 中国人民银行总行统一管理金融系统全国性统计报表，并负责金融系统全国性统计报表的制定、颁发与撤销。中国人民银行各分支行负责监督、检查辖区内金融机构执行统计报表、统计数据管理制度的情况。

第十一条 金融机构总行（总公司、总局）管理本系统金融统计报表，并负责系统内全国性定期统计报表的制定、撤销，但须报中国人民银行总行备案。

第十二条 中国人民银行各分行、营业管理部、省会（首府）城市中心支行可以制定地区性统计报表，但须报中国人民银行总行备案；金融机构省分行（分公司、分局）可以制定本系统地区性统计报表，但须报中国人民银行分行、省会（首府）城市中心支行备案。中国人民银行省会（首府）城市中心支行以下分支机构和金融机构省分行（分公司、分局）以下分支机构不得制定地区固定性统计报表。但在征得上级部门同意后，可根据实际需要制定地区临时性统计报表。临时性报表的期限一般不超过一年。

第十三条 中国人民银行分行、营业管理部、省会（首府）城市中心支行，金融机构总行（总公司、总局）、省分行（分公司、分局），在遵循中国人民银行总行统一规定的统计项目、统计指标下，可增设必要的统计项目、统计指标。中国人民银行各分行、营业管理部、省会（首府）城市中心支行根据金融管理的需要，可要求辖区内金融机构增设必要的统计项目、统计指标和附表、统计台账和原始统计记录。

第十四条 中国人民银行和各金融机构及其分支机构应严格控制临时性统计报表的制定和印发，减少临时性统计报表的数量。

第十五条 中国人民银行制定统一的金融统计标准，以保障统计调查中采用的指标含义、计算方法、分类目录、调查表式和统计编码等方面的标准化。

第十六条 中国人民银行向各金融机构收集统计数据由中国人民银行统计部门归口管理，各金融机构内设部门向中国人民银行报送的与中国人民银行统一金融统计指标（全科目统计指标）相关的统计数据由各金融机构统计部门归口管理，以保证统计数据的准确和一致。

第十七条 中国人民银行和各金融机构统计部门要加强对金融统计资料和统计电子化资料的管理，建立健全金融统计资料的审核、整理、交接和存档等管理制度。

第十八条 对违反国家统计法律、法规和本规定制定印发的统计报表和统计调查表，中国人民银行和各金融机构统计部门有权拒绝填报。

第十九条 全国范围或地区性统计调查，由中国人民银行组织各金融机构共同进行；各金融机构本系统的统计调查，由各金融机构负责组织。

第三章 金融统计资料的公布

第二十条 金融统计资料公布的主要内容要逐步实现与国际接轨，加快透明度进程。

第二十一条 中国人民银行总行定期公布全国性金融统计资料（月后20日内通过新闻媒体和中国人民银行网站向全社会公布月度金融机构货币供应量、信贷收支及资产负债主要指标等金融统计资料）；中国人民银行分行、营业管理部、省会（首府）城市中心支行根据中国人民银行总行规定，定期公布辖区内金融统计资料，并报总行备案，对外公布个别项目的统计数字，须报经行长批准。

金融机构总行（总公司、总局）对外公布金融统计资料，须经本行（公司、局）行长（总经理、局长）批准。金融机构分支机构公布金融统计资料，按照其上级主管部门的规定执行。

第二十二条 对外公布有密级的金融统计资料的审批，实行分级负责制度。

绝密、机密、秘密级的金融统计资料，未经批准，任何单位或个人不得擅自对外公布。

绝密、机密、秘密级金融统计资料的划分，按《金融工作中国家秘密及密级具体范围的规定》执行。

对外公布绝密级金融统计资料，必须报经国务院审批后，由中国人民银行总行公布；对外公布机密级金融统计资料，须经中国人民银行总行批准；对外公布秘密级金融统计资料，全国性数字由中国人民银行总行批准，金融机构本系统的数字由其总行（总公司、总局）批准。

第四章 金融统计部门的职责

第二十三条 中国人民银行总行设立专职统计部门，负责组织、领导和协调全国金融统计工作；中国人民银行各分行、营业管理部、省会（首府）城市中心支行、地（市）级中心支行设专职统计部门，负责领导、协调辖区内金融机构的统计工作；中国人民银行县级支行设置统计岗位。

第二十四条 各金融机构总行（总公司、总局）设立专职统计部门，管理本系统的统计工作；各金融机构分支机构的统计部门设置，由其总行（总公司、总局）自行决定。

第二十五条 中国人民银行统计部门履行下列职责：

（一）中国人民银行总行统计部门起草金融统计制度和有关管理规定；各分行、营业管理部、省会（首府）城市中心支行统计部门可根据总行下发的制度和有关规定，结合当地情况起草本行制度和实施细则，并报中国人民银行总行备案。

（二）组织、领导、管理、监督、检查金融机构的统计工作。

（三）收集、审核、汇总、编制金融统计数据和统计报表。

（四）收集、整理、积累金融统计资料和有关国民经济统计资料。

（五）按规定向有关部门提供金融统计资料，对外公布综合性金融统计资料。

（六）组织金融机构开展统计调查、统计分析和统计预测。

（七）组织和促进金融统计标准化、现代化建设，建立统一的金融统计管理信息系统和有效安全的网络传输设施，在金融系统内实行信息共享。

（八）组织开展统计执法和统计质量检查，培训统计人员。

（九）经授权代表金融系统参加国内、国际金融统计活动。

第二十六条 金融机构统计部门履行下列职责：

（一）贯彻执行中国人民银行制定的金融统计制度及有关管理办法，并接受中国人民银行的监督、检查。

（二）制定本系统金融统计制度、办法，领导和管理本系统金融统计工作。

（三）收集、汇总、编制、管理本系统金融统计数据和报表。

（四）收集、整理、积累本系统金融统计资料和有关国民经济统计资料。

（五）依法向中国人民银行报送统计数据、报表、统计制度和统计资料，向有关部门提供统计数据，对外公布本系统金融统计信息。

（六）完成中国人民银行布置的各项统计调查工作，在本系统组织开展统计调查、统计分析和统计预测。

（七）执行中国人民银行规定的统一的统计指标编码和电子文件接口规则。

（八）领导、组织本系统开展统计法规和统计质量检查，培训统计人员。

第五章 统计人员的配备与职责

第二十七条 统计人员的配备应符合以下要求：

（一）统计人员要具备良好的职业道德，具有必要的统计专业基础知识和一定的计算机操作技能。

（二）统计人员必须实行岗位培训，未经岗前培训或培训不合格者不得上岗。经考核不适宜担任统计工作的人员，应及时进行调整。

第二十八条 中国人民银行分支行统计部门主要负责人的调动，要征得上一级中国人民银行主管部门的同意；各金融机构分支行（公司、局）统计负责人的调动，应当征得其上级主管部门同意并向中国人民银行当地统计部门备案；统计人员调动工作或者离职，应当有符合规定条件的人接管，并须办理交接手续。

第二十九条 中国人民银行分支行、各金融机构及其分支机构，应当根据国家有关规定和工作需要，设置和聘任统计专业技术职务。

第三十条 凡设置统计部门的机构，其统计部门主要负责人为统计责任人；不设统计部门的，其法定代表人或主要负责人为统计责任人。统计责任人要对本机构统计数据的真实性负责。

第三十一条 统计人员履行以下职责：

（一）执行统计法律、规定、制度，按规定及时、准确、完整地填报统计数字，编制统计报表，不得虚报、瞒报、伪造、篡改统计数据；

（二）严格遵守保密制度；

（三）收集、整理、提供统计资料；

（四）进行统计调查、统计分析和统计预测；

（五）规范使用统计计算机程序系统，保证统计资料和统计数据安全；

（六）依照规定的审批程序，有权要求有关部门和人员提供金融业务资料，询问情况和查阅原始资料；

（七）检查统计资料的准确性，有权要求改正不确实的统计资料；

（八）拒报不符合规定的统计报表，检举和揭发违反统计法律、规定、制度的行为。

中国人民银行和各金融机构的统计部门及统计人员依照国家颁布的统计法律、法规和本规定行使上述职权，任何单位和个人不得非法干预。

第六章 统计监督和统计检查

第三十二条 中国人民银行统计部门依法对各金融机构的统计工作以及统计法律、规定、制度的执行情况，统计质量、统计真实性情况和统计工作情况，定期或不定期进行监督检查。检查的内容和重点应根据统计法律、规定和统计制度实施的情况具体确定。

金融机构统计部门在中国人民银行同级统计部门的组织指导下，监督检查本系统统计工作，以及统计法律、规定、制度的执行情况。

任何人不得干扰和妨碍统计人员执法检查和做出检查结论。

第三十三条　中国人民银行统计部门应配备熟悉相关法律、规定、制度和统计业务的专职或兼职统计检查员。

第三十四条　统计检查员在规定的职责范围内行使统计检查权。

第三十五条　统计检查部门和统计检查员有权对被检查机构使用的统计资料及其数据来源进行检查和监督。统计检查员按规定有权向被检查金融机构发出《统计检查查询书》。被检查金融机构在接到《统计检查查询书》15日内应据实答复。

第三十六条　统计检查可以对会计报表、与统计有关的其他业务报表及有关台账和原始凭证等进行核对。

第七章　奖励与惩罚

第三十七条　中国人民银行和各金融机构定期分别对本系统金融统计工作进行评比，中国人民银行定期对金融系统统计工作进行评比。中国人民银行和各金融机构根据有关规定对有下列表现之一的金融统计人员或者集体，分别给予嘉奖、记功、记大功、晋级、升职，授予荣誉称号，并可给予一定的奖励，奖励费用按照有关规定在有关经费中开支。

（一）在改革和完善金融统计制度、统计方法等方面，有突出贡献的；

（二）在完成金融统计调查任务，保障统计资料的及时性、准确性方面，做出显著成绩的；

（三）在进行金融统计分析、统计监督方面有创新，取得重要成果的；

（四）在运用和推广现代化统计信息技术方面，有显著成绩的；

（五）在强化统计教育和统计专业培训、进行统计科学研究，提高统计科学水平方面，做出重要贡献的；

（六）坚持实事求是，依法办事，同违反统计法律、规定、制度的行为作斗争，表现突出的；

（七）揭发、检举统计违法行为有功的。

第三十八条　金融机构统计及相关部门和人员，有下列行为之一者，由中国人民银行地（市）级（含地、市）以上机构和有关部门对该金融机构给予警告并处以3万元以下罚款；对金融机构直接负责的高级管理人员、其他直接负责的主管人员和直接责任人员，由所在金融机构或者上级金融机构给予警告、严重警告、记过、记大过、降级的纪律处分。中国人民银行统计及相关部门的工作人员有下列行为之一者，由所在单位或上级单位给予警告、严重警告、记过、记大过、降级的纪律处分。

（一）虚报、瞒报金融统计资料的；

（二）伪造、篡改金融统计资料的；

（三）拒报或者屡次迟报金融统计资料的；

（四）违反本规定，未经批准，自行编制发布金融统计调查表，造成恶劣影响的；

（五）违反本规定有关保密条款和《金融工作中国家秘密及其密级具体范围规定》，超越权限，自行公布金融统计资料造成严重后果的；

（六）强迫和授意统计部门和统计人员在统计数据上弄虚作假的；

（七）对坚持原则实报统计数据或检举揭发统计违法、违规行为人员进行刁难、打击报复的；

（八）在接受统计检查时，拒绝提供情况、提供虚假情况或者转移、隐匿、毁弃原始统计记录、统计台账、统计报表以及与统计有关的其他资料造成重大损害的；

（九）使用暴力或者威胁的手段阻挠、抗拒统计检查的；

（十）中国人民银行总行、分行、营业管理部、省会（首府）城市中心支行依法认定的其他行为。

第三十九条　严重违反本规定的各金融机构统计及相关部门和人员，有下列行为之一者，由中国人民银行地（市）级（不含地、市）以上机构依据《金融违法行为处罚办法》第十二条对该金融机构给予警告，并处以10万元以上50万元以下罚款，情节严重的，责令该金融机构停业整顿或者吊销经营金融业务许可证；对金融机构直接负责的高级管理人员、其他直接负责的主管人员和直接责任人员，由所在金融机构或者上级金融机构给予记大过直至开除的纪律处分。中国人民银行统计及相关部门人员有下列行为之一者，由所在单位或上级单位给予记大过直至开除的纪律处分。

（一）虚报、瞒报、伪造、篡改金融统计资料数额较大或者占应报数额的份额较多的；

（二）虚报、瞒报、伪造、篡改金融统计资料，一年内再次发生的；

（三）虚报、瞒报、伪造、篡改金融统计资料，被责令改正而拒不改正的；

（四）虚报、瞒报、伪造、篡改金融统计资料，造成严重后果的；

（五）中国人民银行总行、分行、营业管理部、省会（首府）城市中心支行依法认定的其他行为。

第四十条　对于违反本规定，篡改金融统计资料、编造虚假数字骗取荣誉称号、物质奖励或晋升职务的，由作出有关决定的机关或其上级机关、监察机关取消其荣誉称号、追缴物质奖励和撤销晋升的职务。

第四十一条　当事人对本规定第三十八条、三十九所受处罚不服的，可依据有关法律、法规申请行政复议。当事人对行政复议决定不服的，可在接到行政复议决定书之日起15日之内向当地人民法院起诉。

第四十二条　对违反本规定构成犯罪的，提交司法机关依法追究刑事责任。

第八章　附　　则

第四十三条　中国人民银行分行、营业管理部、省会（首府）城市中心支行和各金融机构，可根据本规定制定本辖区、本系统的实施细则，并报中国人民银行总行备案。

第四十四条　本规定由中国人民银行总行负责解释。

第四十五条　本规定自2002年12月15日起施行。1995年12月3日发布的《金融统计管理规定》同时废止。

银行保险监管统计管理办法

1. 2022年12月25日中国银行保险监督管理委员会令2022年第10号公布

2. 自2023年2月1日起施行

第一章　总　　则

第一条　为加强银行业保险业监管统计管理，规范监管统计行为，提升监管统计质效，落实统计监督职能，促进科学监管和行业平稳健康发展，根据《中华人民共和国银行业监督管理法》《中华人民共和国保险法》《中华人民共和国商业银行法》《中华人民共和国统计法》《中华人民共和国数据安全法》等法律法规，制定本办法。

第二条　本办法所称银行保险机构，是指在中华人民共和国境内依法设立的商业银行、农村信用合作社等吸收公众存款的金融机构以及政策性银行、金融资产管理公司、金融租赁公司、理财公司、保险集团（控股）公司、保险公司和保险资产管理公司等。

第三条　本办法所称监管统计，是指银保监会及其派出机构组织实施的以银行保险机构为对象的统计调查、统计分析、统计信息服务、统计管理和统计监督检查等活动，以及银行保险机构为落实相关监管要求开展的各类统计活动。

本办法所称监管统计资料，是指依据银保监会及其派出机构监管统计要求采集的，反映银行保险机构经营情况和风险状况的数据、报表、报告等。

第四条　监管统计工作遵循统一规范、准确及时、科学严谨、实事求是的原则。

第五条　银保监会对银行保险监管统计工作实行统一领导、分级管理的管理体制。银保监会派出机构负责辖内银行保险机构监管统计工作。

第六条　银保监会及其派出机构、银行保险机构应不断提高监管统计信息化水平，充分合理利用先进信息技术，满足监管统计工作需要。

第七条　监管统计工作及资料管理应严格遵循保密、网络安全、数据安全、个人信息保护等有关法律法规、监管规章和标准规范。相关单位和个人应依法依规严格予以保密，保障监管统计数据安全。

第二章　监管统计管理机构

第八条　银保监会统计部门对监管统计工作实行归口管理，履行下列职责：

（一）组织制定监管统计管理制度、监管统计业务制度、监管数据标准和数据安全制度等有关工作制度；

（二）组织开展监管统计调查和统计分析；

（三）收集、编制和管理监管统计数据；

（四）按照有关规定定期公布监管统计资料；

（五）组织开展监管统计监督检查和业务培训；

（六）推动监管统计信息系统建设；

（七）组织开展监管统计数据安全保护相关工作；

（八）为满足监管统计需要开展的其他工作。

第九条　银保监会相关部门配合统计部门做好监管统计工作，履行下列职责：

（一）参与制定监管统计管理制度、监管统计业务制度和监管数据标准；

（二）指导督促银行保险机构执行监管统计制度、加强监管统计管理和提高监管统计质量；

（三）依据监管责任划分和有关规定，审核所辖银行保险机构监管统计数据；

（四）落实监管统计数据安全保护相关工作；

（五）为满足监管统计需要开展的其他工作。

第十条　银保监会派出机构贯彻银保监会监管统计制度、标准和有关工作要求。派出机构统计部门在辖区内履行本办法第八条第（二）至（八）款之规定职责，以及制定辖区监管统计制度；相关部门履行本办法第九条之规定职责。

第三章　监管统计调查管理

第十一条　银保监会及其派出机构开展监管统计调查应充分评估其必要性、可行性和科学性，合理控制数量，不必要的应及时清理。

第十二条　监管统计调查按照统计方式和期限，分为常规统计调查和临时统计调查。

常规统计调查以固定的制式、内容、频次定期收集监管统计资料，由银保监会归口管理部门统一管理。开展监管统计常规调查，应同时配套制定监管统计业务制度。

临时统计调查以灵活的制式、内容、频次收集监管统计资料，有效期限原则上不超过一年，到期后仍需继续采集的，应重新制定下发或转为常规统计调查。

第十三条　派出机构开展辖内银行保险机构临时统计调查，相关统计报表和统计要求等情况应报上一级统计部门备案。

第十四条　银保监会及其派出机构应建立健全监管统计资料管理机制和流程，规范资料的审核、整理、保存、查询、使用、共享和信息服务等事项，采取必要的管理手段和技术措施，强化监管统计资料安全管理。

第十五条　银保监会建立统计信息公布机制，依法依规定期向公众公布银行保险监管统计资料。派出机构根据银保监会规定和授权，建立辖内统计信息公布机制。

第四章　银行保险机构监管统计管理

第十六条　银行保险机构应按照银保监会及其派出机构要求，完善监管统计数据填报审核工作机制和流程，确保数据的真实性、准确性、及时性、完整性。

银行保险机构应保证同一指标在监管报送与对外披露的一致性。如有重大差异，应及时向银保监会或其派出机构解释说明。

第十七条　银行保险法人机构应将监管统计数据纳入数据治理，建立满足监管统计工作需要的组织架构、工作机制和流程，明确职权和责任，实施问责和激励，评估监管统计管理的有效性和执行情况，推动监管统计工作有效开展和数据质量持续提升，并加强对分支机构监管统计数据质量的监督和管理。

第十八条　银行保险机构法定代表人或主要负责人对监管统计数据质量承担最终责任。

银行保险法人机构及其县级及以上分支机构应分别指定一名高级管理人员（或主要负责人）为监管统计负责人，负责组织部署本机构监管统计工作，保障岗位、人员、薪酬、科技支持等资源配置。

第十九条　银行保险法人机构应明确并授权归口管理部门负责组织、协调和管理本机构监管统计工作，履行下列职责：

（一）组织落实监管统计法规、监管统计标准及有关工作要求；

（二）组织制定满足监管统计要求的内部管理制度和统计业务制度；

（三）组织收集、编制、报送和管理监管统计数据；

（四）组织开展对内部各部门、各分支机构的监管统计管理、考评、检查和培训工作，对不按规定提供或提供虚假监管统计数据的进行责任认定追溯；

（五）推动建设满足监管统计报送工作需要的信息系统；

（六）落实监管统计数据安全保护相关工作；

（七）为满足监管统计需要开展的其他工作。

银行保险法人机构各相关部门应承担与监管统计报送有关的业务规则确认、数据填报和审核、源头数据质量治理等工作职责。

银行保险机构省级、地市级分支机构应明确统计工作部门，地市级以下分支机构应至少指定统计工作团队，负责组织开展本级机构的监管统计工作。

第二十条　银行保险法人机构归口管理部门及其省级分支机构统计工作部门应设置监管统计专职岗位。地市级及以下分支机构可视实际情况设置监管统计专职或兼职岗位。相关岗位均应设立 A、B 角，人员数量、专业能力和激励机制应满足监管统计工作需要。

银行保险法人机构或其县级及以上分支机构应在指定或者变更监管统计负责人、归口管理部门（或统计工作部门、团队）负责人后 10 个工作日内，向银保监会或其派出机构备案。

第二十一条　银行保险机构应及时制定并更新满足监管要求的监管统计内部管理制度和业务制度，在制度制定或发生重大修订后 10 个工作日内向银保监会或其派出机构备案。

管理制度应包括组织领导、部门职责、岗位人员、信息系统保障、数据编制报送、数据质量管控、检查评估、考核评价、问责与激励、资料管理、数据安全保护等方面。

业务制度应全面覆盖常规监管统计数据要求，对统计内容、口径、方法、分工和流程等方面做出统一规定。

第二十二条　银行保险机构应建立包括数据源管理、统计口径管理、日常监控、监督检查、问题整改、考核评价在内的监管统计数据质量全流程管理机制，明确各部门数据质量责任。

第二十三条　银行保险机构应建立满足监管统计工作需要的信息系统，提高数字化水平。

银行保险机构内部业务及管理基础系统等各类信息系统应覆盖监管统计所需各项业务和管理数据。

第二十四条　银行保险机构应加强监管统计资料的存储管理，建立全面、严密的管理流程和归档机制，保证监管统计资料的完整性、连续性、安全性和可追溯性。

银行保险机构向境外机构、组织或个人提供境内采集、存储的监管统计资料，应遵守国家有关法律法规及行业相关规定。

第二十五条 银行保险机构应当充分运用数据分析手段，对本机构监管统计指标变化情况开展统计分析和数据挖掘应用，充分发挥监管统计资料价值。

第五章 监管统计监督管理

第二十六条 银保监会及其派出机构依据有关规定和程序对银行保险机构监管统计工作情况进行监督检查，内容包括：

（一）监管统计法律法规及相关制度的执行；

（二）统计相关组织架构及其管理；

（三）相关岗位人员配置及培训；

（四）内部统计管理制度和统计业务制度建设及其执行情况；

（五）相关统计信息系统建设，以及统计信息系统完备性和安全性情况；

（六）监管统计数据质量及其管理；

（七）监管统计资料管理；

（八）监管统计数据安全保护情况；

（九）与监管统计工作相关的其他情况。

第二十七条 银保监会及其派出机构采取非现场或现场方式实施监管统计监督管理。对违反本办法规定的银行保险机构，银保监会及其派出机构可依法依规采取监督管理措施或者给予行政处罚。

第二十八条 银行保险机构未按规定提供监管统计资料的，分别依据《中华人民共和国银行业监督管理法》《中华人民共和国保险法》《中华人民共和国商业银行法》等法律法规，视情况依法予以处罚。

第二十九条 银行保险机构违反本办法规定，有下列行为之一的，分别依据《中华人民共和国银行业监督管理法》《中华人民共和国保险法》《中华人民共和国商业银行法》等法律法规予以处罚；构成犯罪的，依法追究刑事责任：

（一）编造或提供虚假的监管统计资料；

（二）拒绝接受依法进行的监管统计监督检查；

（三）阻碍依法进行的监管统计监督检查。

第三十条 银行保险机构违反本办法第二十八、二十九条规定的，银保监会及其派出机构分别依据《中华人民共和国银行业监督管理法》《中华人民共和国保险法》《中华人民共和国商业银行法》等法律法规对有关责任人员采取监管措施或予以处罚。

第六章 附　　则

第三十一条 银保监会及其派出机构依法监管的其他机构参照本办法执行。

第三十二条 本办法由银保监会负责解释。

第三十三条 本办法自 2023 年 2 月 1 日起施行。《银行业监管统计管理暂行办法》（中国银行业监督管理委员会令 2004 年第 6 号）、《保险统计管理规定》（中国保险监督管理委员会令 2013 年第 1 号）同时废止。

银行业金融机构外部审计监管指引

1. 2010 年 8 月 11 日中国银行业监督管理委员会发布

2. 银监发〔2010〕73 号

第一章 总　　则

第一条 为充分发挥外部审计对银行业监管的补充作用，促进银行业金融机构稳健经营，根据《中华人民共和国银行业监督管理法》等法律法规，制定本指引。

第二条 本指引所称银行业金融机构是指依法在中国境内设立的各类银行业金融机构法人，以及外国银行业金融机构在中国境内设立的分支机构。

本指引所称外部审计是指外部审计机构对银行业金融机构的年度财务报告审计；外部审计机构是指接受银行业金融机构委托对其进行外部审计的会计师事务所，以下简称外审机构。

本指引所称银行业监管机构，是指中国银监会及其派出机构。

第三条 银行业金融机构应当建立健全委托外审机构的相关规章制度。

银行业金融机构董事会对外部审计负最终责任。

第二章 审 计 委 托

第四条 银行业金融机构应当委托具有独立性、专业胜任能力和声誉良好的外审机构从事审计业务。对合格外审机构的评估包括但不限于以下因素：

（一）在形式和实质上均保持独立性；

（二）具有与委托银行业金融机构资产规模、业务复杂程度等相匹配的规模、资源和风险承受能力；

（三）拥有足够数量的具有银行业金融机构审计经验的注册会计师，具备审计银行业金融机构的专业胜任能力；

（四）熟悉金融法规、银行业金融机构业务及流程、内部控制制度以及各种风险管理政策；

（五）具有完善的内部管理制度和健全的质量控制体系；

（六）具有良好的职业声誉，无重大不良记录。

第五条　银行业金融机构应当完整保存委托外部审计机构过程中的档案，银行业监管机构可以对上述档案进行检查。

第六条　外审机构存在下列情况之一的，银行业金融机构不宜委托其从事外部审计业务：

（一）专业胜任能力、从事银行业金融机构审计的经验、风险承受能力明显不足的；

（二）存在欺诈和舞弊行为，在执业经历中受过行政处罚、刑事处罚且未满三年的；

（三）与被审计机构存在关联关系，可能影响审计独立性的。

第三章　审计质量控制

第七条　银行业金融机构应当了解外部审计程序及质量控制体系，配合外审机构开展审计工作，为外审机构实施适当的审计程序提供便利。

第八条　银行业金融机构应当与外审机构充分沟通，了解审计进展情况，及时将审计过程中出现的重大事项报告银行业监管机构。

第九条　银行业金融机构应当对外审机构的审计报告质量及审计业务约定书的履行情况进行评估。

第十条　银行业监管机构可以对外审机构的审计报告质量进行评估，并对存在重大疑问的事项要求银行业金融机构委托其他外审机构进行专项审计。

第十一条　外审机构同一签字注册会计师对同一家银行业金融机构进行外部审计的服务年限不得超过五年；超过五年的，银行业金融机构应当要求外审机构更换签字注册会计师。

第十二条　银行业金融机构不宜委托负责其外部审计的外审机构提供咨询服务。

第四章　终止审计委托

第十三条　银行业金融机构发现外审机构存在下列情形之一的，应予以特别关注，并可以终止委托其审计工作：

（一）未履行诚信、勤勉、保密义务，并造成严重不良后果的；

（二）将所承担的审计业务分包或转包给其他机构的；

（三）审计人员和时间安排难以保障银行业金融机构按期披露年度报告的；

（四）审计报告被证实存在严重质量问题的。

第十四条　银行业监管机构发现外审机构存在下列问题时，可以要求银行业金融机构立即评估委托该外审机构的适当性：

（一）审计结果严重失实的；

（二）存在严重舞弊行为的；

（三）严重违背中国注册会计师审计准则，存在应发现而未发现的重大问题的。

对因上述原因被终止委托的外审机构，银行业金融机构二年内不得委托其从事审计业务。

第十五条　银行业金融机构或外审机构单方要求终止审计委托时，银行业金融机构应当及时报告银行业监管机构。

第五章　与外审机构的沟通

第十六条　银行业监管机构、银行业金融机构、外审机构应当适时举行双方或三方会谈，及时交流有关信息。

第十七条　外审机构根据审计准则向银行业监管机构报告银行业金融机构以下情况的，银行业金融机构不得阻挠：

（一）严重违反法律法规、行业规范或章程；

（二）影响持续经营的事项或情况；

（三）出具非标准审计报告；

（四）管理层有重大舞弊行为；

（五）决策机构内部发生严重冲突或关键职能部门负责人突然离职。

第十八条　银行业监管机构应当鼓励外审机构依法根据审计准则开展外部审计，并纠正银行业金融机构对外部审计质量存在严重负面影响的行为。

第六章　审计结果的利用

第十九条　银行业金融机构应当在收到外审机构出具的审计报告和管理建议书后及时将副本报送银行业监管机构。

第二十条　银行业监管机构应当建立银行业金融机构外部审计结果、整改建议等审计信息系统，充分利用外部审计相关信息。

第二十一条　银行业金融机构应当重视并积极整改外部审计发现的问题，并将整改结果报送银行业监管机构。

第七章　附　　则

第二十二条　本指引由中国银监会负责解释。

第二十三条　本指引自公布之日起施行。

金融企业准备金计提管理办法

1. *2012年3月30日财政部发布*
2. *财金〔2012〕20号*
3. *自2012年7月1日起施行*

第一章　总　　则

第一条　为了防范金融风险，增强金融企业风险抵御能力,促进金融企业稳健经营和健康发展,根据《金融企业财务规则》等有关规定,制定本办法。

第二条 经中国银行业监督管理委员会批准,在中华人民共和国境内依法设立的政策性银行、商业银行、信托投资公司、财务公司、金融租赁公司、金融资产管理公司、村镇银行和城乡信用社等经营金融业务的企业(以下简称金融企业)适用本办法。

第三条 本办法所称准备金,又称拨备,是指金融企业对承担风险和损失的金融资产计提的准备金,包括资产减值准备和一般准备。

本办法所称资产减值准备,是指金融企业对债权、股权等金融资产(不包括以公允价值计量并且其变动计入当期损益的金融资产)进行合理估计和判断,对其预计未来现金流量现值低于账面价值部分计提的,计入金融企业成本的,用于弥补资产损失的准备金。

本办法所称一般准备,是指金融企业运用动态拨备原理,采用内部模型法或标准法计算风险资产的潜在风险估计值后,扣减已计提的资产减值准备,从净利润中计提的、用于部分弥补尚未识别的可能性损失的准备金。

动态拨备是金融企业根据宏观经济形势变化,采取的逆周期计提拨备的方法,即在宏观经济上行周期、风险资产违约率相对较低时多计提拨备,增强财务缓冲能力;在宏观经济下行周期、风险资产违约率相对较高时少计提拨备,并动用积累的拨备吸收资产损失的做法。

本办法所称内部模型法,是指具备条件的金融企业使用内部开发的模型对风险资产计算确定潜在风险估计值的方法。

本办法所称标准法,是指金融企业根据金融监管部门确定的标准对风险资产进行风险分类后,按财政部制定的标准风险系数计算确定潜在风险估计值的方法。

本办法所称不良贷款拨备覆盖率,是指金融企业计提的贷款损失准备与不良贷款余额之比。

本办法所称贷款拨备率,是指金融企业计提的与贷款损失相关的资产减值准备与各项贷款余额之比,也称拨贷比。

本办法所称贷款总拨备率,是指金融企业计提的与贷款损失相关的各项准备(包括资产减值准备和一般准备)与各项贷款余额之比。

第二章 准备金的计提

第四条 金融企业承担风险和损失的资产应计提准备金,具体包括发放贷款和垫款、可供出售类金融资产、持有至到期投资、长期股权投资、存放同业、拆出资金、抵债资产、其他应收款项等。

对由金融企业转贷并承担对外还款责任的国外贷款,包括国际金融组织贷款、外国买方信贷、外国政府贷款、日本国际协力银行不附条件贷款和外国政府混合贷款等资产,应当计提准备金。

金融企业不承担风险的委托贷款、购买的国债等资产,不计提准备金。

第五条 金融企业应当在资产负债表日对各项资产进行检查,分析判断资产是否发生减值,并根据谨慎性原则,计提资产减值准备。对发放贷款和垫款,至少应当按季进行分析,采取单项或组合的方式进行减值测试,计提贷款损失准备。

第六条 金融企业应当于每年年度终了对承担风险和损失的资产计提一般准备。一般准备由金融企业总行(总公司)统一计提和管理。

金融企业应当根据自身实际情况,选择内部模型法或标准法对风险资产所面临的风险状况定量分析,确定潜在风险估计值。对于潜在风险估计值高于资产减值准备的差额,计提一般准备。当潜在风险估计值低于资产减值准备时,可不计提一般准备。一般准备余额原则上不得低于风险资产期末余额的1.5%。

第七条 具备条件的金融企业可采用内部模型法确定潜在风险估计值。运用内部模型法时应当使用至少包括一个完整经济周期的历史数据,综合考虑风险资产存量及其变化、风险资产长期平均损失率、潜在损失平均覆盖率、较长时期平均资产减值准备等因素,建立内部模型,并通过对银行自身风险资产损失历史数据的回归分析或其他合理方法确定潜在风险估计值。

第八条 金融企业采用内部模型法的,已改制金融企业履行董事会审批程序后实施,未改制金融企业由行长(总经理、总裁)办公会审批后实施。

金融企业采用内部模型法的,应将内部模型及详细说明报同级财政部门备案。

第九条 金融企业不采用内部模型法的,应当根据标准法计算潜在风险估计值,按潜在风险估计值与资产减值准备的差额,对风险资产计提一般准备。其中,信贷资产根据金融监管部门的有关规定进行风险分类,标准风险系数暂定为:正常类1.5%,关注类3%,次级类30%,可疑类60%,损失类100%;对于其他风险资产可参照信贷资产进行风险分类,采用的标准风险系数不得低于上述信贷资产标准风险系数。

第十条 金融企业对非信贷资产未实施风险分类的,可按非信贷资产余额的1%—1.5%计提一般准备。

标准法潜在风险估计值计算公式:

潜在风险估计值 = 正常类风险资产 ×1.5% + 关

注类风险资产×3% +次级类风险资产×30% +可疑类风险资产×60% +损失类风险资产×100%

财政部将根据宏观经济形势变化，参考金融企业不良贷款额、不良贷款率、不良贷款拨备覆盖率、贷款拨备率、贷款总拨备率等情况，适时调整计提一般准备的风险资产范围、标准风险系数、一般准备占风险资产的比例要求。

第十一条　金融企业应当根据资产的风险程度及时、足额计提准备金。准备金计提不足的，原则上不得进行税后利润分配。

第十二条　金融企业应当于每季度终了后60天内向同级财政部门提供其准备金计提情况（包括计提准备金的资产分项、分类情况、资产风险评估方法），并按类别提供相关准备金余额变动情况（期初、本期计提、本期转回、本期核销、期末数），以及不良资产和不良贷款拨备覆盖率情况。

中央金融企业将准备金计提情况报送财政部，中央金融企业在各地分支机构报送财政部驻当地财政监察专员办事处，地方金融企业报送同级财政部门。准备金由总行（总公司）统一计提和管理的金融企业，由总行（总公司）向同级财政部门统一提供准备金计提情况。

第十三条　财政部驻各地财政监察专员办事处负责对当地中央管理的金融企业分支机构准备金计提的监督管理，对未按规定足额计提准备金的，应当及时进行制止和纠正。

第三章　财务处理

第十四条　金融企业按规定计提的一般准备作为利润分配处理，一般准备是所有者权益的组成部分。金融企业在年度终了后，按照本办法提出当年一般准备计提方案，履行公司治理程序后执行。

金融企业履行公司治理程序，并报经同级财政部门备案后，可用一般准备弥补亏损，但不得用于分红。因特殊原因，经履行公司治理程序，并报经同级财政部门备案后，金融企业可将一般准备转为未分配利润。

第十五条　金融企业计提的相关资产减值准备计入当期损益。已计提资产减值准备的资产质量提高时，应在已计提的资产减值准备范围内转回，增加当期损益。

第十六条　对符合条件的资产损失经批准核销后，冲减已计提的相关资产减值准备。对经批准核销的表内应收利息，已纳入损益核算的，无论其本金或利息是否已逾期，均作冲减利息收入处理。

已核销的资产损失，以后又收回的，其核销的相关资产减值准备予以转回。已核销的资产收回金额超过本金的部分，计入利息收入等。转回的资产减值准备作增加当期损益处理。

第十七条　资产减值准备以原币计提，按即期汇率折算为记账本位币后确认。

第四章　附　　则

第十八条　金融企业可以根据本办法制定具体办法，报同级财政部门备案。

第十九条　金融企业一般准备余额占风险资产期末余额的比例，难以一次性达到1.5%的，可以分年到位，原则上不得超过5年。

第二十条　本办法自2012年7月1日起施行，《金融企业呆账准备提取管理办法》（财金〔2005〕49号）同时废止。

银行业消费者权益保护工作指引

1. 2013年8月30日中国银行业监督管理委员会发布
2. 银监发〔2013〕38号

第一章　总　　则

第一条　为保护银行业消费者合法权益，维护公平、公正的市场环境，增强公众对银行业的市场信心，促进银行业健康发展，保持金融体系稳定，根据《中华人民共和国银行业监督管理法》、《中华人民共和国商业银行法》等法律法规，制定本指引。

第二条　在中国境内依法设立的银行业金融机构适用本指引。

第三条　本指引所称银行业消费者是指购买或使用银行业产品和接受银行业服务的自然人。

第四条　本指引所称银行业消费者权益保护，是指银行业通过适当的程序和措施，推动实现银行业消费者在与银行业金融机构发生业务往来的各个阶段始终得到公平、公正和诚信的对待。

第五条　银行业消费者权益保护工作应当坚持以人为本，坚持服务至上，坚持社会责任，践行向银行业消费者公开信息的义务，履行公正对待银行业消费者的责任，遵从公平交易的原则，依法维护银行业消费者的合法权益。

第六条　中国银监会及其派出机构依法对银行业金融机构消费者权益保护工作实施监督管理。

第七条　银行业金融机构是实施银行业消费者权益保护的工作主体。

银行业金融机构应当遵循依法合规和内部自律原则，构建落实银行业消费者权益保护工作的体制机制，履行保护银行业消费者合法权益的义务。

第八条 银行业消费者有权依法主张自身合法权益不受侵害，并对银行业金融机构消费者权益保护工作进行监督，提出批评和建议，对侵害自身合法权益的行为和相关人员进行检举和控告。

第二章 行为准则

第九条 银行业金融机构应当尊重银行业消费者的知情权和自主选择权，履行告知义务，不得在营销产品和服务过程中以任何方式隐瞒风险、夸大收益，或者进行强制性交易。

第十条 银行业金融机构应当尊重银行业消费者的公平交易权，公平、公正制定格式合同和协议文本，不得出现误导、欺诈等侵害银行业消费者合法权益的条款。

第十一条 银行业金融机构应当了解银行业消费者的风险偏好和风险承受能力，提供相应的产品和服务，不得主动提供与银行业消费者风险承受能力不相符合的产品和服务。

第十二条 银行业金融机构应当尊重银行业消费者的个人金融信息安全权，采取有效措施加强对个人金融信息的保护，不得篡改、违法使用银行业消费者个人金融信息，不得在未经银行业消费者授权或同意的情况下向第三方提供个人金融信息。

第十三条 银行业金融机构应当在产品销售过程中，严格区分自有产品和代销产品，不得混淆、模糊两者性质向银行业消费者误导销售金融产品。

第十四条 银行业金融机构应当严格遵守国家关于金融服务收费的各项规定，披露收费项目和标准，不得随意增加收费项目或提高收费标准。

第十五条 银行业金融机构应当坚持服务便利性原则，合理安排柜面窗口，缩减等候时间，不得无故拒绝银行业消费者合理的服务需求。

第十六条 银行业金融机构应当尊重银行业消费者，照顾残疾人等特殊消费者的实际需要，尽量提供便利化服务，不得有歧视性行为。

第三章 制度保障

第十七条 银行业金融机构应当加强银行业消费者权益保护工作的体制机制建设。

（一）银行业金融机构应当积极主动开展银行业消费者权益保护工作，明确将其纳入公司治理和企业文化建设，并体现在发展战略之中。

（二）银行业金融机构董（理）事会承担银行业消费者权益保护工作的最终责任。

银行业金融机构董（理）事会负责制定银行业消费者权益保护工作的战略、政策和目标，督促高管层有效执行和落实相关工作，定期听取高管层关于银行业消费者权益保护工作开展情况的专题报告，并将相关工作作为信息披露的重要内容。

银行业金融机构董（理）事会负责监督、评价银行业消费者权益保护工作的全面性、及时性、有效性以及高管层相关履职情况。

银行业金融机构董（理）事会可以授权下设的专门委员会履行以上部分职能。获得授权的委员会应当定期向董（理）事会提交有关报告。

（三）银行业金融机构高管层负责制定、定期审查和监督落实银行业消费者权益保护工作的措施、程序以及具体的操作规程，及时了解相关工作状况，并确保提供必要的资源支持，推动银行业消费者权益保护工作积极、有序开展。

银行业金融机构可以结合自身实际，设立由相关高级管理人员和有关部门主要负责人组成的银行业消费者权益保护工作委员会，统一规划、统筹部署整个机构的银行业消费者权益保护工作。

（四）银行业金融机构应当设立或指定专门部门负责银行业消费者权益保护工作。银行业消费者权益保护职能部门应当具备开展相关工作的独立性、权威性和专业能力，并享有向董（理）事会、行长（主任）会议直接报告的途径。

（五）银行业金融机构消费者权益保护职能部门负责牵头组织、协调、督促、指导本级机构其他部门及下级机构开展银行业消费者权益保护工作。

第十八条 银行业金融机构应当建立健全银行业消费者权益保护工作制度体系，包括但不局限于如下内容：

（一）银行业消费者权益保护工作组织架构和运行机制；

（二）银行业消费者权益保护工作内部控制体系；

（三）银行业产品和服务的信息披露规定；

（四）银行业消费者投诉受理流程及处理程序；

（五）银行业消费者金融知识宣传教育框架安排；

（六）银行业消费者权益保护工作报告体系；

（七）银行业消费者权益保护工作监督考评制度；

（八）银行业消费者权益保护工作重大突发事件应急预案。

第十九条 银行业金融机构应当建立健全涉及银行业消费者权益保护工作的事前协调和管控机制，在产品和服务的设计开发、定价管理、协议制定、审批准入、营销推介及售后管理等各个业务环节，落实有关银行业消费者权益保护的内部规章和监管要求，使银行业消费者权益保护的措施在产品和服务进入市场前得以实施。

第二十条 银行业金融机构应当加强产品和服务信息的

披露，并在产品和服务推介过程中主动向银行业消费者真实说明产品和服务的性质、收费情况、合同主要条款等内容，禁止欺诈性、误导性宣传，提高信息真实性和透明度，合理揭示产品风险，以便银行业消费者根据相关信息做出合理判断。

第二十一条　银行业金融机构应当积极开展员工教育和培训，帮助员工强化银行业消费者权益保护意识，理解本机构的银行业消费者权益保护工作政策和程序，提高服务技能，丰富专业知识，提升银行业消费者权益保护能力。

第二十二条　银行业金融机构应当积极主动开展银行业金融知识宣传教育活动，通过提升公众的金融意识和金融素质，主动预防和化解潜在矛盾。

第二十三条　银行业金融机构应当为银行业消费者投诉提供必要的便利，实现各类投诉管理的统一化、规范化和系统化，确保投诉渠道畅通。

（一）银行业金融机构应当在营业网点和门户网站醒目位置公布投诉方式和投诉流程。

（二）银行业金融机构应当做好投诉登记工作，并通过有效方式告知投诉者受理情况、处理时限和联系方式。

第二十四条　银行业金融机构应当完善银行业消费者投诉处置工作机制，在规定时限内调查核实并及时处理银行业消费者投诉。对于确实存在问题的银行业产品和服务，应当采取措施进行补救或纠正；造成损失的，可以通过和解、调解、仲裁、诉讼等方式，根据有关法律法规或合同约定向银行业消费者进行赔偿或补偿。

银行业金融机构应当确保公平处理对同一产品和服务的投诉。

第二十五条　银行业金融机构应当加强对投诉处理结果的跟踪管理，定期汇总分析客户建议、集中投诉问题等信息，认真查找产品和服务的薄弱环节和风险隐患，督促有关部门从管理制度、运营机制、操作流程、协议文本等层面予以改进，切实维护银行业消费者合法权益。

第二十六条　银行业金融机构应当制定银行业消费者权益保护工作考核评价体系，并将考评结果纳入机构内部综合考核评价指标体系当中。

银行业金融机构可以委托社会中介机构对其银行业消费者权益保护工作情况进行定期评估，提高银行业消费者权益保护工作的有效性。

第二十七条　银行业金融机构内部审计职能部门应当定期对银行业消费者权益保护工作制度建设及执行情况进行独立的审查和评价。

第二十八条　银行业金融机构应当完善银行业消费者权益保护工作的内部监督约束机制，强化对银行业消费者权益保护工作的内部规章和外部监管要求落实不力的责任追究，根据对银行业消费者合法权益造成侵害的严重程度或危害程度，采取必要的处罚措施，确保银行业消费者权益保护工作各项规定得以落实。

第二十九条　银行业金融机构应当建立银行业消费者权益保护工作的应急响应机制，主动监测并处理涉及银行业消费者权益保护问题的重大负面舆情和突发事件，并及时报告银监会或其派出机构。

第三十条　银行业金融机构应当定期总结本机构银行业消费者权益保护工作的开展情况，将工作计划及工作开展情况按照监管职责划分报送银监会及其派出机构。同时，应当通过适当方式，将银行业消费者权益保护工作开展情况定期向社会披露。

第四章　监 督 管 理

第三十一条　银监会及其派出机构应当按照预防为先、教育为主、依法维权、协调处置的原则，在深入研究国内外金融领域消费者权益保护的良好实践，合理评估我国银行业消费者权益保护实施情况的基础上，制定银行业消费者权益保护工作的总体战略和制度规范，持续完善和健全相关监管体系。

第三十二条　银行业消费者权益保护工作是银行业监管工作的重要组成部分。银监会及其派出机构应当在市场准入、非现场监管、现场检查等各个监管环节充分体现、落实银行业消费者权益保护工作的理念和要求。

第三十三条　银监会及其派出机构承担对银行业消费者权益保护工作的监管职责，通过采取风险监管与行为监管并重的措施和手段，督促银行业金融机构落实银行业消费者权益保护工作的各项要求。

第三十四条　银监会及其派出机构应当组织搭建银行业消费者保护工作的沟通交流平台，调动社会各界力量，利用现有机制和资源，推动构建银行业消费者权益保护的社会化网络，提高银行业消费者权益保护工作的有效性和时效性。

第三十五条　银监会及其派出机构应当充分了解、核实银行业金融机构消费者权益保护体制机制建设情况、工作开展情况及实际效果；建立健全银行业金融机构消费者权益保护工作评估体系，并将考评结果纳入监管综合考评体系，与市场准入、非现场监管、现场检查等监管措施形成联动，督促银行业金融机构履行银行业消费者权益保护工作的主体责任。

第三十六条　银监会及其派出机构应当对银行业金融机构消费者权益保护工作中存在的问题进行风险提示或提出监管意见。

第三十七条　银监会及其派出机构应当督促银行业金融

机构对侵害银行业消费者合法权益的行为予以整改和问责。

第三十八条　银监会及其派出机构应当对经查实的侵害银行业消费者合法权益的银行业金融机构采取必要的监管措施，督促其纠正。

第三十九条　银监会及其派出机构应当根据需要对银行业金融机构侵害银行业消费者合法权益的违规行为以及纠正、处理情况予以通报。

第四十条　银监会及其派出机构应当督促银行业金融机构妥善解决与银行业消费者之间的纠纷，并依法受理银行业消费者认为未得到银行业金融机构妥善处理的投诉，进行协调处理。

第四十一条　银监会及其派出机构应当制定银行业消费者教育工作目标和方案，督促银行业金融机构将银行业知识宣传与消费者教育工作制度化。

第五章　附　　则

第四十二条　本指引由银监会负责解释。

第四十三条　本指引自公布之日起施行。

银行业金融机构全面风险管理指引

1. 2016年9月27日中国银行业监督管理委员会发布
2. 银监发〔2016〕44号
3. 自2016年11月1日起施行

第一章　总　　则

第一条　为提高银行业金融机构全面风险管理水平，促进银行业体系安全稳健运行，根据《中华人民共和国银行业监督管理法》、《中华人民共和国商业银行法》等法律法规，制定本指引。

第二条　本指引适用于在中华人民共和国境内依法设立的银行业金融机构。

本指引所称银行业金融机构，是指在中华人民共和国境内设立的商业银行、农村信用合作社等吸收公众存款的金融机构、政策性银行以及国家开发银行。

第三条　银行业金融机构应当建立全面风险管理体系，采取定性和定量相结合的方法，识别、计量、评估、监测、报告、控制或缓释所承担的各类风险。

各类风险包括信用风险、市场风险、流动性风险、操作风险、国别风险、银行账户利率风险、声誉风险、战略风险、信息科技风险以及其他风险。

银行业金融机构的全面风险管理体系应当考虑风险之间的关联性，审慎评估各类风险之间的相互影响，防范跨境、跨业风险。

第四条　银行业金融机构全面风险管理应当遵循以下基本原则：

（一）匹配性原则。全面风险管理体系应当与风险状况和系统重要性等相适应，并根据环境变化进行调整。

（二）全覆盖原则。全面风险管理应当覆盖各个业务条线，包括本外币、表内外、境内外业务；覆盖所有分支机构、附属机构，部门、岗位和人员；覆盖所有风险种类和不同风险之间的相互影响；贯穿决策、执行和监督全部管理环节。

（三）独立性原则。银行业金融机构应当建立独立的全面风险管理组织架构，赋予风险管理条线足够的授权、人力资源及其他资源配置，建立科学合理的报告渠道，与业务条线之间形成相互制衡的运行机制。

（四）有效性原则。银行业金融机构应当将全面风险管理的结果应用于经营管理，根据风险状况、市场和宏观经济情况评估资本和流动性的充足性，有效抵御所承担的总体风险和各类风险。

第五条　银行业金融机构全面风险管理体系应当包括但不限于以下要素：

（一）风险治理架构；
（二）风险管理策略、风险偏好和风险限额；
（三）风险管理政策和程序；
（四）管理信息系统和数据质量控制机制；
（五）内部控制和审计体系。

第六条　银行业金融机构应当推行稳健的风险文化，形成与本机构相适应的风险管理理念、价值准则、职业操守，建立培训、传达和监督机制，推动全体工作人员理解和执行。

第七条　银行业金融机构应当承担全面风险管理的主体责任，建立全面风险管理制度，保障制度执行，对全面风险管理体系进行自我评估，健全自我约束机制。

第八条　银行业监督管理机构依法对银行业金融机构全面风险管理实施监管。

第九条　银行业金融机构应当按照银行业监督管理机构的规定，向公众披露全面风险管理情况。

第二章　风险治理架构

第十条　银行业金融机构应当建立组织架构健全、职责边界清晰的风险治理架构，明确董事会、监事会、高级管理层、业务部门、风险管理部门和内审部门在风险管理中的职责分工，建立多层次、相互衔接、有效制衡的运行机制。

第十一条　银行业金融机构董事会承担全面风险管理的

最终责任，履行以下职责：

（一）建立风险文化；

（二）制定风险管理策略；

（三）设定风险偏好和确保风险限额的设立；

（四）审批重大风险管理政策和程序；

（五）监督高级管理层开展全面风险管理；

（六）审议全面风险管理报告；

（七）审批全面风险和各类重要风险的信息披露；

（八）聘任风险总监（首席风险官）或其他高级管理人员，牵头负责全面风险管理；

（九）其他与风险管理有关的职责。

董事会可以授权其下设的风险管理委员会履行其全面风险管理的部分职责。

第十二条　银行业金融机构应当建立风险管理委员会与董事会下设的战略委员会、审计委员会、提名委员会等其他专门委员会的沟通机制，确保信息充分共享并能够支持风险管理相关决策。

第十三条　银行业金融机构监事会承担全面风险管理的监督责任，负责监督检查董事会和高级管理层在风险管理方面的履职尽责情况并督促整改。相关监督检查情况应当纳入监事会工作报告。

第十四条　银行业金融机构高级管理层承担全面风险管理的实施责任，执行董事会的决议，履行以下职责：

（一）建立适应全面风险管理的经营管理架构，明确全面风险管理职能部门、业务部门以及其他部门在风险管理中的职责分工，建立部门之间相互协调、有效制衡的运行机制；

（二）制定清晰的执行和问责机制，确保风险管理策略、风险偏好和风险限额得到充分传达和有效实施；

（三）根据董事会设定的风险偏好，制定风险限额，包括但不限于行业、区域、客户、产品等维度；

（四）制定风险管理政策和程序，定期评估，必要时予以调整；

（五）评估全面风险和各类重要风险管理状况并向董事会报告；

（六）建立完备的管理信息系统和数据质量控制机制；

（七）对突破风险偏好、风险限额以及违反风险管理政策和程序的情况进行监督，根据董事会的授权进行处理；

（八）风险管理的其他职责。

第十五条　规模较大或业务复杂的银行业金融机构应当设立风险总监（首席风险官）。董事会应当将风险总监（首席风险官）纳入高级管理人员。风险总监（首席风险官）或其他牵头负责全面风险管理的高级管理人员应当保持充分的独立性，独立于操作和经营条线，可以直接向董事会报告全面风险管理情况。

调整风险总监（首席风险官）应当事先得到董事会批准，并公开披露。银行业金融机构应当向银行业监督管理机构报告调整风险总监（首席风险官）的原因。

第十六条　银行业金融机构应当确定业务条线承担风险管理的直接责任；风险管理条线承担制定政策和流程，监测和管理风险的责任；内审部门承担业务部门和风险管理部门履职情况的审计责任。

第十七条　银行业金融机构应当设立或者指定部门负责全面风险管理，牵头履行全面风险的日常管理，包括但不限于以下职责：

（一）实施全面风险管理体系建设；

（二）牵头协调识别、计量、评估、监测、控制或缓释全面风险和各类重要风险，及时向高级管理人员报告；

（三）持续监控风险管理策略、风险偏好、风险限额及风险管理政策和程序的执行情况，对突破风险偏好、风险限额以及违反风险管理政策和程序的情况及时预警、报告并提出处理建议；

（四）组织开展风险评估，及时发现风险隐患和管理漏洞，持续提高风险管理的有效性。

第十八条　银行业金融机构应当采取必要措施，保证全面风险管理的政策流程在基层分支机构得到理解与执行，建立与基层分支机构风险状况相匹配的风险管理架构。

在境外设有机构的银行业金融机构应当建立适当的境外风险管理框架、政策和流程。

第十九条　银行业金融机构应当赋予全面风险管理职能部门和各类风险管理部门充足的资源、独立性、授权，保证其能够及时获得风险管理所需的数据和信息，满足履行风险管理职责的需要。

第三章　风险管理策略、风险偏好和风险限额

第二十条　银行业金融机构应当制定清晰的风险管理策略，至少每年评估一次其有效性。风险管理策略应当反映风险偏好、风险状况以及市场和宏观经济变化，并在银行内部得到充分传导。

第二十一条　银行业金融机构应当制定书面的风险偏好，做到定性指标和定量指标并重。风险偏好的设定应当与战略目标、经营计划、资本规划、绩效考评和薪酬机制衔接，在机构内传达并执行。

银行业金融机构应当每年对风险偏好至少进行一

次评估。

第二十二条 银行业金融机构制定的风险偏好，应当包括但不限于以下内容：

（一）战略目标和经营计划的制定依据，风险偏好与战略目标、经营计划的关联性；

（二）为实现战略目标和经营计划愿意承担的风险总量；

（三）愿意承担的各类风险的最大水平；

（四）风险偏好的定量指标，包括利润、风险、资本、流动性以及其他相关指标的目标值或目标区间。上述定量指标通过风险限额、经营计划、绩效考评等方式传导至业务条线、分支机构、附属机构的安排；

（五）对不能定量的风险偏好的定性描述，包括承担此类风险的原因、采取的管理措施；

（六）资本、流动性抵御总体风险和各类风险的水平；

（七）可能导致偏离风险偏好目标的情形和处置方法。

银行业金融机构应当在书面的风险偏好中明确董事会、高级管理层和首席风险官、业务条线、风险部门在制定和实施风险偏好过程中的职责。

第二十三条 银行业金融机构应当建立监测分析各业务条线、分支机构、附属机构执行风险偏好的机制。

当风险偏好目标被突破时，应当及时分析原因，制定解决方案并实施。

第二十四条 银行业金融机构应当建立风险偏好的调整制度。根据业务规模、复杂程度、风险状况的变化，对风险偏好进行调整。

第二十五条 银行业金融机构应当制定风险限额管理的政策和程序，建立风险限额设定、限额调整、超限额报告和处理制度。

银行业金融机构应当根据风险偏好，按照客户、行业、区域、产品等维度设定风险限额。风险限额应当综合考虑资本、风险集中度、流动性、交易目的等。

全面风险管理职能部门应当对风险限额进行监控，并向董事会或高级管理层报送风险限额使用情况。

风险限额临近监管指标限额时，银行业金融机构应当启动相应的纠正措施和报告程序，采取必要的风险分散措施，并向银行业监督管理机构报告。

第四章 风险管理政策和程序

第二十六条 银行业金融机构应当制定风险管理政策和程序，包括但不限于以下内容：

（一）全面风险管理的方法，包括各类风险的识别、计量、评估、监测、报告、控制或缓释，风险加总的方法和程序；

（二）风险定性管理和定量管理的方法；

（三）风险管理报告；

（四）压力测试安排；

（五）新产品、重大业务和机构变更的风险评估；

（六）资本和流动性充足情况评估；

（七）应急计划和恢复计划。

第二十七条 银行业金融机构应当在集团和法人层面对各附属机构、分支机构、业务条线，对表内和表外、境内和境外、本币和外币业务涉及的各类风险，进行识别、计量、评估、监测、报告、控制或缓释。

银行业金融机构应当制定每项业务对应的风险管理政策和程序。未制定的，不得开展该项业务。

银行业金融机构应当有效评估和管理各类风险。对能够量化的风险，应当通过风险计量技术，加强对相关风险的计量、控制、缓释；对难以量化的风险，应当建立风险识别、评估、控制和报告机制，确保相关风险得到有效管理。

第二十八条 银行业金融机构应当建立风险统一集中管理的制度，确保全面风险管理对各类风险管理的统领性、各类风险管理与全面风险管理政策和程序的一致性。

第二十九条 银行业金融机构应当建立风险加总的政策、程序，选取合理可行的加总方法，充分考虑集中度风险及风险之间的相互影响和相互传染，确保在不同层次上和总体上及时识别风险。

第三十条 银行业金融机构采用内部模型计量风险的，应当遵守相关监管要求，确保风险计量的一致性、客观性和准确性。董事会和高级管理层应当理解模型结果的局限性、不确定性和模型使用的固有风险。

第三十一条 银行业金融机构应当建立全面风险管理报告制度，明确报告的内容、频率和路线。

报告内容至少包括总体风险和各类风险的整体状况；风险管理策略、风险偏好和风险限额的执行情况；风险在行业、地区、客户、产品等维度的分布；资本和流动性抵御风险的能力。

第三十二条 银行业金融机构应当建立压力测试体系，明确压力测试的治理结构、政策文档、方法流程、情景设计、保障支持、验证评估以及压力测试结果运用。

银行业金融机构应当定期开展压力测试。压力测试的开展应当覆盖各类风险和表内外主要业务领域，并考虑各类风险之间的相互影响。

压力测试结果应当运用于银行业金融机构的风险管理和各项经营管理决策中。

第三十三条 银行业金融机构应当建立专门的政策和流

程，评估开发新产品、对现有产品进行重大改动、拓展新的业务领域、设立新机构、从事重大收购和投资等可能带来的风险，并建立内部审批流程和退出安排。银行业金融机构开展上述活动时，应当经风险管理部门审查同意，并经董事会或董事会指定的专门委员会批准。

第三十四条　银行业金融机构应当根据风险偏好和风险状况及时评估资本和流动性的充足情况，确保资本、流动性能够抵御风险。

第三十五条　银行业金融机构应当制定应急计划，确保能够及时应对和处理紧急或危机情况。应急计划应当说明可能出现的风险以及在压力情况（包括会严重威胁银行生存能力的压力情景）下应当采取的措施。银行业金融机构的应急计划应当涵盖对境外分支机构和附属机构的应急安排。银行业金融机构应当定期更新、演练或测试上述计划，确保其充分性和可行性。

第三十六条　银行业金融机构应当按照相关监管要求，根据风险状况和系统重要性，制定并定期更新完善本机构的恢复计划，明确本机构在压力情况下能够继续提供持续稳定运营的各项关键性金融服务并恢复正常运营的行动方案。

第三十七条　银行业金融机构应当制定覆盖其附属机构的风险管理政策和程序，保持风险管理的一致性、有效性。银行业金融机构应当要求并确保各附属机构在整体风险偏好和风险管理政策框架下，建立自身的风险管理组织架构、政策流程，促进全面风险管理的一致性和有效性。

银行业金融机构应当建立健全风险隔离制度，规范内部交易，防止风险传染。

第三十八条　银行业金融机构应当制定外包风险管理制度，确定与其风险管理水平相适应的外包活动范围。

第三十九条　银行业金融机构应当将风险管理策略、风险偏好、风险限额、风险管理政策和程序等要素与资本管理、业务管理相结合，在战略和经营计划制定、新产品审批、内部定价、绩效考评和薪酬激励等日常经营管理中充分应用并有效实施。

第四十条　银行业金融机构应当对风险管理策略、风险偏好、风险限额、风险管理政策和程序建立规范的文档记录。

第五章　管理信息系统和数据质量

第四十一条　银行业金融机构应当具备完善的风险管理信息系统，能够在集团和法人层面计量、评估、展示、报告所有风险类别、产品和交易对手风险暴露的规模和构成。

第四十二条　银行业金融机构相关风险管理信息系统应当具备以下主要功能，支持风险报告和管理决策的需要：

（一）支持识别、计量、评估、监测和报告所有类别的重要风险；

（二）支持风险限额管理，对超出风险限额的情况进行实时监测、预警和控制；

（三）能够计量、评估和报告所有风险类别、产品和交易对手的风险状况，满足全面风险管理需要；

（四）支持按照业务条线、机构、资产类型、行业、地区、集中度等多个维度展示和报告风险暴露情况；

（五）支持不同频率的定期报告和压力情况下的数据加工和风险加总需求；

（六）支持压力测试工作，评估各种不利情景对银行业金融机构及主要业务条线的影响。

第四十三条　银行业金融机构应当建立与业务规模、风险状况等相匹配的信息科技基础设施。

第四十四条　银行业金融机构应当建立健全数据质量控制机制，积累真实、准确、连续、完整的内部和外部数据，用于风险识别、计量、评估、监测、报告，以及资本和流动性充足情况的评估。

第六章　内部控制和审计

第四十五条　银行业金融机构应当合理确定各项业务活动和管理活动的风险控制点，采取适当的控制措施，执行标准统一的业务流程和管理流程，确保规范运作。

第四十六条　银行业金融机构应当将全面风险管理纳入内部审计范畴，定期审查和评价全面风险管理的充分性和有效性。

银行业金融机构内部审计活动应独立于业务经营、风险管理和合规管理，遵循独立性、客观性原则，不断提升内部审计人员的专业能力和职业操守。

全面风险管理的内部审计报告应当直接提交董事会和监事会。董事会应当针对内部审计发现的问题，督促高级管理层及时采取整改措施。内部审计部门应当跟踪检查整改措施的实施情况，并及时向董事会提交有关报告。

第七章　监督管理

第四十七条　银行业金融机构应当将风险管理策略、风险偏好、重大风险管理政策和程序等报送银行业监督管理机构，并至少按年度报送全面风险管理报告。

第四十八条　银行业监督管理机构应当将银行业金融机构全面风险管理纳入法人监管体系中，并根据本指引全面评估银行业金融机构风险管理体系的健全性和有效性，提出监管意见，督促银行业金融机构持续加以完善。

第四十九条　银行业监督管理机构通过非现场监管和现

场检查等实施对银行业金融机构全面风险管理的持续监管，具体方式包括但不限于监管评级、风险提示、现场检查、监管通报、监管会谈、与内外部审计师会谈等。

第五十条 银行业监督管理机构应当就全面风险管理情况与银行业金融机构董事会、监事会、高级管理层等进行充分沟通，并视情况在银行业金融机构董事会、监事会会议上通报。

第五十一条 对不能满足本指引及其他规范性文件中关于全面风险管理要求的银行业金融机构，银行业监督管理机构可以要求其制定整改方案，责令限期改正，并视情况采取相应的监管措施。

第八章 附 则

第五十二条 各类具体风险的监管要求按照银行业监督管理机构的有关规定执行。

第五十三条 经银行业监督管理机构批准设立的其他金融机构参照本指引执行。

第五十四条 本指引自2016年11月1日起施行。本指引实施前已有规范性文件如与本指引不一致的，按照本指引执行。

中国人民银行金融消费者权益保护实施办法

1. *2020年9月15日中国人民银行令〔2020〕第5号发布*
2. *自2020年11月1日起施行*

第一章 总 则

第一条 为了保护金融消费者合法权益，规范金融机构提供金融产品和服务的行为，维护公平、公正的市场环境，促进金融市场健康稳定运行，根据《中华人民共和国中国人民银行法》《中华人民共和国商业银行法》《中华人民共和国消费者权益保护法》和《国务院办公厅关于加强金融消费者权益保护工作的指导意见》（国办发〔2015〕81号）等，制定本办法。

第二条 在中华人民共和国境内依法设立的为金融消费者提供金融产品或者服务的银行业金融机构（以下简称银行），开展与下列业务相关的金融消费者权益保护工作，适用本办法：

（一）与利率管理相关的。

（二）与人民币管理相关的。

（三）与外汇管理相关的。

（四）与黄金市场管理相关的。

（五）与国库管理相关的。

（六）与支付、清算管理相关的。

（七）与反洗钱管理相关的。

（八）与征信管理相关的。

（九）与上述第一项至第八项业务相关的金融营销宣传和消费者金融信息保护。

（十）其他法律、行政法规规定的中国人民银行职责范围内的金融消费者权益保护工作。

在中华人民共和国境内依法设立的非银行支付机构（以下简称支付机构）提供支付服务的，适用本办法。

本办法所称金融消费者是指购买、使用银行、支付机构提供的金融产品或者服务的自然人。

第三条 银行、支付机构向金融消费者提供金融产品或者服务，应当遵循自愿、平等、公平、诚实信用的原则，切实承担金融消费者合法权益保护的主体责任，履行金融消费者权益保护的法定义务。

第四条 金融消费者应当文明、理性进行金融消费，提高自我保护意识，诚实守信，依法维护自身的合法权益。

第五条 中国人民银行及其分支机构坚持公平、公正原则，依法开展职责范围内的金融消费者权益保护工作，依法保护金融消费者合法权益。

中国人民银行及其分支机构会同有关部门推动建立和完善金融机构自治、行业自律、金融监管和社会监督相结合的金融消费者权益保护共同治理体系。

第六条 鼓励金融消费者和银行、支付机构充分运用调解、仲裁等方式解决金融消费纠纷。

第二章 金融机构行为规范

第七条 银行、支付机构应当将金融消费者权益保护纳入公司治理、企业文化建设和经营发展战略，制定本机构金融消费者权益保护工作的总体规划和具体工作措施。建立金融消费者权益保护专职部门或者指定牵头部门，明确部门及人员职责，确保部门有足够的人力、物力能够独立开展工作，并定期向高级管理层、董（理）事会汇报工作开展情况。

第八条 银行、支付机构应当落实法律法规和相关监管规定关于金融消费者权益保护的相关要求，建立健全金融消费者权益保护的各项内控制度：

（一）金融消费者权益保护工作考核评价制度。

（二）金融消费者风险等级评估制度。

（三）消费者金融信息保护制度。

（四）金融产品和服务信息披露、查询制度。

（五）金融营销宣传管理制度。

（六）金融知识普及和金融消费者教育制度。

（七）金融消费者投诉处理制度。

（八）金融消费者权益保护工作内部监督和责任追究制度。

（九）金融消费者权益保护重大事件应急制度。

（十）中国人民银行明确规定应当建立的其他金融消费者权益保护工作制度。

第九条　银行、支付机构应当建立健全涉及金融消费者权益保护工作的全流程管控机制，确保在金融产品或者服务的设计开发、营销推介及售后管理等各个业务环节有效落实金融消费者权益保护工作的相关规定和要求。全流程管控机制包括但不限于下列内容：

（一）事前审查机制。银行、支付机构应当实行金融消费者权益保护事前审查，及时发现并更正金融产品或者服务中可能损害金融消费者合法权益的问题，有效督办落实金融消费者权益保护审查意见。

（二）事中管控机制。银行、支付机构应当履行金融产品或者服务营销宣传中须遵循的基本程序和标准，加强对营销宣传行为的监测与管控。

（三）事后监督机制。银行、支付机构应当做好金融产品和服务的售后管理，及时调整存在问题或者隐患的金融产品和服务规则。

第十条　银行、支付机构应当开展金融消费者权益保护工作人员培训，增强工作人员的金融消费者权益保护意识和能力。

银行、支付机构应当每年至少开展一次金融消费者权益保护专题培训，培训对象应当全面覆盖中高级管理人员、基层业务人员及新入职人员。对金融消费者投诉多发、风险较高的业务岗位，应当适当提高培训的频次。

第十一条　银行、支付机构开展考核评价时，应当将金融消费者权益保护工作作为重要内容，并合理分配相关指标的占比和权重，综合考虑业务合规性、客户满意度、投诉处理及时率与合格率等，不得简单以投诉数量作为考核指标。

第十二条　银行、支付机构应当根据金融产品或者服务的特性评估其对金融消费者的适合度，合理划分金融产品和服务风险等级以及金融消费者风险承受等级，将合适的金融产品或者服务提供给适当的金融消费者。

第十三条　银行、支付机构应当依法保障金融消费者在购买、使用金融产品和服务时的财产安全，不得挪用、非法占用金融消费者资金及其他金融资产。

第十四条　银行、支付机构应当尊重社会公德，尊重金融消费者的人格尊严和民族风俗习惯，不得因金融消费者性别、年龄、种族、民族或者国籍等不同实行歧视性差别对待，不得使用歧视性或者违背公序良俗的表述。

第十五条　银行、支付机构应当尊重金融消费者购买金融产品或者服务的真实意愿，不得擅自代理金融消费者办理业务，不得擅自修改金融消费者的业务指令，不得强制搭售其他产品或者服务。

第十六条　银行、支付机构应当依据金融产品或者服务的特性，及时、真实、准确、全面地向金融消费者披露下列重要内容：

（一）金融消费者对该金融产品或者服务的权利和义务，订立、变更、中止和解除合同的方式及限制。

（二）银行、支付机构对该金融产品或者服务的权利、义务及法律责任。

（三）贷款产品的年化利率。

（四）金融消费者应当负担的费用及违约金，包括金额的确定方式，交易时间和交易方式。

（五）因金融产品或者服务产生纠纷的处理及投诉途径。

（六）银行、支付机构对该金融产品或者服务所执行的强制性标准、推荐性标准、团体标准或者企业标准的编号和名称。

（七）在金融产品说明书或者服务协议中，实际承担合同义务的经营主体完整的中文名称。

（八）其他可能影响金融消费者决策的信息。

第十七条　银行、支付机构对金融产品和服务进行信息披露时，应当使用有利于金融消费者接收、理解的方式。对利率、费用、收益及风险等与金融消费者切身利益相关的重要信息，应当根据金融产品或者服务的复杂程度及风险等级，对其中关键的专业术语进行解释说明，并以适当方式供金融消费者确认其已接收完整信息。

第十八条　银行、支付机构向金融消费者说明重要内容和披露风险时，应当依照法律法规和监管规定留存相关资料，自业务关系终止之日起留存时间不得少于3年。法律、行政法规另有规定的，从其规定。

留存的资料包括但不限于：

（一）金融消费者确认的金融产品说明书或者服务协议。

（二）金融消费者确认的风险提示书。

（三）记录向金融消费者说明重要内容的录音、录像资料或者系统日志等相关数据电文资料。

第十九条　银行、支付机构不得利用技术手段、优势地位，强制或者变相强制金融消费者接受金融产品或者服务，或者排除、限制金融消费者接受同业机构提供的金融产品或者服务。

第二十条　银行、支付机构在提供金融产品或者服务的过程中，不得通过附加限制性条件的方式要求金融消费者购买、使用协议中未作明确要求的产品或者服务。

第二十一条　银行、支付机构向金融消费者提供金融产品或者服务时使用格式条款的，应当以足以引起金融消费者注意的字体、字号、颜色、符号、标识等显著方式，提请金融消费者注意金融产品或者服务的数量、利率、费用、履行期限和方式、注意事项、风险提示、纠纷解决等与金融消费者有重大利害关系的内容，并按照金融消费者的要求予以说明。格式条款采用电子形式的，应当可被识别且易于获取。

银行、支付机构不得以通知、声明、告示等格式条款的方式作出含有下列内容的规定：

（一）减轻或者免除银行、支付机构造成金融消费者财产损失的赔偿责任。

（二）规定金融消费者承担超过法定限额的违约金或者损害赔偿金。

（三）排除或者限制金融消费者依法对其金融信息进行查询、删除、修改的权利。

（四）排除或者限制金融消费者选择同业机构提供的金融产品或者服务的权利。

（五）其他对金融消费者不公平、不合理的规定。

银行、支付机构应当对存在侵害金融消费者合法权益问题或者隐患的格式条款和服务协议文本及时进行修订或者清理。

第二十二条　银行、支付机构应当对营销宣传内容的真实性负责。银行、支付机构实际承担的义务不得低于在营销宣传活动中通过广告、资料或者说明等形式对金融消费者所承诺的标准。

前款“广告、资料或者说明”是指以营销为目的，利用各种传播媒体、宣传工具或者方式，就银行、支付机构的金融产品或者服务进行直接或者间接的宣传、推广等。

第二十三条　银行、支付机构在进行营销宣传活动时，不得有下列行为：

（一）虚假、欺诈、隐瞒或者引人误解的宣传。

（二）引用不真实、不准确的数据和资料或者隐瞒限制条件等，对过往业绩或者产品收益进行夸大表述。

（三）利用金融管理部门对金融产品或者服务的审核或者备案程序，误导金融消费者认为金融管理部门已对该金融产品或者服务提供保证。

（四）明示或者暗示保本、无风险或者保收益等，对非保本投资型金融产品的未来效果、收益或者相关情况作出保证性承诺。

（五）其他违反金融消费者权益保护相关法律法规和监管规定的行为。

第二十四条　银行、支付机构应当切实承担金融知识普及和金融消费者教育的主体责任，提高金融消费者对金融产品和服务的认知能力，提升金融消费者金融素养和诚实守信意识。

银行、支付机构应当制定年度金融知识普及与金融消费者教育工作计划，结合自身特点开展日常性金融知识普及与金融消费者教育活动，积极参与中国人民银行及其分支机构组织的金融知识普及活动。银行、支付机构不得以营销金融产品或者服务替代金融知识普及与金融消费者教育。

第二十五条　银行、支付机构应当重视金融消费者需求的多元性与差异性，积极支持普惠金融重点目标群体获得必要、及时的基本金融产品和服务。

第二十六条　出现侵害金融消费者合法权益重大事件的，银行、支付机构应当根据重大事项报告的相关规定及时向中国人民银行或其分支机构报告。

第二十七条　银行、支付机构应当配合中国人民银行及其分支机构开展金融消费者权益保护领域的相关工作，按照规定报送相关资料。

第三章　消费者金融信息保护

第二十八条　本办法所称消费者金融信息，是指银行、支付机构通过开展业务或者其他合法渠道处理的消费者信息，包括个人身份信息、财产信息、账户信息、信用信息、金融交易信息及其他与特定消费者购买、使用金融产品或者服务相关的信息。

消费者金融信息的处理包括消费者金融信息的收集、存储、使用、加工、传输、提供、公开等。

第二十九条　银行、支付机构处理消费者金融信息，应当遵循合法、正当、必要原则，经金融消费者或者其监护人明示同意，但是法律、行政法规另有规定的除外。银行、支付机构不得收集与业务无关的消费者金融信息，不得采取不正当方式收集消费者金融信息，不得变相强制收集消费者金融信息。银行、支付机构不得以金融消费者不同意处理其金融信息为由拒绝提供金融产品或者服务，但处理其金融信息属于提供金融产品或者服务所必需的除外。

金融消费者不能或者拒绝提供必要信息，致使银行、支付机构无法履行反洗钱义务的，银行、支付机构可以根据《中华人民共和国反洗钱法》的相关规定对其金融活动采取限制性措施；确有必要时，银行、支付机构可以依法拒绝提供金融产品或者服务。

第三十条　银行、支付机构收集消费者金融信息用于营销、用户体验改进或者市场调查的，应当以适当方式供金融消费者自主选择是否同意银行、支付机构将其金融信息用于上述目的；金融消费者不同意的，银行、支付机构不得因此拒绝提供金融产品或者服务。银行、支付机构向金融消费者发送金融营销信息的，应当向其提供拒绝继续接收金融营销信息的方式。

第三十一条　银行、支付机构应当履行《中华人民共和国消费者权益保护法》第二十九条规定的明示义务，公开收集、使用消费者金融信息的规则，明示收集、使用消费者金融信息的目的、方式和范围，并留存有关证明资料。

银行、支付机构通过格式条款取得消费者金融信息收集、使用同意的，应当在格式条款中明确收集消费者金融信息的目的、方式、内容和使用范围，并在协议中以显著方式尽可能通俗易懂地向金融消费者提示该同意的可能后果。

第三十二条　银行、支付机构应当按照法律法规的规定和双方约定的用途使用消费者金融信息，不得超出范围使用。

第三十三条　银行、支付机构应当建立以分级授权为核心的消费者金融信息使用管理制度，根据消费者金融信息的重要性、敏感度及业务开展需要，在不影响本机构履行反洗钱等法定义务的前提下，合理确定本机构工作人员调取信息的范围、权限，严格落实信息使用授权审批程序。

第三十四条　银行、支付机构应当按照国家档案管理和电子数据管理等规定，采取技术措施和其他必要措施，妥善保管和存储所收集的消费者金融信息，防止信息遗失、毁损、泄露或者被篡改。

银行、支付机构及其工作人员应当对消费者金融信息严格保密，不得泄露或者非法向他人提供。在确认信息发生泄露、毁损、丢失时，银行、支付机构应当立即采取补救措施；信息泄露、毁损、丢失可能危及金融消费者人身、财产安全的，应当立即向银行、支付机构住所地的中国人民银行分支机构报告并告知金融消费者；信息泄露、毁损、丢失可能对金融消费者产生其他不利影响的，应当及时告知金融消费者，并在72小时以内报告银行、支付机构住所地的中国人民银行分支机构。中国人民银行分支机构接到报告后，视情况按照本办法第五十五条规定处理。

第四章　金融消费争议解决

第三十五条　金融消费者与银行、支付机构发生金融消费争议的，鼓励金融消费者先向银行、支付机构投诉，鼓励当事人平等协商，自行和解。

金融消费者应当依法通过正当途径客观、理性反映诉求，不扰乱正常的金融秩序和社会公共秩序。

本办法所称金融消费争议，是指金融消费者与银行、支付机构因购买、使用金融产品或者服务所产生的民事争议。

第三十六条　银行、支付机构应当切实履行金融消费投诉处理的主体责任，银行、支付机构的法人机构应当按年度向社会发布金融消费者投诉数据和相关分析报告。

第三十七条　银行、支付机构应当通过金融消费者方便获取的渠道公示本机构的投诉受理方式，包括但不限于营业场所、官方网站首页、移动应用程序的醒目位置及客服电话主要菜单语音提示等。

第三十八条　银行、支付机构应当按照中国人民银行要求，加强对金融消费者投诉处理信息系统的建设与管理，对投诉进行正确分类并按时报送相关信息，不得迟报、漏报、谎报、错报或者瞒报投诉数据。

第三十九条　银行、支付机构收到金融消费者投诉后，依照相关法律法规和合同约定进行处理，并告知投诉人处理情况，但因投诉人原因导致无法告知的除外。

第四十条　中国人民银行分支机构设立投诉转办服务渠道。金融消费者对银行、支付机构作出的投诉处理不接受的，可以通过银行、支付机构住所地、合同签订地或者经营行为发生地中国人民银行分支机构进行投诉。

通过电子商务、网络交易购买、使用金融产品或者服务的，金融消费者通过银行、支付机构住所地的中国人民银行分支机构进行投诉。

第四十一条　金融消费者通过中国人民银行分支机构进行投诉，应当提供以下信息：姓名，有效身份证件信息，联系方式，明确的投诉对象及其住所地，具体的投诉请求、事实和理由。

金融消费者可以本人提出投诉，也可以委托他人代为提出投诉。以来信来访方式进行委托投诉的，应当向中国人民银行分支机构提交前款规定的投诉材料、授权委托书原件、委托人和受托人的身份证明。授权委托书应当载明受托人、委托事项、权限和期限，并由委托人本人签名。

第四十二条　中国人民银行分支机构对下列投诉不予接收：

（一）投诉人投诉的机构、产品或者服务不属于中国人民银行监管范围的。

（二）投诉人未提供真实身份，或者没有明确的被投诉人、没有具体的投诉请求和事实依据的。

（三）投诉人并非金融消费者本人，也未经金融消费者本人委托的。

（四）人民法院、仲裁机构、其他金融管理部门、行政部门或者依法设立的调解组织已经受理、接收或者处理的。

（五）双方达成和解协议并已经执行，没有新情况、新理由的。

（六）被投诉机构已提供公平合理的解决方案，投诉人就同一事项再次向中国人民银行分支机构投诉的。

（七）其他不符合法律、行政法规、规章有关规定的。

第四十三条 中国人民银行分支机构收到金融消费者投诉的，应当自收到投诉之日起7个工作日内作出下列处理：

（一）对投诉人和被投诉机构信息、投诉请求、事实和理由等进行登记。

（二）作出是否接收投诉的决定。决定不予接收的，应当告知投诉人。

（三）决定接收投诉的，应当将投诉转交被投诉机构处理或者转交金融消费纠纷调解组织提供调解服务。

需要投诉人对投诉内容进行补正的，处理时限于补正完成之日起计算。

银行、支付机构应当自收到中国人民银行分支机构转交的投诉之日起15日内答复投诉人。情况复杂的，经本机构投诉处理工作负责人批准，可以延长处理期限，并告知投诉人延长处理期限的理由，但最长处理期限不得超过60日。

第四十四条 银行、支付机构收到中国人民银行分支机构转交的投诉，应当按要求向中国人民银行分支机构反馈投诉处理情况。

反馈的内容包括投诉基本情况、争议焦点、调查结果及证据、处理依据、与金融消费者的沟通情况、延期处理情况及投诉人满意度等。

银行、支付机构应当妥善保存投诉资料，投诉资料留存时间自投诉办结之日起不得少于3年。法律、行政法规另有规定的，从其规定。

第四十五条 银行、支付机构、金融消费者可以向调解组织申请调解、中立评估。调解组织受理调解、中立评估申请后，可在合理、必要范围内请求当事人协助或者提供相关文件、资料。

本办法所称中立评估，是指调解组织聘请独立专家就争议解决提出参考性建议的行为。

第四十六条 金融消费纠纷调解组织应当依照法律、行政法规、规章及其章程的规定，组织开展金融消费纠纷调解、中立评估等工作，对银行、支付机构和金融消费者进行金融知识普及和教育宣传引导。

第五章 监督与管理机制

第四十七条 中国人民银行综合研究金融消费者保护重大问题，负责拟定发展规划和业务标准，建立健全金融消费者保护基本制度。

第四十八条 中国人民银行及其分支机构与其他金融管理部门、地方政府有关部门建立健全金融消费者权益保护工作协调机制，加强跨市场跨业态跨区域金融消费者权益保护的监管，强化信息共享和部门间沟通协作。

第四十九条 中国人民银行及其分支机构统筹开展金融消费者教育，引导、督促银行、支付机构开展金融知识普及宣传活动，协调推进金融知识纳入国民教育体系，组织开展消费者金融素养调查。

第五十条 中国人民银行及其分支机构会同有关部门构建监管执法合作机制，探索合作开展金融消费者权益保护监督检查、评估等具体工作。

第五十一条 中国人民银行及其分支机构牵头构建非诉第三方解决机制，鼓励、支持金融消费者权益保护社会组织依法履行职责，推动构建公正、高效、便捷的多元化金融消费纠纷解决体系。

第五十二条 中国人民银行及其分支机构协调推进相关普惠金融工作，建立健全普惠金融工作机制，指导、督促银行、支付机构落实普惠金融发展战略，组织开展职责范围内的普惠金融具体工作。

第五十三条 中国人民银行及其分支机构对金融消费者投诉信息进行汇总和分析，根据汇总和分析结果适时优化金融消费者权益保护监督管理方式、金融机构行为规范等。

第五十四条 中国人民银行及其分支机构可以采取下列措施，依法在职责范围内开展对银行、支付机构金融消费者权益保护工作的监督检查：

（一）进入被监管机构进行检查。

（二）询问被监管机构的工作人员，要求其对有关检查事项作出说明。

（三）查阅、复制被监管机构与检查事项有关的文件、资料，对可能被转移、隐匿或者毁损的文件、资料予以登记保存。

（四）检查被监管机构的计算机网络与信息系统。

进行现场检查时，检查人员不得少于二人，并应当出示合法证件和检查通知书。

银行、支付机构应当积极配合中国人民银行及其分支机构的现场检查和非现场检查，如实提供有关资料，不得拒绝、阻挠、逃避检查，不得谎报、隐匿、销毁相关证据材料。

第五十五条 银行、支付机构有侵害金融消费者合法权益行为的，中国人民银行及其分支机构可以对其采取下列措施：

（一）要求提交书面说明或者承诺。

（二）约见谈话。

（三）责令限期整改。

（四）视情将相关信息向其上级机构、行业监管部门反馈，在行业范围内发布，或者向社会公布。

（五）建议银行、支付机构对直接负责的董事、高级管理人员和其他直接责任人员给予处分。

（六）依法查处或者建议其他行政管理部门依法查处。

（七）中国人民银行职责范围内依法可以采取的其他措施。

第五十六条 中国人民银行及其分支机构组织开展银行、支付机构履行金融消费者权益保护义务情况的评估工作。

评估工作以银行、支付机构自评估为基础。银行、支付机构应当按年度进行自评估，并于次年1月31日前向中国人民银行或其分支机构报送自评估报告。

中国人民银行及其分支机构根据日常监督管理、投诉管理以及银行、支付机构自评估等情况进行非现场评估，必要时可以进行现场评估。

第五十七条 中国人民银行及其分支机构可以根据具体情况开展金融消费者权益保护环境评估工作。

第五十八条 中国人民银行及其分支机构建立金融消费者权益保护案例库制度，按照预防为先、教育为主的原则向银行、支付机构和金融消费者进行风险提示。

第五十九条 中国人民银行及其分支机构对于涉及金融消费者权益保护的重大突发事件，应当按照有关规定做好相关应急处置工作。

第六章 法律责任

第六十条 银行、支付机构有下列情形之一，侵害消费者金融信息依法得到保护的权利的，中国人民银行或其分支机构应当在职责范围内依照《中华人民共和国消费者权益保护法》第五十六条的规定予以处罚：

（一）未经金融消费者明示同意，收集、使用其金融信息的。

（二）收集与业务无关的消费者金融信息，或者采取不正当方式收集消费者金融信息的。

（三）未公开收集、使用消费者金融信息的规则，未明示收集、使用消费者金融信息的目的、方式和范围的。

（四）超出法律法规规定和双方约定的用途使用消费者金融信息的。

（五）未建立以分级授权为核心的消费者金融信息使用管理制度，或者未严格落实信息使用授权审批程序的。

（六）未采取技术措施和其他必要措施，导致消费者金融信息遗失、毁损、泄露或者被篡改，或者非法向他人提供的。

第六十一条 银行、支付机构有下列情形之一，对金融产品或者服务作出虚假或者引人误解的宣传的，中国人民银行或其分支机构应当在职责范围内依照《中华人民共和国消费者权益保护法》第五十六条的规定予以处罚：

（一）实际承担的义务低于在营销宣传活动中通过广告、资料或者说明等形式对金融消费者所承诺的标准的。

（二）引用不真实、不准确的数据和资料或者隐瞒限制条件等，对过往业绩或者产品收益进行夸大表述的。

（三）利用金融管理部门对金融产品或者服务的审核或者备案程序，误导金融消费者认为金融管理部门已对该金融产品或者服务提供保证的。

（四）明示或者暗示保本、无风险或者保收益等，对非保本投资型金融产品的未来效果、收益或者相关情况作出保证性承诺的。

第六十二条 银行、支付机构违反本办法规定，有下列情形之一，有关法律、行政法规有处罚规定的，依照其规定给予处罚；有关法律、行政法规未作处罚规定的，中国人民银行或其分支机构应当根据情形单处或者并处警告、处以五千元以上三万元以下罚款：

（一）未建立金融消费者权益保护专职部门或者指定牵头部门，或者金融消费者权益保护部门没有足够的人力、物力独立开展工作的。

（二）擅自代理金融消费者办理业务，擅自修改金融消费者的业务指令，或者强制搭售其他产品或者服务的。

（三）未按要求向金融消费者披露与金融产品和服务有关的重要内容的。

（四）利用技术手段、优势地位，强制或者变相强制金融消费者接受金融产品或者服务，或者排除、限制金融消费者接受同业机构提供的金融产品或者服务的。

（五）通过附加限制性条件的方式要求金融消费者购买、使用协议中未作明确要求的产品或者服务的。

（六）未按要求使用格式条款的。

（七）出现侵害金融消费者合法权益重大事件未及时向中国人民银行或其分支机构报告的。

（八）不配合中国人民银行及其分支机构开展金融消费者权益保护领域相关工作，或者未按照规定报送相关资料的。

（九）未按要求对金融消费者投诉进行正确分类，或者迟报、漏报、谎报、错报、瞒报投诉数据的。

（十）收到中国人民银行分支机构转交的投诉后，未在规定期限内答复投诉人，或者未按要求向中国人民银行分支机构反馈投诉处理情况的。

（十一）拒绝、阻挠、逃避检查，或者谎报、隐匿、销毁相关证据材料的。

第六十三条　对银行、支付机构侵害金融消费者权益重大案件负有直接责任的董事、高级管理人员和其他直接责任人员，有关法律、行政法规有处罚规定的，依照其规定给予处罚；有关法律、行政法规未作处罚规定的，中国人民银行或其分支机构应当根据情形单处或者并处警告、处以五千元以上三万元以下罚款。

第六十四条　中国人民银行及其分支机构的工作人员在开展金融消费者权益保护工作过程中有下列情形之一的，依法给予处分；涉嫌构成犯罪的，移送司法机关依法追究刑事责任：

（一）违反规定对银行、支付机构进行检查的。

（二）泄露知悉的国家秘密或者商业秘密的。

（三）滥用职权、玩忽职守的其他行为。

第七章　附　　则

第六十五条　商业银行理财子公司、金融资产管理公司、信托公司、汽车金融公司、消费金融公司以及征信机构、个人本外币兑换特许业务经营机构参照适用本办法。法律、行政法规另有规定的，从其规定。

第六十六条　本办法中除“工作日”以外的“日”为自然日。

第六十七条　本办法由中国人民银行负责解释。

第六十八条　本办法自2020年11月1日起施行。《中国人民银行金融消费权益保护工作管理办法（试行）》（银办发〔2013〕107号文印发）与《中国人民银行金融消费者权益保护实施办法》（银发〔2016〕314号文印发）同时废止。

二、银行业综合管理

《中华人民共和国中国人民银行法》导读：

1995 年 3 月 18 日，第八届全国人民代表大会第三次会议通过了《中华人民共和国中国人民银行法》（以下简称《中国人民银行法》）。中国人民银行法即中央银行法，是稳定币值、完善和加强国家宏观经济调控、保障金融体制改革顺利实施的一部重要法律。

《中国人民银行法》施行后，为了进一步健全金融监管体制，第十届全国人民代表大会第一次会议通过了《关于国务院机构改革方案的决定》，国务院决定设立银监会，统一监管银行、金融资产管理公司、信托投资公司等银行业金融机构。人民银行不再履行上述金融监管职责，其职能主要是制定和执行货币政策，不断完善有关金融机构的运行规则，更好地发挥作为中央银行在宏观调控和防范与化解金融风险中的作用。因此，2003 年 12 月 27 日第十届全国人大常委会对《中国人民银行法》进行了修改。修订后的《中国人民银行法》有以下主要内容：

（一）关于中国人民银行的性质和地位。中国人民银行是我国的中央银行，即发行的银行、银行的银行和政府的银行，拥有资本和资产，可以依法经营业务。

（二）关于货币政策目标。中国人民银行的货币政策应以稳定币值为目标，通过调节货币供应总量并保持国际收支平衡，为国民经济的发展创造一个良好的货币金融环境，以此促进经济的增长。这个原则在中共中央《关于建立社会主义市场经济体制若干问题的决定》和国务院《关于金融体制改革的决定》中都作了明确规定。

（三）关于货币政策工具。中央银行为了实现货币政策目标，在执行货币政策时需要根据国家宏观经济调控的要求采用相应的手段。国务院《关于金融体制改革的决定》明确了中国人民银行实施货币政策的工具是：法定存款准备金率、中央银行再贴现率、公开市场操作、中央银行外汇操作、中央银行的存贷款利率等。据此，《中国人民银行法》也作了相应规定。

（四）关于人民币的发行与保护。《中国人民银行法》明确了人民银行作为人民币印制、发行者的独特地位。

2003 年修改后的《中国人民银行法》，明确了人民银行不再审批、监管金融机构，加强了人民银行执行货币政策职能以及在宏观调控和防范与化解金融风险中的作用，明确了人民银行的必要监管职责。与《中国人民银行法》相关适用的法律主要有《银行业监督管理法》《商业银行法》等。

资料补充栏

1. 中央银行

中华人民共和国
中国人民银行法

1. 1995年3月18日第八届全国人民代表大会第三次会议通过
2. 根据2003年12月27日第十届全国人民代表大会常务委员会第六次会议《关于修改〈中华人民共和国中国人民银行法〉的决定》修正

目　录

第一章　总　　则

第一条　【立法目的】为了确立中国人民银行的地位,明确其职责,保证国家货币政策的正确制定和执行,建立和完善中央银行宏观调控体系,维护金融稳定,制定本法。

第二条　【中央银行】中国人民银行是中华人民共和国的中央银行。

中国人民银行在国务院领导下,制定和执行货币政策,防范和化解金融风险,维护金融稳定。

第三条　【货币政策目标】货币政策目标是保持货币币值的稳定,并以此促进经济增长。

第四条　【职责】中国人民银行履行下列职责:

(一)发布与履行其职责有关的命令和规章;

(二)依法制定和执行货币政策;

(三)发行人民币,管理人民币流通;

(四)监督管理银行间同业拆借市场和银行间债券市场;

(五)实施外汇管理,监督管理银行间外汇市场;

(六)监督管理黄金市场;

(七)持有、管理、经营国家外汇储备、黄金储备;

(八)经理国库;

(九)维护支付、清算系统的正常运行;

(十)指导、部署金融业反洗钱工作,负责反洗钱的资金监测;

(十一)负责金融业的统计、调查、分析和预测;

(十二)作为国家的中央银行,从事有关的国际金融活动;

(十三)国务院规定的其他职责。

中国人民银行为执行货币政策,可以依照本法第四章的有关规定从事金融业务活动。

第五条　【货币政策报批】中国人民银行就年度货币供应量、利率、汇率和国务院规定的其他重要事项作出的决定,报国务院批准后执行。

中国人民银行就前款规定以外的其他有关货币政策事项作出决定后,即予执行,并报国务院备案。

第六条　【向全国人大常委会提出工作报告】中国人民银行应当向全国人民代表大会常务委员会提出有关货币政策情况和金融业运行情况的工作报告。

第七条　【独立地位】中国人民银行在国务院领导下依法独立执行货币政策,履行职责,开展业务,不受地方政府、各级政府部门、社会团体和个人的干涉。

第八条　【资产国有】中国人民银行的全部资本由国家出资,属于国家所有。

第九条　【监管协调机制】国务院建立金融监督管理协调机制,具体办法由国务院规定。

第二章　组 织 机 构

第十条　【行长】中国人民银行设行长一人,副行长若干人。

中国人民银行行长的人选,根据国务院总理的提名,由全国人民代表大会决定;全国人民代表大会闭会期间,由全国人民代表大会常务委员会决定,由中华人民共和国主席任免。中国人民银行副行长由国务院总理任免。

第十一条　【行长负责制】中国人民银行实行行长负责制。行长领导中国人民银行的工作,副行长协助行长工作。

第十二条　【货币政策委员会】中国人民银行设立货币政策委员会。货币政策委员会的职责、组成和工作程序,由国务院规定,报全国人民代表大会常务委员会备案。

中国人民银行货币政策委员会应当在国家宏观调控、货币政策制定和调整中,发挥重要作用。

第十三条　【分支机构】中国人民银行根据履行职责的需要设立分支机构,作为中国人民银行的派出机构。中国人民银行对分支机构实行统一领导和管理。

中国人民银行的分支机构根据中国人民银行的授权,维护本辖区的金融稳定,承办有关业务。

第十四条　【工作人员职责】中国人民银行的行长、副行长及其他工作人员应当恪尽职守，不得滥用职权、徇私舞弊，不得在任何金融机构、企业、基金会兼职。

第十五条 【保密义务】中国人民银行的行长、副行长及其他工作人员，应当依法保守国家秘密，并有责任为与履行其职责有关的金融机构及当事人保守秘密。

第三章 人 民 币

第十六条 【法定货币】中华人民共和国的法定货币是人民币。以人民币支付中华人民共和国境内的一切公共的和私人的债务，任何单位和个人不得拒收。

第十七条 【人民币单位】人民币的单位为元，人民币辅币单位为角、分。

第十八条 【印制、发行】人民币由中国人民银行统一印制、发行。

中国人民银行发行新版人民币，应当将发行时间、面额、图案、式样、规格予以公告。

第十九条 【有关人民币的禁止性行为】禁止伪造、变造人民币。禁止出售、购买伪造、变造的人民币。禁止运输、持有、使用伪造、变造的人民币。禁止故意毁损人民币。禁止在宣传品、出版物或者其他商品上非法使用人民币图样。

第二十条 【禁止印发代币票券】任何单位和个人不得印制、发售代币票券，以代替人民币在市场上流通。

第二十一条 【残缺、污损人民币兑换】残缺、污损的人民币，按照中国人民银行的规定兑换，并由中国人民银行负责收回、销毁。

第二十二条 【人民币发行库】中国人民银行设立人民币发行库，在其分支机构设立分支库。分支库调拨人民币发行基金，应当按照上级库的调拨命令办理。任何单位和个人不得违反规定，动用发行基金。

第四章 业 务

第二十三条 【货币政策工具】中国人民银行为执行货币政策，可以运用下列货币政策工具：

（一）要求银行业金融机构按照规定的比例交存存款准备金；

（二）确定中央银行基准利率；

（三）为在中国人民银行开立账户的银行业金融机构办理再贴现；

（四）向商业银行提供贷款；

（五）在公开市场上买卖国债、其他政府债券和金融债券及外汇；

（六）国务院确定的其他货币政策工具。

中国人民银行为执行货币政策，运用前款所列货币政策工具时，可以规定具体的条件和程序。

第二十四条 【经理国库】中国人民银行依照法律、行政法规的规定经理国库。

第二十五条 【发行政府债券】中国人民银行可以代理国务院财政部门向各金融机构组织发行、兑付国债和其他政府债券。

第二十六条 【开立账户】中国人民银行可以根据需要，为银行业金融机构开立账户，但不得对银行业金融机构的账户透支。

第二十七条 【组织协调清算系统】中国人民银行应当组织或者协助组织银行业金融机构相互之间的清算系统，协调银行业金融机构相互之间的清算事项，提供清算服务。具体办法由中国人民银行制定。

中国人民银行会同国务院银行业监督管理机构制定支付结算规则。

第二十八条 【决定对商业银行的贷款】中国人民银行根据执行货币政策的需要，可以决定对商业银行贷款的数额、期限、利率和方式，但贷款的期限不得超过一年。

第二十九条 【禁止对政府透支直接认购、包销政府债券】中国人民银行不得对政府财政透支，不得直接认购、包销国债和其他政府债券。

第三十条 【不得向地方政府提供贷款、不得提供担保】中国人民银行不得向地方政府、各级政府部门提供贷款，不得向非银行金融机构以及其他单位和个人提供贷款，但国务院决定中国人民银行可以向特定的非银行金融机构提供贷款的除外。

中国人民银行不得向任何单位和个人提供担保。

第五章 金融监督管理

第三十一条 【金融监测】中国人民银行依法监测金融市场的运行情况，对金融市场实施宏观调控，促进其协调发展。

第三十二条 【检查监督金融机构】中国人民银行有权对金融机构以及其他单位和个人的下列行为进行检查监督：

（一）执行有关存款准备金管理规定的行为；

（二）与中国人民银行特种贷款有关的行为；

（三）执行有关人民币管理规定的行为；

（四）执行有关银行间同业拆借市场、银行间债券市场管理规定的行为；

（五）执行有关外汇管理规定的行为；

（六）执行有关黄金管理规定的行为；

（七）代理中国人民银行经理国库的行为；

（八）执行有关清算管理规定的行为；

（九）执行有关反洗钱规定的行为。

前款所称中国人民银行特种贷款，是指国务院决定的由中国人民银行向金融机构发放的用于特定目的的贷款。

第三十三条 【检查监督建议】中国人民银行根据执行货币政策和维护金融稳定的需要，可以建议国务院银行业监督管理机构对银行业金融机构进行检查监督。国务院银行业监督管理机构应当自收到建议之日起三十日内予以回复。

第三十四条 【检查监督银行业金融机构】当银行业金融机构出现支付困难，可能引发金融风险时，为了维护金融稳定，中国人民银行经国务院批准，有权对银行业金融机构进行检查监督。

第三十五条 【要求银行业金融机构报送资料及监管信息共享】中国人民银行根据履行职责的需要，有权要求银行业金融机构报送必要的资产负债表、利润表以及其他财务会计、统计报表和资料。

中国人民银行应当和国务院银行业监督管理机构、国务院其他金融监督管理机构建立监督管理信息共享机制。

第三十六条 【编制金融统计数据报表】中国人民银行负责统一编制全国金融统计数据、报表，并按照国家有关规定予以公布。

第三十七条 【内部监管】中国人民银行应当建立、健全本系统的稽核、检查制度，加强内部的监督管理。

第六章 财务会计

第三十八条 【独立财务预算】中国人民银行实行独立的财务预算管理制度。

中国人民银行的预算经国务院财政部门审核后，纳入中央预算，接受国务院财政部门的预算执行监督。

第三十九条 【利润与亏损】中国人民银行每一会计年度的收入减除该年度支出，并按照国务院财政部门核定的比例提取总准备金后的净利润，全部上缴中央财政。

中国人民银行的亏损由中央财政拨款弥补。

第四十条 【财务会计制度】中国人民银行的财务收支和会计事务，应当执行法律、行政法规和国家统一的财务、会计制度，接受国务院审计机关和财政部门依法分别进行的审计和监督。

第四十一条 【年度报告与会计年度】中国人民银行应当于每一会计年度结束后的三个月内，编制资产负债表、损益表和相关的财务会计报表，并编制年度报告，按照国家有关规定予以公布。

中国人民银行的会计年度自公历1月1日起至12月31日止。

第七章 法律责任

第四十二条 【有关人民币的违法行为之一】伪造、变造人民币，出售伪造、变造的人民币，或者明知是伪造、变造的人民币而运输，构成犯罪的，依法追究刑事责任；尚不构成犯罪的，由公安机关处十五日以下拘留、一万元以下罚款。

第四十三条 【有关人民币的违法行为之二】购买伪造、变造的人民币或者明知是伪造、变造的人民币而持有、使用，构成犯罪的，依法追究刑事责任；尚不构成犯罪的，由公安机关处十五日以下拘留、一万元以下罚款。

第四十四条 【非法使用人民币图样】在宣传品、出版物或者其他商品上非法使用人民币图样的，中国人民银行应当责令改正，并销毁非法使用的人民币图样，没收违法所得，并处五万元以下罚款。

第四十五条 【印制、发售代币票券】印制、发售代币票券，以代替人民币在市场上流通的，中国人民银行应当责令停止违法行为，并处二十万元以下罚款。

第四十六条 【对违反本法第32条规定情形的处罚】本法第三十二条所列行为违反有关规定，有关法律、行政法规有处罚规定的，依照其规定给予处罚；有关法律、行政法规未作处罚规定的，由中国人民银行区别不同情形给予警告，没收违法所得，违法所得五十万元以上的，并处违法所得一倍以上五倍以下罚款；没有违法所得或者违法所得不足五十万元的，处五十万元以上二百万元以下罚款；对负有直接责任的董事、高级管理人员和其他直接责任人员给予警告，处五万元以上五十万元以下罚款；构成犯罪的，依法追究刑事责任。

第四十七条 【行政诉讼】当事人对行政处罚不服的，可以依照《中华人民共和国行政诉讼法》的规定提起行政诉讼。

第四十八条 【对有关违法行为直接责任人员的处罚】中国人民银行有下列行为之一的，对负有直接责任的主管人员和其他直接责任人员，依法给予行政处分；构成犯罪的，依法追究刑事责任：

（一）违反本法第三十条第一款的规定提供贷款的；

（二）对单位和个人提供担保的；

（三）擅自动用发行基金的。

有前款所列行为之一，造成损失的，负有直接责任的主管人员和其他直接责任人员应当承担部分或者全部赔偿责任。

第四十九条 【强令提供贷款或担保】地方政府、各级政府部门、社会团体和个人强令中国人民银行及其工作人员违反本法第三十条的规定提供贷款或者担保的，对负有直接责任的主管人员和其他直接责任人员，依法给予行政处分；构成犯罪的，依法追究刑事责任；造成损失的，应当承担部分或者全部赔偿责任。

第五十条 【工作人员违反保密义务】中国人民银行的工作人员泄露国家秘密或者所知悉的商业秘密，构成犯罪的，依法追究刑事责任；尚不构成犯罪的，依法给予行政处分。

第五十一条 【渎职责任】中国人民银行的工作人员贪污受贿、徇私舞弊、滥用职权、玩忽职守，构成犯罪的，依法追究刑事责任；尚不构成犯罪的，依法给予行政处分。

第八章 附 则

第五十二条 【银行业金融机构及适用本法的其他机构】本法所称银行业金融机构，是指在中华人民共和国境内设立的商业银行、城市信用合作社、农村信用合作社等吸收公众存款的金融机构以及政策性银行。

在中华人民共和国境内设立的金融资产管理公司、信托投资公司、财务公司、金融租赁公司以及经国务院银行业监督管理机构批准设立的其他金融机构，适用本法对银行业金融机构的规定。

第五十三条 【施行日期】本法自公布之日起施行。

中国人民银行货币政策委员会条例

1997年4月15日国务院令第215号发布施行

第一章 总 则

第一条 为了有助于国家货币政策的正确制定，根据中国人民银行法的规定，制定本条例。

第二条 货币政策委员会是中国人民银行制定货币政策的咨询议事机构。

货币政策委员会依照本条例组成。

第三条 货币政策委员会的职责是，在综合分析宏观经济形势的基础上，依据国家的宏观经济调控目标，讨论下列货币政策事项，并提出建议：

（一）货币政策的制定、调整；

（二）一定时期内的货币政策控制目标；

（三）货币政策工具的运用；

（四）有关货币政策的重要措施；

（五）货币政策与其他宏观经济政策的协调。

第四条 货币政策委员会通过全体会议履行职责。

第二章 组织机构

第五条 货币政策委员会由下列单位的人员组成：

中国人民银行行长；

中国人民银行副行长二人；

国家计划委员会副主任一人；

国家经济贸易委员会副主任一人；

财政部副部长一人；

国家外汇管理局局长；

中国证券监督管理委员会主席；

国有独资商业银行行长二人；

金融专家一人。

货币政策委员会组成单位的调整，由国务院决定。

第六条 中国人民银行行长、国家外汇管理局局长、中国证券监督管理委员会主席为货币政策委员会的当然委员。

货币政策委员会其他委员人选，由中国人民银行提名或者中国人民银行商有关部门提名，报请国务院任命。

第七条 货币政策委员会设主席一人，副主席一人。主席由中国人民银行行长担任；副主席由主席指定。

第八条 货币政策委员会委员应当具备下列条件：

（一）年龄一般在65周岁以下，具有中华人民共和国国籍；

（二）公正廉洁，忠于职守，无违法、违纪记录；

（三）具有宏观经济、货币、银行等方面的专业知识和实践经验，熟悉有关法律、法规和政策。

第九条 货币政策委员会中的金融专家除应当符合本条例第八条规定的条件外，还应当具备下列条件：

（一）具有高级专业技术职称，从事金融研究工作10年以上；

（二）非国家公务员，并且不在任何营利性机构任职。

第十条 货币政策委员会委员中的国有独资商业银行行长以及金融专家，任期2年。

第十一条 货币政策委员会委员有下列情形之一的，由中国人民银行报请国务院免去其货币政策委员会委员职务：

（一）本人提出书面辞职申请的；

（二）任职期间因职务变动，已经不能代表有关单位担任货币政策委员会委员的；

（三）不履行委员义务或者因各种原因不能胜任委员工作的。

第十二条 更换货币政策委员会委员，依照本条例第六条的规定办理。

第十三条 货币政策委员会设立秘书处，作为货币政策委员会的常设办事机构。

第三章 委员的权利与义务

第十四条 货币政策委员会委员具有同等的权利与义务。

第十五条 货币政策委员会委员为履行职责需要，享有下列权利：

（一）了解金融货币政策方面的情况；

（二）对货币政策委员会所讨论的问题发表意见；

（三）向货币政策委员会就货币政策问题提出议案，并享有表决权。

第十六条 货币政策委员会委员应当出席货币政策委员会会议，并就有关货币政策事项提出意见和建议。

货币政策委员会委员因特殊情况不能出席会议时，应当委托熟悉情况的有关人员作为代表携其书面意见参加会议，代表不享有表决权。

第十七条 货币政策委员会委员应当恪尽职守，不得滥用职权、徇私舞弊。

第十八条 货币政策委员会委员应当保守国家秘密、商业秘密，遵守货币政策委员会的工作制度，不得违反规定透露货币政策及有关情况。

货币政策委员会委员违反规定泄露国家秘密、商业秘密的，撤销货币政策委员会委员的职务，并依法追究法律责任。

第十九条 货币政策委员会委员在任职期内和离职以后一年内，不得公开反对已按法定程序制定的货币政策。

第四章 工作程序

第二十条 货币政策委员会实行例会制度，在每季度的第一个月份中旬召开例会。

货币政策委员会主席或者1/3以上委员联名，可以提议召开临时会议。

第二十一条 货币政策委员会秘书处应当在货币政策委员会例会召开的10日前，将会议议题及有关资料送达全部委员；在会议召开时，向全部委员提供最新统计数据及有关技术分析资料。

第二十二条 货币政策委员会会议有2/3以上委员出席，方可举行。

货币政策委员会会议由主席主持。主席因故不能履行职务时，由副主席代为主持。

第二十三条 货币政策委员会会议应当以会议纪要的形式记录各种意见。

货币政策委员会委员提出的货币政策议案，经出席会议的2/3以上委员表决通过，形成货币政策委员会建议书。

第二十四条 中国人民银行报请国务院批准有关年度货币供应量、利率、汇率或者其他货币政策重要事项的决定方案时，应当将货币政策委员会建议书或者会议纪要作为附件，一并报送。

中国人民银行报送国务院备案的有关货币政策其他事项的决定，应当将货币政策委员建议书或者会议纪要，一并备案。

第二十五条 货币政策委员会的内部工作制度，由货币政策委员会制定。

第五章 附 则

第二十六条 本条例自发布之日起施行。

中国人民银行紧急贷款管理暂行办法

1. 1999年12月3日中国人民银行发布

2. 银发〔1999〕407号

第一章 总 则

第一条 为了维护金融体系的安全与稳定，防范和化解金融风险，依据《中华人民共和国中国人民银行法》、《中华人民共和国商业银行法》，制定本办法。

第二条 本办法适用于经中国人民银行批准设立、具有法人资格的城市商业银行、城市信用合作社和农村信用合作社（含农村信用合作社县联社，下同）。地方政府兑付被撤销地方金融机构的债务向中央借款，不适用本办法。

第三条 本办法所称紧急贷款，系指中国人民银行为帮助发生支付危机的上述金融机构缓解支付压力、恢复信誉，防止出现系统性或区域性金融风险而发放的人民币贷款。

第四条 紧急贷款的审批权属中国人民银行总行（以下简称总行）。经总行授权，中国人民银行分行、营业管理部（以下简称分行）可依据本办法规定审批、发放紧急贷款。

第二章 贷款条件

第五条 城市商业银行、城市信用合作社和农村信用合作社（以下统称借款人）申请紧急贷款，应符合下列条件：

（一）在中国人民银行开户行设立"准备金存款"账户，且经批准已全额或部分动用法定存款准备金；

（二）当地政府及有关部门对处置借款人的支付风险高度重视，并已采取增加其资金来源以及其他切实有效的救助措施；

（三）借款人已采取了清收债权、组织存款、系统内调度资金、同业拆借、资产变现等自救措施，自救态度积极、措施得力；

（四）当地政府和组建单位或股东制定的救助方案已经中国人民银行总行或分行批准，并承诺在规定时限内实行增资扩股，逐步减少经营亏损，改善其资信情况，查处违规、违纪行为和违法案件，追究有关当事人的经济、行政或刑事责任；

（五）依据《中华人民共和国担保法》提供担保；

（六）中国人民银行分行已派驻工作组或专人实施现场监管；

（七）中国人民银行认为必要的其他条件。

第六条　城市商业银行申请紧急贷款时，其原股东欠缴的股本已补足；资本充足率低于规定比例的，已开始实施增资扩股。

第三章　贷款用途、期限和利率

第七条　紧急贷款仅限用于兑付自然人存款的本金和合法利息，并优先用于兑付小额储蓄存款。

第八条　紧急贷款的最长期限 2 年。贷款到期归还确有困难的，经借款人申请，可批准展期一次，展期期限不得超过原贷款期限。紧急贷款展期，应按本办法规定的审批权限报批，并由担保人出具同意的书面证明。

第九条　紧急贷款应执行总行制定的中国人民银行对金融机构贷款利率；发生逾期的紧急贷款，应执行再贷款罚息利率。

第四章　贷 款 管 理

第十条　分行申请增加紧急贷款限额，应以分行名义书面申请。总行受理分行申请后，由货币政策司会同有关监管部门提出审查意见，报行长或主管副行长审批。

第十一条　对分行发放的紧急贷款实行单独管理和限额控制。分行应在总行下达的紧急贷款额度内，依据本办法规定，审批、发放和管理紧急贷款，确定对单个借款人的贷款方式、数额和期限，并对辖内紧急贷款的合理使用和安全负责。

第十二条　分行应与借款人签定《借款合同》，并与借款人或其出资人、第三人签定《担保合同》，依法建立完备的贷款担保手续。

第十三条　分行应对紧急贷款实行专户管理，在再贷款科目下单独设立“紧急贷款”账户；在借款人准备金存款科目下单独设立“紧急贷款专户”，并按月向总行列报辖内紧急贷款的限额执行、发放进度、周转使用和到期收回情况。

第十四条　分行货币信贷部门应配合监管部门做好借款人支付风险的防范和化解工作；监管部门应按照发放紧急贷款时规定条件，督促借款人及其组建单位或股东和地方政府逐项落实承诺采取的救助措施。

第十五条　中国人民银行内审部门应根据实际情况，适时采取适当形式，对紧急贷款业务的管理情况进行内审。

第十六条　借款人应以法人名义（农村信用合作社以县联社为单位）向中国人民银行开户行申请紧急贷款，并提交足以证明其符合紧急贷款条件的书面文件和资料。

第十七条　借款人在借用紧急贷款期间，所筹资金除用于兑付储蓄存款外，应优先用于归还紧急贷款，不得增加新的资产运用，不得向股东分红派息，并向中国人民银行开户行报告每笔资产、负债的变动情况和每日的资金头寸表。

第十八条　借款人应当按照《借款合同》约定，按时足额归还紧急贷款本息。对逾期的紧急贷款，中国人民银行可依据《借款合同》和《担保合同》约定，从借款人准备金存款账户中扣收贷款本息；依法处置抵押物、质物，用于归还贷款本息；依法要求保证人履行还款保证责任。

第五章　罚　　则

第十九条　借款人有下列情形之一，中国人民银行可提前收回部分或全部紧急贷款；情节严重的，取消其高级管理人员的任职资格：

（一）虚报材料，隐瞒事实，骗取紧急贷款的；

（二）违反本办法规定，挪用紧急贷款的；

（三）未按人民银行批准救助方案采取自救措施的。

第二十条　中国人民银行分支行有下列情形之一，上级行给予通报批评；情节严重的，对直接负责的主管行领导和其他直接责任人员给予行政处分：

（一）超过上级行下达限额发放紧急贷款的；

（二）不按照本办法规定对象、条件、期限和用途审批、发放紧急贷款的；

（三）对辖内紧急贷款管理不力、严重失职的。

第六章　附　　则

第二十一条　经总行批准，对城市商业银行、城市信用合作社、农村信用合作社以外的商业银行及其他非银行金融机构发放紧急贷款，适用本办法。

第二十二条　本办法由总行负责解释。

第二十三条　本办法自下发之日起实行。

地方政府向中央专项借款管理规定

1. 2000 年 6 月 16 日中国人民银行、财政部发布
2. 银发〔2000〕148 号

第一条　为了维护地方金融稳定，防范化解金融风险，确保专项借款资金专款专用，到期归还，特制定本规定。

第二条　本规定中所称的专项借款是指国务院批准，中国人民银行发放再贷款，并通过指定的地方商业银行向省(自治区、直辖市)政府(以下简称省级政府)的融资,专项用于解决地方要关闭的农村合作基金会、各类信托投资公司、城市商业银行、城市信用社的个人债务和合法外债。专项借款必须根据《中华人民共和国中国人民银行法》和中国人民银行再贷款管理的有关规定使用和管理。

第三条　省级政府根据上述地方性金融机构和非金融性机构的资产和负债情况及政府借债的偿还能力,在多方筹措偿还资金仍难以解决支付风险的情况下,由省级政府向国务院报告地方金融风险及处理情况,请求国务院批准同意向中央专项借款。

第四条　根据国务院办公厅批转的申请,中国人民银行、财政部和其它有关部门对该省(自治区、直辖市)金融风险情况及支付资金缺口等情况进行审查;其中中国人民银行主要负责对承贷的地方商业银行的资产负债、信贷收支等经营状况的审核;财政部主要负责审查该省(自治区、直辖市)近几年的财政收支、当年的财政预算、还款期内财政预算安排及政府的实际偿还能力等情况。按照审查意见,财政部、中国人民银行和其它有关部门联合行文提出省(自治区、直辖市)向中央专项借款的意见,并报国务院核准。

第五条　省级政府根据国务院批准的借款报告,向财政部提出申请,承诺如期归还中国人民银行向省(自治区、直辖市)发放的专项贷款,如果不能按期归还专项贷款本息,由财政部根据中国人民银行扣款通知在中央向该省(自治区、直辖市)的转移支付资金和税收返还资金中扣还。

第六条　财政部接到省级政府承诺如期归还贷款的报告,经审查后给省政府复函,并抄送中国人民银行。明确如果省政府不能按期归还再贷款本息,财政部按中国人民银行提供的扣款承诺书等文件,从对该省(自治区、直辖市)的转移支付资金和税收返还资金中扣还。

第七条　中国人民银行国务院对财政部、中国人民银行和其它有关部门联合文件的批准意见及财政部对政府承诺申请的复函抄送件,对所在地分行、营业管理部下达贷款限额。中国人民银行分行、营业管理部在与省(自治区、直辖市)政府签定借款协议书后,在总行下达的贷款限额内,对政府所在地的中心支行或营业管理部下达贷款限额。

第八条　政府所在地的中心支行或营业管理部根据分行下达的贷款限额与承贷的地方商业银行签订贷款合同,方可发放贷款。地方商业银行设立表外临时账户,记载该项再贷款的运用情况。该项再贷款实行专户管理,专款专用,地方商业银行对该项再贷款没有支配权,不体现营业收入。

第九条　专项借款的使用期限一般为六至八年,一次落实借款合同,分年签订借款借据。专项借款从划拨至专户之日起计息,借款期内按季付息,从第二年开始或按协议偿还本金,也可提前归还部分或部分借款。专项借款利率按年利率2.25%计息。

第十条　中国人民银行分行、营业管理部要加强对专项借款使用情况的监督检查,派专人负责,单独考核,并负责到期收回;省(自治区、直辖市)政府要全面负责借款的使用,根据地方金融机构和非金融性机构的个人存款兑付进度下拨资金,严防各级政府将专项借款挪作他用。要逐年落实还款计划,并将每年的还款列入省(自治区、直辖市)预算内,确保专项借款按时归还。

第十一条　本规定自下发日起实行。

中国人民银行支农再贷款管理办法

1. 2015年12月30日发布
2. 银发〔2015〕395号

第一章　总　　则

第一条　为规范支农再贷款管理,根据《中华人民共和国中国人民银行法》、《中华人民共和国商业银行法》以及其他相关法律法规,制定本办法。

第二条　本办法所称支农再贷款,是指中国人民银行为引导地方法人金融机构扩大涉农信贷投放,降低“三农”融资成本,对其发放的信贷政策支持再贷款。

第三条　支农再贷款的发放对象包括农村信用社、农村合作银行、农村商业银行和村镇银行,以及中国人民银行批准的其他地方法人金融机构(以下统称借款人)。

第四条　借款人所在地的中国人民银行分支行(包括上海总部、各营业管理部,以下统称贷款人)实施支农再贷款的审批、发放、收回、管理和监督。

第五条　支农再贷款管理实行“限额管理、规定用途、设立台账”的原则。

第二章　支农再贷款的申请

第六条　借款人申请支农再贷款应同时具备以下条件:

(一)在中国人民银行开立存款准备金账户;

(二)符合宏观审慎管理要求,内部管理制度健全,资产质量和经营财务状况良好;

(三)上年末的本外币涉农贷款比例符合中国人民银行有关规定;

(四)配合中国人民银行及分支行开展对支农再

贷款的贷前调查、贷中审查和贷后核查;

(五)中国人民银行及分支行规定的其他条件。

第七条 借款人申请支农再贷款,应书面向贷款人提出申请,提供支农再贷款资金的用途以及贷款人要求的其他材料,由借款人法定代表人或其授权人签名或签章,加盖借款人公章。

第三章 支农再贷款的发放与收回

第八条 贷款人应建立支农再贷款审批制度,成立审贷委员会,依据本办法规定对支农再贷款申请进行审批。

第九条 对首次申请支农再贷款的借款人,贷款人应对其资产质量和经营财务状况、风险状况、还款能力以及涉农金融服务等情况进行专项评估,并将评估报告逐级报送至中国人民银行上海总部、分行、营业管理部、省会(首府)城市中心支行(以下统称省级分支行)备案。

第十条 支农再贷款原则上采取质押方式发放。对已完成央行内部评级并建立质押品池的借款人,贷款人应采取质押方式向其发放支农再贷款,质押品应符合中国人民银行有关规定;对尚未完成央行内部评级并建立质押品池的借款人,贷款人在风险可控和加强管理的前提下可采取信用方式向其发放支农再贷款。

第十一条 支农再贷款申请经审查批准后,贷款人与借款人应签订支农再贷款借款合同。借款合同至少应约定以下事项:

(一)借用支农再贷款的金额、期限、利率、用途等。

(二)贷款人可以通过现场和非现场核查方式监测支农再贷款政策执行情况。

(三)在借款人违反支农再贷款管理规定、隐瞒重大损失或风险状况的情况下,贷款人有权提前收回支农再贷款。

(四)借款人以整体信用作为归还支农再贷款本金和利息的保障。如果借款人不能按期足额归还支农再贷款本金和利息,贷款人可依次以借款人流动性资产变现所得资金、质押品处置收益归还支农再贷款本金和利息。

采取质押方式发放的支农再贷款,贷款人应与出质人签订质押合同,并办理质押相关手续。

第十二条 借款人应将借用的支农再贷款资金全部用于发放涉农贷款。本办法中的涉农贷款指标口径,按照中国人民银行涉农贷款专项统计制度统计和考核。

第十三条 借款人应在借用的支农再贷款资金到账后1个月内,完成运用支农再贷款资金发放涉农贷款工作。对在上述期限内仍未用于发放涉农贷款的支农再贷款资金,贷款人应及时全部收回。

第十四条 借款人应按照支农再贷款借款合同有关约定,按期足额归还支农再贷款本金和利息。

第十五条 对逾期的支农再贷款,自逾期之日起,贷款人应按照中国人民银行公布的金融机构逾期贷款利率计收罚息。对逾期或欠息的支农再贷款,贷款人应负责催收,或依法依次以借款人流动性资产变现所得资金、质押品处置收益归还支农再贷款本金和利息。借款人出现破产、兼并、重组的,贷款人应行使债权人权利,依法维护支农再贷款债权。

第十六条 支农再贷款到期日前,借款人确有合理资金需求,且符合支农再贷款申请条件的,可向贷款人书面提出支农再贷款展期申请。展期申请最迟应于支农再贷款到期日前的10个工作日送达贷款人。支农再贷款展期的申请条件、发放程序比照支农再贷款的申请条件、发放程序执行。

第四章 支农再贷款的管理

第十七条 中国人民银行根据货币政策宏观调控需要确定全国支农再贷款限额,由省级分支行、地(市)中心支行逐级下达支农再贷款限额。支农再贷款限额以纸质或电子贷款额度通知书方式下达,并于收到通知书当日在再贷款管理信息系统登记。

第十八条 上级行根据货币政策宏观调控需要,可调整下级行支农再贷款限额和期限。下级行接到上级行限额调整通知后,应在上级行规定的时限内及时调整。

第十九条 各省级分支行、地(市)中心支行和县(市)支行辖内任何时点的支农再贷款余额不得超过上级行下达的支农再贷款限额。

第二十条 贷款人应设置专门岗位负责支农再贷款业务管理,职责包括受理支农再贷款申请,开展贷前审查,提出支农再贷款审批初审意见,办理支农再贷款发放、展期和收回业务;管理质押品;定期与会计营业部门核对支农再贷款账务;监测核查支农再贷款政策执行情况等。

第二十一条 贷款人可结合辖内支农再贷款限额和对借款人的授信情况,建立"核定额度、循环使用、随借随还"的支农再贷款管理制度,提高支农再贷款审批发放和使用效率。

第二十二条 支农再贷款期限分为3个月、6个月和1年3个档次。贷款人应根据借款人当地的农业生产周期和涉农产业发展情况,合理确定支农再贷款发放期限,借款合同期限最长不得超过1年。单笔支农再贷款展期次数累计不得超过2次,每次展期的期限不得超过借款合同期限,实际借用期限不得超过3年。

第二十三条　支农再贷款利率按照中国人民银行公布的支农再贷款利率执行。

第二十四条　借款人运用支农再贷款资金发放的涉农贷款利率应在实际支付的各期限档次支农再贷款利率基础上加点确定，具体加点幅度由中国人民银行货币政策司另行规定。

第二十五条　在借用支农再贷款期间，借款人累计发放的涉农贷款金额应不低于借用的支农再贷款金额。

第二十六条　中国人民银行根据货币政策宏观调控需要，可对特定地区、特定用途的支农再贷款利率、期限和发放方式等另行规定。

第五章　支农再贷款的监督

第二十七条　借款人应建立运用支农再贷款资金发放涉农贷款的台账，包括发放对象、金额、期限、利率、用途等要素，并按季度将涉农贷款台账报送贷款人。

第二十八条　中国人民银行各级分支行应建立支农再贷款政策执行情况的日常监测和现场核查制度。根据日常监测情况，结合涉农贷款台账，对辖区内支农再贷款政策执行情况进行现场核查，主要包括支农再贷款资金的投向、用途、发放的涉农贷款利率和金额等是否符合本办法规定，借款人报送的有关资料是否真实准确等。在支农再贷款借用期间，至少对借款人进行一次现场核查。

第二十九条　对涉农信贷政策导向效果评估结果较好、新增存款主要用于当地贷款等政策执行效果良好的借款人，适当加大支农再贷款支持力度。

第三十条　贷款人发现借款人存在下列情形之一的，应责令其限期整改到位，并可视情节轻重，采取约见谈话、通报、提前收回借用的部分或全部支农再贷款等措施：

（一）未按照本办法规定及借款合同约定的用途、利率、金额等要求运用支农再贷款的；

（二）未按照有关要求执行中国人民银行货币政策宏观调控的；

（三）未按照中国人民银行及分支行的要求报送有关资料的；

（四）不配合中国人民银行及分支行开展支农再贷款政策执行情况核查工作的；

（五）违反中国人民银行及分支行其他规定的。

第三十一条　上级行应加强对下级行支农再贷款管理工作的监督核查，对未按照本办法规定审批、发放、收回、管理、监督支农再贷款的下级行，上级行应责令其限期整改到位，并视情节轻重采取约见谈话、通报、调减支农再贷款限额等措施。

第六章　附　　则

第三十二条　中国人民银行省级分支行应根据本办法制定实施细则，报总行备案。

第三十三条　本办法自印发之日起实施。《中国人民银行对农村信用社贷款管理办法》（银发〔2002〕204 号）同时废止。中国人民银行关于支农再贷款管理有关规定与本办法不符的，以本办法为准。

2. 货币、利率管理

中华人民共和国人民币管理条例

1. 2000 年 2 月 3 日国务院令第 280 号发布
2. 根据 2014 年 7 月 29 日国务院令第 653 号《关于修改部分行政法规的决定》第一次修订
3. 根据 2018 年 3 月 19 日国务院令第 698 号《关于修改和废止部分行政法规的决定》第二次修订

第一章　总　　则

第一条　为了加强对人民币的管理，维护人民币的信誉，稳定金融秩序，根据《中华人民共和国中国人民银行法》，制定本条例。

第二条　本条例所称人民币，是指中国人民银行依法发行的货币，包括纸币和硬币。

从事人民币的设计、印制、发行、流通和回收等活动，应当遵守本条例。

第三条　中华人民共和国的法定货币是人民币。以人民币支付中华人民共和国境内的一切公共的和私人的债务，任何单位和个人不得拒收。

第四条　人民币的单位为元，人民币辅币单位为角、分。1 元等于 10 角，1 角等于 10 分。

人民币依其面额支付。

第五条　中国人民银行是国家管理人民币的主管机关，负责本条例的组织实施。

第六条　任何单位和个人都应当爱护人民币。禁止损害人民币和妨碍人民币流通。

第二章　设计和印制

第七条　新版人民币由中国人民银行组织设计，报国务院批准。

第八条　人民币由中国人民银行指定的专门企业印制。

第九条　印制人民币的企业应当按照中国人民银行制定的人民币质量标准和印制计划印制人民币。

第十条　印制人民币的企业应当将合格的人民币产品全部解缴中国人民银行人民币发行库，将不合格的人民币产品按照中国人民银行的规定全部销毁。

第十一条 印制人民币的原版、原模使用完毕后,由中国人民银行封存。

第十二条 印制人民币的特殊材料、技术、工艺、专用设备等重要事项属于国家秘密。印制人民币的企业和有关人员应当保守国家秘密;未经中国人民银行批准,任何单位和个人不得对外提供。

第十三条 除中国人民银行指定的印制人民币的企业外,任何单位和个人不得研制、仿制、引进、销售、购买和使用印制人民币所特有的防伪材料、防伪技术、防伪工艺和专用设备。有关管理办法由中国人民银行另行制定。

第十四条 人民币样币是检验人民币印制质量和鉴别人民币真伪的标准样本,由印制人民币的企业按照中国人民银行的规定印制。人民币样币上应当加印“样币”字样。

第三章 发行和回收

第十五条 人民币由中国人民银行统一发行。

第十六条 中国人民银行发行新版人民币,应当报国务院批准。

中国人民银行应当将新版人民币的发行时间、面额、图案、式样、规格、主色调、主要特征等予以公告。

中国人民银行不得在新版人民币发行公告发布前将新版人民币支付给金融机构。

第十七条 因防伪或者其他原因,需要改变人民币的印制材料、技术或者工艺的,由中国人民银行决定。

中国人民银行应当将改版后的人民币的发行时间、面额、主要特征等予以公告。

中国人民银行不得在改版人民币发行公告发布前将改版人民币支付给金融机构。

第十八条 中国人民银行可以根据需要发行纪念币。

纪念币是具有特定主题的限量发行的人民币,包括普通纪念币和贵金属纪念币。

第十九条 纪念币的主题、面额、图案、材质、式样、规格、发行数量、发行时间等由中国人民银行确定;但是,纪念币的主题涉及重大政治、历史题材的,应当报国务院批准。

中国人民银行应当将纪念币的主题、面额、图案、材质、式样、规格、发行数量、发行时间等予以公告。

中国人民银行不得在纪念币发行公告发布前将纪念币支付给金融机构。

第二十条 中国人民银行设立人民币发行库,在其分支机构设立分支库,负责保管人民币发行基金。各级人民币发行库主任由同级中国人民银行行长担任。

人民币发行基金是中国人民银行人民币发行库保存的未进入流通的人民币。

人民币发行基金的调拨,应当按照中国人民银行的规定办理。任何单位和个人不得违反规定动用人民币发行基金,不得干扰、阻碍人民币发行基金的调拨。

第二十一条 特定版别的人民币的停止流通,应当报国务院批准,并由中国人民银行公告。

办理人民币存取款业务的金融机构应当按照中国人民银行的规定,收兑停止流通的人民币,并将其交存当地中国人民银行。

中国人民银行不得将停止流通的人民币支付给金融机构,金融机构不得将停止流通的人民币对外支付。

第二十二条 办理人民币存取款业务的金融机构应当按照中国人民银行的规定,无偿为公众兑换残缺、污损的人民币,挑剔残缺、污损的人民币,并将其交存当地中国人民银行。

中国人民银行不得将残缺、污损的人民币支付给金融机构,金融机构不得将残缺、污损的人民币对外支付。

第二十三条 停止流通的人民币和残缺、污损的人民币,由中国人民银行负责回收、销毁。具体办法由中国人民银行制定。

第四章 流通和保护

第二十四条 办理人民币存取款业务的金融机构应当根据合理需要的原则,办理人民币券别调剂业务。

第二十五条 禁止非法买卖流通人民币。

纪念币的买卖,应当遵守中国人民银行的有关规定。

第二十六条 禁止下列损害人民币的行为:

(一)故意毁损人民币;

(二)制作、仿制、买卖人民币图样;

(三)未经中国人民银行批准,在宣传品、出版物或者其他商品上使用人民币图样;

(四)中国人民银行规定的其他损害人民币的行为。

前款人民币图样包括放大、缩小和同样大小的人民币图样。

第二十七条 人民币样币禁止流通。

人民币样币的管理办法,由中国人民银行制定。

第二十八条 任何单位和个人不得印制、发售代币票券,以代替人民币在市场上流通。

第二十九条 中国公民出入境、外国人入出境携带人民币实行限额管理制度,具体限额由中国人民银行规定。

第三十条 禁止伪造、变造人民币。禁止出售、购买伪造、变造的人民币。禁止走私、运输、持有、使用伪造、变造的人民币。

第三十一条　单位和个人持有伪造、变造的人民币的，应当及时上交中国人民银行、公安机关或者办理人民币存取款业务的金融机构；发现他人持有伪造、变造的人民币的，应当立即向公安机关报告。

第三十二条　中国人民银行、公安机关发现伪造、变造的人民币，应当予以没收，加盖"假币"字样的戳记，并登记造册；持有人对公安机关没收的人民币的真伪有异议的，可以向中国人民银行申请鉴定。

公安机关应当将没收的伪造、变造的人民币解缴当地中国人民银行。

第三十三条　办理人民币存取款业务的金融机构发现伪造、变造的人民币，数量较多、有新版的伪造人民币或者有其他制造贩卖伪造、变造的人民币线索的，应当立即报告公安机关；数量较少的，由该金融机构两名以上工作人员当面予以收缴，加盖"假币"字样的戳记，登记造册，向持有人出具中国人民银行统一印制的收缴凭证，并告知持有人可以向中国人民银行或者向中国人民银行授权的国有独资商业银行的业务机构申请鉴定。对伪造、变造的人民币收缴及鉴定的具体办法，由中国人民银行制定。

办理人民币存取款业务的金融机构应当将收缴的伪造、变造的人民币解缴当地中国人民银行。

第三十四条　中国人民银行和中国人民银行授权的国有独资商业银行的业务机构应当无偿提供鉴定人民币真伪的服务。

对盖有"假币"字样戳记的人民币，经鉴定为真币的，由中国人民银行或者中国人民银行授权的国有独资商业银行的业务机构按照面额予以兑换；经鉴定为假币的，由中国人民银行或者中国人民银行授权的国有独资商业银行的业务机构予以没收。

中国人民银行授权的国有独资商业银行的业务机构应当将没收的伪造、变造的人民币解缴当地中国人民银行。

第三十五条　办理人民币存取款业务的金融机构应当采取有效措施，防止以伪造、变造的人民币对外支付。

办理人民币存取款业务的金融机构应当在营业场所无偿提供鉴别人民币真伪的服务。

第三十六条　伪造、变造的人民币由中国人民银行统一销毁。

第三十七条　人民币反假鉴别仪应当按照国家规定标准生产。

人民币反假鉴别仪国家标准，由中国人民银行会同有关部门制定，并协助组织实施。

第三十八条　人民币有下列情形之一的，不得流通：

（一）不能兑换的残缺、污损的人民币；

（二）停止流通的人民币。

第五章　罚　　则

第三十九条　印制人民币的企业和有关人员有下列情形之一的，由中国人民银行给予警告，没收违法所得，并处违法所得1倍以上3倍以下的罚款，没有违法所得的，处1万元以上10万元以下的罚款；对直接负责的主管人员和其他直接责任人员，依法给予纪律处分：

（一）未按照中国人民银行制定的人民币质量标准和印制计划印制人民币的；

（二）未将合格的人民币产品全部解缴中国人民银行人民币发行库的；

（三）未按照中国人民银行的规定将不合格的人民币产品全部销毁的；

（四）未经中国人民银行批准，擅自对外提供印制人民币的特殊材料、技术、工艺或者专用设备等国家秘密的。

第四十条　违反本条例第十三条规定的，由工商行政管理机关和其他有关行政执法机关给予警告，没收违法所得和非法财物，并处违法所得1倍以上3倍以下的罚款；没有违法所得的，处2万元以上20万元以下的罚款。

第四十一条　办理人民币存取款业务的金融机构违反本条例第二十一条第二款、第三款和第二十二条规定的，由中国人民银行给予警告，并处1000元以上5000元以下的罚款；对直接负责的主管人员和其他直接责任人员，依法给予纪律处分。

第四十二条　故意毁损人民币的，由公安机关给予警告，并处1万元以下的罚款。

第四十三条　违反本条例第二十五条、第二十六条第一款第二项和第四项规定的，由工商行政管理机关和其他有关行政执法机关给予警告，没收违法所得和非法财物，并处违法所得1倍以上3倍以下的罚款；没有违法所得的，处1000元以上5万元以下的罚款。

工商行政管理机关和其他有关行政执法机关应当销毁非法使用的人民币图样。

第四十四条　办理人民币存取款业务的金融机构、中国人民银行授权的国有独资商业银行的业务机构违反本条例第三十四条、第三十五条和第三十六条规定的，由中国人民银行给予警告，并处1000元以上5万元以下的罚款；对直接负责的主管人员和其他直接责任人员，依法给予纪律处分。

第四十五条　中国人民银行、公安机关、工商行政管理机关及其工作人员违反本条例有关规定的，对直接负责的主管人员和其他直接责任人员，依法给予行政处分。

第四十六条　违反本条例第二十条第三款、第二十七条第一款第三项、第二十九条和第三十一条规定的，依照《中华人民共和国中国人民银行法》的有关规定予以处罚；其中，违反本条例第三十一条规定，构成犯罪的，依法追究刑事责任。

第六章　附　　则

第四十七条　本条例自2000年5月1日起施行。

中华人民共和国国家货币出入境管理办法

1. *1993年1月20日国务院令第108号公布*
2. *自1993年3月1日起施行*

第一条　为了加强国家货币出入境管理，维护国家金融秩序，适应改革开放的需要，制定本办法。

第二条　本办法所称国家货币，是指中国人民银行发行的人民币。

第三条　国家对货币出入境实行限额管理制度。

中国公民出入境、外国人入出境，每人每次携带的人民币不得超出限额。具体限额由中国人民银行规定。

第四条　携带国家货币出入境的，应当按照国家规定向海关如实申报。

第五条　不得在邮件中夹带国家货币出入境。不得擅自运输国家货币出入境。

第六条　违反国家规定运输、携带、在邮件中夹带国家货币出入境的，由国家有关部门依法处理；情节严重，构成犯罪的，由司法机关依法追究刑事责任。

第七条　本办法由中国人民银行负责解释。

第八条　本办法自1993年3月1日起施行。1951年3月6日中央人民政府政务院公布的《中华人民共和国禁止国家货币出入国境办法》同时废止。

中国人民银行货币鉴别及假币收缴、鉴定管理办法

1. *2019年10月16日中国人民银行令〔2019〕第3号发布*
2. *自2020年4月1日起施行*

第一章　总　　则

第一条　为规范货币鉴别及假币收缴、鉴定行为，保护货币持有人的合法权益，根据《中华人民共和国中国人民银行法》、《中华人民共和国商业银行法》、《全国人民代表大会常务委员会关于惩治破坏金融秩序犯罪的决定》和《中华人民共和国人民币管理条例》，制定本办法。

第二条　在中华人民共和国境内设立的办理存取款、货币兑换等业务的银行业金融机构（以下简称金融机构）鉴别货币和收缴假币，中国人民银行及其分支机构和其授权的鉴定机构（以下统称鉴定单位）鉴定货币真伪，适用本办法。

第三条　本办法所称货币是指人民币和外币。人民币是指中国人民银行依法发行的货币，包括纸币和硬币。外币是指在中华人民共和国境内可存取、兑换的其他国家（地区）流通中的法定货币。

本办法所称假币是指不由国家（地区）货币当局发行，仿照货币外观或者理化特性，足以使公众误辨并可能行使货币职能的媒介。

假币包括伪造币和变造币。伪造币是指仿照真币的图案、形状、色彩等，采用各种手段制作的假币。变造币是指在真币的基础上，利用挖补、揭层、涂改、拼凑、移位、重印等多种方法制作，改变真币原形态的假币。

第四条　本办法所称鉴别是指金融机构在办理存取款、货币兑换等业务过程中，对货币真伪进行判断的行为。

本办法所称收缴是指金融机构在办理存取款、货币兑换等业务过程中，对发现的假币通过法定程序强制扣留的行为。

本办法所称鉴定是指被收缴人对被收缴假币的真伪判断存在异议的情况下，鉴定单位根据被收缴人或者收缴假币的金融机构（以下简称收缴单位）提出的申请，对被收缴假币的真伪进行裁定的行为。

本办法所称误收是指金融机构在办理存取款、货币兑换等业务过程中，将假币作为真币收入的行为。

本办法所称误付是指金融机构在办理存取款、货币兑换等业务过程中，将假币付出给客户的行为。

第五条　个人或者单位主动向中国人民银行分支机构上缴假币的，中国人民银行分支机构予以没收。

个人或者单位主动向金融机构上缴假币的，金融机构依照本办法第三章实施。

第六条　中国人民银行及其分支机构依照本办法对货币鉴别及假币收缴、鉴定实施监督管理。

金融机构依照本办法对货币进行鉴别，对假币进行收缴，协助被收缴人向鉴定单位提出鉴定申请。

鉴定单位依照本办法实施鉴定。

第七条　对于贵金属纪念币的鉴定比照本办法实施，具

体办法另行制定。

第二章 货币鉴别

第八条 金融机构办理存取款、货币兑换等业务时,应当准确鉴别货币真伪,防止误收及误付。

第九条 金融机构在履行货币鉴别义务时,应当采取以下措施:

(一)确保在用现金机具的鉴别能力符合国家和行业标准;

(二)按照中国人民银行有关规定,负责组织开展机构内反假货币知识与技能培训,对办理货币收付、清分业务人员的反假货币水平进行评估,确保其具备判断和挑剔假币的专业能力;

(三)按照中国人民银行有关规定,采集、存储人民币和主要外币冠字号码。

第十条 金融机构与客户发生假币纠纷的,若相应存取款、货币兑换等业务的记录在中国人民银行规定的记录保存期限内,金融机构应当提供相关记录。

第十一条 金融机构误付假币,由误付的金融机构对客户等值赔付。若发生负面舆情,金融机构应当妥善处理并消除不良影响。

第十二条 金融机构向中国人民银行分支机构解缴的回笼款中夹杂假币的,中国人民银行分支机构予以没收,向解缴单位开具《假人民币没收收据》,并要求其补足等额人民币回笼款。

第十三条 金融机构确认误收或者误付假币的,应当在3个工作日内向当地中国人民银行分支机构报告,并在上述期限内将假币实物解缴至当地中国人民银行分支机构。金融机构所在地没有中国人民银行分支机构的,由该金融机构向其所在地上一级中国人民银行分支机构报告及解缴假币。

第三章 假币收缴

第十四条 金融机构在办理存取款、货币兑换等业务时发现假币的,应当予以收缴。

第十五条 金融机构柜面发现假币后,应当由2名以上业务人员当面予以收缴,被收缴人不能接触假币。对假人民币纸币,应当当面加盖"假币"字样的戳记;对假外币纸币及各种假硬币,应当当面以统一格式的专用袋加封,封口处加盖"假币"字样戳记,并在专用袋上标明币种、券别、面额、张(枚)数、冠字号码(如有)、收缴人、复核人名章等细项。收缴单位向被收缴人出具按照中国人民银行统一规范制作的《假币收缴凭证》,加盖收缴单位业务公章,并告知被收缴人如对被收缴的货币真伪判断有异议,可以向鉴定单位申请鉴定。

金融机构在清分过程中发现假币后,应当比照前款假外币纸币及各种假硬币的收缴方式,由2名以上业务人员予以收缴。假币来源为柜面或者现金自助设备收入的,应当确认为误收差错,假币实物依照第十三条处理。

假币收缴应当在监控下实施,监控记录保存期限不得少于3个月。

第十六条 金融机构在收缴假币过程中有下列情形之一的,应当立即报告当地中国人民银行分支机构和公安机关:

(一)一次性发现假币5张(枚)以上和当地中国人民银行分支机构和公安机关发文另有规定的两者较小者;

(二)利用新的造假手段制造假币的;

(三)获得制造、贩卖、运输、持有或者使用假币线索的;

(四)被收缴人不配合金融机构收缴行为的;

(五)中国人民银行规定的其他情形。

第十七条 金融机构应当对收缴的假币实物进行单独管理,并建立假币收缴代保管登记制度,账实分管,确保账实相符。

第十八条 金融机构应当将收缴的假币每月全额解缴到当地中国人民银行分支机构,不得自行处理。

金融机构所在地没有中国人民银行分支机构的,由其所在地上一级中国人民银行分支机构确定假币解缴单位。

第十九条 现金自助设备发现可疑币后的处置及相关假币收缴的管理办法另行制定。

第二十条 被收缴人对收缴单位作出的有关收缴具体行政行为有异议,可以在收到《假币收缴凭证》之日起60日内向直接监管该金融机构的中国人民银行分支机构申请行政复议,或者依法提起行政诉讼。

第四章 假币鉴定

第二十一条 被收缴人对被收缴货币的真伪有异议的,可以自收缴之日起3个工作日内,持《假币收缴凭证》直接或者通过收缴单位向当地鉴定单位提出书面鉴定申请。鉴定单位应当即时回复能否受理鉴定申请,不得无故拒绝。

鉴定单位应当无偿提供鉴定服务,鉴定后应当出具按照中国人民银行统一规范制作的《货币真伪鉴定书》,并加盖货币鉴定专用章和鉴定人名章。

第二十二条 鉴定单位鉴定时,应当至少有2名具备货币真伪鉴定能力的专业人员参与,并作出鉴定结论。

第二十三条 鉴定单位应当自收到鉴定申请之日起2个

工作日内,通知收缴单位报送待鉴定货币。

收缴单位应当自收到鉴定单位通知之日起2个工作日内,将待鉴定货币送达鉴定单位。

第二十四条 鉴定单位应当自受理鉴定之日起15个工作日内完成鉴定并出具《货币真伪鉴定书》。因情况复杂不能在规定期限内完成的,可以延长至30个工作日,但应当以书面形式向收缴单位或者被收缴人说明原因。

第二十五条 对盖有"假币"字样戳记的人民币纸币,经鉴定为真币的,由鉴定单位交收缴单位按照面额兑换完整券退还被收缴人,并收回《假币收缴凭证》,盖有"假币"戳记的人民币按不宜流通人民币处理;经鉴定为假币的,由鉴定单位予以没收,并向收缴单位和被收缴人开具《货币真伪鉴定书》和《假人民币没收收据》。

对收缴的外币纸币和各种硬币,经鉴定为真币的,由鉴定单位交收缴单位退还被收缴人,并收回《假币收缴凭证》;经鉴定为假币的,由鉴定单位将假币退回收缴单位依法收缴,并向收缴单位和被收缴人出具《货币真伪鉴定书》。

第二十六条 鉴定单位应当具备以下条件:

(一)具有2名以上具备货币真伪鉴定能力的专业人员;

(二)满足鉴定需要的货币分析技术条件;

(三)具有固定的货币真伪鉴定场所;

(四)中国人民银行要求的其他条件。

第二十七条 鉴定单位应当公示鉴定业务范围。中国人民银行及其分支机构应当公示授权的鉴定机构名录。中国人民银行及其分支机构授权的鉴定机构应当公示授权证书。

第二十八条 被收缴人对中国人民银行及其分支机构授权的鉴定机构作出的鉴定结果有异议,可以在收到《货币真伪鉴定书》之日起60日内向鉴定机构所在地的中国人民银行分支机构申请再鉴定。

被收缴人对中国人民银行分支机构作出的鉴定结果有异议,可以在收到《货币真伪鉴定书》之日起60日内向中国人民银行分支机构的上一级机构申请再鉴定。

第五章 监督管理

第二十九条 中国人民银行负责组织制定、实施现金机具鉴别能力管理、反假货币培训管理、金融机构冠字号码数据信息管理、假币收缴鉴定等的制度规范。

中国人民银行及其分支机构有权对金融机构执行本办法的情况开展监督检查。

第三十条 金融机构应当按照《中华人民共和国人民币管理条例》和本办法的相关规定,建立货币鉴别及假币收缴、鉴定内部管理制度和操作规范。

第三十一条 金融机构应当按照中国人民银行有关规定,对现金机具、人员培训、冠字号码以及假币收缴鉴定业务等进行数据管理,并将相关数据报送中国人民银行或其分支机构。

第三十二条 金融机构应当定期对本办法及相关内部管理制度和操作规范的执行情况进行自查,并接受中国人民银行及其分支机构的检查。

第六章 法律责任

第三十三条 金融机构开展货币鉴别和假币收缴,中国人民银行及其分支机构授权的鉴定机构开展假币鉴定业务,有下列行为之一,但尚未构成犯罪,涉及假人民币的,按照《中华人民共和国人民币管理条例》第四十四条的规定予以处罚;涉及假外币的,处以1000元以上3万元以下的罚款:

(一)在用现金机具鉴别能力不符合国家和行业标准的;

(二)未按本办法规定组织开展机构内反假货币知识与技能培训,未按本办法规定对办理货币收付、清分业务人员的反假货币水平进行评估,或者办理货币收付、清分业务人员不具备判断和挑剔假币专业能力的;

(三)未按本办法规定采集、存储人民币和主要外币冠字号码的;

(四)未按本办法规定建立货币鉴别及假币收缴、鉴定内部管理制度和操作规范的;

(五)发生假币误付行为的;

(六)与客户发生假币纠纷,在记录保存期限内,金融机构未能提供相应存取款、货币兑换等业务记录的;

(七)发现假币而不收缴的;

(八)未按本办法规定收缴假币的;

(九)未按本办法规定将假币解缴中国人民银行分支机构的;

(十)违反本办法第十六条规定,应当向公安机关报告而不报告的;

(十一)无故拒绝受理收缴单位或者被收缴人提出的货币真伪鉴定申请的;

(十二)未按本办法规定鉴定货币真伪的;

(十三)不当保管、截留或者私自处理假币,或者使已收缴、没收的假币重新流入市场的。

第三十四条 金融机构开展货币鉴别和假币收缴,中国人民银行及其分支机构授权的鉴定机构开展假币鉴定业务,有下列行为之一,但尚未构成犯罪,涉及假人民币的,按照《中华人民共和国中国人民银行法》第四十六条的规定予以处罚；涉及假外币的，处以 1000 元以上 3 万元以下的罚款：

（一）发生假币误收行为的；

（二）误付假币，未对客户等值赔付，或者对负面舆情处置不力造成不良影响的；

（三）误收、误付假币，应当向中国人民银行分支机构报告而不报告的；

（四）违反本办法第十六条规定，应当向中国人民银行分支机构报告而不报告的；

（五）向中国人民银行分支机构解缴的回笼款中夹杂假币的；

（六）未按本办法规定对现金机具、人员培训、冠字号码以及假币收缴鉴定业务等进行数据管理，并报送中国人民银行或其分支机构的；

（七）未公示鉴定机构授权证书或者鉴定业务范围的。

第三十五条　拒绝、阻挠、逃避中国人民银行及其分支机构检查，或者谎报、隐匿、销毁相关证据材料的，有关法律、行政法规有处罚规定的，依照其规定给予处罚；有关法律、行政法规未作处罚规定的，由中国人民银行及其分支机构予以警告，并处 5000 元以上 3 万元以下的罚款。

第三十六条　中国人民银行及其分支机构工作人员有下列行为之一，但尚未构成犯罪的，对直接负责的主管人员和直接责任人员，依法给予行政处分：

（一）无故拒绝受理收缴单位、被收缴人或者中国人民银行及其分支机构授权的鉴定机构提出的货币真伪鉴定申请的；

（二）未按本办法规定鉴定假币的；

（三）不当保管、截留或者私自处理假币，或者使已收缴、没收的假币重新流入市场的。

第七章　附　　则

第三十七条　本办法由中国人民银行负责解释。

第三十八条　本办法自 2020 年 4 月 1 日起施行。《中国人民银行假币收缴、鉴定管理办法》（中国人民银行令〔2003〕第 4 号发布）同时废止。

中国人民银行
残缺污损人民币兑换办法

1. 2003 年 12 月 24 日中国人民银行令〔2003〕第 7 号公布

2. 自 2004 年 2 月 1 日起施行

第一条　为维护人民币信誉，保护国家财产安全和人民币持有人的合法权益，确保人民币正常流通，根据《中华人民共和国中国人民银行法》和《中华人民共和国人民币管理条例》，制定本办法。

第二条　本办法所称残缺、污损人民币是指票面撕裂、损缺，或因自然磨损、侵蚀，外观、质地受损，颜色变化，图案不清晰，防伪特征受损，不宜再继续流通使用的人民币。

第三条　凡办理人民币存取款业务的金融机构（以下简称金融机构）应无偿为公众兑换残缺、污损人民币，不得拒绝兑换。

第四条　残缺、污损人民币兑换分“全额”、“半额”两种情况。

（一）能辨别面额，票面剩余四分之三（含四分之三）以上，其图案、文字能按原样连接的残缺、污损人民币，金融机构应向持有人按原面额全额兑换。

（二）能辨别面额，票面剩余二分之一（含二分之一）至四分之三以下，其图案、文字能按原样连接的残缺、污损人民币，金融机构应向持有人按原面额的一半兑换。

纸币呈正十字形缺少四分之一的，按原面额的一半兑换。

第五条　兑付额不足一分的，不予兑换；五分按半额兑换的，兑付二分。

第六条　金融机构在办理残缺、污损人民币兑换业务时，应向残缺、污损人民币持有人说明认定的兑换结果。不予兑换的残缺、污损人民币，应退回原持有人。

第七条　残缺、污损人民币持有人同意金融机构认定结果的，对兑换的残缺、污损人民币纸币，金融机构应当面将带有本行行名的“全额”或“半额”戳记加盖在票面上；对兑换的残缺、污损人民币硬币，金融机构应当面使用专用袋密封保管，并在袋外封签上加盖“兑换”戳记。

第八条　残缺、污损人民币持有人对金融机构认定的兑换结果有异议的，经持有人要求，金融机构应出具认定证明并退回该残缺、污损人民币。

持有人可凭认定证明到中国人民银行分支机构申请鉴定，中国人民银行应自申请之日起 5 个工作日内做出鉴定并出具鉴定书。持有人可持中国人民银行的鉴定书及可兑换的残缺、污损人民币到金融机构进行兑换。

第九条　金融机构应按照中国人民银行的有关规定，将兑换的残缺、污损人民币交存当地中国人民银行分支机构。

第十条　中国人民银行依照本办法对残缺、污损人民币的兑换工作实施监督管理。

第十一条　违反本办法第三条规定的金融机构，由中国人民银行根据《中华人民共和国人民币管理条例》第四十二条规定，依法进行处罚。

第十二条　本办法自2004年2月1日起施行。1955年5月8日中国人民银行发布的《残缺人民币兑换办法》同时废止。

人民币图样使用管理办法

1. 2019年10月15日中国人民银行令〔2019〕第2号公布
2. 自2019年11月15日起施行

第一条　为规范人民币图样使用行为,维护人民币信誉和流通秩序,根据《中华人民共和国中国人民银行法》和《中华人民共和国人民币管理条例》等法律法规,制定本办法。

第二条　本办法所称人民币图样是指中国人民银行发行的货币的完整图案或者局部图案。

第三条　本办法所称使用人民币图样是指通过各种形式在宣传品、出版物或者其他商品上使用放大、缩小和同样大小人民币图样的行为。

第四条　禁止在祭祀用品、生活用品、票券上使用人民币图样。

第五条　在中华人民共和国境内依法设立的法人、其他组织及自然人以弘扬民族优秀文化和反映国内外科学文化成果、宣传爱护人民币和人民币防伪知识、展示人民币设计艺术、促进钱币文化健康发展为目的,可以申请使用人民币图样。

第六条　使用人民币图样实行属地管理、一事一批。中国人民银行上海总部、各分行、营业管理部、省会(首府)城市中心支行、深圳市中心支行是使用人民币图样的审批机构。中国人民银行当地分支机构是使用人民币图样申请的受理机构。

中国人民银行对其分支机构的审批工作进行统一监督管理。

第七条　申请使用人民币图样的申请人,应当向中国人民银行当地分支机构提供以下材料:

(一)《人民币图样使用申请表》(见附件)。

(二)申请人身份证件、营业执照或者法人登记证书。

(三)拟使用人民币图样产品的设计稿。

(四)拟使用人民币图样产品的广告宣传文案。

(五)中国人民银行要求的其他相关材料。

第八条　审批机构应当在《中华人民共和国行政许可法》规定时间内完成人民币图样使用申请的受理及审核工作,作出是否准予使用人民币图样的决定。

第九条　使用人民币图样应当遵守下列规定:

(一)单面使用。

(二)不损害人民币形象、不损害国家利益和社会公共利益。

(三)不使公众误认为是人民币。

(四)保证人民币图样中人物头像、国徽的原有比例,不变形、失真、破坏或者被替换。

(五)使用人民币图样,须在图样中部明显位置标注清晰可辨的"图样"字样。"图样"字样的长度、宽度分别不低于图样长度、宽度的三分之一。以下情形除外:

1. 使用人民币硬币图样;

2. 使用人民币纸币图样单面面积小于原大小的50%;

3. 在有形载体上使用各边长放大和缩小比例超过原边长50%的人民币纸币图样;

4. 在数字载体上使用分辨率小于28像素/厘米(72dpi)的人民币纸币图样。

(六)使用人民币图样制作商品时,不得使用"中国人民银行"行名和货币单位。

第十条　被许可人应当在产品面市前将产品照片及说明产品制作单位、规格材质、宣传方式等情况的材料报审批机构备案。

第十一条　被许可人应当按照许可批准文件核准的范围使用人民币图样,并与申请事项保持一致。被许可人应当在使用人民币图样时注明被许可人名称、许可批准文件号及产品制作单位名称。

第十二条　依法取得的人民币图样使用许可不得转让。不得涂改、倒卖、出租、出借人民币图样使用许可批准文件。

被许可人应当妥善保管图样制作模具和图样源信息,防止人民币图样被非法使用。

第十三条　中国人民银行及其分支机构有权对被许可人进行监督检查,被许可人应当如实提供有关资料,不得拒绝、阻挠、逃避检查,不得谎报、隐匿、销毁相关证据材料。

第十四条　任何单位和个人不得销售非法使用人民币图样的宣传品、出版物或者其他商品。销售经批准使用人民币图样的宣传品、出版物或者其他商品时,不得滥用许可进行虚假宣传和炒作。

第十五条　出于以下目的在宣传品、出版物上使用中国人民银行网站人民币图样库中公布的人民币图样的行为可以不经审批,但必须遵守本办法第九条的规定,并随时接受中国人民银行及其分支机构的监督检查:

(一)中华人民共和国境内依法设立的图书出版、教学研究、新闻媒体、文博机构等单位出于教学、学术研究、人民币知识普及、公益宣传目的使用人民币图样。

(二)银行业金融机构、人民币印制企业出于人民币宣传目的使用人民币图样。

第十六条　有下列行为之一的,由中国人民银行或其分支机构给予警告，并按照《中华人民共和国中国人民银行法》第四十四条的规定予以处罚：

（一）违反本办法规定，未经许可使用人民币图样的。

（二）违反本办法第四条，在祭祀用品、生活用品、票券上使用人民币图样的。

（三）违反本办法第九条，未按规定使用人民币图样的。

（四）违反本办法第十条，未按要求将相关材料报审批机构备案的。

（五）违反本办法第十一条，未按照许可批准文件核准的范围使用人民币图样、使用人民币图样与申请事项不一致或者未在使用人民币图样时注明规定信息的。

（六）违反本办法第十二条第一款，转让人民币图样使用许可，涂改、倒卖、出租、出借人民币图样使用许可批准文件的。

违反本办法第十二条第二款、第十四条规定的，由中国人民银行或其分支机构予以警告，并处5000元以上3万元以下罚款。

第十七条 违反本办法第十三条、第十五条，拒绝、阻挠、逃避中国人民银行及其分支机构检查，或者谎报、隐匿、销毁相关证据材料的，有关法律、行政法规有处罚规定的，依照其规定给予处罚；有关法律、行政法规未作处罚规定的，由中国人民银行或其分支机构予以警告，并处5000元以上3万元以下罚款。

第十八条 本办法由中国人民银行负责解释。

第十九条 本办法自2019年11月15日起施行。原《人民币图样使用管理办法》（中国人民银行令〔2005〕第4号发布）同时废止。

附件：《人民币图样使用申请表》（略）

普通纪念币普制币发行管理暂行规定

1. 2020年7月23日中国人民银行发布

2. 银发〔2020〕173号

3. 自2020年9月1日起施行

第一章 总 则

第一条 为规范普通纪念币普制币（以下简称普制币）发行管理，根据《中华人民共和国中国人民银行法》和《中华人民共和国人民币管理条例》，制定本规定。

第二条 中国人民银行组织银行业金融机构发行普制币，适用本规定。中国人民银行发行普制币另有安排的除外。

第三条 本规定所称普制币，指中国人民银行限量发行，具有特定主题，采用通用工艺生产的非贵金属材质的纪念币，包括纪念硬币和纪念钞。

第四条 普制币与同面额流通人民币等值流通。

第五条 普制币采取逐步市场化方式发行，遵循公开、公平、公正的原则。

第六条 中国人民银行组织普制币发行招标，银行业金融机构组建承销团参加投标，中标承销团负责普制币预约兑换和装帧销售。

第二章 发行招标管理

第七条 中国人民银行根据普制币发行计划，通过召开由中国人民银行分支机构、银行业金融机构、经营装帧人民币的企业（以下简称钱币经销商）等参加的普制币发行数量咨询会等方式，在充分考虑公众需求的基础上，研究确定普制币计划发行数量。普制币计划发行数量分为计划预约兑换数量和计划装帧销售数量。

第八条 中国人民银行应发布普制币发行招标通知，通知内容应包括主题、面额、计划发行数量（包括计划预约兑换数量和计划装帧销售数量）等。

第九条 银行业金融机构牵头组建承销团。承销团由1家主承销商、不少于1家银行业金融机构成员和不少于1家钱币经销商成员组成。钱币经销商只参与普制币装帧销售，不得参与预约兑换。银行业金融机构和钱币经销商1年内只能加入1个承销团，次年可调换。

第十条 承销团主承销商应具备下列资质条件：

（一）在中国境内依法成立的银行业金融机构。

（二）注册资本不低于人民币500亿元。

（三）经营稳健、合规。

（四）在每个省、自治区、直辖市（不含北京市、天津市、上海市、西藏自治区、青海省）的至少1个下辖县级行政区划单位（不含市辖区）内设有营业网点。

（五）具备普制币预约兑换系统（以下简称预约兑换系统），并与中国人民银行普制币预约核查系统（以下简称预约核查系统）对接。

（六）中国人民银行规定的与普制币发行相关的其他条件。

第十一条 承销团非主承销商成员应具备下列资质条件：

（一）在中国境内依法成立的银行业金融机构或者钱币经销商。

（二）经营稳健、合规。

（三）财务稳健，具有较强的风险控制能力。

（四）自觉履行承销团各项管理制度。

（五）银行业金融机构在普制币预约前具备预约兑换系统，并与预约核查系统对接。

（六）中国人民银行规定的与普制币发行相关的

其他条件。

第十二条　承销团主承销商应履行下列职责：

（一）组建承销团，承销团办理普制币预约兑换的营业网点原则上应覆盖全国所有县级及以上行政区划单位。

（二）牵头制定承销团内部管理章程。

（三）代表承销团参加普制币发行投标。

中标承销团主承销商还应履行下列职责：

（一）代表承销团与中国人民银行签订承销协议，履行普制币发行工作相关义务，并承担相应法律责任。

（二）组织承销团成员协商确定普制币预约兑换和装帧销售分配份额以及装帧销售价格。

（三）组织开展普制币预约兑换和装帧销售。组织承销团在全国所有县级及以上行政区划单位办理普制币预约兑换。承销团在云南省、西藏自治区、青海省、新疆维吾尔自治区等地区县级行政区划单位未设营业网点的，应协商当地银行业金融机构（以下简称代理行，代理行资质条件与承销团成员相同）代为办理普制币预约兑换。

（四）负责汇总和报告承销团普制币发行相关数据。

（五）中国人民银行规定的与普制币发行相关的其他职责。

第十三条　符合主承销商资质条件的银行业金融机构应自招标通知发布之日起20个工作日内组建承销团，并向中国人民银行提交下列承销申请材料：

（一）申请书及承销方案。

（二）承销团成员的资质情况。

（三）承销团成员的法人营业执照复印件。

（四）承销团成员依法经会计师事务所审计的上年度财务报表复印件。

（五）中国人民银行要求的与普制币发行相关的其他资料。

第十四条　承销团主承销商提交的申请材料不全或者不符合要求的，中国人民银行应在5个工作日内告知承销团主承销商需要补正的全部材料，承销团主承销商应在接到告知之日起5个工作日内补正全部材料。

承销团主承销商提交的申请材料齐全、符合要求的，或者承销团主承销商在规定时间补正材料且材料齐全、符合要求的，中国人民银行应受理申请。

第十五条　中国人民银行在受理申请之日起10个工作日内审核承销团投标资格。

中国人民银行在招标通知发布之日起40个工作日内公示合格的承销团名单，公示期为5个工作日。

第十六条　承销团名单公示结束后15个工作日内，中国人民银行组织普制币发行招标，各承销团对装帧销售的普制币申购价格和装帧数量进行投标报价（投标报价＝申购价格×装帧数量）。

第十七条　投标报价应符合下列要求：

（一）申购价格不得低于普制币面额，报价以元为单位，保留1位小数。

（二）装帧数量为普制币整箱数量的整数倍，且小于等于招标通知公布的计划装帧销售数量。

第十八条　投标报价最高的承销团中标。投标报价相等的，装帧数量较多的承销团中标。投标报价和装帧数量均相等的，中国人民银行结合相关承销团资质条件和最近一次承担普制币发行的具体情况确定中标承销团。

第十九条　中国人民银行于投标结束当日公示招标结果，公示期为5个工作日，公示结束后5个工作日内向中标承销团主承销商发送中标通知书。主承销商接到中标通知书之日起5个工作日内，代表中标承销团与中国人民银行签订承销协议。中国人民银行在发布普制币发行公告时，一并公布招标结果、装帧销售等信息。

第二十条　在承销协议签订之日起10个工作日内，中标承销团主承销商应根据承销协议将中标溢价缴至中国人民银行指定账户。

中标溢价＝（中标价格－普制币面额）×装帧数量

第二十一条　承销团主承销商、成员机构出现下列情况的，中国人民银行根据承销协议责令其退出承销团：

（一）隐瞒重要信息或者提交虚假材料。

（二）以不正当手段加入承销团。

（三）出现不能有效履行承销团成员义务的情形。

（四）违规委托其他机构代理预约兑换或者装帧销售。

（五）盗用普制币名义发售其他纪念章、券。

（六）未按规定份额开展预约兑换或者装帧销售。

（七）操纵普制币市场价格、发布虚假信息以及其他违法违规行为。

（八）其他严重违反承销协议约定行为。

第二十二条　承销团主承销商被责令退出的，承销团解散。承销团成员被责令退出的，主承销商可根据承销协议增补符合中国人民银行规定资质条件的承销团成员。

第二十三条　因符合条件的承销团少于3个、中标承销团解散、串标以及其他违规行为造成废标的，中国人民银行指定若干银行业金融机构采取预约兑换方式发行普制币。

第三章 预约兑换管理

第二十四条 普制币预约兑换主要包括预约、兑换和余量处置。

预约是指公众在预约期内登录银行业金融机构普制币预约兑换系统进行网上预约，或者凭第二代居民身份证原件到银行业金融机构营业网点进行现场预约。预约数量超过分配数量的，采取先到先得或者抽签等方式确定是否预约成功。抽签方式的管理规定另行制定。

兑换是指公众预约成功后，在兑换期内到银行业金融机构营业网点按面额办理等值兑换。

余量处置是指兑换期结束后，未兑换普制币的处置。

第二十五条 中标承销团确定办理普制币预约兑换的各成员银行业金融机构和代理行（以下统称预约兑换行），制定预约兑换方案，并报中国人民银行及当地中国人民银行分支机构备案。

第二十六条 中国人民银行根据各地人口总量、经济状况、普制币预约兑换历史情况等因素，确定各省、自治区、直辖市普制币预约兑换分配数量，发布普制币发行公告，公布主题、面额、图案、材质、防伪特征、式样、规格、计划发行数量、各地分配数量、预约兑换时间、预约兑换规则、中标承销团、预约兑换行名单、装帧销售信息等发行安排。

第二十七条 中国人民银行分支机构根据上级行分配的预约兑换数量，制定辖区内各地区分配数量，召集辖区内预约兑换行，部署具体发行工作，并公告相关信息。

第二十八条 中标承销团主承销商组织预约兑换行确定办理预约兑换网点、预约分配数量，并报当地中国人民银行分支机构备案。

第二十九条 预约兑换安排备案完成后，预约兑换行公布普制币预约兑换网点、分配数量等发行相关事项。中国人民银行分支机构可根据需要公布相关信息。

第三十条 各预约兑换行应于预约期开始之日开展普制币预约。公众凭第二代居民身份证，按中国人民银行规定进行预约。

第三十一条 预约兑换行可根据预约情况，在当地分配数量之内调整本银行各网点预约分配数量，应及时公告调整情况，并报中国人民银行及当地中国人民银行分支机构备案。

第三十二条 预约期内，中国人民银行、预约兑换行及各自分支机构每个工作日分别公布前 1 日累计预约数量，预约兑换行各网点每个工作日在营业场所公布前 1 日累计预约数量。

第三十三条 预约期结束后，预约兑换行将预约信息发送至预约核查系统。

第三十四条 中国人民银行通过预约核查系统审核预约信息，确定预约成功的公众身份和有效的普制币预约数量。

第三十五条 中国人民银行根据各地预约数量，将普制币调拨至各级发行库。

第三十六条 中国人民银行分支机构按照银行业金融机构存取现金方式，将普制币交付预约兑换行。

第三十七条 兑换期内，预约成功的公众凭第二代居民身份证原件到预约兑换网点办理兑换。中国人民银行、预约兑换行及各自分支机构每个工作日分别公布前 1 日累计预约兑换情况，预约兑换行各网点每个工作日在营业场所公布前 1 日累计预约兑换情况。

第三十八条 兑换期结束后，预约兑换行将兑换信息发送至预约核查系统。

第三十九条 普制币兑换期结束后仍有剩余的，中标承销团主承销商根据承销协议于普制币兑换期结束后 10 个工作日内制定余量处置方案，报中国人民银行同意后实施。

第四十条 受突发事件等因素影响，承销团无法开展普制币预约兑换工作的地区，由当地中国人民银行分支机构指定银行业金融机构办理普制币预约兑换。

第四章 装帧销售管理

第四十一条 中国人民银行将装帧销售的普制币（以下简称装帧币）调拨至中标承销团主承销商指定地点（仅限 1 地）的中国人民银行发行库，当地中国人民银行分支机构按照银行业金融机构存取现金方式，将普制币交付当地中标承销团主承销商分支机构。

第四十二条 中标承销团装帧普制币应符合以下要求：

（一）遵守人民币管理以及其他相关法律规定。

（二）装帧图案设计与普制币主题保持一致，内容积极向上、和谐健康。

（三）装帧图案、样式、材料等要素保持统一，并标注中标承销团主承销商行名。

（四）单个装帧册、盒装帧普制币数量不得超过普制币个人预约兑换量上限。

第四十三条 中标承销团自行分配各成员装帧数量、组织销售及分配利润。

第四十四条 中标承销团根据承销协议于普制币发行公告公布之日起 10 个工作日内，制定装帧和销售方案，并报中国人民银行备案。

第四十五条 普制币预约兑换期间，中标承销团主承销商公告装帧销售数量、方式、渠道、价格、时间等信息。中标承销团应在预约兑换结束后 1 个月内销售装帧币。装帧币上市销售3个月内，承销团应将全部装帧币面向公众实名制零售；上市销售3个月后仍有剩余的，承销团可自行决定剩余部分装帧币销售方式。

第四十六条　装帧币上市销售3个月内，中标承销团主承销商按月向中国人民银行报备销售数量、方式等情况。

第五章　监督管理

第四十七条　承销团应规范投标行为，严禁串标、虚假投标，或者干扰招标、评标。

第四十八条　普制币生产企业应在普制币包装箱、盒上喷印号码，记录箱号、盒号，确保普制币来源可追溯。用于装帧销售的纪念钞采用特殊的冠字号码。

第四十九条　中国人民银行分支机构办理普制币出库，以及预约兑换行办理预约兑换，应做好登记，确保普制币来源可追溯。

第五十条　相关单位办理普制币业务应严格执行保密规定，严禁在生产、调运和装帧过程中拍照、传播，并做好信息登记与资料保存。

第五十一条　普制币预约兑换期间相关单位和个人禁止出现以下行为：

（一）截留普制币。

（二）兑换整箱纪念硬币或者整捆纪念钞。

（三）对单张、整把、整捆纪念钞进行挑号或者抽号。

（四）未核验第二代居民身份证原件。

（五）未按中国人民银行规定数量兑换。

（六）在非营业时间违规办理兑换。

（七）未通过兑换窗口办理兑换。

（八）其他违法违规行为。

第五十二条　普制币装帧销售阶段，中标承销团禁止出现下列行为：

（一）中标后无故放弃承销。

（二）擅自减少或者扩大装帧数量。

（三）装帧币上市销售3个月内出现无正当理由缺货。

（四）哄抬装帧币价格，推动价格涨幅过高。

（五）其他违法违规行为。

第五十三条　普制币发行期间，中国人民银行分支机构通过查看业务信息、实地巡查、调阅监控录像、市场监测、了解舆情等方式，对发行工作情况进行监督检查。

第五十四条　中标承销团成员在普制币预约兑换和装帧销售中存在违法违规行为，情节轻微的，由中国人民银行责令限期整改；情节严重或者逾期未改正的，按照《中华人民共和国中国人民银行法》《中华人民共和国人民币管理条例》予以处罚。

第五十五条　中国人民银行建立承销团考评制度，及时公布考评结果。

第六章　附　　则

第五十六条　本规定由中国人民银行负责解释。

第五十七条　本规定自2020年9月1日起施行。

人民币利率管理规定

1. 1999年3月2日中国人民银行发布
2. 银发〔1999〕77号
3. 自1999年4月1日起施行

第一章　总　　则

第一条　为有效发挥利率杠杆对国民经济的调节作用，加强利率管理，维护正常的金融秩序，创造公平有序的竞争环境，根据《中华人民共和国中国人民银行法》、《中华人民共和国商业银行法》及其他相关法律、法规制定本规定。

第二条　凡在中华人民共和国境内（不含香港、澳门、台湾）经营人民币存、贷款业务的金融机构，邮政储蓄部门，其他法人、自然人和其他组织，均遵守本规定。

第三条　中国人民银行是经国务院授权的利率主管机关，代表国家依法行使利率管理权，其他任何单位和个人不得干预。

第四条　中国人民银行制定的各种利率是法定利率。法定利率具有法律效力，其他任何单位和个人均无权变动。

第二章　利率的制定与管理

第五条　中国人民银行制定、调整以下利率：

（一）中国人民银行对金融机构存、贷款利率和再贴现利率；

（二）金融机构存、贷款利率；

（三）优惠贷款利率；

（四）罚息利率；

（五）同业存款利率；

（六）利率浮动幅度；

（七）其他。

第六条　金融机构根据中国人民银行的有关规定确定以下利率：

（一）浮动利率；

（二）内部资金往来利率；

（三）同业拆借利率；

（四）贴现利率和转贴现利率；

（五）中国人民银行允许确定的其他利率。

第七条 中国人民银行总行履行下列利率管理职责：

（一）根据国民经济发展的需要和货币政策要求，制定利率政策和利率管理法规并组织实施；

（二）领导中国人民银行分支机构的利率管理工作；

（三）监督、检查金融机构执行国家利率政策、法规的情况；

（四）协调、处理金融机构的利率纠纷和利率违规行为；

（五）宣传、解释国家的利率政策及相关法规；

（六）研究、制定、实施国家的利率改革规划；

（七）监测、调控金融市场利率；

（八）其他利率管理工作。

第八条 中国人民银行分支机构在中国人民银行总行授权的范围内履行下列利率管理职责：

（一）实施对辖区内金融机构的利率管理，指导下级行的利率管理工作；

（二）及时转发中国人民银行总行的有关文件，对有关利率调整等内容的重要文件，应在生效日之前传送到辖区内金融机构，并严守机密；

（三）监督、检查辖区内金融机构执行利率政策的情况，处理利率违规行为，并及时向上级行报告本辖区内利率政策执行情况；

（四）建立和完善利率违规举报制度，加强社会监督；

（五）宣传、解释国家的利率政策及相关法规；

（六）组织有关利率政策的调查研究；

（七）完成上级行安排的其他利率管理工作。

第九条 金融机构履行下列职责：

（一）协助和配合中国人民银行进行利率管理工作，宣传、贯彻、执行国家利率政策；

（二）系统内发布的有关利率的文件必须抄送辖区内中国人民银行，凡与中国人民银行有关规定不一致的内容，以中国人民银行的规定为准；

（三）严格执行国家的利率政策和相关法规，加强自身及所辖分支机构的利率管理，发现问题应主动处理；

（四）自觉接受并主动配合中国人民银行的利率管理和检查，提供真实的相关资料；

（五）在营业场所挂牌公告法定利率水平；

（六）对利率政策执行过程中出现的问题及时向中国人民银行报告。

第十条 利率管理人员应当坚持原则，依法办事，不得徇私舞弊，泄露机密，玩忽职守。

第三章 存款的结息

第十一条 城乡居民储蓄存款的计息和结息按《储蓄管理条例》有关条款办理。

活期储蓄存款每年结息一次，6 月 30 日为结息日，结息后的利息并入本金起息，元以下尾数不计息。未到结息日清户时，按清户日挂牌公告的利率计息到清户前一日止。

定期储蓄存款按存入日挂牌公告的利率计息，利随本清，遇利率调整不分段计息。

定活两便储蓄存款按支取日挂牌公告的 1 年期以内（含 1 年）相应档次的定期整存整取存款利率打折计息，打折后低于活期存款利率时，按活期存款利率计息。

通知存款的计息和结息按《通知存款管理办法》执行。

大额可转让定期存单在存期内按照存单开户日银行挂牌公告的利率计息，利随本清，遇利率调整不分段计息，逾期期间不计息。

第十二条 单位存款的计息和结息按《人民币单位存款管理办法》的有关条款办理。

活期存款按季结息，每季末月的 20 日为结息日。

单位通知存款计息和结息按《通知存款管理办法》执行。

单位协定存款按结息日或清户日挂牌公告的利率计息，按季结息。

第十三条 金融机构经中国人民银行批准收取的保证金，按照单位存款计息、结息。

第十四条 职工个人住房公积金存款，当年归集的按结息日挂牌公告的活期存款利率计息，结息后转入上年结转户；上年结转的按结息日挂牌公告的 3 个月定期整存整取存款利率计息。公积金存款的结息日为每年的 6 月 30 日。

第十五条 金融机构的准备金存款按季结息，每季度末月的 20 日为结息日，按结息日的利率计息，遇利率调整不分段计息。

对欠交准备金的金融机构，从欠交之日起按罚息利率计收罚息，直至交足准备金止，遇罚息利率调整分段计息。

第十六条 邮政储蓄转存款，按季结息，每季度末月的 20 日为结息日，遇利率调整分段计息。

第十七条 保险公司在中国人民银行的保证金存款按金融机构准备金存款利率计息，在其他金融机构的存款按单位存款利率计息。

第十八条　金融机构按规定全额划缴中国人民银行的财政存款一律不计息，不划缴的部分按单位存款利率计息。

第十九条　金融机构同业存款利率，最高不得超过准备金存款利率，计息和结息同第十五条。

第四章　贷款的结息

第二十条　短期贷款（期限在一年以下，含一年），按贷款合同签订日的相应档次的法定贷款利率计息。贷款合同期内，遇利率调整不分段计息。

短期贷款按季结息的，每季度末月的20日为结息日；按月结息的，每月的20日为结息日。具体结息方式由借贷双方协商确定。对贷款期内不能按期支付的利息按贷款合同利率按季或按月计收复利，贷款逾期后改按罚息利率计收复利。最后一笔贷款清偿时，利随本清。

第二十一条　中长期贷款（期限在一年以上）利率实行一年一定。贷款（包括贷款合同生效日起一年内应分笔拨付的所有资金）根据贷款合同确定的期限，按贷款合同生效日相应档次的法定贷款利率计息，每满一年后（分笔拨付的以第一笔贷款的发放日为准），再按当时相应档次的法定贷款利率确定下一年度利率。中长期贷款按季结息，每季度末月20日为结息日。对贷款期内不能按期支付的利息按合同利率按季计收复利，贷款逾期后改按罚息利率计收复利。

第二十二条　贴现按贴现日确定的贴现利率一次性收取利息。

第二十三条　信托贷款利率由委托双方在不超过同期同档次法定贷款利率水平（含浮动）的范围内协商确定；租赁贷款利率按同期同档次法定贷款利率（含浮动）执行。

第二十四条　贷款展期，期限累计计算，累计期限达到新的利率期限档次时，自展期之日起，按展期日挂牌的同档次利率计息；达不到新的期限档次时，按展期日的原档次利率计息。

第二十五条　逾期贷款或挤占挪用贷款，从逾期或挤占挪用之日起，按罚息利率计收罚息，直到清偿本息为止，遇罚息利率调整分段计息。对贷款逾期或挪用期间不能按期支付的利息按罚息利率按季（短期贷款也可按月）计收复利。如同一笔贷款既逾期又挤占挪用，应择其重，不能并处。

第二十六条　借款人在借款合同到期日之前归还借款时，贷款人有权按原贷款合同向借款人收取利息。

第二十七条　个人住房贷款利率及其计结息办法按《个人住房贷款管理办法》有关规定执行，贷款逾期按本规定第二十五条办理。

第二十八条　中国人民银行对金融机构再贷款按合同利率计息，遇利率调整不分段计息。按季结息，每季度末月20日为结息日。对贷款期内不能按期支付的利息按合同利率计收复利。

再贷款展期，贷款期限不累计计算，按展期日相应档次的再贷款利率计息。再贷款逾期，按逾期日的罚息利率计收罚息，直到归还本息，遇罚息利率调整分段计息。对逾期期间不能按期支付的利息按罚息利率按季计收复利。

第二十九条　再贴现按再贴现日的再贴现利率一次性收取利息。

第五章　罚　　则

第三十条　有下列行为之一的，属于利率违规行为：

（一）擅自提高或降低存、贷款利率的；

（二）变相提高或降低存、贷款利率的；

（三）擅自或变相以高利率发行债券的；

（四）其他违反本规定和国家利率政策的。

第三十一条　对存在上述利率违规行为的金融机构，中国人民银行将视其情节及所致后果轻重，依照有关法律法规给予相应处罚。

第三十二条　金融机构违反国家法律法规和利率政策而多收的贷款利息或少付的存款利息，以及个人、法人及其他组织因金融机构违规而多收的存款利息或少付的贷款利息，不受法律保护。

第三十三条　金融机构因非不可抗力拖延或拒绝支付存款人已到期合法存款的，未付期间按该笔存款原存单利率对存款人支付利息。

第三十四条　对违反《企业债券管理条例》，擅自或变相以高利率发行债券的企业，辖区内中国人民银行有权制止，并会同有关部门依照《企业债券管理条例》等有关法规进行处罚。

第三十五条　对违反本规定的金融机构的主要负责人、业务部门负责人及直接业务人员，视情节轻重和造成危害的程度，按照中国人民银行《关于对金融机构违法违规经营责任人的行政处分规定》给予相应处分。

第三十六条　违反利率管理规定的当事人，对中国人民银行做出的处罚不服的，可以按《行政复议条例》有关规定向上一级人民银行申请复议。

第六章　附　　则

第三十七条　本规定由中国人民银行总行负责解释、说明和修改。

第三十八条　本规定自1999年4月1日起实行。此前凡与本规定相抵触的，皆以本规定为准。

中国人民银行关于进一步推进利率市场化改革的通知

1. 2013年7月19日发布
2. 银发〔2013〕180号

中国人民银行上海总部，各分行、营业管理部，各省会（首府）城市中心支行、深圳市中心支行，国有商业银行、股份制商业银行，中国邮政储蓄银行，各金融资产管理公司：

为进一步推进利率市场化改革，经国务院批准，中国人民银行决定，自2013年7月20日起全面放开金融机构贷款利率管制。现就有关事宜通知如下：

一、全面放开金融机构贷款利率管制

取消金融机构贷款利率0.7倍的下限，由金融机构根据商业原则自主确定贷款利率水平。个人住房贷款利率浮动区间不作调整，仍保持原区间不变，继续严格执行差别化的住房信贷政策。

取消票据贴现利率管制，改变贴现利率在再贴现利率基础上加点确定的方式，由金融机构自主确定。

取消农村信用社贷款利率2.3倍的上限，由农村信用社根据商业原则自主确定对客户的贷款利率。

二、金融机构要积极适应贷款利率的市场化定价方式，以市场供求为基础，结合期限、信用等风险因素合理确定贷款利率。完善定价机制建设，提高差异化服务水平，稳妥处理合同关系，保证贷款正常发放。强化财务硬约束和利率风险管理，确保内部管理措施的有效落实。相关制度办法要及时报人民银行备案。

三、人民银行上海总部、各分行（营业管理部）、省会（首府）城市中心支行、深圳市中心支行要将本通知立即转发至辖区内城市（农村）商业银行、农村合作银行、农村信用社、开办人民币存、贷款业务的外资银行等金融机构，做好相关指导工作。

四、对全面放开贷款利率管制后各方面的反应及出现的新情况、新问题要及时处理并上报人民银行总行。

3. 现金、国库、金银管理

现金管理暂行条例

1. 1988年9月8日国务院令第12号发布
2. 根据2011年1月8日国务院令第588号《关于废止和修改部分行政法规的决定》修订

第一章　总　　则

第一条　为改善现金管理，促进商品生产和流通，加强对社会经济活动的监督，制定本条例。

第二条　凡在银行和其他金融机构（以下简称开户银行）开立账户的机关、团体、部队、企业、事业单位和其他单位（以下简称开户单位），必须依照本条例的规定收支和使用现金，接受开户银行的监督。

国家鼓励开户单位和个人在经济活动中，采取转账方式进行结算，减少使用现金。

第三条　开户单位之间的经济往来，除按本条例规定的范围可以使用现金外，应当通过开户银行进行转账结算。

第四条　各级人民银行应当严格履行金融主管机关的职责，负责对开户银行的现金管理进行监督和稽核。

开户银行依照本条例和中国人民银行的规定，负责现金管理的具体实施，对开户单位收支、使用现金进行监督管理。

第二章　现金管理和监督

第五条　开户单位可以在下列范围内使用现金：

（一）职工工资、津贴；

（二）个人劳务报酬；

（三）根据国家规定颁发给个人的科学技术、文化艺术、体育等各种奖金；

（四）各种劳保，福利费用以及国家规定的对个人的其他支出；

（五）向个人收购农副产品和其他物资的价款；

（六）出差人员必须随身携带的差旅费；

（七）结算起点以下的零星支出；

（八）中国人民银行确定需要支付现金的其他支出。

前款结算起点定为1000元。结算起点的调整，由中国人民银行确定，报国务院备案。

第六条　除本条例第五条第（五）、（六）项外，开户单位支付给个人的款项，超过使用现金限额的部分，应当以支票或者银行本票支付；确需全额支付现金的，经开户银行审核后,予以支付现金。

前款使用现金限额,按本条例第五条第二款的规定执行。

第七条 转账结算凭证在经济往来中,具有同现金相同的支付能力。

开户单位在销售活动中,不得对现金结算给予比转账结算优惠待遇;不得拒收支票、银行汇票和银行本票。

第八条 机关、团体、部队、全民所有制和集体所有制企业事业单位购置国家规定的专项控制商品,必须采取转账结算方式,不得使用现金。

第九条 开户银行应当根据实际需要,核定开户单位 3 天至 5 天的日常零星开支所需的库存现金限额。

边远地区和交通不便地区的开户单位的库存现金限额,可以多于 5 天,但不得超过 15 天的日常零星开支。

第十条 经核定的库存现金限额,开户单位必须严格遵守。需要增加或者减少库存现金限额的,应当向开户银行提出申请,由开户银行核定。

第十一条 开户单位现金收支应当依照下列规定办理:

(一)开户单位现金收入应当于当日送存开户银行。当日送存确有困难的,由开户银行确定送存时间;

(二)开户单位支付现金,可以从本单位库存现金限额中支付或者从开户银行提取,不得从本单位的现金收入中直接支付(即坐支)。因特殊情况需要坐支现金的,应当事先报经开户银行审查批准,由开户银行核定坐支范围和限额。坐支单位应当定期向开户银行报送坐支金额和使用情况;

(三)开户单位根据本条例第五条和第六条的规定,从开户银行提取现金,应当写明用途,由本单位财会部门负责人签字盖章,经开户银行审核后,予以支付现金;

(四)因采购地点不固定,交通不便,生产或者市场急需,抢险救灾以及其他特殊情况必须使用现金的,开户单位应当向开户银行提出申请,由本单位财会部门负责人签字盖章,经开户银行审核后,予以支付现金。

第十二条 开户单位应当建立健全现金账目,逐笔记载现金支付。账目应当日清月结,账款相符。

第十三条 对个体工商户、农村承包经营户发放的贷款,应当以转账方式支付。对确需在集市使用现金购买物资的,经开户银行审核后,可以在贷款金额内支付现金。

第十四条 在开户银行开户的个体工商户、农村承包经营户异地采购所需货款,应当通过银行汇兑方式支付。因采购地点不固定,交通不便必须携带现金的,由开户银行根据实际需要,予以支付现金。

未在开户银行开户的个体工商户、农村承包经营户异地采购所需货款,可以通过银行汇兑方式支付。凡加盖"现金"字样的结算凭证,汇入银行必须保证支付现金。

第十五条 具备条件的银行应当接受开户单位的委托,开展代发工资、转存储蓄业务。

第十六条 为保证开户单位的现金收入及时送存银行,开户银行必须按照规定做好现金收款工作,不得随意缩短收款时间。大中城市和商业比较集中的地区,应当建立非营业时间收款制度。

第十七条 开户银行应当加强柜台审查,定期和不定期地对开户单位现金收支情况进行检查,并按规定向当地人民银行报告现金管理情况。

第十八条 一个单位在几家银行开户的,由一家开户银行负责现金管理工作,核定开户单位库存现金限额。

各金融机构的现金管理分工,由中国人民银行确定。有关现金管理分工的争议,由当地人民银行协调、裁决。

第十九条 开户银行应当建立健全现金管理制度,配备专职人员,改进工作作风,改善服务设施。现金管理工作所需经费应当在开户银行业务费中解决。

第三章 法律责任

第二十条 银行工作人员违反本条例规定,徇私舞弊、贪污受贿、玩忽职守纵容违法行为的,应当根据情节轻重,给予行政处分和经济处罚;构成犯罪的,由司法机关依法追究刑事责任。

第四章 附 则

第二十一条 本条例由中国人民银行负责解释;施行细则由中国人民银行制定。

第二十二条 本条例自 1988 年 10 月 1 日起施行。1977 年 11 月 28 日发布的《国务院关于实行现金管理的决定》同时废止。

中华人民共和国国家金库条例

1. 1985 年 7 月 27 日国务院发布
2. 国发〔1985〕96 号
3. 根据 2020 年 11 月 29 日国务院令第 732 号《关于修改和废止部分行政法规的决定》修订

第一章 总 则

第一条 为了统一组织国家财政收支,健全国家金库制度，特制定本条例。

第二条 国家金库（以下简称国库）负责办理国家预算资金的收入和支出。在执行任务中，必须认真贯彻国家的方针、政策和财经制度，发挥国库的促进和监督作用。

第三条 中国人民银行具体经理国库。组织管理国库工作是人民银行的一项重要职责。

第四条 各级国库库款的支配权，按照国家财政体制的规定，分别属于同级财政机关。

第五条 各级人民政府应加强对同级国库的领导，监督所属部门、单位，不得超越国家规定的范围动用国库库款。

第二章 国库的组织机构

第六条 国库机构按照国家财政管理体制设立，原则上一级财政设立一级国库。中央设立总库；省、自治区、直辖市设立分库；省辖市、自治州设立中心支库；县和相当于县的市、区设立支库。支库以下经收处的业务，由专业银行的基层机构代理。

第七条 各级国库的主任，由各该级人民银行行长兼任，副主任由主管国库工作的副行长兼任。不设人民银行机构的地方，国库业务由人民银行委托当地专业银行办理，工作上受上级国库领导，受委托的专业银行行长兼国库主任。

第八条 国库业务工作实行垂直领导。各省、自治区、直辖市分库及其所属各级支库，既是中央国库的分支机构，也是地方国库。

第九条 各级国库应当设立专门的工作机构办理国库业务。机构设置按照本条例第六条规定，四级国库分别为司、处、科、股。人员应当稳定，编制单列。业务量不大的县支库，可不设专门机构，但要有专人办理国库业务。

第三章 国库的职责权限

第十条 国库的基本职责如下：

（一）办理国家预算收入的收纳、划分和留解。

（二）办理国家预算支出的拨付。

（三）向上级国库和同级财政机关反映预算收支执行情况。

（四）协助财政、税务机关督促企业和其他有经济收入的单位及时向国家缴纳应缴款项，对于屡催不缴的，应依照税法协助扣收入库。

（五）组织管理和检查指导下级国库的工作。

（六）办理国家交办的同国库有关的其他工作。

第十一条 国库的主要权限如下：

（一）督促检查各经收处和收入机关所收之款是否按规定全部缴入国库，发现违法不缴的，应及时查究处理。

（二）对擅自变更各级财政之间收入划分范围、分成留解比例，以及随意调整库款帐户之间存款余额的，国库有权拒绝执行。

（三）对不符合国家规定要求办理退库的，国库有权拒绝办理。

（四）监督财政存款的开户和财政库款的支拨。

（五）任何单位和个人强令国库办理违反国家规定的事项，国库有权拒绝执行，并及时向上级报告。

（六）对不符合规定的凭证，国库有权拒绝受理。

第十二条 各级国库应加强会计核算工作，严密核算手续，健全帐簿报表，保证各项预算收支数字完整、准确。

第十三条 国库工作人员要忠于职守，热爱本职工作，严格保守国家机密。对坚持执行国家方针、政策和财经制度，敢于同违反财经纪律行为作斗争的，要给予表扬和鼓励；对打击报复国库人员的，要严肃处理。

第四章 库款的收纳与退付

第十四条 国家的一切预算收入，应按照规定全部缴入国库，任何单位不得截留、坐支或自行保管。

第十五条 国家各项预算收入，分别由各级财政机关、税务机关和海关负责管理，并监督缴入国库。缴库方式由财政部和中国人民银行总行另行规定。

第十六条 国库收纳库款以人民币为限。以金银、外币等缴款，应当向当地银行兑换成人民币后缴纳。

第十七条 预算收入的退付，必须在国家统一规定的退库范围内办理。必须从收入中退库的，应严格按照财政管理体制的规定，从各该级预算收入的有关项目中退付。

第五章 库款的支拨

第十八条 国家的一切预算支出，一律凭各级财政机关的拨款凭证，经国库统一办理拨付。

第十九条 中央预算支出，采取实拨资金和限额管理两种方式。中央级行政事业经费，实行限额管理。地方预算支出，采用实拨资金的方式；如果采用限额管理，财政应随限额拨足资金，不由银行垫款。

第二十条 各级国库库款的支拨，必须在同级财政存款余额内支付。只办理转帐，不支付现金。

第六章 附 则

第二十一条 本条例实施细则，由财政部和中国人民银行总行共同制定。

第二十二条 专业银行代办国库业务的具体办法，由中国人民银行总行另行制定。

第二十三条 本条例自发布之日起施行。一九五○年三月三日中央人民政府政务院公布的《中央金库条例》同时废止。

中华人民共和国国库券条例

1. 1992年3月18日国务院令第95号公布

2. 根据2011年1月8日国务院令第588号《关于废止和修改部分行政法规的决定》修订

第一条 为了筹集社会资金,进行社会主义现代化建设,制定本条例。

第二条 国库券的发行对象是:居民个人、个体工商户、企业、事业单位、机关、社会团体和其他组织。

第三条 国库券以人民币元为计算单位。

第四条 每年国库券的发行数额、利率、偿还期等,经国务院确定后,由财政部予以公告。

第五条 国库券发行采取承购包销、认购等方式。国家下达的国库券发行计划,应当按期完成。

第六条 国库券按期偿还本金。国库券利息在偿还本金时一次付给,不计复利。

第七条 国库券的发行和还本付息事宜,在各级人民政府统一领导下,由财政部门和中国人民银行组织有关部门多渠道办理。

第八条 国库券可以用于抵押,但是不得作为货币流通。

第九条 国库券可以转让,但是应当在国家批准的交易场所办理。

第十条 发行国库券筹集的资金,由国务院统一安排使用。

第十一条 对伪造国库券的,依法追究刑事责任。

第十二条 国库券的利息收入享受免税待遇。

第十三条 本条例由财政部负责解释。实施细则由财政部商中国人民银行制定。

第十四条 本条例自发布之日起施行。

商业银行、信用社代理国库业务管理办法

1. 2001年1月9日中国人民银行令〔2001〕第1号公布

2. 自2001年2月1日起施行

第一章 总 则

第一条 为进一步加强对商业银行代理国库支库和商业银行、信用社办理国库经收处业务的监督和管理,规范国库代理和国库经收业务,确保国库资金安全,根据《中华人民共和国中国人民银行法》、《中华人民共和国国家金库条例》和《金融违法行为处罚办法》等法规有关国库管理的规定,制定本办法。

第二条 人民银行可以按照机构分布情况委托商业银行代理国库支库(以下简称"代理支库")业务。经收预算收入的商业银行分支机构和信用社均为国库经收处。

第三条 人民银行依法对商业银行代理支库和商业银行、信用社国库经收处所办国库业务实施垂直管理。

第四条 代理支库机构的设置与财政管理体制相适应,原则上一级财政设立一级国库。

本办法所称商业银行包括国有独资商业银行、股份制商业银行和城市商业银行;信用社包括城市信用社和农村信用社。

第五条 代理支库业务的商业银行(以下简称"代理行")必须严格按国库业务的各项规定,加强国库业务管理,准确、及时地办理国库业务;负责对辖内各分支机构和其他金融机构办理的乡(镇)国库及国库经收业务进行监督、管理、检查和指导。

第六条 商业银行代理支库和商业银行、信用社办理国库经收处业务的会计核算手续,按照《中国人民银行关于国库会计核算管理与操作的规定》办理。

第二章 国库经收处的业务管理

第七条 国库经收处必须准确、及时地办理各项预算收入的收纳,完整地将预算收入划转到指定收款国库。

第八条 国库经收处必须接受上级国库及当地代理支库和乡(镇)国库的监督、管理、检查和指导,不得以任何理由拒绝。

第九条 国库经收处应认真履行国库经收职责。在收纳预算收入时,国库经收处应对缴款书的以下内容进行认真审核:

(一)预算级次、预算科目、征收机关和指定收款国库等要素是否填写清楚;

(二)大小写金额是否相符,字迹有无涂改;

(三)纳税人(包括缴款单位或个人)名称、账号、开户银行填写是否正确、齐全;

(四)印章是否齐全、清晰;与预留印鉴是否相符;

(五)纳税人存款账户是否有足够的余额。纳税人以现金缴税时,应核对票款是否相符。

对不符合要求的缴款书,应拒绝受理。

第十条 国库经收处不得无理拒收纳税人缴纳或征收机关负责组织征收的预算收入。

第十一条 国库经收处在受理缴款书后,必须及时办理

转账，不得无故压票，在各联次上加盖收（转）讫业务印章的日期必须相同。

第十二条 凡代理国库业务和办理国库经收业务的商业银行、信用社均应设立"待结算财政款项"一级科目。国库经收处收纳的预算收入，一律使用"待结算财政款项"科目下的"待报解预算收入"专户进行核算，不得转入其他科目。

第十三条 国库经收处收纳的预算收入，应在收纳当日办理报解入库手续，不得延解、占压和挪用；如当日确实不能报解的，必须在下一个工作日报解。

第十四条 国库经收处收纳的预算收入属代收性质，不是正式入库。国库经收处不得办理预算收入退付。

国库经收处收纳的预算收入在未上划以前，如发现错误，应将缴款书退征收机关或纳税人更正，重新办理缴纳手续。

第十五条 代理支库的商业银行，以及办理国库经收业务的商业银行和信用社不得违规为征收机关开立预算收入过渡账户。违反规定为征收机关设立过渡账户的，人民银行有权责令其撤销过渡账户，并将预算收入在过渡账户中滋生的利息及罚没款项缴入当地中央国库；预算收入资金按预算级次缴入相关国库。

第十六条 纳税人缴纳小额税款，凡在商业银行开有存款账户的，应直接通过银行办理转账缴税；未开立存款账户、用现金缴税的，各商业银行不得以任何理由拒收。

第三章 代理支库的组织机构和人员管理

第十七条 代理行应按照《中华人民共和国国家金库条例》及其《中华人民共和国国家金库条例实施细则》的规定，设立专门的国库工作机构。

代理支库年业务量在30万笔以上或年预算收入3亿元以上的代理行，必须设立国库科（股）专门办理国库业务。业务量较小、预算收入较少的代理行，经上一级人民银行批准，可设立国库专柜办理国库业务，但至少应配备3名以上人员专职办理国库业务。

第十八条 京、津、沪、渝等大城市中，代理支库业务量大且又集中于一家或几家代理行的，人民银行可以要求这些代理行的市分行专门设立机构，配备专门人员，负责对下属支行代理支库业务进行管理。

第十九条 代理支库的国库主任由代理行行长兼任，副主任由分管国库工作的副行长兼任。

第二十条 代理行应在现行国库法规和规章框架下，制定代理支库业务的内部规章制度，并报批准其办理代理支库业务的人民银行审查、备案。

第二十一条 代理支库应设置记账、复核、事后监督和国库会计主管等岗位，以确保准确、及时、完整地办理预算收入收纳、划分、报解、入库、更正、退付和预算支出的拨付等国库业务。

第二十二条 代理行应配备政治素质好、具有高中或中专以上学历、持有国家颁发的会计从业资格证书的人员，经国库专业知识培训合格后，方可正式上岗办理国库业务。国库业务人员应保持相对稳定，人员变动情况应报人民银行备案。

第二十三条 代理支库的负责人要以身作则，严格遵守各项规章制度，敢抓敢管，杜绝风险隐患。

第四章 代理支库的职责和权限

第二十四条 代理支库的基本职责如下：

（一）根据政府预算收入科目以及现行的财政管理体制确定的预算收入级次、分成和留解比例，准确、及时、完整地办理各级预算收入的收纳、划分、报解、入库。

（二）按照《中华人民共和国国家金库条例》及其《中华人民共和国国家金库条例实施细则》等法规和规章的规定，为同级财政机关开立预算存款账户。根据同级财政机关填发的预算拨款凭证及时办理同级预算支出的拨付。

（三）按照国家政策、法规规定的退库范围和审批程序，凭财政机关或其授权单位开具的预算收入退还凭证，审核办理预算收入的退付。

（四）对各级预算收入和本级预算支出进行会计账务核算；按照人民银行的要求，定期向上一级国库和同级财政、征收机关报送或提供有关报表；定期与财政、征收机关对账签证，保证数字准确一致。

（五）协助同级财政、征收机关督促纳税人及时缴纳预算收入，组织预算收入及时入库。根据征收机关开具的缴款凭证核收滞纳金。按照国家税法协助征收机关扣收屡催不缴纳税人应缴的预算收入。

（六）监督管理和检查指导辖区内各分支机构和其他金融机构办理的乡（镇）国库及国库经收处的工作，及时解决存在的问题。

（七）办理上级国库交办的与国库有关的其他工作。

第二十五条 代理支库的主要权限如下：

（一）有权督促检查辖区内各乡（镇）国库和国库经收处办理国库业务的情况，以及征收机关所收预算收入款项是否按规定及时、足额缴入指定收款国库。

（二）对于任何单位或个人擅自变更财政机关规定的各级预算收入划分办法、范围和分成留解比例，以及随意调整库款账户之间存款余额的，有权拒绝执行。

（三）对不符合国家政策、法规规定的范围、项目和审批程序，要求办理预算收入退付的，有权拒绝办理。

（四）对违反有关规定，要求办理预算收入汇总更正的，有权拒绝受理。

（五）对违反财经制度规定的同级财政存款的开户和预算资金的支拨，有权拒绝拨付。

（六）对不符合规定的凭证，有权拒绝受理。

（七）对任何单位和个人强令办理违反国家规定的事项，有权拒绝执行并及时向上级国库报告。

第二十六条　同级财政预算资金应存入同级代理支库为财政开立的地方财政预算存款账户，所有的预算支出均通过此账户拨付。

第二十七条　代理支库办理的拨款、退付业务实行三级审核制度。代理支库的经办人员、国库部门负责人（或国库会计主管）和国库主任，按照规定的审核权限，履行审核手续，及时、准确地办理拨款、退付业务。

第二十八条　代理支库应加强对同级财政预算拨款的监督和管理，发现有下列情况之一的，一律拒绝受理：

（一）凭证要素不全的；

（二）擅自涂改凭证的；

（三）大小写金额不符的；

（四）小写金额前不写人民币符号的；

（五）大写金额与“人民币”字样间留有空白的；

（六）前后联次填写内容不一致的；

（七）拨款金额超过库存余额的；

（八）“预算拨款凭证”第一联及信、电汇凭证的第二联未加盖拨款专用印鉴，或所盖印鉴与预留印鉴不符的；

（九）拨款用途违反财经制度规定的；

（十）拨往非预算单位又无正式文件或书面说明的；

（十一）超预算的；

（十二）预算级次有误或所填科目与政府预算收支科目不符的。

第二十九条　代理支库办理预算资金拨付，应于接到拨付指令当日及时办理，不得延误、积压；如当日确实不能办理的，最迟在下一个工作日办理。如遇特殊情况不能在规定时间内拨付的，必须向国库主任（副主任）报告，并在“柜面监督登记簿”的“其他事项”栏中注明，由国库主任（副主任）签字。

第三十条　代理支库应加强对各级预算收入退付的监督和管理。除按规定加强对退库申请书和预算收入退还书的要素进行审核外，有以下情况之一的，也不予受理，并将有关凭证退还签发机关：

（一）地方政府、财政部门或其他未经财政部授权的机构，要求国库办理中央预算收入、中央与地方共享收入退库的；

（二）未经上级财政部门授权的机构，要求国库办理上级地方预算收入或共享收入退库的；

（三）退库款项退给非退库申请单位或申请人的；

（四）口头或电话通知要求国库办理退库的；

（五）要求国库办理退库，但拒不提供有关文件或依据、退库申请书和原缴款凭证复印件的；

（六）超计划又无追加文件要求退库的；

（七）其他违反规定要求国库办理退库的。

第三十一条　代理支库除做好自身业务工作外，还应持上级人民银行核发的“中国人民银行国库业务检查证”定期或不定期检查、辅导辖区内各分支机构和其他金融机构办理乡（镇）国库和国库经收处执行国库制度的情况。并配合上级国库部门对辖区内在国库业务中发生的重大问题进行核查。

代理支库应将检查辖区乡（镇）国库和国库经收处办理国库业务情况，每半年汇总一次，分别在当年7月31日和次年1月31日前报上一级人民银行。人民银行每年对代理支库检查过的乡（镇）国库和国库经收处进行抽查。

第五章　代理支库审批、设立和撤销的管理

第三十二条　代理支库原则上应设在国有独资商业银行。未设国有独资商业银行分支机构的地区，经人民银行商当地财政部门选择审定，代理支库也可设在其他商业银行。

第三十三条　代理支库业务的商业银行，必须严格执行《中华人民共和国国家金库条例》及其《中华人民共和国国家金库条例实施细则》和《中国人民银行关于国库会计核算管理与操作的规定》等法规、制度，认真办理各项国库业务。

第三十四条　代理支库名称定为：中华人民共和国国家金库××县（市）支库（代理）或中华人民共和国国家金库××市××区支库（代理）。

第三十五条　代理支库的设立条件。代理支库的金融机构必须是经过人民银行批准设立，具有良好的信誉，较好的经营业绩，配备专职人员，内控机制健全，资金结算渠道畅通，核算工具先进，认真履行国库职责，并能按规定设置国库工作机构的金融机构。

第三十六条　设立代理支库的审批权限。商业银行分支机构代理支库的，由各省、自治区、直辖市及计划单列

市分库商同级财政部门后,由分库审批。已经办理代理支库业务的商业银行必须补办审批手续。

第三十七条　代理支库的审批程序。凡要求代理支库的商业银行,应向上一级人民银行提出书面申请。上一级人民银行审议后,附书面审议意见报分库。

代理申请书中必须包含本商业银行对代理支库业务的机构、岗位设置和人员配备情况,对办理国库业务的承诺和内控管理措施等内容,并必须提供以下书面资料:

(一)人民银行颁发的经营金融业务许可证复印件一份;

(二)上两年度的资产负债表和损益表复印件各一份;

(三)相关的内部管理制度和资金结算情况报告;

(四)金融机构负责人、拟设国库机构负责人或办理国库业务负责人、主要经办人员情况简介。

分库对上述材料审查后,认为符合代理支库条件的,由分库向商业银行颁发"代理支库资格证书",并与其签定"代理支库业务协议书",明确商业银行代理支库业务的有关问题,具体填制内容由各分库确定。分库将上述审批资料按代理行归档保存。

商业银行凭"代理支库资格证书"和"代理支库业务协议书"办理当年代理支库业务。"代理支库业务协议书"一式三份,一份分库留存,一份当地人民银行留存,一份代理行留存。

第三十八条　代理支库的年审。每年年度终了后,代理行必须在新年度一月底之前以该行正式文件形式,向上一级人民银行报告上年度的代理情况。收到代理行提交的年审材料后,人民银行必须在十个工作日内完成审查,并提出对代理行的年审意见。

年审合格的,上一级人民银行批准代理行继续代理国库支库业务的,经上一级人民银行颁发新的年度代理资格证书,并与其签定新年度代理支库业务协议书后,代理行方可继续办理国库业务。年审期间,不论代理行年审是否合格,在人民银行下发新年度代理资格证书前,其支库业务仍由原代理行办理。

年审报告的内容主要包括:

(一)年国库业务量;

(二)年预算收、支情况;

(三)年内国库业务人员和主管国库工作的各级领导人员及变动情况;

(四)年内自身国库工作开展情况;

(五)年内对辖区内乡(镇)国库或国库经收处的检查情况;

(六)同级财政、征收机关对代理行办理国库业务的书面意见;

(七)年内审计、检查部门的审计、检查结论;

(八)年内国库工作中出现的问题;

(九)相关问题的解决措施及取得的成效;

(十)今后改进和努力方向。

第三十九条　代理支库有下列情况之一的,即为年审不合格:

(一)机构不健全、人员不到位、内部管理不严、制度不落实,存在风险隐患的;

(二)发生国库资金挪用、盗窃案件的;

(三)存在严重的税款延解、占压现象的;

(四)对财政、税务等部门签发的拨款、退库凭证审核不严,造成资金损失,有连带责任的;

(五)国库业务核算质量低,屡次发生差错又无改进措施或改进无成效的;

(六)对自身或辖区内乡(镇)国库和国库经收处发生的重大问题隐匿不报的。

第四十条　上一级人民银行建立"代理支库年审登记表",将代理支库上报的年审资料,按年度、附"代理支库年审登记表"后装订存档。并将代理支库的年审情况和违纪、违规、违法情况送人民银行监管部门,记入人民银行金融监管档案和金融机构高级管理人员任职资格档案。

第六章　罚　　则

第四十一条　代理支库在业务检查中,发现辖区内乡(镇)国库和国库经收处有占压、挪用税款等违规、违法问题,应及时向上一级人民银行报告,上一级人民银行核实后,视情节轻重,按有关法规、制度的规定,对有关商业银行、信用社进行处罚。行政处罚决定书由上一级人民银行下达。有关违规行为的处罚标准如下:

(一)商业银行、信用社占压、挪用所收纳税款的,按《金融违法行为处罚办法》予以处罚。

(二)国库经收处不按规定设置"待结算财政款项"科目核算其经收税款的,视情节轻重,处1000元以上、5000元以下的罚款。

(三)国库经收处将经收税款转入"待结算财政款项"以外其他科目或账户的,视同挪用预算收入处理。并视情节轻重,处5000元以上、20000元以下的罚款。

(四)国库经收处拒收纳税人缴纳的现金税款或纳税人存款账户余额充足而拒绝划转税款的,视情节轻重,处5000元以上、20000元以下的罚款。

(五)乡(镇)国库和国库经收处压票不按规定入账的,按《违反银行结算制度处罚规定》的有关条款进行处罚。

（六）对上述违法、违规业务的直接责任人员和主管领导视情节轻重给予相应的纪律处分；构成犯罪的，依法追究刑事责任。

第四十二条 代理支库在业务检查中，发现辖区内乡（镇）国库或国库经收处有占压、挪用税款等违法、违规问题而隐匿不报的，除对乡（镇）国库或国库经收处按前条所列标准予以处罚外，对代理行要视情节轻重处5000元以上、20000元以下的罚款，直至取消其代理资格。

第四十三条 对代理行在办理国库业务中的违法、违规问题，由上一级人民银行按本办法第四十一条所列处罚标准进行处罚。

凡有以下情况之一者，代理行的上级行应要求代理行限期改正、并对直接责任人员予以纪律处分。人民银行可对代理行提出警告、并要求限期整改，情节严重的，可撤销其代理资格，并依法追究直接责任人员和主管领导的责任：

（一）未按规定切实履行国库职责、发挥国库在预算执行中的促进、反映、监督作用的；

（二）违反国库有关规章制度，影响国库资金安全的；

（三）利用代理支库业务之便，截留、占压、挪用、拖欠、转存国库资金的；

（四）擅自为征收机关开立预算收入过渡账户或将预算收入存入征收机关在该行设立的经费账户或其他账户的；

（五）其他违反国库规定的行为。

第七章　附　　则

第四十四条 代理支库的代办业务费，按受理各种原始凭证的笔数，以适当标准计付。具体计付标准和拨付办法由上一级人民银行与当地财政部门商定后，由当地财政拨付至人民银行，再由人民银行拨付至代理行。

商业银行经收预算收入计付代办业务费的标准、办法，由基层人民银行商当地财政部门确定。

第四十五条 代办业务费主要用于代理行办理国库业务的机器、设备的配置，以及代办人员的培训、奖励等费用的支出。

第四十六条 本办法中涉及的罚款收入，应按规定就地缴入中央国库。

第四十七条 代理支库应按规范名称统一对外挂牌。其代理支库业务所用印章，由各分库按规定样式统一刻制。

第四十八条 代理支库资格证书由中国人民银行统一印制，各省、自治区、直辖市及计划单列市分库领取、下发。代理支库业务协议书由各分库印制，辖区内统一。

第四十九条 本办法自2001年2月1日起执行。1989年12月27日中国人民银行与中国工商银行、中国农业银行、中国银行、中国建设银行联合发布的《专业银行办理国库业务管理办法》同时废止。

国库监督管理基本规定

1. 2012年1月21日中国人民银行发布
2. 银发〔2012〕17号

第一章　总　　则

第一条 为进一步规范国库监督管理行为，防范国库资金风险，确保国库资金安全，促进国家预算收支任务的顺利完成，根据《中华人民共和国中国人民银行法》、《中华人民共和国国家金库条例》、《商业银行、信用社代理国库业务管理办法》等法律、法规和规章，制定本规定。

第二条 国库监督管理是指各级国库在履行经理国库职责、办理预算收支过程中，依据法律、法规和规章实施的监督和管理行为。其主要内容是：对国库内部控制与管理；对商业银行、信用社代理的国库业务的监督和管理。

第三条 国库监督管理应遵循全面、及时、审慎、科学、有效的原则。

第四条 上级国库对下级国库监督管理工作负有组织、指导、监督责任；下级国库对上级国库负责，根据上级国库的要求开展监督管理工作。

第五条 本规定适用于中国人民银行经理的各级国库。商业银行、信用社代理国库应按本规定开展对本行（社）代理的国库业务的监督管理；对辖区内其他商业银行、信用社代理的国库业务的监督管理职责，由当地中国人民银行分支机构国库部门履行；当地没有中国人民银行分支机构的，由上一级中国人民银行分支机构国库部门履行。

第二章　国库监督管理工作的职责及人员管理

第六条 国库监督管理工作实行分级负责制。国库主任（副主任）对国库监督管理工作负主要领导责任；国库部门负责人组织、管理辖内国库监督管理工作，负直接领导责任；国库监督管理人员对国库监督管理工作负直接责任。

第七条 各级国库部门监督管理职责主要是：

（一）组织辖内国库贯彻执行有关国库监督管理

工作的制度、办法，正确行使法律赋予的各项监督管理权限；

（二）确定辖内国库监督管理的工作计划和重点，具体组织、协调辖内国库监督管理工作；

（三）及时向本行领导和上级国库报送有关国库监督管理的工作信息、分析报告，反映发现的问题，提出合理化建议；

（四）创新监督管理方法，改进监督管理手段，提高监督管理效率；

（五）加强国库监督管理队伍建设，开展业务培训，提高国库监督管理人员业务素质；

（六）做好国库监督管理档案管理和其他有关国库监督管理的工作；

（七）国家或上级机构规定的其他国库监督管理工作。

第八条 国库监督管理人员具体承办对辖内国库的监督管理工作，其职责主要包括：

（一）具体组织并承办对辖内国库、国库业务代理机构的业务检查、指导工作；

（二）对辖内国库的资金风险情况、预算执行情况、国库业务各项制度办法的执行情况以及国库监督管理工作的开展情况进行分析，按要求报送各种材料；

（三）承办代理国库的审批手续和年审工作；

（四）办理国库集中收付业务代理银行资格认定工作；

（五）完成国库监督管理其他方面的有关工作。

第九条 各级国库应根据监督管理工作的需要，科学、合理配备国库监督管理人员。

国库监督管理人员应持有中国人民银行颁发的执法证，应当具备较高的政治素质及相应的专业知识，原则上应具有三年以上国库工作经历。

国库监督管理人员应认真履行监督管理职责，不得利用工作便利牟取利益。

第十条 国库监督管理工作实行奖励和责任追究制度。对坚持原则、措施得力、避免国库资金损失的部门和人员，给予表彰和奖励；对未按规定开展国库监督管理工作、国库资金存在风险隐患的，应责令限期整改，情节严重的予以通报；对因不履行监督管理职责造成国库资金责任事故的，除依法追究当事人责任外，还应追究国库监督管理人员、国库部门负责人和国库主任（副主任）的相应责任。

第三章 国库监督管理工作的内容

第一节 内部控制与管理

第十一条 内部控制与管理分为业务操作环节的监督管理和业务管理环节的监督管理，其中业务操作环节的监督管理主要包括对预算收入、退付、更正（调库）、库款支拨以及账务组织与处理等各环节的监督管理，业务管理环节的监督管理包括对制度建设与执行、国库资金风险管理、国库业务计算机系统及其网络以及国库档案的监督管理。

第十二条 业务操作环节的监督管理重点是：

（一）收入凭证、退付凭证、更正（调库）凭证、库款支拨凭证和相关附件资料的真实性、合规性和完整性；

（二）预算收入分成留解、分成比例调整、预算科目的调整和使用的合规性，预算收入划缴入库的及时性、完整性和准确性；

（三）退付业务的政策性、退付范围和项目的合理性、预算级次和预算科目使用的合规性、收款人相关信息的准确性、办理的及时性；

（四）更正业务的原则性（谁的差错谁更正）、原列事项的真实性、现列事项的准确性；

（五）库款支拨业务以及调整库款账户余额的合规性；

（六）各项往账业务依据的真实性、有效性，往账业务处理的及时性、准确性、合规性；

（七）暂收和暂付业务的真实性、办理依据的准确性、处理的及时性；

（八）资金退回业务的合规性；

（九）国库对账业务处理的及时性、完整性、准确性；

（十）国库会计资料交接手续的完整性。

第十三条 业务管理环节的监督管理重点是：

（一）目标责任制的建立和实施情况；

（二）各项制度的制定与执行情况；

（三）国库岗位设置的合规性；

（四）国库会计风险管理开展情况；

（五）国库重要事项审批的合规性；

（六）国库行政许可事项办理的合规性；

（七）国库业务计算机系统及其网络管理情况的安全性；

（八）国库会计档案管理的合规性。

第十四条 各级国库要做好国库监督管理资料的收集、整理、归档和移交工作，保障国库监督管理工作的连续性、完整性。

第二节 对商业银行、信用社代理的国库业务的监督管理

第十五条 对商业银行、信用社代理的国库业务的监督管理按业务性质的不同，可分为对代理国库的业务、对

国库经收处业务和对国库集中收付业务的监督管理。

第十六条　对代理国库的业务的监督管理重点是：

（一）机构设置与人员配备的合规性；

（二）相关会计科目设置与使用的合规性，资金结算渠道的完备性、安全性、畅通性，核算工具的完备性；

（三）内部控制与管理机制的建立与运行情况；

（四）办理预算收支业务的及时性、准确性和合规性；

（五）国库存款计息业务办理的合规性；

（六）商业银行、信用社对自身代理的国库业务的监督管理工作开展情况；

（七）向管辖国库报送各类资料的真实性、及时性和完整性。

第十七条　对国库经收处业务的监督管理重点是：

（一）会计科目和账户的设置、使用的合规性；

（二）收纳缴款人缴纳税费款项的及时性、准确性、合规性；

（三）预算收入资金划转国库的及时性、准确性、合规性；

（四）预算收入过渡账户开设的合规性。

第十八条　对国库集中收付业务的监督管理重点是：

（一）支付清算协议和非税收入收缴协议履行情况；

（二）财政专户和零余额账户的开立、变动、撤销及报备等情况；

（三）财政汇缴专户、财政专户划转资金的及时性、准确性；

（四）办理国库集中支付资金的支付、清算与退回业务的及时性、准确性、合规性；

（五）向管辖国库报送各类资料的真实性、及时性和完整性。

第四章　国库监督管理的方式与方法

第十九条　国库监督管理的方式，按监督管理行为实施的场所分为现场监督管理和非现场监督管理。

第二十条　国库现场监督管理是指对国库业务办理的合规性、国库资金的安全性和国库监督管理工作的开展情况进行有针对性的现场检查监督。

第二十一条　现场监督管理的主要方法包括：

（一）对本级国库业务进行检查；

（二）对下级国库的会计业务实地检查。包括年度例行检查、突击检查和专项检查；

（三）对商业银行、信用社代理的国库业务进行的执法检查。

第二十二条　国库现场检查应依据中国人民银行执法检查程序规定和国库实地检查有关办法进行。

第二十三条　国库非现场监督管理是对报表、报告和其他有关国库监督管理形成的业务资料进行分析，发现问题，提出整改意见。

第二十四条　非现场监督管理的主要方法包括：

（一）对与国库业务相关的各类凭证、附件、资料和报表进行核查；

（二）对代理国库业务的商业银行、信用社提供的资料进行分析、审核。

第二十五条　各级国库和国库会计事后监督部门应向上一级国库报送国库监督管理相关材料（见附1），并按规定将国库监督管理情况及时载入监督管理工作登记簿（见附2）。

第五章　附　　则

第二十六条　对国库统计分析业务和国债发行兑付业务的监督管理按有关规定执行。

第二十七条　本规定由中国人民银行负责解释。

第二十八条　中国人民银行负责制定全国统一的国库监督管理基本规定和国库会计核算监督办法，上海总部、各分行、营业管理部、省会（首府）城市中心支行、副省级城市中心支行负责根据总行制定的监督制度，组织制定、实施本辖区的实施细则和操作规程，并报总行备案。

第二十九条　本规定自发文之日起施行。

附：1. 国库监督管理相关材料内容与报送要求（略）

2. 国库监督管理工作登记簿（略）

中华人民共和国金银管理条例

1. 1983年6月15日国务院发布

2. 根据2011年1月8日国务院令第588号《关于废止和修改部分行政法规的决定》修订

第一章　总　　则

第一条　为加强对金银的管理，保证国家经济建设对金银的需要，特制定本条例。

第二条　本条例所称金银，包括：

（一）矿藏生产金银和冶炼副产金银；

（二）金银条、块、锭、粉；

（三）金银铸币；

（四）金银制品和金基、银基合金制品；

（五）化工产品中含的金银；

（六）金银边角余料及废渣、废液、废料中含的金银。

铂（即白金），按照国家有关规定管理。

属于金银质地的文物,按照《中华人民共和国文物保护法》的规定管理。

第三条　国家对金银实行统一管理、统购统配的政策。

中华人民共和国境内的机关、部队、团体、学校、国营企业、事业单位,城乡集体经济组织(以下统称境内机构)的一切金银的收入和支出,都纳入国家金银收支计划。

第四条　国家管理金银的主管机关为中国人民银行。

中国人民银行负责管理国家金银储备;负责金银的收购与配售;会同国家物价主管机关制定和管理金银收购与配售价格;会同国家有关主管机关审批经营(包括加工、销售)金银制品、含金银化工产品以及从含金银的废渣、废液、废料中回收金银的单位(以下统称经营单位),管理和检查金银市场;监督本条例的实施。

第五条　境内机构所持的金银,除经中国人民银行许可留用的原材料、设备、器皿、纪念品外,必须全部交售给中国人民银行,不得自行处理、占有。

第六条　国家保护个人持有合法所得的金银。

第七条　在中华人民共和国境内,一切单位和个人不得计价使用金银,禁止私相买卖和借贷抵押金银。

第二章　对金银收购的管理

第八条　金银的收购,统一由中国人民银行办理。除经中国人民银行许可、委托的以外,任何单位和个人不得收购金银。

第九条　从事金银生产(包括矿藏生产和冶炼副产)的厂矿企业、农村社队、部队和个人所采炼的金银,必须全部交售给中国人民银行,不得自行销售、交换和留用。

前款所列生产单位,对生产过程中的金银成品和半成品,必须按照有关规定加强管理,不得私自销售和处理。

第十条　国家鼓励经营单位和使用金银的单位,从伴生金银的矿种和含金银的废渣、废液、废料中回收金银。

前款所列单位必须将回收的金银交售给中国人民银行,不得自行销售、交换和留用。但是,经中国人民银行许可,使用金银的单位将回收的金银重新利用的除外。

第十一条　境内机构从国外进口的金银和矿产品中采炼的副产金银,除经中国人民银行允许留用的或者按照规定用于进料加工复出口的金银以外,一律交售给中国人民银行,不得自行销售、交换和留用。

第十二条　个人出售金银,必须卖给中国人民银行。

第十三条　一切出土无主金银,均为国家所有,任何单位和个人不得熔化、销毁或占有。

单位和个人发现的出土无主金银,经当地文化行政管理部门鉴定,除有历史文物价值的按照《中华人民共和国文物保护法》的规定办理外,必须交给中国人民银行收兑,价款上缴国库。

第十四条　公安、司法、海关、工商行政管理、税务等国家机关依法没收的金银,一律交售给中国人民银行,不得自行处理或者以其他实物顶替。没收的金银价款按照有关规定上缴国库。

第三章　对金银配售的管理

第十五条　凡需用金银的单位,必须按照规定程序向中国人民银行提出申请使用金银的计划,由中国人民银行审批、供应。

中国人民银行应当按照批准的计划供应,不得随意减售或拖延。

第十六条　中华人民共和国境内的外资企业、中外合资企业以及外商,订购金银制品或者加工其他含金银产品,要求在国内供应金银者,必须按照规定程序提出申请,由中国人民银行审批予以供应。

第十七条　使用金银的单位,必须建立使用制度,严格做到专项使用、结余交回。未经中国人民银行许可,不得把金银原料(包括半成品)转让或者移作他用。

第十八条　在本条例规定范围内,中国人民银行有权对使用金银的单位进行监督和检查。使用金银的单位应当向中国人民银行据实提供有关使用金银的情况和资料。

第四章　对经营单位和个体银匠的管理

第十九条　申请经营(包括加工、销售)金银制品、含金银化工产品以及从含金银的废渣、废液、废料中回收金银的单位,必须按照国家有关规定和审批程序,经中国人民银行和有关主管机关审查批准,在工商行政管理机关登记发给营业执照后,始得营业。

第二十条　经营单位必须按照批准的金银业务范围从事经营,不得擅自改变经营范围,不得在经营中克扣、挪用和套购金银。

第二十一条　金银质地纪念币的铸造、发行由中国人民银行办理,其他任何单位不得铸造、仿造和发行。

金银质地纪念章(牌)的出口经营,由中国人民银行和中华人民共和国对外经济贸易部分别办理。

第二十二条　委托、寄售商店,不得收购或者寄售金银制品、金银器材。珠宝商店可以收购供出口销售的带有金银镶嵌的珠宝饰品,但是不得收购、销售金银制品和金银器材。金银制品由中国人民银行收购并负责供应外贸出口。

第二十三条 边疆少数民族地区和沿海侨眷比较集中地区的个体银匠,经县或者县级以上中国人民银行以及工商行政管理机关批准,可以从事代客加工和修理金银制品的业务,但不得收购和销售金银制品。

第二十四条 国家允许个人邮寄金银饰品,具体管理办法由中国人民银行会同中华人民共和国邮电部制定。

第五章 对金银进出国境的管理

第二十五条 携带金银进入中华人民共和国国境,数量不受限制,但是必须向入境地中华人民共和国海关申报登记。

第二十六条 携带或者复带金银出境,中华人民共和国海关凭中国人民银行出具的证明或者原入境时的申报单登记的数量查验放行;不能提供证明的或者超过原入境时申报登记数量的,不许出境。

第二十七条 携带在中华人民共和国境内供应旅游者购买的金银饰品(包括镶嵌饰品、工艺品、器皿等)出境,中华人民共和国海关凭国内经营金银制品的单位开具的特种发货票查验放行。无凭据的,不许出境。

第二十八条 在中华人民共和国境内的中国人、外国侨民和无国籍人出境定居,每人携带金银的限额为:黄金饰品 1 市两(31.25 克),白银饰品 10 市两(312.50 克),银质器皿 20 市两(625 克)。经中华人民共和国海关查验符合规定限额的放行。

第二十九条 中华人民共和国境内的外资企业、中外合资企业,从国外进口金银作产品原料的,其数量不限;出口含金银量较高的产品,须经中国人民银行核准后放行。未经核准或者超过核准出口数量的,不许出境。

第六章 奖励与惩罚

第三十条 有下列事迹的单位或者个人,国家给予表彰或者适当的物质奖励:

(一)认真执行国家金银政策法令,在金银回收或者管理工作中做出显著成绩的;

(二)为保护国家金银与有关违法犯罪行为坚决斗争,事迹突出的;

(三)发现出土无主金银及时上报或者上交,对国家有贡献的;

(四)将个人收藏的金银捐献给国家的。

第三十一条 违反本条例的下列行为,根据情节轻重,分别由中国人民银行、工商行政管理机关和海关按照各自的职责权限给予以下处罚:

(一)违反本条例第八、九、十、十一条规定,擅自收购、销售、交换和留用金银的,由中国人民银行或者工商行政管理机关予以强制收购或者贬值收购。情节严重的,工商行政管理机关可并处以罚款,或者单处以没收。

违反本条例第八、九、十、十一条规定的,工商行政管理机关可另处以吊销营业执照。

(二)违反本条例第十三条规定,私自熔化、销毁、占有出土无主金银的,由中国人民银行追回实物或者由工商行政管理机关处以罚款。

(三)违反本条例第十七条规定擅自改变使用用途或者转让金银原材料的,由中国人民银行予以警告,或者追回已配售的金银。情节严重的,处以罚款直至停止供应。

(四)违反本条例第十九、二十、二十一、二十二、二十三条规定,未经批准私自经营的,或者擅自改变经营范围的,或者套购、挪用、克扣金银的,由工商行政管理机关处以罚款或者没收。情节严重的,可并处以吊销营业执照、责令停业。

(五)违反本条例第七条规定,将金银计价使用、私相买卖、借贷抵押的,由中国人民银行或者工商行政管理机关予以强制收购或者贬值收购。情节严重的,由工商行政管理机关处以罚款或者没收。

(六)违反本条例第五章有关金银进出国境管理规定或者用各种方法偷运金银出境的,由海关依据本条例和国家海关法规处理。

(七)违反本条例第十四条规定的,由中国人民银行予以收兑。对直接责任人员由有关单位追究行政责任。

第三十二条 违反本条例规定,已构成犯罪行为的,由司法机关依法追究刑事责任。

第七章 附 则

第三十三条 本条例的施行细则,由中国人民银行会同国务院有关部门制定。

第三十四条 边疆少数民族地区的金银管理需要作某些变通规定的,由有关省、自治区人民政府会同中国人民银行根据本条例制定。

第三十五条 本条例自发布之日起施行。过去有关部门制定的金银管理办法即行废止。

中华人民共和国
金银管理条例施行细则

1. 1983 年 12 月 28 日中国人民银行发布

2. (83)银发字第 381 号

为了贯彻执行《中华人民共和国金银管理条例》,特制定本细则。

一、根据《中华人民共和国金银管理条例》(以下简称《条例》)第四条规定,中国人民银行是国家授权管理金银的主管机关,按照《条例》及本细则的规定行使职权。在未设中国人民银行的地方可由中国人民银行各省、市、自治区分行(以下简称分行)委托有关专业银行(以下简称委托机构)根据授权范围具体办理金银管理的各项工作。

二、根据《条例》第二条,按照国家有关规定,中国人民银行收购的铂(即白金)应由各省、市、自治区分行转售给物资部门。

文物部门不得将收购、收藏的金银用作出口或内销,如需组织出口或内销时,须向中国人民银行申请,由中国人民银行审批、供应。

三、根据《条例》第三条规定,国家对金银实行统一管理、统购统配的政策。凡经营金银生产、冶炼、加工、回收、销售的国营企事业单位、城乡集体经济组织一切金银的收入和支出,以及侨资企业、外资企业、中外合资经营企业单位一切金银的收入和支出,均应严格遵守《条例》和本细则的规定,纳入国家金银收支计划,由中国人民银行管理。

四、《条例》第六条规定国家保护个人持有合法所得的金银,是指依法继承遗产、接受亲友馈赠、合法购买、有关部门奖励以及其他正当所得的金银。

五、根据《条例》第七条关于一切单位和个人不得计价使用金银,禁止私相买卖和借贷抵押金银的规定,凡单位之间、个人之间、单位和个人之间发生的债权债务,也一律不得以金银实物清偿。

六、根据《条例》第八条规定,金银的收购统一由中国人民银行办理。委托机构收购的金银,必须按原收购价格全部转售给中国人民银行。

七、根据《条例》第十条规定,凡有含金银废渣、废液、废料(以下简称含金银"三废")的境内机构,应积极从含金银"三废"中回收金银。回收有困难的,可委托或交售专业回收单位回收,回收的金银除经中国人民银行许可重新利用的外,其余必须全部交售中国人民银行或其委托机构。

对既不积极回收,又不委托或交售给专业单位回收者,可酌情减少金银的供应。

侨资企业、外资企业、中外合资经营企业以及外商不得经营回收金银业务。

八、《条例》第十三条所称无主金银,是指任何单位和个人凡在开凿、建筑、施工、耕作等活动中发掘出土的金银。

九、根据《条例》第十四条规定,公安、司法、海关、工商行政管理、税务等国家机关依法没收的金银,要及时全部交售给中国人民银行。属于伪造的金银,由中国人民银行或由中国人民银行会同有关部门作变形处理。

《条例》第十三、十四条规定价款"上缴国库",是指上缴当地财政部门。

十、根据《条例》第十五条规定,有关申请使用金银计划的报批程序:

1. 凡需用金银作原料的生产单位和科研单位,必须按照国家下达的生产计划,根据节约使用金银的原则,编制年度金银使用计划,经主管部门签署意见后,报送所在地中国人民银行或其委托机构。

2. 中国人民银行各级分支机构或其委托机构,必须对申请使用金银单位的生产计划、产品质量、产品销路、金银消耗定额、产品合格率、金银库存以及含金银"三废"回收等情况,进行审核,逐级上报。由中国人民银行总行统一平衡后,下达年度金银配售计划。

3. 中国人民银行各级分支机构或其委托机构,根据中国人民银行总行批准下达的年度金银配售计划指标,分批组织供应。各级中国人民银行或其委托机构不得超计划供应,也不得随意减售或拖延。

4. 军工单位的年度使用金银计划,直接报送所在地中国人民银行分行审查上报,由总行批准下达。

5. 在中国人民银行总行下达年度金银配售计划指标之前,各分行可根据使用金银单位的生产进度,对所需金银酌情预拨供应。

6. 凡需要使用金银作为生产原材料的新建、扩建单位或新增加的产品,必须事先经当地中国人民银行或委托机构审查并转报中国人民银行分行批准,否则不予供应。

7. 金银配售计划指标,当年有效,跨年作废。

十一、《条例》第十七条所称的金银原料(包括半成品)是指:中国人民银行配售的金银;经过加工的各种金银材料;含金银化工产品;生产过程的金银边角余料以及从含金银"三废"中回收的金银。

使用金银单位多余的金银材料,经当地中国人民银行或其委托机构同意,可调剂给其他需用的单位使用,同时相应核减需用单位的配售指标。跨省、市、自治区调剂的,须经双方所在地中国人民银行分行同意后,才能办理。

军工单位的金银调剂,须经当地中国人民银行分行同意,才能办理。

十二、《条例》第十九条规定,申请经营(包括加工,销售)金银制品、含金银化工产品以及从含金银"三废"中回收金银的单位(以下简称经营单位),是指包括经营下列业务的单位:

1. 金银制品：包括金银饰品、器皿等工艺品；丝、管、棒、片、箔、化验坩埚、触头、用具、镀件、零部件等生产器材；科研设备、医疗器械以及金基、银基合金制品等。

2. 含金银化工产品：包括氯化金、氰化金钾、金水、硝酸银、氧化银、氯化银、碘化银、溴化银等。

3. 含金银“三废”：包括含金银的冶炼废坩埚、炉渣、地灰、阳极泥、阴沟泥、定影液、冲洗水、胶片、相纸、废旧电器开关、废旧电子元件等。

凡申请经营金银制品、含金银化工产品以及从金银“三废”中回收金银的单位，必须报其主管部门审查同意，经中国人民银行分行审查批准，在当地工商行政管理机关登记核发营业执照，始得营业。

凡是没有按照上述审批程序有关规定办理登记的经营单位，必须重新申请办理审批和登记手续，未经批准和登记的，一律不许营业。各级中国人民银行或委托机构有权对有关经营单位进行监督和检查。经营单位应向当地中国人民银行分行或委托机构据实提供有关经营情况和资料。

十三、根据《条例》第二十条经营单位必须按照批准的金银业务范围从事经营的规定，各经营单位在业务经营上必须受到下列的限制：

1. 经营含金银化工产品以及银焊条、片的单位，必须按照中国人民银行有关分行批准的配售计划供应，不得超售。

2. 经营单位在接受使用金银单位委托加工产品时，必须经中国人民银行有关分行办理金银指标转移手续，由经营单位所在地的中国人民银行供应金银，不得直接接受委托加工单位的金银原料。

3. 经营从金银“三废”中回收金银的单位，未经当地和对方中国人民银行许可，不得到外地采购或回收含金银的废渣、废液、废料。

4. 禁止境内机构和个人接受外商委托回收含金银的废渣、废液、废料出口。

5. 中国人民银行分行可以指定含金银“三废”的回收单位接受使用金银单位委托熔化、提炼金银加工业务。

十四、《条例》第二十二条规定珠宝商店可以收购供出口销售的带有金银镶嵌的珠宝饰品，是指以珠宝为主要价值的镶嵌饰品。对拆下的金银胎，必须全部交售给当地中国人民银行或其委托机构。

十五、《条例》第二十三条关于边疆少数民族地区和沿海侨眷比较集中地区的个体银匠，经批准可以从事代客加工和修理金银制品的业务的规定，也适用于内地少数民族聚居的自治州（县）。其他地区严禁个体银匠从事代客加工和修理金银制品的业务。

个体银匠不得接受外商委托的来料加工贸易业务。

十六、根据《条例》第二十四条规定，个人要求在国内邮寄金银饰品，邮电部门凭寄件人交验的本人证明或国内经营金银制品单位开具的发货票、特种发货票办理邮寄手续。

前款规定交验的本人证明，是指本人工作证、学生证、离休证、退休证、户口簿等足以证明本人身份的合法证件。

境内机构出具证明，可在国内邮寄金银。

十七、根据《条例》第二十五条规定，携带金银进入中华人民共和国国境，数量不受限制，但是必须向入境地中华人民共和国海关申报登记金银品名、件数、重量等内容。凡入境时未向海关申报登记的，不许复带出境。

十八、根据《条例》第二十六条有关携带或者复带金银出境的规定：

1. 凡因探亲、旅游、出访、派出国外或港澳地区工作或学习的人员，携带金银及其制品出境时，必须向海关申报登记，注明回程时带回原物。每人携带金银的限额为：黄金饰品 5 市钱（16 两制，下同，折合 15.625 克）、白银饰品 5 市两（156.25 克）以下的，由海关查验放行。

2. 入境人员复带金银出境，海关凭原入境时申报登记的数量查验放行；超过原入境时申报登记数量的，不许携带出境。

3. 凡不属前两款规定又确有正当理由的，必须持有所在单位或城镇街道办事处、乡（农村公社）人民政府以上机关证明，经当地中国人民银行验明所带金银名称、数量，并开具批准出境证明，海关凭以登记查验放行。

4. 凡外贸部门以及侨资企业、外资企业、中外合资经营企业和外商，携带由中国人民银行供应金银所加工的金银制品出境时，由所在地中国人民银行开具证明，海关查验放行。

十九、《条例》第二十七条规定的“特种发货票”，由中国人民银行总行统一印制，经由有关分行发给指定的金银制品经营单位使用。

二十、根据《条例》第二十八条规定、出境定居的人员（包括到港澳定居），每人携带金银的限额为：黄金饰品 1 市两（31.25 克），白银饰品 10 市两（312.50 克），银质器皿 20 市两（625 克）。超过限额部分可退回国内亲友，或交当地中国人民银行收兑。在特殊情况下确有正当理由的必须持有所在单位或城镇街道办事处、乡

(农村公社)人民政府以上机关证明,经当地中国人民银行验明所带金银名称、数量,并开具批准出境证明,海关凭以登记查验放行。

二十一、根据《条例》第二十九条的规定:

1. 中华人民共和国境内的侨资企业、外资企业、中外合资经营企业,从国外进口金银作产品原料的,必须向海关申报登记重量、成色和用途。

2. 前款所列企业必须将进口金银的申报单和加工合同报送所在地中国人民银行审查备案。

3. 加工的产品出境前,所在地中国人民银行应检查产品所含金银重量,并核对合同,逐次登记,开具证明。

4. 产品出境时,海关凭前款开具的证明查验放行,未经中国人民银行核准证明或超过核准数量的,不许出境。

5. 侨资企业、外资企业、中外合资企业经营从国外进口金银作产品原料加工金银饰品,未经中国人民银行批准,不能在国内销售。

二十二、根据《条例》第三十条规定,需要对有贡献的单位和个人给予表彰或者适当物质奖励的,由中国人民银行各分行会同有关部门根据贡献大小,具体研究审定。

对符合第一款应给予奖励的单位或个人,其物质奖励由中国人民银行各分行或有关的主管部门奖给或者在回收价款中提取适当奖金予以奖励;对符合第二款应给予奖励的单位或个人,可在没收或者交售金银价款中提取百分之十以内的奖金(最多不超过一千元),予以奖励。对符合第三款应给予奖励的单位或个人,可在金银变价款中提取百分之二十以内的奖金(最多不超过二千元)予以奖励;对符合第四款应给予奖励的单位或个人,由接受捐献的部门酌情给予奖励。

二十三、本细则由中国人民银行公布施行。解释权属于中国人民银行。

对金银进出国境的管理办法

1. 1984年2月15日中国人民银行发布
2. (84)银发字第13号

第一条　为了贯彻执行《中华人民共和国金银管理条例》第二十五条至第二十九条对金银进出国境的管理规定,特制订本办法。

第二条　旅客或者受、发货人或其代理人携运金银及其制品(产品)进出中华人民共和国国境,必须向入、出境地海关申报。凡隐瞒不报或者用其他方法逃避海关监管偷运金银及其制品(产品)出境,以走私论处。

第三条　入境旅客带进金银及其制品,数量不受限制,但是,必须向入境地海关申报,由海关登记金银的品名、件数、重量等内容后予以放行;如复带金银及其制品出境时,海关凭原入境时的申报单登记的数量、重量查核放行。凡入境时未向海关申报登记的,或者超过原入境时申报登记数量、重量的,不许携带出境。

第四条　入境旅客用带进的外汇在中华人民共和国境内购买的金银饰品(包括镶嵌饰品、器皿等新工艺品)携带、托运、邮寄出境,海关凭国内经营金银制品的单位开具的《特种发货票》(由中国人民银行统一印制,各地分行分发)查核放行。不能交验《特种发货票》的,不许携运、邮寄出境。

第五条　居住在中华人民共和国境内的中国公民、外国侨民和其他出境旅客携带金银及其制品出境,按以下规定办理:

(一)因出访、探亲、旅游以及前往国外或者港澳地区工作和学习的,每人携带金银的限额为:黄金饰品五市钱(15.625克)、白银饰品五市两(156.25克)。经海关查验符合规定限额的,准予登记放行;回程时,必须将原物带回。

(二)迁居国外和港澳地区的,每人携带金银的限额为:黄金饰品一市两(31.25克)、白银饰品十市两(312.50克)、银质器皿二十市两(625克)。经海关查验符合规定限额的,准予放行。

(三)超出上述规定限额的,必须在出境前,持旅客所在单位或者城镇街道办事处、乡(农村公社)人民政府以上机关证明,到当地中国人民银行或其委托机构,验明所带金银及其饰品名称、数量后,申领《携带金银出境许可证》,海关凭以查验放行。不能提供《携带金银出境许可证》的,不许携带出境。

第六条　中华人民共和国境内的外贸公司、工贸公司、侨资企业、外资企业、中外合资经营企业进口金银作产品原料、出口含金银产品的,按以下规定办理:

(一)从国外或者港澳地区进口金银作产品原料的,海关不限数量,迳予放行。

(二)上述企业、公司必须将进口金银的申报单和加工合同报送所在地中国人民银行办理登记重量、成色和用途的审查手续。

(三)加工销售的产品,不论用进口金银或者是用中国人民银行供应的金银作原料,不论含金银量高低,出厂前,应由所在地中国人民银行检查产品所含金银重量,并核对合同,逐次登记,制发《金银产品出口准许证》。

（四）海关对出境产品所含金银成分不论高低，一律凭前款规定的证明以及有关的报关单证予以核放。未取得中国人民银行制发的证明或者超过核准数量的，不准出口。

第七条　本办法自一九八四年二月十五日起实施。

黄金及黄金制品进出口管理办法

1. 2015年3月4日中国人民银行、海关总署令〔2015〕第1号发布

2. 根据2020年4月16日中国人民银行、海关总署令〔2020〕第3号《关于修改〈黄金及黄金制品进出口管理办法〉的决定》修正

第一条　为了规范黄金及黄金制品进出口行为，加强黄金及黄金制品进出口管理，根据《中华人民共和国中国人民银行法》、《中华人民共和国海关法》和《国务院对确需保留的行政审批项目设定行政许可的决定》等法律法规。制定本办法。

第二条　本办法所称黄金是指未锻造金，黄金制品是指半制成金和金制成品等。

第三条　中国人民银行是黄金及黄金制品进出口主管部门，对黄金及黄金制品进出口实行准许证制度。

中国人民银行根据国家宏观经济调控需求，可以对黄金及黄金制品进出口的数量进行限制性审批。

列入《黄金及黄金制品进出口管理目录》的黄金及黄金制品进口或出口通关时，应当向海关提交中国人民银行及其分支机构签发的《中国人民银行黄金及黄金制品进出口准许证》（附1）。

中国人民银行会同海关总署制定、调整并公布《黄金及黄金制品进出口管理商品目录》。

第四条　法人、其他组织以下列贸易方式进出口黄金及黄金制品的。应当按照本办法办理《中国人民银行黄金及黄金制品进出口准许证》：

（一）一般贸易；

（二）加工贸易转内销及境内购置黄金原料以加工贸易方式出口黄金制品的；

（三）海关特殊监管区域、保税监管场所与境内区外之间进出口的。

个人、法人或者其他组织因公益事业捐赠进口黄金及黄金制品的，应当按照本办法办理《中国人民银行黄金及黄金制品进出口准许证》。

个人携带黄金及黄金制品进出境的管理规定，由中国人民银行会同海关总署制定。

第五条　国家黄金储备进出口由中国人民银行办理。

金质铸币（包括金质贵金属纪念币）进出口由中国人民银行指定机构办理。

第六条　获得黄金进出口资格的市场主体应当承担平衡国内黄金市场实物供求的责任，进出口黄金应当在国务院批准的黄金现货交易所内登记，并完成初次交易。

第七条　黄金进出口和公益事业捐赠黄金制品进口申请由中国人民银行受理和审批。

黄金制品进出口申请由中国人民银行地市级以上分支机构受理；中国人民银行上海总部；各分行、营业管理部、省会（首府）城市中心支行，深圳市中心支行审批。

第八条　申请黄金进出口（除因公益事业捐赠进口黄金）的，应当具备法人资格，近2年内无相关违法违规行为；并且具备下列条件之一：

（一）是国务院批准的黄金交易所的金融机构会员或做市商，具备黄金业务专业人员、完善的黄金业务风险控制制度和稳定的黄金进出口渠道，所开展的黄金市场业务符合相关政策或管理规定，并且申请前两个年度黄金现货交易活跃、自营交易量排名前列；

（二）是国务院批准的黄金交易所的综合类会员，年矿产金10吨以上、其生产过程中的污染物排放达到国家环保标准，在境外黄金矿产投资规模达5000万美元以上，取得境外金矿或者共生、伴生金矿开来权，已形成矿产金生产能力，所开展的业务符合国内外相关政策或管理规定，申请前两个年度黄金现货交易活跃，自营交易量排名前列的矿产企业；

（三）在国内有连续3年且每年不少于2亿元人民币的纳税记录，在境外有色金属投资1亿美元以上，取得境外金矿或共生、伴生金矿开采权，已形成矿产金生产能力，所开展的业务符合国内外相关政策或管理规定的矿产企业；

（四）承担国家贵金属纪念币生产任务进口黄金的生产企业；

（五）为取得国际黄金市场品牌认证资格进出口黄金的精炼企业。

第九条　申请黄金制品进出口（除因公益事业捐赠进口黄金制品）的，应当具备法人或其他组织资格，近2年内无相关违法违规行为，并且具备下列条件之一：

（一）生产、加工或者使用相关黄金制品的企业，有必要的生产场所、设备和设施，生产过程中的污染物排放达到国家环保标准，有连续3年且年均不少于100万元人民币的纳税记录；

（二）适用海关认证企业管理的外贸经营企业，有连续3年且年均不少于300万元人民币的纳税记录；

（三）因国家科研项目、重点课题需要使用黄金制品的教育机构、科学研究机构等。

第十条　申请黄金进出口的，应当向中国人民银行提交下列材料：

（一）书面申请，应当载明申请人的名称、住所（办公场所）、企业概况、进出口黄金的用途和计划数量等业务情况说明；

（二）《黄金及黄金制品进出口申请表》（附2）；

（三）加盖公章的企业法人营业执照复印件；

（四）黄金进出口合同及其复印件；

（五）加盖公章的《中华人民共和国组织机构代码证》复印件；

（六）申请人近2年有无违法行为的说明材料；

（七）银行业金融机构还应当提供内部黄金业务风险控制制度有关材料；

（八）黄金矿产的生产企业还应当提交省级环保部门出具的污染物排放许可证件和年度达标检测报告复印件、商务部门有关境外投资批复文件复印件、银行汇出汇款证明书复印件，境外国家或者地区开采黄金有关证明，企业近3年的纳税记录，申请出口黄金的还应当提交在国务院批准的黄金现货交易所的登记证明。

前款其他材料未发生变更再次申请黄金进出口的，只需提交前款第二项和第四项材料；前款其他材料发生变更的，比照初次申请办理。

第十一条　申请黄金制品进出口的，应当向申请人住所地的中国人民银行地市级以上分支机构提交下列材料：

（一）书面申请，应当载明申请人的名称、住所（办公场所）、企业概况、进出口黄金制品的用途和计划数量等业务情况说明；

（二）《黄金及黄金制品进出口申请表》；

（三）加盖公章的企业法人营业执照、事业单位法人证书等法定登记证书复印件；

（四）黄金制品进出口合同复印件；

（五）加盖备案登记章的《对外贸易经营者备案表》或《外商投资企业批准证书》；

（六）申请人近2年有无违法行为的说明材料；

（七）生产、加工或者使用黄金制品的企业还应当提交近3年的企业纳税记录，地市级环保部门出具的污染物排放许可证件和年度达标检测报告及其复印件；

（八）从事外贸经营的企业还应当提交适用海关认证企业管理的有关证明材料、近3年的企业纳税记录；

（九）教育机构、科学研究机构还应当提交承担国家科研项目、重点课题的证明材料；

（十）出口黄金制品的企业还应当提交在国内取得黄金原料的增值税发票等证明材料。

前款其他材料未发生变更再次申请黄金制品进出口的，只需提交前款第二项和第四项材料，教育机构、科学研究机构还应当提交前款第九项材料，出口黄金制品的企业还应当提交前款第十项规定的有关材料；前款其他材料发生变更的，比照初次申请办理。

第十二条　加工贸易因故转内销的黄金制品、转内销商品中进口料件是《黄金及黄金制品进出口管理目录》范围内商品的、在境内购置黄金原料以加工贸易方式出口黄金制品的，适用本办法第九条第一项规定的申请条件。

因加工贸易转内销的，应当按照本办法第十一条规定报送申请材料，同时，还应当提交有正当理由需要转内销的说明材料、加工贸易业务批准证复印件、加工贸易合同等材料及其复印件。

境内购置黄金原料以加工贸易方式出口黄金制品的，企业应当在加工贸易手册设立（变更）时向海关申报境内购置黄金情况，并提交《中国人民银行黄金及黄金制品进出口准许证》。

第十三条　个人、法人或者其他组织因公益事业捐赠进口黄金及黄金制品的，应当由受赠人向中国人民银行提交下列材料：

（一）符合《中华人民共和国公益事业捐赠法》规定的捐赠协议；

（二）事业单位法人证书或社会团体法人登记证书等法定登记证书及其复印件；

（三）《黄金及黄金制品进出口申请表》。

第十四条　中国人民银行应当自受理黄金及黄金制品进出口申请之日起20个工作日内做出行政许可决定。

第十五条　中国人民银行地市级分支机构应当自受理黄金制品进出口申请之日起20个工作日内将初步审查意见和全部申请材料直接报送上一级机构。上一级机构应当在收到初步审查意见和全部申请材料后20个工作日内做出行政许可决定。

中国人民银行上海总部，各分行、营业管理部、省会（首府）城市中心支行，深圳市中心支行直接受理黄金制品进出口申请的，应当自受理之日起20个工作日内做出行政许可决定。

第十六条　需要对申请材料的实质内容进行核实的，中国人民银行及其分支机构可以对申请人进行核查，核查应当由两名以上工作人员进行。

第十七条　被许可人在办理黄金及黄金制品货物进出口时，凭《中国人民银行黄金及黄金制品进出口准许证》

向海关办理有关手续。

《中国人民银行黄金及黄金制品进出口准许证》实行一批一证，自签发日起40个工作日内使用。被许可人有正当理由需要延期的，可以在凭证有效期届满5个工作日前持原证向发证机构申请办理一次延期手续。

第十八条　中国人民银行及其分支机构有权对被许可人从事行政许可事项的活动进行监督检查，被许可人应当予以配合。

第十九条　被许可人应当按照中国人民银行及其分支机构的规定，及时上报黄金及黄金制品进出口许可的执行情况并且提供有关材料。

第二十条　除本办法第四条规定外，以下方式进出的黄金及黄金制品免予办理《中国人民银行黄金及黄金制品进出口准许证》，由海关实施监管：

（一）通过加工贸易方式进出的；

（二）海关特殊监管区域、保税监管场所与境外之间进出的；

（三）海关特殊监管区域、保税监管场所之间进出的；

（四）以维修、退运、暂时进出境方式进出境的。

第二十一条　除本办法第四条、第五条和第二十条规定之外，个人、法人和其他组织不得以其他任何方式进出口黄金及黄金制品。国家另有规定的除外。

第二十二条　个人、法人和其他组织进出口黄金及黄金制品应当遵守国家反洗钱和反恐怖融资有关规定。

第二十三条　黄金及黄金制品进出口发生的外汇收支，应当按照外汇管理规定办理。

第二十四条　被许可人不得有下列行为：

（一）转让、出借黄金及黄金制品进出口证件；

（二）使用伪造、变造的黄金及黄金制品进出口证件；

（三）骗取或者采用其他不正当手段获取黄金及黄金制品进出口证件；

（四）超越进出口行政许可品种、规格．数量范围；

（五）虚假捐赠进口黄金及黄金制品；

（六）进口黄金未按照规定在黄金现货交易所登记、交易；

（七）以囤积居奇等方式恶意操纵黄金交易价格，或有欺诈等其他侵犯投资者权益行为；

（八）违反黄金市场及黄金衍生品交易相关政策或管理规定；

（九）拒绝中国人民银行及其分支机构监督检查，或者在监督检查过程中隐瞒有关情况、提供虚假材料。

被许可人有前款所列行为之一的，中国人民银行及其分支机构可以暂停受理其进出口申请；情节严重的，按照《中华人民共和国中国人民银行法》第四十六条规定予以处罚。

第二十五条　中国人民银行及其分支机构可以依法撤销被许可人的黄金及黄金制品进出口证件。

第二十六条　违反本办法规定进出口黄金及黄金制品，构成走私行为或者违反海关监管规定等违法行为的，由海关依照《中华人民共和国海关法》、《中华人民共和国海关行政处罚实施条例》等法律法规处理；构成犯罪的，依法移交司法机关追究刑事责任。

第二十七条　本办法由中国人民银行、海关总署负责解释。

第二十八条　本办法自2015年4月1日起施行。

附：1. 中国人民银行黄金及黄金制品进出口准许证（略）

2. 黄金及黄金制品进出口申请表（略）

4. 反洗钱、反恐怖融资

中华人民共和国反洗钱法

1. 2006年10月31日第十届全国人民代表大会常务委员会第二十四次会议通过

2. 2006年10月31日中华人民共和国主席令第56号公布

3. 自2007年1月1日起施行

目　　录

第一章　总　　则

第一条　**【立法目的】**为了预防洗钱活动，维护金融秩序，遏制洗钱犯罪及相关犯罪，制定本法。

第二条　**【反洗钱定义】**本法所称反洗钱，是指为了预防通过各种方式掩饰、隐瞒毒品犯罪、黑社会性质的组织犯罪、恐怖活动犯罪、走私犯罪、贪污贿赂犯罪、破坏金融管理秩序犯罪、金融诈骗犯罪等犯罪所得及其收益的来源和性质的洗钱活动，依照本法规定采取相关措施的行为。

第三条　【特定机构的反洗钱义务】在中华人民共和国境内设立的金融机构和按照规定应当履行反洗钱义务的特定非金融机构，应当依法采取预防、监控措施，建立健全客户身份识别制度、客户身份资料和交易记录保存制度、大额交易和可疑交易报告制度，履行反洗钱义务。

第四条　【监督管理部门】国务院反洗钱行政主管部门负责全国的反洗钱监督管理工作。国务院有关部门、机构在各自的职责范围内履行反洗钱监督管理职责。

国务院反洗钱行政主管部门、国务院有关部门、机构和司法机关在反洗钱工作中应当相互配合。

第五条　【身份资料和交易信息的保密】对依法履行反洗钱职责或者义务获得的客户身份资料和交易信息，应当予以保密；非依法律规定，不得向任何单位和个人提供。

反洗钱行政主管部门和其他依法负有反洗钱监督管理职责的部门、机构履行反洗钱职责获得的客户身份资料和交易信息，只能用于反洗钱行政调查。

司法机关依照本法获得的客户身份资料和交易信息，只能用于反洗钱刑事诉讼。

第六条　【法律保护】履行反洗钱义务的机构及其工作人员依法提交大额交易和可疑交易报告，受法律保护。

第七条　【举报】任何单位和个人发现洗钱活动，有权向反洗钱行政主管部门或者公安机关举报。接受举报的机关应当对举报人和举报内容保密。

第二章　反洗钱监督管理

第八条　【反洗钱行政主管部门职责】国务院反洗钱行政主管部门组织、协调全国的反洗钱工作，负责反洗钱的资金监测，制定或者会同国务院有关金融监督管理机构制定金融机构反洗钱规章，监督、检查金融机构履行反洗钱义务的情况，在职责范围内调查可疑交易活动，履行法律和国务院规定的有关反洗钱的其他职责。

国务院反洗钱行政主管部门的派出机构在国务院反洗钱行政主管部门的授权范围内，对金融机构履行反洗钱义务的情况进行监督、检查。

第九条　【金融监督管理机构的职能】国务院有关金融监督管理机构参与制定所监督管理的金融机构反洗钱规章，对所监督管理的金融机构提出按照规定建立健全反洗钱内部控制制度的要求，履行法律和国务院规定的有关反洗钱的其他职责。

第十条　【反洗钱信息中心】国务院反洗钱行政主管部门设立反洗钱信息中心，负责大额交易和可疑交易报告的接收、分析，并按照规定向国务院反洗钱行政主管部门报告分析结果，履行国务院反洗钱行政主管部门规定的其他职责。

第十一条　【信息获取和工作通报】国务院反洗钱行政主管部门为履行反洗钱资金监测职责，可以从国务院有关部门、机构获取所必需的信息，国务院有关部门、机构应当提供。

国务院反洗钱行政主管部门应当向国务院有关部门、机构定期通报反洗钱工作情况。

第十二条　【海关通报职责】海关发现个人出入境携带的现金、无记名有价证券超过规定金额的，应当及时向反洗钱行政主管部门通报。

前款应当通报的金额标准由国务院反洗钱行政主管部门会同海关总署规定。

第十三条　【报告义务】反洗钱行政主管部门和其他依法负有反洗钱监督管理职责的部门、机构发现涉嫌洗钱犯罪的交易活动，应当及时向侦查机关报告。

第十四条　【新增设金融机构的反洗钱内部控制制度要求】国务院有关金融监督管理机构审批新设金融机构或者金融机构增设分支机构时，应当审查新机构反洗钱内部控制制度的方案；对于不符合本法规定的设立申请，不予批准。

第三章　金融机构反洗钱义务

第十五条　【金融机构反洗钱内部控制制度】金融机构应当依照本法规定建立健全反洗钱内部控制制度，金融机构的负责人应当对反洗钱内部控制制度的有效实施负责。

金融机构应当设立反洗钱专门机构或者指定内设机构负责反洗钱工作。

第十六条　【客户身份识别制度】金融机构应当按照规定建立客户身份识别制度。

金融机构在与客户建立业务关系或者为客户提供规定金额以上的现金汇款、现钞兑换、票据兑付等一次性金融服务时，应当要求客户出示真实有效的身份证件或者其他身份证明文件，进行核对并登记。

客户由他人代理办理业务的，金融机构应当同时对代理人和被代理人的身份证件或者其他身份证明文件进行核对并登记。

与客户建立人身保险、信托等业务关系，合同的受益人不是客户本人的，金融机构还应当对受益人的身份证件或者其他身份证明文件进行核对并登记。

金融机构不得为身份不明的客户提供服务或者与其进行交易，不得为客户开立匿名账户或者假名账户。

金融机构对先前获得的客户身份资料的真实性、

有效性或者完整性有疑问的，应当重新识别客户身份。

任何单位和个人在与金融机构建立业务关系或者要求金融机构为其提供一次性金融服务时，都应当提供真实有效的身份证件或者其他身份证明文件。

第十七条 【通过第三方识别客户身份】金融机构通过第三方识别客户身份的，应当确保第三方已经采取符合本法要求的客户身份识别措施；第三方未采取符合本法要求的客户身份识别措施的，由该金融机构承担未履行客户身份识别义务的责任。

第十八条 【身份信息核实】金融机构进行客户身份识别，认为必要时，可以向公安、工商行政管理等部门核实客户的有关身份信息。

第十九条 【身份资料和交易记录保存制度】金融机构应当按照规定建立客户身份资料和交易记录保存制度。

在业务关系存续期间，客户身份资料发生变更的，应当及时更新客户身份资料。

客户身份资料在业务关系结束后、客户交易信息在交易结束后，应当至少保存五年。

金融机构破产和解散时，应当将客户身份资料和客户交易信息移交国务院有关部门指定的机构。

第二十条 【大额交易和可疑交易报告制度】金融机构应当按照规定执行大额交易和可疑交易报告制度。

金融机构办理的单笔交易或者在规定期限内的累计交易超过规定金额或者发现可疑交易的，应当及时向反洗钱信息中心报告。

第二十一条 【各种制度具体办法的制定】金融机构建立客户身份识别制度、客户身份资料和交易记录保存制度的具体办法，由国务院反洗钱行政主管部门会同国务院有关金融监督管理机构制定。金融机构大额交易和可疑交易报告的具体办法，由国务院反洗钱行政主管部门制定。

第二十二条 【反洗钱培训和宣传】金融机构应当按照反洗钱预防、监控制度的要求，开展反洗钱培训和宣传工作。

第四章 反洗钱调查

第二十三条 【调查的进行】国务院反洗钱行政主管部门或者其省一级派出机构发现可疑交易活动，需要调查核实的，可以向金融机构进行调查，金融机构应当予以配合，如实提供有关文件和资料。

调查可疑交易活动时，调查人员不得少于二人，并出示合法证件和国务院反洗钱行政主管部门或者其省一级派出机构出具的调查通知书。调查人员少于二人或者未出示合法证件和调查通知书的，金融机构有权拒绝调查。

第二十四条 【询问】调查可疑交易活动，可以询问金融机构有关人员，要求其说明情况。

询问应当制作询问笔录。询问笔录应当交被询问人核对。记载有遗漏或者差错的，被询问人可以要求补充或者更正。被询问人确认笔录无误后，应当签名或者盖章；调查人员也应当在笔录上签名。

第二十五条 【调查措施】调查中需要进一步核查的，经国务院反洗钱行政主管部门或者其省一级派出机构的负责人批准，可以查阅、复制被调查对象的账户信息、交易记录和其他有关资料；对可能被转移、隐藏、篡改或者毁损的文件、资料，可以予以封存。

调查人员封存文件、资料，应当会同在场的金融机构工作人员查点清楚，当场开列清单一式二份，由调查人员和在场的金融机构工作人员签名或者盖章，一份交金融机构，一份附卷备查。

第二十六条 【报案与强制措施】经调查仍不能排除洗钱嫌疑的，应当立即向有管辖权的侦查机关报案。客户要求将调查所涉及的账户资金转往境外的，经国务院反洗钱行政主管部门负责人批准，可以采取临时冻结措施。

侦查机关接到报案后，对已依照前款规定临时冻结的资金，应当及时决定是否继续冻结。侦查机关认为需要继续冻结的，依照刑事诉讼法的规定采取冻结措施；认为不需要继续冻结的，应当立即通知国务院反洗钱行政主管部门，国务院反洗钱行政主管部门应当立即通知金融机构解除冻结。

临时冻结不得超过四十八小时。金融机构在按照国务院反洗钱行政主管部门的要求采取临时冻结措施后四十八小时内，未接到侦查机关继续冻结通知的，应当立即解除冻结。

第五章 反洗钱国际合作

第二十七条 【国际合作】中华人民共和国根据缔结或者参加的国际条约，或者按照平等互惠原则，开展反洗钱国际合作。

第二十八条 【反洗钱信息资料交换】国务院反洗钱行政主管部门根据国务院授权，代表中国政府与外国政府和有关国际组织开展反洗钱合作，依法与境外反洗钱机构交换与反洗钱有关的信息和资料。

第二十九条 【司法协助】涉及追究洗钱犯罪的司法协助，由司法机关依照有关法律的规定办理。

第六章 法 律 责 任

第三十条 【反洗钱机构及工作人员的违法责任】反洗

钱行政主管部门和其他依法负有反洗钱监督管理职责的部门、机构从事反洗钱工作的人员有下列行为之一的，依法给予行政处分：

（一）违反规定进行检查、调查或者采取临时冻结措施的；

（二）泄露因反洗钱知悉的国家秘密、商业秘密或者个人隐私的；

（三）违反规定对有关机构和人员实施行政处罚的；

（四）其他不依法履行职责的行为。

第三十一条　【金融机构的违法责任之一】金融机构有下列行为之一的，由国务院反洗钱行政主管部门或者其授权的设区的市一级以上派出机构责令限期改正；情节严重的，建议有关金融监督管理机构依法责令金融机构对直接负责的董事、高级管理人员和其他直接责任人员给予纪律处分：

（一）未按照规定建立反洗钱内部控制制度的；

（二）未按照规定设立反洗钱专门机构或者指定内设机构负责反洗钱工作的；

（三）未按照规定对职工进行反洗钱培训的。

第三十二条　【金融机构的违法责任之二】金融机构有下列行为之一的，由国务院反洗钱行政主管部门或者其授权的设区的市一级以上派出机构责令限期改正；情节严重的，处二十万元以上五十万元以下罚款，并对直接负责的董事、高级管理人员和其他直接责任人员，处一万元以上五万元以下罚款：

（一）未按照规定履行客户身份识别义务的；

（二）未按照规定保存客户身份资料和交易记录的；

（三）未按照规定报送大额交易报告或者可疑交易报告的；

（四）与身份不明的客户进行交易或者为客户开立匿名账户、假名账户的；

（五）违反保密规定，泄露有关信息的；

（六）拒绝、阻碍反洗钱检查、调查的；

（七）拒绝提供调查材料或者故意提供虚假材料的。

金融机构有前款行为，致使洗钱后果发生的，处五十万元以上五百万元以下罚款，并对直接负责的董事、高级管理人员和其他直接责任人员处五万元以上五十万元以下罚款；情节特别严重的，反洗钱行政主管部门可以建议有关金融监督管理机构责令停业整顿或者吊销其经营许可证。

对有前两款规定情形的金融机构直接负责的董事、高级管理人员和其他直接责任人员，反洗钱行政主管部门可以建议有关金融监督管理机构依法责令金融机构给予纪律处分，或者建议依法取消其任职资格、禁止其从事有关金融行业工作。

第三十三条　【刑事责任】违反本法规定，构成犯罪的，依法追究刑事责任。

第七章　附　　则

第三十四条　【金融机构的定义】本法所称金融机构，是指依法设立的从事金融业务的政策性银行、商业银行、信用合作社、邮政储汇机构、信托投资公司、证券公司、期货经纪公司、保险公司以及国务院反洗钱行政主管部门确定并公布的从事金融业务的其他机构。

第三十五条　【具体办法的制定】应当履行反洗钱义务的特定非金融机构的范围、其履行反洗钱义务和对其监督管理的具体办法，由国务院反洗钱行政主管部门会同国务院有关部门制定。

第三十六条　【法律适用的特别规定】对涉嫌恐怖活动资金的监控适用本法；其他法律另有规定的，适用其规定。

第三十七条　【施行日期】本法自 2007 年 1 月 1 日起施行。

金融机构反洗钱规定

1. 2006 年 11 月 14 日中国人民银行令〔2006〕第 1 号公布
2. 自 2007 年 1 月 1 日起施行

第一条　为了预防洗钱活动，规范反洗钱监督管理行为和金融机构的反洗钱工作，维护金融秩序，根据《中华人民共和国反洗钱法》、《中华人民共和国中国人民银行法》等有关法律、行政法规，制定本规定。

第二条　本规定适用于在中华人民共和国境内依法设立的下列金融机构：

（一）商业银行、城市信用合作社、农村信用合作社、邮政储汇机构、政策性银行；

（二）证券公司、期货经纪公司、基金管理公司；

（三）保险公司、保险资产管理公司；

（四）信托投资公司、金融资产管理公司、财务公司、金融租赁公司、汽车金融公司、货币经纪公司；

（五）中国人民银行确定并公布的其他金融机构。

从事汇兑业务、支付清算业务和基金销售业务的机构适用本规定对金融机构反洗钱监督管理的规定。

第三条　中国人民银行是国务院反洗钱行政主管部门，依法对金融机构的反洗钱工作进行监督管理。中国银行业监督管理委员会、中国证券监督管理委员会、中国保险监督管理委员会在各自的职责范围内履行反洗钱监督管理职责。

中国人民银行在履行反洗钱职责过程中，应当与国务院有关部门、机构和司法机关相互配合。

第四条　中国人民银行根据国务院授权代表中国政府开展反洗钱国际合作。中国人民银行可以和其他国家或者地区的反洗钱机构建立合作机制，实施跨境反洗钱监督管理。

第五条　中国人民银行依法履行下列反洗钱监督管理职责：

（一）制定或者会同中国银行业监督管理委员会、中国证券监督管理委员会和中国保险监督管理委员会制定金融机构反洗钱规章；

（二）负责人民币和外币反洗钱的资金监测；

（三）监督、检查金融机构履行反洗钱义务的情况；

（四）在职责范围内调查可疑交易活动；

（五）向侦查机关报告涉嫌洗钱犯罪的交易活动；

（六）按照有关法律、行政法规的规定，与境外反洗钱机构交换与反洗钱有关的信息和资料；

（七）国务院规定的其他有关职责。

第六条　中国人民银行设立中国反洗钱监测分析中心，依法履行下列职责：

（一）接收并分析人民币、外币大额交易和可疑交易报告；

（二）建立国家反洗钱数据库，妥善保存金融机构提交的大额交易和可疑交易报告信息；

（三）按照规定向中国人民银行报告分析结果；

（四）要求金融机构及时补正人民币、外币大额交易和可疑交易报告；

（五）经中国人民银行批准，与境外有关机构交换信息、资料；

（六）中国人民银行规定的其他职责。

第七条　中国人民银行及其工作人员应当对依法履行反洗钱职责获得的信息予以保密，不得违反规定对外提供。

中国反洗钱监测分析中心及其工作人员应当对依法履行反洗钱职责获得的客户身份资料、大额交易和可疑交易信息予以保密；非依法律规定，不得向任何单位和个人提供。

第八条　金融机构及其分支机构应当依法建立健全反洗钱内部控制制度，设立反洗钱专门机构或者指定内设机构负责反洗钱工作，制定反洗钱内部操作规程和控制措施，对工作人员进行反洗钱培训，增强反洗钱工作能力。

金融机构及其分支机构的负责人应当对反洗钱内部控制制度的有效实施负责。

第九条　金融机构应当按照规定建立和实施客户身份识别制度。

（一）对要求建立业务关系或者办理规定金额以上的一次性金融业务的客户身份进行识别，要求客户出示真实有效的身份证件或者其他身份证明文件，进行核对并登记，客户身份信息发生变化时，应当及时予以更新；

（二）按照规定了解客户的交易目的和交易性质，有效识别交易的受益人；

（三）在办理业务中发现异常迹象或者对先前获得的客户身份资料的真实性、有效性、完整性有疑问的，应当重新识别客户身份；

（四）保证与其有代理关系或者类似业务关系的境外金融机构进行有效的客户身份识别，并可从该境外金融机构获得所需的客户身份信息。

前款规定的具体实施办法由中国人民银行会同中国银行业监督管理委员会、中国证券监督管理委员会和中国保险监督管理委员会制定。

第十条　金融机构应当在规定的期限内，妥善保存客户身份资料和能够反映每笔交易的数据信息、业务凭证、账簿等相关资料。

前款规定的具体实施办法由中国人民银行会同中国银行业监督管理委员会、中国证券监督管理委员会、中国保险监督管理委员会制定。

第十一条　金融机构应当按照规定向中国反洗钱监测分析中心报告人民币、外币大额交易和可疑交易。

前款规定的具体实施办法由中国人民银行另行制定。

第十二条　中国人民银行会同中国银行业监督管理委员会、中国证券监督管理委员会、中国保险监督管理委员会指导金融行业自律组织制定本行业的反洗钱工作指引。

第十三条　金融机构在履行反洗钱义务过程中，发现涉嫌犯罪的，应当及时以书面形式向中国人民银行当地分支机构和当地公安机关报告。

第十四条　金融机构及其工作人员应当依法协助、配合司法机关和行政执法机关打击洗钱活动。

金融机构的境外分支机构应当遵循驻在国家或者地区反洗钱方面的法律规定，协助配合驻在国家或者地区反洗钱机构的工作。

第十五条　金融机构及其工作人员对依法履行反洗钱义务获得的客户身份资料和交易信息应当予以保密；非

依法律规定,不得向任何单位和个人提供。

金融机构及其工作人员应当对报告可疑交易、配合中国人民银行调查可疑交易活动等有关反洗钱工作信息予以保密,不得违反规定向客户和其他人员提供。

第十六条 金融机构及其工作人员依法提交大额交易和可疑交易报告,受法律保护。

第十七条 金融机构应当按照中国人民银行的规定,报送反洗钱统计报表、信息资料以及稽核审计报告中与反洗钱工作有关的内容。

第十八条 中国人民银行及其分支机构根据履行反洗钱职责的需要,可以采取下列措施进行反洗钱现场检查:

(一)进入金融机构进行检查;

(二)询问金融机构的工作人员,要求其对有关检查事项作出说明;

(三)查阅、复制金融机构与检查事项有关的文件、资料,并对可能被转移、销毁、隐匿或者篡改的文件资料予以封存;

(四)检查金融机构运用电子计算机管理业务数据的系统。

中国人民银行或者其分支机构实施现场检查前,应填写现场检查立项审批表,列明检查对象、检查内容、时间安排等内容,经中国人民银行或者其分支机构负责人批准后实施。

现场检查时,检查人员不得少于2人,并应出示执法证和检查通知书;检查人员少于2人或者未出示执法证和检查通知书的,金融机构有权拒绝检查。

现场检查后,中国人民银行或者其分支机构应当制作现场检查意见书,加盖公章,送达被检查机构。现场检查意见书的内容包括检查情况、检查评价、改进意见与措施。

第十九条 中国人民银行及其分支机构根据履行反洗钱职责的需要,可以与金融机构董事、高级管理人员谈话,要求其就金融机构履行反洗钱义务的重大事项作出说明。

第二十条 中国人民银行对金融机构实施现场检查,必要时将检查情况通报中国银行业监督管理委员会、中国证券监督管理委员会或者中国保险监督管理委员会。

第二十一条 中国人民银行或者其省一级分支机构发现可疑交易活动需要调查核实的,可以向金融机构调查可疑交易活动涉及的客户账户信息、交易记录和其他有关资料,金融机构及其工作人员应当予以配合。

前款所称中国人民银行或者其省一级分支机构包括中国人民银行总行、上海总部、分行、营业管理部、省会(首府)城市中心支行、副省级城市中心支行。

第二十二条 中国人民银行或者其省一级分支机构调查可疑交易活动,可以询问金融机构的工作人员,要求其说明情况;查阅、复制被调查的金融机构客户的账户信息、交易记录和其他有关资料;对可能被转移、隐藏、篡改或者毁损的文件、资料,可以封存。

调查可疑交易活动时,调查人员不得少于2人,并出示执法证和中国人民银行或者其省一级分支机构出具的调查通知书。查阅、复制、封存被调查的金融机构客户的账户信息、交易记录和其他有关资料,应当经中国人民银行或者其省一级分支机构负责人批准。调查人员违反规定程序的,金融机构有权拒绝调查。

询问应当制作询问笔录。询问笔录应当交被询问人核对。记载有遗漏或者差错的,被询问人可以要求补充或者更正。被询问人确认笔录无误后,应当签名或者盖章;调查人员也应当在笔录上签名。

调查人员封存文件、资料,应当会同在场的金融机构工作人员查点清楚,当场开列清单一式二份,由调查人员和在场的金融机构工作人员签名或者盖章,一份交金融机构,一份附卷备查。

第二十三条 经调查仍不能排除洗钱嫌疑的,应当立即向有管辖权的侦查机关报案。对客户要求将调查所涉及的账户资金转往境外的,金融机构应当立即向中国人民银行当地分支机构报告。经中国人民银行负责人批准,中国人民银行可以采取临时冻结措施,并以书面形式通知金融机构,金融机构接到通知后应当立即予以执行。

侦查机关接到报案后,认为需要继续冻结的,金融机构在接到侦查机关继续冻结的通知后,应当予以配合。侦查机关认为不需要继续冻结的,中国人民银行在接到侦查机关不需要继续冻结的通知后,应当立即以书面形式通知金融机构解除临时冻结。

临时冻结不得超过48小时。金融机构在按照中国人民银行的要求采取临时冻结措施后48小时内,未接到侦查机关继续冻结通知的,应当立即解除临时冻结。

第二十四条 中国人民银行及其分支机构从事反洗钱工作的人员有下列行为之一的,依法给予行政处分:

(一)违反规定进行检查、调查或者采取临时冻结措施的;

(二)泄露因反洗钱知悉的国家秘密、商业秘密或者个人隐私的;

(三)违反规定对有关机构和人员实施行政处罚的;

(四)其他不依法履行职责的行为。

第二十五条 金融机构违反本规定的,由中国人民银行或者其地市中心支行以上分支机构按照《中华人民共和国反洗钱法》第三十一条、第三十二条的规定进行处罚；区别不同情形，建议中国银行业监督管理委员会、中国证券监督管理委员会或者中国保险监督管理委员会采取下列措施：

（一）责令金融机构停业整顿或者吊销其经营许可证；

（二）取消金融机构直接负责的董事、高级管理人员和其他直接责任人员的任职资格、禁止其从事有关金融行业工作；

（三）责令金融机构对直接负责的董事、高级管理人员和其他直接责任人员给予纪律处分。

中国人民银行县（市）支行发现金融机构违反本规定的，应报告其上一级分支机构，由该分支机构按照前款规定进行处罚或提出建议。

第二十六条 中国人民银行和其地市中心支行以上分支机构对金融机构违反本规定的行为给予行政处罚的，应当遵守《中国人民银行行政处罚程序规定》的有关规定。

第二十七条 本规定自2007年1月1日起施行。2003年1月3日中国人民银行发布的《金融机构反洗钱规定》同时废止。

金融机构大额交易和可疑交易报告管理办法

1. 2016年12月28日中国人民银行令〔2016〕第3号公布

2. 根据2018年7月26日中国人民银行令〔2018〕第2号《关于修改〈金融机构大额交易和可疑交易报告管理办法〉的决定》修正

第一章 总 则

第一条 为了规范金融机构大额交易和可疑交易报告行为，根据《中华人民共和国反洗钱法》、《中华人民共和国中国人民银行法》、《中华人民共和国反恐怖主义法》等有关法律法规，制定本办法。

第二条 本办法适用于在中华人民共和国境内依法设立的下列金融机构：

（一）政策性银行、商业银行、农村合作银行、农村信用社、村镇银行。

（二）证券公司、期货公司、基金管理公司。

（三）保险公司、保险资产管理公司、保险专业代理公司、保险经纪公司。

（四）信托公司、金融资产管理公司、企业集团财务公司、金融租赁公司、汽车金融公司、消费金融公司、货币经纪公司、贷款公司。

（五）中国人民银行确定并公布的应当履行反洗钱义务的从事金融业务的其他机构。

第三条 金融机构应当履行大额交易和可疑交易报告义务，向中国反洗钱监测分析中心报送大额交易和可疑交易报告，接受中国人民银行及其分支机构的监督、检查。

第四条 金融机构应当通过其总部或者总部指定的一个机构，按本办法规定的路径和方式提交大额交易和可疑交易报告。

第二章 大额交易报告

第五条 金融机构应当报告下列大额交易：

（一）当日单笔或者累计交易人民币5万元以上（含5万元）、外币等值1万美元以上（含1万美元）的现金缴存、现金支取、现金结售汇、现钞兑换、现金汇款、现金票据解付及其他形式的现金收支。

（二）非自然人客户银行账户与其他的银行账户发生当日单笔或者累计交易人民币200万元以上（含200万元）、外币等值20万美元以上（含20万美元）的款项划转。

（三）自然人客户银行账户与其他的银行账户发生当日单笔或者累计交易人民币50万元以上（含50万元）、外币等值10万美元以上（含10万美元）的境内款项划转。

（四）自然人客户银行账户与其他的银行账户发生当日单笔或者累计交易人民币20万元以上（含20万元）、外币等值1万美元以上（含1万美元）的跨境款项划转。

累计交易金额以客户为单位，按资金收入或者支出单边累计计算并报告。中国人民银行另有规定的除外。

中国人民银行根据需要可以调整本条第一款规定的大额交易报告标准。

第六条 对同时符合两项以上大额交易标准的交易，金融机构应当分别提交大额交易报告。

第七条 对符合下列条件之一的大额交易，如未发现交易或行为可疑的，金融机构可以不报告：

（一）定期存款到期后，不直接提取或者划转，而是本金或者本金加全部或者部分利息续存入在同一金融机构开立的同一户名下的另一账户。

活期存款的本金或者本金加全部或者部分利息转为在同一金融机构开立的同一户名下的另一账户内的定期存款。

定期存款的本金或者本金加全部或者部分利息转为在同一金融机构开立的同一户名下的另一账户内的

活期存款。

（二）自然人实盘外汇买卖交易过程中不同外币币种间的转换。

（三）交易一方为各级党的机关、国家权力机关、行政机关、司法机关、军事机关、人民政协机关和人民解放军、武警部队，但不包含其下属的各类企事业单位。

（四）金融机构同业拆借、在银行间债券市场进行的债券交易。

（五）金融机构在黄金交易所进行的黄金交易。

（六）金融机构内部调拨资金。

（七）国际金融组织和外国政府贷款转贷业务项下的交易。

（八）国际金融组织和外国政府贷款项下的债务掉期交易。

（九）政策性银行、商业银行、农村合作银行、农村信用社、村镇银行办理的税收、错账冲正、利息支付。

（十）中国人民银行确定的其他情形。

第八条　金融机构应当在大额交易发生之日起5个工作日内以电子方式提交大额交易报告。

第九条　下列金融机构与客户进行金融交易并通过银行账户划转款项的，由银行机构按照本办法规定提交大额交易报告：

（一）证券公司、期货公司、基金管理公司。

（二）保险公司、保险资产管理公司、保险专业代理公司、保险经纪公司。

（三）信托公司、金融资产管理公司、企业集团财务公司、金融租赁公司、汽车金融公司、消费金融公司、货币经纪公司、贷款公司。

第十条　客户通过在境内金融机构开立的账户或者境内银行卡所发生的大额交易，由开立账户的金融机构或者发卡银行报告；客户通过境外银行卡所发生的大额交易，由收单机构报告；客户不通过账户或者银行卡发生的大额交易，由办理业务的金融机构报告。

第三章　可疑交易报告

第十一条　金融机构发现或者有合理理由怀疑客户、客户的资金或者其他资产、客户的交易或者试图进行的交易与洗钱、恐怖融资等犯罪活动相关的，不论所涉资金金额或者资产价值大小，应当提交可疑交易报告。

第十二条　金融机构应当制定本机构的交易监测标准，并对其有效性负责。交易监测标准包括并不限于客户的身份、行为，交易的资金来源、金额、频率、流向、性质等存在异常的情形，并应当参考以下因素：

（一）中国人民银行及其分支机构发布的反洗钱、反恐怖融资规定及指引、风险提示、洗钱类型分析报告和风险评估报告。

（二）公安机关、司法机关发布的犯罪形势分析、风险提示、犯罪类型报告和工作报告。

（三）本机构的资产规模、地域分布、业务特点、客户群体、交易特征，洗钱和恐怖融资风险评估结论。

（四）中国人民银行及其分支机构出具的反洗钱监管意见。

（五）中国人民银行要求关注的其他因素。

第十三条　金融机构应当定期对交易监测标准进行评估，并根据评估结果完善交易监测标准。如发生突发情况或者应当关注的情况的，金融机构应当及时评估和完善交易监测标准。

第十四条　金融机构应当对通过交易监测标准筛选出的交易进行人工分析、识别，并记录分析过程；不作为可疑交易报告的，应当记录分析排除的合理理由；确认为可疑交易的，应当在可疑交易报告理由中完整记录对客户身份特征、交易特征或行为特征的分析过程。

第十五条　金融机构应当在按本机构可疑交易报告内部操作规程确认为可疑交易后，及时以电子方式提交可疑交易报告。

第十六条　既属于大额交易又属于可疑交易的交易，金融机构应当分别提交大额交易报告和可疑交易报告。

第十七条　可疑交易符合下列情形之一的，金融机构应当在向中国反洗钱监测分析中心提交可疑交易报告的同时，以电子形式或书面形式向所在地中国人民银行或者其分支机构报告，并配合反洗钱调查：

（一）明显涉嫌洗钱、恐怖融资等犯罪活动的。

（二）严重危害国家安全或者影响社会稳定的。

（三）其他情节严重或者情况紧急的情形。

第十八条　金融机构应当对下列恐怖活动组织及恐怖活动人员名单开展实时监测，有合理理由怀疑客户或者其交易对手、资金或者其他资产与名单相关的，应当在立即向中国反洗钱监测分析中心提交可疑交易报告的同时，以电子形式或书面形式向所在地中国人民银行或者其分支机构报告，并按照相关主管部门的要求依法采取措施。

（一）中国政府发布的或者要求执行的恐怖活动组织及恐怖活动人员名单。

（二）联合国安理会决议中所列的恐怖活动组织及恐怖活动人员名单。

（三）中国人民银行要求关注的其他涉嫌恐怖活动的组织及人员名单。

恐怖活动组织及恐怖活动人员名单调整的，金融机构应当立即开展回溯性调查，并按前款规定提交可疑交易报告。

法律、行政法规、规章对上述名单的监控另有规定的，从其规定。

第四章　内部管理措施

第十九条　金融机构应当根据本办法制定大额交易和可疑交易报告内部管理制度和操作规程，对本机构的大额交易和可疑交易报告工作做出统一要求，并对分支机构、附属机构大额交易和可疑交易报告制度的执行情况进行监督管理。

金融机构应当将大额交易和可疑交易报告制度向中国人民银行或其总部所在地的中国人民银行分支机构报备。

第二十条　金融机构应当设立专职的反洗钱岗位，配备专职人员负责大额交易和可疑交易报告工作，并提供必要的资源保障和信息支持。

第二十一条　金融机构应当建立健全大额交易和可疑交易监测系统，以客户为基本单位开展资金交易的监测分析，全面、完整、准确地采集各业务系统的客户身份信息和交易信息，保障大额交易和可疑交易监测分析的数据需求。

第二十二条　金融机构应当按照完整准确、安全保密的原则，将大额交易和可疑交易报告、反映交易分析和内部处理情况的工作记录等资料自生成之日起至少保存5年。

保存的信息资料涉及正在被反洗钱调查的可疑交易活动，且反洗钱调查工作在前款规定的最低保存期届满时仍未结束的，金融机构应将其保存至反洗钱调查工作结束。

第二十三条　金融机构及其工作人员应当对依法履行大额交易和可疑交易报告义务获得的客户身份资料和交易信息，对依法监测、分析、报告可疑交易的有关情况予以保密，不得违反规定向任何单位和个人提供。

第五章　法 律 责 任

第二十四条　金融机构违反本办法的，由中国人民银行或者其地市中心支行以上分支机构按照《中华人民共和国反洗钱法》第三十一条、第三十二条的规定予以处罚。

第六章　附　　则

第二十五条　非银行支付机构、从事汇兑业务和基金销售业务的机构报告大额交易和可疑交易适用本办法。银行卡清算机构、资金清算中心等从事清算业务的机构应当按照中国人民银行有关规定开展交易监测分析、报告工作。

本办法所称非银行支付机构，是指根据《非金融机构支付服务管理办法》（中国人民银行令〔2010〕第2号发布）规定取得《支付业务许可证》的支付机构。

本办法所称资金清算中心，包括城市商业银行资金清算中心、农信银资金清算中心有限责任公司及中国人民银行确定的其他资金清算中心。

第二十六条　本办法所称非自然人，包括法人、其他组织和个体工商户。

第二十七条　金融机构应当按照本办法所附的大额交易和可疑交易报告要素要求（要素内容见附件），制作大额交易报告和可疑交易报告的电子文件。具体的报告格式和填报要求由中国人民银行另行规定。

第二十八条　中国反洗钱监测分析中心发现金融机构报送的大额交易报告或者可疑交易报告内容要素不全或者存在错误的，可以向提交报告的金融机构发出补正通知，金融机构应当在接到补正通知之日起5个工作日内补正。

第二十九条　本办法由中国人民银行负责解释。

第三十条　本办法自2017年7月1日起施行。中国人民银行2006年11月14日发布的《金融机构大额交易和可疑交易报告管理办法》（中国人民银行令〔2006〕第2号）和2007年6月11日发布的《金融机构报告涉嫌恐怖融资的可疑交易管理办法》（中国人民银行令〔2007〕第1号）同时废止。中国人民银行此前发布的大额交易和可疑交易报告的其他规定，与本办法不一致的，以本办法为准。

附：金融机构大额交易和可疑交易报告要素内容（略）

金融机构反洗钱和反恐怖融资监督管理办法

1. 2021年4月15日中国人民银行令〔2021〕第3号发布
2. 自2021年8月1日起施行

第一章　总　　则

第一条　为了督促金融机构有效履行反洗钱和反恐怖融资义务，规范反洗钱和反恐怖融资监督管理行为，根据《中华人民共和国反洗钱法》《中华人民共和国中国人民银行法》《中华人民共和国反恐怖主义法》等法律法规，制定本办法。

第二条　本办法适用于在中华人民共和国境内依法设立的下列金融机构：

（一）开发性金融机构、政策性银行、商业银行、农村合作银行、农村信用合作社、村镇银行；

（二）证券公司、期货公司、证券投资基金管理公司；

（三）保险公司、保险资产管理公司；

（四）信托公司、金融资产管理公司、企业集团财务公司、金融租赁公司、汽车金融公司、消费金融公司、货币经纪公司、贷款公司、银行理财子公司；

（五）中国人民银行确定并公布应当履行反洗钱和反恐怖融资义务的其他金融机构。

非银行支付机构、银行卡清算机构、资金清算中心、网络小额贷款公司以及从事汇兑业务、基金销售业务、保险专业代理和保险经纪业务的机构，适用本办法关于金融机构的监督管理规定。

第三条 中国人民银行及其分支机构依法对金融机构反洗钱和反恐怖融资工作进行监督管理。

第四条 金融机构应当按照规定建立健全反洗钱和反恐怖融资内部控制制度，评估洗钱和恐怖融资风险，建立与风险状况和经营规模相适应的风险管理机制，搭建反洗钱信息系统，设立或者指定部门并配备相应人员，有效履行反洗钱和反恐怖融资义务。

第五条 对依法履行反洗钱和反恐怖融资职责或者义务获得的客户身份资料和交易信息，应当予以保密，非依法律规定不得对外提供。

第二章 金融机构反洗钱和反恐怖融资内部控制和风险管理

第六条 金融机构应当按照规定，结合本机构经营规模以及洗钱和恐怖融资风险状况，建立健全反洗钱和反恐怖融资内部控制制度。

第七条 金融机构应当在总部层面建立洗钱和恐怖融资风险自评估制度，定期或不定期评估洗钱和恐怖融资风险，经董事会或者高级管理层审定之日起10个工作日内，将自评估情况报送中国人民银行或者所在地中国人民银行分支机构。

金融机构洗钱和恐怖融资风险自评估应当与本机构经营规模和业务特征相适应，充分考虑客户、地域、业务、交易渠道等方面的风险要素类型及其变化情况，并吸收运用国家洗钱和恐怖融资风险评估报告、监管部门及自律组织的指引等。金融机构在采用新技术、开办新业务或者提供新产品、新服务前，或者其面临的洗钱或者恐怖融资风险发生显著变化时，应当进行洗钱和恐怖融资风险评估。

金融机构应当定期审查和不断优化洗钱和恐怖融资风险评估工作流程和指标体系。

第八条 金融机构应当根据本机构经营规模和已识别出的洗钱和恐怖融资风险状况，经董事会或者高级管理层批准，制定相应的风险管理政策，并根据风险状况变化和控制措施执行情况及时调整。

金融机构应当将洗钱和恐怖融资风险管理纳入本机构全面风险管理体系，覆盖各项业务活动和管理流程；针对识别的较高风险情形，应当采取强化措施，管理和降低风险；针对识别的较低风险情形，可以采取简化措施；超出金融机构风险控制能力的，不得与客户建立业务关系或者进行交易，已经建立业务关系的，应当中止交易并考虑提交可疑交易报告，必要时终止业务关系。

第九条 金融机构应当设立专门部门或者指定内设部门牵头开展反洗钱和反恐怖融资管理工作。

金融机构应当明确董事会、监事会、高级管理层和相关部门的反洗钱和反恐怖融资职责，建立相应的绩效考核和奖惩机制。

金融机构应当任命或者授权一名高级管理人员牵头负责反洗钱和反恐怖融资管理工作，并采取合理措施确保其独立开展工作以及充分获取履职所需权限和资源。

金融机构应当根据本机构经营规模、洗钱和恐怖融资风险状况和业务发展趋势配备充足的反洗钱岗位人员，采取适当措施确保反洗钱岗位人员的资质、经验、专业素质及职业道德符合要求，制定持续的反洗钱和反恐怖融资培训计划。

第十条 金融机构应当根据反洗钱和反恐怖融资工作需要，建立和完善相关信息系统，并根据风险状况、反洗钱和反恐怖融资工作需求变化及时优化升级。

第十一条 金融机构应当建立反洗钱和反恐怖融资审计机制，通过内部审计或者独立审计等方式，审查反洗钱和反恐怖融资内部控制制度制定和执行情况。审计应当遵循独立性原则，全面覆盖境内外分支机构、控股附属机构，审计的范围、方法和频率应当与本机构经营规模及洗钱和恐怖融资风险状况相适应，审计报告应当向董事会或者其授权的专门委员会提交。

第十二条 金融机构应当在总部层面制定统一的反洗钱和反恐怖融资机制安排，包括为开展客户尽职调查、洗钱和恐怖融资风险管理，共享反洗钱和反恐怖融资信息的制度和程序，并确保其所有分支机构和控股附属机构结合自身业务特点有效执行。

金融机构在共享和使用反洗钱和反恐怖融资信息方面应当依法提供信息并防止信息泄露。

第十三条 金融机构应当要求其境外分支机构和控股附属机构在驻在国家（地区）法律规定允许的范围内，执行本办法；驻在国家（地区）有更严格要求的，遵守其规定。

如果本办法的要求比驻在国家(地区)的相关规定更为严格,但驻在国家(地区)法律禁止或者限制境外分支机构和控股附属机构实施本办法的,金融机构应当采取适当的补充措施应对洗钱和恐怖融资风险,并向中国人民银行报告。

第十四条　金融机构应当按照规定,结合内部控制制度和风险管理机制的相关要求,履行客户尽职调查、客户身份资料和交易记录保存、大额交易和可疑交易报告等义务。

第十五条　金融机构应当按照中国人民银行的规定报送反洗钱和反恐怖融资工作信息。金融机构应当对相关信息的真实性、完整性、有效性负责。

第十六条　在境外设有分支机构或控股附属机构的,境内金融机构总部应当按年度向中国人民银行或者所在地中国人民银行分支机构报告境外分支机构或控股附属机构接受驻在国家(地区)反洗钱和反恐怖融资监管情况。

第十七条　发生下列情况的,金融机构应当按照规定及时向中国人民银行或者所在地中国人民银行分支机构报告:

(一)制定或者修订主要反洗钱和反恐怖融资内部控制制度的;

(二)牵头负责反洗钱和反恐怖融资工作的高级管理人员、牵头管理部门或者部门主要负责人调整的;

(三)发生涉及反洗钱和反恐怖融资工作的重大风险事项的;

(四)境外分支机构和控股附属机构受到当地监管当局或者司法部门开展的与反洗钱和反恐怖融资相关的执法检查、行政处罚、刑事调查或者发生其他重大风险事件的;

(五)中国人民银行要求报告的其他事项。

第三章　反洗钱和反恐怖融资监督管理

第十八条　中国人民银行及其分支机构应当遵循风险为本和法人监管原则,合理运用各类监管方法,实现对不同类型金融机构的有效监管。

中国人民银行及其分支机构可以向国务院金融监督管理机构或者其派出机构通报对金融机构反洗钱和反恐怖融资监管情况。

第十九条　根据履行反洗钱和反恐怖融资职责的需要,中国人民银行及其分支机构可以按照规定程序,对金融机构履行反洗钱和反恐怖融资义务的情况开展执法检查。

中国人民银行及其分支机构可以对其下级机构负责监督管理的金融机构进行反洗钱和反恐怖融资执法检查,可以授权下级机构检查由上级机构负责监督管理的金融机构。

第二十条　中国人民银行及其分支机构开展反洗钱和反恐怖融资执法检查,应当依据现行反洗钱和反恐怖融资规定,按照中国人民银行执法检查有关程序规定组织实施。

第二十一条　中国人民银行及其分支机构应当根据执法检查有关程序规定,规范有效地开展执法检查工作,重点加强对以下机构的监督管理:

(一)涉及洗钱和恐怖融资案件的机构;

(二)洗钱和恐怖融资风险较高的机构;

(三)通过日常监管、受理举报投诉等方式,发现存在重大违法违规线索的机构;

(四)其他应当重点监管的机构。

第二十二条　中国人民银行及其分支机构进入金融机构现场开展反洗钱和反恐怖融资检查的,按照规定可以询问金融机构工作人员,要求其对监管事项作出说明;查阅、复制文件、资料,对可能被转移、隐匿或者销毁的文件、资料予以封存;查验金融机构运用信息化、数字化管理业务数据和进行洗钱和恐怖融资风险管理的系统。

第二十三条　中国人民银行及其分支机构应当根据金融机构报送的反洗钱和反恐怖融资工作信息,结合日常监管中获得的其他信息,对金融机构反洗钱和反恐怖融资制度的建立健全情况和执行情况进行评价。

第二十四条　为了有效实施风险为本监管,中国人民银行及其分支机构应当结合国家、地区、行业的洗钱和恐怖融资风险评估情况,在采集金融机构反洗钱和反恐怖融资信息的基础上,对金融机构开展风险评估,及时、准确掌握金融机构洗钱和恐怖融资风险状况。

第二十五条　为了解金融机构洗钱和恐怖融资风险状况,中国人民银行及其分支机构可以对金融机构开展洗钱和恐怖融资风险现场评估。

中国人民银行及其分支机构开展现场风险评估应当填制《反洗钱监管审批表》(附 1)及《反洗钱监管通知书》(附 2),经本行(营业管理部)行长(主任)或者分管副行长(副主任)批准后,至少提前 5 个工作日将《反洗钱监管通知书》送达被评估的金融机构。

中国人民银行及其分支机构可以要求被评估的金融机构提供必要的资料数据,也可以现场采集评估需要的信息。

在开展现场风险评估时,中国人民银行及其分支机构的反洗钱工作人员不得少于 2 人,并出示合法证件。

现场风险评估结束后，中国人民银行及其分支机构应当制发《反洗钱监管意见书》（附3），将风险评估结论和发现的问题反馈被评估的金融机构。

第二十六条 根据金融机构合规情况和风险状况，中国人民银行及其分支机构可以采取监管提示、约见谈话、监管走访等措施。在监管过程中，发现金融机构存在较高洗钱和恐怖融资风险或者涉嫌违反反洗钱和反恐怖融资规定的，中国人民银行及其分支机构应当及时开展执法检查。

第二十七条 金融机构存在洗钱和恐怖融资风险隐患，或者反洗钱和反恐怖融资工作存在明显漏洞，需要提示金融机构关注的，经中国人民银行或其分支机构反洗钱部门负责人批准，可以向该金融机构发出《反洗钱监管提示函》（附4），要求其采取必要的管控措施，督促其整改。

金融机构应当自收到《反洗钱监管提示函》之日起20个工作日内，经本机构分管反洗钱和反恐怖融资工作负责人签批后作出书面答复；不能及时作出答复的，经中国人民银行或者其所在地中国人民银行分支机构同意后，在延长时限内作出答复。

第二十八条 根据履行反洗钱和反恐怖融资职责的需要，针对金融机构反洗钱和反恐怖融资义务履行不到位、突出风险事件等重要问题，中国人民银行及其分支机构可以约见金融机构董事、监事、高级管理人员或者部门负责人进行谈话。

第二十九条 中国人民银行及其分支机构进行约见谈话前，应当填制《反洗钱监管审批表》及《反洗钱监管通知书》。约见金融机构董事、监事、高级管理人员，应当经本行（营业管理部）行长（主任）或者分管副行长（副主任）批准；约见金融机构部门负责人的，应当经本行（营业管理部）反洗钱部门负责人批准。

《反洗钱监管通知书》应当至少提前2个工作日送达被谈话机构。情况特殊需要立即进行约见谈话的，应当在约见谈话现场送达《反洗钱监管通知书》。

约见谈话时，中国人民银行及其分支机构反洗钱工作人员不得少于2人。谈话结束后，应当填写《反洗钱约谈记录》（附5）并经被谈话人签字确认。

第三十条 为了解、核实金融机构反洗钱和反恐怖融资政策执行情况以及监管意见整改情况，中国人民银行及其分支机构可以对金融机构开展监管走访。

第三十一条 中国人民银行及其分支机构进行监管走访前，应当填制《反洗钱监管审批表》及《反洗钱监管通知书》，由本行（营业管理部）行长（主任）或者分管副行长（副主任）批准。

《反洗钱监管通知书》应当至少提前5个工作日送达金融机构。情况特殊需要立即实施监管走访的，应当在进入金融机构现场时送达《反洗钱监管通知书》。

监管走访时，中国人民银行及其分支机构反洗钱工作人员不得少于2人，并出示合法证件。

中国人民银行及其分支机构应当做好监管走访记录，必要时，可以制发《反洗钱监管意见书》。

第三十二条 中国人民银行及其分支机构应当持续跟踪金融机构对监管发现问题的整改情况，对于未合理制定整改计划或者未有效实施整改的，可以启动执法检查或者进一步采取其他监管措施。

第三十三条 中国人民银行分支机构对金融机构分支机构依法实施行政处罚，或者在监管过程中发现涉及金融机构总部的重大问题、系统性缺陷的，应当及时将处罚决定或者监管意见抄送中国人民银行或者金融机构总部所在地中国人民银行分支机构。

第三十四条 中国人民银行及其分支机构监管人员违反规定程序或者超越职权规定实施监管的，金融机构有权拒绝或者提出异议。金融机构对中国人民银行及其分支机构提出的违法违规问题有权提出申辩，有合理理由的，中国人民银行及其分支机构应当采纳。

第四章 法律责任

第三十五条 中国人民银行及其分支机构从事反洗钱工作的人员，违反本办法有关规定的，按照《中华人民共和国反洗钱法》第三十条的规定予以处分。

第三十六条 金融机构违反本办法有关规定的，由中国人民银行或者其地市中心支行以上分支机构按照《中华人民共和国反洗钱法》第三十一条、第三十二条的规定进行处理；区别不同情形，建议国务院金融监督管理机构依法予以处理。

中国人民银行县（市）支行发现金融机构违反本规定的，应报告其上一级分支机构，由该分支机构按照前款规定进行处理或提出建议。

第五章 附　　则

第三十七条 金融集团适用本办法第九条第四款、第十一条至第十三条的规定。

第三十八条 本办法由中国人民银行负责解释。

第三十九条 本办法自2021年8月1日起施行。本办法施行前有关反洗钱和反恐怖融资规定与本办法不一致的，按照本办法执行。《金融机构反洗钱监督管理办法（试行）》（银发〔2014〕344号文印发）同时废止。

附：（略）

银行业金融机构反洗钱和反恐怖融资管理办法

2019年1月29日中国银行保险监督管理委员会令第1号发布

第一章　总　　则

第一条　为预防洗钱和恐怖融资活动，做好银行业金融机构反洗钱和反恐怖融资工作，根据《中华人民共和国银行业监督管理法》《中华人民共和国反洗钱法》《中华人民共和国反恐怖主义法》等有关法律、行政法规，制定本办法。

第二条　国务院银行业监督管理机构根据法律、行政法规规定，配合国务院反洗钱行政主管部门，履行银行业金融机构反洗钱和反恐怖融资监督管理职责。

国务院银行业监督管理机构的派出机构根据法律、行政法规及本办法的规定，负责辖内银行业金融机构反洗钱和反恐怖融资监督管理工作。

第三条　本办法所称银行业金融机构，是指在中华人民共和国境内设立的商业银行、农村合作银行、农村信用合作社等吸收公众存款的金融机构以及政策性银行和国家开发银行。

对在中华人民共和国境内设立的金融资产管理公司、信托公司、企业集团财务公司、金融租赁公司、汽车金融公司、货币经纪公司、消费金融公司以及经国务院银行业监督管理机构批准设立的其他金融机构的反洗钱和反恐怖融资管理，参照本办法对银行业金融机构的规定执行。

第四条　银行业金融机构境外分支机构和附属机构，应当遵循驻在国家（地区）反洗钱和反恐怖融资方面的法律规定，协助配合驻在国家（地区）监管机构的工作，同时在驻在国家（地区）法律规定允许的范围内，执行本办法的有关要求。

驻在国家（地区）不允许执行本办法的有关要求的，银行业金融机构应当采取适当的额外措施应对洗钱和恐怖融资风险，并向国务院银行业监督管理机构报告。

第二章　银行业金融机构反洗钱和反恐怖融资义务

第五条　银行业金融机构应当建立健全洗钱和恐怖融资风险管理体系，全面识别和评估自身面临的洗钱和恐怖融资风险，采取与风险相适应的政策和程序。

第六条　银行业金融机构应当将洗钱和恐怖融资风险管理纳入全面风险管理体系，将反洗钱和反恐怖融资要求嵌入合规管理、内部控制制度，确保洗钱和恐怖融资风险管理体系能够全面覆盖各项产品及服务。

第七条　银行业金融机构应当依法建立反洗钱和反恐怖融资内部控制制度，并对分支机构和附属机构的执行情况进行管理。反洗钱和反恐怖融资内部控制制度应当包括下列内容：

（一）反洗钱和反恐怖融资内部控制职责划分；

（二）反洗钱和反恐怖融资内部控制措施；

（三）反洗钱和反恐怖融资内部控制评价机制；

（四）反洗钱和反恐怖融资内部控制监督制度；

（五）重大洗钱和恐怖融资风险事件应急处置机制；

（六）反洗钱和反恐怖融资工作信息保密制度；

（七）国务院银行业监督管理机构及国务院反洗钱行政主管部门规定的其他内容。

第八条　银行业金融机构应当建立组织架构健全、职责边界清晰的洗钱和恐怖融资风险治理架构，明确董事会、监事会、高级管理层、业务部门、反洗钱和反恐怖融资管理部门和内审部门等在洗钱和恐怖融资风险管理中的职责分工。

第九条　银行业金融机构董事会应当对反洗钱和反恐怖融资工作承担最终责任。

第十条　银行业金融机构的高级管理层应当承担洗钱和恐怖融资风险管理的实施责任。

银行业金融机构应当任命或者授权一名高级管理人员牵头负责洗钱和恐怖融资风险管理工作，其有权独立开展工作。银行业金融机构应当确保其能够充分获取履职所需的权限和资源，避免可能影响其履职的利益冲突。

第十一条　银行业金融机构应当设立反洗钱和反恐怖融资专门机构或者指定内设机构负责反洗钱和反恐怖融资管理工作。反洗钱和反恐怖融资管理部门应当设立专门的反洗钱和反恐怖融资岗位，并配备足够人员。

银行业金融机构应当明确相关业务部门的反洗钱和反恐怖融资职责，保证反洗钱和反恐怖融资内部控制制度在业务流程中的贯彻执行。

第十二条　银行业金融机构应当按照规定建立健全和执行客户身份识别制度，遵循“了解你的客户”的原则，针对不同客户、业务关系或者交易，采取有效措施，识别和核实客户身份，了解客户及其建立、维持业务关系的目的和性质，了解非自然人客户受益所有人。在与客户的业务关系存续期间，银行业金融机构应当采取持续的客户身份识别措施。

第十三条　银行业金融机构应当按照规定建立健全和执行客户身份资料和交易记录保存制度，妥善保存客户身份资料和交易记录，确保能重现该项交易，以提供监测分析交易情况、调查可疑交易活动和查处洗钱案件所需的信息。

第十四条　银行业金融机构应当按照规定建立健全和执行大额交易和可疑交易报告制度。

第十五条　银行业金融机构与金融机构开展业务合作时，应当在合作协议中明确双方的反洗钱和反恐怖融资职责，承担相应的法律义务，相互间提供必要的协助，采取有效的风险管控措施。

第十六条　银行业金融机构解散、撤销或者破产时，应当将客户身份资料和交易记录移交国务院有关部门指定的机构。

第十七条　银行业金融机构应当按照客户特点或者账户属性，以客户为单位合理确定洗钱和恐怖融资风险等级，根据风险状况采取相应的控制措施，并在持续关注的基础上适时调整风险等级。

第十八条　银行业金融机构应当建立健全和执行洗钱和恐怖融资风险自评估制度，对本机构的内外部洗钱和恐怖融资风险及相关风险控制措施有效性进行评估。

银行业金融机构开展新业务、应用新技术之前应当进行洗钱和恐怖融资风险评估。

第十九条　银行业金融机构应当建立反恐怖融资管理机制，按照国家反恐怖主义工作领导机构发布的恐怖活动组织及恐怖活动人员名单、冻结资产的决定，依法对相关资产采取冻结措施。

银行业金融机构应当根据监管要求密切关注涉恐人员名单，及时对本机构客户和交易进行风险排查，依法采取相应措施。

第二十条　银行业金融机构应当依法执行联合国安理会制裁决议要求。

第二十一条　银行业金融机构应当每年开展反洗钱和反恐怖融资内部审计，内部审计可以是专项审计，或者与其他审计项目结合进行。

第二十二条　对依法履行反洗钱和反恐怖融资义务获得的客户身份资料和交易信息，银行业金融机构及其工作人员应当予以保密；非依法律规定，不得向任何单位和个人提供。

第二十三条　银行业金融机构应当将可量化的反洗钱和反恐怖融资控制指标嵌入信息系统，使风险信息能够在业务部门和反洗钱和反恐怖融资管理部门之间有效传递、集中和共享，满足对洗钱和恐怖融资风险进行预警、信息提取、分析和报告等各项要求。

第二十四条　银行业金融机构应当配合银行业监督管理机构做好反洗钱和反恐怖融资监督检查工作。

第二十五条　银行业金融机构应当按照法律、行政法规及银行业监督管理机构的相关规定，履行协助查询、冻结、扣划义务，配合公安机关、司法机关等做好洗钱和恐怖融资案件调查工作。

第二十六条　银行业金融机构应当做好境外洗钱和恐怖融资风险管控和合规经营工作。境外分支机构和附属机构要加强与境外监管当局的沟通，严格遵守境外反洗钱和反恐怖融资法律法规及相关监管要求。

银行业金融机构境外分支机构和附属机构受到当地监管部门或者司法部门现场检查、行政处罚、刑事调查或者发生其他重大风险事项时，应当及时向银行业监督管理机构报告。

第二十七条　银行业金融机构应当对跨境业务开展尽职调查和交易监测工作，做好跨境业务洗钱风险、制裁风险和恐怖融资风险防控，严格落实代理行尽职调查与风险分类评级义务。

第二十八条　对依法履行反洗钱和反恐怖融资义务获得的客户身份资料和交易信息，非依法律、行政法规规定，银行业金融机构不得向境外提供。

银行业金融机构对于涉及跨境信息提供的相关问题应当及时向银行业监督管理机构报告，并按照法律法规要求采取相应措施。

第二十九条　银行业金融机构应当制定反洗钱和反恐怖融资培训制度，定期开展反洗钱和反恐怖融资培训。

第三十条　银行业金融机构应当开展反洗钱和反恐怖融资宣传，保存宣传资料和宣传工作记录。

第三章　监督管理

第三十一条　国务院银行业监督管理机构依法履行下列反洗钱和反恐怖融资监督管理职责：

（一）制定银行业金融机构反洗钱和反恐怖融资制度文件；

（二）督促指导银行业金融机构建立健全反洗钱和反恐怖融资内部控制制度；

（三）监督、检查银行业金融机构反洗钱和反恐怖融资内部控制制度建立执行情况；

（四）在市场准入工作中落实反洗钱和反恐怖融资审查要求；

（五）与其他国家或者地区的银行业监督管理机构开展反洗钱和反恐怖融资监管合作；

（六）指导银行业金融机构依法履行协助查询、冻结、扣划义务；

（七）转发联合国安理会相关制裁决议，依法督促银行业金融机构落实金融制裁要求；

（八）向侦查机关报送涉嫌洗钱和恐怖融资犯罪的交易活动，协助公安机关、司法机关等调查处理涉嫌洗钱和恐怖融资犯罪案件；

（九）指导银行业金融机构应对境外协助执行案件、跨境信息提供等相关工作；

（十）指导行业自律组织开展反洗钱和反恐怖融资工作；

（十一）组织开展反洗钱和反恐怖融资培训宣传工作；

（十二）其他依法应当履行的反洗钱和反恐怖融资职责。

第三十二条　银行业监督管理机构应当履行银行业反洗钱和反恐怖融资监管职责，加强反洗钱和反恐怖融资日常合规监管，构建涵盖事前、事中、事后的完整监管链条。

银行业监督管理机构与国务院反洗钱行政主管部门及其他相关部门要加强监管协调，建立信息共享机制。

第三十三条　银行业金融机构应当按照要求向银行业监督管理机构报送反洗钱和反恐怖融资制度、年度报告、重大风险事项等材料，并对报送材料的及时性以及内容的真实性负责。

报送材料的内容和格式由国务院银行业监督管理机构统一规定。

第三十四条　银行业监督管理机构应当在职责范围内对银行业金融机构反洗钱和反恐怖融资义务履行情况依法开展现场检查。现场检查可以开展专项检查，或者与其他检查项目结合进行。

银行业监督管理机构可以与反洗钱行政主管部门开展联合检查。

第三十五条　银行业监督管理机构应当在职责范围内对银行业金融机构反洗钱和反恐怖融资义务履行情况进行评价，并将评价结果作为对银行业金融机构进行监管评级的重要因素。

第三十六条　银行业监督管理机构在市场准入工作中应当依法对银行业金融机构法人机构设立、分支机构设立、股权变更、变更注册资本、调整业务范围和增加业务品种、董事及高级管理人员任职资格许可进行反洗钱和反恐怖融资审查，对不符合条件的，不予批准。

第三十七条　银行业监督管理机构在市场准入工作中应当严格审核发起人、股东、实际控制人、最终受益人和董事、高级管理人员背景，审查资金来源和渠道，从源头上防止不法分子通过创设机构进行洗钱、恐怖融资活动。

第三十八条　设立银行业金融机构应当符合以下反洗钱和反恐怖融资审查条件：

（一）投资资金来源合法；

（二）股东及其控股股东、实际控制人、关联方、一致行动人、最终受益人等各方关系清晰透明，不得有故意或重大过失犯罪记录；

（三）建立反洗钱和反恐怖融资内部控制制度；

（四）设置反洗钱和反恐怖融资专门工作机构或指定内设机构负责该项工作；

（五）配备反洗钱和反恐怖融资专业人员，专业人员接受了必要的反洗钱和反恐怖融资培训；

（六）信息系统建设满足反洗钱和反恐怖融资要求；

（七）国务院银行业监督管理机构规定的其他条件。

第三十九条　设立银行业金融机构境内分支机构应当符合下列反洗钱和反恐怖融资审查条件：

（一）总行具备健全的反洗钱和反恐怖融资内部控制制度并对分支机构具有良好的管控能力；

（二）总行的信息系统建设能够支持分支机构的反洗钱和反恐怖融资工作；

（三）拟设分支机构设置了反洗钱和反恐怖融资专门机构或指定内设机构负责反洗钱和反恐怖融资工作；

（四）拟设分支机构配备反洗钱和反恐怖融资专业人员，专业人员接受了必要的反洗钱和反恐怖融资培训；

（五）国务院银行业监督管理机构规定的其他条件。

第四十条　银行业金融机构申请投资设立、参股、收购境内法人金融机构的，申请人应当具备健全的反洗钱和反恐怖融资内部控制制度。

第四十一条　银行业金融机构申请投资设立、参股、收购境外金融机构的，应当具备健全的反洗钱和反恐怖融资内部控制制度，具有符合境外反洗钱和反恐怖融资监管要求的专业人才队伍。

第四十二条　银行业金融机构股东应当确保资金来源合法，不得以犯罪所得资金等不符合法律、行政法规及监管规定的资金入股。银行业金融机构应当知悉股东入股资金来源，在发生股权变更或者变更注册资本时应当按照要求向银行业监督管理机构报批或者报告。

第四十三条　银行业金融机构开展新业务需要经银行业监督管理机构批准的，应当提交新业务的洗钱和恐怖融资风险评估报告。银行业监督管理机构在进行业务准入时，应当对新业务的洗钱和恐怖融资风险评估情况进行审核。

第四十四条 申请银行业金融机构董事、高级管理人员任职资格，拟任人应当具备以下条件：

(一)不得有故意或重大过失犯罪记录；

(二)熟悉反洗钱和反恐怖融资法律法规，接受了必要的反洗钱和反恐怖融资培训，通过银行业监督管理机构组织的包含反洗钱和反恐怖融资内容的任职资格测试。

须经任职资格审核的银行业金融机构境外机构董事、高级管理人员应当熟悉境外反洗钱和反恐怖融资法律法规，具备相应反洗钱和反恐怖融资履职能力。

银行业金融机构董事、高级管理人员任职资格申请材料中应当包括接受反洗钱和反恐怖融资培训情况报告及本人签字的履行反洗钱和反恐怖融资义务的承诺书。

第四十五条 国务院银行业监督管理机构的各省级派出机构应当于每年第一季度末按照要求向国务院银行业监督管理机构报送上年度反洗钱和反恐怖融资工作报告，包括反洗钱和反恐怖融资市场准入工作审核情况、现场检查及非现场监管情况、辖内银行业金融机构反洗钱和反恐怖融资工作情况等。

第四十六条 国务院银行业监督管理机构应当加强与境外监管当局的沟通与交流，通过签订监管合作协议、举行双边监管磋商和召开监管联席会议等形式加强跨境反洗钱和反恐怖融资监管合作。

第四十七条 银行业监督管理机构应当在职责范围内定期开展对银行业金融机构境外机构洗钱和恐怖融资风险管理情况的监测分析。监管机构应当将境外机构洗钱和恐怖融资风险管理情况作为与银行业金融机构监管会谈及外部审计会谈的重要内容。

第四十八条 银行业监督管理机构应当在职责范围内对银行业金融机构境外机构洗钱和恐怖融资风险管理情况依法开展现场检查，对存在问题的境外机构及时采取监管措施，并对违规机构依法依规进行处罚。

第四章 法律责任

第四十九条 银行业金融机构违反本办法规定，有下列情形之一的，银行业监督管理机构可以根据《中华人民共和国银行业监督管理法》规定采取监管措施或者对其进行处罚：

(一)未按规定建立反洗钱和反恐怖融资内部控制制度的；

(二)未有效执行反洗钱和反恐怖融资内部控制制度的；

(三)未按照规定设立反洗钱和反恐怖融资专门机构或者指定内设机构负责反洗钱和反恐怖融资工作的；

(四)未按照规定履行其他反洗钱和反恐怖融资义务的。

第五十条 银行业金融机构未按本办法第三十三条规定报送相关材料的，银行业监督管理机构可以根据《中华人民共和国银行业监督管理法》第四十六条、四十七条规定对其进行处罚。

第五十一条 对于反洗钱行政主管部门提出的处罚或者其他建议，银行业监督管理机构应当依法予以处理。

第五十二条 银行业金融机构或者其工作人员参与洗钱、恐怖融资等违法犯罪活动构成犯罪的，依法追究其刑事责任。

第五章 附 则

第五十三条 本办法由国务院银行业监督管理机构负责解释。

第五十四条 行业自律组织制定的反洗钱和反恐怖融资行业规则等应当向银行业监督管理机构报告。

第五十五条 本办法自公布之日起施行。

支付机构反洗钱和反恐怖融资管理办法

1. 2012年3月5日中国人民银行发布
2. 银发〔2012〕54号
3. 自2012年3月5日起施行

第一章 总 则

第一条 为防范洗钱和恐怖融资活动，规范支付机构反洗钱和反恐怖融资工作，根据《中华人民共和国反洗钱法》、《非金融机构支付服务管理办法》(中国人民银行令〔2010〕第2号发布)等有关法律、法规和规章，制定本办法。

第二条 本办法所称支付机构是指依据《非金融机构支付服务管理办法》取得《支付业务许可证》的非金融机构。

第三条 中国人民银行是国务院反洗钱行政主管部门，对支付机构依法履行下列反洗钱和反恐怖融资监督管理职责：

(一)制定支付机构反洗钱和反恐怖融资管理办法；

(二)负责支付机构反洗钱和反恐怖融资的资金监测；

(三)监督、检查支付机构履行反洗钱和反恐怖融资义务的情况；

（四）在职责范围内调查可疑交易活动；

（五）国务院规定的其他有关职责。

第四条 中国反洗钱监测分析中心负责支付机构可疑交易报告的接收、分析和保存，并按照规定向中国人民银行报告分析结果，履行中国人民银行规定的其他职责。

第五条 支付机构总部应当依法建立健全统一的反洗钱和反恐怖融资内部控制制度，并报总部所在地的中国人民银行分支机构备案。反洗钱和反恐怖融资内部控制制度应当包括下列内容：

（一）客户身份识别措施；

（二）客户身份资料和交易记录保存措施；

（三）可疑交易标准和分析报告程序；

（四）反洗钱和反恐怖融资内部审计、培训和宣传措施；

（五）配合反洗钱和反恐怖融资调查的内部程序；

（六）反洗钱和反恐怖融资工作保密措施；

（七）其他防范洗钱和恐怖融资风险的措施。

支付机构及其分支机构的负责人应当对反洗钱和反恐怖融资内部控制制度的有效实施负责。支付机构应当对其分支机构反洗钱和反恐怖融资内部控制制度的执行情况进行监督管理。

第六条 支付机构应当设立专门机构或者指定内设机构负责反洗钱和反恐怖融资工作，并设立专门的反洗钱和反恐怖融资岗位。

第七条 支付机构应要求其境外分支机构和附属机构在驻在国家（地区）法律规定允许的范围内，执行本办法有关客户身份识别、客户身份资料和交易记录保存工作的要求，驻在国家（地区）有更严格要求的，遵守其规定。如果本办法的要求比驻在国家（地区）的相关规定更为严格，但驻在国家（地区）法律禁止或者限制境外分支机构和附属机构实施本办法，支付机构应向中国人民银行报告。

第八条 支付机构与境外机构建立代理业务关系时，应当充分收集有关境外机构业务、声誉、内部控制制度、接受监管情况等方面的信息，评估境外机构反洗钱和反恐怖融资措施的健全性和有效性，并以书面协议明确本机构与境外机构在反洗钱和反恐怖融资方面的责任和义务。

第九条 支付机构及其工作人员对依法履行反洗钱和反恐怖融资义务获得的客户身份资料和交易信息应当予以保密；非依法律规定，不得向任何单位和个人提供。

支付机构及其工作人员应当对报告可疑交易、配合中国人民银行及其分支机构调查可疑交易活动等有关反洗钱和反恐怖融资工作信息予以保密，不得违反规定向客户和其他人员提供。

第二章 客户身份识别

第十条 支付机构应当勤勉尽责，建立健全客户身份识别制度，遵循“了解你的客户”原则，针对具有不同洗钱或者恐怖融资风险特征的客户、业务关系或者交易应采取相应的合理措施，了解客户及其交易目的和交易性质，了解实际控制客户的自然人和交易的实际受益人。

第十一条 网络支付机构在为客户开立支付账户时，应当识别客户身份，登记客户身份基本信息，通过合理手段核对客户基本信息的真实性。

客户为单位客户的，应核对客户有效身份证件，并留存有效身份证件的复印件或者影印件。

客户为个人客户的，出现下列情形时，应核对客户有效身份证件，并留存有效身份证件的复印件或者影印件。

（一）个人客户办理单笔收付金额人民币 1 万元以上或者外币等值 1000 美元以上支付业务的；

（二）个人客户全部账户 30 天内资金双边收付金额累计人民币 5 万元以上或外币等值 1 万美元以上的；

（三）个人客户全部账户资金余额连续 10 天超过人民币 5000 元或外币等值 1000 美元的；

（四）通过取得网上金融产品销售资质的网络支付机构买卖金融产品的；

（五）中国人民银行规定的其他情形。

第十二条 网络支付机构在为同一客户开立多个支付账户时，应采取有效措施建立支付账户间的关联关系，按照客户进行统一管理。

第十三条 网络支付机构在向未开立支付账户的客户办理支付业务时，如单笔资金收付金额人民币 1 万元以上或者外币等值 1000 美元以上的，应在办理业务前要求客户登记本人的姓名、有效身份证件种类、号码和有效期限，并通过合理手段核对客户有效身份证件信息的真实性。

第十四条 网络支付机构与特约商户建立业务关系时，应当识别特约商户身份，了解特约商户的基本情况，登记特约商户身份基本信息，核实特约商户有效身份证件，并留存特约商户有效身份证件的复印件或者影印件。

第十五条 预付卡机构在向购卡人出售记名预付卡或一次性金额人民币 1 万元以上的不记名预付卡时，应当识别购卡人身份，登记购卡人身份基本信息，核对购卡人有效身份证件，并留存购卡人有效身份证件的复印件或者影印件。

代理他人购买记名预付卡的，预付卡机构应采取合理方式确认代理关系的存在，在对被代理人采取前款规定的客户身份识别措施时，还应当登记代理人身份基本信息，核对代理人有效身份证件，并留存代理人有效身份证件的复印件或者影印件。

第十六条　预付卡机构在与特约商户建立业务关系时，应当识别特约商户身份，了解特约商户的基本情况，登记特约商户身份基本信息，核实特约商户有效身份证件，并留存特约商户有效身份证件的复印件或者影印件。

第十七条　预付卡机构办理记名预付卡或一次性金额人民币1万元以上不记名预付卡充值业务时，应当识别办理人员的身份，登记办理人员身份基本信息，核对办理人员有效身份证件，并留存办理人员有效身份证件的复印件或者影印件。

第十八条　预付卡机构办理赎回业务时，应当识别赎回人的身份，登记赎回人身份基本信息，核对赎回人有效身份证件，并留存赎回人有效身份证件的复印件或者影印件。

第十九条　收单机构在与特约商户建立业务关系时，应当识别特约商户身份，了解特约商户的基本情况，登记特约商户身份基本信息，核实特约商户有效身份证件，并留存特约商户有效身份证件的复印件或者影印件。

第二十条　支付机构应按照客户特点和交易特征，综合考虑地域、业务、行业、客户是否为外国政要等因素，制定客户风险等级划分标准，评定客户风险等级。客户风险等级标准应报总部所在地中国人民银行分支机构备案。

首次客户风险等级评定应在与客户建立业务关系后60天内完成。支付机构应对客户持续关注，适时调整客户风险等级。

支付机构应当根据客户的风险等级，定期审核本机构保存的客户基本信息。对本机构风险等级最高的客户，支付机构应当至少每半年进行一次审核，了解其资金来源、资金用途和经营状况等信息，加强对其交易活动的监测分析。

第二十一条　在与客户的业务关系存续期间，支付机构应当采取持续的客户身份识别措施，关注客户及其日常经营活动、交易情况，并定期对特约商户进行回访或查访。

第二十二条　在与客户的业务关系存续期间，支付机构应当及时提示客户更新身份信息。

客户先前提交的有效身份证件将超过有效期的，支付机构应当在失效前60天通知客户及时更新。客户有效身份证件已过有效期的，支付机构在为客户办理首笔业务时，应当先要求客户更新有效身份证件。

第二十三条　在出现以下情况时，支付机构应当重新识别客户：

（一）客户要求变更姓名或者名称、有效身份证件种类、身份证件号码、注册资本、经营范围、法定代表人或者负责人等的；

（二）客户行为或者交易情况出现异常的；

（三）先前获得的客户身份资料存在疑点的；

（四）支付机构认为应重新识别客户身份的其他情形。

第二十四条　支付机构除核对有效身份证件外，可以采取以下的一种或者几种措施，识别或者重新识别客户身份：

（一）要求客户补充其他身份资料；

（二）回访客户；

（三）实地查访；

（四）向公安、工商行政管理等部门核实；

（五）其他可以依法采取的措施。

第二十五条　支付机构委托其他机构代为履行客户身份识别义务时，应通过书面协议明确双方在客户身份识别方面的责任，并符合以下要求：

（一）能够证明受托方按反洗钱法律、行政法规和本办法的要求，采取客户身份识别和身份资料保存的必要措施；

（二）受托方为本支付机构提供客户信息，不存在法律制度、技术等方面的障碍；

（三）本支付机构在办理业务时，能立即获得受托方提供的客户身份基本信息，还可在必要时从受托方获得客户的有效身份证件的复印件或者影印件。

受托方未采取符合本办法要求的客户身份识别措施的，由支付机构承担未履行客户身份识别义务的法律责任。

第三章　客户身份资料和交易记录保存

第二十六条　支付机构应当妥善保存客户身份资料和交易记录，保证能够完整准确重现每笔交易。

第二十七条　支付机构应当保存的客户身份资料包括各种记载客户身份信息的资料、辅助证明客户身份的资料和反映支付机构开展客户身份识别工作情况的资料。

第二十八条　支付机构保存的交易记录应当包括反映以下信息的数据、业务凭证、账簿和其他资料：

（一）交易双方名称；

（二）交易金额；

（三）交易时间；

（四）交易双方的开户银行或支付机构名称；

（五）交易双方的银行账户号码、支付账户号码、预付卡号码、特约商户编号或者其他记录资金来源和去向的号码。

本办法未要求开展客户身份识别的业务，支付机构应按照保证完整准确重现每笔交易的原则保存交易记录。

第二十九条 支付机构应当建立客户身份资料和交易记录保存系统，实时记载操作记录，防止客户身份信息和交易记录的泄露、损毁和缺失，保证客户信息和交易数据不被篡改，并及时发现并记录任何篡改或企图篡改的操作。

第三十条 支付机构应当完善客户身份资料和交易记录保存系统的查询和分析功能，便于反洗钱和反恐怖融资的调查和监督管理。

第三十一条 支付机构应当按照下列期限保存客户身份资料和交易记录：

（一）客户身份资料，自业务关系结束当年计起至少保存5年；

（二）交易记录，自交易记账当年计起至少保存5年。

如客户身份资料和交易记录涉及反洗钱和反恐怖融资调查，且反洗钱和反恐怖融资调查工作在前款规定的最低保存期届满时仍未结束的，支付机构应将其保存至反洗钱和反恐怖融资调查工作结束。

同一介质上存有不同保存期限客户身份资料或者交易记录的，应当按最长期限保存。同一客户身份资料或者交易记录采用不同介质保存的，至少应当按照上述期限要求保存一种介质的客户身份资料或者交易记录。

法律、行政法规和规章对客户身份资料和交易记录有更长保存期限要求的，遵守其规定。

第三十二条 支付机构终止支付业务时，应当按照中国人民银行有关规定处理客户身份资料和交易记录。

第四章 可疑交易报告

第三十三条 支付机构应按照勤勉尽责的原则，对全部交易开展监测和分析，报告可疑交易。

第三十四条 支付机构应根据本机构的客户特征和交易特点，制定和完善符合本机构业务特点的可疑交易标准，同时向中国人民银行、总部所在地的中国人民银行分支机构和中国反洗钱监测分析中心备案。

第三十五条 支付机构应建立完善有效的可疑交易监测分析体系，明确内部可疑交易处理程序和人员职责。

支付机构应指定专门人员，负责分析判断是否报告可疑交易。

第三十六条 支付机构应结合客户身份信息和交易背景，对客户行为或交易进行识别、分析，有合理理由判断与洗钱、恐怖融资或其他犯罪活动相关的，应在发现可疑交易之日起10个工作日内，由其总部以电子方式向中国反洗钱监测分析中心提交可疑交易报告。可疑交易报告的具体格式和报送方式由中国人民银行另行规定。

支付机构应将已上报可疑交易报告的客户列为高风险客户，持续开展交易监测，仍不能排除洗钱、恐怖融资或其他犯罪活动嫌疑的，应在10个工作日内向中国反洗钱监测分析中心提交可疑交易报告，同时以书面方式将有关情况报告总部所在地的中国人民银行分支机构。

支付机构应完整保存对客户行为或交易进行识别、分析和判断的工作记录及是否上报的理由和证据材料。

第三十七条 支付机构应当按照《支付机构可疑交易（行为）报告要素》（见附）要求，在可疑交易报告中提供真实、完整、准确的交易信息。中国反洗钱监测分析中心发现支付机构报送的可疑交易报告有要素不全或者存在错误的，可以向提交报告的支付机构发出补正通知，支付机构应在接到补正通知之日起10个工作日内补正。

第三十八条 支付机构在履行反洗钱义务过程中，发现涉嫌犯罪的，应立即报告当地公安机关和中国人民银行当地分支机构，并以电子方式报告中国反洗钱监测分析中心。

第三十九条 客户或交易涉及恐怖活动的，由中国人民银行另行规定。

第五章 反洗钱和反恐怖融资调查

第四十条 中国人民银行及其分支机构发现可疑交易活动需要调查核实的，可以向支付机构进行调查。中国人民银行及其分支机构向支付机构调查可疑交易活动，适用中国人民银行关于反洗钱调查的有关规定。

第四十一条 中国人民银行及其分支机构实施反洗钱和反恐怖融资调查时，支付机构应当积极配合，如实提供调查材料，不得拒绝或者阻碍。

第四十二条 中国人民银行及其分支机构调查可疑交易活动，可以采取下列措施：

（一）询问支付机构的工作人员，要求其说明情况。

（二）查阅、复制可疑交易活动涉及的客户身份资料、交易记录和其他有关资料。对可能被转移、隐藏、篡改或者毁损的文件、资料予以封存。

（三）中国人民银行规定的其他措施。

第六章　监督管理

第四十三条　中国人民银行及其分支机构负责监督管理支付机构反洗钱和反恐怖融资工作。

第四十四条　支付机构应当按照中国人民银行规定提供有关文件和资料，不得拒绝、阻挠、逃避监督检查，不得谎报、隐匿、销毁相关证据材料。

支付机构应当对所提供的文件和资料的真实性、准确性、完整性负责。

第四十五条　支付机构应当按照中国人民银行的规定，向所在地中国人民银行分支机构报送反洗钱和反恐怖融资统计报表、信息资料、工作报告以及内部审计报告中与反洗钱和反恐怖融资工作有关的内容，如实反映反洗钱和反恐怖融资工作情况。

第四十六条　中国人民银行及其分支机构可以采取下列措施对支付机构进行反洗钱和反恐怖融资现场检查：

（一）进入支付机构检查；

（二）询问支付机构的工作人员，要求其对有关检查事项做出说明；

（三）查阅、复制支付机构与检查事项有关的文件、资料，并对可能被转移、销毁、隐匿或者篡改的文件资料予以封存；

（四）检查支付机构运用电子计算机管理业务数据的系统。

中国人民银行及其分支机构依法对支付机构进行反洗钱和反恐怖融资现场检查，适用《中国人民银行执法检查程序规定》（中国人民银行令〔2010〕第1号发布）。

第四十七条　中国人民银行及其分支机构根据履行反洗钱和反恐怖融资职责的需要，可以约见支付机构董事、高级管理人员谈话，要求其就下列重大事项做出说明：

（一）支付机构反洗钱和反恐怖融资专门机构或指定内设机构不能有效履行职责的；

（二）支付机构反洗钱和反恐怖融资工作人员不能有效履行职责的；

（三）支付机构可疑交易报告存在问题的；

（四）支付机构客户或交易多次被司法机关调查的；

（五）支付机构未按规定提交反洗钱和反恐怖融资工作的资料、报告和其他文件的；

（六）支付机构履行反洗钱和反恐怖融资义务的其他重大事项。

第七章　法律责任

第四十八条　中国人民银行及其分支机构从事反洗钱工作人员有下列行为之一的，依法给予行政处分：

（一）违反规定进行检查或者调查的；

（二）泄露因反洗钱和反恐怖融资知悉的国家秘密、商业秘密或者个人隐私的；

（三）违反规定对有关机构和人员实施行政处罚的；

（四）其他不依法履行职责的行为。

第四十九条　支付机构违反本办法的，由中国人民银行或其分支机构按照《中华人民共和国反洗钱法》第三十一条、第三十二条的规定予以处罚；情节严重的，由中国人民银行注销其《支付业务许可证》。

第五十条　违反本办法规定，构成犯罪的，移送司法机关依法追究刑事责任。

第八章　附　　则

第五十一条　本办法相关用语含义如下：

中国人民银行分支机构，包括中国人民银行上海总部、分行、营业管理部、省会（首府）城市中心支行、副省级城市中心支行。

单位客户，包括法人、其他组织和个体工商户。

网络支付机构的特约商户，是指基于互联网信息系统直接向消费者销售商品或提供服务，并接受网络支付机构互联网支付服务完成资金结算的法人、个体工商户、其他组织或自然人。

预付卡机构的特约商户，是指与预付卡机构签约并同意使用预付卡进行资金结算的法人、个体工商户或其他组织。

收单机构的特约商户，是指与收单机构签约并同意使用银行卡进行资金结算的法人、个体工商户或其他组织。

个人客户的身份基本信息，包括：客户的姓名、国籍、性别、职业、住址、联系方式以及客户有效身份证件的种类、号码和有效期限。

单位客户的身份基本信息，包括：客户的名称、地址、经营范围、组织机构代码（仅限法人和其他组织）；可证明该客户依法设立或者可依法开展经营、社会活动的执照、证件或者文件的名称、号码和有效期限；法定代表人（负责人）或授权办理业务人员的姓名、有效身份证件的种类、号码和有效期限。

特约商户的身份基本信息，包括：特约商户的名称、地址、经营范围、组织机构代码；可证明该客户依法设立或者可依法开展经营、社会活动的执照、证件或者文件的名称、号码和有效期限；控股股东或实际控制人、法定代表人（负责人）或授权办理业务人员的姓名、有效身份证件的种类、号码、有效期限。

个人客户的有效身份证件，包括：居住在境内的中国公民，为居民身份证或者临时居民身份证；居住在境内的16周岁以下的中国公民，为户口簿；中国人民解放军军人，为军人身份证件或居民身份证；中国人民武装警察，为武装警察身份证件或居民身份证；香港、澳门居民，为港澳居民往来内地通行证；台湾居民，为台湾居民来往大陆通行证或者其他有效旅行证件；外国公民，为护照；政府有权机关出具的能够证明其真实身份的证明文件。

法人和其他组织客户的有效身份证件，是指政府有权机关颁发的能够证明其合法真实身份的证件或文件，包括但不限于营业执照、事业单位法人证书、税务登记证、组织机构代码证。

个体工商户的有效身份证件，包括营业执照、经营者或授权经办人员的有效身份证件。

网络支付机构，是指从事《非金融机构支付服务管理办法》规定的网络支付业务的支付机构。

预付卡机构，是指从事《非金融机构支付服务管理办法》规定的预付卡发行与受理业务或预付卡受理业务的支付机构。

收单机构，是指从事《非金融机构支付服务管理办法》规定的银行卡收单业务的支付机构。

以上及内，包括本数。

第五十二条　本办法由中国人民银行负责解释。

第五十三条　本办法自2012年3月5日起施行。《中国人民银行关于印发〈支付清算组织反洗钱和反恐怖融资指引〉的通知》（银发〔2009〕298号）同时废止，银行卡组织和资金清算中心的反洗钱和反恐怖融资工作依照《中国人民银行关于印发〈银行卡组织和资金清算中心反洗钱和反恐怖融资指引〉的通知》（银发〔2009〕107号）规定执行。

附：

支付机构可疑交易（行为）报告要素

	要素名称
1	报告机构名称
2	报告机构所在地区编码
3	报告机构分支机构/网点代码
4	可疑交易（行为）处理情况
5	可疑交易（行为）特征描述
6	机构自定可疑交易标准编号
7	可疑主体名称/姓名
8	可疑主体身份证件/证明文件号码
9	可疑主体身份证件/证明文件类型
10	可疑主体住址及有效联系方式
11	可疑主体的职业/行业类别
12	可疑主体的法定代表人姓名（对公客户）
13	可疑主体的法定代表人身份证件号码（对公客户）
14	可疑主体的法定代表人身份证件类型（对公客户）
15	可疑主体的银行账号
16	可疑主体银行账号的开户银行名称
17	可疑主体的支付账户
18	可疑主体所在支付机构的名称
19	可疑主体所在支付机构的银行账号
20	可疑主体所在支付机构银行账号的开户银行名称
21	可疑主体的交易IP地址
22	交易时间（精确到“秒”）
23	货币资金转移方式
24	资金收付标志
25	资金用途
26	交易币种
27	交易金额
28	交易对手姓名/名称
29	交易对手身份证件/证明文件号码
30	交易对手身份证件/证明文件类型
31	交易对手的银行账号
32	交易对手银行账号的开户银行名称
33	交易对手的支付账户
34	交易对手所在支付机构的名称
35	交易对手所在支付机构的银行账号
36	交易对手所在支付机构银行账号的开户银行名称
37	交易对手的交易IP地址
38	交易商品名称
39	银行与支付机构之间的业务交易编码

续表

续表

	要素名称
40	支付机构与商户之间的业务交易编码
41	业务标示号
42	报送次数标志

涉及恐怖活动资产冻结管理办法

2014年1月10日中国人民银行、公安部、国家安全部令〔2014〕第1号发布施行

第一条　为规范涉及恐怖活动资产冻结的程序和行为，维护国家安全和社会公共利益，根据《中华人民共和国反洗钱法》、《全国人大常委会关于加强反恐怖工作有关问题的决定》等法律，制定本办法。

第二条　本办法适用于在中华人民共和国境内依法设立的金融机构、特定非金融机构。

第三条　金融机构、特定非金融机构应当严格按照公安部发布的恐怖活动组织及恐怖活动人员名单、冻结资产的决定，依法对相关资产采取冻结措施。

第四条　金融机构、特定非金融机构应当制定冻结涉及恐怖活动资产的内部操作规程和控制措施，对分支机构和附属机构执行本办法的情况进行监督管理；指定专门机构或者人员关注并及时掌握恐怖活动组织及恐怖活动人员名单的变动情况；完善客户身份信息和交易信息管理，加强交易监测。

第五条　金融机构、特定非金融机构发现恐怖活动组织及恐怖活动人员拥有或者控制的资产，应当立即采取冻结措施。

对恐怖活动组织及恐怖活动人员与他人共同拥有或者控制的资产采取冻结措施，但该资产在采取冻结措施时无法分割或者确定份额的，金融机构、特定非金融机构应当一并采取冻结措施。

对按照本办法第十一条的规定收取的款项或者受让的资产，金融机构、特定非金融机构应当采取冻结措施。

第六条　金融机构、特定非金融机构采取冻结措施后，应当立即将资产数额、权属、位置、交易信息等情况以书面形式报告资产所在地县级公安机关和市、县国家安全机关，同时抄报资产所在地中国人民银行分支机构。地方公安机关和地方国家安全机关应当分别按照程序层报公安部和国家安全部。

金融机构、特定非金融机构采取冻结措施后，除中国人民银行及其分支机构、公安机关、国家安全机关另有要求外，应当及时告知客户，并说明采取冻结措施的依据和理由。

第七条　金融机构、特定非金融机构及其工作人员应当依法协助、配合公安机关和国家安全机关的调查、侦查，提供与恐怖活动组织及恐怖活动人员有关的信息、数据以及相关资产情况。

金融机构及其工作人员应当依法协助、配合中国人民银行及其省会（首府）城市中心支行以上分支机构的反洗钱调查，提供涉及恐怖活动组织及恐怖活动人员资产的情况。

第八条　金融机构、特定非金融机构及其工作人员对与采取冻结措施有关的工作信息应当保密，不得违反规定向任何单位及个人提供和透露，不得在采取冻结措施前通知资产的所有人、控制人或者管理人。

第九条　金融机构、特定非金融机构有合理理由怀疑客户或者其交易对手、相关资产涉及恐怖活动组织及恐怖活动人员的，应当根据中国人民银行的规定报告可疑交易，并依法向公安机关、国家安全机关报告。

第十条　金融机构、特定非金融机构不得擅自解除冻结措施。

符合下列情形之一的，金融机构、特定非金融机构应当立即解除冻结措施，并按照本办法第六条的规定履行报告程序：

（一）公安部公布的恐怖活动组织及恐怖活动人员名单有调整，不再需要采取冻结措施的；

（二）公安部或者国家安全部发现金融机构、特定非金融机构采取冻结措施有错误并书面通知的；

（三）公安机关或者国家安全机关依法调查、侦查恐怖活动，对有关资产的处理另有要求并书面通知的；

（四）人民法院做出的生效裁决对有关资产的处理有明确要求的；

（五）法律、行政法规规定的其他情形。

第十一条　涉及恐怖活动的资产被采取冻结措施期间，符合以下情形之一的，有关账户可以进行款项收取或者资产受让：

（一）收取被采取冻结措施的资产产生的孳息以及其他收益；

（二）受偿债权；

（三）为不影响正常的证券、期货交易秩序，执行恐怖活动组织及恐怖活动人员名单公布前生效的交易指令。

第十二条　因基本生活支出以及其他特殊原因需要使用被采取冻结措施的资产的，资产所有人、控制人或者管理人可以向资产所在地县级公安机关提出申请。

受理申请的公安机关应当按照程序层报公安部审

核。公安部在收到申请之日起30日内进行审查处理；审查核准的，应当要求相关金融机构、特定非金融机构按照指定用途、金额、方式等处理有关资产。

第十三条　金融机构、特定非金融机构对根据本办法被采取冻结措施的资产的管理及处置，应当按照中国人民银行、中国银行业监督管理委员会、中国证券监督管理委员会、中国保险监督管理委员会的相关规定执行；没有规定的，参照公安机关、国家安全机关、检察机关的相关规定执行。

第十四条　资产所有人、控制人或者管理人对金融机构、特定非金融机构采取的冻结措施有异议的，可以向资产所在地县级公安机关提出异议。

受理异议的公安机关应当按照程序层报公安部。公安部在收到异议申请之日起30日内作出审查决定，并书面通知异议人；确属错误冻结的，应当决定解除冻结措施。

第十五条　境外有关部门以涉及恐怖活动为由，要求境内金融机构、特定非金融机构冻结相关资产、提供客户身份信息及交易信息的，金融机构、特定非金融机构应当告知对方通过外交途径或者司法协助途径提出请求；不得擅自采取冻结措施，不得擅自提供客户身份信息及交易信息。

第十六条　金融机构、特定非金融机构的境外分支机构和附属机构按照驻在国家（地区）法律规定和监管要求，对涉及恐怖活动的资产采取冻结措施的，应当将相关情况及时报告金融机构、特定非金融机构总部。

金融机构、特定非金融机构总部收到报告后，应当及时将相关情况报告总部所在地公安机关和国家安全机关，同时抄报总部所在地中国人民银行分支机构。地方公安机关和地方国家安全机关应当分别按照程序层报公安部和国家安全部。

第十七条　中国人民银行及其分支机构对金融机构执行本办法的情况进行监督、检查。

对特定非金融机构执行本办法的情况进行监督、检查的具体办法，由中国人民银行会同国务院有关部门另行制定。

第十八条　中国人民银行及其分支机构、公安机关、国家安全机关工作人员违反规定，泄露工作秘密导致有关资产被非法转移、隐匿，冻结措施错误造成其他财产损失的，依照有关规定给予处分；涉嫌构成犯罪的，移送司法机关依法追究刑事责任。

第十九条　金融机构及其工作人员违反本办法的，由中国人民银行及其地市中心支行以上分支机构按照《中华人民共和国反洗钱法》第三十一条、第三十二条以及中国人民银行有关规定处罚；涉嫌构成犯罪的，移送司法机关依法追究刑事责任。

第二十条　本办法所称金融机构、特定非金融机构，是指依据《中华人民共和国反洗钱法》等法律法规规定，应当履行反洗钱义务的机构。依据《非金融机构支付服务管理办法》（中国人民银行令〔2010〕第2号发布）取得《支付业务许可证》的支付机构适用本办法关于金融机构的规定。

本办法所称冻结措施，是指金融机构、特定非金融机构为防止其持有、管理或者控制的有关资产被转移、转换、处置而采取必要措施，包括但不限于：终止金融交易；拒绝资产的提取、转移、转换；停止金融账户的开立、变更、撤销和使用。

本办法所称资产包括但不限于：银行存款、汇款、旅行支票、银行支票、邮政汇票、保单、提单、仓单、股票、债券、汇票和信用证，房屋、车辆、船舶、货物，其他以电子或者数字形式证明资产所有权、其他权益的法律文件、证书等。

第二十一条　本办法由中国人民银行会同公安部、国家安全部解释。

第二十二条　本办法自发布之日起施行。

中国银保监会办公厅关于进一步做好银行业保险业反洗钱和反恐怖融资工作的通知

1. *2019年12月30日发布*
2. *银保监办发〔2019〕238号*

各银保监局，各政策性银行、大型银行、股份制银行，邮储银行，外资银行，金融资产管理公司，保险公司，保险资产管理公司：

为加强银行业保险业反洗钱和反恐怖融资工作，提升银行保险机构反洗钱和反恐怖融资工作水平，现将有关事项通知如下：

一、银保监会及其派出机构应当按照相关法律、行政法规及规章的规定，做好银行保险机构市场准入环节的反洗钱和反恐怖融资审查工作，对于不符合条件的，不予批准。

二、银保监会及其派出机构应当将反洗钱和反恐怖融资工作情况纳入机构日常监管工作范围，督促银行保险机构建立健全反洗钱和反恐怖融资内部控制机制。

三、银保监会及其派出机构应当在现场检查工作中贯彻反洗钱和反恐怖融资监管要求，现场检查工作要重点对机构反洗钱和反恐怖融资内控制度建立和执行情况进行检查。

四、银保监会及其派出机构应当加强与人民银行及其分支机构的沟通协作，在规则制定、现场检查、非现场监管及行政处罚工作中加强沟通协调，推动形成监管合力。

五、银行保险机构应当强化组织保障，加大反洗钱和反恐怖融资资源投入，加强对从业人员的反洗钱和反恐怖融资培训，提高反洗钱和反恐怖融资工作能力。

六、各银行保险机构应当于每年度结束后20个工作日内，按照附件1规定的模板向银保监会或属地银保监局报送上年度反洗钱和反恐怖融资年度报告并填报相关附表。

法人机构的反洗钱和反恐怖融资年度报告内容应当覆盖本机构总部和全部分支机构；非法人机构的反洗钱和反恐怖融资年度报告内容应当覆盖本级机构及其所辖分支机构。

七、银行保险机构发生下列情况的，应当及时向银保监会或属地银保监局提交临时报告：

（一）主要反洗钱和反恐怖融资内部控制制度修订；

（二）反洗钱和反恐怖融资工作机构和岗位人员调整、联系方式变更；

（三）涉及本机构反洗钱和反恐怖融资工作的重大风险事项；

（四）洗钱风险自评估报告或其他相关风险分析材料；

（五）境外分支机构和附属机构受到当地监管部门或者司法部门与反洗钱和反恐怖融资相关的现场检查、行政处罚、刑事调查或者发生其他重大风险事项；

（六）其他需要报告的反洗钱和反恐怖融资工作情况。

其中，第五项境外机构工作情况由法人机构报送。

八、银行保险机构反洗钱和反恐怖融资年度报告和临时报告按照以下路径报送：

（一）各会管银行业金融机构向银保监会报送反洗钱和反恐怖融资工作材料，各地方法人银行业金融机构和会管银行业金融机构的分支机构向属地银保监局报送反洗钱和反恐怖融资工作材料。

（二）各保险公司、保险资产管理公司向银保监会报送反洗钱和反恐怖融资工作材料，各保险公司省级分支机构汇总本级及以下分支机构的反洗钱和反恐怖融资工作材料向属地银保监局报送。

九、各保险公司、保险资产管理公司法人机构应当于每季度结束后10个工作日内，按照附件2规定的模板通过互联网"保险监管专项数据采集平台"向银保监会报送协助查证洗钱案件信息。

十、各银保监局应当于每年3月31日前，按照附件3规定的模板向银保监会报送上年度反洗钱和反恐怖融资工作报告，并填报相关附表。

各银行保险机构2019年反洗钱和反恐怖融资年度报告请于2020年2月15日前报送。《关于加强保险业反洗钱工作信息报送的通知》（保监稽查〔2016〕273号）自本通知印发之日起废止。

附件：（略）

5. 征信管理

征信业管理条例

1. 2013年1月21日国务院令第631号公布
2. 自2013年3月15日起施行

第一章　总　　则

第一条　为了规范征信活动，保护当事人合法权益，引导、促进征信业健康发展，推进社会信用体系建设，制定本条例。

第二条　在中国境内从事征信业务及相关活动，适用本条例。

本条例所称征信业务，是指对企业、事业单位等组织（以下统称企业）的信用信息和个人的信用信息进行采集、整理、保存、加工，并向信息使用者提供的活动。

国家设立的金融信用信息基础数据库进行信息的采集、整理、保存、加工和提供，适用本条例第五章规定。

国家机关以及法律、法规授权的具有管理公共事务职能的组织依照法律、行政法规和国务院的规定，为履行职责进行的企业和个人信息的采集、整理、保存、加工和公布，不适用本条例。

第三条　从事征信业务及相关活动，应当遵守法律法规，诚实守信，不得危害国家秘密，不得侵犯商业秘密和个人隐私。

第四条　中国人民银行（以下称国务院征信业监督管理部门）及其派出机构依法对征信业进行监督管理。

县级以上地方人民政府和国务院有关部门依法推进本地区、本行业的社会信用体系建设，培育征信市场，推动征信业发展。

第二章　征信机构

第五条　本条例所称征信机构，是指依法设立，主要经营征信业务的机构。

第六条　设立经营个人征信业务的征信机构，应当符合《中华人民共和国公司法》规定的公司设立条件和下列条件，并经国务院征信业监督管理部门批准：

（一）主要股东信誉良好，最近3年无重大违法违规记录；

（二）注册资本不少于人民币5000万元；

（三）有符合国务院征信业监督管理部门规定的保障信息安全的设施、设备和制度、措施；

（四）拟任董事、监事和高级管理人员符合本条例第八条规定的任职条件；

（五）国务院征信业监督管理部门规定的其他审慎性条件。

第七条　申请设立经营个人征信业务的征信机构，应当向国务院征信业监督管理部门提交申请书和证明其符合本条例第六条规定条件的材料。

国务院征信业监督管理部门应当依法进行审查，自受理申请之日起60日内作出批准或者不予批准的决定。决定批准的，颁发个人征信业务经营许可证；不予批准的，应当书面说明理由。

经批准设立的经营个人征信业务的征信机构，凭个人征信业务经营许可证向公司登记机关办理登记。

未经国务院征信业监督管理部门批准，任何单位和个人不得经营个人征信业务。

第八条　经营个人征信业务的征信机构的董事、监事和高级管理人员，应当熟悉与征信业务相关的法律法规，具有履行职责所需的征信业从业经验和管理能力，最近3年无重大违法违规记录，并取得国务院征信业监督管理部门核准的任职资格。

第九条　经营个人征信业务的征信机构设立分支机构、合并或者分立、变更注册资本、变更出资额占公司资本总额5%以上或者持股占公司股份5%以上的股东的，应当经国务院征信业监督管理部门批准。

经营个人征信业务的征信机构变更名称的，应当向国务院征信业监督管理部门办理备案。

第十条　设立经营企业征信业务的征信机构，应当符合《中华人民共和国公司法》规定的设立条件，并自公司登记机关准予登记之日起30日内向所在地的国务院征信业监督管理部门派出机构办理备案，并提供下列材料：

（一）营业执照；

（二）股权结构、组织机构说明；

（三）业务范围、业务规则、业务系统的基本情况；

（四）信息安全和风险防范措施。

备案事项发生变更的，应当自变更之日起30日内向原备案机构办理变更备案。

第十一条　征信机构应当按照国务院征信业监督管理部门的规定，报告上一年度开展征信业务的情况。

国务院征信业监督管理部门应当向社会公告经营个人征信业务和企业征信业务的征信机构名单，并及时更新。

第十二条　征信机构解散或者被依法宣告破产的，应当向国务院征信业监督管理部门报告，并按照下列方式处理信息数据库：

（一）与其他征信机构约定并经国务院征信业监督管理部门同意，转让给其他征信机构；

（二）不能依照前项规定转让的，移交给国务院征信业监督管理部门指定的征信机构；

（三）不能依照前两项规定转让、移交的，在国务院征信业监督管理部门的监督下销毁。

经营个人征信业务的征信机构解散或者被依法宣告破产的，还应当在国务院征信业监督管理部门指定的媒体上公告，并将个人征信业务经营许可证交国务院征信业监督管理部门注销。

第三章　征信业务规则

第十三条　采集个人信息应当经信息主体本人同意，未经本人同意不得采集。但是，依照法律、行政法规规定公开的信息除外。

企业的董事、监事、高级管理人员与其履行职务相关的信息，不作为个人信息。

第十四条　禁止征信机构采集个人的宗教信仰、基因、指纹、血型、疾病和病史信息以及法律、行政法规规定禁止采集的其他个人信息。

征信机构不得采集个人的收入、存款、有价证券、商业保险、不动产的信息和纳税数额信息。但是，征信机构明确告知信息主体提供该信息可能产生的不利后果，并取得其书面同意的除外。

第十五条　信息提供者向征信机构提供个人不良信息，应当事先告知信息主体本人。但是，依照法律、行政法规规定公开的不良信息除外。

第十六条　征信机构对个人不良信息的保存期限，自不良行为或者事件终止之日起为5年；超过5年的，应当予以删除。

在不良信息保存期限内，信息主体可以对不良信息作出说明，征信机构应当予以记载。

第十七条　信息主体可以向征信机构查询自身信息。个人信息主体有权每年两次免费获取本人的信用报告。

第十八条　向征信机构查询个人信息的，应当取得信息主体本人的书面同意并约定用途。但是，法律规定可以不经同意查询的除外。

征信机构不得违反前款规定提供个人信息。

第十九条 征信机构或者信息提供者、信息使用者采用格式合同条款取得个人信息主体同意的，应当在合同中作出足以引起信息主体注意的提示，并按照信息主体的要求作出明确说明。

第二十条 信息使用者应当按照与个人信息主体约定的用途使用个人信息，不得用作约定以外的用途，不得未经个人信息主体同意向第三方提供。

第二十一条 征信机构可以通过信息主体、企业交易对方、行业协会提供信息，政府有关部门依法已公开的信息，人民法院依法公布的判决、裁定等渠道，采集企业信息。

征信机构不得采集法律、行政法规禁止采集的企业信息。

第二十二条 征信机构应当按照国务院征信业监督管理部门的规定，建立健全和严格执行保障信息安全的规章制度，并采取有效技术措施保障信息安全。

经营个人征信业务的征信机构应当对其工作人员查询个人信息的权限和程序作出明确规定，对工作人员查询个人信息的情况进行登记，如实记载查询工作人员的姓名，查询的时间、内容及用途。工作人员不得违反规定的权限和程序查询信息，不得泄露工作中获取的信息。

第二十三条 征信机构应当采取合理措施，保障其提供信息的准确性。

征信机构提供的信息供信息使用者参考。

第二十四条 征信机构在中国境内采集的信息的整理、保存和加工，应当在中国境内进行。

征信机构向境外组织或者个人提供信息，应当遵守法律、行政法规和国务院征信业监督管理部门的有关规定。

第四章 异议和投诉

第二十五条 信息主体认为征信机构采集、保存、提供的信息存在错误、遗漏的，有权向征信机构或者信息提供者提出异议，要求更正。

征信机构或者信息提供者收到异议，应当按照国务院征信业监督管理部门的规定对相关信息作出存在异议的标注，自收到异议之日起20日内进行核查和处理，并将结果书面答复异议人。

经核查，确认相关信息确有错误、遗漏的，信息提供者、征信机构应当予以更正；确认不存在错误、遗漏的，应当取消异议标注；经核查仍不能确认的，对核查情况和异议内容应当予以记载。

第二十六条 信息主体认为征信机构或者信息提供者、信息使用者侵害其合法权益的，可以向所在地的国务院征信业监督管理部门派出机构投诉。

受理投诉的机构应当及时进行核查和处理，自受理之日起30日内书面答复投诉人。

信息主体认为征信机构或者信息提供者、信息使用者侵害其合法权益的，可以直接向人民法院起诉。

第五章 金融信用信息基础数据库

第二十七条 国家设立金融信用信息基础数据库，为防范金融风险、促进金融业发展提供相关信息服务。

金融信用信息基础数据库由专业运行机构建设、运行和维护。该运行机构不以营利为目的，由国务院征信业监督管理部门监督管理。

第二十八条 金融信用信息基础数据库接收从事信贷业务的机构按照规定提供的信贷信息。

金融信用信息基础数据库为信息主体和取得信息主体本人书面同意的信息使用者提供查询服务。国家机关可以依法查询金融信用信息基础数据库的信息。

第二十九条 从事信贷业务的机构应当按照规定向金融信用信息基础数据库提供信贷信息。

从事信贷业务的机构向金融信用信息基础数据库或者其他主体提供信贷信息，应当事先取得信息主体的书面同意，并适用本条例关于信息提供者的规定。

第三十条 不从事信贷业务的金融机构向金融信用信息基础数据库提供、查询信用信息以及金融信用信息基础数据库接收其提供的信用信息的具体办法，由国务院征信业监督管理部门会同国务院有关金融监督管理机构依法制定。

第三十一条 金融信用信息基础数据库运行机构可以按照补偿成本原则收取查询服务费用，收费标准由国务院价格主管部门规定。

第三十二条 本条例第十四条、第十六条、第十七条、第十八条、第二十二条、第二十三条、第二十四条、第二十五条、第二十六条适用于金融信用信息基础数据库运行机构。

第六章 监督管理

第三十三条 国务院征信业监督管理部门及其派出机构依照法律、行政法规和国务院的规定，履行对征信业和金融信用信息基础数据库运行机构的监督管理职责，可以采取下列监督检查措施：

（一）进入征信机构、金融信用信息基础数据库运行机构进行现场检查，对向金融信用信息基础数据库提供或者查询信息的机构遵守本条例有关规定的情况进行检查；

（二）询问当事人和与被调查事件有关的单位和个人，要求其对与被调查事件有关的事项作出说明；

（三）查阅、复制与被调查事件有关的文件、资料，对可能被转移、销毁、隐匿或者篡改的文件、资料予以封存；

（四）检查相关信息系统。

进行现场检查或者调查的人员不得少于2人，并应当出示合法证件和检查、调查通知书。

被检查、调查的单位和个人应当配合，如实提供有关文件、资料，不得隐瞒、拒绝和阻碍。

第三十四条 经营个人征信业务的征信机构、金融信用信息基础数据库、向金融信用信息基础数据库提供或者查询信息的机构发生重大信息泄露等事件的，国务院征信业监督管理部门可以采取临时接管相关信息系统等必要措施，避免损害扩大。

第三十五条 国务院征信业监督管理部门及其派出机构的工作人员对在工作中知悉的国家秘密和信息主体的信息，应当依法保密。

第七章 法律责任

第三十六条 未经国务院征信业监督管理部门批准，擅自设立经营个人征信业务的征信机构或者从事个人征信业务活动的，由国务院征信业监督管理部门予以取缔，没收违法所得，并处5万元以上50万元以下的罚款；构成犯罪的，依法追究刑事责任。

第三十七条 经营个人征信业务的征信机构违反本条例第九条规定的，由国务院征信业监督管理部门责令限期改正，对单位处2万元以上20万元以下的罚款；对直接负责的主管人员和其他直接责任人员给予警告，处1万元以下的罚款。

经营企业征信业务的征信机构未按照本条例第十条规定办理备案的，由其所在地的国务院征信业监督管理部门派出机构责令限期改正；逾期不改正的，依照前款规定处罚。

第三十八条 征信机构、金融信用信息基础数据库运行机构违反本条例规定，有下列行为之一的，由国务院征信业监督管理部门或者其派出机构责令限期改正，对单位处5万元以上50万元以下的罚款；对直接负责的主管人员和其他直接责任人员处1万元以上10万元以下的罚款；有违法所得的，没收违法所得。给信息主体造成损失的，依法承担民事责任；构成犯罪的，依法追究刑事责任：

（一）窃取或者以其他方式非法获取信息；

（二）采集禁止采集的个人信息或者未经同意采集个人信息；

（三）违法提供或者出售信息；

（四）因过失泄露信息；

（五）逾期不删除个人不良信息；

（六）未按照规定对异议信息进行核查和处理；

（七）拒绝、阻碍国务院征信业监督管理部门或者其派出机构检查、调查或者不如实提供有关文件、资料；

（八）违反征信业务规则，侵害信息主体合法权益的其他行为。

经营个人征信业务的征信机构有前款所列行为之一，情节严重或者造成严重后果的，由国务院征信业监督管理部门吊销其个人征信业务经营许可证。

第三十九条 征信机构违反本条例规定，未按照规定报告其上一年度开展征信业务情况的，由国务院征信业监督管理部门或者其派出机构责令限期改正；逾期不改正的，对单位处2万元以上10万元以下的罚款；对直接负责的主管人员和其他直接责任人员给予警告，处1万元以下的罚款。

第四十条 向金融信用信息基础数据库提供或者查询信息的机构违反本条例规定，有下列行为之一的，由国务院征信业监督管理部门或者其派出机构责令限期改正，对单位处5万元以上50万元以下的罚款；对直接负责的主管人员和其他直接责任人员处1万元以上10万元以下的罚款；有违法所得的，没收违法所得。给信息主体造成损失的，依法承担民事责任；构成犯罪的，依法追究刑事责任：

（一）违法提供或者出售信息；

（二）因过失泄露信息；

（三）未经同意查询个人信息或者企业的信贷信息；

（四）未按照规定处理异议或者对确有错误、遗漏的信息不予更正；

（五）拒绝、阻碍国务院征信业监督管理部门或者其派出机构检查、调查或者不如实提供有关文件、资料。

第四十一条 信息提供者违反本条例规定，向征信机构、金融信用信息基础数据库提供非依法公开的个人不良信息，未事先告知信息主体本人，情节严重或者造成严重后果的，由国务院征信业监督管理部门或者其派出机构对单位处2万元以上20万元以下的罚款；对个人处1万元以上5万元以下的罚款。

第四十二条 信息使用者违反本条例规定，未按照与个人信息主体约定的用途使用个人信息或者未经个人信息主体同意向第三方提供个人信息，情节严重或者造成严重后果的，由国务院征信业监督管理部门或者其派出机构对单位处2万元以上20万元以下的罚款；对个人处1万元以上5万元以下的罚款；有违法所得的，没收违法所得。给信息主体造成损失的，依法承担民事责任；构成犯罪的，依法追究刑事责任。

第四十三条　国务院征信业监督管理部门及其派出机构的工作人员滥用职权、玩忽职守、徇私舞弊，不依法履行监督管理职责，或者泄露国家秘密、信息主体信息的，依法给予处分。给信息主体造成损失的，依法承担民事责任；构成犯罪的，依法追究刑事责任。

第八章　附　　则

第四十四条　本条例下列用语的含义：

（一）信息提供者，是指向征信机构提供信息的单位和个人，以及向金融信用信息基础数据库提供信息的单位。

（二）信息使用者，是指从征信机构和金融信用信息基础数据库获取信息的单位和个人。

（三）不良信息，是指对信息主体信用状况构成负面影响的下列信息：信息主体在借贷、赊购、担保、租赁、保险、使用信用卡等活动中未按照合同履行义务的信息，对信息主体的行政处罚信息，人民法院判决或者裁定信息主体履行义务以及强制执行的信息，以及国务院征信业监督管理部门规定的其他不良信息。

第四十五条　外商投资征信机构的设立条件，由国务院征信业监督管理部门会同国务院有关部门制定，报国务院批准。

境外征信机构在境内经营征信业务，应当经国务院征信业监督管理部门批准。

第四十六条　本条例施行前已经经营个人征信业务的机构，应当自本条例施行之日起6个月内，依照本条例的规定申请个人征信业务经营许可证。

本条例施行前已经经营企业征信业务的机构，应当自本条例施行之日起3个月内，依照本条例的规定办理备案。

第四十七条　本条例自2013年3月15日起施行。

征信机构管理办法

1. 2013年11月15日中国人民银行令〔2013〕第1号发布
2. 自2013年12月20日起施行

第一章　总　　则

第一条　为加强对征信机构的监督管理，促进征信业健康发展，根据《中华人民共和国中国人民银行法》、《中华人民共和国公司法》、《征信业管理条例》等法律法规，制定本办法。

第二条　本办法所称征信机构，是指依法设立、主要经营征信业务的机构。

第三条　中国人民银行依法履行对征信机构的监督管理职责。中国人民银行分支机构在总行的授权范围内，履行对辖区内征信机构的监督管理职责。

第四条　征信机构应当遵守法律、行政法规和中国人民银行的规定，诚信经营，不得损害国家利益、社会公共利益，不得侵犯他人合法权益。

第二章　机构的设立、变更与终止

第五条　设立个人征信机构应当经中国人民银行批准。

第六条　设立个人征信机构，除应当符合《征信业管理条例》第六条规定外，还应当具备以下条件：

（一）有健全的组织机构；

（二）有完善的业务操作、信息安全管理、合规性管理等内控制度；

（三）个人信用信息系统符合国家信息安全保护等级二级或二级以上标准。

《征信业管理条例》第六条第一项所称主要股东是指出资额占公司资本总额5%以上或者持股占公司股份5%以上的股东。

第七条　申请设立个人征信机构，应当向中国人民银行提交下列材料：

（一）个人征信机构设立申请表；

（二）征信业务可行性研究报告，包括发展规划、经营策略等；

（三）公司章程；

（四）股东关联关系和实际控制人说明；

（五）主要股东最近3年无重大违法违规行为的声明以及主要股东的信用报告；

（六）拟任董事、监事和高级管理人员任职资格证明；

（七）组织机构设置以及人员基本构成说明；

（八）已经建立的内控制度，包括业务操作、安全管理、合规性管理等；

（九）具有国家信息安全等级保护测评资质的机构出具的个人信用信息系统安全测评报告，关于信息安全保障措施的说明和相关安全保障制度；

（十）营业场所所有权或者使用权证明文件；

（十一）工商行政管理部门出具的企业名称预先核准通知书复印件。

中国人民银行可以通过实地调查、面谈等方式对申请材料进行核实。

第八条　中国人民银行在受理个人征信机构设立申请后

公示申请人的下列事项：

（一）拟设立征信机构的名称、营业场所、业务范围；

（二）拟设立征信机构的资本；

（三）拟设立征信机构的主要股东名单及其出资额或者所持股份；

（四）拟任征信机构的董事、监事和高级管理人员名单。

第九条　中国人民银行自受理个人征信机构设立申请之日起60日内对申请事项进行审查，并根据有利于征信业公平竞争和健康发展的审慎性原则作出批准或者不予批准的决定。决定批准的，依法颁发个人征信业务经营许可证；决定不予批准的，应当作出书面决定。

第十条　经批准设立的个人征信机构，凭个人征信业务经营许可证向公司登记机关办理登记，领取营业执照；个人征信机构应当自公司登记机关准予登记之日起20日内，向中国人民银行提交营业执照复印件。

第十一条　个人征信机构拟合并或者分立的，应当向中国人民银行提出申请，说明申请和理由，并提交相关证明材料。

中国人民银行自受理申请之日起20日内，作出批准或者不予批准的书面决定。

第十二条　个人征信机构拟变更资本、主要股东的，应当向中国人民银行提出申请，说明变更事项和变更理由，并提交相关证明材料。

中国人民银行自受理申请之日起20日内，作出批准或者不予批准的书面决定。

第十三条　个人征信机构拟设立分支机构的，应当符合以下条件：

（一）对拟设立分支机构的可行性已经进行充分论证；

（二）最近3年无受到重大行政处罚的记录。

第十四条　个人征信机构申请设立分支机构，应当向中国人民银行提交下列材料：

（一）个人征信机构分支机构设立申请表；

（二）个人征信机构上一年度经审计的财务会计报告；

（三）设立分支机构的可行性论证报告，包括拟设立分支机构的3年业务发展规划、市场分析和经营方针等；

（四）针对设立分支机构所作出的内控制度安排和风险防范措施；

（五）个人征信机构最近3年未受重大行政处罚的声明；

（六）拟任职的分支机构高级管理人员履历材料。

中国人民银行自受理申请之日起20日内，作出批准或者不予批准的书面决定。

第十五条　个人征信机构变更机构名称、营业场所、法定代表人的，应当向中国人民银行申请变更个人征信业务经营许可证记载事项。

个人征信机构应当在个人征信业务经营许可证记载事项变更后，向公司登记机关申办变更登记，并自公司登记机关准予变更之日起20日内，向中国人民银行备案。

第十六条　个人征信业务经营许可证应当在个人征信机构营业场所的显著位置公示。

第十七条　个人征信机构应当妥善保管个人征信业务经营许可证，不得涂改、倒卖、出租、出借、转让。

第十八条　个人征信业务经营许可证有效期为3年。有效期届满需要续展的，应当在有效期届满60日前向中国人民银行提出申请，换发个人征信业务经营许可证。

有效期届满不再续展的，个人征信机构应当在个人征信业务经营许可证有效期届满60日前向中国人民银行报告，并依照本办法第二十条的规定，妥善处理信息数据库，办理个人征信业务经营许可证注销手续；个人征信机构在个人征信业务经营许可证有效期届满60日前未提出续展申请的，中国人民银行可以在个人征信业务经营许可证有效期届满之日注销其个人征信业务经营许可证，并依照《征信业管理条例》第十二条的规定处理信息数据库。

第十九条　设立企业征信机构，应当符合《中华人民共和国公司法》规定的公司设立条件，自公司登记机关准予登记之日起30日内向所在地的中国人民银行省会（首府）城市中心支行以上分支机构办理备案，并提交下列材料：

（一）企业征信机构备案表；

（二）营业执照复印件；

（三）股权结构说明，包括资本、股东名单及其出资额或者所持股份；

（四）组织机构设置以及人员基本构成说明；

（五）业务范围和业务规则基本情况报告；

（六）业务系统的基本情况，包括企业信用信息系统建设情况报告和具有国家信息安全等级保护测评资质的机构出具的企业信用信息系统安全测评报告；

（七）信息安全和风险防范措施，包括已经建立的内控制度和安全管理制度。

企业征信机构备案事项发生变更的，应当自变更之日起30日内向备案机构办理变更备案。

第二十条　个人征信机构因解散或者被依法宣告破产等原因拟终止征信业务的，应当在拟终止之日前60日向中国人民银行报告退出方案，并依照《征信业管理条例》第十二条第一款规定处理信息数据库。

个人征信机构终止征信业务的，应当自终止之日起20日内，在中国人民银行指定的媒体上公告，并办理个人征信业务经营许可证注销手续，将许可证缴回中国人民银行；逾期不缴回的，中国人民银行应当依法收缴。

第二十一条 企业征信机构因解散或者被依法宣告破产等原因拟终止征信业务的，应当在拟终止之日前60日向中国人民银行报告退出方案，并依照《征信业管理条例》第十二条第一款规定处理信息数据库。

第三章 高级任职人员管理

第二十二条 个人征信机构的董事、监事、高级管理人员，应当在任职前取得中国人民银行核准的任职资格。

第二十三条 取得个人征信机构董事、监事和高级管理人员任职资格，应当具备以下条件：

（一）正直诚实，品行良好；

（二）具有大专以上学历；

（三）从事征信工作3年以上或者从事金融、法律、会计、经济工作5年以上；

（四）具有履行职责所需的管理能力；

（五）熟悉与征信业务相关的法律法规和专业知识。

第二十四条 有下列情形之一的，不得担任个人征信机构董事、监事和高级管理人员：

（一）因贪污、贿赂、侵占财产、挪用财产或者破坏社会主义市场经济秩序，被判处刑罚，或者因犯罪被剥夺政治权利，执行期满未逾5年的；

（二）最近3年有重大违法违规记录的。

本办法所称重大违法违规记录，是指除前款第一项所列之外的犯罪记录或者重大行政处罚记录。

第二十五条 个人征信机构向中国人民银行申请核准董事、监事和高级管理人员的任职资格，应当提交下列材料：

（一）董事、监事和高级管理人员任职资格申请表；

（二）拟任职的董事、监事和高级管理人员的个人履历材料；

（三）拟任职的董事、监事和高级管理人员的学历证书复印件；

（四）拟任职的董事、监事和高级管理人员最近3年无重大违法违规记录的声明；

（五）拟任职的董事、监事和高级管理人员的个人信用报告。

个人征信机构应当如实提交前款规定的材料，个人征信机构以及拟任职的董事、监事和高级管理人员应当对材料的真实性、完整性负责。中国人民银行根据需要对材料的真实性进行核实，并对申请任职资格的董事、监事和高级管理人员进行考察或者谈话。

第二十六条 中国人民银行依法对个人征信机构董事、监事和高级管理人员的任职资格进行审查，作出核准或者不予核准的书面决定。

第二十七条 企业征信机构的董事、监事、高级管理人员，应当由任职的征信机构自任命之日起20日内向所在地的中国人民银行省会（首府）城市中心支行以上分支机构备案，并提交下列材料：

（一）董事、监事、高级管理人员备案表；

（二）董事、监事、高级管理人员的个人履历材料；

（三）董事、监事、高级管理人员的学历证书复印件；

（四）董事、监事、高级管理人员的备案材料真实性声明。

企业征信机构的董事、监事、高级管理人员发生变更的，应当自变更之日起20日内向备案机构办理变更备案。

第四章 监督管理

第二十八条 个人征信机构应当在每年第一季度末，向中国人民银行报告上一年度征信业务开展情况。

企业征信机构应当在每年第一季度末，向备案机构报告上一年度征信业务开展情况。

报告内容应当包括信用信息采集、征信产品开发、信用信息服务、异议处理以及信用信息系统建设情况，信息安全保障情况等。

第二十九条 个人征信机构应当按规定向中国人民银行报送征信业务统计报表、财务会计报告、审计报告等资料。

企业征信机构应当按规定向备案机构报送征信业务统计报表、财务会计报告、审计报告等资料。

征信机构应当对报送的报表和资料的真实性、准确性、完整性负责。

第三十条 征信机构应当按照国家信息安全保护等级测评标准，对信用信息系统的安全情况进行测评。

征信机构信用信息系统安全保护等级为二级的，应当每两年进行测评；信用信息系统安全保护等级为三级以及以上的，应当每年进行测评。

个人征信机构应当自具有国家信息安全等级保护测评资质的机构出具测评报告之日起20日内，将测评报告报送中国人民银行，企业征信机构应当将测评报告报送备案机构。

第三十一条　征信机构有下列情形之一的，中国人民银行及其分支机构可以将其列为重点监管对象：

（一）上一年度发生严重违法违规行为的；

（二）出现可能发生信息泄露征兆的；

（三）出现财务状况异常或者严重亏损的；

（四）被大量投诉的；

（五）未按本办法第二十八条、第二十九条、第三十条规定报送相关材料的；

（六）中国人民银行认为需要重点监管的其他情形。

征信机构被列为重点监管对象的，中国人民银行及其分支机构可以酌情缩短征信机构报告征信业务开展情况、进行信用信息系统安全情况测评的周期，并采取相应的监管措施，督促征信机构整改。

整改后第一款中所列情形消除的，中国人民银行及其分支机构可不再将其列为重点监管对象。

第三十二条　中国人民银行及其分支机构可以根据监管需要，约谈征信机构董事、监事和高级管理人员，要求其就征信业务经营、风险控制、内部管理等有关重大事项作出说明。

第五章　罚　　则

第三十三条　申请设立个人征信机构的申请人隐瞒有关情况或者提供虚假材料的，中国人民银行依照《中华人民共和国行政许可法》的相关规定进行处罚。

第三十四条　个人征信机构的个人信用信息系统未达到国家信息安全保护等级二级或者二级以上要求的，中国人民银行可以责令整顿；情节严重或者拒不整顿的，中国人民银行依照《征信业管理条例》第三十八条的规定，吊销其个人征信业务经营许可证。

第三十五条　申请个人征信机构的董事、监事、高级管理人员任职资格的申请人隐瞒有关情况或者提供虚假材料的，中国人民银行不予受理或者不予核准其任职资格，并给予警告；已经核准的，取消其任职资格。

禁止上述申请人3年内再次申请任职资格。

第三十六条　个人征信机构任命未取得任职资格董事、监事、高级管理人员的，由中国人民银行责令改正并给予警告；情节严重的，处1万元以上3万元以下罚款。

企业征信机构任命董事、监事、高级管理人员未及时备案或者变更备案，以及在备案中提供虚假材料的，由中国人民银行分支机构责令改正并给予警告；情节严重的，处1万元以上3万元以下罚款。

第三十七条　征信机构违反本办法第二十九条、第三十条规定的，由中国人民银行及其分支机构责令改正；情节严重的，处1万元以上3万元以下罚款；涉嫌犯罪的，依法移交司法机关追究其刑事责任。

第六章　附　　则

第三十八条　本办法由中国人民银行负责解释。

第三十九条　本办法自2013年12月20日起施行。

征信业务管理办法

1. 2021年9月27日中国人民银行令〔2021〕第4号发布

2. 自2022年1月1日起施行

第一章　总　　则

第一条　为了规范征信业务及其相关活动，保护信息主体合法权益，促进征信业健康发展，推进社会信用体系建设，根据《中华人民共和国中国人民银行法》《中华人民共和国个人信息保护法》《征信业管理条例》等法律法规，制定本办法。

第二条　在中华人民共和国境内，对法人和非法人组织（以下统称企业）、个人开展征信业务及其相关活动的，适用本办法。

第三条　本办法所称征信业务，是指对企业和个人的信用信息进行采集、整理、保存、加工，并向信息使用者提供的活动。

本办法所称信用信息，是指依法采集，为金融等活动提供服务，用于识别判断企业和个人信用状况的基本信息、借贷信息、其他相关信息，以及基于前述信息形成的分析评价信息。

第四条　从事个人征信业务的，应当依法取得中国人民银行个人征信机构许可；从事企业征信业务的，应当依法办理企业征信机构备案；从事信用评级业务的，应当依法办理信用评级机构备案。

第五条　金融机构不得与未取得合法征信业务资质的市场机构开展商业合作获取征信服务。

本办法所称金融机构，是指国务院金融管理部门监督管理的从事金融业务的机构。

地方金融监管部门负责监督管理的地方金融组织适用本办法关于金融机构的规定。

第六条　从事征信业务及其相关活动，应当保护信息主体合法权益，保障信息安全，防范信用信息泄露、丢失、毁损或者被滥用，不得危害国家秘密，不得侵犯个人隐私和商业秘密。

从事征信业务及其相关活动，应当遵循独立、客观、公正的原则，不得违反法律法规的规定，不得违反社会公序良俗。

第二章 信用信息采集

第七条 采集个人信用信息,应当采取合法、正当的方式,遵循最小、必要的原则,不得过度采集。

第八条 征信机构不得以下列方式采集信用信息:

(一)欺骗、胁迫、诱导;

(二)向信息主体收费;

(三)从非法渠道采集;

(四)以其他侵害信息主体合法权益的方式。

第九条 信息提供者向征信机构提供信用信息的,征信机构应当制定相关制度,对信息提供者的信息来源、信息质量、信息安全、信息主体授权等进行必要的审查。

第十条 征信机构与信息提供者在开办业务及合作中应当遵守《中华人民共和国个人信息保护法》等法律法规,通过协议等形式明确信息采集的原则以及各自在获得客户同意、信息采集、加工处理、信息更正、异议处理、信息安全等方面的权利义务和责任。

第十一条 征信机构经营个人征信业务,应当制定采集个人信用信息的方案,并就采集的数据项、信息来源、采集方式、信息主体合法权益保护制度等事项及其变化向中国人民银行报告。

第十二条 征信机构采集个人信用信息应当经信息主体本人同意,并且明确告知信息主体采集信用信息的目的。依照法律法规公开的信息除外。

第十三条 征信机构通过信息提供者取得个人同意的,信息提供者应当向信息主体履行告知义务。

第十四条 个人征信机构应当将与其合作,进行个人信用信息采集、整理、加工和分析的信息提供者,向中国人民银行报告。

个人征信机构应当规范与信息提供者的合作协议内容。信息提供者应当就个人信用信息处理事项接受个人征信机构的风险评估和中国人民银行的情况核实。

第十五条 采集企业信用信息,应当基于合法的目的,不得侵犯商业秘密。

第三章 信用信息整理、保存、加工

第十六条 征信机构整理、保存、加工信用信息,应当遵循客观性原则,不得篡改原始信息。

第十七条 征信机构应当采取措施,提高征信系统信息的准确性,保障信息质量。

第十八条 征信机构在整理、保存、加工信用信息过程中发现信息错误的,如属于信息提供者报送错误的,应当及时通知信息提供者更正;如属于内部处理错误的,应当及时更正,并优化信用信息内部处理流程。

第十九条 征信机构应当对来自不同信息提供者的信息进行比对,发现信息不一致的,及时进行核查和处理。

第二十条 征信机构采集的个人不良信息的保存期限,自不良行为或者事件终止之日起为5年。

个人不良信息保存期限届满,征信机构应当将个人不良信息在对外服务和应用中删除;作为样本数据的,应当进行匿名化处理。

第四章 信用信息提供、使用

第二十一条 征信机构对外提供征信产品和服务,应当遵循公平性原则,不得设置不合理的商业条件限制不同的信息使用者使用,不得利用优势地位提供歧视性或者排他性的产品和服务。

第二十二条 征信机构应当采取适当的措施,对信息使用者的身份、业务资质、使用目的等进行必要的审查。

征信机构应当对信息使用者接入征信系统的网络和系统安全、合规性管理措施进行评估,对查询行为进行监测。发现安全隐患或者异常行为的,及时核查;发现违法违规行为的,停止提供服务。

第二十三条 信息使用者应当采取必要的措施,保障查询个人信用信息时取得信息主体的同意,并且按照约定用途使用个人信用信息。

第二十四条 信息使用者使用征信机构提供的信用信息,应当基于合法、正当的目的,不得滥用信用信息。

第二十五条 个人信息主体有权每年两次免费获取本人的信用报告,征信机构可以通过互联网查询、营业场所查询等多种方式为个人信息主体提供信用报告查询服务。

第二十六条 信息主体认为信息存在错误、遗漏的,有权向征信机构或者信息提供者提出异议;认为侵害自身合法权益的,可以向所在地中国人民银行分支机构投诉。对异议和投诉按照《征信业管理条例》及相关规定办理。

第二十七条 征信机构不得以删除不良信息或者不采集不良信息为由,向信息主体收取费用。

第二十八条 征信机构提供信用报告等信用信息查询产品和服务的,应当客观展示查询的信用信息内容,并对查询的信用信息内容及专业名词进行解释说明。

信息主体有权要求征信机构在信用报告中添加异议标注和声明。

第二十九条 征信机构提供画像、评分、评级等信用评价类产品和服务的,应当建立评价标准,不得将与信息主体信用无关的要素作为评价标准。

征信机构正式对外提供信用评价类产品和服务前,应当履行必要的内部测试和评估验证程序,使评价规则可解释、信息来源可追溯。

征信机构提供经济主体或者债务融资工具信用评级产品和服务的，应当按照《信用评级业管理暂行办法》（中国人民银行 发展改革委 财政部 证监会令〔2019〕第5号发布）等相关规定开展业务。

第三十条　征信机构提供信用反欺诈产品和服务的，应当建立欺诈信用信息的认定标准。

第三十一条　征信机构提供信用信息查询、信用评价类、信用反欺诈产品和服务，应当向中国人民银行或其省会（首府）城市中心支行以上分支机构报告下列事项：

（一）信用报告的模板及内容；

（二）信用评价类产品和服务的评价方法、模型、主要维度要素；

（三）信用反欺诈产品和服务的数据来源、欺诈信用信息认定标准。

第三十二条　征信机构不得从事下列活动：

（一）对信用评价结果进行承诺；

（二）使用对信用评价结果有暗示性的内容宣传产品和服务；

（三）未经政府部门或者行业协会同意，假借其名义进行市场推广；

（四）以胁迫、欺骗、诱导的方式向信息主体或者信息使用者提供征信产品和服务；

（五）对征信产品和服务进行虚假宣传；

（六）提供其他影响征信业务客观公正性的征信产品和服务。

第五章　信用信息安全

第三十三条　征信机构应当落实网络安全等级保护制度，制定涉及业务活动和设备设施的安全管理制度，采取有效保护措施，保障征信系统的安全。

第三十四条　个人征信机构、保存或者处理100万户以上企业信用信息的企业征信机构，应当符合下列要求：

（一）核心业务信息系统网络安全保护等级具备三级或者三级以上安全保护能力；

（二）设立信息安全负责人和个人信息保护负责人，由公司章程规定的高级管理人员担任；

（三）设立专职部门，负责信息安全和个人信息保护工作，定期检查征信业务、系统安全、个人信息保护制度措施执行情况。

第三十五条　征信机构应当保障征信系统运行设施设备、安全控制设施设备以及互联网应用程序的安全，做好征信系统日常运维管理，保障系统物理安全、通信网络安全、区域边界安全、计算环境安全、管理中心安全等，防范征信系统受到非法入侵和破坏。

第三十六条　征信机构应当在人员录用、离岗、考核、安全教育、培训和外部人员访问管理等方面做好人员安全管理工作。

第三十七条　征信机构应当严格限定公司内部查询和获取信用信息的工作人员的权限和范围。

征信机构应当留存工作人员查询、获取信用信息的操作记录，明确记载工作人员查询和获取信用信息的时间、方式、内容及用途。

第三十八条　征信机构应当建立应急处置制度，在发生或者有可能发生信用信息泄露等事件时，立即采取必要措施降低危害，并及时向中国人民银行及其省会（首府）城市中心支行以上分支机构报告。

第三十九条　征信机构在中华人民共和国境内开展征信业务及其相关活动，采集的企业信用信息和个人信用信息应当存储在中华人民共和国境内。

第四十条　征信机构向境外提供个人信用信息，应当符合法律法规的规定。

征信机构向境外信息使用者提供企业信用信息查询产品和服务，应当对信息使用者的身份、信用信息用途进行必要的审查，确保信用信息用于跨境贸易、投融资等合理用途，不得危害国家安全。

第四十一条　征信机构与境外征信机构合作的，应当在合作协议签署后、业务开展前将合作协议报告中国人民银行。

第六章　监督管理

第四十二条　征信机构应当将下列事项向社会公开，接受社会监督：

（一）采集的信用信息类别；

（二）信用报告的基本格式内容；

（三）异议处理流程；

（四）中国人民银行认为需要公开的其他事项。

第四十三条　个人征信机构应当每年对自身个人征信业务遵守《中华人民共和国个人信息保护法》《征信业管理条例》的情况进行合规审计，并将合规审计报告及时报告中国人民银行。

第四十四条　中国人民银行及其省会（首府）城市中心支行以上分支机构对征信机构的下列事项进行监督检查：

（一）征信内控制度建设，包括各项制度和相关规程的齐备性、合规性和可操作性等；

（二）征信业务合规经营情况，包括采集信用信息、对外提供和使用信用信息、异议与投诉处理、用户管理、其他事项合规性等；

（三）征信系统安全情况，包括信息技术制度、安全管理、系统开发等；

（四）与征信业务活动相关的其他事项。

第四十五条 信息提供者和信息使用者违反《征信业管理条例》规定，侵犯信息主体合法权益的，由中国人民银行及其省会（首府）城市中心支行以上分支机构依法对其检查和处理。

第七章 法律责任

第四十六条 违反本办法第四条规定，擅自从事个人征信业务的，由中国人民银行按照《征信业管理条例》第三十六条进行处罚；擅自从事企业征信业务的，由中国人民银行省会（首府）城市中心支行以上分支机构按照《征信业管理条例》第三十七条进行处罚。

金融机构违反本办法第五条规定，与未取得合法征信业务资质的市场机构开展商业合作获取征信服务的，由中国人民银行及其分支机构责令改正，对单位处3万元以下罚款，对直接负责的主管人员处1000元以下罚款。

第四十七条 征信机构违反本办法第八条、第十六条、第二十条、第二十七条、第三十二条规定的，由中国人民银行及其省会（首府）城市中心支行以上分支机构按照《征信业管理条例》第三十八条进行处罚。

第四十八条 征信机构违反本办法第十四条、第二十一条、第三十一条、第三十四条、第三十九条、第四十二条规定的，由中国人民银行及其省会（首府）城市中心支行以上分支机构责令改正，没收违法所得，对单位处3万元以下罚款，对直接负责的主管人员处1000元以下罚款。法律、行政法规另有规定的，依照其规定。

第八章 附 则

第四十九条 金融信用信息基础数据库从事征信业务、从事信贷业务的机构向金融信用信息基础数据库报送或者查询信用信息参照本办法执行。

第五十条 以“信用信息服务”“信用服务”“信用评分”“信用评级”“信用修复”等名义对外实质提供征信服务的，适用本办法。

第五十一条 本办法施行前未取得个人征信业务经营许可或者未进行企业征信机构备案但实质从事征信业务的机构，应当自本办法施行之日起18个月内完成合规整改。

第五十二条 本办法由中国人民银行负责解释。

第五十三条 本办法自2022年1月1日起施行。

企业征信机构备案管理办法

1. 2016年10月14日中国人民银行发布
2. 银发〔2016〕253号

第一章 总 则

第一条 为规范企业征信机构备案管理，促进企业征信市场健康发展，根据《中华人民共和国中国人民银行法》、《征信业管理条例》、《征信机构管理办法》（中国人民银行令〔2013〕第1号发布）等法律法规规章，制定本办法。

第二条 本办法所称企业征信机构，是指符合《征信业管理条例》第五条规定，主要采集企业和事业单位等组织的信用信息，并进行整理、保存、加工和向信息使用者提供的机构。

第三条 人民银行制定企业征信机构备案管理规则，人民银行省会（首府）城市中心支行以上分支机构（以下统称人民银行省级分支行）具体负责辖区内企业征信机构备案工作。

第四条 人民银行省级分支行为企业征信机构办理备案，不视为对企业征信机构数据质量、业务水平、内控与风险管理能力、IT技术实力、业务合规等方面的认可或者保证。

企业征信机构不得利用人民银行备案进行夸大宣传、虚假宣传，也不得用其作为融资增信手段。

第五条 企业征信机构在注册地的人民银行省级分支行办理备案，并接受其监督管理。

企业征信机构在备案地以外区域开展企业征信业务，设立分支机构的，应当向分支机构所在地的人民银行省级分支行申请备案，其分支机构业务由所在地人民银行分支行负责管理；不设立分支机构的，其业务由备案地人民银行分支行负责管理。

第二章 备案的受理

第六条 设立企业征信机构应当符合《中华人民共和国公司法》规定的公司设立条件，自公司登记机关准予登记之日起30日内向注册地的人民银行省级分支行办理备案。

第七条 人民银行省级分支行收到机构备案申请后，应当对其业务性质、信息内容进行判断，依法应当认定为企业征信机构的，对其备案申请予以受理；依法不应当认定为企业征信机构的，对其备案申请不予受理。

第八条 企业征信机构申请备案的，应当按照《征信机构管理办法》第十九条、《征信机构监管指引》（银发

〔2015〕336号文印发）第七条的规定提交申请材料。

第九条　企业征信机构提交的备案材料不齐全或者不符合要求的，人民银行省级分支行应当告知企业征信机构在30日内补充材料；逾期未补充的，不予受理备案申请。

第十条　人民银行省级分支行对企业征信机构提交的备案材料审查确认无误的，应当受理备案申请。

第十一条　人民银行省级分支行受理企业征信机构的备案申请后，应当对其高级管理人员掌握征信法规的情况进行评估，指导企业征信机构高级管理人员熟悉征信相关法规。

第三章　备案的审核

第十二条　人民银行省级分支行应当对申请备案机构提交的备案材料进行真实性审核，审核时可以采用实地考察、函询有关政府部门等方式。

第十三条　人民银行省级分支行受理企业征信机构备案申请的，应当在本单位网站对备案机构的名称、营业场所、业务范围、注册资本、主要股东及其出资额、高管人员、信用信息系统安全等级等情况进行公示。公示期限不得少于三个月。

第十四条　企业征信机构提交的备案材料真实、准确、完整，且业务具有可行性、公示期间无异议的，人民银行省级分支行应当办理备案。

公示期间存在异议的，人民银行省级分支行应当对异议情况进行核查。核查后认为异议不成立的，应当办理备案；异议成立的，应当拒绝办理备案。

第十五条　人民银行省级分支行完成企业征信机构备案后，应当在5个工作日内将备案情况报人民银行总行。

第十六条　人民银行及其省级分支行通过各自网站同步公告备案企业征信机构情况，并实施在线名单管理。

公告内容包括企业征信机构的名称、营业场所、业务范围、注册资本、主要股东及其出资额、高管人员、信用信息系统安全等级。

第十七条　企业征信机构备案事项发生变更的，应当在变更之日起30日内向原备案机构办理变更备案。控股股东或者实际控制人发生变更的，应当按新设机构的备案标准进行备案审核。

第十八条　企业征信机构设立分支机构的，应当报告注册地人民银行省级分支行，并向分支机构所在地的人民银行省级分支行提交以下材料：

（一）企业征信机构分支机构备案表；

（二）营业执照复印件；

（三）经营场所证明文件；

（四）组织机构及高管人员构成情况说明；

（五）分支机构内控制度、业务规则。

第十九条　企业征信机构有下列情形之一的，人民银行省级分支行不得为其办理备案：

（一）提供虚假备案申请材料的；

（二）被列入“信用中国”网站黑名单的。

第四章　备案的管理

第二十条　企业征信机构备案后，应当按照规定接入人民银行征信管理系统。

第二十一条　人民银行省级分支行办理企业征信机构备案后，应当在征信管理系统中及时、准确、完整地填报企业征信机构相关信息。

第二十二条　人民银行及省级分支行对企业征信机构备案实行动态管理。

人民银行省级分支行在日常监管或者开展现场检查中发现备案企业征信机构存在下列情形之一的，可以注销其备案：

（一）《征信机构监管指引》第十条规定的情形；

（二）企业征信机构备案后连续六个月未实质开展相关业务；

（三）被工商管理部门注销或者吊销营业执照。

人民银行省级分支行应当每两年对企业征信机构的备案情况审核一次，审核中发现企业征信机构存在上述情形之一的，可以注销其备案。

第二十三条　人民银行省级分支行注销企业征信机构备案的，应当在注销之日起5个工作日内将注销情况报人民银行总行，并将被注销的企业征信机构同步清退出备案名单。

第五章　附　　则

第二十四条　任何组织不得采用加盟、代理、挂靠等方式从事企业征信业务。

本办法实施前，存在加盟、代理、挂靠方式的企业征信机构，应当在本办法自实施之日起六个月内进行整改；逾期未完成整改的，注销其备案。

第二十五条　本办法实施后，由人民银行及其省级分支行同步对外公布备案征信机构名单。

人民银行省级分支行不再颁发纸质《企业征信机构备案证》，此前发放的纸质《企业征信机构备案证》自前款规定的企业征信机构名单公布之日起作废。

第二十六条　外商投资企业征信机构申请备案的，依照人民银行、商务部关于设立外商投资征信机构的公告和本办法办理。

外商投资机构境内再投资设立企业征信机构申请备案的，人民银行省级分支行可以通过函询当地商务部门的方式确定企业征信机构的外商投资性质。

第二十七条 自本办法实施之日起，人民银行省级分支行应当在六个月内对已备案的企业征信机构完成清理。对于不符合本办法规定的企业征信机构，要求其限期整改，逾期未完成整改的，或者依法不应当认定为企业征信机构的，注销其备案。

第二十八条 本办法自印发之日起实施，此前规定与本办法不一致的，以本办法为准。

6. 银行间市场管理

同业拆借管理办法

1. 2007年7月3日中国人民银行令〔2007〕第3号公布

2. 自2007年8月6日起施行

第一章 总 则

第一条 为进一步发展货币市场、规范同业拆借交易、防范同业拆借风险、维护同业拆借各方当事人的合法权益，根据《中华人民共和国中国人民银行法》、《中华人民共和国商业银行法》等有关法律、行政法规，制定本办法。

第二条 本办法适用于在中华人民共和国境内依法设立的金融机构之间进行的人民币同业拆借交易。

第三条 本办法所称同业拆借，是指经中国人民银行批准进入全国银行间同业拆借市场（以下简称同业拆借市场）的金融机构之间，通过全国统一的同业拆借网络进行的无担保资金融通行为。全国统一的同业拆借网络包括：

（一）全国银行间同业拆借中心的电子交易系统；

（二）中国人民银行分支机构的拆借备案系统；

（三）中国人民银行认可的其他交易系统。

第四条 中国人民银行依法对同业拆借市场进行监督管理。金融机构进入同业拆借市场必须经中国人民银行批准，从事同业拆借交易接受中国人民银行的监督和检查。

第五条 同业拆借交易应遵循公平自愿、诚信自律、风险自担的原则。

第二章 市场准入管理

第六条 下列金融机构可以向中国人民银行申请进入同业拆借市场：

（一）政策性银行；

（二）中资商业银行；

（三）外商独资银行、中外合资银行；

（四）城市信用合作社；

（五）农村信用合作社县级联合社；

（六）企业集团财务公司；

（七）信托公司；

（八）金融资产管理公司；

（九）金融租赁公司；

（十）汽车金融公司；

（十一）证券公司；

（十二）保险公司；

（十三）保险资产管理公司；

（十四）中资商业银行（不包括城市商业银行、农村商业银行和农村合作银行）授权的一级分支机构；

（十五）外国银行分行；

（十六）中国人民银行确定的其他机构。

第七条 申请进入同业拆借市场的金融机构应当具备以下条件：

（一）在中华人民共和国境内依法设立；

（二）有健全的同业拆借交易组织机构、风险管理制度和内部控制制度；

（三）有专门从事同业拆借交易的人员；

（四）主要监管指标符合中国人民银行和有关监管部门的规定；

（五）最近二年未因违法、违规行为受到中国人民银行和有关监管部门处罚；

（六）最近二年未出现资不抵债情况；

（七）中国人民银行规定的其他条件。

第八条 下列金融机构申请进入同业拆借市场，除具备本办法第七条所规定的条件外，还应具备以下条件：

（一）外商独资银行、中外合资银行、外国银行分行经国务院银行业监督管理机构批准获得经营人民币业务资格；

（二）企业集团财务公司、信托公司、金融资产管理公司、金融租赁公司、汽车金融公司、保险资产管理公司在申请进入同业拆借市场前最近两个年度连续盈利；

（三）证券公司应在申请进入同业拆借市场前最近两个年度连续盈利，同期未出现净资本低于2亿元的情况；

（四）保险公司应在申请进入同业拆借市场前最近四个季度连续的偿付能力充足率在120%以上。

第九条 金融机构申请进入同业拆借市场，应按照中国人民银行规定的程序向中国人民银行或其分支机构提交申请材料。

第十条 中国人民银行及其分支机构审核金融机构进入同业拆借市场申请的期限，适用《中国人民银行行政许可实施办法》第二十八条和第二十九条的规定。

第十一条　已进入同业拆借市场的金融机构决定退出同业拆借市场时，应至少提前30日报告中国人民银行或其分支机构，并说明退出同业拆借市场的原因，提交债权债务清理处置方案。

金融机构退出同业拆借市场必须采取有效措施保证债权债务关系顺利清理，并针对可能出现的问题制定有效的风险处置预案。

第十二条　中国人民银行及其分支机构批准金融机构进入同业拆借市场或者接到金融机构退出同业拆借市场的报告后，应以适当方式向同业拆借市场发布公告。在中国人民银行或其分支机构正式发布公告之前，任何机构不得擅自对市场发布相关信息。

第十三条　中国人民银行及其分支机构自发布金融机构退出同业拆借市场公告之日起两年之内不再受理该金融机构进入同业拆借市场的申请。

第三章　交易和清算

第十四条　同业拆借交易必须在全国统一的同业拆借网络中进行。

政策性银行、企业集团财务公司、信托公司、金融资产管理公司、金融租赁公司、汽车金融公司、证券公司、保险公司、保险资产管理公司以法人为单位，通过全国银行间同业拆借中心的电子交易系统进行同业拆借交易。

通过中国人民银行分支机构拆借备案系统进行同业拆借交易的金融机构应按照中国人民银行当地分支机构的规定办理相关手续。

第十五条　同业拆借交易以询价方式进行，自主谈判、逐笔成交。

第十六条　同业拆借利率由交易双方自行商定。

第十七条　金融机构进行同业拆借交易，应逐笔订立交易合同。交易合同的内容应当具体明确，详细约定同业拆借双方的权利和义务。合同应包括以下内容：

（一）同业拆借交易双方的名称、住所及法定代表人的姓名；

（二）同业拆借成交日期；

（三）同业拆借交易金额；

（四）同业拆借交易期限；

（五）同业拆借利率、利率计算规则和利息支付规则；

（六）违约责任；

（七）中国人民银行要求载明的其他事项。

第十八条　交易合同可采用全国银行间同业拆借中心电子交易系统生成的成交单，或者采取合同书、信件和数据电文等书面形式。

第十九条　同业拆借的资金清算涉及不同银行的，应直接或委托开户银行通过中国人民银行大额实时支付系统办理。同业拆借的资金清算可以在同一银行完成的，应以转账方式进行。任何同业拆借清算均不得使用现金支付。

第四章　风险控制

第二十条　金融机构应当将同业拆借风险管理纳入本机构风险管理的总体框架之中，并根据同业拆借业务的特点，建立健全同业拆借风险管理制度，设立专门的同业拆借风险管理机构，制定同业拆借风险管理内部操作规程和控制措施。

第二十一条　金融机构应当依法妥善保存其同业拆借交易的所有交易记录和与交易记录有关的文件、账目、原始凭证、报表、电话录音等资料。

第二十二条　商业银行同业拆借的拆入资金用途应符合《中华人民共和国商业银行法》的有关规定。

第二十三条　同业拆借的期限在符合以下规定的前提下，由交易双方自行商定：

（一）政策性银行、中资商业银行、中资商业银行授权的一级分支机构、外商独资银行、中外合资银行、外国银行分行、城市信用合作社、农村信用合作社县级联合社拆入资金的最长期限为1年；

（二）金融资产管理公司、金融租赁公司、汽车金融公司、保险公司拆入资金的最长期限为3个月；

（三）企业集团财务公司、信托公司、证券公司、保险资产管理公司拆入资金的最长期限为7天；

（四）金融机构拆出资金的最长期限不得超过对手方由中国人民银行规定的拆入资金最长期限。

中国人民银行可以根据市场发展和管理的需要调整金融机构的拆借资金最长期限。

第二十四条　同业拆借到期后不得展期。

第二十五条　对金融机构同业拆借实行限额管理，拆借限额由中国人民银行及其分支机构按照以下原则核定：

（一）政策性银行的最高拆入限额和最高拆出限额均不超过该机构上年末待偿还金融债券余额的8%；

（二）中资商业银行、城市信用合作社、农村信用合作社县级联合社的最高拆入限额和最高拆出限额均不超过该机构各项存款余额的8%；

（三）外商独资银行、中外合资银行的最高拆入限额和最高拆出限额均不超过该机构实收资本的2倍；

（四）外国银行分行的最高拆入限额和最高拆出

限额均不超过该机构人民币营运资金的 2 倍；

（五）企业集团财务公司、金融资产管理公司、金融租赁公司、汽车金融公司、保险公司的最高拆入限额和最高拆出限额均不超过该机构实收资本的 100%；

（六）信托公司、保险资产管理公司的最高拆入限额和最高拆出限额均不超过该机构净资产的 20%；

（七）证券公司的最高拆入限额和最高拆出限额均不超过该机构净资本的 80%；

（八）中资商业银行（不包括城市商业银行、农村商业银行和农村合作银行）授权的一级分支机构的最高拆入限额和最高拆出限额由该机构的总行授权确定，纳入总行法人统一考核。

中国人民银行可以根据市场发展和管理的需要调整金融机构的同业拆借资金限额。

第二十六条 金融机构申请调整拆借资金限额，应比照申请进入同业拆借市场的程序向中国人民银行或其分支机构提交申请材料。

第二十七条 中国人民银行可以根据金融机构的申请临时调整拆借资金限额。

中国人民银行分支机构可在总行授权的范围内临时调整辖内金融机构的拆借资金限额。

第五章 信息披露管理

第二十八条 进入同业拆借市场的金融机构承担向同业拆借市场披露信息的义务。金融机构的董事或法定代表人应当保证所披露的信息真实、准确、完整、及时。

第二十九条 中国人民银行负责制定同业拆借市场中各类金融机构的信息披露规范并监督实施。

第三十条 全国银行间同业拆借中心是同业拆借市场的中介服务机构，为金融机构在同业拆借市场的交易和信息披露提供服务。

全国银行间同业拆借中心应依据本办法制定同业拆借市场交易和信息披露操作规则，报中国人民银行批准后实施。

第三十一条 全国银行间同业拆借中心应及时向市场公布利率、交易量、重大异常交易等市场信息和统计数据。

第三十二条 全国银行间同业拆借中心负责同业拆借市场日常监测和市场统计，定期向中国人民银行上报同业拆借市场统计数据，向中国人民银行省一级分支机构提供备案系统统计信息，发现同业拆借市场异常情况及时向中国人民银行报告并通知中国人民银行相关省一级分支机构。

第三十三条 金融机构未按照中国人民银行的规定向同业拆借市场披露信息，或者所披露信息有虚假记载、误导性陈述或重大遗漏的，中国人民银行有权对该金融机构采取限期补充信息披露、核减同业拆借限额、缩短同业拆借最长期限、限制同业拆借交易范围、暂停或停止与全国银行间同业拆借中心交易联网等约束措施。

第六章 监督管理

第三十四条 中国人民银行依法对同业拆借交易实施非现场监管和现场检查，并对同业拆借市场的行业自律组织进行指导和监督。

第三十五条 中国人民银行省一级分支机构负责拟定辖区同业拆借备案管理实施办法，并对辖区内金融机构通过拆借备案系统进行的同业拆借交易进行监管。

第三十六条 中国人民银行或者其省一级分支机构根据履行同业拆借市场监管职责的需要，可以采取下列措施进行同业拆借现场检查：

（一）进入金融机构进行检查；

（二）询问金融机构的工作人员，要求其对有关检查事项作出说明；

（三）查阅、复制金融机构与检查事项有关的文件、资料，并对可能被转移、销毁、隐匿或者篡改的文件资料予以封存；

（四）检查金融机构运用电子计算机管理业务数据的系统。

第三十七条 中国人民银行地市中心支行发现同业拆借异常交易，认为有必要进行同业拆借现场检查的，应报告有管辖权的中国人民银行省一级分支机构批准后实施。

第三十八条 中国人民银行及其地市中心支行以上分支机构进行同业拆借现场检查的，应当遵守中国人民银行有关监督检查程序的规定。

第三十九条 中国人民银行及其地市中心支行以上分支机构根据履行同业拆借市场监管职责的需要，可以与金融机构董事、高级管理人员谈话，要求其就金融机构执行同业拆借市场管理规定的重大事项作出说明。

第四十条 中国人民银行及其地市中心支行以上分支机构对金融机构实施同业拆借现场检查，必要时将检查情况通报有关监管部门。

第七章 法律责任

第四十一条 金融机构有下列行为之一的，由中国人民银行或者其地市中心支行以上分支机构实施处罚：

（一）不具有同业拆借业务资格而从事同业拆借业务；

（二）与不具备同业拆借业务资格的机构进行同业拆借；

（三）在全国统一同业拆借市场网络之外从事同

业拆借业务；

（四）拆入资金用途违反相关法律规定；

（五）同业拆借超过中国人民银行规定的拆借资金最长期限；

（六）同业拆借资金余额超过中国人民银行核定的限额；

（七）未按照中国人民银行的规定向同业拆借市场披露信息；

（八）违反同业拆借市场规定的其他行为。

第四十二条　商业银行有本办法第四十一条规定情形之一的，由中国人民银行或者其地市中心支行以上分支机构按照《中华人民共和国商业银行法》第七十六条的规定处罚。

第四十三条　政策性银行、信用合作社、企业集团财务公司、信托公司、金融租赁公司有本办法第四十一条规定情形之一的，由中国人民银行或者其地市中心支行以上分支机构按照《金融违法行为处罚办法》第十七条的规定处罚。

第四十四条　证券公司、保险公司、保险资产管理公司、金融资产管理公司、汽车金融公司有本办法第四十一条规定情形之一的，由中国人民银行或者其地市中心支行以上分支机构按照《中华人民共和国中国人民银行法》第四十六条规定处罚。

第四十五条　对本办法第四十一条所列行为负有直接责任的金融机构董事、高级管理人员和其他直接责任人员，按照《中华人民共和国中国人民银行法》第四十六条的规定处罚。

第四十六条　全国银行间同业拆借中心有下列行为之一的，由中国人民银行按照《中华人民共和国中国人民银行法》第四十六条的规定处罚：

（一）不按照规定及时发布市场信息、发布虚假信息或泄露非公开信息；

（二）交易系统和信息系统发生严重安全事故，对市场造成重大影响；

（三）因不履行职责，给市场参与者造成严重损失或对市场造成重大影响；

（四）为金融机构同业拆借违规行为提供便利；

（五）不按照规定报送统计数据或未及时上报同业拆借市场异常情况；

（六）违反同业拆借市场规定的其他行为。

对前款所列行为负有直接责任的高级管理人员和其他直接责任人员，按照《中华人民共和国中国人民银行法》第四十六条的规定处罚。

第四十七条　为金融机构向同业拆借市场披露信息提供专业化服务的注册会计师、律师、信用评级机构等专业机构和人员出具的文件含有虚假记载、误导性陈述或重大遗漏的，不得再为同业拆借市场提供专业化服务。违反有关法律规定的，应当承担相应的法律责任。

第四十八条　中国人民银行或者其地市中心支行以上分支机构对违反本办法的金融机构进行处罚后，应当通报有关监管部门。中国人民银行县（市）支行发现金融机构违反本办法的，应报告上一级分支机构，由其按照本办法规定进行处罚。

第四十九条　中国人民银行及其地市中心支行以上分支机构对金融机构违反本办法的行为给予行政处罚的，应当遵守《中国人民银行行政处罚程序规定》的有关规定。

第五十条　中国人民银行及其分支机构从事同业拆借市场监督管理的行为依法接受监督并承担法律责任。

第八章　附　　则

第五十一条　本办法所称中国人民银行省一级分支机构包括中国人民银行各分行、营业管理部、省会（首府）城市中心支行和副省级城市中心支行。

第五十二条　金融机构进行外汇同业拆借由中国人民银行另行规定。

第五十三条　本办法由中国人民银行负责解释，并由中国人民银行上海总部组织实施。

第五十四条　本办法自2007年8月6日起施行，1990年3月8日中国人民银行发布的《同业拆借管理试行办法》同时废止。其他有关同业拆借的规定与本办法相抵触的，适用本办法的规定。

全国银行间债券市场债券交易管理办法

2000年4月30日中国人民银行令〔2000〕第2号公布施行

第一章　总　　则

第一条　为规范全国银行间债券市场债券交易行为，防范交易风险，维护交易各方合法权益，促进全国银行间债券市场健康发展，根据国家有关法律法规，制定本办法。

第二条　本办法所指全国银行间债券市场债券交易（以下称债券交易）是指以商业银行等金融机构为主的机构投资者之间以询价方式进行的债券交易行为。

第三条　债券交易品种包括回购和现券买卖两种。

回购是交易双方进行的以债券为权利质押的一种短期资金融通业务，指资金融入方（正回购方）在将债券出质给资金融出方（逆回购方）融入资金的同时，双方约定在将来某一日期由正回购方按约定回购利率计算的资金额向逆回购方返还资金,逆回购方向正回购方返还原出质债券的融资行为。

现券买卖是指交易双方以约定的价格转让债券所有权的交易行为。

第四条 本办法所称债券是指经中国人民银行批准可用于在全国银行间债券市场进行交易的政府债券、中央银行债券和金融债券等记帐式债券。

第五条 债券交易应遵循公平、诚信、自律的原则。

第六条 中央国债登记结算有限责任公司(简称中央结算公司)为中国人民银行指定的办理债券的登记、托管与结算机构。

第七条 中国人民银行是全国银行间债券市场的主管部门。中国人民银行各分支机构对辖内金融机构的债券交易活动进行日常监督。

第二章 参与者与中介服务机构

第八条 下列机构可成为全国银行间债券市场参与者,从事债券交易业务:

(一)在中国境内具有法人资格的商业银行及其授权分支机构;

(二)在中国境内具有法人资格的非银行金融机构和非金融机构;

(三)经中国人民银行批准经营人民币业务的外国银行分行。

第九条 上述机构进入全国银行间债券市场,应签署债券回购主协议。

第十条 金融机构可直接进行债券交易和结算,也可委托结算代理人进行债券交易和结算;非金融机构应委托结算代理人进行债券交易和结算。

第十一条 结算代理人系指经中国人民银行批准代理其他参与者办理债券交易、结算等业务的金融机构。其有关规定由中国人民银行另行制定。

第十二条 双边报价商系指经中国人民银行批准的在进行债券交易时同时连续报出现券买、卖双边价格,承担维持市场流动性等有关义务的金融机构。双边报价商有关规定由中国人民银行另行制定。

第十三条 全国银行间同业拆借中心(简称同业中心)为参与者的报价、交易提供中介及信息服务,中央结算公司为参与者提供托管、结算和信息服务。

经中国人民银行授权,同业中心和中央结算公司可披露市场有关信息。

第十四条 债券交易的资金清算银行为参与者提供资金清算服务。

第三章 债 券 交 易

第十五条 债券交易以询价方式进行,自主谈判,逐笔成交。

第十六条 进行债券交易,应订立书面形式的合同。合同应对交易日期、交易方向、债券品种、债券数量、交易价格或利率、帐户与结算方式、交割金额和交割时间等要素作出明确的约定,其书面形式包括同业中心交易系统生成的成交单、电报、电传、传真、合同书和信件等。

债券回购主协议和上述书面形式的回购合同构成回购交易的完整合同。

第十七条 以债券为质押进行回购交易,应办理登记;回购合同在办理质押登记后生效。

第十八条 合同一经成立,交易双方应全面履行合同规定的义务,不得擅自变更或解除合同。

第十九条 债券交易现券买卖价格或回购利率由交易双方自行确定。

第二十条 参与者进行债券交易不得在合同约定的价款或利息之外收取未经批准的其他费用。

第二十一条 回购期间,交易双方不得动用质押的债券。

第二十二条 回购期限最长为365天。回购到期应按照合同约定全额返还回购项下的资金,并解除质押关系,不得以任何方式展期。

第二十三条 参与者不得从事借券、租券等融券业务。

第二十四条 金融机构应每季定期以书面形式向人民银行当地分支行报告其在全国银行间债券市场的活动情况。

第二十五条 同业中心和中央结算公司应定期向中国人民银行报告债券交易、交割有关情况。

第四章 托管与结算

第二十六条 参与者应在中央结算公司开立债券托管帐户,并将持有的债券托管于其帐户。

第二十七条 债券托管帐户按功能实行分类管理,其管理规定另行制定。

第二十八条 债券交易的债券结算通过中央结算公司的中央债券簿记系统进行。

第二十九条 债券交易的资金结算以转帐方式进行。

商业银行应通过其准备金存款帐户和人民银行资金划拨清算系统进行债券交易的资金结算,商业银行与其他参与者、其他参与者之间债券交易的资金结算途径由双方自行商定。

第三十条 债券交易结算方式包括券款对付、见款付券、见券付款和纯券过户四种。具体方式由交易双方协商选择。

第三十一条 交易双方应按合同约定及时发送债券和资

金的交割指令,在约定交割日有用于交割的足额债券和资金,不得买空或卖空。

第三十二条 中央结算公司应按照交易双方发送的诸要素相匹配的指令按时办理债券交割。

资金清算银行应及时为参与者办理债券交易的资金划拨和转帐。

第三十三条 中央结算公司应定期向中国人民银行报告债券托管、结算有关情况,及时为参与者提供债券托管、债券结算、本息兑付和帐务查询等服务;应建立严格的内部稽核制度,对债券帐务数据的真实性、准确性和完整性负责,并为帐户所有人保密。

第五章 罚 则

第三十四条 参与者有下列行为之一的,由中国人民银行给予警告,并可处三万元人民币以下的罚款,可暂停或取消其债券交易业务资格;对直接负责的主管人员和直接责任人员由其主管部门给予纪律处分;违反中国人民银行有关金融机构高级管理人员任职资格管理规定的,按其规定处理。

(一)擅自从事借券、租券等融券业务;

(二)擅自交易未经批准上市债券;

(三)制造并提供虚假资料和交易信息;

(四)恶意操纵债券交易价格,或制造债券虚假价格;

(五)不遵守有关规则或协议并造成严重后果;

(六)违规操作对交易系统和债券簿记系统造成破坏;

(七)其他违反本办法的行为。

第三十五条 结算代理人和双边报价商违反规定的,按中国人民银行的有关规定处理。

第三十六条 同业中心和中央结算公司有下列行为之一的,由中国人民银行给予警告,并可处三万元人民币以下的罚款;对直接负责的主管人员和直接责任人员由其主管部门给予纪律处分。

(一)工作失职,给参与者造成严重损失;

(二)发布虚假信息或泄露非公开信息;

(三)欺诈或误导参与者,并造成损失;

(四)为参与者恶意操纵市场和融券等违规行为提供便利;

(五)其他违反本办法的行为。

第三十七条 债券交易的资金清算银行不及时为参与者划拨资金和转帐,给参与者造成损失的,应承担相应的民事责任。

第六章 附 则

第三十八条 同业中心和中央结算公司应依据本办法制定相应的业务规则和实施细则,报中国人民银行批准或备案,并组织实施。

第三十九条 本办法施行前制定的有关规定,与本办法相抵触的,以本办法为准。

第四十条 本办法由中国人民银行负责解释。

第四十一条 本办法自发布之日起施行。

全国银行间债券市场债券买断式回购业务管理规定

1. 2004年4月12日中国人民银行令〔2004〕第1号公布
2. 自2004年5月20日起施行

第一条 为促进债券市场进一步发展,规范债券买断式回购业务,防范市场风险,维护市场参与者合法权益,根据《中华人民共和国中国人民银行法》和《中华人民共和国合同法》等有关法律规定,制定本规定。

第二条 本规定所称债券买断式回购业务(以下简称买断式回购)是指债券持有人(正回购方)将债券卖给债券购买方(逆回购方)的同时,交易双方约定在未来某一日期,正回购方再以约定价格从逆回购方买回相等数量同种债券的交易行为。

第三条 买断式回购的债券券种范围与用于现券买卖的相同。

第四条 买断式回购遵循公平、诚信、自律、风险自担的原则。

市场参与者应建立、健全相应的内部管理制度和风险防范机制。

本规定所称市场参与者与中国人民银行发布的《全国银行间债券市场债券交易管理办法》中的市场参与者含义相同。

第五条 市场参与者进行买断式回购应签订买断式回购主协议,该主协议须具有履约保证条款,以保证买断式回购合同的切实履行。

第六条 市场参与者进行每笔买断式回购均应订立书面形式的合同,其书面形式包括全国银行间同业拆借中心(以下简称同业中心)交易系统生成的成交单,或者合同书、信件和数据电文等形式。

买断式回购主协议和上述书面形式的合同构成买断式回购的完整合同。交易双方认为必要时,可签订补充协议。

第七条 买断式回购期间,交易双方不得换券、现金交割和提前赎回。

第八条 进行买断式回购,交割时应有足额的债券和资金。

第九条　买断式回购以净价交易，全价结算。

第十条　买断式回购的首期交易净价、到期交易净价和回购债券数量由交易双方确定，但到期交易净价加债券在回购期间的新增应计利息应大于首期交易净价。

第十一条　买断式回购的期限由交易双方确定，但最长不得超过91天。交易双方不得以任何方式延长回购期限。

第十二条　买断式回购首期结算金额与回购债券面额的比例应符合中国人民银行的有关规定。

第十三条　进行买断式回购，交易双方可以按照交易对手的信用状况协商设定保证金或保证券。设定保证券时，回购期间保证券应在交易双方中的提供方托管账户冻结。

第十四条　进行买断式回购，任何一家市场参与者单只券种的待返售债券余额应小于该只债券流通量的20%，任何一家市场参与者待返售债券总余额应小于其在中央国债登记结算有限责任公司（以下简称中央结算公司）托管的自营债券总量的200%。

第十五条　买断式回购发生违约，对违约事实或违约责任存在争议的，交易双方可以协议申请仲裁或者向人民法院提起诉讼，并将最终仲裁或诉讼结果报告同业中心和中央结算公司，同业中心和中央结算公司应在接到报告后5个工作日内将最终结果予以公告。

第十六条　同业中心和中央结算公司应按照中国人民银行的规定和授权，及时向市场披露上一交易日单只券种买断式回购待返售债券总余额占该券种流通量的比例等有关买断式回购信息。

第十七条　同业中心负责买断式回购交易的日常监测工作，中央结算公司负责买断式回购结算的日常监测工作；发现异常交易、结算情况应及时向中国人民银行报告。

第十八条　同业中心和中央结算公司应依据本规定制定相应的买断式回购的交易、结算规则。

第十九条　中国人民银行各分支机构对辖区内市场参与者的买断式回购进行日常监督。

第二十条　进行买断式回购除应遵守本规定外，还应遵守全国银行间债券市场其他有关规定。

第二十一条　市场参与者以及同业中心和中央结算公司违反本规定的，由中国人民银行按照《中华人民共和国中国人民银行法》第四十六条的规定予以处罚。

市场参与者进行买断式回购违反全国银行间债券市场其他有关规定的，由中国人民银行按照《中华人民共和国中国人民银行法》第四十六的规定予以处罚。

第二十二条　本规定由中国人民银行负责解释。

第二十三条　本规定自2004年5月20日起施行。

全国银行间债券市场金融债券发行管理办法

1. 2005年4月27日中国人民银行令〔2005〕第1号公布
2. 自2005年6月1日起施行

第一章　总　　则

第一条　为规范全国银行间债券市场金融债券发行行为，维护投资者合法权益，根据《中华人民共和国中国人民银行法》，制定本办法。

第二条　本办法所称金融债券，是指依法在中华人民共和国境内设立的金融机构法人在全国银行间债券市场发行的、按约定还本付息的有价证券。

本办法所称金融机构法人，包括政策性银行、商业银行、企业集团财务公司及其他金融机构。

第三条　中国人民银行依法对金融债券的发行进行监督管理。未经中国人民银行核准，任何金融机构不得擅自发行金融债券。

第四条　金融债券的发行应遵循公平、公正、诚信、自律的原则，金融债券发行人（以下简称“发行人”）及相关中介机构应充分披露有关信息，并提示投资风险。

第五条　金融债券的投资风险由投资者自行承担。

第二章　申请与核准

第六条　政策性银行发行金融债券，应按年向中国人民银行报送金融债券发行申请，经中国人民银行核准后方可发行。政策性银行金融债券发行申请应包括发行数量、期限安排、发行方式等内容，如需调整，应及时报中国人民银行核准。

本办法所称政策性银行，是指国家开发银行、中国进出口银行、中国农业发展银行。

第七条　商业银行发行金融债券应具备以下条件：

（一）具有良好的公司治理机制；

（二）核心资本充足率不低于4%；

（三）最近三年连续盈利；

（四）贷款损失准备计提充足；

（五）风险监管指标符合监管机构的有关规定；

（六）最近三年没有重大违法、违规行为；

（七）中国人民银行要求的其他条件。

根据商业银行的申请，中国人民银行可以豁免前款所规定的个别条件。

第八条　企业集团财务公司发行金融债券应具备以下条件：

（一）具有良好的公司治理机制；

（二）资本充足率不低于10%；

（三）风险监管指标符合监管机构的有关规定；

（四）最近三年没有重大违法、违规行为；

（五）中国人民银行要求的其他条件。

第九条 其它金融机构发行金融债券应具备的条件另行规定。

第十条 金融机构（不包括政策性银行）发行金融债券应向中国人民银行报送下列文件（申请材料格式见附1）：

（一）金融债券发行申请报告；

（二）发行人公司章程或章程性文件规定的权力机构的书面同意文件；

（三）监管机构同意金融债券发行的文件；

（四）发行人近三年经审计的财务报告及审计报告；

（五）募集说明书（格式要求见附2）；

（六）发行公告或发行章程（格式要求见附3、4）；

（七）承销协议；

（八）发行人关于本期债券偿债计划及保障措施的专项报告；

（九）信用评级机构出具的金融债券信用评级报告及有关持续跟踪评级安排的说明；

（十）发行人律师出具的法律意见书；

（十一）中国人民银行要求的其他文件。

采用担保方式发行金融债券的，还应提供担保协议及担保人资信情况说明。

如有必要，中国人民银行可商请其监管机构出具相关监管意见。

第十一条 政策性银行发行金融债券应向中国人民银行报送下列文件：

（一）金融债券发行申请报告；

（二）发行人近三年经审计的财务报告及审计报告；

（三）金融债券发行办法；

（四）承销协议；

（五）中国人民银行要求的其他文件。

第十二条 中国人民银行核准金融债券发行申请的期限，适用《中国人民银行行政许可实施办法》的有关规定。

第三章 发 行

第十三条 金融债券可在全国银行间债券市场公开发行或定向发行。

第十四条 金融债券的发行可以采取一次足额发行或限额内分期发行的方式。发行人分期发行金融债券的，应在募集说明书中说明每期发行安排。发行人（不包括政策性银行）应在每期金融债券发行前5个工作日将第十条（五）、（六）、（八）、（九）项要求文件报中国人民银行备案，并按中国人民银行的要求披露有关信息。

政策性银行应在每期金融债券发行前5个工作日将第十一条（二）、（三）、（四）项要求文件报中国人民银行备案，并按中国人民银行的要求披露有关信息。

第十五条 金融债券的发行应由具有债券评级能力的信用评级机构进行信用评级。金融债券发行后信用评级机构应每年对该金融债券进行跟踪信用评级。如发生影响该金融债券信用评级的重大事项，信用评级机构应及时调整该金融债券的信用评级，并向投资者公布。

第十六条 发行金融债券时，发行人应组建承销团，承销人可在发行期内向其他投资者分销其所承销的金融债券。

发行人和承销人应在承销协议中明确双方的权利与义务并加以披露。

第十七条 发行金融债券的承销可采用协议承销、招标承销等方式。承销人应为金融机构，并须具备下列条件：

（一）注册资本不低于2亿元人民币；

（二）具有较强的债券分销能力；

（三）具有合格的从事债券市场业务的专业人员和债券分销渠道；

（四）最近两年内没有重大违法、违规行为；

（五）中国人民银行要求的其他条件。

第十八条 以招标承销方式发行金融债券，发行人应向承销人发布下列信息：

（一）招标前，至少提前3个工作日向承销人公布招标具体时间、招标方式、招标标的、中标确定方式和应急招投标方案等内容；

（二）招标开始时，向承销人发出招标书；

（三）招标结束后，发行人应立即向承销人公布中标结果，并不迟于次一工作日发布金融债券招标结果公告。承销人中标后应履行相应的认购义务。

第十九条 金融债券的招投标发行通过中国人民银行债券发行系统进行。

在招标过程中发行人及相关各方不得透露投标情况，不得干预投标过程。中国人民银行对招标过程进行现场监督。

第二十条 发行人不得认购或变相认购自己发行的金融债券。

第二十一条 发行人应在中国人民银行核准金融债券发行之日起60个工作日内开始发行金融债券，并在规定期限内完成发行。

发行人未能在规定期限内完成发行的，原金融债券发行核准文件自动失效。发行人不得继续发行本期金融债券。发行人仍需发行金融债券的，应依据本办法另行申请。

第二十二条 金融债券发行结束后10个工作日内，发行人应向中国人民银行书面报告金融债券发行情况。

第二十三条 金融债券定向发行的，经认购人同意，可免于信用评级。定向发行的金融债券只能在认购人之间进行转让。

第二十四条 金融债券的交易按照全国银行间债券市场债券交易的有关规定执行。

第四章 登记、托管与兑付

第二十五条 中央国债登记结算有限责任公司（以下简称"中央结算公司"）为金融债券的登记、托管机构。

第二十六条 金融债券发行结束后，发行人应及时向中央结算公司确认债权债务关系，由中央结算公司及时办理债券登记工作。

第二十七条 金融债券付息或兑付日前（含当日），发行人应将相应资金划入债券持有人指定资金账户。

第五章 信息披露

第二十八条 发行人应在金融债券发行前和存续期间履行信息披露义务。信息披露应通过中国货币网、中国债券信息网进行。

第二十九条 发行人应保证信息披露真实、准确、完整、及时，不得有虚假记载、误导性陈述和重大遗漏。

发行人及相关知情人在信息披露前不得泄漏其内容。

第三十条 对影响发行人履行债务的重大事件，发行人应在第一时间向中国人民银行报告，并按照中国人民银行指定的方式披露。

第三十一条 经中国人民银行核准发行金融债券的，发行人应于每期金融债券发行前3个工作日披露募集说明书和发行公告。

发行人应在募集说明书与发行公告中说明金融债券的清偿顺序和投资风险，并在显著位置提示投资者："投资者购买本期债券，应当认真阅读本文件及有关的信息披露文件，进行独立的投资判断。主管部门对本期债券发行的核准，并不表明对本期债券的投资价值做出了任何评价，也不表明对本期债券的投资风险做出了任何判断"。

第三十二条 金融债券存续期间，发行人应于每年4月30日前向投资者披露年度报告，年度报告应包括发行人上一年度的经营情况说明、经注册会计师审计的财务报告以及涉及的重大诉讼事项等内容。

采用担保方式发行金融债券的，发行人还应在其年度报告中披露担保人上一年度的经营情况说明、经审计的财务报告以及涉及的重大诉讼事项等内容。

第三十三条 发行人应于金融债券每次付息日前2个工作日公布付息公告，最后一次付息暨兑付日前5个工作日公布兑付公告。

第三十四条 金融债券存续期间，发行人应于每年7月31日前披露债券跟踪信用评级报告。

第三十五条 信息披露涉及的财务报告，应经注册会计师审计，并出具审计报告；信息披露涉及的法律意见书和信用评级报告，应分别由执业律师和具有债券评级能力的信用评级机构出具。上述注册会计师、律师和信用评级机构所出具的有关报告文件不得含有虚假记载、误导性陈述或重大遗漏。

第三十六条 发行人应将相关信息披露文件分别送全国银行间同业拆借中心（以下简称"同业拆借中心"）和中央结算公司，由同业拆借中心和中央结算公司分别通过中国货币网和中国债券信息网披露。

同业拆借中心和中央结算公司应为金融债券信息披露提供服务，及时将违反信息披露规定的行为向中国人民银行报告并公告。

第三十七条 金融债券定向发行的，其信息披露的内容与形式应在发行章程与募集说明书中约定；信息披露的对象限于其认购人。

第六章 法律责任

第三十八条 发行人有下列行为之一的，由中国人民银行按照《中华人民共和国中国人民银行法》第四十六条的规定予以处罚。

（一）未经中国人民银行核准擅自发行金融债券；

（二）超规模发行金融债券；

（三）以不正当手段操纵市场价格、误导投资者；

（四）未按规定报送文件或披露信息；

（五）其他违反本办法的行为。

第三十九条 承销人有下列行为之一的，由中国人民银行按照《中华人民共和国中国人民银行法》第四十六条的规定予以处罚。

（一）以不正当竞争手段招揽承销业务；

（二）发布虚假信息或泄露非公开信息；

（三）其他违反本办法的行为。

第四十条 托管机构有下列行为之一的，由中国人民银行按照《中华人民共和国中国人民银行法》第四十六条的规定予以处罚。

（一）挪用托管客户金融债券；

（二）债券登记错误或遗失；

（三）发布虚假信息或泄露非公开信息；

（四）其他违反本办法的行为。

第四十一条　注册会计师、律师、信用评级机构等相关机构和人员所出具的文件含有虚假记载、误导性陈述或重大遗漏的，由中国人民银行按照《中华人民共和国中国人民银行法》第四十六条的规定予以处罚。其行为给他人造成损失的，应当就其负有责任的部分依法承担民事责任。

第七章　附　　则

第四十二条　在全国银行间债券市场发行商业银行次级债券和资产支持证券适用本办法，另有规定的，依照其规定。

第四十三条　本办法由中国人民银行负责解释。

第四十四条　本办法自 2005 年 6 月 1 日起施行。中国人民银行 1998 年 11 月 28 日发布的《政策性银行金融债券市场发行管理暂行规定》同时废止。

附：（略）

银行间债券市场非金融企业债务融资工具管理办法

1. 2008 年 4 月 9 日中国人民银行令〔2008〕第 1 号公布

2. 自 2008 年 4 月 15 日起施行

第一条　为进一步完善银行间债券市场管理，促进非金融企业直接债务融资发展，根据《中华人民共和国中国人民银行法》及相关法律、行政法规，制定本办法。

第二条　本办法所称非金融企业债务融资工具（以下简称债务融资工具），是指具有法人资格的非金融企业（以下简称企业）在银行间债券市场发行的，约定在一定期限内还本付息的有价证券。

第三条　债务融资工具发行与交易应遵循诚信、自律原则。

第四条　企业发行债务融资工具应在中国银行间市场交易商协会（以下简称交易商协会）注册。

第五条　债务融资工具在中央国债登记结算有限责任公司（以下简称中央结算公司）登记、托管、结算。

第六条　全国银行间同业拆借中心（以下简称同业拆借中心）为债务融资工具在银行间债券市场的交易提供服务。

第七条　企业发行债务融资工具应在银行间债券市场披露信息。信息披露应遵循诚实信用原则，不得有虚假记载、误导性陈述或重大遗漏。

第八条　企业发行债务融资工具应由金融机构承销。企业可自主选择主承销商。需要组织承销团的，由主承销商组织承销团。

第九条　企业发行债务融资工具应由在中国境内注册且具备债券评级资质的评级机构进行信用评级。

第十条　为债务融资工具提供服务的承销机构、信用评级机构、注册会计师、律师等专业机构和人员应勤勉尽责，严格遵守执业规范和职业道德，按规定和约定履行义务。

上述专业机构和人员所出具的文件含有虚假记载、误导性陈述和重大遗漏的，应当就其负有责任的部分承担相应的法律责任。

第十一条　债务融资工具发行利率、发行价格和所涉费率以市场化方式确定，任何商业机构不得以欺诈、操纵市场等行为获取不正当利益。

第十二条　债务融资工具投资者应自行判断和承担投资风险。

第十三条　交易商协会依据本办法及中国人民银行相关规定对债务融资工具的发行与交易实施自律管理。交易商协会应根据本办法制定相关自律管理规则，并报中国人民银行备案。

第十四条　同业拆借中心负责债务融资工具交易的日常监测，每月汇总债务融资工具交易情况向交易商协会报送。

第十五条　中央结算公司负责债务融资工具登记、托管、结算的日常监测，每月汇总债务融资工具发行、登记、托管、结算、兑付等情况向交易商协会报送。

第十六条　交易商协会应每月向中国人民银行报告债务融资工具注册汇总情况、自律管理工作情况、市场运行情况及自律管理规则执行情况。

第十七条　交易商协会对违反自律管理规则的机构和人员，可采取警告、诫勉谈话、公开谴责等措施进行处理。

第十八条　中国人民银行依法对交易商协会、同业拆借中心和中央结算公司进行监督管理。

交易商协会、同业拆借中心和中央结算公司应按照中国人民银行的要求，及时向中国人民银行报送与债务融资工具发行和交易等有关的信息。

第十九条　对违反本办法规定的机构和人员，中国人民银行可依照《中华人民共和国中国人民银行法》第四十六条规定进行处罚，构成犯罪的，依法追究刑事责任。

第二十条　短期融资券适用本办法。

第二十一条　本办法自 2008 年 4 月 15 日起施行。《短期融资券管理办法》(中国人民银行令〔2005〕第2号)、《短期融资券承销规程》和《短期融资券信息披露规程》(中国人民银行公告〔2005〕第10号)同时终止执行。

银行间债券市场债券登记托管结算管理办法

1. 2009年3月26日中国人民银行令〔2009〕第1号公布
2. 自2009年5月4日起施行

第一章　总　　则

第一条　为规范债券登记、托管和结算行为,保护投资者合法权益,维护债券登记、托管和结算秩序,促进债券市场健康发展,依据《中华人民共和国中国人民银行法》等有关法律法规,制定本办法。

第二条　固定收益类有价证券(以下简称债券)在银行间债券市场的登记、托管和结算适用本办法。

商业银行柜台记账式国债的登记、托管和结算适用《商业银行柜台记账式国债交易管理办法》。

第三条　债券登记、托管和结算业务遵循安全、高效的原则,采取全国统一的运营管理模式。

第四条　中国人民银行依法对银行间债券市场债券登记托管结算机构和债券登记、托管和结算业务进行监督管理。

第二章　债券登记托管结算机构

第五条　本办法所称债券登记托管结算机构是指在银行间债券市场专门办理债券登记、托管和结算业务的法人。

中央国债登记结算有限责任公司是中国人民银行指定的债券登记托管结算机构。

第六条　债券登记托管结算机构承担债券中央登记、一级托管及结算职能;经中国人民银行批准的柜台交易承办银行承担商业银行柜台记账式国债的二级托管职能。

第七条　债券登记托管结算机构在债券登记、托管和结算业务中履行下列职能:

(一)设立和管理债券账户;

(二)债券登记;

(三)债券托管;

(四)债券结算;

(五)代理拨付债券兑付本息和相关收益资金;

(六)跨市场交易流通债券的总托管;

(七)提供债券等质押物的管理服务;

(八)代理债券持有人向债券发行人依法行使债券权利;

(九)依法提供与债券登记、托管和结算相关的信息、查询、咨询、培训服务;

(十)监督柜台交易承办银行的二级托管业务;

(十一)中国人民银行规定的其他职能。

第八条　债券登记托管结算机构应当采取下列措施保证业务的正常开展:

(一)具有专用的债券登记、托管、结算系统和设备,强化技术手段以保障数据安全;

(二)建立系统故障应急处理机制和灾难备份机制;

(三)完善公司治理,建立健全内部控制机制和风险管理制度,定期对登记、托管和结算情况进行内部稽核和检查;

(四)制定债券登记、托管和结算相关业务规则与操作规程,加强对关键岗位的管理。

第九条　下列事项,债券登记托管结算机构应当报中国人民银行批准:

(一)章程的制定和修改,并购、合并、重组、分立等重大事项;

(二)内部控制制度、风险管理制度、业务规则以及应急预案的制定和修改;

(三)开展新业务,变更登记、托管和结算业务模式;

(四)与境内外其他市场中介机构有关债券登记、托管和结算的业务合作;

(五)中国人民银行要求的其他事项。

第十条　下列事项,债券登记托管结算机构应当报中国人民银行备案:

(一)制定和修改中长期业务发展规划;

(二)高级管理人员变动;

(三)中国人民银行要求的其他事项。

第十一条　债券登记托管结算机构应当妥善保存债券登记、托管和结算的原始凭证及债券账务数据等有关文件和资料,其保存时间至少为债券到期后20年。

第十二条　债券登记托管结算机构根据业务发展需要,可以编制并定期发布债券登记、托管和结算业务相关信息。债券登记托管结算机构向其他组织和个人提供上述信息须符合中国人民银行有关规定。

第十三条　债券登记托管结算机构对债券持有人有关债券登记、托管和结算的数据和资料负有保密义务,但有下列情形的,应当依法予以办理:

(一)债券持有人查询本人的债券账务资料;

(二)受托人持债券持有人的书面委托查询有关

债券账务资料；

（三）人民法院、人民检察院、公安机关等依照法定的程序和条件进行查询和取证；

（四）法律法规规定的其他情形。

债券登记托管结算机构应当方便债券持有人及时获得其债券账户记录。

第十四条 债券登记托管结算机构应当公开与债券登记、托管和结算业务相关的收费项目和标准。

债券登记托管结算机构制定或者调整收费项目和标准时，应当充分征求中国银行间市场交易商协会（以下简称交易商协会）、债券发行人和债券持有人的意见，并将征求意见的情况向中国人民银行报告。

第十五条 债券登记托管结算机构应当与债券发行人和债券持有人分别签订相关服务协议，明确双方的权利义务。

债券登记托管结算机构应当在充分征求交易商协会、债券发行人和债券持有人意见的基础上制定相关服务协议的文本，并将征求意见的情况向中国人民银行报告。

第十六条 债券登记托管结算机构应当对债券登记、托管和结算活动进行日常监测，发现异常情况、重大业务风险和技术风险以及重大违法违规行为的，应当及时向中国人民银行报告并进行相应处理，同时抄送交易商协会。

债券登记托管结算机构应当与全国银行间同业拆借中心相互配合，建立债券市场一线监控制度。

第十七条 债券登记托管结算机构应当于每月前5个工作日内向中国人民银行报送上月债券发行、登记、托管、结算等有关数据和统计信息，并于每年度结束后20个工作日内向中国人民银行报送债券登记、托管和结算业务的年度工作报告。

交易商协会、债券登记托管结算机构和全国银行间同业拆借中心应当按照中国人民银行有关规定建立信息和数据交流机制。

第十八条 债券登记托管结算机构应当按有关规定及时公布债券登记、托管和结算业务有关统计信息，但不得泄露非公开信息。

第三章　债券账户

第十九条 债券账户是指在债券登记托管结算机构开立的用以记载债券持有人所持有债券的品种、数量及其变动等情况的电子簿记账户。

第二十条 债券持有人通过债券账户持有债券。债券持有人持有债券以其债券账户内记载的债券托管余额为准。债券持有人对债券账户记载内容有异议的，债券登记托管结算机构应当及时复查并予以答复；因债券登记托管结算机构工作失误造成数据差错并给债券持有人带来损失的，债券登记托管结算机构应当承担相应法律责任。

第二十一条 债券登记托管结算机构应当根据分类设置、集中管理的原则制定债券账户管理制度。

第二十二条 债券持有人开立债券账户应当按照中国人民银行的规定向债券登记托管结算机构提出申请，且应当保证所提交的开户资料真实、准确、完整。

债券账户采用实名制，不得出租、出借或转让。

第二十三条 债券账户分为自营账户和代理总账户。

第二十四条 一个投资者只能开立一个自营账户，中国人民银行另有规定的除外。

具有法人资格的投资者应当以法人名义开立自营账户；经法人授权的商业银行分支机构可以分支机构的名义开立自营账户；证券投资基金等非法人机构投资者可按中国人民银行规定单独开立自营账户。

第二十五条 柜台交易承办银行和其他交易场所证券登记托管结算机构等可以在债券登记托管结算机构开立代理总账户，用于记载其二级托管的全部债券余额。

柜台交易承办银行和其他交易场所证券登记托管结算机构等为二级托管账户持有人确认的托管债券总额应当与其代理总账户记载的债券余额相等，且代理总账户内的债券应当与其自营的债券严格分开。

第二十六条 债券持有人可申请注销其账户。申请注销时，债券登记托管结算机构应当在确定该账户已无债券托管，且无未到期的回购等未了结的债权债务、质押以及冻结等情形时方可予以办理。

第四章　债券登记

第二十七条 债券登记是指债券登记托管结算机构以簿记方式依法确认债券持有人持有债券事实的行为。

第二十八条 债券发行结束后，债券发行人应当向债券登记托管结算机构提供相关机构和组织出具的债券发行审批、核准、注册等文件复印件、有关发行文件及相关资料。债券登记托管结算机构应当根据债券发行募集资金收讫确认及时办理债券登记。涉及二级托管账户的，柜台交易承办银行和其他交易场所证券登记托管结算机构等为二级托管账户持有人办理债券登记。

第二十九条 债券存续期内，因债券发行人预先约定或债券持有人合法要求而派生的债券，债券登记托管结算机构应当根据发行文件和债券持有人的委托，办理派生债券的登记。

第三十条 债券因交易结算、非交易过户、选择权行使等原因引起债券账户余额变化的，债券登记托管结算机构应当办理变更登记。涉及二级托管账户的,柜台交易承办银行和其他交易场所证券登记托管结算机构等应当为二级托管账户持有人办理变更登记。

因分立、合并或解散等原因导致债券发行人变更的,债务承继人应当及时向债券登记托管结算机构提交相关证明材料,债券登记托管结算机构应当依法及时办理变更登记。

第三十一条 债券登记托管结算机构可依法为债券持有人提供债券质押登记服务,对相应债券进行冻结;或依照法律法规对债券进行冻结。债券被冻结时,债券登记托管结算机构应当在相应债券账户内加以明确标记,以表明债券权利受到限制。

第三十二条 因到期兑付、提前兑付、选择权行使等原因导致债权债务终止的,债券登记托管结算机构应当办理债券注销登记;涉及二级托管账户的,柜台交易承办银行和其他交易场所证券登记托管结算机构等应当及时办理托管债券余额注销。

仍处于冻结状态的债券到期兑付时,债券登记托管结算机构应当提存其本息,待相关当事人出具有效法律文件后,按有关规定办理。

第五章 债券托管

第三十三条 债券托管是指债券登记托管结算机构对债券持有人持有的债券进行集中保管,并对其持有债券的相关权益进行管理和维护的行为。

第三十四条 债券持有人应当委托债券登记托管结算机构托管其持有的债券。

债券托管关系自债券登记托管结算机构为债券持有人开立债券账户后成立,至债券账户注销终止。

第三十五条 债券登记托管结算机构应当对债券持有人托管的债券采取安全有效的管理措施,保证其托管账务的真实、准确、完整和安全。债券登记托管结算机构对所托管的债券不享有任何性质的所有权,不得挪用所托管的债券。

债券登记托管结算机构出现破产、解散、分立、合并及撤销等情况时,债券持有人在该机构所托管的债券和其他资产不参与资产清算。

第三十六条 跨市场交易的债券持有人可将其持有的跨市场交易流通债券进行转托管。债券登记托管结算机构应当及时为其提供转托管服务。

第三十七条 债券发行人委托债券登记托管结算机构办理债券兑付本息或相关收益资金分配时,债券发行人应当及时、足额向债券登记托管结算机构支付相关款项,债券登记托管结算机构收到相关款项后应当及时办理;债券发行人未履行上述支付义务的,债券登记托管结算机构有权推迟办理,债券发行人应当及时向市场说明有关情况。

第六章 债券结算

第三十八条 债券结算是指在确认结算指令的基础上进行的债券过户。

第三十九条 投资者或其代理人应当根据债券交易合同的约定及时发送债券结算指令,其相应的债券账户应当有足够余额用于结算。

第四十条 债券登记托管结算机构应当明确结算指令的形式和传递方式,并对其采取有效的识别措施。

债券登记托管结算机构应当根据有效结算指令及时为投资者或其代理人办理债券结算,债券结算一旦完成不可撤销。

第四十一条 银行间债券市场债券结算机制包括全额和净额两种。净额业务有关规定由中国人民银行另行规定。

第四十二条 债券结算和资金结算可采用券款对付、见券付款、见款付券和纯券过户等结算方式。

券款对付是指结算双方同步办理债券过户和资金支付并互为条件的结算方式。

见券付款是指收券方以付券方应付债券足额为资金支付条件的结算方式。

见款付券是指付券方以收到收券方支付的足额资金为债券过户条件的结算方式。

纯券过户是指结算双方的债券过户与资金支付相互独立的结算方式。

债券结算和资金结算的风险由结算双方自行承担。

第四十三条 已进入债券结算过程处于待付状态的资金和债券,以及该笔结算涉及的担保物只能用于该笔结算,不能被强制执行。

第四十四条 债券登记托管结算机构可为投资者的债券借贷提供便利,以保证债券结算的顺利进行,有关办法由中国人民银行另行规定。

第四十五条 交易流通受到限制的债券办理转让过户,应当符合相关法律、法规和有关主管部门的规定。

第四十六条 办理扣划、继承、抵债、赠与等非交易过户的,债券登记托管结算机构应当要求当事人提交合法有效的法律文件。

第七章 法律责任

第四十七条 债券登记托管结算机构及相关工作人员有下列情形之一的,由中国人民银行按照《中华人民共和国中国人民银行法》第四十六条的规定进行处罚:

(一)工作失职,给债券发行人和债券持有人造成严重损失；

（二）挪用债券持有人托管债券和资金；

（三）篡改债券账户有关账务数据；

（四）泄露债券持有人账户信息；

（五）其他违反本办法的行为。

违反本办法，构成犯罪的，依法追究刑事责任。

第四十八条　债券发行人和债券持有人违反本办法，由中国人民银行按照《中华人民共和国中国人民银行法》第四十六条的规定进行处罚，构成犯罪的，依法追究刑事责任。

第八章　附　　则

第四十九条　本办法由中国人民银行负责解释。

第五十条　本办法自2009年5月4日起施行。

内地与香港债券市场互联互通合作管理暂行办法

2017年6月21日中国人民银行令〔2017〕第1号发布施行

第一条　为规范开展内地与香港债券市场互联互通合作相关业务，保护境内外投资者合法权益，维护债券市场秩序，根据《中华人民共和国中国人民银行法》和其他有关法律、行政法规，制定本办法。

第二条　本办法所称内地与香港债券市场互联互通合作是指境内外投资者通过香港与内地债券市场基础设施机构连接，买卖香港与内地债券市场交易流通债券的机制安排，即“债券通”，包括“北向通”及“南向通”。

本办法适用于“北向通”。“北向通”是指香港及其他国家与地区的境外投资者（以下简称境外投资者）经由香港与内地基础设施机构之间在交易、托管、结算等方面互联互通的机制安排，投资于内地银行间债券市场。

“南向通”有关办法另行制定。

第三条　“北向通”遵循香港与内地市场现行法律法规，相关交易结算活动遵守交易结算发生地的监管规定及业务规则。本办法另有规定的除外。

第四条　符合中国人民银行要求的境外投资者可通过“北向通”投资内地银行间债券市场，标的债券为可在内地银行间债券市场交易流通的所有券种。

中国人民银行认可的电子交易平台和其他机构可代境外投资者向中国人民银行上海总部备案。

第五条　香港金融管理局认可的香港地区债券登记托管机构（以下简称境外托管机构），应在中国人民银行认可的境内债券登记托管机构（以下简称境内托管机构）开立名义持有人账户，用于记载名义持有的全部债券余额。

境内托管机构为境外托管机构办理债券登记托管，境外托管机构为在其开立名义持有人债券账户和自营债券账户的债券持有人办理债券登记托管。

境外托管机构为在其开立债券账户的债券持有人登记的债券总额应当与境内托管机构为其名义持有人账户登记的债券余额相等。

境外投资者通过“北向通”买入的债券应当登记在境外托管机构名下，并依法享有证券权益。

本条所称名义持有人，是指受他人指定并代表他人持有债券的机构。

第六条　境外投资者可通过“北向通”参与内地银行间债券市场发行认购。境内外托管机构应做好衔接，确保在确认债权债务关系后，及时为债券持有人办理登记托管。

第七条　境外投资者通过中国人民银行认可的境外电子交易平台发送交易指令，并在中国人民银行认可的境内电子交易平台与其他投资者达成交易。境内电子交易平台应将交易结果发送至境内托管机构进行结算。

第八条　境内托管机构为在其开立债券账户的内地银行间债券市场投资者和境外托管机构提供券款对付结算服务。债券过户通过境内托管机构的债券账务系统办理，资金支付通过人民币跨境支付系统办理。

境外托管机构为在其开立债券账户的债券持有人提供债券结算服务。

第九条　境内外电子交易平台、境内外托管机构应及时、准确、完整地记录境外投资者的交易、托管、结算等数据。

托管机构应当逐级签订协议，约定债券本息兑付有关事宜，明确各方责任，确保债券本息资金按时足额支付到每一位投资者，下一级托管机构应逐级向上一级托管机构按时上报境外投资者信息和其托管结算数据，下一级托管机构对上报数据的真实性、准确性、完整性负责。

境内托管机构或中国人民银行指定的其他机构应及时、准确、完整地向人民币跨境收付信息管理系统（RCPMIS）报送跨境人民币收支信息。

第十条　境外投资者可使用自有人民币或外汇投资。使用外汇投资的，可通过债券持有人在香港人民币业务清算行及香港地区经批准可进入境内银行间外汇市场进行交易的境外人民币业务参加行（以下统称香港结算行）办理外汇资金兑换。香港结算行由此所产生的头寸可到境内银行间外汇市场平盘。

使用外汇投资的，其投资的债券到期或卖出后不再投资的,原则上应兑换回外汇汇出,并通过香港结算行办理。

第十一条 使用外汇投资的,债券持有人应在一家香港结算行开立人民币资金账户,专门用于办理"北向通"下的资金汇兑和结算业务。

第十二条 境外投资者可通过债券持有人在香港结算行办理"北向通"下的外汇风险对冲业务。香港结算行由此所产生的头寸可到境内银行间外汇市场平盘。

第十三条 "北向通"下的资金兑换纳入人民币购售业务管理。香港结算行应遵守反洗钱和反恐怖融资、人民币购售业务等相关规定,履行反洗钱和反恐怖融资、真实性审核、信息统计和报送等义务,并对债券持有人的自有人民币和购售人民币以适当方式进行分账。

香港结算行在境内银行间外汇市场平盘头寸时,应确保与其相关的境外投资者在本机构的资金兑换和外汇风险对冲,是基于"北向通"下的真实合理需求。

第十四条 中国人民银行依法对"北向通"进行监督管理,并与香港金融管理局及其他有关国家或地区的相关监督管理机构建立监管合作安排,共同维护投资者跨境投资的合法权益,加强反洗钱监管。

中国人民银行会同国家外汇管理部门依法对"北向通"下人民币购售业务、资金汇出入、外汇风险对冲、信息统计和报送等实施监督管理,并与香港金融管理局及其他有关国家或地区的相关监督管理机构加强跨境监管合作,防范利用"北向通"进行违法违规套利套汇等活动。

中国人民银行及相关监管部门有权及时调取"北向通"境外投资者数据。

第十五条 对违反法律法规、本办法以及内地银行间债券市场、银行间外汇市场等有关规定的,中国人民银行会同国家外汇管理部门依法采取监督管理措施;依法应予行政处罚的,依照《中华人民共和国中国人民银行法》、《中华人民共和国行政处罚法》、《中华人民共和国外汇管理条例》等法律法规进行处罚;涉嫌犯罪的,移送司法机关依法追究刑事责任。

第十六条 中国人民银行认可的电子交易平台和托管机构应依据本办法制定"北向通"相关业务规则,报中国人民银行批准后实施。

第十七条 本办法由中国人民银行负责解释。

第十八条 本办法自发布之日起施行。

三、商业银行

《中华人民共和国商业银行法》导读：

1995年5月10日，第八届全国人大常委会第十三次会议通过了《中华人民共和国商业银行法》（以下简称《商业银行法》）。为了适应金融监管体制改革的需要，明确银行业监督管理委员会和中国人民银行的不同监管职责，同时根据巴塞尔银行监管委员会制定的《有效银行监管核心原则》，增加对商业银行的监管，2003年12月27日第十届全国人大常委会第六次会议对该法进行了修改。

修改后的《商业银行法》主要包括如下内容：

（一）规定了商业银行可以经营的业务种类，要求商业银行以安全性、流动性、效益性为经营原则。

（二）明确了商业银行设立条件和最低注册资本金。规定了提出设立商业银行的申请需要提交的有关文件和资料。

（三）对商业银行的组织形式做了规定，要求商业银行设立分支机构必须经国务院银行业监督管理机构批准并颁发许可证。同时对商业银行高级管理人员任职资格做了规定。

（四）规定了商业银行贷款和其他业务的基本规则。商业银行贷款应当遵守法律规定的资产负债比例管理，禁止商业银行向关系人发放贷款。除国家另有规定以外，商业银行在中华人民共和国境内不得从事信托投资和证券经营业务，不得向非自用不动产投资或者向非银行金融机构和企业投资。

（五）规定了商业银行的财务会计制度。

（六）对商业银行在信用危机时的接管和终止进行了规定。

（七）对商业银行违法行为规定了民事责任和行政责任。

与《商业银行法》有关的法律主要有：1995年制定并经2003年12月27日第十届全国人大常委会第六次会议修改的《中国人民银行法》、2003年12月27日第十届全国人大常委会第六次会议制定的《银行业监督管理法》。与《商业银行法》有关的行政法规主要有1999年国务院制定的《金融违法行为处罚办法》等。

2015年全国人大常委会对《商业银行法》第39、75条作了小的修改。

资料补充栏

1. 综合

中华人民共和国商业银行法

1. 1995年5月10日第八届全国人民代表大会常务委员会第十三次会议通过

2. 根据2003年12月27日第十届全国人民代表大会常务委员会第六次会议《关于修改〈中华人民共和国商业银行法〉的决定》第一次修正

3. 根据2015年8月29日第十二届全国人民代表大会常务委员会第十六次会议《关于修改〈中华人民共和国商业银行法〉的决定》第二次修正

目　　录

第一章　总　　则

第一条　【立法目的】为了保护商业银行、存款人和其他客户的合法权益，规范商业银行的行为，提高信贷资产质量，加强监督管理，保障商业银行的稳健运行，维护金融秩序，促进社会主义市场经济的发展，制定本法。

第二条　【商业银行】本法所称的商业银行是指依照本法和《中华人民共和国公司法》设立的吸收公众存款、发放贷款、办理结算等业务的企业法人。

第三条　【业务范围】商业银行可以经营下列部分或者全部业务：

（一）吸收公众存款；

（二）发放短期、中期和长期贷款；

（三）办理国内外结算；

（四）办理票据承兑与贴现；

（五）发行金融债券；

（六）代理发行、代理兑付、承销政府债券；

（七）买卖政府债券、金融债券；

（八）从事同业拆借；

（九）买卖、代理买卖外汇；

（十）从事银行卡业务；

（十一）提供信用证服务及担保；

（十二）代理收付款项及代理保险业务；

（十三）提供保管箱服务；

（十四）经国务院银行业监督管理机构批准的其他业务。

经营范围由商业银行章程规定，报国务院银行业监督管理机构批准。

商业银行经中国人民银行批准，可以经营结汇、售汇业务。

第四条　【经营原则】商业银行以安全性、流动性、效益性为经营原则，实行自主经营，自担风险，自负盈亏，自我约束。

商业银行依法开展业务，不受任何单位和个人的干涉。

商业银行以其全部法人财产独立承担民事责任。

第五条　【业务往来原则】商业银行与客户的业务往来，应当遵循平等、自愿、公平和诚实信用的原则。

第六条　【保障存款人权益】商业银行应当保障存款人的合法权益不受任何单位和个人的侵犯。

第七条　【信贷业务】商业银行开展信贷业务，应当严格审查借款人的资信，实行担保，保障按期收回贷款。

商业银行依法向借款人收回到期贷款的本金和利息，受法律保护。

第八条　【依法开展业务】商业银行开展业务，应当遵守法律、行政法规的有关规定，不得损害国家利益、社会公共利益。

第九条　【公平竞争原则】商业银行开展业务，应当遵守公平竞争的原则，不得从事不正当竞争。

第十条　【其他部门监管】商业银行依法接受国务院银行业监督管理机构的监督管理，但法律规定其有关业务接受其他监督管理部门或者机构监督管理的，依照其规定。

第二章　商业银行的设立和组织机构

第十一条　【设立的审批】设立商业银行，应当经国务院银行业监督管理机构审查批准。

未经国务院银行业监督管理机构批准，任何单位和个人不得从事吸收公众存款等商业银行业务，任何单位不得在名称中使用“银行”字样。

第十二条　【设立条件】设立商业银行，应当具备下列条件：

（一）有符合本法和《中华人民共和国公司法》规定的章程；

（二）有符合本法规定的注册资本最低限额；

（三）有具备任职专业知识和业务工作经验的董事、高级管理人员；

（四）有健全的组织机构和管理制度；

（五）有符合要求的营业场所、安全防范措施和与业务有关的其他设施。

设立商业银行，还应当符合其他审慎性条件。

第十三条　【最低注册资本】设立全国性商业银行的注册资本最低限额为十亿元人民币。设立城市商业银行的注册资本最低限额为一亿元人民币，设立农村商业银行的注册资本最低限额为五千万元人民币。注册资本应当是实缴资本。

国务院银行业监督管理机构根据审慎监管的要求可以调整注册资本最低限额，但不得少于前款规定的限额。

第十四条　【设立申请文件】设立商业银行，申请人应当向国务院银行业监督管理机构提交下列文件、资料：

（一）申请书，申请书应当载明拟设立的商业银行的名称、所在地、注册资本、业务范围等；

（二）可行性研究报告；

（三）国务院银行业监督管理机构规定提交的其他文件、资料。

第十五条　【正式申请文件】设立商业银行的申请经审查符合本法第十四条规定的，申请人应当填写正式申请表，并提交下列文件、资料：

（一）章程草案；

（二）拟任职的董事、高级管理人员的资格证明；

（三）法定验资机构出具的验资证明；

（四）股东名册及其出资额、股份；

（五）持有注册资本百分之五以上的股东的资信证明和有关资料；

（六）经营方针和计划；

（七）营业场所、安全防范措施和与业务有关的其他设施的资料；

（八）国务院银行业监督管理机构规定的其他文件、资料。

第十六条　【经营许可证】经批准设立的商业银行，由国务院银行业监督管理机构颁发经营许可证，并凭该许可证向工商行政管理部门办理登记，领取营业执照。

第十七条　【组织形式及机构】商业银行的组织形式、组织机构适用《中华人民共和国公司法》的规定。

本法施行前设立的商业银行，其组织形式、组织机构不完全符合《中华人民共和国公司法》规定的，可以继续沿用原有的规定，适用前款规定的日期由国务院规定。

第十八条　【监事会】国有独资商业银行设立监事会。监事会的产生办法由国务院规定。

监事会对国有独资商业银行的信贷资产质量、资产负债比例、国有资产保值增值等情况以及高级管理人员违反法律、行政法规或者章程的行为和损害银行利益的行为进行监督。

第十九条　【分支机构】商业银行根据业务需要可以在中华人民共和国境内外设立分支机构。设立分支机构必须经国务院银行业监督管理机构审查批准。在中华人民共和国境内的分支机构，不按行政区划设立。

商业银行在中华人民共和国境内设立分支机构，应当按照规定拨付与其经营规模相适应的营运资金额。拨付各分支机构营运资金额的总和，不得超过总行资本金总额的百分之六十。

第二十条　【分支机构的设立申请】设立商业银行分支机构，申请人应当向国务院银行业监督管理机构提交下列文件、资料：

（一）申请书，申请书应当载明拟设立的分支机构的名称、营运资金额、业务范围、总行及分支机构所在地等；

（二）申请人最近二年的财务会计报告；

（三）拟任职的高级管理人员的资格证明；

（四）经营方针和计划；

（五）营业场所、安全防范措施和与业务有关的其他设施的资料；

（六）国务院银行业监督管理机构规定的其他文件、资料。

第二十一条　【分支机构的经营许可证】经批准设立的商业银行分支机构，由国务院银行业监督管理机构颁发经营许可证，并凭该许可证向工商行政管理部门办理登记，领取营业执照。

第二十二条　【对分支机构的管理及其法律地位】商业银行对其分支机构实行全行统一核算，统一调度资金，分级管理的财务制度。

商业银行分支机构不具有法人资格，在总行授权范围内依法开展业务，其民事责任由总行承担。

第二十三条　【批准设立及吊销营业执照的公告】经批准设立的商业银行及其分支机构，由国务院银行业监督管理机构予以公告。

商业银行及其分支机构自取得营业执照之日起无正当理由超过六个月未开业的，或者开业后自行停业连续六个月以上的，由国务院银行业监督管理机构吊销其经营许可证，并予以公告。

第二十四条　【变更事项的批准】商业银行有下列变更事项之一的，应当经国务院银行业监督管理机构批准：

（一）变更名称；
（二）变更注册资本；
（三）变更总行或者分支行所在地；
（四）调整业务范围；
（五）变更持有资本总额或者股份总额百分之五以上的股东；
（六）修改章程；
（七）国务院银行业监督管理机构规定的其他变更事项。

更换董事、高级管理人员时，应当报经国务院银行业监督管理机构审查其任职资格。

第二十五条　【分立、合并】商业银行的分立、合并，适用《中华人民共和国公司法》的规定。

商业银行的分立、合并，应当经国务院银行业监督管理机构审查批准。

第二十六条　【依法使用经营许可证】商业银行应当依照法律、行政法规的规定使用经营许可证。禁止伪造、变造、转让、出租、出借经营许可证。

第二十七条　【禁止担任董事、高级管理人员的情形】有下列情形之一的，不得担任商业银行的董事、高级管理人员：

（一）因犯有贪污、贿赂、侵占财产、挪用财产罪或者破坏社会经济秩序罪，被判处刑罚，或者因犯罪被剥夺政治权利的；
（二）担任因经营不善破产清算的公司、企业的董事或者厂长、经理，并对该公司、企业的破产负有个人责任的；
（三）担任因违法被吊销营业执照的公司、企业的法定代表人，并负有个人责任的；
（四）个人所负数额较大的债务到期未清偿的。

第二十八条　【购买5%以上股份的批准】任何单位和个人购买商业银行股份总额百分之五以上的，应当事先经国务院银行业监督管理机构批准。

第三章　对存款人的保护

第二十九条　【个人储蓄存款】商业银行办理个人储蓄存款业务，应当遵循存款自愿、取款自由、存款有息、为存款人保密的原则。

对个人储蓄存款，商业银行有权拒绝任何单位或者个人查询、冻结、扣划，但法律另有规定的除外。

第三十条　【单位存款】对单位存款，商业银行有权拒绝任何单位或者个人查询，但法律、行政法规另有规定的除外；有权拒绝任何单位或者个人冻结、扣划，但法律另有规定的除外。

第三十一条　【存款利率】商业银行应当按照中国人民银行规定的存款利率的上下限，确定存款利率，并予以公告。

第三十二条　【存款准备金】商业银行应当按照中国人民银行的规定，向中国人民银行交存存款准备金，留足备付金。

第三十三条　【本金和利息的支付】商业银行应当保证存款本金和利息的支付，不得拖延、拒绝支付存款本金和利息。

第四章　贷款和其他业务的基本规则

第三十四条　【贷款业务的开展】商业银行根据国民经济和社会发展的需要，在国家产业政策指导下开展贷款业务。

第三十五条　【审贷分离、分级审批】商业银行贷款，应当对借款人的借款用途、偿还能力、还款方式等情况进行严格审查。

商业银行贷款，应当实行审贷分离、分级审批的制度。

第三十六条　【贷款担保】商业银行贷款，借款人应当提供担保。商业银行应当对保证人的偿还能力，抵押物、质物的权属和价值以及实现抵押权、质权的可行性进行严格审查。

经商业银行审查、评估，确认借款人资信良好，确能偿还贷款的，可以不提供担保。

第三十七条　【贷款合同】商业银行贷款，应当与借款人订立书面合同。合同应当约定贷款种类、借款用途、金额、利率、还款期限、还款方式、违约责任和双方认为需要约定的其他事项。

第三十八条　【贷款利率】商业银行应当按照中国人民银行规定的贷款利率的上下限，确定贷款利率。

第三十九条　【资产负债比例】商业银行贷款，应当遵守下列资产负债比例管理的规定：

（一）资本充足率不得低于百分之八；
（二）流动性资产余额与流动性负债余额的比例不得低于百分之二十五；
（三）对同一借款人的贷款余额与商业银行资本余额的比例不得超过百分之十；
（四）国务院银行业监督管理机构对资产负债比例管理的其他规定。

本法施行前设立的商业银行，在本法施行后，其资产负债比例不符合前款规定的，应当在一定的期限内符合前款规定。具体办法由国务院规定。

第四十条　【关系人贷款】商业银行不得向关系人发放信用贷款；向关系人发放担保贷款的条件不得优于其

他借款人同类贷款的条件。

前款所称关系人是指：

（一）商业银行的董事、监事、管理人员、信贷业务人员及其近亲属；

（二）前项所列人员投资或者担任高级管理职务的公司、企业和其他经济组织。

第四十一条 【禁止强令放贷担保】任何单位和个人不得强令商业银行发放贷款或者提供担保。商业银行有权拒绝任何单位和个人强令要求其发放贷款或者提供担保。

第四十二条 【不按期返还贷款本息的处理】借款人应当按期归还贷款的本金和利息。

借款人到期不归还担保贷款的，商业银行依法享有要求保证人归还贷款本金和利息或者就该担保物优先受偿的权利。商业银行因行使抵押权、质权而取得的不动产或者股权，应当自取得之日起二年内予以处分。

借款人到期不归还信用贷款的，应当按照合同约定承担责任。

第四十三条 【信托、证券业务的禁止】商业银行在中华人民共和国境内不得从事信托投资和证券经营业务，不得向非自用不动产投资或者向非银行金融机构和企业投资，但国家另有规定的除外。

第四十四条 【结算业务】商业银行办理票据承兑、汇兑、委托收款等结算业务，应当按照规定的期限兑现，收付入账，不得压单、压票或者违反规定退票。有关兑现、收付入账期限的规定应当公布。

第四十五条 【发行金融债券及境外借款的报批】商业银行发行金融债券或者到境外借款，应当依照法律、行政法规的规定报经批准。

第四十六条 【同业拆借】同业拆借，应当遵守中国人民银行的规定。禁止利用拆入资金发放固定资产贷款或者用于投资。

拆出资金限于交足存款准备金、留足备付金和归还中国人民银行到期贷款之后的闲置资金。拆入资金用于弥补票据结算、联行汇差头寸的不足和解决临时性周转资金的需要。

第四十七条 【禁止违规吸存、放贷】商业银行不得违反规定提高或者降低利率以及采用其他不正当手段，吸收存款，发放贷款。

第四十八条 【单位账户开立】企业事业单位可以自主选择一家商业银行的营业场所开立一个办理日常转账结算和现金收付的基本账户，不得开立两个以上基本账户。

任何单位和个人不得将单位的资金以个人名义开立账户存储。

第四十九条 【营业时间】商业银行的营业时间应当方便客户，并予以公告。商业银行应当在公告的营业时间内营业，不得擅自停止营业或者缩短营业时间。

第五十条 【手续费】商业银行办理业务，提供服务，按照规定收取手续费。收费项目和标准由国务院银行业监督管理机构、中国人民银行根据职责分工，分别会同国务院价格主管部门制定。

第五十一条 【资料保存】商业银行应当按照国家有关规定保存财务会计报表、业务合同以及其他资料。

第五十二条 【工作人员的禁止行为】商业银行的工作人员应当遵守法律、行政法规和其他各项业务管理的规定，不得有下列行为：

（一）利用职务上的便利，索取、收受贿赂或者违反国家规定收受各种名义的回扣、手续费；

（二）利用职务上的便利，贪污、挪用、侵占本行或者客户的资金；

（三）违反规定徇私向亲属、朋友发放贷款或者提供担保；

（四）在其他经济组织兼职；

（五）违反法律、行政法规和业务管理规定的其他行为。

第五十三条 【工作人员保密义务】商业银行的工作人员不得泄露其在任职期间知悉的国家秘密、商业秘密。

第五章 财务会计

第五十四条 【建立、健全财会制度】商业银行应当依照法律和国家统一的会计制度以及国务院银行业监督管理机构的有关规定，建立、健全本行的财务、会计制度。

第五十五条 【会计报告报送、禁止另立账册】商业银行应当按照国家有关规定，真实记录并全面反映其业务活动和财务状况，编制年度财务会计报告，及时向国务院银行业监督管理机构、中国人民银行和国务院财政部门报送。商业银行不得在法定的会计账册外另立会计账册。

第五十六条 【经营业绩审计报告的公布】商业银行应当于每一会计年度终了三个月内，按照国务院银行业监督管理机构的规定，公布其上一年度的经营业绩和审计报告。

第五十七条 【呆账准备金】商业银行应当按照国家有关规定，提取呆账准备金，冲销呆账。

第五十八条 【会计年度】商业银行的会计年度自公历1月1日起至12月31日止。

第六章 监督管理

第五十九条 【风险管理、内部控制制度】商业银行应当按照有关规定，制定本行的业务规则，建立、健全本行的风险管理和内部控制制度。

第六十条　【稽核、检查制度】商业银行应当建立、健全本行对存款、贷款、结算、呆账等各项情况的稽核、检查制度。

商业银行对分支机构应当进行经常性的稽核和检查监督。

第六十一条　【各种文件、资料的报送】商业银行应当按照规定向国务院银行业监督管理机构、中国人民银行报送资产负债表、利润表以及其他财务会计、统计报表和资料。

第六十二条　【检查监督】国务院银行业监督管理机构有权依照本法第三章、第四章、第五章的规定，随时对商业银行的存款、贷款、结算、呆账等情况进行检查监督。检查监督时，检查监督人员应当出示合法的证件。商业银行应当按照国务院银行业监督管理机构的要求，提供财务会计资料、业务合同和有关经营管理方面的其他信息。

中国人民银行有权依照《中华人民共和国中国人民银行法》第三十二条、第三十四条的规定对商业银行进行检查监督。

第六十三条　【审计监督】商业银行应当依法接受审计机关的审计监督。

第七章　接管和终止

第六十四条　【接管及其目的】商业银行已经或者可能发生信用危机，严重影响存款人的利益时，国务院银行业监督管理机构可以对该银行实行接管。

接管的目的是对被接管的商业银行采取必要措施，以保护存款人的利益，恢复商业银行的正常经营能力。被接管的商业银行的债权债务关系不因接管而变化。

第六十五条　【接管决定】接管由国务院银行业监督管理机构决定，并组织实施。国务院银行业监督管理机构的接管决定应当载明下列内容：

（一）被接管的商业银行名称；

（二）接管理由；

（三）接管组织；

（四）接管期限。

接管决定由国务院银行业监督管理机构予以公告。

第六十六条　【接管的实施】接管自接管决定实施之日起开始。

自接管开始之日起，由接管组织行使商业银行的经营管理权力。

第六十七条　【接管期限】接管期限届满，国务院银行业监督管理机构可以决定延期，但接管期限最长不得超过二年。

第六十八条　【接管终止】有下列情形之一的，接管终止：

（一）接管决定规定的期限届满或者国务院银行业监督管理机构决定的接管延期届满；

（二）接管期限届满前，该商业银行已恢复正常经营能力；

（三）接管期限届满前，该商业银行被合并或者被依法宣告破产。

第六十九条　【商行的解散】商业银行因分立、合并或者出现公司章程规定的解散事由需要解散的，应当向国务院银行业监督管理机构提出申请，并附解散的理由和支付存款的本金和利息等债务清偿计划。经国务院银行业监督管理机构批准后解散。

商业银行解散的，应当依法成立清算组，进行清算，按照清偿计划及时偿还存款本金和利息等债务。国务院银行业监督管理机构监督清算过程。

第七十条　【清算】商业银行因吊销经营许可证被撤销的，国务院银行业监督管理机构应当依法及时组织成立清算组，进行清算，按照清偿计划及时偿还存款本金和利息等债务。

第七十一条　【宣告破产】商业银行不能支付到期债务，经国务院银行业监督管理机构同意，由人民法院依法宣告其破产。商业银行被宣告破产的，由人民法院组织国务院银行业监督管理机构等有关部门和有关人员成立清算组，进行清算。

商业银行破产清算时，在支付清算费用、所欠职工工资和劳动保险费用后，应当优先支付个人储蓄存款的本金和利息。

第七十二条　【商业银行的终止】商业银行因解散、被撤销和被宣告破产而终止。

第八章　法律责任

第七十三条　【民事责任】商业银行有下列情形之一，对存款人或者其他客户造成财产损害的，应当承担支付迟延履行的利息以及其他民事责任：

（一）无故拖延、拒绝支付存款本金和利息的；

（二）违反票据承兑等结算业务规定，不予兑现，不予收付入账，压单、压票或者违反规定退票的；

（三）非法查询、冻结、扣划个人储蓄存款或者单位存款的；

（四）违反本法规定对存款人或者其他客户造成损害的其他行为。

有前款规定情形的，由国务院银行业监督管理机构责令改正，有违法所得的，没收违法所得，违法所得五万元以上的，并处违法所得一倍以上五倍以下罚款；没有违法所得或者违法所得不足五万元的，处五万元以上五十万元以下罚款。

第七十四条　【违法行为处罚之一】商业银行有下列情形之一，由国务院银行业监督管理机构责令改正，有违法所得的，没收违法所得，违法所得五十万元以上的，并处违法所得一倍以上五倍以下罚款；没有违法所得或者违法所得不足五十万元的，处五十万元以上二百万元以下罚款；情节特别严重或者逾期不改正的，可以责令停业整顿或者吊销其经营许可证；构成犯罪的，依法追究刑事责任：

（一）未经批准设立分支机构的；

（二）未经批准分立、合并或者违反规定对变更事项不报批的；

（三）违反规定提高或者降低利率以及采用其他不正当手段，吸收存款，发放贷款的；

（四）出租、出借经营许可证的；

（五）未经批准买卖、代理买卖外汇的；

（六）未经批准买卖政府债券或者发行、买卖金融债券的；

（七）违反国家规定从事信托投资和证券经营业务、向非自用不动产投资或者向非银行金融机构和企业投资的；

（八）向关系人发放信用贷款或者发放担保贷款的条件优于其他借款人同类贷款的条件的。

第七十五条　【违法行为处罚之二】商业银行有下列情形之一，由国务院银行业监督管理机构责令改正，并处二十万元以上五十万元以下罚款；情节特别严重或者逾期不改正的，可以责令停业整顿或者吊销其经营许可证；构成犯罪的，依法追究刑事责任：

（一）拒绝或者阻碍国务院银行业监督管理机构检查监督的；

（二）提供虚假的或者隐瞒重要事实的财务会计报告、报表和统计报表的；

（三）未遵守资本充足率、资产流动性比例、同一借款人贷款比例和国务院银行业监督管理机构有关资产负债比例管理的其他规定的。

第七十六条　【违法行为处罚之三】商业银行有下列情形之一，由中国人民银行责令改正，有违法所得的，没收违法所得，违法所得五十万元以上的，并处违法所得一倍以上五倍以下罚款；没有违法所得或者违法所得不足五十万元的，处五十万元以上二百万元以下罚款；情节特别严重或者逾期不改正的，中国人民银行可以建议国务院银行业监督管理机构责令停业整顿或者吊销其经营许可证；构成犯罪的，依法追究刑事责任：

（一）未经批准办理结汇、售汇的；

（二）未经批准在银行间债券市场发行、买卖金融债券或者到境外借款的；

（三）违反规定同业拆借的。

第七十七条　【违法行为处罚之四】商业银行有下列情形之一，由中国人民银行责令改正，并处二十万元以上五十万元以下罚款；情节特别严重或者逾期不改正的，中国人民银行可以建议国务院银行业监督管理机构责令停业整顿或者吊销其经营许可证；构成犯罪的，依法追究刑事责任：

（一）拒绝或者阻碍中国人民银行检查监督的；

（二）提供虚假的或者隐瞒重要事实的财务会计报告、报表和统计报表的；

（三）未按照中国人民银行规定的比例交存存款准备金的。

第七十八条　【对直接责任人员的处罚】商业银行有本法第七十三条至第七十七条规定情形的，对直接负责的董事、高级管理人员和其他直接责任人员，应当给予纪律处分；构成犯罪的，依法追究刑事责任。

第七十九条　【由监管机构处理的情形】有下列情形之一，由国务院银行业监督管理机构责令改正，有违法所得的，没收违法所得，违法所得五万元以上的，并处违法所得一倍以上五倍以下罚款；没有违法所得或者违法所得不足五万元的，处五万元以上五十万元以下罚款：

（一）未经批准在名称中使用“银行”字样的；

（二）未经批准购买商业银行股份总额百分之五以上的；

（三）将单位的资金以个人名义开立账户存储的。

第八十条　【不按规定报送有关文件、资料的责任】商业银行不按照规定向国务院银行业监督管理机构报送有关文件、资料的，由国务院银行业监督管理机构责令改正，逾期不改正的，处十万元以上三十万元以下罚款。

商业银行不按照规定向中国人民银行报送有关文件、资料的，由中国人民银行责令改正，逾期不改正的，处十万元以上三十万元以下罚款。

第八十一条　【擅自设立商业银行，非法、变相吸收公众存款及伪造、变造、转让商业银行经营许可证的责任】未经国务院银行业监督管理机构批准，擅自设立商业银行，或者非法吸收公众存款、变相吸收公众存款，构成犯罪的，依法追究刑事责任；并由国务院银行业监督管理机构予以取缔。

伪造、变造、转让商业银行经营许可证，构成犯罪的，依法追究刑事责任。

第八十二条　【借款人欺诈骗取贷款的责任】借款人采取欺诈手段骗取贷款，构成犯罪的，依法追究刑事责任。

第八十三条　【行政处罚】有本法第八十一条、第八十二条规定的行为，尚不构成犯罪的，由国务院银行业监督管理机构没收违法所得，违法所得五十万元以上的，并处违法所得一倍以上五倍以下罚款；没有违法所得或者违法所得不足五十万元的，处五十万元以上二百万元以下罚款。

第八十四条　【工作人员索贿、受贿责任】商业银行工作人员利用职务上的便利，索取、收受贿赂或者违反国家规定收受各种名义的回扣、手续费，构成犯罪的，依法追究刑事责任；尚不构成犯罪的，应当给予纪律处分。

有前款行为，发放贷款或者提供担保造成损失的，应当承担全部或者部分赔偿责任。

第八十五条　【工作人员贪污、挪用、侵占资金的责任】商业银行工作人员利用职务上的便利，贪污、挪用、侵占本行或者客户资金，构成犯罪的，依法追究刑事责任；尚不构成犯罪的，应当给予纪律处分。

第八十六条　【工作人员玩忽职守的责任】商业银行工作人员违反本法规定玩忽职守造成损失的，应当给予纪律处分；构成犯罪的，依法追究刑事责任。

违反规定徇私向亲属、朋友发放贷款或者提供担保造成损失的，应当承担全部或者部分赔偿责任。

第八十七条　【工作人员违反保密义务的责任】商业银行工作人员泄露在任职期间知悉的国家秘密、商业秘密的，应当给予纪律处分；构成犯罪的，依法追究刑事责任。

第八十八条　【强令放贷或提供担保的相关人员责任】单位或者个人强令商业银行发放贷款或者提供担保的，应当对直接负责的主管人员和其他直接责任人员或者个人给予纪律处分；造成损失的，应当承担全部或者部分赔偿责任。

商业银行的工作人员对单位或者个人强令其发放贷款或者提供担保未予拒绝的，应当给予纪律处分；造成损失的，应当承担相应的赔偿责任。

第八十九条　【对董事、高级管理人员的处罚】商业银行违反本法规定的，国务院银行业监督管理机构可以区别不同情形，取消其直接负责的董事、高级管理人员一定期限直至终身的任职资格，禁止直接负责的董事、高级管理人员和其他直接责任人员一定期限直至终身从事银行业工作。

商业银行的行为尚不构成犯罪的，对直接负责的董事、高级管理人员和其他直接责任人员，给予警告，处五万元以上五十万元以下罚款。

第九十条　【行政诉讼】商业银行及其工作人员对国务院银行业监督管理机构、中国人民银行的处罚决定不服的，可以依照《中华人民共和国行政诉讼法》的规定向人民法院提起诉讼。

第九章　附　　则

第九十一条　【原商业银行免予审批】本法施行前，按照国务院的规定经批准设立的商业银行不再办理审批手续。

第九十二条　【特别法优先】外资商业银行、中外合资商业银行、外国商业银行分行适用本法规定，法律、行政法规另有规定的，依照其规定。

第九十三条　【对信用社相关业务的管辖】城市信用合作社、农村信用合作社办理存款、贷款和结算等业务，适用本法有关规定。

第九十四条　【对邮政企业相关业务的管辖】邮政企业办理商业银行的有关业务，适用本法有关规定。

第九十五条　【施行日期】本法自 1995 年 7 月 1 日起施行。

商业银行服务价格管理办法

1. 2014 年 2 月 14 日中国银行业监督管理委员会、国家发展和改革委员会令 2014 年第 1 号公布

2. 自 2014 年 8 月 1 日起施行

第一章　总　　则

第一条　为规范商业银行服务价格管理活动，保护客户合法权益，促进商业银行健康发展，根据《中华人民共和国银行业监督管理法》、《中华人民共和国商业银行法》、《中华人民共和国价格法》等法律法规，制定本办法。

第二条　依据《中华人民共和国商业银行法》和《中华人民共和国外资银行管理条例》设立的商业银行，适用本办法有关规定。

经中国银行业监督管理委员会依法批准设立的其他银行业金融机构，适用本办法有关规定。

第三条　本办法所称商业银行服务，是指商业银行向客户提供的各类服务。本办法所称客户，是指商业银行的服务对象，包括自然人、法人和其他组织。

本办法所称服务价格，是指商业银行提供服务时收取的费用。

第四条　商业银行服务价格行为应当严格遵守国家法律、法规、规章和有关监管规定，遵循公开、公平、诚实、信用的原则，接受社会监督。

第五条　商业银行应当建立科学有效的服务价格管理体系，加强内部控制，充分披露服务价格信息，保障客户获得服务价格信息和自主选择服务的权利。

第六条　根据服务的性质、特点和市场竞争状况，商业银行服务价格分别实行政府指导价、政府定价和市场调节价。

第七条　中国银行业监督管理委员会和国务院价格主管部门依照有关法律、法规及本办法的规定对商业银行服务价格管理活动进行监督管理。

第二章　政府指导价、政府定价的制定和调整

第八条　对客户普遍使用、与国民经济发展和人民生活关系重大的银行基础服务，实行政府指导价或政府定价。

第九条　国务院价格主管部门会同中国银行业监督管理委员会，根据商业银行服务成本、服务价格对个人或企事业单位的影响程度、市场竞争状况，制定和调整商业银行政府指导价、政府定价项目及标准。

第十条　制定和调整政府指导价、政府定价，按照以下程序执行：

（一）组织商业银行等相关机构进行成本调查；

（二）征求相关客户、商业银行和有关方面的意见；

（三）做出制定或调整相关服务价格的决定，向社会公布。

第三章　市场调节价的制定和调整

第十一条　除实行政府指导价、政府定价的服务价格以外，商业银行服务价格实行市场调节价。

第十二条　实行市场调节价的商业银行服务价格，应当由商业银行总行制定和调整。分支机构不得自行制定和调整服务价格。

商业银行分支机构因地区性明显差异需要实行差别化服务价格的，应当由总行统一制定服务价格，并由总行按照本办法规定统一进行公示。

外国银行分行根据其总行（或地区总部）的授权制定和调整服务价格，按照本办法规定进行公示。

第十三条　商业银行制定和调整市场调节价，按照以下程序执行：

（一）制定相关服务价格的定价策略和定价原则；

（二）综合测算相关服务项目的成本和收入情况；

（三）进行价格决策；

（四）形成统一的业务说明和宣传材料；

（五）在各类相关营业场所的醒目位置公示；

（六）设有商业银行网站的，应当在网站主页醒目位置公示。

第十四条　商业银行制定和调整实行市场调节价的服务价格，应当合理测算各项服务支出，充分考虑市场因素进行综合决策。

第十五条　商业银行总行向有关部门报送的本机构服务价格工作报告，包括以下内容：

（一）服务价格管理的组织架构和服务价格管理总体情况；

（二）服务收费项目设置、调整情况和相应的收入变化情况；

（三）免费服务项目设置情况、调整情况、相应的收入变化情况，在服务价格方面承担社会责任的情况；

（四）服务项目的收入结构和评估情况；

（五）服务价格的信息披露情况，包括信息公示的方式和渠道；

（六）与服务价格相关的投诉数量、分类和处理情况；

（七）对客户反馈意见的解释说明情况和意见采纳情况；

（八）附表：本行服务的分类、具体项目、价格水平等情况；

（九）与服务价格相关的其他情况。

第十六条　商业银行按照市场化原则接受相关单位的委托，办理代收水、电、燃气、通讯、有线电视、交通违章罚款等费用以及代付工资、社会保险金、住房公积金等代收代付业务，应当按照“谁委托、谁付费”的原则收取委托业务相关手续费，不得向委托方以外的其他单位和个人收取费用。

第十七条　客户因商业银行调整服务价格或变更服务合同，要求终止或变更银行服务的，商业银行应当根据客户要求、相关服务合同或其他已签署的法律文件采取合理有效的措施，依法及时终止或变更相关银行服务和对应的服务合同。

第十八条　商业银行向客户收取的服务费用，应当对应明确的服务内容。

第四章　服务价格信息披露

第十九条　商业银行应当按规定进行服务价格信息披露。

商业银行应当在其营业场所醒目位置，设有网站的应当在其网站主页醒目位置，及时、准确公示实行政府指导价、政府定价和市场调节价的服务项目、服务内容、服务价格、适用对象、政府指导价或政府定价的文

件文号、生效日期、咨询(投诉)的联系方式等。公示的各类服务价格项目应当统一编号。

第二十条　商业银行应当采取以下措施保护客户相关权益:

(一)在营业场所的醒目位置提供相关服务价格目录或说明手册等,供客户免费查阅,有条件的商业银行可采用电子显示屏、多媒体终端、电脑查询等方式披露服务价格信息;

(二)设有商业银行网站的,应当在网站主页醒目位置公示服务价格目录或说明手册等,供客户免费查阅;

(三)使用电子银行等自助渠道提供服务的,应当在收取服务费用之前,提示客户相关服务价格,并保证客户对相关服务的选择权;

(四)明确界定各分支机构同城业务覆盖的区域范围,通过营业场所公示、宣传手册、网站公示等方式告知客户,并提供24小时查询渠道。同城业务覆盖的区域范围应当不小于地级市行政区划,同一直辖市、省会城市、计划单列市应当列入同城范畴。

第二十一条　商业银行应当提醒客户提供真实有效的联系信息并在相关信息变更后及时通知银行,以便商业银行调整服务价格时按照合同约定方式及时告知客户。

第二十二条　商业银行关于服务价格信息的公示涉及优惠措施的,应当明确标注优惠措施的生效和终止日期。

第二十三条　商业银行提高实行市场调节价的服务价格,应当至少于实行前3个月按照本办法规定进行公示,必要时应当采用书面、电话、短信、电子邮件、合同约定的其他形式等多种方式通知相关客户。

商业银行设立新的实行市场调节价的服务收费项目,应当至少于实行前3个月按照本办法规定进行公示。

第二十四条　商业银行接受其他单位委托开展代理业务收费时,应当将委托方名称、服务项目、收费金额、咨询(投诉)的联系方式等信息告知客户,并在提供给客户的确认单据中明确标注上述信息。

第二十五条　商业银行应当严格执行服务价格信息披露的有关规定,在为客户提供服务之前,应当告知相关服务项目、服务价格、优惠措施(含生效和终止日期),客户确认接受该服务价格后,方可提供相关服务;客户在使用服务前明确表示不接受相关服务价格的,不得强制或变相强制客户接受服务。

第二十六条　对于需要签署服务章程、协议等合同文件的银行服务项目,商业银行应当在相应的合同文件中以通俗易懂、清晰醒目的方式明示服务项目或服务内容、服务价格、优惠措施及其生效和终止日期、与价格相关的例外条款和限制性条款、咨询(投诉)的联系方式等信息。

第五章　内部管理

第二十七条　商业银行应当按照审慎经营原则,建立健全服务价格管理制度和内部控制机制,建立清晰的服务价格制定、调整和信息披露流程,严格执行内部授权管理。

第二十八条　商业银行服务价格管理制度应当严格遵守国家法律法规,明确价格行为违规的问责机制和内部处罚措施。

第二十九条　商业银行应当指定一个部门牵头负责服务价格管理工作,建立服务价格内部审批制度,适时对服务价格管理进行评估和检查,及时纠正相关问题,并组织开展服务价格相关宣传、解释、投诉处理等工作。

第三十条　商业银行应当建立服务价格投诉管理制度,明确客户投诉登记、调查、处理、报告等事项的管理流程、负责部门和处理期限,确保对客户投诉及时进行调查处理。

第三十一条　商业银行应当设立统一的投诉电话、书面投诉联系方式等渠道,并在营业场所和网站醒目位置进行公示,以便及时受理客户对服务价格的相关投诉。

第三十二条　商业银行应当认真处理和及时答复客户投诉。

商业银行应当建立相应的投诉自查机制,对投诉管理制度的落实情况、投诉处理情况进行定期或不定期自查。

第三十三条　除国家法律、法规、委托代理合同有相关规定和要求的情况以外,商业银行应当拒绝任何单位和个人利用银行渠道直接向客户收取任何费用。

第六章　服务价格监督管理

第三十四条　商业银行违反本办法规定,有下列行为之一的,由中国银行业监督管理委员会、国务院价格主管部门按照各自法定职责,依据《中华人民共和国银行业监督管理法》、《中华人民共和国价格法》、《价格违法行为行政处罚规定》等法律法规处理:

(一)擅自制定属于政府指导价、政府定价范围的服务价格的;

(二)超出政府指导价浮动幅度的;

(三)提前或推迟执行政府指导价、政府定价的;

(四)擅自对明令禁止收费的服务项目继续收费的;

(五)未按照规定程序制定和调整市场调节价的;

(六)商业银行分支机构擅自制定或调整市场调

节价的；

（七）未按照规定进行服务价格信息披露的；

（八）未按照规定开展服务价格相关内部管理工作的；

（九）其他违反本办法规定的行为。

第三十五条　鼓励有关单位和个人对商业银行服务价格违法行为进行监督。有关单位和个人发现商业银行服务价格行为存在侵害其合法权益问题的，可依照法律、法规规定采取相关法律措施或投诉。

第三十六条　行业协会等自律组织应当在规范商业银行服务价格行为方面充分发挥自律协调作用。

第七章　附　　则

第三十七条　本办法自2014年8月1日起施行。《商业银行服务价格管理暂行办法》（中国银行业监督管理委员会国家发展和改革委员会令2003年第3号）同时废止。

第三十八条　本办法生效后，此前有关商业银行服务价格或收费的规定与本办法规定不一致的，按照本办法执行。

中国银保监会中资商业银行行政许可事项实施办法

1. *2015年6月5日中国银行业监督管理委员会令2015年第2号公布*
2. *根据2017年7月5日中国银行业监督管理委员会令2017年第1号《关于修改〈中资商业银行行政许可事项实施办法〉的决定》第一次修正*
3. *根据2018年8月17日中国银行保险监督管理委员会令2018年第5号《关于废止和修改部分规章的决定》第二次修正*
4. *根据2022年9月2日中国银行保险监督管理委员会令2022年第5号《关于修改部分行政许可规章的决定》第三次修正*

第一章　总　　则

第一条　为规范银保监会及其派出机构实施中资商业银行行政许可行为，明确行政许可事项、条件、程序和期限，保护申请人合法权益，根据《中华人民共和国银行业监督管理法》、《中华人民共和国商业银行法》和《中华人民共和国行政许可法》等法律、行政法规及国务院的有关决定，制定本办法。

第二条　本办法所称中资商业银行包括：国有控股大型商业银行、中国邮政储蓄银行（以下分别简称国有商业银行、邮政储蓄银行）、股份制商业银行、城市商业银行等。

第三条　银保监会及其派出机构依照银保监会行政许可实施程序相关规定和本办法，对中资商业银行实施行政许可。

第四条　中资商业银行以下事项须经银保监会或其派出机构行政许可：机构设立，机构变更，机构终止，调整业务范围和增加业务品种，董事和高级管理人员任职资格，以及法律、行政法规规定和国务院决定的其他行政许可事项。

第五条　申请人应当按照银保监会行政许可事项申请材料目录及格式要求相关规定提交申请材料。

第二章　机 构 设 立

第一节　法人机构设立

第六条　设立中资商业银行法人机构应当符合以下条件：

（一）有符合《中华人民共和国公司法》和《中华人民共和国商业银行法》规定的章程；

（二）注册资本为实缴资本，最低限额为10亿元人民币或等值可兑换货币，城市商业银行法人机构注册资本最低限额为1亿元人民币；

（三）有符合任职资格条件的董事、高级管理人员和熟悉银行业务的合格从业人员；

（四）有健全的组织机构和管理制度；

（五）有与业务经营相适应的营业场所、安全防范措施和其他设施；

（六）建立与业务经营相适应的信息科技架构，具有支撑业务经营的必要、安全且合规的信息科技系统，具备保障信息科技系统有效安全运行的技术与措施。

第七条　设立中资商业银行法人机构，还应当符合其他审慎性条件，至少包括：

（一）具有良好的公司治理结构；

（二）具有健全的风险管理体系，能有效控制各类风险；

（三）发起人股东中应当包括合格的战略投资者；

（四）具有科学有效的人力资源管理制度，拥有高素质的专业人才；

（五）具备有效的资本约束与资本补充机制；

（六）有助于化解现有金融机构风险，促进金融稳定。

第八条　设立中资商业银行法人机构应当有符合条件的发起人，发起人包括：境内金融机构、境外金融机构、境内非金融机构和银保监会认可的其他发起人。

前款所称境外金融机构包括香港、澳门和台湾地区的金融机构。

第九条　境内金融机构作为中资商业银行法人机构的发起人，应当符合以下条件：

（一）主要审慎监管指标符合监管要求；

（二）公司治理良好，内部控制健全有效；

（三）最近 3 个会计年度连续盈利；

（四）社会声誉良好，最近 2 年无严重违法违规行为和因内部管理问题导致的重大案件；

（五）银保监会规章规定的其他审慎性条件。

第十条　境外金融机构作为中资商业银行法人机构的发起人或战略投资者，应当符合以下条件：

（一）银保监会认可的国际评级机构最近 2 年对其长期信用评级为良好；

（二）最近 2 个会计年度连续盈利；

（三）商业银行资本充足率应当达到其注册地银行业资本充足率平均水平且不低于 10.5%；非银行金融机构资本总额不低于加权风险资产总额的 10%；

（四）内部控制健全有效；

（五）注册地金融机构监督管理制度完善；

（六）所在国（地区）经济状况良好；

（七）银保监会规章规定的其他审慎性条件。

境外金融机构作为发起人或战略投资者入股中资商业银行应当遵循长期持股、优化治理、业务合作、竞争回避的原则。

银保监会根据金融业风险状况和监管需要，可以调整境外金融机构作为发起人的条件。

外商独资银行、中外合资银行作为发起人或战略投资者入股中资商业银行，参照本条关于境外金融机构作为发起人或战略投资者入股中资商业银行的相关规定。

第十一条　境外金融机构投资入股的中资商业银行，按照入股时该中资商业银行的机构类型实施监督管理。境外金融机构还应遵守国家关于外国投资者在中国境内投资的有关规定。

第十二条　境内非金融机构作为中资商业银行法人机构发起人，应当符合以下条件：

（一）依法设立，具有法人资格；

（二）具有良好的公司治理结构或有效的组织管理方式；

（三）具有良好的社会声誉、诚信记录和纳税记录，能按期足额偿还金融机构的贷款本金和利息；

（四）具有较长的发展期和稳定的经营状况；

（五）具有较强的经营管理能力和资金实力；

（六）财务状况良好，最近 3 个会计年度连续盈利；

（七）年终分配后，净资产达到全部资产的 30%（合并会计报表口径）；

（八）权益性投资余额原则上不超过本企业净资产的 50%（合并会计报表口径），国务院规定的投资公司和控股公司除外；

（九）入股资金为自有资金，不得以委托资金、债务资金等非自有资金入股，法律法规另有规定的除外；

（十）银保监会规章规定的其他审慎性条件。

第十三条　有以下情形之一的企业不得作为中资商业银行法人机构的发起人：

（一）公司治理结构与机制存在明显缺陷；

（二）关联企业众多、股权关系复杂且不透明、关联交易频繁且异常；

（三）核心主业不突出且其经营范围涉及行业过多；

（四）现金流量波动受经济景气影响较大；

（五）资产负债率、财务杠杆率高于行业平均水平；

（六）代他人持有中资商业银行股权；

（七）其他对银行产生重大不利影响的情况。

第十四条　中资商业银行法人机构设立须经筹建和开业两个阶段。

第十五条　国有商业银行法人机构、股份制商业银行法人机构的筹建申请，应当由发起人各方共同向银保监会提交，银保监会受理、审查并决定。银保监会自受理之日起 4 个月内作出批准或不批准的书面决定。

城市商业银行法人机构的筹建申请，应当由发起人各方共同向拟设地省级派出机构提交，拟设地省级派出机构受理并初步审查，银保监会审查并决定。银保监会自受理之日起 4 个月内作出批准或不批准的书面决定。

第十六条　中资商业银行法人机构的筹建期为批准决定之日起 6 个月。

国有商业银行、股份制商业银行法人机构未能按期筹建的，该机构筹建组应当在筹建期限届满前 1 个月向银保监会提交筹建延期报告。筹建延期不得超过一次，筹建延期的最长期限为 3 个月。

城市商业银行法人机构未能按期筹建的，该机构筹建组应当在筹建期限届满前 1 个月向所在地省级派出机构提交筹建延期报告。筹建延期不得超过一次，筹建延期的最长期限为 3 个月。

该机构筹建组应当在前款规定的期限届满前提交开业申请，逾期未提交的，筹建批准文件失效，由决定机关办理筹建许可注销手续。

第十七条　国有商业银行、股份制商业银行法人机构的开业申请应当向银保监会提交，由银保监会受理、审查并决定。银保监会自受理之日起 2 个月内作出核准或不予核准的书面决定。

城市商业银行法人机构的开业申请应当向所在地

省级派出机构提交，由所在地省级派出机构受理、审查并决定。省级派出机构自受理之日起2个月内作出核准或不予核准的书面决定，抄报银保监会。

第十八条　中资商业银行法人机构应当在收到开业核准文件并按规定领取金融许可证后，根据工商行政管理部门的规定办理登记手续，领取营业执照。

国有商业银行、股份制商业银行法人机构应当自领取营业执照之日起6个月内开业。未能按期开业的，应当在开业期限届满前1个月向银保监会提交开业延期报告。开业延期不得超过一次，开业延期的最长期限为3个月。

城市商业银行法人机构应当自领取营业执照之日起6个月内开业。未能按期开业的，应当在开业期限届满前1个月向所在地省级派出机构提交开业延期报告。开业延期不得超过一次，开业延期的最长期限为3个月。

中资商业银行法人机构未在前款规定期限内开业的，开业核准文件失效，由决定机关办理开业许可注销手续，收回其金融许可证，并予以公告。

第二节　境内分支机构设立

第十九条　中资商业银行设立的境内分支机构包括分行、分行级专营机构、支行、分行级专营机构的分支机构等。中资商业银行设立境内分支机构须经筹建和开业两个阶段。

第二十条　中资商业银行申请设立分行，申请人应当符合以下条件：

（一）具有良好的公司治理结构；

（二）风险管理和内部控制健全有效；

（三）主要审慎监管指标符合监管要求；

（四）具有拨付营运资金的能力；

（五）具有完善、合规的信息科技系统和信息安全体系，具有标准化的数据管理体系，具备保障业务连续有效安全运行的技术与措施；

（六）监管评级良好；

（七）最近2年无严重违法违规行为和因内部管理问题导致的重大案件；

（八）银保监会规章规定的其他审慎性条件。

第二十一条　中资商业银行申请设立信用卡中心、小企业信贷中心、私人银行部、票据中心、资金营运中心、贵金属业务部等分行级专营机构，申请人除应当符合第二十条有关规定外，还应当符合以下条件：

（一）专营业务经营体制改革符合该项业务的发展方向，并进行了详细的可行性研究论证；

（二）专营业务经营体制改革符合其总行的总体战略和发展规划，有利于提高整体竞争能力；

（三）开办专营业务2年以上，有经营专营业务的管理团队和专业技术人员；

（四）专营业务资产质量、服务等指标达到良好水平，专营业务的成本控制水平较高，具有较好的盈利前景；

（五）银保监会规章规定的其他审慎性条件。

第二十二条　国有商业银行、邮政储蓄银行、股份制商业银行的一级分行、分行级专营机构筹建申请由其总行向银保监会提交，银保监会受理、审查并决定。银保监会自受理之日起4个月内作出批准或不批准的书面决定。

国有商业银行、邮政储蓄银行、股份制商业银行的二级分行筹建申请由其一级分行向拟设地省级派出机构提交，省级派出机构受理、审查并决定。省级派出机构自受理之日起4个月内作出批准或不批准的书面决定。

城市商业银行分行筹建申请由其总行向拟设地省级派出机构提交，省级派出机构受理、审查并决定。省级派出机构自受理之日起4个月内作出批准或不批准的书面决定。

第二十三条　分行、分行级专营机构的筹建期为批准决定之日起6个月。未能按期筹建的，其筹建申请人应当在筹建期限届满前1个月向筹建申请受理机关提交筹建延期报告。筹建延期不得超过一次，筹建延期的最长期限为3个月。

申请人应当在前款规定的期限届满前提交开业申请，逾期未提交的，筹建批准文件失效，由决定机关办理筹建许可注销手续。

第二十四条　中资商业银行分行、分行级专营机构的开业申请由其筹建申请人向所在地省级派出机构提交，省级派出机构受理、审查并决定。省级派出机构自受理之日起2个月内作出核准或不予核准的书面决定。分行、分行级专营机构开业应当符合以下条件：

（一）营运资金到位；

（二）有符合任职资格条件的高级管理人员和熟悉银行业务的合格从业人员；

（三）有与业务发展相适应的组织机构和规章制度；

（四）有与业务经营相适应的营业场所、安全防范措施和其他设施；

（五）有与业务经营相适应的信息科技部门，具有必要、安全且合规的信息科技系统，具备保障本级信息科技系统有效安全运行的技术与措施。

第二十五条　分行、分行级专营机构应当在收到开业核准文件并按规定领取金融许可证后,根据工商行政管理部门的规定办理登记手续,领取营业执照。分行、分行级专营机构应当自领取营业执照之日起6个月内开业,未能按期开业的,申请人应当在开业期限届满前1个月向所在地省级派出机构提交开业延期报告。开业延期不得超过一次,开业延期的最长期限为3个月。

分行、分行级专营机构未在前款规定期限内开业的,原开业核准文件失效,由决定机关办理开业许可注销手续,收回其金融许可证,并予以公告。

第二十六条　中资商业银行申请设立支行,应当符合以下条件:

(一)国有商业银行、邮政储蓄银行、股份制商业银行在拟设地所在省、自治区、直辖市内设有分行、视同分行管理的机构或分行以上机构且正式营业1年以上,经营状况和风险管理状况良好;城市商业银行在拟设地同一地级或地级以上城市设有分行、视同分行管理的机构或分行以上机构且正式营业1年以上,经营状况和风险管理状况良好;

(二)拟设地已设立机构具有较强的内部控制能力,最近1年无严重违法违规行为和因内部管理问题导致的重大案件;

(三)具有拨付营运资金的能力;

(四)已建立对高级管理人员考核、监督、授权和调整的制度和机制,并有足够的专业经营管理人才;

(五)银保监会规章规定的其他审慎性条件。

第二十七条　拟设立支行的中资商业银行分行、视同分行管理的机构或城市商业银行总行应在支行筹建3日前向开业决定机关提交筹建报告,开始筹建工作。

第二十八条　拟设立支行的中资商业银行分行、视同分行管理的机构或城市商业银行总行应在提交筹建报告之日起9个月内完成筹建工作,并向开业决定机关提交开业申请。

申请人逾期未提交开业申请的,应及时向拟设地地市级派出机构或所在城市省级派出机构报告。

第二十九条　支行的开业申请由拟设地地市级派出机构或所在城市省级派出机构受理、审查并决定。受理机关自受理之日起2个月内作出核准或不予核准的书面决定。

支行开业应当符合以下条件:

(一)营运资金到位;

(二)有符合任职资格条件的高级管理人员和熟悉银行业务的合格从业人员;

(三)有与业务经营相适应的营业场所、安全防范措施和其他设施。

第三十条　支行应当在收到开业核准文件并按规定领取金融许可证后,根据工商管理部门的规定办理登记手续,领取营业执照。

支行应当自领取营业执照之日起6个月内开业。未能按期开业的,申请人应当在开业期限届满前1个月向开业申请受理机关提出开业延期报告。开业延期不得超过一次,开业延期的最长期限为3个月。

支行未在规定期限内开业的,原开业核准文件失效,由决定机关办理开业许可注销手续,收回其金融许可证,并予以公告。

中资商业银行设立专营机构的分支机构,参照中资商业银行设立相应分支机构的行政许可条件和程序实施。

第三十一条　中资商业银行收购其他银行业金融机构设立分支机构的,应当符合以下条件:

(一)主要审慎监管指标符合监管要求,提足准备金后具有营运资金拨付能力;

(二)收购方授权执行收购任务的分行经营状况良好,内部控制健全有效,合法合规经营;

(三)按照市场和自愿原则收购;

(四)银保监会规章规定的其他审慎性条件。

第三十二条　中资商业银行收购其他银行业金融机构设立分支机构须经收购和开业两个阶段。收购审批和开业核准的程序同中资商业银行设立分行或支行的筹建审批和开业核准的程序。

第三节　投资设立、参股、收购境内法人金融机构

第三十三条　中资商业银行申请投资设立、参股、收购境内法人金融机构的,应当符合以下条件:

(一)具有良好的公司治理结构;

(二)风险管理和内部控制健全有效;

(三)具有良好的并表管理能力;

(四)主要审慎监管指标符合监管要求;

(五)权益性投资余额原则上不超过其净资产的50%(合并会计报表口径);

(六)具有完善、合规的信息科技系统和信息安全体系,具有标准化的数据管理体系,具备保障业务连续有效安全运行的技术与措施;

(七)最近2年无严重违法违规行为和因内部管理问题导致的重大案件,但为落实普惠金融政策等,投资设立、参股、收购境内法人金融机构的情形除外;

(八)最近3个会计年度连续盈利;

(九)监管评级良好;

(十)银保监会规章规定的其他审慎性条件。

第三十四条　国有商业银行、邮政储蓄银行、股份制商业

银行申请投资设立、参股、收购境内法人金融机构由银保监会受理、审查并决定。银保监会自受理之日起6个月内作出批准或不批准的书面决定。

城市商业银行申请投资设立、参股、收购境内法人金融机构由申请人所在地省级派出机构受理、审查并决定。所在地省级派出机构自受理之日起6个月内作出批准或不批准的书面决定。

前款所指设立、参股、收购境内法人金融机构事项，如需另经银保监会或省级派出机构批准设立，或者需银保监会或省级派出机构进行股东资格审核，则相关许可事项由银保监会或省级派出机构在批准设立或进行股东资格审核时对中资商业银行设立、参股和收购行为进行合并审查并作出决定。

第四节　投资设立、参股、收购境外机构

第三十五条　中资商业银行申请投资设立、参股、收购境外机构，申请人应当符合以下条件：

（一）具有良好的公司治理结构，内部控制健全有效，业务条线管理和风险管控能力与境外业务发展相适应；

（二）具有清晰的海外发展战略；

（三）具有良好的并表管理能力；

（四）主要审慎监管指标符合监管要求；

（五）权益性投资余额原则上不超过其净资产的50%（合并会计报表口径）；

（六）最近3个会计年度连续盈利；

（七）申请前1年年末资产余额达到1000亿元人民币以上；

（八）具备与境外经营环境相适应的专业人才队伍；

（九）银保监会规章规定的其他审慎性条件。

本办法所称境外机构是指中资商业银行境外一级分行、全资附属或控股金融机构、代表机构，以及境外一级分行、全资子公司跨国（境）设立的机构。

第三十六条　国有商业银行、邮政储蓄银行、股份制商业银行申请投资设立、参股、收购境外机构由银保监会受理、审查并决定。银保监会自受理之日起6个月内作出批准或不批准的书面决定。

城市商业银行申请投资设立、参股、收购境外机构由申请人所在地省级派出机构受理、审查并决定。所在地省级派出机构自受理之日起6个月内作出批准或不批准的书面决定。

第三章　机构变更

第一节　法人机构变更

第三十七条　法人机构变更包括：变更名称，变更股权，变更注册资本，修改章程，变更住所，变更组织形式，存续分立、新设分立、吸收合并、新设合并等。

第三十八条　国有商业银行、邮政储蓄银行、股份制商业银行法人机构变更名称由银保监会受理、审查并决定；城市商业银行法人机构变更名称由所在地省级派出机构受理、审查并决定。

第三十九条　中资商业银行股权变更，其股东资格条件同第九至十三条规定的新设中资商业银行法人机构的发起人入股条件。

国有商业银行、邮政储蓄银行、股份制商业银行变更持有资本总额或股份总额5%以上股东的变更申请、境外金融机构投资入股申请由银保监会受理、审查并决定。

城市商业银行变更持有资本总额或股份总额5%以上股东的变更申请、境外金融机构投资入股申请由所在地省级派出机构受理、审查并决定。

国有商业银行、邮政储蓄银行、股份制商业银行变更持有资本总额或股份总额1%以上、5%以下的股东，应当在股权转让后10日内向银保监会报告。

城市商业银行变更持有资本总额或股份总额1%以上、5%以下的股东，应当在股权转让后10日内向所在地省级派出机构报告。

投资人入股中资商业银行，应当按照银保监会有关规定，完整、真实地披露其关联关系。

第四十条　中资商业银行变更注册资本，其股东资格应当符合本办法第九条至第十三条规定的条件。国有商业银行、邮政储蓄银行、股份制商业银行变更注册资本，由银保监会受理、审查并决定；城市商业银行变更注册资本，由所在地省级派出机构受理、审查并决定。

中资商业银行通过配股或募集新股份方式变更注册资本的，在变更注册资本前，还应当经过配股或募集新股份方案审批。方案审批的受理、审查和决定程序同前款规定。

第四十一条　中资商业银行公开募集股份和上市交易股份的，应当符合国务院及中国证监会有关的规定条件。向中国证监会申请之前，应当向银保监会申请并获得批准。

国有商业银行、邮政储蓄银行、股份制商业银行公开募集股份和上市交易股份的，由银保监会受理、审查并决定；城市商业银行发行股份和上市，由所在地省级派出机构受理、审查并决定。

第四十二条　国有商业银行、邮政储蓄银行、股份制商业银行修改章程，由银保监会受理、审查并决定；城市商业银行修改章程，由所在地省级派出机构受理、审查并决定。

中资商业银行变更名称、住所、股权、注册资本或业务范围的,应当在决定机关作出批准决定6个月内修改章程相应条款并报告决定机关。

第四十三条　中资商业银行变更住所,应当有与业务发展相符合的营业场所、安全防范措施和其他设施。

国有商业银行、邮政储蓄银行、股份制商业银行变更住所,由银保监会受理、审查并决定;城市商业银行变更住所,由所在地省级派出机构受理、审查并决定。

第四十四条　中资商业银行因行政区划调整等原因导致的行政区划、街道、门牌号等发生变化而实际位置未变化的,不需进行变更住所的申请,但应当于变更后15日内报告为其颁发金融许可证的银行业监督管理机构,并重新换领金融许可证。

中资商业银行因房屋维修、增扩建等原因临时变更住所6个月以内的,不需进行变更住所申请,但应当在原住所、临时住所公告,并提前10日向为其颁发金融许可证的银行业监督管理机构报告。临时住所应当符合公安、消防部门的相关要求。中资商业银行回迁原住所,应当提前10日将公安部门对回迁住所出具的安全合格证明及有关消防证明文件等材料抄报为其颁发金融许可证的银行业监督管理机构,并予以公告。

第四十五条　中资商业银行变更组织形式,应当符合《中华人民共和国公司法》、《中华人民共和国商业银行法》以及其他法律、行政法规和规章的规定。

国有商业银行、邮政储蓄银行、股份制商业银行变更组织形式,由银保监会受理、审查并决定;城市商业银行变更组织形式,由所在地省级派出机构受理并初步审查,银保监会审查并决定。

第四十六条　中资商业银行分立,应当符合《中华人民共和国公司法》、《中华人民共和国商业银行法》以及其他法律、行政法规和规章的规定。

国有商业银行、邮政储蓄银行、股份制商业银行分立,由银保监会受理、审查并决定;城市商业银行分立由所在地省级派出机构受理并初步审查,银保监会审查并决定。

存续分立的,在分立公告期限届满后,存续方应当按照变更事项的条件和程序通过行政许可;新设方应当按照法人机构开业的条件和程序通过行政许可。

新设分立的,在分立公告期限届满后,新设方应当按照法人机构开业的条件和程序通过行政许可;原法人机构应当按照法人机构解散的条件和程序通过行政许可。

第四十七条　中资商业银行合并,应当符合《中华人民共和国公司法》、《中华人民共和国商业银行法》以及其他法律、法规和规章的规定。

合并一方为国有商业银行、邮政储蓄银行、股份制商业银行的,由银保监会受理、审查并决定;其他合并由所在地省级派出机构受理并初步审查,银保监会审查并决定。

吸收合并的,在合并公告期限届满后,吸收合并方应当按照变更事项的条件和程序通过行政许可;被吸收合并方应当按照法人机构终止的条件和程序通过行政许可。被吸收合并方改建为分支机构的,应当按照分支机构开业的条件和程序通过行政许可。

新设合并的,在合并公告期限届满后,新设方应当按照法人机构开业的条件和程序通过行政许可;原法人机构应当按照法人机构解散的条件和程序通过行政许可。

第四十八条　本节变更事项,决定机关自受理之日起3个月内作出批准或不批准的书面决定。

第二节　境内分支机构变更

第四十九条　中资商业银行境内分支机构变更包括变更名称、机构升格等。

第五十条　省级派出机构所在城市的中资商业银行分支机构变更名称由省级派出机构受理、审查并决定;地市级派出机构所在地中资商业银行分支机构变更名称由地市级派出机构受理、审查并决定。

第五十一条　中资商业银行支行升格为分行或者二级分行升格为一级分行,应当符合以下条件:

(一)总行内部控制和风险管理健全有效;

(二)总行拨付营运资金到位;

(三)拟升格支行内部控制健全有效,最近2年无严重违法违规行为和因内部管理问题导致的重大案件;

(四)拟升格支行有符合任职资格条件的高级管理人员和熟悉银行业务的合格从业人员;

(五)拟升格支行连续2年盈利;

(六)有与业务发展相适应的组织机构和规章制度;

(七)有与业务经营相适应的营业场所、安全防范措施和其他设施;

(八)有与业务经营相适应的信息科技部门,具有必要、安全且合规的信息科技系统,具备保障本级信息科技系统有效安全运行的技术与措施;

(九)银保监会规章规定的其他审慎性条件。

国有商业银行、邮政储蓄银行、股份制商业银行分支机构升格为一级分行的,由其总行向升格后机构所在地省级派出机构提出申请,省级派出机构受理并初步审查,银保监会审查并决定。

国有商业银行、邮政储蓄银行、股份制商业银行分支机构升格为二级分行，城市商业银行分支机构升格为分行的，由其总行或一级分行向升格后机构所在地省级派出机构提出申请，省级派出机构受理、审查并决定。

第五十二条　支行以下机构升格为支行的，应当符合以下条件：

（一）拟升格机构经营情况良好；

（二）拟升格机构内部控制健全有效，最近2年无严重违法违规行为和因内部管理问题导致的重大案件；

（三）拟升格机构有符合任职资格条件的高级管理人员和熟悉银行业务的合格从业人员；

（四）拟升格机构有与业务经营相适应的营业场所、安全防范措施和其他设施；

（五）银保监会规章规定的其他审慎性条件。

中资商业银行支行以下机构升格为支行的申请人应当是商业银行分行或总行。省级派出机构所在城市支行以下机构升格为支行的申请，由省级派出机构受理、审查并决定；地市级派出机构所在地支行以下机构升格为支行的申请，由地市级派出机构受理、审查并决定。

第五十三条　本节变更事项，决定机关自受理之日起3个月内作出批准或不批准的书面决定。

第三节　境外机构变更

第五十四条　中资商业银行境外机构升格、变更营运资金或注册资本、变更名称、重大投资事项、变更股权、分立、合并以及银保监会规定的其他事项，须经银行业监督管理机构许可。

前款所称重大投资事项，指中资商业银行境外机构拟从事的投资额为1亿元人民币以上或者投资额占其注册资本或营运资金5%以上的股权投资事项。

第五十五条　国有商业银行、邮政储蓄银行、股份制商业银行境外机构变更事项应当向银保监会申请，由银保监会受理、审查并决定。银保监会自受理之日起3个月内作出批准或不批准的书面决定。

城市商业银行境外机构变更事项应当由城市商业银行总行向总行所在地省级派出机构申请，由省级派出机构受理、审查并决定。省级派出机构自受理之日起3个月内作出批准或不批准的书面决定。

第四章　机构终止

第一节　法人机构终止

第五十六条　中资商业银行有下列情形之一的，应当申请解散：

（一）章程规定的营业期限届满或者出现章程规定的其他应当解散的情形；

（二）股东大会决议解散；

（三）因分立、合并需要解散。

第五十七条　国有商业银行、邮政储蓄银行、股份制商业银行解散由银保监会受理、审查并决定。银保监会自受理之日起3个月内作出批准或不批准的书面决定。

城市商业银行解散由所在地省级派出机构受理并初步审查，银保监会审查并决定。银保监会自受理之日起3个月内作出批准或不批准的书面决定。

第五十八条　中资商业银行因分立、合并出现解散情形的，与分立、合并一并进行审批。

第五十九条　中资商业银行法人机构有下列情形之一的，在向法院申请破产前，应当向银保监会申请并获得批准：

（一）不能支付到期债务，自愿或应其债权人要求申请破产；

（二）因解散而清算，清算组发现该机构财产不足以清偿债务，应当申请破产。

申请国有商业银行、邮政储蓄银行、股份制商业银行破产的，由银保监会受理、审查并决定。银保监会自受理之日起3个月内作出批准或不批准的书面决定。

申请城市商业银行破产的，由所在地省级派出机构受理并初步审查，银保监会审查并决定。银保监会自受理之日起3个月内作出批准或不批准的书面决定。

第二节　分支机构终止

第六十条　中资商业银行境内外分支机构终止营业的（被依法撤销除外），应当提出终止营业申请。

第六十一条　中资商业银行境内一级分行终止营业申请由银保监会受理、审查并决定，银保监会自受理之日起3个月内作出批准或不批准的书面决定。二级分行终止营业申请由所在地省级派出机构受理、审查并决定。所在地省级派出机构自受理之日起3个月内作出批准或不批准的书面决定。

中资商业银行境内支行及以下分支机构的终止营业申请，由所在地地市级派出机构或所在城市省级派出机构受理、审查并决定，自受理之日起3个月内作出批准或不批准的书面决定。

国有商业银行、邮政储蓄银行、股份制商业银行境外机构的终止营业申请，由银保监会受理、审查并决定。银保监会自受理之日起3个月内作出批准或不批准的书面决定。

城市商业银行境外机构的终止营业申请，由城市商业银行总行所在地省级派出机构受理、审查并决定。省级派出机构自受理之日起3个月内作出批准或不批准的书面决定。

第五章 调整业务范围和增加业务品种

第一节 开办外汇业务和增加外汇业务品种

第六十二条 中资商业银行申请开办除结汇、售汇以外的外汇业务或增加外汇业务品种,应当符合以下条件:

(一)主要审慎监管指标符合监管要求;

(二)依法合规经营,内控制度健全有效,经营状况良好;

(三)有与申报外汇业务相应的外汇营运资金和合格的外汇业务从业人员;

(四)有符合开展外汇业务要求的营业场所和相关设施;

(五)银保监会规章规定的其他审慎性条件。

第六十三条 国有商业银行、邮政储蓄银行、股份制商业银行申请开办除结汇、售汇以外的外汇业务或增加外汇业务品种,由银保监会受理、审查并决定。银保监会自受理之日起3个月内作出批准或不批准的书面决定。

城市商业银行申请开办外汇业务或增加外汇业务品种,由机构所在地地市级派出机构或所在城市省级派出机构受理,省级派出机构审查并决定。省级派出机构自受理之日起3个月内作出批准或不批准的书面决定。

第二节 募集发行债务、资本补充工具

第六十四条 中资商业银行募集次级定期债务、发行次级债券、混合资本债、金融债及依法须经银保监会许可的其他债务、资本补充工具,应当符合以下条件:

(一)具有良好的公司治理结构;

(二)主要审慎监管指标符合监管要求;

(三)贷款风险分类结果真实准确;

(四)拨备覆盖率达标,贷款损失准备计提充足;

(五)银保监会规章规定的其他审慎性条件。

第六十五条 国有商业银行、邮政储蓄银行、股份制商业银行申请资本工具(含全球系统重要性银行总损失吸收能力非资本债务工具)计划发行额度,由银保监会受理、审查并决定。银保监会自受理之日起3个月内作出批准或不批准的书面决定。

城市商业银行申请资本工具计划发行额度,由所在地省级派出机构受理、审查并决定。所在地省级派出机构自受理之日起3个月内作出批准或不批准的书面决定。

商业银行可在批准额度内,自主决定具体工具品种、发行时间、批次和规模,并于批准后的24个月内完成发行;如在24个月内再次提交额度申请,则原有剩余额度失效,以最新批准额度为准。

国有商业银行、邮政储蓄银行、股份制商业银行应在资本工具募集发行结束后10日内向银保监会报告。城市商业银行应在资本工具募集发行结束后10日内向所在地省级派出机构报告。银保监会及省级派出机构有权对已发行的资本工具是否达到合格资本标准进行认定。

国有商业银行、邮政储蓄银行、股份制商业银行应在非资本类债券募集发行结束后10日内向银保监会报告。城市商业银行应在非资本类债券募集发行结束后10日内向所在地省级派出机构报告。

第三节 开办衍生产品交易业务

第六十六条 中资商业银行开办衍生产品交易业务的资格分为以下两类:

(一)基础类资格:只能从事套期保值类衍生产品交易;

(二)普通类资格:除基础类资格可以从事的衍生产品交易之外,还可以从事非套期保值类衍生产品交易。

第六十七条 中资商业银行申请开办基础类衍生产品交易业务,应当符合以下条件:

(一)具有健全的衍生产品交易风险管理制度和内部控制制度;

(二)具有接受相关衍生产品交易技能专门培训半年以上、从事衍生产品或相关交易2年以上的交易人员至少2名,相关风险管理人员至少1名,风险模型研究人员或风险分析人员至少1名,熟悉套期会计操作程序和制度规范的人员至少1名,以上人员均需专岗专人,相互不得兼任,且无不良记录;

(三)有适当的交易场所和设备;

(四)具有处理法律事务和负责内控合规检查的专业部门及相关专业人员;

(五)主要审慎监管指标符合监管要求;

(六)银保监会规章规定的其他审慎性条件。

第六十八条 中资商业银行申请开办普通类衍生产品交易业务,除符合本办法第六十七条规定的条件外,还应当符合以下条件:

(一)完善的衍生产品交易前、中、后台自动联接的业务处理系统和实时风险管理系统;

(二)衍生产品交易业务主管人员应当具备5年以上直接参与衍生产品交易活动或风险管理的资历,且无不良记录;

（三）严格的业务分离制度，确保套期保值类业务与非套期保值类业务的市场信息、风险管理、损益核算有效隔离；

（四）完善的市场风险、操作风险、信用风险等风险管理框架；

（五）银保监会规章规定的其他审慎性条件。

第六十九条　国有商业银行、邮政储蓄银行、股份制商业银行申请开办衍生产品交易业务，由银保监会受理、审查并决定。银保监会自受理之日起3个月内作出批准或不批准的书面决定。

城市商业银行申请开办衍生产品交易业务，由所在地省级派出机构受理、审查并决定。所在地省级派出机构自受理之日起3个月内作出批准或不批准的书面决定。

第四节　开办信用卡业务

第七十条　中资商业银行申请开办信用卡业务分为申请发卡业务和申请收单业务。申请人应当符合下列条件：

（一）公司治理良好，主要审慎监管指标符合监管要求，具备与业务发展相适应的组织机构和规章制度，内部控制、风险管理和问责机制健全有效；

（二）信誉良好，具有完善、有效的内控机制和案件防控体系，最近3年无严重违法违规行为和因内部管理问题导致的重大案件；

（三）具备符合任职资格条件的董事、高级管理人员和熟悉银行业务的合格从业人员。高级管理人员中具有信用卡业务专业知识和管理经验的人员至少1人，具备开展信用卡业务必须的技术人员和管理人员，并全面实施分级授权管理；

（四）具备与业务经营相适应的营业场所、相关设施和必备的信息技术资源；

（五）已在境内建立符合法律法规和业务管理要求的业务系统，具有保障相关业务系统信息安全和运行质量的技术能力；

（六）开办外币信用卡业务的，应当具有经国务院外汇管理部门批准的结汇、售汇业务资格；

（七）银保监会规章规定的其他审慎性条件。

第七十一条　中资商业银行申请开办信用卡发卡业务除应当具备本办法第七十条规定的条件外，还应当符合下列条件：

（一）具备办理零售业务的良好基础，最近3年个人存贷款业务规模和业务结构稳定，个人存贷款业务客户规模和客户结构良好，银行卡业务运行情况良好，身份证件验证系统和征信系统的连接和使用情况良好；

（二）具备办理信用卡业务的专业系统，在境内建有发卡业务主机、信用卡业务申请管理系统、信用评估管理系统、信用卡账户管理系统、信用卡交易授权系统、信用卡交易监测和伪冒交易预警系统、信用卡客户服务中心系统、催收业务管理系统等专业化运营基础设施，相关设施通过了必要的安全监测和业务测试，能够保障客户资料和业务数据的完整性和安全性；

（三）符合中资商业银行业务经营总体战略和发展规划，有利于提高总体业务竞争能力，能够根据业务发展实际情况持续开展业务成本计量、业务规模监测和基本盈亏平衡测算等工作。

第七十二条　中资商业银行申请开办信用卡收单业务除应当具备本办法第七十条规定的条件外，还应当符合下列条件：

（一）具备开办收单业务的良好业务基础，最近3年企业贷款业务规模和业务结构稳定，企业贷款业务客户规模和客户结构较为稳定，身份证件验证系统和征信系统连接和使用情况良好；

（二）具备办理收单业务的专业系统支持，在境内建有收单业务主机、特约商户申请管理系统、账户管理系统、收单交易监测和伪冒交易预警系统、交易授权系统等专业化运营基础设施，相关设施通过了必要的安全检测和业务测试，能够保障客户资料和业务数据的完整性和安全性；

（三）符合中资商业银行业务经营总体战略和发展规划，有利于提高业务竞争能力，能够根据业务发展实际情况持续开展业务成本计量、业务规模监测和基本盈亏平衡测算等工作。

第七十三条　国有商业银行、邮政储蓄银行、股份制商业银行申请开办信用卡业务，由银保监会受理、审查并决定。银保监会自受理之日起3个月内作出批准或不批准的书面决定。

城市商业银行申请开办信用卡业务，由所在地省级派出机构受理、审查并决定。所在地省级派出机构自受理之日起3个月内作出批准或不批准的书面决定。

第五节　开办离岸银行业务

第七十四条　中资商业银行申请开办离岸银行业务或增加业务品种，应当符合以下条件：

（一）主要审慎监管指标符合监管要求；

（二）风险管理和内控制度健全有效；

（三）达到规定的外汇资产规模，且外汇业务经营业绩良好；

（四）外汇从业人员符合开展离岸银行业务要求，且在以往经营活动中无不良记录，其中主管人员应当从事外汇业务5年以上，其他从业人员中至少50%应当从事外汇业务3年以上；

（五）有符合离岸银行业务开展要求的场所和设施；

（六）最近3年无严重违法违规行为和因内部管理问题导致的重大案件；

（七）银保监会规章规定的其他审慎性条件。

第七十五条　国有商业银行、邮政储蓄银行、股份制商业银行申请开办离岸银行业务或增加业务品种，由银保监会受理、审查并决定。银保监会自受理之日起3个月内作出批准或不批准的书面决定。

城市商业银行申请开办离岸银行业务或增加业务品种，由所在地省级派出机构受理、审查并决定。所在地省级派出机构自受理之日起3个月内作出批准或不批准的书面决定。

第六节　申请开办其他业务

第七十六条　国有商业银行、邮政储蓄银行、股份制商业银行申请开办现行法规明确规定的其他业务和品种的，由银保监会受理、审查并决定。银保监会自受理之日起3个月内作出批准或不批准的书面决定。

城市商业银行申请开办现行法规明确规定的其他业务和品种的，由机构所在地地市级派出机构或所在城市省级派出机构受理，省级派出机构审查并决定。省级派出机构自受理之日起3个月内作出批准或不批准的书面决定。

第七十七条　中资商业银行申请开办现行法规未明确规定的业务和品种的，应当符合以下条件：

（一）公司治理良好，具备与业务发展相适应的组织机构和规章制度，内部制度、风险管理和问责机制健全有效；

（二）与现行法律法规不相冲突；

（三）主要审慎监管指标符合监管要求；

（四）符合本行战略发展定位与方向；

（五）经董事会同意并出具书面意见；

（六）具备开展业务必需的技术人员和管理人员，并全面实施分级授权管理；

（七）具备与业务经营相适应的营业场所和相关设施；

（八）具有开展该项业务的必要、安全且合规的信息科技系统，具备保障信息科技系统有效安全运行的技术与措施；

（九）最近3年无严重违法违规行为和因内部管理问题导致的重大案件；

（十）银保监会规章规定的其他审慎性条件。

国有商业银行、邮政储蓄银行、股份制商业银行申请开办本条所述业务和品种的，由银保监会受理、审查并决定。银保监会自受理之日起3个月内作出批准或不批准的书面决定。

城市商业银行申请开办本条所述业务和品种的，由机构所在地省级派出机构受理、审查并决定。省级派出机构自受理之日起3个月内作出批准或不批准的书面决定。

第六章　董事和高级管理人员任职资格许可

第一节　任职资格条件

第七十八条　中资商业银行董事长、副董事长、独立董事、其他董事会成员以及董事会秘书，须经任职资格许可。

中资商业银行行长、副行长、行长助理、风险总监、合规总监、总审计师、总会计师、首席信息官以及同职级高级管理人员，分行行长、副行长、行长助理，分行级专营机构总经理、副总经理、总经理助理等高级管理人员，须经任职资格许可。

中资商业银行从境内聘请的中资商业银行境外机构董事长、副董事长、行长（总经理）、副行长（副总经理）、首席代表，须经任职资格许可。

其他虽未担任上述职务，但实际履行本条前三款所列董事和高级管理人员职责的人员，总行及分支机构管理层中对该机构经营管理、风险控制有决策权或重要影响力的人员，须经任职资格许可。

中资商业银行内审部门、财务部门负责人，支行行长、专营机构分支机构负责人等其他管理人员应符合相关拟任人任职资格条件。

持牌营业部总经理（负责人）的任职资格条件和程序按照同级机构负责人相关条件和程序执行。

第七十九条　申请中资商业银行董事和高级管理人员任职资格，拟任人应当符合以下基本条件：

（一）具有完全民事行为能力；

（二）具有良好的守法合规记录；

（三）具有良好的品行、声誉；

（四）具有担任拟任职务所需的相关知识、经验及能力；

（五）具有良好的经济、金融从业记录；

（六）个人及家庭财务稳健；

（七）具有担任拟任职务所需的独立性；

（八）履行对金融机构的忠实与勤勉义务。

第八十条　拟任人有下列情形之一的，视为不符合本办

法第七十九条第(二)项、第(三)项、第(五)项规定的条件,不得担任中资商业银行董事和高级管理人员:

(一)有故意或重大过失犯罪记录的;

(二)有违反社会公德的不良行为,造成恶劣影响的;

(三)对曾任职机构违法违规经营活动或重大损失负有个人责任或直接领导责任,情节严重的;

(四)担任或曾任被接管、撤销、宣告破产或吊销营业执照的机构的董事或高级管理人员的,但能够证明本人对曾任职机构被接管、撤销、宣告破产或吊销营业执照不负有个人责任的除外;

(五)因违反职业道德、操守或者工作严重失职,造成重大损失或恶劣影响的;

(六)指使、参与所任职机构不配合依法监管或案件查处的;

(七)被取消终身的董事和高级管理人员任职资格,或受到监管机构或其他金融管理部门处罚累计达到2次以上的;

(八)不具备本办法规定的任职资格条件,采取不正当手段以获得任职资格核准的。

第八十一条　拟任人有下列情形之一的,视为不符合本办法第七十九条第(六)项、第(七)项规定的条件,不得担任中资商业银行董事和高级管理人员:

(一)截至申请任职资格时,本人或其配偶仍有数额较大的逾期债务未能偿还,包括但不限于在该金融机构的逾期贷款;

(二)本人及其近亲属合并持有该金融机构5%以上股份,且从该金融机构获得的授信总额明显超过其持有的该金融机构股权净值;

(三)本人及其所控股的股东单位合并持有该金融机构5%以上股份,且从该金融机构获得的授信总额明显超过其持有的该金融机构股权净值;

(四)本人或其配偶在持有该金融机构5%以上股份的股东单位任职,且该股东单位从该金融机构获得的授信总额明显超过其持有的该金融机构股权净值,但能够证明授信与本人及其配偶没有关系的除外;

(五)存在其他所任职务与其在该金融机构拟任、现任职务有明显利益冲突,或明显分散其在该金融机构履职时间和精力的情形。

第八十二条　申请中资商业银行董事任职资格,拟任人除应当符合本办法第七十九条规定条件外,还应当具备以下条件:

(一)5年以上的法律、经济、金融、财务或其他有利于履行董事职责的工作经历;

(二)能够运用金融机构的财务报表和统计报表判断金融机构的经营管理和风险状况;

(三)了解拟任职机构的公司治理结构、公司章程和董事会职责。

申请中资商业银行独立董事任职资格,拟任人还应当是法律、经济、金融或财会方面的专家,并符合相关法规规定。

第八十三条　除不得存在第八十条、第八十一条所列情形外,中资商业银行拟任独立董事还不得存在下列情形:

(一)本人及其近亲属合并持有该金融机构1%以上股份或股权;

(二)本人或其近亲属在持有该金融机构1%以上股份或股权的股东单位任职;

(三)本人或其近亲属在该金融机构、该金融机构控股或者实际控制的机构任职;

(四)本人或其近亲属在不能按期偿还该金融机构贷款的机构任职;

(五)本人或其近亲属任职的机构与本人拟任职金融机构之间存在因法律、会计、审计、管理咨询、担保合作等方面的业务联系或债权债务等方面的利益关系,以致妨碍其履职独立性的情形;

(六)本人或其近亲属可能被拟任职金融机构大股东、高管层控制或施加重大影响,以致妨碍其履职独立性的其他情形。

第八十四条　申请中资商业银行董事长、副董事长和董事会秘书任职资格,拟任人除应当符合第七十九条、第八十二条规定条件外,还应当分别符合以下条件:

(一)拟任国有商业银行、邮政储蓄银行、股份制商业银行董事长、副董事长,应当具有本科以上学历,从事金融工作8年以上,或从事相关经济工作12年以上(其中从事金融工作5年以上)。拟任城市商业银行董事长、副董事长,应当具有本科以上学历,从事金融工作6年以上,或从事相关经济工作10年以上(其中从事金融工作3年以上);

(二)拟任国有商业银行、邮政储蓄银行、股份制商业银行董事会秘书的,应当具备本科以上学历,从事金融工作6年以上,或从事相关经济工作10年以上(其中从事金融工作3年以上)。拟任城市商业银行董事会秘书的,应当具备本科以上学历,从事金融工作4年以上,或从事相关经济工作8年以上(其中从事金融工作2年以上);

(三)拟任中资商业银行境外机构董事长、副董事长,应当具备本科以上学历,从事金融工作6年以上,或从事相关经济工作10年以上(其中从事金融工作3年以上),且能较熟练地运用1门与所任职务相适应的外语。

第八十五条 申请中资商业银行各类高级管理人员任职资格，拟任人应当了解拟任职务的职责，熟悉拟任职机构的管理框架、盈利模式，熟知拟任职机构的内控制度，具备与拟任职务相适应的风险管理能力。

第八十六条 申请中资商业银行法人机构高级管理人员任职资格，拟任人除应当符合第七十九条、第八十五条规定的条件外，还应当符合以下条件：

（一）拟任国有商业银行、邮政储蓄银行、股份制商业银行行长、副行长的，应当具备本科以上学历，从事金融工作 8 年以上，或从事相关经济工作 12 年以上（其中从事金融工作 4 年以上）；

（二）拟任城市商业银行行长、副行长的，应当具备本科以上学历，从事金融工作 6 年以上，或从事相关经济工作 10 年以上（其中从事金融工作 3 年以上）；

（三）拟任国有商业银行、邮政储蓄银行、股份制商业银行行长助理（总经理助理）的，应当具备本科以上学历，从事金融工作 6 年以上，或从事相关经济工作 10 年以上（其中从事金融工作 3 年以上）；拟任城市商业银行行长助理的，应当具备本科以上学历，从事金融工作 4 年以上，或从事相关经济工作 8 年以上（其中从事金融工作 2 年以上）；

（四）拟任中资商业银行境外机构行长（总经理）、副行长（副总经理）、代表处首席代表的，应当具备本科以上学历，从事金融工作 6 年以上，或从事相关经济工作 10 年以上（其中从事金融工作 3 年以上），且能较熟练地运用 1 门与所任职务相适应的外语；

（五）拟任风险总监的，应当具备本科以上学历，并从事信贷或风险管理相关工作 6 年以上；

（六）拟任合规总监的，应当具备本科以上学历，并从事相关经济工作 6 年以上（其中从事金融工作 2 年以上）；

（七）拟任总审计师或内审部门负责人的，应当具备本科以上学历，取得国家或国际认可的审计专业技术高级职称（或通过国家或国际认可的会计、审计专业技术资格考试），并从事财务、会计或审计工作 6 年以上（其中从事金融工作 2 年以上）。其中，拟任内审部门负责人没有取得国家或国际认可的审计专业技术高级职称（或通过国家或国际认可的会计、审计专业技术资格考试）的，应当从事财务、会计或审计工作 7 年以上（其中从事金融工作 5 年以上）；

（八）拟任总会计师或财务部门负责人的，应当具备本科以上学历，取得国家或国际认可的会计专业技术高级职称（或通过国家或国际认可的会计专业技术资格考试），并从事财务、会计或审计工作 6 年以上（其中从事金融工作 2 年以上）。其中，拟任财务部门负责人没有取得国家或国际认可的会计专业技术高级职称（或通过国家或国际认可的会计专业技术资格考试）的，应当从事财务、会计或审计工作 7 年以上（其中从事金融工作 5 年以上）；

（九）拟任首席信息官的，应当具备本科以上学历，并从事信息科技工作 6 年以上（其中任信息科技高级管理职务 4 年以上并从事金融工作 2 年以上）。

实际履行前述高级管理职务的人员，应当分别符合相应条件。

第八十七条 申请中资商业银行分支机构高级管理人员任职资格，拟任人除应当符合第七十九条、第八十五条规定的条件外，还应当符合以下条件：

（一）拟任国有商业银行、邮政储蓄银行一级分行（直属分行）行长、副行长、行长助理，分行级专营机构总经理、副总经理、总经理助理的，应当具备本科以上学历，从事金融工作 6 年以上或从事经济工作 10 年以上（其中从事金融工作 3 年以上）；

（二）拟任国有商业银行、邮政储蓄银行二级分行行长、副行长、行长助理的，应当具备大专以上学历，从事金融工作 5 年以上或从事经济工作 9 年以上（其中从事金融工作 2 年以上）；

（三）拟任股份制商业银行分行（异地直属支行）行长、副行长、行长助理，分行级专营机构总经理、副总经理、总经理助理的，应当具备本科以上学历，从事金融工作 5 年以上或从事经济工作 9 年以上（其中从事金融工作 2 年以上）；

（四）拟任城市商业银行分行行长、副行长、行长助理，分行级专营机构总经理、副总经理、总经理助理的，应当具备本科以上学历，从事金融工作 4 年以上或从事经济工作 8 年以上（其中从事金融工作 2 年以上）；

（五）拟任中资商业银行支行行长或专营机构分支机构负责人的，应当具备大专以上学历，从事金融工作 4 年以上或从事经济工作 8 年以上（其中从事金融工作 2 年以上）。

第八十八条 拟任人未达到上述学历要求，但取得国家教育行政主管部门认可院校授予的学士以上学位的，视同达到相应学历要求。

第八十九条 拟任人未达到上述学历要求，但取得注册会计师、注册审计师或与拟任职务相关的高级专业技术职务资格的，视同达到相应学历要求，其任职条件中金融工作年限要求应当增加 4 年。

第二节 任职资格许可程序

第九十条 国有商业银行、邮政储蓄银行、股份制商业银行法人机构董事和高级管理人员的任职资格申请，由法人机构向银保监会提交，由银保监会受理、审查并决定。银保监会自受理之日起30日内作出核准或不予核准的书面决定。

第九十一条 国有商业银行、邮政储蓄银行、股份制商业银行一级分行（直属分行）、分行级专营机构高级管理人员的任职资格申请，由拟任人的上级任免机构向拟任职机构所在地省级派出机构提交，由省级派出机构受理、审查并决定。省级派出机构自受理之日起30日内作出核准或不予核准的书面决定。

第九十二条 国有商业银行、邮政储蓄银行、股份制商业银行二级分行高级管理人员的任职资格申请，由拟任人的上级任免机构向拟任职机构所在地地市级派出机构提交，由地市级派出机构受理、审查并决定。地市级派出机构自受理之日起30日内作出核准或不予核准的书面决定。

本条第一款拟任职机构所在地未设地市级派出机构的，由拟任人的上级任免机构向拟任职机构所在地省级派出机构提交任职资格申请。由省级派出机构受理、审查并决定。

第九十三条 城市商业银行法人机构、分行、分行级专营机构董事和高级管理人员任职资格申请，由法人机构向拟任职机构所在地地市级派出机构或所在城市省级派出机构提交，由其受理并初步审查，省级派出机构审查并决定。省级派出机构自受理之日起30日内作出核准或不予核准的书面决定。

第九十四条 国有商业银行、邮政储蓄银行、股份制商业银行内审部门、财务部门负责人应在任职后5日内向银保监会报告。城市商业银行内审部门、财务部门负责人应在任职后5日内向任职机构所在地地市级派出机构或所在城市省级派出机构报告。

中资商业银行支行行长、专营机构分支机构负责人等其他管理人员应在任职后5日内向任职机构所在地地市级派出机构或所在城市省级派出机构报告。

任职人员不符合任职资格条件的，监管机构可以责令中资商业银行限期调整该任职人员。

第九十五条 国有商业银行、邮政储蓄银行、股份制商业银行从境内聘请的中资商业银行境外机构董事长、副董事长、行长（总经理）、副行长（副总经理）的任职资格申请，由法人机构向银保监会提交，银保监会受理、审查并决定。银保监会自受理之日起30日内作出核准或不予核准的书面决定。

城市商业银行从境内聘请的中资商业银行境外机构董事长、副董事长、行长（总经理）、副行长（副总经理）的任职资格申请，由法人机构向其所在地省级派出机构提交，省级派出机构受理、审查并决定。所在地省级派出机构自受理之日起30日内作出核准或不予核准的书面决定。

第九十六条 拟任人曾任金融机构董事长或高级管理人员的，申请人在提交任职资格申请材料时，还应当提交该拟任人履职情况的审计报告。

第九十七条 具有高管任职资格且未连续中断任职1年以上的拟任人在同质同类银行间平级调动职务（平级兼任）或改任（兼任）较低职务的，不需重新申请核准任职资格。拟任人应当在任职后5日内向银保监会或任职机构所在地银保监会派出机构备案。

第九十八条 中资商业银行董事长、行长、分行行长、分行级专营机构总经理，中资商业银行从境内聘请的中资商业银行境外机构董事长、行长（总经理）、代表处首席代表的任职资格未获核准前，中资商业银行应当指定符合相应任职资格条件的人员代为履职，并自指定之日起3日内向负责任职资格审核的机关报告。代为履职的人员不符合任职资格条件的，监管机构可以责令中资商业银行限期调整代为履职的人员。

代为履职的时间不得超过6个月。中资商业银行应当在6个月内选聘具有任职资格的人员正式任职。

第七章 附 则

第九十九条 机构变更许可事项，中资商业银行应当自作出行政许可决定之日起6个月内完成变更并向决定机关和当地银保监会派出机构报告。董事和高级管理人员任职资格许可事项，拟任人应当自作出行政许可决定之日起3个月内到任并向决定机关和当地银保监会派出机构报告。

未在前款规定期限内完成变更或到任的，行政许可决定文件失效，由决定机关办理行政许可注销手续。

第一百条 中资商业银行机构设立、变更和终止事项，涉及工商、税务登记变更等法定程序的，应当在完成相关变更手续后1个月内向银保监会或其派出机构报告。

第一百零一条 政策性银行的机构许可、董事和高级管理人员任职资格许可的条件和程序，参照本办法国有商业银行有关规定执行。

第一百零二条 中资商业银行从境外聘请的中资商业银行境外机构董事长、副董事长及其他高级管理人员不纳入本办法管理，中资商业银行依照属地监管国家（地区）有关法律法规做好相关工作，人员任职后应当在5日内向银保监会报告。

第一百零三条 本办法所称一级分行是指在商业银行法人机构的直接授权下开展工作，在机构管理、业务管理、人员管理等日常经营管理中直接或主要接受法人机构指导或管辖并对其负责的分行；二级分行是指不直接接受商业银行法人机构指导或授权开展工作，在机构管理、业务管理、人员管理等日常经营管理中直接或主要接受上级分行的指导或管辖并对其负责的分行。

第一百零四条　中资商业银行发起人和股东除应符合本办法对于投资入股的相关规定外，还应符合银保监会关于持股比例的规定。境内外银行投资入股中资商业银行的持股比例不受限制。

第一百零五条　本办法中的“日”均为工作日，本办法中“以上”均含本数或本级。

第一百零六条　本办法由银保监会负责解释。

第一百零七条　本办法自公布之日起施行。

商业银行股权托管办法

2019年7月12日中国银行保险监督管理委员会令2019年第2号公布施行

第一章　总　　则

第一条　为规范商业银行股权托管，加强股权管理，提高股权透明度，根据《中华人民共和国银行业监督管理法》《中华人民共和国商业银行法》，制定本办法。

第二条　中华人民共和国境内依法设立的商业银行进行股权托管，适用本办法。法律法规对商业银行股权托管另有规定的，从其规定。

第三条　本办法所称股权托管是指商业银行与托管机构签订服务协议，委托其管理商业银行股东名册，记载股权信息，以及代为处理相关股权管理事务。

第四条　股票在证券交易所或国务院批准的其他证券交易场所上市交易，或在全国中小企业股份转让系统挂牌的商业银行，按照法律、行政法规规定股权需集中存管到法定证券登记结算机构的，股权托管工作按照相应的规定进行；其他商业银行应选择符合本办法规定条件的托管机构托管其股权，银保监会另有规定的除外。

第五条　托管机构应当按照与商业银行签订的服务协议，为商业银行提供安全高效的股权托管服务，向银保监会及其派出机构报送商业银行股权信息。

第六条　银保监会及其派出机构依法对商业银行的股权托管活动进行监督管理。

第二章　商业银行股权的托管

第七条　商业银行应委托依法设立的证券登记结算机构、符合下列条件的区域性股权市场运营机构或其他股权托管机构管理其股权事务：

（一）在中国境内依法设立的企业法人，拥有不少于两年的登记托管业务经验（区域性股权市场运营机构除外）；

（二）具有提供股权托管服务所必须的场所和设施，具有便捷的服务网点或者符合安全要求的线上服务能力；

（三）具有熟悉商业银行股权管理法律法规以及相关监管规定的管理人员；

（四）具有健全的业务管理制度、风险防范措施和保密管理制度；

（五）具有完善的信息系统，能够保证股权信息在传输、处理、存储过程中的安全性，具有灾备能力；

（六）具备向银保监会及其派出机构报送信息和相关资料的条件与能力；

（七）能够妥善保管业务资料，原始凭证及有关文件和资料的保存期限不得少于二十年；

（八）与商业银行股权托管业务有关的业务规则、主要收费项目和收费标准公开、透明、公允；

（九）最近两年无严重违法违规行为或发生重大负面案件；

（十）银保监会认为应当具备的其他条件。

第八条　商业银行选择的股权托管机构应具备完善的信息系统，信息系统应符合以下要求：

（一）能够完整支持托管机构按照本办法规定提供各项股权托管服务，系统服务能力应能满足银行股权托管业务的实际需要；

（二）股权托管业务使用的服务器和存储设备应自主维护、管理；

（三）系统安全稳定运行，未出现重大故障且未发现重大安全隐患；

（四）业务连续性应能满足银行股权管理的连续性要求，具有能够全面接管业务并能独立运行的灾备系统；

（五）能够保留完整的系统操作记录和业务历史信息，并配合银保监会及其派出机构的检查；

（六）能够支持按照本办法的要求和银保监会制定的数据标准报送银行股权托管信息。

第九条　商业银行选择的托管机构应对处理商业银行股权事务过程中所获取的数据和资料予以保密。

第十条　商业银行应当与托管机构签订服务协议，明确双方的权利义务。服务协议应当至少包括以下内容：

（一）商业银行应向托管机构完整、及时、准确地提供股东名册、股东信息以及股权变动、质押、冻结等情况和相关资料；

（二）托管机构承诺勤勉尽责地管理股东名册，记载股权的变动、质押、冻结等状态，采取措施保障数据记载准确无误，并按照约定向商业银行及时反馈；

（三）托管机构承诺对在办理托管事务过程中所获取的商业银行股权信息予以保密，服务协议终止后仍履行保密义务；

（四）商业银行与托管机构应约定股权事务办理流程，明确双方职责；

（五）托管机构承诺按照监管要求向银保监会报送相关信息；

（六）商业银行股权变更按照规定需要经银保监会或其派出机构审批而未提供相应批准文件的，托管机构应拒绝办理业务，并及时向银保监会或其派出机构报告；

（七）有下列情形之一的，托管机构应向银保监会或其派出机构报告：

1. 托管机构发现商业银行股权活动违法违规的；

2. 托管机构发现商业银行股东不符合资质的；

3. 因商业银行原因造成托管机构无法履行托管职责的；

4. 银保监会要求报告的其他情况。

（八）如托管机构不符合本办法规定的相关要求，或因自身不当行为被银保监会或其派出机构责令更换或列入黑名单，商业银行解除服务协议的，相应的责任由托管机构承担。

商业银行在本办法发布前已与托管机构签订服务协议，且服务协议不符合本办法要求的，需与托管机构签订补充协议，并将上述要求体现于补充协议中。

第十一条　商业银行应当自与托管机构签订服务协议之日起五个工作日内向银保监会或其派出机构报告。报告材料应包括与托管机构签订的服务协议以及托管机构符合本办法第七条、第八条所规定资质条件的说明性文件等。

商业银行与托管机构重新签订、修改或者补充服务协议的，需重新向银保监会或其派出机构报告。

第十二条　商业银行应当在签订服务协议后，向托管机构及时提交股东名册及其他相关资料。商业银行选择的托管机构，应能够按照服务协议和本办法的要求办理商业银行股东名册的初始登记。

第十三条　商业银行选择的托管机构，应能在商业银行股权发生变更时，按照服务协议和本办法的要求办理商业银行股东名册的变更登记。商业银行股权被质押、锁定、冻结的，托管机构应当在股东名册上加以标记。

商业银行选择的托管机构，在办理商业银行股权质押登记时，应符合工商管理部门的相关要求。

第十四条　商业银行可以委托托管机构代为处理以下股权管理事务：

（一）为商业银行及商业银行股东提供股权信息的查询服务；

（二）办理股权凭证的发放、挂失、补办，出具股权证明文件等；

（三）商业银行的权益分派等；

（四）其他符合法律法规要求的股权事务。

第十五条　有下列情形之一的，商业银行应及时更换托管机构：

（一）因在合法交易场所上市或挂牌，按照法律法规规定必须到其他机构登记存管股权的；

（二）托管机构法人主体资格消亡，或者发生合并重组，且新的主体不符合本办法规定的资质条件的；

（三）托管机构违反服务协议，对商业银行和商业银行股东的利益造成损害的；

（四）托管机构被银保监会列入黑名单的；

（五）银保监会或其派出机构认为应更换托管机构的其他情形。

发生前款规定情形的，托管机构应当妥善保管商业银行股权信息，并根据商业银行要求向更换后的托管机构移交相关信息及资料。

第三章　监督管理

第十六条　商业银行有下列情形之一的，银保监会或其派出机构应当责令限期改正；逾期未改正的，银保监会或其派出机构可以区别情形，按照《中华人民共和国银行业监督管理法》第三十七条的规定采取相应的监管措施；情节严重的，可根据《中华人民共和国银行业监督管理法》第四十六条、第四十八条的规定实施行政处罚：

（一）未按照本办法要求进行股权托管的；

（二）向托管机构提供虚假信息的；

（三）股权变更按照规定应当经银保监会或其派出机构审批，未经批准仍向托管机构报送股权变更信息的；

（四）不履行服务协议规定，造成托管机构无法正常履行协议的；

（五）银保监会责令更换托管机构，拒不执行的；

（六）其他违反股权托管相关监管要求的。

第十七条　托管机构有下列情形之一的，银保监会或其派出机构可责令商业银行更换托管机构：

（一）不符合本办法第七条、第八条规定的资质条件；

（二）服务协议不符合本办法第十条规定和其他

监管要求；

（三）股权变更按照规定应当经银保监会或其派出机构审批，未见批复材料仍为商业银行或商业银行股东办理股权变更；

（四）办理商业银行股权信息登记时未尽合理的审查义务，致使商业银行股权信息登记发生重大漏报、瞒报和错报；

（五）未妥善履行保密义务，造成商业银行股权信息泄露；

（六）未按照本办法和服务协议要求向银保监会或其派出机构提供信息或报告；

（七）银保监会或其派出机构认为应更换托管机构的其他情形。

第十八条　银保监会建立托管机构黑名单制度，通过全国信用信息共享平台与相关部门或政府机构共享信息。

第四章　附　　则

第十九条　在中华人民共和国境内依法设立的其他银行业金融机构，参照适用本办法。银保监会另有规定的，从其规定。

第二十条　本办法由银保监会负责解释。

第二十一条　本办法自公布之日起施行。

商业银行股权管理暂行办法

2018年1月5日中国银行业监督管理委员会令2018年第1号公布施行

第一章　总　　则

第一条　为加强商业银行股权管理，规范商业银行股东行为，保护商业银行、存款人和其他客户的合法权益，维护股东的合法利益，促进商业银行持续健康发展，根据《中华人民共和国公司法》《中华人民共和国银行业监督管理法》《中华人民共和国商业银行法》等法律法规，制定本办法。

第二条　本办法适用于中华人民共和国境内依法设立的商业银行。法律法规对外资银行变更股东或调整股东持股比例另有规定的，从其规定。

第三条　商业银行股权管理应当遵循分类管理、资质优良、关系清晰、权责明确、公开透明原则。

第四条　投资人及其关联方、一致行动人单独或合计拟首次持有或累计增持商业银行资本总额或股份总额百分之五以上的，应当事先报银监会或其派出机构核准。对通过境内外证券市场拟持有商业银行股份总额百分之五以上的行政许可批复，有效期为六个月。审批的具体要求和程序按照银监会相关规定执行。

投资人及其关联方、一致行动人单独或合计持有商业银行资本总额或股份总额百分之一以上、百分之五以下的，应当在取得相应股权后十个工作日内向银监会或其派出机构报告。报告的具体要求和程序，由银监会另行规定。

第五条　商业银行股东应当具有良好的社会声誉、诚信记录、纳税记录和财务状况，符合法律法规规定和监管要求。

第六条　商业银行的股东及其控股股东、实际控制人、关联方、一致行动人、最终受益人等各方关系应当清晰透明。

股东与其关联方、一致行动人的持股比例合并计算。

第七条　商业银行股东应当遵守法律法规、监管规定和公司章程，依法行使股东权利，履行法定义务。

商业银行应当加强对股权事务的管理，完善公司治理结构。

银监会及其派出机构依法对商业银行股权进行监管，对商业银行及其股东等单位和人员的相关违法违规行为进行查处。

第八条　商业银行及其股东应当根据法律法规和监管要求，充分披露相关信息，接受社会监督。

第九条　商业银行、银监会及其派出机构应当加强对商业银行主要股东的管理。

商业银行主要股东是指持有或控制商业银行百分之五以上股份或表决权，或持有资本总额或股份总额不足百分之五但对商业银行经营管理有重大影响的股东。

前款中的“重大影响”，包括但不限于向商业银行派驻董事、监事或高级管理人员，通过协议或其他方式影响商业银行的财务和经营管理决策以及银监会或其派出机构认定的其他情形。

第二章　股 东 责 任

第十条　商业银行股东应当严格按照法律法规和银监会规定履行出资义务。

商业银行股东应当使用自有资金入股商业银行，且确保资金来源合法，不得以委托资金、债务资金等非自有资金入股，法律法规另有规定的除外。

第十一条　主要股东入股商业银行时，应当书面承诺遵守法律法规、监管规定和公司章程，并就入股商业银行的目的作出说明。

第十二条　商业银行股东不得委托他人或接受他人委托持有商业银行股权。

商业银行主要股东应当逐层说明其股权结构直至实际控制人、最终受益人,以及其与其他股东的关联关系或者一致行动关系。

第十三条　商业银行股东转让所持有的商业银行股权,应当告知受让方需符合法律法规和银监会规定的条件。

第十四条　同一投资人及其关联方、一致行动人作为主要股东参股商业银行的数量不得超过2家,或控股商业银行的数量不得超过1家。

根据国务院授权持有商业银行股权的投资主体、银行业金融机构,法律法规另有规定的主体入股商业银行,以及投资人经银监会批准并购重组高风险商业银行,不受本条前款规定限制。

第十五条　同一投资人及其关联方、一致行动人入股商业银行应当遵守银监会规定的持股比例要求。

第十六条　商业银行主要股东及其控股股东、实际控制人不得存在下列情形:

(一)被列为相关部门失信联合惩戒对象;

(二)存在严重逃废银行债务行为;

(三)提供虚假材料或者作不实声明;

(四)对商业银行经营失败或重大违法违规行为负有重大责任;

(五)拒绝或阻碍银监会或其派出机构依法实施监管;

(六)因违法违规行为被金融监管部门或政府有关部门查处,造成恶劣影响;

(七)其他可能对商业银行经营管理产生不利影响的情形。

第十七条　商业银行主要股东自取得股权之日起五年内不得转让所持有的股权。

经银监会或其派出机构批准采取风险处置措施、银监会或其派出机构责令转让、涉及司法强制执行或者在同一投资人控制的不同主体之间转让股权等特殊情形除外。

第十八条　商业银行主要股东应当严格按照法律法规、监管规定和公司章程行使出资人权利,履行出资人义务,不得滥用股东权利干预或利用其影响力干预董事会、高级管理层根据公司章程享有的决策权和管理权,不得越过董事会和高级管理层直接干预或利用影响力干预商业银行经营管理,进行利益输送,或以其他方式损害存款人、商业银行以及其他股东的合法权益。

第十九条　商业银行主要股东应当根据监管规定书面承诺在必要时向商业银行补充资本,并通过商业银行每年向银监会或其派出机构报告资本补充能力。

第二十条　商业银行主要股东应当建立有效的风险隔离机制,防止风险在股东、商业银行以及其他关联机构之间传染和转移。

第二十一条　商业银行主要股东应当对其与商业银行和其他关联机构之间董事会成员、监事会成员和高级管理人员的交叉任职进行有效管理,防范利益冲突。

第二十二条　商业银行股东应当遵守法律法规和银监会关于关联交易的相关规定,不得与商业银行进行不当的关联交易,不得利用其对商业银行经营管理的影响力获取不正当利益。

第二十三条　商业银行股东质押其持有的商业银行股权的,应当遵守法律法规和银监会关于商业银行股权质押的相关规定,不得损害其他股东和商业银行的利益。

第二十四条　商业银行发生重大风险事件或重大违法违规行为,被银监会或其派出机构采取风险处置或接管等措施的,股东应当积极配合银监会或其派出机构开展风险处置等工作。

第二十五条　金融产品可以持有上市商业银行股份,但单一投资人、发行人或管理人及其实际控制人、关联方、一致行动人控制的金融产品持有同一商业银行股份合计不得超过该商业银行股份总额的百分之五。

商业银行主要股东不得以发行、管理或通过其他手段控制的金融产品持有该商业银行股份。

第三章　商业银行职责

第二十六条　商业银行董事会应当勤勉尽责,并承担股权事务管理的最终责任。

商业银行董事长是处理商业银行股权事务的第一责任人。董事会秘书协助董事长工作,是处理股权事务的直接责任人。

董事长和董事会秘书应当忠实、诚信、勤勉地履行职责。履职未尽责的,依法承担法律责任。

第二十七条　商业银行应当建立和完善股权信息管理系统和股权管理制度,做好股权信息登记、关联交易管理和信息披露等工作。

商业银行应当加强与股东及投资者的沟通,并负责与股权事务相关的行政许可申请、股东信息和相关事项报告及资料报送等工作。

第二十八条　商业银行应当将关于股东管理的相关监管要求、股东的权利义务等写入公司章程,在公司章程中载明下列内容:

(一)股东应当遵守法律法规和监管规定;

(二)主要股东应当在必要时向商业银行补充资本;

(三)应经但未经监管部门批准或未向监管部门报告的股东,不得行使股东大会召开请求权、表决权、提名权、提案权、处分权等权利；

（四）对于存在虚假陈述、滥用股东权利或其他损害商业银行利益行为的股东，银监会或其派出机构可以限制或禁止商业银行与其开展关联交易，限制其持有商业银行股权的限额、股权质押比例等，并可限制其股东大会召开请求权、表决权、提名权、提案权、处分权等权利。

第二十九条　商业银行应当加强对股东资质的审查，对主要股东及其控股股东、实际控制人、关联方、一致行动人、最终受益人信息进行核实并掌握其变动情况，就股东对商业银行经营管理的影响进行判断，依法及时、准确、完整地报告或披露相关信息。

第三十条　商业银行董事会应当至少每年对主要股东资质情况、履行承诺事项情况、落实公司章程或协议条款情况以及遵守法律法规、监管规定情况进行评估，并及时将评估报告报送银监会或其派出机构。

第三十一条　商业银行应当建立股权托管制度，将股权在符合要求的托管机构进行集中托管。托管的具体要求由银监会另行规定。

第三十二条　商业银行应当加强关联交易管理，准确识别关联方，严格落实关联交易审批制度和信息披露制度，及时向银监会或其派出机构报告关联交易情况。

商业银行应当按照穿透原则将主要股东及其控股股东、实际控制人、关联方、一致行动人、最终受益人作为自身的关联方进行管理。

第三十三条　商业银行对主要股东或其控股股东、实际控制人、关联方、一致行动人、最终受益人等单个主体的授信余额不得超过商业银行资本净额的百分之十。商业银行对单个主要股东及其控股股东、实际控制人、关联方、一致行动人、最终受益人的合计授信余额不得超过商业银行资本净额的百分之十五。

前款中的授信，包括贷款（含贸易融资）、票据承兑和贴现、透支、债券投资、特定目的载体投资、开立信用证、保理、担保、贷款承诺，以及其他实质上由商业银行或商业银行发行的理财产品承担信用风险的业务。其中，商业银行应当按照穿透原则确认最终债务人。

商业银行的主要股东或其控股股东、实际控制人、关联方、一致行动人、最终受益人等为金融机构的，商业银行与其开展同业业务时，应当遵守法律法规和相关监管部门关于同业业务的相关规定。

第三十四条　商业银行与主要股东或其控股股东、实际控制人、关联方、一致行动人、最终受益人发生自用动产与不动产买卖或租赁；信贷资产买卖；抵债资产的接收和处置；信用增值、信用评估、资产评估、法律、信息、技术和基础设施等服务交易；委托或受托销售以及其他交易的，应当遵守法律法规和银监会有关规定，并按照商业原则进行，不应优于对非关联方同类交易条件，防止风险传染和利益输送。

第三十五条　商业银行应当加强对股权质押和解押的管理，在股东名册上记载质押相关信息，并及时协助股东向有关机构办理出质登记。

第四章　信息披露

第三十六条　商业银行主要股东应当及时、准确、完整地向商业银行报告以下信息：

（一）自身经营状况、财务信息、股权结构；

（二）入股商业银行的资金来源；

（三）控股股东、实际控制人、关联方、一致行动人、最终受益人及其变动情况；

（四）所持商业银行股权被采取诉讼保全措施或者被强制执行；

（五）所持商业银行股权被质押或者解押；

（六）名称变更；

（七）合并、分立；

（八）被采取责令停业整顿、指定托管、接管或撤销等监管措施，或者进入解散、破产、清算程序；

（九）其他可能影响股东资质条件变化或导致所持商业银行股权发生变化的情况。

第三十七条　商业银行应当通过半年报或年报在官方网站等渠道真实、准确、完整地披露商业银行股权信息，披露内容包括：

（一）报告期末股票、股东总数及报告期间股票变动情况；

（二）报告期末公司前十大股东持股情况；

（三）报告期末主要股东及其控股股东、实际控制人、关联方、一致行动人、最终受益人情况；

（四）报告期内与主要股东及其控股股东、实际控制人、关联方、一致行动人、最终受益人关联交易情况；

（五）主要股东出质银行股权情况；

（六）股东提名董事、监事情况；

（七）银监会规定的其他信息。

第三十八条　主要股东相关信息可能影响股东资质条件发生重大变化或导致所持商业银行股权发生重大变化的，商业银行应及时进行信息披露。

第三十九条　对于应当报请银监会或其派出机构批准但尚未获得批准的股权事项，商业银行在信息披露时应当作出说明。

第五章　监督管理

第四十条　银监会及其派出机构应当加强对商业银行股东的穿透监管，加强对主要股东及其控股股东、实际控制人、关联方、一致行动人及最终受益人的审查、识别和认定。商业银行主要股东及其控股股东、实际控制人、关联方、一致行动人及最终受益人，以银监会或其派出机构认定为准。

银监会及其派出机构有权采取下列措施，了解商业银行股东及其控股股东、实际控制人、关联方、一致行动人及最终受益人信息：

（一）要求股东逐层披露其股东、实际控制人、关联方、一致行动人及最终受益人；

（二）要求股东报送资产负债表、利润表和其他财务会计报告和统计报表、公司发展战略和经营管理材料以及注册会计师出具的审计报告；

（三）要求股东及相关人员对有关事项作出解释说明；

（四）询问股东及相关人员；

（五）实地走访或调查股东经营情况；

（六）银监会及其派出机构认为可以采取的其他监管措施。

对与涉嫌违法事项有关的商业银行股东及其控股股东、实际控制人、关联方、一致行动人及最终受益人，银监会及其派出机构有权依法查阅、复制有关财务会计、财产权登记等文件、资料；对可能被转移、隐匿、毁损或者伪造的文件、资料，予以先行登记保存。

第四十一条　银监会及其派出机构有权要求商业银行在公司章程中载明股东权利和义务，以及股东应当遵守和执行监管规定和监管要求的内容；有权要求商业银行或股东就其提供的有关资质条件、关联关系或入股资金等信息的真实性作出声明，并承诺承担因提供虚假信息或不实声明造成的后果。

第四十二条　银监会及其派出机构有权评估商业银行主要股东及其控股股东、实际控制人、关联方、一致行动人、最终受益人的经营活动，以判断其对商业银行和银行集团安全稳健运行的影响。

第四十三条　银监会及其派出机构有权根据商业银行与股东关联交易的风险状况，要求商业银行降低对一个或一个以上直至全部股东及其控股股东、实际控制人、关联方、一致行动人、最终受益人授信余额占其资本净额的比例，限制或禁止商业银行与一个或一个以上直至全部股东及其控股股东、实际控制人、关联方、一致行动人、最终受益人开展交易。

第四十四条　银监会及其派出机构根据审慎监管的需要，有权限制同一股东及其关联方、一致行动人入股商业银行的数量、持有商业银行股权的限额、股权质押比例等。

第四十五条　银监会及其派出机构应当建立股东动态监测机制，至少每年对商业银行主要股东的资质条件、执行公司章程情况和承诺情况、行使股东权利和义务、落实法律法规和监管规定情况进行评估。

银监会及其派出机构应当将评估工作纳入日常监管，并视情形采取限期整改等监管措施。

第四十六条　商业银行主要股东为金融机构的，银监会及其派出机构应当与该金融机构的监管机构建立有效的信息交流和共享机制。

第四十七条　商业银行在股权管理过程中存在下列情形之一的，银监会或其派出机构应当责令限期改正；逾期未改正，或者其行为严重危及该商业银行的稳健运行、损害存款人和其他客户合法权益的，经银监会或其省一级派出机构负责人批准，可以区别情形，按照《中华人民共和国银行业监督管理法》第三十七条规定，采取相应的监管措施：

（一）未按要求及时申请审批或报告的；

（二）提供虚假的或者隐瞒重要事实的报表、报告等文件、资料的；

（三）未按规定制定公司章程，明确股东权利义务的；

（四）未按规定进行股权托管的；

（五）未按规定进行信息披露的；

（六）未按规定开展关联交易的；

（七）未按规定进行股权质押管理的；

（八）拒绝或阻碍监管部门进行调查核实的；

（九）其他违反股权管理相关要求的。

第四十八条　商业银行股东或其控股股东、实际控制人、关联方、一致行动人、最终受益人等存在下列情形，造成商业银行违反审慎经营规则的，银监会或其派出机构根据《中华人民共和国银行业监督管理法》第三十七条规定，可以责令商业银行控股股东转让股权；限制商业银行股东参与经营管理的相关权利，包括股东大会召开请求权、表决权、提名权、提案权、处分权等：

（一）虚假出资、出资不实、抽逃出资或者变相抽逃出资的；

（二）违规使用委托资金、债务资金或其他非自有资金投资入股的；

（三）违规进行股权代持的；

（四）未按规定进行报告的；

（五）拒绝向商业银行、银监会或其派出机构提供文件材料或提供虚假文件材料、隐瞒重要信息以及迟延提供相关文件材料的；

（六）违反承诺或公司章程的；

（七）主要股东或其控股股东、实际控制人不符合本办法规定的监管要求的；

（八）违规开展关联交易的；

（九）违规进行股权质押的；

（十）拒绝或阻碍银监会或其派出机构进行调查核实的；

（十一）不配合银监会或其派出机构开展风险处置的；

（十二）其他滥用股东权利或不履行股东义务，损害商业银行、存款人或其他股东利益的。

第四十九条　商业银行未遵守本办法规定进行股权管理的，银监会或其派出机构可以调整该商业银行公司治理评价结果或监管评级。

商业银行董事会成员在履职过程中未就股权管理方面的违法违规行为提出异议的，最近一次履职评价不得评为称职。

第五十条　银监会及其派出机构建立商业银行股权管理和股东行为不良记录数据库，通过全国信用信息共享平台与相关部门或政府机构共享信息。

对于存在违法违规行为且拒不改正的股东，银监会及其派出机构可以单独或会同相关部门和单位予以联合惩戒，可通报、公开谴责、禁止其一定期限直至终身入股商业银行。

第六章　法 律 责 任

第五十一条　商业银行未按要求对股东及其控股股东、实际控制人、关联方、一致行动人、最终受益人信息进行审查、审核或披露的，由银监会或其派出机构按照《中华人民共和国银行业监督管理法》第四十六条、第四十八条的规定，责令改正，并处二十万元以上五十万元以下罚款；对负有责任的董事长、董事会秘书和其他相关责任人员给予警告，处五万元以上五十万元以下罚款。

第五十二条　商业银行存在本办法第四十七条规定的情形之一，情节较为严重的，由银监会或其派出机构按照《中华人民共和国银行业监督管理法》第四十六条、第四十七条、第四十八条规定，处二十万元以上五十万元以下罚款；情节特别严重或者逾期不改正的，可以责令停业整顿或者吊销其经营许可证。对负有责任的董事长、董事会秘书和其他相关责任人员给予警告，处五万元以上五十万元以下罚款，情节严重的，取消其董事和高管任职资格。

第五十三条　投资人未经批准持有商业银行资本总额或股份总额百分之五以上的，由银监会或其派出机构按照《中华人民共和国商业银行法》第七十九条规定，责令改正，有违法所得的，没收违法所得，违法所得五万元以上的，并处违法所得一倍以上五倍以下罚款；没有违法所得或违法所得不足五万元的，处五万元以上五十万元以下罚款。

第五十四条　商业银行股东或其控股股东、实际控制人、关联方、一致行动人、最终受益人等以隐瞒、欺骗等不正当手段获得批准持有商业银行资本总额或股份总额百分之五以上的，由银监会或其派出机构按照《中华人民共和国行政许可法》的规定，对相关行政许可予以撤销。

第七章　附　　则

第五十五条　本办法所称“以上”均含本数，“以下”“不足”不含本数。

第五十六条　本办法中下列用语的含义：

（一）控股股东，是指根据《中华人民共和国公司法》第二百一十六条规定，其出资额占有限责任公司资本总额百分之五十以上或者其持有的股份占股份有限公司股本总额百分之五十以上的股东；出资额或者持有股份的比例虽然不足百分之五十，但依其出资额或者持有的股份所享有的表决权已足以对股东会、股东大会的决议产生重大影响的股东。

（二）实际控制人，是指根据《中华人民共和国公司法》第二百一十六条规定，虽不是公司的股东，但通过投资关系、协议或者其他安排，能够实际支配公司行为的人。

（三）关联方，是指根据《企业会计准则第 36 号关联方披露》规定，一方控制、共同控制另一方或对另一方施加重大影响，以及两方或两方以上同受一方控制、共同控制或重大影响的。但国家控制的企业之间不仅因为同受国家控股而具有关联关系。

（四）一致行动，是指投资者通过协议、其他安排，与其他投资者共同扩大其所能够支配的一个公司股份表决权数量的行为或者事实。达成一致行动的相关投资者，为一致行动人。

（五）最终受益人，是指实际享有商业银行股权收益的人。

第五十七条　在中华人民共和国境内依法设立的农村合作银行、农村信用社、贷款公司、农村资金互助社、金融资产管理公司、信托公司、企业集团财务公司、金融租赁公司、汽车金融公司、货币经纪公司、消费金融公司以及经银监会批准设立的其他金融机构，参照适用本办法，银监会另有规定的从其规定。

第五十八条　本办法由银监会负责解释。

第五十九条　本办法自公布之日起施行。本办法施行前，银监会有关商业银行股权管理的规定与本办法不一致的，按照本办法执行。

中资商业银行专营机构监管指引

1. 2012年12月27日中国银行业监督管理委员会发布
2. 银监发〔2012〕59号

第一章 总 则

第一条 为加强中资商业银行专营机构及其分支机构监管,促进专营业务稳健发展,根据《中华人民共和国银行业监督管理法》、《中华人民共和国商业银行法》等法律法规,制定本指引。

第二条 本指引所称中资商业银行包括国有商业银行、股份制商业银行。

国有商业银行是指中国工商银行、中国农业银行、中国银行、中国建设银行和交通银行。

第三条 中国银监会及其派出机构依法对中资商业银行专营机构及其分支机构实施监管。

第二章 定义与分类

第四条 本指引所称专营机构是指中资商业银行针对本行某一特定领域业务所设立的、有别于传统分支行的机构,并同时具备以下特征:

(一)针对某一业务单元或服务对象设立;

(二)独立面向社会公众或交易对手开展经营活动;

(三)经总行授权,在人力资源管理、业务考核、经营资源调配、风险管理与内部控制等方面独立于本行经营部门或当地分支行。

专营机构及其分支机构开展经营活动,应当申领金融许可证,并在工商、税务等部门依法办理登记手续。

第五条 中资商业银行专营机构类型包括但不限于小企业金融服务中心、信用卡中心、票据中心、资金运营中心等。

第六条 专营机构只能从事特许的专营业务,不得经营其他业务。

第七条 小企业金融服务中心、信用卡中心可以按照专营业务特点及商业原则设立相应的分支机构,实行分级管理。其中,专营机构参照中资商业银行一级分行管理,其一级分中心参照二级分行管理,以下层级机构参照支行管理。

票据中心、资金运营中心以及其他类型的专营机构原则上不得向下设立分支机构。

专营机构及其分支机构原则上不得在该行未设立分支行的地区设立,但经银监会批准的除外。

第八条 中资商业银行应当遵循商业可持续原则,结合风险管理水平、内部控制能力、发展战略、专营业务发展状况等因素审慎决定专营机构的设立与市场退出,但实施市场退出时不得将其转变为分支行。

第三章 风险管理与内部控制

第九条 中资商业银行应就专营机构制定审慎可行的年度发展规划,并明确专营机构及其分支机构的设立模式、报告路径、风险管理模式、内部控制流程、数据信息管理方式、考核机制,界定其与本行其他部门、分支行的职责边界,建立内部沟通协调与信息共享机制。

第十条 中资商业银行应当建立科学的内部资金转移定价机制与有效的统计数据和信息科技管理架构,为分析、计量专营业务风险、成本、收益以及科学考核经营单位、业务单元等提供有效的技术支持。

第十一条 中资商业银行应当督促专营机构建立科学的考核、激励机制,建立并完善独立、有效的风险管理与内控体系,实现决策、执行、监督各环节的相互分离。中资商业银行对专营机构风险管理与内控体系的健全性和有效性承担最终责任。

第十二条 专营机构的风险管理与内部控制应纳入全行统一的管控体系。总行各有关职能部门应当及时主动地获得专营机构的经营信息与管理信息,并实施全面的监督与评价。

第十三条 专营机构应建立健全合规及风险管理体系,在内部设立内控合规和风险管理部门或专岗。

专营机构合规及风险管理人员有权向总行合规部门、风险管理部门直接报告。

第十四条 专营机构应当根据各分支机构的经营管理水平、风险管理能力、所在地区经济和业务发展需要,进行合理、适当的授权,以适应专营业务发展的需要。

第十五条 专营机构及其分支机构应当遵循法人统一经营理念,与本行当地分支行建立良好的协作关系,增强信息交流与沟通,共同提高风险防范能力,共同为客户提供方便、快捷的金融服务。专营机构与本行其他分支行均应遵循"首诉负责制",妥善处理客户的各类投诉,处置各类风险。

第十六条 专营机构及其分支机构开展专营业务,应当严格执行银监会《流动资金贷款管理暂行办法》、《个人贷款管理暂行办法》、《固定资产贷款管理暂行办法》、《项目融资业务指引》、《商业银行信用卡业务监督管理办法》以及相关法规规章,有效防范市场风险、信用风险、操作风险、声誉风险等各类风险。

第十七条 专营机构的分支机构与本行的分支行之间可以根据实际需要建立主报告行制度,通过主报告行或直接向监管部门报告本机构的经营管理与内部控制情况，了解监管政策与信息。

第四章　监 督 管 理

第十八条　监管部门应当督促中资商业银行建立健全专营机构风险管理、内部控制制度，建立科学的激励约束机制、内部资金转移定价机制与有效的信息管理架构，确保专营业务的稳健发展。

第十九条　专营机构监管纳入法人监管总体框架。银监会或者法人机构属地银监局负责专营机构的整体监管。

专营机构注册地银监局负责专营机构注册于本地后的日常持续监管，及时向银监会、法人机构属地银监局报告专营机构的经营管理与风险状况，针对重大问题提出监管建议。

异地银监局负责专营机构分支机构的日常持续监管，并按照联动监管的有关要求，配合专营机构注册地银监局履行监管职能。

第二十条　监管部门应对商业银行设立专营机构及其分支机构的年度发展规划进行可行性评估，并依据有关行政许可规定，对专营机构及其分支机构的筹建、开业、变更、撤销以及高级管理人员任职资格等事项，根据专营机构及其分支机构的层级，履行必要的行政许可程序。

监管部门在实施机构准入许可过程中，若专营机构不涉及办理现金等柜面业务，不要求必须通过公安部门的安全防护验收。

第二十一条　监管部门应当加强非现场监管，完善非现场监管指标体系，及时收集、审查和分析专营机构及其分支机构的各类报告、统计报表及其他非现场监管信息，定期对专营机构及其分支机构进行风险监测与预警，加强案件防控监督，强化对专营机构及其分支机构专业性与业务经营的监测分析，及时引导专营机构及其分支机构依法合规经营和提高运营效率。

第二十二条　监管部门应针对专营机构及其分支机构日常监管所发现的问题，及时开展现场检查，明确相关检查内容和要求；充分考虑专营机构及其分支机构的机构定位和业务特点，定期开展专项检查。

针对现场检查中发现的问题，及时采取监管措施，提出整改意见并监督落实；按照有关规定，针对检查发现的违法违规行为，对专营机构及其分支机构、相关负责人采取行政处罚等措施。

第二十三条　监管部门应当结合非现场监管和现场检查情况，加强对专营机构及其分支机构的运营评估，并将评估结果作为专营机构及其分支机构监管评级、机构准入、业务准入、高管人员履职评价的重要依据。

第二十四条　专营机构及其分支机构出现下列情形之一的，应由银监会或派出机构依据相关法律、行政法规和规章采取相应的监管措施：

（一）未经批准设立、变更、撤销专营机构及其分支机构的；

（二）未经任职资格审查任命高级管理人员的；

（三）违反规定从事非专营业务的；

（四）因内部控制和风险管理薄弱而造成重大风险的；

（五）拒绝或阻碍监管部门依法开展监管工作的；

（六）违反其他审慎性监管要求的。

第五章　附　　则

第二十五条　本指引施行前，各中资商业银行已经设立但未申领金融许可证的专营机构或分支机构应当按本指引进行规范。符合本指引规定的按要求申领金融许可证，纳入专营机构监管序列；不符合规定的应在本指引公布一年内予以撤销或纳入该行当地分支行统一管理。

第二十六条　除另有规定外，中资商业银行在本行住所以外设立的区域审批中心、审计中心、客服中心、灾备中心、软件开发中心、账务处理中心等非经营性机构不属本指引规定的范畴，但中资商业银行应当向当地监管部门报告其设立情况并接受持续监管。

第二十七条　城市商业银行设立专营机构参照本指引执行。

第二十八条　此前关于专营机构的规定与本指引不一致的，以本指引为准。

第二十九条　本指引由银监会负责解释。

第三十条　本指引自公布之日起施行。

2. 资本与风险管理

商业银行市场风险管理指引

1. 2004年12月29日中国银行业监督管理委员会令2004年第10号公布

2. 自2005年3月1日起施行

第一章　总　　则

第一条　为加强商业银行的市场风险管理，根据《中华人民共和国银行业监督管理法》、《中华人民共和国商业银行法》以及其他有关法律和行政法规，制定本指引。

第二条　本指引所称商业银行是指在中华人民共和国境内依法设立的商业银行,包括中资商业银行、外资独资银行和中外合资银行。

第三条　本指引所称市场风险是指因市场价格(利率、汇率、股票价格和商品价格)的不利变动而使银行表内和表外业务发生损失的风险。市场风险存在于银行的交易和非交易业务中。

市场风险可以分为利率风险、汇率风险(包括黄金)、股票价格风险和商品价格风险,分别是指由于利率、汇率、股票价格和商品价格的不利变动所带来的风险。利率风险按照来源的不同,可以分为重新定价风险、收益率曲线风险、基准风险和期权性风险。

前款所称商品是指可以在二级市场上交易的某些实物产品,如农产品、矿产品(包括石油)和贵金属(不包括黄金)等。

第四条　市场风险管理是识别、计量、监测和控制市场风险的全过程。市场风险管理的目标是通过将市场风险控制在商业银行可以承受的合理范围内,实现经风险调整的收益率的最大化。

商业银行应当充分识别、准确计量、持续监测和适当控制所有交易和非交易业务中的市场风险,确保在合理的市场风险水平之下安全、稳健经营。商业银行所承担的市场风险水平应当与其市场风险管理能力和资本实力相匹配。

为了确保有效实施市场风险管理,商业银行应当将市场风险的识别、计量、监测和控制与全行的战略规划、业务决策和财务预算等经营管理活动进行有机结合。

第五条　中国银行业监督管理委员会(以下简称银监会)依法对商业银行的市场风险水平和市场风险管理体系实施监督管理。银监会应当督促商业银行有效地识别、计量、监测和控制各项业务所承担的各类市场风险。

第二章　市场风险管理

第六条　商业银行应当按照本指引要求,建立与本行的业务性质、规模和复杂程度相适应的、完善的、可靠的市场风险管理体系。市场风险管理体系包括如下基本要素:

(一)董事会和高级管理层的有效监控;

(二)完善的市场风险管理政策和程序;

(三)完善的市场风险识别、计量、监测和控制程序;

(四)完善的内部控制和独立的外部审计;

(五)适当的市场风险资本分配机制。

第七条　商业银行实施市场风险管理,应当适当考虑市场风险与其他风险类别,如信用风险、流动性风险、操作风险、法律风险、声誉风险等风险的相关性,并协调市场风险管理与其他类别风险管理的政策和程序。

第一节　董事会和高级管理层的监控

第八条　商业银行的董事会和高级管理层应当对市场风险管理体系实施有效监控。

商业银行的董事会承担对市场风险管理实施监控的最终责任,确保商业银行有效地识别、计量、监测和控制各项业务所承担的各类市场风险。董事会负责审批市场风险管理的战略、政策和程序,确定银行可以承受的市场风险水平,督促高级管理层采取必要的措施识别、计量、监测和控制市场风险,并定期获得关于市场风险性质和水平的报告,监控和评价市场风险管理的全面性、有效性以及高级管理层在市场风险管理方面的履职情况。董事会可以授权其下设的专门委员会履行以上部分职能,获得授权的委员会应当定期向董事会提交有关报告。

商业银行的高级管理层负责制定、定期审查和监督执行市场风险管理的政策、程序以及具体的操作规程,及时了解市场风险水平及其管理状况,并确保银行具备足够的人力、物力以及恰当的组织结构、管理信息系统和技术水平来有效地识别、计量、监测和控制各项业务所承担的各类市场风险。

商业银行的董事会和高级管理层应当对本行与市场风险有关的业务、所承担的各类市场风险以及相应的风险识别、计量和控制方法有足够的了解。

商业银行的监事会应当监督董事会和高级管理层在市场风险管理方面的履职情况。

第九条　商业银行应当指定专门的部门负责市场风险管理工作。负责市场风险管理的部门应当职责明确,与承担风险的业务经营部门保持相对独立,向董事会和高级管理层提供独立的市场风险报告,并且具备履行市场风险管理职责所需要的人力、物力资源。负责市场风险管理部门的工作人员应当具备相关的专业知识和技能,并充分了解本行与市场风险有关的业务、所承担的各类市场风险以及相应的风险识别、计量、控制方法和技术。商业银行应当确保其薪酬制度足以吸引和留住合格的市场风险管理人员。

商业银行负责市场风险管理的部门应当履行下列职责:

(一)拟定市场风险管理政策和程序,提交高级管理层和董事会审查批准;

（二）识别、计量和监测市场风险；

（三）监测相关业务经营部门和分支机构对市场风险限额的遵守情况，报告超限额情况；

（四）设计、实施事后检验和压力测试；

（五）识别、评估新产品、新业务中所包含的市场风险，审核相应的操作和风险管理程序；

（六）及时向董事会和高级管理层提供独立的市场风险报告；

（七）其他有关职责。

业务复杂程度和市场风险水平较高的商业银行应当建立专门的市场风险管理部门负责市场风险管理工作。

第十条 商业银行承担市场风险的业务经营部门应当充分了解并在业务决策中充分考虑所从事业务中包含的各类市场风险，以实现经风险调整的收益率的最大化。业务经营部门应当为承担市场风险所带来的损失承担责任。

第二节 市场风险管理政策和程序

第十一条 商业银行应当制定适用于整个银行机构的、正式的书面市场风险管理政策和程序。市场风险管理政策和程序应当与银行的业务性质、规模、复杂程度和风险特征相适应，与其总体业务发展战略、管理能力、资本实力和能够承担的总体风险水平相一致，并符合银监会关于市场风险管理的有关要求。市场风险管理政策和程序的主要内容包括：

（一）可以开展的业务，可以交易或投资的金融工具，可以采取的投资、保值和风险缓解策略和方法；

（二）商业银行能够承担的市场风险水平；

（三）分工明确的市场风险管理组织结构、权限结构和责任机制；

（四）市场风险的识别、计量、监测和控制程序；

（五）市场风险的报告体系；

（六）市场风险管理信息系统；

（七）市场风险的内部控制；

（八）市场风险管理的外部审计；

（九）市场风险资本的分配；

（十）对重大市场风险情况的应急处理方案。

商业银行应当根据本行市场风险状况和外部市场的变化情况，及时修订和完善市场风险管理政策和程序。

商业银行的市场风险管理政策和程序及其重大修订应当由董事会批准。商业银行的高级管理层应当向与市场风险管理有关的工作人员阐明本行的市场风险管理政策和程序。与市场风险管理有关的工作人员应当充分了解其与市场风险管理有关的权限和职责。

第十二条 商业银行在开展新产品和开展新业务之前应当充分识别和评估其中包含的市场风险，建立相应的内部审批、操作和风险管理程序，并获得董事会或其授权的专门委员会/部门的批准。新产品、新业务的内部审批程序应当包括由相关部门，如业务经营部门、负责市场风险管理的部门、法律部门/合规部门、财务会计部门和结算部门等对其操作和风险管理程序的审核和认可。

第十三条 市场风险管理政策和程序应当在并表基础上应用，并应当尽可能适用于具有独立法人地位的附属机构，包括境外附属机构。但是，商业银行应当充分认识到附属机构之间存在的法律差异和资金流动障碍，并对其风险管理政策和程序进行相应调整，以避免在具有法律差异和资金流动障碍的附属机构之间轧差头寸而造成对市场风险的低估。

第十四条 商业银行应当按照银监会关于商业银行资本充足率管理的有关要求划分银行账户和交易账户，并根据银行账户和交易账户的性质和特点，采取相应的市场风险识别、计量、监测和控制方法。

商业银行应当对不同类别的市场风险（如利率风险）和不同业务种类（如衍生产品交易）的市场风险制定更详细和有针对性的风险管理政策和程序，并保持相互之间的一致性。

第三节 市场风险的识别、计量、监测和控制

第十五条 商业银行应当对每项业务和产品中的市场风险因素进行分解和分析，及时、准确地识别所有交易和非交易业务中市场风险的类别和性质。

第十六条 商业银行应当根据本行的业务性质、规模和复杂程度，对银行账户和交易账户中不同类别的市场风险选择适当的、普遍接受的计量方法，基于合理的假设前提和参数，计量承担的所有市场风险。商业银行应当尽可能准确计算可以量化的市场风险和评估难以量化的市场风险。

商业银行可以采取不同的方法或模型计量银行账户和交易账户中不同类别的市场风险。市场风险的计量方式包括缺口分析、久期分析、外汇敞口分析、敏感性分析、情景分析和运用内部模型计算风险价值等。商业银行应当充分认识到市场风险不同计量方法的优势和局限性，并采用压力测试等其他分析手段进行补充。

商业银行应当尽量对所计量的银行账户和交易账户中的市场风险（特别是利率风险）在全行范围内进

行加总，以便董事会和高级管理层了解本行的总体市场风险水平。

商业银行的董事会、高级管理层和与市场风险管理有关的人员应当了解本行采用的市场风险计量方法、模型及其假设前提，以便准确理解市场风险的计量结果。

第十七条　商业银行应当采取措施确保假设前提、参数、数据来源和计量程序的合理性和准确性。商业银行应当对市场风险计量系统的假设前提和参数定期进行评估，制定修改假设前提和参数的内部程序。重大的假设前提和参数修改应当由高级管理层审批。

第十八条　商业银行应当对交易账户头寸按市值每日至少重估一次价值。市值重估应当由与前台相独立的中台、后台、财务会计部门或其他相关职能部门或人员负责。用于重估的定价因素应当从独立于前台的渠道获取或者经过独立的验证。前台、中台、后台、财务会计部门、负责市场风险管理的部门等用于估值的方法和假设应当尽量保持一致，在不完全一致的情况下，应当制定并使用一定的校对、调整方法。在缺乏可用于市值重估的市场价格时，商业银行应当确定选用代用数据的标准、获取途径和公允价格计算方法。

第十九条　银监会鼓励业务复杂程度和市场风险水平较高的商业银行逐步开发和使用内部模型计量风险价值，对所承担的市场风险水平进行量化估计。风险价值是指所估计的在一定的持有期和给定的置信水平下，利率、汇率等市场风险要素的变化可能对某项资金头寸、资产组合或机构造成的潜在最大损失。

第二十条　采用内部模型的商业银行应当根据本行的业务规模和性质，参照国际通行标准，合理选择、定期审查和调整模型技术（如方差—协方差法、历史模拟法和蒙特·卡洛法）以及模型的假设前提和参数，并建立和实施引进新模型、调整现有模型以及检验模型准确性的内部政策和程序。模型的检验应当由独立于模型开发和运行的人员负责。

采用内部模型的商业银行应当将模型的运用与日常风险管理相融合，内部模型所提供的信息应当成为规划、监测和控制市场风险资产组合过程的有机组成部分。

采用内部模型的商业银行应当恰当理解和运用市场风险内部模型的计算结果，并充分认识到内部模型的局限性，运用压力测试和其他非统计类计量方法对内部模型方法进行补充。

第二十一条　商业银行应当定期实施事后检验，将市场风险计量方法或模型的估算结果与实际结果进行比较，并以此为依据对市场风险计量方法或模型进行调整和改进。

第二十二条　商业银行应当建立全面、严密的压力测试程序，定期对突发的小概率事件，如市场价格发生剧烈变动，或者发生意外的政治、经济事件可能造成的潜在损失进行模拟和估计，以评估本行在极端不利情况下的亏损承受能力。压力测试应当包含定性和定量分析。

压力测试应当选择对市场风险有重大影响的情景，包括历史上发生过重大损失的情景和假设情景。假设情景包括模型假设和参数不再适用的情形、市场价格发生剧烈变动的情形、市场流动性严重不足的情形，以及外部环境发生重大变化、可能导致重大损失或风险难以控制的情景。商业银行应当使用银监会规定的压力情景和根据本行业务性质、市场环境设计的压力情景进行压力测试。

商业银行应当根据压力测试的结果，对市场风险有重大影响的情形制定应急处理方案，并决定是否及如何对限额管理、资本配置及市场风险管理的其他政策和程序进行改进。董事会和高级管理层应当定期对压力测试的设计和结果进行审查，不断完善压力测试程序。

第二十三条　商业银行应当对市场风险实施限额管理，制定对各类和各级限额的内部审批程序和操作规程，根据业务性质、规模、复杂程度和风险承受能力设定、定期审查和更新限额。

市场风险限额包括交易限额、风险限额及止损限额等，并可按地区、业务经营部门、资产组合、金融工具和风险类别进行分解。商业银行应当根据不同限额控制风险的不同作用及其局限性，建立不同类型和不同层次的限额相互补充的合理限额体系，有效控制市场风险。商业银行总的市场风险限额以及限额的种类、结构应当由董事会批准。

商业银行在设计限额体系时应当考虑以下因素：

（一）业务性质、规模和复杂程度；

（二）商业银行能够承担的市场风险水平；

（三）业务经营部门的既往业绩；

（四）工作人员的专业水平和经验；

（五）定价、估值和市场风险计量系统；

（六）压力测试结果；

（七）内部控制水平；

（八）资本实力；

（九）外部市场的发展变化情况。

商业银行应当对超限额情况制定监控和处理程序。超限额情况应当及时向相应级别的管理层报告。该级别的管理层应当根据限额管理的政策和程序决定是否批准以及此超限额情况可以保持多长时间。对未经批准的超限额情况应当按照限额管理的政策和程序进行处理。管理层应当根据超限额发生情况决定是否对限额管理体系进行调整。

商业银行应当确保不同市场风险限额之间的一致性，并协调市场风险限额管理与流动性风险限额等其他风险类别的限额管理。

第二十四条　商业银行应当为市场风险的计量、监测和控制建立完备、可靠的管理信息系统，并采取相应措施确保数据的准确、可靠、及时和安全。管理信息系统应当能够支持市场风险的计量及其所实施的事后检验和压力测试，并能监测市场风险限额的遵守情况和提供市场风险报告的有关内容。商业银行应当建立相应的对账程序确保不同部门和产品业务数据的一致性和完整性，并确保向市场风险计量系统输入准确的价格和业务数据。商业银行应当根据需要对管理信息系统及时改进和更新。

第二十五条　商业银行应当对市场风险有重大影响的情形制定应急处理方案，包括采取对冲、减少风险暴露等措施降低市场风险水平，以及建立针对自然灾害、银行系统故障和其他突发事件的应急处理或者备用系统、程序和措施，以减少银行可能发生的损失和银行声誉可能受到的损害。

商业银行应当将压力测试的结果作为制定市场风险应急处理方案的重要依据，并定期对应急处理方案进行审查和测试，不断更新和完善应急处理方案。

第二十六条　有关市场风险情况的报告应当定期、及时向董事会、高级管理层和其他管理人员提供。不同层次和种类的报告应当遵循规定的发送范围、程序和频率。报告应当包括如下全部或部分内容：

（一）按业务、部门、地区和风险类别分别统计的市场风险头寸；

（二）按业务、部门、地区和风险类别分别计量的市场风险水平；

（三）对市场风险头寸和市场风险水平的结构分析；

（四）盈亏情况；

（五）市场风险识别、计量、监测和控制方法及程序的变更情况；

（六）市场风险管理政策和程序的遵守情况；

（七）市场风险限额的遵守情况，包括对超限额情况的处理；

（八）事后检验和压力测试情况；

（九）内部和外部审计情况；

（十）市场风险资本分配情况；

（十一）对改进市场风险管理政策、程序以及市场风险应急方案的建议；

（十二）市场风险管理的其他情况。

向董事会提交的市场风险报告通常包括银行的总体市场风险头寸、风险水平、盈亏状况和对市场风险限额及市场风险管理的其他政策和程序的遵守情况等内容。向高级管理层和其他管理人员提交的市场风险报告通常包括按地区、业务经营部门、资产组合、金融工具和风险类别分解后的详细信息，并具有更高的报告频率。

第四节　内部控制和外部审计

第二十七条　商业银行应当按照银监会关于商业银行内部控制的有关要求，建立完善的市场风险管理内部控制体系，作为银行整体内部控制体系的有机组成部分。市场风险管理的内部控制应当有利于促进有效的业务运作，提供可靠的财务和监管报告，促使银行严格遵守相关法律、行政法规、部门规章和内部的制度、程序，确保市场风险管理体系的有效运行。

第二十八条　为避免潜在的利益冲突，商业银行应当确保各职能部门具有明确的职责分工，以及相关职能适当分离。商业银行的市场风险管理职能与业务经营职能应当保持相对独立。交易部门应当将前台、后台严格分离，前台交易人员不得参与交易的正式确认、对账、重新估值、交易结算和款项收付；必要时可设置中台监控机制。

第二十九条　商业银行应当避免其薪酬制度和激励机制与市场风险管理目标产生利益冲突。董事会和高级管理层应当避免薪酬制度具有鼓励过度冒险投资的负面效应，防止绩效考核过于注重短期投资收益表现，而不考虑长期投资风险。负责市场风险管理工作人员的薪酬不应当与直接投资收益挂钩。

第三十条　商业银行的内部审计部门应当定期（至少每年一次）对市场风险管理体系各个组成部分和环节的准确、可靠、充分和有效性进行独立的审查和评价。内部审计应当既对业务经营部门，也对负责市场风险管理的部门进行。内部审计报告应当直接提交给董事会。董事会应当督促高级管理层对内部审计所发现的问题提出改进方案并采取改进措施。内部审计部门应当跟踪检查改进措施的实施情况，并向董事会提交有关报告。

商业银行对市场风险管理体系的内部审计应当至少包括以下内容：

（一）市场风险头寸和风险水平；

（二）市场风险管理体系文档的完备性；

（三）市场风险管理的组织结构，市场风险管理职能的独立性，市场风险管理人员的充足性、专业性和履职情况；

（四）市场风险管理所涵盖的风险类别及其范围；

（五）市场风险管理信息系统的完备性、可靠性，市场风险头寸数据的准确性、完整性，数据来源的一致性、时效性、可靠性和独立性；

（六）市场风险管理系统所用参数和假设前提的合理性、稳定性；

（七）市场风险计量方法的恰当性和计量结果的准确性；

（八）对市场风险管理政策和程序的遵守情况；

（九）市场风险限额管理的有效性；

（十）事后检验和压力测试系统的有效性；

（十一）市场风险资本的计算和内部配置情况；

（十二）对重大超限额交易、未授权交易和账目不匹配情况的调查。

商业银行在引入对市场风险水平有重大影响的新产品和新业务、市场风险管理体系出现重大变动或者存在严重缺陷的情况下，应当扩大市场风险内部审计的范围和增加内部审计频率。

商业银行的内部审计人员应当具备相关的专业知识和技能，并经过相应的培训，能够充分理解市场风险识别、计量、监测、控制的方法和程序。

第三十一条 内部审计力量不足的商业银行，应当委托社会中介机构对其市场风险的性质、水平及市场风险管理体系进行审计。

银监会也鼓励其他商业银行委托社会中介机构对其市场风险的性质、水平及市场风险管理体系定期进行审查和评价。

第五节 市场风险资本

第三十二条 商业银行应当按照银监会关于商业银行资本充足率管理的要求，为所承担的市场风险提取充足的资本。

银监会鼓励业务复杂程度和市场风险水平较高的商业银行运用经风险调整的收益率进行内部资本配置和业绩考核，在全行和业务经营部门等各个层次上达到市场风险水平和盈利水平的适当平衡。

第三章 市场风险监管

第三十三条 商业银行应当按照规定向银监会报送与市场风险有关的财务会计、统计报表和其他报告。委托社会中介机构对其市场风险的性质、水平及市场风险管理体系进行审计的，还应当提交外部审计报告。

商业银行的市场风险管理政策和程序应当报银监会备案。

第三十四条 商业银行应当及时向银监会报告下列事项：

（一）出现超过本行内部设定的市场风险限额的严重亏损；

（二）国内、国际金融市场发生的引起市场较大波动的重大事件将对本行市场风险水平及其管理状况产生的影响；

（三）交易业务中的违法行为；

（四）其他重大意外情况。

商业银行应当制定市场风险重大事项报告制度，并报银监会备案。

第三十五条 银监会应当定期对商业银行的市场风险管理状况进行现场检查，检查的主要内容有：

（一）董事会和高级管理层在市场风险管理中的履职情况；

（二）市场风险管理政策和程序的完善性及其实施情况；

（三）市场风险识别、计量、监测和控制的有效性；

（四）市场风险管理系统所用假设前提和参数的合理性、稳定性；

（五）市场风险管理信息系统的有效性；

（六）市场风险限额管理的有效性；

（七）市场风险内部控制的有效性；

（八）银行内部市场风险报告的独立性、准确性、可靠性，以及向银监会报送的与市场风险有关的报表、报告的真实性和准确性；

（九）市场风险资本的充足性；

（十）负责市场风险管理工作人员的专业知识、技能和履职情况；

（十一）市场风险管理的其他情况。

第三十六条 对于银监会在监管中发现的有关市场风险管理的问题，商业银行应当在规定的时限内提交整改方案并采取整改措施。银监会可以对商业银行的市场风险管理体系提出整改建议，包括调整市场风险计量方法、模型、假设前提和参数等方面的建议。

对于在规定的时限内未能有效采取整改措施或者市场风险管理体系存在严重缺陷的商业银行，银监会有权采取下列措施：

（一）要求商业银行增加提交市场风险报告的次数；

（二）要求商业银行提供额外相关资料；

（三）要求商业银行通过调整资产组合等方式适当降低市场风险水平；

（四）《中华人民共和国银行业监督管理法》以及其他法律、行政法规和部门规章规定的有关措施。

第三十七条 商业银行应当按照银监会关于信息披露的

有关规定，披露其市场风险状况的定量和定性信息，披露的信息应当至少包括以下内容：

（一）所承担市场风险的类别、总体市场风险水平及不同类别市场风险的风险头寸和风险水平；

（二）有关市场价格的敏感性分析，如利率、汇率变动对银行的收益、经济价值或财务状况的影响；

（三）市场风险管理的政策和程序，包括风险管理的总体理念、政策、程序和方法，风险管理的组织结构，市场风险计量方法及其所使用的参数和假设前提，事后检验和压力测试情况，市场风险的控制方法等；

（四）市场风险资本状况；

（五）采用内部模型的商业银行应当披露所计算的市场风险类别及其范围，计算的总体市场风险水平及不同类别的市场风险水平，报告期内最高、最低、平均和期末的风险价值，以及所使用的模型技术、所使用的参数和假设前提、事后检验和压力测试情况及检验模型准确性的内部程序等信息。

第四章　附　　则

第三十八条　政策性银行、金融资产管理公司、城市信用社、农村信用社、信托投资公司、财务公司、金融租赁公司、汽车金融公司、邮政储蓄机构等其他金融机构参照本指引执行。

第三十九条　未设立董事会的国有商业银行，应当由其经营决策机构履行本指引规定的董事会的有关市场风险管理职责。

第四十条　在中华人民共和国境内设立的外国银行分行应当遵循其总行制定的市场风险管理政策和程序，定期向总行报送市场风险管理报告，并按照规定向银监会报送市场风险的有关报告。

第四十一条　本指引的《附录》对本指引所涉及的有关名词进行了说明。

第四十二条　国有商业银行和股份制商业银行最迟应于2007年年底前，城市商业银行和其他商业银行最迟应于2008年年底前达到本指引要求。

第四十三条　本指引由银监会负责解释。

第四十四条　本指引自2005年3月1日起施行。

商业银行资本管理办法（试行）

1. 2012年6月7日中国银行业监督管理委员会令2012年第1号公布
2. 自2013年1月1日起施行

第一章　总　　则

第一条　为加强商业银行资本监管，维护银行体系稳健运行，保护存款人利益，根据《中华人民共和国银行业监督管理法》、《中华人民共和国商业银行法》、《中华人民共和国外资银行管理条例》等法律法规，制定本办法。

第二条　本办法适用于在中华人民共和国境内设立的商业银行。

第三条　商业银行资本应抵御其所面临的风险，包括个体风险和系统性风险。

第四条　商业银行应当符合本办法规定的资本充足率监管要求。

第五条　本办法所称资本充足率，是指商业银行持有的符合本办法规定的资本与风险加权资产之间的比率。

一级资本充足率，是指商业银行持有的符合本办法规定的一级资本与风险加权资产之间的比率。

核心一级资本充足率，是指商业银行持有的符合本办法规定的核心一级资本与风险加权资产之间的比率。

第六条　商业银行应当按照本办法的规定计算并表和未并表的资本充足率。

第七条　商业银行资本充足率计算应当建立在充分计提贷款损失准备等各项减值准备的基础之上。

第八条　商业银行应当按照本办法建立全面风险管理架构和内部资本充足评估程序。

第九条　中国银行业监督管理委员会（以下简称银监会）依照本办法对商业银行资本充足率、资本管理状况进行监督检查，并采取相应的监管措施。

第十条　商业银行应当按照本办法披露资本充足率信息。

第二章　资本充足率计算和监管要求

第一节　资本充足率计算范围

第十一条　商业银行未并表资本充足率的计算范围应包括商业银行境内外所有分支机构。并表资本充足率的计算范围应包括商业银行以及符合本办法规定的其直接或间接投资的金融机构。商业银行及被投资金融机构共同构成银行集团。

第十二条　商业银行计算并表资本充足率，应当将以下境内外被投资金融机构纳入并表范围：

（一）商业银行直接或间接拥有50%以上表决权的被投资金融机构。

（二）商业银行拥有50%以下（含）表决权的被投资金融机构，但与被投资金融机构之间有下列情况之一的，应将其纳入并表范围：

1. 通过与其它投资者之间的协议，拥有该金融机构50%以上的表决权。

2. 根据章程或协议，有权决定该金融机构的财务和经营政策。

3. 有权任免该金融机构董事会或类似权力机构的多数成员。

4. 在被投资金融机构董事会或类似权力机构占多数表决权。

确定对被投资金融机构表决权时，应考虑直接和间接拥有的被投资金融机构的当期可转换债券、当期可执行的认股权证等潜在表决权因素，对于当期可以实现的潜在表决权，应计入对被投资金融机构的表决权。

（三）其它证据表明商业银行实际控制被投资金融机构的情况。

控制，是指一个公司能够决定另一个公司的财务和经营政策，并据以从另一个公司的经营活动中获取利益。

第十三条　商业银行未拥有被投资金融机构多数表决权或控制权，具有下列情况之一的，应当纳入并表资本充足率计算范围：

（一）具有业务同质性的多个金融机构，虽然单个金融机构资产规模占银行集团整体资产规模的比例较小，但该类金融机构总体风险足以对银行集团的财务状况及风险水平造成重大影响。

（二）被投资金融机构所产生的合规风险、声誉风险造成的危害和损失足以对银行集团的声誉造成重大影响。

第十四条　符合本办法第十二条、第十三条规定的保险公司不纳入并表范围。

商业银行应从各级资本中对应扣除对保险公司的资本投资，若保险公司存在资本缺口的，还应当扣除相应的资本缺口。

第十五条　商业银行拥有被投资金融机构50%以上表决权或对被投资金融机构的控制权，但被投资金融机构处于以下状态之一的，可不列入并表范围：

（一）已关闭或已宣布破产。

（二）因终止而进入清算程序。

（三）受所在国外汇管制及其它突发事件的影响，资金调度受到限制的境外被投资金融机构。

商业银行对有前款规定情形的被投资金融机构资本投资的处理方法按照本办法第十四条第二款的规定执行。

第十六条　商业银行计算未并表资本充足率，应当从各级资本中对应扣除其对符合本办法第十二条和第十三条规定的金融机构的所有资本投资。若这些金融机构存在资本缺口的，还应当扣除相应的资本缺口。

第十七条　商业银行应当根据本办法制定并表和未并表资本充足率计算内部制度。商业银行调整并表和未并表资本充足率计算范围的，应说明理由，并及时报银监会备案。

第十八条　银监会有权根据商业银行及其附属机构股权结构变动、业务类别及风险状况确定和调整其并表资本充足率的计算范围。

第二节　资本充足率计算公式

第十九条　商业银行应当按照以下公式计算资本充足率：

$$\text{资本充足率}=\frac{\text{总资本}-\text{对应资本扣减项}}{\text{风险加权资产}}\times 100\%$$

$$\text{一级资本充足率}=\frac{\text{一级资本}-\text{对应资本扣减项}}{\text{风险加权资产}}\times 100\%$$

$$\text{核心一级资本充足率}=\frac{\text{核心一级资本}-\text{对应资本扣减项}}{\text{风险加权资产}}\times 100\%$$

第二十条　商业银行总资本包括核心一级资本、其它一级资本和二级资本。商业银行应当按照本办法第三章的规定计算各级资本和扣除项。

第二十一条　商业银行风险加权资产包括信用风险加权资产、市场风险加权资产和操作风险加权资产。商业银行应当按照本办法第四章、第五章和第六章的规定分别计量信用风险加权资产、市场风险加权资产和操作风险加权资产。

第三节　资本充足率监管要求

第二十二条　商业银行资本充足率监管要求包括最低资本要求、储备资本和逆周期资本要求、系统重要性银行附加资本要求以及第二支柱资本要求。

第二十三条　商业银行各级资本充足率不得低于如下最低要求：

（一）核心一级资本充足率不得低于5%。

（二）一级资本充足率不得低于6%。

（三）资本充足率不得低于8%。

第二十四条　商业银行应当在最低资本要求的基础上计提储备资本。储备资本要求为风险加权资产的2.5%，由核心一级资本来满足。

特定情况下，商业银行应当在最低资本要求和储备资本要求之上计提逆周期资本。逆周期资本要求为风险加权资产的0—2.5%，由核心一级资本来满足。

逆周期资本的计提与运用规则另行规定。

第二十五条[①] 除本办法第二十三条和第二十四条规定的最低资本要求、储备资本和逆周期资本要求外，系统重要性银行还应当计提附加资本。

国内系统重要性银行附加资本要求为风险加权资产的1%，由核心一级资本满足。国内系统重要性银行的认定标准另行规定。

若国内银行被认定为全球系统重要性银行，所适用的附加资本要求不得低于巴塞尔委员会的统一规定。

第二十六条 除本办法第二十三条、第二十四条和第二十五条规定的资本要求以外，银监会有权在第二支柱框架下提出更审慎的资本要求，确保资本充分覆盖风险，包括：

（一）根据风险判断，针对部分资产组合提出的特定资本要求；

（二）根据监督检查结果，针对单家银行提出的特定资本要求。

第二十七条 除上述资本充足率监管要求外，商业银行还应当满足杠杆率监管要求。

杠杆率的计算规则和监管要求另行规定。

第三章 资本定义

第一节 资本组成

第二十八条 商业银行发行的资本工具应符合本办法附件1规定的合格标准。

第二十九条 核心一级资本包括：

（一）实收资本或普通股。

（二）资本公积。

（三）盈余公积。

（四）一般风险准备。

（五）未分配利润。

（六）少数股东资本可计入部分。

第三十条 其它一级资本包括：

（一）其它一级资本工具及其溢价。

（二）少数股东资本可计入部分。

第三十一条 二级资本包括：

（一）二级资本工具及其溢价。

（二）超额贷款损失准备。

1. 商业银行采用权重法计量信用风险加权资产的，超额贷款损失准备可计入二级资本，但不得超过信用风险加权资产的1.25%。

前款所称超额贷款损失准备是指商业银行实际计提的贷款损失准备超过最低要求的部分。贷款损失准备最低要求指100%拨备覆盖率对应的贷款损失准备和应计提的贷款损失专项准备两者中的较大者。

2. 商业银行采用内部评级法计量信用风险加权资产的，超额贷款损失准备可计入二级资本，但不得超过信用风险加权资产的0.6%。

前款所称超额贷款损失准备是指商业银行实际计提的贷款损失准备超过预期损失的部分。

（三）少数股东资本可计入部分。

第二节 资本扣除项

第三十二条 计算资本充足率时，商业银行应当从核心一级资本中全额扣除以下项目：

（一）商誉。

（二）其它无形资产（土地使用权除外）。

（三）由经营亏损引起的净递延税资产。

（四）贷款损失准备缺口。

1. 商业银行采用权重法计量信用风险加权资产的，贷款损失准备缺口是指商业银行实际计提的贷款损失准备低于贷款损失准备最低要求的部分。

2. 商业银行采用内部评级法计量信用风险加权资产的，贷款损失准备缺口是指商业银行实际计提的贷款损失准备低于预期损失的部分。

（五）资产证券化销售利得。

（六）确定受益类的养老金资产净额。

（七）直接或间接持有本银行的股票。

（八）对资产负债表中未按公允价值计量的项目进行套期形成的现金流储备，若为正值，应予以扣除；若为负值，应予以加回。

（九）商业银行自身信用风险变化导致其负债公允价值变化带来的未实现损益。

第三十三条 商业银行之间通过协议相互持有的各级资本工具，或银监会认定为虚增资本的各级资本投资，应从相应监管资本中对应扣除。

商业银行直接或间接持有本银行发行的其他一级资本工具和二级资本工具，应从相应的监管资本中对应扣除。

对应扣除是指从商业银行自身相应层级资本中扣除。商业银行某一级资本净额小于应扣除数额的，缺口部分应从更高一级的资本净额中扣除。

第三十四条 商业银行对未并表金融机构的小额少数资本投资，合计超出本银行核心一级资本净额10%的部分，应从各级监管资本中对应扣除。

小额少数资本投资是指商业银行对金融机构各级

---

① 本条已被2021年9月30日中国人民银行、中国银行保险监督管理委员会令〔2021〕第5号《系统重要性银行附加监管规定（试行）》废止。

资本投资(包括直接和间接投资)占该被投资金融机构实收资本(普通股加普通股溢价)10%(不含)以下,且不符合本办法第十二条、第十三条规定的资本投资。

第三十五条　商业银行对未并表金融机构的大额少数资本投资中,核心一级资本投资合计超出本行核心一级资本净额10%的部分应从本银行核心一级资本中扣除;其它一级资本投资和二级资本投资应从相应层级资本中全额扣除。

大额少数资本投资是指商业银行对金融机构各级资本投资(包括直接和间接投资)占该被投资金融机构实收资本(普通股加普通股溢价)10%(含)以上,且不符合本办法第十二条、第十三条规定的资本投资。

第三十六条　除本办法第三十二条第三款规定的递延税资产外,其它依赖于本银行未来盈利的净递延税资产,超出本行核心一级资本净额10%的部分应从核心一级资本中扣除。

第三十七条　根据本办法第三十五条、第三十六条的规定,未在商业银行核心一级资本中扣除的对金融机构的大额少数资本投资和相应的净递延税资产,合计金额不得超过本行核心一级资本净额的15%。

第三节　少数股东资本的处理

第三十八条　商业银行附属公司适用于资本充足率监管的,附属公司直接发行且由第三方持有的少数股东资本可以部分计入监管资本。

第三十九条　附属公司核心一级资本中少数股东资本用于满足核心一级资本最低要求和储备资本要求的部分,可计入并表核心一级资本。

最低要求和储备资本要求为下面两项中较小者:

(一)附属公司核心一级资本最低要求加储备资本要求。

(二)母公司并表核心一级资本最低要求与储备资本要求归属于附属公司的部分。

第四十条　附属公司一级资本中少数股东资本用于满足一级资本最低要求和储备资本要求的部分,扣除已计入并表核心一级资本的部分后,剩余部分可以计入并表其它一级资本。

最低要求和储备资本要求为下面两项中较小者:

(一)附属公司一级资本最低要求加储备资本要求。

(二)母公司并表一级资本最低要求与储备资本要求归属于附属公司的部分。

第四十一条　附属公司总资本中少数股东资本用于满足总资本最低要求和储备资本要求的部分,扣除已计入并表一级资本的部分后,剩余部分可以计入并表二级资本。

最低要求和储备资本要求为下面两项中较小者:

(一)附属公司总资本最低要求加储备资本要求。

(二)母公司并表总资本最低要求与储备资本要求归属于附属公司的部分。

第四节　特 殊 规 定

第四十二条　商业银行发行的二级资本工具有确定到期日的,该二级资本工具在距到期日前最后五年,可计入二级资本的金额,应当按100%、80%、60%、40%、20%的比例逐年减计。

第四十三条　商业银行2010年9月12日前发行的不合格二级资本工具,2013年1月1日之前可计入监管资本,2013年1月1日起按年递减10%,2022年1月1日起不得计入监管资本。

前款所称不合格二级资本工具按年递减数量的计算以2013年1月1日的数量为基数。

带有利率跳升机制或其它赎回激励的二级资本工具,若行权日期在2013年1月1日之后,且在行权日未被赎回,并满足本办法附件1规定的其它所有合格标准,可继续计入监管资本。

第四十四条　商业银行2010年9月12日至2013年1月1日之间发行的二级资本工具,若不含有减记或转股条款,但满足本办法附件1规定的其它合格标准,2013年1月1日之前可计入监管资本,2013年1月1日起按年递减10%,2022年1月1日起不得计入监管资本。

前款所称不合格二级资本工具按年递减数量的计算以2013年1月1日的数量为基数。

第四十五条　2013年1月1日之后发行的不合格资本工具不再计入监管资本。

第四章　信用风险加权资产计量

第一节　一 般 规 定

第四十六条　商业银行可以采用权重法或内部评级法计量信用风险加权资产。商业银行采用内部评级法计量信用风险加权资产的,应当符合本办法的规定,并经银监会核准。内部评级法未覆盖的风险暴露应采用权重法计量信用风险加权资产。

未经银监会核准,商业银行不得变更信用风险加权资产计量方法。

第四十七条　商业银行申请采用内部评级法计量信用风险加权资产的,提交申请时内部评级法资产覆盖率应不低于50%,并在三年内达到80%。

前款所称内部评级法资产覆盖率按以下公式

确定：

内部评级法资产覆盖率＝按内部评级法计量的风险加权资产/（按内部评级法计量的风险加权资产＋按权重法计量的内部评级法未覆盖信用风险暴露的风险加权资产）×100%

第四十八条　商业银行采用内部评级法，应当按照本办法附件3的规定计量信用风险加权资产，按照本办法附件4的规定对银行账户信用风险暴露进行分类，按照本办法附件5的规定建立内部评级体系。

商业银行采用内部评级法，可以按照本办法附件6的规定审慎考虑信用风险缓释工具的风险抵补作用。

商业银行采用内部评级法，可以按照本办法附件7的规定采用监管映射法计量专业贷款信用风险加权资产。

第四十九条　商业银行应当按照本办法附件8的规定计量银行账户和交易账户的交易对手信用风险加权资产。

第五十条　商业银行应当按照本办法附件9的规定计量资产证券化风险暴露的信用风险加权资产。

第二节　权　重　法

第五十一条　权重法下信用风险加权资产为银行账户表内资产信用风险加权资产与表外项目信用风险加权资产之和。

第五十二条　商业银行计量各类表内资产的风险加权资产，应首先从资产账面价值中扣除相应的减值准备，然后乘以风险权重。

第五十三条　商业银行计量各类表外项目的风险加权资产，应将表外项目名义金额乘以信用转换系数得到等值的表内资产，再按表内资产的处理方式计量风险加权资产。

第五十四条　现金及现金等价物的风险权重为0%。

第五十五条　商业银行对境外主权和金融机构债权的风险权重，以所在国家或地区的外部信用评级结果为基准。

（一）对其它国家或地区政府及其中央银行债权，该国家或地区的评级为AA－（含）以上的，风险权重为0%；AA－以下，A－（含）以上的，风险权重为20%；A－以下，BBB－（含）以上的，风险权重为50%；BBB－以下，B－（含）以上的，风险权重为100%；B－以下的，风险权重为150%；未评级的，风险权重为100%。

（二）对公共部门实体债权的风险权重与对所在国家或地区注册的商业银行债权的风险权重相同。

（三）对境外商业银行债权，注册地所在国家或地区的评级为AA－（含）以上的，风险权重为25%；AA－以下，A－（含）以上的，风险权重为50%；A－以下，B－（含）以上的，风险权重为100%；B－以下的，风险权重为150%；未评级的，风险权重为100%。

（四）对境外其它金融机构债权的风险权重为100%。

第五十六条　商业银行对多边开发银行、国际清算银行和国际货币基金组织债权的风险权重为0%。

多边开发银行包括世界银行集团、亚洲开发银行、非洲开发银行、欧洲复兴开发银行、泛美开发银行、欧洲投资银行、欧洲投资基金、北欧投资银行、加勒比海开发银行、伊斯兰开发银行和欧洲开发银行理事会。

第五十七条　商业银行对我国中央政府和中国人民银行债权的风险权重为0%。

第五十八条　商业银行对我国公共部门实体债权的风险权重为20%。我国公共部门实体包括：

（一）除财政部和中国人民银行以外，其它收入主要源于中央财政的公共部门。

（二）省级（直辖区、自治区）以及计划单列市人民政府。

商业银行对前款所列公共部门实体投资的工商企业的债权不适用20%的风险权重。

第五十九条　商业银行对我国政策性银行债权的风险权重为0%。

商业银行对我国政策性银行的次级债权（未扣除部分）的风险权重为100%。

第六十条　商业银行持有我国中央政府投资的金融资产管理公司为收购国有银行不良贷款而定向发行的债券的风险权重为0%。

商业银行对我国中央政府投资的金融资产管理公司其它债权的风险权重为100%。

第六十一条　商业银行对我国其它商业银行债权的风险权重为25%，其中原始期限三个月以内（含）债权的风险权重为20%。

以风险权重为0%的金融资产作为质押的债权，其覆盖部分的风险权重为0%。

商业银行对我国其它商业银行的次级债权（未扣除部分）的风险权重为100%。

第六十二条　商业银行对我国其它金融机构债权的风险权重为100%。

第六十三条　商业银行对一般企业债权的风险权重为100%。

第六十四条　商业银行对同时符合以下条件的微型和小型企业债权的风险权重为75%：

（一）企业符合国家相关部门规定的微型和小型

企业认定标准。

（二）商业银行对单家企业（或企业集团）的风险暴露不超过500万元。

（三）商业银行对单家企业（或企业集团）的风险暴露占本行信用风险暴露总额的比例不高于0.5%。

第六十五条　商业银行对个人债权的风险权重。

（一）个人住房抵押贷款的风险权重为50%。

（二）对已抵押房产，在购房人没有全部归还贷款前，商业银行以再评估后的净值为抵押追加贷款的，追加部分的风险权重为150%。

（三）对个人其它债权的风险权重为75%。

第六十六条　租赁业务的租赁资产余值的风险权重为100%。

第六十七条　下列资产适用250%风险权重：

（一）对金融机构的股权投资（未扣除部分）。

（二）依赖于银行未来盈利的净递延税资产（未扣除部分）。

第六十八条　商业银行对工商企业股权投资的风险权重。

（一）商业银行被动持有的对工商企业股权投资在法律规定处分期限内的风险权重为400%。

（二）商业银行因政策性原因并经国务院特别批准的对工商企业股权投资的风险权重为400%。

（三）商业银行对工商企业其它股权投资的风险权重为1250%。

第六十九条　商业银行非自用不动产的风险权重为1250%。

商业银行因行使抵押权而持有的非自用不动产在法律规定处分期限内的风险权重为100%。

第七十条　商业银行其它资产的风险权重为100%。

第七十一条　商业银行各类表外项目的信用转换系数。

（一）等同于贷款的授信业务的信用转换系数为100%。

（二）原始期限不超过1年和1年以上的贷款承诺的信用转换系数分别为20%和50%；可随时无条件撤销的贷款承诺的信用转换系数为0%。

（三）未使用的信用卡授信额度的信用转换系数为50%，但同时符合以下条件的未使用的信用卡授信额度的信用转换系数为20%：

1. 授信对象为自然人，授信方式为无担保循环授信。

2. 对同一持卡人的授信额度不超过100万人民币。

3. 商业银行应至少每年一次评估持卡人的信用程度，按季监控授信额度的使用情况；若持卡人信用状况恶化，商业银行有权降低甚至取消授信额度。

（四）票据发行便利和循环认购便利的信用转换系数为50%。

（五）银行借出的证券或用作抵押物的证券，包括回购交易中的证券借贷，信用转换系数为100%。

（六）与贸易直接相关的短期或有项目，信用转换系数为20%。

（七）与交易直接相关的或有项目，信用转换系数为50%。

（八）信用风险仍在银行的资产销售与购买协议，信用转换系数为100%。

（九）远期资产购买、远期定期存款、部分交款的股票及证券，信用转换系数为100%。

（十）其它表外项目的信用转换系数均为100%。

第七十二条　商业银行应当按照本办法附件2的规定对因证券、商品、外汇清算形成的风险暴露计量信用风险加权资产。

第七十三条　商业银行采用权重法计量信用风险加权资产时，可按照本办法附件2的规定考虑合格质物质押或合格保证主体提供保证的风险缓释作用。

合格质物质押的债权（含证券融资类交易形成的债权），取得与质物相同的风险权重，或取得对质物发行人或承兑人直接债权的风险权重。部分质押的债权（含证券融资类交易形成的债权），受质物保护的部分获得相应的较低风险权重。

合格保证主体提供全额保证的贷款，取得对保证人直接债权的风险权重。部分保证的贷款，被保证部分获得相应的较低风险权重。

第七十四条　商业银行采用权重法的，质物或保证的担保期限短于被担保债权期限的，不具备风险缓释作用。

第三节　内部评级法

第七十五条　商业银行应对银行账户信用风险暴露进行分类，并至少分为以下六类：

（一）主权风险暴露。

（二）金融机构风险暴露，包括银行类金融机构风险暴露和非银行类金融机构风险暴露。

（三）公司风险暴露，包括中小企业风险暴露、专业贷款和一般公司风险暴露。

（四）零售风险暴露，包括个人住房抵押贷款、合格循环零售风险暴露和其它零售风险暴露。

（五）股权风险暴露。

（六）其它风险暴露，包括购入应收款及资产证券化风险暴露。

主权风险暴露、金融机构风险暴露和公司风险暴露统称为非零售风险暴露。

第七十六条 商业银行应分别计量未违约和已违约风险暴露的风险加权资产：

（一）未违约非零售风险暴露的风险加权资产计量基于单笔信用风险暴露的违约概率、违约损失率、违约风险暴露、相关性和有效期限。

未违约零售类风险暴露的风险加权资产计量基于单个资产池风险暴露的违约概率、违约损失率、违约风险暴露和相关性。

（二）已违约风险暴露的风险加权资产计量基于违约损失率、预期损失率和违约风险暴露。

第七十七条 商业银行应当按照以下方法确定违约概率：

（一）主权风险暴露的违约概率为商业银行内部估计的1年期违约概率。

（二）公司、金融机构和零售风险暴露的违约概率为商业银行内部估计的1年期违约概率与0.03%中的较大值。

（三）对于提供合格保证或信用衍生工具的风险暴露，商业银行可以使用保证人的违约概率替代债务人的违约概率。

第七十八条 商业银行应当按照以下方法确定违约损失率：

（一）商业银行采用初级内部评级法，非零售风险暴露中没有合格抵质押品的高级债权和次级债权的违约损失率分别为45%和75%。对于提供合格抵质押品的高级债权和从属于净额结算主协议的回购交易，商业银行可以根据风险缓释效应调整违约损失率。

（二）商业银行采用高级内部评级法，应使用内部估计的单笔非零售风险暴露的违约损失率。

（三）商业银行应使用内部估计的零售资产池的违约损失率。

第七十九条 商业银行应当按照以下方法确定违约风险暴露：

违约风险暴露应不考虑专项准备和部分核销的影响。表内资产的违约风险暴露应不小于以下两项之和：(1)违约风险暴露被完全核销后，银行监管资本下降的数量；(2)各项专项准备金和部分核销的数量。如果商业银行估计的违约风险暴露超过以上两项之和，超过部分可视为折扣。风险加权资产的计量不受该折扣的影响，但比较预期损失和合格准备金时，可将该折扣计入准备金。

（一）商业银行采用初级内部评级法，应当按风险暴露名义金额计量表内资产的违约风险暴露，但可以考虑合格净额结算的风险缓释效应。

（二）商业银行采用初级内部评级法，贷款承诺、票据发行便利、循环认购便利等表外项目的信用转换系数为75%；可随时无条件撤销的贷款承诺信用转换系数为0%；其它各类表外项目的信用转换系数按照本办法第七十一条的规定。

（三）商业银行采用高级内部评级法，应当使用内部估计的非零售违约风险暴露。对于按照本办法第七十一条规定信用转换系数为100%的表外项目，应使用100%的信用转换系数估计违约风险暴露。

（四）商业银行应当使用内部估计的零售违约风险暴露。对于表外零售风险暴露，商业银行应按照内部估计的信用转换系数计量违约风险暴露。

第八十条 商业银行应当按照以下方法确定有效期限：

（一）商业银行采用初级内部评级法，非零售风险暴露的有效期限为2.5年。回购类交易的有效期限为0.5年。

（二）商业银行采用高级内部评级法，有效期限为1年和内部估计的有效期限两者之间的较大值，但最大不超过5年。中小企业风险暴露的有效期限可以采用2.5年。

（三）对于下列短期风险暴露，有效期限为内部估计的有效期限与1天中的较大值：

1. 原始期限1年以内全额抵押的场外衍生品交易、保证金贷款、回购交易和证券借贷交易。交易文件中必须包括按日重新估值并调整保证金，且在交易对手违约或未能补足保证金时可以及时平仓或处置抵押品的条款。

2. 原始期限1年以内自我清偿性的贸易融资，包括开立的和保兑的信用证。

3. 原始期限3个月以内的其它短期风险暴露，包括：场外衍生品交易、保证金贷款、回购交易、证券借贷，短期贷款和存款，证券和外汇清算而产生的风险暴露，以电汇方式进行现金清算产生的风险暴露等。

第五章 市场风险加权资产计量

第一节 一般规定

第八十一条 本办法所称市场风险是指因市场价格（利率、汇率、股票价格和商品价格）的不利变动而使商业银行表内和表外业务发生损失的风险。

第八十二条 市场风险资本计量应覆盖商业银行交易账户中的利率风险和股票风险，以及全部汇率风险和商品风险。

商业银行可以不对结构性外汇风险暴露计提市场风险资本。

第八十三条 本办法所称交易账户包括为交易目的或对

冲交易账户其它项目的风险而持有的金融工具和商品头寸。

前款所称为交易目的而持有的头寸是指短期内有目的地持有以便出售，或从实际或预期的短期价格波动中获利，或锁定套利的头寸，包括自营业务、做市业务和为执行客户买卖委托的代客业务而持有的头寸。交易账户中的金融工具和商品头寸原则上还应满足以下条件：

（一）在交易方面不受任何限制，可以随时平盘。

（二）能够完全对冲以规避风险。

（三）能够准确估值。

（四）能够进行积极的管理。

第八十四条 商业银行应当制定清晰的银行账户和交易账户划分标准，明确纳入交易账户的金融工具和商品头寸以及在银行账户和交易账户间划转的条件，确保执行的一致性。

第八十五条 商业银行可以采用标准法或内部模型法计量市场风险资本要求。未经银监会核准，商业银行不得变更市场风险资本计量方法。

第八十六条 商业银行采用内部模型法，若未覆盖所有市场风险，经银监会核准，可组合采用内部模型法和标准法计量市场风险资本要求，但银行集团内部同一机构不得对同一种市场风险采用不同方法计量市场风险资本要求。

第八十七条 商业银行采用内部模型法，内部模型法覆盖率应不低于50%。

前款所称内部模型法覆盖率按以下公式确定：

内部模型法覆盖率＝按内部模型法计量的资本要求/（按内部模型法计量的资本要求＋按标准法计量的资本要求）×100%

第八十八条 商业银行市场风险加权资产为市场风险资本要求的12.5倍，即：市场风险加权资产＝市场风险资本要求×12.5。

第二节 标 准 法

第八十九条 商业银行采用标准法，应当按照本办法附件10的规定分别计量利率风险、汇率风险、商品风险和股票风险的资本要求，并单独计量以各类风险为基础的期权风险的资本要求。

第九十条 市场风险资本要求为利率风险、汇率风险、商品风险、股票风险和期权风险的资本要求之和。

利率风险资本要求和股票风险资本要求为一般市场风险资本要求和特定风险资本要求之和。

第三节 内部模型法

第九十一条 商业银行采用内部模型法的，应当符合本办法附件11的规定，并经银监会核准。

第九十二条 商业银行采用内部模型法，其一般市场风险资本要求为一般风险价值与压力风险价值之和，即：

$$K = Max(VaRt-1, mC \times VaRavg) + Max(sVaRt-1, mS \times sVaRavg)$$

其中：

（一）VaR为一般风险价值，为以下两项中的较大值：

1. 根据内部模型计量的上一交易日的风险价值（VaRt－1）。

2. 最近60个交易日风险价值的均值（VaRavg）乘以mC。mC最小为3，根据返回检验的突破次数可以增加附加因子。

（二）sVaR为压力风险价值，为以下两项中的较大值：

1. 根据内部模型计量的上一交易日的压力风险价值（sVaRt－1）。

2. 最近60个交易日压力风险价值的均值（sVaRavg）乘以mS。mS最小为3。

第九十三条 商业银行采用内部模型法计量特定风险资本要求的，应当按照本办法附件11的规定使用内部模型计量新增风险资本要求。

商业银行内部模型未达到计量特定市场风险要求的合格标准，或内部模型未覆盖新增风险，应当按标准法计量特定市场风险资本要求。

第六章 操作风险加权资产计量

第一节 一 般 规 定

第九十四条 本办法所称的操作风险是指由不完善或有问题的内部程序、员工和信息科技系统，以及外部事件所造成损失的风险，包括法律风险，但不包括策略风险和声誉风险。

第九十五条 商业银行可采用基本指标法、标准法或高级计量法计量操作风险资本要求。

商业银行采用标准法或高级计量法计量操作风险资本要求，应符合本办法附件12的规定，并经银监会核准。

未经银监会核准，商业银行不得变更操作风险资本计量方法。

第九十六条 商业银行操作风险加权资产为操作风险资本要求的12.5倍，即：操作风险加权资产＝操作风险资本要求×12.5。

第二节 基本指标法

第九十七条 商业银行采用基本指标法，应当以总收入为基础计量操作风险资本要求。商业银行应当按照本办法附件12的规定确认总收入。

总收入为净利息收入与净非利息收入之和。

第九十八条 商业银行采用基本指标法，应当按照以下公式计量操作风险资本要求：

$$K_{BIA}=\frac{\sum_{i=1}^{n}(GI_i\times\alpha)}{n}$$

其中：

K_{BIA}为按基本指标法计量的操作风险资本要求。

GI为过去三年中每年正的总收入。

n为过去三年中总收入为正的年数。

α为15%。

第三节 标 准 法

第九十九条 商业银行采用标准法，应当以各业务条线的总收入为基础计量操作风险资本要求。

第一百条 商业银行采用标准法，应当按照本办法附件12的规定将全部业务划分为公司金融、交易和销售、零售银行、商业银行、支付和清算、代理服务、资产管理、零售经纪和其它业务等9个业务条线。

第一百零一条 商业银行采用标准法，应当按照以下公式计量操作风险资本要求：

$$K_{TSA}=\{\sum_{i=1}^{3}Max[\sum_{i=1}^{9}(GI_i\times\beta_i),0]\}/3$$

其中：

K_{TSA}为按标准法计量的操作风险资本要求。

$Max=[\sum_{i=1}^{9}(GI_i\times\beta_i),0]$是指各年为正的操作风险资本要求。

GI_i为各业务条线总收入。

β_i为各业务条线的操作风险资本系数。

第一百零二条 各业务条线的操作风险资本系数（β）如下：

（一）零售银行、资产管理和零售经纪业务条线的操作风险资本系数为12%。

（二）商业银行和代理服务业务条线的操作风险资本系数为15%。

（三）公司金融、支付和清算、交易和销售以及其它业务条线的操作风险资本系数为18%。

第四节 高级计量法

第一百零三条 商业银行采用高级计量法，可根据业务性质、规模和产品复杂程度以及风险管理水平选择操作风险计量模型。

第一百零四条 商业银行采用高级计量法，应当基于内部损失数据、外部损失数据、情景分析、业务经营环境和内部控制因素建立操作风险计量模型。建立模型使用的内部损失数据应充分反映本行操作风险的实际情况。

第七章 商业银行内部资本充足评估程序

第一节 一 般 规 定

第一百零五条 商业银行应当建立完善的风险管理框架和稳健的内部资本充足评估程序，明确风险治理结构，审慎评估各类风险、资本充足水平和资本质量，制定资本规划和资本充足率管理计划，确保银行资本能够充分抵御其所面临的风险，满足业务发展的需要。

第一百零六条 商业银行内部资本充足评估程序应实现以下目标：

（一）确保主要风险得到识别、计量或评估、监测和报告。

（二）确保资本水平与风险偏好及风险管理水平相适应。

（三）确保资本规划与银行经营状况、风险变化趋势及长期发展战略相匹配。

第一百零七条 商业银行应当将压力测试作为内部资本充足评估程序的重要组成部分，结合压力测试结果确定内部资本充足率目标。压力测试应覆盖各业务条线的主要风险，并充分考虑经济周期对资本充足率的影响。

第一百零八条 商业银行应当将内部资本充足评估程序作为内部管理和决策的组成部分，并将内部资本充足评估结果运用于资本预算与分配、授信决策和战略规划。

第一百零九条 商业银行应当制定合理的薪酬政策，确保薪酬水平、结构和发放时间安排与风险大小和风险存续期限一致，反映风险调整后的长期收益水平，防止过度承担风险，维护财务稳健性。

第一百一十条 商业银行应当至少每年一次实施内部资本充足评估程序，在银行经营情况、风险状况和外部环境发生重大变化时，应及时进行调整和更新。

第二节 治 理 结 构

第一百一十一条 商业银行董事会承担本行资本管理的首要责任，履行以下职责：

（一）设定与银行发展战略和外部环境相适应的风险偏好和资本充足目标，审批银行内部资本充足评估程序，确保资本充分覆盖主要风险。

（二）审批资本管理制度，确保资本管理政策和控制措施有效。

（三）监督内部资本充足评估程序的全面性、前瞻性和有效性。

（四）审批并监督资本规划的实施，满足银行持续经营和应急性资本补充需要。

（五）至少每年一次审批资本充足率管理计划，审议资本充足率管理报告及内部资本充足评估报告，听取对资本充足率管理和内部资本充足评估程序执行情况的审计报告。

（六）审批资本充足率信息披露政策、程序和内容，并保证披露信息的真实、准确和完整。

（七）确保商业银行有足够的资源，能够独立、有效地开展资本管理工作。

第一百一十二条 商业银行采用资本计量高级方法的，董事会还应负责审批资本计量高级方法的管理体系实施规划和重大管理政策，监督高级管理层制定并实施资本计量高级方法的管理政策和流程，确保商业银行有足够资源支持资本计量高级方法管理体系的运行。

第一百一十三条 商业银行高级管理层负责根据业务战略和风险偏好组织实施资本管理工作，确保资本与业务发展、风险水平相适应，落实各项监控措施。具体履行以下职责：

（一）制定并组织执行资本管理的规章制度。

（二）制定并组织实施内部资本充足评估程序，明确相关部门的职责分工，建立健全评估框架、流程和管理制度，确保与商业银行全面风险管理、资本计量及分配等保持一致。

（三）制定和组织实施资本规划和资本充足率管理计划。

（四）定期和不定期评估资本充足率，向董事会报告资本充足率水平、资本充足率管理情况和内部资本充足评估结果。

（五）组织开展压力测试，参与压力测试目标、方案及重要假设的确定，推动压力测试结果在风险评估和资本规划中的运用，确保资本应急补充机制的有效性。

（六）组织内部资本充足评估信息管理系统的开发和维护工作，确保信息管理系统及时、准确地提供评估所需信息。

第一百一十四条 商业银行采用资本计量高级方法的，高级管理层还应定期评估方法和工具的合理性和有效性，定期听取资本计量高级方法验证工作的汇报，履行资本计量高级方法体系的建设、验证和持续优化等职责。

第一百一十五条 商业银行监事会应当对董事会及高级管理层在资本管理和资本计量高级方法管理中的履职情况进行监督评价，并至少每年一次向股东大会报告董事会及高级管理层的履职情况。

第一百一十六条 商业银行应当指定相关部门履行以下资本管理职责：

（一）制定资本总量、结构和质量管理计划，编制并实施资本规划和资本充足率管理计划，向高级管理层报告资本规划和资本充足率管理计划执行情况。

（二）持续监控并定期测算资本充足率水平，开展资本充足率压力测试。

（三）组织建立内部资本计量、配置和风险调整资本收益的评价管理体系。

（四）组织实施内部资本充足评估程序。

（五）建立资本应急补充机制，参与或组织筹集资本。

（六）编制或参与编制资本充足率信息披露文件。

第一百一十七条 商业银行采用资本计量高级方法的，相关部门还应履行以下职责：

（一）设计、实施、监控和维护资本计量高级方法。

（二）健全资本计量高级方法管理机制。

（三）向高级管理层报告资本计量高级方法的计量结果。

（四）组织开展各类风险压力测试。

第一百一十八条 商业银行采用资本计量高级方法的，应当建立验证部门（团队），负责资本计量高级方法的验证工作。验证部门（团队）应独立于资本计量高级方法的开发和运行部门（团队）。

第一百一十九条 商业银行应当明确内部审计部门在资本管理中的职责。内部审计部门应当履行以下职责：

（一）评估资本管理的治理结构和相关部门履职情况，以及相关人员的专业技能和资源充分性。

（二）至少每年一次检查内部资本充足评估程序相关政策和执行情况。

（三）至少每年一次评估资本规划的执行情况。

（四）至少每年一次评估资本充足率管理计划的执行情况。

（五）检查资本管理的信息系统和数据管理的合规性和有效性。

（六）向董事会提交资本充足率管理审计报告、内部资本充足评估程序执行情况审计报告、资本计量高级方法管理审计报告。

第一百二十条 商业银行采用资本计量高级方法的，内部审计部门还应评估资本计量高级方法的适用性和有效性，检查计量结果的可靠性和准确性，检查资本计量高级方法的验证政策和程序，评估验证工作的独立性和有效性。

第三节 风险评估

第一百二十一条 商业银行应当按照银监会相关要求和本办法附件13的规定，设立主要风险的识别和评估标准，确保主要风险得到及时识别、审慎评估和有效监控。

主要风险包括可能导致重大损失的单一风险，以及单一风险程度不高、但与其它风险相互作用可能导致重大损失的风险。风险评估应至少覆盖以下各类风险：

（一）本办法第四章、第五章和第六章中涉及且已覆盖的风险，包括信用风险、市场风险和操作风险。

（二）本办法第四章、第五章和第六章中涉及但没有完全覆盖的风险，包括集中度风险、剩余操作风险等。

（三）本办法第四章、第五章和第六章中未涉及的风险，包括银行账户利率风险、流动性风险、声誉风险、战略风险和对商业银行有实质性影响的其它风险。

（四）外部经营环境变化引发的风险。

第一百二十二条 商业银行应当有效评估和管理各类主要风险。

（一）对能够量化的风险，商业银行应当开发和完善风险计量技术，确保风险计量的一致性、客观性和准确性，在此基础上加强对相关风险的缓释、控制和管理。

（二）对难以量化的风险，商业银行应当建立风险识别、评估、控制和报告机制，确保相关风险得到有效管理。

第一百二十三条 商业银行应当建立风险加总的政策和程序，确保在不同层次上及时识别风险。商业银行可以采用多种风险加总方法，但应至少采取简单加总法，并判断风险加总结果的合理性和审慎性。

第一百二十四条 商业银行进行风险加总，应当充分考虑集中度风险及风险之间的相互传染。若考虑风险分散化效应，应基于长期实证数据，且数据观察期至少覆盖一个完整的经济周期。否则，商业银行应对风险加总方法和假设进行审慎调整。

第四节 资本规划

第一百二十五条 商业银行制定资本规划，应当综合考虑风险评估结果、未来资本需求、资本监管要求和资本可获得性，确保资本水平持续满足监管要求。资本规划应至少设定内部资本充足率三年目标。

第一百二十六条 商业银行制定资本规划，应当确保目标资本水平与业务发展战略、风险偏好、风险管理水平和外部经营环境相适应，兼顾短期和长期资本需求，并考虑各种资本补充来源的长期可持续性。

第一百二十七条 商业银行制定资本规划，应当审慎估计资产质量、利润增长及资本市场的波动性，充分考虑对银行资本水平可能产生重大负面影响的因素，包括或有风险暴露，严重且长期的市场衰退，以及突破风险承受能力的其它事件。

第一百二十八条 商业银行应当优先考虑补充核心一级资本，增强内部资本积累能力，完善资本结构，提高资本质量。

第一百二十九条 商业银行应当通过严格和前瞻性的压力测试，测算不同压力条件下的资本需求和资本可获得性，并制定资本应急预案以满足计划外的资本需求，确保银行具备充足资本应对不利的市场条件变化。

对于重度压力测试结果，商业银行应当在应急预案中明确相应的资本补充政策安排和应对措施，并充分考虑融资市场流动性变化，合理设计资本补充渠道。商业银行的资本应急预案应包括紧急筹资成本分析和可行性分析、限制资本占用程度高的业务发展、采用风险缓释措施等。

商业银行高级管理层应当充分理解压力条件下商业银行所面临的风险及风险间的相互作用、资本工具吸收损失和支持业务持续运营的能力，并判断资本管理目标、资本补充政策安排和应对措施的合理性。

第五节 监测和报告

第一百三十条 商业银行应当建立内部资本充足评估程序的报告体系，定期监测和报告银行资本水平和主要影响因素的变化趋势。报告应至少包括以下内容：

（一）评估主要风险状况及发展趋势、战略目标和外部环境对资本水平的影响。

（二）评估实际持有的资本是否足以抵御主要风险。

（三）提出确保资本能够充分覆盖主要风险的建议。

根据重要性和报告用途不同，商业银行应当明确各类报告的发送范围、报告内容及详略程度，确保报告信息与报送频率满足银行资本管理的需要。

第一百三十一条 商业银行应当建立用于风险和资本的计量和管理的信息管理系统。商业银行的信息管理系统应具备以下功能：

（一）清晰、及时地向董事会和高级管理层提供总体风险信息。

（二）准确、及时地加总各业务条线的风险暴露和风险计量结果。

（三）动态支持集中度风险和潜在风险的识别。

（四）识别、计量并管理各类风险缓释工具以及因风险缓释带来的风险。

（五）为多角度评估风险计量的不确定性提供支持，分析潜在风险假设条件变化带来的影响。

（六）支持前瞻性的情景分析，评估市场变化和压力情形对银行资本的影响。

（七）监测、报告风险限额的执行情况。

第一百三十二条　商业银行应当系统性地收集、整理、跟踪和分析各类风险相关数据，建立数据仓库、风险数据集市和数据管理系统，以获取、清洗、转换和存储数据，并建立数据质量控制政策和程序，确保数据的完整性、全面性、准确性和一致性，满足资本计量和内部资本充足评估等工作的需要。

第一百三十三条　商业银行的数据管理系统应当达到资本充足率非现场监管报表和资本充足率信息披露的有关要求。

第一百三十四条　商业银行应当建立完整的文档管理平台，为内部审计部门及银监会对资本管理的评估提供支持。文档应至少包括：

（一）董事会、高级管理层和相关部门的职责、独立性以及履职情况。

（二）关于资本管理、风险管理等政策流程的制度文件。

（三）资本规划、资本充足率管理计划、内部资本充足评估报告、风险计量模型验证报告、压力测试报告、审计报告以及上述报告的相关重要文档。

（四）关于资本管理的会议纪要和重要决策意见。

第八章　监督检查

第一节　监督检查内容

第一百三十五条　资本充足率监督检查是银监会审慎风险监管体系的重要组成部分。

第一百三十六条　银监会根据宏观经济运行、产业政策和信贷风险变化，识别银行业重大系统性风险，对相关资产组合提出特定资本要求。

第一百三十七条　银监会对商业银行实施资本充足率监督检查，确保资本能够充分覆盖所面临的各类风险。资本充足率监督检查包括但不限于以下内容：

（一）评估商业银行全面风险管理框架。

（二）审查商业银行对合格资本工具的认定，以及各类风险加权资产的计量方法和结果，评估资本充足率计量结果的合理性和准确性。

（三）检查商业银行内部资本充足评估程序，评估公司治理、资本规划、内部控制和审计等。

（四）对商业银行的信用风险、市场风险、操作风险、银行账户利率风险、流动性风险、声誉风险以及战略风险等各类风险进行评估，并对压力测试工作开展情况进行检查。

第一百三十八条　商业银行采用资本计量高级方法，应按本办法附件14的规定向银监会提出申请。

第一百三十九条　银监会依照本办法附件14的规定对商业银行进行评估，根据评估结果决定是否核准商业银行采用资本计量高级方法；并对商业银行资本计量高级方法的使用情况和验证工作进行持续监督检查。

第一百四十条　商业银行不能持续达到本办法规定的资本计量高级方法的运用要求，银监会有权要求其限期整改。商业银行在规定期限内未达标，银监会有权取消其采用资本计量高级方法的资格。

第二节　监督检查程序

第一百四十一条　银监会建立资本监管工作机制，履行以下职责：

（一）评估银行业面临的重大系统性风险，提出针对特定资产组合的第二支柱资本要求的建议。

（二）制定商业银行资本充足率监督检查总体规划，协调和督促对商业银行资本充足率监督检查的实施。

（三）审议并决定对商业银行的监管资本要求。

（四）受理商业银行就资本充足率监督检查结果提出的申辩，确保监督检查过程以及评价结果的公正和准确。

第一百四十二条　银监会通过非现场监管和现场检查的方式对商业银行资本充足率进行监督检查。

除对资本充足率的常规监督检查外，银监会可根据商业银行内部情况或外部市场环境的变化实施资本充足率的临时监督检查。

第一百四十三条　商业银行应当在年度结束后的四个月内向银监会提交内部资本充足评估报告。

第一百四十四条　银监会实施资本充足率监督检查应遵循以下程序：

（一）审查商业银行内部资本充足评估报告，制定资本充足率检查计划。

（二）依据本办法附件13规定的风险评估标准，实施资本充足率现场检查。

（三）根据检查结果初步确定商业银行的监管资本要求。

（四）与商业银行高级管理层就资本充足率检查情况进行沟通，并将评价结果书面发送商业银行董事会。

（五）监督商业银行持续满足监管资本要求的

情况。

第一百四十五条　商业银行可以在接到资本充足率监督检查评价结果后60日内，以书面形式向银监会提出申辩。在接到评价结果后60日内未进行书面申辩的，将被视为接受评价结果。

商业银行提出书面申辩的，应当提交董事会关于进行申辩的决议，并对申辩理由进行详细说明，同时提交能够证明申辩理由充分性的相关资料。

第一百四十六条　银监会受理并审查商业银行提交的书面申辩，视情况对有关问题进行重点核查。

银监会在受理书面申辩后的60日内做出是否同意商业银行申辩的书面答复，并说明理由。

第一百四十七条　银监会审查商业银行的书面申辩期间，商业银行应当执行资本充足率监督检查所确定的监管资本要求，并落实银监会采取的相关监管措施。

第一百四十八条　商业银行应当向银监会报告未并表和并表后的资本充足率。并表后的资本充足率每半年报送一次，未并表的资本充足率每季报送一次。

如遇影响资本充足率的特别重大事项，商业银行应当及时向银监会报告。

第三节　第二支柱资本要求

第一百四十九条　商业银行已建立内部资本充足评估程序且评估程序达到本办法要求的，银监会根据其内部资本评估结果确定监管资本要求；商业银行未建立内部资本充足评估程序，或评估程序未达到本办法要求的，银监会根据对商业银行风险状况的评估结果，确定商业银行的监管资本要求。

第一百五十条　银监会有权根据单家商业银行操作风险管理水平及操作风险事件发生情况，提高操作风险的监管资本要求。

第一百五十一条　银监会有权通过调整风险权重、相关性系数、有效期限等方法，提高特定资产组合的资本要求，包括但不限于以下内容：

（一）根据现金流覆盖比例、区域风险差异，确定地方政府融资平台贷款的集中度风险资本要求。

（二）通过期限调整因子，确定中长期贷款的资本要求。

（三）针对贷款行业集中度风险状况，确定部分行业的贷款集中度风险资本要求。

（四）根据个人住房抵押贷款用于购买非自住用房的风险状况，提高个人住房抵押贷款资本要求。

第四节　监管措施

第一百五十二条　银监会有权对资本充足率未达到监管要求的商业银行采取监管措施，督促其提高资本充足水平。

第一百五十三条　根据资本充足状况，银监会将商业银行分为四类：

（一）第一类商业银行：资本充足率、一级资本充足率和核心一级资本充足率均达到本办法规定的各级资本要求。

（二）第二类商业银行：资本充足率、一级资本充足率和核心一级资本充足率未达到第二支柱资本要求，但均不低于其它各级资本要求。

（三）第三类商业银行：资本充足率、一级资本充足率和核心一级资本充足率均不低于最低资本要求，但未达到其它各级资本要求。

（四）第四类商业银行：资本充足率、一级资本充足率和核心一级资本充足率任意一项未达到最低资本要求。

第一百五十四条　对第一类商业银行，银监会支持其稳健发展业务。为防止其资本充足率水平快速下降，银监会可以采取下列预警监管措施：

（一）要求商业银行加强对资本充足率水平下降原因的分析及预测。

（二）要求商业银行制定切实可行的资本充足率管理计划。

（三）要求商业银行提高风险控制能力。

第一百五十五条　对第二类商业银行，除本办法第一百五十四条规定的监管措施外，银监会还可以采取下列监管措施：

（一）与商业银行董事会、高级管理层进行审慎性会谈。

（二）下发监管意见书，监管意见书内容包括：商业银行资本管理存在的问题、拟采取的纠正措施和限期达标意见等。

（三）要求商业银行制定切实可行的资本补充计划和限期达标计划。

（四）增加对商业银行资本充足的监督检查频率。

（五）要求商业银行对特定风险领域采取风险缓释措施。

第一百五十六条　对第三类商业银行，除本办法第一百五十四条、第一百五十五条规定的监管措施外，银监会还可以采取下列监管措施：

（一）限制商业银行分配红利和其它收入。

（二）限制商业银行向董事、高级管理人员实施任何形式的激励。

（三）限制商业银行进行股权投资或回购资本工具。

（四）限制商业银行重要资本性支出。

（五）要求商业银行控制风险资产增长。

第一百五十七条 对第四类商业银行，除本办法第一百五十四条、第一百五十五条和第一百五十六条规定的监管措施外，银监会还可以采取以下监管措施：

（一）要求商业银行大幅降低风险资产的规模。

（二）责令商业银行停办一切高风险资产业务。

（三）限制或禁止商业银行增设新机构、开办新业务。

（四）强制要求商业银行对二级资本工具进行减记或转为普通股。

（五）责令商业银行调整董事、高级管理人员或限制其权利。

（六）依法对商业银行实行接管或者促成机构重组，直至予以撤销。

在处置此类商业银行时，银监会还将综合考虑外部因素，采取其它必要措施。

第一百五十八条 商业银行未按本办法规定提供资本充足率报表或报告、未按规定进行信息披露或提供虚假的或者隐瞒重要事实的报表和统计报告的，银监会依据《中华人民共和国银行业监督管理法》的相关规定实施行政处罚。

第一百五十九条 除上述监管措施外，银监会可依据《中华人民共和国银行业监督管理法》以及相关法律、行政法规和部门规章的规定，采取其它监管措施。

第九章 信息披露

第一百六十条 商业银行应当通过公开渠道，向投资者和社会公众披露相关信息，确保信息披露的集中性、可访问性和公开性。

第一百六十一条 资本充足率的信息披露应至少包括以下内容：

（一）风险管理体系：信用风险、市场风险、操作风险、流动性风险及其它重要风险的管理目标、政策、流程以及组织架构和相关部门的职能。

（二）资本充足率计算范围。

（三）资本数量、构成及各级资本充足率。

（四）信用风险、市场风险、操作风险的计量方法，风险计量体系的重大变更，以及相应的资本要求变化。

（五）信用风险、市场风险、操作风险及其它重要风险暴露和评估的定性和定量信息。

（六）内部资本充足评估方法以及影响资本充足率的其它相关因素。

（七）薪酬的定性信息和相关定量信息。

商业银行应当按照本办法附件15的要求充分披露资本充足率相关信息。

第一百六十二条 商业银行应当保证披露信息的真实性、准确性和完整性。

第一百六十三条 本办法规定的披露内容是资本充足率信息披露的最低要求，商业银行应当遵循充分披露的原则，并根据监管政策变化及时调整披露事项。

第一百六十四条 商业银行采用资本计量高级方法的，并行期内应至少披露本办法规定的定性信息和资本底线的定量信息。

第一百六十五条 商业银行可以不披露专有信息或保密信息的具体内容，但应进行一般性披露，并解释原因。

第一百六十六条 商业银行信息披露频率分为临时、季度、半年及年度披露，其中，临时信息应及时披露，季度、半年度信息披露时间为期末后30个工作日内，年度信息披露时间为会计年度终了后四个月内。因特殊原因不能按时披露的，应至少提前15个工作日向银监会申请延迟披露。

第一百六十七条 商业银行应当分别按照以下频率披露相关信息：

（一）实收资本或普通股及其它资本工具的变化情况应及时披露。

（二）核心一级资本净额、一级资本净额、资本净额、最低资本要求、储备资本和逆周期资本要求、附加资本要求、核心一级资本充足率、一级资本充足率以及资本充足率等重要信息应按季披露。

（三）资本充足率计算范围、信用风险暴露总额、逾期及不良贷款总额、贷款损失准备、信用风险资产组合缓释后风险暴露余额、资产证券化风险暴露余额、市场风险资本要求、市场风险期末风险价值及平均风险价值、操作风险情况、股权投资及其损益、银行账户利率风险情况等相关重要信息应每半年披露一次。

第一百六十八条 经银监会同意，在满足信息披露总体要求的基础上，同时符合以下条件的商业银行可以适当简化信息披露的内容：

（一）存款规模小于2000亿元人民币。

（二）未在境内外上市。

（三）未跨区域经营。

第十章 附 则

第一百六十九条 农村合作银行、村镇银行、农村信用合作社、农村资金互助社、贷款公司、企业集团财务公司、消费金融公司、金融租赁公司、汽车金融公司参照本办法执行。外国银行在华分行参照本办法规定的风险权重计量人民币风险加权资产。

第一百七十条 本办法所称的资本计量高级方法包括信用风险内部评级法、市场风险内部模型法和操作风险高级计量法。商业银行采用资本计量高级方法，应当按照本办法附件16的规定建立资本计量高级方法验证体系。

第一百七十一条 银监会对获准采用资本计量高级方法的商业银行设立并行期，并行期自获准采用资本计量高级方法当年底开始，至少持续三年。并行期内，商业银行应按照本办法规定的资本计量高级方法和其它方法并行计量资本充足率，并遵守本办法附件14规定的资本底线要求。

并行期第一年、第二年和第三年的资本底线调整系数分别为95%、90%和80%。

并行期内，商业银行实际计提的贷款损失准备超过预期损失的，低于150%拨备覆盖率的超额贷款损失准备计入二级资本的数量不得超过信用风险加权资产的0.6%；高于150%拨备覆盖率的超额贷款损失准备可全部计入二级资本。

第一百七十二条 商业银行应在2018年底前达到本办法规定的资本充足率监管要求，鼓励有条件的商业银行提前达标。

第一百七十三条 达标过渡期内，商业银行应当制定并实施切实可行的资本充足率分步达标规划，并报银监会批准。银监会根据商业银行资本充足率达标规划实施情况，采取相应的监管措施。

第一百七十四条 达标过渡期内，商业银行应当同时按照《商业银行资本充足率管理办法》和本办法计量并披露并表和非并表资本充足率。

第一百七十五条 达标过渡期内，商业银行可以简化信息披露内容，但应当至少披露资本充足率计算范围、各级资本及扣减项、资本充足率水平、信用风险加权资产、市场风险加权资产、操作风险加权资产和薪酬的重要信息，以及享受过渡期优惠政策的资本工具和监管调整项目。

第一百七十六条 商业银行计算并表资本充足率，因新旧计量规则差异导致少数股东资本可计入资本的数量下降，减少部分从本办法施行之日起分五年逐步实施，即第一年加回80%，第二年加回60%，第三年加回40%，第四年加回20%，第五年不再加回。

第一百七十七条 本办法中采用标准普尔的评级符号，但对商业银行选用外部信用评级公司不做规定；商业银行使用外部评级公司的评级结果应符合本办法附件17的规定，并保持连续性。

第一百七十八条 附件1、附件2、附件3、附件4、附件5、附件6、附件7、附件8、附件9、附件10、附件11、附件12、附件13、附件14、附件15、附件16、附件17是本办法的组成部分。

（一）附件1：资本工具合格标准。

（二）附件2：信用风险权重法表内资产风险权重、表外项目信用转换系数及合格信用风险缓释工具。

（三）附件3：信用风险内部评级法风险加权资产计量规则。

（四）附件4：信用风险内部评级法风险暴露分类标准。

（五）附件5：信用风险内部评级体系监管要求。

（六）附件6：信用风险内部评级法风险缓释监管要求。

（七）附件7：专业贷款风险加权资产计量规则。

（八）附件8：交易对手信用风险加权资产计量规则。

（九）附件9：资产证券化风险加权资产计量规则。

（十）附件10：市场风险标准法计量规则。

（十一）附件11：市场风险内部模型法监管要求。

（十二）附件12：操作风险资本计量监管要求。

（十三）附件13：商业银行风险评估标准。

（十四）附件14：资本计量高级方法监督检查。

（十五）附件15：信息披露要求。

（十六）附件16：资本计量高级方法验证要求。

（十七）附件17：外部评级使用规范。

第一百七十九条 本办法由银监会负责解释。

第一百八十条 本办法自2013年1月1日起施行。《商业银行资本充足率管理办法》（中国银行业监督管理委员会2004年第2号令颁布实施，根据2006年12月28日中国银行业监督管理委员会第五十五次主席会议《关于修改〈商业银行资本充足率管理办法〉的决定》修正），《商业银行银行账户信用风险暴露分类指引》、《商业银行信用风险内部评级体系监管指引》、《商业银行专业贷款监管资本计量指引》、《商业银行信用风险缓释监管资本计量指引》、《商业银行操作风险监管资本计量指引》（银监发〔2008〕69号），《商业银行资本充足率信息披露指引》（银监发〔2009〕97号），《商业银行资本计量高级方法验证指引》（银监发〔2009〕104号），《商业银行资本充足率监督检查指引》（银监发〔2009〕109号），《商业银行资产证券化风险暴露监管资本计量指引》（银监发〔2009〕116号），《商业银行市场风险资本计量内部模型法监管指引》（银监发〔2010〕13号），《商业银行资本计量高级方法实施申请和审批指引》（银监发〔2010〕114号）同时废止。本办法施行前出台的有关规章及规范性文件如与本办法不一致的，按照本办法执行。

附件：（略）

系统重要性银行附加监管规定(试行)

1. 2021年9月30日中国人民银行、中国银行保险监督管理委员会令〔2021〕第5号发布
2. 自2021年12月1日起施行

第一章 总 则

第一条 为完善我国系统重要性金融机构监管框架,明确系统重要性银行附加监管要求,加强宏观审慎管理,根据《中华人民共和国中国人民银行法》《中华人民共和国银行业监督管理法》《中华人民共和国商业银行法》等法律法规和完善系统重要性金融机构监管的相关要求,制定本规定。

第二条 本规定适用于依据《系统重要性银行评估办法》认定的系统重要性银行。

第三条 人民银行负责系统重要性银行附加监管规则制定、监测分析,视情要求银保监会采取相应监管措施,并在必要时经国务院批准对系统重要性银行进行检查监督。人民银行会同银保监会提出附加监管要求,牵头银保监会等单位组建危机管理小组,组织审查系统重要性银行恢复计划和处置计划建议,开展可处置性评估。

银保监会依法对系统重要性银行实施微观审慎监管,本规定提出的附加监管要求不取代银保监会的日常监管职责。

第二章 附加监管要求

第四条 系统重要性银行在满足最低资本要求、储备资本和逆周期资本要求基础上,还应满足一定的附加资本要求,由核心一级资本满足。

系统重要性银行分为五组,第一组到第五组的银行分别适用0.25%、0.5%、0.75%、1%和1.5%的附加资本要求。若银行同时被认定为我国系统重要性银行和全球系统重要性银行,附加资本要求不叠加,采用二者孰高原则确定。

银行应在进入系统重要性银行名单或者系统重要性得分变化导致组别上升后,在经过一个完整自然年度后的1月1日满足附加资本要求。若银行退出系统重要性银行名单或者系统重要性得分变化导致组别下降,立即适用新的资本要求。

人民银行、银保监会可以根据宏观经济形势、金融风险变化和银行业发展实际对系统重要性银行附加资本要求进行调整,报国务院金融稳定发展委员会审议通过后实施。

系统重要性银行应拥有充足的资本和债务工具,增强总损失吸收能力,在经营困难时能够通过减记或转股的方式吸收损失,实现有序处置。

第五条 系统重要性银行应建立资本内在约束机制,提高资本内生积累能力,切实发挥资本对业务发展的指导和约束作用。人民银行、银保监会在整体资本管理框架下,根据系统重要性银行的业务经营状况和风险情况,结合压力测试结果,定期对系统重要性银行的资本状况进行全面评估,前瞻性、针对性地评估银行在压力情景下可能出现的资本缺口,并将评估结果作为提出资本监管要求的重要参考。

第六条 系统重要性银行在满足杠杆率要求的基础上,应额外满足附加杠杆率要求。附加杠杆率要求为系统重要性银行附加资本要求的50%,由一级资本满足。

银行应在进入系统重要性银行名单或者系统重要性得分变化导致组别上升后,在经过一个完整自然年度后的1月1日满足附加杠杆率要求。若银行退出系统重要性银行名单或系统重要性得分变化导致组别下降,立即适用新的杠杆率要求。

人民银行、银保监会可以根据宏观经济形势、金融风险变化和银行业发展实际对系统重要性银行附加杠杆率要求进行调整,报国务院金融稳定发展委员会审议通过后实施。

第七条 人民银行会同银保监会基于对实质性风险的判断,对高得分组别系统重要性银行的流动性和大额风险暴露进行评估,根据评估结果提出附加监管要求,报国务院金融稳定发展委员会审议通过后实施。

第三章 恢复与处置计划

第八条 恢复计划应详细说明银行在持续经营能力出现问题等压力情景下,如何通过实施该恢复计划恢复持续经营能力。处置计划应详细说明银行在无法持续经营时,如何通过实施该处置计划实现安全、快速、有效处置,保障关键业务和服务不中断,避免引发系统性金融风险。

首次进入系统重要性银行名单的银行,应当根据自身经营特点、风险和管理状况,按照人民银行、银保监会的要求,制定集团层面的恢复计划和处置计划建议,并于下一年度8月31日前提交危机管理小组审查。系统重要性银行每年更新恢复计划、每两年更新处置计划建议并于更新年度8月31日前报送危机管理小组,并且在内外部经营环境、风险状况发生重大变化时,按照人民银行、银保监会要求进行更新。危机管理小组应自收到恢复计划和处置计划建议之日起2个月内提出书面意见。恢复计划和处置计划建议未获认可的，系统重要性银行应按照要求在危机管理小组规定的时限内完成整改并重新报送。危机管理小组应根据处置计划建议，按照处置的法定权限和分工，综合考虑处置资源配置等因素，形成系统重要性银行的处置计划。

第九条 在系统重要性银行持续经营能力可能或者已经出现问题等压力情景下，满足预先设定的触发条件，系统重要性银行启动并执行恢复计划，快速补充资本和流动性，以度过危机并恢复持续经营能力。恢复计划包括但不限于：

（一）机构概览，恢复计划治理架构与职责划分。

（二）关键功能与核心业务、关键共享服务和重要实体识别，风险领域和薄弱环节。

（三）恢复措施的触发机制，包括触发指标定义及设置等。

（四）压力情景设计、分析及各压力情景下的措施有效性检验。

（五）银行在面临资本不足或流动性困难时可以采取的措施及具体执行方案，包括补充流动性、资产出售、补充资本、暂停或限制分红、压缩经营成本等。

（六）银行向人民银行、银保监会等部门报告和沟通策略等安排。

（七）银行实施恢复计划的障碍及解决障碍的措施。

第十条 处置计划建议应立足于机构自救，落实自救资金来源和制度安排，采取内部纾困模式，落实股东和债权人的风险化解与损失承担责任，具体内容包括但不限于：

（一）机构概览，处置计划治理架构与职责划分。

（二）关键功能与核心业务、关键共享服务和重要实体识别。

（三）处置策略分析，处置权力分析（例如更换负有责任的管理层等相关人员），处置工具分析（例如收购与承接、过桥银行、经营中救助）等。

（四）处置措施的触发机制。

（五）处置措施和方案，包括对实现快速稳定、提升长期生存能力的分析，以及采取的主要措施，例如内部财务纾困、业务转让、部分或全部资产及负债转让等。

（六）保障有效处置的支持性分析，包括处置资金计划和来源、估值能力、关键服务持续运营安排、金融市场基础设施及持续接入安排、消费者权益保护方案等。

（七）与境内外相关部门的协调和信息共享、沟通策略等。

（八）处置实施障碍分析及解决障碍的计划措施。

（九）处置时的损失吸收安排。

第十一条 危机管理小组定期开展可处置性评估，确保处置计划具有可行性和可靠性，并根据评估情况完善处置框架。当系统重要性银行发生兼并、收购、重组等重大变化时，危机管理小组应当及时评估其可处置性的变化情况。若银行退出系统重要性银行名单，危机管理小组不再对其开展可处置性评估。可处置性评估应至少包含以下内容：

（一）处置计划中涉及的处置权力和处置工具是否合法可行。

（二）处置资金来源及资金安排是否充足、明确。

（三）关键功能的识别方法是否合理。

（四）关键功能和关键共享服务是否有合理的安排，以保证处置中的持续运行。

（五）金融市场基础设施能否持续接入，以保证关键功能不中断。

（六）组织架构及管理信息系统能否支持处置。

（七）处置中的跨部门合作和信息共享安排是否可行。

（八）处置影响分析，包括对金融市场的影响、对金融基础设施的影响、对其他金融机构融资行为的影响、对其他金融机构资本充足率的影响、对实体经济的影响、对消费者合法权益的影响。

第十二条 危机管理小组的职责包括但不限于：

（一）定期审查恢复计划和处置计划建议，确保恢复计划和处置计划与银行的系统重要性相匹配，并且有效、可操作。

（二）定期开展可处置性评估，确保系统重要性银行的组织架构、管理水平、基础设施建设和能力能够有效支持处置。

第四章 审慎监管

第十三条 系统重要性银行应执行人民银行牵头制定的系统重要性金融机构统计制度，按要求向人民银行、银保监会报送统计报表。按要求报送财务会计报告、年度业务发展计划、信贷计划和利润计划、压力测试报告和其他资料。每年应当向人民银行、银保监会报送全面风险管理报告，包括对银行风险状况的全面分析、风险防控体系有效性的评估、资产质量报告、改进风险管理水平的具体措施以及人民银行、银保监会要求报送的其他信息。及时向危机管理小组报送审查恢复计划和处置计划建议、开展可处置性评估所需要的相关信息，确保自身管理信息系统能够迅速、全面满足相关信息报送要求。发生兼并、收购、重组等重大变化时，及时向危机管理小组报送相关重大变化对恢复计划和处置计划等的影响分析报告。

系统重要性银行应每年通过官方网站或年度报告披露资本充足率、杠杆率、流动性、大额风险暴露等监管指标情况,并说明附加监管要求满足情况。披露时间不得晚于每年 4 月 30 日。因特殊原因不能按时披露的,应当至少提前十五个工作日向人民银行、银保监会申请延迟披露。

第十四条　系统重要性银行应当全面梳理经营管理中的风险领域和薄弱环节,建立覆盖所有实质性风险领域的风险数据加总和风险报告体系。风险数据加总应确保风险数据的定义、收集和处理能够真实反映银行的风险容忍度和风险偏好,客观衡量风险调整后的经营表现,满足风险报告的需要。系统重要性银行基于规范的汇报路径和程序,按要求将风险信息及时、准确、清晰、完整地报告给人民银行、银保监会等部门。风险数据加总和风险报告体系包括但不限于:

(一)在集团层面建立风险数据加总和风险报告体系的治理架构,明确董事会、高级管理层和各相关部门职责,确保与集团整体治理架构相适应,并保证相应的资源安排。

(二)在集团层面加强信息技术基础设施建设,统一数据结构,建立精细化的数据分类体系和数据字典,健全各业务条线、法人机构、各类资产、各个行业和地区风险敞口及潜在风险的数据库。

(三)提高数据加总和分类的自动化程度,确保在整个集团范围内全部风险数据加总的及时性和准确性,并能够满足正常、压力和危机情况下的定期、临时或突发性数据需求。

(四)风险报告的内容应当与集团的经营特点、复杂性、关联度等相适应,能够准确反映各类实质性风险的真实状况和发展趋势,风险报告的频率应当随风险变化及时调整,随着压力或危机程度加深相应提高风险报告频率。

第十五条　银行进入系统重要性银行名单后,由董事会承担相关工作的最终责任。董事会的职责包括但不限于:

(一)负责推动系统重要性银行达到附加监管要求,并承担最终责任。

(二)制定有效的资本规划,建立资本内在约束机制,定期审查评估资本规划的实施情况,确保资本水平持续满足监管要求。

(三)负责审批恢复计划和处置计划建议,对恢复计划和处置计划建议的制定与更新承担最终责任。

(四)审批集团风险数据加总和风险报告框架,确保充足的资源支持,定期听取专题汇报,充分了解和掌握风险数据加总和风险报告工作的进展情况。

(五)负责推动落实人民银行、银保监会作出的风险提示和整改要求,并承担最终责任。

高级管理层成立以行长为组长的专门领导工作组,承担相关工作的统筹协调与组织实施职责。

第十六条　人民银行在并表基础上加强对系统重要性银行监测分析和风险评估,包括但不限于:

(一)在并表基础上收集和分析系统重要性银行的财务数据、资本充足情况、流动性、大额风险暴露、关联交易和内部交易等定量信息。

(二)收集系统重要性银行集团层面的公司治理、内部控制、防火墙建设和风险管理等定性信息。

(三)定期评估系统重要性银行集团层面的风险及风险管理状况、跨境经营情况、跨业经营情况以及内部风险交叉传染途径。

银保监会依法对系统重要性银行实行并表监督管理,实施强化性监管要求。

第十七条　人民银行、银保监会及时共享系统重要性银行的统计报表、监管报告以及其他重大风险报告。在对系统重要性银行发生的兼并、收购、重组等重大变化进行审批时,银保监会应及时将相关信息告知人民银行。

第十八条　人民银行、银保监会从防范系统性金融风险的角度,设定不同的压力测试情景,指定压力测试模型和方法,定期对系统重要性银行开展压力测试,评估银行的资本规划及资本充足状况、流动性、大额风险暴露等风险状况,检验恢复计划和处置计划的可行性,并根据压力测试结果对系统重要性银行提出相应的监管要求。

第十九条　人民银行、银保监会可基于监测分析和压力测试结果,评估系统重要性银行的信贷集中度、复杂性、业务扩张速度等关键指标情况,强化事前风险预警,引导银行降低系统性金融风险。

系统重要性银行存在违反审慎经营规则或威胁金融稳定情形的,人民银行可向该银行直接作出风险提示,并抄送银保监会。必要时,人民银行商银保监会按照法定程序对系统重要性银行的业务结构、经营策略和组织架构提出调整建议,并推进有效实施。系统重要性银行应按要求限期整改,并在规定期限内向人民银行和银保监会提交整改报告。

第二十条　系统重要性银行违反附加监管规定的,人民银行、银保监会应当要求其限期整改。对于逾期未完成整改的,人民银行、银保监会可以与银行的董事、高级管理人员进行监督管理谈话,人民银行可以建议银保监会采取审慎监管措施，银保监会积极采纳建议并及时作出回复。

第五章　附　　则

第二十一条　本规定由人民银行和银保监会负责解释。

第二十二条　本规定自2021年12月1日起施行。自本规定施行之日起，系统重要性银行附加资本要求不再适用《商业银行资本管理办法（试行）》（中国银行业监督管理委员会令2012年第1号发布）第二十五条的规定。

商业银行大额风险暴露管理办法

1. 2018年4月24日中国银行保险监督管理委员会令2018年第1号公布

2. 自2018年7月1日起施行

第一章　总　　则

第一条　为促进商业银行加强大额风险暴露管理，有效防控客户集中度风险，维护商业银行稳健运行，根据《中华人民共和国银行业监督管理法》《中华人民共和国商业银行法》等法律法规，制定本办法。

第二条　本办法适用于中华人民共和国境内设立的商业银行。

第三条　本办法所称风险暴露是指商业银行对单一客户或一组关联客户的信用风险暴露，包括银行账簿和交易账簿内各类信用风险暴露。

第四条　本办法所称大额风险暴露是指商业银行对单一客户或一组关联客户超过其一级资本净额2.5%的风险暴露。

第五条　商业银行并表和未并表的大额风险暴露均应符合本办法规定的监管要求。

商业银行应按照本办法计算并表和未并表的大额风险暴露。

并表范围与《商业银行资本管理办法（试行）》（以下简称《资本办法》）一致。并表风险暴露为银行集团内各成员对客户的风险暴露简单相加。

第六条　商业银行应将大额风险暴露管理纳入全面风险管理体系，建立完善与业务规模及复杂程度相适应的组织架构、管理制度、信息系统等，有效识别、计量、监测和防控大额风险。

第二章　大额风险暴露监管要求

第七条　商业银行对非同业单一客户的贷款余额不得超过资本净额的10%，对非同业单一客户的风险暴露不得超过一级资本净额的15%。

非同业单一客户包括主权实体、中央银行、公共部门实体、企事业法人、自然人、匿名客户等。匿名客户是指在无法识别资产管理产品或资产证券化产品基础资产的情况下设置的虚拟交易对手。

第八条　商业银行对一组非同业关联客户的风险暴露不得超过一级资本净额的20%。

非同业关联客户包括非同业集团客户、经济依存客户。

第九条　商业银行对同业单一客户或集团客户的风险暴露不得超过一级资本净额的25%。

第十条　全球系统重要性银行对另一家全球系统重要性银行的风险暴露不得超过一级资本净额的15%。

商业银行被认定为全球系统重要性银行后，对其他全球系统重要性银行的风险暴露应在12个月内达到上述监管要求。

第十一条　商业银行对单一合格中央交易对手清算风险暴露不受本办法规定的大额风险暴露监管要求约束，非清算风险暴露不得超过一级资本净额的25%。

第十二条　商业银行对单一不合格中央交易对手清算风险暴露、非清算风险暴露均不得超过一级资本净额的25%。

第十三条　商业银行对下列交易主体的风险暴露不受本办法规定的大额风险暴露监管要求约束：

（一）我国中央政府和中国人民银行；

（二）评级AA-（含）以上的国家或地区的中央政府和中央银行；

（三）国际清算银行及国际货币基金组织；

（四）其他经国务院银行业监督管理机构认定可以豁免的交易主体。

第十四条　商业银行持有的省、自治区、直辖市以及计划单列市人民政府发行的债券不受本办法规定的大额风险暴露监管要求约束。

第十五条　商业银行对政策性银行的非次级债权不受本办法规定的大额风险暴露监管要求约束。

第三章　风险暴露计算

第十六条　商业银行对客户的风险暴露包括：

（一）因各项贷款、投资债券、存放同业、拆放同业、买入返售资产等表内授信形成的一般风险暴露；

（二）因投资资产管理产品或资产证券化产品形成的特定风险暴露；

（三）因债券、股票及其衍生工具交易形成的交易账簿风险暴露；

（四）因场外衍生工具、证券融资交易形成的交易对手信用风险暴露；

（五）因担保、承诺等表外项目形成的潜在风险暴露；

（六）其他风险暴露，指按照实质重于形式的原则，除上述风险暴露外，信用风险仍由商业银行承担的风险暴露。

第十七条　商业银行应按照账面价值扣除减值准备计算一般风险暴露。

第十八条　商业银行应按照本办法计算投资资产管理产品或资产证券化产品形成的特定风险暴露。

第十九条　商业银行应按照本办法计算交易账簿风险暴露。

第二十条　商业银行应按照《资本办法》的规定计算场外衍生工具和证券融资交易的交易对手信用风险暴露。

第二十一条　商业银行应将表外项目名义金额乘以信用转换系数得到等值的表内资产，再按照一般风险暴露的处理方式计算潜在风险暴露。

第二十二条　商业银行应按照以下方法计算中央交易对手清算风险暴露：

（一）衍生工具交易和证券融资交易按照《中央交易对手风险暴露资本计量规则》有关规定计算风险暴露；

（二）非单独管理的初始保证金、预付的违约基金以及股权按照名义金额计算风险暴露；

（三）单独管理的初始保证金以及未付的违约基金不计算风险暴露。

商业银行对中央交易对手非清算风险暴露为对中央交易对手全部风险暴露减去清算风险暴露。

第二十三条　商业银行计算客户风险暴露时，应考虑合格质物质押或合格保证主体提供保证的风险缓释作用，从客户风险暴露中扣减被缓释部分。质物或保证的担保期限短于被担保债权期限的，不具备风险缓释作用。

对于质物，扣减金额为其市场价值，扣减部分计入对质物最终偿付方的风险暴露。对于以特户、封金或保证金等形式特定化后的现金以及黄金等质物，扣减后不计入对质物最终偿付方的风险暴露。

对于保证，扣减金额为保证金额，扣减部分计入对保证人的风险暴露。

第二十四条　商业银行计算客户风险暴露时，可以剔除已从监管资本中扣除的风险暴露、商业银行之间的日间风险暴露以及结算性同业存款。

第二十五条　符合下列条件的商业银行可以采用简化方法计算风险暴露：

（一）资产管理产品及资产证券化产品投资余额合计小于一级资本净额5%的，商业银行可以将所有资产管理产品和资产证券化产品视为一个匿名客户，将投资余额合计视为对匿名客户的风险暴露；

（二）交易账簿总头寸小于70亿元人民币且小于总资产10%的，可以不计算交易账簿风险暴露；

（三）场外衍生工具账面价值合计小于总资产0.5%且名义本金合计小于总资产10%的，可以不计算交易对手信用风险暴露。

第四章　大额风险暴露管理

第二十六条　商业银行应建立健全大额风险暴露管理组织架构，明确董事会、高级管理层、相关部门管理职责，构建相互衔接、有效制衡的运行机制。

第二十七条　董事会应承担大额风险暴露管理最终责任，并履行以下职责：

（一）审批大额风险暴露管理制度；

（二）审阅相关报告，掌握大额风险暴露变动及管理情况；

（三）审批大额风险暴露信息披露内容。

第二十八条　高级管理层应承担大额风险暴露管理实施责任。具体职责包括：

（一）审核大额风险暴露管理制度，提交董事会审批；

（二）推动相关部门落实大额风险暴露管理制度；

（三）持续加强大额风险暴露管理，定期将大额风险暴露变动及管理情况报告董事会；

（四）审核大额风险暴露信息披露内容，提交董事会审批。

第二十九条　商业银行应明确大额风险暴露管理的牵头部门，统筹协调各项工作。具体职责包括：

（一）组织相关部门落实大额风险暴露具体管理职责；

（二）制定、修订大额风险暴露管理制度，提交高级管理层审核；

（三）推动大额风险暴露管理相关信息系统建设；

（四）持续监测大额风险暴露变动及管理情况，定期向高级管理层报告；

（五）确保大额风险暴露符合监管要求及内部限额，对于突破限额的情况及时报告高级管理层；

（六）拟定大额风险暴露信息披露内容，提交高级管理层审核。

第三十条　商业银行应根据本办法制定大额风险暴露管理制度，定期对制度开展评估，必要时应及时修订。制度内容应至少包括：

（一）管理架构与职责分工；

（二）管理政策与工作流程；

（三）客户范围及关联客户认定标准；

（四）风险暴露计算方法；

（五）内部限额与监督审计；

（六）统计报告及信息披露要求。

商业银行制定、修订大额风险暴露管理制度，应及时报银行业监督管理机构备案。

第三十一条 商业银行应根据自身风险偏好、风险状况、管理水平和资本实力，按照大额风险暴露监管要求设定内部限额，并对其进行持续监测、预警和控制。

第三十二条 商业银行应加强信息系统建设，持续收集数据信息，有效支持大额风险暴露管理。相关信息系统应至少实现以下功能：

（一）支持关联客户识别；

（二）准确计量风险暴露；

（三）持续监测大额风险暴露变动情况；

（四）大额风险暴露接近内部限额时，进行预警提示。

第五章 监督管理

第三十三条 银行业监督管理机构依照本办法规定对商业银行大额风险暴露管理进行监督检查，并采取相应监管措施。

第三十四条 银行业监督管理机构定期评估商业银行大额风险暴露管理状况及效果，包括制度执行、系统建设、限额遵守、风险管控等，将评估意见反馈商业银行董事会和高级管理层，并将评估结果作为监管评级的重要参考。

第三十五条 商业银行应于年初30个工作日内向银行业监督管理机构报告上一年度大额风险暴露管理情况。

第三十六条 商业银行应定期向银行业监督管理机构报告并表和未并表的风险暴露情况，具体包括：

（一）所有大额风险暴露；

（二）不考虑风险缓释作用的所有大额风险暴露；

（三）前二十大客户风险暴露，已按第（一）款要求报送的不再重复报送。

并表情况每半年报送一次，未并表情况每季度报送一次。

第三十七条 商业银行突破大额风险暴露监管要求的，应立即报告银行业监督管理机构。

第三十八条 商业银行违反大额风险暴露监管要求的，银行业监督管理机构可采取以下监管措施：

（一）要求商业银行分析大额风险暴露上升的原因，并预测其变动趋势；

（二）与商业银行董事会、高级管理层进行审慎性会谈；

（三）印发监管意见书，内容包括商业银行大额风险暴露管理存在的问题、拟采取的纠正措施和限期达标意见等；

（四）要求商业银行制定切实可行的大额风险暴露限期达标计划，并报银行业监督管理机构备案；

（五）根据违规情况提高其监管资本要求；

（六）责令商业银行采取有效措施降低大额风险暴露。

第三十九条 商业银行违反大额风险暴露监管要求的，除本办法第三十八条规定的监管措施外，银行业监督管理机构还可依据《中华人民共和国银行业监督管理法》等法律法规规定实施行政处罚。

商业银行未按本办法规定管理大额风险暴露、报告大额风险暴露情况的，以及未按规定进行信息披露、提供虚假报告或隐瞒重要事实的，银行业监督管理机构可依据《中华人民共和国银行业监督管理法》等法律法规规定实施行政处罚。

第四十条 在市场流动性较为紧张的情况下，商业银行之间大额风险暴露突破监管要求的，银行业监督管理机构可根据实际情况采取相应监管措施。

第六章 附则

第四十一条 本办法由国务院银行业监督管理机构负责解释。

第四十二条 农村合作银行、村镇银行、农村信用社参照执行本办法。省联社对同业客户的风险暴露监管要求由国务院银行业监督管理机构另行规定。

第四十三条 非同业集团客户成员包括金融机构的，商业银行对该集团客户的风险暴露限额适用本办法第九条规定。

第四十四条 本办法自2018年7月1日起施行。

商业银行应于2018年12月31日前达到本办法规定的大额风险暴露监管要求。

第四十五条 商业银行对匿名客户的风险暴露应于2019年12月31日前达到本办法规定的大额风险暴露监管要求。

第四十六条 对于2018年底同业客户风险暴露未达到本办法规定的监管要求的商业银行，设置三年过渡期，相关商业银行应于2021年底前达标。过渡期内，商业银行应制定和实施达标规划，报银行业监督管理机构批准，逐步降低同业客户风险暴露，达到本办法规定的分阶段同业客户风险暴露监管要求，鼓励有条件的商业银行提前达标。过渡期内，银行业监督管理机构可根据达标规划实施情况采取相应监管措施。

第四十七条 附件1、附件2、附件3、附件4、附件5和附件6是本办法的组成部分。

（一）附件1 关联客户识别方法；

（二）附件2 特定风险暴露计算方法；

（三）附件3 交易账簿风险暴露计算方法；

（四）附件4 表外项目信用转换系数；

（五）附件5 合格质物及合格保证范围；

（六）附件6 过渡期分阶段达标要求。

附件1：

关联客户识别方法

一、集团客户识别

集团客户是指存在控制关系的一组企事业法人客户或同业单一客户。商业银行应按照《企业会计准则第33号——合并财务报表》规定的控制关系判断标准，根据实质重于形式原则识别集团客户。识别集团客户应至少考虑以下特征：

（一）一方在股权上或经营决策上直接或间接控制另一方或被另一方控制；

（二）两方共同被第三方控制；

（三）一方主要投资者个人、关键管理人员或其亲属（包括三代以内直系亲属关系和二代以内旁系亲属关系）直接或间接控制另一方；

（四）存在其他关联关系，可能不按公允价格原则转移资产和利润，应视同集团客户管理。

商业银行识别集团客户时，对于不受大额风险暴露监管要求约束的主体，如果两个客户同受其控制，但客户之间不存在控制关系，可以不认定为集团客户。

二、经济依存客户识别

经济依存客户是指存在经济依存关系的一组企事业法人客户。经济依存关系指一个客户发生财务困难或违约时可能导致另一个客户无法及时足额偿还债务的情形。商业银行应识别风险暴露超过一级资本净额5%的企事业法人客户之间是否存在经济依存关系。判断客户之间是否存在经济依存关系时，商业银行应至少考虑以下因素：

（一）一个客户年度总收入或总支出的50%以上源于与另一个客户的交易，或50%以上的产品销售给另一个客户且难以找到替代的产品购买方；

（二）一个客户通过保证等方式对另一个客户融资负有代偿责任且金额较大，保证人履行担保义务时，自身债务很可能违约，导致两个客户的债务违约存在相关性；

（三）一个客户偿还债务的主要资金来自另一个客户对其还款，后者发生财务困难或违约可能导致前者无法及时足额偿还债务；

（四）两个客户依赖共同的、难以替代的融资来源获得大部分资金，当共同的资金提供方违约时，无法找到替代的资金提供方，一个客户的融资问题很可能扩展到另一个客户；

（五）一个客户与另一个客户偿还贷款的主要来源相同，且双方均没有其他收入来源足额归还贷款。

商业银行识别经济依存客户时，对于不受大额风险暴露监管要求约束的主体，如果两个客户同时与其存在经济依存关系，但客户之间不存在经济依存关系，可以不认定为经济依存客户。

三、客户信息收集与维护

商业银行应要求客户提供真实、准确、完整的信息资料，作为识别集团客户和经济依存客户的重要依据。客户信息发生变更的，商业银行应要求客户及时提交更新后的信息资料。

信息资料包括但不限于客户基本情况、业务经营状况、财务状况、融资及对外担保情况、实际控制人信息、法定代表人信息、高级管理人员信息、股东及关联企业信息、主要合作伙伴信息以及业务往来情况。

商业银行应对照客户提供的信息资料，对重点内容、存在疑问的内容和其他需要了解的信息进行实地核查和调查，确保掌握信息的真实性、准确性、完整性。

附件2：

特定风险暴露计算方法

商业银行应按照以下要求计算投资资产管理产品或资产证券化产品形成的特定风险暴露。

一、基础资产风险暴露

（一）基础资产风险暴露交易对手的确定

1. 商业银行应使用穿透方法，将资产管理产品或资产证券化产品基础资产的最终债务人作为交易对手，并将基础资产风险暴露计入该交易对手的风险暴露。对于风险暴露小于一级资本净额0.15%的基础资产，如果商业银行能够证明不存在人为分割基础资产规避穿透要求等监管套利行为，可以不使用穿透方法，但应将资产管理产品或资产证券化产品本身作为交易对手，并视同非同业单一客户，将基础资产风险暴露计入该客户的风险暴露。

2. 商业银行能够证明确实无法识别基础资产并且不存在监管套利行为的，可以不使用穿透方法，但应区分以下两种情况：对于所有投资金额不小于一级资本净额0.15%的产品，商业银行应设置唯一的匿名客户，并将其视同非同业单一客户，将所有产品的基础资产风险暴露计入匿名客户。对于单个投资金额小于一级资本净额0.15%的产品，商业银行应将产品本身作为交易对手，并视同非同业单一客户，将基础资产风险暴露计入该客户的风险暴露。

（二）基础资产风险暴露的计算

1. 对于不使用穿透方法的资产管理产品或资产证券化产品，风险暴露为投资该产品的名义金额。

2. 对于使用穿透方法且所有投资者处于同一等级的资产管理产品或资产证券化产品，计入某项基础资产最终债务人的风险暴露为：

$$E_i = p \times V_i^{(underlying)}$$

其中：

p 是商业银行在该产品中持有的份额比例。

$V_i^{(underlying)}$ 是该产品中该项基础资产的账面价值。

3. 对于使用穿透方法且投资者之间优先级不同的资产管理产品或资产证券化产品，对基础资产风险暴露的计算基于该产品中的每一个层级，且假设基础资产的全部损失由单一层级中的投资者按比例分担。计入某项基础资产最终债务人的风险暴露为：

$$E_i = min\{V_i^{(underlying)}, [\sum_j p_j^{(tranche)} \times min(V_i^{(underlying)}, V_j^{(tranche)})]\}$$

其中：

$V_i^{(underlying)}$ 是该产品中该项基础资产的账面价值。

$p_j^{(tranche)}$ 是商业银行在该产品中第j层级的份额比例。

$V_j^{(tranche)}$ 是该产品中第j层级的名义金额。

二、附加风险暴露

对于商业银行投资的资产管理产品或资产证券化产品，其发起人、管理人、流动性提供者、信用保护提供者等主体的违约行为可能对商业银行造成损失，由此产生的风险暴露称为附加风险暴露。商业银行应将上述主体分别作为交易对手，分别计算相应的附加风险暴露，并计入该交易对手的风险暴露。附加风险暴露按照投资该项资产管理产品或资产证券化产品的名义金额计算。如果商业银行能够证明发起人或管理人与基础资产实现了破产隔离，可以不计算其附加风险暴露。

附件3：

交易账簿风险暴露计算方法

一、债券和股票按照市场价值计算风险暴露。

二、对于基础工具为债券、股票的互换、期货、远期等衍生工具，应按照《资本办法》规定转换为基础工具头寸，并按照市场价值计算其风险暴露，计入基础工具发行人的风险暴露。

三、对于信用参考实体为债券、股票的信用衍生工具，应按照《资本办法》规定转换为相关信用参考实体的本金头寸，并按照市场价值计算其风险暴露，计入信用参考实体发行人的风险暴露。对于信用保护卖方，如果信用衍生工具市场价值大于0，则信用保护卖方对信用参考实体的风险暴露为信用参考实体的市场价值减去信用衍生工具的市场价值；同时，信用保护卖方对信用保护买方的风险暴露相应增加，数值等于信用衍生工具的市场价值。对于信用联系票据，信用保护卖方对信用保护买方的风险暴露还包括持有买方发行的票据产生的风险暴露，并按照购买票据支付的本金计算。

四、多头头寸和空头头寸的抵消

（一）同一工具多头与空头的抵消

如果两个或两个以上基础工具或信用参考实体的发行人、票面利率、货币、期限等全部相同，则可认为是同一工具。对于同一工具，可将多头头寸和空头头寸进行抵消，并按照抵消后的净值计算该工具的风险暴露。抵消后为净空头的，风险暴露为0。

（二）不同工具多头与空头的抵消

对于同一发行人的不同工具，只有在多头头寸优先级不低于空头头寸的情况下才可抵消，并按照抵消后的净值计算相应工具的风险暴露。抵消后为净空头的，风险暴露为0。对于头寸的优先级，可按照宽泛类别进行划分和认定，例如按优先级由高到低依次划分为优先债、次级债、权益类证券。如果商业银行认为划分优先级过于复杂，可选择不进行抵消。

如果商业银行利用信用衍生工具对某一头寸进行套期保值，并且该头寸对应的基础工具或信用参考实体的优先级不低于用于套期保值的信用衍生工具对应信用参考实体的优先级，则该套期保值具有风险缓释作用，商业银行应从该头寸的风险暴露中扣除被缓释部分，同时信用保护提供者的风险暴露相应增加。如果用于套期保值的信用衍生工具为信用违约互换，并且信用保护提供者和信用参考实体发行人均为非同业客户，则信用保护提供者的风险暴露增加额为对信用保护提供者的交易对手信用风险暴露；其他情况下，信用保护提供者的风险暴露增加额为原头寸风险暴露扣除金额。

（三）其他事项

交易账簿空头头寸与银行账簿多头头寸不得抵消，交易账簿多头头寸与银行账簿空头头寸不得抵消。

对于不进行抵消的空头头寸，风险暴露为0。

五、对于基础工具为债券、股票的期权，应根据期权类型计算基础工具的风险暴露。对于买入看涨期权，风险暴露为其市场价值。对于卖出看跌期权，风险暴露为行权价格减去其市场价值。对于卖出看涨期权，风险暴露为负值，绝对值为其市场价值。对于买入看跌期权，风险暴露为负值，绝对值为行权价格减去其市场价值。同一基础工具对应的上述风险暴露需加总计算，如果加总后为负值，则设为0。基础工具的风险暴露应计入基础工具发行人的风险暴露。

附件4：

表外项目信用转换系数

表 外 项 目	信用转换系数
1. 等同于贷款的授信业务	100%
2. 贷款承诺	
2.1 原始期限不超过1年的贷款承诺	20%
2.2 原始期限1年以上的贷款承诺	50%
2.3 可随时无条件撤销的贷款承诺	10%
3. 未使用的信用卡授信额度	
3.1 一般未使用额度	50%
3.2 符合标准的未使用额度	20%
4. 票据发行便利	50%
5. 循环认购便利	50%
6. 银行借出的证券或用作抵押物的证券	100%
7. 与贸易直接相关的短期或有项目	20%
8. 与交易直接相关的或有项目	50%
9. 信用风险仍在银行的资产销售与购买协议	100%
10. 远期资产购买、远期定期存款、部分交款的股票及证券	100%
11. 其他表外项目	100%

说明：

1. 等同于贷款的授信业务包括一般负债担保、承兑汇票、具有承兑性质的背书及融资性保函等。

2. 与贸易直接相关的短期或有项目主要指有优先索偿权的以装运货物作抵押的跟单信用证。

3. 与交易直接相关的或有项目包括投标保函、履约保函、预付保函、预留金保函等。

4. 信用风险仍在银行的资产销售与购买协议包括资产回购协议和有追索权的资产销售。

附件5：

合格质物及合格保证范围

信用风险缓释工具	种 类
质物	（一）以特户、封金或保证金等形式特定化后的现金； （二）黄金； （三）银行存单； （四）我国财政部发行的国债； （五）中国人民银行发行的票据； （六）我国政策性银行、公共部门实体、商业银行发行的债券、票据和承兑的汇票； （七）金融资产管理公司为收购国有银行而定向发行的债券； （八）评级为BBB－（含BBB－）以上国家或地区政府和中央银行发行的债券； （九）注册地所在国家或地区评级在A－（含A－）以上的境外商业银行和公共部门实体发行的债券、票据和承兑的汇票； （十）多边开发银行、国际清算银行和国际货币基金组织发行的债券。
保证	（一）我国中央政府、中国人民银行、政策性银行、公共部门实体和商业银行； （二）评级为BBB－（含BBB－）以上国家或地区政府和中央银行； （三）注册地所在国家或地区评级在A－（含A－）以上的境外商业银行和公共部门实体； （四）多边开发银行、国际清算银行和国际货币基金组织。

附件 6:

过渡期分阶段达标要求

对于 2018 年底未达到本办法规定的同业客户风险暴露监管要求的商业银行,应在过渡期内按照下表规定的分阶段达标要求,逐步降低同业客户风险暴露。例如,2019 年 6 月 30 日前,同业客户风险暴露应压缩至一级资本净额的 100% 以下(含),以此类推。

时　　限	要求
2019 年 6 月 30 日	100%
2019 年 12 月 31 日	80%
2020 年 6 月 30 日	60%
2020 年 12 月 31 日	45%
2021 年 6 月 30 日	35%
2021 年 12 月 31 日	25%

商业银行流动性风险管理办法

1. 2018 年 5 月 23 日中国银行保险监督管理委员会令 2018 年第 3 号公布
2. 自 2018 年 7 月 1 日起施行

第一章　总　　则

第一条　为加强商业银行流动性风险管理,维护银行体系安全稳健运行,根据《中华人民共和国银行业监督管理法》《中华人民共和国商业银行法》《中华人民共和国外资银行管理条例》等法律法规,制定本办法。

第二条　本办法适用于在中华人民共和国境内依法设立的商业银行。

第三条　本办法所称流动性风险,是指商业银行无法以合理成本及时获得充足资金,用于偿付到期债务、履行其他支付义务和满足正常业务开展的其他资金需求的风险。

第四条　商业银行应当按照本办法建立健全流动性风险管理体系,对法人和集团层面、各附属机构、各分支机构、各业务条线的流动性风险进行有效识别、计量、监测和控制,确保其流动性需求能够及时以合理成本得到满足。

第五条　银行业监督管理机构依法对商业银行的流动性风险及其管理体系实施监督管理。

第二章　流动性风险管理

第六条　商业银行应当在法人和集团层面建立与其业务规模、性质和复杂程度相适应的流动性风险管理体系。

流动性风险管理体系应当包括以下基本要素:

(一)有效的流动性风险管理治理结构;

(二)完善的流动性风险管理策略、政策和程序;

(三)有效的流动性风险识别、计量、监测和控制;

(四)完备的管理信息系统。

第一节　流动性风险管理治理结构

第七条　商业银行应当建立有效的流动性风险管理治理结构,明确董事会及其专门委员会、监事会(监事)、高级管理层以及相关部门在流动性风险管理中的职责和报告路线,建立适当的考核和问责机制。

第八条　商业银行董事会应当承担流动性风险管理的最终责任,履行以下职责:

(一)审核批准流动性风险偏好、流动性风险管理策略、重要的政策和程序,流动性风险偏好应当至少每年审议一次;

(二)监督高级管理层对流动性风险实施有效管理和控制;

(三)持续关注流动性风险状况,定期获得流动性风险报告,及时了解流动性风险水平、管理状况及其重大变化;

(四)审批流动性风险信息披露内容,确保披露信息的真实性和准确性;

(五)其他有关职责。

董事会可以授权其下设的专门委员会履行部分职责。

第九条　商业银行高级管理层应当履行以下职责:

(一)制定、定期评估并监督执行流动性风险偏好、流动性风险管理策略、政策和程序;

(二)确定流动性风险管理组织架构,明确各部门职责分工,确保商业银行具有足够的资源,独立、有效地开展流动性风险管理工作;

(三)确保流动性风险偏好、流动性风险管理策略、政策和程序在商业银行内部得到有效沟通和传达;

(四)建立完备的管理信息系统,支持流动性风险的识别、计量、监测和控制;

(五)充分了解并定期评估流动性风险水平及管理状况,及时了解流动性风险的重大变化,并向董事会定期报告;

(六)其他有关职责。

第十条　商业银行应当指定专门部门负责流动性风险管理,其流动性风险管理职能应当与业务经营职能保持相对独立，并且具备履行流动性风险管理职能所需要的人力、物力资源。

商业银行负责流动性风险管理的部门应当具备以下职能：

（一）拟定流动性风险管理策略、政策和程序，提交高级管理层和董事会审核批准；

（二）识别、计量和监测流动性风险，包括持续监控优质流动性资产状况，监测流动性风险限额遵守情况并及时报告超限额情况，组织开展流动性风险压力测试，组织流动性风险应急计划的测试和评估；

（三）识别、评估新产品、新业务和新机构中所包含的流动性风险，审核相关操作和风险管理程序；

（四）定期提交独立的流动性风险报告，及时向高级管理层和董事会报告流动性风险水平、管理状况及其重大变化；

（五）拟定流动性风险信息披露内容，提交高级管理层和董事会审批；

（六）其他有关职责。

第十一条　商业银行应当在内部定价以及考核激励等相关制度中充分考虑流动性风险因素，在考核分支机构或主要业务条线经风险调整的收益时应当考虑流动性风险成本，防止因过度追求业务扩张和短期利润而放松流动性风险管理。

第十二条　商业银行监事会（监事）应当对董事会和高级管理层在流动性风险管理中的履职情况进行监督评价，至少每年向股东大会（股东）报告一次。

第十三条　商业银行应当按照银行业监督管理机构关于内部控制有关要求，建立完善的流动性风险管理内部控制体系，作为银行整体内部控制体系的有机组成部分。

第十四条　商业银行应当将流动性风险管理纳入内部审计范畴，定期审查和评价流动性风险管理的充分性和有效性。

内部审计应当涵盖流动性风险管理的所有环节，包括但不限于：

（一）流动性风险管理治理结构、策略、政策和程序能否确保有效识别、计量、监测和控制流动性风险；

（二）流动性风险管理政策和程序是否得到有效执行；

（三）现金流分析和压力测试的各项假设条件是否合理；

（四）流动性风险限额管理是否有效；

（五）流动性风险管理信息系统是否完备；

（六）流动性风险报告是否准确、及时、全面。

第十五条　流动性风险管理的内部审计报告应当提交董事会和监事会。董事会应当针对内部审计发现的问题，督促高级管理层及时采取整改措施。内部审计部门应当跟踪检查整改措施的实施情况，并及时向董事会提交有关报告。

商业银行境外分支机构或附属机构采用相对独立的本地流动性风险管理模式的，应当对其流动性风险管理单独进行审计。

第二节　流动性风险管理策略、政策和程序

第十六条　商业银行应当根据经营战略、业务特点、财务实力、融资能力、总体风险偏好及市场影响力等因素确定流动性风险偏好。

商业银行的流动性风险偏好应当明确其在正常和压力情景下愿意并能够承受的流动性风险水平。

第十七条　商业银行应当根据流动性风险偏好制定书面的流动性风险管理策略、政策和程序。流动性风险管理策略、政策和程序应当涵盖表内外各项业务以及境内外所有可能对流动性风险产生重大影响的业务部门、分支机构和附属机构，并包括正常和压力情景下的流动性风险管理。

第十八条　商业银行的流动性风险管理策略应当明确流动性风险管理的总体目标、管理模式以及主要政策和程序。

流动性风险管理政策和程序包括但不限于：

（一）流动性风险识别、计量和监测，包括现金流测算和分析；

（二）流动性风险限额管理；

（三）融资管理；

（四）日间流动性风险管理；

（五）压力测试；

（六）应急计划；

（七）优质流动性资产管理；

（八）跨机构、跨境以及重要币种的流动性风险管理；

（九）对影响流动性风险的潜在因素以及其他类别风险对流动性风险的影响进行持续监测和分析。

第十九条　商业银行在开办新产品、新业务和设立新机构之前，应当在可行性研究中充分评估可能对流动性风险产生的影响，完善相应的风险管理政策和程序，并经负责流动性风险管理的部门审核同意。

第二十条　商业银行应当综合考虑业务发展、技术更新及市场变化等因素，至少每年对流动性风险偏好、流动性风险管理策略、政策和程序进行一次评估，必要时进行修订。

第三节　流动性风险识别、计量、监测和控制

第二十一条　商业银行应当根据业务规模、性质、复杂程度及风险状况，运用适当方法和模型，对在正常和压力情景下未来不同时间段的资产负债期限错配、融资来源多元化和稳定程度、优质流动性资产、重要币种流动性风险及市场流动性等进行分析和监测。

商业银行在运用上述方法和模型时应当使用合理的假设条件，定期对各项假设条件进行评估，必要时进行修正，并保留书面记录。

第二十二条　商业银行应当建立现金流测算和分析框架，有效计量、监测和控制正常和压力情景下未来不同时间段的现金流缺口。

现金流测算和分析应当涵盖资产和负债的未来现金流以及或有资产和或有负债的潜在现金流，并充分考虑支付结算、代理和托管等业务对现金流的影响。

商业银行应当对重要币种的现金流单独进行测算和分析。

第二十三条　商业银行应当根据业务规模、性质、复杂程度及风险状况，监测可能引发流动性风险的特定情景或事件，采用适当的预警指标，前瞻性地分析其对流动性风险的影响。可参考的情景或事件包括但不限于：

（一）资产快速增长，负债波动性显著上升；

（二）资产或负债集中度上升；

（三）负债平均期限下降；

（四）批发或零售存款大量流失；

（五）批发或零售融资成本上升；

（六）难以继续获得长期或短期融资；

（七）期限或货币错配程度加剧；

（八）多次接近内部限额或监管标准；

（九）表外业务、复杂产品和交易对流动性的需求增加；

（十）银行资产质量、盈利水平和总体财务状况恶化；

（十一）交易对手要求追加额外抵（质）押品或拒绝进行新交易；

（十二）代理行降低或取消授信额度；

（十三）信用评级下调；

（十四）股票价格下跌；

（十五）出现重大声誉风险事件。

第二十四条　商业银行应当对流动性风险实施限额管理，根据自身业务规模、性质、复杂程度、流动性风险偏好和外部市场发展变化情况，设定流动性风险限额。流动性风险限额包括但不限于现金流缺口限额、负债集中度限额、集团内部交易和融资限额。

商业银行应当制定流动性风险限额管理的政策和程序，建立流动性风险限额设定、调整的授权制度、审批流程和超限额审批程序，至少每年对流动性风险限额进行一次评估，必要时进行调整。

商业银行应当对流动性风险限额遵守情况进行监控，超限额情况应当及时报告。对未经批准的超限额情况应当按照限额管理的政策和程序进行处理。对超限额情况的处理应当保留书面记录。

第二十五条　商业银行应当建立并完善融资策略，提高融资来源的多元化和稳定程度。

商业银行的融资管理应当符合以下要求：

（一）分析正常和压力情景下未来不同时间段的融资需求和来源；

（二）加强负债品种、期限、交易对手、币种、融资抵（质）押品和融资市场等的集中度管理，适当设置集中度限额，对于同业批发融资，应按总量和主要期限分别设定限额；

（三）加强融资渠道管理，积极维护与主要融资交易对手的关系，保持在市场上的适当活跃程度，并定期评估市场融资和资产变现能力；

（四）密切监测主要金融市场的交易量和价格等变动情况，评估市场流动性对商业银行融资能力的影响。

第二十六条　商业银行应当加强融资抵（质）押品管理，确保其能够满足正常和压力情景下日间和不同期限融资交易的抵（质）押品需求，并且能够及时履行向相关交易对手返售抵（质）押品的义务。

商业银行应当区分有变现障碍资产和无变现障碍资产。对可以用作抵（质）押品的无变现障碍资产的种类、数量、币种、所处地域和机构、托管账户，以及中央银行或金融市场对其接受程度进行监测分析，定期评估其资产价值及融资能力，并充分考虑其在融资中的操作性要求和时间要求。

商业银行应当在考虑抵（质）押品的融资能力、价格敏感度、压力情景下的折扣率等因素的基础上提高抵（质）押品的多元化程度。

第二十七条　商业银行应当加强日间流动性风险管理，确保具有充足的日间流动性头寸和相关融资安排，及时满足正常和压力情景下的日间支付需求。

商业银行的日间流动性风险管理应该符合以下要求：

（一）有效计量每日的预期现金流入总量和流出总量，日间各个时点现金流入和流出的规模、缺口等；

（二）及时监测业务行为变化，以及账面资金、日

间信用额度、可用押品等可用资金变化等对日间流动性头寸的影响；

（三）具有充足的日间融资安排来满足日间支付需求，必要时可通过管理和使用押品来获取日间流动性；

（四）具有根据日间情况合理管控资金流出时点的能力；

（五）充分考虑非预期冲击对日间流动性的影响。

商业银行应当结合历史数据对日间流动性状况进行回溯分析，并在必要时完善日间流动性风险管理。

第二十八条　商业银行应当加强同业业务流动性风险管理，提高同业负债的多元化和稳定程度，并优化同业资产结构和配置。

第二十九条　商业银行应当建立流动性风险压力测试制度，分析承受短期和中长期压力情景的流动性风险控制能力。

流动性风险压力测试应当符合以下要求：

（一）合理审慎设定并定期审核压力情景，充分考虑影响商业银行自身的特定冲击、影响整个市场的系统性冲击和两者相结合的情景，以及轻度、中度、严重等不同压力程度；

（二）合理审慎设定在压力情景下商业银行满足流动性需求并可持续经营的最短期限，在影响整个市场的系统性冲击情景下该期限应当不少于30天；

（三）充分考虑各类风险与流动性风险的内在关联性和市场流动性对商业银行流动性风险的影响；

（四）定期在法人和集团层面实施压力测试，当存在流动性转移限制等情况时，应当对有关分支机构或附属机构单独实施压力测试；

（五）压力测试频率应当与商业银行的规模、风险水平及市场影响力相适应，常规压力测试应当至少每季度进行一次，出现市场剧烈波动等情况时，应当提高压力测试频率；

（六）在可能情况下，应当参考以往出现的影响银行或市场的流动性冲击，对压力测试结果实施事后检验，压力测试结果和事后检验应当有书面记录；

（七）在确定流动性风险偏好、流动性风险管理策略、政策和程序，以及制定业务发展和财务计划时，应当充分考虑压力测试结果，必要时应当根据压力测试结果对上述内容进行调整。

董事会和高级管理层应当对压力测试的情景设定、程序和结果进行审核，不断完善流动性风险压力测试，充分发挥其在流动性风险管理中的作用。

第三十条　商业银行应当根据其业务规模、性质、复杂程度、风险水平、组织架构及市场影响力，充分考虑压力测试结果，制定有效的流动性风险应急计划，确保其可以应对紧急情况下的流动性需求。商业银行应当至少每年对应急计划进行一次测试和评估，必要时进行修订。

流动性风险应急计划应当符合以下要求：

（一）设定触发应急计划的各种情景；

（二）列明应急资金来源，合理估计可能的筹资规模和所需时间，充分考虑跨境、跨机构的流动性转移限制，确保应急资金来源的可靠性和充分性；

（三）规定应急程序和措施，至少包括资产方应急措施、负债方应急措施、加强内外部沟通和其他减少因信息不对称而给商业银行带来不利影响的措施；

（四）明确董事会、高级管理层及各部门实施应急程序和措施的权限与职责；

（五）区分法人和集团层面应急计划，并视需要针对重要币种和境外主要业务区域制定专门的应急计划，对于存在流动性转移限制的分支机构或附属机构，应当制定专门的应急计划。

第三十一条　商业银行应当持有充足的优质流动性资产，确保其在压力情景下能够及时满足流动性需求。优质流动性资产应当为无变现障碍资产，可以包括在压力情景下能够通过出售或抵（质）押方式获取资金的流动性资产。

商业银行应当根据其流动性风险偏好，考虑压力情景的严重程度和持续时间、现金流缺口、优质流动性资产变现能力等因素，按照审慎原则确定优质流动性资产的规模和构成。

第三十二条　商业银行应当对流动性风险实施并表管理，既要考虑银行集团的整体流动性风险水平，又要考虑附属机构的流动性风险状况及其对银行集团的影响。

商业银行应当设立集团内部的交易和融资限额，分析银行集团内部负债集中度可能对流动性风险产生的影响，防止分支机构或附属机构过度依赖集团内部融资，减少集团内部的风险传导。

商业银行应当充分了解境外分支机构、附属机构及其业务所在国家或地区与流动性风险管理相关的法律、法规和监管要求，充分考虑流动性转移限制和金融市场发展差异程度等因素对流动性风险并表管理的影响。

第三十三条　商业银行应当按照本外币合计和重要币种分别进行流动性风险识别、计量、监测和控制。

第三十四条　商业银行应当审慎评估信用风险、市场风险、操作风险和声誉风险等其他类别风险对流动性风险的影响。

第四节 管理信息系统

第三十五条 商业银行应当建立完备的管理信息系统，准确、及时、全面计量、监测和报告流动性风险状况。

管理信息系统应当至少实现以下功能：

（一）监测日间流动性状况，每日计算各个设定时间段的现金流入、流出及缺口；

（二）计算流动性风险监管和监测指标，并在必要时提高监测频率；

（三）支持流动性风险限额的监测和控制；

（四）支持对大额资金流动的实时监控；

（五）支持对优质流动性资产及其他无变现障碍资产种类、数量、币种、所处地域和机构、托管账户等信息的监测；

（六）支持对融资抵（质）押品种类、数量、币种、所处地域和机构、托管账户等信息的监测；

（七）支持在不同假设情景下实施压力测试。

第三十六条 商业银行应当建立规范的流动性风险报告制度，明确各项流动性风险报告的内容、形式、频率和报送范围，确保董事会、高级管理层和其他管理人员及时了解流动性风险水平及其管理状况。

第三章 流动性风险监管

第一节 流动性风险监管指标

第三十七条 流动性风险监管指标包括流动性覆盖率、净稳定资金比例、流动性比例、流动性匹配率和优质流动性资产充足率。

资产规模不小于2000亿元人民币的商业银行应当持续达到流动性覆盖率、净稳定资金比例、流动性比例和流动性匹配率的最低监管标准。

资产规模小于2000亿元人民币的商业银行应当持续达到优质流动性资产充足率、流动性比例和流动性匹配率的最低监管标准。

第三十八条 流动性覆盖率监管指标旨在确保商业银行具有充足的合格优质流动性资产，能够在规定的流动性压力情景下，通过变现这些资产满足未来至少30天的流动性需求。

流动性覆盖率的计算公式为：

流动性覆盖率 = 合格优质流动性资产 ÷ 未来30天现金净流出量

流动性覆盖率的最低监管标准为不低于100%。除本办法第六十条第二款规定的情形外，流动性覆盖率应当不低于最低监管标准。

第三十九条 净稳定资金比例监管指标旨在确保商业银行具有充足的稳定资金来源，以满足各类资产和表外风险敞口对稳定资金的需求。

净稳定资金比例的计算公式为：

净稳定资金比例 = 可用的稳定资金 ÷ 所需的稳定资金

净稳定资金比例的最低监管标准为不低于100%。

第四十条 流动性比例的计算公式为：

流动性比例 = 流动性资产余额 ÷ 流动性负债余额

流动性比例的最低监管标准为不低于25%。

第四十一条 流动性匹配率监管指标衡量商业银行主要资产与负债的期限配置结构，旨在引导商业银行合理配置长期稳定负债、高流动性或短期资产，避免过度依赖短期资金支持长期业务发展，提高流动性风险抵御能力。

流动性匹配率的计算公式为：

流动性匹配率 = 加权资金来源 ÷ 加权资金运用

流动性匹配率的最低监管标准为不低于100%。

第四十二条 优质流动性资产充足率监管指标旨在确保商业银行保持充足的、无变现障碍的优质流动性资产，在压力情况下，银行可通过变现这些资产来满足未来30天内的流动性需求。

优质流动性资产充足率的计算公式为：

优质流动性资产充足率 = 优质流动性资产 ÷ 短期现金净流出

优质流动性资产充足率的最低监管标准为不低于100%。除本办法第六十条第二款规定的情形外，优质流动性资产充足率应当不低于最低监管标准。

第四十三条 商业银行应当在法人和集团层面，分别计算未并表和并表的流动性风险监管指标，并表范围按照银行业监督管理机构关于商业银行资本监管的相关规定执行。

在计算并表流动性覆盖率时，若集团内部存在跨境或跨机构的流动性转移限制，相关附属机构满足自身流动性覆盖率最低监管标准之外的合格优质流动性资产，不能计入集团的合格优质流动性资产。

第二节 流动性风险监测工具

第四十四条 银行业监督管理机构应当从商业银行资产负债期限错配情况、融资来源的多元化和稳定程度、无变现障碍资产、重要币种流动性风险状况以及市场流动性等方面，定期对商业银行和银行体系的流动性风险进行分析和监测。

银行业监督管理机构应当充分考虑单一的流动性风险监管指标或监测工具在反映商业银行流动性风险方面的局限性，综合运用多种方法和工具对流动性风险进行分析和监测。

银行业监督管理机构可结合商业银行的发展战略、市场定位、经营模式、资产负债结构和风险管理能力,对全部或部分监测工具设置差异化的监测预警值或预警区间,适时进行风险提示或要求银行采取相关措施。

第四十五条 银行业监督管理机构应当定期监测商业银行的所有表内外项目在不同时间段的合同期限错配情况,并分析其对流动性风险的影响。合同期限错配情况的分析和监测可以涵盖隔夜、7天、14天、1个月、2个月、3个月、6个月、9个月、1年、2年、3年、5年和5年以上等多个时间段。相关参考指标包括但不限于各个时间段的流动性缺口和流动性缺口率。

第四十六条 银行业监督管理机构应当定期监测商业银行融资来源的多元化和稳定程度,并分析其对流动性风险的影响。银行业监督管理机构应当按照重要性原则,分析商业银行的表内外负债在融资工具、交易对手和币种等方面的集中度。对负债集中度的分析应当涵盖多个时间段。相关参考指标包括但不限于核心负债比例、同业融入比例、最大十户存款比例和最大十家同业融入比例。

当商业银行出现对短期同业批发融资依赖程度较高、同业批发融资增长较快、发行同业存单增长较快等情况时,或商业银行在上述方面明显高于同质同类银行或全部商业银行平均水平时,银行业监督管理机构应当及时了解原因并分析其反映出的商业银行风险变化,必要时进行风险提示或要求商业银行采取相关措施。

第四十七条 银行业监督管理机构应当定期监测商业银行无变现障碍资产的种类、金额和所在地。相关参考指标包括但不限于超额备付金率、本办法第三十一条所规定的优质流动性资产以及向中央银行或市场融资时可以用作抵(质)押品的其他资产。

第四十八条 银行业监督管理机构应当根据商业银行的外汇业务规模、货币错配情况和市场影响力等因素决定是否对其重要币种的流动性风险进行单独监测。相关参考指标包括但不限于重要币种的流动性覆盖率。

第四十九条 银行业监督管理机构应当密切跟踪研究宏观经济形势和金融市场变化对银行体系流动性的影响,分析、监测金融市场的整体流动性状况。发现市场流动性紧张、融资成本提高、优质流动性资产变现能力下降或丧失、流动性转移受限等情况时,应当及时分析其对商业银行融资能力的影响。

银行业监督管理机构用于分析、监测市场流动性的相关参考指标包括但不限于银行间市场相关利率及成交量、国库定期存款招标利率、票据转贴现利率及证券市场相关指数。

第五十条 银行业监督管理机构应当持续监测商业银行存贷比的变动情况,当商业银行出现存贷比指标波动较大、快速或持续单向变化等情况时,或商业银行的存贷比明显高于同质同类银行或全部商业银行平均水平时,应当及时了解原因并分析其反映出的商业银行风险变化,必要时进行风险提示或要求商业银行采取相关措施。

第五十一条 商业银行应当将流动性风险监测指标全部纳入内部流动性风险管理框架,及时监测指标变化并定期向银行业监督管理机构报告。

第五十二条 除本办法列出的流动性风险监管指标和监测参考指标外,银行业监督管理机构还可根据商业银行的业务规模、性质、复杂程度、管理模式和流动性风险特点,设置其他流动性风险指标工具,实施流动性风险分析和监测。

第三节 流动性风险监管方法和措施

第五十三条 银行业监督管理机构应当通过非现场监管、现场检查以及与商业银行的董事、高级管理人员进行监督管理谈话等方式,运用流动性风险监管指标和监测工具,在法人和集团层面对商业银行的流动性风险水平及其管理状况实施监督管理,并尽早采取措施应对潜在流动性风险。

第五十四条 商业银行应当按照规定向银行业监督管理机构报送与流动性风险有关的财务会计、统计报表和其他报告。委托社会中介机构对其流动性风险水平及流动性风险管理体系进行审计的,还应当报送相关的外部审计报告。流动性风险监管指标应当按月报送,银行业监督管理机构另行规定的除外。

银行业监督管理机构可以根据商业银行的业务规模、性质、复杂程度、管理模式和流动性风险特点,确定商业银行报送流动性风险报表、报告的内容和频率。

第五十五条 商业银行应当于每年4月底前向银行业监督管理机构报送上一年度的流动性风险管理报告,主要内容包括流动性风险偏好、流动性风险管理策略、主要政策和程序、内部风险管理指标和限额、应急计划及其测试情况等。

商业银行对流动性风险偏好、流动性风险管理策略、政策和程序进行重大调整的,应当在1个月内向银行业监督管理机构书面报告调整情况。

第五十六条 商业银行应当按季向银行业监督管理机构报送流动性风险压力测试报告,内容包括压力测试的情景、方法、过程和结果。出现市场剧烈波动等情况时,应当提高压力测试报送频率。商业银行根据压力测试结果对流动性风险偏好、流动性风险管理策略、政策和程序进行重大调整的，应当及时向银行业监督管理机构报告相关情况。

第五十七条　商业银行应当及时向银行业监督管理机构报告下列可能对其流动性风险水平或管理状况产生不利影响的重大事项和拟采取的应对措施：

（一）本机构信用评级大幅下调；

（二）本机构大规模出售资产以补充流动性；

（三）本机构重要融资渠道即将受限或失效；

（四）本机构发生挤兑事件；

（五）母公司或集团内其他机构的经营状况、流动性状况、信用评级等发生重大不利变化；

（六）市场流动性状况发生重大不利变化；

（七）跨境或跨机构的流动性转移政策出现不利于流动性风险管理的重大调整；

（八）母公司、集团经营活动所在国家或地区的政治、经济状况发生重大不利变化；

（九）其他可能对其流动性风险水平或管理状况产生不利影响的重大事件。

如果商业银行的监管指标已经或即将降至最低监管标准以下，应当分析原因及其反映出的风险变化情况，并立即向银行业监督管理机构报告。

商业银行出现监测指标波动较大、快速或持续单向变化的，应当分析原因及其反映出的风险变化情况，并及时向银行业监督管理机构报告。

外商独资银行、中外合资银行境内本外币资产低于境内本外币负债，集团内跨境资金净流出比例超过25%，以及外国银行分行跨境资金净流出比例超过50%的，应当在2个工作日内向银行业监督管理机构报告。

第五十八条　银行业监督管理机构应当根据对商业银行流动性风险水平及其管理状况的评估结果，确定流动性风险现场检查的内容、范围和频率。

第五十九条　商业银行应当按照规定定期披露流动性风险水平及其管理状况的相关信息，包括但不限于：

（一）流动性风险管理治理结构，包括但不限于董事会及其专门委员会、高级管理层及相关部门的职责和作用；

（二）流动性风险管理策略和政策；

（三）识别、计量、监测、控制流动性风险的主要方法；

（四）主要流动性风险管理指标及简要分析；

（五）影响流动性风险的主要因素；

（六）压力测试情况。

第六十条　对于未遵守流动性风险监管指标最低监管标准的商业银行，银行业监督管理机构应当要求其限期整改，并视情形按照《中华人民共和国银行业监督管理法》第三十七条、第四十六条规定采取监管措施或者实施行政处罚。本条第二款规定的情形除外。

当商业银行在压力状况下流动性覆盖率、优质流动性资产充足率低于最低监管标准时，银行业监督管理机构应当考虑当前和未来国内外经济金融状况，分析影响单家银行和金融市场整体流动性的因素，根据商业银行流动性覆盖率、优质流动性资产充足率降至最低监管标准以下的原因、严重程度、持续时间和频率等采取相应措施。

第六十一条　对于流动性风险管理存在缺陷的商业银行，银行业监督管理机构应当要求其限期整改。对于逾期未整改或者流动性风险管理存在严重缺陷的商业银行，银行业监督管理机构有权采取下列措施：

（一）与商业银行董事会、高级管理层进行监督管理谈话；

（二）要求商业银行进行更严格的压力测试、提交更有效的应急计划；

（三）要求商业银行增加流动性风险管理报告的内容，提高报告频率；

（四）增加对商业银行流动性风险现场检查的内容，扩大检查范围，并提高检查频率；

（五）限制商业银行开展收购或其他大规模业务扩张活动；

（六）要求商业银行降低流动性风险水平；

（七）提高商业银行流动性风险监管指标的最低监管标准；

（八）提高商业银行的资本充足率要求；

（九）《中华人民共和国银行业监督管理法》以及其他法律、行政法规和部门规章规定的有关措施。

对于母公司或集团内其他机构出现流动性困难的商业银行，银行业监督管理机构可以对其与母公司或集团内其他机构之间的资金往来提出限制性要求。

银行业监督管理机构可根据外商独资银行、中外合资银行、外国银行分行的流动性风险状况，对其境内资产负债比例或跨境资金净流出比例提出限制性要求。

第六十二条　对于未按照规定提供流动性风险报表或报告、未按照规定进行信息披露或提供虚假报表、报告的商业银行，银行业监督管理机构可以视情形按照《中华人民共和国银行业监督管理法》第四十六条、第四十七条规定实施行政处罚。

第六十三条　银行业监督管理机构应当与境内外相关部门加强协调合作，共同建立信息沟通机制和流动性风险应急处置联动机制，并制定商业银行流动性风险监管应急预案。

发生影响单家机构或市场的重大流动性事件时，银行业监督管理机构应当与境内外相关部门加强协调合作，适时启动流动性风险监管应急预案，降低相关事件对金融体系及宏观经济的负面冲击。

第四章　附　　则

第六十四条　国家开发银行及政策性银行、农村合作银行、村镇银行、农村信用社和外国银行分行参照本办法执行。

第六十五条　本办法所称流动性转移限制是指由于法律、监管、税收、外汇管制以及货币不可自由兑换等原因，导致资金或融资抵（质）押品在跨境或跨机构转移时受到限制。

第六十六条　本办法所称无变现障碍资产是指未在任何交易中用作抵（质）押品、信用增级或者被指定用于支付运营费用，在清算、出售、转移、转让时不存在法律、监管、合同或操作障碍的资产。

第六十七条　本办法所称重要币种是指以该货币计价的负债占商业银行负债总额5%以上的货币。

第六十八条　本办法中"以上"包含本数。

第六十九条　商业银行的流动性覆盖率应当在2018年底前达到100%。在过渡期内，应当不低于90%。鼓励有条件的商业银行提前达标；对于流动性覆盖率已达到100%的银行，鼓励其流动性覆盖率继续保持在100%之上。

第七十条　商业银行应当自2020年1月1日起执行流动性匹配率监管要求。2020年前，流动性匹配率为监测指标。

第七十一条　商业银行的优质流动性资产充足率应当在2019年6月底前达到100%。在过渡期内，应当在2018年底前达到80%。

第七十二条　对于资产规模首次达到2000亿元人民币的商业银行，在首次达到的当月仍可适用原监管指标；自次月起，无论资产规模是否继续保持在2000亿元人民币以上，均应当适用针对资产规模不小于2000亿元的商业银行的监管指标。

第七十三条　经银行业监督管理机构批准，资产规模小于2000亿元人民币的商业银行可适用流动性覆盖率和净稳定资金比例监管要求，不再适用优质流动性资产充足率监管要求。

商业银行提交的申请调整适用监管指标的报告中，应当至少包括：管理信息系统对流动性覆盖率、净稳定资金比例指标计算、监测、分析、报告的支持情况，流动性覆盖率中稳定存款、业务关系存款的识别方法及数据情况，流动性覆盖率与优质流动性资产充足率的指标差异及原因分析，以及优质流动性资产管理情况等。

商业银行调整适用监管指标后，非特殊原因，不得申请恢复原监管指标。

第七十四条　本办法由国务院银行业监督管理机构负责解释。

第七十五条　本办法自2018年7月1日起施行。《商业银行流动性风险管理办法（试行）》（中国银监会令2015年第9号）同时废止。本办法实施前发布的有关规章及规范性文件如与本办法不一致的，按照本办法执行。

商业银行合规风险管理指引

1. 2006年10月20日发布
2. 银监发〔2006〕76号

第一章　总　　则

第一条　为加强商业银行合规风险管理，维护商业银行安全稳健运行，根据《中华人民共和国银行业监督管理法》和《中华人民共和国商业银行法》，制定本指引。

第二条　在中华人民共和国境内设立的中资商业银行、外资独资银行、中外合资银行和外国银行分行适用本指引。

在中华人民共和国境内设立的政策性银行、金融资产管理公司、城市信用合作社、农村信用合作社、信托投资公司、企业集团财务公司、金融租赁公司、汽车金融公司、货币经纪公司、邮政储蓄机构以及经银监会批准设立的其他金融机构参照本指引执行。

第三条　本指引所称法律、规则和准则，是指适用于银行业经营活动的法律、行政法规、部门规章及其他规范性文件、经营规则、自律性组织的行业准则、行为守则和职业操守。

本指引所称合规，是指使商业银行的经营活动与法律、规则和准则相一致。

本指引所称合规风险，是指商业银行因没有遵循法律、规则和准则可能遭受法律制裁、监管处罚、重大财务损失和声誉损失的风险。

本指引所称合规管理部门，是指商业银行内部设立的专门负责合规管理职能的部门、团队或岗位。

第四条　合规管理是商业银行一项核心的风险管理活动。商业银行应综合考虑合规风险与信用风险、市场风险、操作风险和其他风险的关联性，确保各项风险管理政策和程序的一致性。

第五条　商业银行合规风险管理的目标是通过建立健全合规风险管理框架，实现对合规风险的有效识别和管理，促进全面风险管理体系建设，确保依法合规经营。

第六条　商业银行应加强合规文化建设，并将合规文化建设融入企业文化建设全过程。

合规是商业银行所有员工的共同责任，并应从商业银行高层做起。

董事会和高级管理层应确定合规的基调，确立全员主动合规、合规创造价值等合规理念，在全行推行诚信与正直的职业操守和价值观念，提高全体员工的合规意识，促进商业银行自身合规与外部监管的有效互动。

第七条　银监会依法对商业银行合规风险管理实施监管，检查和评价商业银行合规风险管理的有效性。

第二章　董事会、监事会和高级管理层的合规管理职责

第八条　商业银行应建立与其经营范围、组织结构和业务规模相适应的合规风险管理体系。

合规风险管理体系应包括以下基本要素：

（一）合规政策；

（二）合规管理部门的组织结构和资源；

（三）合规风险管理计划；

（四）合规风险识别和管理流程；

（五）合规培训与教育制度。

第九条　商业银行的合规政策应明确所有员工和业务条线需要遵守的基本原则，以及识别和管理合规风险的主要程序，并对合规管理职能的有关事项做出规定，至少应包括：

（一）合规管理部门的功能和职责；

（二）合规管理部门的权限，包括享有与银行任何员工进行沟通并获取履行职责所需的任何记录或档案材料的权利等；

（三）合规负责人的合规管理职责；

（四）保证合规负责人和合规管理部门独立性的各项措施，包括确保合规负责人和合规管理人员的合规管理职责与其承担的任何其他职责之间不产生利益冲突等；

（五）合规管理部门与风险管理部门、内部审计部门等其他部门之间的协作关系；

（六）设立业务条线和分支机构合规管理部门的原则。

第十条　董事会应对商业银行经营活动的合规性负最终责任，履行以下合规管理职责：

（一）审议批准商业银行的合规政策，并监督合规政策的实施；

（二）审议批准高级管理层提交的合规风险管理报告，并对商业银行管理合规风险的有效性作出评价，以使合规缺陷得到及时有效的解决；

（三）授权董事会下设的风险管理委员会、审计委员会或专门设立的合规管理委员会对商业银行合规风险管理进行日常监督；

（四）商业银行章程规定的其他合规管理职责。

第十一条　负责日常监督商业银行合规风险管理的董事会下设委员会应通过与合规负责人单独面谈和其他有效途径，了解合规政策的实施情况和存在的问题，及时向董事会或高级管理层提出相应的意见和建议，监督合规政策的有效实施。

第十二条　监事会应监督董事会和高级管理层合规管理职责的履行情况。

第十三条　高级管理层应有效管理商业银行的合规风险，履行以下合规管理职责：

（一）制定书面的合规政策，并根据合规风险管理状况以及法律、规则和准则的变化情况适时修订合规政策，报经董事会审议批准后传达给全体员工；

（二）贯彻执行合规政策，确保发现违规事件时及时采取适当的纠正措施，并追究违规责任人的相应责任；

（三）任命合规负责人，并确保合规负责人的独立性；

（四）明确合规管理部门及其组织结构，为其履行职责配备充分和适当的合规管理人员，并确保合规管理部门的独立性；

（五）识别商业银行所面临的主要合规风险，审核批准合规风险管理计划，确保合规管理部门与风险管理部门、内部审计部门以及其他相关部门之间的工作协调；

（六）每年向董事会提交合规风险管理报告，报告应提供充分依据并有助于董事会成员判断高级管理层管理合规风险的有效性；

（七）及时向董事会或其下设委员会、监事会报告任何重大违规事件；

（八）合规政策规定的其他职责。

第十四条　合规负责人应全面协调商业银行合规风险的识别和管理，监督合规管理部门根据合规风险管理计划履行职责，定期向高级管理层提交合规风险评估报告。合规负责人不得分管业务条线。

合规风险评估报告包括但不限于以下内容：报告期合规风险状况的变化情况、已识别的违规事件和合规缺陷、已采取的或建议采取的纠正措施等。

第十五条　商业银行应建立对管理人员合规绩效的考核制度。商业银行的绩效考核应体现倡导合规和惩处违规的价值观念。

第十六条　商业银行应建立有效的合规问责制度，严格对违规行为的责任认定与追究，并采取有效的纠正措施，及时改进经营管理流程，适时修订相关政策、程序和操作指南。

第十七条　商业银行应建立诚信举报制度，鼓励员工举报违法、违反职业操守或可疑的行为，并充分保护举报人。

第三章　合规管理部门职责

第十八条　合规管理部门应在合规负责人的管理下协助高级管理层有效识别和管理商业银行所面临的合规风险，履行以下基本职责：

（一）持续关注法律、规则和准则的最新发展，正确理解法律、规则和准则的规定及其精神，准确把握法律、规则和准则对商业银行经营的影响，及时为高级管理层提供合规建议；

（二）制定并执行风险为本的合规管理计划，包括特定政策和程序的实施与评价、合规风险评估、合规性测试、合规培训与教育等；

（三）审核评价商业银行各项政策、程序和操作指南的合规性，组织、协调和督促各业务条线和内部控制部门对各项政策、程序和操作指南进行梳理和修订，确保各项政策、程序和操作指南符合法律、规则和准则的要求；

（四）协助相关培训和教育部门对员工进行合规培训，包括新员工的合规培训，以及所有员工的定期合规培训，并成为员工咨询有关合规问题的内部联络部门；

（五）组织制定合规管理程序以及合规手册、员工行为准则等合规指南，并评估合规管理程序和合规指南的适当性，为员工恰当执行法律、规则和准则提供指导；

（六）积极主动地识别和评估与商业银行经营活动相关的合规风险，包括为新产品和新业务的开发提供必要的合规性审核和测试，识别和评估新业务方式的拓展、新客户关系的建立以及客户关系的性质发生重大变化等所产生的合规风险；

（七）收集、筛选可能预示潜在合规问题的数据，如消费者投诉的增长数、异常交易等，建立合规风险监测指标，按照风险矩阵衡量合规风险发生的可能性和影响，确定合规风险的优先考虑序列；

（八）实施充分且有代表性的合规风险评估和测试，包括通过现场审核对各项政策和程序的合规性进行测试，询问政策和程序存在的缺陷，并进行相应的调查，合规性测试结果应按照商业银行的内部风险管理程序，通过合规风险报告路线向上报告，以确保各项政策和程序符合法律、规则和准则的要求；

（九）保持与监管机构日常的工作联系，跟踪和评估监管意见和监管要求的落实情况。

第十九条　商业银行应为合规管理部门配备有效履行合规管理职能的资源。合规管理人员应具备与履行职责相匹配的资质、经验、专业技能和个人素质。

商业银行应定期为合规管理人员提供系统的专业技能培训，尤其是在正确把握法律、规则和准则的最新发展及其对商业银行经营的影响等方面的技能培训。

第二十条　商业银行各业务条线和分支机构的负责人应对本条线和本机构经营活动的合规性负首要责任。

商业银行应根据业务条线和分支机构的经营范围、业务规模设立相应的合规管理部门。

各业务条线和分支机构合规管理部门应根据合规管理程序主动识别和管理合规风险，按照合规风险的报告路线和报告要求及时报告。

第二十一条　商业银行应建立合规管理部门与风险管理部门在合规管理方面的协作机制。

第二十二条　商业银行合规管理职能应与内部审计职能分离，合规管理职能的履行情况应受到内部审计部门定期的独立评价。

内部审计部门应负责商业银行各项经营活动的合规性审计。内部审计方案应包括合规管理职能适当性和有效性的审计评价，内部审计的风险评估方法应包括对合规风险的评估。

商业银行应明确合规管理部门与内部审计部门在合规风险评估和合规性测试方面的职责。内部审计部门应随时将合规性审计结果告知合规负责人。

第二十三条　商业银行应明确合规风险报告路线以及合规风险报告的要素、格式和频率。

第二十四条　商业银行境外分支机构或附属机构应加强合规管理职能，合规管理职能的组织结构应符合当地的法律和监管要求。

第二十五条　董事会和高级管理层应对合规管理部门工作的外包遵循法律、规则和准则负责。

商业银行应确保任何合规管理部门工作的外包安排都受到合规负责人的适当监督，不妨碍银监会的有效监管。

第四章　合规风险监管

第二十六条　商业银行应及时将合规政策、合规管理程序和合规指南等内部制度向银监会备案。

商业银行应及时向银监会报送合规风险管理计划和合规风险评估报告。

商业银行发现重大违规事件应按照重大事项报告制度的规定向银监会报告。

第二十七条　商业银行任命合规负责人,应按有关规定报告银监会。商业银行在合规负责人离任后的十个工作日内,应向银监会报告离任原因等有关情况。

第二十八条　银监会应定期对商业银行合规风险管理的有效性进行评价,评价报告作为分类监管的重要依据。

第二十九条　银监会应根据商业银行的合规记录及合规风险管理评价报告,确定合规风险现场检查的频率、范围和深度,检查的主要内容包括:

(一)商业银行合规风险管理体系的适当性和有效性;

(二)商业银行董事会和高级管理层在合规风险管理中的作用;

(三)商业银行绩效考核制度、问责制度和诚信举报制度的适当性和有效性;

(四)商业银行合规管理职能的适当性和有效性。

第五章　附　　则

第三十条　本指引由银监会负责解释。

第三十一条　本指引自发布之日起实施。

银行保险机构操作风险管理办法

1. 2023年12月27日国家金融监督管理总局令2023年第5号公布
2. 自2024年7月1日起施行

第一章　总　　则

第一条　为提高银行保险机构操作风险管理水平,根据《中华人民共和国银行业监督管理法》《中华人民共和国商业银行法》《中华人民共和国保险法》等法律法规,制定本办法。

第二条　本办法所称操作风险是指由于内部程序、员工、信息科技系统存在问题以及外部事件造成损失的风险,包括法律风险,但不包括战略风险和声誉风险。

第三条　操作风险管理是全面风险管理体系的重要组成部分,目标是有效防范操作风险,降低损失,提升对内外部事件冲击的应对能力,为业务稳健运营提供保障。

第四条　操作风险管理应当遵循以下基本原则:

(一)审慎性原则。操作风险管理应当坚持风险为本的理念,充分重视风险苗头和潜在隐患,有效识别影响风险管理的不利因素,配置充足资源,及时采取措施,提升前瞻性。

(二)全面性原则。操作风险管理应当覆盖各业务条线、各分支机构,覆盖所有部门、岗位、员工和产品,贯穿决策、执行和监督全部过程,充分考量其他内外部风险的相关性和传染性。

(三)匹配性原则。操作风险管理应当体现多层次、差异化的要求,管理体系、管理资源应当与机构发展战略、经营规模、复杂性和风险状况相适应,并根据情况变化及时调整。

(四)有效性原则。机构应当以风险偏好为导向,有效识别、评估、计量、控制、缓释、监测、报告所面临的操作风险,将操作风险控制在可承受范围之内。

第五条　规模较大的银行保险机构应当基于良好的治理架构,加强操作风险管理,做好与业务连续性、外包风险管理、网络安全、数据安全、突发事件应对、恢复与处置计划等体系机制的有机衔接,提升运营韧性,具备在发生重大风险和外部事件时持续提供关键业务和服务的能力。

第六条　国家金融监督管理总局及其派出机构依法对银行保险机构操作风险管理实施监管。

第二章　风险治理和管理责任

第七条　银行保险机构董事会应当将操作风险作为本机构面对的主要风险之一,承担操作风险管理的最终责任。主要职责包括:

(一)审批操作风险管理基本制度,确保与战略目标一致;

(二)审批操作风险偏好及其传导机制,将操作风险控制在可承受范围之内;

(三)审批高级管理层有关操作风险管理职责、权限、报告等机制,确保操作风险管理体系的有效性;

(四)每年至少审议一次高级管理层提交的操作风险管理报告,充分了解、评估操作风险管理总体情况以及高级管理层工作;

(五)确保高级管理层建立必要的识别、评估、计量、控制、缓释、监测、报告操作风险的机制;

(六)确保操作风险管理体系接受内部审计部门的有效审查与监督;

(七)审批操作风险信息披露相关制度;

(八)确保建立与操作风险管理要求匹配的风险文化;

(九)其他相关职责。

第八条　设立监事(会)的银行保险机构,其监事(会)应当承担操作风险管理的监督责任,负责监督检查董事会和高级管理层的履职尽责情况,及时督促整改,并纳入监事(会)工作报告。

第九条 银行保险机构高级管理层应当承担操作风险管理的实施责任。主要职责包括:

(一)制定操作风险管理基本制度和管理办法;

(二)明确界定各部门、各级机构的操作风险管理职责和报告要求,督促各部门、各级机构履行操作风险管理职责,确保操作风险管理体系正常运行;

(三)设置操作风险偏好及其传导机制,督促各部门、各级机构执行操作风险管理制度、风险偏好并定期审查,及时处理突破风险偏好以及其他违反操作风险管理要求的情况;

(四)全面掌握操作风险管理总体状况,特别是重大操作风险事件;

(五)每年至少向董事会提交一次操作风险管理报告,并报送监事(会);

(六)为操作风险管理配备充足财务、人力和信息科技系统等资源;

(七)完善操作风险管理体系,有效应对操作风险事件;

(八)制定操作风险管理考核评价与奖惩机制;

(九)其他相关职责。

第十条 银行保险机构应当建立操作风险管理的三道防线,三道防线之间及各防线内部应当建立完善风险数据和信息共享机制。

第一道防线包括各级业务和管理部门,是操作风险的直接承担者和管理者,负责各自领域内的操作风险管理工作。第二道防线包括各级负责操作风险管理和计量的牵头部门,指导、监督第一道防线的操作风险管理工作。第三道防线包括各级内部审计部门,对第一、二道防线履职情况及有效性进行监督评价。

第十一条 第一道防线部门主要职责包括:

(一)指定专人负责操作风险管理工作,投入充足资源;

(二)按照风险管理评估方法,识别、评估自身操作风险;

(三)建立控制、缓释措施,定期评估措施的有效性;

(四)持续监测风险,确保符合操作风险偏好;

(五)定期报送操作风险管理报告,及时报告重大操作风险事件;

(六)制定业务流程和制度时充分体现操作风险管理和内部控制的要求;

(七)其他相关职责。

第十二条 第二道防线部门应当保持独立性,持续提升操作风险管理的一致性和有效性。主要职责包括:

(一)在一级分行(省级分公司)及以上设立操作风险管理专岗或指定专人,为其配备充足的资源;

(二)跟踪操作风险管理监管政策规定并组织落实;

(三)拟定操作风险管理基本制度、管理办法,制定操作风险识别、评估、计量、监测、报告的方法和具体规定;

(四)指导、协助第一道防线识别、评估、监测、控制、缓释和报告操作风险,并定期开展监督;

(五)每年至少向高级管理层提交一次操作风险管理报告;

(六)负责操作风险资本计量;

(七)开展操作风险管理培训;

(八)其他相关职责。

国家金融监督管理总局或其派出机构按照监管职责归属,可以豁免规模较小的银行保险机构在一级分行(省级分公司)设立操作风险管理专岗或专人的要求。

第十三条 法律、合规、信息科技、数据管理、消费者权益保护、安全保卫、财务会计、人力资源、精算等部门在承担本部门操作风险管理职责的同时,应当在职责范围内为其他部门操作风险管理提供充足资源和支持。

第十四条 内部审计部门应当至少每三年开展一次操作风险管理专项审计,覆盖第一道防线、第二道防线操作风险管理情况,审计评价操作风险管理体系运行情况,并向董事会报告。

内部审计部门在开展其他审计项目时,应当充分关注操作风险管理情况。

第十五条 规模较大的银行保险机构应当定期委托第三方机构对其操作风险管理情况进行审计和评价,并向国家金融监督管理总局或其派出机构报送外部审计报告。

第十六条 银行保险机构境内分支机构、直接经营业务的部门应当承担操作风险管理主体责任,并履行以下职责:

(一)为本级、本条线操作风险管理部门配备充足资源;

(二)严格执行操作风险管理制度、风险偏好以及管理流程等要求;

(三)按照内外部审计结果和监管要求改进操作风险管理;

(四)其他相关职责。

境外分支机构除满足前款要求外,还应当符合所在地监管要求。

第十七条　银行保险机构应当要求其并表管理范围内的境内金融附属机构、金融科技类附属机构建立符合集团风险偏好，与其业务范围、风险特征、经营规模及监管要求相适应的操作风险管理体系，建立健全三道防线，制定操作风险管理制度。

境外附属机构除满足前款要求外，还应当符合所在地监管要求。

第三章　风险管理基本要求

第十八条　操作风险管理基本制度应当与机构业务性质、规模、复杂程度和风险特征相适应，至少包括以下内容：

（一）操作风险定义；

（二）操作风险管理组织架构、权限和责任；

（三）操作风险识别、评估、计量、监测、控制、缓释程序；

（四）操作风险报告机制，包括报告主体、责任、路径、频率、时限等。

银行保险机构应当在操作风险管理基本制度制定或者修订后15个工作日内，按照监管职责归属报送国家金融监督管理总局或其派出机构。

第十九条　银行保险机构应当在整体风险偏好下制定定性、定量指标并重的操作风险偏好，每年开展重检。风险偏好应当与战略目标、经营计划、绩效考评和薪酬机制等相衔接。风险偏好指标应当包括监管部门对特定机构确定的操作风险类监测指标要求。

银行保险机构应当通过确定操作风险容忍度或者风险限额等方式建立风险偏好传导机制，对操作风险进行持续监测和及时预警。

第二十条　银行保险机构应当建立具备操作风险管理功能的管理信息系统，主要功能包括：

（一）记录和存储损失相关数据和操作风险事件信息；

（二）支持操作风险和控制措施的自评估；

（三）支持关键风险指标监测；

（四）支持操作风险资本计量；

（五）提供操作风险报告相关内容。

第二十一条　银行保险机构应当培育良好的操作风险管理文化，明确员工行为规范和职业道德要求。

第二十二条　银行保险机构应当建立有效的操作风险管理考核评价机制，考核评价指标应当兼顾操作风险管理过程和结果。薪酬和激励约束机制应当反映考核评价结果。

第二十三条　银行保险机构应当定期开展操作风险管理相关培训。

第二十四条　银行保险机构应当按照国家金融监督管理总局的规定披露操作风险管理情况。

银行机构应当按照国家金融监督管理总局的要求披露损失数据等相关信息。

第四章　风险管理流程和方法

第二十五条　银行保险机构应当根据操作风险偏好，识别内外部固有风险，评估控制、缓释措施的有效性，分析剩余风险发生的可能性和影响程度，划定操作风险等级，确定接受、降低、转移、规避等应对策略，有效分配管理资源。

第二十六条　银行保险机构应当结合风险识别、评估结果，实施控制、缓释措施，将操作风险控制在风险偏好内。

银行保险机构应当根据风险等级，对业务、产品、流程以及相关管理活动的风险采取控制、缓释措施，持续监督执行情况，建立良好的内部控制环境。

银行保险机构通过购买保险、业务外包等措施缓释操作风险的，应当确保缓释措施实质有效。

第二十七条　银行保险机构应当将加强内部控制作为操作风险管理的有效手段。内部控制措施至少包括：

（一）明确部门间职责分工，避免利益冲突；

（二）密切监测风险偏好及其传导机制的执行情况；

（三）加强各类业务授权和信息系统权限管理；

（四）建立重要财产的记录和保管、定期盘点、账实核对等日常管理和定期检查机制；

（五）加强不相容岗位管理，有效隔离重要业务部门和关键岗位，建立履职回避以及关键岗位轮岗、强制休假、离岗审计制度；

（六）加强员工行为管理，重点关注关键岗位员工行为；

（七）对交易和账户进行定期对账；

（八）建立内部员工揭发检举的奖励和保护机制；

（九）配置适当的员工并进行有效培训；

（十）建立操作风险管理的激励约束机制；

（十一）其他内部控制措施。

第二十八条　银行保险机构应当制定与其业务规模和复杂性相适应的业务连续性计划，有效应对导致业务中断的突发事件，最大限度减少业务中断影响。

银行保险机构应当定期开展业务连续性应急预案演练评估，验证应急预案及备用资源的可用性，提高员工应急意识及处置能力，测试关键服务供应商的持续运营能力，确保业务连续性计划满足业务恢复目标，有效应对内外部威胁及风险。

第二十九条 银行保险机构应当制定网络安全管理制度，履行网络安全保护义务，执行网络安全等级保护制度要求，采取必要的管理和技术措施，监测、防御、处置网络安全风险和威胁，有效应对网络安全事件，保障网络安全、稳定运行，防范网络违法犯罪活动。

第三十条 银行保险机构应当制定数据安全管理制度，对数据进行分类分级管理，采取保护措施，保护数据免遭篡改、破坏、泄露、丢失或者被非法获取、非法利用，重点加强个人信息保护，规范数据处理活动，依法合理利用数据。

第三十一条 银行保险机构应当制定与业务外包有关的风险管理制度，确保有严谨的业务外包合同和服务协议，明确各方责任义务，加强对外包方的监督管理。

第三十二条 银行保险机构应当定期监测操作风险状况和重大损失情况，对风险持续扩大的情形建立预警机制，及时采取措施控制、缓释风险。

第三十三条 银行保险机构应当建立操作风险内部定期报告机制。第一道防线应当向上级对口管理部门和本级操作风险管理部门报告，各级操作风险管理部门汇总本级及所辖机构的情况向上级操作风险管理部门报告。

银行保险机构应当在每年四月底前按照监管职责归属向国家金融监督管理总局或其派出机构报送前一年度操作风险管理情况。

第三十四条 银行保险机构应当建立重大操作风险事件报告机制，及时向董事会、高级管理层、监事（会）和其他内部部门报告重大操作风险事件。

第三十五条 银行保险机构应当运用操作风险损失数据库、操作风险自评估、关键风险指标等基础管理工具管理操作风险，可以选择运用事件管理、控制监测和保证框架、情景分析、基准比较分析等管理工具，或者开发其他管理工具。

银行保险机构应当运用各项风险管理工具进行交叉校验，定期重检、优化操作风险管理工具。

第三十六条 银行保险机构存在以下重大变更情形的，应当强化操作风险的事前识别、评估等工作：

（一）开发新业务、新产品；

（二）新设境内外分支机构、附属机构；

（三）拓展新业务范围、形成新商业模式；

（四）业务流程、信息科技系统等发生重大变更；

（五）其他重大变更情形。

第三十七条 银行保险机构应当建立操作风险压力测试机制，定期开展操作风险压力测试，在开展其他压力测试过程中应当充分考虑操作风险的影响，针对压力测试中识别的潜在风险点和薄弱环节，及时采取应对措施。

第三十八条 银行机构应当按照国家金融监督管理总局关于资本监管的要求，对承担的操作风险计提充足资本。

第五章　监督管理

第三十九条 国家金融监督管理总局及其派出机构应当将对银行保险机构操作风险的监督管理纳入集团和法人监管体系，检查评估操作风险管理体系的健全性和有效性。

国家金融监督管理总局及其派出机构加强与相关部门的监管协作和信息共享，共同防范金融风险跨机构、跨行业、跨区域传染。

第四十条 国家金融监督管理总局及其派出机构通过监管评级、风险提示、监管通报、监管会谈、与外部审计师会谈等非现场监管和现场检查方式，实施对操作风险管理的持续监管。

国家金融监督管理总局及其派出机构认为必要时，可以要求银行保险机构提供第三方机构就其操作风险管理出具的审计或者评价报告。

第四十一条 国家金融监督管理总局及其派出机构发现银行保险机构操作风险管理存在缺陷和问题时，应当要求其及时整改，并上报整改落实情况。

国家金融监督管理总局及其派出机构依照职责通报重大操作风险事件和风险管理漏洞。

第四十二条 银行保险机构应当在知悉或者应当知悉以下重大操作风险事件 5 个工作日内，按照监管职责归属向国家金融监督管理总局或其派出机构报告：

（一）形成预计损失 5000 万元（含）以上或者超过上年度末资本净额 5%（含）以上的事件。

（二）形成损失金额 1000 万元（含）以上或者超过上年度末资本净额 1%（含）以上的事件。

（三）造成重要数据、重要账册、重要空白凭证、重要资料严重损毁、丢失或者泄露，已经或者可能造成重大损失和严重影响的事件。

（四）重要信息系统出现故障、受到网络攻击，导致在同一省份的营业网点、电子渠道业务中断 3 小时以上；或者在两个及以上省份的营业网点、电子渠道业务中断 30 分钟以上。

（五）因网络欺诈及其他信息安全事件，导致本机构或客户资金损失 1000 万元以上，或者造成重大社会影响。

（六）董事、高级管理人员、监事及分支机构负责人被采取监察调查措施、刑事强制措施或者承担刑事法律责任的事件。

（七）严重侵犯公民个人信息安全和合法权益的事件。

（八）员工涉嫌发起、主导或者组织实施非法集资类违法犯罪被立案的事件。

（九）其他需要报告的重大操作风险事件。

对于第一款规定的重大操作风险事件，国家金融监督管理总局在案件管理、突发事件管理等监管规定中另有报告要求的，应当按照有关要求报告，并在报告时注明该事件属于重大操作风险事件。

国家金融监督管理总局可以根据监管工作需要，调整第一款规定的重大操作风险事件报告标准。

第四十三条　银行保险机构存在以下情形的，国家金融监督管理总局及其派出机构应当责令改正，并视情形依法采取监管措施：

（一）未按照规定制定或者执行操作风险管理制度；

（二）未按照规定设置或者履行操作风险管理职责；

（三）未按照规定设置操作风险偏好及其传导机制；

（四）未建立或者落实操作风险管理文化、考核评价机制、培训；

（五）未建立操作风险管理流程、管理工具和信息系统，或者其设计、应用存在缺陷；

（六）其他违反监管规定的情形。

第四十四条　银行保险机构存在以下情形的，国家金融监督管理总局及其派出机构应当责令改正，并依法实施行政处罚；法律、行政法规没有规定的，由国家金融监督管理总局及其派出机构责令改正，予以警告、通报批评，或者处以二十万元以下罚款；涉嫌犯罪的，应当依法移送司法机关：

（一）严重违反本办法相关规定，导致发生第四十二条规定的重大操作风险事件；

（二）未按照监管要求整改；

（三）瞒报、漏报、故意迟报本办法第四十二条规定的重大操作风险事件，情节严重的；

（四）其他严重违反监管规定的情形。

第四十五条　中国银行业协会、中国保险行业协会等行业协会应当通过组织宣传、培训、自律、协调、服务等方式，协助引导会员单位提高操作风险管理水平。

鼓励行业协会、学术机构、中介机构等建立相关领域的操作风险事件和损失数据库。

第六章　附　　则

第四十六条　本办法所称银行保险机构，是指在中华人民共和国境内依法设立的商业银行、农村合作银行、农村信用合作社等吸收公众存款的金融机构以及开发性金融机构、政策性银行、保险公司。

中华人民共和国境内设立的外国银行分行、保险集团（控股）公司、再保险公司、金融资产管理公司、金融资产投资公司、信托公司、金融租赁公司、财务公司、消费金融公司、汽车金融公司、货币经纪公司、理财公司、保险资产管理公司、金融控股公司以及国家金融监督管理总局及其派出机构监管的其他机构参照本办法执行。

第四十七条　本办法所称的规模较大的银行保险机构，是指按照并表调整后表内外资产（杠杆率分母）达到3000亿元人民币（含等值外币）及以上的银行机构，以及按照并表口径（境内外）表内总资产达到2000亿元人民币（含等值外币）及以上的保险机构。

规模较小的银行保险机构是指未达到上述标准的机构。

第四十八条　未设董事会的银行保险机构，应当由其经营决策机构履行本办法规定的董事会职责。

第四十九条　本办法第四条、第七条、第十条、第十二条、第十八条、第二十条关于计量的规定不适用于保险机构。

本办法第二十五条相关规定如与保险公司偿付能力监管规则不一致的，按照保险公司偿付能力监管规则执行。

第五十条　关于本办法第二章、第三章、第四章的规定，规模较大的保险机构自本办法施行之日起1年内执行；规模较小的银行保险机构自本办法施行之日起2年内执行。

第五十一条　本办法由国家金融监督管理总局负责解释修订，自2024年7月1日起施行。

第五十二条　《商业银行操作风险管理指引》（银监发〔2007〕42号）、《中国银行业监督管理委员会关于加大防范操作风险工作力度的通知》（银监发〔2005〕17号）自本办法施行之日起废止。

附录：名词解释及示例（略）

贷款风险分类指引

1. 2007年7月3日中国银行业监督管理委员会发布
2. 银监发〔2007〕54号

第一条　为促进商业银行完善信贷管理，科学评估信贷资产质量，根据《中华人民共和国银行业监督管理法》、《中华人民共和国商业银行法》及其他法律、行政法规，制定本指引。

第二条　本指引所指的贷款分类，是指商业银行按照风险程度将贷款划分为不同档次的过程，其实质是判断债务人及时足额偿还贷款本息的可能性。

第三条　通过贷款分类应达到以下目标：

（一）揭示贷款的实际价值和风险程度，真实、全面、动态地反映贷款质量。

（二）及时发现信贷管理过程中存在的问题，加强贷款管理。

（三）为判断贷款损失准备金是否充足提供依据。

第四条　贷款分类应遵循以下原则：

（一）真实性原则。分类应真实客观地反映贷款的风险状况。

（二）及时性原则。应及时、动态地根据借款人经营管理等状况的变化调整分类结果。

（三）重要性原则。对影响贷款分类的诸多因素，要根据本指引第五条的核心定义确定关键因素进行评估和分类。

（四）审慎性原则。对难以准确判断借款人还款能力的贷款，应适度下调其分类等级。

第五条　商业银行应按照本指引，至少将贷款划分为正常、关注、次级、可疑和损失五类，后三类合称为不良贷款。

正常：借款人能够履行合同，没有足够理由怀疑贷款本息不能按时足额偿还。

关注：尽管借款人目前有能力偿还贷款本息，但存在一些可能对偿还产生不利影响的因素。

次级：借款人的还款能力出现明显问题，完全依靠其正常营业收入无法足额偿还贷款本息，即使执行担保，也可能会造成一定损失。

可疑：借款人无法足额偿还贷款本息，即使执行担保，也肯定要造成较大损失。

损失：在采取所有可能的措施或一切必要的法律程序之后，本息仍然无法收回，或只能收回极少部分。

第六条　商业银行对贷款进行分类，应注意考虑以下因素：

（一）借款人的还款能力。

（二）借款人的还款记录。

（三）借款人的还款意愿。

（四）贷款项目的盈利能力。

（五）贷款的担保。

（六）贷款偿还的法律责任。

（七）银行的信贷管理状况。

第七条　对贷款进行分类时，要以评估借款人的还款能力为核心，把借款人的正常营业收入作为贷款的主要还款来源，贷款的担保作为次要还款来源。

借款人的还款能力包括借款人现金流量、财务状况、影响还款能力的非财务因素等。

不能用客户的信用评级代替对贷款的分类，信用评级只能作为贷款分类的参考因素。

第八条　对零售贷款如自然人和小企业贷款主要采取脱期法，依据贷款逾期可同时结合信用等级、担保情况等进行风险分类。

第九条　同一笔贷款不得进行拆分分类。

第十条　下列贷款应至少归为关注类：

（一）本金和利息虽尚未逾期，但借款人有利用兼并、重组、分立等形式恶意逃废银行债务的嫌疑。

（二）借新还旧，或者需通过其他融资方式偿还。

（三）改变贷款用途。

（四）本金或者利息逾期。

（五）同一借款人对本行或其他银行的部分债务已经不良。

（六）违反国家有关法律和法规发放的贷款。

第十一条　下列贷款应至少归为次级类：

（一）逾期（含展期后）超过一定期限、其应收利息不再计入当期损益。

（二）借款人利用合并、分立等形式恶意逃废银行债务，本金或者利息已经逾期。

第十二条　需要重组的贷款应至少归为次级类。

重组贷款是指银行由于借款人财务状况恶化，或无力还款而对借款合同还款条款作出调整的贷款。

重组后的贷款（简称重组贷款）如果仍然逾期，或者借款人仍然无力归还贷款，应至少归为可疑类。

重组贷款的分类档次在至少6个月的观察期内不得调离，观察期结束后，应严格按照本指引规定进行分类。

第十三条　商业银行在贷款分类中应当做到：

（一）制定和修订信贷资产风险分类的管理政策、操作实施细则或业务操作流程。

（二）开发和运用信贷资产风险分类操作实施系统和信息管理系统。

（三）保证信贷资产分类人员具备必要的分类知识和业务素质。

（四）建立完整的信贷档案，保证分类资料信息准确、连续、完整。

（五）建立有效的信贷组织管理体制，形成相互监督制约的内部控制机制，保证贷款分类的独立、连续、可靠。

商业银行高级管理层要对贷款分类制度的执行、贷款分类的结果承担责任。

第十四条 商业银行应至少每季度对全部贷款进行一次分类。

如果影响借款人财务状况或贷款偿还因素发生重大变化，应及时调整对贷款的分类。

对不良贷款应严密监控，加大分析和分类的频率，根据贷款的风险状况采取相应的管理措施。

第十五条 逾期天数是分类的重要参考指标。商业银行应加强对贷款的期限管理。

第十六条 商业银行内部审计部门应对信贷资产分类政策、程序和执行情况进行检查和评估，将结果向上级行或董事会作出书面汇报，并报送中国银行业监督管理委员会或其派出机构。

检查、评估的频率每年不得少于一次。

第十七条 本指引规定的贷款分类方式是贷款风险分类的最低要求，各商业银行可根据自身实际制定贷款分类制度，细化分类方法，但不得低于本指引提出的标准和要求，并与本指引的贷款风险分类方法具有明确的对应和转换关系。

商业银行制定的贷款分类制度应向中国银行业监督管理委员会或其派出机构进行报备。

第十八条 对贷款以外的各类资产，包括表外项目中的直接信用替代项目，也应根据资产的净值、债务人的偿还能力、债务人的信用评级情况和担保情况划分为正常、关注、次级、可疑、损失五类，其中后三类合称为不良资产。

分类时，要以资产价值的安全程度为核心，具体可参照贷款风险分类的标准和要求。

第十九条 中国银行业监督管理委员会及其派出机构通过现场检查和非现场监管对贷款分类及其质量进行监督管理。

第二十条 商业银行应当按照相关规定，向中国银行业监督管理委员会及其派出机构报送贷款分类的数据资料。

第二十一条 商业银行应在贷款分类的基础上，根据有关规定及时足额计提贷款损失准备，核销贷款损失。

第二十二条 商业银行应依据有关信息披露的规定，披露贷款分类方法、程序、结果及贷款损失计提、贷款损失核销等信息。

第二十三条 本指引适用于各类商业银行、农村合作银行、村镇银行、贷款公司和农村信用社。

政策性银行和经中国银行业监督管理委员会批准经营信贷业务的其他金融机构可参照本指引建立各自的分类制度，但不应低于本指引所提出的标准和要求。

第二十四条 本指引由中国银行业监督管理委员会负责解释和修改。

第二十五条 本指引自发布之日起施行，在本指引发布施行前有关规定与本指引相抵触的，以本指引为准。

商业银行信息科技风险管理指引

1. 2009年6月1日中国银行业监督管理委员会发布
2. 银监发〔2009〕19号

第一章 总 则

第一条 为加强商业银行信息科技风险管理，根据《中华人民共和国银行业监督管理法》、《中华人民共和国商业银行法》、《中华人民共和国外资银行管理条例》，以及国家信息安全相关要求和有关法律法规，制定本指引。

第二条 本指引适用于在中华人民共和国境内依法设立的法人商业银行。

政策性银行、农村合作银行、城市信用社、农村信用社、村镇银行、贷款公司、金融资产管理公司、信托公司、财务公司、金融租赁公司、汽车金融公司、货币经纪公司等其他银行业金融机构参照执行。

第三条 本指引所称信息科技是指计算机、通信、微电子和软件工程等现代信息技术，在商业银行业务交易处理、经营管理和内部控制等方面的应用，并包括进行信息科技治理，建立完整的管理组织架构，制订完善的管理制度和流程。

第四条 本指引所称信息科技风险，是指信息科技在商业银行运用过程中，由于自然因素、人为因素、技术漏洞和管理缺陷产生的操作、法律和声誉等风险。

第五条 信息科技风险管理的目标是通过建立有效的机制，实现对商业银行信息科技风险的识别、计量、监测和控制，促进商业银行安全、持续、稳健运行，推动业务创新，提高信息技术使用水平，增强核心竞争力和可持续发展能力。

第二章 信息科技治理

第六条 商业银行法定代表人是本机构信息科技风险管理的第一责任人，负责组织本指引的贯彻落实。

第七条 商业银行的董事会应履行以下信息科技管理职责：

（一）遵守并贯彻执行国家有关信息科技管理的法律、法规和技术标准，落实中国银行业监督管理委员会（以下简称银监会）相关监管要求。

（二）审查批准信息科技战略，确保其与银行的总体业务战略和重大策略相一致。评估信息科技及其风险管理工作的总体效果和效率。

（三）掌握主要的信息科技风险，确定可接受的风险级别，确保相关风险能够被识别、计量、监测和控制。

（四）规范职业道德行为和廉洁标准，增强内部文化建设，提高全体人员对信息科技风险管理重要性的认识。

（五）设立一个由来自高级管理层、信息科技部门和主要业务部门的代表组成的专门信息科技管理委员会，负责监督各项职责的落实，定期向董事会和高级管理层汇报信息科技战略规划的执行、信息科技预算和实际支出、信息科技的整体状况。

（六）在建立良好的公司治理的基础上进行信息科技治理，形成分工合理、职责明确、相互制衡、报告关系清晰的信息科技治理组织结构。加强信息科技专业队伍的建设，建立人才激励机制。

（七）确保内部审计部门进行独立有效的信息科技风险管理审计，对审计报告进行确认并落实整改。

（八）每年审阅并向银监会及其派出机构报送信息科技风险管理的年度报告。

（九）确保信息科技风险管理工作所需资金。

（十）确保银行所有员工充分理解和遵守经其批准的信息科技风险管理制度和流程，并安排相关培训。

（十一）确保本法人机构涉及客户信息、账务信息以及产品信息等的核心系统在中国境内独立运行，并保持最高的管理权限，符合银监会监管和实施现场检查的要求，防范跨境风险。

（十二）及时向银监会及其派出机构报告本机构发生的重大信息科技事故或突发事件，按相关预案快速响应。

（十三）配合银监会及其派出机构做好信息科技风险监督检查工作，并按照监管意见进行整改。

（十四）履行信息科技风险管理其他相关工作。

第八条 商业银行应设立首席信息官，直接向行长汇报，并参与决策。首席信息官的职责包括：

（一）直接参与本银行与信息科技运用有关的业务发展决策。

（二）确保信息科技战略，尤其是信息系统开发战略，符合本银行的总体业务战略和信息科技风险管理策略。

（三）负责建立一个切实有效的信息科技部门，承担本银行的信息科技职责。确保其履行：信息科技预算和支出、信息科技策略、标准和流程、信息科技内部控制、专业化研发、信息科技项目发起和管理、信息系统和信息科技基础设施的运行、维护和升级、信息安全管理、灾难恢复计划、信息科技外包和信息系统退出等职责。

（四）确保信息科技风险管理的有效性，并使有关管理措施落实到相关的每一个内设机构和分支机构。

（五）组织专业培训，提高人才队伍的专业技能。

（六）履行信息科技风险管理其他相关工作。

第九条 商业银行应对信息科技部门内部管理职责进行明确的界定；各岗位的人员应具有相应的专业知识和技能，重要岗位应制定详细完整的工作手册并适时更新。对相关人员应采取下列风险防范措施：

（一）验证个人信息，包括核验有效身份证件、学历证明、工作经历和专业资格证书等信息。

（二）审核信息科技员工的道德品行，确保其具备相应的职业操守。

（三）确保员工了解、遵守信息科技策略、指导原则、信息保密、授权使用信息系统、信息科技管理制度和流程等要求，并同员工签订相关协议。

（四）评估关键岗位信息科技员工流失带来的风险，做好安排候补员工和岗位接替计划等防范措施；在员工岗位发生变化后及时变更相关信息。

第十条 商业银行应设立或指派一个特定部门负责信息科技风险管理工作，并直接向首席信息官或首席风险官（风险管理委员会）报告工作。该部门应为信息科技突发事件应急响应小组的成员之一，负责协调制定有关信息科技风险管理策略，尤其是在涉及信息安全、业务连续性计划和合规性风险等方面，为业务部门和信息科技部门提供建议及相关合规性信息，实施持续信息科技风险评估，跟踪整改意见的落实，监控信息安全威胁和不合规事件的发生。

第十一条 商业银行应在内部审计部门设立专门的信息科技风险审计岗位，负责信息科技审计制度和流程的实施，制订和执行信息科技审计计划，对信息科技整个生命周期和重大事件等进行审计。

第十二条 商业银行应按照知识产权相关法律法规，制定本机构信息科技知识产权保护策略和制度，并使所有员工充分理解并遵照执行。确保购买和使用合法的软硬件产品，禁止侵权盗版；采取有效措施保护本机构自主知识产权。

第十三条 商业银行应依据有关法律法规的要求，规范和及时披露信息科技风险状况。

第三章 信息科技风险管理

第十四条 商业银行应制定符合银行总体业务规划的信息科技战略、信息科技运行计划和信息科技风险评估计划，确保配置足够人力、财力资源，维持稳定、安全的信息科技环境。

第十五条 商业银行应制定全面的信息科技风险管理策略,包括但不限于下述领域:

(一)信息分级与保护。

(二)信息系统开发、测试和维护。

(三)信息科技运行和维护。

(四)访问控制。

(五)物理安全。

(六)人员安全。

(七)业务连续性计划与应急处置。

第十六条 商业银行应制定持续的风险识别和评估流程,确定信息科技中存在隐患的区域,评价风险对其业务的潜在影响,对风险进行排序,并确定风险防范措施及所需资源的优先级别(包括外包供应商、产品供应商和服务商)。

第十七条 商业银行应依据信息科技风险管理策略和风险评估结果,实施全面的风险防范措施。防范措施应包括:

(一)制定明确的信息科技风险管理制度、技术标准和操作规程等,定期进行更新和公示。

(二)确定潜在风险区域,并对这些区域进行详细和独立的监控,实现风险最小化。建立适当的控制框架,以便于检查和平衡风险;定义每个业务级别的控制内容,包括:

1. 最高权限用户的审查。

2. 控制对数据和系统的物理和逻辑访问。

3. 访问授权以“必需知道”和“最小授权”为原则。

4. 审批和授权。

5. 验证和调节。

第十八条 商业银行应建立持续的信息科技风险计量和监测机制,其中应包括:

(一)建立信息科技项目实施前及实施后的评价机制。

(二)建立定期检查系统性能的程序和标准。

(三)建立信息科技服务投诉和事故处理的报告机制。

(四)建立内部审计、外部审计和监管发现问题的整改处理机制。

(五)安排供应商和业务部门对服务水平协议的完成情况进行定期审查。

(六)定期评估新技术发展可能造成的影响和已使用软件面临的新威胁。

(七)定期进行运行环境下操作风险和管理控制的检查。

(八)定期进行信息科技外包项目的风险状况评价。

第十九条 中资商业银行在境外设立的机构及境内的外资商业银行,应当遵守境内外监管机构关于信息科技风险管理的要求,并防范因监管差异所造成的风险。

第四章 信 息 安 全

第二十条 商业银行信息科技部门负责建立和实施信息分类和保护体系,商业银行应使所有员工都了解信息安全的重要性,并组织提供必要的培训,让员工充分了解其职责范围内的信息保护流程。

第二十一条 商业银行信息科技部门应落实信息安全管理职能。该职能应包括建立信息安全计划和保持长效的管理机制,提高全体员工信息安全意识,就安全问题向其他部门提供建议,并定期向信息科技管理委员会提交本银行信息安全评估报告。信息安全管理机制应包括信息安全标准、策略、实施计划和持续维护计划。

信息安全策略应涉及以下领域:

(一)安全制度管理。

(二)信息安全组织管理。

(三)资产管理。

(四)人员安全管理。

(五)物理与环境安全管理。

(六)通信与运营管理。

(七)访问控制管理。

(八)系统开发与维护管理。

(九)信息安全事故管理。

(十)业务连续性管理。

(十一)合规性管理。

第二十二条 商业银行应建立有效管理用户认证和访问控制的流程。用户对数据和系统的访问必须选择与信息访问级别相匹配的认证机制,并且确保其在信息系统内的活动只限于相关业务能合法开展所要求的最低限度。用户调动到新的工作岗位或离开商业银行时,应在系统中及时检查、更新或注销用户身份。

第二十三条 商业银行应确保设立物理安全保护区域,包括计算机中心或数据中心、存储机密信息或放置网络设备等重要信息科技设备的区域,明确相应的职责,采取必要的预防、检测和恢复控制措施。

第二十四条 商业银行应根据信息安全级别,将网络划分为不同的逻辑安全域(以下简称为域)。应该对下列安全因素进行评估,并根据安全级别定义和评估结果实施有效的安全控制,如对每个域和整个网络进行物理或逻辑分区、实现网络内容过滤、逻辑访问控制、传输加密、网络监控、记录活动日志等。

(一)域内应用程序和用户组的重要程度。

（二）各种通讯渠道进入域的访问点。

（三）域内配置的网络设备和应用程序使用的网络协议和端口。

（四）性能要求或标准。

（五）域的性质，如生产域或测试域、内部域或外部域。

（六）不同域之间的连通性。

（七）域的可信程度。

第二十五条 商业银行应通过以下措施，确保所有计算机操作系统和系统软件的安全：

（一）制定每种类型操作系统的基本安全要求，确保所有系统满足基本安全要求。

（二）明确定义包括终端用户、系统开发人员、系统测试人员、计算机操作人员、系统管理员和用户管理员等不同用户组的访问权限。

（三）制定最高权限系统账户的审批、验证和监控流程，并确保最高权限用户的操作日志被记录和监察。

（四）要求技术人员定期检查可用的安全补丁，并报告补丁管理状态。

（五）在系统日志中记录不成功的登录、重要系统文件的访问、对用户账户的修改等有关重要事项，手动或自动监控系统出现的任何异常事件，定期汇报监控情况。

第二十六条 商业银行应通过以下措施，确保所有信息系统的安全：

（一）明确定义终端用户和信息科技技术人员在信息系统安全中的角色和职责。

（二）针对信息系统的重要性和敏感程度，采取有效的身份验证方法。

（三）加强职责划分，对关键或敏感岗位进行双重控制。

（四）在关键的接合点进行输入验证或输出核对。

（五）采取安全的方式处理保密信息的输入和输出，防止信息泄露或被盗取、篡改。

（六）确保系统按预先定义的方式处理例外情况，当系统被迫终止时向用户提供必要信息。

（七）以书面或电子格式保存审计痕迹。

（八）要求用户管理员监控和审查未成功的登录和用户账户的修改。

第二十七条 商业银行应制定相关策略和流程，管理所有生产系统的活动日志，以支持有效的审核、安全取证分析和预防欺诈。日志可以在软件的不同层次、不同的计算机和网络设备上完成，日志划分为两大类：

（一）交易日志。交易日志由应用软件和数据库管理系统产生，内容包括用户登录尝试、数据修改、错误信息等。交易日志应按照国家会计准则要求予以保存。

（二）系统日志。系统日志由操作系统、数据库管理系统、防火墙、入侵检测系统和路由器等生成，内容包括管理登录尝试、系统事件、网络事件、错误信息等。系统日志保存期限按系统的风险等级确定，但不能少于一年。

商业银行应保证交易日志和系统日志中包含足够的内容，以便完成有效的内部控制、解决系统故障和满足审计需要；应采取适当措施保证所有日志同步计时，并确保其完整性。在例外情况发生后应及时复查系统日志。交易日志或系统日志的复查频率和保存周期应由信息科技部门和有关业务部门共同决定，并报信息科技管理委员会批准。

第二十八条 商业银行应采取加密技术，防范涉密信息在传输、处理、存储过程中出现泄露或被篡改的风险，并建立密码设备管理制度，以确保：

（一）使用符合国家要求的加密技术和加密设备。

（二）管理、使用密码设备的员工经过专业培训和严格审查。

（三）加密强度满足信息机密性的要求。

（四）制定并落实有效的管理流程，尤其是密钥和证书生命周期管理。

第二十九条 商业银行应配备切实有效的系统，确保所有终端用户设备的安全，并定期对所有设备进行安全检查，包括台式个人计算机（PC）、便携式计算机、柜员终端、自动柜员机（ATM）、存折打印机、读卡器、销售终端（POS）和个人数字助理（PDA）等。

第三十条 商业银行应制定相关制度和流程，严格管理客户信息的采集、处理、存贮、传输、分发、备份、恢复、清理和销毁。

第三十一条 商业银行应对所有员工进行必要的培训，使其充分掌握信息科技风险管理制度和流程，了解违反规定的后果，并对违反安全规定的行为采取零容忍政策。

第五章 信息系统开发、测试和维护

第三十二条 商业银行应有能力对信息系统进行需求分析、规划、采购、开发、测试、部署、维护、升级和报废，制定制度和流程，管理信息科技项目的优先排序、立项、审批和控制。项目实施部门应定期向信息科技管理委员会提交重大信息科技项目的进度报告，由其进行审核，进度报告应当包括计划的重大变更、关键人员或供应商的变更以及主要费用支出情况。应在信息系统投产后一定时期内，组织对系统的后评价，并根据评价结果及时对系统功能进行调整和优化。

第三十三条 商业银行应认识到信息科技项目相关的风险，包括潜在的各种操作风险、财务损失风险和因无效项目规划或不适当的项目管理控制产生的机会成本，并采取适当的项目管理方法，控制信息科技项目相关的风险。

第三十四条 商业银行应采取适当的系统开发方法，控制信息系统的生命周期。典型的系统生命周期包括系统分析、设计、开发或外购、测试、试运行、部署、维护和退出。所采用的系统开发方法应符合信息科技项目的规模、性质和复杂度。

第三十五条 商业银行应制定相关控制信息系统变更的制度和流程，确保系统的可靠性、完整性和可维护性，其中应包括以下要求：

（一）生产系统与开发系统、测试系统有效隔离。

（二）生产系统与开发系统、测试系统的管理职能相分离。

（三）除得到管理层批准执行紧急修复任务外，禁止应用程序开发和维护人员进入生产系统，且所有的紧急修复活动都应立即进行记录和审核。

（四）将完成开发和测试环境的程序或系统配置变更应用到生产系统时，应得到信息科技部门和业务部门的联合批准，并对变更进行及时记录和定期复查。

第三十六条 商业银行应制定并落实相关制度、标准和流程，确保信息系统开发、测试、维护过程中数据的完整性、保密性和可用性。

第三十七条 商业银行应建立并完善有效的问题管理流程，以确保全面地追踪、分析和解决信息系统问题，并对问题进行记录、分类和索引；如需供应商提供支持服务或技术援助，应向相关人员提供所需的合同和相关信息，并将过程记录在案；对完成紧急恢复起至关重要作用的任务和指令集，应有清晰的描述和说明，并通知相关人员。

第三十八条 商业银行应制定相关制度和流程，控制系统升级过程。当设备达到预期使用寿命或性能不能满足业务需求，基础软件（操作系统、数据库管理系统、中间件）或应用软件必须升级时，应及时进行系统升级，并将该类升级活动纳入信息科技项目，接受相关的管理和控制，包括用户验收测试。

第六章 信息科技运行

第三十九条 商业银行在选择数据中心的地理位置时，应充分考虑环境威胁（如是否接近自然灾害多发区、危险或有害设施、繁忙或主要公路），采取物理控制措施，监控对信息处理设备运行构成威胁的环境状况，并防止因意外断电或供电干扰影响数据中心的正常运行。

第四十条 商业银行应严格控制第三方人员（如服务供应商）进入安全区域，如确需进入应得到适当的批准，其活动也应受到监控；针对长期或临时聘用的技术人员和承包商，尤其是从事敏感性技术相关工作的人员，应制定严格的审查程序，包括身份验证和背景调查。

第四十一条 商业银行应将信息科技运行与系统开发和维护分离，确保信息科技部门内部的岗位制约；对数据中心的岗位和职责做出明确规定。

第四十二条 商业银行应按照有关法律法规要求保存交易记录，采取必要的程序和技术，确保存档数据的完整性，满足安全保存和可恢复要求。

第四十三条 商业银行应制定详尽的信息科技运行操作说明。如在信息科技运行手册中说明计算机操作人员的任务、工作日程、执行步骤，以及生产与开发环境中数据、软件的现场及非现场备份流程和要求（即备份的频率、范围和保留周期）。

第四十四条 商业银行应建立事故管理及处置机制，及时响应信息系统运行事故，逐级向相关的信息科技管理人员报告事故的发生，并进行记录、分析和跟踪，直到完成彻底的处置和根本原因分析。商业银行应建立服务台，为用户提供相关技术问题的在线支持，并将问题提交给相关信息科技部门进行调查和解决。

第四十五条 商业银行应建立服务水平管理相关的制度和流程，对信息科技运行服务水平进行考核。

第四十六条 商业银行应建立连续监控信息系统性能的相关程序，及时、完整地报告例外情况；该程序应提供预警功能，在例外情况对系统性能造成影响前对其进行识别和修正。

第四十七条 商业银行应制定容量规划，以适应由于外部环境变化产生的业务发展和交易量增长。容量规划应涵盖生产系统、备份系统及相关设备。

第四十八条 商业银行应及时进行维护和适当的系统升级，以确保与技术相关服务的连续可用性，并完整保存记录（包括疑似和实际的故障、预防性和补救性维护记录），以确保有效维护设备和设施。

第四十九条 商业银行应制定有效的变更管理流程，以确保生产环境的完整性和可靠性。包括紧急变更在内的所有变更都应记入日志，由信息科技部门和业务部门共同审核签字，并事先进行备份，以便必要时可以恢复原来的系统版本和数据文件。紧急变更成功后，应通过正常的验收测试和变更管理流程，采用恰当的修正以取代紧急变更。

第七章　业务连续性管理

第五十条　商业银行应根据自身业务的性质、规模和复杂程度制定适当的业务连续性规划，以确保在出现无法预见的中断时，系统仍能持续运行并提供服务；定期对规划进行更新和演练，以保证其有效性。

第五十一条　商业银行应评估因意外事件导致其业务运行中断的可能性及其影响，包括评估可能由下述原因导致的破坏：

（一）内外部资源的故障或缺失（如人员、系统或其他资产）。

（二）信息丢失或受损。

（三）外部事件（如战争、地震或台风等）。

第五十二条　商业银行应采取系统恢复和双机热备处理等措施降低业务中断的可能性，并通过应急安排和保险等方式降低影响。

第五十三条　商业银行应建立维持其运营连续性策略的文档，并制定对策略的充分性和有效性进行检查和沟通的计划。其中包括：

（一）规范的业务连续性计划，明确降低短期、中期和长期中断所造成影响的措施，包括但不限于：

1. 资源需求（如人员、系统和其他资产）以及获取资源的方式。

2. 运行恢复的优先顺序。

3. 与内部各部门及外部相关各方（尤其是监管机构、客户和媒体等）的沟通安排。

（二）更新实施业务连续性计划的流程及相关联系信息。

（三）验证受中断影响的信息完整性的步骤。

（四）当商业银行的业务或风险状况发生变化时，对本条（一）到（三）进行审核并升级。

第五十四条　商业银行的业务连续性计划和年度应急演练结果应由信息科技风险管理部门或信息科技管理委员会确认。

第八章　外　　包

第五十五条　商业银行不得将其信息科技管理责任外包，应合理谨慎监督外包职能的履行。

第五十六条　商业银行实施重要外包（如数据中心和信息科技基础设施等）应格外谨慎，在准备实施重要外包时应以书面材料正式报告银监会或其派出机构。

第五十七条　商业银行在签署外包协议或对外包协议进行重大变更前，应做好相关准备，其中包括：

（一）分析外包是否适合商业银行的组织结构和报告路线、业务战略、总体风险控制，是否满足商业银行履行对外包服务商的监督义务。

（二）考虑外包协议是否允许商业银行监测和控制与外包相关的操作风险。

（三）充分审查、评估外包服务商的财务稳定性和专业经验，对外包服务商进行风险评估，考查其设施和能力是否足以承担相应的责任。

（四）考虑外包协议变更前后实施的平稳过渡（包括终止合同可能发生的情况）。

（五）关注可能存在的集中风险，如多家商业银行共用同一外包服务商带来的潜在业务连续性风险。

第五十八条　商业银行在与外包服务商合同谈判过程中，应考虑的因素包括但不限于：

（一）对外包服务商的报告要求和谈判必要条件。

（二）银行业监管机构和内部审计、外部审计能执行足够的监督。

（三）通过界定信息所有权、签署保密协议和采取技术防护措施保护客户信息和其他信息。

（四）担保和损失赔偿是否充足。

（五）外包服务商遵守商业银行有关信息科技风险制度和流程的意愿及相关措施。

（六）外包服务商提供的业务连续性保障水平，以及提供相关专属资源的承诺。

（七）第三方供应商出现问题时，保证软件持续可用的相关措施。

（八）变更外包协议的流程，以及商业银行或外包服务商选择变更或终止外包协议的条件，例如：

1. 商业银行或外包服务商的所有权或控制权发生变化。

2. 商业银行或外包服务商的业务经营发生重大变化。

3. 外包服务商提供的服务不充分，造成商业银行不能履行监督义务。

第五十九条　商业银行在实施双方关系管理，以及起草服务水平协议时，应考虑的因素包括但不限于：

（一）提出定性和定量的绩效指标，评估外包服务商为商业银行及其相关客户提供服务的充分性。

（二）通过服务水平报告、定期自我评估、内部或外部独立审计进行绩效考核。

（三）针对绩效不达标的情况调整流程，采取整改措施。

第六十条　商业银行应加强信息科技相关外包管理工作，确保商业银行的客户资料等敏感信息的安全，包括但不限于采取以下措施：

（一）实现本银行客户资料与外包服务商其他客户资料的有效隔离。

（二）按照“必需知道”和“最小授权”原则对外包

服务商相关人员授权。

（三）要求外包服务商保证其相关人员遵守保密规定。

（四）应将涉及本银行客户资料的外包作为重要外包，并告知相关客户。

（五）严格控制外包服务商再次对外转包，采取足够措施确保商业银行相关信息的安全。

（六）确保在中止外包协议时收回或销毁外包服务商保存的所有客户资料。

第六十一条 商业银行应建立恰当的应急措施，应对外包服务商在服务中可能出现的重大缺失。尤其需要考虑外包服务商的重大资源损失，重大财务损失和重要人员的变动，以及外包协议的意外终止。

第六十二条 商业银行所有信息科技外包合同应由信息科技风险管理部门、法律部门和信息科技管理委员会审核通过。商业银行应设立流程定期审阅和修订服务水平协议。

第九章 内部审计

第六十三条 商业银行内部审计部门应根据业务的性质、规模和复杂程度，对相关系统及其控制的适当性和有效性进行监测。内部审计部门应配备足够的资源和具有专业能力的信息科技审计人员，独立于本银行的日常活动，具有适当的授权访问本银行的记录。

第六十四条 商业银行内部信息科技审计的责任包括：

（一）制定、实施和调整审计计划，检查和评估商业银行信息科技系统和内控机制的充分性和有效性。

（二）按照第（一）款规定完成审计工作，在此基础上提出整改意见。

（三）检查整改意见是否得到落实。

（四）执行信息科技专项审计。信息科技专项审计，是指对信息科技安全事故进行的调查、分析和评估，或审计部门根据风险评估结果对认为必要的特殊事项进行的审计。

第六十五条 商业银行应根据业务性质、规模和复杂程度，信息科技应用情况，以及信息科技风险评估结果，决定信息科技内部审计范围和频率。但至少应每三年进行一次全面审计。

第六十六条 商业银行在进行大规模系统开发时，应要求信息科技风险管理部门和内部审计部门参与，保证系统开发符合本银行信息科技风险管理标准。

第十章 外部审计

第六十七条 商业银行可以在符合法律、法规和监管要求的情况下，委托具备相应资质的外部审计机构进行信息科技外部审计。

第六十八条 在委托审计过程中，商业银行应确保外部审计机构能够对本银行的硬件、软件、文档和数据进行检查，以发现信息科技存在的风险，国家法律、法规及监管部门规章、规范性文件规定的重要商业、技术保密信息除外。

第六十九条 商业银行在实施外部审计前应与外部审计机构进行充分沟通，详细确定审计范围，不应故意隐瞒事实或阻挠审计检查。

第七十条 银监会及其派出机构必要时可指定具备相应资质的外部审计机构对商业银行执行信息科技审计或相关检查。外部审计机构根据银监会或其派出机构的委托或授权对商业银行进行审计时，应出示委托授权书，并依照委托授权书上规定的范围进行审计。

第七十一条 外部审计机构根据授权出具的审计报告，经银监会及其派出机构审阅批准后具有与银监会及其派出机构出具的检查报告同等的效力，被审计的商业银行应根据该审计报告提出整改计划，并在规定的时间内实施整改。

第七十二条 商业银行在委托外部审计机构进行外部审计时，应与其签订保密协议，并督促其严格遵守法律法规，保守本银行的商业秘密和信息科技风险信息，防止其擅自对本银行提供的任何文件进行修改、复制或带离现场。

第十一章 附 则

第七十三条 未设董事会的商业银行，应当由其经营决策机构履行本指引中董事会的有关信息科技风险管理职责。

第七十四条 银监会依法对商业银行的信息科技风险管理实施监督检查。

第七十五条 本指引由银监会负责解释、修订。

第七十六条 本指引自颁布之日起施行，《银行业金融机构信息系统风险管理指引》（银监发〔2006〕63 号）同时废止。

银行保险机构声誉风险管理办法（试行）

1. 2021年2月8日中国银保监会印发

2. 银保监发〔2021〕4号

第一章 总 则

第一条 为提高银行保险机构声誉风险管理水平，有效防范化解声誉风险，维护金融稳定和市场信心，根据《中华人民共和国银行业监督管理法》《中华人民共和国商业银行法》《中华人民共和国保险法》《中华人民共和国信托法》等法律法规，制定本办法。

本办法所称银行保险机构，是指在中华人民共和国境内依法设立的中资商业银行、中外合资银行、外商独资银行、信托公司、保险集团（控股）公司、保险公司。

第二条　本办法所称声誉风险，是指由银行保险机构行为、从业人员行为或外部事件等，导致利益相关方、社会公众、媒体等对银行保险机构形成负面评价，从而损害其品牌价值，不利其正常经营，甚至影响到市场稳定和社会稳定的风险。

声誉事件是指引发银行保险机构声誉明显受损的相关行为或活动。

第三条　银行保险机构声誉风险管理应遵循以下基本原则：

（一）前瞻性原则。银行保险机构应坚持预防为主的声誉风险管理理念，加强研究，防控源头，定期对声誉风险管理情况及潜在风险进行审视，提升声誉风险管理预见性。

（二）匹配性原则。银行保险机构应进行多层次、差异化的声誉风险管理，与自身规模、经营状况、风险状况及系统重要性相匹配，并结合外部环境和内部管理变化适时调整。

（三）全覆盖原则。银行保险机构应以公司治理为着力点，将声誉风险管理纳入全面风险管理体系，覆盖各业务条线、所有分支机构和子公司，覆盖各部门、岗位、人员和产品，覆盖决策、执行和监督全部管理环节，同时应防范第三方合作机构可能引发的对本机构不利的声誉风险，充分考量其他内外部风险的相关性和传染性。

（四）有效性原则。银行保险机构应以防控风险、有效处置、修复形象为声誉风险管理最终标准，建立科学合理、及时高效的风险防范及应对处置机制，确保能够快速响应、协同应对、高效处置声誉事件，及时修复机构受损声誉和社会形象。

第四条　银行保险机构承担声誉风险管理的主体责任，中国银行保险监督管理委员会（以下简称银保监会）及其派出机构依法对银行保险机构声誉风险管理实施监管。

第二章　治理架构

第五条　国有、国有控股的银行保险机构，要坚持以党的政治建设为统领，充分发挥党组织把方向、管大局、保落实的领导作用，把党的领导融入声誉风险管理各个环节。已建立党组织的民营资本或社会资本占主体的银行保险机构，要积极发挥党组织政治核心作用，把党的领导与声誉风险管理紧密结合起来，实现目标同向、互促共进。

第六条　银行保险机构应强化公司治理在声誉风险管理中的作用，明确董事会、监事会、高级管理层、声誉风险管理部门、其他职能部门、分支机构和子公司的职责分工，构建组织健全、职责清晰的声誉风险治理架构和相互衔接、有效联动的运行机制。

第七条　银行保险机构董事会、监事会和高级管理层分别承担声誉风险管理的最终责任、监督责任和管理责任，董事长或主要负责人为第一责任人。

董事会负责确定声誉风险管理策略和总体目标，掌握声誉风险状况，监督高级管理层开展声誉风险管理。对于声誉事件造成机构和行业重大损失、市场大幅波动、引发系统性风险或影响社会经济秩序稳定的，董事会应听取专门报告，并在下一年听取声誉风险管理的专项报告。

监事会负责监督董事会和高级管理层在声誉风险管理方面的履职尽责情况，并将相关情况纳入监事会工作报告。

高级管理层负责建立健全声誉风险管理制度，完善工作机制，制定重大事项的声誉风险应对预案和处置方案，安排并推进声誉事件处置。每年至少进行一次声誉风险管理评估。

第八条　银行保险机构应设立或指定部门作为本机构声誉风险管理部门，并配备相应管理资源。声誉风险管理部门负责牵头落实高级管理层工作部署，指导协调其他职能部门、分支机构和子公司贯彻声誉风险管理制度要求，协调组织开展声誉风险的监测报告、排查评估、应对处置等工作，制定并实施员工教育和培训计划。

其他职能部门及分支机构负责执行声誉风险防范和声誉事件处置中与本部门（机构）有关的各项决策，同时应设置专职或兼职的声誉风险管理岗位，加强与声誉风险管理部门的沟通协调，筑牢声誉风险管理第一道防线。

银行保险机构应指导子公司参照母公司声誉风险管理基本原则，建立与自身情况及外部环境相适应的声誉风险治理架构、制度和流程，落实母公司声誉风险管理有关要求，做好本机构声誉风险的监测、防范和处置工作。

第三章　全流程管理

第九条　银行保险机构应建立声誉风险事前评估机制，在进行重大战略调整、参与重大项目、实施重大金融创新及展业、重大营销活动及媒体推广、披露重要信息、涉及重大法律诉讼或行政处罚、面临群体性事件、遇到行业规则或外部环境发生重大变化等容易产生声誉风险的情形时，应进行声誉风险评估，根据评估结果制定应对预案。

第十条　银行保险机构应建立声誉风险监测机制，充分考虑与信用风险、保险风险、市场风险、流动性风险、操作风险、国别风险、利率风险、战略风险、信息科技风险以及其他风险的关联性，及时发现和识别声誉风险。

第十一条　银行保险机构应建立声誉事件分级机制，结合本机构实际，对声誉事件的性质、严重程度、传播速度、影响范围和发展趋势等进行研判评估，科学分类，分级应对。

第十二条　银行保险机构应加强声誉风险应对处置，按照声誉事件的不同级别，灵活采取相应措施，可包括：

（一）核查引发声誉事件的基本事实、主客观原因，分析机构的责任范围；

（二）检视其他经营区域及业务、宣传策略等与声誉事件的关联性，防止声誉事件升级或出现次生风险；

（三）对可能的补救措施进行评估，根据实际情况采取合理的补救措施控制利益相关方损失程度和范围；

（四）积极主动统一准备新闻口径，通过新闻发布、媒体通气、声明、公告等适当形式，适时披露相关信息，澄清事实情况，回应社会关切；

（五）对引发声誉事件的产品设计缺陷、服务质量弊病、违法违规经营等问题进行整改，根据情节轻重进行追责，并视情公开，展现真诚担当的社会形象；

（六）及时开展声誉恢复工作，加大正面宣传，介绍针对声誉事件的改进措施以及其他改善经营服务水平的举措，综合施策消除或降低声誉事件的负面影响；

（七）对恶意损害本机构声誉的行为，依法采取措施维护自身合法权益；

（八）声誉事件处置中其他必要的措施。

第十三条　银行保险机构应建立声誉事件报告机制，明确报告要求、路径和时限。对于符合突发事件信息报告有关规定的，按要求向监管部门报告。

第十四条　银行保险机构应强化考核问责，将声誉事件的防范处置情况纳入考核范围，对引发声誉事件或预防及处置不当造成重大损失或严重不良影响的相关人员和声誉风险管理部门、其他职能部门、分支机构等应依法依规进行问责追责。

第十五条　银行保险机构应开展全流程评估工作，对相关问题的整改情况进行跟踪评价，对整个声誉事件进行复盘总结，及时查缺补漏，进一步完善制度、规范流程，避免同类声誉事件再次发生。

第四章　常态化建设

第十六条　银行保险机构应定期开展声誉风险隐患排查，覆盖内部管理、产品设计、业务流程、外部关系等方面，从源头减少声誉风险触发因素，持续完善声誉风险应对预案和相关内部制度。

第十七条　银行保险机构应定期开展声誉风险情景模拟和应急演练，检视机构应对各种不利事件特别是极端事件的反应能力和适当程度，并将声誉风险情景纳入本机构压力测试体系，在开展各类压力测试过程中充分考虑声誉风险影响。

第十八条　银行保险机构应建立与投诉、举报、调解、诉讼等联动的声誉风险防范机制，及时回应和解决有关合理诉求，防止处理不当引发声誉风险。

第十九条　银行保险机构应主动接受社会舆论监督，建立统一管理的采访接待和信息发布机制，及时准确公开信息，避免误读误解引发声誉风险。

第二十条　银行保险机构应做好声誉资本积累，加强品牌建设，承担社会责任，诚实守信经营，提供优质高效服务。

第二十一条　银行保险机构应将声誉风险管理纳入内部审计范畴，定期审查和评价声誉风险管理的规范性和有效性，包括但不限于：

（一）治理架构、策略、制度和程序能否确保有效识别、监测和防范声誉风险；

（二）声誉风险管理政策和程序是否得到有效执行；

（三）风险排查和应急演练是否开展到位。

第二十二条　银行保险机构应加强同业沟通联系，相互吸收借鉴经验教训，不恶意诋毁，不借机炒作，共同维护银行业保险业整体声誉。

第五章　监 督 管 理

第二十三条　银保监会及其派出机构应将银行保险机构声誉风险管理纳入法人监管体系，加强银行业保险业声誉风险监管。

第二十四条　银保监会机构监管部门和各级派出机构承担银行保险机构声誉风险的监管责任，办公厅承担归口和协调责任。

第二十五条　银保监会及其派出机构通过非现场监管和现场检查实施对银行保险机构声誉风险的持续监管，具体方式包括但不限于风险提示、监督管理谈话、现场检查等，并将其声誉风险管理状况作为监管评级及市场准入的考虑因素。

第二十六条　银保监会及其派出机构发现银行保险机构存在以下声誉风险问题，依法采取相应措施：

（一）声誉风险管理制度缺失或极度不完善，忽视声誉风险管理；

（二）未落实各项工作制度及工作流程，声誉风险管理机制运行不畅；

（三）声誉事件造成机构和行业重大损失、市场大幅波动；

（四）声誉事件引发系统性风险、影响社会经济秩序稳定或造成其他重大后果。

对于上述情形，可采取监督管理谈话、责令限期改正、责令机构纪律处分等监管措施，并可依据《中华人民共和国银行业监督管理法》《中华人民共和国商业银行法》《中华人民共和国保险法》等法律法规实施行政处罚。

第二十七条　中国银行业协会、中国信托业协会、中国保险行业协会等行业社团组织应通过行业自律、维权、协调及宣传等方式，指导会员单位提高声誉风险管理水平，妥善应对处置行业性声誉事件，维护行业良好声誉。

第六章　附　　则

第二十八条　银行保险机构应当依照本办法制定本机构（系统）声誉风险管理制度。

第二十九条　银保监会及其派出机构批准设立的其他金融机构参照本办法执行，省级农村信用社联合社可参照本办法制定本省（区）农合机构声誉风险管理制度。

第三十条　本办法由银保监会负责解释修订，自印发之日起执行。《商业银行声誉风险管理指引》（银监发〔2009〕82号）和《保险公司声誉风险管理指引》（保监发〔2014〕15号）同时废止。

银行业金融机构外包风险管理指引

1. 2010年6月4日中国银行业监督管理委员会发布
2. 银监发〔2010〕44号

第一章　总　　则

第一条　为了规范银行业金融机构的外包活动，保障银行业金融机构业务持续经营，依据《中华人民共和国银行业监督管理法》、《中华人民共和国商业银行法》等有关法律法规，制定本指引。

第二条　在中华人民共和国境内设立的银行业金融机构适用本指引。

第三条　本指引中的外包是指银行业金融机构将原本由自身负责处理的某些业务活动委托给服务提供商进行持续处理的行为。服务提供商包括独立第三方，银行业金融机构母公司或其所属集团设立在中国境内、外的子公司、关联公司或附属机构。

第四条　银行业金融机构的董事会和高级管理层应当承担外包活动的最终责任。

第五条　银行业金融机构开展外包活动应当制定外包的风险管理框架以及相关制度，并将其纳入全面风险管理体系。

第六条　银行业金融机构应当根据审慎经营原则制定其外包战略发展规划，确定与其风险管理水平相适宜的外包活动范围。

第七条　银行业金融机构的战略管理、核心管理以及内部审计等职能不宜外包。

第二章　组 织 架 构

第八条　银行业金融机构外包管理的组织架构应当包括董事会、高级管理层及外包管理团队。

第九条　董事会的职责主要包括以下方面：

（一）审议批准外包的战略发展规划；

（二）审议批准外包的风险管理制度；

（三）审议批准本机构的外包范围及相关安排；

（四）定期审阅本机构外包活动的有关报告；

（五）定期安排内部审计，确保审计范围涵盖所有的外包安排。

第十条　高级管理层的职责主要包括以下方面：

（一）制定外包战略发展规划；

（二）制定外包风险管理的政策、操作流程和内控制度；

（三）确定外包业务的范围及相关安排；

（四）确定外包管理团队职责，并对其行为进行有效监督。

第十一条　外包管理团队的职责主要包括以下方面：

（一）执行外包风险管理的政策、操作流程和内控制度；

（二）负责外包活动的日常管理，包括尽职调查、合同执行情况的监督及风险状况的监控；

（三）向高级管理层提出有关外包活动发展和风险管控的意见和建议；

（四）在发现外包服务提供商的业务活动存在缺陷时，采取及时有效的措施；

（五）高级管理层确定的其他职责。

第三章　风 险 管 理

第十二条　银行业金融机构在制定外包活动政策时，应当评估以下风险因素：

（一）银行业金融机构应当关注外包活动的战略风险、法律风险、声誉风险、合规风险、操作风险、国别风险等风险；

（二）影响外包活动的外部因素；

（三）本机构对外包活动的风险管控能力；

（四）服务提供商的技术能力及专业经验，业务策略和业务规模，业务连续性及破产风险，风险控制能力及外包服务的集中度；

（五）其他关注的事项。

第十三条　银行业金融机构在进行外包活动时应当对服务提供商进行尽职调查，尽职调查应当包括以下事项：

（一）管理能力和行业地位；

（二）财务稳健性；

（三）经营声誉和企业文化；

（四）技术实力和服务质量；

（五）突发事件应对能力；

（六）对银行业的熟悉程度；

（七）对其他银行业金融机构提供服务的情况；

（八）银行业金融机构认为重要的其他事项。

银行业金融机构的外包活动涉及多个服务提供商时，应当对这些服务提供商进行关联关系的调查。

第十四条　银行业金融机构开展外包活动时应当签订书面合同或协议，明确双方的权利义务。合同或协议应当包括但不限于以下内容：

（一）外包服务的范围和标准；

（二）外包服务的保密性和安全性的安排；

（三）外包服务的业务连续性的安排；

（四）外包服务的审计和检查；

（五）外包争端的解决机制；

（六）合同或协议变更或终止的过渡安排；

（七）违约责任。

对于具有专业技术性的外包活动，可签订服务标准协议。

第十五条　银行业金融机构在外包活动中应当建立严格的客户信息保密制度，并依法履行告知义务。

第十六条　银行业金融机构在外包合同中应当要求外包服务提供商承诺以下事项：

（一）定期通报外包活动的有关事项；

（二）及时通报外包活动的突发性事件；

（三）配合银行业金融机构接受银行业监督管理机构的检查；

（四）保障客户信息的安全性，当客户信息不安全或客户权利受到影响时，银行业金融机构有权随时终止外包合同；

（五）不得以银行业金融机构的名义开展活动；

（六）银行业金融机构认为应当承诺的其他事项。

第十七条　银行业金融机构应当关注外包服务提供商分包的风险，并在合同中明确以下事项：

（一）服务提供商分包的规则；

（二）分包服务提供商应当严格遵守主服务提供商与银行业金融机构确定的外包合同或协议中的相关条款；

（三）主服务商应当确认在业务分包后继续保证对服务水平和系统控制负总责；

（四）不得将外包活动的主要业务分包。

第十八条　银行业金融机构应当在合同中约定服务提供商不得将外包活动转包或变相转包。

第十九条　银行业金融机构在开展跨境外包活动时，应当遵守以下原则：

（一）审慎评估法律和管制风险；

（二）确保客户信息的安全；

（三）选择境外服务提供商时，应当明确其所在国家或地区监管当局已与我国银行业监督管理机构签订谅解备忘录或双方认可的其他约定。

第二十条　银行业金融机构应当事先制定和建立外包突发事件应急预案和机制。通过采取替代方案、寻求合同项下的保险安排等措施，确保业务活动的正常经营。

第二十一条　银行业金融机构应当定期对外包活动进行全面审计与评价。

第四章　监督管理

第二十二条　银行业金融机构在开展外包活动时，应当定期向所在地银行业监督管理机构递交本机构外包活动的评估报告。

第二十三条　银行业金融机构在开展外包活动时如遇到对本机构的业务经营、客户信息安全、声誉等产生重大影响事件，应当及时向所在地银行业监督管理机构报告。

第二十四条　银行业监督管理机构及其派出机构根据需要对外包活动进行现场检查，采集外包活动过程中的数据信息和相关资料，并将检查结果纳入对该机构的监管评级。

第二十五条　对外包活动存在以下情形的，银行业监督管理机构可以要求银行业金融机构纠正或采取替代方案，并视情况予以问责。

（一）违反相关法律、行政法规及规章；

（二）违反本机构风险管理政策、内控制度及操作流程等；

（三）存在重大风险隐患；

（四）其他认定的情形。

第五章　附　　则

第二十六条　经银行业监督管理机构批准的其他金融机构开展外包活动时遵照本指引执行。

第二十七条 本指引由中国银行业监督管理委员会负责解释。

第二十八条 本指引自发布之日起实施。

商业银行表外业务风险管理办法

1. 2022年11月28日中国银行保险监督管理委员会印发

2. 银保监规〔2022〕20号

第一章 总 则

第一条 为加强商业银行表外业务风险管理，根据《中华人民共和国银行业监督管理法》《中华人民共和国商业银行法》等有关法律法规，制定本办法。

第二条 本办法适用于中华人民共和国境内依法设立的商业银行。

第三条 本办法所称表外业务是指商业银行从事的，按照现行企业会计准则不计入资产负债表内，不形成现实资产负债，但有可能引起损益变动的业务。

第四条 根据表外业务特征和法律关系，表外业务分为担保承诺类、代理投融资服务类、中介服务类、其他类等。

担保承诺类业务包括担保、承诺等按照约定承担偿付责任或提供信用服务的业务。担保类业务是指商业银行对第三方承担偿还责任的业务，包括但不限于银行承兑汇票、保函、信用证、信用风险仍由银行承担的销售与购买协议等。承诺类业务是指商业银行在未来某一日期按照事先约定的条件向客户提供约定的信用业务，包括但不限于贷款承诺等。

代理投融资服务类业务指商业银行根据客户委托，按照约定为客户提供投融资服务但不承担代偿责任、不承诺投资回报的表外业务，包括但不限于委托贷款、委托投资、代客理财、代理交易、代理发行和承销债券等。

中介服务类业务指商业银行根据客户委托，提供中介服务、收取手续费的业务，包括但不限于代理收付、代理代销、财务顾问、资产托管、各类保管业务等。

其他类表外业务是指上述业务种类之外的其他表外业务。

第五条 商业银行开展表外业务，应当遵循以下原则：

（一）管理全覆盖原则。商业银行应当对表外业务实施全面统一管理，覆盖表外业务所包含的各类风险。

（二）分类管理原则。商业银行应当区分自营业务与代理业务，根据不同表外业务的性质和承担的风险种类，实行分类管理。

（三）风险为本原则。商业银行开办表外业务，应当坚持风险为本、审慎经营、合规优先的理念，并按照实质重于形式的原则对业务进行管理。

第二章 治理架构

第六条 商业银行应当建立健全表外业务管理的治理架构。

董事会对表外业务的管理承担最终责任，负责制定表外业务的发展战略，审批重要的业务管理、风险管理政策和程序等。

高级管理层承担表外业务的经营管理责任，负责执行董事会对于表外业务的决议，制定表外业务的经营计划、政策流程、管理措施等，审批表外业务种类，组织实施。

监事会负责对董事会和高级管理层在表外业务管理中的履职情况进行监督评价。

第七条 商业银行应当明确各类表外业务的经营管理部门及其职责，确定业务经营管理部门承担表外业务管理和风险管理的首要责任。

第八条 商业银行应当确定相关职能部门负责表外业务合规审查，将全部表外业务纳入合规管理。未经合规审查的，不得开展该项表外业务。

第九条 商业银行应当根据各类表外业务的规模、复杂程度和风险状况及具体业务特点，指定各类表外业务的风险管理部门，有效管理相关风险。

第十条 开展表外业务前，应当由会计部门根据表外业务的交易结构对相应会计科目的设置和会计核算规则进行审查，确保其准确反映表外业务的经济实质和风险实质。

第十一条 商业银行应当定期汇总整理全行表外业务发展和风险情况，并作为全面风险管理报告的一部分，向董事会报告。

第十二条 商业银行应当建立表外业务内部审计制度，定期审计业务经营和风险管理情况。商业银行聘请外部审计师进行年度审计时，应当将表外业务风险情况及相关会计信息纳入年度财务报告审计范围。

第三章 风险管理

第十三条 商业银行应当将表外业务纳入全面风险管理体系，对所承担的信用风险、市场风险、操作风险、流动性风险、银行账簿利率风险、声誉风险以及其他风险及时识别、计量、评估、监测、报告、控制或缓释，并建立业务、风险、资本相关联的管理机制。

第十四条 商业银行应当准确识别各类表外业务风险，并根据业务种类和风险特征实行差异化风险管理。

第十五条 商业银行应当针对各类表外业务特点，制定相应的管理制度和业务管理流程。未制定相关管理制度和流程的，不得开展该项表外业务。

第十六条 商业银行应当建立表外业务风险限额管理制度，根据业务规模、性质、复杂程度和外部市场发展变化情况等因素，确定需要设定风险限额的业务，并设定相应的风险限额。

第十七条 商业银行应当建立表外业务授权管理体系，明确机构、部门、岗位、人员的业务权限，授权管理体系应当与表外业务管理模式、业务规模、复杂程度、风险状况等相适应，并实施动态调整。

商业银行应当对分支机构的表外业务合作机构和产品进行书面审批授权。

第十八条 商业银行不得开展与本行发展定位、业务规模及风险管理能力不相匹配的表外业务。

第十九条 商业银行表外业务应当根据银行和客户承担风险的方式、程度和各类表外业务性质，确定相应的审批标准和流程。

第二十条 商业银行与其关联机构之间的表外业务合作应当严格遵循关联交易管理有关规定，按照商业原则进行业务合作，交易价格应当以市场价格为基础。

第二十一条 商业银行应当定期对表外业务开展相关压力测试，测算压力情景下主要表外业务风险情况，以及对本行资本、流动性、损益变动等的影响。在开展信用风险、市场风险、操作风险、流动性风险、银行账簿利率风险等压力测试时，商业银行也应当充分考虑相关表外业务的影响。

第二十二条 商业银行应当落实表外业务内部控制要求，加强对客户身份和交易的真实性审核，强化不相容岗位分离、制衡措施和业务的核对、监控，建立异常、可疑交易检查和处理机制。

第二十三条 商业银行开展表外业务应当严格依据企业会计准则进行会计核算。对于表外业务形成的垫款，应当纳入表内相关业务科目进行核算和管理。

第二十四条 商业银行应当建立覆盖所有表外业务的全口径统计制度，制定全行统一的统计标准。

商业银行应当建立表外业务相关信息管理系统，具备统计、计量、监控、报告等功能，能够全面准确反映单个和各类表外业务规模、结构、风险情况，为风险评估、计量、绩效考核、统计分析、监管报告等提供基础数据支持。

第二十五条 商业银行开展担保承诺类表外业务时，应当按照穿透原则纳入全行统一授信管理，采取统一的授信政策、流程、限额和集中度管理，实行表内外统一管理。

第二十六条 商业银行应当审慎开展代理投融资服务类、中介服务类表外业务，准确界定相关业务的法律关系、责任和承担的风险种类，厘清各方职责边界，有效管理相关业务所包含的操作风险、声誉风险等风险。

商业银行开展代理投融资服务类、中介服务类表外业务时，不得以任何形式约定或者承诺承担信用风险。

第二十七条 商业银行开展代理投融资服务类、中介服务类表外业务，应当实现表内业务与表外业务、自营业务与代理业务在资产、账务核算、人员等方面的隔离。

第二十八条 商业银行开展代理投融资服务类表外业务时，应当按照参与主体的不同，建立相关主体合作标准、评价体系和审批流程；应当通过签订书面合同，明确界定商业银行、客户、资金使用方、合作机构等各方参与主体的权利、义务和应当承担的法律责任。

参与主体包括客户、资金使用方、合作机构等。其中，客户是指表外业务资金的提供方或来源方；资金使用方是指表外业务中的实际用款方；合作机构是指接受委托提供资产管理以及相关金融服务的金融机构及经银保监会认可的其他机构。

商业银行应当对代理投融资服务类表外业务的合作机构、产品实行总行统一管理。未经总行授权，分支机构不得销售任何第三方产品。零售类业务应当按照相关要求实施专区“双录”管理。

商业银行开展代理金融衍生产品交易业务的，应当遵循合规性、匹配性、审慎性和透明性原则，加强合规管理，在谨慎评估后开展业务，确保风险可控，并遵守金融衍生产品相关监管规定。

第二十九条 商业银行应当建立健全总行统一集中管理的表外业务合作机构名单制管理制度，并定期跟踪评价，及时清退不符合条件的机构。商业银行应当针对不同业务种类，制定差异化的合作机构资质审查标准，书面确定对单个合作机构的风险限额和风险监控方式。

第三十条 商业银行开展代理投融资服务类表外业务时，不得参与具有滚动发行、集合运作、分离定价特征的资金池业务，应当遵守资金来源、资金投向、杠杆水平、投资范围、收益分配、风险承担等相关监管要求。

第三十一条 商业银行开展代理投融资服务类表外业务时，应当严格按照穿透原则向上识别最终投资者，禁止通过欺诈或者误导的方式进行错误销售；向下识别底层资产，确保资金投向符合国家宏观调控政策和相关监管要求，公募证券投资基金除外。

第三十二条 商业银行应当对复杂交易结构的表外业务中可能承担的风险进行实质评估和审查，建立专业化的管理机制，确保前、中、后台充分了解复杂交易结构的风险信息。要对各种担保关系通过合同予以明确,准确识别并有效控制参与代理业务而产生的相关风险。

第三十三条 商业银行应当按照实质重于形式原则和穿透原则,准确识别、评估和缓释各类表外业务风险。

对实质承担信用风险的表外业务,商业银行应当按照金融资产风险分类相关规定,真实、准确地进行风险分类,并按照债务人履约能力以及金融资产风险变化结果,及时动态调整。商业银行应当严格遵循企业会计准则和相关监管规定,及时、充足计提减值准备。

商业银行应当根据资本监管相关规定,按照业务实质审慎计算表外业务对应的风险加权资产,计提资本。

商业银行应当依据相关监管规定,从表外业务收入中计提相关风险准备金。

第四章 信息披露

第三十四条 商业银行应当按照企业会计准则、监管规定以及委托协议的约定等对表外业务情况进行信息披露。信息披露的内容包括但不限于各类表外业务的规模、结构、风险状况等。

第三十五条 表外业务信息披露包括定期信息披露和临时信息披露。

定期信息披露是指根据监管规定或表外业务产品说明书、协议等约定的间隔期,定期披露相关信息。

临时信息披露是指根据表外业务服务协议等约定,对包括但不限于重大事件、风险事件、产品管理、投资运作情况等内容及时进行披露。

第三十六条 商业银行表外业务信息披露应当采用本行官方网站发布、营业网点发布等途径。

第三十七条 对于应当由表外业务合作机构披露的信息,商业银行应当加强与合作机构沟通,及时掌握其拟披露信息的内容。

第五章 监督管理

第三十八条 商业银行应当按照监管要求,向银保监会及其派出机构报送、登记相关表外业务的经营管理和风险状况的信息、数据。

第三十九条 商业银行应当定期向银保监会及其派出机构报告表外业务发展和风险情况,至少每年度一次,年度报告应当于年后三个月内报送。报告内容包括但不限于各类表外业务规模、结构、发展趋势、风险状况、压力测试情况、已采取的风险管理措施、潜在风险点和拟采取的措施等内容。

出现重大事件、风险事件的,应当及时报告。

第四十条 银保监会及其派出机构应当持续分析表外业务发展和风险情况,根据业务种类和风险特征采取差异化的监管方式和监管措施。

对担保承诺类业务,重点监管信用风险,关注统一授信执行、表外业务信用风险转换系数、表外业务垫款等情况。

对代理投融资服务类、中介服务类业务,重点监管操作风险、声誉风险,关注业务操作规范、客户投诉、金融消费者保护等情况。

第四十一条 银保监会及其派出机构应当对商业银行相关表外业务的资产风险分类和减值准备计提情况,风险加权资产计量和资本计提情况,相关风险准备金计提情况,以及表外业务对商业银行整体流动性的影响实施持续监管。

第四十二条 银保监会及其派出机构通过非现场监管和现场检查等对商业银行表外业务风险管理实施持续监管,具体方式包括但不限于风险提示、现场检查、监管通报、监管会谈、与内外部审计师会谈等。

第四十三条 对不能满足本办法及其他关于表外业务监管要求的商业银行,银保监会及其派出机构可以要求制定整改方案,责令限期改正,并视情况采取相应的监管措施和行政处罚。

第六章 附 则

第四十四条 开发银行及政策性银行、农村合作银行、村镇银行、农村信用社、金融资产管理公司、金融租赁公司、企业集团财务公司、汽车金融公司、消费金融公司、信托公司,以及外国银行分行参照本办法执行。

第四十五条 本办法由银保监会负责解释。

第四十六条 商业银行开展表外业务,还应当遵守各类具体表外业务的相关规定。

第四十七条 本办法自2023年1月1日起实施,《商业银行表外业务风险管理指引》(银监发〔2011〕31号)同时废止。

银行保险机构信息科技外包风险监管办法

1. 2021年12月30日中国银保监会办公厅印发
2. 银保监办发〔2021〕141号

第一章 总 则

第一条 为规范银行保险机构的信息科技外包活动,加强信息科技外包风险管控,根据《中华人民共和国银行业监督管理法》《中华人民共和国商业银行法》《中华人民共和国保险法》《中华人民共和国网络安全法》

《中华人民共和国数据安全法》《中华人民共和国个人信息保护法》等法律法规,制定本办法。

第二条　在中华人民共和国境内设立的政策性银行、商业银行、农村合作银行、省(自治区)农村信用社联合社,保险集团(控股)公司、保险公司、保险资产管理公司、金融资产管理公司适用本办法。银保监会及其派出机构监管的其他金融机构参照本办法执行。

第三条　本办法所适用的信息科技外包,是指银行保险机构将原本由自身负责处理的信息科技活动委托给服务提供商进行处理的行为。

银行保险机构与其他第三方合作当中涉及银行保险机构重要数据和客户个人信息处理的信息科技活动,按照本办法相关要求进行管理,法律法规另有要求的除外。

第四条　银行保险机构应当建立与本机构信息科技战略目标相适应的信息科技外包管理体系,将信息科技外包风险纳入全面风险管理体系,有效控制由于外包而引发的风险。

第五条　银行保险机构在实施信息科技外包时应当坚持以下原则:

(一)不得将信息科技管理责任、网络安全主体责任外包;

(二)以不妨碍核心能力建设、积极掌握关键技术为导向;

(三)保持外包风险、成本和效益的平衡;

(四)保障网络和信息安全,加强重要数据和个人信息保护;

(五)强调事前控制和事中监督;

(六)持续改进外包策略和风险管理措施。

第二章　信息科技外包治理

第六条　银行保险机构应建立覆盖董(理)事会、高管层、信息科技外包风险主管部门、信息科技外包执行团队的信息科技外包及风险管理组织架构,明确相应层级的职责,确保信息科技外包治理架构权责清晰、运转高效、制衡充分。

第七条　银行保险机构董(理)事会或其授权设立的专业委员会应负责推动建立信息科技外包及其风险管理体系、审批信息科技外包战略、审议重大外包决策,高级管理层应负责制定信息科技外包战略,明确信息科技外包风险主管部门和信息科技外包执行团队,明确信息科技外包及其风险管理职责,审议信息科技外包管理流程及制度,监控信息科技外包及其风险管理成效。

第八条　银行保险机构应指定信息科技外包风险主管部门,该部门主要职责包括:

(一)根据机构总体风险政策和外包战略,制定信息科技外包风险管理策略、制度和流程;

(二)统筹信息科技外包风险的识别、评估、监测、预警、报告及处置工作;

(三)制定保障外包服务持续性的应急管理方案,并定期组织实施演练;

(四)监督、评价外包执行团队的管理工作,并督促外包风险管理的持续改善;

(五)向董(理)事会(或其专门委员会)或高级管理层汇报信息科技外包相关风险及管理情况。

第九条　银行保险机构应在信息科技管理部门或信息科技外包活动执行部门内部建立信息科技外包执行团队,并配备足够的具有相应能力和经验的人员履行以下职责:

(一)落实信息科技外包战略;

(二)执行信息科技外包管理制度与流程;

(三)执行服务提供商准入、尽职调查、服务评价和退出管理工作,建立并维护服务提供商关系管理策略;

(四)持续监测外包服务的水平和质量,及时处理服务提供商出现的相关违规和用户投诉;

(五)对外包过程中的关键管理活动进行监控及分析,定期与信息科技外包风险主管部门沟通外包活动及有关风险情况。

第十条　银行保险机构应当基于机构的业务战略、信息科技战略、总体外包战略、外包市场环境、自身风险控制能力和风险偏好制定信息科技外包战略,包括但不限于:外包原则和策略、不能外包的职能、资源能力建设方案等。

第十一条　银行保险机构应当明确不能外包的信息科技职能。涉及信息科技战略管理、信息科技风险管理、信息科技内部审计及其他有关信息科技核心竞争力的职能不得外包。

第十二条　银行保险机构应当建立信息科技外包活动分类管理机制,针对不同类型的外包活动建立相应的管理和风控策略。信息科技外包原则上划分为咨询规划类、开发测试类、运行维护类、安全服务类、业务支持类等类别。

第十三条　银行保险机构应对信息科技外包活动及相关服务提供商进行分级管理,对重要外包和一般外包采取差异化管控措施。下列信息科技外包活动原则上属于重要外包:

(一)信息科技工作整体外包,仅保留必要的管理团队和核心职能;

（二）数据中心（机房）整体外包；

（三）涉及基础设施和信息系统整体架构发生重大变化的信息科技外包；

（四）核心业务系统开发测试和运行维护的整体外包；

（五）信息科技战略规划（含中长期规划）咨询外包；

（六）安全运营的整体外包；

（七）涉及集中存储或处理银行保险机构重要数据和客户个人敏感信息的外包；

（八）直接影响实时服务、影响账务准确性的重要信息系统外包；

（九）其它对机构业务运营具有重要影响的外包。

第十四条 银行保险机构应考虑重要外包终止的可能性，并制定退出策略。退出策略应至少明确：

（一）可能造成外包终止的情形；

（二）外包终止的业务影响分析；

（三）终止交接安排。

第三章 信息科技外包准入

第十五条 银行保险机构应当充分评估拟开展的信息科技外包活动与信息科技外包战略的一致性，充分评估拟开展的信息科技外包活动相关风险，就是否实施外包作出审慎决策。重要外包应至少向高管层报告并经过审批。

第十六条 银行保险机构应根据信息科技外包战略，结合风险评估情况，明确服务提供商的准入标准，对备选服务提供商进行筛选，审慎引入集中度风险较高或增加机构整体风险的服务提供商。

第十七条 银行保险机构应在签订合同前，对重要外包的备选服务提供商深入开展尽职调查，必要时可聘请第三方机构协助调查。在服务提供商经营状况未发生重大变化的前提下，尽职调查结果原则上一年内有效。尽职调查应包括但不限于：

（一）服务提供商的技术和行业经验，人员及能力；

（二）服务提供商的内部控制和管理能力；

（三）服务提供商的网络和信息安全保障能力；

（四）服务提供商的持续经营状况；

（五）服务提供商及其母公司或实际控制人遵守国家和银保监会相关法律法规要求的情况；

（六）服务提供商过往配合银行保险机构审计、评估、检查及监管机构监督检查情况；

（七）服务提供商与银行保险机构的关联性。

第十八条 对于符合重要外包条件的非驻场外包，应当进一步重点调查如下内容：

（一）服务提供商对银行保险机构与其他机构的设施、系统和数据是否有明确、清晰的边界；

（二）服务提供商是否有管理制度和技术措施保障银行保险机构数据的完整性和保密性；

（三）服务提供商对涉及银行保险机构的服务器、存储、网络设备、操作系统、数据库、中间件等软硬件基础设施是否具有最高访问权限；

（四）服务提供商是否拥有或可能拥有业务系统的最高管理权限或访问权限，是否能够浏览、获取重要数据或客户个人敏感信息；

（五）服务提供商是否有完善的灾难恢复设施和应急管理体系，是否有业务连续性安排；

（六）服务提供商是否存在不正当竞争或规避监管的情形。

第十九条 银行保险机构在选择跨境外包时，应当充分评估服务提供商所在国家或地区的政治、经济、社会、法律、文化等经营环境。涉及信息跨境存储、处理和分析的，应遵守我国有关法律法规的规定。

第二十条 对于关联外包和同业外包，银行保险机构不得降低对服务提供商的要求，严格防范利益冲突和利益输送。

第二十一条 银行保险机构在信息科技外包合同或协议中应当明确以下内容，包括但不限于：

（一）服务范围、服务内容、服务要求、工作时限及安排、责任分配、交付物要求以及后续合作中的相关限定条件，服务质量考核评价约定。

（二）合规、内控及风险管理要求，对法律法规及银行保险机构内部管理制度的遵守要求，监管政策的通报贯彻机制。

（三）服务持续性要求，服务提供商的服务持续性管理目标应当满足银行保险机构业务连续性目标要求。

（四）银行保险机构对服务提供商进行风险评估、监测、检查和审计的权利，及服务提供商承诺接受银保监会对其所承担的银行保险机构外包服务的监督检查。

（五）合同变更或终止的触发条件，合同变更或终止的过渡安排。

（六）外包活动中相关信息和知识产权的归属权以及允许服务提供商使用的内容及范围，对服务提供商使用合法软、硬件产品的要求。

（七）资源保障条款。

（八）安全保密和消费者权益保护约定，包括但不限于：禁止服务提供商在合同允许范围外使用或者披露银行保险机构的信息，服务提供商不得将银行保险机构数据以任何形式转移、挪用或谋取外包合同约定以外的利益。

（九）争端解决机制、违约及赔偿条款，跨境外包应明确争议解决时所适用的法律及司法管辖权，原则上应当选择中国仲裁机构、中国法院管辖，适用中国法律解决纠纷。

（十）报告条款，至少包括常规报告内容和报告频度、突发事件时的报告路线、报告方式及时限要求。

第二十二条 银行保险机构应当在合同或协议中明确要求服务提供商不得将外包服务转包或变相转包。在涉及外包服务分包时应当要求：

（一）不得将外包服务的主要业务分包；

（二）主服务提供商对服务水平负总责，确保分包服务提供商能够严格遵守外包合同或协议；

（三）主服务提供商对分包服务提供商进行监控，并对分包服务提供商的变更履行通知或报告审批义务。

第四章 信息科技外包监控评价

第二十三条 银行保险机构应当对外包服务过程进行持续监控，及时发现和纠正服务过程中存在的各类异常情况。

第二十四条 银行保险机构应当建立明确的信息科技外包服务目录、服务水平协议以及服务水平监控评价机制，确保相关监控信息和评价结果的真实性和完整性，且数据至少保存到服务结束后三年。

第二十五条 银行保险机构应当对信息科技外包服务建立服务效能和质量监控指标，并进行相应监控。常见指标包括：

（一）信息系统和设备及基础设施的可用率；

（二）故障次数、故障解决率、故障的响应时间、故障的解决时间；

（三）服务的次数、客户满意度；

（四）业务需求的及时完成率、程序的缺陷数、需求变更率；

（五）外包人员工作饱和率、外包人员的考核合格率；

（六）网络和信息安全指标、业务连续性指标。

第二十六条 银行保险机构应当对服务提供商的财务、内控及安全管理进行持续监控，关注其因破产、兼并、关键人员流失、投入不足和管理不善等因素引发的财务状况恶化及内部管理混乱等情况，防范外包服务意外终止或服务质量的急剧下降。

第二十七条 银行保险机构监控到信息科技外包服务出现异常情况时，应当及时督促服务提供商采取纠正措施；情节严重或未及时纠正的，应当及时约谈服务提供商高管人员并限期整改。对于逾期未整改的服务提供商，应当暂停或取消其服务资格，并向银保监会或其派出机构报告。

第二十八条 对于关联外包，银行保险机构董（理）事会和高级管理层应当推动母公司或所属集团将外包服务质量纳入对服务提供商的业绩评价范围，建立外包服务重大事件问责机制。

第二十九条 银行保险机构应在信息科技外包服务到期前，就是否继续外包进行评估决策。外包服务结束时，银行保险机构应对服务提供商进行评价，评价结果作为服务提供商后续准入的重要参考依据。对具有持续性特点的外包服务，银行保险机构终止外包或更换服务提供商前，应制定周密的退出和交接计划。

第五章 信息科技外包风险管理

第三十条 银行保险机构应建立并持续完善风险管理制度和流程，充分识别并评估信息科技外包可能产生的风险，包括但不限于：

（一）科技能力丧失。过度依赖外包导致失去科技控制及创新能力，影响业务创新与发展。

（二）业务中断。支持业务运营的外包服务无法持续提供导致业务中断。

（三）数据泄露、丢失和篡改。因服务提供商的不当行为或其服务的信息系统遭受网络攻击，导致银行保险机构重要数据或客户个人信息泄露、丢失和篡改。

（四）资金损失。因服务提供商的不当行为或其服务的信息系统遭受网络攻击，导致银行保险机构客户资金被盗取。

（五）服务水平下降。由于外包服务质量问题或内外部协作效率低下，使得信息科技服务水平下降。

（六）可能导致的战略、声誉、合规等其他风险。

第三十一条 针对可能给业务连续性管理造成重大影响的重要外包服务，银行保险机构应当事先建立风险控制、缓释或转移措施，包括但不限于：

（一）事先制定退出策略和供应链安全保障方案，并在外包服务实施过程中持续收集服务提供商相关信息，尽早发现可能导致服务中断或服务质量下降的情况；

（二）明确措施和方法，在服务提供商服务质量不能满足合同要求的情况下，保障获取其外包服务资源的优先权；

（三）要求服务提供商提供必要的应急和灾备资源保障，制定应急处理预案并在预案中明确为银行保险机构提供应急响应和恢复的优先级，原则上应为最高级；

（四）组织服务提供商参与应急计划编制和应急演练，至少每年在综合性演练或专项演练中纳入一个或多个服务提供商开展一次相关演练；

（五）考虑预先在银行保险机构内部配置相应的人力资源，掌握必要的技能，以在外包服务中断期间自行维持最低限度的服务能力。

第三十二条　银行保险机构应当制定和落实网络和信息安全管理措施，包括但不限于：

（一）对服务提供商和外包人员进行网络和信息安全教育或培训，增强网络和信息安全意识，服务提供商应与银行保险机构签订安全保密协议，外包人员应签署安全保密承诺书；

（二）明确外包活动需要访问或使用的信息资产，按“必需知道”和“最小授权”原则进行访问授权，严格管控远程维护行为；

（三）对信息系统开发交付物（含拥有知识产权的源代码）进行安全扫描和检查；

（四）对客户信息、源代码和文档等敏感信息采取严格管控措施，对敏感信息泄露风险进行持续监测；

（五）对服务提供商所提供的模型、算法及相关信息系统加强管理，确保模型和算法遵循可解释、可验证、透明、公平的原则；

（六）定期对外包活动进行网络和信息安全评估。

第三十三条　银行保险机构应识别对本机构具有集中度风险的外包服务及其提供商，积极采用分散外包活动、注重外包项目知识产权保护、提高自身研发运维能力、储备潜在替代服务提供商等手段，减少对个别外包服务提供商的依赖，降低集中度风险。

第三十四条　银行保险机构应当对符合重要外包标准的非驻场外包服务进行实地检查，原则上每三年覆盖所有重要的非驻场外包服务。对具有行业集中度性质的服务提供商，银行保险机构可采取联合检查、委托检查等形式，减少重复性工作，减轻服务提供商的检查负担。

第三十五条　银行保险机构每年应当至少开展一次全面的信息科技外包风险管理评估，并向董（理）事会或高级管理层提交评估报告。

第三十六条　银行保险机构应当开展信息科技外包及其风险管理的审计工作，定期对信息科技外包活动进行审计，至少每三年覆盖所有重要外包。发生重大外包风险事件后应当及时开展专项审计。银行保险机构应承担内部审计职能和责任，内部审计项目可委托母公司或同一集团下属子公司实施，或聘请独立第三方实施。

第六章　监督管理

第三十七条　银行保险机构开展以下信息科技外包活动时，应当在外包合同签订前二十个工作日向银保监会或其派出机构的信息科技监管部门报告（目录见附件）：

（一）信息科技工作整体外包；

（二）数据中心（机房）整体外包；

（三）涉及基础设施和信息系统整体架构发生重大变化的外包；

（四）信息科技战略规划（含中长期规划）咨询外包；

（五）符合重要外包条件的非驻场外包、关联外包和跨境外包；

（六）其他银保监会认为重要的信息科技外包。

第三十八条　银行保险机构信息科技外包活动中发生以下重大风险事件时，应当按照相关突发事件监管报告要求，向银保监会或其派出机构报告：

（一）银行保险机构重要数据或客户个人信息泄露；

（二）数据损毁或者重要业务运营中断；

（三）由于不可抗力或服务提供商重大经营、财务问题，导致或可能导致多家银行保险机构外包服务中断；

（四）重要外包服务非正常中断、终止或其服务提供商非正常退出；

（五）因服务提供商不当行为或其服务的信息系统遭受网络攻击或其他原因，造成银行保险机构客户重大资金损失；

（六）发现重大的服务提供商违法违规事件；

（七）银保监会规定需要报告的其他重大事件。

相关突发事件报告要求中没有规定的，在24小时内向银保监会或其派出机构报告。

第三十九条　银保监会及其派出机构对银行保险机构信息科技外包风险进行独立评估，对银行保险机构信息科技外包工作进行监督和检查，并纳入监管综合评价体系。对于检查发现涉嫌违法事项的有关单位和个人，依照相关法律规定实施延伸检查。

第四十条　银保监会及其派出机构持续监测银行业保险业信息科技外包风险状况，建立行业和区域集中度风险监测与核查机制，对重大或共性风险及时向行业发布风险提示，积极防范因信息科技外包可能引发的区域性、系统性风险。根据风险状况，银保监会及其派出机构可以要求银行保险机构与服务提供商会谈，就其外包服务和风险相关的重大事项作出说明。

第四十一条　银保监会及其派出机构可组织或责令银行保险机构对承担银行保险机构信息科技外包服务的服务提供商进行现场核查，也可由银行保险机构委托其他第三方机构以审计的形式实施。银保监会建立信息共享机制，及时向行业通报现场核查情况。

第四十二条　对于经监管评估、监督检查或现场核查风险较高的信息科技外包服务，银保监会及其派出机构可以对银行保险机构采取风险提示、约见谈话、监管质询、要求暂缓和停止相关外包活动等措施。对具有重大违法违规情形的服务提供商，银保监会可通报行业，必要时将有关情况移交司法机关。

第四十三条　银行保险机构违反本办法要求的，银保监会及其派出机构依法予以纠正，并视情况予以问责或处罚。

第七章　附　　则

第四十四条　本办法所称关联外包，是指银行保险机构的母公司或其所属集团子公司、关联公司或附属机构作为服务提供商，为其提供信息科技外包服务的行为。

同业外包，是指依法设立的由银保监会监管的银行保险机构为其他同行业金融机构提供外包服务的行为。

跨境外包，是指服务提供商在境外其他国家或地区实施信息科技外包服务的行为。

非驻场外包，是指服务提供商不在银行保险机构场所提供服务的外包形式。

重要数据，包括但不限于客户资料、交易数据、商业秘密等，参见国家法律法规和国家标准对重要数据的相关定义。

客户个人信息和敏感信息，参见国家法律法规和国家标准对个人信息的相关定义。

第四十五条　本办法由银保监会负责解释和修订。

第四十六条　本办法自公布之日起施行。《银行业金融机构信息科技外包风险监管指引》（银监发〔2013〕5号）、《中国银监会办公厅关于加强银行业金融机构信息科技非驻场集中式外包风险管理的通知》（银监办发〔2014〕187号）、《中国银监会办公厅关于开展银行业金融机构信息科技非驻场集中式外包监管评估工作的通知》（银监办发〔2014〕272号）同时废止。

附件：（略）

商业银行压力测试指引

1. 2014年12月8日中国银行业监督管理委员会发布
2. 银监发〔2014〕49号
3. 自2015年1月1日起施行

第一章　总　　则

第一条　为提高商业银行风险管理能力，加强系统性风险防范，根据《中华人民共和国银行业监督管理法》、《中华人民共和国商业银行法》、《中华人民共和国外资银行管理条例》等法律法规，制定本指引。

第二条　本指引适用于中华人民共和国境内依法设立的商业银行，包括中资商业银行、外商独资银行和中外合资银行。

第三条　商业银行应当依据本指引健全压力测试体系，提升压力测试能力，定期开展压力测试并确保压力测试结果得到有效应用。

第四条　本指引所称压力测试是一种银行风险管理和监管分析工具，用于分析假定的、极端但可能发生的不利情景对银行整体或资产组合的冲击程度，进而评估其对银行资产质量、盈利能力、资本水平和流动性的负面影响。压力测试有助于监管部门或银行对单家银行、银行集团和银行体系的脆弱性做出评估判断，并采取必要措施。

第五条　银监会及其派出机构依照本指引对商业银行压力测试工作进行监督检查，并采取相应的监管措施。

第二章　压力测试管理

第一节　一 般 规 定

第六条　商业银行应当在法人和集团层面建立与规模、业务复杂程度和风险状况相适应的压力测试体系，并将其纳入各个层次的风险管理活动，成为风险管理体系的有机组成部分。商业银行压力测试体系应包含以下基本要素：治理结构、政策文档、方法流程、情景设计、保障支持以及验证评估。

第七条　压力测试应在商业银行风险管理中发挥以下作用：

（一）前瞻性评估压力情景下风险暴露，识别定位业务的脆弱环节，改进对风险状况的理解，监测风险的变动。

（二）对基于历史数据的计量模型进行补充，识别和管理"尾部"风险，对模型假设进行评估。

（三）关注新产品和新业务带来的潜在风险。

（四）评估银行资产质量、盈利能力、资本水平和流动性承受压力事件的能力，为银行设定风险偏好、制定资本和流动性规划提供依据。

（五）协助银行制定改进措施。

（六）支持银行内外部对风险偏好和改进措施的沟通交流。

第二节　治 理 结 构

第八条　商业银行应当建立有效的压力测试治理结构，明确董事会、监事会（监事）、高级管理层以及相关部门在压力测试管理中的职责及报告路线。

第九条　商业银行董事会应当承担压力测试管理的最终责任，履行以下职责：

（一）审核并批准压力测试政策。

（二）监督高级管理层对压力测试进行有效管理。

（三）审阅经高管层审定有重大影响的压力测试报告，了解压力测试的关键假设，关注压力测试的结果及其影响，审议后续的重大改进措施，了解改进措施的风险缓释效果，在确定银行风险偏好和风险管理目标时考虑压力测试的结果。

（四）其他有关职责。

董事会可以授权下设的专门委员会履行部分职责。

第十条　商业银行的监事会（监事）应对董事会及高级管理层在压力测试管理中的履职情况进行监督评价，至少每年向股东大会（股东）报告一次。

第十一条　商业银行的高级管理层应当履行以下职责：

（一）根据外部监管和董事会要求，制定并修订压力测试政策，提交董事会审核批准。

（二）确定压力测试组织结构，明确各部门职责分工，建立保障支持体系，保证银行压力测试工作的顺利开展。

（三）审议压力情景设定，定期组织开展压力测试，评估压力测试结果对银行的影响，制定和落实风险改进措施，将压力测试结果运用到银行的各项经营管理决策中。

（四）向董事会报告压力测试开展情况。

（五）其他有关职责。

第十二条　商业银行应当指定专门的部门或团队负责压力测试管理，压力测试的管理职能应当相对独立于业务条线。负责压力测试管理的部门（团队）应具备以下职能：

（一）拟定压力测试政策，提交高级管理层审核批准。

（二）组织和协调各部门设计压力情景，实施压力测试，汇总并提交压力测试报告。

（三）推进全行压力测试体系建设，定期维护和更新压力测试体系。

（四）做好压力测试文档管理，保证文档结果的完备性。

（五）其他有关职责。

第三节　政策文档

第十三条　商业银行应制定完备的压力测试政策。压力测试政策包含但不限于：

（一）压力测试的管理目标。

（二）压力测试的主要类型。

（三）压力测试的组织结构。

（四）压力测试的方法。

（五）压力测试的流程与频度。

（六）压力测试的情景假设。

（七）压力测试结果的报告要求及运用。

（八）压力情况下可能采取的改进措施或应急计划。

（九）压力测试体系的定期评估与重检。

第十四条　压力测试政策应根据经营环境变化和业务发展及时进行修订。任何重大的实质性调整应及时提交董事会审议。

第十五条　商业银行应通过完备文档记录每一轮压力测试过程，确保压力测试可追溯和复制。文档记录应包括压力测试的目标、风险因素、压力情景、基本假设、方法论、传导机制、数据来源、压力测试的结果及相关管理措施等。

第四节　方法流程

第十六条　商业银行应建立完整的压力测试流程，包括以下步骤：定义测试目标，确定风险因素，设计压力情景，收集测试数据，设定假设条件，确定测试方法，进行压力测试，分析测试结果，确定潜在风险和脆弱环节，汇报测试结果，采取改进措施等。

第十七条　商业银行应开展全面的压力测试，总体涵盖各类主要风险和表内外各个主要业务领域，充分考虑各项业务间的相互作用和反馈效应以及风险因子与承压指标间可能存在的非线性关系，有效整合各类风险的压力测试，反映银行及银行集团风险的整体情况。

第十八条　商业银行应对快速发展的新产品和新业务以及存在潜在重大风险的业务领域进行专项压力测试。此外，从事复杂业务的商业银行应在压力测试中结合本行实际情况充分考虑资产证券化和包销等复杂业务以及高杠杆交易对手违约的影响。

第十九条　商业银行应定期开展压力测试。压力测试的频度应根据测试目的、风险类型、风险水平、外部环境以及监管要求合理确定，并及时进行调整。在必要情况下，商业银行应对特定领域和风险及时开展专项压力测试。

第二十条　商业银行应尽可能以定量方法来确定压力情景参数、风险因子相关性以及具体传导过程。此外，压力测试工作中应运用定性方法作为补充，通过合理的流程和方法，综合反映各个条线、领域专家意见，以拓展压力测试的适用范围并提高其有效性。

第二十一条　根据所考虑因素的复杂性，压力测试方法可分为敏感性分析和情景分析。商业银行应结合使用敏感性分析和情景分析进行压力测试。

敏感性分析旨在测量单个重要风险因子或少数几项关系密切的因子在假设变动情况下对银行风险暴露和银行承受风险能力的影响。在进行敏感性分析时,假设的变动程度应达到足够的波动幅度,以反映极端情况对银行的影响。

情景分析旨在测量多个风险因子同时发生变化以及某些极端不利事件发生对银行风险暴露和银行承受风险能力的影响。在进行情景分析时,应考虑不同风险因子之间的相关性。

第二十二条 商业银行应以一个或多个承压指标来反映压力测试的结果和对银行稳健程度的影响。常用承压指标包括但不限于:资产价值、资产质量、会计利润、经济利润、监管资本、经济资本和有关流动性指标。

商业银行应根据压力测试的目的、风险类型、业务种类以及特定要求来选取合适的承压指标。

第二十三条 商业银行可采用反向压力测试来识别可能对银行持续经营带来重大影响的压力情景。反向压力测试是从已知的压力测试结果出发,反向寻找银行资产质量、盈利、资本和流动性可能承受的极端压力情景。适于开展反向压力测试的领域包括高风险业务线、未经历过严重压力的新产品和新业务等。规模较大且从事复杂业务的商业银行应开展反向压力测试。

第二十四条 压力测试的结果应向董事会或高级管理层报告。报告的内容应包括压力情景下承压指标的变动、结果所反映的银行潜在风险点以及改进措施。

商业银行应每年向监管机构提交压力测试开展情况报告。如果压力测试的结果显示银行可能面临重大风险,应及时报告监管机构。

第二十五条 压力测试结果应运用于商业银行的各项管理决策中,包括但不限于:制定战略性业务决策、编制经营规划、设定风险偏好、调整风险限额、开展内部资本充足和流动性评估、实施风险改进措施以及应急计划等。

第二十六条 商业银行应遵循清晰的、预先设置的原则,针对压力测试结果采取必要的改进措施,并确保得到有效实施。改进措施包括但不限于:

(一)重组、变现、终止和对冲风险头寸。

(二)增加风险缓释。

(三)提高信贷审批标准。

(四)调整风险限额。

(五)压缩资产负债规模,调整资产负债结构,包括增加拨备、留存收益、补充资本和增加流动性储备等。

(六)调整业务发展策略和定价策略。

(七)启动应急计划。

第二十七条 商业银行应按照有关信息披露要求向社会公众公开压力测试的相关情况。

第五节 情景设计

第二十八条 商业银行应在充分识别风险特征的基础上进行情景设计。压力情景应反映银行主要风险因素,不同业务条线情况,外部环境冲击的影响变化;考虑各风险因子在一系列宏观经济和金融冲击下的相互作用和反馈效应。

压力情景一般分为轻度压力、中度压力以及重度压力。三种压力情景按照顺序不断增强,其中轻度压力应比基准情况更为严峻,重度压力应反映极端但可能发生的情况。

第二十九条 压力情景设计应综合考虑历史性情景和假设性情景。历史性情景设计可参考区域性、系统性金融危机等事件。商业银行还应从前瞻性视角出发,分析潜在风险,设计假设性情景。

压力情景的设计应得到相关业务条线专家的广泛参与,并按照事先确定的流程开展。

第三十条 压力情景设计涵盖的风险类型应主要包括信用风险(含集中度风险、国别风险)、市场风险(含银行账户利率风险)、流动性风险、操作风险和声誉风险等,并考虑不同风险之间的相互影响。

第三十一条 针对信用风险的压力情景包括但不限于以下内容:国内及国际主要经济体宏观经济增长下滑,房地产价格出现较大幅度向下波动,贷款质量和抵押品质量恶化,授信较为集中的企业和主要交易对手信用等级下降乃至违约,部分行业出现集中违约,部分国际业务敞口面临国别风险或转移风险,其他对银行信用风险带来重大影响的情况等。

第三十二条 针对市场风险的压力情景包括但不限于以下内容:利率重新定价、基准利率不同步以及收益率曲线出现大幅变动、期权行使带来的损失,主要货币汇率出现大的变化,信用价差出现不利走势,商品价格出现大幅波动,股票市场大幅下跌以及货币市场大幅波动等。具体压力情景的选择应考虑银行账户和交易账户的差异。

第三十三条 针对流动性风险的压力情景包括但不限于以下内容:流动性资产变现能力大幅下降,批发和零售存款大量流失,批发和零售融资的可获得性下降,交易对手要求追加抵(质)押品或减少融资金额,主要交易对手违约或破产,信用评级下调或声誉风险上升,市场流动性状况出现重大不利变化,表外业务、复杂产品和交易对流动性造成损耗，银行支付清算系统突然中断运行等。具体压力情景的设定应充分考虑针对单个银行的特定冲击、影响整个市场的系统性冲击和两者相结合的情景。

第三十四条　针对操作风险的压力情景包括但不限于受到以下重大操作事件影响：内部欺诈事件，外部欺诈事件，就业制度和工作场所安全事件，客户、产品和业务活动事件，实物资产的损坏，信息科技系统事件，执行、交割和流程管理事件等。信息系统事件应充分考虑业务中断系统失灵导致的直接和间接损失。

第三十五条　商业银行在设计压力情景时应考虑声誉风险的溢出效应，关注声誉风险对信用风险、流动性风险和市场风险的影响，包括合约性和非合约性的表外风险暴露或资产证券化暴露，出于声誉需要将表外资产转入表内的可能性等。

第六节　保 障 支 持

第三十六条　商业银行应当为压力测试工作顺利开展提供必要的保障与支持，包括数据、系统和人力资源等。

第三十七条　商业银行应具备相应的数据管理能力，为压力测试提供质量较高、颗粒度较细的数据，确保数据的完整性和准确性。

第三十八条　商业银行应具备相关信息系统，并能根据压力测试工作需要灵活进行调整，有关系统应当实现以下功能：

（一）支持实现灵活的情景生成。

（二）支持完成资产组合、业务条线、银行及银行集团整体等不同层面的压力测试。

（三）支持计量各类风险因子对银行各项承压指标的冲击。

（四）支持测试数据的抽取、转换和加载，并保证测试过程的可复制性。

（五）支持满足各类压力测试的监管频度要求。

第三十九条　商业银行应具备满足本行压力测试工作需要的专业团队。

第七节　验 证 评 估

第四十条　商业银行应确定独立的验证部门或团队对压力测试体系进行持续有效的评估并出具验证评估报告，原则上不低于一年一次，验证部门（团队）的相关职责应涵盖以下内容：

（一）评估压力测试方案是否有效地满足既定目标。

（二）评估压力测试的政策和过程文档是否完备。

（三）评估压力测试的实施是否按照既定的流程。

（四）评估压力测试方法的可靠性。

（五）评估压力测试的假设是否合理。

（六）评估数据质量是否可靠。

（七）评估系统的支持是否有效。

（八）了解压力测试是否纳入银行日常风险管理。

（九）评估压力测试结果内部应用是否充分。

（十）内部审计提出的其他相关要求。

第四十一条　商业银行应将压力测试纳入内部审计的范围，内审部门应履行以下职责：

（一）定期审查和评估压力测试体系的适用性和有效性。内部审计应涵盖对验证评估工作的审计。

（二）评估高级管理层的履职是否充分。

（三）评估压力测试结果内部应用是否充分。

（四）评估相关部门是否采取了必要的改进措施并有效实施。

（五）定期向董事会报告审计结果。

第三章　压力测试监管

第一节　监 督 检 查

第四十二条　银监会及其派出机构应定期对商业银行压力测试体系进行监督检查，评估银行的压力测试是否与其规模、业务复杂程度和风险状况相适应，采取有效措施以促进银行提升压力测试及风险管理水平。

第四十三条　银监会及其派出机构对商业银行压力测试进行检查评估内容包括但不限于：

（一）压力测试是否有助于全行层面风险识别和控制能力的提升。

（二）董事会、监事会和高级管理层是否履行压力测试中应承担的职责。

（三）压力测试政策是否及时维护和更新，文档记录是否详细。

（四）压力测试流程是否完整，压力测试内容是否全面，压力测试方法是否合理。

（五）压力测试的结果是否在不同管理层级的经营决策中得到应用。

（六）改进措施是否适当并且具有可操作性。

（七）压力测试是否被纳入银行的内部资本充足评估程序（ICAAP）和全面风险管理框架。

（八）情景假设是否合理，是否考虑银行经营环境中现有的风险状况和未来的发展变化因素，是否考虑风险之间的相互作用和反馈效应。

（九）银行是否具备足够的数据、系统、人力等资源，是否建立清晰的压力测试业务流程。

（十）压力测试的验证评估是否有效。

第四十四条　银监会及其派出机构可通过非现场监管、现场检查等方式，在法人和集团层面，对商业银行压力测试体系有效性进行全面的检查评估。

第四十五条　银监会及其派出机构可采取的检查评估手段包括但不限于：

（一）要求银行提交压力测试政策、报告等相关文档材料。

（二）对压力测试的各级人员进行访谈，如有必要，可与董事会和高级管理层的相关人员进行沟通交流。

（三）要求银行对压力测试假设的合理性、模型的可靠性和数据的准确性进行解释和说明。

（四）要求银行使用监管指定的假设或参数对特定的资产组合进行敏感性分析，对比评估压力测试结果。

（五）利用银行的基础数据独立开展压力测试，以验证银行压力测试结果的可靠性。

（六）通过同质同类银行的分析对比，评估银行压力测试结果的审慎程度。

第四十六条　对于在检查评估中发现压力测试体系存在实质性缺陷或者商业银行决策过程中没有充分考虑压力测试结果等情况，银监会及其派出机构可以要求商业银行采取下列措施：

（一）对压力测试中的薄弱环节以及实质性的缺陷进行改进，必要时重新进行压力测试并将有关结果报告监管机构。

（二）加大压力测试结果在经营决策中的运用。

（三）调整风险限额。

（四）减少对特定行业、国家、地区或资产组合的风险暴露。

（五）提高流动性和资本水平。

（六）增加风险缓释。

（七）实施其他改进措施。

第四十七条　在风险评估、监管评级等持续性监管中，银监会及其派出机构应充分考虑压力测试结果所揭示的银行风险状况以及对银行压力测试体系评估中发现的薄弱环节。

第二节　统一的压力测试

第四十八条　银监会定期组织商业银行按照统一要求开展压力测试，并可独立开展压力测试，以评估单个银行和银行体系的稳健水平。

第四十九条　对于统一组织商业银行开展的压力测试，银监会提供压力情景，银行根据统一的压力情景开展压力测试并提交报告。银监会与银行就压力测试的具体要求、关键假设等技术环节进行充分沟通，以提升银行压力测试结果的可靠性。

第五十条　银监会可独立开展对特定银行或银行体系的压力测试，以评估外部冲击对特定银行或银行体系风险的影响。银监会独立开展的压力测试应充分考虑到金融机构之间业务的关联性和风险溢出效应。

第五十一条　银监会建立压力测试的专家团队，评估商业银行压力测试的开展情况以及实施统一的压力测试。

第四章　附　　则

第五十二条　除另有规定外，政策性银行、农村合作银行、外国银行分行、信托公司、企业集团财务公司、金融租赁公司、汽车金融公司、消费金融公司参照本指引执行。

第五十三条　本指引由银监会负责解释。

第五十四条　本指引自 2015 年 1 月 1 日起施行。《商业银行压力测试指引》（银监发〔2007〕91 号）同时废止。

商业银行并表管理与监管指引

1. 2014 年 12 月 30 日中国银行业监督管理委员会发布
2. 银监发〔2014〕54 号
3. 自 2015 年 7 月 1 日起施行

第一章　总　　则

第一条　为加强商业银行并表管理，维护商业银行稳健运行，防范金融风险跨境跨业传染，根据《中华人民共和国银行业监督管理法》、《中华人民共和国商业银行法》、《中华人民共和国公司法》等法律法规，制定本指引。

第二条　本指引适用于中华人民共和国境内依法设立的商业银行。

本指引所称银行集团由商业银行及其下设各级附属机构组成。附属机构包括但不限于境内外的其他商业银行、非银行金融机构、非金融机构，以及按照本指引应当纳入并表范围的其他机构。

第三条　商业银行应当对整个银行集团实施并表管理。

本指引所称并表管理，是指商业银行对银行集团及其附属机构的公司治理、资本和财务等进行全面持续的管控，并有效识别、计量、监测和控制银行集团总体风险状况。

第四条　商业银行并表管理要素包括并表管理范围、业务协同、公司治理、全面风险管理、资本管理、集中度管理、内部交易管理和风险隔离等。

第五条　银行业监督管理机构依据本指引对商业银行进行并表监管。

第二章　并表管理范围

第六条　商业银行应当遵循风险管理实质性原则，以控制为基础，遵循监管要求，充分考虑金融业务和金融风险的相关性，合理确定并表管理范围。

第七条　商业银行应当按照下列原则确定并表管理的机构范围：

（一）会计并表范围按照我国现行企业会计准则确定；

（二）资本并表范围按照资本监管等相关监管规定确定；

（三）风险并表范围即商业银行在会计并表的基础上，将符合第八条规定的被投资机构纳入并表管理范围。

第八条　商业银行对被投资机构未形成控制，但符合下列情形的，应当纳入并表管理范围：

（一）具有业务同质性的各类被投资机构，其资产规模占银行集团整体资产规模的比例较小，但加总的业务和风险足以对银行集团的财务状况及风险水平造成重大影响；

（二）被投资机构所产生的风险和损失足以对银行集团造成重大影响，包括但不限于流动性风险、法律合规风险、声誉风险等；

（三）通过境内外附属机构、空壳公司等复杂股权设计成立的、有证据表明商业银行实际控制或对该机构的经营管理存在重大影响的其他被投资机构。

第九条　由商业银行短期持有，且不会对银行集团产生重大风险影响的被投资机构，包括准备在一个会计年度之内出售或清盘的、权益性资本在50%以上的被投资机构，经银行业监督管理机构同意可以不纳入银行集团并表管理范围，但银行集团应当对该类机构的经营管理和风险情况给予必要关注。

第十条　商业银行应当将所有纳入并表管理的机构的各类表内外、境内外、本外币业务纳入集团并表管理的业务范围。

第十一条　商业银行并表管理原则上应当逐级开展。商业银行可以根据战略作用、风险实质等情况，跨级对附属机构进行并表管理。

第十二条　银行业监督管理机构有权根据商业银行及整个银行集团的股权结构变动、公司治理情况、风险类别和风险状况确定和调整并表管理范围并提出监管要求。

第三章　业务协同

第十三条　商业银行应当在银行集团内建立机构间的业务协同机制，建立健全相应的政策、制度和流程。

第十四条　商业银行应当就银行集团内部业务协同制定清晰和明确的战略，并根据自身并表管理能力、市场环境和相关法规，科学进行跨境和跨业经营的决策，不断提升银行集团综合性服务能力和差异化竞争能力。

第十五条　商业银行应当根据行业特点，合理确定附属机构发展战略、市场定位、主要业务和经营目标，并指导各附属机构围绕总体战略充分发挥协同效应，确保其业务经营符合银行集团战略和总体利益。

第十六条　商业银行应当对包括客户、产品、渠道、人力和信息系统等在内的各项银行集团资源进行合理配置，以促进各附属机构和银行集团协同发展。

第十七条　商业银行在确保银行集团内部风险隔离的基础上，可以在集团成员之间开展产品营销、系统开发和数据处理等外包业务。商业银行应当制定并落实严格的外包制度和流程，防止金融风险随外包业务在银行集团内传递。

第十八条　商业银行应当建立银行集团统一的合作机构管理政策，统筹合作机构准入遴选，规范银行集团各附属机构之间、附属机构与其他金融机构之间的交叉产品和合作业务，同时应当以合同形式明确风险承担主体，切实落实风险防控责任。

第四章　公司治理

第十九条　商业银行应当建立覆盖全部附属机构的银行集团公司治理架构，确保其与银行集团整体业务性质、规模和复杂程度相适应，并具备较高透明度。

第二十条　商业银行应当确保整个银行集团具备清晰的组织架构，并在各附属机构之间保持合理和明确的股权关系，减少不必要的交叉持股、多层控股，避免造成组织架构混乱、管理责任不清、报告路线复杂等问题。

第二十一条　商业银行董事会应当承担银行集团并表管理的最终责任，并履行以下职责：

（一）制定银行集团并表管理政策，监督其在商业银行及各附属机构的实施；

（二）制定银行集团风险偏好、风险容忍度、风险管理和内部控制政策；

（三）监督并确保高级管理层有效履行并表管理职责；

（四）审批和监督有关并表管理的重大事项，并监督其实施；

（五）审议银行集团并表管理状况及主要附属机构的公司治理和经营情况。

第二十二条　商业银行监事会是并表管理的内部监督机构，履行以下职责：

（一）对商业银行并表管理机制建设情况和运行

有效性进行监督；

（二）监督董事会、高级管理层履行并表管理相关职责情况，并在履职情况综合评价中予以反映；

（三）督促董事会对银行集团及各附属机构公司治理和经营管理情况进行监督，并督促整改。

第二十三条　商业银行高级管理层负责执行董事会批准的各项并表管理政策，制定银行集团并表管理相关制度，建立和完善并表管理组织架构、全面风险管理架构和内部风险隔离体系，确保并表管理的各项职责得到有效落实，并对银行集团并表管理体系的全面性和有效性进行监测评估。

第二十四条　商业银行的主要股东应当满足银行业监督管理机构的各项审慎监管要求，并依法向银行业监督管理机构提供相关信息。

第二十五条　商业银行应当指定牵头部门，负责银行集团并表管理的总体统筹和协调；各职能部门根据并表管理总体要求和职责分工，履行资本、财务和风险管理等具体并表管理职责，确保各项制度和措施纳入附属机构日常经营管理。

第二十六条　商业银行应当确保附属机构公司治理的独立性。附属机构应当在银行集团统一的政策制度框架下，通过各自的公司治理体系独立进行经营决策。

商业银行不得滥用股东权利或以其他不正当方式对附属机构施加影响，迫使附属机构偏离正常的公司治理和决策机制。

第二十七条　商业银行应当在银行集团内建立满足并表管理需要的信息科技系统，确保能够准确、全面、及时获取附属机构的相关信息，并能够对银行集团数据及时进行筛选、加总和分类，在此基础上有效评估银行集团总体风险状况以及附属机构的经营活动对银行集团的整体影响。

第二十八条　商业银行应当在银行集团内建立内部重大事项报告制度，要求附属机构及时报告经营活动中的重大事项、重大风险，以及境内外监管机构采取的重大监管行动和监管措施。

商业银行应当在银行集团内建立清晰明确的内部报告机制和报告路线，确保能够通过及时、充分的信息报告实现对附属机构的有效管控。

第二十九条　商业银行应当建立符合银行集团业务协同发展要求的综合绩效考评体系，从财务效益、业务发展、风险防范和内控合规等角度有效评估各附属机构对银行集团的综合贡献，并对银行集团内部协同的实际效果进行全面衡量。

商业银行应当通过绩效考评引导银行集团内各附属机构间加强业务协同和资源共享，并在必要时予以合理支持，确保各附属机构具备足够的资源开展与其定位相符的经营活动，同时避免其过度依赖银行集团和母银行的资金支持。

第三十条　商业银行应当建立覆盖银行集团的独立内部审计体系，并指导各附属机构分别建立与其规模、性质和业务范围相适应的内部审计机制。

商业银行的内部审计部门应当定期对银行集团并表管理的有效性进行审计，评估附属机构对银行集团重大政策制度的执行情况，并向董事会和监事会报告，重大审计结果应当同时报送银行业监督管理机构。对银行集团并表情况内部审计的频率和程度应当与银行集团复杂程度、风险状况和管理水平相一致。

商业银行原则上应当要求各附属机构聘请同一外部审计事务所进行外部审计。确需聘请多家外部审计事务所进行审计的，应当确定其中一家为主审计事务所，并保证外部审计标准的一致性和审计结论的可比性。

第三十一条　商业银行应当按照相关法律法规的要求对银行集团有关信息进行披露，并于每个会计年度结束后四个月内向银行业监督管理机构报告并表管理情况。报告内容包括但不限于并表管理组织架构、并表管理机构名单、并表管理措施及执行情况、银行集团财务、银行集团资本、内部交易、银行集团各类风险、风险隔离措施及执行情况和其他并表管理重大事项。

第五章　全面风险管理

第三十二条　商业银行应当在银行集团内建立与银行集团组织架构、业务规模和复杂程度相适应的全面风险管理体系，制定明确的管理架构、政策、工具、流程和报告路线，有效识别、计量、监测和控制各类风险，防范风险的跨境跨业传染，并确保银行集团的发展战略、经营目标、业务管理、产品研发、绩效考核和激励机制等各方面政策均能够体现风险管理的导向和要求。

第三十三条　商业银行应当指定牵头部门负责银行集团全面风险管理体系的制定和实施，要求各附属机构、业务单元在银行集团整体风险偏好和风险管理政策框架下，制定自身的风险管理政策，促进银行集团风险管理的一致性和有效性。

第三十四条　商业银行应当指定一名银行集团风险管理主要负责人，负责整个银行集团包括各机构、业务单元、行业、地区、产品和各类风险在内的全面风险管理实施。银行集团风险管理主要负责人应当参与银行集团各项重大经营策略的制定和实施，并可以根据风险管理的需要独立行使对相关经营策略的调整建议权。

第三十五条　商业银行应当制定银行集团层面的风险偏

好，明确董事会对各类风险承担的容忍度，并与银行集团的经营战略和风险状况保持一致。

商业银行应当制定以风险偏好为核心的全面风险管理政策，兼顾各类附属机构和业务单元的风险属性与特征，全方位、多层次地统筹协调各类风险的全流程管理，确保风险偏好和全面风险管理政策对银行集团内部所有机构、业务条线和业务单元的全覆盖。

银行集团风险偏好和全面风险管理政策应当经董事会批准后实施，并定期进行评价和必要的调整。

第三十六条　商业银行应当将银行集团范围内具有授信性质和融资功能的各类信用风险业务纳入统一授信管理体系，在银行集团层面制定授信限额和行业投向的整体意见，指导各附属机构结合跨境跨业相关法律法规及监管要求，制定符合银行集团统一授信管理要求的授信政策。

第三十七条　商业银行应当按照实质重于形式的原则，按照境内外相关监管要求，对于银行集团承担实际风险和损失的非信贷和表外业务，建立全口径分层次的风险分类、资本占用和风险拨备制度。特别是对于交易结构复杂的业务，应当根据资金最终用途和业务实质，合理进行风险分类、确定风险权重、计算资本占用、计提减值准备。

第三十八条　商业银行应当建立银行集团层面的统一风险视图，即定期对产品、客户、行业、机构、区域、国别等各个维度的风险状况、风险水平、风险变化趋势等形成判断和评估，从而有利于相应风险管控措施的制订。

第三十九条　商业银行应当关注银行集团因各类业务往来、交易结构安排和股权变更所形成的风险隐匿、风险延迟暴露和监管套利，并分析其对银行集团整体风险和各个相关附属机构风险水平的影响。

第四十条　商业银行应当就各类风险分不同情景定期开展银行集团层面的压力测试，充分考虑各种情景的相互作用，并根据结果制定相应预案，确保银行集团能够有效应对各类不利情景。特别是对于重度压力情景下的测试结果，商业银行应当在银行集团内建立详细、完备的应对预案。

第四十一条　商业银行应当按照相关法规的要求，在银行集团内建立涵盖所有附属机构、各业务单元的全面流动性风险管理体系，制定与银行集团复杂性、风险轮廓和经营范围相匹配的流动性风险管理政策、程序和风险限额，按照实质重于形式的原则，根据表内外项目的流动性需求计算合格优质流动性资产需求，确保银行集团保持足够的整体流动性。

第四十二条　商业银行应当充分评估自身在不同地域、不同机构和不同币种之间进行流动性转换的能力，并重点关注资金流动的各类限制性因素，特别是跨境跨业的资本管制、外汇管制、市场差异、隔离措施等因素对银行集团流动性管理的影响。

第四十三条　商业银行应当要求附属机构建立完善的流动性风险管理和应急融资机制，及时评估各附属机构和各业务单元对流动性的相互影响及对银行集团的整体影响，并特别关注本行对附属机构、附属机构之间，以及各业务单元之间的流动性支持安排及其影响。

商业银行应当根据各附属机构和各业务单元的性质，合理制定银行集团内部融资限额，并针对各附属机构和各业务单元因流动性危机而确需突破内部融资限额的情况设立严格的审批程序。商业银行为境外附属机构提供流动性支持时，应当特别考虑其所在地的法律和监管规定。

第四十四条　商业银行应当确保银行集团的市场风险管理体系适用于各附属机构，并特别关注银行集团内不同机构对同类产品或单一货币等形成的风险敞口情况。

第四十五条　商业银行应当根据附属机构的业务特点，系统性收集、跟踪和分析操作风险相关信息，依托操作风险管理工具的实施，不断提升银行集团操作风险管理能力，并持续完善银行集团操作风险管理信息系统。

商业银行应当在银行集团内制定与业务规模和复杂程度相适应的业务连续性措施和业务恢复应急机制，确保各附属机构在重大意外和突发事件中能够尽快恢复和维持有效运行。

第四十六条　商业银行应当关注因跨境跨业法律与监管差异而可能引发的风险，并重点关注境内外法律与监管差异等因素造成的银行集团内各机构之间的资金流动障碍、展业限制及其他风险事项，建立相应的法律合规风险管理政策。

第四十七条　商业银行应当在银行集团层面建立信息科技风险监测机制，对于跨境跨业信息系统的稳定性、客户信息的安全性、风险数据的可获得性、应急预案的可执行性和灾备的切换能力进行定期评估，防止信息科技风险在银行集团内部的扩散。

第四十八条　商业银行应当在银行集团内制定全面的声誉风险监测机制、应急预案和处置措施，加强各类投诉的响应和处理效率，特别关注银行集团内部因操作风险、法律风险等引发的声誉风险相互传染，防止附属机构的风险与损失等事件引发银行集团整体声誉风险。

第六章　资本管理

第四十九条　商业银行应当遵循资本管理相关规定，制定银行集团并表资本管理制度，并将符合条件的附属机构纳入并表资本管理范围。商业银行应当定期向银行业监督管理机构报送并向公众披露银行集团并表资本充足率及相关信息。

第五十条 商业银行在计算银行集团资本充足率时,应当按照相关规定,合理处理银行集团内部互持资本及银行集团对外资本投资,避免资本的双重或多重计算。

商业银行应当特别关注附属机构的资产负债结构、对外投资和对外担保等情况,并及时评估其对银行集团资本充足性的影响。

第五十一条 商业银行应当按照相关监管规定制定并实施银行集团资本规划,资本规划应当坚持资本约束优先、合理性和审慎性等原则,并至少包括资本充足率目标水平和阶段性目标、资产扩张计划、资产结构调整方案、盈利能力规划、压力测试结果和资本补充方案等内容。资本规划应当至少设定内部资本充足率三年目标。

商业银行应当同时制定银行集团年度资本充足率管理计划,并纳入银行集团年度综合经营计划。

第五十二条 商业银行应当在银行集团内建立内部资本充足评估程序,定期监测评估银行集团及各附属机构的战略目标、面临的主要风险和外部环境对资本水平的影响,评估实际持有的资本是否足以抵御主要风险,研究如何确保资本能够充分覆盖主要风险。

第五十三条 商业银行应当在银行集团内建立资本管理评估制度和程序,定期进行资本管理情况评估,评估内容包括但不限于以下内容:银行集团及附属机构资本管理制度建设及执行情况、资本规划的合理性、银行集团与附属机构间交叉持股及互持资本工具情况、银行集团及附属机构是否具有持续补充资本能力、附属机构资本管理情况和资本占用效率、附属机构对银行集团资本稳健性的影响等。

第五十四条 商业银行按照相关监管要求将附属机构的少数股东资本计入银行集团监管资本时,应当重点关注少数股东资本持有者的稳健性和少数股东资本对银行集团的支持程度。

第五十五条 商业银行应当将资本约束转化为确保银行集团稳健经营的发展战略和政策,对各类附属机构和业务单元进行合理的资本布局和结构调整,强化各类附属机构和业务单元对资本占用的自我约束,优化银行集团表内外风险资产结构,提升资本使用效率和回报水平。

第七章 集中度管理

第五十六条 商业银行应当在并表基础上管理银行集团集中度风险,建立和完善集中度风险管理的政策、制度和流程,实现不同风险维度的数据和信息集中,关注集中度风险可能给银行集团造成的收益错觉和损失隐患。

本指引所称集中度风险是指在银行集团并表基础上源于同一或同类风险超过银行集团资本净额一定比例直接或间接形成的风险敞口。其中,同一或同类风险是指同一领域,包括市场环境、行业、地理区域和国家等;同一或相关联的客户,包括借款人、存款人、交易对手、担保人和融资产品的发行主体等;同一产品或业务品种,包括融资来源、业务、币种、期限和风险缓释工具等。

第五十七条 商业银行应当关注银行集团内信托公司、金融租赁公司、证券公司、保险公司、资产管理公司等非银行金融机构以及非金融机构经营各类融资产品和服务所形成的直接或间接的集中度风险,分析判断由此对银行集团产生的风险暴露。

第五十八条 商业银行应当在银行集团内制定一整套集中度风险管理政策和制度,统一管理业务领域集中度、资产分布集中度、交易对手集中度、负债结构集中度和收益集中度等,并明确相关牵头管理部门,加强集中度风险的识别、计量、监测和报告制度,并定期开展模拟各种极端情况下的集中度风险压力测试,建立并细化一整套集中度风险的防控机制。

第五十九条 商业银行应当根据相关监管规定,制定银行集团层面各个维度的风险限额、风险警戒线、处理措施和调整机制,并指导各附属机构制定相关的限额管理措施。风险维度包括但不限于客户、行业、区域和国别等。银行集团风险限额临近监管指标限额时,商业银行应当启动相应的纠正措施和报告程序,采取必要的风险分散措施,并向银行业监督管理机构报告。

第六十条 商业银行应当在银行集团并表基础上识别同一客户和关联客户,对同一或关联客户在银行集团各附属机构,特别是信托、金融租赁、金融资产管理公司、证券和保险等机构形成的融资关系和风险敞口进行统一管理;并特别关注同一或关联客户通过复杂交易结构和安排对银行集团形成的隐蔽集中度风险和负面影响。

第六十一条 商业银行应当在银行集团并表基础上对具有相同或类似功能、属性的特定类别产品集中度风险进行分析,并重点监测银行集团复杂金融衍生交易的风险暴露。对于具有信用放大效应、收益放大效应的结构性衍生交易产品以及因风险因素相互关联而产生连锁影响的特定产品形成的集中度风险,应当进行充分识别和控制。

第六十二条 商业银行应当在银行集团并表基础上界定

并识别风险暴露较为集中的行业、区域等相关信息，对于易受宏观政策和经济周期波动影响的特定行业和区域性风险，应当充分分析和判断对银行集团可能形成的冲击。

第六十三条 商业银行应当根据国家和地区的政治局势、经济环境、金融体系等因素，定期评估国别风险集中度形成的风险敞口及其对整个银行集团所产生的潜在影响，适时调整国别风险集中度的限额，建立对国别风险突发事件的应急机制，储备应对措施。

第八章 内部交易管理

第六十四条 商业银行应当对整个银行集团的内部交易进行并表管理，关注由此产生的不当利益输送、风险延迟暴露、监管套利、风险传染和其他对银行集团稳健经营的负面影响。

本指引所称内部交易是指商业银行与其附属机构以及附属机构之间表内授信及表外类授信(贷款、同业、贴现、担保等)、交叉持股、金融市场交易和衍生交易、理财安排、资产转让、管理和服务安排(包括信息系统、后台清算、银行集团内部外包等)、再保险安排、服务收费以及代理交易等。

第六十五条 商业银行应当指定牵头部门负责银行集团内部交易管理，建立识别、监测、报告、控制和处理内部交易的政策、权限与程序。

第六十六条 商业银行应当根据本银行集团的情况对银行集团重大内部交易进行界定，并建立包括额度执行、交易形式、交易条件、风险暴露以及风险影响等内容的内部审查程序，审议重大内部交易的合理性、是否存在不正当利益输送、是否存在侵害投资者或客户消费权益行为、是否构成规避监管规定或违规操作等。

第六十七条 银行集团内部交易应当按照商业原则进行。银行集团内部的授信和担保条件不得优于独立第三方。银行集团内部的资产转让、理财安排、同业往来、服务收费、代理交易等应当以市场价格为基础。

第六十八条 商业银行应当对银行集团内部授信、担保、资产转让、理财安排、同业往来和服务收费等内部交易的交易背景真实性、合理性、交易目的和交易路线进行识别和判断，评估其对相关附属机构及银行集团整体资产负债结构、资产质量、收益以及监管指标的影响。

第六十九条 商业银行应当关注银行集团内不同机构向同一客户提供不同性质的金融服务，识别和判断这类交易是否通过复杂产品结构设计、利益不当分层、风险定价转移、机构之间产品形态转换等形式构成了间接内部交易，形成不当利益输送，或导致风险延迟暴露、规避监管及监管套利，从而损害客户利益并对银行集团经营稳健性产生负面影响。

第九章 风险隔离

第七十条 商业银行应当在银行集团内建立并持续完善内部防火墙体系，及时、准确识别从事跨境跨业经营的附属机构个体和总体风险，并通过审慎隔离股权、管理、业务、人员和信息等措施，有效防范金融风险在银行集团内部跨境、跨业、跨机构传染，实现业务协同与风险隔离的协调统一。

第七十一条 商业银行应当全面掌握银行集团内空壳公司的设立情况及控股结构，关注通过空壳公司产生的股权关系隐匿、风险转移和监管套利，并采取有效措施防范空壳公司对银行集团造成的风险传染。商业银行应当及时清理长期无业务发生的空壳公司。

本指引所称空壳公司是指商业银行为有效管理各类投资或隔离风险等目的而直接或间接持有的、专门用于持有投资项目的公司法人。

第七十二条 商业银行应当确保各附属机构具备独立的内部控制、风险管理、人力资源管理和财务管理等综合管理体系，实现自主管理和自主经营。

商业银行附属机构在上述关键领域的重要管理职能原则上不得外包给母银行或银行集团内其他机构。确需外包的，应当事先向银行业监督管理机构报告。

第七十三条 商业银行应当确保各附属机构有明确的经营目标和市场定位，在存在潜在利益冲突的业务领域建立防火墙，确保各机构合理开展业务合作，避免利用客户信息优势、银行集团股权关系和组织架构等便利从事内幕交易，从而导致不当利益输送、监管套利和风险传染等情况发生。

商业银行及各附属机构应当确保前、中、后台等具有潜在利益冲突的经营环节实现业务叙作、管理责任的隔离；确保自营业务与代理业务严格隔离，避免消费者混淆不同法人主体责任，引发风险传染。

第七十四条 商业银行应当确保附属机构名称、产品和对外经营场所的独特性，附属机构的机构名称和产品名称应当与母银行的正式名称或简称有所区别，确保机构和产品名称的识别度，不得在宣传材料中引导客户混淆银行集团内不同机构及其产品、服务，避免声誉风险在银行集团内部过度扩散。

第七十五条 商业银行应当确保各附属机构决策和管理岗位的独立性。商业银行与附属机构之间、附属机构与附属机构之间存在潜在利益冲突或不当利益输送可能的岗位原则上不得由一人兼任。

第七十六条　商业银行应当在银行集团内建立有效的信息防火墙，并确保各附属机构具备相对独立的信息处理能力。

商业银行应当在银行集团内建立有效机制，确保所有客户信息和隐私安全，合理管理客户信息，防止客户信息的不当使用。

第七十七条　商业银行应当在银行集团内建立必要的制度和流程，定期对各附属机构的经营业绩和资本回报进行评估，对于出现重大经营风险或在合理时期内无法达到银行集团战略目标的附属机构，原则上应当采取解散、出售和内部整合等方式退出。

商业银行应当明确各附属机构之间的风险责任边界，建立银行集团内部资金支持限额及调整程序，不得直接或由其他附属机构间接对出现风险的机构提供超额资金支持，并防止在单家附属机构退出时造成风险传染，影响银行集团整体经营稳健性。银行业监督管理机构另有规定的除外。

第十章　商业银行并表监管

第七十八条　银行业监督管理机构的并表监管应当重点关注银行集团的整体资本、财务和风险情况，并特别关注银行集团的跨境跨业经营以及内部交易可能带来的风险。

第七十九条　并表监管包括定量和定性方法。

定量监管主要是针对银行集团的资本充足状况，以及信用风险、流动性风险、操作风险和市场风险等进行识别、计量、监测和分析，进而在并表基础上对银行集团的风险状况进行量化评价。

定性监管主要是针对银行集团的公司治理、内部控制、防火墙建设和风险管理等因素进行审查和评价。

第八十条　银行业监督管理机构对设立包括跨境跨业经营在内的各类附属机构的准入申请应当充分考虑商业银行的公司治理结构和并表管理能力。对于公司治理或并表管理不符合本指引规定，存在重大缺陷的商业银行，银行业监督管理机构有权按照行政许可相关规定，不批准其设立附属机构。

对于商业银行通过其股东、各级附属机构间接设立的跨境跨业机构，银行业监督管理机构应当按照本指引第二章规定，对商业银行是否对申设机构形成实质性控制进行预评估，并按照行政许可相关规定，视情况要求商业银行报批。

第八十一条　银行业监督管理机构应当通过非现场监测与分析，全面掌握银行集团总体架构和股权结构，充分了解其全部业务活动，通过建立完善的风险评估框架，对其从事的银行业务和非银行业务可能带来的风险进行全面评估，并特别关注银行集团内境外机构、非银行金融机构和非金融机构风险状况对银行集团的影响。

银行业监督管理机构应当特别关注商业银行单一法人数据与银行集团并表数据的差异，识别内部交易的来源、规模及风险程度。

第八十二条　银行业监督管理机构应当依法对商业银行实施并表现场检查，并视具体情况通过现场调查，或根据监管协调机制联合实施、委托其他监管机构实施等方式对商业银行跨境跨业经营的附属机构进行现场检查，进一步掌握银行集团的整体经营管理和风险情况。

商业银行应当确保各附属机构积极配合银行业监督管理机构依法开展现场检查，并督促相关附属机构落实整改。

第八十三条　商业银行应当按照相关监管规定的要求，制定并定期更新完善银行集团层面的恢复计划，并将其纳入公司治理和风险管理整体框架之中。银行业监督管理机构应当对恢复计划的制定和实施进行全程监督，并持续审查恢复计划的有效性和合理性。

银行集团恢复计划是指通过事前制定相关计划，明确银行集团在面临压力的情况下，采取一系列措施确保继续提供持续稳定运营的各项关键性金融服务，恢复正常运营。

第八十四条　银行业监督管理机构应当就以下方面对商业银行的主要股东进行持续关注：

（一）主要股东的资质是否出现重大变化；

（二）主要股东的组织架构、公司治理和管理体系是否保持清晰、健全；

（三）主要股东的经营活动是否直接或间接对商业银行并表财务状况和风险状况产生重大影响。

银行业监督管理机构应监测、分析商业银行主要股东及其下属机构对商业银行和银行集团安全稳健运行产生的影响，必要时要求商业银行和银行集团采取风险控制措施。

第八十五条　银行业监督管理机构应当对银行集团进行风险评级，综合考虑商业银行和附属机构的评级结果，以及并表的盈利状况、资本充足状况、综合财务状况和管理能力，定期对银行集团实施风险评价和预警。

第八十六条　商业银行及整个银行集团出现违反资本充足率、风险集中度、流动性、内部交易等并表审慎监管标准，以及本指引相关要求的，银行业监督管理机构应当要求其立即采取纠正措施，并依据有关法律、法规对该商业银行及附属机构采取相应的监管措施和处罚措施。

第八十七条　银行业监督管理机构应当将商业银行自身开办以及银行集团内其他附属机构参与的各类跨业通

道业务纳入并表监管，要求商业银行将其按照本指引要求纳入银行集团的全面风险管理，并特别关注银行集团内各附属机构借助通道业务进行的融资活动，关注由此引发的各类风险以及产生的监管套利、风险隐匿和风险转移等行为，避免风险传染。

本指引所称跨业通道业务，是指商业银行或银行集团内各附属机构作为委托人，以理财、委托贷款等代理资金或者利用自有资金，借助证券公司、信托公司、保险公司等银行集团内部或者外部第三方受托人作为通道，设立一层或多层资产管理计划、信托产品等投资产品，从而为委托人的目标客户进行融资或对其他资产进行投资的交易安排。在上述交易中，委托人实质性承担上述活动中所产生的信用风险、流动性风险和市场风险等。

第八十八条　银行业监督管理机构应当督促商业银行规范银行集团内各机构开办和参与通道业务，简化交易结构，减少融资产品设计的中间环节。

第八十九条　银行业监督管理机构应当根据监管协调机制和监管合作协议，与保险、证券等其他监管机构保持良好沟通，共同推进信息共享，就重大问题进行磋商，及时了解银行集团跨业经营形成的各类风险状况以及相关监管机构对此的判断，加强监管协调与合作，避免监管重复和监管漏洞，防范金融风险跨业传染。

第九十条　银行业监督管理机构应当对东道国的监管环境进行评估。如果东道国监管机构监管不充分，或者东道国监管机构的政策存在重要信息获取的障碍，银行业监督管理机构可以根据相关法律法规及跨境监管合作框架的有关规定，对相关商业银行采取以下监管措施：

（一）市场准入限制措施，包括但不限于禁止或限制在这些国家和地区境设立机构，限制其业务范围等；

（二）采取特殊监管措施，包括但不限于启动跨境现场检查，要求商业银行增加内外部审计项目，要求商业银行提供额外信息等；

（三）必要时，银行业监督管理机构可以要求商业银行撤销其相关的境外附属机构。

第九十一条　银行业监督管理机构可以与境外相关银行业监督管理机构以签订双边监管备忘录或其他形式开展监管合作，加强跨境监管协调及信息共享，实施必要的跨境监管措施，确保商业银行的境外机构得到有效监管。

（一）银行业监督管理机构应当根据商业银行境外机构的风险状况，及时与东道国监管机构交换监管意见。

（二）对跨境经营的商业银行，银行业监督管理机构应当根据其风险状况、复杂程度和系统重要性，建立国际监管联席会议制度，对全球系统重要性银行建立危机管理工作组，并加强与东道国监管当局日常跨境监管交流和监管合作。

（三）银行业监督管理机构在进行跨境现场检查前，一般应当就检查计划、检查目的和检查内容等事项告知东道国监管机构；在完成跨境现场检查后，可以将检查结果和基本结论告知东道国监管机构。

（四）银行业监督管理机构作为母国监管机构，可以视情况将重大监管措施的变动情况告知相关东道国监管机构。

（五）银行业监督管理机构与境外相关监管机构交换的监管信息，应当遵循相关法律法规规定、双边监管备忘录及监管合作协议的约定，并对相关监管信息负有保密责任。

第九十二条　银行业监督管理机构可以根据并表监管情况，组织商业银行和外部审计师参加并表三方会谈，就银行集团并表管理情况，讨论监管和外部审计过程中发现的问题，交流关注事项。

第十一章　附　　则

第九十三条　经银行业监督管理机构批准设立的其他金融机构参照本指引执行。法律、行政法规或者银行业监督管理机构另有规定的，依照其规定。

第九十四条　本指引自 2015 年 7 月 1 日起施行，《银行并表监管指引（试行）》（银监发〔2008〕5 号）同时废止。

商业银行并购贷款风险管理指引

1. 2015 年 2 月 10 日中国银行业监督管理委员会发布
2. 银监发〔2015〕5 号

第一章　总　　则

第一条　为规范商业银行并购贷款经营行为，提高商业银行并购贷款风险管理能力，加强商业银行对经济结构调整和资源优化配置的支持力度，促进银行业公平竞争，维护银行业合法稳健运行，根据《中华人民共和国银行业监督管理法》、《中华人民共和国商业银行法》等法律法规，制定本指引。

第二条　本指引所称商业银行是指依照《中华人民共和国商业银行法》设立的商业银行法人机构。

第三条　本指引所称并购，是指境内并购方企业通过受让现有股权、认购新增股权，或收购资产、承接债务等方式以实现合并或实际控制已设立并持续经营的目标企业或资产的交易行为。

并购可由并购方通过其专门设立的无其他业务经营活动的全资或控股子公司（以下称子公司）进行。

第四条　本指引所称并购贷款，是指商业银行向并购方或其子公司发放的，用于支付并购交易价款和费用的贷款。

第五条　开办并购贷款业务的商业银行法人机构应当符合以下条件：

（一）有健全的风险管理和有效的内控机制；

（二）资本充足率不低于10%；

（三）其他各项监管指标符合监管要求；

（四）有并购贷款尽职调查和风险评估的专业团队。

商业银行开办并购贷款业务前，应当制定并购贷款业务流程和内控制度，并向监管机构报告。商业银行开办并购贷款业务后，如发生不能持续满足上述条件之一的情况，应当停止办理新的并购贷款业务。

第六条　商业银行开办并购贷款业务应当遵循依法合规、审慎经营、风险可控、商业可持续的原则。

第七条　商业银行应制定并购贷款业务发展策略，充分考虑国家产业、土地、环保等相关政策，明确发展并购贷款业务的目标、客户范围、风险承受限额及其主要风险特征，合理满足企业兼并重组融资需求。

第八条　商业银行应按照管理强度高于其他贷款种类的原则建立相应的并购贷款管理制度和管理信息系统，确保业务流程、内控制度以及管理信息系统能够有效地识别、计量、监测和控制并购贷款的风险。

商业银行应按照监管要求建立并购贷款统计制度，做好并购贷款的统计、汇总、分析等工作。

第九条　银监会及其派出机构依法对商业银行并购贷款业务实施监督管理，发现商业银行不符合业务开办条件或违反本指引有关规定，不能有效控制并购贷款风险的，可根据有关法律法规采取责令商业银行暂停并购贷款业务等监管措施。

第二章　风险评估

第十条　商业银行应在全面分析战略风险、法律与合规风险、整合风险、经营风险以及财务风险等与并购有关的各项风险的基础上评估并购贷款的风险。商业银行并购贷款涉及跨境交易的，还应分析国别风险、汇率风险和资金过境风险等。

第十一条　商业银行评估战略风险，应从并购双方行业前景、市场结构、经营战略、管理团队、企业文化和股东支持等方面进行分析，包括但不限于以下内容：

（一）并购双方的产业相关度和战略相关性，以及可能形成的协同效应；

（二）并购双方从战略、管理、技术和市场整合等方面取得额外回报的机会；

（三）并购后的预期战略成效及企业价值增长的动力来源；

（四）并购后新的管理团队实现新战略目标的可能性；

（五）并购的投机性及相应风险控制对策；

（六）协同效应未能实现时，并购方可能采取的风险控制措施或退出策略。

第十二条　商业银行评估法律与合规风险，包括但不限于分析以下内容：

（一）并购交易各方是否具备并购交易主体资格；

（二）并购交易是否按有关规定已经或即将获得批准，并履行必要的登记、公告等手续；

（三）法律法规对并购交易的资金来源是否有限制性规定；

（四）担保的法律结构是否合法有效并履行了必要的法定程序；

（五）借款人对还款现金流的控制是否合法合规；

（六）贷款人权利能否获得有效的法律保障；

（七）与并购、并购融资法律结构有关的其他方面的合规性。

第十三条　商业银行评估整合风险，包括但不限于分析并购双方是否有能力通过以下方面的整合实现协同效应：

（一）发展战略整合；

（二）组织整合；

（三）资产整合；

（四）业务整合；

（五）人力资源及文化整合。

第十四条　商业银行评估经营及财务风险，包括但不限于分析以下内容：

（一）并购后企业经营的主要风险，如行业发展和市场份额是否能保持稳定或增长趋势，公司治理是否有效，管理团队是否稳定并且具有足够能力，技术是否成熟并能提高企业竞争力，财务管理是否有效等；

（二）并购双方的未来现金流及其稳定程度；

（三）并购股权（或资产）定价高于目标企业股权（或资产）合理估值的风险；

（四）并购双方的分红策略及其对并购贷款还款来源造成的影响；

（五）并购中使用的债务融资工具及其对并购贷款还款来源造成的影响；

（六）汇率和利率等因素变动对并购贷款还款来

源造成的影响。

商业银行应当综合考虑上述风险因素，根据并购双方经营和财务状况、并购融资方式和金额等情况，合理测算并购贷款还款来源，审慎确定并购贷款所支持的并购项目的财务杠杆率，确保并购的资金来源中含有合理比例的权益性资金，防范高杠杆并购融资带来的风险。

第十五条 商业银行应在全面分析与并购有关的各项风险的基础上，建立审慎的财务模型，测算并购双方未来财务数据，以及对并购贷款风险有重要影响的关键财务杠杆和偿债能力指标。

第十六条 商业银行应在财务模型测算的基础上，充分考虑各种不利情形对并购贷款风险的影响。不利情形包括但不限于：

（一）并购双方的经营业绩（包括现金流）在还款期内未能保持稳定或增长趋势；

（二）并购双方的治理结构不健全，管理团队不稳定或不能胜任；

（三）并购后并购方与目标企业未能产生协同效应；

（四）并购方与目标企业存在关联关系，尤其是并购方与目标企业受同一实际控制人控制的情形。

第十七条 商业银行应在全面评估并购贷款风险的基础上，确认并购交易的真实性，综合判断借款人的还款资金来源是否充足，还款来源与还款计划是否匹配，借款人是否能够按照合同约定支付贷款利息和本金等，并提出并购贷款质量下滑时可采取的应对措施或退出策略，形成贷款评审报告。

第三章 风险管理

第十八条 商业银行全部并购贷款余额占同期本行一级资本净额的比例不应超过50%。

第十九条 商业银行应按照本行并购贷款业务发展策略，分别按单一借款人、集团客户、行业类别、国家或地区对并购贷款集中度建立相应的限额控制体系，并向银监会或其派出机构报告。

第二十条 商业银行对单一借款人的并购贷款余额占同期本行一级资本净额的比例不应超过5%。

第二十一条 并购交易价款中并购贷款所占比例不应高于60%。

第二十二条 并购贷款期限一般不超过七年。

第二十三条 商业银行应具有与本行并购贷款业务规模和复杂程度相适应的熟悉并购相关法律、财务、行业等知识的专业人员。

第二十四条 商业银行应在内部组织并购贷款尽职调查和风险评估的专业团队，对本指引第十一条到第十七条的内容进行调查、分析和评估，并形成书面报告。

前款所称专业团队的负责人应有3年以上并购从业经验，成员可包括但不限于并购专家、信贷专家、行业专家、法律专家和财务专家等。

第二十五条 商业银行应在并购贷款业务受理、尽职调查、风险评估、合同签订、贷款发放、贷后管理等主要业务环节以及内部控制体系中加强专业化的管理与控制。

第二十六条 商业银行受理的并购贷款申请应符合以下基本条件：

（一）并购方依法合规经营，信用状况良好，没有信贷违约、逃废银行债务等不良记录；

（二）并购交易合法合规，涉及国家产业政策、行业准入、反垄断、国有资产转让等事项的，应按相关法律法规和政策要求，取得有关方面的批准和履行相关手续；

（三）并购方与目标企业之间具有较高的产业相关度或战略相关性，并购方通过并购能够获得目标企业的研发能力、关键技术与工艺、商标、特许权、供应或分销网络等战略性资源以提高其核心竞争能力。

第二十七条 商业银行可根据并购交易的复杂性、专业性和技术性，聘请中介机构进行有关调查并在风险评估时使用该中介机构的调查报告。

有前款所述情形的，商业银行应建立相应的中介机构管理制度，并通过书面合同明确中介机构的法律责任。

第二十八条 并购方与目标企业存在关联关系的，商业银行应当加强贷前调查，了解和掌握并购交易的经济动机、并购双方整合的可行性、协同效应的可能性等相关情况，核实并购交易的真实性以及并购交易价格的合理性，防范关联企业之间利用虚假并购交易套取银行信贷资金的行为。

第二十九条 商业银行原则上应要求借款人提供充足的能够覆盖并购贷款风险的担保，包括但不限于资产抵押、股权质押、第三方保证，以及符合法律规定的其他形式的担保。以目标企业股权质押时，商业银行应采用更为审慎的方法评估其股权价值和确定质押率。

第三十条 商业银行应根据并购贷款风险评估结果，审慎确定借款合同中贷款金额、期限、利率、分期还款计划、担保方式等基本条款的内容。

第三十一条 商业银行应在借款合同中约定保护贷款人利益的关键条款，包括但不限于：

（一）对借款人或并购后企业重要财务指标的约

束性条款；

（二）对借款人特定情形下获得的额外现金流用于提前还款的强制性条款；

（三）对借款人或并购后企业的主要或专用账户的监控条款；

（四）确保贷款人对重大事项知情权或认可权的借款人承诺条款。

第三十二条　商业银行应通过本指引第三十一条所述的关键条款约定在并购双方出现以下情形时可采取的风险控制措施：

（一）重要股东的变化；

（二）经营战略的重大变化；

（三）重大投资项目变化；

（四）营运成本的异常变化；

（五）品牌、客户、市场渠道等的重大不利变化；

（六）产生新的重大债务或对外担保；

（七）重大资产出售；

（八）分红策略的重大变化；

（九）担保人的担保能力或抵质押物发生重大变化；

（十）影响企业持续经营的其他重大事项。

第三十三条　商业银行应在借款合同中约定提款条件以及与贷款支付使用相关的条款，提款条件应至少包括并购方自筹资金已足额到位和并购合规性条件已满足等内容。

商业银行应按照借款合同约定，加强对贷款资金的提款和支付管理，做好资金流向监控，防范关联企业借助虚假并购交易套取贷款资金，确保贷款资金不被挪用。

第三十四条　商业银行应在借款合同中约定，借款人有义务在贷款存续期间定期报送并购双方、担保人的财务报表以及贷款人需要的其他相关资料。

第三十五条　商业银行在贷款存续期间，应加强贷后检查，及时跟踪并购实施情况，定期评估并购双方未来现金流的可预测性和稳定性，定期评估借款人的还款计划与还款来源是否匹配，对并购交易或者并购双方出现异常情况的，及时采取有效措施保障贷款安全。

并购方与目标企业存在关联关系的，商业银行应加大贷后管理力度，特别是应确认并购交易得到实际执行以及并购方对目标企业真正实施整合。

第三十六条　商业银行在贷款存续期间，应密切关注借款合同中关键条款的履行情况。

第三十七条　商业银行应按照不低于其他贷款种类的频率和标准对并购贷款进行风险分类和计提拨备。

第三十八条　并购贷款出现不良时，商业银行应及时采取贷款清收、保全，以及处置抵质押物、依法接管企业经营权等风险控制措施。

第三十九条　商业银行应明确并购贷款业务内部报告的内容、路线和频率，并应至少每年对并购贷款业务的合规性和资产价值变化进行内部检查和独立的内部审计，对其风险状况进行全面评估。当出现并购贷款集中度趋高、贷款风险分类趋降等情形时，商业银行应提高内部报告、检查和评估的频率。

第四十条　商业银行在并购贷款的不良贷款额或不良率上升时应加强对以下内容的报告、检查和评估：

（一）并购贷款担保的方式、构成和覆盖贷款本息的情况；

（二）针对不良贷款所采取的清收和保全措施；

（三）处置质押股权的情况；

（四）依法接管企业经营权的情况；

（五）并购贷款的呆账核销情况。

第四章　附　　则

第四十一条　商业银行贷款支持已获得目标企业控制权的并购方企业，为维持对目标企业的控制权而受让或者认购目标企业股权的，适用本指引。

第四十二条　政策性银行、外国银行分行和企业集团财务公司开办并购贷款业务的，参照本指引执行。

第四十三条　本指引所称并购双方是指并购方与目标企业。

第四十四条　本指引由中国银监会负责解释。

第四十五条　本指引自印发之日起施行。《中国银监会关于印发〈商业银行并购贷款风险管理指引〉的通知》（银监发〔2008〕84 号）同时废止。

商业银行银行账簿利率风险管理指引

1. 2018 年 5 月 30 日中国银行保险监督管理委员会发布

2. 自 2019 年 1 月 1 日起施行

第一章　总　　则

第一条　为加强商业银行的银行账簿利率风险管理，维护银行体系安全稳健运行，根据《中华人民共和国银行业监督管理法》《中华人民共和国商业银行法》等法律法规，制定本指引。

第二条　本指引适用于中华人民共和国境内依法设立的商业银行法人机构。

第三条　本指引所称银行账簿利率风险指利率水平、期限结构等不利变动导致银行账簿经济价值和整体收益遭受损失的风险，主要包括缺口风险、基准风险和期权性风险。银行账簿记录的是商业银行未划入交易账簿的相关表内外业务。

第四条　商业银行应将银行账簿利率风险纳入全面风险管理框架，建立与本行系统重要性、风险状况和业务复杂程度相适应的银行账簿利率风险管理体系，加强对银行账簿利率风险的识别、计量、监测、控制和缓释。

第五条　商业银行应在法人和并表层面实施银行账簿利率风险管理。

第六条　银行业监督管理机构依法对商业银行的银行账簿利率风险水平和管理体系实施监督管理。

第二章　风险治理

第七条　商业银行应建立完善的银行账簿利率风险治理架构，制定包括风险策略、风险偏好、限额体系等在内的风险管理政策框架，并定期对银行账簿利率风险管理流程进行评估和完善。

第八条　商业银行董事会承担银行账簿利率风险管理的最终责任，履行以下职责：

（一）制定银行账簿利率风险管理策略，设定风险偏好，并确保风险限额的设立；

（二）审批银行账簿利率风险的风险管理政策和流程；

（三）监督高级管理层建立并实施相关限额体系、风险管理政策和流程，确保其与董事会既定的风险管理策略和风险偏好一致；

（四）审议银行账簿利率风险报告；

（五）负责银行账簿利率风险相关的信息披露；

（六）其他与银行账簿利率风险管理相关的职责。

董事会可以授权下设的专业委员会履行其银行账簿利率风险管理的部分职责。

第九条　商业银行高级管理层承担银行账簿利率风险管理的实施责任，履行以下职责：

（一）建立银行账簿利率风险管理架构，明确相关部门职责分工，制定清晰的执行和问责机制，确保各项政策有效实施；

（二）建立并实施银行账簿利率风险限额体系、风险管理政策和流程，包括但不限于风险限额、超限额审批流程、风险报告和评估流程等；

（三）建立银行账簿利率风险计量体系，明确利率冲击情景和关键模型假设的管理流程，建立相应的管理信息系统；

（四）建立有效的内控机制；

（五）其他与银行账簿利率风险管理相关的职责。

第十条　商业银行应指定专门部门负责银行账簿利率风险识别、计量、监测、控制和缓释，并确保其具备履行职能所需资源。该部门应独立于业务经营部门（或人员），并直接向高级管理层报告。

第十一条　商业银行应在综合考虑银行风险偏好、风险状况、宏观经济和市场变化等因素基础上制定清晰的银行账簿利率风险管理策略。

第十二条　商业银行应基于银行账簿利率风险对其经济价值和整体收益的影响制定书面的银行账簿利率风险偏好，并及时更新。

第十三条　商业银行应实施银行账簿利率风险限额管理，确保银行账簿利率风险水平与风险偏好一致。银行账簿利率风险限额体系应与商业银行的规模、业务复杂程度、资本充足程度及风险管理能力相匹配，必要时应针对业务部门、投资组合和金融工具类别设定子限额。商业银行实施银行账簿利率风险限额管理应考虑以下因素：

（一）银行账簿利率风险限额设置应基于银行账簿利率风险计量方法；

（二）如银行账簿利率风险限额与特定利率冲击情景相关联，相关利率冲击情景应充分考虑历史利率波动情况和风险缓释所需时间等因素；

（三）通过金融衍生品等工具对银行账簿利率风险开展避险交易，应针对其盯市风险制定专门的风险限额；

（四）具有重大缺口风险、基准风险或期权性风险敞口的商业银行应针对相关风险类型设定风险限额；

（五）应建立超限额或临近限额时的触发机制，明确报告路径和报告方式，确保管理层及时关注并采取措施。

第十四条　商业银行开发新产品、对现有产品进行重大改动、拓展新的业务领域，以及开展新的重大投资和避险交易前，应充分识别和评估银行账簿利率风险，确保其与风险偏好一致。如评估认定新产品和新业务的银行账簿利率风险显著，应经过测试阶段后再全面推开。

第十五条　商业银行应健全内部控制体系，定期评估银行账簿利率风险管理流程，确保其有效性、可靠性和合规性。商业银行应至少每年对银行账簿利率风险管理相关内控机制开展评估，及时完善内控制度。

第十六条　商业银行应将银行账簿利率风险纳入内部审计，向董事会提交审计报告，并及时报送银行业监督管理机构。

第三章　风险计量和压力测试

第十七条　商业银行应采用合理的利率冲击情景和模型假设，基于经济价值变动和收益影响计量银行账簿利率风险。

第十八条 银行账簿利率风险计量应包括银行承担风险的具有利率敏感性的银行账簿资产、负债,以及相关的表外项目。计量应包括缺口风险、基准风险和期权性风险等。其中,期权性风险包括自动期权风险和客户行为性期权风险。商业银行还应尽可能将信用利差风险纳入计量范围。

第十九条 商业银行应对银行账簿资产或负债中余额占比5%以上的币种单独计量银行账簿利率风险,并可根据自身风险管理需要,对占比低于5%的特定币种单独计量银行账簿利率风险。

商业银行对不同币种银行账簿利率风险进行加总时应合理考虑相关性因素。

第二十条 商业银行在计量银行账簿利率风险时应考虑以下利率冲击情景:

(一)银行内部资本充足评估程序中使用的利率冲击情景;

(二)比前款所述情景更为严重的历史或假设的利率压力情景;

(三)监管要求的利率冲击情景,包括但不限于附件5所规定的六种利率冲击情景。

第二十一条 商业银行在确定利率冲击情景和压力情景时应按照附件2的要求,结合当前利率水平和期限结构、历史和隐含利率波动性等因素,综合考虑自身风险特征和来源、风险缓释措施所需时间、调整风险组合头寸并承担损失的能力和意愿等情况。

第二十二条 商业银行应根据银行账簿相关产品的期权性条款,分析客户行为特点,对产品未来现金流做出假设。具有期权性条款的金融产品包括但不限于:具有提前还款权的固定利率贷款、具有提前支取权的定期存款、无到期日存款、浮动利率贷款中的利率顶和利率底等。

第二十三条 商业银行计量银行账簿利率风险时应合理考虑客户行为假设,包括特定利率冲击情景,不同产品类型下的客户属性、产品属性和宏观经济等因素。基于历史数据的客户行为假设可参考附件3。

第二十四条 商业银行应至少每年对关键客户行为假设进行评估,就其对经济价值和收益的影响进行敏感性分析,并在市场环境快速变化时提高评估频率。

第二十五条 商业银行对实际承担风险的非标准化债权投资,应按照穿透原则,针对底层资产计量银行账簿利率风险。

第二十六条 商业银行应根据规模、风险状况和业务复杂程度制定和实施有效的银行账簿利率风险压力测试框架,定期进行压力测试。压力测试应覆盖银行面临的所有实质性风险源,并制定应急方案。商业银行应确定独立的验证部门或团队对压力测试的有效性进行持续评估,评估原则上不少于每年一次。

第二十七条 商业银行应根据情况开展反向压力测试,识别严重威胁银行资本和收益的利率情景。

第二十八条 商业银行应将压力测试结果纳入董事会和高管层的决策参考因素,在建立银行账簿利率风险限额体系和制定风险管理政策时充分考虑压力测试结果。

第四章 计量系统和模型管理

第二十九条 商业银行应建立银行账簿利率风险计量系统,为银行账簿利率风险全流程管理提供支持。

第三十条 银行账簿利率风险计量系统应采用静态模拟、动态模型等多种方法计量经济价值和收益变化,有效评估各种利率冲击情景和压力情景的潜在影响,识别并计量银行账簿利率风险。该系统应能根据监管要求对内部风险参数进行限制或调整。

第三十一条 商业银行应提高银行账簿利率风险计量系统的数据采集自动化水平,及时、准确收集风险信息,对数据管理进行定期评估和完善。

第三十二条 商业银行应按照附件4的要求,制定银行账簿利率风险计量模型管理政策,明确模型管理和监督职责,规范模型验证、模型风险评估、模型修订以及相关内部审计的流程。

第三十三条 商业银行应做好银行账簿利率风险计量的文档记录,至少包括以下信息:

(一)利率冲击和压力情景,包括无风险收益率曲线的选择和变更、不同收益率曲线间的基差关系、利率冲击和压力情景的选取依据、对本行产品定价的预测等;

(二)计量模型的基本框架和具体内容,包括计量方法、关键假设的设定和调整、模型验证和校准等;

(三)数据管理政策和流程,包括主要数据来源、数据内容、数据存储和数据管理过程等。

第五章 计量结果应用和信息披露

第三十四条 商业银行应确保银行账簿利率风险计量结果在风险管理中得到有效应用。

第三十五条 商业银行银行账簿利率风险管理部门应定期向董事会(或其授权的专业委员会)和高管层报告银行账簿利率风险及其管理状况。报告至少应包括以下内容:

(一)银行账簿利率风险水平和影响因素,报告频度为每半年一次;

(二)限额和风险管理政策的执行情况;

（三）关键模型假设和模型验证结果；

（四）压力测试结果；

（五）对银行账簿利率风险管理政策、流程和计量系统的评估，包括但不限于内控报告和内部审计结果。

第三十六条　商业银行应按照《商业银行资本管理办法（试行）》的相关要求，基于银行账簿利率风险水平和管理状况开展资本充足性评估，并将其纳入内部资本充足评估程序。

第三十七条　商业银行应合理调整银行账簿利率重定价期限结构，适时调整定价方式，有效控制银行账簿利率风险。

第三十八条　商业银行应根据风险状况，运用利率衍生工具、调整投资组合久期等方式，对银行账簿利率风险进行缓释。

第三十九条　商业银行应按照《商业银行信息披露办法》和《商业银行资本管理办法（试行）》等有关规定，披露银行账簿利率风险水平和风险管理状况等定量和定性信息。

第六章　监督检查

第四十条　银行业监督管理机构应将商业银行的银行账簿利率风险水平和风险管理状况纳入持续监管框架，作为现场检查和非现场监管的重要内容。

第四十一条　商业银行应按照监管要求向银行业监督管理机构按季度报送银行账簿利率风险监管报表，并及时报送银行账簿利率风险管理政策等文件及其调整情况、内部风险管理报告、内控和审计报告等材料。

银行业监督管理机构可要求商业银行提供银行账簿利率风险计量系统和模型的技术信息、使用监管规定以外的利率冲击情景的计量结果，以及针对特定币种的单独计量结果等信息。

第四十二条　系统重要性或业务复杂程度较高的商业银行应按照附件5规定的标准化计量框架向银行业监督管理机构报送相关信息。

第四十三条　银行业监督管理机构应按照附件6的要求，定期评估商业银行银行账簿利率风险水平，以及银行账簿利率风险管理的充分性、完整性和有效性。评估内容包括但不限于：银行账簿利率风险治理架构的完整性和有效性、银行内部计量系统的有效性和关键模型假设的合理性、银行账簿利率风险计量结果的准确性、资本充足性和信息披露的充分性等。

第四十四条　商业银行的银行账簿利率风险管理未能达到监管要求的，银行业监督管理机构应要求商业银行完善风险管理框架、改善内部计量系统、在规定时限内降低银行账簿利率风险敞口、在规定时限内补充资本等，可按照情节依法采取监管会谈、提高检查频度、限制市场准入等监管措施，并实施行政处罚。

第七章　附　　则

第四十五条　本指引第四十二条适用于国有控股大型商业银行、全国性股份制商业银行和中国邮政储蓄银行。银行业监督管理机构可根据情况对适用范围做出调整。

第四十六条　商业银行在适用本指引第三、四、五章规定的监管要求时，应遵循匹配性原则，与本行系统重要性、风险状况和业务复杂程度相适应。

第四十七条　经银行业监督管理机构批准设立的其他金融机构参照本指引执行。

第四十八条　本指引自2019年1月1日起施行，《商业银行银行账户利率风险管理指引》（银监发〔2009〕106号）同时废止。

附件：1. 名词解释（略）

2. 利率冲击情景设计的具体要求（略）

3. 客户行为性期权风险的考虑因素（略）

4. 银行账簿利率风险模型管理要求（略）

5. 银行账簿利率风险标准化计量框架（略）

6. 银行账簿利率风险监管评估（略）

3. 公司治理结构

银行保险机构公司治理准则

1. 2021年6月2日中国银保监会印发

2. 银保监发〔2021〕14号

第一章　总　　则

第一条　为推动银行保险机构提高公司治理质效，促进银行保险机构科学健康发展，根据《中华人民共和国公司法》《中华人民共和国商业银行法》《中华人民共和国银行业监督管理法》《中华人民共和国保险法》和其他相关法律法规，制定本准则。

第二条　本准则所称银行保险机构，是指在中华人民共和国境内依法设立的股份有限公司形式的商业银行、保险公司。

第三条　银行保险机构应当按照公司法、本准则等法律法规及监管规定，建立包括股东大会、董事会、监事会、高级管理层等治理主体在内的公司治理架构，明确各治理主体的职责边界、履职要求，完善风险管控、制衡监督及激励约束机制，不断提升公司治理水平。

第四条　银行保险机构应当持续提升公司治理水平，逐步达到良好公司治理标准。

良好公司治理包括但不限于以下内容：

（一）清晰的股权结构；

（二）健全的组织架构；

（三）明确的职责边界；

（四）科学的发展战略；

（五）高标准的职业道德准则；

（六）有效的风险管理与内部控制；

（七）健全的信息披露机制；

（八）合理的激励约束机制；

（九）良好的利益相关者保护机制；

（十）较强的社会责任意识。

第五条　银行保险机构股东、董事、监事、高级管理人员等应当遵守法律法规、监管规定和公司章程，按照各司其职、各负其责、协调运转、有效制衡的原则行使权利、履行义务，维护银行保险机构合法权益。

股东、董事、监事、高级管理人员等治理主体或相关人员不得以干扰股东大会、董事会、监事会会议正常召开等方式妨碍公司治理机制的正常运行，不得损害公司利益。

第六条　银行保险机构应当按照法律法规及监管规定，制定并及时修改完善公司章程。银行保险机构章程对公司、股东、董事、监事、高级管理人员具有约束力。

银行保险机构应当在公司章程中对股东大会、董事会、监事会、高级管理层的组成和职责等作出安排，明确公司及其股东、董事、监事、高级管理人员等各方权利、义务。

银行保险机构应当在公司章程中规定，主要股东应当以书面形式向银行保险机构作出在必要时向其补充资本的长期承诺，作为银行保险机构资本规划的一部分，并在公司章程中规定公司制定审慎利润分配方案时需要考虑的主要因素。

商业银行应当在公司章程中规定股东在本行授信逾期时的权利限制。主要股东在本行授信逾期的，应当限制其在股东大会的表决权，并限制其提名或派出的董事在董事会的表决权。其他股东在本行授信逾期的，商业银行应当结合本行实际情况，对其相关权利予以限制。

第七条　中国银行保险监督管理委员会（以下简称中国银保监会）及其派出机构通过实施行政许可、现场检查、非现场监管、评估等方式，对银行保险机构公司治理实施持续监管。

监管机构可以根据银行保险机构的不同类型及特点，对其公司治理开展差异化监管。

监管机构可以派员列席银行保险机构股东大会、董事会、监事会等会议。银行保险机构召开上述会议，应当至少提前三个工作日通知监管机构。因特殊情况无法满足上述时间要求的，应当及时通知监管机构并说明理由。

银行保险机构应当将股东大会、董事会和监事会的会议记录和决议等文件及时报送监管机构。

第八条　监管机构定期对银行保险机构公司治理情况开展现场或非现场评估。

监管机构反馈公司治理监管评估结果后，银行保险机构应当及时将有关情况通报给董事会、监事会、高级管理层，并按监管要求及时进行整改。

第二章　党的领导

第九条　国有银行保险机构应当按照有关规定，将党的领导融入公司治理各个环节，持续探索和完善中国特色现代金融企业制度。

第十条　国有银行保险机构应当将党建工作要求写入公司章程，列明党组织的职责权限、机构设置、运行机制、基础保障等重要事项，落实党组织在公司治理结构中的法定地位。

第十一条　国有银行保险机构应当坚持和完善“双向进入、交叉任职”领导体制，符合条件的党委班子成员可以通过法定程序进入董事会、监事会、高级管理层，董事会、监事会、高级管理层中符合条件的党员可以依照有关规定和程序进入党委。党委书记、董事长一般由一人担任，党员行长（总经理）一般担任副书记。

第十二条　国有银行保险机构党委要切实发挥把方向、管大局、保落实的领导作用，重点管政治方向、领导班子、基本制度、重大决策和党的建设，切实承担好从严管党治党责任。重大经营管理事项必须经党委研究讨论后，再由董事会或高级管理层作出决定。

第十三条　国有银行保险机构要持续健全党委领导下以职工代表大会为基本形式的民主管理制度，重大决策应当听取职工意见，涉及职工切身利益的重大问题必须经过职工代表大会或者职工大会审议，保证职工代表依法有序参与公司治理。

第十四条　民营银行保险机构要按照党组织设置有关规定，建立党的组织机构，积极发挥党组织的政治核心作用，加强政治引领，宣传贯彻党的路线方针政策，团结凝聚职工群众，维护各方合法权益，建设先进企业文化，促进银行保险机构持续健康发展。

第三章　股东与股东大会

第一节　股　　东

第十五条　银行保险机构股东按照公司法等法律法规、

监管规定和公司章程行使股东权利。

第十六条　银行保险机构股东除按照公司法等法律法规及监管规定履行股东义务外，还应当承担如下义务：

（一）使用来源合法的自有资金入股银行保险机构，不得以委托资金、债务资金等非自有资金入股，法律法规或者监管制度另有规定的除外；

（二）持股比例和持股机构数量符合监管规定，不得委托他人或者接受他人委托持有银行保险机构股份；

（三）按照法律法规及监管规定，如实向银行保险机构告知财务信息、股权结构、入股资金来源、控股股东、实际控制人、关联方、一致行动人、最终受益人、投资其他金融机构情况等信息；

（四）股东的控股股东、实际控制人、关联方、一致行动人、最终受益人发生变化的，相关股东应当按照法律法规及监管规定，及时将变更情况书面告知银行保险机构；

（五）股东发生合并、分立，被采取责令停业整顿、指定托管、接管、撤销等措施，或者进入解散、清算、破产程序，或者其法定代表人、公司名称、经营场所、经营范围及其他重大事项发生变化的，应当按照法律法规及监管规定，及时将相关情况书面告知银行保险机构；

（六）股东所持银行保险机构股份涉及诉讼、仲裁、被司法机关等采取法律强制措施、被质押或者解质押的，应当按照法律法规及监管规定，及时将相关情况书面告知银行保险机构；

（七）股东转让、质押其持有的银行保险机构股份，或者与银行保险机构开展关联交易的，应当遵守法律法规及监管规定，不得损害其他股东和银行保险机构利益；

（八）股东及其控股股东、实际控制人不得滥用股东权利或者利用关联关系，损害银行保险机构、其他股东及利益相关者的合法权益，不得干预董事会、高级管理层根据公司章程享有的决策权和管理权，不得越过董事会、高级管理层直接干预银行保险机构经营管理；

（九）银行保险机构发生风险事件或者重大违规行为的，股东应当配合监管机构开展调查和风险处置；

（十）法律法规、监管规定及公司章程规定股东应当承担的其他义务。

银行保险机构应当在公司章程中列明上述股东义务，并明确发生重大风险时相应的损失吸收与风险抵御机制。

第十七条　银行保险机构应当支持股东之间建立沟通协商机制，推动股东相互之间就行使权利开展正当沟通协商。

银行保险机构应当在公司与股东之间建立畅通有效的沟通机制，公平对待所有股东，保障股东特别是中小股东对公司重大事项的知情、参与决策和监督等权利。

股东有权依照法律法规的规定，通过民事诉讼或其他法律手段维护其合法权益，并可以向监管机构反映有关情况。

第二节　股东大会

第十八条　银行保险机构股东大会应当在法律法规和公司章程规定的范围内行使职权。

除公司法规定的职权外，银行保险机构股东大会职权至少应当包括：

（一）对公司上市作出决议；

（二）审议批准股东大会、董事会和监事会议事规则；

（三）审议批准股权激励计划方案；

（四）依照法律规定对收购本公司股份作出决议；

（五）对聘用或解聘为公司财务报告进行定期法定审计的会计师事务所作出决议；

（六）审议批准法律法规、监管规定或者公司章程规定的应当由股东大会决定的其他事项。

公司法及本条规定的股东大会职权不得授予董事会、其他机构或者个人行使。

第十九条　银行保险机构应当按照法律法规及监管规定，在公司章程中列明股东大会职权，股东大会召集、提案、会议通知、表决和决议、会议记录及其签署等内容。

第二十条　股东大会会议分为年度股东大会和临时股东大会。

银行保险机构应当于每一会计年度结束后六个月内召开年度股东大会。银行保险机构应当按照公司法有关规定，召开临时股东大会。二分之一以上且不少于两名独立董事提议召开临时股东大会的，银行保险机构应当在两个月内召开临时股东大会。

年度股东大会或临时股东大会未能在公司法及本准则规定期限内召开的，银行保险机构应当向监管机构书面报告并说明原因。

银行保险机构应当制定股东大会议事规则。股东大会议事规则由董事会负责制订，经股东大会审议通过后执行。

第二十一条　股东大会会议应当以现场会议方式召开。

银行保险机构应当建立安全、经济、便捷的网络或采用其他方式，为中小股东参加股东大会提供便利条件。

第二十二条　股东大会作出决议，必须经出席会议的股东所持表决权过半数通过。

但下列事项必须经出席会议股东所持表决权三分之二以上通过：

（一）公司增加或者减少注册资本；

（二）发行公司债券或者公司上市；

（三）公司合并、分立、解散、清算或者变更公司形式；

（四）修改公司章程；

（五）罢免独立董事；

（六）审议批准股权激励计划方案；

（七）法律法规、监管规定或者公司章程规定的，需要经出席会议股东所持表决权三分之二以上通过的其他事项。

第二十三条　鼓励银行保险机构股东大会就选举董事、监事进行表决时，实行累积投票制。

第二十四条　股东大会应当将所议事项的决定作成会议记录，会议记录保存期限为永久。

第四章　董事与董事会

第一节　董　　事

第二十五条　银行保险机构董事为自然人，由股东大会选举产生、罢免。

鼓励银行保险机构设立职工董事，职工董事由职工民主选举产生、罢免。

第二十六条　银行保险机构应当在公司章程中规定董事的提名及选举制度，明确提名主体资格、提名及审核程序、选举办法等内容。

第二十七条　单独或者合计持有银行保险机构有表决权股份总数百分之三以上的股东、董事会提名委员会有权提出非独立董事候选人。

同一股东及其关联方提名的董事原则上不得超过董事会成员总数的三分之一。国家另有规定的除外。

董事会提名委员会应当避免受股东影响，独立、审慎地行使董事提名权。

第二十八条　董事每届任期不得超过三年，任期届满，可以连选连任。

第二十九条　董事在任期届满前提出辞职的，应当向董事会提交书面辞职报告。

因董事辞职导致董事会人数低于公司法规定的最低人数或公司章程规定人数的三分之二时，在新的董事就任前，提出辞职的董事应当继续履行职责。正在进行重大风险处置的银行保险机构董事，未经监管机构批准不得辞职。

除前款所列情形外，董事辞职自辞职报告送达董事会时生效。

因董事被股东大会罢免、死亡、独立董事丧失独立性辞职，或者存在其他不能履行董事职责的情况，导致董事会人数低于公司法规定的最低人数或董事会表决所需最低人数时，董事会职权应当由股东大会行使，直至董事会人数符合要求。

第三十条　董事任期届满，或董事会人数低于公司法规定的最低人数或公司章程规定人数的三分之二时，银行保险机构应当及时启动董事选举程序，召开股东大会选举董事。

第三十一条　银行保险机构董事履行如下职责或义务：

（一）持续关注公司经营管理状况，有权要求高级管理层全面、及时、准确地提供反映公司经营管理情况的相关资料或就有关问题作出说明；

（二）按时参加董事会会议，对董事会审议事项进行充分审查，独立、专业、客观地发表意见，在审慎判断的基础上独立作出表决；

（三）对董事会决议承担责任；

（四）对高级管理层执行股东大会、董事会决议情况进行监督；

（五）积极参加公司和监管机构等组织的培训，了解董事的权利和义务，熟悉有关法律法规及监管规定，持续具备履行职责所需的专业知识和能力；

（六）在履行职责时，对公司和全体股东负责，公平对待所有股东；

（七）执行高标准的职业道德准则，并考虑利益相关者的合法权益；

（八）对公司负有忠实、勤勉义务，尽职、审慎履行职责，并保证有足够的时间和精力履职；

（九）遵守法律法规、监管规定和公司章程。

第三十二条　董事应当每年至少亲自出席三分之二以上的董事会现场会议；因故不能亲自出席的，可以书面委托其他董事代为出席，但独立董事不得委托非独立董事代为出席。

一名董事原则上最多接受两名未亲自出席会议董事的委托。在审议关联交易事项时，非关联董事不得委托关联董事代为出席。

第二节　独立董事

第三十三条　独立董事是指在所任职的银行保险机构不担任除董事以外的其他职务，并与银行保险机构及其股东、实际控制人不存在可能影响其对公司事务进行独立、客观判断关系的董事。

第三十四条　银行保险机构应当建立独立董事制度，独立董事人数原则上不低于董事会成员总数三分之一。

第三十五条　单独或者合计持有银行保险机构有表决权

股份总数百分之一以上股东、董事会提名委员会、监事会可以提出独立董事候选人。已经提名非独立董事的股东及其关联方不得再提名独立董事。

第三十六条　独立董事在一家银行保险机构累计任职不得超过六年。

第三十七条　独立董事应当保证有足够的时间和精力有效履行职责，一名自然人最多同时在五家境内外企业担任独立董事。同时在银行保险机构担任独立董事的，相关机构应当不具有关联关系，不存在利益冲突。

一名自然人不得在超过两家商业银行同时担任独立董事，不得同时在经营同类业务的保险机构担任独立董事。

第三十八条　独立董事辞职导致董事会中独立董事人数占比少于三分之一的，在新的独立董事就任前，该独立董事应当继续履职，因丧失独立性而辞职和被罢免的除外。

第三十九条　独立董事应当对股东大会或者董事会审议事项发表客观、公正的独立意见，尤其应当就以下事项向股东大会或董事会发表意见：

（一）重大关联交易；

（二）董事的提名、任免以及高级管理人员的聘任和解聘；

（三）董事和高级管理人员的薪酬；

（四）利润分配方案；

（五）聘用或解聘为公司财务报告进行定期法定审计的会计师事务所；

（六）其他可能对银行保险机构、中小股东、金融消费者合法权益产生重大影响的事项；

（七）法律法规、监管规定或者公司章程规定的其他事项。

第四十条　独立董事享有与其他董事同等的知情权，银行保险机构应当保障独立董事的知情权，及时完整地向独立董事提供参与决策的必要信息，并为独立董事履职提供必需的工作条件。

第四十一条　独立董事应当诚信、独立、勤勉履行职责，切实维护银行保险机构、中小股东和金融消费者的合法权益，不受股东、实际控制人、高级管理层或者其他与银行保险机构存在重大利害关系的单位或者个人的影响。

银行保险机构出现公司治理机制重大缺陷或公司治理机制失灵的，独立董事应当及时将有关情况向监管机构报告。独立董事除按照规定向监管机构报告有关情况外，应当保守银行保险机构秘密。

第四十二条　独立董事连续三次未亲自出席董事会会议的，视为不履行职责，银行保险机构应当在三个月内召开股东大会罢免其职务并选举新的独立董事。

第四十三条　银行保险机构独立董事可以推选一名独立董事，负责召集由独立董事参加的专门会议，研究履职相关问题。

第三节　董　事　会

第四十四条　董事会对股东大会负责，董事会职权由公司章程根据法律法规、监管规定和公司情况明确规定。

除公司法规定的职权外，银行保险机构董事会职权至少应当包括：

（一）制订公司增加或者减少注册资本、发行债券或者其他证券及上市的方案；

（二）制订公司重大收购、收购本公司股份或者合并、分立、解散及变更公司形式的方案；

（三）按照监管规定，聘任或者解聘高级管理人员，并决定其报酬、奖惩事项，监督高级管理层履行职责；

（四）依照法律法规、监管规定及公司章程，审议批准公司对外投资、资产购置、资产处置与核销、资产抵押、关联交易、数据治理等事项；

（五）制定公司发展战略并监督战略实施；

（六）制定公司资本规划，承担资本或偿付能力管理最终责任；

（七）制定公司风险容忍度、风险管理和内部控制政策，承担全面风险管理的最终责任；

（八）负责公司信息披露，并对会计和财务报告的真实性、准确性、完整性和及时性承担最终责任；

（九）定期评估并完善银行保险机构公司治理；

（十）制订章程修改方案，制订股东大会议事规则、董事会议事规则，审议批准董事会专门委员会工作规则；

（十一）提请股东大会聘用或者解聘为公司财务报告进行定期法定审计的会计师事务所；

（十二）维护金融消费者和其他利益相关者合法权益；

（十三）建立银行保险机构与股东特别是主要股东之间利益冲突的识别、审查和管理机制；

（十四）承担股东事务的管理责任；

（十五）公司章程规定的其他职权。

董事会职权由董事会集体行使。公司法规定的董事会职权原则上不得授予董事长、董事、其他机构或个人行使。某些具体决策事项确有必要授权的，应当通过董事会决议的方式依法进行。授权应当一事一授，不得将董事会职权笼统或永久授予其他机构或个人行使。

第四十五条　银行保险机构董事会应当建立并践行高标准的职业道德准则。职业道德准则应当符合公司长远利益，有助于提升公司的可信度与社会声誉，能够为各治理主体间存在利益冲突时提供判断标准。

第四十六条　银行保险机构董事会由执行董事、非执行董事（含独立董事）组成。

执行董事是指在银行保险机构除担任董事外，还承担高级管理人员职责的董事。

非执行董事是指在银行保险机构不担任除董事外的其他职务，且不承担高级管理人员职责的董事。

第四十七条　银行保险机构董事会人数至少为五人。

银行保险机构应当在公司章程中明确规定董事会构成，包括执行董事、非执行董事（含独立董事）的人数。董事会人数应当具体、确定。

第四十八条　董事会设董事长一人，可以设副董事长。董事长和副董事长由全体董事过半数选举产生。

第四十九条　董事会会议分为定期会议和临时会议。定期会议每年度至少召开四次，每次会议应当至少于会议召开十日前通知全体董事和监事。

有下列情形之一的，银行保险机构应当召开董事会临时会议：

（一）代表十分之一以上表决权的股东提议时；

（二）三分之一以上董事提议时；

（三）两名以上独立董事提议时；

（四）监事会提议时；

（五）董事长认为有必要的。

银行保险机构应当制定董事会议事规则。董事会议事规则应当由董事会制订，股东大会批准。

第五十条　董事会会议应有过半数的董事出席方可举行。

董事会决议可以采用现场会议表决和书面传签表决两种方式作出。

董事会表决实行一人一票。董事会作出决议，必须经全体董事过半数通过。

利润分配方案、薪酬方案、重大投资、重大资产处置方案、聘任或解聘高级管理人员、资本补充方案等重大事项不得采取书面传签方式表决，并且应当由三分之二以上董事表决通过。

第五十一条　董事会应当将现场会议所议事项的决定作成会议记录，出席会议的董事应当在会议记录上签名。董事对会议记录有不同意见的，可以在签字时附加说明。会议记录保存期限为永久。

银行保险机构应当采取录音、录像等方式记录董事会现场会议情况。

第五十二条　银行保险机构应当及时将监管机构对公司的监管意见及公司整改情况向董事、董事会、监事、监事会通报。

第五十三条　银行保险机构应当设立董事会秘书。董事会秘书由董事长提名，董事会聘任和解聘，对董事会负责。

第五十四条　银行保险机构董事会负责制定发展战略。

发展战略应当具备科学性、合理性和稳健性，明确市场定位和发展目标，体现差异化和特色化。

第四节　董事会专门委员会

第五十五条　银行保险机构董事会应当根据法律法规、监管规定和公司情况，单独或合并设立专门委员会，如战略、审计、提名、薪酬、关联交易控制、风险管理、消费者权益保护等专门委员会。

保险公司董事会应当根据监管规定设立资产负债管理委员会。

第五十六条　专门委员会成员由董事组成，应当具备与专门委员会职责相适应的专业知识或工作经验。

审计、提名、薪酬、风险管理、关联交易控制委员会中独立董事占比原则上不低于三分之一，审计、提名、薪酬、关联交易控制委员会应由独立董事担任主任委员或负责人。

审计委员会成员应当具备财务、审计、会计或法律等某一方面的专业知识和工作经验。

第五十七条　董事会专门委员会议事规则和工作程序由董事会制定。各专门委员会可以制定年度工作计划并定期召开会议。

第五章　监事与监事会

第一节　监　　事

第五十八条　银行保险机构监事为自然人，由股东大会或职工民主选举产生、罢免。

董事、高级管理人员不得兼任监事。

第五十九条　监事每届任期不得超过三年，任期届满，可以连选连任。外部监事在一家银行保险机构累计任职不得超过六年。

第六十条　银行保险机构应当在公司章程中规定监事的提名及选举制度，明确提名主体资格、提名及审核程序、选举办法等内容。

第六十一条　非职工监事由股东或监事会提名，职工监事由监事会、银行保险机构工会提名。

已经提名董事的股东及其关联方不得再提名监事，国家另有规定的从其规定。

第六十二条　监事任期届满未及时改选，或者监事在任期内辞职导致监事会成员低于法定人数的，在改选出的监事就任前，原监事仍应当依照法律法规和公司章程的规定，继续履行监事职责。

第六十三条　银行保险机构监事履行如下职责或义务：

（一）可以列席董事会会议，并对董事会决议事项提出质询或者建议；

（二）按时参加监事会会议，对监事会决议事项进行充分审查，独立、专业、客观发表意见，在审慎判断的基础上独立作出表决；

（三）对监事会决议承担责任；

（四）积极参加公司和监管机构等组织的培训，了解监事的权利和义务，熟悉有关法律法规，持续具备履行职责所需的专业知识和能力；

（五）对公司负有忠实、勤勉义务，尽职、审慎履行职责，并保证有足够的时间和精力履职；

（六）监事应当积极参加监事会组织的监督检查活动，有权依法进行独立调查、取证，实事求是提出问题和监督意见；

（七）遵守法律法规、监管规定和公司章程。

第六十四条　监事应当每年至少亲自出席三分之二以上的监事会现场会议，因故不能亲自出席的，可以书面委托其他监事代为出席。

第二节　监　事　会

第六十五条　监事会对股东大会负责，监事会职权由公司章程根据法律法规、监管规定和公司情况明确规定。

监事会除依据公司法等法律法规和公司章程履行职责外，还应当重点关注以下事项：

（一）监督董事会确立稳健的经营理念、价值准则和制定符合公司情况的发展战略；

（二）对公司发展战略的科学性、合理性和稳健性进行评估，形成评估报告；

（三）对公司经营决策、风险管理和内部控制等进行监督检查并督促整改；

（四）对董事的选聘程序进行监督；

（五）对公司薪酬管理制度实施情况及高级管理人员薪酬方案的科学性、合理性进行监督；

（六）法律法规、监管规定和公司章程规定的其他事项。

第六十六条　银行保险机构监事会由股东监事、外部监事和职工监事组成。

外部监事是指在银行保险机构不担任除监事以外的其他职务，并且与银行保险机构及其股东、实际控制人不存在可能影响其独立客观判断关系的监事。

第六十七条　银行保险机构监事会成员不得少于三人，其中职工监事的比例不得低于三分之一，外部监事的比例不得低于三分之一。

银行保险机构应当在公司章程中明确规定监事会构成，包括股权监事、外部监事、职工监事的人数。监事会人数应当具体、确定。

第六十八条　监事会设主席一人，可以设副主席。监事会主席和副主席由全体监事过半数选举产生。

第六十九条　银行保险机构可以根据本公司情况，在监事会设立提名委员会、监督委员会等专门委员会。

第七十条　监事会会议每年度至少召开4次，监事可以提议召开监事会临时会议。

监事会决议可以采用现场会议表决和书面传签表决两种方式作出。

监事会作出决议，必须经全体监事过半数通过。

银行保险机构应当制定监事会议事规则。监事会议事规则应当由监事会制订，股东大会批准。

第七十一条　监事会应当将现场会议所议事项的决定作成会议记录，出席会议的监事应当在会议记录上签名。会议记录保存期限为永久。

第六章　高级管理层

第七十二条　银行保险机构应当根据法律法规、监管规定和公司情况，在公司章程中明确高级管理人员范围、高级管理层职责，清晰界定董事会与高级管理层之间的关系。

第七十三条　高级管理层对董事会负责，同时接受监事会监督，应当按照董事会、监事会要求，及时、准确、完整地报告公司经营管理情况，提供有关资料。

高级管理层根据公司章程及董事会授权开展经营管理活动，应当积极执行股东大会决议及董事会决议。

高级管理层依法在其职权范围内的经营管理活动不受股东和董事会不当干预。

第七十四条　银行保险机构应当严格依照有关法律法规、监管规定和公司章程，选聘高级管理人员。

鼓励银行保险机构采用市场化选聘机制，以公开、透明的方式选聘高级管理人员，持续提升高级管理人员的专业素养和业务水平。

银行保险机构的控股股东、实际控制人及其关联方不得干预高级管理人员的正常选聘程序，不得越过董事会直接任免高级管理人员。

第七十五条　银行保险机构高级管理人员应当遵守法律法规、监管规定和公司章程，具备良好的职业操守，遵守高标准的职业道德准则，对公司负有忠实、勤勉义务，善意、尽职、审慎履行职责，并保证有足够的时间和精力履职，不得怠于履行职责或越权履职。

第七十六条　银行保险机构应当设立行长（总经理）。行长（总经理）对董事会负责，由董事会决定聘任或解聘。银行保险机构董事长不得兼任行长(总经理)。

银行保险机构应当根据法律法规、监管规定和公司情况,在公司章程中明确行长(总经理)职权。

第七十七条　银行保险机构董事会应当建立并执行高级管理层履职问责制度,明确对失职和不当履职行为追究责任的具体方式。

第七章　利益相关者与社会责任

第七十八条　银行保险机构应当尊重金融消费者、员工、供应商、债权人、社区等利益相关者的合法权益,与利益相关者建立沟通交流机制,保障利益相关者能够定期、及时、充分地获得与其权益相关的可靠信息。

银行保险机构应当为维护利益相关者合法权益提供必要的条件,当权益受到损害时,利益相关者有机会和途径依法获得救济。

第七十九条　银行保险机构应当加强员工权益保护,保障员工享有平等的晋升发展环境,为职工代表大会、工会依法履行职责提供必要条件。

银行保险机构应当积极鼓励、支持员工参与公司治理,鼓励员工通过合法渠道对有关违法、违规和违反职业道德准则的行为向董事会、监事会或监管机构报告。

第八十条　银行保险机构应当强化金融消费者权益保护,建立并完善消费者权益保护工作机制、决策机制和监督机制。

第八十一条　银行保险机构应当树立高质量发展的愿景,推行诚实守信、开拓创新的企业文化,树立稳健合规的经营理念,遵守公平、安全、有序的行业竞争秩序。

第八十二条　银行保险机构应当贯彻创新、协调、绿色、开放、共享的发展理念,注重环境保护,积极履行社会责任,维护良好的社会声誉,营造和谐的社会关系。

银行保险机构应当定期向公众披露社会责任报告。

第八章　激励约束机制

第八十三条　银行保险机构应当建立与发展战略、风险管理、整体效益、岗位职责、社会责任、企业文化相适应的科学合理的薪酬管理机制。

第八十四条　银行保险机构应当按照收益与风险兼顾、长期与短期激励并重的原则,建立指标科学完备、流程清晰规范的绩效考核机制。

银行保险机构绩效考核指标应当包括合规经营指标、风险管理指标、经济效益指标和社会责任指标等,且合规经营指标和风险管理指标权重应当高于其他指标。

第八十五条　银行保险机构应当建立绩效薪酬延期支付和追索扣回制度。

银行保险机构执行董事、高级管理人员和关键岗位人员绩效薪酬应当实行延期支付。

前款所称"关键岗位人员",是指对银行保险机构经营风险有直接或重要影响的人员。

银行保险机构应当在薪酬管理制度中明确关键岗位人员范围。

银行保险机构发生风险损失超常暴露的,应当按照绩效薪酬追索扣回制度的相关规定,停止支付有关责任人员绩效薪酬未支付部分,并将对应期限内已发放的绩效薪酬追回。关于追索、扣回的规定同样适用于离职人员和退休人员。

第八十六条　银行保险机构绩效薪酬支付期限应当充分考虑相应业务的风险持续时期,且不得少于三年,并定期根据业绩实现和风险变化情况对延期支付制度进行调整。

第八十七条　银行保险机构可以根据国家有关规定,建立市场化的中长期激励机制,不断优化薪酬结构。

鼓励银行保险机构依法合规探索多种非物质激励方式。

第八十八条　银行保险机构薪酬管理及中长期激励约束机制应当兼顾业务人员与党务、风险管理、合规管理、内部审计等管理、监督人员。

银行保险机构内部审计、内控合规和风险管理部门员工的薪酬应独立于业务条线,且薪酬水平应得到适当保证,以确保能够吸引与其职责相匹配的专业人员。

第八十九条　银行保险机构应当制定董事、监事薪酬制度,明确董事、监事的薪酬或津贴标准,经股东大会审议通过后实施。

第九十条　银行保险机构应当建立健全董事、监事及高级管理人员履职评价制度,对董事、监事、高级管理人员开展履职评价。

第九章　信 息 披 露

第九十一条　银行保险机构应当按照法律法规和监管规定,披露公司重要信息,包括财务状况、重大风险信息和公司治理信息等。

前款所称"重要信息",是指如果发生遗漏或虚假陈述,将对信息使用者决策产生重大影响的信息。

银行保险机构披露的信息应当真实、准确、完整、及时,简明清晰,通俗易懂,不得有虚假记载、误导性陈述或重大遗漏。

第九十二条　银行保险机构应当按照法律法规和监管规定,在年度信息披露报告中披露公司基本信息、财务会计报告、风险管理信息、公司治理信息、重大事项信息等。银行保险机构半年度、季度信息披露应当参照年度信息披露要求披露。

公司治理信息主要包括：

（一）实际控制人及其控制本公司情况的简要说明；

（二）持股比例在百分之五以上的股东及其持股变化情况；

（三）股东大会职责、主要决议，至少包括会议召开时间、地点、出席情况、主要议题以及表决情况等；

（四）董事会职责、人员构成及其工作情况，董事简历，包括董事兼职情况；

（五）独立董事工作情况；

（六）监事会职责、人员构成及其工作情况，监事简历，包括监事兼职情况；

（七）外部监事工作情况；

（八）高级管理层构成、职责、人员简历；

（九）薪酬制度及当年董事、监事和高级管理人员薪酬；

（十）公司部门设置情况和分支机构设置情况；

（十一）银行保险机构对本公司治理情况的整体评价；

（十二）外部审计机构出具的审计报告全文；

（十三）监管机构规定的其他信息。

第九十三条　银行保险机构公司治理方面发生下列重大事项的，应当编制临时信息披露报告，披露相关信息并作出简要说明：

（一）控股股东或者实际控制人发生变更；

（二）更换董事长或者行长（总经理）；

（三）当年董事会累计变更人数超过董事会成员总数的三分之一；

（四）公司名称、注册资本、公司住所或者主要营业场所发生变更；

（五）经营范围发生变化；

（六）公司合并、分立、解散或者申请破产；

（七）撤销一级分行（省级分公司）；

（八）对被投资企业实施控制的重大股权投资；

（九）公司或者董事长、行长（总经理）受到刑事处罚；

（十）公司或者一级分行（省级分公司）受到监管机构行政处罚；

（十一）更换或者提前解聘为公司财务报告进行定期法定审计的会计师事务所；

（十二）监管机构要求披露的其他信息。

第九十四条　银行保险机构应当建立公司网站，按照监管规定披露相关信息。

银行保险机构年度信息披露报告应当于每年四月三十日前在公司网站发布。临时信息披露报告应当自事项发生之日起十个工作日内在公司网站发布。

银行保险机构网站应当保留最近五年的年度信息披露报告和临时信息披露报告。

第九十五条　银行保险机构应当建立信息披露管理制度。信息披露管理制度应当包括下列内容：

（一）信息披露的内容和基本格式；

（二）信息的审核和发布流程；

（三）信息披露的豁免及其审核流程；

（四）信息披露事务的职责分工、承办部门和评价制度；

（五）责任追究制度。

第九十六条　银行保险机构董事会负责本机构信息披露，董事会秘书负责组织和协调公司信息披露事务。

第十章　风险管理与内部控制

第一节　风险管理

第九十七条　银行保险机构应当按照监管规定，建立覆盖所有业务流程和操作环节，并与本公司风险状况相匹配的全面风险管理体系。

第九十八条　银行保险机构董事会承担全面风险管理的最终责任。

第九十九条　银行保险机构应当设立首席风险官或指定一名高级管理人员担任风险责任人。

首席风险官或风险责任人应当保持充分的独立性，不得同时负责与风险管理有利益冲突的工作。

第一百条　银行保险机构应当设立独立的风险管理部门负责全面风险管理。

银行保险机构应当在人员数量和资质、薪酬和其他激励政策、信息系统访问权限、专门的信息系统建设以及内部信息渠道等方面给予风险管理部门足够的支持。

第一百零一条　银行保险机构应当及时向监管机构报告本公司发生的重大风险事件。

第二节　内部控制

第一百零二条　银行保险机构应当建立健全内部控制体系，明确内部控制职责，完善内部控制措施，强化内部控制保障，持续开展内部控制评价和监督。

第一百零三条　银行保险机构董事会应当持续关注本公司内部控制状况，建立良好的内部控制文化，对公司内部控制的健全性、合理性和有效性进行定期研究和评价。

第一百零四条　银行保险机构应当建立健全内部控制制

度体系，对各项业务活动和管理活动制定全面、系统、规范的制度，并定期进行评估。

第一百零五条 银行保险机构应当建立健全贯穿各级机构、覆盖所有业务和全部流程的信息系统，及时、准确记录经营管理信息，确保信息的完整、连续、准确和可追溯。

第三节 内外部审计

第一百零六条 银行保险机构应当按照法律法规和监管规定，建立健全内部审计体系，开展内部审计工作，及时发现问题，有效防范经营风险，促进公司稳健发展。

第一百零七条 银行保险机构应当建立与公司目标、治理结构、管控模式、业务性质和规模相适应的内部审计体系，实行内部审计集中化管理或垂直管理，内部审计工作应独立于业务经营、风险管理和内控合规。

第一百零八条 银行保险机构董事会对内部审计体系的建立、运行与维护，以及内部审计的独立性和有效性承担最终责任。

银行保险机构监事会对内部审计工作进行指导和监督，有权要求董事会和高级管理层提供审计方面的相关信息。

第一百零九条 银行保险机构应当按照有关监管规定，设立首席审计官或审计责任人。首席审计官或审计责任人对董事会负责，由董事会聘任和解聘，定期向董事会及其审计委员会报告工作。

第一百一十条 银行保险机构应当设立独立的内部审计部门，负责开展内部审计相关工作。内部审计部门向首席审计官或审计责任人负责并报告工作。

银行保险机构应当按照有关监管规定，配备充足的内部审计人员。内部审计人员应当具备履行内部审计职责所需的专业知识、职业技能和实践经验。

第一百一十一条 银行保险机构应当聘请独立、专业、具备相应资质的外部审计机构进行财务审计，并对公司内部控制情况进行定期评估。

第一百一十二条 外部审计机构应当独立、客观、公正、审慎地履行审计职责。

外部审计机构对财务会计报告出具非标准审计报告的，银行保险机构董事会应当对该审计意见及涉及事项作出专项说明并公开披露。

第一百一十三条 银行保险机构应当将外部审计报告及审计机构对公司内部控制有效性的审计意见及时报送监管机构。

第十一章 附 则

第一百一十四条 本准则所称“商业银行、保险公司”“银行保险机构”，是指股份有限公司形式的国有大型商业银行、全国性股份制商业银行、城市商业银行、民营银行、农村商业银行、外资银行、保险集团（控股）公司、财产保险公司、再保险公司、人身保险公司。

本准则所称“主要股东”，是指持有或控制银行保险机构百分之五以上股份或表决权，或持有资本总额或股份总额不足百分之五但对银行保险机构经营管理有重大影响的股东。

前款所称“重大影响”，包括但不限于向银行保险机构提名或派出董事、监事或高级管理人员，通过协议或其他方式影响银行保险机构的财务和经营管理决策以及监管机构认定的其他情形。

本准则所称“控股股东”，是指其持有的股份占公司股本总额百分之五十以上的股东，或持有股份虽然不足百分之五十，但依其股份所享有的表决权已足以对股东大会的决议产生重大影响的股东。

本准则所称“实际控制人”，是指虽不是公司的股东，但通过投资关系、协议或者其他安排，能够实际支配公司行为的人。

本准则所称“关联方”，是指根据监管机构关于关联交易的监管规定，被认定为具有关联关系的法人或自然人。国家控股的企业之间不因为同受国家控股而具有关联关系。

本准则所称“一致行动人”，是指通过协议、其他安排，与该投资者共同扩大其所能够支配的一个公司股份表决权数量的行为或者事实，达成一致行动的相关投资者。

本准则所称“最终受益人”，是指实际享有银行保险机构股权收益的人。

本准则所称“高级管理人员”，是指在银行保险机构高级管理人员任职资格监管制度范围内的，在总行（总公司）任职的人员。

本准则所称“监管机构”，是指中国银保监会及其派出机构。

本准则所称“公司治理机制失灵”的情形，包括但不限于：董事会连续一年以上无法产生；公司董事之间长期冲突，董事会无法作出有效决议，且无法通过股东大会解决；公司连续一年以上无法召开股东大会；股东大会表决时无法达到法定或者公司章程规定的比例，连续一年以上不能作出有效的股东大会决议；因资本充足率或偿付能力不足进行增资的提案无法通过；公司现有治理机制无法正常运转导致公司经营管理发生严重困难；监管机构认定的其他情形。

本准则所称“现场会议”，是指通过现场、视频、电话等能够保证参会人员即时交流讨论方式召开的会议。

本准则所称“书面传签”，是指通过分别送达审议或传阅送达审议方式对议案作出决议的会议方式。

本准则所称“以上”均含本数，“低于”“少于”“超过”不含本数。

第一百一十五条 公司组织形式为有限责任公司的银行保险机构，参照适用本准则，公司法等法律法规及监管制度另有规定的从其规定。

除银行保险机构外，中国银保监会负责监管的其他金融机构参照适用本准则，法律法规及监管制度另有规定的从其规定。

相互保险社、自保公司可以结合机构自身的特殊性，参照适用本准则，法律法规及监管制度另有规定的从其规定。

独资银行保险机构可以不适用本准则关于董事长、副董事长、董事（包括独立董事）提名和选举、监事提名选举、监事会人数及构成、监事会主席等相关规定。

法律法规及监管制度对外资银行保险机构另有规定的从其规定。

第一百一十六条 本准则由中国银保监会负责解释。

第一百一十七条 本准则自发布之日起施行。《商业银行公司治理指引》（银监发〔2013〕34 号）、《关于规范保险公司治理结构的指导意见（试行）》（保监发〔2006〕2 号）同时废止。

本准则施行前中国银保监会、原中国银行业监督管理委员会、原中国保险监督管理委员会发布的其他监管规定与本准则相冲突的，以本准则为准。

国有重点金融机构监事会暂行条例

2000 年 3 月 15 日国务院令第 282 号公布施行

第一条 为了健全国有重点金融机构监督机制，加强对国有重点金融机构的监督，根据《中华人民共和国商业银行法》、《中华人民共和国保险法》等有关法律的规定，制定本条例。

第二条 本条例所称国有重点金融机构，是指国务院派出监事会的国有政策性银行、商业银行、金融资产管理公司、证券公司、保险公司等（以下简称国有金融机构）。

国务院派出监事会的国有金融机构名单，由国有金融机构监事会管理机构（以下简称监事会管理机构）提出建议，报国务院决定。

第三条 国有金融机构监事会（以下简称监事会）由国务院派出，对国务院负责，代表国家对国有金融机构的资产质量及国有资产保值增值状况实施监督。

第四条 监事会的日常管理工作由监事会管理机构负责。

第五条 监事会以财务监督为核心，根据有关法律、行政法规和财政部的有关规定，对国有金融机构的财务活动及董事、行长（经理）等主要负责人的经营管理行为进行监督，确保国有资产及其权益不受侵犯。

监事会与国有金融机构是监督与被监督的关系，不参与、不干预国有金融机构的经营决策和经营管理活动。

第六条 监事会履行下列职责：

（一）检查国有金融机构贯彻执行国家有关金融、经济的法律、行政法规和规章制度的情况；

（二）检查国有金融机构的财务，查阅其财务会计资料以及与其经营管理活动有关的其他资料，验证其财务报告、资金营运报告的真实性、合法性；

（三）检查国有金融机构的经营效益、利润分配、国有资产保值增值、资金营运等情况；

（四）检查国有金融机构的董事、行长（经理）等主要负责人的经营行为，并对其经营管理业绩进行评价，提出奖惩、任免建议。

第七条 监事会一般每年对国有金融机构定期检查两次，并可以根据实际需要不定期地对国有金融机构进行专项检查。

第八条 监事会开展监督检查，可以采取下列方式：

（一）听取国有金融机构主要负责人有关财务、资金状况和经营管理情况的汇报，在国有金融机构召开有关监督检查事项的会议；

（二）查阅国有金融机构的财务报告、会计凭证、会计帐簿等财务会计资料以及与经营管理活动有关的其他资料；

（三）核查国有金融机构的财务、资金状况，向职工了解情况、听取意见，必要时要求国有金融机构主要负责人作出说明；

（四）向财政、工商、税务、审计、金融监管等有关部门调查了解国有金融机构的财务状况和经营管理情况。

监事会主席根据监督检查的需要，可以列席或者委派监事会其他成员列席国有金融机构董事会会议和其他有关会议。

第九条 监事会指导国有金融机构的内部审计、稽核、监察等内部监督部门的工作，国有金融机构内部监督部门应当协助监事会履行监督检查职责。

第十条　监事会每次对国有金融机构进行检查后，应当及时作出检查报告。

检查报告的内容包括：财务、资金分析以及经营管理评价；主要负责人的经营管理业绩评价以及奖惩、任免建议；存在问题的处理建议；国务院要求报告或者监事会认为需要报告的其他事项。

监事会不得向国有金融机构透露前款所列检查报告内容。

第十一条　检查报告经监事会成员审核，并征求有关部门意见后，由监事会主席签署，经监事会管理机构报国务院。

监事会成员对检查报告有原则性不同意见的，应当在检查报告中说明。

第十二条　监事会在监督检查中发现国有金融机构的经营行为有可能危及金融安全、造成国有资产流失或者侵害国有资产所有者权益以及监事会认为应当立即报告的其他紧急情况，应当及时向监事会管理机构提出专项报告，也可以直接向国务院报告。

第十三条　国有金融机构应当定期、如实向监事会报送财务报告、资金营运报告，并及时报告重大业务经营活动情况，不得拒绝、隐匿、伪报。

第十四条　监事会根据对国有金融机构进行监督检查的情况，可以建议国务院责成审计署和财政部、中国人民银行、中国证券监督管理委员会、中国保险监督管理委员会依据各自的职权依法对国有金融机构进行审计或者检查。

监事会应当加强同财政部、中国人民银行、中国证券监督管理委员会、中国保险监督管理委员会的联系，相互通报有关情况。

第十五条　监事会由主席一人、监事若干人组成。

监事分为专职监事与兼职监事：从有关部门和单位选任的监事，为专职；监事会中财政部和中国人民银行、中国证券监督管理委员会、中国保险监督管理委员会等派出代表担任的监事，监事会管理机构聘请的经过资格认证的专业会计公司的专家和国有金融机构工作人员的代表担任的监事，为兼职。

监事会可以聘请必要的工作人员。

第十六条　监事会主席人选按照规定程序确定，由国务院任命。监事会主席由副部级国家工作人员担任，为专职，年龄一般在60周岁以下。

专职监事由监事会管理机构任命。专职监事由司（局）、处级国家工作人员担任，年龄一般在55周岁以下。

监事会成员每届任期3年，其中监事会主席和专职监事、派出监事不得在同一国有金融机构监事会连任。

第十七条　监事会主席应当具有较高的政策水平，坚持原则，廉洁自持，熟悉金融工作或者经济工作。

监事会主席履行下列职责：

（一）召集、主持监事会会议；

（二）负责监事会的日常工作；

（三）审定、签署监事会的报告和其他主要文件；

（四）应当由监事会主席履行的其他职责。

第十八条　监事应当具备下列条件：

（一）熟悉并能贯彻执行国家有关金融、经济的法律、行政法规和规章制度；

（二）具有财务、金融、审计或者宏观经济等方面的专业知识，比较熟悉金融机构经营管理工作；

（三）坚持原则，廉洁自持，忠于职守；

（四）具有较强的综合分析和判断能力，并具备独立工作能力。

第十九条　监事会主席和专职监事、派出监事、专家监事实行回避原则，不得在其曾经工作过的或者其近亲属担任高级管理职务的国有金融机构的监事会中任职。

第二十条　监事会开展监督检查工作所需费用由国家财政拨付，由监事会管理机构统一列支。

第二十一条　监事会成员不得接受国有金融机构的任何馈赠，不得参加国有金融机构安排、组织或者支付费用的宴请、娱乐、旅游、出访等活动，不得在国有金融机构中为自己、亲友或者其他人谋取私利。

监事会主席和专职监事、派出监事、专家监事不得接受国有金融机构的任何报酬或者福利待遇，不得在国有金融机构报销任何费用。

第二十二条　监事会成员必须对检查报告内容保密，并不得泄露国有金融机构的商业秘密。

第二十三条　监事会成员在监督检查工作中成绩突出，为维护国家利益做出重要贡献的，给予奖励。

第二十四条　监事会成员有下列行为之一的，依法给予行政处分或者纪律处分；构成犯罪的，依法追究刑事责任：

（一）对国有金融机构的重大违法违纪问题隐匿不报或者严重失职的；

（二）与国有金融机构串通编造虚假报告的；

（三）有违反本条例第二十一条、第二十二条所列行为的。

第二十五条　国有金融机构有下列行为之一的，对直接负责的主管人员和其他直接责任人员依法给予纪律处分，直至撤销职务；构成犯罪的，依法追究刑事责任：

（一）拒绝、阻碍监事会依法履行职责的；

（二）拒绝、无故拖延向监事会提供财务状况和经营管理情况等有关资料的；

（三）隐匿、伪报有关资料的；

（四）有阻碍监事会监督检查的其他行为的。

第二十六条　国有金融机构发现监事会成员有违反本条例第二十一条、第二十二条所列行为时，有权向监事会管理机构报告，也可以直接向国务院报告。

第二十七条　本条例自发布之日起施行。1997 年 10 月 20 日国务院批准、1997 年 11 月 12 日中国人民银行发布的《国有独资商业银行监事会暂行规定》同时废止。

银行保险机构关联交易管理办法

1. 2022 年 1 月 10 日中国银行保险监督管理委员会令 2022 年第 1 号公布

2. 自 2022 年 3 月 1 日起施行

第一章　总　　则

第一条　为加强审慎监管，规范银行保险机构关联交易行为，防范关联交易风险，促进银行保险机构安全、独立、稳健运行，根据《中华人民共和国公司法》《中华人民共和国银行业监督管理法》《中华人民共和国商业银行法》《中华人民共和国保险法》《中华人民共和国信托法》等法律法规，制定本办法。

第二条　本办法所称银行保险机构包括银行机构、保险机构和在中华人民共和国境内依法设立的信托公司、金融资产管理公司、金融租赁公司、汽车金融公司、消费金融公司。

银行机构是指在中华人民共和国境内依法设立的商业银行、政策性银行、村镇银行、农村信用合作社、农村合作银行。

保险机构是指在中华人民共和国境内依法设立的保险集团（控股）公司、保险公司、保险资产管理公司。

第三条　银行保险机构开展关联交易应当遵守法律法规和有关监管规定，健全公司治理架构，完善内部控制和风险管理，遵循诚实信用、公开公允、穿透识别、结构清晰的原则。

银行保险机构不得通过关联交易进行利益输送或监管套利，应当采取有效措施，防止关联方利用其特殊地位，通过关联交易侵害银行保险机构利益。

银行保险机构应当维护经营独立性，提高市场竞争力，控制关联交易的数量和规模，避免多层嵌套等复杂安排，重点防范向股东及其关联方进行利益输送的风险。

第四条　银保监会及其派出机构依法对银行保险机构的关联交易实施监督管理。

第二章　关　联　方

第五条　银行保险机构的关联方，是指与银行保险机构存在一方控制另一方，或对另一方施加重大影响，以及与银行保险机构同受一方控制或重大影响的自然人、法人或非法人组织。

第六条　银行保险机构的关联自然人包括：

（一）银行保险机构的自然人控股股东、实际控制人，及其一致行动人、最终受益人；

（二）持有或控制银行保险机构 5% 以上股权的，或持股不足 5% 但对银行保险机构经营管理有重大影响的自然人；

（三）银行保险机构的董事、监事、总行（总公司）和重要分行（分公司）的高级管理人员，以及具有大额授信、资产转移、保险资金运用等核心业务审批或决策权的人员；

（四）本条第（一）至（三）项所列关联方的配偶、父母、成年子女及兄弟姐妹；

（五）本办法第七条第（一）（二）项所列关联方的董事、监事、高级管理人员。

第七条　银行保险机构的关联法人或非法人组织包括：

（一）银行保险机构的法人控股股东、实际控制人，及其一致行动人、最终受益人；

（二）持有或控制银行保险机构 5% 以上股权的，或者持股不足 5% 但对银行保险机构经营管理有重大影响的法人或非法人组织，及其控股股东、实际控制人、一致行动人、最终受益人；

（三）本条第（一）项所列关联方控制或施加重大影响的法人或非法人组织，本条第（二）项所列关联方控制的法人或非法人组织；

（四）银行保险机构控制或施加重大影响的法人或非法人组织；

（五）本办法第六条第（一）项所列关联方控制或施加重大影响的法人或非法人组织，第六条第（二）至（四）项所列关联方控制的法人或非法人组织。

第八条　银行保险机构按照实质重于形式和穿透的原则，可以认定以下自然人、法人或非法人组织为关联方：

（一）在过去十二个月内或者根据相关协议安排在未来十二个月内存在本办法第六条、第七条规定情形之一的；

（二）本办法第六条第（一）至（三）项所列关联方的其他关系密切的家庭成员；

（三）银行保险机构内部工作人员及其控制的法人或其他组织；

（四）本办法第六条第（二）（三）项，以及第七条

第(二)项所列关联方可施加重大影响的法人或非法人组织;

(五)对银行保险机构有影响,与银行保险机构发生或可能发生未遵守商业原则、有失公允的交易行为,并可据以从交易中获取利益的自然人、法人或非法人组织。

第九条 银保监会或其派出机构可以根据实质重于形式和穿透的原则,认定可能导致银行保险机构利益转移的自然人、法人或非法人组织为关联方。

第三章 关联交易

第十条 银行保险机构关联交易是指银行保险机构与关联方之间发生的利益转移事项。

第十一条 银行保险机构应当按照实质重于形式和穿透原则,识别、认定、管理关联交易及计算关联交易金额。

计算关联自然人与银行保险机构的关联交易余额时,其配偶、父母、成年子女、兄弟姐妹等与该银行保险机构的关联交易应当合并计算;计算关联法人或非法人组织与银行保险机构的关联交易余额时,与其存在控制关系的法人或非法人组织与该银行保险机构的关联交易应当合并计算。

第十二条 银保监会或其派出机构可以根据实质重于形式和穿透监管原则认定关联交易。

银保监会可以根据银行保险机构的公司治理状况、关联交易风险状况、机构类型特点等对银行保险机构适用的关联交易监管比例进行设定或调整。

第一节 银行机构关联交易

第十三条 银行机构的关联交易包括以下类型:

(一)授信类关联交易:指银行机构向关联方提供资金支持、或者对关联方在有关经济活动中可能产生的赔偿、支付责任作出保证,包括贷款(含贸易融资)、票据承兑和贴现、透支、债券投资、特定目的载体投资、开立信用证、保理、担保、保函、贷款承诺、证券回购、拆借以及其他实质上由银行机构承担信用风险的表内外业务等;

(二)资产转移类关联交易:包括银行机构与关联方之间发生的自用动产与不动产买卖,信贷资产及其收(受)益权买卖,抵债资产的接收和处置等;

(三)服务类关联交易:包括信用评估、资产评估、法律服务、咨询服务、信息服务、审计服务、技术和基础设施服务、财产租赁以及委托或受托销售等;

(四)存款和其他类型关联交易,以及根据实质重于形式原则认定的可能引致银行机构利益转移的事项。

第十四条 银行机构关联交易分为重大关联交易和一般关联交易。

银行机构重大关联交易是指银行机构与单个关联方之间单笔交易金额达到银行机构上季末资本净额1%以上,或累计达到银行机构上季末资本净额5%以上的交易。

银行机构与单个关联方的交易金额累计达到前款标准后,其后发生的关联交易,每累计达到上季末资本净额1%以上,则应当重新认定为重大关联交易。

一般关联交易是指除重大关联交易以外的其他关联交易。

第十五条 银行机构关联交易金额计算方式如下:

(一)授信类关联交易原则上以签订协议的金额计算交易金额;

(二)资产转移类关联交易以交易价格或公允价值计算交易金额;

(三)服务类关联交易以业务收入或支出金额计算交易金额;

(四)银保监会确定的其他计算口径。

第十六条 银行机构对单个关联方的授信余额不得超过银行机构上季末资本净额的10%。银行机构对单个关联法人或非法人组织所在集团客户的合计授信余额不得超过银行机构上季末资本净额的15%。银行机构对全部关联方的授信余额不得超过银行机构上季末资本净额的50%。

计算授信余额时,可以扣除授信时关联方提供的保证金存款以及质押的银行存单和国债金额。

银行机构与关联方开展同业业务应当同时遵守关于同业业务的相关规定。银行机构与境内外关联方银行之间开展的同业业务、外资银行与母行集团内银行之间开展的业务可不适用本条第一款所列比例规定和本办法第十四条重大关联交易标准。

被银保监会或其派出机构采取风险处置或接管等措施的银行机构,经银保监会批准可不适用本条所列比例规定。

第二节 保险机构关联交易

第十七条 保险机构的关联交易包括以下类型:

(一)资金运用类关联交易:包括在关联方办理银行存款;直接或间接买卖债券、股票等有价证券,投资关联方的股权、不动产及其他资产;直接或间接投资关联方发行的金融产品,或投资基础资产包含关联方资产的金融产品等。

(二)服务类关联交易:包括审计服务、精算服务、法律服务、咨询顾问服务、资产评估、技术和基础设施服务、委托或受托管理资产、租赁资产等。

（三）利益转移类关联交易：包括赠与、给予或接受财务资助，权利转让，担保，债权债务转移，放弃优先受让权、同比例增资权或其他权利等。

（四）保险业务和其他类型关联交易，以及根据实质重于形式原则认定的可能引致保险机构利益转移的事项。

第十八条 保险机构关联交易金额以交易对价或转移的利益计算。具体计算方式如下：

（一）资金运用类关联交易以保险资金投资金额计算交易金额。其中，投资于关联方发行的金融产品且基础资产涉及其他关联方的，以投资金额计算交易金额；投资于关联方发行的金融产品且基础资产不涉及其他关联方的，以发行费或投资管理费计算交易金额；买入资产的，以交易价格计算交易金额。

（二）服务类关联交易以业务收入或支出金额计算交易金额。

（三）利益转移类关联交易以资助金额、交易价格、担保金额、标的市场价值等计算交易金额。

（四）银保监会确定的其他计算口径。

第十九条 保险机构关联交易分为重大关联交易和一般关联交易。

保险机构重大关联交易是指保险机构与单个关联方之间单笔或年度累计交易金额达到3000万元以上，且占保险机构上一年度末经审计的净资产的1%以上的交易。

一个年度内保险机构与单个关联方的累计交易金额达到前款标准后，其后发生的关联交易再次累计达到前款标准，应当重新认定为重大关联交易。

保险机构一般关联交易是指除重大关联交易以外的其他关联交易。

第二十条 保险机构资金运用关联交易应符合以下比例要求：

（一）保险机构投资全部关联方的账面余额，合计不得超过保险机构上一年度末总资产的25%与上一年度末净资产二者中的金额较低者；

（二）保险机构投资权益类资产、不动产类资产、其他金融资产和境外投资的账面余额中，对关联方的投资金额不得超过上述各类资产投资限额的30%；

（三）保险机构投资单一关联方的账面余额，合计不得超过保险机构上一年度末净资产的30%；

（四）保险机构投资金融产品，若底层基础资产涉及控股股东、实际控制人或控股股东、实际控制人的关联方，保险机构购买该金融产品的份额不得超过该产品发行总额的50%。

保险机构与其控股的非金融子公司投资关联方的账面余额及购买份额应当合并计算并符合前述比例要求。

保险机构与其控股子公司之间，以及控股子公司之间发生的关联交易，不适用前述规定。

第三节 信托公司及其他非银行金融机构关联交易

第二十一条 信托公司应当按照穿透原则和实质重于形式原则，加强关联交易认定和关联交易资金来源与运用的双向核查。

信托公司关联交易分为重大关联交易和一般关联交易。重大关联交易是指信托公司固有财产与单个关联方之间、信托公司信托财产与单个关联方之间单笔交易金额占信托公司注册资本5%以上，或信托公司与单个关联方发生交易后，信托公司与该关联方的交易余额占信托公司注册资本20%以上的交易。一般关联交易是指除重大关联交易以外的其他关联交易。

第二十二条 金融资产管理公司、金融租赁公司、汽车金融公司、消费金融公司（下称其他非银行金融机构）的关联交易包括以下类型：

（一）以资产为基础的关联交易：包括资产买卖与委托（代理）处置、资产重组（置换）、资产租赁等；

（二）以资金为基础的关联交易：包括投资、贷款、融资租赁、借款、拆借、存款、担保等；

（三）以中间服务为基础的关联交易：包括评级服务、评估服务、审计服务、法律服务、拍卖服务、咨询服务、业务代理、中介服务等；

（四）其他类型关联交易以及根据实质重于形式原则认定的可能引致其他非银行金融机构利益转移的事项。

第二十三条 其他非银行金融机构的关联交易分为重大关联交易和一般关联交易。

其他非银行金融机构重大关联交易是指其他非银行金融机构与单个关联方之间单笔交易金额达到其他非银行金融机构上季末资本净额1%以上，或累计达到其他非银行金融机构上季末资本净额5%以上的交易。金融租赁公司除外。

金融租赁公司重大关联交易是指金融租赁公司与单个关联方之间单笔交易金额达到金融租赁公司上季末资本净额5%以上，或累计达到金融租赁公司上季末资本净额10%以上的交易。

其他非银行金融机构与单个关联方的交易金额累计达到前款标准后，其后发生的关联交易，每累计达到上季末资本净额1%以上，应当重新认定为重大关联交易。金融租赁公司除外。

金融租赁公司与单个关联方的交易金额累计达到前款标准后，其后发生的关联交易，每累计达到上季末资本净额 5% 以上，应当重新认定为重大关联交易。

一般关联交易是指除重大关联交易以外的其他关联交易。

第二十四条　其他非银行金融机构的关联交易金额以交易对价或转移的利益计算，具体计算方式如下：

（一）以资产为基础的关联交易以交易价格计算交易金额；

（二）以资金为基础的关联交易以签订协议的金额计算交易金额；

（三）以中间服务为基础的关联交易以业务收入或支出金额计算交易金额；

（四）银保监会确定的其他计算口径。

第二十五条　金融资产管理公司及其非金融控股子公司与关联方之间发生的以资金、资产为基础的交易余额应当合并计算，参照适用本办法第十六条相关监管要求，金融资产管理公司与其控股子公司之间、以及控股子公司之间发生的关联交易除外。

金融资产管理公司应当参照本办法第二章规定，将控股子公司的关联方纳入集团关联方范围。

第二十六条　金融租赁公司对单个关联方的融资余额不得超过上季末资本净额的 30%。

金融租赁公司对全部关联方的全部融资余额不得超过上季末资本净额的 50%。

金融租赁公司对单个股东及其全部关联方的融资余额不得超过该股东在金融租赁公司的出资额，且应同时满足本条第一款的规定。

金融租赁公司及其设立的控股子公司、项目公司之间的关联交易不适用本条规定。

汽车金融公司对单个股东及其关联方的授信余额不得超过该股东在汽车金融公司的出资额。

第四节　禁止性规定

第二十七条　银行保险机构不得通过掩盖关联关系、拆分交易等各种隐蔽方式规避重大关联交易审批或监管要求。

银行保险机构不得利用各种嵌套交易拉长融资链条、模糊业务实质、规避监管规定，不得为股东及其关联方违规融资、腾挪资产、空转套利、隐匿风险等。

第二十八条　银行机构不得直接通过或借道同业、理财、表外等业务，突破比例限制或违反规定向关联方提供资金。

银行机构不得接受本行的股权作为质押提供授信。银行机构不得为关联方的融资行为提供担保（含等同于担保的或有事项），但关联方以银行存单、国债提供足额反担保的除外。

银行机构向关联方提供授信发生损失的，自发现损失之日起二年内不得再向该关联方提供授信，但为减少该授信的损失，经银行机构董事会批准的除外。

第二十九条　保险机构不得借道不动产项目、非保险子公司、信托计划、资管产品投资，或其他通道、嵌套方式等变相突破监管限制，为关联方违规提供融资。

第三十条　金融资产管理公司参照执行本办法第二十八条规定，且不得与关联方开展无担保的以资金为基础的关联交易，同业拆借、股东流动性支持以及金融监管机构另有规定的除外。非金融子公司负债依存度不得超过 30%，确有必要救助的，原则上不得超过 70%，并于作出救助决定后 3 个工作日内向董事会、监事会和银保监会报告。

金融资产管理公司及其子公司将自身形成的不良资产在集团内部转让的，应当由集团母公司董事会审批，金融子公司按规定批量转让的除外。

第三十一条　金融租赁公司与关联方开展以资产、资金为基础的关联交易发生损失的，自发现损失之日起二年内不得与该关联方新增以资产、资金为基础的关联交易。但为减少损失，经金融租赁公司董事会批准的除外。

第三十二条　信托公司开展固有业务，不得向关联方融出资金或转移财产，不得为关联方提供担保。

信托公司开展结构化信托业务不得以利益相关人作为劣后受益人，利益相关人包括但不限于信托公司及其全体员工、信托公司股东等。

信托公司管理集合资金信托计划，不得将信托资金直接或间接运用于信托公司的股东及其关联方，但信托资金全部来源于股东或其关联方的除外。

第三十三条　公司治理监管评估结果为 E 级的银行保险机构，不得开展授信类、资金运用类、以资金为基础的关联交易。经银保监会或其派出机构认可的除外。

第三十四条　银行保险机构违反本办法规定的，银保监会或其派出机构予以责令改正，包括以下措施：

（一）责令禁止与特定关联方开展交易；

（二）要求对特定的交易出具审计报告；

（三）根据银行保险机构关联交易风险状况，要求银行保险机构缩减对单个或全部关联方交易金额的比例要求，直至停止关联交易；

（四）责令更换会计师事务所、专业评估机构、律师事务所等服务机构；

（五）银保监会或其派出机构可依法采取的其他措施。

第三十五条 银行保险机构董事、监事、高级管理人员或其他有关从业人员违反本办法规定的，银保监会或其派出机构可以对相关责任人员采取以下措施：

（一）责令改正；

（二）记入履职记录并进行行业通报；

（三）责令银行保险机构予以问责；

（四）银保监会或其派出机构可依法采取的其他措施。

银行保险机构的关联方违反本办法规定的，银保监会或其派出机构可以采取公开谴责等措施。

第三十六条 持有银行保险机构5%以上股权的股东质押股权数量超过其持有该银行保险机构股权总量50%的，银保监会或其派出机构可以限制其与银行保险机构开展关联交易。

第四章 关联交易的内部管理

第三十七条 银行保险机构应当制定关联交易管理制度。

关联交易管理制度包括关联交易的管理架构和相应职责分工，关联方的识别、报告、信息收集与管理，关联交易的定价、审查、回避、报告、披露、审计和责任追究等内容。

第三十八条 银行保险机构应对其控股子公司与银行保险机构关联方发生的关联交易事项进行管理，明确管理机制，加强风险管控。

第三十九条 银行保险机构董事会应当设立关联交易控制委员会，负责关联交易管理、审查和风险控制。银保监会对设立董事会下设专业委员会另有规定的，从其规定。

董事会对关联交易管理承担最终责任，关联交易控制委员会、涉及业务部门、风险审批及合规审查的部门负责人对关联交易的合规性承担相应责任。

关联交易控制委员会由三名以上董事组成，由独立董事担任负责人。关联交易控制委员会应重点关注关联交易的合规性、公允性和必要性。

银行保险机构应当在管理层面设立跨部门的关联交易管理办公室，成员应当包括合规、业务、风控、财务等相关部门人员，并明确牵头部门、设置专岗，负责关联方识别维护、关联交易管理等日常事务。

第四十条 银行保险机构应当建立关联方信息档案，确定重要分行、分公司标准或名单，明确具有大额授信、资产转移、保险资金运用等核心业务审批或决策权的人员范围。

银行保险机构应当通过关联交易监管相关信息系统及时向银保监会或其派出机构报送关联方、重大关联交易、季度关联交易情况等信息，保证数据的真实性、准确性，不得瞒报、漏报。

银行保险机构应当提高关联方和关联交易管理的信息化和智能化水平，强化大数据管理能力。

第四十一条 银行保险机构董事、监事、高级管理人员及具有大额授信、资产转移、保险资金运用等核心业务审批或决策权的人员，应当自任职之日起15个工作日内，按本办法有关规定向银行保险机构报告其关联方情况。

持有银行保险机构5%以上股权，或持股不足5%但是对银行保险机构经营管理有重大影响的自然人、法人或非法人组织，应当在持股达到5%之日或能够施加重大影响之日起15个工作日内，按本办法有关规定向银行保险机构报告其关联方情况。

前款报告事项如发生变动，应当在变动后的15个工作日内向银行保险机构报告并更新关联方情况。

第四十二条 银行保险机构关联方不得通过隐瞒关联关系等不当手段规避关联交易的内部审查、外部监管以及报告披露义务。

第四十三条 银行保险机构应当主动穿透识别关联交易，动态监测交易资金来源和流向，及时掌握基础资产状况，动态评估对风险暴露和资本占用的影响程度，建立有效的关联交易风险控制机制，及时调整经营行为以符合本办法的有关规定。

第四十四条 关联交易应当订立书面协议，按照商业原则，以不优于对非关联方同类交易的条件进行。必要时关联交易控制委员会可以聘请财务顾问等独立第三方出具报告，作为判断的依据。

第四十五条 银行保险机构应当完善关联交易内控机制，优化关联交易管理流程，关键环节的审查意见以及关联交易控制委员会等会议决议、记录应当清晰可查。

一般关联交易按照公司内部管理制度和授权程序审查，报关联交易控制委员会备案。重大关联交易经由关联交易控制委员会审查后，提交董事会批准。董事会会议所作决议须经非关联董事2/3以上通过。出席董事会会议的非关联董事人数不足三人的，应当提交股东（大）会审议。

第四十六条 银行保险机构关联交易控制委员会、董事会及股东（大）会对关联交易进行表决或决策时，与该关联交易有利害关系的人员应当回避。

如银行保险机构未设立股东（大）会，或者因回避原则而无法召开股东（大）会的，仍由董事会审议且不适用本条第一款关于回避的规定，但关联董事应出具不存在利益输送的声明。

第四十七条 银行保险机构与同一关联方之间长期持续

发生的，需要反复签订交易协议的提供服务类、保险业务类及其他经银保监会认可的关联交易，可以签订统一交易协议，协议期限一般不超过三年。

第四十八条　统一交易协议的签订、续签、实质性变更，应按照重大关联交易进行内部审查、报告和信息披露。统一交易协议下发生的关联交易无需逐笔进行审查、报告和披露，但应当在季度报告中说明执行情况。统一交易协议应当明确或预估关联交易金额。

第四十九条　独立董事应当逐笔对重大关联交易的公允性、合规性以及内部审批程序履行情况发表书面意见。独立董事认为有必要的，可以聘请中介机构等独立第三方提供意见，费用由银行保险机构承担。

第五十条　对于未按照规定报告关联方、违规开展关联交易等情形，银行保险机构应当按照内部问责制度对相关人员进行问责，并将问责情况报关联交易控制委员会。

第五十一条　银行保险机构应当每年至少对关联交易进行一次专项审计，并将审计结果报董事会和监事会。

银行保险机构不得聘用关联方控制的会计师事务所、专业评估机构、律师事务所为其提供审计、评估等服务。

第五章　关联交易的报告和披露

第五十二条　银行保险机构及其关联方应当按照本办法有关规定，真实、准确、完整、及时地报告、披露关联交易信息，不得存在任何虚假记载、误导性陈述或重大遗漏。

第五十三条　银行保险机构应当在签订以下交易协议后15个工作日内逐笔向银保监会或其派出机构报告：

（一）重大关联交易；

（二）统一交易协议的签订、续签或实质性变更；

（三）银保监会要求报告的其他交易。

信托公司关联交易逐笔报告另有规定的，从其规定。

第五十四条　银行保险机构应当按照本办法有关规定统计季度全部关联交易金额及比例，并于每季度结束后30日内通过关联交易监管相关信息系统向银保监会或其派出机构报送关联交易有关情况。

第五十五条　银行保险机构董事会应当每年向股东（大）会就关联交易整体情况做出专项报告，并向银保监会或其派出机构报送。

第五十六条　银行保险机构应当在公司网站中披露关联交易信息，在公司年报中披露当年关联交易的总体情况。按照本办法第五十三条规定需逐笔报告的关联交易应当在签订交易协议后15个工作日内逐笔披露，一般关联交易应在每季度结束后30日内按交易类型合并披露。

逐笔披露内容包括：

（一）关联交易概述及交易标的情况。

（二）交易对手情况。包括关联自然人基本情况，关联法人或非法人组织的名称、经济性质或类型、主营业务或经营范围、法定代表人、注册地、注册资本及其变化，与银行保险机构存在的关联关系。

（三）定价政策。

（四）关联交易金额及相应比例。

（五）股东（大）会、董事会决议，关联交易控制委员会的意见或决议情况。

（六）独立董事发表意见情况。

（七）银保监会认为需要披露的其他事项。

合并披露内容应当包括关联交易类型、交易金额及相应监管比例执行情况。

第五十七条　银行保险机构进行的下列关联交易，可以免予按照关联交易的方式进行审议和披露：

（一）与关联自然人单笔交易额在50万元以下或与关联法人单笔交易额在500万元以下的关联交易，且交易后累计未达到重大关联交易标准的；

（二）一方以现金认购另一方公开发行的股票、公司债券或企业债券、可转换债券或其他衍生品种；

（三）活期存款业务；

（四）同一自然人同时担任银行保险机构和其他法人的独立董事且不存在其他构成关联方情形的，该法人与银行保险机构进行的交易；

（五）交易的定价为国家规定的；

（六）银保监会认可的其他情形。

第五十八条　银行保险机构关联交易信息涉及国家秘密、商业秘密或者银保监会认可的其他情形，银行保险机构可以向银保监会申请豁免按照本办法披露或履行相关义务。

第六章　关联交易的监督管理

第五十九条　银行机构、信托公司、其他非银行金融机构的股东或其控股股东、实际控制人，通过向机构施加影响，迫使机构从事下列行为的，银保监会或其派出机构应当责令限期改正；逾期未改正的，可以限制该股东的权利；对情节严重的控股股东，可以责令其转让股权。

（一）违反本办法第二十七条规定进行关联交易的；

（二）未按本办法第四十四条规定的商业原则进行关联交易的；

（三）未按本办法第四十五条规定审查关联交易的；

（四）违反本办法规定为关联方融资行为提供担保的；

（五）接受本公司的股权作为质押提供授信的；

（六）聘用关联方控制的会计师事务所等为其提供服务的；

（七）对关联方授信余额或融资余额等超过本办法规定比例的；

（八）未按照本办法规定披露信息的。

第六十条　银行机构、信托公司、其他非银行金融机构董事、高级管理人员有下列情形之一的，银保监会或其派出机构可以责令其限期改正；逾期未改正或者情节严重的，银保监会或其派出机构可以责令机构调整董事、高级管理人员或者限制其权利。

（一）未按本办法第四十一条规定报告的；

（二）做出虚假或有重大遗漏报告的；

（三）未按本办法第四十六条规定回避的；

（四）独立董事未按本办法第四十九条规定发表书面意见的。

第六十一条　银行机构、信托公司、其他非银行金融机构有下列情形之一的，银保监会或其派出机构可依照法律法规采取相关监管措施或进行处罚：

（一）违反本办法第二十七条规定进行关联交易的；

（二）未按本办法第四十四条规定的商业原则进行关联交易的；

（三）未按本办法第四十五条规定审查关联交易的；

（四）违反本办法规定为关联方融资行为提供担保的；

（五）接受本行的股权作为质押提供授信的；

（六）聘用关联方控制的会计师事务所等为其提供服务的；

（七）对关联方授信余额或融资余额等超过本办法规定比例的；

（八）未按照本办法规定披露信息的；

（九）未按要求执行本办法第五十九条和第六十条规定的监督管理措施的；

（十）其他违反本办法规定的情形。

第六十二条　银行机构、信托公司、其他非银行金融机构未按照本办法规定向银保监会或其派出机构报告重大关联交易或报送关联交易情况报告的，银保监会或其派出机构可依照法律法规采取相关监管措施或进行处罚。

第六十三条　银行机构、信托公司、其他非银行金融机构有本办法第六十一条所列情形之一的，银保监会或其派出机构可以区别不同情形，依据《中华人民共和国银行业监督管理法》等法律法规对董事、高级管理人员和其他直接责任人员采取相应处罚措施。

第六十四条　保险机构及其股东、控股股东，保险机构的董事、监事或高级管理人员违反本办法相关规定的，银保监会或其派出机构可依照法律法规采取相关监管措施或进行处罚。涉嫌犯罪的，依法移送司法机关追究刑事责任。

第七章　附　　则

第六十五条　本办法中下列用语的含义：

本办法所称“以上”含本数，“以下”不含本数。年度为会计年度。

控制，包括直接控制、间接控制，是指有权决定一个企业的财务和经营决策，并能据以从该企业的经营活动中获取利益。

持有，包括直接持有与间接持有。

重大影响，是指对法人或组织的财务和经营政策有参与决策的权力，但不能够控制或者与其他方共同控制这些政策的制定。包括但不限于派驻董事、监事或高级管理人员、通过协议或其他方式影响法人或组织的财务和经营管理决策，以及银保监会或其派出机构认定的其他情形。

共同控制，指按照合同约定对某项经济活动所共有的控制，仅在与该项经济活动相关的重要财务和经营决策需要分享控制权的投资方一致同意时存在。

控股股东，是指持股比例达到50%以上的股东；或持股比例虽不足50%，但依享有的表决权已足以对股东（大）会的决议产生控制性影响的股东。

控股子公司，是指对该子公司的持股比例达到50%以上；或者持股比例虽不足50%，但通过表决权、协议等安排能够对其施加控制性影响。控股子公司包括直接、间接或共同控制的子公司或非法人组织。

实际控制人，是指虽不是公司的股东，但通过投资关系、协议或者其他安排，能够实际支配公司行为的自然人或其他最终控制人。

集团客户，是指存在控制关系的一组企事业法人客户或同业单一客户。

一致行动人，是指通过协议、合作或其他途径，在行使表决权或参与其他经济活动时采取相同意思表示的自然人、法人或非法人组织。

最终受益人，是指实际享有银行保险机构股权收益、金融产品收益的人。

其他关系密切的家庭成员，是指除配偶、父母、成年子女及兄弟姐妹以外的包括配偶的父母、子女的配偶、兄弟姐妹的配偶、配偶的兄弟姐妹以及其他可能产生利益转移的家庭成员。

内部工作人员，是指与银行保险机构签订劳动合同的人员。

关联关系，是指银行保险机构控股股东、实际控制人、董事、监事、高级管理人员等与其直接或者间接控制的企业之间的关系，以及可能导致利益转移的其他关系。

关联董事、关联股东，是指交易的一方，或者在审议关联交易时可能影响该交易公允性的董事、股东。

书面协议的书面形式包括合同书、信件和数据电文（包括电报、电传、传真、电子数据交换和电子邮件）等法律认可的有形的表现所载内容的形式。

本办法所称关联法人或非法人组织不包括国家行政机关、政府部门，中央汇金投资有限责任公司，全国社保基金理事会，梧桐树投资平台有限责任公司，存款保险基金管理有限责任公司，以及经银保监会批准豁免认定的关联方。上述机构派出同一自然人同时担任两家或以上银行保险机构董事或监事，且不存在其他关联关系的，所任职机构之间不构成关联方。

国家控股的企业之间不仅因为同受国家控股而构成关联方。

第六十六条　银保监会批准设立的外国银行分行、其他金融机构参照适用本办法，法律、行政法规及银保监会另有规定的从其规定。

自保公司的自保业务、企业集团财务公司的成员单位业务不适用本办法。

银行保险机构为上市公司的，应同时遵守上市公司有关规定。

第六十七条　本办法由银保监会负责解释。

第六十八条　本办法自 2022 年 3 月 1 日起施行。《商业银行与内部人和股东关联交易管理办法》（中国银行业监督管理委员会令 2004 年第 3 号）、《保险公司关联交易管理办法》（银保监发〔2019〕35 号）同时废止。本办法施行前，银保监会有关银行保险机构关联交易管理的规定与本办法不一致的，按照本办法执行。

金融控股公司关联交易管理办法

1. 2023 年 2 月 1 日中国人民银行令〔2023〕第 1 号发布
2. 自 2023 年 3 月 1 日起施行

第一章　总　　则

第一条　为规范金融控股公司关联交易行为，防止不当利益输送、风险集中、风险传染和监管套利，促进金融控股公司稳健经营，根据《中华人民共和国公司法》、《国务院关于实施金融控股公司准入管理的决定》（国发〔2020〕12 号）以及《金融控股公司监督管理试行办法》（中国人民银行令〔2020〕第 4 号发布）等法律法规和部门规章，制定本办法。

第二条　本办法适用于经中国人民银行批准设立的金融控股公司，以及金融控股公司及其附属机构共同构成的金融控股集团。

本办法所称金融控股公司附属机构是指纳入金融控股公司并表管理范围的所有机构。金融控股公司应当遵循实质重于形式原则，综合考虑实质控制和风险相关性，根据《金融控股公司监督管理试行办法》等规定，审慎确定并表管理范围。

第三条　金融控股公司开展关联交易应当遵守法律、行政法规、企业财务制度和中国人民银行、国务院金融监督管理机构的有关规定，并按照企业会计准则进行会计处理，遵循诚实信用、穿透识别、合理公允、公开透明和治理独立的原则，强化金融控股集团不同法人主体之间的风险隔离。

第四条　金融控股公司应当建立健全关联交易管理、报告和披露制度，强化金融控股公司和附属机构关联交易、金融控股集团内部交易和金融控股集团对外关联交易管理，提升集团风险管理和内部控制水平。

金融控股公司承担对金融控股集团关联交易管理的主体责任，按照实质重于形式和穿透原则，准确、全面、及时识别关联方和关联交易，推动金融控股集团规范开展关联交易。附属机构积极配合金融控股公司对金融控股集团开展关联交易管理。

金融控股公司或其附属机构是上市公司的，关联方的认定和关联交易的管理、报告和披露应当符合国务院证券监督管理机构和证券交易所的有关规定。附属机构是金融机构的，关联方的认定和关联交易的管理、报告和披露应当符合国务院金融监督管理机构的有关规定。

第五条　中国人民银行依法对金融控股公司的关联交易实施监督管理。中国人民银行副省级城市中心支行以上分支机构（以下简称中国人民银行分支机构）可以依照本办法开展相关工作。

第二章　金融控股公司的关联方

第六条　金融控股公司的关联方，是指与金融控股公司存在一方控制另一方，或对另一方施加重大影响，以及与金融控股公司同受一方控制或重大影响的自然人、法人、非法人组织或中国人民银行认定的其他主体等。金融控股公司的关联方包括股东类关联方、内部人关联方以及所有附属机构。

第七条 金融控股公司的股东类关联方包括：

（一）金融控股公司的控股股东、实际控制人，及其一致行动人、受益所有人。

（二）金融控股公司的主要股东及其控股股东、实际控制人、一致行动人、受益所有人。

（三）本条第一项、第二项所列关联自然人的配偶、父母、成年子女及兄弟姐妹，以及所列关联法人或非法人组织的董事、监事、高级管理人员。

（四）本条第一项所列关联方控制或施加重大影响的法人或非法人组织，本条第二项所列关联方控制的法人或非法人组织，以及本条第一项、第二项所列关联自然人的配偶、父母、成年子女及兄弟姐妹控制的法人或非法人组织。

第八条 金融控股公司的内部人关联方包括：

（一）金融控股公司的董事、监事、高级管理人员以及具有投融资等核心业务审批或决策权的人员。

（二）本条第一项所列关联方的配偶、父母、成年子女及兄弟姐妹。

（三）本条第一项、第二项所列关联方控制的法人或非法人组织。

第九条 金融控股公司按照实质重于形式和穿透原则，可以认定以下自然人、法人或非法人组织为金融控股公司的关联方：

（一）在过去十二个月内或者根据相关协议安排在未来十二个月内存在本办法第七条、第八条规定情形之一的。

（二）本办法第七条第一项、第二项以及第八条第一项所列关联方的其他关系密切的家庭成员。

（三）本办法第七条第二项，以及第八条第一项所列关联方可以施加重大影响的法人或非法人组织。

（四）金融控股公司附属机构的重要关联方，即可能对金融控股集团经营产生重大影响的附属机构股东、董事、监事、高级管理人员、合营企业、联营企业以及其他可能导致利益不当转移的自然人、法人或非法人组织。

（五）对金融控股公司有影响，与金融控股公司或其附属机构发生或可能发生未遵守商业合理原则、有失公允的交易行为，并可以从交易中获得利益的自然人、法人或非法人组织。

第十条 中国人民银行及其分支机构可以根据实质重于形式和穿透原则，认定可能导致金融控股公司或其附属机构利益不当转移的自然人、法人或非法人组织为金融控股公司的关联方。

第三章 金融控股集团的关联交易

第十一条 金融控股公司及其附属机构应当按照实质重于形式和穿透原则，识别、认定、管理关联交易并计算关联交易金额。

计算关联自然人与金融控股公司的关联交易金额时，其配偶、父母、成年子女、兄弟姐妹等与该金融控股公司的关联交易应当合并计算；计算关联法人或非法人组织与金融控股公司的关联交易金额时，与其存在控制关系的法人或非法人组织与该金融控股公司的关联交易应当合并计算。

中国人民银行及其分支机构可以按照实质重于形式和穿透原则，识别、认定金融控股公司的关联交易。

第十二条 按照交易主体的不同，金融控股集团的关联交易包括：

（一）金融控股公司的关联交易，指金融控股公司与其关联方之间发生的转移资源、劳务或义务的行为。

（二）金融控股公司附属机构的关联交易，指金融控股公司附属机构与其关联方之间发生的转移资源、劳务或义务的行为。

第十三条 按照管理目标的不同，金融控股集团的关联交易至少包括：

（一）集团内部交易，指金融控股公司与其附属机构之间以及金融控股公司各附属机构之间发生的转移资源、劳务或义务的行为，或者联合提供服务的行为。

（二）集团对外关联交易，指金融控股公司及其附属机构与金融控股公司的关联方（除附属机构外）之间发生的转移资源、劳务或义务的行为。

第十四条 按照交易类型的不同，金融控股集团的关联交易包括：

（一）投融资类：包括贷款（含贸易融资）、融资租赁、融资融券、买入返售、票据承兑和贴现、透支、债券投资、金融衍生品交易、特定目的载体投资、投资于关联方发行的金融产品且基础资产涉及其他关联方的交易、证券回购、拆借、开立信用证、保理、担保、保函、贷款承诺以及其他实质上由金融控股公司或其附属机构承担信用风险的业务，投资股权、不动产及其他资产，与关联方共同投资等。

（二）资产转移类：包括自用动产与不动产买卖，信贷资产及其收（受）益权买卖，抵债资产的接收和处置，其他出售资产交易等。

（三）提供服务类：包括征信、信用评级、资产评估、法律、审计、精算、咨询等服务；软件和信息技术服务、互联网数据服务；非金融机构支付服务；金融信息服务，包括但不限于客户信息共享、金融交易风险控制、金融决策分析；信息展示、销售推介、委托或受托销售；有价证券交易经纪服务和承销服务；自用动产与不动产租赁、其他租赁资产交易等。

（四）其他类型关联交易，包括存款、保险业务、投资于关联方发行的金融产品且基础资产不涉及其他关联方的交易以及按照实质重于形式原则认定的其他可能导致金融控股公司及其附属机构利益转移的事项。

第十五条　金融控股集团的关联交易金额以交易对价或转移的利益计算，计算方式如下：

（一）投融资类关联交易以投融资金额计算交易金额。其中，投资于关联方发行的金融产品且基础资产涉及其他关联方的，以投资金额计算交易金额；投资于关联方发行的金融产品且基础资产不涉及其他关联方的，以管理费或服务费计算交易金额。

（二）资产转移类关联交易以交易价格或公允价值计算交易金额。

（三）提供服务类关联交易以业务收入或支出金额计算交易金额。

（四）中国人民银行确定的其他计算口径。

第十六条　按照交易金额的不同，金融控股公司的关联交易包括：

（一）金融控股公司的重大关联交易是指金融控股公司与其关联方之间单笔交易金额达到金融控股公司上一年度末经审计的法人口径净资产1%以上或超过10亿元，或一个会计年度内对单个关联方交易金额累计达到金融控股公司上一年度末经审计的法人口径净资产5%以上或超过50亿元的交易。

一个会计年度内金融控股公司与单个关联方的累计交易金额达到上述标准后，其后发生的关联交易每累计达到金融控股公司上一年度末经审计的法人口径净资产1%以上，应当重新认定为重大关联交易。

（二）金融控股公司的一般关联交易是指除重大关联交易以外的其他关联交易。

金融控股公司附属机构的重大关联交易和一般关联交易由附属机构依据或参照有关规定进行认定。

第四章　内部管理

第一节　总体要求

第十七条　金融控股公司应当建立有效的关联交易管理制度，明确事前、事中、事后的全流程管控措施，降低关联交易的复杂程度，提升金融控股集团整体关联交易管理水平，确保金融控股集团各层面关联交易管理制度有效衔接。金融控股公司的关联交易管理制度包括但不限于：

（一）管理架构和相应职责分工。

（二）金融控股公司关联交易的管理流程、定价指引、限额管理、禁止行为、内部审计和责任追究等。

（三）金融控股公司关联方的识别、报告、核验、信息收集与管理。

（四）金融控股公司关联交易的发起、定价、审查、回避、报告和披露等。

（五）指导和督促金融控股公司附属机构完善关联交易管理。

（六）金融控股集团内部交易及其风险敞口的识别、评估和报告。

（七）金融控股集团对外关联交易及其风险敞口的识别、评估和报告。

（八）金融控股公司关联交易、金融控股公司附属机构关联交易、金融控股集团内部交易和对外关联交易可能产生的风险传染以及对金融控股集团经营稳健性影响的评估检查。

金融控股公司的关联交易管理制度应当在经由董事会批准并正式发布后十五个工作日内向中国人民银行备案，同时抄送住所地中国人民银行分支机构。

第十八条　金融控股公司应当建立完善的关联交易管理架构，包括：

（一）董事会对金融控股公司的关联交易管理承担最终责任。

（二）董事会下设关联交易管理委员会，负责制订关联交易管理的总体目标、基本原则和管理制度，并提交董事会审议决策；统筹关联交易管理、审议、批准和风险控制以及董事会授权的其他事宜。关联交易管理委员会由三名以上董事组成，由具备相关专业经验的独立董事担任负责人，确保关联交易管理委员会的客观性和独立性。

（三）金融控股公司应当设立跨部门的关联交易管理办公室，负责金融控股公司关联交易管理体系的建立和完善以及日常关联交易管理的协调工作，审查关联方清单、关联交易以及关联交易相关报告。关联交易管理办公室成员包括合规、业务、风控、财务等相关部门负责人。

（四）金融控股公司应当明确关联交易管理的牵头部门，并设置专岗，负责维护关联方清单、拟定关联交易管理制度、开展日常关联交易管理等工作。

金融控股公司关联交易管理委员会、关联交易管理办公室及相关业务部门负责人对金融控股公司关联交易的合规性承担管理责任，对附属机构关联交易承担指导和督促责任。

第十九条　金融控股公司应当建立关联方信息档案，至少每半年更新一次，并向中国人民银行及其住所地分支机构报送。关联交易管理办公室负责关联方信息档案的更新、维护、分类和汇总等工作，通过多种方式对有关信息进行必要的核实验证，并及时在集团内进行信息共享，确保金融控股公司附属机构能够及时识别集团内部交易和集团对外关联交易。

金融控股公司应当在董事、监事和高级管理人员任职资格备案时，向中国人民银行及其住所地分支机构报告其关联方情况。金融控股公司应当明确具有投融资等核心业务审批或决策权的人员范围，并且自相关人员任职之日起十五个工作日内，向中国人民银行及其住所地分支机构报告其关联方情况。

自然人、法人或其他非法人组织应当在持有或控制金融控股公司5%以上股权之日起十五个工作日内，向金融控股公司、中国人民银行及其住所地分支机构报告其关联方情况，并提交不与金融控股公司或其附属机构进行不当关联交易的承诺函。相关报告人应如实报告，不得瞒报、漏报、错报。

金融控股公司附属机构负责建立本机构的关联方信息档案，并及时向金融控股公司报送，配合做好金融控股公司的关联交易管理工作。

第二十条　金融控股公司应当建立关联交易管理信息系统，提高关联方和关联交易管理的信息化和智能化水平，按照交易金额、交易频率、交易时间等因素对关联方的重要性进行排序，并及时向中国人民银行及其住所地分支机构报送关联方、重大关联交易、季度关联交易情况等信息，保证数据的真实性、准确性和完整性。

第二十一条　金融控股公司及其附属机构开展关联交易应当按照商业合理原则，具有真实的业务背景、条件合理、定价公允，明确交易对价的确定原则及定价方法。关联交易定价应当以明确、公允的市场价格为基础；无法获取市场价格的，可以参考与独立第三方交易的条件和价格；因交易特殊性而无法按照前述方法进行定价的，应当对该定价的公允性和条件设定的合理性作出说明。必要时关联交易管理委员会可以聘请财务顾问等独立第三方出具报告，作为判断的依据。

第二十二条　金融控股公司应当根据金融控股集团实际业务和风险状况，控制关联交易的数量和规模，按照交易类型、单一关联方、全部关联方等不同分类，审慎设置关键业务领域关联交易量化限制指标，每年对交易限额的有效性和合理性进行评估，经充分论证后可以适度调整，避免风险过度集中。包括：

（一）金融控股公司的关联交易限额。

（二）金融控股公司附属机构的关联交易限额，国务院金融监督管理机构另有规定的，从其规定。

（三）金融控股集团内部交易的限额。

（四）金融控股集团对外关联交易的限额。

金融控股公司的上述限额应当在经由董事会批准后十五个工作日内向中国人民银行及其住所地分支机构报告，并详细说明限额设置的有效性和合理性。

第二十三条　金融控股公司及其附属机构不得进行以下关联交易：

（一）通过金融控股集团内部交易虚构交易、转移收入与风险或进行监管套利，或者通过第三方间接进行内部交易，损害金融控股公司及其附属机构的稳健性。

（二）通过金融控股集团对外关联交易进行不当利益输送，损害金融控股公司及其附属机构的稳健性。

（三）通过隐匿关联关系、拆分交易、设计复杂交易结构等各种隐蔽方式规避内部审查、外部监管以及报告披露义务，为关联方违规提供融资、隐藏风险等。

（四）关联交易协议条件显著偏离与非关联方进行的同类交易，以及采用明显偏离市场价格或缺乏合理依据的定价基准。

（五）金融控股公司附属金融机构（财务公司除外）向金融控股公司提供融资。

（六）金融控股公司附属机构（财务公司除外）接受金融控股公司的股权作为质押标的。

（七）通过互联网数据服务、金融信息服务等交易规避有关规定，或利用规则、数据、算法等各种手段实施价格控制、利益输送或不当转移风险。

（八）金融控股公司及其附属机构以不正当竞争的方式向关联方提供服务。

第二十四条　金融控股公司每年至少对金融控股集团的关联交易进行一次专项审计，并将审计结果报董事会和监事会。金融控股公司不得聘用关联方控制的会计师事务所、专业评估机构、律师事务所为其提供审计、评估等服务。

第二十五条　对于未按规定报告关联方、金融控股集团内部交易和对外关联交易，以及违规开展关联交易等情形，金融控股公司应当按照内部问责制度对相关人员进行问责。

第二节　金融控股公司关联交易管理

第二十六条　金融控股公司关联交易应当订立书面交易协议，按照商业合理原则，以不优于对非关联方同类交易的条件进行。关联交易协议安排应具有真实商业背景，结构清晰，避免多层嵌套。

金融控股公司与同一关联方之间长期持续发生的、需要反复签订交易协议的关联交易，可以签订统一交易协议，协议期限一般不超过三年。统一交易协议的签订、续签、实质性变更，应按照重大关联交易进行内部审查、报告和信息披露。统一关联交易协议下发生的关联交易无需逐笔进行审查、报告和披露，但应当在季度报告中说明执行情况。统一交易协议应当明确或预估关联交易金额。

第二十七条 金融控股公司应当完善关联交易内控机制和管理流程，关键环节的审查意见以及关联交易管理委员会、董事会等会议决议、记录应当清晰可查。

金融控股公司的一般关联交易按照金融控股公司内部管理制度和授权程序审查，报关联交易管理委员会备案。金融控股公司的重大关联交易经由关联交易管理委员会审查后，提交董事会批准。关联交易管理委员会应重点关注关联交易的合规性和公允性。

董事会关于关联交易的会议所作决议须经非关联董事三分之二以上通过。出席董事会的非关联董事人数不足三人的，应当提交股东（大）会审议。金融控股公司关联交易管理委员会、董事会及股东（大）会对关联交易进行表决或决策时，与该关联交易有利害关系的人员应当回避。金融控股公司未设立股东（大）会，或者因回避原则而无法召开股东（大）会的，仍由董事会审议且不适用本条关于回避的规定，但关联董事应出具不存在利益输送的声明。

金融控股公司独立董事应当逐笔对重大关联交易的合规性、公允性和必要性以及内部审批程序履行情况发表书面意见。独立董事认为有必要的，可以聘请会计师事务所、专业评估机构、律师事务所等独立第三方提供意见，费用由金融控股公司承担。

第二十八条 金融控股公司进行的下列关联交易，可以免予按照关联交易的方式进行审议和披露，但在统计关联交易金额与比例时应当合并计算：

（一）与关联自然人单笔交易额在 50 万元以下或与关联法人单笔交易额在 500 万元以下的关联交易，且交易后累计未达到重大关联交易标准的。

（二）一方以现金认购另一方公开发行的股票、公司债券或企业债券、可转换债券或其他衍生品种。

（三）活期存款业务。

（四）同一自然人同时担任金融控股公司和其他法人的独立董事且不存在其他构成关联方情形的，该法人与金融控股公司进行的交易。

（五）交易的定价为国家规定的。

（六）法律、行政法规及国务院金融管理部门认可的其他情形。

第三节 金融控股公司附属机构关联交易管理

第二十九条 为统筹管理金融控股集团的关联交易，金融控股公司应当充分了解附属机构所在行业以及上市公司的关联交易管理要求，督促附属机构满足有关规定。金融控股公司应当指导和督促未上市且未受行业监管的附属机构，建立有效的关联交易管理体系。

金融控股公司应当维护附属机构尤其是上市公司和受监管实体的独立运作，通过公司治理程序参与附属机构关联交易管理，指导和督促附属机构指定或设置专门的组织，履行该机构关联交易内部控制和管理职责，并承担相应的责任。

第三十条 金融控股公司应当及时收集附属机构的关联方、重大关联交易、季度关联交易情况等信息，按照交易金额、交易频率、交易时间等因素对附属机构以及附属机构关联方的重要性进行排序，按季对附属机构关联交易及其风险敞口进行汇总分析和监测预警，每年对附属机构关联交易管理情况进行评估检查，形成综合评价报告并提交董事会批准。附属机构应当配合向金融控股公司提供所需的相关信息。

第四节 金融控股集团内部交易管理

第三十一条 金融控股公司应当统筹管理集团内部交易，及时对金融控股集团内部交易及其风险敞口进行收集汇总、监测分析和评估预警，重点关注金融控股集团内部交易的合理性和公允性，提高金融控股集团内部交易的透明度，及时充分、结构清晰地披露金融控股集团内部交易的定性与定量信息，有效促进利益相关方对金融控股集团业务运作和风险状况的分析与评估。

第三十二条 金融控股公司每季度应当对金融控股集团内部交易进行分析评估，包括但不限于：

（一）金融控股集团内部交易的总体情况、重点机构和集中程度等。

（二）交易背景的真实性和必要性，是否存在虚构交易问题。

（三）是否存在转移收入或隐藏风险，以及是否存在监管套利问题。

（四）金融控股公司和其附属机构之间以及不同附属机构之间的交易依赖关系，以及各附属机构经营的独立性。

（五）金融控股集团内部交易可能产生的风险传染以及对集团和附属机构经营稳健性的影响。

（六）有助于理解金融控股集团业务运作和风险状况的其他信息。

第五节 金融控股集团对外关联交易管理

第三十三条 金融控股公司应当统筹管理集团对外关联交易，及时对金融控股集团对外关联交易及其风险敞口进行收集汇总、监测分析和评估预警，重点关注金融控股集团对外关联交易的合规性和公允性，提高金融控股集团对外关联交易的透明度，及时充分、结构清晰地披露金融控股集团对外关联交易的定性与定量信息。

第三十四条　金融控股公司应当重点防范金融控股公司及其附属机构向金融控股公司的控股股东、实际控制人及其关联方进行利益输送的风险。

金融控股公司应当加强对金融控股公司及其附属机构与金融控股公司所属企业集团内其他机构之间关联交易的监测分析和风险管理，防止金融风险和实业风险之间的交叉传染。

第三十五条　金融控股公司每季度应当对金融控股集团对外关联交易进行分析评估，包括但不限于：

（一）金融控股集团对外关联交易的总体情况、重点机构和集中程度等。

（二）交易架构、交易目的、交易条件或对价、定价政策与依据等要素。

（三）是否存在大股东控制、内部人控制以及不当利益输送等问题。

（四）金融控股集团对外关联交易可能产生的风险集中、风险传染和风险外溢。

（五）有助于理解金融控股集团业务运作和风险状况的其他信息。

第五章　报告和披露

第三十六条　金融控股公司应当按照本办法规定，真实、准确、完整、及时地报告并披露金融控股公司关联交易、金融控股集团内部交易和对外关联交易信息，不得存在任何虚假记载、误导性陈述或重大遗漏。

关联交易管理委员会应当统筹管理关联交易信息报告和披露工作，提高金融控股公司关联交易、金融控股集团内部交易和对外关联交易的透明度。

金融控股公司附属机构的关联交易由附属机构依据或参照有关规定进行报告和披露。

第三十七条　金融控股公司应当在签订重大关联交易协议后十五个工作日内逐笔向中国人民银行及其住所地分支机构报送有关情况，内容至少包括：

（一）关联交易概述。

（二）交易对手情况，包括关联自然人基本情况，关联法人或非法人组织的名称、经济性质或类型、主营业务或经营范围、法定代表人、住所地、注册资本及其变化，与金融控股公司存在的关联关系。

（三）关联交易的具体情况，包括关联交易类型、穿透的交易架构图、交易目的、交易条件或对价、定价政策与依据、关联交易金额及相应比例等。

（四）关联交易的风险提示，以及对财务状况、经营成果的影响。

（五）交易协议，交易涉及的有关法律文件和审批文件，以及中介服务机构出具的专业报告（如有）。

（六）股东（大）会、董事会决议，关联交易管理委员会的意见或决议情况，独立董事发表意见情况。

第三十八条　金融控股公司应当按本办法规定，在每季度结束后四十日内向中国人民银行及其住所地分支机构报送关联交易整体情况，包括金融控股公司关联交易、金融控股集团内部交易和对外关联交易的交易类型、交易金额、限额管理情况、交易评估、分析评估报告等。

金融控股公司关联交易、金融控股集团内部交易和对外关联交易的年度评估报告应当提交董事会批准。金融控股公司董事会应当每年向股东（大）会就金融控股公司关联交易、金融控股集团内部交易和对外关联交易整体情况作出专项报告，并向中国人民银行及其住所地分支机构报送。

第三十九条　金融控股公司应当在公司年报中披露当年金融控股公司关联交易的总体情况。金融控股公司应当在签订关联交易协议后十五个工作日内在公司网站逐笔披露本办法第三十七条规定须逐笔报告的重大关联交易。一般关联交易应当在每季度结束后四十日内按照关联方和交易类型在公司网站合并披露。

金融控股公司应当在每季度结束后四十日内在公司网站披露本季度金融控股集团内部交易和对外关联交易的定性与定量信息，并在公司年报中作出专项说明，提高金融控股集团运作的透明度。

金融控股公司的关联交易、金融控股集团内部交易和对外关联交易信息涉及国家秘密、商业秘密或者国务院金融管理部门认可的其他情形，金融控股公司可以向中国人民银行申请豁免按照本办法披露或履行相关义务。

国务院金融监督管理机构另有规定的，从其规定。

第六章　监督管理

第四十条　中国人民银行与相关部门之间建立监管合作与信息共享机制，加强金融控股公司及其附属机构的关联交易监管，及时共享相关关联方及关联交易信息，在必要时依据职责分工采取相应的监管措施。

第四十一条　金融控股公司违反本办法规定，未按要求管理、报告、披露关联交易相关信息，或者违规开展关联交易的，中国人民银行应当要求其限期改正。

逾期未改正的，中国人民银行可以对金融控股公司的董事、监事、高级管理人员进行监督管理谈话，并要求金融控股公司采取限制经营活动等措施。

金融控股公司违反本办法规定，违规开展关联交易的，中国人民银行可以依据《金融控股公司监督管理试行办法》第五十二条实施处罚。

附属金融机构违反本办法规定的，中国人民银行应当将发现的线索、证据移交国务院金融监督管理机构依法采取措施。

第四十二条 金融控股公司董事、监事、高级管理人员或其他相关人员违反本办法规定的，中国人民银行可以要求其限期改正；逾期未改正的，中国人民银行可以采取记入履职记录、要求金融控股公司进行问责等措施；情节严重的，中国人民银行可以要求金融控股公司调整董事、监事、高级管理人员或者限制其权利。

第四十三条 金融控股公司股东、实际控制人利用关联交易损害金融控股公司利益的，中国人民银行可以要求其限期改正；对逾期未改正的，可以要求金融控股公司采取限制该股东的权利或者要求其转让股权等措施。

金融控股公司的其他关联方违反本办法规定的，中国人民银行可以采取通报批评等措施。

第四十四条 会计师事务所、专业评估机构、律师事务所、税务师事务所等服务机构违反诚信及勤勉尽责原则，出具文件存在虚假记载、误导性陈述或重大遗漏的，中国人民银行可以将发现的线索、证据移交有关主管部门依法处理。

第七章 附 则

第四十五条 本办法所称控股股东，是指其出资额占金融控股公司资本总额50%以上或其持有的股份占金融控股公司股本总额50%以上的股东；出资额或持有股份的比例虽不足50%，但依其出资额或持有的股份所享有的表决权已足以对股东（大）会的决议产生控制性影响或能够实际支配公司行为的股东。

实际控制人，是指通过投资关系、协议或其他安排，能够实际支配公司行为的人。

一致行动人，是指通过协议、合作或其他途径，在行使表决权或参与其他经济活动时采取相同意思表示的自然人、法人或非法人组织。

受益所有人，是指最终拥有或实际控制市场主体，或者享有市场主体最终收益的自然人。

主要股东，是指持有或控制金融控股公司股份总额5%以上股份或表决权，或持有股份总额不足5%但对金融控股公司经营管理有重大影响的股东。

其他关系密切的家庭成员，是指除配偶、父母、成年子女及兄弟姐妹以外的包括配偶的父母、子女的配偶、兄弟姐妹的配偶、配偶的兄弟姐妹以及其他可能产生利益转移的家庭成员。

控制，包括直接控制、间接控制，是指有权决定一个企业的财务和经营决策，并能据以从该企业的经营活动中获取利益。

重大影响，是指对法人或组织的财务和经营政策有参与决策的权力，但并不能够控制或者与其他方共同控制这些政策的制定。

关联方不包括国家行政机关、政府部门，中央汇金投资有限责任公司，全国社会保障基金理事会，梧桐树投资平台有限责任公司，以及依据法律、行政法规等豁免认定的关联方。国家控股的企业之间不因为仅同受国家控股而构成关联方。

关联董事、股东，是指交易的一方，或者在审议关联交易时可能影响该交易公允性的董事、股东。

受监管实体，是指受到国务院金融管理部门或者境外金融监管当局监管的机构。

“以上”含本数，“以下”不含本数，年度为会计年度。

第四十六条 本办法实施后，金融控股公司应当在中国人民银行认可的期限内完善各项制度和治理架构，稳妥有序落实本办法有关要求，确保过渡期满关联交易管理合规。

第四十七条 本办法由中国人民银行负责解释。

第四十八条 本办法自2023年3月1日起施行。

银行保险机构董事监事履职评价办法（试行）

1. *2021年5月20日中国银行保险监督管理委员会令2021年第5号公布*
2. *自2021年7月1日起施行*

第一章 总 则

第一条 为健全银行保险机构公司治理，规范董事监事履职行为，促进银行业保险业稳健可持续发展，根据《中华人民共和国公司法》《中华人民共和国商业银行法》《中华人民共和国银行业监督管理法》《中华人民共和国保险法》等法律法规，制定本办法。

第二条 本办法所称银行保险机构，是指在中华人民共和国境内依法设立的商业银行、保险公司。

第三条 本办法所称董事监事履职评价是指银行保险机构依照法律法规和监管规定，对本机构董事和监事的履职情况开展评价的行为。

第四条　银行保险机构监事会对本机构董事监事履职评价工作承担最终责任。

董事会、高级管理层应当支持和配合董事监事履职评价相关工作，对自身提供材料的真实性、准确性、完整性和及时性负责。

第五条　中国银行保险监督管理委员会（以下简称中国银保监会）及其派出机构依法对银行保险机构董事监事履职评价工作进行监督管理，并将董事监事履职评价情况纳入公司治理监管评估。

第六条　董事监事履职评价应当遵循依法合规、客观公正、标准统一、科学有效、问责严格的原则。

第二章　评价内容

第一节　基本职责

第七条　董事监事应当充分了解自身的权利、义务和责任，严格按照法律法规、监管规定及公司章程要求，忠实、勤勉地履行其诚信受托义务及作出的承诺，服务于银行保险机构和全体股东的最佳利益，维护利益相关者的合法权益。

第八条　董事监事应当具备良好的品行、声誉和守法合规记录，遵守高标准的职业道德准则，具备与所任职务匹配的知识、经验、能力和精力，保持履职所需要的独立性、个人及家庭财务的稳健性。

董事监事不得在履职过程中接受不正当利益，不得利用职务、地位谋取私利或侵占银行保险机构财产，不得为股东利益损害银行保险机构利益，不得损害利益相关者合法权益。

第九条　董事监事任职前应当书面签署尽职承诺，保证严格保守银行保险机构秘密，有足够的时间和精力履行职责。董事监事应当恪守承诺。

第十条　董事监事应当如实告知银行保险机构自身本职、兼职情况，确保任职情况符合监管要求，并且与银行保险机构不存在利益冲突。

第十一条　董事监事应当按照相关规定，及时向董事会、监事会报告关联关系、一致行动关系及变动情况。董事监事应当严格遵守关联交易和履职回避相关规定。

第十二条　董事监事在履行职责时，特别是在决策可能对不同股东造成不同影响的事项时，应当坚持公平原则。董事监事发现股东、其他单位、个人对银行保险机构进行不当干预或限制的，应当主动向董事会、监事会报告或向监管部门反映。

第十三条　董事监事应当持续了解银行保险机构公司治理、战略管理、经营投资、风险管理、内控合规、财务会计等情况，依法合规参会议事、提出意见建议和行使表决权，对职责范围内的事项做出独立、专业、客观的判断，提升董事会决策和监事会监督质效，推动和监督股东（大）会、董事会、监事会决议落实到位。

董事监事应当主动关注监管部门、市场中介机构、媒体和社会公众对银行保险机构的评价，持续跟进监管部门发现问题的整改问责情况。

第十四条　独立董事、外部监事每年在银行保险机构工作的时间不得少于15个工作日。

董事会风险管理委员会、审计委员会、关联交易控制委员会主任委员每年在银行保险机构工作的时间不得少于20个工作日。

第十五条　董事监事每年应当亲自出席三分之二以上的董事会、监事会现场会议。因故不能出席的，应当书面委托其他董事监事代为出席，委托书中应当载明董事监事本人对议案的个人意见和表决意向；独立董事不得委托非独立董事代为出席。

前款所称现场会议，是指通过现场、视频、电话等能够保证参会人员即时交流讨论的方式召开的会议。

第十六条　董事监事任期届满未及时改选、董事在任期内辞职导致董事会成员低于法定人数或者公司章程规定人数的三分之二、监事在任期内辞职导致监事会成员低于法定人数的，在改选出的董事监事就任前，原董事监事仍应当依照法律法规、监管规定及公司章程的规定，履行董事监事职责。独立董事在任期内辞职导致董事会中独立董事人数占比少于三分之一的，在新的独立董事就任前，该独立董事应当继续履职，因丧失独立性而辞职和被罢免的除外。

第十七条　董事监事应当不断提升履职所必需的专业知识和基本素质，了解掌握与银行保险机构经营管理相关的法律法规和监管规定，积极参加监管部门、行业协会和银行保险机构等组织的培训，不断提升履职能力和水平。

第十八条　董事会、监事会专门委员会成员应当持续关注专门委员会职责范围内的相关事项，及时提出专业意见，提请专门委员会关注或审议。担任专门委员会主任委员的董事监事，应当及时组织召开专门委员会会议并形成集体意见提交董事会、监事会。

第十九条　国有银行保险机构应当积极推动党的领导与公司治理有机融合。担任党委成员的董事监事，应当在决策和监督过程中严格落实党组织决定，促进党委会与董事会、监事会之间的信息沟通，确保党组织的领导核心作用得到发挥。

第二十条　董事长、监事会主席应当领导银行保险机构加强董事会、监事会建设，切实提升董事会、监事会运行质效。

董事长、监事会主席除履行董事监事一般职责外，还应当按照法律法规、监管规定及公司章程履行其职务所要求的其他职责。

第二十一条 执行董事应当充分发挥自身特点和优势，维护董事会在战略决策中的核心地位，支持配合监事会的监督工作，确保董事会职责范围内的事项及时提交董事会审议，落实高级管理层向董事会报告制度，支持董事会其他成员充分了解银行保险机构经营管理和风险信息，推动董事会决议的有效执行和及时反馈。

第二十二条 独立董事、外部监事在决策和监督过程中，应不受主要股东、高级管理人员以及其他与银行保险机构存在利害关系的单位和个人的影响，注重维护中小股东与其他利益相关者合法权益。独立董事对股东（大）会、董事会讨论事项，尤其是重大关联交易、利润分配、董事的提名任免、高级管理人员的聘任和解聘以及薪酬等可能存在利益冲突的事项，发表客观、公正的独立意见。

第二十三条 职工董事、职工监事应当积极发挥自身对经营管理较为熟悉的优势，从银行保险机构的长远利益出发，推动董事会、监事会更好地开展工作。职工董事、职工监事应当就涉及职工切身利益的规章制度或者重大事项，听取职工的意见和建议，在董事会、监事会上真实、准确、全面地反映，切实维护职工合法权益。

职工董事、职工监事应当定期向职工（代表）大会述职和报告工作，主动接受广大职工的监督，在董事会、监事会会议上，对职工（代表）大会作出决议的事项，应当按照职工（代表）大会的相关决议发表意见，并行使表决权。

第二节 评价维度和重点

第二十四条 董事监事履职评价应当至少包括履行忠实义务、履行勤勉义务、履职专业性、履职独立性与道德水准、履职合规性五个维度。

履行忠实义务包括但不限于董事监事能够以银行保险机构的最佳利益行事，严格保守银行保险机构秘密，高度关注可能损害银行保险机构利益的事项，及时向董事会、监事会报告并推动问题纠正等。

履行勤勉义务包括但不限于董事监事能够投入足够的时间和精力参与银行保险机构事务，及时了解经营管理和风险状况，按要求出席董事会及其专门委员会、监事会及其专门委员会会议，对提交董事会、监事会审议的事项认真研究并作出审慎判断等。

履职专业性包括但不限于董事监事能够持续提升自身专业水平，立足董事会、监事会职责定位，结合自身的专业知识、从业经历和工作经验，研究提出科学合理的意见建议，推动董事会科学决策、监事会有效监督等。

履职独立性与道德水准包括但不限于董事监事能够坚持高标准的职业道德准则，不受主要股东和内部人控制或干预，独立自主地履行职责，推动银行保险机构公平对待全体股东、维护利益相关者的合法权益、积极履行社会责任等。

履职合规性包括但不限于董事监事能够遵守法律法规、监管规定及公司章程，持续规范自身履职行为，依法合规履行相应的职责，推动和监督银行保险机构守法合规经营等。

第二十五条 银行保险机构应结合董事类型特点及其在董事会专门委员会中的任职情况，从不同维度重点关注董事在下列事项中的工作表现：

（一）制定并推动实施战略规划、年度经营计划；

（二）制定和推动执行风险管理策略、风险偏好、风险限额和风险管理制度；

（三）审查重大投融资和资产处置项目，特别是非计划内的投资、租赁、资产买卖、担保等重大事项；

（四）推动加强资本管理和资本补充；

（五）制订和推动执行利润分配方案；

（六）推动股东（大）会决议和董事会决议的落实；

（七）推动银行保险机构完善股权结构和内部治理架构，加强股权管理，提升公司治理的有效性；

（八）提升内部控制、合规管理和内部审计的有效性，落实反洗钱、反恐怖融资相关要求；

（九）提升董事提名和选举流程的规范性和透明度；

（十）选任、监督和更换高级管理人员，加强与高级管理层的沟通；

（十一）评估和完善董事会对高级管理层的授权原则、授权范围和管理机制；

（十二）推动董事、高级管理人员薪酬与银行保险机构和股东长期利益保持一致，且符合监管要求；

（十三）推动协调各治理主体运作，加强与股东及其他利益相关者的沟通，平衡各方利益；

（十四）促进关联交易的合法合规性和关联交易管理的规范性；

（十五）提升财务会计信息的真实性、准确性和完整性；

（十六）提升信息披露的真实性、准确性、完整性和及时性；

（十七）确保监管报送数据的及时性、真实性和完整性；

（十八）推动完善消费者权益保护决策机制，规划和指导消费者权益保护工作；

（十九）推动监管意见落实以及相关问题整改问责；

（二十）关注和依责处理可能或已经造成重大风险和损失的事项，特别是对存款人、投保人、被保险人和受益人、中小股东合法权益产生重大影响的事项；

（二十一）履行法律法规、监管规定及公司章程规定董事应当承担的其他重要职责。

银行保险机构应当结合监管制度关于独立董事职责的特别规定，围绕独立董事应当重点关注和发表独立意见的事项，考察和评价其履职表现。

第二十六条 银行保险机构应当结合监事类型特点及其在监事会专门委员会中的任职情况，从不同维度重点关注监事在下列事项中的工作表现：

（一）对董事会及其成员的履职监督，包括但不限于董事会及其成员遵守法律法规、监管规定及银行保险机构内部制度，完善银行保险机构股权结构、组织架构，制定并推动实施发展战略，完善风险管理、消费者权益保护、内控合规、薪酬考核、内外部审计、信息披露等相关机制的情况，董事会各专门委员会有效运作情况，董事参加会议、发表意见、提出建议情况等。

（二）对高级管理层及其成员的履职监督，包括但不限于高级管理层及其成员遵守法律法规、监管规定及银行保险机构内部制度，执行股东（大）会、董事会和监事会决议，落实发展战略和经营计划，加强风险管理、内控合规管理、消费者权益保护、案件防控、绩效考评管理等情况。

（三）对发展战略和经营理念的科学性、有效性、合理性以及实施情况的监督与评估。

（四）对财务状况的监督，包括但不限于重要财务决策和执行情况；利润分配方案的合规性、合理性；机构定期报告的真实性、准确性和完整性；外部审计工作管理情况。

（五）对内控合规的监督，尤其是新业务、新产品的管理制度、操作流程、关键风险环节和相关信息系统等情况。

（六）对全面风险管理架构及主要风险管控情况的监督。

（七）对激励约束机制科学性、稳健性以及具体实施效果的监督。

（八）对监管报送数据及时性、真实性和完整性的监督。

（九）对落实监管意见以及问题整改问责情况的监督。

（十）对落实股东（大）会决议、董事会决议、监事会决议情况的监督。

（十一）关注和监督其他影响银行保险机构合法稳健经营和可持续发展的重点事项。

（十二）履行法律法规、监管规定及公司章程规定监事应当承担的其他重要职责。

第三章 评价制度、程序和方法

第二十七条 银行保险机构应当建立健全董事监事履职评价制度，并向中国银保监会或其派出机构报告。银行保险机构在建立健全董事监事履职评价制度时，应根据自身具体情况对董事监事的评价内容、评价原则、实施主体、资源保障、评价方式、评价流程、评价等级、结果应用、工作责任等重要内容作出明确规定。履职评价制度应当考虑到不同类型董事监事的特点，作出差异化的规定。

第二十八条 银行保险机构应当建立健全董事监事履职档案，真实、准确、完整地记录董事监事日常履职情况以及履职评价工作开展情况。董事会负责建立和完善董事履职档案，监事会负责建立和完善监事履职档案以及董事监事履职评价档案。

第二十九条 银行保险机构应当每年对董事监事的履职情况进行评价。对于评价年度内职位发生变动但任职时间超过半年的董事监事，应当根据其在任期间的履职表现开展评价。

第三十条 银行保险机构应当优化董事监事特别是独立董事和外部监事的履职环境，保障董事监事履职所必需的信息和其他必要条件。

董事监事认为履职所必需的信息无法得到基本保障，或独立履职受到威胁、阻挠和不当干预的，应当及时向监事会提交书面意见，监事会应当将相关意见作为确定董事监事履职评价结果的重要考虑因素，并将其纳入履职评价档案。

第三十一条 董事履职评价可以包括董事自评、董事互评、董事会评价、外部评价、监事会最终评价等环节。监事履职评价可以包括监事自评、监事互评、外部评价、监事会最终评价等环节。

银行保险机构应当为董事监事履职评价工作提供充分保障，畅通监事会办公室、董事会办公室等办事机构间的沟通交流机制。

鼓励银行保险机构结合自身情况，聘请外部专家或市场中介机构等独立第三方协助本机构开展董事监事履职评价。连续两年公司治理监管评估等级为D级以下的银行保险机构，应当聘请独立第三方协助开展董事监事履职评价工作。

第三十二条 评价方法可以包括资料分析、行为观察、问卷调查、履职测评、座谈访谈等。资料分析指对董事监事履职记录、履职档案等进行分析，静态评判董事监事履职情况。行为观察指根据相关评判人对董事监事日常履职行为的观察进行评价。调查问卷和履职测评表根据各银行保险机构实际情况设计，问卷调查对象可相对广泛，董事监事可通过履职测评表对自身或其他董事监事履职表现评价打分。座谈访谈指通过与董事监事及相关人员直接交谈，对董事监事履职细节进行较为具体深入地了解。

第三十三条　银行保险机构应当依据履职评价情况将董事监事年度履职表现划分为称职、基本称职和不称职三个级别。

银行保险机构应当结合公司治理监管评估、商业银行监管评级、保险公司法人机构风险综合评级等情况，审慎确定相关董事监事的履职评价级别。

第三十四条　董事监事出现下列情形之一的，当年不得评为称职：

（一）该年度内未能亲自出席三分之二以上的董事会、监事会现场会议的。

（二）董事会审议通过违反法律法规或严重违反监管规定、公司章程的事项，董事投赞成票的；董事会、高级管理层决策事项违反法律法规，或严重违反监管规定、公司章程，监事知悉或应当知悉，但未进行质询或及时提请监事会关注并予以纠正的。

（三）董事会违反公司章程、议事规则和决策程序审议重大事项，董事未提出反对意见的；董事会、高级管理层违反公司章程、议事规则和决策程序决定重大事项，或对股东（大）会、董事会、监事会决议落实不到位，监事知悉或应当知悉，但未进行质询或及时提请监事会关注并予以纠正的。

（四）董事会运作低效，出现长期未换届、长期无法正常召开会议等公司治理问题，董事未能及时反映情况并推动纠正的；监事会运作低效，对董事会、高级管理层及其成员的履职监督严重弱化，监事未及时提出意见并推动有效整改的。

（五）股权和关联交易管理严重违规，经营战略出现重大偏差，风险管理政策出现重大失误，内部控制体系存在明显漏洞，董事未及时提出意见或修正要求的；监事会未能按照要求有效履行在经营战略、风险管理、内部控制、财务会计、激励约束机制等方面的监督职责，监事未及时提出意见并推动有效整改的。

（六）资本充足率、资产质量、偿付能力等主要监管指标未达到监管要求，董事监事未及时提出意见建议并依责推动有效整改的。

（七）知悉或应当知悉符合履职回避情形，而未按规定执行的。

（八）对监管发现并指出的重大违法违规问题，董事监事未依责推动有效整改的。

（九）董事监事个人被监管部门行政处罚或受到纪律处分的。

（十）中国银保监会认定的其他不当履职情形。

第三十五条　董事监事出现下列情形之一的，当年应当评为不称职：

（一）泄露秘密，损害银行保险机构合法权益的；

（二）在履职过程中接受不正当利益，或者利用董事监事地位谋取私利的；

（三）参与或协助股东对银行保险机构进行不当干预，导致银行保险机构出现重大风险和损失的；

（四）隐瞒重要事实、提供虚假材料或参与银行保险机构编造虚假材料的；

（五）对银行保险机构及相关人员重大违法违规违纪问题隐匿不报的；

（六）董事会、监事会决议违反法律法规、监管规定及公司章程，导致银行保险机构重大风险和严重损失，董事监事没有提出异议的；

（七）对履职评价发现的严重问题拒不改正的；

（八）中国银保监会认定的其他严重失职行为。

第三十六条　董事监事发现银行保险机构履职评价工作违反监管规定的，应当向监管部门反映情况。两名以上董事、监事对履职评价程序或结果存在异议并向银行保险机构提出书面意见的，银行保险机构应当在收到书面意见后5个工作日以内向监管部门报告并作出详细解释。

第四章　评价应用

第三十七条　银行保险机构应当把履职评价作为加强董事会、监事会建设的重要抓手，通过对评价结果的有效应用，引导董事监事改进履职行为，推动董事会、监事会规范自身运作。

第三十八条　银行保险机构监事会应当根据评价结果提出工作建议或处理意见，及时将董事监事评价结果和相关意见建议报告股东（大）会，及时将董事评价结果和相关意见建议反馈董事会，并以书面形式正式通知董事监事本人。

对履职评价结果为“基本称职”的董事监事，董事会和监事会应当组织会谈，向董事监事本人提出限期改进要求。董事会和监事会应当为相关董事监事改进履职提供必要的帮助和支持。

对被评为“不称职”的董事监事，银行保险机构董事会、监事会应向其问责。依据本办法相关条款被评为“不称职”的董事监事，可由其主动辞去职务，或由银行保险机构按照有关程序罢免并报告监管部门，同时相应扣减其作为董事监事的部分或全部薪酬。董事监事违法违规履职给银行保险机构造成损失的，银行保险机构应当追偿。董事监事涉嫌犯罪的，银行保险机构应当及时移送司法机关。

第三十九条　银行保险机构应当在每年4月30日前，将董事监事履职情况及评价结果报告中国银保监会或其派出机构。

第四十条　鼓励银行保险机构公开披露董事监事履职评价结果，发挥外部约束作用，探索建立董事监事特别是独立董事和外部监事的声誉机制。

第五章　监督管理

第四十一条　中国银保监会及其派出机构应当对银行保险机构董事监事履职评价工作进行监督，并将其作为监事会履职情况的重要依据。

银行保险机构董事监事履职评价制度、程序、方式、结果不符合监管规定的，中国银保监会及其派出机构应当责令其限期改正，并视情况追究银行保险机构及相关人员的责任。对在评价过程中弄虚作假、徇私舞弊，导致评价结果严重失真的，或利用履职评价打击报复的，监管部门应严肃查处。

对在履职过程中违反法律法规和监管规定的董事监事，监管部门可依法采取监管谈话、责令限期改正、责令银行保险机构调整相关人员等监督管理措施，并视情况采取责令纪律处分、行政处罚等方式追究其相应责任。存在本办法第三十五条情形的，监管部门应从严处理。

监管部门可以根据需要对银行保险机构董事监事履职情况开展监管评价。

第四十二条　中国银保监会及其派出机构可以根据董事监事履职评价结果组织开展专项检查，督促银行保险机构完善公司治理。中国银保监会及其派出机构应当建立银行保险机构董事监事年度履职评价监管档案，在公司治理全面评估、市场准入、非现场监管和现场检查等工作中强化履职评价信息运用。

第六章　附　　则

第四十三条　本办法所称“商业银行、保险公司”“银行保险机构”，是指国有大型商业银行、全国性股份制商业银行、城市商业银行、民营银行、农村商业银行、外资银行、保险集团（控股）公司、财产保险公司、再保险公司、人身保险公司。

未设立监事会的银行保险机构，以及中国银保监会负责监管的其他金融机构参照适用本办法。

法律、行政法规或规章对外资银行、外资保险公司另有规定的，从其规定。

第四十四条　本办法所称“执行董事”指在银行保险机构除担任董事外，还承担高级管理人员职责的董事；“独立董事”“外部监事”指在银行保险机构不担任除董事监事以外的其他职务，并且与银行保险机构及其股东、实际控制人不存在可能影响其独立客观判断关系的董事监事；“职工董事”“职工监事”指按照相关规定由职工（代表）大会民主选举产生的董事监事。

第四十五条　本办法所称“以上”“以下”“以内”均含本数，“少于”“超过”“低于”均不含本数。

第四十六条　本办法由中国银保监会负责解释。

第四十七条　本办法自2021年7月1日起施行。《商业银行董事履职评价办法（试行）》（中国银行业监督管理委员会令2010年第7号）同时废止。此前有关银行保险机构董事监事履职评价的规定与本办法不一致的，按照本办法执行。

银行业金融机构董事（理事）和高级管理人员任职资格管理办法

2013年11月18日中国银行业监督管理委员会令2013年第3号公布

第一章　总　　则

第一条　为完善银行业金融机构董事（理事）和高级管理人员任职资格管理，促进银行业合法、稳健运行，根据《中华人民共和国银行业监督管理法》、《中华人民共和国商业银行法》、《中华人民共和国行政许可法》等法律法规，制定本办法。

第二条　本办法所称银行业金融机构（以下简称金融机构），是指在中华人民共和国境内设立的商业银行、农村合作银行、村镇银行、农村信用合作社、农村信用合作联社、外国银行分行等吸收公众存款的金融机构以及政策性银行。

在中华人民共和国境内设立的金融资产管理公司、信托公司、企业集团财务公司、金融租赁公司、汽车金融公司、货币经纪公司、消费金融公司、贷款公司、农村信用合作社联合社、省（自治区）农村信用社联合社、农村资金互助社、外资金融机构驻华代表机构以及经监管机构批准设立的其他金融机构的董事（理事）和高级管理人员的任职资格管理，适用本办法。

第三条　本办法所称高级管理人员，是指金融机构总部及分支机构管理层中对该机构经营管理、风险控制有决策权或重要影响力的各类人员。

银行业金融机构董事(理事)和高级管理人员须经监管机构核准任职资格,具体人员范围按银监会行政许可规章以及《中华人民共和国外资银行管理条例实施细则》相关规定执行。

第四条　本办法所称任职资格管理,是指监管机构规定任职资格条件,核准和终止任职资格,监督金融机构加强董事(理事)和高级管理人员任职管理,确保其董事(理事)和高级管理人员符合任职资格条件的全过程。

第五条　本办法所称监管机构,是指国务院银行业监督管理机构(以下简称银监会)及其派出机构。

银监会及其派出机构在任职资格管理中的职责分工,按照银监会相关规定执行。

第六条　金融机构应当确保其董事(理事)和高级管理人员就任时和在任期间始终符合相应的任职资格条件,拥有相应的任职资格。

董事(理事)和高级管理人员在任期间出现不符合任职资格条件情形的,金融机构应当令其限期改正或停止其任职,并将相关情况报告监管机构。

第二章　任职资格条件

第七条　本办法所称任职资格条件,是指金融机构拟任、现任董事(理事)和高级管理人员在品行、声誉、知识、经验、能力、财务状况、独立性等方面应当达到的监管要求。

第八条　金融机构拟任、现任董事(理事)和高级管理人员的任职资格基本条件包括:

(一)具有完全民事行为能力;

(二)具有良好的守法合规记录;

(三)具有良好的品行、声誉;

(四)具有担任金融机构董事(理事)和高级管理人员职务所需的相关知识、经验及能力;

(五)具有良好的经济、金融从业记录;

(六)个人及家庭财务稳健;

(七)具有担任金融机构董事(理事)和高级管理人员职务所需的独立性;

(八)履行对金融机构的忠实与勤勉义务。

第九条　金融机构拟任、现任董事(理事)和高级管理人员出现下列情形之一的,视为不符合本办法第八条第(二)项、第(三)项、第(五)项规定之条件:

(一)有故意或重大过失犯罪记录的;

(二)有违反社会公德的不良行为,造成恶劣影响的;

(三)对曾任职机构违法违规经营活动或重大损失负有个人责任或直接领导责任,情节严重的;

(四)担任或曾任被接管、撤销、宣告破产或吊销营业执照机构的董事(理事)或高级管理人员的,但能够证明本人对曾任职机构被接管、撤销、宣告破产或吊销营业执照不负有个人责任的除外;

(五)因违反职业道德、操守或者工作严重失职,造成重大损失或者恶劣影响的;

(六)指使、参与所任职机构不配合依法监管或案件查处的;

(七)被取消终身的董事(理事)和高级管理人员任职资格,或受到监管机构或其他金融管理部门处罚累计达到两次以上的;

(八)有本办法规定的不具备任职资格条件的情形,采用不正当手段获得任职资格核准的。

第十条　金融机构拟任、现任董事(理事)和高级管理人员出现下列情形之一的,视为不符合本办法第八条第(六)项、第(七)项规定之条件:

(一)本人或其配偶有数额较大的逾期债务未能偿还,包括但不限于在该金融机构的逾期贷款;

(二)本人及其近亲属合并持有该金融机构5%以上股份,且从该金融机构获得的授信总额明显超过其持有的该金融机构股权净值;

(三)本人及其所控股的股东单位合并持有该金融机构5%以上股份,且从该金融机构获得的授信总额明显超过其持有的该金融机构股权净值;

(四)本人或其配偶在持有该金融机构5%以上股份的股东单位任职,且该股东单位从该金融机构获得的授信总额明显超过其持有的该金融机构股权净值,但能够证明相应授信与本人或其配偶没有关系的除外;

前项规定不适用于企业集团财务公司。

(五)存在其他所任职务与其在该金融机构拟任、现任职务有明显利益冲突,或明显分散其在该金融机构履职时间和精力的情形。

本办法所称近亲属包括配偶、父母、子女、兄弟姐妹、祖父母、外祖父母、孙子女、外孙子女。

第十一条　除不得存在第九条、第十条所列情形外,金融机构拟任、现任独立董事还不得存在下列情形:

(一)本人及其近亲属合并持有该金融机构1%以上股份或股权;

(二)本人或其近亲属在持有该金融机构1%以上股份或股权的股东单位任职;

(三)本人或其近亲属在该金融机构、该金融机构控股或者实际控制的机构任职;

(四)本人或其近亲属在不能按期偿还该金融机构贷款的机构任职;

(五)本人或其近亲属任职的机构与本人拟(现)

任职金融机构之间存在因法律、会计、审计、管理咨询、担保合作等方面的业务联系或债权债务等方面的利益关系，以致于妨碍其履职独立性的情形；

（六）本人或其近亲属可能被该金融机构主要股东、高管层控制或施加重大影响，以致于妨碍其履职独立性的其他情形。

第十二条 金融机构拟任、现任董事（理事）和高级管理人员出现法律、行政法规所规定的不得担任金融机构董事（理事）和高级管理人员的其他情形，视为不符合监管机构规定的任职资格条件。

第十三条 各类金融机构拟任、现任董事（理事）和高级管理人员应当具备的学历和从业年限按银监会行政许可规章以及《中华人民共和国外资银行管理条例实施细则》相关规定执行。

第三章 任职资格审查与核准

第十四条 金融机构董事（理事）和高级管理人员应当在任职前获得任职资格核准，在获得任职资格核准前不得履职。

第十五条 金融机构任命董事（理事）和高级管理人员或授权相关人员履行董事（理事）或高级管理人员职责前，应当确认其符合任职资格条件，并向监管机构提出任职资格申请。

第十六条 各类金融机构报送任职资格申请的材料和程序按银监会行政许可规章以及《中华人民共和国外资银行管理条例实施细则》相关规定执行。

第十七条 除审核金融机构报送的任职资格申请材料外，监管机构可以通过以下方式审查拟任人是否符合任职资格条件，并据以向金融机构发出核准或不予核准任职资格的书面决定：

（一）在监管信息系统中查询拟任人或拟任人曾任职机构的相关信息；

（二）调阅监管档案查询拟任人或拟任人曾任职机构的相关信息；

（三）征求相关监管机构或其他管理部门意见；

（四）通过有关国家机关、征信机构、拟任人曾任职机构等渠道查证拟任人的相关信息；

（五）对拟任人的专业知识及能力进行测试。

第十八条 拟任人曾任金融机构董事长（理事长）或高级管理人员的，申请人在提交任职资格申请材料时，还应当提交该拟任人的离任审计报告。

离任审计报告一般应当于该人员离任后的六十日内向其离任机构所在地监管机构报送。在同一法人机构内平行调动的，应当于该人员离任后的三十日内向其离任机构所在地监管机构报送。

第十九条 金融机构董事长（理事长）的离任审计报告应当至少包括对以下情况及其所负责任（包括领导责任和直接责任）的评估结论：

（一）贯彻执行国家法律法规、各项规章制度的情况；

（二）所任职机构或分管部门的内部控制、风险管理是否有效；

（三）所任职机构或分管部门是否发生重大案件、重大损失或重大风险；

（四）本人是否涉及所任职机构经营中的重大关联交易，以及重大关联交易是否依法披露；

（五）董（理）事会运作是否合法有效。离任审计报告还应当包括被审计对象是否存在违法、违规、违纪行为和受处罚、受处分等不良记录的信息。

第二十条 金融机构高级管理人员的离任审计报告至少应当包括对以下情况及其所负责任（包括领导责任和直接责任）的评估结论：

（一）贯彻执行国家法律法规、各项规章制度的情况；

（二）所任职机构或分管部门的经营是否合法合规；

（三）所任职机构或分管部门的内部控制、风险管理是否有效；

（四）所任职机构或分管部门是否发生重大案件、重大损失或重大风险；

（五）本人是否涉及所任职机构或分管部门经营中的重大关联交易，以及重大关联交易是否依法披露。

离任审计报告还应当包括被审计对象是否存在违法、违规、违纪行为和受处罚、受处分等不良记录的信息。

第二十一条 金融机构高级管理人员在同一法人机构内同类性质平行调整职务或改任较低职务，不需重新申请任职资格。在该拟任人任职前，应当向拟任职所在地银监会派出机构提交离任审计报告及有关任职材料。异地任职的，拟任职所在地银监会派出机构应当向原任职所在地银监会派出机构征求监管评价意见。

有以下情形之一的，拟任职所在地银监会派出机构应当书面通知拟任人所在金融机构重新申请任职资格：

（一）未在拟任人任职前提交离任审计报告及有关任职材料的；

（二）离任审计报告结论不实、或显示拟任人可能存在不适合担任新职务情形的；

（三）原任职所在地银监会派出机构的监管评价意见显示，该拟任人可能存在不符合本办法任职资格条件情形的；

（四）已连续中断任职1年以上的。

第二十二条　金融机构董事长（理事长）、行长（总经理、主任）及分支机构行长（总经理、主任）缺位时，金融机构应当按照公司章程等规定指定相关人员代为履职，并在指定之后三日内向监管机构报告。

金融机构应当确保代为履职人员符合本办法规定的任职资格条件。

第二十三条　监管机构发现代为履职人员不符合任职资格条件的，应当责令金融机构限期调整代为履职人员。

代为履职的时间不得超过银监会相关行政许可规章规定期限。金融机构应当在期限内选聘获得任职资格核准的人员正式任职。

第二十四条　金融机构收到监管机构核准或不予核准任职资格的书面决定后，应当立即告知拟任人任职资格审核结果。

第四章　任职资格终止

第二十五条　有下列情形之一的，监管机构应当撤销已做出的任职资格核准决定：

（一）监管机构工作人员滥用职权、玩忽职守、超越职权、违反法定程序对不具备任职资格条件的人员核准其任职资格的；

（二）金融机构董事（理事）和高级管理人员申请任职资格时存在不具备任职资格条件的情形，监管机构在审核时未发现，但在核准其任职资格后发现该情形的；

（三）不符合任职资格基本条件的人员通过不正当手段取得董事（理事）和高级管理人员任职资格的；

（四）依法应当撤销任职资格核准决定的其他情形。

第二十六条　已拥有任职资格的拟任、现任董事（理事）和高级管理人员出现下列情形之一的，该人员任职资格失效，金融机构应当及时将相关情况报告监管机构：

（一）监管机构发出任职资格核准文件三个月后，未实际到任履行相应职责，且未向监管机构提供正当理由的；

（二）因死亡、失踪、或者丧失民事行为能力，而被金融机构停止其董事（理事）或高级管理人员任职的；

（三）因主动辞职、被金融机构解聘、罢免，或退休及身体原因等不再担任金融机构董事（理事）或高级管理人员职务的；

（四）因被有权机关限制人身自由或被追究刑事责任而被金融机构停止其董事（理事）或高级管理人员任职的；

（五）因在同一法人机构内部调整职务而停止担任董事（理事）或高级管理人员职务的时间持续一年以上的。

第二十七条　金融机构有下列情形之一的，监管机构可视情节轻重及其后果，取消直接负责的董事（理事）和高级管理人员一年以上五年以下任职资格：

（一）违法违规经营，情节较为严重或造成损失数额较大的；

（二）内部管理与控制制度不健全或执行监督不力，造成损失数额较大或引发较大金融犯罪案件的；

（三）违反审慎经营规则，造成损失数额较大或引发较大金融犯罪案件的；

（四）未按照规定向监管机构提供报表、报告等文件或资料，经监管机构书面提示，拒不改正的；

（五）未按照规定进行信息披露，经监管机构书面提示，拒不改正的；

（六）拒绝、阻碍、对抗依法监管，情节较为严重的；

（七）发生重大犯罪案件或重大突发事件后，不及时报案、报告，不及时采取相应措施控制损失，不积极配合有关部门查处案件或处理突发事件的；

（八）被停业整顿、接管、重组期间，未按照监管机构要求采取行动的。

第二十八条　金融机构有下列情形之一，监管机构可视情节轻重及其后果，取消直接负责的董事（理事）和高级管理人员五年以上十年以下任职资格：

（一）违法违规经营，情节严重或造成损失数额巨大的；

（二）内部管理与控制制度不健全或执行监督不力，造成损失数额巨大或引发重大金融犯罪案件的；

（三）严重违反审慎经营规则，造成损失数额巨大或引发重大金融犯罪案件的；

（四）向监管机构提供虚假的或者隐瞒重要事实的报表、报告等文件或资料的；

（五）披露虚假信息，损害存款人和其他客户合法权益的；

（六）拒绝、阻碍、对抗依法监管，情节严重的；

（七）被停业整顿、接管、重组期间，非法转移、转让财产或者对财产设定其他权利的。

第二十九条　金融机构有下列情形之一，监管机构可视情节轻重及其后果，取消直接负责的董事（理事）和高级管理人员十年以上直至终身的任职资格：

（一）违法违规经营，情节特别严重或造成损失数额特别巨大的；

（二）内部管理与控制制度不健全或执行监督不

力，造成损失数额特别巨大或引发特别重大金融犯罪案件的；

（三）严重违反审慎经营规则，造成损失数额特别巨大或引发特别重大金融犯罪案件的；

（四）向监管机构提供虚假的或者隐瞒重要事实的报表、报告等文件、资料，情节特别严重的；

（五）披露虚假信息，严重损害存款人和其他客户合法权益的；

（六）阻碍、拒绝、对抗依法监管，情节特别严重的；

（七）被撤销、宣告破产，或者引发区域性或系统性金融风险的。

第三十条　金融机构董事（理事）和高级管理人员有下列情形之一的可以酌情从轻、减轻或免除处罚：

（一）有充分证据表明，该董事（理事）和高级管理人员勤勉尽职的；

（二）该董事（理事）和高级管理人员对突发事件或重大风险积极采取补救措施，有效控制损失和不良影响的；

（三）对造成损失或不良后果的事项，在集体决策过程中曾明确发表反对意见，并有书面记录的；

（四）因执行上级制度、决定或者明文指令，造成损失或不良后果的，但执行上级违法决定的除外；

（五）其他依法可以从轻、减轻或免除处罚的情形。

第五章　金融机构的管理责任

第三十一条　金融机构应当制定董事（理事）和高级管理人员任职管理制度，并及时向监管机构报告。

第三十二条　金融机构委派或聘任董事（理事）和高级管理人员前，应当对拟任人是否符合任职资格条件进行调查，并将记录调查过程和结果的文档纳入任职资格申请材料。

第三十三条　金融机构确认本机构董事（理事）和高级管理人员不符合任职资格条件时，应当停止其任职并书面报告监管机构。

董事（理事）和高级管理人员出现第十条、第十一条所列的不符合任职资格条件情形的，金融机构应当责令其限期改正；逾期不改正的，应当停止其任职并在三日内向监管机构书面报告。

第三十四条　出现下列情形时，金融机构应当在三日内向监管机构书面报告：

（一）监管机构发出任职资格核准文件三个月后，相关拟任人未实际到任履行相应职责的；

（二）董事（理事）和高级管理人员辞职的；

（三）金融机构解聘董事（理事）和高级管理人员的；

（四）在同一法人机构内部调整职务而停止担任董事（理事）或高级管理人员职务的；

（五）金融机构对其董事（理事）和高级管理人员给予处分的。

第三十五条　出现下列情形影响履职时，金融机构应当及时停止相关董事（理事）和高级管理人员任职并在三日内向监管机构书面报告：

（一）董事（理事）和高级管理人员在任职期间死亡、失踪或丧失民事行为能力的；

（二）董事（理事）和高级管理人员被有权机关限制人身自由的；

（三）董事（理事）和高级管理人员被追究刑事责任的。

第三十六条　金融机构收到监管机构撤销、取消董事（理事）和高级管理人员任职资格决定的，应当立即停止该人员的董事（理事）和高级管理人员职务，且不得将其调整到平级或更高级职务。

第三十七条　金融机构应当按照本办法和其他相关规定，向监管机构提交其离任董事长（理事长）和高级管理人员的离任审计报告。

第六章　监管机构的持续监管

第三十八条　监管机构对金融机构制定的董事（理事）和高级管理人员管理制度进行评估和指导，并检查上述制度是否得到有效执行。

第三十九条　监管机构可以通过现场检查及非现场监管等方式对董事（理事）和高管人员履职情况进行监督检查。

第四十条　监管机构应当建立和维护任职资格监管信息系统，整理和保管任职资格监管档案。

第四十一条　金融机构董事（理事）和高级管理人员任职资格被依法撤销、取消以及失效的，监管机构应当在任职资格监管信息系统中注销其任职资格。

第四十二条　金融机构向监管机构报告其董事（理事）和高级管理人员相关情况的书面材料，由监管机构及时将相应信息录入任职资格监管信息系统。

金融机构根据第三十三条第二款、第三十四条第（五）项、第三十五条第（三）项报告的情况，由监管机构在任职资格监管信息系统中记为相应人员的不良记录。

第四十三条　监管机构对金融机构进行现场检查和非现场监管时，发现金融机构有违法违规、违反审慎经营规则、不配合监管、内部管理与控制制度不健全或执行监督不力等情形并造成不良后果的，应当在任职资格监管信息系统中将上述情况记为直接负责的董事(理事)和高级管理人员的不良记录。

第四十四条 对于第四十三条所记载的董事(理事)和高级管理人员不良记录,由监管机构及时向该董事(理事)和高级管理人员的任免机构或组织通报。

第四十五条 金融机构董事(理事)和高级管理人员有下列情形之一的,监管机构应当在任职资格监管信息系统中如实记录:

(一)被监管机构或其他金融管理部门撤销、取消董事(理事)和高级管理人员任职资格的;

(二)被其他金融管理部门书面认定为不适合担任董事(理事)和高级管理人员职务的;

(三)受到行政处罚、行政处分或纪律处分的;

(四)有违法、违规、违纪的不良记录的;

(五)监管机构认为应当记录的其他情形。

第七章 法律责任

第四十六条 金融机构违反本办法规定委派或者聘任董事(理事)和高级管理人员的,该委派或者聘任无效。

第四十七条 金融机构违反本办法规定有下列情形之一的,监管机构可以根据《中华人民共和国银行业监督管理法》第四十六条、第四十七条及第四十八条对其进行处罚:

(一)未经任职资格审查任命董事(理事)和高级管理人员的;

(二)未及时对任职资格被终止人员的职务作调整的;

(三)以其他职务名称任命不具有相应任职资格的人员,授权其实际履行董事(理事)和高级管理人员职权的;

(四)报送虚假的任职资格申请材料或者故意隐瞒有关情况的;

(五)提交的离任审计报告与事实严重不符的;

(六)对于本办法规定的应当报告情形不予报告的。

第八章 附 则

第四十八条 金融机构境外分支机构、附属机构从当地聘请的董事(理事)和高级管理人员不适用本办法。

第四十九条 金融机构对董事长(理事长)和高级管理人员进行年度审计的,董事长(理事长)和高级管理人员任期内的年度审计报告可视为其离任审计报告。

国有及国有控股金融机构董事长(理事长)和高级管理人员的任期经济责任审计报告可视为其离任审计报告。

外资金融机构董事长和高级管理人员的离职评价或在其任期内原任职机构出具的履职评价可视为其离任审计报告。

上述审计报告应当包含第十九条、第二十条规定的离任审计报告的基本内容,否则不得作为离任审计报告使用。

第五十条 本办法所称的其他金融管理部门,是指中国人民银行、国家外汇管理局、中国证券监督管理委员会、中国保险监督管理委员会,以及境外金融管理部门等。

第五十一条 本办法中的“以上”均含本数或本级,“以下”不含本数或本级。

本办法中的“日”均指工作日。

第五十二条 本办法实施后,金融机构董事(理事)和高级管理人员的任职资格管理不再适用《金融机构高级管理人员任职资格管理办法》(中国人民银行令〔2000〕第1号)。

第五十三条 本办法由银监会负责解释。

商业银行稳健薪酬监管指引

1. 2010年2月21日中国银行业监督管理委员会发布
2. 银监发〔2010〕14号
3. 自2010年3月1日起施行

第一章 总 则

第一条 为充分发挥薪酬在商业银行公司治理和风险管控中的导向作用,建立健全科学有效的公司治理机制,促进银行业稳健经营和可持续发展,根据《中华人民共和国银行业监督管理法》的有关规定,参照金融稳定理事会《稳健薪酬实践的原则》等国际准则,制定本指引。

第二条 本指引所称薪酬,是指商业银行为获得员工提供的服务和贡献而给予的报酬及其相关支出,包括基本薪酬、绩效薪酬、中长期激励、福利性收入等项下的货币和非现金的各种权益性支出。

第三条 本指引所称商业银行,是指在中华人民共和国境内依法设立的吸收公众存款、发放贷款、办理结算等业务的企业法人。

第四条 商业银行应制定有利于本行战略目标实施和竞争力提升与人才培养、风险控制相适应的薪酬机制,并作为公司治理的主要组成部分之一。薪酬机制一般应坚持以下原则:

(一)薪酬机制与银行公司治理要求相统一。

(二)薪酬激励与银行竞争能力及银行持续能力建设相兼顾。

（三）薪酬水平与风险成本调整后的经营业绩相适应。

（四）短期激励与长期激励相协调。

第二章 薪酬结构

第五条 商业银行应设计统一的薪酬管理体系，其薪酬由固定薪酬、可变薪酬、福利性收入等构成。固定薪酬即基本薪酬，可变薪酬包括绩效薪酬和中长期各种激励，福利性收入包括保险费、住房公积金等。

第六条 基本薪酬是商业银行为保障员工基本生活而支付的基本报酬，包括津补贴，主要根据员工在商业银行经营中的劳动投入、服务年限、所承担的经营责任及风险等因素确定。津补贴是商业银行按照国家规定，为了补偿员工特殊或额外的劳动消耗，以及受物价变动影响导致员工实际收入下降等给予员工的货币补助。商业银行应当按照国家有关津贴、补贴的政策标准确定津补贴。

商业银行应科学设计职位和岗位，合理确定不同职位和不同岗位的薪酬标准。不鼓励商业银行设立保底奖金，如果确有实际需要，保底奖金只适用于新雇佣员工入职第一年的薪酬发放。

商业银行的基本薪酬一般不高于其薪酬总额的35%。

第七条 绩效薪酬是商业银行支付给员工的业绩报酬和增收节支报酬，主要根据当年经营业绩考核结果来确定。绩效薪酬应体现充足的各类风险与各项成本抵扣和银行可持续发展的激励约束要求。

商业银行主要负责人的绩效薪酬根据年度经营考核结果，在其基本薪酬的3倍以内确定。

第八条 商业银行根据国家有关规定制定本行中长期激励计划。商业银行应确保可变薪酬总额不会弱化本行持续增强资本基础的能力。

第九条 福利性收入包括商业银行为员工支付的社会保险费、住房公积金等。对于福利性收入的管理，商业银行要按国家有关规定执行。

第十条 商业银行支付给员工的年度薪酬总额要综合考虑当年人员总量、结构以及企业财务状况、经营成果、风险控制等多种因素，参考上年薪酬总额占上年业务管理费的比例确定，国有商业银行还应执行国家相关规定。

第三章 薪酬支付

第十一条 薪酬支付期限应与相应业务的风险持续时期保持一致。商业银行应根据不同业务活动的业绩实现和风险变化情况合理确定薪酬的支付时间并不断加以完善性调整。

第十二条 基本薪酬按月支付。商业银行根据薪酬年度总量计划和分配方案支付基本薪酬。

第十三条 商业银行应合理确定一定比例的绩效薪酬，根据经营情况和风险成本分期考核情况随基本薪酬一起支付，剩余部分在财务年度结束后，根据年度考核结果支付。

第十四条 中长期激励在协议约定的锁定期到期后支付。中长期激励的兑现应得到董事会同意。锁定期长短取决于相应各类风险持续的时间，至少为3年。

第十五条 住房公积金、各种保险费应按照国家有关规定纳入专户管理。

第十六条 商业银行高级管理人员以及对风险有重要影响岗位上的员工，其绩效薪酬的40%以上应采取延期支付的方式，且延期支付期限一般不少于3年，其中主要高级管理人员绩效薪酬的延期支付比例应高于50%，有条件的应争取达到60%。在延期支付时段中必须遵循等分原则，不得前重后轻。

商业银行应制定绩效薪酬延期追索、扣回规定，如在规定期限内其高级管理人员和相关员工职责内的风险损失超常暴露，商业银行有权将相应期限内已发放的绩效薪酬全部追回，并止付所有未支付部分。商业银行制定的绩效薪酬延期追索、扣回规定应同样适用离职人员。

第四章 薪酬管理

第十七条 商业银行应建立健全科学合理的薪酬管理组织架构。

董事会按照国家有关法律和政策规定负责本行的薪酬管理制度和政策设计，并对薪酬管理负最终责任；董事会应设立相对独立的薪酬管理委员会（小组），组成人员中至少要有三分之一以上的财务专业人员，且薪酬管理委员会（小组）应熟悉各产品线风险、成本及演变情况，以有效和负责地审议有关薪酬制度和政策。

管理层组织实施董事会薪酬管理方面的决议，人力资源部门负责具体事项的落实，风险控制、合规、计划财务等部门参与并监督薪酬机制的执行和完善性反馈工作。

商业银行审计部门每年应对薪酬制度的设计和执行情况进行专项审计，并报告董事会和银行业监督管理部门。

外部审计应将薪酬制度的设计和执行情况作为审计内容。

审计、财务和风险控制部门员工的薪酬应独立于所监督的业务条线，且薪酬的规模和质量应得到适当保证，以确保其能够吸引合格、有经验的人才。

第十八条　商业银行应制订科学、合理、与长期稳健可持续发展相适应的薪酬管理制度。薪酬管理制度一般应包括以下内容：

（一）银行员工职位职级分类体系及其薪酬对应标准。

（二）基本薪酬的档次分类及晋级办法。

（三）绩效薪酬的档次分类及考核管理办法。

（四）中长期激励及特殊奖励的考核管理办法等。

第十九条　商业银行应建立科学的绩效考核指标体系，并层层分解落实到具体部门和岗位，作为绩效薪酬发放的依据。商业银行绩效考核指标应包括经济效益指标、风险成本控制指标和社会责任指标。

（一）经济效益指标按国家有关规定选取。

（二）风险成本控制指标至少应包括资本充足率、不良贷款率、拨备覆盖率、案件风险率、杠杆率等。信用风险与市场风险成本度量时应考虑经济资本配置和资本成本本身变化以及拨备成本和实际损失。流动性风险成本在度量时应主要考虑压力测试下的流动性覆盖率和流动性资源本身的成本等因素。

（三）社会责任指标一般应包括风险管理政策的遵守情况、合法性、监管评价及道德标准、企业价值、客户满意度等。

董事会应于每年年初确定当年绩效考核指标，并报银行业监督管理部门备案。

第二十条　本指引第十九条所列风险成本控制指标对绩效薪酬的约束参照如下标准执行：

（一）有一项指标未达到控制要求的，当年全行人均绩效薪酬不得超过上年水平。

（二）有两项指标未达到控制要求的，当年全行人均绩效薪酬在上年基础上实行下浮，高级管理人员绩效薪酬下浮幅度应明显高于平均下浮幅度。

（三）有三项及以上指标未达到控制要求的，除当年全行人均绩效薪酬参照第（二）款调整外，下一年度全行基本薪酬总额不得调增。

第二十一条　商业银行应建立有效薪酬监督机制，不得为员工或允许员工对递延兑现部分的薪酬购买薪酬保险、责任险等避险措施降低薪酬与风险的关联性。

第二十二条　商业银行董事会应每年全面、及时、客观、详实地披露薪酬管理信息，并列为年度报告披露的重要部分。商业银行的薪酬信息披露情况应报国家有关主管部门和银行业监督管理部门备案。年度薪酬报告的信息披露内容主要包括：

（一）薪酬管理架构及决策程序，包括薪酬管理委员会（小组）的结构和权限。

（二）年度薪酬总量、受益人及薪酬结构分布。

（三）薪酬与业绩衡量、风险调整的标准。

（四）薪酬延期支付和非现金薪酬情况，包括因故扣回的情况。

（五）董事会、高级管理层和对银行风险有重要影响岗位上的员工的具体薪酬信息。

（六）年度薪酬方案制定、备案及经济、风险和社会责任指标完成考核情况。

（七）超出原定薪酬方案的例外情况，包括影响因素，以及薪酬变动的结构、形式、数量和受益对象等。

第五章　薪 酬 监 管

第二十三条　银行业监督管理部门应将商业银行薪酬管理纳入公司治理监管的重要内容，至少每年一次对商业银行薪酬管理机制的健全性和有效性作出评估。

第二十四条　银行业监督管理部门应动态跟踪监测商业银行薪酬管理制度的实施情况，并根据实际情况对商业银行风险控制等考核指标的执行情况进行现场检查。

第二十五条　对于商业银行薪酬管理制度和绩效考核指标不符合有关规定的，银行业监督管理部门有权根据《中华人民共和国银行业监督管理法》的相关规定责令纠正，并对下列问题予以查处：

（一）薪酬管理组织架构、薪酬管理制度不符合规定的。

（二）未按规定核定、执行和报备绩效考核办法或年度薪酬方案的。

（三）绩效考核不严格、不符合规定或弄虚作假的。

（四）未按规定计发基本薪酬、延发绩效薪酬的。

（五）未按规定追索或止付绩效薪酬的。

（六）未按规定披露薪酬信息的。

（七）其他不符合国家有关政策规定的。

第二十六条　符合下列情况之一的，商业银行薪酬结构与水平应报救助机构和银行业监督管理部门确定：

（一）已经实施救助措施的。

（二）商业银行面临重大声誉风险并有可能对其持续经营产生实质性影响的。

（三）商业银行濒临破产、倒闭的。

（四）商业银行被依法接管的。

（五）商业银行被关停的。

第六章　附　　则

第二十七条　商业银行在参加基本社会保险的基础上为员工建立企业年金和补充医疗保险的，应符合国家有关规定。

扣回的薪酬应按照有关规定冲减当期费用。

第二十八条　商业银行在境外设立的子行、分行、非银行金融性公司由母行根据本指引的原则并结合不同国家和地区的法律规定、监管要求对其薪酬进行调控。

由银行业监督管理部门监管的其他类银行、非银行金融机构参照本指引执行。

第二十九条　本指引由中国银监会负责解释。

第三十条　本指引自2010年3月1日起施行。

商业银行监事会工作指引

1. 2012年12月24日中国银行业监督管理委员会发布
2. 银监发〔2012〕44号

第一章　总　　则

第一条　为规范商业银行监事会的组织和行为，提高监事会履职的独立性、权威性和有效性，完善商业银行公司治理机制，根据《中华人民共和国公司法》、《中华人民共和国银行业监督管理法》、《中华人民共和国商业银行法》和其他相关法律法规，制定本指引。

第二条　本指引适用于在中华人民共和国境内依法设立并设有监事会的商业银行。不设监事会的商业银行参照本指引执行。

第三条　监事会对股东大会或股东会负责，以保护商业银行、股东、职工、债权人和其他利益相关者的合法权益为目标。

第四条　监事会工作应当基于适当组织架构，合理确定职责权利，按照依法合规、客观公正、科学有效的原则，有效履行监督职责。

第二章　组 织 架 构

第五条　商业银行依照法律法规的规定设立监事会，并根据资产规模、业务状况和股权结构合理确定监事会规模和构成。监事会成员为三人至十三人，应当包括股东监事、职工监事和外部监事，其中职工监事、外部监事的比例均不应低于三分之一。

第六条　股东监事由监事会、单独或合计持有商业银行有表决权股份3%以上的股东提名。外部监事由监事会、单独或合计持有商业银行有表决权股份1%以上的股东提名。职工监事由监事会、商业银行工会提名。

同一股东及其关联人提名的监事原则上不应超过监事会成员总数的三分之一。原则上同一股东只能提出一名外部监事候选人，不应既提名独立董事候选人又提名外部监事候选人。因特殊股权结构需要豁免的，应当向监管机构提出申请，并说明理由。

第七条　股东监事和外部监事由股东大会或股东会选举、罢免和更换；职工监事由商业银行职工代表大会、职工大会或其他民主程序选举、罢免和更换。

监事会设监事长一人，由全体监事过半数选举产生。

商业银行应当建立和完善监事的市场化选聘机制。

第八条　监事实行任期制，每届任期三年，可以连选连任。监事在任期届满前可以提出辞职。

外部监事就职前应当向监事会发表申明，保证其具有足够的时间和精力履行职责，并承诺勤勉尽职。外部监事在同一家商业银行任职时间累计不应超过六年，不应在超过两家商业银行同时任职，不应在可能发生利益冲突的金融机构兼任外部监事。

第九条　监事会可以根据情况设立提名委员会、审计委员会和监督委员会等专门委员会。各专门委员会负责人原则上应当由外部监事担任。

第十条　监事会应当积极指导商业银行内部审计部门独立履行审计监督职能，有效实施对内部审计部门的业务管理和工作考评。

第十一条　监事会下设办公室，配备专职人员，负责监事会日常工作。

第三章　职责与权利

第十二条　除法律法规规定的职权外，监事会应当重点监督商业银行的董事会和高级管理层及其成员的履职尽责情况、财务活动、内部控制、风险管理等。

第十三条　监事会根据需要，可以向董事会和高级管理层及其成员或其他人员以书面或口头方式提出建议、进行提示、约谈、质询并要求答复。

第十四条　监事可以列席董事会会议、董事会专门委员会会议、高级管理层会议，并有权对会议决议事项提出质询或建议。

第十五条　商业银行重大决策事项应当事前告知监事会，并向监事会提供经营状况、财务状况、重要合同、重大事件及案件、审计事项、重大人事变动事项以及其他监事会要求提供的信息。

第十六条　监事会在履职过程中，可以采用非现场监测、检查、列席会议、访谈、审阅报告、调研、问卷调查、离任审计和聘请第三方专业机构提供协助等多种方式。

监事会有权根据履行职责需要，使用商业银行所有经营管理信息系统。

第十七条　监事会应当拥有独立的费用预算。监事会有权根据工作需要，独立支配预算费用。监事会行使职权的费用由商业银行承担。

第十八条　监事会应当定期对监事进行培训，提升监事的履职能力。

第十九条　当全部外部监事一致同意时，有权书面提议监事会向董事会提请召开临时股东大会或临时股东会，监事会应当在收到提议后以书面形式反馈同意或不同意的意见。

当全部外部监事书面提议时，监事会应当召开监事会会议。

当全部外部监事认为监事会会议议案材料不充分或论证不明确时，可以联名书面提出延期召开监事会会议或延期审议有关议案，监事会应当予以采纳。

第二十条　监事会应当每年向股东大会或股东会至少报告一次工作，报告内容包括：

（一）对商业银行董事会和高级管理层及其成员履职、财务活动、内部控制、风险管理的监督情况；

（二）监事会工作开展情况；

（三）对有关事项发表独立意见的情况；

（四）其他监事会认为应当向股东大会或股东会报告的事项。

董事会和高级管理层及其成员对监事会决议、意见和建议拒绝或拖延采取相应措施的，监事会有权报告股东大会或股东会，或提议召开临时股东大会或临时股东会，必要时可以向监管机构报告。

第二十一条　监事应当每年亲自出席至少三分之二的监事会会议。监事因故不能亲自出席的，可以书面委托其他监事代为出席，但一名监事不应当在一次监事会会议上接受超过两名监事的委托。代为出席会议的监事应当在授权范围内行使权利。监事未出席监事会会议，也未委托其他监事出席的，视为放弃在该次会议上的投票权。

监事每年为商业银行从事监督工作的时间不应少于十五个工作日。

职工监事还应当接受职工代表大会、职工大会或其他民主形式的监督，定期向职工代表大会等报告工作。

第二十二条　监事长应当履行以下职责：

（一）召集、主持监事会会议；

（二）组织履行监事会职责；

（三）签署监事会报告和其他重要文件；

（四）代表监事会向股东大会或股东会报告工作；

（五）法律法规及商业银行章程规定的其他职责。

第四章　监督职责

第一节　履职监督

第二十三条　监事会对董事会及其成员的履职监督重点包括：

（一）遵守法律、法规、规章以及其他规范性文件情况；

（二）遵循商业银行章程、股东大会或股东会议事规则、董事会议事规则，执行股东大会或股东会和监事会相关决议，在经营管理重大决策中依法行使职权和履行义务的情况；

（三）持续改善公司治理、发展战略、经营理念、资本管理、薪酬管理和信息披露及维护存款人和其他利益相关者利益等情况；

（四）董事会各专门委员会有效运作情况；董事参加会议、发表意见、提出建议情况；独立董事对重大关联交易、利润分配方案、可能损害存款人及中小股东权益或造成商业银行重大损失等有关事项发表独立意见的情况；

（五）其他需要监督的重要事项。

第二十四条　监事会对高级管理层及其成员的履职监督重点包括：

（一）遵守法律、法规、规章以及其他规范性文件情况；

（二）遵循商业银行章程和董事会授权，执行股东大会或股东会、董事会和监事会决议，在职权范围内履行经营管理职责的情况；

（三）持续改善经营管理、风险管理和内部控制的情况；

（四）其他需要监督的重要事项。

第二十五条　监事会发现董事会、高级管理层及其成员有违反法律、法规、规章及商业银行章程规定等情形时，应当要求其限期整改，并建议追究有关责任人员责任。

第二十六条　监事会应当建立健全对董事会和高级管理层及其成员的履职评价制度，明确评价内容、标准和方式等，对董事会和高级管理层及其成员的履职情况进行评价。

监事会应当在每个年度终了四个月内，将其对董事会和高级管理层及其成员的履职评价结果和评价依据向监管机构报告，并将评价结果向股东大会或股东会报告。

对董事和高级管理人员的年度履职评价结果应当至少分为三档：称职、基本称职和不称职。监事会应当向被评为基本称职的董事、高级管理人员提出限期改进要求。对连续两年被评为基本称职的董事、高级管理人员，监事会有权建议罢免。对被评为不称职的董事、高级管理人员，监事会有权建议罢免。

第二十七条　监事会应当建立董事会和高级管理层及其成员履职监督记录制度，完善履职监督档案。

第二节　财务监督

第二十八条　监事会应当重点监督董事会和高级管理层的重要财务决策和执行情况，包括：

（一）合并、分立、解散及变更公司形式等重大决策和执行情况；

（二）批准设立附属机构、收购兼并、对外投资、资产购置、资产处置、资产核销、对外担保和关联交易等重大事项；

（三）经营计划和投资方案、经济资本分配方案、年度财务预算方案及决算方案、利润分配方案及弥补亏损方案、增加或减少注册资本方案、发行公司债券或其他有价证券方案、回购股票方案等；

（四）其他监事会认为需要重点监督的事项。

第二十九条　监事会应当对商业银行利润分配方案进行审议，并对利润分配方案的合规性、合理性发表意见。

第三十条　监事会应当审议商业银行定期报告，对报告的真实性、准确性和完整性提出书面审核意见。

第三十一条　监事会应当监督聘用、解聘、续聘外部审计机构的合规性，聘用条款和酬金的公允性，外部审计工作的独立性和有效性。

第三十二条　监事会发现董事会和高级管理层及其成员在重要财务决策和执行等方面存在问题的，应当责令纠正。必要时，可以向监管机构报告。

第三节　内 控 监 督

第三十三条　监事会应当监督商业银行内部控制治理架构的建立和完善情况，以及相关各方的职责划分及履职情况。

第三十四条　监事会内部控制监督重点包括：

（一）内部控制环境；

（二）风险识别与评估；

（二）内部控制措施；

（四）信息交流与反馈；

（五）监督评价与纠正；

（六）其他监事会认为需要监督的事项。

第三十五条　监事会应当加强对商业银行业务，尤其是新业务、新产品的管理制度、操作流程、关键风险环节和相关管理信息系统等内部控制情况的监督。

第三十六条　监事会应当对商业银行内控合规工作进行监督，指导有关部门对内部控制的有关岗位和各项业务实施全面的监督和评价。

第三十七条　监事会应当审阅商业银行内部控制检查报告和自我评价报告。对内部控制检查和自我评价中发现的问题，应当要求董事会和高级管理层在规定的时限内及时整改，并跟踪监督整改情况。

第四节　风险管理监督

第三十八条　监事会应当监督商业银行全面风险管理治理架构的建立和完善情况，以及相关各方的职责划分及履职情况。

第三十九条　监事会风险管理监督重点包括：

（一）董事会和高级管理层的风险管控机制；

（二）风险管理战略、风险偏好及其传导机制；

（三）风险管理政策和程序；

（四）风险识别、计量、监测和控制情况；

（五）经济资本分配机制；

（六）并表管理战略、制度、程序、定期审查和评价机制；

（七）其他监事会认为需要监督的事项。

第四十条　监事会应当对当期监管机构关注和商业银行面临的主要风险进行重点监督，调查评估风险管理情况，提出风险管理意见或建议。

第四十一条　监事会应当定期与董事会和高级管理层就商业银行的风险水平、风险管理、风险承受能力评估等情况进行沟通。

第四十二条　监事会应当监督商业银行遵守银监会风险监管指标情况。当商业银行风险监管指标未能达到监管要求，且董事会和高级管理层未能及时采取措施进行修正时，监事会应当及时进行风险提示并提出整改要求。

第五章　激励约束机制

第四十三条　监事会应当每年对监事会工作情况进行自我评价，并对监事履职情况进行评价。

监事会对监事的履职评价可以包括监事自评、互评和监事会评价等环节，由监事会形成最终的监事履职评价结果。

对监事的年度履职评价结果应当至少分为三档：称职、基本称职和不称职。监事会应当向被评为基本称职的监事提出限期改进要求。对连续两年被评为基本称职的监事，监事会应当建议股东大会或股东会、职工代表大会等罢免。被评为不称职的监事，监事会应当建议股东大会或股东会、职工代表大会等罢免。

监事会应当在每个年度终了四个月内，将监事会自评和监事履职评价结果和评价依据向监管机构报告，并将评价结果向股东大会或股东会报告。

第四十四条　监事的薪酬（或津贴）安排应当由监事会提出，股东大会或股东会审议确定。监事除在履职评价的自评环节外，不应参与本人履职评价和薪酬（或津贴）相关的决定过程。

专职股东监事的薪酬执行延期支付制度。其绩效薪酬的40%以上应当采取延期支付方式，且延期支付期限一般不少于3年。

第四十五条　经股东大会或股东会批准，可以建立监事的职业责任保险制度。

第四十六条　监事应当对监事会决议承担责任。但经证明在表决时曾表明异议并记载于会议记录的，该监事可以免除责任。

第四十七条 监事连续两次未能亲自出席、也不委托其他监事出席监事会会议，或每年未能亲自出席至少三分之二监事会会议的，视为不能履职，监事会应当建议股东大会或股东会、职工代表大会等予以罢免。

监事有下列严重失职情形时，监事会应当建议股东大会或股东会、职工代表大会等予以罢免：

（一）故意泄露商业银行商业秘密，损害商业银行合法利益的；

（二）在履行职责过程中接受不正当利益或利用监事地位谋取私利的；

（三）在监督中应当发现问题而未能发现或发现问题隐瞒不报，导致商业银行重大损失的；

（四）法律法规及商业银行章程中规定的其他严重失职行为。

第四十八条 商业银行应当每年对监事会的下列信息进行全面、及时、客观、详实的披露：

（一）需要披露的会议决议事项；

（二）对商业银行定期财务报告的审核意见；

（三）专职股东监事的薪酬和延期支付情况；

（四）其他依法需要披露的信息。

第六章 附 则

第四十九条 商业银行应当依据本指引制定相关工作细则。

第五十条 除非另有说明，本指引所称“以上”包含本数。

第五十一条 本指引由银监会负责解释。

第五十二条 本指引自印发之日起施行。

金融机构国有股权董事议案审议操作指引（2023 年修订版）

1. 2023 年 1 月 19 日财政部印发

2. 财金〔2023〕2 号

第一章 总 则

第一条 为了更好地履行国有金融资本出资人职责，规范国有股东向金融机构派出的国有股权董事议案审议工作，根据《中华人民共和国公司法》（以下简称公司法）、《中共中央 国务院关于完善国有金融资本管理的指导意见》和《国有金融资本出资人职责暂行规定》等法律法规及相关制度，制定本指引。

第二条 本指引所称国有股权董事（以下简称股权董事），是指由履行国有金融资本出资人职责的机构、国有金融资本受托管理机构（以下统称派出机构）向持股金融机构派出的代表国有股权的董事。

前款所称金融机构，包括依法设立的获得金融业务许可证的各类金融企业，主权财富基金，金融控股公司等金融集团、金融投资运营公司以及金融基础设施等实质性开展金融业务的其他企业或机构。

第三条 股权董事应当具备与其履行职责相适应的政治素养、专业素质、专业经验、职业技能和职业操守，并持续学习履职所需的专业知识和技能，熟悉并掌握国家关于金融机构管理的相关规定，深入了解所在金融机构的业务情况，不断提高履职能力，适应股权董事岗位需要。

第四条 股权董事在审议议案时，应当坚决贯彻党中央决策部署和国家有关法律法规、方针政策以及派出机构有关要求，结合专业判断自主发表意见，并对表决结果承担相应责任。

第五条 派出机构应当加强对股权董事履职的技术支持，对股权董事提出的议案审议意见进行审核，并在必要时对议案审议意见进行风险提示。股权董事应当承担的责任不因派出机构出具审核意见、作出风险提示而转移。

第六条 派出机构应当督促金融机构采取必要措施，确保股权董事便捷、高效获取议案审议相关信息，为股权董事有效履职提供保障。金融机构应当对所提供信息的真实性、准确性和完整性负责。

对未完整、准确提供相关信息的议案，股权董事有权按规定提出推迟审议或推迟表决等意见；对不予配合或未按股权董事要求补充提供相关信息的议案，股权董事有权予以否决。

第二章 股权董事议案审议职责及审议意见内容

第七条 股权董事依法行使以下议案审议职责：

（一）严格遵守国家各项法律法规、派出机构有关规章制度，以及所在金融机构的公司章程、董事会议事规则等规定，依法合规、忠实勤勉地履行董事会议案审议等相关工作职责；

（二）全面了解议案背景与内容，准确把握议案是否符合国家相关法律法规、金融监管要求、国有金融资本管理制度及行业政策，深入了解议案对国有出资人权益的影响程度和风险状况，深入分析议案的可行性和对金融机构战略和经营计划的综合影响；

（三）通过调研，调阅财务报表和会议纪要等资料，询问所在金融机构管理层、相关业务部门和会计师事务所等有关中介机构，列席相关党委（党组）会，参加董事会专门委员会、董事沟通会、董事例会以及与其他董事沟通等方式深入研究议案，根据国家相关法律法规、金融监管政策、国有金融资本管理制度及派出机构有关要求，以防范金融风险、保护国有金融资产安全、维护国有出资人合法权益及所在金融机构整体利益为原则，对议案进行认真分析和判断，提出合理的议案审议意见；

（四）按照本指引要求与派出机构做好沟通，及时将董事会会议通知、董事会议案及议案审议意见以书面形式报送派出机构，并加强与派出机构的联系和沟通；

（五）根据所在金融机构章程和相关议事规则，按照本指引规定的议案审议要求，在董事会及专门委员会上独立、专业、客观地发表意见；

（六）对董事会决议的落实情况进行跟踪监督，对发现的重大问题，以及董事会决议事项发生重大变更等情况，及时以书面形式向派出机构报告，并督促所在金融机构认真整改；

（七）派出机构赋予的其他职责。

第八条　股权董事向派出机构报送的议案审议意见应当包括以下内容：

（一）议案的背景和主要内容；

（二）股权董事就议案内容与金融机构的沟通情况，包括议案沟通过程中，或董事会专门委员会审议时，有关方面的意见及采纳情况；

（三）根据金融机构授权机制，议案在金融机构内部的决策程序执行情况；同时，应当对是否存在同一事项分批分次审议、变相突破决策权限相关情况进行说明；

（四）股权董事对议案内容的研究情况，包括审议意见及主要理由，应当重点对议案相关事项的合规性及可能存在的风险进行说明；

（五）股权董事拟在董事会上发表的表决意见，包括是否同意、拟提出的风险提示及工作要求等；

（六）其他需要说明的事项；

（七）股权董事签名和签发日期。

第三章　议案类型及审议程序

第九条　按照议案审议事项对国有出资人权益的影响程度和风险状况，股权董事审议的议案分为重大事项议案和一般性议案。

第十条　重大事项议案是指根据公司法、金融机构公司章程等规定，需提交股东（大）会审议的议案，或需三分之二以上董事同意的议案，或涉及出资人重大利益的议案，或可能对金融机构产生重大影响的议案。主要包括：

（一）公司章程的首次制订及全面修订，重要公司治理文件的制订与修改，董事会专门委员会的组成与调整，制订或修改股东（大）会对董事会、董事会对经营管理层授权方案；

（二）战略规划的制订与修订；

（三）年度经营计划与财务预决算的制订与调整；

（四）高级管理人员的聘任、解聘、奖惩事项及薪酬管理，制订或实施股权激励和员工持股计划，购买董事及高级管理人员责任险；

（五）利润分配方案和弥补亏损方案；

（六）资本规划方案，公司上市或股权融资方案，增加或减少注册资本，回购公司自身股票；

（七）法人机构的设立；

（八）重大经营事项、重大投融资、重大收购兼并、重大资产处置、重大对外担保、重大资产抵押、重大关联交易、重大对外赠与事项；

（九）外部审计机构的聘用、解聘及续聘；股权投资基金的资产管理人（托管人）聘用、更换及管理费提取标准等有关事项；

（十）合并、分立、解散或变更公司形式的方案；

（十一）派出机构认为必要的其他事项。

第十一条　除本指引第十条规定以外的议案为一般性议案。

第十二条　股权董事应当按照有关法定程序在董事会或董事会专门委员会上参与议案审议，充分发表意见，依法合规、独立自主行使表决权。

第十三条　股权董事应当注重与所在金融机构的沟通和联系，及时了解有关董事会会议及议案安排，推动所在金融机构做好议案的起草和准备工作。对于不符合所在金融机构章程、议事规则或违背公司治理程序的议案，股权董事应当明确提出不宜将该议案提交董事会审议。

第十四条　股权董事应当与所在金融机构的其他董事加强沟通，认真参与议案讨论。

第十五条　股权董事应当认真参与议案沟通会和所任职董事会专门委员会的会议，主动、及时向金融机构了解相关情况。对于重大事项议案，股权董事应当在正式报送书面审议意见之前，与派出机构进行预沟通，并结合预沟通情况和专业判断对议案内容、董事会召开时间等提出意见建议。

第十六条　派出机构收到股权董事对议案的审议意见或预沟通意见后，如需补充有关数据、背景情况、分析论证等内容，派出机构与股权董事联系提出需求。股权董事根据派出机构需求，与金融机构进一步沟通了解情况,并与派出机构沟通。沟通过程原则上由股权董事独立完成,如确有必要,股权董事可会同金融机构有关工作人员,共同与派出机构沟通。

第十七条 对于重大事项议案,派出机构就股权董事审议意见履行相关内部审核程序,并向股权董事反馈审核意见。对于明显违背国家战略政策、金融监管要求和国有金融资本管理相关规定的情形,派出机构需向股权董事作出风险提示。股权董事应当结合实际情况及自身判断慎重表决,并承担相应责任。派出机构作出的风险提示,仅供股权董事在议案审议时使用,未经派出机构许可,不得向所在金融机构等第三方提供。

第十八条 股权董事收到董事会正式会议通知后,一般应当至少在董事会会议召开10日之前将董事会会议通知、董事会议案和署名的股权董事审议意见以书面形式报送派出机构,未能在规定时间内报送的,股权董事应当提出推迟审议的意见。

第十九条 金融机构确因紧急事项须临时召开董事会的,原则上应当至少在董事会召开5个工作日之前通知股权董事,并提交完整的议案要件,股权董事应当至少在董事会召开3个工作日之前以书面形式向派出机构报送相关资料。

紧急事项主要包括金融监管部门临时提出的有关要求,管理层人员突然变动,突发重大风险处置、重大投资和重大交易,以及突发自然灾害应急等。对于年报披露等监管规则有明确时间要求的事项,股权董事应当督促金融机构合理安排工作进度,确保议案在规定的时间内提交,避免倒逼审核流程。

第二十条 同一金融机构有两名以上同一派出机构股权董事的,各股权董事应当根据自身专业判断分别提交书面审议意见;股权董事意见一致的,可联名提交书面审议意见。

第二十一条 同一金融机构由多个派出机构共同持股的,如有需要,派出机构可相互协商并履行内部流程后,将有关意见反馈股权董事。

第二十二条 金融机构召开董事会及其专门委员会会议期间,增加临时议案的,股权董事应当及时报告并根据议题性质、议题内容、对国有出资人权益影响的重要程度等情况妥善处理,如建议推迟审议、推迟表决、表决时附加条件同意、弃权、反对或同意等。

第四章 穿透管理

第二十三条 股权董事应当根据“穿透管理”的原则,及时、主动对金融机构所属各级子公司的重大事项进行调研,对相关议案提出意见建议,并及时向派出机构报告;对需提交金融机构董事会审议的议案进行审核。

第二十四条 金融机构所属各级重点子公司重大股权管理事项在报送财政部门履行程序时,需在相关请示报告中说明股权董事审核意见。

第二十五条 股权董事应当关注的所属各级子公司重大事项,主要涉及金融机构各级子公司战略规划、主责主业、内部资产重组、品牌管理、考核评价或其他可能对金融机构产生重大影响的事项,包括但不限于:

(一)金融机构重点子公司法人机构设立、合并、分立、解散、变更公司形式等事项;

(二)金融机构重点子公司重大经营事项、重大投融资、重大收购兼并、重大资产处置、重大对外担保、重大资产抵押、重大关联交易、重大对外赠与事项;

(三)其他根据金融机构内部授权机制或金融监管要求,经子公司董事会、股东(大)会审议后需报金融机构本级董事会审议的事项;

(四)派出机构认为必要的其他事项。

第二十六条 金融机构应当理顺上市子公司对外披露议案的决策流程,子公司应当在履行公司治理程序、作出决策或决议前至少5个工作日与股权董事进行沟通,股权董事在相关事项公告前与派出机构做好沟通。

第五章 报告制度

第二十七条 股权董事应当在金融机构董事会及其专门委员会会议后5个工作日内,以书面署名形式向派出机构报告会议情况,并详细报告董事会各董事发言及表决情况。出现第二十二条规定情形的,股权董事应当在会后1个工作日内向派出机构报告情况。

第二十八条 股权董事应当参加派出机构定期组织召开的工作报告会,重点报告履行职责情况和下一步工作建议。

第二十九条 股权董事应当对董事会决议的落实情况进行跟踪督促。对发现的重大问题,以及董事会决议事项发生重大变更等情况的,股权董事应当及时以书面形式向派出机构报告。

第六章 附 则

第三十条 派出机构应当完善内控体系和保密制度,严格禁止股权董事和派出机构工作人员擅自对外提供议案审议过程中知悉的相关金融机构未公开披露的信息及派出机构关于议案的审议意见。

第三十一条 股权董事在履职过程中未按派出机构有关规定及所在金融机构章程正确行使职责的,按相关规定予以处理并追责。

第三十二条 省级财政部门、国有金融资本受托管理机构可根据需要制定本地区、本机构的股权董事议案审议操作指引实施细则。

第三十三条 本指引自印发之日起施行，原《金融机构国有股权董事议案审议操作指引》（财金〔2020〕110号）同时废止。

4. 信息披露与内部控制

商业银行信息披露办法

2007年7月3日中国银行业监督管理委员会令2007年第7号公布施行

第一章 总 则

第一条 为加强商业银行的市场约束，规范商业银行的信息披露行为，有效维护存款人和其他客户的合法权益，促进商业银行安全、稳健、高效运行，依据《中华人民共和国银行业监督管理法》、《中华人民共和国商业银行法》等法律法规，制定本办法。

第二条 本办法适用于在中华人民共和国境内依法设立的商业银行，包括中资商业银行、外资独资银行、中外合资银行、外国银行分行。

本办法对商业银行的规定适用于农村合作银行、农村信用社、村镇银行、贷款公司、城市信用社，本办法或银监会另有规定的除外。

本办法所称农村信用社包括农村信用合作社、县（市、区）农村信用合作联社、县（市、区）农村信用合作社联合社、地（市）农村信用合作联社、地（市）农村信用合作社联合社和省（自治区、直辖市）农村信用社联合社。

第三条 商业银行应按照本办法规定披露信息。本办法规定为商业银行信息披露的最低要求。商业银行可在遵守本办法规定基础上自行决定披露更多信息。

第四条 商业银行披露信息应当遵守法律法规、国家统一的会计制度和中国银行业监督管理委员会的有关规定。

第五条 商业银行应遵循真实性、准确性、完整性和可比性的原则，规范地披露信息。

第六条 商业银行披露的年度财务会计报告须经具有相应资质的会计师事务所审计。

资产规模少于10亿元人民币的农村信用社可不经会计师事务所审计。

第七条 中国银行业监督管理委员会根据有关法律法规对商业银行的信息披露进行监督。

第二章 信息披露的内容

第八条 商业银行应按照本办法规定披露财务会计报告、各类风险管理状况、公司治理、年度重大事项等信息。

第九条 商业银行财务会计报告由会计报表、会计报表附注和财务情况说明书组成。

第十条 商业银行披露的会计报表应包括资产负债表、利润表（损益表）、现金流量表、所有者权益变动表及其他有关附表。

第十一条 商业银行应在会计报表附注中说明会计报表编制基础不符合会计核算基本前提的情况。

第十二条 商业银行应在会计报表附注中说明本行的重要会计政策和会计估计，包括：会计报表编制所依据的会计准则、会计年度、记账本位币、记账基础和计价原则；贷款的种类和范围；投资核算方法；计提各项资产减值准备的范围和方法；收入确认原则和方法；衍生金融工具的计价方法；外币业务和报表折算方法；合并会计报表的编制方法；固定资产计价和折旧方法；无形资产计价及摊销政策；长期待摊费用的摊销政策；所得税的会计处理方法等。

第十三条 商业银行应在会计报表附注中说明重要会计政策和会计估计的变更；或有事项和资产负债表日后事项；重要资产转让及其出售。

第十四条 商业银行应在会计报表附注中披露关联方交易的总量及重大关联方交易的情况。

第十五条 商业银行应在会计报表附注中说明会计报表中重要项目的明细资料，包括：

（一）按存放境内、境外同业披露存放同业款项。

（二）按拆放境内、境外同业披露拆放同业款项。

（三）按信用贷款、保证贷款、抵押贷款、质押贷款分别披露贷款的期初数、期末数。

（四）按贷款风险分类的结果披露不良贷款的期初数、期末数。

（五）贷款损失准备的期初数、本期计提数、本期转回数、本期核销数、期末数；一般准备、专项准备和特种准备应分别披露。

（六）应收利息余额及变动情况。

（七）按种类披露投资的期初数、期末数。

（八）按境内、境外同业披露同业拆入款项。

（九）应付利息计提方法、余额及变动情况。

（十）银行承兑汇票、对外担保、融资保函、非融资保函、贷款承诺、开出即期信用证、开出远期信用证、金融期货、金融期权等表外项目，包括上述项目的年末余额及其他具体情况。

（十一）其他重要项目。

第十六条 商业银行应在会计报表附注中披露资本充足状况，包括风险资产总额、资本净额的数量和结构、核心资本充足率、资本充足率。

第十七条　商业银行应披露会计师事务所出具的审计报告。

商业银行在会计师事务所出具审计报告前，应与会计师事务所、银行业监督管理机构进行三方会谈。

第十八条　财务情况说明书应当对本行经营的基本情况、利润实现和分配情况以及对本行财务状况、经营成果有重大影响的其他事项进行说明。

第十九条　商业银行应披露下列各类风险和风险管理情况：

（一）信用风险状况。商业银行应披露信用风险管理、信用风险暴露、信贷质量和收益的情况，包括产生信用风险的业务活动、信用风险管理和控制政策、信用风险管理的组织结构和职责划分、资产风险分类的程序和方法、信用风险分布情况、信用风险集中程度、逾期贷款的账龄分析、贷款重组、资产收益率等情况。

（二）流动性风险状况。商业银行应披露能反映其流动性状况的有关指标，分析影响流动性的因素，说明本行流动性管理策略。

（三）市场风险状况。商业银行应披露其市场风险状况的定量和定性信息，包括所承担市场风险的类别、总体市场风险水平及不同类别市场风险的风险头寸和风险水平；有关市场价格的敏感性分析；市场风险管理的政策和程序；市场风险资本状况等。

（四）操作风险状况。商业银行应披露由于内部程序、人员、系统的不完善或失误，或外部事件造成的风险，并对本行内部控制制度的完整性、合理性和有效性作出说明。

（五）其他风险状况。其他可能对本行造成严重不利影响的风险因素。

第二十条　商业银行应从下列四个方面对各类风险进行说明：

（一）董事会、高级管理层对风险的监控能力。

（二）风险管理的政策和程序。

（三）风险计量、检测和管理信息系统。

（四）内部控制和全面审计情况。

第二十一条　商业银行应披露下列公司治理信息：

（一）年度内召开股东大会情况。

（二）董事会的构成及其工作情况。

（三）监事会的构成及其工作情况。

（四）高级管理层成员构成及其基本情况。

（五）银行部门与分支机构设置情况。

商业银行应对独立董事的工作情况单独披露。

第二十二条　商业银行披露的本行年度重要事项，至少应包括下列内容：

（一）最大十名股东名称及报告期内变动情况。

（二）增加或减少注册资本、分立合并事项。

（三）其他有必要让公众了解的重要信息。

第二十三条　外国银行分行的信息由主报告行汇总后披露。

外国银行分行无须披露本办法规定的仅适用于法人机构的信息。

外国银行分行应将其总行所披露信息摘要译成中文后披露。

第二十四条　商业银行应按本办法规定的内容进行信息披露。本办法没有规定的，但若遗漏或误报某个项目或信息会改变或影响信息使用者的评估或判断时，商业银行应将该项目视为关键性项目予以披露。

第三章　信息披露的管理

第二十五条　商业银行应将信息披露的内容以中文编制成年度报告，于每个会计年度终了后的四个月内披露。因特殊原因不能按时披露的，应至少提前十五日向中国银行业监督管理委员会申请延迟。

第二十六条　商业银行应将年度报告在公布之日五日以前报送中国银行业监督管理委员会。

第二十七条　商业银行应确保股东及相关利益人能及时获取年度报告。

商业银行应将年度报告置放在商业银行的主要营业场所，并按银监会相关规定及时登载于互联网网络，确保公众能方便地查阅。中国银行业监督管理委员会鼓励商业银行通过媒体向公众披露年度报告的主要信息。

第二十八条　商业银行董事会负责本行的信息披露。未设立董事会的，由行长（单位主要负责人）负责。

商业银行的董事会、行长（单位主要负责人）应当保证所披露的信息真实、准确、完整，并就其保证承担相应的法律责任。

第二十九条　对在信息披露中提供虚假的或者隐瞒重要事实的财务会计报告的商业银行，由中国银行业监督管理委员会按照《中华人民共和国商业银行法》第七十五条给予行政处罚，对有关责任人按照《中华人民共和国银行业监督管理法》第四十八条采取相应措施。

对出具虚假审计报告的会计师事务所及有关责任人员，按照有关法律、法规采取相应措施。

第四章　附　　则

第三十条　资产总额低于 10 亿元人民币或存款余额低于 5 亿元人民币的商业银行，按照本办法规定进行信息披露确有困难的，经说明原因并制定未来信息披露计划，报中国银监会批准后，可免于信息披露。

第三十一条　本办法由中国银行业监督管理委员会负责

解释。

第三十二条　本办法自公布之日起施行。本办法公布之前有关规定与本办法相抵触的，以本办法为准。

商业银行全球系统重要性评估指标披露指引

1. 2014年1月6日中国银行业监督管理委员会发布
2. 银监发〔2014〕1号
3. 自2014年2月1日起施行

第一章　总　　则

第一条　为加强市场约束，规范商业银行全球系统重要性评估指标的信息披露，根据《中华人民共和国银行业监督管理法》、《中华人民共和国商业银行法》和《商业银行信息披露办法》，制定本指引。

第二条　本指引适用于在中华人民共和国境内设立的商业银行，包括中资商业银行、外商独资银行和中外合资银行。

第三条　下列商业银行应当根据本指引要求披露相关信息：

（一）上一年度被巴塞尔委员会认定为全球系统重要性银行的商业银行；

（二）上一年年末调整后的表内外资产余额为1.6万亿元人民币以上的商业银行。

第四条　全球系统重要性是指商业银行由于在全球金融体系中居于重要地位、承担关键功能，其破产、倒闭可能会对全球金融体系和经济活动造成损害的程度。

全球系统重要性评估指标是指巴塞尔委员会用于评估商业银行全球系统重要性的指标。

第五条　本指引规定为商业银行全球系统重要性评估指标信息披露的最低要求，信息披露银行可以自行披露更多信息。

第六条　中国银行业监督管理委员会（以下简称银监会）对本指引所规定的商业银行全球系统重要性评估指标的信息披露实施监督管理。

第二章　信息披露的内容

第七条　信息披露银行应当按照本指引规定，披露调整后的表内外资产余额、金融机构间资产、金融机构间负债、发行证券和其他融资工具、通过支付系统或代理行结算的支付额、托管资产、有价证券承销额、场外衍生产品名义本金、交易类和可供出售证券、第三层次资产、跨境债权和跨境负债等12个指标。

第八条　调整后的表内外资产余额是指作为杠杆率分母的调整后的表内资产余额和调整后的表外项目余额之和，按照《商业银行杠杆率管理办法》规定的口径计算。

第九条　金融机构间资产是指商业银行与其他金融机构交易形成的资产余额。

第十条　金融机构间负债是指商业银行与其他金融机构交易形成的负债余额。

第十一条　发行证券和其他融资工具是指商业银行通过金融市场发行的债券、股票和其他融资工具余额。

第十二条　通过支付系统或代理行结算的支付额是指商业银行作为支付系统成员，通过国内外大额支付系统或代理行结算的上一年度支付总额。

第十三条　托管资产是指商业银行托管的资产余额。

第十四条　有价证券承销额是指商业银行上一年度在境内外承销的债券、股票等各类有价证券总额。

第十五条　场外衍生产品名义本金是指商业银行持有的场外交易的金融衍生产品的名义本金。

第十六条　交易类和可供出售证券是指商业银行为交易持有、以公允价值计量且其变动计入当期损益的证券余额和可供出售证券余额之和。

第十七条　第三层次资产是指商业银行依据《企业会计准则》，运用非市场可观察参数计算公允价值的金融资产余额。

第十八条　跨境债权是指商业银行持有的对其他国家或地区政府、中央银行、公共部门实体、金融机构、非金融机构和居民的直接境外债权扣除转移回境内的风险敞口之后的最终境外债权。

第十九条　跨境负债是指商业银行对其他国家或地区政府、中央银行、公共部门实体、金融机构、非金融机构和居民的负债。

第二十条　本指引第七条至第十九条规定的各项披露指标依据本指引附件，采用上一年度或年末时点数据，并按照银监会资本监管有关规定并表口径计算。

第三章　信息披露的管理

第二十一条　信息披露银行应当按照本指引规定，原则上于每个会计年度终了后的四个月内，在银行网站或年度报告中披露相关信息。披露时间不得晚于每年7月31日。

因特殊原因不能按时披露的，信息披露银行应当至少提前十五个工作日向银监会申请延迟。

第二十二条　信息披露银行董事会负责本行全球系统重要性评估指标的信息披露。董事会应当保证所披露的信息真实、准确、完整，并就其保证承担相应的法律责任。

第二十三条　对提供虚假的或者隐瞒重要事实的信息披

露银行，银监会将按照《中华人民共和国银行业监督管理法》、《中华人民共和国商业银行法》等法律、法规采取监管措施或者实施行政处罚。

第四章　附　　则

第二十四条　附件1和附件2是本指引的组成部分。

（一）附件1：商业银行全球系统重要性评估指标定义说明。

（二）附件2：商业银行全球系统重要性评估指标披露模板。

第二十五条　本指引由银监会负责解释。

第二十六条　本指引自2014年2月1日起施行。

附件：（略）

商业银行流动性覆盖率信息披露办法

1. 2015年12月17日中国银行业监督管理委员会发布
2. 银监发〔2015〕52号
3. 自2015年12月31日起施行

第一条　为强化市场约束，提高商业银行流动性风险管理水平，根据《中华人民共和国银行业监督管理法》、《中华人民共和国商业银行法》等法律法规和《商业银行流动性风险管理办法（试行）》、《商业银行信息披露办法》，制定本办法。

第二条　根据《商业银行流动性风险管理办法（试行）》适用流动性覆盖率监管要求的商业银行应当按照本办法的规定披露流动性覆盖率信息。

第三条　银行业监督管理机构依法对商业银行流动性覆盖率信息披露实施监督管理。

第四条　根据《商业银行资本管理办法（试行）》经银监会批准实施资本计量高级方法的银行（以下简称高级法银行）应当按照发布财务报告的频率，在财务报告中或官方网站上披露流动性覆盖率信息。若只在官方网站上披露，高级法银行应当在财务报告中提供查阅上述信息的网址链接。

第五条　高级法银行应当按照本办法所附模板、说明和下列要求，按照并表口径披露最近一个季度流动性覆盖率及各明细项目的平均值：

（一）在2017年前，披露季内三个月末数值的简单算术平均值。

（二）自2017年起，披露季内每日数值的简单算术平均值，并同时披露计算该平均值所依据的每日数值的个数。

第六条　高级法银行还应当披露与流动性覆盖率有关的定性信息。根据相关性和重要性原则，高级法银行可以披露以下信息：

（一）流动性覆盖率的季内及跨季变化情况。

（二）流动性覆盖率计算中的各构成要素对流动性覆盖率的影响及其变化情况。

（三）合格优质流动性资产构成情况。

（四）融资来源集中度情况。

（五）衍生产品头寸和潜在的抵（质）押品需求情况。

（六）流动性覆盖率中的币种错配情况。

（七）本行流动性管理的集中程度。

（八）集团内各机构间流动性相互影响情况。

（九）其他对本行流动性有重要影响的现金流入和流出情况。

第七条　高级法银行应当在官方网站上至少保留已经披露的最近4个季度的流动性覆盖率信息。

第八条　其他商业银行应当至少按照发布财务报告的频率和并表口径，在财务报告中或官方网站上披露流动性覆盖率及合格优质流动性资产、未来30天现金净流出量的期末数值。

第九条　商业银行因特殊原因不能按时披露流动性覆盖率信息的，应当至少提前15个工作日向银监会申请延迟披露。

第十条　商业银行董事会应当保证所披露的流动性覆盖率信息真实、准确、完整，并就其保证承担相应的责任。

第十一条　对于未按照本办法要求进行信息披露的商业银行，银行业监督管理机构应当要求其限期整改，并视情形按照有关法律法规采取监管措施或者实施行政处罚。

第十二条　本办法由银监会负责解释。

第十三条　本办法自2015年12月31日起施行。

附件：1. 高级法银行流动性覆盖率定量信息披露模板（略）
　　　2. 高级法银行流动性覆盖率定量信息披露模板说明（略）

商业银行内部控制指引

1. 2014年9月12日中国银行业监督管理委员会发布
2. 银监发〔2014〕40号

第一章　总　　则

第一条　为促进商业银行建立和健全内部控制，有效防范风险，保障银行体系安全稳健运行，依据《中华人民共和国银行业监督管理法》、《中华人民共和国商业银行法》等法律法规，制定本指引。

第二条　中华人民共和国境内依法设立的商业银行适用本指引。

第三条　内部控制是商业银行董事会、监事会、高级管理层和全体员工参与的，通过制定和实施系统化的制度、流程和方法，实现控制目标的动态过程和机制。

第四条　商业银行内部控制的目标：

（一）保证国家有关法律法规及规章的贯彻执行。

（二）保证商业银行发展战略和经营目标的实现。

（三）保证商业银行风险管理的有效性。

（四）保证商业银行业务记录、会计信息、财务信息和其他管理信息的真实、准确、完整和及时。

第五条　商业银行内部控制应当遵循以下基本原则：

（一）全覆盖原则。商业银行内部控制应当贯穿决策、执行和监督全过程，覆盖各项业务流程和管理活动，覆盖所有的部门、岗位和人员。

（二）制衡性原则。商业银行内部控制应当在治理结构、机构设置及权责分配、业务流程等方面形成相互制约、相互监督的机制。

（三）审慎性原则。商业银行内部控制应当坚持风险为本、审慎经营的理念，设立机构或开办业务均应坚持内控优先。

（四）相匹配原则。商业银行内部控制应当与管理模式、业务规模、产品复杂程度、风险状况等相适应，并根据情况变化及时进行调整。

第六条　商业银行应当建立健全内部控制体系，明确内部控制职责，完善内部控制措施，强化内部控制保障，持续开展内部控制评价和监督。

第二章　内部控制职责

第七条　商业银行应当建立由董事会、监事会、高级管理层、内控管理职能部门、内部审计部门、业务部门组成的分工合理、职责明确、报告关系清晰的内部控制治理和组织架构。

第八条　董事会负责保证商业银行建立并实施充分有效的内部控制体系，保证商业银行在法律和政策框架内审慎经营；负责明确设定可接受的风险水平，保证高级管理层采取必要的风险控制措施；负责监督高级管理层对内部控制体系的充分性与有效性进行监测和评估。

第九条　监事会负责监督董事会、高级管理层完善内部控制体系；负责监督董事会、高级管理层及其成员履行内部控制职责。

第十条　高级管理层负责执行董事会决策；负责根据董事会确定的可接受的风险水平，制定系统化的制度、流程和方法，采取相应的风险控制措施；负责建立和完善内部组织机构，保证内部控制的各项职责得到有效履行；负责组织对内部控制体系的充分性与有效性进行监测和评估。

第十一条　商业银行应当指定专门部门作为内控管理职能部门，牵头内部控制体系的统筹规划、组织落实和检查评估。

第十二条　商业银行内部审计部门履行内部控制的监督职能，负责对商业银行内部控制的充分性和有效性进行审计，及时报告审计发现的问题，并监督整改。

第十三条　商业银行的业务部门负责参与制定与自身职责相关的业务制度和操作流程；负责严格执行相关制度规定；负责组织开展监督检查；负责按照规定时限和路径报告内部控制存在的缺陷，并组织落实整改。

本指引所称商业银行业务部门是指除内部审计部门和内控管理职能部门外的其他部门。

第三章　内部控制措施

第十四条　商业银行应当建立健全内部控制制度体系，对各项业务活动和管理活动制定全面、系统、规范的业务制度和管理制度，并定期进行评估。

第十五条　商业银行应当合理确定各项业务活动和管理活动的风险控制点，采取适当的控制措施，执行标准统一的业务流程和管理流程，确保规范运作。

商业银行应当采用科学的风险管理技术和方法，充分识别和评估经营中面临的风险，对各类主要风险进行持续监控。

第十六条　商业银行应当建立健全信息系统控制，通过内部控制流程与业务操作系统和管理信息系统的有效结合，加强对业务和管理活动的系统自动控制。

第十七条　商业银行应当根据经营管理需要，合理确定部门、岗位的职责及权限，形成规范的部门、岗位职责说明，明确相应的报告路线。

第十八条　商业银行应当全面系统地分析、梳理业务流程和管理活动中所涉及的不相容岗位，实施相应的分离措施，形成相互制约的岗位安排。

第十九条　商业银行应当明确重要岗位，并制定重要岗位的内部控制要求，对重要岗位人员实行轮岗或强制休假制度，原则上不相容岗位人员之间不得轮岗。

第二十条　商业银行应当制定规范员工行为的相关制度，明确对员工的禁止性规定，加强对员工行为的监督和排查，建立员工异常行为举报、查处机制。

第二十一条　商业银行应当根据各分支机构和各部门的经营能力、管理水平、风险状况和业务发展需要，建立相应的授权体系，明确各级机构、部门、岗位、人员办理业务和事项的权限，并实施动态调整。

第二十二条　商业银行应当严格执行会计准则与制度，

及时准确地反映各项业务交易，确保财务会计信息真实、可靠、完整。

第二十三条 商业银行应当建立有效的核对、监控制度，对各种账证、报表定期进行核对，对现金、有价证券等有形资产和重要凭证及时进行盘点。

第二十四条 商业银行设立新机构、开办新业务、提供新产品和服务，应当对潜在的风险进行评估，并制定相应的管理制度和业务流程。

第二十五条 商业银行应当建立健全外包管理制度，明确外包管理组织架构和管理职责，并至少每年开展一次全面的外包业务风险评估。涉及战略管理、风险管理、内部审计及其他有关核心竞争力的职能不得外包。

第二十六条 商业银行应当建立健全客户投诉处理机制，制定投诉处理工作流程，定期汇总分析投诉反映事项，查找问题，有效改进服务和管理。

第四章 内部控制保障

第二十七条 商业银行应当建立贯穿各级机构、覆盖所有业务和全部流程的管理信息系统和业务操作系统，及时、准确记录经营管理信息，确保信息的完整、连续、准确和可追溯。

第二十八条 商业银行应当加强对信息的安全控制和保密管理，对各类信息实施分等级安全管理，对信息系统访问实施权限管理，确保信息安全。

第二十九条 商业银行应当建立有效的信息沟通机制，确保董事会、监事会、高级管理层及时了解本行的经营和风险状况，确保相关部门和员工及时了解与其职责相关的制度和信息。

第三十条 商业银行应当建立与其战略目标相一致的业务连续性管理体系，明确组织结构和管理职能，制定业务连续性计划，组织开展演练和定期的业务连续性管理评估，有效应对运营中断事件，保证业务持续运营。

第三十一条 商业银行应当制定有利于可持续发展的人力资源政策，将职业道德修养和专业胜任能力作为选拔和聘用员工的重要标准，保证从业人员具备必要的专业资格和从业经验，加强员工培训。

第三十二条 商业银行应当建立科学的绩效考评体系、合理设定内部控制考评标准，对考评对象在特定期间的内部控制管理活动进行评价，并根据考评结果改进内部控制管理。

商业银行应当对内控管理职能部门和内部审计部门建立区别于业务部门的绩效考评方式，以利于其有效履行内部控制管理和监督职能。

第三十三条 商业银行应当培育良好的企业内控文化，引导员工树立合规意识、风险意识，提高员工的职业道德水准，规范员工行为。

第五章 内部控制评价

第三十四条 商业银行内部控制评价是对商业银行内部控制体系建设、实施和运行结果开展的调查、测试、分析和评估等系统性活动。

第三十五条 商业银行应当建立内部控制评价制度，规定内部控制评价的实施主体、频率、内容、程序、方法和标准等，确保内部控制评价工作规范进行。

第三十六条 商业银行内部控制评价应当由董事会指定的部门组织实施。

第三十七条 商业银行应当对纳入并表管理的机构进行内部控制评价，包括商业银行及其附属机构。

第三十八条 商业银行应当根据业务经营情况和风险状况确定内部控制评价的频率，至少每年开展一次。当商业银行发生重大的并购或处置事项、营运模式发生重大改变、外部经营环境发生重大变化，或其他有重大实质影响的事项发生时，应当及时组织开展内部控制评价。

第三十九条 商业银行应当制定内部控制缺陷认定标准，根据内部控制缺陷的影响程度和发生的可能性划分内部控制缺陷等级，并明确相应的纠正措施和方案。

第四十条 商业银行应当建立内部控制评价质量控制机制，对评价工作实施全流程质量控制，确保内部控制评价客观公正。

第四十一条 商业银行应当强化内部控制评价结果运用，可将评价结果与被评价机构的绩效考评和授权等挂钩，并作为被评价机构领导班子考评的重要依据。

第四十二条 商业银行年度内部控制评价报告经董事会审议批准后，于每年 4 月 30 日前报送银监会或对其履行法人监管职责的属地银行业监督管理机构。商业银行分支机构应将其内部控制评价情况，按上述时限要求，报送属地银行业监督管理机构。

第六章 内部控制监督

第四十三条 商业银行内部审计部门、内控管理职能部门和业务部门均承担内部控制监督检查的职责，应根据分工协调配合，构建覆盖各级机构、各个产品、各个业务流程的监督检查体系。

第四十四条 商业银行应当建立内部控制监督的报告和信息反馈制度，内部审计部门、内控管理职能部门、业务部门人员应将发现的内部控制缺陷，按照规定报告路线及时报告董事会、监事会、高级管理层或相关部门。

第四十五条 商业银行应当建立内部控制问题整改机制，明确整改责任部门，规范整改工作流程，确保整改措施落实到位。

第四十六条 商业银行应当建立内部控制管理责任制，

强化责任追究。

（一）董事会、高级管理层应当对内部控制的有效性分级负责，并对内部控制失效造成的重大损失承担管理责任。

（二）内部审计部门、内控管理职能部门应当对未适当履行监督检查和内部控制评价职责承担直接责任。

（三）业务部门应当对未执行相关制度、流程，未适当履行检查职责，未及时落实整改承担直接责任。

第四十七条 银行业监督管理机构通过非现场监管和现场检查等方式实施对商业银行内部控制的持续监管，并根据本指引及其他相关法律法规，按年度组织对商业银行内部控制进行评估，提出监管意见，督促商业银行持续加以完善。

第四十八条 银监会及其派出机构对内部控制存在缺陷的商业银行，应当责成其限期整改；逾期未整改的，可以根据《中华人民共和国银行业监督管理法》第三十七条有关规定采取监管措施。

第四十九条 商业银行违反本指引有关规定的，银监会及其派出机构可以根据《中华人民共和国银行业监督管理法》有关规定采取监管措施。

第七章 附 则

第五十条 银监会负责监管的其他金融机构参照本指引执行。

第五十一条 本指引自印发之日起施行。

商业银行内部审计指引

1. 2016年4月16日中国银行业监督管理委员会发布
2. 银监发〔2016〕12号

第一章 总 则

第一条 为促进商业银行完善公司治理，加强内部控制和风险管理，健全内部审计体系，提升内部审计的独立性和有效性，依据《中华人民共和国银行业监督管理法》、《中华人民共和国商业银行法》等法律法规，制定本指引。

第二条 中华人民共和国境内依法设立的商业银行适用本指引。

第三条 本指引所称内部审计是商业银行内部独立、客观的监督、评价和咨询活动，通过运用系统化和规范化的方法，审查评价并督促改善商业银行业务经营、风险管理、内控合规和公司治理效果，促进商业银行稳健运行和价值提升。

第四条 商业银行内部审计目标包括：推动国家有关经济金融法律法规和监管规则的有效落实；促进商业银行建立并持续完善有效的风险管理、内控合规和公司治理架构；督促相关审计对象有效履职，共同实现本银行战略目标。

第五条 商业银行内部审计工作应独立于业务经营、风险管理和内控合规，并对上述职能履行的有效性实施评价。内部审计活动应遵循独立性、客观性原则，不断提升内部审计人员的专业能力和职业操守。

第六条 银行业监督管理机构依据本指引对商业银行内部审计工作实施监管评估。

第二章 组 织 架 构

第七条 商业银行应建立独立垂直的内部审计体系。

第八条 董事会对内部审计的独立性和有效性承担最终责任。董事会应根据本银行业务规模和复杂程度配备充足、稳定的内部审计人员；提供充足的经费并列入财务预算；负责批准内部审计章程、中长期审计规划和年度审计计划等；为独立、客观开展内部审计工作提供必要保障；对内部审计工作的独立性和有效性进行考核，并对内部审计质量进行评价。

第九条 董事会应下设审计委员会。审计委员会成员不少于3人，多数成员应为独立董事。审计委员会成员应具有财务、审计和会计等专业知识和工作经验。审计委员会负责人原则上应由独立董事担任。

审计委员会对董事会负责，经其授权审核内部审计章程等重要制度和报告，审批中长期审计规划和年度审计计划，指导、考核和评价内部审计工作。

第十条 监事会对本银行内部审计工作进行监督，有权要求董事会和高级管理层提供审计方面的相关信息。

第十一条 高级管理层应支持内部审计部门独立履行职责，确保内部审计资源充足到位；及时向审计委员会报告业务发展、产品创新、操作流程、风险管理、内控合规的最新发展和变化；根据内部审计发现的问题和审计建议及时采取有效整改措施。

第十二条 商业银行可设立总审计师或首席审计官（以下统称"总审计师"）一名。总审计师由董事会负责聘任和解聘。商业银行应及时向银行业监督管理机构报告总审计师的聘任和解聘情况。

总审计师对董事会及其审计委员会负责，定期向董事会及其审计委员会和监事会报告工作，并通报高级管理层。总审计师负责组织制定并实施内部审计章程、审计工作流程、作业标准、职业道德规范等内部审计制度，组织实施中长期审计规划和年度审计计划，并对内部审计的整体质量负责。

商业银行未设立总审计师的，由内部审计部门负责人承担总审计师的职责。

第十三条　商业银行应设立独立的内部审计部门，审查评价并督促改善商业银行经营活动、风险管理、内控合规和公司治理效果，编制并落实中长期审计规划和年度审计计划，开展后续审计，评价整改情况，对审计项目的质量负责。内部审计部门向总审计师负责并报告工作。

第十四条　商业银行应配备充足的内部审计人员，原则上不得少于员工总数的1%。

内部审计人员应当具备履行内部审计职责所需的专业知识、职业技能和实践经验，掌握银行业务的最新发展，并通过后续教育和职业实践等途径，学习和掌握相关法律法规、专业知识、技术方法和审计实务的发展变化，保持和提升专业胜任能力。

内部审计人员在从事内部审计活动时，应遵循客观、保密原则，秉持诚信正直的道德操守，按规定使用其在履行职责时所获取的信息。内部审计人员不得参与有利益关系的审计项目，不得利用职权谋取私利，不得隐瞒审计发现的问题，不做缺少证据支持的判断，不做误导性陈述。

第三章　章程、职责与权限

第十五条　商业银行应制定内部审计章程。内部审计章程应至少包括以下事项：

（一）内部审计目标和范围；

（二）内部审计地位、权限和职责；

（三）内部审计部门的报告路径以及与高级管理层的沟通机制；

（四）总审计师的责任和义务；

（五）内部审计与风险管理、内部控制的关系；

（六）内部审计活动外包的标准和原则；

（七）内部审计与外部审计的关系；

（八）对重点业务条线及风险领域的审计频率及后续整改要求；

（九）内部审计人员职业准入与退出标准、后续教育制度和人员交流机制。

内部审计章程应由董事会批准并报监管部门备案。

第十六条　商业银行的内部审计事项应包括：

（一）公司治理的健全性和有效性；

（二）经营管理的合规性和有效性；

（三）内部控制的适当性和有效性；

（四）风险管理的全面性和有效性；

（五）会计记录及财务报告的完整性和准确性；

（六）信息系统的持续性、可靠性和安全性；

（七）机构运营、绩效考评、薪酬管理和高级管理人员履职情况；

（八）监管部门监督检查发现问题的整改情况以及监管部门指定项目的审计工作；

（九）其他需要进行审计的事项。

第十七条　内部审计部门有权获取与审计有关的信息，列席或参加与内部审计职责有关的会议，参加相关业务培训。

第十八条　内部审计部门有权检查各类经营机构（含分支机构和附属机构）的各项业务和管理活动（含外包业务），及时、全面获取经营管理相关信息，并就有关问题向审计对象和行内相关人员进行调查、质询和取证。

第十九条　内部审计部门有权向董事会、高级管理层和相关部门提出处理和处罚建议。

第二十条　内部审计部门可就风险管理、内部控制等事项提供专业建议，但不得直接参与或负责内部控制设计和经营管理的决策与执行。

第四章　审计工作流程

第二十一条　内部审计部门应根据商业银行的内部审计章程、业务性质、风险状况、管理需求及审计资源的配置情况，确定审计范围、审计重点、审计频率，编制中长期审计规划和年度审计计划，并报审计委员会批准。

商业银行的年度内部审计计划应充分考虑监管关注事项，包括但不限于：全面风险管理、资本充足、流动性、内控合规、财务报告等。

第二十二条　内部审计部门应根据年度审计计划，选派合格、胜任的审计人员组成审计组，收集和研究相关背景资料，了解审计对象的风险概况及内部控制，编制项目审计方案，组织审计前培训并在实施审计前向审计对象下发审计通知书。特殊情况下，审计通知书可以在实施审计时送达。

第二十三条　内部审计人员应根据项目审计方案，综合运用审核、观察、访谈、调查、函证、鉴定、调节和分析等方法，获取审计证据，并将审计过程和结论记录于审计工作底稿。

内部审计采取现场审计与非现场审计相结合的方式，并通过加强非现场审计系统建设，增强内部审计的广度与深度。

内部审计部门应加强信息科技在审计工作中的运用，不断完善内部审计管理信息系统。在审计过程中，内部审计人员应做好与审计对象的沟通交流。

第二十四条　商业银行应建立异议解决机制。对审计对象提出异议的审计结论，应及时进行沟通确认，根据内部审计章程的规定，将沟通结果和审计结论报送至相关上级机构并归档保存。

第二十五条 内部审计人员在实施必要的审计程序后，应征求审计对象意见并及时完成审计报告。审计报告应包括审计目标和范围、审计依据、审计发现、审计结论、审计建议等内容。

内部审计人员应将审计报告发送至审计对象，并上报审计委员会及董事会，同时根据内部审计章程的规定与高级管理层及时沟通审计发现。

第二十六条 商业银行董事会及高级管理层应采取有效措施，确保内部审计结果得到充分利用，整改措施得到及时落实；对未按要求整改的，应追究相关人员责任。

第二十七条 内部审计部门应跟进审计发现问题的整改情况。必要时可开展后续审计，评价审计发现问题的整改进度及有效性。

第二十八条 内部审计部门应建立健全内部审计档案管理制度，妥善保管内部审计档案资料。

第二十九条 商业银行应建立健全内部审计质量控制制度和程序，定期实施内部审计质量自我评价，并接受内部审计质量外部评估。

第五章 部分审计活动外包

第三十条 商业银行不得将内部审计职能外包，但可将有限的、特定的内部审计活动外包给第三方，以缓解内部审计资源压力并提升内部审计工作的全面性。

第三十一条 商业银行董事会应对内部审计活动外包承担最终责任。商业银行内部审计活动外包应符合本银行内部审计章程的有关要求。

第三十二条 商业银行不得将内部审计活动外包给正在为本银行提供外部审计服务的会计师事务所及其关联机构。

商业银行不得将内部审计活动外包给近三年内为审计对象提供过与该项审计外包业务相关咨询服务的第三方及其关联机构。

第三十三条 商业银行应建立内部审计活动外包制度，明确外包提供商的资质标准、准入与退出条件、外包流程及质量控制标准等。

商业银行在实施内部审计活动外包时，本银行内部审计人员应参与并监督项目实施，并负责向总审计师报告外包活动的有关情况。

第三十四条 商业银行总审计师应建立相应的外包审计项目知识转移机制，确保内部审计人员能最大程度地获取专业技能，提升内部审计部门的专业能力。

第六章 考核与问责

第三十五条 商业银行董事会应针对内部审计部门建立科学的激励约束机制，并对总审计师的履职尽责情况进行考核评价，内部审计部门定期对内部审计人员的专业胜任能力进行评价。

内部审计人员的薪酬水平应不低于本机构其他部门同职级人员平均水平。

第三十六条 商业银行应建立内部审计责任制，明确规定内部审计人员履职尽责要求以及问责程序。经责任认定，内部审计部门和审计人员已勤勉尽职的，可减轻或免除其责任。

第三十七条 内部审计结果和整改情况应作为审计对象绩效考评的重要依据。

第三十八条 审计对象应积极配合内部审计工作。对于拒绝、妨碍内部审计工作及整改不力的行为，商业银行应及时制止，并追究相关责任人的责任。

第七章 监管评估

第三十九条 商业银行内部审计部门应建立与银行业监督管理机构的正式沟通机制，定期讨论银行面临的主要风险、已经采取的风险化解措施以及整改情况。双方沟通的频率应与银行的规模、风险偏好和业务复杂性相匹配。

第四十条 商业银行内部审计部门应向监管部门提交以下报告：

（一）内部审计计划；

（二）重要审计发现及其整改情况；

（三）向董事会提交的全面审计工作报告；

（四）外部机构对银行的审计报告；

（五）监管部门监督检查发现问题的整改报告；

（六）内部审计质量自我评价报告；

（七）银行业监督管理机构要求的其他报告。

第四十一条 银行业监督管理机构可要求商业银行内部审计部门完成指定项目的审计工作，并将审计结果报送监管部门。

第四十二条 银行业监督管理机构通过非现场监管、现场检查、监管会谈等方式，对商业银行内部审计的有效性进行评估。评估内容包括：

（一）内部审计章程；

（二）内部审计的范围、频率和效果；

（三）确保内部审计职能充分发挥作用的公司治理机制；

（四）银行集团内部审计的有效性；

（五）内部审计人员的专业胜任能力；

（六）内部审计人员的薪酬机制；

（七）内部审计活动外包情况；

（八）内部审计报告及审计建议的整改落实情况；

（九）内部审计问责情况；

（十）其他事项。

第四十三条　银行业监督管理机构有权根据评估结果对商业银行内部审计工作提出监管意见，要求其限期整改并提交整改报告。内部审计有效性和整改情况应纳入公司治理和内部控制整体有效性评估和监管评级。

第八章　附　　则

第四十四条　商业银行应在集团层面建立与其规模、风险偏好和复杂程度相适应的内部审计制度，确保内部审计覆盖集团全部业务和全部机构。董事会对集团内部审计的适当性和有效性承担最终责任。

银行集团的内部审计部门应明确集团对附属机构的审计监督机制，并根据审计权限对附属机构实施审计，指导附属机构内部审计机制建设和内部审计工作。

附属机构的内部审计部门应根据集团内部审计章程的有关规定，向银行集团总审计师或内部审计部门负责人报告附属机构的内部审计工作。

本指引所称银行集团是指在中华人民共和国境内依法设立的商业银行及其附属机构。附属机构包括但不限于境内外的其他商业银行、非银行金融机构及非金融机构。

第四十五条　农村中小金融机构审计委员会的多数成员原则上应为独立董事。

村镇银行已设立监事会的可不设立审计委员会，由监事会履行审计委员会职责。村镇银行已设立审计委员会的，可由董事会聘请主发起行审计部门负责人兼任审计委员会委员。

村镇银行未设立内部审计部门的，应设置专门的内部审计岗位，并委托主发起行承担村镇银行的审计职能，确定对村镇银行的审计监督机制，有效实施审计活动。

第四十六条　商业银行应根据本指引制定实施细则，并报银行业监督管理机构备案。

第四十七条　银行业监督管理机构负责监管的其他金融机构参照执行本指引。

第四十八条　本指引自印发之日起施行，《银行业金融机构内部审计指引》（银监发〔2006〕51号）同时废止。

商业银行净稳定资金比例信息披露办法

1. 2019年3月4日中国银行保险监督管理委员会发布

2. 银保监发〔2019〕11号

第一条　为强化市场约束，提高商业银行流动性风险管理水平，根据《中华人民共和国银行业监督管理法》《中华人民共和国商业银行法》等法律法规和《商业银行流动性风险管理办法》《商业银行信息披露办法》，制定本办法。

第二条　根据《商业银行流动性风险管理办法》适用净稳定资金比例监管要求的商业银行应当按照本办法的规定披露净稳定资金比例信息。

第三条　银行业监督管理机构依法对商业银行净稳定资金比例信息披露实施监督管理。

第四条　经中国银行保险监督管理委员会根据《商业银行资本管理办法（试行）》核准实施资本计量高级方法的银行（以下简称高级法银行），应当至少按照半年度频率，在财务报告中或官方网站上披露最近两个季度的净稳定资金比例信息。若只在官方网站上披露，高级法银行应当在财务报告中提供查阅上述信息的网址链接。

第五条　高级法银行应当按照本办法所附模板、说明和要求，自2019年起按照并表口径披露季末净稳定资金比例及各明细项目数值。除特殊规定外，净稳定资金比例各项目折算前和折算后的金额均需要披露。

第六条　高级法银行还应当披露与净稳定资金比例有关的定性信息。根据相关性和重要性原则，高级法银行可以披露以下信息：

（一）净稳定资金比例季内及跨季变化情况。

（二）净稳定资金比例计算中的各构成要素对净稳定资金比例的影响及其变化情况。

（三）流动性风险管理策略、融资结构和经营环境等对净稳定资金比例的影响。

（四）相互依存的资产和负债项目以及相关交易的关联程度。

第七条　高级法银行应当在官方网站上至少保留已经披露的最近四个季度的净稳定资金比例信息。

第八条　其他商业银行应当至少按照半年度频率和并表口径，在财务报告中或官方网站上披露最近两个季度的净稳定资金比例、可用的稳定资金及所需的稳定资金期末数值。

第九条　商业银行首次披露时，应当按照本办法要求披露最近三个季度的净稳定资金比例相关信息。

第十条　商业银行因特殊原因不能按时披露净稳定资金比例信息的，应当至少提前15个工作日向中国银行保险监督管理委员会申请延迟披露。

第十一条　商业银行董事会应当确保所披露的净稳定资金比例信息真实、准确、完整，并承担相应责任。商业银行应当保证净稳定资金比例对外披露数据与监管报送数据之间的一致性；如有重大差异，应当及时向银行业监督管理机构解释说明。

第十二条　对于未按照本办法要求进行信息披露的商业银行，银行业监督管理机构应当要求其限期整改，并视情形按照有关法律法规采取监管措施或者实施行政处罚。

第十三条　本办法由中国银行保险监督管理委员会负责解释。

第十四条　本办法自印发之日起施行。

5. 经营业务

(1)人民币结算账户管理

人民币银行结算账户管理办法[①]

1. 2003年4月10日中国人民银行令〔2003〕第5号公布

2. 根据2020年4月29日《中国人民银行关于修改〈教育储蓄管理办法〉等规章的决定》(中国人民银行令〔2020〕第2号)修正

第一章　总　　则

第一条　为规范人民币银行结算账户(以下简称银行结算账户)的开立和使用，加强银行结算账户管理，维护经济金融秩序稳定，根据《中华人民共和国中国人民银行法》和《中华人民共和国商业银行法》等法律法规，制定本办法。

第二条　存款人在中国境内的银行开立的银行结算账户适用本办法。

本办法所称存款人，是指在中国境内开立银行结算账户的机关、团体、部队、企业、事业单位、其他组织(以下统称单位)、个体工商户和自然人。

本办法所称银行，是指在中国境内经中国人民银行批准经营支付结算业务的政策性银行、商业银行(含外资独资银行、中外合资银行、外国银行分行)、城市信用合作社、农村信用合作社。

本办法所称银行结算账户，是指银行为存款人开立的办理资金收付结算的人民币活期存款账户。

第三条　银行结算账户按存款人分为单位银行结算账户和个人银行结算账户。

(一)存款人以单位名称开立的银行结算账户为单位银行结算账户。单位银行结算账户按用途分为基本存款账户、一般存款账户、专用存款账户、临时存款账户。

个体工商户凭营业执照以字号或经营者姓名开立的银行结算账户纳入单位银行结算账户管理。

(二)存款人凭个人身份证件以自然人名称开立的银行结算账户为个人银行结算账户。

邮政储蓄机构办理银行卡业务开立的账户纳入个人银行结算账户管理。

第四条　单位银行结算账户的存款人只能在银行开立一个基本存款账户。

第五条　存款人应在注册地或住所地开立银行结算账户。符合本办法规定可以在异地(跨省、市、县)开立银行结算账户的除外。

第六条　存款人开立基本存款账户、临时存款账户和预算单位开立专用存款账户实行核准制度，经中国人民银行核准后由开户银行核发开户登记证。但存款人因注册验资需要开立的临时存款账户除外。

第七条　存款人可以自主选择银行开立银行结算账户。除国家法律、行政法规和国务院规定外，任何单位和个人不得强令存款人到指定银行开立银行结算账户。

第八条　银行结算账户的开立和使用应当遵守法律、行政法规，不得利用银行结算账户进行偷逃税款、逃废债务、套取现金及其他违法犯罪活动。

第九条　银行应依法为存款人的银行结算账户信息保密。对单位银行结算账户的存款和有关资料，除国家法律、行政法规另有规定外，银行有权拒绝任何单位或个人查询。对个人银行结算账户的存款和有关资料，除国家法律另有规定外，银行有权拒绝任何单位或个人查询。

第十条　中国人民银行是银行结算账户的监督管理部门。

第二章　银行结算账户的开立

第十一条　基本存款账户是存款人因办理日常转账结算和现金收付需要开立的银行结算账户。下列存款人，可以申请开立基本存款账户：

(一)企业法人。

(二)非法人企业。

(三)机关、事业单位。

---

① 《中国人民银行关于取消企业银行账户许可有关事宜的决定》(中国人民银行令〔2019〕第1号)规定："……二、中华人民共和国境内依法设立的企业法人、非法人企业、个体工商户在取消企业银行账户许可地区的银行业金融机构办理基本存款账户、临时存款账户，由核准制改为备案制，不再执行《人民币银行结算账户管理办法》(中国人民银行令〔2003〕第5号发布)第六条、第二十九条、第三十一条、第三十八条规定，以及第十八条、第十九条、第二十一条、第二十三条、第二十八条、第三十二条、第三十六条、第五十四条、第五十五条、第六十三条涉及银行账户核准以及开户许可证(开户登记证)的相关规定。"

（四）团级（含）以上军队、武警部队及分散执勤的支（分）队。

（五）社会团体。

（六）民办非企业组织。

（七）异地常设机构。

（八）外国驻华机构。

（九）个体工商户。

（十）居民委员会、村民委员会、社区委员会。

（十一）单位设立的独立核算的附属机构。

（十二）其他组织。

第十二条 一般存款账户是存款人因借款或其他结算需要，在基本存款账户开户银行以外的银行营业机构开立的银行结算账户。

第十三条 专用存款账户是存款人按照法律、行政法规和规章，对其特定用途资金进行专项管理和使用而开立的银行结算账户。对下列资金的管理与使用，存款人可以申请开立专用存款账户：

（一）基本建设资金。

（二）更新改造资金。

（三）财政预算外资金。

（四）粮、棉、油收购资金。

（五）证券交易结算资金。

（六）期货交易保证金。

（七）信托基金。

（八）金融机构存放同业资金。

（九）政策性房地产开发资金。

（十）单位银行卡备用金。

（十一）住房基金。

（十二）社会保障基金。

（十三）收入汇缴资金和业务支出资金。

（十四）党、团、工会设在单位的组织机构经费。

（十五）其他需要专项管理和使用的资金。

收入汇缴资金和业务支出资金，是指基本存款账户存款人附属的非独立核算单位或派出机构发生的收入和支出的资金。

因收入汇缴资金和业务支出资金开立的专用存款账户，应使用隶属单位的名称。

第十四条 临时存款账户是存款人因临时需要并在规定期限内使用而开立的银行结算账户。有下列情况的，存款人可以申请开立临时存款账户：

（一）设立临时机构。

（二）异地临时经营活动。

（三）注册验资。

第十五条 个人银行结算账户是自然人因投资、消费、结算等而开立的可办理支付结算业务的存款账户。有下列情况的，可以申请开立个人银行结算账户：

（一）使用支票、信用卡等信用支付工具的。

（二）办理汇兑、定期借记、定期贷记、借记卡等结算业务的。

自然人可根据需要申请开立个人银行结算账户，也可以在已开立的储蓄账户中选择并向开户银行申请确认为个人银行结算账户。

第十六条 存款人有下列情形之一的，可以在异地开立有关银行结算账户：

（一）营业执照注册地与经营地不在同一行政区域（跨省、市、县）需要开立基本存款账户的。

（二）办理异地借款和其他结算需要开立一般存款账户的。

（三）存款人因附属的非独立核算单位或派出机构发生的收入汇缴或业务支出需要开立专用存款账户的。

（四）异地临时经营活动需要开立临时存款账户的。

（五）自然人根据需要在异地开立个人银行结算账户的。

第十七条 存款人申请开立基本存款账户，应向银行出具下列证明文件：

（一）企业法人，应出具企业法人营业执照正本。

（二）非法人企业，应出具企业营业执照正本。

（三）机关和实行预算管理的事业单位，应出具政府人事部门或编制委员会的批文或登记证书和财政部门同意其开户的证明；非预算管理的事业单位，应出具政府人事部门或编制委员会的批文或登记证书。

（四）军队、武警团级（含）以上单位以及分散执勤的支（分）队，应出具军队军级以上单位财务部门、武警总队财务部门的开户证明。

（五）社会团体，应出具社会团体登记证书，宗教组织还应出具宗教事务管理部门的批文或证明。

（六）民办非企业组织，应出具民办非企业登记证书。

（七）外地常设机构，应出具其驻在地政府主管部门的批文。

（八）外国驻华机构，应出具国家有关主管部门的批文或证明；外资企业驻华代表处、办事处应出具国家登记机关颁发的登记证。

（九）个体工商户，应出具个体工商户营业执照正本。

（十）居民委员会、村民委员会、社区委员会，应出具其主管部门的批文或证明。

（十一）独立核算的附属机构，应出具其主管部门的基本存款账户开户登记证和批文。

（十二）其他组织，应出具政府主管部门的批文或证明。

本条中的存款人为从事生产、经营活动纳税人的，还应出具税务部门颁发的税务登记证。

第十八条　存款人申请开立一般存款账户，应向银行出具其开立基本存款账户规定的证明文件、基本存款账户开户登记证和下列证明文件：

（一）存款人因向银行借款需要，应出具借款合同。

（二）存款人因其他结算需要，应出具有关证明。

第十九条　存款人申请开立专用存款账户，应向银行出具其开立基本存款账户规定的证明文件、基本存款账户开户登记证和下列证明文件：

（一）基本建设资金、更新改造资金、政策性房地产开发资金、住房基金、社会保障基金，应出具主管部门批文。

（二）财政预算外资金，应出具财政部门的证明。

（三）粮、棉、油收购资金，应出具主管部门批文。

（四）单位银行卡备用金，应按照中国人民银行批准的银行卡章程的规定出具有关证明和资料。

（五）证券交易结算资金，应出具证券公司或证券管理部门的证明。

（六）期货交易保证金，应出具期货公司或期货管理部门的证明。

（七）金融机构存放同业资金，应出具其证明。

（八）收入汇缴资金和业务支出资金，应出具基本存款账户存款人有关的证明。

（九）党、团、工会设在单位的组织机构经费，应出具该单位或有关部门的批文或证明。

（十）其他按规定需要专项管理和使用的资金，应出具有关法规、规章或政府部门的有关文件。

第二十条　合格境外机构投资者在境内从事证券投资开立的人民币特殊账户和人民币结算资金账户纳入专用存款账户管理。其开立人民币特殊账户时应出具国家外汇管理部门的批复文件，开立人民币结算资金账户时应出具证券管理部门的证券投资业务许可证。

第二十一条　存款人申请开立临时存款账户，应向银行出具下列证明文件：

（一）临时机构，应出具其驻在地主管部门同意设立临时机构的批文。

（二）异地建筑施工及安装单位，应出具其营业执照正本或其隶属单位的营业执照正本，以及施工及安装地建设主管部门核发的许可证或建筑施工及安装合同。

（三）异地从事临时经营活动的单位，应出具其营业执照正本以及临时经营地工商行政管理部门的批文。

（四）注册验资资金，应出具工商行政管理部门核发的企业名称预先核准通知书或有关部门的批文。

本条第二、三项还应出具其基本存款账户开户登记证。

第二十二条　存款人申请开立个人银行结算账户，应向银行出具下列证明文件：

（一）中国居民，应出具居民身份证或临时身份证。

（二）中国人民解放军军人，应出具军人身份证件。

（三）中国人民武装警察，应出具武警身份证件。

（四）香港、澳门居民，应出具港澳居民往来内地通行证；台湾居民，应出具台湾居民来往大陆通行证或者其他有效旅行证件。

（五）外国公民，应出具护照。

（六）法律、法规和国家有关文件规定的其他有效证件。

银行为个人开立银行结算账户时，根据需要还可要求申请人出具户口簿、驾驶执照、护照等有效证件。

第二十三条[①]　存款人需要在异地开立单位银行结算账户，除出具本办法第十七条、十八条、十九条、二十一条规定的有关证明文件外，应出具下列相应的证明文件：

~~（一）经营地与注册地不在同一行政区域的存款人，在异地开立基本存款账户的，应出具注册地中国人民银行分支行的未开立基本存款账户的证明。~~

（二）异地借款的存款人，在异地开立一般存款账户的，应出具在异地取得贷款的借款合同。

（三）因经营需要在异地办理收入汇缴和业务支出的存款人，在异地开立专用存款账户的，应出具隶属单位的证明。

属本条第二、三项情况的，还应出具其基本存款账户开户登记证。

存款人需要在异地开立个人银行结算账户，应出具本办法第二十二条规定的证明文件。

第二十四条　单位开立银行结算账户的名称应与其提供的申请开户的证明文件的名称全称相一致。有字号的个体工商户开立银行结算账户的名称应与其营业执照

---

①　本条第一款第一项已被2020年4月29日《中国人民银行关于修改〈教育储蓄管理办法〉等规章的决定》（中国人民银行令〔2020〕第2号）删除。——编者注

的字号相一致；无字号的个体工商户开立银行结算账户的名称，由“个体户”字样和营业执照记载的经营者姓名组成。自然人开立银行结算账户的名称应与其提供的有效身份证件中的名称全称相一致。

第二十五条 银行为存款人开立一般存款账户、专用存款账户和临时存款账户的，应自开户之日起3个工作日内书面通知基本存款账户开户银行。

第二十六条 存款人申请开立单位银行结算账户时，可由法定代表人或单位负责人直接办理，也可授权他人办理。

由法定代表人或单位负责人直接办理的，除出具相应的证明文件外，还应出具法定代表人或单位负责人的身份证件；授权他人办理的，除出具相应的证明文件外，还应出具其法定代表人或单位负责人的授权书及其身份证件，以及被授权人的身份证件。

第二十七条 存款人申请开立银行结算账户时，应填制开户申请书。开户申请书按照中国人民银行的规定记载有关事项。

第二十八条 银行应对存款人的开户申请书填写的事项和证明文件的真实性、完整性、合规性进行认真审查。

开户申请书填写的事项齐全，符合开立基本存款账户、临时存款账户和预算单位专用存款账户条件的，银行应将存款人的开户申请书、相关的证明文件和银行审核意见等开户资料报送中国人民银行当地分支行，经其核准后办理开户手续；符合开立一般存款账户、其他专用存款账户和个人银行结算账户条件的，银行应办理开户手续，并于开户之日起5个工作日内向中国人民银行当地分支行备案。

第二十九条 中国人民银行应于2个工作日内对银行报送的基本存款账户、临时存款账户和预算单位专用存款账户的开户资料的合规性予以审核，符合开户条件的，予以核准；不符合开户条件的，应在开户申请书上签署意见，连同有关证明文件一并退回报送银行。

第三十条 银行为存款人开立银行结算账户，应与存款人签订银行结算账户管理协议，明确双方的权利与义务。除中国人民银行另有规定的以外，应建立存款人预留签章卡片，并将签章式样和有关证明文件的原件或复印件留存归档。

第三十一条 开户登记证是记载单位银行结算账户信息的有效证明，存款人应按本办法的规定使用，并妥善保管。

第三十二条 银行在为存款人开立一般存款账户、专用存款账户和临时存款账户时，应在其基本存款账户开户登记证上登记账户名称、账号、账户性质、开户银行、开户日期，并签章。但临时机构和注册验资需要开立的临时存款账户除外。

第三章 银行结算账户的使用

第三十三条 基本存款账户是存款人的主办账户。存款人日常经营活动的资金收付及其工资、奖金和现金的支取，应通过该账户办理。

第三十四条 一般存款账户用于办理存款人借款转存、借款归还和其他结算的资金收付。该账户可以办理现金缴存，但不得办理现金支取。

第三十五条 专用存款账户用于办理各项专用资金的收付。

单位银行卡账户的资金必须由其基本存款账户转账存入。该账户不得办理现金收付业务。

财政预算外资金、证券交易结算资金、期货交易保证金和信托基金专用存款账户不得支取现金。

基本建设资金、更新改造资金、政策性房地产开发资金、金融机构存放同业资金账户需要支取现金的，应在开户时报中国人民银行当地分支行批准。中国人民银行当地分支行应根据国家现金管理的规定审查批准。

粮、棉、油收购资金、社会保障基金、住房基金和党、团、工会经费等专用存款账户支取现金应按照国家现金管理的规定办理。

收入汇缴账户除向其基本存款账户或预算外资金财政专用存款户划缴款项外，只收不付，不得支取现金。业务支出账户除从其基本存款账户拨入款项外，只付不收，其现金支取必须按照国家现金管理的规定办理。

银行应按照本条的各项规定和国家对粮、棉、油收购资金使用管理规定加强监督，对不符合规定的资金收付和现金支取，不得办理。但对其他专用资金的使用不负监督责任。

第三十六条 临时存款账户用于办理临时机构以及存款人临时经营活动发生的资金收付。

临时存款账户应根据有关开户证明文件确定的期限或存款人的需要确定其有效期限。存款人在账户的使用中需要延长期限的，应在有效期限内向开户银行提出申请，并由开户银行报中国人民银行当地分支行核准后办理展期。临时存款账户的有效期最长不得超过2年。

临时存款账户支取现金，应按照国家现金管理的规定办理。

第三十七条 注册验资的临时存款账户在验资期间只收不付，注册验资资金的汇缴人应与出资人的名称一致。

第三十八条　存款人开立单位银行结算账户，自正式开立之日起3个工作日后，方可办理付款业务。但注册验资的临时存款账户转为基本存款账户和因借款转存开立的一般存款账户除外。

第三十九条　个人银行结算账户用于办理个人转账收付和现金存取。下列款项可以转入个人银行结算账户：

（一）工资、奖金收入。

（二）稿费、演出费等劳务收入。

（三）债券、期货、信托等投资的本金和收益。

（四）个人债权或产权转让收益。

（五）个人贷款转存。

（六）证券交易结算资金和期货交易保证金。

（七）继承、赠与款项。

（八）保险理赔、保费退还等款项。

（九）纳税退还。

（十）农、副、矿产品销售收入。

（十一）其他合法款项。

第四十条　单位从其银行结算账户支付给个人银行结算账户的款项，每笔超过5万元的，应向其开户银行提供下列付款依据：

（一）代发工资协议和收款人清单。

（二）奖励证明。

（三）新闻出版、演出主办等单位与收款人签订的劳务合同或支付给个人款项的证明。

（四）证券公司、期货公司、信托投资公司、奖券发行或承销部门支付或退还给自然人款项的证明。

（五）债权或产权转让协议。

（六）借款合同。

（七）保险公司的证明。

（八）税收征管部门的证明。

（九）农、副、矿产品购销合同。

（十）其他合法款项的证明。

从单位银行结算账户支付给个人银行结算账户的款项应纳税的，税收代扣单位付款时应向其开户银行提供完税证明。

第四十一条　有下列情形之一的，个人应出具本办法第四十条规定的有关收款依据。

（一）个人持出票人为单位的支票向开户银行委托收款，将款项转入其个人银行结算账户的。

（二）个人持申请人为单位的银行汇票和银行本票向开户银行提示付款，将款项转入其个人银行结算账户的。

第四十二条　单位银行结算账户支付给个人银行结算账户款项的，银行应按第四十条、第四十一条规定认真审查付款依据或收款依据的原件，并留存复印件，按会计档案保管。未提供相关依据或相关依据不符合规定的，银行应拒绝办理。

第四十三条　储蓄账户仅限于办理现金存取业务，不得办理转账结算。

第四十四条　银行应按规定与存款人核对账务。银行结算账户的存款人收到对账单或对账信息后，应及时核对账务并在规定期限内向银行发出对账回单或确认信息。

第四十五条　存款人应按照本办法的规定使用银行结算账户办理结算业务。

存款人不得出租、出借银行结算账户，不得利用银行结算账户套取银行信用。

第四章　银行结算账户的变更与撤销

第四十六条　存款人更改名称，但不改变开户银行及账号的，应于5个工作日内向开户银行提出银行结算账户的变更申请，并出具有关部门的证明文件。

第四十七条　单位的法定代表人或主要负责人、住址以及其他开户资料发生变更时，应于5个工作日内书面通知开户银行并提供有关证明。

第四十八条　银行接到存款人的变更通知后，应及时办理变更手续，并于2个工作日内向中国人民银行报告。

第四十九条　有下列情形之一的，存款人应向开户银行提出撤销银行结算账户的申请：

（一）被撤并、解散、宣告破产或关闭的。

（二）注销、被吊销营业执照的。

（三）因迁址需要变更开户银行的。

（四）其他原因需要撤销银行结算账户的。

存款人有本条第一、二项情形的，应于5个工作日内向开户银行提出撤销银行结算账户的申请。

本条所称撤销是指存款人因开户资格或其他原因终止银行结算账户使用的行为。

第五十条　存款人因本办法第四十九条第一、二项原因撤销基本存款账户的，存款人基本存款账户的开户银行应自撤销银行结算账户之日起2个工作日内将撤销该基本存款账户的情况书面通知该存款人其他银行结算账户的开户银行；存款人其他银行结算账户的开户银行，应自收到通知之日起2个工作日内通知存款人撤销有关银行结算账户；存款人应自收到通知之日起3个工作日内办理其他银行结算账户的撤销。

第五十一条　银行得知存款人有本办法第四十九条第一、二项情况，存款人超过规定期限未主动办理撤销银行结算账户手续的，银行有权停止其银行结算账户的对外支付。

第五十二条　未获得工商行政管理部门核准登记的单位，在验资期满后，应向银行申请撤销注册验资临时存款账户，其账户资金应退还给原汇款人账户。注册验资资金以现金方式存入，出资人需提取现金的，应出具缴存现金时的现金缴款单原件及其有效身份证件。

第五十三条　存款人尚未清偿其开户银行债务的，不得申请撤销该账户。

第五十四条　存款人撤销银行结算账户，必须与开户银行核对银行结算账户存款余额，交回各种重要空白票据及结算凭证和开户登记证，银行核对无误后方可办理销户手续。存款人未按规定交回各种重要空白票据及结算凭证的，应出具有关证明，造成损失的，由其自行承担。

第五十五条　银行撤销单位银行结算账户时应在其基本存款账户开户登记证上注明销户日期并签章，同时于撤销银行结算账户之日起 2 个工作日内，向中国人民银行报告。

第五十六条　银行对一年未发生收付活动且未欠开户银行债务的单位银行结算账户，应通知单位自发出通知之日起 30 日内办理销户手续，逾期视同自愿销户，未划转款项列入久悬未取专户管理。

第五章　银行结算账户的管理

第五十七条　中国人民银行负责监督、检查银行结算账户的开立和使用，对存款人、银行违反银行结算账户管理规定的行为予以处罚。

第五十八条　中国人民银行对银行结算账户的开立和使用实施监控和管理。

第五十九条　中国人民银行负责基本存款账户、临时存款账户和预算单位专用存款账户开户登记证的管理。

任何单位及个人不得伪造、变造及私自印制开户登记证。

第六十条　银行负责所属营业机构银行结算账户开立和使用的管理，监督和检查其执行本办法的情况，纠正违规开立和使用银行结算账户的行为。

第六十一条　银行应明确专人负责银行结算账户的开立、使用和撤销的审查和管理，负责对存款人开户申请资料的审查，并按照本办法的规定及时报送存款人开销户信息资料，建立健全开销户登记制度，建立银行结算账户管理档案，按会计档案进行管理。

银行结算账户管理档案的保管期限为银行结算账户撤销后 10 年。

第六十二条　银行应对已开立的单位银行结算账户实行年检制度，检查开立的银行结算账户的合规性，核实开户资料的真实性；对不符合本办法规定开立的单位银行结算账户，应予以撤销。对经核实的各类银行结算账户的资料变动情况，应及时报告中国人民银行当地分支行。

银行应对存款人使用银行结算账户的情况进行监督，对存款人的可疑支付应按照中国人民银行规定的程序及时报告。

第六十三条　存款人应加强对预留银行签章的管理。单位遗失预留公章或财务专用章的，应向开户银行出具书面申请、开户登记证、营业执照等相关证明文件；更换预留公章或财务专用章时，应向开户银行出具书面申请、原预留签章的式样等相关证明文件。个人遗失或更换预留个人印章或更换签字人时，应向开户银行出具经签名确认的书面申请，以及原预留印章或签字人的个人身份证件。银行应留存相应的复印件，并凭以办理预留银行签章的变更。

第六章　罚　　则

第六十四条　存款人开立、撤销银行结算账户，不得有下列行为：

（一）违反本办法规定开立银行结算账户。

（二）伪造、变造证明文件欺骗银行开立银行结算账户。

（三）违反本办法规定不及时撤销银行结算账户。

非经营性的存款人，有上述所列行为之一的，给予警告并处以 1000 元的罚款；经营性的存款人有上述所列行为之一的，给予警告并处以 1 万元以上 3 万元以下的罚款；构成犯罪的，移交司法机关依法追究刑事责任。

第六十五条　存款人使用银行结算账户，不得有下列行为：

（一）违反本办法规定将单位款项转入个人银行结算账户。

（二）违反本办法规定支取现金。

（三）利用开立银行结算账户逃废银行债务。

（四）出租、出借银行结算账户。

（五）从基本存款账户之外的银行结算账户转账存入、将销货收入存入或现金存入单位信用卡账户。

（六）法定代表人或主要负责人、存款人地址以及其他开户资料的变更事项未在规定期限内通知银行。

非经营性的存款人有上述所列一至五项行为的，给予警告并处以 1000 元罚款；经营性的存款人有上述所列一至五项行为的，给予警告并处以 5000 元以上 3 万元以下的罚款；存款人有上述所列第六项行为的，给予警告并处以 1000 元的罚款。

第六十六条　银行在银行结算账户的开立中，不得有下列行为：

（一）违反本办法规定为存款人多头开立银行结算账户。

（二）明知或应知是单位资金，而允许以自然人名称开立账户存储。

银行有上述所列行为之一的，给予警告，并处以5万元以上30万元以下的罚款；对该银行直接负责的高级管理人员、其他直接负责的主管人员、直接责任人员按规定给予纪律处分；情节严重的，中国人民银行有权停止对其开立基本存款账户的核准，责令该银行停业整顿或者吊销经营金融业务许可证；构成犯罪的，移交司法机关依法追究刑事责任。

第六十七条　银行在银行结算账户的使用中，不得有下列行为：

（一）提供虚假开户申请资料欺骗中国人民银行许可开立基本存款账户、临时存款账户、预算单位专用存款账户。

（二）开立或撤销单位银行结算账户，未按本办法规定在其基本存款账户开户登记证上予以登记、签章或通知相关开户银行。

（三）违反本办法第四十二条规定办理个人银行结算账户转账结算。

（四）为储蓄账户办理转账结算。

（五）违反规定为存款人支付现金或办理现金存入。

（六）超过期限或未向中国人民银行报送账户开立、变更、撤销等资料。

银行有上述所列行为之一的，给予警告，并处以5000元以上3万元以下的罚款；对该银行直接负责的高级管理人员、其他直接负责的主管人员、直接责任人员按规定给予纪律处分；情节严重的，中国人民银行有权停止对其开立基本存款账户的核准，构成犯罪的，移交司法机关依法追究刑事责任。

第六十八条　违反本办法规定，伪造、变造、私自印制开户登记证的存款人，属非经营性的处以1000元罚款；属经营性的处以1万元以上3万元以下的罚款；构成犯罪的，移交司法机关依法追究刑事责任。

第七章　附　　则

第六十九条　开户登记证由中国人民银行总行统一式样，中国人民银行各分行、营业管理部、省会（首府）城市中心支行负责监制。

第七十条　本办法由中国人民银行负责解释、修改。

第七十一条　本办法自2003年9月1日起施行。1994年10月9日中国人民银行发布的《银行账户管理办法》同时废止。

人民币银行结算账户管理办法实施细则

1. 2005年1月19日中国人民银行发布

2. 根据2020年6月2日中国人民银行公告〔2020〕第3号《关于修订〈非金融机构支付服务管理办法实施细则〉等5件规范性文件的公告》修正

第一章　总　　则

第一条　为加强人民币银行结算账户（以下简称"银行结算账户"）管理，维护经济金融秩序稳定，根据《人民币银行结算账户管理办法》（以下简称《办法》），制定本实施细则。

第二条　《办法》和本实施细则所称银行，是指在中华人民共和国境内依法经批准设立，可经营人民币支付结算业务的银行业金融机构。

第三条　中国人民银行是银行结算账户的监督管理部门，负责对银行结算账户的开立、使用、变更和撤销进行检查监督。

第四条　中国人民银行通过人民币银行结算账户管理系统（以下简称"账户管理系统"）和其他合法手段，对银行结算账户的开立、使用、变更和撤销实施监控和管理。

第五条　中国人民银行对下列单位银行结算账户实行核准制度：

（一）基本存款账户；

（二）临时存款账户（因注册验资和增资验资开立的除外）；

（三）预算单位专用存款账户；

（四）合格境外机构投资者在境内从事证券投资开立的人民币特殊账户和人民币结算资金账户（以下简称"QFII专用存款账户"）。

上述银行结算账户统称核准类银行结算账户。

第六条　《办法》中"开户登记证"全部改为开户许可证。开户许可证是中国人民银行依法准予申请人在银行开立核准类银行结算账户的行政许可证件，是核准类银行结算账户合法性的有效证明。

中国人民银行在核准开立基本存款账户、临时存款账户（因注册验资和增资验资开立的除外）、预算单位专用存款账户和QFII专用存款账户时分别颁发基本存款账户开户许可证、临时存款账户开户许可证和专用存款账户开户许可证（附式1）。

第七条　人民银行在颁发开户许可证时,应在开户许可证中载明下列事项:

(一)"开户许可证"字样;

(二)开户许可证编号;

(三)开户核准号;

(四)中国人民银行当地分支行账户管理专用章;

(五)核准日期;

(六)存款人名称;

(七)存款人的法定代表人或单位负责人姓名;

(八)开户银行名称;

(九)账户性质;

(十)账号。

临时存款账户开户许可证除记载上述事项外,还应记载临时存款账户的有效期限。

第八条　《办法》和本实施细则所称"注册地"是指存款人的营业执照等开户证明文件上记载的住所地。

第二章　银行结算账户的开立

第九条　存款人应以实名开立银行结算账户,并对其出具的开户申请资料实质内容的真实性负责,法律、行政法规另有规定的除外。银行应负责对存款人开户申请资料的真实性、完整性和合规性进行审查。中国人民银行应负责对银行报送的核准类银行结算账户的开户资料的合规性以及存款人开立基本存款账户的唯一性进行审核。

第十条　境外(含港澳台地区)机构在境内从事经营活动的,或境内单位在异地从事临时活动的,持政府有关部门批准其从事该项活动的证明文件,经中国人民银行当地分支行核准后可开立临时存款账户。

第十一条　单位存款人因增资验资需要开立银行结算账户的,应持其基本存款账户开户许可证、股东会或董事会决议等证明文件,在银行开立一个临时存款账户。该账户的使用撤销比照因注册验资开立的临时存款账户管理。

第十二条　存款人为临时机构的,只能在其驻在地开立一个临时存款账户,不得开立其他银行结算账户。

存款人在异地从事临时活动的,只能在其临时活动地开立一个临时存款账户。

建筑施工及安装单位企业在异地同时承建多个项目的,可根据建筑施工及安装合同开立不超过项目合同个数的临时存款账户。

第十三条　《办法》第十七条所称"税务登记证"是指国税登记证或地税登记证。

存款人为从事生产、经营活动的纳税人,根据国家有关规定无法取得税务登记证的,在申请开立基本存款账户时可不出具税务登记证。

第十四条　存款人凭《办法》第十九条规定的同一证明文件,只能开立一个专用存款账户。

合格境外机构投资者申请开立 QFII 专用存款账户应根据《办法》第二十条的规定出具证明文件,无须出具基本存款账户开户许可证。

第十五条　自然人除可凭《办法》第二十二条规定的证明文件申请开立个人银行结算账户外,还可凭下列证明文件申请开立个人银行结算账户:

(一)居住在境内的中国公民,可出具户口簿或护照。

(二)军队(武装警察)离退休干部以及在解放军军事院校学习的现役军人,可出具离休干部荣誉证、军官退休证、文职干部退休证或军事院校学员证。

(三)居住在境内或境外的中国籍的华侨,可出具中国护照。

(四)外国边民在我国边境地区的银行开立个人银行账户,可出具所在国制发的《边民出入境通行证》。

(五)获得在中国永久居留资格的外国人,可出具外国人永久居留证。

第十六条　《办法》第二十三条第(一)项所称出具"未开立基本存款账户的证明"(附式2)适用以下三种情形:

(一)注册地已运行账户管理系统,但经营地尚未运行账户管理系统的;

(二)经营地已运行账户管理系统,但注册地尚未运行账户管理系统的;

(三)注册地和经营地均未运行账户管理系统的。

第十七条　存款人为单位的,其预留签章为该单位的公章或财务专用章加其法定代表人(单位负责人)或其授权的代理人的签名或者盖章。存款人为个人的,其预留签章为该个人的签名或者盖章。

第十八条　存款人在申请开立单位银行结算账户时,其申请开立的银行结算账户的账户名称、出具的开户证明文件上记载的存款人名称以及预留银行签章中公章或财务专用章的名称应保持一致,但下列情形除外:

(一)因注册验资开立的临时存款账户,其账户名称为工商行政管理部门核发的"企业名称预先核准通知书"或政府有关部门批文中注明的名称,其预留银行签章中公章或财务专用章的名称应是存款人与银行在银行结算账户管理协议中约定的出资人名称;

(二)预留银行签章中公章或财务专用章的名称依法可使用简称的,账户名称应与其保持一致;

（三）没有字号的个体工商户开立的银行结算账户，其预留签章中公章或财务专用章应是个体户字样加营业执照上载明的经营者的签字或盖章。

第十九条　存款人因注册验资或增资验资开立临时存款账户后，需要在临时存款账户有效期届满前退还资金的，应出具工商行政管理部门的证明；无法出具证明的，应于账户有效期届满后办理销户退款手续。

第二十条　《办法》第二十七条所称"填制开户申请书"是指，存款人申请开立单位银行结算账户时，应填写"开立单位银行结算账户申请书"（附式3），并加盖单位公章。存款人有组织机构代码、上级法人或主管单位的，应在"开立单位银行结算账户申请书"上如实填写相关信息。存款人有关联企业的，应填写"关联企业登记表"（附式4）。存款人申请开立个人银行结算账户时，应填写"开立个人银行结算账户申请书"（附式5），并加其个人签章。

第二十一条　中国人民银行当地分支行在核准存款人开立基本存款账户后，应为存款人打印初始密码，由开户银行转交存款人。

存款人可到中国人民银行当地分支行或基本存款账户开户银行，提交基本存款账户开户许可证，使用密码查询其已经开立的所有银行结算账户的相关信息。

第二十二条　开户银行和存款人签订的银行结算账户管理协议的内容可在开户申请书中列明，也可由开户银行与存款人另行约定。

第二十三条　存款人符合《办法》和本实施细则规定的开户条件的，银行应为其开立银行结算账户。

第三章　银行结算账户的使用

第二十四条　《办法》第三十六条所称"临时存款账户展期"的具体办理程序是，存款人在临时存款账户有效期届满前申请办理展期时，应填写"临时存款账户展期申请书"（附式6），并加盖单位公章，连同临时存款账户开户许可证及开立临时存款账户时需要出具的相关证明文件一并通过开户银行报送中国人民银行当地分支行。

符合展期条件的，中国人民银行当地分支行应核准其展期，收回原临时存款账户开户许可证，并颁发新的临时存款账户开户许可证。不符合展期条件的，中国人民银行当地分支行不核准其展期申请，存款人应及时办理该临时存款账户的撤销手续。

第二十五条　《办法》第三十八条所称"正式开立之日"具体是指：对于核准类银行结算账户，"正式开立之日"为中国人民银行当地分支行的核准日期；对于非核准类单位银行结算账户，"正式开立之日"为银行为存款人办理开户手续的日期。

第二十六条　当存款人在同一银行营业机构撤销银行结算账户后重新开立银行结算账户时，重新开立的银行结算账户可自开立之日起办理付款业务。

第二十七条　《办法》第四十一条所称"有下列情形之一的"，是指"有下列情形之一"，且符合"单位从其银行结算账户支付给个人银行结算账户的款项每笔超过5万元"的情形。

第二十八条　《办法》第四十二条所称"银行应按第四十条、第四十一条规定认真审查付款依据或收款依据的原件，并留存复印件"是指：对于《办法》第四十条规定的情形，单位银行结算账户的开户银行应认真审查付款依据的原件，并留存复印件；对于《办法》第四十一条规定的情形，个人银行结算账户的开户银行应认真审查收款依据的原件，并留存复印件。

存款人应对其提供的收款依据或付款依据的真实性、合法性负责，银行应按会计档案管理规定保管收款依据、付款依据的复印件。

第二十九条　个人持出票人（或申请人）为单位且一手或多手背书人为单位的支票、银行汇票或银行本票，向开户银行提示付款并将款项转入其个人银行结算账户的，应按照《办法》第四十一条和本实施细则第二十八条的规定，向开户银行出具最后一手背书人为单位且被背书人为个人的收款依据。

第三十条　《办法》第四十四条所称"规定期限"是指银行与存款人约定的期限。

第四章　银行结算账户的变更与撤销

第三十一条　《办法》第四十六条所称"提出银行结算账户的变更申请"是指，存款人申请办理银行结算账户信息变更时，应填写"变更银行结算账户申请书"（附式7）。属于申请变更单位银行结算账户的，应加盖单位公章；属于申请变更个人银行结算账户的，应加其个人签章。

第三十二条　存款人申请变更核准类银行结算账户的存款人名称、法定代表人或单位负责人的，银行应在接到变更申请后的2个工作日内，将存款人的"变更银行结算账户申请书"、开户许可证以及有关证明文件报送中国人民银行当地分支行。

符合变更条件的，中国人民银行当地分支行核准其变更申请，收回原开户许可证，颁发新的开户许可证。不符合变更条件的，中国人民银行当地分支行不核准其变更申请。

第三十三条　存款人因《办法》第四十九条第（一）、

(二)项原因撤销银行结算账户的,应先撤销一般存款账户、专用存款账户、临时存款账户,将账户资金转入基本存款账户后,方可办理基本存款账户的撤销。

第三十四条 存款人因《办法》第四十九条第(三)、(四)项原因撤销基本存款账户后,需要重新开立基本存款账户的,应在撤销其原基本存款账户后10日内申请重新开立基本存款账户。

存款人在申请重新开立基本存款账户时,除应根据《办法》第十七条的规定出具相关证明文件外,还应出具"已开立银行结算账户清单"(附式8)。

第三十五条 存款人申请撤销银行结算账户时,应填写"撤销银行结算账户申请书"(附式9)。属于申请撤销单位银行结算账户的,应加盖单位公章;属于申请撤销个人银行结算账户的,应加其个人签章。

第三十六条 银行在收到存款人撤销银行结算账户的申请后,对于符合销户条件的,应在2个工作日内办理撤销手续。

第三十七条 《办法》第五十四条所称交回"开户登记证"是指存款人撤销核准类银行结算账户时应交回开户许可证。

第三十八条 存款人申请临时存款账户展期,变更、撤销单位银行结算账户以及补(换)发开户许可证时,可由法定代表人或单位负责人直接办理,也可授权他人办理。

由法定代表人或单位负责人直接办理的,除出具相应的证明文件外,还应出具法定代表人或单位负责人的身份证件;授权他人办理的,除出具相应的证明文件外,还应出具法定代表人或单位负责人的身份证件及其出具的授权书,以及被授权人的身份证件。

第三十九条 对于按照《办法》和本实施细则规定应撤销而未办理销户手续的单位银行结算账户,银行应通知该单位银行结算账户的存款人自发出通知之日起30日内办理销户手续,逾期视同自愿销户,未划转款项列入久悬未取专户管理。

第五章 银行结算账户的管理

第四十条 中国人民银行当地分支行通过账户管理系统与支付系统、同城票据交换系统等系统的连接,实现相关银行结算账户信息的比对,依法监测和查处未经中国人民银行核准或未向中国人民银行备案的银行结算账户。

第四十一条 账户管理系统中的银行机构代码是按照中国人民银行规定的编码规则为银行编制的,用于识别银行身份的唯一标识,是账户管理系统的基础数据。

中国人民银行负责银行机构代码信息的统一管理和维护。银行应按要求准确、完整、及时地向中国人民银行当地分支行申报银行机构代码信息。

第四十二条 中国人民银行应将开户许可证作为重要空白凭证进行管理,建立健全开户许可证的印制、保管、领用、颁发、收缴和销毁制度。

第四十三条 开户许可证遗失或毁损时,存款人应填写"补(换)发开户许可证申请书"(附式10),并加盖单位公章,比照《办法》和本实施细则有关开立银行结算账户的规定,通过开户银行向中国人民银行当地分支行提出补(换)发开户许可证的申请。申请换发开户许可证的,存款人应缴回原开户许可证。

第四十四条 单位存款人申请更换预留公章或财务专用章,应向开户银行出具书面申请、原预留公章或财务专用章等相关证明材料。

单位存款人申请更换预留公章或财务专用章但无法提供原预留公章或财务专用章的,应当向开户银行出具原印签卡片、开户许可证、营业执照正本等相关证明文件。

单位存款人申请变更预留公章或财务专用章,可由法定代表人或单位负责人直接办理,也可授权他人办理。由法定代表人或单位负责人直接办理的,除出具相应的证明文件外,还应出具法定代表人或单位负责人的身份证件;授权他人办理的,除出具相应的证明文件外,还应出具法定代表人或单位负责人的身份证件及其出具的授权书,以及被授权人的身份证件。

第四十五条 单位存款人申请更换预留个人签章,可由法定代表人或单位负责人直接办理,也可授权他人办理。

由法定代表人或单位负责人直接办理的,应出具加盖该单位公章的书面申请以及法定代表人或单位负责人的身份证件。

授权他人办理的,应出具加盖该单位公章的书面申请、法定代表人或单位负责人的身份证件及其出具的授权书、被授权人的身份证件。无法出具法定代表人或单位负责人的身份证件的,应出具加盖该单位公章的书面申请、该单位出具的授权书以及被授权人的身份证件。

第四十六条 存款人应妥善保管其密码。存款人在收到开户银行转交的初始密码之后,应到中国人民银行当地分支行或基本存款账户开户银行办理密码变更手续。

存款人遗失密码的,应持其开户时需要出具的证明文件和基本存款账户开户许可证到中国人民银行当地分支行申请重置密码。

第六章 附 则

第四十七条 本实施细则所称各类申请书，可由银行参照本实施细则所附申请书式样，结合本行的需要印制，但必须包含本实施细则所附申请书式样中列明的记载事项。

第四十八条 《办法》和本实施细则所称身份证件，是指符合《办法》第二十二条和本实施细则第十五条规定的身份证件。

第四十九条 本实施细则由中国人民银行负责解释、修改。

第五十条 本实施细则自 2005 年 1 月 31 日起施行。

附式：（略）

跨境贸易人民币结算试点管理办法

2009 年 7 月 1 日中国人民银行、财政部、商务部、海关总署、国家税务总局、中国银行业监督管理委员会公告〔2009〕第 10 号公布施行

第一条 为促进贸易便利化，保障跨境贸易人民币结算试点工作的顺利进行，规范试点企业和商业银行的行为，防范相关业务风险，根据《中华人民共和国中国人民银行法》等法律、行政法规，制定本办法。

第二条 国家允许指定的、有条件的企业在自愿的基础上以人民币进行跨境贸易的结算，支持商业银行为企业提供跨境贸易人民币结算服务。

第三条 国务院批准试点地区的跨境贸易人民币结算，适用本办法。

第四条 试点地区的省级人民政府负责协调当地有关部门推荐跨境贸易人民币结算的试点企业，由中国人民银行会同财政部、商务部、海关总署、税务总局、银监会等有关部门进行审核，最终确定试点企业名单。在推荐试点企业时，要核实试点企业及其法定代表人的真实身份，确保试点企业登记注册实名制，并遵守跨境贸易人民币结算的各项规定。试点企业违反国家有关规定的，依法处罚，取消其试点资格。

第五条 中国人民银行可根据宏观调控、防范系统性风险的需要，对跨境贸易人民币结算试点进行总量调控。

第六条 试点企业与境外企业以人民币结算的进出口贸易，可以通过香港、澳门地区人民币业务清算行进行人民币资金的跨境结算和清算，也可以通过境内商业银行代理境外商业银行进行人民币资金的跨境结算和清算。

第七条 经中国人民银行和香港金融管理局、澳门金融管理局认可，已加入中国人民银行大额支付系统并进行港澳人民币清算业务的商业银行，可以作为港澳人民币清算行，提供跨境贸易人民币结算和清算服务。

第八条 试点地区内具备国际结算业务能力的商业银行（以下简称境内结算银行），遵守跨境贸易人民币结算的有关规定，可以为试点企业提供跨境贸易人民币结算服务。

第九条 试点地区内具备国际结算业务能力的商业银行（以下简称境内代理银行），可以与跨境贸易人民币结算境外参加银行（以下简称境外参加银行）签订人民币代理结算协议，为其开立人民币同业往来账户，代理境外参加银行进行跨境贸易人民币支付。境内代理银行应当按照规定将人民币代理结算协议和人民币同业往来账户报中国人民银行当地分支机构备案。

第十条 境内代理银行可以对境外参加银行开立的账户设定铺底资金要求，并可以为境外参加银行提供铺底资金兑换服务。

第十一条 境内代理银行可以依境外参加银行的要求在限额内购售人民币，购售限额由中国人民银行确定。

第十二条 境内代理银行可以为在其开有人民币同业往来账户的境外参加银行提供人民币账户融资，用于满足账户头寸临时性需求，融资额度与期限由中国人民银行确定。

第十三条 港澳人民币清算行可以按照中国人民银行的有关规定从境内银行间外汇市场、银行间同业拆借市场兑换人民币和拆借资金，兑换人民币和拆借限额、期限等由中国人民银行确定。

第十四条 境内结算银行可以按照有关规定逐步提供人民币贸易融资服务。

第十五条 人民币跨境收支应当具有真实、合法的交易基础。境内结算银行应当按照中国人民银行的规定，对交易单证的真实性及其与人民币收支的一致性进行合理审查。

第十六条 境内结算银行和境内代理银行应当按照反洗钱和反恐融资的有关规定，采取有效措施，了解客户及其交易目的和交易性质，了解实际控制客户的自然人和交易的实际受益人，妥善保存客户身份资料和交易记录，确保能足以重现每项交易的具体情况。

第十七条 使用人民币结算的出口贸易，按照有关规定享受出口货物退（免）税政策。具体出口货物退（免）税管理办法由国务院税务主管部门制定。

第十八条 试点企业的跨境贸易人民币结算不纳入外汇核销管理，办理报关和出口货物退（免）税时不需要提供外汇核销单。境内结算银行和境内代理银行应当按照税务部门的要求，依法向税务部门提供试点企业有关跨境贸易人民币结算的数据、资料。

第十九条　试点企业应当确保跨境贸易人民币结算的贸易真实性，应当建立跨境贸易人民币结算台账，准确记录进出口报关信息和人民币资金收付信息。

第二十条　对于跨境贸易人民币结算项下涉及的国际收支交易，试点企业和境内结算银行应当按照有关规定办理国际收支统计申报。境内代理银行办理购售人民币业务，应当按照规定进行购售人民币统计。

第二十一条　跨境贸易项下涉及的居民对非居民的人民币负债，暂按外债统计监测的有关规定办理登记。

第二十二条　中国人民银行建立人民币跨境收付信息管理系统，逐笔收集并长期保存试点企业与人民币跨境贸易结算有关的各类信息，按日总量匹配核对，对人民币跨境收付情况进行统计、分析、监测。境内结算银行和境内代理银行应当按中国人民银行的相关要求接入人民币跨境收付信息管理系统并报送人民币跨境收付信息。

第二十三条　至货物出口后210天时，试点企业仍未将人民币货款收回境内的，应当在5个工作日内通过其境内结算银行向人民币跨境收付信息管理系统报送该笔货物的未收回货款的金额及对应的出口报关单号，并向其境内结算银行提供相关资料。

试点企业拟将出口人民币收入存放境外的，应通过其境内结算银行向中国人民银行当地分支机构备案，并向人民币跨境收付信息管理系统报送存放境外的人民币资金金额、开户银行、账号、用途及对应的出口报关单号等信息。

试点企业应当选择一家境内结算银行作为其跨境贸易人民币结算的主报告银行。试点企业的主报告银行负责提示该试点企业履行上述信息报送和备案义务。

第二十四条　中国人民银行对境内结算银行、境内代理银行、试点企业开展跨境贸易人民币结算业务的情况进行检查监督。发现境内结算银行、境内代理银行、试点企业违反有关规定的，依法进行处罚。

试点企业有关跨境贸易人民币结算的违法违规信息，应当准确、完整、及时地录入中国人民银行企业信用信息基础数据库，并与海关、税务等部门共享。

第二十五条　中国人民银行与港澳人民币清算行协商修改《关于人民币业务的清算协议》，明确港澳人民币清算行提供跨境贸易人民币结算和清算服务的有关内容。

中国人民银行可以与香港金融管理局、澳门金融管理局签订合作备忘录，在各自职责范围内对港澳人民币清算行办理跨境贸易人民币结算和清算业务进行监管。

第二十六条　中国人民银行与财政部、商务部、海关总署、税务总局、银监会、外汇局等相关部门建立必要的信息共享和管理机制，加大事后检查力度，以形成对跨境贸易人民币结算试点工作的有效监管。

第二十七条　本办法自公布之日起施行。

跨境贸易人民币结算试点管理办法实施细则

1. 2009年7月3日中国人民银行发布
2. 银发〔2009〕212号

第一条　根据《跨境贸易人民币结算试点管理办法》（以下简称《办法》），制定本细则。

第二条　试点地区的企业以人民币报关并以人民币结算的进出口贸易结算，适用《办法》及本细则。

第三条　为境外参加银行开立人民币同业往来账户，境内代理银行应当与境外参加银行签订代理结算协议，约定双方的权利义务、账户开立的条件、账户变更撤销的处理手续、信息报送授权等内容。

境内代理银行在为境外参加银行开立人民币同业往来账户时，应当要求境外参加银行提供其在本国或本地区的登记注册文件或者本国监管部门批准其成立的证明、法定代表人或指定签字人的有效身份证件等作为开户证明文件，并对上述文件的真实性、完整性及合规性进行认真审查。

境内代理银行为境外参加银行开立人民币同业往来账户之日起5个工作日内，应当填制《开立人民币同业往来账户备案表》（备案表格式和内容由试点地区中国人民银行分支机构确定），连同人民币代理结算协议复印件、境外参加银行的开户证明文件复印件及其他开户资料报送中国人民银行当地分支机构备案。

境外参加银行的同业往来账户只能用于跨境贸易人民币结算，该类账户暂不纳入人民币银行结算账户管理系统。但境内代理银行应在本行管理系统中对该类账户做特殊标记。

第四条　境外参加银行开户资料信息发生变更的，应当及时以书面方式通知境内代理银行，并按开户时签订的代理结算协议办理变更手续。境内代理银行接到变更通知后，应当及时办理变更手续，并于2个工作日内通过人民币跨境收付信息管理系统向中国人民银行报送变更信息。

第五条　因业务变化、机构撤并等原因，境外参加银行需撤销在境内代理银行开立的人民币同业往来账户的，应当向境内代理银行提出撤销人民币同业往来账户的书面申请。境内代理银行应与境外参加银行终止人民币代理结算协议，并为其办理销户手续，同时于撤销账户之日起2个工作日内通过人民币跨境收付信息管理系统向中国人民银行报送销户信息。

第六条 中国人民银行对境内代理银行与境外参加银行之间的人民币购售业务实行年度人民币购售日终累计净额双向规模管理，境内代理银行可以按照境外参加银行的要求在限额以内办理购售人民币业务，境内代理银行购售限额由中国人民银行根据具体情况确定。境内代理银行应当单独建立跨境贸易人民币结算业务项下的人民币敞口头寸台账，准确记录为境外参加银行办理人民币购售的情况。

第七条 境内代理银行对境外参加银行的账户融资总余额不得超过其人民币各项存款上年末余额的1%，融资期限不得超过1个月，中国人民银行可以根据具体情况进行调整。中国人民银行当地分支机构对境内代理银行的账户融资活动进行监督管理。

第八条 境内代理银行与境外参加银行应以国际通行的方式确认账户融资交易。

第九条 港澳人民币清算行申请加入全国银行间同业拆借市场，应向中国人民银行上海总部提交以下文件：

（一）申请文件；

（二）登记注册文件，或者注册地监管部门批准其成立的证明；

（三）证明人民币清算行资格的文件；

（四）章程；

（五）同业拆借内控制度；

（六）负责同业拆借的人员情况；

（七）近三年经审计的资产负债表和损益表；

（八）近两年人民币业务开展情况；

（九）中国人民银行要求的其他文件。

第十条 中国人民银行上海总部按照《中华人民共和国行政许可法》依法审核港澳人民币清算行加入全国银行间同业拆借市场的申请。港澳人民币清算行经批准后即可加入全国银行间同业拆借市场，按照有关规定开展同业拆借业务。

第十一条 港澳人民币清算行通过全国银行间同业拆借市场拆入和拆出资金的余额均不得超过该清算银行所吸收人民币存款上年末余额的8%，期限不得超过3个月。

第十二条 全国银行间同业拆借中心应做好港澳人民币清算行联网、询价交易等服务工作，并做好对其交易的监测、统计和查询等工作。

第十三条 境内结算银行可以向境外企业提供人民币贸易融资，融资金额以试点企业与境外企业之间的贸易合同金额为限。

第十四条 试点企业应当依法诚信经营，确保跨境贸易人民币结算的贸易真实性。应当建立跨境贸易人民币结算台账，准确记录进出口报关信息和人民币资金收付信息。

试点企业应当在首次办理业务时向其境内结算银行提供企业名称、组织机构代码、海关编码、税务登记号及企业法定代表人、负责人身份证等信息。

试点企业申请人民币支付业务时应当向其境内结算银行提供进出口报关时间或预计报关时间及有关进出口交易信息，如实填写跨境贸易人民币结算出口收款说明和进口付款说明（见附表），配合境内结算银行进行贸易单证真实性和一致性审核工作。

预收预付对应货物报关后，或未按照预计时间报关的，试点企业应当及时通知境内结算银行实际报关时间或调整后的预计报关时间。

第十五条 境内结算银行应当按照中国人民银行要求，对办理的每一笔跨境人民币资金收付进行相应的贸易单证真实性、一致性审核，并将人民币跨境收支信息、进出口日期或报关单号和人民币贸易融资等信息最迟于每日日终报送人民币跨境收付信息管理系统。境内结算银行在未按规定完成相应的贸易单证真实性、一致性审核前，不得为试点企业办理人民币资金收付。

对试点企业的预收、预付人民币资金，境内结算银行在向人民币跨境收付信息管理系统报送该笔信息时应当标明该笔资金的预收、预付性质及试点企业提供的预计报关时间。试点企业通知商业银行预收预付对应货物报关或未按预计时间报关信息后，境内结算银行应向人民币跨境收付信息管理系统报送相关更新信息。试点企业预收、预付人民币资金实行比例管理，具体管理办法由中国人民银行当地分支机构制定。试点企业预收、预付人民币资金超过合同金额25%的，应当向其境内结算银行提供贸易合同，境内结算银行应当将该合同的基本要素报送人民币跨境收付信息管理系统。

人民币跨境收付信息管理系统对境内结算银行开放，帮助境内结算银行进行一致性审核。

第十六条 试点企业来料加工贸易项下出口收取人民币资金超过合同金额30%的，试点企业应当自收到境外人民币货款之日起10个工作日内向其境内结算银行补交下列资料及凭证：

（一）企业超比例情况说明；

（二）出口报关单（境内结算银行审核原件后留存

复印件)；

(三)试点企业加工贸易合同或所在地商务部门出具的加工贸易业务批准证(境内结算银行审核原件后留存复印件)。

对于未在规定时间内补交上述资料或凭证的试点企业,境内结算银行不得为其继续办理超过合同金额30%的人民币资金收付,情节严重的,暂停为该试点企业提供跨境贸易人民币结算服务,并及时报告中国人民银行当地分支机构。

第十七条　境内代理银行在代理境外参加银行与境内结算银行办理人民币跨境资金结算业务时,应通过中国人民银行的大额支付系统办理,并随附相应的跨境信息。

第十八条　境内结算银行和境内代理银行应当按照《中华人民共和国反洗钱法》和《金融机构反洗钱规定》(中国人民银行令〔2006〕第1号发布)、《金融机构大额交易和可疑交易报告管理办法》(中国人民银行令〔2006〕第2号发布)、《金融机构报告涉嫌恐怖融资的可疑交易管理办法》(中国人民银行令〔2007〕第1号发布)、《金融机构客户身份识别和客户身份资料及交易记录保存管理办法》(中国人民银行令〔2007〕第2号发布)等规定,切实履行反洗钱和反恐融资义务。

第十九条　境内结算银行应当按照中国人民银行的有关规定,通过联网核查公民身份信息系统或其他有效方式,对试点企业法定代表人或实际受益人等自然人的身份进行核查。对不能确认真实身份的境内企业,境内结算银行不得为其提供跨境贸易人民币结算服务。

第二十条　境内代理银行应于每日日终向人民币跨境收付信息管理系统报送同业往来账户的收支和余额、拆借及人民币购售业务等情况。

境内代理银行和港澳人民币清算行应于每日日终将当日拆借发生额、余额等情况如实报送人民币跨境收付信息管理系统。

第二十一条　对于跨境贸易人民币结算项下涉及的国际收支交易,试点企业和境内结算银行应当按照《通过金融机构进行国际收支统计申报业务操作规程(试行)》及有关规定办理国际收支统计间接申报。境内企业收到跨境人民币款项时,应填写《涉外收入申报单》并于5个工作日内办理申报;试点企业对外支付人民币款项时,应在提交《境外汇款申请书》或《对外付款/承兑通知书》的同时办理申报。境内结算银行应按照国家外汇管理局关于银行业务系统数据接口规范的规定完善其接口程序。

境内结算银行和境内代理银行应按照《金融机构对境外资产负债及损益申报业务操作规程》及相关规定,申报以人民币形式发生的金融机构对境外资产负债及损益情况。

第二十二条　境内代理银行按照《办法》第十一条为境外参加银行办理人民币购售而产生的人民币敞口,可以根据中国人民银行的规定进行平盘。

第二十三条　跨境贸易项下涉及的居民对非居民的人民币负债,暂按外债统计监测的有关规定,由境内结算银行、境内代理银行和试点企业登录现有系统办理登记,但不纳入现行外债管理。

第二十四条　中国人民银行通过人民币跨境收付信息管理系统,对境内结算银行人民币贸易资金收付与货物进出口的一致性情况进行监测,发现异常情况的,可以向试点企业和境内结算银行、境内代理银行依法进行调查并核实有关情况。

第二十五条　试点企业将出口项下的人民币资金留存境外的,应当向其境内结算银行提供留存境外的人民币资金金额、开户银行、用途和相应的出口报关等信息,由境内结算银行将上述信息报送人民币跨境收付信息管理系统。

第二十六条　境内代理银行、境外参加银行在人民币同业往来账户的开立和使用中,违反《办法》、本细则和中国人民银行其他有关规定的,由中国人民银行按照《人民币银行结算账户管理办法》的有关规定进行处罚。

第二十七条　境内结算银行、境内代理银行未按照规定向中国人民银行人民币跨境收付信息管理系统如实报送人民币贸易结算有关信息的,中国人民银行有权禁止其继续办理跨境贸易人民币结算业务,并予以通报批评。

第二十八条　境内结算银行、境内代理银行和试点企业在办理人民币贸易结算业务过程中,未按照规定办理人民币负债登记和国际收支统计申报的,由国家外汇管理局按照有关规定进行处罚。

第二十九条　试点企业违反《办法》及本细则和国家其他有关规定,由中国人民银行取消其试点,并将有关违法违规信息录入中国人民银行企业信用信息基础数据库。

第三十条　本细则自公布之日起施行。

附表:1. 跨境贸易人民币结算出口收款说明(略)

2. 跨境贸易人民币结算进口付款说明(略)

境外机构人民币银行结算账户管理办法

1. 2010年9月29日中国人民银行发布
2. 银发〔2010〕249号
3. 自2010年10月1日起施行

第一条　为规范境外机构人民币银行结算账户的开立和使用,加强银行结算账户管理,维护经济金融秩序稳定,根据《人民币银行结算账户管理办法》(中国人民银行令〔2003〕第5号发布)等规定,制定本办法。

第二条　境外机构在中国境内银行业金融机构开立的人民币银行结算账户(以下简称银行结算账户)适用本办法。境外中央银行(货币当局)在境内银行业金融机构开立的人民币银行结算账户、境外商业银行因提供清算或结算服务在境内银行业金融机构开立的同业往来账户、合格境外机构投资者依法在境内从事证券投资开立的人民币特殊账户以及境外机构投资境内银行间债券市场的人民币资金开立的人民币特殊账户除外。

第三条　本办法所称境外机构,是指在境外(含香港、澳门和台湾地区)合法注册成立的机构;境内银行业金融机构(以下简称银行)是指依法具有办理国内外结算等业务经营资格的境内中资和外资银行。

第四条　境外机构依法办理人民币资金收付,可以申请在银行开立银行结算账户,用于依法开展的各项跨境人民币业务。

第五条　中国人民银行是银行结算账户的监督管理部门,负责对银行结算账户的开立、使用、变更和撤销进行监督管理。

第六条　银行应对境外机构的本、外币账户以及境外机构与境内机构的银行结算账户进行有效区分、单独管理。银行在编制境外机构人民币银行结算账户账号时,应统一加前缀“NRA”。

第七条　银行应严格执行反洗钱规定,并加强对境外机构银行结算账户资金流动的监测。

第八条　境外机构向银行申请开立银行结算账户时,应填写开户申请书,并提供其在境外合法注册成立的证明文件,及其在境内开展相关活动所依据的法规制度或政府主管部门的批准文件等开户资料。证明文件等开户资料为非中文的,还应同时提供对应的中文翻译。

银行应对境外机构身份及其开户资料的真实性和合法性进行审查。

第九条　境外机构符合开立银行结算账户条件的,可选择境内任意一家银行开立银行结算账户。该银行应将相应开户资料和开户申请书报送中国人民银行当地分支机构,并出具对境外机构身份审查合格的证明材料,经中国人民银行当地分支机构核准后为其办理基本存款账户开户手续。

第十条　中国人民银行分支机构应于2个工作日内对银行报送的境外机构身份审查合格的证明材料予以审核,对符合开户条件的颁发基本存款账户开户许可证。

第十一条　境外机构开立的银行结算账户的账户名称应使用境外机构的中文或英文名称全称,并与其在境外合法注册成立的证明文件(或对应的中文翻译)记载的名称全称一致,一个国家或地区境外机构的中文(或英文)名称全称应唯一。

第十二条　境外机构申请开立银行结算账户时,根据国家外汇管理部门有关规定已申领特殊机构代码的,应将特殊机构代码录入人民币银行结算账户管理系统。境外机构在开户后申领特殊机构代码的,银行应及时向中国人民银行当地分支机构申请为其办理账户信息变更手续。

第十三条　境外机构开立银行结算账户,应在银行预留签章。预留签章为境外机构公章或财务专用章及账户有权签字人的签章,没有公章或财务专用章的,可为账户有权签字人的签章。

第十四条　境外机构银行结算账户不得用于办理现金业务,确有需要的,需经中国人民银行批准。

境外机构银行结算账户内的资金不得转换为外币使用,另有明确规定的除外。

第十五条　银行应按有关规定将境外机构银行结算账户的开立、变更、撤销以及资金结算收付信息报送人民币跨境收付信息管理系统。

第十六条　境外机构银行结算账户的变更,参照《人民币银行结算账户管理办法》及《人民币银行结算账户管理办法实施细则》(银发〔2005〕16号文印发)的有关规定执行。

第十七条　有下列情形之一的,境外机构应及时办理销户手续:

(一)境外机构开户时所依据的法规制度或政府主管部门的批准文件设定有效期限,且有效期限届满的;

(二)政府主管部门禁止境外机构继续在境内从事相关活动的;

(三)按境外机构本国或本地区法律规定,境外机构主体资格已消亡的;

(四)其他应撤销银行结算账户的情形。

境外机构未及时办理销户手续的,银行应通知境外机构自发出通知之日起30日之内办理销户手续,逾期视同自愿销户,未划转款项列入久悬未取专户管理。

第十八条　银行应指定人员负责境外机构银行结算账户开立、使用、变更和撤销的审查和管理，负责对存款人开户申请资料的审查，并按照本办法的规定及时报送存款人开销户信息资料，建立健全开销户登记制度及境外机构银行结算账户管理档案，按会计档案进行单独管理。

第十九条　银行应对已开立的境外机构银行结算账户实行年检制度。

第二十条　本办法未尽事宜，按照《人民币银行结算账户管理办法》和《人民币银行结算账户管理办法实施细则》等有关规定执行。

第二十一条　本办法自2010年10月1日起实施，由中国人民银行负责解释、修改。

境外直接投资人民币结算试点管理办法

2011年1月6日中国人民银行公告〔2011〕第1号公布施行

第一条　为配合跨境贸易人民币结算试点，便利境内机构以人民币开展境外直接投资，规范银行业金融机构（以下简称银行）办理境外直接投资人民币结算业务，根据《中华人民共和国中国人民银行法》等法律、行政法规，制定本办法。

第二条　本办法所称境外直接投资是指境内机构经境外直接投资主管部门核准，使用人民币资金通过设立、并购、参股等方式在境外设立或取得企业或项目全部或部分所有权、控制权或经营管理权等权益的行为。

本办法所称境内机构是指在跨境贸易人民币结算试点地区内登记注册的非金融企业。本办法所称前期费用是指境内机构在境外设立项目或企业前，需要向境外支付的与境外直接投资有关的费用。

第三条　中国人民银行和国家外汇管理局根据本办法对境外直接投资人民币结算试点实施管理。

第四条　境内机构办理人民币境外直接投资应当获得境外直接投资主管部门的核准。在办理有关境外直接投资核准时，境内机构应当明确拟用人民币投资的金额。

第五条　境外直接投资前期费用汇出或未发生过前期费用汇出的境外直接投资，境内机构应当向所在地外汇局递交以下材料，办理前期费用汇出或境外直接投资登记手续。

（一）书面申请书；

（二）境外直接投资主管部门的核准文件及其复印件或向境外直接投资主管部门提交的境外直接投资申请文件复印件；

（三）境内机构的营业执照、组织机构代码证等复印件。

境内机构所在地外汇局应当在收到相关申请材料之日起3天内完成相关信息登记手续。

发生过前期费用汇出的境外直接投资，境内机构应当在获得境外直接投资主管部门核准的30天内向所在地外汇局报送有关信息。

第六条　境内机构按照本办法第五条第一款办理前期费用汇出或境外直接投资登记手续后，可以到银行办理境外直接投资人民币资金汇出或前期费用人民币资金汇出。

银行在办理境外直接投资人民币结算业务时，应当根据有关审慎监管规定，要求境内机构提交境外直接投资主管部门的核准证书或文件等相关材料，并认真审核。在审核过程中，银行可登入人民币跨境收付信息管理系统和直接投资外汇管理信息系统查询有关信息。

第七条　审核境内机构向境外直接投资主管部门提交的申请文件和境内机构的组织机构代码证等相关材料后，银行可以为境内机构办理境外直接投资人民币前期费用汇出。境内机构累计汇出的前期费用原则上不得超过其向境外直接投资主管部门申报的中方投资总额的15%。如确因境外并购等业务需要，前期费用超过15%的，应当向所在地外汇局说明并提交相关证明材料。

第八条　银行应当按照《人民币银行结算账户管理办法》（中国人民银行令〔2003〕第5号发布）等规定，通过境内机构的人民币银行结算账户为其办理境外直接投资人民币资金的结算，并向人民币跨境收付信息管理系统报送有关人民币资金跨境收付信息。

第九条　人民币境外直接投资相关业务需要同时使用外汇资金的，境内机构和银行应当按照外汇管理相关规定，办理境外直接投资外汇资金汇出入手续。在办理外汇资金汇出入手续时，银行应当登入直接投资外汇管理信息系统进行业务审核，确保相关业务的合规性。

第十条　银行为境内机构办理的境外直接投资汇出的人民币资金和外汇资金之和，不得超过境外直接投资主管部门核准的境外直接投资总额。

境内机构已经汇出境外的人民币前期费用，应当列入其境外直接投资总额。银行在为该境内机构办理境外直接投资人民币资金汇出时，应当扣减已汇出的人民币前期费用金额。银行应当向人民币跨境收付信息管理系统报送人民币前期费用跨境支付信息。

第十一条　自汇出人民币前期费用之日起6个月内仍未

获得境外直接投资主管部门核准的,境内机构应当将剩余资金调回原汇出资金的境内人民币账户。银行应当督促境内机构将剩余资金调回原汇出资金的境内人民币账户。对拒不调回的,银行应当向所在地人民银行备案。

第十二条 境内机构可以将其所得的境外直接投资利润以人民币汇回境内。经审核境内机构提交的境外投资企业董事会利润处置决议等材料,银行可以为该境内机构办理境外直接投资人民币利润入账手续,并应当向人民币跨境收付信息管理系统报送人民币利润汇回信息。

第十三条 境内机构因境外投资企业增资、减资、转股、清算等人民币收支,可以凭境外直接投资主管部门的核准文件到银行直接办理人民币资金汇出入手续。在办理上述业务时,银行应当向人民币跨境收付信息管理系统报送有关人民币跨境收付信息。

第十四条 已登记境外企业发生名称、经营期限、合资合作伙伴及合资合作方式等基本信息变更,或发生增资、减资、股权转让或置换、合并或分立清算等情况,境内机构应当在发生之日起30天内将上述变更情况报送所在地外汇局。

第十五条 银行可以按照有关规定向境内机构在境外投资的企业或项目发放人民币贷款。通过本银行的境外分行或境外代理银行发放人民币贷款的,银行可以向其境外分行调拨人民币资金或向境外代理银行融出人民币资金,并在15天内向所在地人民银行备案。在办理上述业务时,银行应当向人民币跨境收付信息管理系统报送有关人民币跨境收付信息。

第十六条 在办理境外直接投资人民币结算业务时,银行和境内机构应当按照《国际收支统计申报办法》等有关规定办理国际收支申报。

第十七条 银行应当认真履行信息报送义务,及时、准确、完整地向人民币跨境收付信息管理系统报送与境外直接投资相关的各类人民币跨境收付信息。

第十八条 银行在办理境外直接投资人民币结算业务时,应当按照《中华人民共和国反洗钱法》和中国人民银行的有关规定,切实履行反洗钱和反恐融资义务,预防利用人民币境外直接投资进行洗钱、恐怖融资等违法犯罪活动。银行应当收集境内机构境外直接投资目的地的反洗钱和反恐融资信息,评估境外直接投资目的地的洗钱和恐怖融资风险,并采取适当的风险管理措施。

第十九条 中国人民银行与国家外汇管理局、境外直接投资主管部门建立信息共享机制,加大事后监督检查力度,有效监管人民币境外直接投资业务活动。

人民币跨境收付信息管理系统每日向直接投资外汇管理信息系统传输境外直接投资相关的人民币跨境收付信息,直接投资外汇管理信息系统每日向人民币跨境收付信息管理系统传输境外直接投资相关的外汇跨境收付信息。

第二十条 中国人民银行会同国家外汇管理局对银行、境内机构的人民币境外直接投资业务活动进行现场检查和非现场检查,督促银行切实履行交易真实性审核、信息报送、反洗钱等职责,监督境内机构依法开展业务活动。

第二十一条 银行、境内机构违反本办法有关规定的,中国人民银行会同国家外汇管理局可以依法进行通报批评或处罚;情节严重的,可以禁止银行、境内机构继续开展跨境人民币业务。

第二十二条 银行在办理境外直接投资人民币结算业务时违反有关审慎监管规定的,由有关部门依法进行处罚;违反有关反洗钱、反恐融资和人民币银行结算账户管理规定的,由中国人民银行依法进行处罚。

第二十三条 境内金融机构的境外直接投资人民币结算业务管理,参照本办法执行。相关监管部门对境内金融机构人民币境外直接投资另有规定的,从其规定。

第二十四条 本办法由中国人民银行负责解释。

第二十五条 本办法自发布之日起施行。此前颁布的有关规定与本办法不一致的,按照本办法执行。

外商直接投资人民币结算业务管理办法

1. 2011年10月13日中国人民银行公告〔2011〕第23号公布
2. 根据2015年5月29日中国人民银行公告〔2015〕第12号修正

第一章 总 则

第一条 为扩大人民币在跨境贸易和投资中的使用范围,规范银行业金融机构(以下简称银行)办理外商直接投资人民币结算业务,根据《中华人民共和国中国人民银行法》、《人民币银行结算账户管理办法》(中国人民银行令〔2003〕第5号发布)等有关法律、行政法规、规章,制定本办法。

第二条 银行办理外商直接投资人民币结算业务,适用本办法。

第三条 境外企业、经济组织或个人(以下统称境外投资者)以人民币来华投资应当遵守中华人民共和国外商直接投资法律规定。

第四条 中国人民银行根据本办法对外商直接投资人民币结算业务实施管理。

第二章　业务办理

第五条　境外投资者办理外商直接投资人民币结算业务，可以按照《人民币银行结算账户管理办法》、《境外机构人民币银行结算账户管理办法》（银发〔2010〕249号文印发）等银行结算账户管理规定，申请开立境外机构人民币银行结算账户。其中，与投资项目有关的人民币前期费用资金和通过利润分配、清算、减资、股权转让、先行回收投资等获得的用于境内再投资人民币资金应当按照专户专用原则，分别开立人民币前期费用专用存款账户和人民币再投资专用存款账户存放，账户不得办理现金收付业务。

第六条　银行应当在审核境外投资者提交的支付命令函、资金用途说明、资金使用承诺书等材料后，为其办理前期费用向境内人民币银行结算账户的支付。外商投资企业设立后，剩余前期费用应当转入按本办法第八条规定开立的人民币资本金专用存款账户或原路退回。

第七条　外商投资企业（含新设和并购）在领取营业执照后10个工作日内，应当向注册地中国人民银行分支机构提交以下材料，申请办理企业信息登记。

（一）外商投资企业批准证书复印件；

（二）营业执照副本、组织机构代码证。

外商投资合伙企业无需提交前述第（一）项材料。

外商投资企业注册地中国人民银行分支机构应当在收到申请材料之日起10个工作日内完成企业信息登记手续。

已登记外商投资企业发生名称、经营期限、出资方式、合作伙伴及合资合作方式等基本信息变更，或发生增资、减资、股权转让或置换、合并或分立等重大变更的，应当在经工商行政管理部门变更登记或备案后15个工作日内将上述变更情况报送注册地中国人民银行分支机构。

第八条　外商投资企业应当按照《人民币银行结算账户管理办法》等银行结算账户管理规定，向银行提交营业执照等材料，申请开立人民币银行结算账户。其中，境外投资者汇入的人民币注册资本或缴付人民币出资应当按照专户专用原则，开立人民币资本金专用存款账户存放，该账户不得办理现金收付业务。

境外投资者以人民币并购境内企业设立外商投资企业的，被并购境内企业的中方股东应当按照《人民币银行结算账户管理办法》等银行结算账户管理规定，申请开立人民币并购专用存款账户，专门用于存放境外投资者汇入的人民币并购资金，该账户不得办理现金收付业务。

境外投资者以人民币向境内外商投资企业的中方股东支付股权转让对价款的，中方股东应当按照《人民币银行结算账户管理办法》等银行结算账户管理规定，申请开立人民币股权转让专用存款账户，专门用于存放境外投资者汇入的人民币股权转让对价款，该账户不得办理现金收付业务。

第九条　境外投资者在办理境外人民币投资资金汇入业务时，应当向银行提交国家有关部门的批准或备案文件等有关材料。银行应当进行认真审核，可以登入人民币跨境收付信息管理系统查询有关信息。

对于房地产业外商投资企业办理外商直接投资人民币资本金汇入业务时，银行还需登陆商务部网站，验证该企业是否通过商务部备案。

第十条　开户银行应当积极配合会计师事务所的工作，在收到银行询证函之后，认真核对有关数据资料，明确签署意见，加盖对外具有法定证明效力的业务专用章，并在收到询证函之日起5个工作日内回函。

第十一条　银行应当依据相关外商直接投资业务管理规定，监督外商投资企业依法使用人民币资本金，审查通过人民币资本金专用存款账户办理的资金支付业务。银行不得为未完成验资手续的人民币资本金专用存款账户办理人民币资金对外支付业务。

第十二条　境外投资者将其所得的人民币利润汇出境内的，银行在审核外商投资企业有关利润处置决议及纳税证明等有关材料后可直接办理。

第十三条　境外投资者将因减资、转股、清算、先行回收投资等所得人民币资金汇出境内的，银行应当在审核国家有关部门的批准或备案文件和纳税证明后为其办理人民币资金汇出手续。

第十四条　境外投资者将因人民币利润分配、先行回收投资、清算、减资、股权转让等所得人民币资金用于境内再投资或增加注册资本的，境外投资者可以将人民币资金存入人民币再投资专用存款账户，按照本办法办理有关结算业务。银行应当在审核国家有关部门的核准或备案文件和纳税证明后办理人民币资金对外支付。

第十五条　外商投资性公司、外商投资创业投资企业、外商股权投资企业和以投资为主要业务的外商投资合伙企业在境内依法以人民币开展投资业务的，其所投资企业应当按照《人民币银行结算账户管理办法》等银行结算账户管理规定，申请开立人民币资本金专用存款账户，专门用于存放人民币注册资本或出资资金并办理相关资金结算业务，该账户不得办理现金收付业务。

第十六条　境外投资者同时使用人民币资金和外汇资金出资的，银行应当按照本办法办理人民币资金结算手续,按照外汇管理有关规定办理外汇资金结算手续。人民币与外币的折算汇率为注册验资日当日中国人民银行公布的人民币汇率中间价。

第十七条 外商投资企业向其境外股东、集团内关联企业和境外金融机构的人民币借款和外汇借款应当合并计算总规模。

第十八条 外商投资企业应当按照《人民币银行结算账户管理办法》第十二条规定,凭人民币贷款合同,申请开立人民币一般存款账户,专门用于存放从境外借入的人民币资金。

第十九条 银行应当对外商投资企业人民币注册资本金和人民币借款资金使用的真实性和合规性进行审查,监督外商投资企业依法使用人民币资金。在办理结算业务过程中,银行应当根据有关审慎监管规定,要求企业提供支付命令函、资金用途证明等材料,并进行认真审核。

第二十条 外商投资企业用人民币偿还境外人民币借款本息的,可以凭贷款合同和支付命令函、纳税证明等材料直接到银行办理。

第三章 监督管理

第二十一条 银行应当认真履行信息报送义务,及时、准确、完整地向人民币跨境收付信息管理系统报送依据本办法开立的境外机构人民币银行结算账户、人民币资本金专用存款账户、人民币并购专用存款账户、人民币股权转让专用存款账户和人民币一般存款账户的开立信息,以及通过上述账户办理的跨境和境内人民币资金收入和支付信息。

第二十二条 银行应当按照《人民币银行结算账户管理办法》、《人民币银行结算账户管理办法实施细则》(银发〔2005〕16号文印发)和《境外机构人民币银行结算账户管理办法》等银行结算账户管理规定,为境外投资者、外商投资企业及其中方股东等存款人办理人民币银行结算账户业务。

第二十三条 在办理外商直接投资人民币结算业务时,银行和外商投资企业应当按照《国际收支统计申报办法》等有关规定办理国际收支申报。

第二十四条 银行在办理外商直接投资人民币结算业务时,应当按照《中华人民共和国反洗钱法》和中国人民银行的有关规定,切实履行反洗钱和反恐融资义务,预防利用外商直接投资人民币结算进行洗钱、恐怖融资等违法犯罪活动。银行应当收集境外投资者所在地的反洗钱和反恐融资信息,了解实际控制投资的自然人和投资真实受益人,评估投资的洗钱和恐怖融资风险,并采取适当的风险管理措施。

第二十五条 中国人民银行和有关部门建立必要的信息共享和管理机制,加大事后检查力度,有效监管外商直接投资人民币结算业务活动。

第二十六条 中国人民银行会同有关部门对银行、外商投资企业的外商直接投资人民币结算业务活动进行现场检查和非现场检查,以及资金使用的延伸检查,督促银行切实履行交易真实性审核、信息报送、反洗钱等职责。

第二十七条 银行、外商投资企业违反本办法有关规定的,中国人民银行会同有关部门可以依法对其进行通报批评或处罚;情节严重的,可以暂停或禁止银行、外商投资企业继续开展跨境人民币业务。

第二十八条 银行在办理外商直接投资人民币结算业务时违反有关审慎监管规定的,由有关部门依法进行处理;违反有关人民币银行结算账户和反洗钱、反恐融资等管理规定的,由中国人民银行依法进行处理。

第四章 附 则

第二十九条 本办法由中国人民银行负责解释。

第三十条 本办法自发布之日起施行。此前有关规定,与本办法不一致的,以本办法为准。

(2)存款业务

储蓄管理条例

1. 1992年12月11日国务院令第107号公布

2. 根据2011年1月8日国务院令第588号《关于废止和修改部分行政法规的决定》修订

第一章 总 则

第一条 为了发展储蓄事业,保护储户的合法权益,加强储蓄管理,制定本条例。

第二条 凡在中国境内办理储蓄业务的储蓄机构和参加储蓄的个人,必须遵守本条例的规定。

第三条 本条例所称储蓄是指个人将属于其所有的人民币或者外币存入储蓄机构,储蓄机构开具存折或者存单作为凭证,个人凭存折或者存单可以支取存款本金和利息,储蓄机构依照规定支付存款本金和利息的活动。

任何单位和个人不得将公款以个人名义转为储蓄存款。

第四条 本条例所称储蓄机构是指经中国人民银行或其分支机构批准,各银行、信用合作社办理储蓄业务的机构,以及邮政企业依法办理储蓄业务的机构。

第五条 国家保护个人合法储蓄存款的所有权及其他合法权益，鼓励个人参加储蓄。

储蓄机构办理储蓄业务，必须遵循“存款自愿，取款自由，存款有息，为储户保密”的原则。

第六条 中国人民银行负责全国储蓄管理工作。

中国人民银行及其分支机构负责储蓄机构和储蓄业务的审批，协调、仲裁有关储蓄机构之间在储蓄业务方面的争议，监督、稽核储蓄机构的业务工作，纠正和处罚违反国家储蓄法律、法规和政策的行为。

第七条 中国人民银行经国务院批准，可以采取适当措施稳定储蓄，保护储户利益。

第八条 除储蓄机构外，任何单位和个人不得办理储蓄业务。

第二章 储 蓄 机 构

第九条 储蓄机构的设置，应当遵循统一规划，方便群众，注重实效，确保安全的原则。

第十条 储蓄机构的设置，应当按照国家有关规定报中国人民银行或其分支机构批准，并申领《经营金融业务许可证》，但国家法律、行政法规另有规定的除外。

第十一条 储蓄机构的设置必须具备下列条件：

（一）有机构名称、组织机构和营业场所；

（二）熟悉储蓄业务的工作人员不少于四人；

（三）有必要的安全防范设备。

第十二条 经当地中国人民银行分支机构批准，储蓄机构可以设立储蓄代办点。储蓄代办点的管理办法，由中国人民银行规定。

第十三条 储蓄机构应当按照规定时间营业，不得擅自停业或者缩短营业时间。

第十四条 储蓄机构应当保证储蓄存款本金和利息的支付，不得违反规定拒绝支付储蓄存款本金和利息。

第十五条 储蓄机构不得使用不正当手段吸收储蓄存款。

第三章 储 蓄 业 务

第十六条 储蓄机构可以办理下列人民币储蓄业务：

（一）活期储蓄存款；

（二）整存整取定期储蓄存款；

（三）零存整取定期储蓄存款；

（四）存本取息定期储蓄存款；

（五）整存零取定期储蓄存款；

（六）定活两便储蓄存款；

（七）华侨（人民币）整存整取定期储蓄存款；

（八）经中国人民银行批准开办的其他种类的储蓄存款。

第十七条 经外汇管理部门批准，储蓄机构可以办理下列外币储蓄业务：

（一）活期储蓄存款；

（二）整存整取定期储蓄存款；

（三）经中国人民银行批准开办的其他种类的外币储蓄存款。

办理外币储蓄业务，存款本金和利息应当用外币支付。

第十八条 储蓄机构办理定期储蓄存款时，根据储户的意愿，可以同时为储户办理定期储蓄存款到期自动转存业务。

第十九条 根据国家住房改革的有关政策和实际需要，经当地中国人民银行分支机构批准，储蓄机构可以办理个人住房储蓄业务。

第二十条 经中国人民银行或其分支机构批准，储蓄机构可以办理下列金融业务：

（一）发售和兑付以居民个人为发行对象的国库券、金融债券、企业债券等有价证券；

（二）个人定期储蓄存款存单小额抵押贷款业务；

（三）其他金融业务。

第二十一条 储蓄机构可以办理代发工资和代收房租、水电费等服务性业务。

第四章 储蓄存款利率和计息

第二十二条 储蓄存款利率由中国人民银行拟订，经国务院批准后公布，或者由国务院授权中国人民银行制定、公布。

第二十三条 储蓄机构必须挂牌公告储蓄存款利率，不得擅自变动。

第二十四条 未到期的定期储蓄存款，全部提前支取的，按支取日挂牌公告的活期储蓄存款利率计付利息；部分提前支取的，提前支取的部分按支取日挂牌公告的活期储蓄存款利率计付利息，其余部分到期时按存单开户日挂牌公告的定期储蓄存款利率计付利息。

第二十五条 逾期支取的定期储蓄存款，其超过原定存期的部分，除约定自动转存的外，按支取日挂牌公告的活期储蓄存款利率计付利息。

第二十六条 定期储蓄存款在存期内遇有利率调整，按存单开户日挂牌公告的相应的定期储蓄存款利率计付利息。

第二十七条 活期储蓄存款在存入期间遇有利率调整，按结息日挂牌公告的活期储蓄存款利率计付利息。全部支取活期储蓄存款，按清户日挂牌公告的活期储蓄存款利率计付利息。

第二十八条 储户认为储蓄存款利息支付有错误时，有权向经办的储蓄机构申请复核；经办的储蓄机构应当及时受理、复核。

第五章 提前支取、挂失、查询和过户

第二十九条 未到期的定期储蓄存款,储户提前支取的,必须持存单和存款人的身份证明办理;代储户支取的,代支取人还必须持其身份证明。

第三十条 存单、存折分为记名式和不记名式。记名式的存单、存折可以挂失,不记名式的存单、存折不能挂失。

第三十一条 储户遗失存单、存折或者预留印鉴的印章的,必须立即持本人身份证明,并提供储户的姓名、开户时间、储蓄种类、金额、帐号及住址等有关情况,向其开户的储蓄机构书面申请挂失。在特殊情况下,储户可以用口头或者函电形式申请挂失,但必须在五天内补办书面申请挂失手续。

储蓄机构受理挂失后,必须立即停止支付该储蓄存款;受理挂失前该储蓄存款已被他人支取的,储蓄机构不负赔偿责任。

第三十二条 储蓄机构及其工作人员对储户的储蓄情况负有保密责任。

储蓄机构不代任何单位和个人查询、冻结或者划拨储蓄存款,国家法律、行政法规另有规定的除外。

第三十三条 储蓄存款的所有权发生争议,涉及办理过户的,储蓄机构依据人民法院发生法律效力的判决书、裁定书或者调解书办理过户手续。

第六章 法律责任

第三十四条 违反本条例规定,有下列行为之一的单位和个人,由中国人民银行或其分支机构责令其纠正,并可以根据情节轻重处以罚款、停业整顿、吊销《经营金融业务许可证》;情节严重,构成犯罪的,依法追究刑事责任:

(一)擅自开办储蓄业务的;

(二)擅自设置储蓄机构的;

(三)储蓄机构擅自开办新的储蓄种类的;

(四)储蓄机构擅自办理本条例规定以外的其他金融业务的;

(五)擅自停业或者缩短营业时间的;

(六)储蓄机构采取不正当手段吸收储蓄存款的;

(七)违反国家利率规定,擅自变动储蓄存款利率的;

(八)泄露储户储蓄情况或者未经法定程序代为查询、冻结、划拨储蓄存款的;

(九)其他违反国家储蓄法律、法规和政策的。

违反本条例第三条第二款规定的,依照国家有关规定予以处罚。

第三十五条 对处罚决定不服的,当事人可以依照《中华人民共和国行政复议法》的规定申请复议。对复议决定不服的,当事人可以依照《中华人民共和国行政诉讼法》的规定向人民法院提起诉讼。

第三十六条 复议申请人逾期不起诉又不履行复议决定的,依照《中华人民共和国行政复议法》的规定执行。

第三十七条 储蓄机构违反国家有关规定,侵犯储户合法权益,造成损失的,应当依法承担赔偿责任。

第七章 附 则

第三十八条 本条例施行前的定期储蓄存款,在原定存期内,依照本条例施行前国家有关规定办理计息事宜。

第三十九条 本条例由中国人民银行负责解释,实施细则由中国人民银行制定。

第四十条 本条例自1993年3月1日起施行。1980年5月28日中国人民银行发布的《中国人民银行储蓄存款章程》同时废止。

关于执行《储蓄管理条例》的若干规定

1. 1993年1月12日中国人民银行发布

2. 银发〔1993〕7号

第一条 储蓄存款是指个人所有的存入在中国境内储蓄机构的人民币或外币存款。任何单位不许将公款转为个人储蓄存款。公款的范围包括:凡列在国家机关、企业及事业单位会计科目的任何款项;各保险机构、企事业单位吸收的保险金存款;属于财政性存款范围的款项;国家机关和企事业单位的库存现金等。

第二条 储蓄机构是指经中国人民银行及其分支机构批准的各银行以及城市信用社、农村信用社和邮政企业依法办理个人储蓄存款业务的机构。

第三条 国家宪法保护个人合法储蓄存款的所有权不受侵犯。储蓄机构办理储蓄业务必须遵循“存款自愿、取款自由、存款有息、为储户保密”的原则。

第四条 中国人民银行是我国储蓄事业的主管机关,负责全国储蓄管理工作。中国人民银行根据宏观经济、金融及保护储户利益的需要,在报经国务院批准后,可以采取一些必要的措施,以稳定储蓄,稳定金融。

第五条 未经中国人民银行批准,任何部门和任何单位以及居民个人不得经办个人储蓄业务和类似储蓄的业务。

第六条　储蓄机构的设置，要遵循统一规划、合理布局、方便群众、讲求实效、确保安全的原则。储蓄机构的各业务主管部门，须向当地人民银行上报下一年度增设储蓄机构计划，由当地人民银行审核后汇总上报，于年底前上报人民银行总行审批。各地人民银行根据批准的计划逐一办理储蓄网点审批手续，统一发给《经营金融业务许可证》。但国家法律、行政法规另有规定的除外。

第七条　储蓄机构的设置必须同时具备三个条件：第一，有机构名称、组织机构和营业场所；第二，熟悉储蓄业务的工作人员不少于四人，保证营业时间内双人临柜；第三，有必要的安全防范设备。

第八条　直接办理储蓄存款业务的所有储蓄网点，是各银行和其他金融机构、邮政企业具体办理储蓄业务的基层单位，不具有法人资格。

第九条　储蓄代办网点是银行委托企业、机关、学校、军队等单位办理储蓄业务的代理机构，代办业务的开办、管理等必须严格按本《规定》的有关规定执行。

第十条　储蓄机构的更名、迁址、撤并，应事先报当地人民银行，按规定程序批准后，方可正式对外公布。

第十一条　储蓄机构的业务主管部门，对其所属的储蓄机构及其储蓄业务，负有直接的领导和管理责任；要认真贯彻国家的储蓄政策，对其所属储蓄机构做好监督和检查工作。

第十二条　储蓄机构应当按照规定时间营业，不得擅自停业或者缩短营业时间。

第十三条　各储蓄机构必须保证储蓄存款的支取，不得以任何理由拒绝储蓄存款的提取。

第十四条　储蓄机构以发展我国的储蓄事业，为储户提供优质服务为宗旨。下列做法属于“使用不正当手段吸收存款”：

（一）以散发有价馈赠品为条件吸收储蓄存款；

（二）发放各种名目的揽储费；

（三）利用不确切的广告宣传；

（四）利用汇款、贷款或其他业务手段强迫储户存款；

（五）利用各种名目多付利息、奖品或其他费用。

第十五条　下列储蓄种类，储蓄机构可根据条件开办全部或部分储蓄种类：

（一）活期储蓄存款。一元起存，由储蓄机构发给存折，凭折存取，开户后可以随时存取。

（二）整存整取定期储蓄存款。一般五十元起存，存期分三个月、半年、一年、二年、三年和五年，本金一次存入，由储蓄机构发给存单，到期凭存单支取本息。

（三）零存整取定期储蓄存款。每月固定存额，一般五元起存，存期分一年、三年、五年，存款金额由储户自定，每月存入一次，中途如有漏存，应在次月补齐，未补存者，到期支取时按实存金额和实际存期计算利息。

（四）存本取息定期储蓄存款。本金一次存入，一般五千元起存。存期分一年、三年、五年、由储蓄机构发给存款凭证，到期一次支取本金，利息凭存单分期支取，可以一个月或几个月取息一次，由储户与储蓄机构协商确定。如到取息日未取息，以后可随时取息。如果储户需要提前支取本金，则要按定期存款提前支取的规定计算存期内利息，并扣回多支付的利息。

（五）整存零取定期储蓄存款。本金一次存入，一般一千元起存，存期分一年、三年、五年。由储蓄机构发给存单，凭存单分期支取本金，支取期分一个月，三个月，半年一次，由储户与储蓄机构协商确定，利息于期满结清时支取。

（六）定活两便储蓄存款。由储蓄机构发给存单，一般五十元起存，存单分记名、不记名两种，记名式可挂失，不记名式不挂失。《条例》实施后存入的该项存款，计息一律按统一规定执行，即：存期不限，存期不满三个月的，按天数计付活期利息；存期三个月以上（含三个月），不满半年的，整个存期按支取日定期整存整取三个月存款利率打六折计息；存期半年以上（含半年），不满一年的，整个存期按支取日定期整存整取半年期存款利率打六折计息；存期在一年以上（含一年），无论存期多长，整个存期一律按支取日定期整存整取一年期存款利率打六折计息。对《条例》实施前存入的该项存款，按原规定执行。

（七）华侨（人民币）定期储蓄。华侨、港澳台同胞由国外或港澳地区汇入或携入的外币、外汇（包括黄金、白银）售给中国人民银行和在各专业银行兑换所得人民币存储本存款。该存款为定期整存整取一种。存期分为一年、三年、五年。存款利息按规定的优惠利率计算。开户时凭“外汇兑换证明”或“侨汇证明书”在规定的时间内办理存储手续，由储蓄机构发给存单。存款到期，凭存单支取存款，如存款人在存款时有加凭印鉴的约定，支取时还必须加凭印鉴。如提前支取，则按人民币整存整取定期储蓄规定处理。该种储蓄支取时只能支取人民币，不能支取外币，不能汇往港澳台地区或国外。存款到期后可以办理转期手续，支付的利息亦可加入本金一并存储。

第十六条　储蓄机构办理上述第十五条范围以外的储蓄种类，必须报经中国人民银行总行批准。储蓄机构未经审批擅自开办新的储蓄种类档次，由中国人民银行及其分支机构负责查处，并将这部分存款转存当地人民银行。存款自转存人民银行到期满止，这部分利息仍由储蓄机构支付。

第十七条　经省级外汇管理部门批准，储蓄机构可办理外币储蓄业务，个人外币储蓄存款的种类、利率、档次及其利息支付办法，按中国人民银行总行的统一规定执行；办理其他外币储蓄业务需经中国人民银行总行审批。

第十八条　储蓄机构在为储户开立定期存款账户时，可根据储户意愿，办理定期存款到期约定或自动转存业务。约定转存、自动转存的具体办法由经营储蓄的主管部门自行制定、公布。

第十九条　经中国人民银行省级分行批准，储蓄机构可以办理个人住房储蓄业务。住房储蓄的利率要执行中国人民银行总行的规定。住房储蓄存款的运用必须与商品房的建设和商品房的销售直接挂钩，不得用到其他地方。

第二十条　储蓄机构经中国人民银行或其分支机构批准，可以办理以下金融业务：

（一）发售和兑付以居民个人为对象的国库券、金融债券、企业债券等有价证券。

（二）开办个人定期储蓄存单小额抵押贷款业务，须由储蓄机构业务主管部门拟定具体办法，并向省级人民银行申报，经批准后方可办理。

（三）经批准的其他金融业务。

储蓄机构经申报批准后办理的不属于储蓄业务的其他金融业务，必须遵循国家的有关规定。

第二十一条　储蓄机构可以办理代发工资、代收房租、水电费、电话费等服务性业务，代理服务性业务由各储蓄机构主管部门与被代理业务部门自行商定。

第二十二条　储蓄存款利率由中国人民银行统一拟定，报经国务院批准后公布或由国务院授权中国人民银行制定、公布，各储蓄机构必须挂牌公告，并严格执行国家规定的统一利率标准，不得以任何形式自行变动。

第二十三条　《条例》实施前存入的各种定期储蓄存款，在原定存期内如遇利率上调，仍实行分段计息的办法。

第二十四条　《条例》实施前存入的各种定期储蓄存款，储户如提前支取，其提前支取的部分，仍按原规定执行。

第二十五条　《条例》实施前存入的各种定期储蓄存款，其逾期部分的计息，以《条例》生效日（一九九三年三月一日）为界，以前的逾期部分仍按原办法计息，以后的逾期部分，均按照该存款支取日银行挂牌公告的活期存款利率计付。

第二十六条　《条例》实施后，新存入的各种定期储蓄存款，在原定存期内如遇调整利率，不论调高或调低，均按存单开户日所定利率计付利息，不分段计息。

第二十七条　《条例》实施后，新存入的定期储蓄存款，全部提前支取和部分提前支取的部分，均按支取日挂牌公告的活期储蓄利率计息，未提前支取的部分，仍按原存单所定利率计付利息。

第二十八条　《条例》实施后，新存入的各种定期储蓄存款，逾期部分均按支取日挂牌公告的活期存款利率计付利息。

第二十九条　《条例》实施后，不论何时存入的活期储蓄存款，如遇利率调整，不分段计息，均以结息日挂牌公告的活期存款利率计付利息（每年六月三十日为结息日，结算利息一次，并入本金起息，元以下的尾数不计利息）。未到结息日清户者，按清户日挂牌公告的活期存款利率算至清户前一天止。

第三十条　如定期存款恰逢法定节假日到期，造成储户不能按期取款，储户可在储蓄机构节假日前一天办理支取存款，对此，手续上视同提前支取，但利息按到期支取计算。

第三十一条　储户若发现利息支付有误，有权向经办的储蓄机构查询，储蓄机构应及时为储户复核，如核实确认有误，要如实更正。

第三十二条　储蓄机构因擅自提高或变相提高利率的，由当地中国人民银行责令其纠正，并予以通报批评；由于提高利率而吸收的存款，缴存当地人民银行专户管理，不付利息，到存款期满止，这部分利息仍由该储蓄机构支付给储户。

第三十三条　对吸收公款的储蓄机构，由当地中国人民银行责令限期清理。未按期清理的按吸收存款额每天处以万分之五的罚息；储蓄代办点吸收的公款，除按吸收存款额每天处以万分之五的罚息外，还要追回向银行收取的利息或代办费。凡未经批准而开办业务的储蓄机构，一经查出，要责令其限期关闭，其吸收的储蓄存款由当地中国人民银行指定转存就近储蓄机构。

第三十四条　储户支取未到期的定期储蓄存款，必须持存单和本人居民身份证明（居民身份证、户口簿、军人证，外籍储户凭护照、居住证——下同）办理。代他人支取未到期定期存款的，代支取人还必须出具其居民身份证明。办理提前支取手续，出具其他身份证明无效，特殊情况的处理，可由储蓄机构业务主管部门自定。

第三十五条　储蓄机构对于储户要求提前支取定期存款，在具备上述第三十四条条件下，验证存单开户人姓名与证件姓名一致后，即可支付该笔未到期定期存款。

第三十六条　储户的存单（折）分为记名式和不记名式，记名式的存单（折）可挂失，不记名式的不可以挂失。

第三十七条　储户的存单、存折如有遗失，必须立即持本人居民身份证明，并提供姓名、存款时间、种类、金额、账号及住址等有关情况，书面向原储蓄机构正式声明挂失止付。储蓄机构在确认该笔存款未被支取的前提下，方可受理挂失手续，挂失七天后，储户需与储蓄机构约定时间，办理补领新存单（折）或支取存款手续。如储户本人不能前往办理，可委托他人代为办理挂失手续，但被委托人要出示其身份证明。如储户不能办理书面挂失手续，而用电话、电报、信函挂失，则必须在挂失五天之内补办书面挂失手续，否则挂失不再有效。若存款在挂失前或挂失失效后已被他人支取，储蓄机构不负责任。

第三十八条　储蓄机构若发现有伪造、涂改存单和冒领存款者，应扣留存单（折），并报告有关部门进行处理。

第三十九条　为维护储户的利益，凡查询、冻结、扣划个人存款者必须按法律、行政法规规定办理，任何单位不得擅自查询、冻结和扣划储户的存款。人民法院、人民检察院、公安机关和国家安全部门等因侦查、起诉、审理案件，需要向储蓄机构查询与案件直接有关的个人存款时，须向储蓄机构提出县级或县级以上法院、检察院、公安机关或国家安全机关等正式查询公函，并提供存款人的有关线索，如存款人的姓名、储蓄机构名称、存款日期等情况；储蓄机构不能提供原始账册，只能提供复印件。对储蓄机构提供的存款情况，查询单位应保守秘密。

第四十条　储蓄存款的所有权发生争议，涉及办理过户或支付手续，应慎重处理。

（一）存款人死亡后，合法继承人为证明自己的身份和有权提取该项存款，应向储蓄机构所在地的公证处（未设公证处的地方向县、市人民法院——下同）申请办理继承权证明书，储蓄机构凭以办理过户或支付手续。该项存款的继承权发生争执时，由人民法院判处。储蓄机构凭人民法院的判决书、裁定书或调解书办理过户或支付手续。

（二）存款人已死亡，但存单持有人没有向储蓄机构申明遗产继承过程，也没有持存款所在地法院判决书，直接去储蓄机构支取或转存存款人生前的存款，储蓄机构都视为正常支取或转存，事后而引起的存款继承争执，储蓄机构不负责任。

（三）在国外的华侨和港澳台同胞等在国内储蓄机构的存款或委托银行代为保管的存款，原存款人死亡，其合法继承人在国内者，凭原存款人的死亡证明向储蓄机构所在地的公证处申请办理继承权证明书，储蓄机构凭以办理存款的过户或支付手续。

（四）在我国定居的外国公民（包括无国籍者），存入我国储蓄机构的存款，其存款过户或提取手续，与我国公民存款处理手续相同，按照上述规定办理。与我国订有双边领事协定的外国侨民应按协定的具体规定办理。

（五）继承人在国外者，可凭原存款人的死亡证明和经我国驻该国使、领馆认证的亲属证明，向我国公证机关申请办理继承权证明书，储蓄机构凭以办理存款的过户或支付手续。继承人所在国如系禁汇国家，按上述规定办理有困难时，可由当地侨团、友好社团和爱国侨领、友好人士提供证明，并由我驻所在国使领馆认证后，向我国公证机关申请办理继承权证明书，储蓄机构再凭以办理过户或支付手续。继承人所在国如未与我建交，应根据特殊情况，特殊处理。居住国外的继承人继承在我国内储蓄机构的存款，能否汇出国外，按我国外汇管理条例的有关规定办理。

（六）存款人死亡后，无法定继承人又无遗嘱的，经当地公证机关证明，按财政部门规定，全民所有制企事业单位、国家机关、群众团体的职工存款，上缴国库收归国有。集体所有制企事业单位的职工，可转归集体所有。此项上缴国库或转归集体所有的存款都不计利息。

第四十一条　具有《储蓄管理条例》第三十四条行为之一的，中国人民银行及其分支机构有权令其纠正，根据国家有关法律、行政法规及政策，可处以罚款、停业整顿、吊销《经营金融业务许可证》，情节严重，构成犯罪的，由有关部门依法追究刑事责任。当事人若对有关部门的处罚决定不服，可依照《行政复议条例》的规定申请复议。对复议决定不服的，当事人可依照《中华人民共和国行政诉讼法》的规定向人民法院提起诉讼，由法院予以裁决。但当事人既不履行复议决定又不起诉的，则要按《行政复议条例》的规定执行。

第四十二条　储蓄机构违反国家有关规定，侵犯储户合法权益，造成损失的，储蓄机构应当依法承担赔偿责任。

第四十三条　《条例》和本《规定》执行过程中遇到的问题，请各行及时反馈中国人民银行总行利率储蓄管理司。

第四十四条　根据《条例》和本《规定》的执行情况，中国人民银行将在适当的时候颁布《储蓄管理条例实施细则》。

个人存款账户实名制规定

1. 2000年3月20日国务院令第285号公布
2. 自2000年4月1日起施行

第一条　为了保证个人存款账户的真实性，维护存款人的合法权益,制定本规定。

第二条　中华人民共和国境内的金融机构和在金融机构开立个人存款账户的个人,应当遵守本规定。

第三条　本规定所称金融机构,是指在境内依法设立和经营个人存款业务的机构。

第四条　本规定所称个人存款账户,是指个人在金融机构开立的人民币、外币存款账户,包括活期存款账户、定期存款账户、定活两便存款账户、通知存款账户以及其他形式的个人存款账户。

第五条　本规定所称实名,是指符合法律、行政法规和国家有关规定的身份证件上使用的姓名。

下列身份证件为实名证件:

(一)居住在境内的中国公民,为居民身份证或者临时居民身份证;

(二)居住在境内的16周岁以下的中国公民,为户口簿;

(三)中国人民解放军军人,为军人身份证件;中国人民武装警察,为武装警察身份证件;

(四)香港、澳门居民,为港澳居民往来内地通行证;台湾居民,为台湾居民来往大陆通行证或者其他有效旅行证件;

(五)外国公民,为护照。

前款未作规定的,依照有关法律、行政法规和国家有关规定执行。

第六条　个人在金融机构开立个人存款账户时,应当出示本人身份证件,使用实名。

代理他人在金融机构开立个人存款账户的,代理人应当出示被代理人和代理人的身份证件。

第七条　在金融机构开立个人存款账户的,金融机构应当要求其出示本人身份证件,进行核对,并登记其身份证件上的姓名和号码。代理他人在金融机构开立个人存款账户的,金融机构应当要求其出示被代理人和代理人的身份证件,进行核对,并登记被代理人和代理人的身份证件上的姓名和号码。

不出示本人身份证件或者不使用本人身份证件上的姓名的,金融机构不得为其开立个人存款账户。

第八条　金融机构及其工作人员负有为个人存款账户的情况保守秘密的责任。

金融机构不得向任何单位或者个人提供有关个人存款账户的情况,并有权拒绝任何单位或者个人查询、冻结、扣划个人在金融机构的款项;但是,法律另有规定的除外。

第九条　金融机构违反本规定第七条规定的,由中国人民银行给予警告,可以处1000元以上5000元以下的罚款;情节严重的,可以并处责令停业整顿,对直接负责的主管人员和其他直接责任人员依法给予纪律处分;构成犯罪的,依法追究刑事责任。

第十条　本规定施行前,已经在金融机构开立的个人存款账户,按照本规定施行前国家有关规定执行;本规定施行后,在原账户办理第一笔个人存款时,原账户没有使用实名的,应当依照本规定使用实名。

第十一条　本规定由中国人民银行组织实施。

第十二条　本规定自2000年4月1日起施行。

对储蓄存款利息所得征收个人所得税的实施办法

1. 1999年9月30日国务院令第272号发布

2. 根据2007年7月20日国务院令第502号《关于修改〈对储蓄存款利息所得征收个人所得税的实施办法〉的决定》修订

第一条　根据《中华人民共和国个人所得税法》第十二条的规定,制定本办法。

第二条　从中华人民共和国境内的储蓄机构取得人民币、外币储蓄存款利息所得的个人,应当依照本办法缴纳个人所得税。

第三条　对储蓄存款利息所得征收个人所得税的计税依据为纳税人取得的人民币、外币储蓄存款利息所得。

第四条　对储蓄存款利息所得征收个人所得税,减按5%的比例税率执行。减征幅度的调整由国务院决定。

第五条　对个人取得的教育储蓄存款利息所得以及国务院财政部门确定的其他专项储蓄存款或者储蓄性专项基金存款的利息所得,免征个人所得税。

前款所称教育储蓄是指个人按照国家有关规定在指定银行开户、存入规定数额资金、用于教育目的的专项储蓄。

第六条　对储蓄存款利息所得,按照每次取得的利息所得额计征个人所得税。

第七条　对储蓄存款利息所得征收个人所得税,以结付利息的储蓄机构为扣缴义务人,实行代扣代缴。

第八条　扣缴义务人在向储户结付利息时,依法代扣代缴税款。

前款所称结付利息,包括储户取款时结付利息、活期存款结息日结付利息和办理储蓄存款自动转存业务时结付利息等。

扣缴义务人代扣税款,应当在给储户的利息结付单上注明。

第九条　扣缴义务人每月代扣的税款,应当在次月7日内缴入中央国库,并向当地主管税务机关报送代扣代缴税款报告表;代扣的税款为外币的,应当折合成人民币缴入中央国库。

第十条　对扣缴义务人按照所扣缴的税款，付给2%的手续费。

第十一条　税务机关应当加强对扣缴义务人代扣代缴税款情况的监督和检查，扣缴义务人应当积极予以配合，如实反映情况，提供有关资料，不得拒绝、隐瞒。

第十二条　对储蓄存款利息所得征收的个人所得税，由国家税务局依照《中华人民共和国税收征收管理法》、《中华人民共和国个人所得税法》及本办法的规定负责征收管理。

第十三条　本办法所称储蓄机构，是指经国务院银行业监督管理机构批准的商业银行、城市信用合作社和农村信用合作社等吸收公众存款的金融机构。

第十四条　储蓄存款在1999年10月31日前孳生的利息所得，不征收个人所得税；储蓄存款在1999年11月1日至2007年8月14日孳生的利息所得，按照20%的比例税率征收个人所得税；储蓄存款在2007年8月15日后孳生的利息所得，按照5%的比例税率征收个人所得税。

第十五条　本办法自1999年11月1日起施行。

存款保险条例

1. 2015年2月17日国务院令第660号公布
2. 自2015年5月1日起施行

第一条　为了建立和规范存款保险制度，依法保护存款人的合法权益，及时防范和化解金融风险，维护金融稳定，制定本条例。

第二条　在中华人民共和国境内设立的商业银行、农村合作银行、农村信用合作社等吸收存款的银行业金融机构（以下统称投保机构），应当依照本条例的规定投保存款保险。

投保机构在中华人民共和国境外设立的分支机构，以及外国银行在中华人民共和国境内设立的分支机构不适用前款规定。但是，中华人民共和国与其他国家或者地区之间对存款保险制度另有安排的除外。

第三条　本条例所称存款保险，是指投保机构向存款保险基金管理机构交纳保费，形成存款保险基金，存款保险基金管理机构依照本条例的规定向存款人偿付被保险存款，并采取必要措施维护存款以及存款保险基金安全的制度。

第四条　被保险存款包括投保机构吸收的人民币存款和外币存款。但是，金融机构同业存款、投保机构的高级管理人员在本投保机构的存款以及存款保险基金管理机构规定不予保险的其他存款除外。

第五条　存款保险实行限额偿付，最高偿付限额为人民币50万元。中国人民银行会同国务院有关部门可以根据经济发展、存款结构变化、金融风险状况等因素调整最高偿付限额，报国务院批准后公布执行。

同一存款人在同一家投保机构所有被保险存款账户的存款本金和利息合并计算的资金数额在最高偿付限额以内的，实行全额偿付；超出最高偿付限额的部分，依法从投保机构清算财产中受偿。

存款保险基金管理机构偿付存款人的被保险存款后，即在偿付金额范围内取得该存款人对投保机构相同清偿顺序的债权。

社会保险基金、住房公积金存款的偿付办法由中国人民银行会同国务院有关部门另行制定，报国务院批准。

第六条　存款保险基金的来源包括：

（一）投保机构交纳的保费；

（二）在投保机构清算中分配的财产；

（三）存款保险基金管理机构运用存款保险基金获得的收益；

（四）其他合法收入。

第七条　存款保险基金管理机构履行下列职责：

（一）制定并发布与其履行职责有关的规则；

（二）制定和调整存款保险费率标准，报国务院批准；

（三）确定各投保机构的适用费率；

（四）归集保费；

（五）管理和运用存款保险基金；

（六）依照本条例的规定采取早期纠正措施和风险处置措施；

（七）在本条例规定的限额内及时偿付存款人的被保险存款；

（八）国务院批准的其他职责。

存款保险基金管理机构由国务院决定。

第八条　本条例施行前已开业的吸收存款的银行业金融机构，应当在存款保险基金管理机构规定的期限内办理投保手续。

本条例施行后开业的吸收存款的银行业金融机构，应当自工商行政管理部门颁发营业执照之日起6个月内，按照存款保险基金管理机构的规定办理投保手续。

第九条　存款保险费率由基准费率和风险差别费率构成。费率标准由存款保险基金管理机构根据经济金融发展状况、存款结构情况以及存款保险基金的累积水平等因素制定和调整，报国务院批准后执行。

各投保机构的适用费率，由存款保险基金管理机构根据投保机构的经营管理状况和风险状况等因素确定。

第十条 投保机构应当交纳的保费，按照本投保机构的被保险存款和存款保险基金管理机构确定的适用费率计算，具体办法由存款保险基金管理机构规定。

投保机构应当按照存款保险基金管理机构的要求定期报送被保险存款余额、存款结构情况以及与确定适用费率、核算保费、偿付存款相关的其他必要资料。

投保机构应当按照存款保险基金管理机构的规定，每6个月交纳一次保费。

第十一条 存款保险基金的运用，应当遵循安全、流动、保值增值的原则，限于下列形式：

（一）存放在中国人民银行；

（二）投资政府债券、中央银行票据、信用等级较高的金融债券以及其他高等级债券；

（三）国务院批准的其他资金运用形式。

第十二条 存款保险基金管理机构应当自每一会计年度结束之日起3个月内编制存款保险基金收支的财务会计报告、报表，并编制年度报告，按照国家有关规定予以公布。

存款保险基金的收支应当遵守国家统一的财务会计制度，并依法接受审计机关的审计监督。

第十三条 存款保险基金管理机构履行职责，发现有下列情形之一的，可以进行核查：

（一）投保机构风险状况发生变化，可能需要调整适用费率的，对涉及费率计算的相关情况进行核查；

（二）投保机构保费交纳基数可能存在问题的，对其存款的规模、结构以及真实性进行核查；

（三）对投保机构报送的信息、资料的真实性进行核查。

对核查中发现的重大问题，应当告知银行业监督管理机构。

第十四条 存款保险基金管理机构参加金融监督管理协调机制，并与中国人民银行、银行业监督管理机构等金融管理部门、机构建立信息共享机制。

存款保险基金管理机构应当通过信息共享机制获取有关投保机构的风险状况、检查报告和评级情况等监督管理信息。

前款规定的信息不能满足控制存款保险基金风险、保证及时偿付、确定差别费率等需要的，存款保险基金管理机构可以要求投保机构及时报送其他相关信息。

第十五条 存款保险基金管理机构发现投保机构存在资本不足等影响存款安全以及存款保险基金安全的情形的，可以对其提出风险警示。

第十六条 投保机构因重大资产损失等原因导致资本充足率大幅度下降，严重危及存款安全以及存款保险基金安全的，投保机构应当按照存款保险基金管理机构、中国人民银行、银行业监督管理机构的要求及时采取补充资本、控制资产增长、控制重大交易授信、降低杠杆率等措施。

投保机构有前款规定情形，且在存款保险基金管理机构规定的期限内未改进的，存款保险基金管理机构可以提高其适用费率。

第十七条 存款保险基金管理机构发现投保机构有《中华人民共和国银行业监督管理法》第三十八条、第三十九条规定情形的，可以建议银行业监督管理机构依法采取相应措施。

第十八条 存款保险基金管理机构可以选择下列方式使用存款保险基金，保护存款人利益：

（一）在本条例规定的限额内直接偿付被保险存款；

（二）委托其他合格投保机构在本条例规定的限额内代为偿付被保险存款；

（三）为其他合格投保机构提供担保、损失分摊或者资金支持，以促成其收购或者承担被接管、被撤销或者申请破产的投保机构的全部或者部分业务、资产、负债。

存款保险基金管理机构在拟订存款保险基金使用方案选择前款规定方式时，应当遵循基金使用成本最小的原则。

第十九条 有下列情形之一的，存款人有权要求存款保险基金管理机构在本条例规定的限额内，使用存款保险基金偿付存款人的被保险存款：

（一）存款保险基金管理机构担任投保机构的接管组织；

（二）存款保险基金管理机构实施被撤销投保机构的清算；

（三）人民法院裁定受理对投保机构的破产申请；

（四）经国务院批准的其他情形。

存款保险基金管理机构应当依照本条例的规定，在前款规定情形发生之日起7个工作日内足额偿付存款。

第二十条 存款保险基金管理机构的工作人员有下列行为之一的，依法给予处分：

（一）违反规定收取保费；

（二）违反规定使用、运用存款保险基金；

（三）违反规定不及时、足额偿付存款。

存款保险基金管理机构的工作人员滥用职权、玩忽职守、泄露国家秘密或者所知悉的商业秘密的,依法给予处分;构成犯罪的,依法追究刑事责任。

第二十一条 投保机构有下列情形之一的,由存款保险基金管理机构责令限期改正;逾期不改正或者情节严重的,予以记录并作为调整该投保机构的适用费率的依据:

(一)未依法投保;

(二)未依法及时、足额交纳保费;

(三)未按照规定报送信息、资料或者报送虚假的信息、资料;

(四)拒绝或者妨碍存款保险基金管理机构依法进行的核查;

(五)妨碍存款保险基金管理机构实施存款保险基金使用方案。

投保机构有前款规定情形的,存款保险基金管理机构可以对投保机构的主管人员和直接责任人员予以公示。投保机构有前款第二项规定情形的,存款保险基金管理机构还可以按日加收未交纳保费部分0.05%的滞纳金。

第二十二条 本条例施行前,已被国务院银行业监督管理机构依法决定接管、撤销或者人民法院已受理破产申请的吸收存款的银行业金融机构,不适用本条例。

第二十三条 本条例自2015年5月1日起施行。

人民币单位存款管理办法

1. 1997年11月15日中国人民银行发布

2. 银发〔1997〕485号

第一章 总 则

第一条 为加强单位存款的管理,规范金融机构的单位存款业务,根据《中华人民共和国中国人民银行法》、《中华人民共和国商业银行法》及其他有关法律、行政法规,制订本办法。

第二条 凡在中华人民共和国境内办理人民币单位存款业务的金融机构和参加人民币存款的单位,必须遵守本办法的规定。

第三条 本办法所称单位存款是指企业、事业、机关、部队和社会团体等单位在金融机构办理的人民币存款,包括定期存款、活期存款、通知存款、协定存款及经中国人民银行批准的其他存款。

第四条 中国人民银行负责金融机构单位存款业务的管理、监督和稽核工作,协调存款单位与金融机构的争议。

第五条 除经中国人民银行批准办理单位存款业务的金融机构外,其他任何单位和个人不得办理此项业务。

第六条 经批准的金融机构吸收单位存款应不超过中国人民银行核定的范围,同时遵守本办法的有关规定。

第七条 财政拨款、预算内资金及银行贷款不得作为单位定期存款存入金融机构。

第八条 任何单位和个人不得将公款以个人名义转为储蓄存款。

任何个人不得将私款以单位名义存入金融机构;任何单位不得将个人或其他单位的款项以本单位名义存入金融机构。

第二章 单位定期存款及计息

第九条 单位定期存款的期限分三个月、半年、一年三个档次。起存金额1万元,多存不限。

第十条 金融机构对单位定期存款实行账户管理(大额可转让定期存款除外)。存款时单位须提交开户申请书、营业执照正本等,并预留印鉴。印鉴应包括单位财务专用章、单位法定代表人章(或主要负责人印章)和财会人员章。由接受存款的金融机构给存款单位开具“单位定期存款开户证实书”(以下简称“证实书”),证实书仅对存款单位开户证实,不得作为质押的权利凭证。

第十一条 存款单位支取定期存款只能以转账方式将存款转入其基本存款账户,不得将定期存款用于结算或从定期存款账户中提取现金。支取定期存款时,须出具证实书并提供预留印鉴,存款所在金融机构审核无误后为其办理支取手续,同时收回证实书。

第十二条 单位定期存款在存期内按存款存入日挂牌公告的定期存款利率计付利息,遇利率调整,不分段计息。

第十三条 单位定期存款可以全部或部分提前支取,但只能提前支取一次。全部提前支取的,按支取日挂牌公告的活期存款利率计息;部分提前支取的,提前支取的部分按支取日挂牌公告的活期存款利率计息,其余部分如不低于起存金额由金融机构按原存期开具新的证实书,按原存款开户日挂牌公告的同档次定期存款利率计息;不足起存金额则予以清户。

第十四条 单位定期存款到期不取,逾期部分按支取日挂牌公告的活期存款利率计付利息。

第十五条 金融机构办理大额可转让定期存单业务按照《大额可转让定期存单管理办法》执行。

第三章 单位活期存款、通知存款、协定存款及计息

第十六条 金融机构对单位活期存款实行账户管理。金

融机构和开立活期存款账户的单位必须遵守《银行账户管理办法》。

第十七条 单位活期存款按结息日挂牌公告的活期存款利率计息,遇利率调整不分段计息。

第十八条 金融机构开办单位通知存款须经中国人民银行批准,并遵守经中国人民银行核准的通知存款章程。通知存款按支取日挂牌公告的同期同档次通知存款利率计息。

第十九条 金融机构开办协定存款须经中国人民银行批准,并遵守经人民银行核准的协定存款章程。协定存款利率由中国人民银行确定并公布。

第四章 单位存款的变更、挂失及查询

第二十条 因存款单位人事变动,需要更换单位法定代表人章(或单位负责人章)或财会人员印章时,必须持单位公函及经办人身份证件向存款所在金融机构办理更换印鉴手续,如为单位定期存款,应同时出示金融机构为其开具的证实书。

第二十一条 因存款单位机构合并或分立,其定期存款需要过户或分户,必须持原单位公函、工商部门的变更、注销或设立登记证明及新印鉴(分户时还须提供双方同意的存款分户协定)等有关证件向存款所在金融机构办理过户或分户手续,由金融机构换发新证实书。

第二十二条 存款单位的密码失密或印鉴遗失、损毁,必须持单位公函,向存款所在金融机构申请挂失。

金融机构受理挂失后,挂失生效。如存款在挂失生效前已被人按规定手续支取,金融机构不负赔偿责任。

第二十三条 存款单位迁移时,其定期存款如未到期转移,应办理提前支取手续,按支取日挂牌公布的活期利率一次性结清。

第二十四条 金融机构应对存款单位的存款保密,有权拒绝除法律、行政法规另有规定以外的任何单位或个人查询;有权拒绝除法律另有规定以外的任何单位冻结、扣划。

第五章 法律责任

第二十五条 未经中国人民银行批准,擅自开办单位存款业务的单位或个人,按照《中华人民共和国商业银行法》第七十九条予以处罚。

第二十六条 商业银行违反国家利率政策提高或降低利率以及采用其他不正当手段吸收存款,或者超范围吸收单位存款的,按照《中华人民共和国商业银行法》第七十五条、第七十六条及《中国人民银行利率管理规定》的有关条款予以处罚。

第二十七条 商业银行违反本办法第十一条规定,为存款单位支付现金的,或办理活期存款业务时违反《银行账户管理办法》的,按照《现金管理暂行条例》、《大额现金支付登记备案制度》、《关于大额现金支付管理的通知》及《银行账户管理办法》的有关规定予以处罚。

第二十八条 商业银行违反本办法第二十四条规定,泄漏存款单位的存款情况或未经法定程序代为查询、冻结、扣划单位存款的,按照《中华人民共和国商业银行法》第七十三条予以处罚。

第二十九条 非银行金融机构违反本办法规定的,按有关法律法规及金融管理规定予以处罚。

第三十条 对处罚决定不服的,当事人可以依照《行政复议条例》的规定申请复议。对复议决定不服的,当事人可以依照《中华人民共和国行政诉讼法》的规定向人民法院提起诉讼。

第六章 附 则

第三十一条 本办法由中国人民银行负责解释。

第三十二条 本办法从发布之日起执行。中国人民银行1982年制订的《单位定期存款暂行办法》(银发〔1982〕165号)同时废止。

通知存款管理办法

1. *1999年1月3日中国人民银行发布*
2. *银发〔1999〕3号*

第一条 为进一步规范通知存款业务,维护存款人的利益,根据《中华人民共和国中国人民银行法》及其他相关法规,制定本办法。

第二条 本办法所称通知存款,是指存款人在存入款项时不约定存期,支取时需提前通知金融机构,约定支取存款日期和金额方能支取的存款。

第三条 凡在中华人民共和国境内的个人、法人和其他组织,均可到经中国人民银行批准开办通知存款业务的金融机构办理该项存款。

第四条 通知存款不论实际存期多长,按存款人提前通知的期限长短划分为一天通知存款和七天通知存款两个品种。一天通知存款必须提前一天通知约定支取存款,七天通知存款必须提前七天通知约定支取存款。

第五条 通知存款的最低起存金额:个人为5万元,单位为50万元;最低支取金额:个人为5万元;单位为10万元。存款人需一次性存入,可以一次或分次支取。

第六条 通知存款为记名式存款。个人通知存款采用记

名存单形式，单位通知存款采用记名存款凭证形式。存单或存款凭证须注明“通知存款”字样。

第七条 存款人提前通知金融机构约定支取通知存款的方式由金融机构与存款人自行约定。

第八条 通知存款存入时，存款人自由选择通知存款品种（一天通知存款或七天通知存款），但存单或存款凭证上不注明存期和利率，金融机构按支取日挂牌公告的相应利率水平和实际存期计息，利随本清。

第九条 通知存款如遇以下情况，按活期存款利率计息：

（一）实际存期不足通知期限的，按活期存款利率计息；

（二）未提前通知而支取的，支取部分按活期存款利率计息；

（三）已办理通知手续而提前支取或逾期支取的，支取部分按活期存款利率计息；

（四）支取金额不足或超过约定金额的，不足或超过部分按活期存款利率计息；

（五）支取金额不足最低支取金额的，按活期存款利率计息。

第十条 通知存款已办理通知手续而不支取或在通知期限内取消通知的，通知期限内不计息。

第十一条 通知存款部分支取，留存部分高于最低起存金额的，需重新填写通知存款单或凭证，从原开户日计算存期；留存部分低于起存金额的予以清户，按清户日挂牌公告的活期存款利率计息，或根据存款人意愿转为其他存款。

第十二条 邮政储蓄部门办理通知存款业务，按本办法执行。

第十三条 金融机构或邮政储蓄部门违反本办法办理通知存款业务的，由中国人民银行按照有关规定进行相应的处罚。

第十四条 本办法仅适用于人民币业务，自颁布之日起执行。凡与本办法内容不一致的，以本办法为准。

第十五条 本办法由中国人民银行总行解释和修改。

教育储蓄管理办法

1. 2000年3月28日中国人民银行发布

2. 银发〔2000〕102号

3. 根据2020年4月29日中国人民银行令〔2020〕第2号《关于修改〈教育储蓄管理办法〉等规章的决定》修正

第一条 根据《储蓄管理条例》等有关规定制定本办法。

第二条 为了鼓励城乡居民以储蓄存款方式，为其子女接受非义务教育（指九年义务教育之外的全日制高中、大中专、大学本科、硕士和博士研究生）积蓄资金，促进教育事业发展，特开办教育储蓄。

第三条 办理储蓄存款业务的金融机构（不含邮政储蓄机构）均可开办教育储蓄。

第四条 教育储蓄具有储户特定、存期灵活、总额控制、利率优惠、利息免税的特点。

第五条 教育储蓄的对象（储户）为在校小学四年级（含四年级）以上学生。

第六条 教育储蓄采用实名制。办理开户时，须凭储户本人户口簿或居民身份证到储蓄机构以储户本人的姓名开立存款帐户，金融机构根据储户提供的上述证明，登记证件名称及号码等事项。

第七条 教育储蓄为零存整取定期储蓄存款。存期分为一年、三年和六年。最低起存金额为50元，本金合计最高限额为2万元。开户时储户应与金融机构约定每月固定存入的金额，分月存入，中途如有漏存，应在次月补齐，未补存者按零存整取定期储蓄存款的有关规定办理。

第八条 教育储蓄实行利率优惠。一年期、三年期教育储蓄按开户日同期同档次整存整取定期储蓄存款利率计息；六年期按开户日五年期整存整取定期储蓄存款利率计息。

第九条 教育储蓄在存期内遇利率调整，仍按开户日利率计息。

第十条 教育储蓄到期支取时按实存金额和实际存期计算利息。教育储蓄到期支取时应遵循以下规定：

（一）储户凭存折和学校提供的正在接受非义务教育的学生身份证明（以下简称“证明”）一次支取本金和利息。储户凭“证明”可以享受利率优惠，并免征储蓄存款利息所得税。金融机构支付存款本金和利息后，应在“证明”原件上加盖“已享受教育储蓄优惠”等字样的印章，每份“证明”只享受一次优惠。

（二）储户不能提供“证明”的，其教育储蓄不享受利率优惠，即一年期、三年期按开户日同期同档次零存整取定期储蓄存款利率计付利息；六年期按开户日五年期零存整取定期储蓄存款利率计付利息。同时，应按有关规定征收储蓄存款利息所得税。

第十一条 教育储蓄逾期支取，其超过原定存期的部分，按支取日活期储蓄存款利率计付利息，并按有关规定征收储蓄存款利息所得税。

第十二条 教育储蓄提前支取时必须全额支取。提前支取时，储户能提供“证明”的，按实际存期和开户日同期同档次整存整取定期储蓄存款利率计付利息，并免征储蓄存款利息所得税；储户未能提供"证明"的，按实际存期和支取日活期储蓄存款利率计付利息，并按有关规定征收储蓄存款利息所得税。

第十三条　储户办理挂失，应按《储蓄管理条例》有关规定执行。

~~**第十四条**　凡因户口迁移办理教育储蓄异地托收的，必须在存款到期后方可办理。储户须向委托行提供户口迁移证明及正在接受非义务教育的身份证明。不能提供"证明"的，不享受利率优惠，并应按有关规定征收个人存款利息所得税。~~（2020年4月29日删除）

第十五条　参加教育储蓄的储户，如申请助学贷款，在同等条件下，金融机构应优先解决。

第十六条　学校应从严管理"证明"，对开具的"证明"必须建立备案存查制度。其教育主管部门应定期检查，严禁滥开、滥用"证明"。

第十七条　各金融机构可根据本办法制定实施细则，并报中国人民银行备案。

第十八条　本办法由中国人民银行负责修改和解释。

第十九条　本办法自发布之日起实施。

大额存单管理暂行办法

1. 2015年6月2日中国人民银行公告〔2015〕第13号公布
2. 根据2016年6月3日中国人民银行公告〔2016〕第13号《关于修改〈大额存单管理暂行办法〉第六条的公告》修正

第一条　为规范大额存单业务发展，根据《中华人民共和国中国人民银行法》等法律法规，制定本办法。

第二条　本办法所称大额存单是指由银行业存款类金融机构面向非金融机构投资人发行的、以人民币计价的记账式大额存款凭证，是银行存款类金融产品，属一般性存款。

本办法所称银行业存款类金融机构（以下称发行人）包括政策性银行、商业银行、农村合作金融机构以及中国人民银行认可的其他金融机构。

本办法所称非金融机构投资人（以下简称投资人）包括个人、非金融企业、机关团体和中国人民银行认可的其他单位。

第三条　发行人发行大额存单应当具备以下条件：

（一）是全国性市场利率定价自律机制成员单位；

（二）已制定本机构大额存单管理办法，并建立大额存单业务管理系统；

（三）中国人民银行要求的其他条件。

第四条　发行人发行大额存单，应当于每年首期大额存单发行前，向中国人民银行备案年度发行计划。发行人如需调整年度发行计划，应当向中国人民银行重新备案。

第五条　大额存单发行采用电子化的方式。大额存单可以在发行人的营业网点、电子银行、第三方平台以及经中国人民银行认可的其他渠道发行。

第六条　大额存单采用标准期限的产品形式。个人投资人认购大额存单起点金额不低于20万元，机构投资人认购大额存单起点金额不低于1000万元。大额存单期限包括1个月、3个月、6个月、9个月、1年、18个月、2年、3年和5年共9个品种。

第七条　大额存单发行利率以市场化方式确定。固定利率存单采用票面年化收益率的形式计息，浮动利率存单以上海银行间同业拆借利率（Shibor）为浮动利率基准计息。

大额存单自认购之日起计息，付息方式分为到期一次还本付息和定期付息、到期还本。

第八条　发行人应当于每期大额存单发行前在发行条款中明确是否允许转让、提前支取和赎回，以及相应的计息规则等。

大额存单的转让可以通过第三方平台开展，转让范围限于非金融机构投资人。对于通过发行人营业网点、电子银行等自有渠道发行的大额存单，可以根据发行条款通过自有渠道办理提前支取和赎回。

第九条　对于在发行人营业网点、电子银行发行的大额存单，发行人为投资人提供大额存单的登记、结算、兑付等服务；银行间市场清算所股份有限公司（以下简称上海清算所）对每期大额存单的日终余额进行总量登记。对于通过第三方平台发行的大额存单，上海清算所应当提供登记、托管、结算和兑付服务。

第十条　大额存单可以用于办理质押业务，包括但不限于质押贷款、质押融资等。应大额存单持有人要求，对通过发行人营业网点、电子银行等自有渠道发行的大额存单，发行人应当为其开立大额存单持有证明；对通过第三方平台发行的大额存单，上海清算所应当为其开立大额存单持有证明。

第十一条　每期大额存单采用唯一有序编号和命名。发行人或上海清算所应当准确、连续记录投资人持有大额存单情况，不得与其他产品的投资信息相混淆。发行人为投资人开立大额存单专用账户，投资人购买大额存单遵循实名制规定。

第十二条　发行人通过第三方平台发行大额存单，应当于每期大额存单发行前至少1个工作日在本机构官方网站和中国人民银行指定的信息披露平台披露该期大额存单的发行条款，并于发行结束后次一工作日内披露该期大额存单的发行情况。

发行人通过营业网点、电子银行等自有渠道发行大额存单,应当于发行结束后次一工作日内向中国人民银行备案相关发行信息。

大额存单存续期间,若有任何影响发行人履行债务的重大事件发生,发行人应当在事件发生后3个工作日内,在本机构官方网站和中国人民银行指定的信息披露平台予以披露。

信息披露应当遵循诚实信用原则,不得有虚假记载、误导性陈述或重大遗漏。

第十三条 中国人民银行授权全国银行间同业拆借中心为大额存单业务提供第三方发行、交易和信息披露平台。

第十四条 市场利率定价自律机制根据市场发展状况,对大额存单发行交易的利率确定及计息规则等实施自律管理。

第十五条 大额存单在会计上单独设立科目进行管理核算;在统计上单独设立统计指标进行反映。

第十六条 发行人开展大额存单业务,应当严格执行反洗钱和反恐怖融资的有关规定,防范利用大额存单业务进行洗钱等违法犯罪活动。

第十七条 本办法由中国人民银行负责解释。

第十八条 本办法自公布之日起施行。《大额可转让定期存单管理办法》(银发〔1996〕405号文印发)同时废止。

最高人民法院关于审理存单纠纷案件的若干规定

1. 1997年11月25日最高人民法院审判委员会第946次会议通过、1997年12月11日公布、自1997年12月13日起施行(法释〔1997〕8号)

2. 根据2020年12月23日最高人民法院审判委员会第1823次会议通过、2020年12月29日公布、自2021年1月1日起施行的《最高人民法院关于修改〈最高人民法院关于破产企业国有划拨土地使用权应否列入破产财产等问题的批复〉等二十九件商事类司法解释的决定》(法释〔2020〕18号)修正

为正确审理存单纠纷案件,根据《中华人民共和国民法典》的有关规定和在总结审判经验的基础上,制定本规定。

第一条 存单纠纷案件的范围

(一)存单持有人以存单为重要证据向人民法院提起诉讼的纠纷案件;

(二)当事人以进账单、对账单、存款合同等凭证为主要证据向人民法院提起诉讼的纠纷案件;

(三)金融机构向人民法院起诉要求确认存单、进账单、对账单、存款合同等凭证无效的纠纷案件;

(四)以存单为表现形式的借贷纠纷案件。

第二条 存单纠纷案件的案由

人民法院可将本规定第一条所列案件,一律以存单纠纷为案由。实际审理时应以存单纠纷案件中真实法律关系为基础依法处理。

第三条 存单纠纷案件的受理与中止

存单纠纷案件当事人向人民法院提起诉讼,人民法院应当依照《中华人民共和国民事诉讼法》第一百一十九条的规定予以审查,符合规定的,均应受理。

人民法院在受理存单纠纷案件后,如发现犯罪线索,应将犯罪线索及时书面告知公安或检察机关。如案件当事人因伪造、变造、虚开存单或涉嫌诈骗,有关国家机关已立案侦查,存单纠纷案件确须待刑事案件结案后才能审理的,人民法院应当中止审理。对于追究有关当事人的刑事责任不影响对存单纠纷案件审理的,人民法院应对存单纠纷案件有关当事人是否承担民事责任以及承担民事责任的大小依法及时进行认定和处理。

第四条 存单纠纷案件的管辖

依照《中华人民共和国民事诉讼法》第二十三条的规定,存单纠纷案件由被告住所地人民法院或出具存单、进账单、对账单或与当事人签订存款合同的金融机构住所地人民法院管辖。住所地与经常居住地不一致的,由经常居住地人民法院管辖。

第五条 对一般存单纠纷案件的认定和处理

(一)认定

当事人以存单或进账单、对账单、存款合同等凭证为主要证据向人民法院提起诉讼的存单纠纷案件和金融机构向人民法院提起的确认存单或进账单、对账单、存款合同等凭证无效的存单纠纷案件,为一般存单纠纷案件。

(二)处理

人民法院在审理一般存单纠纷案件中,除应审查存单、进账单、对账单、存款合同等凭证的真实性外,还应审查持有人与金融机构间存款关系的真实性,并以存单、进账单、对账单、存款合同等凭证的真实性以及存款关系的真实性为依据,作出正确处理。

1. 持有人以上述真实凭证为证据提起诉讼的,金融机构应当对持有人与金融机构间是否存在存款关系负举证责任。如金融机构有充分证据证明持有人未向金融机构交付上述凭证所记载的款项的,人民法院应当认定持有人与金融机构间不存在存款关系,并判决驳回原告的诉讼请求。

2. 持有人以上述真实凭证为证据提起诉讼的，如金融机构不能提供证明存款关系不真实的证据，或仅以金融机构底单的记载内容与上述凭证记载内容不符为由进行抗辩的，人民法院应认定持有人与金融机构间存款关系成立，金融机构应当承担兑付款项的义务。

3. 持有人以在样式、印鉴、记载事项上有别于真实凭证，但无充分证据证明系伪造或变造的瑕疵凭证提起诉讼的，持有人应对瑕疵凭证的取得提供合理的陈述。如持有人对瑕疵凭证的取得提供了合理陈述，而金融机构否认存款关系存在的，金融机构应当对持有人与金融机构间是否存在存款关系负举证责任。如金融机构有充分证据证明持有人未向金融机构交付上述凭证所记载的款项的，人民法院应当认定持有人与金融机构间不存在存款关系，判决驳回原告的诉讼请求；如金融机构不能提供证明存款关系不真实的证据，或仅以金融机构底单的记载内容与上述凭证记载内容不符为由进行抗辩的，人民法院应认定持有人与金融机构间存款关系成立，金融机构应当承担兑付款项的义务。

4. 存单纠纷案件的审理中，如有充足证据证明存单、进账单、对账单、存款合同等凭证系伪造、变造，人民法院应在查明案件事实的基础上，依法确认上述凭证无效，并可驳回持上述凭证起诉的原告的诉讼请求或根据实际存款数额进行判决。如有本规定第三条中止审理情形的，人民法院应当中止审理。

第六条 对以存单为表现形式的借贷纠纷案件的认定和处理

（一）认定

在出资人直接将款项交与用资人使用，或通过金融机构将款项交与用资人使用，金融机构向出资人出具存单或进账单、对账单或与出资人签订存款合同，出资人从用资人或从金融机构取得或约定取得高额利差的行为中发生的存单纠纷案件，为以存单为表现形式的借贷纠纷案件。但符合本规定第七条所列委托贷款和信托贷款的除外。

（二）处理

以存单为表现形式的借贷，属于违法借贷，出资人收取的高额利差应充抵本金，出资人，金融机构与用资人因参与违法借贷均应当承担相应的民事责任。可分以下几种情况处理：

1. 出资人将款项或票据（以下统称资金）交付给金融机构，金融机构给出资人出具存单或进账单、对账单或与出资人签订存款合同，并将资金自行转给用资人的，金融机构与用资人对偿还出资人本金及利息承担连带责任；利息按人民银行同期存款利率计算至给付之日。

2. 出资人未将资金交付给金融机构，而是依照金融机构的指定将资金直接转给用资人，金融机构给出资人出具存单或进账单、对账单或与出资人签订存款合同的，首先由用资人偿还出资人本金及利息，金融机构对用资人不能偿还出资人本金及利息部分承担补充赔偿责任；利息按人民银行同期存款利率计算至给付之日。

3. 出资人将资金交付给金融机构，金融机构给出资人出具存单或进账单、对账单或与出资人签订存款合同，出资人再指定金融机构将资金转给用资人的，首先由用资人返还出资人本金和利息。利息按人民银行同期存款利率计算至给付之日。金融机构因其帮助违法借贷的过错，应当对用资人不能偿还出资人本金部分承担赔偿责任，但不超过不能偿还本金部分的百分之四十。

4. 出资人未将资金交付给金融机构，而是自行将资金直接转给用资人，金融机构给出资人出具存单或进账单、对账单或与出资人签订存款合同的，首先由用资人返还出资人本金和利息。利息按人民银行同期存款利率计算至给付之日。金融机构因其帮助违法借贷的过错，应当对用资人不能偿还出资人本金部分承担赔偿责任，但不超过不能偿还本金部分的百分之二十。

本条中所称交付，指出资人向金融机构转移现金的占有或出资人向金融机构交付注明出资人或金融机构（包括金融机构的下属部门）为收款人的票据。出资人向金融机构交付有资金数额但未注明收款人的票据的，亦属于本条中所称交付。

如以存单为表现形式的借贷行为确已发生，即使金融机构向出资人出具的存单、进账单、对账单或与出资人签订的存款合同存在虚假、瑕疵，或金融机构工作人员超越权限出具上述凭证等情形，亦不影响人民法院按以上规定对案件进行处理。

（三）当事人的确定

出资人起诉金融机构的，人民法院应通知用资人作为第三人参加诉讼；出资人起诉用资人的，人民法院应通知金融机构作为第三人参加诉讼；公款私存的，人民法院在查明款项的真实所有人基础上，应通知款项的真实所有人为权利人参加诉讼，与存单记载的个人为共同诉讼人。该个人申请退出诉讼的，人民法院可予准许。

第七条 对存单纠纷案件中存在的委托贷款关系和信托

贷款关系的认定和纠纷的处理

（一）认定

存单纠纷案件中，出资人与金融机构、用资人之间按有关委托贷款的要求签订有委托贷款协议的，人民法院应认定出资人与金融机构间成立委托贷款关系。金融机构向出资人出具的存单或进账单、对账单或与出资人签订的存款合同，均不影响金融机构与出资人间委托贷款关系的成立。出资人与金融机构间签订委托贷款协议后，由金融机构自行确定用资人的，人民法院应认定出资人与金融机构间成立信托贷款关系。

委托贷款协议和信托贷款协议应当用书面形式。口头委托贷款或信托贷款，当事人无异议的，人民法院可予以认定；有其他证据能够证明金融机构与出资人之间确系委托贷款或信托贷款关系的，人民法院亦予以认定。

（二）处理

构成委托贷款的，金融机构出具的存单或进账单、对账单或与出资人签订的存款合同不作为存款关系的证明，借款方不能偿还贷款的风险应当由委托人承担。如有证据证明金融机构出具上述凭证是对委托贷款进行担保的，金融机构对偿还贷款承担连带担保责任。委托贷款中约定的利率超过人民银行规定的部分无效。构成信托贷款的，按人民银行有关信托贷款的规定处理。

第八条　对存单质押的认定和处理

存单可以质押。存单持有人以伪造、变造的虚假存单质押的，质押合同无效。接受虚假存单质押的当事人如以该存单质押为由起诉金融机构，要求兑付存款优先受偿的，人民法院应当判决驳回其诉讼请求，并告知其可另案起诉出质人。

存单持有人以金融机构开具的、未有实际存款或与实际存款不符的存单进行质押，以骗取或占用他人财产的，该质押关系无效。接受存单质押的人起诉的，该存单持有人与开具存单的金融机构为共同被告。利用存单骗取或占用他人财产的存单持有人对侵犯他人财产权承担赔偿责任，开具存单的金融机构因其过错致他人财产权受损，对所造成的损失承担连带赔偿责任。接受存单质押的人在审查存单的真实性上有重大过失的，开具存单的金融机构仅对所造成的损失承担补充赔偿责任。明知存单虚假而接受存单质押的，开具存单的金融机构不承担民事赔偿责任。

以金融机构核押的存单出质的，即便存单系伪造、变造、虚开，质押合同均为有效，金融机构应当依法向质权人兑付存单所记载的款项。

第九条　其他

在存单纠纷案件的审理中，有关当事人如有违法行为，依法应给予民事制裁的，人民法院可依法对有关当事人实施民事制裁。案件审理中发现的犯罪线索，人民法院应及时书面告知公安或检查机关，并将有关材料及时移送公安或检察机关。

最高人民法院关于银行储蓄卡密码被泄露导致存款被他人骗取引起的储蓄合同纠纷应否作为民事案件受理问题的批复

1. 2005年7月4日最高人民法院审判委员会第1358次会议通过
2. 2005年7月25日公布
3. 法释〔2005〕7号
4. 自2005年8月1日起施行

四川省高级人民法院：

你院《关于存款人泄露银行储蓄卡密码导致存款被他人骗取引起的纠纷应否作为民事案件受理的请示》收悉。经研究，答复如下：

因银行储蓄卡密码被泄露，他人伪造银行储蓄卡骗取存款人银行存款，存款人依其与银行订立的储蓄合同提起民事诉讼的，人民法院应当依法受理。

此复

（3）银行卡与电子银行业务

银行卡业务管理办法

1. 1999年1月5日中国人民银行发布
2. 银发〔1999〕17号
3. 自1999年3月1日起施行

第一章　总　　则

第一条　为加强银行卡业务的管理，防范银行卡业务风险，维护商业银行、持卡人、特约单位及其他当事人的合法权益，依据《中华人民共和国中国人民银行法》、《中华人民共和国商业银行法》、《中华人民共和国外汇管理条例》及有关行政法规制订本办法。

第二条　本办法所称银行卡，是指由商业银行（含邮政金融机构，下同）向社会发行的具有消费信用、转账结算、存取现金等全部或部分功能的信用支付工具。

商业银行未经中国人民银行批准不得发行银

行卡。

第三条　凡在中华人民共和国境内办理银行卡业务的商业银行、持卡人、商户及其他当事人均应遵守本办法。

第四条　商业银行应在协商、互利的基础上开展信息共享、商户共享、机具共享等类型的银行卡业务联合。

第二章　分类及定义

第五条　银行卡包括信用卡和借记卡。

银行卡按币种不同分为人民币卡、外币卡；按发行对象不同分为单位卡（商务卡）、个人卡；按信息载体不同分为磁条卡、芯片（IC）卡。

第六条　信用卡按是否向发卡银行交存备用金分为贷记卡、准贷记卡两类。

贷记卡是指发卡银行给予持卡人一定的信用额度，持卡人可在信用额度内先消费、后还款的信用卡。

准贷记卡是指持卡人须先按发卡银行要求交存一定金额的备用金，当备用金账户余额不足支付时，可在发卡银行规定的信用额度内透支的信用卡。

第七条　借记卡按功能不同分为转账卡（含储蓄卡，下同）、专用卡、储值卡。借记卡不具备透支功能。

第八条　转账卡是实时扣账的借记卡。具有转账结算、存取现金和消费功能。

第九条　专用卡是具有专门用途、在特定区域使用的借记卡。具有转账结算、存取现金功能。

专门用途是指在百货、餐饮、饭店、娱乐行业以外的用途。

第十条　储值卡是发卡银行根据持卡人要求将其资金转至卡内储存，交易时直接从卡内扣款的预付钱包式借记卡。

第十一条　联名/认同卡是商业银行与盈利性机构/非盈利性机构合作发行的银行卡附属产品，其所依附的银行卡品种必须是已经中国人民银行批准的品种，并应当遵守相应品种的业务章程或管理办法。

发卡银行和联名单位应当为联名卡持卡人在联名单位用卡提供一定比例的折扣优惠或特殊服务；持卡人领用认同卡表示对认同单位事业的支持。

第十二条　芯片（IC）卡既可应用于单一的银行卡品种，又可应用于组合的银行卡品种。

第三章　银行卡业务审批

第十三条　商业银行开办银行卡业务应当具备下列条件：

（一）开业3年以上，具有办理零售业务的良好业务基础；

（二）符合中国人民银行颁布的资产负债比例管理监控指标，经营状况良好；

（三）已就该项业务建立了科学完善的内部控制制度，有明确的内部授权审批程序；

（四）合格的管理人员和技术人员、相应的管理机构；

（五）安全、高效的计算机处理系统；

（六）发行外币卡还须具备经营外汇业务的资格和相应的外汇业务经营管理水平；

（七）中国人民银行规定的其他条件。

第十四条　符合上述条件的商业银行，可向中国人民银行申请开办银行卡业务，并提交下列材料：

（一）申请报告：论证必要性、可行性，进行市场预测；

（二）银行卡章程或管理办法、卡样设计草案；

（三）内部控制制度、风险防范措施；

（四）由中国人民银行科技主管部门出具的有关系统安全性和技术标准合格的测试报告；

（五）中国人民银行要求提供的其他材料。

第十五条　发卡银行各类银行卡章程应载明下列事项：

（一）卡的名称、种类、功能、用途；

（二）卡的发行对象、申领条件、申领手续；

（三）卡的使用范围（包括使用方面的限制）及使用方法；

（四）卡的账户适用的利率，面向持卡人的收费项目及标准；

（五）发卡银行、持卡人及其他有关当事人的权利、义务；

（六）中国人民银行要求的其他事项。

第十六条　银行卡的管理权限和审批程序：

（一）商业银行开办各类银行卡业务，应当按照中国人民银行有关加强内部控制和授权授信管理的规定，分别制订统一的章程或业务管理办法，报中国人民银行总行审批。

商业银行总行不在北京的，应当先向中国人民银行当地中心支行申报，经审查同意后，由中国人民银行分行转报中国人民银行总行审批。

（二）已开办信用卡或转账卡业务的商业银行可向中国人民银行申请发行联名/认同卡、专用卡、储值卡；已开办人民币信用卡业务的商业银行可向中国人民银行申请发行外币信用卡。

（三）商业银行发行全国使用的联名卡、IC卡、储值卡应当报中国人民银行总行审批。

（四）商业银行分支机构办理经中国人民银行总行批准的银行卡业务应当持中国人民银行批准文件和其总行授权文件向中国人民银行当地行备案。

商业银行分支机构发行区域使用的专用卡、联名卡应当持商业银行总行授权文件、联名双方的协议书报中国人民银行当地中心支行备案。

（五）商业银行变更银行卡名称、修改银行卡章程应当报中国人民银行审批。

第十七条　外资金融机构经营银行卡收单业务应当报中国人民银行总行批准。

银行卡收单业务是指签约银行向商户提供的本外币资金结算服务。

第四章　计息和收费标准

第十八条　银行卡的计息包括计收利息和计付利息，均按照《金融保险企业财务制度》的规定进行核算。

第十九条　发卡银行对准贷记卡及借记卡（不含储值卡）账户内的存款，按照中国人民银行规定的同期同档次存款利率及计息办法计付利息。

发卡银行对贷记卡账户的存款、储值卡（含 IC 卡的电子钱包）内的币值不计付利息。

第二十条　贷记卡持卡人非现金交易享受如下优惠条件：

（一）免息还款期待遇。银行记账日至发卡银行规定的到期还款日之间为免息还款期。免息还款期最长为 60 天。持卡人在到期还款日前偿还所使用全部银行款项即可享受免息还款期待遇，无须支付非现金交易的利息。

（二）最低还款额待遇。持卡人在到期还款日前偿还所使用全部银行款项有困难的，可按照发卡银行规定的最低还款额还款。

第二十一条　贷记卡持卡人选择最低还款额方式或超过发卡银行批准的信用额度用卡时，不再享受免息还款期待遇，应当支付未偿还部分自银行记账日起，按规定利率计算的透支利息。

贷记卡持卡人支取现金、准贷记卡透支，不享受免息还款期和最低还款额待遇，应当支付现金交易额或透支额自银行记账日起，按规定利率计算的透支利息。

第二十二条　发卡银行对贷记卡持卡人未偿还最低还款额和超信用额度用卡的行为，应当分别按最低还款额未还部分、超过信用额度部分的 5% 收取滞纳金和超限费。

第二十三条　贷记卡透支按月记收复利，准贷记卡透支按月计收单利，透支利率为日利率万分之五，并根据中国人民银行的此项利率调整而调整。

第二十四条　商业银行办理银行卡收单业务应当按下列标准向商户收取结算手续费：

（一）宾馆、餐饮、娱乐、旅游等行业不得低于交易金额的 2%；

（二）其他行业不得低于交易金额的 1%。

第二十五条　跨行交易执行下列分润比例：

（一）未建信息交换中心的城市，从商户所得结算手续费，按发卡行 90%，收单行 10% 的比例进行分配；

商业银行也可以通过协商，实行机具分摊、相互代理、互不收费的方式进行跨行交易。

（二）已建信息交换中心的城市，从商户所得结算手续费，按发卡行 80%，收单行 10%，信息交换中心 10% 的比例进行分配。

第二十六条　持卡人在 ATM 机跨行取款的费用由其本人承担，并执行如下收费标准：

（一）持卡人在其领卡城市之内取款，每笔收费不得超过 2 元人民币；

（二）持卡人在其领卡城市以外取款，每笔收费不得低于 8 元人民币。

从 ATM 机跨行取款所得的手续费，按机具所有行 70%，信息交换中心 30% 的比例进行分配。

第二十七条　商业银行代理境外银行卡收单业务应当向商户收取结算手续费，其手续费标准不得低于交易金额的 4%。

境内银行与境外机构签订信用卡代理收单协议，其分润比率按境内银行与境外机构分别占商户所交手续费的 37.5% 和 62.5% 执行。

第五章　账户及交易管理

第二十八条　个人申领银行卡（储值卡除外），应当向发卡银行提供公安部门规定的本人有效身份证件，经发卡银行审查合格后，为其开立记名账户；

凡在中国境内金融机构开立基本存款账户的单位，应当凭中国人民银行核发的开户许可证申领单位卡；

银行卡及其账户只限经发卡银行批准的持卡人本人使用，不得出租和转借。

第二十九条　单位人民币卡账户的资金一律从其基本存款账户转账存入，不得存取现金，不得将销货收入存入单位卡账户。

第三十条　单位外币卡账户的资金应从其单位的外汇账户转账存入，不得在境内存取外币现钞。其外汇账户应符合下列条件：

（一）按照中国人民银行境内外汇账户管理的有关规定开立；

（二）其外汇账户收支范围内具有相应的支付内容。

第三十一条　个人人民币卡账户的资金以其持有的现金存入或以其工资性款项、属于个人的合法的劳务报酬、投资回报等收入转账存入。

第三十二条　个人外币卡账户的资金以其个人持有的外币现钞存入或从其外汇账户（含外钞账户）转账存入。该账户的转账及存款均按国家外汇管理局《个人外汇管理办法》办理。

个人外币卡在境内提取外币现钞时应按照我国个人外汇管理制度办理。

第三十三条　除国家外汇管理局指定的范围和区域外，外币卡原则上不得在境内办理外币计价结算。

第三十四条　持卡人在还清全部交易款项、透支本息和有关费用后，可申请办理销户。销户时，单位人民币卡账户的资金应当转入其基本存款账户，单位外币卡账户的资金应当转回相应的外汇账户，不得提取现金。

第三十五条　单位人民币卡可办理商品交易和劳务供应款项的结算，但不得透支；超过中国人民银行规定起点的，应当经中国人民银行当地分行办理转汇。

第三十六条　发卡银行对贷记卡的取现应当每笔授权，每卡每日累计取现不得超过2000元人民币。

发卡银行应当对持卡人在自动柜员机（ATM机）取款设定交易上限，每卡每日累计提款不得超过5000元人民币。

第三十七条　储值卡的面值或卡内币值不得超过1000元人民币。

第三十八条　商业银行发行认同卡时，不得从其收入中向认同单位支付捐赠等费用。

第三十九条　发卡银行依据密码等电子信息为持卡人办理的存取款、转账结算等各类交易所产生的电子信息记录，均为该项交易的有效凭据。发卡银行可凭交易明细记录或清单作为记账凭证。

第四十条　银行卡通过联网的各类终端交易的原始单据至少保留二年备查。

第六章　银行卡风险管理

第四十一条　发卡银行应当认真审查信用卡申请人的资信状况，根据申请人的资信状况确定有效担保及担保方式。

发卡银行应当对信用卡持卡人的资信状况进行定期复查，并应当根据资信状况的变化调整其信用额度。

第四十二条　发卡银行应当建立授权审批制度，明确对不同级别内部工作人员的授权权限和授权限额。

第四十三条　发卡银行应当加强对止付名单的管理，及时接收和发送止付名单。

第四十四条　通过借记卡办理的各项代理业务，发卡银行不得为持卡人或委托单位垫付资金。

第四十五条　发卡银行应当遵守下列信用卡业务风险控制指标：

（一）同一持卡人单笔透支发生额个人卡不得超过2万元（含等值外币）、单位卡不得超过5万元（含等值外币）。

（二）同一账户月透支余额个人卡不得超过5万元（含等值外币），单位卡不得超过发卡银行对该单位综合授信额度的3%。无综合授信额度可参照的单位，其月透支余额不得超过10万元（含等值外币）。

（三）外币卡的透支额度不得超过持卡人保证金（含储蓄存单质押金额）的80%。

（四）从本办法施行之日起新发生的180天（含180天，下同）以上的月均透支余额不得超过月均总透支余额的15%。

第四十六条　准贷记卡的透支期限最长为60天。贷记卡的首月最低还款额不得低于其当月透支余额的10%。

第四十七条　发卡银行通过下列途径追偿透支款项和诈骗款项：

（一）扣减持卡人保证金、依法处理抵押物和质物；

（二）向保证人追索透支款项；

（三）通过司法机关的诉讼程序进行追偿。

第四十八条　发卡银行采取了第四十七条所列措施后仍不足以弥补的，将按照财政部《呆账准备金管理办法》执行。

第四十九条　对已核销的透支款项又收回的，本金和利息作增加“呆账准备金”处理。

第五十条　商业银行分支机构出资加入所在城市的银行卡信息交换中心，应当报经其总行批准。

第七章　银行卡当事人之间的职责

第五十一条　发卡银行的权利：

（一）发卡银行有权审查申请人的资信状况、索取申请人的个人资料，并有权决定是否向申请人发卡及确定信用卡持卡人的透支额度。

（二）发卡银行对持卡人透支有追偿权。对持卡人不在规定期限内归还透支款项的，发卡银行有权申请法律保护并依法追究持卡人或有关当事人的法律责任。

（三）发卡银行对不遵守其章程规定的持卡人，有权取消其持卡人资格，并可授权有关单位收回其银行卡。

（四）发卡银行对储值卡和IC卡内的电子钱包可

不予挂失。

第五十二条 发卡银行的义务：

（一）发卡银行应当向银行卡申请人提供有关银行卡的使用说明资料，包括章程、使用说明及收费标准。现有持卡人亦可索取上述资料。

（二）发卡银行应当设立针对银行卡服务的公平、有效的投诉制度，并公开投诉程序和投诉电话。发卡银行对持卡人关于账务情况的查询和改正要求应当在30天内给予答复。

（三）发卡银行应当向持卡人提供对账服务。按月向持卡人提供账户结单，在下列情况下发卡银行可不向持卡人提供账户结单：

1. 已向持卡人提供存折或其他交易记录；

2. 自上一份月结单后，没有进行任何交易，账户没有任何未偿还余额；

3. 已与持卡人另行商定。

（四）发卡银行向持卡人提供的银行卡对账单应当列出以下内容：

1. 交易金额、账户余额（贷记卡还应列出到期还款日、最低还款额、可用信用额度）；

2. 交易金额记入有关账户或自有关账户扣除的日期；

3. 交易日期与类别；

4. 交易记录号码；

5. 作为支付对象的商户名称或代号（异地交易除外）；

6. 查询或报告不符账务的地址或电话号码。

（五）发卡银行应当向持卡人提供银行卡挂失服务，应当设立24小时挂失服务电话，提供电话和书面两种挂失方式，书面挂失为正式挂失方式。并在章程或有关协议中明确发卡银行与持卡人之间的挂失责任。

（六）发卡银行应当在有关卡的章程或使用说明中向持卡人说明密码的重要性及丢失的责任。

（七）发卡银行对持卡人的资信资料负有保密的责任。

第五十三条 持卡人的权利：

（一）持卡人享有发卡银行对其银行卡所承诺的各项服务的权利，有权监督服务质量并对不符服务质量进行投诉。

（二）申请人、持卡人有权知悉其选用的银行卡的功能、使用方法、收费项目、收费标准、适用利率及有关的计算公式。

（三）持卡人有权在规定时间内向发卡银行索取对账单，并有权要求对不符账务内容进行查询或改正。

（四）借记卡的挂失手续办妥后，持卡人不再承担相应卡账户资金变动的责任，司法机关、仲裁机关另有判决的除外。

（五）持卡人有权索取信用卡领用合约，并应妥善保管。

第五十四条 持卡人的义务：

（一）申请人应当向发卡银行提供真实的申请资料并按照发卡银行规定向其提供符合条件的担保。

（二）持卡人应当遵守发卡银行的章程及《领用合约》的有关条款。

（三）持卡人或保证人通讯地址、职业等发生变化，应当及时书面通知发卡银行。

（四）持卡人不得以和商户发生纠纷为由拒绝支付所欠银行款项。

第五十五条 商业银行发展受理银行卡的商户，应当与商户签订受理合约。受理合约不得包括排他性条款。受理合约中的手续费率标准低于本办法规定标准的不受法律保护。

第五十六条 银行卡申请表、领用合约是发卡银行向银行卡持卡人提供的明确双方权责的契约性文件，持卡人签字，即表示接受其中各项约定。

发卡银行应当本着权利与义务对等的原则制定银行卡申请表及信用卡领用合约。

第八章 罚 则

第五十七条 商业银行有下列情形之一者，中国人民银行应当责令改正，有违法所得的，处以违法所得一倍以上三倍以下的罚款，但最高不超过30000元；没有违法所得的，按有关法律、规章处以罚款；情节严重的，应当追究直接负责的主管人员和有关直接责任人员的行政责任，情节严重的追究有关领导人的责任：

（一）擅自发行银行卡或在申请开办银行卡业务过程中弄虚作假的；

（二）违反本办法规定的计息和收费标准的；

（三）违反本办法规定的银行卡账户及交易管理规定的。

第五十八条 发卡银行未遵守本办法规定的风险管理措施和控制指标的，中国人民银行应当责令改正，并给以通报批评。

第五十九条 持卡人出租或转借其信用卡及其账户的，发卡银行应当责令其改正，并对其处以1000元人民币以内的罚款（由发卡银行在申请表、领用合约等契约性文件中事先约定）。

第六十条 持卡人将单位的现金存入单位卡账户或将单位的款项存入个人卡账户的，中国人民银行应责令改正,并对单位卡所属单位及个人卡持卡人处以1000元人民币以内的罚款。

第六十一条 任何单位和个人有下列情形之一的,根据《中华人民共和国刑法》及相关法规进行处理:

(一)骗领、冒用信用卡的;

(二)伪造、变造银行卡的;

(三)恶意透支的;

(四)利用银行卡及其机具欺诈银行资金的。

第六十二条 外资金融机构擅自经营信用卡收单业务的,中国人民银行应当责令改正,并按照《外资金融机构管理条例》的有关规定予以处罚。

第六十三条 非金融机构、金融机构的代表机构经营银行卡业务的,由中国人民银行依法予以取缔。

第九章 附 则

第六十四条 中华人民共和国境内的商业银行(或金融机构)发行的各类银行卡,应当执行国家规定的技术标准,但发行带有国际信用卡组织标记的银行卡除外。

单位卡应当在卡面左下方的适当位置凸印“DWK”字样。

银行卡卡面应当载有以下要素:发卡银行一级法人名称、统一品牌名称、品牌标识(专用卡除外)、卡号(IC卡除外)、持卡人使用注意事项、客户服务电话、持卡人签名条(IC卡除外)等。

第六十五条 经中国人民银行批准办理银行卡业务的其他金融机构、境外机构发行的银行卡在境内流通使用适用本办法。

第六十六条 本办法由中国人民银行负责解释。

第六十七条 本办法从1999年3月1日起施行,发卡银行应当在半年内达到本办法有关要求。中国人民银行1996年颁布的《信用卡业务管理办法》(银发〔1996〕27号)同时废止;中国人民银行在本办法颁布之前制订的银行卡管理规定与本办法相抵触的,以本办法为准。

商业银行信用卡业务监督管理办法

2011年1月13日中国银行业监督管理委员会令2011年第2号公布施行

第一章 总 则

第一条 为规范商业银行信用卡业务,保障客户及银行的合法权益,促进信用卡业务健康有序发展,根据《中华人民共和国银行业监督管理法》、《中华人民共和国商业银行法》、《中华人民共和国外资银行管理条例》等法律法规,制定本办法。

第二条 商业银行经营信用卡业务,应当严格遵守国家法律、法规、规章和有关政策规定,遵循平等、自愿和诚实信用的原则。

第三条 商业银行经营信用卡业务,应当依法保护客户合法权益和相关信息安全。未经客户授权,不得将相关信息用于本行信用卡业务以外的其他用途。

第四条 商业银行经营信用卡业务,应当建立健全信用卡业务风险管理和内部控制体系,严格实行授权管理,有效识别、评估、监测和控制业务风险。

第五条 商业银行经营信用卡业务,应当充分向持卡人披露相关信息,揭示业务风险,建立健全相应的投诉处理机制。

第六条 中国银监会及其派出机构依法对商业银行信用卡业务实施监督管理。

第二章 定义和分类

第七条 本办法所称信用卡,是指记录持卡人账户相关信息,具备银行授信额度和透支功能,并为持卡人提供相关银行服务的各类介质。

第八条 本办法所称信用卡业务,是指商业银行利用具有授信额度和透支功能的银行卡提供的银行服务,主要包括发卡业务和收单业务。

第九条 本办法所称发卡业务,是指发卡银行基于对客户的评估结果,与符合条件的客户签约发放信用卡并提供的相关银行服务。

发卡业务包括营销推广、审批授信、卡片制作发放、交易授权、交易处理、交易监测、资金结算、账务处理、争议处理、增值服务和欠款催收等业务环节。

第十条 本办法所称发卡银行,是指经中国银监会批准开办信用卡发卡业务,并承担发卡业务风险管理相关责任的商业银行。

第十一条 本办法所称发卡业务服务机构,是指与发卡银行签约协助其提供信用卡业务服务的法人机构或其他组织。

第十二条 本办法所称收单业务,是指商业银行为商户等提供的受理信用卡,并完成相关资金结算的服务。

收单业务包括商户资质审核、商户培训、受理终端安装维护管理、获取交易授权、处理交易信息、交易监测、资金垫付、资金结算、争议处理和增值服务等业务环节。

第十三条 本办法所称收单银行,是指依据合同为特约商户提供信用卡收单业务服务或为信用卡收单业务提供结算服务,并承担收单业务风险管理相关责任的商业银行。

第十四条 本办法所称收单业务服务机构,是指与收单银行或收单业务的结算银行签约协助其提供信用卡收单业务服务的法人机构或其他组织。

第十五条　商业银行发行的信用卡按照发行对象不同，分为个人卡和单位卡。其中，单位卡按照用途分为商务差旅卡和商务采购卡。

商务差旅卡，是指商业银行与政府部门、法人机构或其他组织签订合同建立差旅费用报销还款关系，为其工作人员提供日常商务支出和财务报销服务的信用卡。

商务采购卡，是指商业银行与政府部门、法人机构或其他组织签订合同建立采购支出报销还款关系，为其提供办公用品、办公事项等采购支出相关服务的信用卡。

第十六条　本办法所称学生，是指在教育机构脱产就读的学生。

第三章　业务准入

第十七条　商业银行申请开办信用卡业务，应当满足以下基本条件：

（一）公司治理良好，主要审慎监管指标符合中国银监会有关规定，具备与业务发展相适应的组织机构和规章制度，内部控制、风险管理和问责机制健全有效；

（二）信誉良好，具有完善、有效的内控机制和案件防控体系，最近 3 年内无重大违法违规行为和重大恶性案件；

（三）具备符合任职资格条件的董事、高级管理人员和合格从业人员。高级管理人员中应当具备有信用卡业务专业知识和管理经验的人员至少 1 名，具备开展信用卡业务必需的技术人员和管理人员，并全面实施分级授权管理；

（四）具备与业务经营相适应的营业场所、相关设施和必备的信息技术资源；

（五）已在境内建立符合法律法规和业务管理要求的业务系统，具有保障相关业务系统信息安全和运行质量的技术能力；

（六）开办外币信用卡业务的，应当具有经国务院外汇管理部门批准的结汇、售汇业务资格和中国银监会批准的外汇业务资格（或外汇业务范围）；

（七）符合中国银监会规定的其他审慎性条件。

第十八条　商业银行开办信用卡发卡业务除符合第十七条规定的条件外，还应当符合以下条件：

（一）注册资本为实缴资本，且不低于人民币 5 亿元或等值可兑换货币；

（二）具备办理零售业务的良好基础，最近 3 年个人存贷款业务规模和业务结构稳定，个人存贷款业务客户规模和客户结构良好，银行卡业务运行情况良好，身份证件验证系统和征信系统的连接和使用情况良好；

（三）具备办理信用卡业务的专业系统，在境内建有发卡业务主机、信用卡业务申请管理系统、信用评估管理系统、信用卡账户管理系统、信用卡交易授权系统、信用卡交易监测和伪冒交易预警系统、信用卡客户服务中心系统、催收业务管理系统等专业化运营基础设施，相关设施通过了必要的安全检测和业务测试，能够保障客户资料和业务数据的完整性和安全性；

（四）符合商业银行业务经营总体战略和发展规划，有利于提高总体业务竞争能力，能够根据业务发展实际情况持续开展业务成本计量、业务规模监测和基本盈亏平衡测算等工作。

第十九条　商业银行开办信用卡收单业务除符合第十七条规定的条件外，还应当符合以下条件：

（一）注册资本为实缴资本，且不低于人民币 1 亿元或等值可兑换货币；

（二）具备开办收单业务的良好业务基础。最近 3 年企业贷款业务规模和业务结构稳定，企业贷款业务客户规模和客户结构较为稳定，身份证件验证系统和征信系统连接和使用情况良好；

（三）具备办理收单业务的专业系统支持，在境内建有收单业务主机、特约商户申请管理系统、特约商户信用评估管理系统、商户结算账户管理系统、账务管理系统、收单交易监测和伪冒交易预警系统、交易授权系统等专业化运营基础设施，相关设施通过了必要的安全检测和业务测试，能够保障客户资料和业务数据的完整性和安全性；

（四）符合商业银行业务经营总体战略和发展规划，有利于提高业务竞争能力，能够根据业务发展实际情况持续开展业务成本计量、业务规模监测和基本盈亏平衡测算等工作。

第二十条　商业银行开办发卡和收单业务应当按规定程序报中国银监会及其派出机构审批。

全国性商业银行申请开办信用卡业务，由其总行（公司）向中国银监会申请审批。

按照有关规定只能在特定城市或地区从事业务经营活动的商业银行，申请开办信用卡业务，由其总行（公司）向注册地监管机构提出申请，经初审同意后，由注册地监管机构上报中国银监会审批。

外资法人银行申请开办信用卡业务，应当向注册地监管机构提出申请，经初审同意后，由注册地监管机构上报中国银监会审批。

第二十一条 商业银行申请开办信用卡发卡或收单业务之前，应当根据需要就拟申请的业务与中国银监会及其相关派出机构沟通，说明拟申请的信用卡业务运营模式、各环节业务流程和风险控制流程设计、业务系统和基础设施建设方案，并根据沟通情况，对有关业务环节进行调整和完善。

第二十二条 商业银行申请开办信用卡业务，可以在一个申请报告中同时申请不同种类的信用卡业务，但在申请中应当注明所申请的信用卡业务种类。

第二十三条 商业银行向中国银监会及其派出机构申请开办信用卡业务，应当提交以下文件资料（一式三份）：

（一）开办信用卡业务的申请书；

（二）信用卡业务可行性报告；

（三）信用卡业务发展规划和业务管理制度；

（四）信用卡章程，内容应当至少包括信用卡的名称、种类、功能、用途、发行对象、申领条件、申领手续、使用范围（包括使用方面的限制）及使用方法、信用卡账户适用的利率、面向持卡人的收费项目和收费水平、商业银行、持卡人及其他有关当事人的权利、义务等；

（五）信用卡卡样设计草案或可受理信用卡种类；

（六）信用卡业务运营设施、业务系统和灾备系统介绍；

（七）相关身份证件验证系统和征信系统连接和使用情况介绍；

（八）信用卡业务系统和灾备系统测试报告和安全评估报告；

（九）信用卡业务运行应急方案和业务连续性计划；

（十）信用卡业务风险管理体系建设和相应的规章制度；

（十一）信用卡业务的管理部门、职责分工、主要负责人介绍；

（十二）申请机构联系人、联系电话、联系地址、传真、电子邮箱等联系方式；

（十三）中国银监会及其派出机构按照审慎性原则要求提供的其他文件和资料。

第二十四条 商业银行应当由内部专门机构或委托其他专业机构进行独立的安全评估。安全评估报告应当至少包括董事会或总行（总公司）高级管理层对信用卡业务风险管理体系建设和相关规章制度的审定情况、各业务环节信息资料的保护措施设置情况、持续监测记录和追踪预警异常业务行为（含入侵事故或系统漏洞）的流程设计、外挂系统或外部接入系统的安全措施设置、评估期等方面的内容。

第二十五条 全国性商业银行筹建信用卡中心等分行级专营机构的，应当由其总行（公司）向中国银监会提出申请。

按照有关规定只能在特定城市或地区从事业务经营活动的商业银行，筹建信用卡中心等分行级专营机构，应当由其总行（公司）向注册地中国银监会派出机构提出申请，经初审同意后，由注册地中国银监会派出机构报中国银监会审批。

外资法人银行筹建信用卡中心等分行级专营机构，应当向其注册地中国银监会派出机构提出申请，经初审同意后，由注册地中国银监会派出机构报中国银监会审批。

信用卡中心等分行级专营机构的开业申请由其注册地中国银监会派出机构受理和批准。

第二十六条 商业银行信用卡中心等分行级专营机构的分支机构，筹建和开业应当按照规定程序报其拟设地中国银监会派出机构审批。拟设地中国银监会派出机构作出批准或不批准的书面决定，并抄送分行级专营机构注册地中国银监会派出机构。

第二十七条 注册地中国银监会派出机构自收到完整申请材料之日起20日内审查完毕并将审查意见及完整申请材料报中国银监会。

中国银监会自收到完整的信用卡业务申请材料之日起3个月内，做出批准或不批准的书面决定；决定不批准的，应当说明理由。

对于中国银监会或其派出机构未批准的信用卡业务类型，商业银行在达到相关要求后可以按照有关规定重新申请。

第二十八条 商业银行新增信用卡业务产品种类、增加信用卡业务功能、增设信用卡受理渠道等，或接受委托，作为发卡业务服务机构和收单业务服务机构开办相关业务，应当参照第二十三条的有关规定，在开办业务之前一个月，将相关材料（一式两份）向中国银监会及其相关派出机构报告。

第二十九条 已实现业务数据集中处理的商业银行，获准开办信用卡业务后，可以授权其分支机构开办部分或全部信用卡业务。获得授权的分支机构开办相关信用卡业务，应当提前30个工作日持中国银监会批准文件、总行授权文件及其他相关材料向注册地中国银监会派出机构报告。

第三十条 商业银行为其他机构（非特约商户）开展收单业务提供结算服务，应当提前30个工作日持中国银监会批准文件、总行授权文件、合作机构营业执照和法人详细信息、合作机构相关业务情况和财务状况、业务流程设计材料、书面合同、负责对合作机构进行合规管理的承诺书、风险事件和违法活动的应急处理制度、其他相关材料向当地中国银监会派出机构报告。

第三十一条 已开办信用卡业务的商业银行按照规划决定终止全部或部分类型的信用卡业务应当参照申请开办该业务的程序报中国银监会及其派出机构审批。

商业银行决定终止全部或部分类型的信用卡业务之前，应当根据需要就拟申请停办的业务与中国银监会或其相关派出机构沟通，说明拟申请终止业务的原因、风险状况、公告内容和渠道、应急预案等，并根据沟通情况进行调整和完善。

第三十二条 商业银行向中国银监会及其派出机构申请终止信用卡业务，应当提交以下文件资料（一式三份）：

（一）拟终止信用卡业务的申请书；

（二）终止信用卡业务的风险评估报告；

（三）终止信用卡业务的公告方案；

（四）终止业务过程中重大问题的应急预案；

（五）负责终止业务的部门、职责分工和主要负责人；

（六）申请机构联系人、联系电话、联系地址、传真、电子邮箱等联系方式；

（七）中国银监会及其派出机构按照审慎性原则要求提供的其他文件和资料。

经中国银监会及其相关派出机构同意后，商业银行应当通过网点公告、银行网站、客户服务热线、电子银行、其他媒体等多种渠道予以公告，公告持续期限自公告之日起不得少于90天。

第三十三条 商业银行终止信用卡业务或停止提供部分类型信用卡业务后，需要重新开办信用卡业务或部分类型信用卡业务的，按相关规定重新办理申请、审批、报告等手续。

第四章　发卡业务管理

第三十四条 发卡银行应当建立信用卡卡片管理制度，明确卡片、密码、函件、信封、制卡文件以及相关工作人员操作密码的生成、交接、保管、保密、使用监控、检查等环节的管理职责和操作规程，防范重大风险事故的发生。

第三十五条 商业银行应当建立信用卡业务申请材料管理系统，由总行（总公司、外资法人银行）对信用卡申请材料统一编号，并对申请材料信息录入、使用、销毁等实施登记制度。

第三十六条 信用卡卡面应当对持卡人充分披露以下基本信息：发卡银行法人名称、品牌标识及防伪标志、卡片种类（信用卡、贷记卡、准贷记卡等）、卡号、持卡人姓名拼音（外文姓名）、有效期、持卡人签名条、安全校验码、注意事项、客户服务电话、银行网站地址。

第三十七条 发卡银行印制的信用卡申请材料文本应当至少包含以下要素：

（一）申请人信息：编号、申请人姓名、有效身份证件名称、证件号码、单位名称、单位地址、住宅地址、账单寄送地址、联系电话、联系人姓名、联系人电话、联系人验证信息、其他验证信息等；

（二）合同信息：领用合同（协议）、信用卡章程、重要提示、合同信息变更的通知方式等；

（三）费用信息：主要收费项目和收费水平、收费信息查询渠道、收费信息变更的通知方式等；

（四）其他信息：申请人已持有的信用卡及其授信额度、申请人声明、申请人确认栏和签名栏、发卡银行服务电话和银行网站、投诉渠道等。

“重要提示”应当在信用卡申请材料中以醒目方式列示，至少包括申请信用卡的基本条件、所需基本申请资料、计结息规则、年费/滞纳金/超限费收取方式、阅读领用合同（协议）并签字的提示、申请人信息的安全保密提示、非法使用信用卡行为相关的法律责任和处理措施的提示、其他对申请人信用和权利义务有重大影响的内容等信息。

申请人确认栏应当载明以下语句，并要求客户抄录后签名：“本人已阅读全部申请材料，充分了解并清楚知晓该信用卡产品的相关信息，愿意遵守领用合同（协议）的各项规则。”

第三十八条 发卡银行应当公开、明确告知申请人需提交的申请材料和基本要求，申请材料必须由申请人本人亲自签名，不得在客户不知情或违背客户意愿的情况下发卡。

发卡银行受理的信用卡附属卡申请材料必须由主卡持卡人以亲自签名、客户服务电话录音、电子签名或持卡人和发卡银行双方均认可的方式确认。

第三十九条 发卡银行应当建立信用卡营销管理制度，对营销人员进行系统培训、登记考核和规范管理，不得对营销人员采用单一以发卡数量计件提成的考核方式。信用卡营销行为应当符合以下条件：

（一）营销宣传材料真实准确，不得有虚假、误导性陈述或重大遗漏，不得有夸大或片面的宣传。应当由持卡人承担的费用必须公开透明，风险提示应当以明显的、易于理解的文字印制在宣传材料和产品（服务）申请材料中，提示内容的表述应当真实、清晰、充分，示范的案例应当具有代表性。

（二）营销人员必须佩戴所属银行的标识，明示所属发卡银行及客户投诉电话，使用统一印制的信用卡产品（服务）宣传材料，对信用卡收费项目、计结息政策和业务风险等进行充分的信息披露和风险提示，确认申请人提交的重要证明材料无涂改痕迹，确认申请人已经知晓和理解上述信息，确认申请人已经在申请材料上签名，并留存相关证据，不得进行误导性和欺骗性的宣传解释。遇到客户对宣传材料的真实性和可靠性有任何疑问时，应当提供相关信息查询渠道。

（三）营销人员应当公开明确告知申请信用卡需提交的申请资料和基本要求，督促信用卡申请人完整、正确、真实地填写申请材料，并审核身份证件（原件）和必要的证明材料（原件）。营销人员不得向客户承诺发卡，不得以快速发卡、以卡办卡、以名片办卡等名义营销信用卡。

（四）营销人员应当严格遵守对客户资料保密的原则，不得泄露客户信息，不得将信用卡营销工作转包或分包。发卡银行应当严格禁止营销人员从事本行以外的信用卡营销活动，并对营销人员收到申请人资料和送交审核的时间间隔和保密措施作出明确的制度规定，不得在未征得信用卡申请人同意的情况下，将申请人资料用于其他产品和服务的交叉销售。

（五）营销人员开展电话营销时，除遵守（一）至（四）条的相关规定外，必须留存清晰的录音资料，录音资料应当至少保存 2 年备查。

第四十条　发卡银行应当建立健全信用卡申请人资信审核制度，明确管理架构和内部控制机制。

第四十一条　发卡银行应当对信用卡申请人开展资信调查，充分核实并完整记录申请人有效身份、财务状况、消费和信贷记录等信息，并确认申请人拥有固定工作、稳定的收入来源或可靠的还款保障。

第四十二条　发卡银行应当根据总体风险管理要求确定信用卡申请材料的必填（选）要素，对信用卡申请材料出现漏填（选）必填信息或必选选项、他人代办（单位代办商务差旅卡和商务采购卡、主卡持卡人代办附属卡除外）、他人代签名、申请材料未签名等情况的，不得核发信用卡。

对信用卡申请材料出现疑点信息、漏填审核意见、各级审核人员未签名（签章、输入工作代码）或系统审核记录缺失等情况的，不得核发信用卡。

第四十三条　对首次申请本行信用卡的客户，不得采取全程系统自动发卡方式核发信用卡。

信用卡申请人有以下情况时，应当从严审核，加强风险防控：

（一）在身份信息系统中留有相关可疑信息或违法犯罪记录；

（二）在征信系统中无信贷记录；

（三）在征信系统中有不良记录；

（四）在征信系统中有多家银行贷款或信用卡授信记录；

（五）单位代办商务差旅卡和商务采购卡；

（六）其他渠道获得的风险信息。

第四十四条　发卡银行不得向未满十八周岁的客户核发信用卡（附属卡除外）。

第四十五条　向符合条件的同一申请人核发学生信用卡的发卡银行不得超过两家（附属卡除外）。

在发放学生信用卡之前，发卡银行必须落实第二还款来源，取得第二还款来源方（父母、监护人、或其他管理人等）愿意代为还款的书面担保材料，并确认第二还款来源方身份的真实性。在提高学生信用卡额度之前，发卡银行必须取得第二还款来源方（父母、监护人、或其他管理人等）表示同意并愿意代为还款的书面担保材料。

商业银行应当按照审慎原则制定学生信用卡业务的管理制度，根据业务发展实际情况评估、测算和合理确定本行学生信用卡的首次授信额度和根据用卡情况调整后的最高授信额度。学生信用卡不得超限额使用。

第四十六条　发卡银行应当在银行网站上公开披露与教育机构以向学生营销信用卡为目的签订的协议。

发卡银行在任何教育机构的校园内向学生开展信用卡营销活动，必须就开展营销活动的具体地点、日期、时间和活动内容提前告知相关教育机构并取得该教育机构的同意。

第四十七条　发卡银行应当提供信用卡申请处理进度和结果的查询渠道。

第四十八条　发卡银行发放信用卡应当符合安全管理要求，卡片和密码应当分别送达并提示持卡人接收。信用卡卡片发放时，应当向持卡人书面告知信用卡账单日期、信用卡章程、安全用卡须知、客户服务电话、服务和收费信息查询渠道等信息，以便持卡人安全使用信用卡。

第四十九条　发卡银行应当建立信用卡激活操作规程，激活前应当对信用卡持卡人身份信息进行核对。不得激活领用合同（协议）未经申请人签名确认、未经激活程序确认持卡人身份的信用卡。对新发信用卡、挂失换卡、毁损换卡、到期换卡等必须激活后才能为持卡人开通使用。

信用卡未经持卡人激活，不得扣收任何费用。在特殊情况下，持卡人以书面、客户服务电话录音、电子签名、持卡人和发卡银行双方均认可的方式单独授权扣收的费用，以及换卡时已形成的债权债务关系除外。

信用卡未经持卡人激活并使用，不得发放任何礼品或礼券。

第五十条 发卡银行应当建立信用卡授信管理制度，根据持卡人资信状况、用卡情况和风险信息对信用卡授信额度进行动态管理，并及时按照约定方式通知持卡人，必要时可以要求持卡人落实第二还款来源或要求其提供担保。

发卡银行应当对持卡人名下的多个信用卡账户授信额度、分期付款总体授信额度、附属卡授信额度、现金提取授信额度等合并管理，设定总授信额度上限。商务采购卡的现金提取授信额度应当设置为零。

第五十一条 在已通过信用卡领用合同（协议）、书面协议、电子银行记录或客户服务电话录音等进行约定的前提下，发卡银行可以对超过6个月未发生交易的信用卡调减授信额度，但必须提前3个工作日按照约定方式明确告知持卡人。

第五十二条 发卡银行应当建立信用卡业务风险管理制度。发卡银行从公安机关、司法机关、持卡人本人、亲属、交易监测或其他渠道获悉持卡人出现身份证件被盗用、家庭财务状况恶化、还款能力下降、预留联系方式失效、资信状况恶化、有非正常用卡行为等风险信息时，应当立即停止上调额度、超授信额度用卡服务授权、分期业务授权等可能扩大信用风险的操作，并视情况采取提高交易监测力度、调减授信额度、止付、冻结或落实第二还款来源等风险管理措施。

第五十三条 信用卡未经持卡人申请并开通超授信额度用卡服务，不得以任何形式扣收超限费。持卡人可以采用口头（客户服务电话录音）、电子、书面的方式开通或取消超授信额度用卡服务。

发卡银行必须在为持卡人开通超授信额度用卡服务之前，提供关于超限费收费形式和计算方式的信息，并明确告知持卡人具有取消超授信额度用卡服务的权利。发卡银行收取超限费后，应当在对账单中明确列出相应账单周期中的超限费金额。

第五十四条 经持卡人申请开通超授信额度用卡服务后，发卡银行在一个账单周期内只能提供一次超授信额度用卡服务，在一个账单周期内只能收取一次超限费。如果在两个连续的账单周期内，持卡人连续要求支付超限费以完成超过授信额度的透支交易，发卡银行必须在第二个账单周期结束后立即停止超授信额度用卡服务，直至信用卡未结清款项减少到信用卡原授信额度以下才能根据持卡人的再次申请重新开通超授信额度用卡服务。

第五十五条 发卡银行不得为信用卡转账（转出）和支取现金提供超授信额度用卡服务。信用卡透支转账（转出）和支取现金的金额两者合计不得超过信用卡的现金提取授信额度。

第五十六条 发卡银行应当制定信用卡交易授权和风险监测管理制度，配备必要的设备、系统和人员，确保24小时交易授权和实时监控，对出现可疑交易的信用卡账户应当及时采取与持卡人联系确认、调整授信额度、锁定账户、紧急止付等风险管理措施。

发卡银行应当对可疑交易采取电话核实、调单或实地走访等方式进行风险排查并及时处理，必要时应当及时向公安机关报案。

第五十七条 发卡银行应当在信用卡领用合同（协议）中明确规定以持卡人相关资产偿还信用卡贷款的具体操作流程，在未获得持卡人授权的情况下，不得以持卡人资产直接抵偿信用卡应收账款。国家法律法规另有规定的除外。

发卡银行收到持卡人还款时，按照以下顺序对其信用卡账户的各项欠款进行冲还：逾期1—90天（含）的，按照先应收利息或各项费用、后本金的顺序进行冲还；逾期91天以上的，按照先本金、后应收利息或各项费用的顺序进行冲还。

第五十八条 发卡银行通过自助渠道提供信用卡查询和支付服务必须校验密码或信用卡校验码。对确实无法校验密码或信用卡校验码的，发卡银行应当根据交易类型、风险性质和风险特征，确定自助渠道信用卡服务的相关信息校验规则，以保障安全用卡。

第五十九条 发卡银行应当提供24小时挂失服务，通过营业网点、客户服务电话或电子银行等渠道及时受理持卡人挂失申请并采取相应的风险管控措施。

第六十条 发卡银行应当提供信息查询服务，通过银行网站、用卡手册、电子银行等多种渠道向持卡人公示信用卡产品和服务、使用说明、章程、领用合同（协议）、收费项目和标准、风险提示等信息。

第六十一条 发卡银行应当提供对账服务。对账单应当至少包括交易日期、交易金额、交易币种、交易商户名称或代码、本期还款金额、本期最低还款金额、到期还款日、注意事项、发卡银行服务电话等要素。对账服务的具体形式由发卡银行和持卡人自行约定。

发卡银行向持卡人提供对账单及其他服务凭证时，应当对信用卡卡号进行部分屏蔽，不得显示完整的卡号信息。银行柜台办理业务打印的业务凭证除外。

第六十二条 发卡银行应当提供投诉处理服务，根据信用卡产品（服务）特点和复杂程度建立统一、高效的投诉处理工作程序，明确投诉处理的管理部门，公开披露投诉处理渠道。

第六十三条 发卡银行应当提供信用卡到期换卡服务，

为符合到期换卡条件的持卡人换卡。持卡人提出到期不续卡、不换卡、销户的除外。

对持卡人在信用卡有效期内未激活的信用卡账户，发卡银行不得提供到期换卡服务。

第六十四条 发卡银行应当提供信用卡销户服务，在确认信用卡账户没有未结清款项后及时为持卡人销户。信用卡销户时，商务采购卡账户余额应当转回其对应的单位结算账户。

在通过信用卡领用合同（协议）或书面协议对通知方式进行约定的前提下，发卡银行应当提前45天以上采用明确、简洁、易懂的语言将信用卡章程、产品服务等即将发生变更的事项通知持卡人。

第六十五条 信用卡业务计结息操作，遵照国家有关部门的规定执行。

第六十六条 发卡银行应当建立信用卡欠款催收管理制度，规范信用卡催收策略、权限、流程和方式，有效控制业务风险。发卡银行不得对催收人员采用单一以欠款回收金额提成的考核方式。

第六十七条 发卡银行应当及时就即将到期的透支金额、还款日期等信息提醒持卡人。持卡人提供不实信息、变更联系方式未通知发卡银行等情况除外。

第六十八条 发卡银行应当对债务人本人及其担保人进行催收，不得对与债务无关的第三人进行催收，不得采用暴力、胁迫、恐吓或辱骂等不当催收行为。对催收过程应当进行录音，录音资料至少保存2年备查。

第六十九条 信用卡催收函件应当对持卡人充分披露以下基本信息：持卡人姓名和欠款余额，催收事由和相关法规，持卡人相关权利和义务，查询账户状态、还款、提出异议和提供相关证据的途径，发卡银行联系方式，相关业务公章，监管机构规定的其他内容。

发卡银行收到持卡人对信用卡催收提出的异议，应当及时对相关信用卡账户进行备注，并开展核实处理工作。

第七十条 在特殊情况下，确认信用卡欠款金额超出持卡人还款能力、且持卡人仍有还款意愿的，发卡银行可以与持卡人平等协商，达成个性化分期还款协议。个性化分期还款协议的最长期限不得超过5年。

个性化分期还款协议的内容应当至少包括：

（一）欠款余额、结构、币种；

（二）还款周期、方式、币种、日期和每期还款金额；

（三）还款期间是否计收年费、利息和其他费用；

（四）持卡人在个性化分期还款协议相关款项未全部结清前，不得向任何银行申领信用卡的承诺；

（五）双方的权利义务和违约责任；

（六）与还款有关的其他事项。

双方达成一致意见并签署分期还款协议的，发卡银行及其发卡业务服务机构应当停止对该持卡人的催收，持卡人不履行分期还款协议的情况除外。达成口头还款协议的，发卡银行必须留存录音资料。录音资料留存时间至少截至欠款结清日。

第七十一条 发卡银行不得将信用卡发卡营销、领用合同（协议）签约、授信审批、交易授权、交易监测、资金结算等核心业务外包给发卡业务服务机构。

第五章　收单业务管理

第七十二条 收单银行应当明确收单业务的牵头管理部门，承担协调处理特约商户资质审核、登记管理、机具管理、垫付资金管理、风险管理、应急处置等的职责。

第七十三条 收单银行应当加强对特约商户资质的审核，实行商户实名制，不得设定虚假商户。特约商户资料应当至少包括营业执照、税务登记证件或相关纳税证明、法定代表人或负责人身份证件、财务状况或业务规模、经营期限等。收单银行应当对特约商户进行定期或不定期现场调查，认真核实并及时更新特约商户资料。

收单银行不得因与特约商户有其他业务往来而降低资质审核标准和检查要求，对批发类、咨询类、投资类、中介类、公益类、低扣率商户或可能出现高风险的商户应当从严审核。

第七十四条 收单银行不得将个人银行结算账户设置为特约商户的单位结算账户，已纳入单位银行结算账户管理的除外。

收单银行应当为特约商户、特约商户服务机构等提供安全的结算服务，并承担相应的监督管理职责，确保所服务机构受理信用卡的业务合法合规。

第七十五条 收单银行签约的特约商户应当至少满足以下基本条件：

（一）合法设立的法人机构或其他组织；

（二）从事的业务和行业符合国家法律、法规和政策规定；

（三）未成为本行或他行发卡业务服务机构；

（四）商户、商户负责人（或法定代表人）未在征信系统、银行卡组织的风险信息共享系统、同业风险信息共享系统中留有可疑信息或风险信息。

第七十六条 收单银行对从事网上交易的商户，应当进行严格的审核和评估，以技术手段确保数据安全和资金安全。商业银行不得与网站上未明确标注如下信息的网络商户或第三方支付平台签订收单业务相关合同：

（一）客户服务电话号码及邮箱地址；

（二）安全管理的声明；

（三）退货（退款）政策和具体流程；

（四）保护客户隐私的声明；

（五）客户信息使用行为的管理要求；

（六）其他商业银行相关管理制度要求具备的信息。

收单银行应当按照外包管理要求对签约的第三方支付平台进行监督管理，并有责任对与第三方支付平台签约的商户进行不定期的资质审核情况或交易行为抽查，以确保为从事合法业务的商户提供服务。

第七十七条 收单银行应当严格按照国家法律法规、相关行业规范和业务规则设置商户名称、商户编码、商户类别码、商户服务类别码等，留存真实完整的商户地址、受理终端安装地点和使用范围、受理终端绑定通讯方式和号码、法人（或负责人）、联系人、联系电话等信息，加强特约商户培训和交易检查工作，并真实、准确、完整地传递信用卡交易信息，为发卡银行开展信用卡交易授权和风险监测提供准确的信息。

收单银行要求第三方支付平台提供的交易明细信息，必须包括交易对象在第三方支付平台上的识别编号，以便协助持卡人保护自身合法权益。

第七十八条 收单银行应当确保特约商户按照联网通用原则受理信用卡，不得出现商户拒绝受理符合联网通用管理要求的信用卡、或因持卡人使用信用卡而向持卡人收取附加费用等行为。

第七十九条 收单银行应当建立特约商户管理制度，根据商户类型和业务特点对商户实行分类管理，严格控制交易处理程序和退款程序，不得因与特约商户有其他业务往来而降低对特约商户交易的检查要求。

第八十条 收单银行应当对特约商户的风险进行综合评估和分类管理，及时掌握其经营范围、场所、法定代表人或负责人、银行卡受理终端装机地址和使用范围等重要信息的变更情况，不断完善交易监控机制。收单银行应当对特约商户建立不定期现场核查制度，重点核对其银行卡受理终端使用范围、装机地址、装机编号是否与已签订的协议一致。

对通过邮寄、电话、电视和网络等方式销售商品或服务的特约商户，收单银行应当采取特殊的风险控制措施，加强交易情况监测，增加现场核查频度。

第八十一条 收单银行应当根据特约商户的业务性质、业务特征、营业情况，对特约商户设定动态营业额上限。对特约商户交易量突增、频繁出现大额交易、整数金额交易、交易额与经营状况明显不符、争议款项过高、退款交易过多、退款额过高、拖欠退款额过高、出现退款欺诈、非法交易、商户经营内容与商户类别码不符、或收到发卡银行风险提示等情况，收单银行应当及时调查处理，并及时采取有效措施，降低出现收单业务损失的风险。

第八十二条 对确认已出现虚假申请、信用卡套现、测录客户数据资料、泄露账户和交易信息、恶意倒闭等欺诈行为的特约商户，收单银行应当及时采取撤除受理终端、妥善留存交易记录等相关证据并提交公安机关处理、列入黑名单、录入银行卡风险信息系统、与相关银行卡组织共享风险信息等有效的风险控制措施。

第八十三条 收单银行应当建立相互独立的市场营销和风险管理机制，负责市场拓展、商户资质审核、服务和授权、异常交易监测、受理终端密钥管理、受理终端密钥下载、受理终端程序灌装等职能的人员和岗位，不得相互兼岗。

第八十四条 收单银行应当建立健全收单业务受理终端管理机制，设立管理台账，及时登记和更新受理终端安装地点、使用情况和不定期检查情况。

对特约商户提出的新增、更换、维护受理终端的要求，收单银行应当履行必要的核实程序，发现特约商户有移机使用、出租、出借或超出其经营范围使用受理终端的情况，应当立即采取撤除受理终端、妥善留存交易记录相关证据等有效的风险管理措施，并将特约商户、商户法定代表人（负责人）姓名、商户法定代表人（负责人）身份证件等有关信息录入银行卡风险信息共享系统。

第八十五条 收单银行应当加强对收单业务移动受理终端的管理，确保不同的终端设备使用不同的终端主密钥并定期更换。收单银行应当严格审核特约商户安装移动受理终端的申请，除航空、餐饮、交通罚款、上门收费、移动售货、物流配送确有使用移动受理终端需求的商户外，其他类型商户未经收单银行总行审核批准不得安装移动受理终端。

第八十六条 收单银行应当采用严格的技术手段对收单业务移动受理终端的使用进行监控，并不定期进行回访，确保收单业务移动受理终端未超出签约范围跨地区使用。

第八十七条 收单银行应当确保对收单业务受理终端所有打印凭条上的信用卡号码进行部分屏蔽，转账交易的转入卡号、预授权交易预留卡号和IC卡脱机交易除外。

收单银行和收单服务机构应当确保业务系统只能存储用于交易清分、资金结算、差错处理所必需的最基本的账户信息，不得以任何形式存储信用卡磁道信息、卡片验证码、个人标识码等信息。

第八十八条 收单银行应当与特约商户签订收单业务合同。收单业务合同至少应当明确以下事项：双方的权利义务关系；业务流程、收单业务管理主体、法律责任和经济责任；移动受理终端和无卡交易行为的管理主体、法律责任和经济责任；协助调查处理的责任和内容；保证金条款；保密条款；数据安全条款；其他条款。

第八十九条 收单银行、收单业务服务机构合作应当与特约商户签订收单业务合同，至少应当明确以下事项：收单业务营销主体；收单业务管理主体各方的权利义务关系；各方的法律责任和经济责任；移动受理终端相关法律责任和经济责任、无卡交易相关法律责任和经济责任；协助调查处理的责任和内容；保密条款；数据安全条款等。

第九十条 收单银行不得将特约商户审核和签约、资金结算、后续检查和抽查、受理终端密钥管理和密钥下载工作外包给收单业务服务机构。

第六章 业务风险管理

第九十一条 商业银行应当制定明确的信用卡业务发展战略和风险管理规划，建立健全信用卡业务内部控制、授权管理和风险管理体系、组织、制度、流程和岗位，明确分工和相关职责。

商业银行可以基于自愿和保密原则，对信用卡业务中出现不良行为的营销人员、持卡人、特约商户、服务机构等有关风险信息进行共享，加强在风险管理方面的合作。

第九十二条 商业银行应当对信用卡风险资产实行分类管理，分类标准如下：

（一）正常类：持卡人能够按照事先约定的还款规则在到期还款日前（含）足额偿还应付款项。

（二）关注类：持卡人未按事先约定的还款规则在到期还款日足额偿还应付款项，逾期天数在1—90天（含）。

（三）次级类：持卡人未按事先约定的还款规则在到期还款日足额偿还应付款项，逾期天数为91—120天（含）。

（四）可疑类：持卡人未按事先约定的还款规则在到期还款日足额偿还应付款项，逾期天数在121—180天（含）。

（五）损失类：持卡人未按事先约定的还款规则在到期还款日足额偿还应付款项，逾期天数超过180天。

在业务系统能够支持、分类操作合法合规、分类方法和数据测算方式已经中国银监会及其相关派出机构审批同意等前提下，鼓励商业银行采用更为审慎的信用卡资产分类标准，持续关注和定期比对与之相关的准备金计提、风险资产计量等环节的重要风险管理指标，并采取相应的风险控制措施。

第九十三条 商业银行应当建立健全信用卡业务操作风险的防控制度和应急预案，有效防范操作风险。以下风险资产应当直接列入相应类别：

（一）持卡人因使用诈骗方式申领、使用信用卡造成的风险资产，一经确认，应当直接列入可疑类或损失类。

（二）因内部作案或内外勾结作案造成的风险资产应当直接列入可疑类或损失类。

（三）因系统故障、操作失误造成的风险资产应当直接列入可以疑类或损失类。

（四）签订个性化分期还款协议后尚未偿还的风险资产应当直接列入次级类或可疑类。

第九十四条 发卡银行应当对信用卡风险资产质量变动情况进行持续监测，相关准备金计提遵照国家有关部门的规定执行。

第九十五条 发卡银行应当加强信用卡风险资产认定和核销管理工作，及时确认并核销。信用卡业务的呆账认定依据、认定范围、核销条件等遵照国家有关部门的规定执行。

第九十六条 发卡银行应当建立科学合理的风险监测指标，适时采取相应的风险控制措施。

第九十七条 发卡银行应当根据信用卡业务发展情况，使用计量模型辅助开展信用卡业务风险管理工作，制定模型开发、测试、验证、重检、调整、监测、维护、审计等相关管理制度，明确计量模型的使用范围。

第九十八条 发卡银行应当严格执行资本充足率监管要求，将未使用的信用卡授信额度，纳入承诺项目中的"其他承诺"子项计算表外加权风险资产，适用50%的信用转换系数和根据信用卡交易主体确定的相应风险权重。

第九十九条 商业银行应当对单位卡实施单一客户授信集中风险管理，定期集中计算单位卡授信和垫款额度总和，持续监测单位卡合同签约方在本行所有贷款授信额度及其使用情况，并定期开展单位卡相关交易真实性和用途适用性的检查工作，防止出现以虚假交易套取流动资金贷款的行为。

第七章 监督管理

第一百条 中国银监会及其派出机构依法对信用卡业务实施非现场监管和现场检查，对信用卡业务风险进行监测和评估，并对信用卡业务相关行业自律组织进行指导和监督。

在实施现场检查和风险评估的过程中，相关检查和评估人员应当遵守商业银行信用卡业务安全管理的有关规定。

第一百零一条 商业银行开办信用卡业务应当按照有关规定向中国银监会报送信用卡业务统计数据和管理信息。

第一百零二条 商业银行应当定期对信用卡业务发展与管理情况进行自我评估，按年编制《信用卡业务年度评估报告》。

第一百零三条 商业银行《信用卡业务年度评估报告》应当至少包括以下内容：

（一）本年度信用卡业务组织架构和高管人员配置总体情况；

（二）全年信用卡业务基本经营情况分析；

（三）信用卡业务总体资产结构和资产质量；

（四）不同类型的信用卡业务资产结构和资产质量；

（五）信用卡业务主要风险分析和风险管理情况；

（六）信用卡业务合规管理和内控管理情况；

（七）已外包的各项信用卡业务经营管理情况；

（八）投诉处理情况；

（九）下一年度信用卡业务发展规划；

（十）监管机构要求报告的其他事项。

第一百零四条 全国性商业银行《信用卡业务年度评估报告》应当于下一年度的 3 月底之前报送中国银监会（一式两份），抄送总行（公司）或外资法人银行注册地中国银监会派出机构。

按照有关规定只能在特定城市或地区从事业务经营活动的商业银行、商业银行授权开办部分或全部信用卡业务的分支机构（含营运中心等）应当于下一年度的 3 月底之前参照第一百零三条的规定将相关材料报送当地中国银监会派出机构。

第一百零五条 商业银行应当建立信用卡业务重大安全事故和风险事件报告制度，与中国银监会及其派出机构保持经常性沟通。出现重大安全事故和风险事件后 24 小时内应当向中国银监会及其相关派出机构报告，并随时关注事态发展，及时报送后续情况。

第一百零六条 中国银监会对信用卡业务实施现场检查时，应当按照现场检查有关规定组成检查工作组并进行相关业务培训，应当邀请相关商业银行的信用卡业务管理和技术人员介绍其信用卡业务总体框架、运营管理模式、重要业务运营系统和重要电子设备管理要求等。

第一百零七条 商业银行不符合本办法规定的条件，擅自开办信用卡业务的，中国银监会及其相关派出机构应当责令商业银行立即停止开办的信用卡业务，并依据《中华人民共和国银行业监督管理法》第四十五条规定采取相关监管措施。

第一百零八条 商业银行违反本办法规定经营信用卡业务的，中国银监会及其相关派出机构应当责令商业银行限期改正。商业银行逾期未改正的，中国银监会及其派出机构依据《中华人民共和国银行业监督管理法》第三十七条、第四十六条、第四十七条规定采取相关监管措施。

第一百零九条 商业银行在开展信用卡业务过程中，违反审慎经营原则导致信用卡业务存在较大风险隐患、合作的机构从事或被犯罪分子利用从事违法违规活动 1 年内达到 2 次的，由中国银监会及其派出机构立即暂停该商业银行相关新发卡业务或发展新特约商户的资格，责令限期改正；逾期未改正或安全隐患在短时间内难以解决的，中国银监会及其派出机构除采取《中华人民共和国银行业监督管理法》第四十六条规定的监管措施外，还可以视情况分别采取以下措施：

（一）责令商业银行、相关分支机构或相关专营机构限制（或暂停）信用卡发卡业务或收单业务；

（二）责令商业银行、相关分支机构或相关专营机构限制（或暂停）发展新的信用卡业务持卡人；

（三）责令商业银行、相关分支机构或相关专营机构限制（或暂停）发展新的信用卡业务特约商户；

（四）责令停止批准增设营运中心等；

（五）责令停止开办新业务；

（六）其他审慎性监管措施。

第一百一十条 商业银行、相关分支机构或相关营运中心整改后，应当向银监会或其相关派出机构提交整改情况报告。银监会或其相关派出机构验收确认符合审慎经营规则和本办法相关规定的，自验收完毕之日起三日内解除对其采取的有关监管措施。

第一百一十一条 商业银行在开展信用卡业务过程中，违反其他有关法律、行政法规和规章的，由中国银监会及其派出机构依据相关法律、行政法规和规章督促整改，并采取相应的监管措施。

第八章 附 则

第一百一十二条 本办法由中国银监会负责解释。

第一百一十三条 本办法颁布之前制定的相关信用卡管理规定与本办法不一致的，以本办法为准。

第一百一十四条 在中华人民共和国境内经中国银监会批准设立的其他银行业金融机构开展信用卡业务，适用本办法的有关规定。

第一百一十五条 本办法自公布之日起施行。此前已开办相关业务且不符本办法规定的，半年内要调整完毕。

银行卡收单业务管理办法

2013 年 7 月 5 日中国人民银行公告〔2013〕第 9 号公布施行

第一章　总　　则

第一条　为规范银行卡收单业务，保障各参与方合法权益，防范支付风险，促进银行卡业务健康有序发展，根据《中华人民共和国中国人民银行法》、《非金融机构支付服务管理办法》等规定，制定本办法。

第二条　本办法所称银行卡收单业务，是指收单机构与特约商户签订银行卡受理协议，在特约商户按约定受理银行卡并与持卡人达成交易后，为特约商户提供交易资金结算服务的行为。

第三条　收单机构在中华人民共和国境内从事银行卡收单业务，适用本办法。

本办法所称收单机构，包括从事银行卡收单业务的银行业金融机构，获得银行卡收单业务许可、为实体特约商户提供银行卡受理并完成资金结算服务的支付机构，以及获得网络支付业务许可、为网络特约商户提供银行卡受理并完成资金结算服务的支付机构。

第四条　收单机构应当依法维护当事人的合法权益，保障信息安全和交易安全。

第五条　收单机构应当遵守反洗钱法律法规要求，履行反洗钱和反恐怖融资义务。

第六条　收单机构为境外特约商户提供银行卡收单服务，适用本办法，并应同时符合业务开办国家（地区）的监管要求。

业务开办国家（地区）法律禁止或者限制收单机构实施本办法的，收单机构应当及时向中国人民银行报告。

第二章　特约商户管理

第七条　收单机构拓展特约商户，应当遵循“了解你的客户”原则，确保所拓展特约商户是依法设立、从事合法经营活动的商户，并承担特约商户收单业务管理责任。

第八条　商户及其法定代表人或负责人在中国人民银行指定的风险信息管理系统中存在不良信息的，收单机构应当谨慎或拒绝为该商户提供银行卡收单服务。

第九条　收单机构应当对特约商户实行实名制管理，严格审核特约商户的营业执照等证明文件，以及法定代表人或负责人有效身份证件等申请材料。特约商户为自然人的，收单机构应当审核其有效身份证件。

特约商户使用单位银行结算账户作为收单银行结算账户的，收单机构还应当审核其合法拥有该账户的证明文件。

第十条　收单机构应当制定特约商户资质审核流程和标准，明确资质审核权限。负责特约商户拓展和资质审核的岗位人员不得兼岗。

第十一条　收单机构应当与特约商户签订银行卡受理协议，就可受理的银行卡种类、开通的交易类型、收单银行结算账户的设置和变更、资金结算周期、结算手续费标准、差错和争议处理等事项，明确双方的权利、义务和违约责任。

第十二条　收单机构在银行卡受理协议中，应当要求特约商户履行以下基本义务：

（一）基于真实的商品或服务交易背景受理银行卡，并遵守相应银行卡品牌的受理要求，不得歧视和拒绝同一银行卡品牌的不同发卡银行的持卡人；

（二）按规定使用受理终端（网络支付接口）和收单银行结算账户，不得利用其从事或协助他人从事非法活动；

（三）妥善处理交易数据信息、保存交易凭证，保障交易信息安全；

（四）不得因持卡人使用银行卡而向持卡人收取或变相收取附加费用，或降低服务水平。

第十三条　收单机构应当在提供收单服务前对特约商户开展业务培训，并根据特约商户的经营特点和风险等级，定期开展后续培训，保存培训记录。

第十四条　对特约商户申请材料、资质审核材料、受理协议、培训和检查记录、信息变更、终止合作等档案资料，收单机构应当至少保存至收单服务终止后 5 年。

第十五条　收单机构应当建立特约商户信息管理系统，记录特约商户名称和经营地址、特约商户身份资料信息、特约商户类别、结算手续费标准、收单银行结算账户信息、开通的交易类型和开通时间、受理终端（网络支付接口）类型和安装地址等信息，并及时进行更新。其中网络支付接口的安装地址为特约商户的办公地址和从事经营活动的网络地址。

第十六条　收单机构应当对实体特约商户收单业务进行本地化经营和管理，通过在特约商户及其分支机构所在省（区、市）域内的收单机构或其分支机构提供收单服务，不得跨省（区、市）域开展收单业务。

对于连锁式经营或集团化管理的特约商户，收单机构或经其授权的特约商户所在地的分支机构可与特约商户签订总对总银行卡受理协议，并按照前款规定落实本地化服务和管理责任。

第十七条　收单机构应当按照有关规定向特约商户收取结算手续费，不得变相向持卡人转嫁结算手续费，不得采取不正当竞争手段损害他人合法权益。

第十八条 收单机构与特约商户终止银行卡受理协议的，应当及时收回受理终端或关闭网络支付接口，进行账务清理，妥善处理后续事项。

第三章 业务与风险管理

第十九条 收单机构应当综合考虑特约商户的区域和行业特征、经营规模、财务和资信状况等因素，对实体特约商户、网络特约商户分别进行风险评级。

对于风险等级较高的特约商户，收单机构应当对其开通的受理卡种和交易类型进行限制，并采取强化交易监测、设置交易限额、延迟结算、增加检查频率、建立特约商户风险准备金等风险管理措施。

第二十条 收单机构应当建立特约商户检查制度，明确检查频率、检查内容、检查记录等管理要求，落实检查责任。

对于实体特约商户，收单机构应当进行现场检查；对于网络特约商户，收单机构应当采取有效的检查措施和技术手段对其经营内容和交易情况进行检查。

第二十一条 收单机构应当针对风险较高的交易类型制定专门的风险管理制度。对无卡、无密交易，以及预授权、消费撤销、退货等交易类型，收单机构应当强化风险管理措施。

第二十二条 收单机构应当建立收单交易风险监测系统，对可疑交易及时核查并采取有效措施。

第二十三条 收单机构应当建立覆盖受理终端（网络支付接口）审批、使用、撤销等各环节的风险管理制度，明确受理终端（网络支付接口）的使用范围、交易类型、交易限额、审批权限，以及相关密钥的管理要求。

第二十四条 收单机构为特约商户提供的受理终端（网络支付接口）应当符合国家、金融行业技术标准和相关信息安全管理要求。

第二十五条 收单机构应当根据特约商户受理银行卡交易的真实场景，按照相关银行卡清算机构和发卡银行的业务规则和管理要求，正确选用交易类型，准确标识交易信息并完整发送，确保交易信息的完整性、真实性和可追溯性。

交易信息至少应包括：直接提供商品或服务的商户名称、类别和代码，受理终端（网络支付接口）类型和代码，交易时间和地点（网络特约商户的网络地址），交易金额，交易类型和渠道，交易发起方式等。网络特约商户的交易信息还应当包括商品订单号和网络交易平台名称。

特约商户和受理终端（网络支付接口）的编码应当具有唯一性。

第二十六条 收单机构将交易信息直接发送发卡银行的，应当在发卡银行遵守与相关银行卡清算机构的协议约定下，与其签订合作协议，明确交易信息和资金安全、持卡人和商户权益保护等方面的权利、义务和违约责任。

第二十七条 收单机构应当对发送的收单交易信息采用加密和数据校验措施。

第二十八条 收单机构不得以任何形式存储银行卡磁道信息或芯片信息、卡片验证码、卡片有效期、个人标识码等敏感信息，并应采取有效措施防止特约商户和外包服务机构存储银行卡敏感信息。

因特殊业务需要，收单机构确需存储银行卡敏感信息的，应当经持卡人本人同意、确保存储的信息仅用于持卡人指定用途，并承担相应信息安全管理责任。

第二十九条 收单机构应当建立特约商户收单银行结算账户设置和变更审核制度，严格审核设置和变更申请材料的真实性、有效性。

特约商户的收单银行结算账户应当为其同名单位银行结算账户，或其指定的、与其存在合法资金管理关系的单位银行结算账户。特约商户为个体工商户和自然人的，可使用其同名个人银行结算账户作为收单银行结算账户。

第三十条 收单机构应按协议约定及时将交易资金结算到特约商户的收单银行结算账户，资金结算时限最迟不得超过持卡人确认可直接向特约商户付款的支付指令生效之日起30个自然日，因涉嫌违法违规等风险交易需延迟结算的除外。

第三十一条 收单机构应当建立资金结算风险管理制度，不得挪用特约商户待结算资金。

第三十二条 收单机构应当根据交易发生时的原交易信息发起银行卡交易差错处理、退货交易，将资金退至持卡人原银行卡账户。若持卡人原银行卡账户已撤销的，应当退至持卡人指定的本人其他银行账户。

第三十三条 收单机构应当及时调查核实、妥善处理并如实反馈发卡银行的调单、协查要求和银行卡清算机构发出的风险提示。

第三十四条 收单机构发现特约商户发生疑似银行卡套现、洗钱、欺诈、移机、留存或泄漏持卡人账户信息等风险事件的，应当对特约商户采取延迟资金结算、暂停银行卡交易或收回受理终端（关闭网络支付接口）等措施，并承担因未采取措施导致的风险损失责任；发现涉嫌违法犯罪活动的，应当及时向公安机关报案。

第三十五条 收单机构应当自主完成特约商户资质审核、受理协议签订、收单业务交易处理、资金结算、风险监测、受理终端主密钥生成和管理、差错和争议处理等业务活动。

第三十六条 收单机构应当在收单业务外包前制定收单业务外包管理办法,明确外包的业务范围、外包服务机构的准入标准及管理要求、外包业务风险管理和应急预案等内容。收单机构作为收单业务主体的管理责任和风险承担责任不因外包关系而转移。

第三十七条 收单机构同时提供收单外包服务的,应当对收单业务和外包服务业务分别进行管理。

第三十八条 收单机构应当制定突发事件应急预案,建立灾难备份系统,确保收单业务的连续性和收单业务系统安全运行。

第四章 监督管理

第三十九条 中国人民银行依法对收单机构进行监督和管理。

第四十条 银行业金融机构开办、终止收单业务,应当向中国人民银行及其分支机构报告。

第四十一条 收单机构应当加入中国支付清算协会,接受行业协会自律管理。中国支付清算协会应当根据本办法,制定银行卡收单业务行业自律规范,向中国人民银行备案后组织实施。

第四十二条 中国人民银行及其分支机构可以采取如下措施,对收单机构进行现场检查:

(一)进入与收单活动相关的经营场所进行检查;

(二)查阅、复制与检查事项有关的文件、资料;

(三)询问有关工作人员,要求其对有关事项进行说明;

(四)检查有关系统和设施,复制有关数据资料。

第四十三条 收单机构应当配合中国人民银行及其分支机构依法开展的现场检查及非现场监管,及时报送收单业务统计信息和管理信息,并按照规定将收单业务发展和管理情况的年度专项报告于次年3月31日前报送中国人民银行及其分支机构。报告内容至少应包括收单机构组织架构、收单业务运营状况、创新业务、外包业务、风险管理等情况及下一年度业务发展规划。

收单机构开展跨境或境外收单业务的,专项报告内容还应包括跨境或境外收单业务模式、清算安排及结算币种、合作方基本情况、业务管理制度、业务开办国家(地区)监管要求等。

第四十四条 支付机构拟成立分支机构开展收单业务的,应当提前向法人所在地中国人民银行分支机构及拟成立分支机构所在地中国人民银行分支机构备案。

第四十五条 收单机构布放新型受理终端、开展收单创新业务、与境外机构合作开展跨境银行卡收单业务等,应当至少提前30日向中国人民银行及其分支机构备案。

第四十六条 收单机构应当在收单业务外包前,将收单业务外包管理办法和所选择的外包服务机构相关情况,向中国人民银行及其分支机构报告。

第四十七条 收单机构或其外包服务机构、特约商户发生涉嫌银行卡违法犯罪案件或重大风险事件的,收单机构应当于2个工作日内向中国人民银行及其分支机构报告。

第五章 罚则

第四十八条 支付机构从事收单业务有下列情形之一的,由中国人民银行分支机构按照《非金融机构支付服务管理办法》第四十二条的规定责令其限期改正,并给予警告或处1万元以上3万元以下罚款:

(一)未按规定建立并落实特约商户实名制、资质审核、风险评级、收单银行结算账户管理、档案管理、外包业务管理、交易和信息安全管理等制度的;

(二)未按规定建立特约商户培训、检查制度和交易风险监测系统,发现特约商户疑似或涉嫌违法违规行为未采取有效措施的;

(三)未按规定对高风险交易实行分类管理、落实风险防范措施的;

(四)未按规定建立受理终端(网络支付接口)管理制度,或未能采取有效管理措施造成特约商户违规使用受理终端(网络支付接口)的;

(五)未按规定收取特约商户结算手续费的;

(六)未按规定落实收单业务本地化经营和管理责任的。

第四十九条 支付机构从事收单业务有下列情形之一的,由中国人民银行分支机构按照《非金融机构支付服务管理办法》第四十三条的规定责令其限期改正,并处3万元罚款;情节严重的,中国人民银行注销其《支付业务许可证》;涉嫌犯罪的,依法移送公安机关:

(一)未按规定设置、发送收单交易信息的;

(二)无故未按约定时限为特约商户办理资金结算,或截留、挪用特约商户或持卡人待结算资金的;

(三)对发卡银行的调单、协查和银行卡清算机构发出的风险提示,未尽调查等处理职责,或导致发生风险事件并造成持卡人或发卡银行资金损失的;

(四)对外包业务疏于管理,造成他人利益损失的;

(五)支付机构或其特约商户、外包服务机构发生账户信息泄露事件的。

第五十条 银行业金融机构从事收单业务,有第四十八条、第四十九条所列行为之一的,由中国人民银行给予通报批评,并可建议银行业金融机构对直接负责的董事、高级管理人员和其他直接责任人员给予纪律处分;

情节严重或拒不改正的，中国人民银行可以责成银行卡清算机构停止为其服务，并向中国银行业监督管理委员会及其分支机构建议采取下列处罚措施：

（一）责令银行业金融机构限期整改、暂停收单业务或注销金融业务经营许可证；

（二）取消银行业金融机构直接负责的董事、高级管理人员和其他直接责任人员的任职资格。

第六章 附 则

第五十一条 本办法相关用语含义如下：

特约商户，是指与收单机构签订银行卡受理协议、按约定受理银行卡并委托收单机构为其完成交易资金结算的企事业单位、个体工商户或其他组织，以及按照国家工商行政管理机关有关规定，开展网络商品交易等经营活动的自然人。实体特约商户，是指通过实体经营场所提供商品或服务的特约商户。网络特约商户，是指基于公共网络信息系统提供商品或服务的特约商户。

受理终端，是指通过银行卡信息（磁条、芯片或银行卡账户信息）读取、采集或录入装置生成银行卡交易指令，能够保证银行卡交易信息处理安全的各类实体支付终端。

网络支付接口，是指收单机构与网络特约商户基于约定的业务规则，用于网络支付数据交换的规范和技术实现。

银行卡清算机构，是指经中国人民银行批准，通过设立银行卡清算标准和规则，运营银行卡业务系统，为发卡机构和收单机构提供银行卡交易处理，协助完成资金结算服务的机构。

第五十二条 中国人民银行分支机构可根据本办法，结合辖区实际制订实施细则，向中国人民银行备案后组织实施。

第五十三条 本办法由中国人民银行负责解释。

第五十四条 本办法自发布之日起施行。中国人民银行此前发布的银行卡收单业务有关规定，与本办法不一致的，以本办法为准。

电子银行业务管理办法

1. *2006年1月26日中国银行业监督管理委员会令2006年第5号公布*
2. *自2006年3月1日起施行*

第一章 总 则

第一条 为加强电子银行业务的风险管理，保障客户及银行的合法权益，促进电子银行业务的健康有序发展，根据《中华人民共和国银行业监督管理法》、《中华人民共和国商业银行法》和《中华人民共和国外资金融机构管理条例》等法律法规，制定本办法。

第二条 本办法所称电子银行业务，是指商业银行等银行业金融机构利用面向社会公众开放的通讯通道或开放型公众网络，以及银行为特定自助服务设施或客户建立的专用网络，向客户提供的银行服务。

电子银行业务包括利用计算机和互联网开展的银行业务（以下简称网上银行业务），利用电话等声讯设备和电信网络开展的银行业务（以下简称电话银行业务），利用移动电话和无线网络开展的银行业务（以下简称手机银行业务），以及其他利用电子服务设备和网络，由客户通过自助服务方式完成金融交易的银行业务。

第三条 银行业金融机构和依据《中华人民共和国外资金融机构管理条例》设立的外资金融机构（以下通称为金融机构），应当按照本办法的规定开展电子银行业务。

在中华人民共和国境内设立的金融资产管理公司、信托投资公司、财务公司、金融租赁公司以及经中国银行业监督管理委员会（以下简称中国银监会）批准设立的其他金融机构，开办具有电子银行性质的电子金融业务，适用本办法对金融机构开展电子银行业务的有关规定。

第四条 经中国银监会批准，金融机构可以在中华人民共和国境内开办电子银行业务，向中华人民共和国境内企业、居民等客户提供电子银行服务，也可按照本办法的有关规定开展跨境电子银行服务。

第五条 金融机构应当按照合理规划、统一管理、保障系统安全运行的原则，开展电子银行业务，保证电子银行业务的健康、有序发展。

第六条 金融机构应根据电子银行业务特性，建立健全电子银行业务风险管理体系和内部控制体系，设立相应的管理机构，明确电子银行业务管理的责任，有效地识别、评估、监测和控制电子银行业务风险。

第七条 中国银监会负责对电子银行业务实施监督管理。

第二章 申请与变更

第八条 金融机构在中华人民共和国境内开办电子银行业务，应当依照本办法的有关规定，向中国银监会申请或报告。

第九条 金融机构开办电子银行业务，应当具备下列条件：

（一）金融机构的经营活动正常，建立了较为完善的风险管理体系和内部控制制度，在申请开办电子银行业务的前一年内，金融机构的主要信息管理系统和业务处理系统没有发生过重大事故；

（二）制定了电子银行业务的总体发展战略、发展规划和电子银行安全策略，建立了电子银行业务风险管理的组织体系和制度体系；

（三）按照电子银行业务发展规划和安全策略，建立了电子银行业务运营的基础设施和系统，并对相关设施和系统进行了必要的安全检测和业务测试；

（四）对电子银行业务风险管理情况和业务运营设施与系统等，进行了符合监管要求的安全评估；

（五）建立了明确的电子银行业务管理部门，配备了合格的管理人员和技术人员；

（六）中国银监会要求的其他条件。

第十条 金融机构开办以互联网为媒介的网上银行业务、手机银行业务等电子银行业务，除应具备第九条所列条件外，还应具备以下条件：

（一）电子银行基础设施设备能够保障电子银行的正常运行；

（二）电子银行系统具备必要的业务处理能力，能够满足客户适时业务处理的需要；

（三）建立了有效的外部攻击侦测机制；

（四）中资银行业金融机构的电子银行业务运营系统和业务处理服务器设置在中华人民共和国境内；

（五）外资金融机构的电子银行业务运营系统和业务处理服务器可以设置在中华人民共和国境内或境外。设置在境外时，应在中华人民共和国境内设置可以记录和保存业务交易数据的设施设备，能够满足金融监管部门现场检查的要求，在出现法律纠纷时，能够满足中国司法机构调查取证的要求。

第十一条 外资金融机构开办电子银行业务，除应具备第九条、第十条所列条件外，还应当按照法律、行政法规的有关规定，在中华人民共和国境内设有营业性机构，其所在国家（地区）监管当局具备对电子银行业务进行监管的法律框架和监管能力。

第十二条 金融机构申请开办电子银行业务，根据电子银行业务的不同类型，分别适用审批制和报告制。

（一）利用互联网等开放性网络或无线网络开办的电子银行业务，包括网上银行、手机银行和利用掌上电脑等个人数据辅助设备开办的电子银行业务，适用审批制；

（二）利用境内或地区性电信网络、有线网络等开办的电子银行业务，适用报告制；

（三）利用银行为特定自助服务设施或与客户建立的专用网络开办的电子银行业务，法律法规和行政规章另有规定的遵照其规定，没有规定的适用报告制。

金融机构开办电子银行业务后，与其特定客户建立直接网络连接提供相关服务，属于电子银行日常服务，不属于开办电子银行业务申请的类型。

第十三条 金融机构申请开办需要审批的电子银行业务之前，应先就拟申请的业务与中国银监会进行沟通，说明拟申请的电子银行业务系统和基础设施设计、建设方案，以及基本业务运营模式等，并根据沟通情况，对有关方案进行调整。

进行监管沟通后，金融机构应根据调整完善后的方案开展电子银行系统建设，并应在申请前完成对相关系统的内部测试工作。

内部测试对象仅限于金融机构内部人员、外包机构相关工作人员和相关机构的工作人员，不得扩展到一般客户。

第十四条 金融机构申请开办电子银行业务时，可以在一个申请报告中同时申请不同类型的电子银行业务，但在申请中应注明所申请的电子银行业务类型。

第十五条 金融机构向中国银监会或其派出机构申请开办电子银行业务，应提交以下文件、资料（一式三份）：

（一）由金融机构法定代表人签署的开办电子银行业务的申请报告；

（二）拟申请的电子银行业务类型及拟开展的业务种类；

（三）电子银行业务发展规划；

（四）电子银行业务运营设施与技术系统介绍；

（五）电子银行业务系统测试报告；

（六）电子银行安全评估报告；

（七）电子银行业务运行应急计划和业务连续性计划；

（八）电子银行业务风险管理体系及相应的规章制度；

（九）电子银行业务的管理部门、管理职责，以及主要负责人介绍；

（十）申请单位联系人以及联系电话、传真、电子邮件信箱等联系方式；

（十一）中国银监会要求提供的其他文件和资料。

第十六条 中国银监会或其派出机构在收到金融机构的有关申请材料后，根据监管需要，要求商业银行补充材料时，应一次性将有关要求告知金融机构。

金融机构应根据中国银监会或其派出机构的要求，重新编制和装订申请材料，并更正材料递交日期。

第十七条 中国银监会或其派出机构在收到金融机构申请开办需要审批的电子银行业务完整申请材料 3 个月

内,作出批准或者不批准的书面决定;决定不批准的,应当说明理由。

第十八条　金融机构在一份申请报告中申请了多个类型的电子银行业务时,中国银监会或其派出机构可以根据有关规定和要求批准全部或部分电子银行业务类型的申请。

对于中国银监会或其派出机构未批准的电子银行业务类型,金融机构可按有关规定重新申请。

第十九条　金融机构开办适用于报告制的电子银行业务类型,不需申请,但应参照第十五条的有关规定,在开办电子银行业务之前1个月,将相关材料报送中国银监会或其派出机构。

第二十条　金融机构开办电子银行业务后,可以利用电子银行平台进行传统银行产品和服务的宣传、销售,也可以根据电子银行业务的特点开发新的业务类型。

金融机构利用电子银行平台宣传有关银行产品或服务时,应当遵守相关法律法规和业务管理规章的有关规定。利用电子银行平台销售有关银行产品或服务时,应认真分析选择适应电子银行销售的产品,不得利用电子银行销售需要对客户进行当面评估后才能销售的,或者需要客户当面确认才能销售的银行产品,法律法规和行政规章另有规定的除外。

第二十一条　金融机构根据业务发展需要,增加或变更电子银行业务类型,适用审批制或报告制。

第二十二条　金融机构增加或者变更以下电子银行业务类型,适用审批制:

(一)有关法律法规和行政规章规定需要审批但金融机构尚未申请批准,并准备利用电子银行开办的;

(二)金融机构将已获批准的业务应用于电子银行时,需要与证券业、保险业相关机构进行直接实时数据交换才能实施的;

(三)金融机构之间通过互联电子银行平台联合开展的;

(四)提供跨境电子银行服务的。

第二十三条　金融机构增加或变更需要审批的电子银行业务类型,应向中国银监会或其派出机构报送以下文件和资料(一式三份):

(一)由金融机构法定代表人签署的增加或变更业务类型的申请;

(二)拟增加或变更业务类型的定义和操作流程;

(三)拟增加或变更业务类型的风险特征和防范措施;

(四)有关管理规章制度;

(五)申请单位联系人以及联系电话、传真、电子邮件信箱等联系方式;

(六)中国银监会要求提供的其他文件和资料。

第二十四条　业务经营活动不受地域限制的银行业金融机构(以下简称全国性金融机构),申请开办电子银行业务或增加、变更需要审批的电子银行业务类型,应由其总行(公司)统一向中国银监会申请。

按照有关规定只能在某一城市或地区内从事业务经营活动的银行业金融机构(以下简称地区性金融机构),申请开办电子银行业务或增加、变更需要审批的电子银行业务类型,应由其法人机构向所在地中国银监会派出机构申请。

外资金融机构申请开办电子银行业务或增加、变更需要审批的电子银行业务类型,应由其总行(公司)或在中华人民共和国境内的主报告行向中国银监会申请。

第二十五条　中国银监会或其派出机构在收到金融机构增加或变更需要审批的电子银行业务类型完整申请材料3个月内,做出批准或者不批准的书面决定;决定不批准的,应当说明理由。

第二十六条　其他电子银行业务类型适用报告制,金融机构增加或变更时不需申请,但应在开办该业务类型前1个月内,参照第二十三条的有关规定,将有关材料报送中国银监会或其派出机构。

第二十七条　已经实现业务数据集中处理和系统整合(以下简称数据集中处理)的银行业金融机构,获准开办电子银行业务后,可以授权其分支机构开办部分或全部电子银行业务。其分支机构在开办相关业务之前,应向所在地中国银监会派出机构报告。

未实现数据集中处理的银行业金融机构,如果其分支机构的电子银行业务处理系统独立于总部,该分支机构开办电子银行业务按照地区性金融机构开办电子银行业务的情形管理,应持其总行授权文件,按照有关规定向所在地中国银监会派出机构申请或报告。其他分支机构只需持其总行授权文件,在开办相关业务之前,向所在地中国银监会派出机构报告。

外资金融机构获准开办电子银行业务后,其境内分支机构开办电子银行业务,应持其总行(公司)授权文件向所在地中国银监会派出机构报告。

第二十八条　已开办电子银行业务的金融机构按计划决定终止全部电子银行服务或部分类型的电子银行服务时,应提前3个月就终止电子银行服务的原因及相关问题处置方案等,报告中国银监会,并同时予以公告。

金融机构按计划决定停办部分电子银行业务类型时,应于停办该业务前1个月内向中国银监会报告,并予以公告。

金融机构终止电子银行服务或停办部分业务类

型，必须采取有效的措施保护客户的合法权益，并针对可能出现的问题制定有效的处置方案。

第二十九条　金融机构终止电子银行服务或停办部分业务类型后，需要重新开办电子银行业务或者重新开展已停办的业务类型时，应按照相关规定重新申请或办理。

第三十条　金融机构因电子银行系统升级、调试等原因，需要按计划暂时停止电子银行服务的，应选择适当的时间，尽可能减少对客户的影响，并至少提前3天在其网站上予以公告。

受突发事件或偶然因素影响非计划暂停电子银行服务，在正常工作时间内超过4个小时或者在正常工作时间外超过8个小时的，金融机构应在暂停服务后24小时内将有关情况报告中国银监会，并应在事故处理基本结束后3日内，将事故原因、影响、补救措施及处理情况等，报告中国银监会。

第三章　风 险 管 理

第三十一条　金融机构应当将电子银行业务风险管理纳入本机构风险管理的总体框架之中，并应根据电子银行业务的运营特点，建立健全电子银行风险管理体系和电子银行安全、稳健运营的内部控制体系。

第三十二条　金融机构的电子银行风险管理体系和内部控制体系应当具有清晰的管理架构、完善的规章制度和严格的内部授权控制机制，能够对电子银行业务面临的战略风险、运营风险、法律风险、声誉风险、信用风险、市场风险等实施有效的识别、评估、监测和控制。

第三十三条　金融机构针对传统业务风险制定的审慎性风险管理原则和措施等，同样适用于电子银行业务，但金融机构应根据电子银行业务环境和运行方式的变化，对原有风险管理制度、规则和程序进行必要的和适当的修正。

第三十四条　金融机构的董事会和高级管理层应根据本机构的总体发展战略和实际经营情况，制订电子银行发展战略和可行的经营投资战略，对电子银行的经营进行持续性的综合效益分析，科学评估电子银行业务对金融机构总体风险的影响。

第三十五条　在制定电子银行发展战略时，金融机构应加强电子银行业务的知识产权保护工作。

第三十六条　金融机构应当针对电子银行不同系统、风险设施、信息和其他资源的重要性及其对电子银行安全的影响进行评估分类，制定适当的安全策略，建立健全风险控制程序和安全操作规程，采取相应的安全管理措施。

对各类安全控制措施应定期检查、测试，并根据实际情况适时调整，保证安全措施的持续有效和及时更新。

第三十七条　金融机构应当保障电子银行运营设施设备，以及安全控制设施设备的安全，对电子银行的重要设施设备和数据，采取适当的保护措施。

（一）有形场所的物理安全控制，必须符合国家有关法律法规和安全标准的要求，对尚没有统一安全标准的有形场所的安全控制，金融机构应确保其制定的安全制度有效地覆盖可能面临的主要风险；

（二）以开放型网络为媒介的电子银行系统，应合理设置和使用防火墙、防病毒软件等安全产品与技术，确保电子银行有足够的反攻击能力、防病毒能力和入侵防护能力；

（三）对重要设施设备的接触、检查、维修和应急处理，应有明确的权限界定、责任划分和操作流程，并建立日志文件管理制度，如实记录并妥善保管相关记录；

（四）对重要技术参数，应严格控制接触权限，并建立相应的技术参数调整与变更机制，并保证在更换关键人员后，能够有效防止有关技术参数的泄漏；

（五）对电子银行管理的关键岗位和关键人员，应实行轮岗和强制性休假制度，建立严格的内部监督管理制度。

第三十八条　金融机构应采用适当的加密技术和措施，保证电子交易数据传输的安全性与保密性，以及所传输交易数据的完整性、真实性和不可否认性。

金融机构采用的数据加密技术应符合国家有关规定，并根据电子银行业务的安全性需要和科技信息技术的发展，定期检查和评估所使用的加密技术和算法的强度，对加密方式进行适时调整。

第三十九条　金融机构应当与客户签订电子银行服务协议或合同，明确双方的权利与义务。

在电子银行服务协议中，金融机构应向客户充分揭示利用电子银行进行交易可能面临的风险，金融机构已经采取的风险控制措施和客户应采取的风险控制措施，以及相关风险的责任承担。

第四十条　金融机构应采取适当的措施和采用适当的技术，识别与验证使用电子银行服务客户的真实、有效身份，并应依照与客户签订的有关协议对客户作业权限、资金转移或交易限额等实施有效管理。

第四十一条　金融机构应当建立相应的机制，搜索、监测和处理假冒或有意设置类似于金融机构的电话、网站、短信号码等信息骗取客户资料的活动。

金融机构发现假冒电子银行的非法活动后，应向公安部门报案，并向中国银监会报告。同时，金融机构应及时在其网站、电话语音提示系统或短信平台上，提醒客户注意。

第四十二条 金融机构应尽可能使用统一的电子银行服务电话、域名、短信号码等，并应在与客户签订的协议中明确客户启动电子银行业务的合法途径、意外事件的处理办法，以及联系方式等。

已实现数据集中处理的银行业金融机构开展网上银行类业务，总行（公司）与其分支机构应使用统一的域名；未实现数据集中处理的银行业金融机构开展网上银行类业务时，应由总行（公司）设置统一的接入站点，在其主页内设置其分支机构网站链接。

第四十三条 金融机构应建立电子银行入侵侦测与入侵保护系统，实时监控电子银行的运行情况，定期对电子银行系统进行漏洞扫描，并建立对非法入侵的甄别、处理和报告机制。

第四十四条 金融机构开展电子银行业务，需要对客户信息和交易信息等使用电子签名或电子认证时，应遵照国家有关法律法规的规定。

金融机构使用第三方认证系统，应对第三方认证机构进行定期评估，保证有关认证安全可靠和具有公信力。

第四十五条 金融机构应定期评估可供客户使用的电子银行资源充足情况，采取必要的措施保障线路接入通畅，保证客户对电子银行服务的可用性。

第四十六条 金融机构应制定电子银行业务连续性计划，保证电子银行业务的连续正常运营。

金融机构电子银行业务连续性计划应充分考虑第三方服务供应商对业务连续性的影响，并应采取适当的预防措施。

第四十七条 金融机构应制定电子银行应急计划和事故处理预案，并定期对这些计划和预案进行测试，以管理、控制和减少意外事件造成的危害。

第四十八条 金融机构应定期对电子银行关键设备和系统进行检测，并详细记录检测情况。

第四十九条 金融机构应明确电子银行管理、运营等各个环节的主要权限、职责和相互监督方式，有效隔离电子银行应用系统、验证系统、业务处理系统和数据库管理系统之间的风险。

第五十条 金融机构应建立健全电子银行业务的内部审计制度，定期对电子银行业务进行审计。

第五十一条 金融机构应采取适当的方法和技术，记录并妥善保存电子银行业务数据，电子银行业务数据的保存期限应符合法律法规的有关要求。

第五十二条 金融机构应采取适当措施，保证电子银行业务符合相关法律法规对客户信息和隐私保护的规定。

第五十三条 金融机构应针对电子银行业务发展与管理的实际情况，制订多层次的培训计划，对电子银行管理人员和业务人员进行持续培训。

第四章 数据交换与转移管理

第五十四条 电子银行业务的数据交换与转移，是指金融机构根据业务发展和管理的需要，利用电子银行平台与外部组织或机构相互交换电子银行业务信息和数据，或者将有关电子银行业务数据转移至外部组织或机构的活动。

第五十五条 金融机构根据业务发展需要，可以与其他开展电子银行业务的金融机构建立电子银行系统数据交换机制，实现电子银行业务平台的直接连接，进行境内实时信息交换和跨行资金转移。

第五十六条 建立电子银行业务数据交换机制的金融机构，或者电子银行平台实现相互连接的金融机构，应当建立联合风险管理委员会，负责协调跨行间的业务风险管理与控制。

所有参加数据交换或电子银行平台连接的金融机构都应参加联合风险管理委员会，共同制定并遵守联合风险管理委员会的规章制度和工作规程。

联合风险管理委员会的规章制度、工作规程、会议纪要和有关决议等，应抄报中国银监会。

第五十七条 金融机构根据业务发展或管理的需要，可以与非银行业金融机构直接交换或转移部分电子银行业务数据。

金融机构向非银行业金融机构交换或转移部分电子银行业务数据时，应签订数据交换（转移）用途与范围明确、管理职责清晰的书面协议，并明确各方的数据保密责任。

第五十八条 金融机构在确保电子银行业务数据安全并被恰当使用的情况下，可以向非金融机构转移部分电子银行业务数据。

（一）金融机构由于业务外包、系统测试（调试）、数据恢复与救援等为维护电子银行正常安全运营的需要而向非金融机构转移电子银行业务数据的，应当事先签订书面保密合同，并指派专人负责监督有关数据的使用、保管、传递和销毁；

（二）金融机构由于业务拓展、业务合作等需要向非金融机构转移电子银行业务数据的，除应签订书面保密合同和指定专人监督外，还应建立对数据接收方的定期检查制度，一旦发现数据接收方不当使用、保管或传递电子银行业务数据，应立即停止相关数据转移，并应采取必要的措施预防电子银行客户的合法权益受

到损害,法律法规另有规定的除外;

（三）金融机构不得向无业务往来的非金融机构转移电子银行业务数据,不得出售电子银行业务数据,不得损害客户权益利用电子银行业务数据谋取利益。

第五十九条　金融机构可以为电子商务经营者提供网上支付平台。为电子商务提供网上支付平台时,金融机构应严格审查合作对象,签订书面合作协议,建立有效监督机制,防范不法机构或人员利用电子银行支付平台从事违法资金转移或其他非法活动。

第六十条　外资金融机构因业务或管理需要确需向境外总行（公司）转移有关电子银行业务数据的,应遵守有关法律法规的规定,采取必要的措施保护客户的合法权益,并遵守有关数据交换和转移的规定。

第六十一条　未经电子银行业务数据转出机构的允许,数据接收机构不得将有关电子银行业务数据向第三方转移。法律法规另有规定的除外。

第五章　业务外包管理

第六十二条　电子银行业务外包,是指金融机构将电子银行部分系统的开发、建设,电子银行业务的部分服务与技术支持,电子银行系统的维护等专业化程度较高的业务工作,委托给外部专业机构承担的活动。

第六十三条　金融机构在进行电子银行业务外包时,应根据实际需要,合理确定外包的原则和范围,认真分析和评估业务外包存在的潜在风险,建立健全有关规章制度,制定相应的风险防范措施。

第六十四条　金融机构在选择电子银行业务外包服务供应商时,应充分审查、评估外包服务供应商的经营状况、财务状况和实际风险控制与责任承担能力,进行必要的尽职调查。

第六十五条　金融机构应当与外包服务供应商签订书面合同,明确双方的权利、义务。

在合同中,应明确规定外包服务供应商的保密义务、保密责任。

第六十六条　金融机构应充分认识外包服务供应商对电子银行业务风险控制的影响,并将其纳入总体安全策略之中。

第六十七条　金融机构应建立完整的业务外包风险评估与监测程序,审慎管理业务外包产生的风险。

第六十八条　电子银行业务外包风险的管理应当符合金融机构的风险管理标准,并应建立针对电子银行业务外包风险的应急计划。

第六十九条　金融机构应与外包服务供应商建立有效的联络、沟通和信息交流机制,并应制定在意外情况下能够实现外包服务供应商顺利变更,保证外包服务不间断的应急预案。

第七十条　金融机构对电子银行业务处理系统、授权管理系统、数据备份系统的总体设计开发,以及其他涉及机密数据管理与传递环节的系统进行外包时,应经过金融机构董事会或者法人代表批准,并应在业务外包实施前向中国银监会报告。

第六章　跨境业务活动管理

第七十一条　电子银行的跨境业务活动,是指开办电子银行业务的金融机构利用境内的电子银行系统,向境外居民或企业提供的电子银行服务活动。

金融机构的境内客户在境外使用电子银行服务,不属于跨境业务活动。

第七十二条　金融机构提供跨境电子银行服务,除应遵守中国法律法规和外汇管理政策等规定外,还应遵守境外居民所在国家（地区）的法律规定。

境外电子银行监管部门对跨境电子银行业务要求审批的,金融机构在提供跨境业务活动之前,应获得境外电子银行监管部门的批准。

第七十三条　金融机构开展跨境电子银行业务,除应按照第二章的有关规定向中国银监会申请外,还应当向中国银监会提供以下文件资料:

（一）跨境电子银行服务的国家（地区）,以及该国（地区）对电子银行业务管理的法律规定;

（二）跨境电子银行服务的主要对象及服务内容;

（三）未来三年跨境电子银行业务发展规模、客户规模的分析预测;

（四）跨境电子银行业务法律与合规性分析。

第七十四条　金融机构向客户提供跨境电子银行服务,必须签订相关服务协议。

金融机构与客户的服务协议文本,应当使用中文和客户所在国家或地区（或客户同意的其他国语言）两种文字,两种文字的文本应具有同等法律效力。

第七章　监督管理

第七十五条　中国银监会依法对电子银行业务实施非现场监管、现场检查和安全监测,对电子银行安全评估实施管理,并对电子银行的行业自律组织进行指导和监督。

第七十六条　开展电子银行业务的金融机构应当建立电子银行业务统计体系,并按照相关规定向中国银监会报送统计数据。

商业银行向中国银监会报送的电子银行业务统计数据、报送办法等,由中国银监会另行制定。

第七十七条　金融机构应定期对电子银行业务发展与管理情况进行自我评估,并应每年编制《电子银行年度评估报告》。

第七十八条 金融机构的《电子银行年度评估报告》应至少包括以下几方面内容：

（一）本年度电子银行业务的发展计划与实际发展情况，以及对本年度电子银行发展状况的分析评价；

（二）本年度电子银行业务经营效益的分析、比较与评价，以及主要业务收入和主要业务的服务价格；

（三）电子银行业务风险管理状况的分析与评估，以及本年度电子银行面临的主要风险；

（四）其他需要说明的重要事项。

第七十九条 金融机构的《电子银行年度评估报告》（一式两份）应于下一年度的3月底之前报送中国银监会。

第八十条 金融机构应当建立电子银行业务重大安全事故和风险事件的报告制度，并保持与监管部门的经常性沟通。

对于电子银行系统被恶意攻破并已出现客户或银行损失，电子银行被病毒感染并导致机密资料外泄，以及可能会引发其他金融机构电子银行系统风险的事件，金融机构应在事件发生后48小时内向中国银监会报告。

第八十一条 中国银监会根据监管的需要，可以依法对金融机构的电子银行业务实施现场检查，也可以聘请外部专业机构对电子银行业务系统进行安全漏洞扫描、攻击测试等检查。

第八十二条 中国银监会对电子银行业务实施现场检查时，除应按照现场检查的有关规定组成检查组并进行相关业务培训外，还应邀请被检查机构的电子银行业务管理和技术人员介绍其电子银行系统架构、运营管理模式以及关键设备接触要求。

检查人员在实施现场检查过程中，应当遵守被检查机构电子银行安全管理的有关规定。

第八十三条 金融机构的总行（公司），以及已实现数据集中处理的金融机构分支机构电子银行业务的现场检查，由中国银监会负责；未实现数据集中处理的金融机构的分支机构，外资金融机构的分支机构，以及地区性金融机构电子银行业务的现场检查，由所在地银监局负责。

第八十四条 中国银监会聘用外部专业机构对金融机构电子银行系统进行检查时，应与被委托机构签订书面合同和保密协议，明确规定被委托机构可以使用的技术手段和使用方式，并指派专人全程参与并监督外部机构的监测测试活动。

银监局与拟聘用的外部专业机构签订合同之前，应报请银监会批准。

第八十五条 电子银行安全评估是金融机构开办或持续经营电子银行业务的必要条件，也是金融机构电子银行业务风险管理与监管的重要手段。

金融机构应按照中国银监会的有关规定，定期对电子银行系统进行安全评估，并将其作为电子银行风险管理的重要组成部分。

第八十六条 金融机构电子银行安全评估工作，应当由符合一定资质条件、具备相应评估能力的评估机构实施。

中国银监会负责制定评估机构开展电子银行安全评估业务的资质条件和电子银行安全评估的相关制度，并负责对评估机构参与电子银行安全评估的业务资质进行认定。

第八十七条 中国银监会对评估机构电子银行安全评估业务资质的认定，不作为评估机构开展电子银行安全评估业务的必要条件。

电子银行安全评估机构开展电子银行安全评估业务，如需中国银监会对其资质进行专业认定，应按照有关规定申请办理。

第八十八条 金融机构聘请未经中国银监会认定的安全评估机构实施电子银行安全评估时，应按照中国银监会制定的有关条件和标准选择评估机构，并应于签订评估协议前4周将拟聘用机构的有关情况报中国银监会。

第八章 法律责任

第八十九条 金融机构在提供电子银行服务时，因电子银行系统存在安全隐患、金融机构内部违规操作和其他非客户原因等造成损失的，金融机构应当承担相应责任。

因客户有意泄漏交易密码，或者未按照服务协议尽到应尽的安全防范与保密义务造成损失的，金融机构可以根据服务协议的约定免于承担相应责任，但法律法规另有规定的除外。

第九十条 金融机构未经批准擅自开办电子银行业务，或者未经批准增加或变更需要审批的电子银行业务类型，造成客户损失的，金融机构应承担全部责任。法律法规明确规定应由客户承担的责任除外。

第九十一条 金融机构已经按照有关法律法规和行政规章的要求，尽到了电子银行风险管理和安全管理的相应职责，但因其他金融机构或者其他金融机构的外包服务商失职等原因，造成客户损失的，由其他金融机构承担相应责任，但提供电子银行服务的金融机构有义务协助其客户处理有关事宜。

第九十二条 金融机构开展电子银行业务违反审慎经营规则但尚不构成违法违规，并导致电子银行系统存在较大安全隐患的，中国银监会将责令限期改正；逾期未

改正,或者其安全隐患在短时间难以解决的,中国银监会可以区别情形,采取下列措施:

(一)暂停批准增加新的电子银行业务类型;

(二)责令金融机构限制发展新的电子银行客户;

(三)责令调整电子银行管理部门负责人。

第九十三条 金融机构在开展电子银行业务过程中,违反有关法律法规和行政规章的,中国银监会将依据有关法律法规和行政规章的规定予以处罚。

第九章 附 则

第九十四条 金融机构利用为特定自助服务设施或客户建立的专用网络提供电子银行业务,有相关业务管理规定的,遵照其规定,但网络安全、技术风险等管理应参照本办法的有关规定执行;没有相关业务规定的,遵照本办法。

第九十五条 本办法实施前,经监管部门批准已经开办网上银行业务的金融机构,其已开办的电子银行业务不需再行审批,但应于本办法实施后1个月内将已开办的电子银行业务类型、开办时间、审批文件等相关材料报中国银监会。

本办法实施后,上述机构开办尚未开办的电子银行业务类型,应按本办法的有关规定进行申请或报告。

第九十六条 本办法实施前,已经开办网上银行业务但尚未报批或已经申请但尚未获得监管部门批准的金融机构,其开办的网上银行、手机银行,以及其他以互联网或无线网络为媒介的电子银行业务,应在本办法实施后6个月内按本办法提交有关申请;已经递交申请材料的,应按照本办法的要求补充有关材料。

上述机构已经开办适用于报告制的电子银行业务,应于本办法实施后1个月内将已开办的电子银行业务类型、开办时间等报中国银监会。

上述机构新开办其他电子银行业务,应遵照本办法的规定。

第九十七条 本办法实施前,未开办网上银行业务但已开办电话银行业务的金融机构,应于本办法实施后1个月内将已开办的电子银行业务类型、开办时间等报中国银监会。

上述机构新开办其他电子银行业务,应遵照本办法的规定。

第九十八条 本办法由中国银监会负责解释。

第九十九条 本办法自2006年3月1日起施行。

电子银行安全评估指引

1. 2006年1月26日中国银行业监督管理委员会发布
2. 银监发〔2006〕9号
3. 自2006年3月1日起施行

第一章 总 则

第一条 为加强电子银行业务的安全与风险管理,保证电子银行安全评估的客观性、及时性、全面性和有效性,依据《电子银行业务管理办法》的有关规定,制定本指引。

第二条 电子银行的安全评估,是指金融机构在开展电子银行业务过程中,对电子银行的安全策略、内控制度、风险管理、系统安全、客户保护等方面进行的安全测试和管控能力的考察与评价。

第三条 开展电子银行业务的金融机构,应根据其电子银行发展和管理的需要,至少每2年对电子银行进行一次全面的安全评估。

第四条 金融机构可以利用外部专业化的评估机构对电子银行进行安全评估,也可以利用内部独立于电子银行业务运营和管理部门的评估部门对电子银行进行安全评估。

第五条 金融机构应建立电子银行安全评估的规章制度体系和工作规程,保证电子银行安全评估能够及时、客观地得以实施。

第六条 金融机构的电子银行安全评估,应接受中国银行业监督管理委员会(以下简称中国银监会)的监督指导。

第二章 安全评估机构

第七条 承担金融机构电子银行安全评估工作的机构,可以是金融机构外部的社会专业化机构,也可以是金融机构内部具备相应条件的相对独立部门。

第八条 外部机构从事电子银行安全评估,应具备以下条件:

(一)具有较为完善的开展电子银行安全评估业务的管理制度和操作规程;

(二)制定了系统、全面的评估手册或评估指导文件,评估手册或评估指导文件的内容应至少包括评估程序、评估方法和依据、评估标准等;

(三)拥有与电子银行安全评估相关的各类专业人才,了解国际和中国相关行业的行业标准;

(四)中国银监会规定的其他从事电子银行安全评估应当具备的条件。

第九条　金融机构内部部门从事电子银行安全评估，除应具备第八条规定的有关条件外，还应具备以下条件：

（一）必须独立于电子银行业务系统开发部门、运营部门和管理部门；

（二）未直接参与过有关电子银行设备的选购工作。

第十条　中国银监会负责电子银行安全评估机构资质认定工作。

电子银行安全评估机构在开展金融机构电子银行安全评估业务前，可以向中国银监会申请对其资质进行认定。

第十一条　金融机构在进行电子银行安全评估时，可以选择经中国银监会资质认定的安全评估机构，也可以选择未经中国银监会资质认定的安全评估机构。

金融机构选择经中国银监会资质认定的安全评估机构时，有关安全评估机构的管理适用本指引有关规定。金融机构选择未经中国银监会资质认定的安全评估机构时，安全评估机构的选择标准应不低于第八条、第九条规定的条件要求，并应按照《电子银行业务管理办法》的有关规定，报送相关材料。

电子银行安全评估机构无论是否经过中国银监会资质认定，在开展电子银行安全评估活动时，都应遵守有关电子银行安全评估实施和管理的规定。

第十二条　中国银监会每年将组织一次电子银行安全评估机构资质认定工作，评定时间应提前1个月公告。

第十三条　申请资质认定的电子银行安全评估机构，应在中国银监会公告规定的时限内提交以下材料（一式七份）：

（一）电子银行安全评估资质认定申请报告；

（二）机构介绍；

（三）安全评估业务管理框架、管理制度、操作规程等；

（四）评估手册或评估指导文件；

（五）主要评估人员简历；

（六）中国银监会要求提供的其他文件、资料。

第十四条　中国银监会收到安全评估机构资质认定申请完整材料后，组织有关专家和监管人员对申请材料进行评议，采用投票的办法评定电子银行安全评估机构是否达到了有关资质要求。

第十五条　中国银监会对评估机构资质评议后，出具《电子银行安全评估机构资质认定意见书》，载明评议意见，对评估机构的资质做出认定。

第十六条　中国银监会出具的《电子银行安全评估机构资质认定意见书》，仅供评估机构与金融机构商洽有关电子银行安全评估业务时使用，不影响评估机构开展其他经营活动。

评估机构不得将《电子银行安全评估机构资质认定意见书》用于宣传或其他活动。

第十七条　经中国银监会评议并被认为达到有关资质要求的评估机构，每次资质认定的有效期限为2年。

经评议不符合认定资质的，评估机构可在下一年度重新申请资质认定。

第十八条　在资质认定的有效期限内，电子银行安全评估机构如果出现下列情况，中国银监会将撤销已做出的评议和认定意见：

（一）评估机构管理不善，其工作人员泄露被评估机构秘密的；

（二）评估工作质量低下，评估活动出现重要遗漏的；

（三）未按要求提交评估报告，或评估报告中存在不实表述的；

（四）将《电子银行安全评估机构资质认定意见书》用于宣传和其他经营活动的；

（五）存在其他严重不尽职行为的。

第十九条　评估机构有下列行为之一的，中国银监会将在一定期限或无限期不再受理评估机构的资质认定申请，金融机构不应再委托该评估机构进行安全评估：

（一）与委托机构合谋，共同隐瞒在安全评估过程中发现的安全漏洞，未按要求写入评估报告的；

（二）在评估过程中弄虚作假，编造安全评估报告的；

（三）泄漏被评估机构机密信息，或不当使用被评估机构机密资料的。

金融机构内部评估机构出现以上情况之一的，中国银监会将依法对相关机构和责任人进行处罚。

第二十条　中国银监会认可的电子银行安全评估机构，以及有关资质认定、撤销等信息，仅向开展电子银行业务的各金融机构通报，不向社会发布。

金融机构不得向第三方泄露中国银监会的有关通报信息，影响有关机构的其他业务活动，也不得将有关信息用于与电子银行安全评估活动无关的其他业务活动。

第二十一条　金融机构可以在中国银监会认定的评估机构范围内，自主选择电子银行安全评估机构。

第二十二条　电子银行主要系统设置于境外并在境外实施电子银行安全评估的外资金融机构，以及需要按照所在地监管部门的要求在境外实施电子银行安全评估的中资金融机构境外分支机构，电子银行安全评估机构的选择应遵循所在国家或地区的法律要求。

所在国家或地区没有相关法律要求的，金融机构应参照本指引的有关规定开展安全评估活动。

第二十三条　金融机构应与聘用的电子银行安全评估机构签订书面服务协议，在服务协议中，必须含有明确的保密条款和保密责任。

金融机构选择内部部门作为评估机构时，应由电子银行管理部门与评估部门签订评估责任确定书。

第二十四条　安全评估机构应根据评估协议的规定，认真履行评估职责，真实评估被评估机构电子银行安全状况。

第三章　安全评估的实施

第二十五条　评估机构在开始电子银行安全评估之前，应就评估的范围、重点、时间与要求等问题，与被评估机构进行充分的沟通，制定评估计划，由双方签字认可。

第二十六条　依据评估计划，评估机构进场对委托机构的电子银行安全进行评估。

电子银行安全评估应真实、全面地评价电子银行系统的安全性。

第二十七条　电子银行安全评估至少应包括以下内容：

（一）安全策略；

（二）内控制度建设；

（三）风险管理状况；

（四）系统安全性；

（五）电子银行业务运行连续性计划；

（六）电子银行业务运行应急计划；

（七）电子银行风险预警体系；

（八）其他重要安全环节和机制的管理。

第二十八条　电子银行安全策略的评估，至少应包括以下内容：

（一）安全策略制定的流程与合理性；

（二）系统设计与开发的安全策略；

（三）系统测试与验收的安全策略；

（四）系统运行与维护的安全策略；

（五）系统备份与应急的安全策略；

（六）客户信息安全策略。

评估机构对金融机构安全策略的评估，不仅要评估安全策略、规章制度和程序是否存在，还要评估这些制度是否得到贯彻执行，是否及时更新，是否全面覆盖电子银行业务系统。

第二十九条　电子银行内控制度的评估，应至少包括以下内容：

（一）内部控制体系总体建设的科学性与适宜性；

（二）董事会和高级管理层在电子银行安全和风险管理体系中的职责，以及相关部门职责和责任的合理性；

（三）安全监控机制的建设与运行情况；

（四）内部审计制度的建设与运行情况。

第三十条　电子银行风险管理状况的评估，应至少包括以下内容：

（一）电子银行风险管理架构的适应性和合理性；

（二）董事会和高级管理层对电子银行安全与风险管理的认知能力与相关政策、策略的制定执行情况；

（三）电子银行管理机构职责设置的合理性及对相关风险的管控能力；

（四）管理人员配备与培训情况；

（五）电子银行风险管理的规章制度与操作规定、程序等的执行情况；

（六）电子银行业务的主要风险及管理状况；

（七）业务外包管理制度建设与管理状况。

第三十一条　电子银行系统安全性的评估，应至少包括以下内容：

（一）物理安全；

（二）数据通讯安全；

（三）应用系统安全；

（四）密钥管理；

（五）客户信息认证与保密；

（六）入侵监测机制和报告反应机制。

评估机构应突出对数据通讯安全和应用系统安全的评估，客观评价金融机构是否采用了合适的加密技术、合理设计和配置了服务器和防火墙，银行内部运作系统和数据库是否安全等，以及金融机构是否制定了控制和管理修改电子银行系统的制度和控制程序，并能保证各种修改得到及时测试和审核。

第三十二条　电子银行业务运行连续性计划的评估，应至少包括以下内容：

（一）保障业务连续运营的设备和系统能力；

（二）保证业务连续运营的制度安排和执行情况。

第三十三条　电子银行业务运行应急计划的评估，应至少包括以下内容：

（一）电子银行应急制度建设与执行情况；

（二）电子银行应急设施设备配备情况；

（三）定期、持续性检测与演练情况；

（四）应对意外事故或外部攻击的能力。

第三十四条　评估机构应制定本机构电子银行安全评定标准，在进行安全评估时，应根据委托机构的实际情况，确定不同评估内容对电子银行总体风险影响程度的权重，对每项评估内容进行评分，综合计算出被评估机构电子银行的风险等级。

第三十五条　评估完成后，评估机构应及时撰写评估报告，并于评估完成后 1 个月内向委托机构提交由其法定代表人或其授权委托人签字认可的评估报告。

第三十六条 评估报告应至少包括以下内容：

(一)评估的时间、范围及其他协议中重要的约定；

(二)评估的总体框架、程序、主要方法及主要评估人员介绍；

(三)不同评估内容风险权重的确定标准，风险等级的计算方法，以及风险等级的定义；

(四)评估内容与评估活动描述；

(五)评估结论；

(六)对被评估机构电子银行安全管理的建议；

(七)其他需要说明的问题；

(八)主要术语定义和所采用的国际或国内标准介绍(可作为附件)；

(九)评估工作流程记录表(可作为附件)；

(十)评估机构参加评估人员名单(可作为附件)。

在评估结论中，评估机构应采用量化的办法表明被评估机构电子银行的风险等级，说明被评估机构电子银行安全管理中存在的主要问题与隐患，并提出整改建议。

第三十七条 评估报告完成并提交委托机构后，如需修改，应将修改的原因、依据和修改意见作为附件附在原报告之后，不得直接修改原报告。

第四章 安全评估活动的管理

第三十八条 金融机构在申请开办电子银行业务时，应当按照有关规定对完成测试的电子银行系统进行安全评估。

第三十九条 金融机构开办电子银行业务后，有下列情形之一的，应立即组织安全评估：

(一)由于安全漏洞导致系统被攻击瘫痪，修复运行的；

(二)电子银行系统进行重大更新或升级后，出现系统意外停机12小时以上的；

(三)电子银行关键设备与设施更换后，出现重大事故修复后仍不能保持连续不间断运行的；

(四)基于电子银行安全管理需要立即评估的。

第四十条 金融机构对电子银行外部安全评估机构的选聘，应由金融机构的董事会或高级管理层负责。

第四十一条 已实现数据集中管理的银行业金融机构，其分支机构开展电子银行业务不需单独进行安全评估，在总行(公司)的电子银行安全评估中应包含对其分支机构电子银行安全管理状况的评估。

第四十二条 未实现数据集中管理的银行业金融机构，其分支机构开展电子银行业务且拥有独立的业务处理设备与系统的，分支机构的电子银行系统应在总行(公司)的统一管理和指导下，按照有关规定进行安全评估。

第四十三条 电子银行主要业务处理系统设置在境外的外资金融机构，其境外总行(公司)已经进行了安全评估且符合本指引有关规定的，其境内分支机构开展电子银行业务不需单独进行安全评估，但应按照本指引的有关要求，向监管部门报送安全评估报告。

第四十四条 电子银行主要业务处理系统设置在境内的外资金融机构，或者虽设置在境外但其境外总行(公司)未进行安全评估或安全评估不符合本指引有关规定的，应按规定开展电子银行安全评估工作。

第四十五条 电子银行安全评估工作，确需由多个评估机构共同承担或实施时，金融机构应确定一个主要的评估机构协调总体评估工作，负责总体评估报告的编制。

金融机构将电子银行系统委托给不同的评估机构进行安全评估，应当明确每个评估机构安全评估的范围，并保证全面覆盖了应评估的事项，没有遗漏。

第四十六条 金融机构应在签署评估协议后两周内，将评估机构简介、拟采用的评估方案和评估步骤等，报送中国银监会。

第四十七条 中国银监会根据监管工作的需要，可派员参加金融机构电子银行安全评估工作，但不作为正式评估人员，不提供评估意见。

第四十八条 评估机构应本着客观、公正、真实和自主的原则，开展评估活动，并严格保守在评估过程中获悉的商业机密。

第四十九条 在评估过程中，委托机构和评估机构之间应建立信息保密工作机制：

(一)评估过程中，调阅相关资料、复制相关文件或数据等，都应建立登记、签字制度；

(二)调阅的文件资料应在指定的场所阅读，不得带出指定场所；

(三)复制的文件或数据一般也不应带出工作场所，如确需带出的，必须详细登记带出文件或数据名称、数量、带出原因、文件与数据的最终处理方式、责任人等，并由相关负责人签字确认；

(四)评估过程中废弃的文件、材料和不再使用的数据，应立即予以销毁或删除；

(五)评估工作结束后，双方应就有关机密数据、资料等的交接情况签署说明。

第五十条 金融机构在收到评估机构评估报告的1个月内，应将评估报告报送中国银监会。

金融机构报送评估报告时，可对评估报告中的有关问题作必要的说明。

第五十一条　未经监管部门批准，电子银行安全评估报告不得作为广告宣传资料使用，也不得提供给除监管部门以外的第三方机构。

第五十二条　对未按有关要求进行的安全评估，或者评估程序、方法和评估报告存在重要缺陷的安全评估，中国银监会可以要求金融机构进行重新评估。

第五十三条　中国银监会根据监管工作的需要，可以自己组织或委托评估机构对金融机构的电子银行系统进行安全评估，金融机构应予以配合。

第五十四条　中国银监会根据监管工作的需要，可直接向评估机构了解其评估的方法、范围和程序等。

第五十五条　对于评估报告中所反映出的问题，金融机构应采取有效的措施加以纠正。

第五章　附　　则

第五十六条　本指引由中国银监会负责解释。

第五十七条　本指引自 2006 年 3 月 1 日起施行。

(4)信贷业务

贷 款 通 则

1. 1996 年 6 月 28 日中国人民银行令 1996 年第 2 号公布
2. 自 1996 年 8 月 1 日起施行

第一章　总　　则

第一条　为了规范贷款行为，维护借贷双方的合法权益，保证信贷资产的安全，提高贷款使用的整体效益，促进社会经济的持续发展，根据《中华人民共和国中国人民银行法》、《中华人民共和国商业银行法》等有关法律规定，制定本通则。

第二条　本通则所称贷款人，系指在中国境内依法设立的经营贷款业务的中资金融机构。

本通则所称借款人，系指从经营贷款业务的中资金融机构取得贷款的法人、其他经济组织、个体工商户和自然人。

本通则中所称贷款系指贷款人对借款人提供的并按约定的利率和期限还本付息的货币资金。

本通则中的贷款币种包括人民币和外币。

第三条　贷款的发放和使用应当符合国家的法律、行政法规和中国人民银行发布的行政规章，应当遵循效益性、安全性和流动性的原则。

第四条　借款人与贷款人的借贷活动应当遵循平等、自愿、公平和诚实信用的原则。

第五条　贷款人开展贷款业务，应当遵循公平竞争、密切协作的原则，不得从事不正当竞争。

第六条　中国人民银行及其分支机构是实施《贷款通则》的监管机关。

第二章　贷 款 种 类

第七条　自营贷款、委托贷款和特定贷款：

自营贷款，系指贷款人以合法方式筹集的资金自主发放的贷款，其风险由贷款人承担，并由贷款人收回本金和利息。

委托贷款，系指由政府部门、企事业单位及个人等委托人提供资金，由贷款人(即受托人)根据委托人确定的贷款对象、用途、金额、期限、利率等代为发放、监督使用并协助收回的贷款。贷款人(受托人)只收取手续费，不承担贷款风险。

特定贷款，系指经国务院批准并对贷款可能造成的损失采取相应补救措施后责成国有独资商业银行发放的贷款。

第八条　短期贷款、中期贷款和长期贷款：

短期贷款，系指贷款期限在 1 年以内(含 1 年)的贷款。

中期贷款，系指贷款期限在 1 年以上(不含 1 年)5 年以下(含 5 年)的贷款。

长期贷款，系指贷款期限在 5 年(不含 5 年)以上的贷款。

第九条　信用贷款、担保贷款和票据贴现：

信用贷款，系指以借款人的信誉发放的贷款。

担保贷款，系指保证贷款、抵押贷款、质押贷款。

保证贷款，系指按《中华人民共和国担保法》规定的保证方式以第三人承诺在借款人不能偿还贷款时，按约定承担一般保证责任或者连带责任而发放的贷款。

抵押贷款，系指按《中华人民共和国担保法》规定的抵押方式以借款人或第三人的财产作为抵押物发放的贷款。

质押贷款，系指按《中华人民共和国担保法》规定的质押方式以借款人或第三人的动产或权利作为质物发放的贷款。

票据贴现，系指贷款人以购买借款人未到期商业票据的方式发放的贷款。

第十条　除委托贷款以外，贷款人发放贷款，借款人应当提供担保。贷款人应当对保证人的偿还能力，抵押物、质物的权属和价值以及实现抵押权、质权的可行性进行严格审查。

经贷款审查、评估，确认借款人资信良好，确能偿还贷款的,可以不提供担保。

第三章　贷款期限和利率

第十一条　贷款期限:

贷款限期根据借款人的生产经营周期、还款能力和贷款人的资金供给能力由借贷双方共同商议后确定,并在借款合同中载明。

自营贷款期限最长一般不得超过 10 年,超过 10 年应当报中国人民银行备案。

票据贴现的贴现期限最长不得超过 6 个月,贴现期限为从贴现之日起到票据到期日止。

第十二条　贷款展期:

不能按期归还贷款的,借款人应当在贷款到期日之前,向贷款人申请贷款展期。是否展期由贷款人决定。申请保证贷款、抵押贷款、质押贷款展期的,还应当由保证人、抵押人、出质人出具同意的书面证明。已有约定的,按照约定执行。

短期贷款展期期限累计不得超过原贷款期限;中期贷款展期期限累计不得超过原贷款期限的一半;长期贷款展期期限累计不得超过 3 年。国家另有规定者除外。借款人未申请展期或申请展期未得到批准,其贷款从到期日次日起,转入逾期贷款账户。

第十三条　贷款利率的确定:

贷款人应当按照中国人民银行规定的贷款利率的上下限,确定每笔贷款利率,并在借款合同中载明。

第十四条　贷款利息的计收:

贷款人和借款人应当按借款合同和中国人民银行有关计息规定按期计收或交付利息。

贷款的展期期限加上原期限达到新的利率期限档次时,从展期之日起,贷款利息按新的期限档次利率计收。

逾期贷款按规定计收罚息。

第十五条　贷款的贴息:

根据国家政策,为了促进某些产业和地区经济的发展,有关部门可以对贷款补贴利息。

对有关部门贴息的贷款,承办银行应当自主审查发放,并根据本通则有关规定严格管理。

第十六条　贷款停息、减息、缓息和免息:

除国务院决定外,任何单位和个人无权决定停息、减息、缓息和免息。贷款人应当依据国务院决定,按照职责权限范围具体办理停息、减息、缓息和免息。

第四章　借　款　人

第十七条　借款人应当是经工商行政管理机关(或主管机关)核准登记的企(事)业法人、其他经济组织、个体工商户或具有中华人民共和国国籍的具有完全民事行为能力的自然人。

借款人申请贷款,应当具备产品有市场、生产经营有效益、不挤占挪用信贷资金、恪守信用等基本条件,并且应当符合以下要求:

一、有按期还本付息的能力,原应付贷款利息和到期贷款已清偿;没有清偿的,已经做了贷款人认可的偿还计划。

二、除自然人和不需要经工商部门核准登记的事业法人外,应当经过工商部门办理年检手续。

三、已开立基本账户或一般存款账户。

四、除国务院规定外,有限责任公司和股份有限公司对外股本权益性投资累计额未超过其净资产总额的 50%。

五、借款人的资产负债率符合贷款人的要求。

六、申请中期、长期贷款的,新建项目的企业法人所有者权益与项目所需总投资的比例不低于国家规定的投资项目的资本金比例。

第十八条　借款人的权利:

一、可以自主向主办银行或者其他银行的经办机构申请贷款并依条件取得贷款;

二、有权按合同约定提取和使用全部贷款;

三、有权拒绝借款合同以外的附加条件;

四、有权向贷款人的上级和中国人民银行反映、举报有关情况;

五、在征得贷款人同意后,有权向第三人转让债务。

第十九条　借款人的义务:

一、应当如实提供贷款人要求的资料(法律规定不能提供者除外),应当向贷款人如实提供所有开户行、账号及存贷款余额情况,配合贷款人的调查、审查和检查;

二、应当接受贷款人对其使用信贷资金情况和有关生产经营、财务活动的监督;

三、应当按借款合同约定用途使用贷款;

四、应当按借款合同约定及时清偿贷款本息;

五、将债务全部或部分转让给第三人的,应当取得贷款人的同意;

六、有危及贷款人债权安全情况时,应当及时通知贷款人,同时采取保全措施。

第二十条　对借款人的限制:

一、不得在一个贷款人同一辖区内的两个或两个以上同级分支机构取得贷款。

二、不得向贷款人提供虚假的或者隐瞒重要事实的资产负债表、损益表等。

三、不得用贷款从事股本权益性投资,国家另有规定的除外。

四、不得用贷款在有价证券、期货等方面从事投机经营。

五、除依法取得经营房地产资格的借款人以外，不得用贷款经营房地产业务；依法取得经营房地产资格的借款人，不得用贷款从事房地产投机。

六、不得套取贷款用于借贷牟取非法收入。

七、不得违反国家外汇管理规定使用外币贷款。

八、不得采取欺诈手段骗取贷款。

第五章　贷　款　人

第二十一条　贷款人必须经中国人民银行批准经营贷款业务，持有中国人民银行颁发的《金融机构法人许可证》或《金融机构营业许可证》，并经工商行政管理部门核准登记。

第二十二条　贷款人的权利：

根据贷款条件和贷款程序自主审查和决定贷款，除国务院批准的特定贷款外，有权拒绝任何单位和个人强令其发放贷款或者提供担保。

一、要求借款人提供与借款有关的资料；

二、根据借款人的条件，决定贷与不贷、贷款金额、期限和利率等；

三、了解借款人的生产经营活动和财务活动；

四、依合同约定从借款人账户上划收贷款本金和利息；

五、借款人未能履行借款合同规定义务的，贷款人有权依合同约定要求借款人提前归还贷款或停止支付借款人尚未使用的贷款；

六、在贷款将受或已受损失时，可依据合同规定，采取使贷款免受损失的措施。

第二十三条　贷款人的义务：

一、应当公布所经营的贷款的种类、期限和利率，并向借款人提供咨询。

二、应当公开贷款审查的资信内容和发放贷款的条件。

三、贷款人应当审议借款人的借款申请，并及时答复贷与不贷。短期贷款答复时间不得超过1个月，中期、长期贷款答复时间不得超过六个月；国家另有规定者除外。

四、应当对借款人的债务、财务、生产、经营情况保密，但对依法查询者除外。

第二十四条　对贷款人的限制：

一、贷款的发放必须严格执行《中华人民共和国商业银行法》第三十九条关于资产负债比例管理的有关规定，第四十条关于不得向关系人发放信用贷款、向关系人发放担保贷款的条件不得优于其他借款人同类贷款条件的规定。

二、借款人有下列情形之一者，不得对其发放贷款：

（一）不具备本通则第四章第十七条所规定的资格和条件的；

（二）生产、经营或投资国家明文禁止的产品、项目的；

（三）违反国家外汇管理规定的；

（四）建设项目按国家规定应当报有关部门批准而未取得批准文件的；

（五）生产经营或投资项目未取得环境保护部门许可的；

（六）在实行承包、租赁、联营、合并（兼并）、合作、分立、产权有偿转让、股份制改造等体制变更过程中，未清偿原有贷款债务、落实原有贷款债务或提供相应担保的；

（七）有其他严重违法经营行为的。

三、未经中国人民银行批准，不得对自然人发放外币币种的贷款。

四、自营贷款和特定贷款，除按中国人民银行规定计收利息之外，不得收取其他任何费用；委托贷款，除按中国人民银行规定计收手续费之外，不得收取其他任何费用。

五、不得给委托人垫付资金，国家另有规定的除外。

六、严格控制信用贷款，积极推广担保贷款。

第六章　贷　款　程　序

第二十五条　贷款申请：

借款人需要贷款，应当向主办银行或者其他银行的经办机构直接申请。

借款人应当填写包括借款金额、借款用途、偿还能力及还款方式等主要内容的《借款申请书》并提供以下资料：

一、借款人及保证人基本情况；

二、财政部门或会计（审计）事务所核准的上年度财务报告，以及申请借款前一期的财务报告；

三、原有不合理占用的贷款的纠正情况；

四、抵押物、质物清单和有处分权人的同意抵押、质押的证明及保证人拟同意保证的有关证明文件；

五、项目建议书和可行性报告；

六、贷款人认为需要提供的其他有关资料。

第二十六条　对借款人的信用等级评估：

应当根据借款人的领导者素质、经济实力、资金结构、履约情况、经营效益和发展前景等因素，评定借款人的信用等级。评级可由贷款人独立进行，内部掌握，也可由有权部门批准的评估机构进行。

第二十七条　贷款调查：

贷款人受理借款人申请后，应当对借款人的信用等级以及借款的合法性、安全性、盈利性等情况进行调查，核实抵押物、质物、保证人情况，测定贷款的风险度。

第二十八条　贷款审批：

贷款人应当建立审贷分离、分级审批的贷款管理制度。审查人员应当对调查人员提供的资料进行核实、评定，复测贷款风险度，提出意见，按规定权限报批。

第二十九条　签订借款合同：

所有贷款应当由贷款人与借款人签订借款合同。借款合同应当约定借款种类，借款用途、金额、利率，借款期限，还款方式，借、贷双方的权利、义务，违约责任和双方认为需要约定的其他事项。

保证贷款应当由保证人与贷款人签订保证合同，或保证人在借款合同上载明与贷款人协商一致的保证条款，加盖保证人的法人公章，并由保证人的法定代表人或其授权代理人签署姓名。抵押贷款、质押贷款应当由抵押人、出质人与贷款人签订抵押合同、质押合同，需要办理登记的，应依法办理登记。

第三十条　贷款发放：

贷款人要按借款合同规定按期发放贷款。贷款人不按合同约定按期发放贷款的，应偿付违约金。借款人不按合同约定用款的，应偿付违约金。

第三十一条　贷后检查：

贷款发放后，贷款人应当对借款人执行借款合同情况及借款人的经营情况进行追踪调查和检查。

第三十二条　贷款归还：

借款人应当按照借款合同规定按时足额归还贷款本息。

贷款人在短期贷款到期 1 个星期之前、中长期贷款到期 1 个月之前，应当向借款人发送还本付息通知单；借款人应当及时筹备资金，按时还本付息。

贷款人对逾期的贷款要及时发出催收通知单，做好逾期贷款本息的催收工作。

贷款人对不能按借款合同约定期限归还的贷款，应当按规定加罚利息；对不能归还或者不能落实还本付息事宜的，应当督促归还或者依法起诉。

借款人提前归还贷款，应当与贷款人协商。

第七章　不良贷款监管

第三十三条　贷款人应当建立和完善贷款的质量监管制度，对不良贷款进行分类、登记、考核和催收。

第三十四条　不良贷款系指呆帐贷款、呆滞贷款、逾期贷款。

呆帐贷款，系指按财政部有关规定列为呆帐的贷款。

呆滞贷款，系指按财政部有关规定，逾期（含展期后到期）超过规定年限以上仍未归还的贷款，或虽未逾期或逾期不满规定年限但生产经营已终止、项目已停建的贷款（不含呆帐贷款）。

逾期贷款，系指借款合同约定到期（含展期后到期）未归还的贷款（不含呆滞贷款和呆帐贷款）。

第三十五条　不良贷款的登记：

不良贷款由会计、信贷部门提供数据，由稽核部门负责审核并按规定权限认定，贷款人应当按季填报不良贷款情况表。在报上级行的同时，应当报中国人民银行当地分支机构。

第三十六条　不良贷款的考核：

贷款人的呆账贷款、呆滞贷款、逾期贷款不得超过中国人民银行规定的比例。贷款人应当对所属分支机构下达和考核呆账贷款、呆滞贷款和逾期贷款的有关指标。

第三十七条　不良贷款的催收和呆账贷款的冲销：

信贷部门负责不良贷款的催收，稽核部门负责对催收情况的检查。贷款人应当按照国家有关规定提取呆账准备金，并按照呆账冲销的条件和程序冲销呆账贷款。

未经国务院批准，贷款人不得豁免贷款。除国务院批准外，任何单位和个人不得强令贷款人豁免贷款。

第八章　贷款管理责任制

第三十八条　贷款管理实行行长（经理、主任，下同）负责制。

贷款实行分级经营管理，各级行长应当在授权范围内对贷款的发放和收回负全部责任。行长可以授权副行长或贷款管理部门负责审批贷款，副行长或贷款管理部门负责人应当对行长负责。

第三十九条　贷款人各级机构应当建立有行长或副行长（经理、主任，下同）和有关部门负责人参加的贷款审查委员会（小组），负责贷款的审查。

第四十条　建立审贷分离制：

贷款调查评估人员负责贷款调查评估，承担调查失误和评估失准的责任；贷款审查人员负责贷款风险的审查，承担审查失误的责任；贷款发放人员负责贷款的检查和清收，承担检查失误、清收不力的责任。

第四十一条　建立贷款分级审批制：

贷款人应当根据业务量大小、管理水平和贷款风险度确定各级分支机构的审批权限，超过审批权限的贷款，应当报上级审批。各级分支机构应当根据贷款种类、借款人的信用等级和抵押物、质物、保证人等情况确定每一笔贷款的风险度。

第四十二条　建立和健全信贷工作岗位责任制：

各级贷款管理部门应将贷款管理的每一个环节的管理责任落实到部门、岗位、个人，严格划分各级信贷工作人员的职责。

第四十三条　贷款人对大额借款人建立驻厂信贷员制度。

第四十四条　建立离职审计制：

贷款管理人员在调离原工作岗位时，应当对其在任职期间和权限内所发放的贷款风险情况进行审计。

第九章　贷款债权保全和清偿的管理

第四十五条　借款人不得违反法律规定，借兼并、破产或者股份制改造等途径，逃避银行债务，侵吞信贷资金；不得借承包、租赁等途径逃避贷款人的信贷监管以及偿还贷款本息的责任。

第四十六条　贷款人有权参与处于兼并、破产或股份制改造等过程中的借款人的债务重组，应当要求借款人落实贷款还本付息事宜。

第四十七条　贷款人应当要求实行承包、租赁经营的借款人，在承包、租赁合同中明确落实原贷款债务的偿还责任。

第四十八条　贷款人对实行股份制改造的借款人，应当要求其重新签订借款合同，明确原贷款债务的清偿责任。

对实行整体股份制改造的借款人，应当明确其所欠贷款债务由改造后公司全部承担；对实行部分股份制改造的借款人，应当要求改造后的股份公司按占用借款人的资本金或资产的比例承担原借款人的贷款债务。

第四十九条　贷款人对联营后组成新的企业法人的借款人，应当要求其依据所占用的资本金或资产的比例将贷款债务落实到新的企业法人。

第五十条　贷款人对合并（兼并）的借款人，应当要求其在合并（兼并）前清偿贷款债务或提供相应的担保。

借款人不清偿贷款债务或未提供相应担保，贷款人应当要求合并（兼并）企业或合并后新成立的企业承担归还原借款人贷款的义务，并与之重新签订有关合同或协议。

第五十一条　贷款人对与外商合资（合作）的借款人，应当要求其继续承担合资（合作）前的贷款归还责任，并要求其将所得收益优先归还贷款。借款人用已作为贷款抵押、质押的财产与外商合资（合作）时必须征求贷款人同意。

第五十二条　贷款人对分立的借款人，应当要求其在分立前清偿贷款债务或提供相应的担保。

借款人不清偿贷款债务或未提供相应担保，贷款人应当要求分立后的各企业，按照分立时所占资本或资产比例或协议，对原借款人所欠贷款承担清偿责任。对设立子公司的借款人，应当要求其子公司按所得资本或资产的比例承担和偿还母公司相应的贷款债务。

第五十三条　贷款人对产权有偿转让或申请解散的借款人，应当要求其在产权转让或解散前必须落实贷款债务的清偿。

第五十四条　贷款人应当按照有关法律参与借款人破产财产的认定与债权债务的处置，对于破产借款人已设定财产抵押、质押或其他担保的贷款债权，贷款人依法享有优先受偿权；无财产担保的贷款债权按法定程序和比例受偿。

第十章　贷款管理特别规定

第五十五条　建立贷款主办行制度：

借款人应按中国人民银行的规定与其开立基本账户的贷款人建立贷款主办行关系。

借款人发生企业分立、股份制改造、重大项目建设等涉及信贷资金使用和安全的重大经济活动，事先应当征求主办行的意见。一个借款人只能有一个贷款主办行，主办行应当随基本账户的变更而变更。

主办行不包资金，但应当按规定有计划地对借款人提供贷款，为借款人提供必要的信息咨询、代理等金融服务。

贷款主办行制度与实施办法，由中国人民银行另行规定。

第五十六条　银团贷款应当确定一个贷款人为牵头行，并签订银团贷款协议，明确各贷款人的权利和义务，共同评审贷款项目。牵头行应当按协议确定的比例监督贷款的偿还。银团贷款管理办法由中国人民银行另行规定。

第五十七条　特定贷款管理：

国有独资商业银行应当按国务院规定发放和管理特定贷款。

特定贷款管理办法另行规定。

第五十八条　非银行金融机构贷款的种类、对象、范围，应当符合中国人民银行规定。

第五十九条　贷款人发放异地贷款，或者接受异地存款，应当报中国人民银行当地分支机构备案。

第六十条 信贷资金不得用于财政支出。

第六十一条 各级行政部门和企事业单位、供销合作社等合作经济组织、农村合作基金会和其他基金会，不得经营存贷款等金融业务。企业之间不得违反国家规定办理借贷或者变相借贷融资业务。

第十一章 罚 则

第六十二条 贷款人违反资产负债比例管理有关规定发放贷款的，应当依照《中华人民共和国商业银行法》第七十五条，由中国人民银行责令改正，处以罚款，有违法所得的没收违法所得，并且应当依照第七十六条对直接负责的主管人员和其他直接责任人员给予处罚。

第六十三条 贷款人违反规定向关系人发放信用贷款或者发放担保贷款的条件优于其他借款人同类贷款条件的，应当依照《中华人民共和国商业银行法》第七十四条处罚，并且应当依照第七十六条对有关直接责任人员给予处罚。

第六十四条 贷款人的工作人员对单位或者个人强令其发放贷款或者提供担保未予拒绝的，应当依照《中华人民共和国商业银行法》第八十五条给予纪律处分，造成损失的应当承担相应的赔偿责任。

第六十五条 贷款人的有关责任人员违反本通则有关规定，应当给予纪律处分和罚款；情节严重或屡次违反的，应当调离工作岗位，取消任职资格；造成严重经济损失或者构成其他经济犯罪的，应当依照有关法律规定追究刑事责任。

第六十六条 贷款人有下列情形之一，由中国人民银行责令改正；逾期不改正的，中国人民银行可以处以 5 千元以上 1 万元以下罚款：

一、没有公布所经营贷款的种类、期限、利率的；

二、没有公开贷款条件和发放贷款时要审查的内容的；

三、没有在规定期限内答复借款人贷款申请的。

第六十七条 贷款人有下列情形之一，由中国人民银行责令改正；有违法所得的，没收违法所得，并处以违法所得 1 倍以上 3 倍以下罚款；没有违法所得的，处以 5 万元以上 30 万元以下罚款；构成犯罪的，依法追究刑事责任：

一、贷款人违反规定代垫委托贷款资金的；

二、未经中国人民银行批准，对自然人发放外币贷款的；

三、贷款人违反中国人民银行规定，对自营贷款或者特定贷款在计收利息之外收取其他任何费用的，或者对委托贷款在计收手续费之外收取其他任何费用的。

第六十八条 任何单位和个人强令银行发放贷款或者提供担保的，应当依照《中华人民共和国商业银行法》第八十五条，对直接负责的主管人员和其他直接责任人员或者个人给予纪律处分；造成经济损失的，承担全部或者部分赔偿责任。

第六十九条 借款人采取欺诈手段骗取贷款，构成犯罪的，应当依照《中华人民共和国商业银行法》第八十条等法律规定处以罚款并追究刑事责任。

第七十条 借款人违反本通则第九章第四十二条规定，蓄意通过兼并、破产或者股份制改造等途径侵吞信贷资金的，应当依据有关法律规定承担相应部分的赔偿责任并处以罚款；造成贷款人重大经济损失的，应当依照有关法律规定追究直接责任人员的刑事责任。

借款人违反本通则第九章其他条款规定，致使贷款债务落空，由贷款人停止发放新贷款，并提前收回原发放的贷款。造成信贷资产损失的，借款人及其主管人员或其他个人，应当承担部分或全部赔偿责任。在未履行赔偿责任之前，其他任何贷款人不得对其发放贷款。

第七十一条 借款人有下列情形之一，由贷款人对其部分或全部贷款加收利息；情节特别严重的，由贷款人停止支付借款人尚未使用的贷款，并提前收回部分或全部贷款：

一、不按借款合同规定用途使用贷款的。

二、用贷款进行股本权益性投资的。

三、用贷款在有价证券、期货等方面从事投机经营的。

四、未依法取得经营房地产资格的借款人用贷款经营房地产业务的；依法取得经营房地产资格的借款人，用贷款从事房地产投机的。

五、不按借款合同规定清偿贷款本息的。

六、套取贷款相互借贷牟取非法收入的。

第七十二条 借款人有下列情形之一，由贷款人责令改正。情节特别严重或逾期不改正的，由贷款人停止支付借款人尚未使用的贷款，并提前收回部分或全部贷款：

一、向贷款人提供虚假或者隐瞒重要事实的资产负债表、损益表等资料的；

二、不如实向贷款人提供所有开户行、账号及存贷款余额等资料的；

三、拒绝接受贷款人对其使用信贷资金情况和有关生产经营、财务活动监督的。

第七十三条 行政部门、企事业单位、股份合作经济组织、供销合作社、农村合作基金会和其他基金会擅自发放贷款的；企业之间擅自办理借贷或者变相借贷的，由中国人民银行对出借方按违规收入处以1倍以上至5倍以下罚款，并由中国人民银行予以取缔。

第七十四条 当事人对中国人民银行处罚决定不服的，可按《中国人民银行行政复议办法（试行）》的规定申请复议，复议期间仍按原处罚执行。

第十二章 附 则

第七十五条 国家政策性银行、外资金融机构（含外资、中外合资、外资金融机构的分支机构等）的贷款管理办法，由中国人民银行另行制定。

第七十六条 有关外国政府贷款、出口信贷、外商贴息贷款、出口信贷项下的对外担保以及与上述贷款配套的国际商业贷款的管理办法，由中国人民银行另行制定。

第七十七条 贷款人可根据本通则制定实施细则，报中国人民银行备案。

第七十八条 本通则自实施之日起，中国人民银行和各贷款人在此以前制定的各种规定，与本通则有抵触者，以本通则为准。

第七十九条 本通则由中国人民银行负责解释。

第八十条 本通则自1996年8月1日起施行。

外汇（转）贷款登记管理办法

1. 1989年11月10日中国人民银行发布
2. 银发〔1989〕284号
3. 自1989年11月15日起施行

第一条 为了加强外债的宏观管理，提高地方和部门对使用外汇资金的决策能力，根据国务院（关于加强借用国际商业贷款管理的通知）规定的“进一步完善外债登记和统计监测系统。不论是直接从境外筹借，还是国内转贷款，均要列入国家的外债统计监测系统，进行登记”的要求，制定本办法。

第二条 本办法的外汇（转）贷款（以下简称转贷款）是指境内单位使用的以外币承担的具有契约性偿还义务的下列外汇资金：

1. 国际金融组织转贷款和外国政府转贷款；
2. 国际金融转租赁和国内外汇租赁；
3. 国内银行及非银行金融机构的外汇贷款；
4. 其它形式的转贷款。

第三条 国家对转贷款实行全面的登记管理制度。国家外汇管理局及其分局（以下简称外管部门）负责转贷款的登记、管理和还本付息的审批工作。

第四条 凡使用转贷款的单位，应在每笔借款合同或转贷的议签定后的十天之内，持生效的合同或转贷协议副本，到所在地外管部门办理转贷款登记手续，领取转贷款登记证。

第五条 支用转贷款后，使用单位应分别按下述情况及时填写转贷款登记证，并将其影印件于次日寄送所在地外管部门：

1. 使用国内银行及非银行金融机构外汇贷款的单位，在收到贷款的支款通知书时填写；

2. 采用信用证支付方式的转贷款，在贷款支付后填写；

3. 在国内开立周转金帐户的转贷款，在周转金存入帐户填写；

4. 采用租赁方式的转贷款，在正式起算租金时填写。

第六条 转贷款到期还本付息或偿付租金时，使用单位应持转贷款登记证和还本付息或偿付租金通知单，提前到所在地外管部门办理还本付息或租金支付核准手续。开户行凭外管部门开出的核准件办理还本付息或租金支付手续。

第七条 还本付息或租金支付完毕后，使用单位应依据开户行付款凭证填写转贷款登记证，并将其影印件于次日寄送所在地外管部门。

第八条 使用单位在办完每笔转贷款最后一次还本付息后，应在一周之内向所在地外管部门缴销转贷款登记证。

第九条 直接用外汇现汇或额度偿还转贷款债务的中间转贷管理部门，同样需要办理转贷款登记手续，但可采用月报表形式。

第十条 开户行要严格执行凭转贷款登记证和核准件办理转贷款的调入、偿还及租金支付手续的规定。在办理收付手续后，应将收付凭证及时寄送所在地外管部门一份，保证登记工作双线核对制的实施。

第十一条 对违反本办法上述规定者，所在地外管部门可根据情节处以所涉借款金额3%以下等值人民币的罚款。

第十二条 对本办理公布之日前未清偿的转贷款，应在公布之日起至今年底之前到所在地外管部门办理补登记手续。

第十三条 对使用国内银行及非银行金融机构外汇贷款逐笔登记确有困难的地区，经国家外汇管理局批准，可委托债权人代理登记，采用国家外汇管理局统一编制的转贷款月报表形式。

第十四条 本办法于一九八九年十一月十五日开始施行。由国家外汇管理局负责解释。

凭证式国债质押贷款办法

1. 1999年7月9日中国人民银行、财政部发布
2. 银发〔1999〕231号

第一条 为了满足凭证式国债投资者的融资需求，促进国债市场发展，特制定本办法。

第二条 本办法所称的凭证式国债，是指1999年后（含1999年）财政部发行，各承销银行以“中华人民共和国凭证式国债收款凭证”方式销售的国债（以下简称“凭证式国债”），不包括1999年以前发行的凭证式国债。

第三条 凭证式国债质押贷款，是指借款人以未到期的凭证式国债作质押，从商业银行取得人民币贷款，到期归还贷款本息的一种贷款业务。

第四条 经中国人民银行批准，允许办理个人定期储蓄存款存单小额抵押贷款业务，并承担凭证式国债发行业务的商业银行，均可以办理凭证式国债质押贷款业务。

第五条 作为质押贷款质押品的凭证式国债，就应是未到期的凭证式国债。凡所有权有争议、已作挂失或被依法止付的凭证式国债，不得作为质押品。

第六条 借款人申请办理质押贷款业务时，应向其原认购国债银行提出申请，经对申请人的债权进行确认并审核批准后，由借贷双方签订质押贷款合同。作为质押品的凭证式国债交贷款机构保管，由贷款机构出具保管收据。保管收据是借款人办理凭证式国债质押贷款的凭据，不准转让、出借和再抵押。各商业银行之间不得跨系统办理凭证式国债质押贷款业务。不承办凭证式国债发行业务的商业银行，不得受理此项业务。

第七条 借款人申请办理凭证式国债质押贷款业务时，必须持本人名下的凭证式国债和能证明本人身份的有效证件。使用第三人的凭证式国债办理质押业务的，需以书面形式征得第三人同意，并同时出示本人和第三人的有效身份证件。

第八条 凭证式国债质押贷款期限由贷款机构与借款人自行商定，但最长不得超过凭证式国债的到期日。若用不同期限的多张凭证式国债作质押，以距离到期日最近者确定贷款期限。

第九条 凭证式国债质押贷款额度起点为5000元，每笔贷款应不超过质押品面额的90%。

第十条 凭证式国债质押贷款利率，按照同期同档次法定贷款利率（含浮动）和有关规定执行。贷款期限不足6个月的，按6个月的法定贷款利率确定。如借款人提前还贷，贷款利率按合同利率和实际借款天数计算。凭证式国债质押贷款实行利随本清。在贷款期限内如遇利率调整，贷款利率不变。

第十一条 凭证式国债质押贷款应按期归还。逾期1个月以内（含1个月）的，自逾期之日起，贷款机构按法定罚息利率向借款人计收罚息。逾期超过1个月，贷款机构有权处理质押的凭证式国债，抵偿贷款本息。贷款机构在处理逾期的凭证式国债质押贷款时，如凭证式国债尚未到期，贷款机构可按提前兑付的正常程序办理兑付（提前兑取时，银行按国债票面值收取千分之二的手续费，手续费由借款人承担），在抵偿了贷款本息及罚息后，应将剩余款项退还借款人。

第十二条 借款人按质押贷款合同约定还清贷款本息后，凭保管收据取回质押的凭证式国债。若借款人将保管收据丢失，可向贷款机构申请补办。

第十三条 贷款机构应妥善保管质押品。因保管不善如丢失、损坏等造成的损失，由贷款机构承担相应的责任。贷款机构要建立健全保管收据的开具、收回、补办等制度，做好保管收据的管理工作。

第十四条 质押贷款履行期间，如借款人死亡，可依据《中华人民共和国继承法》及其他有关法律规定，处理有关债务继承问题。

第十五条 质押贷款合同发生纠纷时，任何一方均可向仲裁机构申请仲裁，也可向人民法院起诉。

第十六条 各商业银行应根据本办法制定实施细则并报中国人民银行总行和财政部备案。

第十七条 商业银行所属机构在办理凭证式国债质押贷款业务时应严格遵守本办法。如有违反本办法的行为，人民银行将根据《金融违法行为处罚办法》的有关规定予以处罚。

第十八条 本办法由中国人民银行负责解释。

第十九条 本办法自发布之日起执行。

单位定期存单质押贷款管理规定

1. 2007年7月3日中国银行业监督管理委员会令2007年第9号公布
2. 根据2021年6月21日中国银行保险监督管理委员会令2021年第7号《关于清理规章规范性文件的决定》修正

第一章 总 则

第一条 为加强单位定期存单质押贷款管理，根据《中华人民共和国银行业监督管理法》、《中华人民共和国商业银行法》、《中华人民共和国民法典》及其他有关法律、行政法规，制定本规定。

第二条 在中华人民共和国境内从事单位定期存单质押贷款活动适用本规定。

本规定所称单位包括企业、事业单位、社会团体以及其他组织。

第三条 本规定所称单位定期存单是指借款人为办理质押贷款而委托贷款人依据开户证实书向接受存款的金融机构(以下简称存款行)申请开具的人民币定期存款权利凭证。

单位定期存单只能以质押贷款为目的开立和使用。

单位在金融机构办理定期存款时,金融机构为其开具的《单位定期存款开户证实书》不得作为质押的权利凭证。

金融机构应制定相应的管理制度,加强对开具《单位定期存款开户证实书》和开立、使用单位定期存单的管理。

第四条 单位定期存单质押贷款活动应当遵守国家法律、行政法规,遵循平等、自愿、诚实信用的原则。

第二章 单位定期存单的开立与确认

第五条 借款人办理单位定期存单质押贷款,除按其他有关规定提交文件、资料外,还应向贷款人提交下列文件、资料:

(一)开户证实书,包括借款人所有的或第三人所有而向借款人提供的开户证实书;

(二)存款人委托贷款人向存款行申请开具单位定期存单的委托书;

(三)存款人在存款行的预留印鉴或密码。

开户证实书为第三人向借款人提供的,应同时提交第三人同意由借款人为质押贷款目的而使用其开户证实书的协议书。

第六条 贷款人经审查同意借款人的贷款申请的,应将开户证实书和开具单位定期存单的委托书一并提交给存款行,向存款行申请开具单位定期存单和确认书。

贷款人经审查不同意借款人的贷款申请的,应将开户证实书和委托书及时退还给借款人。

第七条 存款行收到贷款人提交的有关材料后,应认真审查开户证实书是否真实,存款人与本行是否存在真实的存款关系,以及开具单位定期存单的申请书上的预留印鉴或提供的密码是否和存款人在存款时预留的印鉴或密码一致。必要时,存款行可以向存款人核实有关情况。

第八条 存款行经过审查认为开户证实书证明的存款属实的,应保留开户证实书及第三人同意由借款人使用其开户证实书的协议书,并在收到贷款人的有关材料后3个工作日内开具单位定期存单。

存款行不得开具没有存款关系的虚假单位定期存单或与真实存款情况不一致的单位定期存单。

第九条 存款行在开具单位定期存单的同时,应对单位定期存单进行确认,确认后认为存单内容真实的,应出具单位定期存单确认书。确认书应由存款行的负责人签字并加盖单位公章,与单位定期存单一并递交给贷款人。

第十条 存款行对单位定期存单进行确认的内容包括:

(一)单位定期存单所载开立机构、户名、账号、存款数额、存单号码、期限、利率等是否真实准确;

(二)借款人提供的预留印鉴或密码是否一致;

(三)需要确认的其他事项。

第十一条 存款行经过审查,发现开户证实书所载事项与账户记载不符的,不得开具单位定期存单,并及时告知贷款人,认为有犯罪嫌疑的,应及时向司法机关报案。

第十二条 经确认后的单位定期存单用于贷款质押时,其质押的贷款数额一般不超过确认数额的90%。各行也可以根据存单质押担保的范围合理确定贷款金额,但存单金额应能覆盖贷款本息。

第十三条 贷款人不得接受未经确认的单位定期存单作为贷款的担保。

第十四条 贷款人对质押的单位定期存单及借款人或第三人提供的预留印鉴和密码等应妥善保管,因保管不善造成其丢失、毁损或泄密的,由贷款人承担责任。

第三章 质押合同

第十五条 办理单位定期存单质押贷款,贷款人和出质人应当订立书面质押合同。在借款合同中订立质押条款的,质押条款应符合本章的规定。

第十六条 质押合同应当载明下列内容:

(一)出质人、借款人和质权人名称、住址或营业场所;

(二)被担保的贷款的种类、数额、期限、利率、贷款用途以及贷款合同号;

(三)单位定期存单号码及所载存款的种类、户名、账户、开立机构、数额、期限、利率;

(四)质押担保的范围;

(五)存款行是否对单位定期存单进行了确认;

(六)单位定期存单的保管责任;

(七)质权的实现方式;

(八)违约责任;

(九)争议的解决方式;

(十)当事人认为需要约定的其他事项。

第十七条 质押合同应当由出质人和贷款人签章。签章为其法定代表人、经法定代表人授权的代理人或主要负责人的签字并加盖单位公章。

第十八条　质押期间，除法律另有规定外，任何人不得擅自动用质押款项。

第十九条　出质人和贷款人可以在质押合同中约定，当借款人没有依约履行合同的，贷款人可直接将存单兑现以实现质权。

第二十条　存款行应对其开具并经过确认的单位定期存单进行登记备查，并妥善保管有关文件和材料。质押的单位定期存单被退回时，也应及时登记注销。

第四章　质权的实现

第二十一条　单位定期存单质押担保的范围包括贷款本金和利息、罚息、损害赔偿金、违约金和实现质权的费用。质押合同另有约定的，按照约定执行。

第二十二条　贷款期满借款人履行债务的，或者借款人提前偿还所担保的贷款的，贷款人应当及时将质押的单位定期存单退还存款行。存款行收到退回的单位定期存单后，应将开户证实书退还贷款人并由贷款人退还借款人。

第二十三条　有下列情形之一的，贷款人可依法定方式处分单位定期存单：

（一）质押贷款合同期满，借款人未按期归还贷款本金和利息的；

（二）借款人或出质人违约，贷款人需依法提前收回贷款的；

（三）借款人或出质人被宣告破产或解散的。

第二十四条　有第二十三条所列情形之一的，贷款人和出质人可以协议以单位定期存单兑现或以法律规定的其他方式处分单位定期存单。以单位定期存单兑现时，贷款人应向存款行提交单位定期存单和其与出质人的协议。

单位定期存单处分所得不足偿付第二十一条规定的款项的，贷款人应当向借款人另行追偿；偿还第二十一条规定的款项后有剩余的，其超出部分应当退还出质人。

第二十五条　质押存单期限先于贷款期限届满的，贷款人可以提前兑现存单，并与出质人协议将兑现的款项提前清偿借款或向与出质人约定的第三人提存，质押合同另有约定的，从其约定。提存的具体办法由各当事人自行协商确定。

贷款期限先于质押的单位定期存单期限届满，借款人未履行其债务的，贷款人可以继续保管定期存单，在存单期限届满时兑现用于抵偿贷款本息。

第二十六条　经与出质人协商一致，贷款人提前兑现或提前支取的，应向存款行提供单位定期存单、质押合同、需要提前兑现或提前支取的有关协议。

第二十七条　用于质押的单位定期存单项下的款项在质押期间被司法机关或法律规定的其他机关采取冻结、扣划等强制措施的，贷款人应当在处分此定期存款时优先受偿。

第二十八条　用于质押的单位定期存单在质押期间丢失，贷款人应立即通知借款人和出质人，并申请挂失；单位定期存单毁损的，贷款人应持有关证明申请补办。

质押期间，存款行不得受理存款人提出的挂失申请。

第二十九条　贷款人申请挂失时，应向存款行提交挂失申请书，并提供贷款人的营业执照复印件、质押合同副本。

挂失申请应采用书面形式。在特殊情况下，可以用口头或函电形式，但必须在五个工作日内补办书面挂失手续。

挂失生效，原单位定期存单所载的金额及利息应继续作为出质资产。

第三十条　出质人合并、分立或债权债务发生变更时，贷款人仍然拥有单位定期存单所代表的质权。

第五章　罚　　则

第三十一条　存款行出具虚假的单位定期存单或单位定期存单确认书的，依照《金融违法行为处罚办法》第十三条的规定对存款行及相关责任人予以处罚。

第三十二条　存款行不按本规定对质物进行确认或贷款行接受未经确认的单位定期存单质押的，由中国银行业监督管理委员会给予警告，并处以三万元以下的罚款，并责令对其主要负责人和直接责任人员依法给予行政处分。

第三十三条　贷款人不按规定及时向存款行退回单位定期存单的，由中国银行业监督管理委员会给予警告，并处以三万元以下罚款。给存款人造成损失的，依法承担相应的民事责任。构成犯罪的，由司法机关依法追究刑事责任。

第六章　附　　则

第三十四条　个人定期储蓄存款存单质押贷款不适用本规定。

第三十五条　中华人民共和国境内的国际结算和融资活动中需用单位定期存单作质押担保的，参照本规定执行。

第三十六条　本规定由中国银行业监督管理委员会负责解释和修改。

第三十七条　本规定自公布之日起施行。本规定公布施行前的有关规定与本规定有抵触的，以本规定为准。

个人定期存单质押贷款办法

1. 2007年7月3日中国银行业监督管理委员会令2007年第4号公布
2. 根据2021年6月21日中国银行保险监督管理委员会令2021年第7号《关于清理规章规范性文件的决定》修正

第一条　为加强个人定期存单质押贷款管理，根据《中华人民共和国商业银行法》、《中华人民共和国民法典》及其他有关法律、行政法规，制定本办法。

第二条　个人定期存单质押贷款（以下统称存单质押贷款）是指借款人以未到期的个人定期存单作质押，从商业银行（以下简称贷款人）取得一定金额的人民币贷款，到期由借款人偿还本息的贷款业务。

第三条　本办法所称借款人，是指中华人民共和国境内具有相应民事行为能力的自然人、法人和其他组织。

外国人、无国籍人以及港、澳、台居民为借款人的，应在中华人民共和国境内居住满一年并有固定居所和职业。

第四条　作为质押品的定期存单包括未到期的整存整取、存本取息和外币定期储蓄存款存单等具有定期存款性质的权利凭证。

所有权有争议、已作担保、挂失、失效或被依法止付的存单不得作为质押品。

第五条　借款人以本人名下定期存单作质押的小额贷款（以下统称小额存单质押贷款），存单开户银行可授权办理储蓄业务的营业网点直接受理并发放。

各商业银行总行可根据本行实际，确定前款小额存单质押贷款额度。

第六条　以第三人存单作质押的，贷款人应制定严格的内部程序，认真审查存单的真实性、合法性和有效性，防止发生权利瑕疵的情形。对于借款人以公开向不特定的自然人、法人和其他组织募集的存单申请质押贷款的，贷款人不得向其发放贷款。

第七条　存单质押担保的范围包括贷款本金和利息、罚息、损害赔偿金、违约金和实现质权的费用。

存单质押贷款金额原则上不超过存单本金的90%（外币存款按当日公布的外汇（钞）买入价折成人民币计算）。各行也可以根据存单质押担保的范围合理确定贷款金额，但存单金额应能覆盖贷款本息。

第八条　存单质押贷款期限不得超过质押存单的到期日。若为多张存单质押，以距离到期日时间最近者确定贷款期限，分笔发放的贷款除外。

第九条　存单质押贷款利率按国家利率管理规定执行，计、结息方式由借贷双方协商确定。

第十条　在贷款到期日前，借款人可申请展期。贷款人办理展期应当根据借款人资信状况和生产经营实际需要，按审慎管理原则，合理确定贷款展期期限，但累计贷款期限不得超过质押存单的到期日。

第十一条　质押存单存期内按正常存款利率计息。存本取息定期存款存单用于质押时，停止取息。

第十二条　凭预留印鉴或密码支取的存单作为质押时，出质人须向发放贷款的银行提供印鉴或密码；以凭有效身份证明支取的存单作为质押时，出质人应转为凭印鉴或密码支取，否则银行有权拒绝发放贷款。

以存单作质押申请贷款时，出质人应委托贷款行申请办理存单确认和登记止付手续。

第十三条　办理存单质押贷款，贷款人和出质人应当订立书面质押合同，或者贷款人、借款人和出质人在借款合同中订立符合本办法规定的质押条款。

第十四条　质押合同应当载明下列内容：

（一）出质人、借款人和质权人姓名（名称）、住址或营业场所；

（二）被担保的贷款的种类、数额、期限、利率、贷款用途以及贷款合同号；

（三）定期存单号码及所载存款的种类、户名、开立机构、数额、期限、利率；

（四）质押担保的范围；

（五）定期存单确认情况；

（六）定期存单的保管责任；

（七）质权的实现方式；

（八）违约责任；

（九）争议的解决方式；

（十）当事人认为需要约定的其他事项。

第十五条　质押存续期间，除法律另有规定外，任何人不得擅自动用质押存单。

第十六条　出质人和贷款人可以在质押合同中约定，当借款人没有依法履行合同的，贷款人可直接将存单兑现以实现质权。存单到期日后于借款到期日的，贷款人可继续保管质押存单，在存单到期日兑现以实现质权。

第十七条　存单开户行（以下简称存款行）应根据出质人的申请及质押合同办理存单确认和登记止付手续，并妥善保管有关文件和资料。

第十八条　贷款人应妥善管理质押存单及出质人提供的预留印签或密码。因保管不善造成丢失、损坏，由贷款人承担责任。

用于质押的定期存单在质押期间丢失、毁损的，贷款人应立即通知借款人和出质人，并与出质人共同向存款开户行申请挂失、补办。补办的存单仍应继续作为质物。

质押存单的挂失申请应采用书面形式。在特殊情况下，可以用口头或函电形式，但必须在五个工作日内补办书面挂失手续。

申请挂失时，除出质人应按规定提交的申请资料外，贷款人应提交营业执照复印件、质押合同副本。

挂失生效，原定期存单所载的金额及利息应继续作为出质资产。

质押期间，未经贷款人同意，存款行不得受理存款人提出的挂失申请。

第十九条　质押存续期间如出质人死亡，其合法继承人依法办理存款过户和继承手续，并继续履行原出质人签订的质押合同。

第二十条　贷款期满借款人履行债务的，或者借款人提前偿还质押贷款的，贷款人应当及时将质押的定期存单退还出质人，并及时到存单开户行办理登记注销手续。

第二十一条　借款人按贷款合同约定还清贷款本息后，出质人凭存单保管收据取回质押存单。若出质人将存单保管收据丢失，由出质人、借款人共同出具书面证明，并凭合法身份证明到贷款行取回质押存单。

第二十二条　有下列情形之一的，贷款人可依第十六条的约定方式或其他法定方式处分质押的定期存单：

（一）质押贷款合同期满，借款人未按期归还贷款本金和利息的；

（二）借款人或出质人违约，贷款人需依法提前收回贷款的；

（三）借款人或出质人被宣告破产的；

（四）借款人或出质人死亡而无继承人履行合同的。

第二十三条　质押合同、贷款合同发生纠纷时，各方当事人均可按协议向仲裁机构申请调解或仲裁，或者向人民法院起诉。

第二十四条　存款行出具虚假的个人定期储蓄存单或个人定期储蓄存单确认书的，依照《金融违法行为处罚办法》第十三条的规定予以处罚。

第二十五条　存款行不按本办法规定对质物进行确认，或者贷款行接受未经确认的个人定期储蓄存单质押的，由中国银行业监督管理委员会给予警告，并处三万元以下的罚款，并责令对其主要负责人和直接责任人员依法给予行政处分。

第二十六条　借款人已履行合同，贷款人不按规定及时向出质人退回个人定期储蓄存单或在质押存续期间，未经贷款人同意，存款行受理存款人提出的挂失申请并挂失的，由中国银行业监督管理委员会给予警告，并处三万元以下罚款。构成犯罪的，由司法机关依法追究刑事责任。

第二十七条　各商业银行总行可根据本办法制定实施细则，并报中国银业监督管理委员会或其派出机构备案。

第二十八条　城市信用社、农村信用社、村镇银行、贷款公司、农村资金互助社办理个人存单质押贷款业务适用本办法。

第二十九条　本办法由中国银行业监督管理委员会负责解释和修改。

第三十条　本办法自公布之日起施行，本办法施行之前有关规定与本办法相抵触的，以本办法为准。

固定资产贷款管理暂行办法

2009年7月23日中国银行业监督管理委员会令2009年第2号公布

第一章　总　　则

第一条　为规范银行业金融机构固定资产贷款业务经营行为，加强固定资产贷款审慎经营管理，促进固定资产贷款业务健康发展，依据《中华人民共和国银行业监督管理法》、《中华人民共和国商业银行法》等法律法规，制定本办法。

第二条　中华人民共和国境内经国务院银行业监督管理机构批准设立的银行业金融机构（以下简称贷款人），经营固定资产贷款业务应遵守本办法。

第三条　本办法所称固定资产贷款，是指贷款人向企（事）业法人或国家规定可以作为借款人的其他组织发放的，用于借款人固定资产投资的本外币贷款。

第四条　贷款人开展固定资产贷款业务应当遵循依法合规、审慎经营、平等自愿、公平诚信的原则。

第五条　贷款人应完善内部控制机制，实行贷款全流程管理，全面了解客户和项目信息，建立固定资产贷款风险管理制度和有效的岗位制衡机制，将贷款管理各环节的责任落实到具体部门和岗位，并建立各岗位的考核和问责机制。

第六条　贷款人应将固定资产贷款纳入对借款人及借款人所在集团客户的统一授信额度管理，并按区域、行业、贷款品种等维度建立固定资产贷款的风险限额管理制度。

第七条　贷款人应与借款人约定明确、合法的贷款用途，并按照约定检查、监督贷款的使用情况，防止贷款被挪用。

第八条　银行业监督管理机构依照本办法对贷款人固定资产贷款业务实施监督管理。

第二章　受理与调查

第九条　贷款人受理的固定资产贷款申请应具备以下条件：

（一）借款人依法经工商行政管理机关或主管机关核准登记；

（二）借款人信用状况良好，无重大不良记录；

（三）借款人为新设项目法人的，其控股股东应有良好的信用状况，无重大不良记录；

（四）国家对拟投资项目有投资主体资格和经营资质要求的，符合其要求；

（五）借款用途及还款来源明确、合法；

（六）项目符合国家的产业、土地、环保等相关政策，并按规定履行了固定资产投资项目的合法管理程序；

（七）符合国家有关投资项目资本金制度的规定；

（八）贷款人要求的其他条件。

第十条　贷款人应对借款人提供申请材料的方式和具体内容提出要求，并要求借款人恪守诚实守信原则，承诺所提供材料真实、完整、有效。

第十一条　贷款人应落实具体的责任部门和岗位，履行尽职调查并形成书面报告。尽职调查的主要内容包括：

（一）借款人及项目发起人等相关关系人的情况；

（二）贷款项目的情况；

（三）贷款担保情况；

（四）需要调查的其他内容。

尽职调查人员应当确保尽职调查报告内容的真实性、完整性和有效性。

第三章　风险评价与审批

第十二条　贷款人应落实具体的责任部门和岗位，对固定资产贷款进行全面的风险评价，并形成风险评价报告。

第十三条　贷款人应建立完善的固定资产贷款风险评价制度，设置定量或定性的指标和标准，从借款人、项目发起人、项目合规性、项目技术和财务可行性、项目产品市场、项目融资方案、还款来源可靠性、担保、保险等角度进行贷款风险评价。

第十四条　贷款人应按照审贷分离、分级审批的原则，规范固定资产贷款审批流程，明确贷款审批权限，确保审批人员按照授权独立审批贷款。

第四章　合同签订

第十五条　贷款人应与借款人及其他相关当事人签订书面借款合同、担保合同等相关合同。合同中应详细规定各方当事人的权利、义务及违约责任，避免对重要事项未约定、约定不明或约定无效。

第十六条　贷款人应在合同中与借款人约定具体的贷款金额、期限、利率、用途、支付、还贷保障及风险处置等要素和有关细节。

第十七条　贷款人应在合同中与借款人约定提款条件以及贷款资金支付接受贷款人管理和控制等与贷款使用相关的条款，提款条件应包括与贷款同比例的资本金已足额到位、项目实际进度与已投资额相匹配等要求。

第十八条　贷款人应在合同中与借款人约定对借款人相关账户实施监控，必要时可约定专门的贷款发放账户和还款准备金账户。

第十九条　贷款人应要求借款人在合同中对与贷款相关的重要内容作出承诺，承诺内容应包括：贷款项目及其借款事项符合法律法规的要求；及时向贷款人提供完整、真实、有效的材料；配合贷款人对贷款的相关检查；发生影响其偿债能力的重大不利事项及时通知贷款人；进行合并、分立、股权转让、对外投资、实质性增加债务融资等重大事项前征得贷款人同意等。

第二十条　贷款人应在合同中与借款人约定，借款人出现未按约定用途使用贷款、未按约定方式支用贷款资金、未遵守承诺事项、申贷文件信息失真、突破约定的财务指标约束等情形时借款人应承担的违约责任和贷款人可采取的措施。

第五章　发放与支付

第二十一条　贷款人应设立独立的责任部门或岗位，负责贷款发放和支付审核。

第二十二条　贷款人在发放贷款前应确认借款人满足合同约定的提款条件，并按照合同约定的方式对贷款资金的支付实施管理与控制，监督贷款资金按约定用途使用。

第二十三条　合同约定专门贷款发放账户的，贷款发放和支付应通过该账户办理。

第二十四条　贷款人应通过贷款人受托支付或借款人自主支付的方式对贷款资金的支付进行管理与控制。

贷款人受托支付是指贷款人根据借款人的提款申请和支付委托，将贷款资金支付给符合合同约定用途的借款人交易对手。

借款人自主支付是指贷款人根据借款人的提款申请将贷款资金发放至借款人账户后，由借款人自主支付给符合合同约定用途的借款人交易对手。

第二十五条　单笔金额超过项目总投资5%或超过500万元人民币的贷款资金支付，应采用贷款人受托支付方式。

第二十六条　采用贷款人受托支付的，贷款人应在贷款资金发放前审核借款人相关交易资料是否符合合同约定条件。贷款人审核同意后，将贷款资金通过借款人账户支付给借款人交易对手，并应做好有关细节的认定记录。

第二十七条　采用借款人自主支付的，贷款人应要求借款人定期汇总报告贷款资金支付情况，并通过账户分析、凭证查验、现场调查等方式核查贷款支付是否符合约定用途。

第二十八条　固定资产贷款发放和支付过程中，贷款人应确认与拟发放贷款同比例的项目资本金足额到位，并与贷款配套使用。

第二十九条　在贷款发放和支付过程中，借款人出现以下情形的，贷款人应与借款人协商补充贷款发放和支付条件，或根据合同约定停止贷款资金的发放和支付：

（一）信用状况下降；

（二）不按合同约定支付贷款资金；

（三）项目进度落后于资金使用进度；

（四）违反合同约定，以化整为零方式规避贷款人受托支付。

第六章　贷后管理

第三十条　贷款人应定期对借款人和项目发起人的履约情况及信用状况、项目的建设和运营情况、宏观经济变化和市场波动情况、贷款担保的变动情况等内容进行检查与分析，建立贷款质量监控制度和贷款风险预警体系。

出现可能影响贷款安全的不利情形时，贷款人应对贷款风险进行重新评价并采取针对性措施。

第三十一条　项目实际投资超过原定投资金额，贷款人经重新风险评价和审批决定追加贷款的，应要求项目发起人配套追加不低于项目资本金比例的投资和相应担保。

第三十二条　贷款人应对抵（质）押物的价值和担保人的担保能力建立贷后动态监测和重估制度。

第三十三条　贷款人应对固定资产投资项目的收入现金流以及借款人的整体现金流进行动态监测，对异常情况及时查明原因并采取相应措施。

第三十四条　合同约定专门还款准备金账户的，贷款人应按约定根据需要对固定资产投资项目或借款人的收入现金流进入该账户的比例和账户内的资金平均存量提出要求。

第三十五条　借款人出现违反合同约定情形的，贷款人应及时采取有效措施，必要时应依法追究借款人的违约责任。

第三十六条　固定资产贷款形成不良贷款的，贷款人应对其进行专门管理，并及时制定清收或盘活措施。

对借款人确因暂时经营困难不能按期归还贷款本息的，贷款人可与借款人协商进行贷款重组。

第三十七条　对确实无法收回的固定资产不良贷款，贷款人按照相关规定对贷款进行核销后，应继续向债务人追索或进行市场化处置。

第七章　法律责任

第三十八条　贷款人违反本办法规定经营固定资产贷款业务的，银行业监督管理机构应当责令其限期改正。贷款人有下列情形之一的，银行业监督管理机构可根据《中华人民共和国银行业监督管理法》第三十七条的规定采取监管措施：

（一）固定资产贷款业务流程有缺陷的；

（二）未按本办法要求将贷款管理各环节的责任落实到具体部门和岗位的；

（三）贷款调查、风险评价未尽职的；

（四）未按本办法规定对借款人和项目的经营情况进行持续有效监控的；

（五）对借款人违反合同约定的行为未及时采取有效措施的。

第三十九条　贷款人有下列情形之一的，银行业监督管理机构除按本办法第三十八条规定采取监管措施外，还可根据《中华人民共和国银行业监督管理法》第四十六条、第四十八条规定对其进行处罚：

（一）受理不符合条件的固定资产贷款申请并发放贷款的；

（二）与借款人串通，违法违规发放固定资产贷款的；

（三）超越、变相超越权限或不按规定流程审批贷款的；

（四）未按本办法规定签订贷款协议的；

（五）与贷款同比例的项目资本金到位前发放贷款的；

（六）未按本办法规定进行贷款资金支付管理与控制的；

（七）有其他严重违反本办法规定的行为的。

第八章　附　则

第四十条　全额保证金类质押项下的固定资产贷款参照本办法执行。

第四十一条　贷款人应依照本办法制定固定资产贷款管理细则及操作规程。

第四十二条　本办法由中国银行业监督管理委员会负责解释。

第四十三条　本办法自发布之日起三个月后施行。

流动资金贷款管理暂行办法

2010年2月12日中国银行业监督管理委员会令2010年第1号公布施行

第一章　总　　则

第一条　为规范银行业金融机构流动资金贷款业务经营行为，加强流动资金贷款审慎经营管理，促进流动资金贷款业务健康发展，依据《中华人民共和国银行业监督管理法》、《中华人民共和国商业银行法》等有关法律法规，制定本办法。

第二条　中华人民共和国境内经中国银行业监督管理委员会批准设立的银行业金融机构（以下简称贷款人）经营流动资金贷款业务，应遵守本办法。

第三条　本办法所称流动资金贷款，是指贷款人向企（事）业法人或国家规定可以作为借款人的其他组织发放的用于借款人日常生产经营周转的本外币贷款。

第四条　贷款人开展流动资金贷款业务，应当遵循依法合规、审慎经营、平等自愿、公平诚信的原则。

第五条　贷款人应完善内部控制机制，实行贷款全流程管理，全面了解客户信息，建立流动资金贷款风险管理制度和有效的岗位制衡机制，将贷款管理各环节的责任落实到具体部门和岗位，并建立各岗位的考核和问责机制。

第六条　贷款人应合理测算借款人营运资金需求，审慎确定借款人的流动资金授信总额及具体贷款的额度，不得超过借款人的实际需求发放流动资金贷款。

贷款人应根据借款人生产经营的规模和周期特点，合理设定流动资金贷款的业务品种和期限，以满足借款人生产经营的资金需求，实现对贷款资金回笼的有效控制。

第七条　贷款人应将流动资金贷款纳入对借款人及其所在集团客户的统一授信管理，并按区域、行业、贷款品种等维度建立风险限额管理制度。

第八条　贷款人应根据经济运行状况、行业发展规律和借款人的有效信贷需求等，合理确定内部绩效考核指标，不得制订不合理的贷款规模指标，不得恶性竞争和突击放贷。

第九条　贷款人应与借款人约定明确、合法的贷款用途。

流动资金贷款不得用于固定资产、股权等投资，不得用于国家禁止生产、经营的领域和用途。

流动资金贷款不得挪用，贷款人应按照合同约定检查、监督流动资金贷款的使用情况。

第十条　中国银行业监督管理委员会依照本办法对流动资金贷款业务实施监督管理。

第二章　受理与调查

第十一条　流动资金贷款申请应具备以下条件：

（一）借款人依法设立；

（二）借款用途明确、合法；

（三）借款人生产经营合法、合规；

（四）借款人具有持续经营能力，有合法的还款来源；

（五）借款人信用状况良好，无重大不良信用记录；

（六）贷款人要求的其他条件。

第十二条　贷款人应对流动资金贷款申请材料的方式和具体内容提出要求，并要求借款人恪守诚实守信原则，承诺所提供材料真实、完整、有效。

第十三条　贷款人应采取现场与非现场相结合的形式履行尽职调查，形成书面报告，并对其内容的真实性、完整性和有效性负责。尽职调查包括但不限于以下内容：

（一）借款人的组织架构、公司治理、内部控制及法定代表人和经营管理团队的资信等情况；

（二）借款人的经营范围、核心主业、生产经营、贷款期内经营规划和重大投资计划等情况；

（三）借款人所在行业状况；

（四）借款人的应收账款、应付账款、存货等真实财务状况；

（五）借款人营运资金总需求和现有融资性负债情况；

（六）借款人关联方及关联交易等情况；

（七）贷款具体用途及与贷款用途相关的交易对手资金占用等情况；

（八）还款来源情况，包括生产经营产生的现金流、综合收益及其他合法收入等；

（九）对有担保的流动资金贷款，还需调查抵（质）押物的权属、价值和变现难易程度，或保证人的保证资格和能力等情况。

第三章　风险评价与审批

第十四条　贷款人应建立完善的风险评价机制，落实具体的责任部门和岗位，全面审查流动资金贷款的风险因素。

第十五条　贷款人应建立和完善内部评级制度，采用科学合理的评级和授信方法，评定客户信用等级，建立客户资信记录。

第十六条　贷款人应根据借款人经营规模、业务特征及应收账款、存货、应付账款、资金循环周期等要素测算其营运资金需求（测算方法参考附件），综合考虑借款人现金流、负债、还款能力、担保等因素，合理确定贷款结构，包括金额、期限、利率、担保和还款方式等。

第十七条　贷款人应根据贷审分离、分级审批的原则，建立规范的流动资金贷款评审制度和流程，确保风险评价和信贷审批的独立性。

贷款人应建立健全内部审批授权与转授权机制。审批人员应在授权范围内按规定流程审批贷款，不得越权审批。

第四章　合同签订

第十八条　贷款人应和借款人及其他相关当事人签订书面借款合同及其他相关协议，需担保的应同时签订担保合同。

第十九条　贷款人应在借款合同中与借款人明确约定流动资金贷款的金额、期限、利率、用途、支付、还款方式等条款。

第二十条　前条所指支付条款，包括但不限于以下内容：

（一）贷款资金的支付方式和贷款人受托支付的金额标准；

（二）支付方式变更及触发变更条件；

（三）贷款资金支付的限制、禁止行为；

（四）借款人应及时提供的贷款资金使用记录和资料。

第二十一条　贷款人应在借款合同中约定由借款人承诺以下事项：

（一）向贷款人提供真实、完整、有效的材料；

（二）配合贷款人进行贷款支付管理、贷后管理及相关检查；

（三）进行对外投资、实质性增加债务融资，以及进行合并、分立、股权转让等重大事项前征得贷款人同意；

（四）贷款人有权根据借款人资金回笼情况提前收回贷款；

（五）发生影响偿债能力的重大不利事项时及时通知贷款人。

第二十二条　贷款人应与借款人在借款合同中约定，出现以下情形之一时，借款人应承担的违约责任和贷款人可采取的措施：

（一）未按约定用途使用贷款的；

（二）未按约定方式进行贷款资金支付的；

（三）未遵守承诺事项的；

（四）突破约定财务指标的；

（五）发生重大交叉违约事件的；

（六）违反借款合同约定的其他情形的。

第五章　发放和支付

第二十三条　贷款人应设立独立的责任部门或岗位，负责流动资金贷款发放和支付审核。

第二十四条　贷款人在发放贷款前应确认借款人满足合同约定的提款条件，并按照合同约定通过贷款人受托支付或借款人自主支付的方式对贷款资金的支付进行管理与控制，监督贷款资金按约定用途使用。

贷款人受托支付是指贷款人根据借款人的提款申请和支付委托，将贷款通过借款人账户支付给符合合同约定用途的借款人交易对象。

借款人自主支付是指贷款人根据借款人的提款申请将贷款资金发放至借款人账户后，由借款人自主支付给符合合同约定用途的借款人交易对象。

第二十五条　贷款人应根据借款人的行业特征、经营规模、管理水平、信用状况等因素和贷款业务品种，合理约定贷款资金支付方式及贷款人受托支付的金额标准。

第二十六条　具有以下情形之一的流动资金贷款，原则上应采用贷款人受托支付方式：

（一）与借款人新建立信贷业务关系且借款人信用状况一般；

（二）支付对象明确且单笔支付金额较大；

（三）贷款人认定的其他情形。

第二十七条　采用贷款人受托支付的，贷款人应根据约定的贷款用途，审核借款人提供的支付申请所列支付对象、支付金额等信息是否与相应的商务合同等证明材料相符。审核同意后，贷款人应将贷款资金通过借款人账户支付给借款人交易对象。

第二十八条　采用借款人自主支付的，贷款人应按借款合同约定要求借款人定期汇总报告贷款资金支付情况，并通过账户分析、凭证查验或现场调查等方式核查贷款支付是否符合约定用途。

第二十九条　贷款支付过程中，借款人信用状况下降、主营业务盈利能力不强、贷款资金使用出现异常的，贷款人应与借款人协商补充贷款发放和支付条件，或根据合同约定变更贷款支付方式、停止贷款资金的发放和支付。

第六章　贷后管理

第三十条　贷款人应加强贷款资金发放后的管理，针对借款人所属行业及经营特点，通过定期与不定期现场检查与非现场监测，分析借款人经营、财务、信用、支付、担保及融资数量和渠道变化等状况，掌握各种影响借款人偿债能力的风险因素。

第三十一条 贷款人应通过借款合同的约定，要求借款人指定专门资金回笼账户并及时提供该账户资金进出情况。

贷款人可根据借款人信用状况、融资情况等，与借款人协商签订账户管理协议，明确约定对指定账户回笼资金进出的管理。

贷款人应关注大额及异常资金流入流出情况，加强对资金回笼账户的监控。

第三十二条 贷款人应动态关注借款人经营、管理、财务及资金流向等重大预警信号，根据合同约定及时采取提前收贷、追加担保等有效措施防范化解贷款风险。

第三十三条 贷款人应评估贷款品种、额度、期限与借款人经营状况、还款能力的匹配程度，作为与借款人后续合作的依据，必要时及时调整与借款人合作的策略和内容。

第三十四条 贷款人应根据法律法规规定和借款合同的约定，参与借款人大额融资、资产出售以及兼并、分立、股份制改造、破产清算等活动，维护贷款人债权。

第三十五条 流动资金贷款需要展期的，贷款人应审查贷款所对应的资产转换周期的变化原因和实际需要，决定是否展期，并合理确定贷款展期期限，加强对展期贷款的后续管理。

第三十六条 流动资金贷款形成不良的，贷款人应对其进行专门管理，及时制定清收处置方案。对借款人确因暂时经营困难不能按期归还贷款本息的，贷款人可与其协商重组。

第三十七条 对确实无法收回的不良贷款，贷款人按照相关规定对贷款进行核销后，应继续向债务人追索或进行市场化处置。

第七章 法律责任

第三十八条 贷款人违反本办法规定经营流动资金贷款业务的，中国银行业监督管理委员会应当责令其限期改正。贷款人有下列情形之一的，中国银行业监督管理委员会可采取《中华人民共和国银行业监督管理法》第三十七条规定的监管措施：

（一）流动资金贷款业务流程有缺陷的；

（二）未将贷款管理各环节的责任落实到具体部门和岗位的；

（三）贷款调查、风险评价、贷后管理未尽职的；

（四）对借款人违反合同约定的行为应发现而未发现，或虽发现但未及时采取有效措施的。

第三十九条 贷款人有下列情形之一的，中国银行业监督管理委员会除按本办法第三十八条采取监管措施外，还可根据《中华人民共和国银行业监督管理法》第四十六条、第四十八条对其进行处罚：

（一）以降低信贷条件或超过借款人实际资金需求发放贷款的；

（二）未按本办法规定签订借款合同的；

（三）与借款人串通违规发放贷款的；

（四）放任借款人将流动资金贷款用于固定资产投资、股权投资以及国家禁止生产、经营的领域和用途的；

（五）超越或变相超越权限审批贷款的；

（六）未按本办法规定进行贷款资金支付管理与控制的；

（七）严重违反本办法规定的审慎经营规则的其他情形的。

第八章 附 则

第四十条 贷款人应依据本办法制定流动资金贷款管理实施细则及操作规程。

第四十一条 本办法由中国银行业监督管理委员会负责解释。

第四十二条 本办法自发布之日起施行。

附件：（略）

个人贷款管理暂行办法

2010年2月12日中国银行业监督管理委员会令2010年第2号公布施行

第一章 总 则

第一条 为规范银行业金融机构个人贷款业务行为，加强个人贷款业务审慎经营管理，促进个人贷款业务健康发展，依据《中华人民共和国银行业监督管理法》、《中华人民共和国商业银行法》等法律法规，制定本办法。

第二条 中华人民共和国境内经中国银行业监督管理委员会批准设立的银行业金融机构（以下简称贷款人）经营个人贷款业务，应遵守本办法。

第三条 本办法所称个人贷款，是指贷款人向符合条件的自然人发放的用于个人消费、生产经营等用途的本外币贷款。

第四条 个人贷款应当遵循依法合规、审慎经营、平等自愿、公平诚信的原则。

第五条 贷款人应建立有效的个人贷款全流程管理机

制，制订贷款管理制度及每一贷款品种的操作规程，明确相应贷款对象和范围，实施差别风险管理，建立贷款各操作环节的考核和问责机制。

第六条　贷款人应按区域、品种、客户群等维度建立个人贷款风险限额管理制度。

第七条　个人贷款用途应符合法律法规规定和国家有关政策，贷款人不得发放无指定用途的个人贷款。

贷款人应加强贷款资金支付管理，有效防范个人贷款业务风险。

第八条　个人贷款的期限和利率应符合国家相关规定。

第九条　贷款人应建立借款人合理的收入偿债比例控制机制，结合借款人收入、负债、支出、贷款用途、担保情况等因素，合理确定贷款金额和期限，控制借款人每期还款额不超过其还款能力。

第十条　中国银行业监督管理委员会依照本办法对个人贷款业务实施监督管理。

第二章　受理与调查

第十一条　个人贷款申请应具备以下条件：

（一）借款人为具有完全民事行为能力的中华人民共和国公民或符合国家有关规定的境外自然人；

（二）贷款用途明确合法；

（三）贷款申请数额、期限和币种合理；

（四）借款人具备还款意愿和还款能力；

（五）借款人信用状况良好，无重大不良信用记录；

（六）贷款人要求的其他条件。

第十二条　贷款人应要求借款人以书面形式提出个人贷款申请，并要求借款人提供能够证明其符合贷款条件的相关资料。

第十三条　贷款人受理借款人贷款申请后，应履行尽职调查职责，对个人贷款申请内容和相关情况的真实性、准确性、完整性进行调查核实，形成调查评价意见。

第十四条　贷款调查包括但不限于以下内容：

（一）借款人基本情况；

（二）借款人收入情况；

（三）借款用途；

（四）借款人还款来源、还款能力及还款方式；

（五）保证人担保意愿、担保能力或抵（质）押物价值及变现能力。

第十五条　贷款调查应以实地调查为主、间接调查为辅，采取现场核实、电话查问以及信息咨询等途径和方法。

第十六条　贷款人在不损害借款人合法权益和风险可控的前提下，可将贷款调查中的部分特定事项审慎委托第三方代为办理，但必须明确第三方的资质条件。

贷款人不得将贷款调查的全部事项委托第三方完成。

第十七条　贷款人应建立并严格执行贷款面谈制度。

通过电子银行渠道发放低风险质押贷款的，贷款人至少应当采取有效措施确定借款人真实身份。

第三章　风险评价与审批

第十八条　贷款审查应对贷款调查内容的合法性、合理性、准确性进行全面审查，重点关注调查人的尽职情况和借款人的偿还能力、诚信状况、担保情况、抵（质）押比率、风险程度等。

第十九条　贷款风险评价应以分析借款人现金收入为基础，采取定量和定性分析方法，全面、动态地进行贷款审查和风险评估。

贷款人应建立和完善借款人信用记录和评价体系。

第二十条　贷款人应根据审慎性原则，完善授权管理制度，规范审批操作流程，明确贷款审批权限，实行审贷分离和授权审批，确保贷款审批人员按照授权独立审批贷款。

第二十一条　对未获批准的个人贷款申请，贷款人应告知借款人。

第二十二条　贷款人应根据重大经济形势变化、违约率明显上升等异常情况，对贷款审批环节进行评价分析，及时、有针对性地调整审批政策，加强相关贷款的管理。

第四章　协议与发放

第二十三条　贷款人应与借款人签订书面借款合同，需担保的应同时签订担保合同。贷款人应要求借款人当面签订借款合同及其他相关文件，但电子银行渠道办理的贷款除外。

第二十四条　借款合同应符合《中华人民共和国合同法》的规定，明确约定各方当事人的诚信承诺和贷款资金的用途、支付对象（范围）、支付金额、支付条件、支付方式等。

借款合同应设立相关条款，明确借款人不履行合同或怠于履行合同时应当承担的违约责任。

第二十五条　贷款人应建立健全合同管理制度，有效防范个人贷款法律风险。

借款合同采用格式条款的，应当维护借款人的合法权益，并予以公示。

第二十六条　贷款人应依照《中华人民共和国物权法》、《中华人民共和国担保法》等法律法规的相关规定，规范担保流程与操作。

按合同约定办理抵押物登记的，贷款人应当参与。

贷款人委托第三方办理的,应对抵押物登记情况予以核实。

以保证方式担保的个人贷款,贷款人应由不少于两名信贷人员完成。

第二十七条　贷款人应加强对贷款的发放管理,遵循审贷与放贷分离的原则,设立独立的放款管理部门或岗位,负责落实放款条件、发放满足约定条件的个人贷款。

第二十八条　借款合同生效后,贷款人应按合同约定及时发放贷款。

第五章　支付管理

第二十九条　贷款人应按照借款合同约定,通过贷款人受托支付或借款人自主支付的方式对贷款资金的支付进行管理与控制。

贷款人受托支付是指贷款人根据借款人的提款申请和支付委托,将贷款资金支付给符合合同约定用途的借款人交易对象。

借款人自主支付是指贷款人根据借款人的提款申请将贷款资金直接发放至借款人账户,并由借款人自主支付给符合合同约定用途的借款人交易对象。

第三十条　个人贷款资金应当采用贷款人受托支付方式向借款人交易对象支付,但本办法第三十三条规定的情形除外。

第三十一条　采用贷款人受托支付的,贷款人应要求借款人在使用贷款时提出支付申请,并授权贷款人按合同约定方式支付贷款资金。

贷款人应在贷款资金发放前审核借款人相关交易资料和凭证是否符合合同约定条件,支付后做好有关细节的认定记录。

第三十二条　贷款人受托支付完成后,应详细记录资金流向,归集保存相关凭证。

第三十三条　有下列情形之一的个人贷款,经贷款人同意可以采取借款人自主支付方式:

(一)借款人无法事先确定具体交易对象且金额不超过三十万元人民币的;

(二)借款人交易对象不具备条件有效使用非现金结算方式的;

(三)贷款资金用于生产经营且金额不超过五十万元人民币的;

(四)法律法规规定的其他情形的。

第三十四条　采用借款人自主支付的,贷款人应与借款人在借款合同中事先约定,要求借款人定期报告或告知贷款人贷款资金支付情况。

贷款人应当通过账户分析、凭证查验或现场调查等方式,核查贷款支付是否符合约定用途。

第六章　贷后管理

第三十五条　个人贷款支付后,贷款人应采取有效方式对贷款资金使用、借款人的信用及担保情况变化等进行跟踪检查和监控分析,确保贷款资产安全。

第三十六条　贷款人应区分个人贷款的品种、对象、金额等,确定贷款检查的相应方式、内容和频度。贷款人内部审计等部门应对贷款检查职能部门的工作质量进行抽查和评价。

第三十七条　贷款人应定期跟踪分析评估借款人履行借款合同约定内容的情况,并作为与借款人后续合作的信用评价基础。

第三十八条　贷款人应当按照法律法规规定和借款合同的约定,对借款人未按合同承诺提供真实、完整信息和未按合同约定用途使用、支付贷款等行为追究违约责任。

第三十九条　经贷款人同意,个人贷款可以展期。

一年以内(含)的个人贷款,展期期限累计不得超过原贷款期限;一年以上的个人贷款,展期期限累计与原贷款期限相加,不得超过该贷款品种规定的最长贷款期限。

第四十条　贷款人应按照借款合同约定,收回贷款本息。

对于未按照借款合同约定偿还的贷款,贷款人应采取措施进行清收,或者协议重组。

第七章　法律责任

第四十一条　贷款人违反本办法规定办理个人贷款业务的,中国银行业监督管理委员会应当责令其限期改正。贷款人有下列情形之一的,中国银行业监督管理委员会可采取《中华人民共和国银行业监督管理法》第三十七条规定的监管措施:

(一)贷款调查、审查未尽职的;

(二)未按规定建立、执行贷款面谈、借款合同面签制度的;

(三)借款合同采用格式条款未公示的;

(四)违反本办法第二十七条规定的;

(五)支付管理不符合本办法要求的。

第四十二条　贷款人有下列情形之一的,中国银行业监督管理委员会除按本办法第四十一条采取监管措施外,还可根据《中华人民共和国银行业监督管理法》第四十六条、第四十八条规定对其进行处罚:

(一)发放不符合条件的个人贷款的;

(二)签订的借款合同不符合本办法规定的;

(三)违反本办法第七条规定的;

(四)将贷款调查的全部事项委托第三方完成的;

(五)超越或变相超越贷款权限审批贷款的;

（六）授意借款人虚构情节获得贷款的；

（七）对借款人违背借款合同约定的行为应发现而未发现，或虽发现但未采取有效措施的；

（八）严重违反本办法规定的审慎经营规则的其他情形的。

第八章　附　　则

第四十三条　以存单、国债或者中国银行业监督管理委员会认可的其他金融产品作质押发放的个人贷款，消费金融公司、汽车金融公司等非银行金融机构发放的个人贷款，可参照本办法执行。

银行业金融机构发放给农户用于生产性贷款等国家有专门政策规定的特殊类个人贷款，暂不执行本办法。

信用卡透支，不适用本办法。

第四十四条　个体工商户和农村承包经营户申请个人贷款用于生产经营且金额超过五十万元人民币的，按贷款用途适用相关贷款管理办法的规定。

第四十五条　贷款人应依照本办法制定个人贷款业务管理细则及操作规程。

第四十六条　本办法由中国银行业监督管理委员会负责解释。

第四十七条　本办法自发布之日起施行。

商业银行贷款损失准备管理办法

1. 2011年7月27日中国银行业监督管理委员会令2011年第4号公布

2. 自2012年1月1日起施行

第一章　总　　则

第一条　为加强审慎监管，提升商业银行贷款损失准备的动态性和前瞻性，增强商业银行风险防范能力，促进商业银行稳健运行，根据《中华人民共和国银行业监督管理法》和《中华人民共和国商业银行法》，制定本办法。

第二条　本办法适用于中华人民共和国境内依法设立的商业银行，包括中资银行、外商独资银行和中外合资银行。

第三条　本办法所称贷款损失准备是指商业银行在成本中列支、用以抵御贷款风险的准备金，不包括在利润分配中计提的一般风险准备。

第四条　中国银行业监督管理委员会及其派出机构（以下简称银行业监管机构）根据本办法对商业银行贷款损失准备实施监督管理。

第五条　商业银行贷款损失准备不得低于银行业监管机构设定的监管标准。

第二章　监 管 标 准

第六条　银行业监管机构设置贷款拨备率和拨备覆盖率指标考核商业银行贷款损失准备的充足性。

贷款拨备率为贷款损失准备与各项贷款余额之比；拨备覆盖率为贷款损失准备与不良贷款余额之比。

第七条　贷款拨备率基本标准为2.5%，拨备覆盖率基本标准为150%。该两项标准中的较高者为商业银行贷款损失准备的监管标准。

第八条　银行业监管机构依据经济周期、宏观经济政策、产业政策、商业银行整体贷款分类偏离度、贷款损失变化趋势等因素对商业银行贷款损失准备监管标准进行动态调整。

第九条　银行业监管机构依据业务特点、贷款质量、信用风险管理水平、贷款分类偏离度、呆账核销等因素对单家商业银行应达到的贷款损失准备监管标准进行差异化调整。

第十条　商业银行应当按照银行业监管机构资本充足率管理有关规定确定贷款损失准备的资本属性。

第三章　管 理 要 求

第十一条　商业银行董事会对管理层制定的贷款损失准备管理制度及其重大变更进行审批，并对贷款损失准备管理负最终责任。

第十二条　商业银行管理层负责建立完备的识别、计量、监测和报告贷款风险的管理制度，审慎评估贷款风险，确保贷款损失准备能够充分覆盖贷款风险。

第十三条　商业银行贷款损失准备管理制度应当包括：

（一）贷款损失准备计提政策、程序、方法和模型；

（二）职责分工、业务流程和监督机制；

（三）贷款损失、呆账核销及准备计提等信息统计制度；

（四）信息披露要求；

（五）其他管理制度。

第十四条　商业银行应当建立完善的贷款风险管理系统，在风险识别、计量和数据信息等方面为贷款损失准备管理提供有效支持。

第十五条　商业银行应当定期对贷款损失准备管理制度进行检查和评估，及时完善相关管理制度。

第十六条　商业银行应当在半年度、年度财务报告中披露贷款损失准备相关信息，包括但不限于：

（一）本期及上年同期贷款拨备率和拨备覆盖率；

（二）本期及上年同期贷款损失准备余额；

（三）本期计提、转回、核销数额。

第四章　监管措施

第十七条　银行业监管机构定期评估商业银行贷款损失准备制度与相关管理系统的科学性、完备性、有效性和可操作性，并将评估情况反馈董事会和管理层。

第十八条　商业银行应当按月向银行业监管机构提供贷款损失准备相关信息，包括但不限于：

（一）贷款损失准备期初、期末余额；

（二）本期计提、转回、核销数额；

（三）贷款拨备率、拨备覆盖率期初、期末数值。

第十九条　银行业监管机构定期与外部审计机构沟通信息，掌握外部审计机构对商业银行贷款损失准备的调整情况和相关意见。

第二十条　银行业监管机构应当建立商业银行贷款损失数据统计分析制度，对贷款损失数据进行跟踪、统计和分析，为科学设定和动态调整贷款损失准备监管标准提供数据支持。

第二十一条　银行业监管机构按月对商业银行贷款拨备率和拨备覆盖率进行监测和分析，对贷款损失准备异常变化进行调查或现场检查。

第二十二条　银行业监管机构应当将商业银行贷款损失准备制度建设和执行情况作为风险监管的重要内容。

第二十三条　商业银行贷款损失准备连续三个月低于监管标准的，银行业监管机构向商业银行发出风险提示，并提出整改要求；连续六个月低于监管标准的，银行业监管机构根据《中华人民共和国银行业监督管理法》的规定，采取相应监管措施。

第二十四条　银行业监管机构经检查认定商业银行以弄虚作假手段达到监管标准的，责令其限期整改，并按照《中华人民共和国银行业监督管理法》相关规定实施行政处罚。

第五章　附　　则

第二十五条　商业银行之外的银行业金融机构参照执行本办法。

第二十六条　银行业监管机构确定的系统重要性银行应当于 2013 年底前达标。非系统重要性银行应当于 2016 年底前达标，2016 年底前未达标的，应当制定达标规划，并向银行业监管机构报告，最晚于 2018 年底达标。

第二十七条　本办法由中国银行业监督管理委员会负责解释。

第二十八条　本办法自 2012 年 1 月 1 日起施行。

汽车贷款管理办法

1. 2017 年 10 月 13 日中国人民银行、中国银行业监督管理委员会令〔2017〕第 2 号发布

2. 自 2018 年 1 月 1 日起施行

第一章　总　　则

第一条　为规范汽车贷款业务管理，防范汽车贷款风险，促进汽车贷款业务健康发展，根据《中华人民共和国中国人民银行法》、《中华人民共和国银行业监督管理法》、《中华人民共和国商业银行法》等法律规定，制定本办法。

第二条　本办法所称汽车贷款是指贷款人向借款人发放的用于购买汽车（含二手车）的贷款，包括个人汽车贷款、经销商汽车贷款和机构汽车贷款。

第三条　本办法所称贷款人是指在中华人民共和国境内依法设立的、经中国银行业监督管理委员会及其派出机构批准经营人民币贷款业务的商业银行、农村合作银行、农村信用社及获准经营汽车贷款业务的非银行金融机构。

第四条　本办法所称自用车是指借款人通过汽车贷款购买的、不以营利为目的的汽车；商用车是指借款人通过汽车贷款购买的、以营利为目的的汽车；二手车是指从办理完注册登记手续到达到国家强制报废标准之前进行所有权变更并依法办理过户手续的汽车；新能源汽车是指采用新型动力系统，完全或者主要依靠新型能源驱动的汽车，包括插电式混合动力（含增程式）汽车、纯电动汽车和燃料电池汽车等。

第五条　汽车贷款利率按照中国人民银行公布的贷款利率规定执行，计、结息办法由借款人和贷款人协商确定。

第六条　汽车贷款的贷款期限（含展期）不得超过 5 年，其中，二手车贷款的贷款期限（含展期）不得超过 3 年，经销商汽车贷款的贷款期限不得超过 1 年。

第七条　借贷双方应当遵循平等、自愿、诚实、守信的原则。

第二章　个人汽车贷款

第八条　本办法所称个人汽车贷款，是指贷款人向个人借款人发放的用于购买汽车的贷款。

第九条　借款人申请个人汽车贷款，应当同时符合以下条件：

（一）是中华人民共和国公民，或在中华人民共和国境内连续居住一年（含一年）以上的港、澳、台居民及外国人；

（二）具有有效身份证明、固定和详细住址且具有完全民事行为能力；

（三）具有稳定的合法收入或足够偿还贷款本息的个人合法资产；

（四）个人信用良好；

（五）能够支付规定的首期付款；

（六）贷款人要求的其他条件。

第十条 贷款人发放个人汽车贷款，应综合考虑以下因素，确定贷款金额、期限、利率和还本付息方式等贷款条件：

（一）贷款人对借款人的信用评级情况；

（二）贷款担保情况；

（三）所购汽车的性能及用途；

（四）汽车行业发展和汽车市场供求情况。

第十一条 贷款人应当建立借款人信贷档案。借款人信贷档案应载明以下内容：

（一）借款人姓名、住址、有效身份证明及有效联系方式；

（二）借款人的收入水平及信用状况证明；

（三）所购汽车的购车协议、汽车型号、发动机号、车架号、价格与购车用途；

（四）贷款的金额、期限、利率、还款方式和担保情况；

（五）贷款催收记录；

（六）防范贷款风险所需的其他资料。

第十二条 贷款人发放个人商用车贷款，除本办法第十一条规定的内容外，应在借款人信贷档案中增加商用车运营资格证年检情况、商用车折旧、保险情况等内容。

第三章 经销商汽车贷款

第十三条 本办法所称经销商汽车贷款，是指贷款人向汽车经销商发放的用于采购车辆、零配件的贷款。

第十四条 借款人申请经销商汽车贷款，应当同时符合以下条件：

（一）具有工商行政主管部门核发的企业法人营业执照；

（二）具有汽车生产商出具的代理销售汽车证明；

（三）资产负债率不超过80%；

（四）具有稳定的合法收入或足够偿还贷款本息的合法资产；

（五）经销商、经销商高级管理人员及经销商代为受理贷款申请的客户无重大违约行为或信用不良记录；

（六）贷款人要求的其他条件。

第十五条 贷款人应为每个经销商借款人建立独立的信贷档案，并及时更新。经销商信贷档案应载明以下内容：

（一）经销商的名称、法定代表人及营业地址；

（二）各类营业证照复印件；

（三）经销商购买保险、商业信用及财务状况；

（四）所购汽车及零部件的型号、价格及用途；

（五）贷款担保状况；

（六）防范贷款风险所需的其他资料。

第十六条 贷款人对经销商采购车辆、零配件贷款的贷款金额应以经销商一段期间的平均存货为依据，具体期间应视经销商存货周转情况而定。

第十七条 贷款人应通过定期清点经销商采购车辆、零配件存货，以及分析经销商财务报表等方式，定期对经销商进行信用审查，并视审查结果调整经销商信用级别和清点存货的频率。

第四章 机构汽车贷款

第十八条 本办法所称机构汽车贷款，是指贷款人对除经销商以外的法人、其他经济组织（以下简称机构借款人）发放的用于购买汽车的贷款。

第十九条 借款人申请机构汽车贷款，必须同时符合以下条件：

（一）具有企业或事业单位登记管理机关核发的企业法人营业执照或事业单位法人证书及法人分支机构营业执照、个体工商户营业执照等证明借款人主体资格的法定文件；

（二）具有合法、稳定的收入或足够偿还贷款本息的合法资产；

（三）能够支付规定的首期付款；

（四）无重大违约行为或信用不良记录；

（五）贷款人要求的其他条件。

第二十条 贷款人应参照本办法第十五条的规定为每个机构借款人建立独立的信贷档案，加强信贷风险跟踪监测。

第二十一条 贷款人对从事汽车租赁业务的机构发放机构商用车贷款，应监测借款人对残值的估算方式，防范残值估计过高给贷款人带来的风险。

第五章 风险管理

第二十二条 汽车贷款发放实施贷款最高发放比例要求制度，贷款人发放的汽车贷款金额占借款人所购汽车价格的比例，不得超过贷款最高发放比例要求；贷款最高发放比例要求由中国人民银行、中国银行业监督管理委员会根据宏观经济、行业发展等实际情况另行规定。

前款所称汽车价格，对新车是指汽车实际成交价格（扣除政府补贴，且不含各类附加税、费及保费等）与汽车生产商公布的价格的较低者，对二手车是指汽车实际成交价格（扣除政府补贴，且不含各类附加税、费及保费等）与贷款人评估价格的较低者。

第二十三条　贷款人应建立借款人信用评级系统，审慎使用外部信用评级，通过内外评级结合，确定借款人的信用级别。对个人借款人，应根据其职业、收入状况、还款能力、信用记录等因素确定信用级别；对经销商及机构借款人，应根据其信贷档案所反映的情况、高级管理人员的信用情况、财务状况、信用记录等因素确定信用级别。

第二十四条　贷款人发放汽车贷款，应要求借款人提供所购汽车抵押或其他有效担保。经贷款人审查、评估，确认借款人信用良好，确能偿还贷款的，可以不提供担保。

第二十五条　贷款人应直接或委托指定经销商受理汽车贷款申请，完善审贷分离制度，加强贷前审查和贷后跟踪催收工作。

第二十六条　贷款人应建立二手车市场信息数据库和二手车残值估算体系。

第二十七条　贷款人应根据贷款金额、贷款地区分布、借款人财务状况、汽车品牌、抵押担保等因素建立汽车贷款分类监控系统，对不同类别的汽车贷款风险进行定期检查、评估。根据检查评估结果，及时调整各类汽车贷款的风险级别。

第二十八条　贷款人应建立汽车贷款预警监测分析系统，制定预警标准；超过预警标准后应采取重新评价贷款审批制度等措施。

第二十九条　贷款人应建立不良贷款分类处理制度和审慎的贷款损失准备制度，计提相应的风险准备。

第三十条　贷款人发放抵押贷款，应审慎评估抵押物价值，充分考虑抵押物减值风险，设定抵押率上限。

第三十一条　贷款人应将汽车贷款的有关信息及时录入金融信用信息基础数据库。

第六章　附　　则

第三十二条　贷款人在从事汽车贷款业务时有违反本办法规定之行为的，中国银行业监督管理委员会及其派出机构有权依据《中华人民共和国银行业监督管理法》等法律规定对该贷款人及其相关人员进行处罚。中国人民银行及其分支机构可以建议中国银行业监督管理委员会及其派出机构对从事汽车贷款业务的贷款人违规行为进行监督检查。

第三十三条　贷款人对借款人发放的用于购买推土机、挖掘机、搅拌机、泵机等工程车辆的贷款，比照本办法执行。

第三十四条　本办法由中国人民银行和中国银行业监督管理委员会共同负责解释。

第三十五条　本办法自2018年1月1日起施行。原《汽车贷款管理办法》（中国人民银行 中国银行业监督管理委员会令〔2004〕第2号发布）同时废止。

商业银行互联网贷款管理暂行办法

1. 2020年7月12日中国银行保险监督管理委员会令2020年第9号公布

2. 根据2021年6月21日中国银行保险监督管理委员会令2021年第7号《关于清理规章规范性文件的决定》修正

第一章　总　　则

第一条　为规范商业银行互联网贷款业务经营行为，促进互联网贷款业务健康发展，依据《中华人民共和国银行业监督管理法》《中华人民共和国商业银行法》等法律法规，制定本办法。

第二条　中华人民共和国境内依法设立的商业银行经营互联网贷款业务，应遵守本办法。

第三条　本办法所称互联网贷款，是指商业银行运用互联网和移动通信等信息通信技术，基于风险数据和风险模型进行交叉验证和风险管理，线上自动受理贷款申请及开展风险评估，并完成授信审批、合同签订、贷款支付、贷后管理等核心业务环节操作，为符合条件的借款人提供的用于消费、日常生产经营周转等的个人贷款和流动资金贷款。

第四条　本办法所称风险数据，是指商业银行在对借款人进行身份确认，以及贷款风险识别、分析、评价、监测、预警和处置等环节收集、使用的各类内外部数据。

本办法所称风险模型，是指应用于互联网贷款业务全流程的各类模型，包括但不限于身份认证模型、反欺诈模型、反洗钱模型、合规模型、风险评价模型、风险定价模型、授信审批模型、风险预警模型、贷款清收模型等。

本办法所称合作机构，是指在互联网贷款业务中，与商业银行在营销获客、共同出资发放贷款、支付结算、风险分担、信息科技、逾期清收等方面开展合作的各类机构，包括但不限于银行业金融机构、保险公司等金融机构和小额贷款公司、融资担保公司、电子商务公司、非银行支付机构、信息科技公司等非金融机构。

第五条　下列贷款不适用本办法：

（一）借款人虽在线上进行贷款申请等操作，商业银行线下或主要通过线下进行贷前调查、风险评估和授信审批，贷款授信核心判断来源于线下的贷款；

（二）商业银行发放的抵质押贷款，且押品需进行线下或主要经过线下评估登记和交付保管；

（三）中国银行保险监督管理委员会规定的其他贷款。

上述贷款适用其他相关监管规定。

第六条　互联网贷款应当遵循小额、短期、高效和风险可控的原则。

单户用于消费的个人信用贷款授信额度应当不超过人民币20万元，到期一次性还本的，授信期限不超过一年。中国银行保险监督管理委员会可以根据商业银行的经营管理情况、风险水平和互联网贷款业务开展情况等对上述额度进行调整。商业银行应在上述规定额度内，根据本行客群特征、客群消费场景等，制定差异化授信额度。

商业银行应根据自身风险管理能力，按照互联网贷款的区域、行业、品种等，确定单户用于生产经营的个人贷款和流动资金贷款授信额度上限。对期限超过一年的上述贷款，至少每年对该笔贷款对应的授信进行重新评估和审批。

第七条　商业银行应当根据其市场定位和发展战略，制定符合自身特点的互联网贷款业务规划。涉及合作机构的，应当明确合作方式。

第八条　商业银行应当对互联网贷款业务实行统一管理，将互联网贷款业务纳入全面风险管理体系，建立健全适应互联网贷款业务特点的风险治理架构、风险管理政策和程序、内部控制和审计体系，有效识别、评估、监测和控制互联网贷款业务风险，确保互联网贷款业务发展与自身风险偏好、风险管理能力相适应。

互联网贷款业务涉及合作机构的，授信审批、合同签订等核心风控环节应当由商业银行独立有效开展。

第九条　地方法人银行开展互联网贷款业务，应主要服务于当地客户，审慎开展跨注册地辖区业务，有效识别和监测跨注册地辖区业务开展情况。无实体经营网点，业务主要在线上开展，且符合中国银行保险监督管理委员会其他规定条件的除外。

在外省（自治区、直辖市）设立分支机构的，对分支机构所在地行政区域内客户开展的业务，不属于前款所称跨注册地辖区业务。

第十条　商业银行应当建立健全借款人权益保护机制，完善消费者权益保护内部考核体系，切实承担借款人数据保护的主体责任，加强借款人隐私数据保护，构建安全有效的业务咨询和投诉处理渠道，确保借款人享有不低于线下贷款业务的相应服务，将消费者保护要求嵌入互联网贷款业务全流程管理体系。

第十一条　中国银行保险监督管理委员会及其派出机构（以下简称银行业监督管理机构）依照本办法对商业银行互联网贷款业务实施监督管理。

第二章　风险管理体系

第十二条　商业银行应当建立健全互联网贷款风险治理架构，明确董事会和高级管理层对互联网贷款风险管理的职责，建立考核和问责机制。

第十三条　商业银行董事会承担互联网贷款风险管理的最终责任，应当履行以下职责：

（一）审议批准互联网贷款业务规划、合作机构管理政策以及跨区域经营管理政策；

（二）审议批准互联网贷款风险管理制度；

（三）监督高级管理层对互联网贷款风险实施管理和控制；

（四）定期获取互联网贷款业务评估报告，及时了解互联网贷款业务经营管理、风险水平、消费者保护等情况；

（五）其他有关职责。

第十四条　商业银行高级管理层应当履行以下职责：

（一）确定互联网贷款经营管理架构，明确各部门职责分工；

（二）制定、评估和监督执行互联网贷款业务规划、风险管理政策和程序，合作机构管理政策和程序以及跨区域经营管理政策；

（三）制定互联网贷款业务的风险管控指标，包括但不限于互联网贷款限额、与合作机构共同出资发放贷款的限额及出资比例、合作机构集中度、不良贷款率等；

（四）建立互联网贷款业务的风险管理机制，持续有效监测、控制和报告各类风险，及时应对风险事件；

（五）充分了解并定期评估互联网贷款业务发展情况、风险水平及管理状况、消费者保护情况，及时了解其重大变化，并向董事会定期报告；

（六）其他有关职责。

第十五条　商业银行应当确保具有足够的资源，独立、有效开展互联网贷款风险管理，确保董事会和高级管理层能及时知悉风险状况，准确理解风险数据和风险模型的作用与局限。

第十六条　商业银行互联网贷款风险管理制度应当涵盖营销、调查、授信、签约、放款、支付、跟踪、收回等贷款业务全流程。

第十七条　商业银行应当通过合法渠道和方式获取目标客户数据，开展贷款营销，并充分评估目标客户的资金需求、还款意愿和还款能力。商业银行应当在贷款申请流程中，加入强制阅读贷款合同环节，并设置合理的阅读时间限制。

商业银行自身或通过合作机构向目标客户推介互联网贷款产品时，应当在醒目位置充分披露贷款主体、贷款条件、实际年利率、年化综合资金成本、还本付息安排、逾期清收、咨询投诉渠道和违约责任等基本信息，保障客户的知情权和自主选择权，不得采取默认勾选、强制捆绑销售等方式剥夺消费者意愿表达的权利。

第十八条　商业银行应当按照反洗钱和反恐怖融资等要求，通过构建身份认证模型，采取联网核查、生物识别等有效措施识别客户，线上对借款人的身份数据、借款意愿进行核验并留存，确保借款人的身份数据真实有效，借款人的意思表示真实。商业银行对借款人的身份核验不得全权委托合作机构办理。

第十九条　商业银行应当建立有效的反欺诈机制，实时监测欺诈行为，定期分析欺诈风险变化情况，不断完善反欺诈的模型审核规则和相关技术手段，防范冒充他人身份、恶意骗取银行贷款的行为，保障信贷资金安全。

第二十条　商业银行应当在获得授权后查询借款人的征信信息，通过合法渠道和手段线上收集、查询和验证借款人相关定性和定量信息，可以包括但不限于税务、社会保险基金、住房公积金等信息，全面了解借款人信用状况。

第二十一条　商业银行应当构建有效的风险评估、授信审批和风险定价模型，加强统一授信管理，运用风险数据，结合借款人已有债务情况，审慎评估借款人还款能力，确定借款人信用等级和授信方案。

第二十二条　商业银行应当建立人工复核验证机制，作为对风险模型自动审批的必要补充。商业银行应当明确人工复核验证的触发条件，合理设置人工复核验证的操作规程。

第二十三条　商业银行应当与借款人及其他当事人采用数据电文形式签订借款合同及其他文书。借款合同及其他文书应当符合《中华人民共和国民法典》《中华人民共和国电子签名法》等法律法规的规定。

第二十四条　商业银行应当与借款人约定明确、合法的贷款用途。贷款资金不得用于以下事项：

（一）购房及偿还住房抵押贷款；

（二）股票、债券、期货、金融衍生产品和资产管理产品等投资；

（三）固定资产、股本权益性投资；

（四）法律法规禁止的其他用途。

第二十五条　商业银行应当按照相关法律法规的要求，储存、传递、归档以数据电文形式签订的借款合同、信贷流程关键环节和节点的数据。已签订的借款合同及相关数据应可供借款人随时调取查用。

第二十六条　授信与首笔贷款发放时间间隔超过1个月的，商业银行应当在贷款发放前对借款人信用状况进行再评估，根据借款人特征、贷款金额，确定跟踪其信贷记录的频率，以保证及时获取其全面信用状况。

第二十七条　商业银行应当按照借款合同约定，对贷款资金的支付进行管理与控制，贷款支付应由具有合法支付业务资质的机构执行。商业银行应加强对支付账户的监测和对账管理，发现风险隐患的，应立即预警并采取相关措施。采用自主支付方式的，应当根据借款人过往行为数据、交易数据和信用数据等，确定单日贷款支付限额。

第二十八条　商业银行应遵守《个人贷款管理暂行办法》和《流动资金贷款管理暂行办法》的受托支付管理规定，同时根据自身风险管理水平、互联网贷款的规模和结构、应用场景、增信手段等确定差异化的受托支付限额。

第二十九条　商业银行应当通过建立风险监测预警模型，对借款人财务、信用、经营等情况进行监测，设置合理的预警指标与预警触发条件，及时发出预警信号，必要时应通过人工核查作为补充手段。

第三十条　商业银行应当采取适当方式对贷款用途进行监测，发现借款人违反法律法规或未按照约定用途使用贷款资金的，应当按照合同约定提前收回贷款，并追究借款人相应责任。

第三十一条　商业银行应当完善内部审计体系，独立客观开展内部审计，审查评价、督促改善互联网贷款业务经营、风险管理和内控合规效果。银行业监督管理机构可以要求商业银行提交互联网贷款专项内部审计报告。

第三十二条　互联网贷款形成不良的，商业银行应当按照其性质及时制定差异化的处置方案，提升处置效率。

第三章　风险数据和风险模型管理

第三十三条　商业银行进行借款人身份验证、贷前调查、风险评估和授信审查、贷后管理时，应当至少包含借款人姓名、身份证号、联系电话、银行账户以及其他开展风险评估所必需的基本信息。如果需要从合作机构获取借款人风险数据，应通过适当方式确认合作机构的数据来源合法合规、真实有效，对外提供数据不违反法律法规要求，并已获得信息主体本人的明确授权。商业银行不得与违规收集和使用个人信息的第三方开展数据合作。

第三十四条 商业银行收集、使用借款人风险数据应当遵循合法、必要、有效的原则，不得违反法律法规和借贷双方约定，不得将风险数据用于从事与贷款业务无关或有损借款人合法权益的活动，不得向第三方提供借款人风险数据，法律法规另有规定的除外。

第三十五条 商业银行应当建立风险数据安全管理的策略与标准，采取有效技术措施，保障借款人风险数据在采集、传输、存储、处理和销毁过程中的安全，防范数据泄漏、丢失或被篡改的风险。

第三十六条 商业银行应当对风险数据进行必要的处理，以满足风险模型对数据精确性、完整性、一致性、时效性、有效性等的要求。

第三十七条 商业银行应当合理分配风险模型开发测试、评审、监测、退出等环节的职责和权限，做到分工明确、责任清晰。商业银行不得将上述风险模型的管理职责外包，并应当加强风险模型的保密管理。

第三十八条 商业银行应当结合贷款产品特点、目标客户特征、风险数据和风险管理策略等因素，选择合适的技术标准和建模方法，科学设置模型参数，构建风险模型，并测试在正常和压力情境下模型的有效性和稳定性。

第三十九条 商业银行应当建立风险模型评审机制，成立模型评审委员会负责风险模型评审工作。风险模型评审应当独立于风险模型开发，评审工作应当重点关注风险模型有效性和稳定性，确保与银行授信审批条件和风险控制标准相一致。经评审通过后风险模型方可上线应用。

第四十条 商业银行应当建立有效的风险模型日常监测体系，监测至少包括已上线风险模型的有效性与稳定性，所有经模型审批通过贷款的实际违约情况等。监测发现模型缺陷或者已不符合模型设计目标的，应当保证能及时提示风险模型开发和测试部门或团队进行重新测试、优化，以保证风险模型持续适应风险管理要求。

第四十一条 商业银行应当建立风险模型退出处置机制。对于无法继续满足风险管理要求的风险模型，应当立即停止使用，并及时采取相应措施，消除模型退出给贷款风险管理带来的不利影响。

第四十二条 商业银行应当全面记录风险模型开发至退出的全过程，并进行文档化归档和管理，供本行和银行业监督管理机构随时查阅。

第四章 信息科技风险管理

第四十三条 商业银行应当建立安全、合规、高效和可靠的互联网贷款信息系统，以满足互联网贷款业务经营和风险管理需要。

第四十四条 商业银行应当注重提高互联网贷款信息系统的可用性和可靠性，加强对互联网贷款信息系统的安全运营管理和维护，定期开展安全测试和压力测试，确保系统安全、稳定、持续运行。

第四十五条 商业银行应当采取必要的网络安全防护措施，加强网络访问控制和行为监测，有效防范网络攻击等威胁。与合作机构涉及数据交互行为的，应当采取切实措施，实现敏感数据的有效隔离，保证数据交互在安全、合规的环境下进行。

第四十六条 商业银行应当加强对部署在借款人一方的互联网贷款信息系统客户端程序（包括但不限于浏览器插件程序、桌面客户端程序和移动客户端程序等）的安全加固，提高客户端程序的防攻击、防入侵、防篡改、抗反编译等安全能力。

第四十七条 商业银行应当采用有效技术手段，保障借款人数据安全，确保商业银行与借款人、合作机构之间传输数据、签订合同、记录交易等各个环节数据的保密性、完整性、真实性和抗抵赖性，并做好定期数据备份工作。

第四十八条 商业银行应当充分评估合作机构的信息系统服务能力、可靠性和安全性以及敏感数据的安全保护能力，开展联合演练和测试，加强合同约束。

商业银行每年应对与合作机构的数据交互进行信息科技风险评估，并形成风险评估报告，确保不因合作而降低商业银行信息系统的安全性，确保业务连续性。

第五章 贷款合作管理

第四十九条 商业银行应当建立覆盖各类合作机构的全行统一的准入机制，明确相应标准和程序，并实行名单制管理。

商业银行应根据合作内容、对客户的影响范围和程度、对银行财务稳健性的影响程度等，对合作机构实施分层分类管理，并按照其层级和类别确定相应审批权限。

第五十条 商业银行应当按照合作机构资质和其承担的职能相匹配的原则，对合作机构进行准入前评估，确保合作机构与合作事项符合法律法规和监管要求。

商业银行应当主要从经营情况、管理能力、风控水平、技术实力、服务质量、业务合规和机构声誉等方面对合作机构进行准入前评估。选择共同出资发放贷款的合作机构，还应重点关注合作方资本充足水平、杠杆率、流动性水平、不良贷款率、贷款集中度及其变化，审慎确定合作机构名单。

第五十一条 商业银行应当与合作机构签订书面合作协

议。书面合作协议应当按照收益和风险相匹配的原则，明确约定合作范围、操作流程、各方权责、收益分配、风险分担、客户权益保护、数据保密、争议解决、合作事项变更或终止的过渡安排、违约责任以及合作机构承诺配合商业银行接受银行业监督管理机构的检查并提供有关信息和资料等内容。

商业银行应当自主确定目标客户群、授信额度和贷款定价标准；商业银行不得向合作机构自身及其关联方直接或变相进行融资用于放贷。除共同出资发放贷款的合作机构以外，商业银行不得将贷款发放、本息回收、止付等关键环节操作全权委托合作机构执行。商业银行应当在书面合作协议中明确要求合作机构不得以任何形式向借款人收取息费，保险公司和有担保资质的机构除外。

第五十二条 商业银行应当在相关页面醒目位置向借款人充分披露自身与合作机构信息、合作类产品的信息、自身与合作各方权利责任，按照适当性原则充分揭示合作业务风险，避免客户产生品牌混同。

商业银行应在借款合同和产品要素说明界面等相关页面中，以醒目方式向借款人充分披露合作类产品的贷款主体、实际年利率、年化综合资金成本、还本付息安排、逾期清收、咨询投诉渠道、违约责任等信息。商业银行需要向借款人获取风险数据授权时，应在线上相关页面醒目位置提示借款人详细阅读授权书内容，并在授权书醒目位置披露授权风险数据内容和期限，确保借款人完成授权书阅读后签署同意。

第五十三条 商业银行与其他有贷款资质的机构共同出资发放互联网贷款的，应当建立相应的内部管理制度，明确本行与合作机构共同出资发放贷款的管理机制，并在合作协议中明确各方的权利义务关系。商业银行应当独立对所出资的贷款进行风险评估和授信审批，并对贷后管理承担主体责任。商业银行不得以任何形式为无放贷业务资质的合作机构提供资金用于发放贷款，不得与无放贷业务资质的合作机构共同出资发放贷款。

商业银行应当按照适度分散的原则审慎选择合作机构，制定因合作机构导致业务中断的应急与恢复预案，避免对单一合作机构过于依赖而产生的风险。

第五十四条 商业银行应当充分考虑自身发展战略、经营模式、资产负债结构和风险管理能力，将与合作机构共同出资发放贷款总额按照零售贷款总额或者贷款总额相应比例纳入限额管理，并加强共同出资发放贷款合作机构的集中度风险管理。商业银行应当对单笔贷款出资比例实行区间管理，与合作方合理分担风险。

第五十五条 商业银行不得接受无担保资质和不符合信用保险和保证保险经营资质监管要求的合作机构提供的直接或变相增信服务。商业银行与有担保资质和符合信用保险和保证保险经营资质监管要求的合作机构合作时应当充分考虑上述机构的增信能力和集中度风险。商业银行不得因引入担保增信放松对贷款质量管控。

第五十六条 商业银行不得委托有暴力催收等违法违规记录的第三方机构进行贷款清收。商业银行应明确与第三方机构的权责，要求其不得对与贷款无关的第三人进行清收。商业银行发现合作机构存在暴力催收等违法违规行为的，应当立即终止合作，并将违法违规线索及时移交相关部门。

第五十七条 商业银行应当持续对合作机构进行管理，及时识别、评估和缓释因合作机构违约或经营失败等导致的风险。对合作机构应当至少每年全面评估一次，发现合作机构无法继续满足准入条件的，应当及时终止合作关系，合作机构在合作期间有严重违法违规行为的，应当及时将其列入本行禁止合作机构名单。

第六章 监督管理

第五十八条 商业银行首次开展互联网贷款业务的，应当于产品上线后10个工作日内，向其监管机构提交书面报告，内容包括：

（一）业务规划情况，包括年度及中长期互联网贷款业务模式、业务对象、业务领域、地域范围和合作机构管理等；

（二）风险管控措施，包括互联网贷款业务治理架构和管理体系，互联网贷款风险偏好、风险管理政策和程序，信息系统建设情况及信息科技风险评估，反洗钱、反恐怖融资制度，互联网贷款合作机构管理政策和程序，互联网贷款业务限额、与合作机构共同出资发放贷款的限额及出资比例、合作机构集中度等重要风险管控指标；

（三）上线的互联网贷款产品基本情况，包括产品合规性评估、产品风险评估，风险数据、风险模型管理情况以及是否符合本办法相关要求；

（四）消费者权益保护及其配套服务情况；

（五）银行业监督管理机构要求提供的其他材料。

第五十九条 银行业监督管理机构应当结合日常监管情况和商业银行风险状况等，对商业银行提交的报告和相关材料进行评估，重点评估：

（一）互联网贷款业务规划与自身业务定位、差异化发展战略是否匹配；

（二）是否独立掌握授信审批、合同签订等核心风控环节；

（三）信息科技风险基础防范措施是否健全；

（四）上线产品的授信额度、期限、放款控制、数据保护、合作机构管理等是否符合本办法要求；

（五）消费者权益保护是否全面有效。

如发现不符合本办法要求，应当要求商业银行限期整改、暂停业务等。

第六十条 商业银行应当按照本办法要求，对互联网贷款业务开展情况进行年度评估，并于每年4月30日前向银行业监督管理机构报送上一年年度评估报告。年度评估报告包括但不限于以下内容：

（一）业务基本情况；

（二）年度业务经营管理情况分析；

（三）业务风险分析和监管指标表现分析；

（四）识别、计量、监测、控制风险的主要方法及改进情况，信息科技风险防控措施的有效性；

（五）风险模型的监测与验证情况；

（六）合规管理和内控管理情况；

（七）投诉及处理情况；

（八）下一年度业务发展规划；

（九）银行业监督管理机构要求报告的其他事项。

第六十一条 互联网贷款的风险治理架构、风险管理策略和程序、数据质量控制机制、管理信息系统和合作机构管理等在经营期间发生重大调整的，商业银行应当在调整后的10个工作日内向银行业监督管理机构书面报告调整情况。

第六十二条 银行业监督管理机构可以根据商业银行的经营管理情况、风险水平和互联网贷款业务开展情况等对商业银行与合作机构共同出资发放贷款的出资比例及相关集中度风险、跨注册地辖区业务等提出相关审慎性监管要求。

第六十三条 银行业监督管理机构可以通过非现场监管、现场检查等方式，实施对商业银行互联网贷款业务的监督检查。

银行业监督管理机构开展对商业银行互联网贷款业务的数据统计与监测、重要风险因素评估等工作。

第六十四条 商业银行违反本办法规定办理互联网贷款的，银行业监督管理机构可根据《中华人民共和国银行业监督管理法》责令其限期改正；逾期未改正，或其行为严重危及商业银行稳健运行、损害客户合法权益的，应采取相应的监管措施。严重违反本办法的，可根据《中华人民共和国银行业监督管理法》第四十五条、第四十六条、第四十七条、第四十八条规定实施行政处罚。

第七章 附 则

第六十五条 商业银行经营互联网贷款业务，应当依照本办法制定互联网贷款管理细则及操作规程。

第六十六条 本办法未尽事项，按照《个人贷款管理暂行办法》《流动资金贷款管理暂行办法》等相关规定执行。

第六十七条 外国银行分行参照本办法执行。除第六条个人贷款期限要求外，消费金融公司、汽车金融公司开展互联网贷款业务参照本办法执行。

第六十八条 本办法由中国银行保险监督管理委员会负责解释。

第六十九条 本办法自公布之日起施行。

第七十条 过渡期为本办法实施之日起2年。过渡期内新增业务应当符合本办法规定。商业银行和消费金融公司、汽车金融公司应当制定过渡期内的互联网贷款整改计划，明确时间进度安排，并于办法实施之日起1个月内将符合本办法第五十八条规定的书面报告和整改计划报送银行业监督管理机构，由其监督实施。

商业银行授权、授信管理暂行办法

1. 1996年11月11日中国人民银行发布

2. 银发〔1996〕403号

第一章 总 则

第一条 为保障我国商业银行有效实行一级法人体制，强化商业银行的统一管理与内部控制，增强商业银行防范和控制风险的能力，保护社会公众和商业银行自身的合法权益，根据《中华人民共和国民法通则》、《中华人民共和国商业银行法》和《中华人民共和国经济合同法》等有关法律法规，制定本办法。

第二条 商业银行实行一级法人体制，必须建立法人授权管理制度。商业银行应在法定经营范围内对有关业务职能部门、分支机构及关键业务岗位进行授权。商业银行业务职能部门和分支机构以及关键业务岗位应在授予的权限范围内开展业务活动，严禁越权从事业务活动。

第三条 商业银行应根据国家货币信贷政策、各地区金融风险及客户信用状况，规定对各地区及客户的最高授信额度。商业银行各级业务职能部门及分支机构必须在规定的授信额度内对各地区及客户进行授信。

第四条 本办法适用于所有在中华人民共和国境内批准设立、具有独立法人地位的中资商业银行，包括城市合作银行和农村合作银行。

第五条 本办法所称授权，是指商业银行对其所属业务职能部门、分支机构和关键业务岗位开展业务权限的具体规定。

第六条　本办法所称授信，是指商业银行对其业务职能部门和分支机构所辖服务区及其客户所规定的内部控制信用高限额度。具体范围包括贷款、贴现、承兑和担保。

第七条　本办法所称授权人为商业银行总行。受权人为商业银行业务职能部门和商业银行分支机构。

第八条　本办法所称授信人为商业银行业务职能部门及分支机构。受信人为商业银行业务职能部门和分支机构所辖服务区及其客户。

第九条　商业银行对其业务职能部门和分支机构授权应遵循以下原则：

（一）应在法定经营范围内，对其业务职能部门和分支机构实行逐级有限授权。

（二）应根据各业务职能部门和分支机构的经营管理水平、风险控制能力、主要负责人业绩等，实行区别授权。

（三）应根据各业务职能部门和分支机构的经营管理业绩、风险状况、授权制度执行情况及主要负责人任职情况，及时调整授权。

（四）业务职能部门和分支机构超越授权，应视越权行为性质和所造成的经济损失，追究主要负责人及直接责任人相应的责任。要实现权责一致。主要负责人离开现职时，必须要有上级部门做出的离任审计报告。

第十条　商业银行对其业务职能部门和分支机构所辖服务区及其客户授信，应遵循以下原则：

（一）应根据不同地区的经济发展水平、经济和金融管理能力、信贷资金占用和使用情况、金融风险状况等因素，实行区别授信。

（二）应根据不同客户的经营管理水平、资产负债比例情况、贷款偿还能力等因素，确定不同的授信额度。

（三）应根据各地区的金融风险和客户的信用变化情况，及时调整对各地区和客户的授信额度。

（四）应在确定的授信额度内，根据当地及客户的实际资金需要、还款能力、信贷政策和银行提供贷款的能力，具体确定每笔贷款的额度和实际贷款总额。授信额度不是计划贷款额度，也不是分配的贷款规模，而是商业银行为控制地区和客户风险所实施的内部控制贷款额度。

第二章　授权、授信的方式

第十一条　商业银行授权、授信分为基本授权、授信和特别授权、授信两种方式。

基本授权是指对法定经营范围内的常规业务经营所规定的权限。

特别授权是指对法定经营范围内的特殊业务，包括创新业务、特殊融资项目以及超过基本授权范围的业务所规定的权限。

基本授信是指商业银行根据国家信贷政策和每个地区、客户的基本情况所确定的信用额度。

特别授信是指商业银行根据国家政策、市场情况变化及客户特殊需要，对特殊融资项目及超过基本授信额度所给予的授信。

第十二条　商业银行的授权分为直接授权和转授权两个层次。

直接授权是指商业银行总行对总行有关业务职能部门和管辖分行的授权。

转授权是指管辖分行在总行授权权限内对本行有关业务职能处室（部门）和所辖分支行的授权。

第十三条　商业银行的授权不得超过中国人民银行核准的业务经营范围，转授权不得大于原授权。

第十四条　商业银行的授权、授信，应有书面形式的授权书和授信书。授权人与受权人应当在授权书上签字和盖章。

第十五条　授权书应包括以下内容：

（一）授权人全称和法定代表人姓名；

（二）受权人全称和主要负责人姓名；

（三）授权范围；

（四）授权期限；

（五）对限制越权的规定及授权人认为需要规定的其他内容。

前款规定适用于转授权书。

第十六条　授信书应包括以下内容：

（一）授信人全称；

（二）受信人全称；

（三）授信的类别及期限；

（四）对限制超额授信的规定及授信人认为需要规定的其他内容。

第十七条　商业银行的授权书和授信书应报中国人民银行同级管辖行备案。涉及外汇业务的授权书和授信书，应报外汇管理局同级管辖局备案，转授权还应同时报商业银行总行备案。

第十八条　商业银行业务职能部门和各级分支机构与客户签订业务合同时，须向其出示授权书或授信书，双方应按授权书和授信书规定的授权、授信范围签订合同。

第三章　授权、授信的范围

第十九条　商业银行应根据总则中所确定的原则，具体规定授权、授信的范围。

第二十条　基本授权的范围包括：

（一）营运资金的经营权限；

（二）同业资金融通权限；

（三）单笔贷款（贴现）及贷款总额审批权限；

（四）对单个客户的贷款（贴现）额度审批权限；

（五）单笔承兑和承兑总额审批权限；

（六）单笔担保和担保总额审批权限；

（七）签发单笔信用证和签发信用证总额审批权限；

（八）现金支付审批权限；

（九）证券买卖权限；

（十）外汇买卖权限；

（十一）信用卡业务审批权限；

（十二）辖区内资金调度权限；

（十三）利率浮动权限；

（十四）经济纠纷处理权限；

（十五）其他业务权限。

第二十一条　特别授权的范围包括：

（一）业务创新权限；

（二）特殊项目融资权限；

（三）超出基本授权的权限。

第二十二条　基本授信的范围应包括：

（一）全行对各个地区的最高授信额度；

（二）全行对单个客户的最高授信额度；

（三）单个分支机构对所辖服务区的最高授信额度；

（四）单个营业部门和分支机构对单个客户的最高授信额度；

（五）对单个客户分别以不同方式（贷款、贴现、担保、承兑等）授信的额度。

第二十三条　各商业银行应建立对客户授信的报告、统计、监督制度，各行不同业务部门和分支机构对同一地区及同一客户的授信额度之和，不得超过全行对该地区及客户的最高授信额度。

第二十四条　特别授信范围包括：

（一）因地区、客户情况的变化需要增加的授信；

（二）因国家货币信贷政策和市场的变化，超过基本授信所追加的授信；

（三）特殊项目融资的临时授信。

第二十五条　各商业银行要加强对各地区及客户特别授信的监督管理，其业务职能部门和分支机构在基本授信范围以外的附加授信，必须事先经其总行批准。

第四章　授权、授信的期限、调整与终止

第二十六条　商业银行总行应根据总则中确定的授权、授信原则，建立对业务职能部门、分支机构和各地区及客户进行综合考核的指标体系，根据其有关指标考核情况，及时调整授权。

第二十七条　商业银行授权和授信的有效期均为 1 年。

第二十八条　如发生下列情况之一，授权人应调整以至撤销授权：

（一）受权人发生重大越权行为；

（二）受权人失职造成重大经营风险；

（三）经营环境发生重大变化；

（四）内部机构和管理制度发生重大调整；

（五）其他不可预料的情况。

前款规定适用于转授权。

第二十九条　如发生下列情况之一，原授权应终止：

（一）实行新的授权制度或办法；

（二）受权权限被撤销；

（三）受权人发生分立、合并或被撤销；

（四）授权期限已满。

第三十条　在授信实施过程中，如发生下列情况，商业银行应调整直至取消授信额度：

（一）受信地区发生或潜伏重大金融风险；

（二）受信企业发生重大经营困难和风险；

（三）市场发生重大变化；

（四）货币政策发生重大调整；

（五）企业机制发生重大变化（包括分立、合并、终止等）；

（六）企业还款信用下降，贷款风险增加；

（七）其他应改变授信额度的情况。

第三十一条　在授权、授信有效期内，商业银行对授权、授信进行调整或授权、授信终止，应及时报中国人民银行备案，并同时将新的授权书或授信书报中国人民银行备案。涉及外汇业务授权、授信的调整或终止时，应同时报外汇管理局同级机构备案。

第三十二条　商业银行法定代表人变更或任免分支机构主要负责人时，如果授权范围等内容不变，原授权书及转授权书继续有效。

第五章　授权、授信的监督管理

第三十三条　中国人民银行应监督各商业银行制定和实施授权、授信制度的情况，中国人民银行稽核监察部门要加强对商业银行执行授权、授信制度的检查。

第三十四条　商业银行的法律部门，应负责本行授权、授信方面的法律事务。

第三十五条　商业银行每年必须至少一次对其内部授权执行情况进行全面检查，并将检查结果报中国人民银行。

第三十六条　商业银行稽核监察部门要把检查监督业务职能部门和分支机构执行授权、授信制度作为一项重要职责，并有权对调整授权提出意见。

第三十七条　商业银行业务职能部门和分支机构对其总行，商业银行对中国人民银行管辖行，每个季度应报送授权、授信实施及风险情况的报告。临时发生超越授权和重大风险情况，应及时快速上报。

第三十八条　商业银行制定授权、授信制度应与其他内部管理制度相协调，形成权责一致、相互制约、相互补充的内部控制制度。

第六章　罚　　则

第三十九条　商业银行违反本办法有关规定，中国人民银行应依据《中华人民共和国行政处罚法》、《中华人民共和国商业银行法》、《全国人民代表大会常务委员会关于惩治破坏金融秩序犯罪的决定》和《金融机构高级管理人员任职资格管理暂行规定》等有关法律、法规及规章，追究其法定代表人、主要负责人及直接责任人的行政责任。构成犯罪的，依法追究其刑事责任。

第四十条　中国人民银行或中国人民银行督促商业银行，对受权人超越授权范围从事业务经营的行为，视越权行为的性质和造成的经济损失，对其主要负责人和直接责任人予以下列处分：

（一）警告；

（二）通报批评；

（三）限期纠正或补救；

（四）停办或部分停办业务；

（五）调整或取消授权；

（六）取消其主要负责人和直接责任人 1 年至终生在金融机构的任职资格。

第四十一条　如授权不明确，授权人未经请示擅自开展业务活动，造成经济损失，应追究主要负责人和直接责任人的行政与经济责任。构成犯罪的，应追究有关人员刑事责任。

第七章　附　　则

第四十二条　商业银行应根据本办法及中国人民银行的有关规定，制定本行的授权、授信管理办法。

第四十三条　商业银行对其境外分支机构，应根据我国和驻在国（地区）的有关法律、法规和国际惯例另行授权，并报中国人民银行总行有关监管部门备案。

第四十四条　商业银行各项规章制度中有关授权、授信规定与本办法相抵触的，以本办法为准。

第四十五条　本办法由中国人民银行负责解释。

第四十六条　本办法自颁布之日起实施。

商业银行实施统一授信制度指引（试行）

1. 1999 年 1 月 20 日中国人民银行发布

2. 银发〔1999〕31 号

第一条　为在商业银行推行统一授信制度，在加强对信用风险控制与管理的基础上，进一步改善金融服务，在我国建立审慎高效的现代银行制度，根据《商业银行法》和《商业银行授权、授信管理暂行办法》，特制定本指引。

第二条　统一授信是指商业银行对单一法人客户或地区统一确定最高综合授信额度，并加以集中统一控制的信用风险管理制度。包括贷款、贸易融资（如打包放款、进出口押汇等）、贴现、承兑、信用证、保函、担保等表内外信用发放形式的本外币统一综合授信。

第三条　最高综合授信额度是指商业银行在对单一法人客户的风险和财务状况进行综合评估的基础上，确定的能够和愿意承担的风险总量。银行对该客户提供的各类信用余额之和不得超过该客户的最高综合授信额度。

第四条　商业银行实施统一授信制度，要做到四个方面的统一：

（一）授信主体的统一。商业银行应确定一个管理部门或委员会统一审核批准对客户的授信，不能由不同部门分别对同一或不同客户，不同部门分别对同一或不同信贷品种进行授信。

（二）授信形式的统一。商业银行对同一客户不同形式的信用发放都应置于该客户的最高授信限额以内，即要做到表内业务授信与表外业务授信统一，对表内的贷款业务、打包放款、进出口押汇、贴现等业务和表外的信用证、保函、承兑等信用发放业务进行一揽子授信。

（三）不同币种授信的统一，要做到本外币授信的统一，将对本币业务的授信和外币业务的授信置于同一授信额度之下。

（四）授信对象的统一。商业银行授信的对象是法人，不允许商业银行在一个营业机构或系统内对不具备法人资格的分支公司客户授信。

第五条　商业银行对每一个法人客户都应确定一个最高授信额度。商业银行在确定对法人客户的最高授信额度的同时，应根据风险程度获得相应的担保。

第六条 对由多个法人组成的集团公司客户、尤其是跨国集团公司客户，商业银行应确定一个对该集团客户的总体最高授信额度，银行全系统对该集团各个法人设定的最高授信额度之和不得超过总体最高授信额度。

第七条 商业银行应及时掌握最高授信额度的执行情况，对最高授信额度的执行情况进行集中控制和监测，不允许有擅自超越授信额度办理业务的情况。

第八条 商业银行应根据市场和客户经营情况，适时审慎调整最高风险控制限额。但额度一旦确定，在一定时间内，应相对稳定，银行不应随意向上调整额度。

第九条 商业银行应设计科学的风险分析评估模型或方法，以确定对某一客户的最高授信限额。风险分析、评估模型应定性与定量标准相结合。定性标准应至少包括以下四方面的内容：

（一）客户的风险状况。包括客户的财务状况、发展前景、信誉状况、授信项目的具体情况、提供的抵押担保情况。

（二）银行的风险状况。包括对银行的授权、目前的资产质量状况、资金来源或资本充足程度、银行当前的财务状况。对银行自身风险状况的分析在银团贷款或大型项目贷款时尤其重要。

（三）外部经济、金融环境。包括客户行业的发展现状和前景、市场所占份额、国家风险等。

（四）自然因素，包括地理位置、交通状况、资源条件等。

第十条 商业银行应根据统一授信管理制度的要求设置相应的组织机构和职能部门，有利于科学决策和风险控制。组织机构的设置应体现审贷分离原则，保证授信额度审批部门与执行部门相互独立，形成健全的内部制约机制。

第十一条 商业银行统一授信审核、批准部门与执行部门要分清责任，协调运作。

最高授信额度确定后，各种具体授信形式的发放仍应由信贷管理部门逐笔审批，授信额度执行部门如国际业务部门，主要负责授信形式发放的业务操作和相应的风险防范及处置。

第十二条 商业银行应确定统一授信的审批程序，审批程序应规范、透明，包括信息收集、核实，授信审核、审批的全过程。

第十三条 商业银行应建立有效的信息管理系统，设置专门部门进行管理，保证内部管理信息的充分流动，保证管理层能够随时了解授信额度的执行情况、客户的风险状况，保证统一授信管理的有效性。

第十四条 商业银行应制定适当的信用授权制度。商业银行确定最高授信限额，应保证在规定的授权范围之内。

第十五条 商业银行应建立识别、监测、控制和管理信用风险的系统，以精确地确定授信的最高限额。

第十六条 商业银行董事会或高级管理层应重视统一授信的管理方式，严格监督客户最高授信额度的制定和执行情况，应对风险的发生负最终责任。

第十七条 商业银行应围绕统一授信制度，完善业务规章制度建设，制定统一授信管理办法及实施细则，以及相关的业务管理制度和风险管理办法。

商业银行制定的统一授信管理办法和制度应报中国人民银行备案。

第十八条 商业银行内部应加强对最高授信额度和授权制定和执行情况的监督和检查，对超越授权和授信额度开展业务的行为，应进行严肃处理。

第十九条 中国人民银行应加强对商业银行统一授信管理方式的监督，重点审查商业银行内部控制机制的建设和执行情况。

第二十条 对没有实行统一授信管理方式的商业银行，中国人民银行将根据情况采取以下处理措施：

（一）停办部分现有业务；

（二）不予批准新的授信业务；

（三）根据风险状况对资本充足率作相应调整。

第二十一条 本指引由中国人民银行负责解释。

第二十二条 本指引自发布之日起实施。

商业银行授信工作尽职指引

1. 2004年7月25日中国银行业监督管理委员会发布

2. 银监发〔2004〕51号

第一章 总 则

第一条 为促进商业银行审慎经营，进一步完善授信工作机制，规范授信管理，明确授信工作尽职要求，依据《中华人民共和国商业银行法》、《中华人民共和国银行业监督管理法》和《贷款通则》等法律法规，制定本指引。

第二条 本指引中的授信指对非自然人客户的表内外授信。表内授信包括贷款、项目融资、贸易融资、贴现、透支、保理、拆借和回购等；表外授信包括贷款承诺、保证、信用证、票据承兑等。

授信按期限分为短期授信和中长期授信。短期授信指一年以内（含一年）的授信，中长期授信指一年以上的授信。

第三条　本指引中的授信工作、授信工作人员、授信工作尽职和授信工作尽职调查是指：

（一）授信工作指商业银行从事客户调查、业务受理、分析评价、授信决策与实施、授信后管理与问题授信管理等各项授信业务活动。

（二）授信工作人员指商业银行参与授信工作的相关人员。

（三）授信工作尽职指商业银行授信工作人员按照本指引规定履行了最基本的尽职要求。

（四）授信工作尽职调查指商业银行总行及分支机构授信工作尽职调查人员对授信工作人员的尽职情况进行独立地验证、评价和报告。

第四条　授信工作人员对《中华人民共和国商业银行法》规定的关系人申请的客户授信业务，应申请回避。

第五条　商业银行应建立严格的授信风险垂直管理体制，对授信进行统一管理。

第六条　商业银行应建立完整的授信政策、决策机制、管理信息系统和统一的授信业务操作程序，明确尽职要求，定期或在有关法律法规发生变化时，及时对授信业务规章制度进行评审和修订。

第七条　商业银行应创造良好的授信工作环境，采取各种有效方式和途径，使授信工作人员明确授信风险控制要求，熟悉授信工作职责和尽职要求，不断提高授信工作能力，并确保授信工作人员独立履行职责。

第八条　商业银行应加强授信文档管理，对借贷双方的权利、义务、约定、各种形式的往来及违约纠正措施记录并存档。

第九条　商业银行应建立授信工作尽职问责制，明确规定各个授信部门、岗位的职责，对违法、违规造成的授信风险进行责任认定，并按规定对有关责任人进行处理。

第十条　本指引的《附录》列举了有关风险提示，商业银行应结合实际参照制定相应的风险防范工作要求。

第二章　客户调查和业务受理尽职要求

第十一条　商业银行应根据本行确定的业务发展规划及风险战略，拟定明确的目标客户，包括已建立业务关系的客户和潜在客户。

第十二条　商业银行确定目标客户时应明确所期望的客户特征，并确定可受理客户的基本要求。商业银行受理的所有客户原则上必须满足或高于这些要求。

第十三条　商业银行客户调查应根据授信种类搜集客户基本资料，建立客户档案。资料清单提示参见《附录》中的“客户基本资料清单提示”。

第十四条　商业银行应关注和搜集集团客户及关联客户的有关信息，有效识别授信集中风险及关联客户授信风险。

第十五条　商业银行应对客户提供的身份证明、授信主体资格、财务状况等资料的合法性、真实性和有效性进行认真核实，并将核实过程和结果以书面形式记载。

第十六条　商业银行对客户调查和客户资料的验证应以实地调查为主，间接调查为辅。必要时，可通过外部征信机构对客户资料的真实性进行核实。

第十七条　商业银行应酌情、主动向政府有关部门及社会中介机构索取相关资料，以验证客户提供材料的真实性，并作备案。

第十八条　客户资料如有变动，商业银行应要求客户提供书面报告，进一步核实后在档案中重新记载。

第十九条　对客户资料补充或变更时，授信工作人员之间应主动进行沟通，确保各方均能够及时得到相关信息。

授信业务部门授信工作人员和授信管理部门授信工作人员任何一方需对客户资料进行补充时，须通知另外一方，但原则上须由业务部门授信工作人员办理。

第二十条　商业银行应了解和掌握客户的经营管理状况，督促客户不断提高经营管理效益，保证授信安全。

第二十一条　当客户发生突发事件时，商业银行应立即派员实地调查，并依法及时做出是否更改原授信资料的意见。必要时，授信管理部门应及时会同授信业务部门派员实地调查。

第二十二条　商业银行应督促授信管理部门与其他商业银行之间就客户调查资料的完整性、真实性建立相互沟通机制。对从其他商业银行获得的授信信息，授信工作人员应注意保密，不得用于不正当业务竞争。

第三章　分析与评价尽职要求

第二十三条　商业银行应根据不同授信品种的特点，对客户申请的授信业务进行分析评价，重点关注可能影响授信安全的因素，有效识别各类风险。主要授信品种的风险提示参见《附录》中的“主要授信品种风险分析提示”。

第二十四条　商业银行应认真评估客户的财务报表，对影响客户财务状况的各项因素进行分析评价，预测客户未来的财务和经营情况。必要时应进行利率、汇率等的敏感度分析。

第二十五条　商业银行应对客户的非财务因素进行分析评价，对客户公司治理、管理层素质、履约记录、生产装备和技术能力、产品和市场、行业特点以及宏观经济环境等方面的风险进行识别，风险提示参见《附录》中的“非财务因素分析风险提示”。

第二十六条 商业银行应对客户的信用等级进行评定并予以记载。必要时可委托独立的、资质和信誉较高的外部评级机构完成。

第二十七条 商业银行应根据国家法律、法规、有关方针政策以及本行信贷制度，对授信项目的技术、市场、财务等方面的可行性进行评审，并以书面形式予以记载。

第二十八条 商业银行应对第二还款来源进行分析评价，确认保证人的保证主体资格和代偿能力，以及抵押、质押的合法性、充分性和可实现性。

第二十九条 商业银行应根据各环节授信分析评价的结果，形成书面的分析评价报告。

分析评价报告应详细注明客户的经营、管理、财务、行业和环境等状况，内容应真实、简洁、明晰。分析评价报告报出后，不得在原稿上作原则性更改；如需作原则性更改，应另附说明。

第三十条 在客户信用等级和客户评价报告的有效期内，对发生影响客户资信的重大事项，商业银行应重新进行授信分析评价。重大事项包括：

（一）外部政策变动；

（二）客户组织结构、股权或主要领导人发生变动；

（三）客户的担保超过所设定的担保警戒线；

（四）客户财务收支能力发生重大变化；

（五）客户涉及重大诉讼；

（六）客户在其他银行交叉违约的历史记录；

（七）其他。

第三十一条 商业银行对发生变动或信用等级已失效的客户评价报告，应随时进行审查，及时做出相应的评审意见。

第四章 授信决策与实施尽职要求

第三十二条 商业银行授信决策应在书面授权范围内进行，不得超越权限进行授信。

第三十三条 商业银行授信决策应依据规定的程序进行，不得违反程序或减少程序进行授信。

第三十四条 商业银行在授信决策过程中，应严格要求授信工作人员遵循客观、公正的原则，独立发表决策意见，不受任何外部因素的干扰。

第三十五条 商业银行不得对以下用途的业务进行授信：

（一）国家明令禁止的产品或项目；

（二）违反国家有关规定从事股本权益性投资，以授信作为注册资本金、注册验资和增资扩股；

（三）违反国家有关规定从事股票、期货、金融衍生产品等投资；

（四）其他违反国家法律法规和政策的项目。

第三十六条 客户未按国家规定取得以下有效批准文件之一的，或虽然取得，但属于化整为零、越权或变相越权和超授权批准的，商业银行不得提供授信：

（一）项目批准文件；

（二）环保批准文件；

（三）土地批准文件；

（四）其他按国家规定需具备的批准文件。

第三十七条 商业银行授信决策做出后，授信条件发生变更的，商业银行应依有关法律、法规或相应的合同条款重新决策或变更授信。

第三十八条 商业银行实施有条件授信时应遵循“先落实条件，后实施授信”的原则，授信条件未落实或条件发生变更未重新决策的，不得实施授信。

第三十九条 商业银行对拟实施的授信应制作相应的法律文件并审核法律文件的合法合规性，法律文件的主要条款提示参见《附录》中的“格式合同文本主要条款提示”。

第四十条 商业银行授信实施时，应关注借款合同的合法性。被授权签署借款合同的授信工作人员在签字前应对借款合同进行逐项审查，并对客户确切的法律名称、被授权代表客户签名者的授权证明文件、签名者身份以及所签署的授信法律文件合法性等进行确认。

第五章 授信后管理和问题授信处理尽职要求

第四十一条 商业银行授信实施后，应对所有可能影响还款的因素进行持续监测，并形成书面监测报告。重点监测以下内容：

（一）客户是否按约定用途使用授信，是否诚实地全面履行合同；

（二）授信项目是否正常进行；

（三）客户的法律地位是否发生变化；

（四）客户的财务状况是否发生变化；

（五）授信的偿还情况；

（六）抵押品可获得情况和质量、价值等情况。

第四十二条 商业银行应严格按照风险管理的原则，对已实施授信进行准确分类，并建立客户情况变化报告制度。

第四十三条 商业银行应通过非现场和现场检查，及时发现授信主体的潜在风险并发出预警风险提示。风险提示参见《附录》中的“预警信号风险提示”，授信工作人员应及时对授信情况进行分析，发现客户违约时应及时制止并采取补救措施。

第四十四条　商业银行应根据客户偿还能力和现金流量，对客户授信进行调整，包括展期，增加或缩减授信，要求借款人提前还款，并决定是否将该笔授信列入观察名单或划入问题授信。

第四十五条　商业银行对列入观察名单的授信应设立明确的指标，进一步观察判断是否将该笔授信从观察名单中删去或降级；对划入问题授信的，应指定专人管理。

第四十六条　商业银行对问题授信应采取以下措施：

（一）确认实际授信余额；

（二）重新审核所有授信文件，征求法律、审计和问题授信管理等方面专家的意见；

（三）对于没有实施的授信额度，依照约定条件和规定予以终止。依法难以终止或因终止将造成客户经营困难的，应对未实施的授信额度专户管理，未经有权部门批准，不得使用；

（四）书面通知所有可能受到影响的分支机构并要求承诺落实必要的措施；

（五）要求保证人履行保证责任，追加担保或行使担保权；

（六）向所在地司法部门申请冻结问题授信客户的存款账户以减少损失；

（七）其他必要的处理措施。

第六章　授信工作尽职调查要求

第四十七条　商业银行应设立独立的授信工作尽职调查岗位，明确岗位职责和工作要求。

从事授信尽职调查的人员应具备较完备的授信、法律、财务等知识，接受相关培训，并依诚信和公正原则开展工作。

第四十八条　商业银行应支持授信工作尽职调查人员独立行使尽职调查职能，调查可采取现场或非现场的方式进行。必要时，可聘请外部专家或委托专业机构开展特定的授信尽职调查工作。

第四十九条　商业银行对授信业务流程的各项活动都须进行尽职调查，评价授信工作人员是否勤勉尽责，确定授信工作人员是否免责。被调查人员应积极配合调查人员的工作。

授信工作尽职调查人员应及时报告尽职调查结果。

第五十条　商业银行对授信工作尽职调查人员发现的问题，经过确认的程序，应责成相关授信工作人员及时进行纠正。

第五十一条　商业银行应根据授信工作尽职调查人员的调查结果，对具有以下情节的授信工作人员依法、依规追究责任。

（一）进行虚假记载、误导性陈述或重大疏漏的；

（二）未对客户资料进行认真和全面核实的；

（三）授信决策过程中超越权限、违反程序审批的；

（四）未按照规定时间和程序对授信和担保物进行授信后检查的；

（五）授信客户发生重大变化和突发事件时，未及时实地调查的；

（六）未根据预警信号及时采取必要保全措施的；

（七）故意隐瞒真实情况的；

（八）不配合授信尽职调查人员工作或提供虚假信息的；

（九）其他。

第五十二条　对于严格按照授信业务流程及有关法规，在客户调查和业务受理、授信分析与评价、授信决策与实施、授信后管理和问题授信管理等环节都勤勉尽职地履行职责的授信工作人员，授信一旦出现问题，可视情况免除相关责任。

第七章　附　　则

第五十三条　本指引适用于在中华人民共和国境内依法设立的中资商业银行。其他银行业金融机构可参照执行。

第五十四条　商业银行应根据本指引制定相应的实施细则并报中国银行业监督管理委员会或其派出机构备案。

第五十五条　中国银行业监督管理委员会及其派出机构应依据本指引加强对商业银行授信工作监管。

第五十六条　本指引由中国银行业监督管理委员会负责解释。

第五十七条　本指引自发布之日起施行。

附录：

一、主要授信种类的风险提示

（一）票据承兑是否对真实贸易背景进行核实；是否取得或核实税收证明等相关文件；是否严格按要求履行了票据承兑的相关程序。

（二）贴现票据是否符合票据法规定的形式和实质要件；是否对真实贸易背景及相关证明文件进行核实；是否对贴现票据信用状况进行评估；是否对客户有无背书及付款人的承兑予以查实。

（三）开立信用证是否对信用证受益人与开证申

请人之间的贸易关系予以核实；申请人是否按照信用证开立要求填写有关书面材料；受理因申请人开立信用证而产生的汇票时，是否按照票据法和监管部门要求对汇票本身的形式和实质要件进行审核。

（四）公司贷款是否严格审查客户的资产负债状况，认真独立计算客户的现金流量，并将有关情况存入档案，提示全部问题。

（五）项目融资除评估授信项目建议书、可行性研究报告及未来现金流量预测情况外，是否对质押权、抵押权以及保证或保险等严格调查，防止关联客户无交叉互保。

（六）关联企业授信是否了解统一授信的科学性、合理性和安全性，认真实施统一授信，及时调整额度并紧密跟踪。

（七）担保授信是否对保证人的偿还能力，违反国家规定担当保证人，抵押物、质押物的权属和价值以及实现抵押权、质押权的可行性进行严格审查；是否就开设担保扣款账户的余额控制及银行授权主动划账办法达成书面协议；是否对抵（质）押权的行使和过户制定可操作的办法。

二、客户基本信息提示

（一）营业执照（副本及影印件）和年检证明。

（二）法人代码证书（副本及影印件）。

（三）法定代表人身份证明及其必要的个人信息。

（四）近三年经审计的资产负债表、损益表、业主权益变动表以及销量情况。成立不足三年的客户，提交自成立以来年度的报表。

（五）本年度及最近月份存借款及对外担保情况。

（六）税务部门年检合格的税务登记证明和近二年税务部门纳税证明资料复印件。

（七）合同或章程（原件及影印件）。

（八）董事会成员和主要负责人、财务负责人名单和签字样本等。

（九）若为有限责任客户、股份有限客户、合资合作客户或承包经营客户，要求提供董事会或发包人同意申请授信业务的决议、文件或具有同等法律效力的文件或证明。

（十）股东大会关于利润分配的决议。

（十一）现金流量预测及营运计划。

（十二）授信业务由授权委托人办理的，需提供客户法定代表人授权委托书（原件）。

（十三）其他必要的资料（如海关等部门出具的相关文件等）。

对于中长期授信，还须有各类合格、有效的相关批准文件，预计资金来源及使用情况、预计的资产负债情况、损益情况、项目建设进度及营运计划。

三、主要授信品种风险分析提示

（一）流动性短期资金需求应关注：

1. 融资需求的时间性（常年性还是季节性）；

2. 对存货融资，要充分考虑当实际销售已经小于或将小于所预期的销售量时的风险和对策，以及存货本身的风险，如过时或变质；

3. 应收账款的质量与坏账准备情况；

4. 存货的周期。

（二）设备采购和更新融资需求应关注：

1. 时机选择，宏观经济情况和行业展望；

2. 未实现的生产能力；

3. 其他提供资金的途径：长期授信、资本注入、出售资产；

4. 其他因素可能对资金的影响。

（三）项目融资需求应关注：

1. 项目可行性；

2. 项目批准；

3. 项目完工时限。

（四）中长期授信需求应关注：

1. 客户当前的现金流量；

2. 利率风险；

3. 客户的劳资情况；

4. 法规和政策变动可能给客户带来的影响；

5. 客户的投资或负债率过大，影响其还款能力；

6. 原材料短缺或变质；

7. 第二还款来源情况恶化；

8. 市场变化；

9. 竞争能力及其变化；

10. 高管层组成及变化；

11. 产品质量可能导致产品销售的下降；

12. 汇率波动对进出口原辅料及产成品带来的影响；

13. 经营不善导致的盈利下降。

（五）对现有债务的再融资需求。

（六）贸易融资需求应关注：

1. 汇率风险；

2. 国家风险；

3. 法律风险；

4. 付款方式。

四、非财务因素分析风险提示

（一）客户管理者：

重点考核客户管理者的人品、诚信度、授信动机、赢利能力以及其道德水准。

对客户的管理者风险应关注：

1. 历史经营记录及其经验；
2. 经营者相对于所有者的独立性；
3. 品德与诚信度；
4. 影响其决策的相关人员的情况；
5. 决策过程；
6. 所有者关系、组织结构和法律结构；
7. 领导后备力量和中层主管人员的素质；
8. 管理的政策、计划、实施和控制。

（二）识别客户的产品风险应关注：
1. 产品定位、分散度与集中度、产品研发；
2. 产品实际销售，潜在销售和库存变化；
3. 核心产品和非核心产品，对市场变化的应变能力。

（三）识别客户生产过程的风险应关注：
1. 原材料来源，对供应商的依赖度；
2. 劳动密集型还是资本密集型；
3. 设备状况；
4. 技术状况。

（四）对客户的行业风险应关注：
1. 行业定位；
2. 竞争力和结构；
3. 行业特征；
4. 行业管制；
5. 行业成功的关键因素。

（五）对宏观经济环境的风险应关注：
1. 通货膨胀；
2. 社会购买力；
3. 汇率；
4. 货币供应量；
5. 税收；
6. 政府财政支出；
7. 价格控制；
8. 工资调整；
9. 贸易平衡；
10. 失业；
11. GDP 增长；
12. 外汇来源；
13. 外汇管制规定；
14. 利率；
15. 政府的其他管制。

五、格式合同文本主要条款提示

（一）客户必须提供的年度财务报告。

（二）客户必须持续保持银行要求的各项财务指标。

（三）未经银行允许，合同期内客户不得因主观原因关闭。

（四）未经银行允许，客户分红不得超过税后净收入的一定比例。

（五）客户的资本支出不得超过银行要求的一定数额。

（六）未经银行允许，客户不得出售特定资产（主要指固定资产）。

（七）未经银行同意，客户不得向其他授信人申请授信。

（八）未经银行允许，客户不得更改与其他授信人的债务条款。

（九）未经银行允许，客户不得提前清偿其他长期债务。

（十）未经银行允许，客户不得进行兼并收购等活动。

（十一）未经银行允许，客户不得为第三方提供额外债务担保。

（十二）未经银行允许，客户不得向其他债权人或授信人抵押资产。

六、预警信号风险提示

（一）与客户品质有关的信号：
1. 企业负责人失踪或无法联系；
2. 客户不愿意提供与信用审核有关的文件；
3. 在没有正当理由的情况下撤回或延迟提供与财务、业务、税收或抵押担保有关的信息或要求提供的其他文件；
4. 资产或抵押品高估；
5. 客户不愿意提供过去的所得税纳税单；
6. 客户的竞争者、供货商或其他客户对授信客户产生负面评价；
7. 改变主要授信银行，向许多银行借款或不断在这些银行中间借新还旧；
8. 客户频繁更换会计人员或主要管理人员；
9. 作为被告卷入法律纠纷；
10. 有破产经历；
11. 有些债务未在资产负债表上反映或列示；
12. 客户内部或客户的审计机构使用的会计政策不够审慎。

（二）客户在银行账户变化的信号：
1. 客户在银行的头寸不断减少；
2. 对授信的长期占用；
3. 缺乏财务计划，如总是突然向银行提出借款需求；
4. 短期授信和长期授信错配；
5. 在银行存款变化出现异常；

6. 经常接到供货商查询核实头寸情况的电话；
7. 突然出现大额资金向新交易商转移；
8. 对授信的需求增长异常。
（三）客户管理层变化的信号：
1. 管理层行为异常；
2. 财务计划和报告质量下降；
3. 业务战略频繁变化；
4. 对竞争变化或其他外部条件变化缺少对策；
5. 核心盈利业务削弱和偏离；
6. 管理层主要成员家庭出现问题；
7. 与以往合作的伙伴不再进行合作；
8. 不遵守授信的承诺；
9. 管理层能力不足或构成缺乏代表性；
10. 缺乏技术工人或有劳资争议。
（四）业务运营环境变化的信号：
1. 库存水平的异常变化；
2. 工厂维护或设备管理落后；
3. 核心业务发生变动；
4. 缺乏操作控制、程序、质量控制等；
5. 主要产品线上的供货商或客户流失。
（五）财务状况变化信号：
1. 付息或还本拖延，不断申请延期支付或申请实施新的授信或不断透支；
2. 申请实施授信支付其他银行的债务，不交割抵押品，授信抵押品情况恶化；
3. 违反合同规定；
4. 支票收益人要求核实客户支票账户的余额；
5. 定期存款账户余额减少；
6. 授信需求增加，短期债务超常增加；
7. 客户自身的配套资金不到位或不充足；
8. 杠杆率过高，经常用短期债务支付长期债务；
9. 现金流不足以支付利息；
10. 其他银行提高对同一客户的利率；
11. 客户申请无抵押授信产品或申请特殊还款方式；
12. 交易和文件过于复杂；
13. 银行无法控制抵押品和质押权。
（六）其他预警信号：
1. 业务领域收缩；
2. 无核心业务并过分追求多样化；
3. 业务增长过快；
4. 市场份额下降。

七、客户履约能力风险提示

（一）成本和费用失控。
（二）客户现金流出现问题。
（三）客户产品或服务的市场需求下降。
（四）还款记录不正常。
（五）欺诈，如在对方付款后故意不提供相应的产品或服务。
（六）弄虚作假（如伪造或涂改各种批准文件或相关业务凭证）。
（七）对传统财务分析的某些趋势，例如市场份额的快速下降未作解释。
（八）客户战略、业务或环境的重大变动。
（九）某些欺诈信号，如无法证明财务记录的合法性。
（十）财务报表披露延迟。
（十一）未按合同还款。
（十二）未作客户破产的应急预案。
（十三）对于信息的反应迟缓。

经济适用住房开发贷款管理办法

1. 2008年1月18日中国人民银行、中国银行业监督管理委员会发布
2. 银发〔2008〕13号
3. 自发布之日起30日后施行

第一条　为支持经济适用住房建设，维护借贷双方的合法权益，根据《中华人民共和国中国人民银行法》、《中华人民共和国银行业监督管理法》、《中华人民共和国商业银行法》、《中华人民共和国物权法》、《中华人民共和国担保法》、《经济适用住房管理办法》等国家有关法律和政策规定制定本办法。

第二条　本办法所称经济适用住房开发贷款是指贷款人向借款人发放的专项用于经济适用住房项目开发建设的贷款。

第三条　本办法所称贷款人是指中华人民共和国境内依法设立的商业银行和其他银行业金融机构。

本办法所称借款人是指具有法人资格，并取得房地产开发资质的房地产开发企业。

各政策性银行未经批准，不得从事经济适用住房开发贷款业务。

第四条　经济适用住房开发贷款条件：

（一）借款人已取得贷款证（卡）并在贷款银行开立基本存款账户或一般存款账户。

（二）借款人产权清晰，法人治理结构健全，经营管理规范，财务状况良好，核心管理人员素质较高。

（三）借款人实收资本不低于人民币1000万元，信用良好，具有按期偿还贷款本息的能力。

（四）建设项目已列入当地经济适用住房年度建设投资计划和土地供应计划，能够进行实质性开发建设。

（五）借款人已取得建设项目所需的《国有土地使用证》、《建设用地规划许可证》、《建设工程规划许可证》和《建设工程开工许可证》。

（六）建设项目资本金（所有者权益）不低于项目总投资的30%，并在贷款使用前已投入项目建设。

（七）建设项目规划设计符合国家相关规定。

（八）贷款人规定的其他条件。

第五条 经济适用住房开发贷款必须专项用于经济适用住房项目建设，不得挪作他用。

严禁以流动资金贷款形式发放经济适用住房开发贷款。

第六条 经济适用住房开发贷款期限一般为3年，最长不超过5年。

第七条 经济适用住房开发贷款利率按中国人民银行利率政策执行，可适当下浮，但下浮比例不得超过10%。

第八条 经济适用住房开发贷款应以项目销售收入及借款人其他经营收入作为还款来源。

第九条 贷款人应当依法开展经济适用住房开发贷款业务。

贷款人应对借款人和建设项目进行调查、评估，加强贷款审查。借款人应按要求向贷款人提供有关资料。

任何单位和个人不得强令贷款人发放经济适用住房开发贷款。

第十条 借款人申请经济适用住房贷款应提供贷款人认可的有效担保。

第十一条 贷款人应与借款人签订书面合同，办妥担保手续。采用抵（质）押担保方式的，贷款人应及时办理抵（质）押登记。

第十二条 经济适用住房开发贷款实行封闭管理。借贷双方应签订资金监管协议，设定资金监管账户。贷款人应通过资金监管账户对资金的流出和流入等情况进行有效监控管理。

第十三条 贷款人应对经济适用住房开发贷款使用情况进行有效监督和检查，借款人应定期向贷款人提供项目建设进度、贷款使用、项目销售等方面的信息以及财务会计报表等有关资料。

第十四条 中国银行业监督管理委员会及其派出机构依法对相关借贷经营活动实施监管。中国人民银行及其分支机构可以建议中国银行业监督管理委员会及其派出机构对相关借贷经营活动进行监督检查。

第十五条 经济适用住房开发贷款列入房地产贷款科目核算。

第十六条 经有关管理部门批准，符合相关政策规定的单位集资合作建房项目的贷款业务参照本办法执行。

第十七条 本办法由中国人民银行、中国银行业监督管理委员会负责解释。

第十八条 本办法自发布之日起30日后实施。《经济适用住房开发贷款管理暂行规定》（银发〔1999〕129号文印发）同时废止。

廉租住房建设贷款管理办法

1. 2008年12月3日中国人民银行、中国银行业监督管理委员会发布
2. 银发〔2008〕355号
3. 自发布之日起30日后施行

第一条 为支持廉租住房建设，维护借贷双方的合法权益，根据国家有关法律法规，制定本办法。

第二条 本办法所称廉租住房建设贷款是指用于支持廉租住房新建、改建的贷款。

第三条 本办法所称贷款人是指中华人民共和国境内依法设立的、经中国银行业监督管理委员会及其派驻机构批准的银行业金融机构。

本办法所称借款人是指依法设立的，具有房地产开发资质的，从事廉租住房建设的房地产开发企业。

第四条 申请廉租住房建设贷款应具备以下条件：

（一）廉租住房项目应已纳入政府年度廉租住房建设计划，并按规定取得政府有关部门的批准文件。

（二）已与政府签订廉租住房回购协议。

（三）在贷款银行开立专用存款账户。

（四）提供贷款人认可的有效担保。

（五）新建廉租住房项目已取得所需的《国有土地使用证》、《建设用地规划许可证》、《建设工程规划许可证》和《建设工程施工许可证》；改建廉租住房已取得有关部门颁发的许可文件。

（六）新建廉租住房项目资本金不低于项目总投资20%的比例；改建廉租住房项目资本金不低于项目总投资30%的比例。

（七）借款人信用状况良好，无不良记录。

（八）贷款人规定的其他条件。

第五条 贷款人应对借款人和建设项目进行调查、评估，加强贷款审查。借款人应按要求向贷款人提供有关资料。

第六条 贷款申请金额不得高于回购协议确定的回购价款。

第七条 廉租住房建设贷款期限最长不超过5年，具体由借贷双方协商确定。

第八条 廉租住房建设贷款利率应按中国人民银行公布的同期同档次贷款基准利率下浮10%执行。

第九条 一个廉租住房建设项目的贷款业务原则上由一家银行主办。对规模较大的项目，可以由主办银行组织银团贷款。

第十条　贷款人应对廉租住房建设贷款单独管理，设立单独的会计科目进行核算，并进行单项统计。

第十一条　廉租住房建设贷款应实行封闭管理，在项目资本金投入项目建设后，按照工程进度进行资金拨付。贷款人应通过专用存款账户对资金的流入和流出等进行有效监控管理，并建立单独台账，对每笔贷款发生时间、流向、用途、收款单位、金额、审核人等进行详细记录。借贷双方应另行签订封闭管理协议。

第十二条　贷款人应监督借款人按以下原则用款：

（一）专款专用，不得挤占挪用。

（二）先使用项目资本金，后使用贷款。

（三）按项目进度用款。

第十三条　贷款人应逐笔审查贷款使用情况；借款人应按期通报贷款使用情况、廉租住房建设进展情况以及财务状况。

第十四条　廉租住房建设贷款应为担保贷款。借款人不能提供足额抵（质）押的，应由贷款人认可的第三方提供承担连带责任的保证。

第十五条　借款人违约时，贷款人可做如下处理：

借款人挪用贷款，贷款人可以停发贷款，并收回已发放贷款；

借款人不按合同约定使用贷款或归还贷款本息的，贷款人可以按合同约定计收罚息；

经借贷双方协商，借款人可以提前归还贷款，贷款人可以不收取提前还款违约金。

第十六条　凡开办廉租住房建设贷款业务的银行业金融机构，应依据本办法制定相应的操作细则。

第十七条　本办法由中国人民银行会同中国银行业监督管理委员会负责解释。中国人民银行将会同有关部门定期对各城市和地区的廉租住房建设贷款质量等信息进行披露。

第十八条　本办法自颁布之日起30日后施行。

商业助学贷款管理办法

1. 2008年7月11日中国银行业监督管理委员会发布
2. 银监发〔2008〕49号

第一章　总　　则

第一条　为支持教育事业发展，规范商业助学贷款管理，防范商业助学贷款风险，根据《中华人民共和国银行业监督管理法》、《中华人民共和国商业银行法》等法律规定，制定本办法。

第二条　本办法所称商业助学贷款是指银行业金融机构按商业原则自主发放的用于支付境内高等院校困难学生学费、住宿费和就读期间基本生活费的商业贷款。

第三条　本办法所称贷款人是指在中华人民共和国境内依法设立的、经银行业监督管理机构批准经营贷款业务的银行业金融机构。

第四条　本办法所称贷款对象是指在境内高等院校就读的全日制本专科生、研究生和第二学士学位学生。

第五条　借贷双方应当遵循平等、自愿、诚实、守信的原则，依法签订借款合同。

第二章　贷款对象条件

第六条　贷款人受理商业助学贷款申请时，应对贷款对象（以下简称借款人）设定一定审核条件：

（一）借款人具有中华人民共和国国籍，并持有合法身份证件；

（二）借款人应无不良信用记录，不良信用等行为评价标准由贷款人制定；

（三）必要时需提供有效的担保；

（四）必要时需提供其法定代理人同意申请贷款的书面意见；

（五）贷款人要求的其他条件。

第三章　贷款期限、利率与金额

第七条　商业助学贷款的期限原则上为借款人在校学制年限加6年，借款人在校学制年限指从助学贷款发放至借款人毕业或终止学业的期间。对借款人毕业后继续攻读学位的，借款人在校年限和助学贷款期限可相应延长。助学贷款期限延长须经贷款人许可。

第八条　商业助学贷款的利率按中国人民银行规定的利率政策执行，原则上不上浮。借款人可申请利息本金化，即在校年限内的贷款利息按年计入次年度借款本金。

第九条　商业助学贷款的最高限额不超过借款人在校年限内所在学校的学费、住宿费和基本生活费。贷款人可参照学校出具的基本生活费或当地生活费标准确定有关生活费用贷款额度。

第十条　贷款人可根据借款人需要发放人民币或者外币商业助学贷款。

第十一条　学费应按照学校的学费支付期逐笔发放，住宿费、生活费可按学费支付期发放，也可分列发放。

第四章　贷 款 担 保

第十二条　贷款人发放商业助学贷款可要求借款人提供担保，担保方式可采用抵押、质押、保证或其组合，贷款人也可要求借款人投保相关保险。

第十三条　借款人采用抵押、质押担保的，贷款人应要求提供本机构认可的抵质押物。

第十四条　采用保证担保方式的，保证人范围应符合《担保法》及相关司法解释规定。

第十五条　贷款人在借款人满足贷款人设定条件的前提下可发放信用商业助学贷款。

第五章　贷款处理程序

第十六条　借款人可直接在生源地向贷款人申请商业助学贷款，即办理生源地贷款，也可在就读学校所在地申请商业助学贷款，即办理就读地贷款；但贷款人不得受理借款人既在生源地又在就读地贷款的重复申请。

第十七条　贷款人在受理借款人申请商业助学贷款时，应要求对方提交书面借款申请，填写有关申请表格，并提交下列文件、证明和资料：

（一）借款人的合法身份证件（包括：身份证、户口簿或其他有效居留证件原件），并提供以上证件的复印件；

（二）贷款人需要的借款人与其法定代理人的关系证明；

（三）借款人或其家庭成员经济收入证明；

（四）借款人为入学新生的提供就读学校的录取通知书或接收函，借款人已在校的提供学生证或其他学籍证明；

（五）借款人就读学校开出的学生学习期内所需学费、住宿费和生活费总额的有关材料；

（六）以财产作抵（质）押的，应提供抵（质）押物权证和所有权人（包括财产共有人）签署的同意抵（质）押的承诺，对抵押物须提交贷款人认可的机构出具的价值评估报告，对质押物须提供权利凭证，以第三方担保的应出具保证人同意承担不可撤销连带责任担保的书面文件及有关资信证明材料；

（七）借款人和担保人应当面出具并签署书面授权，同意银行查询其个人征信信息；

（八）贷款人要求提供的其他证明文件和材料。

第十八条　受理贷款申请后，贷款人须对借款人提供的资料进行调查核实。

第十九条　借款人办理就读地贷款的，贷款人还应联系借款人就读学校作为介绍人做好以下工作：

（一）向贷款人推荐借款人，对借款人资格及申请资料进行初审；

（二）协助贷款人对贷款的使用进行监督；

（三）将借款人在校期间失踪、死亡或丧失完全民事行为能力或劳动能力，以及发生休学、转学、出国留学或定居、自行离校、开除等情况及时通知贷款人，并协助贷款人采取相应的债权保护措施；

（四）在借款人毕业前，向贷款人提供其毕业去向、就业单位名称、居住地址、联系电话等有关信息；

（五）协助开展对借款人的信用教育和还贷宣传工作，讲解还贷的程序和方法；协助贷款人做好借款人的还款确认和贷款催收工作。

第二十条　贷款人根据借款人的资信、贷款用途、担保等因素进行贷款审批。贷款经审批同意后，贷款人应及时通知借款人与担保人签署助学贷款相关借款合同和担保合同，并按有关要求办理抵（质）押登记等相关手续。

第二十一条　贷款人应根据合同约定，将贷款划入借款人在银行开立的个人结算等账户或借款人就读学校指定账户，并由贷款人监督使用。

第二十二条　贷款人应要求借款人必须按合同约定使用贷款。违反借款合同约定，贷款人有权停止发放贷款和提前收回部分或全部贷款。对不按合同约定用途使用贷款的部分，按中国人民银行的有关规定加收利息。

第二十三条　借贷双方应对还款方式和还款计划在借款合同中明确约定。贷款人可视情况给予借款人一定的宽限期，宽限期内不还本金，也可视借款人困难程度对其在校期间发生的利息本金化。归还贷款在借款人离校后次月开始。贷款可按月、按季或按年分次偿还，利随本清，也可在贷款到期时一次性清还。

第二十四条　借款合同签订后，如需变更还款方式，须事先征得贷款人同意。

第二十五条　贷款人可要求借款人在借款合同中授权贷款人于约定的还款日直接从借款人在本行开立的个人结算等账户中扣收应偿还本息。

第二十六条　借款人在借款合同生效后，可根据合同约定提前部分或全部还款，贷款人不得收取或变相收取额外费用。

第二十七条　借款人如不能在合同规定期限内按期偿还贷款本金，应提前向贷款人申请展期，贷款展期仅限一次。申请经贷款人审查批准后，借贷双方应签订展期协议。贷款具有担保的，展期协议需经担保人书面确认。

第二十八条　借款合同需要变更的，必须经借贷双方协商同意，并依法签订变更协议。涉及第三方担保的，变更条款还应征得第三方担保人同意。协议未达成之前，原借款合同继续有效。

第二十九条　贷款人应要求借款人在变更联系方式、工作单位或居住地址后30天内将变更后的联系方式、工作单位和居住地址通知贷款人。

第三十条　对借款人、担保人在贷款期间发生的违约行

为,贷款人可根据借款合同约定:

(一)要求限期纠正违约行为;

(二)要求增加所减少的相应价值的抵(质)押物,或更换保证人;

(三)停止发放尚未使用的贷款;

(四)在原贷款利率基础上加收罚息;

(五)提前收回部分或全部贷款本息;

(六)向保证人追偿;

(七)依据有关法律及规定处分抵(质)押物;

(八)向仲裁机关申请仲裁或向人民法院起诉。

第六章 风险管理

第三十一条 建立助学贷款违约通报制度,贷款人应按照制度要求报送助学贷款借款人违约信息,银行业监督管理机构定期在银行业金融机构范围内共享信息。

第三十二条 经批准与依法公告,贷款人可将债权以证券化等合法方式转让给第三方。

第三十三条 贷款人须根据本办法制定实施细则,加强对贷款发放和回收的管理,加强服务,严格控制风险。

第三十四条 贷款人应加强与借款人所在学校的沟通,获得学校在商业助学贷款管理方面的协助和配合。

第七章 附则

第三十五条 贷款人可根据业务发展需要和风险管控能力,自主确定开办针对境内其他非义务教育阶段全日制学校在校困难学生的商业助学贷款,并参照本办法制定相关业务管理规范。

第三十六条 贷款人可根据业务发展需要和风险管控能力,自主确定开办借款人用于攻读境外高等院校硕士(含)以上学历,且提供全额抵(质)押的商业助学贷款,并参照本办法制定相关业务管理规范。

第三十七条 本办法自公布之日起施行,由银监会负责修订和解释。

项目融资业务指引

1. 2009年7月18日中国银行业监督管理委员会发布
2. 银监发〔2009〕71号
3. 自发布之日起三个月后施行

第一条 为促进银行业金融机构项目融资业务健康发展,有效管理项目融资风险,依据《中华人民共和国银行业监督管理法》、《中华人民共和国商业银行法》、《固定资产贷款管理暂行办法》以及其他有关法律法规,制定本指引。

第二条 中华人民共和国境内经国务院银行业监督管理机构批准设立的银行业金融机构(以下简称贷款人)开展项目融资业务,适用本指引。

第三条 本指引所称项目融资,是指符合以下特征的贷款:

(一)贷款用途通常是用于建造一个或一组大型生产装置、基础设施、房地产项目或其他项目,包括对在建或已建项目的再融资;

(二)借款人通常是为建设、经营该项目或为该项目融资而专门组建的企事业法人,包括主要从事该项目建设、经营或融资的既有企事业法人;

(三)还款资金来源主要依赖该项目产生的销售收入、补贴收入或其他收入,一般不具备其他还款来源。

第四条 贷款人从事项目融资业务,应当具备对所从事项目的风险识别和管理能力,配备业务开展所需要的专业人员,建立完善的操作流程和风险管理机制。

贷款人可以根据需要,委托或者要求借款人委托具备相关资质的独立中介机构为项目提供法律、税务、保险、技术、环保和监理等方面的专业意见或服务。

第五条 贷款人提供项目融资的项目,应当符合国家产业、土地、环保和投资管理等相关政策。

第六条 贷款人从事项目融资业务,应当充分识别和评估融资项目中存在的建设期风险和经营期风险,包括政策风险、筹资风险、完工风险、产品市场风险、超支风险、原材料风险、营运风险、汇率风险、环保风险和其他相关风险。

第七条 贷款人从事项目融资业务,应当以偿债能力分析为核心,重点从项目技术可行性、财务可行性和还款来源可靠性等方面评估项目风险,充分考虑政策变化、市场波动等不确定因素对项目的影响,审慎预测项目的未来收益和现金流。

第八条 贷款人应当按照国家关于固定资产投资项目资本金制度的有关规定,综合考虑项目风险水平和自身风险承受能力等因素,合理确定贷款金额。

第九条 贷款人应当根据项目预测现金流和投资回收期等因素,合理确定贷款期限和还款计划。

第十条 贷款人应当按照中国人民银行关于利率管理的有关规定,根据风险收益匹配原则,综合考虑项目风险、风险缓释措施等因素,合理确定贷款利率。

贷款人可以根据项目融资在不同阶段的风险特征和水平,采用不同的贷款利率。

第十一条 贷款人应当要求将符合抵质押条件的项目资产和/或项目预期收益等权利为贷款设定担保,并可以根据需要,将项目发起人持有的项目公司股权为贷款设定质押担保。

贷款人应当要求成为项目所投保商业保险的第一

顺位保险金请求权人,或采取其他措施有效控制保险赔款权益。

第十二条　贷款人应当采取措施有效降低和分散融资项目在建设期和经营期的各类风险。

贷款人应当以要求借款人或者通过借款人要求项目相关方签订总承包合同、投保商业保险、建立完工保证金、提供完工担保和履约保函等方式,最大限度降低建设期风险。

贷款人可以以要求借款人签订长期供销合同、使用金融衍生工具或者发起人提供资金缺口担保等方式,有效分散经营期风险。

第十三条　贷款人可以通过为项目提供财务顾问服务,为项目设计综合金融服务方案,组合运用各种融资工具,拓宽项目资金来源渠道,有效分散风险。

第十四条　贷款人应当按照《固定资产贷款管理暂行办法》的有关规定,恰当设计账户管理、贷款资金支付、借款人承诺、财务指标控制、重大违约事项等项目融资合同条款,促进项目正常建设和运营,有效控制项目融资风险。

第十五条　贷款人应当根据项目的实际进度和资金需求,按照合同约定的条件发放贷款资金。贷款发放前,贷款人应当确认与拟发放贷款同比例的项目资本金足额到位,并与贷款配套使用。

第十六条　贷款人应当按照《固定资产贷款管理暂行办法》关于贷款发放与支付的有关规定,对贷款资金的支付实施管理和控制,必要时可以与借款人在借款合同中约定专门的贷款发放账户。

采用贷款人受托支付方式的,贷款人在必要时可以要求借款人、独立中介机构和承包商等共同检查设备建造或者工程建设进度,并根据出具的、符合合同约定条件的共同签证单,进行贷款支付。

第十七条　贷款人应当与借款人约定专门的项目收入账户,并要求所有项目收入进入约定账户,并按照事先约定的条件和方式对外支付。

贷款人应当对项目收入账户进行动态监测,当账户资金流动出现异常时,应当及时查明原因并采取相应措施。

第十八条　在贷款存续期间,贷款人应当持续监测项目的建设和经营情况,根据贷款担保、市场环境、宏观经济变动等因素,定期对项目风险进行评价,并建立贷款质量监控制度和风险预警体系。出现可能影响贷款安全情形的,应当及时采取相应措施。

第十九条　多家银行业金融机构参与同一项目融资的,原则上应当采用银团贷款方式。

第二十条　对文化创意、新技术开发等项目发放的符合项目融资特征的贷款,参照本指引执行。

第二十一条　本指引由中国银行业监督管理委员会负责解释。

第二十二条　本指引自发布之日起三个月后施行。

银团贷款业务指引

1. 2011年8月1日中国银行业监督管理委员会发布
2. 银监发〔2011〕85号

第一章　总　　则

第一条　为促进和规范银团贷款业务,分散授信风险,推动银行同业合作,根据《中华人民共和国银行业监督管理法》、《中华人民共和国商业银行法》等法律法规,制定本指引。

第二条　本指引适用于在中国境内依法设立并经营贷款业务的银行业金融机构(以下简称银行)。

第三条　银团贷款是指由两家或两家以上银行基于相同贷款条件,依据同一贷款合同,按约定时间和比例,通过代理行向借款人提供的本外币贷款或授信业务。

第四条　银行开办银团贷款业务,应当遵守国家有关法律法规,符合国家信贷政策,坚持平等互利、公平协商、诚实履约、风险自担的原则。

第五条　银行业协会负责维护银团贷款市场秩序,推进市场标准化建设,推动银团贷款与交易系统平台搭建,协调银团贷款与交易中发生的问题,收集和披露有关银团贷款信息,制定行业公约等行业自律工作。

第二章　银团成员

第六条　参与银团贷款的银行均为银团成员。银团成员应按照"信息共享、独立审批、自主决策、风险自担"的原则自主确定各自授信行为,并按实际承担份额享有银团贷款项下相应的权利,履行相应的义务。

第七条　按照在银团贷款中的职能和分工,银团成员通常分为牵头行、代理行和参加行等角色,也可根据实际规模与需要在银团内部增设副牵头行、联合牵头行等,并按照银团贷款合同履行相应职责。

第八条　银团贷款牵头行是指经借款人同意,负责发起组织银团、分销银团贷款份额的银行。

牵头行主要履行以下职责:

(一)发起和筹组银团贷款,分销银团贷款份额;

(二)对借款人进行贷前尽职调查,草拟银团贷款信息备忘录,并向潜在的参加行推荐;

(三)代表银团与借款人谈判确定银团贷款条件;

（四）代表银团聘请相关中介机构起草银团贷款法律文本；

（五）组织银团成员与借款人签订书面银团贷款合同；

（六）银团贷款合同确定的其他职责。

第九条　单家银行担任牵头行时，其承贷份额原则上不得少于银团融资总金额的20%；分销给其他银团成员的份额原则上不得低于50%。

第十条　按照牵头行对贷款最终安排额所承担的责任，银团牵头行分销银团贷款可以分为全额包销、部分包销和尽最大努力推销三种类型。

第十一条　银团代理行是指银团贷款合同签订后，按相关贷款条件确定的金额和进度归集资金向借款人提供贷款，并接受银团委托按银团贷款合同约定进行银团贷款事务管理和协调活动的银行。

对担保结构比较复杂的银团贷款，可以指定担保代理行，由其负责落实银团贷款的各项担保及抵（质）押物登记、管理等工作。

代理行经银团成员协商确定，可以由牵头行或者其他银行担任。银团代理行应当代表银团利益，借款人的附属机构或关联机构不得担任代理行。

第十二条　代理行应当依据银团贷款合同的约定履行代理行职责。其主要职责包括：

（一）审查、督促借款人落实贷款条件，提供贷款或办理其他授信业务；

（二）办理银团贷款的担保抵押手续，负责抵（质）押物的日常管理工作；

（三）制定账户管理方案，开立专门账户管理银团贷款资金，对专户资金的变动情况进行逐笔登记；

（四）根据约定用款日期或借款人的用款申请，按照银团贷款合同约定的承贷份额比例，通知银团成员将款项划到指定账户；

（五）划收银团贷款本息和代收相关费用，并按承贷比例和银团贷款合同约定及时划转到银团成员指定账户；

（六）根据银团贷款合同，负责银团贷款资金支付管理、贷后管理和贷款使用情况的监督检查，并定期向银团成员通报；

（七）密切关注借款人财务状况，对贷款期间发生的企业并购、股权分红、对外投资、资产转让、债务重组等影响借款人还款能力的重大事项，在借款人通知后按银团贷款合同约定尽早通知各银团成员；

（八）根据银团贷款合同，在借款人出现违约事项时，及时组织银团成员对违约贷款进行清收、保全、追偿或其他处置；

（九）根据银团贷款合同，负责组织召开银团会议，协调银团成员之间的关系；

（十）接受各银团成员不定期的咨询与核查，办理银团会议委托的其他事项等。

第十三条　代理行应当勤勉尽责。因代理行行为导致银团利益受损的，银团成员有权根据银团贷款合同约定的方式更换代理行，并要求代理行赔偿相关损失。

第十四条　参加行是指接受牵头行邀请，参加银团并按照协商确定的承贷份额向借款人提供贷款的银行。参加行应当按照约定及时足额划拨资金至代理行指定的账户，参加银团会议，做好贷后管理，了解掌握借款人日常经营与信用状况的变化情况，及时向代理行通报借款人的异常情况。

第三章　银团贷款的发起和筹组

第十五条　有下列情形之一的大额贷款，鼓励采取银团贷款方式：

（一）大型集团客户、大型项目融资和大额流动资金融资；

（二）单一企业或单一项目融资总额超过贷款行资本净额10%的；

（三）单一集团客户授信总额超过贷款行资本净额15%的；

（四）借款人以竞争性谈判选择银行业金融机构进行项目融资的。

各地银行业协会可以根据以上原则，结合本地区实际情况，组织辖内会员银行共同确定银团贷款额度的具体下限。

第十六条　银团贷款由借款人或银行发起。牵头行应当与借款人谈妥银团贷款的初步条件，并获得借款人签署的银团贷款委任书。

第十七条　牵头行应当按照授信工作尽职的相关要求，对借款人或贷款项目进行贷前尽职调查，并在此基础上与借款人进行前期谈判，商谈贷款的用途、额度、利率、期限、担保形式、提款条件、还款方式和相关费用等，并据此编制银团贷款信息备忘录。

第十八条　银团贷款信息备忘录由牵头行分发给潜在参加行，作为潜在参加行审贷和提出修改建议的重要依据。

银团贷款信息备忘录内容主要包括：银团贷款的基本条件、借款人的法律地位及概况、借款人的财务状况、项目概况及市场分析、项目财务现金流量分析、担保人和担保物介绍、风险因素及避险措施、项目的准入审批手续及有资质环保机构出具的环境影响监测评估文件等。

第十九条 牵头行在编制银团贷款信息备忘录过程中，应如实向潜在参加行披露其知悉的借款人全部真实信息。牵头行在向其他银行发送银团贷款信息备忘录前，应要求借款人审阅该银团贷款信息备忘录，并由借款人签署“对信息备忘录所载内容的真实性、完整性负责”的声明。必要时，牵头行也可以要求担保人审阅银团贷款信息备忘录并签署上述声明。

第二十条 为提高银团贷款信息备忘录等银团贷款资料的独立性、公正性和真实性，牵头行可以聘请外部中介机构如会计师事务所、资产评估事务所、律师事务所及相关技术专家负责评审编写有关信息及资料、出具意见书。

第二十一条 牵头行与借款人协商后，向潜在参加行发出银团贷款邀请函，并随附贷款条件清单、信息备忘录、保密承诺函、贷款承诺函等文件。

第二十二条 收到银团贷款邀请函的银行应按照“信息共享、独立审贷、自主决策、风险自担”的原则，在全面掌握借款人相关信息的基础上做出是否参加银团贷款的决定。银团贷款信息备忘录信息不能满足潜在参加行审批要求的，潜在参加行可要求牵头行补充提供相关信息、提出工作建议或者直接进行调查。

第二十三条 牵头行应根据潜在参加行实际反馈情况，合理确定各银团成员的贷款份额。在超额认购或认购不足的情况下，牵头行可按事先约定的条件或与借款人协商后重新确定各银团成员的承贷份额。

第二十四条 在牵头行有效委任期间，其他未获委任的银行不得与借款人就同一项目进行委任或开展融资谈判。

第四章 银团贷款合同

第二十五条 银团贷款合同是银团成员与借款人、担保人根据有关法律法规，经过协商后共同签订，主要约定银团成员与借款人、担保人之间权利义务关系的法律文本。银团贷款合同应当包括以下主要条款：

（一）当事人基本情况；

（二）定义及解释；

（三）与贷款有关的约定，包括贷款金额与币种、贷款期限、贷款利率、贷款用途、支付方式、还款方式及还款资金来源、贷款担保组合、贷款展期条件、提前还款约定等；

（四）银团各成员承诺的贷款额度及贷款划拨的时间；

（五）提款先决条件；

（六）费用条款；

（七）税务条款；

（八）财务约束条款；

（九）非财务承诺，包括资产处置限制、业务变更和信息披露等条款；

（十）违约事件及处理；

（十一）适用法律；

（十二）其他约定及附属文件。

第二十六条 银团成员之间权利义务关系可以在银团贷款合同中约定，也可以另行签订《银团内部协议》（或称为《银团贷款银行间协议》等）加以约定。银团成员间权利义务关系主要包括：银团成员内部分工、权利与义务、银团贷款额度的分配、银团贷款额度的转让；银团会议的议事规则；银团成员的退出和银团解散；违约行为及责任；解决争议的方式；银团成员认为有必要约定的其他事项。

第二十七条 银团成员应严格按照银团贷款合同的约定，及时足额划付贷款款项，履行合同规定的职责和义务。

第二十八条 借款人应严格按照银团贷款合同的约定，保证贷款用途，及时向代理行划转贷款本息，如实向银团成员提供有关情况。

第二十九条 银行开展银团贷款业务可以依据中国银行业协会制定的银团贷款合同示范文本，制定银团贷款合同。

第五章 银团贷款管理

第三十条 银团贷款的日常管理工作主要由代理行负责。代理行应在银团贷款存续期内跟踪了解项目的进展情况，及时发现银团贷款可能出现的问题，并以书面形式尽快通报银团成员。

第三十一条 银团贷款存续期间，银团会议由代理行负责定期召集，或者根据银团贷款合同的约定由一定比例的银团成员提议召开。银团会议的主要职能是讨论、协商银团贷款管理中的重大事项。

第三十二条 银团会议商议的重大事项主要包括：修改银团贷款合同、调整贷款额度、变更担保、变动利率、终止银团贷款、通报企业并购和重大关联交易、认定借款人违约事项、贷款重组和调整代理行等。

第三十三条 银团贷款出现违约风险时，代理行应当根据银团贷款合同的约定，负责及时召集银团会议，并可成立银团债权委员会，对贷款进行清收、保全、重组和处置。必要时可以申请仲裁或向人民法院提起诉讼。

第三十四条 银团贷款存续期间，银团成员原则上不得在银团之外向同一项目提供有损银团其他成员利益的贷款或其他授信。

第三十五条　银团成员在办理银团贷款业务过程中发现借款人有下列行为，经指正不改的，代理行应当根据银团贷款合同的约定，负责召集银团会议，追究其违约责任，并以书面形式通知借款人及其保证人：

（一）所提供的有关文件被证实无效；

（二）未能履行和遵守贷款合同约定的义务；

（三）未能按贷款合同规定支付利息和本金；

（四）以假破产等方式逃废银行债务；

（五）贷款合同约定的其他违约事项。

第三十六条　银团成员在开展银团贷款业务过程中有以下行为，经银团会议审核认定违约的，可以要求其承担违约责任：

（一）银团成员收到代理行按合同规定时间发出的通知后，未按合同约定时限足额划付款项的；

（二）银团成员擅自提前收回贷款或违约退出银团的；

（三）不执行银团会议决议的；

（四）借款人归还银团贷款本息而代理行未如约及时划付银团成员的；

（五）其他违反银团贷款合同、本业务指引以及法律法规的行为。

银团成员之间的上述纠纷，不影响银团与借款人所定贷款合同的执行。

第三十七条　开办银团贷款业务的银行应当定期向当地银行业协会报送银团贷款有关信息。内容包括：银团贷款一级市场的包销量及持有量、二级市场的转让量，银团贷款的利率水平、费率水平、贷款期限、担保条件、借款人信用评级等。

第三十八条　开办银团贷款业务的银行应当依据本指引，结合自身经营管理水平制定银团贷款业务管理办法，建立与银团贷款业务风险相适应的管理机制，并指定相关部门和专人负责银团贷款的日常管理工作。

第三十九条　银行向大型集团客户发放银团贷款，应当注意防范集团客户内部关联交易及关联方之间相互担保的风险。对集团客户内部关联交易频繁、互相担保严重的，应当加强对其资信的审核，并严格控制贷款发放。

第六章　银团贷款收费

第四十条　银团贷款收费是指银团成员接受借款人委托，为借款人提供银团筹组、包销安排、贷款承诺、银团事务管理等服务而收取的相关中间业务费用，纳入商业银行中间业务收费管理。

银团贷款收费应当按照“自愿协商、公平合理、质价相符”的原则由银团成员和借款人协商确定，并在银团贷款合同或费用函中载明。

第四十一条　银团贷款收费的具体项目可以包括安排费、承诺费、代理费等。银团费用仅限为借款人提供相应服务的银团成员享有。

安排费一般按银团贷款总额的一定比例一次性支付；承诺费一般按未用余额的一定比例每年根据银团贷款合同约定的方式收取；代理费可以根据代理行的工作量按年支付。

第四十二条　银团贷款的收费应当遵循“谁借款、谁付费”的原则，由借款人支付。

第四十三条　牵头行不得向银团成员提出任何不合理条件，不得以免予收费的手段，开展银团贷款业务竞争，不得借筹组银团贷款向银团成员和借款人搭售其他金融产品或收取其他费用。

第七章　银团贷款转让交易

第四十四条　银团贷款转让交易是指银团贷款项下的贷款人作为出让方，将其持有的银团贷款份额转让给作为受让方的其他贷款人或第三方，并由受让方向出让方支付转让价款的交易。

银团贷款转让交易不得违反贷款转让的相关监管规定。

第四十五条　转让交易的定价由交易双方根据转让标的、市场等情况自行协商、自主定价。

第四十六条　转让交易的出让方应当确保与转让标的相关的贷款合同及其他文件已由各方有效签署，其对转让的份额拥有合法的处分权，且转让标的之上不存在包括债务人抵销权在内的任何可能造成转让标的价值减损的其他权利。

出让方应当为转让交易之目的向受让方充分披露信息，不得提供明知为虚假或具有误导性的信息，不得隐瞒转让标的相关负面信息。

第四十七条　转让交易的受让方应当按照转让合同的约定，受让转让标的并支付转让价款，不得将出让方提供的相关信息用于任何非法目的，或违反保密义务使用该信息。

第四十八条　代理行应当按照银团贷款合同的约定及时履行转让交易相关义务；其他银团成员、担保人等相关各方应当按照银团贷款合同的约定履行相关义务，协助转让交易的顺利进行。

第八章　附　　则

第四十九条　依法设立的非银行金融机构开办银团贷款业务适用本指引。

第五十条　本指引由银监会负责解释。

第五十一条　本指引自公布之日起实施。2007 年 8 月

11日印发的《银团贷款业务指引》（银监发〔2007〕68号）同时废止。

绿色信贷指引

1. 2012年2月24日中国银行业监督管理委员会发布
2. 银监发〔2012〕4号

第一章　总　　则

第一条　为促进银行业金融机构发展绿色信贷，根据《中华人民共和国银行业监督管理法》、《中华人民共和国商业银行法》等法律法规，制定本指引。

第二条　本指引所称银行业金融机构，包括在中华人民共和国境内依法设立的政策性银行、商业银行、农村合作银行、农村信用社。

第三条　银行业金融机构应当从战略高度推进绿色信贷，加大对绿色经济、低碳经济、循环经济的支持，防范环境和社会风险，提升自身的环境和社会表现，并以此优化信贷结构，提高服务水平，促进发展方式转变。

第四条　银行业金融机构应当有效识别、计量、监测、控制信贷业务活动中的环境和社会风险，建立环境和社会风险管理体系，完善相关信贷政策制度和流程管理。

本指引所称环境和社会风险是指银行业金融机构的客户及其重要关联方在建设、生产、经营活动中可能给环境和社会带来的危害及相关风险，包括与耗能、污染、土地、健康、安全、移民安置、生态保护、气候变化等有关的环境与社会问题。

第五条　中国银监会依法负责对银行业金融机构的绿色信贷业务及其环境和社会风险管理实施监督管理。

第二章　组 织 管 理

第六条　银行业金融机构董事会或理事会应当树立并推行节约、环保、可持续发展等绿色信贷理念，重视发挥银行业金融机构在促进经济社会全面、协调、可持续发展中的作用，建立与社会共赢的可持续发展模式。

第七条　银行业金融机构董事会或理事会负责确定绿色信贷发展战略，审批高级管理层制定的绿色信贷目标和提交的绿色信贷报告，监督、评估本机构绿色信贷发展战略执行情况。

第八条　银行业金融机构高级管理层应当根据董事会或理事会的决定，制定绿色信贷目标，建立机制和流程，明确职责和权限，开展内控检查和考核评价，每年度向董事会或理事会报告绿色信贷发展情况，并及时向监管机构报送相关情况。

第九条　银行业金融机构高级管理层应当明确一名高管人员及牵头管理部门，配备相应资源，组织开展并归口管理绿色信贷各项工作。必要时可以设立跨部门的绿色信贷委员会，协调相关工作。

第三章　政策制度及能力建设

第十条　银行业金融机构应当根据国家环保法律法规、产业政策、行业准入政策等规定，建立并不断完善环境和社会风险管理的政策、制度和流程，明确绿色信贷的支持方向和重点领域，对国家重点调控的限制类以及有重大环境和社会风险的行业制定专门的授信指引，实行有差别、动态的授信政策，实施风险敞口管理制度。

第十一条　银行业金融机构应当制定针对客户的环境和社会风险评估标准，对客户的环境和社会风险进行动态评估与分类，相关结果应当作为其评级、信贷准入、管理和退出的重要依据，并在贷款“三查”、贷款定价和经济资本分配等方面采取差别化的风险管理措施。

银行业金融机构应当对存在重大环境和社会风险的客户实行名单制管理，要求其采取风险缓释措施，包括制定并落实重大风险应对预案，建立充分、有效的利益相关方沟通机制，寻求第三方分担环境和社会风险等。

第十二条　银行业金融机构应当建立有利于绿色信贷创新的工作机制，在有效控制风险和商业可持续的前提下，推动绿色信贷流程、产品和服务创新。

第十三条　银行业金融机构应当重视自身的环境和社会表现，建立相关制度，加强绿色信贷理念宣传教育，规范经营行为，推行绿色办公，提高集约化管理水平。

第十四条　银行业金融机构应当加强绿色信贷能力建设，建立健全绿色信贷标识和统计制度，完善相关信贷管理系统，加强绿色信贷培训，培养和引进相关专业人才。必要时可以借助合格、独立的第三方对环境和社会风险进行评审或通过其他有效的服务外包方式，获得相关专业服务。

第四章　流 程 管 理

第十五条　银行业金融机构应当加强授信尽职调查，根据客户及其项目所处行业、区域特点，明确环境和社会风险尽职调查的内容，确保调查全面、深入、细致。必要时可以寻求合格、独立的第三方和相关主管部门的支持。

第十六条　银行业金融机构应当对拟授信客户进行严格的合规审查，针对不同行业的客户特点，制定环境和社会方面的合规文件清单和合规风险审查清单，确保客户提交的文件和相关手续的合规性、有效性和完整性，确信客户对相关风险点有足够的重视和有效的动态控制，符合实质合规要求。

第十七条　银行业金融机构应当加强授信审批管理，根据客户面临的环境和社会风险的性质和严重程度，确定合理的授信权限和审批流程。对环境和社会表现不合规的客户，应当不予授信。

第十八条　银行业金融机构应当通过完善合同条款督促客户加强环境和社会风险管理。对涉及重大环境和社会风险的客户，在合同中应当要求客户提交环境和社会风险报告，订立客户加强环境和社会风险管理的声明和保证条款，设定客户接受贷款人监督等承诺条款，以及客户在管理环境和社会风险方面违约时银行业金融机构的救济条款。

第十九条　银行业金融机构应当加强信贷资金拨付管理，将客户对环境和社会风险的管理状况作为决定信贷资金拨付的重要依据。在已授信项目的设计、准备、施工、竣工、运营、关停等各环节，均应当设置环境和社会风险评估关卡，对出现重大风险隐患的，可以中止直至终止信贷资金拨付。

第二十条　银行业金融机构应当加强贷后管理，对有潜在重大环境和社会风险的客户，制定并实行有针对性的贷后管理措施。密切关注国家政策对客户经营状况的影响，加强动态分析，并在资产风险分类、准备计提、损失核销等方面及时做出调整。建立健全客户重大环境和社会风险的内部报告制度和责任追究制度。在客户发生重大环境和社会风险事件时，应当及时采取相关的风险处置措施，并就该事件可能对银行业金融机构造成的影响向监管机构报告。

第二十一条　银行业金融机构应当加强对拟授信的境外项目的环境和社会风险管理，确保项目发起人遵守项目所在国家或地区有关环保、土地、健康、安全等相关法律法规。对拟授信的境外项目公开承诺采用相关国际惯例或国际准则，确保对拟授信项目的操作与国际良好做法在实质上保持一致。

第五章　内控管理与信息披露

第二十二条　银行业金融机构应当将绿色信贷执行情况纳入内控合规检查范围，定期组织实施绿色信贷内部审计。检查发现重大问题的，应当依据规定进行问责。

第二十三条　银行业金融机构应当建立有效的绿色信贷考核评价体系和奖惩机制，落实激励约束措施，确保绿色信贷持续有效开展。

第二十四条　银行业金融机构应当公开绿色信贷战略和政策，充分披露绿色信贷发展情况。对涉及重大环境与社会风险影响的授信情况，应当依据法律法规披露相关信息，接受市场和利益相关方的监督。必要时可以聘请合格、独立的第三方，对银行业金融机构履行环境和社会责任的活动进行评估或审计。

第六章　监 督 检 查

第二十五条　各级银行业监管机构应当加强与相关主管部门的协调配合，建立健全信息共享机制，完善信息服务，向银行业金融机构提示相关环境和社会风险。

第二十六条　各级银行业监管机构应当加强非现场监管，完善非现场监管指标体系，强化对银行业金融机构面临的环境和社会风险的监测分析，及时引导其加强风险管理，调整信贷投向。

银行业金融机构应当根据本指引要求，至少每两年开展一次绿色信贷的全面评估工作，并向银行业监管机构报送自我评估报告。

第二十七条　银行业监管机构组织开展现场检查，应当充分考虑银行业金融机构面临的环境和社会风险，明确相关检查内容和要求。对环境和社会风险突出的地区或银行业金融机构，应当开展专项检查，并根据检查结果督促其整改。

第二十八条　银行业监管机构应当加强对银行业金融机构绿色信贷自我评估的指导，并结合非现场监管和现场检查情况，全面评估银行业金融机构的绿色信贷成效，按照相关法律法规将评估结果作为银行业金融机构监管评级、机构准入、业务准入、高管人员履职评价的重要依据。

第七章　附　　则

第二十九条　本指引自公布之日起施行。村镇银行、贷款公司、农村资金互助社、非银行金融机构参照本指引执行。

第三十条　本指引由中国银监会负责解释。

农户贷款管理办法

1. 2012年9月17日中国银行业监督管理委员会发布
2. 银监发〔2012〕50号
3. 自2013年1月1日起施行

第一章　总　　则

第一条　为提高银行业金融机构支农服务水平，规范农户贷款业务行为，加强农户贷款风险管控，促进农户贷款稳健发展，依据《中华人民共和国银行业监督管理法》、《中华人民共和国商业银行法》等法律法规，制定本办法。

第二条　本办法所称农户贷款，是指银行业金融机构向符合条件的农户发放的用于生产经营、生活消费等用途的本外币贷款。本办法所称农户是指长期居住在乡镇和城关镇所辖行政村的住户、国有农场的职工和农村个体工商户。

第三条　本办法适用于开办农户贷款业务的农村金融机构。

第四条　中国银监会依照本办法对农户贷款业务实施监督管理。

第二章　管理架构与政策

第五条　农村金融机构应当坚持服务"三农"的市场定位,本着"平等透明、规范高效、风险可控、互惠互利"的原则,积极发展农户贷款业务,制定农户贷款发展战略,积极创新产品,建立专门的风险管理与考核激励机制,加大营销力度,不断扩大授信覆盖面,提高农户贷款的可得性、便利性和安全性。

第六条　农村金融机构应当增强主动服务意识,加强产业发展与市场研究,了解发掘农户信贷需求,创新抵押担保方式,积极开发适合农户需求的信贷产品,积极开展农村金融消费者教育。

第七条　农村金融机构应当结合自身特点、风险管控要求及农户服务需求,形成营销职能完善、管理控制严密、支持保障有力的农户贷款全流程管理架构。具备条件的机构可以实行条线管理或事业部制架构。

第八条　农村金融机构应当建立包括建档、营销、受理、调查、评级、授信、审批、放款、贷后管理与动态调整等内容的农户贷款管理流程。针对不同的农户贷款产品,可以采取差异化的管理流程。对于农户小额信用(担保)贷款可以简化合并流程,按照"一次核定、随用随贷、余额控制、周转使用、动态调整"模式进行管理;对其他农户贷款可以按照"逐笔申请、逐笔审批发放"的模式进行管理;对当地特色优势农业产业贷款,可以适当采取批量授信、快速审批模式进行管理。

第九条　农村金融机构应当优化岗位设计,围绕受理、授信、用信、贷后管理等关键环节,科学合理设置前、中、后台岗位,实行前后台分离,确保职责清晰、制约有效。

第十条　农村金融机构应当提高办贷效率,加大惠农力度,公开贷款条件、贷款流程、贷款利率与收费标准、办结时限以及廉洁操守准则、监督方式等。

第十一条　农村金融机构开展农户贷款业务应当维护借款人权益,严禁向借款人预收利息、收取账户管理费用、搭售金融产品等不规范经营行为。

第十二条　农村金融机构应当提高农户贷款管理服务效率,研发完善农户贷款管理信息系统与自助服务系统,并与核心业务系统有效对接。

第三章　贷款基本要素

第十三条　贷款条件。农户申请贷款应当具备以下条件:

（一）农户贷款以户为单位申请发放,并明确一名家庭成员为借款人,借款人应当为具有完全民事行为能力的中华人民共和国公民;

（二）户籍所在地、固定住所或固定经营场所在农村金融机构服务辖区内;

（三）贷款用途明确合法;

（四）贷款申请数额、期限和币种合理;

（五）借款人具备还款意愿和还款能力;

（六）借款人无重大信用不良记录;

（七）在农村金融机构开立结算账户;

（八）农村金融机构要求的其他条件。

第十四条　贷款用途。农户贷款用途应当符合法律法规规定和国家有关政策,不得发放无指定用途的农户贷款。按照用途分类,农户贷款分为农户生产经营贷款和农户消费贷款。

（一）农户生产经营贷款是指农村金融机构发放给农户用于生产经营活动的贷款,包括农户农、林、牧、渔业生产经营贷款和农户其他生产经营贷款。

（二）农户消费贷款是指农村金融机构发放给农户用于自身及家庭生活消费,以及医疗、学习等需要的贷款。农户住房按揭贷款按照各银行业金融机构按揭贷款管理规定办理。

第十五条　贷款种类。按信用形式分类,农户贷款分为信用贷款、保证贷款、抵押贷款、质押贷款,以及组合担保方式贷款。农村金融机构应当积极创新抵质押担保方式,加强农户贷款增信能力,控制农户贷款风险水平。

第十六条　贷款额度。农村金融机构应当根据借款人生产经营状况、偿债能力、贷款真实需求、信用状况、担保方式、机构自身资金状况和当地农村经济发展水平等因素,合理确定农户贷款额度。

第十七条　贷款期限。农村金融机构应当根据贷款项目生产周期、销售周期和综合还款能力等因素合理确定贷款期限。

第十八条　贷款利率。农村金融机构应当综合考虑农户贷款资金及管理成本、贷款方式、风险水平、合理回报等要素以及农户生产经营利润率和支农惠农要求,合理确定利率水平。

第十九条　还款方式。农村金融机构应当建立借款人合理的收入偿债比例控制机制,合理确定农户贷款还款方式。农户贷款还款方式根据贷款种类、期限及借款人现金流情况,可以采用分期还本付息、分期还息到期还本等方式。原则上一年期以上贷款不得采用到期利随本清方式。

第四章 受理与调查

第二十条 农村金融机构应当广泛建立农户基本信息档案,主动走访辖内农户,了解农户信贷需求。

第二十一条 农村金融机构应当要求农户以书面形式提出贷款申请,并提供能证明其符合贷款条件的相关资料。

第二十二条 农村金融机构受理借款人贷款申请后,应当履行尽职调查职责,对贷款申请内容和相关情况的真实性、准确性、完整性进行调查核实,对信用状况、风险、收益进行评价,形成调查评价意见。

第二十三条 贷前调查包括但不限于下列内容:

(一)借款人(户)基本情况;

(二)借款户收入支出与资产、负债等情况;

(三)借款人(户)信用状况;

(四)借款用途及预期风险收益情况;

(五)借款人还款来源、还款能力、还款意愿及还款方式;

(六)保证人担保意愿、担保能力或抵(质)押物价值及变现能力;

(七)借款人、保证人的个人信用信息基础数据库查询情况。

第二十四条 贷前调查应当深入了解借款户收支、经营情况,以及人品、信用等软信息。严格执行实地调查制度,并与借款人及其家庭成员进行面谈,做好面谈记录,面谈记录包括文字、图片或影像等。有效借助村委会、德高望重村民、经营共同体带头人等社会力量,准确了解借款人情况及经营风险。

第二十五条 农村金融机构应当建立完善信用等级及授信额度动态评定制度,根据借款人实际情况对借款人进行信用等级评定,并结合贷款项目风险情况初步确定授信限额、授信期限及贷款利率等。

第五章 审查与审批

第二十六条 农村金融机构应当遵循审慎性与效率原则,建立完善独立审批制度,完善农户信贷审批授权,根据业务职能部门和分支机构的经营管理水平及风险控制能力等,实行逐级差别化授权。

第二十七条 农村金融机构应当逐步推行专业化的农户贷款审贷机制,可以根据产品特点,采取批量授信、在线审批等方式,提高审批效率和服务质量。

第二十八条 贷中审查应当对贷款调查内容的合规性和完备性进行全面审查,重点关注贷前调查尽职情况、申请材料完备性和借款人的偿还能力、诚信状况、担保情况、抵(质)押及经营风险等。依据贷款审查结果,确定授信额度,作出审批决定。

第二十九条 农村金融机构应当在办结时限以前将贷款审批结果及时、主动告知借款人。

第三十条 农村金融机构应当根据外部经济形势、违约率变化等情况,对贷款审批环节进行评价分析,及时、有针对性地调整审批政策和授权。

第六章 发放与支付

第三十一条 农村金融机构应当要求借款人当面签订借款合同及其他相关文件,需担保的应当当面签订担保合同。采取指纹识别、密码等措施,确认借款人与指定账户真实性,防范顶冒名贷款问题。

第三十二条 借款合同应当符合《中华人民共和国合同法》以及《个人贷款管理暂行办法》的规定,明确约定各方当事人的诚信承诺和贷款资金的用途、支付对象(范围)、支付金额、支付条件、支付方式、还款方式等。借款合同应当设立相关条款,明确借款人不履行合同或怠于履行合同时应当承担的违约责任。

第三十三条 农村金融机构应当遵循审贷与放贷分离的原则,加强对贷款的发放管理,设立独立的放款管理部门或岗位,负责落实放款条件,对满足约定条件的借款人发放贷款。

第三十四条 有下列情形之一的农户贷款,经农村金融机构同意可以采取借款人自主支付:

(一)农户生产经营贷款且金额不超过50万元,或用于农副产品收购等无法确定交易对象的;

(二)农户消费贷款且金额不超过30万元;

(三)借款人交易对象不具备有效使用非现金结算条件的;

(四)法律法规规定的其他情形。鼓励采用贷款人受托支付方式向借款人交易对象进行支付。

第三十五条 采用借款人自主支付的,农村金融机构应当与借款人在借款合同中明确约定;农村金融机构应当通过账户分析或现场调查等方式,核查贷款使用是否符合约定用途。

第三十六条 借款合同生效后,农村金融机构应当按合同约定及时发放贷款。贷款采取自主支付方式发放时,必须将款项转入指定的借款人结算账户,严禁以现金方式发放贷款,确保资金发放给真实借款人。

第七章 贷后管理

第三十七条 农村金融机构应当建立贷后定期或不定期检查制度,明确首贷检查期限,采取实地检查、电话访谈、检查结算账户交易记录等多种方式,对贷款资金使用、借款人信用及担保情况变化等进行跟踪检查和监控分析,确保贷款资金安全。

第三十八条 农村金融机构贷后管理中应当着重排查防范假名、冒名、借名贷款,包括建立贷款本息独立对账制度、不定期重点检(抽)查制度以及至少两年一次的全面交叉核查制度。

第三十九条　农村金融机构风险管理部门、审计部门应当对分支机构贷后管理情况进行检查。

第四十条　农村金融机构应当建立风险预警制度,定期跟踪分析评估借款人履行借款合同约定内容的情况以及抵质押担保情况,及时发现借款人、担保人的潜在风险并发出预警提示,采取增加抵质押担保、调整授信额度、提前收回贷款等措施,并作为与其后续合作的信用评价基础。

第四十一条　农村金融机构应当在贷款还款日之前预先提示借款人安排还款,并按照借款合同约定按期收回贷款本息。

第四十二条　农村金融机构对逾期贷款应当及时催收,按逾期时间长短和风险程度逐级上报处理,掌握借款人动态,及时采取措施保全信贷资产安全。

第四十三条　对于因自然灾害、农产品价格波动等客观原因造成借款人无法按原定期限正常还款的,由借款人申请,经农村金融机构同意,可以对还款意愿良好、预期现金流量充分、具备还款能力的农户贷款进行合理展期,展期时间结合生产恢复时间确定。已展期贷款不得再次展期。展期贷款最高列入关注类进行管理。

第四十四条　对于未按照借款合同约定收回的贷款,应当采取措施进行清收,也可以在利息还清、本金部分偿还、原有担保措施不弱化等情况下协议重组。

第四十五条　农村金融机构应当严格按照风险分类的规定,对农户贷款进行准确分类及动态调整,真实反映贷款形态。

第四十六条　对确实无法收回的农户贷款,农村金融机构可以按照相关规定进行核销,按照账销案存原则继续向借款人追索或进行市场化处置,并按责任制和容忍度规定,落实有关人员责任。

第四十七条　农村金融机构应当建立贷款档案管理制度,及时汇集更新客户信息及贷款情况,确保农户贷款档案资料的完整性、有效性和连续性。根据信用情况、还本付息和经营风险等情况,对客户信用评级与授信限额进行动态管理和调整。

第四十八条　农村金融机构要建立优质农户与诚信客户正向激励制度,对按期还款、信用良好的借款人采取优惠利率、利息返还、信用累积奖励等方式,促进信用环境不断改善。

第八章　激励与约束

第四十九条　农村金融机构应当以支持农户贷款发展为基础,建立科学合理的农户贷款定期考核制度,对农户贷款的服务、管理、质量等情况进行考核,并给予一定的容忍度。主要考核指标包括但不限于:

(一)农户贷款户数、金额(累放、累收及新增)、工作量、农户贷款占比等服务指标;

(二)农户贷款到期本金回收率、利息回收率及增减变化等管理指标;

(三)农户贷款不良率、不良贷款迁徙率及增减变化等质量指标。

第五十条　农村金融机构应当根据风险收益相匹配的原则对农户贷款业务财务收支实施管理,具备条件的可以实行财务单独核算。

第五十一条　农村金融机构应当制订鼓励农户贷款长期可持续发展的绩效薪酬管理制度。根据以风险调整收益为基础的模拟利润建立绩效薪酬考核机制,绩效薪酬权重应当对农户贷款业务予以倾斜,体现多劳多得、效益与风险挂钩的激励约束要求。

第五十二条　农村金融机构应当建立包含农户贷款业务在内的尽职免责制度、违法违规处罚制度和容忍度机制。尽职无过错,且风险在容忍度范围内的,应当免除责任;超过容忍度范围的,相关人员应当承担工作责任;违规办理贷款的,应当严肃追责处罚。

第九章　附　　则

第五十三条　农村金融机构应当依照本办法制定农户贷款业务管理细则和操作规程。

第五十四条　其他银行业金融机构农户贷款业务,参照本办法执行。

第五十五条　本办法施行前公布的有关规定与本办法不一致的,按照本办法执行。

第五十六条　本办法由中国银监会负责解释。

第五十七条　本办法自2013年1月1日起施行。

能效信贷指引

1. 2015年1月13日中国银行业监督管理委员会、国家发展和改革委员会发布

2. 银监发〔2015〕2号

第一章　总　　则

第一条　为促进银行业金融机构能效信贷持续健康发展,积极支持产业结构调整和企业技术改造升级,根据《中华人民共和国银行业监督管理法》、《中华人民共和国商业银行法》、《中华人民共和国节约能源法》等法律法规,制定本指引。

第二条　中华人民共和国境内经中国银监会批准设立的

银行业金融机构开展能效信贷业务，适用本指引。

重点用能单位、节能服务公司、第三方节能量审核机构依据本指引开展与能效信贷有关的活动。

第三条　本指引所称能效信贷是指银行业金融机构为支持用能单位提高能源利用效率，降低能源消耗而提供的信贷融资。

第四条　中国银监会依法对银行业金融机构开展能效信贷业务实施监督和管理。国家发展改革委依法负责对重点用能单位、节能服务公司、第三方节能量审核机构开展的节能工作实施监督和管理。

第二章　服务领域及重点项目

第五条　能效信贷业务的重点服务领域包括：

（一）工业节能，主要涉及电力、煤炭、钢铁、有色金属、石油石化、化工、建材、造纸、纺织、印染、食品加工、照明等重点行业；

（二）建筑节能，主要涉及既有和新建居住建筑、国家机关办公建筑和商业、服务业、教育、科研、文化、卫生等其他公共建筑，建筑集中供热、供冷系统节能设备及系统优化，可再生能源建筑应用等；

（三）交通运输节能，主要涉及铁路运输、公路运输、水路运输、航空运输和城市交通等行业；

（四）与节能项目、服务、技术和设备有关的其他重要领域。

第六条　能效项目是指通过优化设计、更新用能设备和系统、加强能源回收利用等方式，以节省一次、二次能源为目的的能源节约项目，具备以下特征：

（一）技术类型复杂，专业性强：包括锅炉（窑炉）、电机系统、信息处理等设备，生产线节能改造，热电联产，能量系统优化，余热余压利用，建筑节能，交通运输节能，绿色照明等，涉及各类节能低碳专业技术，且技术创新较快；

（二）涉及内容广，参与主体多：包括节能技术有偿使用、节能设备和产品生产与销售、节能工程建设、节能运行与管理、节能信息服务、节能金融服务等多个方面，涉及众多市场参与者，包括用能单位、节能服务公司、节能设备和产品的供应商与销售商、工程设计单位、金融机构等；

（三）市场潜力大，兼具经济、环境、社会效益：能源稀缺性日益凸显，价格长期呈上升趋势，能效项目经济效益显著，能效提高可以有效降低能源消耗、减少二氧化碳和污染物排放，环境社会效益突出。

第七条　银行业金融机构应在有效控制风险和商业可持续的前提下，加大对以下重点能效项目的信贷支持力度：

（一）有利于促进产业结构调整、企业技术改造和重要产品升级换代的重点能效项目；

（二）符合国家规划的重点节能工程或列入国家重点节能低碳技术推广目录的能效项目及合同能源管理项目，效益突出、信用良好、能源管理体系健全的“万家企业”中的节能技改工程等；

（三）高于现行国家标准的低能耗、超低能耗新建节能建筑，符合国家绿色建筑评价标准的新建二、三星级绿色建筑和绿色保障性住房项目，既有建筑节能改造、绿色改造项目、可再生能源建筑应用项目、集中性供热、供冷系统节能改造、节能运行管理项目、获得绿色建材二、三星级评价标识的项目，符合国家能效技术规范和绿色评价标准的新建码头及配套节能减排设施等；

（四）符合国家绿色循环低碳交通运输要求的重点节能工程或试点示范项目，符合船舶能效技术规范和二氧化碳排放限值的新建船舶，列入低碳交通运输“千家企业”的节能项目等；

（五）符合国家半导体照明节能产业规划的半导体照明产业化及室内外半导体照明应用项目等；

（六）获得国家或地方政府有关部门资金支持的节能技术改造项目和重大节能技术产品产业化项目；

（七）其他符合国家产业政策或者行业规划的重点能效项目。

第三章　信贷方式与风险控制

第八条　能效信贷包括用能单位能效项目信贷和节能服务公司合同能源管理信贷两种方式。

（一）用能单位能效项目信贷是指银行业金融机构向用能单位投资的能效项目提供的信贷融资。用能单位是项目的投资人和借款人。

（二）合同能源管理信贷是指银行业金融机构向节能服务公司实施的合同能源管理项目提供的信贷融资。节能服务公司是项目的投资人和借款人。

合同能源管理是指节能服务公司与用能单位以合同形式约定节能项目的节能目标，节能服务公司为实现节能目标向用能单位提供必要的服务，用能单位以节能效益支付节能服务公司的投入及其合理利润的节能服务机制。合同能源管理包括节能效益分享型、节能量保证型、能源费用托管型、融资租赁型和混合型等类型。

节能服务公司是指提供用能状况诊断、能效项目设计、改造（施工、设备安装、调试）、运行管理等服务的专业化公司。

第九条　银行业金融机构应明确纳入能效信贷的相关能

效项目、用能单位和节能服务公司的准入要求：

（一）能效项目所属产能应符合国家区域规划政策、产业发展政策和行业准入要求；

（二）能效项目应具备技术可行性和经济可行性。技术可行是指已有类似技术成功实施并已推广应用，或虽属新技术但有充分依据可推广应用，或列入国家发展改革委国家重点节能低碳技术推广目录以及工业和信息化部、住房城乡建设部、交通运输部等有关部门节能技术、装备、产品目录，项目节能减排效果可测量、可报告和可核证。经济可行是指在预定期限内可通过节能效益回收投资，项目现金流具有可实现性、持续性和稳定性；

（三）用能单位经营合法合规，财务和资信情况良好，具有可持续经营能力，还款来源依靠能效项目产生的节能收益及其他合法还款来源；

（四）合同能源管理中的用能单位除符合前项条件外，还需满足历史能耗数据较为完整或项目能耗基准线得到用能单位与节能服务公司一致认可，能源统计和管理制度健全并有效执行，有良好的节能效益支付能力和支付意愿等条件；

（五）节能服务公司经营合法合规，掌握核心技术，具备合同能源管理专业人才和项目运作经验，财务和经营情况良好。

第十条　银行业金融机构应按照国家有关规定，综合考虑项目风险水平、借款人财务状况以及自身风险承受能力等因素，合理测算项目投资、融资需求，根据预测现金流和投资回收期合理确定贷款金额、贷款期限和还款计划。对于合同能源管理贷款要素的确定，还应合理评估合同能源管理项目的节能收益，充分考虑节能效果的季节性差异、设备检修、合同能源管理合同中规定的借款人节能收益分享比例、期限和支付方式等因素。

第十一条　银行业金融机构应加强能效信贷尽职调查，全面了解、审查用能单位、节能服务公司、能效项目、节能服务合同等信息及风险点，包括但不限于以下内容：

（一）对借款人及能效项目进行严格的合规性审核，包括所需审批（或核准、备案）文件的真实性、完整性和相关程序的合法性，环境和社会风险管理的合规性，确认符合国家产业政策和环保法规；

（二）对借款人的财务状况、生产经营情况，借款人或能效项目所在地区节能减排的税收优惠和财政奖补相关政策的落实情况进行调查评估；

（三）对节能服务公司享受政府优惠政策资格、被主管部门取消备案资格或列入负面清单、节能服务公司项目设计、实施和运营保障能力、技术团队及项目管理团队人员数量和资质、拥有的核心技术和专利、相关专业资质、已成功实施的合同能源管理项目、获得国家和地方财政奖励、主要设备供应商的产品质量、市场占有率及售后服务等情况进行调查评估；

（四）对合同能源管理项目技术、设计目标、建设期限、投资总额、资金到位情况、经济效益测算、开工情况、工程进度等项目情况进行调查评估，了解未开工项目施工条件的具备情况，了解已建成项目的方案设计、合同执行、节能效益结算等情况；

（五）调查用能单位经营情况，包括在技术水平、产品质量、市场份额等方面的发展状况及在行业中所处的地位、财务状况、财务管理体系、节能效益支付能力、不良信用记录、能源统计和管理制度、历史能耗记录等；

（六）审查节能服务合同中会对借款人偿债能力产生重大不利影响的条款，包括项目的操作模式、验收标准、期限及工期延误责任、基准能耗量、节能量计算与测量、节能效益计算与分配方法、付款条件、违约及争议处理等。审查借款人在节能服务合同项下的收款权利及权利转让或质押是否存在限制、是否存在对项目履约、付款等产生重大不利影响的条款；

（七）对于项目收益部分来源于碳资产交易或排放权交易的，应重点关注当地交易平台和主管部门相关政策，跟踪资产交易价格，合理评估权益价值。

第十二条　能效项目涉及行业广泛，技术复杂且创新较快，银行业金融机构在办理能效信贷业务时，应对项目技术风险和节能效益进行评估，形成评估意见，并在评估意见中对以下内容进行重点分析和报告：

（一）能效项目所属产能是否属于国家明确限期淘汰或限产类型，项目的专项技术和关键设备是否处于示范应用或创新应用阶段，尚未进行大规模推广；

（二）项目实施方是否具备专项技术实施能力和同类项目施工经验，项目是否存在竣工风险；

（三）预测、评估节能效益的方法是否审慎、科学、合理；

（四）用能单位及时支付节能收益的承诺是否有约束力，项目经济性能否有效实现。

必要时，银行业金融机构可寻求合格、独立的节能监察机构、节能量审核机构等第三方机构和相关主管部门在项目技术和节能量评估等方面给予指导和支持。

第十三条　合同能源管理信贷以借款人在节能服务合同项下的收款权利进行质押的，银行业金融机构应严格、规范办理应收账款质押登记手续，并加强对应收账款质押登记的后期跟踪与维护。

第十四条　银行业金融机构应加强能效信贷授信合同管

理，当触发重大违约事件时，可通过约定相应的救济措施，包括追加担保、中止或终止贷款拨付、加速贷款回收、提前行使抵质押权等，落实风险管理措施。其中可以约定的重大违约事件包括但不限于：节能工程施工严重滞后，节能技术和设备出现严重缺陷，主体设施或设备停减产导致用能负荷大幅下降，实际节能量明显低于预测量，贷款挪用，节能收益不能及时回流指定账户，借款人参与民间高利借贷，未经贷款人同意对外担保或举借新债，主要财务指标严重恶化，贷款本息未能按时支付等。

第十五条　银行业金融机构应加强能效信贷贷后管理，密切关注国家产业结构调整、节能减排政策变化和节能减排标准提高对授信企业和项目产生的实质性影响，定期对信贷风险进行评价，并建立信贷质量监控和风险预警制度。贷后管理主要包括现场核查和非现场管控：

（一）现场核查要求定期赴企业和项目现场，掌握借款人整体经营情况，检查信贷资金实际用途，项目建设、竣工和运营状况，节能减排效果。对于合同能源管理信贷，还需考察用能单位的经营稳定性及其对项目服务的评价，并现场审核用能单位和节能服务公司双方共同确认的节能量确认表或第三方节能量审核报告（或通过财政奖励资金推算经政府认可的实际节能量），通过对比实际节能量与预测量，审核用能单位实际付款记录，判断合同能源管理信贷的还款来源的稳定性和可靠性；

（二）非现场管控要求及时掌握国家产业调整及节能减排等政策最新调整情况，定期向借款人收集财务报表，评估财务状况变化情况。对于合同能源管理信贷，应建立管理台账制度，逐笔登记合同能源管理项目节能量、节能服务公司应分享收益、财政奖励资金、约定回款金额、实际分享收益和还本付息金额等，定期监测项目节能效益回款的连续性和稳定性。如发现项目出现重大异常，节能量远低于预测量，实际节能收益低于预期收益等情况，应按授信合同约定要求借款人增加担保措施、提前还贷、提前行使抵质押权等风险管理措施，降低风险。

第四章　金融创新与激励约束

第十六条　银行业金融机构应在做好风险防范的前提下加快能效信贷产品和服务创新，积极提供包括银行信贷、外国政府转贷款、债券承销、保理、融资租赁、引入投资基金等多种融资方式，扩大支持面，提高服务效率。积极探索以能效信贷为基础资产的信贷资产证券化试点工作，推动发行绿色金融债，扩大能效信贷融资来源。

第十七条　银行业金融机构应积极探索能效信贷担保方式创新，以应收账款质押、履约保函、国际金融机构和国内担保公司的损失分担（或信用担保）、知识产权质押、股权质押等方式，有效缓解节能服务公司面临的有效担保不足、融资难的问题，同时确保风险可控。

第十八条　银行业金融机构应加强能效信贷能力建设，提高能效信贷的风险识别和管理能力，积极开展能效信贷的培训，积累有关节能减排重点行业、节能环保技术专业知识，培养和引进具有金融和节能环保专业技术能力的复合型、专业型人才。

第十九条　银行业金融机构应建立能效信贷推广和创新的激励约束机制，配备相应资源，提供内部激励政策，包括总行优先保证能效信贷专项规模，实施差异化经济资本分配和内部资金配套，加强内部考核评价，在风险可控的前提下，鼓励经营机构加大能效信贷投放。

第二十条　银行业金融机构应将能效信贷理念贯穿于其他信贷业务之中，积极开展贷前能效筛查，主动向客户提供与改善能效有关的增值服务。对符合信贷条件，达到先进能效标准的固定资产和项目融资需求优先支持；对达不到国家能效标准的固定资产和项目融资需求，不予支持。

第五章　附　　则

第二十一条　银行业金融机构向提高水资源和其他自然资源利用效率、降低二氧化碳和污染物排放的项目或从事相关服务的公司提供信贷融资，参照本指引执行。

第二十二条　本指引由中国银监会、国家发展和改革委员会负责解释。

第二十三条　本指引自印发之日起施行。

商业银行委托贷款管理办法

1. 2018年1月5日中国银行业监督管理委员会发布
2. 银监发〔2018〕2号

第一章　总　　则

第一条　为规范商业银行委托贷款业务经营，加强委托贷款业务管理，促进委托贷款业务健康发展，根据《中华人民共和国银行业监督管理法》《中华人民共和国商业银行法》等法律法规，制定本办法。

第二条　中华人民共和国境内依法设立的商业银行办理委托贷款业务应遵守本办法。

第三条　本办法所称委托贷款，是指委托人提供资金，由商业银行（受托人）根据委托人确定的借款人、用途、金额、币种、期限、利率等代为发放、协助监督使用、协助收回的贷款，不包括现金管理项下委托贷款和住房公积金项下委托贷款。

委托人是指提供委托贷款资金的法人、非法人组织、个体工商户和具有完全民事行为能力的自然人。

现金管理项下委托贷款是指商业银行在现金管理服务中，受企业集团客户委托，以委托贷款的形式，为客户提供的企业集团内部独立法人之间的资金归集和划拨业务。

住房公积金项下委托贷款是指商业银行受各地住房公积金管理中心委托，以住房公积金为资金来源，代为发放的个人住房消费贷款和保障性住房建设项目贷款。

第四条　委托贷款业务是商业银行的委托代理业务。商业银行依据本办法规定，与委托贷款业务相关主体通过合同约定各方权利义务，履行相应职责，收取代理手续费，不承担信用风险。

第五条　商业银行办理委托贷款业务，应当遵循依法合规、平等自愿、责利匹配、审慎经营的原则。

第二章　业务管理

第六条　商业银行应依据本办法制定委托贷款业务管理制度，合理确定部门、岗位职责分工，明确委托人范围、资质和准入条件，以及委托贷款业务流程和风险控制措施等，并定期评估，及时改进。

第七条　商业银行受理委托贷款业务申请，应具备以下前提：

（一）委托人与借款人就委托贷款条件达成一致。

（二）委托人或借款人为非自然人的，应出具其有权机构同意办理委托贷款业务的决议、文件或具有同等法律效力的证明。

商业银行不得接受委托人为金融资产管理公司和经营贷款业务机构的委托贷款业务申请。

第八条　商业银行受托办理委托贷款业务，应要求委托人承担以下职责，并在合同中作出明确约定。

（一）自行确定委托贷款的借款人，并对借款人资质、贷款项目、担保人资质、抵质押物等进行审查。

（二）确保委托资金来源合法合规且委托人有权自主支配，并按合同约定及时向商业银行提供委托资金。

（三）监督借款人按照合同约定使用贷款资金，确保贷款用途合法合规，并承担借款人的信用风险。

第九条　商业银行审查委托人资金来源时，应要求委托人提供证明其资金来源合法合规的相关文件或具有同等法律效力的相关证明，对委托人的财务报表、信用记录等进行必要的审核，重点加强对以下内容的审查和测算：

（一）委托人的委托资金是否超过其正常收入来源和资金实力。

（二）委托人在银行有授信余额的，商业银行应合理测算委托人自有资金，并将测算情况作为发放委托贷款的重要依据。

第十条　商业银行不得接受委托人下述资金发放委托贷款：

（一）受托管理的他人资金。

（二）银行的授信资金。

（三）具有特定用途的各类专项基金（国务院有关部门另有规定的除外）。

（四）其他债务性资金（国务院有关部门另有规定的除外）。

（五）无法证明来源的资金。

企业集团发行债券筹集并用于集团内部的资金，不受本条规定限制。

第十一条　商业银行受托发放的贷款应有明确用途，资金用途应符合法律法规、国家宏观调控和产业政策。资金用途不得为以下方面：

（一）生产、经营或投资国家禁止的领域和用途。

（二）从事债券、期货、金融衍生品、资产管理产品等投资。

（三）作为注册资本金、注册验资。

（四）用于股本权益性投资或增资扩股（监管部门另有规定的除外）。

（五）其他违反监管规定的用途。

第十二条　商业银行应按照“谁委托谁付费”的原则向委托人收取代理手续费。

第十三条　商业银行与委托人、借款人就委托贷款事项达成一致后，三方应签订委托贷款借款合同。合同中应载明贷款用途、金额、币种、期限、利率、还款计划等内容，并明确委托人、受托人、借款人三方的权利和义务。

第十四条　委托贷款采取担保方式的，委托人和担保人应就担保形式和担保人（物）达成一致，并签订委托贷款担保合同。

第十五条　商业银行应要求委托人开立专用于委托贷款的账户。委托人应在委托贷款发放前将委托资金划入该账户，商业银行按合同约定方式发放委托贷款。商业银行不得串用不同委托人的资金。

第十六条　商业银行应同委托人、借款人在委托贷款借款合同中明确协助监督使用的主要内容和具体措施，并按合同约定履行相应职责。

第十七条　商业银行应按照委托贷款借款合同约定，协助收回委托贷款本息，并及时划付到委托人账户。对于本息未能及时到账的，应及时告知委托人。

第十八条　委托贷款到期后，商业银行应根据委托贷款借款合同约定或委托人的书面通知，终止履行受托人的责任和义务，并进行相应账务处理；委托贷款到期后未还款的，商业银行应根据委托贷款借款合同约定，为委托人依法维权提供协助。

第三章　风 险 管 理

第十九条　商业银行应严格隔离委托贷款业务与自营业务的风险，严禁以下行为：

（一）代委托人确定借款人。

（二）参与委托人的贷款决策。

（三）代委托人垫付资金发放委托贷款。

（四）代借款人确定担保人。

（五）代借款人垫付资金归还委托贷款，或者用信贷、理财资金直接或间接承接委托贷款。

（六）为委托贷款提供各种形式的担保。

（七）签订改变委托贷款业务性质的其他合同或协议。

（八）其他代为承担风险的行为。

第二十条　商业银行应对委托贷款业务与自营贷款业务实行分账核算，严格按照会计核算制度要求记录委托贷款业务，同时反映委托贷款和委托资金，二者不得轧差后反映，确保委托贷款业务核算真实、准确、完整。

第二十一条　委托贷款的借款人是商业银行存量授信客户的，商业银行应综合考虑借款人取得委托贷款后，信用风险敞口扩大对本行授信业务带来的风险影响，并采取相应风险管控措施。

第二十二条　商业银行应对委托贷款业务实行分级授权管理，商业银行分支机构不得未经授权或超授权办理委托贷款业务。

第二十三条　商业银行应制定统一制式的委托贷款借款合同。因业务需要使用非统一制式合同的，须经总行审查同意。

第二十四条　商业银行应建立健全委托贷款管理信息系统，登记资金来源、投向、期限、利率以及委托人和借款人等相关信息，确保该项业务信息完整、连续、准确和可追溯。

商业银行应及时、完整地在征信系统登记委托贷款相关信息。

第二十五条　商业银行应按照监管要求建立委托贷款业务统计制度，做好委托贷款业务的分类统计、汇总分析和数据报送。

第二十六条　商业银行应定期分析委托贷款业务风险，并组织开展业务检查。

第四章　监 督 管 理

第二十七条　中国银监会按照本办法对商业银行委托贷款业务实施监督管理。

第二十八条　商业银行违反本办法办理委托贷款业务的，由银监会或其派出机构责令限期改正。逾期未改正，或其行为严重危及商业银行稳健运行、损害客户合法权益的，银监会或其派出机构可根据《中华人民共和国银行业监督管理法》第三十七条的规定采取相应的监管措施；严重违反本办法的，可根据《中华人民共和国银行业监督管理法》第四十六条的规定实施行政处罚。

第二十九条　商业银行发放委托贷款后，应严格按照相关监管统计制度要求，准确报送委托贷款明细信息。

第三十条　商业银行违反本办法第二十九条规定，未及时、准确向监管部门报送委托贷款业务信息的，由银监会或其派出机构责令限期改正。逾期未改正的，银监会或其派出机构可根据《中华人民共和国银行业监督管理法》第四十七条的规定实施行政处罚。

第五章　附　　则

第三十一条　银监会依法批准设立的具有贷款业务资格的其他金融机构办理委托贷款业务适用本办法。

第三十二条　本办法由银监会负责解释。

银行业金融机构联合授信管理办法（试行）

1. 2018年5月22日中国银行保险监督管理委员会发布
2. 银保监发〔2018〕24号

第一章　总　　则

第一条　为进一步优化银企合作关系，提高金融资源配置效率，有效防控重大信用风险，根据《中华人民共和国银行业监督管理法》《中华人民共和国商业银行法》等法律法规，制定本办法。

第二条　本办法适用于经银行业监督管理机构批准设立的金融机构。

第三条　本办法所称联合授信是指拟对或已对同一企业（含企业集团，下同）提供债务融资的多家银行业金融机构，通过建立信息共享机制，改进银企合作模式，提升银行业金融服务质效和信用风险防控水平的运作机制。

本办法所称融资均指债务融资。

第四条　联合授信机制应坚持以下基本原则：

依法合规。联合授信机制运行中，应遵守国家有关法律法规，符合国家信贷政策。

市场导向。联合授信机制运作应充分发挥市场机制的决定性作用，注重平等协商，明晰权利义务，坚守契约精神，尊重各方合法权益。

公开透明。联合授信机制各参与主体应按照约定及时完整真实地披露信息，加强信息共享，提高信息透明度。

第二章　联合授信管理架构

第五条　多家银行业金融机构对同一企业进行授信时，可建立信息共享机制，共同收集汇总、交叉验证企业经营和财务信息。

第六条　对在3家以上银行业金融机构有融资余额，且融资余额合计在50亿元以上的企业，银行业金融机构应建立联合授信机制。

对在3家以上的银行业金融机构有融资余额，且融资余额合计在20亿～50亿元之间的企业，银行业金融机构可自愿建立联合授信机制。

第七条　银行业金融机构发现企业符合第六条明确的建立联合授信机制条件时，应通知银行业协会。银行业协会协调企业的债权银行业金融机构在1个月内建立联合授信机制。

第八条　企业债权银行业金融机构应签署联合授信成员银行协议（以下简称“成员银行协议”），并组建联合授信委员会。成员银行协议内容包括但不限于：联合授信委员会的组织架构、议事规则、运作方式，成员银行的权利义务和违约责任，联合风险防控、风险预警、风险处置的工作规则等。

第九条　联合授信委员会应履行以下职能：

（一）共同收集汇总、交叉验证企业经营和财务信息，防止企业隐藏真实信息或提供虚假信息，规避银行授信管理要求。

（二）共同挖掘企业内外部信息源，运用必要技术手段，汇总梳理企业关联关系，识别隐性关联企业和实际控制人。

（三）联合评估企业的整体负债状况、实际融资需求和经营状况，测算企业可承受的最高债务水平，设置企业融资风险预警线。

（四）与企业就确定联合授信额度和风险管理要求等进行协商并签订相关协议。其中，联合授信额度包括企业在银行业金融机构、非银行业金融机构、其他渠道的债务融资，以及对集团外企业的担保。

（五）协同监测企业履约情况，发现企业存在不当行为，或出现风险信号时，联合采取风险防控、风险预警和风险处置措施。

第十条　联合授信委员会全体成员银行和企业之间应签署联合授信框架协议（以下简称“银企协议”）。银企协议内容应包括但不限于以下内容：

（一）成员银行应按融资合同和相关协议的约定向企业提供融资，满足企业合理融资需求；

（二）成员银行调低对企业授信额度时应提前1个月告知企业；

（三）成员银行在与企业约定的联合授信额度内向企业提供融资；

（四）企业在联合授信额度内，可自主选择成员银行作为融资业务合作对象，协商确定融资条件；

（五）企业应及时完整地向联合授信委员会披露所有关联方及关联交易情况，提供真实财务报表，在各类融资行为发生后5个工作日内告知联合授信委员会；

（六）企业通过联合授信委员会外的其他渠道，进行可能实质性改变企业债务状况的重大融资和重大对外担保前，应征得联合授信委员会同意；

（七）企业应允许在成员银行范围内共享企业提供的各类信息，并在银行业金融机构范围内共享企业融资台账信息，成员银行不得在约定的信息共享范围外泄露和滥用企业提供的信息。

银企协议中的约定事项应在成员银行与企业签订的融资合同中予以体现。

第十一条　联合授信委员会应建立联席会议制度，负责审议决定重大事项。联席会议是联合授信委员会的决策机构，其决议对全体成员银行有约束力。联席会议应制定明确的议事规则和工作流程。

第十二条　联席会议原则上每个季度召开一次。如遇重大事项，由牵头银行或占成员银行债权总金额三分之一以上比例成员银行提请，可召开临时联席会议。

第十三条　联席会议审议批准事项，涉及设定和调整企业联合授信额度、启动和解除风险预警、制定和修订成员银行协议和银企协议等重大事项，应经占成员银行债权总金额三分之二以上比例成员银行及全体成员银行过半数同意；其他事项应经占成员银行债权总金额二分之一以上比例成员银行同意。

第十四条　银行业金融机构向企业提供融资前，应查询该企业和企业所在集团联合授信机制的建立情况。已建立联合授信机制的企业，银行业金融机构应在成为联合授信委员会成员银行后，方可在联合授信额度内向该企业提供融资。

银行业金融机构在签署成员银行协议或以其他适当形式认可并承诺遵守成员银行协议后，自动加入联合授信委员会。牵头银行应做好相关登记和报备工作。

第十五条　对企业的存量融资额以及拟新增融资额合计不超过企业融资总额5‰的银行业金融机构，在企业不突破联合授信额度的前提下，可不加入联合授信委员会向企业提供融资。但应在每次融资行为发生或融资余额发生变动5个工作日内向联合授信委员会报告该笔融资的相关信息。

第十六条　对企业融资余额为零的成员银行可主动退出该企业的联合授信委员会。连续12个月对企业融资余额为零的成员银行，自动退出该企业的联合授信委员会。牵头银行应做好相关登记和报备工作。

第十七条　成员银行具有以下权利和义务：

（一）获得其他成员银行共享的企业信息；

（二）向联席会议提交议案；

（三）提请召开临时联席会议；

（四）遵守成员银行协议、银企协议和联席会议形成的各项决议；

（五）向成员银行真实全面地共享本行对企业的融资信息，以及企业向其报送的其他与融资相关的信息；

（六）调查收集企业其他相关信息，并及时与各成员银行共享；

（七）成员银行协议中约定的其他权利或义务。

第十八条　联合授信委员会应从成员银行中推选产生一家牵头银行，并可增设副牵头银行。担任牵头银行应符合以下条件：

（一）向企业提供的实际融资额居所有债权银行业金融机构前三位；

（二）与企业无关联关系。

第十九条　牵头银行不再符合作为牵头银行条件或不愿意继续履行牵头银行职责的，联席会议应改选牵头银行。牵头银行履职不到位，可由二分之一以上成员银行提议改选牵头银行。

第二十条　牵头银行应牵头履行以下职责：

（一）制定联合授信机制的各项工作制度；

（二）召集成员银行联席会议；

（三）研究认定企业集团的全部成员，提交联席会议审议；

（四）测算企业联合授信额度，设置融资风险预警线，提交联席会议审议；

（五）建立和维护企业融资台账，监测企业整体负债水平，监督企业银企协议履行情况；

（六）监督成员银行协议和联席会议各项决议的执行，向联席会议或银行业协会提出违约成员银行处理建议；

（七）按照本办法要求，代表联合授信委员会向银行业协会报送融资台账等应报送或备案的信息；

（八）成员银行协议中约定的其他权利和义务。

第三章　联合风险防控

第二十一条　联合授信委员会应对企业运行管理、经营效益、重大项目投资、对外担保、关联交易、交叉违约等信用风险有关情况进行监测。

信息搜集、共享工作由牵头银行组织实施。各成员银行应按照成员银行协议，向牵头银行提供相关信息；牵头银行应及时向各成员银行分发相关信息。

第二十二条　各成员银行应健全信用风险管理体系，落实统一授信、穿透管理等要求，确保向联合授信机制报送信息真实准确。

第二十三条　联合授信委员会可以根据企业的风险状况提出风险防控要求，但不得统一规定对企业的利率、期限、抵（质）押要求等融资条件。成员银行在不违反成员银行协议的前提下，自行确定融资条件，自主作出授信决策、独立进行审批，并按照本行对企业风险的评估，实施后续管理和资产分类。

第二十四条　联合授信委员会应根据企业经营和财务情况测算其可承受的最高债务水平，就测算依据和测算结果与企业充分沟通，协商一致后共同确认企业联合授信额度。企业实际融资总额不得超过双方确认的联合授信额度。

联合授信委员会测算企业联合授信额度时应至少考虑以下要素：资产负债水平、利润及其增长率水平、经营现金流、所属行业、所在区域、还款历史、经营年限等。

第二十五条　联合授信委员会应会同企业定期复评企业联合授信额度，企业因经营需要需调整联合授信额度的，可向联合授信委员会申请复评。

第二十六条　计算企业集团实际融资总额时，应包括各成员银行认定的该企业集团所有成员（不含集团内金融类子公司）的融资。

第二十七条　联合授信机制建立后，由牵头银行牵头组建专职小组，建立并维护企业融资台账。

融资台账应至少包括企业联合授信额度、实际融资和对外担保情况、剩余融资额度、融资违约情况等内容。

已确认的企业实际融资及对集团外企业担保，应在企业融资额度使用台账中逐笔登记，并等额扣减企业剩余融资额度。

第二十八条　牵头银行应在成员银行间共享融资台账，并报送银行业协会。

第四章　联合风险预警处置

第二十九条　当企业发生以下情况之一时，进入企业融资风险预警状态：

（一）企业实际融资达到联合授信额度90%或联合授信委员会设置的融资风险预警线；

（二）银行对企业融资中出现数额较大的不良资产，企业发行的债券违约或出现其他重大风险事件；

（三）企业所处外部环境、公司治理、经营管理、对外投资、对外担保、关联交易等方面出现重大变化，有可能引发企业偿付困难的。

第三十条　进入风险预警状态后，牵头银行要组织召开联席会议，研究应对方案。对企业可能加大成员银行债权风险的新增融资，银行业金融机构要采取更加审慎严格的信贷审批标准、风险管控措施和相应风险缓释手段。

第三十一条　当预警情形已消除，或联合授信委员会认定相关预警信息对各成员银行债权不构成重大风险时，可解除风险预警状态。

第三十二条　当企业可能发生偿债风险时，联合授信委员会应与企业的其他债权人联合组建债权人委员会，集体研究债务重组等措施，有序开展债务重组、资产保全等相关工作。

第五章　联合惩戒及监督管理

第三十三条　银行业协会应建立配套的统计信息系统，监测联合授信机制建立和运行情况，动态更新企业融资信息，并向银行业金融机构提供信息查询服务。

第三十四条　联合授信委员会授权牵头银行向银行业协会备案以下事项：

（一）联合授信机制成立后应在5个工作日内报备；

（二）修改银企协议或成员银行协议，做出调整联合授信额度等重大决策的，应于10个工作日内报备；

（三）企业进入风险预警状态应立即报备。

第三十五条　银行业协会应向银行业监督管理机构全面开放相关统计信息系统，并定期报告联合授信机制建立和运行情况。

第三十六条　对于违反银企协议，提供虚假信息，超出联合授信额度对外融资，逃废成员银行债务的企业，可由牵头银行组织成员银行按银企协议约定进行联合惩戒。情况严重的，银行业协会可将企业列入失信企业名单，并推送至全国信用信息共享平台，按照有关规定实现跨领域联合惩戒。

第三十七条　对不履行约定义务的成员银行，联合授信委员会可依据成员银行协议予以处理。

第三十八条　对存在以下行为之一的银行业金融机构，银行业协会可采取相应的自律惩戒措施。对拒不纠正整改，影响联合授信机制运行，可能引发重大风险事件的，银行业协会应向银行业监督管理机构报告，银行业监督管理机构可依据有关规定采取监管措施或依法实施行政处罚：

（一）银行业金融机构在未加入联合授信委员会前向已建立联合授信委员会的企业提供融资，符合第十五条规定情形的除外；

（二）成员银行违反成员银行协议，并未按照联合授信委员会要求采取纠正措施；

（三）成员银行违反银企协议，损害企业合法权益；

（四）未按要求向银行业协会报送和备案相关信息。

第六章　附　　则

第三十九条　本办法由中国银行保险监督管理委员会负责解释。

第四十条　按照本办法规定应建立联合授信机制的企业，相关债权银行业金融机构应在本办法实施3个月内建立联合授信机制。

第四十一条　联合授信机制建立时，若企业存量实际融资总额超过联合授信机制确定的联合授信额度，联合授信委员会应与企业协商确定达标过渡期，报银行业协会备案。过渡期原则上不超过3年。

超过联合授信额度的存量融资由联合授信委员会成员银行协商确定退出次序。

第四十二条　本办法自印发之日起施行。

（5）支付结算业务

中华人民共和国票据法

1. 1995年5月10日第八届全国人民代表大会常务委员会第十三次会议通过

2. 根据2004年8月28日第十届全国人民代表大会常务委员会第十一次会议《关于修改〈中华人民共和国票据法〉的决定》修正

第一章　总　　则

第一条　**【立法目的】**为了规范票据行为，保障票据活动中当事人的合法权益，维护社会经济秩序，促进社会主义市场经济的发展，制定本法。

第二条　**【适用范围】**在中华人民共和国境内的票据活动，适用本法。

本法所称票据，是指汇票、本票和支票。

第三条　【票据活动基本原则】票据活动应当遵守法律、行政法规，不得损害社会公共利益。

第四条　【票据行为、票据权利与票据责任】票据出票人制作票据，应当按照法定条件在票据上签章，并按照所记载的事项承担票据责任。

持票人行使票据权利，应当按照法定程序在票据上签章，并出示票据。

其他票据债务人在票据上签章的，按照票据所记载的事项承担票据责任。

本法所称票据权利，是指持票人向票据债务人请求支付票据金额的权利，包括付款请求权和追索权。

本法所称票据责任，是指票据债务人向持票人支付票据金额的义务。

第五条　【票据代理】票据当事人可以委托其代理人在票据上签章，并应当在票据上表明其代理关系。

没有代理权而以代理人名义在票据上签章的，应当由签章人承担票据责任；代理人超越代理权限的，应当就其超越权限的部分承担票据责任。

第六条　【非完全行为能力人签章的效力】无民事行为能力人或者限制民事行为能力人在票据上签章的，其签章无效，但是不影响其他签章的效力。

第七条　【票据签章】票据上的签章，为签名、盖章或者签名加盖章。

法人和其他使用票据的单位在票据上的签章，为该法人或者该单位的盖章加其法定代表人或者其授权的代理人的签章。

在票据上的签名，应当为该当事人的本名。

第八条　【票据金额的记载】票据金额以中文大写和数码同时记载，二者必须一致，二者不一致的，票据无效。

第九条　【票据的记载事项及其更改】票据上的记载事项必须符合本法的规定。

票据金额、日期、收款人名称不得更改，更改的票据无效。

对票据上的其他记载事项，原记载人可以更改，更改时应当由原记载人签章证明。

第十条　【票据与其基础关系】票据的签发、取得和转让，应当遵循诚实信用的原则，具有真实的交易关系和债权债务关系。

票据的取得，必须给付对价，即应当给付票据双方当事人认可的相对应的代价。

第十一条　【无对价的票据取得】因税收、继承、赠与可以依法无偿取得票据的，不受给付对价的限制。但是，所享有的票据权利不得优于其前手的权利。

前手是指在票据签章人或者持票人之前签章的其他票据债务人。

第十二条　【恶意或重大过失取得票据的效力】以欺诈、偷盗或者胁迫等手段取得票据的，或者明知有前列情形，出于恶意取得票据的，不得享有票据权利。

持票人因重大过失取得不符合本法规定的票据的，也不得享有票据权利。

第十三条　【票据抗辩】票据债务人不得以自己与出票人或者与持票人的前手之间的抗辩事由，对抗持票人。但是，持票人明知存在抗辩事由而取得票据的除外。

票据债务人可以对不履行约定义务的与自己有直接债权债务关系的持票人，进行抗辩。

本法所称抗辩，是指票据债务人根据本法规定对票据债权人拒绝履行义务的行为。

第十四条　【票据的伪造和变造】票据上的记载事项应当真实，不得伪造、变造。伪造、变造票据上的签章和其他记载事项的，应当承担法律责任。

票据上有伪造、变造的签章的，不影响票据上其他真实签章的效力。

票据上其他记载事项被变造的，在变造之前签章的人，对原记载事项负责；在变造之后签章的人，对变造之后的记载事项负责；不能辨别是在票据被变造之前或者之后签章的，视同在变造之前签章。

第十五条　【票据丧失及其救济】票据丧失，失票人可以及时通知票据的付款人挂失止付，但是，未记载付款人或者无法确定付款人及其代理付款人的票据除外。

收到挂失止付通知的付款人，应当暂停支付。

失票人应当在通知挂失止付后三日内，也可以在票据丧失后，依法向人民法院申请公示催告，或者向人民法院提起诉讼。

第十六条　【票据权利的行使与保全】持票人对票据债务人行使票据权利，或者保全票据权利，应当在票据当事人的营业场所和营业时间内进行，票据当事人无营业场所的，应当在其住所进行。

第十七条　【票据时效】票据权利在下列期限内不行使而消灭：

（一）持票人对票据的出票人和承兑人的权利，自票据到期日起二年。见票即付的汇票、本票，自出票日起二年；

（二）持票人对支票出票人的权利，自出票日起六个月；

（三）持票人对前手的追索权，自被拒绝承兑或者被拒绝付款之日起六个月；

（四）持票人对前手的再追索权，自清偿日或者被提起诉讼之日起三个月。

票据的出票日、到期日由票据当事人依法确定。

第十八条　【票据的利益返还请求权】持票人因超过票据权利时效或者因票据记载事项欠缺而丧失票据权利的，仍享有民事权利，可以请求出票人或者承兑人返还其与未支付的票据金额相当的利益。

第二章　汇　　票

第一节　出　　票

第十九条　【汇票的定义和种类】汇票是出票人签发的，委托付款人在见票时或者在指定日期无条件支付确定的金额给收款人或者持票人的票据。

汇票分为银行汇票和商业汇票。

第二十条　【出票】出票是指出票人签发票据并将其交付给收款人的票据行为。

第二十一条　【出票行为的有效条件】汇票的出票人必须与付款人具有真实的委托付款关系，并且具有支付汇票金额的可靠资金来源。

不得签发无对价的汇票用以骗取银行或者其他票据当事人的资金。

第二十二条　【汇票的绝对应记载事项及其效力】汇票必须记载下列事项：

（一）表明"汇票"的字样；

（二）无条件支付的委托；

（三）确定的金额；

（四）付款人名称；

（五）收款人名称；

（六）出票日期；

（七）出票人签章。

汇票上未记载前款规定事项之一的，汇票无效。

第二十三条　【汇票的相对应记载事项及其效力】汇票上记载付款日期、付款地、出票地等事项的，应当清楚、明确。

汇票上未记载付款日期的，为见票即付。

汇票上未记载付款地的，付款人的营业场所、住所或者经常居住地为付款地。

汇票上未记载出票地的，出票人的营业场所、住所或者经常居住地为出票地。

第二十四条　【不具票据法上效力的记载事项及其效力】汇票上可以记载本法规定事项以外的其他出票事项，但是该记载事项不具有汇票上的效力。

第二十五条　【付款日期的记载】付款日期可以按照下列形式之一记载：

（一）见票即付；

（二）定日付款；

（三）出票后定期付款；

（四）见票后定期付款。

前款规定的付款日期为汇票到期日。

第二十六条　【汇票出票的效力】出票人签发汇票后，即承担保证该汇票承兑和付款的责任。出票人在汇票得不到承兑或者付款时，应当向持票人清偿本法第七十条、第七十一条规定的金额和费用。

第二节　背　　书

第二十七条　【汇票权利转让】持票人可以将汇票权利转让给他人或者将一定的汇票权利授予他人行使。

出票人在汇票上记载"不得转让"字样的，汇票不得转让。

持票人行使第一款规定的权利时，应当背书并交付汇票。

背书是指在票据背面或者粘单上记载有关事项并签章的票据行为。

第二十八条　【粘单】票据凭证不能满足背书人记载事项的需要，可以加附粘单，粘附于票据凭证上。

粘单上的第一记载人，应当在汇票和粘单的粘接处签章。

第二十九条　【背书的记载事项】背书由背书人签章并记载背书日期。

背书未记载日期的，视为在汇票到期日前背书。

第三十条　【记名背书】汇票以背书转让或者以背书将一定的汇票权利授予他人行使时，必须记载被背书人名称。

第三十一条　【背书的连续】以背书转让的汇票，背书应当连续。持票人以背书的连续，证明其汇票权利；非经背书转让，而以其他合法方式取得汇票的，依法举证，证明其汇票权利。

前款所称背书连续，是指在票据转让中，转让汇票的背书人与受让汇票的被背书人在汇票上的签章依次前后衔接。

第三十二条　【后手及其责任】以背书转让的汇票，后手应当对其直接前手背书的真实性负责。

后手是指在票据签章人之后签章的其他票据债务人。

第三十三条　【附条件背书、部分背书、分别背书的效力】背书不得附有条件。背书时附有条件的，所附条件不具有汇票上的效力。

将汇票金额的一部分转让的背书或者将汇票金额分别转让给二人以上的背书无效。

第三十四条　【背书人的禁止背书及其效力】背书人在汇票上记载"不得转让"字样，其后手再背书转让的，原背书人对后手的被背书人不承担保证责任。

第三十五条　【委托收款背书和质押背书及其效力】背

书记载“委托收款”字样的，被背书人有权代背书人行使被委托的汇票权利。但是，被背书人不得再以背书转让汇票权利。

汇票可以设定质押；质押时应当以背书记载“质押”字样。被背书人依法实现其质权时，可以行使汇票权利。

第三十六条 【不得背书转让的情形】汇票被拒绝承兑、被拒绝付款或者超过付款提示期限的，不得背书转让；背书转让的，背书人应当承担汇票责任。

第三十七条 【背书人义务】背书人以背书转让汇票后，即承担保证其后手所持汇票承兑和付款的责任。背书人在汇票得不到承兑或者付款时，应当向持票人清偿本法第七十条、第七十一条规定的金额和费用。

第三节 承 兑

第三十八条 【承兑的定义】承兑是指汇票付款人承诺在汇票到期日支付汇票金额的票据行为。

第三十九条 【提示承兑及定日付款、出票后定期付款的汇票的提示承兑期间】定日付款或者出票后定期付款的汇票，持票人应当在汇票到期日前向付款人提示承兑。

提示承兑是指持票人向付款人出示汇票，并要求付款人承诺付款的行为。

第四十条 【见票后定期付款汇票的提示承兑期间及在提示承兑期间未提示承兑的效力】见票后定期付款的汇票，持票人应当自出票日起一个月内向付款人提示承兑。

汇票未按照规定期限提示承兑的，持票人丧失对其前手的追索权。

见票即付的汇票无需提示承兑。

第四十一条 【付款人的承兑期间】付款人对向其提示承兑的汇票，应当自收到提示承兑的汇票之日起三日内承兑或者拒绝承兑。

付款人收到持票人提示承兑的汇票时，应当向持票人签发收到汇票的回单。回单上应当记明汇票提示承兑日期并签章。

第四十二条 【承兑的记载】付款人承兑汇票的，应当在汇票正面记载“承兑”字样和承兑日期并签章；见票后定期付款的汇票，应当在承兑时记载付款日期。

汇票上未记载承兑日期的，以前条第一款规定期限的最后一日为承兑日期。

第四十三条 【附条件承兑的效力】付款人承兑汇票，不得附有条件；承兑附有条件的，视为拒绝承兑。

第四十四条 【承兑的效力】付款人承兑汇票后，应当承担到期付款的责任。

第四节 保 证

第四十五条 【汇票保证及保证人的资格】汇票的债务可以由保证人承担保证责任。

保证人由汇票债务人以外的他人担当。

第四十六条 【汇票保证的记载事项和方法】保证人必须在汇票或者粘单上记载下列事项：

（一）表明“保证”的字样；

（二）保证人名称和住所；

（三）被保证人的名称；

（四）保证日期；

（五）保证人签章。

第四十七条 【未载事项的推定】保证人在汇票或者粘单上未记载前条第（三）项的，已承兑的汇票，承兑人为被保证人；未承兑的汇票，出票人为被保证人。

保证人在汇票或者粘单上未记载前条第（四）项的，出票日期为保证日期。

第四十八条 【票据保证的限制】保证不得附有条件；附有条件的，不影响对汇票的保证责任。

第四十九条 【票据保证人的票据责任】保证人对合法取得汇票的持票人所享有的汇票权利，承担保证责任。但是，被保证人的债务因汇票记载事项欠缺而无效的除外。

第五十条 【保证人和被保证人的连带责任】被保证的汇票，保证人应当与被保证人对持票人承担连带责任。汇票到期后得不到付款的，持票人有权向保证人请求付款，保证人应当足额付款。

第五十一条 【共同保证人的连带责任】保证人为二人以上的，保证人之间承担连带责任。

第五十二条 【保证人的追索权】保证人清偿汇票债务后，可以行使持票人对被保证人及其前手的追索权。

第五节 付 款

第五十三条 【提示付款】持票人应当按照下列期限提示付款：

（一）见票即付的汇票，自出票日起一个月内向付款人提示付款；

（二）定日付款、出票后定期付款或者见票后定期付款的汇票，自到期日起十日内向承兑人提示付款。

持票人未按照前款规定期限提示付款的，在作出说明后，承兑人或者付款人仍应当继续对持票人承担付款责任。

通过委托收款银行或者通过票据交换系统向付款人提示付款的，视同持票人提示付款。

第五十四条 【付款人即时足额付款的义务】持票人依照前条规定提示付款的，付款人必须在当日足额付款。

第五十五条 【持票人的签收】持票人获得付款的，应当在汇票上签收，并将汇票交给付款人。持票人委托银行收款的，受委托的银行将代收的汇票金额转账收入持票人账户，视同签收。

第五十六条 【受托收款银行和受托付款银行的责任】持票人委托的收款银行的责任，限于按照汇票上记载事项将汇票金额转入持票人账户。

付款人委托的付款银行的责任，限于按照汇票上记载事项从付款人账户支付汇票金额。

第五十七条 【付款人的审查义务及其过错责任】付款人及其代理付款人付款时，应当审查汇票背书的连续，并审查提示付款人的合法身份证明或者有效证件。

付款人及其代理付款人以恶意或者有重大过失付款的，应当自行承担责任。

第五十八条 【期前付款】对定日付款、出票后定期付款或者见票后定期付款的汇票，付款人在到期日前付款的，由付款人自行承担所产生的责任。

第五十九条 【付款的币种】汇票金额为外币的，按照付款日的市场汇价，以人民币支付。

汇票当事人对汇票支付的货币种类另有约定的，从其约定。

第六十条 【付款的效力】付款人依法足额付款后，全体汇票债务人的责任解除。

第六节 追 索 权

第六十一条 【追索权的发生】汇票到期被拒绝付款的，持票人可以对背书人、出票人以及汇票的其他债务人行使追索权。

汇票到期日前，有下列情形之一的，持票人也可以行使追索权：

（一）汇票被拒绝承兑的；

（二）承兑人或者付款人死亡、逃匿的；

（三）承兑人或者付款人被依法宣告破产的或者因违法被责令终止业务活动的。

第六十二条 【追索权的行使】持票人行使追索权时，应当提供被拒绝承兑或者被拒绝付款的有关证明。

持票人提示承兑或者提示付款被拒绝的，承兑人或者付款人必须出具拒绝证明，或者出具退票理由书。未出具拒绝证明或者退票理由书的，应当承担由此产生的民事责任。

第六十三条 【拒绝证明的代替——其他有关证明】持票人因承兑人或者付款人死亡、逃匿或者其他原因，不能取得拒绝证明的，可以依法取得其他有关证明。

第六十四条 【拒绝证明的代替——法院司法文书、行政处罚决定】承兑人或者付款人被人民法院依法宣告破产的，人民法院的有关司法文书具有拒绝证明的效力。

承兑人或者付款人因违法被责令终止业务活动的，有关行政主管部门的处罚决定具有拒绝证明的效力。

第六十五条 【追索权的丧失】持票人不能出示拒绝证明、退票理由书或者未按照规定期限提供其他合法证明的，丧失对其前手的追索权。但是，承兑人或者付款人仍应当对持票人承担责任。

第六十六条 【拒绝事由的通知】持票人应当自收到被拒绝承兑或者被拒绝付款的有关证明之日起三日内，将被拒绝事由书面通知其前手；其前手应当自收到通知之日起三日内书面通知其再前手。持票人也可以同时向各汇票债务人发出书面通知。

未按照前款规定期限通知的，持票人仍可以行使追索权。因延期通知给其前手或者出票人造成损失的，由没有按照规定期限通知的汇票当事人，承担对该损失的赔偿责任，但是所赔偿的金额以汇票金额为限。

在规定期限内将通知按照法定地址或者约定的地址邮寄的，视为已经发出通知。

第六十七条 【拒绝事由通知的记载】依照前条第一款所作的书面通知，应当记明汇票的主要记载事项，并说明该汇票已被退票。

第六十八条 【追索权的效力】汇票的出票人、背书人、承兑人和保证人对持票人承担连带责任。

持票人可以不按照汇票债务人的先后顺序，对其中任何一人、数人或者全体行使追索权。

持票人对汇票债务人中的一人或者数人已经进行追索的，对其他汇票债务人仍可以行使追索权。被追索人清偿债务后，与持票人享有同一权利。

第六十九条 【追索权的限制】持票人为出票人的，对其前手无追索权。持票人为背书人的，对其后手无追索权。

第七十条 【追索金额】持票人行使追索权，可以请求被追索人支付下列金额和费用：

（一）被拒绝付款的汇票金额；

（二）汇票金额自到期日或者提示付款日起至清偿日止，按照中国人民银行规定的利率计算的利息；

（三）取得有关拒绝证明和发出通知书的费用。

被追索人清偿债务时，持票人应当交出汇票和有关拒绝证明，并出具所收到利息和费用的收据。

第七十一条 【再追索及再追索金额】被追索人依照前条规定清偿后，可以向其他汇票债务人行使再追索权，请求其他汇票债务人支付下列金额和费用：

（一）已清偿的全部金额；

（二）前项金额自清偿日起至再追索清偿日止，按照中国人民银行规定的利率计算的利息；

（三）发出通知书的费用。

行使再追索权的被追索人获得清偿时，应当交出汇票和有关拒绝证明，并出具所收到利息和费用的收据。

第七十二条　【有关追索人清偿债务的效力】被追索人依照前二条规定清偿债务后，其责任解除。

第三章　本　　票

第七十三条　【本票及其范围】本票是出票人签发的，承诺自己在见票时无条件支付确定的金额给收款人或者持票人的票据。

本法所称本票，是指银行本票。

第七十四条　【出票人资格】本票的出票人必须具有支付本票金额的可靠资金来源，并保证支付。

第七十五条　【本票的绝对应记载事项】本票必须记载下列事项：

（一）表明“本票”的字样；

（二）无条件支付的承诺；

（三）确定的金额；

（四）收款人名称；

（五）出票日期；

（六）出票人签章。

本票上未记载前款规定事项之一的，本票无效。

第七十六条　【本票的相对应记载事项】本票上记载付款地、出票地等事项的，应当清楚、明确。

本票上未记载付款地的，出票人的营业场所为付款地。

本票上未记载出票地的，出票人的营业场所为出票地。

第七十七条　【见票的效力】本票的出票人在持票人提示见票时，必须承担付款的责任。

第七十八条　【付款期限】本票自出票日起，付款期限最长不得超过二个月。

第七十九条　【逾期提示见票的法律后果】本票的持票人未按照规定期限提示见票的，丧失对出票人以外的前手的追索权。

第八十条　【汇票有关规定对本票的准用】本票的背书、保证、付款行为和追索权的行使，除本章规定外，适用本法第二章有关汇票的规定。

本票的出票行为，除本章规定外，适用本法第二十四条关于汇票的规定。

第四章　支　　票

第八十一条　【支票的概念】支票是出票人签发的，委托办理支票存款业务的银行或者其他金融机构在见票时无条件支付确定的金额给收款人或者持票人的票据。

第八十二条　【支票存款账户的开立】开立支票存款账户，申请人必须使用其本名，并提交证明其身份的合法证件。

开立支票存款账户和领用支票，应当有可靠的资信，并存入一定的资金。

开立支票存款账户，申请人应当预留其本名的签名式样和印鉴。

第八十三条　【现金支票与转账支票】支票可以支取现金，也可以转账，用于转账时，应当在支票正面注明。

支票中专门用于支取现金的，可以另行制作现金支票，现金支票只能用于支取现金。

支票中专门用于转账的，可以另行制作转账支票，转账支票只能用于转账，不得支取现金。

第八十四条　【支票的绝对应记载事项】支票必须记载下列事项：

（一）表明“支票”的字样；

（二）无条件支付的委托；

（三）确定的金额；

（四）付款人名称；

（五）出票日期；

（六）出票人签章。

支票上未记载前款规定事项之一的，支票无效。

第八十五条　【支票金额的授权补记】支票上的金额可以由出票人授权补记，未补记前的支票，不得使用。

第八十六条　【收款人名称的授权补记与支票的相对应记载事项】支票上未记载收款人名称的，经出票人授权，可以补记。

支票上未记载付款地的，付款人的营业场所为付款地。

支票上未记载出票地的，出票人的营业场所、住所或者经常居住地为出票地。

出票人可以在支票上记载自己为收款人。

第八十七条　【支票资金关系与空头支票的禁止】支票的出票人所签发的支票金额不得超过其付款时在付款人处实有的存款金额。

出票人签发的支票金额超过其付款时在付款人处实有的存款金额的，为空头支票。禁止签发空头支票。

第八十八条　【支票的签章】支票的出票人不得签发与其预留本名的签名式样或者印鉴不符的支票。

第八十九条　【支票出票的效力】出票人必须按照签发的支票金额承担保证向该持票人付款的责任。

出票人在付款人处的存款足以支付支票金额时，

付款人应当在当日足额付款。

第九十条　【支票的付款日期】支票限于见票即付，不得另行记载付款日期。另行记载付款日期的，该记载无效。

第九十一条　【提示付款期限】支票的持票人应当自出票日起十日内提示付款；异地使用的支票，其提示付款的期限由中国人民银行另行规定。

超过提示付款期限的，付款人可以不予付款；付款人不予付款的，出票人仍应当对持票人承担票据责任。

第九十二条　【支票付款的效力】付款人依法支付支票金额的，对出票人不再承担受委托付款的责任，对持票人不再承担付款的责任。但是，付款人以恶意或者有重大过失付款的除外。

第九十三条　【汇票的有关规定对支票的准用】支票的背书、付款行为和追索权的行使，除本章规定外，适用本法第二章有关汇票的规定。

支票的出票行为，除本章规定外，适用本法第二十四条、第二十六条关于汇票的规定。

第五章　涉外票据的法律适用

第九十四条　【涉外票据及其法律适用】涉外票据的法律适用，依照本章的规定确定。

前款所称涉外票据，是指出票、背书、承兑、保证、付款等行为中，既有发生在中华人民共和国境内又有发生在中华人民共和国境外的票据。

第九十五条　【国际条约和国际惯例的适用】中华人民共和国缔结或者参加的国际条约同本法有不同规定的，适用国际条约的规定。但是，中华人民共和国声明保留的条款除外。

本法和中华人民共和国缔结或者参加的国际条约没有规定的，可以适用国际惯例。

第九十六条　【票据行为能力的准据法】票据债务人的民事行为能力，适用其本国法律。

票据债务人的民事行为能力，依照其本国法律为无民事行为能力或者为限制民事行为能力而依照行为地法律为完全民事行为能力的，适用行为地法律。

第九十七条　【票据形式的准据法】汇票、本票出票时的记载事项，适用出票地法律。

支票出票时的记载事项，适用出票地法律，经当事人协议，也可以适用付款地法律。

第九十八条　【票据行为的准据法】票据的背书、承兑、付款和保证行为，适用行为地法律。

第九十九条　【票据追索权行使期限的准据法】票据追索权的行使期限，适用出票地法律。

第一百条　【票据权利保全的准据法】票据的提示期限、有关拒绝证明的方式、出具拒绝证明的期限，适用付款地法律。

第一百零一条　【票据权利保护的准据法】票据丧失时，失票人请求保全票据权利的程序，适用付款地法律。

第六章　法律责任

第一百零二条　【票据欺诈行为的刑事责任】有下列票据欺诈行为之一的，依法追究刑事责任：

（一）伪造、变造票据的；

（二）故意使用伪造、变造的票据的；

（三）签发空头支票或者故意签发与其预留的本名签名式样或者印鉴不符的支票，骗取财物的；

（四）签发无可靠资金来源的汇票、本票，骗取资金的；

（五）汇票、本票的出票人在出票时作虚假记载，骗取财物的；

（六）冒用他人的票据，或者故意使用过期或者作废的票据，骗取财物的；

（七）付款人同出票人、持票人恶意串通，实施前六项所列行为之一的。

第一百零三条　【票据欺诈行为的行政责任】有前条所列行为之一，情节轻微，不构成犯罪的，依照国家有关规定给予行政处罚。

第一百零四条　【票据业务中玩忽职守的法律责任】金融机构工作人员在票据业务中玩忽职守，对违反本法规定的票据予以承兑、付款或者保证的，给予处分；造成重大损失，构成犯罪的，依法追究刑事责任。

由于金融机构工作人员因前款行为给当事人造成损失的，由该金融机构和直接责任人员依法承担赔偿责任。

第一百零五条　【付款人故意压票的法律责任】票据的付款人对见票即付或者到期的票据，故意压票，拖延支付的，由金融行政管理部门处以罚款，对直接责任人员给予处分。

票据的付款人故意压票，拖延支付，给持票人造成损失的，依法承担赔偿责任。

第一百零六条　【民事责任】依照本法规定承担赔偿责任以外的其他违反本法规定的行为，给他人造成损失的，应当依法承担民事责任。

第七章　附　　则

第一百零七条　【期限的计算】本法规定的各项期限的计算，适用民法通则关于计算期间的规定。

按月计算期限的，按到期月的对日计算；无对日的，月末日为到期日。

第一百零八条　**【票据及其格式与印制】**汇票、本票、支票的格式应当统一。

票据凭证的格式和印制管理办法，由中国人民银行规定。

第一百零九条　**【实施办法的制定】**票据管理的具体实施办法，由中国人民银行依照本法制定，报国务院批准后施行。

第一百一十条　**【施行日期】**本法自1996年1月1日起施行。

票据管理实施办法

1. 1997年6月23日国务院批准

2. 1997年8月21日中国人民银行令1997年第2号公布

3. 根据2011年1月8日国务院令第588号《关于废止和修改部分行政法规的决定》修订

第一条　为了加强票据管理，维护金融秩序，根据《中华人民共和国票据法》（以下简称票据法）的规定，制定本办法。

第二条　在中华人民共和国境内的票据管理，适用本办法。

第三条　中国人民银行是票据的管理部门。

票据管理应当遵守票据法和本办法以及有关法律、行政法规的规定，不得损害票据当事人的合法权益。

第四条　票据当事人应当依法从事票据活动，行使票据权利，履行票据义务。

第五条　票据当事人应当使用中国人民银行规定的统一格式的票据。

第六条　银行汇票的出票人，为经中国人民银行批准办理银行汇票业务的银行。

第七条　银行本票的出票人，为经中国人民银行批准办理银行本票业务的银行。

第八条　商业汇票的出票人，为银行以外的企业和其他组织。

向银行申请办理汇票承兑的商业汇票的出票人，必须具备下列条件：

（一）在承兑银行开立存款帐户；

（二）资信状况良好，并具有支付汇票金额的可靠资金来源。

第九条　承兑商业汇票的银行，必须具备下列条件：

（一）与出票人具有真实的委托付款关系；

（二）具有支付汇票金额的可靠资金。

第十条　向银行申请办理票据贴现的商业汇票的持票人，必须具备下列条件：

（一）在银行开立存款帐户；

（二）与出票人、前手之间具有真实的交易关系和债权债务关系。

第十一条　支票的出票人，为在经中国人民银行批准办理支票存款业务的银行、城市信用合作社和农村信用合作社开立支票存款帐户的企业、其他组织和个人。

第十二条　票据法所称"保证人"，是指具有代为清偿票据债务能力的法人、其他组织或者个人。

国家机关、以公益为目的的事业单位、社会团体、企业法人的分支机构和职能部门不得为保证人；但是，法律另有规定的除外。

第十三条　银行汇票上的出票人的签章、银行承兑商业汇票的签章，为该银行的汇票专用章加其法定代表人或者其授权的代理人的签名或者盖章。

银行本票上的出票人的签章，为该银行的本票专用章加其法定代表人或者其授权的代理人的签名或者盖章。

银行汇票专用章、银行本票专用章须经中国人民银行批准。

第十四条　商业汇票上的出票人的签章，为该单位的财务专用章或者公章加其法定代表人或者其授权的代理人的签名或者盖章。

第十五条　支票上的出票人的签章，出票人为单位的，为与该单位在银行预留签章一致的财务专用章或者公章加其法定代表人或者其授权的代理人的签名或者盖章；出票人为个人的，为与该个人在银行预留签章一致的签名或者盖章。

第十六条　票据法所称"本名"，是指符合法律、行政法规以及国家有关规定的身份证件上的姓名。

第十七条　出票人在票据上的签章不符合票据法和本办法规定的，票据无效；背书人、承兑人、保证人在票据上的签章不符合票据法和本办法规定的，其签章无效，但是不影响票据上其他签章的效力。

第十八条　票据法所称"代理付款人"，是指根据付款人的委托，代其支付票据金额的银行、城市信用合作社和农村信用合作社。

第十九条　票据法规定可以办理挂失止付的票据丧失的，失票人可以依照票据法的规定及时通知付款人或者代理付款人挂失止付。

失票人通知票据的付款人或者代理付款人挂失止付时，应当填写挂失止付通知书并签章。挂失止付通知书应当记载下列事项：

（一）票据丧失的时间和事由；

（二）票据种类、号码、金额、出票日期、付款日期、付款人名称、收款人名称；

（三）挂失止付人的名称、营业场所或者住所以及联系方法。

第二十条　付款人或者代理付款人收到挂失止付通知书，应当立即暂停支付。付款人或者代理付款人自收到挂失止付通知书之日起12日内没有收到人民法院的止付通知书的，自第13日起，挂失止付通知书失效。

第二十一条　付款人或者代理付款人在收到挂失止付通知书前，已经依法向持票人付款的，不再接受挂失止付。

第二十二条　申请人申请开立支票存款帐户的，银行、城市信用合作社和农村信用合作社可以与申请人约定在支票上使用支付密码，作为支付支票金额的条件。

第二十三条　保证人应当依照票据法的规定，在票据或者其粘单上记载保证事项。保证人为出票人、付款人、承兑人保证的，应当在票据的正面记载保证事项；保证人为背书人保证的，应当在票据的背面或者其粘单上记载保证事项。

第二十四条　依法背书转让的票据，任何单位和个人不得冻结票据款项；但是，法律另有规定的除外。

第二十五条　票据法第五十五条所称“签收”，是指持票人在票据的正面签章，表明持票人已经获得付款。

第二十六条　通过委托收款银行或者通过票据交换系统向付款人提示付款的，持票人向银行提交票据日为提示付款日。

第二十七条　票据法第六十二条所称“拒绝证明”应当包括下列事项：

（一）被拒绝承兑、付款的票据的种类及其主要记载事项；

（二）拒绝承兑、付款的事实依据和法律依据；

（三）拒绝承兑、付款的时间；

（四）拒绝承兑人、拒绝付款人的签章。

票据法第六十二条所称“退票理由书”应当包括下列事项：

（一）所退票据的种类；

（二）退票的事实依据和法律依据；

（三）退票时间；

（四）退票人签章。

第二十八条　票据法第六十三条规定的“其他有关证明”是指：

（一）医院或者有关单位出具的承兑人、付款人死亡的证明；

（二）司法机关出具的承兑人、付款人逃匿的证明；

（三）公证机关出具的具有拒绝证明效力的文书。

第二十九条　票据法第七十条第一款第（二）项、第七十一条第一款第（二）项规定的“利率”，是指中国人民银行规定的流动资金贷款利率。

第三十条　有票据法第一百零二条所列行为之一，情节轻微，不构成犯罪的，由公安机关依法予以处罚。

第三十一条　签发空头支票或者签发与其预留的签章不符的支票，不以骗取财物为目的的，由中国人民银行处以票面金额5%但不低于1000元的罚款；持票人有权要求出票人赔偿支票金额2%的赔偿金。

第三十二条　金融机构的工作人员在票据业务中玩忽职守，对违反票据法和本办法规定的票据予以承兑、付款、保证或者贴现的，对直接负责的主管人员和其他直接责任人员给予警告、记过、撤职或者开除的处分；造成重大损失，构成犯罪的，依法追究刑事责任。

第三十三条　票据的付款人对见票即付或者到期的票据，故意压票、拖延支付的，由中国人民银行处以压票、拖延支付期间内每日票据金额0.7‰的罚款；对直接负责的主管人员和其他直接责任人员给予警告、记过、撤职或者开除的处分。

第三十四条　违反中国人民银行规定，擅自印制票据的，由中国人民银行责令改正，处以1万元以上20万元以下的罚款；情节严重的，中国人民银行有权提请有关部门吊销其营业执照。

第三十五条　票据的格式、联次、颜色、规格及防伪技术要求和印制，由中国人民银行规定。

中国人民银行在确定票据格式时，可以根据少数民族地区和外国驻华使领馆的实际需要，在票据格式中增加少数民族文字或者外国文字。

第三十六条　本办法自1997年10月1日起施行。

商业汇票承兑、贴现与再贴现管理办法

1. 2022年11月11日中国人民银行、中国银行保险监督管理委员会令〔2022〕第4号发布

2. 自2023年1月1日起施行

第一章　总　　则

第一条　为了规范商业汇票承兑、贴现与再贴现业务，根据《中华人民共和国票据法》《中华人民共和国中国人民银行法》《中华人民共和国银行业监督管理法》《中华人民共和国商业银行法》等有关法律法规，制定本办法。

第二条　本办法所称商业汇票是出票人签发的，委托付款人在见票时或者在指定日期无条件支付确定的金额

给收款人或者持票人的票据，包括但不限于纸质或电子形式的银行承兑汇票、财务公司承兑汇票、商业承兑汇票等。

第三条 电子商业汇票的出票、承兑、贴现、贴现前的背书、质押、保证、提示付款和追索等业务，应当通过人民银行认可的票据市场基础设施办理。供应链票据属于电子商业汇票。

第四条 本办法所称承兑是指付款人承诺在商业汇票到期日无条件支付汇票金额的票据行为。

第五条 本办法所称贴现是指持票人在商业汇票到期日前，贴付一定利息将票据转让至具有贷款业务资质机构的行为。持票人持有的票据应为依法合规取得，具有真实交易关系和债权债务关系，因税收、继承、赠与依法无偿取得票据的除外。

第六条 本办法所称再贴现是指人民银行对金融机构持有的已贴现未到期商业汇票予以贴现的行为，是中央银行的一种货币政策工具。

第七条 商业汇票的承兑、贴现和再贴现，应当遵循依法合规、公平自愿、诚信自律、风险自担的原则。

第二章 承 兑

第八条 银行承兑汇票是指银行和农村信用合作社承兑的商业汇票。银行主要包括政策性开发性银行、商业银行和农村合作银行。银行承兑汇票承兑人应在中华人民共和国境内依法设立，具有银保监会或其派出机构颁发的金融许可证，且业务范围包含票据承兑。

第九条 财务公司承兑汇票是指企业集团财务公司承兑的商业汇票。财务公司承兑汇票承兑人应在中华人民共和国境内依法设立，具有银保监会或其派出机构颁发的金融许可证，且业务范围包含票据承兑。

第十条 商业承兑汇票是由银行、农村信用合作社、财务公司以外的法人或非法人组织承兑的商业汇票。商业承兑汇票承兑人应为在中华人民共和国境内依法设立的法人及其分支机构和非法人组织。

第十一条 银行、农村信用合作社、财务公司承兑人开展承兑业务时，应当严格审查出票人的真实交易关系和债权债务关系以及承兑风险，出票人应当具有良好资信。承兑的金额应当与真实交易关系和债权债务关系、承兑申请人的偿付能力相匹配。

第十二条 银行、农村信用合作社、财务公司承兑的担保品应当严格管理。担保品为保证金的，保证金账户应当独立设置，不得挪用或随意提前支取保证金。

第十三条 银行、农村信用合作社、财务公司承兑业务应当纳入存款类金融机构统一授信管理和风险管理框架。

第三章 贴现和再贴现

第十四条 商业汇票的贴现人应为在中华人民共和国境内依法设立的、具有贷款业务资质的法人及其分支机构。申请贴现的商业汇票持票人应为自然人、在中华人民共和国境内依法设立的法人及其分支机构和非法人组织。

第十五条 申请贴现的持票人取得贴现票据应依法合规，与出票人或前手之间具有真实交易关系和债权债务关系，因税收、继承、赠与依法无偿取得票据的除外。

第十六条 持票人申请贴现，须提交贴现申请、持票人背书的未到期商业汇票以及能够反映真实交易关系和债权债务关系的材料。

第十七条 持票人可以通过票据经纪机构进行票据贴现询价和成交，贴现撮合交易应当通过人民银行认可的票据市场基础设施开展。

第十八条 票据经纪机构应为市场信誉良好、票据业务活跃的金融机构。票据经纪机构应当具有独立的票据经纪部门和完善的内控管理机制，具有专门的经纪渠道，票据经纪业务与自营业务严格隔离。票据经纪机构应当具有专业的从业人员。

第十九条 转贴现业务按照人民银行和银保监会票据交易有关规定执行。

第二十条 办理商业汇票贴现业务的金融机构，可以申请办理再贴现业务。再贴现业务办理的条件、利率、期限和方式，按照人民银行有关规定执行。

第四章 风 险 控 制

第二十一条 金融机构应当具备健全的票据业务管理制度和内部控制制度，审慎开展商业汇票承兑和贴现业务，采取有效措施防范市场风险、信用风险和操作风险。

第二十二条 商业汇票的承兑人和贴现人应当具备良好的经营和财务状况，最近二年不得发生票据持续逾期或者未按规定披露信息的行为。商业汇票承兑人对承兑的票据应当具备到期付款的能力。

第二十三条 财务公司承兑人所属的集团法人应当具备良好的经营和财务状况，最近二年不得发生票据持续逾期或者未按规定披露信息的行为，最近二年不得发生重大违法行为，以及其他严重损害市场主体合法权益或社会公共利益的行为。

第二十四条 银行承兑汇票和财务公司承兑汇票的最高承兑余额不得超过该承兑人总资产的15%。银行承兑汇票和财务公司承兑汇票保证金余额不得超过该承兑人吸收存款规模的10%。人民银行和银保监会可以根据金融机构内控情况设置承兑余额与贷款余额比例上限等其他监管指标。

第二十五条　商业汇票的付款期限应当与真实交易的履行期限相匹配，自出票日起至到期日止，最长不得超过6个月。

第五章　信息披露

第二十六条　商业汇票信息披露按照人民银行有关规定执行，应当遵循及时、真实、准确、完整的原则。

第二十七条　商业承兑汇票承兑人和财务公司承兑汇票承兑人应当按照人民银行规定披露票据主要要素及信用信息。银行承兑汇票承兑人应当披露承兑人信用信息。

第二十八条　贴现人办理商业汇票贴现的，应当按照人民银行规定核对票据披露信息，信息不存在或者记载事项与披露信息不一致的，不得为持票人办理贴现。

第二十九条　商业汇票背书转让时，被背书人可以按照人民银行规定核对票据信息，信息不存在或者记载事项与披露信息不一致的，可以采取有效措施识别票据信息真伪及信用风险，加强风险防范。

第三十条　商业汇票承兑人为非上市公司、在债券市场无信用评级的，鼓励商业汇票流通前由信用评级机构对承兑人进行主体信用评级，并按照人民银行有关规定披露相关信息。

第三十一条　票据市场基础设施按人民银行有关要求对承兑人信息披露情况进行监测，承兑人存在票据持续逾期或披露信息存在虚假、遗漏、延迟的，票据市场基础设施应根据业务规则采取相应处置措施，并向人民银行报告。

第六章　监督管理

第三十二条　人民银行依法监测商业汇票承兑和贴现的运行情况，依法对票据市场进行管理。

第三十三条　人民银行、银保监会按照法定职责对商业汇票的承兑、贴现、风险控制和信息披露进行监督管理。人民银行对再贴现进行监督管理。

第三十四条　票据市场基础设施和办理商业汇票承兑、贴现、再贴现业务的主体，应当按规定和监管需要向人民银行和银保监会报送有关业务数据。

第七章　法律责任

第三十五条　银行承兑汇票、财务公司承兑汇票的承兑限额、付款期限超出规定的，由人民银行及其分支机构、银保监会及其派出机构对承兑人进行警告、通报批评，并由银保监会及其派出机构依法处以罚款。

第三十六条　商业汇票承兑人最近二年发生票据持续逾期或者未按规定披露信息的，金融机构不得为其办理票据承兑、贴现、保证、质押等业务。

第三十七条　金融机构为不具有真实交易关系和债权债务关系（因税收、继承、赠与依法无偿取得票据的除外）的出票人、持票人办理商业汇票承兑、贴现的，由银保监会及其派出机构根据不同情形依法采取暂停其票据业务等监管措施或者实施行政处罚；对直接负责的董事、高级管理人员和其他直接责任人员，依法追究相关责任。

第三十八条　商业汇票出票人、持票人通过欺诈手段骗取金融机构承兑、贴现的，依法承担相应责任；涉嫌构成犯罪的，移送司法机关依法追究刑事责任。

第三十九条　未经依法许可或者违反国家金融管理规定，擅自从事票据贴现的，依照有关法律法规进行处置。

第八章　附　　则

第四十条　本办法由人民银行、银保监会负责解释。

第四十一条　本办法第二十四条规定自2024年1月1日起实施。

第四十二条　本办法自2023年1月1日起施行。《商业汇票承兑、贴现与再贴现管理暂行办法》（银发〔1997〕216号文印发）、《中国人民银行关于切实加强商业汇票承兑贴现和再贴现业务管理的通知》（银发〔2001〕236号）同时废止。

支付结算办法

1. 1997年9月19日中国人民银行发布
2. 银发〔1997〕393号
3. 自1997年12月1日起施行

第一章　总　　则

第一条　为了规范支付结算行为，保障支付结算活动中当事人的合法权益，加速资金周转和商品流通，促进社会主义市场经济的发展，依据《中华人民共和国票据法》（以下简称《票据法》）和《票据管理实施办法》以及有关法律、行政法规，制定本办法。

第二条　中华人民共和国境内人民币的支付结算适用本办法，但中国人民银行另有规定的除外。

第三条　本办法所称支付结算是指单位、个人在社会经济活动中使用票据、信用卡和汇兑、托收承付、委托收款等结算方式进行货币给付及其资金清算的行为。

第四条　支付结算工作的任务，是根据经济往来组织支付结算，准确、及时、安全办理支付结算，按照有关法律、行政法规和本办法的规定管理支付结算，保障支付结算活动的正常进行。

第五条　银行、城市信用合作社、农村信用合作社（以下简称银行）以及单位和个人（含个体工商户），办理支付结算必须遵守国家的法律、行政法规和本办法的各项规定，不得损害社会公共利益。

第六条　银行是支付结算和资金清算的中介机构。未经中国人民银行批准的非银行金融机构和其他单位不得作为中介机构经营支付结算业务。但法律、行政法规另有规定的除外。

第七条　单位、个人和银行应当按照《银行帐户管理办法》的规定开立、使用帐户。

第八条　在银行开立存款帐户的单位和个人办理支付结算，帐户内须有足够的资金保证支付，本办法另有规定的除外。没有开立存款帐户的个人向银行交付款项后，也可以通过银行办理支付结算。

第九条　票据和结算凭证是办理支付结算的工具。单位、个人和银行办理支付结算，必须使用按中国人民银行统一规定印制的票据凭证和统一规定的结算凭证。

未使用按中国人民银行统一规定印制的票据，票据无效；未使用中国人民银行统一规定格式的结算凭证，银行不予受理。

第十条　单位、个人和银行签发票据、填写结算凭证，应按照本办法和附一《正确填写票据和结算凭证的基本规定》记载，单位和银行的名称应当记载全称或者规范化简称。

第十一条　票据和结算凭证上的签章，为签名、盖章或者签名加盖章。

单位、银行在票据上的签章和单位在结算凭证上的签章，为该单位、银行的盖章加其法定代表人或其授权的代理人的签名或盖章。

个人在票据和结算凭证上的签章，应为该个人本名的签名或盖章。

第十二条　票据和结算凭证的金额、出票或签发日期、收款人名称不得更改，更改的票据无效；更改的结算凭证，银行不予受理。

对票据和结算凭证上的其他记载事项，原记载人可以更改，更改时应当由原记载人在更改处签章证明。

第十三条　票据和结算凭证金额以中文大写和阿拉伯数码同时记载，二者必须一致，二者不一致的票据无效；二者不一致的结算凭证，银行不予受理。

少数民族地区和外国驻华使领馆根据实际需要，金额大写可以使用少数民族文字或者外国文字记载。

第十四条　票据和结算凭证上的签章和其他记载事项应当真实，不得伪造、变造。

票据上有伪造、变造的签章的，不影响票据上其他当事人真实签章的效力。

本条所称的伪造是指无权限人假冒他人或虚构人名义签章的行为。签章的变造属于伪造。

本条所称的变造是指无权更改票据内容的人，对票据上签章以外的记载事项加以改变的行为。

第十五条　办理支付结算需要交验的个人有效身份证件是指居民身份证、军官证、警官证、文职干部证、士兵证、户口簿、护照、港澳台同胞回乡证等符合法律、行政法规以及国家有关规定的身份证件。

第十六条　单位、个人和银行办理支付结算必须遵守下列原则：

（一）恪守信用，履约付款；

（二）谁的钱进谁的帐，由谁支配；

（三）银行不垫款。

第十七条　银行以善意且符合规定和正常操作程序审查，对伪造、变造的票据和结算凭证上的签章以及需要交验的个人有效身份证件，未发现异常而支付金额的，对出票人或付款人不再承担受委托付款的责任，对持票人或收款人不再承担付款的责任。

第十八条　依法背书转让的票据，任何单位和个人不得冻结票据款项。但是法律另有规定的除外。

第十九条　银行依法为单位、个人在银行开立的基本存款帐户、一般存款帐户、专用存款帐户和临时存款帐户的存款保密，维护其资金的自主支配权。对单位、个人在银行开立上述存款帐户的存款，除国家法律、行政法规另有规定外，银行不得为任何单位或者个人查询；除国家法律另有规定外，银行不代任何单位或者个人冻结、扣款，不得停止单位、个人存款的正常支付。

第二十条　支付结算实行集中统一和分级管理相结合的管理体制。

中国人民银行总行负责制定统一的支付结算制度，组织、协调、管理、监督全国的支付结算工作，调解、处理银行之间的支付结算纠纷。

中国人民银行省、自治区、直辖市分行根据统一的支付结算制度制定实施细则，报总行备案；根据需要可以制定单项支付结算办法，报经中国人民银行总行批准后执行。中国人民银行分、支行负责组织、协调、管理、监督本辖区的支付结算工作，调解、处理本辖区银行之间的支付结算纠纷。

政策性银行、商业银行总行可以根据统一的支付结算制度，结合本行情况，制定具体管理实施办法，报经中国人民银行总行批准后执行。政策性银行、商业银行负责组织、管理、协调本行内的支付结算工作，调解、处理本行内分支机构之间的支付结算纠纷。

第二章　票　据

第一节　基本规定

第二十一条　本办法所称票据，是指银行汇票、商业汇票、银行本票和支票。

第二十二条　票据的签发、取得和转让，必须具有真实的交易关系和债权债务关系。

票据的取得，必须给付对价。但因税收、继承、赠与可以依法无偿取得票据的，不受给付对价的限制。

第二十三条　银行汇票的出票人在票据上的签章，应为经中国人民银行批准使用的该银行汇票专用章加其法定代表人或其授权经办人的签名或者盖章。银行承兑商业汇票、办理商业汇票转贴现、再贴现时的签章，应为经中国人民银行批准使用的该银行汇票专用章加其法定代表人或其授权经办人的签名或者盖章。银行本票的出票人在票据上的签章，应为经中国人民银行批准使用的该银行本票专用章加其法定代表人或其授权经办人的签名或者盖章。

单位在票据上的签章，应为该单位的财务专用章或者公章加其法定代表人或其授权的代理人的签名或者盖章。个人在票据上的签章，应为该个人的签名或者盖章。

支票的出票人和商业承兑汇票的承兑人在票据上的签章，应为其预留银行的签章。

第二十四条　出票人在票据上的签章不符合《票据法》、《票据管理实施办法》和本办法规定的，票据无效；承兑人、保证人在票据上的签章不符合《票据法》、《票据管理实施办法》和本办法规定的，其签章无效，但不影响其他符合规定签章的效力；背书人在票据上的签章不符合《票据法》、《票据管理实施办法》和本办法规定的，其签章无效，但不影响其前手符合规定签章的效力。

第二十五条　出票人在票据上的记载事项必须符合《票据法》、《票据管理实施办法》和本办法的规定。票据上可以记载《票据法》和本办法规定事项以外的其他出票事项，但是该记载事项不具有票据上的效力，银行不负审查责任。

第二十六条　区域性银行汇票仅限于出票人向本区域内的收款人出票，银行本票和支票仅限于出票人向其票据交换区域内的收款人出票。

第二十七条　票据可以背书转让，但填明"现金"字样的银行汇票、银行本票和用于支取现金的支票不得背书转让。

区域性银行汇票仅限于在本区域内背书转让。银行本票、支票仅限于在其票据交换区域内背书转让。

第二十八条　区域性银行汇票和银行本票、支票出票人向规定区域以外的收款人出票的，背书人向规定区域以外的被背书人转让票据的，区域外的银行不予受理，但出票人、背书人仍应承担票据责任。

第二十九条　票据背书转让时，由背书人在票据背面签章、记载被背书人名称和背书日期。背书未记载日期的，视为在票据到期日前背书。

持票人委托银行收款或以票据质押的，除按上款规定记载背书外，还应在背书人栏记载"委托收款"或"质押"字样。

第三十条　票据出票人在票据正面记载"不得转让"字样的，票据不得转让；其直接后手再背书转让的，出票人对其直接后手的被背书人不承担保证责任，对被背书人提示付款或委托收款的票据，银行不予受理。

票据背书人在票据背面背书人栏记载"不得转让"字样的，其后手再背书转让的，记载"不得转让"字样的背书人对其后手的被背书人不承担保证责任。

第三十一条　票据被拒绝承兑、拒绝付款或者超过付款提示期限的，不得背书转让。背书转让的，背书人应当承担票据责任。

第三十二条　背书不得附有条件。背书附有条件的，所附条件不具有票据上的效力。

第三十三条　以背书转让的票据，背书应当连续。持票人以背书的连续，证明其票据权利。非经背书转让，而以其他合法方式取得票据的，依法举证，证明其票据权利。

背书连续，是指票据第一次背书转让的背书人是票据上记载的收款人，前次背书转让的被背书人是后一次背书转让的背书人，依次前后衔接，最后一次背书转让的被背书人是票据的最后持票人。

第三十四条　票据的背书人应当在票据背面的背书栏依次背书。背书栏不敷背书的，可以使用统一格式的粘单，粘附于票据凭证上规定的粘接处。粘单上的第一记载人，应当在票据和粘单的粘接处签章。

第三十五条　银行汇票、商业汇票和银行本票的债务可以依法由保证人承担保证责任。

保证人必须按照《票据法》的规定在票据上记载保证事项。保证人为出票人、承兑人保证的，应将保证事项记载在票据的正面；保证人为背书人保证的，应将保证事项记载在票据的背面或粘单上。

第三十六条　商业汇票的持票人超过规定期限提示付款的，丧失对其前手的追索权，持票人在作出说明后，仍可以向承兑人请求付款。

银行汇票、银行本票的持票人超过规定期限提示付款的，丧失对出票人以外的前手的追索权，持票人在作出说明后，仍可以向出票人请求付款。

支票的持票人超过规定的期限提示付款的，丧失对出票人以外的前手的追索权。

第三十七条 通过委托收款银行或者通过票据交换系统向付款人或代理付款人提示付款的，视同持票人提示付款；其提示付款日期以持票人向开户银行提交票据日为准。

付款人或代理付款人应于见票当日足额付款。

本条所称“代理付款人”是指根据付款人的委托，代理其支付票据金额的银行。

第三十八条 票据债务人对下列情况的持票人可以拒绝付款：

（一）对不履行约定义务的与自己有直接债权债务关系的持票人；

（二）以欺诈、偷盗或者胁迫等手段取得票据的持票人；

（三）对明知有欺诈、偷盗或者胁迫等情形，出于恶意取得票据的持票人；

（四）明知债务人与出票人或者持票人的前手之间存在抗辩事由而取得票据的持票人；

（五）因重大过失取得不符合《票据法》规定的票据的持票人；

（六）对取得背书不连续票据的持票人；

（七）符合《票据法》规定的其他抗辩事由。

第三十九条 票据债务人对下列情况不得拒绝付款：

（一）与出票人之间有抗辩事由；

（二）与持票人的前手之间有抗辩事由。

第四十条 票据到期被拒绝付款或者在到期前被拒绝承兑，承兑人或付款人死亡、逃匿的，承兑人或付款人被依法宣告破产的或者因违法被责令终止业务活动的，持票人可以对背书人、出票人以及票据的其他债务人行使追索权。

持票人行使追索权，应当提供被拒绝承兑或者被拒绝付款的拒绝证明或者退票理由书以及其他有关证明。

第四十一条 本办法所称“拒绝证明”应当包括下列事项：

（一）被拒绝承兑、付款的票据种类及其主要记载事项；

（二）拒绝承兑、付款的事实依据和法律依据；

（三）拒绝承兑、付款的时间；

（四）拒绝承兑人、拒绝付款人的签章。

第四十二条 本办法所称退票理由书应当包括下列事项：

（一）所退票据的种类；

（二）退票的事实依据和法律依据；

（三）退票时间；

（四）退票人签章。

第四十三条 本办法所称的其他证明是指：

（一）医院或者有关单位出具的承兑人、付款人死亡证明；

（二）司法机关出具的承兑人、付款人逃匿的证明；

（三）公证机关出具的具有拒绝证明效力的文书。

第四十四条 持票人应当自收到被拒绝承兑或者被拒绝付款的有关证明之日起 3 日内，将被拒绝事由书面通知其前手；其前手应当自收到通知之日起 3 日内书面通知其再前手。持票人也可以同时向各票据债务人发出书面通知。

未按照前款规定期限通知的，持票人仍可以行使追索权。

第四十五条 持票人可以不按照票据债务人的先后顺序，对其中任何一人、数人或者全体行使追索权。

持票人对票据债务人中的一人或者数人已经进行追索的，对其他票据债务人仍可以行使追索权。被追索人清偿债务后，与持票人享有同一权利。

第四十六条 持票人行使追索权，可以请求被追索人支付下列金额和费用：

（一）被拒绝付款的票据金额。

（二）票据金额自到期日或者提示付款日起至清偿日止按照中国人民银行规定的同档次流动资金贷款利率计算的利息。

（三）取得有关拒绝证明和发出通知书的费用。

被追索人清偿债务时，持票人应当交出票据和有关拒绝证明，并出具所收到利息和费用的收据。

第四十七条 被追索人依照前条规定清偿后，可以向其他票据债务人行使再追索权，请求其他票据债务人支付下列金额和费用：

（一）已清偿的全部金额；

（二）前项金额自清偿日起至再追索清偿日止，按照中国人民银行规定的同档次流动资金贷款利率计算的利息；

（三）发出通知书的费用。

行使再追索权的被追索人获得清偿时，应当交出票据和有关拒绝证明，并出具所收到利息和费用的收据。

第四十八条 已承兑的商业汇票、支票、填明“现金”字样和代理付款人的银行汇票以及填明“现金”字样的银行本票丧失，可以由失票人通知付款人或者代理付款人挂失止付。

未填明“现金”字样和代理付款人的银行汇票以及未填明“现金”字样的银行本票丧失，不得挂失止付。

第四十九条 允许挂失止付的票据丧失，失票人需要挂失止付的，应填写挂失止付通知书并签章。挂失止付通知书应当记载下列事项：

（一）票据丧失的时间、地点、原因；

（二）票据的种类、号码、金额、出票日期、付款日期、付款人名称、收款人名称；

（三）挂失止付人的姓名、营业场所或者住所以及联系方法。

欠缺上述记载事项之一的，银行不予受理。

第五十条 付款人或者代理付款人收到挂失止付通知书后，查明挂失票据确未付款时，应立即暂停支付。付款人或者代理付款人自收到挂失止付通知书之日起12日内没有收到人民法院的止付通知书的，自第13日起，持票人提示付款并依法向持票人付款的，不再承担责任。

第五十一条 付款人或者代理付款人在收到挂失止付通知书之前，已经向持票人付款的，不再承担责任。但是，付款人或者代理付款人以恶意或者重大过失付款的除外。

第五十二条 银行汇票的付款地为代理付款人或出票人所在地，银行本票的付款地为出票人所在地，商业汇票的付款地为承兑人所在地，支票的付款地为付款人所在地。

第二节 银行汇票

第五十三条 银行汇票是出票银行签发的，由其在见票时按照实际结算金额无条件支付给收款人或者持票人的票据。

银行汇票的出票银行为银行汇票的付款人。

第五十四条 单位和个人各种款项结算，均可使用银行汇票。

银行汇票可以用于转帐，填明“现金”字样的银行汇票也可以用于支取现金。

第五十五条 银行汇票的出票和付款，全国范围限于中国人民银行和各商业银行参加“全国联行往来”的银行机构办理。跨系统银行签发的转帐银行汇票的付款，应通过同城票据交换将银行汇票和解讫通知提交给同城的有关银行审核支付后抵用。代理付款人不得受理未在本行开立存款帐户的持票人为单位直接提交的银行汇票。省、自治区、直辖市内和跨省、市的经济区域内银行汇票的出票和付款，按照有关规定办理。

银行汇票的代理付款人是代理本系统出票银行或跨系统签约银行审核支付汇票款项的银行。

第五十六条 签发银行汇票必须记载下列事项：

（一）表明“银行汇票”的字样；

（二）无条件支付的承诺；

（三）出票金额；

（四）付款人名称；

（五）收款人名称；

（六）出票日期；

（七）出票人签章。

欠缺记载上列事项之一的，银行汇票无效。

第五十七条 银行汇票的提示付款期限自出票日起1个月。

持票人超过付款期限提示付款的，代理付款人不予受理。

第五十八条 申请人使用银行汇票，应向出票银行填写“银行汇票申请书”，填明收款人名称、汇票金额、申请人名称、申请日期等事项并签章，签章为其预留银行的签章。

申请人和收款人均为个人，需要使用银行汇票向代理付款人支取现金的，申请人须在“银行汇票申请书”上填明代理付款人名称，在“汇票金额”栏先填写“现金”字样，后填写汇票金额。

申请人或者收款人为单位的，不得在“银行汇票申请书”上填明“现金”字样。

第五十九条 出票银行受理银行汇票申请书，收妥款项后签发银行汇票，并用压数机压印出票金额，将银行汇票和解讫通知一并交给申请人。

签发转帐银行汇票，不得填写代理付款人名称，但由人民银行代理兑付银行汇票的商业银行，向设有分支机构地区签发转帐银行汇票的除外。

签发现金银行汇票，申请人和收款人必须均为个人，收妥申请人交存的现金后，在银行汇票“出票金额”栏先填写“现金”字样，后填写出票金额，并填写代理付款人名称。申请人或者收款人为单位的，银行不得为其签发现金银行汇票。

第六十条 申请人应将银行汇票和解讫通知一并交付给汇票上记明的收款人。

收款人受理银行汇票时，应审查下列事项：

（一）银行汇票和解讫通知是否齐全、汇票号码和记载的内容是否一致；

（二）收款人是否确为本单位或本人；

（三）银行汇票是否在提示付款期限内；

（四）必须记载的事项是否齐全；

（五）出票人签章是否符合规定，是否有压数机压印的出票金额，并与大写出票金额一致；

（六）出票金额、出票日期、收款人名称是否更改，更改的其他记载事项是否由原记载人签章证明。

第六十一条 收款人受理申请人交付的银行汇票时，应在出票金额以内，根据实际需要的款项办理结算，并将实际结算金额和多余金额准确、清晰地填入银行汇票和解讫通知的有关栏内。未填明实际结算金额和多余金额或实际结算金额超过出票金额的，银行不予受理。

第六十二条 银行汇票的实际结算金额不得更改，更改实际结算金额的银行汇票无效。

第六十三条 收款人可以将银行汇票背书转让给被背书人。

银行汇票的背书转让以不超过出票金额的实际结算金额为准。未填写实际结算金额或实际结算金额超过出票金额的银行汇票不得背书转让。

第六十四条 被背书人受理银行汇票时，除按照第六十条的规定审查外，还应审查下列事项：

（一）银行汇票是否记载实际结算金额，有无更改，其金额是否超过出票金额；

（二）背书是否连续，背书人签章是否符合规定，背书使用粘单的是否按规定签章；

（三）背书人为个人的身份证件。

第六十五条 持票人向银行提示付款时，必须同时提交银行汇票和解讫通知，缺少任何一联，银行不予受理。

第六十六条 在银行开立存款帐户的持票人向开户银行提示付款时，应在汇票背面“持票人向银行提示付款签章”处签章，签章须与预留银行签章相同，并将银行汇票和解讫通知、进帐单送交开户银行。银行审查无误后办理转帐。

第六十七条 未在银行开立存款帐户的个人持票人，可以向选择的任何一家银行机构提示付款。提示付款时，应在汇票背面“持票人向银行提示付款签章”处签章，并填明本人身份证件名称、号码及发证机关，由其本人向银行提交身份证件及其复印件。银行审核无误后，将其身份证件复印件留存备查，并以持票人的姓名开立应解汇款及临时存款帐户，该帐户只付不收，付完清户，不计付利息。

转帐支付的，应由原持票人向银行填制支款凭证，并由本人交验其身份证件办理支付款项。该帐户的款项只能转入单位或个体工商户的存款帐户，严禁转入储蓄和信用卡帐户。

支取现金的，银行汇票上必须有出票银行按规定填明的“现金”字样，才能办理。未填明“现金”字样，需要支取现金的，由银行按照国家现金管理规定审查支付。

持票人对填明“现金”字样的银行汇票，需要委托他人向银行提示付款的，应在银行汇票背面背书栏签章，记载“委托收款”字样、被委托人姓名和背书日期以及委托人身份证件名称、号码、发证机关。被委托人向银行提示付款时，也应在银行汇票背面“持票人向银行提示付款签章”处签章，记载证件名称、号码及发证机关，并同时向银行交验委托人和被委托人的身份证件及其复印件。

第六十八条 银行汇票的实际结算金额低于出票金额的，其多余金额由出票银行退交申请人。

第六十九条 持票人超过期限向代理付款银行提示付款不获付款的，须在票据权利时效内向出票银行作出说明，并提供本人身份证件或单位证明，持银行汇票和解讫通知向出票银行请求付款。

第七十条 申请人因银行汇票超过付款提示期限或其他原因要求退款时，应将银行汇票和解讫通知同时提交到出票银行。申请人为单位的，应出具该单位的证明；申请人为个人的，应出具该本人的身份证件。对于代理付款银行查询的该张银行汇票，应在汇票提示付款期满后方能办理退款。出票银行对于转帐银行汇票的退款，只能转入原申请人帐户；对于符合规定填明“现金”字样银行汇票的退款，才能退付现金。

申请人缺少解讫通知要求退款的，出票银行应于银行汇票提示付款期满一个月后办理。

第七十一条 银行汇票丧失，失票人可以凭人民法院出具的其享有票据权利的证明，向出票银行请求付款或退款。

第三节 商业汇票

第七十二条 商业汇票是出票人签发的，委托付款人在指定日期无条件支付确定的金额给收款人或者持票人的票据。

第七十三条 商业汇票分为商业承兑汇票和银行承兑汇票。

商业承兑汇票由银行以外的付款人承兑。

银行承兑汇票由银行承兑。

商业汇票的付款人为承兑人。

第七十四条 在银行开立存款帐户的法人以及其他组织之间，必须具有真实的交易关系或债权债务关系，才能使用商业汇票。

第七十五条 商业承兑汇票的出票人，为在银行开立存款帐户的法人以及其他组织，与付款人具有真实的委托付款关系，具有支付汇票金额的可靠资金来源。

第七十六条 银行承兑汇票的出票人必须具备下列条件：

（一）在承兑银行开立存款帐户的法人以及其他

组织；

（二）与承兑银行具有真实的委托付款关系；

（三）资信状况良好，具有支付汇票金额的可靠资金来源。

第七十七条　出票人不得签发无对价的商业汇票用以骗取银行或者其他票据当事人的资金。

第七十八条　签发商业汇票必须记载下列事项：

（一）表明"商业承兑汇票"或"银行承兑汇票"的字样；

（二）无条件支付的委托；

（三）确定的金额；

（四）付款人名称；

（五）收款人名称；

（六）出票日期；

（七）出票人签章。

欠缺记载上列事项之一的，商业汇票无效。

第七十九条　商业承兑汇票可以由付款人签发并承兑，也可以由收款人签发交由付款人承兑。

银行承兑汇票应由在承兑银行开立存款帐户的存款人签发。

第八十条　商业汇票可以在出票时向付款人提示承兑后使用，也可以在出票后先使用再向付款人提示承兑。

定日付款或者出票后定期付款的商业汇票，持票人应当在汇票到期日前向付款人提示承兑。见票后定期付款的汇票，持票人应当自出票日起1个月内向付款人提示承兑。

汇票未按照规定期限提示承兑的，持票人丧失对其前手的追索权。

第八十一条　商业汇票的付款人接到出票人或持票人向其提示承兑的汇票时，应当向出票人或持票人签发收到汇票的回单，记明汇票提示承兑日期并签章。付款人应当在自收到提示承兑的汇票之日起3日内承兑或者拒绝承兑。

付款人拒绝承兑的，必须出具拒绝承兑的证明。

第八十二条　商业汇票的承兑银行，必须具备下列条件：

（一）与出票人具有真实的委托付款关系；

（二）具有支付汇票金额的可靠资金；

（三）内部管理完善，经其法人授权的银行审定。

第八十三条　银行承兑汇票的出票人或持票人向银行提示承兑时，银行的信贷部门负责按照有关规定和审批程序，对出票人的资格、资信、购销合同和汇票记载的内容进行认真审查，必要时可由出票人提供担保。符合规定和承兑条件的，与出票人签订承兑协议。

第八十四条　付款人承兑商业汇票，应当在汇票正面记载"承兑"字样和承兑日期并签章。

第八十五条　付款人承兑商业汇票，不得附有条件；承兑附有条件的，视为拒绝承兑。

第八十六条　银行承兑汇票的承兑银行，应按票面金额向出票人收取万分之五的手续费。

第八十七条　商业汇票的付款期限，最长不得超过6个月。

定日付款的汇票付款期限自出票日起计算，并在汇票上记载具体的到期日。

出票后定期付款的汇票付款期限自出票日起按月计算，并在汇票上记载。

见票后定期付款的汇票付款期限自承兑或拒绝承兑日起按月计算，并在汇票上记载。

第八十八条　商业汇票的提示付款期限，自汇票到期日起10日。

持票人应在提示付款期限内通过开户银行委托收款或直接向付款人提示付款。对异地委托收款，持票人可匡算邮程，提前通过开户银行委托收款。持票人超过提示付款期限提示付款的，持票人开户银行不予受理。

第八十九条　商业承兑汇票的付款人开户银行收到通过委托收款寄来的商业承兑汇票，将商业承兑汇票留存，并及时通知付款人。

（一）付款人收到开户银行的付款通知，应在当日通知银行付款。付款人在接到通知日的次日起3日内（遇法定休假日顺延，下同）未通知银行付款的，视同付款人承诺付款，银行应于付款人接到通知日的次日起第4日（法定休假日顺延，下同）上午开始营业时，将票款划给持票人。

付款人提前收到由其承兑的商业汇票，应通知银行于汇票到期日付款。付款人在接到通知日的次日起3日内未通知银行付款，付款人接到通知日的次日起第4日在汇票到期日之前的，银行应于汇票到期日将票款划给持票人。

（二）银行在办理划款时，付款人存款帐户不足支付的，应填制付款人未付票款通知书，连同商业承兑汇票邮寄持票人开户银行转交持票人。

（三）付款人存在合法抗辩事由拒绝支付的，应自接到通知日的次日起3日内，作成拒绝付款证明送交开户银行，银行将拒绝付款证明和商业承兑汇票邮寄持票人开户银行转交持票人。

第九十条　银行承兑汇票的出票人应于汇票到期前将票款足额交存其开户银行。承兑银行应在汇票到期日或到期日后的见票当日支付票款。

承兑银行存在合法抗辩事由拒绝支付的，应自接到商业汇票的次日起3日内，作成拒绝付款证明，连同商业银行承兑汇票邮寄持票人开户银行转交持票人。

第九十一条　银行承兑汇票的出票人于汇票到期日未能足额交存票款时，承兑银行除凭票向持票人无条件付款外，对出票人尚未支付的汇票金额按照每天万分之五计收利息。

第九十二条　商业汇票的持票人向银行办理贴现必须具备下列条件：

（一）在银行开立存款帐户的企业法人以及其他组织；

（二）与出票人或者直接前手之间具有真实的商品交易关系；

（三）提供与其直接前手之间的增值税发票和商品发运单据复印件。

第九十三条　符合条件的商业汇票的持票人可持未到期的商业汇票连同贴现凭证向银行申请贴现。贴现银行可持未到期的商业汇票向其他银行转贴现，也可向中国人民银行申请再贴现。贴现、转贴现、再贴现时，应作成转让背书，并提供贴现申请人与其直接前手之间的增值税发票和商品发运单据复印件。

第九十四条　贴现、转贴现和再贴现的期限从其贴现之日起至汇票到期日止。实付贴现金额按票面金额扣除贴现日至汇票到期前1日的利息计算。

承兑人在异地的，贴现、转贴现和再贴现的期限以及贴现利息的计算应另加3天的划款日期。

第九十五条　贴现、转贴现、再贴现到期，贴现、转贴现、再贴现银行应向付款人收取票款。不获付款的，贴现、转贴现、再贴现银行应向其前手追索票款。贴现、再贴现银行追索票款时可从申请人的存款帐户收取票款。

第九十六条　存款人领购商业汇票，必须填写“票据和结算凭证领用单”并签章，签章应与预留银行的签章相符。存款帐户结清时，必须将全部剩余空白商业汇票交回银行注销。

第四节　银行本票

第九十七条　银行本票是银行签发的，承诺自己在见票时无条件支付确定的金额给收款人或者持票人的票据。

第九十八条　单位和个人在同一票据交换区域需要支付各种款项，均可以使用银行本票。

银行本票可以用于转帐，注明“现金”字样的银行本票可以用于支取现金。

第九十九条　银行本票分为不定额本票和定额本票两种。

第一百条　银行本票的出票人，为经中国人民银行当地分支行批准办理银行本票业务的银行机构。

第一百零一条　签发银行本票必须记载下列事项：

（一）表明“银行本票”的字样；

（二）无条件支付的承诺；

（三）确定的金额；

（四）收款人名称；

（五）出票日期；

（六）出票人签章。

欠缺记载上列事项之一的，银行本票无效。

第一百零二条　定额银行本票面额为1千元、5千元、1万元和5万元。

第一百零三条　银行本票的提示付款期限自出票日起最长不得超过2个月。

持票人超过付款期限提示付款的，代理付款人不予受理。

银行本票的代理付款人是代理出票银行审核支付银行本票款项的银行。

第一百零四条　申请人使用银行本票，应向银行填写“银行本票申请书”，填明收款人名称、申请人名称、支付金额、申请日期等事项并签章。申请人和收款人均为个人需要支取现金的，应在“支付金额”栏先填写“现金”字样，后填写支付金额。

申请人或收款人为单位的，不得申请签发现金银行本票。

第一百零五条　出票银行受理银行本票申请书，收妥款项签发银行本票。用于转帐的，在银行本票上划去“现金”字样；申请人和收款人均为个人需要支取现金的，在银行本票上划去“转帐”字样。不定额银行本票用压数机压印出票金额。出票银行在银行本票上签章后交给申请人。

申请人或收款人为单位的，银行不得为其签发现金银行本票。

第一百零六条　申请人应将银行本票交付给本票上记明的收款人。

收款人受理银行本票时，应审查下列事项：

（一）收款人是否确为本单位或本人；

（二）银行本票是否在提示付款期限内；

（三）必须记载的事项是否齐全；

（四）出票人签章是否符合规定，不定额银行本票是否有压数机压印的出票金额，并与大写出票金额一致；

（五）出票金额、出票日期、收款人名称是否更改，更改的其他记载事项是否由原记载人签章证明。

第一百零七条　收款人可以将银行本票背书转让给被背书人。

被背书人受理银行本票时，除按照第一百零六条的规定审查外，还应审查下列事项：

（一）背书是否连续，背书人签章是否符合规定，背书使用粘单的是否按规定签章；

（二）背书人为个人的身份证件。

第一百零八条　银行本票见票即付。跨系统银行本票的兑付，持票人开户银行可根据中国人民银行规定的金融机构同业往来利率向出票银行收取利息。

第一百零九条　在银行开立存款帐户的持票人向开户银行提示付款时，应在银行本票背面"持票人向银行提示付款签章"处签章，签章须与预留银行签章相同，并将银行本票、进帐单送交开户银行。银行审查无误后办理转帐。

第一百一十条　未在银行开立存款帐户的个人持票人，凭注明"现金"字样的银行本票向出票银行支取现金的，应在银行本票背面签章，记载本人身份证件名称、号码及发证机关，并交验本人身份证件及其复印件。

持票人对注明"现金"字样的银行本票需要委托他人向出票银行提示付款的，应在银行本票背面"持票人向银行提示付款签章"处签章，记载"委托收款"字样、被委托人姓名和背书日期以及委托人身份证件名称、号码、发证机关。被委托人向出票银行提示付款时，也应在银行本票背面"持票人向银行提示付款签章"处签章，记载证件名称、号码及发证机关，并同时交验委托人和被委托人的身份证件及其复印件。

第一百一十一条　持票人超过提示付款期限不获付款的，在票据权利时效内向出票银行作出说明，并提供本人身份证件或单位证明，可持银行本票向出票银行请求付款。

第一百一十二条　申请人因银行本票超过提示付款期限或其他原因要求退款时，应将银行本票提交到出票银行，申请人为单位的，应出具该单位的证明；申请人为个人的，应出具该本人的身份证件。出票银行对于在本行开立存款帐户的申请人，只能将款项转入原申请人帐户；对于现金银行本票和未在本行开立存款帐户的申请人，才能退付现金。

第一百一十三条　银行本票丧失，失票人可以凭人民法院出具的其享有票据权利的证明，向出票银行请求付款或退款。

第五节　支　　票

第一百一十四条　支票是出票人签发的，委托办理支票存款业务的银行在见票时无条件支付确定的金额给收款人或者持票人的票据。

第一百一十五条　支票上印有"现金"字样的为现金支票，现金支票只能用于支取现金。

支票上印有"转帐"字样的为转帐支票，转帐支票只能用于转帐。

支票上未印有"现金"或"转帐"字样的为普通支票，普通支票可以用于支取现金，也可以用于转帐。在普通支票左上角划两条平行线的，为划线支票，划线支票只能用于转帐，不得支取现金。

第一百一十六条　单位和个人在同一票据交换区域的各种款项结算，均可以使用支票。

第一百一十七条　支票的出票人，为在经中国人民银行当地分支行批准办理支票业务的银行机构开立可以使用支票的存款帐户的单位和个人。

第一百一十八条　签发支票必须记载下列事项：

（一）表明"支票"的字样；

（二）无条件支付的委托；

（三）确定的金额；

（四）付款人名称；

（五）出票日期；

（六）出票人签章。

欠缺记载上列事项之一的，支票无效。

支票的付款人为支票上记载的出票人开户银行。

第一百一十九条　支票的金额、收款人名称，可以由出票人授权补记。未补记前不得背书转让和提示付款。

第一百二十条　签发支票应使用碳素墨水或墨汁填写，中国人民银行另有规定的除外。

第一百二十一条　签发现金支票和用于支取现金的普通支票，必须符合国家现金管理的规定。

第一百二十二条　支票的出票人签发支票的金额不得超过付款时在付款人处实有的存款金额。禁止签发空头支票。

第一百二十三条　支票的出票人预留银行签章是银行审核支票付款的依据。银行也可以与出票人约定使用支付密码，作为银行审核支付支票金额的条件。

第一百二十四条　出票人不得签发与其预留银行签章不符的支票；使用支付密码的，出票人不得签发支付密码错误的支票。

第一百二十五条　出票人签发空头支票、签章与预留银行签章不符的支票、使用支付密码地区，支付密码错误的支票，银行应予以退票，并按票面金额处以百分之五但不低于1千元的罚款；持票人有权要求出票人赔偿支票金额2%的赔偿金。对屡次签发的，银行应停止其签发支票。

第一百二十六条　支票提示付款期限自出票日起10日，但中国人民银行另有规定的除外。超过提示付款期限提示付款的，持票人开户银行不予受理，付款人不予付款。

第一百二十七条　持票人可以委托开户银行收款或直接

向付款人提示付款。用于支取现金的支票仅限于收款人向付款人提示付款。

持票人委托开户银行收款的支票,银行应通过票据交换系统收妥后入帐。

持票人委托开户银行收款时,应作委托收款背书,在支票背面背书人签章栏签章、记载“委托收款”字样、背书日期,在被背书人栏记载开户银行名称,并将支票和填制的进帐单送交开户银行。持票人持用于转帐的支票向付款人提示付款时,应在支票背面背书人签章栏签章,并将支票和填制的进帐单交送出票人开户银行。收款人持用于支取现金的支票向付款人提示付款时,应在支票背面“收款人签章”处签章,持票人为个人的,还需交验本人身份证件,并在支票背面注明证件名称、号码及发证机关。

第一百二十八条　出票人在付款人处的存款足以支付支票金额时,付款人应当在见票当日足额付款。

第一百二十九条　存款人领购支票,必须填写“票据和结算凭证领用单”并签章,签章应与预留银行的签章相符。存款帐户结清时,必须将全部剩余空白支票交回银行注销。

第三章　信　用　卡

第一百三十条　信用卡是指商业银行向个人和单位发行的,凭以向特约单位购物、消费和向银行存取现金,且具有消费信用的特制载体卡片。

第一百三十一条　信用卡按使用对象分为单位卡和个人卡;按信誉等级分为金卡和普通卡。

第一百三十二条　商业银行(包括外资银行、合资银行)、非银行金融机构未经中国人民银行批准不得发行信用卡。

非金融机构、境外金融机构的驻华代表机构不得发行信用卡和代理收单结算业务。

第一百三十三条　申请发行信用卡的银行、非银行金融机构,必须具备下列条件:

(一)符合中国人民银行颁布的商业银行资产负债比例监控指标;

(二)相应的管理机构;

(三)合格的管理人员和技术人员;

(四)健全的管理制度和安全制度;

(五)必要的电信设备和营业场所;

(六)中国人民银行规定的其他条件。

第一百三十四条　商业银行、非银行金融机构开办信用卡业务须报经中国人民银行总行批准;其所属分、支机构开办信用卡业务,须报经辖区内中国人民银行分、支行备案。

第一百三十五条　凡在中国境内金融机构开立基本存款帐户的单位可申领单位卡。单位卡可申领若干张,持卡人资格由申领单位法定代表人或其委托的代理人书面指定和注销。

凡具有完全民事行为能力的公民可申领个人卡。个人卡的主卡持卡人可为其配偶及年满18周岁的亲属申领附属卡,申领的附属卡最多不得超过两张,也有权要求注销其附属卡。

第一百三十六条　单位或个人申领信用卡,应按规定填制申请表,连同有关资料一并送交发卡银行。符合条件并按银行要求交存一定金额的备用金后,银行为申领人开立信用卡存款帐户,并发给信用卡。

第一百三十七条　单位卡帐户的资金一律从其基本存款帐户转帐存入,不得交存现金,不得将销货收入的款项存入其帐户。

个人卡帐户的资金以其持有的现金存入或以其工资性款项及属于个人的劳务报酬收入转帐存入。严禁将单位的款项存入个人卡帐户。

第一百三十八条　发卡银行可根据申请人的资信程度,要求其提供担保。担保的方式可采用保证、抵押或质押。

第一百三十九条　信用卡备用金存款利息,按照中国人民银行规定的活期存款利率及计息办法计算。

第一百四十条　信用卡仅限于合法持卡人本人使用,持卡人不得出租或转借信用卡。

第一百四十一条　发卡银行应建立授权审批制度;信用卡结算超过规定限额的必须取得发卡银行的授权。

第一百四十二条　持卡人可持信用卡在特约单位购物、消费。单位卡不得用于10万元以上的商品交易、劳务供应款项的结算。

第一百四十三条　持卡人凭卡购物、消费时,需将信用卡和身份证件一并交特约单位。智能卡(下称IC卡)、照片卡可免验身份证件。

特约单位不得拒绝受理持卡人合法持有的、签约银行发行的有效信用卡,不得因持卡人使用信用卡而向其收取附加费用。

第一百四十四条　特约单位受理信用卡时,应审查下列事项:

(一)确为本单位可受理的信用卡;

(二)信用卡在有效期内,未列入“止付名单”;

(三)签名条上没有“样卡”或“专用卡”等非正常签名的字样;

(四)信用卡无打孔、剪角、毁坏或涂改的痕迹;

(五)持卡人身份证件或卡片上的照片与持卡人相符,但使用IC卡、照片卡或持卡人凭密码在销售点

终端上消费、购物,可免验身份证件(下同);

(六)卡片正面的拼音姓名与卡片背面的签名和身份证件上的姓名一致。

第一百四十五条 特约单位受理信用卡审查无误的,在签购单上压卡,填写实际结算金额、用途、持卡人身份证件号码、特约单位名称和编号。如超过支付限额的,应向发卡银行索权并填写授权号码,交持卡人签名确认,同时核对其签名与卡片背面签名是否一致。无误后,对同意按经办人填写的金额和用途付款的,由持卡人在签购单上签名确认,并将信用卡、身份证件和第一联签购单交还给持卡人。

审查发现问题的,应及时与签约银行联系,征求处理意见。对止付的信用卡,应收回并交还发卡银行。

第一百四十六条 特约单位不得通过压卡、签单和退货等方式支付持卡人现金。

第一百四十七条 特约单位在每日营业终了,应将当日受理的信用卡签购单汇总,计算手续费和净计金额,并填写汇(总)计单和进帐单,连同签购单一并送交收单银行办理进帐。

第一百四十八条 收单银行接到特约单位送交的各种单据,经审查无误后,为特约单位办理进帐。

第一百四十九条 持卡人要求退货的,特约单位应使用退货单办理压(刷)卡,并将退货单金额从当日签购单累计金额中抵减,退货单随签购单一并送交收单银行。

第一百五十条 单位卡一律不得支取现金。

第一百五十一条 个人卡持卡人在银行支取现金时,应将信用卡和身份证件一并交发卡银行或代理银行。IC卡、照片卡以及凭密码在POS上支取现金的可免验身份证件。

发卡银行或代理银行压(刷)卡后,填写取现单,经审查无误,交持卡人签名确认。超过支付限额的,代理银行应向发卡银行索权,并在取现单上填写授权号码。办理付款手续后,将现金、信用卡、身份证件和取现单回单联交给持卡人。

第一百五十二条 发卡银行收到代理银行通过同城票据交换或本系统联行划转的各种单据审核无误后办理付款。

第一百五十三条 信用卡透支额,金卡最高不得超过1万元,普通卡最高不得超过5千元。

信用卡透支期限最长为60天。

第一百五十四条 信用卡透支利息,自签单日或银行记帐日起15日内按日息万分之五计算,超过15日按日息万分之十计算,超过30日或透支金额超过规定限额的,按日息万分之十五计算。透支计息不分段,按最后期限或者最高透支额的最高利率档次计息。

第一百五十五条 持卡人使用信用卡不得发生恶意透支。

恶意透支是指持卡人超过规定限额或规定期限,并且经发卡银行催收无效的透支行为。

第一百五十六条 单位卡在使用过程中,需要向其帐户续存资金的,一律从其基本存款帐户转帐存入。

个人卡在使用过程中,需要向其帐户续存资金的,只限于其持有的现金存入和工资性款项以及属于个人的劳务报酬收入转帐存入。

第一百五十七条 个人卡持卡人或其代理人交存现金,应在发卡银行或其代理银行办理。

持卡人凭信用卡在发卡银行或代理银行交存现金的,银行经审查并收妥现金后,在存款单上压卡,将存款单回单联及信用卡交给持卡人。

持卡人委托他人在不压卡的情况下代为办理交存现金的,代理人应在信用卡存款单上填写持卡人的卡号、姓名、存款金额等内容,并将现金送交银行办理交存手续。

第一百五十八条 发卡银行收到代理银行通过同城票据交换或本系统联行划转的各种单据审核无误后,为持卡人办理收款。

第一百五十九条 持卡人不需要继续使用信用卡的,应持信用卡主动到发卡银行办理销户。

销户时,单位卡帐户余额转入其基本存款帐户,不得提取现金;个人卡帐户可以转帐结清,也可以提取现金。

第一百六十条 持卡人还清透支本息后,属于下列情况之一的,可以办理销户:

(一)信用卡有效期满45天后,持卡人不更换新卡的;

(二)信用卡挂失满45天后,没有附属卡又不更换新卡的;

(三)信用卡被列入止付名单,发卡银行已收回其信用卡45天的;

(四)持卡人死亡,发卡银行已收回其信用卡45天的;

(五)持卡人要求销户或担保人撤销担保,并已交回全部信用卡45天的;

(六)信用卡帐户两年(含)以上未发生交易的;

(七)持卡人违反其他规定,发卡银行认为应该取消资格的。

发卡银行办理销户,应当收回信用卡。有效信用卡无法收回的,应当将其止付。

第一百六十一条 信用卡丧失,持卡人应立即持本人身份证件或其他有效证明,并按规定提供有关情况,向发卡银行或代办银行申请挂失。发卡银行或代办银行审核后办理挂失手续。

第四章　结 算 方 式

第一节　基 本 规 定

第一百六十二条　本办法所称结算方式，是指汇兑、托收承付和委托收款。

第一百六十三条　单位在结算凭证上的签章，应为该单位的财务专用章或者公章加其法定代表人或者其授权的代理人的签名或者盖章。

第一百六十四条　银行办理结算，给单位或个人的收、付款通知和汇兑回单，应加盖该银行的转讫章；银行给单位或个人的托收承付、委托收款的回单和向付款人发出的承付通知，应加盖该银行的业务公章。

第一百六十五条　结算凭证上的记载事项，必须符合本办法的规定。结算凭证上可以记载本办法规定以外的其他记载事项，除国家和中国人民银行另有规定外，该记载事项不具有支付结算的效力。

第一百六十六条　按照本办法的规定必须在结算凭证上记载汇款人、付款人和收款人帐号的，帐号与户名必须一致。

第一百六十七条　银行办理结算向外发出的结算凭证，必须于当日至迟次日寄发；收到的结算凭证，必须及时将款项支付给结算凭证上记载的收款人。

第二节　汇　　兑

第一百六十八条　汇兑是汇款人委托银行将其款项支付给收款人的结算方式。

第一百六十九条　单位和个人的各种款项的结算，均可使用汇兑结算方式。

第一百七十条　汇兑分为信汇、电汇两种，由汇款人选择使用。

第一百七十一条　签发汇兑凭证必须记载下列事项：

（一）表明“信汇”或“电汇”的字样；

（二）无条件支付的委托；

（三）确定的金额；

（四）收款人名称；

（五）汇款人名称；

（六）汇入地点、汇入行名称；

（七）汇出地点、汇出行名称；

（八）委托日期；

（九）汇款人签章。

汇兑凭证上欠缺上列记载事项之一的，银行不予受理。

汇兑凭证记载的汇款人名称、收款人名称，其在银行开立存款帐户的，必须记载其帐号。欠缺记载的，银行不予受理。

委托日期是指汇款人向汇出银行提交汇兑凭证的当日。

第一百七十二条　汇兑凭证上记载收款人为个人的，收款人需要到汇入银行领取汇款，汇款人应在汇兑凭证上注明“留行待取”字样；留行待取的汇款，需要指定单位的收款人领取汇款的，应注明收款人的单位名称；信汇凭收款人签章支取的，应在信汇凭证上预留其签章。

汇款人确定不得转汇的，应在汇兑凭证备注栏注明“不得转汇”字样。

第一百七十三条　汇款人和收款人均为个人，需要在汇入银行支取现金的，应在信、电汇凭证的“汇款金额”大写栏，先填写“现金”字样，后填写汇款金额。

第一百七十四条　汇出银行受理汇款人签发的汇兑凭证，经审查无误后，应及时向汇入银行办理汇款，并向汇款人签发汇款回单。

汇款回单只能作为汇出银行受理汇款的依据，不能作为该笔汇款已转入收款人帐户的证明。

第一百七十五条　汇入银行对开立存款帐户的收款人，应将汇给其的款项直接转入收款人帐户，并向其发出收帐通知。

收帐通知是银行将款项确已收入收款人帐户的凭据。

第一百七十六条　未在银行开立存款帐户的收款人，凭信、电汇的取款通知或“留行待取”的，向汇入银行支取款项，必须交验本人的身份证件，在信、电汇凭证上注明证件名称、号码及发证机关，并在“收款人签盖章”处签章；信汇凭签章支取的，收款人的签章必须与预留信汇凭证上的签章相符。银行审查无误后，以收款人的姓名开立应解汇款及临时存款帐户，该帐户只付不收，付完清户，不计付利息。

支取现金的，信、电汇凭证上必须有按规定填明的“现金”字样，才能办理。未填明“现金”字样，需要支取现金的，由汇入银行按照国家现金管理规定审查支付。

收款人需要委托他人向汇入银行支取款项的，应在取款通知上签章，注明本人身份证件名称、号码、发证机关和“代理”字样以及代理人姓名。代理人代理取款时，也应在取款通知上签章，注明其身份证件名称、号码及发证机关，并同时交验代理人和被代理人的身份证件。

转帐支付的，应由原收款人向银行填制支款凭证，并由本人交验其身份证件办理支付款项。该帐户的款项只能转入单位或个体工商户的存款帐户，严禁转入储蓄和信用卡帐户。

转汇的，应由原收款人向银行填制信、电汇凭证，并由本人交验其身份证件。转汇的收款人必须是原收款人。原汇入银行必须在信、电汇凭证上加盖“转汇”戳记。

第一百七十七条　汇款人对汇出银行尚未汇出的款项可以申请撤销。申请撤销时，应出具正式函件或本人身份证件及原信、电汇回单。汇出银行查明确未汇出款项的，收回原信、电汇回单，方可办理撤销。

第一百七十八条　汇款人对汇出银行已经汇出的款项可以申请退汇。对在汇入银行开立存款帐户的收款人，由汇款人与收款人自行联系退汇；对未在汇入银行开立存款帐户的收款人，汇款人应出具正式函件或本人身份证件以及原信、电汇回单，由汇出银行通知汇入银行，经汇入银行核实汇款确未支付，并将款项汇回汇出银行，方可办理退汇。

第一百七十九条　转汇银行不得受理汇款人或汇出银行对汇款的撤销或退汇。

第一百八十条　汇入银行对于收款人拒绝接受的汇款，应即办理退汇。汇入银行对于向收款人发出取款通知，经过2个月无法交付的汇款，应主动办理退汇。

第三节　托收承付

第一百八十一条　托收承付是根据购销合同由收款人发货后委托银行向异地付款人收取款项，由付款人向银行承认付款的结算方式。

第一百八十二条　使用托收承付结算方式的收款单位和付款单位，必须是国有企业、供销合作社以及经营管理较好，并经开户银行审查同意的城乡集体所有制工业企业。

第一百八十三条　办理托收承付结算的款项，必须是商品交易，以及因商品交易而产生的劳务供应的款项。代销、寄销、赊销商品的款项，不得办理托收承付结算。

第一百八十四条　收付双方使用托收承付结算必须签有符合《经济合同法》的购销合同，并在合同上订明使用托收承付结算方式。

第一百八十五条　收付双方办理托收承付结算，必须重合同、守信用。收款人对同一付款人发货托收累计3次收不回货款的，收款人开户银行应暂停收款人向该付款人办理托收；付款人累计3次提出无理拒付的，付款人开户银行应暂停其向外办理托收。

第一百八十六条　收款人办理托收，必须具有商品确已发运的证件（包括铁路、航运、公路等运输部门签发运单、运单副本和邮局包裹回执）。

没有发运证件，属于下列情况的，可凭其他有关证件办理托收：

（一）内贸、外贸部门系统内商品调拨，自备运输工具发送或自提的；易燃、易爆、剧毒、腐蚀性强的商品，以及电、石油、天然气等必须使用专用工具或线路、管道运输的，可凭付款人确已收到商品的证明（粮食部门凭提货单及发货明细表）。

（二）铁道部门的材料厂向铁道系统供应专用器材，可凭其签发注明车辆号码和发运日期的证明。

（三）军队使用军列整车装运物资，可凭注明车辆号码、发运日期的单据；军用仓库对军内发货，可凭总后勤部签发的提货单副本，各大军区、省军区也可比照办理。

（四）收款人承造或大修理船舶、锅炉和大型机器等，生产周期长，合同规定按工程进度分次结算的，可凭工程进度完工证明书。

（五）付款人购进的商品，在收款人所在地转厂加工、配套的，可凭付款人和承担加工、配套单位的书面证明。

（六）合同规定商品由收款人暂时代为保管的，可凭寄存证及付款人委托保管商品的证明。

（七）使用“铁路集装箱”或将零担凑整车发运商品的，由于铁路只签发一张运单，可凭持有发运证件单位出具的证明。

（八）外贸部门进口商品，可凭国外发来的帐单、进口公司开出的结算帐单。

第一百八十七条　托收承付结算每笔的金额起点为1万元。新华书店系统每笔的金额起点为1千元。

第一百八十八条　托收承付结算款项的划回方法，分邮寄和电报两种，由收款人选用。

第一百八十九条　签发托收承付凭证必须记载下列事项：

（一）表明“托收承付”的字样；
（二）确定的金额；
（三）付款人名称及帐号；
（四）收款人名称及帐号；
（五）付款人开户银行名称；
（六）收款人开户银行名称；
（七）托收附寄单证张数或册数；
（八）合同名称、号码；
（九）委托日期；
（十）收款人签章。

托收承付凭证上欠缺记载上列事项之一的，银行不予受理。

第一百九十条　托收。收款人按照签订的购销合同发货后，委托银行办理托收。

（一）收款人应将托收凭证并附发运证件或其他符合托收承付结算的有关证明和交易单证送交银行。收款人如需取回发运证件，银行应在托收凭证上加盖“已验发运证件”戳记。

对于军品托收，有驻厂军代表检验产品或有指定专人负责财务监督的，收款人还应当填制盖有驻厂军代表或指定人员印章（要在银行预留印模）的结算通知单，将交易单证和发运证件装入密封袋，并在密封袋上填明托收号码；同时，在托收凭证上填明结算通知单和密封袋的号码。然后，将托收凭证和结算通知单送交银行办理托收。

没有驻厂军代表使用代号明件办理托收的，不填结算通知单，但应在交易单证上填写保密代号，按照正常托收办法处理。

（二）收款人开户银行接到托收凭证及其附件后，应当按照托收的范围、条件和托收凭证记载的要求认真进行审查，必要时，还应查验收付款人签订的购销合同。凡不符合要求或违反购销合同发货的，不能办理。审查时间最长不得超过次日。

第一百九十一条　承付。付款人开户银行收到托收凭证及其附件后，应当及时通知付款人。通知的方法，可以根据具体情况与付款人签订协议，采取付款人来行自取、派人送达、对距离较远的付款人邮寄等。付款人应在承付期内审查核对，安排资金。

承付货款分为验单付款和验货付款两种，由收付双方商量选用，并在合同中明确规定。

（一）验单付款。验单付款的承付期为 3 天，从付款人开户银行发出承付通知的次日算起（承付期内遇法定休假日顺延）。

付款人在承付期内，未向银行表示拒绝付款，银行即视作承付，并在承付期满的次日（法定休假日顺延）上午银行开始营业时，将款项主动从付款人的帐户内付出，按照收款人指定的划款方式，划给收款人。

（二）验货付款。验货付款的承付期为 10 天，从运输部门向付款人发出提货通知的次日算起。对收付双方在合同中明确规定，并在托收凭证上注明验货付款期限的，银行从其规定。

付款人收到提货通知后，应即向银行交验提货通知。付款人在银行发出承付通知的次日起 10 天内，未收到提货通知的，应在第 10 天将货物尚未到达的情况通知银行。在第 10 天付款人没有通知银行的，银行即视作已经验货，于 10 天期满的次日上午银行开始营业时，将款项划给收款人；在第 10 天付款人通知银行货物未到，而以后收到提货通知没有及时送交银行，银行仍按 10 天期满的次日作为划款日期，并按超过的天数，计扣逾期付款赔偿金。

采用验货付款的，收款人必须在托收凭证上加盖明显的“验货付款”字样戳记。托收凭证未注明验货付款，经付款人提出合同证明是验货付款的，银行可按验货付款处理。

（三）不论验单付款还是验货付款，付款人都可以在承付期内提前向银行表示承付，并通知银行提前付款，银行应立即办理划款；因商品的价格、数量或金额变动，付款人应多承付款项的，须在承付期内向银行提出书面通知，银行据以随同当次托收款项划给收款人。

付款人不得在承付货款中，扣抵其他款项或以前托收的货款。

第一百九十二条　逾期付款。付款人在承付期满日银行营业终了时，如无足够资金支付，其不足部分，即为逾期未付款项，按逾期付款处理。

（一）付款人开户银行对付款人逾期支付的款项，应当根据逾期付款金额和逾期天数，按每天万分之五计算逾期付款赔偿金。

逾期付款天数从承付期满日算起。承付期满日银行营业终了时，付款人如无足够资金支付，其不足部分，应当算作逾期 1 天，计算 1 天的赔偿金。在承付期满的次日（遇法定休假日，逾期付款赔偿金的天数计算相应顺延，但在以后遇法定休假日应当照算逾期天数）银行营业终了时，仍无足够资金支付，其不足部分，应当算作逾期 2 天，计算 2 天的赔偿金。余类推。

银行审查拒绝付款期间，不能算作付款人逾期付款，但对无理的拒绝付款，而增加银行审查时间的，应从承付期满日起计算逾期付款赔偿金。

（二）赔偿金实行定期扣付，每月计算一次，于次月 3 日内单独划给收款人。在月内有部分付款的，其赔偿金随同部分支付的款项划给收款人，对尚未支付的款项，月终再计算赔偿金，于次月 3 日内划给收款人；次月又有部分付款时，从当月 1 日起计算赔偿金，随同部分支付的款项划给收款人，对尚未支付的款项，从当月 1 日起至月终再计算赔偿金，于第 3 月 3 日内划给收款人。第 3 月仍有部分付款的，按照上述方法计扣赔偿金。

赔偿金的扣付列为企业销货收入扣款顺序的首位。付款人帐户余额不足全额支付时，应排列在工资之前，并对该帐户采取“只收不付”的控制办法，待一次足额扣付赔偿金后，才准予办理其他款项的支付。因此而产生的经济后果，由付款人自行负责。

（三）付款人开户银行对付款人逾期未能付款的情况，应当及时通知收款人开户银行，由其转知收款人。

（四）付款人开户银行要随时掌握付款人帐户逾期未付的资金情况，俟帐户有款时，必须将逾期未付款项和应付的赔偿金及时扣划给收款人，不得拖延扣划。在各单位的流动资金帐户内扣付货款，要严格按照国务院关于国营企业销货收入扣款顺序的规定（即从企业销货收入中预留工资后，按照应缴纳税款、到期贷款、应偿付货款、应上缴利润的顺序）扣款；同类性质的款项按照应付时间的先后顺序扣款。

（五）付款人开户银行对不执行合同规定、三次拖欠货款的付款人，应当通知收款人开户银行转知收款人，停止对该付款人办理托收。收款人不听劝告，继续对该付款人办理托收，付款人开户银行对发出通知的次日起 1 个月之后收到的托收凭证，可以拒绝受理，注明理由，原件退回。

（六）付款人开户银行对逾期未付的托收凭证，负责进行扣款的期限为 3 个月（从承付期满日算起）。在此期限内，银行必须按照扣款顺序陆续扣款。期满时，付款人仍无足够资金支付该笔尚未付清的欠款，银行应于次日通知付款人将有关交易单证（单证已作帐务处理或已部分支付的，可以填制应付款项证明单）在 2 日内退回银行。银行将有关结算凭证连同交易单证或应付款项证明单退回收款人开户银行转交收款人，并将应付的赔偿金划给收款人。

对付款人逾期不退回单证的，开户银行应当自发出通知的第 3 天起，按照该笔尚未付清欠款的金额，每天处以万分之五但不低于 50 元的罚款，并暂停付款人向外办理结算业务，直到退回单证时止。

第一百九十三条　拒绝付款。对下列情况，付款人在承付期内，可向银行提出全部或部分拒绝付款：

（一）没有签订购销合同或购销合同未订明托收承付结算方式的款项。

（二）未经双方事先达成协议，收款人提前交货或因逾期交货付款人不再需要该项货物的款项。

（三）未按合同规定的到货地址发货的款项。

（四）代销、寄销、赊销商品的款项。

（五）验单付款，发现所列货物的品种、规格、数量、价格与合同规定不符，或货物已到，经查验货物与合同规定或发货清单不符的款项。

（六）验货付款，经查验货物与合同规定或与发货清单不符的款项。

（七）货款已经支付或计算有错误的款项。

不属于上述情况的，付款人不得向银行提出拒绝付款。

外贸部门托收进口商品的款项，在承付期内，订货部门除因商品的质量问题不能提出拒绝付款，应当另行向外贸部门提出索赔外，属于上述其他情况，可以向银行提出全部或部分拒绝付款。

付款人对以上情况提出拒绝付款时，必须填写“拒绝付款理由书”并签章，注明拒绝付款理由，涉及合同的应引证合同上的有关条款。属于商品质量问题，需要提出商品检验部门的检验证明；属于商品数量问题，需要提出数量问题的证明及其有关数量的记录；属于外贸部门进口商品，应当提出国家商品检验或运输等部门出具的证明。

开户银行必须认真审查拒绝付款理由，查验合同。对于付款人提出拒绝付款的手续不全、依据不足、理由不符合规定和不属于本条七种拒绝付款情况的，以及超过承付期拒付和应当部分拒付提为全部拒付的，银行均不得受理，应实行强制扣款。

对于军品的拒绝付款，银行不审查拒绝付款理由。

银行同意部分或全部拒绝付款的，应在拒绝付款理由书上签注意见。部分拒绝付款，除办理部分付款外，应将拒绝付款理由书连同拒付证明和拒付商品清单邮寄收款人开户银行转交收款人。全部拒绝付款，应将拒绝付款理由书连同拒付证明和有关单证邮寄收款人开户银行转交收款人。

第一百九十四条　重办托收。收款人对被无理拒绝付款的托收款项，在收到退回的结算凭证及其所附单证后，需要委托银行重办托收，应当填写四联“重办托收理由书”，将其中三联连同购销合同、有关证据和退回的原托收凭证及交易单证，一并送交银行。经开户银行审查，确属无理拒绝付款，可以重办托收。

第一百九十五条　收款人开户银行对逾期尚未划回，又未收到付款人开户银行寄来逾期付款通知或拒绝付款理由书的托收款项，应当及时发出查询。付款人开户银行要积极查明，及时答复。

第一百九十六条　付款人提出的拒绝付款，银行按照本办法规定审查无法判明是非的，应由收付双方自行协商处理，或向仲裁机关，人民法院申请调解或裁决。

第一百九十七条　未经开户银行批准使用托收承付结算方式的城乡集体所有制工业企业，收款人开户银行不得受理其办理托收；付款人开户银行对其承付的款项应按规定支付款项外，还要对该付款人按结算金额处以百分之五罚款。

第四节　委 托 收 款

第一百九十八条　委托收款是收款人委托银行向付款人收取款项的结算方式。

第一百九十九条　单位和个人凭已承兑商业汇票、债券、存单等付款人债务证明办理款项的结算，均可以使用委托收款结算方式。

第二百条 委托收款在同城、异地均可以使用。

第二百零一条 委托收款结算款项的划回方式，分邮寄和电报两种，由收款人选用。

第二百零二条 签发委托收款凭证必须记载下列事项：

（一）表明"委托收款"的字样；

（二）确定的金额；

（三）付款人名称；

（四）收款人名称；

（五）委托收款凭据名称及附寄单证张数；

（六）委托日期；

（七）收款人签章。

欠缺记载上列事项之一的，银行不予受理。

委托收款以银行以外的单位为付款人的，委托收款凭证必须记载付款人开户银行名称；以银行以外的单位或在银行开立存款帐户的个人为收款人的，委托收款凭证必须记载收款人开户银行名称；未在银行开立存款帐户的个人为收款人的，委托收款凭证必须记载被委托银行名称。欠缺记载的，银行不予受理。

第二百零三条 委托。收款人办理委托收款应向银行提交委托收款凭证和有关的债务证明。

第二百零四条 付款。银行接到寄来的委托收款凭证及债务证明，审查无误办理付款。

（一）以银行为付款人的，银行应在当日将款项主动支付给收款人。

（二）以单位为付款人的，银行应及时通知付款人，按照有关办法规定，需要将有关债务证明交给付款人的应交给付款人，并签收。

付款人应于接到通知的当日书面通知银行付款。

按照有关办法规定，付款人未在接到通知日的次日起3日内通知银行付款的，视同付款人同意付款，银行应于付款人接到通知日的次日起第4日上午开始营业时，将款项划给收款人。

付款人提前收到由其付款的债务证明，应通知银行于债务证明的到期日付款。付款人未于接到通知日的次日起3日内通知银行付款，付款人接到通知日的次日起第4日在债务证明到期日之前的，银行应于债务证明到期日将款项划给收款人。

银行在办理划款时，付款人存款帐户不足支付的，应通过被委托银行向收款人发出未付款项通知书。按照有关办法规定，债务证明留存付款人开户银行的，应将其债务证明连同未付款项通知书邮寄被委托银行转交收款人。

第二百零五条 拒绝付款。付款人审查有关债务证明后，对收款人委托收取的款项需要拒绝付款的，可以办理拒绝付款。

（一）以银行为付款人的，应自收到委托收款及债务证明的次日起3日内出具拒绝证明连同有关债务证明、凭证寄给被委托银行，转交收款人。

（二）以单位为付款人的，应在付款人接到通知日的次日起3日内出具拒绝证明，持有债务证明的，应将其送交开户银行。银行将拒绝证明、债务证明和有关凭证一并寄给被委托银行，转交收款人。

第二百零六条 在同城范围内，收款人收取公用事业费或根据国务院的规定，可以使用同城特约委托收款。

收取公用事业费，必须具有收付双方事先签订的经济合同，由付款人向开户银行授权，并经开户银行同意，报经中国人民银行当地分支行批准。

第五章 结算纪律与责任

第二百零七条 单位和个人办理支付结算，不准签发没有资金保证的票据或远期支票，套取银行信用；不准签发、取得和转让没有真实交易和债权债务的票据；套取银行和他人资金；不准无理拒绝付款，任意占用他人资金；不准违反规定开立和使用帐户。

第二百零八条 银行办理支付结算，不准以任何理由压票、任意退票、截留挪用客户和他行资金；不准无理拒绝支付应由银行支付的票据款项；不准受理无理拒付、不扣少扣滞纳金；不准违章签发、承兑、贴现票据，套取银行资金；不准签发空头银行汇票、银行本票和办理空头汇款；不准在支付结算制度之外规定附加条件，影响汇路畅通；不准违反规定为单位和个人开立帐户；不准拒绝受理、代理他行正常结算业务；不准放弃对企事业单位和个人违反结算纪律的制裁；不准逃避向人民银行转汇大额汇划款项。

第二百零九条 单位、个人和银行按照法定条件在票据上签章的，必须按照所记载的事项承担票据责任。

第二百一十条 单位签发商业汇票后，必须承担保证该汇票承兑和付款的责任。

单位和个人签发支票后，必须承担保证该支票付款的责任。

银行签发银行汇票、银行本票后，即承担该票据付款的责任。

第二百一十一条 商业汇票的背书人背书转让票据后，即承担保证其后手所持票据承兑和付款责任。

银行汇票、银行本票或支票的背书人背书转让票据后，即承担保证其后手所持票据付款的责任。

单位或银行承兑商业汇票后，必须承担该票据付款的责任。

第二百一十二条 票据的保证人应当与被保证人对持票

人承担连带责任。

第二百一十三条　变造票据除签章以外的记载事项的，在变造之前签章的人，对原记载事项负责、在变造之后签章的人，对变造之后的记载事项负责；不能辨别在票据被变造之前或者之后签章的，视同在变造之前签章。

第二百一十四条　持票人超过规定期限提示付款的，银行汇票、银行本票的出票人、商业汇票的承兑人，在持票人作出说明后，仍应当继续对持票人承担付款责任；支票的出票人对持票人的追索，仍应当承担清偿责任。

第二百一十五条　付款人及其代理付款人以恶意或者重大过失付款的，应当自行承担责任。

第二百一十六条　商业汇票的付款人在到期前付款的，由付款人自行承担所产生的责任。

第二百一十七条　承兑人或者付款人拒绝承兑或拒绝付款，未按规定出具拒绝证明、或者出具退票理由书的，应当承担由此产生的民事责任。

第二百一十八条　持票人不能出示拒绝证明、退票理由书或者未按规定期限提供其他合法证明丧失对其前手追索权的，承兑人或者付款人应对持票人承担责任。

第二百一十九条　持票人因不获承兑或不获付款，对其前手行使追索权时，票据的出票人、背书人和保证人对持票人承担连带责任。

第二百二十条　持票人行使追索权时，持票人及其前手未按《票据法》规定期限将被拒绝事由书面通知其前手的，因延期通知给其前手或者出票人造成损失的，由没有按照规定期限通知的票据当事人，在票据金额内承担对该损失的赔偿责任。

第二百二十一条　票据债务人在持票人不获付款或不获承兑时，应向持票人清偿《票据法》规定的金额和费用。

第二百二十二条　单位和个人签发空头支票、签章与预留银行签章不符或者支付密码错误的支票，应按照《票据管理实施办法》和本办法的规定承担行政责任。

第二百二十三条　单位为票据的付款人，对见票即付或者到期的票据，故意压票、拖延支付的，应按照《票据管理实施办法》的规定承担行政责任。

第二百二十四条　持卡人必须妥善保管和正确使用其信用卡，否则，应按规定承担因此造成的资金损失。

第二百二十五条　持卡人使用单位卡发生透支的，由其单位承担透支金额的偿还和支付透支利息的责任。持卡人使用个人卡附属卡发生透支的，由其主卡持卡人承担透支金额的偿还和支付透支利息的责任；主卡持卡人丧失偿还能力的，由其附属卡持卡人承担透支金额的偿还和支付透支利息的责任。

第二百二十六条　持卡人办理挂失后，被冒用造成的损失，有关责任人按照信用卡章程的规定承担责任。

第二百二十七条　持卡人违反本办法规定使用信用卡进行商品交易、套取现金以及出租或转借信用卡的，应按规定承担行政责任。

第二百二十八条　单位卡持卡人违反本办法规定，将基本存款帐户以外的存款和销货款收入的款项转入其信用卡帐户的；个人卡持卡人违反本办法规定，将单位的款项转入其信用卡帐户的，应按规定承担行政责任。

第二百二十九条　特约单位受理信用卡时，应当按照规定的操作程序办理，否则，由其承担因此造成的资金损失。

第二百三十条　发卡银行未按规定时间将止付名单发至特约单位的，应由其承担因此造成的资金损失。

第二百三十一条　银行违反本办法规定，未经批准发行信用卡的；帮助持卡人将其基本存款帐户以外的存款或其他款项转入单位卡帐户，将单位的款项转入个人卡帐户的；违反规定帮助持卡人提取现金的，应按规定承担行政责任。

第二百三十二条　非金融机构、非银行金融机构、境外金融机构驻华代表机构违反规定，经营信用卡业务的，应按规定承担行政责任。

第二百三十三条　付款单位对收款单位托收的款项逾期付款，应按照规定承担赔偿责任；付款单位变更开户银行、帐户名称和帐号，未能及时通知收款单位，影响收取款项的，应由付款单位承担逾期付款赔偿责任；付款单位提出的无理拒绝付款，对收款单位重办的托收，应承担自第一次托收承付期满日起逾期付款赔偿责任。

第二百三十四条　单位和个人办理支付结算，未按照本办法的规定填写票据或结算凭证或者填写有误，影响资金使用或造成资金损失；票据或印章丢失，造成资金损失的，由其自行负责。

第二百三十五条　单位和个人违反本办法的规定，银行停止其使用有关支付结算工具，因此造成的后果，由单位和个人自行负责。

第二百三十六条　付款单位到期无款支付，逾期不退回托收承付有关单证的，应按规定承担行政责任。

第二百三十七条　城乡集体所有制工业企业未经银行批准，擅自办理托收承付结算的，应按规定承担行政责任。

第二百三十八条　单位和个人违反《银行帐户管理办法》开立和使用帐户的，应按规定承担行政责任。

第二百三十九条　对单位和个人承担行政责任的处罚，由中国人民银行委托商业银行执行。

第二百四十条　收款人或持票人委托的收款银行的责任，限于收到付款人支付的款项后按照票据和结算凭证上记载的事项将票据或结算凭证记载的金额转入收款人或持票人帐户。

付款人委托的付款银行的责任,限于按照票据和结算凭证上记载事项从付款人帐户支付金额。但托收承付结算中的付款人开户银行,应按照托收承付结算方式有关规定承担责任。

第二百四十一条 银行办理支付结算,因工作差错发生延误,影响客户和他行资金使用的,按中国人民银行规定的同档次流动资金贷款利率计付赔偿金。

第二百四十二条 银行违反规定故意压票、退票、拖延支付,受理无理拒付、擅自拒付退票、有款不扣以及不扣、少扣赔偿金,截留挪用结算资金,影响客户和他行资金使用的,要按规定承担赔偿责任。因重大过失错付或被冒领的,要负责资金赔偿。

第二百四十三条 银行违反本办法规定将支付结算的款项转入储蓄和信用卡帐户的,应按规定承担行政责任。

第二百四十四条 银行违反规定签发空头银行汇票、银行本票和办理空头汇款的,应按照规定承担行政责任。

第二百四十五条 银行违反规定故意压票、退票、拖延支付,受理无理拒付、擅自拒付退票、有款不扣以及不扣、少扣赔偿金,截留、挪用结算资金的,应按规定承担行政责任。

第二百四十六条 银行未按规定通过人民银行办理大额转汇的,应按规定承担行政责任。

第二百四十七条 银行在结算制度之外规定附加条件,影响汇路畅通的,应按规定承担行政责任。

第二百四十八条 银行违反《银行帐户管理办法》开立和管理帐户的,应按规定承担行政责任。

第二百四十九条 违反国家法律、法规和未经中国人民银行批准,作为中介机构经营结算业务的;未经中国人民银行批准,开办银行汇票、银行本票、支票、信用卡业务的,应按规定承担行政责任。

第二百五十条 金融机构的工作人员在票据业务中玩忽职守,对违反规定的票据予以承兑、付款、保证或者贴现的,应按照《票据管理实施办法》的规定承担行政责任或刑事责任。

第二百五十一条 违反本办法规定擅自印制票据的,应按照《票据管理实施办法》的规定承担行政责任。

第二百五十二条 邮电部门在传递票据、结算凭证和拍发电报中,因工作差错而发生积压、丢失、错投、错拍、漏拍、重拍等,造成结算延误,影响单位、个人和银行资金使用或造成资金损失的,由邮电部门负责。

第二百五十三条 伪造、变造票据和结算凭证上的签章或其他记载事项的,应当承担民事责任或刑事责任。

第二百五十四条 有利用票据、信用卡、结算凭证欺诈的行为,构成犯罪的,应依法承担刑事责任。情节轻微,不构成犯罪的,应按照规定承担行政责任。

第六章 附　　则

第二百五十五条 本办法规定的各项期限的计算,适用民法通则关于计算期间的规定。期限最后一日是法定休假日的,以休假日的次日为最后一日。

按月计算期限的,按到期月的对日计算;无对日的,月末日为到期日。

本办法所规定的各项期限,可以因不可抗力的原因而中止。不可抗力的原因消失时,期限可以顺延。

第二百五十六条 银行汇票、商业汇票由中国人民银行总行统一格式、联次、颜色、规格,并在中国人民银行总行批准的印制厂印制。由各家银行总行组织定货和管理。

银行本票、支票由中国人民银行总行统一格式、联次、颜色、规格,并在中国人民银行总行批准的印制厂印制,由中国人民银行各省、自治区、直辖市、计划单列市分行负责组织各商业银行定货和管理。

信用卡按中国人民银行的有关规定印制,信用卡结算凭证的格式、联次、颜色、规格由中国人民银行总行统一规定,各发卡银行总行负责印制。

汇兑凭证、托收承付凭证、委托收款凭证由中国人民银行总行统一格式、联次、颜色、规格,由各行负责印制和管理。

第二百五十七条 银行办理各项支付结算业务,根据承担的责任和业务成本以及应付给有关部门的费用,分别收取邮费、电报费、手续费、凭证工本费(信用卡卡片费)、挂失手续费,以及信用卡年费、特约手续费、异地存取款手续费。收费范围,除财政金库全部免收、存款不计息帐户免收邮费、手续费外,对其他单位和个人都要按照规定收取费用。

邮费,单程的每笔按邮局挂号信每件收费标准收费;双程的每笔按邮局挂号信二件收费标准收费;客户要求使用特快专递的,按邮局规定的收费标准收取;超重部分按邮局规定的标准加收。

电报费,每笔按四十五个字照电报费标准收取,超过的字数按每字收费的标准加收。急电均加倍收取电报费。

手续费,按银行规定的标准收取。

银行办理支付结算业务按照附二《支付结算业务收费表》收取手续费和邮电费。

信用卡统一的收费标准,中国人民银行将另行规定。

支票的手续费由经办银行向购买人收取，其他结算的手续费、邮电费一律由经办银行向委托人收取。

凭证工本费，按照不同凭证的成本价格，向领用人收取。

第二百五十八条　各部门、各单位制定的有关规定，涉及支付结算而与本办法有抵触的，一律按照本办法的规定执行。

中国人民银行过去有关支付结算的规定与本办法有抵触的，以本办法为准。

第二百五十九条　本办法由中国人民银行总行负责解释、修改。

第二百六十条　本办法自1997年12月1日起施行。

电子商业汇票业务管理办法

2009年10月16日中国人民银行令〔2009〕第2号公布施行

第一章　总　　则

第一条　为规范电子商业汇票业务，保障电子商业汇票活动中当事人的合法权益，促进电子商业汇票业务发展，依据《中华人民共和国中国人民银行法》、《中华人民共和国票据法》、《中华人民共和国电子签名法》、《中华人民共和国物权法》、《票据管理实施办法》等有关法律法规，制定本办法。

第二条　电子商业汇票是指出票人依托电子商业汇票系统，以数据电文形式制作的，委托付款人在指定日期无条件支付确定金额给收款人或者持票人的票据。

电子商业汇票分为电子银行承兑汇票和电子商业承兑汇票。电子银行承兑汇票由银行业金融机构、财务公司（以下统称金融机构）承兑；电子商业承兑汇票由金融机构以外的法人或其他组织承兑。

电子商业汇票的付款人为承兑人。

第三条　电子商业汇票系统是经中国人民银行批准建立，依托网络和计算机技术，接收、存储、发送电子商业汇票数据电文，提供与电子商业汇票货币给付、资金清算行为相关服务的业务处理平台。

第四条　电子商业汇票各当事人应本着诚实信用原则，按照本办法的规定作出票据行为。

第五条　电子商业汇票的出票、承兑、背书、保证、提示付款和追索等业务，必须通过电子商业汇票系统办理。

第六条　电子商业汇票业务主体的类别分为：

（一）直接接入电子商业汇票系统的金融机构（以下简称接入机构）；

（二）通过接入机构办理电子商业汇票业务的金融机构（以下简称被代理机构）；

（三）金融机构以外的法人及其他组织。

电子商业汇票系统对不同业务主体分配不同的类别代码。

第七条　票据当事人办理电子商业汇票业务应具备中华人民共和国组织机构代码。

被代理机构、金融机构以外的法人及其他组织办理电子商业汇票业务，应在接入机构开立账户。

第八条　接入机构提供电子商业汇票业务服务，应对客户基本信息的真实性负审核责任，并依据本办法及相关规定，与客户签订电子商业汇票业务服务协议，明确双方的权利和义务。客户基本信息包括客户名称、账号、组织机构代码和业务主体类别等信息。

第九条　电子商业汇票系统运营者由中国人民银行指定和监管。

第十条　接入机构应按规定向客户和电子商业汇票系统转发电子商业汇票信息，并保证内部系统存储的电子商业汇票信息与电子商业汇票系统存储的相关信息相符。

第十一条　电子商业汇票信息以电子商业汇票系统的记录为准。

第十二条　电子商业汇票以人民币为计价单位。

第二章　基本规定

第十三条　电子商业汇票为定日付款票据。

电子商业汇票的付款期限自出票日起至到期日止，最长不得超过1年。

第十四条　票据当事人在电子商业汇票上的签章，为该当事人可靠的电子签名。

电子签名所需的认证服务应由合法的电子认证服务提供者提供。

可靠的电子签名必须符合《中华人民共和国电子签名法》第十三条第一款的规定。

第十五条　电子商业汇票业务活动中，票据当事人所使用的数据电文和电子签名应符合《中华人民共和国电子签名法》的有关规定。

第十六条　客户开展电子商业汇票活动时，其签章所依赖的电子签名制作数据和电子签名认证证书，应向接入机构指定的电子认证服务提供者的注册审批机构申请。

接入机构为客户提供电子商业汇票业务服务或作为电子商业汇票当事人时，其签章所依赖的电子签名制作数据和电子签名认证证书，应向电子商业汇票系统运营者指定的电子认证服务提供者的注册审批机构申请。

第十七条　接入机构、电子商业汇票系统运营者指定的电子认证服务机构提供者,应对电子签名认证证书申请者的身份真实性负审核责任。

电子认证服务提供者依据《中华人民共和国电子签名法》承担相应责任。

第十八条　接入机构应对通过其办理电子商业汇票业务客户的电子签名真实性负审核责任。

电子商业汇票系统运营者应对接入机构的身份真实性和电子签名真实性负审核责任。

第十九条　电子商业汇票系统应实时接收、处理电子商业汇票信息,并向相关票据当事人的接入机构实时发送该信息;接入机构应实时接收、处理电子商业汇票信息,并向相关票据当事人实时发送该信息。

第二十条　出票人签发电子商业汇票时,应将其交付收款人。

电子商业汇票背书,背书人应将电子商业汇票交付被背书人。

电子商业汇票质押解除,质权人应将电子商业汇票交付出质人。

交付是指票据当事人将电子商业汇票发送给受让人,且受让人签收的行为。

第二十一条　签收是指票据当事人同意接受其他票据当事人的行为申请,签章并发送电子指令予以确认的行为。驳回是指票据当事人拒绝接受其他票据当事人的行为申请,签章并发送电子指令予以确认的行为。收款人、被背书人可与接入机构签订协议,委托接入机构代为签收或驳回行为申请,并代理签章。

商业承兑汇票的承兑人应与接入机构签订协议,在符合本办法规定的情况下,由接入机构代为签收或驳回提示付款指令,并代理签章。

第二十二条　出票人或背书人在电子商业汇票上记载了"不得转让"事项的,电子商业汇票不得继续背书。

第二十三条　票据当事人通过电子商业汇票系统作出行为申请,行为接收方未签收且未驳回的,票据当事人可撤销该行为申请。电子商业汇票系统为行为接收方的,票据当事人不得撤销。

第二十四条　电子商业汇票的出票日是指出票人记载在电子商业汇票上的出票日期。

电子商业汇票的提示付款日是指提示付款申请的指令进入电子商业汇票系统的日期。

电子商业汇票的拒绝付款日是指驳回提示付款申请的指令进入电子商业汇票系统的日期。

电子商业汇票追索行为的发生日是指追索通知的指令进入电子商业汇票系统的日期。

承兑、背书、保证、质押解除、付款和追索清偿等行为的发生日是指相应的签收指令进入电子商业汇票系统的日期。

第二十五条　电子商业汇票责任解除前,电子商业汇票的承兑人不得撤销原办理电子商业汇票业务的账户,接入机构不得为其办理销户手续。

第二十六条　接入机构终止提供电子商业汇票业务服务的,应按规定由其他接入机构承接其电子商业汇票业务服务。

第三章　票据行为

第一节　出　　票

第二十七条　电子商业汇票的出票,是指出票人签发电子商业汇票并交付收款人的票据行为。

出票人在电子商业汇票交付收款人前,可办理票据的未用退回。

出票人不得在提示付款期后将票据交付收款人。

第二十八条　电子商业汇票的出票人必须为银行业金融机构以外的法人或其他组织。

电子银行承兑汇票的出票人应在承兑金融机构开立账户。

第二十九条　电子商业汇票出票必须记载下列事项:

(一)表明"电子银行承兑汇票"或"电子商业承兑汇票"的字样;

(二)无条件支付的委托;

(三)确定的金额;

(四)出票人名称;

(五)付款人名称;

(六)收款人名称;

(七)出票日期;

(八)票据到期日;

(九)出票人签章。

第三十条　出票人可在电子商业汇票上记载自身的评级信息,并对记载信息的真实性负责,但该记载事项不具有票据上的效力。

评级信息包括评级机构、信用等级和评级到期日。

第二节　承　　兑

第三十一条　电子商业汇票的承兑,是指付款人承诺在票据到期日支付电子商业汇票金额的票据行为。

第三十二条　电子商业汇票交付收款人前,应由付款人承兑。

第三十三条　电子银行承兑汇票由真实交易关系或债权债务关系中的债务人签发,并交由金融机构承兑。

电子银行承兑汇票的出票人与收款人不得为同一人。

第三十四条　电子商业承兑汇票的承兑有以下几种方式:

(一)真实交易关系或债权债务关系中的债务人

签发并承兑；

（二）真实交易关系或债权债务关系中的债务人签发，交由第三人承兑；

（三）第三人签发，交由真实交易关系或债权债务关系中的债务人承兑；

（四）收款人签发，交由真实交易关系或债权债务关系中的债务人承兑。

第三十五条 电子银行承兑汇票的出票人应向承兑金融机构提交真实、有效、用以证实真实交易关系或债权债务关系的交易合同或其他证明材料，并在电子商业汇票上作相应记录，承兑金融机构应负责审核。

第三十六条 承兑人应在票据到期日前，承兑电子商业汇票。

第三十七条 承兑人承兑电子商业汇票，必须记载下列事项：

（一）表明“承兑”的字样；

（二）承兑日期；

（三）承兑人签章。

第三十八条 承兑人可在电子商业汇票上记载自身的评级信息，并对记载信息的真实性负责，但该记载事项不具有票据上的效力。

评级信息包括评级机构、信用等级和评级到期日。

第三节 转让背书

第三十九条 转让背书是指持票人将电子商业汇票权利依法转让给他人的票据行为。

票据在提示付款期后，不得进行转让背书。

第四十条 转让背书应当基于真实、合法的交易关系和债权债务关系，或以税收、继承、捐赠、股利分配等合法行为为基础。

第四十一条 转让背书必须记载下列事项：

（一）背书人名称；

（二）被背书人名称；

（三）背书日期；

（四）背书人签章。

第四节 贴现、转贴现和再贴现

第四十二条 贴现是指持票人在票据到期日前，将票据权利背书转让给金融机构，由其扣除一定利息后，将约定金额支付给持票人的票据行为。

转贴现是指持有票据的金融机构在票据到期日前，将票据权利背书转让给其他金融机构，由其扣除一定利息后，将约定金额支付给持票人的票据行为。

再贴现是指持有票据的金融机构在票据到期日前，将票据权利背书转让给中国人民银行，由其扣除一定利息后，将约定金额支付给持票人的票据行为。

第四十三条 贴现、转贴现和再贴现按照交易方式，分为买断式和回购式。

买断式是指贴出人将票据权利转让给贴入人，不约定日后赎回的交易方式。

回购式是指贴出人将票据权利转让给贴入人，约定日后赎回的交易方式。

电子商业汇票贴现、转贴现和再贴现业务中转让票据权利的票据当事人为贴出人，受让票据权利的票据当事人为贴入人。

第四十四条 电子商业汇票当事人在办理回购式贴现、回购式转贴现和回购式再贴现业务时，应明确赎回开放日、赎回截止日。

赎回开放日是指办理回购式贴现赎回、回购式转贴现赎回和回购式再贴现赎回业务的起始日期。

赎回截止日是指办理回购式贴现赎回、回购式转贴现赎回和回购式再贴现赎回业务的截止日期，该日期应早于票据到期日。

自赎回开放日起至赎回截止日止，为赎回开放期。

第四十五条 在赎回开放日前，原贴出人、原贴入人不得作出除追索行为外的其他票据行为。

回购式贴现、回购式转贴现和回购式再贴现业务的原贴出人、原贴入人应按照协议约定，在赎回开放期赎回票据。

在赎回开放期未赎回票据的，原贴入人在赎回截止日后只可将票据背书给他人或行使票据权利，除票据关系以外的其他权利义务关系由双方协议约定。

第四十六条 持票人申请贴现时，应向贴入人提供用以证明其与直接前手间真实交易关系或债权债务关系的合同、发票等其他材料，并在电子商业汇票上作相应记录，贴入人应负责审查。

第四十七条 电子商业汇票贴现、转贴现和再贴现必须记载下列事项：

（一）贴出人名称；

（二）贴入人名称；

（三）贴现、转贴现或再贴现日期；

（四）贴现、转贴现或再贴现类型；

（五）贴现、转贴现或再贴现利率；

（六）实付金额；

（七）贴出人签章。

实付金额为贴入人实际支付给贴出人的金额。

回购式贴现、回购式转贴现和回购式再贴现还应记载赎回开放日和赎回截止日。

贴现还应记载贴出人贴现资金入账信息。

第四十八条 电子商业汇票回购式贴现、回购式转贴现和回购式再贴现赎回应作成背书，并记载下列事项：

（一）原贴出人名称；
（二）原贴入人名称；
（三）赎回日期；
（四）赎回利率；
（五）赎回金额；
（六）原贴入人签章。

第四十九条　贴现和转贴现利率、期限等由贴出人与贴入人协商确定。

再贴现利率由中国人民银行规定。

第五十条　电子商业汇票贴现、转贴现和再贴现可选择票款对付方式或其他方式清算资金。

本办法所称票款对付，是指票据交付和资金交割同时完成，并互为条件的一种交易方式。

第五节　质　　押

第五十一条　电子商业汇票的质押，是指电子商业汇票持票人为了给债权提供担保，在票据到期日前在电子商业汇票系统中进行登记，以该票据为债权人设立质权的票据行为。

第五十二条　主债务到期日先于票据到期日，且主债务已经履行完毕的，质权人应按约定解除质押。

主债务到期日先于票据到期日，且主债务到期未履行的，质权人可行使票据权利，但不得继续背书。

票据到期日先于主债务到期日的，质权人可在票据到期后行使票据权利，并与出质人协议将兑现的票款用于提前清偿所担保的债权或继续作为债权的担保。

第五十三条　电子商业汇票质押，必须记载下列事项：

（一）出质人名称；
（二）质权人名称；
（三）质押日期；
（四）表明“质押”的字样；
（五）出质人签章。

第五十四条　电子商业汇票质押解除，必须记载下列事项：

（一）表明“质押解除”的字样；
（二）质押解除日期。

第六节　保　　证

第五十五条　电子商业汇票的保证，是指电子商业汇票上记载的债务人以外的第三人保证该票据获得付款的票据行为。

第五十六条　电子商业汇票获得承兑前，保证人作出保证行为的，被保证人为出票人。

电子商业汇票获得承兑后、出票人将电子商业汇票交付收款人前，保证人作出保证行为的，被保证人为承兑人。出票人将电子商业汇票交付收款人后，保证人作出保证行为的，被保证人为背书人。

第五十七条　电子商业汇票保证，必须记载下列事项：

（一）表明“保证”的字样；
（二）保证人名称；
（三）保证人住所；
（四）被保证人名称；
（五）保证日期；
（六）保证人签章。

第七节　付　　款

第五十八条　提示付款是指持票人通过电子商业汇票系统向承兑人请求付款的行为。

持票人应在提示付款期内向承兑人提示付款。

提示付款期自票据到期日起10日，最后一日遇法定休假日、大额支付系统非营业日、电子商业汇票系统非营业日顺延。

第五十九条　持票人在票据到期日前提示付款的，承兑人可付款或拒绝付款，或于到期日付款。承兑人拒绝付款或未予应答的，持票人可待票据到期后再次提示付款。

第六十条　持票人在提示付款期内提示付款的，承兑人应在收到提示付款请求的当日至迟次日（遇法定休假日、大额支付系统非营业日、电子商业汇票系统非营业日顺延）付款或拒绝付款。

持票人超过提示付款期提示付款的，接入机构不得拒绝受理。持票人在作出合理说明后，承兑人仍应当承担付款责任，并在上款规定的期限内付款或拒绝付款。

电子商业承兑汇票承兑人在票据到期后收到提示付款请求，且在收到该请求次日起第3日（遇法定休假日、大额支付系统非营业日、电子商业汇票系统非营业日顺延）仍未应答的，接入机构应按其与承兑人签订的《电子商业汇票业务服务协议》，进行如下处理：

（一）承兑人账户余额在该日电子商业汇票系统营业截止时足够支付票款的，则视同承兑人同意付款，接入机构应扣划承兑人账户资金支付票款，并在下一日（遇法定休假日、大额支付系统非营业日、电子商业汇票系统非营业日顺延）电子商业汇票系统营业开始时，代承兑人作出付款应答，并代理签章；

（二）承兑人账户余额在该日电子商业汇票系统营业截止时不足以支付票款的，则视同承兑人拒绝付款，接入机构应在下一日（遇法定休假日、大额支付系统非营业日、电子商业汇票系统非营业日顺延）电子商业汇票系统营业开始时，代承兑人作出拒付应答，并代理签章。

第六十一条　接入机构应及时将持票人的提示付款请求

通知电子商业承兑汇票的承兑人。通知方式由接入机构与承兑人自行约定。

第六十二条 持票人可选择票款对付方式或其他方式向承兑人提示付款。

第六十三条 电子商业汇票提示付款,必须记载下列事项:

(一)提示付款日期;

(二)提示付款人签章。

持票人可与接入机构签订协议,委托接入机构代为提示付款并代理签章。

第六十四条 承兑人付款或拒绝付款,必须记载下列事项:

(一)承兑人名称;

(二)付款日期或拒绝付款日期;

(三)承兑人签章。

承兑人拒绝付款的,还应注明拒绝付款的理由。

第八节 追 索

第六十五条 追索分为拒付追索和非拒付追索。

拒付追索是指电子商业汇票到期后被拒绝付款,持票人请求前手付款的行为。

非拒付追索是指存在下列情形之一,持票人请求前手付款的行为:

(一)承兑人被依法宣告破产的;

(二)承兑人因违法被责令终止业务活动的。

第六十六条 持票人在票据到期日前被拒付的,不得拒付追索。

持票人在提示付款期内被拒付的,可向所有前手拒付追索。

持票人超过提示付款期提示付款被拒付的,若持票人在提示付款期内曾发出过提示付款,则可向所有前手拒付追索;若未在提示付款期内发出过提示付款,则只可向出票人、承兑人拒付追索。

第六十七条 追索时,追索人应当提供拒付证明。

拒付追索时,拒付证明为票据信息和拒付理由。

非拒付追索时,拒付证明为票据信息和相关法律文件。

第六十八条 持票人因电子商业汇票到期后被拒绝付款或法律法规规定其他原因,拥有的向票据债务人追索的权利时效规定如下:

(一)持票人对出票人、承兑人追索和再追索权利时效,自票据到期日起2年,且不短于持票人对其他前手的追索和再追索权利时效。

(二)持票人对其他前手的追索权利时效,自被拒绝付款之日起6个月;持票人对其他前手的再追索权利时效,自清偿日或被提起诉讼之日起3个月。

第六十九条 持票人发出追索通知,必须记载下列事项:

(一)追索人名称;

(二)被追索人名称;

(三)追索通知日期;

(四)追索类型;

(五)追索金额;

(六)追索人签章。

第七十条 电子商业汇票清偿,必须记载下列事项:

(一)追索人名称;

(二)清偿人名称;

(三)同意清偿金额;

(四)清偿日期;

(五)清偿人签章。

第四章 信息查询

第七十一条 票据当事人可通过接入机构查询与其相关的电子商业汇票票据信息。

第七十二条 接入机构应记录其与电子商业汇票系统之间发送和接收的电子商业汇票票据信息,并按规定将该信息向客户展示。

票据信息包括票面信息和行为信息。

票面信息是指出票人将票据交付收款人后、其他行为发生前,记载在票据上的所有信息。

行为信息是指票据行为的必须记载事项。

第七十三条 出票人可查询电子商业汇票票面信息。

承兑人在收到提示付款申请前,可查询电子商业汇票票面信息。收到提示付款申请后,可查询该票据的所有票据信息。

收款人、被背书人和保证人可查询自身作出的行为信息及之前的票据信息。

持票人可查询所有票据信息。

在追索阶段,被追索人可查询所有票据信息。

第七十四条 票据当事人对票据信息有异议的,应通过接入机构向电子商业汇票系统运营者提出书面申请,电子商业汇票系统运营者应在10个工作日内按照查询权限办理相关查询业务。

第七十五条 电子商业汇票所有票据行为中,处于待签收状态的接收方可向电子商业汇票系统查询该票据承兑人和行为发起方的电子商业汇票支付信用信息。

第七十六条 电子商业汇票系统仅提供票据当事人的电子商业汇票支付信用信息,不对其进行信用评价或评级。

第五章 法律责任

第七十七条 电子商业汇票发生法律纠纷时,电子商业汇票系统运营者负有出具电子商业汇票系统相关记录的义务。

第七十八条　承兑人应及时足额支付电子商业汇票票款。承兑人故意压票、拖延支付，影响持票人资金使用的，按中国人民银行规定的同档次流动资金贷款利率计付赔偿金。

第七十九条　电子银行承兑汇票的出票人于票据到期日未能足额交存票款时，承兑人除向持票人无条件付款外，对出票人尚未支付的汇票金额转入逾期贷款处理，并按照每天万分之五计收罚息。

第八十条　电子商业汇票相关各方存在下列情形之一，影响电子商业汇票业务处理或造成其他票据当事人资金损失的，应承担相应赔偿责任。中国人民银行有权视情节轻重对其处以警告或 3 万元以下罚款：

（一）作为电子银行承兑汇票承兑人的财务公司、电子商业承兑汇票的承兑人违反《中华人民共和国票据法》、《票据管理实施办法》和本办法规定无理拒付或拖延支付的；

（二）接入机构为客户提供电子商业汇票业务服务，未对客户基本信息尽审核义务的；

（三）为电子商业汇票业务活动提供电子认证服务的电子认证服务提供者，未依据《中华人民共和国电子签名法》承担相应责任的；

（四）接入机构为客户提供电子商业汇票业务服务，未对客户电子签名真实性进行认真审核，造成资金损失的；

（五）电子商业汇票系统运营者未对接入机构身份真实性和电子签名真实性进行认真审核，造成资金损失的；

（六）接入机构因清算资金不足导致电子商业汇票资金清算失败，给票据当事人造成损失的；

（七）接入机构因人为或系统原因未及时转发电子商业汇票信息，给票据当事人造成损失的；

（八）接入机构内部系统存储的电子商业汇票信息与电子商业汇票系统相关信息严重不符，给票据当事人造成损失的；

（九）接入机构的内部系统出现故障，未及时排除，造成重大影响的；

（十）电子商业汇票系统运营者运营的电子商业汇票系统出现故障，未及时排除，造成重大影响的；

（十一）电子商业汇票债务解除前，接入机构违反本办法规定为承兑人撤销账户的；

（十二）其他违反《中华人民共和国票据法》、《票据管理实施办法》及本办法规定的行为。

第八十一条　电子商业汇票当事人应当妥善保管电子签名制作数据，严防泄露。因保管不善造成资金损失的，有关责任方应当依法承担赔偿责任。

第八十二条　金融机构发现利用电子商业汇票从事违法犯罪活动的，应依法履行报告义务。

第六章　附　　则

第八十三条　电子商业汇票的数据电文格式和票据显示样式由中国人民银行统一规定。

第八十四条　本办法未尽事宜，遵照《中华人民共和国票据法》、《票据管理实施办法》等法律法规执行。

第八十五条　本办法由中国人民银行负责解释和修订。

第八十六条　本办法自公布之日起施行。

国内信用证结算办法

1. 2016年4月27日中国人民银行、中国银行业监督管理委员会公告〔2016〕第10号公布

2. 自2016年10月8日起施行

第一章　总　　则

第一条　为适应国内贸易活动需要，促进经济发展，依据《中华人民共和国中国人民银行法》、《中华人民共和国银行业监督管理法》、《中华人民共和国商业银行法》以及有关法律法规，制定本办法。

第二条　本办法所称国内信用证（以下简称信用证），是指银行（包括政策性银行、商业银行、农村合作银行、村镇银行和农村信用社）依照申请人的申请开立的、对相符交单予以付款的承诺。

前款规定的信用证是以人民币计价、不可撤销的跟单信用证。

第三条　本办法适用于银行为国内企事业单位之间货物和服务贸易提供的信用证服务。服务贸易包括但不限于运输、旅游、咨询、通讯、建筑、保险、金融、计算机和信息、专有权利使用和特许、广告宣传、电影音像等服务项目。

第四条　信用证业务的各方当事人应当遵守中华人民共和国的法律、法规以及本办法的规定，遵守诚实信用原则，认真履行义务，不得利用信用证进行欺诈等违法犯罪活动，不得损害社会公共利益。

第五条　信用证的开立和转让，应当具有真实的贸易背景。

第六条　信用证只限于转账结算，不得支取现金。

第七条　信用证与作为其依据的贸易合同相互独立，即使信用证含有对此类合同的任何援引，银行也与该合同无关，且不受其约束。

银行对信用证作出的付款、确认到期付款、议付或履行信用证项下其他义务的承诺，不受申请人与开证行、申请人与受益人之间关系而产生的任何请求或抗辩的制约。

受益人在任何情况下，不得利用银行之间或申请人与开证行之间的契约关系。

第八条　在信用证业务中，银行处理的是单据，而不是单据所涉及的货物或服务。

第二章　定　　义

第九条　信用证业务当事人

（一）申请人指申请开立信用证的当事人，一般为货物购买方或服务接受方。

（二）受益人指接受信用证并享有信用证权益的当事人，一般为货物销售方或服务提供方。

（三）开证行指应申请人申请开立信用证的银行。

（四）通知行指应开证行的要求向受益人通知信用证的银行。

（五）交单行指向信用证有效地点提交信用证项下单据的银行。

（六）转让行指开证行指定的办理信用证转让的银行。

（七）保兑行指根据开证行的授权或要求对信用证加具保兑的银行。

（八）议付行指开证行指定的为受益人办理议付的银行，开证行应指定一家或任意银行作为议付信用证的议付行。

第十条　信用证的有关日期和期限

（一）开证日期指开证行开立信用证的日期。信用证未记载生效日的，开证日期即为信用证生效日期。

（二）有效期指受益人向有效地点交单的截止日期。

（三）最迟货物装运日或服务提供日指信用证规定的货物装运或服务提供的截止日期。最迟货物装运日或服务提供日不得晚于信用证有效期。信用证未作规定的，有效期视为最迟货物装运日或服务提供日。

（四）付款期限指开证行收到相符单据后，按信用证条款规定进行付款的期限。信用证按付款期限分为即期信用证和远期信用证。

即期信用证，开证行应在收到相符单据次日起5个营业日内付款。

远期信用证，开证行应在收到相符单据次日起5个营业日内确认到期付款，并在到期日付款。远期的表示方式包括：单据日后定期付款、见单后定期付款、固定日付款等可确定到期日的方式。信用证付款期限最长不超过1年。

（五）交单期指信用证项下所要求的单据提交到有效地的有效期限，以当次货物装运日或服务提供日开始计算。未规定该期限的，默认为货物装运日或服务提供日后15天。任何情况下，交单不得迟于信用证有效期。

第十一条　信用证有效地点

信用证有效地点指信用证规定的单据提交地点，即开证行、保兑行（转让行、议付行）所在地。如信用证规定有效地点为保兑行（转让行、议付行）所在地，则开证行所在地也视为信用证有效地点。

第十二条　转运、分批装运或分次提供服务、分期装运或分期提供服务

（一）转运指信用证项下货物在规定的装运地（港到卸货地、港）的运输途中，将货物从一运输工具卸下再装上另一运输工具。

（二）分批装运或分次提供服务指信用证规定的货物或服务在信用证规定的数量、内容或金额内部分或分次交货或部分或分次提供。

（三）分期装运或分期提供服务指信用证规定的货物或服务在信用证规定的分期时间表内装运或提供。任何一期未按信用证规定期限装运或提供的，信用证对该期及以后各期均告失效。

第三章　信用证业务办理

第一节　开　　证

第十三条　开证银行与申请人在开证前应签订明确双方权利义务的协议。开证行可要求申请人交存一定数额的保证金，并可根据申请人资信情况要求其提供抵押、质押、保证等合法有效的担保。

开证申请人申请开立信用证，须提交其与受益人签订的贸易合同。

开证行应根据贸易合同及开证申请书等文件，合理、审慎设置信用证付款期限、有效期、交单期、有效地点。

第十四条　信用证的基本条款

信用证应使用中文开立，记载条款包括：

（一）表明“国内信用证”的字样。

（二）开证申请人名称及地址。

（三）开证行名称及地址。

（四）受益人名称及地址。

（五）通知行名称。

（六）开证日期。开证日期格式应按年、月、日依次书写。

（七）信用证编号。

（八）不可撤销信用证。

（九）信用证有效期及有效地点。

（十）是否可转让。可转让信用证须记载“可转让”字样并指定一家转让行。

（十一）是否可保兑。保兑信用证须记载“可保兑”字样并指定一家保兑行。

（十二）是否可议付。议付信用证须记载“议付”字样并指定一家或任意银行作为议付行。

（十三）信用证金额。金额须以大、小写同时记载。

（十四）付款期限。

（十五）货物或服务描述。

（十六）溢短装条款（如有）。

（十七）货物贸易项下的运输交货或服务贸易项下的服务提供条款。

货物贸易项下运输交货条款：

1. 运输或交货方式。

2. 货物装运地（港），目的地、交货地（港）。

3. 货物是否分批装运、分期装运和转运，未作规定的，视为允许货物分批装运和转运。

4. 最迟货物装运日。

服务贸易项下服务提供条款：

1. 服务提供方式。

2. 服务提供地点。

3. 服务是否分次提供、分期提供，未作规定的，视为允许服务分次提供。

4. 最迟服务提供日。

5. 服务贸易项下双方认为应记载的其他事项。

（十八）单据条款，须注明据以付款或议付的单据，至少包括发票，表明货物运输或交付、服务提供的单据，如运输单据或货物收据、服务接受方的证明或服务提供方或第三方的服务履约证明。

（十九）交单期。

（二十）信用证项下相关费用承担方。未约定费用承担方时，由业务委托人或申请人承担相应费用。

（二十一）表明“本信用证依据《国内信用证结算办法》开立”的开证行保证文句。

（二十二）其他条款。

第十五条　信用证开立方式

开立信用证可以采用信开和电开方式。信开信用证，由开证行加盖业务用章（信用证专用章或业务专用章，下同），寄送通知行，同时应视情况需要以双方认可的方式证实信用证的真实有效性；电开信用证，由开证行以数据电文发送通知行。

第十六条　开证行的义务

开证行自开立信用证之时起，即受信用证内容的约束。

第二节　保　兑

第十七条　保兑是指保兑行根据开证行的授权或要求，在开证行承诺之外做出的对相符交单付款、确认到期付款或议付的确定承诺。

第十八条　保兑行自对信用证加具保兑之时起即不可撤销地承担对相符交单付款、确认到期付款或议付的责任。

第十九条　指定银行拒绝按照开证行授权或要求对信用证加具保兑时，应及时通知开证行，并可仅通知信用证而不加具保兑。

第二十条　开证行对保兑行的偿付义务不受开证行与受益人关系的约束。

第三节　修　改

第二十一条　信用证的修改

（一）开证申请人需对已开立的信用证内容修改的，应向开证行提出修改申请，明确修改的内容。

（二）增额修改的，开证行可要求申请人追加增额担保；付款期限修改的，不得超过本办法规定的信用证付款期限的最长期限。

（三）开证行发出的信用证修改书中应注明本次修改的次数。

（四）信用证受益人同意或拒绝接受修改的，应提供接受或拒绝修改的通知。如果受益人未能给予通知，当交单与信用证以及尚未接受的修改的要求一致时，即视为受益人已做出接受修改的通知，并且该信用证修改自此对受益人形成约束。

对同一修改的内容不允许部分接受，部分接受将被视作拒绝接受修改。

（五）开证行自开出信用证修改书之时起，即不可撤销地受修改内容的约束。

第二十二条　保兑行有权选择是否将其保兑扩展至修改。保兑行将其保兑扩展至修改的，自作出此类扩展通知时，即不可撤销地受其约束；保兑行不对修改加具保兑的，应及时告知开证行并在给受益人的通知中告知受益人。

第四节　通　知

第二十三条　信用证及其修改的通知

（一）通知行的确定。

通知行可由开证申请人指定，如开证申请人没有指定，开证行有权指定通知行。通知行可自行决定是否通知。通知行同意通知的，应于收到信用证次日起3个营业日内通知受益人；拒绝通知的，应于收到信用证次日起3个营业日内告知开证行。

开证行发出的信用证修改书，应通过原信用证通知行办理通知。

（二）通知行的责任。

1. 通知行收到信用证或信用证修改书，应认真审查内容表面是否完整、清楚，核验开证行签字、印章、所用密押是否正确等表面真实性，或另以电讯方式证实。核验无误的，应填制信用证通知书或信用证修改通知书，连同信用证或信用证修改书正本交付受益人。

通知行通知信用证或信用证修改的行为，表明其已确信信用证或修改的表面真实性，而且其通知准确反映了其收到的信用证或修改的内容。

2. 通知行确定信用证或信用证修改书签字、印章、密押不符的，应即时告知开证行；表面内容不清楚、不完整的，应即时向开证行查询补正。

3. 通知行在收到开证行回复前，可先将收到的信用证或信用证修改书通知受益人，并在信用证通知书或信用证修改通知书上注明该通知仅供参考，通知行不负任何责任。

第二十四条 开证行应于收到通知行查询次日起 2 个营业日内，对通知行做出答复或提供其所要求的必要内容。

第二十五条 通知行应于收到受益人同意或拒绝修改通知书次日起 3 个营业日内告知开证行，在受益人告知通知行其接受修改或以交单方式表明接受修改之前，原信用证（或含有先前被接受的修改的信用证）条款对受益人仍然有效。

开证行收到通知行发来的受益人拒绝修改的通知，信用证视为未做修改，开证行应于收到通知次日起 2 个营业日内告知开证申请人。

第五节 转　　让

第二十六条 转让是指由转让行应第一受益人的要求，将可转让信用证的部分或者全部转为可由第二受益人兑用。

可转让信用证指特别标注“可转让”字样的信用证。

第二十七条 对于可转让信用证，开证行必须指定转让行，转让行可为开证行。转让行无办理信用证转让的义务，除非其明确同意。转让行仅办理转让，并不承担信用证项下的付款责任，但转让行是保兑行或开证行的除外。

第二十八条 可转让信用证只能转让一次，即只能由第一受益人转让给第二受益人，已转让信用证不得应第二受益人的要求转让给任何其后的受益人，但第一受益人不视为其后的受益人。

已转让信用证指已由转让行转为可由第二受益人兑用的信用证。

第二十九条 第二受益人拥有收取转让后信用证款项的权利并承担相应的义务。

第三十条 已转让信用证必须转载原证条款，包括保兑（如有），但下列项目除外：

可用第一受益人名称替代开证申请人名称；如果原信用证特别要求开证申请人名称应在除发票以外的任何单据中出现时，转让行转让信用证时须反映该项要求。

信用证金额、单价可以减少，有效期、交单期可以缩短，最迟货物装运日或服务提供日可以提前。

投保比例可以增加。

有效地点可以修改为转让行所在地。

第三十一条 转让交单

（一）第一受益人有权以自己的发票替换第二受益人的发票后向开证行或保兑行索偿，以支取发票间的差额，但第一受益人以自己的发票索偿的金额不得超过原信用证金额。

（二）转让行应于收到第二受益人单据次日起 2 个营业日内通知第一受益人换单，第一受益人须在收到转让行换单通知次日起 5 个营业日内且在原信用证交单期和有效期内换单。

（三）若第一受益人提交的发票导致了第二受益人的交单中本不存在的不符点，转让行应在发现不符点的下一个营业日内通知第一受益人在 5 个营业日内且在原信用证交单期和有效期内修正。

（四）如第一受益人未能在规定的期限内换单，或未对其提交的发票导致的第二受益人交单中本不存在的不符点予以及时修正的，转让行有权将第二受益人的单据随附已转让信用证副本、信用证修改书副本及修改确认书（如有）直接寄往开证行或保兑行，并不再对第一受益人承担责任。

开证行或保兑行将依据已转让信用证副本、信用证修改书副本及修改确认书（如有）来审核第二受益人的交单是否与已转让信用证相符。

（五）第二受益人或者代表第二受益人的交单行的交单必须交给转让行，信用证另有规定的除外。

第三十二条 部分转让

若原信用证允许分批装运或分次提供服务，则第一受益人可将信用证部分或全部转让给一个或数个第二受益人，并由第二受益人分批装运或分次提供服务。

第三十三条 第一受益人的任何转让要求须说明是否允许以及在何条件下允许将修改通知第二受益人。已转让信用证须明确说明该项条款。

如信用证转让的第二受益人为多名，其中一名或多名第二受益人对信用证修改的拒绝不影响其他第二受益人接受修改。对接受者而言，该已转让信用证即被相应修改，而对拒绝修改的第二受益人而言，该信用证未被修改。

第三十四条　开证行或保兑行对第二受益人提交的单据不得以索款金额与单价的减少，投保比例的增加，以及受益人名称与原信用证规定的受益人名称不同而作为不符交单予以拒付。

转让行应在收到开证行付款、确认到期付款函（电）次日起2个营业日内对第二受益人付款、发出开证行已确认到期付款的通知。

转让行可按约定向第一受益人收取转让费用，并在转让信用证时注明须由第二受益人承担的费用。

第六节　议　　付

第三十五条　议付指可议付信用证项下单证相符或在开证行或保兑行已确认到期付款的情况下，议付行在收到开证行或保兑行付款前购买单据、取得信用证项下索款权利，向受益人预付或同意预付资金的行为。

议付行审核并转递单据而没有预付或没有同意预付资金不构成议付。

第三十六条　信用证未明示可议付，任何银行不得办理议付；信用证明示可议付，如开证行仅指定一家议付行，未被指定为议付行的银行不得办理议付，被指定的议付行可自行决定是否办理议付。

保兑行对以其为议付行的议付信用证加具保兑，在受益人请求议付时，须承担对受益人相符交单的议付责任。

指定议付行非保兑行且未议付时，保兑行仅承担对受益人相符交单的付款责任。

第三十七条　受益人可对议付信用证在信用证交单期和有效期内向议付行提示单据、信用证正本、信用证通知书、信用证修改书正本及信用证修改通知书（如有），并填制交单委托书和议付申请书，请求议付。

议付行在受理议付申请的次日起5个营业日内审核信用证规定的单据并决定议付的，应在信用证正本背面记明议付日期、业务编号、议付金额、到期日并加盖业务用章。

议付行拒绝议付的，应及时告知受益人。

第三十八条　索偿

议付行将注明付款提示的交单面函（寄单通知书）及单据寄开证行或保兑行索偿资金。除信用证另有约定外，索偿金额不得超过单据金额。

开证行、保兑行负有对议付行符合本办法的议付行为的偿付责任，该偿付责任独立于开证行、保兑行对受益人的付款责任并不受其约束。

第三十九条　追索权的行使

议付行议付时，必须与受益人书面约定是否有追索权。若约定有追索权，到期不获付款议付行可向受益人追索。若约定无追索权，到期不获付款议付行不得向受益人追索，议付行与受益人约定的例外情况或受益人存在信用证欺诈的情形除外。

保兑行议付时，对受益人不具有追索权，受益人存在信用证欺诈的情形除外。

第七节　寄 单 索 款

第四十条　受益人委托交单行交单，应在信用证交单期和有效期内填制信用证交单委托书，并提交单据和信用证正本及信用证通知书、信用证修改书正本及信用证修改通知书（如有）。交单行应在收单次日起5个营业日内对其审核相符的单据寄单。

第四十一条　交单行应合理谨慎地审查单据是否相符，但非保兑行的交单行对单据相符性不承担责任，交单行与受益人另有约定的除外。

第四十二条　交单行在交单时，应附寄一份交单面函（寄单通知书），注明单据金额、索偿金额、单据份数、寄单编号、索款路径、收款账号、受益人名称、申请人名称、信用证编号等信息，并注明此次交单是在正本信用证项下进行并已在信用证正本背面批注交单情况。

受益人直接交单时，应提交信用证正本及信用证通知书、信用证修改书正本及信用证修改通知书（如有）、开证行（保兑行、转让行、议付行）认可的身份证明文件。

第四十三条　交单行在确认受益人交单无误后，应在发票的“发票联”联次批注“已办理交单”字样或加盖“已办理交单”戳记，注明交单日期及交单行名称。

交单行寄单后，须在信用证正本背面批注交单日期、交单金额和信用证余额等交单情况。

第八节　付　　款

第四十四条　开证行或保兑行在收到交单行寄交的单据及交单面函（寄单通知书）或受益人直接递交的单据的次日起5个营业日内，及时核对是否为相符交单。单证相符或单证不符但开证行或保兑行接受不符点的，对即期信用证，应于收到单据次日起5个营业日内支付相应款项给交单行或受益人（受益人直接交单时，本节下同）；对远期信用证，应于收到单据次日起5个营业日内发出到期付款确认书，并于到期日支付款项给交单行或受益人。

第四十五条　开证行或保兑行付款后，应在信用证相关业务系统或信用证正本或副本背面记明付款日期、业务编号、来单金额、付款金额、信用证余额,并将信用证有关单据交开证申请人或寄开证行。

若受益人提交了相符单据或开证行已发出付款承诺,即使申请人交存的保证金及其存款账户余额不足支付,开证行仍应在规定的时间内付款。对申请人提供抵押、质押、保函等担保的,按《中华人民共和国担保法》、《中华人民共和国物权法》的有关规定索偿。

第四十六条 开证行或保兑行审核单据发现不符并决定拒付的,应在收到单据的次日起 5 个营业日内一次性将全部不符点以电子方式或其他快捷方式通知交单行或受益人。如开证行或保兑行未能按规定通知不符点,则无权宣称交单不符。

开证行或保兑行审核单据发现不符并拒付后,在收到交单行或受益人退单的要求之前,开证申请人接受不符点的,开证行或保兑行独立决定是否付款、出具到期付款确认书或退单;开证申请人不接受不符点的,开证行或保兑行可将单据退交单行或受益人。

第四十七条 开证行或保兑行拒付时,应提供书面拒付通知。拒付通知应包括如下内容:

(一)开证行或保兑行拒付。

(二)开证行或保兑行拒付所依据的每一个不符点。

(三)开证行或保兑行拒付后可选择以下意见处理单据:

1. 开证行或保兑行留存单据听候交单行或受益人的进一步指示。

2. 开证行留存单据直到其从开证申请人处收到放弃不符点的通知并同意接受该放弃,或者其同意接受对不符点的放弃之前从交单行或受益人处收到进一步指示。

3. 开证行或保兑行将退回单据。

4. 开证行或保兑行将按之前从交单行或受益人处获得的指示处理。

第四十八条 开证行或保兑行付款后,对受益人不具有追索权,受益人存在信用证欺诈的情形除外。

第九节 注　　销

第四十九条 信用证注销是指开证行对信用证未支用的金额解除付款责任的行为。

(一)开证行、保兑行、议付行未在信用证有效期内收到单据的,开证行可在信用证逾有效期一个月后予以注销。具体处理办法由各银行自定。

(二)其他情况下,须经开证行、已办理过保兑的保兑行、已办理过议付的议付行、已办理过转让的转让行与受益人协商同意,或受益人、上述保兑行(议付行、转让行)声明同意注销信用证,并与开证行就全套正本信用证收回达成一致后,信用证方可注销。

第四章 单据审核标准

第五十条 银行收到单据时,应仅以单据本身为依据,认真审核信用证规定的所有单据,以确定是否为相符交单。

相符交单指与信用证条款、本办法的相关适用条款、信用证审单规则及单据之内、单据之间相互一致的交单。

第五十一条 银行只对单据进行表面审核。

银行不审核信用证没有规定的单据。银行收到此类单据,应予退还或将其照转。

如信用证含有一项条件,却未规定用以表明该条件得到满足的单据,银行将视为未作规定不予理会,但提交的单据中显示的相关信息不得与上述条件冲突。

第五十二条 信用证要求提交运输单据、保险单据和发票以外的单据时,应对单据的出单人及其内容作出明确规定。未作规定的,只要所提交的单据内容表面形式满足单据功能且与信用证及其他规定单据不矛盾,银行可予接受。

除发票外,其他单据中的货物或服务或行为描述可使用统称,但不得与信用证规定的描述相矛盾。

发票须是税务部门统一监制的原始正本发票。

第五十三条 信用证要求某种单据提交多份的,所提交的该种单据中至少应有一份正本。

除信用证另有规定外,银行应将任何表面上带有出单人的原始签名或印章的单据视为正本单据(除非单据本身表明其非正本),但此款不适用于增值税发票或其他类型的税务发票。

第五十四条 所有单据的出单日期均不得迟于信用证的有效期、交单期截止日以及实际交单日期。

受益人和开证申请人的开户银行、账号和地址出现在任何规定的单据中时,无须与信用证或其他规定单据中所载相同。

第五十五条 信用证审单规则由行业协会组织会员单位拟定并推广执行。行业协会应根据信用证业务开展实际,适时修订审单规则。

第五章 附　　则

第五十六条 信用证凭证、信用证修改书、交单面函(寄单通知书)等格式、联次由行业协会制定并推荐使用,各银行参照其范式制作。

第五十七条 银行办理信用证业务的各项手续费收费标准,由各银行按照服务成本、依据市场定价原则制定,并遵照《商业银行服务价格管理办法》(中国银监会国家发展改革委令2014年第1号）相关要求向客户公示并向管理部门报告。

第五十八条　本办法规定的各项期限的计算，适用民法通则关于计算期间的规定。期限最后一日是法定节假日的，顺延至下一个营业日，但信用证规定的装运日或服务提供日不得顺延。

本办法规定的营业日指可办理信用证业务的银行工作日。

第五十九条　本办法由中国人民银行会同中国银行业监督管理委员会解释。

第六十条　本办法自2016年10月8日起施行。

最高人民法院关于审理票据纠纷案件若干问题的规定

1. *2000年2月24日最高人民法院审判委员会第1102次会议通过、2000年11月14日公布、自2000年11月21日起施行（法释〔2000〕32号）*
2. *根据2020年12月23日最高人民法院审判委员会第1823次会议通过、2020年12月29日公布、自2021年1月1日起施行的《最高人民法院关于修改〈最高人民法院关于破产企业国有划拨土地使用权应否列入破产财产等问题的批复〉等二十九件商事类司法解释的决定》（法释〔2020〕18号）修正*

为了正确适用《中华人民共和国票据法》（以下简称票据法），公正、及时审理票据纠纷案件，保护票据当事人的合法权益，维护金融秩序和金融安全，根据票据法及其他有关法律的规定，结合审判实践，现对人民法院审理票据纠纷案件的若干问题规定如下：

一、受理和管辖

第一条　因行使票据权利或者票据法上的非票据权利而引起的纠纷，人民法院应当依法受理。

第二条　依照票据法第十条的规定，票据债务人（即出票人）以在票据未转让时的基础关系违法、双方不具有真实的交易关系和债权债务关系、持票人应付对价而未付对价为由，要求返还票据而提起诉讼的，人民法院应当依法受理。

第三条　依照票据法第三十六条的规定，票据被拒绝承兑、被拒绝付款或者汇票、支票超过提示付款期限后，票据持有人背书转让的，被背书人以背书人为被告行使追索权而提起诉讼的，人民法院应当依法受理。

第四条　持票人不先行使付款请求权而先行使追索权遭拒绝提起诉讼的，人民法院不予受理。除有票据法第六十一条第二款和本规定第三条所列情形外，持票人只能在首先向付款人行使付款请求权而得不到付款时，才可以行使追索权。

第五条　付款请求权是持票人享有的第一顺序权利，追索权是持票人享有的第二顺序权利，即汇票到期被拒绝付款或者具有票据法第六十一条第二款所列情形的，持票人请求背书人、出票人以及汇票的其他债务人支付票据法第七十条第一款所列金额和费用的权利。

第六条　因票据纠纷提起的诉讼，依法由票据支付地或者被告住所地人民法院管辖。

票据支付地是指票据上载明的付款地，票据上未载明付款地的，汇票付款人或者代理付款人的营业场所、住所或者经常居住地，本票出票人的营业场所，支票付款人或者代理付款人的营业场所所在地为票据付款地。代理付款人即付款人的委托代理人，是指根据付款人的委托代为支付票据金额的银行、信用合作社等金融机构。

二、票 据 保 全

第七条　人民法院在审理、执行票据纠纷案件时，对具有下列情形之一的票据，经当事人申请并提供担保，可以依法采取保全措施或者执行措施：

（一）不履行约定义务，与票据债务人有直接债权债务关系的票据当事人所持有的票据；

（二）持票人恶意取得的票据；

（三）应付对价而未付对价的持票人持有的票据；

（四）记载有“不得转让”字样而用于贴现的票据；

（五）记载有“不得转让”字样而用于质押的票据；

（六）法律或者司法解释规定有其他情形的票据。

三、举 证 责 任

第八条　票据诉讼的举证责任由提出主张的一方当事人承担。

依照票据法第四条第二款、第十条、第十二条、第二十一条的规定，向人民法院提起诉讼的持票人有责任提供诉争票据。该票据的出票、承兑、交付、背书转让涉嫌欺诈、偷盗、胁迫、恐吓、暴力等非法行为的，持票人对持票的合法性应当负责举证。

第九条　票据债务人依照票据法第十三条的规定，对与其有直接债权债务关系的持票人提出抗辩，人民法院合并审理票据关系和基础关系的，持票人应当提供相应的证据证明已经履行了约定义务。

第十条　付款人或者承兑人被人民法院依法宣告破产的，持票人因行使追索权而向人民法院提起诉讼时，应当向受理法院提供人民法院依法作出的宣告破产裁定书或者能够证明付款人或者承兑人破产的其他证据。

第十一条　在票据诉讼中，负有举证责任的票据当事人应当在一审人民法院法庭辩论结束以前提供证据。因客观原因不能在上述举证期限以内提供的,应当在举证期限届满以前向人民法院申请延期。延长的期限由人民法院根据案件的具体情况决定。

票据当事人在一审人民法院审理期间隐匿票据、故意有证不举,应当承担相应的诉讼后果。

四、票据权利及抗辩

第十二条 票据法第十七条第一款第(一)、(二)项规定的持票人对票据的出票人和承兑人的权利,包括付款请求权和追索权。

第十三条 票据债务人以票据法第十条、第二十一条的规定为由,对业经背书转让票据的持票人进行抗辩的,人民法院不予支持。

第十四条 票据债务人依照票据法第十二条、第十三条的规定,对持票人提出下列抗辩的,人民法院应予支持:

(一)与票据债务人有直接债权债务关系并且不履行约定义务的;

(二)以欺诈、偷盗或者胁迫等非法手段取得票据,或者明知有前列情形,出于恶意取得票据的;

(三)明知票据债务人与出票人或者与持票人的前手之间存在抗辩事由而取得票据的;

(四)因重大过失取得票据的;

(五)其他依法不得享有票据权利的。

第十五条 票据债务人依照票据法第九条、第十七条、第十八条、第二十二条和第三十一条的规定,对持票人提出下列抗辩的,人民法院应予支持:

(一)欠缺法定必要记载事项或者不符合法定格式的;

(二)超过票据权利时效的;

(三)人民法院作出的除权判决已经发生法律效力的;

(四)以背书方式取得但背书不连续的;

(五)其他依法不得享有票据权利的。

第十六条 票据出票人或者背书人被宣告破产的,而付款人或者承兑人不知其事实而付款或者承兑,因此所产生的追索权可以登记为破产债权,付款人或者承兑人为债权人。

第十七条 票据法第十七条第一款第(三)、(四)项规定的持票人对前手的追索权,不包括对票据出票人的追索权。

第十八条 票据法第四十条第二款和第六十五条规定的持票人丧失对其前手的追索权,不包括对票据出票人的追索权。

第十九条 票据法第十七条规定的票据权利时效发生中断的,只对发生时效中断事由的当事人有效。

第二十条 票据法第六十六条第一款规定的书面通知是否逾期,以持票人或者其前手发出书面通知之日为准;以信函通知的,以信函投寄邮戳记载之日为准。

第二十一条 票据法第七十条、第七十一条所称中国人民银行规定的利率,是指中国人民银行规定的企业同期流动资金贷款利率。

第二十二条 代理付款人在人民法院公示催告公告发布以前按照规定程序善意付款后,承兑人或者付款人以已经公示催告为由拒付代理付款人已经垫付的款项的,人民法院不予支持。

五、失 票 救 济

第二十三条 票据丧失后,失票人直接向人民法院申请公示催告或者提起诉讼的,人民法院应当依法受理。

第二十四条 出票人已经签章的授权补记的支票丧失后,失票人依法向人民法院申请公示催告的,人民法院应当依法受理。

第二十五条 票据法第十五条第三款规定的可以申请公示催告的失票人,是指按照规定可以背书转让的票据在丧失票据占有以前的最后合法持票人。

第二十六条 出票人已经签章但未记载代理付款人的银行汇票丧失后,失票人依法向付款人即出票银行所在地人民法院申请公示催告的,人民法院应当依法受理。

第二十七条 超过付款提示期限的票据丧失以后,失票人申请公示催告的,人民法院应当依法受理。

第二十八条 失票人通知票据付款人挂失止付后三日内向人民法院申请公示催告的,公示催告申请书应当载明下列内容:

(一)票面金额;

(二)出票人、持票人、背书人;

(三)申请的理由、事实;

(四)通知票据付款人或者代理付款人挂失止付的时间;

(五)付款人或者代理付款人的名称、通信地址、电话号码等。

第二十九条 人民法院决定受理公示催告申请,应当同时通知付款人及代理付款人停止支付,并自立案之日起三日内发出公告。

第三十条 付款人或者代理付款人收到人民法院发出的止付通知,应当立即停止支付,直至公示催告程序终结。非经发出止付通知的人民法院许可擅自解付的,不得免除票据责任。

第三十一条 公告应当在全国性报纸或者其他媒体上刊登,并于同日公布于人民法院公告栏内。人民法院所在地有证券交易所的,还应当同日在该交易所公布。

第三十二条　依照《中华人民共和国民事诉讼法》(以下简称民事诉讼法)第二百一十九条的规定,公告期间不得少于六十日,且公示催告期间届满日不得早于票据付款日后十五日。

第三十三条　依照民事诉讼法第二百二十条第二款的规定,在公示催告期间,以公示催告的票据质押、贴现,因质押、贴现而接受该票据的持票人主张票据权利的,人民法院不予支持,但公示催告期间届满以后人民法院作出除权判决以前取得该票据的除外。

第三十四条　票据丧失后,失票人在票据权利时效届满以前请求出票人补发票据,或者请求债务人付款,在提供相应担保的情况下因债务人拒绝付款或者出票人拒绝补发票据提起诉讼的,由被告住所地或者票据支付地人民法院管辖。

第三十五条　失票人因请求出票人补发票据或者请求债务人付款遭到拒绝而向人民法院提起诉讼的,被告为与失票人具有票据债权债务关系的出票人、拒绝付款的票据付款人或者承兑人。

第三十六条　失票人为行使票据所有权,向非法持有票据人请求返还票据的,人民法院应当依法受理。

第三十七条　失票人向人民法院提起诉讼的,应向人民法院说明曾经持有票据及丧失票据的情形,人民法院应当根据案件的具体情况,决定当事人是否应当提供担保以及担保的数额。

第三十八条　对于伪报票据丧失的当事人,人民法院在查明事实,裁定终结公示催告或者诉讼程序后,可以参照民事诉讼法第一百一十一条的规定,追究伪报人的法律责任。

六、票 据 效 力

第三十九条　依照票据法第一百零八条以及经国务院批准的《票据管理实施办法》的规定,票据当事人使用的不是中国人民银行规定的统一格式票据的,按照《票据管理实施办法》的规定认定,但在中国境外签发的票据除外。

第四十条　票据出票人在票据上的签章上不符合票据法以及下述规定的,该签章不具有票据法上的效力:

(一)商业汇票上的出票人的签章,为该法人或者该单位的财务专用章或者公章加其法定代表人、单位负责人或者其授权的代理人的签名或者盖章;

(二)银行汇票上的出票人的签章和银行承兑汇票的承兑人的签章,为该银行汇票专用章加其法定代表人或者其授权的代理人的签名或者盖章;

(三)银行本票上的出票人的签章,为该银行的本票专用章加其法定代表人或者其授权的代理人的签名或者盖章;

(四)支票上的出票人的签章,出票人为单位的,为与该单位在银行预留签章一致的财务专用章或者公章加其法定代表人或者其授权的代理人的签名或者盖章;出票人为个人的,为与该个人在银行预留签章一致的签名或者盖章。

第四十一条　银行汇票、银行本票的出票人以及银行承兑汇票的承兑人在票据上未加盖规定的专用章而加盖该银行的公章,支票的出票人在票据上未加盖与该单位在银行预留签章一致的财务专用章而加盖该出票人公章的,签章人应当承担票据责任。

第四十二条　依照票据法第九条以及《票据管理实施办法》的规定,票据金额的中文大写与数码不一致,或者票据载明的金额、出票日期或者签发日期、收款人名称更改,或者违反规定加盖银行部门印章代替专用章,付款人或者代理付款人对此类票据付款的,应当承担责任。

第四十三条　因更改银行汇票的实际结算金额引起纠纷而提起诉讼,当事人请求认定汇票效力的,人民法院应当认定该银行汇票无效。

第四十四条　空白授权票据的持票人行使票据权利时未对票据必须记载事项补充完全,因付款人或者代理付款人拒绝接收该票据而提起诉讼的,人民法院不予支持。

第四十五条　票据的背书人、承兑人、保证人在票据上的签章不符合票据法以及《票据管理实施办法》规定的,或者无民事行为能力人、限制民事行为能力人在票据上签章的,其签章无效,但不影响人民法院对票据上其他签章效力的认定。

七、票 据 背 书

第四十六条　因票据质权人以质押票据再行背书质押或者背书转让引起纠纷而提起诉讼的,人民法院应当认定背书行为无效。

第四十七条　依照票据法第二十七条的规定,票据的出票人在票据上记载"不得转让"字样,票据持有人背书转让的,背书行为无效。背书转让后的受让人不得享有票据权利,票据的出票人、承兑人对受让人不承担票据责任。

第四十八条　依照票据法第二十七条和第三十条的规定,背书人未记载被背书人名称即将票据交付他人的,持票人在票据被背书人栏内记载自己的名称与背书人记载具有同等法律效力。

第四十九条　依照票据法第三十一条的规定,连续背书的第一背书人应当是在票据上记载的收款人,最后的票据持有人应当是最后一次背书的被背书人。

第五十条　依照票据法第三十四条和第三十五条的规

定，背书人在票据上记载"不得转让""委托收款""质押"字样，其后手再背书转让、委托收款或者质押的，原背书人对后手的被背书人不承担票据责任，但不影响出票人、承兑人以及原背书人之前手的票据责任。

第五十一条　依照票据法第五十七条第二款的规定，贷款人恶意或者有重大过失从事票据质押贷款的，人民法院应当认定质押行为无效。

第五十二条　依照票据法第二十七条的规定，出票人在票据上记载"不得转让"字样，其后手以此票据进行贴现、质押的，通过贴现、质押取得票据的持票人主张票据权利的，人民法院不予支持。

第五十三条　依照票据法第三十四条和第三十五条的规定，背书人在票据上记载"不得转让"字样，其后手以此票据进行贴现、质押的，原背书人对后手的被背书人不承担票据责任。

第五十四条　依照票据法第三十五条第二款的规定，以汇票设定质押时，出质人在汇票上只记载了"质押"字样未在票据上签章的，或者出质人未在汇票、粘单上记载"质押"字样而另行签订质押合同、质押条款的，不构成票据质押。

第五十五条　商业汇票的持票人向其非开户银行申请贴现，与向自己开立存款账户的银行申请贴现具有同等法律效力。但是，持票人有恶意或者与贴现银行恶意串通的除外。

第五十六条　违反规定区域出票，背书转让银行汇票，或者违反票据管理规定跨越票据交换区域出票、背书转让银行本票、支票的，不影响出票人、背书人依法应当承担的票据责任。

第五十七条　依照票据法第三十六条的规定，票据被拒绝承兑、被拒绝付款或者超过提示付款期限，票据持有人背书转让的，背书人应当承担票据责任。

第五十八条　承兑人或者付款人依照票据法第五十三条第二款的规定对逾期提示付款的持票人付款与按照规定的期限付款具有同等法律效力。

八、票据保证

第五十九条　国家机关、以公益为目的的事业单位、社会团体作为票据保证人的，票据保证无效，但经国务院批准为使用外国政府或者国际经济组织贷款进行转贷，国家机关提供票据保证的除外。

第六十条　票据保证无效的，票据的保证人应当承担与其过错相应的民事责任。

第六十一条　保证人未在票据或者粘单上记载"保证"字样而另行签订保证合同或者保证条款的，不属于票据保证，人民法院应当适用《中华人民共和国民法典》的有关规定。

九、法律适用

第六十二条　人民法院审理票据纠纷案件，适用票据法的规定；票据法没有规定的，适用《中华人民共和国民法典》等法律以及国务院制定的行政法规。

中国人民银行制定并公布施行的有关行政规章与法律、行政法规不抵触的，可以参照适用。

第六十三条　票据当事人因对金融行政管理部门的具体行政行为不服提起诉讼的，适用《中华人民共和国行政处罚法》、票据法以及《票据管理实施办法》等有关票据管理的规定。

中国人民银行制定并公布施行的有关行政规章与法律、行政法规不抵触的，可以参照适用。

第六十四条　人民法院对票据法施行以前已经作出终审裁决的票据纠纷案件进行再审，不适用票据法。

十、法律责任

第六十五条　具有下列情形之一的票据，未经背书转让的，票据债务人不承担票据责任；已经背书转让的，票据无效不影响其他真实签章的效力：

（一）出票人签章不真实的；

（二）出票人为无民事行为能力人的；

（三）出票人为限制民事行为能力人的。

第六十六条　依照票据法第十四条、第一百零二条、第一百零三条的规定，伪造、变造票据者除应当依法承担刑事、行政责任外，给他人造成损失的，还应当承担民事赔偿责任。被伪造签章者不承担票据责任。

第六十七条　对票据未记载事项或者未完全记载事项作补充记载，补充事项超出授权范围的，出票人对补充后的票据应当承担票据责任。给他人造成损失的，出票人还应当承担相应的民事责任。

第六十八条　付款人或者代理付款人未能识别出伪造、变造的票据或者身份证件而错误付款，属于票据法第五十七条规定的"重大过失"，给持票人造成损失的，应当依法承担民事责任。付款人或者代理付款人承担责任后有权向伪造者、变造者依法追偿。

持票人有过错的，也应当承担相应的民事责任。

第六十九条　付款人及其代理付款人有下列情形之一的，应当自行承担责任：

（一）未依照票据法第五十七条的规定对提示付款人的合法身份证明或者有效证件以及汇票背书的连续性履行审查义务而错误付款的；

（二）公示催告期间对公示催告的票据付款的；

（三）收到人民法院的止付通知后付款的；

（四）其他以恶意或者重大过失付款的。

第七十条　票据法第六十三条所称“其他有关证明”是指：

（一）人民法院出具的宣告承兑人、付款人失踪或者死亡的证明、法律文书；

（二）公安机关出具的承兑人、付款人逃匿或者下落不明的证明；

（三）医院或者有关单位出具的承兑人、付款人死亡的证明；

（四）公证机构出具的具有拒绝证明效力的文书。

承兑人自己作出并发布的表明其没有支付票款能力的公告，可以认定为拒绝证明。

第七十一条　当事人因申请票据保全错误而给他人造成损失的，应当依法承担民事责任。

第七十二条　因出票人签发空头支票、与其预留本名的签名式样或者印鉴不符的支票给他人造成损失的，支票的出票人和背书人应当依法承担民事责任。

第七十三条　人民法院在审理票据纠纷案件时，发现与本案有牵连但不属同一法律关系的票据欺诈犯罪嫌疑线索的，应当及时将犯罪嫌疑线索提供给有关公安机关，但票据纠纷案件不应因此而中止审理。

第七十四条　依据票据法第一百零四条的规定，由于金融机构工作人员在票据业务中玩忽职守，对违反票据法规定的票据予以承兑、付款、贴现或者保证，给当事人造成损失的，由该金融机构与直接责任人员依法承担连带责任。

第七十五条　依照票据法第一百零六条的规定，由于出票人制作票据，或者其他票据债务人未按照法定条件在票据上签章，给他人造成损失的，除应当按照所记载事项承担票据责任外，还应当承担相应的民事责任。

持票人明知或者应当知道前款情形而接受的，可以适当减轻出票人或者票据债务人的责任。

最高人民法院关于审理信用证纠纷案件若干问题的规定

1. *2005年10月24日最高人民法院审判委员会第1368次会议通过、2005年11月14日公布、自2006年1月1日起施行（法释〔2005〕13号）*
2. *根据2020年12月23日最高人民法院审判委员会第1823次会议通过、2020年12月29日公布、自2021年1月1日起施行的《最高人民法院关于修改〈最高人民法院关于破产企业国有划拨土地使用权应否列入破产财产等问题的批复〉等二十九件商事类司法解释的决定》（法释〔2020〕18号）修正*

根据《中华人民共和国民法典》《中华人民共和国涉外民事关系法律适用法》《中华人民共和国民事诉讼法》等法律，参照国际商会《跟单信用证统一惯例》等相关国际惯例，结合审判实践，就审理信用证纠纷案件的有关问题，制定本规定。

第一条　本规定所指的信用证纠纷案件，是指在信用证开立、通知、修改、撤销、保兑、议付、偿付等环节产生的纠纷。

第二条　人民法院审理信用证纠纷案件时，当事人约定适用相关国际惯例或者其他规定的，从其约定；当事人没有约定的，适用国际商会《跟单信用证统一惯例》或者其他相关国际惯例。

第三条　开证申请人与开证行之间因申请开立信用证而产生的欠款纠纷、委托人和受托人之间因委托开立信用证产生的纠纷、担保人为申请开立信用证或者委托开立信用证提供担保而产生的纠纷以及信用证项下融资产生的纠纷，适用本规定。

第四条　因申请开立信用证而产生的欠款纠纷、委托开立信用证纠纷和因此产生的担保纠纷以及信用证项下融资产生的纠纷应当适用中华人民共和国相关法律。涉外合同当事人对法律适用另有约定的除外。

第五条　开证行在作出付款、承兑或者履行信用证项下其他义务的承诺后，只要单据与信用证条款、单据与单据之间在表面上相符，开证行应当履行在信用证规定的期限内付款的义务。当事人以开证申请人与受益人之间的基础交易提出抗辩的，人民法院不予支持。具有本规定第八条的情形除外。

第六条　人民法院在审理信用证纠纷案件中涉及单证审查的，应当根据当事人约定适用的相关国际惯例或者其他规定进行；当事人没有约定的，应当按照国际商会《跟单信用证统一惯例》以及国际商会确定的相关标准，认定单据与信用证条款、单据与单据之间是否在表面上相符。

信用证项下单据与信用证条款之间、单据与单据之间在表面上不完全一致，但并不导致相互之间产生歧义的，不应认定为不符点。

第七条　开证行有独立审查单据的权利和义务，有权自行作出单据与信用证条款、单据与单据之间是否在表面上相符的决定，并自行决定接受或者拒绝接受单据与信用证条款、单据与单据之间的不符点。

开证行发现信用证项下存在不符点后，可以自行决定是否联系开证申请人接受不符点。开证申请人决定是否接受不符点，并不影响开证行最终决定是否接受不符点。开证行和开证申请人另有约定的除外。

开证行向受益人明确表示接受不符点的，应当承担付款责任。

开证行拒绝接受不符点时，受益人以开证申请人已接受不符点为由要求开证行承担信用证项下付款责任的，人民法院不予支持。

第八条　凡有下列情形之一的，应当认定存在信用证欺诈：

（一）受益人伪造单据或者提交记载内容虚假的单据；

（二）受益人恶意不交付货物或者交付的货物无价值；

（三）受益人和开证申请人或者其他第三方串通提交假单据，而没有真实的基础交易；

（四）其他进行信用证欺诈的情形。

第九条　开证申请人、开证行或者其他利害关系人发现有本规定第八条的情形，并认为将会给其造成难以弥补的损害时，可以向有管辖权的人民法院申请中止支付信用证项下的款项。

第十条　人民法院认定存在信用证欺诈的，应当裁定中止支付或者判决终止支付信用证项下款项，但有下列情形之一的除外：

（一）开证行的指定人、授权人已按照开证行的指令善意地进行了付款；

（二）开证行或者其指定人、授权人已对信用证项下票据善意地作出了承兑；

（三）保兑行善意地履行了付款义务；

（四）议付行善意地进行了议付。

第十一条　当事人在起诉前申请中止支付信用证项下款项符合下列条件的，人民法院应予受理：

（一）受理申请的人民法院对该信用证纠纷案件享有管辖权；

（二）申请人提供的证据材料证明存在本规定第八条的情形；

（三）如不采取中止支付信用证项下款项的措施，将会使申请人的合法权益受到难以弥补的损害；

（四）申请人提供了可靠、充分的担保；

（五）不存在本规定第十条的情形。

当事人在诉讼中申请中止支付信用证项下款项的，应当符合前款第（二）、（三）、（四）、（五）项规定的条件。

第十二条　人民法院接受中止支付信用证项下款项申请后，必须在四十八小时内作出裁定；裁定中止支付的，应当立即开始执行。

人民法院作出中止支付信用证项下款项的裁定，应当列明申请人、被申请人和第三人。

第十三条　当事人对人民法院作出中止支付信用证项下款项的裁定有异议的，可以在裁定书送达之日起十日内向上一级人民法院申请复议。上一级人民法院应当自收到复议申请之日起十日内作出裁定。

复议期间，不停止原裁定的执行。

第十四条　人民法院在审理信用证欺诈案件过程中，必要时可以将信用证纠纷与基础交易纠纷一并审理。

当事人以基础交易欺诈为由起诉的，可以将与案件有关的开证行、议付行或者其他信用证法律关系的利害关系人列为第三人；第三人可以申请参加诉讼，人民法院也可以通知第三人参加诉讼。

第十五条　人民法院通过实体审理，认定构成信用证欺诈并且不存在本规定第十条的情形的，应当判决终止支付信用证项下的款项。

第十六条　保证人以开证行或者开证申请人接受不符点未征得其同意为由请求免除保证责任的，人民法院不予支持。保证合同另有约定的除外。

第十七条　开证申请人与开证行对信用证进行修改未征得保证人同意的，保证人只在原保证合同约定的或者法律规定的期间和范围内承担保证责任。保证合同另有约定的除外。

第十八条　本规定自2006年1月1日起施行。

（6）理财业务

商业银行理财业务监督管理办法

2018年9月26日中国银行保险监督管理委员会令2018年第6号公布施行

第一章　总　　则

第一条　为加强对商业银行理财业务的监督管理，促进商业银行理财业务规范健康发展，依法保护投资者合法权益，根据《中华人民共和国银行业监督管理法》《中华人民共和国商业银行法》等法律、行政法规以及《关于规范金融机构资产管理业务的指导意见》（以下简称《指导意见》），制定本办法。

第二条　本办法适用于在中华人民共和国境内设立的商业银行，包括中资商业银行、外商独资银行、中外合资银行。

第三条　本办法所称理财业务是指商业银行接受投资者委托，按照与投资者事先约定的投资策略、风险承担和收益分配方式，对受托的投资者财产进行投资和管理的金融服务。

本办法所称理财产品是指商业银行按照约定条件和实际投资收益情况向投资者支付收益、不保证本金支付和收益水平的非保本理财产品。

第四条　商业银行理财产品财产独立于管理人、托管机构的自有资产，因理财产品财产的管理、运用、处分或者其他情形而取得的财产，均归入银行理财产品财产。

商业银行理财产品管理人、托管机构不得将银行理财产品财产归入其自有资产，因依法解散、被依法撤销或者被依法宣告破产等原因进行清算的，银行理财产品财产不属于其清算财产。

第五条　商业银行理财产品管理人管理、运用和处分理财产品财产所产生的债权，不得与管理人、托管机构因自有资产所产生的债务相抵销；管理人管理、运用和处分不同理财产品财产所产生的债权债务，不得相互抵销。

第六条　商业银行开展理财业务，应当按照《指导意见》第八条的相关规定，诚实守信、勤勉尽职地履行受人之托、代人理财职责，投资者自担投资风险并获得收益。

商业银行开展理财业务，应当遵守成本可算、风险可控、信息充分披露的原则，严格遵守投资者适当性管理要求，保护投资者合法权益。

第七条　银行业监督管理机构依法对商业银行理财业务活动实施监督管理。

银行业监督管理机构应当对理财业务实行穿透式监管，向上识别理财产品的最终投资者，向下识别理财产品的底层资产，并对理财产品运作管理实行全面动态监管。

第二章　分 类 管 理

第八条　商业银行应当根据募集方式的不同，将理财产品分为公募理财产品和私募理财产品。

本办法所称公募理财产品是指商业银行面向不特定社会公众公开发行的理财产品。公开发行的认定标准按照《中华人民共和国证券法》执行。

本办法所称私募理财产品是指商业银行面向合格投资者非公开发行的理财产品。合格投资者是指具备相应风险识别能力和风险承受能力，投资于单只理财产品不低于一定金额且符合下列条件的自然人、法人或者依法成立的其他组织：

（一）具有2年以上投资经历，且满足家庭金融净资产不低于300万元人民币，或者家庭金融资产不低于500万元人民币，或者近3年本人年均收入不低于40万元人民币；

（二）最近1年末净资产不低于1000万元人民币的法人或者依法成立的其他组织；

（三）国务院银行业监督管理机构规定的其他情形。

私募理财产品的投资范围由合同约定，可以投资于债权类资产和权益类资产等。权益类资产是指上市交易的股票、未上市企业股权及其受(收)益权。

第九条　商业银行应当根据投资性质的不同，将理财产品分为固定收益类理财产品、权益类理财产品、商品及金融衍生品类理财产品和混合类理财产品。固定收益类理财产品投资于存款、债券等债权类资产的比例不低于80%；权益类理财产品投资于权益类资产的比例不低于80%；商品及金融衍生品类理财产品投资于商品及金融衍生品的比例不低于80%；混合类理财产品投资于债权类资产、权益类资产、商品及金融衍生品类资产且任一资产的投资比例未达到前三类理财产品标准。

非因商业银行主观因素导致突破前述比例限制的，商业银行应当在流动性受限资产可出售、可转让或者恢复交易的15个交易日内将理财产品投资比例调整至符合要求，国务院银行业监督管理机构规定的特殊情形除外。

第十条　商业银行应当根据运作方式的不同，将理财产品分为封闭式理财产品和开放式理财产品。

本办法所称封闭式理财产品是指有确定到期日，且自产品成立日至终止日期间，投资者不得进行认购或者赎回的理财产品。开放式理财产品是指自产品成立日至终止日期间，理财产品份额总额不固定，投资者可以按照协议约定，在开放日和相应场所进行认购或者赎回的理财产品。

第十一条　商业银行发行投资衍生产品的理财产品的，应当具有衍生产品交易资格，并遵守国务院银行业监督管理机构关于衍生产品业务管理的有关规定。

商业银行开展理财业务涉及外汇业务的，应当具有开办相应外汇业务的资格，并遵守外汇管理的有关规定。

第十二条　商业银行总行应当按照以下要求，在全国银行业理财信息登记系统对理财产品进行集中登记：

（一）商业银行发行公募理财产品的，应当在理财产品销售前10日，在全国银行业理财信息登记系统进行登记；

（二）商业银行发行私募理财产品的，应当在理财产品销售前2日，在全国银行业理财信息登记系统进行登记；

（三）在理财产品募集和存续期间，按照有关规定持续登记理财产品的募集情况、认购赎回情况、投资者信息、投资资产、资产交易明细、资产估值、负债情况等信息；

（四）在理财产品终止后5日内完成终止登记。

商业银行应当确保本行理财产品登记信息的真实性、准确性、完整性和及时性。信息登记不齐全或者不符合要求的,应当进行补充或者重新登记。

商业银行不得发行未在全国银行业理财信息登记系统进行登记并获得登记编码的理财产品。商业银行应当在理财产品销售文件的显著位置列明该产品在全国银行业理财信息登记系统获得的登记编码,并提示投资者可以依据该登记编码在中国理财网查询产品信息。

银行业理财登记托管中心应当在国务院银行业监督管理机构的指导下,履行下列职责:

(一)持续加强全国银行业理财信息登记系统的建设和管理,确保系统独立、安全、高效运行;

(二)完善理财信息登记业务规则、操作规程和技术标准规范等,加强理财信息登记质量监控;

(三)向国务院银行业监督管理机构报告理财业务、理财信息登记质量和系统运行等有关情况;

(四)提供必要的技术支持、业务培训和投资者教育等服务;

(五)依法合规使用信息,建立保密制度并采取相应的保密措施,确保信息安全;

(六)国务院银行业监督管理机构规定的其他职责。

第三章　业务规则与风险管理

第一节　管理体系与管理制度

第十三条　商业银行董事会和高级管理层应当充分了解理财业务及其所面临的各类风险,根据本行的经营目标、投资管理能力、风险管理水平等因素,确定开展理财业务的总体战略和政策,确保具备从事理财业务和风险管理所需要的专业人员、业务处理系统、会计核算系统和管理信息系统等人力、物力资源。

第十四条　商业银行应当通过具有独立法人地位的子公司开展理财业务。暂不具备条件的,商业银行总行应当设立理财业务专营部门,对理财业务实行集中统一经营管理。

商业银行设立理财子公司的监管规定由国务院银行业监督管理机构另行制定。

第十五条　商业银行开展理财业务,应当确保理财业务与其他业务相分离,理财产品与其代销的金融产品相分离,理财产品之间相分离,理财业务操作与其他业务操作相分离。

第十六条　商业银行应当根据理财业务性质和风险特征,建立健全理财业务管理制度,包括产品准入管理、风险管理与内部控制、人员管理、销售管理、投资管理、合作机构管理、产品托管、产品估值、会计核算和信息披露等。

商业银行应当针对理财业务的风险特征,制定和实施相应的风险管理政策和程序,确保持续有效地识别、计量、监测和控制理财业务的各类风险,并将理财业务风险管理纳入其全面风险管理体系。商业银行应当按照国务院银行业监督管理机构关于内部控制的相关规定,建立健全理财业务的内部控制体系,作为银行整体内部控制体系的有机组成部分。

商业银行内部审计部门应当按照国务院银行业监督管理机构关于内部审计的相关规定,至少每年对理财业务进行一次内部审计,并将审计报告报送审计委员会及董事会。董事会应当针对内部审计发现的问题,督促高级管理层及时采取整改措施。内部审计部门应当跟踪检查整改措施的实施情况,并及时向董事会提交有关报告。

商业银行应当按照国务院银行业监督管理机构关于外部审计的相关规定,委托外部审计机构至少每年对理财业务和公募理财产品进行一次外部审计,并针对外部审计发现的问题及时采取整改措施。

第十七条　商业银行应当建立理财产品的内部审批政策和程序,在发行新产品之前充分识别和评估各类风险。理财产品由负责风险管理、法律合规、财务会计管理和消费者保护等相关职能部门进行审核,并获得董事会、董事会授权的专门委员会、高级管理层或者相关部门的批准。

第十八条　商业银行开展理财业务,应当确保每只理财产品与所投资资产相对应,做到每只理财产品单独管理、单独建账和单独核算,不得开展或者参与具有滚动发行、集合运作、分离定价特征的资金池理财业务。

本办法所称单独管理是指对每只理财产品进行独立的投资管理。单独建账是指为每只理财产品建立投资明细账,确保投资资产逐项清晰明确。单独核算是指对每只理财产品单独进行会计账务处理,确保每只理财产品具有资产负债表、利润表、产品净值变动表等财务会计报表。

第十九条　商业银行开展理财业务,应当按照《企业会计准则》和《指导意见》等关于金融工具估值核算的相关规定,确认和计量理财产品的净值。

第二十条　商业银行开展理财业务,应当遵守市场交易和公平交易原则,不得在理财产品之间、理财产品投资者之间或者理财产品投资者与其他市场主体之间进行利益输送。

第二十一条　商业银行理财产品投资于本行或托管机构,其主要股东、控股股东、实际控制人、一致行动人、最终受益人,其控股的机构或者与其有重大利害关系的公司发行或者承销的证券,或者从事其他重大关联交易的,应当符合理财产品的投资目标、投资策略和投资者利益优先原则,按照商业原则,以不优于对非关联方同类交易的条件进行,并向投资者充分披露信息。

商业银行应当按照金融监督管理部门关于关联交易的相关规定,建立健全理财业务关联交易内部评估和审批机制。理财业务涉及重大关联交易的,应当提交有权审批机构审批,并向银行业监督管理机构报告。

商业银行不得以理财资金与关联方进行不正当交易、利益输送、内幕交易和操纵市场,包括但不限于投资于关联方虚假项目、与关联方共同收购上市公司、向本行注资等。

第二十二条　商业银行开展理财业务,应当按照《商业银行资本管理办法(试行)》的相关规定计提操作风险资本。

第二十三条　商业银行应当建立有效的理财业务投资者投诉处理机制,明确受理和处理投资者投诉的途径、程序和方式,根据法律、行政法规、金融监管规定和合同约定妥善处理投资者投诉。

第二十四条　商业银行应当建立健全理财业务人员的资格认定、培训、考核评价和问责制度,确保理财业务人员具备必要的专业知识、行业经验和管理能力,充分了解相关法律、行政法规、监管规定以及理财产品的法律关系、交易结构、主要风险及风险管控方式,遵守行为准则和职业道德标准。

商业银行的董事、监事、高级管理人员和其他理财业务人员不得有下列行为:

(一)将自有财产或者他人财产混同于理财产品财产从事投资活动;

(二)不公平地对待所管理的不同理财产品财产;

(三)利用理财产品财产或者职务之便为理财产品投资者以外的人牟取利益;

(四)向理财产品投资者违规承诺收益或者承担损失;

(五)侵占、挪用理财产品财产;

(六)泄露因职务便利获取的未公开信息,利用该信息从事或者明示、暗示他人从事相关的交易活动;

(七)玩忽职守,不按照规定履行职责;

(八)法律、行政法规和国务院银行业监督管理机构规定禁止的其他行为。

第二节　销售管理

第二十五条　商业银行理财产品销售是指商业银行将本行发行的理财产品向投资者进行宣传推介和办理认购、赎回等业务活动。

第二十六条　商业银行销售理财产品,应当加强投资者适当性管理,向投资者充分披露信息和揭示风险,不得宣传或承诺保本保收益,不得误导投资者购买与其风险承受能力不相匹配的理财产品。

商业银行理财产品宣传销售文本应当全面、如实、客观地反映理财产品的重要特性,充分披露理财产品类型、投资组合、估值方法、托管安排、风险和收费等重要信息,所使用的语言表述必须真实、准确和清晰。

商业银行发行理财产品,不得宣传理财产品预期收益率,在理财产品宣传销售文本中只能登载该理财产品或者本行同类理财产品的过往平均业绩和最好、最差业绩,并以醒目文字提醒投资者"理财产品过往业绩不代表其未来表现,不等于理财产品实际收益,投资须谨慎"。

第二十七条　商业银行应当采用科学合理的方法,根据理财产品的投资组合、同类产品过往业绩和风险水平等因素,对拟销售的理财产品进行风险评级。

理财产品风险评级结果应当以风险等级体现,由低到高至少包括一级至五级,并可以根据实际情况进一步细分。

第二十八条　商业银行应当对非机构投资者的风险承受能力进行评估,确定投资者风险承受能力等级,由低到高至少包括一级至五级,并可以根据实际情况进一步细分。

商业银行不得在风险承受能力评估过程中误导投资者或者代为操作,确保风险承受能力评估结果的真实性和有效性。

第二十九条　商业银行只能向投资者销售风险等级等于或低于其风险承受能力等级的理财产品,并在销售文件中明确提示产品适合销售的投资者范围,在销售系统中设置销售限制措施。

商业银行不得通过对理财产品进行拆分等方式,向风险承受能力等级低于理财产品风险等级的投资者销售理财产品。

其他资产管理产品投资于商业银行理财产品的,商业银行应当按照穿透原则,有效识别资产管理产品的最终投资者。

第三十条　商业银行应当根据理财产品的性质和风险特征,设置适当的期限和销售起点金额。

商业银行发行公募理财产品的,单一投资者销售起点金额不得低于1万元人民币。

商业银行发行私募理财产品的,合格投资者投资于单只固定收益类理财产品的金额不得低于30万元人民币,投资于单只混合类理财产品的金额不得低于

40万元人民币，投资于单只权益类理财产品、单只商品及金融衍生品类理财产品的金额不得低于100万元人民币。

第三十一条 商业银行只能通过本行渠道（含营业网点和电子渠道）销售理财产品，或者通过其他商业银行、农村合作银行、村镇银行、农村信用合作社等吸收公众存款的银行业金融机构代理销售理财产品。

第三十二条 商业银行通过营业场所向非机构投资者销售理财产品的，应当按照国务院银行业监督管理机构的相关规定实施理财产品销售专区管理，并在销售专区内对每只理财产品销售过程进行录音录像。

第三十三条 商业银行应当按照国务院银行业监督管理机构的相关规定，妥善保存理财产品销售过程涉及的投资者风险承受能力评估、录音录像等相关资料。

商业银行应当依法履行投资者信息保密义务，建立投资者信息管理制度和保密制度，防范投资者信息被不当采集、使用、传输和泄露。商业银行与其他机构共享投资者信息的，应当在理财产品销售文本中予以明确，征得投资者书面授权或者同意，并要求其履行投资者信息保密义务。

第三十四条 商业银行应当建立理财产品销售授权管理体系，制定统一的标准化销售服务规程，建立清晰的报告路线，明确分支机构业务权限，并采取定期核对、现场核查、风险评估等方式加强对分支机构销售活动的管理。

第三节 投资运作管理

第三十五条 商业银行理财产品可以投资于国债、地方政府债券、中央银行票据、政府机构债券、金融债券、银行存款、大额存单、同业存单、公司信用类债券、在银行间市场和证券交易所市场发行的资产支持证券、公募证券投资基金、其他债权类资产、权益类资产以及国务院银行业监督管理机构认可的其他资产。

第三十六条 商业银行理财产品不得直接投资于信贷资产，不得直接或间接投资于本行信贷资产，不得直接或间接投资于本行或其他银行业金融机构发行的理财产品，不得直接或间接投资于本行发行的次级档信贷资产支持证券。

商业银行面向非机构投资者发行的理财产品不得直接或间接投资于不良资产、不良资产支持证券，国务院银行业监督管理机构另有规定的除外。

商业银行理财产品不得直接或间接投资于本办法第三十五条所列示资产之外，由未经金融监督管理部门许可设立、不持有金融牌照的机构发行的产品或管理的资产，金融资产投资公司的附属机构依法依规设立的私募股权投资基金以及国务院银行业监督管理机构另有规定的除外。

第三十七条 理财产品销售文件应当载明产品类型、投资范围、投资资产种类及其投资比例，并确保在理财产品成立后至到期日前，投资比例按照销售文件约定合理浮动，不得擅自改变理财产品类型。

金融市场发生重大变化导致理财产品投资比例暂时超出浮动区间且可能对理财产品收益产生重大影响的，商业银行应当及时向投资者进行信息披露。

商业银行应当根据市场情况调整投资范围、投资资产种类或投资比例，并按照有关规定事先进行信息披露。超出销售文件约定比例的，除高风险类型的理财产品超出比例范围投资较低风险资产外，应当先取得投资者书面同意，并在全国银行业理财信息登记系统做好理财产品信息登记；投资者不接受的，应当允许投资者按照销售文件约定提前赎回理财产品。

第三十八条 商业银行理财产品投资资产管理产品的，应当符合以下要求：

（一）准确界定相关法律关系，明确约定各参与主体的责任和义务，并符合法律、行政法规、《指导意见》和金融监督管理部门对该资产管理产品的监管规定；

（二）所投资的资产管理产品不得再投资于其他资产管理产品（公募证券投资基金除外）；

（三）切实履行投资管理职责，不得简单作为资产管理产品的资金募集通道；

（四）充分披露底层资产的类别和投资比例等信息，并在全国银行业理财信息登记系统登记资产管理产品及其底层资产的相关信息。

第三十九条 商业银行理财产品投资于非标准化债权类资产的，应当符合以下要求：

（一）确保理财产品投资与审批流程相分离，比照自营贷款管理要求实施投前尽职调查、风险审查和投后风险管理，并纳入全行统一的信用风险管理体系；

（二）商业银行全部理财产品投资于单一债务人及其关联企业的非标准化债权类资产余额，不得超过本行资本净额的10%；

（三）商业银行全部理财产品投资于非标准化债权类资产的余额在任何时点均不得超过理财产品净资产的35%，也不得超过本行上一年度审计报告披露总资产的4%。

第四十条 商业银行理财产品不得直接或间接投资于本行信贷资产受（收）益权，面向非机构投资者发行的理财产品不得直接或间接投资于不良资产受（收）益权。

商业银行理财产品投资于信贷资产受（收）益权的，应当审慎评估信贷资产质量和风险，按照市场化原则合理定价，必要时委托会计师事务所、律师事务所、评级机构等独立第三方机构出具专业意见。

商业银行应当向投资者及时、准确、完整地披露理财产品所投资信贷资产受（收）益权的相关情况，并及时披露对投资者权益或投资收益等产生重大影响的突发事件。

第四十一条　商业银行理财产品直接或间接投资于银行间市场、证券交易所市场或者国务院银行业监督管理机构认可的其他证券的，应当符合以下要求：

（一）每只公募理财产品持有单只证券或单只公募证券投资基金的市值不得超过该理财产品净资产的10%；

（二）商业银行全部公募理财产品持有单只证券或单只公募证券投资基金的市值，不得超过该证券市值或该公募证券投资基金市值的30%；

（三）商业银行全部理财产品持有单一上市公司发行的股票，不得超过该上市公司可流通股票的30%。

国务院银行业监督管理机构另有规定的除外。

非因商业银行主观因素导致突破前述比例限制的，商业银行应当在流动性受限资产可出售、可转让或者恢复交易的10个交易日内调整至符合要求，国务院银行业监督管理机构规定的特殊情形除外。

商业银行理财产品投资于国债、地方政府债券、中央银行票据、政府机构债券、政策性金融债券以及完全按照有关指数的构成比例进行投资的除外。

第四十二条　商业银行不得发行分级理财产品。

本办法所称分级理财产品是指商业银行按照本金和收益受偿顺序的不同，将理财产品划分为不同等级的份额，不同等级份额的收益分配不按份额比例计算，而是由合同另行约定、按照优先与劣后份额安排进行收益分配的理财产品。

商业银行每只开放式公募理财产品的杠杆水平不得超过140%，每只封闭式公募理财产品、每只私募理财产品的杠杆水平不得超过200%。

本办法所称杠杆水平是指理财产品总资产/理财产品净资产。商业银行计算理财产品总资产时，应当按照穿透原则合并计算理财产品所投资的底层资产。理财产品投资资产管理产品的，应当按照理财产品持有资产管理产品的比例计算底层资产。

第四十三条　商业银行应当建立健全理财业务流动性风险管理制度，加强理财产品及其所投资资产期限管理，专业审慎、勤勉尽责地管理理财产品流动性风险，确保投资者的合法权益不受损害并得到公平对待。

商业银行应当在理财产品设计阶段，综合评估分析投资策略、投资范围、投资资产流动性、销售渠道、投资者类型与风险偏好等因素，审慎决定是否采取开放式运作。

商业银行发行的封闭式理财产品的期限不得低于90天；开放式理财产品所投资资产的流动性应当与投资者赎回需求相匹配，确保持有足够的现金、活期存款、国债、中央银行票据、政策性金融债券等具有良好流动性的资产，以备支付理财产品投资者的赎回款项。开放式公募理财产品应当持有不低于该理财产品资产净值5%的现金或者到期日在一年以内的国债、中央银行票据和政策性金融债券。

第四十四条　商业银行理财产品直接或间接投资于非标准化债权类资产的，非标准化债权类资产的终止日不得晚于封闭式理财产品的到期日或者开放式理财产品的最近一次开放日。

商业银行理财产品直接或间接投资于未上市企业股权及其受（收）益权的，应当为封闭式理财产品，并明确股权及其受（收）益权的退出安排。未上市企业股权及其受（收）益权的退出日不得晚于封闭式理财产品的到期日。

第四十五条　商业银行应当加强理财产品开展同业融资的流动性风险、交易对手风险和操作风险等风险管理，做好期限管理和集中度管控，按照穿透原则对交易对手实施尽职调查和准入管理，设置适当的交易限额并根据需要进行动态调整。

商业银行应当建立健全买入返售交易质押品的管理制度，采用科学合理的质押品估值方法，审慎确定质押品折扣系数，确保其能够满足正常和压力情景下融资交易的质押品需求，并且能够及时向相关交易对手履行返售质押品的义务。

第四十六条　商业银行应当建立健全理财产品压力测试制度。理财产品压力测试应当至少符合以下要求：

（一）针对单只理财产品，合理审慎设定并定期审核压力情景，充分考虑理财产品的规模、投资策略、投资者类型等因素，审慎评估各类风险对理财产品的影响，压力测试的数据应当准确可靠并及时更新，压力测试频率应当与商业银行理财产品的规模和复杂程度相适应；

（二）针对每只公募理财产品，压力测试应当至少每季度进行一次，出现市场剧烈波动等情况时，应当提高压力测试频率；

（三）在可能情况下，应当参考以往出现的影响理财产品的外部冲击，对压力测试结果实施事后检验，压力测试结果和事后检验应当有书面记录；

（四）在理财产品投资运作和风险管理过程中应

当充分考虑压力测试结果，必要时根据压力测试结果进行调整；

（五）制定有效的理财产品应急计划，确保其可以应对紧急情况下的理财产品赎回需求。应急计划的制定应当充分考虑压力测试结果，内容包括但不限于触发应急计划的各种情景、应急资金来源、应急程序和措施，董事会、高级管理层及相关部门实施应急程序和措施的权限与职责等；

（六）由专门的团队负责压力测试的实施与评估，该团队应当与投资管理团队保持相对独立。

第四十七条　商业银行应当加强对开放式公募理财产品认购环节的管理，合理控制理财产品投资者集中度，审慎确认大额认购申请，并在理财产品销售文件中对拒绝或暂停接受投资者认购申请的情形进行约定。

当接受认购申请可能对存量开放式公募理财产品投资者利益构成重大不利影响时，商业银行可以采取设定单一投资者认购金额上限或理财产品单日净认购比例上限、拒绝大额认购、暂停认购等措施，切实保护存量理财产品投资者的合法权益。

在确保投资者得到公平对待的前提下，商业银行可以按照法律、行政法规和理财产品销售文件约定，综合运用设置赎回上限、延期办理巨额赎回申请、暂停接受赎回申请、收取短期赎回费等方式，作为压力情景下开放式公募理财产品流动性风险管理的辅助措施。商业银行应当按照理财产品销售文件中约定的信息披露方式，在3个交易日内通知投资者相关处理措施。

本办法所称巨额赎回是指商业银行开放式公募理财产品单个开放日净赎回申请超过理财产品总份额的10%的赎回行为，国务院银行业监督管理机构另有规定的除外。

第四十八条　商业银行应当对理财投资合作机构的资质条件、专业服务能力和风险管理水平等开展尽职调查，实行名单制管理，明确规定理财投资合作机构的准入标准和程序、责任与义务、存续期管理、利益冲突防范机制、信息披露义务及退出机制，理财投资合作机构的名单应当至少由总行高级管理层批准并定期评估，必要时进行调整。商业银行应当以书面方式明确界定双方的权利义务和风险责任承担方式，切实履行投资管理职责，不因委托其他机构投资而免除自身应当承担的责任。

本办法所称理财投资合作机构包括但不限于商业银行理财产品所投资资产管理产品的发行机构、根据合同约定从事理财产品受托投资的机构以及与理财产品投资管理相关的投资顾问等。理财投资合作机构应当是具有专业资质并受金融监督管理部门依法监管的金融机构或国务院银行业监督管理机构认可的其他机构。

商业银行聘请理财产品投资顾问的，应当审查投资顾问的投资建议，不得由投资顾问直接执行投资指令，不得向未提供实质服务的投资顾问支付费用或者支付与其提供的服务不相匹配的费用。

商业银行首次与理财投资合作机构合作的，应当提前10日将该合作机构相关情况报告银行业监督管理机构。

第四十九条　商业银行不得用自有资金购买本行发行的理财产品，不得为理财产品投资的非标准化债权类资产或权益类资产提供任何直接或间接、显性或隐性的担保或回购承诺，不得用本行信贷资金为本行理财产品提供融资和担保。

第四节　理财托管

第五十条　商业银行应当选择具有证券投资基金托管业务资格的金融机构、银行业理财登记托管机构或者国务院银行业监督管理机构认可的其他机构托管所发行的理财产品。

第五十一条　从事理财产品托管业务的机构应当履行下列职责，确保实现实质性独立托管：

（一）安全保管理财产品财产；

（二）为每只理财产品开设独立的托管账户，不同托管账户中的资产应当相互独立；

（三）按照托管协议约定和理财产品发行银行的投资指令，及时办理清算、交割事宜；

（四）建立与理财产品发行银行的对账机制，复核、审查理财产品资金头寸、资产账目、资产净值、认购和赎回价格等数据，及时核查认购、赎回以及投资资金的支付和到账情况；

（五）监督理财产品投资运作，发现理财产品违反法律、行政法规、规章规定或合同约定进行投资的，应当拒绝执行，及时通知理财产品发行银行并报告银行业监督管理机构；

（六）办理与理财产品托管业务活动相关的信息披露事项，包括披露理财产品托管协议、对理财产品信息披露文件中的理财产品财务会计报告等出具意见，以及在公募理财产品半年度和年度报告中出具理财托管机构报告等；

（七）理财托管业务活动的记录、账册、报表和其他相关资料保存15年以上；

（八）对理财产品投资信息和相关资料承担保密责任，除法律、行政法规、规章规定、审计要求或者合同约定外，不得向任何机构或者个人提供相关信息和资料；

（九）国务院银行业监督管理机构规定的其他职责。

从事理财产品托管业务机构的董事、监事、高级管理人员和其他托管业务人员不得有本办法第二十四条第二款所列行为。

第五十二条 商业银行有下列情形之一的，国务院银行业监督管理机构可以要求其发行的理财产品由指定的机构进行托管：

（一）理财产品未实现实质性独立托管的；

（二）未按照穿透原则，在全国银行业理财信息登记系统中，向上穿透登记最终投资者信息，向下穿透登记理财产品投资的底层资产信息，或者信息登记不真实、准确、完整和及时的；

（三）国务院银行业监督管理机构规定的其他情形。

第五节 信息披露

第五十三条 商业银行应当按照国务院银行业监督管理机构关于信息披露的有关规定，每半年披露其从事理财业务活动的有关信息，披露的信息应当至少包括以下内容：当期发行和到期的理财产品类型、数量和金额、期末存续理财产品数量和金额，列明各类理财产品的占比及其变化情况，以及理财产品直接和间接投资的资产种类、规模和占比等信息。

第五十四条 商业银行应当在本行营业网点或官方网站建立理财产品信息查询平台，收录全部在售及存续期内公募理财产品的基本信息。

第五十五条 商业银行应当及时、准确、完整地向理财产品投资者披露理财产品的募集信息、资金投向、杠杆水平、收益分配、托管安排、投资账户信息和主要投资风险等内容。

第五十六条 商业银行发行公募理财产品的，应当在本行官方网站或者按照与投资者约定的方式，披露以下理财产品信息：

（一）在全国银行业理财信息登记系统获取的登记编码；

（二）销售文件，包括说明书、销售协议书、风险揭示书和投资者权益须知；

（三）发行公告，包括理财产品成立日期和募集规模等信息；

（四）定期报告，包括理财产品的存续规模、收益表现，并分别列示直接和间接投资的资产种类、投资比例、投资组合的流动性风险分析，以及前十项资产具体名称、规模和比例等信息；

（五）到期公告，包括理财产品的存续期限、终止日期、收费情况和收益分配情况等信息；

（六）重大事项公告；

（七）临时性信息披露；

（八）国务院银行业监督管理机构规定的其他信息。

商业银行应当在理财产品成立之后 5 日内披露发行公告，在理财产品终止后 5 日内披露到期公告，在发生可能对理财产品投资者或者理财产品收益产生重大影响的事件后 2 日内发布重大事项公告。

商业银行应当在每个季度结束之日起 15 日内、上半年结束之日起 60 日内、每年结束之日起 90 日内，编制完成理财产品的季度、半年和年度报告等定期报告。理财产品成立不足 90 日或者剩余存续期不超过 90 日的，商业银行可以不编制理财产品当期的季度、半年和年度报告。

第五十七条 商业银行应当在每个开放日结束后 2 日内，披露开放式公募理财产品在开放日的份额净值、份额累计净值、认购价格和赎回价格，在定期报告中披露开放式公募理财产品在季度、半年和年度最后一个市场交易日的份额净值、份额累计净值和资产净值。

商业银行应当至少每周向投资者披露一次封闭式公募理财产品的资产净值和份额净值。

第五十八条 商业银行应当在公募理财产品的存续期内，至少每月向投资者提供其所持有的理财产品账单，账单内容包括但不限于投资者持有的理财产品份额、认购金额、份额净值、份额累计净值、资产净值、收益情况、投资者理财交易账户发生的交易明细记录等信息。

第五十九条 商业银行发行私募理财产品的，应当按照与合格投资者约定的方式和频率，披露以下理财产品信息：

（一）在全国银行业理财信息登记系统获取的登记编码；

（二）销售文件，包括说明书、销售协议书、风险揭示书和投资者权益须知；

（三）至少每季度向合格投资者披露理财产品的资产净值、份额净值和其他重要信息；

（四）定期报告，至少包括季度、半年和年度报告；

（五）到期报告；

（六）重大事项报告；

（七）临时性信息披露；

（八）国务院银行业监督管理机构规定的其他信息。

第六十条 商业银行理财产品终止后的清算期原则上不得超过 5 日；清算期超过 5 日的，应当在理财产品终止前，根据与投资者的约定，在指定渠道向理财产品投资者进行披露。

第六十一条　商业银行应当在理财产品销售文件中明确约定与投资者联络和信息披露的方式、渠道和频率，以及在信息披露过程中各方的责任，确保投资者及时获取信息。

商业银行在未与投资者明确约定的情况下，在其官方网站公布理财产品相关信息，不能视为向投资者进行了信息披露。

第四章　监督管理

第六十二条　从事理财业务的商业银行应当按照规定，向银行业监督管理机构报送与理财业务有关的财务会计报表、统计报表、外部审计报告和银行业监督管理机构要求报送的其他材料，并于每年度结束后 2 个月内报送理财业务年度报告。

第六十三条　理财托管机构应当按照规定，向银行业监督管理机构报送与理财产品托管有关的材料，并于每年度结束后 2 个月内报送理财产品年度托管报告。

第六十四条　从事理财业务的商业银行在理财业务中出现重大风险和损失时，应当及时向银行业监督管理机构报告，并提交应对措施。

第六十五条　银行业监督管理机构应当定期对商业银行理财业务进行现场检查。

第六十六条　银行业监督管理机构应当基于非现场监管和现场检查情况，定期对商业银行理财业务进行评估，并将其作为监管评级的重要依据。

第六十七条　商业银行违反本办法规定从事理财业务活动的，应当根据国务院银行业监督管理机构或者其省一级派出机构提出的整改要求，在规定的时限内向国务院银行业监督管理机构或者其省一级派出机构提交整改方案并采取整改措施。

第六十八条　对于在规定的时限内未能采取有效整改措施的商业银行，或者其行为严重危及本行稳健运行、损害投资者合法权益的，国务院银行业监督管理机构或者其省一级派出机构有权按照《中华人民共和国银行业监督管理法》第三十七条的规定，采取下列措施：

（一）责令暂停发行理财产品；

（二）责令暂停开展理财产品托管等业务；

（三）责令调整董事、高级管理人员或者限制其权利；

（四）《中华人民共和国银行业监督管理法》第三十七条规定的其他措施。

第六十九条　商业银行开展理财业务，根据《指导意见》经认定存在刚性兑付行为的，应当足额补缴存款准备金和存款保险保费，按照国务院银行业监督管理机构的相关规定，足额计提资本、贷款损失准备和其他各项减值准备，计算流动性风险和大额风险暴露等监管指标。

第五章　法律责任

第七十条　商业银行从事理财业务活动，有下列情形之一的，由银行业监督管理机构依照《中华人民共和国银行业监督管理法》第四十六条的规定，予以处罚。

（一）提供虚假的或者隐瞒重要事实的报表、报告等文件、资料的；

（二）未按照规定进行风险揭示或者信息披露的；

（三）根据《指导意见》经认定存在刚性兑付行为的；

（四）拒绝执行本办法第六十八条规定的措施的；

（五）严重违反本办法规定的其他情形。

第七十一条　商业银行从事理财业务活动，未按照规定向银行业监督管理机构报告或者报送有关文件、资料的，由银行业监督管理机构依照《中华人民共和国银行业监督管理法》第四十七条的规定，予以处罚。

第七十二条　商业银行从事理财业务活动的其他违法违规行为，由银行业监督管理机构依照《中华人民共和国银行业监督管理法》《中华人民共和国商业银行法》等法律法规予以处罚。

第七十三条　商业银行从事理财业务活动，违反有关法律、行政法规以及国家有关银行业监督管理规定的，银行业监督管理机构除依照本办法第七十条至第七十二条规定处罚外，还可以依照《中华人民共和国银行业监督管理法》第四十八条和《金融违法行为处罚办法》的相关规定，对直接负责的董事、高级管理人员和其他直接责任人员进行处理；涉嫌犯罪的，依法移送司法机关处理。

第六章　附　　则

第七十四条　政策性银行、农村合作银行、农村信用合作社等其他银行业金融机构开展理财业务，适用本办法规定。外国银行分行开展理财业务，参照本办法执行。

第七十五条　商业银行已经发行的保证收益型和保本浮动收益型理财产品应当按照结构性存款或者其他存款进行规范管理。

本办法所称结构性存款是指商业银行吸收的嵌入金融衍生产品的存款，通过与利率、汇率、指数等的波动挂钩或者与某实体的信用情况挂钩，使存款人在承担一定风险的基础上获得相应收益的产品。

结构性存款应当纳入商业银行表内核算，按照存款管理，纳入存款准备金和存款保险保费的缴纳范围，相关资产应当按照国务院银行业监督管理机构的相关规定计提资本和拨备。衍生产品交易部分按照衍生产品业务管理，应当有真实的交易对手和交易行为。

商业银行发行结构性存款应当具备相应的衍生产品交易业务资格。

商业银行销售结构性存款，应当参照本办法第三章第二节和本办法附件的相关规定执行。

第七十六条 具有代客境外理财业务资格的商业银行开展代客境外理财业务，参照本办法执行，并应当遵守法律、行政法规和金融监督管理部门的相关规定。

第七十七条 本办法中“以上”均含本数；“日”指工作日；“收益率”指年化收益率。

第七十八条 本办法附件《商业银行理财产品销售管理要求》是本办法的组成部分。

第七十九条 本办法由国务院银行业监督管理机构负责解释。

第八十条 本办法自公布之日起施行。《商业银行个人理财业务管理暂行办法》（中国银行业监督管理委员会令2005年第2号）、《商业银行个人理财业务风险管理指引》（银监发〔2005〕63号）、《中国银行业监督管理委员会办公厅关于商业银行开展个人理财业务风险提示的通知》（银监办发〔2006〕157号）、《中国银监会办公厅关于调整商业银行个人理财业务管理有关规定的通知》（银监办发〔2007〕241号）、《中国银监会办公厅关于进一步规范商业银行个人理财业务有关问题的通知》（银监办发〔2008〕47号）、《中国银监会办公厅关于进一步规范商业银行个人理财业务报告管理有关问题的通知》（银监办发〔2009〕172号）、《中国银监会关于进一步规范商业银行个人理财业务投资管理有关问题的通知》（银监发〔2009〕65号）、《中国银监会关于规范信贷资产转让及信贷资产类理财业务有关事项的通知》（银监发〔2009〕113号）、《商业银行理财产品销售管理办法》（中国银行业监督管理委员会令2011年第5号）、《中国银监会关于进一步加强商业银行理财业务风险管理有关问题的通知》（银监发〔2011〕91号）、《中国银监会关于规范商业银行理财业务投资运作有关问题的通知》（银监发〔2013〕8号）、《中国银监会关于完善银行理财业务组织管理体系有关事项的通知》（银监发〔2014〕35号）同时废止。本办法实施前出台的有关规章及规范性文件如与本办法不一致的，按照本办法执行。

第八十一条 本办法过渡期为施行之日起至2020年底。过渡期内，商业银行新发行的理财产品应当符合本办法规定；对于存量理财产品，商业银行可以发行老产品对接存量理财产品所投资的未到期资产，但应当严格控制在存量产品的整体规模内，并有序压缩递减。

商业银行应当制定本行理财业务整改计划，明确时间进度安排和内部职责分工，经董事会审议通过并经董事长签批后，报送银行业监督管理机构认可，同时报备中国人民银行。银行业监督管理机构监督指导商业银行实施整改计划，对于提前完成整改的商业银行，给予适当监管激励；对于未严格执行整改计划或者整改不到位的商业银行，适时采取相关监管措施。

过渡期结束之后，商业银行理财产品按照本办法和《指导意见》进行全面规范管理，因子公司尚未成立而达不到第三方独立托管要求的情形除外；商业银行不得再发行或者存续不符合《指导意见》和本办法规定的理财产品。

附件：（略）

商业银行理财子公司管理办法

2018年12月2日中国银行保险监督管理委员会令2018年第7号公布施行

第一章 总 则

第一条 为加强对商业银行理财子公司的监督管理，依法保护投资者合法权益，根据《中华人民共和国银行业监督管理法》等法律、行政法规以及《关于规范金融机构资产管理业务的指导意见》（以下简称《指导意见》）、《商业银行理财业务监督管理办法》（以下简称《理财业务管理办法》），制定本办法。

第二条 本办法所称银行理财子公司是指商业银行经国务院银行业监督管理机构批准，在中华人民共和国境内设立的主要从事理财业务的非银行金融机构。

本办法所称理财业务是指银行理财子公司接受投资者委托，按照与投资者事先约定的投资策略、风险承担和收益分配方式，对受托的投资者财产进行投资和管理的金融服务。

第三条 银行理财子公司开展理财业务，应当诚实守信、勤勉尽职地履行受人之托、代人理财职责，遵守成本可算、风险可控、信息充分披露的原则，严格遵守投资者适当性管理要求，保护投资者合法权益。

第四条 银行业监督管理机构依法对银行理财子公司及其业务活动实施监督管理。

银行业监督管理机构应当与其他金融管理部门加强监管协调和信息共享，防范跨市场风险。

第二章 设立、变更与终止

第五条 设立银行理财子公司，应当采取有限责任公司或者股份有限公司形式。银行理财子公司名称一般为“字号＋理财＋组织形式”。未经国务院银行业监督管理机构批准，任何单位不得在其名称中使用“理财有限责任公司”或“理财股份有限公司”字样。

第六条　银行理财子公司应当具备下列条件：

（一）具有符合《中华人民共和国公司法》和国务院银行业监督管理机构规章规定的章程；

（二）具有符合规定条件的股东；

（三）具有符合本办法规定的最低注册资本；

（四）具有符合任职资格条件的董事、高级管理人员，并具备充足的从事研究、投资、估值、风险管理等理财业务岗位的合格从业人员；

（五）建立有效的公司治理、内部控制和风险管理体系，具备支持理财产品单独管理、单独建账和单独核算等业务管理的信息系统，具备保障信息系统有效安全运行的技术与措施；

（六）具有与业务经营相适应的营业场所、安全防范措施和其他设施；

（七）国务院银行业监督管理机构规章规定的其他审慎性条件。

第七条　银行理财子公司应当由在中华人民共和国境内注册成立的商业银行作为控股股东发起设立。作为控股股东的商业银行应当符合以下条件：

（一）具有良好的公司治理结构、内部控制机制和健全的风险管理体系；

（二）主要审慎监管指标符合监管要求；

（三）财务状况良好，最近3个会计年度连续盈利；

（四）监管评级良好，最近2年内无重大违法违规行为，已采取有效整改措施并经国务院银行业监督管理机构认可的除外；

（五）银行理财业务经营规范稳健；

（六）设立理财业务专营部门，对理财业务实行集中统一经营管理；理财业务专营部门连续运营3年以上，具有前中后台相互分离、职责明确、有效制衡的组织架构；

（七）具有明确的银行理财子公司发展战略和业务规划；

（八）入股资金为自有资金，不得以债务资金和委托资金等非自有资金入股；

（九）在银行理财子公司章程中承诺5年内不转让所持有的股权，不将所持有的股权进行质押或设立信托，经国务院银行业监督管理机构批准的除外；

（十）国务院银行业监督管理机构规章规定的其他审慎性条件。

第八条　境内外金融机构作为银行理财子公司股东的，应当具备以下条件：

（一）具有良好的公司治理结构；

（二）具有良好的社会声誉、诚信记录和纳税记录；

（三）经营管理良好，最近2年内无重大违法违规经营记录；

（四）财务状况良好，最近2个会计年度连续盈利；

（五）入股资金为自有资金，不得以债务资金和委托资金等非自有资金入股；

（六）在银行理财子公司章程中承诺5年内不转让所持有的股权，不将所持有的股权进行质押或设立信托，经国务院银行业监督管理机构批准的除外；

（七）符合所在地有关法律法规和相关监管规定要求；境外金融机构作为股东的，其所在国家或地区金融监管当局已经与国务院金融监督管理部门建立良好的监督管理合作机制；

（八）国务院银行业监督管理机构规章规定的其他审慎性条件。

第九条　境内非金融企业作为银行理财子公司股东的，应当具备以下条件：

（一）具有良好的公司治理结构；

（二）具有良好的社会声誉、诚信记录和纳税记录；

（三）经营管理良好，最近2年内无重大违法违规经营记录；

（四）财务状况良好，最近2个会计年度连续盈利；

（五）入股资金为自有资金，不得以债务资金和委托资金等非自有资金入股；

（六）在银行理财子公司章程中承诺5年内不转让所持有的股权，不将所持有的股权进行质押或设立信托，经国务院银行业监督管理机构批准的除外；

（七）最近1年年末总资产不低于50亿元人民币，最近1年年末净资产不得低于总资产的30%，权益性投资余额原则上不超过其净资产的50%（含本次投资资金，合并会计报表口径）；

（八）国务院银行业监督管理机构规章规定的其他审慎性条件。

第十条　有以下情形之一的企业不得作为银行理财子公司的股东：

（一）公司治理结构与机制存在明显缺陷；

（二）关联企业众多、股权关系复杂且不透明、关联交易频繁且异常；

（三）核心主业不突出且其经营范围涉及行业过多；

（四）现金流量波动受经济景气影响较大；

（五）资产负债率、财务杠杆率明显高于行业平均水平；

（六）代他人持有银行理财子公司股权；

（七）其他可能对银行理财子公司产生重大不利影响的情况。

第十一条 银行理财子公司的注册资本应当为一次性实缴货币资本，最低金额为10亿元人民币或等值自由兑换货币。

国务院银行业监督管理机构根据审慎监管的要求，可以调整银行理财子公司最低注册资本要求，但不得少于前款规定的金额。

第十二条 同一投资人及其关联方、一致行动人参股银行理财子公司的数量不得超过2家，或者控股银行理财子公司的数量不得超过1家。

第十三条 银行理财子公司机构设立须经筹建和开业两个阶段。

第十四条 筹建银行理财子公司，应当由作为控股股东的商业银行向国务院银行业监督管理机构提交申请，由国务院银行业监督管理机构按程序受理、审查并决定。国务院银行业监督管理机构应当自收到完整申请材料之日起4个月内作出批准或不批准的书面决定。

第十五条 银行理财子公司的筹建期为批准决定之日起6个月。未能按期完成筹建的，应当在筹建期限届满前1个月向国务院银行业监督管理机构提交筹建延期报告。筹建延期不得超过一次，延长期限不得超过3个月。

申请人应当在前款规定的期限届满前提交开业申请，逾期未提交的，筹建批准文件失效，由决定机关注销筹建许可。

第十六条 银行理财子公司开业，应当由作为控股股东的商业银行向银行业监督管理机构提交申请，由银行业监督管理机构受理、审查并决定。银行业监督管理机构自受理之日起2个月内作出核准或不予核准的书面决定。

第十七条 银行理财子公司应当在收到开业核准文件并领取金融许可证后，办理工商登记，领取营业执照。

银行理财子公司应当自领取营业执照之日起6个月内开业。不能按期开业的，应当在开业期限届满前1个月向国务院银行业监督管理机构提交开业延期报告。开业延期不得超过一次，延长期限不得超过3个月。

未在前款规定期限内开业的，开业核准文件失效，由决定机关注销开业许可，发证机关收回金融许可证，并予以公告。

第十八条 银行理财子公司董事和高级管理人员实行任职资格核准制度，由银行业监督管理机构参照《中国银监会非银行金融机构行政许可事项实施办法》规定的行政许可范围、条件和程序对银行理财子公司董事和高级管理人员任职资格进行审核，国务院银行业监督管理机构另有规定的除外。

第十九条 银行理财子公司应当严格控制分支机构的设立。根据需要设立分支机构的，应当具备以下条件：

（一）具有有效的公司治理、内部控制和风险管理体系，具备支持理财产品单独管理、单独建账和单独核算等业务管理的信息系统，具备保障信息系统有效安全运行的技术与措施；

（二）理财业务经营规范稳健，最近2年内无重大违法违规行为；

（三）具备拨付营运资金的能力；

（四）国务院银行业监督管理机构规章规定的其他审慎性条件。

银行理财子公司设立分支机构，由银行业监督管理机构受理、审查并决定，相关程序应当符合《中国银监会非银行金融机构行政许可事项实施办法》相关规定，国务院银行业监督管理机构另有规定的除外。

第二十条 银行理财子公司有下列变更事项之一的，应当报经国务院银行业监督管理机构批准：

（一）变更公司名称；

（二）变更注册资本；

（三）变更股权或调整股权结构；

（四）调整业务范围；

（五）变更公司住所或营业场所；

（六）修改公司章程；

（七）变更组织形式；

（八）合并或分立；

（九）国务院银行业监督管理机构规章规定的其他变更事项。

银行理财子公司股权变更后持股5%以上的股东应当经股东资格审核。银行理财子公司变更持股1%以上、5%以下股东的，应当在10个工作日内向银行业监督管理机构报告。变更股权后的股东应当符合本办法规定的股东资质条件。

第二十一条 银行理财子公司有下列情况之一的，经国务院银行业监督管理机构批准后可以解散：

（一）公司章程规定的营业期限届满或者公司章程规定的其他解散事由出现；

（二）股东会议决议解散；

（三）因公司合并或者分立需要解散；

（四）依法被吊销营业执照、责令关闭或者被撤销；

（五）其他法定事由。

第二十二条 银行理财子公司因解散、依法被撤销或被宣告破产而终止的，其清算事宜按照国家有关法律法规办理。银行理财子公司不得将理财产品财产归入其自有资产，因依法解散、被依法撤销或者被依法宣告破产等原因进行清算的，理财产品财产不属于其清算财产。

第二十三条 银行理财子公司的机构变更和终止、调整业务范围及增加业务品种等行政许可事项由国务院银行业监督管理机构受理、审查并决定，相关许可条件和程序应符合《中国银监会非银行金融机构行政许可事项实施办法》相关规定，国务院银行业监督管理机构另有规定的除外。

第三章 业务规则

第二十四条 银行理财子公司可以申请经营下列部分或者全部业务：

（一）面向不特定社会公众公开发行理财产品，对受托的投资者财产进行投资和管理；

（二）面向合格投资者非公开发行理财产品，对受托的投资者财产进行投资和管理；

（三）理财顾问和咨询服务；

（四）经国务院银行业监督管理机构批准的其他业务。

第二十五条 银行理财子公司开展业务，应当遵守《指导意见》和《理财业务管理办法》的总则、分类管理、业务规则与风险管理、附则以及附件《商业银行理财产品销售管理要求》的相关规定，本办法另有规定的除外。

银行理财子公司开展理财业务，不适用《理财业务管理办法》第二十二条、第三十条第二款、第三十一条、第三十六条第一款、第三十九条、第四十条第一款、第四十二条第一款、第四十八条第二款、第四十九条、第七十四条至第七十七条、附件《商业银行理财产品销售管理要求》第三条第（三）项的规定。

第二十六条 银行理财子公司发行公募理财产品的，应当主要投资于标准化债权类资产以及上市交易的股票，不得投资于未上市企业股权，法律、行政法规和国务院银行业监督管理机构另有规定的除外。

第二十七条 银行理财子公司销售理财产品的，应当在非机构投资者首次购买理财产品前通过本公司渠道（含营业场所和电子渠道）进行风险承受能力评估；通过营业场所向非机构投资者销售理财产品的，应当按照国务院银行业监督管理机构的相关规定实施理财产品销售专区管理，在销售专区内对每只理财产品销售过程进行录音录像。银行理财子公司不得通过电视、电台、互联网等渠道对私募理财产品进行公开宣传。

银行理财子公司可以通过商业银行、农村合作银行、村镇银行、农村信用合作社等吸收公众存款的银行业金融机构，或者国务院银行业监督管理机构认可的其他机构代理销售理财产品。代理销售银行理财子公司理财产品的机构应当遵守国务院银行业监督管理机构关于代理销售业务的相关规定。

第二十八条 银行理财子公司理财产品不得直接投资于信贷资产，不得直接或间接投资于主要股东的信贷资产及其受（收）益权，不得直接或间接投资于主要股东发行的次级档资产支持证券，面向非机构投资者发行的理财产品不得直接或间接投资于不良资产受（收）益权。

银行理财子公司发行的理财产品不得直接或间接投资于本公司发行的理财产品，国务院银行业监督管理机构另有规定的除外。银行理财子公司发行的理财产品可以再投资一层由受金融监督管理部门依法监管的其他机构发行的资产管理产品，但所投资的资产管理产品不得再投资公募证券投资基金以外的资产管理产品。

银行理财子公司主要股东是指持有或控制银行理财子公司5%以上股份或表决权，或持有资本总额或股份总额不足5%但对银行理财子公司经营管理有重大影响的股东。

前款所称“重大影响”包括但不限于向银行理财子公司派驻董事、监事或高级管理人员，通过协议或其他方式影响银行理财子公司的财务和经营管理决策以及国务院银行业监督管理机构认定的其他情形。

第二十九条 银行理财子公司理财产品投资于非标准化债权类资产的，应当实施投前尽职调查、风险审查和投后风险管理。银行理财子公司全部理财产品投资于非标准化债权类资产的余额在任何时点均不得超过理财产品净资产的35%。

第三十条 同一银行理财子公司全部开放式公募理财产品持有单一上市公司发行的股票，不得超过该上市公司可流通股票的15%。

第三十一条 银行理财子公司发行分级理财产品的，应当遵守《指导意见》第二十一条相关规定。

分级理财产品的同级份额享有同等权益、承担同等风险，产品名称中应包含“分级”或“结构化”字样。

银行理财子公司不得违背风险收益相匹配原则，利用分级理财产品向特定一个或多个劣后级投资者输送利益。分级理财产品不得投资其他分级资产管理产品，不得直接或间接对优先级份额投资者提供保本保收益安排。

银行理财子公司应当向投资者充分披露理财产品的分级设计及相应风险、收益分配、风险控制等信息。

第三十二条　银行理财子公司的理财投资合作机构包括但不限于银行理财子公司理财产品所投资资产管理产品的发行机构、根据合同约定从事理财产品受托投资的机构以及与理财产品投资管理相关的投资顾问等。

银行理财子公司公募理财产品所投资资产管理产品的发行机构、根据合同约定从事理财产品受托投资的机构应当是具有专业资质并受金融监督管理部门依法监管的金融机构，其他理财投资合作机构应当是具有专业资质，符合法律、行政法规、《指导意见》和金融监督管理部门相关监管规定并受金融监督管理部门依法监管的机构。

银行理财子公司可以选择符合以下条件的私募投资基金管理人担任理财投资合作机构：

（一）在中国证券投资基金业协会登记满 1 年、无重大违法违规记录的会员；

（二）担任银行理财子公司投资顾问的，应当为私募证券投资基金管理人，其具备 3 年以上连续可追溯证券、期货投资管理业绩且无不良从业记录的投资管理人员应当不少于 3 人；

（三）金融监督管理部门规定的其他条件。

银行理财子公司所发行分级理财产品的投资顾问及其关联方不得以其自有资金或者募集资金投资于该分级理财产品的劣后级份额。

第三十三条　银行理财子公司可以运用自有资金开展存放同业、拆放同业等业务，投资国债、其他固定收益类证券以及国务院银行业监督管理机构认可的其他资产，其中持有现金、银行存款、国债、中央银行票据、政策性金融债券等具有较高流动性资产的比例不低于 50%。

银行理财子公司以自有资金投资于本公司发行的理财产品，不得超过其自有资金的 20%，不得超过单只理财产品净资产的 10%，不得投资于分级理财产品的劣后级份额。

银行理财子公司应当确保理财业务与自营业务相分离，理财业务操作与自营业务操作相分离，其自有资产与发行的理财产品之间不得进行利益输送。

银行理财子公司不得为理财产品投资的非标准化债权类资产或权益类资产提供任何直接或间接、显性或隐性的担保或回购承诺。

第三十四条　银行理财子公司发行投资衍生产品的理财产品的，应当按照《银行业金融机构衍生产品交易业务管理暂行办法》获得相应的衍生产品交易资格，并遵守国务院银行业监督管理机构关于衍生产品业务管理的有关规定。

银行理财子公司开展理财业务涉及外汇业务的，应当具有开办相应外汇业务的资格，并遵守外汇管理的有关规定。

第三十五条　银行理财子公司发行理财产品的，应当在全国银行业理财信息登记系统对理财产品进行集中登记。

银行理财子公司不得发行未在全国银行业理财信息登记系统进行登记并获得登记编码的理财产品。

第四章　风 险 管 理

第三十六条　银行理财子公司应当建立组织健全、职责清晰、有效制衡、激励约束合理的公司治理结构，明确股东（大）会、董事会、监事会、高级管理层、业务部门、风险管理部门和内部审计部门风险管理职责分工，建立相互衔接、协调运转的管理机制。

第三十七条　银行理财子公司董事会对理财业务的合规管理和风险管控有效性承担最终责任。董事会应当充分了解理财业务及其所面临的各类风险，根据本公司经营目标、投资管理能力、风险管理水平等因素，审核批准理财业务的总体战略和重要业务管理制度并监督实施。董事会应当监督高级管理层履行理财业务管理职责，评价理财业务管理的全面性、有效性和高级管理层的履职情况。

董事会可以授权其下设的专门委员会履行以上部分职能。

第三十八条　银行理财子公司高级管理层应当充分了解理财业务及其所面临的各类风险，根据本公司经营目标、投资管理能力、风险管理水平等因素，制定、定期评估并实施理财业务的总体战略和业务管理制度，确保具备从事理财业务及其风险管理所需要的专业人员、业务处理系统、会计核算系统和管理信息系统等人力、物力资源。

第三十九条　银行理财子公司监事会应当对董事会和高级管理层的履职情况进行监督评价并督促整改。监事长（监事会主席）应当由专职人员担任。

第四十条　银行理财子公司应当根据理财业务性质和风险特征，建立健全理财业务管理制度，包括产品准入管理、风险管理和内部控制、人员管理、销售管理、投资管理、合作机构管理、产品托管、产品估值、会计核算和信息披露等。

第四十一条　银行理财子公司与其主要股东之间，同一股东控股、参股或实际控制的其他机构之间，以及国务院银行业监督管理机构认定需要实施风险隔离的其他机构之间,应当建立有效的风险隔离机制,通过隔离资金、业务、管理、人员、系统、营业场所和信息等措施,防范风险传染、内幕交易、利益冲突和利益输送,防止利用未公开信息交易。风险隔离机制应当至少包括以下内容:

(一)确保机构名称、产品和服务名称、对外营业场所、品牌标识、营销宣传等有效区分,避免投资者混淆,防范声誉风险;

(二)对银行理财子公司的董事会成员和监事会成员的交叉任职进行有效管理,防范利益冲突;

(三)严格隔离投资运作等关键敏感信息传递,不得提供存在潜在利益冲突的投资、研究、客户敏感信息等资料。

第四十二条 银行理财子公司发行的理财产品投资于本公司或托管机构的主要股东、实际控制人、一致行动人、最终受益人,托管机构,同一股东或托管机构控股的机构,或者与本公司或托管机构有重大利害关系的机构发行或承销的证券,或者从事其他关联交易的,应当符合理财产品投资目标、投资策略和投资者利益优先原则,按照商业原则,以不优于对非关联方同类交易的条件进行,并向投资者充分披露信息。

银行理财子公司应当遵守法律、行政法规和金融监督管理部门关于关联交易的相关规定,全面准确识别关联方,建立健全理财业务关联交易内部评估和审批机制。理财业务涉及重大关联交易的,应当提交有权审批机构审批,并向银行业监督管理机构报告。

银行理财子公司不得以理财资金与关联方进行不正当交易、利益输送、内幕交易和操纵市场,包括但不限于投资于关联方虚假项目、与关联方共同收购上市公司、向本公司注资等。

第四十三条 银行理财子公司应当将投资管理职能与交易执行职能相分离,实行集中交易制度。

银行理财子公司应当建立公平交易制度和异常交易监控机制,对投资交易行为进行监控、分析、评估、核查,监督投资交易的过程和结果,不得开展可能导致不公平交易和利益输送的交易行为。

银行理财子公司应当对不同理财产品之间发生的同向交易和反向交易进行监控。同一理财产品不得在同一交易日内进行反向交易。确因投资策略或流动性等需要发生同日反向交易的,应当要求相关人员提供决策依据,并留存书面记录备查。国务院银行业监督管理机构另有规定的除外。

第四十四条 银行理财子公司应当按照理财产品管理费收入的10%计提风险准备金,风险准备金余额达到理财产品余额的1%时可以不再提取。风险准备金主要用于弥补因银行理财子公司违法违规、违反理财产品合同约定、操作错误或者技术故障等给理财产品财产或者投资者造成的损失。

第四十五条 银行理财子公司应当遵守净资本监管要求。相关监管规定由国务院银行业监督管理机构另行制定。

第四十六条 银行理财子公司应当建立健全内部控制和内外部审计制度,完善内部控制措施,提高内外部审计有效性,持续督促提升业务经营、风险管理、内控合规水平。

银行理财子公司应当按照国务院银行业监督管理机构关于内部审计的相关规定,至少每年对理财业务进行一次内部审计,并将审计报告报送董事会。董事会应当针对内部审计发现的问题,督促高级管理层及时采取整改措施。内部审计部门应当跟踪检查整改措施的实施情况,并及时向董事会提交有关报告。

银行理财子公司应当按照国务院银行业监督管理机构关于外部审计的相关规定,委托外部审计机构至少每年对理财业务和公募理财产品进行一次外部审计,并针对外部审计发现的问题及时采取整改措施。

第四十七条 银行理财子公司应当建立健全从业人员的资格认定、培训、考核评价和问责制度,确保理财业务人员具备必要的专业知识、行业经验和管理能力,充分了解相关法律法规、监管规定以及理财产品的法律关系、交易结构、主要风险及风险管控方式,遵守行为准则和职业道德标准。

银行理财子公司的董事、监事、高级管理人员和其他理财业务人员,其本人、配偶、利害关系人进行证券投资,应当事先向银行理财子公司申报,并不得与投资者发生利益冲突。银行理财子公司应当建立上述人员进行证券投资的申报、登记、审查、处置等管理制度,并报银行业监督管理机构备案。

银行理财子公司的董事、监事、高级管理人员和其他理财业务人员不得有下列行为:

(一)将自有财产或者他人财产混同于理财产品财产从事投资活动;

(二)不公平地对待所管理的不同理财产品财产;

(三)利用理财产品财产或者职务之便为理财产品投资者以外的人牟取利益;

(四)向理财产品投资者违规承诺收益或者承担损失;

(五)侵占、挪用理财产品财产;

(六)泄露因职务便利获取的未公开信息,利用该信息从事或者明示、暗示他人从事相关的交易活动;

(七)玩忽职守,不按照规定履行职责;

（八）法律、行政法规和国务院银行业监督管理机构规定禁止的其他行为。

第四十八条　银行理财子公司应当建立有效的投资者保护机制，设置专职岗位并配备与业务规模相匹配的人员，根据法律、行政法规、金融监管规定和合同约定妥善处理投资者投诉。

第五章　监督管理

第四十九条　银行理财子公司应当按照规定，向银行业监督管理机构报送与理财业务有关的财务会计报表、统计报表、外部审计报告、风险准备金使用情况和银行业监督管理机构要求报送的其他材料，并于每年度结束后2个月内报送理财业务年度报告。

第五十条　银行理财子公司在理财业务中出现或者可能出现重大风险和损失时，应当及时向银行业监督管理机构报告，并提交应对措施。

第五十一条　银行业监督管理机构应当按照规定对银行理财子公司业务进行现场检查。

第五十二条　银行业监督管理机构应当基于非现场监管和现场检查情况，定期对银行理财子公司业务进行评估。

第五十三条　银行理财子公司违反本办法规定从事理财业务活动的，应当根据国务院银行业监督管理机构或者其省一级派出机构提出的整改要求，在规定的时限内向国务院银行业监督管理机构或者其省一级派出机构提交整改方案并采取整改措施。

第五十四条　对于在规定的时限内未能采取有效整改措施的银行理财子公司，或者其行为严重危及本公司稳健运行、损害投资者合法权益的，国务院银行业监督管理机构或者其省一级派出机构有权按照《中华人民共和国银行业监督管理法》第三十七条的规定，采取下列措施：

（一）责令暂停发行理财产品；

（二）责令调整董事、高级管理人员或限制其权利；

（三）《中华人民共和国银行业监督管理法》第三十七条规定的其他措施。

第五十五条　银行理财子公司从事理财业务活动，有下列情形之一的，由银行业监督管理机构依照《中华人民共和国银行业监督管理法》第四十六条的规定，予以处罚：

（一）提供虚假的或者隐瞒重要事实的报表、报告等文件、资料的；

（二）未按照规定进行风险揭示或者信息披露的；

（三）根据《指导意见》经认定存在刚性兑付行为的；

（四）拒绝执行本办法第五十四条规定的措施的；

（五）严重违反本办法规定的其他情形。

第五十六条　银行理财子公司从事理财业务活动，未按照规定向银行业监督管理机构报告或者报送有关文件、资料的，由银行业监督管理机构依照《中华人民共和国银行业监督管理法》第四十七条的规定，予以处罚。

第五十七条　银行理财子公司从事理财业务活动的其他违法违规行为，由银行业监督管理机构依照《中华人民共和国银行业监督管理法》等法律法规予以处罚。

第五十八条　银行理财子公司从事理财业务活动，违反有关法律、行政法规以及国家有关银行业监督管理规定的，银行业监督管理机构除依照本办法第五十五条至第五十七条规定处罚外，还可以依照《中华人民共和国银行业监督管理法》第四十八条和《金融违法行为处罚办法》的相关规定，对直接负责的董事、高级管理人员和其他直接责任人员进行处理；涉嫌犯罪的，依法移送司法机关处理。

第六章　附　　则

第五十九条　本办法中"以上"均含本数，"以下"不含本数。

第六十条　本办法所称控股股东是指根据《中华人民共和国公司法》第二百一十六条规定，其出资额占有限责任公司资本总额50%以上，或其持有的股份占股份有限公司股本总额50%以上的股东；出资额或者持有股份的比例虽然不足50%，但依其出资额或者持有的股份所享有的表决权已足以对股东（大）会的决议产生重大影响的股东。

第六十一条　本办法由国务院银行业监督管理机构负责解释。

第六十二条　本办法自公布之日起施行。

商业银行理财子公司
净资本管理办法（试行）

1. *2019年11月29日中国银行保险监督管理委员会令2019年第5号公布*
2. *自2020年3月1日起施行*

第一章　总　　则

第一条　为加强对商业银行理财子公司（以下简称银行理财子公司）的监督管理，促进银行理财子公司安全稳健运行，保护投资者合法权益，根据《中华人民共和国银行业监督管理法》等法律、行政法规以及《关于规范金融机构资产管理业务的指导意见》《商业银行理财业务监督管理办法》《商业银行理财子公司管理办法》,制定本办法。

第二条　本办法适用于在中华人民共和国境内依法设立的银行理财子公司。

第三条　银行理财子公司应当按照本办法规定实施净资本管理,根据自身业务开展情况,建立净资本监控和补充机制,确保持续符合净资本监管要求。

第四条　银行理财子公司应当按照《商业银行理财业务监督管理办法》等监管规定,定期开展压力测试,测算不同压力情景下的净资本充足水平,并确保压力测试结果得到有效应用。

第五条　银行理财子公司董事会承担本公司净资本管理的最终责任,负责确定净资本管理目标,审批并监督实施净资本管理规划。

第六条　银行理财子公司高级管理层负责组织实施净资本管理工作,包括制定并实施净资本管理政策和程序,定期评估净资本充足水平,至少每季度将净资本管理情况向董事会书面报告一次。如遇可能影响净资本充足水平的重大事项,应当及时开展评估并向董事会报告。

第七条　银行业监督管理机构依法对银行理财子公司净资本管理实施监督管理。

第二章　净资本监管标准

第八条　净资本计算公式为:

净资本 = 净资产 − ∑(应收账款余额 × 扣减比例) − ∑(其他资产余额 × 扣减比例) − 或有负债调整项目 +/− 国务院银行业监督管理机构认定的其他调整项目

银行理财子公司应当将不同科目中核算的同类资产合并计算,按照资产的属性统一进行调整。

第九条　银行理财子公司计算净资产时,应当充分计提资产减值准备、确认预计负债。未确认为预计负债,但仍可能导致经济利益流出的或有事项,应当作为或有负债,在计算净资本时予以扣减,并在净资本计算表的附注中进行说明。

银行理财子公司未能充分计提资产减值准备或者足额确认预计负债的,银行业监督管理机构可以要求其在计算净资本时予以扣减。

第十条　风险资本计算公式为:

风险资本 = ∑(自有资金投资的各类资产余额 × 风险系数) + ∑(理财资金投资的各类资产余额 × 风险系数) + ∑(其他各项业务余额 × 风险系数)

风险系数是指银行理财子公司开展自有资金投资、理财业务及其他业务,依照国务院银行业监督管理机构规定,对各类资产赋予的权重。理财资金投资的各类资产为按照穿透原则确定的底层资产(公募证券投资基金除外)。

第十一条　银行理财子公司应当持续符合下列净资本监管标准:

(一)净资本不得低于 5 亿元人民币或等值自由兑换货币,且不得低于净资产的 40%;

(二)净资本不得低于风险资本的 100%。

第十二条　银行业监督管理机构可以根据银行理财子公司的治理结构、风险控制和合规管理等情况,对不同银行理财子公司的净资本监管要求进行调整,但不得低于最低监管标准。

第三章　监 督 管 理

第十三条　银行理财子公司应当按照规定,定期向银行业监督管理机构报送净资本计算表、风险资本计算表和净资本管理指标计算表等监管报表。如遇影响净资本管理指标的重大事项,应当及时报告。

银行业监督管理机构可以根据监管需要,要求银行理财子公司提高监管报表报送频率。

第十四条　银行理财子公司应当对本公司相关监管报表的真实性、准确性、完整性负责。

银行理财子公司董事长、总经理(首席执行官、总裁)应当对本公司年度净资本计算表、风险资本计算表和净资本管理指标计算表签署确认意见,并保证报表真实、准确、完整,不存在虚假记载、误导性陈述和重大遗漏。

第十五条　银行理财子公司应当在年度报告中披露净资本管理情况。披露数据应当与监管报表数据保持一致。

第十六条　银行理财子公司净资本、净资本与净资产的比例、净资本与风险资本的比例等指标与上个报告期末相比变化超过 20% 的,应当在该情形发生之日起 5 个工作日内,向银行业监督管理机构书面报告,并说明原因。

银行理财子公司净资本、净资本与净资产的比例、净资本与风险资本的比例等指标不符合监管标准的,应当在该情形发生之日起 2 个工作日内,向银行业监督管理机构书面报告,并说明原因。

第十七条　银行理财子公司违反本办法规定的,应当根据国务院银行业监督管理机构或者其省一级派出机构提出的整改要求,在规定的时限内向国务院银行业监督管理机构或者其省一级派出机构提交整改方案并采取整改措施。

第十八条　对于在规定的时限内未能采取有效整改措施的银行理财子公司，或者净资本管理指标持续恶化，严重危及银行理财子公司稳健运行的，国务院银行业监督管理机构或者其省一级派出机构有权依照《中华人民共和国银行业监督管理法》第三十七条的规定，采取下列措施：

（一）限制理财产品投资范围；

（二）责令暂停发行理财产品；

（三）责令调整董事、高级管理人员或限制其权利；

（四）《中华人民共和国银行业监督管理法》第三十七条规定的其他措施。

第四章　附　　则

第十九条　本办法由国务院银行业监督管理机构负责解释。

第二十条　本办法自 2020 年 3 月 1 日起施行。

附件：（略）

（7）其他业务

动产和权利担保统一登记办法

1. 2021 年 12 月 28 日中国人民银行令〔2021〕第 7 号发布

2. 自 2022 年 2 月 1 日起施行

第一章　总　　则

第一条　为规范动产和权利担保统一登记，保护担保当事人和利害关系人的合法权益，根据《中华人民共和国民法典》《优化营商环境条例》《国务院关于实施动产和权利担保统一登记的决定》（国发〔2020〕18 号）等相关法律法规规定，制定本办法。

第二条　纳入动产和权利担保统一登记范围的担保类型包括：

（一）生产设备、原材料、半成品、产品抵押；

（二）应收账款质押；

（三）存款单、仓单、提单质押；

（四）融资租赁；

（五）保理；

（六）所有权保留；

（七）其他可以登记的动产和权利担保，但机动车抵押、船舶抵押、航空器抵押、债券质押、基金份额质押、股权质押、知识产权中的财产权质押除外。

第三条　本办法所称应收账款是指应收账款债权人因提供一定的货物、服务或设施而获得的要求应收账款债务人付款的权利以及依法享有的其他付款请求权，包括现有的以及将有的金钱债权，但不包括因票据或其他有价证券而产生的付款请求权，以及法律、行政法规禁止转让的付款请求权。

本办法所称的应收账款包括下列权利：

（一）销售、出租产生的债权，包括销售货物，供应水、电、气、暖，知识产权的许可使用，出租动产或不动产等；

（二）提供医疗、教育、旅游等服务或劳务产生的债权；

（三）能源、交通运输、水利、环境保护、市政工程等基础设施和公用事业项目收益权；

（四）提供贷款或其他信用活动产生的债权；

（五）其他以合同为基础的具有金钱给付内容的债权。

第四条　中国人民银行征信中心（以下简称征信中心）是动产和权利担保的登记机构，具体承担服务性登记工作，不开展事前审批性登记，不对登记内容进行实质审查。

征信中心建立基于互联网的动产融资统一登记公示系统（以下简称统一登记系统）为社会公众提供动产和权利担保登记和查询服务。

第五条　中国人民银行对征信中心登记和查询服务有关活动进行督促指导。

第二章　登记与查询

第六条　纳入统一登记范围的动产和权利担保登记通过统一登记系统办理。

第七条　担保权人办理登记。担保权人办理登记前，应当与担保人就登记内容达成一致。

担保权人也可以委托他人办理登记。委托他人办理登记的，适用本办法关于担保权人办理登记的规定。

第八条　担保权人办理登记时，应当注册为统一登记系统的用户。

第九条　登记内容包括担保权人和担保人的基本信息、担保财产的描述、登记期限。

担保权人或担保人为法人、非法人组织的，应当填写法人、非法人组织的法定注册名称、住所、法定代表人或负责人姓名，金融机构编码、统一社会信用代码、全球法人识别编码等机构代码或编码以及其他相关信息。

担保权人或担保人为自然人的，应当填写有效身份证件号码、有效身份证件载明的地址等信息。

担保权人可以与担保人约定将主债权金额、担保范围、禁止或限制转让的担保财产等项目作为登记内容。对担保财产进行概括性描述的，应当能够合理识别担保财产。

最高额担保应登记最高债权额。

第十条　担保权人应当将填写完毕的登记内容提交统一登记系统。统一登记系统记录提交时间并分配登记编号，生成初始登记证明和修改码提供给担保权人。

第十一条　担保权人应当根据主债权履行期限合理确定登记期限。登记期限最短 1 个月，最长不超过 30 年。

第十二条　在登记期限届满前，担保权人可以申请展期。

担保权人可以多次展期，每次展期期限最短 1 个月，最长不超过 30 年。

第十三条　登记内容存在遗漏、错误等情形或登记内容发生变化的，担保权人应当办理变更登记。

担保权人在原登记中增加新的担保财产的，新增加的部分视为新的登记。

第十四条　担保权人办理登记时所填写的担保人法定注册名称或有效身份证件号码变更的，担保权人应当自变更之日起 4 个月内办理变更登记。

第十五条　担保权人办理展期、变更登记的，应当与担保人就展期、变更事项达成一致。

第十六条　有下列情形之一的，担保权人应当自该情形发生之日起 10 个工作日内办理注销登记：

（一）主债权消灭；

（二）担保权利实现；

（三）担保权人放弃登记载明的担保财产之上的全部担保权；

（四）其他导致所登记权利消灭的情形。

担保权人迟延办理注销登记，给他人造成损害的，应当承担相应的法律责任。

第十七条　担保权人凭修改码办理展期、变更登记、注销登记。

第十八条　担保人或其他利害关系人认为登记内容错误的，可以要求担保权人办理变更登记或注销登记。担保权人不同意变更或注销的，担保人或其他利害关系人可以办理异议登记。

办理异议登记的担保人或其他利害关系人可以自行注销异议登记。

第十九条　担保人或其他利害关系人应当自异议登记办理完毕之日起 7 日内通知担保权人。

第二十条　担保人或其他利害关系人自异议登记之日起 30 日内，未就争议起诉或提请仲裁并在统一登记系统提交案件受理通知的，征信中心撤销异议登记。

第二十一条　应担保人或其他利害关系人、担保权人的申请，征信中心根据对担保人或其他利害关系人、担保权人生效的人民法院判决、裁定或仲裁机构裁决等法律文书撤销相关登记。

第二十二条　担保权人办理变更登记和注销登记、担保人或其他利害关系人办理异议登记后，统一登记系统记录登记时间、分配登记编号，并生成变更登记、注销登记或异议登记证明。

第二十三条　担保权人开展动产和权利担保融资业务时，应当严格审核确认担保财产的真实性，并在统一登记系统中查询担保财产的权利负担状况。

第二十四条　担保权人、担保人和其他利害关系人应当按照统一登记系统提示项目如实登记，并对登记内容的真实性、完整性和合法性负责。因担保权人或担保人名称填写错误，担保财产描述不能够合理识别担保财产等情形导致不能正确公示担保权利的，其法律后果由当事人自行承担。办理登记时，存在提供虚假材料等行为给他人造成损害的，应当承担相应的法律责任。

第二十五条　任何法人、非法人组织和自然人均可以在注册为统一登记系统的用户后，查询动产和权利担保登记信息。

第二十六条　担保人为法人、非法人组织的，查询人以担保人的法定注册名称进行查询。

担保人为自然人的，查询人以担保人的身份证件号码进行查询。

第二十七条　征信中心根据查询人的申请，提供查询证明。

第二十八条　担保权人、担保人或其他利害关系人、查询人可以通过证明编号在统一登记系统对登记证明和查询证明进行验证。

第三章　征信中心的职责

第二十九条　征信中心应当建立登记信息内部控制制度，采取技术措施和其他必要措施，做好统一登记系统建设和维护工作，保障系统安全、稳定运行，建立高效运转的服务体系，不断提高服务效率和质量，防止登记信息泄露、丢失，保护当事人合法权益。

第三十条　征信中心应当制定登记操作规则和内部管理制度，并报中国人民银行备案。

第三十一条　登记注销、登记期限届满或登记撤销后，征信中心应当对登记记录进行电子化离线保存，保存期限为 15 年。

第四章　附　　则

第三十二条　征信中心按照国务院价格主管部门批准的收费标准收取登记服务费用。

第三十三条　本办法由中国人民银行负责解释。

第三十四条　本办法自 2022 年 2 月 1 日起施行。《应收账款质押登记办法》（中国人民银行令〔2019〕第4号发布）同时废止。

银行业金融机构衍生产品交易业务管理暂行办法

1. 2004年2月4日中国银行业监督管理委员会令2004年第1号公布
2. 根据2007年7月3日中国银行业监督管理委员会令2007年第10号《关于修改〈金融机构衍生产品交易业务管理暂行办法〉的决定》第一次修订
3. 根据2011年1月5日中国银行业监督管理委员会令2011年第1号《关于修改〈金融机构衍生产品交易业务管理暂行办法〉的决定》第二次修订

第一章　总　　则

第一条　为规范银行业金融机构衍生产品业务，有效控制银行业金融机构衍生产品业务风险，根据《中华人民共和国银行业监督管理法》、《中华人民共和国商业银行法》及其他有关法律法规，制定本办法。

第二条　本办法所称银行业金融机构是指依法设立的商业银行、城市信用合作社、农村信用合作社等吸收公众存款的金融机构以及政策性银行。依法设立的金融资产管理公司、信托公司、企业集团财务公司、金融租赁公司，以及经中国银行业监督管理委员会（以下简称中国银监会）批准设立的其他银行业金融机构从事衍生产品业务，适用本办法。

第三条　本办法所称衍生产品是一种金融合约，其价值取决于一种或多种基础资产或指数，合约的基本种类包括远期、期货、掉期（互换）和期权。衍生产品还包括具有远期、期货、掉期（互换）和期权中一种或多种特征的混合金融工具。

第四条　本办法所称银行业金融机构衍生产品交易业务按照交易目的分为两类：

（一）套期保值类衍生产品交易。即银行业金融机构主动发起，为规避自有资产、负债的信用风险、市场风险或流动性风险而进行的衍生产品交易。此类交易需符合套期会计规定，并划入银行账户管理。

（二）非套期保值类衍生产品交易。即除套期保值类以外的衍生产品交易。包括由客户发起，银行业金融机构为满足客户需求提供的代客交易和银行业金融机构为对冲前述交易相关风险而进行的交易；银行业金融机构为承担做市义务持续提供市场买、卖双边价格，并按其报价与其他市场参与者进行的做市交易；以及银行业金融机构主动发起，运用自有资金，根据对市场走势的判断，以获利为目的的进行的自营交易。此类交易划入交易账户管理。

第五条　本办法所称客户是指除金融机构以外的个人客户和机构客户。银行业金融机构向客户销售的理财产品若具有衍生产品性质，其产品设计、交易、管理适用本办法，客户准入以及销售环节适用中国银监会关于理财业务的相关规定。对个人衍生产品交易的风险评估和销售环节适用个人理财业务的相关规定。

第六条　银行业金融机构开办衍生产品交易业务，应当经中国银监会批准，接受中国银监会的监督与检查。

获得衍生产品交易业务资格的银行业金融机构，应当从事与其自身风险管理能力相适应的业务活动。

第七条　银行业金融机构从事与外汇、商品、能源和股权有关的衍生产品交易以及场内衍生产品交易，应当具有中国银监会批准的衍生产品交易业务资格，并遵守国家外汇管理及其他相关规定。

第二章　市场准入管理

第八条　银行业金融机构开办衍生产品交易业务的资格分为以下两类：

（一）基础类资格：只能从事套期保值类衍生产品交易；

（二）普通类资格：除基础类资格可以从事的衍生产品交易之外，还可以从事非套期保值类衍生产品交易。根据银行业金融机构的风险管理能力，监管部门可以对其具体的业务模式、产品种类等实施差别化资格管理。

第九条　银行业金融机构申请基础类资格，应当具备以下条件：

（一）有健全的衍生产品交易风险管理制度和内部控制制度；

（二）具有接受相关衍生产品交易技能专门培训半年以上、从事衍生产品或相关交易2年以上的交易人员至少2名，相关风险管理人员至少1名，风险模型研究人员或风险分析人员至少1名，熟悉套期会计操作程序和制度规范的人员至少1名，以上人员均需专岗专人，相互不得兼任，且无不良记录；

（三）有适当的交易场所和设备；

（四）具有处理法律事务和负责内控合规检查的专业部门及相关专业人员；

（五）满足中国银监会审慎监管指标要求；

（六）中国银监会规定的其他条件。

第十条　银行业金融机构申请普通类资格，除具备上述基础类资格条件以外还需具备以下条件：

（一）完善的衍生产品交易前、中、后台自动联接的业务处理系统和实时风险管理系统；

（二）衍生产品交易业务主管人员应当具备5年以上直接参与衍生产品交易活动或风险管理的资历，且无不良记录；

（三）严格的业务分离制度，确保套期保值类业务与非套期保值类业务的市场信息、风险管理、损益核算有效隔离；

（四）完善的市场风险、操作风险、信用风险等风险管理框架；

（五）中国银监会规定的其他条件。

第十一条　外资银行开办衍生产品交易业务，应当向当地监管机构提交由授权签字人签署的申请材料，经审查同意后，报中国银监会审批。外商独资银行、中外合资银行应当由总行统一向当地监管机构提交申请材料；外国银行拟在中国境内两家以上分行开办衍生产品交易业务的，应当由其在华管理行统一向当地监管机构提交申请材料，经审查同意后，报中国银监会审批。

外国银行分行申请开办衍生产品交易业务，应当获得其总行（地区总部）的正式授权，其母国应当具备对衍生产品交易业务进行监管的法律框架，其母国监管当局应当具备相应的监管能力。

申请开办衍生产品交易业务的外国银行分行，如果不具备第九条或第十条所列条件，其总行（地区总部）应当具备上述条件。同时该分行还应当具备以下条件：

（一）其总行（地区总部）对该分行从事衍生产品交易等方面的正式授权对交易品种和限额作出明确规定；

（二）除总行另有明确规定外，该分行的全部衍生产品交易统一通过对其授权的总行（地区总部）系统进行实时平盘，并由其总行（地区总部）统一进行平盘、敞口管理和风险控制。

其他由属地监管的银行业金融机构应当先向当地监管机构提交申请材料，经审查同意后，报中国银监会审批；其他由中国银监会直接监管的银行业金融机构直接向中国银监会提交申请材料，报中国银监会审批。

第十二条　银行业金融机构申请开办衍生产品交易业务，应当向中国银监会或其派出机构报送以下文件和资料（一式三份）：

（一）开办衍生产品交易业务的申请报告、可行性报告及业务计划书或展业计划；

（二）衍生产品交易业务内部管理规章制度；

（三）衍生产品交易会计制度；

（四）主管人员和主要交易人员名单、履历；

（五）衍生产品交易风险管理制度，包括但不限于：风险敞口量化规则或风险限额授权管理制度；

（六）交易场所、设备和系统的安全性和稳定性测试报告；

（七）中国银监会要求的其他文件和资料。

外国银行分行申请开办衍生产品交易业务，若不具备第九条或第十条所列条件，该分行除报送其总行（地区总部）的上述文件和资料外，同时还应当向所在地银监局报送以下文件：

（一）其总行（地区总部）对该分行从事衍生产品交易品种和限额等方面的正式书面授权文件；

（二）除其总行另有明确规定外，其总行（地区总部）出具的确保该分行全部衍生产品交易通过总行（地区总部）交易系统进行实时平盘，并由其总行（地区总部）负责进行平盘、敞口管理和风险控制的承诺函。

第十三条　银行业金融机构提交的衍生产品交易会计制度，应当符合我国有关会计标准。我国未规定的，应当符合有关国际标准。外国银行分行可以遵从其母国/总行会计标准。

第十四条　银行业金融机构按本办法规定提交的交易场所、设备和系统的安全性测试报告，原则上应当由第三方独立做出。

第十五条　银行业金融机构开办衍生产品交易业务内部管理规章制度应当至少包括以下内容：

（一）衍生产品交易业务的指导原则、业务操作规程（业务操作规程应当体现交易前台、中台与后台分离的原则）和针对突发事件的应急计划；

（二）新业务、新产品审批制度及流程；

（三）交易品种及其风险控制制度；

（四）衍生产品交易的风险模型指标及量化管理指标；

（五）风险管理制度和内部审计制度；

（六）衍生产品交易业务研究与开发的管理制度及后评价制度；

（七）交易员守则；

（八）交易主管人员岗位责任制度，对各级主管人员与交易员的问责制度和激励约束机制；

（九）对前、中、后台主管人员及工作人员的培训计划；

（十）中国银监会规定的其他内容。

第十六条　中国银监会自收到银行业金融机构按照本办法提交的完整申请资料之日起三个月内予以批复。

第十七条　银行业金融机构法人授权其分支机构办理衍生产品交易业务，须对其风险管理能力进行严格审核，并出具有关交易品种和限额等方面的正式书面授权文件；境内分支机构办理衍生产品交易业务须统一通过其总行（部）系统进行实时平盘，并由总行（部）统一进行平盘、敞口管理和风险控制。

上述分支机构应当在收到其总行（部）授权或授

权发生变动之日起30日内，持其总行(部)的授权文件向当地银监局报告。

外国银行分行所获授权发生变动时，应当及时主动向中国银监会报告。

第三章 风险管理

第十八条 银行业金融机构应当根据本机构的经营目标、资本实力、管理能力和衍生产品的风险特征，确定是否适合从事衍生产品交易及适合从事的衍生产品交易品种和规模。

银行业金融机构从事衍生产品交易业务，在开展新的业务品种、开拓新市场等创新前，应当书面咨询监管部门意见。

银行业金融机构应当逐步提高自主创新能力、交易管理能力和风险管理水平，谨慎涉足自身不具备定价能力的衍生产品交易。银行业金融机构不得自主持有或向客户销售可能出现无限损失的裸卖空衍生产品，以及以衍生产品为基础资产或挂钩指标的再衍生产品。

第十九条 银行业金融机构应当按照第四条所列衍生产品交易业务的分类，建立与所从事的衍生产品交易业务性质、规模和复杂程度相适应的、完善的、可靠的市场风险、信用风险、操作风险以及法律合规风险管理体系和制度、内部控制制度和业务处理系统，并配备履行上述风险管理、内部控制和业务处理职责所需要的具备相关业务知识和技能的工作人员。

第二十条 银行业金融机构董事会或其授权专业委员会应当定期对现行的衍生产品业务情况、风险管理政策和程序进行评价，确保其与机构的资本实力、管理水平相一致。新产品推出频繁或系统发生重大变化时，应当相应增加评估频度。

第二十一条 银行业金融机构高级管理人员应当了解所从事的衍生产品交易风险；审核评估和批准衍生产品交易业务经营及其风险管理的原则、程序、组织、权限的综合管理框架；并能通过独立的风险管理部门和完善的检查报告系统，随时获取有关衍生产品交易风险状况的信息，进行相应的监督与指导。在此基础上，银行业金融机构应当每年一次对其自身衍生产品业务情况进行评估，并将上一年度评估报告一式两份于每年一月底之前报送监管机构。

第二十二条 银行业金融机构要根据本机构的整体实力、自有资本、盈利能力、业务经营方针、衍生产品交易目的及对市场走向的预测，选择与本机构业务相适应的测算衍生产品交易风险敞口的指标和方法。

银行业金融机构应当建立并严格执行授权和止损制度，制定并定期审查更新各类衍生产品交易的风险敞口限额、止损限额、应急计划和压力测试的制度和指标，制定限额监控和超限额处理程序。

在进行衍生产品交易时，必须严格执行分级授权和敞口风险管理制度，任何重大交易或新的衍生产品业务都应当经由董事会或其授权的专业委员会或高级管理层审批。在因市场变化或决策失误出现账面浮亏时，应当严格执行止损制度。

对在交易活动中有越权或违规行为的交易员及其主管，要实行严格问责和惩处。

第二十三条 银行业金融机构应当加强对分支机构衍生产品交易业务的授权与管理。对于衍生产品经营能力较弱、风险防范及管理水平较低的分支机构，应当适当上收其衍生产品的交易权限。银行业金融机构应当在相应的风险管理制度中明确重大交易风险的类别特征，并规定取消交易权限的程序。对于发生重大衍生产品交易风险的分支机构，应当及时取消其衍生产品的交易权限。

第二十四条 银行业金融机构从事风险计量、监测和控制的工作人员必须与从事衍生产品交易或营销的人员分开，不得相互兼任；风险计量、监测或控制人员可以直接向高级管理层报告风险状况。根据本办法第四条所列的分类标准，银行业金融机构负责从事套期保值类与非套期保值类衍生产品交易的交易人员不得相互兼任。银行业金融机构应当确保其所从事的上述不同类别衍生产品交易的相关信息相互隔离。

第二十五条 银行业金融机构应当制定明确的交易员、分析员、销售人员等从业人员资格认定标准，根据衍生产品交易及风险管理的复杂性对业务销售人员及其他有关业务人员进行培训，确保其具备必要的技能和资格。

第二十六条 银行业金融机构要制定合理的成本和资产分析测算制度和科学规范的激励约束机制，不得将衍生产品交易和风险管理人员的收入与当期绩效简单挂钩，避免其过度追求利益，增加交易风险。

第二十七条 银行业金融机构应当对衍生产品交易主管和交易员实行定期轮岗和强制带薪休假。

第二十八条 银行业金融机构内审部门要定期对衍生产品交易业务风险管理制度的执行情况进行检查。对于衍生产品交易制度和业务的内审应当具有以下要素：

(一)确保配备数量充足且具备相关经验和技能的内审人员；

(二)建立内审部门向董事会的独立报告路线。

第二十九条 银行业金融机构应当建立健全控制法律风险的机制和制度，严格审查交易对手的法律地位和交易资格。银行业金融机构与交易对手签订衍生产品交易合约时应当参照国际及国内市场惯例，充分考虑发生违约事件后采取法律手段追索保全的可操作性等因素，采取有效措施防范交易合约起草、谈判和签订等过程中的法律风险。

第三十条 银行业金融机构应当制定完善针对衍生产品交易合同等法律文本的评估及管理制度，至少每年根据交易对手的情况，对涉及到的衍生产品交易合同文本的效力、效果进行评估，加深理解和掌握，有效防范法律风险。

第三十一条 银行业金融机构应当制定评估交易对手适当性的相关政策：包括评估交易对手是否充分了解合约的条款以及履行合约的责任，识别拟进行的衍生交易是否符合交易对手本身从事衍生交易的目的。在履行本条要求时，银行业金融机构可以根据诚实信用原则合理地依赖交易对手提供的正式书面文件。

第三十二条 银行业金融机构应当制定完善的交易对手信用风险管理制度，选择适当的方法和模型对交易对手信用风险进行评估，并采取适当的风险缓释措施。

银行业金融机构应当以适当的方式向交易对手明示相关的信用风险缓释措施可能对其产生的影响。

第三十三条 银行业金融机构应当运用适当的风险评估方法或模型对衍生产品交易的市场风险进行评估，按市价原则管理市场风险（衍生产品的市值评估可以合理利用第三方独立估值报价），调整交易规模、类别及风险敞口水平。

第三十四条 银行业金融机构从事套期保值类衍生产品交易，应当由资产负债管理部门根据本机构的真实需求背景决定发起交易和进行交易决策。

第三十五条 银行业金融机构从事非套期保值类衍生产品交易，应当计提此类衍生产品交易敞口的市场风险资本，市场风险资本计算方法按照《商业银行资本充足率管理办法》和《商业银行市场风险资本计量内部模型法监管指引》的相关规定执行。

第三十六条 银行业金融机构从事非套期保值类衍生产品交易，其标准法下市场风险资本不得超过银行业金融机构核心资本的3%。监管部门可根据银行业金融机构的经营情况在该资本比例上限要求内实施动态差异化管理。标准法下市场风险资本的计算方法按照《商业银行资本充足率管理办法》的相关规定执行。

第三十七条 银行业金融机构应当根据衍生产品交易的规模与类别，建立完善的流动性风险监控与预警系统，做好充分的流动性安排，确保在市场交易异常情况下，具备足够的履约能力。

第三十八条 银行业金融机构应当建立健全控制操作风险的机制和制度，明确衍生产品交易操作和监控中的各项责任，包括但不限于：交易文件的生成和录入、交易确认、轧差交割、交易复核、市值重估、异常报告、会计处理等。衍生产品交易过程中的文件和录音记录应当统一纳入档案系统管理，由职能部门定期检查。

第三十九条 银行业金融机构应当按照中国银监会的规定对从事的衍生产品交易进行清算，确保履行交割责任，规范处理违约及终止事件，及时识别并控制操作风险。

第四十条 银行业金融机构应当建立完善衍生产品交易管理信息系统，确保按产品、交易对手等进行分类的管理信息完整、有效。

第四十一条 银行业金融机构应当按照中国银监会的规定报送与衍生产品交易有关的会计、统计报表及其他报告。

银行业金融机构应当按照中国银监会关于信息披露的规定，对外披露从事衍生产品交易的风险状况、损失状况、利润变化及异常情况。

第四十二条 银行业金融机构从事衍生产品交易出现重大业务风险或重大业务损失时，应当迅速采取有效措施，制止损失继续扩大，同时将有关情况及时主动向中国银监会报告。

银行业金融机构所从事的衍生产品交易、运行系统、风险管理系统等发生重大变动时，应当及时主动向中国银监会报告具体情况。

第四十三条 中国银监会可以检查银行业金融机构有关衍生产品交易业务的资料和报表、风险管理制度、内部控制制度和业务处理系统是否与其从事的衍生产品交易业务种类相适应。

第四章 产品营销与后续服务

第四十四条 银行业金融机构应当高度重视衍生产品交易的风险管理工作，制定完善客户适合度评估制度，在综合考虑衍生产品分类和客户分类的基础上，对衍生产品交易进行充分的适合度评估：

（一）评估衍生产品的风险及复杂程度，对衍生产品进行相应分类，并至少每年复核一次其合理性，进行动态管理；

（二）根据客户的业务性质、衍生产品交易经验等评估其成熟度，对客户进行相应分类，并至少每年复核一次其合理性，进行动态管理。

第四十五条 银行业金融机构应当根据客户适合度评估结果，与有真实需求背景的客户进行与其风险承受能力相适应的衍生产品交易，并获取由客户提供的声明、确认函等能够证明其真实需求背景的书面材料，内容包括但不限于：

（一）与衍生产品交易直接相关的基础资产或基

础负债的真实性；

（二）客户进行衍生产品交易的目的或目标；

（三）是否存在与本条第一项确认的基础资产或基础负债相关的尚未结清的衍生产品交易敞口。

第四十六条　银行业金融机构与客户交易的衍生产品的主要风险特征应当与作为真实需求背景的基础资产或基础负债的主要风险特征具有合理的相关度，在营销与交易时应当首先选择基础的、简单的、自身具备定价估值能力的衍生产品。

第四十七条　银行业金融机构应当制定完善衍生产品销售人员的内部培训、资格认定及授权管理制度，加强对销售人员的持续专业培训和职业操守教育，及时跟进针对新产品新业务的培训和资格认定，并建立严格的管理制度。通过资格认定并获得有效授权的销售人员方可向客户介绍、营销衍生产品。在向客户介绍衍生产品时，销售人员应当以适当的方式向客户明示其已通过内部资格认定并获得有效授权。

第四十八条　银行业金融机构应当以清晰易懂、简明扼要的文字表述向客户提供衍生产品介绍和风险揭示的书面资料，相关披露以单独章节、明白清晰的方式呈现，不得以页边、页底或脚注以及小字体等方式说明，内容包括但不限于：

（一）产品结构及基本交易条款的完整介绍和该产品的完整法律文本；

（二）与产品挂钩的指数、收益率或其他参数的说明；

（三）与交易相关的主要风险披露；

（四）产品现金流分析、压力测试、在一定假设和置信度之下最差可能情况的模拟情景分析与最大现金流亏损以及该假设和置信度的合理性分析；

（五）应当向客户充分揭示的其他信息。

第四十九条　在衍生产品销售过程中，银行业金融机构应当客观公允地陈述所售衍生产品的收益与风险，不得误导客户对市场的看法，不得夸大产品的优点或缩小产品的风险，不得以任何方式向客户承诺收益。

第五十条　银行业金融机构应当充分尊重客户的独立自主决策，不得将交易衍生产品作为与客户开展其他业务的附加条件。

第五十一条　银行业金融机构应当建立客户的信用评级制度，并结合客户的信用评级、财务状况、盈利能力、净资产水平、现金流量等因素，确定相关的信用风险缓释措施，限制与一定信用评级以下客户的衍生产品交易。

第五十二条　与客户达成衍生产品交易之前，银行业金融机构应当获取由客户提供的声明、确认函等形式的书面材料，内容包括但不限于：

（一）客户进行该笔衍生产品交易的合规性；

（二）衍生产品交易合同、交易指令等协议文本的签署人员是否获得有效的授权；

（三）客户是否已经完全理解该笔衍生产品交易的条款、相关风险，以及该笔交易是否符合第四十五条第二项确认的交易目的或目标；

（四）客户对于该笔衍生产品交易在第四十八条第四项所述最差可能情况下是否具备足够的承受能力；

（五）需要由客户声明或确认的其他事项。

第五十三条　银行业金融机构应当及时向客户提供已交易的衍生产品的市场信息，定期将与客户交易的衍生产品的市值重估结果以评估报告、风险提示函等形式，通过信件、电子邮件、传真等可记录的方式向客户书面提供，并确保相关材料及时送达客户。当市场出现较大波动时，应当适当提高市值重估频率，并及时向客户书面提供市值重估结果。银行业金融机构应当至少每年对上述市值重估的频率和质量进行评估。

第五十四条　银行业金融机构对于自身不具备定价估值能力的衍生产品交易，应当向报价方获取关键的估值参数及相关信息，并通过信件、电子邮件、传真等可记录的方式向客户书面提供此类信息，以提高衍生产品市值重估的透明度。

第五十五条　银行业金融机构应当针对与客户交易的衍生产品业务种类确定科学合理的利润目标，制定科学合理的考核评价与长效激励约束机制，引导相关部门和人员诚实守信、合规操作，不得过度追求盈利，不得将与客户交易衍生产品的相关收益与员工薪酬及其所在部门的利润目标及考核激励机制简单挂钩。

第五十六条　银行业金融机构应当制定完善衍生产品交易业务的定期后评价制度，包括对合规销售、风险控制、考核激励机制等内部管理制度的定期后评价。

银行业金融机构应当通过实地访问、电子邮件、传真、电话录音等可记录的方式建立完善对客户的定期回访制度，针对合规销售与风险揭示等内容认真听取客户的意见，并及时反馈。

第五章　罚　　则

第五十七条　银行业金融机构未经批准擅自开办衍生产品交易业务的，依据《中华人民共和国银行业监督管理法》的规定进行处罚。

第五十八条　对未能有效执行衍生产品交易风险管理和内部控制制度的银行业金融机构，可以暂停或终止其衍生产品交易资格，并进行经济处罚。

第五十九条　银行业金融机构未按照本办法或者中国银监会的要求报送有关报表、资料以及披露衍生产品交易情况的，根据其性质分别按照《中华人民共和国银行业监督管理法》、《中华人民共和国商业银行法》、《中华人民共和国外资银行管理条例》等法律法规及相关规定，予以处罚。

第六十条　银行业金融机构的衍生产品交易人员（包括主管、风险管理人员、分析师、交易人员等）、机构违反本办法有关规定违规操作，造成本机构或者客户重大经济损失的，该银行业金融机构应当对直接负责的高级管理人员、主管人员和直接责任人给予记过直至开除的纪律处分；构成犯罪的，移交司法机关依法追究刑事责任。

第六章　附　　则

第六十一条　本办法由中国银监会负责解释。

第六十二条　此前公布的有关银行业金融机构衍生产品交易的规定，与本办法相抵触的，以本办法为准。对于本办法规定的内容，法律或行政法规另有规定的，从其规定。

商业银行保理业务管理暂行办法

2014年4月3日中国银行业监督管理委员会令2014年第5号公布施行

第一章　总　　则

第一条　为规范商业银行保理业务经营行为，加强保理业务审慎经营管理，促进保理业务健康发展，根据《中华人民共和国合同法》、《中华人民共和国物权法》、《中华人民共和国银行业监督管理法》、《中华人民共和国商业银行法》等法律法规，制定本办法。

第二条　中华人民共和国境内依法设立的商业银行经营保理业务，应当遵守本办法。

第三条　商业银行开办保理业务，应当遵循依法合规、审慎经营、平等自愿、公平诚信的原则。

第四条　商业银行开办保理业务应当妥善处理业务发展与风险管理的关系。

第五条　中国银监会及其派出机构依照本办法及有关法律法规对商业银行保理业务实施监督管理。

第二章　定义和分类

第六条　本办法所称保理业务是以债权人转让其应收账款为前提，集应收账款催收、管理、坏账担保及融资于一体的综合性金融服务。债权人将其应收账款转让给商业银行，由商业银行向其提供下列服务中至少一项的，即为保理业务：

（一）应收账款催收：商业银行根据应收账款账期，主动或应债权人要求，采取电话、函件、上门等方式或运用法律手段等对债务人进行催收。

（二）应收账款管理：商业银行根据债权人的要求，定期或不定期向其提供关于应收账款的回收情况、逾期账款情况、对账单等财务和统计报表，协助其进行应收账款管理。

（三）坏账担保：商业银行与债权人签订保理协议后，为债务人核定信用额度，并在核准额度内，对债权人无商业纠纷的应收账款，提供约定的付款担保。

（四）保理融资：以应收账款合法、有效转让为前提的银行融资服务。

以应收账款为质押的贷款，不属于保理业务范围。

第七条　商业银行应当按照"权属确定，转让明责"的原则，严格审核并确认债权的真实性，确保应收账款初始权属清晰确定、历次转让凭证完整、权责无争议。

第八条　本办法所称应收账款，是指企业因提供商品、服务或者出租资产而形成的金钱债权及其产生的收益，但不包括因票据或其他有价证券而产生的付款请求权。

第九条　本办法所指应收账款的转让，是指与应收账款相关的全部权利及权益的让渡。

第十条　保理业务分类：

（一）国内保理和国际保理

按照基础交易的性质和债权人、债务人所在地，分为国际保理和国内保理。

国内保理是债权人和债务人均在境内的保理业务。

国际保理是债权人和债务人中至少有一方在境外（包括保税区、自贸区、境内关外等）的保理业务。

（二）有追索权保理和无追索权保理

按照商业银行在债务人破产、无理拖欠或无法偿付应收账款时，是否可以向债权人反转让应收账款、要求债权人回购应收账款或归还融资，分为有追索权保理和无追索权保理。

有追索权保理是指在应收账款到期无法从债务人处收回时，商业银行可以向债权人反转让应收账款、要求债权人回购应收账款或归还融资。有追索权保理又称回购型保理。

无追索权保理是指应收账款在无商业纠纷等情况下无法得到清偿的，由商业银行承担应收账款的坏账风险。无追索权保理又称买断型保理。

（三）单保理和双保理

按照参与保理服务的保理机构个数，分为单保理和双保理。

单保理是由一家保理机构单独为买卖双方提供保

理服务。

双保理是由两家保理机构分别向买卖双方提供保理服务。

买卖双方保理机构为同一银行不同分支机构的，原则上可视作双保理。商业银行应当在相关业务管理办法中同时明确作为买方保理机构和卖方保理机构的职责。

有保险公司承保买方信用风险的银保合作，视同双保理。

第三章　保理融资业务管理

第十一条　商业银行应当按照本办法对具体保理融资产品进行定义，根据自身情况确定适当的业务范围，制定保理融资客户准入标准。

第十二条　双保理业务中，商业银行应当对合格买方保理机构制定准入标准，对于买方保理机构为非银行机构的，应当采取名单制管理，并制定严格的准入准出标准与程序。

第十三条　商业银行应当根据自身内部控制水平和风险管理能力，制定适合叙做保理融资业务的应收账款标准，规范应收账款范围。商业银行不得基于不合法基础交易合同、寄售合同、未来应收账款、权属不清的应收账款、因票据或其他有价证券而产生的付款请求权等开展保理融资业务。

未来应收账款是指合同项下卖方义务未履行完毕的预期应收账款。

权属不清的应收账款是指权属具有不确定性的应收账款，包括但不限于已在其他银行或商业保理公司等第三方办理出质或转让的应收账款。获得质权人书面同意解押并放弃抵质押权利和获得受让人书面同意转让应收账款权属的除外。

因票据或其他有价证券而产生的付款请求权是指票据或其他有价证券的持票人无需持有票据或有价证券产生的基础交易应收账款单据，仅依据票据或有价证券本身即可向票据或有价证券主债务人请求按票据或有价证券上记载的金额付款的权利。

第十四条　商业银行受理保理融资业务时，应当严格审核卖方和/或买方的资信、经营及财务状况，分析拟做保理融资的应收账款情况，包括是否出质、转让以及账龄结构等，合理判断买方的付款意愿、付款能力以及卖方的回购能力，审查买卖合同等资料的真实性与合法性。对因提供服务、承接工程或其他非销售商品原因所产生的应收账款，或买卖双方为关联企业的应收账款，应当从严审查交易背景真实性和定价的合理性。

第十五条　商业银行应当对客户和交易等相关情况进行有效的尽职调查，重点对交易对手、交易商品及贸易习惯等内容进行审核，并通过审核单据原件或银行认可的电子贸易信息等方式，确认相关交易行为真实合理存在，避免客户通过虚开发票或伪造贸易合同、物流、回款等手段恶意骗取融资。

第十六条　单保理融资中，商业银行除应当严格审核基础交易的真实性外，还需确定卖方或买方一方比照流动资金贷款进行授信管理，严格实施受理与调查、风险评估与评价、支付和监测等全流程控制。

第十七条　商业银行办理单保理业务时，应当在保理合同中原则上要求卖方开立用于应收账款回笼的保理专户等相关账户。商业银行应当指定专人对保理专户资金进出情况进行监控，确保资金首先用于归还银行融资。

第十八条　商业银行应当充分考虑融资利息、保理手续费、现金折扣、历史收款记录、行业特点等应收账款稀释因素，合理确定保理业务融资比例。

第十九条　商业银行开展保理融资业务，应当根据应收账款的付款期限等因素合理确定融资期限。商业银行可将应收账款到期日与融资到期日间的时间期限设置为宽限期。宽限期应当根据买卖双方历史交易记录、行业惯例等因素合理确定。

第二十条　商业银行提供保理融资时，有追索权保理按融资金额计入债权人征信信息；无追索权保理不计入债权人及债务人征信信息。商业银行进行担保付款或垫款时，应当按保理业务的风险实质，决定计入债权人或债务人的征信信息。

第四章　保理业务风险管理

第二十一条　商业银行应当科学审慎制定贸易融资业务发展战略，并纳入全行统一战略规划，建立科学有效的贸易融资业务决策程序和激励约束机制，有效防范与控制保理业务风险。

第二十二条　商业银行应当制定详细规范的保理业务管理办法和操作规程，明确业务范围、相关部门职能分工、授信和融资制度、业务操作流程以及风险管控、监测和处置等政策。

第二十三条　商业银行应当定期评估保理业务政策和程序的有效性，加强内部审计监督，确保业务稳健运行。

第二十四条　保理业务规模较大、复杂度较高的商业银行，必须设立专门的保理业务部门或团队，配备专业的从业人员，负责产品研发、业务操作、日常管理和风险控制等工作。

第二十五条　商业银行应当直接开展保理业务，不得将应收账款的催收、管理等业务外包给第三方机构。

第二十六条 商业银行应当将保理业务纳入统一授信管理,明确各类保理业务涉及的风险类别,对卖方融资风险、买方付款风险、保理机构风险分别进行专项管理。

第二十七条 商业银行应当建立全行统一的保理业务授权管理体系,由总行自上而下实施授权管理,不得办理未经授权或超授权的保理业务。

第二十八条 商业银行应当针对保理业务建立完整的前中后台管理流程,前中后台应当职责明晰并相对独立。

第二十九条 商业银行应当将保理业务的风险管理纳入全面风险管理体系,动态关注卖方或买方经营、管理、财务及资金流向等风险信息,定期与卖方或买方对账,有效管控保理业务风险。

第三十条 商业银行应当加强保理业务 IT 系统建设。保理业务规模较大、复杂程度较高的银行应当建立电子化业务操作和管理系统,对授信额度、交易数据和业务流程等方面进行实时监控,并做好数据存储及备份工作。

第三十一条 当发生买方信用风险,保理银行履行垫付款义务后,应当将垫款计入表内,列为不良贷款进行管理。

第三十二条 商业银行应当按照《商业银行资本管理办法(试行)》要求,按保理业务的风险实质,计量风险加权资产,并计提资本。

第五章 法律责任

第三十三条 商业银行违反本办法规定经营保理业务的,由银监会及其派出机构责令其限期改正。商业银行有下列情形之一的,银监会及其派出机构可采取《中华人民共和国银行业监督管理法》第三十七条规定的监管措施:

(一)未按要求制定保理业务管理办法和操作规程即开展保理业务的;

(二)违反本办法第十三条、十六条规定叙做保理业务的;

(三)业务审查、融资管理、风险处置等流程未尽职的。

第三十四条 商业银行经营保理业务时存在下列情形之一的,银监会及其派出机构除按本办法第三十三条采取监管措施外,还可根据《中华人民共和国银行业监督管理法》第四十六、第四十八条实施处罚:

(一)因保理业务经营管理不当发生信用风险重大损失、出现严重操作风险损失事件的;

(二)通过非公允关联交易或变相降低标准违规办理保理业务的;

(三)未真实准确对垫款等进行会计记录或以虚假会计处理掩盖保理业务风险实质的;

(四)严重违反本办法规定的其他情形。

第六章 附 则

第三十五条 政策性银行、外国银行分行、农村合作银行、农村信用社、财务公司等其他银行业金融机构开展保理业务的,参照本办法执行。

第三十六条 中国银行业协会应当充分发挥自律、协调、规范职能,建立并持续完善银行保理业务的行业自律机制。

第三十七条 本办法由中国银监会负责解释。

主办银行管理暂行办法

1. 1996年6月29日中国人民银行发布
2. 银发〔1996〕221号
3. 自1996年7月1日起施行

第一章 总 则

第一条 为进一步密切商业银行与企业之间的合作关系、规范商业银行的竞争,促进国有大中型企业的改革与发展,健全信贷风险防范机制,根据《中华人民共和国商业银行法》、《借款合同条例》、《贷款通则》等有关规定,制定本办法。

第二条 本办法所称主办银行是指为企业提供信贷、结算、现金收付、信息咨询等金融服务,并与其建立较为稳定的合作关系,签有《银企合作协议》的中资商业银行(以下简称主办行)。

本办法所称企业是指与主办行签订《银企合作协议》的国有大中型法人企业,是主办行的主要服务对象。

第三条 建立主办行关系应遵循自愿、平等、互利、守信的原则。

第四条 主办行不是包办银行,不包企业资金供应。在建立主办行关系的同时,大力提倡银团贷款。为了发挥各家银行的优势,解决企业合理资金需要,同时分散贷款风险,主办行应会同企业牵头组织有关银行联合贷款,协调各家银行在办理银团贷款中的有关事宜,并按贷款比例偿还其他银行的贷款。有关银团贷款的具体管理办法由中国人民银行另行制定。

第五条 主办行与企业签订的《银企合作协议》以及双方约定的其他事项均应符合国家有关法律、法规。

第六条 中国人民银行及其分支行是实施本办法的监督、协调机关。

第二章 主办行关系的建立与终止

第七条 企业申请建立主办行关系应当具备以下基本条件：

一、已在该银行建立基本存款帐户；

二、领取了中国人民银行颁发的《贷款证》；

三、借款数额较大；

四、与该银行有较为长期、稳定、良好的合作关系。

第八条 企业申请建立主办行关系，应当填写《企业主办行关系申请书》。内容包括：企业的资本金、法人资格、生产规模、经营状况、资产负债以及主办行认为需要注明的有关情况。

第九条 主办行审查《企业主办行关系申请书》同意，经其上级行批准，可正式确立主办行关系，并与企业签订《银企合作协议》，同时抄报中国人民银行当地分行备案。商业银行总行为主办行的，其确立主办行关系后，应报中国人民银行总行备案。

第十条 《银企合作协议》一年一定，其内容应包括：主办行与企业双方的权利、义务、责任和双方认为需要约定的其他事项。主办行应明确：(1)计划对企业发放贷款的数额；(2)办理票据承兑、贴现的计划；(3)贷款方式；(4)贷款期限及利率。企业应明确：(1)补充自有流动资金的计划；(2)企业销售收入归行计划；(3)还本付息计划；(4)不挤占挪用银行贷款的有关承诺。

第十一条 一个企业只能建立一个主办行，对一些特大型企业集团，确因情况特殊，经人民银行省级分行批准后，可确立两个主办行。

第十二条 有下列情形之一的，主办行和企业都有权提出终止主办行关系：

一、主办行和企业任何一方严重违反《银企合作协议》的有关条款，经指出不改正者，另一方有权提出终止主办行关系；

二、主办行和企业任何一方违反有关法律、法规的，另一方有权提出终止主办行关系；

三、企业如发生破产、被兼并、解散等情况，主办行关系自然终止。

银企之间终止主办行关系的，主办行要报上级行批准，报同级人民银行备案。

第十三条 企业提出终止主办行关系，在与主办行协商不一致时，报人民银行省级分行协调、批准。

第十四条 在主办行与企业终止主办行关系之前，其他银行不得与该企业建立主办行关系。

第三章 权利与义务

第十五条 主办行的权利

主办行除享有《贷款通则》规定的贷款人的权利外，并享有以下权利：

一、了解、掌握企业的重大经济、财务活动；

二、对企业在其他银行办理的存贷款和结算等情况，进行核实；

三、组织同业对企业违反《借款合同》有关条款、逃避银行监督、悬空银行债务等方面的行为依法进行信贷制裁；

四、有不能满足企业的合理资金需要时，应企业要求，牵头办理银团贷款。

第十六条 主办行的义务

主办行除履行《贷款通则》规定的贷款人的义务外，并履行以下义务：

一、关心企业的长远发展，对企业的生产、销售、储备、产品开发、技术改造等经济活动积极提供有关信息，并提出政策建议；

二、积极支持企业生产、经营所需大部分的合理资金需要，并予以优先审批；

三、积极帮助企业拓宽融资渠道，优先办理银行承兑汇票等；

四、应其他贷款人要求，经企业同意后，通报企业的生产经营、资产负债和信用等级等情况；

五、积极协助其他银行清收到期贷款；

六、作为银团贷款的牵头行，监督、检查银团贷款的使用情况，督促企业按期归还银团贷款本息；

七、及时向企业通报有关货币，信贷政策，宣传、解释有关金融法规。

第十七条 企业的权利

企业除享有《贷款通则》规定的借款人的权利外，并享有以下权利：

一、从主办行取得所需的大部分合理贷款，但主办行对该企业贷款占其资本金比例已超过有关规定的除外；

二、在主办行不能满足其合理资金需要时，可以要求向其他银行申请贷款或要求主办行牵头组织银团贷款；

三、要求主办行为企业债务重组，国有资产保全提供政策建议；

四、优先享用主办行提供的结算、信息、咨询、代理等金融服务；

五、对主办行违反《银企合作协议》的行为，可向中国人民银行当地分、支行直至中国人民银行总行申诉。

第十八条 企业的义务

企业除履行《贷款通则》规定的义务外，并履行以下义务：

一、必须将其大部分存款存入主办行；

二、向社会发行债券、股票或内部集资等直接融资的行为，应及时告知主办行；

三、扩大生产经营规模、调整产品结构、进行技术改造等重要经济活动，应及时告知主办行；

四、产权转让、破产兼并和主要财产变动等影响债权人利益的行为应事先征求主办行的意见；法定代表人变更或高层人事变动等应及时告知主办行。

第四章 监督与管理

第十九条 中国人民银行省级分行及其他分支行应按季汇总辖区内主办行的名单，并定期向社会公布。

第二十条 中国人民银行省级分行及其他分支行应负责协调辖内主办银行和其他银行的关系，对在建立主办行关系中发生争议的，或对主办行与其他银行在办理企业存款、贷款、结算等金融业务时发生意见分歧的，负责协调和裁决。

第二十一条 中国人民银行省级分行及其他分支行应负责协调企业和主办行、主办行和当地政府有关主管部门的关系，受理企业的正当申诉，鼓励和支持主办行组织银团贷款，帮助主办行和其他银行清收企业破产后的债权。

第二十二条 中国人民银行省级分行及其他分支行，在监督管理过程中，遇到职权范围内无法解决的问题时，应及时报告中国人民银行总行，并通报有关主办行的总行。

第五章 罚　则

第二十三条 主办行有下列情形之一的，中国人民银行及其分支行可责令其改正，逾期不改的强令终止主办行关系，并依照有关规定予以处罚，构成犯罪的，依法追究刑事责任：

一、与企业串通，逃避中国人民银行监督的；

二、与企业串通，故意损害其他贷款人合法权益的。

第二十四条 企业如不按本办法规定承担责任或履行义务的，主办行除按有关规定给予处罚外，可建议其他金融机构减少或停止对其贷款。

第六章 附　则

第二十五条 各商业银行总行可根据本办法制定实施细则，报中国人民银行备案。

第二十六条 本办法由中国人民银行负责修改、解释。

第二十七条 本办法自1996年7月1日起试行。

商业银行代理保险业务管理办法

1. 2019年8月23日中国银行保险监督管理委员会发布
2. 银保监办发〔2019〕179号
3. 自2019年10月1日起施行

第一章 总　则

第一条 为加强对商业银行代理保险业务监督管理，保护消费者合法权益，促进商业银行代理保险业务规范健康发展，根据《中华人民共和国保险法》《中华人民共和国商业银行法》《中华人民共和国银行业监督管理法》等有关法律、行政法规，制定本办法。

第二条 本办法所称商业银行代理保险业务是指商业银行接受保险公司委托，在保险公司授权的范围内，代理保险公司销售保险产品及提供相关服务，并依法向保险公司收取佣金的经营活动。

本办法所称保险销售从业人员，是指为商业银行销售保险产品的人员。

第三条 商业银行经营保险代理业务，应当符合中国银保监会规定的条件，取得《保险兼业代理业务许可证》（以下简称许可证）。

第四条 商业银行和保险公司开展保险代理业务合作，应当本着互利共赢、共同发展、保护消费者利益的原则，共同促进商业银行代理保险业务的持续健康发展。

第五条 商业银行应当充分发挥销售渠道优势，保险公司应当充分发挥长期资产负债匹配管理和风险保障的核心技术优势，在商业银行代理保险业务中大力发展长期储蓄型和风险保障型保险产品，持续调整和优化商业银行代理保险业务结构，为消费者提供全面的金融服务。

第六条 商业银行经营保险代理业务应当遵守法律、行政法规和中国银保监会有关规定，遵循平等、自愿、公平和诚实信用的原则。

第七条 中国银保监会根据《中华人民共和国保险法》《中华人民共和国商业银行法》《中华人民共和国银行业监督管理法》和国务院授权，对商业银行代理保险业务履行监管职责。

中国银保监会派出机构在授权范围内履行监管职责。

第二章 业务准入

第八条 商业银行经营保险代理业务，应当具备下列条件：

（一）具有中国银保监会或其派出机构颁发的金

融许可证；

（二）主业经营情况良好，最近 2 年无重大违法违规记录（已采取有效整改措施并经中国银保监会及其派出机构认可的除外）；

（三）已建立符合中国银保监会规定的保险代理业务信息系统；

（四）已建立保险代理业务管理制度和机制，并具备相应的专业管理能力；

（五）法人机构和一级分支机构已指定保险代理业务管理责任部门和责任人员；

（六）中国银保监会规定的其他条件。

第九条 商业银行代理保险业务信息系统应具备以下条件：

（一）具备与管控保险产品销售风险相适应的技术支持系统和后台保障能力；

（二）与保险公司业务系统对接；

（三）实现对其保险销售从业人员的管理；

（四）能够提供电子版合同材料，包括投保提示书、投保单、保险单、保险条款、产品说明书、现金价值表等文件；

（五）记录各项承保所需信息，并对各项信息的逻辑关系及真实性进行校对；

（六）中国银保监会规定的其他条件。

第十条 中国银保监会直接监管的商业银行经营保险代理业务，应当由其法人机构向中国银保监会申请许可证。

其他商业银行经营保险代理业务，应当由法人机构向注册所在地中国银保监会派出机构申请许可证。

商业银行网点凭法人机构的授权经营保险代理业务。

第十一条 商业银行申请经营保险代理业务，应当提交以下申请材料：

（一）营业执照副本复印件；

（二）近两年违法违规行为情况的说明（机构成立不满两年的，提供自成立之日起的情况说明）；

（三）合作保险公司情况说明；

（四）保险代理业务信息系统情况说明；

（五）保险代理业务管理相关制度，如承保出单、佣金结算、客户服务等；

（六）保险代理业务责任部门和责任人指定情况的说明；

（七）中国银保监会规定的其他材料。

第十二条 中国银保监会及其派出机构收到商业银行经营保险代理业务申请后，可采取谈话、函询、现场验收等方式了解、审查申请人的市场发展战略、业务发展计划、内控制度建设、人员结构、信息系统配置及运行等有关事项，并进行风险提示。

第十三条 中国银保监会及其派出机构依法作出批准商业银行经营保险代理业务的决定的，应当向申请人颁发许可证。许可证不设有效期。申请人取得许可证后，方可开展保险代理业务。

申请人应当在取得许可证 5 日内按照中国银保监会规定的监管信息系统登记相关信息，登记信息至少应当包括以下内容：

（一）法人机构名称、住所或者营业场所；

（二）保险代理业务管理部门及责任人；

（三）许可证名称；

（四）业务范围；

（五）经营区域；

（六）中国银保监会规定的其他事项。

中国银保监会及其派出机构决定不予批准的，应当作出书面决定并说明理由。

第十四条 商业银行有下列情形之一的，应当自该情形发生之日起 5 日内，由法人机构或其授权的分支机构通过中国银保监会规定的监管信息系统报告：

（一）变更名称、住所或者营业场所；

（二）授权网点经营保险代理业务；

（三）变更网点经营保险代理业务授权；

（四）变更保险代理业务责任部门和责任人；

（五）中国银保监会规定的其他报告事项。

第十五条 商业银行应当由法人机构或其授权的分支机构在中国银保监会规定的监管信息系统中为其保险销售从业人员办理执业登记。

执业登记应当包括下列内容：

（一）姓名、性别、身份证号码、学历、照片；

（二）所在商业银行网点名称；

（三）所在商业银行投诉电话；

（四）执业登记编号；

（五）执业登记日期。

执业登记事项发生变更的，商业银行法人机构或其授权的分支机构应当自该情形发生之日起 5 日内，在中国银保监会规定的监管信息系统中变更执业登记。

商业银行保险销售从业人员只限于通过 1 家商业银行进行执业登记。

商业银行保险销售从业人员通过保险公司执业登记的，具体办法由中国银保监会另行制定。

第三章 经营规则

第十六条 商业银行选择合作保险公司时，应当充分考虑其偿付能力状况、风险管控能力、业务和财务管理信息系统、近两年违法违规情况等。

保险公司选择合作商业银行时，应当充分考虑其资本充足率、风险管控能力、营业场所、保险代理业务和财务管理制度健全性、近两年违法违规情况等。

第十七条　商业银行与保险公司开展保险代理业务合作，原则上应当由双方法人机构签订书面委托代理协议，确需由一级分支机构签订委托代理协议的，该一级分支机构应当事先获得其法人机构的书面授权，并在签订协议后，及时向其法人机构备案。

商业银行与保险公司签订的委托代理协议应当包括但不限于以下主要条款：代理保险产品种类，佣金标准及支付方式，单证及宣传材料管理，客户账户及身份信息核对，反洗钱，客户信息保密，双方权利责任划分，争议的解决，危机应对及客户投诉处理机制，合作期限，协议生效、变更和终止，违约责任等。

第十八条　商业银行代理销售的保险产品应当符合中国银保监会保险产品审批备案管理的有关要求。

保险公司应当针对商业银行客户的保险需求以及商业银行销售渠道的特点，细分市场，开发多样化的、互补的保险产品。

第十九条　商业银行对保险代理业务应当进行单独核算，对不同保险公司的代收保费、佣金进行独立核算，不得以保费收入抵扣佣金。

保险公司委托商业银行代理销售保险产品，应当建立商业银行代理保险业务的财务独立核算及评价机制，做到新业务价值、利润及费用独立核算，应当根据审慎原则科学制定商业银行代理保险业务财务预算、业务推动政策，防止出现为了业务规模不计成本的经营行为，防范费差损风险。

第二十条　商业银行与保险公司结算佣金，应当由保险公司一级分支机构向商业银行一级分支机构或者至少二级分支机构统一转账支付；具备条件的商业银行与保险公司，应实现法人机构间佣金集中统一结算；委托地方法人银行业金融机构代理保险业务的，应当由保险公司一级分支机构向地方法人银行业金融机构统一转账支付。

第二十一条　商业银行对取得的佣金应当如实全额入账，加强佣金集中管理，合理列支其保险销售从业人员佣金，严禁账外核算和经营。

保险公司应当按照财务制度据实列支向商业银行支付的佣金。保险公司及其人员不得以任何名义、任何形式向商业银行及其保险销售从业人员支付协议规定之外的任何利益。

第二十二条　商业银行和保险公司应当建立保险代理业务台账，逐笔记录有关内容，台账至少应当包括保险公司名称、代理险种、保险单号、保险期间、缴费方式、保险销售从业人员姓名及其执业登记编号、所属网点、投保人及被保险人名称、保险金额、保险费、佣金等。

第二十三条　商业银行应当建立保险代理业务的管理制度和相关档案，包括但不限于以下内容：

（一）与保险公司签订、解除代理协议关系和持续性合作制度；

（二）保险产品宣传材料审查制度及相关档案；

（三）客户风险评估标准及相关档案；

（四）定期合规检查制度及相关档案；

（五）保险销售从业人员教育培训制度及相关档案；

（六）保险单证管理制度及相关档案；

（七）绩效考核标准；

（八）投诉处理机制和风险处理应急预案；

（九）违规行为内部追责和处罚制度。

保险公司应当制定合法、有效、稳健的商业银行代理保险业务管理制度，至少包括业务管理制度、财务管理制度、信息系统管理制度、投保单信息审查制度，并应当成立或指定专门的部门负责管理商业银行代理保险业务。

第二十四条　商业银行应当加强对其保险销售从业人员的岗前培训和后续教育，组织其定期接受法律法规、业务知识、职业道德、消费者权益保护等相关培训。其中，商业银行保险销售从业人员销售投资连结型保险产品还应至少有 1 年以上的保险销售经验，每年接受不少于 40 小时的专项培训，并无不良记录。

保险公司应当按照中国银保监会有关规定加强对其银保专管员的管理，有关规定由中国银保监会另行制定。

第二十五条　商业银行网点经营保险代理业务应当将所属法人机构许可证复印件置于营业场所显著位置。

保险公司应当切实承担对其分支机构的管理责任，不得委托没有取得许可证的商业银行或者没有取得法人机构授权的商业银行网点开展保险代理业务。

第二十六条　商业银行网点应当将其保险销售从业人员执业登记情况置于营业场所显著位置，执业登记情况应包括从业人员姓名、身份证号、照片、执业登记编号、所属网点名称等。

商业银行保险销售从业人员只能在其执业登记的商业银行网点开展保险代理业务。

第二十七条　商业银行网点应当在营业场所显著位置张贴统一制式的投保提示，并公示代销保险产品清单，包括保险产品名称和保险公司等信息。

第二十八条　商业银行及其保险销售从业人员应当向客户全面客观介绍保险产品，应当按保险条款将保险责任、责任免除、退保费用、保单现金价值、缴费期限、犹豫期、观察期等重要事项明确告知客户，并将保险代理业务中商业银行和保险公司的法律责任界定明确告知客户。

第二十九条　商业银行及其保险销售从业人员应当使用保险公司法人机构或经其授权的保险公司一级分支机构统一印制的保险产品宣传材料，不得设计、印刷、编写或者变更相关保险产品的宣传册、宣传彩页、宣传展板或其他销售辅助品。

第三十条　各类宣传材料应当按照保险条款全面、准确描述保险产品，要在醒目位置对经营主体、保险责任、退保费用、现金价值和费用扣除情况进行提示，不得夸大或变相夸大保险合同利益，不得承诺不确定收益或进行误导性演示，不得有虚报、欺瞒或不正当竞争的表述。

各类保险单证和宣传材料在颜色、样式、材料等方面应与银行单证和宣传材料有明显区别，不得使用带有商业银行名称的中英文字样或商业银行的形象标识，不得出现“存款”“储蓄”“与银行共同推出”等字样。

第三十一条　保险单册样式应当合理设计，封套及内页装订后为A4大小，封面用不小于72号字体标明“保险合同”字样，用不小于二号字体标明保险公司名称，用不小于三号字体标明规定的风险提示语及犹豫期提示语，保险合同中应当包含保险条款及其他合同要件。

第三十二条　商业银行及其保险销售从业人员应当对投保人进行需求分析与风险承受能力测评，根据评估结果推荐保险产品，把合适的保险产品销售给有需求和承受能力的客户。

（一）投保人存在以下情况的，向其销售的保险产品原则上应当为保单利益确定的保险产品，且保险合同不得通过系统自动核保现场出单，应当将保单材料转至保险公司，经核保人员核保后，由保险公司出单：

1. 投保人填写的年收入低于当地省级统计部门公布的最近1年城镇居民人均可支配收入或农村居民人均纯收入；

2. 投保人年龄超过65周岁或期缴产品投保人年龄超过60周岁。

保险公司核保时应当对投保产品的适合性、投保信息、签名等情况进行复核，发现产品不适合、信息不真实、客户无继续投保意愿等问题的不得承保。

（二）销售保单利益不确定的保险产品，包括分红型、万能型、投资连结型、变额型等人身保险产品和财产保险公司非预定收益型投资保险产品等，存在以下情况的，应当在取得投保人签名确认的投保声明后方可承保：

1. 趸缴保费超过投保人家庭年收入的4倍；

2. 年期缴保费超过投保人家庭年收入的20%，或月期缴保费超过投保人家庭月收入的20%；

3. 保费缴费年限与投保人年龄数字之和达到或超过60；

4. 保费额度大于或等于投保人保费预算的150%。

在投保声明中，投保人应当表明投保时了解保险产品情况，并自愿承担保单利益不确定的风险。

第三十三条　商业银行及其保险销售从业人员应当向投保人提供完整合同材料，包括投保提示书、投保单、保险单、保险条款、产品说明书、现金价值表等，指导投保人在投保单上如实、正确、完整地填写客户信息，并在人身保险新型产品投保书上抄录有关声明，不得代抄录有关语句或签字。投保提示书应当至少包括以下内容：

（一）客户购买的是保险产品；

（二）提示客户详细阅读保险条款和产品说明书，尤其是保险责任、犹豫期和退保事项、利益演示、费用扣除等内容；

（三）提示客户应当由投保人亲自抄录、签名；

（四）客户向商业银行及保险公司咨询及投诉渠道；

（五）中国银保监会规定的其他内容。

第三十四条　商业银行保险销售从业人员应当请投保人本人填写投保单。有下列情形的，可由保险销售从业人员代填：

（一）投保人填写有困难，并进行了书面授权；

（二）投保人填写有困难，且无法书面授权，在录音录像的情况下进行了口头授权。

在代填过程中，保险销售从业人员应当与投保人逐项核对填写内容，按投保人描述填写投保单。填写后，投保人确认投保单填写内容为自己真实意思表示后签字或盖章。

商业银行应当将书面授权文件、录音、录像等资料交由保险公司进行归档管理。

第三十五条　商业银行通过自动转账扣划收取保费的，应当就扣划的账户、金额、时间等内容与投保人达成协议，并有独立于投保单等其他单证和资料的银行自动转账授权书，授权书应当包括转出账户、每期转账金额、转账期限、转账频率等信息，并向投保人出具保费发票或保费划扣收据。

保险公司应当在划扣首期保费24小时内，或未划扣首期保费的在承保24小时内，以保险公司名义，通过手机短信、微信、电子邮件等方式，提示投保人，提示内容应当至少包括：保险公司名称、保险产品名称、保险期间、犹豫期起止时间、期缴保费及频次、保险公司统一客服电话。分期缴费的保险产品，鼓励采取按月缴费等符合消费者消费习惯的保费缴纳方式。在续期缴费、保险合同到期时应当采取手机短信、微信、电子邮件等方式提示投保人。投保人无手机联系方式的，应当通过电子邮件、纸质信件等方式提示。

第三十六条 商业银行代理销售的保险产品保险期间超过一年的，应当在保险合同中约定15日的犹豫期，并在保险合同中载明投保人在犹豫期内的权利。犹豫期自投保人收到保险单并书面签收之日起计算。

第三十七条 商业银行及其保险销售从业人员代理销售投资连结型保险产品和财产保险公司非预定收益型投资保险产品等，应在设有销售专区以上层级的网点进行，并严格限制在销售专区内。

对于保单期限和缴费期限较长、保障程度较高、产品设计相对复杂以及需要较长时间解释说明的保险产品，商业银行应当积极开拓销售专区，通过对销售区域和销售从业人员的控制，将合适的保险产品销售给合适的客户。

第三十八条 商业银行代理销售意外伤害保险、健康保险、定期寿险、终身寿险、保险期间不短于10年的年金保险、保险期间不短于10年的两全保险、财产保险（不包括财产保险公司投资型保险）的保费收入之和不得低于保险代理业务总保费收入的20%。

第三十九条 商业银行开展互联网保险业务和电话销售保险业务应当由其法人机构建立统一集中的业务平台和处理流程，实行集中运营、统一管理，并符合中国银保监会有关规定。

除以上业务外，商业银行每个网点在同一会计年度内只能与不超过3家保险公司开展保险代理业务合作。

第四十条 商业银行每个网点与每家保险公司的连续合作期限不得少于1年。

商业银行和保险公司应当保持合作关系和客户服务的稳定性。合作期间内，其中一方出现对合作关系有实质影响的不利情形，另一方可以提前中止合作。对商业银行与保险公司中止合作的情况，商业银行应当配合保险公司做好满期给付、退保、投诉处理等后续服务。

第四十一条 商业银行保险销售从业人员应当按照商业银行的授权销售保险产品，不得销售未经授权的保险产品或私自销售保险产品。

第四十二条 商业银行不得允许保险公司人员等非商业银行从业人员在商业银行营业场所从事保险销售相关活动。

第四十三条 商业银行及其保险销售从业人员不得将保险代理业务转委托给其他机构或个人。

第四十四条 商业银行不得通过第三方网络平台开展保险代理业务。

商业银行保险销售从业人员不得以个人名义从事互联网保险业务。

第四十五条 商业银行应当将全面、完整、真实的客户投保信息提供给保险公司并告知客户，不得截留客户投保信息，确保保险公司承保业务和客户回访工作顺利开展。

保险公司应当将客户退保、续期、满期等信息完整、真实地提供给商业银行，协助商业银行做好保险产品销售后的满期给付、续期缴费等相关客户服务。

对于到商业银行申请退保、满期给付、续期缴费业务的，商业银行和保险公司应当相互配合，及时做好相应工作。

第四十六条 商业银行不得通过篡改客户信息，以商业银行网点电话、销售从业人员及相关人员电话冒充客户联系电话等方式编制虚假客户信息。

保险公司发现客户信息不真实或由其他人员代签名的，尚未承保的，不得承保；已承保的，应当及时联系客户说明保单情况、办理相关手续，并要求商业银行予以更正。

第四十七条 商业银行和保险公司应当加强客户信息保护，防止客户信息被不当使用。

第四十八条 商业银行开展保险代理业务，应当根据中国银保监会的相关规定实施保险销售行为可回溯管理，完整客观地记录销售关键环节。

第四十九条 商业银行代理保险业务应当严格遵守审慎经营规则，不得有下列行为：

（一）将保险产品与储蓄存款、基金、银行理财产品等产品混淆销售；

（二）将保险产品收益与储蓄存款、基金、银行理财产品简单类比，夸大保险责任或者保险产品收益；

（三）将不确定利益的保险产品的收益承诺为保证收益；

（四）将保险产品宣传为其他金融机构开发的产品进行销售；

（五）通过宣传误导、降低合同约定的退保费用等手段诱导消费者提前解除保险合同；

（六）隐瞒免除保险人责任的条款、提前解除保险合同可能产生的损失等与保险合同有关的重要情况；

（七）以任何方式向保险公司及其人员收取、索要协议约定以外的任何利益；

（八）其他违反审慎经营规则的行为。

第五十条　商业银行及其保险销售从业人员在开展保险代理业务中不得有下列行为：

（一）欺骗保险公司、投保人、被保险人或者受益人；

（二）隐瞒与保险合同有关的重要情况；

（三）阻碍投保人履行如实告知义务，或者诱导其不履行如实告知义务；

（四）给予或者承诺给予投保人、被保险人或者受益人保险合同约定以外的利益；

（五）利用行政权力、职务或者职业便利以及其他不正当手段强迫、引诱或者限制投保人订立保险合同；

（六）伪造、擅自变更保险合同，或者为保险合同当事人提供虚假证明材料；

（七）挪用、截留、侵占保险费或者保险金；

（八）利用业务便利为其他机构或者个人牟取不正当利益；

（九）串通投保人、被保险人或者受益人，骗取保险金；

（十）泄露在业务活动中知悉的保险人、投保人、被保险人的商业秘密。

第五十一条　商业银行和保险公司应当在客户投诉、退保等事件发生的第一时间积极处理，实行首问负责制度，不得相互推诿，避免产生负面影响使事态扩大，并按照双方共同制定的处理办法，及时采取措施，妥善解决。

第五十二条　商业银行和保险公司应当将商业银行代理保险业务中出现的群访群诉、群体性退保等事件作为重大事件，建立重大事件联合应急处理机制，共同制定重大事件处理办法、指定专门人员、成立应急小组、建立共同信息披露机制，在出现重大事件时及时妥善做好应对工作。

第五十三条　商业银行应当在每月结束后的15日内通过中国银保监会规定的监管信息系统报告业务数据。

中国银保监会直接监管的商业银行和其他商业银行及其一级分支机构，应当在每个年度结束后的30日内分别向中国银保监会和中国银保监会派出机构报送保险代理业务情况，至少包括以下内容：

（一）保险代理业务开展情况；

（二）各险种保费收入占比情况；

（三）发生投诉及处理的相关情况；

（四）与保险公司合作情况；

（五）内控及风险管理的变化情况；

（六）其他需要报送的情况。

第四章　业务退出

第五十四条　商业银行有下列情形之一的，中国银保监会及其派出机构依法注销许可证，并予以公告：

（一）许可证依法被撤销、撤回或吊销的；

（二）因解散或者被依法宣告破产等原因依法终止的；

（三）法律、行政法规和中国银保监会规定的其他情形。

第五十五条　商业银行网点有下列情形之一的，法人机构不得授权该网点开展代理保险业务。已经授权的，须在5日内撤销授权：

（一）内部管理混乱，无法正常经营；

（二）存在重大违法行为，未得到有效整改；

（三）拒不执行限期整改违法违规问题、按时报送监管数据等监管要求；

（四）最近1年内因保险代理业务引发过30人以上群访群诉事件或100人以上非正常集中退保事件；

（五）法律、行政法规和中国银保监会规定的其他情形。

第五十六条　有下列情形之一的，商业银行法人机构或其授权的分支机构应当在5日内注销其保险销售从业人员执业登记：

（一）保险销售从业人员离职；

（二）保险销售从业人员受到禁止进入保险业的行政处罚；

（三）保险销售从业人员因其他原因终止执业；

（四）法律、行政法规和中国银保监会规定的其他情形。

第五十七条　商业银行终止保险代理业务活动，应当维护投保人、被保险人、受益人的合法权益。

第五章　监督管理

第五十八条　中国银保监会及其派出机构依法对商业银行代理保险业务制定相关的规章和审慎经营规则，进行现场检查和非现场监管。

第五十九条　银行业协会和保险业协会要通过加强行业自律，在维护市场秩序、促进公平竞争方面发挥积极作用。

中国银保监会及其派出机构应当督促银行业协会和保险业协会采取行业自律措施，建立行业内部沟通协调机制，加强自我约束和相互监督，共同维护市场秩序、促进公平竞争。

第六十条　中国银保监会及其派出机构可以对商业银行

保险代理业务责任人进行谈话,并进行教育培训。

第六十一条 对于业务占比达不到第三十八条要求的商业银行法人机构及其一级分支机构,中国银保监会或者其省一级派出机构有权采取责令限期改正等监管措施。

第六十二条 商业银行开展保险代理业务过程中违反审慎经营规则,违反第四十八条、第四十九条行为的,中国银保监会或者其省一级派出机构应当责令限期改正;逾期未改正的,或者其行为严重危及该商业银行稳健运行、损害客户合法权益的,经中国银保监会或者其省一级派出机构负责人批准,可以采取责令暂停部分业务、停止批准开办新业务的措施。

商业银行整改后,应当向中国银保监会或者其省一级派出机构提交报告。经中国银保监会或其派出机构验收后,符合有关审慎经营规则的,应当自验收之日起3日内解除对其采取的前款规定的措施。

第六十三条 商业银行开展保险代理业务过程中,存在第五十条行为的,中国银保监会及其派出机构根据《中华人民共和国保险法》第一百六十五条,依法采取监管措施或实施行政处罚。

第六十四条 商业银行作为保险产品的销售主体,依法对其保险销售从业人员的代理销售行为承担主体责任。

中国银保监会及其派出机构在依法对商业银行实施行政处罚和采取其他监管措施时,保险公司负有责任的,应当同时依法对该行为涉及的保险公司实施行政处罚和采取其他监管措施。

中国银保监会及其派出机构将依法严厉查处商业银行代理保险业务不正当竞争等行为,加大对商业银行、保险公司及其高级管理人员管理责任的追究力度。

第六十五条 商业银行和保险公司违反本办法相关要求,中国银保监会及其派出机构应当根据《中华人民共和国保险法》《中华人民共和国商业银行法》《中华人民共和国银行业监督管理法》等法律、行政法规及有关规定,依法采取监管措施或实施行政处罚,并追究相关人员责任。

第六章 附　　则

第六十六条 在中华人民共和国境内经国务院银行保险监督管理机构批准设立的吸收公众存款的金融机构、其他金融机构、政策性银行参照本办法执行。

第六十七条 本办法规定的风险提示语及犹豫期提示语内容如下:

分红保险风险提示语:"您投保的是分红保险,红利分配是不确定的。"

万能保险风险提示语:"您投保的是万能保险,最低保证利率之上的投资收益是不确定的。"有初始费用的产品还应包括:"您缴纳的保险费将在扣除初始费用后计入保单账户。"

投资连结保险风险提示语:"您投保的是投资连结保险,投资回报具有不确定性。"有初始费用的产品还应包括:"您缴纳的保险费将在扣除初始费用后计入投资账户。"

其他产品类型的风险提示语,由公司自行确定。

犹豫期提示语:"您在收到保险合同后15日内有全额退保(扣除不超过10元的工本费)的权利。超过15日退保有损失。"

第六十八条 本办法中,除犹豫期期限"15日"的规定指自然日外,其余有关"3日""5日""15日""30日"的规定指工作日。

本办法所称"以上""以下"均含本数。

第六十九条 本办法由中国银保监会负责解释、修订。

第七十条 本办法自2019年10月1日起施行,《关于规范银行代理保险业务的通知》(保监发〔2006〕70号)、《中国银监会办公厅关于进一步规范银行代理保险业务管理的通知》(银监办发〔2009〕47号)、《中国银监会关于进一步加强商业银行代理保险业务合规销售与风险管理的通知》(银监发〔2010〕90号)、《关于印发〈商业银行代理保险业务监管指引〉的通知》(保监发〔2011〕10号)、《中国保监会、中国银监会关于进一步规范商业银行代理保险业务销售行为的通知》(保监发〔2014〕3号)、《关于银行类保险兼业代理机构行政许可有关事项的通知》(保监中介〔2016〕44号)和《关于进一步明确保险兼业代理行政许可有关事项的通知》(保监中介〔2016〕58号)同时废止。

银行与信托公司业务合作指引

1. 2008年12月4日中国银行业监督管理委员会发布
2. 银监发〔2008〕83号

第一章 总　　则

第一条 为规范银行与信托公司开展业务合作的经营行为,引领银行、信托公司依法创新,促进银信合作健康、有序发展,保护银信合作相关当事人的合法权益,根据《中华人民共和国银行业监督管理法》、《中华人民共和国商业银行法》和《中华人民共和国信托法》等法律,以及银行、信托公司的有关监管规章,制定本指引。

第二条 银行、信托公司在中华人民共和国境内开展业务合作,适用本指引。

第三条 本指引所称银行,包括中华人民共和国境内依法设立的商业银行、农村合作银行、城市信用合作社、农村信用合作社等吸收公众存款的金融机构以及政策性银行。本指引所称信托公司是指中华人民共和国境内依法设立的主要经营信托业务的金融机构。

第四条 银行、信托公司开展业务合作,应当遵守国家宏观政策、产业政策和环境保护政策等要求,充分发挥银行和信托公司的各自优势,平等协商、互惠互利、公开透明、防范风险,实现合作双方的优势互补和双赢。

第五条 中国银监会对银行、信托公司开展业务合作实施监督管理。

第二章 银信理财合作

第六条 本指引所称银信理财合作,是指银行将理财计划项下的资金交付信托,由信托公司担任受托人并按照信托文件的约定进行管理、运用和处分的行为。

第七条 银信理财合作应当符合以下要求:

(一)坚持审慎原则,遵守相关法律法规和监管规定;

(二)银行、信托公司应各自独立核算,并建立有效的风险隔离机制;

(三)信托公司应当勤勉尽责独立处理信托事务,银行不得干预信托公司的管理行为;

(四)依法、及时、充分披露银信理财的相关信息;

(五)中国银监会规定的其他要求。

第八条 银行、信托公司应当建立与银信理财合作相适应的管理制度,包括但不限于业务立项审批制度、合规管理和风险管理制度、信息披露制度等,并建立完善的前、中、后台管理系统。

第九条 银行开展银信理财合作,应当有清晰的战略规划,制定符合本行实际的合作战略并经董事会或理事会通过,同时遵守以下规定:

(一)严格遵守《商业银行个人理财业务管理暂行办法》等监管规定;

(二)充分揭示理财计划风险,并对客户进行风险承受度测试;

(三)理财计划推介中,应明示理财资金运用方式和信托财产管理方式;

(四)未经严格测算并提供测算依据和测算方式,理财计划推介中不得使用“预期收益率”、“最高收益率”或意思相近的表述;

(五)书面告知客户信托公司的基本情况,并在理财协议中载明其名称、住所等信息;

(六)银行理财计划的产品风险和信托投资风险相适应;

(七)每一只理财计划至少配备一名理财经理,负责该理财计划的管理、协调工作,并于理财计划结束时制作运行效果评价书;

(八)依据监管规定编制相关理财报告并向客户披露。

第十条 信托公司开展银信理财合作,应当和银行订立信托文件,并遵守以下规定:

(一)严格遵守《信托公司管理办法》、《信托公司集合资金信托计划管理办法》等监管规定;

(二)认真履行受托职责,严格管理信托财产;

(三)为信托财产开立信托财产专户,并将信托财产与固有财产分别管理、分别记账;

(四)每一只银信理财合作产品至少配备一名信托经理;

(五)按照信托文件约定向银行披露信托事务处理情况。

第十一条 信托公司应自己履行管理职责。出现信托文件约定的特殊事由需要将部分信托事务委托他人代为处理的,信托公司应当于事前十个工作日告知银行并向监管部门报告;应自行向他人支付代理费用,对他人代为处分的行为承担责任。

第十二条 信托公司开展银信理财合作,可以将理财资金进行组合运用,组合运用应事先明确运用范围和投资策略。

第十三条 银行开展银信理财合作,应当按照现有法律法规的规定和理财协议约定,及时、准确、充分、完整地向客户披露信息,揭示风险。信托公司开展银信理财合作,应当按照现有法律法规的规定和信托文件约定,及时、准确、充分、完整地向银行披露信息,揭示风险。

第十四条 信托公司除收取信托文件约定的信托报酬外,不得从信托财产中谋取任何利益。信托终止后,信托公司应当将信托财产及其收益全部转移给银行。银行按照理财协议收取费用后,应当将剩余的理财资产全部向客户分配。

第三章 银信其他合作

第十五条 银行和信托公司开展信贷资产证券化合作业务,应当遵守以下规定:

(一)符合《信贷资产证券化试点管理办法》、《金融机构信贷资产证券化试点监督管理办法》等规定;

(二)拟证券化信贷资产的范围、种类、标准和状况等事项要明确,且与实际披露的资产信息相一致。信托公司可以聘请中介机构对该信贷资产进行审计;

(三)信托公司应当自主选择贷款服务机构、资金保管机构、证券登记托管机构，以及律师事务所、会计师事务所、评级机构等其他为证券化交易提供服务的机构，银行不得代为指定；

（四）银行不得干预信托公司处理日常信托事务；

（五）信贷资产实施证券化后，信托公司应当随时了解信贷资产的管理情况，并按规定向资产支持证券持有人披露。贷款服务机构应按照约定及时向信托公司报告信贷资产的管理情况，并接受信托公司核查。

第十六条　信托公司委托银行代为推介信托计划的，信托公司应当向银行提供完整的信托文件，并对银行推介人员开展推介培训；银行应向合格投资者推介，推介内容不应超出信托文件的约定，不得夸大宣传，并充分揭示信托计划的风险，提示信托投资风险自担原则。银行接受信托公司委托代为推介信托计划，不承担信托计划的投资风险。

第十七条　信托公司可以与银行签订信托资金代理收付协议。代理收付协议应明确界定信托公司与银行的权利义务关系，银行只承担代理信托资金收付责任，不承担信托计划的投资风险。

第十八条　信托财产为资金的，信托公司应当按照有关规定，在银行开立信托财产专户。银行为信托资金开立信托财产专户时，应要求信托公司提供相关开户材料。

第十九条　信托公司设立信托计划，应当选择经营稳健的银行担任保管人。受托人、保管人的权利义务关系，应当遵守《信托公司集合资金信托计划管理办法》的有关规定。

第二十条　信托公司可以将信托财产投资于金融机构股权。信托公司将信托财产投资于与自身存在关联关系的金融机构的股权时，应当以公平的市场价格进行，并逐笔向中国银监会报告。

第二十一条　银行、信托公司开展银信合作业务过程中，可以订立协议，为对方提供投资建议、财务分析与规划等专业化服务。

第四章　风险管理与控制

第二十二条　银行、信托公司开展业务合作，应当制订合作伙伴的选择标准，并在各自职责范围内建立相应的风险管理体系，完善风险管理制度。

第二十三条　银行、信托公司开展业务合作，应当各自建立产品研发、营销管理、风险控制等部门间的分工与协作机制。

第二十四条　银行应当根据客户的风险偏好、风险认知能力和承受能力，为客户提供与其风险承受力相适应的理财服务。信托公司发现信托投资风险与理财协议约定的风险水平不适应时，应当向银行提出相关建议。

第二十五条　银信合作过程中，银行、信托公司应当注意银行理财计划与信托产品在时点、期限、金额等方面的匹配。

第二十六条　银行不得为银信理财合作涉及的信托产品及该信托产品项下财产运用对象等提供任何形式担保。

第二十七条　信托公司投资于银行所持的信贷资产、票据资产等资产的，应当采取买断方式，且银行不得以任何形式回购。

第二十八条　银行以卖断方式向信托公司出售信贷资产、票据资产等资产的，事先应通过发布公告、书面通知等方式，将出售信贷资产、票据资产等资产的事项，告知相关权利人。

第二十九条　在信托文件有效期内，信托公司发现作为信托财产的信贷资产、票据资产等资产在入库起算日不符合信托文件约定的范围、种类、标准和状况，可以要求银行予以置换。

第三十条　信托公司买断银行所持的信贷资产、票据资产等资产的，应当为该资产建立相应的档案，制订完整的资产清收和管理制度，并依据有关规定进行资产风险分类。信托公司可以委托银行代为管理买断的信贷、票据资产等资产。

第三十一条　银行、信托公司进行业务合作应该遵守关联交易的相关规定，并按规定进行信息披露。

第三十二条　中国银监会依法对银行、信托公司开展业务合作实施现场检查和非现场监管，可以要求银行、信托公司提供相关业务合作材料，核对双方账目，保障客户的合法权益。

第三十三条　中国银监会依法对银行、信托公司开展业务合作中违法违规行为进行处罚。

6. 会计与统计

银行贷款损失准备计提指引

1. 2002年4月2日中国人民银行发布
2. 银发〔2002〕98号

第一条　为了提高银行抵御风险的能力，真实核算经营损益，保持银行稳健经营和持续发展，制定本指引。

第二条　银行应当按照谨慎会计原则，合理估计贷款可能发生的损失，及时计提贷款损失准备。贷款损失准备包括一般准备、专项准备和特种准备。一般准备是根据全部贷款余额的一定比例计提的、用于弥补尚未识别的可能性损失的准备；专项准备是指根据《贷款风险分类指导原则》，对贷款进行风险分类后，按每笔贷款损失的程度计提的用于弥补专项损失的准备。特种准备指针对某一国家、地区、行业或某一类贷款风险计提的准备。

第三条　贷款损失准备的计提范围为承担风险和损失的资产，具体包括：贷款（含抵押、质押、保证等贷款）、银行卡透支、贴现、银行承兑汇票垫款、信用证垫款、担保垫款、进出口押汇、拆出资金等。

第四条　银行应按季计提一般准备，一般准备年末余额应不低于年末贷款余额的1%。银行提取的一般准备，在计算银行的资本充足率时，按《巴塞尔协议》的有关原则，纳入银行附属资本。

第五条　银行可参照以下比例按季计提专项准备：对于关注类贷款，计提比例为2%；对于次级类贷款，计提比例为25%；对于可疑类贷款，计提比例为50%；对于损失类贷款，计提比例为100%。其中，次级和可疑类贷款的损失准备，计提比例可以上下浮动20%。

第六条　特种准备由银行根据不同类别（如国别、行业）贷款的特殊风险情况、风险损失概率及历史经验，自行确定按季计提比例。

第七条　贷款损失准备由银行总行统一计提。外国银行在中华人民共和国境内设立的分行可由其总行统一计提一般准备，专项准备由分行分别计提。

第八条　银行应以贷款风险分类为基础，建立审慎的贷款损失准备制度。

（一）银行应建立贷款风险识别制度，按贷款风险分类的要求，定期对贷款进行分类，及时识别贷款风险，评估贷款的内在损失。

（二）银行应建立贷款损失准备的评估制度，在贷款分类的基础上，定期对贷款损失准备的充足性进行评估，及时计提贷款损失准备，使之与贷款的内在损失评估结果相适应，准确核算经营成果，增强抵御风险的能力。

（三）银行应建立贷款损失核销制度，及时对损失类贷款或贷款的损失部分进行核销。贷款损失的核销要建立严格的审核、审批制度，对于已核销损失类贷款，银行应继续保留对贷款的追索权。

第九条　贷款损失准备必须根据贷款的风险程度足额提取。损失准备提取不足的，不得进行税后利润分配。

第十条　贷款损失准备的财务会计和税收处理，应按国家有关规定执行。

第十一条　银行应根据中国人民银行的要求，定期报送贷款质量五级分类、贷款损失准备计提及损失贷款核销的情况。

第十二条　银行的损失准备计提及核销数据应根据有关规定对外披露。

第十三条　中国人民银行通过现场检查和非现场检查对银行贷款风险分类及相应的损失准备提取情况进行监督，对贷款损失准备的充分性进行评估。

第十四条　本指引适用于经中国人民银行批准，在中华人民共和国境内设立的各类银行机构，包括中资商业银行以及中外合资银行、外资独资银行和外国银行分行。政策性银行可参照本指引执行，具体办法报财政部批准后实施。

第十五条　本指引自2002年1月1日起施行。

银监会统计信息披露暂行办法

1. 2004年1月12日中国银行业监督管理委员会发布
2. 银监办发〔2004〕3号

第一章　总　　则

第一条　为加强银行业监管的透明度建设，增强社会公众知情权，充分发挥公众监督作用，规范统计信息披露行为，依据《统计法》有关规定，制定本办法。

第二条　本办法适用于银监会通过公开媒体向社会公众披露银行业金融机构统计信息。

第三条　银监会统计信息披露的日常工作由统计部归口管理。各部门对外宣传中应引用已公开披露的统计信息，如需引用未公开的统计信息，应经统计部核准。

第四条　依据透明度建设的进程，统计信息披露的机构范围和内容可逐步增加。

第五条　披露统计信息应遵循只披露汇总数据的原则，不对单家金融机构的数据进行披露。

第二章　统计信息披露的内容

第六条　按季披露的信息包括：银行业金融机构境内资产、负债、所有者权益、账面利润的汇总和分类情况；银行业主要金融机构境内加权平均资本充足率、五级分类不良贷款、中间业务的汇总和分类情况；金融资产管理公司资产处置的汇总和分类情况。

指标包括：银行业金融机构境内总资产、总负债、所有者权益、本年账面利润；银行业主要金融机构境内加权平均资本充足率、境内五级分类不良贷款余额及比率、中间业务收入及业务量；金融资产管理公司现金回收额、回收率、资产处置额、处置进度、资产回收率。

第七条　按半年度、年度披露的信息包括：银行业主要金融机构（国有独资商业银行、股份制银行）境内外合并资产、负债、账面利润、加权平均资本充足率、五级分类不良贷款的汇总和分类情况。

指标包括：总资产、总负债、所有者权益、本年账面利润、加权平均资本充足率、五级分类不良贷款余额及比率。

第八条　每年第四季度公布下一年"银监会统计信息披露内容和频率"。主要内容包括：指标名称、机构范围、公布频率等。

第九条　统计制度和方法如有重大调整，则提前公布"重大统计方法修订"的说明。

第三章　统计信息披露程序和管理

第十条　统计部拟定"银监会统计信息披露内容和频率"，报会领导审批。

第十一条　统计部按照会领导批准的"银监会统计信息披露内容和频率"，按时整理统计信息并撰写评述文章，报会领导审批后以统计部名义对外披露。

第四章　附　　则

第十二条　各银监局可参照本办法，制定本辖区的统计信息披露办法，报统计部审核批准。

第十三条　本办法自2004年1月起实施。

客户风险统计数据报送规程（试行）

1. 2007年2月12日中国银行业监督管理委员会发布
2. 银监办发〔2007〕53号

第一章　总　　则

第一条　为保证客户风险统计制度的顺利实施，进一步提高数据报送的及时性、准确性和规范性，特制定本规程。

第二条　本规程适用范围为各银监局。

第三条　客户风险统计数据以及相关资料属于重要涉密信息。各银监局要按照《中华人民共和国银行业监督管理法》、《中华人民共和国统计法》以及银监会的其他相关规定，严格执行信息保密制度，确定专门的部门和人员，负责客户风险统计数据的收集和管理，并做好上岗前的保密教育和培训。

第二章　统计数据审核上报流程

第四条　各银监局对银行业金融机构报送的客户风险统计数据，应进行确定性校验。确定性校验通过后，对统计数据的完整性、准确性和规范性进行审核。审核内容主要包括以下方面：

（一）是否存在异常的数据。如总资产、总负债、授信总额及贷款余额为零或其他异常（如超大数据等）。

（二）是否存在异常的无证件客户。境内注册的企业一般不应是"无证件"客户，对"无证件"客户应严加审核。

（三）本期报送的大客户数、违约法人客户数和违约个人客户数与上期相比增减是否异常。

（四）大客户的基本信息是否完整。包括股东、主要关联企业、贷款担保情况、上市情况和预警信息等。

（五）客户名称是否规范。客户名称应与公章完全一致。特别注意名称中是否为简称及含有"＊"、"."、"?"空格以及"（正式）"、"（企业类）"、"（母公司）"、"（担保）"等字样。

（六）客户代码是否异常。如是否为相同9位数字组合及其他明显不符合编码规则的情况。

发现统计数据异常、不完整、不规范的，各银监局应及时通知填报机构核实，并重新接收修改后的数据。

第五条　各银监局对银监分局上报的统计数据也应按本规程第四条的规定进行审核。

第六条　银监局收齐辖内数据后，要进行不确定性校验，对结果进行认真分析，并按以下要求进行处理：

（一）客户名称相同，但组织机构代码不同。应以银监会统计部下发的"全国组织机构代码中心"的客户名称和代码为准进行修改。对新增客户，还应反馈给相关银行业金融机构进行核实、修改。

（二）同一客户，但法定代表人信息不一致。应以最新的工商营业执照为依据进行核实，若发现报数机构的信息更新不及时，应通知其修改；若所有的填报机构都无法提供最新的资料，可参照客户风险预警系统中的最新历史信息进行核实、修改。

（三）同一贷款发放银行下出现相同的贷款流水号。一般按照"谁授信、谁填报"的原则确定需修改的银行业金融机构，特殊情况可由报数机构协商处理。

（四）某一客户有多家银行对其授信或贷款，可有针对性地选取其中的1至2家进行反馈求证即可，避免多家银行都向该客户求证，影响客户的正常工作。

第七条　客户风险预警系统对零售贷款违约法人客户、零售贷款违约个人客户信息，除单个字段的格式外，没有设定其他强制校验，应根据系统提供的数据导出功能进行人工核对。主要包括：同一法人客户组织机构代码是否相同、同一个人身份证下的姓名是否相同、个人身份证件是否符合编码规则、客户所在地的规范性及与行政区划代码的对应关系等。

第八条　修改统计数据时，应督促银行业金融机构同时修改上报文件和数据源，避免以后报送的数据出现同样的错误。

第九条 各银监局客户风险统计数据应于月后12个工作日内上报银监会。

第三章 跨省不确定性校验结果反馈、修改流程

第十条 银监会统计部将在数据上报截止日执行跨省不确定性校验，并通过客户风险预警系统进行首次待核实信息反馈。各银监局要及时下载、查看本省的反馈信息，并按第六条有关原则进行核实、修改。若为新增客户或客户更换新的法定代表人，银监局应将新的工商营业执照和法定代表人身份证件的复印件留存，并告知统计部（发内网邮件至 tjb－tjec），统计部将在下次反馈中注明提供资料的银监局，其他银监局若有需要请向提供资料的银监局取证。

第十一条 各银监局必须在月后14个工作日内重新上报修改后的统计数据。对没有修改的信息，必须加以说明并告知统计部（发内网邮件至 tjb－tjec）。统计部将在重报截止日执行第二次不确定性校验，并对不确定性校验结果进行分析、标注。月后15个工作日内，统计部将通过内网邮箱反馈第二次待核实信息，各银监局要及时接收邮件，再次进行核实、修改。

第十二条 各银监局必须在月后16个工作日内将第二次核实、修改后的数据重新上报，没有修改的须加以说明（发内网邮件至 tjb－tjec）。统计部将再次执行不确定性校验，不再向各银监局反馈待核实信息，但会根据各银监局提供的资料和系统中的历史信息进行修改，同时将修改情况通过内网邮箱下发至各银监局。各银监局要及时接收邮件，并将修改情况反馈至相关银行业金融机构。

第四章 新设立机构处理

第十三条 各报数银行在辖内设立机构时（这个机构既可能是报数行也可能仅是贷款发放行），各银监局应及时填写《新设立机构变更情况登记表》（详见附件）并于每月月底前报银监会统计部（发内网邮件至 tjb－tjec）。统计部核实后，将处理意见反馈有关银监局，同时修改客户风险预警系统的设置。银监局按反馈意见报送统计数据。

第五章 通报和考核

第十四条 银监会对各银监局的报送情况进行考核。考核内容主要包括数据报送的及时性，跨省不确定性校验结果核实、重报的及时性，数据的质量以及新增（新调整）客户基本信息变化的报告及时与否等。

第十五条 发生以下情况，银监会将在系统内进行通报批评：

（一）同一错误反复出现的。

（二）在跨省不确定性校验反馈的信息中有明显错误应修改而未修改的。

（三）屡次未按时上报、核实重报的。

第六章 附 则

第十六条 银监会下发的客户信息仅限于银监会系统核对时使用，禁止转发给任何银行业金融机构。

第十七条 各银监局要结合本辖区实际情况，制定符合本地实际的《客户风险统计数据报送规程》，并报银监会备案（径送银监会统计部）。

第十八条 本规程自印发之日起施行。

附件：新设立机构变更情况登记表（略）

银监会客户风险信息异议查询管理办法

1. 2008年10月28日中国银行业监督管理委员会发布
2. 银监办发〔2008〕263号

第一条 为纠正银监会客户风险信息中存在的错误（以下简称异议信息），进一步提高信息质量，特制定本办法。

第二条 本办法所称客户风险信息，是指以银监会客户风险统计为基础，通过银监会信息披露系统按月反馈给各主要银行业金融机构的各类报表。目前包括“大额授信客户不良贷款情况汇总表”、“大额授信客户风险预警情况汇总表”、“大客户限制行业贷款情况表”、“大客户及关联企业、关联自然人零售贷款违约表”、“零售贷款违约法人客户情况表”以及“零售贷款违约个人客户情况表”等六张表。

第三条 当银行（或客户）对客户信息的准确性有异议时，由银行提出书面异议申请，即可启动异议查询。

鉴于“预警信号”指标，反映各行对客户风险预警的独立判断，不同银行间的判断差异属正常现象，该指标不纳入异议查询范畴。

第四条 各银行分支机构应将客户的异议信息上报总行。

第五条 各总行应根据本行查询需求按月填写“客户风险异议信息汇总表”（附后），加盖本行客户风险信息应用工作主管部门公章后，于每月月末前向银监会统计部查询最新一期客户风险信息。

第六条 银监会统计部应在收到“客户风险异议信息汇总表”后3个工作日内向出现异议信息的相关银行印发“客户风险异议信息核实表”（附后）进行查询。

第七条 相关银行收到核实表后，要对需核实信息进行

认真查询、核对。

对于正确信息，及时说明情况并报告银监会。

对于错误信息，应按有关规定对错报行采取有效措施，督促其及时更改错误信息，对其报送的所有客户信息进行全面核实，并制定相应的整改措施。

在月后8个工作日内，将核实处理结果（若错报，应同时报送加盖部门公章的整改报告）报银监会统计部。

第八条　银监会统计部应于月后11个工作日内向查询行总行反馈查询结果，必要时在银监会信息披露系统中公布纠错信息（披露信息中将不包括错报行名称），并提示修改。各银行应及时进行相应的信息更正。

第九条　各银行可根据本办法制定相应的实施细则。

第十条　本办法由银监会统计部负责解释。

第十一条　本办法自印发之日起施行，有关零售违约异议查询的办法以本办法为准。

商业银行金融工具公允价值估值监管指引

1. 2010年12月3日中国银行业监督管理委员会发布

2. 银监发〔2010〕105号

第一章　总　　则

第一条　为提高商业银行金融工具公允价值估值的可靠性和可比性，根据《中华人民共和国银行业监督管理法》和《中华人民共和国商业银行法》，制定本指引。

第二条　本指引适用于在中华人民共和国境内依法设立的商业银行，包括中资商业银行、外商独资银行和中外合资银行。

第三条　商业银行应当按照《企业会计准则》的规定确认和计量金融工具的公允价值。本指引为保证商业银行金融工具公允价值估值的可靠性、可比性及信息披露透明度提供原则性规范。

第四条　商业银行金融工具公允价值估值应当遵守审慎和充分披露的原则。

第二章　内部控制

第五条　商业银行董事会应当建立完善的金融工具公允价值估值内部控制制度，并对内部控制制度的充分性和有效性承担最终责任。

第六条　商业银行公允价值估值的内部控制制度应当与其金融工具的重要性和复杂程度相匹配。

第七条　商业银行公允价值估值的内控制度和程序包括但不限于：

（一）制定金融工具的公允价值估值政策，并经董事会和高级管理层审核批准；

（二）根据金融工具的性质和估值参数来源，制定盯市或盯模、参数的可观察性和可靠性标准；

（三）确定估值模型需要进行修正或变更的情形和标准。

第八条　商业银行在进行公允价值估值时，其前台交易、后台估值、风险管理等部门应当相互独立。

第九条　商业银行应当持续识别、监测并记录风险管理和会计处理之间产生的重大公允价值估值差异。

第十条　商业银行应当定期对公允价值估值的内控制度、估值模型、参数及信息披露等进行内部稽核。

第三章　估　　值

第十一条　商业银行应当充分了解金融工具的特征，尽可能运用所有相关、可靠的估值参数进行估值，并保持应有的审慎，不高估公允价值收益、低估公允价值损失。

第十二条　商业银行在选择金融工具公允价值估值参数时，应当尽可能使用市场可观察的参数，少使用不可观察参数。参数选择顺序应当遵循先场内后场外、先当前后历史、先相同后相似的原则。

第十三条　商业银行应当主要考虑以下因素持续评估金融工具交易市场的活跃程度：

（一）报价信息的频率、透明度和可获得性，且该报价是否代表实际持续发生的公平交易价格；

（二）不同市场参与者的报价是否存在显著差异；

（三）所持有金融工具与市场上交易的金融工具之间的相似程度。

第十四条　商业银行能够直接从市场中获得，代表公平交易基础上实际并经常发生的交易价格时，应当采用盯市法对该金融工具进行估值。如不能，可以采用模型法、询价法或参考第三方估值机构的估值结果确定金融工具的公允价值。

第十五条　商业银行对于复杂的、流动性较差的金融工具，应当建立多元化的估值模型和交叉核对机制。

第十六条　商业银行应当设置独立的估值模型验证团队，负责在估值模型投入使用前或进行重大调整时对模型进行验证。估值模型验证应当考虑但不限于以下因素：

（一）模型的数理严谨性及模型假设的合理性；

（二）对模型进行压力测试和敏感性分析；

（三）将模型的估值与实际的市场价值或独立基准模型的估值进行比较。

第十七条　商业银行应当对估值模型的有效性进行持续

评估,明确评估周期,详细记录模型缺陷,并尽可能地予以修正。

第十八条　商业银行应当定期评估公允价值估值的不确定性,对估值模型及假设、主要估值参数及交易对手等进行敏感性分析。主要考虑但不限于以下因素:

（一）金融工具的复杂性;

（二）相同或相似金融工具市场价格的可获得性;

（三）金融工具交易市场的广度和深度;

（四）金融工具持有者的特征等。

第十九条　商业银行在参考第三方估值机构的估值结果时,应当评估第三方估值机构的权威性、独立性及专业性。

第四章　信息披露

第二十条　商业银行应当考虑金融工具的性质、重要性及估值方法等因素,对外披露金融工具公允价值估值相关信息。

第二十一条　商业银行应当按照以下三个层级披露公允价值估值信息:

（一）第一层级:运用相同资产或负债的活跃市场报价得出的估值金额;

（二）第二层级:第一层级之外的,运用资产或负债直接或间接观察到的参数得出的估值金额;

（三）第三层级:以资产或负债的不可观察参数得出的估值金额。

第二十二条　商业银行在年度财务报表附注中应当披露的金融工具公允价值估值信息包括但不限于以下内容:

（一）公司治理和内控制度的相关信息;

（二）估值方法、估值模型、参数来源、模型假设、模型校准、返回检验、压力测试等信息;

（三）公允价值估值所处第一层级和第二层级之间的重大转入和转出情况,公允价值第三层级年初和年末信息以及第三层级敏感性分析信息;

（四）估值调整和估值不确定性分析等相关信息。

第二十三条　商业银行应当定期评估金融工具公允价值估值信息披露政策,确保信息披露符合其经营模式、金融产品及当前市场条件。

第五章　监管评估

第二十四条　银行监管机构应当定期评估商业银行金融工具公允价值估值内部控制制度的完善性、估值模型的适用性、估值参数来源的可靠性以及估值信息披露的充分性。

第二十五条　银行监管机构可以向外部审计师了解商业银行金融工具公允价值估值和披露方面存在的问题或不足。

第二十六条　银行监管机构应当及时向商业银行董事会和高级管理层通报金融工具公允价值估值存在的问题,并督促其限期整改。商业银行应当及时将整改情况报告银行监管机构。

第二十七条　商业银行拒不改正金融工具公允价值估值相关问题或整改未果的,银行监管机构可以视情况采取但不限于以下监管措施:

（一）调低对商业银行的监管评级;

（二）计算资本充足率时将未实现的公允价值变动收益从资本中扣除。

第六章　附　　则

第二十八条　本指引由中国银监会负责解释。

第二十九条　政策性银行、金融资产管理公司、农村合作银行、城市信用社、农村信用社、新型农村金融机构、非银行金融机构和外国银行分行等参照本指引执行。

第三十条　本指引自公布之日起实施。

7. 外资银行相关规定

中华人民共和国外资银行管理条例

1. 2006 年 11 月 11 日国务院令第 478 号公布
2. 根据 2014 年 7 月 29 日国务院令第 653 号《关于修改部分行政法规的决定》第一次修订
3. 根据 2014 年 11 月 27 日国务院令第 657 号《关于修改〈中华人民共和国外资银行管理条例〉的决定》第二次修订
4. 根据 2019 年 9 月 30 日国务院令第 720 号《关于修改〈中华人民共和国外资保险公司管理条例〉和〈中华人民共和国外资银行管理条例〉的决定》第三次修订

第一章　总　　则

第一条　为了适应对外开放和经济发展的需要,加强和完善对外资银行的监督管理,促进银行业的稳健运行,制定本条例。

第二条　本条例所称外资银行,是指依照中华人民共和国有关法律、法规,经批准在中华人民共和国境内设立的下列机构:

（一）1 家外国银行单独出资或者 1 家外国银行与其他外国金融机构共同出资设立的外商独资银行;

（二）外国金融机构与中国的公司、企业共同出资设立的中外合资银行;

（三）外国银行分行;

（四）外国银行代表处。

前款第（一）项至第（三）项所列机构,以下统称外资银行营业性机构。

第三条 本条例所称外国金融机构，是指在中华人民共和国境外注册并经所在国家或者地区金融监管当局批准或者许可的金融机构。

本条例所称外国银行，是指在中华人民共和国境外注册并经所在国家或者地区金融监管当局批准或者许可的商业银行。

第四条 外资银行必须遵守中华人民共和国法律、法规，不得损害中华人民共和国的国家利益、社会公共利益。

外资银行的正当活动和合法权益受中华人民共和国法律保护。

第五条 国务院银行业监督管理机构及其派出机构（以下统称银行业监督管理机构）负责对外资银行及其活动实施监督管理。法律、行政法规规定其他监督管理部门或者机构对外资银行及其活动实施监督管理的，依照其规定。

第六条 国务院银行业监督管理机构根据国家区域经济发展战略及相关政策制定有关鼓励和引导的措施，报国务院批准后实施。

第二章 设立与登记

第七条 设立外资银行及其分支机构，应当经银行业监督管理机构审查批准。

第八条 外商独资银行、中外合资银行的注册资本最低限额为10亿元人民币或者等值的自由兑换货币。注册资本应当是实缴资本。

外商独资银行、中外合资银行在中华人民共和国境内设立的分行，应当由其总行无偿拨给人民币或者自由兑换货币的营运资金。外商独资银行、中外合资银行拨给各分支机构营运资金的总和，不得超过总行资本金总额的60%。

外国银行分行应当由其总行无偿拨给不少于2亿元人民币或者等值的自由兑换货币的营运资金。

国务院银行业监督管理机构根据外资银行营业性机构的业务范围和审慎监管的需要，可以提高注册资本或者营运资金的最低限额，并规定其中的人民币份额。

第九条 拟设外商独资银行、中外合资银行的股东或者拟设分行、代表处的外国银行应当具备下列条件：

（一）具有持续盈利能力，信誉良好，无重大违法违规记录；

（二）拟设外商独资银行的股东、中外合资银行的外方股东或者拟设分行、代表处的外国银行具有从事国际金融活动的经验；

（三）具有有效的反洗钱制度；

（四）拟设外商独资银行的股东、中外合资银行的外方股东或者拟设分行、代表处的外国银行受到所在国家或者地区金融监管当局的有效监管，并且其申请经所在国家或者地区金融监管当局同意；

（五）国务院银行业监督管理机构规定的其他审慎性条件。

拟设外商独资银行的股东、中外合资银行的外方股东或者拟设分行、代表处的外国银行所在国家或者地区应当具有完善的金融监督管理制度，并且其金融监管当局已经与国务院银行业监督管理机构建立良好的监督管理合作机制。

第十条 拟设外商独资银行的股东应当为金融机构，除应当具备本条例第九条规定的条件外，其中唯一或者控股股东还应当具备下列条件：

（一）为商业银行；

（二）资本充足率符合所在国家或者地区金融监管当局以及国务院银行业监督管理机构的规定。

第十一条 拟设中外合资银行的股东除应当具备本条例第九条规定的条件外，其中外方股东应当为金融机构，且外方唯一或者主要股东还应当具备下列条件：

（一）为商业银行；

（二）资本充足率符合所在国家或者地区金融监管当局以及国务院银行业监督管理机构的规定。

第十二条 拟设分行的外国银行除应当具备本条例第九条规定的条件外，其资本充足率还应当符合所在国家或者地区金融监管当局以及国务院银行业监督管理机构的规定。

第十三条 外国银行在中华人民共和国境内设立营业性机构的，除已设立的代表处外，不得增设代表处，但符合国家区域经济发展战略及相关政策的地区除外。

代表处经批准改制为营业性机构的，应当依法办理原代表处的注销登记手续。

第十四条 设立外资银行营业性机构，应当先申请筹建，并将下列申请资料报送拟设机构所在地的银行业监督管理机构：

（一）申请书，内容包括拟设机构的名称、所在地、注册资本或者营运资金、申请经营的业务种类等；

（二）可行性研究报告；

（三）拟设外商独资银行、中外合资银行的章程草案；

（四）拟设外商独资银行、中外合资银行各方股东签署的经营合同；

（五）拟设外商独资银行、中外合资银行的股东或者拟设分行的外国银行的章程；

（六）拟设外商独资银行、中外合资银行的股东或者拟设分行的外国银行及其所在集团的组织结构图、主要股东名单、海外分支机构和关联企业名单；

（七）拟设外商独资银行、中外合资银行的股东或者拟设分行的外国银行最近3年的年报；

（八）拟设外商独资银行、中外合资银行的股东或者拟设分行的外国银行的反洗钱制度；

（九）拟设外商独资银行的股东、中外合资银行的外方股东或者拟设分行的外国银行所在国家或者地区金融监管当局核发的营业执照或者经营金融业务许可文件的复印件及对其申请的意见书；

（十）国务院银行业监督管理机构规定的其他资料。

拟设机构所在地的银行业监督管理机构应当将申请资料连同审核意见，及时报送国务院银行业监督管理机构。

第十五条 国务院银行业监督管理机构应当自收到设立外资银行营业性机构完整的申请资料之日起6个月内作出批准或者不批准筹建的决定，并书面通知申请人。决定不批准的，应当说明理由。

特殊情况下，国务院银行业监督管理机构不能在前款规定期限内完成审查并作出批准或者不批准筹建决定的，可以适当延长审查期限，并书面通知申请人，但延长期限不得超过3个月。

申请人凭批准筹建文件到拟设机构所在地的银行业监督管理机构领取开业申请表。

第十六条 申请人应当自获准筹建之日起6个月内完成筹建工作。在规定期限内未完成筹建工作的，应当说明理由，经拟设机构所在地的银行业监督管理机构批准，可以延长3个月。在延长期内仍未完成筹建工作的，国务院银行业监督管理机构作出的批准筹建决定自动失效。

第十七条 经验收合格完成筹建工作的，申请人应当将填写好的开业申请表连同下列资料报送拟设机构所在地的银行业监督管理机构：

（一）拟设机构的主要负责人名单及简历；

（二）对拟任该机构主要负责人的授权书；

（三）法定验资机构出具的验资证明；

（四）安全防范措施和与业务有关的其他设施的资料；

（五）设立分行的外国银行对该分行承担税务、债务的责任保证书；

（六）国务院银行业监督管理机构规定的其他资料。

拟设机构所在地的银行业监督管理机构应当将申请资料连同审核意见，及时报送国务院银行业监督管理机构。

第十八条 国务院银行业监督管理机构应当自收到完整的开业申请资料之日起2个月内，作出批准或者不批准开业的决定，并书面通知申请人。决定批准的，应当颁发金融许可证；决定不批准的，应当说明理由。

第十九条 经批准设立的外资银行营业性机构，应当凭金融许可证向市场监督管理部门办理登记，领取营业执照。

第二十条 设立外国银行代表处，应当将下列申请资料报送拟设代表处所在地的银行业监督管理机构：

（一）申请书，内容包括拟设代表处的名称、所在地等；

（二）可行性研究报告；

（三）申请人的章程；

（四）申请人及其所在集团的组织结构图、主要股东名单、海外分支机构和关联企业名单；

（五）申请人最近3年的年报；

（六）申请人的反洗钱制度；

（七）拟任该代表处首席代表的身份证明和学历证明的复印件、简历以及拟任人有无不良记录的陈述书；

（八）对拟任该代表处首席代表的授权书；

（九）申请人所在国家或者地区金融监管当局核发的营业执照或者经营金融业务许可文件的复印件及对其申请的意见书；

（十）国务院银行业监督管理机构规定的其他资料。

拟设代表处所在地的银行业监督管理机构应当将申请资料连同审核意见，及时报送国务院银行业监督管理机构。

第二十一条 国务院银行业监督管理机构应当自收到设立外国银行代表处完整的申请资料之日起6个月内作出批准或者不批准设立的决定，并书面通知申请人。决定不批准的，应当说明理由。

第二十二条 经批准设立的外国银行代表处，应当凭批准文件向市场监督管理部门办理登记，领取外国企业常驻代表机构登记证。

第二十三条 本条例第十四条、第十七条、第二十条所列资料，除年报外，凡用外文书写的，应当附有中文译本。

第二十四条 按照合法性、审慎性和持续经营原则，经国务院银行业监督管理机构批准，外国银行可以将其在中华人民共和国境内设立的分行改制为由其单独出资的外商独资银行。申请人应当按照国务院银行业监督管理机构规定的审批条件、程序、申请资料提出设立外商独资银行的申请。

第二十五条 外国银行可以在中华人民共和国境内同时设立外商独资银行和外国银行分行，或者同时设立中外合资银行和外国银行分行。

第二十六条 外资银行董事、高级管理人员、首席代表的任职资格应当符合国务院银行业监督管理机构规定的条件，并经国务院银行业监督管理机构核准。

第二十七条 外资银行有下列情形之一的，应当经国务院银行业监督管理机构批准，并按照规定提交申请资料，依法向市场监督管理部门办理有关登记：

（一）变更注册资本或者营运资金；

（二）变更机构名称、营业场所或者办公场所；

（三）调整业务范围；

（四）变更股东或者调整股东持股比例；

（五）修改章程；

（六）国务院银行业监督管理机构规定的其他情形。

外资银行更换董事、高级管理人员、首席代表，应当报经国务院银行业监督管理机构核准其任职资格。

第二十八条 外商独资银行、中外合资银行变更股东的，变更后的股东应当符合本条例第九条、第十条或者第十一条关于股东的条件。

第三章 业务范围

第二十九条 外商独资银行、中外合资银行按照国务院银行业监督管理机构批准的业务范围，可以经营下列部分或者全部外汇业务和人民币业务：

（一）吸收公众存款；

（二）发放短期、中期和长期贷款；

（三）办理票据承兑与贴现；

（四）代理发行、代理兑付、承销政府债券；

（五）买卖政府债券、金融债券，买卖股票以外的其他外币有价证券；

（六）提供信用证服务及担保；

（七）办理国内外结算；

（八）买卖、代理买卖外汇；

（九）代理收付款项及代理保险业务；

（十）从事同业拆借；

（十一）从事银行卡业务；

（十二）提供保管箱服务；

（十三）提供资信调查和咨询服务；

（十四）经国务院银行业监督管理机构批准的其他业务。

外商独资银行、中外合资银行经中国人民银行批准，可以经营结汇、售汇业务。

第三十条 外商独资银行、中外合资银行的分支机构在总行授权范围内开展业务，其民事责任由总行承担。

第三十一条 外国银行分行按照国务院银行业监督管理机构批准的业务范围，可以经营下列部分或者全部外汇业务以及对除中国境内公民以外客户的人民币业务：

（一）吸收公众存款；

（二）发放短期、中期和长期贷款；

（三）办理票据承兑与贴现；

（四）代理发行、代理兑付、承销政府债券；

（五）买卖政府债券、金融债券，买卖股票以外的其他外币有价证券；

（六）提供信用证服务及担保；

（七）办理国内外结算；

（八）买卖、代理买卖外汇；

（九）代理收付款项及代理保险业务；

（十）从事同业拆借；

（十一）提供保管箱服务；

（十二）提供资信调查和咨询服务；

（十三）经国务院银行业监督管理机构批准的其他业务。

外国银行分行可以吸收中国境内公民每笔不少于50万元人民币的定期存款。

外国银行分行经中国人民银行批准，可以经营结汇、售汇业务。

第三十二条 外国银行分行及其分支机构的民事责任由其总行承担。

第三十三条 外国银行代表处可以从事与其代表的外国银行业务相关的联络、市场调查、咨询等非经营性活动。

外国银行代表处的行为所产生的民事责任，由其所代表的外国银行承担。

第三十四条 外资银行营业性机构经营本条例第二十九条或者第三十一条规定业务范围内的人民币业务的，应当符合国务院银行业监督管理机构规定的审慎性要求。

第四章 监督管理

第三十五条 外资银行营业性机构应当按照有关规定，制定本行的业务规则，建立、健全风险管理和内部控制制度，并遵照执行。

第三十六条 外资银行营业性机构应当遵守国家统一的会计制度和国务院银行业监督管理机构有关信息披露的规定。

第三十七条 外资银行营业性机构举借外债，应当按照国家有关规定执行。

第三十八条　外资银行营业性机构应当按照有关规定确定存款、贷款利率及各种手续费率。

第三十九条　外资银行营业性机构经营存款业务，应当按照中国人民银行的规定交存存款准备金。

第四十条　外商独资银行、中外合资银行应当遵守《中华人民共和国商业银行法》关于资产负债比例管理的规定。外国银行分行变更的由其总行单独出资的外商独资银行以及本条例施行前设立的外商独资银行、中外合资银行，其资产负债比例不符合规定的，应当在国务院银行业监督管理机构规定的期限内达到规定要求。

国务院银行业监督管理机构可以要求风险较高、风险管理能力较弱的外商独资银行、中外合资银行提高资本充足率。

第四十一条　外资银行营业性机构应当按照规定计提呆账准备金。

第四十二条　外商独资银行、中外合资银行应当遵守国务院银行业监督管理机构有关公司治理的规定。

第四十三条　外商独资银行、中外合资银行应当遵守国务院银行业监督管理机构有关关联交易的规定。

第四十四条　外国银行分行应当按照国务院银行业监督管理机构的规定，持有一定比例的生息资产。

第四十五条　外国银行分行营运资金加准备金等项之和中的人民币份额与其人民币风险资产的比例不得低于8%。

资本充足率持续符合所在国家或者地区金融监管当局以及国务院银行业监督管理机构规定的外国银行，其分行不受前款规定的限制。

国务院银行业监督管理机构可以要求风险较高、风险管理能力较弱的外国银行分行提高本条第一款规定的比例。

第四十六条　外国银行分行应当确保其资产的流动性。流动性资产余额与流动性负债余额的比例不得低于25%。

第四十七条　外国银行分行境内本外币资产余额不得低于境内本外币负债余额。

第四十八条　在中华人民共和国境内设立2家及2家以上分行的外国银行，应当授权其中1家分行对其他分行实施统一管理。

国务院银行业监督管理机构对外国银行在中华人民共和国境内设立的分行实行合并监管。

第四十九条　外资银行营业性机构应当按照国务院银行业监督管理机构的有关规定，向其所在地的银行业监督管理机构报告跨境大额资金流动和资产转移情况。

第五十条　国务院银行业监督管理机构根据外资银行营业性机构的风险状况，可以依法采取责令暂停部分业务、责令撤换高级管理人员等特别监管措施。

第五十一条　外资银行营业性机构应当聘请在中华人民共和国境内依法设立的会计师事务所对其财务会计报告进行审计，并应当向其所在地的银行业监督管理机构报告。解聘会计师事务所的，应当说明理由。

第五十二条　外资银行营业性机构应当按照规定向银行业监督管理机构报送财务会计报告、报表和有关资料。

外国银行代表处应当按照规定向银行业监督管理机构报送资料。

第五十三条　外资银行应当接受银行业监督管理机构依法进行的监督检查，不得拒绝、阻碍。

第五十四条　外商独资银行、中外合资银行应当设置独立的内部控制系统、风险管理系统、财务会计系统、计算机信息管理系统。

第五十五条　外国银行在中华人民共和国境内设立的外商独资银行、中外合资银行的董事长、高级管理人员和外国银行分行的高级管理人员不得相互兼职。

第五十六条　外国银行在中华人民共和国境内设立的外商独资银行、中外合资银行与外国银行分行之间进行的交易必须符合商业原则，交易条件不得优于与非关联方进行交易的条件。外国银行对其在中华人民共和国境内设立的外商独资银行与外国银行分行之间的资金交易，应当提供全额担保。

第五十七条　外国银行代表处及其工作人员，不得从事任何形式的经营性活动。

第五章　终止与清算

第五十八条　外资银行营业性机构自行终止业务活动的，应当在终止业务活动30日前以书面形式向国务院银行业监督管理机构提出申请，经审查批准予以解散或者关闭并进行清算。

第五十九条　外资银行营业性机构已经或者可能发生信用危机，严重影响存款人和其他客户合法权益的，国务院银行业监督管理机构可以依法对该外资银行营业性机构实行接管或者促成机构重组。

第六十条　外资银行营业性机构因解散、关闭、依法被撤销或者宣告破产而终止的，其清算的具体事宜，依照中华人民共和国有关法律、法规的规定办理。

第六十一条　外资银行营业性机构清算终结，应当在法定期限内向原登记机关办理注销登记。

第六十二条　外国银行代表处自行终止活动的，应当经国务院银行业监督管理机构批准予以关闭，并在法定期限内向原登记机关办理注销登记。

第六章 法律责任

第六十三条 未经国务院银行业监督管理机构审查批准，擅自设立外资银行或者非法从事银行业金融机构的业务活动的，由国务院银行业监督管理机构予以取缔，自被取缔之日起5年内，国务院银行业监督管理机构不受理该当事人设立外资银行的申请；构成犯罪的，依法追究刑事责任；尚不构成犯罪的，由国务院银行业监督管理机构没收违法所得，违法所得50万元以上的，并处违法所得1倍以上5倍以下罚款；没有违法所得或者违法所得不足50万元的，处50万元以上200万元以下罚款。

第六十四条 外资银行营业性机构有下列情形之一的，由国务院银行业监督管理机构责令改正，没收违法所得，违法所得50万元以上的，并处违法所得1倍以上5倍以下罚款；没有违法所得或者违法所得不足50万元的，处50万元以上200万元以下罚款；情节特别严重或者逾期不改正的，可以责令停业整顿或者吊销其金融许可证；构成犯罪的，依法追究刑事责任：

（一）未经批准设立分支机构的；

（二）未经批准变更、终止的；

（三）违反规定从事未经批准的业务活动的；

（四）违反规定提高或者降低存款利率、贷款利率的。

第六十五条 外资银行有下列情形之一的，由国务院银行业监督管理机构责令改正，处20万元以上50万元以下罚款；情节特别严重或者逾期不改正的，可以责令停业整顿、吊销其金融许可证、撤销代表处；构成犯罪的，依法追究刑事责任：

（一）未按照有关规定进行信息披露的；

（二）拒绝或者阻碍银行业监督管理机构依法进行的监督检查的；

（三）提供虚假的或者隐瞒重要事实的财务会计报告、报表或者有关资料的；

（四）隐匿、损毁监督检查所需的文件、证件、账簿、电子数据或者其他资料的；

（五）未经任职资格核准任命董事、高级管理人员、首席代表的；

（六）拒绝执行本条例第五十条规定的特别监管措施的。

第六十六条 外资银行营业性机构违反本条例有关规定，未按期报送财务会计报告、报表或者有关资料，或者未按照规定制定有关业务规则、建立健全有关管理制度的，由国务院银行业监督管理机构责令限期改正；逾期不改正的，处10万元以上30万元以下罚款。

第六十七条 外资银行营业性机构违反本条例第四章有关规定从事经营或者严重违反其他审慎经营规则的，由国务院银行业监督管理机构责令改正，处20万元以上50万元以下罚款；情节特别严重或者逾期不改正的，可以责令停业整顿或者吊销其金融许可证。

第六十八条 外资银行营业性机构违反本条例规定，国务院银行业监督管理机构除依照本条例第六十三条至第六十七条规定处罚外，还可以区别不同情形，采取下列措施：

（一）责令外资银行营业性机构撤换直接负责的董事、高级管理人员和其他直接责任人员；

（二）外资银行营业性机构的行为尚不构成犯罪的，对直接负责的董事、高级管理人员和其他直接责任人员给予警告，并处5万元以上50万元以下罚款；

（三）取消直接负责的董事、高级管理人员一定期限直至终身在中华人民共和国境内的任职资格，禁止直接负责的董事、高级管理人员和其他直接责任人员一定期限直至终身在中华人民共和国境内从事银行业工作。

第六十九条 外国银行代表处违反本条例规定，从事经营性活动的，由国务院银行业监督管理机构责令改正，给予警告，没收违法所得，违法所得50万元以上的，并处违法所得1倍以上5倍以下罚款；没有违法所得或者违法所得不足50万元的，处50万元以上200万元以下罚款；情节严重的，由国务院银行业监督管理机构予以撤销；构成犯罪的，依法追究刑事责任。

第七十条 外国银行代表处有下列情形之一的，由国务院银行业监督管理机构责令改正，给予警告，并处10万元以上30万元以下罚款；情节严重的，取消首席代表一定期限在中华人民共和国境内的任职资格或者要求其代表的外国银行撤换首席代表；情节特别严重的，由国务院银行业监督管理机构予以撤销：

（一）未经批准变更办公场所的；

（二）未按照规定向国务院银行业监督管理机构报送资料的；

（三）违反本条例或者国务院银行业监督管理机构的其他规定的。

第七十一条 外资银行违反中华人民共和国其他法律、法规的，由有关主管机关依法处理。

第七章 附则

第七十二条 香港特别行政区、澳门特别行政区和台湾地区的金融机构在内地（大陆）设立的银行机构，比照适用本条例。国务院另有规定的，依照其规定。

第七十三条　本条例自2006年12月11日起施行。2001年12月20日国务院公布的《中华人民共和国外资金融机构管理条例》同时废止。

中华人民共和国外资银行管理条例实施细则

1. 2015年7月1日中国银行业监督管理委员会令2015年第7号公布
2. 根据2019年12月18日中国银行保险监督管理委员会令2019年第6号修订

第一章　总　　则

第一条　根据《中华人民共和国银行业监督管理法》、《中华人民共和国商业银行法》和《中华人民共和国外资银行管理条例》(以下简称《条例》),制定本细则。

第二条　《条例》所称国务院银行业监督管理机构是指中国银行保险监督管理委员会(以下简称银保监会),所称银行业监督管理机构是指银保监会及其派出机构。

第二章　设立与登记

第三条　《条例》和本细则所称审慎性条件,至少包括下列内容:

(一)具有良好的行业声誉和社会形象;

(二)具有良好的持续经营业绩,资产质量良好;

(三)管理层具有良好的专业素质和管理能力;

(四)具有健全的风险管理体系,能够有效控制各类风险;

(五)具有健全的内部控制制度和有效的管理信息系统;

(六)按照审慎会计原则编制财务会计报告,且会计师事务所对财务会计报告持无保留意见;

(七)无重大违法违规记录和因内部管理问题导致的重大案件;

(八)具有有效的人力资源管理制度,拥有高素质的专业人才;

(九)具有对中国境内机构活动进行管理、支持的经验和能力;

(十)具备有效的资本约束与资本补充机制;

(十一)具有健全的公司治理结构;

(十二)法律、行政法规和银保监会规定的其他审慎性条件。

本条第(九)项、第(十)项、第(十一)项仅适用于外商独资银行及其股东、中外合资银行及其股东以及外国银行。

第四条　《条例》第十一条所称主要股东,是指持有拟设中外合资银行资本总额或者股份总额50%以上,或者不持有资本总额或者股份总额50%以上,但依据拟设中外合资银行章程,符合下列情形的商业银行:

(一)持有拟设中外合资银行半数以上的表决权;

(二)有权控制拟设中外合资银行的财务和经营政策;

(三)有权任免拟设中外合资银行董事会或者类似权力机构的多数成员;

(四)在拟设中外合资银行董事会或者类似权力机构有半数以上投票权。

拟设中外合资银行的主要股东应当将拟设中外合资银行纳入其并表范围。

第五条　有下列情形之一的,不得作为拟设外商独资银行、中外合资银行的股东:

(一)公司治理结构与机制存在明显缺陷;

(二)股权关系复杂或者透明度低;

(三)关联企业众多,关联交易频繁或者异常;

(四)核心业务不突出或者经营范围涉及行业过多;

(五)现金流量波动受经济环境影响较大;

(六)资产负债率、财务杠杆率高于行业平均水平;

(七)以不符合法律、行政法规及监管规定的资金入股;

(八)代他人持有外商独资银行、中外合资银行股权;

(九)其他对拟设银行产生重大不利影响的情形。

第六条　外国银行已在中国境内设立外商独资银行或中外合资银行的,在设立外国银行分行时,除应当具备《条例》和本细则规定的相应条件外,其在中国境内已设外商独资银行或中外合资银行应当具备银保监会规定的审慎性条件。

外国银行已在中国境内设立外国银行分行的,在设立外商独资银行或中外合资银行时,除应当具备《条例》和本细则规定的相应条件外,其在中国境内已设外国银行分行应当具备银保监会规定的审慎性条件。

第七条　外国银行在中国境内增设分行,除应当具备《条例》第九条、第十二条规定的条件外,其在中国境内已设分行应当具备银保监会规定的审慎性条件。

外国银行在中国境内增设代表处,除应当具备《条例》第九条规定的条件外,其在中国境内已设代表处应当无重大违法违规记录。

第八条　外国银行向中国境内分行拨付的营运资金合并

计算。外国银行在中国境内增设分行，如合并计算的营运资金满足最低限额及监管指标要求，该外国银行可以授权中国境内分行按法规规定向增设分行拨付营运资金。

第九条　外商独资银行、中外合资银行设立分行，应当具备银保监会规定的审慎性条件。

第十条　设立外资银行营业性机构，申请人应当自接到批准筹建通知书之日起15日内到拟设机构所在地银保监会派出机构领取开业申请表，开始筹建工作。

逾期未领取开业申请表的，自批准其筹建之日起1年内，银保监会及其派出机构不受理该申请人在中国境内同一城市设立营业性机构的申请。

第十一条　设立外资银行营业性机构，申请人在筹建期内应当完成下列工作：

（一）建立健全公司治理结构，并将公司治理结构说明报送所在地银保监会派出机构（仅限外商独资银行、中外合资银行）；

（二）建立内部控制制度，包括内部组织结构、授权授信、信贷资金管理、资金交易、会计核算、计算机信息管理系统的控制制度和操作规程，并将内控制度和操作规程报送所在地银保监会派出机构；

（三）配备符合业务发展需要的、适当数量的且已接受政策法规及业务知识等相关培训的业务人员，以满足对主要业务风险有效监控、业务分级审批和复查、关键岗位分工和相互牵制等要求；

（四）印制拟对外使用的重要业务凭证和单据，并将样本报送所在地银保监会派出机构；

（五）配备经有关部门认可的安全防范设施，并将有关说明报送所在地银保监会派出机构；

（六）应当聘请在中国境内依法设立的会计师事务所对其内部控制系统、会计系统、计算机系统等进行开业前审计，并将审计报告报送所在地银保监会派出机构。

第十二条　拟设外资银行营业性机构在筹建事项完成后，筹备组负责人应当向拟设机构所在地银保监会派出机构提出开业前验收。拟设机构所在地银保监会派出机构应当在10日内进行验收。验收合格的，应当发给验收合格意见书。验收不合格的，应当书面通知申请人，申请人可以自接到通知书之日起10日后向拟设机构所在地银保监会派出机构提出复验。

第十三条　经验收合格完成筹建工作的，申请人应当按照外资银行行政许可规章的规定向银保监会或拟设机构所在地银保监会派出机构提交开业申请资料。

第十四条　外资银行营业性机构获准开业后，应当按照有关规定领取金融许可证。

第十五条　外资银行营业性机构应当在规定的期限内开业。逾期未开业的，开业批准文件失效，由开业决定机关注销开业许可，收回其金融许可证，并予以公告。自开业批准文件失效之日起1年内，开业决定机关不受理该申请人在同一城市设立营业性机构的申请。

第十六条　外资银行营业性机构在开业前应当将开业日期书面报送所在地银保监会派出机构。外资银行营业性机构开业前应当予以公告。

第十七条　外国银行将其在中国境内的分行改制为由其总行单独出资的外商独资银行，应当符合《条例》和本细则有关设立外商独资银行的条件，并且具备在中国境内长期持续经营以及对拟设外商独资银行实施有效管理的能力。

第十八条　外国银行将其在中国境内的分行改制为由其总行单独出资的外商独资银行的，经银保监会批准，原外国银行分行的营运资金经合并验资可以转为外商独资银行的注册资本，也可以转回其总行。

第十九条　外国银行将其在中国境内的分行改制为由其总行单独出资的外商独资银行的，应当在拟设外商独资银行筹建期间、办理注册登记手续后予以公告。

第二十条　外国银行代表处应当在办理注册登记手续后予以公告。

外国银行代表处应当自所在地银保监会派出机构批准设立之日起6个月内迁入固定的办公场所，超出6个月后仍未迁入固定办公场所办公的，代表处设立批准决定失效。

第二十一条　外国银行代表处迁入固定办公场所后，应当向所在地银保监会派出机构报送下列资料：

（一）代表处基本情况登记表；

（二）外国企业常驻代表机构登记证复印件；

（三）内部管理制度，内容包括代表处的职责安排、内部分工以及内部报告制度等；

（四）办公场所的租赁合同或者产权证明复印件；

（五）配备办公设施以及租赁电信部门数据通讯线路的情况；

（六）公章、公文纸样本以及工作人员对外使用的名片样本；

（七）银保监会要求的其他资料。

第二十二条　外资银行营业性机构合并、分立后的注册资本或者营运资金、业务范围由银保监会重新批准。

第二十三条　外资银行营业性机构临时停业3日以上（含3日）6个月以下，应当及时向银保监会或所在地银保监会派出机构报告，说明临时停业时间、理由及停业期间安排。外资银行营业性机构临时停业的，应当在营业场所外公告，说明临时停业期间的安排。所在地银保监会派出机构应当及时将辖内外资银行营业性机构临时停业情况逐级报送银保监会。

第二十四条　临时停业期限届满或者导致临时停业的原因消除,临时停业机构应当复业。外资银行营业性机构应当在复业后5日内向银保监会或所在地银保监会派出机构报告。营业场所重新修建的,外资银行营业性机构应当向银保监会或所在地银保监会派出机构报送营业场所的租赁或者购买合同意向书的复印件、安全和消防合格情况的说明方可复业。

特殊情况需要延长临时停业期限的,应当按照本细则第二十三条规定重新办理。

第二十五条　外资银行营业性机构有《条例》第二十七条所列情形须变更金融许可证所载内容的,应当根据金融许可证管理的有关规定办理变更事宜。

需要验资的,外资银行营业性机构应当将在中国境内依法设立的会计师事务所出具的验资证明报送银保监会或所在地银保监会派出机构。需要验收的,外资银行营业性机构所在地银保监会派出机构应当进行验收。

外资银行营业性机构持银保监会或所在地银保监会派出机构的批准文件向市场监督管理部门办理变更登记,换领营业执照。

外资银行营业性机构有《条例》第二十七条第(一)项至第(三)项所列情形之一的,应当予以公告。公告应当自营业执照生效之日起30日内完成。

第二十六条　外国银行代表处发生更名、变更办公场所等变更事项,应当在办理变更工商登记手续后予以公告。

第三章　业务范围

第二十七条　《条例》第二十九条第一款第(四)项、第三十一条第一款第(四)项所称承销政府债券包括承销外国政府在中国境内发行的债券。

第二十八条　《条例》第二十九条第一款第(五)项、第三十一条第一款第(五)项所称买卖政府债券、金融债券,买卖股票以外的其他外币有价证券包括但不限于下列外汇投资业务:在中国境外发行的中国和外国政府债券、中国金融机构债券和中国非金融机构债券。

第二十九条　《条例》第二十九条第一款第(十三)项和第三十一条第一款第(十二)项所称资信调查和咨询服务是指与银行业务有关的资信调查和咨询服务。

第三十条　外资银行营业性机构经营下列业务,适用报告制:

(一)托管、存管、保管;

(二)财务顾问等咨询服务;

(三)代客境外理财;

(四)银保监会认可适用报告制的其他业务。

外资银行营业性机构应在开办第一款所列业务后5日内向银保监会或所在地银保监会派出机构报告,提交该项业务的展业计划、风险控制制度、操作规程和系统建设等情况的书面材料。

外资银行营业性机构经营第一款所列业务,依法应获得其他部门许可的,依照其规定办理。

第三十一条　外资银行营业性机构可以依法与母行集团开展境内外业务协作,发挥全球服务优势,为客户在境外发债、上市、并购、融资等活动提供综合金融服务。

外资银行营业性机构应明确自身在母行集团内提供业务协作服务的职责、利润分配机制,并于每年一季度末将上一年度与母行集团业务协作开展情况向银保监会或所在地银保监会派出机构报告。

第三十二条　外国银行分行经营《条例》第三十一条规定的外汇业务,营运资金应当不少于2亿元人民币或者等值的自由兑换货币。

第三十三条　外国银行分行经营《条例》第三十一条规定的外汇业务和人民币业务,营运资金应当不少于3亿元人民币或者等值的自由兑换货币,其中人民币营运资金应当不少于1亿元人民币,外汇营运资金应当不少于2亿元人民币等值的自由兑换货币。

外商独资银行分行、中外合资银行分行营运资金应当与业务规模相适应且拨付到位。

第三十四条　外国银行分行在开办存款业务时应当向客户声明本行存款是否投保存款保险。

第三十五条　外国银行分行改制的由其总行单独出资的外商独资银行可以承继原外国银行分行已经获准经营的全部业务。

第三十六条　外商独资银行、中外合资银行在获准的业务范围内授权其分支机构开展业务。

外国银行分行在获准的业务范围内授权其支行开展业务。

第三十七条　外国银行在中国境内设立多家分行的,如管理行已获准开办衍生产品交易业务,该管理行可以履行管理职责,在评估并确保中国境内其他拟开办衍生产品交易业务的分行满足条件的前提下,授权其开办衍生产品交易业务,并向管理行所在地银保监会派出机构报告。

经管理行授权开办衍生产品交易业务的分行应当满足银行业金融机构开办衍生产品交易业务的相关规定,向所在地银保监会派出机构报告,提供管理行出具的授权书以及开办衍生产品交易业务所需的材料后方可开办衍生产品交易业务。

第三十八条　外资银行营业性机构经营《条例》第二十九条或者第三十一条规定业务范围内的人民币业务，应当进行筹备，并在筹备期内完成以下工作：

（一）配备符合业务发展需要的、适当数量的业务人员；

（二）印制拟对外使用的重要业务凭证和单据；

（三）配备经有关部门认可的安全防范设施；

（四）建立人民币业务的内部控制制度和操作规程；

（五）外资银行营业性机构经营人民币业务需要增加注册资本或者营运资金的，应当聘请在中国境内依法设立的会计师事务所验资，并将验资证明报送所在地银保监会派出机构。

第三十九条　拟设外资银行营业性机构可在筹备开业的同时进行人民币业务的筹备，在提交开业申请时一并提交人民币业务筹备情况的说明。

外资银行营业性机构开业后拟经营人民币业务的，应当在完成人民币业务筹备后，向所在地银保监会派出机构提交人民币业务筹备情况的说明，并按程序办理营业执照变更事宜。

第四十条　外商独资银行分行、中外合资银行分行在其总行业务范围内经授权经营人民币业务。在开展业务前，应当进行筹备，并将总行对其经营人民币业务的授权书报送所在地银保监会派出机构。

第四十一条　外资银行营业性机构在经营人民币业务前，存在股东资质不合规等重大公司治理缺陷或其他重大违法违规情形的，应当在完成整改并经所在地银保监会派出机构认可后方可经营人民币业务。

第四十二条　外资银行营业性机构及其分支机构经营业务范围内的新产品，应当在经营业务后5日内向银保监会或所在地银保监会派出机构书面报告，内容包括新产品介绍、风险特点、内部控制制度和操作规程等。

第四十三条　外资银行营业性机构可以按照有关规定开办同业业务。

第四章　任职资格管理

第四十四条　外资银行的董事、高级管理人员、首席代表在银保监会或者所在地银保监会派出机构核准其任职资格前不得履职。

第四十五条　拟任人有下列情形之一的，不得担任外资银行的董事、高级管理人员和首席代表：

（一）有故意或者重大过失犯罪记录的；

（二）有违反社会公德的不良行为，造成恶劣影响的；

（三）对曾任职机构违法违规经营活动或者重大损失负有个人责任或者直接领导责任，情节严重的；

（四）担任或者曾任被接管、撤销、宣告破产或者吊销营业执照的机构的董事或者高级管理人员的，但能够证明本人对曾任职机构被接管、撤销、宣告破产或者吊销营业执照不负有个人责任的除外；

（五）因违反职业道德、操守或者工作严重失职，造成重大损失或者恶劣影响的；

（六）指使、参与所任职机构不配合依法监管或者案件查处的；

（七）被取消终身的董事和高级管理人员任职资格，或者受到监管机构或者其他金融管理部门处罚累计达到两次以上的；

（八）本人或者配偶负有数额较大的债务且到期未偿还的，包括但不限于在该外资银行的逾期贷款；

（九）存在其他所任职务与拟任职务有明显利益冲突，或者明显分散其履职时间和精力的情形；

（十）不具备本办法规定的任职资格条件，采取不正当手段以获得任职资格核准的；

（十一）法律、行政法规、部门规章规定的不得担任金融机构董事、高级管理人员或者首席代表的；

（十二）银保监会认定的其他情形。

第四十六条　外资银行董事、高级管理人员、首席代表须经任职资格核准的，按照外资银行行政许可规章的规定执行。

第四十七条　拟任人在中国境内的银行业金融机构担任过董事、高级管理人员和首席代表的，银保监会或者所在地银保监会派出机构在核准其任职资格前，可以根据需要征求拟任人原任职机构监管机构的意见。

拟任人原任职机构监管机构应当及时提供反馈意见。

第四十八条　外资银行递交任职资格核准申请资料后，银保监会以及所在地银保监会派出机构可以约见拟任人进行任职前谈话。

第四十九条　银保监会直接监管的外资银行营业性机构董事长、行长离岗连续1个月以上的，应当向银保监会书面报告；其他外资银行营业性机构董事长、行长、分行行长、支行行长、外国银行代表处首席代表离岗连续1个月以上的，应当向所在地银保监会派出机构书面报告。外资银行在提交上述报告的同时，应指定专人代行其职，代为履职时间不得超过6个月。外资银行应当在6个月内选聘符合任职资格条件的人员正式任职。

第五十条　外资银行董事、高级管理人员和首席代表存在下列情形之一的，银保监会及其派出机构可以视情节轻重，取消其一定期限直至终身的任职资格：

（一）被依法追究刑事责任的；

（二）拒绝、干扰、阻挠或者严重影响银保监会及其派出机构依法监管的；

（三）因内部管理与控制制度不健全或者执行监督不力，造成所任职机构重大财产损失，或者导致重大金融犯罪案件发生的；

（四）因严重违法违规经营、内控制度不健全或者长期经营管理不善，造成所任职机构被接管、兼并或者被宣告破产的；

（五）因长期经营管理不善，造成所任职机构严重亏损的；

（六）对已任职的外资银行董事、高级管理人员、首席代表，银保监会及其派出机构发现其任职前有违法、违规或者其他不宜担任所任职务的行为的；

（七）银保监会认定的其他情形。

第五章 监督管理

第五十一条 外资银行营业性机构应当建立与其业务发展相适应的内部控制制度和业务操作规程，并于每年3月末前将内部控制制度和业务操作规程的修订内容报送银保监会或所在地银保监会派出机构。

第五十二条 外商独资银行、中外合资银行应当设置独立的风险管理部门、合规管理部门和内部审计部门。

外国银行分行应当指定专门部门或者人员负责合规工作。

第五十三条 外资银行营业性机构结束内部审计后，应当及时将内审报告报送银保监会或所在地银保监会派出机构，银保监会或所在地银保监会派出机构可以采取适当方式与外资银行营业性机构的内审人员沟通。

第五十四条 外资银行营业性机构应当建立贷款风险分类制度，并将贷款风险分类标准与银保监会规定的分类标准的对应关系报送银保监会或所在地银保监会派出机构。

第五十五条 《条例》第四十条所称资产负债比例管理的规定是指《中华人民共和国商业银行法》第三十九条的规定。

外商独资银行、中外合资银行有关资产负债比例的计算方法执行银行业监管报表指标体系的规定。

第五十六条 外商独资银行、中外合资银行应当建立关联交易管理制度，关联交易必须符合商业原则，交易条件不得优于与非关联方进行交易的条件。

银保监会及其派出机构按照商业银行关联交易有关管理办法的规定对关联方及关联交易进行认定。

第五十七条 外资银行营业性机构应当制定与业务外包相关的政策和管理制度，包括业务外包的决策程序、对外包方的评价和管理、控制银行信息保密性和安全性的措施和应急计划等。

外资银行营业性机构在开展外包活动时，应当定期向银保监会或所在地银保监会派出机构递交外包活动的评估报告。

外资银行营业性机构在开展外包活动时如遇到对业务经营、客户信息安全、声誉等产生重大影响事件，应当及时向银保监会或所在地银保监会派出机构报告。

第五十八条 《条例》第四十四条所称外国银行分行应当按照规定持有一定比例的生息资产是指外国银行分行应按不低于公众负债额的5%持有银保监会指定的生息资产。当外国银行分行持有的银保监会指定的生息资产余额达到营运资金的30%时可以不再增持，但银保监会及其派出机构根据外国银行分行风险状况另有要求的除外。

第一款所称银保监会指定的生息资产包括中国财政部发行的国债、中国人民银行发行的票据、中国政策性银行和开发性银行发行的金融债、在指定机构的1个月以上（含1个月）的定期同业存款，以及银保监会指定的其他资产。上述各项资产不包括已进行质押或者采取其他影响资产支配权处理方式的资产。

第一款所称的公众负债指外国银行分行的各项存款、同业存放（不含境外金融机构存放）、同业拆入（不含从境外金融机构拆入），以及银保监会指定的其他负债。

第二款所称的指定机构是指在中国境内设立的、经营稳健且具有一定实力的、非关联的中资商业银行、外商独资银行、中外合资银行。外国银行分行以定期同业存款形式存在的生息资产应当存放在3家或3家以下指定机构。

外国银行分行应当每日计算并保持规定的生息资产比例，按照外国银行在中国境内分行合并考核。

外国银行分行管理行应当每月向所在地银保监会派出机构报告在中国境内分行持有银保监会指定的生息资产的存在情况。报告内容包括定期同业存款的存放银行、金额、期限和利率，其他生息资产的金额、形式和到期日等。

第五十九条 《条例》第四十五条所称营运资金加准备金等项之和是指营运资金、未分配利润和贷款损失一般准备之和，所称风险资产是指按照有关加权风险资产的规定计算的表内、表外加权风险资产。

《条例》第四十五条所规定的比例，按照外国银行在中国境内分行合并计算，按季末余额考核。外国银行分行管理行应当每季向所在地银保监会派出机构报告。

第六十条　外国银行分行的流动性资产包括现金、黄金、在中国人民银行存款、存放同业、1个月内到期的拆放同业、1个月内到期的借出同业、1个月内到期的境外联行往来及附属机构往来的资产方净额、1个月内到期的应收利息及其他应收款、1个月内到期的贷款、1个月内到期的债券投资、在国内外二级市场上可随时变现的其他债券投资、其他1个月内可变现的资产。上述各项资产中应当扣除预计不可收回的部分。生息资产中用于满足本细则第五十八条最低监管要求的部分不计入流动性资产。

外国银行分行的流动性负债包括活期存款、1个月内到期的定期存款、同业存放、1个月内到期的同业拆入、1个月内到期的借入同业、1个月内到期的境外联行往来及附属机构往来的负债方净额、1个月内到期的应付利息及其他应付款、其他1个月内到期的负债。冻结存款不计入流动性负债。

外国银行分行应当每日计算并保持《条例》第四十六条规定的流动性比例，按照外国银行在中国境内分行合并考核。外国银行分行管理行应当每月向所在地银保监会派出机构报告。

第六十一条　《条例》第四十七条所称境内本外币资产余额、境内本外币负债余额按照以下方法计算：

境内本外币资产余额＝本外币资产总额－境外联行往来（资产）－境外附属机构往来（资产）－境外贷款－存放境外同业－拆放境外同业－买入境外返售资产－境外投资－其他境外资产。

下列投资不列入境外投资：购买在中国境外发行的中国政府债券、中国金融机构债券和中国非金融机构的债券。

境内本外币负债余额＝本外币负债总额－境外联行往来（负债）－境外附属机构往来（负债）－境外存款－境外同业存放－境外同业拆入－卖出境外回购款项－其他境外负债。

《条例》第四十七条的规定按照外国银行在中国境内分行合并考核。

第六十二条　外资银行营业性机构不得虚列、多列、少列资产、负债和所有者权益。

第六十三条　在中国境内设立2家及2家以上外国银行分行的，应当由外国银行总行或者经授权的地区总部指定其中1家分行作为管理行，统筹负责中国境内业务的管理以及中国境内所有分行的合并财务信息和综合信息的报送工作。

外国银行或者经授权的地区总部应当指定管理行行长负责中国境内业务的管理工作，并指定合规负责人负责中国境内业务的合规工作。

第六十四条　外资银行营业性机构应当按照银保监会的规定，每季度末将跨境大额资金流动和资产转移情况报送银保监会或所在地银保监会派出机构。

第六十五条　外资银行营业性机构由总行或者联行转入信贷资产，应当在转入信贷资产后5日内向银保监会或所在地银保监会派出机构报告，提交关于转入信贷资产的金额、期限、分类及担保等情况的书面材料。

第六十六条　外国银行分行有下列情形之一的，应当向该分行或者管理行所在地银保监会派出机构报告：

（一）外国银行分行未分配利润与本年度纯损益之和为负数，且该负数绝对值与贷款损失准备尚未提足部分之和超过营运资金30%的，应当每季度末报告；

（二）外国银行分行对所有大客户的授信余额超过其营运资金8倍的，应当每季度末报告，大客户是指授信余额超过外国银行分行营运资金10%的客户，该指标按照外国银行在中国境内分行季末余额合并计算；

（三）外国银行分行境外联行及附属机构往来的资产方余额超过境外联行及附属机构往来的负债方余额与营运资金之和的，应当每月末报告，该指标按照外国银行在中国境内分行合并计算；

（四）银保监会认定的其他情形。

第六十七条　银保监会及其派出机构对外资银行营业性机构采取的特别监管措施包括以下内容：

（一）约见有关负责人进行警诫谈话；

（二）责令限期就有关问题报送书面报告；

（三）对资金流出境外采取限制性措施；

（四）责令暂停部分业务或者暂停受理经营新业务的申请；

（五）责令出具保证书；

（六）对有关风险监管指标提出特别要求；

（七）要求保持一定比例的经银保监会认可的资产；

（八）责令限期补充资本金或者营运资金；

（九）责令限期撤换董事或者高级管理人员；

（十）暂停受理增设机构的申请；

（十一）对利润分配和利润汇出境外采取限制性措施；

（十二）派驻特别监管人员，对日常经营管理进行监督指导；

（十三）提高有关监管报告与报表的报送频度；

（十四）银保监会采取的其他特别监管措施。

第六十八条　外国银行在中国境内同时设有外商独资银

行(或中外合资银行)和外国银行分行的,应当明确各自的功能定位与治理架构,避免利益冲突,建立管理、业务、人员和信息等风险隔离机制,确保各自的机构名称、产品和对外营业场所有所区分,实行自主管理和自主经营。

第六十九条 外资银行营业性机构应当向银保监会或所在地银保监会派出机构及时报告下列重大事项:

(一)财务状况和经营活动出现重大问题;

(二)经营策略的重大调整;

(三)除不可抗力原因外,外资银行营业性机构在法定节假日以外的日期暂停营业2日以内,应当向银保监会或所在地银保监会派出机构书面报告;

(四)外商独资银行、中外合资银行的重要董事会决议;

(五)外国银行分行的总行、外商独资银行或者中外合资银行股东的章程、注册资本和注册地址的变更;

(六)外国银行分行的总行、外商独资银行或者中外合资银行股东的合并、分立等重组事项以及董事长或者行长(首席执行官、总经理)的变更;

(七)外国银行分行的总行、外商独资银行或者中外合资银行股东的财务状况和经营活动出现重大问题;

(八)外国银行分行的总行、外商独资银行或者中外合资银行股东发生重大案件;

(九)外国银行分行的总行、外商独资银行或者中外合资银行外方股东所在国家或者地区以及其他海外分支机构所在国家或者地区金融监管当局对其实施的重大监管措施;

(十)外国银行分行的总行、外商独资银行或者中外合资银行外方股东所在国家或者地区金融监管法规和金融监管体系的重大变化;

(十一)银保监会要求报告的其他事项。

第七十条 外国银行代表处应当及时向所在地银保监会派出机构报告其所代表的外国银行发生的下列重大事项:

(一)章程、注册资本或者注册地址变更;

(二)外国银行的合并、分立等重组事项以及董事长或者行长(首席执行官、总经理)变更;

(三)财务状况或者经营活动出现重大问题;

(四)发生重大案件;

(五)所在国家或者地区金融监管当局对其实施的重大监管措施;

(六)其他对外国银行经营产生重大影响的事项。

第七十一条 非外资银行在中国境内机构正式员工,在该机构连续工作超过20日或者在90日内累计工作超过30日的,外资银行应当向银保监会或所在地银保监会派出机构报告。

第七十二条 外商独资银行、中外合资银行和在中国境内设立2家及2家以上分行的外国银行,应当在每个会计年度结束后聘请在中国境内依法设立的会计师事务所对该机构在中国境内所有营业性机构进行并表或者合并审计,并在会计年度结束后4个月内将审计报告和管理建议书报送银保监会或外商独资银行、中外合资银行总行或者管理行所在地银保监会派出机构。

外国银行分行应当在每个会计年度结束后聘请在中国境内依法设立的会计师事务所进行审计,并在会计年度结束后4个月内将审计报告和管理建议书报送所在地银保监会派出机构。

第七十三条 外资银行营业性机构聘请在中国境内依法设立的会计师事务所进行年度或者其他项目审计1个月前,应当将会计师事务所及其参加审计的注册会计师的基本资料报送银保监会或所在地银保监会派出机构。

第七十四条 外商独资银行、中外合资银行的年度审计应当包括以下内容:资本充足情况、资产质量、公司治理情况、内部控制情况、盈利情况、流动性和市场风险管理情况等。

外国银行分行的年度审计应当包括以下内容:财务报告、风险管理、营运控制、合规经营情况和资产质量等。

第七十五条 银保监会及其派出机构在必要时可以指定会计师事务所对外资银行营业性机构的经营状况、财务状况、风险状况、内部控制制度及执行情况等进行审计。

第七十六条 银保监会及其派出机构可以要求外资银行营业性机构更换专业技能和独立性达不到监管要求的会计师事务所。

第七十七条 外商独资银行、中外合资银行应当在会计年度结束后6个月内向银保监会或其总行所在地银保监会派出机构报送外商独资银行及其股东、中外合资银行及其股东的年报。

外国银行分行及外国银行代表处应当在其总行会计年度结束后6个月内向所在地银保监会派出机构报送其总行的年报。

第七十八条 外国银行代表处应当于每年2月末前按照银保监会规定的格式向所在地银保监会派出机构报送上年度工作报告和本年度工作计划。

第七十九条 外国银行代表处应当具备独立的办公场所、办公设施和专职工作人员。

第八十条 外国银行代表处应当配备合理数量的工作人

员,工作人员的职务应当符合代表处工作职责。

第八十一条 外国银行代表处应当建立会计账簿,真实反映财务收支情况,其成本以及费用开支应当符合代表处工作职责。

外国银行代表处不得使用其他企业、组织或者个人的账户。

第八十二条 外国银行代表处不得在其电脑系统中使用与代表处工作职责不符的业务处理系统。

第八十三条 本细则要求报送的资料,除年报外,凡用外文书写的,应当附有中文译本。外资银行营业性机构的内部控制制度、业务操作规程、业务凭证样本应当附有中文译本;其他业务档案和管理档案相关文件如监管人员认为有必要的,也应当附有中文译本。特殊情况下,银保监会及其派出机构可以要求有关中文译本经外国银行分行的总行、外商独资银行或者中外合资银行的外方股东所在国家或者地区认可的机构公证,并且经中国驻该国使馆、领馆认证。

第八十四条 外资银行应当遵守反洗钱和反恐怖融资相关法律法规。

第六章 终止与清算

第八十五条 《条例》第五十八条所称自行终止包括下列情形:

(一)外商独资银行、中外合资银行章程规定的营业期限届满或者其他解散事由出现的;

(二)外商独资银行、中外合资银行股东会决定解散的;

(三)外商独资银行、中外合资银行因合并或者分立需要解散的;

(四)外国银行、外商独资银行、中外合资银行关闭在中国境内分行的。

第八十六条 自银保监会批准外商独资银行、中外合资银行解散或者外国银行、外商独资银行、中外合资银行关闭在中国境内分行的决定生效之日起,被批准解散、关闭的机构应当立即停止经营活动,交回金融许可证,并在15日内成立清算组。

第八十七条 清算组成员包括行长(总经理)、会计主管、中国注册会计师以及银保监会指定的其他人员。外商独资银行、中外合资银行清算组还应当包括股东代表和董事长。清算组成员应当报经银保监会或所在地银保监会派出机构同意。

第八十八条 清算组应当书面通知市场监督管理部门、税务机关、人力资源社会保障部门等有关部门。

第八十九条 外商独资银行、中外合资银行自行解散或者外商独资银行、中外合资银行和外国银行关闭其在中国境内分行涉及的其他清算事宜按照《中华人民共和国公司法》的有关规定执行。

第九十条 银保监会或其派出机构负责监督被解散或者关闭的外资银行营业性机构及其分支机构解散与清算过程。重大事项和清算结果应逐级报至银保监会。

第九十一条 清算组应当自成立之日起30日内聘请在中国境内依法设立的会计师事务所进行审计,自聘请之日起60日内向银保监会或所在地银保监会派出机构报送审计报告。

第九十二条 解散或者关闭清算过程中涉及外汇审批或者核准事项的,应当经国家外汇管理局及其分局批准。

第九十三条 清算组在清偿债务过程中,应当在支付清算费用、所欠职工工资和劳动保险费后,优先支付个人储蓄存款的本金和利息。

第九十四条 清算组应当在每月10号前向银保监会或所在地银保监会派出机构报送有关债务清偿、资产处置、贷款清收、销户等情况的报告。

第九十五条 外国银行分行完成清算后,应当在提取生息资产5日前向所在地银保监会派出机构报告,提交清算完成情况的报告、税务注销证明等书面材料。

第九十六条 清算工作结束后,清算组应当制作清算报告,报送银保监会或所在地银保监会派出机构确认,报送市场监督管理部门申请注销工商登记,并予以公告。清算组应当将公告内容在公告日3日前书面报至银保监会或所在地银保监会派出机构。

第九十七条 清算后的会计档案及业务资料依照有关规定处理。

第九十八条 自外国银行分行清算结束之日起2年内,银保监会及其派出机构不受理该外国银行在中国境内同一城市设立营业性机构的申请。

第九十九条 外商独资银行、中外合资银行有违法违规经营、经营管理不善等情形,不予撤销将严重危害金融秩序、损害社会公众利益的,由银保监会依法予以撤销。

银保监会责令关闭外国银行分行的,按照《中华人民共和国公司法》的有关规定执行。

第一百条 外商独资银行、中外合资银行因不能支付到期债务,自愿或者应其债权人要求申请破产,或者因解散而清算,清算组在清理财产、编制资产负债表和财产清单后,发现外商独资银行、中外合资银行财产不足清偿债务须申请破产的,经银保监会批准,应当立即向人民法院申请宣告破产。外商独资银行、中外合资银行经人民法院裁定宣告破产后,清算组应当将清算事务移交给人民法院。

第一百零一条 外国银行将其在中国境内的分行改制为由其总行单独出资的外商独资银行的,原外国银行分行应当在外商独资银行开业后交回金融许可证，并依法向市场监督管理部门办理注销登记。

第一百零二条　经批准关闭的代表处应当在依法办理注销登记手续后15日内予以公告，并将公告内容报送所在地银保监会派出机构。

第七章　附　　则

第一百零三条　本细则中的“日”指工作日。

第一百零四条　银保监会对直接监管的外资银行承担监管主体责任，并指导派出机构开展外资银行监管工作。

第一百零五条　外资银行违反本细则的，银保监会按照《条例》和其他有关规定对其进行处罚。

中国银保监会外资银行行政许可事项实施办法

1. 2019年12月26日中国银行保险监督管理委员会令2019年第10号公布

2. 根据2022年9月2日中国银行保险监督管理委员会令2022年第5号《中关于修改部分行政许可规章的决定》修正

第一章　总　　则

第一条　为规范银保监会及其派出机构实施外资银行行政许可行为，明确行政许可事项、条件、程序和期限，保护申请人合法权益，根据《中华人民共和国银行业监督管理法》《中华人民共和国商业银行法》《中华人民共和国行政许可法》和《中华人民共和国外资银行管理条例》等法律、行政法规及国务院有关决定，制定本办法。

第二条　本办法所称外资银行包括：外商独资银行、中外合资银行、外国银行分行和外国银行代表处。外商独资银行、中外合资银行、外国银行分行统称外资银行营业性机构。外国银行代表处是指受银保监会监管的银行类代表处。

第三条　银保监会及其派出机构依照本办法和银保监会有关行政许可实施程序的规定，对外资银行实施行政许可。

第四条　外资银行下列事项应当经银保监会及其派出机构行政许可：机构设立、机构变更、机构终止、业务范围、董事和高级管理人员任职资格，以及法律、行政法规规定和国务院决定的其他行政许可事项。

第五条　本办法所称审慎性条件，至少包括下列内容：

（一）具有良好的行业声誉和社会形象；

（二）具有良好的持续经营业绩，资产质量良好；

（三）管理层具有良好的专业素质和管理能力；

（四）具有健全的风险管理体系，能够有效控制各类风险；

（五）具有健全的内部控制制度和有效的管理信息系统；

（六）按照审慎会计原则编制财务会计报告，且会计师事务所对财务会计报告持无保留意见；

（七）无重大违法违规记录和因内部管理问题导致的重大案件；

（八）具有有效的人力资源管理制度，拥有高素质的专业人才；

（九）具有对中国境内机构活动进行管理、支持的经验和能力；

（十）具备有效的资本约束与资本补充机制；

（十一）具有健全的公司治理结构；

（十二）法律、行政法规和银保监会规定的其他审慎性条件。

本条第（九）项、第（十）项、第（十一）项仅适用于外商独资银行及其股东、中外合资银行及其股东以及外国银行。

第六条　外资银行名称应当包括中文名称和外文名称。外国银行分行和外国银行代表处的中文名称应当标明该外国银行的国籍及责任形式。国籍以外国银行注册地为准，如外国银行名称已体现国籍，可不重复。如外国银行的责任形式为无限责任，可在中文名称中省略责任形式部分。香港特别行政区、澳门特别行政区、台湾地区的银行在内地（大陆）设立的分支机构的中文名称只须标明责任形式。

第七条　本办法要求提交的资料，除年报外，凡用外文书写的，应当附有中文译本。以中文和英文以外文字印制的年报应当附有中文或者英文译本。

本办法所称年报应当经审计，并附申请人所在国家或者地区认可的会计师事务所出具的审计意见书。

第八条　本办法要求提交的资料，如要求由授权签字人签署，应当一并提交该授权签字人的授权书，但授权签字人为董事长或行长（首席执行官、总经理）的除外。

本办法要求提交的营业执照复印件、经营金融业务许可文件复印件、授权书、外国银行对其在中国境内分行承担税务和债务责任的保证书，应当经所在国家或者地区认可的机构公证，并且经中国驻该国使馆、领馆认证，法律法规另有规定的，依照其规定。中国境内公证机构出具的公证材料无须认证。

银保监会视情况需要，可以要求申请人报送的其他申请资料经所在国家或者地区认可的机构公证，并且经中国驻该国使馆、领馆认证。

第二章　机构设立

第一节　外商独资银行、中外合资银行设立

第九条　拟设立的外商独资银行、中外合资银行应当具备下列条件：

（一）具有符合《中华人民共和国公司法》《中华人民共和国商业银行法》和《中华人民共和国外资银行管理条例》规定的章程；

（二）注册资本应当为实缴资本，最低限额为10亿元人民币或者等值的自由兑换货币，资金来源合法；

（三）具有符合任职资格条件的董事、高级管理人员和熟悉银行业务的合格从业人员；

（四）具有健全的组织机构和管理制度；

（五）具有有效的反洗钱和反恐怖融资内部控制制度；

（六）具有与业务经营相适应的营业场所、安全防范措施和其他设施；

（七）具有与业务经营相适应的信息科技架构，具有支撑业务经营的必要、安全且合规的信息科技系统，具备保障信息科技系统有效安全运行的技术与措施。

第十条　拟设外商独资银行、中外合资银行的股东，应当具备下列条件：

（一）具有持续盈利能力，信誉良好，无重大违法违规记录；

（二）具备有效的反洗钱制度，但中方非金融机构股东除外；

（三）外方股东具有从事国际金融活动的经验，受到所在国家或者地区金融监管机构的有效监管，并且其申请经所在国家或者地区金融监管机构同意；

（四）本办法第五条规定的审慎性条件。

拟设外商独资银行的股东、中外合资银行的外方股东所在国家或者地区应当经济状况良好，具有完善的金融监督管理制度，并且其金融监管机构已经与银保监会建立良好的监督管理合作机制。

第十一条　拟设外商独资银行的股东应当为金融机构，除应当具备本办法第十条规定的条件外，其中唯一或者控股股东还应当具备下列条件：

（一）为商业银行；

（二）资本充足率符合所在国家或者地区金融监管机构以及银保监会的规定。

第十二条　拟设中外合资银行的股东除应当具备本办法第十条规定的条件外，外方股东应当为金融机构，且外方唯一或者主要股东还应当具备下列条件：

（一）为商业银行；

（二）资本充足率符合所在国家或者地区金融监管机构以及银保监会的规定。

第十三条　本办法第十二条所称外方唯一或者主要股东，是指持有中外合资银行资本总额或者股份总额50%以上的商业银行，或者不持有资本总额或者股份总额50%以上，但依据拟设中外合资银行章程，符合下列情形的商业银行：

（一）持有拟设中外合资银行半数以上的表决权；

（二）有权控制拟设中外合资银行的财务和经营政策；

（三）有权任免拟设中外合资银行董事会或者类似权力机构的多数成员；

（四）在拟设中外合资银行董事会或者类似权力机构有半数以上投票权。

中外合资银行应当由其主要股东纳入并表范围。

第十四条　拟设中外合资银行的中方股东为金融机构的，除应当具备本办法第十条规定的条件外，还应当具备下列条件：

（一）主要审慎监管指标符合监管要求；

（二）公司治理良好，内部控制健全有效；

（三）最近3个会计年度连续盈利；

（四）社会声誉良好，无重大违法违规记录和因内部管理问题导致的重大案件，或者相关违法违规及内部管理问题已整改到位并经金融监管机构认可；

（五）受到金融监管机构的有效监管，并且其申请经相关金融监管机构同意；

（六）银保监会规章规定的其他审慎性条件。

第十五条　拟设中外合资银行的中方股东为非金融机构的，除应当具备本办法第十条规定的条件外，还应当具备下列条件：

（一）具有良好的公司治理结构；

（二）具有良好的社会声誉、诚信记录和纳税记录，能按期足额偿还金融机构的债务本金和利息；

（三）具有较强的经营管理能力和资金实力；

（四）财务状况良好，最近3个会计年度连续盈利；

（五）年终分配后，净资产达到全部资产的30%（合并会计报表口径）；

（六）权益性投资余额不超过本企业净资产的50%（合并会计报表口径），银保监会认可的投资公司和控股公司等除外；

（七）入股资金为自有资金，不得以委托资金、债务资金等非自有资金入股，法律法规另有规定的除外；

（八）银保监会规章规定的其他审慎性条件。

第十六条　单一中方非金融机构在中外合资银行的持股比例应当符合银保监会的规定。股东及其关联方、一

致行动人在中外合资银行的持股比例合并计算。

第十七条 有下列情形之一的,不得作为外商独资银行、中外合资银行的股东:

(一)公司治理结构与机制存在明显缺陷;

(二)股权关系复杂或者透明度低;

(三)关联企业众多,关联交易频繁或者异常;

(四)核心业务不突出或者经营范围涉及行业过多;

(五)现金流量波动受经济环境影响较大;

(六)资产负债率、财务杠杆率高于行业平均水平;

(七)以不符合法律、行政法规及监管规定的资金入股;

(八)代他人持有外商独资银行、中外合资银行股权;

(九)其他对拟设银行产生重大不利影响的情形。

第十八条 设立外商独资银行、中外合资银行分为筹建和开业两个阶段。

第十九条 筹建外商独资银行、中外合资银行的申请,由拟设机构所在地银保监局受理和初审,银保监会审查和决定。

申请筹建外商独资银行、中外合资银行,申请人应当向拟设机构所在地银保监局提交申请资料,同时抄送拟设机构所在地银保监分局。

拟设机构所在地银保监局应当自受理之日起20日内将申请资料连同审核意见报送银保监会。银保监会应当自银保监局受理之日起6个月内,作出批准或者不批准筹建的决定,并书面通知申请人。决定不批准的,应当说明理由。特殊情况下,银保监会可以适当延长审查期限,并书面通知申请人,但延长期限不得超过3个月。

第二十条 申请筹建外商独资银行、中外合资银行,申请人应当向拟设机构所在地银保监局提交下列申请资料(一式两份),同时抄送拟设机构所在地银保监分局(一份):

(一)各股东董事长或者行长(首席执行官、总经理)联合签署的筹建申请书,内容包括拟设机构的名称、所在地、注册资本、申请经营的业务种类、各股东名称和出资比例等;

(二)可行性研究报告及筹建计划书,内容至少包括申请人的基本情况、对拟设机构的市场前景分析、业务发展规划、组织管理结构、开业后3年的资产负债规模和盈亏预测,与业务经营相关的信息系统、数据中心及网络建设初步规划,以及筹建期内完成各项筹建工作的安排。

申请人在中国境内已设立外国银行分行的,应当确保拟设外商独资银行或者中外合资银行与已设外国银行分行在机构名称、营业地址、业务系统、人员配备等方面有所区分,并在筹建计划书中说明;

(三)拟设机构的章程草案;

(四)拟设机构各股东签署的合资经营合同,但单一股东的外商独资银行除外;

(五)拟设机构各股东的章程;

(六)拟设机构各股东及其所在集团的组织结构图,主要股东及其控股股东、实际控制人、最终受益人名单及其无故意或者重大过失犯罪记录的声明,海外分支机构和关联企业名单;

(七)拟设机构各股东最近3年的年报;

(八)拟设机构各股东的反洗钱制度,中方股东为非金融机构的,可不提供反洗钱制度;

(九)拟设机构各股东签署的在中国境内长期持续经营并对拟设机构实施有效管理的承诺函;

(十)拟设机构外方股东所在国家或者地区金融监管机构核发的营业执照或者经营金融业务许可文件的复印件及对其申请的意见书;拟设机构中方股东为金融机构的,应当提交相关金融监管机构对其申请的意见书;

(十一)初次设立外商独资银行、中外合资银行的,应当报送外方股东所在国家或者地区金融体系情况和有关金融监管法规的摘要;

(十二)银保监会要求的其他资料。

第二十一条 申请人应当自收到筹建批准文件之日起15日内到拟设机构所在地银保监局领取开业申请表,开始筹建工作。筹建期为自获准筹建之日起6个月。

申请人未在6个月内完成筹建工作,应当在筹建期届满前1个月向拟设机构所在地银保监局报告。筹建延期的最长期限为3个月。

申请人应当在前款规定的期限届满前提交开业申请,逾期未提交的,筹建批准文件失效。

第二十二条 拟设外商独资银行、中外合资银行完成筹建工作后,应当向拟设机构所在地银保监局申请验收。经验收合格的,可以申请开业。外商独资银行、中外合资银行开业的申请,由拟设机构所在地银保监局受理、审查和决定。

拟设外商独资银行、中外合资银行申请开业,应当向拟设机构所在地银保监局提交申请资料,同时抄送拟设机构所在地银保监分局。拟设机构所在地银保监局应当自受理之日起2个月内,作出批准或者不批准开业的决定,并书面通知申请人,同时抄报银保监会。决定不批准的,应当说明理由。

第二十三条　拟设外商独资银行、中外合资银行申请开业，应当将下列申请资料报送拟设机构所在地银保监局（一式两份），同时抄送拟设机构所在地银保监分局（一份）：

（一）筹备组负责人签署的开业申请书，内容包括拟设机构的名称、住所、注册资本、业务范围、各股东及其持股比例、拟任董事长和行长（首席执行官）的姓名等；与拟设外商独资银行、中外合资银行在同一城市设有代表处的，应当同时申请关闭代表处；

（二）开业申请表；

（三）拟任董事长、行长（首席执行官）任职资格核准所需的相关资料；

（四）开业前审计报告和法定验资机构出具的验资证明；

（五）拟设机构组织结构图、各岗位职责描述、内部授权和汇报路线；

（六）拟在开业时经营人民币业务的，还应当提交人民币业务筹备情况的说明，包括内部控制制度和操作规程等；

（七）拟设机构人员名单、简历和培训记录；

（八）拟设机构的章程草案以及在中国境内依法设立的律师事务所出具的对章程草案的法律意见书；

（九）营业场所安全、消防设施合格情况的说明；

（十）营业场所的所有权证明、使用权证明或者租赁合同的复印件；

（十一）拟设机构反洗钱和反恐怖融资相关材料，包括出资资金来源情况说明和出资资金来源合法的声明，反洗钱和反恐怖融资内部控制制度材料，反洗钱和反恐怖融资管理部门设置情况报告，反洗钱和反恐怖融资专业人员配备情况及接受培训情况报告，信息系统反洗钱和反恐怖融资功能报告等；

（十二）银保监会要求的其他资料。

第二十四条　外商独资银行、中外合资银行应当在收到开业批准文件并领取金融许可证后，到市场监督管理部门办理登记，领取营业执照。

外商独资银行、中外合资银行应当自领取营业执照之日起6个月内开业。未能按期开业的，应当在开业期限届满前1个月向外商独资银行或者中外合资银行所在地银保监局报告。开业延期的最长期限为3个月。

外商独资银行、中外合资银行未在前款规定期限内开业的，开业批准文件失效，由开业决定机关注销开业许可，收回其金融许可证，并予以公告。

第二节　外国银行分行改制为外商独资银行

第二十五条　外国银行申请将其在中国境内分行改制为由其单独出资的外商独资银行，应当符合本办法有关设立外商独资银行的条件，承诺在中国境内长期持续经营并且具备对拟设外商独资银行实施有效管理的能力。

第二十六条　外国银行将其在中国境内分行改制为由其单独出资的外商独资银行，分为改制筹建和开业两个阶段。

第二十七条　外国银行将其在中国境内分行改制为由其单独出资的外商独资银行的申请，由拟设机构所在地银保监局受理和初审，银保监会审查和决定。

申请改制筹建外商独资银行，申请人应当向拟设机构所在地银保监局提交改制筹建申请资料，同时抄送该外国银行在中国境内所有分行所在地银保监局。

拟设机构所在地银保监局应当自受理之日起20日内将申请资料连同审核意见报送银保监会。银保监会应当自银保监局受理之日起6个月内，作出批准或者不批准改制筹建的决定，并书面通知申请人。决定不批准的，应当说明理由。特殊情况下，银保监会可以适当延长审查期限，并书面通知申请人，但延长期限不得超过3个月。

第二十八条　申请改制筹建外商独资银行，申请人应当向拟设机构所在地银保监局提交下列改制筹建申请资料（一式两份），同时抄送该外国银行在中国境内所有分行所在地银保监局（各一份）：

（一）申请人董事长或者行长（首席执行官、总经理）签署的申请书，内容包括拟设外商独资银行及其分支机构的名称、所在地、注册资本或者营运资金、申请经营的业务种类等；如同时申请增加注册资本，应当标明拟增加的注册资本金额及币种；

（二）可行性研究报告及筹建计划书，内容至少包括申请人的基本情况、对拟设机构的市场前景分析、业务发展规划、组织管理结构、开业后3年的资产负债规模和盈亏预测，与业务经营相关的信息系统、数据中心及网络建设初步规划，以及筹建期内完成各项筹建工作的安排；

（三）拟设机构的章程草案；

（四）申请人关于将中国境内分行改制为由其单独出资的外商独资银行的董事会决议；

（五）申请人董事长或者行长（首席执行官、总经理）签署的同意由拟设外商独资银行承继中国境内分行债权、债务及税务的意见函以及对改制前中国境内分行的债权、债务及税务承担连带责任的承诺函；

（六）申请人董事长或者行长（首席执行官、总经理）签署的在中国境内长期持续经营并对拟设外商独资银行实施有效管理的承诺函，内容包括允许拟设外商独资银行使用其商誉、对拟设外商独资银行提供资本、管理和技术支持等；

（七）申请人提出申请前 2 年在中国境内所有分行经审计的合并财务会计报告；

（八）申请人所在国家或者地区金融监管机构对其中国境内分行改制的意见书；

（九）申请人最近 3 年年报；

（十）银保监会要求的其他资料。

第二十九条 申请人应当自收到改制筹建批准文件之日起 15 日内到拟设外商独资银行所在地银保监局领取开业申请表，开始筹建工作。筹建期为自获准改制筹建之日起 6 个月。

申请人未在 6 个月内完成改制筹建工作，应当在筹建期届满前 1 个月向拟设外商独资银行所在地银保监局报告，并抄送该外国银行在中国境内所有分行所在地银保监局。筹建延期的最长期限为 3 个月。

申请人应当在前款规定的期限届满前提交开业申请，逾期未提交的，改制筹建批准文件失效。

第三十条 拟设外商独资银行完成筹建工作后，应当向拟设机构所在地银保监局申请验收。经验收合格的，可以申请开业。开业申请由拟设机构所在地银保监局受理和初审，银保监会审查和决定。

由外国银行在中国境内分行改制的外商独资银行申请开业，应当向拟设机构所在地银保监局提交申请资料，同时抄送该外国银行在中国境内所有分行所在地银保监局。

拟设机构所在地银保监局应当自受理之日起 20 日内将申请资料连同审核意见报送银保监会。银保监会应当自银保监局受理之日起 2 个月内，作出批准或者不批准开业的决定，并书面通知申请人。决定不批准的，应当说明理由。

第三十一条 由外国银行在中国境内分行改制的外商独资银行申请开业，应当将下列申请资料报送拟设机构所在地银保监局（一式两份），同时抄送该外国银行在中国境内所有分行所在地银保监局（各一份）：

（一）筹备组负责人签署的开业申请书，内容包括拟设外商独资银行及其分支机构的名称、住所或者营业地址、注册资本及营运资金、申请经营的业务种类、拟任董事长、行长（首席执行官）及分支行行长的姓名等；

（二）拟转入拟设外商独资银行的资产、负债和所有者权益的清单，拟设外商独资银行的模拟资产负债表、损益表、贷款质量五级分类情况表、贷款损失准备数额；

（三）改制完成情况的说明；

（四）律师事务所出具的关于合同转让法律意见书，对于不具备转让条件的合同，应当对银行制定的紧急预案提出法律意见；

（五）开业前审计报告和法定验资机构出具的验资证明；

（六）拟设外商独资银行的章程草案以及在中国境内依法设立的律师事务所出具的对章程草案的法律意见书；

（七）拟设外商独资银行组织结构图、各岗位职责描述、内部授权和汇报路线；

（八）拟设外商独资银行人员名单、简历和培训记录；

（九）拟任外商独资银行董事长、行长（首席执行官）以及外商独资银行分行行长任职资格核准所需的相关资料；

（十）改制后新增营业场所的所有权证明、使用权证明或者租赁合同的复印件和营业场所安全、消防设施合格情况的说明；

（十一）拟设机构反洗钱和反恐怖融资相关材料，包括出资资金来源情况说明和出资资金来源合法的声明，反洗钱和反恐怖融资内部控制制度材料，反洗钱和反恐怖融资管理部门设置情况报告，反洗钱和反恐怖融资专业人员配备情况及接受培训情况报告，信息系统反洗钱和反恐怖融资功能报告等；

（十二）银保监会要求的其他资料。

第三十二条 外国银行将其在中国境内分行改制为由其单独出资的外商独资银行，应当在收到开业批准文件后交回原外国银行分行的金融许可证，领取新的金融许可证，到市场监督管理部门办理登记，领取营业执照。原外国银行分行应当依法向市场监督管理部门办理注销登记。

第三十三条 由外国银行分行改制的外商独资银行应当自领取营业执照之日起 6 个月内开业。未能按期开业的，应当在开业期限届满前 1 个月向外商独资银行所在地银保监局报告。开业延期的最长期限为 3 个月。

外商独资银行未在前款规定期限内开业的，开业批准文件失效，由开业决定机关注销开业许可，收回其金融许可证，并予以公告。

第三节 外国银行分行设立

第三十四条 设立外国银行分行，申请人应当具备下列条件：

（一）具有持续盈利能力，信誉良好，无重大违法违规记录；

（二）具有从事国际金融活动的经验；

（三）具有有效的反洗钱制度；

（四）受到所在国家或者地区金融监管机构的有效监管，并且其申请经所在国家或者地区金融监管机构同意；

（五）资本充足率符合所在国家或者地区金融监管机构以及银保监会的规定；

（六）本办法第五条规定的审慎性条件。

设立外国银行分行，申请人应当无偿拨给或者授权境内已设分行无偿拨给拟设分行不少于2亿元人民币或者等值自由兑换货币的营运资金。

拟设分行的外国银行所在国家或者地区应当经济状况良好，具有完善的金融监督管理制度，并且其金融监管机构已经与银保监会建立良好的监督管理合作机制。

第三十五条　外国银行在中国境内增设分行，除应当具备本办法第三十四条规定的条件外，其在中国境内已设分行应当经营状况良好，主要监管指标达到监管要求，并符合银保监会规章规定的审慎性条件。

第三十六条　设立外国银行分行分为筹建和开业两个阶段。

第三十七条　筹建外国银行分行的申请，由拟设机构所在地银保监局受理和初审，银保监会审查和决定。

申请筹建外国银行分行，申请人应当向拟设机构所在地银保监局提交申请资料，同时抄送拟设机构所在地银保监分局。

拟设机构所在地银保监局应当自受理之日起20日内将申请资料连同审核意见报送银保监会。银保监会应当自银保监局受理之日起6个月内，作出批准或者不批准筹建的决定，并书面通知申请人。决定不批准的，应当说明理由。特殊情况下，银保监会可以适当延长审查期限，并书面通知申请人，但延长期限不得超过3个月。

第三十八条　申请筹建外国银行分行，申请人应当向拟设机构所在地银保监局报送下列申请资料（一式两份），同时抄送拟设机构所在地银保监分局（一份）：

（一）申请人董事长或者行长（首席执行官、总经理）签署的筹建申请书，内容包括拟设机构的名称、所在地、营运资金、申请经营的业务种类等；

（二）可行性研究报告及筹建计划书，内容包括申请人的基本情况、对拟设机构的市场前景分析、业务发展规划、开业后3年的资产负债规模和盈亏预测、组织管理结构、信息科技系统部署及管理情况等，以及筹建期内完成各项筹建工作的安排。

申请人在中国境内已设立外商独资银行或者中外合资银行的，应当确保拟设外国银行分行与已设外商独资银行或者中外合资银行在机构名称、营业地址、业务系统、人员配备等方面有所区分，并在筹建计划书中说明；

（三）申请人章程；

（四）申请人及其所在集团的组织结构图，主要股东及其控股股东、实际控制人、最终受益人名单及其无故意或者重大过失犯罪记录的声明，海外分支机构和关联企业名单；

（五）申请人最近3年年报；

（六）申请人的反洗钱和反恐怖融资相关材料，包括反洗钱和反恐怖融资内部控制制度材料，信息系统反洗钱和反恐怖融资功能报告；

（七）申请人所在国家或者地区金融监管机构核发的营业执照或者经营金融业务许可文件的复印件及对其申请的意见书；

（八）初次设立外国银行分行的，申请人应当报送所在国家或者地区金融体系情况和有关金融监管法规的摘要；

（九）银保监会要求的其他资料。

第三十九条　申请人应当自收到筹建批准文件之日起15日内到拟设机构所在地银保监局领取开业申请表，开始筹建工作。筹建期为自获准筹建之日起6个月。

申请人未在6个月内完成筹建工作，应当在筹建期届满前1个月向拟设机构所在地银保监局报告。筹建延期的最长期限为3个月。

申请人应当在前款规定的期限届满前提交开业申请。逾期未提交的，筹建批准文件失效。

第四十条　拟设外国银行分行完成筹建工作后，应当向拟设机构所在地银保监局或者经授权的银保监分局申请验收。经验收合格的，可以申请开业。外国银行分行的开业申请，由拟设机构所在地银保监局受理、审查和决定。

拟设外国银行分行申请开业，应当向拟设机构所在地银保监局提交申请资料，同时抄送拟设机构所在地银保监分局。拟设机构所在地银保监局应当自受理之日起2个月内，作出批准或者不批准开业的决定，并书面通知申请人，同时抄报银保监会。决定不批准的，应当说明理由。

第四十一条　拟设外国银行分行申请开业，应当将下列申请资料报送拟设机构所在地银保监局（一式两份），同时抄送拟设机构所在地银保监分局（一份）：

（一）筹备组负责人签署的开业申请书，内容包括拟设机构的名称、营业地址、营运资金、业务范围、拟任分行行长姓名等；在拟设分行同一城市设有代表处的，应当同时申请关闭代表处；

（二）开业申请表；

（三）拟任外国银行分行行长任职资格核准所需的相关资料；

（四）开业前审计报告和法定验资机构出具的验资证明；出资资金来源情况说明和出资资金来源合法的声明；

（五）外国银行对拟设分行承担税务、债务责任的保证书；

（六）拟设分行组织结构图、各岗位职责描述、内部授权和汇报路线；

（七）拟在开业时经营人民币业务的，还应当提交人民币业务筹备情况的说明，包括内部控制制度和操作规程等；

（八）拟设分行人员名单、简历和培训记录以及反洗钱和反恐怖融资管理部门设置情况报告、专业人员配备情况及接受培训情况报告；

（九）营业场所安全、消防设施合格情况的说明；

（十）营业场所的所有权证明、使用权证明或者租赁合同的复印件；

（十一）银保监会要求的其他资料。

第四十二条 外国银行分行应当在收到开业批准文件并领取金融许可证后，到市场监督管理部门办理登记，领取营业执照。外国银行分行应当自领取营业执照之日起6个月内开业。未能按期开业的，应当在开业期限届满前1个月向所在地银保监局报告。开业延期的最长期限为3个月。

外国银行分行未在前款规定期限内开业的，开业批准文件失效，由开业决定机关注销开业许可，收回其金融许可证，并予以公告。

第四节 外商独资银行、中外合资银行的下设分行及分行级专营机构设立

第四十三条 外商独资银行、中外合资银行设立分行及信用卡中心、小企业信贷中心、私人银行部、票据中心、资金营运中心、贵金属业务部等分行级专营机构的，申请人应当具备下列条件：

（一）具有拨付营运资金的能力，拨给各分行及分行级专营机构营运资金的总和，不得超过总行资本金总额的60%；

（二）主要监管指标达到监管要求；

（三）银保监会规章规定的审慎性条件。

第四十四条 外商独资银行、中外合资银行设立分行级专营机构的，申请人除应当具备本办法第四十三条规定的条件外，还应当具备以下条件：

（一）专营机构符合该项业务的发展方向，符合银行的总体战略和发展规划，有利于提高银行整体竞争能力；

（二）开办专营业务2年以上，有经营专营业务的管理团队和专业技术人员；

（三）专营业务资产质量、服务水平、成本控制能力及盈利性良好；

（四）银保监会规章规定的其他审慎性条件。

第四十五条 外商独资银行、中外合资银行设立分行或者分行级专营机构，分为筹建和开业两个阶段。

第四十六条 银保监会直接监管的外商独资银行、中外合资银行申请筹建一级分行或者分行级专营机构，由银保监会受理、审查和决定。银保监会直接监管的外商独资银行、中外合资银行申请筹建二级分行，其他外商独资银行、中外合资银行申请筹建分行或者分行级专营机构，由拟设机构所在地银保监局受理、审查和决定。

申请筹建外商独资银行、中外合资银行的分行或者分行级专营机构，申请人应当向银保监会或者拟设机构所在地银保监局提交申请资料，同时抄送拟设机构所在地银保监分局。

银保监会或者拟设机构所在地银保监局应当自受理之日起4个月内，作出批准或者不批准筹建的决定，并书面通知申请人。决定不批准的，应当说明理由。特殊情况下，银保监会或者拟设机构所在地银保监局可以适当延长审查期限，并书面通知申请人，但延长期限不得超过3个月。

第四十七条 外商独资银行、中外合资银行申请筹建分行或者分行级专营机构，申请人应当向银保监会或者拟设机构所在地银保监局报送下列申请资料（一式两份），同时抄送拟设机构所在地银保监分局（一份）：

（一）申请人董事长或者行长（首席执行官）签署的筹建申请书，内容包括拟设机构的名称、所在地、营运资金、申请经营的业务种类等；

（二）可行性研究报告及筹建计划书，内容包括申请人的基本情况、对拟设机构的市场前景分析、业务发展规划、组织管理结构、开业后3年的资产负债规模和盈亏预测等，以及筹建期内完成各项筹建工作的安排；

（三）申请人章程；

（四）申请人年报；

（五）申请人反洗钱和反恐怖融资相关材料，包括反洗钱和反恐怖融资内部控制制度材料，信息系统反

洗钱和反恐怖融资功能报告；

（六）申请人关于同意设立分行或者分行级专营机构的董事会决议；

（七）银保监会要求的其他资料。

第四十八条　申请人应当自收到筹建批准文件之日起15日内到拟设机构所在地银保监局领取开业申请表，开始筹建工作。筹建期为自获准筹建之日起6个月。

申请人未在6个月内完成筹建工作，应当在筹建期届满前1个月向拟设机构所在地银保监局报告。筹建延期的最长期限为3个月。

申请人应当在前款规定的期限届满前提交开业申请，逾期未提交的，筹建批准文件失效。

第四十九条　拟设外商独资银行、中外合资银行的分行或者分行级专营机构完成筹建工作后，应当向拟设机构所在地银保监局或者经授权的银保监分局申请验收。经验收合格的，可以申请开业。外商独资银行、中外合资银行的分行或者分行级专营机构的开业申请，由拟设机构所在地银保监局受理、审查和决定。

拟设外商独资银行、中外合资银行的分行或者分行级专营机构申请开业，应当向拟设机构所在地银保监局提交申请资料，同时抄送拟设机构所在地银保监分局。

拟设机构所在地银保监局应当自受理之日起2个月内，作出批准或者不批准开业的决定，并书面通知申请人，同时抄报银保监会。决定不批准的，应当说明理由。

第五十条　拟设外商独资银行、中外合资银行的分行或者分行级专营机构申请开业，应当将下列申请资料报送拟设机构所在地银保监局（一式两份），同时抄送拟设机构所在地银保监分局（一份）：

（一）筹备组负责人签署的开业申请书，内容包括拟设机构的名称、营业地址、营运资金、业务范围、拟任分行行长或者分行级专营机构总经理姓名等；

（二）开业申请表；

（三）拟任分行行长或者分行级专营机构总经理任职资格核准所需的相关资料；

（四）开业前审计报告和法定验资机构出具的验资证明；

（五）营业场所安全、消防设施合格情况的说明；

（六）拟设机构组织结构图、各岗位职责描述、内部授权和汇报路线；

（七）拟设机构人员名单、简历和培训记录以及反洗钱和反恐怖融资管理部门设置情况报告、专业人员配备情况及接受培训情况报告；

（八）营业场所的所有权证明、使用权证明或者租赁合同的复印件；

（九）银保监会要求的其他资料。

第五十一条　外商独资银行、中外合资银行的支行升格为分行的，应当符合本办法关于外商独资银行、中外合资银行下设分行的条件，申请人应当在筹建开始前3日内向所在地银保监局提交筹建报告，领取开业申请表。拟升格的支行应当在提交筹建报告之日起6个月内完成筹建工作，特殊情况下可延长3个月。申请人在完成筹建工作后，按照外商独资银行、中外合资银行下设分行开业的条件和程序，向所在地银保监局提交支行升格分行的申请。

第五十二条　外商独资银行、中外合资银行的分行或者分行级专营机构应当在收到开业批准文件并领取金融许可证后，到市场监督管理部门办理登记，领取营业执照。

外商独资银行、中外合资银行的分行或者分行级专营机构应当自领取营业执照之日起6个月内开业。未能按期开业的，应当在开业期限届满前1个月向所在地银保监局报告。开业延期的最长期限为3个月。

外商独资银行、中外合资银行的分行或者分行级专营机构未在前款规定期限内开业的，开业批准文件失效，由开业决定机关注销开业许可，收回金融许可证，并予以公告。

第五节　支行设立

第五十三条　设立支行，申请人应当在拟设支行所在城市同一行政区划内设有分行或者分行以上机构。所在城市同一行政区划是指所在城市及以下行政区划。

香港特别行政区、澳门特别行政区的银行在广东省内设立的分行可以申请在广东省内设立异地支行。香港特别行政区、澳门特别行政区的银行在内地设立的外商独资银行在广东省内设立的分行，可以申请在广东省内设立异地支行。

第五十四条　设立支行，申请人应当具备下列条件：

（一）正式营业1年以上，资产质量良好；香港特别行政区、澳门特别行政区的银行在广东省内分行或者香港特别行政区、澳门特别行政区的银行在内地设立的外商独资银行在广东省内分行正式营业1年以上，资产质量良好；

（二）具有较强的内部控制能力，最近1年无重大违法违规行为和因内部管理问题导致的重大案件；香港特别行政区、澳门特别行政区的银行在广东省内分行或者香港特别行政区、澳门特别行政区的银行在内地设立的外商独资银行在广东省内分行具有较强的内部控制能力，最近1年无重大违法违规行为和因内部管理问题导致的重大案件；

（三）具有拨付营运资金的能力；

（四）已建立对高级管理人员考核、监督、授权和调整的制度和机制，并有足够的专业经营管理人才；

（五）银保监会规定的其他审慎性条件。

第五十五条　拟设立支行的申请人应在支行筹建3日前向拟设地银保监局或者经授权的银保监分局提交筹建报告并领取开业申请表，开始筹建工作。

第五十六条　拟设立支行的申请人应在提交筹建报告之日起9个月内完成筹建工作。拟设支行完成筹建工作后，应当向拟设机构所在地银保监局或者经授权的银保监分局申请验收。经验收合格的，可以申请开业。

支行开业申请，由拟设机构所在地银保监局或者经授权的银保监分局受理、审查和决定。

拟设支行申请开业，应当向拟设机构所在地银保监局或者经授权的银保监分局提交申请资料。拟设机构所在地银保监局或者经授权的银保监分局应当自受理之日起30日内，作出批准或者不批准开业的决定，并书面通知申请人。同时抄送银保监会和拟设机构所在地银保监局或者银保监分局。决定不批准的，应当说明理由。

申请人逾期未提交开业申请的，应及时向拟设地银保监局或者经授权的银保监分局报告。

第五十七条　拟设支行申请开业，应当将下列申请资料报送拟设机构所在地银保监局或者经授权的银保监分局（一式两份）：

（一）筹备组负责人签署的开业申请书，内容包括拟设机构的名称、营业地址、营运资金、业务范围、拟任支行行长的姓名等；

（二）开业申请表；

（三）与业务规模相适应的营运资金已拨付到位，法定验资机构出具的验资证明；

（四）拟任支行行长简历、商业银行从业及相关管理经验、履职计划等详细说明；

（五）拟设支行的组织结构图、各岗位职责描述、内部授权和汇报路线；

（六）拟设支行人员名单、简历、培训记录以及反洗钱和反恐怖融资管理部门设置情况报告、专业人员配备情况及接受培训情况报告；

（七）营业场所的所有权证明、使用权证明或者租赁合同的复印件；

（八）营业场所的安全、消防设施合格情况的说明；

（九）银保监会要求的其他资料。

支行应当在收到开业批准文件并领取金融许可证后，到市场监督管理部门办理登记，领取营业执照。

第五十八条　支行应当自领取营业执照之日起6个月内开业。未能按期开业的，应当在开业期限届满前1个月向所在地银保监局或者银保监分局报告。开业延期的最长期限为3个月。

支行未在前款规定期限内开业的，开业批准文件失效，由开业决定机关注销开业许可，收回其金融许可证，并予以公告。

第六节　外国银行代表处设立

第五十九条　设立外国银行代表处，申请人应当具备下列条件：

（一）具有持续盈利能力，信誉良好，无重大违法违规记录；

（二）具有从事国际金融活动的经验；

（三）具有有效的反洗钱制度；

（四）受到所在国家或者地区金融监管机构的有效监管，并且其申请经所在国家或者地区金融监管机构同意；

（五）本办法第五条规定的审慎性条件。

拟设代表处的外国银行所在国家或者地区应当经济状况良好，具有完善的金融监督管理制度，并且其金融监管机构已经与银保监会建立良好的监督管理合作机制。

第六十条　外国银行在中国境内已设立营业性机构的，除已设立的代表处外，不得增设代表处，但拟设代表处所在地为符合国家区域经济发展战略及相关政策的地区除外。

外国银行在中国境内增设代表处，除应当具备本办法第五十九条规定的条件外，其在中国境内已设机构应当无重大违法违规记录。

外国银行在同一城市不得同时设有营业性机构和代表处。

第六十一条　外国银行设立代表处的申请，由拟设机构所在地银保监局受理、审查和决定。

外国银行申请设立代表处，应当向拟设机构所在地银保监局提交申请资料，同时抄送拟设机构所在地银保监分局。拟设机构所在地银保监局应当自受理之日起6个月内作出批准或者不批准设立的决定，并书面通知申请人，同时抄报银保监会。决定不批准的，应当说明理由。

第六十二条　申请设立外国银行代表处，申请人应当向拟设机构所在地银保监局提交下列申请资料（一式两份），同时抄送拟设机构所在地银保监分局（一份）：

（一）申请人董事长或者行长（首席执行官、总经理）签署的申请书，内容包括拟设代表处的名称、所在地、拟任首席代表姓名等；

（二）代表处设立申请表；

（三）可行性研究报告，内容包括申请人的基本情况、拟设代表处的目的和计划等；

（四）申请人章程；

（五）申请人及其所在集团的组织结构图，主要股东及其控股股东、实际控制人、最终受益人名单及其无故意或者重大过失犯罪记录的声明，海外分支机构和关联企业名单；

（六）申请人最近3年年报；

（七）申请人反洗钱制度；

（八）申请人所在国家或者地区金融监管机构核发的营业执照或者经营金融业务许可文件的复印件及对其申请的意见书；

（九）拟任首席代表任职资格核准所需的相关资料；

（十）初次设立代表处的，申请人应当报送由在中国境内注册的银行业金融机构出具的与该外国银行已经建立代理行关系的证明，以及申请人所在国家或者地区金融体系情况和有关金融监管法规的摘要；

（十一）银保监会要求的其他资料。

第六十三条　经批准设立的外国银行代表处，应当凭批准文件到市场监督管理部门办理登记。

外国银行代表处应当自拟设机构所在地银保监局批准设立之日起6个月内迁入固定的办公场所。迁入固定办公场所后5日内应当向所在地银保监局或者银保监分局报送相关资料。

外国银行代表处未在前款规定期限内迁入办公场所的，代表处设立批准文件失效。

第七节　投资设立、入股境内银行业金融机构

第六十四条　外商独资银行、中外合资银行申请投资设立、入股境内银行业金融机构的，应当具备下列条件：

（一）具有良好的公司治理结构；

（二）风险管理和内部控制健全有效；

（三）具有良好的并表管理能力；

（四）主要审慎监管指标符合监管要求；

（五）权益性投资余额原则上不超过其净资产的50%（合并会计报表口径）；

（六）具有完善、合规的信息科技系统和信息安全体系，具有标准化的数据管理体系，具备保障业务连续有效安全运行的技术与措施；

（七）最近2年无严重违法违规行为和因内部管理问题导致的重大案件，或者相关违法违规及内部管理问题已整改到位并经银保监会或者其派出机构认可；

（八）最近3个会计年度连续盈利；

（九）监管评级良好；

（十）银保监会规章规定的其他审慎性条件。

第六十五条　外商独资银行、中外合资银行申请投资设立、入股境内银行业金融机构由银保监会受理、审查并决定。银保监会自受理之日起6个月内作出批准或者不批准的书面决定。

前款所指投资设立、入股境内银行业金融机构事项，如需另经银保监会或者银保监局批准设立，或者需银保监会或者银保监局进行股东资格审核等，则相关许可事项由银保监会或者银保监局在批准设立或者进行股东资格审核等事项时对外商独资银行、中外合资银行设立、入股行为进行合并审查并作出决定。

第六十六条　申请投资设立、入股境内银行业金融机构，申请人应当向银保监会提交下列对外投资申请资料（一式两份）：

（一）申请书，内容至少包括：被投资方的基本情况、投资方进行股权投资的必要性和可行性、股权投资及后续整合方案、发展计划、存在的风险及应对措施等；

（二）申请人股东同意投资境内银行业金融机构的决议；

（三）被投资方股东（大）会同意吸收商业银行投资的决议；

（四）股权投资协议；

（五）可行性研究报告，内容至少包括：被投资方基本情况，投资方进行股权投资的必要性和可行性以及股权投资前后资本充足率、流动性、盈利性等经营状况的分析和对比，交易结构和后续安排，整合方案，发展计划，存在的风险及应对措施等；

（六）申请人最近3年经审计的财务报告和业务发展情况报告；

（七）被投资方最近3年经审计的财务报告和业务发展情况报告；

（八）合作股东的基本情况；

（九）申请人与被投资的境内银行业金融机构关于风险隔离制度、并表管理制度及关联交易实施细则等情况；

（十）申请人投资境内银行业金融机构战略及执行情况；

（十一）申请人最近2年存在严重违法违规行为和因内部管理问题导致重大案件的，应提交整改情况

的说明；

（十二）银保监会要求的其他资料。

本条第（三）项、第（七）项不适用申请人发起设立机构的情形。

第六十七条　外商独资银行、中外合资银行作为发起人或者战略投资者投资设立、入股境内银行业金融机构，参照关于境外金融机构作为发起人或者战略投资者投资设立、入股境内银行业金融机构的相关规定。

本节所称银行业金融机构，是指在中国境内设立的商业银行、农村合作银行、农村信用合作社等吸收公众存款的金融机构以及政策性银行。

在中国境内设立的金融资产管理公司、信托公司、企业集团财务公司、金融租赁公司、汽车金融公司、货币经纪公司、消费金融公司等，适用本节对银行业金融机构的规定。

第三章　机构变更

第一节　变更注册资本或者营运资金

第六十八条　外商独资银行、中外合资银行申请变更注册资本、外国银行分行申请变更营运资金，应当具备下列条件：

（一）外商独资银行及其股东、中外合资银行及其股东以及外国银行的董事会已决议通过变更事项；

（二）外商独资银行股东、中外合资银行股东、外国银行所在国家或者地区金融监管机构同意其申请，但外国银行分行营运资金总额不变仅变更币种的除外。

第六十九条　银保监会直接监管的外商独资银行、中外合资银行变更注册资本由银保监会受理、审查和决定。其他外商独资银行、中外合资银行变更注册资本、外国银行分行变更营运资金的申请，由所在地银保监局受理、审查和决定。

外商独资银行、中外合资银行申请变更注册资本、外国银行分行申请变更营运资金，应当向银保监会或者所在地银保监局提交申请资料，同时抄送所在地银保监分局。

银保监会或者所在地银保监局应当自受理之日起3个月内，作出批准或者不批准变更的决定，并书面通知申请人。决定不批准的，应当说明理由。

第七十条　外商独资银行、中外合资银行申请变更注册资本、外国银行分行申请变更营运资金，应当向银保监会或者所在地银保监局提交下列申请资料（一式两份），同时抄送所在地银保监分局（一份）：

（一）申请人董事长或者行长（首席执行官）签署的申请书；

（二）可行性研究报告，内容包括变更注册资本或者营运资金后的业务发展规划、资金用途、对主要监管指标的影响；

（三）增加注册资本或者营运资金的，应提交出资资金来源情况说明和出资资金来源合法的声明；

（四）申请人及其股东关于变更注册资本的董事会决议，外国银行关于变更分行营运资金的董事会决议；

（五）申请人股东及外国银行应当提交所在国家或者地区金融监管机构关于变更事项的意见书，中外合资银行中方股东为非金融机构的无须提交；

（六）银保监会要求的其他资料。

第七十一条　外商独资银行、中外合资银行获准变更注册资本、外国银行分行获准变更营运资金，应当自银保监会或者所在地银保监局作出批准决定之日起30日内，向银保监会或者所在地银保监局报送法定验资机构出具的验资证明，同时抄送所在地银保监分局。

第二节　变更股东

第七十二条　银保监会直接监管的外商独资银行、中外合资银行变更股东或者调整股东持股比例的申请，由银保监会受理、审查和决定。其他外商独资银行、中外合资银行变更股东或者调整股东持股比例的申请，由所在地银保监局受理和初审，银保监会审查和决定。本条所称变更股东包括股东转让股权、股东因重组或被收购等发生变更以及银保监会认定的其他股东变更情形。外商独资银行、中外合资银行的股东仅因商号、责任形式等变更引起更名，而股东主体未变更的，无须申请变更股东，但应在变更事项完成后1年内，就变更事项申请修改章程。

外商独资银行、中外合资银行变更股东，拟受让方或者承继方应当符合本办法第十条至第十七条规定的条件。

外商独资银行、中外合资银行申请变更股东或者调整股东持股比例，应当向银保监会或者所在地银保监局提交申请资料，同时抄送所在地银保监分局。由所在地银保监局受理和初审的，所在地银保监局应当自受理之日起20日内将申请资料连同审核意见报送银保监会。银保监会应当自申请受理之日起3个月内，作出批准或者不批准变更的决定，并书面通知申请人。决定不批准的，应当说明理由。

第七十三条　外商独资银行、中外合资银行申请变更股东或者调整股东持股比例，应当向银保监会或者所在地银保监局提交下列申请资料（一式两份），同时抄送所在地银保监分局（一份）：

（一）申请人董事长或者行长（首席执行官）签署的申请书；

（二）申请人关于变更事项的董事会决议；

（三）申请人股东、拟受让方或者承继方关于变更事项的董事会决议；

（四）申请人股东、拟受让方或者承继方是金融机构的，应当提交所在国家或者地区金融监管机构关于变更事项的意见书；

（五）申请人股权转让方与拟受让方或者承继方签署的转让（变更）协议；

（六）各股东与拟受让方或者承继方签署的合资经营合同，但单一股东的外商独资银行除外；

（七）拟受让方或者承继方的章程、组织结构图、主要股东名单、海外分支机构和关联企业名单、最近3年年报、所在国家或者地区金融监管机构核发的营业执照或者经营金融业务许可文件的复印件；

（八）拟受让方或者承继方反洗钱反恐怖融资材料，包括出资资金来源情况说明和出资资金来源合法的声明，股东及其控股股东、实际控制人、最终受益人名单及其无故意或者重大过失犯罪记录的声明、反洗钱制度等。中外合资银行拟受让中方股东为非金融机构的，无须提交反洗钱制度；

（九）拟受让方或者承继方为外方股东的，应当提交所在国家或者地区金融体系情况和有关金融监管法规的摘要；

（十）银保监会要求的其他资料。

第七十四条 外商独资银行、中外合资银行获准变更股东或者调整股东持股比例，应当自银保监会作出批准决定之日起30日内，向银保监会或者所在地银保监局报送法定验资机构出具的验资证明以及相关交易的证明文件，同时抄报所在地银保监分局。

第七十五条 外商独资银行、中外合资银行变更组织形式、合并、分立应当符合《中华人民共和国公司法》《中华人民共和国商业银行法》以及其他法律、行政法规和规章的规定，并具备下列条件：

（一）外商独资银行及其股东、中外合资银行及其股东的董事会已决议通过变更事项；

（二）变更事项的申请已经股东所在国家或者地区金融监管机构同意；

（三）外商独资银行、中外合资银行已就变更事项制定具体方案。

外商独资银行、中外合资银行因股东发生合并、分立等变更事项的，该外商独资银行、中外合资银行应当根据银保监会的要求进行相关调整。

第七十六条 外商独资银行、中外合资银行变更组织形式、合并、分立的申请，由银保监会受理、审查和决定。

外商独资银行、中外合资银行申请变更组织形式、合并、分立，应当向银保监会提交申请资料。

银保监会应当自受理之日起3个月内，作出批准或者不批准变更的决定，并书面通知申请人。决定不批准的，应当说明理由。

第七十七条 外商独资银行、中外合资银行合并分为吸收合并和新设合并。合并须经合并筹备和合并开业两个阶段。

吸收合并的，吸收合并方应当按照变更的条件和材料要求向银保监会提交合并筹备和合并开业的申请；被吸收方自行终止的，应当按照终止的条件和材料要求向银保监会提交申请；被吸收方变更为分支机构的，应当按照设立的条件和材料要求向银保监会提交申请。

新设合并的，新设方应当按照设立的条件和材料要求向银保监会提交合并筹备和合并开业的申请；原外商独资银行、中外合资银行应当按照终止的条件和材料要求向银保监会提交申请。

第七十八条 外商独资银行、中外合资银行分立分为存续分立和新设分立。分立须经分立筹备和分立开业两个阶段。

存续分立的，存续方应当按照变更的条件和材料要求向银保监会提交分立筹备和分立开业的申请；新设方应当按照设立的条件和材料要求向银保监会提交申请。

新设分立的，新设方应当按照设立的条件和材料要求向银保监会提交分立筹备和分立开业的申请；原外商独资银行、中外合资银行应当按照解散的条件和材料要求向银保监会提交申请。

第七十九条 外商独资银行、中外合资银行申请变更组织形式、合并、分立，除应当按照本办法第七十七条、第七十八条的规定提交申请资料外，还应当向银保监会提交下列申请资料（一式两份）：

（一）申请人董事长或者行长（首席执行官）签署的申请书；

（二）关于变更组织形式、合并、分立的方案；

（三）申请人各方股东关于变更事项的董事会决议；

（四）申请人各方股东应当提交所在国家或者地区金融监管机构关于变更事项的意见书，中外合资银行中方股东为非金融机构的无须提交；

（五）申请人各方股东签署的合并、分立协议；申请人各方股东签署的合资经营合同，但单一股东的外商独资银行除外；申请人各方股东的章程、组织结构图、董事会及主要股东名单、最近1年年报；

（六）申请人各方股东反洗钱反恐怖融资材料，包括出资资金来源情况说明和出资资金来源合法的声明、股东及其控股股东、实际控制人、最终受益人名单及其无故意或者重大过失犯罪记录的声明、反洗钱制度等。中外合资银行中方股东为非金融机构的，无须提交反洗钱制度；

（七）变更组织形式、合并、分立后银行的章程草案以及在中国境内依法设立的律师事务所出具的对章程草案的法律意见书；

（八）银保监会要求的其他资料。

申请人应当将申请书和关于变更组织形式、合并、分立的方案抄送申请人及其分支机构所在地银保监局（各一份）。

第三节 修改章程

第八十条 外商独资银行、中外合资银行应当在其章程所列内容发生变动后1年内提出修改章程的申请。

外商独资银行、中外合资银行修改章程仅涉及名称、住所、股权、注册资本、业务范围且变更事项已经银保监会或者所在地银保监局批准的，不需进行修改章程的申请，但应当在银保监会或者所在地银保监局作出上述变更事项批准决定之日起6个月内将修改后的章程报送银保监会或者所在地银保监局。

第八十一条 外商独资银行、中外合资银行申请修改章程，应当具备下列条件：

（一）外商独资银行、中外合资银行的董事会已决议通过修订章程；

（二）外商独资银行、中外合资银行股东的董事会已决议通过或者经股东有权部门履行法定程序同意修改章程；

（三）章程的修改符合中国相关法律法规要求。

第八十二条 银保监会直接监管的外商独资银行、中外合资银行修改章程的申请，由银保监会受理、审查和决定。其他外商独资银行、中外合资银行修改章程的申请，由所在地银保监局受理、审查和决定。

外商独资银行、中外合资银行申请修改章程，应当向银保监会或者所在地银保监局提交申请资料，同时抄送所在地银保监分局。

银保监会或者所在地银保监局应当自受理之日起3个月内，作出批准或者不批准修改章程的决定，并书面通知申请人。决定不批准的，应当说明理由。

第八十三条 外商独资银行、中外合资银行申请修改章程，应当向银保监会或者所在地银保监局提交下列申请资料（一式两份），同时抄送所在地银保监分局（一份）：

（一）申请人董事长或者行长（首席执行官）签署的申请书；

（二）申请人关于修改章程的董事会决议；

（三）申请人股东授权签字人签署的关于修改章程的意见书；

（四）申请人的原章程和新章程草案；

（五）原章程与新章程草案变动对照表；

（六）在中国境内依法设立的律师事务所或者申请人法律部门出具的对新章程草案的法律合规意见函；

（七）银保监会要求的其他资料。

第四节 变更名称

第八十四条 申请变更外资银行在中国境内机构名称，应当具备下列条件：

（一）变更事项已获得申请人所在国家或者地区金融监管机构的批准；

（二）申请人已获得所在国家或者地区金融监管机构核发的新营业执照或者经营金融业务的许可文件；

（三）申请人已承诺承担其在中国境内分行的税务和债务责任。

本条第（一）项、第（二）项不适用外资银行名称未变更、仅申请变更其在中国境内机构名称的情形。

外国银行单独出资设立的外商独资银行申请变更名称的，拟变更的名称应当反映股东的商誉。

第八十五条 外商独资银行、中外合资银行、外国银行分行变更名称的申请，由银保监会受理、审查和决定。外国银行代表处变更名称的申请，由所在地银保监局受理、审查和决定。

申请变更外资银行名称，应当向银保监会或者所在地银保监局提交申请资料，同时抄送外资银行在中国境内机构所在地银保监分局。银保监会或者所在地银保监局应当自受理之日起3个月内，作出批准或者不批准变更的决定，并书面通知申请人。决定不批准的，应当说明理由。

第八十六条 外商独资银行股东、中外合资银行股东、外国银行因合并、分立、重组等原因申请变更其在中国境内机构名称，应当在合并、分立、重组等变更事项发生5日内，向银保监会或者所在地银保监局、银保监分局报告，并于30日内将下列申请资料报送银保监会或者所在地银保监局（一式两份），同时抄送所在地银保监局或者银保监分局（一份）：

（一）申请人董事长或者行长（首席执行官）签署

的申请书；

（二）变更名称申请表；

（三）外商独资银行股东、中外合资银行股东、外国银行的章程；

（四）外商独资银行股东、中外合资银行股东、外国银行的组织结构图、董事会以及主要股东名单；

（五）外国银行董事长或者行长（首席执行官、总经理）签署的对其在中国境内分行承担税务、债务责任的保证书；

（六）外商独资银行股东、中外合资银行股东、外国银行的合并财务会计报告；

（七）外商独资银行股东、中外合资银行股东及外国银行的反洗钱反恐怖融资材料，包括股东及其控股股东、实际控制人、最终受益人名单及其无故意或者重大过失犯罪记录的声明、反洗钱制度等。中外合资银行中方股东为非金融机构的，无须提交反洗钱制度；

（八）外商独资银行股东、中外合资银行股东、外国银行所在国家或者地区金融监管机构对变更事项的批准书或者意见书；

（九）外商独资银行股东、中外合资银行股东、外国银行更名后，所在国家或者地区金融监管机构核发的营业执照或者经营金融业务许可文件的复印件；

（十）银保监会要求的其他资料。

第八十七条　外商独资银行股东、中外合资银行股东、外国银行因其他原因申请变更在中国境内机构名称的，应当在变更事项发生5日内，向银保监会或者所在地银保监局、银保监分局报告，并于30日内将下列申请资料报送银保监会或者所在地银保监局（一式两份），同时抄送外资银行在中国境内机构所在地银保监局或者银保监分局（一份）：

（一）申请人董事长或者行长（首席执行官）签署的申请书；

（二）外商独资银行股东、中外合资银行股东、外国银行更名后所在国家或者地区金融监管机构核发的营业执照复印件或者经营金融业务许可文件复印件；

（三）外商独资银行股东、中外合资银行股东、外国银行所在国家或者地区金融监管机构对变更事项的批准书；

（四）银保监会要求的其他资料。

本条第（二）项、第（三）项不适用外资银行名称未变更、仅变更在中国境内机构名称的情形。

外资银行支行因营业场所变更等自身原因拟变更名称的，不需进行更名的申请，但应当于变更后15日内向开业决定机关换领金融许可证。

第五节　在同城内变更住所或者办公场所

第八十八条　银保监会直接监管的外商独资银行、中外合资银行在同城内变更住所由银保监会受理、审查和决定。其他外商独资银行、中外合资银行在同城内变更住所、外国银行代表处在同城内变更办公场所的申请，由所在地银保监局受理、审查和决定。

外商独资银行、中外合资银行申请在同城内变更住所、外国银行代表处申请在同城内变更办公场所，应当向银保监会或者所在地银保监局提交申请资料。

银保监会或者所在地银保监局应当自受理之日起3个月内，作出批准或者不批准变更的决定，并书面通知申请人。决定不批准的，应当说明理由。

第八十九条　外商独资银行、中外合资银行在同城内变更住所、外国银行代表处在同城内变更办公场所，应当向银保监会或者所在地银保监局提交下列申请资料（一式两份）：

（一）申请人授权签字人签署的申请书；

（二）拟迁入住所或者办公场所的所有权证明、使用权证明或者租赁合同的复印件；

（三）拟迁入住所的安全、消防设施合格情况的说明；

（四）银保监会要求的其他资料。

第九十条　外商独资银行、中外合资银行、外国银行代表处因行政区划调整等原因导致的行政区划、街道、门牌号等发生变化而实际位置未变化的，以及外资银行分支机构在所在城市的行政区划内变更营业场所的，不需进行变更住所或者办公场所的申请，但外资银行营业性机构应当于变更后15日内向开业决定机关换领金融许可证。

第四章　机构终止

第一节　外商独资银行、中外合资银行解散

第九十一条　外商独资银行、中外合资银行有下列情形之一的，经银保监会批准后解散：

（一）章程规定的营业期限届满或者出现章程规定的其他解散事由；

（二）股东会决议解散；

（三）因合并或者分立需要解散。

第九十二条　外商独资银行、中外合资银行申请解散，应当具备下列条件：

（一）外商独资银行及其股东、中外合资银行及其股东的董事会已决议通过解散；

（二）外商独资银行股东、中外合资银行股东所在国家或者地区金融监管机构已同意其申请；

（三）具有有效的资产处置、债务清偿、人员安置、

客户身份资料和业务档案存放的方案。

第九十三条 银保监会直接监管的外商独资银行、中外合资银行解散的申请，由银保监会受理、审查和决定。其他外商独资银行、中外合资银行解散的申请，由所在地银保监局受理和初审，银保监会审查和决定。

外商独资银行、中外合资银行申请解散，应当向银保监会或者所在地银保监局提交申请资料，同时抄送所在地银保监分局。

所在地银保监局应当自受理之日起20日内将申请资料连同审核意见报送银保监会。银保监会应当自银保监局受理之日起3个月内，作出批准或者不批准解散的决定，并书面通知申请人。决定不批准的，应当说明理由。

第九十四条 外商独资银行、中外合资银行申请解散，应当向银保监会或者所在地银保监局提交下列申请资料（一式两份），同时抄送所在地银保监分局（一份）：

（一）申请人董事长或者行长（首席执行官）签署的申请书；

（二）申请人关于解散的董事会决议；

（三）申请人各股东关于外商独资银行、中外合资银行解散的董事会决议；

（四）外商独资银行股东、中外合资银行股东所在国家或者地区金融监管机构关于该机构解散的意见书；

（五）关于外商独资银行、中外合资银行解散后资产处置、债务清偿、人员安置的计划和负责后续事项的人员名单及联系方式；客户身份资料和业务档案移交在中国境内依法设立的档案保管机构的相关说明；

（六）银保监会要求的其他资料。

第二节 破产

第九十五条 外商独资银行、中外合资银行因解散而清算，清算组发现该机构财产不足以清偿债务的，或者因不能支付到期债务，自愿或者应其债权人要求申请破产的，在向法院申请破产前，应当向银保监会提出申请。

第九十六条 银保监会直接监管的外商独资银行、中外合资银行破产的申请，由银保监会受理、审查和决定。其他外商独资银行、中外合资银行破产的申请，由所在地银保监局受理和初审，银保监会审查和决定。

外商独资银行、中外合资银行申请破产，应当向银保监会或者所在地银保监局提交申请资料，同时抄送所在地银保监分局。所在地银保监局应当自受理之日起20日内将申请资料连同审核意见报送银保监会。银保监会应当自所在地银保监局受理之日起3个月内，作出批准或者不批准破产的决定，并书面通知申请人。决定不批准的，应当说明理由。

第九十七条 外商独资银行、中外合资银行申请破产，应当向银保监会或者所在地银保监局提交下列申请资料（一式两份），同时抄送所在地银保监分局（一份）：

（一）申请人董事长、行长（首席执行官）或者清算组组长签署的申请书；

（二）申请人关于破产的董事会决议；

（三）各股东关于外商独资银行、中外合资银行破产的董事会决议；

（四）客户身份资料和业务档案移交在中国境内依法设立的档案保管机构的相关说明；

（五）银保监会要求的其他资料。

本条第（二）项、第（三）项不适用由清算组提出破产申请的情形。

第三节 分行及分行级专营机构关闭

第九十八条 外商独资银行、中外合资银行申请关闭分行或者分行级专营机构，外国银行申请关闭分行，应当具备下列条件：

（一）申请人董事会已决议通过关闭分行或者分行级专营机构；

（二）外国银行关闭分行已经所在国家或者地区金融监管机构同意；

（三）具有有效的资产处置、债务清偿、人员安置及客户身份资料和业务档案在中国境内保存的方案。

第九十九条 银保监会直接监管的外商独资银行、中外合资银行申请关闭一级分行或者分行级专营机构，由银保监会受理、审查和决定。银保监会直接监管的外商独资银行、中外合资银行申请关闭二级分行，其他外商独资银行、中外合资银行申请关闭分行或者分行级专营机构，由拟关闭机构所在地银保监局受理、审查和决定。外国银行分行的关闭申请，由拟关闭机构所在地银保监局受理和初审，银保监会审查和决定。

外商独资银行、中外合资银行申请关闭分行或者分行级专营机构，外国银行申请关闭分行，应当向银保监会或者拟关闭机构所在地银保监局提交申请资料，同时抄送拟关闭机构所在地银保监分局。

由拟关闭机构所在地银保监局受理和初审的，拟关闭机构所在地银保监局应当自受理之日起20日内将申请资料连同审核意见报送银保监会。银保监会或者拟关闭机构所在地银保监局应当自申请受理之日起3个月内，作出批准或者不批准关闭的决定，并书面通知申请人。决定不批准的，应当说明理由。

第一百条 外商独资银行、中外合资银行申请关闭分行或者分行级专营机构，外国银行申请关闭分行，应当向银保监会或者拟关闭机构所在地银保监局提交下列申请资料（一式两份），同时抄送拟关闭机构所在地银保监分局（一份）：

（一）申请人董事长或者行长（首席执行官）签署的申请书；

（二）申请人关于关闭分行或者分行级专营机构的董事会决议；

（三）外国银行所在国家或者地区金融监管机构对其申请的意见书；

（四）拟关闭机构的资产处置、债务清偿、人员安置的计划，客户身份资料和业务档案在中国境内保存方案和负责后续事项的人员名单及联系方式；

（五）银保监会要求的其他资料。

第四节 分行关闭并在同一城市设立代表处

第一百零一条 外国银行关闭中国境内分行并在同一城市设立代表处的申请，由拟关闭机构所在地银保监局受理和初审，银保监会对拟关闭分行的申请进行审查和决定；在经银保监会批准外国银行关闭中国境内分行后，所在地银保监局对该外国银行在同一城市设立代表处的申请进行审查和决定。

外国银行关闭中国境内分行并申请在同一城市设立代表处，应当向拟关闭机构所在地银保监局提交申请资料，同时抄送拟关闭机构所在地银保监分局。所在地银保监局应当自受理之日起20日内将申请材料连同关于外国银行关闭中国境内分行的初审意见报送银保监会。

银保监会及拟关闭机构所在地银保监局应当自受理之日起3个月内，作出批准或者不批准的决定，并书面通知申请人。决定不批准的，应当说明理由。

第一百零二条 外国银行申请关闭在中国境内分行并在同一城市设立代表处的，应当具备本办法第五十九条、第九十八条规定的条件，并应当在终止业务活动前将下列申请资料报送拟关闭机构所在地银保监局（一式两份），同时抄送拟关闭机构所在地银保监分局（一份）：

（一）申请人董事长或者行长（首席执行官、总经理）签署的申请书；

（二）申请人关于关闭分行并在同一城市设立代表处的董事会决议；

（三）外国银行所在国家或者地区金融监管机构对其申请的意见书；

（四）拟关闭分行资产处置、债务清偿、人员安置的计划，客户身份资料和业务档案在中国境内保存方案和负责后续事项的人员名单及联系方式；

（五）拟任首席代表任职资格核准所需的相关资料；

（六）银保监会要求的其他资料。

第五节 支行关闭

第一百零三条 外商独资银行、中外合资银行、外国银行申请关闭支行，应当具备下列条件：

（一）外商独资银行、中外合资银行、外国银行的董事会或者有权部门已决议通过关闭支行；

（二）具有有效的资产处置、债务清偿、人员安置的方案。

第一百零四条 外商独资银行、中外合资银行、外国银行关闭支行的申请，由拟关闭机构所在地银保监局或者经授权的银保监分局受理、审查和决定。

外商独资银行、中外合资银行、外国银行申请关闭支行，应当向拟关闭机构所在地银保监局或者经授权的银保监分局提交申请资料，同时抄送拟关闭机构所在地银保监分局。拟关闭机构所在地银保监局或者经授权的银保监分局应当自受理之日起3个月内，作出批准或者不批准关闭的决定，并书面通知申请人。决定不批准的，应当说明理由。

第一百零五条 外商独资银行、中外合资银行、外国银行申请关闭支行，应当在终止业务活动前将下列申请资料报送拟关闭机构所在地银保监局或者经授权的银保监分局（一式两份）：

（一）申请人授权签字人签署的申请书；

（二）申请人关于关闭支行的董事会决议或者内部有权部门的决定；

（三）拟关闭支行资产处置、债务清偿、人员安置的计划和负责后续事项的人员名单及联系方式；

（四）银保监会要求的其他资料。

第六节 外国银行代表处关闭

第一百零六条 外国银行申请关闭代表处，应当具备下列条件：

（一）申请人董事会已决议通过关闭代表处；

（二）申请人所在国家或者地区金融监管机构已同意其申请；

（三）具有有效的关闭方案及人员安置计划。

第一百零七条 外国银行关闭代表处的申请，由拟关闭机构所在地银保监局受理、审查和决定。

外国银行申请关闭代表处，应当向拟关闭机构所在地银保监局提交申请资料，并同时抄送拟关闭机构所在地银保监分局。拟关闭机构所在地银保监局应当自受理之日起3个月内，作出批准或者不批准关闭的决定，并书面通知申请人。决定不批准的，应当说明理由。

第一百零八条　外国银行申请关闭代表处，应当将下列申请资料报送拟关闭机构所在地银保监局（一式两份），同时抄送拟关闭机构所在地银保监分局（一份）：

（一）申请人董事长或者行长（首席执行官、总经理）签署的申请书，特殊情况下，该申请书可以由授权签字人签署；

（二）申请人关于关闭代表处的董事会决议；

（三）所在国家或者地区金融监管机构对其申请的意见书；

（四）代表处关闭方案、人员安置计划和负责后续事项的人员名单及联系方式；

（五）银保监会要求的其他资料。

第五章　业务范围

第一节　发行债务、资本补充工具

第一百零九条　外商独资银行、中外合资银行申请在境内外发行须经银保监会许可的债务、资本补充工具，应当具备下列条件：

（一）具有良好的公司治理结构；

（二）主要审慎监管指标符合监管要求；

（三）贷款风险分类结果真实准确；

（四）贷款损失准备计提充足；

（五）银保监会规章规定的其他审慎性条件。

第一百一十条　银保监会直接监管的外商独资银行、中外合资银行申请资本工具计划发行额度，由银保监会受理、审查和决定，其他外商独资银行、中外合资银行申请资本工具计划发行额度，由所在地银保监局受理和初审，由银保监会审查和决定。

外商独资银行、中外合资银行申请资本工具计划发行额度，申请人应当向银保监会或所在地银保监局提交申请资料。所在地银保监局应当自受理之日起20日内将申请资料连同审核意见报送银保监会。银保监会应自申请受理之日起3个月内，作出批准或不批准的书面决定，并书面通知申请人。决定不批准的，应当说明理由。

外商独资银行、中外合资银行可在批准额度内，自主决定具体工具品种、发行时间、批次和规模，并自批准之日起24个月内完成发行；如在24个月内再次提交额度申请，则原有剩余额度失效，以最新批准额度为准。

银保监会直接监管的外商独资银行、中外合资银行应在资本工具募集发行结束后10日内向银保监会报告，其他外商独资银行、中外合资银行应在资本工具募集发行结束后10日内向所在地银保监局报告。银保监会或所在地银保监局有权对已发行的资本工具是否达到合格资本标准进行认定。

银保监会直接监管的外商独资银行、中外合资银行应在非资本类债券募集发行结束后10日内向银保监会报告，其他外商独资银行、中外合资银行应在非资本类债券募集发行结束后10日内向所在地银保监局报告。

第一百一十一条　外商独资银行、中外合资银行申请资本工具计划发行额度，应当向银保监会或者所在地银保监局提交下列申请资料（一式两份）：

（一）申请人董事长或者行长（首席执行官）签署的申请书；

（二）可行性研究报告及洗钱和恐怖融资风险评估报告；

（三）资本工具计划发行额度登记表；

（四）申请人关于资本工具计划发行额度的董事会决议；

（五）申请人股东关于资本工具计划发行额度的决议；

（六）申请人最近3年经审计的财务会计报告；

（七）募集说明书；

（八）发行公告或者发行章程；

（九）申请人关于债券偿债计划及保障措施的专项报告；

（十）信用评级机构出具的资本补充工具信用评级报告及有关持续跟踪评级安排的说明，但申请人赴境外发行资本补充工具的除外；

（十一）银保监会要求的其他资料。

第二节　开办衍生产品交易业务

第一百一十二条　外资银行营业性机构开办衍生产品交易业务的资格分为下列两类：

（一）基础类资格：只能从事套期保值类衍生产品交易；

（二）普通类资格：除基础类资格可以从事的衍生产品交易之外，还可以从事非套期保值类衍生产品交易。

第一百一十三条　外资银行营业性机构申请开办基础类衍生产品交易业务，应当具备下列条件：

（一）具有健全的衍生产品交易风险管理制度和内部控制制度；

（二）具有接受相关衍生产品交易技能专门培训半年以上且从事衍生产品或者相关交易2年以上的交易人员至少2名，相关风险管理人员至少1名，风险模型研究人员或者风险分析人员至少1名，熟悉套期会计操作程序和制度规范的人员至少1名，以上人员应当专岗专人，相互不得兼任，且无不良记录；

（三）有适当的交易场所和设备；

（四）具有处理法律事务和负责内控合规检查的专业部门及相关专业人员；

（五）主要审慎监管指标符合监管要求；

（六）银保监会规章规定的其他审慎性条件。

第一百一十四条 外资银行营业性机构申请开办普通类衍生产品交易业务，除具备本办法第一百一十三条规定的条件外，还应当具备下列条件：

（一）具有完善的衍生产品交易前台、中台、后台自动联接的业务处理系统和实时风险管理系统；

（二）衍生产品交易业务主管人员应当具备5年以上直接参与衍生产品交易活动或者风险管理的资历，且无不良记录；

（三）具有严格的业务分离制度，确保套期保值类业务与非套期保值类业务的市场信息、风险管理、损益核算有效隔离；

（四）具有完善的市场风险、操作风险、信用风险等风险管理框架；

（五）银保监会规章规定的其他审慎性条件。

第一百一十五条 外国银行分行申请开办衍生产品交易业务，应当获得其总行（地区总部）的正式授权，其母国应当具备对衍生产品交易业务进行监管的法律框架，其母国监管机构应当具备相应的监管能力。

外国银行分行申请开办衍生产品交易业务，若不具备本办法第一百一十三条或者第一百一十四条规定的条件，其总行（地区总部）应当具备上述条件。同时该分行还应当具备下列条件：

（一）其总行（地区总部）对该分行从事衍生产品交易等方面的正式授权应当对交易品种和限额作出明确规定；

（二）除总行另有明确规定外，该分行的全部衍生产品交易统一通过对其授权的总行（地区总部）系统进行实时平盘，并由其总行（地区总部）统一进行平盘、敞口管理和风险控制。

第一百一十六条 银保监会直接监管的外商独资银行、中外合资银行开办衍生产品交易业务的申请，由银保监会受理、审查和决定。其他外资银行营业性机构开办衍生产品交易业务的申请，由所在地银保监局受理、审查和决定。

外资银行营业性机构申请开办衍生产品交易业务，应当向银保监会或者所在地银保监局提交申请资料。银保监会或者所在地银保监局应当自受理之日起3个月内，作出批准或者不批准开办衍生产品交易业务的决定，并书面通知申请人。决定不批准的，应当说明理由。

第一百一十七条 外资银行营业性机构申请开办衍生产品交易业务，应当向银保监会或者所在地银保监局报送下列申请资料（一式两份）：

（一）申请人授权签字人签署的申请书；

（二）可行性研究报告及业务计划书或者展业计划及洗钱和恐怖融资风险评估报告；

（三）衍生产品交易业务内部管理规章制度，内容包括：

1. 衍生产品交易业务的指导原则、操作规程（操作规程应当体现交易前台、中台、后台分离的原则）和针对突发事件的应急计划；

2. 新业务、新产品审批制度及流程；

3. 交易品种及其风险控制制度；

4. 衍生产品交易的风险模型指标及量化管理指标；

5. 风险管理制度和内部审计制度；

6. 衍生产品交易业务研究与开发的管理制度及后评价制度；

7. 交易员守则；

8. 交易主管人员岗位职责制度，对各级主管人员与交易员的问责制度和激励约束机制；

9. 对前台、中台、后台主管人员及工作人员的培训计划；

（四）衍生产品交易会计制度；

（五）主管人员和主要交易人员名单、履历；

（六）衍生产品交易风险管理制度，包括但不限于：风险敞口量化规则或者风险限额授权管理制度；

（七）第三方独立出具的交易场所、设备和系统的安全性和稳定性测试报告；

（八）银保监会要求的其他资料。

外国银行分行申请开办衍生产品交易业务，若不具备本办法第一百一十三条或者第一百一十四条所列条件，除报送其总行（地区总部）的上述文件和资料外，同时还应当报送下列申请资料：

（一）外国银行总行（地区总部）对该分行从事衍生产品交易品种和限额等方面的正式书面授权文件；

（二）除外国银行总行另有明确规定外，外国银行总行（地区总部）出具的确保该分行全部衍生产品交易通过总行（地区总部）交易系统进行实时平盘，并由其总行（地区总部）负责进行平盘、敞口管理和风险控制的承诺函。

第一百一十八条 外国银行在中国境内设立多家分行

的，如管理行已获准开办衍生产品交易业务，该管理行可以履行管理职责，在评估并确保中国境内其他拟开办衍生产品交易业务的分行满足条件的前提下，授权其开办衍生产品交易业务。

经管理行授权开办衍生产品交易业务的分行应满足银行业金融机构开办衍生产品交易业务的相关规定，向所在地银保监局报告，提交管理行出具的授权书以及开办衍生产品交易业务所需的材料后方可开办衍生产品交易业务。

第三节　开办信用卡业务

第一百一十九条　外商独资银行、中外合资银行申请开办信用卡业务分为申请开办发卡业务和申请开办收单业务。申请人应当具备下列条件：

（一）公司治理良好，主要审慎监管指标符合银保监会有关规定，具备与业务发展相适应的组织机构和规章制度，内部控制、风险管理和问责机制健全有效；

（二）信誉良好，具有完善、有效的内控机制和案件防控体系，最近3年内无重大违法违规行为和重大恶性案件；

（三）具备符合任职资格条件的董事、高级管理人员和合格从业人员。高级管理人员中应当有具备信用卡业务专业知识和管理经验的人员至少1名，具备开展信用卡业务必需的技术人员和管理人员，并全面实施分级授权管理；

（四）具备与业务经营相适应的营业场所、相关设施和必备的信息技术资源；

（五）已在中国境内建立符合法律法规和业务管理要求的业务系统，具有保障相关业务系统信息安全和运行质量的技术能力；

（六）开办外币信用卡业务的，应当具有结汇、售汇业务资格；

（七）银保监会规章规定的其他审慎性条件。

第一百二十条　外商独资银行、中外合资银行申请开办信用卡发卡业务，除应当具备本办法第一百一十九条规定的条件外，还应当具备下列条件：

（一）具备办理零售业务的良好基础。最近3年个人存贷款业务规模和业务结构稳定，个人存贷款业务客户规模和客户结构良好，银行卡业务运行情况良好，身份证件验证系统和征信系统的连接和使用情况良好；

（二）具备办理信用卡业务的专业系统。在中国境内建有发卡业务主机、信用卡业务申请管理系统、信用评估管理系统、信用卡账户管理系统、信用卡交易授权系统、信用卡交易监测和伪冒交易预警系统、信用卡客户服务中心系统、催收业务管理系统等专业化运营基础设施，相关设施通过了必要的安全检测和业务测试，能够保障客户资料和业务数据的完整性和安全性；

（三）符合外商独资银行、中外合资银行业务经营总体战略和发展规划，有利于提高总体业务竞争能力。能够根据业务发展实际情况持续开展业务成本计量、业务规模监测和基本盈亏平衡测算等工作。

第一百二十一条　外商独资银行、中外合资银行申请开办信用卡收单业务，除应当具备本办法第一百一十九条规定的条件外，还应当具备下列条件：

（一）具备开办收单业务的良好基础。最近3年企业贷款业务规模和业务结构稳定，企业贷款业务客户规模和客户结构较为稳定，身份证件验证系统和征信系统连接和使用情况良好；

（二）具备办理收单业务的专业系统。在中国境内建有收单业务主机、特约商户申请管理系统、特约商户信用评估管理系统、特约商户结算账户管理系统、账务管理系统、收单交易监测和伪冒交易预警系统、交易授权系统等专业化运营基础设施，相关设施通过了必要的安全检测和业务测试，能够保障客户资料和业务数据的完整性和安全性；

（三）符合外商独资银行、中外合资银行业务经营总体战略和发展规划，有利于提高业务竞争能力。能够根据业务发展实际情况持续开展业务成本计量、业务规模监测和基本盈亏平衡测算等工作。

第一百二十二条　银保监会直接监管的外商独资银行、中外合资银行开办信用卡业务的申请，由银保监会受理、审查和决定。其他外商独资银行、中外合资银行开办信用卡业务的申请，由所在地银保监局受理、审查和决定。

外商独资银行、中外合资银行申请开办信用卡业务，应当向银保监会或者所在地银保监局提交申请资料，同时抄送所在地银保监分局。银保监会或者所在地银保监局应当自受理之日起3个月内，作出批准或者不批准开办信用卡业务的决定，并书面通知申请人。决定不批准的，应当说明理由。

第一百二十三条　外商独资银行、中外合资银行申请开办信用卡业务，应当向银保监会或者所在地银保监局提交下列申请资料（一式两份），同时抄送所在地银保监分局（一份）：

（一）申请人董事长或者行长（首席执行官）签署的申请书；

（二）可行性研究报告及洗钱和恐怖融资风险评估报告；

（三）信用卡业务发展规划；

（四）信用卡业务管理制度；

（五）信用卡章程，内容至少包括信用卡的名称、种类、功能、用途、发行对象、申领条件、申领手续、使用范围（包括使用方面的限制）及使用方法、信用卡账户适用的利率、面向持卡人的收费项目和收费水平，发卡银行、持卡人及其他有关当事人的权利、义务；

（六）信用卡卡样设计草案或者可受理信用卡种类；

（七）信用卡业务运营设施、业务系统和灾备系统介绍；

（八）相关身份证件验证系统和征信系统连接情况和使用情况介绍；

（九）信用卡业务系统和灾备系统的测试报告和安全评估报告；

（十）信用卡业务运行应急方案和业务连续性计划；

（十一）信用卡业务风险管理体系建设和相应的规章制度；

（十二）信用卡业务的管理部门、职责分工、主要负责人介绍；

（十三）申请机构联系人、联系电话、联系地址、传真、电子邮箱等联系方式；

（十四）银保监会要求的其他资料。

第四节　开办其他业务

第一百二十四条　外资银行营业性机构申请开办其他业务，是指申请开办《中华人民共和国外资银行管理条例》第二十九条第（十四）项或者第三十一条第（十三）项所指的业务。

第一百二十五条　外资银行营业性机构申请开办其他业务，应当具备下列条件：

（一）具有与业务发展相适应的组织结构和规章制度，内控制度、风险管理和问责机制健全有效；

（二）与现行法律法规不相冲突；

（三）主要审慎监管指标达到监管要求；

（四）符合外资银行战略发展定位与方向；

（五）经内部决策程序通过；

（六）具备开展业务必需的技术人员和管理人员，并全面实施分级授权管理；

（七）具备与业务经营相适应的营业场所和相关设施；

（八）具备开展该项业务的必要、安全且合规的信息科技系统，具备保障信息科技系统有效安全运行的技术与措施；

（九）无重大违法违规记录和因内部管理问题导致的重大案件；

（十）银保监会规章规定的其他审慎性条件。

第一百二十六条　银保监会直接监管的外商独资银行、中外合资银行开办其他业务的申请，由银保监会受理、审查和决定。其他外资银行营业性机构开办其他业务的申请，由所在地银保监局受理、审查和决定。

外资银行营业性机构申请开办其他业务，应当向银保监会或者所在地银保监局提交申请资料，同时抄送所在地银保监分局。银保监会或者所在地银保监局应当自受理之日起3个月内，作出批准或者不批准开办拟经营业务的决定，并书面通知申请人。决定不批准的，应当说明理由。

第一百二十七条　外资银行营业性机构申请开办其他业务，应当向银保监会或者所在地银保监局报送下列申请资料（一式两份），同时抄送所在地银保监分局（一份）：

（一）申请人授权签字人签署的申请书；

（二）拟经营业务的详细介绍和可行性研究报告及洗钱和恐怖融资风险评估报告；

（三）拟经营业务的内部控制制度和操作规程；

（四）拟经营业务的人员配备情况及业务系统的介绍；

（五）银保监会要求的其他资料。

第六章　董事和高级管理人员任职资格核准

第一百二十八条　申请担任外资银行董事、高级管理人员和首席代表，拟任人应当是具有完全民事行为能力的自然人，并具备下列基本条件：

（一）熟悉并遵守中国法律、行政法规和规章；

（二）具有良好的职业道德、操守、品行和声誉，有良好的守法合规记录，无不良记录；

（三）具备大学本科以上（包括大学本科）学历，且具有与担任职务相适应的专业知识、工作经验和组织管理能力；不具备大学本科以上学历的，应当相应增加6年以上从事金融或者8年以上从事相关经济工作经历（其中从事金融工作4年以上）；

（四）具有履职所需的独立性。

外资银行董事、高级管理人员和首席代表在银保监会或者所在地银保监局核准其任职资格前不得履职。

第一百二十九条　拟任人有下列情形之一的，不得担任外资银行的董事、高级管理人员和首席代表：

（一）有故意或者重大过失犯罪记录的；

（二）有违反社会公德的不良行为，造成恶劣影响的；

（三）对曾任职机构违法违规经营活动或者重大

损失负有个人责任或者直接领导责任，情节严重的；

（四）担任或者曾任被接管、撤销、宣告破产或者吊销营业执照的机构的董事或者高级管理人员的，但能够证明本人对曾任职机构被接管、撤销、宣告破产或者吊销营业执照不负有个人责任的除外；

（五）因违反职业道德、操守或者工作严重失职，造成重大损失或者恶劣影响的；

（六）指使、参与所任职机构不配合依法监管或者案件查处的；

（七）被取消终身的董事和高级管理人员任职资格，或者受到监管机构或者其他金融管理部门处罚累计达到两次以上的；

（八）本人或者其配偶负有数额较大的债务且到期未偿还的，包括但不限于在该外资银行的逾期贷款；

（九）存在其他所任职务与拟任职务有明显利益冲突，或者明显分散其履职时间和精力的情形；

（十）不具备本办法规定的任职资格条件，采取不正当手段以获得任职资格核准的；

（十一）法律、行政法规、部门规章规定的不得担任金融机构董事、高级管理人员或者首席代表的；

（十二）银保监会认定的其他情形。

第一百三十条 外国银行在中国境内设立的外商独资银行或者中外合资银行的董事长、高级管理人员和该外国银行在中国境内设立的分行的高级管理人员不得相互兼职。

第一百三十一条 外资银行董事长、行长（首席执行官）、分行行长、分行级专营机构总经理、支行行长、外国银行代表处首席代表缺位时，外资银行应当指定符合任职资格条件的人员代为履职，并自指定之日起3日内向银保监会或者任职机构所在地银保监局或者银保监分局报告代为履职人员的简历、商业银行从业及相关管理经验、履职计划等详细说明。

代为履职的人员不符合任职资格条件的，监管机构可以责令外资银行限期调整代为履职的人员。代为履职的时间不得超过6个月。外资银行应当在6个月内选聘符合任职资格条件的人员正式任职。

第一百三十二条 具有高级管理人员任职资格且未连续中断任职1年以上的拟任人在同质同类外资银行间平级调动职务（平级兼任）或者改任（兼任）较低职务的，无需重新申请核准任职资格。

拟任人应当在任职后5日内向银保监会或者任职机构所在地银保监局或者银保监分局报告。

第一百三十三条 担任下列职务的外资银行董事、高级管理人员和首席代表除应当具备本办法第一百二十八条所列条件外，还应当分别具备下列条件：

（一）担任外商独资银行、中外合资银行董事长，应当具有8年以上金融工作或者12年以上相关经济工作经历（其中从事金融工作5年以上）；

（二）担任外商独资银行、中外合资银行副董事长，应当具有5年以上金融工作或者10年以上相关经济工作经历（其中从事金融工作3年以上）；

（三）担任外商独资银行、中外合资银行行长（首席执行官），应当具有8年以上金融工作或者12年以上相关经济工作经历（其中从事金融工作4年以上）；

（四）担任外商独资银行、中外合资银行董事会秘书、副行长、行长助理、首席运营官、首席风险控制官、首席财务官（财务总监、财务负责人）、首席技术官（首席信息官），外商独资银行分行行长、中外合资银行分行行长、分行级专营机构总经理、外国银行分行行长，应当具有5年以上金融工作或者10年以上相关经济工作经历（其中从事金融工作3年以上）；

（五）担任外商独资银行、中外合资银行董事，应当具有5年以上与经济、金融、法律、财务有关的工作经历，能够运用财务报表和统计报表判断银行的经营、管理和风险状况，理解银行的公司治理结构、公司章程、董事会职责以及董事的权利和义务；

（六）担任外商独资银行分行、中外合资银行分行、外国银行分行副行长，分行级专营机构副总经理，应当具有4年以上金融工作或者6年以上相关经济工作经历（其中从事金融工作2年以上）；

（七）担任外商独资银行、中外合资银行内审负责人和合规负责人，应当具有4年以上金融工作经历；

（八）担任外商独资银行分行、中外合资银行分行、分行级专营机构、外国银行分行合规负责人，应当具有3年以上金融工作经历；

（九）担任外国银行代表处首席代表，应当具有3年以上金融工作或者6年以上相关经济工作经历（其中从事金融工作1年以上）。

第一百三十四条 外资银行下列人员的任职资格核准的申请，由银保监会受理、审查和决定：银保监会直接监管的外商独资银行、中外合资银行董事长、行长（首席执行官）、董事、副董事长、董事会秘书、副行长、行长助理、首席运营官、首席风险控制官、首席财务官（财务总监、财务负责人）、首席技术官（首席信息官）、内审负责人、合规负责人，以及其他对经营管理具有决策权或者对风险控制起重要作用的人员。

外资银行下列人员的任职资格核准的申请，由拟任职机构所在地银保监局受理、审查和决定：其他外商独资银行、中外合资银行董事长、行长（首席执行官）、董事、副董事长、董事会秘书、副行长、行长助理、首席运营官、首席风险控制官、首席财务官（财务总监、财务负责人）、首席技术官（首席信息官）、内审负责人、合规负责人，以及其他对经营管理具有决策权或者对风险控制起重要作用的人员。

外资银行下列人员的任职资格核准的申请，由拟任职机构所在地银保监局或者经授权的银保监分局受理、审查和决定：外商独资银行分行、中外合资银行分行、外国银行分行的行长、副行长、合规负责人；分行级专营机构总经理、副总经理、合规负责人；外国银行代表处首席代表；以及其他对经营管理具有决策权或者对风险控制起重要作用的人员。

第一百三十五条　银保监会或者所在地银保监局或者经授权的银保监分局应当自受理之日起 30 日内，作出核准或者不核准的决定，并书面通知申请人。决定不核准的，应当说明理由。

随机构设立初次任命的董事长、行长（首席执行官）、分行行长、分行级专营机构总经理任职资格核准的申请，由开业决定机构自受理之日起 2 个月内，随机构开业批复作出核准或者不核准的决定；随代表处设立初次任命的首席代表任职资格核准的申请，由拟任职机构所在地银保监局自受理之日起 6 个月内，随代表处设立批复作出核准或者不核准的决定，并书面通知申请人。决定不核准的，应当说明理由。

第一百三十六条　申请核准外资银行董事、高级管理人员和首席代表任职资格，申请人应当将下列申请资料报送银保监会或者拟任职机构所在地银保监局或者经授权的银保监分局（一式两份），同时抄送拟任职机构所在地银保监分局（一份）：

（一）申请人授权签字人签署的申请书，申请书中应当说明拟任人拟任的职务、职责、权限，及该职务在本机构组织结构中的位置，拟任人为董事长或行长（首席执行官）的，无需说明拟任职务在本机构组织结构中的位置；

（二）申请人授权签字人签署的对拟任人的授权书及该签字人的授权书，拟任人为董事长或行长（首席执行官）且章程已对其职责作出规定的，无需提供对拟任人的授权书；

（三）经授权签字人签字的拟任人简历、身份证明和学历证明复印件；

（四）拟任人商业银行从业及相关管理经验、履职计划的详细说明；

（五）拟任人签署的无不良记录陈述书以及任职后将守法尽责的承诺书；

（六）拟任人接受反洗钱和反恐怖融资培训情况报告及本人签字的履行反洗钱和反恐怖融资义务的承诺书；

（七）外商独资银行、中外合资银行章程规定应当召开股东会或者董事会会议的，还应当报送相应的会议决议；

（八）拟任人履职情况的审计报告或者原任职机构出具的履职评价；

（九）拟任人在银行、银行集团及其关联企业中担任、兼任其他职务的情况说明；

（十）银保监会要求的其他资料。

第七章　附　　则

第一百三十七条　本办法中的“日”指工作日。

第一百三十八条　本办法中“以上”均含本数或者本级。

第一百三十九条　本办法中银保监会直接监管的外资银行是指在 15 个以上省（区、市）设立一级分支机构的外资法人银行。

第一百四十条　香港特别行政区、澳门特别行政区和台湾地区的金融机构在内地（大陆）设立的银行机构，比照适用本办法。国务院另有规定的，依照其规定。

第一百四十一条　国务院在自由贸易试验区等特定区域对行政许可事项另有规定的，依照其规定。

第一百四十二条　银保监会负责其直接监管的外资法人银行金融许可证的颁发与管理；所在地银保监局或者经授权的银保监分局负责其他外资银行营业性机构金融许可证的颁发与管理。

第一百四十三条　银保监会根据法律法规和市场准入工作实际，有权对行政许可事项的受理、审查和决定机关进行动态调整。

第一百四十四条　本办法由银保监会负责解释。

第一百四十五条　本办法自公布之日起施行，《中国银监会外资银行行政许可事项实施办法》（中国银监会令 2018 年第 3 号）同时废止。

8. 农村中小金融机构相关规定

中国银保监会农村中小银行机构行政许可事项实施办法

1. 2019 年 12 月 26 日中国银行保险监督管理委员会令 2019 年第 9 号公布

2. 根据 2022 年 9 月 2 日中国银行保险监督管理委员会令 2022 年第 5 号《关于修改部分行政许可规章的决定》修正

第一章　总　　则

第一条　为规范银保监会及其派出机构农村中小银行机

构行政许可行为，明确行政许可事项、条件、程序和期限，保护申请人合法权益，根据《中华人民共和国银行业监督管理法》《中华人民共和国商业银行法》和《中华人民共和国行政许可法》等法律、行政法规及国务院有关决定，制定本办法。

第二条　本办法所称农村中小银行机构包括：农村商业银行、农村合作银行、农村信用社、村镇银行、贷款公司、农村资金互助社以及经银保监会批准设立的其他农村中小银行机构。

第三条　银保监会及其派出机构依照银保监会行政许可实施程序相关规定和本办法，对农村中小银行机构实施行政许可。

第四条　农村中小银行机构以下事项须经银保监会及其派出机构行政许可：机构设立，机构变更，机构终止，调整业务范围和增加业务品种，董事（理事）和高级管理人员任职资格，以及法律、行政法规规定和国务院决定的其他行政许可事项。

行政许可中应当按照《银行业金融机构反洗钱和反恐怖融资管理办法》进行反洗钱和反恐怖融资审查，对不符合条件的，不予批准。

第五条　申请人应当按照银保监会行政许可事项申请材料目录及格式要求相关规定提交申请材料。

第二章　法人机构设立

第一节　农村商业银行设立

第六条　设立农村商业银行应当符合以下条件：

（一）有符合《中华人民共和国公司法》《中华人民共和国商业银行法》和银保监会有关规定的章程；

（二）在农村商业银行、农村合作银行、农村信用社基础上组建；

（三）注册资本为实缴资本，最低限额为 5000 万元人民币；

（四）有符合任职资格条件的董事、高级管理人员和熟悉银行业务的合格从业人员；

（五）有健全的组织机构和管理制度；

（六）有与业务经营相适应的营业场所、安全防范措施和其他设施。

第七条　设立农村商业银行，还应符合其他审慎性条件，至少包括：

（一）具有良好的公司治理结构；

（二）具有清晰的农村金融发展战略和成熟的农村金融商业模式；

（三）具有健全的风险管理体系，能有效控制各类风险；

（四）具备有效的资本约束与资本补充机制；

（五）具有科学有效的人力资源管理制度，拥有高素质的专业人才；

（六）建立与业务经营相适应的信息科技架构，具有支撑业务经营的必要、安全且合规的信息科技系统，具备保障信息科技系统有效安全运行的技术与措施；

（七）最近 1 年无严重违法违规行为和因内部管理问题导致的重大案件，或者相关违法违规及内部管理问题已整改到位并经银保监会或其派出机构认可；

（八）主要审慎监管指标符合监管要求；

（九）所有者权益大于等于股本（即经过清产核资与整体资产评估，且考虑置换不良资产及历年亏损挂账等因素，拟组建机构合并计算所有者权益剔除股本后大于或等于零）；

（十）银保监会规章规定的其他审慎性条件。

第八条　设立农村商业银行应有符合条件的发起人，发起人包括：自然人、境内非金融机构、境内银行业金融机构、境内非银行金融机构、境外银行和银保监会认可的其他发起人。

本办法所称境内银行业金融机构指在中华人民共和国境内依法设立的商业银行、农村信用社等吸收公众存款的金融机构以及政策性银行。

第九条　自然人作为发起人，应符合以下条件：

（一）具有完全民事行为能力的中国公民；

（二）有良好的社会声誉和诚信记录，无犯罪记录；

（三）入股资金为自有资金，不得以委托资金、债务资金等非自有资金入股；

（四）银保监会规章规定的其他审慎性条件。

第十条　单个自然人及其近亲属合计投资入股比例不得超过农村商业银行股本总额的 2%。职工自然人合计投资入股比例不得超过农村商业银行股本总额的 20%。

第十一条　境内非金融机构作为发起人，应符合以下条件：

（一）依法设立，具有法人资格；

（二）具有良好的公司治理结构或有效的组织管理方式；

（三）具有良好的社会声誉、诚信记录和纳税记录，能按期足额偿还金融机构的贷款本金和利息；

（四）具有较长的发展期和稳定的经营状况；

（五）具有较强的经营管理能力和资金实力；

（六）最近 2 年内无重大违法违规行为；

（七）财务状况良好，最近 2 个会计年度连续盈利；如取得控股权，应最近 3 个会计年度连续盈利；

（八）年终分配后，净资产不低于全部资产的 30%

（合并会计报表口径）；如取得控股权，年终分配后净资产应不低于全部资产的40%（合并会计报表口径）；

（九）权益性投资余额不超过本企业净资产的50%（含本次投资金额，合并会计报表口径）；如取得控股权，权益性投资余额应不超过本企业净资产的40%（含本次投资金额，合并会计报表口径）；

（十）入股资金为自有资金，不得以委托资金、债务资金等非自有资金入股；

（十一）银保监会规章规定的其他审慎性条件。

有以下情形之一的境内非金融机构不得作为发起人：

（一）公司治理结构与机制存在明显缺陷；

（二）关联企业众多、股权关系复杂且不透明、关联交易频繁且异常；

（三）核心主业不突出且其经营范围涉及行业过多；

（四）现金流量波动受经济景气影响较大；

（五）资产负债率、财务杠杆率高于行业平均水平；

（六）代他人持有农村中小银行机构股权；

（七）其他对银行产生重大不利影响的情况。

第十二条　单个境内非金融机构及其关联方、一致行动人合计投资入股比例不得超过农村商业银行股本总额的10%。

第十三条　境内银行业金融机构、境内非银行金融机构作为发起人，应符合以下条件：

（一）主要审慎监管指标符合监管要求；

（二）公司治理良好，内部控制健全有效；

（三）最近2个会计年度连续盈利；

（四）社会声誉良好；最近2年无严重违法违规行为或因内部管理问题导致的重大案件，或者相关违法违规及内部管理问题已整改到位并经银保监会或其派出机构认可；

（五）入股资金为自有资金，不得以委托资金、债务资金等非自有资金入股；

（六）银保监会规章规定的其他审慎性条件。

第十四条　单个境内非银行金融机构及其关联方、一致行动人合计投资入股比例不得超过农村商业银行股本总额的10%。

第十五条　境外银行作为发起人或战略投资者，应符合以下条件：

（一）银保监会认可的国际评级机构最近2年对其长期信用评级为良好；

（二）最近2个会计年度连续盈利；

（三）资本充足率应达到其注册地银行业资本充足率平均水平且不低于10.5%；

（四）内部控制健全有效；

（五）入股资金为自有资金，不得以委托资金、债务资金等非自有资金入股；

（六）所在国家（地区）经济状况良好；

（七）注册地金融机构监督管理制度完善；

（八）银保监会规章规定的其他审慎性条件。

境外银行作为发起人或战略投资者入股应遵循长期持股、优化治理、业务合作、竞争回避的原则。

银保监会根据金融业风险状况和监管需要，可以调整境外银行作为发起人的条件。

外商独资银行、中外合资银行作为发起人或战略投资者，参照境外银行作为发起人或战略投资者的相关规定。

第十六条　境外银行投资入股的农村中小银行机构，按照入股时该农村中小银行机构的机构类型实施监督管理。境外银行还应遵守国家关于外国投资者在中国境内投资的有关规定。

第十七条　农村商业银行设立须经筹建和开业两个阶段。

设立农村商业银行应成立筹建工作小组，农村商业银行发起人应委托筹建工作小组作为申请人。

第十八条　农村商业银行的筹建申请，由地市级派出机构或所在城市省级派出机构受理，省级派出机构审查并决定，事后报告银保监会。决定机关自受理之日起4个月内作出批准或不予批准的书面决定。

第十九条　农村商业银行的筹建期为自批准决定之日起6个月。未能按期完成筹建工作的，申请人应在筹建期限届满前1个月向决定机关提交筹建延期报告。筹建延期不得超过一次，筹建延期的最长期限为3个月。

申请人应在前款规定的期限届满前提交开业申请，逾期未提交的，筹建批准文件失效，由决定机关办理筹建许可注销手续。

第二十条　农村商业银行的开业申请，由地市级派出机构或所在城市省级派出机构受理、审查并决定；决定机关为地市级派出机构的，事后报告省级派出机构。决定机关自受理之日起2个月内作出批准或不予批准的书面决定。

第二十一条　农村商业银行应在收到开业批准文件并领取金融许可证后，到市场监督管理部门办理登记，领取营业执照。

农村商业银行应自领取营业执照之日起6个月内开业。未能按期开业的，申请人应在开业期限届满前1个月向决定机关提交开业延期报告。开业延期不得超过一次，开业延期的最长期限为3个月。

农村商业银行未在前款规定时限内开业的，开业批准文件失效，由决定机关办理开业许可注销手续，收回其金融许可证，并予以公告。

第二节　农村信用合作联社设立

第二十二条　设立农村信用合作联社应符合以下条件：

（一）具有清晰的农村金融发展战略和成熟的农村金融商业模式；

（二）有符合银保监会有关规定的章程；

（三）在农村信用合作社及其联合社基础上以新设合并方式发起设立；

（四）注册资本为实缴资本，最低限额为 300 万元人民币；

（五）股权设置合理，符合法人治理要求；

（六）有符合任职资格条件的理事、高级管理人员和熟悉银行业务的合格从业人员；

（七）有健全的组织机构、管理制度和风险管理体系；

（八）有与业务经营相适应的营业场所、安全防范措施和其他设施；

（九）建立与业务经营相适应的信息科技架构，具有支撑业务经营的必要、安全且合规的信息科技系统，具备保障信息科技系统有效安全运行的技术与措施；

（十）银保监会规章规定的其他审慎性条件。

第二十三条　设立农村信用合作联社应有符合条件的发起人，发起人包括：自然人、境内非金融机构、境内银行业金融机构、境内非银行金融机构、境外银行和银保监会认可的其他发起人。

发起人应分别符合本办法第九条、第十条、第十一条、第十二条、第十三条、第十四条、第十五条和第十六条的规定。

第二十四条　农村信用合作联社的筹建申请，由地市级派出机构或所在城市省级派出机构受理，省级派出机构审查并决定。决定机关自受理之日起 4 个月内作出批准或不予批准的书面决定。

农村信用合作联社的开业申请，由地市级派出机构或所在城市省级派出机构受理、审查并决定。决定机关自受理之日起 2 个月内作出批准或不予批准的书面决定。

筹建和开业的申请人、期限适用本办法第十七条、第十九条和第二十一条的规定。

第二十五条　农村信用合作社及其联合社、农村信用合作联社按照《中华人民共和国公司法》组建农村信用联社，其行政许可条件、程序、事权划分和时限按照农村信用合作联社设立的相关规定执行。

第三节　村镇银行设立

第二十六条　设立村镇银行应符合以下条件：

（一）有符合《中华人民共和国公司法》《中华人民共和国商业银行法》和银保监会有关规定的章程；

（二）发起人应符合规定的条件，且发起人中应至少有 1 家银行业金融机构；

（三）注册资本为实缴资本，在县（区）设立的，最低限额为 300 万元人民币；在乡（镇）设立的，最低限额为 100 万元人民币；

投资管理型村镇银行注册资本最低限额为 10 亿元人民币；“多县一行”制村镇银行注册资本最低限额为 1 亿元人民币；

（四）具有符合任职资格条件的董事、高级管理人员和熟悉银行业务的合格从业人员；

（五）具有必需的组织机构、管理制度和风险管理体系；

（六）具有清晰的支持“三农”和小微企业发展的战略；

（七）具有与业务经营相适应的营业场所、安全防范措施和其他设施；

（八）建立与业务经营相适应的信息科技架构，具有支撑业务经营的必要、安全且合规的信息科技系统，具备保障信息科技系统有效安全运行的技术与措施；

（九）银保监会规章规定的其他审慎性条件。

已经设立的村镇银行作为投资管理型村镇银行，还应符合以下条件：主要审慎监管指标符合监管要求；经营管理水平较高，支农支小特色明显。

第二十七条　设立村镇银行应有符合条件的发起人，发起人包括：自然人、境内非金融机构、境内银行业金融机构、境内非银行金融机构、境外银行和银保监会认可的其他发起人。

发起人（投资管理型村镇银行作为主发起人除外）应分别符合本办法第九条、第十一条、第十三条、第十五条和第十六条的规定。

第二十八条　村镇银行主发起人（投资管理型村镇银行作为主发起人除外）除应符合第十三条规定外，还应符合以下条件：

（一）须是银行业金融机构；

（二）监管评级良好；

（三）具有清晰的发展战略规划和可行有效的商业模式；

（四）具备对外投资实力和持续补充资本能力；

（五）具有合格人才储备；

（六）具有充分的并表管理能力及信息科技建设和管理能力。

第二十九条 投资管理型村镇银行作为主发起人，应符合以下条件：

（一）主要审慎监管指标符合监管要求；

（二）公司治理良好，内部控制健全有效；

（三）具有清晰的发展战略规划和可行有效的商业模式；

（四）具备对外投资实力和持续补充资本能力；

（五）具有合格人才储备；

（六）具有充分的并表管理能力及信息科技建设和管理能力；

（七）入股资金为自有资金，不得以委托资金、债务资金等非自有资金入股；

（八）银保监会规章规定的其他审慎性条件。

第三十条 村镇银行主发起人持股比例不得低于村镇银行股本总额的15%。

单个自然人及其近亲属合计投资入股比例不得超过村镇银行股本总额的10%。职工自然人合计投资入股比例不得超过村镇银行股本总额的20%。

单个境内非金融机构及其关联方、一致行动人合计投资入股比例不得超过村镇银行股本总额的10%。单个境内非银行金融机构及其关联方、一致行动人合计投资入股比例不得超过村镇银行股本总额的10%。

第三十一条 村镇银行（投资管理型村镇银行除外）的筹建申请，由地市级派出机构或所在城市省级派出机构受理，省级派出机构审查并决定，事后报告银保监会。投资管理型村镇银行的筹建申请，由省级派出机构受理并初步审查，银保监会审查并决定。决定机关自受理之日起4个月内作出批准或不予批准的书面决定。

村镇银行（投资管理型村镇银行除外）的开业申请，由地市级派出机构或所在城市省级派出机构受理、审查并决定；决定机关为地市级派出机构的，事后报告省级派出机构。投资管理型村镇银行的开业申请，由地市级派出机构或所在城市省级派出机构受理，省级派出机构审查并决定，事后报告银保监会。决定机关自受理之日起2个月内作出批准或不予批准的书面决定。

筹建和开业的申请人、期限适用本办法第十七条、第十九条和第二十一条的规定。筹建一人有限责任公司村镇银行的，可由出资人作为申请人。

第四节 贷款公司设立

第三十二条 在县（市）级及以下地区设立贷款公司应符合以下条件：

（一）有符合银保监会有关规定的章程；

（二）注册资本为实缴资本，最低限额为50万元人民币；

（三）有具备任职专业知识和业务工作经验的高级管理人员和工作人员；

（四）有必需的组织机构和管理制度；

（五）有与业务经营相适应的营业场所、安全防范措施和其他设施。

第三十三条 设立贷款公司，还应符合其他审慎性条件，至少包括：

（一）具有良好的公司治理结构；

（二）具有科学有效的人力资源管理制度和符合条件的专业人才；

（三）具备有效的资本约束和补充机制。

第三十四条 设立贷款公司，应有符合以下条件的出资人：

（一）出资人为境内外银行；

（二）公司治理良好，内部控制健全有效；

（三）主要审慎监管指标符合监管要求；

（四）银保监会规章规定的其他审慎性条件。

第三十五条 贷款公司由单个境内外银行全额出资设立。

第三十六条 贷款公司的筹建申请，由地市级派出机构或所在城市省级派出机构受理，省级派出机构审查并决定。决定机关自受理之日起4个月内作出批准或不予批准的书面决定。

贷款公司的开业申请，由地市级派出机构或所在城市省级派出机构受理、审查并决定。决定机关自受理之日起2个月内作出批准或不予批准的书面决定。

筹建和开业的申请人、期限适用本办法第十七条、第十九条和第二十一条的规定。贷款公司可由出资人作为申请人。

第五节 农村资金互助社设立

第三十七条 设立农村资金互助社应符合以下条件：

（一）有符合银保监会有关规定的章程；

（二）以发起方式设立且发起人不少于10人；

（三）注册资本为实缴资本，在乡（镇）设立的，最低限额为30万元人民币；在行政村设立的，最低限额为10万元人民币；

（四）有符合任职资格的理事、经理和具备从业条件的工作人员；

（五）有必需的组织机构和管理制度；

（六）有与业务经营相适应的营业场所、安全防范措施和其他设施；

（七）银保监会规章规定的其他审慎性条件。

第三十八条　设立农村资金互助社应有符合条件的发起人,发起人包括:乡(镇)、行政村的农民和农村小企业。

第三十九条　农民作为发起人,应符合以下条件:

(一)具有完全民事行为能力的中国公民;

(二)户口所在地或经常居住地(本地有固定住所且居住满3年)在农村资金互助社所在乡(镇)或行政村内;

(三)有良好的社会声誉和诚信记录,无犯罪记录;

(四)入股资金为自有资金,不得以委托资金、债务资金等非自有资金入股;

(五)银保监会规章规定的其他审慎性条件。

第四十条　农村小企业作为发起人,应符合以下条件:

(一)注册地或主要营业场所在农村资金互助社所在乡(镇)或行政村内;

(二)具有良好的信用记录;

(三)最近2年内无重大违法违规行为;

(四)上一会计年度盈利;

(五)年终分配后净资产达到全部资产的10%以上(合并会计报表口径);

(六)入股资金为自有资金,不得以委托资金、债务资金等非自有资金入股;

(七)银保监会规章规定的其他审慎性条件。

第四十一条　单个农民或单个农村小企业向农村资金互助社入股,其持股比例不得超过农村资金互助社股金总额的10%。

第四十二条　农村资金互助社的筹建申请,由地市级派出机构或所在城市省级派出机构受理,省级派出机构审查并决定。决定机关自受理之日起4个月内作出批准或不予批准的书面决定。

农村资金互助社的开业申请,由地市级派出机构或所在城市省级派出机构受理、审查并决定。决定机关自受理之日起2个月内作出批准或不予批准的书面决定。

筹建和开业的申请人、期限适用本办法第十七条、第十九条和第二十一条的规定。

第六节　投资设立、参股、收购境内法人金融机构

第四十三条　农村商业银行投资设立、参股、收购境内法人金融机构(村镇银行除外),申请人应符合以下条件:

(一)监管评级良好;

(二)主要审慎监管指标符合监管要求;

(三)具有良好的公司治理结构;

(四)具有清晰的发展战略和成熟的金融商业模式;

(五)具备对外投资实力和持续补充资本能力;

(六)风险管理和内部控制健全有效,具有良好的对外投资风险的识别、监测、分析和控制能力;

(七)具有良好的并表管理能力;

(八)具有完善、合规的信息科技系统和信息安全体系,具有标准化的数据管理体系,具备保障业务连续有效安全运行的技术与措施;

(九)权益性投资余额原则上不超过其净资产的50%(合并会计报表口径);

(十)最近3个会计年度连续盈利;

(十一)最近2年无严重违法违规行为或因内部管理问题导致的重大案件,或者相关违法违规及内部管理问题已整改到位并经银保监会或其派出机构认可;

(十二)银保监会规章规定的其他审慎性条件。

农村商业银行投资设立、参股村镇银行,申请人应符合第十三条有关规定;作为主发起人投资设立、收购村镇银行,申请人应符合第二十八条有关规定。

投资管理型村镇银行投资设立、收购村镇银行,申请人应符合第二十九条有关规定。

第四十四条　农村商业银行投资设立、参股、收购境内法人金融机构,投资管理型村镇银行投资设立、收购村镇银行,由地市级派出机构或所在城市省级派出机构受理,省级派出机构审查并决定,事后报告银保监会。决定机关自受理之日起6个月内作出批准或不予批准的书面决定。

前款所指投资设立、参股、收购境内法人金融机构事项,如需另经银保监会或其派出机构批准法人机构设立,或者需银保监会或其派出机构进行股东资格审核等,则相关许可事项由银保监会或其派出机构在批准法人机构设立或进行股东资格审核等时,对农村商业银行和投资管理型村镇银行投资设立、参股或收购行为进行合并审查并作出决定。

第三章　分支机构设立

第一节　分行、专营机构设立

第四十五条　农村商业银行设立分行,申请人应符合以下条件:

(一)具有清晰的农村金融发展战略和成熟的农村金融商业模式;

(二)农村商业银行设立满2年以上;

(三)注册资本不低于10亿元人民币;

（四）监管评级良好；

（五）公司治理良好，内部控制健全有效；

（六）主要审慎监管指标符合监管要求，其中不良贷款率低于3%，资本充足率不低于12%；

（七）具有拨付营运资金的能力；

（八）具有完善、合规的信息科技系统和信息安全体系，具有标准化的数据管理体系，具备保障业务连续有效安全运行的技术与措施；

（九）最近2年无严重违法违规行为或因内部管理问题导致的重大案件，或者相关违法违规及内部管理问题已整改到位并经银保监会或其派出机构认可；

（十）银保监会规章规定的其他审慎性条件。

第四十六条　农村商业银行设立信用卡中心、"三农"（小企业）信贷中心、私人银行部、票据中心、资金营运中心等专营机构，申请人除应符合第四十五条有关规定外，还应符合以下条件：

（一）专营业务经营体制改革符合该项业务的发展方向，并进行了详细的可行性研究论证；

（二）专营业务经营体制改革符合其总行的总体战略和发展规划，有利于提高整体竞争能力；

（三）开办专营业务2年以上，有经营专营业务的管理团队和专业技术人员；

（四）专营业务资产质量、服务等指标达到良好水平，专营业务的成本控制水平较高，具有较好的盈利前景。

第四十七条　农村商业银行分行、专营机构的筹建申请由其法人机构提交，由拟设地地市级派出机构或所在城市省级派出机构受理，省级派出机构审查并决定，事后报告银保监会。决定机关自受理之日起4个月内作出批准或不予批准的书面决定。

第四十八条　农村商业银行分行、专营机构的筹建期为自批准决定之日起6个月。未能按期完成筹建工作的，申请人应在筹建期限届满前1个月向决定机关提交筹建延期报告。筹建延期不得超过一次，筹建延期的最长期限为3个月。

申请人应在前款规定的期限届满前提交分行、专营机构开业申请，逾期未提交的，筹建批准文件失效，由决定机关办理筹建许可注销手续。

第四十九条　农村商业银行分行、专营机构的开业申请由拟设地地市级派出机构或所在城市省级派出机构受理、审查并决定。决定机关自受理之日起2个月内作出批准或不予批准的书面决定。

农村商业银行分行、专营机构开业应符合以下条件：

（一）营运资金到位；

（二）具有符合任职资格条件的高级管理人员和熟悉银行业务的合格从业人员；

（三）具有与业务发展相适应的组织机构和规章制度；

（四）具有与业务经营相适应的营业场所、安全防范措施和其他设施；

（五）具有与业务经营相适应的信息科技部门，具有必要、安全且合规的信息科技系统，具备保障本级信息科技系统有效安全运行的技术与措施。

第二节　支行设立

第五十条　农村商业银行、农村合作银行在注册地辖区内设立支行，申请人应符合以下条件：

（一）具有清晰的农村金融发展战略和成熟的农村金融商业模式；

（二）公司治理良好，内部控制健全有效；

（三）主要审慎监管指标符合监管要求；

（四）具有拨付营运资金的能力；

（五）具有完善、合规的信息科技系统和信息安全体系，具有标准化的数据管理体系，具备保障业务连续有效安全运行的技术与措施；

（六）最近1年无严重违法违规行为或因内部管理问题导致的重大案件，或者相关违法违规及内部管理问题已整改到位并经银保监会或其派出机构认可；

（七）银保监会规章规定的其他审慎性条件。

农村商业银行在注册地辖区外设立支行，申请人应符合以下条件：

（一）具有清晰的农村金融发展战略和成熟的农村金融商业模式；

（二）农村商业银行设立满1年以上；

（三）注册资本不低于5亿元人民币；

（四）监管评级良好；

（五）公司治理良好，内部控制健全有效；

（六）主要审慎监管指标符合监管要求；

（七）具有拨付营运资金的能力；

（八）具有完善、合规的信息科技系统和信息安全体系，具有标准化的数据管理体系，具备保障业务连续有效安全运行的技术与措施；

（九）最近2年无严重违法违规行为或因内部管理问题导致的重大案件，或者相关违法违规及内部管理问题已整改到位并经银保监会或其派出机构认可；

（十）银保监会规章规定的其他审慎性条件。

第五十一条　村镇银行设立6个月以上，公司治理良好，主要审慎监管指标符合监管要求的，其法人机构可根据当地金融服务需求申请在注册地辖区内设立支行。

已在中西部地区和老少边穷地区设立的村镇银行，申请作为“多县一行”制村镇银行在邻近县（市、旗）设立注册地辖区外支行，应符合以下条件：

（一）村镇银行设立满 1 年以上；

（二）注册资本不低于 1 亿元人民币；

（三）公司治理良好；

（四）主要审慎监管指标符合监管要求；

（五）经营发展稳健，处于当地同业较好水平；

（六）银保监会规章规定的其他审慎性条件。

第五十二条　农村商业银行、农村合作银行、村镇银行设立支行，筹建方案由其法人机构事后报告开业决定机关。

第五十三条　农村商业银行、农村合作银行、村镇银行在注册地辖区内的支行开业申请由其法人机构提交，由地市级派出机构或所在城市省级派出机构受理、审查并决定。农村商业银行、“多县一行”制村镇银行在注册地辖区外的支行开业申请由其法人机构提交，由拟设地地市级派出机构或所在城市省级派出机构受理、审查并决定。决定机关自受理之日起 2 个月内作出批准或不予批准的书面决定。

支行开业应符合以下条件：

（一）营运资金到位；

（二）具有符合任职资格条件的高级管理人员和熟悉银行业务的合格从业人员；

（三）具有与业务经营相适应的营业场所、安全防范措施和其他设施。

第五十四条　农村商业银行分行在分行所在地辖区内设立支行，其行政许可条件、程序、事权划分和时限按照农村商业银行在注册地辖区内设立支行的相关规定执行。

第三节　分理处、信用社、分社、分公司设立

第五十五条　农村商业银行、农村合作银行、村镇银行设立分理处，农村信用合作联社、农村信用联社设立信用社、分社，贷款公司设立分公司，申请人应符合以下条件：

（一）主要审慎监管指标符合监管要求；

（二）有熟悉银行业务的合格从业人员；

（三）具有拨付营运资金的能力；

（四）具有完善、合规的信息科技系统和信息安全体系，具有标准化的数据管理体系，具备保障业务连续有效安全运行的技术与措施；

（五）最近 1 年无严重违法违规行为或因内部管理问题导致的重大案件，或者相关违法违规及内部管理问题已整改到位并经银保监会或其派出机构认可；

（六）银保监会规章规定的其他审慎性条件。

第五十六条　农村商业银行、农村合作银行、村镇银行在注册地辖区内设立分理处，农村信用合作联社、农村信用联社在注册地辖区内设立信用社、分社，贷款公司在注册地辖区内设立分公司，筹建方案由其法人机构事后报告开业决定机关。开业申请由法人机构提交，由地市级派出机构或所在城市省级派出机构受理、审查并决定。

农村商业银行、“多县一行”制村镇银行的注册地辖区外支行在其所在的县（市、旗）内设立分理处，筹建方案由其法人机构事后报告开业决定机关。开业申请由法人机构提交，由拟设地地市级派出机构或所在城市省级派出机构受理、审查并决定。

决定机关自受理之日起 2 个月内作出批准或不予批准的书面决定。

第五十七条　分支机构开业许可事项，申请人应在收到开业批准文件并按规定领取金融许可证后，根据市场监督管理部门的规定办理登记手续，领取营业执照。

分支机构应自领取营业执照之日起 6 个月内开业。未能按期开业的，申请人应在开业期限届满前 1 个月向决定机关提交开业延期报告。开业延期不得超过一次，开业延期的最长期限为 3 个月。

分支机构未在前款规定时限内开业的，开业批准文件失效，由决定机关办理开业许可注销手续，收回其金融许可证，并予以公告。

第四章　机构变更

第一节　法人机构变更

第五十八条　法人机构变更包括：变更名称，变更住所，变更组织形式，变更股权，变更注册资本，修改章程，分立和合并等。

第五十九条　农村中小银行机构法人机构变更名称，名称中应标明“农村商业银行”“农村合作银行”“信用合作社”“联合社”“联社”“村镇银行”“贷款公司”和“农村资金互助社”等机构种类字样，并符合惟一性和商誉保护原则。

农村中小银行机构法人机构变更名称，由地市级派出机构或所在城市省级派出机构受理，省级派出机构审查并决定，事后报告银保监会。

第六十条　法人机构变更住所，应有与业务发展相符合的营业场所、安全防范措施和其他设施。

农村中小银行机构（投资管理型村镇银行除外）法人机构变更住所，由地市级派出机构或所在城市省级派出机构受理、审查并决定；决定机关为地市级派出

机构的，事后报告省级派出机构。投资管理型村镇银行变更住所，由地市级派出机构或所在城市省级派出机构受理，省级派出机构审查并决定，事后报告银保监会。

法人机构因行政区划调整等原因导致的行政区划、街道、门牌号等发生变化而实际位置未变动的，不需进行变更住所的申请，但应于变更后15日内报告属地监管机构，并换领金融许可证。

法人机构因房屋维修、增扩建等原因临时变更住所6个月以内的，不需进行变更住所申请，但应在原住所、临时住所公告，并提前10日报告属地监管机构。临时住所应符合公安、消防部门的相关要求。回迁原住所，法人机构应提前10日将回迁住所的安全、消防合格证明等材料报告属地监管机构，并予以公告。

第六十一条 农村中小银行机构（省、自治区农村信用社联合社除外）变更组织形式，由地市级派出机构或所在城市省级派出机构受理，省级派出机构审查并决定，事后报告银保监会。省（自治区）农村信用社联合社变更组织形式，由省级派出机构受理并初步审查，银保监会审查并决定。

农村中小银行机构变更组织形式将导致机构类型发生变化的，须按相关金融机构设立条件和程序申请行政许可。

第六十二条 农村中小银行机构股权变更，受让人应符合本办法规定的相应发起人（出资人）资格条件。

农村中小银行机构（地市农村信用合作社联合社、投资管理型村镇银行除外）变更持有股本总额1%以上、5%以下的股东（社员），由法人机构报告地市级派出机构或所在城市省级派出机构。地市农村信用合作社联合社、投资管理型村镇银行变更持有股本总额1%以上、5%以下的股东（社员），由法人机构报告省级派出机构。

农村中小银行机构（地市农村信用合作社联合社、投资管理型村镇银行除外）持有股本总额5%以上、10%以下股东（社员）的变更申请，由地市级派出机构或所在城市省级派出机构受理、审查并决定。地市农村信用合作社联合社、投资管理型村镇银行持有股本总额5%以上股东（社员）的变更申请，由地市级派出机构或所在城市省级派出机构受理，省级派出机构审查并决定。

农村中小银行机构持有股本总额10%以上股东（社员）的变更申请，由地市级派出机构或所在城市省级派出机构受理，省级派出机构审查并决定，事后报告银保监会。

投资人入股农村中小银行机构，应按照有关规定完整、真实地披露其关联关系。

第六十三条 法人机构变更注册资本，其股东（社员）应符合本办法规定的相应发起人（出资人）资格条件。

农村中小银行机构（投资管理型村镇银行除外）变更注册资本，由地市级派出机构或所在城市省级派出机构受理、审查并决定；决定机关为地市级派出机构的，事后报告省级派出机构。投资管理型村镇银行变更注册资本，由地市级派出机构或所在城市省级派出机构受理，省级派出机构审查并决定，事后报告银保监会。

法人机构通过配股或定向募股方式变更注册资本的，在变更注册资本前还应经过配股或募集新股方案审批。方案的受理、审查和决定程序同本条前款规定。

第六十四条 农村中小银行机构在境内外公开募集股份和上市交易股份的，应符合有关法律法规及中国证监会有关监管规定。向证监会申请之前，应向银保监会省级派出机构申请并获得批准。

农村中小银行机构在境内外公开募集股份和上市交易股份的，由地市级派出机构或所在城市省级派出机构受理，省级派出机构审查并决定，事后报告银保监会。

第六十五条 农村中小银行机构（投资管理型村镇银行除外）修改章程，由地市级派出机构或所在城市省级派出机构受理、审查并决定；决定机关为地市级派出机构的，事后报告省级派出机构。投资管理型村镇银行修改章程，由地市级派出机构或所在城市省级派出机构受理，省级派出机构审查并决定，事后报告银保监会。

法人机构变更名称、住所、股权、注册资本或业务范围的，应在决定机关作出批准决定6个月内修改章程相应条款并报告决定机关。

第六十六条 农村商业银行、农村信用联社、村镇银行、贷款公司分立、合并应符合《中华人民共和国公司法》等有关规定；农村合作银行、农村信用合作社、农村信用合作社联合社、农村信用合作联社和农村资金互助社分立、合并应参照《中华人民共和国公司法》等有关规定。

法人机构分立、合并，还应符合相应的机构设立条件。

第六十七条 法人机构分立分为存续分立和新设分立。分立须经分立筹备和分立开业两个阶段。

分立筹备阶段，分立筹备事项由地市级派出机构或所在城市省级派出机构受理，省级派出机构审查并决定，事后报告银保监会。法人机构分立将导致机构类型、股权结构等发生变化的，其分立筹备事项须按相关法人机构筹建条件和程序申请行政许可。

分立开业阶段,存续分立的存续方应按照变更事项的条件和程序通过行政许可,新设方应按照法人机构开业的条件和程序通过行政许可。新设分立的新设方应按照法人机构开业的条件和程序通过行政许可,原法人机构应按照法人机构解散的条件和程序通过行政许可。

第六十八条 法人机构合并分为吸收合并和新设合并。合并须经合并筹备和合并开业两个阶段。

合并筹备阶段,合并筹备事项由地市级派出机构或所在城市省级派出机构受理,省级派出机构审查并决定,事后报告银保监会。法人机构合并将导致机构类型、股权结构等发生变化的,其合并筹备事项须按相关法人机构筹建条件和程序申请行政许可。

合并开业阶段,吸收合并的吸收方应按照变更事项的条件和程序通过行政许可,被吸收方应按照法人机构解散的条件和程序通过行政许可;被吸收方改建为分支机构的,应按照分支机构开业的条件和程序通过行政许可。新设合并的新设方应按照法人机构开业的条件和程序通过行政许可,原法人机构应按照法人机构解散的条件和程序通过行政许可。

第六十九条 本节所列需审批的变更事项,决定机关自受理之日起3个月内作出批准或不予批准的书面决定。

第二节 分支机构变更

第七十条 分支机构变更包括:变更名称,变更住所,机构升格等。

第七十一条 农村中小银行机构分支机构变更名称,名称中应标明“分行”“支行”“分理处”“信用社”“分社”“储蓄所”和“分公司”等机构种类字样,并符合惟一性和商誉保护原则。

分支机构变更名称,由其法人机构报告所在地地市级派出机构或所在城市省级派出机构。报告后应及时变更金融许可证。

第七十二条 分支机构变更住所,由其法人机构报告所在地地市级派出机构或所在城市省级派出机构。报告后应及时变更金融许可证。

第七十三条 分支机构升格,应符合拟升格机构的设立条件,并通过行政许可。

农村商业银行支行升格为分行的,由拟升格机构所在地地市级派出机构或所在城市省级派出机构受理,省级派出机构审查并决定;其他情形的分支机构升格,由地市级派出机构或所在城市省级派出机构受理、审查并决定。

因分支机构升格导致的其他变更事项比照相关规定办理。

第七十四条 本节所列需审批的变更事项,由分支机构的法人机构提出申请。决定机关自受理之日起3个月内作出批准或不予批准的书面决定。

第五章 机构终止

第一节 法人机构终止

第七十五条 法人机构有下列情形之一的,应申请解散:

(一)章程规定的营业期限届满或者出现章程规定的其他应解散的情形;

(二)权力机构决议解散的;

(三)因分立、合并需要解散的。

第七十六条 法人机构解散,由地市级派出机构或所在城市省级派出机构受理,省级派出机构审查并决定,事后报告银保监会。决定机关自受理之日起3个月内作出批准或不予批准的书面决定。

法人机构因分立、合并出现解散情形的,与分立、合并一并进行审批。

第七十七条 法人机构有下列情形之一的,在向法院申请破产前,应向银保监会申请并获得批准:

(一)不能支付到期债务,自愿或应其债权人要求申请破产的;

(二)因解散而清算,清算组发现机构财产不足以清偿债务,应申请破产的。

申请破产的,由省级派出机构受理并初步审查,银保监会审查并决定。决定机关自受理之日起3个月内作出批准或不予批准的书面决定。

第二节 分支机构终止

第七十八条 分支机构终止营业的(被依法撤销除外),其法人机构应提交分支机构终止申请。省(自治区)农村信用社联合社办事处改制为区域审计中心的,其法人机构应向属地监管机构提交办事处终止报告。

第七十九条 农村商业银行分行、专营机构的终止申请,由分行、专营机构所在地地市级派出机构或所在城市省级派出机构受理,省级派出机构审查并决定。其他农村中小银行机构分支机构的终止申请,由分支机构所在地地市级派出机构或所在城市省级派出机构受理、审查并决定。

决定机关自受理之日起3个月内作出批准或不予批准的书面决定。

第六章 调整业务范围和增加业务品种

第一节 开办外汇业务和增加外汇业务品种

第八十条 开办除结汇、售汇以外的外汇业务或增加外汇业务品种，申请人应符合以下条件：

（一）依法合规经营，内控制度健全有效，经营状况良好；

（二）主要审慎监管指标符合监管要求；

（三）有与申报外汇业务相应的外汇营运资金和合格的外汇业务从业人员；

（四）有符合开展外汇业务要求的营业场所和相关设施；

（五）银保监会规章规定的其他审慎性条件。

第八十一条 申请开办外汇业务和增加外汇业务品种，由地市级派出机构或所在城市省级派出机构受理，省级派出机构审查并决定。

第二节 募集发行债务、资本补充工具

第八十二条 募集次级定期债务、发行二级资本债券、混合资本债、金融债及须经监管机构许可的其他债务、资本补充工具，申请人应符合以下条件：

（一）具有良好的公司治理结构；

（二）主要审慎监管指标符合监管要求；

（三）贷款风险分类结果真实准确；

（四）拨备覆盖率达标，贷款损失准备计提充足；

（五）银保监会规章规定的其他审慎性条件。

第八十三条 农村中小银行机构申请资本工具计划发行额度，由地市级派出机构或所在城市省级派出机构受理，省级派出机构审查并决定，事后报告银保监会。

农村中小银行机构可在批准额度内，自主决定具体工具品种、发行时间、批次和规模，并于批准后的24个月内完成发行；如在24个月内再次提交额度申请，则原有剩余额度失效，以最新批准额度为准。

农村中小银行机构应在资本工具募集发行结束后10日内向所在地省级派出机构报告。省级派出机构有权对已发行的资本工具是否达到合格资本标准进行认定。

农村中小银行机构应在非资本类债券募集发行结束后10日内向所在地省级派出机构报告。

第三节 开办衍生产品交易业务

第八十四条 开办衍生产品交易业务的资格分为以下两类：

（一）基础类资格：只能从事套期保值类衍生产品交易；

（二）普通类资格：除基础类资格可以从事的衍生产品交易之外，还可以从事非套期保值类衍生产品交易。

第八十五条 开办基础类衍生产品交易业务，应符合以下条件：

（一）具有健全的衍生产品交易风险管理制度和内部控制制度；

（二）主要审慎监管指标符合监管要求；

（三）具有接受相关衍生产品交易技能专门培训半年以上、从事衍生产品或相关交易2年以上的交易人员至少2名，相关风险管理人员至少1名，风险模型研究人员或风险分析人员至少1名，熟悉套期会计操作程序和制度规范的人员至少1名，以上人员均应无不良记录，且需专岗专人，相互不得兼任；

（四）有与业务相适应的交易场所和设备；

（五）具有处理法律事务和负责内控合规检查的专业部门及相关专业人员；

（六）银保监会规章规定的其他审慎性条件。

第八十六条 开办普通类衍生产品交易业务，除符合本办法第八十五条规定的条件外，还应符合以下条件：

（一）完善的衍生产品交易前、中、后台自动联接的业务处理系统和实时风险管理系统；

（二）衍生产品交易业务主管人员应具备5年以上直接参与衍生产品交易活动或风险管理的资历，且无不良记录；

（三）严格的业务分离制度，确保套期保值类业务与非套期保值类业务的市场信息、风险管理、损益核算有效隔离；

（四）完善的市场风险、操作风险、信用风险等风险管理框架；

（五）银保监会规章规定的其他审慎性条件。

第八十七条 申请开办衍生产品交易业务，由地市级派出机构或所在城市省级派出机构受理，省级派出机构审查并决定，事后报告银保监会。

第四节 开办信用卡业务

第八十八条 申请开办信用卡业务分为申请发卡业务和申请收单业务。申请人应符合以下条件：

（一）公司治理良好，具备与业务发展相适应的组织机构和规章制度，内部制度、风险管理和问责机制健全有效；

（二）主要审慎监管指标符合监管要求；

（三）具备符合任职资格条件的董事、高级管理人员和合格从业人员，高级管理人员中应具有信用卡业务专业知识和管理经验的人员至少1人，具备开展信用卡业务必须的技术人员和管理人员，并全面实施分级授权管理；

（四）具备与业务经营相适应的营业场所、相关设施和必备的信息技术资源；

（五）已在境内建立符合法律法规和业务管理要

求的业务系统，具有保障相关业务系统信息安全和运行质量的技术能力；

（六）信誉良好，具有完善、有效的案件防控体系；最近3年无严重违法违规行为或因内部管理问题导致的重大案件，或者相关违法违规及内部管理问题已整改到位并经银保监会或其派出机构认可；

（七）开办外币信用卡业务的，应具有经国务院外汇管理部门批准的结汇、售汇业务资格；

（八）银保监会规章规定的其他审慎性条件。

第八十九条　开办信用卡发卡业务除应具备本办法第八十八条规定的条件外，申请人还应符合下列条件：

（一）注册资本为实缴资本，且不低于人民币5亿元；

（二）具备办理零售业务的良好基础，最近3年个人存贷款业务规模和业务结构稳定，个人存贷款业务客户规模和客户结构良好，银行卡业务运行情况良好，身份证件验证系统和征信系统的连接和使用情况良好；

（三）具备办理信用卡业务的专业系统，在境内建有发卡业务主机、信用卡业务申请管理系统、信用评估管理系统、信用卡账户管理系统、信用卡交易授权系统、信用卡交易监测和伪冒交易预警系统、信用卡客户服务中心系统、催收业务管理系统等专业化运营基础设施，相关设施通过了必要的安全检测和业务测试，能够保障客户资料和业务数据的完整性和安全性；

（四）符合自身业务经营总体战略和发展规划，有利于提高总体业务竞争能力，能够根据业务发展实际情况持续开展业务成本计量、业务规模监测和基本盈亏平衡测算等工作。

第九十条　开办信用卡收单业务除应具备本办法第八十八条规定的条件外，申请人还应符合下列条件：

（一）注册资本为实缴资本，且不低于人民币1亿元；

（二）具备开办收单业务的良好业务基础，最近3年企业贷款业务规模和业务结构稳定，企业贷款业务客户规模和客户结构较为稳定，身份证件验证系统和征信系统连接和使用情况良好；

（三）具备办理收单业务的专业系统支持，在境内建有收单业务主机、特约商户申请管理系统、特约商户信用评估管理系统、商户结算账户管理系统、账户管理系统、收单交易监测和伪冒交易预警系统、交易授权系统等专业化运营基础设施，相关设施通过了必要的安全检测和业务测试，能够保障客户资料和业务数据的完整性和安全性；

（四）符合自身业务经营总体战略和发展规划，有利于提高业务竞争能力，能够根据业务发展实际情况持续开展业务成本计量、业务规模监测和基本盈亏平衡测算等工作。

第九十一条　农村商业银行、农村合作银行、农村信用合作联社、农村信用联社、村镇银行申请开办独立品牌信用卡发卡业务、收单业务，由地市级派出机构或所在城市省级派出机构受理，省级派出机构审查并决定。

第九十二条　省（自治区）农村信用社联合社受辖内农村商业银行、农村合作银行、农村信用合作联社、农村信用联社委托，或投资管理型村镇银行受其投资设立的村镇银行委托，申请统一信用卡品牌，应符合以下条件：

（一）使用统一品牌且符合《商业银行信用卡业务监督管理办法》有关规定的农村商业银行、农村合作银行、农村信用合作联社、农村信用联社或村镇银行数量在5家以上；

（二）具备办理信用卡业务的专业系统（包括但不限于自主建设维护的交易授权系统、交易监测系统等），通过了必要的安全检测和业务测试；

（三）信息系统运行良好，具备保障相关业务系统信息安全和运行质量的技术能力；

（四）具备为发卡机构服务的专业客户服务基础设施；

（五）具有专业管理人员和技术人员。

第九十三条　省（自治区）农村信用社联合社、投资管理型村镇银行申请统一信用卡品牌，由地市级派出机构或所在城市省级派出机构受理，省级派出机构审查并决定，事后报告银保监会。

村镇银行主发起人已开办独立品牌信用卡发卡业务，受其投资设立的村镇银行委托作为发卡业务服务机构，授权村镇银行使用主发起人统一信用卡品牌的，由主发起人事前报告银保监会和村镇银行所在地银保监会派出机构。

第九十四条　使用统一信用卡品牌开办发卡业务的农村商业银行、农村合作银行、农村信用合作联社、农村信用联社、村镇银行应符合以下条件：

（一）监管评级良好；

（二）主要审慎监管指标符合监管要求；

（三）具备良好的零售客户基础和较好的个人信贷管理能力及经验；

（四）具有专业的高级管理人才以及业务管理人员和技术人员；

（五）具有使用统一信用卡品牌开展发卡业务的资本实力。

使用统一信用卡品牌开办发卡业务的农村商业银

行、农村合作银行、农村信用合作联社、农村信用联社、村镇银行，其注册资本不适用《商业银行信用卡业务监督管理办法》相关规定。

第九十五条　使用省（自治区）农村信用社联合社统一信用卡品牌的农村商业银行、农村合作银行、农村信用合作联社、农村信用联社申请开办信用卡发卡业务，以及使用主发起人统一信用卡品牌的村镇银行申请开办信用卡发卡业务的，由地市级派出机构或所在城市省级派出机构受理、审查并决定。

第五节　开办离岸银行业务

第九十六条　开办离岸银行业务或增加业务品种，应符合以下条件：

（一）主要审慎监管指标符合监管要求；

（二）风险管理和内控制度健全有效；

（三）达到规定的外汇资产规模，且外汇业务经营业绩良好；

（四）外汇业务从业人员符合开展离岸银行业务要求，且在以往经营活动中无不良记录，其中主管人员应从事外汇业务5年以上，其他从业人员中至少50%应从事外汇业务3年以上；

（五）有符合离岸银行业务开展要求的场所和设施；

（六）最近3年无严重违法违规行为或因内部管理问题导致的重大案件，或者相关违法违规及内部管理问题已整改到位并经银保监会或其派出机构认可；

（七）银保监会规章规定的其他审慎性条件。

第九十七条　申请开办离岸银行业务或增加业务品种，由地市级派出机构或所在城市省级派出机构受理，省级派出机构审查并决定，事后报告银保监会。

第六节　申请开办其他业务

第九十八条　农村中小银行机构申请开办现行法规明确规定的其他业务和品种的，由地市级派出机构或所在城市省级派出机构受理，省级派出机构审查并决定。

第九十九条　申请开办现行法规未明确规定的业务和品种的，应符合下列条件：

（一）公司治理良好，具备与业务发展相适应的组织机构和规章制度，内部制度、风险管理和问责机制健全有效；

（二）与现行法律法规不相冲突；

（三）监管评级良好，主要审慎监管指标符合监管要求；

（四）符合本机构战略发展定位与方向；

（五）经董事会同意并出具书面意见；

（六）具备开展业务必需的技术人员和管理人员，并全面实施分级授权管理；

（七）具备与业务经营相适应的营业场所和相关设施；

（八）具有开展该项业务的必要、安全且合规的信息科技系统，具备保障信息科技系统有效安全运行的技术与措施；

（九）最近3年无严重违法违规行为或因内部管理问题导致的重大案件，或者相关违法违规及内部管理问题已整改到位并经银保监会或其派出机构认可；

（十）银保监会规章规定的其他审慎性条件。

农村中小银行机构申请开办本条所述业务和品种的，由地市级派出机构或所在城市省级派出机构受理，省级派出机构审查并决定，事后报告银保监会。

第一百条　本章业务事项，决定机关自受理之日起3个月内作出批准或不予批准的书面决定。

第七章　董事（理事）和高级管理人员任职资格许可

第一节　任职资格条件

第一百零一条　农村商业银行、农村合作银行、农村信用联社、村镇银行的董事长、副董事长、独立董事和其他董事等董事会成员以及董事会秘书，农村信用合作社、农村信用合作社联合社、农村信用合作联社、省（自治区）农村信用社联合社、农村资金互助社的理事长、副理事长、独立理事和其他理事等理事会成员须经任职资格许可。

农村商业银行、农村合作银行、村镇银行的行长、副行长、行长助理、风险总监、财务总监、合规总监、总审计师、总会计师、首席信息官以及同职级高级管理人员，农村信用合作社主任，农村信用合作社联合社、农村信用合作联社、农村信用联社的主任、副主任，省（自治区）农村信用社联合社主任、副主任、主任助理、总审计师以及同职级高级管理人员，办事处（区域审计中心）主任，贷款公司总经理，农村资金互助社经理，农村商业银行分行行长、副行长、行长助理，农村商业银行专营机构总经理、副总经理、总经理助理等高级管理人员须经任职资格许可。

农村商业银行、农村合作银行、村镇银行内审部门负责人、财务部门负责人、合规部门负责人、营业部负责人、支行行长，省（自治区）农村信用社联合社合规部门负责人，县（市、区）农村信用合作社联合社、农村信用合作联社、农村信用联社营业部负责人和信用社主任，地市农村信用合作联社、农村信用联社营业部负责人和信用社主任、副主任，农村商业银行分行营业部负责人应符合拟任人任职资格条件。

其他虽未担任上述职务，但实际履行本条前三款所列董事（理事）和高级管理人员职责的人员，应按银保监会认定的同类人员纳入任职资格管理。

第一百零二条　农村中小银行机构董事（理事）和高级管理人员拟任人应符合以下基本条件：

（一）具有完全民事行为能力；

（二）具有良好的守法合规记录；

（三）具有良好的品行、声誉；

（四）具有担任拟任职务所需的相关知识、经验及能力；

（五）具有良好的经济、金融从业记录；

（六）个人及家庭财务稳健；

（七）具有担任拟任职务所需的独立性；

（八）履行对金融机构的忠实与勤勉义务。

第一百零三条　拟任人有下列情形之一的，视为不符合本办法第一百零二条（二）（三）（五）项规定的条件，不得担任农村中小银行机构董事（理事）和高级管理人员：

（一）有故意或重大过失犯罪记录的；

（二）有违反社会公德的不良行为，造成恶劣影响的；

（三）对曾任职机构违法违规经营活动或重大损失负有个人责任或直接领导责任，情节严重的；

（四）担任或曾任被接管、撤销、宣告破产或吊销营业执照机构的董事（理事）或高级管理人员的，但能够证明本人对曾任职机构被接管、撤销、宣告破产或吊销营业执照不负有个人责任的除外；

（五）因违反职业道德、操守或者工作严重失职，造成重大损失或恶劣影响的；

（六）指使、参与所任职机构不配合依法监管或案件查处的；

（七）被取消终身的董事（理事）和高级管理人员任职资格，或受到监管机构或其他金融管理部门处罚累计达到两次以上的；

（八）不具备本办法规定的任职资格条件，采取不正当手段以获得任职资格核准的。

第一百零四条　拟任人有下列情形之一的，视为不符合本办法第一百零二条（六）（七）项规定的条件，不得担任农村中小银行机构董事（理事）和高级管理人员：

（一）截至申请任职资格时，本人或其配偶仍有数额较大的逾期债务未能偿还，包括但不限于在该金融机构的逾期贷款；

（二）本人或其配偶及其他近亲属合并持有该金融机构5%以上股份或股金，且从该金融机构获得的授信总额明显超过其持有的该金融机构股权净值；

（三）本人及其所控股的股东单位合并持有该金融机构5%以上股份或股金，且从该金融机构获得的授信总额明显超过其持有的该金融机构股权净值；

（四）本人或其配偶在持有该金融机构5%以上股份或股金的股东单位任职，且该股东从该金融机构获得的授信总额明显超过其持有的该金融机构股权净值，但能够证明授信与本人及其配偶没有关系的除外；

（五）存在其他所任职务与其在该金融机构拟任、现任职务有明显利益冲突，或明显分散其在该金融机构履职时间和精力的情形；

（六）银保监会按照实质重于形式原则确定的未达到农村中小银行机构董事（理事）、高级管理人员在财务状况、独立性方面最低监管要求的其他情形。

第一百零五条　申请农村中小银行机构董事（理事）任职资格，拟任人除应符合本办法第一百零二条规定条件外，还应具备以下条件：

（一）5年以上的法律、经济、金融、财务或其他有利于履行董事（理事）职责的工作经历；

（二）能够运用金融机构的财务报表和统计报表判断金融机构的经营管理和风险状况；

（三）了解拟任职机构公司治理结构、公司章程和董事（理事）会职责。

申请农村中小银行机构独立董事（理事）任职资格，拟任人还应是法律、经济、金融、财会方面的专业人员，并符合相关法规规定。

农村资金互助社理事不适用本条规定。

第一百零六条　除不得存在第一百零三条、第一百零四条所列情形外，农村中小银行机构拟任独立董事（理事）还不得存在下列情形：

（一）本人及其近亲属合并持有该金融机构1%以上股份或股金；

（二）本人或其近亲属在持有该金融机构1%以上股份或股金的股东单位任职；

（三）本人或其近亲属在该金融机构、该金融机构控股或者实际控制的机构任职；

（四）本人或其近亲属在不能按期偿还该金融机构贷款的机构任职；

（五）本人或其近亲属任职的机构与本人拟任职金融机构之间存在法律、会计、审计、管理咨询、担保合作等方面的业务联系或债权债务等方面的利益关系，以致妨碍其履职独立性的情形；

（六）本人或其近亲属可能被拟任职金融机构大股东、高管层控制或施加重大影响，以致妨碍其履职独立性的情形；

（七）银保监会按照实质重于形式原则确定的未

达到农村中小银行机构独立董事（理事）在独立性方面最低监管要求的其他情形。

独立董事（理事）在同一家农村中小银行机构任职时间累积不得超过6年。

第一百零七条　申请农村中小银行机构董事长（理事长）、副董事长（副理事长）、独立董事（理事）和董事会秘书任职资格，拟任人还应分别符合以下学历和从业年限条件：

（一）拟任农村商业银行、农村合作银行、投资管理型村镇银行的董事长、副董事长，省（自治区）农村信用社联合社理事长、副理事长，地市农村信用联社董事长、副董事长，地市农村信用合作社联合社、地市农村信用合作联社的理事长、副理事长，应具备本科以上学历，从事金融工作6年以上，或从事相关经济工作10年以上（其中从事金融工作3年以上）；

（二）拟任县（市、区）农村信用联社董事长、副董事长，县（市、区）农村信用合作社联合社、县（市、区）农村信用合作联社的理事长、副理事长，农村商业银行、农村合作银行、投资管理型村镇银行、农村信用联社董事会秘书，农村信用合作社理事长、副理事长，村镇银行（投资管理型村镇银行除外）董事长、副董事长、执行董事、董事会秘书，应具备大专以上学历，从事金融工作4年以上，或从事相关经济工作6年以上（其中从事金融工作2年以上）；

（三）拟任农村资金互助社理事长，应具备高中或中专以上学历；

（四）拟任独立董事（理事），应具备本科以上学历。

第一百零八条　农村中小银行机构拟任高级管理人员应了解拟任职务的职责，熟悉同类型机构的管理框架、盈利模式，熟知同类型机构的内控制度，具备与拟任职务相适应的风险管理能力。

第一百零九条　农村中小银行机构高级管理人员拟任人还应分别符合以下学历和从业年限条件：

（一）拟任农村商业银行、农村合作银行、投资管理型村镇银行的行长、副行长、行长助理、风险总监、财务总监、合规总监，农村商业银行分行行长、副行长、行长助理，农村商业银行专营机构总经理、副总经理、总经理助理，省（自治区）农村信用社联合社主任、副主任、主任助理、总审计师，地市农村信用合作社联合社、地市农村信用合作联社、地市农村信用联社的主任、副主任，应具备本科以上学历，从事金融工作6年以上，或从事相关经济工作10年以上（其中从事金融工作3年以上）；

（二）拟任县（市、区）农村信用合作社联合社、县（市、区）农村信用合作联社、农村信用联社主任、副主任、营业部负责人，地市农村信用合作联社、农村信用联社信用社主任、副主任、营业部负责人，农村商业银行、农村合作银行、投资管理型村镇银行营业部负责人，农村商业银行分行营业部负责人，农村商业银行、农村合作银行、投资管理型村镇银行支行行长，村镇银行（投资管理型村镇银行除外）行长、副行长、行长助理、风险总监、财务总监、合规总监、营业部负责人、支行行长，农村信用合作社主任、县（市、区）农村信用合作联社信用社主任、农村信用联社信用社主任，贷款公司总经理，应具备大专以上学历，从事金融工作4年以上，或从事相关经济工作6年以上（其中从事金融工作2年以上）；

（三）拟任省（自治区）农村信用社联合社办事处（区域审计中心）主任，应具备本科以上学历，从事财务、会计、审计或稽查工作6年以上（其中从事金融工作2年以上）；拟任农村商业银行、农村合作银行、村镇银行的总审计师、总会计师、内审部门负责人、财务部门负责人，应具备大专以上学历，取得国家或国际认可的会计、审计专业技术职称（或通过国家或国际认可的会计、审计专业技术资格考试），并从事财务、会计或审计工作6年以上（其中从事金融工作2年以上）；

（四）拟任省（自治区）农村信用社联合社、农村商业银行、农村合作银行、投资管理型村镇银行合规部门负责人，应具备本科以上学历，并从事金融工作4年以上；村镇银行（投资管理型村镇银行除外）合规部门负责人应具备大专以上学历，从事金融工作2年以上；

（五）拟任农村商业银行、农村合作银行、村镇银行首席信息官，应具备本科以上学历，并从事信息科技工作6年以上（其中任信息科技高级管理职务4年以上并从事金融工作2年以上）；

（六）拟任农村资金互助社经理，应具备高中或中专以上学历。

第一百一十条　拟任人未达到上述学历要求，但符合以下条件的，视同达到相应学历要求：

（一）取得国家教育行政主管部门认可院校授予的学士以上学位的；

（二）取得注册会计师、注册审计师或与拟任职务相关的高级专业技术职务资格的，视同达到相应学历要求，其任职条件中金融工作年限要求应增加4年；

（三）应具备本科学历要求，现学历为大专的，应相应增加6年以上金融或8年以上相关经济工作经历（其中从事金融工作4年以上）；

（四）应具备大专学历要求，现学历为高中或中专的，应相应增加6年以上金融或8年以上相关经济工作经历（其中从事金融工作4年以上）。

第二节　任职资格许可程序

第一百一十一条　董事（理事）和高级管理人员任职资格申请或报告由法人机构提交。

第一百一十二条　以下机构董事（理事）和高级管理人员任职资格申请由地市级派出机构或所在城市省级派出机构受理、审查并决定。

（一）县（市、区）农村商业银行、农村合作银行、农村信用联社、村镇银行（投资管理型村镇银行除外）董事长、副董事长、董事、董事会秘书和高级管理人员，贷款公司总经理；

（二）地市农村商业银行副董事长、董事、董事会秘书、副行长、行长助理、风险总监、财务总监、合规总监、总审计师、总会计师、首席信息官；

（三）农村信用合作社、县（市、区）农村信用合作社联合社、县（市、区）农村信用合作联社、农村资金互助社理事长、副理事长、理事和高级管理人员；

（四）地市农村信用合作社联合社、地市农村信用合作联社副理事长、理事、副主任，地市农村信用联社副董事长、董事、副主任；

（五）农村商业银行分行行长、副行长、行长助理，专营机构总经理、副总经理、总经理助理；

农村商业银行、农村合作银行、村镇银行内审部门负责人、财务部门负责人、合规部门负责人、营业部负责人、支行行长，省（自治区）农村信用社联合社合规部门负责人，县（市、区）农村信用合作社联合社、农村信用合作联社、农村信用联社营业部负责人和信用社主任，地市农村信用合作联社、农村信用联社营业部负责人和信用社主任、副主任，农村商业银行分行营业部负责人任职应报告地市级派出机构或所在城市省级派出机构。

第一百一十三条　以下机构董事（理事）和高级管理人员任职资格申请由地市级派出机构受理并初步审查，省级派出机构审查并决定。

（一）地市农村商业银行董事长、行长；

（二）地市农村信用合作社联合社、地市农村信用合作联社理事长、主任，地市农村信用联社董事长、主任；

第一百一十四条　省（自治区）农村信用社联合社、直辖市农村商业银行和投资管理型村镇银行董事（理事）及高级管理人员任职资格申请，由地市级派出机构或所在城市省级派出机构受理，省级派出机构审查并决定，事后报告银保监会。

第一百一十五条　农村中小银行机构及其分支机构新设立时，董事（理事）和高级管理人员的任职资格申请或报告，与该机构开业申请一并提交。

第一百一十六条　董事（理事）和高级管理人员的任职资格谈话由决定机关或由决定机关委托受理机关进行。

第一百一十七条　拟任人现任或曾任金融机构董事长（理事长）、副董事长（副理事长）和高级管理人员的，法人机构在提交任职资格申请材料或报告时，还应提交该拟任人履职情况的审计报告。

第一百一十八条　具有任职资格且未连续中断任职1年以上的拟任人在同一法人机构内以及在同质同类法人机构间，同类性质平级调动职务或改任较低职务的，不需重新申请核准任职资格。拟任人应当在任职后5日内向任职机构所在地银保监会派出机构报告。

农村中小银行机构董事（理事）和高级管理人员任期届满，被重新选举或聘任为董事（理事）和高级管理人员的，比照前款执行。

第一百一十九条　农村中小银行机构董事长（理事长）、行长（主任）、分支行行长、专营机构总经理、信用社主任缺位时，农村中小银行机构可以按照公司章程等规定指定符合相应任职资格条件的人员代为履职，并自作出决定之日起3日内向监管机构报告。代为履职的人员不符合任职资格条件的，监管机构可以责令农村中小银行机构限期调整代为履职的人员。

代为履职的时间不得超过6个月。农村中小银行机构应在6个月内选聘具有任职资格的人员正式任职。

第一百二十条　董事（理事）和高级管理人员在任职资格获得核准前不得到任履职。

农村商业银行、农村合作银行、村镇银行内审部门负责人、财务部门负责人、合规部门负责人、营业部负责人、支行行长，省（自治区）农村信用社联合社合规部门负责人，县（市、区）农村信用合作社联合社、农村信用合作联社、农村信用联社营业部负责人和信用社主任，地市农村信用合作联社、农村信用联社营业部负责人和信用社主任、副主任，农村商业银行分行营业部负责人在提交任职报告前不得到任履职，拟任人不符合任职资格条件的，监管机构可以责令农村中小银行机构限期调整任职人员。

第一百二十一条　本章所列需审批的任职资格事项，决定机关自受理之日起30日内作出核准或不予核准的书面决定。

第八章　附　　则

第一百二十二条　农村信用联社组建农村商业银行事

项、农村合作银行设立事项及其行政许可条件、程序、事权划分和时限按照本办法农村商业银行设立的相关规定执行。

农村信用合作社联合社分支机构设立、变更及其高级管理人员任职资格许可条件、程序、事权划分和时限按照本办法农村信用合作联社的有关规定执行。

第一百二十三条　"多县一行"制村镇银行，是指以中西部和老少边穷地区省内多个邻近县（市、旗）中的一个县（市、旗）作为注册地，并在其他县（市、旗）设立支行的村镇银行。

投资管理型村镇银行，是指具有投资设立和收购村镇银行职能，并对所投资的村镇银行实施集约化管理、提供专业化服务的村镇银行。

选择已经设立的村镇银行作为投资管理型村镇银行，涉及机构变更事项适用投资管理型村镇银行相关事项及其行政许可条件、程序、事权划分和时限规定。

第一百二十四条　机构变更许可事项，农村中小银行机构应在决定机关作出行政许可决定之日起6个月内完成变更，并向决定机关和所在地银保监会派出机构书面报告。董事（理事）和高级管理人员任职资格许可事项，拟任人应在决定机关核准任职资格之日起3个月内到任，农村中小银行机构应向决定机关和所在地银保监会派出机构书面报告。法律、行政法规另有规定的除外。

未在前款规定的期限内完成变更或到任的，行政许可决定文件失效，由决定机关办理许可注销手续。

第一百二十五条　农村中小银行机构设立、变更和终止，涉及营业执照变更等法定程序的，应在完成相关变更手续后1个月内向决定机关和所在地银保监会派出机构报告。

第一百二十六条　农村中小银行机构解散后改制为农村商业银行、农村合作银行、农村信用合作联社、农村信用联社分支机构的，该分支机构开业申请及相关高级管理人员任职资格申请或报告应一并提交。

农村商业银行、农村合作银行、农村信用合作联社、农村信用联社设立后，其本部及分支机构均应启用新设机构的金融许可证、营业执照、印章、凭证、牌匾等。

第一百二十七条　香港、澳门和台湾地区的银行投资入股农村中小银行机构，比照适用境外银行有关规定。

第一百二十八条　本办法所称注册地辖区是指城区法人机构所服务的当地市辖区、县域法人机构所服务的当地县域。

第一百二十九条　本办法中"以上"含本数或本级，本办法中的"日"均为工作日。

第一百三十条　银保监会根据法律法规和市场准入工作实际，有权对行政许可事项中受理、审查和决定等事权的划分进行动态调整。

根据国务院或地方政府授权，履行国有金融资本出资人职责的各级财政部门及受财政部门委托管理国有金融资本的其他部门、机构，发起设立、投资入股农村中小银行机构的资质条件和监管要求等参照本办法有关规定执行，国家另有规定的从其规定。

涉及并购重组高风险机构的，相关行政许可条件另行规定。

第一百三十一条　本办法由银保监会负责解释。本办法自公布之日起施行，《中国银监会农村中小金融机构行政许可事项实施办法》（中国银监会令2015年第3号公布，根据2018年8月17日《中国银保监会关于废止和修改部分规章的决定》修正）同时废止。

中国银保监会办公厅关于推进农村商业银行坚守定位强化治理提升金融服务能力的意见

1. 2019年1月4日发布

2. 银保监办发〔2019〕5号

各银保监局：

农村商业银行是县域地区重要的法人银行机构，是银行业支持"三农"和小微企业的主力军。农村商业银行坚持正确的改革发展方向，对于构建多层次、广覆盖、有差异的金融机构体系，更好满足实体经济结构性、多元化金融服务需求，具有十分重要的意义。为贯彻落实党的十九大重要改革举措要求、第五次全国金融工作会议及中央农村工作会议精神，建立完善农村商业银行金融服务监测、考核和评价指标体系，推进坚守定位、强化治理、提升金融服务能力，支持农业农村优先发展，推动解决小微企业融资难融资贵问题，现提出如下意见。

一、坚持正确改革发展方向，坚守服务"三农"和小微企业市场定位

（一）专注服务本地、服务县域、服务社区。农村商业银行应准确把握自身在银行体系中的差异化定位，确立与所在地域经济总量和产业特点相适应的发展方向、战略定位和经营重点，严格审慎开展综合化和跨区域经营，原则上机构不出县（区）、业务不跨县（区）。应专注服务本地，下沉服务重心，当年新增可贷资金应主要用于当地。

（二）坚守支农支小金融服务主业。农村商业银

行应提高金融服务精准匹配能力，重点满足"三农"和小微企业个性化、差异化、定制化需求。将业务重心回归信贷主业，确保信贷资产在总资产中保持适当比例，投向"三农"和小微企业的贷款在贷款总量中占主要份额。严格控制大额贷款投向和投放比例，合理降低贷款集中度和户均贷款余额。

二、提升治理能力，完善服务"三农"和小微企业的内部机制

（三）优化符合支农支小定位的股权基础。农村商业银行应按照涉农优先、实业为主的原则，积极引进认同战略定位的优质法人入股，探索引进具备实力、治理良好的农村集体经济组织入股。应将股东支农支小服务承诺写入公司章程，并对承诺落实情况进行评估。对股东未落实承诺、甚至导致严重偏离支农支小定位的，应限制其相关股东权利。加强股东行为监测和规范管理，严防股东通过违规关联交易套取银行资金。

（四）完善金融服务导向的公司治理机制。农村商业银行应建立符合小法人特点和支农支小服务导向的公司治理架构和治理机制，注重将加强党的领导融入公司治理全过程。进一步优化董事会结构，注重选聘具有"三农"和小微企业业务背景的董事。应在公司章程中明确"三会一层"制定落实支农支小发展战略的职责分工，并将支农支小考核目标完成情况作为董事会、监事会和高级管理层履职评价的重要内容。应建立科学合理的支农支小绩效考核指标体系，指标权重应显著高于其他业务指标。对相关部门、分支机构和高管人员的绩效系数应与支农支小业务规模、占比等情况挂钩，鼓励加大对农村和偏远地区网点的绩效倾斜力度。

（五）规范发挥行业指导和管理作用。省联社应注重发挥对农村商业银行支农支小定位的引领和支撑作用，改进履职方式，提升服务能力。应在行业层面健全对农村商业银行金融服务的考核机制，并将考核结果与农村商业银行高管人员履职评价和任用提拔相挂钩。对农村商业银行偏离定位的，应坚决纠正处理，情节特别严重的应对相关高管人员实施问责。辖内农村商业银行支农支小政策落实情况、具体效果以及省联社采取的相应措施，应作为监管部门对省联社履职评价的重要内容，并赋予足够权重。

三、围绕"三农"和小微企业金融需求特点，提升服务匹配度和有效性

（六）增加"三农"和小微企业金融供给。农村商业银行应科学测算"三农"和小微企业信贷增长年度目标，确保这两类贷款增速和占各项贷款比例稳中有升，辖内农户和小微企业建档评级覆盖面和授信户数有效增加。对有融资需求的"三农"和小微企业客户，应根据其财务、诚信和管理情况综合进行风险判断，科学降低对抵质押担保的依赖。完善差异化信贷政策，客观对待"三农"和小微企业出现的暂时性还款困难，对经营前景较好的不盲目抽贷、断贷。建立健全具有可操作性的尽职免责和容错纠错机制，加强对"三农"和小微企业不良贷款成因的甄别，对已尽职但出现风险的支农支小业务，应合理免除授信部门及其工作人员相应责任。

（七）改进和创新金融服务方式。农村商业银行应顺应县域经济社会发展变化和信息科技发展趋势，与时俱进改进服务理念和方式。切实增强主动上门服务意识，积极设计和推介适宜的产品和服务。加强大数据、云计算和人工智能等现代技术应用，探索开展与金融科技企业合作，合理增加电子机具在农村和社区的布设力度，稳步提升电子交易替代率。鼓励开展授信业务在线申请、在线审批，有条件的可推广自助、可循环贷款业务。合理推动贷款和续贷审批机制改革，有效整合业务受理、身份核实、资料核签等业务环节，提升服务效率。

（八）有效做好融资成本管理。农村商业银行应在商业可持续的前提下，尽可能为"三农"和小微企业减费让利。提升存贷款精细化定价能力，扭转盲目跟随同业、"一浮到顶"的粗放定价策略。灵活运用支农支小再贷款再贴现、专项金融债等工具，增加低成本长期资金来源。合理确定贷款期限和还款方式，对于流动资金贷款到期后仍有融资需求的，应提前准备、缩短资金接续间隔，降低贷款周转成本。规范贷款行为，清理不必要的"通道"和"过桥"环节。

四、建立监测考核指标体系，确保农村商业银行金融服务可监测可考核可评价

（九）建立完善支农支小监测指标体系。监管部门要从业务发展、服务质量、风险防控等方面，建立科学全面评价农村商业银行支农支小金融服务的监测指标体系，并推动农村商业银行将指标融入自身年度经营规划和绩效考核体系。各省级监管部门可结合本地区实际，研究制定差异化的监测指标体系，指导下级监管部门对辖内农村商业银行逐家制定监测考核目标，定期对达标情况进行统计监测和考核通报，确保达标机构覆盖面持续上升。对于不达标的农村商业银行，要督促制定总体整改目标与分年度达标规划，配套跟进督导和监管措施。

（十）强化监管激励约束措施。对于支农支小监测指标达标情况良好的农村商业银行，监管部门在监管评级中适当给予加分。对涉农和小微企业不良贷款

率在监管容忍度范围内的，在“资产质量”等监管评级要素中不作为扣分因素，并在日常监管和行政处罚中落实好尽职免责要求。优先支持定位清晰、管理良好、支农支小成效突出的农村商业银行参评标杆银行，支持其参与设立投资管理型村镇银行和“多县一行”制村镇银行，鼓励其审慎合规开展信贷资产证券化、发行二级资本债和可转债等业务创新。对经营定位出现偏离的，要及时进行监管约谈和通报提示，督促限期整改；出现重大风险的，要果断采取暂停相关业务、限制市场准入、调整高管人员以及下调监管评级等监管措施。

各银保监局要认真履行属地监管主体责任，持续跟踪辖内农村商业银行执行落实情况，于每年 4 月底前向银保监会农村银行部报送上一年度执行落实情况及监测指标体系运行考核情况。

本意见适用于县域及城区农村商业银行。

四、国家政策性银行

资料补充栏

国家开发银行监督管理办法

1. 2017年11月15日中国银行业监督管理委员会令2017年第2号公布

2. 自2018年1月1日起施行

第一章　总　　则

第一条　为加强对国家开发银行（以下简称开发银行）的监督管理，督促落实国家战略和政策，规范经营行为，有效防控金融风险，根据《中华人民共和国银行业监督管理法》等法律法规制定本办法。

第二条　开发银行应当坚持依法合规经营、审慎稳健发展，遵守国家法律法规、银行业审慎经营规则，强化资本约束，实现长期可持续发展。

第三条　开发银行应当紧紧围绕服务国家经济重大中长期发展战略，建立市场化运行、约束机制，发展成为资本充足、治理规范、内控严密、运营安全、服务优质、资产优良的开发性金融机构。

第四条　中国银行业监督管理委员会（以下简称银监会）及其派出机构依法对开发银行实施监督管理。

第二章　市场定位

第五条　开发银行应当认真贯彻落实国家经济金融方针政策，充分运用服务国家战略、依托信用支持、市场运作、保本微利的开发性金融功能，发挥中长期投融资作用，加大对经济社会重点领域和薄弱环节的支持力度，促进经济社会持续健康发展。

第六条　开发银行应当坚守开发性金融定位，根据依法确定的服务领域和经营范围开展业务，以开发性业务为主，辅以商业性业务。

第七条　开发银行应当遵守市场秩序，与商业性金融机构建立互补合作关系，积极践行普惠金融，可通过与其他银行业金融机构合作，开展小微企业等经济社会薄弱环节金融服务。

第八条　开发银行董事会应当每三年或必要时对业务开展情况进行评估，制订业务范围和业务划分调整方案，确保符合开发性金融定位，并按规定履行相关程序。

第三章　公司治理

第九条　开发银行党委发挥领导作用，把方向、管大局、保落实，保证监督党和国家的方针、政策得到贯彻执行，把党的领导融入公司治理各个环节。

第十条　开发银行应当按照现代金融企业制度，结合开发性金融机构特点，遵循各治理主体独立运作、有效制衡、相互合作、协调运转的原则，构建决策科学、执行有力、监督有效的公司治理机制。

第十一条　开发银行董事会由执行董事、非执行董事组成。

执行董事指在开发银行担任董事长、行长和其他高级管理职务的董事。非执行董事指在开发银行不担任除董事外其他职务的董事，包括部委董事和股权董事。部委董事由相关部委指派的部委负责人兼任，股权董事由股东单位负责选派。

第十二条　董事会对经营和管理承担最终责任，依照相关法律法规和本行章程履行职责。主要职责包括但不限于下列事项：

（一）制订业务范围和业务划分调整方案、章程修改方案、注册资本调整方案以及组织形式变更方案，按程序报国务院批准；

（二）审议批准中长期发展战略、年度工作计划、年度经营计划和投资方案、年度债券发行计划、风险偏好书、资本管理规划、薪酬和绩效考核体系设置方案、内部审计章程和内部审计机构、年度报告等；

（三）审议批准重大项目，包括重大收购兼并、重大投资、重大资产购置与处置、重大对外担保（银行担保业务除外）等；

（四）制定年度财务预算方案和决算方案、利润分配和弥补亏损方案；

（五）审议批准风险管理、内部控制等基本管理制度；

（六）制定董事会议事规则及其修订方案；

（七）审议批准内部管理机构以及境内外一级分支机构设置、调整和撤销方案，对附属机构的设立、资本金变动等作出决议，审议附属机构章程；

（八）决定对董事长和经营管理层的授权事项，决定聘任或解聘高级管理人员，决定高级管理人员薪酬、绩效考核和奖惩事项，决定派驻子公司的董事（含董事长）、监事（含监事长）和总经理（行长）人选；

（九）决定聘用、解聘或者不再续聘承办开发银行审计业务的会计师事务所；

（十）制定信息披露政策及制度，对开发银行会计和财务报告的真实性、准确性、完整性和及时性承担最终责任；

（十一）积极发挥对外协调作用，定期听取商业性金融机构、企业和政府部门等各方意见；

（十二）定期评估并完善公司治理，监督并确保高级管理层有效履行管理职责；

（十三）法律法规规定以及国务院赋予的其他职责。

第十三条　董事应当依照相关法律法规及本行章程，每年至少出席三分之二的董事会会议，认真履行职责，不得利用职位谋取不正当利益。董事应当具有与职责相适应的专业知识、工作经验、工作能力以及职业操守。

部委董事代表国家利益履行职责，发挥在重大决策方面的统筹协调作用。部委董事不能出席董事会会议时，书面授权本部委其他人员代为出席，并载明授权范围；因退休、调离或其他原因不适合继续履职时，由开发银行提请相关部委推荐继任董事人选。

第十四条　董事会应当建立对高级管理层的授权制度，明确授权范围、授权限额和职责要求等。

第十五条　董事会下设专门委员会，主要包括战略发展和投资管理委员会、风险管理委员会、审计委员会、人事与薪酬委员会、关联交易控制委员会等，其中战略发展和投资管理委员会、审计委员会、人事与薪酬委员会成员原则上应当包含部委董事。各专门委员会向董事会提供专业意见或根据董事会授权就专业事项进行决策，对董事会负责，并承担相应责任。

（一）战略发展和投资管理委员会。主要负责审议开发银行长期发展战略和经营管理目标，提出业务调整建议。负责监督检查年度经营计划、投资方案执行情况以及社会责任履行情况。对服务国家战略情况和配套政策进行研究，向董事会提出政策建议。

（二）风险管理委员会。主要负责审议风险管理战略，监督高级管理层对信用风险、市场风险、流动性风险、操作风险、国别风险、银行账户利率风险、声誉风险和信息科技风险等各类风险的控制及全面风险管理情况，对风险政策、管理状况及风险承受能力进行定期评估，提出完善风险管理和内部控制的意见。风险管理委员会成员应当具有判断和管理各类风险的经验和能力。

（三）审计委员会。经董事会授权，主要负责审核内部审计重要政策和工作报告，审批中长期审计规划和年度审计计划。指导、监督、考核和评价内部审计工作，监督和评价外部审计机构工作，提出外部审计机构聘请与更换建议。审计委员会成员应当具有财务、审计、会计等相关专业知识和工作经验。

（四）人事与薪酬委员会。主要负责审议开发银行激励约束制度和政策，拟定执行董事和高级管理人员的薪酬方案，向董事会提出薪酬方案建议，并监督方案实施。负责拟定董事和高级管理人员的选任程序和标准，对董事和高级管理人员任职资格进行初步审核并向董事会提出建议。

（五）关联交易控制委员会。主要负责关联交易的管理、审查和批准，控制关联交易风险，确保开发银行与其附属机构之间的关联交易符合诚实信用及公允原则。

第十六条　开发银行监事会依照《国有重点金融机构监事会暂行条例》等有关法律法规设置和管理，由国务院派出，对国务院负责。

开发银行监事会代表国家对开发银行的财务管理、资产质量及国有资产保值增值情况实施监督，对董事和高级管理人员的履职行为、尽职情况进行监督，对开发银行经营决策、风险管理和内部控制等情况进行检查监督。

开发银行监事会在履职过程中有权要求董事会和高级管理层提供必要信息，主要包括审计报告、内控评价报告和重大风险事件报告等。监事会主席根据监督检查的需要，可以列席或者委派监事会其他成员列席董事会会议和其他有关会议，可以聘请外部机构就相关工作提供专业协助。

第十七条　高级管理层由总行行长、副行长、董事会秘书以及银监会行政许可的其他高级管理人员组成。开发银行根据经营管理需要可设置首席风险官、首席审计官、首席财务官、首席信息官等职位协助行长工作。

高级管理层按照本行章程及董事会授权开展经营管理活动，对董事会负责。

第四章　风险管理

第十八条　开发银行应当按照分工明确、职责清晰、相互制衡、运行高效的原则构建与开发性金融相适应、覆盖各类风险和业务的全面风险管理体系，制定完善风险管理制度，构建有效的风险管理机制，确保各类业务风险得到有效的识别、计量、监测、控制。

第十九条　开发银行应当建立适应全面风险管理的组织体系，明确董事会、高级管理层、业务部门、风险管理部门和内部审计部门在风险管理中的职责，设立或指定专门部门负责全面风险管理，执行风险管理战略，实施风险管理政策，定期评估风险管理情况。

第二十条　开发银行应当针对各类业务风险建立切实有效的风险管理政策与流程，提高风险管理条线的独立性和专业性；根据开发性业务和商业性业务的不同风险特点，研究制定相应的风险管理模式，明确管理方法和管理责任。

第二十一条　开发银行应当建立全面风险报告体系，明确报告种类、报告内容、报告频率及报告路径等，确保董事会、高级管理层及监事会能够及时了解相关风险信息。风险分析应当按照风险类型、业务种类、支持领域、地区分布等维度进行，至少每季度开展一次。风险分析报告应当至少包括业务经营情况、风险状况、风险发展趋势、异常变化原因和相应的风险管理措施等内容。总行及分支机构的季度和年度风险分析报告应当分别按要求报送银监会及其派出机构。

第二十二条 开发银行应当建立风险评估制度，对信用风险、市场风险、流动性风险、操作风险、国别风险、银行账户利率风险、声誉风险、战略风险、信息科技风险、环境与社会风险以及其他风险等情况进行专项和全面的评估。

第二十三条 开发银行应当根据不同类别的业务特点及本行风险特征，建立健全信用风险管控机制，有效识别、计量、监测和控制信用风险。

（一）建立能够有效识别、量化信用风险的内部信用评级体系，完善客户信用评级和债项评级制度，确保评级结果在风险管理政策制定、信贷审批、资本分配、绩效考核等方面得到充分运用。

（二）建立覆盖表内外、境内外、本外币以及母子公司并表口径的统一授信制度，将具有授信性质的各类业务纳入统一授信管理体系，确定专门部门对客户授信审批进行统一管理。

（三）建立与本行业务特点相适应的评审管理体系，健全信贷审批机制，严格项目授信准入，提高决策的独立性和专业性水平。

（四）按照审慎经营规定开展贷款全流程管理工作，根据项目进度和实际需求发放与支付贷款，通过信贷专户报告、现场核查等多种手段加强风险管控。

（五）制定授信集中度风险管理制度和流程，执行银监会对授信集中度的相关监管要求，定期向银监会报告授信集中度情况。

（六）根据资产风险分类相关规定，结合资产业务特点和风险情况，建立覆盖不同类型业务的资产质量分类制度，真实、全面、动态反映资产质量，按照资产质量状况及时、足额计提减值准备。

（七）严格遵守有关法律法规及相关规定，建立规范的不良资产处置制度，完善决策机制和操作程序，明确内部审核审批权限，确保规范运作、真实出售、风险隔离和公开透明。加强不良资产管理，明确管理职责，做好不良资产档案管理、权益维护、账务管理和风险监测。同时，建立不良资产处置尽职责任追究制度，及时、严格进行责任认定和责任追究。

第二十四条 开发银行应当根据本行的资金来源与运用特点，制定相应的流动性风险管理政策、程序及计量方法，并根据业务发展和市场变化及时进行调整。

开发银行应当做好流动性需求预测，加强现金流缺口和资产负债匹配管理，建立流动性风险缓释机制，确保流动性储备能够覆盖未来一定时间的净现金流出。

第二十五条 开发银行应当建立与本行战略目标、国别风险暴露规模和复杂程度相适应的国别风险管理体系，明确国别风险管理的战略、政策和流程，确保具备足够的资源有效识别、计量、监测和控制国别风险。

（一）对境外借款人进行充分的尽职调查，核查资金实际用途，防止贷款挪用。审慎评估海外抵押品的合法性及其可被强制执行的法律效力。建立完善的贷后管理制度。

（二）完善国别风险评估和内部评级程序，对已经开展和计划开展业务的国家和地区逐一进行风险评估和评级，充分识别业务经营中面临的国别风险，明确在不同情况下应采取的风险缓释措施。

（三）根据风险偏好，合理设定覆盖表内外项目的国别风险限额，有效监测限额管理情况。明确国别风险准备金计提政策，及时足额计提国别风险准备金。

第二十六条 开发银行应当建立与业务性质、规模和复杂程度相适应的市场风险管理体系，充分识别、准确计量、持续监测和有效控制所有交易和非交易业务中的市场风险，确保安全稳健运行。

开发银行应当加强对汇率风险及利率风险的识别与计量，及时评估和应对汇率及利率变化对业务的影响，建立有效的市场风险报告机制和新产品、新业务市场风险管理机制。

第二十七条 开发银行应当建立满足国家金融安全要求的信息科技架构、基础设施和网络信息系统，建立有效的信息科技治理与风险管理机制，实现对信息科技风险的识别、计量、监测和控制，提高信息技术对银行业务和管理的保障水平，确保安全、持续和稳健运行。

第二十八条 开发银行应当根据业务流程、人员岗位、信息科技系统和外包管理等情况建立科学的操作风险管理体系，制定规范员工行为和道德操守的相关制度，加强员工行为管理和案件防控，确保有效识别、评估、监测和控制操作风险。

第二十九条 开发银行应当主动、有效防范声誉风险，加强环境与社会风险评估，制定完善声誉风险监测机制、应急预案和处置措施。

第三十条 开发银行应当树立绿色金融理念，严格遵守环保、产业等领域的法律法规，借鉴赤道原则等国际良好做法，充分评估项目的环境和社会风险，将评估结果作为授信决策的重要依据。

第三十一条 开发银行应当建立与经营范围、组织结构和业务规模相适应的合规管理体系，明确专门负责合规管理的部门、岗位以及相应的权限，制定合规管理政策，优化合规管理流程，强化合规培训和合规文化建设。

第三十二条　开发银行应当遵循风险管理实质性原则，充分考虑金融业务和金融风险的相关性，合理确定并表管理范围，通过并表管理对银行及附属机构的公司治理、资本和财务等进行全面持续的管控，有效识别、计量、监测和控制总体风险。

第三十三条　开发银行应当建立与规模、业务复杂程度和风险状况相适应的压力测试体系，定期开展压力测试，覆盖各类风险和主要业务领域。压力测试结果应当运用于各项经营管理决策。

第三十四条　开发银行应当制定应急计划，说明可能出现的风险以及在压力情况下应采取的措施，涵盖对境内外分支机构和附属机构的应急安排，并定期更新、演练或测试，确保能够及时应对和处理紧急或危机情况。

第五章　内部控制

第三十五条　开发银行应当根据内部控制有关规定，建立健全内部控制与监督评价体系，明确部门职责分工，完善制度建设与业务流程，强化内控保障措施，客观开展内控评价，严格落实问题整改，充分发挥内部控制在经营管理和风险防控中的作用，有效提升自我约束能力。

第三十六条　开发银行应当按照内控优先原则，建立健全科学合理的内部控制组织体系、业务全流程管理措施、会计制度、制衡机制及资产保全机制，加强内控文化建设，确保有效贯彻执行国家法律法规，平稳实现发展战略、经营管理及风险管理目标。

第三十七条　开发银行应当确定内部控制管理工作的牵头部门，明确界定董事会、高级管理层、内控管理牵头部门、内部审计部门及业务部门的内部控制职责，建立全面的内部控制责任制。

第三十八条　开发银行应当坚持制度先行，依照相关法律法规，根据不同业务性质和风险管理需要，事先制定相应的业务规范和管理标准，并根据实施情况不断完善，建立制度后评价机制，确保制度的合规性和有效性。建立完善制度执行监督机制，增强制度执行力，确保各项制度有效落实。

第三十九条　开发银行应当不断优化业务流程，完善前中后台分离制度，制定规范的业务申请、受理和审批规则，形成相互制约的岗位安排，限定重要岗位的最长连续任职期限。

第四十条　开发银行应当按照统一管理、区别授权、权责明确的原则，结合各部门和各分支机构的经营管理水平、服务国家战略情况、资产质量和风险控制能力等建立相应的授权体系，制定授权管理制度，明确各级机构、部门、岗位、人员办理业务和事项的权限，并实施动态调整。

第四十一条　开发银行应当建立健全内部控制信息系统，真实、准确、全面、及时记录业务信息、会计财务信息和其他管理信息，加强对业务和管理活动的系统自动控制。

第四十二条　开发银行应当建立独立、垂直管理的内部审计体系。内部审计部门应当配备满足审计工作需要的、具备专业资质和职业操守的内部审计人员，内部审计的频率和覆盖面应当符合审慎监管要求。内部审计部门对董事会负责并报告工作，接受监事会指导，并应当加强与银监会及其派出机构之间的沟通。内部审计部门应当跟踪整改措施的实施情况，及时向董事会提交有关报告。开发银行应当向银监会及其派出机构报送审计工作情况和审计报告。

第四十三条　开发银行应当建立定期外部审计制度，聘请符合国家有关规定的会计师事务所，每年对财务会计报告进行审计，将审计结果报送银监会，并按照有关要求对会计师事务所进行轮换。

第四十四条　开发银行应当建立健全内控评价体系，持续开展内控评价，及时发现内控缺陷，并建立纠错整改机制，确保评价结果与绩效考核、授权管理等挂钩。年度内控评价报告应当按要求报送银监会。

第六章　资本管理

第四十五条　开发银行应当建立健全以资本充足率为核心的资本约束机制，完善资本管理政策、制度及流程，确保资本能够充分抵御各项风险。

第四十六条　开发银行应当在充分计提贷款损失准备等各项减值准备的基础上，计算并表和未并表的资本充足率，执行银监会有关资本充足率监管要求。

第四十七条　开发银行应当根据业务发展战略、风险状况、资本监管要求，制定有效的资本规划和资本充足率管理计划，经董事会批准后实施，并定期进行审查评估，确保资本水平持续满足监管要求。

第四十八条　开发银行应当建立稳健的内部资本充足评估程序，明确治理结构和管理职责，确保审慎评估各类风险、资本充足水平和资本质量。至少每年实施一次内部资本充足评估，并将评估结果运用于资本预算与分配、授信决策和战略规划。

第四十九条　开发银行应当建立内源性资本积累与外源性资本补充相结合的动态、可持续的资本补充机制，通过优化资产结构、盘活资产存量、减少或免于分红、利润转增资本、国家追加注资、发行符合监管要求的各类资本补充工具等措施，确保资本充足率达到监管标准。

第五十条 开发银行应当制定并表资本管理制度，将符合条件的附属机构纳入并表范围。在计算资本充足率时合理处理银行及附属机构的对外资本投资，特别关注附属机构的对外投资和对外担保等情况，定期进行资本评估。

第七章 激励约束

第五十一条 开发银行应当围绕服务国家战略和有效防控风险，建立健全适应本行职能定位、覆盖全部机构和人员的考核机制，同时根据业务发展和风险管理需要，建立市场化的人力资源管理体系，实现对决策、监督和执行责任人及全体员工的有效激励和约束。

第五十二条 开发银行应当根据监管要求，结合职能定位、发展战略、风险偏好、业务特点等因素，构建绩效考核体系，确定绩效考核方法、方案以及具体指标和权重，突出对服务国家战略、审慎合规经营和保本微利、长期可持续发展的考核要求。对于开发性业务，应当突出对依法合规、履职尽责、服务国家战略成效的考核；对于商业性业务，应当突出对风险管理、合规经营以及可持续发展能力的考核。

绩效考核指标应当分定性和定量两种，服务国家战略类、合规经营类和风险管理类指标的权重应当高于其他类型指标。

第五十三条 开发银行应当根据开发性金融特点建立科学合理的薪酬管理制度，通过对高级管理人员以及对风险有重要影响的岗位实施薪酬延期支付（国家另有规定的除外）和追索扣回等制度确保激励约束并重。

第五十四条 开发银行应当建立科学有效的责任追究制度和问责机制，明确问责牵头部门、职责划分和问责流程，建立问责台账。对违法违规行为的直接责任人和相应的管理人员进行严肃问责。

第八章 监督管理

第五十五条 银监会依照法律法规制定开发银行监督管理规定。

第五十六条 银监会按照有关规定对开发银行的资本充足率和资本管理情况实施监督检查。银监会有权采取责令暂停部分业务、停止批准开办新业务、限制分配红利和其他收入、停止批准增设机构等监管措施，督促提高资本充足水平。

第五十七条 银监会及其派出机构依照相关行政许可规定对开发银行的机构设立、变更、终止，业务范围以及董事和高级管理人员的任职资格等事项实施行政许可。

第五十八条 银监会及其派出机构依法对开发银行实施持续的非现场监管。包括但不限于：

（一）依法进行信息收集，主要包括各类报表、经营管理资料、内审和外审报告、风险分析报告以及监管需要的其他资料，根据需要列席开发银行相关工作会议等；

（二）定期或不定期对开发银行的业务活动及风险状况进行监管分析，主要包括风险状况、国家战略落实情况等；

（三）结合非现场监管和突发事件情况，预判重大风险变化趋势，及时进行风险提示，依法采取监管措施；

（四）建立监管评估制度和机制，定期或不定期对开发银行公司治理、风险管理、内部控制、资本管理、主要业务风险等情况进行专项或综合评估；

（五）定期总结非现场监管和现场检查工作，对非现场监管数据变化、发展趋势和运行情况以及现场检查情况等进行分析，形成书面监管报告；

（六）定期召开监管通报会，向开发银行通报主要风险和问题，提出监管要求。同时根据风险情况，与开发银行董事会、高级管理层、内设部门等进行监管会谈。

第五十九条 银监会及其派出机构依法对开发银行的公司治理、风险管理、内部控制、资本管理、业务活动和风险状况等开展现场检查。

第六十条 银监会对开发银行及其附属机构实行并表监管，全面掌握银行股权结构，对其从事的银行业务和非银行业务风险进行全面评估，密切关注境外机构、附属非银行金融机构和非金融机构风险对银行的影响。

第六十一条 银监会建立监管联动机制，通过监管联动会议、信息共享等形式与其他金融监管机构、开发银行监事会、外部审计机构进行联动和沟通。

第六十二条 开发银行违反本办法有关规定的，银监会及其派出机构依照《中华人民共和国银行业监督管理法》等法律法规采取审慎监管措施，实施行政处罚，涉嫌犯罪的移送司法机关处理。

第九章 附 则

第六十三条 开发银行应当根据本办法制定和完善内部管理制度。

第六十四条 本办法施行前开发银行相关监管规定与本办法不一致的，以本办法为准。本办法未尽事宜，按银监会相关规定执行。

第六十五条 本办法由银监会负责解释。

第六十六条 本办法自2018年1月1日起施行。

中国进出口银行监督管理办法

1. 2017年11月15日中国银行业监督管理委员会令2017年第3号公布
2. 自2018年1月1日起施行

第一章 总 则

第一条 为加强对中国进出口银行(以下简称进出口银行)的监督管理,督促落实国家战略和政策,规范经营行为,防控金融风险,根据《中华人民共和国银行业监督管理法》等法律法规,制定本办法。

第二条 进出口银行应当坚持依法合规经营、审慎稳健发展,遵守国家法律法规、银行业金融机构审慎经营规则,强化资本约束,实现长期可持续发展。

第三条 进出口银行应当紧紧围绕服务国家战略,建立市场化运行、约束机制,发展成为定位明确、业务清晰、功能突出、资本充足、治理规范、内控严密、运营安全、服务良好的政策性金融机构。

第四条 中国银行业监督管理委员会(以下简称银监会)及其派出机构依法对进出口银行实施监督管理。

第二章 市场定位

第五条 进出口银行应当依托国家信用,紧紧围绕国家战略,充分发挥政策性金融机构在支持国民经济发展方面的重要作用,重点支持外经贸发展、对外开放、国际合作、"走出去"等领域。

第六条 进出口银行应当坚守政策性金融定位,根据依法确定的服务领域和经营范围开展政策性业务和自营性业务。

第七条 进出口银行应当坚持以政策性业务为主体开展经营活动,遵守市场秩序,与商业性金融机构建立互补合作关系。

第八条 进出口银行应当创新金融服务模式,发挥政策性金融作用,加强和改进普惠金融服务,可通过与其他银行业金融机构合作的方式开展小微企业金融服务。

第九条 进出口银行董事会应当每三年或必要时制订业务范围及业务划分调整方案,按规定履行相关程序。

第三章 公司治理

第十条 进出口银行党委发挥领导作用,把方向、管大局、保落实,保证监督党和国家的方针、政策得到贯彻执行,把党的领导融入公司治理各个环节。

第十一条 进出口银行应当构建由董事会、高级管理层和监事会组成的公司治理架构,遵循各治理主体独立运作、有效制衡、相互合作、协调运转的基本原则,形成决策科学、执行有力、监督有效的公司治理机制。

第十二条 进出口银行董事会由执行董事、非执行董事组成。

执行董事指在进出口银行担任董事长、行长和其他高级管理职务的董事。非执行董事指在进出口银行不担任除董事外其他职务的董事,包括部委董事和股权董事。部委董事由相关部委指派的部委负责人兼任,股权董事由股东单位负责选派。

第十三条 董事会对经营和管理承担最终责任,依照相关法律法规和本行章程履行职责。主要职责包括但不限于下列事项:

(一)制订业务范围及业务划分调整方案、章程修改方案、注册资本调整方案以及组织形式变更方案,按程序报国务院批准;

(二)审议批准中长期发展战略、年度经营计划和投资方案、年度债券发行计划、资本管理规划方案、资本补充工具发行方案、薪酬和绩效考核体系设置方案等;

(三)制定年度财务预算方案和决算方案、利润分配和弥补亏损方案;

(四)审议批准风险管理、内部控制等基本管理制度;

(五)审议批准内部审计章程、机构和年度工作计划;

(六)制定董事会议事规则及其修订方案;

(七)审议批准重大项目,包括重大收购兼并、重大投资、重大资产购置与处置、重大对外担保(银行担保业务除外)等;

(八)审议批准内部管理机构以及境内外一级分支机构设置、调整和撤销方案,对一级子行(子公司)的设立、分立、合并、资本金变动等事项作出决议,审议子公司章程;

(九)决定对董事长和经营管理层的授权事项,决定聘任或解聘高级管理人员,决定高级管理人员薪酬、绩效考核和奖惩事项,决定派驻子公司的董事(含董事长)、监事(含监事长)和总经理(行长)人选;

(十)决定聘用、解聘或者不再续聘承办进出口银行审计业务的会计师事务所;

(十一)制定信息披露政策及制度,审议批准年度报告;

(十二)积极发挥部际协调作用,定期听取商业性金融机构、企业和政府部门等各方意见;

(十三)法律法规规定以及国务院赋予的其他职责。

第十四条 董事会应当充分发挥在落实国家政策、制定经营战略、完善公司治理、制定风险管理及资本管理战略、决策重大项目等方面的作用,监督并确保高级管理层有效履行管理职责。

第十五条 董事应当依照相关法律法规及本行章程,勤勉专业履职。董事每年应当至少出席三分之二的董事会会议。

部委董事代表国家利益履行职责,发挥在重大决策方面的统筹协调作用。部委董事不能出席董事会会议时,书面授权本部委其他人员代为出席;出现离职、调任或退休等不适合继续履职情况的,由董事会及时提请派出部委确定继任人选。

第十六条 董事会应当建立对高级管理层的授权制度,明确对高级管理层的授权范围、授权限额和职责要求等。

第十七条 董事会下设专门委员会,负责向董事会提供专业意见或根据董事会授权就专业事项进行决策。专门委员会主要包括战略发展和投资管理委员会、风险管理委员会、审计委员会、人事与薪酬委员会、关联交易控制委员会等,其中战略发展和投资管理委员会、审计委员会、人事与薪酬委员会成员应当包含部委董事。

(一)战略发展和投资管理委员会。负责制定进出口银行经营管理目标和长期发展战略,监督、检查年度经营计划、投资方案的执行情况,对政策性业务开展情况和配套政策进行研究,向董事会提出政策建议。

(二)风险管理委员会。负责监督高级管理层对信用风险、市场风险、流动性风险、操作风险、国别风险、银行账户利率风险、声誉风险和信息科技风险等各类风险的控制及全面风险管理情况,并对风险管理政策、管理状况及风险承受能力进行定期评估,提出完善风险管理和内部控制的意见。

(三)审计委员会。经董事会授权,负责审核内部审计章程等重要制度和工作报告,审批中长期审计规划和年度审计计划。指导、考核和评价内部审计工作,检查风险及合规状况、会计政策、财务报告程序和财务状况,提出外部审计机构聘请与更换建议。

(四)人事与薪酬委员会。负责拟定董事和高级管理人员的选任程序和标准,对董事和高级管理人员任职资格进行初步审核并向董事会提出建议。负责审议全行薪酬管理制度和政策,拟定执行董事和高级管理层成员的薪酬方案,向董事会提出薪酬方案建议,并监督方案实施。

(五)关联交易控制委员会。负责关联交易的管理、审查和批准,控制关联交易风险。

第十八条 专门委员会成员应当具有与专门委员会职责相适应的专业知识和工作经验。各专门委员会负责人原则上不宜相互兼任。

审计委员会成员应当具有财务、审计和会计等专业知识和工作经验。风险管理委员会负责人应当具有对各类风险进行判断与管理的经验。

第十九条 进出口银行监事会依照《国有重点金融机构监事会暂行条例》等有关法律法规设置和管理,由国务院派出,对国务院负责。

第二十条 进出口银行监事会依照《国有重点金融机构监事会暂行条例》等法律法规履行职责,代表国家对进出口银行资产质量及国有资产保值增值情况实施监督,对董事和高级管理人员履职行为和尽职情况进行监督和评价,指导进出口银行内部审计和监察等内部监督部门的工作,并有权要求上述内部监督部门协助监事会履行监督检查职责,对经营决策、风险管理和内部控制等情况进行监督检查并督促整改。

监事会在履职过程中有权要求董事会和高级管理层提供必要信息,主要包括审计报告、内控评价报告和重大风险事件报告等。监事会主席根据监督检查的需要,可以列席或者委派监事会其他成员列席董事会会议和其他有关会议,可以聘请外部机构就相关工作提供专业协助。

第二十一条 高级管理层由行长、副行长、行长助理、董事会秘书及银监会行政许可的其他高级管理人员组成,可根据实际需要设置首席财务官、首席风险官、首席审计官、首席信息官等高级管理人员职位。进出口银行调整首席风险官应当得到董事会批准,并向银监会报告调整原因。

高级管理层对董事会负责,同时接受监事会的监督。高级管理层应当按照进出口银行章程及董事会授权开展经营管理活动,确保进出口银行经营发展与董事会所制定批准的发展战略、风险偏好及其他政策相一致。

第二十二条 高级管理人员应当遵守法律法规及其他相关规定,遵循诚信原则,忠实勤勉履职,不得利用职务上的便利谋取私利或损害本行利益,包括为自己或他人谋取属于本行的商业机会、接受与本行交易有关的利益等。

第四章 风险管理

第二十三条 进出口银行应当建立适合政策性金融机构业务特点的风险管理模式,构建与本行职能定位、风险状况、业务规模和复杂程度相匹配的全面风险管理体系,加强对各类风险的识别、计量、监测、控制和处置。

第二十四条 进出口银行应当建立组织架构健全、职责边界清晰的风险治理体系,明确董事会、高级管理层、业务部门、风险管理部门和内审部门在风险管理中的职责分工，加强对分支机构业务条线、风险条线和内部审计条线的垂直管理，设立独立于业务经营条线的全面风险管理职能部门，由其牵头履行风险管理职责。风险管理职责包括但不限于以下内容：

（一）协助董事会和高级管理层开展全面风险管理体系建设；

（二）识别、计量、监测和控制各类重要风险并报告风险变化及管理情况；

（三）持续监控风险偏好、风险限额以及其他风险管理政策和程序的执行情况，对突破风险偏好、风险限额以及违反风险管理政策和程序的情况及时预警、报告并处理；

（四）组织开展风险评估，及时发现风险隐患和管理漏洞，持续提高风险管理的有效性。

第二十五条　进出口银行应当结合本行业务特点制定风险管理政策，设定风险偏好。风险管理政策应当经董事会批准后实施，并定期进行后评价和必要的调整。

第二十六条　进出口银行应当遵循风险管理实质性原则，充分考虑金融业务和金融风险的相关性，按照相关规定确定会计并表、资本并表和风险并表管理范围，并将各类表内外、境内外、本外币业务纳入并表管理范围。

董事会和高级管理层应当做好进出口银行及附属机构全面风险管理的设计和实施工作，指导附属机构做好风险管理工作，并建立必要的防火墙制度。

第二十七条　进出口银行应当建立覆盖各类风险的风险分析与报告制度，明确报告种类、报告频率，并按规定的报告路径进行报告。风险分析应当按照风险类型、业务种类、支持领域、地区分布等维度进行，至少每季度开展一次。风险分析报告至少包括业务经营情况、风险状况、风险发展趋势、异常变化原因和相应的风险管理措施等内容。总行及分支机构的季度和年度风险分析报告应当按要求分别报送银监会及其派出机构。

第二十八条　进出口银行应当结合业务特点和风险补偿方式，有效识别、计量、监测和控制各项业务面临的信用风险。

（一）建立完整的授信政策、决策机制、决策程序和管理信息系统，明确尽职要求，建立覆盖政策性业务和自营性业务、表内外、境内外、本外币以及并表口径的统一授信制度，将具有授信性质和融资功能的各类业务纳入统一授信管理体系。

树立绿色金融理念，借鉴赤道原则等国际良好做法，严格遵守环保、产业等领域的法律法规，充分评估项目的环境和社会风险，将评估结果作为授信决策的重要依据。

（二）结合职能定位和支持领域，建立涵盖国别、行业和客户的评级体系，将其作为授信客户选择和项目审批的依据，为客户信用风险识别、监测以及制定差别化的授信政策提供基础。

（三）执行银监会有关授信集中度监管要求，并及时向银监会报告授信集中度情况。

（四）建立覆盖政策性业务和自营性业务、表内外业务的全口径资产质量分类及拨备制度，真实、全面、动态地反映资产质量并及时、足额计提减值准备。

（五）综合运用追偿、重组、转让、核销等方式处置不良资产，盘活存量，提高资金使用效率。对于暂时无法处置的政策性不良资产，应当根据政策性业务管理职责认定责任，做好不良资产账务管理，确保不良资产债权法律手续完备。

第二十九条　进出口银行应当根据政策性业务和自营性业务的不同特点，建立与本行职能定位、战略目标、风险敞口规模和业务复杂程度相适应的国别风险管理体系。

（一）完善国别风险评估和内部评级程序，对已经开展和计划开展业务的国家和地区逐一进行风险评估和评级。

（二）建立健全国别风险限额管理制度，在综合考虑跨境业务发展战略、国别风险评级和风险偏好等因素的基础上，合理设定国别风险限额，严格实施限额管理。

（三）加强国别风险的监测、研判，充分识别业务经营中面临的国别风险，明确在不同情况下应当采取的风险缓释措施。

（四）及时足额计提国别风险准备金，并根据国别风险的变化予以动态调整。

（五）加强境外贷款贷后管理，及时了解项目所在地政治、经济、政策、法律法规、市场变化等情况，制定风险防范预案，采取措施加强贷款管理，积极稳妥处置国别风险。

第三十条　进出口银行应当充分识别、准确计量、持续监测和有效控制各项业务的市场风险，确保可持续经营。所承担的市场风险水平应当与市场风险管理能力和资本实力相匹配。

第三十一条　进出口银行应当将银行账户利率风险管理纳入全面风险管理体系，建立与总体发展战略相统一，与业务性质、规模和复杂程度相适应的银行账户利率风险管理体系，采用适当的风险计量技术和方法，计量所承担的银行账户利率风险，运用有效的金融工具进行风险缓释。

第三十二条　进出口银行应当建立与本行业务性质、规模和复杂程度相适应的操作风险管理体系，通过系统收集、跟踪和分析操作风险相关信息，不断提升操作风险管理能力。从事跨业、跨境业务时，应当充分考虑法律、制度等方面差异，建立相应的风险管理政策和程序。

进出口银行应当制定规范员工行为的相关制度，明确对员工的禁止性规定，加强对员工行为的监督，建立员工异常行为举报、排查机制，加大案件查处力度，构建案件专项治理长效机制。

第三十三条　进出口银行应当建立满足国家金融安全要求的信息科技架构、基础设施和网络信息系统，建立有效的信息科技风险管理机制，实现对信息科技风险的识别、计量、监测和控制，提高信息技术对经营管理的保障水平，确保安全、持续、稳健运行。

第三十四条　进出口银行应当监测分析市场流动性情况，合理安排政策性金融债券发行计划和信贷投放计划，控制资产负债期限错配，建立并完善适合本行资金来源和资金运用特点的流动性风险管理体系。

第三十五条　进出口银行应当主动、有效防范声誉风险，制定完善声誉风险监测机制、应急预案和处置措施。

第三十六条　进出口银行应当建立健全境内外合规管理体系，指定专门部门负责合规管理，审核评价本行各项政策、程序和操作指南的合规性，确保合规要求覆盖所有机构、业务、条线、操作环节及人员，实现对合规风险的有效识别和管理。

第三十七条　进出口银行应当建立压力测试体系，定期开展压力测试。压力测试应当覆盖各类风险和表内外主要业务领域，并考虑各类风险间的相互影响。压力测试结果应当运用于风险管理和各项经营管理决策。

第三十八条　进出口银行应当制定应急计划，说明可能出现的风险以及在压力情况下应采取的措施，涵盖对境内外分支机构和附属机构的应急安排，并定期更新、演练或测试，确保能够及时应对和处理紧急或危机情况。

第三十九条　进出口银行应当及时向银监会及其派出机构报告各类重大风险事件，主要包括新增大额不良贷款、发生案件及案件风险事件、重要信息系统故障、重大流动性缺口等。

第五章　内部控制

第四十条　进出口银行应当建立由董事会、高级管理层、内控管理职能部门、内部审计部门、业务部门组成的分工合理、相互制约、职责明确、报告关系清晰的内部控制治理和组织架构，健全符合政策性业务和自营性业务特点的内部控制制度体系，落实内部控制管理责任制，完善信息科技控制措施，培育良好的内部控制文化。持续开展内控合规评价和监督，加强总行对分支机构的管理，强化内部控制问题整改和责任追究。

第四十一条　进出口银行应当强化内控管理、风险管理、合规管理、内部审计部门的职能，保障其履职独立性。建立内部控制问题整改机制，明确整改责任部门，规范整改工作流程，确保整改措施有效落实。

第四十二条　进出口银行应当结合政策性业务和自营性业务特点，按照内控先行原则，对各项业务活动和管理活动制定全面、系统、规范的业务制度和管理制度，明确各项业务活动和管理活动的风险控制点，执行标准统一的业务流程和管理流程，采取适当的控制措施，确保规范有效运作。

第四十三条　进出口银行应当根据经营管理需要，合理确定部门、岗位的职责及权限，明确业务流程和管理活动中的重要岗位和不相容岗位。实行重要岗位轮岗或强制休假制度和不相容岗位分离制度，原则上不相容岗位人员之间不得轮岗，形成相互制约的岗位安排。

第四十四条　进出口银行应当按照统一管理、差别授权、动态调整、权责一致的原则，建立有利于管控风险和开展政策性业务的授权体系。授权范围和大小应当统筹考虑各分支机构和各部门的经营能力、管理水平、风险状况与业务发展需要。

第四十五条　进出口银行应当建立贯穿各级机构、覆盖所有业务和全部流程的管理信息系统和业务操作系统，及时、准确记录经营管理信息，确保信息完整、连续、准确和可追溯，通过内部控制流程与业务操作系统和管理信息系统的有效结合，加强对业务和管理活动的系统自动控制。

第四十六条　进出口银行应当建立独立、垂直管理的内部审计体系及相应的报告制度和报告路径，审查评价并督促改善经营活动、风险状况、内部控制和治理机制，促进合规经营、履职尽责和稳健发展。内部审计部门应当对董事会负责，按照规定及时向董事会报告工作和审计情况。进出口银行应当向银监会及其派出机构报送审计工作情况和审计报告。

第四十七条　进出口银行根据需要外聘符合国家有关规定的审计机构对公司治理、内部控制、经营管理及财务状况进行审计。审计结果应当报送银监会。

第四十八条　进出口银行应当结合机构层级、人员分布、业务特点等因素，建立内部控制评价制度，明确内部控制评价的实施主体、频率、内容、程序、方法和标准等。内部控制评价由董事会指定的部门组织实施，至少每年开展一次，年度内部控制评价报告应当报送银监会。

第四十九条　进出口银行应当加强分支机构及人员管理，认真执行各项规章制度，加强对分支机构内控制度执行情况的检查监督，提升内部控制有效性。

第六章　资本管理

第五十条　进出口银行应当建立健全资本约束机制，完善资本管理的政策、制度及实施流程，将符合条件的附属机构纳入并表管理范围，确保资本能够充分抵御各项风险，满足业务发展需要。

第五十一条　进出口银行应当在充分计提贷款损失准备等各项减值准备的基础上计算并表和未并表的资本充足率，执行银监会有关资本充足率监管要求。

第五十二条　进出口银行应当明确资本管理目标，结合政策性职能定位及业务发展特点制定有效的资本规划和资本补充计划，并根据资本充足率的变动情况合理确定业务发展规模和速度。资本预算与分配应当优先保障政策性业务。资本规划应当经董事会批准后实施并定期审查。

第五十三条　进出口银行应当建立稳健的内部资本充足评估程序。内部资本充足评估应当至少每年开展一次，评估结果应当作为资本预算与分配、授信决策和战略规划的重要依据。

第五十四条　进出口银行应当建立内源性资本积累与外源性资本补充相结合的动态资本补充机制。当资本充足率不足时，应当通过优化资产结构、盘活资产存量、减少或免于分红、利润转增资本、国家追加注资、发行符合监管要求的各类资本补充工具等措施，确保资本充足率达到监管标准。

第七章　激励约束

第五十五条　进出口银行应当以服务国家战略、实现可持续发展为导向，以保障政策性业务为原则，建立市场化的人力资源管理体制，健全激励约束机制，完善绩效考核和问责机制。

第五十六条　进出口银行应当结合业务发展、风险管理需要和人员结构、薪酬水平等因素，建立健全科学的人才规划、招聘、培养、评估、激励和使用机制，逐步建立市场化的人力资源管理体系，确保本行人员素质、数量与业务发展速度、风险管理需要相适应。

第五十七条　进出口银行应当结合本行职能定位、发展战略、业务特点以及风险偏好等因素，建立科学的绩效考核体系，合理确定绩效考核的定性、定量指标及权重。对于政策性业务，应当侧重对依法合规、履职尽责、服务国家战略成效的考核；对于自营性业务，应当侧重对风险管理、合规经营以及可持续发展能力的考核。绩效考核指标至少包括落实国家政策类、合规经营类和风险管理类，上述三类指标权重应当高于其他类型指标。

第五十八条　进出口银行应当结合本行业务特点，建立健全有利于发挥政策性银行功能的激励约束机制。薪酬水平应当综合考虑政策性业务开展情况、合规情况、风险状况和可持续发展等因素确定，对高级管理人员以及对风险有重要影响的岗位应当实行薪酬延期支付（国家另有规定的除外）和追索扣回制度。

第五十九条　进出口银行应当建立与政策性业务、自营性业务决策机制和管理流程相适应的责任追究和问责机制，完善问责制度，明确问责牵头部门、职责划分和问责流程，对违法违规行为的直接责任人和相应的管理人员进行严肃问责。

第八章　监督管理

第六十条　银监会依照法律法规制定进出口银行监督管理规定。

第六十一条　银监会按照有关规定对进出口银行的资本充足率及其管理情况实施监督检查，主要包括全面风险管理框架、资本充足率计量准确性、各类风险及压力测试情况等。

进出口银行资本充足率未达到监管要求时，银监会有权根据具体情况采取责令控制风险资产增长、责令暂停自营性业务、限制分配红利和其他收入、停止批准增设机构等监管措施。

第六十二条　银监会对进出口银行及其附属机构实行并表监管，综合运用定量和定性方法，重点关注进出口银行及其附属机构的整体资本、财务和风险情况，密切关注跨业经营以及内部交易带来的风险。

第六十三条　银监会及其派出机构依照相关行政许可规定对进出口银行的机构设立、机构变更、机构终止、业务范围以及董事和高级管理人员任职资格等事项实施行政许可。

第六十四条　银监会及其派出机构对进出口银行实施持续的非现场监管。包括但不限于：

（一）依法收集董事会会议记录和决议等文件，要求进出口银行报送各类报表、经营管理资料、内控评价报告、风险分析报告、内审工作计划、内审工作报告、整改报告、外部审计报告以及监管需要的其他资料，派员列席经营管理工作会议和其他重要会议；

（二）对进出口银行的经营状况、风险特点和发展趋势进行监测分析，实现对各类风险的及早发现、及时预警和有效监管；

（三）建立监管评估制度和机制，对进出口银行执行国家政策、公司治理、风险管理、内部控制、资本管理以及问题整改等情况开展专项或综合评估；

（四）通过审慎监管会谈、监管通报、监管意见书等形式向进出口银行反馈监管情况，提出监管要求，并对整改情况进行后续评估；

（五）定期对非现场监管工作进行总结，对进出口银行的经营状况、风险特点和发展趋势进行分析，形成监管报告。

第六十五条 银监会及其派出机构依法对进出口银行的公司治理、风险管理、内部控制、资本管理、业务活动和风险状况等开展现场检查。

第六十六条 银监会建立监管联动机制，通过监管联动会议、信息共享等形式与其他金融监管机构、进出口银行监事会、外部审计机构开展联动和沟通。

第六十七条 进出口银行违反本办法规定的，银监会及其派出机构可以依照《中华人民共和国银行业监督管理法》等法律法规采取审慎监管措施，实施行政处罚，涉嫌犯罪的移送司法机关处理。

第九章 附 则

第六十八条 进出口银行应当根据本办法制定和完善内部管理制度。

第六十九条 本办法施行前进出口银行相关监管规定与本办法不一致的，以本办法为准。本办法未尽事宜，按银监会相关规定执行。

第七十条 本办法由银监会负责解释。

第七十一条 本办法自2018年1月1日起施行。

中国农业发展银行监督管理办法

1. *2017年11月15日中国银行业监督管理委员会令2017年第4号公布*
2. *自2018年1月1日起施行*

第一章 总 则

第一条 为加强对中国农业发展银行（以下简称农发行）的监督管理，督促落实国家战略和政策，规范经营行为，防控金融风险，根据《中华人民共和国银行业监督管理法》等法律法规，制定本办法。

第二条 农发行应当坚持依法合规经营、审慎稳健发展，遵守国家法律法规、银行业金融机构审慎经营规则，强化资本约束，实现长期可持续发展。

第三条 农发行应当紧紧围绕服务国家战略，建立市场化运行、约束机制，发展成为定位明确、功能突出、业务清晰、资本充足、治理规范、内控严密、运营安全、服务良好的政策性金融机构。

第四条 中国银行业监督管理委员会（以下简称银监会）及其派出机构依法对农发行实施监督管理。

第二章 市场定位

第五条 农发行应当依托国家信用，服务经济社会发展的重点领域和薄弱环节。主要服务维护国家粮食安全、脱贫攻坚、实施乡村振兴战略、促进农业农村现代化、改善农村基础设施建设等领域，在农村金融体系中发挥主体和骨干作用。

第六条 农发行应当坚守政策性金融定位，根据依法确定的服务领域和经营范围开展政策性业务和自营性业务。

第七条 农发行应当坚持以政策性业务为主体开展经营活动，遵守市场秩序，与商业性金融机构建立互补合作关系。

第八条 农发行应当创新金融服务模式，发挥政策性金融作用，加强和改进农村地区普惠金融服务，可通过与其他银行业金融机构合作的方式开展小微企业金融服务和扶贫小额信贷业务。

第九条 农发行董事会应当每三年或必要时制订业务范围及业务划分调整方案，按规定履行相关程序。

第三章 公司治理

第十条 农发行党委发挥领导作用，把方向、管大局、保落实，保证监督党和国家的方针、政策得到贯彻执行，把党的领导融入公司治理各个环节。

第十一条 农发行应当构建由董事会、高级管理层和监事会组成的公司治理架构，遵循各治理主体独立运作、有效制衡、相互合作、协调运转的基本原则，形成决策科学、执行有力、监督有效的公司治理机制。

第十二条 农发行董事会由执行董事、非执行董事组成。

执行董事指在农发行担任董事长、行长和其他高级管理职务的董事。非执行董事指在农发行不担任除董事外其他职务的董事，包括部委董事和股权董事。部委董事由相关部委指派的部委负责人兼任，股权董事由股东单位负责选派。

第十三条 董事会对经营和管理承担最终责任，依照相关法律法规和本行章程履行职责。主要职责包括但不限于下列事项：

（一）制订业务范围及业务划分调整方案、章程修改方案、注册资本调整方案以及组织形式变更方案，按程序报国务院批准；

（二）审议批准中长期发展战略、年度经营计划和投资方案、年度债券发行计划、资本管理规划方案、资本补充工具发行方案、薪酬和绩效考核体系设置方案等；

（三）制定年度财务预算方案和决算方案、利润分配和弥补亏损方案；

（四）审议批准风险管理、内部控制等基本管理制度；

（五）审议批准内部审计章程、机构和年度工作计划；

（六）制定董事会议事规则及其修订方案；

（七）审议批准重大项目，包括重大收购兼并、重大投资、重大资产购置与处置、重大对外担保（银行担保业务除外）等；

（八）审议批准内部管理机构以及境内外一级分支机构设置、调整和撤销方案，对一级子行（子公司）的设立、分立、合并、资本金变动等事项作出决议，审议子公司章程；

（九）决定对董事长和经营管理层的授权事项，决定聘任或解聘高级管理人员，决定高级管理人员薪酬、绩效考核和奖惩事项，决定派驻子公司的董事（含董事长）、监事（含监事长）和总经理（行长）人选；

（十）决定聘用、解聘或者不再续聘承办农发行审计业务的会计师事务所；

（十一）制定信息披露政策及制度，审议批准年度报告；

（十二）积极发挥部际协调作用，定期听取商业性金融机构、企业和政府部门等各方意见；

（十三）法律法规规定以及国务院赋予的其他职责。

第十四条　董事会应当充分发挥在落实国家政策、制定经营战略、完善公司治理、制定风险管理及资本管理战略、决策重大项目等方面的作用，监督并确保高级管理层有效履行管理职责。

第十五条　董事应当依照相关法律法规及本行章程，勤勉专业履职。董事每年应当至少出席三分之二的董事会会议。

部委董事代表国家利益履行职责，发挥在重大决策方面的统筹协调作用。部委董事不能出席董事会会议时，书面授权本部委其他人员代为出席；出现离职、调任或退休等不适合继续履职情况的，由董事会及时提请派出部委确定继任人选。

第十六条　董事会应当建立对高级管理层的授权制度，明确对高级管理层的授权范围、授权限额和职责要求等。

第十七条　董事会下设专门委员会，负责向董事会提供专业意见或根据董事会授权就专业事项进行决策。专门委员会主要包括战略发展和投资管理委员会、风险管理委员会、审计委员会、人事与薪酬委员会、关联交易控制委员会等，其中战略发展和投资管理委员会、审计委员会、人事与薪酬委员会成员应当包含部委董事。

（一）战略发展和投资管理委员会。负责制定农发行经营管理目标和长期发展战略，监督、检查年度经营计划、投资方案的执行情况，对政策性业务开展情况和配套政策进行研究，向董事会提出政策建议。

（二）风险管理委员会。负责监督高级管理层对信用风险、市场风险、流动性风险、操作风险、国别风险、银行账户利率风险、声誉风险和信息科技风险等各类风险的控制及全面风险管理情况，并对风险管理政策、管理状况及风险承受能力进行定期评估，提出完善风险管理和内部控制的意见。

（三）审计委员会。经董事会授权，负责审核内部审计章程等重要制度和工作报告，审批中长期审计规划和年度审计计划。指导、考核和评价内部审计工作，检查风险及合规状况、会计政策、财务报告程序和财务状况，提出外部审计机构聘请与更换建议。

（四）人事与薪酬委员会。负责拟定董事和高级管理人员的选任程序和标准，对董事和高级管理人员任职资格进行初步审核并向董事会提出建议。负责审议全行薪酬管理制度和政策，拟定执行董事和高级管理层成员的薪酬方案，向董事会提出薪酬方案建议，并监督方案实施。

（五）关联交易控制委员会。负责关联交易的管理、审查和批准，控制关联交易风险。

第十八条　专门委员会成员应当具有与专门委员会职责相适应的专业知识和工作经验。各专门委员会负责人原则上不宜相互兼任。

审计委员会成员应当具有财务、审计和会计等专业知识和工作经验。风险管理委员会负责人应当具有对各类风险进行判断与管理的经验。

第十九条　农发行监事会依照《国有重点金融机构监事会暂行条例》等有关法律法规设置和管理，由国务院派出，对国务院负责。

第二十条　农发行监事会依照《国有重点金融机构监事会暂行条例》等法律法规履行职责，代表国家对农发行资产质量及国有资产保值增值情况实施监督，对董事和高级管理人员履职行为和尽职情况进行监督和评价，指导农发行内部审计和监察等内部监督部门的工作，并有权要求上述内部监督部门协助监事会履行监督检查职责，对经营决策、风险管理和内部控制等情况进行监督检查并督促整改。

监事会在履职过程中有权要求董事会和高级管理层提供必要信息，主要包括审计报告、内控评价报告和重大风险事件报告等。监事会主席根据监督检查的需要,可以列席或者委派监事会其他成员列席董事会会议和其他有关会议,可以聘请外部机构就相关工作提供专业协助。

第二十一条 高级管理层由行长、副行长、行长助理、董事会秘书及银监会行政许可的其他高级管理人员组成,可根据实际需要设置首席财务官、首席风险官、首席审计官、首席信息官等高级管理人员职位。农发行调整首席风险官应当得到董事会批准,并向银监会报告调整原因。

高级管理层对董事会负责,同时接受监事会的监督。高级管理层应当按照农发行章程及董事会授权开展经营管理活动,确保农发行经营发展与董事会所制定批准的发展战略、风险偏好及其他政策相一致。

第二十二条 高级管理人员应当遵守法律法规及其他相关规定,遵循诚信原则,忠实勤勉履职,不得利用职务上的便利谋取私利或损害本行利益,包括为自己或他人谋取属于本行的商业机会、接受与本行交易有关的利益等。

第四章 风险管理

第二十三条 农发行应当深入分析“三农”领域风险特点,构建与本行职能定位、风险状况、业务规模和复杂程度相匹配的全面风险管理体系,加强对各类风险的识别、计量、监测、控制和处置。

第二十四条 农发行应当建立组织架构健全、职责边界清晰的风险治理体系,明确董事会、高级管理层、业务部门、风险管理部门和内审部门在风险管理中的职责分工,加强对分支机构业务条线、风险条线和内部审计条线的垂直管理,设立独立于业务经营条线的全面风险管理职能部门,由其牵头履行风险管理职责。风险管理职责包括但不限于以下内容:

(一)协助董事会和高级管理层开展全面风险管理体系建设;

(二)识别、计量、监测和控制各类重要风险并报告风险变化及管理情况;

(三)持续监控风险偏好、风险限额以及其他风险管理政策和程序的执行情况,对突破风险偏好、风险限额以及违反风险管理政策和程序的情况及时预警、报告并处理;

(四)组织开展风险评估,及时发现风险隐患和管理漏洞,持续提高风险管理的有效性。

第二十五条 农发行应当结合本行业务特点制定风险管理政策,设定风险偏好。风险管理政策应当经董事会批准后实施,并定期进行后评价和必要的调整。

第二十六条 农发行应当遵循风险管理实质性原则,充分考虑金融业务和金融风险的相关性,按照相关规定确定会计并表、资本并表和风险并表管理范围,并将各类表内外、境内外、本外币业务纳入并表管理范围。

董事会和高级管理层应当做好农发行及附属机构全面风险管理的设计和实施工作,指导附属机构做好风险管理工作,并建立必要的防火墙制度。

第二十七条 农发行应当建立覆盖各类风险的风险分析与报告制度,明确报告种类、报告频率,并按规定的报告路径进行报告。风险分析应当按照风险类型、业务种类、支持领域、地区分布等维度进行,至少每季度开展一次。风险分析报告至少包括业务经营情况、风险状况、风险发展趋势、异常变化原因和相应的风险管理措施等内容。总行及分支机构的季度和年度风险分析报告应当按要求分别报送银监会及其派出机构。

第二十八条 农发行应当结合业务特点和风险补偿方式,有效识别、计量、监测和控制各项业务面临的信用风险。

(一)建立完整的授信政策、决策机制、决策程序和管理信息系统,明确尽职要求,建立覆盖政策性业务和自营性业务、表内外、境内外、本外币以及并表口径的统一授信制度,将具有授信性质和融资功能的各类业务纳入统一授信管理体系。

树立绿色金融理念,严格遵守环保、产业等领域的法律法规,充分评估项目的环境和社会风险,将评估结果作为授信决策的重要依据。

(二)结合业务对象的特点建立客户评级体系,将其作为授信客户选择和项目审批的依据,为客户信用风险识别、监测以及制定差别化的授信政策提供基础。

(三)执行银监会有关授信集中度监管要求,并及时向银监会报告授信集中度情况。

(四)建立覆盖政策性业务和自营性业务、表内外业务的全口径资产质量分类及拨备制度,真实、全面、动态地反映资产质量并及时、足额计提减值准备。

(五)综合运用追偿、重组、转让、核销等方式处置不良资产,盘活存量,提高资金使用效率。对于暂时无法处置的政策性不良资产,应当根据政策性业务管理职责认定责任,做好不良资产账务管理,确保不良资产债权法律手续完备。

第二十九条 农发行应当充分识别、准确计量、持续监测和有效控制各项业务的市场风险,确保可持续经营。所承担的市场风险水平应当与市场风险管理能力和资本实力相匹配。

第三十条 农发行应当将银行账户利率风险管理纳入全面风险管理体系,建立与总体发展战略相统一,与业务性质、规模和复杂程度相适应的银行账户利率风险管理体系，采用适当的风险计量技术和方法，计量所承担的银行账户利率风险，运用有效的金融工具进行风险缓释。

第三十一条　农发行应当建立与本行业务性质、规模和复杂程度相适应的操作风险管理体系，通过系统收集、跟踪和分析操作风险相关信息，不断提升操作风险管理能力。从事跨业、跨境业务时，应当充分考虑法律、制度等方面差异，建立相应的风险管理政策和程序。

农发行应当制定规范员工行为的相关制度，明确对员工的禁止性规定，加强对员工行为的监督，建立员工异常行为举报、排查机制，加大案件查处力度，构建案件专项治理长效机制。

第三十二条　农发行应当建立满足国家金融安全要求的信息科技架构、基础设施和网络信息系统，建立有效的信息科技风险管理机制，实现对信息科技风险的识别、计量、监测和控制，提高信息技术对经营管理的保障水平，确保安全、持续、稳健运行。

第三十三条　农发行应当监测分析市场流动性情况，结合政策性业务资金需求，合理安排政策性金融债券发行计划和信贷投放计划，控制资产负债期限错配，建立并完善适合本行资金来源和资金运用特点的流动性风险管理体系。

第三十四条　农发行应当主动、有效防范声誉风险，制定完善声誉风险监测机制、应急预案和处置措施。

第三十五条　农发行应当建立健全合规管理体系，指定专门部门负责合规管理，审核评价本行各项政策、程序和操作指南的合规性，确保符合法律、政策、规则和准则的要求，实现对合规风险的有效识别和管理。

第三十六条　农发行应当建立压力测试体系，定期开展压力测试。压力测试应当覆盖各类风险和表内外主要业务领域，并考虑各类风险间的相互影响。压力测试结果应当运用于风险管理和各项经营管理决策。

第三十七条　农发行应当制定应急计划，说明可能出现的风险以及在压力情况下应采取的措施，涵盖对境内外分支机构和附属机构的应急安排，并定期更新、演练或测试，确保能够及时应对和处理紧急或危机情况。

第三十八条　农发行应当及时向银监会及其派出机构报告各类重大风险事件，主要包括新增大额不良贷款、发生案件及案件风险事件、重要信息系统故障、重大流动性缺口等。

第五章　内部控制

第三十九条　农发行应当建立由董事会、高级管理层、内控管理职能部门、内部审计部门、业务部门组成的分工合理、相互制约、职责明确、报告关系清晰的内部控制治理和组织架构，健全符合政策性业务和自营性业务特点的内部控制制度体系，落实内部控制管理责任制，完善信息科技控制措施，培育良好的内部控制文化。持续开展内控合规评价和监督，加强总行对分支机构的管理，强化内部控制问题整改和责任追究。

第四十条　农发行应当强化内控管理、风险管理、合规管理、内部审计部门的职能，保障其履职独立性。建立内部控制问题整改机制，明确整改责任部门，规范整改工作流程，确保整改措施有效落实。

第四十一条　农发行应当结合政策性业务和自营性业务特点，按照内控先行原则，对各项业务活动和管理活动制定全面、系统、规范的业务制度和管理制度，明确各项业务活动和管理活动的风险控制点，执行标准统一的业务流程和管理流程，采取适当的控制措施，确保规范有效运作。

第四十二条　农发行应当根据经营管理需要，合理确定部门、岗位的职责及权限，明确业务流程和管理活动中的重要岗位和不相容岗位。实行重要岗位轮岗或强制休假制度和不相容岗位分离制度，原则上不相容岗位人员之间不得轮岗，形成相互制约的岗位安排。

第四十三条　农发行应当按照统一管理、差别授权、动态调整、权责一致的原则，建立有利于管控风险和开展政策性业务的授权体系。授权范围和大小应当统筹考虑各分支机构和各部门的经营能力、管理水平、风险状况与业务发展需要。

第四十四条　农发行应当建立贯穿各级机构、覆盖所有业务和全部流程的管理信息系统和业务操作系统，及时、准确记录经营管理信息，确保信息完整、连续、准确和可追溯，通过内部控制流程与业务操作系统和管理信息系统的有效结合，加强对业务和管理活动的系统自动控制。

第四十五条　农发行应当建立独立、垂直管理的内部审计体系及相应的报告制度和报告路径，审查评价并督促改善经营活动、风险状况、内部控制和治理机制，促进合规经营、履职尽责和稳健发展。内部审计部门应当对董事会负责，按照规定及时向董事会报告工作和审计情况。农发行应当向银监会及其派出机构报送审计工作情况和审计报告。

第四十六条　农发行根据需要外聘符合国家有关规定的审计机构对公司治理、内部控制、经营管理及财务状况进行审计。审计结果应当报送银监会。

第四十七条　农发行应当结合机构层级、人员分布、业务特点等因素，建立内部控制评价制度，明确内部控制评价的实施主体、频率、内容、程序、方法和标准等。内部控制评价由董事会指定的部门组织实施，至少每年开展一次，年度内部控制评价报告应当报送银监会。

第四十八条 农发行应当加强分支机构及人员管理，认真执行各项规章制度，加强对分支机构内控制度执行情况的检查监督，提升内部控制有效性。

第六章 资本管理

第四十九条 农发行应当建立健全资本约束机制，完善资本管理的政策、制度及实施流程，将符合条件的附属机构纳入并表管理范围，确保资本能够充分抵御各项风险，满足业务发展需要。

第五十条 农发行应当在充分计提贷款损失准备等各项减值准备的基础上，计算并表和未并表的资本充足率，执行银监会有关资本充足率监管要求。

第五十一条 农发行应当明确资本管理目标，结合政策性职能定位及业务发展特点制定有效的资本规划和资本补充计划，并根据资本充足率的变动情况合理确定业务发展规模和速度。资本预算与分配应当优先保障政策性业务。资本规划应当经董事会批准后实施并定期审查。

第五十二条 农发行应当建立稳健的内部资本充足评估程序。内部资本充足评估应当至少每年开展一次，评估结果应当作为资本预算与分配、授信决策和战略规划的重要依据。

第五十三条 农发行应当建立内源性资本积累与外源性资本补充相结合的动态资本补充机制。当资本充足率不足时，应当通过优化资产结构、盘活资产存量、减少或免于分红、利润转增资本、国家追加注资、发行符合监管要求的各类资本补充工具等措施，确保资本充足率达到监管标准。

第七章 激励约束

第五十四条 农发行应当以服务国家战略、实现可持续发展为导向，以保障政策性业务为原则，建立市场化的人力资源管理体制，健全激励约束机制，完善绩效考核和问责机制。

第五十五条 农发行应当结合业务发展、风险管理需要和人员结构、薪酬水平等因素，建立健全科学的人才规划、招聘、培养、评估、激励和使用机制，逐步建立市场化的人力资源管理体系，确保本行人员素质、数量与业务发展速度、风险管理需要相适应。

第五十六条 农发行应当结合本行职能定位、发展战略、业务特点以及风险偏好等因素，建立科学的绩效考核体系，合理确定绩效考核的定性、定量指标及权重。对于政策性业务，应当侧重对依法合规、履职尽责、服务国家战略成效的考核；对于自营性业务，应当侧重对风险管理、合规经营以及可持续发展能力的考核。绩效考核指标至少包括落实国家政策类、合规经营类和风险管理类，上述三类指标权重应当高于其他类型指标。

第五十七条 农发行应当结合本行业务特点，建立健全有利于发挥政策性银行功能的激励约束机制。薪酬水平应当综合考虑政策性业务开展情况、合规情况、风险状况和可持续发展等因素确定，对高级管理人员以及对风险有重要影响的岗位应当实行薪酬延期支付（国家另有规定的除外）和追索扣回制度。

第五十八条 农发行应当建立与政策性业务、自营性业务决策机制和管理流程相适应的责任追究和问责机制，完善问责制度，明确问责牵头部门、职责划分和问责流程，对违法违规行为的直接责任人和相应的管理人员进行严肃问责。

第八章 监督管理

第五十九条 银监会依照法律法规制定农发行监督管理规定。

第六十条 银监会按照有关规定对农发行的资本充足率及其管理情况实施监督检查，主要包括全面风险管理框架、资本充足率计量准确性、各类风险及压力测试情况等。

农发行资本充足率未达到监管要求时，银监会有权根据具体情况采取责令控制风险资产增长、责令暂停自营性业务、限制分配红利和其他收入、停止批准增设机构等监管措施。

第六十一条 银监会对农发行及其附属机构实行并表监管，综合运用定量和定性方法，重点关注农发行及其附属机构的整体资本、财务和风险情况，密切关注跨业经营以及内部交易带来的风险。

第六十二条 银监会及其派出机构依照相关行政许可规定对农发行的机构设立、机构变更、机构终止、业务范围以及董事和高级管理人员任职资格等事项实施行政许可。

第六十三条 银监会及其派出机构对农发行实施持续的非现场监管。包括但不限于：

（一）依法收集董事会会议记录和决议等文件，要求农发行报送各类报表、经营管理资料、内控评价报告、风险分析报告、内审工作计划、内审工作报告、整改报告、外部审计报告以及监管需要的其他资料，派员列席经营管理工作会议和其他重要会议；

（二）对农发行的经营状况、风险特点和发展趋势进行监测分析，实现对各类风险的及早发现、及时预警和有效监管；

（三）建立监管评估制度和机制，对农发行执行国家政策、公司治理、风险管理、内部控制、资本管理以及问题整改等情况开展专项或综合评估；

（四）通过审慎监管会谈、监管通报、监管意见书等形式向农发行反馈监管情况，提出监管要求，并对整改情况进行后续评估；

（五）定期对非现场监管工作进行总结，对农发行的经营状况、风险特点和发展趋势进行分析，形成监管报告。

第六十四条　银监会及其派出机构依法对农发行的公司治理、风险管理、内部控制、资本管理、业务活动和风险状况等开展现场检查。

第六十五条　银监会建立监管联动机制，通过监管联动会议、信息共享等形式与其他金融监管机构、农发行监事会、外部审计机构开展联动和沟通。

第六十六条　农发行违反本办法规定的，银监会及其派出机构可以依照《中华人民共和国银行业监督管理法》等法律法规采取审慎监管措施，实施行政处罚，涉嫌犯罪的移送司法机关处理。

第九章　附　　则

第六十七条　农发行应当根据本办法制定和完善内部管理制度。

第六十八条　本办法施行前农发行相关监管规定与本办法不一致的，以本办法为准。本办法未尽事宜，按银监会相关规定执行。

第六十九条　本办法由银监会负责解释。

第七十条　本办法自2018年1月1日起施行。

五、非银行金融机构

资料补充栏

1. 信托公司

中华人民共和国信托法

1. 2001年4月28日第九届全国人民代表大会常务委员会第二十一次会议通过
2. 2001年4月28日中华人民共和国主席令第50号公布
3. 自2001年10月1日起施行

目　　录

第一章　总　　则

第一条　【立法目的】为了调整信托关系，规范信托行为，保护信托当事人的合法权益，促进信托事业的健康发展，制定本法。

第二条　【信托定义】本法所称信托，是指委托人基于对受托人的信任，将其财产权委托给受托人，由受托人按委托人的意愿以自己的名义，为受益人的利益或者特定目的，进行管理或者处分的行为。

第三条　【适用范围】委托人、受托人、受益人（以下统称信托当事人）在中华人民共和国境内进行民事、营业、公益信托活动，适用本法。

第四条　【具体办法】受托人采取信托机构形式从事信托活动，其组织和管理由国务院制定具体办法。

第五条　【信托活动必须守法】信托当事人进行信托活动，必须遵守法律、行政法规，遵循自愿、公平和诚实信用原则，不得损害国家利益和社会公共利益。

第二章　信托的设立

第六条　【信托目的的合法性】设立信托，必须有合法的信托目的。

第七条　【信托财产及其合法性】设立信托，必须有确定的信托财产，并且该信托财产必须是委托人合法所有的财产。

本法所称财产包括合法的财产权利。

第八条　【信托应采取书面形式】设立信托，应当采取书面形式。

书面形式包括信托合同、遗嘱或者法律、行政法规规定的其他书面文件等。

采取信托合同形式设立信托的，信托合同签订时，信托成立。采取其他书面形式设立信托的，受托人承诺信托时，信托成立。

第九条　【信托书面文件的载明事项】设立信托，其书面文件应当载明下列事项：

（一）信托目的；

（二）委托人、受托人的姓名或者名称、住所；

（三）受益人或者受益人范围；

（四）信托财产的范围、种类及状况；

（五）受益人取得信托利益的形式、方法。

除前款所列事项外，可以载明信托期限、信托财产的管理方法、受托人的报酬、新受托人的选任方式、信托终止事由等事项。

第十条　【信托登记】设立信托，对于信托财产，有关法律、行政法规规定应当办理登记手续的，应当依法办理信托登记。

未依照前款规定办理信托登记的，应当补办登记手续；不补办的，该信托不产生效力。

第十一条　【信托无效】有下列情形之一的，信托无效：

（一）信托目的违反法律、行政法规或者损害社会公共利益；

（二）信托财产不能确定；

（三）委托人以非法财产或者本法规定不得设立信托的财产设立信托；

（四）专以诉讼或者讨债为目的设立信托；

（五）受益人或者受益人范围不能确定；

（六）法律、行政法规规定的其他情形。

第十二条　【信托的撤销】委托人设立信托损害其债权人利益的，债权人有权申请人民法院撤销该信托。

人民法院依照前款规定撤销信托的，不影响善意受益人已经取得的信托利益。

本条第一款规定的申请权，自债权人知道或者应当知道撤销原因之日起一年内不行使的，归于消灭。

第十三条　【遗嘱信托】设立遗嘱信托，应当遵守继承法关于遗嘱的规定。

遗嘱指定的人拒绝或者无能力担任受托人的，由受益人另行选任受托人；受益人为无民事行为能力人或者限制民事行为能力人的，依法由其监护人代行选任。遗嘱对选任受托人另有规定的，从其规定。

第三章　信 托 财 产

第十四条　【信托财产的范围】受托人因承诺信托而取得的财产是信托财产。

受托人因信托财产的管理运用、处分或者其他情形而取得的财产，也归入信托财产。

法律、行政法规禁止流通的财产，不得作为信托财产。

法律、行政法规限制流通的财产，依法经有关主管部门批准后，可以作为信托财产。

第十五条　【信托财产与委托人其他财产的区别】信托财产与委托人未设立信托的其他财产相区别。设立信托后，委托人死亡或者依法解散、被依法撤销、被宣告破产时，委托人是唯一受益人的，信托终止，信托财产作为其遗产或者清算财产；委托人不是唯一受益人的，信托存续，信托财产不作为其遗产或者清算财产；但作为共同受益人的委托人死亡或者依法解散、被依法撤销、被宣告破产时，其信托受益权作为其遗产或者清算财产。

第十六条　【信托财产与受托人其他财产的区别】信托财产与属于受托人所有的财产（以下简称固有财产）相区别，不得归入受托人的固有财产或者成为固有财产的一部分。

受托人死亡或者依法解散、被依法撤销、被宣告破产而终止，信托财产不属于其遗产或者清算财产。

第十七条　【信托财产的强制执行】除因下列情形之一外，对信托财产不得强制执行：

（一）设立信托前债权人已对该信托财产享有优先受偿的权利，并依法行使该权利的；

（二）受托人处理信托事务所产生债务，债权人要求清偿该债务的；

（三）信托财产本身应担负的税款；

（四）法律规定的其他情形。

对于违反前款规定而强制执行信托财产，委托人、受托人或者受益人有权向人民法院提出异议。

第十八条　【债权债务的抵销】受托人管理运用、处分信托财产所产生的债权，不得与其固有财产产生的债务相抵销。

受托人管理运用、处分不同委托人的信托财产所产生的债权债务，不得相互抵销。

第四章　信托当事人

第一节　委　托　人

第十九条　【委托人的定义】委托人应当是具有完全民事行为能力的自然人、法人或者依法成立的其他组织。

第二十条　【委托人的了解权利】委托人有权了解其信托财产的管理运用、处分及收支情况，并有权要求受托人作出说明。

委托人有权查阅、抄录或者复制与其信托财产有关的信托帐目以及处理信托事务的其他文件。

第二十一条　【信托财产管理方法的调整】因设立信托时未能预见的特别事由，致使信托财产的管理方法不利于实现信托目的或者不符合受益人的利益时，委托人有权要求受托人调整该信托财产的管理方法。

第二十二条　【信托目的的违反】受托人违反信托目的处分信托财产或者因违背管理职责、处理信托事务不当致使信托财产受到损失的，委托人有权申请人民法院撤销该处分行为，并有权要求受托人恢复信托财产的原状或者予以赔偿；该信托财产的受让人明知是违反信托目的而接受该财产的，应当予以返还或者予以赔偿。

前款规定的申请权，自委托人知道或者应当知道撤销原因之日起一年内不行使的，归于消灭。

第二十三条　【解任受托人】受托人违反信托目的处分信托财产或者管理运用、处分信托财产有重大过失的，委托人有权依照信托文件的规定解任受托人，或者申请人民法院解任受托人。

第二节　受　托　人

第二十四条　【受托人的定义】受托人应当是具有完全民事行为能力的自然人、法人。

法律、行政法规对受托人的条件另有规定的，从其规定。

第二十五条　【受托人的义务】受托人应当遵守信托文件的规定，为受益人的最大利益处理信托事务。

受托人管理信托财产，必须恪尽职守，履行诚实、信用、谨慎、有效管理的义务。

第二十六条　【受托人与谋利】受托人除依照本法规定取得报酬外，不得利用信托财产为自己谋取利益。

受托人违反前款规定，利用信托财产为自己谋取利益的，所得利益归入信托财产。

第二十七条　【不得转为固有财产】受托人不得将信托财产转为其固有财产。受托人将信托财产转为其固有财产的，必须恢复该信托财产的原状；造成信托财产损失的，应当承担赔偿责任。

第二十八条　【相互交易】受托人不得将其固有财产与信托财产进行交易或者将不同委托人的信托财产进行相互交易，但信托文件另有规定或者经委托人或者受益人同意，并以公平的市场价格进行交易的除外。

受托人违反前款规定，造成信托财产损失的，应当承担赔偿责任。

第二十九条　【分别管理与记帐】受托人必须将信托财产与其固有财产分别管理、分别记帐，并将不同委托人的信托财产分别管理、分别记帐。

第三十条　【受托人的再委托】受托人应当自己处理信托事务，但信托文件另有规定或者有不得已事由的，可以委托他人代为处理。

受托人依法将信托事务委托他人代理的，应当对他人处理信托事务的行为承担责任。

第三十一条　【共同受托人】同一信托的受托人有两个以上的，为共同受托人。

共同受托人应当共同处理信托事务，但信托文件规定对某些具体事务由受托人分别处理的，从其规定。

共同受托人共同处理信托事务，意见不一致时，按信托文件规定处理；信托文件未规定的，由委托人、受益人或者其利害关系人决定。

第三十二条　【连带赔偿责任】共同受托人处理信托事务对第三人所负债务，应当承担连带清偿责任。第三人对共同受托人之一所作的意思表示，对其他受托人同样有效。

共同受托人之一违反信托目的处分信托财产或者因违背管理职责、处理信托事务不当致使信托财产受到损失的，其他受托人应当承担连带赔偿责任。

第三十三条　【记录与报告】受托人必须保存处理信托事务的完整记录。

受托人应当每年定期将信托财产的管理运用、处分及收支情况，报告委托人和受益人。

受托人对委托人、受益人以及处理信托事务的情况和资料负有依法保密的义务。

第三十四条　【受托人的支付义务】受托人以信托财产为限向受益人承担支付信托利益的义务。

第三十五条　【受托人的报酬】受托人有权依照信托文件的约定取得报酬。信托文件未作事先约定的，经信托当事人协商同意，可以作出补充约定；未作事先约定和补充约定的，不得收取报酬。

约定的报酬经信托当事人协商同意，可以增减其数额。

第三十六条　【不得请求给付报酬】受托人违反信托目的处分信托财产或者因违背管理职责、处理信托事务不当致使信托财产受到损失的，在未恢复信托财产的原状或者未予赔偿前，不得请求给付报酬。

第三十七条　【优先受偿与损失承担】受托人因处理信托事务所支出的费用、对第三人所负债务，以信托财产承担。受托人以其固有财产先行支付的，对信托财产享有优先受偿的权利。

受托人违背管理职责或者处理信托事务不当对第三人所负债务或者自己所受到的损失，以其固有财产承担。

第三十八条　【受托人的辞任】设立信托后，经委托人和受益人同意，受托人可以辞任。本法对公益信托的受托人辞任另有规定的，从其规定。

受托人辞任的，在新受托人选出前仍应履行管理信托事务的职责。

第三十九条　【受托人职责终止】受托人有下列情形之一的，其职责终止：

（一）死亡或者被依法宣告死亡；

（二）被依法宣告为无民事行为能力人或者限制民事行为能力人；

（三）被依法撤销或者被宣告破产；

（四）依法解散或者法定资格丧失；

（五）辞任或者被解任；

（六）法律、行政法规规定的其他情形。

受托人职责终止时，其继承人或者遗产管理人、监护人、清算人应当妥善保管信托财产，协助新受托人接管信托事务。

第四十条　【新受托人的选任】受托人职责终止的，依照信托文件规定选任新受托人；信托文件未规定的，由委托人选任；委托人不指定或者无能力指定的，由受益人选任；受益人为无民事行为能力人或者限制民事行为能力人的，依法由其监护人代行选任。

原受托人处理信托事务的权利和义务，由新受托人承继。

第四十一条　【受托人职责终止的责任】受托人有本法第三十九条第一款第（三）项至第（六）项所列情形之一，职责终止的，应当作出处理信托事务的报告，并向新受托人办理信托财产和信托事务的移交手续。

前款报告经委托人或者受益人认可，原受托人就报告中所列事项解除责任。但原受托人有不正当行为的除外。

第四十二条　【共同受托人之一职责终止后的信托财产管理和处分】共同受托人之一职责终止的，信托财产由其他受托人管理和处分。

第三节　受　益　人

第四十三条　【受益人】受益人是在信托中享有信托受益权的人。受益人可以是自然人、法人或者依法成立的其他组织。

委托人可以是受益人，也可以是同一信托的唯一受益人。

受托人可以是受益人，但不得是同一信托的唯一受益人。

第四十四条　【信托受益权的起始】受益人自信托生效之日起享有信托受益权。信托文件另有规定的，从其规定。

第四十五条　【共同受益人信托利益的享有】共同受益人按照信托文件的规定享受信托利益。信托文件对信托利益的分配比例或者分配方法未作规定的，各受益人按照均等的比例享受信托利益。

第四十六条　【信托受益权的放弃】受益人可以放弃信托受益权。

全体受益人放弃信托受益权的，信托终止。

部分受益人放弃信托受益权的，被放弃的信托受益权按下列顺序确定归属：

（一）信托文件规定的人；

（二）其他受益人；

（三）委托人或者其继承人。

第四十七条　【信托受益权与受益人债务清偿】受益人不能清偿到期债务的，其信托受益权可以用于清偿债务，但法律、行政法规以及信托文件有限制性规定的除外。

第四十八条　【信托受益权的转让和继承】受益人的信托受益权可以依法转让和继承，但信托文件有限制性规定的除外。

第四十九条　【法院的裁定】受益人可以行使本法第二十条至第二十三条规定的委托人享有的权利。受益人行使上述权利，与委托人意见不一致时，可以申请人民法院作出裁定。

受托人有本法第二十二条第一款所列行为，共同受益人之一申请人民法院撤销该处分行为的，人民法院所作出的撤销裁定，对全体共同受益人有效。

第五章　信托的变更与终止

第五十条　【解除信托】委托人是唯一受益人的，委托人或者其继承人可以解除信托。信托文件另有规定的，从其规定。

第五十一条　【委托人变更受益人与处分受益权】设立信托后，有下列情形之一的，委托人可以变更受益人或者处分受益人的信托受益权：

（一）受益人对委托人有重大侵权行为；

（二）受益人对其他共同受益人有重大侵权行为；

（三）经受益人同意；

（四）信托文件规定的其他情形。

有前款第（一）项、第（三）项、第（四）项所列情形之一的，委托人可以解除信托。

第五十二条　【信托不终止的情形】信托不因委托人或者受托人的死亡、丧失民事行为能力、依法解散、被依法撤销或者被宣告破产而终止，也不因受托人的辞任而终止。但本法或者信托文件另有规定的除外。

第五十三条　【信托终止的情形】有下列情形之一的，信托终止：

（一）信托文件规定的终止事由发生；

（二）信托的存续违反信托目的；

（三）信托目的已经实现或者不能实现；

（四）信托当事人协商同意；

（五）信托被撤销；

（六）信托被解除。

第五十四条　【信托财产的归属】信托终止的，信托财产归属于信托文件规定的人；信托文件未规定的，按下列顺序确定归属：

（一）受益人或者其继承人；

（二）委托人或者其继承人。

第五十五条　【信托财产归属确定的后果】依照前条规定，信托财产的归属确定后，在该信托财产转移给权利归属人的过程中，信托视为存续，权利归属人视为受益人。

第五十六条　【信托终止后的信托财产的被执行】信托终止后，人民法院依据本法第十七条的规定对原信托财产进行强制执行的，以权利归属人为被执行人。

第五十七条　【信托终止后受托人报酬的请求】信托终止后，受托人依照本法规定行使请求给付报酬、从信托财产中获得补偿的权利时，可以留置信托财产或者对信托财产的权利归属人提出请求。

第五十八条　【清算报告】信托终止的，受托人应当作出处理信托事务的清算报告。受益人或者信托财产的权利归属人对清算报告无异议的，受托人就清算报告所列事项解除责任。但受托人有不正当行为的除外。

第六章　公 益 信 托

第五十九条　【公益信托的法律适用】公益信托适用本章规定。本章未规定的，适用本法及其他相关法律的规定。

第六十条　【公益信托的范围】为了下列公共利益目的之一而设立的信托，属于公益信托：

（一）救济贫困；

（二）救助灾民；

（三）扶助残疾人；

（四）发展教育、科技、文化、艺术、体育事业；

（五）发展医疗卫生事业；

（六）发展环境保护事业，维护生态环境；

（七）发展其他社会公益事业。

第六十一条　【国家鼓励发展公益信托】国家鼓励发展

公益信托。

第六十二条 **【公益信托的批准】**公益信托的设立和确定其受托人，应当经有关公益事业的管理机构（以下简称公益事业管理机构）批准。

未经公益事业管理机构的批准，不得以公益信托的名义进行活动。

公益事业管理机构对于公益信托活动应当给予支持。

第六十三条 **【公益信托财产及其收益的使用】**公益信托的信托财产及其收益，不得用于非公益目的。

第六十四条 **【信托监察人】**公益信托应当设置信托监察人。

信托监察人由信托文件规定。信托文件未规定的，由公益事业管理机构指定。

第六十五条 **【信托监察人的权利】**信托监察人有权以自己的名义，为维护受益人的利益，提起诉讼或者实施其他法律行为。

第六十六条 **【公益信托受托人的辞任】**公益信托的受托人未经公益事业管理机构批准，不得辞任。

第六十七条 **【公益信托的检查、报告与公告】**公益事业管理机构应当检查受托人处理公益信托事务的情况及财产状况。

受托人应当至少每年一次作出信托事务处理情况及财产状况报告，经信托监察人认可后，报公益事业管理机构核准，并由受托人予以公告。

第六十八条 **【公益信托受托人的变更】**公益信托的受托人违反信托义务或者无能力履行其职责的，由公益事业管理机构变更受托人。

第六十九条 **【变更信托文件】**公益信托成立后，发生设立信托时不能预见的情形，公益事业管理机构可以根据信托目的，变更信托文件中的有关条款。

第七十条 **【终止报告】**公益信托终止的，受托人应当于终止事由发生之日起十五日内，将终止事由和终止日期报告公益事业管理机构。

第七十一条 **【公益信托终止的清算报告与公告】**公益信托终止的，受托人作出的处理信托事务的清算报告，应当经信托监察人认可后，报公益事业管理机构核准，并由受托人予以公告。

第七十二条 **【公益信托终止后信托财产的处理】**公益信托终止，没有信托财产权利归属人或者信托财产权利归属人是不特定的社会公众的，经公益事业管理机构批准，受托人应当将信托财产用于与原公益目的相近似的目的，或者将信托财产转移给具有近似目的的公益组织或者其他公益信托。

第七十三条 **【公益信托的委托人、受托人或受益人的诉权】**公益事业管理机构违反本法规定的，委托人、受托人或者受益人有权向人民法院起诉。

第七章 附 则

第七十四条 **【施行日期】**本法自2001年10月1日起施行。

金融机构信贷资产证券化试点监督管理办法

1. 2005年11月7日中国银行业监督管理委员会令2005年第3号公布

2. 自2005年12月1日起施行

第一章 总 则

第一条 为规范信贷资产证券化试点工作，促进金融机构审慎开展信贷资产证券化业务，有效管理和控制信贷资产证券化业务中的相关风险，保护投资人及相关当事人的合法权益，根据《中华人民共和国银行业监督管理法》、《中华人民共和国商业银行法》、《中华人民共和国信托法》等有关法律、行政法规和《信贷资产证券化试点管理办法》，制定本办法。

第二条 本办法所称金融机构，是指在中华人民共和国境内依法设立的商业银行、政策性银行、信托投资公司、财务公司、城市信用社、农村信用社以及中国银行业监督管理委员会（以下简称银监会）依法监督管理的其他金融机构。

第三条 在中华人民共和国境内，银行业金融机构作为发起机构，将信贷资产信托给受托机构，由受托机构以资产支持证券的形式向投资机构发行受益证券，以该财产所产生的现金支付资产支持证券收益的结构性融资活动，适用本办法。

第四条 金融机构作为信贷资产证券化发起机构、受托机构、信用增级机构、贷款服务机构、资金保管机构、资产支持证券投资机构等从事信贷资产证券化业务活动，应当依照有关法律、行政法规、部门规章的规定和信贷资产证券化相关法律文件的约定，履行相应职责，并有效地识别、计量、监测和控制相关风险。

第五条 银监会依法对金融机构的信贷资产证券化业务活动实施监督管理。

未经银监会批准，金融机构不得作为信贷资产证券化发起机构或者特定目的的信托受托机构从事信贷资产证券化业务活动。

第二章 市场准入管理

第六条 信贷资产证券化发起机构是指通过设立特定目

的信托转让信贷资产的金融机构。

第七条 银行业金融机构作为信贷资产证券化发起机构，通过设立特定目的信托转让信贷资产，应当具备以下条件：

（一）具有良好的社会信誉和经营业绩，最近三年内没有重大违法、违规行为；

（二）具有良好的公司治理、风险管理体系和内部控制；

（三）对开办信贷资产证券化业务具有合理的目标定位和明确的战略规划，并且符合其总体经营目标和发展战略；

（四）具有适当的特定目的信托受托机构选任标准和程序；

（五）具有开办信贷资产证券化业务所需要的专业人员、业务处理系统、会计核算系统、管理信息系统以及风险管理和内部控制制度；

（六）最近三年内没有从事信贷资产证券化业务的不良记录；

（七）银监会规定的其他审慎性条件。

第八条 特定目的信托受托机构是指在信贷资产证券化过程中，因承诺信托而负责管理特定目的的信托财产并发行资产支持证券的机构。受托机构由依法设立的信托投资公司或者银监会批准的其他机构担任。

第九条 信托投资公司担任特定目的信托受托机构，应当具备以下条件：

（一）根据国家有关规定完成重新登记三年以上；

（二）注册资本不低于五亿元人民币，并且最近三年年末的净资产不低于五亿元人民币；

（三）自营业务资产状况和流动性良好，符合有关监管要求；

（四）原有存款性负债业务全部清理完毕，没有发生新的存款性负债或者以信托等业务名义办理的变相负债业务；

（五）具有良好的社会信誉和经营业绩，到期信托项目全部按合同约定顺利完成，没有挪用信托财产的不良记录，并且最近三年内没有重大违法、违规行为；

（六）具有良好的公司治理、信托业务操作流程、风险管理体系和内部控制；

（七）具有履行特定目的信托受托机构职责所需要的专业人员、业务处理系统、会计核算系统、管理信息系统以及风险管理和内部控制制度；

（八）已按照规定披露公司年度报告；

（九）银监会规定的其他审慎性条件。

第十条 信托投资公司申请特定目的信托受托机构资格，应当向银监会提出申请，并且报送下列文件和资料（一式三份）：

（一）申请报告；

（二）公司营业执照、注册资本证明和重新登记完成三年以上的证明；

（三）管理特定目的信托财产的操作规程、会计核算制度、风险管理和内部控制制度；

（四）管理特定目的信托财产的业务主管人员和主要业务人员的名单和履历；

（五）公司最近三个会计年度经审计的财务报表；

（六）申请人自律承诺书；

（七）银监会要求提交的其他文件和资料。

第十一条 银监会应当自收到信托投资公司的完整申请材料之日起五个工作日内决定是否受理申请。银监会决定不受理的，应当书面通知申请人并说明理由；决定受理的，应当自受理之日起一个月内做出批准或者不批准的书面决定。

第十二条 其他金融机构申请特定目的信托受托机构资格的市场准入条件和程序，由银监会另行制定。

第十三条 银行业金融机构作为发起机构，将信贷资产信托给受托机构，由受托机构以资产支持证券的形式向投资机构发行受益证券，应当由符合本办法第七条规定条件的银行业金融机构与获得特定目的信托受托机构资格的金融机构向银监会联合提出申请，并且报送下列文件和资料（一式三份）：

（一）由发起机构和受托机构联合签署的申请报告；

（二）可行性研究报告；

（三）信贷资产证券化业务计划书；

（四）信托合同、贷款服务合同、资金保管合同及其他相关法律文件草案；

（五）执业律师出具的法律意见书草案、注册会计师出具的会计意见书草案、资信评级机构出具的信用评级报告草案及有关持续跟踪评级安排的说明；

（六）发起机构对特定目的信托受托机构的选任标准及程序；

（七）发起机构信贷资产证券化的业务流程、会计核算制度、风险管理和内部控制制度；

（八）发起机构信贷资产证券化业务主管人员和主要业务人员的名单和履历；

（九）受托机构对贷款服务机构、资金保管机构、信贷资产证券化交易中其他有关机构的选任标准及程序；

（十）受托机构在信托财产收益支付的间隔期内，对信托财产收益进行投资管理的原则及方式说明；

（十一）银监会要求提交的其他文件和资料。

前款第(三)项所称信贷资产证券化业务计划书应当包括以下内容:

(一)发起机构、受托机构、贷款服务机构、资金保管机构及其他参与证券化交易的机构的名称、住所及其关联关系说明;

(二)发起机构、受托机构、贷款服务机构和资金保管机构在以往证券化交易中的经验及违约记录说明;

(三)设立特定目的信托的信贷资产选择标准、资产池情况说明及相关统计信息;

(四)资产池信贷资产的发放程序、审核标准、担保形式、管理方法、违约贷款处置程序及方法;

(五)交易结构及各参与方的主要权利与义务;

(六)信托财产现金流需要支付的税费清单,各种税费支付来源、支付环节和支付优先顺序;

(七)资产支持证券发行计划,包括资产支持证券的分档情况、各档次的本金数额、信用等级、票面利率、期限和本息偿付优先顺序;

(八)信贷资产证券化交易的内外部信用增级方式及相关合同草案;

(九)清仓回购条款等选择性或强制性的赎回或终止条款;

(十)该信贷资产证券化交易的风险分析及其控制措施;

(十一)拟在发行说明书显著位置对投资机构进行风险提示的内容;

(十二)银监会要求的其他内容。

第十四条　银监会应当自收到发起机构和受托机构联合报送的完整申请材料之日起五个工作日内决定是否受理申请。银监会决定不受理的,应当书面通知申请人并说明理由;决定受理的,应当自受理之日起三个月内做出批准或者不批准的书面决定。

第三章　业务规则与风险管理

第十五条　金融机构应当根据本机构的经营目标、资本实力、风险管理能力和信贷资产证券化业务的风险特征,确定是否从事信贷资产证券化业务以及参与的方式和规模。

第十六条　金融机构在开展信贷资产证券化业务之前,应当充分识别和评估可能面临的信用风险、利率风险、流动性风险、操作风险、法律风险和声誉风险等各类风险,建立相应的内部审批程序、业务处理系统、风险管理和内部控制制度,由信贷管理部门、资金交易部门、风险管理部门、法律部门/合规部门、财务会计部门和结算部门等相关部门对信贷资产证券化的业务处理和风险管理程序进行审核和认可,必要时还需获得董事会或其授权的专门委员会的批准。

第十七条　金融机构应当充分认识其因从事信贷资产证券化业务而承担的义务和责任,并根据其在信贷资产证券化业务中担当的具体角色,针对信贷资产证券化业务的风险特征,制定相应的风险管理政策和程序,以确保持续有效地识别、计量、监测和控制信贷资产证券化业务中的风险,同时避免因在信贷资产证券化交易中担当多种角色而可能产生的利益冲突。

金融机构应当将对信贷资产证券化业务的风险管理纳入其总体的风险管理体系。

第十八条　金融机构的董事会和高级管理层应当了解信贷资产证券化业务及其所包含的风险,确定开展信贷资产证券化业务的总体战略和政策,确保具备从事信贷资产证券化业务和风险管理所需要的专业人员、管理信息系统和会计核算系统等人力、物力资源。从事信贷资产证券化业务和风险管理的工作人员应当充分了解信贷资产证券化业务的法律关系、交易结构、主要风险及其控制方法和技术。

第一节　发起机构

第十九条　信贷资产证券化发起机构拟证券化的信贷资产应当符合以下条件:

(一)具有较高的同质性;

(二)能够产生可预测的现金流收入;

(三)符合法律、行政法规以及银监会等监督管理机构的有关规定。

第二十条　发起机构应当按照公平的市场交易条件和条款转让信贷资产,并且不得违反法律、行政法规、银监会等监督管理机构的有关规定以及贷款合同的约定。

第二十一条　发起机构应当准确区分和评估通过信贷资产证券化交易转移的风险和仍然保留的风险,并对所保留的风险进行有效的监测和控制。

发起机构应当按照本办法第四章的有关规定,对所保留的风险计提资本。

第二十二条　发起机构应当确保受托机构在资产支持证券发行说明书的显著位置提示投资机构:资产支持证券不代表发起机构的负债,资产支持证券投资机构的追索权仅限于信托财产。发起机构除了承担在信托合同和可能在贷款服务合同等信贷资产证券化相关法律文件中所承诺的义务和责任外,不对信贷资产证券化业务活动中可能产生的其他损失承担义务和责任。

第二节　特定目的信托受托机构

第二十三条　特定目的信托受托机构应当在资产支持证券发行结束后十个工作日内,向银监会报告资产支持证券的发行情况，并向银监会报送与发起机构、信用增级机构、贷款服务机构和其他为信贷资产证券化交易提供服务的机构正式签署的相关法律文件。

在资产支持证券存续期内，受托机构应当向银监会报送所披露的受托机构报告。

第二十四条 受托机构应当将作为信托财产的信贷资产与其固有财产和其他信托财产分别记账，分别管理。不同证券化交易中的信托财产也应当分别记账，分别管理。

第二十五条 受托机构应当在下列事项发生后五个工作日内向银监会报告：

（一）作为信托财产的信贷资产质量发生重大变化，可能无法按时向投资机构支付资产支持证券收益；

（二）受托机构、贷款服务机构、资金保管机构违反有关法律、行政法规、部门规章的规定或者信贷资产证券化相关法律文件约定，可能会影响资产支持证券收益的按时支付；

（三）外部信用增级机构发生变更；

（四）资产支持证券和其他证券化风险暴露的信用评级发生变化；

（五）发生清仓回购；

（六）银监会规定的其他可能导致信贷资产证券化业务活动产生重大损失的事项。

第二十六条 受托机构因辞任、被资产支持证券持有人大会解任或者信托合同约定的其他情形而终止履行职责的，应当在五个工作日内向银监会报告。

新受托机构应当自签署信托合同之日起五个工作日内向银监会报告，并报送新签署的信托合同以及其他相关法律文件。

第二十七条 贷款服务机构更换的，受托机构应当及时通知借款人，并在五个工作日内向银监会报告，报送新签署的贷款服务合同。

资金保管机构更换的，受托机构应当在五个工作日内向银监会报告，并报送新签署的资金保管合同。

第二十八条 受托机构应当在资产支持证券发行说明书的显著位置提示投资机构：资产支持证券仅代表特定目的信托受益权的相应份额，不是受托机构的负债。受托机构以信托财产为限向投资机构承担支付资产支持证券收益的义务，不对信贷资产证券化业务活动中可能产生的其他损失承担义务和责任。

第三节 信用增级机构

第二十九条 本办法所称信用增级是指在信贷资产证券化交易结构中通过合同安排所提供的信用保护。信用增级机构根据在相关法律文件中所承诺的义务和责任，向信贷资产证券化交易的其他参与机构提供一定程度的信用保护，并为此承担信贷资产证券化业务活动中的相应风险。

第三十条 信用增级可以采用内部信用增级和/或外部信用增级的方式提供。内部信用增级包括但不限于超额抵押、资产支持证券分层结构、现金抵押账户和利差账户等方式。外部信用增级包括但不限于备用信用证、担保和保险等方式。

第三十一条 金融机构提供信用增级，应当在信贷资产证券化的相关法律文件中明确规定信用增级的条件、保护程度和期限，并将因提供信用增级而承担的义务和责任与因担当其他角色而承担的义务和责任进行明确的区分。

第三十二条 金融机构应当在法律、行政法规和银监会等监督管理机构有关规定允许的范围内，按照公平的市场交易条件和条款，约定提供信用增级的条件、条款及其所承担的义务和责任。

第三十三条 信用增级机构应当确保受托机构在资产支持证券发行说明书中披露信贷资产证券化交易中的信用增级安排情况，并在其显著位置提示投资机构：信用增级仅限于在信贷资产证券化相关法律文件所承诺的范围内提供，信用增级机构不对信贷资产证券化业务活动中可能产生的其他损失承担义务和责任。

第三十四条 商业银行为信贷资产证券化交易提供信用增级，应当按照本办法第四章的有关规定计提资本。

第四节 贷款服务机构

第三十五条 贷款服务机构是指在信贷资产证券化交易中，接受受托机构委托，负责管理贷款的机构。贷款服务机构应当由在中华人民共和国境内依法设立并具有经营贷款业务资格的金融机构担任。

第三十六条 贷款服务机构可以是信贷资产证券化的发起机构。贷款服务机构为发起机构的，应当与受托机构签署单独的贷款服务合同。

第三十七条 贷款服务机构根据与受托机构签署的贷款服务合同，收取证券化资产的本金、利息和其他收入，并及时、足额转入受托机构在资金保管机构开立的资金账户。

第三十八条 贷款服务机构应当制定管理证券化资产的政策和程序，由专门的业务部门负责履行贷款管理职责。证券化资产应当单独设账，与贷款服务机构自身的信贷资产分开管理。不同信贷资产证券化交易中的证券化资产也应当分别记账，分别管理。

第三十九条 贷款服务机构履行贷款服务职能，应当具备所需要的专业人员以及相应的业务处理系统和管理信息系统。

第四十条　贷款服务费用应当按照公平的市场交易条件和条款确定。

第四十一条　贷款服务机构应当确保受托机构在资产支持证券发行说明书的显著位置提示投资机构：贷款服务机构根据贷款服务合同履行贷款管理职责，并不表明其为信贷资产证券化业务活动中可能产生的损失承担义务和责任。

第四十二条　银监会根据贷款服务机构在信贷资产证券化业务活动中所承担义务和责任的经济实质，判断其是否形成证券化风险暴露。如果形成证券化风险暴露，贷款服务机构应当按照本办法第四章的有关规定计提资本。

第五节　资金保管机构

第四十三条　资金保管机构是指在信贷资产证券化交易中，接受受托机构委托，负责保管信托财产账户资金的机构。

信贷资产证券化发起机构和贷款服务机构不得担任同一交易的资金保管机构。

第四十四条　受托机构应当选择具备下列条件的商业银行担任资金保管机构：

（一）有专门的业务部门负责履行信托资金保管职责；

（二）具有健全的资金保管制度和风险管理、内部控制制度；

（三）具备安全保管信托资金的条件和能力；

（四）具有足够的熟悉信托资金保管业务的专职人员；

（五）具有安全高效的清算、交割系统；

（六）具有符合要求的营业场所、安全防范设施和与保管信托资金有关的其他设施；

（七）最近三年内没有重大违法、违规行为。

第四十五条　资金保管机构应当为每项信贷资产证券化信托资金单独设账，单独管理，并将所保管的信托资金与其自有资产和管理的其他资产严格分开管理。

第四十六条　在向资产支持证券投资机构支付信托财产收益的间隔期内，资金保管机构发现对信托财产收益进行投资管理的投资指令违反法律、行政法规、其他有关规定或者资金保管合同约定的，应当及时向银监会报告。

第六节　资产支持证券投资机构

第四十七条　金融机构按照法律、行政法规和银监会等监督管理机构的有关规定可以买卖政府债券、金融债券的，也可以在法律、行政法规和银监会等监督管理机构有关规定允许的范围内投资资产支持证券。

第四十八条　金融机构投资资产支持证券，应当充分了解可能面临的信用风险、利率风险、流动性风险、法律风险等各类风险，制定相应的投资管理政策和程序，建立投资资产支持证券的业务处理系统、管理信息系统和风险控制系统。

参与资产支持证券投资和风险管理的工作人员应当在充分了解信贷资产证券化的交易结构、资产池资产状况、信用增级情况、信用评级情况等信息的基础上做出投资决策，分析资产支持证券的风险特征并运用相应的风险管理方法和技术控制相关风险。

第四十九条　金融机构投资资产支持证券，将面临资产池资产所包含的信用风险。金融机构应当根据资产池资产的客户、地域和行业特征，将其纳入本机构统一的信用风险管理体系，包括对风险集中度的管理。

第五十条　金融机构投资资产支持证券，应当实行内部限额管理，根据本机构的风险偏好、资本实力、风险管理能力和信贷资产证券化的风险特征，设定并定期审查、更新资产支持证券的投资限额、风险限额、止损限额等，同时对超限额情况制定监控和处理程序。

第五十一条　金融机构负责资产支持证券投资的部门应当与负责风险管理的部门保持相对独立。在负责资产支持证券投资的部门内部，应当将前台与后台严格分离。

第五十二条　信贷资产证券化发起机构不得投资由其发起的资产支持证券，但发起机构持有最低档次资产支持证券的除外。

特定目的信托受托机构不得用所有者权益项下的资金或者信托资金投资由其发行的资产支持证券，但受托机构依据有关规定（或合同）进行提前赎回的除外。

第五十三条　信贷资产证券化的其他参与机构投资在同一证券化交易中发行的资产支持证券，应当建立有效的内部风险隔离机制，由与在证券化交易中履行其他职责（如贷款服务和资金保管职责）相独立的部门负责资产支持证券的投资管理，并且不得利用信息优势进行内幕交易或者操纵市场。

第五十四条　商业银行投资资产支持证券，应当按照本办法第四章的有关规定计提资本。

第五十五条　信托投资公司所有者权益项下依照规定可以运用的资金以及信托项下委托人不为自然人的信托资金，可以投资于资产支持证券。信托投资公司所有者权益项下资产支持证券的投资余额不得超过其净资产的50%，自用固定资产、股权投资和资产支持证券的投资余额总和不得超过其净资产的80%。

第四章 资本要求

第五十六条 从事信贷资产证券化业务的商业银行应当按照《商业银行资本充足率管理办法》和本办法计算资本充足率。

第五十七条 为充分抵御因从事信贷资产证券化业务而承担的风险,商业银行应当基于信贷资产证券化业务的经济实质,而不仅限于法律形式计提资本。

第五十八条 商业银行因从事信贷资产证券化业务而形成的风险暴露称为证券化风险暴露。证券化风险暴露包括但不限于资产支持证券和信用增级。储备账户如果作为发起机构的资产,应当视同于证券化风险暴露。

前款所称储备账户包括但不限于现金抵押账户和利差账户。

第五十九条 商业银行作为信贷资产证券化发起机构、信用增级机构、投资机构或者贷款服务机构等从事信贷资产证券化业务,只要产生了证券化风险暴露,就应当计提相应的资本。

银监会有权根据信贷资产证券化业务的经济实质,判断商业银行是否持有证券化风险暴露,并确定应当如何计提资本。

第六十条 在符合下列所有条件的情况下,发起机构才能在计算风险加权资产时扣减被证券化的信贷资产:

(一)与被转让信贷资产相关的重大信用风险已经转移给了独立的第三方机构。

(二)发起机构对被转让的信贷资产不再拥有实际的或者间接的控制。

发起机构证明对被转让的信贷资产不再拥有实际的或者间接的控制,至少需要由执业律师出具法律意见书,表明发起机构与被转让的信贷资产实现了破产隔离。

发起机构对被转让的信贷资产保留实际的或者间接的控制,包括但不限于下列情形:

1. 发起机构为了获利,可以赎回被转让的信贷资产,但发起机构按照《信贷资产证券化试点管理办法》第十四条规定,因已转让的信贷资产被发现在入库起算日不符合信托合同约定的范围、种类、标准和状况而被要求赎回或置换的除外;

2. 发起机构有义务承担被转让信贷资产的重大信用风险。

(三)发起机构对资产支持证券的投资机构不承担偿付义务和责任。

(四)在信托合同和信贷资产证券化其他相关法律文件中不包括下列条款:

1. 要求发起机构改变资产池中的资产,以提高资产池的加权平均信用质量,但通过以市场价格向独立的第三方机构转让资产除外;

2. 在信贷资产转让之后,仍然允许发起机构追加第一损失责任或者加大信用增级的支持程度;

3. 在资产池信用质量下降的情况下,增加向除发起机构以外的其他参与机构支付的收益。

(五)清仓回购符合本办法第六十八条所规定的条件。

在符合上述(一)至(五)项条件的情况下,发起机构仍然应当为所保留的证券化风险暴露计提资本。

在上述(一)至(五)项条件中任何一项不符合的情况下,发起机构都应当按照资产证券化前的资本要求计提资本。

第六十一条 银监会按照客观性、独立性、国际通用性、信息披露充分性、可信度、资源充足性、对资产支持证券评级的专业能力、评级方法和结果的公开性、市场接受程度等标准,确定资信评级机构对信贷资产证券化交易的评级是否可以作为确定风险权重的依据。

第六十二条 银监会认可资信评级机构对信贷资产证券化交易的信用评级作为确定风险权重依据的,证券化风险暴露的风险权重按照本办法附录所示的对应关系确定。

长期评级在BB+(含BB+)到BB-(含BB-)之间的,非发起机构应当对所持有的证券化风险暴露运用350%的风险权重,发起机构应当将证券化风险暴露从资本中扣减。

最高档次的证券化风险暴露未进行评级的,按照被转让信贷资产的平均风险权重确定风险权重。其他未评级的证券化风险暴露,从资本中扣减。

第六十三条 同一证券化风险暴露具有两个不同的评级结果时,商业银行应当运用所对应的较高风险权重。

同一证券化风险暴露具有三个或者三个以上的评级结果时,商业银行应当从所对应的两个较低的风险权重中选用较高的一个风险权重。

本办法采用标准普尔的评级符号仅为示例目的,银监会不指定资信评级机构的选用。

第六十四条 信贷资产证券化交易没有信用评级或者信用评级未被银监会认可作为风险权重依据的,商业银行应当区别以下情形,为证券化风险暴露计提资本:

(一)将第一损失责任从资本中扣减;

(二)对最高档次的证券化风险暴露,按照被转让信贷资产的平均风险权重确定风险权重;

(三)对其他的证券化风险暴露,运用100%的风险权重。

证券化风险暴露由《商业银行资本充足率管理办法》规定的保证主体提供具有风险缓释作用的保证

的，按照对保证人直接债权的风险权重确定风险权重。

第六十五条　对表外的证券化风险暴露，运用 100% 的信用转换系数。

第六十六条　商业银行为信贷资产证券化交易提供保证的，不论资产证券化交易的信用评级是否作为确定风险权重的依据，都应当根据本办法第六十四条的规定确定被保证对象的风险权重，并以此作为该项保证的风险权重。

第六十七条　在将证券化风险暴露从资本中扣减的情况下，应当首先从需要扣减的证券化风险暴露中扣除所计提的专项准备或者减值准备，然后再从核心资本和附属资本中分别扣减扣除专项准备或者减值准备后证券化风险暴露的 50%。

第六十八条　如果信贷资产证券化交易合同中含有清仓回购条款，在符合下列条件的情况下，发起机构可以不为其计提资本：

（一）发起机构有权决定是否进行清仓回购，清仓回购的行使无论在形式还是实质上都不是强制性的；

（二）清仓回购安排不会免除信用增级机构或者资产支持证券投资机构理应承担的损失，或者被用来提供信用增级；

（三）只有在资产池或者以该资产池为基础发行的资产支持证券余额降至 10% 或者 10% 以下时，才能进行清仓回购。

在上述任何一项条件不符合的情况下，发起机构都应当按照资产证券化前的资本要求计提资本。

第六十九条　商业银行为信贷资产证券化业务所计提的资本，以被转让信贷资产证券化前的资本要求为上限。

第七十条　商业银行以超过合同义务的方式为信贷资产证券化交易提供隐性支持的，银监会有权要求其按照被转让信贷资产证券化前的资本要求计提资本，并要求其公开披露所提供的隐性支持和为此需要增加的资本。

商业银行提供隐性支持的方式包括但不限于以下情形：

（一）以高于市场价格的方式从资产池赎回部分资产，或赎回资产池中信用质量下降的资产，但发起机构按照《信贷资产证券化试点管理办法》第十四条规定，因已转让的信贷资产被发现在入库起算日不符合信托合同约定的范围、种类、标准和状况而被要求赎回或置换的除外；

（二）以打折的方式向资产池再次注入信贷资产；

（三）增加合同约定之外的第一损失责任。

第五章　监督管理

第七十一条　从事信贷资产证券化业务活动的金融机构应当按照规定向银监会报送与信贷资产证券化业务有关的财务会计报表、统计报表和其他报告。有关规定由银监会另行制定。

第七十二条　从事信贷资产证券化业务活动的金融机构在信贷资产证券化业务中出现重大风险和损失时，应当及时向银监会报告，并提交应对措施。

第七十三条　银监会应当根据金融机构在信贷资产证券化业务中担当的具体角色，定期对其信贷资产证券化业务的合规性和风险状况进行现场检查。

第七十四条　金融机构应当按照银监会关于信息披露的有关规定，披露其从事信贷资产证券化业务活动的有关信息，披露的信息应当至少包括以下内容：

（一）从事信贷资产证券化业务活动的目的；

（二）在信贷资产证券化业务活动中担当的角色、提供的服务、所承担的义务、责任及其限度；

（三）当年所开展的信贷资产证券化业务概述；

（四）发起机构的信用风险转移或者保留程度；

（五）因从事信贷资产证券化业务活动而形成的证券化风险暴露及其数额；

（六）信贷资产证券化业务的资本计算方法和资本要求；

（七）对所涉及信贷资产证券化业务的会计核算方式。

金融机构应当在每个会计年度终了后的四个月内披露上述信息。因特殊原因不能按时披露的，应当至少提前十五个工作日向银监会申请延期。

第七十五条　金融机构违反本办法第三章规定的审慎经营规则从事信贷资产证券化业务活动，或者未按照本办法第四章有关规定计提资本的，应当根据银监会提出的整改建议，在规定的时限内向银监会提交整改方案并采取整改措施。

对于在规定的时限内未能采取有效整改措施或者其行为造成重大损失的金融机构，银监会有权采取下列措施：

（一）暂停金融机构开展新的信贷资产证券化业务；

（二）责令调整董事、高级管理人员或者限制其权利；

（三）《中华人民共和国银行业监督管理法》第三十七条规定的其他措施。

第七十六条　特定目的的信托受托机构有下列情形之一的，银监会有权取消其担任特定目的的信托受托机构的资格：

（一）经营状况发生恶化，连续两年出现亏损；

（二）在担任特定目的的信托受托机构期间出现重大失误，未能尽职管理信托财产而被解任；

（三）严重损害信托财产以及信贷资产证券化发起机构、投资机构和其他相关机构的利益；

（四）银监会认为影响其履行受托机构职责的其他重大事项。

第六章　法律责任

第七十七条　未经银监会批准，金融机构作为信贷资产证券化发起机构或者特定目的的信托受托机构从事信贷资产证券化业务活动的，由银监会依据《中华人民共和国银行业监督管理法》第四十四条的规定，予以处罚。

第七十八条　金融机构从事信贷资产证券化业务活动，有下列情形之一的，由银监会依据《中华人民共和国银行业监督管理法》第四十五条的规定，予以处罚：

（一）违反本办法规定投资资产支持证券，或者严重违反本办法第三章、第四章规定的其他审慎经营规则的；

（二）提供虚假的或者隐瞒重要事实的报表、报告等文件、资料的；

（三）未按照规定进行风险揭示或者信息披露的；

（四）拒绝执行本办法第七十五条规定的措施的。

第七十九条　金融机构从事信贷资产证券化业务活动，未按照规定向银监会报告或者报送有关文件、资料的，由银监会依据《中华人民共和国银行业监督管理法》第四十六条的规定，予以处罚。

第八十条　金融机构从事信贷资产证券化业务活动的其他违法违规行为，由银监会依据《中华人民共和国银行业监督管理法》、《中华人民共和国商业银行法》、《中华人民共和国信托法》、《金融违法行为处罚办法》等有关法律、行政法规，予以处罚。

第八十一条　金融机构从事信贷资产证券化业务活动，违反有关法律、行政法规和部门规章规定的，银监会除依照本办法第七十七条至第八十条规定处罚外，还可以依据《中华人民共和国银行业监督管理法》第四十七条和《金融违法行为处罚办法》的相关规定，对直接负责的董事、高级管理人员和其他直接责任人员进行处理；构成犯罪的，依法追究刑事责任。

第七章　附　　则

第八十二条　商业银行投资境外资产支持证券，参照本办法计提资本。

第八十三条　从事信贷资产证券化业务活动的农村合作银行、城市信用社、农村信用社、财务公司计算证券化风险暴露的资本要求，比照适用本办法。从事信贷资产证券化业务活动的外国银行在华分行参照本办法计算营运资金加准备金等之和中的人民币份额与其风险资产中的人民币份额的比例。

第八十四条　信托投资公司以外的不适用于资本充足率考核的金融机构投资资产支持证券的有关规定，由银监会另行制定。

第八十五条　未设立董事会的金融机构，应当由其经营决策机构履行本办法规定的董事会的有关职责。

第八十六条　本办法下列用语的含义：

（一）"超额抵押"是指在信贷资产证券化交易中，将资产池价值超过资产支持证券票面价值的差额作为信用保护的一种内部信用增级方式，该差额用于弥补信贷资产证券化业务活动中可能会产生的损失。

（二）"资产支持证券分层结构"是指在信贷资产证券化交易中，将资产支持证券按照受偿顺序分为不同档次证券的一种内部信用增级方式。在这一分层结构中，较高档次的证券比较低档次的证券在本息支付上享有优先权，因此具有较高的信用评级；较低档次的证券先于较高档次的证券承担损失，以此为较高档次的证券提供信用保护。

（三）"现金抵押账户"是指信贷资产证券化交易中的一种内部信用增级方式。现金抵押账户资金由发起机构提供或者来源于其他金融机构的贷款，用于弥补信贷资产证券化业务活动中可能产生的损失。

（四）"利差账户"是指信贷资产证券化交易中的一种内部信用增级方式。利差账户资金来源于信贷资产利息收入和其他证券化交易收入减去资产支持证券利息支出和其他证券化交易费用之后所形成的超额利差，用于弥补信贷资产证券化业务活动中可能产生的损失。

（五）"第一损失责任"是指信用增级机构向信贷资产证券化交易中的其他参与机构提供的首要的财务支持或者风险保护。

（六）"清仓回购"是指在全部偿还资产池资产或者资产支持证券之前，赎回证券化风险暴露的一种选择权。清仓回购的通常做法是在资产池或者资产支持证券余额降至一定的水平之后，赎回剩余的证券化风险暴露。

第八十七条　本办法由银监会负责解释。

第八十八条　本办法自 2005 年 12 月 1 日起施行。

信托公司管理办法

1. 2007年1月23日中国银行业监督管理委员会令2007年第2号公布
2. 自2007年3月1日起施行

第一章　总　　则

第一条　为加强对信托公司的监督管理,规范信托公司的经营行为,促进信托业的健康发展,根据《中华人民共和国信托法》、《中华人民共和国银行业监督管理法》等法律法规,制定本办法。

第二条　本办法所称信托公司,是指依照《中华人民共和国公司法》和本办法设立的主要经营信托业务的金融机构。

本办法所称信托业务,是指信托公司以营业和收取报酬为目的,以受托人身份承诺信托和处理信托事务的经营行为。

第三条　信托财产不属于信托公司的固有财产,也不属于信托公司对受益人的负债。信托公司终止时,信托财产不属于其清算财产。

第四条　信托公司从事信托活动,应当遵守法律法规的规定和信托文件的约定,不得损害国家利益、社会公共利益和受益人的合法权益。

第五条　中国银行业监督管理委员会对信托公司及其业务活动实施监督管理。

第二章　机构的设立、变更与终止

第六条　设立信托公司,应当采取有限责任公司或者股份有限公司的形式。

第七条　设立信托公司,应当经中国银行业监督管理委员会批准,并领取金融许可证。

未经中国银行业监督管理委员会批准,任何单位和个人不得经营信托业务,任何经营单位不得在其名称中使用"信托公司"字样。法律法规另有规定的除外。

第八条　设立信托公司,应当具备下列条件:

(一)有符合《中华人民共和国公司法》和中国银行业监督管理委员会规定的公司章程;

(二)有具备中国银行业监督管理委员会规定的入股资格的股东;

(三)具有本办法规定的最低限额的注册资本;

(四)有具备中国银行业监督管理委员会规定任职资格的董事、高级管理人员和与其业务相适应的信托从业人员;

(五)具有健全的组织机构、信托业务操作规程和风险控制制度;

(六)有符合要求的营业场所、安全防范措施和与业务有关的其他设施;

(七)中国银行业监督管理委员会规定的其他条件。

第九条　中国银行业监督管理委员会依照法律法规和审慎监管原则对信托公司的设立申请进行审查,作出批准或者不予批准的决定;不予批准的,应说明理由。

第十条　信托公司注册资本最低限额为3亿元人民币或等值的可自由兑换货币,注册资本为实缴货币资本。

申请经营企业年金基金、证券承销、资产证券化等业务,应当符合相关法律法规规定的最低注册资本要求。

中国银行业监督管理委员会根据信托公司行业发展的需要,可以调整信托公司注册资本最低限额。

第十一条　未经中国银行业监督管理委员会批准,信托公司不得设立或变相设立分支机构。

第十二条　信托公司有下列情形之一的,应当经中国银行业监督管理委员会批准:

(一)变更名称;

(二)变更注册资本;

(三)变更公司住所;

(四)改变组织形式;

(五)调整业务范围;

(六)更换董事或高级管理人员;

(七)变更股东或者调整股权结构,但持有上市公司流通股份未达到公司总股份5%的除外;

(八)修改公司章程;

(九)合并或者分立;

(十)中国银行业监督管理委员会规定的其他情形。

第十三条　信托公司出现分立、合并或者公司章程规定的解散事由,申请解散的,经中国银行业监督管理委员会批准后解散,并依法组织清算组进行清算。

第十四条　信托公司不能清偿到期债务,且资产不足以清偿债务或明显缺乏清偿能力的,经中国银行业监督管理委员会同意,可向人民法院提出破产申请。

中国银行业监督管理委员会可以向人民法院直接提出对该信托公司进行重整或破产清算的申请。

第十五条　信托公司终止时,其管理信托事务的职责同时终止。清算组应当妥善保管信托财产,作出处理信托事务的报告并向新受托人办理信托财产的移交。信托文件另有约定的,从其约定。

第三章　经营范围

第十六条　信托公司可以申请经营下列部分或者全部本外币业务：

（一）资金信托；

（二）动产信托；

（三）不动产信托；

（四）有价证券信托；

（五）其他财产或财产权信托；

（六）作为投资基金或者基金管理公司的发起人从事投资基金业务；

（七）经营企业资产的重组、购并及项目融资、公司理财、财务顾问等业务；

（八）受托经营国务院有关部门批准的证券承销业务；

（九）办理居间、咨询、资信调查等业务；

（十）代保管及保管箱业务；

（十一）法律法规规定或中国银行业监督管理委员会批准的其他业务。

第十七条　信托公司可以根据《中华人民共和国信托法》等法律法规的有关规定开展公益信托活动。

第十八条　信托公司可以根据市场需要，按照信托目的、信托财产的种类或者对信托财产管理方式的不同设置信托业务品种。

第十九条　信托公司管理运用或处分信托财产时，可以依照信托文件的约定，采取投资、出售、存放同业、买入返售、租赁、贷款等方式进行。中国银行业监督管理委员会另有规定的，从其规定。

信托公司不得以卖出回购方式管理运用信托财产。

第二十条　信托公司固有业务项下可以开展存放同业、拆放同业、贷款、租赁、投资等业务。投资业务限定为金融类公司股权投资、金融产品投资和自用固定资产投资。

信托公司不得以固有财产进行实业投资，但中国银行业监督管理委员会另有规定的除外。

第二十一条　信托公司不得开展除同业拆入业务以外的其他负债业务，且同业拆入余额不得超过其净资产的20%。中国银行业监督管理委员会另有规定的除外。

第二十二条　信托公司可以开展对外担保业务，但对外担保余额不得超过其净资产的50%。

第二十三条　信托公司经营外汇信托业务，应当遵守国家外汇管理的有关规定，并接受外汇主管部门的检查、监督。

第四章　经营规则

第二十四条　信托公司管理运用或者处分信托财产，必须恪尽职守，履行诚实、信用、谨慎、有效管理的义务，维护受益人的最大利益。

第二十五条　信托公司在处理信托事务时应当避免利益冲突，在无法避免时，应向委托人、受益人予以充分的信息披露，或拒绝从事该项业务。

第二十六条　信托公司应当亲自处理信托事务。信托文件另有约定或有不得已事由时，可委托他人代为处理，但信托公司应尽足够的监督义务，并对他人处理信托事务的行为承担责任。

第二十七条　信托公司对委托人、受益人以及所处理信托事务的情况和资料负有依法保密的义务，但法律法规另有规定或者信托文件另有约定的除外。

第二十八条　信托公司应当妥善保存处理信托事务的完整记录，定期向委托人、受益人报告信托财产及其管理运用、处分及收支的情况。

委托人、受益人有权向信托公司了解对其信托财产的管理运用、处分及收支情况，并要求信托公司作出说明。

第二十九条　信托公司应当将信托财产与其固有财产分别管理、分别记账，并将不同委托人的信托财产分别管理、分别记账。

第三十条　信托公司应当依法建账，对信托业务与非信托业务分别核算，并对每项信托业务单独核算。

第三十一条　信托公司的信托业务部门应当独立于公司的其他部门，其人员不得与公司其他部门的人员相互兼职，业务信息不得与公司的其他部门共享。

第三十二条　以信托合同形式设立信托时，信托合同应当载明以下事项：

（一）信托目的；

（二）委托人、受托人的姓名或者名称、住所；

（三）受益人或者受益人范围；

（四）信托财产的范围、种类及状况；

（五）信托当事人的权利义务；

（六）信托财产管理中风险的揭示和承担；

（七）信托财产的管理方式和受托人的经营权限；

（八）信托利益的计算，向受益人交付信托利益的形式、方法；

（九）信托公司报酬的计算及支付；

（十）信托财产税费的承担和其他费用的核算；

（十一）信托期限和信托的终止；

（十二）信托终止时信托财产的归属；

（十三）信托事务的报告；

（十四）信托当事人的违约责任及纠纷解决方式；

（十五）新受托人的选任方式；

（十六）信托当事人认为需要载明的其他事项。

以信托合同以外的其他书面文件设立信托时，书面文件的载明事项按照有关法律法规规定执行。

第三十三条 信托公司开展固有业务，不得有下列行为：

（一）向关联方融出资金或转移财产；

（二）为关联方提供担保；

（三）以股东持有的本公司股权作为质押进行融资。

信托公司的关联方按照《中华人民共和国公司法》和企业会计准则的有关标准界定。

第三十四条 信托公司开展信托业务，不得有下列行为：

（一）利用受托人地位谋取不当利益；

（二）将信托财产挪用于非信托目的的用途；

（三）承诺信托财产不受损失或者保证最低收益；

（四）以信托财产提供担保；

（五）法律法规和中国银行业监督管理委员会禁止的其他行为。

第三十五条 信托公司开展关联交易，应以公平的市场价格进行，逐笔向中国银行业监督管理委员会事前报告，并按照有关规定进行信息披露。

第三十六条 信托公司经营信托业务，应依照信托文件约定以手续费或者佣金的方式收取报酬，中国银行业监督管理委员会另有规定的除外。

信托公司收取报酬，应当向受益人公开，并向受益人说明收费的具体标准。

第三十七条 信托公司违反信托目的处分信托财产，或者因违背管理职责、处理信托事务不当致使信托财产受到损失的，在恢复信托财产的原状或者予以赔偿前，信托公司不得请求给付报酬。

第三十八条 信托公司因处理信托事务而支出的费用、负担的债务，以信托财产承担，但应在信托合同中列明或明确告知受益人。信托公司以其固有财产先行支付的，对信托财产享有优先受偿的权利。因信托公司违背管理职责或者管理信托事务不当所负债务及所受到的损害，以其固有财产承担。

第三十九条 信托公司违反信托目的处分信托财产，或者管理运用、处分信托财产有重大过失的，委托人或受益人有权依照信托文件的约定解任该信托公司，或者申请人民法院解任该信托公司。

第四十条 受托人职责依法终止的，新受托人依照信托文件的约定选任；信托文件未规定的，由委托人选任；委托人不能选任的，由受益人选任；受益人为无民事行为能力人或者限制民事行为能力人的，依法由其监护人代行选任。新受托人未产生前，中国银行业监督管理委员会可以指定临时受托人。

第四十一条 信托公司经营信托业务，有下列情形之一的，信托终止：

（一）信托文件约定的终止事由发生；

（二）信托的存续违反信托目的；

（三）信托目的已经实现或者不能实现；

（四）信托当事人协商同意；

（五）信托期限届满；

（六）信托被解除；

（七）信托被撤销；

（八）全体受益人放弃信托受益权。

第四十二条 信托终止的，信托公司应当依照信托文件的约定作出处理信托事务的清算报告。受益人或者信托财产的权利归属人对清算报告无异议的，信托公司就清算报告所列事项解除责任，但信托公司有不当行为的除外。

第五章 监督管理

第四十三条 信托公司应当建立以股东（大）会、董事会、监事会、高级管理层等为主体的组织架构，明确各自的职责划分，保证相互之间独立运行、有效制衡，形成科学高效的决策、激励与约束机制。

第四十四条 信托公司应当按照职责分离的原则设立相应的工作岗位，保证公司对风险能够进行事前防范、事中控制、事后监督和纠正，形成健全的内部约束机制和监督机制。

第四十五条 信托公司应当按规定制订本公司的信托业务及其他业务规则，建立、健全本公司的各项业务管理制度和内部控制制度，并报中国银行业监督管理委员会备案。

第四十六条 信托公司应当按照国家有关规定建立、健全本公司的财务会计制度，真实记录并全面反映其业务活动和财务状况。公司年度财务会计报表应当经具有良好资质的中介机构审计。

第四十七条 中国银行业监督管理委员会可以定期或者不定期对信托公司的经营活动进行检查；必要时，可以要求信托公司提供由具有良好资质的中介机构出具的相关审计报告。

信托公司应当按照中国银行业监督管理委员会的要求提供有关业务、财务等报表和资料，并如实介绍有关业务情况。

第四十八条 中国银行业监督管理委员会对信托公司实行净资本管理。具体办法由中国银行业监督管理委员会另行制定。

第四十九条 信托公司每年应当从税后利润中提取5%

作为信托赔偿准备金，但该赔偿准备金累计总额达到公司注册资本的20%时，可不再提取。

信托公司的赔偿准备金应存放于经营稳健、具有一定实力的境内商业银行，或者用于购买国债等低风险高流动性证券品种。

第五十条 中国银行业监督管理委员会对信托公司的董事、高级管理人员实行任职资格审查制度。未经中国银行业监督管理委员会任职资格审查或者审查不合格的，不得任职。

信托公司对拟离任的董事、高级管理人员，应当进行离任审计，并将审计结果报中国银行业监督管理委员会备案。信托公司的法定代表人变更时，在新的法定代表人经中国银行业监督管理委员会核准任职资格前，原法定代表人不得离任。

第五十一条 中国银行业监督管理委员会对信托公司的信托从业人员实行信托业务资格管理制度。符合条件的，颁发信托从业人员资格证书；未取得信托从业人员资格证书的，不得经办信托业务。

第五十二条 信托公司的董事、高级管理人员和信托从业人员违反法律、行政法规或中国银行业监督管理委员会有关规定的，中国银行业监督管理委员会有权取消其任职资格或者从业资格。

第五十三条 中国银行业监督管理委员会根据履行职责的需要，可以与信托公司董事、高级管理人员进行监督管理谈话，要求信托公司董事、高级管理人员就信托公司的业务活动和风险管理的重大事项作出说明。

第五十四条 信托公司违反审慎经营规则的，中国银行业监督管理委员会责令限期改正；逾期未改正的，或者其行为严重危及信托公司的稳健运行、损害受益人合法权益的，中国银行业监督管理委员会可以区别情形，依据《中华人民共和国银行业监督管理法》等法律法规的规定，采取暂停业务、限制股东权利等监管措施。

第五十五条 信托公司已经或者可能发生信用危机，严重影响受益人合法权益的，中国银行业监督管理委员会可以依法对该信托公司实行接管或者督促机构重组。

第五十六条 中国银行业监督管理委员会在批准信托公司设立、变更、终止后，发现原申请材料有隐瞒、虚假的情形，可以责令补正或者撤销批准。

第五十七条 信托公司可以加入中国信托业协会，实行行业自律。

中国信托业协会开展活动，应当接受中国银行业监督管理委员会的指导和监督。

第六章 罚　　则

第五十八条 未经中国银行业监督管理委员会批准，擅自设立信托公司的，由中国银行业监督管理委员会依法予以取缔；构成犯罪的，依法追究刑事责任；尚不构成犯罪的，由中国银行业监督管理委员会没收违法所得，违法所得五十万元以上的，并处违法所得一倍以上五倍以下罚款；没有违法所得或者违法所得不足五十万元的，处五十万元以上二百万元以下罚款。

第五十九条 未经中国银行业监督管理委员会批准，信托公司擅自设立分支机构或开展本办法第十九条、第二十条、第二十一条、第二十二条、第三十三条和第三十四条禁止的业务的，由中国银行业监督管理委员会责令改正，有违法所得的，没收违法所得，违法所得五十万元以上的，并处违法所得一倍以上五倍以下罚款；没有违法所得或者违法所得不足五十万元的，处五十万元以上二百万元以下罚款；情节特别严重或者逾期不改正的，责令停业整顿或者吊销其金融许可证；构成犯罪的，依法追究刑事责任。

第六十条 信托公司违反本办法其他规定的，中国银行业监督管理委员会根据《中华人民共和国银行业监督管理法》等法律法规的规定，采取相应的处罚措施。

第六十一条 信托公司有违法经营、经营管理不善等情形，不予撤销将严重危害金融秩序、损害公众利益的，由中国银行业监督管理委员会依法予以撤销。

第六十二条 对信托公司违规负有直接责任的董事、高级管理人员和其他直接责任人员，中国银行业监督管理委员会可以区别不同情形，根据《中华人民共和国银行业监督管理法》等法律法规的规定，采取罚款、取消任职资格或从业资格等处罚措施。

第六十三条 对中国银行业监督管理委员会的处罚决定不服的，可以依法提请行政复议或者向人民法院提起行政诉讼。

第七章 附　　则

第六十四条 信托公司处理信托事务不履行亲自管理职责，即不承担投资管理人职责的，其注册资本不得低于1亿元人民币或等值的可自由兑换货币。对该类信托公司的监督管理参照本办法执行。

第六十五条 本办法由中国银行业监督管理委员会负责解释。

第六十六条 本办法自2007年3月1日起施行，原《信托投资公司管理办法》（中国人民银行令〔2002〕第5号）不再适用。

信托公司集合资金信托计划管理办法

1. 2007年1月23日中国银行业监督管理委员会令2007年第3号公布
2. 根据2009年2月4日中国银行业监督管理委员会令2009年第1号《关于修改〈信托公司集合资金信托计划管理办法〉的决定》修订

第一章 总 则

第一条 为规范信托公司集合资金信托业务的经营行为,保障集合资金信托计划各方当事人的合法权益,根据《中华人民共和国信托法》、《中华人民共和国银行业监督管理法》等法律法规,制定本办法。

第二条 在中华人民共和国境内设立集合资金信托计划(以下简称信托计划),由信托公司担任受托人,按照委托人意愿,为受益人的利益,将两个以上(含两个)委托人交付的资金进行集中管理、运用或处分的资金信托业务活动,适用本办法。

第三条 信托计划财产独立于信托公司的固有财产,信托公司不得将信托计划财产归入其固有财产;信托公司因信托计划财产的管理、运用或者其他情形而取得的财产和收益,归入信托计划财产;信托公司因依法解散、被依法撤销或者被依法宣告破产等原因进行清算的,信托计划财产不属于其清算财产。

第四条 信托公司管理、运用信托计划财产,应当恪尽职守,履行诚实信用、谨慎勤勉的义务,为受益人的最大利益服务。

第二章 信托计划的设立

第五条 信托公司设立信托计划,应当符合以下要求:

(一)委托人为合格投资者;

(二)参与信托计划的委托人为唯一受益人;

(三)单个信托计划的自然人人数不得超过50人,但单笔委托金额在300万元以上的自然人投资者和合格的机构投资者数量不受限制;

(四)信托期限不少于1年;

(五)信托资金有明确的投资方向和投资策略,且符合国家产业政策以及其他有关规定;

(六)信托受益权划分为等额份额的信托单位;

(七)信托合同应约定受托人报酬,除合理报酬外,信托公司不得以任何名义直接或间接以信托财产为自己或他人牟利;

(八)中国银行业监督管理委员会规定的其他要求。

第六条 前条所称合格投资者,是指符合下列条件之一,能够识别、判断和承担信托计划相应风险的人:

(一)投资一个信托计划的最低金额不少于100万元人民币的自然人、法人或者依法成立的其他组织;

(二)个人或家庭金融资产总计在其认购时超过100万元人民币,且能提供相关财产证明的自然人;

(三)个人收入在最近3年内每年收入超过20万元人民币或者夫妻双方合计收入在最近3年内每年收入超过30万元人民币,且能提供相关收入证明的自然人。

第七条 信托公司推介信托计划,应有规范和详尽的信息披露材料,明示信托计划的风险收益特征,充分揭示参与信托计划的风险及风险承担原则,如实披露专业团队的履历、专业培训及从业经历,不得使用任何可能影响投资者进行独立风险判断的误导性陈述。

信托公司异地推介信托计划的,应当在推介前向注册地、推介地的中国银行业监督管理委员会省级派出机构报告。

第八条 信托公司推介信托计划时,不得有以下行为:

(一)以任何方式承诺信托资金不受损失,或者以任何方式承诺信托资金的最低收益;

(二)进行公开营销宣传;

(三)委托非金融机构进行推介;

(四)推介材料含有与信托文件不符的内容,或者存在虚假记载、误导性陈述或重大遗漏等情况;

(五)对公司过去的经营业绩作夸大介绍,或者恶意贬低同行;

(六)中国银行业监督管理委员会禁止的其他行为。

第九条 信托公司设立信托计划,事前应进行尽职调查,就可行性分析、合法性、风险评估、有无关联方交易等事项出具尽职调查报告。

第十条 信托计划文件应当包含以下内容:

(一)认购风险申明书;

(二)信托计划说明书;

(三)信托合同;

(四)中国银行业监督管理委员会规定的其他内容。

第十一条 认购风险申明书至少应当包含以下内容:

(一)信托计划不承诺保本和最低收益,具有一定的投资风险,适合风险识别、评估、承受能力较强的合格投资者。

(二)委托人应当以自己合法所有的资金认购信托单位,不得非法汇集他人资金参与信托计划。

(三)信托公司依据信托计划文件管理信托财产

所产生的风险，由信托财产承担。信托公司因违背信托计划文件、处理信托事务不当而造成信托财产损失的，由信托公司以固有财产赔偿；不足赔偿时，由投资者自担。

（四）委托人在认购风险申明书上签字，即表明已认真阅读并理解所有的信托计划文件，并愿意依法承担相应的信托投资风险。

认购风险申明书一式二份，注明委托人认购信托单位的数量，分别由信托公司和受益人持有。

第十二条 信托计划说明书至少应当包括以下内容：

（一）信托公司的基本情况；

（二）信托计划的名称及主要内容；

（三）信托合同的内容摘要；

（四）信托计划的推介日期、期限和信托单位价格；

（五）信托计划的推介机构名称；

（六）信托经理人员名单、履历；

（七）律师事务所出具的法律意见书；

（八）风险警示内容；

（九）中国银行业监督管理委员会规定的其他内容。

第十三条 信托合同应当载明以下事项：

（一）信托目的；

（二）受托人、保管人的姓名（或者名称）、住所；

（三）信托资金的币种和金额；

（四）信托计划的规模与期限；

（五）信托资金管理、运用和处分的具体方法或安排；

（六）信托利益的计算、向受益人交付信托利益的时间和方法；

（七）信托财产税费的承担、其他费用的核算及支付方法；

（八）受托人报酬计算方法、支付期间及方法；

（九）信托终止时信托财产的归属及分配方式；

（十）信托当事人的权利、义务；

（十一）受益人大会召集、议事及表决的程序和规则；

（十二）新受托人的选任方式；

（十三）风险揭示；

（十四）信托当事人的违约责任及纠纷解决方式；

（十五）信托当事人约定的其他事项。

第十四条 信托合同应当在首页右上方用醒目字体载明下列文字：信托公司管理信托财产应恪尽职守，履行诚实、信用、谨慎、有效管理的义务。信托公司依据本信托合同约定管理信托财产所产生的风险，由信托财产承担。信托公司因违背本信托合同、处理信托事务不当而造成信托财产损失的，由信托公司以固有财产赔偿；不足赔偿时，由投资者自担。

第十五条 委托人认购信托单位前，应当仔细阅读信托计划文件的全部内容，并在认购风险申明书中签字，申明愿意承担信托计划的投资风险。

信托公司应当提供便利，保证委托人能够查阅或者复制所有的信托计划文件，并向委托人提供信托合同文本原件。

第十六条 信托公司推介信托计划时，可与商业银行签订信托资金代理收付协议。委托人以现金方式认购信托单位，可由商业银行代理收付。信托公司委托商业银行办理信托计划收付业务时，应明确界定双方的权利义务关系，商业银行只承担代理资金收付责任，不承担信托计划的投资风险。

信托公司可委托商业银行代为向合格投资者推介信托计划。

第十七条 信托计划推介期限届满，未能满足信托文件约定的成立条件的，信托公司应当在推介期限届满后30日内返还委托人已缴付的款项，并加计银行同期存款利息。由此产生的相关债务和费用，由信托公司以固有财产承担。

第十八条 信托计划成立后，信托公司应当将信托计划财产存入信托财产专户，并在5个工作日内向委托人披露信托计划的推介、设立情况。

第三章　信托计划财产的保管

第十九条 信托计划的资金实行保管制。对非现金类的信托财产，信托当事人可约定实行第三方保管，但中国银行业监督管理委员会另有规定的，从其规定。

信托计划存续期间，信托公司应当选择经营稳健的商业银行担任保管人。信托财产的保管账户和信托财产专户应当为同一账户。

信托公司依信托计划文件约定需要运用信托资金时，应当向保管人书面提供信托合同复印件及资金用途说明。

第二十条 保管协议至少应包括以下内容：

（一）受托人、保管人的名称、住所；

（二）受托人、保管人的权利义务；

（三）信托计划财产保管的场所、内容、方法、标准；

（四）保管报告内容与格式；

（五）保管费用；

（六）保管人对信托公司的业务监督与核查；

（七）当事人约定的其他内容。

第二十一条 保管人应当履行以下职责：

（一）安全保管信托财产；

（二）对所保管的不同信托计划分别设置账户，确保信托财产的独立性；

（三）确认与执行信托公司管理运用信托财产的指令，核对信托财产交易记录、资金和财产账目；

（四）记录信托资金划拨情况，保存信托公司的资金用途说明；

（五）定期向信托公司出具保管报告；

（六）当事人约定的其他职责。

第二十二条 遇有信托公司违反法律法规和信托合同、保管协议操作时，保管人应当立即以书面形式通知信托公司纠正；当出现重大违法违规或者发生严重影响信托财产安全的事件时，保管人应及时报告中国银行业监督管理委员会。

第四章 信托计划的运营与风险管理

第二十三条 信托公司管理信托计划，应设立为信托计划服务的信托资金运用、信息处理等部门，并指定信托经理及其相关的工作人员。

每个信托计划至少配备一名信托经理。担任信托经理的人员，应当符合中国银行业监督管理委员会规定的条件。

第二十四条 信托公司对不同的信托计划，应当建立单独的会计账户分别核算、分别管理。

第二十五条 信托资金可以进行组合运用，组合运用应有明确的运用范围和投资比例。

信托公司运用信托资金进行证券投资，应当采用资产组合的方式，事先制定投资比例和投资策略，采取有效措施防范风险。

第二十六条 信托公司可以运用债权、股权、物权及其他可行方式运用信托资金。

信托公司运用信托资金，应当与信托计划文件约定的投资方向和投资策略相一致。

第二十七条 信托公司管理信托计划，应当遵守以下规定：

（一）不得向他人提供担保；

（二）向他人提供贷款不得超过其管理的所有信托计划实收余额的30%，但中国银行业监督管理委员会另有规定的除外；

（三）不得将信托资金直接或间接运用于信托公司的股东及其关联人，但信托资金全部来源于股东或其关联人的除外；

（四）不得以固有财产与信托财产进行交易；

（五）不得将不同信托财产进行相互交易；

（六）不得将同一公司管理的不同信托计划投资于同一项目。

第二十八条 信托公司管理信托计划而取得的信托收益，如果信托计划文件没有约定其他运用方式的，应当将该信托收益交由保管人保管，任何人不得挪用。

第五章 信托计划的变更、终止与清算

第二十九条 信托计划存续期间，受益人可以向合格投资者转让其持有的信托单位。信托公司应为受益人办理受益权转让的有关手续。

信托受益权进行拆分转让的，受让人不得为自然人。机构所持有的信托受益权，不得向自然人转让或拆分转让。

第三十条 有下列情形之一的，信托计划终止：

（一）信托合同期限届满；

（二）受益人大会决定终止；

（三）受托人职责终止，未能按照有关规定产生新受托人；

（四）信托计划文件约定的其他情形。

第三十一条 信托计划终止，信托公司应当于终止后10个工作日内做出处理信托事务的清算报告，经审计后向受益人披露。信托文件约定清算报告不需要审计的，信托公司可以提交未经审计的清算报告。

第三十二条 清算后的剩余信托财产，应当依照信托合同约定按受益人所持信托单位比例进行分配。分配方式可采取现金方式、维持信托终止时财产原状方式或者两者的混合方式。

采取现金方式的，信托公司应当于信托计划文件约定的分配日前或者信托期满日前变现信托财产，并将现金存入受益人账户。

采取维持信托终止时财产原状方式的，信托公司应于信托期满后的约定时间内，完成与受益人的财产转移手续。信托财产转移前，由信托公司负责保管。保管期间，信托公司不得运用该财产。保管期间的收益归属于信托财产，发生的保管费用由被保管的信托财产承担。因受益人原因导致信托财产无法转移的，信托公司可以按照有关法律法规进行处理。

第三十三条 信托公司应当用管理信托计划所产生的实际信托收益进行分配，严禁信托公司将信托收益归入其固有财产，或者挪用其他信托财产垫付信托计划的损失或收益。

第六章 信息披露与监督管理

第三十四条 信托公司应当依照法律法规的规定和信托

计划文件的约定按时披露信息,并保证所披露信息的真实性、准确性和完整性。

第三十五条 受益人有权向信托公司查询与其信托财产相关的信息,信托公司应在不损害其他受益人合法权益的前提下,准确、及时、完整地提供相关信息,不得拒绝、推诿。

第三十六条 信托计划设立后,信托公司应当依信托计划的不同,按季制作信托资金管理报告、信托资金运用及收益情况表。

第三十七条 信托资金管理报告至少应包含以下内容:

(一)信托财产专户的开立情况;

(二)信托资金管理、运用、处分和收益情况;

(三)信托经理变更情况;

(四)信托资金运用重大变动说明;

(五)涉及诉讼或者损害信托计划财产、受益人利益的情形;

(六)信托计划文件约定的其他内容。

第三十八条 信托计划发生下列情形之一的,信托公司应当在获知有关情况后3个工作日内向受益人披露,并自披露之日起7个工作日内向受益人书面提出信托公司采取的应对措施:

(一)信托财产可能遭受重大损失;

(二)信托资金使用方的财务状况严重恶化;

(三)信托计划的担保方不能继续提供有效的担保。

第三十九条 信托公司应当妥善保存管理信托计划的全部资料,保存期自信托计划结束之日起不得少于15年。

第四十条 中国银行业监督管理委员会依法对信托公司管理信托计划的情况实施现场检查和非现场监管,并要求信托公司提供管理信托计划的相关资料。

中国银行业监督管理委员会在现场检查或非现场监管中发现信托公司存在违法违规行为的,应当根据《中华人民共和国银行业监督管理法》等法律法规的规定,采取暂停业务、限制股东权利等监管措施。

第七章 受益人大会

第四十一条 受益人大会由信托计划的全体受益人组成,依照本办法规定行使职权。

第四十二条 出现以下事项而信托计划文件未有事先约定的,应当召开受益人大会审议决定:

(一)提前终止信托合同或者延长信托期限;

(二)改变信托财产运用方式;

(三)更换受托人;

(四)提高受托人的报酬标准;

(五)信托计划文件约定需要召开受益人大会的其他事项。

第四十三条 受益人大会由受托人负责召集,受托人未按规定召集或不能召集时,代表信托单位10%以上的受益人有权自行召集。

第四十四条 召集受益人大会,召集人应当至少提前10个工作日公告受益人大会的召开时间、会议形式、审议事项、议事程序和表决方式等事项。

受益人大会不得就未经公告的事项进行表决。

第四十五条 受益人大会可以采取现场方式召开,也可以采取通讯等方式召开。

每一信托单位具有一票表决权,受益人可以委托代理人出席受益人大会并行使表决权。

第四十六条 受益人大会应当有代表50%以上信托单位的受益人参加,方可召开;大会就审议事项作出决定,应当经参加大会的受益人所持表决权的2/3以上通过;但更换受托人、改变信托财产运用方式、提前终止信托合同,应当经参加大会的受益人全体通过。

受益人大会决定的事项,应当及时通知相关当事人,并向中国银行业监督管理委员会报告。

第八章 罚 则

第四十七条 信托公司设立信托计划不遵守本办法有关规定的,由中国银行业监督管理委员会责令改正;逾期不改正的,处10万元以上30万元以下罚款;情节特别严重的,可以责令停业整顿或者吊销其金融许可证。

第四十八条 信托公司推介信托计划违反本办法有关规定的,由中国银行业监督管理委员会责令停止,返还所募资金并加计银行同期存款利息,并处20万元以上50万元以下罚款;构成犯罪的,依法追究刑事责任。

第四十九条 信托公司管理信托计划违反本办法有关规定的,由中国银行业监督管理委员会责令改正;有违法所得的,没收违法所得,并处违法所得1倍以上5倍以下罚款;没有违法所得的,处20万元以上50万元以下罚款;情节特别严重或者逾期不改正的,可以责令停业整顿或者吊销其金融许可证;构成犯罪的,依法追究刑事责任。

第五十条 信托公司不依本办法进行信息披露或者披露的信息有虚假记载、误导性陈述或者重大遗漏的,由中国银行业监督管理委员会责令改正,并处20万元以上50万元以下罚款;给受益人造成损害的,依法承担赔偿责任。

第五十一条 信托公司设立、管理信托计划存在其他违法违规行为的,中国银行业监督管理委员会可以根据《中华人民共和国银行业监督管理法》等法律法规的规定，采取相应的处罚措施。

第九章 附 则

第五十二条 两个以上（含两个）单一资金信托用于同一项目的，委托人应当为符合本办法规定的合格投资者，并适用本办法规定。

第五十三条 动产信托、不动产信托以及其他财产和财产权信托进行受益权拆分转让的，应当遵守本办法的相关规定。

第五十四条 本办法由中国银行业监督管理委员会负责解释。

第五十五条 本办法自2007年3月1日起施行，原《信托投资公司资金信托管理暂行办法》（中国人民银行令〔2002〕第7号）不再适用。

信托公司净资本管理办法

2010年8月24日中国银行业监督管理委员会令2010年第5号公布施行

第一章 总 则

第一条 为加强对信托公司的风险监管，促进信托公司安全、稳健发展，根据《中华人民共和国银行业监督管理法》、《中华人民共和国信托法》等有关法律法规，制定本办法。

第二条 本办法适用于在中华人民共和国境内依法设立的信托公司。

第三条 本办法所称净资本，是指根据信托公司的业务范围和公司资产结构的特点，在净资产的基础上对各固有资产项目、表外项目和其他有关业务进行风险调整后得出的综合性风险控制指标。对信托公司实施净资本管理的目的，是确保信托公司固有资产充足并保持必要的流动性，以满足抵御各项业务不可预期损失的需要。

本办法所称风险资本，是指信托公司按照一定标准计算并配置给某项业务用于应对潜在风险的资本。

第四条 信托公司应当按照本办法的规定计算净资本和风险资本。

第五条 信托公司应当根据自身资产结构和业务开展情况，建立动态的净资本管理机制，确保净资本等各项风险控制指标符合规定标准。

第六条 中国银行业监督管理委员会可以根据市场发展情况和审慎监管原则，对信托公司净资本计算标准及最低要求、风险控制指标、风险资本计算标准等进行调整。

对于本办法未规定的新产品、新业务，信托公司在设计该产品或开展该业务前，应当按照规定事前向中国银行业监督管理委员会报告。中国银行业监督管理委员会根据信托公司新产品、新业务的特点和风险状况，审慎确定相应的比例和计算标准。

第七条 中国银行业监督管理委员会按照本办法对信托公司净资本管理及相关风险控制指标状况进行监督检查。

第二章 净资本计算

第八条 净资本计算公式为：净资本 = 净资产 - 各类资产的风险扣除项 - 或有负债的风险扣除项 - 中国银行业监督管理委员会认定的其他风险扣除项。

第九条 信托公司应当在充分计提各类资产减值准备的基础上，按照中国银行业监督管理委员会规定的信托公司净资本计算标准计算净资本。

第十条 信托公司应当根据不同资产的特点和风险状况，按照中国银行业监督管理委员会规定的系数对资产项目进行风险调整。信托公司计算净资本时，应当将不同科目中核算的同类资产合并计算，按照资产的属性统一进行风险调整。

（一）金融产品投资应当根据金融产品的类别和流动性特点按照规定的系数进行调整。信托公司以固有资金投资集合资金信托计划或其他理财产品的，应当根据承担的风险相应进行风险调整。

（二）股权投资应当根据股权的类别和流动性特点按照规定的系数进行风险调整。

（三）贷款等债权类资产应当根据到期日的长短和可回收情况按照规定的系数进行风险调整。

资产的分类中同时符合两个或两个以上分类标准的，应当采用最高的扣除比例进行调整。

第十一条 对于或有事项，信托公司在计算净资本时应当根据出现损失的可能性按照规定的系数进行风险调整。

信托公司应当对期末或有事项的性质（如未决诉讼、未决仲裁、对外担保等）、涉及金额、形成原因和进展情况、可能发生的损失和预计损失的会计处理情况等在净资本计算表的附注中予以充分披露。

第三章 风险资本计算

第十二条 由于信托公司开展的各项业务存在一定风险并可能导致资本损失，所以应当按照各项业务规模的一定比例计算风险资本并与净资本建立对应关系，确保各项业务的风险资本有相应的净资本来支撑。

第十三条 信托公司开展固有业务、信托业务和其他业务，应当计算风险资本。

风险资本计算公式为:风险资本=固有业务风险资本+信托业务风险资本+其他业务风险资本。

固有业务风险资本=固有业务各项资产净值×风险系数。

信托业务风险资本=信托业务各项资产余额×风险系数。

其他业务风险资本=其他各项业务余额×风险系数。

各项业务的风险系数由中国银行业监督管理委员会另行发布。

第十四条 信托公司应当按照有关业务的规模和规定的风险系数计算各项业务风险资本。

第四章 风险控制指标

第十五条 信托公司净资本不得低于人民币2亿元。

第十六条 信托公司应当持续符合下列风险控制指标:

(一)净资本不得低于各项风险资本之和的100%;

(二)净资本不得低于净资产的40%。

第十七条 信托公司可以根据自身实际情况,在不低于中国银行业监督管理委员会规定标准的基础上,确定相应的风险控制指标要求。

第五章 监督检查

第十八条 信托公司董事会承担本公司净资本管理的最终责任,负责确定净资本管理目标,审定风险承受能力,制定并监督实施净资本管理规划。

第十九条 信托公司高级管理人员负责净资本管理的实施工作,包括制定本公司净资本管理的规章制度,完善风险识别、计量和报告程序,定期评估净资本充足水平,并建立相应的净资本管理机制。

第二十条 信托公司应当编制净资本计算表、风险资本计算表和风险控制指标监管报表。

中国银行业监督管理委员会可以根据监管需要,要求信托公司以合并数据为基础编制净资本计算表、风险资本计算表和风险控制指标监管报表。

第二十一条 信托公司应当在每季度结束之日起18个工作日内,向中国银行业监督管理委员会报送季度净资本计算表、风险资本计算表和风险控制指标监管报表。如遇影响净资本等风险控制指标的特别重大事项,应当及时向中国银行业监督管理委员会报告。

第二十二条 信托公司总经理应当至少每年将净资本管理情况向董事会书面报告一次。

第二十三条 信托公司董事长、总经理应当对公司年度净资本计算表、风险资本计算表和风险控制指标监管报表签署确认意见,并保证报表真实、准确、完整,不存在虚假记载、误导性陈述和重大遗漏。

第二十四条 信托公司应当在年度报告中披露净资本、风险资本以及风险控制指标等情况。

第二十五条 信托公司净资本等相关风险控制指标与上季度相比变化超过30%或不符合规定标准的,应当在该情形发生之日起5个工作日内,向中国银行业监督管理委员会书面报告。

第二十六条 信托公司净资本等相关风险控制指标不符合规定标准的,中国银行业监督管理委员会可以视情况采取下列措施:

(一)要求信托公司制定切实可行的整改计划、方案,明确整改期限;

(二)要求信托公司采取措施调整业务和资产结构或补充资本,提高净资本水平;

(三)限制信托公司信托业务增长速度。

第二十七条 对未按要求完成整改的信托公司,中国银行业监督管理委员会可以进一步采取下列措施:

(一)限制分配红利;

(二)限制信托公司开办新业务;

(三)责令暂停部分或全部业务。

第二十八条 对信托公司净资本等风险控制指标继续恶化,严重危及该信托公司稳健运行的,除采取第二十七条规定的相关措施外,中国银行业监督管理委员会还可以采取下列措施:

(一)责令调整董事、监事及高级管理人员;

(二)责令控股股东转让股权或限制有关股东行使股东权利;

(三)责令停业整顿;

(四)依法对信托公司实行接管或督促机构重组,直至予以撤销。

第六章 附 则

第二十九条 本办法由中国银行业监督管理委员会负责解释。

第三十条 本办法自公布之日起施行。

信托公司股权管理暂行办法

1. 2020年1月20日中国银行保险监督管理委员会令2020年第4号公布

2. 自2020年3月1日起施行

第一章 总 则

第一条 为加强信托公司股权管理,规范信托公司股东行为,保护信托公司、信托当事人等合法权益,维护股东的合法利益，促进信托公司持续健康发展，根据《中华人民共和国公司法》《中华人民共和国银行业监督管理法》《中华人民共和国信托法》等法律法规，制定本办法。

第二条 本办法适用于中华人民共和国境内依法设立的信托公司。

第三条 信托公司股权管理应当遵循分类管理、优良稳定、结构清晰、权责明确、变更有序、透明诚信原则。

第四条 国务院银行业监督管理机构及其派出机构遵循审慎监管原则，依法对信托公司股权实施穿透监管。

股权监管贯穿于信托公司设立、变更股权或调整股权结构、合并、分立、解散、清算以及其他涉及信托公司股权管理事项等环节。

第五条 国务院银行业监督管理机构及其派出机构依法对信托公司股权进行监管，对信托公司及其股东等单位和个人的相关违法违规行为进行查处。

第六条 信托公司及其股东应当根据法律法规和监管要求，充分披露相关信息，接受社会监督。

第七条 信托公司、国务院银行业监督管理机构及其派出机构应当加强对信托公司主要股东的管理。

信托公司主要股东是指持有或控制信托公司百分之五以上股份或表决权，或持有资本总额或股份总额不足百分之五但对信托公司经营管理有重大影响的股东。

前款中的“重大影响”，包括但不限于向信托公司派驻董事、监事或高级管理人员，通过协议或其他方式影响信托公司的财务和经营管理决策，以及国务院银行业监督管理机构及其派出机构认定的其他情形。

第八条 信托公司股东应当核心主业突出，具有良好的社会声誉、公司治理机制、诚信记录、纳税记录、财务状况和清晰透明的股权结构，符合法律法规规定和监管要求。

第九条 信托公司股东的股权结构应逐层追溯至最终受益人，其控股股东、实际控制人、关联方、一致行动人、最终受益人等各方关系应当清晰透明。

股东与其关联方、一致行动人的持股比例合并计算。

第十条 投资人入股信托公司，应当事先报国务院银行业监督管理机构或其派出机构核准，投资人及其关联方、一致行动人单独或合计持有上市信托公司股份未达到该公司股份总额百分之五的除外。

对通过境内外证券市场拟持有信托公司股份总额百分之五以上的行政许可批复，有效期为六个月。

第二章 信托公司股东责任

第一节 股东资质

第十一条 经国务院银行业监督管理机构或其派出机构审查批准，境内非金融机构、境内金融机构、境外金融机构和国务院银行业监督管理机构认可的其他投资人可以成为信托公司股东。

投资人及其关联方、一致行动人单独或合计持有同一上市信托公司股份未达到该信托公司股份总额百分之五的，不受本条前款规定限制。

第十二条 境内非金融机构作为信托公司股东，应当具备以下条件：

（一）依法设立，具有法人资格；

（二）具有良好的公司治理结构或有效的组织管理方式；

（三）具有良好的社会声誉、诚信记录和纳税记录；

（四）经营管理良好，最近 2 年内无重大违法违规经营记录；

（五）财务状况良好，且最近 2 个会计年度连续盈利；如取得控股权，应最近 3 个会计年度连续盈利；

（六）年终分配后净资产不低于全部资产的百分之三十（合并财务报表口径）；如取得控股权，年终分配后净资产应不低于全部资产的百分之四十（合并财务报表口径）；

（七）如取得控股权，权益性投资余额应不超过本企业净资产的百分之四十（含本次投资金额，合并财务报表口径），国务院银行业监督管理机构认可的投资公司和控股公司除外；

（八）国务院银行业监督管理机构规章规定的其他审慎性条件。

第十三条 境内金融机构作为信托公司股东，应当具有良好的内部控制机制和健全的风险管理体系，符合与该类金融机构有关的法律、法规、监管规定以及本办法第十二条（第五项“如取得控股权，应最近 3 个会计年度连续盈利”、第六项和第七项除外）规定的条件。

第十四条 境外金融机构作为信托公司股东，应当具备以下条件：

（一）具有国际相关金融业务经营管理经验；

（二）国务院银行业监督管理机构认可的国际评级机构最近 2 年对其作出的长期信用评级为良好及以上；

（三）财务状况良好，最近 2 个会计年度连续盈利；

（四）符合所在国家或地区法律法规及监管当局

的审慎监管要求，最近2年内无重大违法违规经营记录；

（五）具有良好的公司治理结构、内部控制机制和健全的风险管理体系；

（六）所在国家或地区金融监管当局已经与国务院银行业监督管理机构建立良好的监督管理合作机制；

（七）具有有效的反洗钱措施；

（八）所在国家或地区经济状况良好；

（九）国务院银行业监督管理机构规章规定的其他审慎性条件。

境外金融机构投资入股信托公司应当遵循长期持股、优化治理、业务合作、竞争回避的原则，并遵守国家关于外国投资者在中国境内投资的有关规定。

第十五条　金融产品可以持有上市信托公司股份，但单一投资人、发行人或管理人及其实际控制人、关联方、一致行动人控制的金融产品持有同一上市信托公司股份合计不得超过该信托公司股份总额的百分之五。

信托公司主要股东不得以发行、管理或通过其他手段控制的金融产品持有该信托公司股份。

自然人可以持有上市信托公司股份，但不得为该信托公司主要股东。国务院银行业监督管理机构另有规定的除外。

第十六条　投资人及其控股股东、实际控制人存在以下情形的，不得作为信托公司主要股东：

（一）关联企业众多、股权关系复杂且不透明、关联交易频繁且异常；

（二）被列为相关部门失信联合惩戒对象；

（三）在公开市场上有不良投资行为记录；

（四）频繁变更股权或实际控制人；

（五）存在严重逃废到期债务行为；

（六）提供虚假材料或者作不实声明，或者曾经投资信托业，存在提供虚假材料或者作不实声明的情形；

（七）对曾经投资的信托公司经营失败或重大违法违规行为负有重大责任，或对曾经投资的其他金融机构经营失败或重大违法违规行为负有重大责任且未满5年；

（八）长期未实际开展业务、停业或破产清算或存在可能严重影响持续经营的担保、诉讼、仲裁或者其他重大事项；

（九）拒绝或阻碍金融管理部门依法实施监管；

（十）因违法违规行为被金融管理部门或政府有关部门查处，造成恶劣影响；

（十一）其他可能对履行股东责任或对信托公司产生重大不利影响的情形。

除本条前款规定外，投资人的控股股东、实际控制人为金融产品的，该投资人不得为信托公司主要股东。

第二节　股权取得

第十七条　投资人可以通过出资设立信托公司、认购信托公司新增资本、以协议或竞价等途径取得信托公司其他股东所持股权等方式入股信托公司。

第十八条　投资人入股信托公司应当履行法律法规和公司章程约定的程序。涉及国有资产管理、金融管理等部门职责的，应当符合相关规定。

第十九条　投资人入股信托公司前应当做好尽职调查工作，充分了解信托公司功能定位、信托业务本质和风险特征以及应当承担的股东责任和义务，充分知悉拟入股信托公司经营管理情况和真实风险底数等信息。

投资人入股信托公司应当入股目的端正，出资意愿真实。

第二十条　投资人入股信托公司时，应当书面承诺遵守法律法规、监管规定和公司章程，并就入股信托公司的目的作出说明。

第二十一条　投资人拟作为信托公司主要股东的，应当具备持续的资本补充能力，并根据监管规定书面承诺在必要时向信托公司补充资本。

第二十二条　投资人拟作为信托公司主要股东的，应当逐层说明其股权结构直至实际控制人、最终受益人，以及与其他股东的关联关系或者一致行动关系。

第二十三条　投资人应当使用来源合法的自有资金入股信托公司，不得以委托资金、债务资金等非自有资金入股，出资金额不得超过其个别财务报表口径的净资产规模。国务院银行业监督管理机构及其派出机构可以按照穿透原则对自有资金来源进行向上追溯认定。

第二十四条　投资人不得委托他人或接受他人委托持有信托公司股权。

第二十五条　同一投资人及其关联方、一致行动人参股信托公司的数量不得超过2家，或控股信托公司的数量不得超过1家。

投资人经国务院银行业监督管理机构批准并购重组高风险信托公司，不受本条前款规定限制。

第三节　股权持有

第二十六条　信托公司股东应当遵守法律法规、监管规定和公司章程，依法行使股东权利，履行法定义务。

第二十七条　信托公司主要股东不得滥用股东权利干预或利用其影响力干预董事会、高级管理层根据公司章程享有的决策权和管理权，不得越过董事会和高级管理层直接干预或利用影响力干预信托公司经营管理，进行利益输送，或以其他方式损害信托当事人、信托公司、其他股东等合法权益。

第二十八条　按照穿透原则，信托公司股东与信托公司之间不得直接或间接交叉持股。

第二十九条　信托公司主要股东根据公司章程约定提名信托公司董事、监事候选人的，应当遵循法律法规和公司章程规定的条件和程序。控股股东不得对股东（大）会人事选举结果和董事会人事聘任决议设置批准程序。

信托公司存在持有或控制信托公司百分之五以下股份或表决权的股东的，至少应有一名独立董事或外部监事由该类股东提名产生。

第三十条　信托公司主要股东应当对其与信托公司和其他关联机构之间董事、监事和高级管理人员的交叉任职进行有效管理，防范利益冲突。

信托公司主要股东及其关联方与信托公司之间的高级管理人员不得相互兼任。

第三十一条　信托公司主要股东应当建立有效的风险隔离机制，防止风险在股东、信托公司以及其他关联机构之间传染和转移。

第三十二条　信托公司股东应当遵守法律法规和信托公司关联交易相关规定，不得与信托公司进行不当关联交易，不得利用其对信托公司经营管理的影响力获取不正当利益，侵占信托公司、其他股东、信托当事人等合法权益。

第三十三条　信托公司股东应当在信托公司章程中承诺不将所持有的信托公司股权进行质押或以股权及其受（收）益权设立信托等金融产品，但国务院银行业监督管理机构或其派出机构采取风险处置或接管措施等特殊情形除外。

投资人及其关联方、一致行动人单独或合计持有同一上市信托公司股份未达到该信托公司股份总额百分之五的，不受本条前款规定限制。

第三十四条　信托公司股东应当自发生以下情况之日起十五日内，书面通知信托公司：

（一）所持信托公司股权被采取诉讼保全措施或者被强制执行；

（二）违反承诺质押信托公司股权或以股权及其受（收）益权设立信托等金融产品；

（三）其控股股东、实际控制人质押所持该股东公司股权或以所持该股东公司股权及其受（收）益权设立信托等金融产品；

（四）取得国务院银行业监督管理机构或其派出机构变更股权或调整股权结构行政许可后，在法定时限内完成股权变更手续存在困难；

（五）名称变更；

（六）合并、分立；

（七）其他可能影响股东资质条件变化或导致所持信托公司股权发生变化的情况。

第三十五条　信托公司主要股东及其控股股东、实际控制人发生本办法第十六条规定的情形的，主要股东应当于发生相关情况之日起十五日内，书面通知信托公司。

信托公司主要股东的控股股东、实际控制人发生变更的，主要股东应当于变更后十五日内准确、完整地向信托公司提供相关材料，包括变更背景、变更后的控股股东、实际控制人、关联方、一致行动人、最终受益人等情况，以及控股股东、实际控制人是否存在本办法第十六条规定情形的说明。

信托公司主要股东应当通过信托公司每年向国务院银行业监督管理机构或其派出机构报告资本补充能力。

第三十六条　信托公司主要股东应当根据本办法第五十三条规定，如实向信托公司提供与股东评估工作相关的材料，配合信托公司开展主要股东的定期评估工作。

第三十七条　信托公司出现资本不足或其他影响稳健运行情形时，信托公司主要股东应当履行入股时承诺，以增资方式向信托公司补充资本。不履行承诺或因股东资质问题无法履行承诺的主要股东，应当同意其他股东或者合格投资人采取合理方案增资。

第三十八条　信托公司发生重大风险事件或重大违法违规行为，被国务院银行业监督管理机构或其派出机构采取风险处置或接管等措施的，股东应当积极配合国务院银行业监督管理机构或其派出机构开展风险处置等工作。

第四节　股权退出

第三十九条　信托公司股东自取得股权之日起五年内不得转让所持有的股权。

经国务院银行业监督管理机构或其派出机构批准采取风险处置措施、国务院银行业监督管理机构或其派出机构责令转让、涉及司法强制执行、在同一投资人控制的不同主体之间转让股权、国务院银行业监督管理机构或其派出机构认定股东无力行使股东职责等特殊情形除外。

投资人及其关联方、一致行动人单独或合计持有同一上市信托公司股份未达到该信托公司股份总额百分之五的，不受本条规定限制。

第四十条　信托公司股东拟转让所持股权的，应当向意向参与方事先告知国务院银行业监督管理机构关于信托公司股东的资质条件规定、与变更股权等事项有关的行政许可程序，以及本办法关于信托公司股东责任和义务的相关规定。

有关主体签署的股权转让协议应当明确变更股权等事项是否需经国务院银行业监督管理机构或其派出机构行政许可，以及因监管部门不予批准等原因导致股权转让失败的后续安排。

第四十一条　股权转让期间，拟转让股权的信托公司股东应当继续承担股东责任和义务，支持并配合信托公司股东（大）会、董事会、监事会、高级管理层依法履职，对公司重大决议事项行使独立表决权，不得在股权转让工作完成前向信托公司推荐股权拟受让方相关人员担任公司董事、监事、高级管理人员或关键岗位人员。

第三章　信托公司职责

第一节　变更期间

第四十二条　信托公司应当如实向拟入股股东说明公司经营管理情况和真实风险底数。

第四十三条　在变更期间，信托公司应当保证股东（大）会、董事会、监事会及高级管理层正常运转，切实防范内部人控制问题。

前款中的“变更”，包括信托公司变更股权或调整股权结构、合并、分立以及其他涉及信托公司股权发生变化的情形。

信托公司不得以变更股权或调整股权结构等为由，致使董事会、监事会、高级管理层人员缺位6个月以上，影响公司治理机制有效运转。有代为履职情形的，应当符合国务院银行业监督管理机构关于代为履职的相关监管规定。

第四十四条　信托公司应当依法依规、真实、完整地向国务院银行业监督管理机构或其派出机构报送与变更股权或调整股权结构等事项相关的行政许可申请材料。

第二节　股权事务管理

第四十五条　信托公司董事会应当勤勉尽责，董事会成员应当对信托公司和全体股东负有忠诚义务。

信托公司董事会承担信托公司股权事务管理最终责任。信托公司董事长是处理信托公司股权事务的第一责任人。董事会秘书协助董事长工作，是处理股权事务的直接责任人。

董事长和董事会秘书应当忠实、诚信、勤勉地履行职责。履职未尽责的，依法承担法律责任。

第四十六条　信托公司应当建立和完善股权管理制度，做好股权信息登记、关联交易管理和信息披露等工作。

第四十七条　信托公司应当建立股权托管制度，原则上将股权在信托登记机构进行集中托管。信托登记机构履行股东名册初始登记和变更登记等托管职责。托管的具体要求由国务院银行业监督管理机构另行规定。

上市信托公司按照法律、行政法规规定股权需集中存管到法定证券登记结算机构的，股权托管工作按照相应的规定进行。

第四十八条　信托公司应当将以下关于股东管理的相关监管要求、股东的权利义务等写入公司章程，在公司章程中载明下列内容：

（一）股东应当遵守法律法规和监管规定；

（二）主要股东应当在必要时向信托公司补充资本；

（三）应经但未经监管部门批准或未向监管部门报告的股东，不得行使股东大会召开请求权、表决权、提名权、提案权、处分权等权利；

（四）对于存在虚假陈述、滥用股东权利或其他损害信托公司利益行为的股东，国务院银行业监督管理机构或其派出机构可以限制或禁止信托公司与其开展关联交易，限制其持有信托公司股权比例等，并可限制其股东大会召开请求权、表决权、提名权、提案权、处分权等权利。

第四十九条　信托公司应当通过半年报或年报在官方网站等渠道真实、准确、完整地披露信托公司股权信息，披露内容包括：

（一）股份有限公司报告期末股份总数、股东总数、报告期间股份变动情况以及前十大股东持股情况；

（二）有限责任公司报告期末股东出资额情况；

（三）报告期末主要股东及其控股股东、实际控制人、关联方、一致行动人、最终受益人情况；

（四）报告期内公司发生的关联交易情况；

（五）报告期内股东违反承诺质押信托公司股权或以股权及其受（收）益权设立信托等金融产品的情况；

（六）报告期内股东提名董事、监事情况；

（七）已向国务院银行业监督管理机构或其派出机构提交行政许可申请但尚未获得批准的事项；

（八）国务院银行业监督管理机构规定的其他信息。

第五十条　信托公司主要股东及其控股股东、实际控制人出现的可能影响股东资质条件或导致所持信托公司股权发生重大变化的事项，信托公司应及时进行信息披露。

第三节　股东行为管理

第五十一条　信托公司应当加强对股东资质的审查，对主要股东及其控股股东、实际控制人、关联方、一致行动人、最终受益人等相关信息进行核实，并掌握其变动情况，就主要股东对信托公司经营管理的影响进行判断。

第五十二条 信托公司股东发生本办法第三十四条、第三十五条前二款规定情形的，信托公司应当自知悉之日起十日内向国务院银行业监督管理机构或其派出机构书面报告。

第五十三条 信托公司董事会应当至少每年对其主要股东的资质情况、履行承诺事项情况、承担股东责任和义务的意愿与能力、落实公司章程或协议条款情况、经营管理情况、财务和风险状况，以及信托公司面临经营困难时，其在信托公司恢复阶段可能采取的救助措施进行评估，并及时将评估报告报送国务院银行业监督管理机构或其派出机构。

第五十四条 信托公司应当将所开展的关联交易分为固有业务关联交易和信托业务关联交易，并按照穿透原则和实质重于形式原则加强关联交易认定和关联交易资金来源与运用的双向核查。

第五十五条 信托公司应当准确识别关联方，及时更新关联方名单，并按季度将关联方名单报送至信托登记机构。

信托公司应当按照穿透原则将主要股东、主要股东的控股股东、实际控制人、关联方、一致行动人、最终受益人作为信托公司的关联方进行管理。

第五十六条 信托公司应当建立关联交易管理制度，严格执行国务院银行业监督管理机构关于关联交易报告等规定，落实信息披露要求，不得违背市场化原则和公平竞争原则开展关联交易，不得隐匿关联交易或通过关联交易隐匿资金真实去向、从事违法违规活动。

信托公司董事会应当设立关联交易控制委员会，负责关联交易的管理，及时审查和批准关联交易，控制关联交易风险。关联交易控制委员会成员不得少于三人，由独立董事担任负责人。

信托公司应当定期开展关联交易内外部审计工作，其内部审计部门应当至少每年对信托公司关联交易进行一次专项审计，并将审计结果报信托公司董事会和监事会；委托外部审计机构每年对信托公司关联交易情况进行年度审计，其中外部审计机构不得为信托公司关联方控制的会计师事务所。

第五十七条 信托公司应当加强公司治理机制建设，形成股东（大）会、董事会、监事会、高级管理层有效制衡的公司治理结构，建立完备的内部控制、风险管理、信息披露体系，以及科学合理的激励约束机制，保障信托当事人等合法权益，保护和促进股东行使权利，确保全体股东享有平等待遇。

信托公司董事会成员应当包含独立董事，独立董事人数不得少于董事会成员总数的四分之一；但单个股东及其关联方、一致行动人合计持有信托公司三分之二以上资本总额或股份总额的信托公司，其独立董事人数不得少于董事会成员总数的三分之一。

信托公司董事会和监事会应当根据法律法规和公司章程赋予的职责，每年向股东（大）会做年度工作报告，并及时将年度工作报告报送国务院银行业监督管理机构或其派出机构。

第四章 监督管理

第五十八条 国务院银行业监督管理机构鼓励信托公司持续优化股权结构，引入注重公司长远发展、管理经验成熟的战略投资者，促进信托公司转型发展，提升专业服务水平。

第五十九条 国务院银行业监督管理机构及其派出机构应当加强对信托公司股东的穿透监管，加强对主要股东及其控股股东、实际控制人、关联方、一致行动人及最终受益人的审查、识别和认定。信托公司主要股东及其控股股东、实际控制人、关联方、一致行动人及最终受益人，以国务院银行业监督管理机构或其派出机构认定为准。

第六十条 国务院银行业监督管理机构及其派出机构有权采取下列措施，了解信托公司股东（含拟入股股东）及其控股股东、实际控制人、关联方、一致行动人及最终受益人信息：

（一）要求股东逐层披露其股东、实际控制人、关联方、一致行动人及最终受益人；

（二）要求股东说明入股资金来源，并提供有关材料；

（三）要求股东报送资产负债表、利润表和其他财务会计报告和统计报表、公司发展战略和经营管理材料以及注册会计师出具的审计报告；

（四）要求股东及相关人员对有关事项作出解释说明；

（五）询问股东及相关人员；

（六）实地走访或调查股东经营情况；

（七）其他监管措施。

对与涉嫌违法事项有关的信托公司股东及其控股股东、实际控制人、关联方、一致行动人及最终受益人，国务院银行业监督管理机构及其派出机构有权依法查阅、复制有关财务会计、财产权登记等文件、资料；对可能被转移、隐匿、毁损或者伪造的文件、资料，予以先行登记保存。

第六十一条 国务院银行业监督管理机构及其派出机构

有权采取下列措施，加强信托公司股权穿透监管：

（一）依法对信托公司设立、变更股权或调整股权结构等事项实施行政许可；

（二）要求信托公司及其股东及时报告股权有关信息；

（三）定期评估信托公司主要股东及其控股股东、实际控制人、关联方、一致行动人、最终受益人的经营活动，以判断其对信托公司稳健运行的影响；

（四）要求信托公司通过年报或半年报披露相关股权信息；

（五）与信托公司董事、监事、高级管理人员以及其他相关当事人进行监管谈话，要求其就相关情况作出说明；

（六）对股东涉及信托公司股权的行为进行调查或者公开质询；

（七）要求股东报送审计报告、经营管理信息、股权信息等材料；

（八）查询、复制股东及相关单位和人员的财务会计报表等文件、资料；

（九）对信托公司进行检查，并依法对信托公司和有关责任人员实施行政处罚；

（十）依法可以采取的其他监管措施。

第六十二条 国务院银行业监督管理机构及其派出机构应当建立股东动态监测机制，至少每年对信托公司主要股东的资质情况、履行承诺事项情况、承担股东责任和义务的意愿与能力、落实公司章程或协议条款情况、经营管理情况、财务和风险状况，以及信托公司面临经营困难时主要股东在信托公司恢复阶段可能采取的救助措施进行评估。

国务院银行业监督管理机构及其派出机构应当将评估工作纳入日常监管，并对评估发现的问题视情形采取限期整改等监管措施。

第六十三条 国务院银行业监督管理机构及其派出机构根据审慎监管的需要，有权依法采取限制同一股东及其关联方、一致行动人入股信托公司的数量、持有信托公司股权比例、与信托公司开展的关联交易额度等审慎监管措施。

第六十四条 信托公司主要股东为金融机构的，国务院银行业监督管理机构及其派出机构应当与该金融机构的监管部门建立有效的信息交流和共享机制。

第六十五条 信托公司在股权管理过程中存在下列情形之一的，国务院银行业监督管理机构或其派出机构应当责令限期改正；逾期未改正，或者其行为严重危及该信托公司的稳健运行、损害信托当事人和其他客户合法权益的，经国务院银行业监督管理机构或其省一级派出机构负责人批准，可以区别情形，按照《中华人民共和国银行业监督管理法》第三十七条规定，采取相应的监管措施：

（一）未按要求履行行政许可程序或对有关事项进行报告的；

（二）未按规定开展股东定期评估工作的；

（三）提供虚假的或者隐瞒重要事实的报表、报告等文件、资料的；

（四）未按规定制定公司章程，明确股东权利义务的；

（五）未按规定进行股权托管的；

（六）未按规定进行信息披露的；

（七）未按规定开展关联交易的；

（八）拒绝或阻碍监管部门进行调查核实的；

（九）其他违反股权管理相关要求的。

第六十六条 信托公司股东或其控股股东、实际控制人、关联方、一致行动人、最终受益人等存在下列情形，造成信托公司违反审慎经营规则的，国务院银行业监督管理机构或其派出机构根据《中华人民共和国银行业监督管理法》第三十七条规定，可以限制信托公司股东参与经营管理的相关权利，包括股东大会召开请求权、表决权、提名权、提案权、处分权等；责令信托公司控股股东转让股权，股权转让完成前，限制其股东权利，限期未完成转让的，由符合国务院银行业监督管理机构相关要求的投资人按照评估价格受让股权：

（一）虚假出资、出资不实、抽逃出资或者变相抽逃出资的；

（二）使用委托资金、债务资金或其他非自有资金投资入股的；

（三）委托他人或接受他人委托持有信托公司股权的；

（四）未按规定进行报告的；

（五）拒绝向信托公司、国务院银行业监督管理机构或其派出机构提供文件材料或提供虚假文件材料、隐瞒重要信息以及迟延提供相关文件材料的；

（六）违反承诺、公司章程或协议条款的；

（七）主要股东或其控股股东、实际控制人不符合本办法规定的监管要求的；

（八）违规开展关联交易的；

（九）违反承诺进行股权质押或以股权及其受（收）益权设立信托等金融产品的；

（十）拒绝或阻碍国务院银行业监督管理机构或其派出机构进行调查核实的；

（十一）不配合国务院银行业监督管理机构或其派出机构开展风险处置的；

（十二）在信托公司出现资本不足或其他影响稳健运行情形时，主要股东拒不补充资本并拒不同意其他股东、投资人增资计划的；

（十三）其他滥用股东权利或不履行股东义务，损害信托公司、信托当事人、其他股东等利益的。

第六十七条　信托公司未遵守本办法规定进行股权管理的，国务院银行业监督管理机构或其派出机构可以调整该信托公司监管评级。

信托公司董事会成员在履职过程中未就股权管理方面的违法违规行为提出异议的，最近一次履职评价不得评为称职。

第六十八条　在行政许可过程中，投资人、股东或其控股股东、实际控制人、信托公司有下列情形之一的，国务院银行业监督管理机构或其派出机构可以中止审查：

（一）相关股权存在权属纠纷；

（二）被举报尚需调查；

（三）因涉嫌违法违规被有关部门调查，或者被司法机关侦查，尚未结案；

（四）被起诉尚未判决；

（五）国务院银行业监督管理机构认定的其他情形。

第六十九条　在实施行政许可或者履行其他监管职责时，国务院银行业监督管理机构或其派出机构可以要求信托公司或者股东就其提供的有关资质、关联关系或者入股资金等信息的真实性作出声明，并承诺承担因提供虚假信息或者不实声明造成的后果。

第七十条　国务院银行业监督管理机构及其派出机构建立信托公司股权管理和股东行为不良记录数据库，通过全国信用信息共享平台与相关部门或政府机构共享信息。

对于存在违法违规行为且拒不改正的股东，或以隐瞒、欺骗等不正当手段获得股权的股东，国务院银行业监督管理机构及其派出机构可以单独或会同相关部门联合予以惩戒，可通报、公开谴责、禁止其一定期限直至终身入股信托公司。

第七十一条　在实施行政许可或者履行监管职责时，国务院银行业监督管理机构及其派出机构应当将存在提供虚假材料、不实声明或者因不诚信行为受到金融管理部门行政处罚等情形的第三方中介机构纳入第三方中介机构诚信档案。自第三方中介机构不诚信行为或受到金融管理部门行政处罚等情形发生之日起五年内，国务院银行业监督管理机构及其派出机构对其出具的报告或作出的声明等不予认可，并可将其不诚信行为通报有关主管部门。

第五章　法律责任

第七十二条　信托公司未按要求对股东及其控股股东、实际控制人、关联方、一致行动人、最终受益人信息进行审查、审核或披露的，由国务院银行业监督管理机构或其派出机构按照《中华人民共和国银行业监督管理法》第四十六条、第四十八条的规定，责令改正，并对信托公司及相关责任人员实施行政处罚。

第七十三条　信托公司存在本办法第六十五条规定的情形之一，情节较为严重的，由国务院银行业监督管理机构或其派出机构按照《中华人民共和国银行业监督管理法》第四十六条、第四十七条、第四十八条规定对信托公司及相关责任人员实施行政处罚。

第七十四条　信托公司股东或其控股股东、实际控制人、关联方、一致行动人、最终受益人等以隐瞒、欺骗等不正当手段获得信托公司股权的，由国务院银行业监督管理机构或其派出机构按照《中华人民共和国行政许可法》的规定，对相关行政许可予以撤销。

依照本条前款撤销行政许可的，被许可人基于行政许可取得的利益不受保护。

第六章　附　　则

第七十五条　本办法所称“以上”均含本数，“不足”不含本数，“日”为工作日。

第七十六条　以下用语含义：

（一）控股股东，是指根据《中华人民共和国公司法》第二百一十六条规定，其出资额占有限责任公司资本总额百分之五十以上或者其持有的股份占股份有限公司股本总额百分之五十以上的股东；出资额或者持有股份的比例虽然不足百分之五十，但依其出资额或者持有的股份所享有的表决权已足以对股东会、股东大会的决议产生重大影响的股东。

（二）实际控制人，是指根据《中华人民共和国公司法》第二百一十六条规定，虽不是公司的股东，但通过投资关系、协议或者其他安排，能够实际支配公司行为的人。

（三）关联方，是指根据《企业会计准则第36号关联方披露》规定，一方控制、共同控制另一方或对另一方施加重大影响，以及两方或两方以上同受一方控制、共同控制或重大影响的。但国家控制的企业之间不因为同受国家控股而具有关联关系。

（四）一致行动，是指投资者通过协议、其他安排，与其他投资者共同扩大其所能够支配的一个公司股份表决权数量的行为或者事实。达成一致行动的相关投资者，为一致行动人。

（五）最终受益人，是指实际享有信托公司股权收益的人。

（六）个别财务报表，是相对于合并财务报表而言，指由公司或子公司编制的，仅反映母公司或子公司自身财务状况、经营成果和现金流量的财务报表。

第七十七条 本办法由国务院银行业监督管理机构负责解释。

第七十八条 本办法自2020年3月1日起施行。本办法实施前发布的有关规章及规范性文件与本办法不一致的，按照本办法执行。

中国银保监会信托公司行政许可事项实施办法

1. 2020年11月16日中国银行保险监督管理委员会令2020年第12号公布

2. 自2021年1月1日起施行

第一章 总 则

第一条 为规范银保监会及其派出机构实施信托公司行政许可行为，明确行政许可事项、条件、程序和期限，保护申请人合法权益，根据《中华人民共和国银行业监督管理法》《中华人民共和国行政许可法》等法律、行政法规及国务院的有关决定，制定本办法。

第二条 本办法所称信托公司，是指依照《中华人民共和国公司法》《中华人民共和国银行业监督管理法》和《信托公司管理办法》设立的主要经营信托业务的金融机构。

第三条 银保监会及其派出机构根据统一规则、事权分级的原则，依照本办法和行政许可实施程序规定，对信托公司实施行政许可。

第四条 信托公司以下事项须经银保监会及其派出机构行政许可：机构设立，机构变更，机构终止，调整业务范围和增加业务品种，董事和高级管理人员任职资格，以及法律、行政法规规定和国务院决定的其他行政许可事项。

行政许可中应当按照《银行业金融机构反洗钱和反恐怖融资管理办法》要求进行反洗钱和反恐怖融资审查，对不符合条件的，不予批准。

第五条 申请人应按照银保监会行政许可事项申请材料目录和格式要求提交申请材料。

第二章 机构设立

第一节 信托公司法人机构设立

第六条 设立信托公司法人机构应当具备以下条件：

（一）有符合《中华人民共和国公司法》和银保监会规定的公司章程，股东管理、股东的权利义务等相关内容应按规定纳入信托公司章程；

（二）有符合规定条件的出资人，包括境内非金融机构、境内金融机构、境外金融机构和银保监会认可的其他出资人；

（三）注册资本为一次性实缴货币资本，最低限额为3亿元人民币或等值的可自由兑换货币；

（四）有符合任职资格条件的董事、高级管理人员和与其业务相适应的合格的信托从业人员；

（五）具有健全的公司治理结构、组织机构、管理制度、风险控制机制和投资者保护机制；

（六）具有与业务经营相适应的营业场所、安全防范措施和其他设施；

（七）建立了与业务经营和监管要求相适应的信息科技架构，具有支撑业务经营的必要、安全且合规的信息系统，具备保障业务持续运营的技术与措施；

（八）银保监会规章规定的其他审慎性条件。

第七条 境内非金融机构作为信托公司出资人，应当具备以下条件：

（一）依法设立，具有法人资格；

（二）具有良好的公司治理结构及有效的组织管理方式；

（三）具有良好的社会声誉、诚信记录和纳税记录；

（四）经营管理良好，最近2年内无重大违法违规经营记录；

（五）财务状况良好，且最近2个会计年度连续盈利；如取得控股权，应最近3个会计年度连续盈利；

（六）年终分配后，净资产不低于全部资产的30%；如取得控股权，年终分配后净资产不低于全部资产的40%；

（七）权益性投资余额不超过本企业净资产的50%（含本次投资额）；如取得控股权，权益性投资余额应不超过本企业净资产的40%（含本次投资额）；

（八）入股资金为自有资金，不得以委托资金、债务资金等非自有资金入股，出资金额不得超过其个别财务报表口径的净资产规模；

（九）投资入股信托公司数量符合《信托公司股权管理暂行办法》规定；

（十）承诺不将所持有的信托公司股权进行质押或以股权及其受（收）益权设立信托等金融产品（银保监会采取风险处置或接管措施等特殊情形除外），并在拟设公司章程中载明；

（十一）银保监会规章规定的其他审慎性条件。

第八条 境内金融机构作为信托公司出资人，应当具有良好的内部控制机制和健全的风险管理体系，符合与该类金融机构有关的法律、法规、监管规定以及本办法第七条（第五项"如取得控股权，应最近3个会计年度连续盈利"、第六项和第七项除外）规定的条件。

第九条　境外金融机构作为信托公司出资人，应当具备以下条件：

（一）具有国际相关金融业务经营管理经验；

（二）最近2年长期信用评级为良好及以上；

（三）财务状况良好，最近2个会计年度连续盈利；

（四）符合所在国家或地区法律法规及监管当局的审慎监管要求，最近2年内无重大违法违规经营记录；

（五）具有良好的公司治理结构、内部控制机制和健全的风险管理体系；

（六）入股资金为自有资金，不得以委托资金、债务资金等非自有资金入股，出资金额不得超过其个别财务报表口径的净资产规模；

（七）投资入股信托公司数量符合《信托公司股权管理暂行办法》规定；

（八）承诺不将所持有的信托公司股权进行质押或以股权及其受（收）益权设立信托等金融产品（银保监会采取风险处置或接管措施等特殊情形除外），并在拟设公司章程中载明；

（九）所在国家或地区金融监管当局已经与银保监会建立良好的监督管理合作机制；

（十）所在国家或地区经济状况良好；

（十一）银保监会规章规定的其他审慎性条件。

境外金融机构作为出资人投资入股信托公司应当遵循长期持股、优化治理、业务合作、竞争回避的原则，并应遵守国家关于外国投资者在中国境内投资的有关规定。

银保监会可根据金融业风险状况和监管需要，调整境外金融机构作为出资人的条件。

第十条　有以下情形之一的，不得作为信托公司的出资人：

（一）公司治理结构与管理机制存在明显缺陷；

（二）关联企业众多、股权关系复杂且不透明、关联交易频繁且异常；

（三）核心主业不突出且其经营范围涉及行业过多；

（四）现金流量波动受经济景气影响较大；

（五）资产负债率、财务杠杆率高于行业平均水平；

（六）代他人持有信托公司股权；

（七）其他对信托公司产生重大不利影响的情况。

第十一条　信托公司设立须经筹建和开业两个阶段。

第十二条　筹建信托公司，应当由出资比例最大的出资人作为申请人向拟设地银保监局提交申请，由银保监局受理并初步审查、银保监会审查并决定。决定机关自受理之日起4个月内作出批准或不批准的书面决定。

第十三条　信托公司的筹建期为批准决定之日起6个月。未能按期完成筹建的，应当在筹建期限届满前1个月向银保监会和拟设地银保监局提交筹建延期报告。筹建延期不得超过一次，延长期限不得超过3个月。

申请人应当在前款规定的期限届满前提交开业申请，逾期未提交的，筹建批准文件失效，由决定机关注销筹建许可。

第十四条　信托公司开业，应当由出资比例最大的出资人作为申请人向拟设地银保监局提交申请，由银保监局受理、审查并决定。银保监局自受理之日起2个月内作出核准或不予核准的书面决定，并抄报银保监会。

第十五条　申请人应当在收到开业核准文件并领取金融许可证后，办理工商登记，领取营业执照。

信托公司应当自领取营业执照之日起6个月内开业。不能按期开业的，应当在开业期限届满前1个月向拟设地银保监局提交开业延期报告。开业延期不得超过一次，延长期限不得超过3个月。

未在前款规定期限内开业的，开业核准文件失效，由决定机关注销开业许可，发证机关收回金融许可证，并予以公告。

第二节　投资设立、参股、收购境外机构

第十六条　信托公司申请投资设立、参股、收购境外机构，申请人应当符合以下条件：

（一）具有良好的公司治理结构，内部控制健全有效，业务条线管理和风险管控能力与境外业务发展相适应；

（二）具有清晰的海外发展战略；

（三）具有良好的并表管理能力；

（四）符合审慎监管指标要求；

（五）权益性投资余额原则上不超过其净资产的50%；

（六）最近2个会计年度连续盈利；

（七）具备与境外经营环境相适应的专业人才队伍；

（八）最近2年无严重违法违规行为和因内部管理问题导致的重大案件；

（九）银保监会规章规定的其他审慎性条件。

前款所称境外机构是指银保监会认可的金融机构和信托业务经营机构。

第十七条　信托公司申请投资设立、参股、收购境外机构由所在地银保监局受理、审查，并在征求银保监会意见后决定。银保监局自受理之日起6个月内作出批准或不批准的书面决定，并抄报银保监会。

信托公司获得批准文件后应按照拟投资设立、参股、收购境外机构注册地国家或地区的法律法规办理相关法律手续，并在完成相关法律手续后15日内向银保监会和所在地银保监局报告其投资设立、参股或收购的境外机构的名称、成立时间、注册地点、注册资本、注资币种。

第三章　机构变更

第十八条　信托公司法人机构变更事项包括：变更名称，变更股权或调整股权结构，变更注册资本，变更住所，修改公司章程，分立或合并，以及银保监会规定的其他变更事项。

第十九条　信托公司变更名称，由银保监分局或所在地银保监局受理、审查并决定。

决定机关自受理之日起3个月内作出批准或不批准的书面决定。由银保监局决定的，应将决定抄报银保监会；由银保监分局决定的，应将决定同时抄报银保监局和银保监会。

第二十条　信托公司变更股权或调整股权结构，拟投资入股的出资人应当具备本办法第七条至第十条规定的条件。

投资入股信托公司的出资人，应当及时、完整、真实地披露其关联关系和最终实际控制人。

第二十一条　所有拟投资入股信托公司的出资人的资格以及信托公司变更股权或调整股权结构均应经过审批，但出资人及其关联方、一致行动人单独或合计持有同一上市信托公司股份未达到该信托公司股份总额5%的除外。

第二十二条　信托公司由于实际控制人变更所引起的变更股权或调整股权结构，由所在地银保监局受理并初步审查，银保监会审查并决定。决定机关自受理之日起3个月内作出批准或不批准的书面决定。

信托公司由于其他原因引起变更股权或调整股权结构的，由银保监分局或所在地银保监局受理并初步审查，银保监局审查并决定。决定机关自受理之日起3个月内作出批准或不批准的书面决定，并抄报银保监会。

第二十三条　信托公司申请变更注册资本，应当具备以下条件：

（一）变更注册资本后仍然符合银保监会对信托公司最低注册资本和资本管理的有关规定；

（二）出资人应当符合第二十条规定的条件；

（三）银保监会规章规定的其他审慎性条件。

第二十四条　信托公司申请变更注册资本的许可程序适用本办法第十九条的规定，变更注册资本涉及变更股权或调整股权结构的，许可程序适用本办法第二十二条的规定。

信托公司通过配股或募集新股份方式变更注册资本的，在变更注册资本前，还应当经过配股或募集新股份方案审批。许可程序同前款规定。

第二十五条　信托公司公开募集股份和上市交易股份的，应当符合国务院及监管部门有关规定，向中国证监会申请之前，应向银保监会派出机构申请并获得批准。

信托公司公开募集股份和上市交易股份的，由银保监分局或所在地银保监局受理并初步审查，银保监局审查并决定。银保监局自受理之日起3个月内作出批准或不批准的书面决定，并抄报银保监会。

第二十六条　信托公司变更住所，应当有与业务发展相符合的营业场所、安全防范措施和其他设施。

信托公司因行政区划调整等原因而引起的行政区划、街道、门牌号等发生变化而实际位置未变化的，不需申请变更住所，但应当于变更后15日内报告其金融许可证发证机关，并换领金融许可证。

信托公司因房屋维修、增扩建等原因临时变更住所6个月以内的，不需申请变更住所，但应当在原住所、临时住所公告，并提前10日向其金融许可证发证机关报告。临时住所应当符合公安、消防部门的相关要求。信托公司回迁原住所，应当在原住所、临时住所公告，并提前10日将公安消防部门出具的消防证明文件等材料抄报其金融许可证发证机关。

信托公司变更住所，由银保监分局或所在地银保监局受理、审查并决定。决定机关自受理之日起2个月内作出批准或不批准的书面决定，并抄报银保监会。

第二十七条　信托公司修改公司章程应当符合《中华人民共和国公司法》《信托公司管理办法》《信托公司股权管理暂行办法》及其他有关法律法规的规定。

第二十八条　信托公司申请修改公司章程的许可程序适用本办法第十九条的规定。

信托公司因发生变更名称、住所、股权、注册资本、业务范围等前置审批事项以及因行政区划调整、股东名称变更等原因而引起公司章程内容变更的，不需申请修改章程，应当在决定机关作出批准决定或发生相关变更事项之日起6个月内修改章程相应条款并报告银保监局。

第二十九条　信托公司分立应当符合有关法律、行政法规和规章的规定。

信托公司分立，应当向所在地银保监局提交申请，由银保监局受理并初步审查，银保监会审查并决定。决定机关自受理之日起3个月内作出批准或不批准的书面决定。

存续分立的，在分立公告期限届满后，存续方应当按照变更事项的条件和程序取得行政许可；新设方应当按照法人机构开业的条件和程序取得行政许可。

新设分立的，在分立公告期限届满后，新设方应当按照法人机构开业的条件和程序取得行政许可；原法人机构应当按照法人机构解散的条件和程序取得行政许可。

第三十条　信托公司合并应当符合有关法律、行政法规和规章的规定。

吸收合并的，由吸收合并方向其所在地银保监局提出申请，并抄报被吸收合并方所在地银保监局，由吸收合并方所在地银保监局受理并初步审查，银保监会审查并决定。决定机关自受理之日起3个月内作出批准或不批准的书面决定。吸收合并方所在地银保监局在将初审意见上报银保监会之前应当征求被吸收合并方所在地银保监局的意见。吸收合并公告期限届满后，吸收合并方应按照变更事项的条件和程序取得行政许可；被吸收合并方应当按照法人机构解散的条件和程序取得行政许可。

新设合并的，由其中一方作为主报机构向其所在地银保监局提交申请，同时抄报另一方所在地银保监局，由主报机构所在地银保监局受理并初步审查，银保监会审查并决定。决定机关自受理之日起3个月内作出批准或不批准的书面决定。主报机构所在地银保监局在将初审意见上报银保监会之前应征求另一方所在地银保监局的意见。新设合并公告期限届满后，新设机构应按照法人机构开业的条件和程序取得行政许可；原法人机构应按照法人机构解散的条件和程序取得行政许可。

第四章　机 构 终 止

第三十一条　信托公司法人机构满足以下情形之一的，可以申请解散：

（一）公司章程规定的营业期限届满或者其他应当解散的情形；

（二）股东会议决定解散；

（三）因公司合并或者分立需要解散；

（四）其他法定事由。

第三十二条　信托公司解散，应当向所在地银保监局提交申请，由银保监局受理并初步审查，银保监会审查并决定。决定机关自受理之日起3个月内作出批准或不批准的书面决定。

第三十三条　信托公司因分立、合并出现解散情形的，与分立、合并一并进行审批。

第三十四条　信托公司有以下情形之一的，向法院申请破产前，应当向银保监会申请并获得批准：

（一）不能清偿到期债务，并且资产不足以清偿全部债务或者明显缺乏清偿能力，自愿或应其债权人要求申请破产的；

（二）已解散但未清算或者未清算完毕，依法负有清算责任的人发现该机构资产不足以清偿债务，应当申请破产的。

第三十五条　信托公司向法院申请破产前，应当向所在地银保监局提交申请，由银保监局受理并初步审查，银保监会审查并决定。决定机关自受理之日起3个月内作出批准或不批准的书面决定。

第五章　调整业务范围和增加业务品种

第三十六条　信托公司依据本办法可申请开办的业务范围和业务品种包括：企业年金基金管理业务资格、特定目的信托受托机构资格、受托境外理财业务资格、股指期货交易等衍生产品交易业务资格、以固有资产从事股权投资业务资格。

信托公司申请开办前款明确的业务范围和业务品种之外的其他业务，相关许可条件和程序由银保监会另行规定。

第一节　信托公司企业年金基金管理业务资格

第三十七条　信托公司申请企业年金基金管理业务资格，应当具备以下条件：

（一）具有良好的公司治理和内部控制体系；

（二）符合审慎监管指标要求；

（三）监管评级良好；

（四）最近2年无重大违法违规经营记录；

（五）具有与开办企业年金基金管理业务相适应的内部控制制度及风险管理制度；

（六）具有与开办企业年金基金管理业务相适应的合格专业人员；

（七）具有与业务经营相适应的安全且合规的信息系统，具备保障业务持续运营的技术与措施；

（八）银保监会规章规定的其他审慎性条件。

第三十八条　信托公司申请企业年金基金管理业务资格，应当向银保监分局或所在地银保监局提交申请，由银保监分局或银保监局受理并初步审查，银保监局审查并决定。决定机关自受理之日起3个月内作出批准或不批准的书面决定，并抄报银保监会。

第二节　信托公司特定目的信托受托机构资格

第三十九条　信托公司申请特定目的信托受托机构资格，应当具备以下条件：

（一）注册资本不低于5亿元人民币或等值的可自由兑换货币，且最近2年年末按要求提足全部准备金后，净资产不低于5亿元人民币或等值的可自由兑换货币；

（二）自营业务资产状况和流动性良好，符合有关监管要求；

（三）具有良好的社会声誉和经营业绩；

（四）符合审慎监管指标要求；

（五）最近2年无重大违法违规经营记录；

（六）具有良好的公司治理和内部控制制度，完善的信托业务操作流程和风险管理体系；

（七）具有履行特定目的信托受托机构职责所需要的专业人员；

（八）具有与业务经营相适应的安全且合规的信息系统，具备保障业务持续运营的技术与措施；

（九）已按照规定披露公司年度报告；

（十）银保监会规章规定的其他审慎性条件。

第四十条　信托公司申请特定目的信托受托机构资格，应当向银保监分局或所在地银保监局提交申请，由银保监分局或银保监局受理并初步审查，银保监局审查并决定。决定机关自受理之日起3个月内作出批准或不批准的书面决定，并抄报银保监会。

第三节　信托公司受托境外理财业务资格

第四十一条　信托公司申请受托境外理财业务资格，应当具备以下条件：

（一）具有良好的公司治理、风险管理体系和内部控制；

（二）注册资本不低于10亿元人民币或等值的可自由兑换货币；

（三）经批准具备经营外汇业务资格，且具有良好的开展外汇业务的经历；

（四）符合审慎监管指标要求；

（五）监管评级良好；

（六）最近2年无重大违法违规经营记录；

（七）最近2个会计年度连续盈利；

（八）配备能够满足受托境外理财业务需要且具有境外投资管理能力和经验的专业人才（从事外币有价证券买卖业务2年以上的专业管理人员不少于2人）；设有独立开展受托境外理财业务的部门，对受托境外理财业务集中受理、统一运作、分账管理；

（九）具备满足受托境外理财业务需要的风险分析技术和风险控制系统；具有满足受托境外理财业务需要的营业场所、安全防范设施和其他相关设施；在信托业务与固有业务之间建立了有效的隔离机制；

（十）具有与业务经营相适应的安全且合规的信息系统，具备保障业务持续运营的技术与措施；

（十一）银保监会规章规定的其他审慎性条件。

第四十二条　信托公司申请受托境外理财业务资格，应当向银保监分局或所在地银保监局提交申请，由银保监分局或银保监局受理并初步审查，银保监局审查并决定。决定机关自受理之日起3个月内作出批准或不批准的书面决定，并抄报银保监会。

第四节　信托公司股指期货交易等衍生产品交易业务资格

第四十三条　信托公司申请股指期货交易业务资格，应当具备以下条件：

（一）符合审慎监管指标要求；

（二）监管评级良好；

（三）最近2年无重大违法违规经营记录；

（四）具有完善有效的股指期货交易内部控制制度和风险管理制度；

（五）具有接受相关期货交易技能专门培训半年以上、通过期货从业资格考试、从事相关期货交易1年以上的交易人员至少2名，相关风险分析和管理人员至少1名，熟悉套期会计操作程序和制度规范的人员至少1名，以上人员相互不得兼任，且无不良记录；期货交易业务主管人员应当具备2年以上直接参与期货交易活动或风险管理的经验，且无不良记录；

（六）具有符合本办法第四十四条要求的信息系统；

（七）具有从事交易所需要的营业场所、安全防范设施和其他相关设施；

（八）具有严格的业务分离制度，确保套期保值类业务与非套期保值类业务的市场信息、风险管理、损益核算有效隔离；

（九）申请开办以投机为目的的股指期货交易，应当已开展套期保值或套利业务一年以上；

（十）银保监会规章规定的其他审慎性条件。

第四十四条　信托公司开办股指期货信托业务，信息系统应当符合以下要求：

（一）具备可靠、稳定、高效的股指期货交易管理

系统及股指期货估值系统,能够满足股指期货交易及估值的需要;

(二)具备风险控制系统和风险控制模块,能够实现对股指期货交易的实时监控;

(三)将股指期货交易系统纳入风险控制指标动态监控系统,确保各项风险控制指标符合规定标准;

(四)信托公司与其合作的期货公司信息系统至少铺设一条专线连接,并建立备份通道。

第四十五条 信托公司申请股指期货交易等衍生产品交易业务资格应当向银保监分局或所在地银保监局提交申请,由银保监分局或银保监局受理并初步审查,银保监局审查并决定。决定机关自受理之日起3个月内作出批准或不批准的书面决定,并抄报银保监会。

第四十六条 信托公司申请除股指期货交易业务资格外的其他衍生产品交易业务资格,应当符合银保监会相关业务管理规定。

第五节 信托公司以固有资产从事股权投资业务资格

第四十七条 本节所指以固有资产从事股权投资业务,是指信托公司以其固有资产投资于未上市企业股权、上市公司限售流通股或中国银保监会批准可以投资的其他股权的投资业务,不包括以固有资产参与私人股权投资信托、以固有资产投资金融机构股权和上市公司流通股。

前款所称私人股权投资信托,是指信托公司将信托计划项下资金投资于未上市企业股权、上市公司限售流通股或经批准可以投资的其他股权的信托业务。

第四十八条 信托公司以固有资产从事股权投资业务,应遵守以下规定:

(一)不得投资于关联方,但按规定事前报告并进行信息披露的除外;

(二)不得控制、共同控制或实质性影响被投资企业,不得参与被投资企业的日常经营;

(三)持有被投资企业股权不得超过5年。

第四十九条 信托公司应当审慎开展以固有资产从事股权投资业务,加强资本、流动性等管理,确保业务开展过程中相关监管指标满足要求。

第五十条 信托公司以固有资产从事股权投资业务和以固有资产参与私人股权投资信托等的投资总额不得超过其上年末净资产的20%,经银保监会批准的除外。

第五十一条 信托公司申请以固有资产从事股权投资业务资格,应当具备以下条件:

(一)具有良好的公司治理、内部控制及审计、合规和风险管理机制;

(二)符合审慎监管指标要求;

(三)具有良好的社会信誉、业绩和及时、规范的信息披露;

(四)最近3年无重大违法违规经营记录;

(五)监管评级良好;

(六)固有业务资产状况和流动性良好,符合有关监管要求;

(七)具有从事股权投资业务所需的专业团队。负责股权投资业务的人员达到3人以上,其中至少2名具备2年以上股权投资或相关业务经验;

(八)具有能支持股权投资业务的业务处理系统、会计核算系统、风险管理系统及管理信息系统;

(九)银保监会规章规定的其他审慎性条件。

第五十二条 信托公司申请以固有资产从事股权投资业务资格,应当向银保监分局或所在地银保监局提交申请,由银保监分局或银保监局受理并初步审查,银保监局审查并决定。决定机关自受理之日起3个月内作出批准或不批准的书面决定,并抄报银保监会。

第五十三条 信托公司以固有资产从事股权投资业务,应当在签署股权投资协议后10个工作日内向银保监分局、银保监局报告,报告应当包括但不限于项目基本情况及可行性分析、投资运用范围和方案、项目面临主要风险及风险管理说明、股权投资项目管理团队及人员等内容。

第六章 董事和高级管理人员任职资格

第一节 任职资格条件

第五十四条 信托公司董事长、副董事长、独立董事、其他董事会成员以及董事会秘书,须经任职资格许可。

信托公司总经理(首席执行官、总裁)、副总经理(副总裁)、风险总监(首席风险官)、合规总监(首席合规官)、财务总监(首席财务官)、总会计师、总审计师(总稽核)、运营总监(首席运营官)、信息总监(首席信息官)、总经理助理(总裁助理)等高级管理人员,须经任职资格许可。

其他虽未担任上述职务,但实际履行前两款所列董事和高级管理人员职责的人员,须经任职资格许可。

第五十五条 申请信托公司董事和高级管理人员任职资格,拟任人应当具备以下基本条件:

(一)具有完全民事行为能力;

(二)具有良好的守法合规记录;

(三)具有良好的品行、声誉;

(四)具有担任拟任职务所需的相关知识、经验及能力;

(五)具有良好的经济、金融等从业记录;

（六）个人及家庭财务稳健；

（七）具有担任拟任职务所需的独立性；

（八）能够履行对金融机构的忠实与勤勉义务。

第五十六条　拟任人有以下情形之一的，视为不符合本办法第五十五条第（二）项、第（三）项、第（五）项规定的条件，不得担任信托公司董事和高级管理人员：

（一）有故意或重大过失犯罪记录的；

（二）有违反社会公德的不良行为，造成恶劣影响的；

（三）对曾任职机构违法违规经营活动或重大损失负有个人责任或直接领导责任，情节严重的；

（四）担任或曾任被接管、撤销、宣告破产或吊销营业执照机构董事或高级管理人员的，但能够证明本人对曾任职机构被接管、撤销、宣告破产或吊销营业执照不负有个人责任的除外；

（五）因违反职业道德、操守或者工作严重失职，造成重大损失或恶劣影响的；

（六）指使、参与所任职机构不配合依法监管或案件查处的；

（七）被取消终身的董事和高级管理人员任职资格，或者受到监管机构或其他金融管理部门处罚累计达到2次以上的；

（八）不具备本办法规定的任职资格条件，采取不正当手段以获得任职资格核准的。

第五十七条　拟任人有以下情形之一的，视为不符合本办法第五十五条第（六）项、第（七）项、第（八）项规定的条件，不得担任信托公司董事和高级管理人员：

（一）截至申请任职资格时，本人或其配偶仍有数额较大的逾期债务未能偿还，包括但不限于在该信托公司的逾期债务；

（二）本人及其近亲属合并持有该信托公司5%以上股份，且从该信托公司获得的授信总额明显超过其持有的该信托公司股权净值；

（三）本人及其所控股的信托公司股东单位合并持有该信托公司5%以上股份，且从该信托公司获得的授信总额明显超过其持有的该信托公司股权净值；

（四）本人或其配偶在持有该信托公司5%以上股份的股东单位任职，且该股东单位从该信托公司获得的授信总额明显超过其持有的该信托公司股权净值，但能够证明授信与本人及其配偶没有关系的除外；

（五）存在其他所任职务与其在该信托公司拟任、现任职务有明显利益冲突，或明显分散其在该信托公司履职时间和精力的情形。

第五十八条　申请信托公司董事任职资格，拟任人除应符合第五十五条至第五十七条的规定外，还应当具备以下条件：

（一）具有5年以上的经济、金融、法律、财会或其他有利于履行董事职责的工作经历，其中拟担任独立董事的还应是经济、金融、法律、财会等方面的专业人士；

（二）能够运用信托公司的财务报表和统计报表判断信托公司的经营管理和风险状况；

（三）了解拟任职信托公司的公司治理结构、公司章程以及董事会职责，并熟知董事的权利和义务。

第五十九条　除不得存在第五十六条、第五十七条所列情形外，信托公司独立董事拟任人还不得存在下列情形：

（一）本人及其近亲属合并持有该信托公司1%以上股份或股权；

（二）本人或其近亲属在持有该信托公司1%以上股份或股权的股东单位任职；

（三）本人或其近亲属在该信托公司、该信托公司控股或者实际控制的机构任职；

（四）本人或其近亲属在不能按期偿还该信托公司债务的机构任职；

（五）本人或其近亲属任职的机构与本人拟任职信托公司之间存在法律、会计、审计、管理咨询、担保合作等方面的业务联系或债权债务等方面的利益关系，以致妨碍其履职独立性的情形；

（六）本人或其近亲属可能被拟任职信托公司大股东、高管层控制或施加重大影响，以致妨碍其履职独立性的其他情形；

（七）本人已在其他信托公司任职。

独立董事在同一家信托公司任职时间累计不得超过6年。

第六十条　申请信托公司董事长、副董事长和董事会秘书任职资格，拟任人除应当符合第五十五条至第五十八条的规定外，还应当分别符合以下条件：

（一）拟任信托公司董事长、副董事长，应当具备本科以上学历，从事金融工作5年以上，或从事相关经济工作10年以上（其中从事金融工作3年以上）；

（二）拟任信托公司董事会秘书，应当具备本科以上学历，从事信托业务5年以上，或从事其他金融工作8年以上。

第六十一条　申请信托公司高级管理人员任职资格，拟任人除应当符合第五十五条至第五十七条的规定外，还应当符合以下条件：

（一）担任总经理（首席执行官、总裁）、副总经理（副总裁），应当具备本科以上学历，从事信托业务5年以上，或从事其他金融工作8年以上；

（二）担任运营总监（首席运营官）和总经理助理（总裁助理）以及实际履行高级管理人员职责的人员，任职资格条件比照总经理（首席执行官、总裁）、副总经理（副总裁）的任职资格条件执行；

（三）担任财务总监（首席财务官）、总会计师、总审计师（总稽核），应当具备本科以上学历，从事财务、会计或审计工作6年以上；

（四）担任风险总监（首席风险官），应当具备本科以上学历，从事金融机构风险管理工作3年以上，或从事其他金融工作6年以上；

（五）担任合规总监（首席合规官），应当具备本科以上学历，从事金融工作6年以上，其中从事法律合规工作2年以上；

（六）担任信息总监（首席信息官），应当具备本科以上学历，从事信息科技工作6年以上。

第六十二条　拟任人未达到第六十条、第六十一条规定的学历要求，但具备以下条件之一的，视同达到规定的学历：

（一）取得国家教育行政主管部门认可院校授予的学士以上学位；

（二）取得注册会计师、注册审计师或与拟（现）任职务相关的高级专业技术职务资格，且相关从业年限超过相应规定4年以上。

第二节　任职资格许可程序

第六十三条　信托公司申请核准董事和高级管理人员任职资格，应当向银保监分局或所在地银保监局提交申请，由银保监分局或银保监局受理并初步审核，银保监局审查并决定。决定机关自受理之日起30日内作出核准或不予核准的书面决定，并抄报银保监会。其中，关于董事长、总经理（首席执行官、总裁）的任职资格许可应在征求银保监会意见后作出决定。

第六十四条　信托公司新设立时，董事和高级管理人员任职资格申请，按照该机构开业的许可程序一并受理、审查并决定。

第六十五条　具有高级管理人员任职资格且未连续中断任职1年以上的拟任人在同一信托公司内及不同信托公司间平级调动职务（平级兼任）或改任（兼任）较低职务的，不需重新申请任职资格。拟任人应当在任职后5日内向任职机构所在地银保监会派出机构报告。拟任人担任董事长、总经理（首席执行官、总裁）的，还应同时向银保监会报告。

第六十六条　信托公司拟任董事长、总经理任职资格未获许可前，信托公司应当在现有董事和高级管理人员中指定符合相应任职资格条件的人员代为履职，并自作出指定决定之日起3日内向任职资格许可决定机关报告并抄报银保监会。代为履职的人员不符合任职资格条件的，监管机构可以责令信托公司限期调整代为履职的人员。

代为履职的时间不得超过6个月。信托公司应当在6个月内选聘具有任职资格的人员正式任职。

第七章　附　　则

第六十七条　获准机构变更事项的，信托公司应当自许可决定之日起6个月内完成有关法定变更手续，并向所在地银保监会派出机构报告。获准董事和高级管理人员任职资格的，拟任人应当自许可决定之日起3个月内正式到任，并向所在地银保监会派出机构报告。

未在前款规定期限内完成变更或到任的，行政许可决定文件失效，由决定机关注销行政许可。

第六十八条　信托公司设立、终止事项，涉及工商、税务登记变更等法定程序的，应当在完成有关法定手续后1个月内向银保监会和所在地银保监会派出机构报告。

第六十九条　发生本办法规定事项但未按要求取得行政许可或进行报告的，银保监会或其派出机构依据《中华人民共和国银行业监督管理法》《信托公司管理办法》等法律法规，采取相应处罚措施。

第七十条　本办法所称境外含香港、澳门和台湾地区。

第七十一条　本办法中的“日”均为工作日，“以上”均含本数或本级。

第七十二条　本办法中下列用语的含义：

（一）实际控制人，是指根据《中华人民共和国公司法》第二百一十六条规定，虽不是公司的股东，但通过投资关系、协议或者其他安排，能够实际支配公司行为的人。

（二）关联方，是指根据《企业会计准则第36号关联方披露》规定，一方控制、共同控制另一方或对另一方施加重大影响，以及两方或两方以上同受一方控制、共同控制或重大影响的。但国家控制的企业之间不因为同受国家控股而具有关联关系。银保监会另有规定的从其规定。

（三）一致行动，是指投资者通过协议、其他安排，与其他投资者共同扩大其所能够支配的一个公司股份表决权数量的行为或者事实。达成一致行动的相关投资者，为一致行动人。

（四）个别财务报表，是相对于合并财务报表而言，指由公司或子公司编制的，仅反映母公司或子公司自身财务状况、经营成果和现金流量的财务报表。

第七十三条　除特别说明外，本办法中各项财务指标要求均为合并会计报表口径。

第七十四条　中国信托业保障基金有限责任公司、中国信托登记有限责任公司参照本办法执行。

第七十五条　本办法由银保监会负责解释。银保监会根据法律法规和监管需要，有权对行政许可事项中受理、审查和决定等事权的划分进行动态调整。

根据国务院或地方政府授权，履行国有金融资本出资人职责的各级财政部门及受财政部门委托管理国有金融资本的其他部门、机构，发起设立、投资入股信托公司的资质条件和监管要求等参照本办法有关规定执行，国家另有规定的从其规定。

第七十六条　本办法自2021年1月1日起施行，《中国银监会信托公司行政许可事项实施办法》（中国银监会令2015年第5号）同时废止。

信托投资公司信息披露管理暂行办法

1. 2005年1月18日中国银行业监督管理委员会发布
2. 银监发〔2005〕1号
3. 根据2020年2月4日《中国银保监会关于废止和修改部分规范性文件的通知》（银保监发〔2020〕5号）修正

第一章　总　　则

第一条　为加强对信托投资公司的市场约束，规范其营业信托行为和信息披露行为，维护客户和相关利益人的合法权益，促进信托业健康发展，依据《中华人民共和国银行业监督管理法》、《中华人民共和国信托法》、《企业财务会计报告条例》等法律法规，制定本办法。

第二条　本办法适用于在中华人民共和国境内依法设立的信托投资公司。中国银行业监督管理委员会（以下简称银监会）依照法律、法规及本办法的规定对信托投资公司的信息披露行为进行监督管理。

第三条　本办法中信息披露是指信托投资公司依法将反映其经营状况的主要信息，如财务会计报告、公司治理、业务经营、风险管理、关联交易及其他重大事项等真实、准确、及时、完整地向客户及相关利益人予以公开的过程。

第四条　信托投资公司披露信息应当遵守法律法规、国家统一的会计制度和银监会的有关规定。

第五条　信托投资公司应当遵循真实性、准确性、完整性和可比性原则，规范、及时地披露信息。

第六条　本办法规定为信托投资公司信息披露的最低要求，信托投资公司可在遵守本办法规定的基础上自行决定披露更多信息。

上市信托投资公司除应遵守本办法规定披露信息外，还应遵守证券监督管理机关有关信息披露的规定。

第七条　信托投资公司披露的年度财务会计报告须经会计师事务所审计，其中信托财产是否需要审计，视信托文件约定。

第二章　信息披露的内容

第八条　信托投资公司按照本办法规定披露的信息包括：

（一）年度报告。信托投资公司在会计年度结束后应就公司概况、公司治理、经营概况、会计报表、财务情况说明、重大事项等信息编制年度报告。年度报告摘要是对年度报告全文重点的摘录。

（二）重大事项临时报告。对发生可能影响本公司财务状况。经营成果、客户和相关利益人权益的重大事项，信托投资公司应当制作重大事项临时报告，并向社会披露。

（三）法律、行政法规以及银监会规定应予披露的其他信息。

第九条　信托投资公司应当按照本办法的要求编制和披露年度报告和年度报告摘要。年度报告和年度报告摘要应按本办法附件要求的内容与格式进行编制。

第十条　信托投资公司年度报告至少包括以下内容：

（一）公司概况；
（二）公司治理；
（三）经营概况；
（四）会计报表；
（五）会计报表附注；
（六）财务情况说明书；
（七）特别事项揭示。

第十一条　信托投资公司应在经营概况中披露下列各类风险和风险管理情况：

（一）风险管理概况。信托投资公司应披露风险和风险管理的情况，包括风险管理的基本原则和控制政策、风险管理的组织结构和职责划分、经营活动中可能遇到的风险及产生风险的业务活动等情况。

（二）信用风险管理。信托投资公司应披露可能面临的信用风险和相应的控制策略，风险评级及使用外部评级公司的名称、依据，信用风险暴露期末数，信用风险资产分类情况，不良资产的期初、期末数，一般准备、专项准备的计提方法和统计方法，抵押品确认的主要原则及内部确定的抵押品与贷款本金之比，有关保证贷款管理原则等。

（三）市场风险管理。信托投资公司应披露因股价、市场汇率、利率及其他价格因素变动而产生和可能产生的风险及其量值估算，分析上述价格的变化对公司盈利能力和财务状况的影响，说明公司的市场风险管理和控制策略。

（四）操作风险管理。信托投资公司应披露由于内部程序、人员、系统的不完善或失误，或外部事件造成的风险，并就公司对该类风险的控制系统及风险管理策略的完整性、合法性和有效性做出说明。

（五）其他风险管理。信托投资公司应披露其他可能对公司、客户和相关利益人造成严重不利影响的风险，并说明公司对该类风险的管理策略。

第十二条 信托投资公司应当披露下列公司治理信息：

（一）年度内召开股东大会（股东会）情况；

（二）董事会及其下属委员会履行职责的情况；

（三）监事会及其下属委员会履行职责的情况；

（四）高级管理层履行职责的情况；

（五）内部控制情况。

第十三条 对会计师事务所出具的有解释性说明、保留意见、拒绝表示意见或否定意见的审计报告，信托投资公司董事会应就所涉及事项做出说明。

第十四条 信托投资公司监事会应当对本公司依法运作情况、财务报告是否真实反映公司的财务状况和经营成果等发表独立意见。

第十五条 信托投资公司应在会计报表附注中披露关联交易的总量及重大关联交易的情况。未与信托投资公司发生关联交易的关联方，信托投资公司可以不予披露。

重大关联交易应当逐笔披露，包括关联交易方、交易内容、定价原则、交易方式、交易金额及报告期内逾期没有偿还的有关情况等。关联交易方是信托投资公司股东的，还应披露该股东对信托投资公司的持股金额和持股比例。

重大关联交易是指信托投资公司固有财产与一个关联方之间、信托投资公司信托财产与一个关联方之间、信托投资公司固有财产与信托财产之间、信托财产之间单笔交易金额占信托投资公司注册资本5%以上，或信托投资公司与一个关联方发生交易后，信托投资公司与该关联方的交易余额占信托投资公司注册资本20%以上的交易。

计算关联自然人与信托投资公司的交易余额时，其近亲属与该信托投资公司的交易应当合并计算；计算关联法人或其他组织与信托投资公司的交易余额时，与其构成集团客户的法人或其他组织与该信托投资公司的交易应当合并计算。

第十六条 本办法所称关联方、控制、共同控制是指《企业会计准则——关联方关系及其交易的披露》所作的相关定义。

本办法所称近亲属包括父母、配偶、兄弟姐妹及其配偶、成年子女及其配偶、配偶的父母、配偶的兄弟姐妹及其配偶、父母的兄弟姐妹及其配偶、父母的兄弟姐妹的成年子女及其配偶。

本办法所称关联法人或其他组织包括：

（一）信托投资公司的非自然人股东；

（二）与信托投资公司同受某一企业直接、间接控制的法人或其他组织；

（三）信托投资公司的内部人与自然人股东及其近亲属直接、间接、共同控制或可施加重大影响的法人或其他组织；

（四）其他可直接、间接、共同控制信托投资公司或可对信托投资公司施加重大影响的法人或其他组织。

本办法所称集团客户是指同受某一企业直接、间接控制的两个或多个企业或组织。

第十七条 信托投资公司披露的年度特别事项，至少应包括下列内容：

（一）前五名股东报告期内变动情况及原因；

（二）高级管理人员变动情况及原因；

（三）变更注册资本、变更注册地或公司名称、公司分立合并事项；

（四）公司的重大诉讼事项；

（五）公司及其高级管理人员受到处罚的情况；

（六）银监会及其派出机构对公司检查后提出整改意见的，应简单说明整改情况；

（七）本年度重大事项临时报告的简要内容、披露时间、所披露的媒体名称及版面；

（八）银监会及其省级派出机构认定的其他有必要让客户及相关利益人了解的重要信息。

第十八条 信托投资公司发生重大事项，应当制作重大事项临时报告并向社会披露。重大事项包括（但不限于）下列情况：

（一）公司第一大股东变更及原因；

（二）公司董事长、总经理变动及原因；

（三）公司董事报告期内累计变更超过50%；

（四）信托经理和信托业务人员报告期内累计变更超过30%；

（五）公司章程、注册资本、注册地和公司名称的变更；

（六）公司合并、分立、解散等事项；

（七）公司更换为其审计的会计师事务所；

（八）公司更换为其服务的律师事务所；

（九）法律法规规定的其他重要事项。

第十九条 信托投资公司披露重大事项临时报告应包括

（但不限于）下列内容：

（一）董事会及董事承诺所披露的信息真实、准确、完整，并就其保证承担相应的法律责任；

（二）需披露的重大事件发生的时间、地点、当事人、事件内容。原因分析、对公司今后发展影响的估计、公司拟采取的应对措施。

第二十条　信托投资公司发生如下事件，应当出具由公司董事会负责的情况报告，在事件发生的2日内报所在地银监会派出机构。情况报告应说明事件发生的时间、地点、内容、原因、对公司影响的估计、公司拟采取的应对措施及董事会对该事件的披露意见，并附律师事务所法律意见书。

（一）重大经营损失，足以影响公司支付能力和持续经营能力的；

（二）与公司及公司员工有关的刑事案件；

（三）受到工商、税务、审计、海关、证券管理、外汇管理等职能部门风险提示、公开谴责或行政处罚；

（四）银监会及其省级派出机构认为需报告的其他突发事件。

第三章　信息披露的管理

第二十一条　信托投资公司应当有专门人员负责信息披露事务，包括建立信息披露制度、接待来访，回答咨询，以及负责与银监会、客户、新闻机构等的联系。

信托投资公司应当将负责信息披露事务人员的姓名、联系电话、电子邮件、图文传真等信息报公司所在地银监会派出机构备案，并在年度报告和年度报告摘要中载明。

第二十二条　信托投资公司应于每个会计年度结束后的四个月内披露年度报告和年度报告摘要。因特殊原因不能按时披露的，应至少提前15日向银监会申请延迟。

第二十三条　信托投资公司应当将书面年度报告全文及摘要备置于公司主要营业场所，供客户及相关利益人查阅。信托投资公司应将年度报告全文登载于本公司的网站上，将年度报告摘要刊登在至少一种具有较大影响力的全国性报纸上。

第二十四条　信托投资公司应将重大事项临时报告自事实发生之日后5个工作日内刊登在至少一种具有较大影响力的全国性报纸上。

第二十五条　信托投资公司除在具有较大影响力的全国性报纸上披露信息外，还可以根据需要在其他报刊上披露信息，但必须保证在不同报刊上披露同一信息的文字一致。

第二十六条　信托投资公司应当在年度报告公布后5个工作日内，将书面年度报告全文及摘要报送公司所在地的银监会派出机构，并应在年度报告公布后15个工作日内，将年度报告全文及摘要文本送达银监会。

第二十七条　信托投资公司董事会负责公司的信息披露。董事会及其董事应当保证所披露的信息真实、准确、完整，承诺其中不存在虚假记载、误导性陈述或重大遗漏，并就其保证承担相应的法律责任。

对公司所披露信息的真实性、准确性、完整性无法保证或存在异议的董事，应当单独陈述理由和发表意见。未参会董事应当单独列示其姓名。

公司设立独立董事的，独立董事应就公司所披露信息的真实性、准确性、完整性发表意见并单独列示。

第四章　附　　则

第二十八条　对违反本办法规定，在信息披露中提供虚假信息或隐瞒重要事实的机构及有关责任人员，按照《中华人民共和国银行业监督管理法》、《金融违法行为处罚办法》等有关法律法规的规定进行处罚，构成犯罪的，依法追究刑事责任。

第二十九条　本办法由银监会负责解释。

第三十条　信托投资公司自2005年1月1日起到2008年1月1日分步实施本办法。

信托公司私人股权投资信托业务操作指引

1. 2008年6月25日中国银行业监督管理委员会发布
2. 银监发〔2008〕45号

第一条　为进一步规范信托公司私人股权投资信托业务的经营行为，保障私人股权投资信托各方当事人的合法权益，根据《信托公司管理办法》、《信托公司集合资金信托计划管理办法》等监管规章，制定本指引。

第二条　本指引所称私人股权投资信托，是指信托公司将信托计划项下资金投资于未上市企业股权、上市公司限售流通股或中国银监会批准可以投资的其他股权的信托业务。

信托公司以信托资金投资于境外未上市企业股权的，应经中国银监会及相关监管部门批准；私人股权投资信托投资于金融机构和拟上市公司股权的，应遵守相关金融监管部门的规定。

第三条　信托公司从事私人股权投资信托业务，应当符合以下规定：

（一）具有完善的公司治理结构；

（二）具有完善的内部控制制度和风险管理制度；

（三）为股权投资信托业务配备与业务相适应的信托经理及相关工作人员，负责股权投资信托的人员达到5人以上，其中至少3名具备2年以上股权投资或相关业务经验；

（四）固有资产状况和流动性良好，符合监管要求；

（五）中国银监会规定的其他条件。

第四条 信托公司应当制定私人股权投资信托业务流程和风险管理制度，经公司董事会批准后执行。

第五条 私人股权投资信托风险管理制度包括但不限于以下内容：

（一）目标企业的投资立项；

（二）目标企业的实地尽职调查；

（三）投资决策流程及限额管理；

（四）目标企业的投资实施；

（五）目标企业的管理；

（六）目标企业股权的退出机制。

第六条 信托公司应建立与私人股权投资信托业务相适应的员工约束与激励机制。

第七条 信托公司开展私人股权投资信托业务，应当遵循以下规定：

（一）遵守有关法律法规的规定，且信托目的不得损害社会公共利益；

（二）按照私人股权投资信托文件的约定处理信托事务；

（三）信托期限与股权退出安排相匹配，持股期限相对稳定，并在信托文件中明确股权退出安排；

（四）以固有资金参与私人股权投资信托计划的，应当遵守信托公司净资本管理的有关规定，且在信托存续期间不转让受益权，也不得直接或间接以该受益权为标的进行融资。

第八条 信托公司开展私人股权投资信托业务时，应对该信托计划投资理念及策略、项目选取标准、行业价值、备选企业和风险因素分析方法等制作报告书，并经公司信托委员会通过。

第九条 信托公司运用私人股权投资信托计划项下资金进行股权投资时，应对拟投资对象的发展前景、公司治理、股权结构、管理团队、资产情况、经营情况、财务状况、法律风险等开展尽职调查。

第十条 信托公司应按照勤勉尽职的原则形成投资决策报告，按照决策流程通过后，方可正式实施。

第十一条 信托公司应当以自己的名义，按照信托文件约定亲自行使信托计划项下被投资企业的相关股东权利，不受委托人、受益人干预。

第十二条 信托公司应当通过有效行使股东权利，推进信托计划项下被投资企业治理结构的完善，提高业务体系、企业管理能力，提升企业价值。

第十三条 信托公司应当依据法律法规规定和信托文件约定，及时、准确、完整地披露私人股权投资信托计划信息。

信托公司披露的信息，应当符合中国银监会及其他监管部门有关信息披露内容与格式准则的规定。

第十四条 被投资对象的股权或所发行的债券在证券市场、产权交易市场等活跃市场上报价或交易的，信托公司的信息披露应当遵守活跃市场监管机构的法律法规，依法向受益人及监管机构披露私人股权投资信托的相关信息。

前款所称活跃市场，参照财政部颁布的《企业会计准则》及《企业会计准则——应用指南》中的概念和应用范围。

第十五条 信托公司在管理私人股权投资信托计划时，可以通过股权上市、协议转让、被投资企业回购、股权分配等方式，实现投资退出。

通过股权上市方式退出的，应符合相关监管部门的有关规定。

第十六条 私人股权投资信托计划项下的投资不通过公开市场实施股权退出时，股权价格应当公允，为受益人谋取最大利益。

第十七条 信托公司以固有资金参与设立私人股权投资信托的，所占份额不得超过该信托计划财产的20%；用于设立私人股权投资信托的固有资金不得超过信托公司净资产的20%。

信托公司以固有资金参与设立私人股权投资信托的，应当在信托文件中明确其所出资金数额和承担的责任等内容。

第十八条 信托公司设立私人股权投资信托，应当在信托计划成立后10个工作日内向中国银监会或其派出机构报告，报告应当包括但不限于可行性分析报告、信托文件、风险申明书、信托财产运用范围和方案、信托计划面临主要风险及风险管理说明、信托资金管理报告主要内容及格式、推介方案及主要推介内容、股权投资信托团队简介及人员简历等内容。

第十九条 信托公司管理私人股权投资信托，应按照信托文件约定将信托资金运用于股权投资，未进行股权投资的资金只能投资于债券、货币型基金和央行票据等低风险高流动性金融产品。

第二十条 信托公司管理私人股权投资信托，可收取管理费和业绩报酬，除管理费和业绩报酬外，信托公司不得收取任何其他费用；信托公司收取管理费和业绩报酬的方式和比例，须在信托文件中事先约定，但业绩报酬仅在信托计划终止且实现盈利时提取。

第二十一条　私人股权投资信托计划设立后，信托公司应亲自处理信托事务，独立自主进行投资决策和风险控制。

信托文件事先有约定的，信托公司可以聘请第三方提供投资顾问服务，但投资顾问不得代为实施投资决策。信托公司应对投资顾问的管理团队基本情况和过往业绩等开展尽职调查，并在信托文件中载明。

第二十二条　前条所称投资顾问，应满足以下条件：

（一）持有不低于该信托计划10%的信托单位；

（二）实收资本不低于2000万元人民币；

（三）有固定的营业场所和与业务相适应的软硬件设施；

（四）有健全的内部管理制度和投资立项、尽职调查及决策流程；

（五）投资顾问团队主要成员股权投资业务从业经验不少于3年，业绩记录良好；

（六）无不良从业记录；

（七）中国银监会规定的其他条件。

第二十三条　本办法所称未上市企业，应当符合但不限于下列条件：

（一）依法设立；

（二）主营业务和发展战略符合产业和环保政策；

（三）拥有核心技术或者创新型经营模式，具有高成长性；

（四）实际控制人、股东、董事及高级管理人员有良好的诚信记录，没有受到相关监管部门的处罚和处理；

（五）管理团队具有与履行职责相适应的知识、行业经验和管理能力；

（六）与信托公司及其关联人不存在直接或间接的关联关系，但按照中国银监会的规定进行事前报告并按规定进行信息披露的除外。

第二十四条　中国银监会依法对信托公司私人股权投资信托业务实施现场检查和非现场监管，并可要求信托公司提供私人股权投资信托的相关材料。

第二十五条　本指引由中国银监会负责解释。

第二十六条　本指引自印发之日起施行。

信托公司证券投资信托业务操作指引

1. 2009年1月23日中国银行业监督管理委员会发布

2. 银监发〔2009〕11号

第一条　为进一步规范信托公司证券投资信托业务的经营行为，保障证券投资信托各方当事人的合法权益，根据《中华人民共和国银行业监督管理法》、《中华人民共和国信托法》和《信托公司管理办法》等法律、法规和规章，制定本指引。

第二条　本指引所称证券投资信托业务，是指信托公司将集合信托计划或者单独管理的信托产品项下资金投资于依法公开发行并在符合法律规定的交易场所公开交易的证券的经营行为。

第三条　信托公司从事证券投资信托业务，应当符合以下规定：

（一）依据法律法规和监管规定建立了完善的公司治理结构、内部控制和风险管理机制，且有效执行。

（二）为证券投资信托业务配备相适应的专业人员，直接从事证券投资信托的人员5人以上，其中至少3名具备3年以上从事证券投资业务的经历。

（三）建立前、中、后台分开的业务操作流程。

（四）具有满足证券投资信托业务需要的IT系统。

（五）固有资产状况和流动性良好，符合监管要求。

（六）最近一年没有因违法违规行为受到行政处罚。

（七）中国银监会规定的其他条件。

第四条　信托公司开展证券投资信托业务，应当有清晰的发展规划，制定符合自身特点的证券投资信托业务发展战略、业务流程和风险管理制度，并经董事会批准后执行。

风险管理制度包括但不限于投资管理、授权管理、营销推介管理和委托人风险适应性调查、证券交易经纪商选择、合规审查管理、市场风险管理、操作风险管理、IT系统和信息安全、估值与核算、信息披露管理等内容。

第五条　信托公司应当选择符合以下要求的中资商业银行、农村合作银行、外商独资银行、中外合资银行作为证券投资信托财产的保管人：

（一）具有独立的资产托管业务部门，配备熟悉证券投资信托业务的专业人员。

（二）有保管信托财产的条件。

（三）有安全高效的清算、交割和估值系统。

（四）有满足保管业务需要的场所、配备独立的监控系统。

（五）中国银监会规定的其他要求。

第六条　证券投资信托财产保管人应履行以下职责：

（一）安全保管信托财产。

（二）监督和核查信托财产管理运用是否符合法

律法规规定和合同约定。

（三）复核信托公司核算的信托单位净值和信托财产清算报告。

（四）监督和核实信托公司报酬和费用的计提和支付。

（五）核实信托利益分配方案。

（六）对信托资金管理定期报告和信托资金运用及收益情况表出具意见。

（七）定期向信托公司出具保管报告，由信托公司提供给委托人。

（八）法律法规规定及当事人约定的其他职责。

第七条 信托公司应当对证券投资信托委托人进行风险适合性调查，了解委托人的需求和风险偏好，向其推介适宜的证券投资信托产品，并保存相关记录。

前款所称委托人，应当符合《信托公司集合资金信托计划管理办法》的有关规定。

第八条 信托公司拟推出的证券投资信托产品应当具备明确的风险收益特征，并进行详尽、易懂的描述，便于委托人甄别风险，同时声明"信托公司、证券投资信托业务人员等相关机构和人员的过往业绩不代表该信托产品未来运作的实际效果"。

第九条 信托公司在推介证券投资信托产品时，应当制作详细的推介计划书，制定统一的推介流程，并对推介人员进行上岗前培训。信托公司应当要求推介人员充分揭示证券投资产品风险，保留推介人员的相关推介记录。

第十条 信托文件应当明确约定信托资金投资方向、投资策略、投资比例限制等内容，明确约定是否设置止损线和设置原则。信托文件约定设置止损线的，应明确止损的具体条件、操作方式等事项。

第十一条 信托公司应当在证券投资信托成立后10个工作日内向中国银监会或其派出机构报告，报告应当包括但不限于产品可行性分析、信托文件、风险申明书、信托资金运用方向和投资策略、主要风险及风险管理措施说明、信托资金管理报告主要内容及格式、推介方案及主要推介内容、证券投资信托团队简介及人员简历等内容。

第十二条 信托公司开展证券投资信托业务，应当与公司固有财产证券投资业务建立严格的"防火墙"制度，实施人员、操作和信息的独立运作，严格禁止各种形式的利益输送。

第十三条 信托公司应当对信托经理的投资权限进行书面授权，并监督信托经理严格按照信托合同约定的投资方向、投资策略和相应的投资权限运作证券投资信托财产。

第十四条 信托公司应当根据市场情况以及不同业务的特点，确定适当的预警线，并逐日盯市。

信托公司管理信托文件约定设置止损线的信托产品，应根据盯市结果和信托文件约定，及时采取相应措施。

第十五条 信托公司办理证券投资信托业务，应当依据法律法规规定和信托文件约定，及时、准确、完整地进行信息披露。

第十六条 信托公司办理集合管理的证券投资信托业务，应当按以下要求披露信托单位净值：

（一）至少每周一次在公司网站公布信托单位净值。

（二）至少每30日一次向委托人、受益人寄送信托单位净值书面材料。

（三）随时应委托人、受益人要求披露上一个交易日信托单位净值。

第十七条 证券投资信托有下列情形之一的，信托公司应当在两个工作日内编制临时报告向委托人、受益人披露，并向监管机关报告。

（一）受益人大会的召开。

（二）提前终止信托合同。

（三）更换第三方顾问、保管人、证券交易经纪人。

（四）信托公司的法定名称、住所发生变更。

（五）信托公司的董事长、总经理及信托经理发生变动。

（六）涉及信托公司管理职责、信托财产的诉讼。

（七）信托公司、第三方顾问受到中国银监会或其派出机构或其他监管部门的调查。

（八）信托公司及其董事长、总经理、信托经理受到行政处罚。

（九）关联交易事项。

（十）收益分配事项。

（十一）信托财产净值计价错误达百分之零点五（含）以上。

（十二）中国银监会规定的其他事项。

第十八条 信托公司管理证券投资信托，可收取管理费和业绩报酬，除管理费和业绩报酬外，信托公司不得收取任何其他费用；信托公司收取管理费和业绩报酬的方式和比例，须在信托文件中事先约定，但业绩报酬仅在信托计划终止且实现盈利时提取。

第十九条 信托公司应当严格按照财政部印发的《信托业务会计核算办法》处理证券投资信托的收入和支出，不得扩大费用列支范围。

第二十条 信托公司应建立与证券投资信托业务相适应的员工约束与激励机制。

第二十一条　证券投资信托设立后，信托公司应当亲自处理信托事务，自主决策，并亲自履行向证券交易经纪机构下达交易指令的义务，不得将投资管理职责委托他人行使。

信托文件事先另有约定的，信托公司可以聘请第三方为证券投资信托业务提供投资顾问服务，但投资顾问不得代为实施投资决策。聘请第三方顾问的费用由信托公司从收取的管理费和业绩报酬中支付。

第二十二条　信托公司聘请的第三方顾问应当符合以下条件：

（一）依法设立的公司或合伙企业，且没有重大违法违规记录。

（二）实收资本金不低于人民币1000万元。

（三）有合格的证券投资管理和研究团队，团队主要成员通过证券从业资格考试，从业经验不少于3年，且在业内具有良好的声誉，无不良从业记录，并有可追溯的证券投资管理业绩证明。

（四）有健全的业务管理制度、风险控制体系，有规范的后台管理制度和业务流程。

（五）有固定的营业场所和与所从事业务相适应的软硬件设施。

（六）与信托公司没有关联关系。

（七）中国银监会规定的其他条件。

第二十三条　信托公司应当就第三方顾问的管理团队基本情况、从业记录和过往业绩等开展尽职调查，并在信托文件中载明有关内容。

信托公司应当制定第三方顾问选聘规程，并向中国银监会或其派出机构报告。

第二十四条　信托公司开展证券投资信托业务不得有以下行为：

（一）以任何方式承诺信托资金不受损失，或者以任何方式承诺信托资金的最低收益。

（二）为证券投资信托产品设定预期收益率。

（三）不公平地对待其管理的不同证券投资信托。

（四）利用所管理的信托财产为信托公司，或者为委托人、受益人之外的第三方谋取不正当利益或进行利益输送。

（五）从事内幕交易、操纵证券交易价格及其他违法违规证券活动。

（六）法律法规和中国银监会禁止的其他行为。

第二十五条　本指引由中国银监会负责解释。

第二十六条　本指引自印发之日起施行。

信托公司参与股指期货交易业务指引

1. 2011年6月27日中国银行业监督管理委员会发布

2. 银监发〔2011〕70号

第一条　为规范信托公司参与股指期货交易行为，有效防范风险，根据《中华人民共和国信托法》、《中华人民共和国银行业监督管理法》、《信托公司管理办法》和《银行业金融机构衍生产品交易业务管理暂行办法》等法律法规，制定本指引。

第二条　信托公司直接或间接参与股指期货交易，应当经中国银监会批准，并取得股指期货交易业务资格。

信托公司参与股指期货交易应当遵守期货交易所有关规则。

第三条　信托公司固有业务不得参与股指期货交易。

信托公司集合信托业务可以套期保值和套利为目的参与股指期货交易。信托公司单一信托业务可以套期保值、套利和投机为目的开展股指期货交易。

第四条　信托公司申请股指期货交易业务资格，应当具备下列条件：

（一）最近年度监管评级达到3C级（含）以上。

申请以投机为目的开展股指期货交易，最近年度监管评级应当达到2C级（含）以上，且已开展套期保值或套利业务一年以上；

（二）具有完善有效的股指期货交易内部控制制度和风险管理制度；

（三）具有接受相关期货交易技能专门培训半年以上、通过期货从业资格考试、从事相关期货交易1年以上的交易人员至少2名，相关风险分析和管理人员至少1名，熟悉套期会计操作程序和制度规范的人员至少1名，以上人员相互不得兼任，且无不良记录；

期货交易业务主管人员应当具备2年以上直接参与期货交易活动或风险管理的资历，且无不良记录；

（四）具有符合本指引第六条要求的IT系统；

（五）具有从事交易所需要的营业场所、安全防范设施和其他相关设施；

（六）具有严格的业务分离制度，确保套期保值类业务与非套期保值类业务的市场信息、风险管理、损益核算有效隔离；

（七）银监会规定的其他条件。

第五条　信托公司申请股指期货业务资格，由属地银监局初审，报送银监会审批。

银监会直接监管的信托公司直接报送银监会审批。

第六条 信托公司开展股指期货信托业务，IT 系统应当符合以下要求：

（一）具备可靠、稳定、高效的股指期货交易管理系统及股指期货估值系统，能够满足股指期货交易及估值的需要；

（二）具备风险控制系统和风险控制模块，能够实现对股指期货交易的实时监控；

（三）将股指期货交易系统纳入风险控制指标动态监控系统，确保各项风险控制指标符合规定标准；

（四）信托公司与其合作的期货公司 IT 系统至少铺设一条专线连接，并建立备份通道。

第七条 信托公司开展股指期货信托业务，应当制定相应的业务流程和风险管理等制度，经公司董事会批准后执行。

第八条 信托公司以套期保值、套利为目的参与股指期货交易，应当制定详细的套期保值、套利方案。套期保值方案中应当明确套期保值工具、对象、规模、期限以及有效性等内容；套利方案中应当明确套利工具、对象、规模、套利方法、风险控制方法等内容。

第九条 信托公司风险管理部门应当对套期保值或套利交易的可行性、有效性进行充分研究、及时评估、实时监控并督促信托业务管理部门及时调整风险敞口，确保套期保值或套利交易的可行性、有效性。

第十条 信托公司开展股指期货信托业务，应当选择适当的客户，审慎进行股指期货投资。

信托公司在与客户签订参与股指期货交易的信托合同前，应当了解客户的资产情况，审慎评估客户的诚信状态、客户对产品的认知水平和风险承受能力，向客户进行充分的风险揭示，并将风险揭示书交客户签字确认。

第十一条 信托公司开展股指期货信托业务，应当在信托合同中明确约定参与股指期货交易的目的、比例限制、估值方法、信息披露、风险控制、责任承担等事项。

第十二条 信托公司、托管机构应当根据交易所的相关规定，确定信托资金参与股指期货交易的交易结算模式，明确交易执行、资金划拨、资金清算、会计核算、保证金存管等业务中的权利和义务，建立资金安全保障机制。

第十三条 信托公司在开展股指期货信托业务时，应当依据法律法规规定和信托文件约定，及时、准确、完整地进行信息披露。

信托公司应当在信托资产管理报告中充分披露参与股指期货交易的有关情况，如投资目的、持仓情况、损益情况等，并充分说明投资股指期货对信托资产总体风险的影响情况以及是否符合既定的投资目的。

第十四条 信托公司集合信托计划参与股指期货交易，应当遵守下列规则：

（一）信托公司集合信托计划参与套期保值交易时，在任何交易日日终持有的卖出股指期货合约价值总额不得超过集合信托计划持有的权益类证券总市值的 20%；在任何交易日日终持有的买入股指期货合约价值总额不得超过信托资产净值的 10%；

（二）信托公司集合信托计划参与股指期货交易须符合交易所相关规则；

（三）信托公司集合信托计划参与股指期货交易时，在任何交易日日终所持有的权益类证券市值和买入股指期货合约价值总额的合计价值，应当符合信托文件关于权益类证券投资比例的有关约定；

（四）银信合作业务视同为集合信托计划管理；

（五）结构化集合信托计划不得参与股指期货交易。

第十五条 信托公司单一信托参与股指期货交易，在任何交易日日终持有股指期货的风险敞口不得超过信托资产净值的 80%，并符合交易所相关规则。

第十六条 因证券期货市场波动、信托规模变动等信托公司之外的原因致使股指期货投资比例不符合规定的，在该情形发生之日起 2 个工作日内，信托公司应当向银监会或属地银监局报告，并应当在 10 个工作日内调整完毕。调整完毕后 2 个工作日内应当再次向银监会或属地银监局报告。

第十七条 信托公司股指期货信托业务终止的，应当在清算结束后 3 个工作日内申请注销股指期货交易编码，并在 5 个工作日内向银监会或属地银监局报告。

第十八条 信托公司开展股指期货信托业务选择的合作保管银行应具备下列条件：

（一）具有独立的资产托管业务部门，配备熟悉股指期货业务的专业人员；

（二）有保管信托财产的条件；

（三）有安全高效的针对股指期货业务的清算、交割和估值系统；

（四）有满足保管业务需要的场所、配备独立的监控系统；

（五）银监会规定的其他条件。

第十九条 信托公司开展股指期货交易业务选择的合作期货公司应当具备下列条件：

（一）按照中金所的会员分级制度，具备全面结算会员或者交易结算会员资格；

（二）最近年度监管评级达到 B 级（含）以上；

（三）具备二类或二类以上的技术资格；

（四）有与业务规模相匹配的风险准备金余额。

第二十条　信托公司开展股指期货信托业务时，应当亲自处理信托事务，自主决策。信托文件事先另有约定的，信托公司可以聘请第三方为信托业务提供投资顾问服务。

第二十一条　前条所称投资顾问，应当满足以下条件：

（一）依法设立，没有重大违法违规记录；

（二）实收资本金不低于人民币 1000 万元；

（三）有合格的股指期货投资管理和研究团队，团队主要成员通过证券、期货从业资格考试，在业内具有良好的声誉，无不良从业记录，并有可追溯的证券或期货投资管理业绩证明；

（四）有健全的业务管理制度、风险控制体系、规范的后台管理制度和业务流程；

（五）有固定的营业场所和与所从事业务相适应的软硬件设施；

（六）银监会规定的其他条件。

第二十二条　信托公司应当就第三方投资顾问管理团队的基本情况、从业记录和过往业绩等开展尽职调查。信托公司应当制定第三方顾问选聘规程，并向银监会或其派出机构报告。

第二十三条　信托公司聘请第三方开展股指期货交易时，要做好交易实时监控和与第三方的即时风险通报。信托公司应该建立与第三方的多渠道联系方式，保证能够即时传达风险指令，并具有盘中按照净值管理要求进行自主调仓的管理能力。

第二十四条　信托公司开展股指期货交易信托业务不得有以下行为：

（一）以任何方式承诺信托资金不受损失，或者以任何方式承诺信托资金的最低收益；

（二）为股指期货信托产品设定预期收益率；

（三）利用所管理的信托财产为信托公司，或者为委托人、受益人之外的第三方谋取不正当利益或进行利益输送；

（四）从事内幕交易、操纵股指期货价格及其他违法违规活动；

（五）法律法规和银监会、中金所及其他监管机构禁止的其他行为。

第二十五条　本指引实施前，信托公司已开展的信托业务未明确约定可以参与股指期货交易的，不得投资股指期货。变更合同投资股指期货的，应按照约定的方式取得委托人（受益人）的同意，同时对相关后续事项做出合理安排。

第二十六条　本指引由银监会负责解释。

第二十七条　本指引自印发之日起施行。

信托业保障基金管理办法

1. 2014 年 12 月 10 日中国银行业监督管理委员会、财政部发布
2. 银监发〔2014〕50 号

第一章　总　　则

第一条　为规范中国信托业保障基金（以下简称“保障基金”）的筹集、管理和使用，建立市场化风险处置机制，保护信托当事人合法权益，有效防范信托业风险，促进信托业持续健康发展，依据《中华人民共和国信托法》、《中华人民共和国公司法》和《中华人民共和国银行业监督管理法》等法律法规，制定本办法。

第二条　保障基金是指按照本办法规定，主要由信托业市场参与者共同筹集，用于化解和处置信托业风险的非政府性行业互助资金。

第三条　设立中国信托业保障基金有限责任公司（以下简称保障基金公司）作为保障基金管理人，依法负责保障基金的筹集、管理和使用。

第四条　保障基金设立理事会（以下简称基金理事会），负责审议和决策保障基金的筹集、管理和使用的重大事项。

第五条　信托业风险处置应按照卖者尽责、买者自负的原则，发挥市场机制的决定性作用，防范道德风险。在信托公司履职尽责的前提下，信托产品发生的价值损失，由投资者自行负担。

第二章　保障基金公司和基金理事会

第六条　保障基金公司由中国信托业协会联合信托公司等机构出资设立。

保障基金公司依法成立董事会，董事长为法定代表人，由国务院银行业监督管理机构核准，并向国务院报备。

保障基金公司应依据《中华人民共和国公司法》、本办法等制订公司章程，由国务院银行业监督管理机构审核，并向国务院报备。

第七条　保障基金公司以管理保障基金为主要职责，以化解和处置信托业风险为主要任务和目标。

第八条　保障基金公司作为保障基金管理人，履行下列职责：

（一）负责保障基金的筹集，核算保障基金认购情况；

（二）负责保障基金的管理，对保障基金的本金和收益进行清算偿付；

（三）负责使用保障基金参与处置信托业风险，核算保障基金的使用和偿还情况；

（四）负责保障基金的日常运用。

第九条　保障基金公司应当完善公司治理结构，加强内控管理，确保公司平稳运行，切实履行保障基金筹集、管理、使用和日常运用的职责。因保障基金公司未履职尽责造成保障基金的损失，应由保障基金公司承担。

除以市场化方式参与信托业风险处置外，保障基金公司投资主要限于银行存款、同业拆借、购买政府债券、中央银行债券（票据）、金融债券、货币市场基金，以及经国务院银行业监督管理机构、财政部批准的其他投资渠道。

第十条　保障基金公司应当与国务院银行业监督管理机构建立信息共享机制。

保障基金公司对其获悉的各项非公开信息负有保密义务。

第十一条　基金理事会按照市场化原则由中国信托业协会负责组织产生，理事人选由中国信托业协会推荐，经行业半数以上信托公司同意后产生。

基金理事会应依据本办法制定议事规则。

第十二条　基金理事会履行下列职责：

（一）审议决策保障基金筹集规则和筹集标准；

（二）依据本办法审议决策保障基金的使用方案；

（三）审议决策保障基金的分配方案；

（四）对保障基金公司筹集、管理、使用保障基金进行监督，审议保障基金公司收取管理费标准。

基金理事会应当将其决策的重大事项及其履职情况向国务院银行业监督管理机构报告。

第三章　保障基金的筹集和管理

第十三条　保障基金来源：

（一）依据本办法第十四条筹集的资金；

（二）使用保障基金获得的净收益；

（三）国内外其他机构、组织和个人的捐赠；

（四）国务院银行业监督管理机构和财政部批准的其他来源。

第十四条　保障基金现行认购执行下列统一标准，条件成熟后再依据信托公司风险状况实行差别认购标准：

（一）信托公司按净资产余额的1%认购，每年4月底前以上年度末的净资产余额为基数动态调整；

（二）资金信托按新发行金额的1%认购，其中：属于购买标准化产品的投资性资金信托的，由信托公司认购；属于融资性资金信托的，由融资者认购。在每个资金信托产品发行结束时，缴入信托公司基金专户，由信托公司按季向保障基金公司集中划缴；

（三）新设立的财产信托按信托公司收取报酬的5%计算，由信托公司认购。

第十五条　信托公司基金余额不满足本办法第十四条要求时，应当按规定补足。

第十六条　保障基金公司应将保障基金资产与保障基金公司所有的资产分别列为受托资产和自有资产管理，实行分别管理、分账核算。

第十七条　保障基金应当按照安全性原则建立托管制度。

第十八条　除本办法第十九条规定的使用范围外，保障基金的日常运用主要限于银行存款、同业拆借、购买政府债券、中央银行债券（票据）、金融债券、货币市场基金，以及经国务院银行业监督管理机构、财政部批准的其他资金运用方式。

第四章　保障基金的使用

第十九条　具备下列情形之一的，保障基金公司可以使用保障基金：

（一）信托公司因资不抵债，在实施恢复与处置计划后，仍需重组的；

（二）信托公司依法进入破产程序，并进行重整的；

（三）信托公司因违法违规经营，被责令关闭、撤销的；

（四）信托公司因临时资金周转困难，需要提供短期流动性支持的；

（五）需要使用保障基金的其他情形。

第二十条　对本办法第十九条规定的第（一）、（二）、（三）项情形，保障基金公司应根据相关有权机关的认定和处置原则拟定处置方案并报基金理事会批准后实施。

第二十一条　对本办法第十九条规定的第（四）项情形，由信托公司向保障基金公司提出申请，并提交流动性困难解决方案及保障基金偿还计划，由保障基金公司审核决定是否使用保障基金。

信托公司凡使用保障基金，由信托公司向保障基金公司提出申请，双方应根据使用保障基金的金额和期限等协商资金使用的条件，并签署资金有偿使用合同，办理合法有效的担保手续，依法约定相关监督条款和双方履行的权利义务。

第二十二条　对本办法第十九条规定的第（五）项情形，由保障基金公司拟定方案并报基金理事会批准后实施。

第二十三条　保障基金因使用导致余额减少时，先扣减由历年留存净收益等来源产生的公共积累部分。公共积累部分扣减完毕后，再以各信托公司上年末净资产为权重扣减其基金余额。

第五章　保障基金的分配和清算

第二十四条　保障基金收入扣除日常支出后，净收益率高于国家一年期存款基准利率的，按照国家一年期存款基准利率向信托公司、融资者等认购人分配收益，剩余部分计入基金余额。净收益率低于国家一年期存款基准利率时，由保障基金公司提出收益分配方案并报基金理事会审议。

第二十五条　信托公司按净资产余额和新发财产信托认购的基金，其本金及收益由保障基金公司按年度与信托公司结算。

投资性资金信托和融资性资金信托认购的保障基金，其本金及收益由保障基金公司按季度与信托公司结算。信托公司在每个信托产品清算时向其认购者支付本金及收益。季中发生信托产品清算的，由信托公司先行垫付。

第二十六条　信托公司应当设立保障基金专项账户，用于核算保障基金认购者的资金及其应享收益，真实记录保障基金的归集及支付。信托公司应当按季度与保障基金公司核对认购保障基金的资金余额、变动和支付情况。

第六章　监督管理

第二十七条　国务院银行业监督管理机构会同财政部对保障基金的筹集、管理和使用进行监督。

国务院银行业监督管理机构应当结合保障基金公司特点和信托业监管要求，制定保障基金公司监督管理具体办法，加强对保障基金公司的监督管理。

第二十八条　保障基金公司应当建立报告制度，按年度编制保障基金筹集、管理和使用情况，并经外部审计机构审计后报送国务院银行业监督管理机构和财政部。

保障基金公司应当按年度向信托公司披露保障基金筹集、管理和使用等相关信息。

第二十九条　国务院银行业监督管理机构按年度向国务院报告保障基金的筹集、管理和使用情况。

第三十条　保障基金公司、信托公司及其托管清算机构应当妥善保管保障基金的收划款凭证、兑付清单及其他原始凭证，确保原始档案的完整性。

第三十一条　国务院银行业监督管理机构应当加强对保障基金认购和使用的监督管理，对拒绝或故意拖延认购保障基金，以及不按规定报送信息和资料的信托公司依法予以处理。

第三十二条　国务院银行业监督管理机构应当依据有关法律法规建立问责机制，对违法违规经营而接受保障基金救助的风险机构及其责任人依法问责。

第三十三条　国务院银行业监督管理机构依法严厉打击挪用、侵占或骗取保障基金的违法行为，对有关人员失职行为依法追究其责任。涉嫌犯罪的，移送司法机关依法追究其刑事责任。

第七章　附　　则

第三十四条　保障基金的清算和保障基金公司解散须经国务院批准。

第三十五条　本办法由国务院银行业监督管理机构会同财政部负责解释。

第三十六条　本办法自发布之日起施行。

2. 金融资产管理公司

金融资产管理公司条例

2000年11月10日国务院令第297号公布施行

第一章　总　　则

第一条　为了规范金融资产管理公司的活动，依法处理国有银行不良贷款，促进国有银行和国有企业的改革和发展，制定本条例。

第二条　金融资产管理公司，是指经国务院决定设立的收购国有银行不良贷款，管理和处置因收购国有银行不良贷款形成的资产的国有独资非银行金融机构。

第三条　金融资产管理公司以最大限度保全资产、减少损失为主要经营目标，依法独立承担民事责任。

第四条　中国人民银行、财政部和中国证券监督管理委员会依据各自的法定职责对金融资产管理公司实施监督管理。

第二章　公司的设立和业务范围

第五条　金融资产管理公司的注册资本为人民币100亿元，由财政部核拨。

第六条　金融资产管理公司由中国人民银行颁发《金融机构法人许可证》，并向工商行政管理部门依法办理登记。

第七条　金融资产管理公司设立分支机构，须经财政部同意，并报中国人民银行批准，由中国人民银行颁发《金融机构营业许可证》，并向工商行政管理部门依法办理登记。

第八条　金融资产管理公司设总裁1人、副总裁若干人。总裁、副总裁由国务院任命。总裁对外代表金融资产管理公司行使职权，负责金融资产管理公司的经营管理。

金融资产管理公司的高级管理人员须经中国人民

银行审查任职资格。

第九条　金融资产管理公司监事会的组成、职责和工作程序，依照《国有重点金融机构监事会暂行条例》执行。

第十条　金融资产管理公司在其收购的国有银行不良贷款范围内，管理和处置因收购国有银行不良贷款形成的资产时，可以从事下列业务活动：

（一）追偿债务；

（二）对所收购的不良贷款形成的资产进行租赁或者以其他形式转让、重组；

（三）债权转股权，并对企业阶段性持股；

（四）资产管理范围内公司的上市推荐及债券、股票承销；

（五）发行金融债券，向金融机构借款；

（六）财务及法律咨询，资产及项目评估；

（七）中国人民银行、中国证券监督管理委员会批准的其他业务活动。

金融资产管理公司可以向中国人民银行申请再贷款。

第三章　收购不良贷款的范围、额度及资金来源

第十一条　金融资产管理公司按照国务院确定的范围和额度收购国有银行不良贷款；超出确定的范围或者额度收购的，须经国务院专项审批。

第十二条　在国务院确定的额度内，金融资产管理公司按照帐面价值收购有关贷款本金和相对应的计入损益的应收未收利息；对未计入损益的应收未收利息，实行无偿划转。

第十三条　金融资产管理公司收购不良贷款后，即取得原债权人对债务人的各项权利。原借款合同的债务人、担保人及有关当事人应当继续履行合同规定的义务。

第十四条　金融资产管理公司收购不良贷款的资金来源包括：

（一）划转中国人民银行发放给国有独资商业银行的部分再贷款；

（二）发行金融债券。

中国人民银行发放给国有独资商业银行的再贷款划转给金融资产管理公司，实行固定利率，年利率为2.25%。

第十五条　金融资产管理公司发行金融债券，由中国人民银行会同财政部审批。

第四章　债权转股权

第十六条　金融资产管理公司可以将收购国有银行不良贷款取得的债权转为对借款企业的股权。

金融资产管理公司持有的股权，不受本公司净资产额或者注册资本的比例限制。

第十七条　实施债权转股权，应当贯彻国家产业政策，有利于优化经济结构，促进有关企业的技术进步和产品升级。

第十八条　实施债权转股权的企业，由国家经济贸易委员会向金融资产管理公司推荐。金融资产管理公司对被推荐的企业进行独立评审，制定企业债权转股权的方案并与企业签订债权转股权协议。债权转股权的方案和协议由国家经济贸易委员会会同财政部、中国人民银行审核，报国务院批准后实施。

第十九条　实施债权转股权的企业，应当按照现代企业制度的要求，转换经营机制，建立规范的公司法人治理结构，加强企业管理。有关地方人民政府应当帮助企业减员增效、下岗分流，分离企业办社会的职能。

第二十条　金融资产管理公司的债权转股权后，作为企业的股东，可以派员参加企业董事会、监事会，依法行使股东权利。

第二十一条　金融资产管理公司持有的企业股权，可以按照国家有关规定向境内外投资者转让，也可以由债权转股权企业依法回购。

第二十二条　企业实施债权转股权后，应当按照国家有关规定办理企业产权变更等有关登记。

第二十三条　国家经济贸易委员会负责组织、指导、协调企业债权转股权工作。

第五章　公司的经营和管理

第二十四条　金融资产管理公司实行经营目标责任制。

财政部根据不良贷款质量的情况，确定金融资产管理公司处置不良贷款的经营目标，并进行考核和监督。

第二十五条　金融资产管理公司应当根据不良贷款的特点，制定经营方针和有关措施，完善内部治理结构，建立内部约束机制和激励机制。

第二十六条　金融资产管理公司管理、处置因收购国有银行不良贷款形成的资产，应当按照公开、竞争、择优的原则运作。

金融资产管理公司转让资产，主要采取招标、拍卖等方式。

金融资产管理公司的债权因债务人破产等原因得不到清偿的，按照国务院的规定处理。

金融资产管理公司资产处置管理办法由财政部制定。

第二十七条　金融资产管理公司根据业务需要，可以聘

请具有会计、资产评估和法律服务等资格的中介机构协助开展业务。

第二十八条 金融资产管理公司免交在收购国有银行不良贷款和承接、处置因收购国有银行不良贷款形成的资产的业务活动中的税收。具体办法由财政部会同国家税务总局制定。

金融资产管理公司免交工商登记注册费等行政性收费。

第二十九条 金融资产管理公司应当按照中国人民银行、财政部和中国证券监督管理委员会等有关部门的要求,报送财务、统计报表和其他有关材料。

第三十条 金融资产管理公司应当依法接受审计机关的审计监督。

金融资产管理公司应当聘请财政部认可的注册会计师对其财务状况进行年度审计,并将审计报告及时报送各有关监督管理部门。

第六章 公司的终止和清算

第三十一条 金融资产管理公司终止时,由财政部组织清算组,进行清算。

第三十二条 金融资产管理公司处置不良贷款形成的最终损失,由财政部提出解决方案,报国务院批准执行。

第七章 附 则

第三十三条 金融资产管理公司违反金融法律、行政法规的,由中国人民银行依照有关法律和《金融违法行为处罚办法》给予处罚;违反其他有关法律、行政法规的,由有关部门依法给予处罚;构成犯罪的,依法追究刑事责任。

第三十四条 本条例自公布之日起施行。

不良金融资产处置尽职指引

1. 2005年11月18日中国银行业监督管理委员会、财政部发布
2. 银监发〔2005〕72号

第一章 总 则

第一条 为规范不良金融资产处置行为,明确不良金融资产处置工作尽职要求,防范道德风险,促进提高资产处置效率,根据《中华人民共和国银行业监督管理法》、《中华人民共和国商业银行法》和《金融资产管理公司条例》等法律法规,制定本指引。

第二条 本指引适用于在中华人民共和国境内设立的政策性银行、商业银行(以下统称银行业金融机构)和金融资产管理公司。经中国银行业监督管理委员会批准设立的其他金融机构可参照执行。

第三条 本指引中的不良金融资产、不良金融资产处置、不良金融资产工作人员是指:

(一)不良金融资产指银行业金融机构和金融资产管理公司经营中形成、通过购买或其他方式取得的不良信贷资产和非信贷资产,如不良债权、股权和实物类资产等。

(二)不良金融资产处置指银行业金融机构和金融资产管理公司对不良金融资产开展的资产处置前期调查、资产处置方式选择、资产定价、资产处置方案制定、审核审批和执行等各项活动。与不良金融资产处置相关的资产剥离(转让)、收购和管理等活动也适用本指引的相关规定。

(三)不良金融资产工作人员指银行业金融机构和金融资产管理公司参与不良金融资产剥离(转让)、收购、管理和处置的相关人员。

第四条 银行业金融机构和金融资产管理公司在处置不良金融资产时,应遵守法律、法规、规章和政策等规定,在坚持公开、公平、公正和竞争、择优的基础上,努力实现处置净回收现值最大化。

第五条 银行业金融机构和金融资产管理公司应建立全面规范的不良金融资产处置业务规章制度,完善决策机制和操作程序,明确尽职要求。定期或在有关法律、法规、规章和政策发生变化时,对不良金融资产处置业务规章制度进行评审和修订。

第六条 银行业金融机构和金融资产管理公司应采取有效措施,确保不良金融资产工作人员熟悉并掌握不良金融资产处置相关法律、法规、规章、政策和本指引有关规定。

第七条 不良金融资产工作人员与剥离(转让)方、债务人、担保人、持股企业、资产受让(受托)方、受托中介机构存在直接或间接利益关系的,或经认定对不良金融资产形成有直接责任的,在不良金融资产处置中应当回避。

不良金融资产工作人员不得同时从事资产评估(定价)和资产处置和相关审核审批工作)。

第八条 银行业金融机构和金融资产管理公司应建立不良金融资产处置尽职问责制,规定在不良金融资产剥离(转让)、收购、管理和处置过程中有关单位、部门和岗位的职责,对违反有关法律、法规、规章、政策和本指引规定的行为进行责任认定,并按规定对有关责任人进行处理。

第二章 资产剥离(转让)和收购尽职要求

第九条 银行业金融机构和金融资产管理公司剥离(转

让)不良金融资产：

（一）剥离(转让)方应做好对剥离(转让)资产的数据核对、债权担保情况调查、档案资料整理、不良金融资产形成原因分析等工作；剥离(转让)方应向收购方提供剥离(转让)资产的清单、现有全部的档案资料和相应的电子信息数据；剥离(转让)方应对己方数据信息的真实性和准确性以及移送档案资料的完整性做出相应承诺，并协助收购方做好资产接收前的调查工作。

（二）剥离(转让)方应设定剥离(转让)工作程序，明确剥离(转让)工作职责，并按权限进行审批。审批部门要独立于其他部门，直接向最高管理层负责。

（三）剥离(转让)方和收购方应在资产转让协议中对有关资产权利的维护、担保权利的变更以及已起诉和执行项目主体资格的变更等具体事项做出明确约定，共同做好剥离(转让)资产相关权利的转让和承接工作。银行业金融机构向金融资产管理公司剥离(转让)资产不应附有限制转让条款，附有限制转让条款的应由剥离(转让)方负责解除。

（四）自资产交易基准日至资产交割日期间，剥离(转让)方应征得收购方同意并根据授权，继续对剥离(转让)资产进行债权、担保权利管理和维护，代收剥离(转让)资产合同项下的现金等资产，并及时交付给收购方，由此发生的合理费用由收购方承担。

第十条 银行业金融机构和金融资产管理公司收购不良金融资产：

（一）收购方应对收购不良金融资产的状况、权属关系、市场前景以及收购的可行性等进行调查。调查可以采取现场调查和非现场调查方式。当缺乏大规模现场调查条件时，应将现场调查和非现场调查相结合，以真实、全面地反映资产价值和风险。当涉及较大金额收购时，收购方应聘请独立、专业的中介机构对收购资产进行尽职调查。

（二）收购方应设定收购程序，明确收购工作职责，按权限严格审批。审批部门要独立于其他部门，直接向最高管理层负责。

（三）收购方应认真核对收购资产的数据、合同、协议、抵债物和抵押(质)物权属证明文件、涉诉法律文书及其他相关资料的合法性、真实性、完整性和有效性，核对应在合理的时间内完成，并及时办理交接手续，接收转让资产，并进行管理和维护。

第十一条 剥离(转让)方和收购方在不良金融资产移交过程中应建立和完善联系沟通机制，相互配合与协作，有效管理不良金融资产，联手打击逃废债行为，共同防止资产流失和债权悬空，最大限度地保全资产。

第十二条 剥离(转让)方在剥离(转让)不良贷款过程中，应当对拟剥离(转让)不良贷款是否存在违法违规行为，包括贷款调查、贷款审批和发放、贷盾管理、资产保全是否尽职等进行认定，并将结果以书面形式记录存档。发现违法违规行为的，依法、依规追究责任，并将结果抄报监管部门。

收购方在收购过程中发现剥离(转让)方违规发放贷款，贷后管理、资产保全不尽职，剥离(转让)中操作不规范，弄虚作假，掩盖违法违规行为，隐瞒损失等情形的，应及时向剥离(转让)方反映，由剥离(转让)方进行责任认定和处理。同时，剥离(转让)方和收购方应将上述情况以书面形式进行确认，并抄报监管部门。

剥离(转让)方和收购方应当以协议的形式规定，如果剥离(转让)中存在弄虚作假、隐瞒报失等情况的，收购方可以要求剥离(转让)方予以纠正，也可以拒绝接受该项资产。

第三章 资产管理尽职要求

第十三条 银行业金融机构和金融资产管理公司应建立不良金融资产管理制度，实施有效的管理策略，明确管理职责，做好不良金融资产档案管理、权益维护、风险监测等日常管理工作。定期对资产管理策略进行评价和调整。

第十四条 银行业金融机构和金融资产管理公司应全面搜集、核实和及时更新债务人(担保人)的资产负债、生产经营、涉诉情况等信息资料，搜集、核实的过程和结果应以书面或电子形式记载并归入档案。对确实难以搜集、核实相关信息的，应提供必要的佐证材料和相应的记录。

银行业金融机构和金融资产管理公司应定期或根据实际需要对不良金融资产有关情况进行现场调查。

第十五条 银行业金融机构和金融资产管理公司应加强不良债权管理。

（一）认真整理、审查和完善不良债权的法律文件和相关管理资料，包括对纸质文件和相应电子信息的管理和更新。

（二）密切监控主债权诉讼时效、保证期间和申请执行期限等，及时主张权利，确保债权始终受司法保护。

（三）跟踪涉诉项目进展情况，及时主张权利。

（四）密切关注抵押(质)物价值的不利变化，及时采取补救措施。对因客观原因或其他不可抗力而无法及时发现和补救的，应做出必要说明和记录。

（五）调查和了解债务人(担保人)的其他债务和

担保情况以及其他债权人对该债务人（担保人）的债务追偿情况。

（六）及时发现债务人（担保人）主体资格丧失、隐匿、转移和毁损资产，擅自处置抵押物或将抵押物再次抵押给其他债权人等有可能导致债权被悬空的事件或行为，采取措施制止、补救和进行必要说明，并报告监管部门。

第十六条　银行业金融机构和金融资产管理公司应加强股权类资产管理。

（一）建立和完善股权管理制度。根据持股比例向持股企业派出（选聘）股东代表、董事、监事等人员，参与企业重大决策。建立股权管理授权制度。派出（选聘）的股东代表、董事、监事应定期总结报告其在持股企业中的工作。银行业金融机构和金融资产管理公司应定期对派出（选聘）股东代表、董事、监事的履职情况进行考核。

（二）密切关注持股企业资产负债、生产经营和关联交易等重大事项及其变化。

（三）依法维护股东权益，采取措施制止损害股东合法权益的行为。

（四）督促持股企业转换经营机制，建立和完善法人治理结构，提高经营管理效益，努力实现股权资产保值增值。对阶段性持股要尽可能创造条件实现退出。

（五）根据持股比例参与企业利润分配。

（六）当持股企业因管理、环境等因素发生不利变化，将导致持有股权风险显著增大时，应及时采取有效措施维护自身合法权益。

第十七条　银行业金融机构和金融资产管理公司应加强实物类资产管理。

（一）遵循有利于变现和成本效益原则，根据不同类实物类资产的特点制定并采取适当的管理策略。

（二）明确管理责任人，做好实物类资产经营管理和日常维护工作，重要权证实施集中管理。

（三）建立实物类资产台账，定期进行盘点清查，账实核对，及时掌握实物类资产的形态及价值状态的异常变化和风险隐患，积极采取有效措施，防止贬损或丢失。

（四）建立实物类资产信息数据库，及时收集、更新和分析管理、处置信息。

（五）抵债资产非经规定程序批准不能自用，并须按照有关规定尽快处置变现。

第十八条　不良债权主要包括银行持有的次级、可疑及损失类贷款，金融资产管理公司收购或接收的不良金融债权，以及其他非银行金融机构持有的不良债权。

股权类资产主要包括政策性债转股、商业性债转股、抵债股权、质押股权等。

实物类资产主要包括收购的以及资产处置中收回的以物抵债资产、受托管理的实物资产，以及其他能实现债权清偿权利的实物资产。

第十九条　银行业金融机构和金融资产管理公司应定期对不良金融资产进行分析，选择有利处置时机，及时启动处置程序，防止资产因处置不及时造成贬值或流失。

第四章　资产处置前期调查尽职要求

第二十条　银行业金融机构和金融资产管理公司处置不良金融资产前，应对拟处置资产开展前期调查分析。前期调查分析应充分利用现有档案资料和日常管理中获得的各种有效信息。当现有信息与实际情况发生较大出入或重大变化时，应进行现场调查。

对于经法院裁定终结执行、破产或经县级以上工商行政管理部门注销的债务人及其他回收价值低的资产，可根据实际情况进行专项调查、重点调查或典型抽样调查。

第二十一条　银行业金融机构和金融资产管理公司应记录前期调查过程，整理分类并妥善保管各类调查资料和证据材料。重要项目要形成书面调查报告。前期调查资料和调查报告应对后续资产处置方式选择、定价和方案制作等形成必要的支持。

第二十二条　负责调查的不良金融资产工作人员应保证在调查报告中对可能影响到资产价值判断和处置方式选择的重要事项不存在虚假记载、重大遗漏和误导性陈述，并已对所获信息资料的置信程度进行了充分说明。

第二十三条　银行业金融机构和金融资产管理公司资产处置前期调查主要由内部人员负责实施。必要时，也可委托中介机构进行或参与。

第五章　资产处置方式选择与运用尽职要求

第二十四条　银行业金融机构和金融资产管理公司应在法律法规允许并经金融监管部门批准的业务许可范围内，积极稳妥地选择并探索有效的不良金融资产处置方式。

第二十五条　银行业金融机构和金融资产管理公司在选择与运用资产处置方式时，应遵循成本效益和风险控制原则，合理分析，综合比较，择优选用可行的处置方式，并提供相关依据。

第二十六条　对债权类资产进行追偿的，包括直接催收、诉讼（仲裁）追偿、委托第三方追偿、破产清偿等方式。

（一）采用直接催收方式的，应监控债务人（担保人）的还款能力变化等情况，及时发送催收通知，尽可能收回贷款本息。当直接催收方式不能顺利实施时，应及时调整处置方式。

（二）采用诉讼（仲裁）追偿方式的，应在论证诉讼（仲裁）可行性的基础上，根据债务人（担保人）的财产情况，合理确定诉讼时机、方式和标的。并按照生效法律文书在规定时间内要求债务人（担保人）履行或申请执行，尽快回收现金和其他资产。对违法、显失公平的判决、裁决或裁定，应及时上诉。必要时，应提起申诉，并保留相应记录。

（三）采用委托第三方追偿债务方式的，应在对委托债权价值做出独立判断的基础上，结合委托债权追偿的难易程度、代理方追偿能力和代理效果，合理确定委托费用，并对代理方的代理行为进行动态监督，防止资产损失。采用风险代理方式的，应严格委托标准，择优选择代理方，明确授权范围、代理期限，合理确定费用标准和支付方式等内容，并加强对代理方的监督考核。

（四）采用债务人（担保人）破产清偿方式的，应参加债权人会议，密切关注破产清算进程，并尽最大可能防止债务人利用破产手段逃废债。对破产过程中存在损害债权人利益的行为和显失公平的裁定应及时依法维护自身权益。

第二十七条 对债权进行重组的，包括以物抵债、修改债务条款、资产置换等方式或其组合。

（一）采用以物抵债方式的，应按照有关规定要求，重点关注抵债资产的产权和实物状况、评估价值、维护费用、升（贬）值趋势以及变现能力等因素，谨慎确定抵债资产抵偿的债权数额，对剩余债权继续保留追偿权。应当优先接受产权清晰、权证齐全、具有独立使用功能、易于保管及变现的实物类资产抵债。在考虑成本效益与资产风险的前提下，及时办理确权手续。

（二）采用修改债务条款方式的，应对债务人（担保人）的偿债能力进行分析，谨慎确定新债务条款，与债务人（担保人）重新签订还款计划，落实有关担保条款和相应保障措施，督促债务人（担保人）履行约定义务。

（三）采用资产置换方式的，应以提高资产变现和收益能力为目标，确保拟换入资产来源合法、权属清晰、价值公允，并严密控制相关风险。

（四）采用以债务人分立、合并和破产重整为基础的债务重组方式的，应建立操作和审批制度，依据有关法律、法规、规章和政策等切实维护自身合法权益。

第二十八条 对不良金融资产进行转让的，包括拍卖、竞标、竞价转让和协议转让等方式。

（一）采用拍卖方式处置资产的，应遵守国家拍卖有关法律法规，严格监督拍卖过程，防止合谋压价、串通作弊、排斥竞争等行为。

（二）采用竞标方式处置资产的，应参照国家招投标有关法律法规，规范竞标程序。

（三）采用竞价转让方式处置资产的，应为所有竞买人提供平等的竞价机会。

（四）当采用拍卖、竞标、竞价等公开处置方式在经济上不可行，或不具备采用拍卖、竞标、竞价等公开处置方式的条件时，可采用协议转让方式处置，同时应坚持谨慎原则，透明操作，其实记录，切实防范风险。

（五）采用拍卖、竞标、竞价和协议等方式转让不良金融资产的，应按照有关规定披露与转让资产相关的信息，最大限度地提高转让过程的透明度。

（六）转让资产时，原则上要求一次性付款。确需采取分期付款方式的，应将付款期限、次数等条件作为确定转让对象和价格的因素，在落实有效履约保障措施后，方可向受让人移交部分或全部资产权证。

第二十九条 采用债权转股权或以实物类资产出资入股方式处置不良金融资产的，应综合考虑转股债权或实物类资产的价值、入股企业的经营管理水平和发展前景以及转股股权未来的价值趋势等，做出合理的出资决策。

第三十条 对因受客观条件限制，暂时无法处置的资产进行租赁，应遵守国家有关规定，并在不影响资产处置的情况下，合理确定租赁条件，确保租赁资产的安全和租赁收益。

第三十一条 对符合条件的不良金融资产损失进行内部核销，应遵守国家有关规定，制定核销业务操作规程，严格核销程序和条件，审查申报材料的合法性和真实性，建立监督制度和保密制度，防止弄虚作假行为。对已核销不良金融资产应建立管理制度，加强管理，并择机清收和处置。

第三十二条 接受委托，代理处置不良金融资产应签订委托代理协议，并按照协议勤勉尽职处置。委托代理业务应与自营业务严格区分，分账管理。

第三十三条 银行业金融机构和金融资产管理公司聘请中介机构为资产处置提供服务，应引入市场机制，审查其行业资质，优先选择业绩良好的中介机构，同时注意控制成本费用。

第六章 资产处置定价尽职要求

第三十四条 银行业金融机构和金融资产管理公司应制定不良金融资产定价管理办法，明确定价程序、定价因素、定价方式和定价方法，逐步建立起以市场为导向、规范合理的不良金融资产定价机制，严格防范定价过程中的各类风险。

银行业金融机构和金融资产管理公司应加强对定价方法的探索和研究，逐步实现不良金融资产定价的量化管理。

第三十五条 银行业金融机构和金融资产管理公司内部负责评估、定价环节的部门在机构和人员上应独立于负责资产处置的部门。

第三十六条 银行业金融机构和金融资产管理公司应根据适用会计准则或审慎会计原则，定期（至少半年一次）重估不良金融资产的实际价值。

第三十七条 不良金融资产定价应在综合考虑国家有关政策、市场因素、环境因素的基础上，重点关注法律权利的有效性、评估（咨询）报告与尽职调查报告、债务人（担保人）或承债式兼并方的偿债能力与偿债意愿、企业经营状况与净资产价值、实物资产的公允价值与交易案例、市场招商情况与潜在投资者报价等影响交易定价的因素，同时也应关注定价的可实现性、实现的成本和时间。

第三十八条 银行业金融机构和金融资产管理公司应根据债权、股权、实物类资产等不同形态资产的特点，有所侧重地采用适当的定价方法。

第三十九条 银行业金融机构和金融资产管理公司应按国家有关规定确定列入评估的资产范围和具体的评估形式。选聘中介机构对处置不良金融资产进行评估的，应遵守有关行业准则。

对不具备评估条件的不良金融资产，应明确其他替代方法。对因缺乏基础资料，难以准确把握资产真实价值的，应通过充分的信息披露、广泛招商以及交易结构设计等手段，利用市场机制发掘不良金融资产的公允价值。

第四十条 银行业金融机构和金融资产管理公司对评估（咨询）报告应进行独立的分析和判断，发现虚假记载、重大遗漏、误导性陈述和适用方法明显不当等问题时，应向中介机构提出书面疑义，要求其做出书面解释。

不良金融资产工作人员不应简单以评估（咨询）结果代替自身进行的调查、取证和分析工作。在评估结果与招商结果、谈判结果等存在较大差异时，应分析原因，并合法、合理认定处置资产的公允价值。

第七章 资产处置方案制定、审批和实施尽职要求

第四十一条 银行业金融机构和金融资产管理公司处置不良金融资产应规定操作和审批程序，不得违反程序或减少程序进行处置。

第四十二条 银行业金融机构和金融资产管理公司处置不良金融资产，除贩户扣收和直接催收方式外，应制定处置方案。方案制定人员应对方案内容的真实性和完整性负责，并承诺不存在虚假记载、重大遗漏和误导性陈述。

第四十三条 制定处置方案应做到事实真实完整、数据准确、法律关系表述清晰、分析严谨。主要包括：处置对象情况、处置时机判断、处置方式比较和选择、处置定价和依据以及交易结构设计等内容。还应对建议的处置方式、定价依据、履约保证和风险控制、处置损失、费用支出、收款计划等做出合法、合规、合理的解释和论证，并最大限度地收集能支持方案合法性、合规性及合理性的证据材料。

第四十四条 银行业金融机构和金融资产管理公司应按有关规定及时、真实、完整地披露不良金融资产信息，提高资产处置透明度，增强市场约束。

第四十五条 不良金融资产处置中，如果一方有能力直接或间接控制、共同控制另一方或对另一方施加重大影响，则他们之间存在关联方关系；如果两方或多方同受一方控制，则他们之间也存在关联关系。

关联方参与不良金融资产处置，应充分披露处置有关信息；如存在其他投资者，向关联方提供的条件不得优于其他投资者。

第四十六条 银行业金融机构和金融资产管理公司应建立资产处置审核程序，严格按程序进行审批。

（一）应建立和完善授权审核、审批制度，明确各级机构的审核和审批权限。

（二）应建立不良金融资产处置与审核分离机制，由专门机构和专职人员在授权范围内对处置方案进行全面、独立的审核。

（三）资产处置审核人员应具备从业所需的专业素质和经验，诚实守信、勤勉尽职，独立发表意见。

（四）资产处置审核人员应对处置方案的合法性、合规性、合理性和可行性进行审核。审核机构和审核人员对审核意见负责。对资产处置审核情况和审核过程中各种意见应如实记录，并形成会议纪要。

第四十七条 除接受人民法院和仲裁机构有终局性法律效力的判决、裁定、裁决的资产处置项目及按国家政策实施政策性破产、重组外，不良金融资产处置方案须由资产处置审核机构审核通过，经有权审批人批准后方可实施。

第四十八条 银行业金融机构和金融资产管理公司对已批准的不良金融资产处置项目，要严格按照审批方案实施，如确需变更，条件优于原方案的，应向项目原审批机构报备。劣于原方案的，应重新上报审批并取得

同意。有附加条件的批准项目应先落实条件后再实施。

第四十九条 银行业金融机构和金融资产管理公司对不良金融资产处置项目应制作相应的法律文件，并确保法律文件合法合规。

第五十条 不良金融资产处置方案实施中，银行业金融机构和金融资产管理公司应对可能影响处置回收的因素进行持续监测，跟踪了解合同履行或诉讼案件进展情况。

第五十一条 银行业金融机构和金融资产管理公司对处置方案实施过程中出现的各种人为阻力或干预，应依法采取措施，并向上级或监管部门报告。对无法实施的项目应分析原因，及时调整处置策略，维护自身合法权益。

第五十二条 银行业金融机构和金融资产管理公司应按照国家有关规定，加强资产处置管理，确保资产处置过程、审核审批程序和履约执行结果等数据资料的完整、真实。

第八章 尽职检查监督要求

第五十三条 银行业金融机构和金融资产管理公司应建立不良金融资产处置尽职检查监督制度，设立或确定独立的不良金融资产处置尽职检查监督部门或岗位，并配备与其工作要求相适应的尽职检查监督人员。明确部门和岗位的职责和要求，制定尽职检查监督工作程序，规范尽职检查监督行为。

第五十四条 尽职检查监督人员应具备与岗位要求相适应的职业操守、专业知识、监督能力和相关工作经验，并不得直接参与不良金融资产剥离（转让）、收购、管理、处置、定价、审核和审批工作。

第五十五条 银行业金融机构和金融资产管理公司应支持尽职检查监督人员独立行使检查监督职能。检查可采取现场检查或非现场检查的方式进行。必要时，可聘请外部专家或委托中介机构开展特定的不良金融资产处置尽职审计工作，并出具独立的尽职审计意见。

银行业金融机构和金融资产管理公司任何部门和个人不得直接或间接干扰和阻挠尽职检查监督人员的尽职检查监督工作，不得授意、指使和强令检查监督部门或检查监督人员故意弄虚作假和隐瞒违法违规情况，不得对尽职检查监督人员或举报人等进行打击报复。

第五十六条 银行业金融机构和金融资产管理公司对不良金融资产处置等工作进行的尽职检查监督应至少每半年一次。重大项目应及时进行尽职检查监督。

第五十七条 尽职检查监督人员应根据有关法律、法规、规章和本指引相关规定对不良金融资产工作人员进行独立的尽职检查监督，评价各环节有关人员依法合规、勤勉尽职的情况，并形成书面尽职检查报告。

第五十八条 银行业金融机构和金融资产管理公司对于尽职检查监督人员发现的问题，应责成相关部门和人员纠正或采取必要的补救措施，并及时跟踪整改结果。

第五十九条 银行业金融机构和金融资产管理公司应建立对尽职检查监督工作的监督机制，对尽职检查监督人员的尽职情况进行监督。定期（至少每半年一次）向银行业监管机构报告尽职检查监督工作情况。

第九章 责任认定和免责

第六十条 银行业金融机构和金融资产管理公司应建立不良金融资产处置尽职责任认定制度和程序，规范责任认定行为，并执行相应的回避制度。

第六十一条 责任认定部门和人员应根据尽职检查监督人员的检查结果，对不良金融资产工作人员是否尽职进行责任认定。责任认定部门和人员应对责任认定结果负责。

第六十二条 银行业金融机构和金融资产管理公司应建立不良金融资产处置尽职责任追究制度，根据有关规定进行责任追究，并报监管部门。重大违法、违规、失职责任处理结果应及时向社会公开，接收社会监督。

第六十三条 具有以下情节的，将依法、依规追究其责任。

（一）自资产交易基准日至资产交割日期间，剥离（转让）方擅自处置剥离（转让）资产，放弃与剥离（转让）资产相关的权益，截留、隐匿或私分基准日后剥离（转让）资产项下回收现金和其他资产。

（二）资产剥离（转让）后回购剥离（转让）资产，国家另有规定的除外。

（三）利用内部信息，暗箱操作，将资产处置给自己或与自己存在直接或间接利益关系的机构或人员，非法谋取小集体利益和个人利益。

（四）泄露金融机构商业秘密，获取非法利益。

（五）利用虚假拍卖、竞标、竞价和协议转让等掩盖非法处置不良金融资产行为。

（六）为达到处置目的人为制造评估结果，以及通过隐瞒重要资料或授意进行虚假评估。

（七）超越权限和违反规定程序擅自处置资产，以及未经规定程序审批同意擅自更改处置方案。

（八）未经规定程序审批同意，放弃不良金融资产合法权益。

（九）伪造、篡改、隐匿、毁损资产处置档案。

（十）未按照本指引规定要求尽职操作，致使不良金融资产的转让价格明显低于市场价值。

（十一）其他违反本指引规定要求的行为。

第六十四条　对直接或间接干扰和阻挠尽职检查监督人员的尽职检查监督工作，故意隐瞒违法违规和失职该职行为，或对尽职检查监督人员或举报人等进行打击报复的机构和人员，应认定并依法、依规追究其责任。

第六十五条　银行业金融机构和金融资产管理公司尽职检查监督人员在检查监督中滥用职权、玩忽职守、徇私舞弊的，应认定并依法、依规从严追究其责任。

第六十六条　银行业金融机构和金融资产管理公司经尽职检查监督和责任认定，有充分证据表明，不良金融资产工作人员按照有关法律、法规、规章、政策和本指引规定勤勉尽职地履行了职责，不良金融资产处置一旦出现问题，可视情况免除相关责任。

第十章　附　　则

第六十七条　银行业金融机构和金融资产管理公司应根据本指引制定实施细则并报中国银行业监督管理委员会和财政部备案。

第六十八条　中国银行业监督管理委员会根据本指引，加强对银行业金融机构和金融资产管理公司不良金融资产处置工作的监管。

第六十九条　本指引由中国银行业监督管理委员会、财政部负责解释。

第七十条　本指引自发布之日起施行。

金融资产管理公司
并表监管指引（试行）

1. 2011年3月8日中国银行业监督管理委员会发布

2. 银监发〔2011〕20号

第一章　总　　则

第一条　为规范和加强对金融资产管理公司（以下简称资产公司）及其附属法人机构的并表监管，防范金融风险，根据《中华人民共和国银行业监督管理法》、《金融资产管理公司条例》等有关法律、法规，参照《银行并表监管指引（试行）》、《企业会计准则》制定本指引。

第二条　本指引适用于经国务院批准已实施股份制改革的资产公司及其附属法人机构（以下简称集团）。附属法人机构是指由资产公司控制的境内外子公司以及按照本指引应纳入并表监管范围的其他机构。

第三条　本指引所称并表监管是指在单一法人监管的基础上，对集团的资本以及风险进行全面和持续的监管，识别、计量、监控和评估集团的总体风险状况。

第四条　银监会按照本指引对资产公司进行并表监管。

第五条　资产公司并表监管采用定性和定量两种方法。

定性监管主要是针对集团的公司治理、内部控制、风险管理等因素进行审查和评价。

定量监管主要是针对集团的资本充足性和杠杆率管理，以及大额风险、流动性风险、重大内部交易等状况进行识别、计量、监测和分析，进而在并表的基础上对集团的风险状况进行量化的评价。

第六条　银监会通过与国家相关部门、境内外其他金融监管机构建立的监管协调机制，协调监管政策和措施，实现监管信息共享。

第二章　并表监管范围

第七条　银监会遵循“实质重于形式”的原则，以控制为基础，兼顾风险相关性，确定资产公司的并表监管范围。

第八条　资产公司投资的法人机构，符合下列条件之一的，应当纳入并表监管范围：

（一）资产公司直接或子公司拥有，或与其子公司共同拥有50%以上表决权的机构。

（二）资产公司拥有50%以下的表决权，但有下列情形之一的机构，应当纳入并表范围：

1. 通过与其他投资者之间的协议，持有该机构50%以上的表决权；

2. 根据章程或协议，有权决定该机构的财务和经营政策；

3. 有权任免该机构董事会或类似权力机构的多数成员；

4. 在该机构董事会或类似权力机构占多数表决权。

（三）在确定能否控制被投资机构时，应考虑集团持有的该机构当期可转换公司债券、当期可执行的认股权证等潜在表决权因素，确定是否符合上述并表标准。对于当期可以实现的潜在表决权，应当计入资产公司对被投资机构的表决权。

（四）其他有证据表明资产公司实际控制被投资机构的情况。

（五）银监会有权根据资产公司的股权结构变动、风险类别确定和调整并表监管范围。

第九条　当被投资机构不为资产公司所控制，但根据风险相关性，被投资机构的总体风险足以对资产公司的财务状况及风险水平造成重大影响，或其所产生的合规风险、声誉风险造成的危害和损失足以对资产公司的声誉造成重大影响的，应当纳入并表监管的范围。

第十条　下列被投资机构可以不列入资产公司的并表监

管范围：

（一）已关闭或已宣告破产的机构；

（二）因终止而进入清算程序的机构；

（三）决定在三年内出售的、资产公司的权益性资本在50%以上的被投资机构；

（四）受所在国外汇管制及其他突发事件影响、资金调度受到限制的境外附属机构；

（五）资产公司短期或阶段性持有的债转股企业。

资产公司应制定阶段性持有债转股企业的退出计划，并报银监会备案。对于超出计划退出期限仍未退出且具有实际控制权的债转股企业应纳入并表范围。

第十一条　资产公司金融类子公司对非金融机构提供长期清偿担保的，该非金融机构应纳入并表范围；无清偿担保或清偿担保可无条件撤销的，由资产公司按审慎原则处理。

第十二条　资产公司应于每年第一季度末向银监会报告上一年度并表范围及并表管理情况，包括但不限于按照本《指引》确定的合格资本、财务、风险及其他并表管理状况等。

第三章　并表监管内容

第一节　最低资本与杠杆率管理

第十三条　资产公司的最低资本管理是指集团拥有的合格资本不得低于银监会规定的最低资本要求。

资产公司的杠杆率管理是为了确保集团拥有充足资本以缓冲资产损失而建立的基于法人分类的多指标、多口径的系统管理方法。

第十四条　资产公司资本的并表管理应充分考虑集团所处的商业化转型阶段，将定性管理和定量管理相结合。

定性管理主要是优化资本配置，提高资本使用效率；定量管理主要是最低资本管理和杠杆率管理。

第十五条　资产公司应当根据国家宏观政策和自身发展战略，优化金融及非金融业务布局，控制行业投资的范围和比重。

第十六条　资产公司应当在并表基础上计算集团拥有的合格资本，充分考虑资本的期限、损失吸收能力以及收益分配等因素对合格资本的影响。

第十七条　集团合格资本工具包括核心资本和附属资本两部分。核心资本工具可包括：实收资本、资本公积、盈余公积、未分配利润、少数股权等；附属资本工具可包括重估储备（须经财政部批准）、一般准备、优先股、可转换债券、混合资本债券、长期次级债券等。

第十八条　资产公司应当明确核心资本与附属资本的项目构成，审慎确定有关资本项目在核心资本和附属资本中的比重，持续满足监管要求。

第十九条　资产公司应确认其与子公司以及子公司之间是否存在交叉持股和相互持有次级债等合格资本工具，以及对集团以外的资本投资等情况，并确保这些情况在计算集团资本充足水平时已得到审慎处理。处理方法包括并表轧差、资本扣减和风险加权等。

第二十条　集团的最低资本要求为资产公司以及资产公司按照持股比例计算的各子公司最低资本要求之和，减去依照相关法律、法规和监管规定应扣减的金额。

第二十一条　资产公司不良资产（包括收购的金融机构和非金融机构不良资产以及债转股股权和抵债股权）运营的最低资本要求为以不良资产收购成本为基础计算的风险加权资产的8%。

资产公司附属商业银行、信托公司、金融租赁公司的最低资本要求按照银监会监管规定执行。附属保险公司的最低资本要求按照保险监管机构最低资本监管规定执行。证券、期货公司按照证券监管机构净资本监管规定执行。

资产公司应当参照商业银行表外业务转换系数相关规定，审慎计算表外业务的最低资本要求。

第二十二条　资产公司应当确保自身及子公司同时满足单一资本充足要求。在充分评估子公司的超额资本数量及其可转换性的基础上，资产公司可以按照持股比例计入资本，计算资本充足水平。

第二十三条　资产公司应当审查自身及子公司是否通过发债等方式筹集资金用于相互或对外投资，并对这种情况是否构成对集团稳健性的负面影响予以充分评估。

第二十四条　资产公司应制定多维度的杠杆率指标监测体系，包括净资产与总资产比率、核心资本净额与调整后的资产余额比率等。除计算集团合并杠杆率外，还应分别计算资产公司单一法人的杠杆率、金融类子公司合并口径的杠杆率、全部子公司合并口径的杠杆率。

第二十五条　资产公司在计算集团合并杠杆率时，应当将非金融类子公司纳入并表范围，但不包括证券、保险和信托等金融类子公司开展的经纪业务。在计算资产公司单一法人杠杆率时，应将资产公司对子公司的资本投资予以扣减，或依据审慎原则适当处理。

第二十六条　资产公司应当逐步建立超额资本池，以应对因不可预见因素导致的损失和缓冲经济周期波动的影响。超额资本池中的资金存放形式应保持较高的流动性，包括可自由处置的现金、国债、未质押的可流通证券等。

第二十七条　资产公司应分别对资产公司单一法人、金融类子公司和非金融类子公司的资本充足水平、杠杆率和对外担保等情况进行分析，全面、审慎评估子公司的资本充足水平及变动对资产公司的影响。

第二十八条 对未达到最低资本要求的资产公司，应当制定具体的资本补充计划。

第二十九条 银监会根据集团资产质量与运营状况，经全面审慎评估，必要时可以要求集团持有超过其最低资本要求的资本，调整或制定差异化的杠杆率要求，限制集团的风险资产增速和对外资本投资，以确保集团的稳健性。

第二节 集团内部交易

第三十条 本指引所称集团内部交易是指集团内部交易方之间发生的包括资产、资金、服务等资源或义务转移的行为。不包括资产公司及其子公司与对其有直接或间接控制、共同控制、实际控制或重大影响的其他股东之间的交易。

集团内部交易范围包括：资产买卖和委托处置、投资、授信、融资（借贷、买卖公司债券、股东存款及提供担保等）以及代理交易等。

第三十一条 集团内部交易方包括资产公司、子公司以及资产公司可实际控制或产生重大影响的其他法人机构或组织（政策性债转股企业除外）。

第三十二条 集团内部交易应当遵守国家法律、法规和会计制度等相关规定，遵循诚信、公允、透明的原则。涉及到银行、证券、保险、信托、金融租赁、上市公司等，还应遵守相关监管规定。

第三十三条 集团在依法合规和有效控制风险的前提下，可以通过正当、合理的内部交易在业务、资金、渠道网络、机构人员、信息、品牌等方面加强协同，整合资源，提高综合经营效益，实现集团的战略发展目标。

第三十四条 集团内部交易分为重大内部交易和一般内部交易。

重大内部交易是指数额较大以及可能对内部交易方经营与财务状况产生重大影响的内部交易。包括但不限于：

（一）与监管机构明确界定的重大关联交易对应的内部交易；

（二）与监管机构明确规定须报经审批的关联交易对应的内部交易。

一般内部交易是指除重大内部交易以外的其他内部交易。

第三十五条 资产公司应当按照相关法律、法规及监管规定，结合业务开展情况，制定集团内部交易管理制度，加强内部交易管理，规范内部交易行为，降低内部交易的复杂程度，确保内部交易合法、合规、合理，风险可控。内部交易管理制度应当报银监会备案。

第三十六条 资产公司应当明确内部交易审议（审查）决策机构和相应的管理职能。子公司可以根据业务开展情况或资产公司的授权，明确内部交易审议（审查）机构及其相应的管理职能。

第三十七条 资产公司内部交易审议（审查）机构应当对内部交易进行审慎管理，及时、全面地掌握内部交易的实施情况，有效防范和控制可能产生的不当利益输送和监管套利等行为。

第三十八条 资产公司应当制定科学、规范的内部交易审议（审查）决策程序，并严格按程序进行内部交易审议（审查）和决策。

重大内部交易实行审批或备案制度：

（一）监管机构明确界定的或明确规定须报经审批的重大关联交易对应的内部交易，有关交易方在履行内部审议（审查）和决策程序后，应当按照相关规定报送审批，按照监管机构的审批意见实施。交易方不属于银监会监管范围的，资产公司应当报银监会备案。

（二）监管机构未明确规定须报经审批的重大关联交易对应的内部交易，由有关交易方履行内部审议（审查）和决策程序，资产公司按季度报银监会备案。

一般内部交易按照资产公司内部授权程序进行。

第三十九条 资产公司内部交易审议（审查）机构负责按规定确认内部交易方，查询、收集内部交易信息，评估重大内部交易的合法性和合规性等，并在履行审议（审查）程序后提交有关决策机构决策。

第四十条 资产公司应当依法依规对经内部交易审议（审查）机构审议（审查）通过的重大内部交易进行决策，并采取有效措施防止股东、债权人及其他利益相关者的合法权益受到内部交易的侵害。

第四十一条 资产公司应当充分发挥监事会的监督作用，加强对内部交易的监控和制约。

第四十二条 资产公司应当健全与完善内部交易的定价机制，确保内部交易价格的公允性与合理性。

第四十三条 资产公司应当制定和完善相关内部控制制度，加强对内部交易的风险管控。

第四十四条 资产公司应当建立和实行内部交易表决权回避制度。内部交易决策机构和审议（审查）机构对内部交易进行表决时，在所涉及内部交易方同时担任职务的人员应当回避。

第四十五条 资产公司应当建立健全内部交易风险隔离机制，在资金、业务、信息、人员等方面建立“防火墙”制度，防止通过内部交易不当转移利润和转嫁风险，减少利益冲突，避免风险过度集中，保护利益相关者的合法权益，维护公平竞争的市场环境。

第四十六条　资产公司应当建立和实行内部交易综合考核与评价机制,完善协同经营的激励约束与分配协调机制。定期开展内部交易综合考核和评价,并将考评结果与激励约束和分配协调机制挂钩。

第四十七条　资产公司应当建立和实行内部交易信息报告制度,明确报告路径和程序,按规定报告内部交易的开展情况,并保证报告信息的真实性和完整性。资产公司应当于每年第一季度末向银监会报送上一年度集团内部交易开展情况的综合报告(包括重大内部交易和一般内部交易,其中一般内部交易可以合并报告)。

第四十八条　监管机构明确规定需披露信息的关联交易对应的集团内部交易,有关交易方应按规定公开披露内部交易的开展情况,并保证披露信息的真实性和完整性。

第四十九条　资产公司当应建立和实行内部交易的内部审计制度,定期或不定期对内部交易实施情况进行内部审计。

第三节　大额风险暴露管理

第五十条　资产公司大额风险暴露是指集团并表后的资产组合对单个交易对手或一组有关联的交易对手、行业或地理区域、特定类别的产品等超过集团资本一定比例的风险集中暴露。银监会可以根据资产公司的实际情况相应确定和调整资产公司大额风险暴露监管标准。

第五十一条　资产公司应当在并表基础上管理风险集中与大额风险暴露。

第五十二条　资产公司应当根据自身的资本和资产负债规模,制定大额风险暴露的政策和流程,持续进行并表监测,通过相关报告制度,确保及时识别总体资产组合中的风险集中程度,评估集中度较高的资产对资产公司的影响,按照有关管理制度对风险集中度较高的资产采取相应措施。

第五十三条　资产公司应当有效识别集团层面上大额风险暴露最为集中的行业领域、地理区域等相关信息,结合行业或区域经济周期波动等因素,分析判断这些风险集中可能给集团带来的负面影响。

第五十四条　资产公司应当监测自身及其子公司从事包含杠杆率、期权等具有信用放大效应的结构性融资产品的信用风险暴露,关注因不同风险因素之间相互关联而产生连锁效应的特定产品的信用风险暴露。

第五十五条　跨境经营的资产公司,应当逐步建立国家或地区风险评估体系,根据资产公司自身的规模和业务特点、业务所在国家或地区的经济实力和稳定性,制定不同国家或地区的大额风险管理政策和程序细则。

第五十六条　资产公司应当定期审查大额风险暴露管理的充分性和有效性。审查考虑的因素包括:资本充足状况、大额风险承担与公司风险集中度管理政策是否一致、交易对手的业务性质以及资产公司的风险管控能力等。

第四节　流动性风险管理

第五十七条　资产公司的流动性风险分为融资流动性风险和市场流动性风险。

融资流动性风险是指资产公司在不影响日常经营或财务状况的情况下,无法有效满足资金需求的风险。

市场流动性风险是指由于市场深度不足或市场动荡,资产公司无法以合理的市场价格出售资产以获得资金的风险。

第五十八条　资产公司应当加强对流动性风险的并表管理。对于跨境设立的分支机构,还应充分考虑资本管制、外汇管制以及金融市场发展差异程度等因素对流动性的影响,对风险管理政策和程序做出相应调整。资产公司与存在资金流动障碍的子公司之间不得进行流动性轧差处理。

第五十九条　资产公司应当关注子公司的流动性风险,制定向子公司提供流动性支持的预案,并报银监会备案。

第六十条　资产公司应当坚持审慎性原则,充分识别、有效计量、持续监测和控制流动性风险,确保其资产负债结构与流动性要求相匹配。资产公司应通过设立更加稳定、持久和结构化的融资渠道来提高应对流动性风险的能力。

第六十一条　资产公司应当定期评估集团流动性管理政策的充分性和有效性,以及流动性应急预案的充分性和可操作性。关注并分析集团整体的资产负债状况、现金流状况等,特别是负债集中度、资产负债期限错配对流动性可能带来的负面影响。

第四章　并表监管基础

第一节　公司治理

第六十二条　资产公司应当按照国家相关法律、法规规定和现代金融企业制度要求,建立健全以股东大会、董事会、监事会和高级管理层等为主体的公司治理架构,明确界定各治理主体以及董事、监事、高级管理人员的职责权限,建立科学、高效的决策、执行和监督制度,完善激励约束机制,提高公司治理的有效性,最大限度地维护股东、债权人、公司自身和员工等利益相关方的合法权益。

第六十三条　资产公司应结合整体战略规划和对子公司的管理要求,按照“合规、精简、高效”的原则,不断优化投资结构，简化控股层级，并指导子公司建立完善公司治理结构。资产公司的法人层级原则上应控制在三级以内，除个别特殊行业外，不得在二级子公司下设立法人机构。

第六十四条　资产公司应统筹结合自身发展定位及整体经营计划，加强业务整合和管理流程优化，完善内部授权制度和风险绩效综合评价制度，指导子公司开展各项业务。

第六十五条　在维护子公司独立法人经营自主权的前提下，资产公司依法承担对集团整体战略规划、资源配置和风险管理的职责，对集团内部的人力资源、财务会计、品牌文化实施有效管理，加强内部业务协同和资源共享，建立全覆盖的风险管理和内部审计体系，提高整体运营效率和风险防控能力。

第六十六条　资产公司应当建立和完善以资本回报、风险控制和持续发展为核心的综合考核指标体系，以综合考核指标为导向的内部资源配置机制和以综合考核结果为基础的激励约束机制，定期对自身和子公司的经营业绩和发展情况进行全面考核，确保稳健经营和合理资本回报。

第六十七条　资产公司建立薪酬制度、长期股权激励制度和企业年金制度应当符合国家有关规定，并充分考虑国民经济发展水平、社会和行业薪酬水平以及本公司实际经营状况等因素，制定合理可行的实施方案，依法履行规定程序后实施。

第二节　风 险 控 制

第六十八条　资产公司应在并表基础上建立与其业务性质、规模和复杂程度相适应，覆盖集团各个层面、各业务领域和区域（境内外）的全面风险管理体系，全面认识、分析和管理各类风险，确保集团风险管理与战略发展目标相一致。

第六十九条　资产公司应当在集团层面上建立全面、独立、专业的风险管理组织体系，明确有关各方的风险管理职责，逐步建立和完善自上而下的风险政策执行、监督评价机制和自下而上的风险报告制度，不断完善垂直化的风险管理组织架构。

第七十条　资产公司董事会对全面风险管理承担最终责任，并向股东大会负责，董事会下设的风险管理委员会和审计委员会根据董事会授权履行相应职责。高级管理层负责全面风险管理的日常工作并向董事会负责。监事会对董事会及高级管理层在全面风险管理中的履职情况进行监督。

第七十一条　资产公司应当根据有关监管规定，结合自身业务特点和全面风险管理的要求，制定风险管理政策、制度和流程，并根据集团发展、技术更新及市场变化等因素，及时修订和完善。

第七十二条　资产公司应当多层次、多维度地识别经营过程中的各类风险，分析风险的成因、组成要素和相关条件。风险识别应综合考虑内部和外部因素，并选择与其自身业务特点和发展阶段相适应的分析技术和方法。

第七十三条　资产公司应当按照相关规定进行风险分类和评估。评估内容包括：战略风险、经营风险、财务风险、法律风险、声誉风险等。根据已识别风险可能给集团造成的影响和损失，确定该风险对实现集团经营目标的影响程度，形成风险管理的依据。

资产公司可采用问卷调查、集体讨论、专家咨询、情景分析和管理层访谈等定性方法对各类风险的成因、特征及后果进行风险评估。具备条件的资产公司可逐步引入统计分析、内部评级法、敏感性分析等定量方法对风险进行量化分析，并随着风险数据的积累和计量水平的提高不断加以改进和完善。

第七十四条　资产公司应根据自身发展战略和条件，结合风险评估和计量结果明确风险管理的重点，并选择合适的风险管理工具，制定相应的风险应对方案。风险应对方案应包括解决该风险要达到的具体目标，涉及的管理业务流程，需要的条件和资源，拟采取的具体措施及风险管理工具等内容。

第七十五条　资产公司应当按照相关监管规定，建立支持全面风险管理的内部控制体系，完善内部控制制度和全流程风险控制措施。内部控制制度和全流程风险控制措施至少应包括以下内容：

（一）有效的内部授权制度；

（二）业务与风险管理审批制度；

（三）风险监测和风险管理报告制度；

（四）重大风险预警和应急处理制度；

（五）风险管理责任制度；

（六）内部审计监督制度；

（七）风险管理考核评价制度；

（八）重要岗位的权力制衡制度；

（九）防火墙和风险隔离制度。

第七十六条　资产公司应当定期对全面风险管理的健全性、合理性和有效性进行监督检查，分析、评价全面风险管理体系的设计和执行结果，发现薄弱环节，不断完善全面风险管理体系，确保全面风险管理工作的持续有效实施。

第七十七条　资产公司当应逐步建立与全面风险管理相适应、涵盖风险管理基本流程和内部控制系统各个环节的风险管理信息系统，包括风险信息的采集、存储、分析、报告、披露等。风险管理信息系统应准确、及时、持续地支持集团风险的识别、监测、预警、管控和报告等工作。

第七十八条 资产公司应当在集团范围内强化风险管理文化建设。董事会成员和高级管理人员应当在培育统一风险管理文化中发挥表率作用,并通过持续开展风险教育与培训,增强全体员工的风险管理意识,努力将风险管理意识转化为全体员工的共同认识和自觉行动,促进公司形成系统、规范、高效的全面风险管理机制。

第七十九条 资产公司应当每半年向银监会报告集团的风险管理情况,并按规定报送相关信息资料。针对重大突发风险事件,资产公司应当制定相应的重大事项报告制度,并报银监会备案。

第三节 信息系统管理

第八十条 资产公司应制定与其经营战略相适应的信息化建设规划,并结合实际情况,在集团范围内逐步做到“统一规划、统一标准、集中建设、集中管理”。

第八十一条 资产公司信息化建设规划应从业务和管理需求出发,保持适度的前瞻性,并确保信息系统的稳定性和可扩展性。信息化建设规划应在集团范围内最大限度地统筹资源,避免盲目投资和重复建设。

第八十二条 资产公司应当按照相关法律、法规和监管规定的要求,集中建设符合专业技术标准的数据中心、灾备中心、开发测试中心和业务后援中心,建立健全各项管理措施和应急机制,保障业务持续、安全、稳定运行。

第八十三条 资产公司应结合实际,制定合理的系统架构以及技术和数据标准,加强对软件生命周期、信息科技产品采购和服务外包的科学管理,保障开发质量,降低运营成本,防范道德风险,提高服务满意度。

第八十四条 资产公司应将主要业务流程、关键控制点和业务处理规则嵌入系统程序,使内部控制流程与信息系统有机结合,实现对业务流程和主要风险点的自动化控制,减少或消除人为操纵因素。

第八十五条 资产公司应按照监管指引要求,积极采取措施,力争实现集团内部管控信息和非现场并表监管信息的自动化采集处理,优化系统辅助分析和预警功能。

第八十六条 资产公司应统筹规划、突出重点,研究制定和完善集团信息安全标准规范和信息安全制度体系,落实信息安全管理职责,完善信息安全管理机制,建立健全信息安全检查机制,依据已确立的技术法律、法规、监管规定、内部制度与相关技术标准,定期开展信息安全检查,确保信息安全。

第八十七条 资产公司应当按照不同密级设置信息系统用户访问权限,加强日志审计和系统监测,严格控制后台操作和非授权访问。认真执行数据加密和备份策略,确保核心数据存放安全和有效恢复。

第八十八条 资产公司应逐步健全信息科技治理结构,设立集团层面的信息科技管理委员会,负责审批集团的信息战略规划方案、信息化投资预算与计划,以及审批与协调重大信息科技项目、监督信息系统整体运行情况等。

资产公司应当明确集团信息科技管理部门,统一负责集团信息系统的规划、信息科技资源的协调与共享、信息科技制度体系建设、信息化需求管理等。

第四节 战略与声誉风险管理

第八十九条 资产公司应当明确战略管理职能部门,负责集团的战略制定和评估工作,在科学制定战略发展规划的基础上,配合董事会有关专门委员会,定期开展对战略规划执行情况的评估。

第九十条 集团战略决策应反映外部环境、行业、经济、技术、市场竞争、监管等方面的变化。在进行战略投资、重大项目等决策时,应关注集团管理资源和能力、资本与资金来源、人员和信息系统以及沟通渠道等能否有效支持业务发展战略。

第九十一条 资产公司应建立完整的集团战略发展评估体系。集团设定的战略目标应科学、合理,并与公司的文化、价值观、社会责任、业务方向和风险容忍度保持一致。

第九十二条 资产公司应关注自身及其子公司所产生的风险和损失对集团的声誉可能造成的负面影响,制定应急预案,采取有效措施管理声誉风险。

第五节 信息披露管理

第九十三条 资产公司应当建立和完善并表信息披露制度,规范披露程序,明确内部管理职责,按照相关法律、法规和监管规定的要求对外披露信息。

第九十四条 资产公司对外披露并表信息应当遵循真实性、及时性、完整性、一致性原则,对信息披露中的虚假和误导性陈述及重大遗漏等承担相应的法律责任。

第九十五条 资产公司披露的并表信息内容应主要包括:公司的基本信息、资本信息、风险管理信息等。资产公司可以根据自身实际情况,自主增加披露其他相关信息。

资产公司对外披露信息应当严格执行国家保密相关规定。

第九十六条 资产公司对外披露并表信息应指定专门机

构管理、专人负责，主要通过公司网站和指定媒体进行。

资产公司应完善公司信息系统及网站建设，确保并表信息披露渠道通畅。

第五章　并表监管方式

第一节　非现场监管

第九十七条　银监会对资产公司的并表监管重点关注整体情况及单一法人数据与资产公司并表数据的差异，资产公司与子公司以及子公司之间的交易，金融类子公司和非金融类子公司对集团财务状况和风险状况的重大影响等方面内容，定期对资产公司进行全面风险评价。

第九十八条　银监会通过制定资产公司非现场监管报表指标体系，开展非现场监测与分析，全面掌握集团总体架构、股权结构及其变化、经营情况等。对于在非现场监管中发现的资产公司监管指标异常变动等情况，可以采取风险提示、约见高级管理人员、现场走访、要求整改等措施，并密切监督其整改的进展。

第九十九条　对资产公司违反风险管理、最低资本要求、杠杆率、大额风险暴露、流动性、内部交易、信息披露等审慎监管标准的行为，银监会可以要求资产公司立即采取措施补救并按照法律、法规和监管规定采取相应的监管措施。

第一百条　银监会根据并表监管情况，可以组织资产公司和外部审计机构参加并表三方会谈，讨论监管和外部审计过程中发现的问题，加强对并表监管关注事项的交流和沟通。

第二节　现场检查

第一百零一条　银监会现场检查的对象为资产公司，必要时可协调相关监管机构，由相关监管机构对资产公司下属的证券、期货、基金、保险等子公司进行检查。经相关监管机构同意，银监会可以通过与相关监管机构成立联合检查组等方式，对资产公司下属的证券、期货、基金、保险等子公司实施现场检查。

第一百零二条　银监会可以根据非现场并表监管情况，以及资产公司的风险状况、规模、组织架构及业务复杂程度，合理安排和制定并表现场检查计划。

第一百零三条　银监会根据现场检查计划确定的检查内容和重点进行现场检查，检查结束后向资产公司出具《现场检查意见书》或《行政处罚决定书》。要求资产公司对检查发现的问题进行整改，并对违法、违规行为进行处罚。

第一百零四条　银监会可以在《现场检查意见书》或《行政处罚决定书》印发后对资产公司的整改措施落实情况进行跟踪，或实施后续检查，关注和评估资产公司的风险及其管控情况的变化。

第三节　监管协调与信息共享

第一百零五条　银监会通过与境外其他监管机构加强协调合作及信息共享，确保资产公司的境外机构得到充分、有效的监管。

第一百零六条　银监会通过与国家相关部门及境内其他监管机构建立监管协调机制，在监管内容、信息报送、审批政策和具体监管措施等方面加强信息沟通和协调配合，全面掌握资产公司及其各金融类子公司的风险水平与风险管理状况，对重大紧急问题进行磋商，协调现场检查的范围和方式等。对监管中发现的资产公司金融类子公司存在的重大风险以及涉嫌违法违规的问题，由银监会按照监管职责分工移送相关监管机构处理。

第一百零七条　银监会推动建立电子信息平台，加强与国家相关部门及其他监管机构的监管信息共享。

第一百零八条　银监会可以通过签订双边监管备忘录等形式与境外监管机构开展监管合作，对资产公司跨境业务的监管和协调做出安排。

第六章　附　　则

第一百零九条　未经国务院批准实施股份制改革的资产公司的并表监管参照本指引执行。

第一百一十条　本指引由银监会负责解释和修订。

第一百一十一条　本指引自公布之日起施行。

金融企业不良资产批量转让管理办法

1. 2012年1月18日财政部、中国银行业监督管理委员会发布
2. 财金〔2012〕6号

第一章　总　　则

第一条　为盘活金融企业不良资产，增强抵御风险能力，促进金融支持经济发展，防范国有资产流失，根据国家有关法律法规，制定本办法。

第二条　本办法所称金融企业，是指在中华人民共和国境内依法设立的国有及国有控股商业银行、政策性银行、信托投资公司、财务公司、城市信用社、农村信用社以及中国银行业监督管理委员会（以下简称银监会）依法监督管理的其他国有及国有控股金融企业（金融资产管理公司除外）。

其他中资金融企业参照本办法执行。

第三条　本办法所称资产管理公司，是指具有健全公司治理、内部管理控制机制，并有5年以上不良资产管理和处置经验，公司注册资本金100亿元（含）以上，取得银监会核发的金融许可证的公司，以及各省、自治区、直辖市人民政府依法设立或授权的资产管理或经营公司。

各省级人民政府原则上只可设立或授权一家资产管理或经营公司，核准设立或授权文件同时抄送财政部和银监会。上述资产管理或经营公司只能参与本省（区、市）范围内不良资产的批量转让工作，其购入的不良资产应采取债务重组的方式进行处置，不得对外转让。

批量转让是指金融企业对一定规模的不良资产（10户/项以上）进行组包，定向转让给资产管理公司的行为。

第四条 金融企业应进一步完善公司治理和内控制度，不断提高风险管理能力，建立损失补偿机制，及时提足相关风险准备。

第五条 金融企业应对批量处置的不良资产及时认定责任人，对相关责任人进行严肃处理，并将处理情况报同级财政部门和银监会或属地银监局。

第六条 不良资产批量转让工作应坚持依法合规、公开透明、竞争择优、价值最大化原则。

（一）依法合规原则。转让资产范围、程序严格遵守国家法律法规和政策规定，严禁违法违规行为。

（二）公开透明原则。转让行为要公开、公平、公正，及时充分披露相关信息，避免暗箱操作，防范道德风险。

（三）竞争择优原则。要优先选择招标、竞价、拍卖等公开转让方式，充分竞争，避免非理性竞价。

（四）价值最大化原则。转让方式和交易结构应科学合理，提高效率，降低成本，实现处置回收价值最大化。

第二章 转 让 范 围

第七条 金融企业批量转让不良资产的范围包括金融企业在经营中形成的以下不良信贷资产和非信贷资产：

（一）按规定程序和标准认定为次级、可疑、损失类的贷款；

（二）已核销的账销案存资产；

（三）抵债资产；

（四）其他不良资产。

第八条 下列不良资产不得进行批量转让：

（一）债务人或担保人为国家机关的资产；

（二）经国务院批准列入全国企业政策性关闭破产计划的资产；

（三）国防军工等涉及国家安全和敏感信息的资产；

（四）个人贷款（包括向个人发放的购房贷款、购车贷款、教育助学贷款、信用卡透支、其他消费贷款等以个人为借款主体的各类贷款）；

（五）在借款合同或担保合同中有限制转让条款的资产；

（六）国家法律法规限制转让的其他资产。

第三章 转 让 程 序

第九条 资产组包。金融企业应确定拟批量转让不良资产的范围和标准，对资产进行分类整理，对一定户数和金额的不良资产进行组包，根据资产分布和市场行情，合理确定批量转让资产的规模。

第十条 卖方尽职调查。金融企业应按照国家有关规定和要求，认真做好批量转让不良资产的卖方尽职调查工作。

（一）通过审阅不良资产档案和现场调查等方式，客观、公正地反映不良资产状况，充分披露资产风险。

（二）金融企业应按照地域、行业、金额等特点确定样本资产，并对样本资产（其中债权资产应包括抵质押物）开展现场调查，样本资产金额（债权为本金金额）应不低于每批次资产的80%。

（三）金融企业应真实记录卖方尽职调查过程，建立卖方尽职调查数据库，撰写卖方尽职调查报告。

第十一条 资产估值。金融企业应在卖方尽职调查的基础上，采取科学的估值方法，逐户预测不良资产的回收情况，合理估算资产价值，作为资产转让定价的依据。

第十二条 制定转让方案。金融企业制定转让方案应对资产状况、尽职调查情况、估值的方法和结果、转让方式、邀请或公告情况、受让方的确定过程、履约保证和风险控制措施、预计处置回收和损失、费用支出等进行阐述和论证。转让方案应附卖方尽职调查报告和转让协议文本。

第十三条 方案审批。金融企业不良资产批量转让方案须履行相应的内部审批程序。

第十四条 发出要约邀请。金融企业可选择招标、竞价、拍卖等公开转让方式，根据不同的转让方式向资产管理公司发出邀请函或进行公告。邀请函或公告内容应包括资产金额、交易基准日、五级分类、资产分布、转让方式、交易对象资格和条件、报价日、邀请或公告日期、有效期限、联系人和联系方式及其他需要说明的问题。通过公开转让方式只产生1个符合条件的意向受让方时，可采取协议转让方式。

第十五条 组织买方尽职调查。金融企业应组织接受邀请并注册竞买的资产管理公司进行买方尽职调查。

（一）金融企业应在买方尽职调查前，向已注册竞买的资产管理公司提供必要的资产权属文件、档案资料和相应电子信息数据，至少应包括不良资产重要档案复印件或扫描文件、贷款五级分类结果等。

（二）金融企业应对资产管理公司的买方尽职调查提供必要的条件，保证合理的现场尽职调查时间，对于资产金额和户数较大的资产包，应适当延长尽职调查时间。

（三）资产管理公司通过买方尽职调查，补充完善资产信息，对资产状况、权属关系、市场前景等进行评价分析，科学估算资产价值，合理预测风险。对拟收购资产进行量本利分析，认真测算收购资产的预期收入和成本，根据资产管理公司自身的风险承受能力，理性报价。

第十六条 确定受让方。金融企业根据不同的转让方式，按照市场化原则和国家有关规定，确定受让资产管理公司。金融企业应将确定受让方的原则提前告知已注册的资产管理公司。采取竞价方式转让资产，应组成评价委员会，负责转让资产的评价工作，评价委员会可邀请外部专家参加；采取招标方式应遵守国家有关招标的法律法规；采取拍卖方式应遵守国家有关拍卖的法律法规。

第十七条 签订转让协议。金融企业应与受让资产管理公司签订资产转让协议，转让协议应明确约定交易基准日、转让标的、转让价格、付款方式、付款时间、收款账户、资产清单、资产交割日、资产交接方式、违约责任等条款，以及有关资产权利的维护、担保权利的变更、已起诉和执行项目主体资格的变更等具体事项。转让协议经双方签署后生效。

第十八条 组织实施。金融企业和受让资产管理公司根据签署的资产转让协议组织实施。

第十九条 发布转让公告。转让债权资产的，金融企业和受让资产管理公司要在约定时间内在全国或者省级有影响的报纸上发布债权转让通知暨债务催收公告，通知债务人和相应的担保人，公告费用由双方承担。双方约定采取其他方式通知债务人的除外。

第二十条 转让协议生效后，受让资产管理公司应在规定时间内将交易价款划至金融企业指定账户。原则上采取一次性付款方式，确需采取分期付款方式的，应将付款期限和次数等条件作为确定转让对象和价格的因素，首次支付比例不低于全部价款的30%。

采取分期付款的，资产权证移交受让资产管理公司前应落实有效履约保障措施。

第二十一条 金融企业应按照资产转让协议约定，及时完成资产档案的整理、组卷和移交工作。

（一）金融企业移交的档案资料原则上应为原件（电子信息资料除外），其中证明债权债务关系和产权关系的法律文件资料必须移交原件。

（二）金融企业将资产转让给资产管理公司时，对双方共有债权的档案资料，由双方协商确定档案资料原件的保管方，并在协议中进行约定，确保其他方需要使用原件时，原件保管方及时提供。

（三）金融企业应确保移交档案资料和信息披露资料（债权利息除外）的一致性，严格按照转让协议的约定向受让资产管理公司移交不良资产的档案资料。

第二十二条 自交易基准日至资产交割日的过渡期内，金融企业应继续负责转让资产的管理和维护，避免出现管理真空，丧失诉讼时效等相关法律权利。

过渡期内由于金融企业原因造成债权诉讼时效丧失所形成的损失，应由金融企业承担。签订资产转让协议后，金融企业对不良资产进行处置或签署委托处置代理协议的方案，应征得受让资产管理公司同意。

第二十三条 金融企业应按照国家有关规定，对资产转让成交价格与账面价值的差额进行核销，并按规定进行税前扣除。

第四章 转让管理

第二十四条 金融企业应建立健全不良资产批量转让管理制度，设立或确定专门的审核机构，完善授权机制，明确股东大会、董事会、经营管理层的职责。

资产管理公司应制定不良资产收购管理制度，设立收购业务审议决策机构，建立科学的决策机制，有效防范经营风险。

第二十五条 金融企业和资产管理公司负责不良资产批量转让或收购的有关部门应遵循岗位分离、人员独立、职能制衡的原则。

第二十六条 金融企业根据本办法规定，按照公司章程和内部管理权限，履行批量转让不良资产的内部审批程序，自主批量转让不良资产。

第二十七条 金融企业应在每批次不良资产转让工作结束后（即金融企业向受让资产管理公司完成档案移交）30个工作日内，向同级财政部门和银监会或属地银监局报告转让方案及处置结果，其中中央管理的金融企业报告财政部和银监会，地方管理的金融企业报告同级财政部门和属地银监局。同一报价日发生的批量转让行为作为一个批次。

第二十八条 金融企业应于每年2月20日前向同级财政部门和银监会或属地银监局报送上年度批量转让不良资产情况报告。省级财政部门和银监局于每年3月30日前分别将辖区内金融企业上年度批量转让不良资产汇总情况报财政部和银监会。

第二十九条　金融企业和资产管理公司的相关人员与债务人、担保人、受托中介机构等存在直接或间接利益关系的，或经认定对不复资产形成有直接责任的，在不良资产转让和收购工作中应予以回避。

第三十条　金融企业应在法律法规允许的范围内及时披露资产转让的有关信息，同时充分披露参与不良资产转让关联方的相关信息，提高转让工作的透明度。

上市金融企业应严格遵守证券交易所有关信息披露的规定，及时充分披露不良资产成因与处置结果等信息，以强化市场约束机制。

第三十一条　金融企业应做好不良资产批量转让工作的内部检查和审计，认真分析不良资产的形成原因，及时纠正存在的问题，总结经验教训，提出改进措施，强化信贷管理和风险防控。

第三十二条　金融企业应严格遵守国家法律法规，严禁以下违法违规行为：

（一）自交易基准日至资产交割日期间，擅自放弃与批量转让资产相关的权益；

（二）违反规定程序擅自转让不良资产；

（三）与债务人串通，转移资产，逃废债务；

（四）抽调、隐匿原始不良资产档案资料，编造、伪造档案资料或其他数据、资料；

（五）其他违法违规的行为。

第三十三条　金融企业和资产管理公司应建立健全责任追究制度，对违反相关法律、法规的行为进行责任认定，视情节轻重和损失大小对相关责任人进行处罚；违反党纪、政纪的，移交纪检、监察部门处理；涉嫌犯罪的，移交司法机关处理。

第三十四条　财政部和银监会依照相关法律法规，对金融企业的不良资产批量转让工作和资产管理公司的资产收购工作进行监督和管理，具体办法由财政部和银监会另行制定。对检查中发现的问题，责令有关单位或部门进行整改，并追究相关人员责任。

第五章　附　　则

第三十五条　金融企业应依据本办法制定内部管理办法，并报告同级财政部门和银监会或属地银监局。

第三十六条　各省、自治区、直辖市人民政府依法设立或授权的资产管理或经营公司的资质认可条件，由银监会另行制定。

第三十七条　本办法自印发之日起施行。

金融资产管理公司监管办法

1. 2014年8月14日中国银行业监督管理委员会、财政部、中国人民银行、中国证券监督管理委员会、中国保险监督管理委员会发布
2. 银监发〔2014〕41号
3. 自2015年1月1日起施行

第一章　总　　则

第一条　为适应金融资产管理公司集团化、多元化发展的监管需要，规范其经营行为，根据《中华人民共和国银行业监督管理法》、《金融资产管理公司条例》等法律、法规，制定本办法。

第二条　本办法适用于金融资产管理公司（以下简称“资产公司”）及其附属法人机构等组成的集团的监管。

本办法所称集团是指资产公司、附属法人机构以及特殊目的实体等其他附属经济组织组成的集团。

本办法所称集团母公司是指资产公司总部及分支机构。

本办法所称附属法人机构（不包括政策性债转股企业）是指由资产公司控制的境内外子公司以及其他被投资机构。“控制”概念按照财政部《企业会计准则第33号——合并财务报表》有关标准界定。

当被投资机构不为资产公司所控制，但符合下列情况的应当纳入集团范围监管：被投资机构总体风险足以对集团的财务状况及风险水平造成重大影响；被投资机构合规风险、声誉风险足以对集团声誉造成重大影响。

本办法所称集团层面监管是指对集团母公司的审慎监管以及通过集团母公司对集团内未受监管实体的间接监管。集团未受监管实体是指不直接受到金融分业监管机构审慎监管的附属法人机构以及特殊目的实体等其他附属经济组织。

本办法所称集团范围监管是指通过金融分业监管机构（及其他行业监管机构）之间的协调合作，对集团实施的全面审慎监管。

第三条　根据国家有关法律和国务院的授权，中国银行业监督管理委员会（以下简称银监会）依法监督管理集团母公司和实施集团并表监管，并负责集团层面监管。集团附属法人机构根据法律规定接受相关监管机构或部门的监管。

银监会与财政部、中国人民银行、中国证券监督管理委员会（以下简称证监会）、中国保险监督管理委员会（以下简称保监会）等监管机构和主管部门加强监管合作和信息共享,协调实现集团范围的全面、有效监管。

第四条 银监会建立风险为本的审慎监管框架,并定期评估、及时更新,以确保对资产公司集团监管的有效性。

集团审慎监管侧重于同集团经营相关联的特有风险,包括但不限于:多重杠杆、风险传染、风险集中、利益冲突、内部交易及风险敞口等。

集团审慎监管框架的基本要素包括但不限于:公司治理、风险管控、内部交易、资本充足性、财务稳健性、信息资源管理和信息披露等。

第二章 公司治理

第一节 公司治理框架

第五条 集团应建立全面的公司治理框架。集团母公司及各附属法人机构应当遵循独立运作、有效制衡、相互合作、协调运转的原则,建立合理的治理制衡机制和治理运行机制,确保集团有效履行审慎、合规的义务,治理框架应关注的内容包括但不限于:

(一)集团架构的一致性;

(二)集团组织和管理结构的适当性;

(三)集团重要股东的财务稳健性;

(四)集团母公司董事、高级管理人员和集团风险管理、内部控制等重要部门的主要负责人在集团管理中的适当性;

(五)对集团内部利益冲突的管理;

(六)集团内部控制、风险管理体系、内部审计及合规职能。

第六条 集团母公司应当参照《商业银行公司治理指引》等有关规定,建立健全公司治理机制,满足集团运营的组织、业务和风险管理需要。

集团母公司应规范指导附属法人机构建立和完善与其业务性质、规模相匹配的公司治理机制,并在符合《公司法》等相关法律、法规以及附属法人机构公司章程的前提下,确保附属法人机构的公司治理机制服从集团整体的治理要求。

第七条 集团母公司董事会应对集团管理承担最终责任。董事会下设专业委员会,向董事会提供专业意见或根据董事会授权就专业事项进行决策,包括但不限于:

(一)战略委员会负责制定集团整体发展战略,制定集团战略应当听取主要附属法人机构董事会或类似机构的意见;

(二)审计委员会负责检查集团内部控制及合规情况,评估集团合并财务报告信息的真实性、准确性、完整性和及时性;

(三)风险管理委员会负责督促和指导高级管理层建立集团整体的风险偏好以及有效、适当的内部控制体系和风险隔离机制,风险隔离的具体内容参照《商业银行并表管理及监管指引》执行;

(四)关联交易委员会负责集团关联交易的管理、审查和批准,识别和控制内部关联性引起的合规和风险问题;

(五)薪酬委员会应负责审议集团激励约束制度和政策。

第八条 集团母公司监事会应当履行对集团管理的监督职责,包括但不限于:

(一)监督集团整体发展战略的制定及实施;

(二)监督集团合并财务报告的制定,以及财务报告信息的真实性、准确性、完整性和及时性;

(三)监督集团整体风险、内部控制体系和风险隔离机制;

(四)监督集团关联交易和内部交易的管理、审查、批准及合规情况;

(五)监督集团激励约束机制的建立和实施情况。

第九条 集团母公司高级管理层执行董事会对集团管理的决策,包括但不限于:执行董事会关于集团管理的战略方针和重大决策;制定集团管理制度,对集团的人力资源、财务会计、信息系统、品牌文化等实施有效管理,确保集团管理各项决策的有效实施;确保集团的监管、合规以及审计问题得到及时解决,并落实监事会对集团监督的意见和建议。

第十条 集团公司治理框架应当能够恰当地平衡集团母公司与附属法人机构,以及各附属法人机构之间的利益冲突。集团母公司负责制定能识别和管理集团内部利益冲突的政策和程序。利益冲突来源包括但不限于集团内部交易及定价,母公司和附属法人机构之间的资产转移、利润转移、风险转移等。

第二节 集团组织架构

第十一条 集团应当根据相关法律规定,设定其职能、业务条线和区域组织结构,确保整体的组织架构有助于集团稳健经营,且不影响监管机构对其实施有效监管。

第十二条 集团应当建立健全与业务策略和风险状况相符合的管理架构,明确集团管理的职责、政策、程序和制度,建立清晰的报告路线和完善的信息管理系统,确保集团母公司及附属法人机构的内部控制、风险管理等关键职能的适当性。

第十三条 集团母公司应当在遵守《公司法》等相关法律、法规的前提下,按照“合规、精简、高效”的原则,控制集团层级及附属法人机构数量，集团层级控制在三级以内，金融监管机构另有规定的除外。附属法人机构的设立需征得股东同意或者根据集团母公司章程及授权制度等规定履行相关程序。

第十四条　银监会评估和监测集团组织管理架构的适当性，尤其是集团母公司审批和控制架构的调整，以及新设附属法人机构的适当性。

银监会对集团的股权结构进行评估，包括但不限于：

（一）股权结构的必要性、合理性和透明度；

（二）入股行为以及入股资金的来源是否依法合规；

（三）控股法人股东的公司治理安排及其影响；

（四）股东对集团的潜在不利影响。

第三节　集团管控

第十五条　集团母公司应当在遵守《公司法》等相关法律、法规，尊重附属法人机构独立地位的前提下，根据集团整体战略和安全稳健运营的需要，并考虑附属法人机构不同的股权结构和治理结构，通过适当的管控模式，规范行使集团母公司的管理职能。

第十六条　集团母公司应当加强对附属法人机构的管理，督促附属法人机构遵守行业监管的相关规定，实现集团经营的协同性。集团母公司主要在战略、财务、经营决策、人事等方面，按照相关法律、法规以及附属法人机构的公司章程或协议规定的程序，对附属法人机构实施控制权，包括但不限于：

（一）加强集团战略管理，指导、检查、监督各附属法人机构贯彻落实集团战略规划；

（二）制定集团整体经营策略，加强附属法人机构之间的业务协同和资源共享；

（三）指导各附属法人机构建立健全财务、业务及会计管理制度，制定经营计划，通过适当的预算管理、绩效考核和激励约束机制，确保各附属法人机构完成计划目标；

（四）优化内部资源配置，根据各附属法人机构的实际运营绩效以及对集团战略目标实现的贡献程度，整合配置资金、资本和人才等核心资源，推动集团的集约化、协同化发展；

（五）构建和实施集团全面的风险管理框架和有效的内部控制体系，指导各附属法人机构制定适当的风险管理程序和执行准则；

（六）通过附属法人机构董事会，加强对附属法人机构的管理；

（七）提高集团支持服务能力，推进产品研发、客户服务、会计核算、人力资源、信息技术、行政后勤等集团统一平台和共享服务中心建设，提升集团协同水平。

第十七条　集团母公司应当在符合《公司法》等相关法律、法规以及附属法人机构公司章程的前提下，通过影响附属法人机构股东大会（股东会）、董事会决策，确保附属法人机构能落实集团管理的制度、政策和要求。

第十八条　集团母公司应当建立责任机制或制衡机制，包括但不限于：

（一）在保证自身安全稳健的前提下，可对附属法人机构提供适当的资金支持；

（二）附属法人机构资本充足率达不到监管要求时，母公司应当督促其补足资本金；

（三）确保母公司的管理控制不会存在损害附属法人机构及其相关利益人权益的行为。

第四节　任职管理

第十九条　集团母公司董事和高级管理人员除达到《银行业金融机构董事（理事）和高级管理人员任职资格管理办法》等相关规定的条件以外，还应当具备与集团组织、管理、业务结构的复杂性相匹配的任职条件，包括但不限于：

（一）拥有足够的知识和经验以便恰当、公平和有效地对集团所有机构实施管理和监督，以及拥有足够的公信力；

（二）完全理解与集团综合经营相关的组织结构、业务管理的复杂性，具有相关的管理能力；

（三）全面掌握集团的业务情况和财务状况，理解与把握集团的风险承受能力、风险偏好以及同集团经营相关的特有风险。负责风险管理的董事和高级管理人员应对集团风险状态和风险类型，以及测量、监控和管理各种风险的技术有深入了解。

第二十条　集团母公司应当确保附属法人机构董事和高级管理人员履职的适当性，并建立持续监测和评估的程序。集团母公司在考核时除评估上述人员对附属法人机构自身发展贡献方面的履职情况外，还应当重点考虑其履职情况是否符合集团整体的发展要求。

第二十一条　集团母公司的董事、高级管理人员以及负责内部控制和风险管理的关键人员原则上不得兼任附属法人机构的董事、高级管理人员等重要职位。如确有兼任必要，应当确保集团安全稳健运行，避免内部利益冲突。

第五节　激励约束机制

第二十二条　集团应当建立和实施适当的激励约束机制。集团母公司对集团范围的激励约束机制承担最终责任，确保集团母公司及各附属法人机构的绩效考核、薪酬政策符合集团整体的长期利益以及集团风险管理的需要。

第二十三条　集团母公司应当参照《商业银行公司治理指引》、《商业银行稳健薪酬监管指引》等相关规定，建立适当的激励约束机制和稳健的薪酬制度，并指导附属法人机构根据各自的行业规定，建立与集团审慎管理相匹配的激励约束机制。集团母公司及各附属法人机构的激励约束机制可根据经营性质和行业监管要求的不同，存在合理差异，但履职评价、绩效考核、薪酬机制的整体目标应当保持一致，确保与绩效考核、薪酬政策相关的风险控制在集团整体的风险管理框架中予以体现，减少由不当激励约束安排引发的风险。

第二十四条　集团母公司应当建立和完善科学、客观、合理的责权利对称、可操作性强的集团综合考评指标体系，形成适当的内部资源配置机制，定期对自身和附属法人机构的经营业绩和发展情况进行全面考核，确保稳健经营和资本合理回报。

集团绩效考评应当建立规范、透明、公开的管理流程，兼顾效益与风险、财务因素与非财务因素，突出合规经营和风险管理的重要性。

第二十五条　承担集团财务管理、内部控制、风险管理等职能的人员的业绩衡量和薪酬应当独立于其所监督管理的业务领域，不得与所监督管理业务领域的经营业绩挂钩。

第三章　风 险 管 控

第一节　风 险 治 理

第二十六条　集团应当整合风险管理资源，建立独立、全面、有效的综合风险管理体系，集团母公司董事会全面负责集团范围的风险管理、内控机制、内部审计和合规管理，确保集团风险管理行为的一致性。

（一）集团母公司董事会应当设立独立的风险管理委员会；

（二）集团母公司董事会应当设立独立的审计委员会，审计委员会成员主要由非兼任高级管理人员职务的董事担任，审计委员会的召集人由独立董事担任；

（三）集团母公司应当建立独立的风险管理部门和内部审计部门，在人员数量和资质、薪酬等激励政策、信息科技系统访问权限、专门的信息系统建设以及集团内部信息渠道等方面给予风险管理部门和内部审计部门必要的支持；集团母公司应当确保风险管理部门和内部审计部门具备向董事会和高级管理层直接报告的渠道和路径；

（四）集团母公司应当规划集团整体经营策略、风险管理政策与指导原则，指导附属法人机构做好风险管理，附属法人机构应当根据集团母公司相关规定拟定自身风险管理程序及执行规则。

第二十七条　集团风险管控机制包括但不限于：

（一）根据集团母公司及各附属法人机构的业务规模、信用风险、市场风险与操作风险等状况及未来发展趋势，监控其资本充足性；

（二）制定适当的长、短期资金调度原则及管理规范，建立衡量及监控集团母公司及各附属法人机构流动性风险的管理机制，衡量、监督、管控集团的流动性风险；

（三）根据集团整体风险情况、自有资本及负债的特征进行各项投资资产配置，建立各项投资风险管理制度；

（四）建立资产性质和分类的评估方法，计算及管控集团母公司及各附属法人机构的大额风险暴露，定期监测、核实并计提损失准备；

（五）针对集团母公司与附属法人机构，以及附属法人机构之间的业务、交易、信息共享等，建立信息安全防护机制及危机管理计划。

第二十八条　集团应当建立健全有效的风险管理流程和内控机制。包括但不限于：

（一）职权与责任的明确安排；

（二）资金管理部门与会计部门的分离；

（三）相关流程的协调机制；

（四）集团的资产保全；

（五）适当的独立内部审计与合规管理，促进上述控制措施、相关法律和监管要求得到遵守。

第二十九条　集团应当建立统一的内部审计制度，检查集团的业务活动、财务信息和内部控制，指导和评估附属法人机构的内部审计工作。

（一）附属法人机构应当向集团母公司上报董事会会议纪录、会计查核报告、金融监管机构非现场监管、现场检查意见书或其他有关资料；

（二）附属法人机构应当设立内部审计部门，并将内部审计报告所提重大缺陷及整改情况上报集团母公司审核；

（三）集团母公司审计部门应当定期对附属法人机构内部审计的成效进行考核，考核结果经报集团母公司董事会后，送交附属法人机构董事会作为改进工作的参考。

第三十条　集团母公司应当逐步建立与其风险状况相匹配的前瞻性的压力测试方案，并作为其风险管理体系的组成部分。集团母公司应当定期评估集团的压力测试方案，确定其涵盖主要风险来源并采用可能发生的不利情景假设。集团母公司应将压力测试结果应用到决策、风险管理(包括应急计划)以及资本和流动性水平的内部评估中。

如果发现压力测试方案存在实质性缺陷,或者决策过程没有充分考虑压力测试结果,银监会可要求采取纠正措施。

第三十一条　集团应当定期审查集团范围风险管理框架的有效性,并确保恰当地加总风险:

(一)集团母公司风险敞口的计算适用资产公司有关监管规定;

(二)附属金融类法人机构风险敞口的计算适用相关分业监管机构的监管规定,按集团母公司对其享有的权益额和借款额作为计入集团风险敞口的上限;无相关风险敞口计量监管规定的,按集团母公司对其享有的权益额和借款额计算计入集团的风险敞口;

(三)附属非金融类法人机构风险敞口的计算,按集团母公司对其享有的权益额和借款额作为计入集团风险敞口的上限,具体计算根据业务活动类型分别处理,对其从事金融活动的风险敞口参照金融业相关监管规定执行,对其从事非金融活动的风险敞口参照具有专业资质的评估机构或审计机构的公允价值评价结果确定;

(四)集团母公司按照在附属法人机构中的持股比例对风险敞口进行加总,但附属法人机构风险敞口计入集团的总额不得大于集团母公司对附属法人机构享有的权益总额和借款总额。

第三十二条　集团在识别、评估、监测、控制、缓释重大风险时,应当做好危机管理:

(一)危机包括但不限于:大批交易对手破产,导致财务状况恶化;不法行为造成信誉严重丧失;灾害和意外事故,如严重自然灾害或恐怖行为,使经营难以继续;因谣言等各种不利因素造成集团突发性的声誉风险事件,使集团无法及时从外部融入资金,从而导致集团出现流动性问题;

(二)如果其中一家附属法人机构面临风险,可能对集团内其他附属法人机构或整个集团产生损害时,集团应当建立有效管理系统妥善应对此情况;

(三)集团应当制定应急计划以妥善处理危机,应急计划应定义报告和沟通方式;

(四)集团应当根据环境的变化及时审查应急计划;

(五)集团应当做好公共关系管理,应对附属法人机构在财务稳健性和运营适宜性等方面可能产生的重大事件。

第三十三条　集团应当管理特定功能外包风险:

(一)不得将自身权利责任委托给外包机构;

(二)不得将下列管理职能委托给外包机构:集团的计划、协调、控制和管理约定;法律或其他法规已明确分配的管理职能或规范;相关风险敞口决策;

(三)不得影响监管机构对集团的有效监管。

第三十四条　集团应当重点防范风险在集团母公司及各附属法人机构之间的传染。

(一)集团应当制定制度以规范集团内部交易,防范机构之间的投融资以及担保等行为引起风险在集团内部传染;

(二)集团应当避免通过收取不恰当的管理费用或以其他方式挪用集团母公司及附属法人机构的利润来救助面临破产危机的附属法人机构,从而影响集团内部其他实体的清偿力、流动性或盈利性;

(三)集团应当建立和完善人员、资金、业务、信息等方面的防火墙制度,防范风险传染;

(四)集团应当妥善应对因附属法人机构经营不善或倒闭引发的集团债务偿付要求,避免给整个集团带来损失和声誉风险的事件发生。

第三十五条　集团应当建立整体的风险容忍度和风险偏好政策,明确可接受和不可接受的风险承受行为,并与集团的业务战略、风险状况以及资本规划保持一致。集团母公司在考虑整体风险状况的基础上,应当始终确保其风险承受能力可应对重大风险,并考虑风险之间的相关性。

第三十六条　集团母公司应当建立识别、评估、管理和监测风险流程来确保其有足够的风险承受能力。风险管理部门应当明确集团所面临的各类风险,高级管理层应当积极参与集团风险限额的制定和监测。在确定或调整风险管理战略时,应当考虑集团的风险承受能力。

第三十七条　集团母公司董事会和高级管理层应当认真培育风险管理文化,积极采取有效措施建立相关程序和流程形成集团范围内的风险管理文化,措施包括但不限于:

(一)要求集团各个层面、各个阶段(包括产品设计阶段)决策中均应考虑风险管理因素;

(二)风险管理文化应当考虑集团业务的整体性,包括对未受监管实体和金融产品的风险意识;

(三)对员工特别是对董事、高级管理人员、重要部门关键人员等提供风险管理培训;

(四)培育和倡导全员风险管理文化建设,为所有人员特别是基层员工发现风险、防范和管理风险提供正当渠道。

第二节　战略风险

第三十八条　本办法所称战略风险,是指集团因缺乏对市场环境的了解、战略定位不当、关键资源能力不足、集团业务条线和机构之间缺乏战略协同、无法形成有效的盈利模式，以及战略推动力和执行力不足，导致对集团盈利、资本、声誉产生影响的现有或潜在风险。

第三十九条　集团母公司应当在对市场环境和自身关键资源能力分析的基础上制定集团战略规划，明确集团战略定位和集团的盈利模式。集团母公司应当采取措施加强集团战略规划的推动力和执行力，推动集团管理模式、盈利模式和信息技术的创新和融合。

第四十条　集团母公司应当加强战略规划的管控能力，确保业务条线、主要职能部门和附属法人机构的子战略规划服从和符合集团的整体战略规划。

（一）集团应当根据发展战略，制定相应的年度工作计划并分解和落实年度目标；应当完善集团发展战略管理制度，并建立完整的集团战略发展评估体系。附属法人机构应当以集团战略发展规划为指引制定相应的战略规划和工作计划；

（二）战略规划应当覆盖三至五年的时期，并经过董事会批准。集团母公司应当对附属法人机构的战略规划进行定期审查，要求附属法人机构根据环境的变化定期对其战略规划进行评估，依据评估情况确定修订与否及修订方案。

第四十一条　集团战略决策应当反映外部市场环境、监管等方面的变化。在进行战略决策时，集团母公司及各附属法人机构应当关注集团关键资源能力、集团企业文化、协同和考核机制能否支持业务发展战略。

第四十二条　集团母公司应当要求附属法人机构确保其战略目标的设定在符合监管导向的前提下与集团的定位、价值、文化及风险承受能力相一致，并确保其战略风险能被识别、评估、监测、控制和报告。

第四十三条　集团母公司应当加强集团企业文化和激励约束考核机制建设，促进战略协同，加强附属法人机构对集团战略规划的贯彻执行，确保集团整体战略目标的实现。

第四十四条　集团母公司应当确保附属法人机构的组织模式、关键资源能力足以支持集团战略的实施。当附属法人机构的发展战略与集团发生偏差和利益冲突时，集团母公司应当恰当地平衡各方利益，在维护集团整体利益的同时，不得损害子公司及其少数股东的正当权益。

第四十五条　集团母公司战略委员会应当加强对集团战略实施情况的监控，定期收集和分析相关信息，并及时向集团母公司董事会报告明显偏离发展战略的情况。如果董事会在审议方案中发现重大问题和由环境变化所产生的战略风险，应当责成战略委员会对方案做出调整。

附属法人机构应当加强对自身战略实施情况的监控，定期收集和分析相关信息，并及时向集团母公司报告明显偏离发展战略的情况。如果附属法人机构在发展战略中发现因环境变化所产生的战略风险，应当及时向集团母公司反映情况，并根据集团母公司的要求对战略方案做出调整。

第三节　集中度风险

第四十六条　集中度风险是指单个风险暴露或风险暴露组合可能威胁集团整体偿付能力或财务状况，导致集团风险状况发生实质性变化的风险。存在集中度风险的情形包括但不限于：

（一）交易对手集中风险。由于集团母公司及各附属法人机构对同一个交易对手或多个风险高度相关的交易对手有较高的风险暴露而产生的风险。

（二）地区集中风险。集团母公司及各附属法人机构对同一地区交易对手具有较高的风险暴露而产生的风险。

（三）行业集中风险。集团母公司及各附属法人机构对同一经济、金融行业具有较高的风险暴露而产生的风险。

（四）信用风险缓释工具集中风险。集团母公司及各附属法人机构由于采用单一的抵质押品、由单个担保人提供担保而产生的风险。

（五）资产集中风险。集团母公司及各附属法人机构高比例持有特定资产的风险，特定资产包括债权、衍生产品、结构性产品等。

（六）表外项目集中风险。集团母公司及各附属法人机构从事对外担保、承诺所形成的集中风险。

（七）其他集中风险。集团母公司及各附属法人机构其他可能给集团带来损失的单个风险暴露或风险暴露组合。

第四十七条　集团应当逐步采用多种技术手段充分识别、计量和管理信用风险、市场风险和流动性风险的集中度风险。

第四十八条　集团大额风险暴露是指集团并表后的资产组合对单个交易对手或一组有关联的交易对手、行业或地区、特定类别的产品等超过集团资本一定比例的风险集中暴露。集团母公司应当严格按照资产公司有关监管要求，计量管理大额风险暴露。

第四十九条　集团应当建立全面的集中度风险管理框架，集中度风险管理框架至少包括：

（一）书面的集中度风险管理制度。该制度对集团面临的集中度风险做出明确的定义并规定相关的管理措施。

（二）有效地识别、计量、监测和控制集中度风险的方法。

（三）集中度风险限额管理体系。集团根据其经营规模和业务复杂程度对集中度风险确定适当的限额，并采取有效的措施确保限额在经营管理中得到遵守。

（四）定期的集中度风险报告和审查制度。

（五）压力测试制度。集团母公司定期对面临的主要集中度风险进行压力测试，识别可能对集团经营带来不利影响的潜在因素，并根据压力测试结果采取相应的处置措施。

第四节 流动性风险

第五十条 集团母公司及各附属法人机构应当建立与业务规模、性质、复杂程度和经营范围相适应的流动性风险管理体系，从而满足其所承担或可能承担的流动性风险的资金需求。流动性风险管理体系的基本要素包括但不限于：

（一）有效的流动性风险管理治理结构；

（二）完善的流动性风险管理策略、政策和程序；

（三）有效的流动性风险识别、计量、监测和控制；

（四）完善的管理信息系统。

第五十一条 集团应当明确在正常及压力情况下可承受的流动性风险水平，制定流动性风险管理的具体政策及程序。

第五十二条 集团母公司应当要求附属法人机构在流动性策略中明确应对日常经营现金流出以及季节性和周期性现金流波动的主要资金来源。同时，集团母公司应当对流动性风险进行分类管理，持续关注附属法人机构的流动性风险，制定向附属法人机构提供流动性支持的预案，并报银监会、人民银行备案。集团母公司还应当制定向附属法人机构提供处理潜在临时、中期及长期流动性风险情况的计划和流程。

第五十三条 集团应当在策略规划及预算编制流程中将流动性成本、利润以及风险纳入考虑范围。集团附属法人机构应当按照集团母公司的要求进行流动性策略规划，开展重要业务活动时，应当对流动性风险敞口及盈利能力进行评估。

第五十四条 集团应当坚持审慎性原则，充分识别、有效计量、持续监测和控制流动性风险，确保其资产负债结构与流动性要求相匹配。集团母公司及各附属法人机构应当通过设立更加稳定、持久和结构化的融资渠道来提高应对流动性风险的能力。同时，集团母公司应当要求附属法人机构对其在正常和压力情景下未来不同时间段的流动性风险水平及优质流动性资产储备情况进行前瞻性分析评估。

第五十五条 集团应当定期评估集团流动性管理政策的充分性和有效性，以及流动性应急预案的充分性和可操作性；关注并分析集团整体的资产负债状况、现金流状况、融资能力的持续有效性等，特别是负债集中度、资产负债期限错配对流动性可能带来的负面影响。

第五十六条 集团可根据自身发展状况，对集团的流动性风险进行统一的限额管理，充分考虑投、融资和其他业务活动，确保集团母公司及各附属法人机构具有充足的流动性，并充分考虑到实际和潜在的对附属法人机构之间以及各附属法人机构与母公司之间资金流动的限制性因素，包括法律和监管因素。

第五十七条 集团应当对整体的流动性风险状况进行监测分析，具体内容包括但不限于：现金流缺口、现金流预测、重要的流动性风险预警指标、融资可行性、应急资金来源的现状或者抵押品的使用情况等。在正常的业务环境中，流动性风险报告应当及时上报高级管理层，定期上报董事会或董事会专门委员会并抄报监事会，报告次数可依据业务组合及流动性风险状况复杂程度进行调整。

第五节 声誉风险

第五十八条 集团应当建立统一的声誉风险管理机制、相关制度和管理政策，建立集团声誉风险管理体系，持续、有效监控声誉风险管理的总体状况和有效性，防范声誉风险，应对声誉事件，以减少负面影响或损失。

第五十九条 集团应当配备与集团业务规模及复杂程度相适应的声誉风险管理资源，识别影响集团母公司及各附属法人机构的声誉或业务、或应引起高级管理人员高度重视的主要风险，建立声誉风险或潜在问题的预警指标，及时应对声誉事件。

第六十条 集团应当对母公司及各附属法人机构进行声誉风险排查，查明声誉风险在母公司与附属法人机构之间的传导途径以及发生声誉事件的因素。

第六十一条 集团母公司应当制定自身的声誉风险应急预案，附属法人机构应当根据集团母公司的声誉风险管理要求，制定相应的声誉风险应急预案报集团备案。同时，集团母公司应当提升客户满意度并及时准确地发布信息，提升集团在金融市场中的整体形象。

第六十二条 集团应当对附属法人机构声誉事件实行分类分级管理。附属法人机构应当对声誉事件进行应急处置，并及时向集团母公司报告，防止因声誉风险的传递对集团造成不良影响。

第六十三条　附属法人机构应当按照集团母公司的要求，评估声誉事件应对措施的有效性，及时向集团母公司反馈情况。

集团应当根据附属法人机构发生的声誉风险，动态调整应对方案，发生重大声誉事件应当及时向银监会报告有关情况，并及时上报声誉事件处置和评估报告。

第六节　新业务风险

第六十四条　集团母公司应当制定相关制度对新业务进行定义，明确新业务试点开展的具体流程、风险评估和控制措施，以及实施前的测试工作等要求。对于提交董事会或高级管理层审查的创新试点项目，应当重点审查新业务的创新性及风险管理计划。集团的新业务制度应当随着市场情况、监管法规发生变化而更新。

第六十五条　集团母公司及各附属法人机构应当在新业务已成功实施，且识别、评估、处理、监控风险的流程已就绪的情况下持续开展该业务。新业务运作中所涉及的部门和人员（包括内部审计部门和合规管理部门）应当参与到新业务计划的制定及测试阶段中。

第六十六条　集团母公司及各附属法人机构应当制定防范新业务风险的制度，并对新业务及其风险进行评估，包括但不限于：

（一）分析新业务的法律、法规要求；

（二）分析新业务与集团主业的关联度情况以及新业务收益成本；

（三）描述相关金融产品和相关目标市场；

（四）描述新业务活动可能给集团带来的风险，以及任何已有的风险管理程序和系统的细节，包括风险定义、量化、管理和控制的程序；

（五）评估新业务活动对集团整体财务状况和资本水平影响程度；

（六）描述相关会计核算、交易组织架构以及关键风险控制职能。

第四章　内部交易管理

第一节　定义和原则

第六十七条　集团内部交易是指集团母公司与附属法人机构以及附属法人机构之间发生的包括资产、资金、服务等资源或义务转移的行为。不包括集团母公司及各附属法人机构与对其有直接或间接控制、共同控制、实际控制或重大影响的其他股东之间的交易。

第六十八条　集团内部交易应当遵循诚信、公允、审慎、透明的原则，确保内部交易的必要性、合理性、合规性。

（一）必要性。内部交易应当符合集团及各附属法人机构的战略发展目标，有利于加强集团协同，提高集团的综合经营效益，防止通过内部交易掩盖风险。

（二）合理性。内部交易应当符合商业原则、行业和市场惯例，交易价格应当公允。

（三）合规性。内部交易应当遵守国家法律、法规以及相关行业的监管规定。

第六十九条　集团内部交易范围主要包括：

（一）以资产为基础的内部交易。包括：资产买卖与委托（代理）处置、资产重组（置换）、资产租赁等。

（二）以资金为基础的内部交易。包括：投资、授信、融资（借款、买卖公司债券、股东存款及提供担保等）、理财业务等。

（三）以中间服务为基础的内部交易。包括：提供评级、评估、审计、法律顾问、拍卖、咨询、业务代理、中介服务等。

第二节　内部交易的管理

第七十条　集团母公司及各附属法人机构在依法合规和有效控制风险的前提下，可建立客户、渠道、品牌等方面的共享机制，逐步对会计核算、信息技术、行业研究等后台支持部门进行集中管理，有效配置和使用资源，实现规模效益。

第七十一条　集团母公司及各附属法人机构开展银行、证券、信托、基金、期货、保险等业务的综合营销时，应当符合下列要求：

（一）从事综合营销的业务人员，应当取得监管部门规定的有关业务所需的资质。

（二）集团内部各经营单位代理内部业务应当签订协议，明确各自的权利和义务。确保代理业务前期尽职调查到位，落实项目后期管理责任。

（三）附属法人机构之间进行综合营销时，其营业场所、业务人员及服务项目应当使客户易于识别。

（四）从事综合营销的业务人员办理相关业务时，其行为由开办相关业务的附属法人机构承担法律责任。

（五）集团母公司及附属法人机构之间共享客户资源进行营销时，客户数据的提供、贮存、使用必须符合法律、法规要求，附属法人机构之间应当签订保密协议，建立客户数据库，妥善储存、保管及管理客户相关数据。

第七十二条　集团母公司应当按照相关法律、法规及监管规定，制定集团内部交易管理制度，加强内部交易管理，规范内部交易行为。内部交易管理制度应当报送银监会。

第七十三条　监管机构明确界定的重大关联交易对应的内部交易应当按照相关监管机构规定执行，按照规定需经审批的关联交易对应的内部交易，应当报监管机构批准。

第七十四条　集团母公司应当明确内部交易审议（审查）和决策机构及相应的管理职能，制定并严格履行科学、规范的内部交易审议（审查）和决策程序。

附属法人机构可根据业务开展情况，明确内部交易审议（审查）和决策机构及其对应的职责。

第七十五条　集团母公司应当健全和完善内部交易的定价机制，集团内部交易定价应当以市场交易价格为基础，无法获取市场交易价格的，可按照成本加成定价或协议价定价。集团内部交易按照协议价定价的，业务发生机构应当按照国家法律、法规要求，提供价格形成的有效依据。

第七十六条　集团母公司应当建立健全集团内部交易风险隔离机制，增强内部交易透明度，降低内部交易的复杂程度，防止通过内部交易不当转移利润和转嫁风险，减少利益冲突，避免风险过度集中，保护利益相关者的合法权益，维护公平竞争的市场环境。

第七十七条　集团母公司及各附属法人机构应当对内部交易的成本和收入进行分析，并按照会计准则和有关规定真实、及时地进行会计处理。

第七十八条　集团母公司内部审计部门应当每年至少对集团内部交易情况进行一次审计。审计结果报董事会（或经营决策机构）和监事会，董事会（或经营决策机构）应当每年向股东大会（股东会）报告。

集团母公司应当于每年第一季度末向银监会报送上一年度集团内部交易开展情况的综合报告。

第三节　内部交易的禁止性规定

第七十九条　集团母公司在内部交易中不得利用其控股地位损害附属法人机构、附属法人机构的其他股东和客户的合法权益。

第八十条　不得通过内部交易进行监管套利。

第八十一条　附属法人机构应当遵守所属行业的监管规定，不得违规从事下列事项：

（一）附属银行类机构不得对集团母公司及其他附属法人机构提供无担保授信，或发放无担保贷款。不得对集团母公司及其他附属法人机构的融资行为提供担保，但关联方以银行存单、国债提供足额反担保的除外；

（二）附属信托类机构不得将集合信托资金直接或间接运用于集团母公司及其他附属法人机构，但集合信托资金全部来源于集团母公司及其他附属法人机构的除外；

（三）附属证券类机构不得对集团母公司和其他股东提供融资或担保。附属证券类机构不得持有集团母公司和其他股东的股权（但法律、法规或者证监会另有规定的除外），不得通过购买集团母公司或其他股东持有的证券等方式输送不当利益；

（四）附属保险类机构不得违反保监会有关关联交易的监管要求，违规对集团母公司及其他附属法人机构提供担保和投资。

第五章　特殊目的实体管理

第八十二条　本办法所称特殊目的实体是指为特殊目的而建立的法人和其他经济组织。

第八十三条　集团母公司及各附属法人机构以特殊目的实体从事业务时，应当依照有关法律、法规、部门规章的规定和各业务的法律约定履行相应职责，并有效地识别、计量、监测和控制相关风险。

第八十四条　集团母公司及各附属法人机构以特殊目的实体从事业务时，特殊目的实体应当具有良好的公司治理、风险管理体系和内部控制制度，规范的标准和程序等。

第八十五条　集团应当充分认识设立特殊目的实体从事交易而承担的责任，并根据特殊目的实体在所从事交易业务中担当的角色，制定相应的风险管理政策和程序，以确保持续有效地识别、计量、监测和控制特殊目的实体从事交易过程中的风险，避免因特殊目的实体在交易过程中承担多种角色可能产生的利益冲突。

第八十六条　集团对特殊目的实体的设立和运营监管承担以下责任：

（一）集团应当设立评估流程，根据特殊目的实体与集团关系的性质，确定是否全部或部分纳入并表监管；

（二）集团应当在压力测试和情景分析中考虑因特殊目的实体产生的表外业务风险；

（三）集团应当重点评估特殊目的实体所带来的风险传染。

第八十七条　集团应当评估特殊目的实体在交易过程中所承担的风险和商业目的，区分风险转移与风险转化。集团应当确保评估持续进行，且管理层对上述风险充分了解。

第八十八条　集团应当对特殊目的实体中增加交易复杂性的风险管理因素进行评估（如特殊目的实体的结构化特征）。如特殊目的实体交易的复杂程度增加，超出特殊目的实体和投资者对有关风险进行量化的能力，则不得发起该交易。

第八十九条　集团母公司及各附属法人机构应当对其特殊目的实体的资本充足情况、杠杆作用及流动性措施的影响进行分析，对其各类风险进行评估。集团母公司应评估加总、评价和报告所有特殊目的实体的风险敞口，将其与集团内其他所有实体的风险共同考虑并加以管理。

第九十条　集团应当定期监督、监测特殊目的实体活动的开展状况，评估它们对集团的影响，识别可能导致的系统脆弱性及系统性风险传染。

第六章　资本充足性管理

第一节　资本要求

第九十一条　对集团的资本监管分为单一机构监管、同业的并表监管及集团补充资本监管三个层次：

（一）集团母公司及附属金融类法人机构应当分别满足各自监管机构的单一资本监管要求。其中，集团母公司资本充足率不得低于12.5%。

（二）集团母公司、附属银行业金融机构及附属非金融机构应当满足银监会相关并表监管的资本监管要求，附属证券业和保险业金融机构，应当分别满足各自分业并表的资本监管或偿付能力监管要求。

（三）集团应当满足集团补充资本监管要求。

第九十二条　集团补充资本计量方法为，将母公司和附属金融类法人机构的合格资本按持股比例全部相加，从中减去附属法人机构之间及各附属法人机构对其母公司的持股额（包括过度杠杆，即将发债和借入资金以股权或其他方式注资获得的持股额）和经审核无法转移的资本额。然后，将扣除内部持股和无法转移资本后的集团合格资本与母公司及其对附属金融类法人机构按持股比例计算的资本监管要求之和进行比较，以确定集团的资本是否充足。

第二节　资本管理

第九十三条　集团应当建立审慎、健全的资本管理政策、制度及实施流程，同时要兼顾未受监管业务的额外风险和跨业经营的复杂情况。可根据集团发展情况，建立资本管理政策委员会，统一负责集团的资本政策、制度和规划管理，也可由集团母公司董事会指定的委员会负责。集团母公司应当保持集团范围的资本充足，缓冲集团经营活动带来的风险。资本管理要考虑和评估集团范围的风险状况。

第九十四条　资本管理政策应当经集团母公司董事会批准并定期审查，资本管理决策应当体现稳健的资本规划要求，并考虑压力情景下的结果。资本规划应当确保集团内部资本充足性评估程序的稳健性。

第九十五条　资本规划流程应当符合对整个集团范围以及单个被监管机构的资本要求。资本规划应当在考虑集团战略重点和经营计划的基础上设定与风险敞口规模和类别对应的资本充足性目标；考虑集团范围的风险状况、风险偏好及重要附属法人机构已暴露的相关业务风险对集团资本状况可能造成的影响；识别和计量重大风险（包括表内、表外业务风险及未受监管实体的业务风险）；量化内部资本目标，制定保持内部资本目标水平的管理计划，明确未达标需采取的行动和措施；考虑当前和可预测的商业和宏观经济环境，采用前瞻性的压力测试识别可能的时间或市场状况的变化对集团资本状况带来的不利影响。

集团资本规划主要内容包括：

（一）对规划周期（至少九个季度）内的资本预期使用和补充来源的评估及超过规划周期的资本潜在使用和潜在补充来源的预测评估。包括在预期和压力条件下，集团的规模、复杂性、风险状况和经营范围等。

（二）集团资本充足性评估程序的详细描述。包括但不限于：评价集团活动产生风险的程序，确保资本与风险水平相适应；集团如何保持资本充足的战略；如何设定集团风险状况相关的资本目标、风险偏好；如何在预期和压力条件下保持超过最低监管要求资本；如何加强对附属银行业法人机构资本支持，在偏离监管资本要求时所采取的补救措施；如何加强对特殊目的实体、中间控股公司等未受监管实体的资本缺口管理；集团应当说明如何能够获得足够的合格资本覆盖缺口。

（三）对资本规划、发行、使用和分配的原则和规定的评估。包括内部资本目标，分红和股份回购的定量和定性规定，应对潜在资本不足的策略，围绕资本政策的内部治理程序等。

（四）对集团资本充足性和流动性有重大影响业务规划的任何预期改变。

（五）明确集团母公司与附属法人机构、附属法人机构之间进行转让的资本的性质以及对该类资本如何进行转让的说明。

（六）明确对未受监管实体持有足够的资本或可随时调用足够资本所做的安排。

第九十六条　集团母公司应当识别和明确集团内相互持股产生的双重或多重的资本杠杆，避免资本的重复计算。持续关注对于集团与其他集团之间的相互持股以及集团通过未受监管的中间控股公司对附属法人机构持股，充分考虑上述行为对集团资本管理可能造成的不利影响。

第九十七条　集团母公司应当减少过度资本杠杆对整个集团造成的风险。防范集团母公司将发债或借入资金以股权或其他方式注资附属法人机构，以及附属法人机构将发债或借入资金以股权或其他方式注资集团母公司或其他附属法人机构对整个集团可能造成的不利影响。

第九十八条 集团母公司应当加强对附属法人机构的审慎管理。集团母公司对附属法人机构的持股比例超过20%低于50%，并获得实际控制权时，只有按比例分配的合格资本高于附属法人机构资本要求的超额部分才可用于弥补集团或集团母公司资本。

第九十九条 按照外部监管与内部监管相结合的原则，集团母公司应当通过逐步建立和强化内生经济资本管理，提升外部资本监管的有效性。集团母公司应当加强经济资本管理建设规划，逐步建立有利于经济资本计量的数据采集、模型选取等制度，并在有效计量经济资本的基础上，逐步建立健全经济资本的预算分配制度，以及以经济增加值和经风险调整的资本回报率为核心的绩效考核制度，以提高与集团整体的业务发展及风险相匹配的资本计量和管理能力，提升资本使用效率。集团母公司应当通过集团内部审计，确保集团整个资本管理过程的完整性。

第一百条 集团母公司应当关注集团经营业绩是否能够支持整个风险资本要求，分析资产和权益增长率的水平和趋势对资本补充的影响，持续检查资产损失头寸的现有水平，关注集团母公司依赖的核心盈利或收入是否来自于非主营业务，强化在经营恶化趋势中通过盈利增加资本的管理能力，并提升通过存续股东增加资本、发行新资本工具或使用资本替代来源的能力。

第一百零一条 集团母公司应当促进资本工具的创新，加强对资本工具的有效运用和合规性的管理，拥有分红支付优先权的股票不得作为普通股纳入一级资本。

第三节 资本评估

第一百零二条 集团母公司应当对集团范围内经营活动和交易中的内在风险的资本充足性进行评估，充分考虑整个集团的经营风险，妥善处理第三方参与者与少数股东权益，包括对未受监管实体的资本处理方式以及对重要的风险敞口和特定机构的投资是否需要提出具体的额外资本要求。

集团母公司进行资本评估，应当涵盖集团内所有从事金融和准金融活动的机构（包括受监管实体和未受监管实体），当集团内风险由受监管实体转移至未受监管实体时，应当对未受监管实体的资产数量和质量进行审查。

第一百零三条 集团母公司应当评估计量和扣除资本重复计算采取措施的适当性和一致性。集团资本充足性评估和计量技术应当能解决过度杠杆评估和计量问题，充分考虑资本结构、注资方式、附属法人机构通过分红帮助母公司偿债对资本充足率评估的影响。

第一百零四条 集团母公司应当在不考虑集团内部资本转移能力的情况下，评估集团内部资本分配的适当性。集团资本评估和计量技术应当能够评估集团内部资本转移的限制，判断是否存在影响集团内部资本有效转移的现有或潜在障碍，包括法律限制、税收规定、其他股东利益、资本质量的审慎要求、对未受监管实体出资相关的限制和针对单个附属法人机构的监管要求的限制、外汇管制及所在地的特殊要求等，并考虑上述限制和障碍可能对资本是否纳入集团资本评估产生的影响。

第一百零五条 集团母公司应当明确对附属法人机构资本充足性的具体要求，并对集团内股权投资对集团资本充足性的影响进行持续评估，附属法人机构应当将其重大投资计划提前报告集团母公司。集团母公司应当评估附属法人机构超额资本的适当性，并确保附属法人机构超额资本由合格资本构成。

第一百零六条 集团母公司应当评估资本规划的合理性，包括但不限于：评估现金或其他价值的分红是否与目前和未来的资本需求相一致，资本需求包括可能的未来储备的增加、资产核销和短期内通过市场培育额外资本的可行性；依据盈利或潜在的资本需求评估是否限制超额分红，消除分红可能导致集团资本结构发生重大不利变化；评估是否建立和完善集团范围内全面的分红政策，为集团资本规划提供帮助；持续关注集团内附属法人机构为适应经济环境改变分红政策可能造成的不利影响；评估股票回购和赎回对资本规划的影响，确保资本能够满足集团持续发展的需要。

第四节 资本质量

第一百零七条 集团母公司应当建立资本的自救安排机制，以抵御系统性风险对集团的影响，提升集团监管资本的损失吸收能力。

银监会在必要时可允许集团母公司根据逆周期管理的需要，适当调整资本监管要求，缓解资本监管的亲经济周期效应。

第一百零八条 集团母公司经批准发行非普通股的各级资本工具的条款必须规定，除非在资本工具持有者承担损失前能够充分吸收集团的损失，否则，根据银监会的相关要求，触发条件一旦发生，资本工具或者经批准核销，或者转为普通股。触发条件为下列两者中较早者：

（一）银监会认定，如不做出核销或转为普通股的决定，集团将无法生存；

（二）财政部、人民银行等国家相关管理部门认定,如不做出公共部门注资或提供同等效力支持的决定,集团将无法生存。

第七章 财务稳健性管理

第一节 资金管理

第一百零九条 集团内部资金管理应当遵循统筹安排、合理使用、提高效益的原则,保障集团母公司及各附属法人机构资金需要,按时编制资金使用计划,提高资金使用的安全性、效益性和流动性。

第一百一十条 资金计划管理是通过编制下达资金计划,运用资金调度手段,对资金总量及结构进行主动调节和量化控制,保证资金支付和收支计划的顺利实施,减少不合理资金占用、提高资金使用效率,监测计划期内资金总量平衡和结构调整状况,指导集团母公司及附属法人机构的资金管理活动。

第一百一十一条 集团应当保持债务规模和期限结构合理适当,新增债务融资应充分评估财务风险。集团应当关注资金的动态情况,实时监控集团的资金头寸(附属信托公司、证券公司、基金管理公司、期货公司等机构受托管理的资金可除外),对集团母公司及各附属法人机构资金运用出现异常情况,应当及时发出预警,向集团母公司高级管理层汇报。

第一百一十二条 集团应当建立内部资金转移定价机制,制定科学合理的内部资金转移利率。集团母公司从其附属金融类法人机构融资必须符合有关法律、法规规定,不得以资金占用等形式侵占附属法人机构及其他利益相关者的合法权益。

第一百一十三条 集团应当对附属法人机构的对外担保业务进行统一管理,制定审慎的审批程序,规范对外担保行为,严格控制对外担保产生的债务风险。

第二节 投资管理

第一百一十四条 集团应当协调附属银行业、证券业、保险业法人机构金融业务发展,提高竞争力和盈利能力,并根据国家宏观政策和集团发展战略,优化金融业务投资布局。

第一百一十五条 集团母公司及各附属法人机构应当对对外投资项目的可行性进行研究,对被投资企业的财务信息进行甄别和分析,并及时进行对外投资项目的效益测算和分析评价。

第一百一十六条 集团母公司及各附属法人机构从事境外投资活动,应当按照国家有关境外投资管理规定和相关要求,履行报批程序。集团应当加强境外业务的管理和协调,及时应对形势发展变化,防范和化解财务风险。

第三节 预算与财务控制

第一百一十七条 集团应当根据经济发展状况、市场变化、发展战略和风险偏好等因素,审批确定审慎、可行的年度经营计划。

第一百一十八条 集团应当实施全面预算管理,包括财务预算、业务预算和资本预算;明确集团母公司及各附属法人机构各自的职责和权利,设置专门委员会或明确相应的决策体系,负责预算的编制、审定、组织实施和调整等,以实现集团的整体战略目标。

第一百一十九条 集团母公司及各附属法人机构应当确保其资产、业务增长速度与其资本积累能力和抗风险能力相匹配,确保附属法人机构达到集团母公司规定的风险控制指标要求,不断改善资产负债结构。集团母公司及各附属法人机构应当建立健全动态指标监测系统,及时提示并化解财务风险。

第一百二十条 集团应当全面识别和清理风险隐患,完善财务风险控制制度,建立健全应对财务风险的应急处理机制,有效防范和化解风险。

第一百二十一条 集团应当加强资产质量管理,建立健全资产风险分类管理制度,并逐步实现动态评价。对预计可收回金额低于账面价值的部分,按照有关规定及时足额计提资产减值准备。

第四节 会计信息管理

第一百二十二条 集团母公司及各附属法人机构应当严格依据会计准则进行会计核算,提高会计信息的可靠性、可比性;集团母公司应当定期对附属法人机构重要业务会计政策的准确性和恰当性进行指导和监督。

第一百二十三条 集团母公司应当定期对附属法人机构会计管理工作进行指导和监督,及时纠正不规范会计操作;集团母公司应当规范附属法人机构外部审计机构选聘管理机制,提高附属法人机构所聘用审计机构的资质、独立性和审计水平,提升会计信息质量。具体按照银监会颁布的《银行业金融机构外部审计监管指引》执行。

第一百二十四条 集团应当全面进行财务信息化建设,提高会计信息管理的效率和财务信息的及时性,满足对外及时披露会计信息和报送监管信息、对内提供管理数据的集团财务信息管控要求。集团应当规范会计基础信息的业务标准,支持财务数据的汇总分析,实现集团内部抵消,提高并表效率。

第八章 信息资源管理

第一节 数据管理

第一百二十五条 信息资源管理是指对信息内容及包括应用系统、设备、技术、信息科技人员等在内的与信息内容相关的资源进行管理的过程，包括规划整合相关资源，建设应用系统，建立管理体系，提供信息服务等。集团应当充分认识数据在集团经营决策、内部管理与金融服务中的核心价值和战略意义，从管理体系和技术上不断改进数据的统一管理模式，持续加大数据积累与整合的广度和深度。

第一百二十六条　在符合相关法律、法规前提下，集团应当建设统一的数据管理机制，建立集团管理信息数据库，集中汇总各级附属法人机构的业务、财务和风险管理数据，满足监管信息报送、信息披露、综合营销、集团风险管理、资本管理和经营分析的需求，并持续提升对数据的分析和运用能力。

第一百二十七条　集团母公司应当明确数据统一管理的部门及其职责，负责集团数据管理的领导、组织、协调工作，协调和督促集团母公司各相关部门及各附属法人机构，共同做好数据管理工作，定期检查并发现数据质量存在的问题，提出合理化建议。

第一百二十八条　集团母公司各相关部门及各附属法人机构负责本部门及本机构业务范围内有关数据的日常管理工作，在集团数据统一管理部门的组织协调下，全面开展数据管理工作。

第一百二十九条　集团数据统一管理部门应当牵头建立全面、科学的集团管理信息指标体系，做好信息的监测、分析和风险预警，推进集团管理信息数据库建设，为监管信息报送、经营分析、管理决策、信息披露提供信息分析和支持服务。

第一百三十条　集团母公司应当逐步推进集团数据标准建设，重点加强集团管理信息指标的数据标准建设，推动数据信息逻辑整合，提高监管机构、集团母公司与附属法人机构信息系统之间数据对接的准确性、一致性。

第二节　信息科技治理

第一百三十一条　集团应当逐步健全信息科技治理结构，明确董事会、高级管理层、信息科技管理委员会、信息科技风险管理部门、信息科技管理部门、审计部门的信息科技工作要求和职责。

第一百三十二条　集团母公司应当设立由高级管理层、信息科技部门、主要业务部门和附属法人机构的代表组成的信息科技管理委员会，负责定期向董事会和高级管理层汇报信息科技战略规划执行、信息科技管理与科技风险管理情况。

第一百三十三条　集团母公司应当明确集团的信息科技风险管理部门及其职责，根据集团风险管理体系制定全面的信息科技风险管理策略，建立风险识别和评估流程，持续开展信息科技风险计量和监测。

第一百三十四条　集团母公司应当明确集团信息科技管理部门及其职责，统一负责集团信息系统的规划、信息科技资源的协调与共享、信息科技制度体系建设、信息化需求管理等。

第一百三十五条　集团应当持续提高集团信息技术服务能力，提高信息技术人力资源规划与管理水平，培养专业技术人才，减少关键岗位对外包服务的依赖。

第一百三十六条　集团母公司及各附属法人机构应当将信息科技风险管理审计作为内外部审计的一部分，确保内部审计部门配备足够的资源和具有专业能力的信息科技审计人员，定期进行独立有效的信息科技风险管理审计。

第一百三十七条　集团母公司应当制定信息科技外包管理策略，明确外包管理职责，不能将信息科技管理责任外包，并审慎监督外包职能的履行。

第三节　信息系统建设

第一百三十八条　集团母公司应当制定与其经营战略相适应的信息化建设规划，并结合实际情况，在集团范围内逐步做到“统一规划、统一标准、统一建设、统一管理”。

第一百三十九条　集团母公司应当结合业务实际，制定与附属法人机构业务性质相适应的信息系统技术架构和数据标准，并完善附属法人机构信息系统间的风险隔离机制。

第一百四十条　集团母公司应当建立和完善符合监管要求的管理信息系统，及时、准确、全面获取附属法人机构的相关信息，在集团层面汇总资本、流动性、大额风险暴露、内部交易、盈利、绩效评价等信息，并实现与非现场监管系统的对接。

第一百四十一条　集团母公司应当按照相关法律、法规的要求，集中建设符合专业技术标准的数据中心、灾备中心、开发测试中心和业务后援中心，提高信息技术服务能力，建立健全各项开发测试、运行维护及业务连续性方面的管理措施和应急机制，保障业务持续、安全、稳定运行。

第四节　信息安全管理

第一百四十二条　集团母公司应当研究制定和完善集团信息安全标准规范和信息安全制度体系，落实信息安全管理职责，建立信息安全管理机制，运用各项安全技术，提高员工信息安全意识，依据已确立的法律、法规、内部制度与相关技术标准，定期开展信息安全检查和评估。

第一百四十三条　集团母公司及各附属法人机构对于客户个人资料、往来交易资料及其他相关资料，除法律或监管机构另有规定外，应当保守秘密。集团母公司与附属法人机构之间应当就所集中使用的保密资料签订书面保密承诺，并以监管机构指定的方式，揭示保密措施的重要事项。

第一百四十四条 集团母公司及各附属法人机构进行交叉销售，共同使用客户个人资料时，应当符合为客户保密的监管规定，且事先向客户提示，并经客户同意。集团母公司因法律、监管规定或因内部管理需要，要求附属法人机构将业务或客户信息集中建立数据库并加以应用，不适用本条规定，按本办法第一百四十三条处理。

第一百四十五条 集团应当遵循相关法律、法规对于上市公司未公开信息管理的要求，加强对内幕信息的管理。在符合相关法律、法规的前提下，上市附属法人机构如需向集团披露未公开的业务、财务和风险管理等信息，应当限定集团知悉的人员和内容，签署相关保密及承诺协议，做好内幕信息知情人的登记备案。

第九章 信息披露

第一节 信息披露的基本要求

第一百四十六条 集团信息披露的主体为集团母公司。集团母公司应当建立和完善信息披露制度，规范披露程序，明确内部管理职责，按照相关法律、法规的要求对外披露信息。

第一百四十七条 集团对外披露管理信息应当遵循真实性、准确性、完整性、及时性和公平性原则，对信息披露中的虚假和误导性陈述及重大遗漏等承担相应的法律责任。

第一百四十八条 集团对外披露信息应当严格执行国家保密相关规定，依法确定信息披露的范围和内容，制定合规的披露方式。

第一百四十九条 信息披露内容应当包括：集团法人治理情况、财务状况、风险管理、重大事件等。根据自身实际情况，可以自主增加披露其他相关信息。

第一百五十条 信息披露的方式、途径、频率、对象等，应当遵守监管机构的相关规定。因特殊原因不能按照上述有关规定及时披露的，集团应当遵守监管机构规定合规处理。

第二节 信息披露内容

第一百五十一条 法人治理信息。包括但不限于：

（一）集团概况。包括治理结构、组织结构和股权结构信息。

（二）集团母公司股本变动情况。

（三）集团母公司主要股东及实际控制人基本情况。

第一百五十二条 会计信息。包括但不限于：集团及母公司财务会计报表，包括资产负债表、利润表、现金流量表、所有者权益变动表、财务报表附注和审计报告的主要审计意见。

第一百五十三条 风险信息。包括但不限于：

（一）风险管理体系的组织架构和管理职能；

（二）风险管理的政策和程序，风险计量、监测和管理信息系统，内部控制和全面审计情况等；

（三）根据监管机构规定需要披露的其他风险信息。

第一百五十四条 重大事件信息。集团应当按照相关的法律、法规要求，及时披露可能具有较大影响的重大事件，说明事件的起因、目前的状态和可能产生的影响。重大事件包括但不限于：

（一）控股股东或者实际控制人发生变更；

（二）更换董事长或者总裁；

（三）当年董事会成员发生变动；

（四）公司名称、注册资本或者注册地发生变更；

（五）经营范围发生重大变化；

（六）合并、分立、解散或者申请破产；撤销分支机构信息；

（七）重大交易和关联交易；

（八）董事长、总裁因经济犯罪被判处刑罚；

（九）重大诉讼或者重大仲裁事项；

（十）更换或者提前解聘会计师事务所等。

第一百五十五条 集团应当按照有关法律、法规要求披露的重大交易和关联交易信息，包括但不限于：

（一）交易对手；

（二）定价政策；

（三）交易目的；

（四）交易的内部审批流程；

（五）交易对公司本期和未来财务及经营状况的影响；

（六）独立董事的意见。

第十章 监督管理

第一节 监管协调

第一百五十六条 银监会作为集团层面的监管机构，依法履行监管职责，针对集团范围的有效监管问题，加强与财政部、人民银行、证监会、保监会等监管机构和主管部门的监管协调，最大限度地消除监管空白和减少监管套利。监管协调的内容包括但不限于：

（一）银监会同其他监管机构和主管部门签署监管合作谅解备忘录，明确各相关监管机构和主管部门在集团监管中的职责，明确信息交流的内容、方式和渠道,确定联席工作会议、联系机制、重大紧急问题磋商机制、合作开展检查与联合采取监管措施等协调工作机制。

(二)银监会积极寻求同集团附属非金融法人机构的行业主管部门签署合作谅解备忘录,同该行业的主管部门保持沟通与信息共享。

(三)为避免重复监管,银监会对集团附属金融法人机构的了解和评估,在集团母公司提供的信息之外,主要依赖证监会、保监会等监管机构提供的信息,如有必要,可委托相关监管机构收集附属法人机构的特定信息。在监管协作的范围内,证监会、保监会等监管机构可从银监会获得集团运营中有可能影响到附属法人机构的信息。

(四)如果发现附属法人机构的活动可能会给集团运营带来实质性风险,银监会将与相关监管机构协调,联合开展检查或测试。

(五)银监会促进各相关监管机构就集团范围监管问题形成统一意见。对于金融监管政策等方面的协调,通过金融监管协调部际联席会议协调解决。如存在具体监管分歧,银监会通过与其他监管机构监管合作途径,及时协调解决。

(六)银监会和财政部、人民银行、证监会、保监会等相关监管机构及主管部门建立健全集团监管信息共享平台,包括检查报告、风险评估报告、内外部处罚情况和日常监管情况等信息。

第一百五十七条 银监会与境外监管机构开展监管合作,对集团跨境业务的监管和协调做出安排。

第二节 监 管 检 查

第一百五十八条 银监会通过持续的非现场监管,现场检查以及不定期地对集团重要的风险管理和内部控制进行压力测试及情景分析等方式,持续深入了解集团的运营状况,判断集团是否符合相关法律、法规规定和满足审慎监管要求。

第一百五十九条 银监会持续监测和分析集团信息,评估集团整体的风险状况。集团母公司应当为银监会的持续监管提供必要的信息,并定期报送集团风险评估报告,适时报送集团重大事项以及监管部门要求报送的其他资料。

第一百六十条 银监会和集团母公司董事会、高级管理层之间应当就监管检查中发现的问题深入沟通,确保监管检查取得实效,促进集团母公司董事会和高级管理层及时采取纠正措施。

银监会可对集团的监管检查结果落实情况进行跟踪或实施后续检查。

第三节 监 管 罚 则

第一百六十一条 银监会依法对集团母公司采取监管措施,督促其遵守审慎监管要求,确保集团稳健经营。

对附属法人机构达不到集团审慎监管要求的,银监会可责令集团母公司对附属法人机构提出限期纠正的要求。附属法人机构属于证券业或保险业机构的,银监会进行协调,由证监会、保监会等监管机构对其采取监管措施。

第一百六十二条 对于集团母公司未按照银监会监管要求进行整改,或者严重违反法律、法规的行为,银监会依据《中华人民共和国银行业监督管理法》、《中国银行业监督管理委员会行政处罚办法》等相关法律、法规进行处罚或移送司法部门进行处理。

第十一章 附 则

第一百六十三条 本办法中的“以上”、“以内”包括本数或者本级。

第一百六十四条 本办法中董事会、监事会、董事、监事等有关规定不适用于未改制资产公司,信息披露有关规定不适用于未上市资产公司。资产公司可分阶段落实本办法中风险计量及压力测试、数据管理及信息系统建设有关规定,但已改制资产公司至少应在 2020 年底前达标,未改制资产公司至少应在改制后 7 年内达标。资产公司应制定分步实施规划。

第一百六十五条 本办法自 2015 年 1 月 1 日起施行。

3. 其他非银行金融机构

非银行金融机构行政许可事项实施办法

1. *2023 年 10 月 9 日国家金融监督管理总局令 2023 年第 3 号公布*
2. *自 2023 年 11 月 10 日起施行*

第一章 总 则

第一条 为规范国家金融监督管理总局及其派出机构非银行金融机构行政许可行为,明确行政许可事项、条件、程序和期限,保护申请人合法权益,根据《中华人民共和国银行业监督管理法》、《中华人民共和国行政许可法》等法律、行政法规及国务院有关决定,制定本办法。

第二条 本办法所称非银行金融机构包括:经国家金融监督管理总局批准设立的金融资产管理公司、企业集团财务公司、金融租赁公司、汽车金融公司、货币经纪公司、消费金融公司、境外非银行金融机构驻华代表处等机构。

第三条　国家金融监督管理总局及其派出机构依照国家金融监督管理总局行政许可实施程序相关规定和本办法,对非银行金融机构实施行政许可。

第四条　非银行金融机构以下事项须经国家金融监督管理总局及其派出机构行政许可:机构设立,机构变更,机构终止,调整业务范围和增加业务品种,董事和高级管理人员任职资格,以及法律、行政法规规定和国务院决定的其他行政许可事项。

行政许可中应当按照《银行业金融机构反洗钱和反恐怖融资管理办法》要求进行反洗钱和反恐怖融资审查,对不符合条件的,不予批准。

第五条　申请人应当按照国家金融监督管理总局行政许可事项申请材料目录及格式要求相关规定提交申请材料。

第二章　机构设立

第一节　企业集团财务公司法人机构设立

第六条　设立企业集团财务公司(以下简称财务公司)法人机构应当具备以下条件:

(一)确属集中管理企业集团资金的需要,经合理预测能够达到一定的业务规模;

(二)有符合《中华人民共和国公司法》和国家金融监督管理总局规定的公司章程;

(三)有符合规定条件的出资人;

(四)注册资本为一次性实缴货币资本,最低限额为10亿元人民币或等值的可自由兑换货币;

(五)有符合任职资格条件的董事、高级管理人员,并且在风险管理、资金管理、信贷管理、结算等关键岗位上至少各有1名具有3年以上相关金融从业经验的人员;

(六)财务公司从业人员中从事金融或财务工作3年以上的人员应当不低于总人数的三分之二、5年以上的人员应当不低于总人数的三分之一,且至少引进1名具有5年以上银行业从业经验的高级管理人员;

(七)建立了有效的公司治理、内部控制和风险管理体系;

(八)建立了与业务经营和监管要求相适应的信息科技架构,具有支撑业务经营的必要、安全且合规的信息系统,具备保障信息系统有效安全运行的技术与措施;

(九)有与业务经营相适应的营业场所、安全防范措施和其他设施;

(十)国家金融监督管理总局规章规定的其他审慎性条件。

第七条　财务公司的出资人主要应为企业集团成员单位,也可包括成员单位以外的具有丰富行业管理经验的投资者,成员单位以外的单个投资者及其关联方(非成员单位)向财务公司投资入股比例不得超过20%。

第八条　申请设立财务公司的企业集团,应当具备以下条件:

(一)符合国家产业政策并拥有核心主业。

(二)具备2年以上企业集团内部财务和资金集中管理经验。

(三)最近1个会计年度末,总资产不低于300亿元人民币或等值的可自由兑换货币,净资产不低于总资产的30%;作为财务公司控股股东的,最近1个会计年度末净资产不低于总资产的40%。

(四)财务状况良好,最近2个会计年度营业收入总额每年不低于200亿元人民币或等值的可自由兑换货币,税前利润总额每年不低于10亿元人民币或等值的可自由兑换货币;作为财务公司控股股东的,应最近3个会计年度连续盈利。

(五)现金流量稳定并具有较大规模,最近2个会计年度末的货币资金余额不低于50亿元人民币或等值的可自由兑换货币。

(六)权益性投资余额原则上不得超过本企业净资产的50%(含本次投资金额);作为财务公司控股股东的,权益性投资余额原则上不得超过本企业净资产的40%(含本次投资金额);国务院规定的投资公司和控股公司除外。

(七)正常经营的成员单位数量不低于50家,确需通过财务公司提供资金集中管理和服务。

(八)母公司具有良好的公司治理结构或有效的组织管理方式,无不当关联交易。

(九)母公司有良好的社会声誉、诚信记录和纳税记录,最近2年内无重大违法违规行为。

(十)母公司最近1个会计年度末的实收资本不低于50亿元人民币或等值的可自由兑换货币。

(十一)母公司入股资金为自有资金,不得以委托资金、债务资金等非自有资金入股。

(十二)国家金融监督管理总局规章规定的其他审慎性条件。

第九条　成员单位作为财务公司出资人,应当具备以下条件:

(一)依法设立,具有法人资格。

(二)该项投资符合国家法律法规规定。

(三)具有良好的公司治理结构或有效的组织管理方式。

（四）具有良好的社会声誉、诚信记录和纳税记录。

（五）经营管理良好，最近2年无重大违法违规行为。

（六）财务状况良好，最近2个会计年度连续盈利；作为财务公司控股股东的，最近3个会计年度连续盈利。

（七）最近1个会计年度末净资产不低于总资产的30%；作为财务公司控股股东的，最近1个会计年度末净资产不低于总资产的40%。

（八）入股资金为自有资金，不得以委托资金、债务资金等非自有资金入股。

（九）权益性投资余额原则上不得超过本企业净资产的50%（含本次投资金额）；作为财务公司控股股东的，权益性投资余额原则上不得超过本企业净资产的40%（含本次投资金额）；国务院规定的投资公司和控股公司除外。

（十）国家金融监督管理总局规章规定的其他审慎性条件。

第十条　成员单位以外的投资者作为财务公司出资人，应为境内外法人金融机构，并具备以下条件：

（一）依法设立，具有法人资格；

（二）有3年以上资金集中管理经验；

（三）资信良好，最近2年未受到境内外监管机构的重大处罚；

（四）具有良好的公司治理结构、内部控制机制和健全的风险管理体系；

（五）满足所在国家或地区监管当局的审慎监管要求；

（六）财务状况良好，最近2个会计年度连续盈利；

（七）入股资金为自有资金，不得以委托资金、债务资金等非自有资金入股；

（八）权益性投资余额原则上不得超过本企业净资产的50%（含本次投资金额），国务院规定的投资公司和控股公司除外；

（九）作为主要股东自取得股权之日起5年内不得转让所持有的股权，经国家金融监督管理总局或其派出机构批准采取风险处置措施、国家金融监督管理总局或其派出机构责令转让、涉及司法强制执行或者在同一出资人控制的不同主体间转让股权等特殊情形除外，并在拟设公司章程中载明；

（十）投资者为境外金融机构的，其最近2年长期信用评级为良好及以上，所在国家或地区金融监管当局已经与国家金融监督管理总局建立良好的监督管理合作机制；

（十一）国家金融监督管理总局规章规定的其他审慎性条件。

第十一条　有以下情形之一的企业不得作为财务公司的出资人：

（一）公司治理结构与机制存在明显缺陷；

（二）股权关系不透明、不规范，关联交易异常；

（三）核心主业不突出且其经营范围涉及行业过多；

（四）现金流量波动受经济景气影响较大；

（五）资产负债率、财务杠杆率高于行业平均水平；

（六）代他人持有财务公司股权；

（七）被列为相关部门失信联合惩戒对象；

（八）存在严重逃废银行债务行为；

（九）提供虚假材料或者作不实声明；

（十）因违法违规行为被金融监管部门或政府有关部门查处，造成恶劣影响；

（十一）其他对财务公司产生重大不利影响的情况。

第十二条　申请设立财务公司，应当遵守并在拟设公司章程中载明下列内容：

（一）股东应当遵守法律法规和监管规定；

（二）应经但未经监管部门批准或未向监管部门报告的股东，不得行使股东大会召开请求权、表决权、提名权、提案权、处分权等权利；

（三）对于存在虚假陈述、滥用股东权利或其他损害财务公司利益行为的股东，国家金融监督管理总局或其派出机构可以限制或禁止财务公司与其开展关联交易，限制其持有财务公司股权的限额等，并可限制其股东大会召开请求权、表决权、提名权、提案权、处分权等权利；

（四）集团母公司及财务公司控股股东应当在必要时向财务公司补充资本；

（五）主要股东承诺不将所持有的财务公司股权质押或设立信托。

第十三条　一家企业集团只能设立一家财务公司。

第十四条　财务公司设立须经筹建和开业两个阶段。

第十五条　企业集团筹建财务公司，应由母公司作为申请人向拟设地省级派出机构提交申请，由省级派出机构受理并初步审查、国家金融监督管理总局审查并决定。决定机关自受理之日起4个月内作出批准或不批准的书面决定。

第十六条　财务公司的筹建期为批准决定之日起6个月。未能按期完成筹建的，应在筹建期限届满前1个月向国家金融监督管理总局和拟设地省级派出机构提交筹建延期报告。筹建延期不得超过一次，延长期限不得超过3个月。

申请人应在前款规定的期限届满前提交开业申请，逾期未提交的，筹建批准文件失效，由决定机关注销筹建许可。

第十七条　财务公司开业，应由母公司作为申请人向拟设地省级派出机构提交申请，由省级派出机构受理、审查并决定。省级派出机构自受理之日起2个月内作出核准或不予核准的书面决定，并抄报国家金融监督管理总局。

第十八条　申请人应在收到开业核准文件并领取金融许可证后，办理工商登记，领取营业执照。

财务公司应自领取营业执照之日起6个月内开业。不能按期开业的，应在开业期限届满前1个月向省级派出机构提交开业延期报告。开业延期不得超过一次，延长期限不得超过3个月。

未在前款规定期限内开业的，开业核准文件失效，由决定机关注销开业许可，发证机关收回金融许可证，并予以公告。

第十九条　外资跨国集团可直接申请设立财务公司，也可通过其在中国境内设立的外资投资性公司申请设立财务公司。

外资跨国集团直接申请设立财务公司的，外资跨国集团适用本办法第八条第（一）、（二）、（八）、（九）、（十）、（十一）项的规定；其在中国境内投资企业合并口径的收入、利润等指标适用本办法第八条第（四）、（五）、（六）、（七）项的规定，同时其最近1个会计年度末的净资产不低于120亿元人民币或等值的可自由兑换货币，净资产不低于总资产的40%。

通过外资投资性公司申请设立财务公司的，外资投资性公司适用本办法第八条除第（三）项以外的规定，同时其最近1个会计年度末净资产不低于120亿元人民币或等值的可自由兑换货币，净资产不低于总资产的40%。

外资跨国集团申请设立财务公司适用本节规定的程序。

第二节　金融租赁公司法人机构设立

第二十条　设立金融租赁公司法人机构，应当具备以下条件：

（一）有符合《中华人民共和国公司法》和国家金融监督管理总局规定的公司章程；

（二）有符合规定条件的发起人；

（三）注册资本为一次性实缴货币资本，最低限额为1亿元人民币或等值的可自由兑换货币；

（四）有符合任职资格条件的董事、高级管理人员，并且从业人员中具有金融或融资租赁工作经历3年以上的人员应当不低于总人数的50%；

（五）建立了有效的公司治理、内部控制和风险管理体系；

（六）建立了与业务经营和监管要求相适应的信息科技架构，具有支撑业务经营的必要、安全且合规的信息系统，具备保障信息系统有效安全运行的技术与措施；

（七）有与业务经营相适应的营业场所、安全防范措施和其他设施；

（八）国家金融监督管理总局规章规定的其他审慎性条件。

第二十一条　金融租赁公司的发起人包括在中国境内外注册的具有独立法人资格的商业银行，在中国境内注册的、主营业务为制造适合融资租赁交易产品的大型企业，在中国境外注册的具有独立法人资格的融资租赁公司以及国家金融监督管理总局认可的其他发起人。

国家金融监督管理总局规定的其他发起人是指除符合本办法第二十二条至第二十四条规定的发起人以外的其他境内法人机构和境外金融机构。

第二十二条　在中国境内外注册的具有独立法人资格的商业银行作为金融租赁公司发起人，应当具备以下条件：

（一）满足所在国家或地区监管当局的审慎监管要求；

（二）具有良好的公司治理结构、内部控制机制和健全的风险管理体系；

（三）最近1个会计年度末总资产不低于800亿元人民币或等值的可自由兑换货币；

（四）财务状况良好，最近2个会计年度连续盈利；

（五）为拟设立金融租赁公司确定了明确的发展战略和清晰的盈利模式；

（六）遵守注册地法律法规，最近2年内未发生重大案件或重大违法违规行为；

（七）境外商业银行作为发起人的，其所在国家或地区金融监管当局已经与国家金融监督管理总局建立良好的监督管理合作机制；

（八）入股资金为自有资金，不得以委托资金、债务资金等非自有资金入股；

（九）权益性投资余额原则上不得超过本企业净资产的50%（含本次投资金额），国务院规定的投资公司和控股公司除外；

（十）国家金融监督管理总局规章规定的其他审慎性条件。

第二十三条 在中国境内注册的、主营业务为制造适合融资租赁交易产品的大型企业作为金融租赁公司发起人，应当具备以下条件：

（一）有良好的公司治理结构或有效的组织管理方式。

（二）最近1个会计年度的营业收入不低于50亿元人民币或等值的可自由兑换货币。

（三）财务状况良好，最近2个会计年度连续盈利；作为金融租赁公司控股股东的，最近3个会计年度连续盈利。

（四）最近1个会计年度末净资产不低于总资产的30%；作为金融租赁公司控股股东的，最近1个会计年度末净资产不低于总资产的40%。

（五）最近1个会计年度主营业务销售收入占全部营业收入的80%以上。

（六）为拟设立金融租赁公司确定了明确的发展战略和清晰的盈利模式。

（七）有良好的社会声誉、诚信记录和纳税记录。

（八）遵守国家法律法规，最近2年内未发生重大案件或重大违法违规行为。

（九）入股资金为自有资金，不得以委托资金、债务资金等非自有资金入股。

（十）权益性投资余额原则上不得超过本企业净资产的50%（含本次投资金额）；作为金融租赁公司控股股东的，权益性投资余额原则上不得超过本企业净资产的40%（含本次投资金额）；国务院规定的投资公司和控股公司除外。

（十一）国家金融监督管理总局规章规定的其他审慎性条件。

第二十四条 在中国境外注册的具有独立法人资格的融资租赁公司作为金融租赁公司发起人，应当具备以下条件：

（一）具有良好的公司治理结构、内部控制机制和健全的风险管理体系。

（二）最近1个会计年度末总资产不低于100亿元人民币或等值的可自由兑换货币。

（三）财务状况良好，最近2个会计年度连续盈利；作为金融租赁公司控股股东的，最近3个会计年度连续盈利。

（四）最近1个会计年度末净资产不低于总资产的30%；作为金融租赁公司控股股东的，最近1个会计年度末净资产不低于总资产的40%。

（五）遵守注册地法律法规，最近2年内未发生重大案件或重大违法违规行为。

（六）所在国家或地区经济状况良好。

（七）入股资金为自有资金，不得以委托资金、债务资金等非自有资金入股。

（八）权益性投资余额原则上不得超过本企业净资产的50%（含本次投资金额）；作为金融租赁公司控股股东的，权益性投资余额原则上不得超过本企业净资产的40%（含本次投资金额）。

（九）国家金融监督管理总局规章规定的其他审慎性条件。

第二十五条 金融租赁公司至少应当有1名符合第二十二条至第二十四条规定的发起人，且其出资比例不低于拟设金融租赁公司全部股本的30%。

第二十六条 其他境内非金融机构作为金融租赁公司发起人，应当具备以下条件：

（一）有良好的公司治理结构或有效的组织管理方式。

（二）有良好的社会声誉、诚信记录和纳税记录。

（三）经营管理良好，最近2年内无重大违法违规行为。

（四）最近1个会计年度末净资产不低于总资产的30%；作为金融租赁公司控股股东的，最近1个会计年度末净资产不低于总资产的40%。

（五）财务状况良好，最近2个会计年度连续盈利；作为金融租赁公司控股股东的，最近3个会计年度连续盈利。

（六）入股资金为自有资金，不得以委托资金、债务资金等非自有资金入股。

（七）权益性投资余额原则上不得超过本企业净资产的50%（含本次投资金额）；作为金融租赁公司控股股东的，权益性投资余额原则上不得超过本企业净资产的40%（含本次投资金额）；国务院规定的投资公司和控股公司除外。

（八）国家金融监督管理总局规章规定的其他审慎性条件。

第二十七条 其他境内金融机构作为金融租赁公司发起人，应满足第二十二条第一项、第二项、第四项、第六项、第八项、第九项及第十项规定。

第二十八条 其他境外金融机构作为金融租赁公司发起人，应当具备以下条件：

（一）满足所在国家或地区监管当局的审慎监管要求；

（二）具有良好的公司治理结构、内部控制机制和健全的风险管理体系；

（三）最近 1 个会计年度末总资产原则上不低于 10 亿美元或等值的可自由兑换货币；

（四）财务状况良好，最近 2 个会计年度连续盈利；

（五）入股资金为自有资金，不得以委托资金、债务资金等非自有资金入股；

（六）权益性投资余额原则上不得超过本企业净资产的 50%（含本次投资金额）；

（七）所在国家或地区金融监管当局已经与国家金融监督管理总局建立良好的监督管理合作机制；

（八）具有有效的反洗钱措施；

（九）所在国家或地区经济状况良好；

（十）国家金融监督管理总局规章规定的其他审慎性条件。

第二十九条　有以下情形之一的企业不得作为金融租赁公司的发起人：

（一）公司治理结构与机制存在明显缺陷；

（二）关联企业众多、股权关系复杂且不透明、关联交易频繁且异常；

（三）核心主业不突出且其经营范围涉及行业过多；

（四）现金流量波动受经济景气影响较大；

（五）资产负债率、财务杠杆率高于行业平均水平；

（六）代他人持有金融租赁公司股权；

（七）被列为相关部门失信联合惩戒对象；

（八）存在严重逃废银行债务行为；

（九）提供虚假材料或者作不实声明；

（十）因违法违规行为被金融监管部门或政府有关部门查处，造成恶劣影响；

（十一）其他对金融租赁公司产生重大不利影响的情况。

第三十条　申请设立金融租赁公司，应当遵守并在拟设公司章程中载明下列内容：

（一）股东应当遵守法律法规和监管规定；

（二）应经但未经监管部门批准或未向监管部门报告的股东，不得行使股东大会召开请求权、表决权、提名权、提案权、处分权等权利；

（三）对于存在虚假陈述、滥用股东权利或其他损害金融租赁公司利益行为的股东，国家金融监督管理总局或其派出机构可以限制或禁止金融租赁公司与其开展关联交易，限制其持有金融租赁公司股权的限额等，并可限制其股东大会召开请求权、表决权、提名权、提案权、处分权等权利；

（四）主要股东承诺不将所持有的金融租赁公司股权质押或设立信托；

（五）主要股东自取得股权之日起 5 年内不得转让所持有的股权，经国家金融监督管理总局或其派出机构批准采取风险处置措施、国家金融监督管理总局或其派出机构责令转让、涉及司法强制执行或者在同一出资人控制的不同主体间转让股权等特殊情形除外；

（六）主要股东应当在必要时向金融租赁公司补充资本，在金融租赁公司出现支付困难时给予流动性支持。

第三十一条　金融租赁公司设立须经筹建和开业两个阶段。

第三十二条　筹建金融租赁公司，应由出资比例最大的发起人作为申请人向拟设地省级派出机构提交申请，由省级派出机构受理并初步审查、国家金融监督管理总局审查并决定。决定机关自受理之日起 4 个月内作出批准或不批准的书面决定。

第三十三条　金融租赁公司的筹建期为批准决定之日起 6 个月。未能按期完成筹建的，应在筹建期限届满前 1 个月向国家金融监督管理总局和拟设地省级派出机构提交筹建延期报告。筹建延期不得超过一次，延长期限不得超过 3 个月。

申请人应在前款规定的期限届满前提交开业申请，逾期未提交的，筹建批准文件失效，由决定机关注销筹建许可。

第三十四条　金融租赁公司开业，应由出资比例最大的发起人作为申请人向拟设地省级派出机构提交申请，由省级派出机构受理、审查并决定。省级派出机构自受理之日起 2 个月内作出核准或不予核准的书面决定，并抄报国家金融监督管理总局。

第三十五条　申请人应在收到开业核准文件并领取金融许可证后，办理工商登记，领取营业执照。

金融租赁公司应当自领取营业执照之日起 6 个月内开业。不能按期开业的，应在开业期限届满前 1 个月向省级派出机构提交开业延期报告。开业延期不得超过一次，延长期限不得超过 3 个月。

未在前款规定期限内开业的，开业核准文件失效，由决定机关注销开业许可，发证机关收回金融许可证，并予以公告。

第三节　汽车金融公司法人机构设立

第三十六条　设立汽车金融公司法人机构应当具备以下条件：

（一）有符合《中华人民共和国公司法》和国家金融监督管理总局规定的公司章程；

（二）有符合规定条件的出资人；

（三）注册资本为一次性实缴货币资本，最低限额为10亿元人民币或等值的可自由兑换货币；

（四）有符合任职资格条件的董事、高级管理人员和熟悉汽车金融业务的合格从业人员；

（五）建立了有效的公司治理、内部控制和风险管理体系；

（六）建立了与业务经营和监管要求相适应的信息科技架构，具有支撑业务经营的必要、安全且合规的信息系统，具备保障信息系统有效安全运行的技术与措施；

（七）有与业务经营相适应的营业场所、安全防范措施和其他设施；

（八）国家金融监督管理总局规章规定的其他审慎性条件。

第三十七条　汽车金融公司的出资人为中国境内外依法设立的非银行企业法人，其中主要出资人须为汽车整车制造企业或非银行金融机构。

前款所称主要出资人是指出资数额最大且出资额不低于拟设汽车金融公司全部股本30%的出资人。

汽车金融公司出资人中至少应当有1名具备5年以上丰富的汽车消费信贷业务管理和风险控制经验；或为汽车金融公司引进合格的专业管理团队，其中至少包括1名有丰富汽车金融从业经验的高级管理人员和1名风险管理专业人员。

第三十八条　非金融机构作为汽车金融公司出资人，应当具备以下条件：

（一）最近1个会计年度营业收入不低于500亿元人民币或等值的可自由兑换货币；作为主要出资人的，还应当具有足够支持汽车金融业务发展的汽车产销规模。

（二）最近1个会计年度末净资产不低于总资产的30%；作为汽车金融公司控股股东的，最近1个会计年度末净资产不低于总资产的40%。

（三）财务状况良好，最近2个会计年度连续盈利；作为汽车金融公司控股股东的，最近3个会计年度连续盈利。

（四）入股资金为自有资金，不得以委托资金、债务资金等非自有资金入股。

（五）权益性投资余额原则上不得超过本企业净资产的50%（含本次投资金额）；作为汽车金融公司控股股东的，权益性投资余额原则上不得超过本企业净资产的40%（含本次投资金额）；国务院规定的投资公司和控股公司除外。

（六）遵守注册地法律法规，最近2年内无重大违法违规行为。

（七）国家金融监督管理总局规章规定的其他审慎性条件。

第三十九条　非银行金融机构作为汽车金融公司出资人，除应具备第三十八条第四项、第六项规定的条件外，还应当具备以下条件：

（一）注册资本不低于3亿元人民币或等值的可自由兑换货币。

（二）具有良好的公司治理结构、内部控制机制和健全的风险管理体系；作为主要出资人的，还应当具有5年以上汽车消费信贷业务管理和风险控制经验。

（三）财务状况良好，最近2个会计年度连续盈利。

（四）权益性投资余额原则上不得超过本企业净资产的50%（含本次投资金额）。

（五）满足所在国家或地区监管当局的审慎监管要求。

第四十条　有以下情形之一的企业不得作为汽车金融公司的出资人：

（一）公司治理结构与机制存在明显缺陷；

（二）关联企业众多、股权关系复杂且不透明、关联交易频繁且异常；

（三）核心主业不突出且其经营范围涉及行业过多；

（四）现金流量波动受经济景气影响较大；

（五）资产负债率、财务杠杆率高于行业平均水平；

（六）代他人持有汽车金融公司股权；

（七）被列为相关部门失信联合惩戒对象；

（八）存在严重逃废银行债务行为；

（九）提供虚假材料或者作不实声明；

（十）因违法违规行为被金融监管部门或政府有关部门查处，造成恶劣影响；

（十一）其他对汽车金融公司产生重大不利影响的情况。

第四十一条　申请设立汽车金融公司，应当遵守并在拟设公司章程中载明下列内容：

（一）股东应当遵守法律法规和监管规定；

（二）应经但未经监管部门批准或未向监管部门报告的股东，不得行使股东大会召开请求权、表决权、提名权、提案权、处分权等权利；

（三）对于存在虚假陈述、滥用股东权利或其他损害汽车金融公司利益行为的股东，国家金融监督管理总局或其派出机构可以限制或禁止汽车金融公司与其开展关联交易，限制其持有汽车金融公司股权的限额等，并可限制其股东大会召开请求权、表决权、提名权、提案权、处分权等权利；

（四）主要股东自取得股权之日起5年内不得转让所持有的股权，经国家金融监督管理总局或其派出机构批准采取风险处置措施、国家金融监督管理总局或其派出机构责令转让、涉及司法强制执行或者在同一出资人控制的不同主体间转让股权等特殊情形除外；

（五）主要股东应当在必要时向汽车金融公司补充资本；

（六）主要股东承诺不将所持有的汽车金融公司股权进行质押或设立信托。

第四十二条　汽车金融公司设立须经筹建和开业两个阶段。

第四十三条　筹建汽车金融公司，应由主要出资人作为申请人向拟设地省级派出机构提交申请，由省级派出机构受理并初步审查、国家金融监督管理总局审查并决定。决定机关自受理之日起4个月内作出批准或不批准的书面决定。

第四十四条　汽车金融公司的筹建期为批准决定之日起6个月。未能按期完成筹建的，应在筹建期限届满前1个月向国家金融监督管理总局和拟设地省级派出机构提交筹建延期报告。筹建延期不得超过一次，延长期限不得超过3个月。

申请人应在前款规定的期限届满前提交开业申请，逾期未提交的，筹建批准文件失效，由决定机关注销筹建许可。

第四十五条　汽车金融公司开业，应由主要出资人作为申请人向拟设地省级派出机构提交申请，由省级派出机构受理、审查并决定。省级派出机构自受理之日起2个月内作出核准或不予核准的书面决定，并抄报国家金融监督管理总局。

第四十六条　申请人应在收到开业核准文件并领取金融许可证后，办理工商登记，领取营业执照。

汽车金融公司应当自领取营业执照之日起6个月内开业。不能按期开业的，应在开业期限届满前1个月向省级派出机构提交开业延期报告。开业延期不得超过一次，延长期限不得超过3个月。

未在前款规定期限内开业的，开业核准文件失效，由决定机关注销开业许可，发证机关收回金融许可证，并予以公告。

第四节　货币经纪公司法人机构设立

第四十七条　设立货币经纪公司法人机构应当具备以下条件：

（一）有符合《中华人民共和国公司法》和国家金融监督管理总局规定的公司章程；

（二）有符合规定条件的出资人；

（三）注册资本为一次性实缴货币资本，最低限额为2000万元人民币或者等值的可自由兑换货币；

（四）有符合任职资格条件的董事、高级管理人员和熟悉货币经纪业务的合格从业人员；

（五）从业人员中应有60%以上从事过金融工作或相关经济工作；

（六）建立了有效的公司治理、内部控制和风险管理体系；

（七）建立了与业务经营和监管要求相适应的信息科技架构，具有支撑业务经营的必要、安全且合规的信息系统，具备保障信息系统有效安全运行的技术与措施；

（八）有与业务经营相适应的营业场所、安全防范措施和其他设施；

（九）国家金融监督管理总局规章规定的其他审慎性条件。

第四十八条　申请在境内独资或者与境内出资人合资设立货币经纪公司的境外出资人应当具备以下条件：

（一）为所在国家或地区依法设立的货币经纪公司；

（二）所在国家或地区金融监管当局已经与国家金融监督管理总局建立良好的监督管理合作机制；

（三）从事货币经纪业务20年以上，经营稳健，内部控制健全有效；

（四）有良好的社会声誉、诚信记录和纳税记录；

（五）最近2年内无重大违法违规行为；

（六）财务状况良好，最近2个会计年度连续盈利；

（七）权益性投资余额原则上不得超过本企业净资产的50%（含本次投资金额）；

（八）有从事货币经纪服务所必需的全球机构网络和资讯通信网络；

（九）具有有效的反洗钱措施；

（十）国家金融监督管理总局规章规定的其他审慎性条件。

第四十九条　申请设立货币经纪公司或者与境外出资人合资设立货币经纪公司的境内出资人应当具备以下条件：

（一）为依法设立的非银行金融机构，符合审慎监管要求；

（二）从事货币市场、外汇市场等代理业务5年以上；

（三）具有良好的公司治理结构、内部控制机制和健全的风险管理体系；

（四）有良好的社会声誉、诚信记录和纳税记录，最近2年内无重大违法违规行为；

（五）财务状况良好，最近2个会计年度连续盈利；

（六）权益性投资余额原则上不得超过本企业净资产的50%（含本次投资金额）；

（七）国家金融监督管理总局规章规定的其他审慎性条件。

第五十条　有以下情形之一的企业不得作为货币经纪公司的出资人：

（一）公司治理结构与机制存在明显缺陷；

（二）关联企业众多、股权关系复杂且不透明、关联交易频繁且异常；

（三）核心主业不突出且其经营范围涉及行业过多；

（四）现金流量波动受经济景气影响较大；

（五）资产负债率、财务杠杆率高于行业平均水平；

（六）代他人持有货币经纪公司股权；

（七）被列为相关部门失信联合惩戒对象；

（八）存在严重逃废银行债务行为；

（九）提供虚假材料或者作不实声明；

（十）因违法违规行为被金融监管部门或政府有关部门查处，造成恶劣影响；

（十一）其他对货币经纪公司产生重大不利影响的情况。

第五十一条　申请设立货币经纪公司，应当遵守并在拟设公司章程中载明下列内容：

（一）股东应当遵守法律法规和监管规定；

（二）应经但未经监管部门批准或未向监管部门报告的股东，不得行使股东大会召开请求权、表决权、提名权、提案权、处分权等权利；

（三）对于存在虚假陈述、滥用股东权利或其他损害货币经纪公司利益行为的股东，国家金融监督管理总局或其派出机构可以限制或禁止货币经纪公司与其开展关联交易，限制其持有货币经纪公司股权的限额等，并可限制其股东大会召开请求权、表决权、提名权、提案权、处分权等权利；

（四）主要股东自取得股权之日起5年内不得转让所持有的股权，经国家金融监督管理总局或其派出机构批准采取风险处置措施、国家金融监督管理总局或其派出机构责令转让、涉及司法强制执行或者在同一出资人控制的不同主体间转让股权等特殊情形除外；

（五）主要股东承诺不将所持有的货币经纪公司股权进行质押或设立信托。

第五十二条　货币经纪公司设立须经筹建和开业两个阶段。

第五十三条　筹建货币经纪公司，应由投资比例最大的出资人作为申请人向拟设地省级派出机构提交申请，由省级派出机构受理并初步审查、国家金融监督管理总局审查并决定。决定机关自受理之日起4个月内作出批准或不批准的书面决定。

第五十四条　货币经纪公司的筹建期为批准决定之日起6个月。未能按期完成筹建的，应在筹建期限届满前1个月向国家金融监督管理总局和拟设地省级派出机构提交筹建延期报告。筹建延期不得超过一次，延长期限不得超过3个月。

申请人应在前款规定的期限届满前提交开业申请，逾期未提交的，筹建批准文件失效，由决定机关注销筹建许可。

第五十五条　货币经纪公司开业，应由投资比例最大的出资人作为申请人向拟设地省级派出机构提交申请，由省级派出机构受理、审查并决定。省级派出机构自受理之日起2个月内作出核准或不予核准的书面决定，并抄报国家金融监督管理总局。

第五十六条　申请人应在收到开业核准文件并领取金融许可证后，办理工商登记，领取营业执照。

货币经纪公司应当自领取营业执照之日起6个月内开业。不能按期开业的，应在开业期限届满前1个月向省级派出机构提交开业延期报告。开业延期不得超过一次，延长期限不得超过3个月。

未在前款规定期限内开业的，开业核准文件失效，由决定机关注销开业许可，发证机关收回金融许可证，并予以公告。

第五节　消费金融公司法人机构设立

第五十七条　设立消费金融公司法人机构应当具备以下条件：

（一）有符合《中华人民共和国公司法》和国家金融监督管理总局规定的公司章程；

（二）有符合规定条件的出资人；

（三）注册资本为一次性实缴货币资本，最低限额为3亿元人民币或者等值的可自由兑换货币；

（四）有符合任职资格条件的董事、高级管理人员和熟悉消费金融业务的合格从业人员；

（五）建立了有效的公司治理、内部控制和风险管理体系；

（六）建立了与业务经营和监管要求相适应的信息科技架构，具有支撑业务经营的必要、安全且合规的信息系统，具备保障信息系统有效安全运行的技术与措施；

（七）有与业务经营相适应的营业场所、安全防范措施和其他设施；

（八）国家金融监督管理总局规章规定的其他审慎性条件。

第五十八条 消费金融公司的出资人应当为中国境内外依法设立的企业法人，并分为主要出资人和一般出资人。主要出资人是指出资数额最多并且出资额不低于拟设消费金融公司全部股本30%的出资人，一般出资人是指除主要出资人以外的其他出资人。

前款所称主要出资人须为境内外金融机构或主营业务为提供适合消费贷款业务产品的境内非金融机构。

第五十九条 金融机构作为消费金融公司的主要出资人，应当具备以下条件：

（一）具有5年以上消费金融领域的从业经验；

（二）最近1个会计年度末总资产不低于600亿元人民币或等值的可自由兑换货币；

（三）财务状况良好，最近2个会计年度连续盈利；

（四）信誉良好，最近2年内无重大违法违规行为；

（五）入股资金为自有资金，不得以委托资金、债务资金等非自有资金入股；

（六）权益性投资余额原则上不得超过本企业净资产的50%（含本次投资金额），国务院规定的投资公司和控股公司除外；

（七）具有良好的公司治理结构、内部控制机制和健全的风险管理制度；

（八）满足所在国家或地区监管当局的审慎监管要求；

（九）境外金融机构应对中国市场有充分的分析和研究，且所在国家或地区金融监管当局已经与国家金融监督管理总局建立良好的监督管理合作机制；

（十）国家金融监督管理总局规章规定的其他审慎性条件。

金融机构作为消费金融公司一般出资人，除应具备前款第三项至第九项的条件外，注册资本应不低于3亿元人民币或等值的可自由兑换货币。

第六十条 非金融机构作为消费金融公司主要出资人，应当具备以下条件：

（一）最近1个会计年度营业收入不低于300亿元人民币或等值的可自由兑换货币。

（二）最近1个会计年度末净资产不低于总资产的30%；作为消费金融公司控股股东的，最近1个会计年度末净资产不低于总资产的40%。

（三）财务状况良好，最近3个会计年度连续盈利。

（四）信誉良好，最近2年内无重大违法违规行为。

（五）入股资金为自有资金，不得以委托资金、债务资金等非自有资金入股。

（六）权益性投资余额原则上不得超过本企业净资产的40%（含本次投资金额），国务院规定的投资公司和控股公司除外。

（七）国家金融监督管理总局规章规定的其他审慎性条件。

非金融机构作为消费金融公司一般出资人，除应具备前款第二、四、五项条件外，还应当具备以下条件：

（一）财务状况良好，最近2个会计年度连续盈利；

（二）权益性投资余额原则上不得超过本企业净资产的50%（含本次投资金额），国务院规定的投资公司和控股公司除外。

第六十一条 有以下情形之一的企业不得作为消费金融公司的出资人：

（一）公司治理结构与机制存在明显缺陷；

（二）关联企业众多、股权关系复杂且不透明、关联交易频繁且异常；

（三）核心主业不突出且其经营范围涉及行业过多；

（四）现金流量波动受经济景气影响较大；

（五）资产负债率、财务杠杆率高于行业平均水平；

（六）代他人持有消费金融公司股权；

（七）被列为相关部门失信联合惩戒对象；

（八）存在严重逃废银行债务行为；

（九）提供虚假材料或者作不实声明；

（十）因违法违规行为被金融监管部门或政府有关部门查处，造成恶劣影响；

（十一）其他对消费金融公司产生重大不利影响的情况。

第六十二条 申请设立消费金融公司，应当遵守并在拟设公司章程中载明下列内容：

（一）股东应当遵守法律法规和监管规定；

（二）应经但未经监管部门批准或未向监管部门报告的股东，不得行使股东大会召开请求权、表决权、提名权、提案权、处分权等权利；

（三）对于存在虚假陈述、滥用股东权利或其他损害消费金融公司利益行为的股东，国家金融监督管理总局或其派出机构可以限制或禁止消费金融公司与其开展关联交易，限制其持有消费金融公司股权的限额等，并可限制其股东大会召开请求权、表决权、提名权、提案权、处分权等权利；

（四）主要股东自取得股权之日起5年内不得转让所持有的股权，经国家金融监督管理总局或其派出机构批准采取风险处置措施、国家金融监督管理总局或其派出机构责令转让、涉及司法强制执行或者在同一出资人控制的不同主体间转让股权等特殊情形除外；

（五）主要股东应当在必要时向消费金融公司补充资本，在消费金融公司出现支付困难时给予流动性支持；

（六）主要股东承诺不将所持有的消费金融公司股权质押或设立信托。

第六十三条 消费金融公司至少应当有1名具备5年以上消费金融业务管理和风险控制经验，并且出资比例不低于拟设消费金融公司全部股本15%的出资人。

第六十四条 消费金融公司设立须经筹建和开业两个阶段。

第六十五条 筹建消费金融公司，应由主要出资人作为申请人向拟设地省级派出机构提交申请，由省级派出机构受理并初步审查、国家金融监督管理总局审查并决定。决定机关自受理之日起4个月内作出批准或不批准的书面决定。

第六十六条 消费金融公司的筹建期为批准决定之日起6个月。未能按期完成筹建的，应在筹建期限届满前1个月向国家金融监督管理总局和拟设地省级派出机构提交筹建延期报告。筹建延期不得超过一次，延长期限不得超过3个月。

申请人应在前款规定的期限届满前提交开业申请，逾期未提交的，筹建批准文件失效，由决定机关注销筹建许可。

第六十七条 消费金融公司开业，应由主要出资人作为申请人向拟设地省级派出机构提交申请，由省级派出机构受理、审查并决定。省级派出机构自受理之日起2个月内作出核准或不予核准的书面决定，并抄报国家金融监督管理总局。

第六十八条 申请人应在收到开业核准文件并领取金融许可证后，办理工商登记，领取营业执照。

消费金融公司应当自领取营业执照之日起6个月内开业。不能按期开业的，应在开业期限届满前1个月向省级派出机构提交开业延期报告。开业延期不得超过一次，延长期限不得超过3个月。

未在前款规定期限内开业的，开业核准文件失效，由决定机关注销开业许可，发证机关收回金融许可证，并予以公告。

第六节 金融资产管理公司分公司设立

第六十九条 金融资产管理公司申请设立分公司，应当具备以下条件：

（一）具有良好的公司治理结构；

（二）风险管理和内部控制健全有效；

（三）主要审慎监管指标符合监管要求；

（四）具有拨付营运资金的能力；

（五）建立了与业务经营和监管要求相适应的信息科技架构，具有支撑业务经营的必要、安全且合规的信息系统，具备保障信息系统有效安全运行的技术与措施；

（六）最近2年无重大违法违规行为和重大案件；

（七）国家金融监督管理总局规章规定的其他审慎性条件。

第七十条 金融资产管理公司设立的分公司应当具备以下条件：

（一）营运资金到位；

（二）有符合任职资格条件的高级管理人员和熟悉相关业务的从业人员；

（三）有与业务发展相适应的组织机构和规章制度；

（四）具有支撑业务经营的必要、安全且合规的信息系统，具备保障信息系统有效安全运行的技术与措施；

（五）有与业务经营相适应的营业场所、安全防范措施和其他设施；

（六）国家金融监督管理总局规章规定的其他审慎性条件。

第七十一条 金融资产管理公司设立分公司须经筹建和开业两个阶段。

第七十二条 金融资产管理公司筹建分公司，应由金融资产管理公司作为申请人向拟设分公司所在地省级派出机构提交申请，由拟设地省级派出机构受理、审查并决定。省级派出机构自受理之日起4个月内作出批准或不批准的书面决定，并抄报国家金融监督管理总局。

第七十三条 金融资产管理公司分公司的筹建期为批准决定之日起6个月。未能按期完成筹建的，应在筹建期限届满前1个月向国家金融监督管理总局和拟设地省级派出机构提交筹建延期报告。筹建延期不得超过一次，延长期限不得超过3个月。

申请人应在前款规定的期限届满前提交开业申请，逾期未提交的，筹建批准文件失效，由决定机关注销筹建许可。

第七十四条　金融资产管理公司分公司开业，应由金融资产管理公司作为申请人向拟设分公司所在地省级派出机构提交申请，由拟设地省级派出机构受理、审查并决定。拟设分公司所在地省级派出机构自受理之日起2个月内作出核准或不予核准的书面决定，并抄报国家金融监督管理总局。

第七十五条　申请人应在收到开业核准文件并领取金融许可证后，办理工商登记，领取营业执照。

金融资产管理公司分公司应当自领取营业执照之日起6个月内开业。不能按期开业的，应在开业期限届满前1个月向拟设分公司所在地省级派出机构提交开业延期报告。开业延期不得超过一次，延长期限不得超过3个月。

未在前款规定期限内开业的，开业核准文件失效，由决定机关注销开业许可，收回金融许可证，并予以公告。

第七节　金融资产管理公司投资设立、参股（增资）、收购法人金融机构

第七十六条　金融资产管理公司申请投资设立、参股（增资）、收购境内法人金融机构的，应当符合以下条件：

（一）具有良好的公司治理结构；

（二）风险管理和内部控制健全有效；

（三）具有良好的并表管理能力；

（四）主要审慎监管指标符合监管要求；

（五）权益性投资余额原则上不超过其净资产的50%（含本次投资金额）；

（六）建立了与业务经营和监管要求相适应的信息科技架构，具有支撑业务经营的必要、安全且合规的信息系统，具备保障信息系统有效安全运行的技术与措施；

（七）最近2年无重大违法违规行为和重大案件；

（八）最近2个会计年度连续盈利；

（九）国家金融监督管理总局规章规定的其他审慎性条件。

经国家金融监督管理总局认可，金融资产管理公司为重组高风险金融机构而参股（增资）、收购境内法人金融机构的，可不受前款第四项、第五项及第七项规定的限制。

第七十七条　金融资产管理公司申请投资设立、参股（增资）、收购境外法人金融机构，应当符合以下条件：

（一）具有良好的公司治理结构，内部控制健全有效，业务条线管理和风险管控能力与境外业务发展相适应；

（二）具有清晰的海外发展战略；

（三）具有良好的并表管理能力；

（四）主要审慎监管指标符合监管要求；

（五）权益性投资余额原则上不超过其净资产的50%（含本次投资金额）；

（六）最近2个会计年度连续盈利；

（七）最近1个会计年度末资产余额达到1000亿元人民币以上或等值的可自由兑换货币；

（八）最近2年无重大违法违规行为和重大案件；

（九）具备与境外经营环境相适应的专业人才队伍；

（十）建立了与业务经营和监管要求相适应的信息科技架构，具有支撑业务经营的必要、安全且合规的信息系统，具备保障信息系统有效安全运行的技术与措施；

（十一）国家金融监督管理总局规章规定的其他审慎性条件。

经国家金融监督管理总局认可，金融资产管理公司为重组高风险金融机构而参股（增资）、收购境外法人金融机构的，可不受前款第四项、第五项、第七项及第八项规定的限制。

第七十八条　金融资产管理公司申请投资设立、参股（增资）、收购法人金融机构由国家金融监督管理总局受理、审查并决定。国家金融监督管理总局自受理之日起6个月内作出批准或不批准的书面决定。

金融资产管理公司申请投资设立、参股（增资）、收购境外法人金融机构的，金融资产管理公司获得国家金融监督管理总局批准文件后应按照拟投资设立、参股（增资）、收购境外法人金融机构注册地国家或地区的法律法规办理相关法律手续，并在完成相关法律手续后15个工作日内向国家金融监督管理总局报告投资设立、参股（增资）、收购的境外法人金融机构的名称、成立时间、注册地点、注册资本、注资币种等。

第七十九条　本节所指投资设立、参股（增资）、收购法人金融机构事项，如需另经国家金融监督管理总局或其派出机构批准设立或进行股东资格审核，则相关许可事项由国家金融监督管理总局或其派出机构在批准设立或进行股东资格审核时对金融资产管理公司投资设立、参股（增资）、收购行为进行合并审查并做出决定。

金融资产管理公司境外全资附属或控股金融子公

司、特殊目的实体投资境外法人金融机构适用本节规定的条件和程序。

第八节　金融租赁公司专业子公司设立

第八十条　金融租赁公司申请设立境内专业子公司，应当具备以下条件：

（一）具有良好的公司治理结构，风险管理和内部控制健全有效；

（二）具有良好的并表管理能力；

（三）各项监管指标符合《金融租赁公司管理办法》的规定；

（四）权益性投资余额原则上不超过净资产的50%（含本次投资金额）；

（五）在业务存量、人才储备等方面具备一定优势，在专业化管理、项目公司业务开展等方面具有成熟的经验，能够有效支持专业子公司开展特定领域的融资租赁业务；

（六）入股资金为自有资金，不得以委托资金、债务资金等非自有资金入股；

（七）遵守国家法律法规，最近2年内未发生重大案件或重大违法违规行为；

（八）监管评级良好；

（九）建立了与业务经营和监管要求相适应的信息科技架构，具有支撑业务经营的必要、安全且合规的信息系统，具备保障信息系统有效安全运行的技术与措施；

（十）国家金融监督管理总局规章规定的其他审慎性条件。

第八十一条　金融租赁公司设立境内专业子公司原则上应100%控股，有特殊情况需引进其他投资者的，金融租赁公司的持股比例不得低于51%。引进的其他投资者应符合本办法第二十一条至第二十四条以及第二十六条至第二十九条规定的金融租赁公司发起人条件，且在专业子公司经营的特定领域有所专长，在业务开拓、租赁物管理等方面具有比较优势，有助于提升专业子公司的业务拓展能力和风险管理水平。

第八十二条　金融租赁公司设立的境内专业子公司，应当具备以下条件：

（一）有符合《中华人民共和国公司法》和国家金融监督管理总局规定的公司章程；

（二）有符合规定条件的发起人；

（三）注册资本最低限额为5000万元人民币或等值的可自由兑换货币；

（四）有符合任职资格条件的董事、高级管理人员和熟悉融资租赁业务的从业人员；

（五）有健全的公司治理、内部控制和风险管理体系，具有支撑业务经营的必要、安全且合规的信息系统，具备保障信息系统有效安全运行的技术与措施；

（六）有与业务经营相适应的营业场所、安全防范措施和其他设施；

（七）国家金融监督管理总局规章规定的其他审慎性条件。

第八十三条　金融租赁公司设立境内专业子公司须经筹建和开业两个阶段。

第八十四条　金融租赁公司筹建境内专业子公司，由金融租赁公司作为申请人向拟设地省级派出机构提交申请，同时抄报金融租赁公司所在地省级派出机构，由拟设地省级派出机构受理并初步审查、国家金融监督管理总局审查并决定。决定机关自受理之日起2个月内作出批准或不批准的书面决定。拟设地省级派出机构在将初审意见上报国家金融监督管理总局之前，应征求金融租赁公司所在地省级派出机构的意见。

第八十五条　金融租赁公司境内专业子公司的筹建期为批准决定之日起6个月。未能按期完成筹建的，应在筹建期限届满前1个月向国家金融监督管理总局和拟设地省级派出机构提交筹建延期报告。筹建延期不得超过一次，延长期限不得超过3个月。

申请人应在前款规定的期限届满前提交开业申请，逾期未提交的，筹建批准文件失效，由决定机关注销筹建许可。

第八十六条　金融租赁公司境内专业子公司开业，应由金融租赁公司作为申请人向拟设地省级派出机构提交申请，由拟设地省级派出机构受理、审查并决定。省级派出机构自受理之日起1个月内作出核准或不予核准的书面决定，并抄报国家金融监督管理总局，抄送金融租赁公司所在地省级派出机构。

第八十七条　申请人应在收到开业核准文件并领取金融许可证后，办理工商登记，领取营业执照。

境内专业子公司应当自领取营业执照之日起6个月内开业。不能按期开业的，应在开业期限届满前1个月向拟设地省级派出机构提交开业延期报告。开业延期不得超过一次，延长期限不得超过3个月。

未在前款规定期限内开业的，开业核准文件失效，由决定机关注销开业许可，收回金融许可证，并予以公告。

第八十八条　金融租赁公司申请设立境外专业子公司，除适用本办法第八十条规定的条件外，还应当具备以下条件：

（一）确有业务发展需要，具备清晰的海外发展战略；

（二）内部管理水平和风险管控能力与境外业务发展相适应；

（三）具备与境外经营环境相适应的专业人才队伍；

（四）经营状况良好，最近2个会计年度连续盈利；

（五）所提申请符合有关国家或地区的法律法规。

第八十九条　金融租赁公司设立境外专业子公司，应由金融租赁公司作为申请人向所在地省级派出机构提出申请，由省级派出机构受理并初步审查、国家金融监督管理总局审查并决定。决定机关自受理之日起2个月内作出批准或不批准的书面决定。

金融租赁公司获得国家金融监督管理总局批准文件后应按照拟设子公司注册地国家或地区的法律法规办理境外子公司的设立手续，并在境外子公司成立后15个工作日内向国家金融监督管理总局及金融租赁公司所在地省级派出机构报告境外子公司的名称、成立时间、注册地点、注册资本、注资币种、母公司授权的业务范围等。

第九节　财务公司境外子公司设立

第九十条　财务公司申请设立境外子公司，应当具备以下条件：

（一）确属业务发展和为成员单位提供财务管理服务需要，具备清晰的海外发展战略。

（二）拟设境外子公司所服务的成员单位不少于40家，且前述成员单位资产合计不低于150亿元人民币或等值的可自由兑换货币；或成员单位不少于10家、不足40家，但成员单位资产合计不低于200亿元人民币或等值的可自由兑换货币。

（三）各项审慎监管指标符合有关监管规定。

（四）经营状况良好，最近2个会计年度连续盈利。

（五）权益性投资余额原则上不超过净资产的30%（含本次投资金额）。

（六）内部管理水平和风险管控能力与境外业务发展相适应。

（七）具备与境外经营环境相适应的专业人才队伍。

（八）最近2年内未发生重大案件或重大违法违规行为。

（九）监管评级良好。

（十）建立了与业务经营和监管要求相适应的信息科技架构，具有支撑业务经营的必要、安全且合规的信息系统，具备保障信息系统有效安全运行的技术与措施。

（十一）国家金融监督管理总局规章规定的其他审慎性条件。

第九十一条　财务公司设立境外子公司，应由财务公司作为申请人向所在地省级派出机构提出申请，由省级派出机构受理并初步审查、国家金融监督管理总局审查并决定。决定机关自受理之日起4个月内作出批准或不批准的书面决定。

财务公司获得国家金融监督管理总局批准文件后应按照拟设子公司注册地国家或地区的法律法规办理境外子公司的设立手续，并在境外子公司成立后15个工作日内向国家金融监督管理总局及财务公司所在地省级派出机构报告境外子公司的名称、成立时间、注册地点、注册资本、注资币种、母公司授权的业务范围等。

第十节　财务公司分公司设立

第九十二条　财务公司发生合并与分立、跨省级派出机构迁址，或者所属集团被收购或重组的，可申请设立分公司。申请设立分公司，应当具备以下条件：

（一）确属业务发展和为成员单位提供财务管理服务需要。

（二）拟设分公司所服务的成员单位不少于40家，且前述成员单位资产合计不低于100亿元人民币或等值的可自由兑换货币；或成员单位不少于10家、不足40家，但成员单位资产合计不低于200亿元人民币或等值的可自由兑换货币。

（三）各项审慎监管指标符合有关监管规定。

（四）注册资本不低于20亿元人民币或等值的可自由兑换货币，具有拨付营运资金的能力。

（五）经营状况良好，最近2个会计年度连续盈利。

（六）最近2年内未发生重大案件或重大违法违规行为。

（七）监管评级良好。

（八）建立了与业务经营和监管要求相适应的信息科技架构，具有支撑业务经营的必要、安全且合规的信息系统，具备保障信息系统有效安全运行的技术与措施。

（九）国家金融监督管理总局规章规定的其他审慎性条件。

第九十三条　财务公司与拟设分公司应不在同一省级派出机构管辖范围内，且拟设分公司应当具备以下条件：

（一）营运资金到位；

（二）有符合任职资格条件的高级管理人员和熟悉相关业务的从业人员；

（三）有与业务发展相适应的组织机构和规章制度；

（四）具有支撑业务经营的必要、安全且合规的信息系统，具备保障信息系统有效安全运行的技术与措施；

（五）有与业务经营相适应的营业场所、安全防范措施和其他设施；

（六）国家金融监督管理总局规章规定的其他审慎性条件。

第九十四条　财务公司由于发生合并与分立、跨省级派出机构变更住所而设立分公司的，原则上应与前述变更事项一并提出申请，许可程序分别适用财务公司合并与分立、跨省级派出机构变更住所的规定。

财务公司由于所属集团被收购或重组而设立分公司的，可与重组变更事项一并提出申请或单独提出申请。一并提出申请的许可程序适用财务公司变更股权或调整股权结构引起所属企业集团变更的规定；单独提出申请的，由财务公司向法人机构所在地省级派出机构提交筹建申请，同时应抄报分公司拟设地省级派出机构，由法人机构所在地省级派出机构受理、审查并决定。决定机关自受理之日起4个月内作出批准或不批准的书面决定，并抄报国家金融监督管理总局，抄送拟设地省级派出机构。法人机构所在地省级派出机构在作出批筹决定之前，应征求分公司拟设地省级派出机构的意见。

第九十五条　财务公司分公司的筹建期为批准决定之日起6个月。未能按期完成筹建的，应在筹建期限届满前1个月向法人机构所在地省级派出机构和拟设地省级派出机构提交筹建延期报告。筹建延期不得超过一次，延长期限不得超过3个月。

申请人应在前款规定的期限届满前提交分公司开业申请，逾期未提交的，设立分公司批准文件失效，由决定机关注销筹建许可。

第九十六条　财务公司分公司开业，应由财务公司作为申请人向拟设分公司所在地省级派出机构提交申请，由拟设分公司所在地省级派出机构受理、审查并决定。拟设分公司所在地省级派出机构自受理之日起2个月内作出核准或不予核准的书面决定，并抄报国家金融监督管理总局，抄送法人机构所在地省级派出机构。

第九十七条　申请人应在收到开业核准文件并领取金融许可证后，办理工商登记，领取营业执照。

财务公司分公司应当自领取营业执照之日起6个月内开业。不能按期开业的，应在开业期限届满前1个月向拟设分公司所在地省级派出机构提交开业延期报告。开业延期不得超过一次，延长期限不得超过3个月。

未在前款规定期限内开业的，开业核准文件失效，由决定机关注销开业许可，收回金融许可证，并予以公告。

第十一节　货币经纪公司分支机构设立

第九十八条　货币经纪公司分支机构包括分公司、代表处。

第九十九条　货币经纪公司申请设立分公司，应当具备以下条件：

（一）具有良好的公司治理结构、内部控制机制和健全的风险管理体系；

（二）确属业务发展需要，且建立了完善的对分公司的业务授权及管理问责制度；

（三）注册资本不低于5000万元人民币或等值的可自由兑换货币，具有拨付营运资金的能力；

（四）经营状况良好，最近2个会计年度连续盈利；

（五）最近2年无重大案件或重大违法违规行为；

（六）建立了与业务经营和监管要求相适应的信息科技架构，具有支撑业务经营的必要、安全且合规的信息系统，具备保障信息系统有效安全运行的技术与措施；

（七）国家金融监督管理总局规章规定的其他审慎性条件。

第一百条　货币经纪公司设立的分公司应当具备以下条件：

（一）营运资金到位；

（二）有符合任职资格条件的高级管理人员和熟悉相关业务的从业人员；

（三）有与业务发展相适应的组织机构和规章制度；

（四）具有支撑业务经营的必要、安全且合规的信息系统，具备保障信息系统有效安全运行的技术与措施；

（五）有与业务经营相适应的营业场所、安全防范措施和其他设施；

（六）国家金融监督管理总局规章规定的其他审慎性条件。

第一百零一条　货币经纪公司设立分公司须经筹建和开业两个阶段。

第一百零二条　货币经纪公司筹建分公司，应由货币经纪公司作为申请人向法人机构所在地省级派出机构提交申请，同时抄报拟设分公司所在地省级派出机构，由法人机构所在地省级派出机构受理、审查并决定。法人机构所在地省级派出机构自受理之日起4个月内作出批准或不批准的书面决定。法人机构所在地省级派出机构作出决定之前,应征求拟设分公司所在地省级派出机构的意见。

第一百零三条　货币经纪公司分公司的筹建期为批准决定之日起6个月。未能按期完成筹建的,应在筹建期限届满前1个月向法人机构所在地省级派出机构和拟设地省级派出机构提交筹建延期报告。筹建延期不得超过一次,延长期限不得超过3个月。

申请人应在前款规定的期限届满前提交开业申请,逾期未提交的,筹建批准文件失效,由决定机关注销筹建许可。

第一百零四条　货币经纪公司分公司开业,应由货币经纪公司作为申请人向拟设分公司所在地省级派出机构提交申请,由拟设分公司所在地省级派出机构受理、审查并决定。拟设分公司所在地省级派出机构自受理之日起2个月内作出核准或不予核准的书面决定,并抄报国家金融监督管理总局,抄送法人机构所在地省级派出机构。

第一百零五条　申请人应在收到开业核准文件并领取金融许可证后,办理工商登记,领取营业执照。

货币经纪公司分公司自领取营业执照之日起6个月内开业。不能按期开业的,应在开业期限届满前1个月向拟设分公司所在地省级派出机构提交开业延期报告。开业延期不得超过一次,延长期限不得超过3个月。

未在前款规定期限内开业的,开业核准文件失效,由决定机关注销开业许可,收回金融许可证,并予以公告。

第一百零六条　货币经纪公司根据业务开展需要,可以在业务比较集中的地区设立代表处;由货币经纪公司作为申请人向法人机构所在地省级派出机构提交申请,由法人机构所在地省级派出机构受理、审查并决定。法人机构所在地省级派出机构自受理之日起6个月内作出批准或不批准的书面决定。

第十二节　境外非银行金融机构驻华代表处设立

第一百零七条　境外非银行金融机构申请设立驻华代表处,应当具备以下条件:

(一)所在国家或地区有完善的金融监督管理制度;

(二)是由所在国家或地区金融监管当局批准设立的金融机构,或者是金融性行业协会会员;

(三)具有从事国际金融活动的经验;

(四)经营状况良好,最近2年内无重大违法违规行为;

(五)具有有效的反洗钱措施;

(六)有符合任职资格条件的首席代表;

(七)国家金融监督管理总局规章规定的其他审慎性条件。

第一百零八条　境外非银行金融机构设立驻华代表处,应由其母公司向拟设地省级派出机构提交申请,由省级派出机构受理并初步审查、国家金融监督管理总局审查并决定。决定机关自受理之日起6个月内作出批准或不批准的书面决定。

第三章　机构变更

第一节　法人机构变更

第一百零九条　非银行金融机构法人机构变更事项包括:变更名称,变更股权或调整股权结构,变更注册资本,变更住所,修改公司章程,分立或合并,金融资产管理公司变更组织形式,以及国家金融监督管理总局规定的其他变更事项。

第一百一十条　金融资产管理公司变更名称,由国家金融监督管理总局受理、审查并决定。其他非银行金融机构变更名称,由地市级派出机构或所在地省级派出机构受理、审查并决定。决定机关自受理之日起3个月内作出批准或不批准的书面决定。由地市级派出机构或省级派出机构决定的,应将决定抄报上级监管机关。

第一百一十一条　出资人及其关联方、一致行动人单独或合计拟首次持有非银行金融机构资本总额或股份总额5%以上或不足5%但对非银行金融机构经营管理有重大影响的,以及累计增持非银行金融机构资本总额或股份总额5%以上或不足5%但引起实际控制人变更的,均应事先报国家金融监督管理总局或其派出机构核准。

出资人及其关联方、一致行动人单独或合计持有非银行金融机构资本总额或股份总额1%以上、5%以下的,应当在取得相应股权后10个工作日内向国家金融监督管理总局或所在地省级派出机构报告。

第一百一十二条　同一出资人及其控股股东、实际控制人、控股子公司、一致行动人、实际控制人控制或共同控制的其他企业作为主要股东入股非银行金融机构的家数原则上不得超过2家,其中对同一类型非银行金融机构控股不得超过1家或参股不得超过2家。

国务院金融监管部门批准设立的金融控股公司、根据国务院授权持有金融机构股权的投资主体入股非银行金融机构的,投资人经国家金融监督管理总局批准入股或并购重组高风险非银行金融机构的，不受本条前款规定限制。

第一百一十三条 金融资产管理公司以外的非银行金融机构变更股权或调整股权结构须经审批的，拟投资入股的出资人应分别具备以下条件：

（一）财务公司出资人的条件适用本办法第七条至第十二条及第一百一十二条的规定；因企业集团合并重组引起财务公司股权变更的，经国家金融监督管理总局认可，可不受第八条第二项至第六项、第十项，第九条第六项、第七项、第九项以及第十一条第五项规定限制。

（二）金融租赁公司出资人的条件适用本办法第二十一条至第三十条及第一百一十二条的规定。

（三）汽车金融公司出资人的条件适用本办法第三十七条至第四十一条及第一百一十二条的规定。

（四）货币经纪公司出资人的条件适用本办法第四十八条至第五十一条及第一百一十二条的规定。

（五）消费金融公司出资人的条件适用本办法第五十八条至第六十三条及第一百一十二条的规定。消费金融公司开业满5年且不涉及实际控制人变更的，不受本办法第六十三条规定的限制。

本办法施行前已成为非银行金融机构控股股东的，申请变更股权或调整股权结构涉及该控股股东资格审核时，净资产率应不低于30%。

第一百一十四条 金融资产管理公司变更股权或调整股权结构须经审批的，应当有符合条件的出资人，包括境内金融机构、境外金融机构、境内非金融机构、境外非金融机构和国家金融监督管理总局认可的其他出资人。

第一百一十五条 境内金融机构作为金融资产管理公司的出资人，应当具备以下条件：

（一）主要审慎监管指标符合监管要求；

（二）公司治理良好，内部控制健全有效；

（三）财务状况良好，最近2个会计年度连续盈利；

（四）社会声誉良好，最近2年无重大违法违规行为和重大案件；

（五）入股资金为自有资金，不得以委托资金、债务资金等非自有资金入股；

（六）权益性投资余额原则上不得超过本企业净资产的50%（含本次投资金额），国务院规定的投资公司和控股公司除外；

（七）国家金融监督管理总局规章规定的其他审慎性条件。

第一百一十六条 境外金融机构作为金融资产管理公司的出资人，应当具备以下条件：

（一）最近2年长期信用评级为良好。

（二）财务状况良好，最近2个会计年度连续盈利。

（三）商业银行资本充足率应当达到其注册地银行业资本充足率平均水平且不低于10.5%；非银行金融机构资本总额不低于加权风险资产总额的10%。

（四）内部控制健全有效。

（五）注册地金融机构监督管理制度完善。

（六）所在国（地区）经济状况良好。

（七）入股资金为自有资金，不得以委托资金、债务资金等非自有资金入股。

（八）权益性投资余额原则上不得超过本企业净资产的50%（含本次投资金额）。

（九）国家金融监督管理总局规章规定的其他审慎性条件。

第一百一十七条 境内非金融机构作为金融资产管理公司的出资人，应当符合以下条件：

（一）依法设立，具有法人资格。

（二）具有良好的公司治理结构或有效的组织管理方式。

（三）具有良好的社会声誉、诚信记录和纳税记录，能按期足额偿还金融机构的贷款本金和利息，最近2年内无重大违法违规行为。

（四）具有较长的发展期和稳定的经营状况。

（五）具有较强的经营管理能力和资金实力。

（六）财务状况良好，最近2个会计年度连续盈利；作为金融资产管理公司控股股东的，最近3个会计年度连续盈利。

（七）最近1个会计年度末净资产不低于总资产的30%；作为金融资产管理公司控股股东的，最近1个会计年度末净资产不低于总资产的40%；本办法施行前已成为金融资产管理公司控股股东的，申请变更股权或调整股权结构涉及该控股股东资格审核时，净资产率应不低于30%。

（八）入股资金为自有资金，不得以委托资金、债务资金等非自有资金入股。

（九）权益性投资余额原则上不得超过本企业净资产的50%（含本次投资金额）；作为金融资产管理公司控股股东的，权益性投资余额原则上不得超过本企业净资产的40%（含本次投资金额）；国务院规定的投资公司和控股公司除外。

（十）国家金融监督管理总局规章规定的其他审慎性条件。

第一百一十八条 境外非金融机构作为金融资产管理公

司的出资人，应当符合以下条件：

（一）依法设立，具有法人资格。

（二）具有良好的公司治理结构或有效的组织管理方式。

（三）具有良好的社会声誉、诚信记录和纳税记录，最近2年未受到境内外监管机构的重大处罚。

（四）有10年以上经营管理不良资产投资管理类机构的经验。

（五）满足所在国家或地区监管当局的审慎监管要求。

（六）财务状况良好，最近2个会计年度连续盈利；作为金融资产管理公司控股股东的，最近3个会计年度连续盈利。

（七）最近1个会计年度末净资产不低于总资产的30%；作为金融资产管理公司控股股东的，最近1个会计年度末净资产不低于总资产的40%。

（八）权益性投资余额原则上不得超过本企业净资产的50%（含本次投资金额）；作为金融资产管理公司控股股东的，权益性投资余额原则上不得超过本企业净资产的40%（含本次投资金额）。

（九）入股资金为自有资金，不得以委托资金、债务资金等非自有资金入股。

（十）国家金融监督管理总局规章规定的其他审慎性条件。

第一百一十九条　存在以下情形之一的企业不得作为金融资产管理公司的出资人：

（一）公司治理结构与机制存在明显缺陷；

（二）关联企业众多、股权关系复杂且不透明、关联交易频繁且异常；

（三）核心主业不突出且其经营范围涉及行业过多；

（四）现金流量波动受经济景气影响较大；

（五）资产负债率、财务杠杆率高于行业平均水平；

（六）代他人持有金融资产管理公司股权；

（七）被列为相关部门失信联合惩戒对象；

（八）存在严重逃废银行债务行为；

（九）提供虚假材料或者作不实声明；

（十）因违法违规行为被金融监管部门或政府有关部门查处，造成恶劣影响；

（十一）其他对金融资产管理公司产生重大不利影响的情况。

第一百二十条　入股金融资产管理公司，应当遵守并在公司章程中载明下列内容：

（一）股东应当遵守法律法规和监管规定；

（二）应经但未经监管部门批准或未向监管部门报告的股东，不得行使股东大会召开请求权、表决权、提名权、提案权、处分权等权利；

（三）对于存在虚假陈述、滥用股东权利或其他损害金融资产管理公司利益行为的股东，国家金融监督管理总局或其派出机构可以限制或禁止金融资产管理公司与其开展关联交易，限制其持有金融资产管理公司股权的限额等，并可限制其股东大会召开请求权、表决权、提名权、提案权、处分权等权利；

（四）主要股东自取得股权之日起5年内不得转让所持有的股权，经国家金融监督管理总局或其派出机构批准采取风险处置措施、国家金融监督管理总局或其派出机构责令转让、涉及司法强制执行或者在同一出资人控制的不同主体间转让股权等特殊情形除外；

（五）主要股东应当在必要时向金融资产管理公司补充资本。

第一百二十一条　涉及处置高风险非银行金融机构的变更股权或调整股权结构的许可事项，可不受出资人类型等相关规定限制。

第一百二十二条　金融资产管理公司变更股权或调整股权结构须经审批的，由国家金融监督管理总局受理、审查并决定。国家金融监督管理总局自受理之日起3个月内作出批准或不批准的书面决定。

金融租赁公司、汽车金融公司、货币经纪公司、消费金融公司变更股权或调整股权结构引起实际控制人变更的，财务公司变更股权或调整股权结构引起所属企业集团变更的，由所在地省级派出机构受理并初步审查、国家金融监督管理总局审查并决定，决定机关自受理之日起3个月内作出批准或不批准的书面决定。

金融租赁公司、汽车金融公司、货币经纪公司、消费金融公司变更股权或调整股权结构须经审批且未引起实际控制人变更的，财务公司变更股权或调整股权结构须经审批且未引起所属企业集团变更的，由地市级派出机构或所在地省级派出机构受理并初步审查、省级派出机构审查并决定，决定机关自受理之日起3个月内作出批准或不批准的书面决定，并抄报国家金融监督管理总局。

第一百二十三条　非银行金融机构申请变更注册资本，应当具备以下条件：

（一）变更注册资本后仍然符合国家金融监督管理总局对该类机构最低注册资本和资本充足性的要求；

（二）增加注册资本涉及出资人资格须经审批的，出资人应符合第一百一十三条至第一百二十一条规定的条件；

（三）国家金融监督管理总局规章规定的其他审慎性条件。

第一百二十四条　非银行金融机构申请变更注册资本的许可程序适用本办法第一百一十条的规定，变更注册资本涉及出资人资格须经审批的，许可程序适用本办法第一百二十二条的规定。

第一百二十五条　非银行金融机构以公开募集和上市交易股份方式，以及已上市的非银行金融机构以配股或募集新股份的方式变更注册资本的，应当符合中国证监会规定的条件。

向中国证监会申请前，有关方案应先获得国家金融监督管理总局或其派出机构的批准，许可程序适用本办法第一百二十二条的规定。

第一百二十六条　非银行金融机构变更住所，应当有与业务发展相符合的营业场所、安全防范措施和其他设施。

非银行金融机构因行政区划调整等原因而引起的行政区划、街道、门牌号等发生变化而实际位置未变化的，不需进行变更住所的申请，但应当于变更后15日内报告为其颁发金融许可证的金融监督管理机构，并换领金融许可证。

非银行金融机构因房屋维修、增扩建等原因临时变更住所6个月以内的，不需进行变更住所申请，但应当在原住所、临时住所公告，并提前10日内向为其颁发金融许可证的金融监督管理机构报告。临时住所应当符合安全、消防主管部门的相关要求。非银行金融机构回迁原住所，应当提前10日将有权部门出具的消防证明文件等材料抄报为其颁发金融许可证的金融监督管理机构。

第一百二十七条　非银行金融机构同城变更住所的许可程序适用本办法第一百一十条的规定。

第一百二十八条　非银行金融机构异地变更住所分为迁址筹建和迁址开业两个阶段。

第一百二十九条　金融资产管理公司异地迁址筹建，向国家金融监督管理总局提交申请，同时抄报拟迁入地省级派出机构，由国家金融监督管理总局受理、审查并决定。国家金融监督管理总局自受理之日起2个月内作出批准或不批准的书面决定，抄送拟迁入地省级派出机构。国家金融监督管理总局在作出书面决定之前，应征求拟迁入地省级派出机构的意见。

金融资产管理公司以外的非银行金融机构跨省级派出机构迁址筹建，向迁出地省级派出机构提交申请，同时抄报拟迁入地省级派出机构，由迁出地省级派出机构受理、审查并决定。迁出地省级派出机构自受理之日起2个月内作出批准或不批准的书面决定，并抄报国家金融监督管理总局，抄送拟迁入地省级派出机构。迁出地省级派出机构在作出书面决定之前，应征求拟迁入地省级派出机构的意见。金融资产管理公司以外的非银行金融机构在省级派出机构辖内跨地市级派出机构迁址筹建，向省级派出机构提交申请，由省级派出机构受理、审查并决定。省级派出机构自受理之日起2个月内作出批准或不批准的书面决定，并抄报国家金融监督管理总局，抄送有关地市级派出机构。省级派出机构在作出书面决定之前，应征求有关地市级派出机构的意见。

非银行金融机构应在收到迁址筹建批准文件之日起6个月内完成异地迁址的准备工作，并在期限届满前提交迁址开业申请，逾期未提交的，迁址筹建批准文件失效。

第一百三十条　非银行金融机构异地迁址开业，向迁入地省级派出机构提交申请，由其受理、审查并决定。省级派出机构自受理之日起1个月内作出批准或不批准的书面决定，并抄报国家金融监督管理总局，抄送迁出地省级派出机构。

第一百三十一条　非银行金融机构修改公司章程应符合《中华人民共和国公司法》、《金融资产管理公司监管办法》、《企业集团财务公司管理办法》、《金融租赁公司管理办法》、《汽车金融公司管理办法》、《货币经纪公司试点管理办法》、《消费金融公司试点管理办法》、《商业银行股权管理暂行办法》及其他有关法律法规的规定。

第一百三十二条　非银行金融机构申请修改公司章程的许可程序适用本办法第一百一十条的规定。

非银行金融机构因为发生变更名称、股权、注册资本、住所或营业场所、业务范围等前置审批事项以及因股东名称、住所变更等原因而引起公司章程内容变更的，不需申请修改章程，应将修改后的章程向监管机构报备。

第一百三十三条　非银行金融机构分立应符合有关法律、行政法规和规章的规定。

金融资产管理公司分立，向国家金融监督管理总局提交申请，由国家金融监督管理总局受理、审查并决定。国家金融监督管理总局自受理之日起3个月内作出批准或不批准的书面决定。其他非银行金融机构分立，向所在地省级派出机构提交申请，由省级派出机构受理并初步审查、国家金融监督管理总局审查并决定。决定机关自受理之日起3个月内作出批准或不批准的书面决定。

非银行金融机构分立后依然存续的，在分立公告期限届满后，应按照有关变更事项的条件和程序通过行政许可。分立后成为新公司的，在分立公告期限届满后，应按照法人机构开业的条件和程序通过行政许可。

第一百三十四条　非银行金融机构合并应符合有关法律、行政法规和规章的规定。

金融资产管理公司吸收合并，向国家金融监督管理总局提交申请，由国家金融监督管理总局受理、审查并决定。国家金融监督管理总局自受理之日起3个月内作出批准或不批准的书面决定。其他非银行金融机构吸收合并，由吸收合并方向其所在地省级派出机构提出申请，并抄报被吸收合并方所在地省级派出机构，由吸收合并方所在地省级派出机构受理并初步审查、国家金融监督管理总局审查并决定。决定机关自受理之日起3个月内作出批准或不批准的书面决定。吸收合并方所在地省级派出机构在将初审意见上报国家金融监督管理总局之前，应征求被吸收合并方所在地省级派出机构的意见。

吸收合并事项涉及吸收合并方变更股权或调整股权结构、注册资本、名称，以及被吸收合并方解散或改建为分支机构的，应符合相应事项的许可条件，相应事项的许可程序可按照相关规定执行或与吸收合并事项一并受理、审查并决定。一并受理的，吸收合并方所在地省级派出机构在将初审意见上报国家金融监督管理总局之前，应就被吸收合并方解散或改建分支机构征求其他相关省级派出机构的意见。

金融资产管理公司新设合并，向国家金融监督管理总局提交申请，由国家金融监督管理总局受理、审查并决定。国家金融监督管理总局自受理之日起3个月内作出批准或不批准的书面决定。其他非银行金融机构新设合并，由其中一方作为主报机构向其所在地省级派出机构提交申请，同时抄报另一方所在地省级派出机构，由主报机构所在地省级派出机构受理并初步审查、国家金融监督管理总局审查并决定。决定机关自受理之日起3个月内作出批准或不批准的书面决定。主报机构所在地省级派出机构在将初审意见上报国家金融监督管理总局之前，应征求另一方所在地省级派出机构的意见。

新设机构应按照法人机构开业的条件和程序通过行政许可。新设合并事项涉及被合并方解散或改建为分支机构的，应符合解散或设立分支机构的许可条件，许可程序可按照相关规定执行或与新设合并事项一并受理、审查并决定。一并受理的，主报机构所在地省级派出机构在将初审意见上报国家金融监督管理总局之前，应就被合并方解散或改建分公司征求其他相关省级派出机构的意见。

第一百三十五条　金融资产管理公司变更组织形式，应当符合《中华人民共和国公司法》、《金融资产管理公司监管办法》以及其他法律、行政法规和规章的规定。

第一百三十六条　金融资产管理公司变更组织形式，由国家金融监督管理总局受理、审查并决定。国家金融监督管理总局自受理之日起3个月内作出批准或不批准的书面决定。

第二节　子公司变更

第一百三十七条　非银行金融机构子公司须经许可的变更事项包括：金融资产管理公司境外全资附属或控股金融机构变更名称、注册资本、股权或调整股权结构，分立或合并，重大投资事项（指投资额为1亿元人民币以上或等值的可自由兑换货币或者投资额占其注册资本5%以上的股权投资事项）；金融租赁公司专业子公司变更名称、注册资本；金融租赁公司境内专业子公司变更股权或调整股权结构，修改公司章程；财务公司境外子公司变更名称、注册资本；以及国家金融监督管理总局规定的其他变更事项。

第一百三十八条　出资人及其关联方、一致行动人单独或合计拟首次持有非银行金融机构子公司资本总额或股份总额5%以上或不足5%但对非银行金融机构子公司经营管理有重大影响的，以及累计增持非银行金融机构子公司资本总额或股份总额5%以上或不足5%但引起实际控制人变更的，均应事先报国家金融监督管理总局或其派出机构核准。

出资人及其关联方、一致行动人单独或合计持有非银行金融机构子公司股权1%以上、5%以下的，应当在取得股权后10个工作日内向国家金融监督管理总局或所在地省级派出机构报告。

第一百三十九条　金融资产管理公司境外全资附属或控股金融机构变更股权或调整股权结构须经审批的，由金融资产管理公司向国家金融监督管理总局提交申请，由国家金融监督管理总局受理、审查并决定。国家金融监督管理总局自受理之日起3个月内作出批准或不批准的书面决定。

第一百四十条　金融资产管理公司境外全资附属或控股金融机构变更名称、注册资本，分立或合并，或进行重大投资，由金融资产管理公司向国家金融监督管理总局提交申请，国家金融监督管理总局受理、审查并决定。国家金融监督管理总局自受理之日起3个月内作出批准或不批准的书面决定。

第一百四十一条　金融租赁公司境内专业子公司变更股权或调整股权结构须经审批的，拟投资入股的出资人应符合第八十一条规定的条件。

金融租赁公司境内专业子公司变更股权或调整股权结构须经审批的，由境内专业子公司向地市级派出机构或所在地省级派出机构提出申请，地市级派出机构或省级派出机构受理、省级派出机构审查并决定。决定机关自受理之日起3个月内作出批准或不批准的书面决定，并抄报国家金融监督管理总局。

第一百四十二条 金融租赁公司境内专业子公司变更名称，由专业子公司向地市级派出机构或所在地省级派出机构提出申请，金融租赁公司境外专业子公司变更名称，由金融租赁公司向地市级派出机构或所在地省级派出机构提出申请，地市级派出机构或省级派出机构受理、审查并决定。地市级派出机构或省级派出机构应自受理之日起3个月内作出批准或不批准的书面决定，并抄报上级监管机关。

第一百四十三条 金融租赁公司专业子公司变更注册资本，应当具备以下条件：

（一）变更注册资本后仍然符合国家金融监督管理总局的相关监管要求；

（二）增加注册资本涉及出资人资格须经审批的，出资人应符合第八十一条规定的条件；

（三）国家金融监督管理总局规章规定的其他审慎性条件。

金融租赁公司专业子公司变更注册资本的许可程序适用第一百四十二条的规定，变更注册资本涉及出资人资格须经审批的，许可程序适用第一百四十一条的规定。

第一百四十四条 金融租赁公司境内专业子公司修改公司章程应符合《中华人民共和国公司法》、《金融租赁公司专业子公司管理暂行规定》的规定。

金融租赁公司境内专业子公司申请修改公司章程的许可程序适用第一百四十二条的规定。金融租赁公司境内专业子公司因为发生变更名称、股权或调整股权结构、注册资本等前置审批事项以及因股东名称、住所变更等原因而引起公司章程内容变更的，不需申请修改章程，应将修改后的章程向地市级派出机构或所在地省级派出机构报备。

第一百四十五条 财务公司境外子公司变更名称、注册资本，由财务公司向地市级派出机构或所在地省级派出机构提出申请，地市级派出机构或省级派出机构受理、审查并决定。地市级派出机构或省级派出机构应自受理之日起3个月内作出批准或不批准的书面决定，并抄报上级监管机关。

第一百四十六条 金融租赁公司境内专业子公司同城变更住所适用报告制，由金融租赁公司在境内专业子公司变更住所30个工作日前向境内专业子公司所在地地市级派出机构或所在地省级派出机构报告。

第三节 分公司和代表处变更

第一百四十七条 非银行金融机构分公司和代表处变更名称，由其法人机构向分公司或代表处所在地地市级派出机构或所在地省级派出机构提出申请，由地市级派出机构或所在地省级派出机构受理、审查并决定。地市级派出机构或省级派出机构应自受理之日起3个月内作出批准或不批准的书面决定，并抄报上级监管机关。

第一百四十八条 境外非银行金融机构驻华代表处申请变更名称，由其母公司向代表处所在地省级派出机构提交申请，由省级派出机构受理、审查并决定。省级派出机构应自受理之日起3个月内作出批准或不批准的决定，并抄报国家金融监督管理总局。

第一百四十九条 非银行金融机构分公司同城变更住所适用报告制，由非银行金融机构在分公司变更住所30个工作日前向分公司所在地地市级派出机构或所在地省级派出机构报告。

非银行金融机构分公司在省级派出机构辖内跨地市级派出机构变更住所适用第一百二十六条、第一百二十八条至第一百三十条的规定。

第四章 机构终止

第一节 法人机构终止

第一百五十条 非银行金融机构法人机构满足以下情形之一的，可以申请解散：

（一）公司章程规定的营业期限届满或者规定的其他解散事由出现时；

（二）股东会议决定解散；

（三）因公司合并或者分立需要解散；

（四）其他法定事由。

组建财务公司的企业集团解散，财务公司应当申请解散。

第一百五十一条 金融资产管理公司解散，向国家金融监督管理总局提交申请，由国家金融监督管理总局受理、审查并决定。国家金融监督管理总局自受理之日起3个月内作出批准或不批准的书面决定。

其他非银行金融机构解散，向所在地省级派出机构提交申请，省级派出机构受理并初步审查、国家金融监督管理总局审查并决定。决定机关自受理之日起3个月内作出批准或不批准的书面决定。

第一百五十二条 非银行金融机构法人机构有以下情形之一的，向法院申请破产前，应当向国家金融监督管理总局申请并获得批准：

（一）不能清偿到期债务，并且资产不足以清偿全部债务或者明显缺乏清偿能力的，自愿或应其债权人要求申请破产的；

（二）已解散但未清算或者未清算完毕，依法负有清算责任的人发现该机构资产不足以清偿债务，应当申请破产的。

第一百五十三条　金融资产管理公司拟破产，向国家金融监督管理总局提交申请，由国家金融监督管理总局受理、审查并决定。国家金融监督管理总局自受理之日起3个月内作出批准或不批准的书面决定。

其他非银行金融机构拟破产，向所在地省级派出机构提交申请，由省级派出机构受理并初步审查、国家金融监督管理总局审查并决定。决定机关自受理之日起3个月内作出批准或不批准的书面决定。

第二节　子公司终止

第一百五十四条　金融资产管理公司境外全资附属或控股金融机构、金融租赁公司专业子公司、财务公司境外子公司解散或破产的条件，参照第一百五十条和第一百五十二条的规定执行。

第一百五十五条　金融资产管理公司境外全资附属或控股金融机构解散或拟破产，由金融资产管理公司向国家金融监督管理总局提交申请，国家金融监督管理总局受理、审查并决定。国家金融监督管理总局自受理之日起3个月内作出批准或不批准的书面决定。

金融租赁公司境内专业子公司解散或拟破产，由金融租赁公司向专业子公司所在地省级派出机构提出申请，省级派出机构受理并初步审查、国家金融监督管理总局审查并决定。决定机关自受理之日起3个月内作出批准或不批准的书面决定。

金融租赁公司境外专业子公司解散或拟破产，由金融租赁公司向其所在地省级派出机构提出申请，省级派出机构受理并初步审查、国家金融监督管理总局审查并决定。决定机关自受理之日起3个月内作出批准或不批准的书面决定。

财务公司境外子公司解散或拟破产，由财务公司向其所在地省级派出机构提出申请，省级派出机构受理并初步审查、国家金融监督管理总局审查并决定。决定机关自受理之日起3个月内作出批准或不批准的书面决定。

第三节　分公司和代表处终止

第一百五十六条　非银行金融机构分公司、代表处，以及境外非银行金融机构驻华代表处终止营业或关闭（被依法撤销除外），应当提出终止营业或关闭申请。

第一百五十七条　非银行金融机构分公司、代表处申请终止营业或关闭，应当具备以下条件：

（一）公司章程规定的有权决定机构决定该分支机构终止营业或关闭；

（二）分支机构各项业务和人员已依法进行了适当的处置安排；

（三）国家金融监督管理总局规章规定的其他审慎性条件。

第一百五十八条　非银行金融机构分公司或代表处终止营业或关闭，由其法人机构向分公司或代表处地市级派出机构或所在地省级派出机构提交申请，由地市级派出机构或省级派出机构受理并初步审查、省级派出机构审查并决定。决定机关自受理之日起3个月内作出批准或不批准的书面决定，并抄报国家金融监督管理总局。

第一百五十九条　境外非银行金融机构驻华代表处申请关闭，由其母公司向代表处所在地省级派出机构提交申请，由省级派出机构受理并初步审查、国家金融监督管理总局审查并决定。决定机关自受理之日起3个月内作出批准或不批准的书面决定。

第五章　调整业务范围和增加业务品种

第一节　财务公司从事同业拆借等专项业务资格

第一百六十条　财务公司申请开办同业拆借、成员单位票据承兑、固定收益类有价证券投资业务、成员单位产品的消费信贷、买方信贷业务应当具备以下条件：

（一）财务公司开业1年以上，且经营状况良好，具有良好的公司治理结构，风险管理和内部控制健全有效，最近2年无重大违法违规行为；

（二）符合审慎监管指标要求；

（三）有比较完善的业务决策机制、风险控制制度、业务操作规程；

（四）具有支撑业务经营的必要、安全且合规的信息系统，具备保障信息系统有效安全运行的技术与措施；

（五）有相应的合格专业人员；

（六）集团经营状况良好，具有良好的社会声誉和信用记录，最近2年内无重大违法违规行为；

（七）监管评级良好；

（八）国家金融监督管理总局规章规定的其他审慎性条件。

第一百六十一条　财务公司申请开办同业拆借业务，除符合第一百六十条规定外，还应当具备以下条件：

（一）最近1年月均存放同业余额不低于10亿元；

（二）最近1年月度贷款比例不超过80%。

第一百六十二条 财务公司申请开办成员单位票据承兑业务，除符合第一百六十条规定外，还应当具备以下条件：

（一）注册资本不低于20亿元人民币或等值的可自由兑换货币；

（二）最近1年月均存放同业余额不低于10亿元；

（三）最近1年月度贷款比例不超过80%；

（四）最近1年季度资本充足率不低于12%；

（五）集团及成员单位具有一定的票据结算交易基础，且根据集团资金结算实际情况，确有开办此项业务的需求，集团最近2年未发生票据持续逾期行为。

第一百六十三条 财务公司申请开办固定收益类有价证券投资业务，除符合第一百六十条规定外，还应当具备以下条件：

（一）注册资本不低于20亿元人民币或等值的可自由兑换货币；

（二）最近1年月均存放同业余额不低于10亿元；

（三）负责投资业务的从业人员中三分之二以上具有相应的专业资格或一定年限的从业经验。

第一百六十四条 财务公司申请开办成员单位产品消费信贷、买方信贷业务，除符合第一百六十条规定外，还应当具备以下条件：

（一）注册资本不低于20亿元人民币或等值的可自由兑换货币；

（二）集团应有适合开办此类业务的产品；

（三）现有信贷业务风险管理情况良好。

第一百六十五条 财务公司申请以上四项业务资格，向地市级派出机构或所在地省级派出机构提交申请，由地市级派出机构或省级派出机构受理并初步审查、省级派出机构审查并决定。决定机关自受理之日起3个月内作出批准或不批准的书面决定，并抄报国家金融监督管理总局。

第二节 金融租赁公司设立项目公司开展融资租赁业务资格

第一百六十六条 金融租赁公司设立项目公司开展融资租赁业务，应当具备以下条件：

（一）符合审慎监管指标要求；

（二）提足各项损失准备金后最近1个会计年度期末净资产不低于10亿元人民币或等值的可自由兑换货币；

（三）具备良好的公司治理和内部控制体系；

（四）具有支撑业务经营的必要、安全且合规的信息系统，具备保障信息系统有效安全运行的技术与措施；

（五）具备开办业务所需要的有相关经验的专业人员；

（六）制定了开办业务所需的业务操作流程、风险管理、内部控制和会计核算制度，并经董事会批准；

（七）最近3年内无重大违法违规行为；

（八）监管评级良好；

（九）国家金融监督管理总局规章规定的其他审慎性条件。

第一百六十七条 金融租赁公司设立项目公司开展融资租赁业务资格的许可程序适用本办法第一百六十五条的规定。

第一百六十八条 金融租赁公司为控股子公司、项目公司对外融资提供担保业务资格在批准其设立控股子公司、项目公司开展融资租赁业务资格时一并批准。

第三节 金融资产管理公司、金融租赁公司及其境内专业子公司、消费金融公司、汽车金融公司募集发行债务、资本补充工具

第一百六十九条 金融资产管理公司募集发行优先股、二级资本债券、金融债及依法须经国家金融监督管理总局许可的其他债务、资本补充工具，应当具备以下条件：

（一）具有良好的公司治理机制、完善的内部控制体系和健全的风险管理制度；

（二）风险监管指标符合审慎监管要求，但出于维护金融安全和稳定需要的情形除外；

（三）最近3个会计年度连续盈利；

（四）国家金融监督管理总局规章规定的其他审慎性条件。

第一百七十条 金融租赁公司及其境内专业子公司、消费金融公司、汽车金融公司募集发行优先股、二级资本债券、金融债及依法须经国家金融监督管理总局许可的其他债务、资本补充工具，应当具备以下条件：

（一）具有良好的公司治理机制、完善的内部控制体系和健全的风险管理制度；

（二）资本充足性监管指标不低于监管部门的最低要求；

（三）最近3个会计年度连续盈利；

（四）风险监管指标符合审慎监管要求；

（五）监管评级良好；

（六）国家金融监督管理总局规章规定的其他审

慎性条件。

对于资质良好但成立未满3年的金融租赁公司及其境内专业子公司，可由具有担保能力的担保人提供担保。

第一百七十一条　金融资产管理公司申请资本工具计划发行额度，应由金融资产管理公司作为申请人向国家金融监督管理总局提交申请，由国家金融监督管理总局受理、审查并决定。国家金融监督管理总局自受理之日起3个月内作出批准或不批准的书面决定。

金融租赁公司及其境内专业子公司、消费金融公司、汽车金融公司申请资本工具计划发行额度的许可程序适用本办法第一百六十五条的规定。

金融资产管理公司、金融租赁公司及其境内专业子公司、消费金融公司、汽车金融公司可在批准额度内，自主决定具体工具品种、发行时间、批次和规模，并于批准后的24个月内完成发行，在资本工具募集发行结束后10日内向决定机关报告；如在24个月内再次提交额度申请，则原有剩余额度失效，以最新批准额度为准。决定机关有权对已发行的资本工具是否达到合格资本标准进行认定。

金融资产管理公司、金融租赁公司及其境内专业子公司、消费金融公司、汽车金融公司募集发行非资本类债券不需申请业务资格。金融资产管理公司应在非资本类债券募集发行结束后10日内向国家金融监督管理总局报告。金融租赁公司及其境内专业子公司、消费金融公司、汽车金融公司应在非资本类债券募集发行结束后10日内向地市级派出机构或所在地省级派出机构报告。

第四节　金融资产管理公司、金融租赁公司、消费金融公司、汽车金融公司资产证券化业务资格

第一百七十二条　金融资产管理公司、金融租赁公司、消费金融公司、汽车金融公司申请资产证券化业务资格，应当具备以下条件：

（一）具有良好的社会信誉和经营业绩，最近3年内无重大违法违规行为；

（二）具有良好的公司治理、风险管理体系和内部控制；

（三）对开办资产证券化业务具有合理的目标定位和明确的战略规划，并且符合其总体经营目标和发展战略；

（四）具有开办资产证券化业务所需要的专业人员、业务处理系统、会计核算系统、管理信息系统以及风险管理和内部控制制度；

（五）监管评级良好；

（六）国家金融监督管理总局规章规定的其他审慎性条件。

第一百七十三条　金融资产管理公司申请资产证券化业务资格，应由金融资产管理公司作为申请人向国家金融监督管理总局提交申请，由国家金融监督管理总局受理、审查并决定。国家金融监督管理总局自受理之日起3个月内作出批准或不批准的书面决定。

其他非银行金融机构申请资产证券化资格的许可程序适用本办法第一百六十五条的规定。

第五节　非银行金融机构衍生产品交易业务资格

第一百七十四条　非银行金融机构衍生产品交易业务资格分为基础类资格和普通类资格。

基础类资格只能从事套期保值类衍生产品交易，即非银行金融机构主动发起，为规避自有资产、负债的信用风险、市场风险或流动性风险而进行的衍生产品交易；普通类资格除基础类资格可以从事的衍生产品交易之外，还可以从事由客户发起，非银行金融机构为满足客户需求提供的代客交易和非银行金融机构为对冲前述交易相关风险而进行的交易。

第一百七十五条　非银行金融机构申请基础类衍生产品交易业务资格，应当具备以下条件：

（一）有健全的衍生产品交易风险管理制度和内部控制制度；

（二）具有接受相关衍生产品交易技能专门培训半年以上、从事衍生产品或相关交易2年以上的交易人员至少2名，相关风险管理人员至少1名，风险模型研究或风险分析人员至少1名，熟悉套期会计操作程序和制度规范的人员至少1名，以上人员均需专岗专人，相互不得兼任，且无不良记录；

（三）有适当的交易场所和设备；

（四）有处理法律事务和负责内控合规检查的专业部门及相关专业人员；

（五）符合审慎监管指标要求；

（六）监管评级良好；

（七）具有一定规模的衍生产品交易的真实需求背景，确有开办此项业务的需求；

（八）国家金融监督管理总局规章规定的其他审慎性条件。

第一百七十六条　非银行金融机构申请普通类衍生产品交易业务资格，除符合第一百七十五条规定外，还应当具备以下条件：

（一）完善的衍生产品交易前中后台自动联接的

业务处理系统和实时风险管理系统；

（二）衍生产品交易业务主管人员应当具备5年以上直接参与衍生产品交易活动或风险管理的资历，且无不良记录；

（三）严格的业务分离制度，确保套期保值类业务与非套期保值类业务的市场信息、风险管理、损益核算有效隔离；

（四）完善的市场风险、操作风险、信用风险等风险管理框架；

（五）国家金融监督管理总局规章规定的其他审慎性条件。

第一百七十七条　非银行金融机构申请衍生产品交易业务资格的许可程序适用本办法第一百七十三条的规定。

第六节　非银行金融机构开办其他新业务

第一百七十八条　非银行金融机构申请开办其他新业务，应当具备以下基本条件：

（一）有良好的公司治理和内部控制；

（二）经营状况良好，主要风险监管指标符合要求；

（三）具有能有效识别和控制新业务风险的管理制度和健全的新业务操作规程；

（四）具有支撑业务经营的必要、安全且合规的信息系统，具备保障信息系统有效安全运行的技术与措施；

（五）有开办新业务所需的合格管理人员和业务人员；

（六）最近3年内无重大违法违规行为；

（七）监管评级良好；

（八）国家金融监督管理总局规章规定的其他审慎性条件。

前款所称其他新业务，是指除本章第一节至第五节规定的业务以外的现行法律法规中已明确规定可以开办，但非银行金融机构尚未开办的业务。

第一百七十九条　非银行金融机构开办其他新业务的许可程序适用本办法第一百七十三条的规定。

第一百八十条　非银行金融机构申请开办现行法规未明确规定的业务，由国家金融监督管理总局另行规定。

第六章　董事和高级管理人员任职资格许可

第一节　任职资格条件

第一百八十一条　非银行金融机构董事长、副董事长、独立董事和其他董事等董事会成员须经任职资格许可。

非银行金融机构的总经理（首席执行官、总裁）、副总经理（副总裁）、风险总监（首席风险官）、财务总监（首席财务官）、合规总监（首席合规官）、总会计师、总审计师（总稽核）、运营总监（首席运营官）、信息总监（首席信息官）、公司内部按照高级管理人员管理的总经理助理（总裁助理）和董事会秘书，金融资产管理公司分公司总经理、副总经理、总经理助理、风险总监，财务公司、金融租赁公司、货币经纪公司分公司总经理（主任），境外非银行金融机构驻华代表处首席代表等高级管理人员，须经任职资格许可。

金融资产管理公司境外全资附属或控股金融机构从境内聘任的董事长、副董事长、总经理、副总经理、总经理助理，金融租赁公司境内专业子公司的董事长、副董事长、总经理、副总经理及境外专业子公司从境内聘任的董事长、副董事长、总经理、副总经理，财务公司境外子公司从境内聘任的董事长、副董事长、总经理、副总经理，须经任职资格许可。

金融资产管理公司财务部门、内审部门负责人，金融资产管理公司境外全资附属或控股金融机构从境外聘任的董事长、副董事长、总经理、副总经理、总经理助理，金融租赁公司境外专业子公司及财务公司境外子公司从境外聘任的董事长、副董事长、总经理、副总经理不需申请核准任职资格，应当在任职后5日内向监管机构报告。拟任人不符合任职资格条件的，监管机构可以责令该机构限期调整任职人员。

未担任上述职务，但实际履行前四款所列董事和高级管理人员职责的人员，应按国家金融监督管理总局有关规定纳入任职资格管理。

第一百八十二条　申请非银行金融机构董事和高级管理人员任职资格，拟任人应当具备以下基本条件：

（一）具有完全民事行为能力；

（二）具有良好的守法合规记录；

（三）具有良好的品行、声誉；

（四）具有担任拟任职务所需的相关知识、经验及能力；

（五）具有良好的经济、金融从业记录；

（六）个人及家庭财务稳健；

（七）具有担任拟任职务所需的独立性；

（八）履行对金融机构的忠实与勤勉义务。

第一百八十三条　拟任人有以下情形之一的，视为不符合本办法第一百八十二条第（二）项、第（三）项、第（五）项规定的条件，不得担任非银行金融机构董事和高级管理人员：

（一）有故意或重大过失犯罪记录的；

（二）有违反社会公德的不良行为，造成恶劣影响的；

（三）对曾任职机构违法违规经营活动或重大损

失负有个人责任或直接领导责任，情节严重的；

（四）担任或曾任被接管、撤销、宣告破产或吊销营业执照的机构的董事或高级管理人员的，但能够证明本人对曾任职机构被接管、撤销、宣告破产或吊销营业执照不负有个人责任的除外；

（五）因违反职业道德、操守或者工作严重失职，造成重大损失或恶劣影响的；

（六）指使、参与所任职机构不配合依法监管或案件查处的；

（七）被取消终身的董事和高级管理人员任职资格，或受到监管机构或其他金融管理部门处罚累计达到2次以上的；

（八）不具备本办法规定的任职资格条件，采取不正当手段以获得任职资格核准的。

第一百八十四条　拟任人有以下情形之一的，视为不符合本办法第一百八十二条第（六）项、第（七）项规定的条件，不得担任非银行金融机构董事和高级管理人员：

（一）截至申请任职资格时，本人或其配偶仍有数额较大的逾期债务未能偿还，包括但不限于在该金融机构的逾期贷款；

（二）本人及其近亲属合并持有该金融机构5%以上股份，且从该金融机构获得的授信总额明显超过其持有的该金融机构股权净值；

（三）本人及其所控股的股东单位合并持有该金融机构5%以上股份，且从该金融机构获得的授信总额明显超过其持有的该金融机构股权净值；

（四）本人或其配偶在持有该金融机构5%以上股份的股东单位任职，且该股东单位从该金融机构获得的授信总额明显超过其持有的该金融机构股权净值，但能够证明授信与本人及其配偶没有关系的除外；

（五）存在其他所任职务与其在该金融机构拟任、现任职务有明显利益冲突，或明显分散其在该金融机构履职时间和精力的情形。

前款第（四）项不适用于财务公司董事和高级管理人员。

第一百八十五条　申请非银行金融机构董事任职资格，拟任人除应符合第一百八十二条至第一百八十四条的规定外，还应当具备以下条件：

（一）具备本科以上学历，具有5年以上的经济、金融、法律、财会或其他有利于履行董事职责的工作经历，其中拟担任独立董事的还应是经济、金融、法律、财会或其他领域的专家；

（二）能够运用非银行金融机构的财务报表和统计报表判断非银行金融机构的经营管理和风险状况；

（三）了解拟任职非银行金融机构的公司治理结构、公司章程以及董事会职责，并熟知董事的权利和义务。

第一百八十六条　拟任人有以下情形之一的，不得担任非银行金融机构独立董事：

（一）本人及其近亲属合并持有该非银行金融机构1%以上股份或股权；

（二）本人或其近亲属在持有该非银行金融机构1%以上股份或股权的股东单位任职；

（三）本人或其近亲属在该非银行金融机构、该非银行金融机构控股或者实际控制的机构任职；

（四）本人或其近亲属在不能按期偿还该非银行金融机构贷款的机构任职；

（五）本人或其近亲属任职的机构与本人拟任职非银行金融机构之间存在法律、会计、审计、管理咨询、担保合作等方面的业务联系或债权债务等方面的利益关系，以致于妨碍其履职独立性的情形；

（六）本人或其近亲属可能被拟任职非银行金融机构大股东、高管层控制或施加重大影响，以致于妨碍其履职独立性的其他情形；

（七）本人已在同类型非银行金融机构任职。

第一百八十七条　申请非银行金融机构董事长、副董事长任职资格，拟任人除应符合第一百八十二条至第一百八十五条的规定外，还应分别具备以下条件：

（一）担任金融资产管理公司董事长、副董事长，应具备本科以上学历，从事金融工作8年以上，或相关经济工作12年以上（其中从事金融工作5年以上）；

（二）担任财务公司董事长、副董事长，应具备本科以上学历，从事金融工作5年以上，或从事企业集团财务或资金管理工作8年以上，或从事企业集团核心主业及相关管理工作10年以上；

（三）担任金融租赁公司董事长、副董事长，应具备本科以上学历，从事金融工作或融资租赁工作5年以上，或从事相关经济工作10年以上；

（四）担任汽车金融公司董事长、副董事长，应具备本科以上学历，从事金融工作5年以上，或从事汽车生产销售管理工作10年以上；

（五）担任货币经纪公司董事长、副董事长，应具备本科以上学历，从事金融工作5年以上，或从事相关经济工作10年以上（其中从事金融工作3年以上）；

（六）担任消费金融公司董事长、副董事长，应具备本科以上学历，从事金融工作5年以上，或从事相关经济工作10年以上；

（七）担任金融资产管理公司境外全资附属或控股金融机构董事长、副董事长，应具备本科以上学历，从事金融工作6年以上，或从事相关经济工作10年以

上(其中从事金融工作3年以上),且能较熟练地运用1门与所任职务相适应的外语;

(八)担任财务公司境外子公司董事长、副董事长,应具备本科以上学历,从事金融工作3年以上,或从事企业集团财务或资金管理工作6年以上,且能较熟练地运用1门与所任职务相适应的外语;

(九)担任金融租赁公司境内外专业子公司董事长、副董事长,应具备本科以上学历,从事金融工作或融资租赁工作3年以上,或从事相关经济工作8年以上(其中从事金融工作或融资租赁工作2年以上),担任境外子公司董事长、副董事长的,还应能较熟练地运用1门与所任职务相适应的外语。

第一百八十八条 申请非银行金融机构法人机构高级管理人员任职资格,拟任人除应符合第一百八十二条至第一百八十四条的规定外,还应分别具备以下条件:

(一)担任金融资产管理公司总裁、副总裁,应具备本科以上学历,从事金融工作8年以上或相关经济工作12年以上(其中从事金融工作4年以上);

(二)担任财务公司总经理(首席执行官、总裁)、副总经理(副总裁),应具备本科以上学历,从事金融工作5年以上,或从事财务或资金管理工作10年以上(财务公司高级管理层中至少应有一人从事金融工作5年以上);

(三)担任金融租赁公司总经理(首席执行官、总裁)、副总经理(副总裁),应具备本科以上学历,从事金融工作或从事融资租赁工作5年以上,或从事相关经济工作10年以上(其中从事金融工作或融资租赁工作3年以上);

(四)担任汽车金融公司总经理(首席执行官、总裁)、副总经理(副总裁),应具备本科以上学历,从事金融工作5年以上,或从事汽车生产销售管理工作10年以上;

(五)担任货币经纪公司总经理(首席执行官、总裁)、副总经理(副总裁),应具备本科以上学历,从事金融工作5年以上,或从事相关经济工作10年以上(其中从事金融工作3年以上);

(六)担任消费金融公司总经理(首席执行官、总裁)、副总经理(副总裁),应具备本科以上学历,从事金融工作5年以上,或从事与消费金融相关领域工作10年以上(消费金融公司高级管理层中至少应有一人从事金融工作5年以上);

(七)担任各类非银行金融机构财务总监(首席财务官)、总会计师、总审计师(总稽核),以及金融资产管理公司财务部门、内审部门负责人的应具备本科以上学历,从事财务、会计或审计工作6年以上;

(八)担任各类非银行金融机构风险总监(首席风险官),应具备本科以上学历,从事金融机构风险管理工作3年以上,或从事其他金融工作6年以上;

(九)担任各类非银行金融机构合规总监(首席合规官),应具备本科以上学历,从事金融或法律工作6年以上;

(十)担任各类非银行金融机构信息总监(首席信息官),应具备本科以上学历,从事信息科技工作6年以上;

(十一)非银行金融机构运营总监(首席运营官)和公司内部按照高级管理人员管理的总经理助理(总裁助理)、董事会秘书以及实际履行高级管理人员职责的人员,任职资格条件比照同类机构副总经理(副总裁)的任职资格条件执行。

第一百八十九条 申请非银行金融机构子公司或分公司高级管理人员任职资格,拟任人除应符合第一百八十二条至第一百八十四条的规定外,还应分别具备以下条件:

(一)担任金融资产管理公司境外全资附属或控股金融机构总经理、副总经理、总经理助理或担任金融资产管理公司分公司总经理、副总经理、总经理助理、风险总监,应具备本科以上学历,从事金融工作6年以上或相关经济工作10年以上(其中从事金融工作3年以上),担任境外全资附属或控股金融机构总经理、副总经理、总经理助理的,还应能较熟练地运用1门与所任职务相适应的外语;

(二)担任财务公司境外子公司总经理、副总经理或担任财务公司分公司总经理(主任),应具备本科以上学历,从事金融工作5年以上,或从事财务或资金管理工作8年以上,担任境外子公司总经理或副总经理的,还应能较熟练地运用1门与所任职务相适应的外语;

(三)担任金融租赁公司境内外专业子公司总经理、副总经理或担任金融租赁公司分公司总经理(主任),应具备本科以上学历,从事金融工作或融资租赁工作3年以上,或从事相关经济工作8年以上(其中从事金融工作或融资租赁工作2年以上),担任境外子公司总经理、副总经理的,还应能较熟练地运用1门与所任职务相适应的外语;

(四)担任货币经纪公司分公司总经理(主任),应具备本科以上学历,从事金融工作5年以上,或从事相关经济工作8年以上(其中从事金融工作2年以上);

(五)担任境外非银行金融机构驻华代表处首席代表,应具备本科以上学历,从事金融工作或相关经济工作3年以上。

第一百九十条　拟任人未达到第一百八十五条、第一百八十七条至第一百八十九条规定的学历要求，但具备以下条件之一的，视同达到规定的学历：

（一）取得国家教育行政主管部门认可院校授予的学士以上学位；

（二）取得注册会计师、注册审计师或与拟（现）任职务相关的高级专业技术职务资格，且相关从业年限超过相应规定4年以上。

第一百九十一条　拟任董事长、总经理任职资格未获核准前，非银行金融机构应指定符合相应任职资格条件的人员代为履职，并自作出指定决定之日起3日内向监管机构报告。代为履职的人员不符合任职资格条件的，监管机构可以责令非银行金融机构限期调整。非银行金融机构应当在6个月内选聘具有任职资格的人员正式任职。

非银行金融机构分支机构确因特殊原因未能按期选聘正式人员任职的，应在代为履职届满前1个月向任职机构所在地国家金融监督管理总局派出机构提交代为履职延期报告，分支机构代为履职延期不得超过一次，延长期限不得超过6个月。

第二节　任职资格许可程序

第一百九十二条　金融资产管理公司及其境外全资附属或控股金融机构申请核准董事和高级管理人员任职资格，由金融资产管理公司向国家金融监督管理总局提交申请，国家金融监督管理总局受理、审查并决定。国家金融监督管理总局自受理之日起30日内作出核准或不予核准的书面决定。

其他非银行金融机构法人机构申请核准董事和高级管理人员任职资格，向地市级派出机构或所在地省级派出机构提交申请，由地市级派出机构或省级派出机构受理并初步审查、省级派出机构审查并决定。决定机关自受理之日起30日内作出核准或不予核准的书面决定，并抄报国家金融监督管理总局。

财务公司境外子公司申请核准董事和高级管理人员任职资格，由财务公司向地市级派出机构或所在地省级派出机构提交申请，地市级派出机构或省级派出机构受理并初步审查、省级派出机构审查并决定。决定机关自受理之日起30日内作出核准或不予核准的书面决定，并抄报国家金融监督管理总局。

金融租赁公司境内专业子公司申请核准董事和高级管理人员任职资格，由专业子公司向地市级派出机构或所在地省级派出机构提交申请，金融租赁公司境外专业子公司申请核准董事和高级管理人员任职资格，由金融租赁公司向地市级派出机构或所在地省级派出机构提交申请，地市级派出机构或省级派出机构受理并初步审查、省级派出机构审查并决定。决定机关自受理之日起30日内作出核准或不予核准的书面决定，并抄报国家金融监督管理总局。

非银行金融机构分公司申请核准高级管理人员任职资格，由其法人机构向分公司地市级派出机构或所在地省级派出机构提交申请，地市级派出机构或省级派出机构受理并初步审查、省级派出机构审查并决定。决定机关自受理之日起30日内作出核准或不予核准的书面决定，并抄报国家金融监督管理总局，抄送法人机构所在地省级派出机构。

境外非银行金融机构驻华代表处首席代表的任职资格核准，向所在地省级派出机构提交申请，由省级派出机构受理、审查并决定。省级派出机构自受理之日起30日内作出核准或不予核准的书面决定，并抄报国家金融监督管理总局。

第一百九十三条　非银行金融机构或其境内分支机构设立时，董事和高级管理人员的任职资格申请，按照该机构开业的许可程序一并受理、审查并决定。

第一百九十四条　具有董事、高级管理人员任职资格且未连续中断任职1年以上的拟任人在同一法人机构内以及在同质同类机构间，同类性质平级调动职务（平级兼任）或改任（兼任）较低职务的，不需重新申请核准任职资格。拟任人应当在任职后5日内向国家金融监督管理总局或任职机构所在地国家金融监督管理总局派出机构报告。

第七章　附　　则

第一百九十五条　获准机构变更事项许可的，非银行金融机构及其分支机构应自许可决定之日起6个月内完成有关法定变更手续，并向决定机关和所在地国家金融监督管理总局派出机构报告。获准董事和高级管理人员任职资格许可的，拟任人应自许可决定之日起3个月内正式到任，并在到任后5日内向决定机关和所在地国家金融监督管理总局派出机构报告。

未在前款规定期限内完成变更或到任的，行政许可决定文件失效，由决定机关注销行政许可。

第一百九十六条　非银行金融机构设立、终止事项，涉及工商、税务登记变更等法定程序的，应当在完成有关法定手续后1个月内向国家金融监督管理总局和所在地国家金融监督管理总局派出机构报告。

第一百九十七条　本办法所称境外含香港、澳门和台湾地区。

第一百九十八条　本办法中的“日”均为工作日，“以上”均含本数或本级。

第一百九十九条　除特别说明外，本办法中各项财务指标要求均为合并会计报表口径。

第二百条　本办法中下列用语的含义：

（一）控股股东，是指根据《中华人民共和国公司法》第二百一十六条规定，其出资额占有限责任公司资本总额百分之五十以上或者其持有的股份占股份有限公司股本总额百分之五十以上的股东；出资额或者持有股份的比例虽然不足百分之五十，但依其出资额或者持有的股份所享有的表决权已足以对股东会、股东大会的决议产生重大影响的股东。

（二）主要股东，是指持有或控制非银行金融机构百分之五以上股份或表决权，或持有资本总额或股份总额不足百分之五但对非银行金融机构经营管理有重大影响的股东。

前款中的“重大影响”，包括但不限于向非银行金融机构派驻董事、监事或高级管理人员，通过协议或其他方式影响非银行金融机构的财务和经营管理决策以及国家金融监督管理总局或其派出机构认定的其他情形。

（三）实际控制人，是指根据《中华人民共和国公司法》第二百一十六条规定，虽不是公司的股东，但通过投资关系，协议或者其他安排，能够实际支配公司行为的人。

（四）关联方，是指根据《企业会计准则第 36 号关联方披露》规定，一方控制、共同控制另一方或对另一方施加重大影响，以及两方或两方以上同受一方控制、共同控制或重大影响的。但国家控制的企业之间不仅因为同受国家控股而具有关联关系。

（五）一致行动，是指投资者通过协议、其他安排，与其他投资者共同扩大其所能够支配的一个公司股份表决权数量的行为或者事实。达成一致行动的相关投资者，为一致行动人。

（六）重大违法违规行为，应依据违法违规行为的事实、性质、情节、危害后果以及行政处罚轻重程度等因素综合考量。行政处罚轻重程度根据处罚种类、处罚金额以及处罚相较非银行金融机构规模大小、对机构的影响程度等因素判定。

（七）重大案件，是指符合《中国银保监会关于印发银行保险机构涉刑案件管理办法（试行）的通知》（银保监发〔2020〕20 号）规定的重大案件。

第二百零一条　其他非银行金融机构相关规则另行制定。

第二百零二条　国家金融监督管理总局根据法律法规和市场准入工作实际，有权对行政许可事项中受理、审查和决定等事权的划分进行动态调整。

第二百零三条　根据国务院或地方政府授权，履行国有金融资本出资人职责的各级财政部门及受财政部门委托管理国有金融资本的其他部门、机构，发起设立、投资入股本办法所列非银行金融机构的资质条件和监管要求等参照本办法有关规定执行，国家另有规定的从其规定。

第二百零四条　本办法由国家金融监督管理总局负责解释。本办法自 2023 年 11 月 10 日起施行，《中国银保监会非银行金融机构行政许可事项实施办法》（中国银行保险监督管理委员会令 2020 年第 6 号）同时废止。

企业集团财务公司管理办法

1. *2022 年 10 月 13 日中国银行保险监督管理委员会令 2022 年第 6 号公布*
2. *自 2022 年 11 月 13 日起施行*

第一章　总　　则

第一条　为规范企业集团财务公司（以下简称财务公司）行为，防范金融风险，促进财务公司稳健经营和健康发展，依据《中华人民共和国公司法》《中华人民共和国银行业监督管理法》等法律法规，制定本办法。

第二条　本办法所称财务公司，是指以加强企业集团资金集中管理和提高企业集团资金使用效率为目的，依托企业集团、服务企业集团，为企业集团成员单位（以下简称成员单位）提供金融服务的非银行金融机构。

外资跨国集团或外资投资性公司为其在中国境内的成员单位提供金融服务而设立的外资财务公司适用本办法的相关规定。

第三条　本办法所称企业集团是指在中华人民共和国境内依法登记，以资本为联结纽带、以母子公司为主体、以集团章程为共同行为规范，由母公司、子公司、参股公司及其他成员企业或机构共同组成的企业法人联合体。

本办法所称成员单位包括：母公司及其作为控股股东的公司（以下简称控股公司）；母公司、控股公司单独或者共同、直接或者间接持股 20% 以上的公司，或者直接持股不足 20% 但处于最大股东地位的公司；母公司、控股公司下属的事业单位法人或者社会团体法人。

本办法所称外资跨国集团是指在中华人民共和国境外依法登记的跨国企业集团。所称外资投资性公司是指外资跨国集团在中国境内独资设立的从事直接投资的公司。外资跨国集团或外资投资性公司适用本办法中对母公司的相关规定。

第四条 财务公司应当依法合规经营,不得损害国家和社会公共利益。

第五条 财务公司依法接受中国银行保险监督管理委员会(以下简称银保监会)及其派出机构的监督管理。

第二章 机构设立及变更

第六条 设立财务公司,应当报经银保监会批准。一家企业集团只能设立一家财务公司。

财务公司名称中应标明“财务有限公司”或“财务有限责任公司”字样,包含其所属企业集团的全称或者简称。未经银保监会批准,任何单位不得在其名称中使用“财务公司”等字样。

第七条 设立财务公司法人机构应当具备下列条件:

(一)确属集中管理企业集团资金的需要,经合理预测能够达到一定的业务规模;

(二)有符合《中华人民共和国公司法》和银保监会规定的公司章程;

(三)有符合规定条件的出资人;

(四)注册资本为一次性实缴货币资本,最低限额为10亿元人民币或等值的可自由兑换货币,银保监会根据财务公司的发展情况和审慎监管的需要,可以调整财务公司注册资本金的最低限额;

(五)有符合任职资格条件的董事、高级管理人员,并且在风险管理、资金管理、信贷管理、结算等关键岗位上至少各有1名具有3年以上相关金融从业经验的人员;

(六)财务公司从业人员中从事金融或财务工作3年以上的人员应当不低于总人数的三分之二、5年以上的人员应当不低于总人数的三分之一,且至少引进1名具有5年以上银行业从业经验的高级管理人员;

(七)建立了有效的公司治理、内部控制和风险管理体系;

(八)建立了与业务经营和监管要求相适应的信息科技体系,具有支撑业务经营的必要、安全且合规的信息管理系统,具备保障业务持续运营的技术与措施;

(九)有与业务经营相适应的营业场所、安全防范措施和其他设施;

(十)银保监会规章规定的其他审慎性条件。

第八条 财务公司的出资人主要应为企业集团成员单位,也可包括成员单位以外的具有丰富行业管理经验的投资者,成员单位以外的单个投资者及其关联方(非成员单位)向财务公司投资入股比例不得超过20%。

第九条 申请设立财务公司的企业集团应当具备下列条件:

(一)符合国家政策并拥有核心主业。

(二)具备2年以上企业集团内部财务和资金集中管理经验。

(三)最近1个会计年度末,总资产不低于300亿元人民币或等值的可自由兑换货币,净资产不低于总资产的30%;作为财务公司控股股东的,最近1个会计年度末净资产不低于总资产的40%。

(四)财务状况良好,最近2个会计年度营业收入总额每年不低于200亿元人民币或等值的可自由兑换货币,税前利润总额每年不低于10亿元人民币或等值的可自由兑换货币;作为财务公司控股股东的,还应满足最近3个会计年度连续盈利。

(五)现金流量稳定并具有较大规模,最近2个会计年度末的货币资金余额不低于50亿元人民币或等值的可自由兑换货币。

(六)权益性投资余额原则上不得超过本企业净资产的50%(含本次投资金额);作为财务公司控股股东的,权益性投资余额原则上不得超过本企业净资产的40%(含本次投资金额);国务院规定的投资公司和控股公司除外。

(七)正常经营的成员单位数量不低于50家,确需通过财务公司提供资金集中管理和服务。

(八)母公司具有良好的公司治理结构或有效的组织管理方式,无不当关联交易。

(九)母公司有良好的社会声誉、诚信记录和纳税记录,最近2年内无重大违法违规行为。

(十)母公司最近1个会计年度末的实收资本不低于50亿元人民币或等值的可自由兑换货币。

(十一)母公司入股资金为自有资金,不得以委托资金、债务资金等非自有资金入股。

(十二)银保监会规章规定的其他审慎性条件。

第十条 外资跨国集团可直接设立财务公司,也可通过其在中国境内设立的外资投资性公司设立财务公司。

外资跨国集团直接设立财务公司的,外资跨国集团适用本办法第九条第(一)(二)(八)(九)(十)(十一)项的规定;其在中国境内投资企业合并口径的收入、利润等指标适用本办法第九条第(四)(五)(六)(七)项的规定,同时应满足最近1个会计年度末的净资产不低于120亿元人民币或等值的可自由兑换货币,净资产不低于总资产的40%。

通过外资投资性公司设立财务公司的,外资投资性公司适用本办法第九条除第(三)项的规定,同时其最近1个会计年度末净资产不低于120亿元人民币或等值的可自由兑换货币,净资产不低于总资产的40%。

第十一条　成员单位作为财务公司出资人，应当具备下列条件：

（一）依法设立，具有法人资格。

（二）具有良好的公司治理结构或有效的组织管理方式。

（三）具有良好的社会声誉、诚信记录和纳税记录。

（四）经营管理良好，最近 2 年无重大违法违规行为。

（五）财务状况良好，最近 2 个会计年度连续盈利；作为财务公司控股股东的，最近 3 个会计年度连续盈利。

（六）最近 1 个会计年度末净资产不低于总资产的 30%；作为财务公司控股股东的，最近 1 个会计年度末净资产不低于总资产的 40%。

（七）入股资金为自有资金，不得以委托资金、债务资金等非自有资金入股。

（八）权益性投资余额原则上不得超过本企业净资产的 50%（含本次投资金额）；作为财务公司控股股东的，权益性投资余额原则上不得超过本企业净资产的 40%（含本次投资金额）；国务院规定的投资公司和控股公司除外。

（九）该项投资符合国家法律法规规定。

（十）银保监会规章规定的其他审慎性条件。

第十二条　成员单位以外的投资者作为财务公司出资人，应为境内外法人金融机构，并具备下列条件：

（一）依法设立，具有法人资格；

（二）有 3 年以上资金集中管理经验；

（三）资信良好，最近 2 年未受到境内外监管机构的重大处罚；

（四）具有良好的公司治理、内部控制机制和健全的风险管理体系；

（五）满足所在国家或地区监管当局的审慎监管要求；

（六）财务状况良好，最近 2 个会计年度连续盈利；

（七）入股资金为自有资金，不得以委托资金、债务资金等非自有资金入股；

（八）权益性投资余额原则上不得超过本企业净资产的 50%（含本次投资金额），国务院规定的投资公司和控股公司除外；

（九）作为主要股东自取得股权之日起 5 年内不得转让所持有的股权（经银保监会或其派出机构批准采取风险处置措施、银保监会或其派出机构责令转让、涉及司法强制执行或者在同一出资人控制的不同主体间转让股权等特殊情形除外）并在公司章程中载明；

（十）投资者为境外金融机构的，其最近 2 年长期信用评级为良好及以上，其所在国家或地区金融监管当局已经与银保监会建立良好的监督管理合作机制；

（十一）银保监会规章规定的其他审慎性条件。

第十三条　有以下情形之一的企业不得作为财务公司的出资人：

（一）公司治理结构与机制存在明显缺陷；

（二）股权关系不透明、不规范，关联交易异常；

（三）核心主业不突出且其经营范围涉及行业过多；

（四）现金流量波动受经济景气影响较大；

（五）资产负债率、财务杠杆率高于行业平均水平；

（六）代他人持有财务公司股权；

（七）被列为相关部门失信联合惩戒对象；

（八）存在严重逃废债务行为；

（九）提供虚假材料或者作不实声明；

（十）因违法违规行为被金融监管部门或政府有关部门查处，造成恶劣影响；

（十一）其他对财务公司产生重大不利影响的情况。

第十四条　财务公司股东应当承担下列义务并在财务公司章程中载明：

（一）遵守法律法规和监管规定。

（二）以合法自有资金出资，不得使用委托资金、债务资金等非自有资金入股，不得虚假出资、循环出资、抽逃出资或者变相抽逃出资。

（三）承诺不将所持有的财务公司股权质押或设立信托。

（四）股东及其实际控制人应维护财务公司独立法人地位和经营管理自主权，不得滥用股东权利损害财务公司、其他股东及利益相关者的合法权益，不得干预财务公司董事会、高级管理层根据公司章程享有的决策权和管理权，不得越过董事会、高级管理层直接干预财务公司经营管理。

（五）应经但未经监管部门批准或未向监管部门报告的股东，不得行使股东会召开请求权、表决权、提名权、提案权、处分权等权利。

（六）不得将股东所享有的管理权，股东会召开请求权、表决权、提名权、提案权、处分权等各项权利委托他人行使。

（七）集团母公司应当承担财务公司风险防范和化解的主体责任，应当建立有效的风险隔离机制，防止风险通过财务公司外溢；集团母公司及财务公司控股股东应当在必要时向财务公司补充资本。

（八）财务公司发生风险事件或者重大违规行为的，股东应当配合监管机构开展调查和风险处置。

（九）主要股东应当及时、准确、完整地向财务公司提供自身经营状况、财务信息、股权结构等信息。

（十）对于存在虚假陈述、滥用股东权利或其他损害财务公司利益行为的股东，银保监会及其派出机构可以限制或禁止财务公司与其开展关联交易，限制其持有财务公司股权的限额等，并可限制其股东会召开请求权、表决权、提名权、提案权、处分权等权利。

第十五条　财务公司的公司性质、组织形式及组织机构应当符合《中华人民共和国公司法》及其他有关法律法规的规定，并应当在公司章程中载明。

第十六条　财务公司发生合并与分立、跨省级派出机构迁址，或者所属集团被收购或重组的，根据业务需要，可申请在成员单位集中且业务量较大的地区设立分公司。

财务公司的分公司不具有法人资格，由财务公司依照本办法的规定授权其开展业务活动，其民事责任由财务公司承担。

第十七条　未经银保监会批准，财务公司不得在境外设立子公司。

第十八条　财务公司有下列变更事项之一的，应当报经银保监会或其派出机构批准：

（一）变更名称；

（二）变更注册资本金；

（三）变更住所；

（四）调整业务范围；

（五）变更股东或者调整股权结构；

（六）更换董事、高级管理人员；

（七）修改章程；

（八）合并或分立；

（九）银保监会规定的其他变更事项。

财务公司分支机构变更事项，按照银保监会相关规定执行。

第三章　业务范围

第十九条　财务公司可以经营下列部分或者全部本外币业务：

（一）吸收成员单位存款；

（二）办理成员单位贷款；

（三）办理成员单位票据贴现；

（四）办理成员单位资金结算与收付；

（五）提供成员单位委托贷款、债券承销、非融资性保函、财务顾问、信用鉴证及咨询代理业务。

第二十条　符合条件的财务公司，可以向银保监会及其派出机构申请经营下列本外币业务：

（一）从事同业拆借；

（二）办理成员单位票据承兑；

（三）办理成员单位产品买方信贷和消费信贷；

（四）从事固定收益类有价证券投资；

（五）从事套期保值类衍生产品交易；

（六）银保监会批准的其他业务。

第二十一条　财务公司不得从事除中国人民银行或国家外汇管理局政策规定之外的离岸业务或资金跨境业务。

第二十二条　财务公司的业务范围经银保监会及其派出机构批准后，应当在财务公司章程中载明。财务公司不得发行金融债券，不得向金融机构和企业投资。

财务公司在经批准的业务范围内细分业务品种，应当报银保监会派出机构备案，但不涉及债权或者债务的中间业务除外。

第二十三条　财务公司分公司的业务范围，由财务公司在其业务范围内根据审慎经营原则进行授权，报银保监会派出机构备案。财务公司分公司可以办理本办法第十九条债券承销以外的业务，以及第二十条第（二）（三）项业务。

第二十四条　财务公司可以在其业务范围内，根据审慎经营原则对所设立境外子公司的业务范围进行授权，并报银保监会派出机构备案。

第四章　公司治理

第二十五条　国有财务公司应当按照有关规定，将党建工作要求写入公司章程，落实党组织在公司治理结构中的法定地位，坚持和完善“双向进入、交叉任职”领导体制，将党的领导融入公司治理各个环节。

民营财务公司要按照党组织设置有关规定，建立党的组织机构，加强政治引领，建设先进企业文化，促进财务公司持续健康发展。

第二十六条　财务公司的股东、董事、监事、高级管理人员等应当遵守法律法规、监管规定和公司章程，按照各司其职、各负其责、协调运转、有效制衡的原则行使权利、履行义务，维护财务公司合法权益。董事会应当下设风险管理委员会、审计委员会等专门委员会。

财务公司应当保证配备的高级管理人员的职责分工符合适当分权和有效制衡原则。

财务公司的董事长、高级管理人员离任，应当由母公司或母公司聘请的外部审计机构进行离任审计，并将离任审计报告报银保监会派出机构。

第二十七条　财务公司应当按照审慎经营原则，制定本公司的各项业务规则和程序,建立健全本公司的内部控制制度,明确内部控制责任,持续开展内部控制监督、评价与整改。

第二十八条 财务公司应当建立涵盖各项业务、全公司范围的风险管理体系,采用科学的风险管理技术和方法,充分识别和评估经营中面临的各类风险,对信用风险、市场风险、流动性风险、操作风险、声誉风险等进行持续的监控。

第二十九条 财务公司应当建立健全覆盖各个业务领域的信息管理系统,实现经营管理的信息化,加强对业务和管理活动的系统自动控制。

第三十条 财务公司应当加强股东股权管理,重点关注股东行为,发现股东及其实际控制人存在涉及财务公司的违规行为时,应当及时采取措施防止违规情形加剧,并向银保监会派出机构报告。财务公司董事会应当至少每年对主要股东资质情况、履行承诺事项情况、落实公司章程或协议条款情况以及遵守法律法规、监管规定情况等进行评估,并及时将评估报告报送银保监会派出机构。

财务公司应当加强关联交易管理,制定完善关联交易管理制度,明确审批程序和标准、内外部审计监督、信息披露等内容,不得以任何方式协助成员单位通过关联交易套取资金,不得隐匿违规关联交易或通过关联交易隐匿资金真实去向、从事违法违规活动。

第三十一条 集团母公司应当建立符合财务公司特点的管理体系,明确财务公司在集团资金集中管理中的职责权限,在战略规划、经营计划、风险内控、用人机制、绩效考评、职工薪酬等方面,对财务公司实行差异化管理,支持财务公司更好地服务实体经济、防控金融风险。

第三十二条 财务公司应当按照服务第一、兼顾效益的原则,建立指标科学完备、流程清晰规范的绩效考评机制。

财务公司应当建立稳健的薪酬管理制度,设置合理的绩效薪酬延期支付和追索扣回机制。

第三十三条 财务公司应当依照国家有关规定,建立健全本公司的财务、会计制度。

财务公司应当依据国家统一会计制度,真实、及时、完整反映经济业务事项,提高会计信息透明度。

第五章　监督管理

第三十四条 财务公司经营业务,应当遵守以下监管指标的要求:

(一)资本充足率不低于银保监会的最低监管要求;

(二)流动性比例不得低于25%;

(三)贷款余额不得高于存款余额与实收资本之和的80%;

(四)集团外负债总额不得超过资本净额;

(五)票据承兑余额不得超过资产总额的15%;

(六)票据承兑余额不得高于存放同业余额的3倍;

(七)票据承兑和转贴现总额不得高于资本净额;

(八)承兑汇票保证金余额不得超过存款总额的10%;

(九)投资总额不得高于资本净额的70%;

(十)固定资产净额不得高于资本净额的20%;

(十一)银保监会规定的其他监管指标。

银保监会视审慎监管需要可以对上述指标做出适当调整。

第三十五条 财务公司对单一股东发放贷款余额超过财务公司注册资本金50%或者该股东对财务公司的出资额的,应当及时向银保监会派出机构报告。对于影响财务公司稳健运行的行为,银保监会派出机构应予以监督指导,并可区别情形采取早期干预措施。

第三十六条 财务公司应当按照监管规定和要求及时向银保监会及其派出机构报送自身及所属企业集团的资产负债表、利润表和其他财务会计、统计报表、经营管理资料以及注册会计师出具的审计报告。

财务公司应当每年4月30日前向银保监会派出机构报送其所属企业集团的成员单位名录。财务公司对新成员单位开展业务前,应当向银保监会派出机构及时备案,并提供该成员单位的有关资料;与财务公司有业务往来的成员单位由于产权变化脱离企业集团的,财务公司应当及时向银保监会派出机构备案,存有遗留业务的,应当同时提交遗留业务的处理方案。

财务公司所属企业集团及财务公司董事会应对所提供报表、资料的真实性、准确性和完整性负责。

第三十七条 财务公司发生挤兑事件、到期债务不能支付、大额贷款逾期、重要信息系统严重故障、被抢劫或诈骗、董事或高级管理人员被有权机关采取强制措施或涉及严重违纪、刑事案件等重大事项时,应当立即采取应急措施并及时向银保监会派出机构报告。

企业集团及其成员单位发生可能影响财务公司正常经营的重大机构变动、股权交易或者经营风险等事项时,财务公司应当及时向银保监会派出机构报告。

第三十八条 财务公司应当建立定期外部审计制度,并于每个会计年度结束后的4个月内,将经法定代表人签名确认的年度审计报告报送银保监会派出机构。

第三十九条 财务公司应当按照中国人民银行的规定缴

存法定存款准备金。

第四十条　财务公司应当按照有关规定及时足额计提资产减值准备,核销不良资产。

第四十一条　财务公司应当遵守中国人民银行有关利率、支付结算管理的规定;经营外汇业务的,应当遵守国家外汇管理的有关规定。

第四十二条　财务公司境外子公司应在符合注册地国家或地区监管要求的前提下开展业务,并遵守银保监会关于财务公司开展业务的有关规定。银保监会及其派出机构对财务公司实行并表监督管理。

第四十三条　银保监会及其派出机构根据审慎监管的要求,有权依照有关程序和规定对财务公司进行现场检查。

银保监会及其派出机构有权实地走访或调查财务公司股东经营情况、询问股东及相关人员、调阅资料,股东及相关人员应当配合。

第四十四条　银保监会及其派出机构根据履行职责的需要和日常监管中发现的问题,可以与财务公司董事、高级管理人员进行监督管理谈话,要求其就财务公司的业务活动和风险管理等重大事项作出说明。

第四十五条　财务公司违反本办法有关规定的,银保监会及其派出机构可以依照《中华人民共和国银行业监督管理法》等法律法规采取监管措施或实施行政处罚,涉嫌犯罪的移送司法机关处理。

财务公司对处理决定不服的,可以依法申请行政复议或者向人民法院提起行政诉讼。

第四十六条　财务公司可成立行业性自律组织。银保监会对财务公司行业性自律组织进行业务指导。

第六章　风险处置与市场退出

第四十七条　财务公司应当按照银保监会的规定制定恢复和处置计划,并组织实施。

第四十八条　财务公司出现下列情况时,经银保监会批准后,予以解散:

(一)组建财务公司的企业集团解散,财务公司不能实现合并或改组;

(二)章程中规定的解散事由出现;

(三)股东会议决定解散;

(四)财务公司因分立或者合并不需要继续存在的。

第四十九条　财务公司有违法经营、经营管理不善等情形,不予撤销将严重危害金融秩序、损害公众利益的,银保监会有权予以撤销。

第五十条　财务公司已经或者可能发生支付危机,严重影响债权人利益和金融秩序的稳定时,银保监会可以依法对财务公司实行接管或者促成机构重组。

接管由银保监会决定并组织实施。

第五十一条　财务公司符合《中华人民共和国企业破产法》规定的破产情形的,经银保监会同意,财务公司或其债权人可以向人民法院提出重整、和解或者破产清算申请。

破产重整的财务公司,其重整后的企业集团应符合设立财务公司的行政许可条件。

银保监会派出机构应根据进入破产程序财务公司的业务活动和风险状况,对其采取暂停相关业务等监管措施。

第五十二条　财务公司解散的,企业集团或财务公司应当依法成立清算组,按照法定程序进行清算。银保监会监督清算过程。

财务公司被撤销的,银保监会应当依法组织成立清算组,按照法定程序进行清算。

清算组在清算中发现财务公司的资产不足以清偿其债务时,应当立即停止清算,并向银保监会报告,经银保监会同意,依法向人民法院申请该财务公司破产清算。

第五十三条　财务公司被接管、重组、被撤销或者申请破产的,银保监会有权要求该财务公司的董事、高级管理人员和其他工作人员,按照银保监会的要求履行职责。

第五十四条　财务公司因解散、被撤销和被宣告破产而终止。财务公司终止的,应当依法向市场监督管理部门办理注销登记。

第七章　附　　则

第五十五条　本办法所称控股股东,是指根据《中华人民共和国公司法》规定,其出资额占有限责任公司资本总额50%以上或者其持有的股份占股份有限公司股本总额50%以上的股东;出资额或者持有股份的比例虽然不足50%,但依其出资额或者持有的股份所享有的表决权已足以对股东会、股东大会的决议产生重大影响的股东。

第五十六条　本办法所称主要股东,是指持有或控制财务公司5%以上股份或表决权,或持有资本总额或股份总额不足5%但对财务公司经营管理有重大影响的股东。

前款中的"重大影响",包括但不限于向财务公司派驻董事、监事或高级管理人员,通过协议或其他方式影响财务公司的财务和经营管理决策以及银保监会或其派出机构认定的其他情形。

第五十七条　本办法第七条第(六)项所称银行业,包括在中华人民共和国境内设立的商业银行、政策性银行,以及金融资产管理公司、金融租赁公司、财务公司、汽车金融公司等经银行业监督管理机构批准设立的其他金融机构。

第五十八条　财务公司设立、变更、终止、调整业务范围和增加业务品种、董事及高级管理人员任职资格核准的行政许可程序，按照银保监会相关规定执行。

第五十九条　本办法第二章所列的各项财务指标要求均为合并会计报表口径。本办法所称"以上"均含本数。

第六十条　本办法颁布前设立的财务公司凡不符合本办法的，应当在规定的期限内进行规范。具体要求由银保监会另行规定。

第六十一条　本办法由银保监会负责解释。

第六十二条　本办法自2022年11月13日起施行。原《企业集团财务公司管理办法》（中国银行业监督管理委员会令2006年第8号）、《企业集团财务公司风险监管指标考核暂行办法》（银监发〔2006〕96号）同时废止。

金融租赁公司管理办法

2014年3月13日中国银行业监督管理委员会令2014年第3号公布施行

第一章　总　　则

第一条　为促进融资租赁业务发展，规范金融租赁公司的经营行为，根据《中华人民共和国银行业监督管理法》、《中华人民共和国公司法》等法律法规，制定本办法。

第二条　本办法所称金融租赁公司，是指经银监会批准，以经营融资租赁业务为主的非银行金融机构。

金融租赁公司名称中应当标明"金融租赁"字样。未经银监会批准，任何单位不得在其名称中使用"金融租赁"字样。

第三条　本办法所称融资租赁，是指出租人根据承租人对租赁物和供货人的选择或认可，将其从供货人处取得的租赁物按合同约定出租给承租人占有、使用，向承租人收取租金的交易活动。

第四条　适用于融资租赁交易的租赁物为固定资产，银监会另有规定的除外。

第五条　本办法所称售后回租业务，是指承租人将自有物件出卖给出租人，同时与出租人签订融资租赁合同，再将该物件从出租人处租回的融资租赁形式。售后回租业务是承租人和供货人为同一人的融资租赁方式。

第六条　银监会及其派出机构依法对金融租赁公司实施监督管理。

第二章　机构设立、变更与终止

第七条　申请设立金融租赁公司，应当具备以下条件：

（一）有符合《中华人民共和国公司法》和银监会规定的公司章程；

（二）有符合规定条件的发起人；

（三）注册资本为一次性实缴货币资本，最低限额为1亿元人民币或等值的可自由兑换货币；

（四）有符合任职资格条件的董事、高级管理人员，并且从业人员中具有金融或融资租赁工作经历3年以上的人员应当不低于总人数的50%；

（五）建立了有效的公司治理、内部控制和风险管理体系；

（六）建立了与业务经营和监管要求相适应的信息科技架构，具有支撑业务经营的必要、安全且合规的信息系统，具备保障业务持续运营的技术与措施；

（七）有与业务经营相适应的营业场所、安全防范措施和其他设施；

（八）银监会规定的其他审慎性条件。

第八条　金融租赁公司的发起人包括在中国境内外注册的具有独立法人资格的商业银行，在中国境内注册的、主营业务为制造适合融资租赁交易产品的大型企业，在中国境外注册的融资租赁公司以及银监会认可的其他发起人。

银监会认可的其他发起人是指除符合本办法第九条至第十一条规定的发起人以外的其他境内法人机构和境外金融机构。

第九条　在中国境内外注册的具有独立法人资格的商业银行作为金融租赁公司发起人，应当具备以下条件：

（一）满足所在国家或地区监管当局的审慎监管要求；

（二）具有良好的公司治理结构、内部控制机制和健全的风险管理体系；

（三）最近1年年末总资产不低于800亿元人民币或等值的可自由兑换货币；

（四）财务状况良好，最近2个会计年度连续盈利；

（五）为拟设金融租赁公司确定了明确的发展战略和清晰的盈利模式；

（六）遵守注册地法律法规，最近2年内未发生重大案件或重大违法违规行为；

（七）境外商业银行作为发起人的，其所在国家或地区金融监管当局已经与银监会建立良好的监督管理合作机制；

（八）入股资金为自有资金，不得以委托资金、债务资金等非自有资金入股；

（九）承诺5年内不转让所持有的金融租赁公司股权、不将所持有的金融租赁公司股权进行质押或设立信托，并在拟设公司章程中载明；

（十）银监会规定的其他审慎性条件。

第十条　在中国境内注册的、主营业务为制造适合融资租赁交易产品的大型企业作为金融租赁公司发起人，应当具备以下条件：

（一）有良好的公司治理结构或有效的组织管理方式；

（二）最近1年的营业收入不低于50亿元人民币或等值的可自由兑换货币；

（三）财务状况良好，最近2个会计年度连续盈利；

（四）最近1年年末净资产不低于总资产的30%；

（五）最近1年主营业务销售收入占全部营业收入的80%以上；

（六）为拟设金融租赁公司确定了明确的发展战略和清晰的盈利模式；

（七）有良好的社会声誉、诚信记录和纳税记录；

（八）遵守国家法律法规，最近2年内未发生重大案件或重大违法违规行为；

（九）入股资金为自有资金，不得以委托资金、债务资金等非自有资金入股；

（十）承诺5年内不转让所持有的金融租赁公司股权、不将所持有的金融租赁公司股权进行质押或设立信托，并在拟设公司章程中载明；

（十一）银监会规定的其他审慎性条件。

第十一条　在中国境外注册的具有独立法人资格的融资租赁公司作为金融租赁公司发起人，应当具备以下条件：

（一）具有良好的公司治理结构、内部控制机制和健全的风险管理体系；

（二）最近1年年末总资产不低于100亿元人民币或等值的可自由兑换货币；

（三）财务状况良好，最近2个会计年度连续盈利；

（四）遵守注册地法律法规，最近2年内未发生重大案件或重大违法违规行为；

（五）所在国家或地区经济状况良好；

（六）入股资金为自有资金，不得以委托资金、债务资金等非自有资金入股；

（七）承诺5年内不转让所持有的金融租赁公司股权、不将所持有的金融租赁公司股权进行质押或设立信托，并在拟设公司章程中载明；

（八）银监会规定的其他审慎性条件。

第十二条　金融租赁公司至少应当有一名符合第九条至第十一条规定的发起人，且其出资比例不低于拟设金融租赁公司全部股本的30%。

第十三条　其他境内法人机构作为金融租赁公司发起人，应当具备以下条件：

（一）有良好的公司治理结构或有效的组织管理方式；

（二）有良好的社会声誉、诚信记录和纳税记录；

（三）经营管理良好，最近2年内无重大违法违规经营记录；

（四）财务状况良好，且最近2个会计年度连续盈利；

（五）入股资金为自有资金，不得以委托资金、债务资金等非自有资金入股；

（六）承诺5年内不转让所持有的金融租赁公司股权，不将所持有的金融租赁公司股权进行质押或设立信托，并在公司章程中载明；

（七）银监会规定的其他审慎性条件。

其他境内法人机构为非金融机构的，最近1年年末净资产不得低于总资产的30%；

其他境内法人机构为金融机构的，应当符合与该类金融机构有关的法律、法规、相关监管规定要求。

第十四条　其他境外金融机构作为金融租赁公司发起人，应当具备以下条件：

（一）满足所在国家或地区监管当局的审慎监管要求；

（二）具有良好的公司治理结构、内部控制机制和健全的风险管理体系；

（三）最近1年年末总资产原则上不低于10亿美元或等值的可自由兑换货币；

（四）财务状况良好，最近2个会计年度连续盈利；

（五）入股资金为自有资金，不得以委托资金、债务资金等非自有资金入股；

（六）承诺5年内不转让所持有的金融租赁公司股权、不将所持有的金融租赁公司股权进行质押或设立信托，并在公司章程中载明；

（七）所在国家或地区金融监管当局已经与银监会建立良好的监督管理合作机制；

（八）具有有效的反洗钱措施；

（九）所在国家或地区经济状况良好；

（十）银监会规定的其他审慎性条件。

第十五条　有以下情形之一的企业不得作为金融租赁公司的发起人：

（一）公司治理结构与机制存在明显缺陷；

（二）关联企业众多、股权关系复杂且不透明、关联交易频繁且异常；

（三）核心主业不突出且其经营范围涉及行业过多；

（四）现金流量波动受经济景气影响较大；

（五）资产负债率、财务杠杆率高于行业平均水平；

（六）其他对金融租赁公司产生重大不利影响的情况。

第十六条 金融租赁公司发起人应当在金融租赁公司章程中约定，在金融租赁公司出现支付困难时，给予流动性支持；当经营损失侵蚀资本时，及时补足资本金。

第十七条 金融租赁公司根据业务发展的需要，经银监会批准，可以设立分公司、子公司。设立分公司、子公司的具体条件由银监会另行制定。

第十八条 金融租赁公司董事和高级管理人员实行任职资格核准制度。

第十九条 金融租赁公司有下列变更事项之一的，须报经银监会或其派出机构批准。

（一）变更公司名称；

（二）变更组织形式；

（三）调整业务范围；

（四）变更注册资本；

（五）变更股权或调整股权结构；

（六）修改公司章程；

（七）变更公司住所或营业场所；

（八）变更董事和高级管理人员；

（九）合并或分立；

（十）银监会规定的其他变更事项。

第二十条 金融租赁公司变更股权及调整股权结构，拟投资入股的出资人需符合本办法第八条至第十六条规定的新设金融租赁公司发起人条件。

第二十一条 金融租赁公司有以下情况之一的，经银监会批准可以解散：

（一）公司章程规定的营业期限届满或者公司章程规定的其他解散事由出现；

（二）股东决定或股东（大）会决议解散；

（三）因公司合并或者分立需要解散；

（四）依法被吊销营业执照、责令关闭或者被撤销；

（五）其他法定事由。

第二十二条 金融租赁公司有以下情形之一的，经银监会批准，可以向法院申请破产：

（一）不能支付到期债务，自愿或债权人要求申请破产的；

（二）因解散或被撤销而清算，清算组发现财产不足以清偿债务，应当申请破产的。

第二十三条 金融租赁公司不能清偿到期债务，并且资产不足以清偿全部债务或者明显缺乏清偿能力的，银监会可以向人民法院提出对该金融租赁公司进行重整或者破产清算的申请。

第二十四条 金融租赁公司因解散、依法被撤销或被宣告破产而终止的，其清算事宜，按照国家有关法律法规办理。

第二十五条 金融租赁公司设立、变更、终止和董事及高管人员任职资格核准的行政许可程序，按照银监会相关规定执行。

第三章　业务范围

第二十六条 经银监会批准，金融租赁公司可以经营下列部分或全部本外币业务：

（一）融资租赁业务；

（二）转让和受让融资租赁资产；

（三）固定收益类证券投资业务；

（四）接受承租人的租赁保证金；

（五）吸收非银行股东3个月（含）以上定期存款；

（六）同业拆借；

（七）向金融机构借款；

（八）境外借款；

（九）租赁物变卖及处理业务；

（十）经济咨询。

第二十七条 经银监会批准，经营状况良好、符合条件的金融租赁公司可以开办下列部分或全部本外币业务：

（一）发行债券；

（二）在境内保税地区设立项目公司开展融资租赁业务；

（三）资产证券化；

（四）为控股子公司、项目公司对外融资提供担保；

（五）银监会批准的其他业务。

金融租赁公司开办前款所列业务的具体条件和程序，按照有关规定执行。

第二十八条 金融租赁公司业务经营中涉及外汇管理事项的，需遵守国家外汇管理有关规定。

第四章　经营规则

第二十九条 金融租赁公司应当建立以股东或股东（大）会、董事会、监事（会）、高级管理层等为主体的组织架构，明确职责划分，保证相互之间独立运行、有效制衡，形成科学高效的决策、激励和约束机制。

第三十条 金融租赁公司应当按照全面、审慎、有效、独立原则，建立健全内部控制制度，防范、控制和化解风险，保障公司安全稳健运行。

第三十一条 金融租赁公司应当根据其组织架构、业务规模和复杂程度建立全面的风险管理体系，对信用风险、流动性风险、市场风险、操作风险等各类风险进行有效的识别、计量、监测和控制，同时还应当及时识别和管理与融资租赁业务相关的特定风险。

第三十二条 金融租赁公司应当合法取得租赁物的所有权。

第三十三条 租赁物属于国家法律法规规定所有权转移必须到登记部门进行登记的财产类别，金融租赁公司应当进行相关登记。租赁物不属于需要登记的财产类别，金融租赁公司应当采取有效措施保障对租赁物的合法权益。

第三十四条 售后回租业务的租赁物必须由承租人真实拥有并有权处分。金融租赁公司不得接受已设置任何抵押、权属存在争议或已被司法机关查封、扣押的财产或所有权存在瑕疵的财产作为售后回租业务的租赁物。

第三十五条 金融租赁公司应当在签订融资租赁合同或明确融资租赁业务意向的前提下，按照承租人要求购置租赁物。特殊情况下需提前购置租赁物的，应当与自身现有业务领域或业务规划保持一致，且与自身风险管理能力和专业化经营水平相符。

第三十六条 金融租赁公司应当建立健全租赁物价值评估和定价体系，根据租赁物的价值、其他成本和合理利润等确定租金水平。

售后回租业务中，金融租赁公司对租赁物的买入价格应当有合理的、不违反会计准则的定价依据作为参考，不得低值高买。

第三十七条 金融租赁公司应当重视租赁物的风险缓释作用，密切监测租赁物价值对融资租赁债权的风险覆盖水平，制定有效的风险应对措施。

第三十八条 金融租赁公司应当加强租赁物未担保余值的估值管理，定期评估未担保余值，并开展减值测试。当租赁物未担保余值出现减值迹象时，应当按照会计准则要求计提减值准备。

第三十九条 金融租赁公司应当加强未担保余值风险的限额管理，根据业务规模、业务性质、复杂程度和市场状况，对未担保余值比例较高的融资租赁资产设定风险限额。

第四十条 金融租赁公司应当加强对租赁期限届满返还或因承租人违约而取回的租赁物的风险管理，建立完善的租赁物处置制度和程序，降低租赁物持有期风险。

第四十一条 金融租赁公司应当严格按照会计准则等相关规定，真实反映融资租赁资产转让和受让业务的实质和风险状况。

第四十二条 金融租赁公司应当建立健全集中度风险管理体系，有效防范和分散经营风险。

第四十三条 金融租赁公司应当建立严格的关联交易管理制度，其关联交易应当按照商业原则，以不优于非关联方同类交易的条件进行。

第四十四条 金融租赁公司与其设立的控股子公司、项目公司之间的交易，不适用本办法对关联交易的监管要求。

第四十五条 金融租赁公司的重大关联交易应当经董事会批准。

重大关联交易是指金融租赁公司与一个关联方之间单笔交易金额占金融租赁公司资本净额5%以上，或金融租赁公司与一个关联方发生交易后金融租赁公司与该关联方的交易余额占金融租赁公司资本净额10%以上的交易。

第四十六条 金融租赁公司所开展的固定收益类证券投资业务，不得超过资本净额的20%。

第四十七条 金融租赁公司开办资产证券化业务，可以参照信贷资产证券化相关规定。

第五章 监督管理

第四十八条 金融租赁公司应当遵守以下监管指标的规定：

（一）资本充足率。金融租赁公司资本净额与风险加权资产的比例不得低于银监会的最低监管要求。

（二）单一客户融资集中度。金融租赁公司对单一承租人的全部融资租赁业务余额不得超过资本净额的30%。

（三）单一集团客户融资集中度。金融租赁公司对单一集团的全部融资租赁业务余额不得超过资本净额的50%。

（四）单一客户关联度。金融租赁公司对一个关联方的全部融资租赁业务余额不得超过资本净额的30%。

（五）全部关联度。金融租赁公司对全部关联方的全部融资租赁业务余额不得超过资本净额的50%。

（六）单一股东关联度。对单一股东及其全部关联方的融资余额不得超过该股东在金融租赁公司的出资额，且应同时满足本办法对单一客户关联度的规定。

（七）同业拆借比例。金融租赁公司同业拆入资金余额不得超过资本净额的100%。

经银监会认可，特定行业的单一客户融资集中度和单一集团客户融资集中度要求可以适当调整。

银监会根据监管需要可以对上述指标做出适当

调整。

第四十九条 金融租赁公司应当按照银监会的相关规定构建资本管理体系，合理评估资本充足状况，建立审慎、规范的资本补充、约束机制。

第五十条 金融租赁公司应当按照监管规定建立资产质量分类制度。

第五十一条 金融租赁公司应当按照相关规定建立准备金制度，在准确分类的基础上及时足额计提资产减值损失准备，增强风险抵御能力。未提足准备的，不得进行利润分配。

第五十二条 金融租赁公司应当建立健全内部审计制度，审查评价并改善经营活动、风险状况、内部控制和公司治理效果，促进合法经营和稳健发展。

第五十三条 金融租赁公司应当执行国家统一的会计准则和制度，真实记录并全面反映财务状况和经营成果等信息。

第五十四条 金融租赁公司应当按规定报送会计报表及银监会及其派出机构要求的其他报表，并对所报报表、资料的真实性、准确性和完整性负责。

第五十五条 金融租赁公司应当建立定期外部审计制度，并在每个会计年度结束后的4个月内，将经法定代表人签名确认的年度审计报告报送银监会或其派出机构。

第五十六条 金融租赁公司违反本办法有关规定的，银监会及其派出机构应当依法责令限期整改；逾期未整改的，或者其行为严重危及该金融租赁公司的稳健运行、损害客户合法权益的，可以区别情形，依照《中华人民共和国银行业监督管理法》等法律法规，采取暂停业务、限制股东权利等监管措施。

第五十七条 金融租赁公司已经或者可能发生信用危机，严重影响客户合法权益的，银监会依法对其实行托管或者督促其重组，问题严重的，有权予以撤销。

第五十八条 凡违反本办法有关规定的，银监会及其派出机构依照《中华人民共和国银行业监督管理法》等有关法律法规进行处罚。金融租赁公司对处罚决定不服的，可以依法申请行政复议或者向人民法院提起行政诉讼。

第六章 附 则

第五十九条 除特别说明外，本办法中各项财务指标要求均为合并会计报表口径。

第六十条 本办法由银监会负责解释。

第六十一条 本办法自公布之日起施行，原《金融租赁公司管理办法》（中国银行业监督管理委员会令2007年第1号）同时废止。

金融租赁公司专业子公司管理暂行规定

1. 2014年7月11日中国银行业监督管理委员会发布

2. 银监办发〔2014〕198号

第一章 总 则

第一条 为提高金融租赁公司专业化经营管理水平，规范金融租赁公司设立专业子公司融资租赁业务行为，促进金融租赁行业健康发展，根据《中华人民共和国银行业监督管理法》、《中华人民共和国公司法》、《金融租赁公司管理办法》等法律法规，制定本规定。

第二条 本规定所称专业子公司，是指金融租赁公司依照相关法律法规在中国境内自由贸易区、保税地区及境外，为从事特定领域融资租赁业务而设立的专业化租赁子公司。

本规定所称的特定领域，是指金融租赁公司已开展、且运营相对成熟的融资租赁业务领域，包括飞机、船舶以及经银监会认可的其他租赁业务领域。

专业子公司的名称，应当体现所属金融租赁公司以及所从事的特定融资租赁业务领域。

第二章 专业子公司设立、变更与终止

第一节 境内专业子公司

第三条 金融租赁公司申请设立境内专业子公司，应当具备以下条件：

（一）具有良好的公司治理结构，风险管理和内部控制健全有效；

（二）具有良好的并表管理能力；

（三）《金融租赁公司管理办法》规定的各项监管指标达标；

（四）权益性投资余额原则上不超过净资产（合并会计报表口径）的50%；

（五）在业务存量、人才储备等方面具备一定优势，在专业化管理、项目公司业务开展等方面具有成熟的经验，能够有效支持专业子公司开展特定领域的融资租赁业务；

（六）入股资金为自有资金，不得以委托资金、债务资金等非自有资金入股；

（七）遵守国家法律法规，最近2年内未发生重大案件或重大违法违规行为；

（八）银监会规定的其他审慎性条件。

第四条 金融租赁公司设立的境内专业子公司应当具备

以下条件：

（一）有符合《中华人民共和国公司法》和银监会规定的公司章程；

（二）有符合规定条件的发起人；

（三）注册资本最低限额为 5000 万元人民币或等值的可自由兑换货币；

（四）有符合任职资格条件的董事、高级管理人员和熟悉融资租赁业务的从业人员；

（五）有健全的公司治理、内部控制和风险管理体系，以及与业务经营相适应的管理信息系统；

（六）有与业务经营相适应的营业场所、安全防范措施和其他设施；

（七）银监会规定的其他审慎性条件。

第五条　金融租赁公司设立境内专业子公司原则上应 100% 控股，有特殊情况需引进其他投资者的，金融租赁公司的持股比例不得低于 51%。引进的其他投资者应符合《金融租赁公司管理办法》规定的金融租赁公司的发起人条件，且在专业子公司经营的特定领域有所专长，在业务开拓、租赁物管理等方面具有比较优势，有助于提升专业子公司的业务拓展能力和风险管理水平。

第六条　金融租赁公司申请设立境内专业子公司须经筹建和开业两个阶段。金融租赁公司应在收到开业核准文件并领取金融许可证后，办理工商登记，领取营业执照。

第七条　境内专业子公司董事、高级管理人员实行任职资格核准制度。

第八条　金融租赁公司境内专业子公司有下列变更事项之一的，应报经银行业监督管理机构批准：

（一）变更公司名称；

（二）变更注册资本；

（三）变更股权或调整股权结构；

（四）修改公司章程；

（五）变更董事和高级管理人员；

（六）银监会规定的其他变更事项。

第九条　金融租赁公司境内专业子公司有以下情况之一的，经银监会批准可以解散：

（一）公司章程规定的营业期限届满或者其他解散事由出现；

（二）股东决定或股东（大）会决议解散；

（三）因合并或者分立需要解散；

（四）其他法定事由。

第二节　境外专业子公司

第十条　境外专业子公司的发起人为金融租赁公司。

第十一条　金融租赁公司申请设立境外专业子公司，除适用本规定第三条规定的条件外，还应当具备以下条件：

（一）确有业务发展需要，具备清晰的海外发展战略；

（二）内部管理水平和风险管控能力与境外业务发展相适应；

（三）具备与境外经营环境相适应的专业人才队伍；

（四）经营状况良好，最近 2 个会计年度连续盈利；

（五）所提申请符合有关国家或地区的法律法规。

第十二条　金融租赁公司申请设立境外专业子公司，需由银行业监督管理机构批准后，再按照拟注册地国家或地区的法律法规提出申请。

第十三条　境外专业子公司董事、高级管理人员实行任职资格核准制度。

第十四条　境外专业子公司发生本规定第八条第四项变更事项的，应在相关事项发生后十个工作日内，向金融租赁公司所在地银行业监督管理机构书面报备。本规定第八条其他变更事项和本规定第九条事项，应报经银行业监督管理机构批准。

第十五条　金融租赁公司应在境外专业子公司正式设立十五个工作日内向银监会及其派出机构报告，报告内容包括公司名称、成立时间、注册地点、注册资本、注资币种，以及银监会认为必要的其他内容。

第三章　业务经营规则

第十六条　金融租赁公司可以在其业务范围内，根据审慎经营原则对所设立专业子公司的业务范围进行授权，并报银行业监督管理机构备案。同业拆借和固定收益类证券投资业务不在授权范围内。

第十七条　专业子公司开展融资租赁业务所涉及领域，须与其公司名称中所体现的特定融资租赁业务领域相匹配。

第十八条　专业子公司可以在境外设立项目公司开展融资租赁业务。专业子公司在境外设立项目公司开展融资租赁业务时，应遵循项目公司所在地法律法规，并参照执行金融租赁公司在境内保税地区设立项目公司开展融资租赁业务的相关报告规定。

第十九条　境外专业子公司应在符合注册地国家或地区监管要求的前提下，开展本规定第十六、十八条规定的相关业务。

第二十条　专业子公司开展各类业务和关联交易时的具体要求和程序，按照金融租赁公司开展业务的有关规定执行。

第二十一条　专业子公司发行境外债券、设立的境外项目公司开展融资租赁业务后，应按季向所在地银监局及金融租赁公司所在地银监局报告。

第二十二条　专业子公司应按照金融租赁公司风险管理和内控要求进行管理，建立完善的法人治理组织架构，明确部门之间的职责划分，确保部门之间独立运行、有效制衡，形成科学、高效的决策、激励和约束机制。

第二十三条　专业子公司主要负责人原则上应由金融租赁公司的高级管理人员兼任。

第四章　监督管理

第二十四条　银监会及其派出机构依法对金融租赁公司专业子公司实施监督管理。

第二十五条　银监会对金融租赁公司专业子公司实施并表监管，金融租赁公司根据并表口径统一执行银监会针对金融租赁公司的相关监管指标要求。银监会可以根据监管需要，针对专业子公司制定具体监管规定。

第二十六条　境内专业子公司资本净额与风险加权资产的比例不得低于银监会最低监管要求。

第二十七条　金融租赁公司应将下属专业子公司各项业务数据合并纳入统计范围，根据银监会要求填报有关报表。

第二十八条　境内专业子公司应当按规定向所在地银监局报送会计报表和银监会及其派出机构要求的其他报表，并对所报报表、资料的真实性、准确性和完整性负责。

第二十九条　金融租赁公司应按季度以专项报告形式向银监会或其派出机构报送下属专业子公司有关情况。报告内容包括业务开展情况和规模、财务状况和经营成果、经营环境和风险分析、运行管理和风险控制措施、境外负债和境内外项目公司业务情况等。

第三十条　专业子公司应参照银监会对金融租赁公司的相关规定，构建资本管理体系、资产质量分类制度、准备金制度和内部审计制度等。

第三十一条　境外专业子公司发生的重大事项，包括公司遭受的重大损失、发生的重大诉讼、所在国家或地区监管要求变化等情况，金融租赁公司应在十五个工作日内向银监会及其派出机构报告。

第三十二条　金融租赁公司违反本规定设立专业子公司，或者专业子公司违规经营的，银行业监督管理机构依据《中华人民共和国银行业监督管理法》、《金融租赁公司管理办法》等法律法规采取监管措施或实施处罚。

第三十三条　金融租赁公司在香港特别行政区、澳门特别行政区和台湾地区设立的专业子公司，比照本规定境外专业子公司进行管理。我国法律、行政法规另有规定的，依照其规定执行。

消费金融公司试点管理办法

1. 2013年11月14日中国银行业监督管理委员会令2013年第2号公布

2. 自2014年1月1日起施行

第一章　总　　则

第一条　为促进消费金融业务发展，规范消费金融公司的经营行为，根据《中华人民共和国银行业监督管理法》、《中华人民共和国公司法》等法律法规，制定本办法。

第二条　本办法所称消费金融公司，是指经银监会批准，在中华人民共和国境内设立的，不吸收公众存款，以小额、分散为原则，为中国境内居民个人提供以消费为目的的贷款的非银行金融机构。

第三条　本办法所称消费贷款是指消费金融公司向借款人发放的以消费（不包括购买房屋和汽车）为目的的贷款。

第四条　消费金融公司名称中应当标明“消费金融”字样。未经银监会批准，任何机构不得在名称中使用“消费金融”字样。

第五条　银行业监督管理机构依法对消费金融公司及其业务活动实施监督管理。

第二章　设立、变更与终止

第六条　申请设立消费金融公司应当具备下列条件：

（一）有符合《中华人民共和国公司法》和银监会规定的公司章程；

（二）有符合规定条件的出资人；

（三）有符合本办法规定的最低限额的注册资本；

（四）有符合任职资格条件的董事、高级管理人员和熟悉消费金融业务的合格从业人员；

（五）建立了有效的公司治理、内部控制和风险管理制度，具备与业务经营相适应的管理信息系统；

（六）有与业务经营相适应的营业场所、安全防范措施和其他设施；

（七）银监会规定的其他审慎性条件。

第七条　消费金融公司的出资人应当为中国境内外依法设立的企业法人，并分为主要出资人和一般出资人。主要出资人是指出资数额最多并且出资额不低于拟设消费金融公司全部股本30%的出资人，一般出资人是指除主要出资人以外的其他出资人。

前款所称主要出资人须为境内外金融机构或主营业务为提供适合消费贷款业务产品的境内非金融企业。

第八条 金融机构作为消费金融公司主要出资人，应当具备下列条件：

（一）具有5年以上消费金融领域的从业经验；

（二）最近1年年末总资产不低于600亿元人民币或等值的可自由兑换货币（合并会计报表口径）；

（三）财务状况良好，最近2个会计年度连续盈利（合并会计报表口径）；

（四）信誉良好，最近2年内无重大违法违规经营记录；

（五）入股资金来源真实合法，不得以借贷资金入股，不得以他人委托资金入股；

（六）承诺5年内不转让所持有的消费金融公司股权（银行业监督管理机构依法责令转让的除外），并在拟设公司章程中载明；

（七）具有良好的公司治理结构、内部控制机制和健全的风险管理制度；

（八）满足住所地国家（地区）监管当局的审慎监管指标要求；

（九）境外金融机构应当在中国境内设立代表处2年以上，或已设有分支机构，对中国市场有充分的分析和研究，所在国家或地区金融监管当局已经与银监会建立良好的监督管理合作机制；

（十）银监会规定的其他审慎性条件。

金融机构作为消费金融公司一般出资人，除应当具备第（三）、（四）、（五）、（六）、（七）、（八）、（九）项规定的条件外，还应当具备注册资本不低于3亿元人民币或等值的可自由兑换货币的条件。

第九条 非金融企业作为消费金融公司主要出资人，应当具备下列条件：

（一）最近1年营业收入不低于300亿元人民币或等值的可自由兑换货币（合并会计报表口径）；

（二）最近1年年末净资产不低于资产总额的30%（合并会计报表口径）；

（三）财务状况良好，最近2个会计年度连续盈利（合并会计报表口径）；

（四）信誉良好，最近2年内无重大违法违规经营记录；

（五）入股资金来源真实合法，不得以借贷资金入股，不得以他人委托资金入股；

（六）承诺5年内不转让所持有的消费金融公司股权（银行业监督管理机构依法责令转让的除外），并在拟设公司章程中载明；

（七）银监会规定的其他审慎性条件。

非金融企业作为消费金融公司一般出资人，应当具备第（二）、（三）、（四）、（五）、（六）项规定的条件。

第十条 消费金融公司主要出资人可以在消费金融公司章程中约定，在消费金融公司出现支付困难时，给予流动性支持；当经营失败导致损失侵蚀资本时，及时补足资本金。

第十一条 消费金融公司至少应当有1名具备5年以上消费金融业务管理和风险控制经验，并且出资比例不低于拟设消费金融公司全部股本15%的出资人。

第十二条 消费金融公司的注册资本应当为一次性实缴货币资本，最低限额为3亿元人民币或等值的可自由兑换货币。

银监会根据消费金融业务的发展情况及审慎监管需要，可以调整注册资本的最低限额。

第十三条 消费金融公司根据业务发展的需要，经银监会批准，可以设立分支机构。设立分支机构的具体条件由银监会另行制定。

第十四条 消费金融公司董事和高级管理人员实行任职资格核准制度。

第十五条 消费金融公司有下列变更事项之一的，应当报经银行业监督管理机构批准：

（一）变更公司名称；

（二）变更注册资本；

（三）变更股权或调整股权结构；

（四）变更公司住所或营业场所；

（五）修改公司章程；

（六）变更董事和高级管理人员；

（七）调整业务范围；

（八）改变组织形式；

（九）合并或分立；

（十）银监会规定的其他变更事项。

第十六条 消费金融公司有下列情况之一的，经银监会批准后可以解散：

（一）公司章程规定的营业期限届满或者公司章程规定的其他解散事由出现；

（二）公司章程规定的权力机构决议解散；

（三）因公司合并或者分立需要解散；

（四）其他法定事由。

第十七条 消费金融公司因解散、依法被撤销或被宣告破产而终止的，其清算事宜按照国家有关法律法规办理。

第十八条 消费金融公司设立、变更、终止和董事及高级管理人员任职资格核准的行政许可程序，按照银监会相关规定执行。

第十九条 消费金融公司设立、变更及业务经营过程中涉及外汇管理事项的，应当遵守国家外汇管理有关规定。

第三章 业务范围及经营规则

第二十条 经银监会批准，消费金融公司可以经营下列部分或者全部人民币业务：

（一）发放个人消费贷款；

（二）接受股东境内子公司及境内股东的存款；

（三）向境内金融机构借款；

（四）经批准发行金融债券；

（五）境内同业拆借；

（六）与消费金融相关的咨询、代理业务；

（七）代理销售与消费贷款相关的保险产品；

（八）固定收益类证券投资业务；

（九）经银监会批准的其他业务。

第二十一条 消费金融公司向个人发放消费贷款不应超过客户风险承受能力且借款人贷款余额最高不得超过人民币20万元。

第四章 监督管理

第二十二条 消费金融公司应当按照银监会有关规定，建立健全公司治理架构和内部控制制度，制定业务经营规则，建立全面有效的风险管理体系。

第二十三条 消费金融公司应当遵守下列监管指标要求：

（一）资本充足率不低于银监会有关监管要求；

（二）同业拆入资金余额不高于资本净额的100%；

（三）资产损失准备充足率不低于100%；

（四）投资余额不高于资本净额的20%。

有关监管指标的计算方法遵照银监会非现场监管报表指标体系的有关规定。银监会视审慎监管需要可以对上述指标做出适当调整。

第二十四条 消费金融公司应当按照有关规定建立审慎的资产损失准备制度，及时足额计提资产损失准备。未提足准备的，不得进行利润分配。

第二十五条 消费金融公司应当建立消费贷款利率的风险定价机制，根据资金成本、风险成本、资本回报要求及市场价格等因素，在法律法规允许的范围内，制定消费贷款的利率水平，确保定价能够全面覆盖风险。

第二十六条 消费金融公司应当建立有效的风险管理体系和可靠的业务操作流程，充分识别虚假的申请信息，防止欺诈行为。

第二十七条 消费金融公司如有业务外包需要，应当制定与业务外包相关的政策和管理制度，包括业务外包的决策程序、对外包方的评价和管理、控制业务信息保密性和安全性的措施和应急计划等。

消费金融公司签署业务外包协议前应当向银行业监督管理机构报告业务外包的主要风险及相应的风险规避措施等。

消费金融公司不得将与贷款决策和风险控制核心技术密切相关的业务外包。

第二十八条 消费金融公司应当按规定编制并报送会计报表及银行业监督管理机构要求的其他报表。

第二十九条 消费金融公司应当建立定期外部审计制度，并在每个会计年度结束后的4个月内，将经法定代表人签名确认的年度审计报告报送银行业监督管理机构。

第三十条 消费金融公司应当接受依法进行的监督检查，不得拒绝、阻碍。银行业监督管理机构在必要时可以委托会计师事务所对消费金融公司的经营状况、财务状况、风险状况、内部控制制度及执行情况等进行审计。

第三十一条 消费金融公司对借款人所提供的个人信息负有保密义务，不得随意对外泄露。

第三十二条 借款人未按合同约定归还贷款本息的，消费金融公司应当采取合法的方式进行催收，不得采用威胁、恐吓、骚扰等不正当手段。

第三十三条 消费金融公司应当按照法律法规和银监会有关监管要求做好金融消费者权益保护工作，业务办理应当遵循公开透明原则，充分履行告知义务，使借款人明确了解贷款金额、期限、价格、还款方式等内容，并在合同中载明。

第三十四条 消费金融公司违反本办法规定的，银行业监督管理机构可以责令限期整改；逾期未整改的，或者其行为严重危及消费金融公司的稳健运行、损害客户合法权益的，银行业监督管理机构可以区别情形，依照《中华人民共和国银行业监督管理法》等法律法规，采取暂停业务、限制股东权利等监管措施。

第三十五条 消费金融公司已经或者可能发生信用危机、严重影响客户合法权益的，银监会可以依法对其实行接管或者促成机构重组。消费金融公司有违法经营、经营管理不善等情形，不予撤销将严重危害金融秩序、损害公众利益的，银监会有权予以撤销。

第五章 附　　则

第三十六条 香港、澳门和台湾地区的出资人设立消费金融公司适用境外出资人的条件。

第三十七条 本办法中“以上”均含本数或本级。

第三十八条 本办法由银监会负责解释。

第三十九条 本办法自2014年1月1日起施行，原《消费金融公司试点管理办法》（中国银监会令2009年第3号）同时废止。

贷款公司管理规定

1. 2009年8月11日中国银行业监督管理委员会发布
2. 银监发〔2009〕76号

第一章　总　　则

第一条　为保护贷款公司、客户的合法权益，规范贷款公司的行为，加强监督管理，保障贷款公司稳健运行，根据《中华人民共和国银行业监督管理法》、《中华人民共和国商业银行法》、《中华人民共和国公司法》等法律法规，制定本规定。

第二条　贷款公司是经中国银行业监督管理委员会依据有关法律、法规批准，由境内商业银行或农村合作银行在农村地区设立的专门为县域农民、农业和农村经济发展提供贷款服务的非银行业金融机构。贷款公司是由境内商业银行或农村合作银行全额出资的有限责任公司。

第三条　贷款公司是独立的企业法人，享有由投资形成的全部法人财产权，依法享有民事权利，并以全部法人财产独立承担民事责任。贷款公司的投资人，依法享有资产收益、重大决策和选择管理者等权利。

第四条　贷款公司以安全性、流动性、效益性为经营原则，实行自主经营，自担风险，自负盈亏，自我约束。

第五条　贷款公司依法开展业务，不受任何单位和个人的干涉。

第六条　贷款公司应遵守国家法律、行政法规，执行国家金融方针和政策，依法接受银行业监督管理机构的监督管理。

第二章　机构的设立

第七条　贷款公司的名称由行政区划、字号、行业、组织形式依次组成，其中行政区划指县级行政区划的名称或地名。

第八条　设立贷款公司应当符合下列条件：

（一）有符合规定的章程；

（二）注册资本不低于50万元人民币，为实收货币资本，由投资人一次足额缴纳；

（三）有具备任职专业知识和业务工作经验的高级管理人员；

（四）有具备相应专业知识和从业经验的工作人员；

（五）有必需的组织机构和管理制度；

（六）有符合要求的营业场所、安全防范措施和与业务有关的其他设施；

（七）中国银行业监督管理委员会规定的其他条件。

第九条　设立贷款公司，其投资人应符合下列条件：

（一）投资人为境内商业银行或农村合作银行；

（二）资产规模不低于50亿元人民币；

（三）公司治理良好，内部控制健全有效；

（四）主要审慎监管指标符合监管要求；

（五）银监会规定的其他审慎性条件。

第十条　设立贷款公司应当经筹建和开业两个阶段。

第十一条　筹建贷款公司，申请人应提交下列文件、材料：

（一）筹建申请书；

（二）可行性研究报告；

（三）筹建方案；

（四）筹建人员名单及简历；

（五）非贷款公司设立地的投资人应提供最近两年资产负债表和损益表以及该投资人注册地银行业监督管理机构的书面意见；

（六）中国银行业监督管理委员会规定的其他材料。

第十二条　贷款公司的筹建期最长为自批准决定之日起6个月。筹建期内达到开业条件的，申请人可提交开业申请。

贷款公司申请开业，申请人应当提交下列文件、材料：

（一）开业申请书；

（二）筹建工作报告；

（三）章程草案；

（四）法定验资机构出具的验资报告；

（五）拟任高级管理人员的备案材料；

（六）营业场所所有权或使用权的证明材料；

（七）中国银行业监督管理委员会规定的其他资料。

第十三条　贷款公司的筹建申请，由银监分局或所在城市银监局受理，银监局审查并决定。银监局自收到完整申请材料或自受理之日起4个月内作出批准或不予批准的书面决定。

贷款公司的开业申请，由银监分局或所在城市银监局受理、审查并决定。银监分局或所在城市银监局自受理之日起2个月内作出核准或不予核准的决定。

第十四条　贷款公司可根据业务发展需要，在县域内设立分公司。分公司的设立需经筹建和开业两个阶段。

贷款公司分公司的筹建方案，应事先报监管办事处备案。未设监管办事处的，向银监分局或所在城市银监局备案。贷款公司在分公司筹建方案备案后即可开展筹建工作。

分公司的开业申请，由银监分局或所在城市银监局受理、审查并决定，银监分局或所在城市银监局自受理之日起2个月内作出核准或不予核准的决定。

第十五条　经核准开业的贷款公司及其分公司，由决定机关颁发金融许可证，并凭金融许可证向工商行政管理部门办理登记，领取营业执照。

第三章　组织机构和经营管理

第十六条　贷款公司可不设立董事会、监事会，但必须建立健全经营管理机制和监督机制。投资人可委派监督人员，也可聘请外部机构履行监督职能。

第十七条　贷款公司的经营管理层由投资人自行决定，报银监分局或所在城市银监局备案。

第十八条　贷款公司章程由投资人制定和修改，报银监分局或所在城市银监局审查并核准。

第十九条　贷款公司董事会负责制订经营方针和业务发展计划，未设董事会的，由经营管理层制订，并经投资人决定后组织实施。

第二十条　经银监分局或所在城市银监局批准，贷款公司可经营下列业务：

（一）办理各项贷款；

（二）办理票据贴现；

（三）办理资产转让；

（四）办理贷款项下的结算；

（五）经中国银行业监督管理委员会批准的其他资产业务。

贷款公司不得吸收公众存款。

第二十一条　贷款公司的营运资金来源：

（一）实收资本；

（二）向投资人的借款；

（三）向其他金融机构融资，融资资金余额不得超过其资本净额的50%。

第二十二条　贷款公司开展业务，必须坚持为农民、农业和农村经济发展服务的经营宗旨，贷款的投向主要用于支持农民、农业和农村经济发展。

第二十三条　贷款公司发放贷款应当坚持小额、分散的原则，提高贷款覆盖面，防止贷款过度集中。

贷款公司对同一借款人的贷款余额不得超过资本净额的10%；对单一集团企业客户的授信余额不得超过资本净额的15%。

第二十四条　贷款公司应当加强贷款风险管理，建立科学的授权授信制度、信贷管理流程和内部控制体系，增强风险的识别和管理能力，提高贷款质量。

第二十五条　贷款公司应按照国家有关规定，建立审慎、规范的资产分类制度和资本补充、约束机制，准确划分资产质量，充分计提呆账准备，真实反映经营成果，确保资本充足率在任何时点不低于8%，资产损失准备充足率不低于100%。

第二十六条　贷款公司应建立健全内部审计制度，对内部控制执行情况进行检查、评价，并对内部控制的薄弱环节进行纠正和完善，确保依法合规经营。

第二十七条　贷款公司执行国家统一的金融企业财务会计制度，按照国家有关规定，建立健全贷款公司的财务、会计制度。

第二十八条　贷款公司应当真实记录并全面反映其业务活动和财务状况，编制年度财务会计报告，并由投资人聘请具有资质的会计师事务所进行审计。审计报告须报银监分局或所在城市银监局备案。

第二十九条　贷款公司应当按规定向银监分局或所在城市银监局报送会计报告、统计报表及其他资料，并对报告、资料的真实性、准确性、完整性负责。

第三十条　贷款公司应当建立信息披露制度，及时披露年度经营情况、重大事项等信息。

第四章　监督管理

第三十一条　贷款公司开展业务，依法接受银行业监督管理机构监督管理，与投资人实施并表监管。

第三十二条　银行业监督管理机构应当依据法律、法规对贷款公司的资本充足率、不良贷款率、风险管理、内部控制、风险集中、关联交易等实施持续、动态监管。

第三十三条　银行业监督管理机构应根据贷款公司资本充足状况和资产质量状况，适时采取下列监管措施：

（一）对资本充足率大于8%，且不良贷款率在5%以下的，可适当减少检查频率，支持其稳健发展；

（二）对资本充足率低于8%、大于4%，或不良贷款率在5%以上的，要加大非现场监管和现场检查力度，并督促其限期补充资本、改善资产质量；

（三）对资本充足率降至4%以下，或不良贷款率高于15%的，适时采取责令其调整高级管理人员、停办所有业务、限期重组等措施；

（四）对限期内不能实现有效重组、资本充足率降至2%以下的，应责令投资人适时接管或由银行业监督管理机构予以撤销。

第三十四条　银行业监督管理机构应当依据法律、法规对贷款公司的资本充足状况、资产质量以及内部控制的有效性进行检查、评价，督促其完善资本补充机制、贷款管理制度及内部控制，加强风险管理。

第三十五条　银行业监督管理机构有权要求投资人加强

对贷款公司的监督检查，定期对其资产质量进行审计，对其贷款授权授信制度、信贷管理流程和内部控制体系进行评估，有权根据贷款公司的运行情况要求投资人追加补充资本，确保贷款公司稳健运行。

第三十六条　贷款公司违反本规定的，银行业监督管理机构有权采取风险提示、约见谈话、监管质询、责令停办业务等措施，督促其及时进行整改，防范资产风险。

第三十七条　贷款公司及其工作人员在业务经营和管理过程中，有违反国家法律法规行为的，由银行业监督管理机构依照《中华人民共和国银行业监督管理法》、《中华人民共和国商业银行法》及有关法律、行政法规实施处罚；构成犯罪的，依法追究刑事责任。

第三十八条　贷款公司及其工作人员对银行业监督管理机构的处罚决定不服的，可依法提请行政复议或向人民法院提起行政诉讼。

第五章　机构变更与终止

第三十九条　贷款公司有下列变更事项之一的，需经银监分局或所在城市银监局批准：

（一）变更名称；

（二）变更注册资本；

（三）变更住所；

（四）修改章程；

（五）中国银行业监督管理委员会规定的其他变更事项。

第四十条　贷款公司有下列情形之一的，应当申请解散：

（一）章程规定的营业期限届满或者章程规定的其他解散事由出现；

（二）股东决定解散；

（三）因分立、合并需要解散。

第四十一条　贷款公司解散的，由其投资人按照《中华人民共和国商业银行法》和《中华人民共和国公司法》及有关行政法规的规定实施。

第四十二条　贷款公司因解散、被撤销而终止的，应当向发证机关缴回金融许可证，并及时到工商行政管理部门办理注销登记，并予以公告。

第六章　附　　则

第四十三条　本规定所称农村地区，是指中西部、东北和海南省县（市）及县（市）以下地区，以及其他省（区、市）的国定贫困县和省定贫困县及县以下地区。

第四十四条　境外商业银行在农村地区设立贷款公司，参照本规定执行。

第四十五条　本规定未尽事宜，按照《中华人民共和国银行业监督管理法》、《中华人民共和国商业银行法》、《中华人民共和国公司法》等法律、法规和规章执行。

第四十六条　本规定由中国银行业监督管理委员会负责解释。

第四十七条　本规定自发布之日起施行。《贷款公司管理暂行办法》（银监发〔2009〕6号）自行废止。

金融资产投资公司管理办法（试行）

2018年6月29日中国银行保险监督管理委员会令2018年第4号公布施行

第一章　总　　则

第一条　为推动市场化、法治化银行债权转股权健康有序开展，规范银行债权转股权（以下简称债转股）业务行为，根据《中华人民共和国银行业监督管理法》《中华人民共和国商业银行法》和《中华人民共和国公司法》等法律法规以及《国务院关于积极稳妥降低企业杠杆率的意见》《中国人民银行 中国银行保险监督管理委员会 中国证券监督管理委员会 国家外汇管理局关于规范金融机构资产管理业务的指导意见》，制定本办法。

第二条　本办法所称金融资产投资公司是指经国务院银行业监督管理机构批准，在中华人民共和国境内设立的，主要从事银行债权转股权及配套支持业务的非银行金融机构。

第三条　金融资产投资公司应当遵循市场化、法治化原则运作，与各参与主体在依法合规前提下，通过自愿平等协商开展债转股业务，确保洁净转让、真实出售，坚持通过市场机制发现合理价格，切实防止企业风险向银行业金融机构和社会公众转移，防止利益冲突和利益输送，防范相关道德风险。

第四条　银行通过金融资产投资公司实施债转股，应当通过向金融资产投资公司转让债权，由金融资产投资公司将债权转为对象企业股权的方式实现。银行不得直接将债权转化为股权，但国家另有规定的除外。

鼓励金融资产投资公司通过先收购银行对企业的债权，再将债权转为股权的形式实施债转股，收购价格由双方按市场化原则自主协商确定。涉及银行不良资产，可以按不良资产处置的有关规定办理。鼓励银行及时利用已计提拨备核销资产转让损失。

第五条　银行、金融资产投资公司应当与债转股对象企业、企业股东等相关方按照公允原则确定股权数量和价格，依法建立合理的损失分担机制，真实降低企业杠杆率，切实化解金融风险。

鼓励通过债转股、原股东资本减记、引进新股东等方式优化企业股权结构。支持金融资产投资公司推动企业改组改制，切实行使股东权利，履行股东义务，提高企业公司治理水平。

第六条　国务院银行业监督管理机构及其派出机构依法对金融资产投资公司及其分支机构和业务活动实施监督管理，对其设立的附属机构实施并表监管。

第二章　设立、变更与终止

第七条　金融资产投资公司应当具备下列条件：

（一）有符合《中华人民共和国公司法》和国务院银行业监督管理机构规定的章程；

（二）有符合本办法要求的股东和注册资本；

（三）有符合任职资格条件的董事、高级管理人员和熟悉业务的合格从业人员；

（四）建立有效的公司治理、内部控制和风险管理制度，有与业务经营相适应的信息科技系统；

（五）有与业务经营相适应的营业场所、安全防范措施和其他设施；

（六）国务院银行业监督管理机构规章规定的其他审慎性条件。

第八条　金融资产投资公司应当由在中华人民共和国境内注册成立的商业银行作为主要股东发起设立。商业银行作为主要股东，应当符合以下条件：

（一）具有良好的公司治理机制、内部控制体系和健全的风险管理制度；

（二）主要审慎监管指标符合所在地监管机构的监管要求；

（三）财务状况良好，最近3个会计年度连续盈利；

（四）监管评级良好，最近2年内无重大违法违规行为；

（五）为金融资产投资公司确定了明确的发展战略和清晰的盈利模式；

（六）入股资金为自有资金，不得以债务资金和委托资金等非自有资金入股；

（七）承诺5年内不转让所持有的股权，不将所持有的股权进行质押或设立信托，并在金融资产投资公司章程中载明；

（八）国务院银行业监督管理机构规章规定的其他审慎性条件。

商业银行作为金融资产投资公司股东应当符合前款第（一）、（二）、（三）、（四）、（六）、（七）、（八）项规定要求。

国有商业银行新设的金融资产投资公司应当依据国有金融资产管理规定做好相关工作。

第九条　其他境内外法人机构作为金融资产投资公司的股东，应当具备以下条件：

（一）具有良好的公司治理机制；

（二）有良好的社会声誉、诚信记录和纳税记录；

（三）其他境内外法人机构为非金融机构的，最近1年年末总资产不低于50亿元人民币或等值自由兑换货币，最近1年年末净资产不得低于总资产的30%；

（四）其他境内外法人机构为非金融机构的，权益性投资余额原则上不超过其净资产的50%（合并会计报表口径）；

（五）财务状况良好，最近2个会计年度连续盈利；

（六）经营管理良好，最近2年内无重大违法违规经营记录；

（七）入股资金为自有资金，不得以债务资金和委托资金等非自有资金入股；

（八）承诺5年内不转让所持有的股权，不将所持有的股权进行质押或设立信托，并在金融资产投资公司章程中载明；

（九）国务院银行业监督管理机构规章规定的其他审慎性条件。

其他境内外法人机构为金融机构的，应当同时符合所在地有关法律法规和相关监管规定要求。

第十条　有以下情形之一的企业不得作为金融资产投资公司的股东：

（一）公司治理结构与机制存在明显缺陷；

（二）股权关系复杂且不透明、关联交易异常；

（三）核心主业不突出且其经营范围涉及行业过多；

（四）现金流量波动受经济景气程度影响较大；

（五）资产负债率、财务杠杆率明显高于行业平均水平；

（六）代他人持有金融资产投资公司股权；

（七）其他可能对金融资产投资公司产生重大不利影响的情形。

第十一条　金融资产投资公司的注册资本应当为一次性实缴货币资本，最低限额为100亿元人民币或等值自由兑换货币。

国务院银行业监督管理机构根据审慎监管要求，可以调整金融资产投资公司注册资本最低限额要求，但不得少于前款规定的限额。

第十二条　金融资产投资公司设立须经筹建和开业两个阶段。

第十三条　筹建金融资产投资公司，应当由作为主要股东的商业银行向国务院银行业监督管理机构提交申请，由国务院银行业监督管理机构按程序受理、审查并决定。国务院银行业监督管理机构自收到完整申请材料之日起4个月内作出批准或不批准的书面决定。

第十四条 金融资产投资公司的筹建期为批准决定之日起6个月。未能按期完成筹建的，应当在筹建期限届满前1个月向国务院银行业监督管理机构提交筹建延期报告。筹建延期不得超过一次，延长期限不得超过3个月。

申请人应当在前款规定的期限届满前提交开业申请，逾期未提交的，筹建批准文件失效，由决定机关注销筹建许可。

第十五条 金融资产投资公司开业，应当由作为主要股东的商业银行向国务院银行业监督管理机构提交申请，由国务院银行业监督管理机构受理、审查并决定。国务院银行业监督管理机构自受理之日起2个月内作出核准或不予核准的书面决定。

第十六条 金融资产投资公司应当在收到开业核准文件并领取金融许可证后，办理工商登记，领取营业执照。

金融资产投资公司应当自领取营业执照之日起6个月内开业。不能按期开业的，应当在开业期限届满前1个月向国务院银行业监督管理机构提交开业延期报告。开业延期不得超过一次，延长期限不得超过3个月。

未在前款规定期限内开业的，开业核准文件失效，由决定机关注销开业许可，发证机关收回金融许可证，并予以公告。

第十七条 金融资产投资公司董事和高级管理人员实行任职资格核准制度，由国务院银行业监督管理机构及其派出机构按照有关金融资产管理公司董事和高级管理人员任职资格的行政许可范围、条件和程序进行审核。

第十八条 金融资产投资公司根据业务发展需要设立分支机构和附属机构，由国务院银行业监督管理机构及其派出机构参照有关金融资产管理公司的行政许可范围、条件和程序进行审核。

第十九条 金融资产投资公司有下列变更事项之一的，应当报经国务院银行业监督管理机构批准：

（一）变更公司名称；

（二）变更注册资本；

（三）变更股权或调整股权结构；

（四）变更公司住所；

（五）修改公司章程；

（六）变更组织形式；

（七）合并或分立；

（八）国务院银行业监督管理机构规定的其他变更事项。

金融资产投资公司股权变更或调整股权结构后持股5%以上的股东应当经股东资格审核。变更或调整股权后的股东应当符合本办法规定的股东资质条件。

经国务院银行业监督管理机构批准，金融资产投资公司可以发行优先股。

第二十条 金融资产投资公司有下列情形之一的，经国务院银行业监督管理机构批准后可以解散：

（一）公司章程规定的营业期限届满或者公司章程规定的其他解散事由出现；

（二）股东会议决议解散；

（三）因公司合并或者分立需要解散；

（四）其他解散事由。

第二十一条 金融资产投资公司因解散、依法被撤销或被宣告破产而终止的，其清算事宜按照国家有关法律法规办理。

第二十二条 金融资产投资公司的机构变更和终止、调整业务范围及增加业务品种等行政许可事项由国务院银行业监督管理机构受理、审查并决定，相关申请材料、许可条件和程序参照适用有关金融资产管理公司行政许可相关规定，本办法另有规定的除外。

第三章 业务范围和业务规则

第二十三条 经国务院银行业监督管理机构批准，金融资产投资公司可以经营下列部分或者全部业务：

（一）以债转股为目的收购银行对企业的债权，将债权转为股权并对股权进行管理；

（二）对于未能转股的债权进行重组、转让和处置；

（三）以债转股为目的投资企业股权，由企业将股权投资资金全部用于偿还现有债权；

（四）依法依规面向合格投资者募集资金，发行私募资产管理产品支持实施债转股；

（五）发行金融债券；

（六）通过债券回购、同业拆借、同业借款等方式融入资金；

（七）对自营资金和募集资金进行必要的投资管理，自营资金可以开展存放同业、拆放同业、购买国债或其他固定收益类证券等业务，募集资金使用应当符合资金募集约定用途；

（八）与债转股业务相关的财务顾问和咨询业务；

（九）经国务院银行业监督管理机构批准的其他业务。

金融资产投资公司应当以前款第（一）、（二）、

（三）、（四）项业务为主业。金融资产投资公司全年主营业务占比或者主营业务收入占比原则上不应低于总业务或者总收入的50%。

第二十四条 金融资产投资公司应当建立系统规范的债转股各项业务经营制度，明确尽职调查、审查审批与决策流程，全面准确了解掌握债转股对象企业的真实情况，科学合理评估债权和拟投资股权的价值。

第二十五条 金融资产投资公司可以设立附属机构，由其依据相关行业主管部门规定申请成为私募股权投资基金管理人，设立私募股权投资基金，依法依规面向合格投资者募集资金实施债转股。

金融资产投资公司及其附属机构应当加强投资者适当性管理和信息披露，明确告知投资者募集资金用于债转股项目。

第二十六条 金融资产投资公司申请在银行间市场和交易所市场发行金融债券，应当符合以下条件：

（一）具有良好的公司治理机制、完善的内部控制体系和健全的风险管理制度；

（二）资本充足水平符合审慎监管要求；

（三）风险监管指标符合审慎监管要求；

（四）国务院银行业监督管理机构规章规定的其他审慎性条件。

金融资产投资公司发行金融债券募集的资金，应当主要用于流动性管理和收购银行债权。金融资产投资公司使用发行金融债券募集的资金开展债转股业务，不适用本办法第二十七条第三款和第三十一条。

第二十七条 商业银行控股或者参股的金融资产投资公司应当与该商业银行及其关联机构建立防止利益冲突和利益输送的机制。

金融资产投资公司使用自营资金收购债权和投资企业股权时，鼓励不同商业银行通过所控股或参股的金融资产投资公司交叉实施债转股。

金融资产投资公司使用募集资金收购债权和投资企业股权，应当主要用于交叉实施债转股。

第二十八条 商业银行不得对控股或者参股的金融资产投资公司投资的企业降低授信标准，对其中资产负债率持续超出合理水平的企业不得增加授信。

第二十九条 金融资产投资公司收购银行债权应当严格遵守洁净转让、真实出售的原则，通过评估或估值程序审慎评估债权质量和风险，坚持市场化定价，实现资产和风险的真实完全转移。

银行债权评估或估值可以由金融资产投资公司会同银行对企业进行尽职调查后确定，也可以由独立第三方实施。银行债权转让可以采取招标、拍卖等公开方式，也可在评估或估值基础上自主协商确定公允价格，允许金融资产投资公司折价收购银行债权。

金融资产投资公司对企业进行股权投资后，由企业将股权投资资金全部用于偿还银行债权的，应当与企业约定在合理期间偿还银行债权，并约定所偿还银行债权的定价机制，确保按照实际价值偿还银行债权。金融资产投资公司应当与企业约定必要的资金用途监管措施，严格防止企业挪用股权投资资金。

第三十条 金融资产投资公司收购银行债权不得接受债权出让方银行及其关联机构出具的本金保障和固定收益承诺，不得实施利益输送，不得协助银行掩盖风险和规避监管要求。

金融资产投资公司不得与银行在转让合同等正式法律文件之外签订或达成任何协议或约定，影响资产和风险真实完全转移，改变交易结构、风险承担主体及相关权益转移过程等。

第三十一条 金融资产投资公司收购银行债权，不得由该债权出让方银行使用资本金、自营资金、理财资金或其他表外资金提供任何形式的直接或间接融资，不得由该债权出让方银行以任何方式承担显性或者隐性回购义务。

金融资产投资公司对企业进行股权投资，股权投资资金用于偿还企业银行债权的，不得由该债权人银行使用资本金、自营资金、理财资金或其他表外资金提供任何形式的直接或间接融资。

第三十二条 转股债权标的应当以银行对企业发放贷款形成的债权为主，适当考虑其他类型银行债权和非银行金融机构债权。转股债权资产质量类别由债权银行、企业和金融资产投资公司自主协商确定，包括正常类、关注类和不良类债权。

第三十三条 金融资产投资公司应当加强对所收购债权的管理，认真整理、审查和完善相关债权的法律文件和管理资料，密切关注债务人和担保人的清偿能力和抵质押物价值变化情况，及时采取补救措施，切实维护和主张权利。

第三十四条 债转股对象和条件由金融资产投资公司、债权银行和企业根据国家政策依法自主协商确定，转股债权及股权价格按市场化原则确定。对于涉及多个债权银行的，可以由最大债权银行或主动发起债转股的债权银行牵头成立债权人委员会进行协调。

经过法定程序，债权可以转为普通股，也可以转为优先股。

第三十五条 金融资产投资公司确定作为债转股对象的企业应当具备以下条件：

（一）发展前景良好但遇到暂时困难，具有可行的企业改革计划和脱困安排；

（二）主要生产装备、产品、能力符合国家产业发展方向，技术先进，产品有市场，环保和安全生产达标；

（三）信用状况较好，无故意违约、转移资产等不良信用记录。

第三十六条 金融资产投资公司开展债转股，应当符合国家产业政策等政策导向，优先考虑对拥有优质优良资产的企业和发展前景良好但遇到暂时困难的优质企业开展市场化债转股，包括：

（一）因行业周期性波动导致困难但仍有望逆转的企业；

（二）因高负债而财务负担过重的成长型企业，特别是战略性新兴产业领域的成长型企业；

（三）高负债居于产能过剩行业前列的关键性企业以及关系国家安全的战略性企业；

（四）其他适合优先考虑实施市场化债转股的企业。

第三十七条 金融资产投资公司不得对下列企业实施债转股：

（一）扭亏无望、已失去生存发展前景的“僵尸企业”；

（二）有恶意逃废债行为的失信企业；

（三）债权债务关系复杂且不明晰的企业；

（四）不符合国家产业政策，助长过剩产能扩张和增加库存的企业；

（五）金融业企业；

（六）其他不适合实施债转股的企业。

第三十八条 金融资产投资公司应当按照公开、公平、公正的原则，根据自身业务经营和风险管理策略，开展市场化债转股业务。

金融资产投资公司应当对债转股对象企业开展尽职调查，合理评估对象企业价值，并与企业、企业股东等利益相关方协商明确转股价格、转股比例、资产负债重组计划、公司治理安排、经营发展规划、股权退出等事宜，签订债转股协议。

金融资产投资公司应当积极争取各级政府和相关部门推动债转股企业改组改制，并在剥离相关社会负担、分流安置富余人员、税收优惠、股权退出等方面给予支持。

第三十九条 金融资产投资公司应当建立严格的关联交易管理制度，关联交易应当遵循商业原则，以市场价格为基础，按照不优于非关联方同类交易的条件进行，防止利益输送，防范掩盖风险、规避监管和监管套利。

金融资产投资公司重大关联交易应当经董事会批准，并进行充分披露。重大关联交易是指金融资产投资公司与一个关联方之间单笔交易使用的自营资金总额占金融资产投资公司净资产5%以上的交易。重大关联交易应当自批准之日起10个工作日内报告监事会，同时报告国务院银行业监督管理机构及其派出机构。

上市商业银行控股或参股的金融资产投资公司，与该上市商业银行及其关联方的关联交易，应当符合证券监管有关规定。

第四十条 金融资产投资公司应当与相关主体在债转股协议中对企业未来债务融资行为进行规范，共同制定合理的债务安排和融资规划，对企业资产负债率作出明确约定，防止企业杠杆率再次超出合理水平。

第四十一条 金融资产投资公司应当建立和完善股权管理制度，明确持股目的和持股策略，确定合理持股份额，并根据《中华人民共和国公司法》等法律法规要求承担责任。金融资产投资公司对于实行债转股的企业，原则上不应当控股。如确有必要，应当制定合理的过渡期限。

债转股企业涉及上市公司和非上市公众公司的，应当符合证券监管有关规定。

第四十二条 金融资产投资公司应当按照法律法规、公司章程要求和合同约定，派员参加企业股东（大）会、董事会、监事会，审议修订公司章程和议事规则，明确重大事项决策程序，依法行使股东权利，参与公司治理和企业重大经营决策，督促持股企业持续改进经营管理。

第四十三条 金融资产投资公司应当依法行使各项股东权利，在法律法规和公司章程规定范围内依法采取措施，制止损害股东权益行为。当持股企业因管理、环境等因素发生不利变化，导致或可能导致持股风险显著增大时，应当及时采取有效措施保障自身合法权益。

第四十四条 鼓励金融资产投资公司建立股权退出策略和机制。对股权有退出预期的，可以与相关主体协商约定所持股权的退出方式。实施股权退出涉及证券发行或交易的，应当符合证券监管的有关规定。涉及国有资产产权登记和转让的，应当符合国有资产管理的有关规定。

第四十五条 鼓励金融资产投资公司通过市场化措施向合格投资者真实转让所持有的债转股企业股权。

第四十六条 金融资产投资公司应当建立履职问责制，规定在债转股业务过程中有关部门和岗位的职责，对违反法律法规、本办法及其他债转股监管规定的行为进行责任认定和处理。

第四十七条 金融资产投资公司开展业务应当遵守法律法规和监管政策，严禁以下违法违规行为：

（一）与债务人等串通，转移资产，逃废债务；

（二）违反规定对禁止性对象企业实施债转股或变相实施债转股；

（三）违规接受银行承诺或签订私下协议；

（四）伪造、篡改、隐匿、毁损债转股相关档案；

（五）其他违法违规及违反本办法要求的行为。

第四章　风 险 管 理

第四十八条　金融资产投资公司应当建立组织健全、职责清晰的公司治理结构，明确股东（大）会、董事会、监事会、高级管理层以及业务部门、风险管理部门和内审部门的职责分工，建立多层次、相互衔接、有效制衡的风险管理机制。金融资产投资公司对其设立的附属机构应当加强并表管理。

控股或参股金融资产投资公司的商业银行与金融资产投资公司之间应当建立防火墙，在资金、人员、业务方面进行有效隔离，防范风险传染。

第四十九条　金融资产投资公司应当建立与其业务规模、复杂程度、风险状况相匹配的有效风险管理框架，制定清晰的风险管理策略，明确风险偏好和风险限额，制定完善风险管理政策和程序，及时有效识别、计量、评估、监测、控制或缓释各类重大风险。

第五十条　金融资产投资公司应当按照国务院银行业监督管理机构的相关规定建立资本管理体系，合理评估资本充足状况，建立审慎、规范的资本补充和约束机制。金融资产投资公司资本充足率、杠杆率和财务杠杆率水平参照金融资产管理公司资本管理相关规定执行。

第五十一条　金融资产投资公司应当严格按照有关规定，对所持有的债权资产进行准确分类，足额计提风险减值准备，确保真实反映风险状况。

第五十二条　金融资产投资公司应当确保其资产负债结构与流动性管理要求相匹配，建立、完善明晰的融资策略和融资渠道，提高融资来源的多元性、稳定性和可持续性，合理控制期限错配，实施流动性风险限额管理，制定有效的流动性风险应急计划。

第五十三条　金融资产投资公司应当加强债转股项目全流程管理，严格落实尽职调查、审查审批、风控措施、后续管理等各项要求，加强监督约束，防范超越权限或者违反程序操作、虚假尽职调查与评估、泄露商业秘密谋取非法利益、利益输送、违规放弃合法权益、截留隐匿或私分资产等操作风险。

第五十四条　金融资产投资公司应当制定合理的业绩考核和奖惩机制，建立市场化的用人机制和薪酬激励约束机制。

第五十五条　金融资产投资公司应当建立健全内部控制和内外部审计制度，完善内控机制，提高内外部审计有效性，持续督促提升业务经营、内控合规、风险管理水平。

第五章　监 督 管 理

第五十六条　国务院银行业监督管理机构及其派出机构通过非现场监管和现场检查等方式对金融资产投资公司及其分支机构（附属机构）实施持续监管。

第五十七条　金融资产投资公司及其分支机构（附属机构）应当按规定向国务院银行业监督管理机构及其派出机构报送监管信息，主要包括：

（一）业务经营和风险管理制度；

（二）组织架构及主要管理人员信息；

（三）财务会计报表、监管统计报表；

（四）信息披露材料；

（五）重大事项报告；

（六）国务院银行业监督管理机构及其派出机构认为必要的其他信息。

金融资产投资公司定期报送上述信息时，应当包括股权投资和管理业务运行及风险情况，作为其主要股东的商业银行及其关联机构对所投资企业及其关联企业的授信、融资及投资变化情况。

金融资产投资公司所投资企业出现杠杆率持续超出合理水平、重大投资风险、重大经营问题和偿付能力问题等重大事项时，应当及时报告。

第五十八条　国务院银行业监督管理机构及其派出机构应当定期对金融资产投资公司及其分支机构（附属机构）开展全面现场检查和股权投资管理等业务的专项检查。

第五十九条　国务院银行业监督管理机构及其派出机构根据履职需要，可与金融资产投资公司董事、高级管理人员及外部审计人员进行监管谈话，要求其就业务活动和风险管理等重大事项作出说明。

第六十条　国务院银行业监督管理机构应当按照法律法规要求，督促金融资产投资公司落实信息披露要求。

第六十一条　金融资产投资公司及其分支机构（附属机构）所投资企业出现企业杠杆率持续超出合理水平、重大投资风险、重大经营问题和偿付能力问题，或者可能对金融行业和金融市场产生不利影响的，国务院银行业监督管理机构及其派出机构可以依据有关法律法规规定对金融资产投资公司采取限期整改、暂停业务、限制股东权利等强制监管手段。

第六十二条　金融资产投资公司及其分支机构（附属机构）违反有关法律法规以及本办法有关规定的，国务院银行业监督管理机构及其派出机构应当依法责令金融资产投资公司限期整改，并可区别情形，依照《中华人民共和国银行业监督管理法》等法律法规，对金融资产投资公司采取暂停业务、限制股东权利等强制监管措施和行政处罚。

第六十三条　国务院银行业监督管理机构对金融资产投资公司及其分支机构（附属机构）业务开展情况和债转股效果定期进行评估，根据降低企业杠杆率实际效果、主营业务占比、购买债权实施转股业务占比、交叉实施债转股占比等情况，研究完善监督管理、激励约束和政策支持措施。

第六章　附　　则

第六十四条　金融资产管理公司、信托公司等其他银行业金融机构参与开展市场化债转股，商业银行通过其它符合条件的所属机构参与开展市场化债转股，应当参照适用本办法规定的业务规则和风险管理要求，法律法规和金融监管部门规章另有规定的除外。

金融资产投资公司对非银行金融机构债权实施债转股适用本办法规定，法律法规和金融监管部门规章另有规定的除外。

第六十五条　商业银行已经签订框架性协议尚未实施的债转股项目应当符合本办法相关要求，已实施的债转股项目管理方式不得违反本办法相关要求，法律法规和金融监管部门规章另有规定的除外。

第六十六条　本办法由中国银行保险监督管理委员会负责解释。

第六十七条　本办法自公布之日起施行。

六、与金融相关的非金融机构

资料补充栏

非金融机构支付服务管理办法

1. 2010年6月14日中国人民银行令〔2010〕第2号公布
2. 根据2020年4月29日中国人民银行令〔2020〕第2号《中国人民银行关于修改〈教育储蓄管理办法〉等规章的决定》修正

第一章 总 则

第一条 为促进支付服务市场健康发展，规范非金融机构支付服务行为，防范支付风险，保护当事人的合法权益，根据《中华人民共和国中国人民银行法》等法律法规，制定本办法。

第二条 本办法所称非金融机构支付服务，是指非金融机构在收付款人之间作为中介机构提供下列部分或全部货币资金转移服务：

（一）网络支付；

（二）预付卡的发行与受理；

（三）银行卡收单；

（四）中国人民银行确定的其他支付服务。

本办法所称网络支付，是指依托公共网络或专用网络在收付款人之间转移货币资金的行为，包括货币汇兑、互联网支付、移动电话支付、固定电话支付、数字电视支付等。

本办法所称预付卡，是指以营利为目的发行的、在发行机构之外购买商品或服务的预付价值，包括采取磁条、芯片等技术以卡片、密码等形式发行的预付卡。

本办法所称银行卡收单，是指通过销售点（POS）终端等为银行卡特约商户代收货币资金的行为。

第三条 非金融机构提供支付服务，应当依据本办法规定取得《支付业务许可证》，成为支付机构。

支付机构依法接受中国人民银行的监督管理。

未经中国人民银行批准，任何非金融机构和个人不得从事或变相从事支付业务。

第四条 支付机构之间的货币资金转移应当委托银行业金融机构办理，不得通过支付机构相互存放货币资金或委托其他支付机构等形式办理。

支付机构不得办理银行业金融机构之间的货币资金转移，经特别许可的除外。

第五条 支付机构应当遵循安全、效率、诚信和公平竞争的原则，不得损害国家利益、社会公共利益和客户合法权益。

第六条 支付机构应当遵守反洗钱的有关规定，履行反洗钱义务。

第二章 申请与许可

第七条 中国人民银行负责《支付业务许可证》的颁发和管理。

申请《支付业务许可证》的，需经所在地中国人民银行分支机构审查后，报中国人民银行批准。

本办法所称中国人民银行分支机构，是指中国人民银行副省级城市中心支行以上的分支机构。

第八条 《支付业务许可证》的申请人应当具备下列条件：

（一）在中华人民共和国境内依法设立的有限责任公司或股份有限公司，且为非金融机构法人；

（二）有符合本办法规定的注册资本最低限额；

（三）有符合本办法规定的出资人；

（四）有5名以上熟悉支付业务的高级管理人员；

（五）有符合要求的反洗钱措施；

（六）有符合要求的支付业务设施；

（七）有健全的组织机构、内部控制制度和风险管理措施；

（八）有符合要求的营业场所和安全保障措施；

（九）申请人及其高级管理人员最近3年内未因利用支付业务实施违法犯罪活动或为违法犯罪活动办理支付业务等受过处罚。

第九条 申请人拟在全国范围内从事支付业务的，其注册资本最低限额为1亿元人民币；拟在省（自治区、直辖市）范围内从事支付业务的，其注册资本最低限额为3千万元人民币。注册资本最低限额为实缴货币资本。

本办法所称在全国范围内从事支付业务，包括申请人跨省（自治区、直辖市）设立分支机构从事支付业务，或客户可跨省（自治区、直辖市）办理支付业务的情形。

中国人民银行根据国家有关法律法规和政策规定，调整申请人的注册资本最低限额。

外商投资支付机构的业务范围、境外出资人的资格条件和出资比例等，由中国人民银行另行规定，报国务院批准。

第十条 申请人的主要出资人应当符合以下条件：

（一）为依法设立的有限责任公司或股份有限公司；

（二）截至申请日，连续为金融机构提供信息处理支持服务2年以上，或连续为电子商务活动提供信息处理支持服务2年以上；

（三）截至申请日，连续盈利2年以上；

（四）最近3年内未因利用支付业务实施违法犯罪活动或为违法犯罪活动办理支付业务等受过处罚。

本办法所称主要出资人，包括拥有申请人实际控制权的出资人和持有申请人10%以上股权的出资人。

第十一条　申请人应当向所在地中国人民银行分支机构提交下列文件、资料：

（一）书面申请，载明申请人的名称、住所、注册资本、组织机构设置、拟申请支付业务等；

（二）公司营业执照（副本）复印件；

（三）公司章程；

（四）验资证明；

（五）经会计师事务所审计的财务会计报告；

（六）支付业务可行性研究报告；

（七）反洗钱措施验收材料；

（八）技术安全检测认证证明；

（九）高级管理人员的履历材料；

（十）申请人及其高级管理人员出具的无犯罪记录承诺书；

（十一）主要出资人的相关材料；

（十二）申请资料真实性声明。

第十二条　申请人应当在收到受理通知后按规定公告下列事项：

（一）申请人的注册资本及股权结构；

（二）主要出资人的名单、持股比例及其财务状况；

（三）拟申请的支付业务；

（四）申请人的营业场所；

（五）支付业务设施的技术安全检测认证证明。

第十三条　中国人民银行分支机构依法受理符合要求的各项申请，并将初审意见和申请资料报送中国人民银行。中国人民银行审查批准的，依法颁发《支付业务许可证》，并予以公告。

《支付业务许可证》自颁发之日起，有效期5年。支付机构拟于《支付业务许可证》期满后继续从事支付业务的，应当在期满前6个月内向所在地中国人民银行分支机构提出续展申请。中国人民银行准予续展的，每次续展的有效期为5年。

第十四条　支付机构变更下列事项之一的，应当在向公司登记机关申请变更登记前报中国人民银行同意：

（一）变更公司名称、注册资本或组织形式；

（二）变更主要出资人；

（三）合并或分立；

（四）调整业务类型或改变业务覆盖范围。

第十五条　支付机构申请终止支付业务的，应当向所在地中国人民银行分支机构提交下列文件、资料：

（一）公司法定代表人签署的书面申请，载明公司名称、支付业务开展情况、拟终止支付业务及终止原因等；

（二）公司营业执照（副本）复印件；

（三）《支付业务许可证》复印件；

（四）客户合法权益保障方案；

（五）支付业务信息处理方案。

准予终止的，支付机构应当按照中国人民银行的批复完成终止工作，交回《支付业务许可证》。

第十六条　本章对许可程序未作规定的事项，适用《中国人民银行行政许可实施办法》（中国人民银行令〔2004〕第3号）。

第三章　监督与管理

第十七条　支付机构应当按照《支付业务许可证》核准的业务范围从事经营活动，不得从事核准范围之外的业务，不得将业务外包。

支付机构不得转让、出租、出借《支付业务许可证》。

第十八条　支付机构应当按照审慎经营的要求，制订支付业务办法及客户权益保障措施，建立健全风险管理和内部控制制度，并报所在地中国人民银行分支机构备案。

第十九条　支付机构应当确定支付业务的收费项目和收费标准，并报所在地中国人民银行分支机构备案。

支付机构应当公开披露其支付业务的收费项目和收费标准。

第二十条　支付机构应当按规定向所在地中国人民银行分支机构报送支付业务统计报表和财务会计报告等资料。

第二十一条　支付机构应当制定支付服务协议，明确其与客户的权利和义务、纠纷处理原则、违约责任等事项。

支付机构应当公开披露支付服务协议的格式条款，并报所在地中国人民银行分支机构备案。

第二十二条　支付机构的分公司从事支付业务的，支付机构及其分公司应当分别到所在地中国人民银行分支机构备案。

支付机构的分公司终止支付业务的，比照前款办理。

第二十三条　支付机构接受客户备付金时，只能按收取的支付服务费向客户开具发票，不得按接受的客户备付金金额开具发票。

第二十四条　支付机构接受的客户备付金不属于支付机构的自有财产。

支付机构只能根据客户发起的支付指令转移备付金。禁止支付机构以任何形式挪用客户备付金。

第二十五条　支付机构应当在客户发起的支付指令中记载下列事项：

（一）付款人名称；

（二）确定的金额；

（三）收款人名称；

（四）付款人的开户银行名称或支付机构名称；

（五）收款人的开户银行名称或支付机构名称；

（六）支付指令的发起日期。

客户通过银行结算账户进行支付的，支付机构还应当记载相应的银行结算账号。客户通过非银行结算账户进行支付的，支付机构还应当记载客户有效身份证件上的名称和号码。

第二十六条　支付机构接受客户备付金的，应当在商业银行开立备付金专用存款账户存放备付金。中国人民银行另有规定的除外。

支付机构只能选择一家商业银行作为备付金存管银行，且在该商业银行的一个分支机构只能开立一个备付金专用存款账户。

支付机构应当与商业银行的法人机构或授权的分支机构签订备付金存管协议，明确双方的权利、义务和责任。

支付机构应当向所在地中国人民银行分支机构报送备付金存管协议和备付金专用存款账户的信息资料。

第二十七条　支付机构的分公司不得以自己的名义开立备付金专用存款账户，只能将接受的备付金存放在支付机构开立的备付金专用存款账户。

第二十八条　支付机构调整不同备付金专用存款账户头寸的，由备付金存管银行的法人机构对支付机构拟调整的备付金专用存款账户的余额情况进行复核，并将复核意见告知支付机构及有关备付金存管银行。

支付机构应当持备付金存管银行的法人机构出具的复核意见办理有关备付金专用存款账户的头寸调拨。

第二十九条　备付金存管银行应当对存放在本机构的客户备付金的使用情况进行监督，并按规定向备付金存管银行所在地中国人民银行分支机构及备付金存管银行的法人机构报送客户备付金的存管或使用情况等信息资料。

对支付机构违反第二十五条至第二十八条相关规定使用客户备付金的申请或指令，备付金存管银行应当予以拒绝；发现客户备付金被违法使用或有其他异常情况的，应当立即向备付金存管银行所在地中国人民银行分支机构及备付金存管银行的法人机构报告。

第三十条　支付机构的实缴货币资本与客户备付金日均余额的比例，不得低于10%。

本办法所称客户备付金日均余额，是指备付金存管银行的法人机构根据最近90日内支付机构每日日终的客户备付金总量计算的平均值。

第三十一条　支付机构应当按规定核对客户的有效身份证件或其他有效身份证明文件，并登记客户身份基本信息。

支付机构明知或应知客户利用其支付业务实施违法犯罪活动的，应当停止为其办理支付业务。

第三十二条　支付机构应当具备必要的技术手段，确保支付指令的完整性、一致性和不可抵赖性，支付业务处理的及时性、准确性和支付业务的安全性；具备灾难恢复处理能力和应急处理能力，确保支付业务的连续性。

第三十三条　支付机构应当依法保守客户的商业秘密，不得对外泄露。法律法规另有规定的除外。

第三十四条　支付机构应当按规定妥善保管客户身份基本信息、支付业务信息、会计档案等资料。

第三十五条　支付机构应当接受中国人民银行及其分支机构定期或不定期的现场检查和非现场检查，如实提供有关资料，不得拒绝、阻挠、逃避检查，不得谎报、隐匿、销毁相关证据材料。

第三十六条　中国人民银行及其分支机构依据法律、行政法规、中国人民银行的有关规定对支付机构的公司治理、业务活动、内部控制、风险状况、反洗钱工作等进行定期或不定期现场检查和非现场检查。

中国人民银行及其分支机构依法对支付机构进行现场检查，适用《中国人民银行执法检查程序规定》（中国人民银行令〔2010〕第1号发布）。

第三十七条　中国人民银行及其分支机构可以采取下列措施对支付机构进行现场检查：

（一）询问支付机构的工作人员，要求其对被检查事项作出解释、说明；

（二）查阅、复制与被检查事项有关的文件、资料，对可能被转移、藏匿或毁损的文件、资料予以封存；

（三）检查支付机构的客户备付金专用存款账户及相关账户；

（四）检查支付业务设施及相关设施。

第三十八条　支付机构有下列情形之一的，中国人民银行及其分支机构有权责令其停止办理部分或全部支付业务：

（一）累计亏损超过其实缴货币资本的50%；

（二）有重大经营风险；

（三）有重大违法违规行为。

第三十九条　支付机构因解散、依法被撤销或被宣告破产而终止的，其清算事宜按照国家有关法律规定办理。

第四章 罚 则

第四十条 中国人民银行及其分支机构的工作人员有下列情形之一的，依法给予行政处分；构成犯罪的，依法追究刑事责任：

（一）违反规定审查批准《支付业务许可证》的申请、变更、终止等事项的；

（二）违反规定对支付机构进行检查的；

（三）泄露知悉的国家秘密或商业秘密的；

（四）滥用职权、玩忽职守的其他行为。

第四十一条 商业银行有下列情形之一的，中国人民银行及其分支机构责令其限期改正，并给予警告或处 1 万元以上 3 万元以下罚款；情节严重的，中国人民银行责令其暂停或终止客户备付金存管业务：

（一）未按规定报送客户备付金的存管或使用情况等信息资料的；

（二）未按规定对支付机构调整备付金专用存款账户头寸的行为进行复核的；

（三）未对支付机构违反规定使用客户备付金的申请或指令予以拒绝的。

第四十二条 支付机构有下列情形之一的，中国人民银行分支机构责令其限期改正，并给予警告或处 1 万元以上 3 万元以下罚款：

（一）未按规定建立有关制度办法或风险管理措施的；

（二）未按规定办理相关备案手续的；

（三）未按规定公开披露相关事项的；

（四）未按规定报送或保管相关资料的；

（五）未按规定办理相关变更事项的；

（六）未按规定向客户开具发票的；

（七）未按规定保守客户商业秘密的。

第四十三条 支付机构有下列情形之一的，中国人民银行分支机构责令其限期改正，并处 3 万元罚款；情节严重的，中国人民银行注销其《支付业务许可证》；涉嫌犯罪的，依法移送公安机关立案侦查；构成犯罪的，依法追究刑事责任：

（一）转让、出租、出借《支付业务许可证》的；

（二）超出核准业务范围或将业务外包的；

（三）未按规定存放或使用客户备付金的；

（四）未遵守实缴货币资本与客户备付金比例管理规定的；

（五）无正当理由中断或终止支付业务的；

（六）拒绝或阻碍相关检查监督的；

（七）其他危及支付机构稳健运行、损害客户合法权益或危害支付服务市场的违法违规行为。

第四十四条 支付机构未按规定履行反洗钱义务的，中国人民银行及其分支机构依据国家有关反洗钱法律法规等进行处罚；情节严重的，中国人民银行注销其《支付业务许可证》。

第四十五条 支付机构超出《支付业务许可证》有效期限继续从事支付业务的，中国人民银行及其分支机构责令其终止支付业务；涉嫌犯罪的，依法移送公安机关立案侦查；构成犯罪的，依法追究刑事责任。

第四十六条 以欺骗等不正当手段申请《支付业务许可证》但未获批准的，申请人及持有其 5% 以上股权的出资人 3 年内不得再次申请或参与申请《支付业务许可证》。

以欺骗等不正当手段申请《支付业务许可证》且已获批准的，由中国人民银行及其分支机构责令其终止支付业务，注销其《支付业务许可证》；涉嫌犯罪的，依法移送公安机关立案侦查；构成犯罪的，依法追究刑事责任；申请人及持有其 5% 以上股权的出资人不得再次申请或参与申请《支付业务许可证》。

第四十七条 任何非金融机构和个人未经中国人民银行批准擅自从事或变相从事支付业务的，中国人民银行及其分支机构责令其终止支付业务；涉嫌犯罪的，依法移送公安机关立案侦查；构成犯罪的，依法追究刑事责任。

第五章 附 则

第四十八条 本办法实施前已经从事支付业务的非金融机构，应当在本办法实施之日起 1 年内申请取得《支付业务许可证》。逾期未取得的，不得继续从事支付业务。

第四十九条 本办法由中国人民银行负责解释。

第五十条 本办法自 2010 年 9 月 1 日起施行。

非银行支付机构监督管理条例

1. 2023 年 12 月 9 日国务院令第 768 号公布

2. 自 2024 年 5 月 1 日起施行

第一章 总 则

第一条 为了规范非银行支付机构行为，保护当事人合法权益，防范化解风险，促进非银行支付行业健康发展，根据《中华人民共和国中国人民银行法》、《中华人民共和国电子商务法》等法律，制定本条例。

第二条 本条例所称非银行支付机构，是指在中华人民共和国境内（以下简称境内）依法设立，除银行业金融机构外，取得支付业务许可，从事根据收款人或者付款人（以下统称用户）提交的电子支付指令转移货币资金等支付业务的有限责任公司或者股份有限公司。

中华人民共和国境外（以下简称境外）的非银行机构拟为境内用户提供跨境支付服务的，应当依照本条例规定在境内设立非银行支付机构，国家另有规定的除外。

第三条　非银行支付机构开展业务，应当遵守法律、行政法规的规定，遵循安全、高效、诚信和公平竞争的原则，以提供小额、便民支付服务为宗旨，维护国家金融安全，不得损害国家利益、社会公共利益和他人合法权益。

第四条　非银行支付机构的监督管理，应当贯彻落实党和国家路线方针政策、决策部署，围绕服务实体经济，统筹发展和安全，维护公平竞争秩序。

中国人民银行依法对非银行支付机构实施监督管理。中国人民银行的分支机构根据中国人民银行的授权，履行监督管理职责。

第五条　非银行支付机构应当遵守反洗钱和反恐怖主义融资、反电信网络诈骗、防范和处置非法集资、打击赌博等规定，采取必要措施防范违法犯罪活动。

第二章　设立、变更与终止

第六条　设立非银行支付机构，应当经中国人民银行批准，取得支付业务许可。非银行支付机构的名称中应当标明“支付”字样。

未经依法批准，任何单位和个人不得从事或者变相从事支付业务，不得在单位名称和经营范围中使用“支付”字样，法律、行政法规和国家另有规定的除外。支付业务许可被依法注销后，该机构名称和经营范围中不得继续使用“支付”字样。

第七条　设立非银行支付机构，应当符合《中华人民共和国公司法》的规定，并具备以下条件：

（一）有符合本条例规定的注册资本；

（二）主要股东、实际控制人财务状况和诚信记录良好，最近3年无重大违法违规记录；主要股东、实际控制人为公司的，其股权结构应当清晰透明，不存在权属纠纷；

（三）拟任董事、监事和高级管理人员熟悉相关法律法规，具有履行职责所需的经营管理能力，最近3年无重大违法违规记录；

（四）有符合规定的经营场所、安全保障措施以及业务系统、设施和技术；

（五）有健全的公司治理结构、内部控制和风险管理制度、退出预案以及用户权益保障机制；

（六）法律、行政法规以及中国人民银行规章规定的其他审慎性条件。

第八条　设立非银行支付机构的注册资本最低限额为人民币1亿元，且应当为实缴货币资本。

中国人民银行根据非银行支付机构的业务类型、经营地域范围和业务规模等因素，可以提高前款规定的注册资本最低限额。

非银行支付机构的股东应当以自有资金出资，不得以委托资金、债务资金等非自有资金出资。

第九条　申请设立非银行支付机构，应当向中国人民银行提交申请书和证明其符合本条例第七条、第八条规定条件的材料。

第十条　中国人民银行应当自受理申请之日起6个月内作出批准或者不予批准的决定。决定批准的，颁发支付业务许可证并予以公告；决定不予批准的，应当书面通知申请人并说明理由。

支付业务许可证应当载明非银行支付机构可以从事的业务类型和经营地域范围。

第十一条　申请人收到支付业务许可证后，应当及时向市场监督管理部门办理登记手续，领取营业执照。

非银行支付机构设立后无正当理由连续2年以上未开展支付业务的，由中国人民银行注销支付业务许可。

第十二条　非银行支付机构的主要经营场所应当与登记的住所保持一致。非银行支付机构拟在住所所在地以外的省、自治区、直辖市为线下经营的特约商户提供支付服务的，应当按照规定设立分支机构，并向中国人民银行备案。

本条例所称特约商户，是指与非银行支付机构签订支付服务协议，由非银行支付机构按照协议为其完成资金结算的经营主体。

第十三条　非银行支付机构办理下列事项，应当经中国人民银行批准：

（一）变更名称、注册资本、业务类型或者经营地域范围；

（二）跨省、自治区、直辖市变更住所；

（三）变更主要股东或者实际控制人；

（四）变更董事、监事或者高级管理人员；

（五）合并或者分立。

非银行支付机构申请变更名称、注册资本的，中国人民银行应当自受理申请之日起1个月内作出批准或者不予批准的书面决定；申请办理前款所列其他事项的，中国人民银行应当自受理申请之日起3个月内作出批准或者不予批准的书面决定。经批准后，非银行支付机构依法向市场监督管理部门办理相关登记手续。

第十四条　非银行支付机构拟终止支付业务的，应当向中国人民银行申请注销支付业务许可。非银行支付机构申请注销支付业务许可或者被中国人民银行吊销支付业务许可证、撤销支付业务许可的，应当按照规定制定切实保障用户资金和信息安全的方案，并向用户公告。非银行支付机构解散的，还应当依法进行清算，清算过程接受中国人民银行的监督。

非银行支付机构办理支付业务许可注销手续后，方可向市场监督管理部门办理变更或者注销登记手续。

第三章 支付业务规则

第十五条 非银行支付业务根据能否接收付款人预付资金，分为储值账户运营和支付交易处理两种类型，但是单用途预付卡业务不属于本条例规定的支付业务。

储值账户运营业务和支付交易处理业务的具体分类方式和监督管理规则由中国人民银行制定。

第十六条 非银行支付机构应当按照支付业务许可证载明的业务类型和经营地域范围从事支付业务，未经批准不得从事依法需经批准的其他业务。

非银行支付机构不得涂改、倒卖、出租、出借支付业务许可证，或者以其他形式非法转让行政许可。

第十七条 非银行支付机构应当按照审慎经营要求，建立健全并落实合规管理制度、内部控制制度、业务管理制度、风险管理制度、突发事件应急预案以及用户权益保障机制。

第十八条 非银行支付机构应当具备必要和独立的业务系统、设施和技术，按照强制性国家标准以及相关网络、数据安全管理要求，确保支付业务处理的及时性、准确性和支付业务的连续性、安全性、可溯源性。

非银行支付机构的业务系统及其备份应当存放在境内。

第十九条 非银行支付机构为境内交易提供支付服务的，应当在境内完成交易处理、资金结算和数据存储。

非银行支付机构为跨境交易提供支付服务的，应当遵守跨境支付、跨境人民币业务、外汇管理以及数据跨境流动的有关规定。

第二十条 非银行支付机构应当与用户签订支付服务协议。非银行支付机构应当按照公平原则拟定协议条款，并在其经营场所、官方网站、移动互联网应用程序等的显著位置予以公示。

支付服务协议应当明确非银行支付机构与用户的权利义务、支付业务流程、电子支付指令传输路径、资金结算、纠纷处理原则以及违约责任等事项，且不得包含排除、限制竞争以及不合理地免除或者减轻非银行支付机构责任、加重用户责任、限制或者排除用户主要权利等内容。对于协议中足以影响用户是否同意使用支付服务的条款，非银行支付机构应当采取合理方式提示用户注意，并按照用户的要求对该条款予以说明。

非银行支付机构拟变更协议内容的，应当充分征求用户意见，并在本条第一款规定的显著位置公告满30日后方可变更。非银行支付机构应当以数据电文等书面形式与用户就变更的协议内容达成一致。

第二十一条 非银行支付机构应当建立持续有效的用户尽职调查制度，按照规定识别并核实用户身份，了解用户交易背景和风险状况，并采取相应的风险管理措施。

非银行支付机构不得将涉及资金安全、信息安全等的核心业务和技术服务委托第三方处理。

第二十二条 非银行支付机构应当自行完成特约商户尽职调查、支付服务协议签订、持续风险监测等业务活动。非银行支付机构不得为未经依法设立或者从事非法经营活动的商户提供服务。

第二十三条 从事储值账户运营业务的非银行支付机构为用户开立支付账户的，应当遵守法律、行政法规以及中国人民银行关于支付账户管理的规定。国家引导、鼓励非银行支付机构与商业银行开展合作，通过银行账户为单位用户提供支付服务。

前款规定的非银行支付机构应当建立健全支付账户开立、使用、变更和撤销等业务管理和风险管理制度，防止开立匿名、假名支付账户，并采取有效措施保障支付账户安全，开展异常账户风险监测，防范支付账户被用于违法犯罪活动。

本条例所称支付账户，是指根据用户真实意愿为其开立的，用于发起支付指令、反映交易明细、记录资金余额的电子簿记载体。支付账户应当以用户实名开立。

任何单位和个人不得非法买卖、出租、出借支付账户。

第二十四条 从事储值账户运营业务的非银行支付机构应当将从用户处获取的预付资金及时等值转换为支付账户余额或者预付资金余额。用户可以按照协议约定提取其持有的余额，但是非银行支付机构不得向用户支付与其持有的余额有关的利息等收益。

第二十五条 非银行支付机构应当将收款人和付款人信息等必要信息包含在电子支付指令中，确保所传递的电子支付指令的完整性、一致性、可跟踪稽核和不可篡改。

非银行支付机构不得伪造、变造电子支付指令。

第二十六条 非银行支付机构应当以清算机构、银行业金融机构、其他非银行支付机构认可的安全认证方式访问账户，不得违反规定留存银行账户、支付账户敏感信息。

第二十七条　非银行支付机构应当根据用户发起的支付指令划转备付金，用户备付金被依法冻结、扣划的除外。

本条例所称备付金，是指非银行支付机构为用户办理支付业务而实际收到的预收待付货币资金。

非银行支付机构不得以任何形式挪用、占用、借用备付金，不得以备付金为自己或者他人提供担保。

第二十八条　非银行支付机构净资产与备付金日均余额的比例应当符合中国人民银行的规定。

第二十九条　非银行支付机构应当将备付金存放在中国人民银行或者符合中国人民银行要求的商业银行。

任何单位和个人不得对非银行支付机构存放备付金的账户申请冻结或者强制执行，法律另有规定的除外。

第三十条　非银行支付机构应当通过中国人民银行确定的清算机构处理与银行业金融机构、其他非银行支付机构之间合作开展的支付业务，遵守清算管理规定，不得从事或者变相从事清算业务。

非银行支付机构应当向清算机构及时报送真实、准确、完整的交易信息。

非银行支付机构应当按照结算管理规定为用户办理资金结算业务，采取风险管理措施。

第三十一条　非银行支付机构应当妥善保存用户资料和交易记录。有关机关依照法律、行政法规的规定，查询用户资料、交易记录及其持有的支付账户余额或者预付资金余额，或者冻结、扣划用户资金的，非银行支付机构应当予以配合。

第三十二条　非银行支付机构处理用户信息，应当遵循合法、正当、必要和诚信原则，公开用户信息处理规则，明示处理用户信息的目的、方式和范围，并取得用户同意，法律、行政法规另有规定的除外。

非银行支付机构应当依照法律、行政法规、国家有关规定和双方约定处理用户信息，不得收集与其提供的服务无关的用户信息，不得以用户不同意处理其信息或者撤回同意等为由拒绝提供服务，处理相关信息属于提供服务所必需的除外。

非银行支付机构应当对用户信息严格保密，采取有效措施防止未经授权的访问以及用户信息泄露、篡改、丢失，不得非法买卖、提供或者公开用户信息。

非银行支付机构与其关联公司共享用户信息的，应当告知用户该关联公司的名称和联系方式，并就信息共享的内容以及信息处理的目的、期限、方式、保护措施等取得用户单独同意。非银行支付机构还应当与关联公司就上述内容以及双方的权利义务等作出约定，并对关联公司的用户信息处理活动进行监督，确保用户信息处理活动依法合规、风险可控。

用户发现非银行支付机构违反法律、行政法规、国家有关规定或者双方约定处理其信息的，有权要求非银行支付机构删除其信息并依法承担责任。用户发现其信息不准确或者不完整的，有权要求非银行支付机构更正、补充。

第三十三条　非银行支付机构相关网络设施、信息系统等被依法认定为关键信息基础设施，或者处理个人信息达到国家网信部门规定数量的，其在境内收集和产生的个人信息的处理应当在境内进行。确需向境外提供的，应当符合法律、行政法规和国家有关规定，并取得用户单独同意。

非银行支付机构在境内收集和产生的重要数据的出境安全管理，依照法律、行政法规和国家有关规定执行。

第三十四条　非银行支付机构应当依照有关价格法律、行政法规的规定，合理确定并公开支付业务的收费项目和收费标准，进行明码标价。

非银行支付机构应当在经营场所的显著位置以及业务办理途径的关键节点，清晰、完整标明服务内容、收费项目、收费标准、限制条件以及相关要求等，保障用户知情权和选择权，不得收取任何未予标明的费用。

第三十五条　非银行支付机构应当及时妥善处理与用户的争议，履行投诉处理主体责任，切实保护用户合法权益。

国家鼓励用户和非银行支付机构之间运用调解、仲裁等方式解决纠纷。

第四章　监督管理

第三十六条　非银行支付机构的控股股东、实际控制人应当遵守非银行支付机构股权管理规定，不得存在以下情形：

（一）通过特定目的载体或者委托他人持股等方式规避监管；

（二）通过违规开展关联交易等方式损害非银行支付机构或者其用户的合法权益；

（三）其他可能对非银行支付机构经营管理产生重大不利影响的情形。

同一股东不得直接或者间接持有两个及以上同一业务类型的非银行支付机构 10% 以上股权或者表决权。同一实际控制人不得控制两个及以上同一业务类型的非银行支付机构，国家另有规定的除外。

第三十七条　非银行支付机构应当按照规定向中国人民银行报送支付业务信息、经审计的财务会计报告、经营数据报表、统计数据，以及中国人民银行要求报送的与公司治理、业务运营相关的其他资料。

第三十八条　中国人民银行按照规定对非银行支付机构进行分类评级，并根据分类评级结果实施分类监督管理。

中国人民银行依法制定系统重要性非银行支付机构的认定标准和监督管理规则。

第三十九条　中国人民银行依法履行职责，有权采取下列措施：

（一）对非银行支付机构进行现场检查和非现场监督管理；

（二）进入涉嫌违法违规行为发生场所调查取证；

（三）询问当事人和与被调查事件有关的单位和个人，要求其对与被调查事件有关的事项作出说明；

（四）查阅、复制当事人和与被调查事件有关的单位和个人的相关文件、资料和业务系统；对可能被转移、隐匿或者毁损的文件、资料和业务系统，可以予以封存、扣押；

（五）经中国人民银行或者其省一级派出机构负责人批准，查询当事人和与被调查事件有关的单位账户信息。

为防范风险、维护市场秩序，中国人民银行可以采取责令改正、监管谈话、出具警示函、向社会发布风险提示等措施。

第四十条　中国人民银行依法履行职责，进行现场检查或者调查，其现场检查、调查的人员不得少于2人，并应当出示合法证件和执法文书。现场检查、调查的人员少于2人或者未出示合法证件和执法文书的，被检查、调查的单位和个人有权拒绝。

中国人民银行依法履行职责，被检查、调查的单位和个人应当配合，如实提供有关文件、资料和业务系统，不得拒绝、阻挠和隐瞒。

第四十一条　非银行支付机构发生对其经营发展、支付业务稳定性和连续性、用户合法权益产生重大影响事项的，应当按照规定向中国人民银行报告。

非银行支付机构的主要股东拟质押非银行支付机构股权的，应当按照规定向中国人民银行报告，质押的股权不得超过该股东所持有该非银行支付机构股权总数的50%。

第四十二条　非银行支付机构不得实施垄断或者不正当竞争行为，妨害市场公平竞争秩序。

中国人民银行在履行职责中发现非银行支付机构涉嫌垄断或者不正当竞争行为的，应当将相关线索移送有关执法部门，并配合其进行查处。

第四十三条　非银行支付机构发生风险事件的，应当按照规定向中国人民银行报告。

中国人民银行可以根据需要将风险情况通报非银行支付机构住所所在地地方人民政府。地方人民政府应当配合中国人民银行做好相关风险处置工作，维护社会稳定。

第四十四条　非银行支付机构发生风险事件影响其正常运营、损害用户合法权益的，中国人民银行可以区分情形，对非银行支付机构采取下列措施：

（一）责令主要股东履行补充资本的监管承诺；

（二）限制重大资产交易；

（三）责令调整董事、监事、高级管理人员或者限制其权利。

第四十五条　中国人民银行及其工作人员对监督管理工作中知悉的国家秘密、商业秘密和个人信息，应当予以保密。

第四十六条　中国人民银行应当依照法律、行政法规和国家有关规定，完善非银行支付机构行业风险防范化解措施，化解非银行支付机构风险。

第五章　法律责任

第四十七条　未经依法批准，擅自设立非银行支付机构、从事或者变相从事支付业务的，由中国人民银行依法予以取缔，没收违法所得，违法所得50万元以上的，并处违法所得1倍以上5倍以下罚款；没有违法所得或者违法所得不足50万元的，单处或者并处50万元以上200万元以下罚款。对其法定代表人或者主要负责人、直接负责的主管人员和其他直接责任人员给予警告，并处10万元以上50万元以下罚款。地方人民政府应当予以配合。

第四十八条　以欺骗、虚假出资、循环注资或者利用非自有资金出资等不正当手段申请设立、合并或者分立非银行支付机构、变更非银行支付机构主要股东或者实际控制人，未获批准的，申请人1年内不得再次申请或者参与申请相关许可。申请已获批准的，责令其终止支付业务，撤销相关许可，没收违法所得，违法所得50万元以上的，并处违法所得1倍以上5倍以下罚款；没有违法所得或者违法所得不足50万元的，并处50万元以上200万元以下罚款；申请人3年内不得再次申请或者参与申请相关许可。

第四十九条　非银行支付机构违反本条例规定，有下列情形之一的，责令其限期改正，给予警告、通报批评，没收违法所得，违法所得10万元以上的，可以并处违法所得1倍以上5倍以下罚款；没有违法所得或者违法所得不足10万元的，可以并处50万元以下罚款；情节严重或者逾期不改正的，限制部分支付业务或者责令停业整顿：

（一）未在名称中使用“支付”字样；

（二）未建立健全或者落实有关合规管理制度、内部控制制度、业务管理制度、风险管理制度、突发事件应急预案或者用户权益保障机制；

（三）相关业务系统、设施或者技术不符合管理规定；

（四）未按照规定报送、保存相关信息、资料或者公示相关事项、履行报告要求；

（五）未经批准变更本条例第十三条第一款第一项、第二项或者第四项规定的事项，或者未按照规定设立分支机构。

第五十条 非银行支付机构违反本条例规定，有下列情形之一的，责令其限期改正，给予警告、通报批评，没收违法所得，违法所得 50 万元以上的，并处违法所得 1 倍以上 5 倍以下罚款；没有违法所得或者违法所得不足 50 万元的，并处 100 万元以下罚款；情节严重或者逾期不改正的，限制部分支付业务或者责令停业整顿，直至吊销其支付业务许可证：

（一）未按照规定与用户签订支付服务协议，办理资金结算，采取风险管理措施；

（二）未按照规定完成特约商户尽职调查、支付服务协议签订、持续风险监测等业务活动；

（三）将核心业务或者相关技术服务委托第三方处理；

（四）违规开立支付账户，或者除非法买卖、出租、出借支付账户外，支付账户被违规使用；

（五）违规向用户支付利息等收益，或者违规留存银行账户、支付账户敏感信息；

（六）未按照规定存放、划转备付金；

（七）未遵守跨境支付相关规定；

（八）未按照规定终止支付业务。

第五十一条 非银行支付机构违反本条例规定，有下列情形之一的，责令其限期改正，给予警告、通报批评，没收违法所得，违法所得 50 万元以上的，并处违法所得 1 倍以上 5 倍以下罚款；没有违法所得或者违法所得不足 50 万元的，并处 50 万元以上 200 万元以下罚款；情节严重或者逾期不改正的，限制部分支付业务或者责令停业整顿，直至吊销其支付业务许可证：

（一）涂改、倒卖、出租、出借支付业务许可证，或者以其他形式非法转让行政许可；

（二）超出经批准的业务类型或者经营地域范围开展支付业务；

（三）为非法从事非银行支付业务的单位或者个人提供支付业务渠道；

（四）未经批准变更主要股东或者实际控制人，合并或者分立；

（五）挪用、占用、借用备付金，或者以备付金为自己或者他人提供担保；

（六）无正当理由中断支付业务，或者未按照规定处理电子支付指令；

（七）开展或者变相开展清算业务；

（八）拒绝、阻挠、逃避检查或者调查，或者谎报、隐匿、销毁相关文件、资料或者业务系统。

第五十二条 非银行支付机构违反本条例规定处理用户信息、业务数据的，依照《中华人民共和国个人信息保护法》、《中华人民共和国网络安全法》、《中华人民共和国数据安全法》等有关规定进行处罚。

第五十三条 非银行支付机构未按照规定建立用户尽职调查制度，履行相关义务，或者存在外汇、价格违法行为的，以及任何单位和个人非法买卖、出租、出借支付账户的，由有关主管部门依照有关法律、行政法规进行处罚。

非银行支付机构未经批准从事依法需经批准的其他业务的，依照有关法律、行政法规进行处罚。

第五十四条 非银行支付机构的控股股东、实际控制人违反本条例规定，有下列情形之一的，责令其限期改正，给予警告、通报批评，没收违法所得，违法所得 10 万元以上的，并处违法所得 1 倍以上 5 倍以下罚款；没有违法所得或者违法所得不足 10 万元的，并处 10 万元以上 50 万元以下罚款：

（一）通过特定目的载体或者委托他人持股等方式规避监管；

（二）通过违规开展关联交易等方式损害非银行支付机构或者其用户的合法权益；

（三）违反非银行支付机构股权管理规定。

非银行支付机构的主要股东违反本条例关于股权质押等股权管理规定的，依照前款规定处罚。

第五十五条 依照本条例规定对非银行支付机构进行处罚的，根据具体情形，可以同时对负有直接责任的董事、监事、高级管理人员和其他人员给予警告、通报批评，单处或者并处 5 万元以上 50 万元以下罚款。

非银行支付机构违反本条例规定，情节严重的，对负有直接责任的董事、监事、高级管理人员，可以禁止其在一定期限内担任或者终身禁止其担任非银行支付机构的董事、监事、高级管理人员。

第五十六条 中国人民银行工作人员有下列情形之一的，依法给予处分：

（一）违反规定审查批准非银行支付机构的设立、变更、终止申请等事项；

（二）泄露履行职责过程中知悉的国家秘密、商业秘密或者个人信息；

（三）滥用职权、玩忽职守的其他行为。

第五十七条　违反本条例规定，构成犯罪的，依法追究刑事责任。

第六章　附　　则

第五十八条　支付清算行业自律组织依法开展行业自律管理活动，接受中国人民银行的指导和监督。

支付清算行业自律组织可以制定非银行支付机构行业自律规范。

第五十九条　本条例施行前已按照有关规定设立的非银行支付机构的过渡办法，由中国人民银行规定。

第六十条　本条例自2024年5月1日起施行。

非银行支付机构网络支付业务管理办法

1. 2015年12月28日中国人民银行公告〔2015〕第43号公布

2. 自2016年7月1日起施行

第一章　总　　则

第一条　为规范非银行支付机构（以下简称支付机构）网络支付业务，防范支付风险，保护当事人合法权益，根据《中华人民共和国中国人民银行法》、《非金融机构支付服务管理办法》（中国人民银行令〔2010〕第2号发布）等规定，制定本办法。

第二条　支付机构从事网络支付业务，适用本办法。

本办法所称支付机构是指依法取得《支付业务许可证》，获准办理互联网支付、移动电话支付、固定电话支付、数字电视支付等网络支付业务的非银行机构。

本办法所称网络支付业务，是指收款人或付款人通过计算机、移动终端等电子设备，依托公共网络信息系统远程发起支付指令，且付款人电子设备不与收款人特定专属设备交互，由支付机构为收付款人提供货币资金转移服务的活动。

本办法所称收款人特定专属设备，是指专门用于交易收款，在交易过程中与支付机构业务系统交互并参与生成、传输、处理支付指令的电子设备。

第三条　支付机构应当遵循主要服务电子商务发展和为社会提供小额、快捷、便民小微支付服务的宗旨，基于客户的银行账户或者按照本办法规定为客户开立支付账户提供网络支付服务。

本办法所称支付账户，是指获得互联网支付业务许可的支付机构，根据客户的真实意愿为其开立的，用于记录预付交易资金余额、客户凭以发起支付指令、反映交易明细信息的电子簿记。

支付账户不得透支，不得出借、出租、出售，不得利用支付账户从事或者协助他人从事非法活动。

第四条　支付机构基于银行卡为客户提供网络支付服务的，应当执行银行卡业务相关监管规定和银行卡行业规范。

支付机构对特约商户的拓展与管理、业务与风险管理应当执行《银行卡收单业务管理办法》（中国人民银行公告〔2013〕第9号公布）等相关规定。

支付机构网络支付服务涉及跨境人民币结算和外汇支付的，应当执行中国人民银行、国家外汇管理局相关规定。

支付机构应当依法维护当事人合法权益，遵守反洗钱和反恐怖融资相关规定，履行反洗钱和反恐怖融资义务。

第五条　支付机构依照中国人民银行有关规定接受分类评价，并执行相应的分类监管措施。

第二章　客 户 管 理

第六条　支付机构应当遵循“了解你的客户”原则，建立健全客户身份识别机制。支付机构为客户开立支付账户的，应当对客户实行实名制管理，登记并采取有效措施验证客户身份基本信息，按规定核对有效身份证件并留存有效身份证件复印件或者影印件，建立客户唯一识别编码，并在与客户业务关系存续期间采取持续的身份识别措施，确保有效核实客户身份及其真实意愿，不得开立匿名、假名支付账户。

第七条　支付机构应当与客户签订服务协议，约定双方责任、权利和义务，至少明确业务规则（包括但不限于业务功能和流程、身份识别和交易验证方式、资金结算方式等），收费项目和标准，查询、差错争议及投诉等服务流程和规则，业务风险和非法活动防范及处置措施，客户损失责任划分和赔付规则等内容。

支付机构为客户开立支付账户的，还应在服务协议中以显著方式告知客户，并采取有效方式确认客户充分知晓并清晰理解下列内容：“支付账户所记录的资金余额不同于客户本人的银行存款，不受《存款保险条例》保护，其实质为客户委托支付机构保管的、所有权归属于客户的预付价值。该预付价值对应的货币资金虽然属于客户，但不以客户本人名义存放在银行，而是以支付机构名义存放在银行，并且由支付机构向银行发起资金调拨指令。”

支付机构应当确保协议内容清晰、易懂，并以显著方式提示客户注意与其有重大利害关系的事项。

第八条　获得互联网支付业务许可的支付机构，经客户主动提出申请，可为其开立支付账户；仅获得移动电话支付、固定电话支付、数字电视支付业务许可的支付机构，不得为客户开立支付账户。

支付机构不得为金融机构，以及从事信贷、融资、理财、担保、信托、货币兑换等金融业务的其他机构开立支付账户。

第三章　业 务 管 理

第九条　支付机构不得经营或者变相经营证券、保险、信贷、融资、理财、担保、信托、货币兑换、现金存取等业务。

第十条　支付机构向客户开户银行发送支付指令，扣划客户银行账户资金的，支付机构和银行应当执行下列要求：

（一）支付机构应当事先或在首笔交易时自主识别客户身份并分别取得客户和银行的协议授权，同意其向客户的银行账户发起支付指令扣划资金；

（二）银行应当事先或在首笔交易时自主识别客户身份并与客户直接签订授权协议，明确约定扣款适用范围和交易验证方式，设立与客户风险承受能力相匹配的单笔和单日累计交易限额，承诺无条件全额承担此类交易的风险损失先行赔付责任；

（三）除单笔金额不超过200元的小额支付业务，公共事业缴费、税费缴纳、信用卡还款等收款人固定并且定期发生的支付业务，以及符合第三十七条规定的情形以外，支付机构不得代替银行进行交易验证。

第十一条　支付机构应根据客户身份对同一客户在本机构开立的所有支付账户进行关联管理，并按照下列要求对个人支付账户进行分类管理：

（一）对于以非面对面方式通过至少一个合法安全的外部渠道进行身份基本信息验证，且为首次在本机构开立支付账户的个人客户，支付机构可以为其开立Ⅰ类支付账户，账户余额仅可用于消费和转账，余额付款交易自账户开立起累计不超过1000元（包括支付账户向客户本人同名银行账户转账）；

（二）对于支付机构自主或委托合作机构以面对面方式核实身份的个人客户，或以非面对面方式通过至少三个合法安全的外部渠道进行身份基本信息多重交叉验证的个人客户，支付机构可以为其开立Ⅱ类支付账户，账户余额仅可用于消费和转账，其所有支付账户的余额付款交易年累计不超过10万元（不包括支付账户向客户本人同名银行账户转账）；

（三）对于支付机构自主或委托合作机构以面对面方式核实身份的个人客户，或以非面对面方式通过至少五个合法安全的外部渠道进行身份基本信息多重交叉验证的个人客户，支付机构可以为其开立Ⅲ类支付账户，账户余额可以用于消费、转账以及购买投资理财等金融类产品，其所有支付账户的余额付款交易年累计不超过20万元（不包括支付账户向客户本人同名银行账户转账）。

客户身份基本信息外部验证渠道包括但不限于政府部门数据库、商业银行信息系统、商业化数据库等。其中，通过商业银行验证个人客户身份基本信息的，应为Ⅰ类银行账户或信用卡。

第十二条　支付机构办理银行账户与支付账户之间转账业务的，相关银行账户与支付账户应属于同一客户。

支付机构应按照与客户的约定及时办理支付账户向客户本人银行账户转账业务，不得对Ⅱ类、Ⅲ类支付账户向客户本人银行账户转账设置限额。

第十三条　支付机构为客户办理本机构发行的预付卡向支付账户转账的，应当按照《支付机构预付卡业务管理办法》（中国人民银行公告〔2012〕第12号公布）相关规定对预付卡转账至支付账户的余额单独管理，仅限其用于消费，不得通过转账、购买投资理财等金融类产品等形式进行套现或者变相套现。

第十四条　支付机构应当确保交易信息的真实性、完整性、可追溯性以及在支付全流程中的一致性，不得篡改或者隐匿交易信息。交易信息包括但不限于下列内容：

（一）交易渠道、交易终端或接口类型、交易类型、交易金额、交易时间，以及直接向客户提供商品或者服务的特约商户名称、编码和按照国家与金融行业标准设置的商户类别码；

（二）收付款客户名称，收付款支付账户账号或者银行账户的开户银行名称及账号；

（三）付款客户的身份验证和交易授权信息；

（四）有效追溯交易的标识；

（五）单位客户单笔超过5万元的转账业务的付款用途和事由。

第十五条　因交易取消（撤销）、退货、交易不成功或者投资理财等金融类产品赎回等原因需划回资金的，相应款项应当划回原扣款账户。

第十六条　对于客户的网络支付业务操作行为，支付机构应当在确认客户身份及真实意愿后及时办理，并在操作生效之日起至少五年内，真实、完整保存操作记录。

客户操作行为包括但不限于登录和注销登录、身份识别和交易验证、变更身份信息和联系方式、调整业务功能、调整交易限额、变更资金收付方式，以及变更或挂失密码、数字证书、电子签名等。

第四章　风险管理与客户权益保护

第十七条　支付机构应当综合客户类型、身份核实方式、交易行为特征、资信状况等因素，建立客户风险评级管理制度和机制，并动态调整客户风险评级及相关风险控制措施。

支付机构应当根据客户风险评级、交易验证方式、交易渠道、交易终端或接口类型、交易类型、交易金额、交易时间、商户类别等因素，建立交易风险管理制度和交易监测系统，对疑似欺诈、套现、洗钱、非法融资、恐怖融资等交易，及时采取调查核实、延迟结算、终止服务等措施。

第十八条　支付机构应当向客户充分提示网络支付业务的潜在风险，及时揭示不法分子新型作案手段，对客户进行必要的安全教育，并对高风险业务在操作前、操作中进行风险警示。

支付机构为客户购买合作机构的金融类产品提供网络支付服务的，应当确保合作机构为取得相应经营资质并依法开展业务的机构，并在首次购买时向客户展示合作机构信息和产品信息，充分提示相关责任、权利、义务及潜在风险，协助客户与合作机构完成协议签订。

第十九条　支付机构应当建立健全风险准备金制度和交易赔付制度，并对不能有效证明因客户原因导致的资金损失及时先行全额赔付，保障客户合法权益。

支付机构应于每年1月31日前，将前一年度发生的风险事件、客户风险损失发生和赔付等情况在网站对外公告。支付机构应在年度监管报告中如实反映上述内容和风险准备金计提、使用及结余等情况。

第二十条　支付机构应当依照中国人民银行有关客户信息保护的规定，制定有效的客户信息保护措施和风险控制机制，履行客户信息保护责任。

支付机构不得存储客户银行卡的磁道信息或芯片信息、验证码、密码等敏感信息，原则上不得存储银行卡有效期。因特殊业务需要，支付机构确需存储客户银行卡有效期的，应当取得客户和开户银行的授权，以加密形式存储。

支付机构应当以“最小化”原则采集、使用、存储和传输客户信息，并告知客户相关信息的使用目的和范围。支付机构不得向其他机构或个人提供客户信息，法律法规另有规定，以及经客户本人逐项确认并授权的除外。

第二十一条　支付机构应当通过协议约定禁止特约商户存储客户银行卡的磁道信息或芯片信息、验证码、有效期、密码等敏感信息，并采取定期检查、技术监测等必要监督措施。

特约商户违反协议约定存储上述敏感信息的，支付机构应当立即暂停或者终止为其提供网络支付服务，采取有效措施删除敏感信息、防止信息泄露，并依法承担因相关信息泄露造成的损失和责任。

第二十二条　支付机构可以组合选用下列三类要素，对客户使用支付账户余额付款的交易进行验证：

（一）仅客户本人知悉的要素，如静态密码等；

（二）仅客户本人持有并特有的，不可复制或者不可重复利用的要素，如经过安全认证的数字证书、电子签名，以及通过安全渠道生成和传输的一次性密码等；

（三）客户本人生理特征要素，如指纹等。

支付机构应当确保采用的要素相互独立，部分要素的损坏或者泄露不应导致其他要素损坏或者泄露。

第二十三条　支付机构采用数字证书、电子签名作为验证要素的，数字证书及生成电子签名的过程应符合《中华人民共和国电子签名法》、《金融电子认证规范》（JR/T 0118－2015）等有关规定，确保数字证书的唯一性、完整性及交易的不可抵赖性。

支付机构采用一次性密码作为验证要素的，应当切实防范一次性密码获取端与支付指令发起端为相同物理设备而带来的风险，并将一次性密码有效期严格限制在最短的必要时间内。

支付机构采用客户本人生理特征作为验证要素的，应当符合国家、金融行业标准和相关信息安全管理要求，防止被非法存储、复制或重放。

第二十四条　支付机构应根据交易验证方式的安全级别，按照下列要求对个人客户使用支付账户余额付款的交易进行限额管理：

（一）支付机构采用包括数字证书或电子签名在内的两类（含）以上有效要素进行验证的交易，单日累计限额由支付机构与客户通过协议自主约定；

（二）支付机构采用不包括数字证书、电子签名在内的两类（含）以上有效要素进行验证的交易，单个客户所有支付账户单日累计金额应不超过5000元（不包括支付账户向客户本人同名银行账户转账）；

（三）支付机构采用不足两类有效要素进行验证的交易，单个客户所有支付账户单日累计金额应不超过1000元（不包括支付账户向客户本人同名银行账户转账），且支付机构应当承诺无条件全额承担此类交易的风险损失赔付责任。

第二十五条　支付机构网络支付业务相关系统设施和技术，应当持续符合国家、金融行业标准和相关信息安全管理要求。如未符合相关标准和要求，或者尚未形成国家、金融行业标准，支付机构应当无条件全额承担客户直接风险损失的先行赔付责任。

第二十六条　支付机构应当在境内拥有安全、规范的网络支付业务处理系统及其备份系统，制定突发事件应急预案，保障系统安全性和业务连续性。

支付机构为境内交易提供服务的，应当通过境内业务处理系统完成交易处理，并在境内完成资金结算。

第二十七条　支付机构应当采取有效措施，确保客户在执行支付指令前可对收付款客户名称和账号、交易金额等交易信息进行确认，并在支付指令完成后及时将结果通知客户。

因交易超时、无响应或者系统故障导致支付指令无法正常处理的，支付机构应当及时提示客户；因客户原因造成支付指令未执行、未适当执行、延迟执行的，支付机构应当主动通知客户更改或者协助客户采取补救措施。

第二十八条　支付机构应当通过具有合法独立域名的网站和统一的服务电话等渠道，为客户免费提供至少最近一年以内交易信息查询服务，并建立健全差错争议和纠纷投诉处理制度，配备专业部门和人员据实、准确、及时处理交易差错和客户投诉。支付机构应当告知客户相关服务的正确获取途径，指导客户有效辨识服务渠道的真实性。

支付机构应当于每年 1 月 31 日前，将前一年度发生的客户投诉数量和类型、处理完毕的投诉占比、投诉处理速度等情况在网站对外公告。

第二十九条　支付机构应当充分尊重客户自主选择权，不得强迫客户使用本机构提供的支付服务，不得阻碍客户使用其他机构提供的支付服务。

支付机构应当公平展示客户可选用的各种资金收付方式，不得以任何形式诱导、强迫客户开立支付账户或者通过支付账户办理资金收付，不得附加不合理条件。

第三十条　支付机构因系统升级、调试等原因，需暂停网络支付服务的，应当至少提前 5 个工作日予以公告。

支付机构变更协议条款、提高服务收费标准或者新设收费项目的，应当于实施之前在网站等服务渠道以显著方式连续公示 30 日，并于客户首次办理相关业务前确认客户知悉且接受拟调整的全部详细内容。

第五章　监 督 管 理

第三十一条　支付机构提供网络支付创新产品或者服务、停止提供产品或者服务、与境外机构合作在境内开展网络支付业务的，应当至少提前 30 日向法人所在地中国人民银行分支机构报告。

支付机构发生重大风险事件的，应当及时向法人所在地中国人民银行分支机构报告；发现涉嫌违法犯罪的，同时报告公安机关。

第三十二条　中国人民银行可以结合支付机构的企业资质、风险管控特别是客户备付金管理等因素，确立支付机构分类监管指标体系，建立持续分类评价工作机制，并对支付机构实施动态分类管理。具体办法由中国人民银行另行制定。

第三十三条　评定为"A"类且Ⅱ类、Ⅲ类支付账户实名比例超过 95% 的支付机构，可以采用能够切实落实实名制要求的其他客户身份核实方法，经法人所在地中国人民银行分支机构评估认可并向中国人民银行备案后实施。

第三十四条　评定为"A"类且Ⅱ类、Ⅲ类支付账户实名比例超过 95% 的支付机构，可以对从事电子商务经营活动、不具备工商登记注册条件且相关法律法规允许不进行工商登记注册的个人客户（以下简称个人卖家）参照单位客户管理，但应建立持续监测电子商务经营活动、对个人卖家实施动态管理的有效机制，并向法人所在地中国人民银行分支机构备案。

支付机构参照单位客户管理的个人卖家，应至少符合下列条件：

（一）相关电子商务交易平台已依照相关法律法规对其真实身份信息进行审查和登记，与其签订登记协议，建立登记档案并定期核实更新，核发证明个人身份信息真实合法的标记，加载在其从事电子商务经营活动的主页面醒目位置；

（二）支付机构已按照开立Ⅲ类个人支付账户的标准对其完成身份核实；

（三）持续从事电子商务经营活动满 6 个月，且期间使用支付账户收取的经营收入累计超过 20 万元。

第三十五条　评定为"A"类且Ⅱ类、Ⅲ类支付账户实名比例超过 95% 的支付机构，对于已经实名确认、达到实名制管理要求的支付账户，在办理第十二条第一款所述转账业务时，相关银行账户与支付账户可以不属于同一客户。但支付机构应在交易中向银行准确、完整发送交易渠道、交易终端或接口类型、交易类型、收付款客户名称和账号等交易信息。

第三十六条　评定为"A"类且Ⅱ类、Ⅲ类支付账户实名比例超过 95% 的支付机构，可以将达到实名制管理要求的Ⅱ类、Ⅲ类支付账户的余额付款单日累计限额，提高至第二十四条规定的 2 倍。

评定为"B"类及以上，且Ⅱ类、Ⅲ类支付账户实名比例超过 90% 的支付机构，可以将达到实名制管理要求的Ⅱ类、Ⅲ类支付账户的余额付款单日累计限额，提高至第二十四条规定的1.5倍。

第三十七条 评定为"A"类的支付机构按照第十条规定办理相关业务时,可以与银行根据业务需要,通过协议自主约定由支付机构代替进行交易验证的情形,但支付机构应在交易中向银行完整、准确发送交易渠道、交易终端或接口类型、交易类型、商户名称、商户编码、商户类别码、收付款客户名称和账号等交易信息;银行应核实支付机构验证手段或渠道的安全性,且对客户资金安全的管理责任不因支付机构代替验证而转移。

第三十八条 对于评定为"C"类及以下、支付账户实名比例较低、对零售支付体系或社会公众非现金支付信心产生重大影响的支付机构,中国人民银行及其分支机构可以在第十九条、第二十八条等规定的基础上适度提高公开披露相关信息的要求,并加强非现场监管和现场检查。

第三十九条 中国人民银行及其分支机构对照上述分类管理措施相应条件,动态确定支付机构适用的监管规定并持续监管。支付机构分类评定结果和支付账户实名比例不符合上述分类管理措施相应条件的,应严格按照第十条、第十一条、第十二条及第二十四条等相关规定执行。

中国人民银行及其分支机构可以根据社会经济发展情况和支付机构分类管理需要,对支付机构网络支付业务范围、模式、功能、限额及业务创新等相关管理措施进行适时调整。

第四十条 支付机构应当加入中国支付清算协会,接受行业自律组织管理。

中国支付清算协会应当根据本办法制定网络支付业务行业自律规范,建立自律审查机制,向中国人民银行备案后组织实施。自律规范应包括支付机构与客户签订协议的范本,明确协议应记载和不得记载事项,还应包括支付机构披露有关信息的具体内容和标准格式。

中国支付清算协会应当建立信用承诺制度,要求支付机构以标准格式向社会公开承诺依法合规开展网络支付业务、保障客户信息安全和资金安全、维护客户合法权益、如违法违规自愿接受约束和处罚。

第六章 法律责任

第四十一条 支付机构从事网络支付业务有下列情形之一的,中国人民银行及其分支机构依据《非金融机构支付服务管理办法》第四十二条的规定进行处理:

(一)未按规定建立客户实名制管理、支付账户开立与使用、差错争议和纠纷投诉处理、风险准备金和交易赔付、应急预案等管理制度的;

(二)未按规定建立客户风险评级管理、支付账户功能与限额管理、客户支付指令验证管理、交易和信息安全管理、交易监测系统等风险控制机制的,未按规定对支付业务采取有效风险控制措施的;

(三)未按规定进行风险提示、公开披露相关信息的;

(四)未按规定履行报告义务的。

第四十二条 支付机构从事网络支付业务有下列情形之一的,中国人民银行及其分支机构依据《非金融机构支付服务管理办法》第四十三条的规定进行处理;情节严重的,中国人民银行及其分支机构依据《中华人民共和国中国人民银行法》第四十六条的规定进行处理:

(一)不符合支付机构支付业务系统设施有关要求的;

(二)不符合国家、金融行业标准和相关信息安全管理要求的,采用数字证书、电子签名不符合《中华人民共和国电子签名法》、《金融电子认证规范》等规定的;

(三)为非法交易、虚假交易提供支付服务,发现客户疑似或者涉嫌违法违规行为未按规定采取有效措施的;

(四)未按规定采取客户支付指令验证措施的;

(五)未真实、完整、准确反映网络支付交易信息,篡改或者隐匿交易信息的;

(六)未按规定处理客户信息,或者未履行客户信息保密义务,造成信息泄露隐患或者导致信息泄露的;

(七)妨碍客户自主选择支付服务提供主体或资金收付方式的;

(八)公开披露虚假信息的;

(九)违规开立支付账户,或擅自经营金融业务活动的。

第四十三条 支付机构违反反洗钱和反恐怖融资规定的,依据国家有关法律法规进行处理。

第七章 附 则

第四十四条 本办法相关用语含义如下:

单位客户,是指接受支付机构支付服务的法人、其他组织或者个体工商户。

个人客户,是指接受支付机构支付服务的自然人。

单位客户的身份基本信息,包括客户的名称、地址、经营范围、统一社会信用代码或组织机构代码;可证明该客户依法设立或者可依法开展经营、社会活动的执照、证件或者文件的名称、号码和有效期限;法定代表人(负责人)或授权办理业务人员的姓名、有效身份证件的种类、号码和有效期限。

个人客户的身份基本信息,包括客户的姓名、国籍、性别、职业、住址、联系方式以及客户有效身份证件的种类、号码和有效期限。

法人和其他组织客户的有效身份证件，是指政府有权机关颁发的能够证明其合法真实身份的证件或文件，包括但不限于营业执照、事业单位法人证书、税务登记证、组织机构代码证；个体工商户的有效身份证件，包括营业执照、经营者或授权经办人员的有效身份证件。

个人客户的有效身份证件，包括：在中国境内已登记常住户口的中国公民为居民身份证，不满十六周岁的，为居民身份证或户口簿；香港、澳门特别行政区居民为港澳居民往来内地通行证；台湾地区居民为台湾居民来往大陆通行证；定居国外的中国公民为中国护照；外国公民为护照或者外国人永久居留证（外国边民，按照边贸结算的有关规定办理）；法律、行政法规规定的其他身份证明文件。

客户本人，是指客户本单位（单位客户）或者本人（个人客户）。

第四十五条　本办法由中国人民银行负责解释和修订。

第四十六条　本办法自 2016 年 7 月 1 日起施行。

非银行支付机构重大事项报告管理办法

1. 2021 年 7 月 20 日中国人民银行印发

2. 银发〔2021〕198 号

3. 自 2021 年 9 月 1 日起施行

第一章　总　　则

第一条　为进一步规范非银行支付机构（以下简称支付机构）重大事项报告行为，提高支付市场风险甄别、防范和化解能力，维护支付市场稳定，根据《中华人民共和国中国人民银行法》《非金融机构支付服务管理办法》（中国人民银行令〔2010〕第 2 号发布）等法律法规规章，制定本办法。

第二条　支付机构报告重大事项适用本办法。

本办法所称重大事项是指根据法律法规和中国人民银行的规定应当事前报告的重大经营事项，以及可能对支付机构（含分公司）自身经营状况、金融消费者权益、金融和社会稳定造成重大影响应当事后报告的事项。

本办法所称重大事项不包含行政许可事项和依据相关规定应当向中国人民银行或其分支机构定期或者不定期报送的报告和报表等常规信息。

第三条　支付机构报告重大事项应当一事一报，做到及时、真实、准确、完整，不得迟报、漏报、瞒报、谎报、错报，不得有误导性陈述或者重大遗漏。

支付机构应当与所在地中国人民银行分支机构保持沟通，积极配合中国人民银行及其分支机构做好风险监测、防范和化解。

第四条　支付机构法人所在地中国人民银行分支机构为支付机构重大事项报告的主要监管责任人。

支付机构分公司发生应当报告的重大事项，支付机构分公司所在地中国人民银行分支机构应当按照属地原则承担监督管理职责，并与支付机构法人所在地中国人民银行分支机构实现信息共享。

中国人民银行分支机构应当与辖区内支付机构（含分公司）建立重大事项报告工作机制，明确报告渠道和联系方式，督促支付机构落实重大事项报告要求。

第二章　重大事项的范围

第五条　支付机构的下列事项，应当事前向所在地中国人民银行分支机构报告：

（一）支付机构拟首次公开发行或者增发股票的。

（二）支付机构的主要出资人或者实际控制人拟首次公开发行股票，包括但不限于其直接作为首次公开发行股票的主体，或者通过协议控制架构等方式赴境外首次公开发行股票的。

（三）提供支付创新产品或者服务、与境外机构合作开展跨境支付业务、与其他机构开展重大业务合作的。

（四）支付机构拟在境外投资设立分支机构、控股附属机构或者通过协议等其他安排能够实际控制的关联机构开展支付业务的。

（五）支付机构及其实际控制人、主要出资人拟抵押、质押、托管或者变相抵押、质押支付机构股权或者超过净资产 10% 的重要资产的。

（六）累计对外提供的有效担保超过净资产 30% 的。

（七）对外投资超过净资产 5% 的。

（八）支付业务设施发生重大调整，可能对支付业务产生重大影响的，包括但不限于变更系统应用架构或者重要版本、迁移生产中心机房或者灾备机房等。

（九）拟变更会计师事务所等外部重点合作机构，可能影响支付机构商誉或者外部审计、检测质量的。

（十）中国人民银行规定的其他应当事前报告的事项。

第六条　支付机构发生风险事件或者突发情况的，应当按照中国人民银行相关规定和本办法的要求及时报告。事后报告事项分为一类事项和二类事项。

第七条　一类事项包括下列情形：

（一）涉及影响社会公共秩序的群体性事件或者重大负面舆情的。

（二）支付机构受益所有人发生非正常死亡、失联等异常变故，未履行审批程序而发生变更的。

（三）发生客户个人信息泄露等信息安全事件一次性涉及客户信息数据超过5000条或者客户数量超过500户的。

（四）因突发情况导致支付业务中断或者功能故障，超过2小时或者影响支付业务笔数超过10万笔，或者可能造成重大负面舆情的。

（五）客户、特约商户或者外包服务机构涉嫌利用本机构渠道从事欺诈、洗钱、非法集资、网络赌博等违法犯罪活动，造成重大影响的。

（六）发生客户备付金被挪用或者重复结算等风险事件，可能影响正常资金结算或者损害客户合法权益的。

（七）其他可能对支付机构经营管理造成重大影响或者损害金融消费者合法权益且可能引发区域性、系统性金融风险的重大风险事件和紧急情况。

第八条　二类事项包括下列情形：

（一）支付机构及其主要出资人、实际控制人涉及涉案金额超过净资产10%的重大诉讼、仲裁纠纷，超过净资产10%的重要资产被查封或者冻结、刑事案件等法律问题的。

（二）支付机构董事、监事、高级管理人员涉及刑事案件，或者发生非正常死亡、失联等异常变故，可能影响其正常履行岗位职责的。

（三）发生客户个人信息泄露等信息安全事件一次性涉及客户信息数据不超过5000条，且涉及客户数量不超过500户的。

（四）因突发情况导致支付业务中断或者功能故障，但不超过2小时且影响支付业务笔数不超过10万笔，不会造成重大负面舆情的。

（五）涉及其他监管部门、司法机关通报的支付风险案件，或者被其他监管部门采取列入经营异常名录、行政处罚等监管措施的。

（六）支付机构在内、外部审计或者检测中被发现存在重大问题，可能影响支付机构经营或者损害金融消费者合法权益的。

（七）其他可能对支付机构造成影响或者损害金融消费者合法权益的重大风险事件和紧急情况。

第三章　重大事项报告程序

第九条　支付机构报告本办法第五条第一项至第四项事项的，应当于相关事项实施或者生效前至少30个自然日向所在地中国人民银行分支机构提交书面报告。

支付机构报告本办法第五条所列其他事项的，应当于相关事项实施或者生效前至少5个工作日向所在地中国人民银行分支机构提交书面报告。

报告的内容包括但不限于基本情况、实施计划，对公司经营、金融消费者合法权益、支付市场的潜在影响等，可能造成支付业务中断、功能故障或者其他负面影响的，还应当包括应急处置、舆情监测等工作预案。支付机构的主要出资人、实际控制人通过协议控制架构等方式赴境外首次公开发行股票的，还应当说明协议控制架构的具体安排。

法律、行政法规、国务院决定、规章另有规定的，依照其规定。

第十条　支付机构发生本办法第七条所列一类事项的，应当在事项发生后2小时内通过电话、传真或者电子邮件等形式向所在地中国人民银行分支机构及时报告，并在事项发生后2个工作日内向所在地中国人民银行分支机构提交书面报告。

第十一条　支付机构发生本办法第八条所列二类事项的，支付机构应当在事项发生后24小时内通过电话、传真或者电子邮件等形式向所在地中国人民银行分支机构及时报告，并在事项发生后5个工作日内向所在地中国人民银行分支机构提交书面报告。

第十二条　事后报告事项的报告应当包括但不限于以下内容：

（一）基本情况。说明事件的起因、时间、地点、过程、影响等内容。涉及支付机构受益所有人变更的，还应提交变更后的支付机构受益所有人信息，包括受益所有人的姓名、地址、身份证件或者身份证明文件的种类、号码和有效期限。

（二）处置情况。涉及风险处置的，应当说明事件后续发展预判、可能造成的影响和损失、拟采取的处置措施等内容。已完成处置的，应当说明造成的影响和损失、处置措施、处置效果、对事件的总结分析、后续加强管理的措施等内容。

第十三条　事后报告事项涉及风险处置的，支付机构应当根据所在地中国人民银行分支机构要求持续报告处置进展，并在处置完毕后5个工作日内向所在地中国人民银行分支机构提交书面报告。

第十四条　对一类事项和涉及风险处置的二类事项，支付机构法人所在地中国人民银行分支机构应当分别在接报后半小时内、1小时内通过电话、传真或者电子邮件等形式报告总行，并及时提交书面报告。涉及风险处置的，应当持续报告处置进展。

第十五条　支付机构境外分支机构、控股附属机构或者通过协议等其他安排能够实际控制的关联机构发生的重大事项，支付机构应当按照本办法第九条、第十条、第十一条、第十二条、第十三条的规定向所在地中国人民银行分支机构报告。

第十六条 重大事项涉及支付机构分公司的，支付机构分公司应当按照本办法第九条、第十条、第十一条、第十二条、第十三条的规定同步报告所在地中国人民银行分支机构。

支付机构经营管理地与支付机构法人所在地不一致的，支付机构应当按照本办法第九条、第十条、第十一条、第十二条、第十三条的规定同步报告经营管理地中国人民银行分支机构。支付机构经营管理地中国人民银行分支机构应配合支付机构法人所在地中国人民银行分支机构做好相关工作。

支付机构机房部署地与支付机构法人所在地不一致的，涉及系统故障等重大事项，支付机构应当按照本办法第九条、第十条、第十一条、第十二条、第十三条的规定同步报告故障发生地中国人民银行分支机构。支付机构故障发生地中国人民银行分支机构应配合支付机构法人所在地中国人民银行分支机构做好相关工作。

第十七条 支付机构报送的重大事项报告、处置情况报告应当由其法定代表人或者主要负责人签发并加盖公章。法定代表人或者主要负责人因特殊原因无法签发的，应当及时授权其他负责人签发。

第四章 监管与责任

第十八条 中国人民银行分支机构应当将支付机构重大事项报告执行情况纳入支付机构年度分类评级考核。

第十九条 中国人民银行及其分支机构根据审慎监管的需要，可以要求支付机构就重大事项有关情况作出说明，并可以对支付机构重大事项报告执行情况进行现场检查。

第二十条 支付机构报告的重大事项涉及商业秘密的，中国人民银行及其分支机构工作人员应当遵守各项保密制度规定，合理确定知悉范围，妥善保管相关材料。

中国人民银行及其分支机构的工作人员违反规定泄露支付机构商业秘密的，依法给予处分；涉嫌构成犯罪的，依法移送司法机关处理。

第二十一条 支付机构应当健全重大事项报告、风险事件防控、处置等工作机制，明确重大事项报告、风险事件处置责任部门和应急处置流程、措施，提高风险预警、监控和处置能力。

第二十二条 支付机构未按本办法规定建立重大事项报告、风险事件防控、处置等工作机制或者报告重大事项的，中国人民银行及其分支机构责令其限期整改，可以采取约谈等监管措施，并可以依据《非金融机构支付服务管理办法》有关规定予以处罚。

支付机构履行重大事项报告义务，不豁免其应承担的相关法律责任；支付机构涉嫌犯罪的，依法移送司法机关处理。

第五章 附　　则

第二十三条 本办法所称中国人民银行分支机构是指中国人民银行副省级城市中心支行以上分支机构。

本办法所称支付机构分公司是指支付机构为落实本地化经营、管理要求设立的，已在分公司所在地中国人民银行分支机构完成备案手续的分支机构。

本办法所称支付机构法人所在地、分公司所在地指支付机构法人、分公司的经公司登记机关登记的住所或营业场所。

本办法所称支付机构经营管理地是指支付机构的主要经营管理团队实际办公地址。支付机构机房部署地是指支付机构的支付业务系统机房部署地址。

本办法所称实际控制人是指通过投资关系、协议或者其他安排，能够实际支配支付机构行为的自然人、法人或者其他组织。

本办法所称支付机构受益所有人是指最终拥有或者实际控制支付机构的一个或多个自然人，包括间接拥有25%（含）以上支付机构股权的自然人，通过表决权、控制权或者其他协议安排等方式实际控制支付机构的自然人，以及享有25%（含）以上支付机构直接或间接股权收益的自然人。

本办法所称对外投资是指支付机构以货币资金、实物资产、无形资产等方式向其他单位形成的债权或股权投资。

本办法所称“超过”均包含本数，“不超过”均不包含本数。

第二十四条 本办法由中国人民银行负责解释。中国人民银行分支机构可以结合本地实际制定相应实施细则。

第二十五条 本办法自2021年9月1日起施行。支付机构应自本办法施行之日起10个工作日内向法人所在地中国人民银行分支机构首次报送本支付机构实际控制人、受益所有人的基本信息及对应的控制关系、受益关系等情况。

《非金融机构支付服务管理办法实施细则》（中国人民银行公告〔2010〕第17号公布）第三十七条同时废止。

融资担保公司监督管理条例

1. 2017年8月2日国务院令第683号公布
2. 自2017年10月1日起施行

第一章　总　　则

第一条　为了支持普惠金融发展，促进资金融通，规范融资担保公司的行为，防范风险，制定本条例。

第二条　本条例所称融资担保，是指担保人为被担保人借款、发行债券等债务融资提供担保的行为；所称融资担保公司，是指依法设立、经营融资担保业务的有限责任公司或者股份有限公司。

第三条　融资担保公司开展业务，应当遵守法律法规，审慎经营，诚实守信，不得损害国家利益、社会公共利益和他人合法权益。

第四条　省、自治区、直辖市人民政府确定的部门（以下称监督管理部门）负责对本地区融资担保公司的监督管理。

省、自治区、直辖市人民政府负责制定促进本地区融资担保行业发展的政策措施、处置融资担保公司风险，督促监督管理部门严格履行职责。

国务院建立融资性担保业务监管部际联席会议，负责拟订融资担保公司监督管理制度，协调解决融资担保公司监督管理中的重大问题，督促指导地方人民政府对融资担保公司进行监督管理和风险处置。融资性担保业务监管部际联席会议由国务院银行业监督管理机构牵头，国务院有关部门参加。

第五条　国家推动建立政府性融资担保体系，发展政府支持的融资担保公司，建立政府、银行业金融机构、融资担保公司合作机制，扩大为小微企业和农业、农村、农民提供融资担保业务的规模并保持较低的费率水平。

各级人民政府财政部门通过资本金投入、建立风险分担机制等方式，对主要为小微企业和农业、农村、农民服务的融资担保公司提供财政支持，具体办法由国务院财政部门制定。

第二章　设立、变更和终止

第六条　设立融资担保公司，应当经监督管理部门批准。

融资担保公司的名称中应当标明融资担保字样。

未经监督管理部门批准，任何单位和个人不得经营融资担保业务，任何单位不得在名称中使用融资担保字样。国家另有规定的除外。

第七条　设立融资担保公司，应当符合《中华人民共和国公司法》的规定，并具备下列条件：

（一）股东信誉良好，最近3年无重大违法违规记录；

（二）注册资本不低于人民币2000万元，且为实缴货币资本；

（三）拟任董事、监事、高级管理人员熟悉与融资担保业务相关的法律法规，具有履行职责所需的从业经验和管理能力；

（四）有健全的业务规范和风险控制等内部管理制度。

省、自治区、直辖市根据本地区经济发展水平和融资担保行业发展的实际情况，可以提高前款规定的注册资本最低限额。

第八条　申请设立融资担保公司，应当向监督管理部门提交申请书和证明其符合本条例第七条规定条件的材料。

监督管理部门应当自受理申请之日起30日内作出批准或者不予批准的决定。决定批准的，颁发融资担保业务经营许可证；不予批准的，书面通知申请人并说明理由。

经批准设立的融资担保公司由监督管理部门予以公告。

第九条　融资担保公司合并、分立或者减少注册资本，应当经监督管理部门批准。

融资担保公司在住所地所在省、自治区、直辖市范围内设立分支机构，变更名称，变更持有5%以上股权的股东或者变更董事、监事、高级管理人员，应当自分支机构设立之日起或者变更相关事项之日起30日内向监督管理部门备案；变更后的相关事项应当符合本条例第六条第二款、第七条的规定。

第十条　融资担保公司跨省、自治区、直辖市设立分支机构，应当具备下列条件，并经拟设分支机构所在地监督管理部门批准：

（一）注册资本不低于人民币10亿元；

（二）经营融资担保业务3年以上，且最近2个会计年度连续盈利；

（三）最近2年无重大违法违规记录。

拟设分支机构所在地监督管理部门审批的程序和期限，适用本条例第八条的规定。

融资担保公司应当自分支机构设立之日起30日内，将有关情况报告公司住所地监督管理部门。

融资担保公司跨省、自治区、直辖市设立的分支机构的日常监督管理，由分支机构所在地监督管理部门负责，融资担保公司住所地监督管理部门应当予以配合。

第十一条　融资担保公司解散的，应当依法成立清算组进行清算，并对未到期融资担保责任的承接作出明确安排。清算过程应当接受监督管理部门的监督。

融资担保公司解散或者被依法宣告破产的，应当将融资担保业务经营许可证交监督管理部门注销，并由监督管理部门予以公告。

第三章　经营规则

第十二条　除经营借款担保、发行债券担保等融资担保业务外，经营稳健、财务状况良好的融资担保公司还可以经营投标担保、工程履约担保、诉讼保全担保等非融资担保业务以及与担保业务有关的咨询等服务业务。

第十三条　融资担保公司应当按照审慎经营原则，建立健全融资担保项目评审、担保后管理、代偿责任追偿等方面的业务规范以及风险管理等内部控制制度。

政府支持的融资担保公司应当增强运用大数据等现代信息技术手段的能力，为小微企业和农业、农村、农民的融资需求服务。

第十四条　融资担保公司应当按照国家规定的风险权重，计量担保责任余额。

第十五条　融资担保公司的担保责任余额不得超过其净资产的10倍。

对主要为小微企业和农业、农村、农民服务的融资担保公司，前款规定的倍数上限可以提高至15倍。

第十六条　融资担保公司对同一被担保人的担保责任余额与融资担保公司净资产的比例不得超过10%，对同一被担保人及其关联方的担保责任余额与融资担保公司净资产的比例不得超过15%。

第十七条　融资担保公司不得为其控股股东、实际控制人提供融资担保，为其他关联方提供融资担保的条件不得优于为非关联方提供同类担保的条件。

融资担保公司为关联方提供融资担保的，应当自提供担保之日起30日内向监督管理部门报告，并在会计报表附注中予以披露。

第十八条　融资担保公司应当按照国家有关规定提取相应的准备金。

第十九条　融资担保费率由融资担保公司与被担保人协商确定。

纳入政府推动建立的融资担保风险分担机制的融资担保公司，应当按照国家有关规定降低对小微企业和农业、农村、农民的融资担保费率。

第二十条　被担保人或者第三人以抵押、质押方式向融资担保公司提供反担保，依法需要办理登记的，有关登记机关应当依法予以办理。

第二十一条　融资担保公司有权要求被担保人提供与融资担保有关的业务活动和财务状况等信息。

融资担保公司应当向被担保人的债权人提供与融资担保有关的业务活动和财务状况等信息。

第二十二条　融资担保公司自有资金的运用，应当符合国家有关融资担保公司资产安全性、流动性的规定。

第二十三条　融资担保公司不得从事下列活动：

（一）吸收存款或者变相吸收存款；

（二）自营贷款或者受托贷款；

（三）受托投资。

第四章　监督管理

第二十四条　监督管理部门应当建立健全监督管理工作制度，运用大数据等现代信息技术手段实时监测风险，加强对融资担保公司的非现场监管和现场检查，并与有关部门建立监督管理协调机制和信息共享机制。

第二十五条　监督管理部门应当根据融资担保公司的经营规模、主要服务对象、内部管理水平、风险状况等，对融资担保公司实施分类监督管理。

第二十六条　监督管理部门应当按照国家有关融资担保统计制度的要求，向本级人民政府和国务院银行业监督管理机构报送本地区融资担保公司统计数据。

第二十七条　监督管理部门应当分析评估本地区融资担保行业发展和监督管理情况，按年度向本级人民政府和国务院银行业监督管理机构报告，并向社会公布。

第二十八条　监督管理部门进行现场检查，可以采取下列措施：

（一）进入融资担保公司进行检查；

（二）询问融资担保公司的工作人员，要求其对有关检查事项作出说明；

（三）检查融资担保公司的计算机信息管理系统；

（四）查阅、复制与检查事项有关的文件、资料，对可能被转移、隐匿或者毁损的文件、资料、电子设备予以封存。

进行现场检查，应当经监督管理部门负责人批准。检查人员不得少于2人，并应当出示合法证件和检查通知书。

第二十九条　监督管理部门根据履行职责的需要，可以与融资担保公司的董事、监事、高级管理人员进行监督管理谈话，要求其就融资担保公司业务活动和风险管理的重大事项作出说明。

监督管理部门可以向被担保人的债权人通报融资担保公司的违法违规行为或者风险情况。

第三十条　监督管理部门发现融资担保公司的经营活动可能形成重大风险的，经监督管理部门主要负责人批准，可以区别情形，采取下列措施：

（一）责令其暂停部分业务；

（二）限制其自有资金运用的规模和方式；

（三）责令其停止增设分支机构。

融资担保公司应当及时采取措施，消除重大风险隐患，并向监督管理部门报告有关情况。经监督管理部门验收，确认重大风险隐患已经消除的，监督管理部门应当自验收完毕之日起3日内解除前款规定的措施。

第三十一条　融资担保公司应当按照要求向监督管理部门报送经营报告、财务报告以及注册会计师出具的年度审计报告等文件和资料。

融资担保公司跨省、自治区、直辖市开展业务的，应当按季度向住所地监督管理部门和业务发生地监督管理部门报告业务开展情况。

第三十二条　融资担保公司对监督管理部门依法实施的监督检查应当予以配合，不得拒绝、阻碍。

第三十三条　监督管理部门应当建立健全融资担保公司信用记录制度。融资担保公司信用记录纳入全国信用信息共享平台。

第三十四条　监督管理部门应当会同有关部门建立融资担保公司重大风险事件的预警、防范和处置机制，制定融资担保公司重大风险事件应急预案。

融资担保公司发生重大风险事件的，应当立即采取应急措施，并及时向监督管理部门报告。监督管理部门应当及时处置，并向本级人民政府、国务院银行业监督管理机构和中国人民银行报告。

第三十五条　监督管理部门及其工作人员对监督管理工作中知悉的商业秘密，应当予以保密。

第五章　法律责任

第三十六条　违反本条例规定，未经批准擅自设立融资担保公司或者经营融资担保业务的，由监督管理部门予以取缔或者责令停止经营，处50万元以上100万元以下的罚款，有违法所得的，没收违法所得；构成犯罪的，依法追究刑事责任。

违反本条例规定，未经批准在名称中使用融资担保字样的，由监督管理部门责令限期改正；逾期不改正的，处5万元以上10万元以下的罚款，有违法所得的，没收违法所得。

第三十七条　融资担保公司有下列情形之一的，由监督管理部门责令限期改正，处10万元以上50万元以下的罚款，有违法所得的，没收违法所得；逾期不改正的，责令停业整顿，情节严重的，吊销其融资担保业务经营许可证：

（一）未经批准合并或者分立；

（二）未经批准减少注册资本；

（三）未经批准跨省、自治区、直辖市设立分支机构。

第三十八条　融资担保公司变更相关事项，未按照本条例规定备案，或者变更后的相关事项不符合本条例规定的，由监督管理部门责令限期改正；逾期不改正的，处5万元以上10万元以下的罚款，情节严重的，责令停业整顿。

第三十九条　融资担保公司受托投资的，由监督管理部门责令限期改正，处50万元以上100万元以下的罚款，有违法所得的，没收违法所得；逾期不改正的，责令停业整顿，情节严重的，吊销其融资担保业务经营许可证。

融资担保公司吸收公众存款或者变相吸收公众存款、从事自营贷款或者受托贷款的，依照有关法律、行政法规予以处罚。

第四十条　融资担保公司有下列情形之一的，由监督管理部门责令限期改正；逾期不改正的，处10万元以上50万元以下的罚款，有违法所得的，没收违法所得，并可以责令停业整顿，情节严重的，吊销其融资担保业务经营许可证：

（一）担保责任余额与其净资产的比例不符合规定；

（二）为控股股东、实际控制人提供融资担保，或者为其他关联方提供融资担保的条件优于为非关联方提供同类担保的条件；

（三）未按照规定提取相应的准备金；

（四）自有资金的运用不符合国家有关融资担保公司资产安全性、流动性的规定。

第四十一条　融资担保公司未按照要求向监督管理部门报送经营报告、财务报告、年度审计报告等文件、资料或者业务开展情况，或者未报告其发生的重大风险事件的，由监督管理部门责令限期改正，处5万元以上20万元以下的罚款；逾期不改正的，责令停业整顿，情节严重的，吊销其融资担保业务经营许可证。

第四十二条　融资担保公司有下列情形之一的，由监督管理部门责令限期改正，处20万元以上50万元以下的罚款；逾期不改正的，责令停业整顿，情节严重的，吊销其融资担保业务经营许可证；构成违反治安管理行为的，依照《中华人民共和国治安管理处罚法》予以处罚；构成犯罪的，依法追究刑事责任：

（一）拒绝、阻碍监督管理部门依法实施监督检查；

（二）向监督管理部门提供虚假的经营报告、财务报告、年度审计报告等文件、资料；

（三）拒绝执行监督管理部门依照本条例第三十

条第一款规定采取的措施。

第四十三条　依照本条例规定对融资担保公司处以罚款的，根据具体情形，可以同时对负有直接责任的董事、监事、高级管理人员处5万元以下的罚款。

融资担保公司违反本条例规定，情节严重的，监督管理部门对负有直接责任的董事、监事、高级管理人员，可以禁止其在一定期限内担任或者终身禁止其担任融资担保公司的董事、监事、高级管理人员。

第四十四条　监督管理部门的工作人员在融资担保公司监督管理工作中滥用职权、玩忽职守、徇私舞弊的，依法给予处分；构成犯罪的，依法追究刑事责任。

第六章　附　　则

第四十五条　融资担保行业组织依照法律法规和章程的规定，发挥服务、协调和行业自律作用，引导融资担保公司依法经营，公平竞争。

第四十六条　政府性基金或者政府部门为促进就业创业等直接设立运营机构开展融资担保业务，按照国家有关规定执行。

农村互助式融资担保组织开展担保业务、林业经营主体间开展林权收储担保业务，不适用本条例。

第四十七条　融资再担保公司的管理办法，由国务院银行业监督管理机构会同国务院有关部门另行制定，报国务院批准。

第四十八条　本条例施行前设立的融资担保公司，不符合本条例规定条件的，应当在监督管理部门规定的期限内达到本条例规定的条件；逾期仍不符合规定条件的，不得开展新的融资担保业务。

第四十九条　本条例自2017年10月1日起施行。

融资性担保公司管理暂行办法

2010年3月8日中国银行业监督管理委员会、国家发展和改革委员会、工业和信息化部、财政部、商务部、中国人民银行、国家工商行政管理总局令2010年第3号公布施行

第一章　总　　则

第一条　为加强对融资性担保公司的监督管理，规范融资性担保行为，促进融资性担保行业健康发展，根据《中华人民共和国公司法》、《中华人民共和国担保法》、《中华人民共和国合同法》等法律规定，制定本办法。

第二条　本办法所称融资性担保是指担保人与银行业金融机构等债权人约定，当被担保人不履行对债权人负有的融资性债务时，由担保人依法承担合同约定的担保责任的行为。

本办法所称融资性担保公司是指依法设立，经营融资性担保业务的有限责任公司和股份有限公司。

本办法所称监管部门是指省、自治区、直辖市人民政府确定的负责监督管理本辖区融资性担保公司的部门。

第三条　融资性担保公司应当以安全性、流动性、收益性为经营原则，建立市场化运作的可持续审慎经营模式。

融资性担保公司与企业、银行业金融机构等客户的业务往来，应当遵循诚实守信的原则，并遵守合同的约定。

第四条　融资性担保公司依法开展业务，不受任何机关、单位和个人的干涉。

第五条　融资性担保公司开展业务，应当遵守法律、法规和本办法的规定，不得损害国家利益和社会公共利益。

融资性担保公司应当为客户保密，不得利用客户提供的信息从事任何与担保业务无关或有损客户利益的活动。

第六条　融资性担保公司开展业务应当遵守公平竞争的原则，不得从事不正当竞争。

第七条　融资性担保公司由省、自治区、直辖市人民政府实施属地管理。省、自治区、直辖市人民政府确定的监管部门具体负责本辖区融资性担保公司的准入、退出、日常监管和风险处置，并向国务院建立的融资性担保业务监管部际联席会议报告工作。

第二章　设立、变更和终止

第八条　设立融资性担保公司及其分支机构，应当经监管部门审查批准。

经批准设立的融资性担保公司及其分支机构，由监管部门颁发经营许可证，并凭该许可证向工商行政管理部门申请注册登记。

任何单位和个人未经监管部门批准不得经营融资性担保业务，不得在名称中使用融资性担保字样，法律、行政法规另有规定的除外。

第九条　设立融资性担保公司，应当具备下列条件：

（一）有符合《中华人民共和国公司法》规定的章程。

（二）有具备持续出资能力的股东。

（三）有符合本办法规定的注册资本。

（四）有符合任职资格的董事、监事、高级管理人员和合格的从业人员。

（五）有健全的组织机构、内部控制和风险管理制度。

（六）有符合要求的营业场所。

（七）监管部门规定的其他审慎性条件。

董事、监事、高级管理人员和从业人员的资格管理办法由融资性担保业务监管部际联席会议另行制定。

第十条　监管部门根据当地实际情况规定融资性担保公司注册资本的最低限额，但不得低于人民币500万元。

注册资本为实缴货币资本。

第十一条　设立融资性担保公司，应向监管部门提交下列文件、资料：

（一）申请书。应当载明拟设立的融资性担保公司的名称、住所、注册资本和业务范围等事项。

（二）可行性研究报告。

（三）章程草案。

（四）股东名册及其出资额、股权结构。

（五）股东出资的验资证明以及持有注册资本5%以上股东的资信证明和有关资料。

（六）拟任董事、监事、高级管理人员的资格证明。

（七）经营发展战略和规划。

（八）营业场所证明材料。

（九）监管部门要求提交的其他文件、资料。

第十二条　融资性担保公司有下列变更事项之一的，应当经监管部门审查批准：

（一）变更名称。

（二）变更组织形式。

（三）变更注册资本。

（四）变更公司住所。

（五）调整业务范围。

（六）变更董事、监事和高级管理人员。

（七）变更持有5%以上股权的股东。

（八）分立或者合并。

（九）修改章程。

（十）监管部门规定的其他变更事项。

融资性担保公司变更事项涉及公司登记事项的，经监管部门审查批准后，按规定向工商行政管理部门申请变更登记。

第十三条　融资性担保公司跨省、自治区、直辖市设立分支机构的，应当征得该融资性担保公司所在地监管部门同意，并经拟设立分支机构所在地监管部门审查批准。

第十四条　融资性担保公司因分立、合并或出现公司章程规定的解散事由需要解散的，应当经监管部门审查批准，并凭批准文件及时向工商行政管理部门申请注销登记。

第十五条　融资性担保公司有重大违法经营行为，不予撤销将严重危害市场秩序、损害公众利益的，由监管部门予以撤销。法律、行政法规另有规定的除外。

第十六条　融资性担保公司解散或被撤销的，应当依法成立清算组进行清算，按照债务清偿计划及时偿还有关债务。监管部门监督其清算过程。

担保责任解除前，公司股东不得分配公司财产或从公司取得任何利益。

第十七条　融资性担保公司不能清偿到期债务，并且资产不足以清偿全部债务或者明显缺乏清偿能力的，应当依法实施破产。

第三章　业务范围

第十八条　融资性担保公司经监管部门批准，可以经营下列部分或全部融资性担保业务：

（一）贷款担保。

（二）票据承兑担保。

（三）贸易融资担保。

（四）项目融资担保。

（五）信用证担保。

（六）其他融资性担保业务。

第十九条　融资性担保公司经监管部门批准，可以兼营下列部分或全部业务：

（一）诉讼保全担保。

（二）投标担保、预付款担保、工程履约担保、尾付款如约偿付担保等履约担保业务。

（三）与担保业务有关的融资咨询、财务顾问等中介服务。

（四）以自有资金进行投资。

（五）监管部门规定的其他业务。

第二十条　融资性担保公司可以为其他融资性担保公司的担保责任提供再担保和办理债券发行担保业务，但应当同时符合以下条件：

（一）近两年无违法、违规不良记录。

（二）监管部门规定的其他审慎性条件。

从事再担保业务的融资性担保公司除需满足前款规定的条件外，注册资本应当不低于人民币1亿元，并连续营业两年以上。

第二十一条　融资性担保公司不得从事下列活动：

（一）吸收存款。

（二）发放贷款。

（三）受托发放贷款。

（四）受托投资。

（五）监管部门规定不得从事的其他活动。

融资性担保公司从事非法集资活动的，由有关部门依法予以查处。

第四章　经营规则和风险控制

第二十二条　融资性担保公司应当依法建立健全公司治

理结构，完善议事规则、决策程序和内审制度，保持公司治理的有效性。

跨省、自治区、直辖市设立分支机构的融资性担保公司，应当设两名以上的独立董事。

第二十三条　融资性担保公司应当建立符合审慎经营原则的担保评估制度、决策程序、事后追偿和处置制度、风险预警机制和突发事件应急机制，并制定严格规范的业务操作规程，加强对担保项目的风险评估和管理。

第二十四条　融资性担保公司应当配备或聘请经济、金融、法律、技术等方面具有相关资格的专业人才。

跨省、自治区、直辖市设立分支机构的融资性担保公司应当设立首席合规官和首席风险官。首席合规官、首席风险官应当由取得律师或注册会计师等相关资格，并具有融资性担保或金融从业经验的人员担任。

第二十五条　融资性担保公司应当按照金融企业财务规则和企业会计准则等要求，建立健全财务会计制度，真实地记录和反映企业的财务状况、经营成果和现金流量。

第二十六条　融资性担保公司收取的担保费，可根据担保项目的风险程度，由融资性担保公司与被担保人自主协商确定，但不得违反国家有关规定。

第二十七条　融资性担保公司对单个被担保人提供的融资性担保责任余额不得超过净资产的10%，对单个被担保人及其关联方提供的融资性担保责任余额不得超过净资产的15%，对单个被担保人债券发行提供的担保责任余额不得超过净资产的30%。

第二十八条　融资性担保公司的融资性担保责任余额不得超过其净资产的10倍。

第二十九条　融资性担保公司以自有资金进行投资，限于国债、金融债券及大型企业债务融资工具等信用等级较高的固定收益类金融产品，以及不存在利益冲突且总额不高于净资产20%的其他投资。

第三十条　融资性担保公司不得为其母公司或子公司提供融资性担保。

第三十一条　融资性担保公司应当按照当年担保费收入的50%提取未到期责任准备金，并按不低于当年年末担保责任余额1%的比例提取担保赔偿准备金。担保赔偿准备金累计达到当年担保责任余额10%的，实行差额提取。差额提取办法和担保赔偿准备金的使用管理办法由监管部门另行制定。

监管部门可以根据融资性担保公司责任风险状况和审慎监管的需要，提出调高担保赔偿准备金比例的要求。

融资性担保公司应当对担保责任实行风险分类管理，准确计量担保责任风险。

第三十二条　融资性担保公司与债权人应当按照协商一致的原则建立业务关系，并在合同中明确约定承担担保责任的方式。

第三十三条　融资性担保公司办理融资性担保业务，应当与被担保人约定在担保期间可持续获得相关信息并有权对相关情况进行核实。

第三十四条　融资性担保公司与债权人应当建立担保期间被担保人相关信息的交换机制，加强对被担保人的信用辅导和监督，共同维护双方的合法权益。

第三十五条　融资性担保公司应当按照监管部门的规定，将公司治理情况、财务会计报告、风险管理状况、资本金构成及运用情况、担保业务总体情况等信息告知相关债权人。

第五章　监督管理

第三十六条　监管部门应当建立健全融资性担保公司信息资料收集、整理、统计分析制度和监管记分制度，对经营及风险状况进行持续监测，并于每年6月底前完成所监管融资性担保公司上一年度机构概览报告。

第三十七条　融资性担保公司应当按照规定及时向监管部门报送经营报告、财务会计报告、合法合规报告等文件和资料。

融资性担保公司向监管机构提交的各类文件和资料，应当真实、准确、完整。

第三十八条　融资性担保公司应当按季度向监管部门报告资本金的运用情况。

监管部门应当根据审慎监管的需要，适时提出融资性担保公司的资本质量和资本充足率要求。

第三十九条　监管部门根据监管需要，有权要求融资性担保公司提供专项资料，或约见其董事、监事、高级管理人员进行监管谈话，要求就有关情况进行说明或进行必要的整改。

监管部门认为必要时，可以向债权人通报所监管有关融资性担保公司的违规或风险情况。

第四十条　监管部门根据监管需要，可以对融资性担保公司进行现场检查，融资性担保公司应当予以配合，并按照监管部门的要求提供有关文件、资料。

现场检查时，检查人员不得少于2人，并向融资性担保公司出示检查通知书和相关证件。

第四十一条　融资性担保公司发生担保诈骗、金额可能达到其净资产5%以上的担保代偿或投资损失，以及董事、监事、高级管理人员涉及严重违法、违规等重大事件时，应当立即采取应急措施并向监管部门报告。

第四十二条　融资性担保公司应当及时向监管部门报告股东大会或股东会、董事会等会议的重要决议。

第四十三条　融资性担保公司应当聘请社会中介机构进行年度审计，并将审计报告及时报送监管部门。

第四十四条　监管部门应当会同有关部门建立融资性担保行业突发事件的发现、报告和处置制度，制定融资性担保行业突发事件处置预案，明确处置机构及其职责、处置措施和处置程序，及时、有效地处置融资性担保行业突发事件。

第四十五条　监管部门应当于每年年末全面分析评估本辖区融资性担保行业年度发展和监管情况，并于每年2月底前向融资性担保业务监管部际联席会议和省、自治区、直辖市人民政府报告本辖区上一年度融资性担保行业发展情况和监管情况。

监管部门应当及时向融资性担保业务监管部际联席会议和省、自治区、直辖市人民政府报告本辖区融资性担保行业的重大风险事件和处置情况。

第四十六条　融资性担保行业建立行业自律组织，履行自律、维权、服务等职责。

全国性的融资性担保行业自律组织接受融资性担保业务监管部际联席会议的指导。

第四十七条　征信管理部门应当将融资性担保公司的有关信息纳入征信管理体系，并为融资性担保公司查询相关信息提供服务。

第六章　法律责任

第四十八条　监管部门从事监督管理工作的人员有下列情形之一的，依法给予行政处分；构成犯罪的，依法追究刑事责任：

（一）违反规定审批融资性担保公司的设立、变更、终止以及业务范围的。

（二）违反规定对融资性担保公司进行现场检查的。

（三）未依照本办法第四十五条规定报告重大风险事件和处置情况的。

（四）其他违反法律法规及本办法规定的行为。

第四十九条　融资性担保公司违反法律、法规及本办法规定，有关法律、法规有处罚规定的，依照其规定给予处罚；有关法律、法规未作处罚规定的，由监管部门责令改正，可以给予警告、罚款；构成犯罪的，依法追究刑事责任。

第五十条　违反本办法第八条第三款规定，擅自经营融资性担保业务的，由有关部门依法予以取缔并处罚；擅自在名称中使用融资性担保字样的，由监管部门责令改正，依法予以处罚。

第七章　附　　则

第五十一条　公司制以外的融资性担保机构从事融资性担保业务参照本办法的有关规定执行，具体实施办法由省、自治区、直辖市人民政府另行制定，并报融资性担保业务监管部际联席会议备案。

外商投资的融资性担保公司适用本办法，法律、行政法规另有规定的，依照其规定。

融资性再担保机构管理办法由省、自治区、直辖市人民政府另行制定，并报融资性担保业务监管部际联席会议备案。

第五十二条　省、自治区、直辖市人民政府可以根据本办法的规定，制定实施细则并报融资性担保业务监管部际联席会议备案。

第五十三条　本办法施行前已经设立的融资性担保公司不符合本办法规定的，应当在2011年3月31日前达到本办法规定的要求。具体规范整顿方案，由省、自治区、直辖市人民政府制定。

第五十四条　本办法自公布之日起施行。

国务院关于实施银行卡清算机构准入管理的决定

1. 2015年4月9日发布
2. 国发〔2015〕22号
3. 自2015年6月1日起施行

各省、自治区、直辖市人民政府，国务院各部委、各直属机构：

为完善我国银行卡清算服务的市场化机制，防范清算风险，维护支付体系稳定，保护持卡人合法权益，进一步促进银行卡清算市场有序竞争和健康发展，现作出如下决定：

一、对银行卡清算机构实施准入管理

在中华人民共和国境内从事银行卡清算业务，应当向中国人民银行提出申请，经中国人民银行征求中国银行业监督管理委员会同意后予以批准，依法取得银行卡清算业务许可证，成为专门从事银行卡清算业务的机构（以下简称银行卡清算机构）。未依法取得银行卡清算业务许可证的，不得从事银行卡清算业务，本决定另有规定的除外。

本决定所称银行卡清算业务，是指通过制定银行卡清算标准和规则，运营银行卡清算业务系统，授权发行和受理本银行卡清算机构品牌的银行卡，并为发卡机构和收单机构提供其品牌银行卡的机构间交易处理服务，协助完成资金结算的活动。

根据本决定，中国人民银行会同中国银行业监督管理委员会制定行政许可条件、程序的实施细则，以及相关审慎性监督管理措施，依法向符合条件的申请人颁发银行卡清算业务许可证，并按照分工实施监督管理，共同防范银行卡清算业务系统性风险。

二、申请成为银行卡清算机构应当符合的条件和程序

（一）申请成为银行卡清算机构的，应当为依据《中华人民共和国公司法》设立的企业法人，并符合以下条件：

1. 具有不低于10亿元人民币的注册资本。

2. 至少具有符合规定条件的持股20%以上的单一主要出资人，或者符合规定条件的合计持股25%以上的多个主要出资人，前述主要出资人申请前一年总资产不低于20亿元人民币或者净资产不低于5亿元人民币，且提出申请前应当连续从事银行、支付或者清算等业务5年以上，连续盈利3年以上，最近3年无重大违法违规记录；其他单一持股比例超过10%的出资人净资产不低于2亿元人民币，具有持续盈利能力、信誉良好，最近3年无重大违法违规记录。

3. 有符合国家标准、行业标准的银行卡清算标准体系。

4. 在中华人民共和国境内具备符合规定要求、能够独立完成银行卡清算业务的基础设施和异地灾备系统。

5. 董事和高级管理人员应当取得中国人民银行征求中国银行业监督管理委员会同意后核准的任职资格。

6. 具备符合规定的内部控制、风险防范、信息安全保障和反洗钱措施等其他审慎性条件。

银行业金融机构申请发起设立或者投资于银行卡清算机构的，应当依法报经中国银行业监督管理委员会批准。

（二）申请成为银行卡清算机构的，应当按规定向中国人民银行提出筹备申请，中国人民银行在征求中国银行业监督管理委员会同意后，自受理之日起90日内作出批准或者不予批准筹备的决定。申请人应当自获准筹备之日起1年内完成筹备工作，筹备期间不得从事银行卡清算业务。

筹备工作完成后，申请人具备许可条件的，可以向中国人民银行提出开业申请。中国人民银行在征求中国银行业监督管理委员会同意后，自受理之日起90日内作出批准或者不予批准开业的决定。决定批准的，中国人民银行在征求中国银行业监督管理委员会同意后，颁发银行卡清算业务许可证。

申请人应当在取得银行卡清算业务许可证之日起6个月内，正式开办银行卡清算业务。

（三）银行卡清算机构设立分支机构、分立或者合并，变更名称、注册资本、单一持股比例超过10%的出资人、银行卡清算品牌，更换董事和高级管理人员，终止部分或者全部银行卡清算业务及解散的，应当向中国人民银行提出申请。中国人民银行在征求中国银行业监督管理委员会同意后，自受理之日起90日内作出批准或者不予批准的决定。

三、对银行卡清算机构的业务管理要求

（一）银行卡清算机构开展银行卡清算业务，应当使用其自有的或者出资人所有的银行卡清算品牌。

（二）银行卡清算机构不得限制发卡机构和收单机构与其他银行卡清算机构开展合作。

（三）银行卡清算机构应当确保银行卡清算业务基础设施安全、高效和稳定，确保交易数据完整、真实；应当通过境内银行卡清算业务基础设施处理与境内发卡机构或者收单机构之间的业务，并在境内完成资金结算。

（四）银行卡清算机构应当对从银行卡清算业务中获取的信息予以保密，除法律法规另有规定外，未经当事人授权不得对外提供。在中国境内收集的有关个人金融信息的储存、处理和分析应当在中国境内进行，为处理银行卡跨境交易且经当事人授权的除外。

四、对外资银行卡清算机构的管理规定

（一）境外机构为中华人民共和国境内主体提供银行卡清算服务的，应当依法在中华人民共和国境内设立外商投资企业，并根据本决定规定的条件和程序取得银行卡清算业务许可证；仅为跨境交易提供外币的银行卡清算服务的，原则上无需在境内设立银行卡清算机构，但应当就业务开展情况向中国人民银行和中国银行业监督管理委员会报告，并遵循相关业务管理要求。

（二）外国投资者并购银行卡清算机构的，应当按照相关规定进行外资并购安全审查。

五、其他规定

本决定施行前已经在中华人民共和国境内从事银行卡清算业务的机构，应当自本决定施行之日起1年内，依照本决定的规定申请银行卡清算业务许可证或者向中国人民银行和中国银行业监督管理委员会报告业务开展情况。逾期未申请银行卡清算业务许可证的，不得继续从事银行卡清算业务；逾期未报告业务开展情况的，由中国人民银行责令限期改正。

本决定自2015年6月1日起施行。

银行卡清算机构管理办法

2016年6月6日中国人民银行、中国银行业监督管理委员会令〔2016〕第2号公布施行

第一章 总 则

第一条 为促进我国银行卡清算市场健康发展，规范银行卡清算机构管理，保护当事人合法权益，根据《中华人民共和国中国人民银行法》、《国务院关于实施银行卡清算机构准入管理的决定》（国发〔2015〕22号），制定本办法。

第二条 本办法所称银行卡清算机构是指经批准，依法取得银行卡清算业务许可证，专门从事银行卡清算业务的企业法人。

第三条 仅为跨境交易提供外币的银行卡清算服务的境外机构（以下简称境外机构），原则上可以不在中华人民共和国境内设立银行卡清算机构，但对境内银行卡清算体系稳健运行或公众支付信心具有重要影响的，应当在中华人民共和国境内设立法人，依法取得银行卡清算业务许可证。

第四条 银行卡清算机构应当遵守国家安全、国家网络安全相关法律法规，确保银行卡清算业务基础设施的安全、稳定和高效运行。银行卡清算业务基础设施应满足国家信息安全等级保护要求，使用经国家密码管理机构认可的商用密码产品，符合国家及行业相关金融标准，且其核心业务系统不得外包。

第五条 为保障金融信息安全，境内发行的银行卡在境内使用时，其相关交易处理应当通过境内银行卡清算业务基础设施完成。

第六条 银行卡清算机构与境内入网发卡机构或收单机构（以下简称入网机构）的银行卡交易资金清算应当通过境内银行以人民币完成资金结算，为跨境交易提供外币的银行卡清算服务的情形除外。

第七条 银行卡清算机构和境外机构应当对从银行卡清算服务中获取的身份信息、账户信息、交易信息以及其他相关敏感信息等当事人金融信息予以保密；除法律法规另有规定外，未经当事人授权不得对外提供。

银行卡清算机构和境外机构为处理银行卡跨境交易且经当事人授权，向境外发卡机构或收单机构传输境内收集的相关个人金融信息的，应当通过业务规则及协议等有效措施，要求境外发卡机构或收单机构为所获得的个人金融信息保密。

第八条 银行卡清算机构和境外机构应当遵守法律法规的有关规定，遵循诚信和公平竞争的原则，不得损害国家利益和社会公共利益。

第九条 银行卡清算机构和境外机构应当遵守反洗钱和反恐怖融资法律法规和相关规定，履行反洗钱和反恐怖融资义务。

银行卡清算机构办理银行卡跨境交易，应当遵守国家外汇及跨境人民币管理的有关规定。

第十条 中国人民银行、中国银行业监督管理委员会按照分工，依法对银行卡清算机构和境外机构实施监督管理，并加强沟通协调，共同防范银行卡清算业务系统性风险。

第二章 申请与许可

第十一条 银行卡清算机构的注册资本不低于10亿元人民币，出资人应当以自有资金出资，不得以委托资金、债务资金等非自有资金出资。

第十二条 银行卡清算机构50%以上的董事（含董事长、副董事长）和全部高级管理人员应当具备相应的任职专业知识，5年以上银行、支付或者清算的从业经验和良好的品行、声誉，以及担任职务所需的独立性。

除《中华人民共和国公司法》规定的情形外，有以下情形之一的，不得担任银行卡清算机构的董事、高级管理人员：

（一）有重大过失或犯罪记录的。

（二）因违法行为或者违纪行为被金融监管机构取消任职资格的董事、监事、高级管理人员，自被取消任职资格之日起未逾5年的。

（三）曾经担任被金融监管机构行政处罚单位的董事、监事或者高级管理人员，并对被行政处罚负有个人责任或者直接领导责任，自执行期满未逾2年的。

第十三条 申请人向中国人民银行提出银行卡清算机构筹备申请的，应当提交下列申请材料：

（一）筹备申请书，载明公司的名称、住所、注册资本等。

（二）企业法人营业执照复印件和公司章程，申请人为外商投资企业的，还应当提交外商投资企业批准证书复印件。

（三）证明其资本实力符合要求的材料及相关证明。

（四）真实、完整、公允的最近一年财务会计报告，设立时间不足一年的除外。

（五）出资人出资决议，出资金额、方式及资金来源，以及出资人之间关联关系的说明。

（六）主要出资人和其他单一持股比例超过10%的出资人的资质证明材料，包括但不限于营业执照、最近三年财务会计报告、无重大违法违规记录证明和从业经历证明等。

出资人为境内银行业金融机构的，应当提供金融业务许可证复印件和中国银行业监督管理委员会允许其投资银行卡清算机构的批准文件。

（七）关于公司实际控制人情况的说明。

（八）公司组织架构设置、财务独立性、风控体系构建及合规机制建设等情况说明。

（九）反洗钱和反恐怖融资内部控制制度方案、组织架构方案以及开展相关工作的技术条件说明。

（十）银行卡清算品牌商标标识的商标注册证，使用出资人所有的银行卡清算品牌的，应当提供出资人的商标权属证明、转让协议或授权使用协议，以及申请人经备案的商标使用许可。

（十一）银行卡清算业务可行性研究报告、业务发展规划和基础设施建设计划。

（十二）符合国家标准、行业标准的银行卡清算业务标准体系和业务规则的框架。

（十三）持卡人和商户权益保护策略及机制。

（十四）筹备工作方案及主要工作人员名单、履历。

（十五）其他需专门说明的事项及申请材料真实性声明。

上述材料为外国文字的，应当同时提供中文译本，并以中文译本为准。

经研判，依法需要进行国家安全审查的，在完成国家安全审查后，中国人民银行正式受理上述材料。

第十四条　中国人民银行收到银行卡清算机构筹备申请的，应当自受理之日起10日内，将申请材料送交中国银行业监督管理委员会。中国银行业监督管理委员会应当自收到申请材料之日起30日内出具书面意见，送交中国人民银行。

第十五条　中国人民银行根据有利于银行卡清算市场公平竞争和健康发展的审慎性原则，以及中国银行业监督管理委员会的意见，自受理之日起90日内作出批准或不批准筹备的决定，并书面通知申请人。决定不批准的，应当说明理由。

第十六条　银行卡清算机构筹备期为获准筹备之日起1年。申请人在规定筹备期内未完成筹备工作的，应当说明理由，经中国人民银行批准，可以延长3个月。

第十七条　申请人应当在筹备期届满前向中国人民银行提出开业申请，提交下列申请材料：

（一）开业申请书，载明公司的名称、住所、注册资本及营运资金等。

（二）银行卡清算业务标准体系和业务规则的具体内容及详细说明。

（三）银行卡清算业务基础设施架构报告、建设报告、业务连续性计划及应急预案。

（四）银行卡清算业务基础设施标准符合和技术安全证明材料。

（五）拟任董事和高级管理人员的任职资格申请材料，包括但不限于履历说明及学历、技术职称、具备担任职务所需的独立性说明，无犯罪记录和未受处罚等相关证明材料。

（六）内部控制、风险防范和合规机制材料。

（七）信息安全保障机制材料，包括但不限于银行卡支付网络信息安全标准、入网安全管理机制、个人信息安全保护机制、核心业务系统信息安全等级保护定级和测评报告、独立的信息安全风险评估报告、信息安全管理体系等。

（八）反洗钱和反恐怖融资措施验收材料。

（九）筹备工作完成情况总结报告，包括原筹备申请材料变动情况说明和相关证明材料。

（十）为满足银行卡清算业务专营性要求，剥离其他业务的完成情况。

（十一）申请人拟使用境外银行卡清算品牌，且拥有该品牌的境外机构已为跨境交易提供外币的银行卡清算服务的，还应提供该服务由境外机构向申请人进行迁移的工作计划与方案。

（十二）其他需专门说明的事项及申请材料真实性声明。

逾期未提交开业申请的，筹备批准文件自动失效。

第十八条　中国人民银行和中国银行业监督管理委员会可以采取查询有关国家机关、国家信用信息共享交换平台、征信机构、拟任职人员曾任职机构，开展专业知识能力测试等方式对拟任职董事、高级管理人员是否符合任职资格条件进行审查。

第十九条　中国人民银行收到银行卡清算机构开业申请的，参照本办法第十四条和第十五条的规定，作出批准或不批准开业的决定，并书面通知申请人。决定批准的，颁发开业核准文件和银行卡清算业务许可证，并予以公告；决定不批准的，说明理由。

第二十条　银行卡清算机构未在规定期限内开业的，开业批准文件失效，由中国人民银行办理开业批准注销手续，收回其《银行卡清算业务许可证》，并予以公告。

第二十一条　境外机构为跨境交易提供外币的银行卡清算服务是指：

（一）授权境内收单机构或与境内银行卡清算机构合作，实现境外发行的银行卡在境内的使用。

（二）授权境内发卡机构发行仅限于境外使用的外币银行卡。

第二十二条　境外机构与境内银行卡清算机构合作授权发行银行卡的，应当采用境内银行卡清算机构的发卡行标识代码。境外机构不得通过合作方式变相从事人民币的银行卡清算业务。

第二十三条　境外机构为跨境交易提供外币的银行卡清算服务的，应当在提供服务前30日向中国人民银行和中国银行业监督管理委员会报告，并提交下列材料：

（一）机构基本信息。

（二）在母国接受监管的情况。

（三）参与国家或国际支付系统的说明。

（四）本机构内部控制、风险防范和信息安全保障机制。

（五）本机构反洗钱和反恐怖融资内部控制制度、组织架构以及开展相关工作的情况说明。

（六）银行卡清算业务基础设施运行情况。

（七）银行卡清算业务规则。

（八）业务发展规划、与境内机构合作的情况说明。

（九）持卡人和商户权益保护策略及机制。

（十）其他需专门说明的事项及材料真实性声明。

上述材料为外国文字的，应当同时提供中文译本，并以中文译本为准。境外机构基本信息发生变更的，应当自变更之日起30日内向中国人民银行和中国银行业监督管理委员会报告。

第二十四条　中国人民银行在收到境外机构报告之日起30日内在网站上公示境外机构基本信息。

第三章　变更与终止

第二十五条　银行卡清算机构有下列变更事项之一的，应当按规定向中国人民银行提交变更申请材料：

（一）设立分支机构。

（二）分立或者合并。

（三）变更公司名称或者公司章程。

（四）变更注册资本。

（五）变更主要出资人或其他单一持股比例超过10%的出资人。

（六）变更银行卡清算品牌。

（七）更换董事和高级管理人员。

中国人民银行收到上述申请材料的，应当参照本办法第十四条和第十五条的规定，作出批准或不批准的决定，并书面通知申请人。

银行卡清算机构变更单一持股比例超过5%以上的出资人，且不属于上述第五项所规定情形的，应当提前向中国人民银行和中国银行业监督管理委员会提交变更情况书面报告。

第二十六条　外国投资者并购银行卡清算机构，应当执行外资并购境内基础设施安全审查的管理规定。

第二十七条　银行卡清算机构终止部分或全部银行卡清算业务及解散的，应当向中国人民银行提交下列申请材料：

（一）终止业务申请表，载明机构的名称和住所等。

（二）股东大会（股东会）或董事会终止业务的决议。

（三）终止业务的评估报告。

（四）与入网机构达成的业务终止处置方案。

（五）终止业务的应急预案。

（六）涉及持卡人和商户权益保护的处理措施。

（七）其他需专门说明的事项及申请材料真实性声明。

中国人民银行收到上述申请材料的，应当参照本办法第十四条和第十五条的规定，作出批准或不批准的决定。中国人民银行批准银行卡清算机构终止全部银行卡清算业务及解散的，应当收回银行卡清算业务许可证。

第二十八条　境外机构终止为跨境交易提供外币的银行卡清算服务的，应当至少提前30日向中国人民银行和中国银行业监督管理委员会报告，提交下列材料：

（一）终止业务的评估报告。

（二）与入网机构达成的业务终止处置方案。

（三）终止业务的应急预案。

（四）涉及持卡人和商户权益保护的处理措施。

（五）其他需专门说明的事项及材料真实性声明。

第四章　法律责任

第二十九条　中国人民银行、中国银行业监督管理委员会的工作人员有下列情形之一的，依法给予行政处分。涉嫌犯罪的，依法移送司法机关追究刑事责任：

（一）违反规定审查批准银行卡清算业务的申请、变更、终止等事项的。

（二）泄露知悉的国家秘密或商业秘密的。

（三）滥用职权、玩忽职守等其他违反法律法规的行为。

第三十条　银行卡清算机构有以下情形的，由中国人民银行会同中国银行业监督管理委员会，责令限期改正，并给予警告或者处1万元以上3万元以下的罚款；情节严重的，根据《中华人民共和国中国人民银行法》第四十六条的规定进行处罚：

（一）未按规定建立银行卡清算业务标准体系、业务规则、内部控制、风险防范和信息安全保障机制的。

（二）未按规定报告相关事项的。

（三）转让、出租、出借银行卡清算业务许可证的。

（四）超出规定范围经营业务的。

（五）任命不符合规定的董事、高级管理人员的。

（六）未按规定申请变更事项或擅自设立分支机构的。

（七）拒绝或者阻碍相关检查、监督管理的。

（八）限制发卡机构或收单机构与其他银行卡清算机构合作的。

（九）银行卡清算业务基础设施出现重大风险的。

（十）无正当理由限制、拒绝银行卡交易，或中断、终止银行卡清算业务的。

（十一）提供虚假的或者隐瞒重要事实的信息或资料的。

（十二）违反有关信息安全管理规定的。

（十三）其他损害持卡人和商户合法权益，或违反有关清算管理规定、危害银行卡市场秩序的违法违规行为。

第三十一条　银行卡清算机构和境外机构违反反洗钱和反恐怖融资规定的，按照有关法律法规进行处理。

第三十二条　申请人隐瞒有关情况或者提供虚假材料申请银行卡清算业务许可的，中国人民银行不予受理或者不予行政许可，并给予警告，申请人在1年内不得再次申请银行卡清算业务许可。

被许可人以欺骗、贿赂等不正当手段取得银行卡清算业务许可的，中国人民银行依法收回银行卡清算业务许可证，并给予行政处罚，申请人在3年内不得再次申请银行卡清算业务许可；涉嫌犯罪的，依法移送司法机关追究刑事责任。

第三十三条　未经中国人民银行批准，擅自从事银行卡清算业务，伪造、变造银行卡清算业务许可证，由中国人民银行责令其终止银行卡清算业务，并依据《中华人民共和国中国人民银行法》第四十六条的规定进行处罚；涉嫌犯罪的，依法移送司法机关追究刑事责任。

第五章　附　　则

第三十四条　本办法所称银行卡清算业务标准体系包括卡片标准、受理标准、信息交换标准、业务处理标准和信息安全标准等内容。

第三十五条　本办法所称银行卡清算核心业务系统是指业务处理系统、风险管理系统、差错处理系统、信息服务系统及其灾备系统等。

业务处理系统是指银行卡清算机构提供的银行卡清算交易转接系统和清算系统。

风险管理系统是指银行卡清算机构提供的对银行卡清算业务参与主体和服务内容进行风险识别、评估及管控的系统。

差错处理系统是指银行卡清算机构提供的用于入网机构间提交差错交易、争议案件以解决交易差错、争议及疑问的电子处理系统。

信息服务系统是指银行卡清算机构为入网机构提供当日交易查询、历史交易查询、交易统计分析、清算文件上送与下载、发卡行标识代码信息下发、汇率信息查询与下发等信息服务的辅助系统。

灾备系统是指银行卡清算机构为应对异常灾难的发生提前建立的相关系统的备份系统。

第三十六条　《国务院关于实施银行卡清算机构准入管理的决定》施行前已经依法在中华人民共和国境内从事银行卡清算业务的境内机构，应当凭原批准从事银行卡清算业务的文件，参照本办法第十七条申请银行卡清算业务许可证。

《国务院关于实施银行卡清算机构准入管理的决定》施行前仅为跨境交易提供外币的银行卡清算服务的境外机构，应当参照本办法第二十三条进行报告。

第三十七条　本办法由中国人民银行会同中国银行业监督管理委员会解释。

第三十八条　本办法自发布之日起施行。

中国人民银行等关于促进互联网金融健康发展的指导意见

1. *2015年7月14日中国人民银行、工业和信息化部、公安部、财政部、国家工商总局、国务院法制办、中国银行业监督管理委员会、中国证券监督管理委员会、中国保险监督管理委员会、国家互联网信息办公室发布*
2. *银发〔2015〕221号*

近年来，互联网技术、信息通信技术不断取得突破，推动互联网与金融快速融合，促进了金融创新，提高了金融资源配置效率，但也存在一些问题和风险隐患。为全面贯彻落实党的十八大和十八届二中、三中、四中全会精神，按照党中央、国务院决策部署，遵循“鼓励创新、防范风险、趋利避害、健康发展”的总体要求，从金融业健康发展全局出发，进一步推进金融改革创新和对外开放，促进互联网金融健康发展，经党中央、国务院同意，现提出以下意见。

一、鼓励创新，支持互联网金融稳步发展

互联网金融是传统金融机构与互联网企业（以下统称从业机构）利用互联网技术和信息通信技术实现资金融通、支付、投资和信息中介服务的新型金融业务模式。互联网与金融深度融合是大势所趋，将对金融产品、业务、组织和服务等方面产生更加深刻的影响。

互联网金融对促进小微企业发展和扩大就业发挥了现有金融机构难以替代的积极作用，为大众创业、万众创新打开了大门。促进互联网金融健康发展，有利于提升金融服务质量和效率，深化金融改革，促进金融创新发展，扩大金融业对内对外开放，构建多层次金融体系。作为新生事物，互联网金融既需要市场驱动，鼓励创新，也需要政策助力，促进发展。

（一）积极鼓励互联网金融平台、产品和服务创新，激发市场活力。鼓励银行、证券、保险、基金、信托和消费金融等金融机构依托互联网技术，实现传统金融业务与服务转型升级，积极开发基于互联网技术的新产品和新服务。支持有条件的金融机构建设创新型互联网平台开展网络银行、网络证券、网络保险、网络基金销售和网络消费金融等业务。支持互联网企业依法合规设立互联网支付机构、网络借贷平台、股权众筹融资平台、网络金融产品销售平台，建立服务实体经济的多层次金融服务体系，更好地满足中小微企业和个人投融资需求，进一步拓展普惠金融的广度和深度。鼓励电子商务企业在符合金融法律法规规定的条件下自建和完善线上金融服务体系，有效拓展电商供应链业务。鼓励从业机构积极开展产品、服务、技术和管理创新，提升从业机构核心竞争力。

（二）鼓励从业机构相互合作，实现优势互补。支持各类金融机构与互联网企业开展合作，建立良好的互联网金融生态环境和产业链。鼓励银行业金融机构开展业务创新，为第三方支付机构和网络贷款平台等提供资金存管、支付清算等配套服务。支持小微金融服务机构与互联网企业开展业务合作，实现商业模式创新。支持证券、基金、信托、消费金融、期货机构与互联网企业开展合作，拓宽金融产品销售渠道，创新财富管理模式。鼓励保险公司与互联网企业合作，提升互联网金融企业风险抵御能力。

（三）拓宽从业机构融资渠道，改善融资环境。支持社会资本发起设立互联网金融产业投资基金，推动从业机构与创业投资机构、产业投资基金深度合作。鼓励符合条件的优质从业机构在主板、创业板等境内资本市场上市融资。鼓励银行业金融机构按照支持小微企业发展的各项金融政策，对处于初创期的从业机构予以支持。针对互联网企业特点，创新金融产品和服务。

（四）坚持简政放权，提供优质服务。各金融监管部门要积极支持金融机构开展互联网金融业务。按照法律法规规定，对符合条件的互联网企业开展相关金融业务实施高效管理。工商行政管理部门要支持互联网企业依法办理工商注册登记。电信主管部门、国家互联网信息管理部门要积极支持互联网金融业务，电信主管部门对互联网金融业务涉及的电信业务进行监管，国家互联网信息管理部门负责对金融信息服务、互联网信息内容等业务进行监管。积极开展互联网金融领域立法研究，适时出台相关管理规章，营造有利于互联网金融发展的良好制度环境。加大对从业机构专利、商标等知识产权的保护力度。鼓励省级人民政府加大对互联网金融的政策支持。支持设立专业化互联网金融研究机构，鼓励建设互联网金融信息交流平台，积极开展互联网金融研究。

（五）落实和完善有关财税政策。按照税收公平原则，对于业务规模较小、处于初创期的从业机构，符合我国现行对中小企业特别是小微企业税收政策条件的，可按规定享受税收优惠政策。结合金融业营业税改征增值税改革，统筹完善互联网金融税收政策。落实从业机构新技术、新产品研发费用税前加计扣除政策。

（六）推动信用基础设施建设，培育互联网金融配套服务体系。支持大数据存储、网络与信息安全维护等技术领域基础设施建设。鼓励从业机构依法建立信用信息共享平台。推动符合条件的相关从业机构接入金融信用信息基础数据库。允许有条件的从业机构依法申请征信业务许可。支持具备资质的信用中介组织开展互联网企业信用评级，增强市场信息透明度。鼓励会计、审计、法律、咨询等中介服务机构为互联网企业提供相关专业服务。

二、分类指导，明确互联网金融监管责任

互联网金融本质仍属于金融，没有改变金融风险隐蔽性、传染性、广泛性和突发性的特点。加强互联网金融监管，是促进互联网金融健康发展的内在要求。同时，互联网金融是新生事物和新兴业态，要制定适度宽松的监管政策，为互联网金融创新留有余地和空间。通过鼓励创新和加强监管相互支撑，促进互联网金融健康发展，更好地服务实体经济。互联网金融监管应遵循“依法监管、适度监管、分类监管、协同监管、创新监管”的原则，科学合理界定各业态的业务边界及准入条件，落实监管责任，明确风险底线，保护合法经营，坚决打击违法和违规行为。

（七）互联网支付。互联网支付是指通过计算机、手机等设备，依托互联网发起支付指令、转移货币资金的服务。互联网支付应始终坚持服务电子商务发展和为社会提供小额、快捷、便民小微支付服务的宗旨。银行业金融机构和第三方支付机构从事互联网支付，应遵守现行法律法规和监管规定。第三方支付机构与其他机构开展合作的，应清晰界定各方的权利义务关系，

建立有效的风险隔离机制和客户权益保障机制。要向客户充分披露服务信息,清晰地提示业务风险,不得夸大支付服务中介的性质和职能。互联网支付业务由人民银行负责监管。

(八)网络借贷。网络借贷包括个体网络借贷(即P2P网络借贷)和网络小额贷款。个体网络借贷是指个体和个体之间通过互联网平台实现的直接借贷。在个体网络借贷平台上发生的直接借贷行为属于民间借贷范畴,受合同法、民法通则等法律法规以及最高人民法院相关司法解释规范。个体网络借贷要坚持平台功能,为投资方和融资方提供信息交互、撮合、资信评估等中介服务。个体网络借贷机构要明确信息中介性质,主要为借贷双方的直接借贷提供信息服务,不得提供增信服务,不得非法集资。网络小额贷款是指互联网企业通过其控制的小额贷款公司,利用互联网向客户提供的小额贷款。网络小额贷款应遵守现有小额贷款公司监管规定,发挥网络贷款优势,努力降低客户融资成本。网络借贷业务由银监会负责监管。

(九)股权众筹融资。股权众筹融资主要是指通过互联网形式进行公开小额股权融资的活动。股权众筹融资必须通过股权众筹融资中介机构平台(互联网网站或其他类似的电子媒介)进行。股权众筹融资中介机构可以在符合法律法规规定前提下,对业务模式进行创新探索,发挥股权众筹融资作为多层次资本市场有机组成部分的作用,更好服务创新创业企业。股权众筹融资方应为小微企业,应通过股权众筹融资中介机构向投资人如实披露企业的商业模式、经营管理、财务、资金使用等关键信息,不得误导或欺诈投资者。投资者应当充分了解股权众筹融资活动风险,具备相应风险承受能力,进行小额投资。股权众筹融资业务由证监会负责监管。

(十)互联网基金销售。基金销售机构与其他机构通过互联网合作销售基金等理财产品的,要切实履行风险披露义务,不得通过违规承诺收益方式吸引客户;基金管理人应当采取有效措施防范资产配置中的期限错配和流动性风险;基金销售机构及其合作机构通过其他活动为投资人提供收益的,应当对收益构成、先决条件、适用情形等进行全面、真实、准确表述和列示,不得与基金产品收益混同。第三方支付机构在开展基金互联网销售支付服务过程中,应当遵守人民银行、证监会关于客户备付金及基金销售结算资金的相关监管要求。第三方支付机构的客户备付金只能用于办理客户委托的支付业务,不得用于垫付基金和其他理财产品的资金赎回。互联网基金销售业务由证监会负责监管。

(十一)互联网保险。保险公司开展互联网保险业务,应遵循安全性、保密性和稳定性原则,加强风险管理,完善内控系统,确保交易安全、信息安全和资金安全。专业互联网保险公司应当坚持服务互联网经济活动的基本定位,提供有针对性的保险服务。保险公司应建立对所属电子商务公司等非保险类子公司的管理制度,建立必要的防火墙。保险公司通过互联网销售保险产品,不得进行不实陈述、片面或夸大宣传过往业绩、违规承诺收益或者承担损失等误导性描述。互联网保险业务由保监会负责监管。

(十二)互联网信托和互联网消费金融。信托公司、消费金融公司通过互联网开展业务的,要严格遵循监管规定,加强风险管理,确保交易合法合规,并保守客户信息。信托公司通过互联网进行产品销售及开展其他信托业务的,要遵守合格投资者等监管规定,审慎甄别客户身份和评估客户风险承受能力,不能将产品销售给与风险承受能力不相匹配的客户。信托公司与消费金融公司要制定完善产品文件签署制度,保证交易过程合法合规,安全规范。互联网信托业务、互联网消费金融业务由银监会负责监管。

三、健全制度,规范互联网金融市场秩序

发展互联网金融要以市场为导向,遵循服务实体经济、服从宏观调控和维护金融稳定的总体目标,切实保障消费者合法权益,维护公平竞争的市场秩序。要细化管理制度,为互联网金融健康发展营造良好环境。

(十三)互联网行业管理。任何组织和个人开设网站从事互联网金融业务的,除应按规定履行相关金融监管程序外,还应依法向电信主管部门履行网站备案手续,否则不得开展互联网金融业务。工业和信息化部负责对互联网金融业务涉及的电信业务进行监管,国家互联网信息办公室负责对金融信息服务、互联网信息内容等业务进行监管,两部门按职责制定相关监管细则。

(十四)客户资金第三方存管制度。除另有规定外,从业机构应当选择符合条件的银行业金融机构作为资金存管机构,对客户资金进行管理和监督,实现客户资金与从业机构自身资金分账管理。客户资金存管账户应接受独立审计并向客户公开审计结果。人民银行会同金融监管部门按照职责分工实施监管,并制定相关监管细则。

(十五)信息披露、风险提示和合格投资者制度。从业机构应当对客户进行充分的信息披露,及时向投资者公布其经营活动和财务状况的相关信息,以便投资者充分了解从业机构运作状况,促使从业机构稳健经营和控制风险。从业机构应当向各参与方详细说明交易模式、参与方的权利和义务，并进行充分的风险提示。要研究建立互联网金融的合格投资者制度，提升投资者保护水平。有关部门按照职责分工负责监管。

（十六）消费者权益保护。研究制定互联网金融消费者教育规划，及时发布维权提示。加强互联网金融产品合同内容、免责条款规定等与消费者利益相关的信息披露工作，依法监督处理经营者利用合同格式条款侵害消费者合法权益的违法、违规行为。构建在线争议解决、现场接待受理、监管部门受理投诉、第三方调解以及仲裁、诉讼等多元化纠纷解决机制。细化完善互联网金融个人信息保护的原则、标准和操作流程。严禁网络销售金融产品过程中的不实宣传、强制捆绑销售。人民银行、银监会、证监会、保监会会同有关行政执法部门，根据职责分工依法开展互联网金融领域消费者和投资者权益保护工作。

（十七）网络与信息安全。从业机构应当切实提升技术安全水平，妥善保管客户资料和交易信息，不得非法买卖、泄露客户个人信息。人民银行、银监会、证监会、保监会、工业和信息化部、公安部、国家互联网信息办公室分别负责对相关从业机构的网络与信息安全保障进行监管，并制定相关监管细则和技术安全标准。

（十八）反洗钱和防范金融犯罪。从业机构应当采取有效措施识别客户身份，主动监测并报告可疑交易，妥善保存客户资料和交易记录。从业机构有义务按照有关规定，建立健全有关协助查询、冻结的规章制度，协助公安机关和司法机关依法、及时查询、冻结涉案财产，配合公安机关和司法机关做好取证和执行工作。坚决打击涉及非法集资等互联网金融犯罪，防范金融风险，维护金融秩序。金融机构在和互联网企业开展合作、代理时应根据有关法律和规定签订包括反洗钱和防范金融犯罪要求的合作、代理协议，并确保不因合作、代理关系而降低反洗钱和金融犯罪执行标准。人民银行牵头负责对从业机构履行反洗钱义务进行监管，并制定相关监管细则。打击互联网金融犯罪工作由公安部牵头负责。

（十九）加强互联网金融行业自律。充分发挥行业自律机制在规范从业机构市场行为和保护行业合法权益等方面的积极作用。人民银行会同有关部门，组建中国互联网金融协会。协会要按业务类型，制订经营管理规则和行业标准，推动机构之间的业务交流和信息共享。协会要明确自律惩戒机制，提高行业规则和标准的约束力。强化守法、诚信、自律意识，树立从业机构服务经济社会发展的正面形象，营造诚信规范发展的良好氛围。

（二十）监管协调与数据统计监测。各监管部门要相互协作、形成合力，充分发挥金融监管协调部际联席会议制度的作用。人民银行、银监会、证监会、保监会应当密切关注互联网金融业务发展及相关风险，对监管政策进行跟踪评估，适时提出调整建议，不断总结监管经验。财政部负责互联网金融从业机构财务监管政策。人民银行会同有关部门，负责建立和完善互联网金融数据统计监测体系，相关部门按照监管职责分工负责相关互联网金融数据统计和监测工作，并实现统计数据和信息共享。

网络借贷信息中介机构业务活动管理暂行办法

2016年8月17日中国银行业监督管理委员会、工业和信息化部、公安部、国家互联网信息办公室令2016年第1号公布施行

第一章　总　　则

第一条　为规范网络借贷信息中介机构业务活动，保护出借人、借款人、网络借贷信息中介机构及相关当事人合法权益，促进网络借贷行业健康发展，更好满足中小微企业和个人投融资需求，根据《关于促进互联网金融健康发展的指导意见》提出的总体要求和监管原则，依据《中华人民共和国民法通则》、《中华人民共和国公司法》、《中华人民共和国合同法》等法律法规，制定本办法。

第二条　在中国境内从事网络借贷信息中介业务活动，适用本办法，法律法规另有规定的除外。

本办法所称网络借贷是指个体和个体之间通过互联网平台实现的直接借贷。个体包含自然人、法人及其他组织。网络借贷信息中介机构是指依法设立，专门从事网络借贷信息中介业务活动的金融信息中介公司。该类机构以互联网为主要渠道，为借款人与出借人（即贷款人）实现直接借贷提供信息搜集、信息公布、资信评估、信息交互、借贷撮合等服务。

本办法所称地方金融监管部门是指各省级人民政府承担地方金融监管职责的部门。

第三条　网络借贷信息中介机构按照依法、诚信、自愿、公平的原则为借款人和出借人提供信息服务，维护出借人与借款人合法权益，不得提供增信服务，不得直接或间接归集资金，不得非法集资，不得损害国家利益和社会公共利益。

借款人与出借人遵循借贷自愿、诚实守信、责任自负、风险自担的原则承担借贷风险。网络借贷信息中介机构承担客观、真实、全面、及时进行信息披露的责任,不承担借贷违约风险。

第四条 按照《关于促进互联网金融健康发展的指导意见》中“鼓励创新、防范风险、趋利避害、健康发展”的总体要求和“依法监管、适度监管、分类监管、协同监管、创新监管”的监管原则,落实各方管理责任。国务院银行业监督管理机构及其派出机构负责制定网络借贷信息中介机构业务活动监督管理制度,并实施行为监管。各省级人民政府负责本辖区网络借贷信息中介机构的机构监管。工业和信息化部负责对网络借贷信息中介机构业务活动涉及的电信业务进行监管。公安部牵头负责对网络借贷信息中介机构的互联网服务进行安全监管,依法查处违反网络安全监管的违法违规活动,打击网络借贷涉及的金融犯罪及相关犯罪。国家互联网信息办公室负责对金融信息服务、互联网信息内容等业务进行监管。

第二章 备案管理

第五条 拟开展网络借贷信息中介服务的网络借贷信息中介机构及其分支机构,应当在领取营业执照后,于10个工作日以内携带有关材料向工商登记注册地地方金融监管部门备案登记。

地方金融监管部门负责为网络借贷信息中介机构办理备案登记。地方金融监管部门应当在网络借贷信息中介机构提交的备案登记材料齐备时予以受理,并在各省(区、市)规定的时限内完成备案登记手续。备案登记不构成对网络借贷信息中介机构经营能力、合规程度、资信状况的认可和评价。

地方金融监管部门有权根据本办法和相关监管规则对备案登记后的网络借贷信息中介机构进行评估分类,并及时将备案登记信息及分类结果在官方网站上公示。

网络借贷信息中介机构完成地方金融监管部门备案登记后,应当按照通信主管部门的相关规定申请相应的电信业务经营许可;未按规定申请电信业务经营许可的,不得开展网络借贷信息中介业务。

网络借贷信息中介机构备案登记、评估分类等具体细则另行制定。

第六条 开展网络借贷信息中介业务的机构,应当在经营范围中实质明确网络借贷信息中介,法律、行政法规另有规定的除外。

第七条 网络借贷信息中介机构备案登记事项发生变更的,应当在5个工作日以内向工商登记注册地地方金融监管部门报告并进行备案信息变更。

第八条 经备案的网络借贷信息中介机构拟终止网络借贷信息中介服务的,应当在终止业务前提前至少10个工作日,书面告知工商登记注册地地方金融监管部门,并办理备案注销。

经备案登记的网络借贷信息中介机构依法解散或者依法宣告破产的,除依法进行清算外,由工商登记注册地地方金融监管部门注销其备案。

第三章 业务规则与风险管理

第九条 网络借贷信息中介机构应当履行下列义务:

(一)依据法律法规及合同约定为出借人与借款人提供直接借贷信息的采集整理、甄别筛选、网上发布,以及资信评估、借贷撮合、融资咨询、在线争议解决等相关服务;

(二)对出借人与借款人的资格条件、信息的真实性、融资项目的真实性、合法性进行必要审核;

(三)采取措施防范欺诈行为,发现欺诈行为或其他损害出借人利益的情形,及时公告并终止相关网络借贷活动;

(四)持续开展网络借贷知识普及和风险教育活动,加强信息披露工作,引导出借人以小额分散的方式参与网络借贷,确保出借人充分知悉借贷风险;

(五)按照法律法规和网络借贷有关监管规定要求报送相关信息,其中网络借贷有关债权债务信息要及时向有关数据统计部门报送并登记;

(六)妥善保管出借人与借款人的资料和交易信息,不得删除、篡改,不得非法买卖、泄露出借人与借款人的基本信息和交易信息;

(七)依法履行客户身份识别、可疑交易报告、客户身份资料和交易记录保存等反洗钱和反恐怖融资义务;

(八)配合相关部门做好防范查处金融违法犯罪相关工作;

(九)按照相关要求做好互联网信息内容管理、网络与信息安全相关工作;

(十)国务院银行业监督管理机构、工商登记注册地省级人民政府规定的其他义务。

第十条 网络借贷信息中介机构不得从事或者接受委托从事下列活动:

(一)为自身或变相为自身融资;

(二)直接或间接接受、归集出借人的资金;

(三)直接或变相向出借人提供担保或者承诺保本保息;

(四)自行或委托、授权第三方在互联网、固定电话、移动电话等电子渠道以外的物理场所进行宣传或推介融资项目;

(五)发放贷款,但法律法规另有规定的除外;

（六）将融资项目的期限进行拆分；

（七）自行发售理财等金融产品募集资金，代销银行理财、券商资管、基金、保险或信托产品等金融产品；

（八）开展类资产证券化业务或实现以打包资产、证券化资产、信托资产、基金份额等形式的债权转让行为；

（九）除法律法规和网络借贷有关监管规定允许外，与其他机构投资、代理销售、经纪等业务进行任何形式的混合、捆绑、代理；

（十）虚构、夸大融资项目的真实性、收益前景，隐瞒融资项目的瑕疵及风险，以歧义性语言或其他欺骗性手段等进行虚假片面宣传或促销等，捏造、散布虚假信息或不完整信息损害他人商业信誉，误导出借人或借款人；

（十一）向借款用途为投资股票、场外配资、期货合约、结构化产品及其他衍生品等高风险的融资提供信息中介服务；

（十二）从事股权众筹等业务；

（十三）法律法规、网络借贷有关监管规定禁止的其他活动。

第十一条　参与网络借贷的出借人与借款人应当为网络借贷信息中介机构核实的实名注册用户。

第十二条　借款人应当履行下列义务：

（一）提供真实、准确、完整的用户信息及融资信息；

（二）提供在所有网络借贷信息中介机构未偿还借款信息；

（三）保证融资项目真实、合法，并按照约定用途使用借贷资金，不得用于出借等其他目的；

（四）按照约定向出借人如实报告影响或可能影响出借人权益的重大信息；

（五）确保自身具有与借款金额相匹配的还款能力并按照合同约定还款；

（六）借贷合同及有关协议约定的其他义务。

第十三条　借款人不得从事下列行为：

（一）通过故意变换身份、虚构融资项目、夸大融资项目收益前景等形式的欺诈借款；

（二）同时通过多个网络借贷信息中介机构，或者通过变换项目名称、对项目内容进行非实质性变更等方式，就同一融资项目进行重复融资；

（三）在网络借贷信息中介机构以外的公开场所发布同一融资项目的信息；

（四）已发现网络借贷信息中介机构提供的服务中含有本办法第十条所列内容，仍进行交易；

（五）法律法规和网络借贷有关监管规定禁止从事的其他活动。

第十四条　参与网络借贷的出借人，应当具备投资风险意识、风险识别能力、拥有非保本类金融产品投资的经历并熟悉互联网。

第十五条　参与网络借贷的出借人应当履行下列义务：

（一）向网络借贷信息中介机构提供真实、准确、完整的身份等信息；

（二）出借资金为来源合法的自有资金；

（三）了解融资项目信贷风险，确认具有相应的风险认知和承受能力；

（四）自行承担借贷产生的本息损失；

（五）借贷合同及有关协议约定的其他义务。

第十六条　网络借贷信息中介机构在互联网、固定电话、移动电话等电子渠道以外的物理场所只能进行信用信息采集、核实、贷后跟踪、抵质押管理等风险管理及网络借贷有关监管规定明确的部分必要经营环节。

第十七条　网络借贷金额应当以小额为主。网络借贷信息中介机构应当根据本机构风险管理能力，控制同一借款人在同一网络借贷信息中介机构平台及不同网络借贷信息中介机构平台的借款余额上限，防范信贷集中风险。

同一自然人在同一网络借贷信息中介机构平台的借款余额上限不超过人民币20万元；同一法人或其他组织在同一网络借贷信息中介机构平台的借款余额上限不超过人民币100万元；同一自然人在不同网络借贷信息中介机构平台借款总余额不超过人民币100万元；同一法人或其他组织在不同网络借贷信息中介机构平台借款总余额不超过人民币500万元。

第十八条　网络借贷信息中介机构应当按照国家网络安全相关规定和国家信息安全等级保护制度的要求，开展信息系统定级备案和等级测试，具有完善的防火墙、入侵检测、数据加密以及灾难恢复等网络安全设施和管理制度，建立信息科技管理、科技风险管理和科技审计有关制度，配置充足的资源，采取完善的管理控制措施和技术手段保障信息系统安全稳健运行，保护出借人与借款人的信息安全。

网络借贷信息中介机构应当记录并留存借贷双方上网日志信息，信息交互内容等数据，留存期限为自借贷合同到期起5年；每两年至少开展一次全面的安全评估，接受国家或行业主管部门的信息安全检查和审计。

网络借贷信息中介机构成立两年以内，应当建立或使用与其业务规模相匹配的应用级灾备系统设施。

第十九条　网络借贷信息中介机构应当为单一融资项目设置募集期，最长不超过20个工作日。

第二十条 借款人支付的本金和利息应当归出借人所有。网络借贷信息中介机构应当与出借人、借款人另行约定费用标准和支付方式。

第二十一条 网络借贷信息中介机构应当加强与金融信用信息基础数据库运行机构、征信机构等的业务合作，依法提供、查询和使用有关金融信用信息。

第二十二条 各方参与网络借贷信息中介机构业务活动，需要对出借人与借款人的基本信息和交易信息等使用电子签名、电子认证时，应当遵守法律法规的规定，保障数据的真实性、完整性及电子签名、电子认证的法律效力。

网络借贷信息中介机构使用第三方数字认证系统，应当对第三方数字认证机构进行定期评估，保证有关认证安全可靠并具有独立性。

第二十三条 网络借贷信息中介机构应当采取适当的方法和技术，记录并妥善保存网络借贷业务活动数据和资料，做好数据备份。保存期限应当符合法律法规及网络借贷有关监管规定的要求。借贷合同到期后应当至少保存5年。

第二十四条 网络借贷信息中介机构暂停、终止业务时应当至少提前10个工作日通过官方网站等有效渠道向出借人与借款人公告，并通过移动电话、固定电话等渠道通知出借人与借款人。网络借贷信息中介机构业务暂停或者终止，不影响已经签订的借贷合同当事人有关权利义务。

网络借贷信息中介机构因解散或宣告破产而终止的，应当在解散或破产前，妥善处理已撮合存续的借贷业务，清算事宜按照有关法律法规的规定办理。

网络借贷信息中介机构清算时，出借人与借款人的资金分别属于出借人与借款人，不属于网络借贷信息中介机构的财产，不列入清算财产。

第四章 出借人与借款人保护

第二十五条 未经出借人授权，网络借贷信息中介机构不得以任何形式代出借人行使决策。

第二十六条 网络借贷信息中介机构应当向出借人以醒目方式提示网络借贷风险和禁止性行为，并经出借人确认。

网络借贷信息中介机构应当对出借人的年龄、财务状况、投资经验、风险偏好、风险承受能力等进行尽职评估，不得向未进行风险评估的出借人提供交易服务。

网络借贷信息中介机构应当根据风险评估结果对出借人实行分级管理，设置可动态调整的出借限额和出借标的限制。

第二十七条 网络借贷信息中介机构应当加强出借人与借款人信息管理，确保出借人与借款人信息采集、处理及使用的合法性和安全性。

网络借贷信息中介机构及其资金存管机构、其他各类外包服务机构等应当为业务开展过程中收集的出借人与借款人信息保密，未经出借人与借款人同意，不得将出借人与借款人提供的信息用于所提供服务之外的目的。

在中国境内收集的出借人与借款人信息的储存、处理和分析应当在中国境内进行。除法律法规另有规定外，网络借贷信息中介机构不得向境外提供境内出借人和借款人信息。

第二十八条 网络借贷信息中介机构应当实行自身资金与出借人和借款人资金的隔离管理，并选择符合条件的银行业金融机构作为出借人与借款人的资金存管机构。

第二十九条 出借人与网络借贷信息中介机构之间、出借人与借款人之间、借款人与网络借贷信息中介机构之间等纠纷，可以通过以下途径解决：

（一）自行和解；

（二）请求行业自律组织调解；

（三）向仲裁部门申请仲裁；

（四）向人民法院提起诉讼。

第五章 信息披露

第三十条 网络借贷信息中介机构应当在其官方网站上向出借人充分披露借款人基本信息、融资项目基本信息、风险评估及可能产生的风险结果、已撮合未到期融资项目资金运用情况等有关信息。

披露内容应符合法律法规关于国家秘密、商业秘密、个人隐私的有关规定。

第三十一条 网络借贷信息中介机构应当及时在其官方网站显著位置披露本机构所撮合借贷项目等经营管理信息。

网络借贷信息中介机构应当在其官方网站上建立业务活动经营管理信息披露专栏，定期以公告形式向公众披露年度报告、法律法规、网络借贷有关监管规定。

网络借贷信息中介机构应当聘请会计师事务所定期对本机构出借人与借款人资金存管、信息披露情况、信息科技基础设施安全、经营合规性等重点环节实施审计，并且应当聘请有资质的信息安全测评认证机构定期对信息安全实施测评认证，向出借人与借款人等披露审计和测评认证结果。

网络借贷信息中介机构应当引入律师事务所、信息系统安全评价等第三方机构，对网络信息中介机构合规和信息系统稳健情况进行评估。

网络借贷信息中介机构应当将定期信息披露公告文稿和相关备查文件报送工商登记注册地地方金融监管部门，并置备于机构住所供社会公众查阅。

第三十二条　网络借贷信息中介机构的董事、监事、高级管理人员应当忠实、勤勉地履行职责，保证披露的信息真实、准确、完整、及时、公平，不得有虚假记载、误导性陈述或者重大遗漏。

借款人应当配合网络借贷信息中介机构及出借人对融资项目有关信息的调查核实，保证提供的信息真实、准确、完整。

网络借贷信息披露具体细则另行制定。

第六章　监督管理

第三十三条　国务院银行业监督管理机构及其派出机构负责制定统一的规范发展政策措施和监督管理制度，负责网络借贷信息中介机构的日常行为监管，指导和配合地方人民政府做好网络借贷信息中介机构的机构监管和风险处置工作，建立跨部门跨地区监管协调机制。

各地方金融监管部门具体负责本辖区网络借贷信息中介机构的机构监管，包括对本辖区网络借贷信息中介机构的规范引导、备案管理和风险防范、处置工作。

第三十四条　中国互联网金融协会从事网络借贷行业自律管理，并履行下列职责：

（一）制定自律规则、经营细则和行业标准并组织实施，教育会员遵守法律法规和网络借贷有关监管规定；

（二）依法维护会员的合法权益，协调会员关系，组织相关培训，向会员提供行业信息、法律咨询等服务，调解纠纷；

（三）受理有关投诉和举报，开展自律检查；

（四）成立网络借贷专业委员会；

（五）法律法规和网络借贷有关监管规定赋予的其他职责。

第三十五条　借款人、出借人、网络借贷信息中介机构、资金存管机构、担保人等应当签订资金存管协议，明确各自权利义务和违约责任。

资金存管机构对出借人与借款人开立和使用资金账户进行管理和监督，并根据合同约定，对出借人与借款人的资金进行存管、划付、核算和监督。

资金存管机构承担实名开户和履行合同约定及借贷交易指令表面一致性的形式审核责任，但不承担融资项目及借贷交易信息真实性的实质审核责任。

资金存管机构应当按照网络借贷有关监管规定报送数据信息并依法接受相关监督管理。

第三十六条　网络借贷信息中介机构应当在下列重大事件发生后，立即采取应急措施并向工商登记注册地地方金融监管部门报告：

（一）因经营不善等原因出现重大经营风险；

（二）网络借贷信息中介机构或其董事、监事、高级管理人员发生重大违法违规行为；

（三）因商业欺诈行为被起诉，包括违规担保、夸大宣传、虚构隐瞒事实、发布虚假信息、签订虚假合同、错误处置资金等行为。

地方金融监管部门应当建立网络借贷行业重大事件的发现、报告和处置制度，制定处置预案，及时、有效地协调处置有关重大事件。

地方金融监管部门应当及时将本辖区网络借贷信息中介机构重大风险及处置情况信息报送省级人民政府、国务院银行业监督管理机构和中国人民银行。

第三十七条　除本办法第七条规定的事项外，网络借贷信息中介机构发生下列情形的，应当在5个工作日以内向工商登记注册地地方金融监管部门报告：

（一）因违规经营行为被查处或被起诉；

（二）董事、监事、高级管理人员违反境内外相关法律法规行为；

（三）国务院银行业监督管理机构、地方金融监管部门等要求的其他情形。

第三十八条　网络借贷信息中介机构应当聘请会计师事务所进行年度审计，并在上一会计年度结束之日起4个月内向工商登记注册地地方金融监管部门报送年度审计报告。

第七章　法律责任

第三十九条　地方金融监管部门存在未依照本办法规定报告重大风险和处置情况、未依照本办法规定向国务院银行业监督管理机构提供行业统计或行业报告等违反法律法规及本办法规定情形的，应当对有关责任人依法给予行政处分；构成犯罪的，依法追究刑事责任。

第四十条　网络借贷信息中介机构违反法律法规和网络借贷有关监管规定，有关法律法规有处罚规定的，依照其规定给予处罚；有关法律法规未作处罚规定的，工商登记注册地地方金融监管部门可以采取监管谈话、出具警示函、责令改正、通报批评、将其违法违规和不履行公开承诺等情况记入诚信档案并公布等监管措施，以及给予警告、人民币3万元以下罚款和依法可以采取的其他处罚措施；构成犯罪的，依法追究刑事责任。

网络借贷信息中介机构违反法律规定从事非法集资活动或欺诈的，按照相关法律法规和工作机制处理；构成犯罪的，依法追究刑事责任。

第四十一条 网络借贷信息中介机构的出借人及借款人违反法律法规和网络借贷有关监管规定，依照有关规定给予处罚；构成犯罪的，依法追究刑事责任。

第八章 附 则

第四十二条 银行业金融机构及国务院银行业监督管理机构批准设立的其他金融机构和省级人民政府批准设立的融资担保公司、小额贷款公司等投资设立具有独立法人资格的网络借贷信息中介机构，设立办法另行制定。

第四十三条 中国互联网金融协会网络借贷专业委员会按照《关于促进互联网金融健康发展的指导意见》和协会章程开展自律并接受相关监管部门指导。

第四十四条 本办法实施前设立的网络借贷信息中介机构不符合本办法规定的，除违法犯罪行为按照本办法第四十条处理外，由地方金融监管部门要求其整改，整改期不超过12个月。

第四十五条 省级人民政府可以根据本办法制定实施细则，并报国务院银行业监督管理机构备案。

第四十六条 本办法解释权归国务院银行业监督管理机构、工业和信息化部、公安部、国家互联网信息办公室。

第四十七条 本办法所称不超过、以下、以内，包括本数。

七、外汇管理

《中华人民共和国外汇管理条例》导读：

2008 年 8 月 1 日国务院第 20 次常务会议修订通过新的《中华人民共和国外汇管理条例》，并于 2008 年 8 月 5 日以国务院令第 532 号公布。

新条例对原条例作了全面修订。修改后的条例共 54 条，进一步便利了贸易投资活动，完善了人民币汇率形成机制及金融机构外汇业务管理制度，建立了国际收支应急保障制度，强化了跨境资金流动监测，健全了外汇监管手段和措施，并相应明确了有关法律责任。

一是对外汇资金流入流出实施均衡管理。要求经常项目外汇收支应当具有真实、合法的交易基础，取消外汇收入强制调回境内的要求，允许外汇收入按照规定的条件、期限等调回境内或者存放境外；规范资本项目外汇收入结汇管理，要求资本项目外汇及结汇资金应当按照批准的用途使用，增加对外汇资金非法流入、非法结汇、违反结汇资金流向管理等违法行为的处罚规定；明确外汇管理机关有权对资金流入流出进行监督检查及具体管理职权和程序。

二是完善人民币汇率形成机制及金融机构外汇业务管理。规定人民币汇率实行以市场供求为基础的、有管理的浮动汇率制度；经营结汇、售汇业务的金融机构和符合规定条件的其他机构，按照国务院外汇管理部门的规定在银行间外汇市场进行外汇交易；调整外汇头寸管理方式，对金融机构经营外汇业务实行综合头寸管理。

三是强化对跨境资金流动的监测，建立国际收支应急保障制度。健全国际收支统计申报制度，完善外汇收支信息收集，加强对跨境资金流动的统计、分析与监测；根据世界贸易组织规则，规定国际收支出现或者可能出现严重失衡，以及国民经济出现或者可能出现严重危机时，国家可以对国际收支采取必要的保障、控制等措施。

四是健全外汇监管手段和措施。为保障外汇管理机关依法、有效地履行职责，增加规定了外汇管理机关的监管手段和措施，同时规定了外汇管理机关进行监督检查的程序。

条例总则第五条和第二章是对经常项目外汇管理的主要规范。与原条例相比，新条例大大简化了经常项目外汇收支管理的内容和程序。条例规定对经常性国际支付和转移不予限制，并进一步便利经常项目外汇收支。取消经常项目外汇收入强制结汇要求，经常项目外汇收入可按规定保留或者卖给金融机构；规定经常项目外汇支出按付汇与购汇的管理规定，凭有效单证以自有外汇支付或者向金融机构购汇支付。为保证经常项目外汇收支具有真实、合法的交易基础，条例要求办理外汇业务的金融机构应当对交易单证的真实性及其与外汇收支的一致性进行合理审查，同时规定外汇管理机关有权对此进行监督检查，监督检查可以通过核销、核注、非现场数据核对、现场检查等方式进行。

资本项目外汇管理的规范主要集中在条例第三章，是条例修订的重点内容之一。一是为拓宽资本流出渠道预留政策空间。简化对境外直接投资外汇管理的行政审批，增设境外主体在境内筹资、境内主体对境外证券投资和衍生产品交易、境内主体对外提供商业贷款等交易项目的管理原则。二是改革资本项目外汇管理方式。除国家规定无须批准的以外，资本项目外汇收入保留或者结汇应当经外汇管理机关批准；资本项目外汇支出国家未规定需事前经外汇管理机关批准的，原则上可以持规定的有效单证直接到金融机构办理，国家规定应当经外汇管理机关批准的,在外汇支付前应当办理批准手续。三是加强流入资本的用途管理。要求资本项目外汇及结汇后人民币资金应当按照有关主管部门及外汇管理机关批准的用途使用,并授权外汇管理机关对资本项目外汇及结汇后人民币资金的使用和账户变动情况进行监督检查。

完善跨境资金流动监测,对于掌握外汇收支情况,防范国际金融风险具有重要意义。条例一方面在总则中明确要求国务院外汇管理部门对国际收支进行统计监测,定期公布国际收支状况;另一方面要求金融机构通过外汇账户办理外汇业务,并依法向外汇管理机关报送客户的外汇收支及账户变动情况。有外汇经营活动的境内机构,还应当按照国务院外汇管理部门的规定报送财务会计报告、统计报表等资料。按照条例的上述规定,外汇管理机关可以全方位对跨境资金流动进行监测。同时,建立国务院外汇管理部门与国务院有关部门、机构的监管信息通报机制。

为依法行政,保障外汇管理政策有效施行,切实防范国际金融风险,条例明确和细化了外汇管理机关的检查手段和措施,具体包括:外汇管理机关依法履行职责时,有权进行现场检查,进入涉嫌外汇违法行为发生场所调查取证,询问有关当事人,查阅、复制有关交易单证、财务会计资料,封存可能被转移、隐匿或者毁损的文件、资料,查询与被调查外汇违法事件有关的单位和个人的账户(个人储蓄存款账户除外),申请人民法院冻结或者查封涉案财产、重要证据等。当然,外汇管理机关必须按照条例规定的程序实施相关检查,维护当事人合法权益。同时,适应新形势下打击外汇违法行为的需要,条例增加了对资金非法流入、非法结汇、违反结汇资金流向管理、非法携带外汇出入境以及非法介绍买卖外汇等违法行为的处罚规定。

1. 综合

中华人民共和国外汇管理条例

1. 1996年1月29日国务院令第193号公布
2. 根据1997年1月14日国务院令第211号《关于修改〈中华人民共和国外汇管理条例〉的决定》第一次修订
3. 2008年8月5日国务院令第532号第二次修订

第一章　总　　则

第一条　为了加强外汇管理，促进国际收支平衡，促进国民经济健康发展，制定本条例。

第二条　国务院外汇管理部门及其分支机构（以下统称外汇管理机关）依法履行外汇管理职责，负责本条例的实施。

第三条　本条例所称外汇，是指下列以外币表示的可以用作国际清偿的支付手段和资产：

（一）外币现钞，包括纸币、铸币；

（二）外币支付凭证或者支付工具，包括票据、银行存款凭证、银行卡等；

（三）外币有价证券，包括债券、股票等；

（四）特别提款权；

（五）其他外汇资产。

第四条　境内机构、境内个人的外汇收支或者外汇经营活动，以及境外机构、境外个人在境内的外汇收支或者外汇经营活动，适用本条例。

第五条　国家对经常性国际支付和转移不予限制。

第六条　国家实行国际收支统计申报制度。

国务院外汇管理部门应当对国际收支进行统计、监测，定期公布国际收支状况。

第七条　经营外汇业务的金融机构应当按照国务院外汇管理部门的规定为客户开立外汇账户，并通过外汇账户办理外汇业务。

经营外汇业务的金融机构应当依法向外汇管理机关报送客户的外汇收支及账户变动情况。

第八条　中华人民共和国境内禁止外币流通，并不得以外币计价结算，但国家另有规定的除外。

第九条　境内机构、境内个人的外汇收入可以调回境内或者存放境外；调回境内或者存放境外的条件、期限等，由国务院外汇管理部门根据国际收支状况和外汇管理的需要作出规定。

第十条　国务院外汇管理部门依法持有、管理、经营国家外汇储备，遵循安全、流动、增值的原则。

第十一条　国际收支出现或者可能出现严重失衡，以及国民经济出现或者可能出现严重危机时，国家可以对国际收支采取必要的保障、控制等措施。

第二章　经常项目外汇管理

第十二条　经常项目外汇收支应当具有真实、合法的交易基础。经营结汇、售汇业务的金融机构应当按照国务院外汇管理部门的规定，对交易单证的真实性及其与外汇收支的一致性进行合理审查。

外汇管理机关有权对前款规定事项进行监督检查。

第十三条　经常项目外汇收入，可以按照国家有关规定保留或者卖给经营结汇、售汇业务的金融机构。

第十四条　经常项目外汇支出，应当按照国务院外汇管理部门关于付汇与购汇的管理规定，凭有效单证以自有外汇支付或者向经营结汇、售汇业务的金融机构购汇支付。

第十五条　携带、申报外币现钞出入境的限额，由国务院外汇管理部门规定。

第三章　资本项目外汇管理

第十六条　境外机构、境外个人在境内直接投资，经有关主管部门批准后，应当到外汇管理机关办理登记。

境外机构、境外个人在境内从事有价证券或者衍生产品发行、交易，应当遵守国家关于市场准入的规定，并按照国务院外汇管理部门的规定办理登记。

第十七条　境内机构、境内个人向境外直接投资或者从事境外有价证券、衍生产品发行、交易，应当按照国务院外汇管理部门的规定办理登记。国家规定需要事先经有关主管部门批准或者备案的，应当在外汇登记前办理批准或者备案手续。

第十八条　国家对外债实行规模管理。借用外债应当按照国家有关规定办理，并到外汇管理机关办理外债登记。

国务院外汇管理部门负责全国的外债统计与监测，并定期公布外债情况。

第十九条　提供对外担保，应当向外汇管理机关提出申请，由外汇管理机关根据申请人的资产负债等情况作出批准或者不批准的决定；国家规定其经营范围需经有关主管部门批准的，应当在向外汇管理机关提出申请前办理批准手续。申请人签订对外担保合同后，应当到外汇管理机关办理对外担保登记。

经国务院批准为使用外国政府或者国际金融组织贷款进行转贷提供对外担保的，不适用前款规定。

第二十条　银行业金融机构在经批准的经营范围内可以直接向境外提供商业贷款。其他境内机构向境外提供商业贷款,应当向外汇管理机关提出申请,外汇管理机关根据申请人的资产负债等情况作出批准或者不批准的决定;国家规定其经营范围需经有关主管部门批准的,应当在向外汇管理机关提出申请前办理批准手续。

向境外提供商业贷款,应当按照国务院外汇管理部门的规定办理登记。

第二十一条　资本项目外汇收入保留或者卖给经营结汇、售汇业务的金融机构,应当经外汇管理机关批准,但国家规定无需批准的除外。

第二十二条　资本项目外汇支出,应当按照国务院外汇管理部门关于付汇与购汇的管理规定,凭有效单证以自有外汇支付或者向经营结汇、售汇业务的金融机构购汇支付。国家规定应当经外汇管理机关批准的,应当在外汇支付前办理批准手续。

依法终止的外商投资企业,按照国家有关规定进行清算、纳税后,属于外方投资者所有的人民币,可以向经营结汇、售汇业务的金融机构购汇汇出。

第二十三条　资本项目外汇及结汇资金,应当按照有关主管部门及外汇管理机关批准的用途使用。外汇管理机关有权对资本项目外汇及结汇资金使用和账户变动情况进行监督检查。

第四章　金融机构外汇业务管理

第二十四条　金融机构经营或者终止经营结汇、售汇业务,应当经外汇管理机关批准;经营或者终止经营其他外汇业务,应当按照职责分工经外汇管理机关或者金融业监督管理机构批准。

第二十五条　外汇管理机关对金融机构外汇业务实行综合头寸管理,具体办法由国务院外汇管理部门制定。

第二十六条　金融机构的资本金、利润以及因本外币资产不匹配需要进行人民币与外币间转换的,应当经外汇管理机关批准。

第五章　人民币汇率和外汇市场管理

第二十七条　人民币汇率实行以市场供求为基础的、有管理的浮动汇率制度。

第二十八条　经营结汇、售汇业务的金融机构和符合国务院外汇管理部门规定条件的其他机构,可以按照国务院外汇管理部门的规定在银行间外汇市场进行外汇交易。

第二十九条　外汇市场交易应当遵循公开、公平、公正和诚实信用的原则。

第三十条　外汇市场交易的币种和形式由国务院外汇管理部门规定。

第三十一条　国务院外汇管理部门依法监督管理全国的外汇市场。

第三十二条　国务院外汇管理部门可以根据外汇市场的变化和货币政策的要求,依法对外汇市场进行调节。

第六章　监督管理

第三十三条　外汇管理机关依法履行职责,有权采取下列措施:

(一)对经营外汇业务的金融机构进行现场检查;

(二)进入涉嫌外汇违法行为发生场所调查取证;

(三)询问有外汇收支或者外汇经营活动的机构和个人,要求其对与被调查外汇违法事件直接有关的事项作出说明;

(四)查阅、复制与被调查外汇违法事件直接有关的交易单证等资料;

(五)查阅、复制被调查外汇违法事件的当事人和直接有关的单位、个人的财务会计资料及相关文件,对可能被转移、隐匿或者毁损的文件和资料,可以予以封存;

(六)经国务院外汇管理部门或者省级外汇管理机关负责人批准,查询被调查外汇违法事件的当事人和直接有关的单位、个人的账户,但个人储蓄存款账户除外;

(七)对有证据证明已经或者可能转移、隐匿违法资金等涉案财产或者隐匿、伪造、毁损重要证据的,可以申请人民法院冻结或者查封。

有关单位和个人应当配合外汇管理机关的监督检查,如实说明有关情况并提供有关文件、资料,不得拒绝、阻碍和隐瞒。

第三十四条　外汇管理机关依法进行监督检查或者调查,监督检查或者调查的人员不得少于2人,并应当出示证件。监督检查、调查的人员少于2人或者未出示证件的,被监督检查、调查的单位和个人有权拒绝。

第三十五条　有外汇经营活动的境内机构,应当按照国务院外汇管理部门的规定报送财务会计报告、统计报表等资料。

第三十六条　经营外汇业务的金融机构发现客户有外汇违法行为的,应当及时向外汇管理机关报告。

第三十七条　国务院外汇管理部门为履行外汇管理职责,可以从国务院有关部门、机构获取所必需的信息,国务院有关部门、机构应当提供。

国务院外汇管理部门应当向国务院有关部门、机构通报外汇管理工作情况。

第三十八条　任何单位和个人都有权举报外汇违法行为。

外汇管理机关应当为举报人保密,并按照规定对举报人或者协助查处外汇违法行为有功的单位和个人给予奖励。

第七章　法律责任

第三十九条　有违反规定将境内外汇转移境外，或者以欺骗手段将境内资本转移境外等逃汇行为的，由外汇管理机关责令限期调回外汇，处逃汇金额30%以下的罚款；情节严重的，处逃汇金额30%以上等值以下的罚款；构成犯罪的，依法追究刑事责任。

第四十条　有违反规定以外汇收付应当以人民币收付的款项，或者以虚假、无效的交易单证等向经营结汇、售汇业务的金融机构骗购外汇等非法套汇行为的，由外汇管理机关责令对非法套汇资金予以回兑，处非法套汇金额30%以下的罚款；情节严重的，处非法套汇金额30%以上等值以下的罚款；构成犯罪的，依法追究刑事责任。

第四十一条　违反规定将外汇汇入境内的，由外汇管理机关责令改正，处违法金额30%以下的罚款；情节严重的，处违法金额30%以上等值以下的罚款。

非法结汇的，由外汇管理机关责令对非法结汇资金予以回兑，处违法金额30%以下的罚款。

第四十二条　违反规定携带外汇出入境的，由外汇管理机关给予警告，可以处违法金额20%以下的罚款。法律、行政法规规定由海关予以处罚的，从其规定。

第四十三条　有擅自对外借款、在境外发行债券或者提供对外担保等违反外债管理行为的，由外汇管理机关给予警告，处违法金额30%以下的罚款。

第四十四条　违反规定，擅自改变外汇或者结汇资金用途的，由外汇管理机关责令改正，没收违法所得，处违法金额30%以下的罚款；情节严重的，处违法金额30%以上等值以下的罚款。

有违反规定以外币在境内计价结算或者划转外汇等非法使用外汇行为的，由外汇管理机关责令改正，给予警告，可以处违法金额30%以下的罚款。

第四十五条　私自买卖外汇、变相买卖外汇、倒买倒卖外汇或者非法介绍买卖外汇数额较大的，由外汇管理机关给予警告，没收违法所得，处违法金额30%以下的罚款；情节严重的，处违法金额30%以上等值以下的罚款；构成犯罪的，依法追究刑事责任。

第四十六条　未经批准擅自经营结汇、售汇业务的，由外汇管理机关责令改正，有违法所得的，没收违法所得，违法所得50万元以上的，并处违法所得1倍以上5倍以下的罚款；没有违法所得或者违法所得不足50万元的，处50万元以上200万元以下的罚款；情节严重的，由有关主管部门责令停业整顿或者吊销业务许可证；构成犯罪的，依法追究刑事责任。

未经批准经营结汇、售汇业务以外的其他外汇业务的，由外汇管理机关或者金融业监督管理机构依照前款规定予以处罚。

第四十七条　金融机构有下列情形之一的，由外汇管理机关责令限期改正，没收违法所得，并处20万元以上100万元以下的罚款；情节严重或者逾期不改正的，由外汇管理机关责令停止经营相关业务：

（一）办理经常项目资金收付，未对交易单证的真实性及其与外汇收支的一致性进行合理审查的；

（二）违反规定办理资本项目资金收付的；

（三）违反规定办理结汇、售汇业务的；

（四）违反外汇业务综合头寸管理的；

（五）违反外汇市场交易管理的。

第四十八条　有下列情形之一的，由外汇管理机关责令改正，给予警告，对机构可以处30万元以下的罚款，对个人可以处5万元以下的罚款：

（一）未按照规定进行国际收支统计申报的；

（二）未按照规定报送财务会计报告、统计报表等资料的；

（三）未按照规定提交有效单证或者提交的单证不真实的；

（四）违反外汇账户管理规定的；

（五）违反外汇登记管理规定的；

（六）拒绝、阻碍外汇管理机关依法进行监督检查或者调查的。

第四十九条　境内机构违反外汇管理规定的，除依照本条例给予处罚外，对直接负责的主管人员和其他直接责任人员，应当给予处分；对金融机构负有直接责任的董事、监事、高级管理人员和其他直接责任人员给予警告，处5万元以上50万元以下的罚款；构成犯罪的，依法追究刑事责任。

第五十条　外汇管理机关工作人员徇私舞弊、滥用职权、玩忽职守，构成犯罪的，依法追究刑事责任；尚不构成犯罪的，依法给予处分。

第五十一条　当事人对外汇管理机关作出的具体行政行为不服的，可以依法申请行政复议；对行政复议决定仍不服的，可以依法向人民法院提起行政诉讼。

第八章　附　　则

第五十二条　本条例下列用语的含义：

（一）境内机构，是指中华人民共和国境内的国家机关、企业、事业单位、社会团体、部队等，外国驻华外交领事机构和国际组织驻华代表机构除外。

（二）境内个人，是指中国公民和在中华人民共和国境内连续居住满1年的外国人，外国驻华外交人员和国际组织驻华代表除外。

（三）经常项目，是指国际收支中涉及货物、服务、收益及经常转移的交易项目等。

（四）资本项目，是指国际收支中引起对外资产和负债水平发生变化的交易项目，包括资本转移、直接投资、证券投资、衍生产品及贷款等。

第五十三条　非金融机构经营结汇、售汇业务，应当由国务院外汇管理部门批准，具体管理办法由国务院外汇管理部门另行制定。

第五十四条　本条例自公布之日起施行。

国际收支统计申报办法

1. 1995年8月30日国务院批准

2. 1995年9月14日中国人民银行行长令1995年第2号公布

3. 根据2013年11月9日国务院令第642号《关于修改〈国际收支统计申报办法〉的决定》修订

第一条　为完善国际收支统计，根据《中华人民共和国统计法》，制定本办法。

第二条　国际收支统计申报范围为中国居民与非中国居民之间发生的一切经济交易以及中国居民对外金融资产、负债状况。

第三条　本办法所称中国居民，是指：

（一）在中国境内居留1年以上的自然人，外国及香港、澳门、台湾地区在境内的留学生、就医人员、外国驻华使馆领馆外籍工作人员及其家属除外；

（二）中国短期出国人员（在境外居留时间不满1年）、在境外留学人员、就医人员及中国驻外使馆领馆工作人员及其家属；

（三）在中国境内依法成立的企业事业法人（含外商投资企业及外资金融机构）及境外法人的驻华机构（不含国际组织驻华机构、外国驻华使馆领馆）；

（四）中国国家机关（含中国驻外使馆领馆）、团体、部队。

第四条　本办法适用于中国境内所有地区，包括在中国境内设立的保税区和保税仓库等。

第五条　国家外汇管理局按照《中华人民共和国统计法》规定的程序，负责组织实施国际收支统计申报，并进行监督、检查；统计、汇总并公布国际收支状况和国际投资状况；制定、修改本办法的实施细则；制发国际收支统计申报单及报表。政府有关部门应当协助国际收支统计申报工作。

第六条　国际收支统计申报实行交易主体申报的原则，采取间接申报与直接申报、逐笔申报与定期申报相结合的办法。

第七条　中国居民和在中国境内发生经济交易的非中国居民应当按照规定及时、准确、完整地申报国际收支信息。

第八条　中国居民通过境内金融机构与非中国居民进行交易的，应当通过该金融机构向国家外汇管理局或其分支局申报交易内容。

第九条　中国境内提供登记结算、托管等服务的机构和自营或者代理客户进行对外证券、期货、期权等交易的交易商，应当向国家外汇管理局或其分支局申报对外交易及相应的收支和分红派息情况。

第十条　中国境内各类金融机构应当直接向国家外汇管理局或其分支局申报其自营对外业务情况，包括其对外金融资产、负债及其变动情况，相应的利润、利息收支情况，以及对外金融服务收支和其他收支情况；并履行与中国居民和非中国居民通过其进行国际收支统计申报活动有关的义务。

第十一条　在中国境外开立账户的中国非金融机构，应当直接向国家外汇管理局或其分支局申报其通过境外账户与非中国居民发生的交易及账户余额。

第十二条　中国境内的外商投资企业、在境外有直接投资的企业及其他有对外金融资产、负债的非金融机构，必须直接向国家外汇管理局或其分支局申报其对外金融资产、负债及其变动情况和相应的利润、股息、利息收支情况。

第十三条　拥有对外金融资产、负债的中国居民个人，应当按照国家外汇管理局的规定申报其对外金融资产、负债的有关情况。

第十四条　国家外汇管理局或其分支局可以就国际收支情况进行抽样调查或者普查。

第十五条　国家外汇管理局或其分支局有权对中国居民和非中国居民申报的内容进行检查、核对，申报人及有关机构和个人应当提供检查、核对所需的资料和便利。

第十六条　国家外汇管理局及其分支局应当对申报者申报的具体数据严格保密，只将其用于国际收支统计。除法律另有规定外，国际收支统计人员不得以任何形式向任何机构和个人提供申报者申报的具体数据。

银行、交易商以及提供登记结算、托管等服务的机构应当对其在办理业务过程中知悉的申报者申报的具体数据严格保密。

第十七条　中国居民、非中国居民未按照规定进行国际收支统计申报的，由国家外汇管理局或其分支局依照《中华人民共和国外汇管理条例》第四十八条的规定给予处罚。

第十八条　国际收支统计人员违反本办法第十六条规定的，依法给予处分。

国家外汇管理局或其分支局，银行、交易商以及提供登记结算、托管等服务的机构违反本办法第十六条规定的，依法追究法律责任。

第十九条　国家外汇管理局根据本办法制定《国际收支统计申报办法实施细则》。

第二十条　本办法自 1996 年 1 月 1 日起施行。

银行间外汇市场管理暂行规定

1. 1996 年 11 月 29 日中国人民银行发布

2. 银发〔1996〕423 号

第一章　总　　则

第一条　为规范和发展我国银行间外汇市场，维护交易当事人的合法权益，根据《中华人民共和国外汇管理条例》，特制定本规定。

第二条　本规定所称银行间外汇市场（以下简称外汇市场）是指经国家外汇管理局批准可以经营外汇业务的境内金融机构（包括银行、非银行金融机构和外资金融机构）之间通过中国外汇交易中心（以下简称交易中心）进行人民币与外币之间的交易市场。

任何境内金融机构之间不得在交易中心之外进行人民币与外币之间的交易。

第三条　外汇市场由中国人民银行授权国家外汇管理局进行监管。

第四条　交易中心在国家外汇管理局的监管下，负责外汇市场的组织和日常业务管理。

第五条　从事外汇交易，必须遵守法律、行政法规，遵守公开、公平、公正和诚实信用的原则。

第二章　市场组织机构的设立与监管

第六条　交易中心是中国人民银行领导下的独立核算、非盈利性的事业法人。

第七条　交易中心的主要职能是：

（一）提供并维护银行间外汇交易系统；

（二）组织外汇交易币种、品种的买卖；

（三）办理外汇交易的清算交割；

（四）提供外汇市场信息服务；

（五）国家外汇管理局授权的其他职能。

第八条　根据业务需要，交易中心可以设立分中心、分中心的设立或撤销须报经国家外汇管理局批准。

第九条　交易中心实行会员制，只有会员才能参与外汇市场的交易。

第十条　会员大会是交易中心的最高权力机构，每年召开一次。会议由交易中心理事会负责召集。

第十一条　交易中心设立理事会，为会员大会闭会期间会员大会的常设机构。

第十二条　理事会成员不得少于九人，其中非会员理事人数不得少于理事会成员的三分之一；会员理事中中资机构会员人数不得少于理事会成员的三分之一；理事会每届任期二年，每位会员理事连任不得超过两届。

第十三条　会员理事由会员大会选举产生，非会员理事由国家外汇管理局提名，会员大会选举产生。

第十四条　理事会设理事长一人，由非会员理事担任，经国家外汇管理局提名，理事会选举产生；副理事长三人，其中非会员理事长一人，会员理事长二人，由理事会选举产生。

第三章　对会员的管理

第十五条　境内金融机构提出申请，经交易中心理事会批准、并报国家外汇管理局备案后，可成为交易中心的会员；会员申请退会的，亦须经交易中心理事会批准并报国家外汇管理局备案。

第十六条　会员选派的交易员必须经过交易中心培训并颁发许可证方可上岗参加交易。

第十七条　会员须按规定向交易中心缴纳席位费。

第十八条　会员应当遵守国家有关外汇管理法规，接受交易中心的管理。

第四章　对交易行为的监管

第十九条　会员之间的外汇交易必须通过交易中心进行，非会员的外汇交易必须通过有代理资格的会员进行。

交易中心自身不得从事外汇交易。

第二十条　会员代理非会员的外汇交易的资格应当得到交易中心的批准。

第二十一条　交易价格采用直接标价法。

第二十二条　市场交易中的下列事项，应当报经国家外汇管理局批准：

（一）交易方式；

（二）交易时间；

（三）交易币种及品种；

（四）清算方式；

（五）国家外汇管理局规定的其他事项。

第二十三条　交易中心和会员单位应当保证用于清算的外汇和人民币资金在规定时间内办理交割入帐。

第二十四条　交易中心可以向交易双方收取手续费，收取手续费的标准须报经国家外汇管理局批准。

第二十五条　中国人民银行授权国家外汇管理局规定和调整每日外汇市场交易价格的最大浮动幅度。

第二十六条　中国人民银行根据外汇市场形成的价格，公布当日人民币市场汇率，外汇交易应当根据当日市场汇率并在规定的每日最大价格浮动幅度内进行。

第二十七条　中国人民银行可以根据货币政策的要求，在外汇市场内买卖外汇，调节外汇供求，平抑外汇市场价格。

第五章　法 律 责 任

第二十八条　会员违反国家外汇管理规定、交易中心章程和业务规则的，国家外汇管理局有权对其处以通报批评、暂停交易或取消会员资格，由此造成的经济损失由会员承担。

第二十九条　交易员若违反交易中心的交易规则，交易中心有权给予警告、通报批评、取消交易资格等处罚，造成经济损失的，应承担民事责任，经济损失由其会员单位承担。

第三十条　交易中心有以下行为的，造成经济损失的由交易中心承担，同时追究主管人员的责任：

（一）擅自改变交易时间、交易方式、交易币种及品种、清算方式的；

（二）无故拖延清算资金划拨的；

（三）向上级主管机关上报虚假交易情况的；

（四）违反中国人民银行及国家外汇管理局的其他规定的。

第三十一条　交易中心工作人员有以下行为的，交易中心理事会有权给予警告、通报批评或开除等行政处分，造成经济损失的，应承担民事责任，构成犯罪的，应当依法追究刑事责任：

（一）利用职务便利贪污、挪用或其他非法占有公共财物的行为的；

（二）玩忽职守给外汇市场造成损失的；

（三）泄露不准对外公布的内部信息的。

第六章　附　　则

第三十二条　交易中心依照本规定制定交易中心章程、业务规则，报国家外汇管理局批准后实施。

第三十三条　本规定由国家外汇管理局负责解释。

第三十四条　本规定自印发之日起实施。

银行间外汇市场做市商指引

1. 2021年1月2日国家外汇管理局发布
2. 汇发〔2021〕1号
3. 根据2023年3月23日国家外汇管理局《关于废止和失效15件外汇管理规范性文件及调整14件外汇管理规范性文件条款的通知》（汇发〔2023〕8号）修正

第一条　为促进外汇市场可持续发展，根据《中华人民共和国外汇管理条例》《银行间外汇市场管理暂行规定》（银发〔1996〕423号），制定《银行间外汇市场做市商指引》（以下简称《指引》）。

第二条　《指引》所称银行间外汇市场做市商，是指在我国银行间外汇市场进行人民币与外币交易时，承担向会员持续提供买、卖价格义务的银行间外汇市场会员。

第三条　银行间外汇市场做市商可根据自身做市能力在即期、远期、掉期、期权等外汇市场开展做市。

第四条　银行间外汇市场做市商依法享有以下权利：

（一）适度扩大结售汇综合头寸限额区间，实行较灵活的头寸管理；

（二）交易系统、交易手续费、交易数据等方面获得更多支持；

（三）享有向中国人民银行（以下简称人民银行）申请外汇一级交易商的资格；

（四）在银行间外汇市场进行创新业务的政策支持。

第五条　银行间外汇市场做市商依法应履行以下义务：

（一）在规定的交易时间内，在银行间外汇市场连续提供人民币对主要交易货币的买、卖双向价格，所报价格应是有效的可成交价格；

（二）银行间外汇市场报价不得超过人民银行规定的银行间外汇市场交易汇价的浮动幅度；

（三）遵守外汇市场自律机制相关自律规范，在外汇市场规范交易方面发挥市场引领作用，诚实交易，不利用非法或其他不当手段从事虚假交易、操纵市场价格；

（四）遵守结售汇综合头寸管理规定和要求；

（五）积极引导客户树立汇率风险中性意识，不得在市场营销中误导或诱导客户预期；

（六）按照国家外汇管理局（以下简称外汇局）要求及时报告外汇市场运行和做市情况，并报送人民银行。

第六条　银行间外汇市场做市商需具备以下条件：

（一）前一个评选周期内，依据《银行间外汇市场评优办法》计算的客观指标评分和外汇局评分两项综合得分，排名靠前；上述综合得分涵盖各会员在即期、远掉期、期权等市场的综合做市表现；

（二）遵守人民银行和外汇局的有关规定，外汇市场行为符合自律机制相关要求。前一个评选周期内，外汇业务管理与审慎经营评估考核等级出现一次C级，或外汇市场自律机制评估出现一次严重不达标的，自动丧失评选资格；其他会员按照排名先后依次递补。

第七条　普通会员可根据自身做市意愿申请成为尝试做市机构，为即期、远期、掉期、期权的一种或多种外汇产品提供报价服务。尝试做市机构的市场准入退出和日常管理由中国外汇交易中心(以下简称交易中心)具体实施。

第八条　外汇局每两个年度进行一次做市商评选,参与排名的会员为做市商和尝试做市机构,考核评分标准按照考评周期对应时段《银行间外汇市场评优办法》执行。第一个评选周期为2019—2020年。

第九条　评选周期结束后,外汇局根据评选结果确定和公布做市商名单,并抄送人民银行和交易中心。外汇局公布做市商评选结果时,一并调整新准入和退出的做市商结售汇综合头寸限额。

第十条　发生放弃做市商资格、股权重大变动、外资银行法人化改制资格承继、其他资格承继等机构变更情况的做市商,应在变更后30日内经交易中心提交外汇局登记备案。

第十一条　外汇局对做市商做市情况实施监测,并接受市场会员对不履行本《指引》第五条所列做市义务行为的举报。

第十二条　交易中心根据外汇局要求和市场反馈,完善《银行间外汇市场评优办法》,并定期向外汇局报送做市商评估指标情况,同时报送人民银行。

第十三条　做市商未认真履行做市义务或存在严重扰乱外汇市场行为的,外汇局可以依法约谈、风险提示,并依据《外汇管理条例》进行处罚。

第十四条　银行间外汇市场直接交易做市商及小币种做市商,遵照人民银行有关规定执行。

第十五条　本《指引》由外汇局负责解释。

第十六条　本《指引》自公布之日起施行,《银行间外汇市场做市商指引》(汇发〔2013〕13号)同时废止。

个人外汇管理办法

1. 2006年12月25日中国人民银行令〔2006〕第3号公布
2. 自2007年2月1日起施行

第一章　总　　则

第一条　为便利个人外汇收支,简化业务手续,规范外汇管理,根据《中华人民共和国外汇管理条例》和《结汇、售汇及付汇管理规定》等相关法规,制定本办法。

第二条　个人外汇业务按照交易主体区分境内与境外个人外汇业务,按照交易性质区分经常项目和资本项目个人外汇业务。按上述分类对个人外汇业务进行管理。

第三条　经常项目项下的个人外汇业务按照可兑换原则管理,资本项目项下的个人外汇业务按照可兑换进程管理。

第四条　国家外汇管理局及其分支机构(以下简称外汇局)按照本办法规定,对个人在境内及跨境外汇业务进行监督和管理。

第五条　个人应当按照本办法规定办理有关外汇业务。银行应当按照本办法规定为个人办理外汇收付、结售汇及开立外汇账户等业务,对个人提交的有效身份证件及相关证明材料的真实性进行审核。汇款机构及外币兑换机构(含代兑点)按照本办法规定为个人办理个人外汇业务。

第六条　银行应通过外汇局指定的管理信息系统办理个人购汇和结汇业务,真实、准确录入相关信息,并将办理个人业务的相关材料至少保存5年备查。

第七条　银行和个人在办理个人外汇业务时,应当遵守本办法的相关规定,不得以分拆等方式逃避限额监管,也不得使用虚假商业单据或者凭证逃避真实性管理。

第八条　个人跨境收支,应当按照国际收支统计申报的有关规定办理国际收支统计申报手续。

第九条　对个人结汇和境内个人购汇实行年度总额管理。年度总额内的,凭本人有效身份证件在银行办理;超过年度总额的,经常项目项下凭本人有效身份证件和有交易额的相关证明等材料在银行办理,资本项目项下按照第三章有关规定办理。

第二章　经常项目个人外汇管理

第十条　从事货物进出口的个人对外贸易经营者,在商务部门办理对外贸易经营权登记备案后,其贸易外汇资金的收支按照机构的外汇收支进行管理。

第十一条　个人进行工商登记或者办理其他执业手续后,可以凭有关单证办理委托具有对外贸易经营权的企业代理进出口项下及旅游购物、边境小额贸易等项下外汇资金收付、划转及结汇。

第十二条　境内个人外汇汇出境外用于经常项目支出,单笔或当日累计汇出在规定金额以下的,凭本人有效身份证件在银行办理;单笔或当日累计汇出在规定金额以上的,凭本人有效身份证件和有交易额的相关证明等材料在银行办理。

第十三条　境外个人在境内取得的经常项目项下合法人民币收入,可以凭本人有效身份证件及相关证明材料在银行办理购汇及汇出。

第十四条　境外个人未使用的境外汇入外汇,可以凭本人有效身份证件在银行办理原路汇回。

第十五条　境外个人将原兑换未使用完的人民币兑回外币现钞时,小额兑换凭本人有效身份证件在银行或外币兑换机构办理;超过规定金额的,可以凭原兑换水单在银行办理。

第三章 资本项目个人外汇管理

第十六条 境内个人对外直接投资符合有关规定的，经外汇局核准可以购汇或以自有外汇汇出，并应当办理境外投资外汇登记。

第十七条 境内个人购买B股，进行境外权益类、固定收益类以及国家批准的其他金融投资，应当按相关规定通过具有相应业务资格的境内金融机构办理。

第十八条 境内个人向境内保险经营机构支付外汇人寿保险项下保险费，可以购汇或以自有外汇支付。

第十九条 境内个人在境外获得的合法资本项目收入经外汇局核准后可以结汇。

第二十条 境内个人对外捐赠和财产转移需购付汇的，应当符合有关规定并经外汇局核准。

第二十一条 境内个人向境外提供贷款、借用外债、提供对外担保和直接参与境外商品期货和金融衍生产品交易，应当符合有关规定并到外汇局办理相应登记手续。

第二十二条 境外个人购买境内商品房，应当符合自用原则，其外汇资金的收支和汇兑应当符合相关外汇管理规定。境外个人出售境内商品房所得人民币，经外汇局核准可以购汇汇出。

第二十三条 除国家另有规定外，境外个人不得购买境内权益类和固定收益类等金融产品。境外个人购买B股，应当按照国家有关规定办理。

第二十四条 境外个人在境内的外汇存款应纳入存款金融机构短期外债余额管理。

第二十五条 境外个人对境内机构提供贷款或担保，应当符合外债管理的有关规定。

第二十六条 境外个人在境内的合法财产对外转移，应当按照个人财产对外转移的有关外汇管理规定办理。

第四章 个人外汇账户及外币现钞管理

第二十七条 个人外汇账户按主体类别区分为境内个人外汇账户和境外个人外汇账户；按账户性质区分为外汇结算账户、资本项目账户及外汇储蓄账户。

第二十八条 银行按照个人开户时提供的身份证件等证明材料确定账户主体类别，所开立的外汇账户应使用与本人有效身份证件记载一致的姓名。境内个人和境外个人外汇账户境内划转按跨境交易进行管理。

第二十九条 个人进行工商登记或者办理其他执业手续后可以开立外汇结算账户。

第三十条 境内个人从事外汇买卖等交易，应当通过依法取得相应业务资格的境内金融机构办理。

第三十一条 境外个人在境内直接投资，经外汇局核准，可以开立外国投资者专用外汇账户。账户内资金经外汇局核准可以结汇。直接投资项目获得国家主管部门批准后，境外个人可以将外国投资者专用外汇账户内的外汇资金划入外商投资企业资本金账户。

第三十二条 个人可以凭本人有效身份证件在银行开立外汇储蓄账户。外汇储蓄账户的收支范围为非经营性外汇收付、本人或与其直系亲属之间同一主体类别的外汇储蓄账户间的资金划转。境内个人和境外个人开立的外汇储蓄联名账户按境内个人外汇储蓄账户进行管理。

第三十三条 个人携带外币现钞出入境，应当遵守国家有关管理规定。

第三十四条 个人购汇提钞或从外汇储蓄账户中提钞，单笔或当日累计在有关规定允许携带外币现钞出境金额之下的，可以在银行直接办理；单笔或当日累计提钞超过上述金额的，凭本人有效身份证件、提钞用途证明等材料向当地外汇局事前报备。

第三十五条 个人外币现钞存入外汇储蓄账户，单笔或当日累计在有关规定允许携带外币现钞入境免申报金额之下的，可以在银行直接办理；单笔或当日累计存钞超过上述金额的，凭本人有效身份证件、携带外币现钞入境申报单或本人原存款金融机构外币现钞提取单据在银行办理。

第三十六条 银行应根据有关反洗钱规定对大额、可疑外汇交易进行记录、分析和报告。

第五章 附 则

第三十七条 本办法下列用语的含义：

（一）境内个人是指持有中华人民共和国居民身份证、军人身份证件、武装警察身份证件的中国公民。

（二）境外个人是指持护照、港澳居民来往内地通行证、台湾居民来往大陆通行证的外国公民（包括无国籍人）以及港澳台同胞。

（三）经常项目项下非经营性外汇是指除贸易外汇之外的其他经常项目外汇。

第三十八条 个人旅行支票按照外币现钞有关规定办理；个人外币卡业务，按照外币卡管理的有关规定办理。

第三十九条 对违反本办法规定的，由外汇局依据《中华人民共和国外汇管理条例》及其他相关规定予以处罚；构成犯罪的，依法移送司法机关追究刑事责任。

第四十条 国家外汇管理局负责制定本办法相应的实施细则，确定年度总额、规定金额等。

第四十一条 本办法由国家外汇管理局负责解释。

第四十二条 本办法自2007年2月1日起施行。以前规定与本办法不一致的，按本办法执行。附件所列外汇管理规定自本办法施行之日起废止。

附件:(略)

个人外汇管理办法实施细则

1. 2007年1月5日国家外汇管理局发布
2. 汇发〔2007〕1号
3. 根据2016年5月29日国家外汇管理局《关于宣布废止失效14件和修改1件外汇管理规范性文件的通知》(汇发〔2016〕13号)修正

第一章　总　　则

第一条　为规范和便利银行及个人的外汇业务操作,根据《个人外汇管理办法》,制定本细则。

第二条　对个人结汇和境内个人购汇实行年度总额管理。年度总额分别为每人每年等值5万美元。国家外汇管理局可根据国际收支状况,对年度总额进行调整。

个人年度总额内的结汇和购汇,凭本人有效身份证件在银行办理;超过年度总额的,经常项目项下按本细则第十条、第十一条、第十二条办理,资本项目项下按本细则“资本项目个人外汇管理”有关规定办理。

第三条　个人所购外汇,可以汇出境外、存入本人外汇储蓄账户,或按照有关规定携带出境。

第四条　个人年度总额内购汇、结汇,可以委托其直系亲属代为办理;超过年度总额的购汇、结汇以及境外个人购汇,可以按本细则规定,凭相关证明材料委托他人办理。

第五条　个人携带外币现钞出入境,应当遵守国家有关管理规定。

第六条　各外汇指定银行(以下简称银行)应按照本细则规定对个人外汇业务进行真实性审核,不得伪造、变造交易。

银行应通过个人结售汇管理信息系统(以下简称个人结售汇系统)办理个人购汇和结汇业务,真实、准确、完整录入相关信息。

第七条　国家外汇管理局及其分支机构(以下简称外汇局)负责对个人外汇业务进行统计、监测、管理和检查。

第二章　经常项目个人外汇管理

第八条　个人经常项目项下外汇收支分为经营性外汇收支和非经营性外汇收支。

第九条　个人经常项目项下经营性外汇收支按以下规定办理:

(一)个人对外贸易经营者办理对外贸易购付汇、收结汇应通过本人的外汇结算账户进行;其外汇收支、进出口核销、国际收支申报按机构管理。

个人对外贸易经营者指依法办理工商登记或者其他执业手续,取得个人工商营业执照或者其他执业证明,并按照国务院商务主管部门的规定,办理备案登记,取得对外贸易经营权,从事对外贸易经营活动的个人。

(二)个体工商户委托有对外贸易经营权的企业办理进口的,本人凭其与代理企业签定的进口代理合同或协议购汇,所购外汇通过本人的外汇结算账户直接划转至代理企业经常项目外汇账户。

个体工商户委托有对外贸易经营权的企业办理出口的,可通过本人的外汇结算账户收汇、结汇。结汇凭合同及物流公司出具的运输单据等商业单证办理。代理企业将个体工商户名称、账号以及核销规定的其他材料向所在地外汇局报备后,可以将个体工商户的收账通知作为核销凭证。

(三)境外个人旅游购物贸易方式项下的结汇,凭本人有效身份证件及个人旅游购物报关单办理。

第十条　境内个人经常项目项下非经营性结汇超过年度总额的,凭本人有效身份证件及以下证明材料在银行办理:

(一)捐赠:经公证的捐赠协议或合同。捐赠须符合国家规定;

(二)赡家款:直系亲属关系证明或经公证的赡养关系证明、境外给付人相关收入证明,如银行存款证明、个人收入纳税凭证等;

(三)遗产继承收入:遗产继承法律文书或公证书;

(四)保险外汇收入:保险合同及保险经营机构的付款证明。投保外汇保险须符合国家规定;

(五)专有权利使用和特许收入:付款证明、协议或合同;

(六)法律、会计、咨询和公共关系服务收入:付款证明、协议或合同;

(七)职工报酬:雇佣合同及收入证明;

(八)境外投资收益:境外投资外汇登记证明文件、利润分配决议或红利支付书或其他收益证明;

(九)其它:相关证明及支付凭证。

第十一条　境外个人经常项目项下非经营性结汇超过年度总额的,凭本人有效身份证件及以下证明材料在银行办理:

(一)房租类支出:房屋管理部门登记的房屋租赁合同、发票或支付通知;

(二)生活消费类支出:合同或发票;

(三)就医、学习等支出:境内医院(学校)收费证明；

（四）其它：相关证明及支付凭证。

上述结汇单笔等值5万美元以上的，应将结汇所得人民币资金直接划转至交易对方的境内人民币账户。

第十二条 境内个人经常项目项下非经营性购汇超过年度总额的，凭本人有效身份证件和有交易额的相关证明材料在银行办理。

第十三条 境外个人经常项目合法人民币收入购汇及未用完的人民币兑回，按以下规定办理：

（一）在境内取得的经常项目合法人民币收入，凭本人有效身份证件和有交易额的相关证明材料（含税务凭证）办理购汇。

（二）原兑换未用完的人民币兑回外汇，凭本人有效身份证件和原兑换水单办理，原兑换水单的兑回有效期为自兑换日起24个月；对于当日累计兑换不超过等值500美元（含）以及离境前在境内关外场所当日累计不超过等值1000美元（含）的兑换，可凭本人有效身份证件办理。

第十四条 境内个人外汇汇出境外用于经常项目支出，按以下规定办理：

外汇储蓄账户内外汇汇出境外当日累计等值5万美元以下（含）的，凭本人有效身份证件在银行办理；超过上述金额的，凭经常项目项下有交易额的真实性凭证办理。

手持外币现钞汇出当日累计等值1万美元以下（含）的，凭本人有效身份证件在银行办理；超过上述金额的，凭经常项目项下有交易额的真实性凭证、经海关签章的《中华人民共和国海关进境旅客行李物品申报单》或本人原存款银行外币现钞提取单据办理。

第十五条 境外个人经常项目外汇汇出境外，按以下规定在银行办理：

（一）外汇储蓄账户内外汇汇出，凭本人有效身份证件办理；

（二）手持外币现钞汇出，当日累计等值1万美元以下（含）的，凭本人有效身份证件办理；超过上述金额的，还应提供经海关签章的《中华人民共和国海关进境旅客行李物品申报单》或本人原存款银行外币现钞提取单据办理。

第三章 资本项目个人外汇管理

第十六条 境内个人对外直接投资应按国家有关规定办理。所需外汇经所在地外汇局核准后可以购汇或以自有外汇汇出，并办理相应的境外投资外汇登记手续。

境内个人及因经济利益关系在中国境内习惯性居住的境外个人，在境外设立或控制特殊目的公司并返程投资的，所涉外汇收支按《国家外汇管理局关于境内居民通过境外特殊目的公司融资及返程投资外汇管理有关问题的通知》等有关规定办理。

第十七条 境内个人可以使用外汇或人民币，并通过银行、基金管理公司等合格境内机构投资者进行境外固定收益类、权益类等金融投资。

第十八条 境内个人参与境外上市公司员工持股计划、认股期权计划等所涉外汇业务，应通过所属公司或境内代理机构统一向外汇局申请获准后办理。

境内个人出售员工持股计划、认股期权计划等项下股票以及分红所得外汇收入，汇回所属公司或境内代理机构开立的境内专用外汇账户后，可以结汇，也可以划入员工个人的外汇储蓄账户。

第十九条 境内个人向境内经批准经营外汇保险业务的保险经营机构支付外汇保费，应持保险合同、保险经营机构付款通知书办理购付汇手续。

境内个人作为保险受益人所获外汇保险项下赔偿或给付的保险金，可以存入本人外汇储蓄账户，也可以结汇。

第二十条 移居境外的境内个人将其取得合法移民身份前境内财产对外转移以及外国公民依法继承境内遗产的对外转移，按《个人财产对外转移售付汇管理暂行办法》等有关规定办理。

第二十一条 境外个人在境内买卖商品房及通过股权转让等并购境内房地产企业所涉外汇管理，按《国家外汇管理局 建设部关于规范房地产市场外汇管理有关问题的通知》等有关规定办理。

第二十二条 境外个人可按相关规定投资境内B股；投资其他境内发行和流通的各类金融产品，应通过合格境外机构投资者办理。

第二十三条 根据人民币资本项目可兑换的进程，逐步放开对境内个人向境外提供贷款、借用外债、提供对外担保以及直接参与境外商品期货和金融衍生产品交易的管理，具体办法另行制定。

第四章 个人外汇账户及外币现钞管理

第二十四条 外汇局按账户主体类别和交易性质对个人外汇账户进行管理。银行为个人开立外汇账户，应区分境内个人和境外个人。账户按交易性质分为外汇结算账户、外汇储蓄账户、资本项目账户。

第二十五条 外汇结算账户是指个人对外贸易经营者、个体工商户按照规定开立的用以办理经常项目项下经营性外汇收支的账户。其开立、使用和关闭按机构账户进行管理。

第二十六条　个人在银行开立外汇储蓄账户应当出具本人有效身份证件，所开立账户户名应与本人有效身份证件记载的姓名一致。

第二十七条　个人开立外国投资者投资专用账户、特殊目的公司专用账户及投资并购专用账户等资本项目外汇账户及账户内资金的境内划转、汇出境外应经外汇局核准。

第二十八条　个人外汇储蓄账户资金境内划转，按以下规定办理：

（一）本人账户间的资金划转，凭有效身份证件办理；

（二）个人与其直系亲属账户间的资金划转，凭双方有效身份证件、直系亲属关系证明办理；

（三）境内个人和境外个人账户间的资金划转按跨境交易进行管理。

第二十九条　本人外汇结算账户与外汇储蓄账户间资金可以划转，但外汇储蓄账户向外汇结算账户的划款限于划款当日的对外支付，不得划转后结汇。

第三十条　个人提取外币现钞当日累计等值1万美元以下（含）的，可以在银行直接办理；超过上述金额的，凭本人有效身份证件、提钞用途证明等材料向银行所在地外汇局事前报备。银行凭本人有效身份证件和经外汇局签章的《提取外币现钞备案表》（附1）为个人办理提取外币现钞手续。

第三十一条　个人向外汇储蓄账户存入外币现钞，当日累计等值5000美元以下（含）的，可以在银行直接办理；超过上述金额的，凭本人有效身份证件、经海关签章的《中华人民共和国海关进境旅客行李物品申报单》或本人原存款银行外币现钞提取单据在银行办理。银行应在相关单据上标注存款银行名称、存款金额及存款日期。

第五章　个人结售汇管理信息系统

第三十二条　具有结售汇业务经营资格并已接入和使用个人结售汇系统的银行，直接通过个人结售汇系统办理个人结售汇业务。

第三十三条　各银行总行及分支机构申请接入个人结售汇系统，应满足个人结售汇管理信息系统技术接入条件（附2），具备经培训的技术人员和业务操作人员，并能维护系统的正常运行。

第三十四条　银行应按规定填写个人结售汇系统银行网点信息登记表，向外汇局提出系统接入申请。外汇局在对银行申请验收合格后，予以准入。

第三十五条　除以下情况外，银行办理个人结售汇业务都应纳入个人结售汇系统：

（一）通过外币代兑点发生的结售汇；

（二）通过银行柜台尾零结汇、转利息结汇等小于等值100美元（含100美元）的结汇；

（三）外币卡境内消费结汇；

（四）境外卡通过自助银行设备提取人民币现钞；

（五）境内卡境外使用购汇还款。

第三十六条　银行为个人办理结售汇业务时，应当按照下列流程办理：

（一）通过个人结售汇系统查询个人结售汇情况；

（二）按规定审核个人提供的证明材料；

（三）在个人结售汇系统上逐笔录入结售汇业务数据；

（四）通过个人结售汇系统打印“结汇/购汇通知单”，作为会计凭证留存备查。

第三十七条　外汇局负责对辖内银行业务操作的规范性、业务数据录入的完整性和准确性等进行考核和检查。

第六章　附　　则

第三十八条　个人委托其直系亲属代为办理年度总额内的购汇、结汇，应分别提供委托人和受托人的有效身份证件、委托人的授权书、直系亲属关系证明；其他情况代办的，除需提供双方有效身份证件、授权书外，还应提供本细则规定的相关证明材料。

直系亲属指父母、子女、配偶。直系亲属关系证明指能证明直系亲属关系的户口簿、结婚证或街道办事处等政府基层组织或公安部门、公证部门出具的有效亲属关系证明。

~~**第三十九条**　违反《个人外汇管理办法》及本细则规定的，外汇局将依据《中华人民共和国外汇管理条例》及其他相关规定予以处罚；对于《中华人民共和国外汇管理条例》及其他相关规定没有明确规定的，对银行和个人应分别处以人民币3万元和1000元以下的罚款。~~①

第四十条　本细则由国家外汇管理局负责解释。

第四十一条　本细则自2007年2月1日起施行。

附件：（略）

---

① 该条已被2023年3月23日《国家外汇管理局关于废止和失效15件外汇管理规范性文件及调整14件外汇管理规范性文件条款的通知》（汇发〔2023〕8号）废止。——编者注

国家外汇管理局关于印发《跨国公司跨境资金集中运营管理规定》的通知

1. 2019年3月15日国家外汇管理局发布
2. 汇发〔2019〕7号
3. 根据2023年3月23日国家外汇管理局《关于废止和失效15件外汇管理规范性文件及调整14件外汇管理规范性文件条款的通知》(汇发〔2023〕8号)修正

国家外汇管理局各省、自治区、直辖市分局、外汇管理部,深圳、大连、青岛、厦门、宁波市分局;各全国性中资银行:

为进一步促进贸易投资便利化,服务实体经济,国家外汇管理局对《跨国公司外汇资金集中运营管理规定》(汇发〔2015〕36号,以下简称36号文)进行了修订。现就有关事项通知如下:

一、实施外债和境外放款宏观审慎管理。跨国公司可根据宏观审慎原则,集中境内成员企业外债额度和(或)境外放款额度,并在集中额度的规模内遵循商业惯例自行开展借用外债业务和(或)境外放款业务。

二、大幅简化外债和境外放款登记。主办企业所在地国家外汇管理局分支局(以下简称所在地外汇局)向主办企业出具备案通知书时,根据经备案集中的额度为其办理一次性外债登记和(或)境外放款登记,主办企业无需分币种、分债权人(或债务人)逐笔办理外债(或境外放款)登记;银行和企业无需报送36号文规定的3张手工报表。

三、实行资本项目外汇收入结汇支付便利化。跨国公司主办企业在办理国内资金主账户内资本项目外汇收入支付使用时,无需事前向合作银行逐笔提供真实性证明材料;合作银行应按照展业原则进行真实合规性审核。

四、完善准入退出机制。主办企业应在取得跨国公司备案通知书后一年内开立国内资金主账户,并实际办理跨境资金集中运营相关业务,否则备案通知书自颁发满一年之日起失效。跨国公司可在经外汇局备案后,停止办理跨国公司跨境资金集中运营业务。

五、调整优化账户功能。跨国公司以主办企业国内资金主账户为主办理跨境资金集中运营各项业务;确有需要的,可以选择一家境外成员企业开立NRA账户集中运营管理境外成员企业资金。国内资金主账户币种不设限制,为多币种(含人民币)账户,开户数量不予限制。

本通知下发前开立的代码为"3600"的国际资金主账户内的资金,应于本通知下发后六个月内,按照资金性质将账户内资金划转至国内资金主账户或者按照本通知规定开立的NRA账户,并将划转情况报所在地外汇局备案。

六、加强事中事后监管。所在地外汇局应定期或不定期进行风险评估,强化非现场监测与现场核查检查,做好银行、企业风险提示和指导工作。

现将修订后的《跨国公司跨境资金集中运营管理规定》印发,国家外汇管理局各分局、外汇管理部接到本通知后,应及时转发辖内中心支局、支局、城市商业银行、农村商业银行、外资银行、农村合作银行;各全国性中资银行接到本通知后,应及时转发所辖分支机构。执行中如遇问题,请及时向国家外汇管理局反馈。

附件:跨国公司跨境资金集中运营管理规定

附件

跨国公司跨境资金集中运营管理规定

第一章　总　　则

第一条　为促进贸易投资便利化,服务实体经济,便利跨国公司跨境资金集中运营,制定本规定。

第二条　本规定所称跨国公司是以资本联结为纽带,由母公司、子公司及其他成员企业或机构共同组成的联合体。

主办企业,是指取得跨国公司授权履行主体业务备案、实施、数据报送、情况反馈等职责的具有独立法人资格的一家境内公司。主办企业为财务公司的,其从事跨境资金交易应遵守行业管理部门的规定。

成员企业,是指跨国公司内部相互直接或间接持股的、具有独立法人资格的各家公司,分为境内成员企业和境外成员企业。与主办企业无直接或间接持股关系,但属同一母公司控股的兄弟公司可认定为成员企业。

金融机构(财务公司作为主办企业的除外)、地方政府融资平台和房地产企业不得作为主办企业或成员企业参与跨国公司跨境资金集中运营。

第三条　本规定所称跨境资金集中运营业务,是指集中运营管理境内外资金,办理外债和境外放款额度集中管理、经常项目资金集中收付和轧差净额结算等业务。

第四条　跨国公司可以选择符合条件的境内银行(主办企业所在地省级区域内,下同)作为办理跨境资金集中运营业务的合作银行(以下简称合作银行)。

第二章　业务备案及变更

第五条　满足以下条件的跨国公司,可根据经营需要选择一家境内企业作为主办企业集中运营管理境内外成员企业资金，开展集中外债额度、集中境外放款额度、经常项目资金集中收付和轧差净额结算中的一项或多项业务：

（一）具备真实业务需求；

（二）具有完善的跨境资金管理架构、内控制度；

（三）建立相应的内部管理电子系统；

（四）上年度本外币国际收支规模超过1亿美元（参加跨境资金集中运营业务的境内成员企业合并计算）；

（五）近三年无重大外汇违法违规行为（成立不满三年的企业，自成立之日起无重大外汇违规行为）；

（六）主办企业和境内成员企业如为贸易外汇收支名录内企业，货物贸易分类结果应为A类；

（七）国家外汇管理局规定的其他审慎监管条件。

第六条　为跨国公司办理跨境资金集中运营业务的合作银行应满足以下条件：

（一）具备国际结算能力且具有结售汇业务资格；

（二）近三年执行外汇管理规定年度考核B（含）类以上；合作银行考核等次下降，不符合上述条件的，仅能办理原有相应业务，不可再办理新业务；

（三）国家外汇管理局规定的其他审慎监管条件。

第七条　跨国公司开展跨境资金集中运营业务，应通过主办企业所在地国家外汇管理局分支局（以下简称所在地外汇局）向所属外汇分局、管理部（以下简称分局）备案，提交以下材料：

（一）基本材料

1. 备案申请书（包括跨国公司及主办企业基本情况、拟开展的业务种类、成员企业名单、主办企业及成员企业股权结构情况、拟选择的合作银行情况等）；

2. 跨国公司对主办企业开展跨境资金集中运营业务的授权书；

3. 主办企业与合作银行共同签署的《跨国公司跨境资金集中运营业务办理确认书》（见附1）；

4. 主办企业及境内成员企业营业执照复印件和货物贸易分类结果证明材料；

5. 境外成员企业注册文件（非中文的同时提供中文翻译件）；

6. 金融业务许可证及经营范围批准文件（仅主办企业为财务公司的需提供）。

以上第2项材料应加盖跨国公司公章，其余材料均应加盖主办企业公章。

（二）专项材料

1. 外债额度集中管理。主办企业申请办理集中境内成员企业外债额度备案时，应在备案申请书中列表说明参加外债额度集中的境内成员企业名称、统一社会信用代码、注册地、每家境内成员企业上年末经审计的所有者权益状况、拟集中的外债额度，并提供贡献外债额度成员企业上年度资产负债表复印件（加盖主办企业公章）。

2. 境外放款额度集中管理。主办企业申请办理集中境内成员企业境外放款额度备案时，应在备案申请书中列表说明参加境外放款额度集中的境内成员企业名称、统一社会信用代码、注册地、每家境内成员企业上年末经审计的所有者权益状况、拟集中的境外放款额度，并提供贡献境外放款额度成员企业上年度资产负债表复印件（加盖主办企业公章）。

3. 经常项目资金集中收付和轧差净额结算。主办企业申请办理经常项目资金集中收付和轧差净额结算备案时，应在备案申请书中列表说明参与经常项目资金集中收付和轧差净额结算的境内成员企业名称、统一社会信用代码、注册地（加盖主办企业公章）。

（三）如前述基本材料和专项材料有不清晰或不准确的地方，所在地外汇局可要求提供其他材料。

第八条　分局应在收到完整的跨国公司跨境资金集中运营业务备案申请材料之日起二十个工作日内完成备案手续，并通过主办企业所在地外汇局出具备案通知书（见附2）。

第九条　主办企业为财务公司的，应当遵守行业主管部门规定，并将跨国公司跨境资金集中运营业务和其他业务（包括自身资产负债业务）分账管理。

第十条　跨国公司跨境资金集中运营业务办理期间，合作银行、主办企业、成员企业、业务种类等发生变更的，主办企业应提前一个月通过所在地外汇局向分局变更备案。分局应在收到完整的变更申请材料之日起二十个工作日内完成备案手续，并通过主办企业所在地外汇局出具备案通知书。

（一）合作银行变更的，应提交以下材料：

1. 变更合作银行申请（包括拟选择的合作银行，原账户余额的处理方式等）；

2. 加盖银行业务公章的原账户余额对账单；

3. 主办企业与变更后合作银行签署的《跨国公司跨境资金集中运营业务办理确认书》；

4. 原备案通知书复印件。

（二）主办企业变更、成员企业新增或退出、外债和境外放款额度变更、业务种类变更的，除参照第七条提交材料外，还应提交原备案通知书复印件。

第十一条　主办企业、成员企业发生名称变更、分立、合并的，主办企业应在事项发生之日起一个月内报所在地外汇局，同时提交原备案通知书复印件、变更所涉企业的相关情况说明、涉及变更事项的证明材料（如变更后的营业执照等）。

第十二条　主办企业应在取得跨国公司备案通知书后一年内开立国内资金主账户并实际办理跨境资金集中运营相关业务，否则备案通知书自颁发满一年之日起失效。合作银行应及时关闭主办企业据此开立的国内资金主账户；主办企业所在地外汇局也应在相关信息系统中及时维护额度等有关信息。

第十三条　跨国公司需要停止办理跨境资金集中运营业务的，主办企业处理完毕相关债权债务、关闭国内资金主账户后，应通过所在地外汇局向分局备案，提交备案申请，包括跨国公司跨境资金集中运营的外债额度及境外放款额度集中、跨境收支及结售汇、国内资金主账户的关闭等相关情况。跨国公司仅停止办理经常项目资金集中收付和轧差净额结算业务的，无需办理备案手续，但主办企业应在停止办理后二十个工作日内向所在地外汇局书面报告。

分局应在收到完整的跨国公司跨境资金集中运营备案申请材料之日起二十个工作日内完成备案手续，并通过主办企业所在地外汇局收回原备案通知书原件。

第三章　外债额度集中管理

第十四条　跨国公司可根据宏观审慎原则，集中境内成员企业外债额度，并在所集中的额度内遵循商业惯例自行开展外债业务。

第十五条　跨国公司主办企业可以按照以下公式集中境内成员企业全部外债额度。

跨国公司外债集中额度≤Σ 主办企业及参与集中的境内成员企业上年末经审计的所有者权益 * 跨境融资杠杆率 * 宏观审慎调节参数。

初始时期，跨境融资杠杆率为2，宏观审慎调节参数为1。国家外汇管理局可根据整体对外负债情况、期限结构、币种结构等对跨境融资杠杆率和宏观审慎调节参数进行调节。

第十六条　参与跨国公司跨境资金集中运营业务并被集中外债额度的成员企业，自主办企业递交申请之日起，原则上不得自行举借外债。在主办企业递交申请之前，成员企业已经自行举借外债的，在其自行举借的外债全部偿清之前，原则上不得作为成员企业参与外债额度集中。

第十七条　主办企业可以自身为实际借款人集中借入外债，也可以成员企业为实际借款人代理其借入外债。但外债的借入和偿还应通过主办企业的国内资金主账户进行。

第十八条　主办企业所在地外汇局在为其出具备案通知书时，应在国家外汇管理局相关信息系统中按照经备案的外债集中额度为主办企业办理一次性外债登记。主办企业通过国内资金主账户融入和偿还外债资金时，应按照现行规定办理国际收支申报，无需再到所在地外汇局逐笔办理外债签约登记。

第四章　境外放款额度集中管理

第十九条　跨国公司可根据宏观审慎原则，集中境内成员企业的境外放款额度，并在所集中的额度内遵循商业惯例自行开展境外放款业务。

第二十条　跨国公司主办企业可以按照以下公式集中境内成员企业全部境外放款额度。

跨国公司境外放款集中额度≤Σ 主办企业及参与集中的境内成员企业上年末经审计的所有者权益 * 境外放款杠杆率 * 宏观审慎调节参数。

初始时期，境外放款杠杆率为0.3，宏观审慎调节参数为1。国家外汇管理局可根据整体境外放款情况、期限结构、币种结构等对境外放款杠杆率和宏观审慎调节参数进行调节。

第二十一条　参与跨国公司跨境资金集中运营业务并被集中境外放款额度的成员企业，自主办企业递交申请之日起，原则上不得自行开展境外放款业务。在主办企业递交申请之前，成员企业已经自行开展境外放款业务的，在其境外放款全部收回之前，原则上不得作为成员企业参与境外放款额度集中。

第二十二条　主办企业可以自身为实际放款人进行境外放款，也可以成员企业为实际放款人代理其进行境外放款。境外放款资金的融出和收回应通过主办企业的国内资金主账户进行。

第二十三条　主办企业所在地外汇局在为其出具备案通知书时，应在国家外汇管理局相关信息系统中按照经备案的境外放款集中额度为主办企业办理一次性境外放款额度登记。主办企业通过国内资金主账户融出和收回境外放款资金时，应按照现行规定办理国际收支申报，无需再到所在地外汇局逐笔办理境外放款额度登记。

第五章　经常项目资金集中收付和轧差净额结算业务管理

第二十四条　跨国公司可根据经营需要，通过主办企业办理经常项目资金集中收付或轧差净额结算业务。

经常项目资金集中收付是指主办企业通过国内资金主账户集中代理境内成员企业办理经常项目收支。

经常项目轧差净额结算是指主办企业通过国内资金主账户集中核算其境内外成员企业经常项目项下应收应付资金，合并一定时期内收付交易为单笔交易的操作方式。原则上每个自然月轧差净额结算不少于1次。

境内成员企业按照规定,需凭《货物贸易外汇业务登记表》办理的业务,不得参加经常项目资金集中收付和轧差净额结算,应按现行规定办理。

第二十五条　主办企业申请办理经常项目资金集中收付或轧差净额结算的,所在地外汇局在为其出具备案通知书时,应按规定办理货物贸易外汇业务登记手续。

第二十六条　办理经常项目资金集中收付或轧差净额结算应按以下要求进行涉外收付款申报:

主办企业应对两类数据进行涉外收付款申报。一类是资金集中收付或轧差净额结算时主办企业的实际对外收付款数据(以下简称实际收付款数据);另一类是逐笔还原资金集中收付或轧差净额结算前各成员企业的原始收付款数据(以下简称还原数据)。

实际收付款数据不为零时,主办企业应通过办理实际对外收付款交易的境内银行进行申报,境内银行应将实际收付款信息交易编码标记为"999999"。实际收付款数据为零时(轧差净额结算为零),主办企业应虚拟一笔结算为零的申报数据,填写《境外汇款申请书》,收付款人名称均为主办企业,交易编码标记为"999998",国别为"中国",其他必输项可视情况填报或填写"N/A"(大写英文字母)。境内银行应在其实际对外收付款之日(轧差净额结算为零时为轧差结算日或会计结算日)(T)后的第1个工作日(T+1)中午12:00前,完成实际数据的报送工作。

对还原数据的申报,主办企业应按照实际收付款的日期(轧差净额结算为零时为轧差结算日或会计结算日)确认还原数据申报时点(T),并根据全收全支原则,以境内成员企业名义,向实际办理或记账处理对外收付款业务的银行提供还原数据的基础信息和申报信息,使其至少包括涉外收付款统计申报的所需信息。境内银行应在实际对外收付款之日(T)后的第1个工作日(T+1)中午12:00前,完成还原数据基础信息的报送工作;第5个工作日(T+5)前,完成还原数据申报信息的报送工作。申报单号码由发生实际收付款的银行编制,交易编码按照实际交易性质填报。境内银行应将还原数据的"银行业务编号"填写为所对应的实际收付款数据的申报号码,以便建立集中收付数据与还原数据间的对应关系。境内银行应为主办企业提供申报渠道等基础条件,并负责将还原数据的基础信息和申报信息传送到外汇局。

第六章　账户管理

第二十七条　跨国公司的主办企业可持备案通知书,在经备案的合作银行直接开立国内资金主账户,办理跨境资金集中运营相关业务。

跨国公司可以根据经营需要,选择一家境外成员企业,在经备案的合作银行开立NRA账户,集中运营管理境外成员企业资金。

第二十八条　国内资金主账户可以是多币种(含人民币)账户,开户数量不予限制,但应符合审慎监管要求;国内资金主账户允许日间及隔夜透支;透支资金只能用于对外支付,收到资金后应优先偿还透支款。

第二十九条　国内资金主账户收支范围如下:

(一)收入范围

1. 境内成员企业从境外直接获得的经常项目收入;

2. 境内成员企业经常项目账户、资本金账户、资产变现账户、境内再投资专用账户划入;

3. 集中额度内从境外融入的外债和收回的境外放款本息;

4. 购汇存入(经常项目项下对外支付购汇所得资金、购汇境外放款或偿还外债资金);

5. 存款本息;

6. 同一主办企业其它国内资金主账户资金划转收入;

7. 外汇局核准的其他收入。

除另有规定外,跨国公司境内成员企业向境内存款性金融机构借入的外汇贷款不得进入国内资金主账户(用于偿还外债、境外放款等除外)。

(二)支出范围

1. 境内成员企业向境外的经常项目支出;

2. 向境内成员企业经常项目账户、资本金账户、资产变现账户、再投资专用账户划出;

3. 集中额度内向境外融出的境外放款和偿还的外债本息;

4. 结汇;

5. 存款划出;

6. 交纳存款准备金;

7. 同一主办企业其它国内资金主账户资金划转支出;

8. 外汇局核准的其他支出。

第三十条　国内资金主账户跨境资金收付应按现行规定办理国际收支申报。国内资金主账户涉及外债资金收付的,资金净融入金额(即外债余额)不得超过经备案的外债集中额度;涉及境外放款资金收付的,资金净融出金额(即境外放款余额)不得超过经备案的境外放款集中额度。

第三十一条　国内资金主账户与境外经常项目收付以及

结售汇，包括集中收付和轧差净额结算等，由经办银行按照“了解客户”“了解业务”“尽职审查”等展业原则办理相关手续。对于资金性质不明确的，银行应当要求主办企业提供相关单证，服务贸易等项目对外支付仍需按规定提交税务备案表。

对于单笔等值5万美元（不含）以上，且退汇日期与原收、付款日期间隔在180天（不含）以上或由于特殊情况无法按规定办理原路退回的退汇业务，主办企业应当到所在地外汇局办理货物贸易外汇业务登记手续。

主办企业及境内成员企业应按货物贸易外汇管理规定，及时、准确通过货物贸易外汇业务监测系统（企业端）进行贸易信贷、贸易融资等业务报告。

银行、主办企业应当分别留存充分证明其交易真实、合法的相关文件和单证等五年备查。

第三十二条　国内资金主账户可集中办理经常项下、直接投资、外债和境外放款项下结售汇。

境内成员企业归集至主办企业的外商直接投资项下外汇资金（包括外汇资本金、资产变现账户资金和境内再投资账户资金），以及主办企业在经备案的集中额度内融入的外债资金和收回的境外放款本息，在国内资金主账户内可以按照意愿结汇方式或支付结汇方式办理结汇手续，并遵守现行“资本项目—结汇待支付账户”和资金用途等方面的规定。

第三十三条　主办企业在办理国内资金主账户内资本项目外汇收入（含外汇和结汇所得人民币资金）支付使用时，可在承诺相关交易真实合规的前提下，凭《资本项目账户资金支付命令函》直接在合作银行办理，无需事前向合作银行逐笔提供真实性证明材料；经办银行应按照“了解客户”“了解业务”“尽职审查”等展业原则进行真实合规性审核。

银行、主办企业应当分别留存充分证明其交易真实、合法的相关文件和单证等五年备查。

第三十四条　主办企业应当按照《国家外汇管理局关于印发〈通过银行进行国际收支统计申报业务实施细则〉的通知》（汇发〔2015〕27号）进行涉外收付款申报；主办企业为财务公司或指定申报主体的，还应当按照《国家外汇管理局关于印发〈对外金融资产负债及交易统计制度〉的通知》（汇发〔2018〕24号）的规定进行申报。

第七章　监督管理

第三十五条　主办企业应认真按照本规定及备案通知书内容开展业务。业务开展期间，相关事项发生变更的，应按要求及时向所在地外汇局办理变更手续。主办企业应做好额度控制，确保任一时点外债余额和境外放款余额不超过经备案的集中额度。

主办企业及成员企业应严格按规定通过银行对跨境资金收付进行国际收支申报，并报送相关账户信息。

第三十六条　合作银行对跨国公司跨境资金集中运营业务及提交的材料，应做好真实性和合规性审核，做好资金流动的监测和额度管理。

第三十七条　合作银行应与跨国公司联合制定跨境资金集中运营业务的内部管理规章制度，包括但不限于业务模式、操作流程、内控制度、组织架构、系统建设、风险防控措施、数据监测方式以及技术服务保障方案等内容，并留存备查。

第三十八条　合作银行应按规定及时、完整、准确地报送相关账户信息、国际收支申报、境内资金划转、结售汇等数据，审核企业报送的业务数据，协助做好非现场监测。

第三十九条　分局应采取下列措施确保跨国公司跨境资金集中运营管理工作平稳有序，政策落到实处：

（一）应按“谁备案，谁负责”的原则，定期或不定期进行风险评估，在评估过程中，发现银行或企业违反有关规定的，应要求其限期整改。

（二）强化非现场监测与现场核查检查。充分利用跨境资金流动监测与分析系统和资本项目信息系统等现有外汇管理系统，建立跨国公司名单，全面分析跨国公司跨境资金集中运营业务项下相关跨境收支、结售汇及账户管理等情况，加强对相关业务的跟踪分析监测。

（三）做好银行、企业风险提示和业务指导工作。采取有效措施满足企业真实合理需求，督促银行建立操作规程和内控制度，提供必要的技术服务保障。必要时，可要求主办企业对跨境资金集中运营业务的合规性等进行审计。

第四十条　主办企业货物贸易分类结果降为B、C类，所在地外汇局将通知跨国公司变更主办企业并重新提交申请材料；其他成员企业货物贸易分类结果降为B、C类，主办企业应终止其业务，并向所在地外汇局进行成员企业变更。

第四十一条　跨国公司主办企业及成员企业应依法依规开展跨境资金集中运营业务，违规行为将按照《外汇管理条例》等相关法规进行查处。

第八章　附　　则

第四十二条　跨国公司主办企业和成员企业原则上不得重复申请跨境资金集中运营备案。

第四十三条　国家外汇管理局可根据国家宏观调控政

策、国际收支形势及业务开展情况，对跨国公司跨境资金集中运营业务相关政策进行调整。对于不符合本规定关于成员企业资格、额度等要求的情形，允许由主办企业所在地分局视具体情况，根据风险可控的原则，按照规定程序集体审议决定。

第四十四条　本规定自发布之日起实施，由国家外汇管理局负责解释。《国家外汇管理局关于印发〈跨国公司外汇资金集中运营管理规定〉的通知》（汇发〔2015〕36号）同时废止。

附1

跨国公司跨境资金集中运营业务办理确认书

本单位已知晓跨国公司跨境资金集中运营管理政策及相关要求，仔细阅读本确认书告知和提示的本单位义务以及外汇局监管要求。承诺将：

一、依法合规开展跨境资金集中运营业务。在满足下列要求前提下，享有按照政策规定的便利措施办理相关业务的权利：签署本确认书，严格按照要求办理业务，合规经营等。

二、按外汇局政策规定及时、准确、完整地报送业务数据；不使用虚假合同或者构造交易办理业务，接受并配合外汇局对本单位的监督检查，及时、如实说明情况并提供相关单证资料。

三、理解并接受外汇局根据国际收支形势对政策和业务进行适时调整。遵守外汇局关于外债和境外放款宏观审慎调节参数和杠杆率调整要求。自行承担由于外汇局调整政策以及本单位违规行为而引起的相关损失。违反政策及相关要求的，接受外汇局依法实施的包括行政处罚、暂停或终止业务、对外公布相关处罚决定等在内的处理措施。

四、本确认书适用于跨国公司跨境资金集中运营业务；本确认书未尽事项，按照有关外汇管理法规规定执行。

五、本确认书适用于本单位及所属成员单位，自签署时生效。本单位将认真学习并遵守相关政策及要求，积极支持配合外汇局对跨国公司跨境资金集中运营业务的管理。

企业（公章）：　　　　银行（公章）：
法定代表人（签字）：　　负责人（签字）：
　　年　　月　　日　　　　年　　月　　日

> 为进一步促进贸易投资便利化，外汇局依法制定本确认书，提示企业、银行在开展跨国公司跨境资金集中运营业务中依法享有的权利和应当承担的义务。企业、银行签署本确认书并认真执行，享有按照跨境资金集中运营管理规定的便利措施办理相关业务的权利。
>
> 外汇局根据国际收支形势等具体情况，制定、调整跨国公司跨境资金集中运营管理政策，并依法予以告知。
>
> 外汇局依法对跨国公司跨境资金集中运营业务进行监督检查。对企业、银行违规行为，按照《中华人民共和国外汇管理条例》等法规规定进行行政处罚。

附2

国家外汇管理局××分局（外汇管理部）关于××公司开展跨境资金集中运营业务的备案通知书（参考样式）

××〔20××〕×号

××公司：

你公司《关于××公司开展跨国公司跨境资金集中运营业务的备案申请》（××字〔××〕××号）收悉。根据《国家外汇管理局关于印发〈跨国公司跨境资金集中运营管理规定〉的通知》（汇发〔20××〕××号）和××等规定，同意对××公司开展跨国公司跨境资金集中运营业务予以备案。

同意你公司作为××公司（跨国公司）开展跨境资金集中运营业务的主办企业（含××家境内成员企业，××境外成员企业，名单见附件），开展外债额度集中、境外放款额度集中、经常项目资金集中收付、经常项目资金轧差净额结算业务。

你公司可集中调配的外债额度××亿美元；可集中调配的境外放款额度××亿美元。

（其他需备案或特别关注、说明的事项）。

国家外汇管理局××分局（外汇管理部）
××年××月××日

国家外汇管理局关于进一步促进贸易投资便利化完善真实性审核的通知

1. 2016年4月26日发布
2. 汇发〔2016〕7号

国家外汇管理局各省、自治区、直辖市分局、外汇管理部,深圳、大连、青岛、厦门、宁波市分局,各中资外汇指定银行:

为推进外汇管理改革,促进贸易投资便利化,支持实体经济发展,防范跨境资金流动风险,现就有关促进外汇管理便利化和完善真实性审核措施通知如下:

一、扩大银行结售汇综合头寸下限。上年度结售汇业务量等值2000亿美元以上的银行,头寸下限调整为-50亿美元;等值200亿至2000亿美元之间的,做市商银行头寸下限调整为-20亿美元,非做市商银行头寸下限调整为-10亿美元;等值10亿美元至200亿美元之间的,做市商银行头寸下限调整为-5亿美元,非做市商银行头寸下限调整为-3亿美元;等值1亿美元至10亿美元之间的银行,头寸下限调整为-2亿美元;等值1亿美元以下以及新取得结售汇业务资格的银行,头寸下限调整为-0.5亿美元。调整后的结售汇综合头寸下限,自本通知发布之日起自动生效。

二、丰富远期结汇交割方式。银行为机构客户办理远期结汇业务,在坚持实需原则前提下,到期交割方式可以自主选择全额或差额结算。远期结汇差额结算的货币和参考价遵照执行期权业务的有关外汇管理规定。

三、简化A类企业货物贸易外汇收入管理。货物贸易外汇管理分类等级为A类的企业贸易外汇收入(不含退汇业务及离岸转手买卖业务)暂不进入出口收入待核查账户,可直接进入经常项目外汇账户或结汇。

四、统一中、外资企业外债结汇管理政策,中资非金融企业借用的外债资金可以按现行外商投资企业外债管理规定结汇使用。

五、规范货物贸易离岸转手买卖外汇收支管理。银行为企业办理离岸转手买卖收支业务时,应逐笔审核合同、发票、真实有效的运输单据、提单仓单等货权凭证,确保交易的真实性、合规性和合理性。同一笔离岸转手买卖业务应在同一家银行网点采用同一币种(外币或人民币)办理收支结算。

货物贸易外汇管理分类等级为B类的企业暂停办理离岸转手买卖外汇收支业务。

六、规范直接投资外汇利润汇出管理。银行为境内机构办理等值5万美元以上(不含)利润汇出,应按真实交易原则审核与本次利润汇出相关的董事会利润分配决议(或合伙人利润分配决议)、税务备案表原件及证明本次利润情况的财务报表。每笔利润汇出后,银行应在相关税务备案表原件上加章签注该笔利润实际汇出金额及汇出日期。

七、规范货物贸易风险提示函管理措施。国家外汇管理局分支局(以下简称外汇局)可对资金流与货物流严重不匹配或资金单向流动较大的企业发送风险提示函(见附件),要求其在10个工作日内说明情况。企业未及时说明情况或不能提供证明材料并做出合理解释的,外汇局可依据《货物贸易外汇管理指引实施细则》第五十五条等规定,将其列为B类企业,实施严格监管。此类企业列入B类后,符合相关指标连续3个月正常等条件的,外汇局可将其恢复为A类。

八、违反本通知规定的,由外汇局根据《外汇管理条例》依法处罚。

九、本通知自发布之日起施行。《国家外汇管理局关于加强外汇资金流入管理有关问题的通知》(汇发〔2013〕20号)同时废止。

《国家外汇管理局关于印发货物贸易外汇管理法规有关问题的通知》(汇发〔2012〕38号)、《国家外汇管理局关于发布〈外债登记管理办法〉的通知》(汇发〔2013〕19号)、《国家外汇管理局关于印发服务贸易外汇管理法规的通知》(汇发〔2013〕30号)、《国家外汇管理局关于进一步改进和调整资本项目外汇管理政策的通知》(汇发〔2014〕2号)、《国家外汇管理局关于废止和修改涉及注册资本登记制度改革相关规范性文件的通知》(汇发〔2015〕20号)等以往规定与本通知内容不一致的,以本通知为准。

各分局、外汇管理部接到本通知后,应尽快转发辖内中心支局、支局和外汇指定银行,并认真遵照执行。

附件:国家外汇管理局××分(支)局风险提示函(略)

国家外汇管理局关于印发《支付机构外汇业务管理办法》的通知

1. 2019年4月29日国家外汇管理局发布
2. 汇发〔2019〕13号

国家外汇管理局各省、自治区、直辖市分局、外汇管理部,深圳、大连、青岛、厦门、宁波市分局,各中资外汇指定银行:

为便利跨境电子商务结算,促进支付机构外汇业务健康发展,防范外汇支付风险,国家外汇管理局在总结支付机构跨境外汇支付业务试点经验的基础上,制定了《支付机构外汇业务管理办法》(以下简称《办法》,见附件)。现就有关事项说明如下:

一、《办法》实施前参与跨境外汇支付业务试点的支付机构,应于《办法》实施之日起 3 个月内,按照《办法》要求,向注册地国家外汇管理局分局、外汇管理部(以下简称分局)进行名录登记。

二、银行在满足交易信息采集、真实性审核等条件下,可参照《办法》第十二条,申请凭交易电子信息为跨境电子商务经营者、购买商品或服务的消费者提供结售汇及相关资金收付服务。

三、为确保支付机构跨境外汇支付试点业务平稳过渡,各分局应向辖内支付机构准确传导政策要求,科学调配人员,妥善做好《办法》实施的各项工作。

四、本通知自发布之日起施行,此前规定与本通知不一致的,按本通知执行。《国家外汇管理局关于开展支付机构跨境外汇支付业务试点的通知》(汇发〔2015〕7号)同时废止。

各分局收到本通知后,应及时转发辖内中心支局(支局)、地方性商业银行及外资银行。各中资外汇指定银行收到本通知后,应及时转发下属分支机构。

特此通知。

附件:支付机构外汇业务管理办法

附件

支付机构外汇业务管理办法

第一章　总　　则

第一条　为便利跨境电子商务结算,促进支付机构外汇业务健康发展,防范跨境资金流动风险,根据《中华人民共和国电子商务法》《中华人民共和国外汇管理条例》《非金融机构支付服务管理办法》等有关法律法规,制定本办法。

第二条　支付机构开展外汇业务适用本办法。

本办法所称支付机构外汇业务,是指支付机构通过合作银行为市场交易主体跨境交易提供的小额、快捷、便民的经常项下电子支付服务,包括代理结售汇及相关资金收付服务。

本办法所称市场交易主体,是指电子商务经营者、购买商品或服务的消费者(以下简称消费者)。

第三条　支付机构依据本办法办理贸易外汇收支企业名录登记(以下简称名录登记)后方可开展外汇业务。支付机构应遵循"了解客户""了解业务"及"尽职审查"原则,在登记的业务范围内开展经营活动。

第四条　支付机构应尽职核验市场交易主体身份的真实性、合法性。为市场交易主体办理的外汇业务应当具有真实、合法的交易基础,且符合国家有关法律法规,不得以任何形式为非法交易提供服务。支付机构应对交易的真实性、合法性及其与外汇业务的一致性进行审查。

第五条　银行应审慎选择合作支付机构,客观评估拟合作支付机构的外汇业务能力等,并对合作支付机构办理的外汇业务的真实性、合规性进行合理审核。未进行合理审核导致违规的,合作银行依法承担连带责任。合作银行可根据支付机构风险控制能力等情况在经登记的单笔交易限额内确定实际的单笔交易限额。合作银行要求支付机构提供必要相关信息的,支付机构应积极配合。

第六条　市场交易主体、支付机构及合作银行应遵守国家有关法律法规,不得以虚构交易、分拆等方式逃避监管。

第七条　国家外汇管理局及其分支机构(以下简称外汇局)依法对支付机构开展外汇业务进行监督管理。支付机构、合作银行及市场交易主体应予以配合。

第八条　支付机构及合作银行应依法履行反洗钱、反恐怖融资义务,依法维护市场交易主体合法权益,对市场交易主体身份和交易信息等依法严格保密。

第二章　登 记 管 理

第九条　国家外汇管理局分局、外汇管理部(以下简称分局)负责支付机构名录登记管理。

第十条　支付机构申请办理名录登记,应具备下列条件:

(一)具有相关支付业务合法资质;

(二)具有开展外汇业务的内部管理制度和相应技术条件;

(三)申请外汇业务的必要性和可行性;

(四)具有交易真实性、合法性审核能力和风险控制能力;

(五)至少 5 名熟悉外汇业务的人员(其中 1 名为外汇业务负责人);

(六)与符合第十一条要求的银行合作。

第十一条　支付机构应与具备下列条件的银行签约,并通过合作银行办理相关外汇业务:

(一)具有经营结售汇业务资格;

(二)具有审核支付机构外汇业务真实性、合规性的能力;

（三）至少5名熟悉支付机构外汇业务的人员；

（四）已接入个人外汇业务系统并开通相关联机接口。

支付机构应根据外汇业务规模等因素，原则上选择不超过2家银行开展合作。

第十二条 支付机构申请办理名录登记，应按照本办法向注册地分局提交下列申请材料：

（一）书面申请，包括但不限于公司基本情况（如治理结构、机构设置等）、合作银行情况、申请外汇业务范围及可行性研究报告、与主要客户的合作意向协议、业务流程、信息采集及真实性审核方案、抽查机制、风控制度模型及系统情况等；

（二）行业主管部门颁发的开展支付业务资质证明文件复印件、营业执照（副本）复印件、法定代表人有效身份证件复印件等；

（三）与银行的合作协议（包括但不限于双方责任与义务，汇率报价规则，服务费收取方式，利息计算方式与归属，纠纷处理流程，合作银行对支付机构外汇业务合规审核能力、风险管理能力以及相关技术条件的评估认可情况等）；

（四）外汇业务人员履历及其外汇业务能力核实情况；

（五）承诺函，包括但不限于承诺申请材料真实可信、按时履行报告义务、积极配合外汇局监督管理等。

如有其他有助于说明合规、风控能力的材料，也可提供。

第十三条 注册地分局应在支付机构提交合格完整申请材料之日起20个工作日内，为获准登记的支付机构出具正式书面文件，为其办理名录登记，并按规定公开许可结果，同时报备国家外汇管理局。

第十四条 支付机构名录登记的有效期为5年。期满后，支付机构拟继续开展外汇业务的，应在距到期日至少3个月前向注册地分局提出延续登记的申请。继续开展外汇业务应符合本办法第十条所列条件，并按照本办法第十二条提交材料。

违反《中华人民共和国行政许可法》相关规定，或行业主管部门终止支付机构支付业务，支付机构名录登记相应失效。

第十五条 支付机构变更下列事项之一的，应事前向注册地分局提出登记变更申请，并提供相关说明材料：

（一）业务范围或业务子项；

（二）合作银行；

（三）业务流程；

（四）风控方案；

（五）单笔交易金额限额（特定交易限额变更理由及相应风险控制措施）；

（六）交易信息采集及验证方案；

（七）公司外汇业务负责人。

注册地分局同意变更的，为支付机构办理登记变更，其有效期与原登记有效期一致。

支付机构变更公司名称、实际控制人或法定代表人等公司基本信息，应于变更后30日内向注册地分局报备。注册地分局需评估公司变更情况对持续经营外汇业务能力的影响。

第十六条 支付机构主动终止外汇业务，应在公司作出终止决定之日起5个工作日内向注册地分局提出注销登记申请及终止外汇业务方案。业务处置完毕后，外汇局注销其登记。

第十七条 支付机构办理名录登记，因隐瞒有关情况或提供虚假材料等未获批准的，自收到不予批准决定之日起1年内不得再次提出申请。

第三章 市场交易主体管理

第十八条 支付机构应尽职审核市场交易主体的真实性、合法性，并定期核验更新，相关材料（含电子影像等）留存5年备查。审核的市场主体信息原则上包括但不限于名称、国别、有效证件号码、联系方式等可校验身份的信息。

第十九条 支付机构应区分电子商务经营者和消费者，对市场交易主体进行管理，并建立健全市场交易主体管理制度。市场交易主体为境外主体的，支付机构应对其身份进行分类标识，相关外汇业务按现行有关规定办理。

第二十条 支付机构应建立市场交易主体负面清单管理制度，将拒绝服务的市场交易主体列入负面清单，并每月将负面清单及拒绝服务原因报合作银行，相关材料留存5年备查。

合作银行应建立支付机构服务的市场交易主体随机抽查机制，抽查情况留存备查。

第四章 交易审核

第二十一条 支付机构应制定交易信息采集制度，按照真实、可跟踪稽核、不可篡改原则采集交易信息，确保交易信息来源客观、可信、合法。交易信息原则上应包括商品或服务名称及种类、数量、交易币种、金额、交易双方及国别、订单时间等必要信息。

支付机构应建立交易信息验证及抽查机制，通过适当方式对采集的交易信息进行持续随机验证，可通过物流等信息进行辅助验证，相关资料留存5年备查。

第二十二条 支付机构为市场交易主体提供外汇服务

时，应确保资金收付与交易在主体、项目、金额等方面一致，另有规定的除外。

第二十三条　对于违规风险较高的交易，支付机构应要求市场交易主体提供相关单证材料。不能确认交易真实合规的，应拒绝办理。相关材料留存5年备查。

第二十四条　支付机构外汇业务的单笔交易金额原则上不得超过等值5万美元。对于有真实、合法超限额需求的，支付机构应按照本办法第十五条向注册地分局提出登记变更申请。

第二十五条　支付机构应通过合作银行为市场交易主体办理结售汇及相关资金收付服务，并按照本办法要求实现交易信息的逐笔还原，除退款外不得办理轧差结算。支付机构应在收到资金之日（T）后的第1个工作日（T+1）内完成结售汇业务办理。

第二十六条　消费者可用人民币或自有外汇进行支付。消费者向支付机构划转外汇时，应向外汇划出银行提供包含有交易金额、支付机构名称等信息的交易真实性材料。外汇划出银行核对支付机构账户名称和金额后办理，并在交易附言中注明“支付机构外汇支付划转”。

第二十七条　支付机构应事前与市场交易主体就汇率标价、手续费、清算时间、汇兑损益等达成协议。支付机构应向市场交易主体明示合作银行提供的汇率标价，不得擅自调整汇率标价，不得利用汇率价差非法牟利。

第二十八条　支付机构应建立健全外汇业务风控制度和技术系统，设立外汇业务合规管理岗，并对制度和技术系统进行持续评估完善。

第二十九条　合作银行应对支付机构外汇业务真实性、合规性进行合理审核，建立业务抽查机制，随机抽查部分业务，并留存相关材料5年备查。

合作银行可要求支付机构及交易相关方就可疑交易提供真实合法的单证材料。不能确认交易真实、合法，合作银行应拒绝办理。支付机构不配合合作银行审核或抽查，合作银行应拒绝为其办理外汇业务。

第五章　账户管理

第三十条　支付机构应按照外汇账户管理有关规定，在每家合作银行开立一个外汇备付金账户（一家合作银行的多个币种外汇备付金账户视作一个外汇备付金账户），账户名称结尾标注“PIA”（Payment Institute Account）。外汇备付金账户用于收付市场交易主体暂收待付的外汇资金。

第三十一条　支付机构为市场交易主体办理的外汇业务均应通过外汇备付金账户进行。同名外汇备付金账户之间可划转外汇资金。

第三十二条　支付机构应将外汇备付金账户资金与自有外汇资金严格区分，不得混用。外汇备付金账户不得提取或存入现钞。

支付机构自有外汇资金账户的开立、使用应遵循现行外汇管理规定。

第三十三条　支付机构和合作银行应建立外汇备付金信息核对机制，逐日核对外汇备付金的存放、使用、划转等信息，并保存核对记录。

第三十四条　支付机构外汇备付金账户纳入外汇账户管理信息系统管理，合作银行应及时按照规定将数据报送外汇局。

第三十五条　支付机构不得在境外开立外汇备付金账户，或将市场交易主体资金存放境外，另有规定的除外。

第六章　信息采集与报送

第三十六条　支付机构应根据本办法要求报送相关业务数据和信息，并保证数据的及时性、准确性、完整性和一致性。

第三十七条　支付机构应按照《通过银行进行国际收支统计申报业务实施细则》（汇发〔2015〕27号印发）、《通过银行进行国际收支统计申报业务指引（2016年版）》（汇发〔2016〕4号印发）等国际收支申报相关规定，在跨境交易环节（即实际涉外收付款项时）对两类数据进行间接申报：一类是集中收付或轧差净额结算时支付机构的实际涉外收付款数据；另一类是逐笔还原集中收付或轧差净额结算前境内实际收付款机构或个人的原始收付款数据。

第三十八条　支付机构应按现行结售汇管理规定，在规定时间提供通过合作银行办理的逐笔购汇或结汇信息，合作银行应按照现行规定报送结售汇统计报表。个人项下结售汇业务，合作银行应根据支付机构的数据，在办理结售汇之日（T）后的第1个工作日（T+1）内对于单笔金额等值500美元（含）以下的区分币种和交易性质汇总后以支付机构名义逐笔录入个人外汇业务系统，对于单笔金额等值500美元以上的逐笔录入个人外汇业务系统。支付机构外汇业务项下的个人结售汇不计入个人年度结售汇便利化额度。

第三十九条　支付机构应妥善保存办理外汇业务产生的各类信息。客户登记有效期内应持续保存，客户销户后，相关材料和数据至少保存5年。

第四十条　支付机构应通过支付机构跨境支付业务报表系统于每月10日前向注册地分局报送客户外汇收支业务金额、笔数、外汇备付金余额等数据，并对每月累计外汇收支总额超过等值20万美元的及单笔交易金额超过等值5万美元的客户交易情况报送大额收支交易报告，如发现异常或高风险交易，应在采取相应措施后及时向合作银行及注册地分局报告。

第七章 监督与管理

第四十一条 支付机构开展外汇业务依法接受注册地与经营地分局的监管。注册地与经营地分局之间应加强监管协调。

第四十二条 外汇局依法要求支付机构和合作银行报送有关业务资料、对相关事项作出说明，支付机构和合作银行应积极配合，并及时提供相关材料。

第四十三条 支付机构有下列情形之一的，外汇局对其实施风险提示、责令整改、调整大额收支交易报告要求等措施：

（一）外汇业务管理制度和政策落实存在问题；

（二）交易真实性、合法性审核能力不足；

（三）外汇备付金管理存在风险隐患；

（四）不配合合作银行审核、核查；

（五）频繁变更外汇业务高级管理人员；

（六）其他可能危及支付机构稳健运行、损害客户合法权益或危害外汇市场的情形。

第四十四条 银行有下列情形之一的，外汇局责令整改：

（一）审核支付机构外汇业务真实合规性能力不足；

（二）外汇备付金账户管理存在风险隐患；

（三）发现异常情况未督促支付机构改正；

（四）支付机构外汇业务出现重大违规或纵容支付机构开展违规交易；

（五）其他可能损害客户合法权益或危害外汇市场的情形。

第四十五条 支付机构以欺骗等不正当手段获取名录登记，外汇局依法撤销其登记，该支付机构自被撤销名录登记之日起3年内不得再次提出登记申请。

第八章 罚 则

第四十六条 支付机构、银行有下列情形之一的，外汇局依法责令整改、暂停相关业务进行整顿，并依照《中华人民共和国外汇管理条例》进行处罚：

（一）支付机构未按规定审核外汇业务真实性、合规性；

（二）银行未按规定审核支付机构外汇业务真实性、合规性；

（三）银行未按规定办理结汇、售汇业务；

（四）未按规定报送相关数据；

（五）违反相关外汇账户管理规定；

（六）不配合外汇局监督管理、检查核查；

（七）其他违规行为。

支付机构存在未经名录登记或超过登记范围开展外汇业务等违规行为，外汇局将依法实施调整、注销名录登记等措施。

第四十七条 外汇局依法将违规情况向社会通报。涉嫌犯罪的，依法移送公安机关，追究刑事责任。

第九章 附 则

第四十八条 本办法所称外汇备付金，是指支付机构为办理市场交易主体委托的外汇支付业务而实际收到的暂收待付外汇资金。

第四十九条 支付机构自身外汇业务按照一般企业外汇管理有关规定办理。

第五十条 外汇局可根据形势变化及业务发展等情况对本办法中的相关金额标准进行调整。

第五十一条 本办法由国家外汇管理局负责解释。

2. 账户、现钞管理

境内外汇帐户管理规定

1. 1997年10月7日中国人民银行发布

2. 银发〔1997〕416号

3. 自1997年10月15日起施行

第一章 总 则

第一条 为规范外汇帐户的开立和使用，加强外汇帐户的监督管理，根据《中华人民共和国外汇管理条例》和《结汇、售汇及付汇管理规定》，特制定本规定。

第二条 国家外汇管理局及其分、支局（以下简称“外汇局”）为外汇帐户的管理机关。

第三条 境内机构、驻华机构、个人及来华人员开立、使用、关闭外汇帐户适用本规定。

开户金融机构应当按照本规定办理外汇帐户的开立、关闭手续并监督收付。

第四条 本规定下列用语的含义：

“开户金融机构”是指经批准经营外汇业务的银行和非银行金融机构。

“外汇帐户”是指境内机构、驻华机构、个人及来华人员以可自由兑换货币在开户金融机构开立的帐户。

第五条 境内机构、驻华机构一般不允许开立外币现钞帐户。个人及来华人员一般不允许开立用于结算的外汇帐户。

第二章　经常项目外汇帐户及其开立、使用

第六条　下列经常项目外汇，可以开立外汇帐户保留外汇：

（一）经营境外承包工程、向境外提供劳务、技术合作的境内机构，在其业务项目进行过程中发生的业务往来外汇；

（二）从事代理对外或者境外业务的境内机构代收代付的外汇；

（三）境内机构暂收待付或者暂收待结项下的外汇，包括境外汇入的投标保证金、履约保证金、先收后支的转口贸易收汇、邮电部门办理国际汇兑业务的外汇汇兑款、铁路部门办理境外保价运输业务收取的外汇、海关收取的外汇保证金、抵押金等；

（四）经交通部批准从事国际海洋运输业务的远洋运输公司，经外经贸部批准从事国际货运的外运公司和租船公司的业务往来外汇；

（五）保险机构受理外汇保险、需向境外分保以及尚未结算的保费；

（六）根据协议规定需用于境外支付的境外捐赠、资助或者援助的外汇；

（七）免税品公司经营免税品业务收入的外汇；

（八）有进出口经营权的企业从事大型机电产品出口项目，该项目总金额和执行期达到规定标准的，或者国际招标项目过程中收到的预付款及进度款；

（九）国际旅行社收取的、国外旅游机构预付的、在外汇局核定保留比例内的外汇；

（十）外商投资企业在外汇局核定的最高金额以内的经常项目项下外汇；

（十一）境内机构用于偿付境内外外汇债务利息及费用的外汇；

（十二）驻华机构由境外汇入的外汇经费；

（十三）个人及来华人员经常项目项下收入的外汇；

（十四）境内机构经外汇局批准允许保留的经常项目项下的其他外汇。

第七条　境内机构按照本规定第六条（一）至（十）及（十四）规定开立的外汇帐户，其收入为来源于经常项目的外汇，支出用于经常项目支出或者经外汇局批准的资本项目支出。

第八条　驻华机构按照本规定第六条（十二）开立的外汇帐户，其收入为来源于境外汇入的办公经费，支出用于费用。

第九条　个人及来华人员可以按照本规定第六条（十三）开立个人外汇或者外币现钞存款帐户。

第十条　境内机构开立经常项目外汇帐户应当经外汇局批准。

第十一条　境内机构（外商投资企业除外）应当持下列材料向外汇局申请开幕词，并填写《国家外汇管理局开立外汇帐户批准书》（附表一），经批准后在中资开户金融机构开立外汇帐户，开户后5日内凭开户回执向外汇局领取《外汇帐户使用证》（附表二）：

（一）申请开立外汇帐户的报告；

（二）根据开户单位性质分别提供工商行政管理部门颁发的营业执照，或者民政部门颁发的社团登记证，或者国家授权机关批准成立的有效批件；

（三）国务院授权机关批准经营业务的批件；

（四）外汇局要求提供的相应合同、协议或者其他有关材料。

中资开户金融机构为境内机构开立外汇帐户后，应当在开户回执上注明帐号、币种和开户日期，并加盖该金融机构戳记。

第十二条　外商投资企业开立经常项目下外汇帐户应当持申请开立外汇帐户的报告、《外商投资企业外汇登记证》向外汇局申请，持外汇局核发的“开户通知书”和《外商投资企业外汇登记证》到开户金融机构办理开户手续。开户金融机构为外商投资企业开立外汇帐户后，应当在《外商投资企业外汇登记证》相应栏目中注明帐号、币种和开户日期、并加盖该金融机构戳记。

第十三条　境内机构申请开户时，外汇局应当根据外汇帐户的用途，规定帐户的收支范围、使用期限及相应的结汇方式或者核定最高金额，并在《外汇帐户使用证》或者《外商投资企业外汇登记证》中注明。

第十四条　驻华机构应当持有关部门批准设立机构的文件及工商登记证到外汇局登记备案，领取《驻华机构外汇帐户备案表》（附表三）后，凭《驻华机构外汇帐户备案表》到开户银行办理开户手续。

第十五条　个人及来华人员外汇或者外币现钞存取自由，对于超过等值1万美元以上的大额外币现钞存取，应当向开户银行提供身份证或者护照，开户银行应当逐笔登记备案。

第十六条　境内机构、驻华机构开立的经营项目外汇帐户，应当按照《外汇帐户使用证》、《外商投资企业外汇登记证》或者《驻华机构外汇帐户备案表》规定的收支范围办理收付。

第十七条　外商投资企业经营项目外汇收入进入外汇结算帐户的，在外汇局核定的最高金额内保留外汇；超过最高金额的外汇，应当卖给外汇指定银行或者通过外汇调剂中心卖出。

开户金融机构收到外商投资企业超过外汇结算帐户最高金额的经常项目外汇,可以暂时予以入帐,同时通知外商投资企业在5个工作日内办理结汇或者通过外汇调剂中心卖出。逾期不办理的,开户金融机构应当抄报当地外汇局,由外汇局责令强制结汇。

外汇局根据外商投资企业实投资本和经常项目外汇资金周转的需要,调整核定外汇结算帐户最高金额的原则。

第十八条 其他境内机构应当按照《外汇帐户使用证》规定的结汇方式办理外汇帐户内资金结汇。

第十九条 开户金融机构应当制定外汇开证保证金帐户统一管理办理,报外汇局备案,并根据风险控制的需要按照报备的管理办法为境内机构开立外汇开证保证金帐户。

外汇开证保证金帐户不得用于其他任何用途。

第三章 资本项目外汇帐户及其开立、使用

第二十条 下列资本项目外汇,可以开立外汇帐户保留外汇:

(一)境内机构借用的外债、外债转贷款和境内中资金金融机构的外汇贷款;

(二)境内机构用于偿付境内外外汇债务本金的外汇;

(三)境内机构发行股票收入的外汇;

(四)外商投资企业中外投资方以外汇投入的资本金;

(五)境外法人或者自然人为筹建外商投资企业汇入的外汇;

(六)境内机构资产存量变现取得的外汇;

(七)境外法人或者自然人在境内买卖B股的外汇;

(八)经外汇局批准的其他资本项目下的外汇。

第二十一条 按照本规定第二十条(一)开立的贷款专户,其收入为外债、外债转贷款或者外汇贷款的合同款;支出用于贷款协议规定的用途。

第二十二条 按照本规定第六条(十一)、第二十条(二)开立的还贷专户,其收入为经批准用人民币购买的外汇,经批准的贷款专户转入的资金及经批准保留的外汇收入;支出用于偿还债务本息及相关费用。

第二十三条 按照本规定第二十条(三)开立的外币股票专户,其收入为外币股票发行收入,支出用于经证券监督管理部门批准的招股说明书规定的用途。

第二十四条 按照本规定第二十条(四)开立的外商投资企业外汇资本金帐户,其收入为外商投资企业中外投资方以外汇投入的资本金;支出为外商投资企业经常项目外汇支出和经外汇局批准的资本项目外汇支出。

第二十五条 按照本规定第二十条(五)开立的临时专户,其收入为境外法人或者自然人为筹建外商投资企业汇入的外汇;支出为筹建外商投资企业的开办费用及其他相关费用。企业成立后,临时帐户的资金余额可以转为外商投资款划入企业资本金帐户。如果企业未成立,经外汇局批准资金可以汇出境外。

第二十六条 按照本规定第二十条(六)开立的外汇帐户,其收入为境内机构转让现有资产收入的外汇;支出为经批准的资金用途。

第二十七条 按照本规定第二十条(七)开立的外汇帐户,其收入为境外法人或者自然人买卖股票收入的外汇和境外汇入或者携入的外汇;支出用于买卖股票。

第二十八条 开立资本项目外汇帐户(按照本规定第二十条(七)开立的外汇帐户除外)应当持开立外汇帐户的申请报告和下列相关文件及资料向外汇局申请,经批准后持外汇局核发的"开户通知书"到开户金融机构办理开户手续:

(一)境内机构开立贷款专户和还贷专户,持借款合同正本、外债登记凭证或者《外汇(转)贷款登记证》;

(二)境内机构申请开立股票专户,持证券监督管理部门批准的招股说明书等资料;

(三)外商投资企业申请开立资本金帐户,持《外商投资企业外汇登记证》和其他资料;

(四)境外法人或者自然人申请开立临时专户,持汇款凭证和签订的投资意向书;

(五)境内机构按照本规定第二十条(六)开立的外汇帐户,持有权批准机构的批准转让文件、转让协议、资金使用计划等文件。

第二十九条 境外法人或者自然人按照本规定第二十条(七)开立的B股帐户,持境外机构法人资格证明或者境外个人身份证明直接到证券公司开户。

第三十条 境内机构申请开立资本项目外汇帐户时,外汇局应当规定外汇帐户的收支范围、使用期限和核定帐户最高金额,并在"开户通知书"中注明。

第三十一条 开户金融机构为外商投资企业开立资本项目外汇帐户后,应当在《外商投资企业外汇登记证》相应栏目中注明帐号、币种和开户日期,并加盖该金融机构戳记。

第三十二条 境内机构可以根据贷款协议中规定的用途使用贷款专户资金,不需经外汇局批准。

还贷专户的资金余额不得超过最近两期偿还本息

总额,支出应当逐笔报外汇局审批。

第三十三条　境内机构通过还贷专户偿还外债、外债转贷款本息及费用,应当持外债登记凭证、债权人还本付息通知单,提前5个工作日向所在地外汇局申请,领取“还本付息核准件”。开户金融机构凭外汇局核发的“还本付息核准件”办理支付手续。

第三十四条　境内机构通过还贷专户偿还境内中资金融机构外汇贷款本息及费用,可以持《外汇(转)贷款登记证》、债权人还本付息通知单、借款合同直接到开户金融机构办理。

第三十五条　境内机构资本项目外汇帐户资金转换为人民币,应当报外汇局批准;境外法人或者自然人按照第二十条(七)开立的外汇帐户内的资金,不得转换为人民币使用。

第四章　外汇帐户的监管

第三十六条　境内机构、驻华机构应当向注册地外汇局申请开户。需要在境内其他地区开立外汇帐户的,按照以下规定办理:

(一)外商投资企业应当向注册地外汇局提出申请,凭注册地外汇局核发的“开户通知书”到开户地外汇局备案,经开户地外汇局审核并加盖戳记后,到开户金融机构办理手续;

(二)其他境内机构按照本规定开立的经常项目外汇帐户,凭注册地外汇局的批准文件及有关材料向开户地外汇局申请,由开户地外汇局核发《开立外汇帐户批准书》及《外汇帐户使用证》;

(三)其他境内机构按照本规定开立的资本项目外汇帐户,凭注册地外汇局核发的“开户通知书”到开户地外汇局备案,经开户地外汇局审核并加盖戳记后,到开户金融机构开立外汇帐户;

(四)驻华机构应当分别向注册地和开户地外汇局领取《驻华机构外汇帐户备案表》。

第三十七条　境内机构、驻华机构如需变更《外汇帐户使用证》;《外商投资企业外汇登记证》或者《驻华机构外汇帐户备案表》、“开户通知书”中外汇帐户相关内容的,应当持有关材料向外汇局提出申请,办理变更手续。

第三十八条　境内机构、驻华机构如需关闭外汇帐户,应当在办理清户手续后10个工作日内将开户金融机构关闭帐户的证明及《外汇帐户使用证》、外债登记凭证、《外商投资企业外汇登记证》或者《驻华机构外汇帐户备案表》送交外汇局,办理关闭帐户手续。

境内机构关闭外汇帐户后,其外汇帐户余额属于外商投资者所有的或者经批准可以保留的,可以转移或者汇出;其余外汇应当全部结汇。

驻华机构关闭外汇帐户后,其外汇帐户余额可以转移或者汇出。

第三十九条　外汇局对境内机构及驻华机构的外汇帐户实行年检制度。

第四十条　开户金融机构应当根据外汇局要求向所在地外汇局报送外汇帐户变动情况。

第四十一条　凡应当撤销的外汇帐户,由外汇局对开户金融机构及开户单位下达《撤销外汇帐户通知书》,并按照规定对该外汇帐户余额做出明确处理,限期办理撤户手续。

第四十二条　境内机构、驻华机构应当按照本规定申请和办理开户手续,并按照外汇局核定的收支范围、使用期限、最高金额使用外汇帐户。不得擅自开立外汇帐户;不得出租、出借或者串用外汇帐户;不得利用外汇帐户代其他单位或者个人收付、保存或者转让外汇;不得将单位外汇以个人名义私存;不得擅自超出外汇局核定的使用期限、最高金融使用外汇帐户。

第四十三条　开户金融机构应当按照本规定为境内机构、驻华机构、个人及来华人员办理帐户的开立、收付及关闭手续,监督开户单位及个人对其外汇帐户的使用。不得擅自为境内机构、驻华机构、个人及来华人员开立外汇帐户或者超范围办理资金收付。

第四十四条　境内机构、驻华机构、个人及来华人员有下列违反外汇帐户管理规定行为的,由外汇局责令改正,撤销外汇帐户,通报批评,并处5万元以上30万元以下的罚款:

(一)擅自在境内开立外汇帐户;

(二)出借、串用、转让外汇帐户;

(三)擅自改变外汇帐户使用范围;

(四)擅自超出外汇局核定的外汇帐户最高金额、使用期限使用外汇帐户;

(五)其他违反本规定的行为。

第四十五条　开户金融机构擅自为境内机构、驻华机构、个人及来华人员开立外汇帐户,擅自超过外汇局核定内容办理帐户收付或者违反其他外汇帐户管理规定,由外汇局责令改正,通报批评,并处10万元以上30万元以下的罚款。

第五章　附　　则

第四十六条　境内持有工商营业执照的外资非法人经济组织外汇帐户的开立、使用,按照本规定有关外商投资企业条款办理。

第四十七条　以下帐户不适用本规定:

(一)金融机构同业外汇存款帐户;

（二）具有外交豁免权的外国使领馆、国际组织驻华代表机构在境内开立的外汇帐户。

第四十八条　本规定由国家外汇管理局负责解释。

第四十九条　本规定于1997年10月15日起施行。

中国人民银行1994年4月1日发布的《外汇帐户管理暂行办法》，国家外汇管理局1994年5月30日发布的《关于〈外汇帐户管理暂行办法〉有关问题的通知》、1994年6月22日发布的《外债、外汇（转）贷款还本付息开立帐户操作规程》、1996年6月28日发布的《外商投资企业境内外汇帐户管理暂行办法》同时废止。

附表：（略）

境外外汇帐户管理规定

1. 1997年12月11日国家外汇管理局发布
2. (97)汇政发字第10号
3. 根据2015年5月29日中国人民银行公告〔2015〕第12号修正

第一条　为完善对境内机构境外外汇帐户的管理，根据《中华人民共和国外汇管理条例》和《结汇、售汇及付汇管理规定》，特制定本规定。

第二条　境内机构境外外汇帐户的开立、使用及撤销的管理适用本规定。

第三条　国家外汇管理局及其分局（以下简称"外汇局"）为境外外汇帐户的管理机关。

第四条　境内机构符合下列条件的，可以在境外开立外汇帐户：

（一）在境外有经常性零星收入，需在境外开立外汇帐户，将收入集整后汇回境内的；

（二）在境外有经常性零星支出，需在境外开立外汇帐户的；

（三）从事境外承包工程项目，需在境外开立外汇帐户的；

（四）在境外发行外币有价证券，需在境外开立外汇帐户的；

（五）因业务上特殊需要必须在境外开立外汇帐户的。

第五条　境内机构在境外开立外汇帐户，应当持下列文件和资料向外汇局申请：

（一）由境内机构法人代表或者其授权人签署并加盖公章的申请书。申请书应当包括开户理由、币别、帐户最高金额、用途、收支范围、使用期限、拟开户银行及其所在地等内容；

（二）工商行政管理部门颁发的营业执照正本及其复印件；

（三）境外帐户使用的内部管理规定；

（四）外汇局要求提供的其他文件和资料。

从事境外承包工程业务的，除提供上述文件和资料外，还应当提供有关项目合同；外商投资企业在境外开立外汇账户的，除提供上述文件和资料外，还应当提供相关外汇业务登记凭证。

第六条　外汇局应当自收到前条规定的文件和资料起30个工作日内予以答复。

第七条　经外汇局批准后，境内机构方可在境外开立外汇帐户。

第八条　境内机构应当以自己名义在境外开立外汇帐户。未经外汇局批准不得以个人或者其他法人名义在境外开立外汇帐户。

第九条　境内机构应当选择其外汇收支主要发生国家或者地区资信较好的银行开立境外外汇帐户。

第十条　境内机构应当在开立境外外汇帐户后30个工作日内，持境外外汇帐户开户银行名称、帐号、开户人名称等资料到外汇局备案。

第十一条　境内机构通过境外外汇帐户办理资金的收付，应当遵守开户所在国或者地区的规定，并对境外外汇帐户资金安全采取切实有效的管理措施。

第十二条　境内机构应当按照外汇局批准的帐户收支范围、帐户最高金额和使用期限使用境外外汇帐户，不得出租、出借、串用境外外汇帐户。

第十三条　境内机构变更境外外汇帐户的开户行、收支范围、帐户最高金额和使用期限等内容的，应当事先向外汇局申请，经批准后，方可变更。

第十四条　境内机构应当在境外外汇帐户使用期限到期后30个工作日内，将境外外汇帐户的银行销户通知书报外汇局备案，余款调回境内，并提供帐户清单；需要延期使用的，应当在到期前30个工作日内向外汇局提出书面申请，经外汇局批准后，方可继续使用。

第十五条　境内机构应当保存其境外外汇帐户完整的会计资料。境内机构应当在每季度初15个工作日内向外汇局提供开户银行上季度对帐单复印件；每年1月30日前向外汇局提供上年度资金使用情况书面说明。

第十六条　境内机构有下列行为之一的，由外汇局责令改正，撤销境外外汇帐户，通报批评，并处以5万元以上30万元以下的罚款：

（一）违反本规定第七、十四条的规定，未经批准擅自开立或者延期使用境外外汇帐户的；

（二）违反本规定第八条的规定，擅自以他人名义开立境外外汇帐户的；

（三）违反本规定第十二、十三条的规定，出租、出借、串用境外外汇帐户的，擅自改变境外外汇帐户开户行、收支范围、最高金额的；

（四）违反本规定第五、十、十三、十四、十五条的规定，提供虚假文件和资料的；

（五）违反本规定第十、十四、十五条的规定，未向外汇局提供文件和资料的；

（六）其他违反本规定的行为。

第十七条 金融机构在境外开立外汇帐户不适用本规定。

第十八条 本规定由国家外汇管理局负责解释。

第十九条 本规定自1998年1月1日起施行。1989年1月7日国家外汇管理局发布的《关于外商投资企业境外外汇帐户的管理规定》同时废止。

国家外汇管理局、海关总署关于印发《携带外币现钞出入境管理暂行办法》的通知

1. 2003年8月28日发布
2. 汇发〔2003〕102号
3. 自2003年9月1日起施行

国家外汇管理局各省、自治区、直辖市分局、外汇管理部，深圳、大连、青岛、厦门、宁波市分局；海关总署广东分署、驻天津、上海特派办，各直属海关、院校；各外汇指定银行：

为了方便出入境人员的对外交往，规范携带外币现钞出入境行为，打击洗钱、货币走私和逃汇等违法犯罪行为，国家外汇管理局、海关总署联合制定了《携带外币现钞出入境管理暂行办法》，现印发给你们，请遵照执行，并就有关问题通知如下：

一、《携带外汇出境许可证》（以下简称《携带证》）仍沿用1999年8月1日开始使用的《携带证》，由国家外汇管理局统一印制，各外汇指定银行应到所在地国家外汇管理局各分支局（以下简称外汇局）领取。

二、出境人员可以携带外币现钞出境，也可以按国家金融管理规定通过从银行汇出或携带汇票、旅行支票、国际信用卡等方式将外币携出境外。

出境人员携带不超过等值5000美元（含5000美元）的外币现钞出境的，无须申领《携带证》，海关予以放行；出境人员携带外币现钞金额在等值5000美元以上至10000美元（含10000美元）的，应向外汇指定银行申领《携带证》，海关凭加盖外汇指定银行印章的《携带证》验放；出境人员原则上不得携带超过等值10000美元的外币现钞出境，对属于下列特殊情况之一的，出境人员可以向外汇局申领《携带证》：

1. 人数较多的出境团组；
2. 出境时间较长或旅途较长的科学考察团组；
3. 政府领导人出访；
4. 出境人员赴战乱、外汇管制严格、金融条件差或金融动乱的国家；
5. 其他特殊情况。

三、考虑到外币支付凭证和外币有价证券将纳入银行管理系统，具体管理办法另行制定，对出入境人员携带上述凭证和证券出入境，海关不再予以管理。

四、国家外汇管理局和海关的各级机构应当组织对《携带外币现钞出入境管理暂行办法》进行学习和培训，并利用各种新闻媒介广泛进行宣传，以便贯彻执行。收到本通知后，国家外汇管理局各分局尽快转发所辖支局、外汇指定银行和相关单位；外汇指定银行应尽快转发所辖分支行；各直属海关应尽快转发所辖海关。执行中如遇问题，请及时向国家外汇管理局经常项目管理司或海关总署监管司反馈。

附件：

携带外币现钞出入境管理暂行办法

第一条 为了方便出入境人员的对外交往，规范携带外币现钞出入境行为，根据《中华人民共和国海关法》和《中华人民共和国外汇管理条例》，特制定本办法。

第二条 本办法下列用语含义：

“外币”是指中国境内银行对外挂牌收兑的可自由兑换货币（见附件1）；

“现钞”是指外币的纸币及铸币；

“银行”是指经中国人民银行批准或备案，经营结售汇业务或外币兑换、外币储蓄业务的中资银行及分支机构和外资银行及分支机构；

“出、入境人员”是指出境、入境的居民个人和非居民个人；

“当天多次往返”是指一天内出境或入境超过一次；

“短期内多次往返”是指15天内出境或入境超过一次。

第三条 入境人员携带外币现钞入境，超过等值5000美元的应当向海关书面申报，当天多次往返及短期内多次往返者除外。

第四条 出境人员携带外币现钞出境，凡不超过其最近一次入境时申报外币现钞数额的，不需申领《携带外汇出境许可证》（以下简称《携带证》，见附件2），海关凭其最近一次入境时的外币现钞申报数额记录验放。

第五条 出境人员携带外币现钞出境,没有或超出最近一次入境申报外币现钞数额记录的,按以下规定验放:

一、出境人员携出金额在等值5000美元以内(含5000美元)的,不需申领《携带证》,海关予以放行。当天多次往返及短期内多次往返者除外。

二、出境人员携出金额在等值5000美元以上至10000美元(含10000美元)的,应当向银行申领《携带证》。出境时,海关凭加盖银行印章的《携带证》验放。对使用多张《携带证》的,若加盖银行印章的《携带证》累计总额超过等值10000美元,海关不予放行。

三、出境人员携出金额在等值10000美元以上的,应当向存款或购汇银行所在地国家外汇管理局各分支局(以下简称外汇局)申领《携带证》,海关凭加盖外汇局印章的《携带证》验放。

第六条 "当天多次往返"及"短期内多次往返"的出入境人员携带外币现钞出入境按以下规定验放:

一、当天多次往返的出入境人员,携带外币现钞入境须向海关书面申报,出境时海关凭最近一次入境时的申报外币现钞数额记录验放。没有或超出最近一次入境申报外币现钞数额记录的,当天内首次出境时可携带不超过等值5000美元(含5000美元)的外币现钞出境,不需申领《携带证》,海关予以放行,携出金额在等值5000美元以上的,海关不予放行;当天内第二次及以上出境时,可携带不超过等值500美元(含500美元)的外币现钞出境,不需申领《携带证》,海关予以放行,携出金额超过等值500美元的,海关不予放行。

二、短期内多次往返的出入境人员,携带外币现钞入境须向海关书面申报,出境时海关凭最近一次入境时的申报外币现钞数额记录验放。没有或超出最近一次入境申报外币现钞数额记录的,15天内首次出境时可携带不超过等值5000美元(含5000美元)的外币现钞出境,不需申领《携带证》,海关予以放行,携出金额在等值5000美元以上的,海关不予放行;15天内第二次及以上出境时,可携带不超过等值1000美元(含1000美元)的外币现钞出境,不需申领《携带证》,海关予以放行,携出金额超过等值1000美元的,海关不予放行。

第七条 出境人员可以携带外币现钞出境,也可以按规定通过从银行汇出或携带汇票、旅行支票、国际信用卡等方式将外币携出境外,但原则上不得携带超过等值10000美元外币现钞出境。如因特殊情况确需携带超过等值10000美元外币现钞出境,应当向存款或购汇银行所在地外汇局申领《携带证》。

第八条 出境人员向银行申领《携带证》,携带从自有或直系亲属外汇存款中提取外币现钞出境的,应当持护照或往来港澳通行证、往来台湾通行证,有效签证或签注,存款证明向存款银行申请;购汇后携带外币现钞出境的,应当持规定的购汇凭证,向购汇银行申请。

银行审核出境人员提供的材料无误后,向其核发《携带证》,并留存上述材料复印件5年备查。

第九条 银行向出境人员核发《携带证》时,不得超过本行存款证明的金额或购汇金额核发《携带证》,银行核发的《携带证》每张金额不得超过等值10000美元,但可以低于5000美元。

第十条 出境人员向外汇局申领《携带证》的,应当持书面申请,护照或往来港澳通行证、往来台湾通行证,有效签证或签注,银行存款证明,确需携带超过等值10000美元外币现钞出境的证明材料向存款或购汇银行所在地外汇局申请。

外汇局审核出境人员提供的材料无误后,对符合规定条件的,向其核发《携带证》,并留存书面申请及其他材料的复印件5年备查。

第十一条 《携带证》应盖有"国家外汇管理局携带外汇出境核准章"或"银行携带外汇出境专用章",并自签发之日起30天内一次使用有效。

第十二条 《携带证》一式三联。原《携带证》是由银行签发的,第一联由携带人交海关验存,第二联由签发银行按月交当地外汇局留存,第三联由签发银行留存。原《携带证》是由外汇局签发的,第一联由携带人交海关验存,第二、三联由签发外汇局留存。

第十三条 出境人员遗失《携带证》,原《携带证》是由银行签发的,应当在出境前持第八条规定的材料到原签发银行申请补办,原签发银行应当审核出入境人员提供的材料和原留存材料无误后,向其出具《补办证明》(见附件3),出入境人员凭银行出具的《补办证明》向银行所在地外汇局申请,凭外汇局的核准件到银行补办《携带证》,银行应当在补办的《携带证》上加注"补办"字样;原《携带证》是由外汇局签发的,应当在出境前,持补办申请以及第十条规定的材料向原签发外汇局申请,外汇局应当审核出入境人员提供的材料和原留存的材料无误后,为其补办《携带证》,并在补办的《携带证》上加注"补办"字样。禁止外汇局和银行在出入境人员出境后为其补办《携带证》。

第十四条 银行应当在每月终了5日内,将上月签发《携带证》的情况,以《携带外币现钞出境统计表》(见附件4)报送所在地外汇局。

第十五条 各外汇局应当汇总辖区内外汇局和银行签发《携带证》的情况,并在每月终了10日内以《携带外币现钞出境统计表》报送国家外汇管理局。

第十六条 银行应当严格按照本办法规定向出入境人员

核发《携带证》，对违反本办法规定的银行，由外汇局给予警告、通报批评、罚款直至取消其签发《携带证》资格的处罚。

第十七条　出入境人员携带外币现钞违反本办法规定的，由海关按有关规定进行处理。

第十八条　出入境人员携带汇票、旅行支票、国际信用卡、银行存款凭证、邮政储蓄凭证等外币支付凭证以及政府债券、公司债券、股票等外币有价证券出入境，海关暂不予以管理。

第十九条　本办法由国家外汇管理局和海关总署负责解释。

第二十条　本办法自2003年9月1日开始施行。1996年12月31日国家外汇管理局、海关总署联合发布，1997年2月10日开始施行的《关于对携带外汇进出境管理的规定》；1999年6月17日国家外汇管理局、海关总署联合发布，1999年8月1日开始施行的《关于启用新版〈携带外汇出境许可证〉有关问题的通知》；1999年6月14日国家外汇管理局发布施行的《关于启用新版〈携带外汇出境许可证〉有关操作问题的通知》；1999年10月25日国家外汇管理局发布施行的《关于加强〈携带外汇出境许可证〉管理的通知》，同时废止。

附件：1. 中国境内银行挂牌收兑货币（略）
2. 携带外汇出境许可证（略）
3. 补办证明（略）
4. 携带外币现钞出境统计表（略）

国家外汇管理局、海关总署关于印发《调运外币现钞进出境管理规定》的通知

1. 2019年5月28日国家外汇管理局、海关总署发布
2. 汇发〔2019〕16号
3. 自2019年6月1日起生效

国家外汇管理局各省、自治区、直辖市分局、外汇管理部，深圳、大连、青岛、厦门、宁波市分局；海关总署广东分署、各直属海关；各全国性中资银行：

为贯彻落实国务院《优化口岸营商环境促进跨境贸易便利化工作方案》（国发〔2018〕37号印发），创新监管方式，提高通关效率，国家外汇管理局会同海关总署联合制定了《调运外币现钞进出境管理规定》（以下简称《规定》，见附件），现印发你们，并就有关事项通知如下：

一、自本通知生效之日起，由国家外汇管理局印制并签章的《调运外币现钞进出境证明文件》失效。取得调运外币现钞进出境资格的境内商业银行、个人本外币兑换特许业务经营机构以及上述机构委托的报关企业，在海关部门办理调运外币现钞进出境相关手续时，无需再提供《调运外币现钞进出境证明文件》。填报进出口货物报关单时，应在"消费使用单位/生产销售单位"栏目内准确填写银行或兑换特许机构名称，在"商品编号"栏目内填写"9801309000"（流通中的外币现钞，包括纸币及硬币）。

二、国家外汇管理局各分局、外汇管理部（以下简称各外汇分局）应于2019年9月30日前将辖内银行、个人本外币兑换特许业务经营机构已申领未使用的《调运外币现钞进出境证明文件》统一回收销毁，并将相关情况报国家外汇管理局国际收支司备案。

三、本通知生效前已获得调运外币现钞进出境业务资格的境内商业银行分支机构，拟继续办理业务的，应自本通知生效之日起3个月内按照《规定》有关要求由其总行向所在地外汇分局备案，原业务资格自备案之日起30个工作日后失效。

四、各外汇分局接到本通知后，应立即转发辖内中心支局、支局、城市商业银行、农村商业银行、外商独资银行、中外合资银行、外国银行分行及农村合作金融机构、个人本外币兑换特许业务调运外币现钞进出境管理规定经营机构，准确传导政策要求，做好《规定》实施的各项工作。

五、各全国性中资银行接到本通知后，应尽快转发所辖分支机构。

六、本通知自2019年6月1日起生效，《国家外汇管理局、海关总署关于印发〈银行调运外币现钞进出境管理规定〉的通知》（汇发〔2014〕24号）同时废止。执行中如遇问题，请及时与国家外汇管理局和海关总署联系。

特此通知。

附件：

调运外币现钞进出境管理规定

第一条　为规范境内商业银行、个人本外币兑换特许业务经营机构（以下简称兑换特许机构）调运外币现钞进出境业务管理，根据《中华人民共和国海关法》《中华人民共和国外汇管理条例》，制订本规定。

第二条　国家外汇管理局及其分支局（以下简称外汇局）、海关总署及其直属海关为调运外币现钞进出境业务的管理机关。

第三条　境内商业银行、兑换特许机构因存取、汇兑及现钞批发业务需要将外币现钞（包括纸币及硬币，下同）

调往其他国家(地区)或从其他国家(地区)调入的,适用本规定。

境内机构将外币现钞用作纪念币等非存取、汇兑及现钞批发业务之外用途的,不适用本规定。

第四条　境内商业银行办理调运外币现钞进出境业务实行备案制。首次开办业务前,由境内商业银行总行(外国银行分行视同总行,下同)向所在地国家外汇管理局分局或外汇管理部(以下简称外汇分局)提交《银行办理调运外币现钞进出境业务备案表》(见附表1)一式两份及有关材料进行备案。备案材料包括:

(一)可行性报告和业务计划书。

(二)调运外币现钞进出境业务管理制度。

第五条　外汇分局收到境内商业银行总行内容齐全的备案材料后,在其提交的《银行办理调运外币现钞进出境业务备案表》上加盖签章予以确认,并将其中一份备案表退还申请银行留存。

第六条　外汇分局应自申请银行备案之日起10个工作日内将备案银行情况书面通知当地直属海关,同时抄送国家外汇管理局及辖内中心支局、支局;当地直属海关收到外汇分局通知后,应在10个工作日内转报海关总署。

第七条　已获得调运外币现钞进出境业务资格的境内商业银行停办调运外币现钞进出境业务,应当自停办业务之日前30个工作日由其总行向所在地外汇分局提交《银行停办调运外币现钞进出境业务备案表》(见附表2)履行停办备案手续。外汇分局按照第六条程序分别通知有关部门。

第八条　兑换特许机构办理调运外币现钞进出境业务实行审批制,具体程序及要求按照个人本外币兑换特许业务相关规定办理。

国家外汇管理局批准兑换特许机构调运外币现钞进出境业务资格后,应在20个工作日内书面通知海关总署。

第九条　境内商业银行、兑换特许机构分别按规定向所在地外汇分局提交备案材料或取得调运外币现钞进出境业务资格后30个工作日后,可根据经营需要自行选择境内海关口岸办理调运外币现钞进出境业务。

第十条　开办调运外币现钞进出境业务的境内商业银行、兑换特许机构应于每季后10个工作日内,由其总行(总部)通过国家外汇管理局应用服务平台向所在地外汇局报送上季度《调运外币现钞进出境统计表》(见附表3)。

第十一条　国家外汇管理局、海关总署建立数据定期交换机制,于每年二季度将上一年度统计的调运外币现钞数据进行共享。

第十二条　境内商业银行、兑换特许机构违反本规定的,国家外汇管理局、海关总署将根据国家有关法律、法规进行处罚;构成犯罪的,依法追究刑事责任。

第十三条　本规定由国家外汇管理局、海关总署负责解释。

附表:(略)

3. 经常项目外汇管理

经常项目外汇业务指引(2020年版)

1. 2020年8月28日国家外汇管理局发布施行
2. 汇发〔2020〕14号
3. 根据2023年3月23日国家外汇管理局《关于废止和失效15件外汇管理规范性文件及调整14件外汇管理规范性文件条款的通知》(汇发〔2023〕8号)修正

第一章　货物贸易外汇业务

第一节　名录登记

第一条　国家外汇管理局及其分支局(以下简称外汇局)实行"贸易外汇收支企业名录"(以下简称名录)登记管理,通过货物贸易外汇监测系统(以下简称货贸系统)发布名录。对于不在名录的企业,银行和支付机构原则上不得为其办理货物贸易外汇收支业务。

银行和支付机构按规定凭交易电子信息办理货物贸易外汇收支业务时,对年度货物贸易收汇或付汇累计金额低于等值20万美元(不含)的小微跨境电商企业,可免于办理名录登记。

第二条　具有真实货物贸易外汇收支业务需求的企业,凭《贸易外汇收支企业名录登记申请表》(见附1)、营业执照向所在地外汇局申请名录登记。

其他境内机构或个人对外贸易经营者确有客观需要开展货物贸易外汇收支业务的,可参照企业的有关规定办理。

第三条　名录内企业的企业名称、统一社会信用代码、法定代表人、联系方式、注册地址发生变更的,应在变更事项发生之日起30天内,向所在地外汇局报告,进行信息变更。企业变更注册地后所属外汇局变更的,应向原所在地外汇局报告。

第四条　名录内企业存在下列情况之一,外汇局可将其从名录中注销:

(一)终止经营或不再从事对外贸易;

(二)被注销或吊销营业执照;

(三)连续两年未发生货物贸易外汇收支业务;

(四)外汇局对企业实施核查时,通过企业名录登记信息所列联系方式无法与其取得联系。

第五条　外汇局对新列入名录的企业进行辅导期标识，辅导期为企业发生首笔货物贸易外汇收支业务之日起90天。外汇局对货物贸易收支异常的辅导期企业进行重点监测和核查，并实施分类管理。

第二节　货物贸易外汇收支

第六条　本指引所称企业货物贸易外汇收支包括：

（一）从境外、境内海关特殊监管区域收回的出口货款，向境外、境内海关特殊监管区域支付的进口货款；

（二）从离岸账户、境外机构在境内账户收回的出口货款，向离岸账户、境外机构在境内账户支付的进口货款；

（三）深加工结转项下境内收付款；

（四）离岸转手买卖项下收付款；

（五）其他与货物贸易相关的收付款。

本指引所称海关特殊监管区域，是指保税区、出口加工区、保税物流园区、跨境工业区、保税港区、综合保税区等海关实行封闭监管的特定区域。保税物流中心（A、B型）、出口监管仓库、保税仓库、钻石交易所等参照海关特殊监管区域适用本指引。

第七条　货物贸易外汇收支应具有真实、合法的交易基础，企业不得虚构贸易背景办理外汇收支业务。

第八条　企业出口后应按合同约定及时、足额收回货款或按规定存放境外；进口后应按合同约定及时、足额支付货款。企业收取货款后应按合同约定及时、足额出口货物；支付货款后应按合同约定及时、足额进口货物。

第九条　企业应按照“谁出口谁收汇、谁进口谁付汇”原则办理货物贸易外汇收支业务，外汇管理法规另有规定的除外。

代理进口、出口业务原则上应由代理方付汇、收汇。代理进口业务项下，委托方可凭委托代理协议将外汇划转给代理方，也可由代理方购汇。代理出口业务项下，代理方收汇后可凭委托代理协议将外汇划转给委托方，也可结汇后将人民币划转给委托方。

第十条　企业办理货物贸易外汇收入，可自主决定是否开立出口收入待核查账户。企业货物贸易外汇收入可先进入出口收入待核查账户，也可进入企业经常项目外汇结算账户或结汇。

出口收入待核查账户的收入范围为货物贸易外汇收入（不含出口贸易融资项下境内金融机构放款及回款）；支出范围为结汇或划入企业经常项目外汇结算账户，以及经外汇局登记的其他外汇支出。

出口收入待核查账户之间资金不得相互划转，账户内资金按活期存款计息。

第十一条　企业办理货物贸易外汇收支业务时，银行应通过货贸系统查询企业名录信息与分类信息，按照“了解客户”“了解业务”“尽职审查”的展业原则（以下简称展业原则）和本指引规定进行审核，确认收支的真实性、合理性和逻辑性。

企业办理货物贸易外汇收入时，银行应确认资金性质，无法确认的及时与企业核实。企业办理货物贸易外汇支出时，银行应确认交易单证所列的交易主体、金额、性质等要素与其申请办理的外汇业务相一致。

交易单证包括但不限于合同（协议）、发票、进出口报关单、进出境备案清单、运输单据、保税核注清单等有效凭证和商业单据。银行可根据展业原则和业务实际，自主决定审核交易单证的种类。B、C类企业货物贸易外汇收支业务按照本章第三节的有关规定办理。

第十二条　银行按规定审核经常项目外汇收支时，可根据内控要求和实际业务需要，按照实质合规原则，自主决定是否在单证上签注收付汇金额、日期并加盖业务印章。

银行应按规定留存审核后的纸质或电子材料5年备查，境内机构和个人应留存相应交易单证5年备查。

第十三条　银行应建立货物贸易外汇业务内控制度，包括客户调查、真实性审核、电子单证审核等内容，针对不同货物贸易外汇收支业务制定业务规范，建立货物贸易收支风险业务清单，完善内部管理机制，并按规定及时、准确、完整地向所在地外汇局报送相关信息。

第十四条　企业办理离岸转手买卖外汇收支业务时，银行应按照展业原则和下列要求，审核相关交易单证：

（一）具有真实、合法的交易基础，不存在涉嫌构造或利用虚假离岸转手买卖进行投机套利或转移资金等异常交易情况；

（二）交易具有合理性、逻辑性。

同一笔离岸转手买卖业务原则上应在同一家银行，采用同一币种（外币或人民币）办理收支结算。对无法按此规定办理的离岸转手买卖业务，银行在确认其真实、合法后可直接办理，并在涉外收支申报交易附言中注明“特殊离岸转手”，自业务办理之日起5个工作日内向所在地外汇局报告。

第十五条　企业办理具有货物贸易背景的国内外汇贷款业务，不得虚构贸易背景套取银行融资。银行办理上述国内外汇贷款业务应从源头做好风险防范，加强货物贸易背景审核，确认交易的真实性和逻辑合理性。

出口押汇等具有出口背景的国内外汇贷款按规定

进入经常项目外汇结算账户并办理结汇的，企业原则上应以自有外汇或货物贸易出口收汇资金偿还。在企业出口确实无法按期收汇且没有其他外汇资金可用于偿还上述国内外汇贷款时，贷款银行可按照展业原则，审慎为企业办理购汇偿还手续，并于每月初5个工作日内向所在地外汇局报告。

第十六条　银行办理货物贸易对外付汇业务，可按照展业原则，自主决定是否对相应进口报关电子信息办理核验手续；银行能确认企业对外付汇业务真实合法的，可不办理核验手续。

第十七条　银行可按下列方式在货贸系统中办理进口报关电子信息的核验手续：

（一）对已完成进口报关手续的，银行自办理货物贸易对外付汇业务之日起5个工作日内，按照本次货物贸易对外付汇金额，在货贸系统中办理核验手续；

（二）对未完成进口报关手续的，银行可要求企业在完成报关手续之日（即进口日期，下同）起40日内提供相应的报关信息，并按照本次货物贸易对外付汇金额，在货贸系统中补办核验手续；

（三）对已完成进口报关手续但企业因合理原因无法及时提供报关信息的，银行确认交易真实合法后为其办理付汇业务，在企业完成报关手续之日起40日内补办核验手续。对确实无法提供上述报关信息的，银行可在货贸系统中对该笔付汇业务进行记录；

（四）对因溢短装等合理原因导致货物贸易实际对外付汇金额大于报关金额的，银行在货贸系统中办理核验手续时，应注明原因；

（五）对因数据传输不完整等原因造成货贸系统缺失相应进口报关电子信息的，银行确认交易真实、合法后可为企业办理付汇业务，并可在货贸系统中补办核验手续。对于货贸系统确实缺失进口报关电子信息的，银行可在货贸系统中对该笔付汇业务进行记录。

银行应保证企业进口报关电子信息数据的安全。

第十八条　银行在办理进口报关电子信息核验手续时，对于存在下列情况之一的企业，应逐笔在货贸系统中对企业加注相应标识，企业的标识信息通过货贸系统向全国银行开放：

（一）未在规定期限内提供报关信息且无合理解释的；

（二）涉嫌重复使用报关信息且无合理解释的；

（三）涉嫌使用虚假报关信息的；

（四）其他需加注标识的情况。

企业的标识信息保存期限为24个月。由于银行操作失误导致企业被误标识的，经银行内部审批后，银行应撤销相关企业的标识信息。

第十九条　企业通过银行发生货物贸易外汇收支的，应根据贸易方式、结算方式以及资金来源或流向，按照货物贸易收支信息申报规定，填报相关申报单证，及时、准确、完整地进行货物贸易收付款核查专用信息申报。需进行货物贸易收付款核查专用信息申报的境内资金划转，收付款双方均需进行申报。

货物贸易收付款核查专用信息包括但不限于：是否为保税货物项下付款、合同号、发票号、提运单号/仓单号、外汇局批件号/备案表号/业务编号等。

银行在办理涉及海关特殊监管区域保税货物的境内仓单转卖业务时，应在涉外收支申报交易附言中标注“境内仓单转卖”字样。银行按规定办理货物贸易收付汇单位与进出口单位不一致业务时，在涉外收支申报交易附言中标注“非报关人”字样。

第二十条　符合下列情况之一的业务，企业应在货物进出口或收付汇业务实际发生之日起30天内，通过货贸系统向所在地外汇局报送对应的预计收付汇或进出口日期等信息：

（一）30天以上（不含）的预收货款、预付货款；

（二）90天以上（不含）的延期收款、延期付款；

（三）90天以上（不含）的远期信用证（含展期）、海外代付等进口贸易融资；

（四）B、C类企业在分类监管有效期内发生的预收货款、预付货款，以及30天以上（不含）的延期收款、延期付款；

（五）同一笔离岸转手买卖收支日期间隔超过90天（不含）且先收后支项下收汇金额或先支后收项下付汇金额超过等值50万美元（不含）的业务；

（六）其他应报告的事项。

对于第（一）（二）（四）项，企业还需报送关联企业交易信息。

对已报告且未到预计进出口或收付汇日期的上述业务，企业可根据实际情况调整相关报告内容。

本指引所称关联企业交易，是指存在直接或间接控制关系或重大影响关系的企业间贸易行为，主要包括母子公司关系、直接或间接同为第三方控制或同时控制第三方、一方对另一方财务或经营决策过程具有参与权利并可施加一定影响等。

第二十一条　对于符合规定的收付汇单位与进出口单位不一致的情况，收汇或进口企业可向所在地外汇局报告，并办理收汇或进口数据的主体变更手续。

第二十二条　对于除本指引第二十条、第二十一条规定以外的其他影响货物贸易外汇收支与进出口一致性匹配的情况，企业可根据实际业务情况自主决定是否向所在地外汇局报送相关信息。

第二十三条 企业办理下列货物贸易外汇收支业务，应在收汇、付汇、开证、出口贸易融资放款或出口收入待核查账户资金结汇或划出前，提交下列材料到所在地外汇局审核真实性后办理登记：

（一）C 类企业贸易外汇收支：提交本指引第三十五条规定的材料；

（二）B 类企业超可收、付汇额度的贸易外汇收支：提交本指引第三十四条规定的材料；

（三）退汇日期与原收、付款日期间隔在 180 天以上（不含）或由于特殊情况无法原路退回的退汇业务，对于 A 类企业单笔等值 5 万美元以上（不含）或 B、C 类企业：提交书面申请（说明需要登记事项的具体内容，超期限或无法原路退汇的原因）、超期限或无法原路退汇的证明材料、原收付汇凭证、原进出口合同（因错误汇入以外的其他原因产生的贸易退汇时提供）、进出口货物报关单（发生货物退运时提供）；

（四）新出现的贸易新业态外汇收支：提交书面申请（说明需登记事项的具体内容）、说明登记业务真实性和合理性的材料。

企业如有其他有助于说明交易真实、合法的材料，也可提供。

外汇局审核企业提交的资料后，出具《贸易外汇业务登记表》（以下简称《登记表》，见附 2）。需办理登记的货物贸易外汇收支业务，银行应凭外汇局签发的《登记表》办理，并通过货贸系统签注《登记表》使用情况。

第二十四条 企业可根据其真实、合法的进口付汇需求，提前购汇存入其经常项目外汇结算账户。因合同变更等原因导致企业提前购汇后未能对外支付的进口货款，企业可自主决定结汇或保留在其经常项目外汇结算账户中。银行应对提前购汇的真实性、合法性和必要性进行合理审核。

第二十五条 进口项下退汇的境外付款人应为原收款人、境内收款人应当为原付款人。出口项下退汇的境内付款人应为原收款人、境外收款人应为原付款人。

银行为企业办理退汇外汇收支时，应按展业原则审核相关交易单证。

银行在为 A 类企业办理单笔等值 5 万美元以下（含）的退汇业务时，对于退汇日期与原收、付款日期间隔在 180 天以上（不含）或由于特殊情况无法原路退回的退汇，银行除审核相应交易单证外，还应对超期限或无法原路退汇的原因进行合理审核，并在涉外收支申报交易附言中注明“特殊退汇”。

第二十六条 货物贸易项下因汇路不畅需要使用外币现钞结汇的，银行应按照本指引第十一条等规定审核。外币现钞结汇金额达到规定入境申报金额的，银行还应审核企业提交的经海关签章的《中华人民共和国海关进境旅客行李物品申报单》（以下简称《海关申报单》）正本。

第三节 企业分类

第二十七条 外汇局根据企业遵守外汇管理规定等情况，将企业分为 A、B、C 三类，实施分类管理。

在分类管理有效期内，对 A 类企业的货物贸易外汇收支，适用便利化的管理措施。对 B、C 类企业的货物贸易外汇收支，在单证审核、业务类型及办理程序、结算方式等方面实施审慎监管。

第二十八条 存在下列情况之一的企业，外汇局可将其列为 B 类企业：

（一）外汇局核查或风险提示时，对相关交易无合理解释；

（二）未按规定履行报告义务；

（三）未按规定办理货物贸易外汇业务登记；

（四）外汇局核查或风险提示时，未按规定的时间和方式向外汇局报告或提供资料；

（五）被外汇局与国家相关主管部门实施联合监管的；

（六）近两年因本指引第四条第四款情形被外汇局注销名录后，重新列入名录且对前期核查业务无合理解释的。

第二十九条 存在下列情况之一的企业，外汇局可将其列为 C 类企业：

（一）近 12 个月受到外汇局处罚且情节严重的；

（二）阻挠或拒不接受外汇局核查，或向外汇局提供虚假资料；

（三）B 类企业在分类监管有效期届满经外汇局综合评估，相关情况仍符合列入 B 类企业标准的；

（四）被外汇局与国家相关主管部门实施联合惩戒的。

第三十条 外汇局在日常管理中发现企业存在本指引第二十八、第二十九条规定情形的，可将 A 类企业列入 B 类企业或 C 类企业，或将 B 类企业列入 C 类企业。

外汇局在确定 B、C 类企业前，出具《国家外汇管理局 XX 分（支）局分类结论告知书》（见附 3）并通知相关企业。如有异议，企业可自收到通知之日起 7 个工作日内，向所在地外汇局提交书面情况说明及相关材料进行申述。企业在规定时间内提出异议的，外汇局应对其分类情况进行复核，并根据复核情况确定其分类结果。对在规定期限内未提出异议或提出异议后经外汇局复核确定分类结果的企业，外汇局向银行发布企业分类信息。

外汇局可将企业分类信息向相关管理部门通报，必要时向社会公开披露。

第三十一条　外汇局可对资金流与货物流严重不匹配或资金单向流动较大的企业发送《国家外汇管理局XX分(支)局风险提示函》(见附4)，企业未在规定期限内说明原因或不能提供证明材料并做出合理解释的，外汇局可直接将其列入B类企业。

第三十二条　外汇局对分类结果进行动态调整。B、C类企业的分类监管有效期原则上为一年。对降级满3个月(含)，同时满足下列条件的，企业可申请调整分类等级：

(一)分类监管有效期内，此前导致降级的异常情况已改善；

(二)没有发生本指引第二十八条、第二十九条规定情形。

第三十三条　B、C类企业分类监管有效期届满或申请调整分类等级时，外汇局应对其在分类监管有效期内或降级期间遵守相关外汇管理规定情况进行综合评估，调整分类结果。

第三十四条　B类企业在分类监管有效期内的货物贸易外汇收支业务应按照本指引第十一条和下列要求办理：

(一)以信用证、托收方式结算的，除按国际惯例审核有关商业单证外，还应审核合同；以预付货款、预收货款结算的，应审核合同和发票；以其他方式结算的，应审核相应的报关单和合同，货物不报关的，企业可提供运输单据等其他证明材料代替报关单；

(二)银行在办理B类企业收汇、付汇、开证、出口贸易融资放款或出口收入待核查账户资金结汇或划出手续时，应进行电子数据核查，通过货贸系统扣减其对应的可收付汇额度。B类企业超过可收付汇额度的货物贸易外汇收支业务，应到外汇局办理货物贸易外汇业务登记手续，银行凭《登记表》办理；

(三)对于预收货款、预付货款以及30天以上(不含)的延期收款、延期付款，企业应按照本指引规定向所在地外汇局报送信息；

(四)企业原则上不得办理90天以上(不含)的延期付款业务、不得签订包含90天以上(不含)收汇条款的出口合同；在分类监管有效期内，此前导致降级的情况已改善或纠正，且没有发生本指引第二十八条、第二十九条规定情形的B类企业，自列入B类之日起6个月后，可经外汇局登记办理该业务；

(五)企业不得办理离岸转手买卖外汇收支业务；

(六)已开办出口收入存放境外业务的企业被列为B类的，在分类监管有效期内，企业出口收入不得存放境外账户，不得使用境外账户对外支付，外汇局可要求企业调回境外账户资金余额；

(七)已开展跨国公司跨境资金集中运营业务的主办企业被列为B类的，所在地外汇局将通知跨国公司变更主办企业；已开展跨国公司跨境资金集中运营业务的其他成员企业被列为B类的，主办企业应终止其业务；

(八)外汇局规定的其他管理措施。

第三十五条　C类企业在分类监管有效期内的货物贸易外汇收支业务应按照下列规定办理：

(一)企业需事前逐笔到所在地外汇局办理登记手续，银行凭《登记表》办理。外汇局办理登记手续时，对于以信用证、托收方式结算的，审核合同；对于以预付、预收货款方式结算的，审核合同和发票；对于以其他方式结算的，审核报关单和合同，货物不报关的，可提供运输单据等其他证明材料代替报关单；

(二)对于预收货款、预付货款以及30天以上(不含)的延期收款、延期付款，企业应按本指引规定向所在地外汇局报送信息；

(三)企业原则上不得办理90天以上(不含)的远期信用证(含展期)、海外代付等进口贸易融资业务；不得办理90天以上(不含)的延期付款、托收业务；不得签订包含90天以上(不含)收汇条款的出口合同；

(四)企业不得办理离岸转手买卖外汇收支业务；

(五)已开展跨国公司跨境资金集中运营业务的主办企业被列为C类的，所在地外汇局将通知跨国公司变更主办企业；已开展跨国公司跨境资金集中运营业务的其他成员企业被列为C类的，主办企业应终止其业务；

(六)已开办出口收入存放境外业务的企业被列为C类的，企业应于列入之日起30日内调回境外账户资金余额；

(七)外汇局规定的其他管理措施。

第四节　其他货物贸易外汇业务

第三十六条　银行办理自身黄金进出口收付汇业务，按照货物贸易外汇收支有关规定办理。

如因价格变动造成实际付汇额与进口货物报关单成交总价存在差额的，应按交易确认凭证上的实际黄金成交总价，凭有效交易单证及差额情况说明办理付汇业务。

第三十七条　海关特殊监管区域与境内海关特殊监管区域外之间货物贸易，以及海关特殊监管区域内机构之间的货物贸易，可以人民币或外币计价结算。

第三十八条 海关特殊监管区域内机构采取货物流与资金流不对应的交易方式时，外汇收支应具有真实、合法的交易基础。

银行应按规定对交易单证的真实性及其与外汇收支的一致性进行合理审核。

企业提供的进口货物报关单、进境货物备案清单或保税核注清单上的收发货人为其他机构的，还应提供付汇人与收发货人不一致原因的书面说明、可证实交易真实性及该不一致情况的商业凭证以及相关海关监管单证。

第三十九条 边境贸易企业（以下简称边贸企业）办理边境贸易外汇收支，应具有真实、合法的贸易背景，且与货物进出口情况一致。

本指引所称边境贸易，包括边境小额贸易和边民互市。边贸企业，是指在商务主管部门备案登记，有边境小额贸易经营资格的企业。

第四十条 银行应按照本指引第十一条规定，对边贸企业提交的边境贸易交易单证的真实性及其与贸易外汇收支的一致性进行合理审核。

第四十一条 边贸企业边境贸易项下出口收取外币现钞，应填写《境内收入申报单》，凭商业单据（合同或发票等）和出口货物报关单办理现钞结汇或入账手续。上述现钞结汇或现钞入账金额达到规定入境申报金额的，边贸企业还应提供经海关签章的《海关申报单》正本。边贸企业边境贸易项下进口支付外币现钞，按照现行外币现钞管理规定办理。

第四十二条 在境内依法设立的期货交易所开展的期货实物交割有关结算业务应具有真实、合法的交易背景。

期货交易所对期货实物交割的真实性和合法性负责，并采集与期货实物交割有关的交易、结算、仓储、报关等信息。

第四十三条 存管银行办理期货实物交割项下货物贸易收支业务，应按照展业原则进行真实性、合规性审核，并按规定办理实际收付数据和还原数据申报。

本指引所称存管银行，是指为期货交易所、会员、境内交易者、境外交易者、境外经纪机构等提供期货交易相关账户、资金收付及汇兑等业务的银行。

第四十四条 境外交易者和境外经纪机构应通过境内期货公司向期货交易所办理期货实物交割项下的货款结算。

办理期货实物交割项下货款结算的境内期货公司，应办理名录登记且分类等级为 A 类。

参与期货实物交割业务的会员和境内外交易者不得构造交易转移资金，不得以任何方式逃避外汇监管。

第四十五条 从事跨境电子商务的企业可将出口货物在境外发生的仓储、物流、税收等费用与出口货款轧差结算，并按规定办理实际收付数据和还原数据申报。跨境电子商务企业出口至海外仓销售的货物，汇回的实际销售收入可与相应货物的出口报关金额不一致。跨境电子商务企业按现行货物贸易外汇管理规定报送外汇业务报告。

第四十六条 市场采购贸易项下委托第三方报关出口的市场主体，具备下列条件的，可以自身名义办理收汇：

（一）从事市场采购贸易的市场主体已在地方政府市场采购贸易联网平台备案。市场采购贸易联网平台应能采集交易、出口全流程信息，并提供与企业、个体工商户对应的出口明细数据；

（二）经办银行具备接受、存储交易信息的技术条件，系统与市场采购贸易联网平台对接，采取必要的技术手段，识别客户身份，审核交易背景的真实性，防范交易信息重复使用。

第二章 服务贸易外汇业务

第五节 服务贸易外汇收支

第四十七条 服务贸易外汇收支应具有真实、合法的交易基础，境内机构和境内个人不得虚构贸易背景办理外汇收支业务，不得以分拆等方式规避外汇管理。

初次收入和二次收入项下外汇收支按照本指引服务贸易外汇收支有关规定执行。初次收入，是指因提供劳务、金融资产和出租自然资源而获得的回报。二次收入，是指居民与非居民间的经常性转移，包括所有非资本转移的转移项目。

外商投资企业的利润、股息和红利项下对外支付按照直接投资利润汇出管理规定办理。

第四十八条 银行办理服务贸易外汇收支业务，应按照本指引规定对交易单证的真实性及其与外汇收支的一致性进行合理审核。

银行应根据本指引制定内部管理制度，明确有关业务操作规程，并按规定及时、准确、完整地向所在地外汇局报送相关外汇收支信息。

银行自身的服务贸易外汇收支按照本指引服务贸易外汇收支相关规定办理。

第四十九条 办理单笔等值 5 万美元以下（含）的服务贸易外汇收支业务，银行原则上可不审核交易单证；对于资金性质不明确的外汇收支业务，银行应要求境内机构和境内个人提交交易单证进行合理审核。

办理单笔等值 5 万美元以上（不含）的服务贸易外汇收支业务，银行应按展业原则，确认交易单证所列的交易主体、金额、性质等要素与其申请办理的外汇收支相一致。

（一）具有关联关系的境内外机构间发生的代垫或分摊费用，原则上不得超过12个月。

本指引所称关联关系，是指境内外机构之间存在直接或间接控制关系或重大影响关系。

（二）对于服务贸易项下预收预付款，银行应审慎审核相关单证，确认交易真实性、合规性和合理性后办理。

（三）银行应按照原汇入或汇出资金交易性质，审核退汇的相关材料，退汇金额原则上不得超过原汇入或汇出金额。汇出资金退汇的境外付款人应为原收款人、境内收款人应当为原付款人。汇入资金退汇的境内付款人应为原收款人、境外收款人应为原付款人。对于退汇项下的收付款人与规定不一致时，境内机构应向银行提供相关说明，由银行审核其退汇真实性和合理性后办理。

（四）办理单笔等值5万美元以上的服务贸易对外支付，境内机构和个人应先按照服务贸易对外支付税务备案有关规定办理备案手续，银行应核验服务贸易等项目对外支付纸质或电子税务备案表。

第五十条　办理下列服务贸易境内外汇划转业务的，由划付方银行按展业原则审核交易单证：

（一）境内机构向国际运输或国际运输代理企业划转国际运输项下运费及相关费用；

（二）对外承包工程项下总承包方向分包方划转工程款；

（三）对外承包工程联合体已指定涉外收付款主体的，收付款主体与联合体其它成员之间划转工程款；

（四）服务外包项下总包方向分包方划转相关费用；

（五）境内机构向个人归还垫付的公务出国项下相关费用；

（六）外汇管理规定的其他情形。

第五十一条　海关特殊监管区域内机构之间的服务贸易，可以人民币或外币计价结算；海关特殊监管区域与境内海关特殊监管区域外之间的服务贸易项下交易应以人民币计价结算，本指引第五十条除外；海关特殊监管区域行政管理机构的各项规费应以人民币计价结算。

第五十二条　服务贸易外汇收支涉及纸质或电子的交易单证应符合国家法律法规和通行商业惯例的要求，包括但不限于：

（一）包含交易标的、主体、金额等要素的合同（协议）；

（二）发票（支付通知）或列明交易标的、主体、金额等要素的结算清单（支付清单）；

（三）其他能证明交易真实合法的单证。

第五十三条　服务贸易外汇收支管理信息申报要素应包括：

（一）交易单证号：应在申报凭证相应栏目中填写合同号、发票号。服务贸易外汇收支本身无交易单证号的，境内机构和境内个人可不填写；

（二）代垫或分摊的服务贸易费用以及非关联关系代垫费用：应在申报凭证的交易附言栏目中标明“代垫”“分摊”或“非关联代垫款”字样；

（三）对外承包工程签订合同之前服务贸易前期费用：应在申报凭证的交易附言栏目中标明“前期费用”字样；

（四）服务贸易退汇：应在申报凭证的退款栏目中进行确认，并在交易附言栏目中标明“退款”字样；

（五）凭电子或纸质税务备案表付汇：应在申报凭证的交易附言栏目中标明“SWBA＋备案表编号后六位”。一笔交易对应多个税务备案表的，“SWBA＋备案表编号后六位”用逗号间隔；

（六）服务贸易预付款：应在申报凭证的付款类型栏目中选择“预付款”；服务贸易预收款：应在申报凭证的付款类型栏目中选择“预收款”；

（七）外汇局规定的其他管理信息。

第三章　个人经常项目外汇业务

第六节　个人结售汇

第五十四条　个人经常项目外汇业务应具有真实、合法的交易背景。个人结汇和境内个人购汇实行年度便利化额度管理，便利化额度分别为每人每年等值5万美元。

第五十五条　个人凭本人有效身份证件在银行办理年度便利化额度内的结汇和购汇。标有身份证件号码的户口簿、临时身份证可作为境内个人有效身份证件。

个人可通过银行柜台或电子银行渠道办理结汇和购汇。

第五十六条　境内个人凭本人有效身份证件和有交易额的结汇资金来源材料，在银行办理不占用年度便利化额度的经常项目结汇。

境内个人凭本人有效身份证件和有交易额的购汇资金用途材料，在银行办理不占用年度便利化额度的经常项目购汇。

第五十七条　境内个人办理购汇业务，应真实、准确、完整填写《个人购汇申请书》，并承担相应法律责任。

第五十八条　境外个人凭本人有效身份证件和有交易额的结汇资金用途材料，在银行办理不占用年度便利化额度的经常项目结汇。

结汇单笔等值5万美元以上(不含)的,应将结汇所得人民币资金直接划转至交易对方的境内人民币账户。

第五十九条　境外个人在境内取得的经常项目合法人民币收入,凭本人有效身份证件和有交易额的购汇资金来源材料(含税务凭证)在银行办理购汇。

持有外国人永久居留身份证的境外个人适用购汇年度便利化额度。

第六十条　境外个人原兑换未用完的人民币兑回外汇,凭本人有效身份证件和原兑换水单办理,原兑换水单的兑回有效期为自兑换日起24个月;对于当日累计兑换不超过等值500美元(含)以及离境前在境内关外场所当日累计不超过等值1000美元(含)的兑换,可凭本人有效身份证件办理。

第六十一条　个人可委托近亲属代为办理年度便利化额度内的结汇和购汇。办理时需提供委托人和受托人的有效身份证件、委托书以及近亲属关系说明材料等。

个人可委托他人(含近亲属)代为办理不占用年度便利化额度的结汇和购汇。办理时需提供委托人和受托人的有效身份证件、委托书和有交易额的相关材料等。

本指引所称近亲属,是指配偶、父母、子女、兄弟姐妹、祖父母、外祖父母、孙子女、外孙子女。近亲属关系说明材料包括户口本、结婚证、出生证等。确无法提供近亲属关系说明材料的,可以近亲属关系承诺函替代。

第六十二条　个人不得以分拆等方式规避便利化额度管理及真实性管理。外汇局对规避管理的个人实行"关注名单"管理。

(一)外汇局对出借本人便利化额度协助他人规避便利化额度及真实性管理的个人,通过银行以《个人外汇业务风险提示函》(见附5)予以风险提示。若上述个人再次出现出借本人便利化额度协助他人规避便利化额度及真实性管理的行为,外汇局将其列入"关注名单"管理,并通过银行以《个人外汇业务"关注名单"告知书》(见附6)予以告知。

(二)外汇局对借用他人便利化额度及其他方式规避便利化额度及真实性管理的个人,列入"关注名单"管理,并通过银行以《个人外汇业务"关注名单"告知书》予以告知。

(三)"关注名单"内个人的关注期限为列入"关注名单"的当年及之后连续2年。在关注期限内,"关注名单"内个人办理个人结售汇业务,应凭本人有效身份证件、有交易额的相关材料在银行办理。银行应按照真实性审核原则,严格审核相关材料。

第六十三条　被实施风险提示的个人,首次在柜台办理个人外汇业务时,银行应打印纸质《个人外汇业务风险提示函》进行告知;被实施"关注名单"管理的个人,首次在柜台办理个人外汇业务时,银行应打印纸质《个人外汇业务"关注名单"告知书》进行告知。

银行可根据个人要求为其本人查询被实施的"关注名单"管理结论,若个人对结论存在异议,应告知个人可向所在地外汇局核实。

第七节　个人外汇收支

第六十四条　境内个人外汇汇出境外用于经常项目支出,按下列规定在银行办理:

(一)外汇账户内外汇汇出境外当日累计等值5万美元以下(含)的,凭本人有效身份证件办理;超过上述金额的,凭本人有效身份证件、有交易额的相关材料办理。境内个人办理外汇汇出业务时,应配合银行购汇用途与付汇用途一致性审核;

(二)持外币现钞汇出当日累计等值1万美元以下(含)的,凭本人有效身份证件在银行办理;超过上述金额的,凭本人有效身份证件、经海关签章的《海关申报单》或本人原存款银行外币现钞提取单据、有交易额的相关材料办理。

第六十五条　境外个人经常项目外汇汇出境外,按下列规定在银行办理:

(一)外汇账户内外汇汇出,凭本人有效身份证件办理;

(二)持外币现钞汇出,当日累计等值1万美元以下(含)的,凭本人有效身份证件办理;超过上述金额的,凭本人有效身份证件、经海关签章的《海关申报单》或原存款银行外币现钞提取单据办理。

第六十六条　个人货物贸易外汇收支按下列规定办理:

(一)个体工商户委托有对外贸易经营权的企业办理进口的,本人凭其与代理企业签定的进口代理合同或协议购汇,所购外汇通过本人外汇账户直接划转至代理企业经常项目外汇账户;

个体工商户委托有对外贸易经营权的企业办理出口的,可以通过本人外汇账户收汇、结汇。结汇凭合同及物流公司出具的运输单据等商业单证办理;

(二)境内个人从事跨境电子商务,可通过本人外汇账户办理跨境电子商务外汇结算。境内个人办理跨境电子商务项下结售汇,提供有交易额的材料或交易电子信息的,不占用个人年度便利化额度;

(三)个人从事市场采购贸易,可通过个人外汇账户办理符合相关要求的市场采购贸易外汇结算。个人办理市场采购贸易项下结汇,提供有交易额的材料或交易电子信息的,不占用个人年度便利化额度;

（四）个人从事边境贸易活动，外汇收支参照本指引第三十九条、第四十条的规定办理。个人收取的外币现钞或现汇，凭合同、物流公司出具的运输单据等商业单据办理结汇或入账手续。外币现钞结汇或外币现钞入账金额当日累计等值1万美元以上（不含）的，个人还应提供经海关签章的《海关申报单》正本。

第六十七条 个人外汇账户内资金境内划转，仅限于本人账户之间、个人与近亲属账户之间。

划转账户分别属于境内个人、境外个人的，按跨境交易进行管理，且应符合经常项目外汇汇出境外的规定。

第六十八条 银行办理个人经常项目外汇业务，应对交易单证的真实性及其与外汇收支的一致性进行合理审核。

银行可根据个人风险状况，自主决定审核凭证的种类、形式以及审核要点，确保交易真实合规。

银行有权对违反外汇管理规定、真实性存疑的交易予以拒绝。对拒绝办理的业务，银行应向个人准确说明拒绝原因及申诉渠道。

第六十九条 银行为个人开立外汇账户时，应尽职调查，加强对客户的了解，强化个人身份认证核验，确保人证一致。

第七十条 银行为个人办理购汇业务时，应提示个人真实、准确、完整填写《个人购汇申请书》。银行应将个人填写的《个人购汇申请书》信息在本行信息系统中保存。

银行应提升个人购汇信息申报质量，及时更新和完善个人购汇信息异常申报数据库，对申报要素填写不完整、不合逻辑的交易进行识别和拦截。

第七十一条 银行应关注个人购付汇用途是否一致，发现涉嫌付汇用途与购汇用途不一致的，应做好尽职调查，要求个人如实报告购付汇用途。

第七十二条 银行应加强电子银行个人结售汇业务风险识别，落实电子银行业务本人办理原则。通过多重技术手段，事中事后筛查拦截异常外汇交易，防范借用他人便利化额度、出借本人便利化额度及其他规避便利化额度和真实性管理的违规行为。

第七十三条 银行应切实履行自身服务职责，全面提升服务质量，保障个人真实合理用汇需求。银行应在营业网点区域显著位置展示本行编制的个人外汇业务办理指南。

第七十四条 银行开展个人外汇业务，应依据展业原则及反洗钱有关规定制定银行内部管理制度，银行内部管理制度应覆盖本行个人外汇业务的全部类型和业务渠道。

第七十五条 银行开展个人外汇创新业务前，应将业务流程、内部管理制度要求、风险防控措施等书面告知国家外汇管理局。

第七十六条 除下列情况外，银行应将个人结售汇数据录入个人外汇业务系统（以下简称个人系统）：

（一）通过外币代兑机构发生的结售汇；

（二）通过银行柜台尾零结汇、转利息结汇等小于等值100美元（含）的结汇；

（三）外币卡（含境内卡和境外卡）境内消费结汇；

（四）境外卡通过自助银行设备提取人民币现钞；

（五）境内卡境外使用后购汇还款；

（六）通过自助兑换机办理的个人外币现钞兑换人民币现钞的单向兑换。

第七十七条 银行应建立本行数据质量管理机制，办理的个人结售汇和外币现钞存取业务全部数据均应实时、逐笔向个人系统准确报送。通过支付机构办理的个人结售汇业务数据应按规定时限向个人系统准确报送。

第七十八条 银行应对在个人系统使用中知晓的个人信息严格保密，不得泄露和侵犯个人隐私。

第七十九条 银行可办理代理境外分支机构开户见证业务。

银行代理境外分支机构开户见证业务的客户主体仅限于已取得国外（境外）长期签证（连续居住三个月以上）的境内居民个人，汇款用途按有关个人外汇管理规定审核真实性。

若开办代理境外其他银行开户见证业务，应先取得银行保险业监督管理部门同意；如取得其同意，办理开户见证业务应遵守本条第二款的规定。

第四章 外币现钞业务

第八节 外币现钞收付、存取和携带

第八十条 境内机构不得收取、提取外币现钞，本指引第四十条、第四十一条、第八十一条、第八十二条、第八十三条、第一百五十五条、第一百五十七条规定的除外。

第八十一条 符合下列条件的经常项目交易，境内机构可以收取外币现钞，但应在银行办理结汇：

（一）银行汇路不畅的经常项目交易；

（二）与战乱、金融条件差的国家（地区）间开展的经常项目交易；

（三）境外机构或境外个人因临时使用境内港口等交通设施所支付的服务和补给物品的费用；

（四）境内免税商品经营单位和免税商店销售免税商品的外汇交易。

第八十二条 符合下列条件的经常项目交易，境内机构可以按规定在银行购汇或使用自有外汇提取外币

现钞：

（一）银行汇路不畅的经常项目交易；

（二）向战乱、金融条件差的国家（地区）支付的经常项目支出；

（三）国际海运船长借支项下；

（四）境内机构公务出国项下每个团组平均每人提取外币现钞金额在等值1万美元以下（含）的。

除上述规定情况外，确需提取外币现钞的交易，应向所在地外汇局提交交易真实性、合法性和必要性的说明材料，办理登记手续。

按规定已提取但未使用完的经常项下外币现钞，可以结汇或存入原提取外币现钞所使用的外汇账户。

第八十三条　财政资金预算内的机关、事业单位和社会团体等办理非贸易非经营性用汇项下提取外币现钞业务，可按规定直接到银行办理。

本指引所称非贸易非经营性用汇，是指驻外机构用汇、出国用汇、留学生用汇、外国专家用汇、国际组织会费用汇、救助与捐赠用汇、对外宣传用汇、股金与基金用汇、援外用汇、境外朝觐用汇及部门预算中确定的其他用汇项目。

司法和行政执法等机构的罚没款、暂扣款和专项收缴款为外币现钞的，银行可根据上述机构的相关文件直接办理结汇、存入经常项目外汇账户和提取外币现钞等手续。

第八十四条　银行应按展业原则办理境内机构外币现钞收付业务，对交易单证的真实性及其与外币现钞交易的一致性，以及外币现钞交易的合法性和必要性等进行合理审核。相关单证无法证明交易真实合法或与办理的外币现钞交易不一致的，银行应要求境内机构补充其他交易单证。

第八十五条　银行、个人本外币兑换特许机构的外币现钞收付，可根据相关规定直接办理，不适用本指引。

第八十六条　个人提取外币现钞当日累计等值1万美元以下（含）的，凭本人有效身份证件在银行办理；个人出境赴战乱、外汇管制严格、金融条件差或金融动乱的国家（地区），确有需要提取超过等值1万美元以上外币现钞的，凭本人有效身份证件、提钞用途等材料向银行所在地外汇局事前报备。银行凭本人有效身份证件和经外汇局签章的《提取外币现钞备案表》（见附7）为个人办理提取外币现钞手续。

外汇局开具的《提取外币现钞备案表》自签发之日起30天内有效，不可重复使用。

第八十七条　个人存入外币现钞当日累计等值1万美元以下（含）的，凭本人有效身份证件在银行办理；超过上述金额的，凭本人有效身份证件、经海关签章的《海关申报单》或原存款银行外币现钞提取单据在银行办理。

第八十八条　个人占用年度便利化额度的外币现钞结汇，当日外币现钞结汇累计金额在等值1万美元以下（含）的，凭本人有效身份证件在银行办理；超过上述金额的，凭本人有效身份证件、经海关签章的《海关申报单》或原存款银行外币现钞提取单据在银行办理。

个人不占用年度便利化额度的外币现钞结汇，当日外币现钞结汇累计金额在等值1万美元以下（含）的，凭本人有效身份证件、有交易额的相关材料在银行办理。超过上述金额的，凭本人有效身份证件、经海关签章的《海关申报单》或原存款银行外币现钞提取单据、有交易额的相关材料在银行办理。

第八十九条　个人携带外币现钞等入境，超过等值5000美元的应向海关书面申报。当天多次往返及短期内多次往返者第二次及以上入境，不论携带外币现钞的金额大小，均应向海关书面申报。

个人携带外币现钞出境，没有或超出最近一次入境申报外币现钞数据记录的，金额在等值5000美元以上至1万美元（含）的，应向银行申领《携带外汇出境许可证》。个人赴战乱、外汇管制严格、金融条件差或金融动乱的国家（地区），确有需要携带超过等值1万美元外币现钞出境的，需向存款或购汇银行所在地外汇局申领《携带外汇出境许可证》。

个人遗失或逾期补办《携带外汇出境许可证》的，按照“谁签发、谁补办”原则，在出境前持补办申请向原签发银行或外汇局提出申请。补办的《携带外汇出境许可证》应加注“补办”字样。

第九十条　银行及个人本外币兑换特许机构代售的外币旅行支票原则上应限于境外旅游、朝觐、探亲会亲、境外就医、留学等服务贸易项下的对外支付，不得用于货物贸易项下或资本项下的对外支付。

第九十一条　境内机构、驻华机构申请购买外币旅行支票，应以其经常项目外汇账户、外汇资本金账户以及其他明确规定可用于经常项目支出的外汇账户内资金购买，或用人民币账户内资金购汇后购买，不得以外币现钞或人民币现钞购汇购买外币旅行支票。

本指引所称驻华机构，包含外国驻华外交领事机构和国际组织驻华代表机构。

第九十二条　个人以外汇账户内资金购买外币旅行支票的，一次性购买外币旅行支票在等值5万美元以下（含）的，凭本人有效身份证件办理；超过上述金额的，凭本人有效身份证件和有交易额的相关材料办理。以人民币购买外币旅行支票的，按照个人购汇的相关规定办理。

个人凭本人有效身份证件及旅行支票办理兑付的，按照个人结汇的相关规定办理。个人将旅行支票兑换成外币现钞的，视同提取外币现钞业务；旅行支票可以直接存入个人外汇账户，视同存入外币现钞业务。

第九十三条　银行应加强对个人大额、异常外币现钞存取业务的真实合法性审核，严格审核外币现钞来源或用途。

第九十四条　银行办理的下列个人外币现钞存取数据，应录入个人系统管理：

（一）个人外币现钞存入，包括持外币现钞的结汇、存入个人外汇账户或信用卡、汇出境外、境内划转以及兑换外币后存入现钞等；

（二）个人外币现钞提取，包括购汇提钞、从个人外汇账户或信用卡提取外币现钞、境外汇入或境内划转直接提取外币现钞以及兑换外币后提取现钞等。

银行办理外币现钞收付业务，应遵守我国反洗钱与反恐怖融资的有关规定，并按银行外汇业务数据采集规范相关规定及时、准确报送外币现钞有关数据。

第五章　保险机构经常项目外汇业务

第九节　市场准入和退出

第九十五条　保险公司及其分支机构经营外汇保险业务，应符合下列条件：

（一）经核准在境内依法登记注册；

（二）具有经营保险业务资格；

（三）具有完备的与外汇保险业务相应的内部管理制度；

（四）近三年未发生情节严重的违法违规行为、未受到保险行业主管部门或国家外汇管理局等部门行政处罚。

本指引所称保险公司，是指经保险行业主管部门核准设立，并依法登记注册的商业保险公司以及政策性保险公司。保险集团（控股）公司从事外汇保险业务的，视同保险公司管理。

第九十六条　保险公司经营外汇保险业务，应经所在地国家外汇管理局分局、外汇管理部（以下简称外汇分局）核准。

具有经营外汇保险业务资格的保险公司，其分支机构在取得保险公司或省级分支机构内部书面授权之日起可经营、变更或终止外汇保险业务。

保险公司省级分支机构应按规定在每季度结束后10个工作日内，向其所在地外汇分局报告上一季度新申请经营、变更或终止外汇保险业务的本级及其以下分支机构名单。

第九十七条　外汇保险业务是指符合本指引规定，保险公司及其分支机构在境内开展的以外币计价的保险业务或以人民币计价但以外币结算的保险业务。

保险公司及其分支机构可按规定经营下列部分或全部外汇保险业务：

（一）外汇财产保险

1. 保险标的为在中华人民共和国境外的财产及有关利益；

2. 保险标的为在中华人民共和国境内与境外之间移动的财产及有关利益；

3. 保险标的或承保风险为部分或全部在中华人民共和国境外存在或发生的责任险、信用保证保险等；

4. 保险标的为境外投保人或境外被保险人的财产及有关利益。

（二）外汇人身保险

1. 境内个人跨境的短期健康保险和意外伤害保险；

2. 境外个人的短期健康保险和意外伤害保险。

（三）外汇再保险

对上述外汇财产保险和外汇人身保险在境内进行再保险。

（四）其他外汇保险业务。

第九十八条　保险公司经营外汇保险业务，应持下列材料向所在地外汇分局申请：

（一）书面申请；

（二）保险行业主管部门颁发的经营保险业务资格证明复印件；

（三）营业执照复印件（自由贸易试验区内保险公司免于提供）；

（四）与申请外汇保险业务相应的内部管理制度，包括但不限于业务操作流程、资金管理和数据报送等内容。

第九十九条　保险公司变更外汇保险业务范围或机构名称，应持下列材料向所在地外汇分局申请：

（一）书面申请；

（二）变更外汇保险业务范围的，提交与变更后外汇保险业务范围相应的内部管理制度；

（三）变更机构名称的，在自营业执照变更之日起20个工作日内，提交保险行业主管部门核准其名称变更的文件、保险行业主管部门颁发的变更后经营保险业务资格证明、变更后的营业执照复印件。

第一百条　保险公司终止外汇保险业务，应在其终止相关业务后20个工作日内，持《保险机构终止外汇业务备案申请表》（见附8）向所在地外汇分局备案。

第一百零一条　保险公司按照第九十八条和第九十九条规定办理外汇保险业务市场准入申请的，所在地外汇分局应在收到保险公司完备材料之日起20个工作日内，做出核准或者不予核准的决定。对于符合规定条件予以核准的，向保险公司出具核准文件；不予核准的，做出不予核准的行政许可书面决定并说明理由。

第一百零二条　保险公司及其分支机构有下列情形之一的，保险代理机构或保险经纪机构及其分支机构有下列第（二）（三）项情形的，自发生或发现之日起20个工作日内，应向所在地外汇分局报告，并提交说明函。所在地外汇分局可视情形要求保险公司、保险代理机构、保险经纪机构及其分支机构进行整改。

（一）取得经营外汇保险业务资格连续两年未发生外汇保险业务的；

（二）收到保险行业主管部门接管公告等存在重大风险隐患的；

（三）因发生情节严重的违法违规行为、受到保险行业主管部门或国家外汇管理局等部门行政处罚的。

第一百零三条　保险公司及其分支机构有下列情形之一的，自发生之日起，其经营外汇保险业务资格自动终止，经营外汇保险业务核准文件同时失效：

（一）因分立、合并或按公司章程规定解散；

（二）被保险行业主管部门终止经营保险业务；

（三）被人民法院依法宣告破产；

（四）原上级授权保险公司终止外汇业务；

（五）国家法律、法规规定的其他情形。

保险公司和省级分支机构应自上述情形发生之日起20个工作日内，向所在地外汇分局书面报告。

第一百零四条　保险公司因遗失、损毁等需要补办经营外汇保险业务核准文件的，应向所在地外汇分局提交有关补办的书面申请，包括但不限于情况说明、保险公司内部整改措施等。所在地外汇分局自收到保险公司完备材料之日起20个工作日内重新出具核准文件。

保险公司变更注册地址、经营地址、注册资本的，应在变更之日起10个工作日内向所在地外汇分局报告；保险公司分支机构变更经营地址的，应在变更之日起10个工作日内由省级分支机构向变更后的所在地外汇分局报告。

第十节　保险外汇账户使用

第一百零五条　保险机构及其分支机构按规定在银行开立、变更、使用和关闭经常项目外汇结算账户、外汇资金运用账户。

保险机构直接投资、境外上市、境外资金运用等业务涉及外汇账户开立、变更、使用和关闭的，按照资本项目有关外汇账户的规定办理。

保险机构包括保险集团（控股）公司、保险公司和保险资产管理公司。

第一百零六条　保险机构及其分支机构开立经常项目外汇结算账户，用于日常经营保险业务、受托管理外汇资金业务等。保险机构经常项目外汇结算账户的收支范围为经常项目外汇收支和外汇局规定的资本项目外汇收支。

保险机构开立外汇资金运用账户，用于境内外汇资金运用业务。保险机构境内外汇资金运用的外汇资金应先划入在托管银行开立的外汇资金运用账户进行托管。托管的外汇资金转存银行存款所开立的外汇账户性质仍为外汇资金运用账户。

在托管银行开立的用于托管的外汇资金运用账户的收支范围为与外汇资本金账户、经常项目外汇结算账户、境外上市专用外汇账户、其他外汇资金运用账户划转外汇资金，买卖外汇金融资产收支和外汇局规定的其他外汇收支。

其他外汇资金运用账户是指在非托管银行开立的外汇资金运用账户，收支范围为与用于托管的外汇资金运用账户划转外汇资金，买卖外汇金融资产收支和外汇局规定的其他外汇收支。

保险机构经常项目外汇结算账户内资金结汇，可直接在银行办理。保险机构外汇资金运用账户仅限于外汇资金运用业务，不得办理结售汇和日常经营收付。

第一百零七条　用于托管的外汇资金运用账户与外汇资本金账户和境外上市专用外汇账户划转资金时，托管银行应对用于托管的外汇资金运用账户收付的保险机构外汇资本金和境外上市募集外汇资金的情况进行记录。

保险机构从用于托管的外汇资金运用账户向同名境内其他性质外汇账户划转时，应按照下列规定办理：

（一）保险机构应向托管银行说明有关外汇资金划转对方账户的性质，托管银行应根据原汇入资金性质办理外汇资金汇回手续；

（二）托管银行应根据记录情况，将外汇资金优先划转至外汇资本金账户或境外上市专用外汇账户，直至原汇入外汇资本金或境外上市募集外汇资金已全部划回至原性质账户，托管银行方可向保险机构外汇结算账户划转外汇资金。

第一百零八条　保险机构从事保险资金境外投资所开立的境内托管账户参照用于托管的外汇资金运用账户管理，保险资金境外投资的境内托管银行应按照本指引第一百零七条规定记录和办理外汇资金的划转。

托管银行和保险机构应在季度结束后10个工作日内，向所在地外汇分局报告保险机构外汇资本金和境外上市募集外汇资金用于境内外的外汇资金运用情况。

第十一节　保险外汇收支

第一百零九条　银行在办理外汇保险项下保费、分保费、赔款、保险金、摊回赔款、追回款等境内外汇划转手续时，应按规定审核相关交易材料。境内外汇划转手续由划出方银行审核。

保险机构办理外汇保险项下退保时，应以原收取保险费币种进行划转。

第一百一十条　银行可凭付款指令办理同一保险机构同性质外汇账户之间的境内划转手续。

同一保险机构不同性质的外汇账户之间除本指引第一百零七条、第一百零八条规定情形外，不得办理境内划转手续。

在同一法人机构项下保险公司与其分支机构之间或者分支机构之间可相互代收代付保险项下外汇资金，银行应按照本指引的规定办理。

保险公司与其分支机构之间的同性质外汇账户，在境内可以凭付款指令在银行直接划转保险项下外汇资金。

第一百一十一条　保险机构及其分支机构办理跨境保险、跨境再保险等经常项目外汇收支，按照境内机构经常项目外汇管理规定办理。

保险项下赔款、追回款、追偿费用等由被保险人转让至境内或境外第三方的，被保险人与第三方之间的转让交易在符合外汇管理规定的条件下，保险机构可根据被保险人的批单或书面指令办理赔款资金的转让手续。

保险机构与境外救援机构、医疗机构因对被保险人进行救援或医疗产生的垫款费用跨境收支，银行应按规定审核相关材料。

第一百一十二条　保险公司及其分支机构可以通过依法设立的保险代理机构或保险经纪机构办理保险项下外汇收支。

保险代理机构和保险经纪机构在保险行业主管部门完成相关业务备案后，可通过其经常项目外汇账户办理代收代付保险项下资金原币划转，其中赔款资金可办理结汇或购汇。保险经纪机构在境内从事外汇保险项下业务，可以外汇收取佣金，外汇佣金可以自行保留或办理结汇。

（一）保险代理机构和保险经纪机构应在每年 1 月底前向所在地外汇分局报告本年度保险项下代收代付外汇业务计划，每季度初 5 个工作日内报告上一季度实际办理情况，并提供情况说明及相关材料。

情况说明包括但不限于保险项下代收代付外汇业务基本情况、境内外合作保险机构名单、收付汇金额等；办理赔款资金结汇或购汇业务的，说明中还应包括赔款资金结汇或购汇业务基本情况、保险赔款金额及与其对应的收付汇金额、结汇或购汇金额等。

对于超出报告计划的结汇或购汇及单笔等值 5000 万美元以上（含）的结汇或购汇，保险代理机构和保险经纪机构应当事前向所在地外汇分局进行报告。

（二）保险代理机构和保险经纪机构办理代收代付保险项下赔款资金结汇时，结汇资金直接划入赔款接收人账户；已代付保险赔款至赔款接收人账户的，结汇资金由保险代理机构和保险经纪机构自行留存。银行应当对结汇的真实性进行审核，材料包括：

1. 情况说明，包括但不限于结汇原因、赔款接收人姓名、开户银行账号等；

2. 赔款接收人书面委托结汇书；

3. 保险项下代收代付外汇业务计划；

4. 银行认为应当提交的其他材料。

保险代理机构和保险经纪机构办理代收代付保险项下赔款资金购汇业务，银行应当对购汇的真实性进行审核。

第一百一十三条　保险项下发生的检验、估价、查勘、评估等服务，在境内应以人民币收付。

外汇保险业务项下不得收付外币现钞，本指引第四章另有规定的除外。

第一百一十四条　办理外汇保险项下境内外汇划转手续时：

（一）外汇保险项下的保费、赔款、分出保费、摊回赔款等费用可以通过自有外汇支付或购汇支付；

（二）被保险人或受益人收取的外汇赔款、外汇保险金等收入，可以存入外汇账户或办理结汇。

第一百一十五条　保险公司可依据实际经营需要，直接在银行办理外汇资本金和境外上市募集外汇资金结汇。

（一）保险公司在每年 1 月底前应当就本年度结汇计划和上年度结汇情况向所在地外汇分局报告，并提供情况说明及相关材料。

情况说明包括但不限于外汇资金来源、结汇金额、结汇用途、本外币资产不匹配情况和上年度结汇资金使用情况等；

对于超出报告计划的结汇及单笔等值 5000 万美元以上（含）的结汇，保险公司应事前向所在地外汇分局进行报告。

（二）银行应履行展业原则，对结汇的真实性进行审核，资料包括：

1. 结汇申请书,包括但不限于结汇资金来源、结汇金额及结汇资金用途等;

2. 结汇资金使用计划及其材料;

3. 上年度经审计的人民币资产负债表和利润表、外币资产负债表和利润表;保险公司成立不足一年的,可提供近期资产负债表和利润表;上市保险公司未披露上年度资产负债表和利润表的,可提供最近一期已披露的资产负债表和利润表。

(三)结汇所得人民币资金运用需符合保险行业主管部门和国家外汇管理局有关规定,用于新设分支机构的筹建、日常经营支出、支付境内股权投资和人民币保证金等。

第一百一十六条　在金融监管部门核准的业务范围内,保险机构在境内开展境内外汇同业拆借业务、境内外币债券买卖业务,保险资产管理公司开展受托管理外汇资金业务以及管理运用自有外汇资金业务,无需经外汇局核准。

保险机构从事境内外汇同业拆借业务原则上应使用自有外汇资金,不得购汇办理同业拆出业务,拆入资金不得办理结汇;保险机构从事境内外币债券买卖,可以使用自有外汇资金或购汇支付,外币债券收益的结汇纳入外汇利润结汇管理。

保险机构从事本指引未明确的其他外汇业务,由国家外汇管理局另行规定。

第一百一十七条　海关特殊监管区域与境内海关特殊监管区域外之间的保险业务适用本指引。

第一百一十八条　银行办理外汇保险业务相关的跨境外汇收支、境内外汇划转和结售汇等业务,应按规定审核相关交易单证。

第一百一十九条　银行应按规定报送保险机构外汇账户、跨境外汇收支、境内外汇划转和结售汇等业务信息。

保险机构及其分支机构应按照外汇管理规定及时、准确报送信息。

所在地外汇分局应于每季度结束后 10 个工作日内,通过保险业务系统向国家外汇管理局报送所辖地区办理的外汇保险业务相关情况。

第六章　支付机构外汇业务

第十二节　支付机构名录登记

第一百二十条　支付机构外汇业务是指支付机构通过合作银行为市场交易主体跨境交易提供的小额、快捷、便民的经常项下电子支付服务,包括代理结售汇及相关资金收付服务。市场交易主体是指电子商务经营者、购买商品或服务的消费者(以下简称消费者)。

市场交易主体、支付机构及合作银行应遵守国家有关法律法规,不得以虚构交易、分拆等方式逃避监管。支付机构及合作银行应依法履行反洗钱、反恐怖融资义务,依法维护市场交易主体合法权益,对市场交易主体身份和交易信息等依法严格保密。

支付机构自身外汇业务按照一般企业外汇管理有关规定办理。

第一百二十一条　支付机构办理名录登记后方可开展外汇业务。支付机构应遵循展业原则,在登记的业务范围内开展经营活动。

银行在满足交易信息采集、真实性审核等条件下,可参照支付机构向国家外汇管理局及其分局、外汇管理部申请凭交易电子信息为消费者提供结售汇及相关资金收付服务。全国性银行直接向国家外汇管理局申请,地方性银行向注册地外汇分局申请,外汇分局同时向国家外汇管理局备案。

外汇分支局负责上述机构的名录登记管理。

第一百二十二条　支付机构申请办理名录登记,应具备下列条件:

(一)具有相关支付业务合法资质;

(二)具有开展外汇业务的内部管理制度和相应技术条件;

(三)申请外汇业务的必要性和可行性;

(四)具有交易真实性、合法性审核能力和风险控制能力;

(五)至少 5 名熟悉外汇业务的人员(其中 1 名为外汇业务负责人);

(六)与符合要求的银行合作。

第一百二十三条　支付机构应与具备下列条件的银行签约,并通过合作银行办理相关外汇业务:

(一)具有经营结售汇业务资格;

(二)具有审核支付机构外汇业务真实性、合规性的能力;

(三)至少 5 名熟悉支付机构外汇业务的人员;

(四)已接入个人系统并开通相关联机接口。

支付机构应根据外汇业务规模等因素,原则上选择不超过 2 家银行开展合作。

第一百二十四条　支付机构申请办理名录登记,应向注册地外汇分局提交下列申请材料:

(一)书面申请,包括但不限于公司基本情况(如治理结构、机构设置等)、合作银行情况、申请外汇业务范围及可行性研究报告、与主要客户的合作意向协议、业务流程、信息采集及真实性审核方案、抽查机制、风控制度模型及系统情况等;

(二)行业主管部门颁发的开展支付业务资质证

明文件复印件、营业执照(副本)复印件、法定代表人有效身份证件复印件等;

(三)与银行的合作协议(包括但不限于双方责任与义务,汇率报价规则,服务费收取方式,利息计算方式与归属,纠纷处理流程,合作银行对支付机构外汇业务合规审核能力、风险管理能力以及相关技术条件的评估认可情况等);

(四)外汇业务人员履历及其外汇业务能力核实情况;

(五)承诺函,包括但不限于承诺申请材料真实可信、按时履行报告义务、积极配合外汇局监督管理等。

如有其他有助于说明合规、风控能力的材料,也可提供。

第一百二十五条 注册地外汇分局应在支付机构提交完备申请材料之日起20个工作日内做出核准或不予核准的决定。注册地外汇分局为获准登记的支付机构出具正式书面文件,为其办理名录登记,并按规定公开许可结果,同时报备国家外汇管理局。

支付机构名录登记的有效期为5年。期满后,支付机构拟继续开展外汇业务的,应在距到期日至少3个月前向注册地外汇分局提出延续登记的申请。继续开展外汇业务应具备办理名录登记的相关条件,并按办理名录登记时的要求提交材料。违反《中华人民共和国行政许可法》相关规定,或行业主管部门终止支付机构支付业务,支付机构名录登记相应失效。

第一百二十六条 支付机构变更下列事项之一的,应事前向注册地外汇分局提出登记变更申请,并提供相关说明材料:

(一)业务范围或业务子项;

(二)合作银行;

(三)业务流程;

(四)风控方案;

(五)单笔交易金额限额(特定交易限额变更理由及相应风险控制措施);

(六)交易信息采集及验证方案;

(七)公司外汇业务负责人。

注册地外汇分局同意变更的,为支付机构办理登记变更,其有效期与原登记有效期一致。

支付机构变更公司名称、实际控制人或法定代表人等公司基本信息,应于变更后30日内向注册地外汇分局报备。注册地外汇分局需评估公司变更情况对持续经营外汇业务能力的影响。

第一百二十七条 支付机构主动终止外汇业务,应在公司作出终止决定之日起5个工作日内向注册地外汇分局提出注销登记申请及终止外汇业务方案。业务处置完毕后,注册地外汇分局注销其登记。

第一百二十八条 支付机构办理名录登记,因隐瞒有关情况或提供虚假材料等未获核准的,自收到不予核准决定之日起1年内不得再次提出申请。

支付机构以欺骗等不正当手段获取名录登记,注册地外汇分局依法撤销其登记,该支付机构自被撤销名录登记之日起3年内不得再次提出登记申请。

支付机构存在未经名录登记或超过登记范围开展外汇业务等违规行为,外汇分局将依法实施调整、注销名录登记等措施。

第十三节 交易审核

第一百二十九条 支付机构应尽职审核市场交易主体的真实性、合法性,并定期核验更新。审核的市场主体信息原则上包括但不限于名称、国别、有效证件号码、联系方式等可校验身份的信息。

支付机构应区分电子商务经营者和消费者,对市场交易主体进行管理,并建立健全市场交易主体管理制度。市场交易主体为境外主体的,支付机构应对其身份进行分类标识,相关外汇业务按现行有关规定办理。

支付机构应建立市场交易主体负面清单管理制度,将拒绝服务的市场交易主体列入负面清单,并每月将负面清单及拒绝服务原因报合作银行。合作银行应建立支付机构服务的市场交易主体随机抽查机制,抽查情况留存备查。

第一百三十条 支付机构为市场交易主体办理的外汇业务应具有真实、合法的交易基础,且符合国家有关法律法规,不得以任何形式为非法交易提供服务。支付机构应对交易的真实性、合法性及其与外汇业务的一致性进行审查。

支付机构应制定交易信息采集制度,按照真实、可跟踪稽核、不可篡改原则采集交易信息,确保交易信息来源客观、可信、合法。交易信息原则上应包括商品或服务名称及种类、数量、交易币种、金额、交易双方及国别、订单时间等必要信息。

支付机构应建立交易信息验证及抽查机制,通过适当方式对采集的交易信息进行持续随机验证,可通过物流等信息进行辅助验证。

第一百三十一条 支付机构为市场交易主体提供外汇服务时,原则上应确保资金收付与交易在主体、项目、金额等方面一致。

对于违规风险较高的交易,支付机构应要求市场交易主体提供相关单证材料。不能确认交易真实合规的,应拒绝办理。

第一百三十二条 支付机构外汇业务的单笔交易金额原则上不得超过等值5万美元。合作银行可根据支付机构风险控制能力等情况在经登记的单笔交易限额内确定实际的单笔交易限额。对于有真实、合法超限额需求的，支付机构应按照名录登记变更要求向注册地外汇分局提出登记变更申请。

国家外汇管理局可根据形势变化及业务发展等情况对支付机构外汇业务单笔交易限额进行调整。

第一百三十三条 支付机构应通过合作银行为市场交易主体办理结售汇及相关资金收付服务，并按照要求实现交易信息的逐笔还原，除退款外不得办理轧差结算。支付机构应在收到资金之日(T)后的第1个工作日(T+1)内完成结售汇业务办理。

支付机构应事前与市场交易主体就汇率标价、手续费、清算时间、汇兑损益等达成协议。支付机构应向市场交易主体明示合作银行提供的汇率标价，不得擅自调整汇率标价，不得利用汇率价差非法牟利。

第一百三十四条 消费者可用人民币或自有外汇进行支付。消费者向支付机构划转外汇时，应向外汇划出银行提供包含有交易金额、支付机构名称等信息的交易真实性材料。外汇划出银行核对支付机构账户名称和金额后办理，并在交易附言中注明"支付机构外汇支付划转"。

第一百三十五条 支付机构应建立健全外汇业务风控制度和技术系统，设立外汇业务合规管理岗，并对制度和技术系统进行持续评估完善。

第一百三十六条 银行应审慎选择合作支付机构，客观评估拟合作支付机构的外汇业务能力等，并对合作支付机构办理的外汇业务的真实性、合规性进行合理审核。未进行合理审核导致违规的，合作银行依法承担连带责任。合作银行应建立业务抽查机制，随机抽查部分业务。

合作银行可要求支付机构及交易相关方就可疑交易提供真实合法的单证材料。不能确认交易真实、合法，合作银行应拒绝办理。支付机构不配合合作银行审核或抽查，合作银行应拒绝为其办理外汇业务。

第十四节 信息报送

第一百三十七条 支付机构应按照国际收支申报有关规定办理交易实际收付数据和还原数据申报。

支付机构应按现行结售汇管理规定，在规定时间提供通过合作银行办理的逐笔购汇或结汇信息，合作银行应按照现行规定报送结售汇统计报表。个人项下结售汇业务，合作银行应根据支付机构的数据，在办理结售汇之日(T)后的第1个工作日(T+1)内对于单笔金额等值500美元以下(含)的区分币种和交易性质汇总后以支付机构名义逐笔录入个人系统，对于单笔金额等值500美元以上的逐笔录入个人系统。支付机构外汇业务项下的个人结售汇不计入个人年度便利化额度。

第一百三十八条 支付机构应通过支付机构跨境支付业务报表系统于每月10日前向注册地外汇分局报送客户外汇收支业务金额、笔数、外汇备付金余额等数据，并对每月累计外汇收支总额超过等值20万美元的及单笔交易金额超过等值5万美元的客户交易情况报送大额收支交易报告，如发现异常或高风险交易，应在采取相应措施后及时向合作银行及注册地外汇分局报告。

支付机构应根据要求报送相关业务数据和信息，并保证数据的及时性、准确性、完整性和一致性。

第一百三十九条 支付机构应按照外汇账户管理有关规定，在每家合作银行开立一个外汇备付金账户(一家合作银行的多个币种外汇备付金账户视作一个外汇备付金账户)，账户名称结尾标注"PIA"(Payment Institute Account)。外汇备付金账户用于收付市场交易主体暂收待付的外汇资金。支付机构外汇备付金账户纳入外汇账户管理信息系统管理，合作银行应及时按照规定将数据报送外汇局。

本指引所称外汇备付金，是指支付机构为办理市场交易主体委托的外汇支付业务而实际收到的暂收待付外汇资金。

支付机构和合作银行应建立外汇备付金信息核对机制，逐日核对外汇备付金的存放、使用、划转等信息，并保存核对记录。

第一百四十条 支付机构为市场交易主体办理的外汇业务均应通过外汇备付金账户进行。同名外汇备付金账户之间可划转外汇资金。

支付机构应将外汇备付金账户资金与自有外汇资金严格区分，不得混用。外汇备付金账户不得提取或存入现钞。支付机构自有外汇资金账户的开立、使用应遵循现行外汇管理规定。

支付机构原则上不得在境外开立外汇备付金账户，或将市场交易主体资金存放境外。

第七章 其他经常项目外汇业务

第十五节 贸易外汇收支便利化试点

第一百四十一条 经国家外汇管理局备案后，外汇分局可在辖内开展贸易外汇收支便利化试点。试点地区银行按所在地外汇分局有关规定备案后，作为贸易外汇收支便利化试点银行(以下简称试点银行)，可对本行推荐的企业开展贸易外汇收支便利化试点。

试点银行应审慎落实展业原则，审核贸易外汇收支的真实性、合规性和合理性。适用贸易外汇收支便利化试点业务的企业（以下简称试点企业）应确保贸易外汇收支具有真实、合法的交易基础，不得虚构贸易背景办理外汇收支业务。

试点银行为试点企业办理试点业务的涉外收付款申报时，应在交易附言应注明“贸易便利试点”字样。

第一百四十二条　试点银行在确保交易真实、合法，符合合理性和逻辑性的基础上，可为本行试点企业实施下列便利化措施：

（一）优化单证审核。银行按照展业原则为试点企业办理贸易外汇收支业务，对于资金性质不明确的业务，银行应要求企业提供相关交易单证。对于单笔等值5万美元以上（不含）的服务贸易外汇支出，银行还需核验服务贸易等项目对外支付纸质或电子税务备案表，税务部门免予备案的除外。退汇及离岸转手买卖业务根据现行法规要求审核；

（二）货物贸易超期限等特殊退汇业务免于事前登记。试点企业单笔等值5万美元以上（含）的退汇日期与原收、付款日期间隔在180天以上（不含）或由于特殊情况无法原路退汇的，可在银行直接办理，免于到外汇局办理登记手续；

（三）货物贸易对外付汇时免于办理进口报关单核验手续。银行能确认试点企业货物贸易付汇业务真实合法的，可免于办理进口报关电子信息核验手续；

（四）经所在地外汇分局备案的其他贸易外汇收支便利化措施。

第十六节　跨国公司经常项目外汇业务

第一百四十三条　经备案的跨国公司可根据经营需要，通过主办企业办理经常项目资金集中收付或轧差净额结算业务。原则上每个自然月轧差净额结算不少于1次。

境内成员企业按照规定，需凭《登记表》办理的业务，以及主办企业、境内成员企业的离岸转手买卖业务，原则上不得参加经常项目资金集中收付和轧差净额结算，应按现行规定办理。

本指引所称经常项目资金集中收付，是指主办企业通过国内资金主账户集中代理境内成员企业办理经常项目收支。轧差净额结算，是指主办企业通过国内资金主账户集中核算其境内外成员企业经常项目项下应收应付资金，合并一定时期内收付交易为单笔交易的操作方式。

第一百四十四条　国内资金主账户与境外经常项目收付以及结售汇，包括集中收付和轧差净额结算等，由银行按照展业原则办理相关手续。

对于资金性质不明确的，银行应要求主办企业提供相关单证，服务贸易等项目对外支付仍需按规定提交纸质或电子税务备案表。

第一百四十五条　主办企业申请办理经常项目资金集中收付或轧差净额结算的，所在地外汇局在为其出具备案通知书时，应按规定办理货物贸易外汇业务登记手续。

第一百四十六条　主办企业及境内成员企业应按货物贸易外汇管理规定，及时、准确地通过货贸系统（企业端）进行贸易信贷、贸易融资等业务报告。

第十七节　捐赠外汇业务

第一百四十七条　境内机构捐赠外汇收支应遵守我国法律法规及其他相关管理规定，不得违背社会公德，不得损害公共利益和其他公民的合法权益。

本指引所称捐赠外汇收支，是指境内机构与境外机构、境内机构与境外个人之间无偿赠与及援助合法外汇资金的行为。

银行自身的捐赠外汇收支按照本指引境内机构捐赠外汇收支相关规定办理。

第一百四十八条　境内机构应通过捐赠外汇账户办理捐赠外汇收支。银行应为境内机构开立捐赠外汇账户，并纳入外汇账户管理信息系统管理。

捐赠外汇账户的开立、使用、变更、关闭按照经常项目外汇账户管理相关规定办理。收入范围为从境外汇入的捐赠外汇资金、从同名经常项目外汇账户或购汇划入的捐赠外汇资金；支出范围为按捐赠协议约定的支出及其他捐赠支出。

境外非政府组织境内代表机构捐赠外汇账户收支范围为境外非政府组织总部拨付的捐赠项目外汇资金，及其在境内的合法支出。

境内企业接受或向境外营利性机构或境外个人捐赠，其捐赠外汇账户的开立、使用、变更、关闭按照资本项目外汇账户管理相关规定办理。

第一百四十九条　境内企业接受或向境外非营利性机构捐赠，应凭下列材料在银行办理：

（一）申请书：应如实承诺其捐赠行为不违反国家相关禁止性规定，已按照国家相关规定办理审批备案等手续，与其发生捐赠外汇收支的境外机构为非营利性机构，境内企业将严格按照捐赠协议使用资金，并承担由此产生的法律责任；

（二）营业执照复印件；

（三）列明资金用途的捐赠协议；

（四）境外非营利性机构在境外依法登记成立的文件；

（五）在上述材料无法充分证明交易真实性时，银行要求提供的其他材料。

境内企业接受或向境外营利性机构、境外个人捐赠，按照跨境投资、对外债权债务有关规定办理。

第一百五十条　县级以上（含）国家机关、根据有关规定不登记和免予社团登记的部分团体接受或向境外捐赠，应凭申请书在银行办理外汇收支手续。

第一百五十一条　境外非政府组织境内代表机构凭申请书、境外非政府组织总部与境内受赠方之间的捐赠协议在银行办理外汇入账手续。

第一百五十二条　除本指引第一百四十九条、第一百五十条、第一百五十一条规定之外的其他境内机构办理捐赠外汇收支，应凭下列材料在银行办理：

（一）申请书：应如实承诺该捐赠行为不违反国家相关禁止性规定，已按照国家相关规定办理审批备案等手续，并承担由此产生的法律责任；

（二）有关管理部门颁发的登记证书复印件；

（三）列明用途的捐赠协议。

第十八节　免税商品外汇业务

第一百五十三条　销售免税商品可以外币或人民币标价和结算。

销售免税商品以外币和人民币标价、结算时，应符合人民币汇率管理有关规定。

第一百五十四条　免税商品经营单位、免税商店可按规定开立经常项目外汇账户。

免税商品经营单位经常项目外汇账户的收入范围为经营免税商品的外汇收入及其从属费用，各免税商店划入的外汇收入等经常项下外汇收入；支出范围为支付购进海关总署核准经营的境内、外商品的货款及其从属费用等经常项下外汇支出，经核准的资本项下外汇支出。

免税商店经常项目外汇账户的收入范围为销售免税商品的外汇收入及其从属费用等经常项下外汇收入；支出范围为向经营单位支付的进口货款及其从属费用等经常项下外汇支出，经核准的资本项下外汇支出。

第一百五十五条　免税商品经营单位应按规定办理进口购付汇手续。

免税商店向免税商品经营单位支付进口货款及其从属费用时，可以外币结算，也可以人民币结算。

免税商品经营单位和免税商店销售免税商品收入的外币现钞，可以存入其经常项目外汇账户。除因资金周转需要保留适当规模的库存找零备用金外，免税商品经营单位和免税商店不得留存大量外币现钞。

第一百五十六条　本指引所称免税商品，是指免税商品经营单位、免税商店按照海关总署核准的经营品种，向海关总署规定的特定对象销售的进口及国产商品，包括免税品和免税外汇商品。

免税商品经营单位是指经国务院或者其授权部门核准，具备开展免税商品业务经营资格的企业。

免税商店是指经海关总署核准，由免税商品经营单位在规定地点设立的销售免税商品的企业。

对同时具有免税商品经营单位和免税商店功能的免税商品企业，参照本指引免税商品经营单位和免税商店规定办理外汇收支业务。

第十九节　驻华机构外汇业务

第一百五十七条　外国驻华外交机构开立的经常项目外汇账户，可用于在境内以外币支付驻华外交机构内部外交人员的境内工资，支付时可直接划转至外交人员的境内个人外汇账户，或提取外币现钞后支付。外国驻华外交机构应向银行提供工资清单，银行审核真实性、合法性后为其办理相关手续。

驻华机构向境内机构支付房租、运费、租赁费、保险费、学费等，除另有特殊规定外，应使用人民币结算。

第一百五十八条　外国驻华外交机构与其派驻境内的领事机构之间可以办理境内外汇划转，外国驻华外交机构应向银行提供与收款机构的关系书面说明，银行审核真实性、合法性后为其办理外汇划转手续。

第一百五十九条　外国驻华外交机构、领事机构外交人员和国际组织驻华代表机构人员办理个人购汇、结汇、外币现钞存入、外币现钞提取业务，凭《外交人员证》《行政技术人员证》《国际组织人员证》等材料直接在银行办理，购汇、结汇、外币现钞存取及时纳入个人系统，不占用个人年度便利化额度。银行办理相关业务时，应备注“享有外交豁免待遇人员”。

第一百六十条　驻华机构特殊机构代码赋码按照《国家外汇管理局　国家质量监督检验检疫总局关于修订印发〈特殊机构代码赋码业务操作规程〉的通知》（汇发〔2014〕60 号）有关规定办理。

第二十节　收入存放境外登记

第一百六十一条　境内机构可根据经营需要自行保留其经常项目外汇收入。

境内机构将货物贸易出口收入或服务贸易外汇收入存放境外（以下简称存放境外），应开立用于存放境外的境外外汇账户（以下简称境外账户）。

第一百六十二条 存放境外应具备下列条件：

（一）货物出口收入或服务贸易外汇收入来源真实合法，且在境外有符合相关规定的支付需求；

（二）近两年无违反外汇管理规定行为。

符合上述条件的境内企业集团，可由集团总部或指定一家参与存放境外业务的境内成员公司作为主办企业，负责对所有参与存放境外业务的其他境内成员公司的存放境外收入实行集中收付。

本指引所称境内企业集团，是指在中华人民共和国境内依法登记，以资本为纽带，由母公司、子公司及其他成员企业或机构共同组成的企业法人联合体（不含金融机构）。

第一百六十三条 境内机构开立境外账户，应凭下列材料到所在地外汇局办理境外开户登记：

（一）法定代表人或其授权人签字并加盖企业公章的书面申请，申请书内容包括但不限于：基本情况、业务开展情况、拟开户银行、使用期限、根据实际需要申请的存放境外资金规模等；

（二）货物贸易出口收入存放境外企业还需提供《出口收入存放境外登记表》（见附9）（略）。

境内企业集团实行集中收付的，应由主办企业到所在地外汇局办理境外开户登记手续。

所在地外汇局办理开户登记时，应确定企业存放境外规模。企业提高存放境外规模、境内企业集团调整参与成员公司的，应持书面申请书向所在地外汇局申请变更登记。

第一百六十四条 境外账户的收入范围为货物贸易出口收入，服务贸易收入，账户资金孳息以及符合外汇局规定的其他收入；支出范围为货物贸易支出，服务贸易支出，与境外账户相关的境外银行费用支出，经外汇局核准或登记的资本项目支出，资金调回境内，以及符合外汇局规定的其他支出。

承包工程企业经所在地外汇局登记，可在境外开立资金集中管理账户。境外资金集中管理账户的收入范围为从境外业主或境内划入有关工程款，以及从同一主体开立的境外同一国家（或地区）其他承包工程项目账户划入资金；支出范围为向境内调回工程款、有关境外工程款支出，以及向同一主体开立的境外同一国家（或地区）其他承包工程项目账户划转资金。

境外账户的收支应具有真实、合法的交易基础，符合中国及开户行所在国家（或地区）相关法律规定。

第一百六十五条 境内机构开立境外账户后，应在开户后10个工作日内将开户银行、境外账户账号、账户币种等信息报所在地外汇局备案。

境外开户银行代码或名称、境外开户银行地址等境外账户信息发生变更的，应在获知相关信息之日起10个工作日内将变更信息向所在地外汇局报告。境内机构关闭境外账户的，应自关户之日起10个工作日内持境外开户行的销户通知书向所在地外汇局报告，账户内资金余额调回境内。

境内机构应在每月初5个工作日内如实向所在地外汇局报告境外账户收支余信息。

第一百六十六条 境内机构应按本指引规定通过货贸系统向所在地外汇局报送用于货物贸易出口收入存放境外的境外账户相关信息，包括境外账户开户、变更、关户、账户收支余等。

境内机构应按本指引规定以书面形式将用于服务贸易境外账户的开户、变更、关户、账户收支余等信息，报所在地外汇局备案。境内企业集团存放境外，应由主办企业报送相关信息。

存放境外资金运用出现重大损失的，境内机构应及时报告所在地外汇局。

第一百六十七条 境内机构年度累计存放境外资金不得超出已登记的存放境外规模。

境内机构可根据自身经营需要确定存放境外期限，或将存放境外资金调回境内。

境内机构存在违法违规行为的，外汇局可责令其调回账户资金余额。

第一百六十八条 境内企业集团实行集中收付的，应做好成员公司债权债务的管理及相应的会计记账工作，清晰区分各成员公司的债权债务关系及金额。境内企业集团存放境外的货物贸易出口收入或服务贸易外汇收入调回境内的，应按照资金归属情况相应划入成员公司的境内经常项目外汇结算账户。如企业集团实行境内资金集中管理，其境外账户资金调回可进入该企业集团境内资金集中管理账户。

第二十一节 电子单证业务

第一百六十九条 银行按照展业原则和本指引规定，为境内机构办理经常项目外汇收支业务时，可以审核纸质单证，也可以审核电子单证。

本指引所称电子单证，是指境内机构提供的符合现行法律法规规定，且被银行认可并可以留存的电子形式的合同、发票、报关单、运输单据等有效凭证和商业单据，其形式包括系统自动生成的电子单证、纸质单证电子扫描件等。

第一百七十条 银行以审核电子单证方式办理货物贸易外汇收支业务，应具备下列条件：

（一）上一年度银行外汇业务合规与审慎经营评估为B类及以上（不含B－）；银行未直接参与评估

的，应以其上一级参与评估分行的评估等级为准；

（二）具有完善的风险防范内控制度；

（三）具备接收、储存电子单证的技术平台或手段，且相关技术能够保证传输、储存电子单证的完整性、安全性。

银行应根据风险程度，确定以审核电子单证方式办理货物贸易外汇收支业务的条件和要求，按照展业原则，自主审慎选择进行电子单证审核的企业，确认收支的真实性、合规性。

第一百七十一条 银行以审核电子单证方式办理货物贸易外汇收支业务，应符合但不限于下列要求：

（一）按规定对企业提交电子单证的真实性及其与外汇收支的一致性进行合理审核，对离岸转手买卖外汇收支业务审慎审核电子单证；企业提交的电子单证无法证明交易真实合法或与其申请办理的外汇收支不一致的，银行应要求企业提交原始交易单证及其他相关材料；

（二）应采取必要的技术识别等手段，确认企业提交电子单证的唯一性，避免同一电子单证以及与其相应的纸质单证被重复使用；

（三）每年不定期抽查企业原始交易单证的真实性及其与相应电子单证的一致性。发现企业提交的电子单证不真实或重复使用电子单证的，应自发现之日起，为其办理业务时停止审核电子单证，并向所在地外汇局报告。

第一百七十二条 企业以提交电子单证方式办理货物贸易外汇收支业务，应符合但不限于下列要求：

（一）在经办银行办理外汇收支的合规性和信用记录良好；

（二）向银行提交的电子单证真实、合法、完整、清晰，与原始交易单证一致，且不得违规重复使用电子单证；

（三）向银行提交的电子单证无法证明交易真实合法或与申请办理的外汇收支不一致的，及时按银行要求提交原始交易单证及其他相关证明材料。

第一百七十三条 银行不满足本指引第一百七十条规定条件的，应自不满足条件之日起，自行停止为新企业以审核电子单证方式办理货物贸易外汇收支，直至重新满足条件。

第二十二节 应急业务办理

第一百七十四条 当部分地区或全国范围的企业、银行、外汇局出现无法正常通过货贸系统办理业务等突发情况时，由国家外汇管理局发布紧急通知，启动应急业务办理方案。

第一百七十五条 国家外汇管理局启动货物贸易应急业务办理方案，企业、银行、外汇局应按下列要求办理业务：

（一）企业在银行办理货物贸易外汇收支时，应主动将自身的名录信息和分类级别告知银行业务人员，并按照分类管理规定提交相关交易单证；应凭外汇局《登记表》办理的业务，企业应事前到所在地外汇局申请办理《登记表》。应急期间，企业可暂停货物贸易外汇业务报告；

（二）银行办理货物贸易外汇收支时，银行业务人员应主动询问企业名录信息和分类级别，并按照分类管理规定审核企业提交的交易单证；凭《登记表》办理的业务，手工签注纸质《登记表》。对于B类企业货物贸易外汇收支，银行在应急期间暂停电子数据核查。银行办理货物贸易外汇支出的，可待货贸系统恢复正常后，在“报关信息核验”模块进行补操作。

银行应建立应急期间货物贸易外汇收支台账，记录相关企业名称、组织机构代码，由企业经办人员签字确认的企业名录信息和分类级别说明以及相关业务涉及的收支金额、交易单证号码、申报单号码，凭《登记表》办理的还应包括登记表编号；

（三）外汇局办理应急业务时，对于名录登记业务，应按有关规定审核相关材料，待货贸系统恢复正常后进行补登记；对凭《登记表》办理的业务，应认真审核企业提交的交易单证，并向其签发纸质《登记表》。应急期间，外汇局暂停为企业现场办理货物贸易外汇业务报告，并可暂停非现场监测、现场核查、分类管理以及核定B类企业电子数据核查额度等工作。

第一百七十六条 货贸系统恢复正常后，企业、银行、外汇局按下列要求完成后续工作：

（一）企业应及时将应急期间应报告未报告的相关业务进行补充报告；

（二）银行应在系统恢复正常后48小时内，查询货贸系统信息，核对应急期间业务台账，发现企业没有如实说明名录和分类状态的，立即向所在地外汇局报告。

根据应急期间业务台账，补充签注相应《登记表》，并相应补充核注B类企业的可收汇金额和可付汇金额；银行需要进行报关信息核验的，可根据台账补充相应的进口关单核验信息；

（三）外汇局应在货贸系统恢复正常后48小时内，根据应急期间办理的名录登记、《登记表》业务等资料，将相关信息补录入货贸系统，并在货贸系统中执行相关登记、签发操作。对于辖内银行报告的应急期间没有如实说明情况的企业，外汇局应及时进行现场核查。

第一百七十七条　在个人系统出现全国性系统故障时，国家外汇管理局将通过国家外汇管理局应用服务平台发布信息，启动应急业务办理方案。

应急期间，个人可在银行和个人本外币兑换特许机构柜台正常办理外汇业务。

第一百七十八条　银行应按照下列规定，审核相关材料，并保留应急业务办理台账六个月备查：

（一）对单笔等值5万美元以下（含）的个人结汇、购汇及单笔等值1万美元以下（含）的外币现钞存取和结汇，审核个人有效身份证件办理；

（二）对单笔等值5万美元以上（不含）的个人结汇、购汇及单笔等值1万美元以上（不含）的外币现钞存入和结汇，按照真实性审核原则，审核相关材料；对单笔等值1万美元以上（不含）的外币现钞提取，审核本人有效身份证件和经外汇局签章的《提取外币现钞备案表》。

第一百七十九条　个人系统恢复正常后48小时之内，银行和个人本外币兑换特许机构应完成应急期间业务数据补录。

个人系统恢复正常后72小时之内，银行和个人本外币兑换特许机构应将补录的笔数、金额及应急期间发现的问题以书面形式报告所在地外汇分局。

第八章　监测与管理

第一百八十条　外汇局对经常项目外汇收支进行非现场监测；按照国务院随机抽查监管有关要求，结合非现场监测发现的异常情况，对境内机构和个人进行核查，对银行办理经常项目外汇收支业务的合规性与报送信息的及时性、准确性和完整性实施核查。

外汇局对需核查的境内机构、个人和银行，制发《国家外汇管理局XX分（支）局核查通知书》（以下简称《核查通知书》，见附10），实施核查。核查可采取下列一种或多种方式：

（一）要求被核查境内机构、个人和银行提交相关材料；

（二）约见被核查境内机构法定代表人或其授权人、个人、银行负责人或其授权人；

（三）现场查阅、复制被核查境内机构、个人和银行的相关资料；

（四）外汇局认为其他必要的核查方式。

第一百八十一条　境内机构、个人和银行应按下列规定如实说明情况，提供相关材料，配合外汇局开展核查工作，不得拒绝、阻碍和隐瞒：

（一）外汇局要求境内机构、个人和银行提交相关材料的，境内机构、个人和银行应在收到《核查通知书》之日起10个工作日内，按要求向外汇局提交材料；

（二）外汇局约见被核查境内机构法定代表人或其授权人、个人、银行负责人或其授权人的，上述人员应在收到《核查通知书》之日起10个工作日内，到外汇局说明相关情况；

（三）外汇局现场查阅、复制被核查境内机构、个人和银行相关资料的，境内机构、个人和银行应按外汇局要求做好相关准备工作；

（四）外汇局采取其他核查方式的，境内机构、个人和银行应按外汇局要求做好相关准备工作。

第一百八十二条　银行应配合外汇局对涉嫌规避便利化额度及真实性管理的个人及相关机构的核查，在规定时间内反馈个人系统推送的相关信息。

第一百八十三条　外汇局对企业一定期限内的进出口和货物贸易收支进行对比，核查企业货物贸易外汇收支的真实性和合法性。

外汇局对边境贸易、海关特殊监管区域内等货物贸易外汇收支实行差异化管理。

第一百八十四条　外汇局对银行内部管理制度执行情况及银行经常项目外汇服务质量进行管理，评估银行内部管理制度、系统技术条件和展业能力，对存在问题的银行，采取风险提示、约谈、情况通报、暂停个人系统接口等方式，督促其加强内部管理和提升服务质量。

第一百八十五条　支付机构开展外汇业务依法接受注册地与经营地外汇分局的监管。注册地与经营地外汇分局之间应加强监管协调。

外汇分局依法要求支付机构和合作银行报送有关业务资料、对相关事项作出说明，支付机构和合作银行应积极配合，并及时提供相关材料。

第一百八十六条　支付机构有下列情形之一的，外汇分局对其实施风险提示、责令整改、调整大额收支交易报告要求等措施：

（一）外汇业务管理制度和政策落实存在问题；

（二）交易真实性、合法性审核能力不足；

（三）外汇备付金管理存在风险隐患；

（四）不配合合作银行审核、核查；

（五）频繁变更外汇业务高级管理人员；

（六）其他可能危及支付机构稳健运行、损害客户合法权益或危害外汇市场的情形。

第一百八十七条　对于现行法规或依据不明确，或超出现行规定但符合改革方向且真实合理的业务需求，外汇分支局可根据具体情况按程序通过集体审议处理，或逐级上报国家外汇管理局，但不得新增或变相新增行政许可。

第一百八十八条 违反本指引规定的，由外汇局依据《中华人民共和国外汇管理条例》及相关规定予以处罚。

第一百八十九条 本指引由国家外汇管理局负责解释。

附件：（略）

国家外汇管理局关于印发货物贸易外汇管理法规有关问题的通知

1. 2012年6月27日发布

2. 汇发〔2012〕8号

3. 根据2019年12月30日国家外汇管理局《关于废止和失效5件外汇管理规范性文件及7件外汇管理规范性文件条款的通知》（汇发〔2019〕39号）修正

国家外汇管理局各省、自治区、直辖市分局、外汇管理部，深圳、大连、青岛、厦门、宁波市分局；各中资外汇指定银行：

为进一步深化外汇管理体制改革，促进贸易便利化，国家外汇管理局、海关总署和国家税务总局决定自2012年8月1日起在全国实施货物贸易外汇管理制度改革。为此，国家外汇管理局制定了《货物贸易外汇管理指引》、《货物贸易外汇管理指引实施细则》、《货物贸易外汇管理指引操作规程（银行企业版）》、《货物贸易外汇收支信息申报管理规定》（以下统称货物贸易外汇管理法规，分别见附件1、2、3、4）。现将货物贸易外汇管理法规印发你们，并就有关事项通知如下：

一、货物贸易外汇管理法规自2012年8月1日起施行。

二、自2012年8月1日起，全国上线运行货物贸易外汇监测系统（以下简称监测系统），停止使用贸易收付汇核查系统、贸易信贷登记管理系统、出口收结汇联网核查系统以及中国电子口岸—出口收汇系统。

外汇指定银行（以下简称银行）和企业用户通过国家外汇管理局应用服务平台（以下简称应用服务平台）访问监测系统，具体访问渠道为：

用户类型	网络连接方式	访问地址
银行	外部机构接入网	http://asone.safe:9101/asone
企业	互联网	http://asone.safesvc.gov.cn/asone

三、各银行总行应当按照以下要求，组织分支机构做好监测系统（银行版）的上线准备和系统接入工作：

（一）各银行总行应于2012年7月1日至7月20日期间组织完成分支机构的网络连通、客户端环境设置、用户管理、权限分配和访问测试等工作，确保办理货物贸易外汇业务的银行网点能够通过应用服务平台访问监测系统（银行版）。银行网络连通和系统访问设置的具体操作说明，详见《货物贸易外汇监测系统（银行版）访问设置手册》（见附件5）。

（二）截至2012年7月1日已办理金融机构标识码赋码的银行网点，未在应用服务平台开户的，自2012年7月1日起在应用服务平台自动开户并开通“货物贸易外汇网上业务”，此类银行网点应向其总行或通过其总行向国家外汇管理局获取业务管理员用户（ba）的初始密码；已在应用服务平台开户的，自2012年7月1日起自动开通“货物贸易外汇网上业务”，其业务管理员和业务操作员密码不变，其中已具有贸易收付汇核查系统（银行版）访问权限的业务操作员自动获得监测系统（银行版）访问权限。

（三）2012年7月1日以后办理金融机构标识码赋码的银行网点，如需办理货物贸易外汇业务，应向所在地外汇局申请开通“货物贸易外汇网上业务”，并向其总行或通过其总行向国家外汇管理局获取业务管理员用户（ba）的初始密码。

各中资外汇指定银行收到本通知后，应及时转发下属分支机构。各分局、外汇管理部收到本通知后，应及时转发辖内中心支局（支局）、地方性商业银行及外资银行。在政策执行和监测系统推广过程中如遇问题，请及时向国家外汇管理局反馈。

业务咨询电话：010－68402546

技术咨询电话：010－68402214

特此通知。

附件：1.《货物贸易外汇管理指引》

2.《货物贸易外汇管理指引实施细则》

3.《货物贸易外汇管理指引操作规程（银行企业版）》（略）

4.《货物贸易外汇收支信息申报管理规定》

5.《货物贸易外汇监测系统（银行版）访问设置手册》（略）

附件1：

货物贸易外汇管理指引

第一章 总 则

第一条 为完善货物贸易（以下简称贸易）外汇管理，推进贸易便利化，促进涉外经济发展，根据《中华人民共和国外汇管理条例》，制定本指引。

第二条 国家对贸易项下国际支付不予限制。

出口收入可按规定调回境内或存放境外。

第三条　境内机构（以下简称企业）的贸易外汇收支应当具有真实、合法的交易背景，与货物进出口一致。

第四条　经营结汇、售汇业务的金融机构（以下简称金融机构）应当对企业提交的贸易进出口交易单证的真实性及其与贸易外汇收支的一致性进行合理审查。

第五条　国家外汇管理局及其分支机构（以下简称外汇局）依法对本指引第二条、第三条、第四条规定的事项进行监督检查。

第六条　外汇局建立进出口货物流与收付汇资金流匹配的核查机制，对企业贸易外汇收支进行非现场总量核查和监测，对存在异常或可疑情况的企业进行现场核实调查（以下简称现场核查），对金融机构办理贸易外汇收支业务的合规性与报送相关信息的及时性、完整性和准确性实施非现场和现场核查。

第七条　外汇局根据非现场或现场核查结果，结合企业遵守外汇管理规定等情况，对企业进行分类管理。

第八条　外汇局对企业贸易信贷进行总量监测，对企业贸易信贷规模实施比例管理。

企业应当按规定向外汇局报告贸易信贷信息。

第九条　国际收支出现或者可能出现严重失衡时，国家可以依法对贸易外汇收支采取必要的保障、控制等措施。

第二章　企业名录管理

第十条　外汇局实行“贸易外汇收支企业名录”（以下简称名录）登记管理，统一向金融机构发布名录。金融机构不得为不在名录的企业直接办理贸易外汇收支业务。

第十一条　企业依法取得对外贸易经营权后，应当持有关材料到外汇局办理名录登记手续。名录企业登记信息发生变更的，应当到外汇局办理变更登记手续。企业终止经营或被取消对外贸易经营权的，应当到外汇局办理注销登记手续。

外汇局可根据企业的贸易外汇收支业务状况及其合规情况注销企业名录。

第十二条　企业办理贸易外汇收支，应当签署《货物贸易外汇收支业务办理确认书》，承诺遵守国家外汇管理规定。

外汇局对新办名录登记的企业实行辅导期管理。

第三章　贸易外汇收支管理

第十三条　本指引所称的企业贸易外汇收支包括：

（一）从境外、境内保税监管区域收回的出口货款，向境外、境内保税监管区域支付的进口货款；

（二）从离岸账户、境外机构境内账户收回的出口货款，向离岸账户、境外机构境内账户支付的进口货款；

（三）深加工结转项下境内收付款；

（四）转口贸易项下收付款；

（五）其他与贸易相关的收付款。

第十四条　企业应当按照“谁出口谁收汇、谁进口谁付汇”原则办理贸易外汇收支业务，捐赠项下进出口业务等外汇局另有规定的情况除外。

代理进口、出口业务应当由代理方付汇、收汇。代理进口业务项下，委托方可凭委托代理协议将外汇划转给代理方，也可由代理方购汇。代理出口业务项下，代理方收汇后可凭委托代理协议将外汇划转给委托方，也可结汇将人民币划转给委托方。

第十五条　企业应当根据贸易方式、结算方式以及资金来源或流向，凭相关单证在金融机构办理贸易外汇收支，并按规定进行贸易外汇收支信息申报。

金融机构应当查询企业名录和分类状态，按规定进行合理审查，并向外汇局报送前款所称贸易外汇收支信息。

第十六条　对于下列影响贸易外汇收支与货物进出口一致性匹配的信息，企业应当在规定期限内向外汇局报告：

（一）超过规定期限的预收货款、预付货款、延期收款以及延期付款；

（二）其他应当报告的事项。

企业可主动向外汇局报告除本条前款规定以外的其他贸易外汇收支信息。

第十七条　外汇局对企业出口收入存放境外业务实行登记管理。企业应当向外汇局定期报告境外账户收支等情况。

第四章　非现场核查

第十八条　外汇局定期或不定期对企业一定期限内的进出口数据和贸易外汇收支数据进行总量比对，核查企业贸易外汇收支的真实性及其与货物进出口的一致性。

第十九条　外汇局对贸易信贷、转口贸易等特定业务，以及保税监管区域企业等特定主体实施专项监测。

第二十条　外汇局对下列企业实施重点监测：

（一）贸易外汇收支与货物进出口一致性匹配情况超过一定范围的；

（二）贸易信贷余额或中长期贸易信贷发生额超过一定比例的；

（三）经专项监测发现其他异常或可疑的；

（四）其他需要重点监测的。

第五章　现场核查

第二十一条　外汇局可对企业非现场核查中发现的异常或可疑的贸易外汇收支业务实施现场核查。

外汇局可对金融机构办理贸易外汇收支业务的合规性与报送信息的及时性、完整性和准确性实施现场核查。

第二十二条　外汇局实施现场核查可采取下列方式：

（一）要求被核查企业、经办金融机构提交相关书面材料；

（二）约见被核查企业法定代表人或其授权人、经办金融机构负责人或其授权人；

（三）现场查阅、复制被核查企业、经办金融机构的相关资料；

（四）其他必要的现场核查方式。

被核查单位应当配合外汇局进行现场核查，如实说明情况，并提供有关文件、资料，不得拒绝、阻碍和隐瞒。

第二十三条　外汇局按照本指引第二十二条第一款第（三）项规定的方式进行现场核查，现场核查人员不得少于2人，并出示证件。现场核查人员少于2人或者未出示证件的，被核查单位有权拒绝。

第六章　分类管理

第二十四条　外汇局根据非现场或现场核查结果，结合企业遵守外汇管理规定等情况，将企业分成A、B、C三类。

第二十五条　外汇局发布B、C类企业名单前，应当将分类结果告知相关企业。企业可在收到外汇局分类结论告知书之日起7个工作日内向外汇局提出异议。外汇局应当对提出异议企业的分类情况进行复核。

第二十六条　对在规定期限内未提出异议或提出异议后经外汇局复核确定分类结果的企业，外汇局将向金融机构发布企业分类管理信息。

外汇局可将企业分类管理信息向相关管理部门通报，必要时可向社会公开披露。

第二十七条　外汇局对分类结果进行动态调整，并对B、C类企业设立分类管理有效期。

第二十八条　在分类管理有效期内，对A类企业贸易外汇收支，适用便利化的管理措施。对B、C类企业的贸易外汇收支，在单证审核、业务类型及办理程序、结算方式等方面实施审慎监管。

第二十九条　外汇局建立贸易外汇收支电子数据核查机制，对B类企业贸易外汇收支实施电子数据核查管理。

第三十条　对C类企业贸易外汇收支业务以及外汇局认定的其他业务，由外汇局实行事前逐笔登记管理，金融机构凭外汇局出具的登记证明为企业办理相关手续。

第七章　附　　则

第三十一条　企业和金融机构违反本指引以及其他外汇管理相关规定的，由外汇局依据《中华人民共和国外汇管理条例》等相关法规予以处罚。

第三十二条　外汇局可根据国际收支形势和外汇管理需要，对贸易信贷管理、报告及登记管理、出口收入存放境外管理、非现场核查以及分类管理的具体内容进行调整。

第三十三条　保税监管区域企业的非保税贸易外汇收支原则上适用本指引；保税监管区域企业的保税贸易外汇收支参照适用本指引，保税监管区域外汇管理政策另有规定的，从其规定。

第三十四条　个人对外贸易经营者的贸易外汇收支适用本指引。

第三十五条　国家外汇管理局根据本指引制定相应实施细则。

第三十六条　本指引由国家外汇管理局负责解释。

第三十七条　本指引自2012年8月1日起施行。以前法规与本指引相抵触的，按照本指引执行。

附件2：

货物贸易外汇管理指引实施细则[①]

第一条　依据《货物贸易外汇管理指引》及有关规定，制定本细则。

第二条　境内机构（以下简称企业）出口后应当按合同约定及时、足额收回货款或按规定存放境外；进口后应当按合同约定及时、足额支付货款。

企业收取货款后应当按合同约定及时、足额出口货物；支付货款后应当按合同约定及时、足额进口货物。

第一章　企业名录管理

第三条　企业依法取得对外贸易经营权后，需持《货物贸易外汇收支企业名录登记申请书》（见附1）、法定代表人签字并加盖企业公章的《货物贸易外汇收支业务办理确认书》（以下简称《确认书》，见附2）及下列资料有效原件及加盖企业公章的复印件，到所在地外汇局办理“贸易外汇收支企业名录”（以下简称名录）登

① 本实施细则第三条第一款第（二）项、第五条第二款被2019年12月30日《国家外汇管理局关于废止和失效5件外汇管理规范性文件及7件外汇管理规范性文件条款的通知》（汇发〔2019〕39号）废止。

记手续：

(一)《企业法人营业执照》或《企业营业执照》副本；

(二)《中华人民共和国组织机构代码证》；

(三)《对外贸易经营者备案登记表》,依法不需要办理备案登记的可提交《中华人民共和国外商投资企业批准证书》或《中华人民共和国台、港、澳投资企业批准证书》等；

(四)外汇局要求提供的其他资料。

外汇局审核有关资料无误后为其办理名录登记手续。

无对外贸易经营权的企业,确有客观需要开展贸易外汇收支业务的,办理名录登记时可免于提交本条第一款第(三)项规定的资料。

第四条 从事对外贸易的保税监管区域企业(以下简称区内企业)按照保税监管区域外汇管理有关规定办理外汇登记手续时,应当签署《确认书》。区内企业在取得相关外汇登记证明并签署《确认书》后自动列入名录。

第五条 外汇局对于本细则实施后新列入名录的企业实施辅导期管理。在其发生首笔贸易外汇收支业务之日起 90 天内,外汇局进行政策法规、系统操作等辅导。

企业应当在辅导期结束后 10 个工作日内,持书面材料到外汇局报告辅导期内发生的货物进出口与贸易外汇收支的逐笔对应情况。

第六条 名录内企业的企业名称、注册地址、法定代表人、注册资本、公司类型、经营范围或联系方式发生变更的,应当在变更事项发生之日起 30 天内,持相应变更文件或证明的原件及加盖企业公章的复印件到所在地外汇局办理名录变更手续。

第七条 名录内企业发生下列情况之一,应当在 30 天内主动到所在地外汇局办理名录注销手续：

(一)终止经营或不再从事对外贸易；

(二)被工商管理部门注销或吊销营业执照；

(三)被商务主管部门取消对外贸易经营权。

第八条 名录内企业发生下列情况之一,外汇局可将其从名录中注销：

(一)发生本细则第七条规定情况；

(二)区内企业已办理保税监管区域外汇登记注销手续；

(三)连续两年未发生贸易外汇收支业务；

(四)外汇局对企业实施现场核查时,通过企业名录登记信息所列联系方式无法与其取得联系；

(五)外汇局认定的其他情况。

第九条 外汇局通过“货物贸易外汇监测系统”(以下简称“监测系统”)向金融机构发布全国企业名录。金融机构不得为不在名录的企业直接办理贸易外汇收支业务。不在名录的企业应当到外汇局办理名录登记手续。

第二章 贸易外汇收支业务审核

第十条 本细则所称的企业贸易外汇收支包括：

(一)从境外、境内保税监管区域收回的出口货款,向境外、境内保税监管区域支付的进口货款；

(二)从离岸账户、境外机构境内账户收回的出口货款,向离岸账户、境外机构境内账户支付的进口货款；

(三)深加工结转项下境内收付款；

(四)转口贸易项下收付款；

(五)其他与贸易相关的收付款。

第十一条 企业应当按国际收支申报和贸易外汇收支信息申报规定办理贸易外汇收支信息申报,并根据贸易外汇收支流向填写下列申报单证：

(一)向境外付款(包括向离岸账户、境外机构境内账户付款)的,填写《境外汇款申请书》或《对外付款/承兑通知书》；

(二)向境内付款的,填写《境内汇款申请书》或《境内付款/承兑通知书》；

(三)从境外收款(包括从离岸账户、境外机构境内账户收款)的,填写《涉外收入申报单》；

(四)从境内收款的,填写《境内收入申报单》。

第十二条 金融机构为企业办理贸易外汇收支业务时,应当通过监测系统查询企业名录状态与分类状态,按本细则规定对其贸易进出口交易单证的真实性及其与贸易外汇收支的一致性进行合理审查。

金融机构应当按照国际收支申报和贸易外汇收支信息申报规定审核企业填写的申报单证,及时向外汇局报送信息。

第十三条 企业贸易外汇收入可以先进入出口收入待核查账户(以下简称待核查账户)。待核查账户的收入范围限于贸易外汇收入(含转口贸易外汇收入,不含出口贸易融资项下境内金融机构放款及境外回款);支出范围包括结汇或划入企业经常项目外汇账户,以及经外汇局登记的其他外汇支出。待核查账户之间资金不得相互划转,账户资金按活期存款计息。

第十四条 企业可以根据其真实合法的进口付汇需求提前购汇存入其经常项目外汇账户。金融机构为企业办理付汇手续时,应当审核企业填写的申报单证,并按以下规定审核相应有效凭证和商业单据：

(一)以信用证、托收方式结算的,按国际结算惯例审核有关商业单据；

（二）以货到付款方式结算的，审核对应的进口货物报关单或进口合同或发票；

（三）以预付货款方式结算的，审核进口合同或发票。

因合同变更等原因导致企业提前购汇后未能对外支付的进口货款，企业可自主决定结汇或保留在其经常项目外汇账户中。

第十五条　企业应当按照“谁出口谁收汇、谁进口谁付汇”原则办理贸易外汇收支业务，捐赠项下进出口业务等外汇局另有规定的情况除外。

代理进口、出口业务应当由代理方付汇、收汇。代理进口业务项下，委托方可凭委托代理协议将外汇划转给代理方，也可由代理方购汇。代理出口业务项下，代理方收汇后可凭委托代理协议将外汇划转给委托方，也可结汇后将人民币划转给委托方。

第十六条　进口项下退汇的境外付款人应当为原收款人、境内收款人应当为原付款人。出口项下退汇的境内付款人应当为原收款人、境外收款人应当为原付款人。

金融机构为企业办理贸易收汇的退汇支付时，对于因错误汇入产生的退汇，应当审核原收汇凭证；对于其他原因产生的退汇，应当审核原收入申报单证、原出口合同。

金融机构为企业办理贸易付汇的退汇结汇或划转时，对于因错误汇出产生的退汇，应当审核原支出申报单证；对于其他原因产生的退汇，应当审核原支出申报单证、原进口合同。

对于退汇日期与原收、付款日期间隔在180天（不含）以上或由于特殊情况无法按照本条规定办理退汇的，企业应当先到外汇局办理贸易外汇业务登记手续。

第十七条　企业的进出口贸易应当通过金融机构办理结算。因汇路不畅需要使用外币现钞结算的，外币现钞结汇时，金融机构应当审核企业提交的出口合同、出口货物报关单等单证。结汇现钞金额达到规定入境申报金额的，金融机构还应当审核企业提交的经海关签章的携带外币现钞入境申报单正本。

第十八条　本细则规定需办理外汇局登记的贸易外汇收支业务，金融机构应当凭外汇局签发的《货物贸易外汇业务登记表》（以下简称《登记表》，见附3）办理，并通过监测系统签注《登记表》使用情况。

第十九条　金融机构按规定审核相关单证后，应当在单证正本上签注收付汇金额、日期并加盖业务印章，并留存相关单证正本或复印件备查。

第二十条　金融机构在办理贸易外汇收支业务过程中，发现企业存在异常或可疑贸易外汇收支行为的，应当及时向外汇局报告。

第三章　出口收入存放境外管理

第二十一条　企业可将具有真实、合法交易背景的出口收入存放境外。

第二十二条　企业将出口收入存放境外应当具备下列条件：

（一）具有出口收入来源，且在境外有符合本细则规定的支付需求；

（二）近两年无违反外汇管理规定行为；

（三）有完善的出口收入存放境外内控制度；

（四）外汇局规定的其他条件。

第二十三条　符合本细则第二十二条规定的企业集团，可由集团总部或指定一家参与出口收入存放境外业务的境内成员公司作为主办企业，负责对所有参与出口收入存放境外业务的其他境内成员公司的存放境外出口收入实行集中收付。

第二十四条　企业开立用于存放出口收入的境外账户（以下简称境外账户）前，应当选定境外开户行，与其签订《账户收支信息报送协议》（以下简称《协议》，见附4），并到外汇局办理开户登记手续。

企业集团实行集中收付的，应由主办企业到所在地外汇局办理开户登记手续。主办企业与成员公司属不同外汇局管辖的，成员公司应先到所在地外汇局办理资格登记手续。

第二十五条　企业应持下列材料到外汇局办理开户登记，并通过监测系统向外汇局报送相关信息：

（一）法定代表人或其授权人签字并加盖企业公章的书面申请；首次登记时，书面申请中应当说明企业根据实际需要确定的年度累计出口收入存放境外规模；

（二）《出口收入存放境外登记表》（见附5）；

（三）企业与境外开户行签订的《协议》；

（四）企业实施出口收入存放境外运作的内控制度（首次登记时提交）；

（五）企业集团实行集中收付的，首次登记时还需提交成员公司情况说明（含关联关系）、成员公司债权债务及相应会计记账管理办法或规章；成员公司与主办企业属不同外汇局管辖的，还需提供成员公司所在地外汇局出具的《出口收入存放境外资格登记表》（见附6）；

（六）外汇局要求的其他材料。

第二十六条　企业开立境外账户后，应在规定期限内将账号和账户币种报外汇局备案；境外账户信息发生变更的，应在获知相关信息之日起10个工作日内将变更信息报外汇局备案。

第二十七条　企业年度累计存放境外资金不得超出已登记的出口收入存放境外规模。需提高存放境外规模的，企业应向外汇局进行变更登记。

第二十八条　境外账户的收支应当具有真实、合法的交易基础，符合中国及开户行所在国家（或地区）相关法律规定。

第二十九条　境外账户的收入范围包括出口收入，账户资金孳息，以及经外汇局批准的其他收入；支出范围包括贸易项下支出，境外承包工程、佣金、运保费项下费用支出，与境外账户相关的境外银行费用支出，经外汇局核准或登记的资本项目支出，调回境内，以及符合外汇局规定的其他支出。

第三十条　境外账户发生收支业务的，企业应当在发生收支当月结束之日起10个工作日内通过监测系统如实向外汇局报告出口收入存放境外收支情况。

存放境外资金运用出现重大损失的，企业应及时报告外汇局。

第三十一条　企业应要求境外开户行按照《协议》约定，按月向外汇局邮寄境外账户对账单。

第三十二条　外汇局根据企业报告的相关信息和境外开户行对账单信息，对企业境外账户收支的真实性和存放境外规模情况进行非现场核查，对存在异常情况的企业实施现场核查。

第三十三条　企业可根据自身经营需要确定出口收入存放境外期限，或将存放境外资金调回境内。

企业关闭境外账户的，应当在规定期限内持境外开户行的销户通知书向外汇局备案。

第三十四条　企业存在违规行为的，外汇局可责令其限期关闭境外账户，并调回账户资金余额。

第三十五条　企业集团实行集中收付的，应当做好成员公司债权债务的管理及相应的会计记账工作，清晰区分各成员公司的债权债务关系及金额。

企业集团存放境外的出口收入调回境内的，应按照资金归属情况相应划入成员公司的境内经常项目外汇账户。

第三十六条　国家外汇管理局可根据国际收支形势和外汇管理需要对出口收入存放境外的资格条件、存放规模、期限或调回要求等进行调整。

第四章　企业报告和登记管理

第三十七条　符合下列情况之一的业务，企业应当在货物进出口或收付汇业务实际发生之日起30天内，通过监测系统向所在地外汇局报送对应的预计收付汇或进出口日期等信息：

（一）30天以上（不含）的预收货款、预付货款；

（二）90天以上（不含）的延期收款、延期付款；

（三）90天以上（不含）的远期信用证（含展期）、海外代付等进口贸易融资；

（四）B、C类企业在分类监管有效期内发生的预收货款、预付货款，以及30天以上（不含）的延期收款、延期付款；

（五）同一合同项下转口贸易收支日期间隔超过90天（不含）且先收后支项下收汇金额或先支后收项下付汇金额超过等值50万美元（不含）的业务；

（六）其他应当报告的事项。

对于第（一）、（二）、（四）项，企业还需报送关联企业交易信息。

对已报告且未到预计进出口或收付汇日期的上述业务，企业可根据实际情况调整相关报告内容。

第三十八条　对于符合规定的收付汇单位与进出口单位不一致的情况，收汇或进口企业可向所在地外汇局报告，并办理收汇或进口数据的主体变更手续。

第三十九条　对于除本细则第三十七条至第三十八条规定以外的其他影响贸易外汇收支与进出口一致性匹配的情况，企业可根据实际业务情况自主决定是否向所在地外汇局报送相关信息。

第四十条　企业办理下列贸易外汇收支业务，应当在付汇、开证、出口贸易融资放款或待核查账户资金结汇或划出前，持书面申请和相关证明材料到外汇局登记：

（一）C类企业贸易外汇收支；

（二）B类企业超可收、付汇额度的贸易外汇收支；

（三）B类企业同一合同项下转口贸易收入金额超过相应支出金额20%（不含）的贸易外汇收支；

（四）退汇日期与原收、付款日期间隔在180天（不含）以上或由于特殊情况无法按照本细则第十六条规定办理的退汇；

（五）外汇局认定其他需要登记的业务。

外汇局审核企业提交的资料后，出具加盖“货物贸易外汇业务监管章”的《登记表》。

第五章　非现场核查

第四十一条　外汇局依托监测系统按月对企业的贸易外汇收支进行非现场核查。外汇局可根据国际收支形势和外汇管理需要调整核查频率。

纳入非现场核查的数据包括企业最近12个月的相关贸易外汇收支、货物进出口和企业报告数据。

第四十二条 外汇局根据企业进出口和贸易外汇收支数据,结合其贸易信贷报告等信息,设定总量差额、总量差额比率、资金货物比率、贸易信贷报告余额比率等总量核查指标,衡量企业一定期间内资金流与货物流的偏离和贸易信贷余额变化等情况,将总量核查指标超过一定范围的企业列入重点监测范围。

外汇局根据实际情况设定并调整总量核查指标。

第四十三条 外汇局对企业的贸易信贷、出口收入存放境外、来料加工、转口贸易、境外承包工程、进出口退汇等业务,以及区内企业、辅导期企业等主体实施专项监测,将资金流与货物流的规模与结构等存在异常或可疑情况的企业列入重点监测范围。

第四十四条 外汇局对B、C类企业以及经总量核查与专项监测后纳入重点监测范围的企业进行持续、动态监测。对于指标出现较大偏离、连续偏离或相关指标反映情况相互背离的企业,可实施现场核查;对于指标恢复正常的企业,解除重点监测。

第四十五条 外汇局依托监测系统对贸易外汇收支情况进行宏观统计和监测分析。

第六章 现场核查

第四十六条 对核查期内存在下列情况之一的企业,外汇局可实施现场核查:

(一)任一总量核查指标与本地区指标阈值偏离程度50%以上;

(二)任一总量核查指标连续四个核查期超过本地区指标阈值;

(三)预收货款、预付货款、延期收款或延期付款各项贸易信贷余额比率大于25%;

(四)一年期以上的预收货款、预付货款、延期收款或延期付款各项贸易信贷发生额比率大于10%;

(五)来料加工工缴费率大于30%;

(六)转口贸易收支差额占支出比率大于20%;

(七)单笔退汇金额超过等值50万美元且退汇笔数大于12次;

(八)外汇局认定的需要现场核查的其他情况。

外汇局可根据非现场核查情况,参考地区、行业、经济类型等特点对上述比例、金额或频次进行调整。

第四十七条 外汇局对需现场核查的企业,应制发《现场核查通知书》(见附7),并可采取下列一种或多种方式实施现场核查:

(一)要求被核查企业提交相关书面材料;

(二)约见被核查企业法定代表人或其授权人;

(三)现场查阅、复制被核查企业的相关资料;

(四)外汇局认为必要的其他现场核查方式。

第四十八条 企业应当按下列规定如实提供相关资料,主动配合外汇局开展现场核查工作:

(一)外汇局要求企业提交相关书面材料的,企业应当在收到《现场核查通知书》之日起10个工作日内,向外汇局提交由法定代表人或其授权人签字并加盖单位公章的书面报告及相关证明资料。书面报告内容应当包括但不限于企业生产经营情况、进出口及收付汇情况、资金流入或流出异常产生的原因;

(二)外汇局约见企业法定代表人或其授权人的,企业法定代表人或其授权人应当在收到《现场核查通知书》之日起10个工作日内到外汇局说明相关情况;

(三)外汇局现场查阅、复制被核查企业相关资料的,企业应当在收到《现场核查通知书》之日起10个工作日内准备好相关资料,配合外汇局现场核查人员工作;

(四)外汇局采取其他现场核查方式的,企业应当按外汇局要求做好相关准备工作。

第四十九条 外汇局根据现场核查情况,确定企业现场核查结果。

第五十条 在非现场核查或对企业进行现场核查的过程中,发现经办金融机构存在涉嫌不按规定办理贸易外汇收支业务或报送相关信息行为的,外汇局可采取下列一种或多种方式,对相关金融机构实施现场核查:

(一)要求被核查金融机构提交相关书面材料;

(二)约见被核查金融机构负责人或其授权人;

(三)现场查阅、复制被核查金融机构的相关资料;

(四)外汇局认为必要的其他现场核查方式。

被核查金融机构应当按外汇局要求如实说明情况,提供有关文件、资料。

第五十一条 需现场查阅、复制被核查企业或金融机构相关资料的,外汇局现场核查人员不得少于2人,并出示证件。现场核查人员少于2人或者未出示证件的,被核查企业和金融机构有权拒绝。

第七章 分类管理

第五十二条 核查期内企业遵守外汇管理相关规定,且贸易外汇收支经外汇局非现场或现场核查情况正常的,可被列为A类企业。

第五十三条 存在下列情况之一的企业,外汇局可将其列为B类企业:

(一)存在本细则第四十六条规定情况之一且经现场核查企业无合理解释;

(二)未按规定履行报告义务;

(三)未按规定办理贸易外汇业务登记;

（四）外汇局实施现场核查时，未按规定的时间和方式向外汇局报告或提供资料；

（五）应国家相关主管部门要求实施联合监管的；

（六）外汇局认定的其他情况。

第五十四条 存在下列情况之一的企业，外汇局可将其列为C类企业：

（一）最近12个月内因严重违反外汇管理规定受到外汇局处罚或被司法机关立案调查；

（二）阻挠或拒不接受外汇局现场核查，或向外汇局提供虚假资料；

（三）B类企业在分类监管有效期届满经外汇局综合评估，相关情况仍符合列入B类企业标准；

（四）因存在与外汇管理相关的严重违规行为被国家相关主管部门处罚；

（五）外汇局认定的其他情况。

第五十五条 国际收支出现或可能出现严重失衡时，外汇局可直接将资金流与货物流规模与结构等存在异常或可疑情况的重点监测企业列为B类或C类企业。

第五十六条 外汇局在确定B类企业和C类企业前，将《分类结论告知书》（见附8）通知相关企业。如有异议，企业可自收到通知之日起7个工作日内向外汇局提交书面情况说明及相关证明材料进行申述。

企业在规定时间内提出异议的，外汇局应当对其分类情况进行复核，并根据复核情况确定其分类结果。

第五十七条 外汇局向金融机构发布企业分类信息，并可将企业分类信息向相关管理部门通报，必要时可向社会公开披露。

第五十八条 B、C类企业的分类监管有效期为一年。

第五十九条 B、C类企业分类监管有效期届满时，外汇局应当对其在监管有效期内遵守相关外汇管理规定情况进行综合评估，根据其资金流与货物流偏离的程度、变化以及是否发生违规行为等调整分类结果。

在分类监管有效期内指标情况好转且没有发生违规行为的B类企业，自列入B类之日起6个月后，可经外汇局登记办理本细则第六十条第（五）、（六）项所限制的业务。

外汇局在日常管理中发现企业存在本细则第五十三条、第五十四条规定行为的，可随时降低其分类等级，将A类企业列入B类或C类，或将B类企业列入C类。

第六十条 B类企业在分类监管有效期内的贸易外汇收支业务应当按照以下规定办理：

（一）对于以汇款方式结算的（预付货款、预收货款除外），金融机构应当审核相应的进、出口货物报关单和进、出口合同；对于以信用证、托收方式结算的，除按国际结算惯例审核有关商业单据外，还应当审核相应的进、出口合同；对于以预付货款、预收货款结算的，应当审核进、出口合同和发票；

（二）金融机构应当对其贸易外汇收支进行电子数据核查；超过可收、付汇额度的贸易外汇收支业务，金融机构应当凭《登记表》办理；

（三）对于转口贸易外汇收支，金融机构应当审核买卖合同、支出申报凭证及相关货权凭证；同一合同项下转口贸易收入金额超过相应支出金额20%（不含）的贸易外汇收支业务，金融机构应当凭《登记表》办理；

（四）对于预收货款、预付货款以及30天以上（不含）的延期收款、延期付款，企业须按照本细则规定向所在地外汇局报送信息；

（五）企业不得办理90天以上（不含）的延期付款业务、不得签订包含90天以上（不含）收汇条款的出口合同；

（六）企业不得办理收支日期间隔超过90天（不含）的转口贸易外汇收支业务；

（七）其他贸易外汇收支业务，按照本细则第二章有关规定办理；

（八）外汇局规定的其他管理措施。

第六十一条 C类企业在分类监管有效期内的贸易外汇收支业务应当按照以下规定办理：

（一）逐笔到所在地外汇局办理登记手续。

外汇局办理登记手续时，对于企业以汇款方式结算的（预付货款、预收货款除外），审核相应的进、出口货物报关单和进、出口合同；以信用证、托收方式结算的，审核进、出口合同；以预付、预收货款方式结算的，审核进、出口合同和发票；对于单笔预付货款金额超过等值5万美元的，还须审核经金融机构核对密押的外方金融机构出具的预付货款保函；

（二）对于预收货款、预付货款以及30天以上（不含）的延期收款、延期付款，企业须按本细则规定向所在地外汇局报送信息；

（三）企业不得办理90天以上（不含）的远期信用证（含展期）、海外代付等进口贸易融资业务；不得办理90天以上（不含）的延期付款、托收业务；不得签订包含90天以上（不含）收汇条款的出口合同；

（四）企业不得办理转口贸易外汇收支；

（五）企业为跨国集团集中收付汇成员公司的，该企业不得继续办理集中收付汇业务；企业为跨国集团集中收付汇主办企业的，停止整个集团的集中收付汇业务；

（六）外汇局规定的其他管理措施。

第六十二条　已开办出口收入存放境外业务的企业被列为B类的，在分类监管有效期内，企业出口收入不得存放境外账户，不得使用境外账户对外支付。外汇局可要求其调回境外账户资金余额。

被列为C类的，企业应当于列入之日起30日内关闭境外账户并调回境外账户资金余额。

第八章　电子数据核查

第六十三条　外汇局建立贸易外汇收支电子数据核查机制，对B类企业贸易外汇收支实施电子数据核查管理。外汇局根据企业贸易进出口的实际情况确定其可收、付汇额度。

B类企业应当在其可收付汇额度内办理贸易外汇收支。

第六十四条　外汇局按下列方式确定B类企业的可收付汇额度：

（一）外汇局根据企业实际发生的进出口贸易类别，结合非现场核查和现场核查情况，确定相应的收付汇比率。企业贸易进出口可收、付汇额度，按对应收付汇日期在分类监管有效期内的进出口货物报关单成交总价与相应收付汇比率的乘积累加之和确定；

（二）预收货款可收汇额度和预付货款可付汇额度，由外汇局根据非现场核查和现场核查情况，结合企业的业务特点确定。

第六十五条　金融机构在办理B类企业付汇、开证、出口贸易融资放款或待核查账户资金结汇或划出手续时，应当进行电子数据核查，通过监测系统扣减其对应的可收付汇额度。

第六十六条　B类企业超过可收付汇额度的贸易外汇收支业务，应当到外汇局办理贸易外汇业务登记手续。

第六十七条　B类企业代理其他企业进出口对应的外汇收支纳入电子数据核查范围。

第九章　罚　　则

第六十八条　企业和金融机构应当按照本细则及其他相关规定办理贸易外汇收支业务，对违反规定的，由外汇局依据《中华人民共和国外汇管理条例》（以下简称《条例》）等相关规定处罚。

第六十九条　企业有下列行为之一的，依据《条例》第四十三条规定，由外汇局给予警告，处违法金额30%以下的罚款：

（一）办理贸易外汇收支违反外债管理规定；

（二）代理进口业务，代理方未付汇，且违反外债管理规定。

第七十条　金融机构有下列行为之一的，依据《条例》第四十七条规定，由外汇局责令限期改正，没收违法所得，并处20万元以上100万元以下的罚款；情节严重或逾期不改的，由外汇局责令停止经营相关业务：

（一）未按照本细则及相关规定审核贸易进出口交易单证的真实性及其与外汇收支的一致性，办理贸易外汇收支业务；

（二）未按照本细则及相关规定，办理结汇、售汇业务。

第七十一条　有下列行为之一的，依据《条例》第四十八条规定，由外汇局责令改正，给予警告，处30万元以下的罚款：

（一）未按照本细则及相关规定进行国际收支统计申报和贸易外汇收支信息申报；

（二）未按照本细则及相关规定提交有效单证、资料或者提交的单证、资料不真实；

（三）未按本细则及相关规定将贸易外汇收入纳入待核查账户，待核查账户收支超范围、待核查账户之间资金相互划转等违反外汇账户管理规定；

（四）未按照本细则及相关规定办理贸易外汇业务登记（含报告）手续；

（五）拒绝、阻碍外汇管理机关依法进行检查或核查；

（六）未按照本细则及相关规定留存相关资料或留存不全。

第十章　附　　则

第七十二条　本细则所列核查指标含义如下：

（一）总量差额是指企业最近12个月内被外汇局纳入核查的贸易收支累计差额与货物进出口累计差额之间的偏差；

（二）总量差额比率是指总量差额与该企业同期被外汇局纳入核查的进出口和贸易外汇收支累计规模之间的比率；

（三）资金货物比率是指企业最近12个月内被外汇局纳入核查的贸易外汇收支累计规模与同期进出口累计规模之间的比率；

（四）贸易信贷报告余额比率是指企业根据本细则第三十七条第一款第（一）项、第（二）项规定进行贸易信贷报告的月末余额合计与企业最近12个月内进出口和贸易外汇收支累计规模之间的比率；

（五）一年期贸易信贷发生额比率是指企业根据本细则第三十七条第一款第（一）项、第（二）项规定进行的一年期以上预收货款、预付货款、延期收款、延期付款各项贸易信贷报告发生额与企业最近12个月内相应的收汇、付汇、出口及进口规模之间的比率。

第七十三条　本细则所称离岸账户，是指境外机构按规定在依法取得离岸银行业务经营资格的境内银行离岸业务部开立的境外机构 OSA 账户。

依法取得离岸银行业务经营资格的境内银行离岸业务部适用于本细则第三章中境外银行的管理内容。离岸银行业务部按照本细则规定办理的企业出口收入，纳入外债统计，不纳入规模管理；非居民离岸账户与境内居民账户之间资金往来，应按规定进行国际收支统计申报。

第七十四条 本细则所称关联企业交易是指存在直接或间接控制关系或重大影响关系的企业间贸易行为。关联关系主要包括以下类型：

（一）母子公司关系；

（二）直接或间接同为第三方所控制或同时控制第三方；

（三）一方对另一方财务或经营决策过程具有参与权利并可施加一定影响。

第七十五条 本细则涉及的纸质文件资料，包括商业单据、有效凭证、证明材料的原件或复印件，以及申请书、《登记表》、《协议》、《出口收入存放境外登记表》、《出口收入存放境外资格登记表》、《分类结论告知书》以及《现场核查通知书》的原件，均应作为重要业务档案留存备查。企业、金融机构以及外汇局应当妥善保管相关业务档案，留存5年备查。

第七十六条 本细则规定的比率、金额、期限均含本值，明确规定不含本值的除外。

本细则规定的日期均为自然日，明确规定为工作日的除外。

第七十七条 本细则由国家外汇管理局负责解释，自2012年8月1日起施行。

附文书、表：（略）

附件4：

货物贸易外汇收支信息申报管理规定

为规范货物贸易外汇收支（以下简称“贸易收支”）信息申报业务，根据《国际收支统计申报办法》及《货物贸易外汇管理指引》，特制定本规定。

第一条 贸易收支信息申报凭证包括《境外汇款申请书》、《对外付款/承兑通知书》、《境内汇款申请书》、《境内付款/承兑通知书》、《涉外收入申报单》和《境内收入申报单》。

第二条 企业通过境内银行发生贸易收支的，应当按照本规定填写申报凭证，及时、准确、完整地进行贸易收付款核查专用信息申报。企业通过“国际收支网上申报系统（企业版）”完成申报的，可不填写相关纸质申报单证。

第三条 对于企业向境内银行提交的收付款申报凭证中的贸易收付款核查专用信息以及《境内汇款申请书》、《境内付款/承兑通知书》和《境内收入申报单》中基础信息和申报信息，有关的填写、报送、留存、审核要求参照《国家外汇管理局关于印发〈通过金融机构进行国际收支统计申报业务操作规程〉的通知》（汇发〔2010〕22号）和《国家外汇管理局关于做好调整境内银行涉外收付凭证及相关信息报送准备工作的通知》（汇发〔2011〕49号）等规定执行。

第四条 以汇款结算的贸易付款核查专用信息包括：本笔款项是否为保税货物项下付款、合同号、发票号、外汇局批件号/备案表号/业务编号等；以信用证、保函、托收等结算的贸易付款核查专用信息包括：本笔款项是否为保税货物项下付款、合同号、发票号、提运单号、合同金额、外汇局批件号/备案表号/业务编号等。

第五条 贸易收款的核查专用信息包括：本笔款项是否为保税货物项下收入、收入类型（仅限境外收款项下）、外汇局批件号/备案表号/业务编号等。

第六条 对于企业贸易项下的境内外收付款，境内银行应于收付款后五个工作日内及时、准确、完整地通过国际收支网上申报系统（银行版）向外汇局报送贸易收支信息。

第七条 境内银行对已申报和传送成功的信息进行数据修改或删除的，应详细记录修改或者删除原因，并留存相关凭证，以备外汇局对该类数据的现场核查。

第八条 对于企业境外账户的收入、支出和余额信息，应按照《货物贸易外汇管理指引》及《货物贸易外汇管理指引实施细则》等有关规定向国家外汇管理局报送数据。

第九条 本规定由国家外汇管理局负责解释。

本规定自2012年8月1日起施行。以前规定与本规定相抵触的，按照本规定执行。

4. 资本项目外汇管理

个人财产对外转移售付汇管理暂行办法

1. 2004年11月8日中国人民银行公告〔2004〕第16号公布
2. 自2004年12月1日起施行

第一条 为便利和规范个人财产对外转移行为，根据

《中华人民共和国外汇管理条例》及其他法律、法规的有关规定,特制定本办法。

第二条　本办法所称个人财产对外转移包括移民财产转移(以下简称移民转移)和继承财产转移(以下简称继承转移)。移民转移是指从中国内地移居外国,或者赴香港特别行政区、澳门特别行政区定居的自然人(以下简称移民),将其在取得移民身份之前在境内拥有的合法财产变现,通过外汇指定银行购汇和汇出境外的行为。继承转移是指外国公民或香港特别行政区、澳门特别行政区居民(以下简称继承人)将依法继承的境内遗产变现,通过外汇指定银行购汇和汇出境外的行为。

第三条　申请人申请对外转移的财产应是本人所有的合法财产,且不得与他人有权益的争议。

第四条　国家外汇管理局及其分支机构(以下简称外汇局)负责个人财产对外转移的外汇管理工作。

第五条　申请人办理移民转移需向移民原户籍所在地外汇管理分局、外汇管理部(以下简称所在地外汇局)申请;申请人办理继承转移需向被继承人生前户籍所在地外汇局申请。申请人所在地国家外汇管理局中心支局可以代为接受申请材料。

第六条　移民转移必须一次性申请拟转移出境的全部财产金额,分步汇出。首次可汇出金额不得超过全部申请转移财产的一半;自首次汇出满一年后,可汇出不超过剩余财产的一半;自首次汇出满两年后,可汇出全部剩余财产。全部申请转移财产在等值人民币 20 万元以下(含 20 万元)的,经批准后可一次性汇出。

从同一被继承人继承的全部财产变现后拟转移出境的,必须一次性申请,可一次或分次汇出。继承人从不同被继承人处继承的财产应分别申请,分别汇出。

第七条　申请财产对外转移,可由本人办理,也可委托他人办理。

第八条　申请人申请办理移民转移,需向所在地外汇局提交以下材料:

(一)书面申请。内容包括:申请移民转移的原因;财产收入来源和财产变现的详细说明等。

(二)由申请人本人签名的《移民财产对外转移申请人情况表》。

(三)由申请人或其代理人签名的《个人财产对外转移外汇业务申请表》。

(四)申请人身份证明文件。

移居外国的,应当提供公安机关出具的中国户籍注销证明和中国驻外使领馆出具或认证的申请人在国外定居证明。

赴香港特别行政区或者澳门特别行政区定居的,应提交公安机关出具的内地户籍注销证明、香港特别行政区或者澳门特别行政区的居民身份证以及回乡证或者特区护照。

(五)申请人财产权利证明文件。如房屋产权证复印件、房地产买卖契约或拆迁补偿安置协议书以及其他证明文件。

(六)申请转移财产所在地或收入来源地主管税务机关开具的税收证明或完税凭证。

(七)外汇局要求提供的其他资料。

申请人办理第二次(包括第二次)以后资金汇出的,需提交所在地外汇局向申请人出具的批准复函、申请人前一次办理汇出时所在地外汇局核发的《资本项目外汇业务核准件》(以下简称“核准件”),向原批准地外汇局申请购汇、汇出核准。

委托他人办理的,还需提供委托代理协议和代理人身份证明。

委托代理协议、相关财产权利证明,未经公证的,应当进行公证。

第九条　申请人申请办理继承转移,需向所在地外汇局提交以下材料:

(一)书面申请。内容包括:申请继承转移的原因;申请人与被继承人之间的关系;被继承人财产来源和变现的详细书面说明等。

(二)由申请人或其代理人签名的《个人财产对外转移外汇业务申请表》。

(三)申请人身份证明文件。

申请人为外国公民的,应当提供中国驻外使领馆出具或认证的申请人在国外定居证明;申请人为香港特别行政区、澳门特别行政区居民的,应提供香港特别行政区或者澳门特别行政区的居民身份证以及回乡证或护照。

(四)申请人获得继承财产的证明文件。

(五)被继承人财产权利证明文件和被继承人财产所在地主管税务机关开具的税收证明或完税凭证。

(六)外汇局要求提供的其他资料。

委托他人办理的还需提供委托代理协议和代理人身份证明。

委托代理协议、继承人获得继承财产的证明文件、被继承人财产权利证明文件,未经公证的,应当进行公证。

第十条　申请财产对外转移总金额在等值人民币 50 万元以下(含 50 万元)的,由所在地外汇局审批。经批准后,所在地外汇局向申请人出具批准复函和核准件,申请人持核准件到当地外汇指定银行办理购付汇手续。

超过上述金额的，由所在地外汇局初审后，报国家外汇管理局审批。所在地外汇局凭国家外汇管理局的批准文件，向申请人出具批准复函和核准件，申请人持核准件到当地外汇指定银行办理购付汇手续。

第十一条　外汇指定银行办理售汇后，应直接将外汇汇往移民或继承人居住国或地区申请人本人的账户，不得在境内提取外币现钞。

第十二条　司法、监察等部门依法限制对外转移的财产的对外转移申请，外汇局不予受理。

涉及国内刑事、民事诉讼案件的财产对外转移申请，在案件审结前，外汇局不予受理。

涉及国内刑事、民事案件人员的近亲属申请对外转移财产，应提供案件管辖机关出具的该财产与案件无关的证明。

法律规定不得对外转移的财产、不能证明合法来源财产等的对外转移申请，外汇局不予受理。

第十三条　申请人通过提供虚假材料、以同一财产重复提出申请等手段非法套取外汇或者骗购外汇对外转移财产的，外汇局按照《中华人民共和国外汇管理条例》第四十条的规定给予处罚。

外汇指定银行未按照本办法办理个人财产对外转移的售汇、付汇业务的，外汇局按照《中华人民共和国外汇管理条例》有关规定给予处罚。

第十四条　从中国大陆赴台湾地区定居的自然人的有关财产转移，或台湾地区居民继承内地财产的对外转移，比照适用本办法。

申请人身份证明文件，系指公安机关出具的大陆户籍注销证明、大陆居民往来台湾通行证、台湾居民往来大陆通行证、在台湾地区居住的有效身份证明和其他出入境证件。

第十五条　本办法由中国人民银行负责解释。

第十六条　本办法自 2004 年 12 月 1 日起施行。

商业银行开办代客境外理财业务管理暂行办法

1. 2006 年 4 月 17 日中国人民银行、中国银行业监督管理委员会、国家外汇管理局发布

2. 银发〔2006〕121 号

第一章　总　　则

第一条　为规范商业银行从事代客境外理财业务，根据有关法律、行政法规，制定本办法。

第二条　本办法所称代客境外理财业务是指按照本办法的有关要求，取得代客境外理财业务资格的商业银行，受境内机构和居民个人（境内非居民除外，以下简称“投资者”）委托以投资者的资金在境外进行规定的金融产品投资的经营活动。

第三条　中国银行业监督管理委员会（以下简称“中国银监会”）负责商业银行代客境外理财业务准入管理和业务管理。

第四条　国家外汇管理局（以下简称“外汇局”）负责商业银行代客境外理财业务的外汇额度管理。

第五条　商业银行代客境外理财投资应当遵守国家法律、法规、国家外汇管理及行业管理规定，并依照投资所在地法律、法规开展投资活动。

第六条　商业银行受境内居民个人委托开办代客境外理财业务，应遵守商业银行个人理财业务管理的有关规定；商业银行受境内机构委托开办代客境外理财业务，应参照商业银行个人理财业务管理的有关内控制度建设、风险管理体系建设和其他审慎性要求执行。

第七条　商业银行开展代客境外理财业务，应采取切实有效的措施，加强相关风险的管理。

第二章　业务准入管理

第八条　商业银行开办代客境外理财，应向中国银监会申请批准。

第九条　开办代客境外理财业务的商业银行应当是外汇指定银行，并符合下列要求：

（一）建立健全了有效的市场风险管理体系；

（二）内部控制制度比较完善；

（三）具有境外投资管理的能力和经验；

（四）理财业务活动在申请前一年内没有受到中国银监会的处罚；

（五）中国银监会要求的其他审慎条件。

第十条　商业银行向中国银监会申请开办代客境外理财业务资格，应当提交以下材料（一式三份）：

（一）申请书；

（二）相关的内部控制与风险管理制度；

（三）托管协议草案；

（四）中国银监会要求的其他文件。

第十一条　中国银监会按照行政许可的有关程序和规定，审批商业银行代客境外理财业务资格。

第十二条　商业银行取得代客境外理财业务资格后，在境内发售个人理财产品，按照《商业银行个人理财业务管理暂行办法》的有关规定管理。

商业银行取得代客境外理财业务资格后，向境内机构发售理财产品或提供综合理财服务，准入管理适用报告制，报告程序和要求以及相关风险的管理参照人理财业务管理的有关规定执行。

第三章　投资购汇额度与汇兑管理

第十三条　商业银行受投资者委托以人民币购汇办理代客境外理财业务，应向外汇局申请代客境外理财购汇额度。

商业银行接受投资者委托以投资者的自有外汇进行境外理财投资的，其委托的金额不计入外汇局批准的投资购汇额度。

第十四条　商业银行申请代客境外理财购汇额度，应当向外汇局报送下列文件：

（一）申请书（包括但不限于申请人的基本情况、拟申请投资购汇额度、投资计划等）；

（二）中国银监会的业务资格批准文件；

（三）托管协议草案；

（四）拟与投资者签订的委托协议（格式合同）范本，协议应包括双方的权利义务及收益、风险承担等相关内容；

（五）外汇局要求的其他文件。

外汇局自收到完整的申请文件之日起 20 个工作日内，作出批准或者不批准的批复，书面通知申请人并抄送中国银监会。

第十五条　在经批准的购汇额度范围内，商业银行可向投资者发行以人民币标价的境外理财产品，并统一办理募集人民币资金的购汇手续。

第十六条　境外理财资金汇回后，商业银行应将投资本金和收益支付给投资者。投资者以人民币购汇投资的，商业银行结汇后支付给投资者；投资者以外汇投资的，商业银行将外汇划回投资者原账户，原账户已关闭的，可划入投资者指定的账户。

第十七条　商业银行从事代客境外理财的净购汇额，不得超过外汇局批准的购汇额度。

第十八条　商业银行应采取有效措施，通过远期结汇等业务对冲和管理代客境外理财产生的汇率风险。

第四章　资金流出入管理

第十九条　商业银行境外理财投资，应当委托经银监会批准具有托管业务资格的其他境内商业银行作为托管人托管其用于境外投资的全部资产。

第二十条　除中国银监会规定的职责外，托管人还应当履行下列职责：

（一）为商业银行按理财计划开设境内托管账户、境外外汇资金运用结算账户和证券托管账户；

（二）监督商业银行的投资运作，发现其投资指令违法、违规的，及时向外汇局报告；

（三）保存商业银行的资金汇出、汇入、兑换、收汇、付汇和资金往来记录等相关资料，其保存的时间应当不少于 15 年；

（四）按照规定，办理国际收支统计申报；

（五）协助外汇局检查商业银行资金的境外运用情况；

（六）外汇局根据审慎监管原则规定的其他职责。

第二十一条　托管人应当按照以下要求提交有关报告：

（一）自开设商业银行的境内托管账户、境外外汇资金运用结算账户和证券托管账户之日起 5 个工作日内，报告中国银监会和外汇局；

（二）自商业银行汇出本金或者汇回本金、收益之日起 5 个工作日内，向外汇局报告有关资金的汇出、汇入情况；

（三）每月结束后 5 个工作日内，向外汇局报告有关商业银行境内托管账户的收支情况；

（四）每一会计年度结束后 1 个月内，向外汇局报送商业银行上一年度外汇资金的境外运用情况报表；

（五）发现商业银行投资指令违法、违规的，及时向中国银监会和外汇局报告；

（六）中国银监会和外汇局规定的其他报告事项。

第二十二条　商业银行在收到外汇局有关购汇额度的批准文件后，应当持批准文件，与境内托管人签订托管协议，并开立境内托管账户。商业银行应当自境内托管账户开设之日起 5 个工作日内，向外汇局报送正式托管协议。

第二十三条　商业银行境内托管账户的收入范围是：商业银行划入的外汇资金、境外汇回的投资本金及收益以及外汇局规定的其他收入。

商业银行境内托管账户的支出范围是：划入境外外汇资金运用结算账户的资金、汇回商业银行的资金、货币兑换费、托管费、资产管理费以及各类手续费以及外汇局规定的其他支出。

第二十四条　境内托管人应当根据审慎原则，按照风险管理要求以及商业惯例选择境外金融机构作为其境外托管代理人。

境内托管人应当在境外托管代理人处开设商业银行外汇资金运用结算账户和证券托管账户，用于与境外证券登记结算机构之间的资金结算业务和证券托管业务。

第二十五条　境内托管人及境外托管代理人必须为不同的商业银行分别设置托管账户。

第五章　信息披露与监督管理

第二十六条　商业银行购买境外金融产品，必须符合中国银监会的相关风险管理规定。

中国银监会根据相关法律法规，对商业银行代客境外理财业务的风险进行监管。

第二十七条　从事代客境外理财业务的商业银行应在发售产品时，向投资者全面详细告知投资计划、产品特征及相关风险，由投资者自主作出选择。

第二十八条　从事代客境外理财业务的商业银行应定期向投资者披露投资状况、投资表现、风险状况等信息。

第二十九条　从事代客境外理财业务的商业银行应按规定履行结售汇统计报告义务。

第三十条　外汇局可以根据维护国际收支平衡的需要，调整商业银行代客境外理财购汇投资额度。

第三十一条　中国银监会和外汇局可以要求商业银行、境内托管人及境外托管代理人提供商业银行境外投资活动的有关信息；必要时，可以根据监管职责对商业银行进行现场检查。

第三十二条　商业银行有下列情形之一的，应当在其发生后5个工作日内报中国银监会和外汇局备案：

（一）变更托管人及托管代理人；

（二）公司注册资本和股东结构发生重大变化；

（三）涉及诉讼或受到重大处罚；

（四）中国银监会和外汇局规定的其他情形。

第三十三条　商业银行的境内托管人有下列情形之一的，应当在发生后5个工作日内报告外汇局：

（一）注册资本和股权结构发生重大变化的；

（二）涉及重大诉讼或受到重大处罚的；

（三）外汇局规定的其他事项。

第三十四条　商业银行及其境内托管人违反本办法的，由外汇局给予行政处罚。情节严重的，中国银监会和外汇局有权要求商业银行更换境内托管人或取消商业银行代客境外理财购汇额度。境外托管代理人拒绝提供相关信息的，中国银监会和外汇局有权要求更换境外托管代理人。

第六章　附　　则

第三十五条　商业银行投资于香港特别行政区、澳门特别行政区的金融产品，参照本办法相关条款执行。

第三十六条　本办法由中国人民银行和中国银监会负责解释。

第三十七条　本办法自发布之日起施行。

境内机构境外直接投资外汇管理规定

1. 2009年7月13日国家外汇管理局发布
2. 汇发〔2009〕30号
3. 自2009年8月1日起施行

第一章　总　　则

第一条　为促进和便利境内机构境外直接投资活动，规范境外直接投资外汇管理，促进我国国际收支基本平衡，根据《中华人民共和国外汇管理条例》等相关法规，制定本规定。

第二条　本规定所称境外直接投资是指境内机构经境外直接投资主管部门核准，通过设立（独资、合资、合作）、并购、参股等方式在境外设立或取得既有企业或项目所有权、控制权或经营管理权等权益的行为。

第三条　国家外汇管理局及其分支机构（以下简称外汇局）对境内机构境外直接投资的外汇收支、外汇登记实施监督管理。

第四条　境内机构可以使用自有外汇资金、符合规定的国内外汇贷款、人民币购汇或实物、无形资产及经外汇局核准的其他外汇资产来源等进行境外直接投资。境内机构境外直接投资所得利润也可留存境外用于其境外直接投资。

上款所称自有外汇资金包括：经常项目外汇账户、外商投资企业资本金账户等账户内的外汇资金。

第五条　国家外汇管理局可以根据我国国际收支形势和境外直接投资情况，对境内机构境外直接投资外汇资金来源范围、管理方式及其境外直接投资所得利润留存境外的相关政策进行调整。

第二章　境外直接投资外汇登记和资金汇出

第六条　外汇局对境内机构境外直接投资及其形成的资产、相关权益实行外汇登记及备案制度。

境内机构在向所在地外汇局办理境外直接投资外汇登记时，应说明其境外投资外汇资金来源情况。

第七条　境内机构境外直接投资获得境外直接投资主管部门核准后，持下列材料到所在地外汇局办理境外直接投资外汇登记：

（一）书面申请并填写《境外直接投资外汇登记申请表》（格式见附件1）；

（二）外汇资金来源情况的说明材料；

（三）境内机构有效的营业执照或注册登记证明

及组织机构代码证；

（四）境外直接投资主管部门对该项投资的核准文件或证书；

（五）如果发生前期费用汇出的，提供相关说明文件及汇出凭证；

（六）外汇局要求的其他材料。

外汇局审核上述材料无误后，在相关业务系统中登记有关情况，并向境内机构颁发境外直接投资外汇登记证。境内机构应凭其办理境外直接投资项下的外汇收支业务。

多个境内机构共同实施一项境外直接投资的，由境内机构所在地外汇局分别向相关境内机构颁发境外直接投资外汇登记证，并在相关业务系统中登记有关情况。

第八条 境内机构应凭境外直接投资主管部门的核准文件和境外直接投资外汇登记证，在外汇指定银行办理境外直接投资资金汇出手续。外汇指定银行进行真实性审核后为其办理。

外汇指定银行为境内机构办理境外直接投资资金汇出的累计金额，不得超过该境内机构事先已经外汇局在相关业务系统中登记的境外直接投资外汇资金总额。

第九条 境内机构应在如下情况发生之日起60天内，持境外直接投资外汇登记证、境外直接投资主管部门的核准或者备案文件及相关真实性证明材料到所在地外汇局办理境外直接投资外汇登记、变更或备案手续：

（一）境内机构将其境外直接投资所得利润以及其所投资境外企业减资、转股、清算等所得资本项下外汇收入留存境外，用于设立、并购或参股未登记的境外企业的，应就上述直接投资活动办理境外直接投资外汇登记手续；

（二）已登记境外企业发生名称、经营期限、合资合作伙伴及合资合作方式等基本信息变更，或发生增资、减资、股权转让或置换、合并或分立等情况，境内机构应就上述变更情况办理境外直接投资外汇登记变更手续；

（三）已登记境外企业发生长期股权或债权投资、对外担保等不涉及资本变动的重大事项的，境内机构应就上述重大事项办理境外直接投资外汇备案手续。

第十条 境内机构持有的境外企业股权因转股、破产、解散、清算、经营期满等原因注销的，境内机构应在取得境外直接投资主管部门相关证明材料之日起60天内，凭相关材料到所在地外汇局办理注销境外直接投资外汇登记手续。

第十一条 境内机构可以按照《中华人民共和国外汇管理条例》和其他相关规定，向境外直接投资企业提供商业贷款或融资性对外担保。

第十二条 境内机构在外汇管制国家或地区投资的，可按规定在其他非外汇管制国家或地区开立专用外汇账户，用于与该项投资相关外汇资金的收付。

第三章 境外直接投资前期费用汇出

第十三条 境外直接投资前期费用是指境内机构在境外投资设立项目或企业前，需要向境外支付的与境外直接投资有关的费用，包括但不限于：

（一）收购境外企业股权或境外资产权益，按项目所在地法律规定或出让方要求需缴纳的保证金；

（二）在境外项目招投标过程中，需支付的投标保证金；

（三）进行境外直接投资前，进行市场调查、租用办公场地和设备、聘用人员，以及聘请境外中介机构提供服务所需的费用。

第十四条 境内机构向境外汇出的前期费用，一般不得超过境内机构已向境外直接投资主管部门申请的境外直接投资总额（以下简称境外直接投资总额）的15%（含），并持下列材料向所在地外汇局申请：

（一）书面申请（包括境外直接投资总额、各方出资额、出资方式，以及所需前期费用金额、用途和资金来源说明等）；

（二）境内机构有效的营业执照或注册登记证明及组织机构代码证；

（三）境内机构参与投标、并购或合资合作项目的相关文件（包括中外方签署的意向书、备忘录或框架协议等）；

（四）境内机构已向境外直接投资主管部门报送的书面申请；

（五）境内机构出具的前期费用使用书面承诺函；

（六）外汇局要求的其他相关材料。

对于汇出的境外直接投资前期费用确需超过境外直接投资总额15%的，境内机构应当持上述材料向所在地国家外汇管理局分局（含外汇管理部）提出申请。

外汇指定银行凭外汇局出具的核准件为境内机构办理购付汇手续，并及时向外汇局反馈有关信息。

第十五条 境内机构已汇出境外的前期费用，应列入境内机构境外直接投资总额。外汇指定银行在办理境内机构境外直接投资资金汇出时，应扣减已汇出的前期费用金额。

第十六条　境内机构自汇出前期费用之日起6个月内仍未完成境外直接投资项目核准程序的，应将境外账户剩余资金调回原汇出资金的境内外汇账户。所汇回的外汇资金如属人民币购汇的，可持原购汇凭证，到外汇指定银行办理结汇。

所在地外汇局负责监督境内机构调回剩余的前期费用。如确因前期工作需要，经原作出核准的外汇局核准，上述6个月的期限可适当延长，但最长不超过12个月。

第四章　境外直接投资项下资金汇入及结汇

第十七条　境内机构将其所得的境外直接投资利润汇回境内的，可以保存在其经常项目外汇账户或办理结汇。

外汇指定银行在审核境内机构的境外直接投资外汇登记证、境外企业的相关财务报表及其利润处置决定、上年度年检报告书等相关材料无误后，为境内机构办理境外直接投资利润入账或结汇手续。

第十八条　境内机构因所设境外企业减资、转股、清算等所得资本项下外汇收入，通过资产变现专用外汇账户办理入账，或经外汇局批准留存境外。资产变现专用外汇账户的开立及入账经所在地外汇局按照相关规定核准，账户内资金的结汇，按照有关规定直接向外汇指定银行申请办理。

第十九条　境内机构将其境外直接投资的企业股权全部或者部分转让给其他境内机构的，相关资金应在境内以人民币支付。股权出让方应到所在地外汇局办理境外直接投资外汇登记的变更或注销手续，股权受让方应到所在地外汇局办理受让股权的境外直接投资外汇登记手续。

第五章　附　　则

第二十条　境内机构（金融机构除外）应按照境外投资联合年检的相关规定参加年检。多个境内机构共同实施一项境外直接投资的，应分别到所在地外汇局参加外汇年检。

第二十一条　境内机构在香港特别行政区、澳门特别行政区和台湾地区进行直接投资的，参照本规定进行管理。

第二十二条　境内金融机构境外直接投资外汇管理，参照本规定执行。相关监管部门对境内金融机构境外直接投资的资金运用另有规定的，从其规定。

第二十三条　境内机构办理境外直接投资项下外汇收支及外汇登记等业务，应按相关规定通过相关业务系统办理。

外汇指定银行应将境外直接投资项下外汇收支信息通过相关业务系统向外汇局反馈。

第二十四条　境内机构违反本规定的，外汇局根据《中华人民共和国外汇管理条例》及其他相关规定进行处罚；构成犯罪的，依法追究刑事责任。

第二十五条　本规定由国家外汇管理局负责解释。

第二十六条　本规定自2009年8月1日起施行。附件2所列其他规范性文件同时废止。以前规定与本规定不一致的，按本规定执行。

附件：1. 境外直接投资外汇登记申请表（略）

2. 废止文件目录（略）

境内企业内部成员外汇资金集中运营管理规定

1. 2009年10月12日国家外汇管理局发布

2. 汇发〔2009〕49号

3. 根据2015年5月4日国家外汇管理局《关于废止和修改涉及注册资本登记制度改革相关规范性文件的通知》（汇发〔2015〕20号）第一次修正

4. 根据2023年3月23日国家外汇管理局《关于废止和失效15件外汇管理规范性文件及调整14件外汇管理规范性文件条款的通知》（汇发〔2023〕8号）第二次修正

第一章　总　　则

第一条　为便利和支持境内企业经营和外汇资金运用行为，完善境内企业外汇资金内部运营管理，提高外汇资金使用效率，根据《中华人民共和国外汇管理条例》等相关法规，制定本规定。

第二条　本规定所称的境内企业，是指在中华人民共和国境内依法登记，以资本为联结纽带，由母公司、子公司及其他成员企业或机构共同组成的企业法人联合体（不含金融机构）。

本规定所称内部成员，是指母公司及其控股51%以上的子公司；母公司、子公司单独或者共同持股20%以上的公司，或者持股不足20%但处于最大股东地位的公司；母公司、子公司下属的事业单位法人或者社会团体法人。

第三条　外汇资金集中运营管理，是指境内企业内部成员（以下简称境内企业）依照本规定及其他外汇管理有关规定，使用境内自有外汇资金的行为，包括相互拆放外汇资金、实施外币资金池管理、通过内部财务公司开展即期结售汇业务。

第四条　境内企业相互拆放外汇资金，可通过外汇指定银行或经核准设立并具有外汇业务资格的内部财务公司(以下简称财务公司)以委托贷款的方式进行。

境内企业开展外币资金池业务,可在委托贷款的法律框架下通过外汇指定银行或财务公司进行。

第五条 境内企业相互拆放外汇资金、开展外币资金池业务,应当以其资本金外汇账户、经常项目外汇账户内可自由支配的外汇资金进行。

境内企业相互拆放外汇资金、开展外币资金池业务,应坚持全收全支原则,不得自行轧差结算,并应参照国际金融市场同期商业贷款利率水平约定拆放利率,不得畸高或畸低。

第六条 境内企业委托贷款资金不得结汇使用,不得用于质押人民币贷款。若需结汇使用,境内企业应将来源于其资本金外汇账户或经常项目外汇账户的委托贷款资金原路返回至其原划出资金的资本金外汇账户、经常项目外汇账户后,再按相关规定办理结汇。

委托贷款资金汇入境内企业原划出资金的资本金外汇账户时,不占用该资本金外汇账户最高限额;汇入银行在答复针对该笔资金的银行询证函时,应在备注栏注明“委贷资金”,会计师事务所不得凭此类银行询证函回函为外商投资企业办理验资业务。

第七条 境内企业应按照有关外汇管理规定履行国际收支申报等各项统计报告义务及外汇资金的收付手续。

第二章 境内企业相互拆放外汇资金业务管理

第八条 境内企业相互拆放外汇资金,可选择放款人或借款人所在地的一家外汇指定银行(或财务公司)作为受托人(以下简称受托银行),受托银行应按照本规定要求审核境内企业资格条件无误后,与放款人、借款人签订外汇委托贷款合同。

第九条 境内企业相互拆放外汇资金,借款人应在受托银行开立外汇委托贷款专用账户。

第十条 外汇委托贷款专用账户的收入范围为借款人委托贷款收入及划入的还款资金本息;支出范围为借款人偿还委托贷款本息、经常项目外汇支出及经核准的资本项目外汇支出。

第十一条 受托银行在办理放款或还款资金在放款人资本金外汇账户或经常项目外汇账户与借款人外汇委托贷款专用账户之间的划转手续时,无须经国家外汇管理局及其分支局(外汇管理部,以下简称外汇局)核准。

借款人办理还本付息手续可按照国内外汇贷款相关规定进行。

受托银行应于每月初5个工作日内向所在地外汇局报备外汇委托贷款的相关情况(参考格式见附1)。

第十二条 境内企业相互拆放外汇资金,如放款期满或借款人要求分期还款、提前还款的,受托银行应监督并协助放款人和借款人遵守以下路径还款:首先按放款人资本金外汇账户原划出的金额将还款资金划回该资本金外汇账户,直至补足从该资本金外汇账户划出的金额,剩余本息可划入经常项目外汇账户。

第十三条 非本规定第二条所指的企业以委托贷款方式相互拆放外汇资金参照上述相关条款执行。

第三章 境内企业外币资金池业务管理

第十四条 开展外币资金池业务的境内企业应依法注册成立,且最近两年内未存在违反外汇管理法规行为。

第十五条 在委托贷款框架下开展外币资金池业务,应由其中一家参与的内部成员作为主办企业(以下简称主办企业),由其牵头对所有参与的内部成员(以下简称参与成员)的外汇资金进行集中运营。

主办企业原则上应选择一家受托银行,向受托银行出具相应的授权委托书后,由受托银行向所在地国家外汇管理分局(外汇管理部,以下简称所在地外汇分局)提交以下材料:

(一)书面申请,包括但不限于:境内企业基本情况、参加外币资金池的主办企业和参与成员的名单、股权结构及其实际控制人等;

(二)主办企业出具的授权受托银行办理外币资金池业务的书面文件;参与成员的参与确认文件;主办企业、参与成员以及受托银行等就境内外币资金池而拟订的委托贷款协议文本;

(三)外币资金池运作方案,包括但不限于:主办企业拟开立的作为外币资金池外汇委托贷款主账户及参与成员拟开立的作为外币资金池外汇委托贷款子账户的收支范围;上述账户透支业务的处理原则;委托贷款及还款资金的区分方法及其资金来源;资金划转条件及划转路径;

(四)受托银行为实施外币资金池运作方案而制定的内控制度和相关内部操作规程,以及实施外币资金池运作方案的技术条件和技术保障措施的说明;

(五)外汇局要求的其他相关材料。

所在地外汇分局收到上述完整材料审核无误后,应在20个工作日内,作出核准或不予核准的决定。对于核准的,出具批复文件;不予核准的,做出不予核准的书面决定并说明理由。

受托银行取得所在地外汇分局核准后,应将正式签署的协议、外币资金池运作方案等材料报所在地外汇分局备案后，方可正式实施外币资金池业务。

第十六条　在委托贷款框架下开展外币资金池业务，应严格依据所在地外汇分局核准的内容及经所在地外汇分局确认的外币资金池运作方案办理业务。经确认的外币资金池运作方案所涉账户开立、境内外汇划转等事项，受托银行可凭所在地外汇分局核准文件为主办企业和参与成员办理。

受托银行应将本行办理的外币资金池运作情况，于每月初10个工作日内向所在地外汇分局报送外币资金池业务月报表（参考样式见附2）。

如参与成员发生变化的，受托银行应及时与境内企业重新签订或修改相关协议，报经所在地外汇分局备案通过后，方可按照增加或减少后的参与成员范围继续实施外币资金池方案。

第十七条　在委托贷款框架下开展外币资金池业务，受托银行与参与成员可协商约定日间透支额度，允许参与成员从其外汇委托贷款子账户进行透支支付，该透支金额必须在当日由其资本金外汇账户和经常项目外汇账户内资金，或从主办企业收回（或拆入、划入）的委托贷款资金及时进行弥补，不得隔日。

受托银行可与主办企业约定委托贷款主账户的隔日透支额度，主办企业应从参与成员收回（或拆入、划入）的委托贷款资金、或以其资本金外汇账户和经常项目外汇账户内资金及时对透支金额予以弥补。

第十八条　在委托贷款框架下开展外币资金池业务，主办企业外汇委托贷款主账户的收入范围是：拆入的委托贷款、收回的委托贷款本金和利息或从其资本金外汇账户和经常项目外汇账户划入的资金；支出范围是：拆出的委托贷款、归还的委托贷款本金和利息、原路划回其资本金外汇账户和经常项目外汇账户的资金、划入其经常项目外汇账户的委托贷款利息，或用于其经常项目对外支付。

参与成员外汇委托贷款子账户的收入范围是：拆入的委托贷款、收回的委托贷款本金和利息以及其资本金外汇账户和经常项目外汇账户划入的资金；支出范围是：拆出的委托贷款、归还的委托贷款本金和利息、原路划回其资本金外汇账户和经常项目外汇账户的资金、划入其经常项目外汇账户的委托贷款利息，或用于其经常项目对外支付。

第十九条　境内企业通过财务公司以吸收参与成员外汇存款、对参与成员发放外汇贷款的方式开展外汇资金运营业务，或财务公司在主管部门核准的经营范围内，吸收参与成员外汇存款，向参与成员发放外汇贷款，所涉及的外汇账户开立、境内外汇划转等事项无须经外汇局核准。

财务公司应按照有关规定通过外汇账户管理信息系统报送相关数据。

第四章　境内企业通过财务公司开展即期结售汇业务管理

第二十条　境内企业通过财务公司开展即期结售汇业务，包括财务公司对参与成员的人民币与外汇之间兑换的业务以及财务公司因自身经营活动需求产生的人民币与外汇之间兑换的业务。

第二十一条　财务公司开展即期结售汇业务，应符合以下条件：

（一）经核准具有相关金融业务及外汇业务经营资格；

（二）具有完备的结售汇业务内部管理制度，包括但不限于：结售汇业务内控制度、操作规程、统计报告制度、单证管理制度；独立的结售汇业务会计科目及核算办法；完善的国际收支申报业务内部管理规章制度；

（三）具有完备的结售汇业务技术条件和基础设施，包括结售汇汇价接收、发送管理系统；报送国际收支统计申报数据和结售汇统计数据所必备的技术条件；两名以上相关专业人员；适合开展结售汇业务的场所；

（四）最近两年内未存在违反外汇管理法规行为；

（五）外汇局规定的其他条件。

第二十二条　境内企业通过财务公司开展即期结售汇业务，应由财务公司向所在地外汇分局提交以下材料：

（一）书面申请，包括但不限于：境内企业基本情况、所有参与成员的名单、股权结构及其实际控制人等；所有参与成员的外汇收支和结售汇情况；开展即期结售汇业务的可行性分析报告；

（二）财务公司《金融许可证》及其业务范围的批复文件；财务公司资本金或营运资金的验资报告；所有参与成员的参与确认文件；

（三）结售汇业务内部管理规章制度；国际收支申报业务内部管理规章制度；结售汇汇价接收、发送管理系统及查询报送相关数据的设备等情况；从事结售汇业务的高管人员的名单履历；财务公司和所有参与成员最近两年经审计的财务报表；

（四）外汇局要求的其他相关材料。

所在地外汇分局在收到完整申请材料后应实地核查相关硬件设施，并在核查相关硬件设施符合标准后20个工作日内做出核准或不予核准的决定。对于核准的，出具批复文件，并抄报国家外汇管理局；不予核准的，做出不予核准的书面决定并说明理由。

第二十三条　财务公司应在取得即期结售汇业务经营资

格后的 30 个工作日内，向所在地外汇分局申请核定结售汇综合头寸。

财务公司应在获得银行间即期外汇市场会员资格后按照结售汇管理的相关规定开展即期结售汇业务。

财务公司的分支机构不得经营即期结售汇业务。

第二十四条 财务公司开展即期结售汇业务应执行国家外汇管理局关于外汇指定银行办理外汇业务的有关管理要求，包括会计处理凭证审核及保管、自身结售汇、结售汇综合头寸、大额结售汇备案、挂牌汇价以及结售汇统计等各项规定。

参与成员从财务公司购汇后应在 5 个工作日内以自身名义对外支付除货物贸易外的其他经常项目支出。

第二十五条 若境内企业申请停办即期结售汇业务，应由财务公司向所在地外汇分局提交以下材料：

（一）书面申请（其中应说明停办原因和后续处理措施）；

（二）企业决定停办结售汇业务的文件；

（三）申请停办之前结售汇业务开展的情况；

（四）外汇局要求提供的其他材料。

所在地外汇分局在收到完整申请材料无误后 20 个工作日内，作出批复并抄报国家外汇管理局。

第五章　附　　则

第二十六条 境内企业从事外汇资金集中运营，应遵守本规定及其他外汇管理有关规定，接受外汇局的监督、管理和检查。

第二十七条 国家外汇管理局可以根据我国国际收支形势及境内企业外汇资金集中运营情况，对外汇资金集中运营管理相关规定进行适时调整。

第二十八条 由同一境外母公司控股的境内企业内部成员适用此规定。

第二十九条 境内企业、外汇指定银行、财务公司违反本规定办理外汇业务的，由外汇局按照《中华人民共和国外汇管理条例》及相关外汇管理规定进行处罚。

第三十条 本规定由国家外汇管理局负责解释。

第三十一条 本规定自二〇〇九年十一月一日起实施。《国家外汇管理局关于跨国公司外汇资金内部运营管理有关问题的通知》（汇发〔2004〕104 号）、《国家外汇管理局关于企业集团财务公司开展即期结售汇业务有关问题的通知》（汇发〔2008〕68 号）同时废止。以前规定与本规定不一致的，按本规定执行。

附件：（略）

外国投资者境内直接投资外汇管理规定

1. 2013 年 5 月 10 日国家外汇管理局发布
2. 汇发〔2013〕21 号
3. 自 2013 年 5 月 13 日起施行

第一章　总　　则

第一条 为促进和便利外国投资者境内直接投资，规范外国投资者境内直接投资外汇管理，根据《中华人民共和国外汇管理条例》等相关法律法规，制定本规定。

第二条 本规定所称外国投资者境内直接投资（以下简称境内直接投资），是指外国投资者（包括境外机构和个人）通过新设、并购等方式在境内设立外商投资企业或项目（以下简称外商投资企业），并取得所有权、控制权、经营管理权等权益的行为。

第三条 境内直接投资实行登记管理。境内直接投资活动所涉机构与个人应在国家外汇管理局及其分支机构（以下简称外汇局）办理登记。银行应依据外汇局登记信息办理境内直接投资相关业务。

第四条 外汇局对境内直接投资登记、账户开立与变动、资金收付及结售汇等实施监督管理。

第二章　登记、账户及结售汇管理

第五条 外国投资者为筹建外商投资企业需汇入前期费用等相关资金的，应在外汇局办理登记。

第六条 外商投资企业依法设立后，应在外汇局办理登记。外国投资者以货币资金、股权、实物资产、无形资产等（含境内合法所得）向外商投资企业出资，或者收购境内企业中方股权支付对价，外商投资企业应就外国投资者出资及权益情况在外汇局办理登记。

外商投资企业后续发生增资、减资、股权转让等资本变动事项的，应在外汇局办理登记变更。外商投资企业注销或转为非外商投资企业的，应在外汇局办理登记注销。

第七条 境内外机构及个人需办理境内直接投资所涉的股权转让、境内再投资等其他相关业务的，应在外汇局办理登记。

第八条 境内直接投资所涉主体办理登记后，可根据实际需要到银行开立前期费用账户、资本金账户及资产变现账户等境内直接投资账户。

境内直接投资账户内资金使用完毕后，银行可为开户主体办理关户。

第九条 外商投资企业资本金结汇及使用应符合外汇管

理相关规定。外商投资企业外汇资本金及其结汇所得人民币资金,应在企业经营范围内使用,并符合真实自用原则。

前期费用账户等其他境内直接投资账户资金结汇参照资本金结汇有关规定办理。

第十条 因减资、清算、先行回收投资、利润分配等需向境外汇出资金的,外商投资企业在办理相应登记后,可在银行办理购汇及对外支付。

因受让外国投资者所持外商投资企业股权需向境外汇出资金的,境内股权受让方在外商投资企业办理相应登记后,可在银行办理购汇及对外支付。

第十一条 外汇局根据国家相关规定对外商投资企业实行年检。

第三章 监督管理

第十二条 银行为境内直接投资所涉主体办理账户开立、资金入账、结售汇、境内划转以及对外支付等业务前,应确认其已按本规定在外汇局办理相应登记。

银行应按外汇管理规定对境内直接投资所涉主体提交的材料进行真实性、一致性审核,并通过外汇局指定业务系统办理相关业务。

银行应按外汇管理规定为境内直接投资所涉主体开立相应账户,并将账户开立与变动、资金收付及结售汇等信息按规定及时、完整、准确地向外汇局报送。

第十三条 境内直接投资应按照有关规定办理国际收支统计申报。

第十四条 外汇局通过登记、银行报送、年检及抽样调查等方式对境内直接投资所涉跨境收支、结售汇以及外国投资者权益变动等情况进行统计监测。

第十五条 外汇局对银行办理境内直接投资业务的合规性及相关信息的报送情况实施核查或检查;对境内直接投资中存在异常或可疑情况的机构或个人实施核查或检查。

核查包括非现场核查和现场核查。现场核查的方式包括但不限于:要求被核查主体提交相关书面材料;约见被核查主体法定代表人、负责人或其授权人;现场查阅、复制被核查主体相关资料等。

相关主体应当配合外汇局的监督检查,如实说明情况,提供有关文件、资料,不得拒绝、阻碍和隐瞒。

第十六条 境内直接投资所涉主体违反本规定的,外汇局根据《中华人民共和国外汇管理条例》及相关规定进行处罚。

第四章 附 则

第十七条 外国投资者通过新设、并购等方式在境内设立金融机构的,参照本规定办理登记。

第十八条 香港特别行政区、澳门特别行政区和台湾地区的投资者境内直接投资参照本规定管理。

第十九条 国家外汇管理局负责本规定的解释,并依据本规定制定操作指引。

第二十条 本规定自2013年5月13日起实施。此前规定与本规定不一致的,以本规定为准。

附件:(略)

合格境内机构投资者境外证券投资外汇管理规定

1. 2013年8月21日国家外汇管理局公告2013年第1号公布施行

2. 根据2023年3月23日国家外汇管理局《关于废止和失效15件外汇管理规范性文件及调整14件外汇管理规范性文件条款的通知》(汇发〔2023〕8号)修正

第一章 总 则

第一条 为规范合格境内机构投资者(以下简称合格投资者)境外证券投资外汇管理,根据《中华人民共和国外汇管理条例》(国务院令第532号,以下简称《外汇管理条例》)及相关规定,制定本规定。

第二条 本规定所称合格投资者是指取得相关部门批准或许可开展境外证券等投资(以下简称境外投资)的境内机构,包括但不限于:商业银行、证券公司、基金管理公司、保险机构、信托公司等。

合格投资者可以自有资金或募集境内机构和个人资金,投资于法规及相关部门允许的境外市场及产品(银行自有资金境外运用除外)。

第三条 国家外汇管理局及其分局、外汇管理部(以下简称外汇局)依法对合格投资者境外投资的投资额度、资金账户、资金收付及汇兑等实施监督、管理和检查。

第二章 投资额度管理

第四条 国家外汇管理局依法批准单个合格投资者境外投资额度(以下简称投资额度)。

第五条 合格投资者申请投资额度,应向国家外汇管理局提交以下材料:

(一)《合格境内机构投资者境外证券投资申请表》(见附1);

(二)相关部门对合格投资者境外投资资格批准或许可文件复印件。法规规定需要取得经营外汇业务资格的机构,还需提供外汇局等部门出具的经营外汇业务资格文件或凭证;

(三)合格投资者与境内托管行签订的托管协议草案;

（四）国家外汇管理局要求的其他材料。

申请增加投资额度的，除需提供上述材料中（一）、（三）、（四）外，还需提供已获批投资额度使用情况说明。

第六条 国家外汇管理局对投资额度实行余额管理，合格投资者境外投资净汇出额（含外汇及人民币资金）不得超过经批准的投资额度。

合格投资者汇出入非美元币种资金时，应参照汇出入资金当月国家外汇管理局公布的各种货币对美元折算率表，计算汇出入资金的等值美元投资额度。

已取得投资额度的合格投资者，如两年内未能有效使用投资额度，国家外汇管理局有权对其投资额度进行调减。

合格投资者不得转让或转卖投资额度。

第三章 账户管理

第七条 合格投资者进行境外投资的，应委托境内具有相关业务资格的商业银行或其他金融机构作为境内托管人（以下简称托管人）负责资产托管业务。

第八条 合格投资者应凭国家外汇管理局投资额度批准文件，在托管人处开立境内托管账户。

合格投资者可根据募集及汇出入资金币种等需要，选择开立境内外汇托管账户及境内人民币托管账户。

托管人可为合格投资者每只产品（含自有资金）分别开立境内托管账户。同一产品下不同币种的境内外汇托管账户，视同为一个账户。

境内外汇托管账户的收支范围见附2。

第九条 托管人应在境外托管人处为合格投资者相关产品开立境外托管账户。

境外托管账户收支范围限于与境内托管账户之间的资金划转以及合格投资者境外投资项下相关收支。

第十条 合格投资者募集境内机构和个人资金进行投资的，可为其产品开立募集资金专用账户和清算账户。

合格投资者通过直销和代销方式募集境内机构和个人资金的，可开立产品的直销和代销账户。

上述账户涉及外汇收支的，合格投资者可持国家外汇管理局投资额度批准文件开立相应的外汇账户（募集资金专用外汇账户、外汇清算账户、直销和代销外汇账户）。相应外汇账户的收支范围见附2。

第四章 汇兑管理

第十一条 合格投资者可通过托管人以外汇或人民币形式汇出入境外投资资金。相关资金汇出入应按币种分别通过境内外汇托管账户和境内人民币托管账户办理。

涉及购汇及境内外汇划转的，合格投资者可凭国家外汇管理局投资额度批准文件到境内商业银行办理。

第十二条 合格投资者境外投资本金及收益，可以外汇或人民币形式汇回。

合格投资者以外汇形式汇回的本金和收益，可以外汇形式保留或划转至境内机构和个人外汇账户，也可以结汇划转至其境内人民币托管账户。法规规定不予结汇的除外。

合格投资者可凭国家外汇管理局投资额度批准文件到银行办理相关资金结汇及划转手续。

第五章 统计与监督管理

第十三条 合格投资者应在首次获批投资额度后20个工作日内，持营业执照复印件、组织机构代码证、投资额度批准文件等到其注册所在地外汇局办理合格投资者基本信息登记。登记完成后，合格投资者应通过托管人将有关情况及时告知国家外汇管理局。

合格投资者组织机构代码、机构名称、营业场所、营业执照注册号等基本信息发生变更的，应在信息变更后5个工作日内持相关变更材料到其注册所在地外汇局办理基本信息变更登记。

第十四条 托管人应在合格投资者资金汇出、汇入后2个工作日内，通过资本项目信息系统报送合格投资者资金汇出、汇入明细情况。

托管人应在每月结束后5个工作日内，通过资本项目信息系统报送上月合格投资者境外投资资金汇出入、结购汇、资产分布及占比等信息。

合格投资者应在每个会计年度结束后4个月内，向国家外汇管理局报送上一年度境外投资情况报告（包括投资额度使用情况、投资收益情况等）。

第十五条 合格投资者和托管人应按国际收支统计申报相关规定履行国际收支申报义务。

第十六条 合格投资者有以下行为的，外汇局依据《外汇管理条例》等相关规定予以处罚：

（一）超过国家外汇管理局批准的投资额度进行境外投资的；

（二）转让或转卖投资额度等非法使用外汇行为的；

（三）向托管人或外汇局提供虚假信息或材料的；

（四）未按规定办理投资购付汇或收结汇的；

（五）未按规定办理基本信息登记或变更登记的；

（六）未按规定报送相关报表、数据及报备材料的；

（七）未履行国际收支申报义务的；

（八）违反其他外汇管理规定的。

第十七条　托管人有下列行为的，外汇局依据《外汇管理条例》等相关规定予以处罚：

（一）未按规定为合格投资者办理资金汇出入手续的；

（二）未按规定为合格投资者开立或关闭相关账户，或未按规定的账户收支范围为合格投资者办理资金汇兑和划转手续的；

（三）未按规定向外汇局报送相关报表、数据及报备材料的；

（四）未按规定进行国际收支申报的；

（五）违反其他外汇管理规定的。

第十八条　本规定由国家外汇管理局负责解释。

第十九条　本规定自发布之日起实施。《国家外汇管理局关于印发〈商业银行代客境外理财业务外汇管理操作规程〉的通知》（汇综发〔2006〕135 号）、《国家外汇管理局关于基金管理公司和证券公司境外证券投资外汇管理有关问题的通知》（汇发〔2009〕47 号）同时废止。其他相关外汇管理与本规定不一致的，以本规定为准。

附件：（略）

境外机构投资者境内证券期货投资资金管理规定

1. 2020 年 5 月 7 日中国人民银行、国家外汇管理局公告〔2020〕第 2 号公布

2. 自 2020 年 6 月 6 日起实施

第一章　总　　则

第一条　为规范境外机构投资者境内证券期货投资管理，根据《中华人民共和国中国人民银行法》《中华人民共和国外汇管理条例》等相关规定，制定本规定。

第二条　本规定所称境外机构投资者，是指经中国证券监督管理委员会（以下简称证监会）批准投资于境内证券期货市场的合格境外机构投资者和人民币合格境外机构投资者（以下简称合格投资者）。

第三条　合格投资者应当委托境内托管人（以下简称托管人）代为办理本规定所要求的相关手续。

合格投资者委托 2 家以上托管人的，应当指定 1 家托管人作为主报告人（仅有 1 家托管人的，默认该托管人为主报告人），负责代其统一办理业务登记等事项。

第四条　中国人民银行、国家外汇管理局及其分支机构依法对合格投资者的资金账户、资金收付及汇兑等实施监督、管理和检查。

第二章　登 记 管 理

第五条　国家外汇管理局对合格投资者境内证券期货投资资金实行登记管理。

第六条　合格投资者取得证监会经营证券期货业务许可证后，应委托主报告人提交以下材料，向国家外汇管理局申请办理业务登记：

（一）《境外机构投资者登记表》（见附 1）。

（二）经营证券期货业务许可证复印件。

主报告人应认真履行职责，严格审核合格投资者所提供材料的真实性。国家外汇管理局办理业务登记后将相关业务登记凭证反馈给主报告人。

第三章　账 户 管 理

第七条　合格投资者应凭国家外汇管理局出具的业务登记凭证，根据投资和资金汇入需要，在托管人处开立一个或多个合格投资者专用账户。

合格投资者仅汇入外币资金的，须开立外币专用账户及与外币专用账户相对应的人民币专用存款账户；仅汇入人民币资金的，须开立人民币专用存款账户；同时汇入人民币和外币资金的，须分别开立人民币专用存款账户、外币专用账户及与外币专用账户相对应的人民币专用存款账户，两类人民币专用存款账户的命名应予以有效区分。

第八条　合格投资者外币专用账户的收入范围是：合格投资者从境外汇入的本金及支付有关税费（税款、托管费、审计费、管理费等）所需外币资金，外币利息收入，开展外汇衍生品交易相关资金划入，从与外币专用账户相对应的人民币专用存款账户购汇划入的资金，以及符合外汇管理规定的其他收入。支出范围是：结汇划入与外币专用账户相对应的人民币专用存款账户，开展外汇衍生品交易相关资金划出，向境外汇出本金及收益，以及符合外汇管理规定的其他支出。

第九条　合格投资者应按照中国人民银行关于境外机构境内人民币结算账户管理的有关规定，开立人民币专用存款账户和（或）与外币专用账户相对应的人民币专用存款账户（有关人民币专用存款账户开立和使用详见附 2《境外机构投资者境内人民币账户管理操作指引》）。

第十条　合格投资者专用账户与其境内其他账户之间不得划转资金，法律法规规章另有规定的除外。

同时汇入人民币和外币资金的合格投资者，所开立的两类人民币专用存款账户之间不得划转资金。

合格投资者专用账户内资金不得用于境内证券期货投资及基于套期保值为目的的风险管理以外的其他

用途，法律法规规章另有规定的除外。

合格投资者专用账户不得支取现金。

第十一条　合格投资者专用账户内的资金存款利率，参照中国人民银行有关规定执行。

第四章　汇兑管理

第十二条　合格投资者可自主选择汇入币种开展境内证券期货投资。

合格投资者汇入外币进行投资的，可根据投资计划等，及时通知托管人直接将投资所需外币资金结汇并划入其与外币专用账户相对应的人民币专用存款账户。合格投资者汇入人民币进行投资的，可根据投资计划等，将投资所需的境外人民币资金直接汇入其人民币专用存款账户。

第十三条　合格投资者应委托托管人办理相关投资本金和收益汇出手续。

第十四条　合格投资者如需汇出已实现的累计收益，托管人可凭合格投资者书面申请或指令、合格投资者出具的承诺按照中国境内相关税务法律法规足额缴纳税费的承诺函等，为合格投资者办理相关资金汇出手续。

合格投资者清盘（含产品清盘）的，托管人可凭合格投资者书面申请或指令、中国注册会计师出具的投资收益专项审计报告、税务备案表（按规定无需提供的除外）等，为合格投资者办理相关资金汇出及关户手续。

第十五条　合格投资者境内证券期货投资汇出与汇入的资金币种原则上应保持一致，不得进行人民币和外币间的跨币种套利。

第五章　投资风险管理

第十六条　合格投资者在境内开展的衍生品交易，仅限于以套期保值为目的的外汇风险对冲产品和符合规定的金融衍生品，衍生品敞口与作为交易基础的境内证券投资项下投资风险敞口应具有合理的相关度。

第十七条　合格投资者持有的外汇衍生品头寸应控制在不超过其境内证券期货投资对应的人民币资产规模（不含人民币专用存款账户内人民币存款类资产，下同），确保实需交易原则。

第十八条　合格投资者可通过具备代客人民币对外汇衍生品业务（以下简称外汇衍生品业务）资格的托管人或境内金融机构（以下简称外汇衍生品业务经办机构）办理外汇衍生品业务。外汇衍生品业务经办机构为合格投资者办理外汇衍生品业务应当遵守实需交易原则。

第十九条　外汇衍生品业务经办机构对合格投资者开展的外汇衍生品业务类型及结算等，按照现行外汇衍生品管理规定执行。

第二十条　外汇衍生品业务经办机构应遵循结售汇综合头寸管理规定，并按照外汇管理相关规定履行有关结售汇统计报告义务。

第六章　统计与监督管理

第二十一条　合格投资者名称发生变更的，应在取得证监会换发的经营证券期货业务许可证后10个工作日内，委托其主报告人向国家外汇管理局申请办理变更登记。

托管人等其他重要信息发生变更的，合格投资者应委托其主报告人自变更之日起10个工作日内向国家外汇管理局申请办理变更登记。

主报告人发生变更的，合格投资者应委托新的主报告人自变更之日起10个工作日内向国家外汇管理局申请办理变更登记。

合格投资者因机构解散、进入破产程序、由接管人接管或自身原因等导致证监会注销其业务许可的，合格投资者应通过主报告人及时向中国人民银行和国家外汇管理局报告，且原则上应在30个工作日内变现资产并关闭合格投资者专用账户。

第二十二条　托管人在为合格投资者办理资金汇出入时，应对相应的资金收付进行真实性与合规性审查，并切实履行反洗钱和反恐怖融资等义务。合格投资者应配合托管人履行以上义务，并向托管人提供真实完整的资料和信息。

第二十三条　托管人应按照《人民币银行结算账户管理办法》（中国人民银行令〔2003〕第5号）、《人民币跨境收付信息管理系统管理办法》（银发〔2017〕126号文印发）、《中国人民银行办公厅关于完善人民币跨境收付信息管理系统银行间业务数据报送流程的通知》（银办发〔2017〕118号）等相关规定，报送合格投资者相关的监督和统计数据。

第二十四条　托管人应按照《通过银行进行国际收支统计申报业务实施细则》（汇发〔2015〕27号文印发）、《通过银行进行国际收支统计申报业务指引（2019版）》（汇发〔2019〕25号文印发）、《对外金融资产负债及交易统计制度》（汇发〔2018〕24号文印发）、《金融机构外汇业务数据采集规范（1.2版）》（汇发〔2019〕1号文印发）等相关规定，及时、准确地进行国际收支统计申报并报送其他相关数据。

第二十五条　合格投资者有以下行为之一的，国家外汇管理局依据《中华人民共和国外汇管理条例》等相关规定予以处罚：

（一）未按规定办理业务登记的。

（二）未按规定向国家外汇管理局或托管人提供境内证券期货投资相关信息和材料，或提供虚假信息和材料的。

（三）开展境内证券期货投资过程中违反账户、资金收付及汇兑管理等相关规定的。

（四）开展外汇衍生品交易过程中违反相关外汇管理规定的。

（五）其他违反外汇管理规定的行为。

第二十六条　合格投资者的托管人有下列行为之一的，涉及人民币业务的，由中国人民银行依据《中华人民共和国中国人民银行法》等法律规定予以处罚；涉及外汇业务的，由国家外汇管理局依据《中华人民共和国外汇管理条例》等相关规定予以处罚：

（一）未按规定为合格投资者办理本金和收益汇出手续的。

（二）未按规定为合格投资者开立或关闭相关账户，或未按规定的账户收支范围为合格投资者办理资金划转和汇兑手续的。

（三）未按规定为合格投资者办理外汇衍生品业务的。

（四）未按规定向国家外汇管理局报送有关信息、材料或情况报告的。

（五）未按规定进行国际收支统计申报及有关结售汇统计报告的。

（六）有其他违反中国人民银行及外汇管理规定的行为。

第二十七条　外汇衍生品业务经办机构未按规定为合格投资者办理相关业务的，国家外汇管理局依据《中华人民共和国外汇管理条例》等相关规定予以处罚。

第七章　附　　则

第二十八条　根据本规定向中国人民银行和国家外汇管理局报送的材料应为中文文本。同时具有外文和中文译文的，以中文文本为准。

第二十九条　本规定由中国人民银行和国家外汇管理局负责解释。

第三十条　本规定自2020年6月6日起实施。《合格境外机构投资者境内证券投资外汇管理规定》（国家外汇管理局公告2018年第1号）、《中国人民银行 国家外汇管理局关于人民币合格境外机构投资者境内证券投资管理有关问题的通知》（银发〔2018〕157号）和《国家外汇管理局关于调整合格机构投资者数据报送方式的通知》（汇发〔2015〕45号）同时废止。其他相关跨境资金管理规定与本规定不一致的，以本规定为准。

附：（略）

合格境外机构投资者和人民币合格境外机构投资者境内证券期货投资管理办法

1. 2020年9月25日中国证券监督管理委员会、中国人民银行、国家外汇管理局令第176号公布
2. 自2020年11月1日起施行

第一条　为规范合格境外机构投资者和人民币合格境外机构投资者在境内证券期货市场的投资行为，促进证券期货市场稳定健康发展，根据有关法律、行政法规，制定本办法。

第二条　本办法所称合格境外机构投资者和人民币合格境外机构投资者（以下统称合格境外投资者），是指经中国证券监督管理委员会（以下简称中国证监会）批准，使用来自境外的资金进行境内证券期货投资的境外机构投资者，包括境外基金管理公司、商业银行、保险公司、证券公司、期货公司、信托公司、政府投资机构、主权基金、养老基金、慈善基金、捐赠基金、国际组织等中国证监会认可的机构。

鼓励使用来自境外的人民币资金进行境内证券期货投资。

第三条　合格境外投资者应当委托符合要求的境内机构作为托管人托管资产，依法委托境内证券公司、期货公司办理在境内的证券期货交易活动。

第四条　合格境外投资者应当建立并实施有效的内部控制和合规管理制度，确保投资运作、资金管理等行为符合境内法律法规和其他有关规定。

第五条　中国证监会、中国人民银行（以下简称人民银行）依法对合格境外投资者的境内证券期货投资实施监督管理，人民银行、国家外汇管理局（以下简称外汇局）依法对合格境外投资者境内银行账户、资金汇兑等实施监督管理。

合格境外投资者可参与的金融衍生品等交易品种和交易方式，由中国证监会商人民银行、外汇局同意后公布。

第六条　申请合格境外投资者资格，应当具备下列条件：

（一）财务稳健，资信良好，具备证券期货投资经验；

（二）境内投资业务主要负责人员符合申请人所在境外国家或者地区有关从业资格的要求（如有）；

（三）治理结构、内部控制和合规管理制度健全有效，按照规定指定督察员负责对申请人境内投资行为的合法合规性进行监督；

（四）经营行为规范，近3年或者自成立以来未受到监管机构的重大处罚；

（五）不存在对境内资本市场运行产生重大影响的情形。

第七条　申请人应当通过托管人向中国证监会报送合格境外投资者资格申请文件。

中国证监会自受理申请文件之日起10个工作日内，对申请材料进行审核，并作出批准或者不予批准的决定。决定批准的，作出书面批复，并颁发经营证券期货业务许可证（以下简称许可证）；决定不予批准的，书面通知申请人。

第八条　托管人首次开展合格境外投资者资产托管业务的，应当自签订托管协议之日起5个工作日内，报中国证监会备案。

第九条　托管人应当履行下列职责：

（一）安全保管合格境外投资者托管的全部资产；

（二）办理合格境外投资者的有关交易清算、交收、结汇、售汇、收汇、付汇和人民币资金结算业务；

（三）监督合格境外投资者的投资运作，发现其投资指令违法、违规的，及时向中国证监会、人民银行和外汇局报告；

（四）根据中国证监会、人民银行和外汇局的要求，报送合格境外投资者的开销户信息、资金跨境收付信息、境内证券期货投资资产配置情况信息等相关业务报告和报表，并进行国际收支统计申报；

（五）保存合格境外投资者的资金汇入、汇出、兑换、收汇、付汇和资金往来记录等相关资料，保存期限不少于20年；

（六）中国证监会、人民银行和外汇局根据审慎监管原则规定的其他职责。

第十条　托管人应当持续符合下列要求：

（一）有专门的资产托管部门和符合托管业务需要的人员、系统、制度；

（二）具有经营外汇业务和人民币业务的资格；

（三）未发生影响托管业务的重大违法违规行为；

（四）中国证监会、人民银行和外汇局根据审慎监管原则规定的其他要求。

第十一条　托管人应当将其自有资产和受托资产严格分开，对受托资产实行分账托管。

第十二条　合格境外投资者委托2个以上托管人的，应当指定1个主报告人，负责代其统一办理资格申请、重大事项报告、主体信息登记等事项。合格境外投资者应当在指定主报告人之日起5个工作日内，通过主报告人将所有托管人信息报中国证监会、外汇局备案。

合格境外投资者可以更换托管人。中国证监会、外汇局根据审慎监管原则可以要求合格境外投资者更换托管人。

第十三条　合格境外投资者应当依法申请开立证券期货账户。

合格境外投资者进行证券期货交易，应当委托具有相应结算资格的机构结算。

第十四条　合格境外投资者的投资本金及在境内的投资收益可以投资于符合规定的金融工具。

合格境外投资者投资银行间债券市场，参与境内外汇市场业务，应当根据人民银行、外汇局相关规定办理。

第十五条　合格境外投资者开展境内证券投资，应当遵守中国证监会规定的证券投资比例限制和国家其他有关规定。

第十六条　合格境外投资者履行信息披露义务时，应当依法合并计算其拥有的同一公司境内上市或者挂牌股票和境外上市外资股的权益，并遵守信息披露有关规则。

合格境外投资者应当按照信息披露规则合并披露一致行动人的相关证券投资信息。

第十七条　证券公司、期货公司等机构保存合格境外投资者的委托记录、交易记录等资料的期限应当不少于20年。

第十八条　合格境外投资者的境内证券期货投资活动，应当遵守证券期货交易场所、证券登记结算机构、证券期货市场监测监控机构的有关规定。

第十九条　合格境外投资者应当在托管人处开立外汇账户和（或）人民币专用存款账户，收支范围应当符合人民银行、外汇局的有关规定。

第二十条　合格境外投资者应当按照人民银行、外汇局相关规定汇入本金，以外汇形式汇入的本金应当是在中国外汇市场可挂牌交易的货币。

合格境外投资者可以按照人民银行、外汇局相关规定汇出资金。

第二十一条　中国证监会、人民银行和外汇局依法可以要求合格境外投资者、托管人、证券公司、期货公司等机构提供合格境外投资者的有关资料，并进行必要的询问、检查。

第二十二条　合格境外投资者有下列情形之一的，应当在相关情形发生之日起5个工作日内报中国证监会、人民银行和外汇局备案：

（一）变更托管人；

（二）控股股东、实际控制人变更；

（三）涉及重大诉讼及其他重大事件；

（四）在境外受到重大处罚；

(五)中国证监会、人民银行和外汇局规定的其他情形。

第二十三条 合格境外投资者有下列情形之一的,应当申请变更或者换领许可证:

(一)许可证信息发生变更;

(二)被其他机构吸收合并;

(三)中国证监会、人民银行和外汇局规定的其他情形。

变更或者换领许可证期间,合格境外投资者可以继续进行证券期货交易,但中国证监会根据审慎监管原则认为需要暂停的除外。

第二十四条 合格境外投资者有下列情形之一的,应当将许可证交还中国证监会,由中国证监会注销其业务许可:

(一)机构解散、进入破产程序或者由接管人接管;

(二)申请注销业务许可;

(三)中国证监会、人民银行和外汇局认定的其他情形。

第二十五条 合格境外投资者有下列情形之一的,中国证监会、人民银行和外汇局可以对其采取责令改正、监管谈话、出具警示函等监管措施;对直接负责的主管人员和其他直接责任人员,可以采取监管谈话、出具警示函、责令定期报告等监管措施:

(一)未按规定开立账户;

(二)未按规定开展境内证券期货投资;

(三)未按规定履行信息披露义务;

(四)未按规定有效实施内部控制和合规管理制度;

(五)未按规定变更、换领或者交还许可证;

(六)未按规定办理资金汇入、汇出、结汇或者收汇、付汇;

(七)未按规定报送有关报告、材料或者相关内容存在虚假记载、误导性陈述或者重大遗漏;

(八)不配合有关检查,拒绝、拖延提供有关资料;

(九)违反本办法规定的其他行为。

合格境外投资者违反《中华人民共和国证券法》、《期货交易管理条例》、《中华人民共和国外汇管理条例》等法律、行政法规的,按照有关规定实施行政处罚。涉嫌犯罪的,依法将案件移送司法机关追究刑事责任。

第二十六条 合格境外投资者在开展境内证券期货投资过程中发生重大违法违规行为的,中国证监会可以依法采取限制相关证券期货账户交易等措施。

第二十七条 托管人未按照规定进行备案,未履行本办法第九条规定的职责,或者违反本办法第十条等规定的,中国证监会可以对其采取责令改正、监管谈话、出具警示函等监管措施;对直接负责的主管人员和其他直接责任人员,可以采取监管谈话、出具警示函、责令定期报告等监管措施。违反有关法律、行政法规的,按照有关规定实施行政处罚。涉嫌犯罪的,依法将案件移送司法机关追究刑事责任。

第二十八条 在香港特别行政区、澳门特别行政区设立的机构投资者到内地从事证券期货投资,在台湾地区设立的机构投资者到大陆从事证券期货投资,适用本办法。

第二十九条 本办法自2020年11月1日起施行。2006年8月24日中国证监会、人民银行、外汇局公布的《合格境外机构投资者境内证券投资管理办法》和2013年3月1日中国证监会公布的《人民币合格境外机构投资者境内证券投资试点办法》同时废止。

5. 金融机构业务监管

结汇、售汇及付汇管理规定

1. 国务院批准

2. 1996年6月20日中国人民银行令1996年第1号公布

3. 自1996年7月1日起施行

第一章 总 则

第一条 为规范结汇、售汇及付汇行为,实现人民币在经常项目下可兑换,特制定本规定。

第二条 经营外汇业务的银行应当按照本规定和中国人民银行、国家外汇管理局批准的业务范围办理结汇、售汇、开立外汇账户及对外支付业务。

第三条 境内机构外汇收入,除国家另有规定外应当及时调回境内。

第四条 境内机构、居民个人、驻华机构及来华人员应当按照本规定办理结汇、购汇、开立外汇账户及对外支付。

第五条 境内机构和居民个人通过经营外汇业务的银行办理对外收支时,应当按照《国际收支统计申报办法》及有关规定办理国际收支统计申报。

第二章 经常项目下的结汇、售汇与付汇

第六条 除本规定第七条、第八条、第十条限定的范围和数量外,境内机构取得的下列外汇应当结汇:

(一)出口或者先支后收转口货物及其他交易行

为收入的外汇。其中用跟单信用证/保函和跟单托收方式结算的贸易出口外汇可以凭有效商业单据结汇，用汇款方式结算的贸易出口外汇持出口收汇核销单结汇；

（二）境外贷款项下国际招标中标收入的外汇；

（三）海关监管下境内经营免税商品收入的外汇；

（四）交通运输（包括各种运输方式）及港口（含空港）、邮电（不包括国际汇兑款）、广告、咨询、展览、寄售、维修等行业及各类代理业务提供商品或者服务收入的外汇；

（五）行政、司法机关收入的各项外汇规费、罚没款等；

（六）土地使用权、著作权、商标权、专利权、非专利技术、商誉等无形资产转让收入的外汇，但上述无形资产属于个人所有的，可不结汇；

（七）境外投资企业汇回的外汇利润、对外经援项下收回的外汇和境外资产的外汇收入；

（八）对外索赔收入的外汇、退回的外汇保证金等；

（九）出租房地产和其他外汇资产收入的外汇；

（十）保险机构受理外汇保险所得外汇收入；

（十一）取得《经营外汇业务许可证》的金融机构经营外汇业务的净收入；

（十二）国外捐赠、资助及援助收入的外汇；

（十三）国家外汇管理局规定的其他应当结汇的外汇。

第七条 境内机构（不含外商投资企业）的下列外汇，可以向国家外汇管理局及其分支局（以下简称“外汇局”）申请，在经营外汇业务的银行开立外汇账户，按照规定办理结汇：

（一）经营境外承包工程、向境外提供劳务、技术合作及其他服务业务的公司，在上述业务项目进行过程中收到的业务往来外汇；

（二）从事代理对外或者境外业务的机构代收代付的外汇；

（三）暂收待付或者暂收待结项下的外汇，包括境外汇入的投标保证金、履约保证金、先收后支的转口贸易收汇、邮电部门办理国际汇兑业务的外汇汇兑款、一类旅行社收取的国外旅游机构预付的外汇、铁路部门办理境外保价运输业务收取的外汇、海关收取的外汇保证金、抵押金等；

（四）保险机构受理外汇保险、需向境外分保以及尚未结算的保费。

上述各项外汇的净收入，应当按照规定的时间全部卖给外汇指定银行。

第八条 捐赠、资助及援助合同规定用于境外支付的外汇，经外汇局批准后方可保留。

第九条 下列范围的外汇，可以保留：

（一）外国驻华使领馆、国际组织及其他境外法人驻华机构的外汇；

（二）居民个人及来华人员的外汇。

第十条 外商投资企业经营项目下外汇收入可在外汇局核定的最高金额以内保留外汇，超出部分应当卖给外汇指定银行，或者通过外汇调剂中心卖出。

第十一条 超过等值1万美元的现钞结汇，结汇人应当向外汇指定银行提供真实的身份证明和外汇来源证明，外汇指定银行予以结汇登记后报外汇局备案。

第十二条 本规定第七、八、九、十条允许开立外汇账户的境内机构和居民个人、驻华机构及来华人员，应当按照外汇账户管理的有关规定，到经营外汇业务的银行办理开户手续。

第十三条 境内机构下列贸易及非贸易经营性对外支付用汇，持与支付方式相应的有效商业单据和所列有效凭证从其外汇账户中支付或者到外汇指定银行兑付：

（一）用跟单信用证/保函方式结算的贸易进口，如需在开证时购汇，持进口合同、进口付汇核销单、开证申请书；如需在付汇时购汇，还应当提供信用证结算方式要求的有效商业单据。核销时必须凭正本进口货物报关单办理；

（二）用跟单托收方式结算的贸易进口，持进口合同、进口付汇核销单、进口付汇通知书及跟单托收结算方式要求的有效商业单据。核销时必须凭正本进口货物报关单办理；

（三）用汇款方式结算的贸易进口，持进口合同、进口付汇核销单、发票、正本进口货物报关单、正本运输单据，若提单上的“提货人”和报关单上的“经营单位”与进口合同中列明的买方名称不一致，还应当提供两者间的代理协议；

（四）进口项下不超过合同总金额的15%或者虽超过15%但未超过等值10万美元的预付货款，持进口合同、进口付汇核销单；

上述（一）至（四）项下进口，实行进口配额管理或者特定产品进口管理的货物，还应当提供有关部门签发的许可证或者进口证明；进口实行自动登记制的货物，还应当提供填好的登记表格。

（五）进口项下的运输费、保险费，持进口合同、正本运输费收据和保险费收据；

（六）出口项下不超过合同总金额2%的暗佣（暗扣）和5%的明佣（明扣）或者虽超过上述比例但未超过等值1万美元的佣金，持出口合同或者佣金协议、结汇水单或者收账通知；出口项下的运输费、保险费，持出口合同、正本运输费收据和保险费收据；

（七）进口项下的尾款，持进口合同、进口付汇核销单、验货合格证明；

（八）进出口项下的资料费、技术费、信息费等从属费用，持进口合同或者出口合同、进口付汇核销单或者出口收汇核销单、发票或者收费单据及进口或者出口单位负责人签字的说明书；

（九）从保税区购买商品以及购买国外入境展览展品的用汇，持（一）至（八）项规定的有效凭证和有效商业单据；

（十）专利权、著作权、商标、计算机软件等无形资产的进口，持进口合同或者协议；

（十一）出口项下对外退赔外汇，持结汇水单或者收账通知、索赔协议、理赔证明和已冲减出口收汇核销的证明；

（十二）境外承包工程所需的投标保证金持投标文件，履约保证金及垫付工程款项持合同。

第十四条 境内机构下列贸易及非贸易经营性对外支付，经营外汇业务的银行凭用户提供的支付清单先从其外汇账户中支付或者兑付，事后核查：

（一）经国务院批准的免税品公司按照规定范围经营免税商品的进口支付；

（二）民航、海运、铁道部门（机构）支付境外国际联运输、设备维修费、站场港口使用费、燃料供应费、保险费、非融资性租赁费及其他服务费用；

（三）民航、海运、铁道部门（机构）支付国际营运人员伙食、津贴补助；

（四）邮电部门支付国际邮政、电信业务费用。

第十五条 境内机构下列对外支付用汇，由外汇局审核其真实性后，从其外汇账户中支付或者到外汇指定银行兑付：

（一）超过本规定第十三条（四）规定比例和金额的预付货款；

（二）超过本规定第十三条（六）规定比例和金额的佣金；

（三）转口贸易项下先支后收的对外支付；

（四）偿还外债利息；

（五）超过等值1万美元的现钞提取。

第十六条 境内机构偿还境内中资金融机构外汇贷款利息，持《外汇（转）贷款登记证》、借贷合同及债权人的付息通知单，从其外汇账户中支付或者到外汇指定银行兑付。

第十七条 财政预算内的机关、事业单位和社会团体的非贸易非经营性用汇，按照《非贸易非经营性外汇财务管理暂行规定》办理。

第十八条 财政预算外的境内机构下列非经营性用汇，持所列有效凭证从其外汇账户中支付或者到外汇指定银行兑付：

（一）在境外举办展览、招商、培训及拍摄影视片等用汇，持合同、境外机构的支付通知书及主管部门批准文件；

（二）对外宣传费、对外援助费、对外捐赠外汇、国际组织会费、参加国际会议的注册费、报名费，持主管部门的批准文件及有关函件；

（三）在境外设立代表处或者办事机构的开办费和年度预算经费，持主管部门批准设立该机构的批准文件和经费预算书；

（四）国家教委国外考试协调机构支付境外的考试费，持对外合同和国外考试机构的账单或者结算通知书；

（五）在境外办理商标、版权注册、申请专利和法律、咨询服务等所需费用，持合同和发票；

（六）因公出国费用，持国家授权部门出国任务批件。

上述（一）至（六）项以外的非经营性用汇，由外汇局审核其真实性以后，从其外汇账户中支付或者到外汇指定银行兑付。

第十九条 居民个人的因私用汇，按照《境内居民因私兑换外汇办法》和《境内居民外汇存款汇出境外的规定》办理。

第二十条 居民个人移居出境后，下列合法人民币收益，持本人身份证明和所列有效凭证到外汇局授权的外汇指定银行兑付：

（一）人民币存款利息，持人民币存款利息清单；

（二）房产出租收入的租金，持房产租赁合同和房产出租管理部门的证明；

（三）其他资产的收益，持有关的证明材料和收益清单。

第二十一条 外商投资企业外方投资者依法纳税后的利润、红利的汇出，持董事会利润分配决议书，从其外汇账户中支付或者到外汇指定银行兑付。

外商投资企业中外籍、华侨、港澳台职工依法纳税后的人民币工资及其他正当收益，持证明材料到外汇指定银行兑付。

第二十二条 按照规定应当以外币支付的股息，依法纳税后持董事会利润分配决议书从其外汇账户中支付或者到外汇指定银行兑付。

第二十三条 驻华机构及来华人员的合法人民币收入，需汇出境外时，持证明材料和收费清单到外汇局授权的外汇指定银行兑付。

第二十四条 驻华机构及来华人员从境外携入或者在境内购买的自用物品、设备、用具等，出售后所得人民币款项，需汇出境外时，持工商登记证或者本人身份证明和出售凭证到外汇局授权的外汇指定银行兑付。

第二十五条 临时来华的外国人、华侨、港澳台同胞出境时未用完的人民币，可以凭本人护照、原兑换水单（有效期为6个月）兑回外汇，携出境外。

第三章 资本项目下的结汇、售汇与付汇

第二十六条 境内机构资本项目下的外汇应当在经营外汇业务的银行开立外汇账户。

第二十七条 境内机构下列范围内的外汇，未经外汇局批准，不得结汇：

（一）境外法人或自然人作为投资汇入的外汇；

（二）境外借款及发行外币债券、股票取得的外汇；

（三）经国家外汇管理局批准的其他资本项目下外汇收入。

除出口押汇外的国内外汇贷款和中资企业借入的国际商业贷款不得结汇。

第二十八条 境内机构向境外出售房地产及其他资产收入的外汇，除本规定第十条限定的数额外应当卖给外汇指定银行。

第二十九条 境内机构偿还境内中资金融机构外汇贷款本金，持《外汇（转）贷款登记证》、借贷合同及债权机构的还本通知单，从其外汇账户中支付或者到外汇指定银行兑付。

第三十条 境内机构资本项目下的下列用汇，持所列有效凭证向外汇局申请，凭外汇局的核准件从其外汇账户中支付或者到外汇指定银行兑付：

（一）偿还外债本金，持《外债登记证》、借贷合同及债权机构还本通知单；

（二）对外担保履约用汇，持担保合同、外汇局核发的《外汇担保登记证》及境外机构支付通知；

（三）境外投资资金的汇出，持国家主管部门的批准文件和投资合同；

（四）外商投资企业的中方投资者经批准需以外汇投入的注册资金，持国家主管部门的批准文件和合同。

第三十一条 外商投资企业的外汇资本金的增加、转让或者以其他方式处置，持董事会决议，经外汇局核准后，从其外汇账户中支付或者持外汇局核发的售汇通知单到外汇指定银行兑付。

投资性外商投资企业外汇资本金在境内投资及外方所得利润在境内增资或者再投资，持外汇局核准件办理。

第四章 结汇、售汇及付汇的监管

第三十二条 外商投资企业可以在外汇指定银行办理结汇和售汇，也可以在外汇调剂中心买卖外汇，其他境内机构、居民个人、驻华机构及来华人员只能在外汇指定银行办理结汇和售汇。

第三十三条 从外汇账户中对外支付时，经营外汇业务的银行应当根据规定的外汇账户收支范围及本规定第二、三章相应的规定进行审核，办理支付。

第三十四条 外汇指定银行办理售汇和付汇后，应当在相应的有效凭证和有效商业单据上签章后留存备查。

第三十五条 外汇指定银行应当根据中国人民银行每日公布的人民币汇率中间价和规定的买卖差价幅度，确定对客户的外汇买卖价格，办理结汇和售汇业务。

第三十六条 从外汇账户中支付或者购汇支付，应当在有关结算方式或者合同规定的日期办理，不得提前对外付款；除用于还本付息的外汇和信用证/保函保证金外，不得提前购汇。

第三十七条 为使有远期支付合同或者偿债协议的用汇单位避免汇率风险，外汇指定银行可以按照有关规定为其办理人民币与外币的远期买卖及其他保值业务。

第三十八条 易货贸易项下进口，未经外汇局批准，不得购汇或者从外汇账户支付。

第三十九条 经营外汇业务的银行应当按照规定向外汇局报送结汇、售汇及付汇情况报表。

外汇指定银行应当建立结售汇内部监管制度，遇有结售汇异常情况，应当及时向国家外汇管理局当地分支局报告。

第四十条 境内机构应当在其注册地选择经营外汇业务的银行开立外汇账户，按照本规定办理结汇、购汇、付汇业务。境内机构在异地和境外开立外汇账户，应当向外汇局申请。

外商投资企业经常项下的外汇收入，经批准可以在注册地选择经营外汇业务的银行开立外汇结算账户。

第四十一条 经营外汇业务的银行和有结汇、购汇、付汇业务的境内机构，应当无条件接受外汇局的监督、检查，并出示、提供有关材料。对违反本规定的，外汇局可对其处以警告、没收违法所得、罚款的处罚；对违反本规定，情节严重的经营外汇业务的银行，外汇局可对其处以暂停结售汇业务的处罚。

第五章　附　　则

第四十二条　本规定由国家外汇管理局负责解释。

第四十三条　本规定自1996年7月1日起施行。

1994年3月26日发布的《结汇、售汇及付汇管理暂行规定》同时废止。其他规定与本规定相抵触的，以本规定为准。

离岸银行业务管理办法

1. 1997年10月23日中国人民银行发布

2. 银发〔1997〕438号

3. 自1998年1月1日起施行

第一章　总　　则

第一条　为规范银行经营离岸银行业务的行为，根据《中华人民共和国外汇管理条例》，特制定本办法。

第二条　本办法所称"银行"是指经国家外汇管理局批准经营外汇业务的中资银行及其分支行。

第三条　本办法所称"离岸银行业务"是指银行吸收非居民的资金，服务于非居民的金融活动。

第四条　本办法所称"非居民"是指在境外（含港、澳、台地区）的自然人、法人（含在境外注册的中国境外投资企业）、政府机构、国际组织及其他经济组织，包括中资金融机构的海外分支机构，但不包括境内机构的境外代表机构和办事机构。

第五条　离岸银行业务经营币种仅限于可自由兑换货币。

第六条　国家外汇管理局及其分局（以下简称"外汇局"）是银行经营离岸银行业务的监管机关，负责离岸银行业务的审批、管理、监督和检查。

第七条　银行应当按照本办法经营离岸银行业务，并参照国际惯例为客户提供服务。

第二章　离岸银行业务的申请

第八条　银行经营离岸银行业务，应当经国家外汇管理局批准，并在批准的业务范围内经营。未经批准，不得擅自经营或者超范围经营离岸银行业务。

第九条　符合下列条件的银行可以申请经营离岸银行业务：

（一）遵守国家金融法律法规，近3年内无重大违法违规行为；

（二）具有规定的外汇资产规模，且外汇业务经营业绩良好；

（三）具有相应素质的外汇从业人员，并在以往经营活动中无不良记录。其中主管人员应当具备5年以上经营外汇业务的资历，其他从业人员中至少应当有50%具备3年以上经营外汇业务的资历；

（四）具有完善的内部管理规章制度和风险控制制度；

（五）具有适合开展离岸业务的场所和设施；

（六）国家外汇管理局要求的其他条件。

第十条　银行申请经营离岸银行业务，应当向外汇局提交下列文件和资料：

（一）经营离岸银行业务申请书；

（二）经营离岸银行业务的可行性报告；

（三）经营外汇业务许可证的正本复印件；

（四）经营离岸银行业务的内部管理规章制度和风险控制制度；

（五）近3年资产负债表和损益表（外币合并表、人民币和外币合并表）；

（六）离岸银行业务主管人员和其他从业人员名单、履历，外汇局核发的外汇从业人员资格证书；

（七）经营离岸银行业务的场所和设施情况简介；

（八）国家外汇管理局要求的其他文件和资料。

银行分行申请开办离岸银行业务除提交上述文件和资料外，还应当提交其总行同意其开办离岸银行业务的文件、总行出具的经营离岸银行业务的授权书和筹备离岸银行业务的验收报告。

第十一条　银行总行申请经营离岸银行业务，由国家外汇管理局审批；银行分行申请经营离岸银行业务，由当地外汇局初审后，报国家外汇管理局审批。

第十二条　国家外汇管理局收到银行经营离岸银行业务的申请后，应当予以审核，并自收到申请报告之日起4个月内予以批复。对于不符合开办离岸银行业务条件的银行，国家外汇管理局将其申请退回。自退回之日起，6个月内银行不得就同一内容再次提出申请。

第十三条　经批准经营离岸的银行自批准之日起6个月内不开办业务的，视同自动终止离岸银行业务。国家外汇管理局有权取消其经营离岸银行业务的资格。

第十四条　银行申请停办离岸银行业务，应当向外汇局提交下列文件和资料：

（一）停办离岸银行业务的申请报告；

（二）停办离岸银行业务的详细说明（包括停办离岸银行业务原因和停办离岸银行业务后债权债务清理措施、步骤）；

（三）国家外汇管理局要求的其他文件和资料。

银行分行申请停办离岸银行业务除提交上述文件和资料外，还应当提交其总行同意其停办离岸银行业务的文件。

第十五条　国家外汇管理局收到银行停办离岸银行业务

的申请后，应当自收到申请之日起 4 个月内予以批复。银行经国家外汇管理局审查批准后方可停办离岸银行业务。

第十六条　银行可以申请下列部分或者全部离岸银行业务：

（一）外汇存款；

（二）外汇贷款；

（三）同业外汇拆借；

（四）国际结算；

（五）发行大额可转让存款证；

（六）外汇担保；

（七）咨询、见证业务；

（八）国家外汇管理局批准的其他业务。

第十七条　本办法所称"外汇存款"有以下限制：

（一）非居民法人最低存款额为等值 5 万美元的可自由兑换货币，非居民自然人最低存款额为等值 1 万美元的可自由兑换货币。

（二）非现钞存款。

本办法所称"同业外汇拆借"是指银行与国际金融市场及境内其他银行离岸资金间的同业拆借。

本办法所称"发行大额可转让存款证"是指以总行名义发行的大额可转让存款证。

第十八条　国家外汇管理局对申请开办离岸银行业务的银行实行审批前的面谈制度。

第三章　离岸银行业务管理

第十九条　银行对离岸银行业务应当与在岸银行业务实行分离型管理，设立独立的离岸银行业务部门，配备专职业务人员，设立单独的离岸银行业务帐户，并使用离岸银行业务专用凭证和业务专用章。

第二十条　经营离岸银行业务的银行应当建立、健全离岸银行业务财务、会计制度。离岸业务与在岸业务分帐管理，离岸业务的资产负债和损益年终与在岸外汇业务税后并表。

第二十一条　银行应当对离岸银行业务风险单独监测。外汇局将银行离岸银行业务资产负债计入外汇资产负债表中进行总体考核。

第二十二条　离岸银行业务的外汇存款、外汇贷款利率可以参照国际金融市场利率制定。

第二十三条　银行吸收离岸存款免交存款准备金。

第二十四条　银行发行大额可转让存款证应当报国家外汇管理局审批。由国家外汇管理局核定规模和入市条件。

第二十五条　离岸帐户抬头应当注册"OSA"（OFFSHORE AC COUNT）。

第二十六条　非居民资金汇往离岸帐户和离岸帐户资金汇往境外帐户以及离岸帐户之间的资金可以自由进出。

离岸帐户和在岸帐户间的资金往来，银行应当按照以下规定办理：

（一）在岸帐户资金汇往离岸帐户的，汇出行应当按照结汇、售汇及付汇管理规定和贸易进口付汇核销监管规定，严格审查有效商业单据和有效凭证，并且按照《国际收支统计申报办法》进行申报。

（二）离岸帐户资金汇往在岸帐户的，汇入行应当按照结汇、售汇及付汇管理规定和出口收汇核销管理规定，严格审查有效商业单据和有效凭证，并且按照《国际收支统计申报办法》进行申报。

第二十七条　银行离岸帐户头寸与在岸帐户头寸相互抵补的限额和期限由国家外汇管理局核定。未经批准，银行不得超过核定的限额和期限。

第二十八条　经营离岸银行业务的银行应当按照规定向外汇局报送离岸银行业务财务报表和统计报表。

第二十九条　经营离岸银行业务的银行发生下列情况，应当在 1 个工作日内主动向外汇局报告，并且及时予以纠正：

（一）离岸帐户与在岸帐户的头寸抵补超过规定限额；

（二）离岸银行业务的经营出现重大亏损；

（三）离岸银行业务发生其他重大异常情况；

（四）银行认为应当报告的其他情况。

第三十条　外汇局定期对银行经营离岸银行业务的情况进行检查和考评，检查和考评的内容包括：

（一）离岸银行资产质量情况；

（二）离岸银行业务收益情况；

（三）离岸银行业务内部管理规章制度和风险控制制度的执行情况；

（四）国家外汇管理局规定的其他情况。

第四章　附　　则

第三十一条　未经国家外汇管理局批准，擅自经营和超范围经营离岸银行业务的，由外汇局根据《中华人民共和国外汇管理条例》第四十一条的规定进行处罚；构成犯罪的，依法追究刑事责任。

第三十二条　银行违反本办法第二十二条规定的，由外汇局根据《中华人民共和国外汇管理条例》第四十三条的规定进行处罚。

第三十三条　银行违反本办法第二十四条、第二十七条规定的，由外汇局根据《中华人民共和国外汇管理条例》第四十四条的规定进行处罚；构成犯罪的，依法追究刑事责任。

第三十四条 银行违反本办法第二十六条规定的，由外汇局根据《中华人民共和国外汇管理条例》第三十九、四十、四十八条的规定进行处罚；构成犯罪的，依法追究刑事责任。

第三十五条 银行违反本办法第二十八、二十九条规定或者不配合外汇局检查和考评的，由外汇局根据《中华人民共和国外汇管理条例》第四十九条的规定进行处罚。

第三十六条 外资金融机构经营离岸银行业务，另行规定。

第三十七条 本办法由国家外汇管理局负责解释。

第三十八条 本办法自1998年1月1日起施行。

银行办理结售汇业务管理办法

1. 2014年6月22日中国人民银行令〔2014〕第2号公布
2. 自2014年8月1日起施行

第一章 总 则

第一条 为了规范银行办理结售汇业务，保障外汇市场平稳运行，根据《中华人民共和国中国人民银行法》、《中华人民共和国外汇管理条例》（以下简称《外汇管理条例》），制定本办法。

第二条 中国人民银行及其分支机构、国家外汇管理局及其分支局（以下简称外汇局）是银行结售汇业务的监督管理机关。

第三条 本办法下列用语的含义：

（一）银行是指在中华人民共和国境内依法设立的商业银行、城市信用合作社、农村信用合作社等吸收公众存款的金融机构以及政策性银行；

（二）结售汇业务是指银行为客户或因自身经营活动需求办理的人民币与外汇之间兑换的业务，包括即期结售汇业务和人民币与外汇衍生产品业务；

（三）即期结售汇业务是指在交易订立日之后两个工作日内完成清算，且清算价格为交易订立日当日汇价的结售汇交易；

（四）人民币与外汇衍生产品业务是指远期结售汇、人民币与外汇期货、人民币与外汇掉期、人民币与外汇期权等业务及其组合；

（五）结售汇综合头寸是指银行持有的，因银行办理对客和自身结售汇业务、参与银行间外汇市场交易等人民币与外汇间交易而形成的外汇头寸。

第四条 银行办理结售汇业务，应当经外汇局批准。

第五条 银行办理结售汇业务，应当遵守本办法和其他有关结售汇业务的管理规定。

第二章 市场准入与退出

第六条 银行申请办理即期结售汇业务，应当具备下列条件：

（一）具有金融业务资格；

（二）具备完善的业务管理制度；

（三）具备办理业务所必需的软硬件设备；

（四）拥有具备相应业务工作经验的高级管理人员和业务人员。

第七条 银行申请办理人民币与外汇衍生产品业务，应当具备下列条件：

（一）具有即期结售汇业务资格；

（二）具备完善的业务管理制度；

（三）拥有具备相应业务工作经验的高级管理人员和业务人员；

（四）符合银行业监督管理机构对从事金融衍生产品交易的有关规定。

第八条 银行可以根据经营需要一并申请即期结售汇业务和人民币与外汇衍生产品业务资格。

第九条 银行申请即期结售汇业务或人民币与外汇衍生产品业务资格，应当由其总行统一提出申请，外国银行分行除外。

政策性银行、全国性商业银行申请即期结售汇业务或人民币与外汇衍生产品业务资格，由国家外汇管理局审批；其他银行由所在地国家外汇管理局分局、外汇管理部审批。

第十条 银行分支机构办理即期结售汇业务或人民币与外汇衍生产品业务，应当取得已具备相应业务资格的上级机构授权，并报所在地国家外汇管理局分支局备案。

第十一条 银行办理结售汇业务期间，发生合并或者分立的，新设立的银行应当向外汇局重新申请结售汇业务资格；发生变更名称、变更营业地址、经营结售汇业务的分支机构合并或者分立等情况的，应当自变更之日起30日内报外汇局备案。

第十二条 银行停止办理即期结售汇业务或人民币与外汇衍生产品业务的，应当自停办业务之日起30日内报外汇局备案。

第十三条 银行被依法撤销或者宣告破产的，其结售汇业务资格自动丧失。

第三章 监督管理

第十四条 银行应当建立、健全本行结售汇业务风险管理制度，并建立结售汇业务经营和风险管理定期评估机制。

外汇局对银行办理结售汇业务中执行外汇管理规定的情况实行定期评估。

第十五条　银行应当指定专门部门作为结售汇业务的牵头管理部门，负责督导、协调本行及其分支机构的外汇管理规定执行工作。

第十六条　银行应当加强对结售汇业务管理人员、经办人员、销售人员、交易员以及其他相关业务人员的外汇管理政策培训，确保其具备必要的政策法规知识。

第十七条　银行应当建立结售汇会计科目，区分即期结售汇和人民币与外汇衍生产品，分别核算对客结售汇、自身结售汇和银行间市场交易业务。

第十八条　银行办理结售汇业务时，应当按照“了解业务、了解客户、尽职审查”的原则对相关凭证或商业单据进行审核。国家外汇管理局有明确规定的，从其规定。

第十九条　银行办理人民币与外汇衍生产品业务时，应当与有真实需求背景的客户进行与其风险能力相适应的衍生产品交易，并遵守国家外汇管理局关于客户、产品、交易头寸等方面的规定。

第二十条　银行应当遵守结售汇综合头寸管理规定，在规定时限内将结售汇综合头寸保持在核定限额以内。

银行结售汇综合头寸限额根据国际收支状况、银行外汇业务经营情况以及宏观审慎管理等因素，按照法人监管原则统一核定，外国银行分行视同法人管理。

第二十一条　尚未取得人民币业务资格的外资银行，在取得即期结售汇业务资格以后，应当向中国人民银行当地分支机构申请开立结售汇人民币专用账户，专门用于结售汇业务的人民币往来，不适用本办法第二十条结售汇综合头寸管理规定。

第二十二条　银行办理结售汇业务时，可以根据经营需要自行决定挂牌货币，并应当执行中国人民银行和国家外汇管理局关于银行汇价管理的相关规定。

第二十三条　银行应当及时、准确、完整地向外汇局报送结售汇、综合头寸等数据以及国家外汇管理局规定的其他相关报表和资料，并按要求定期核对和及时纠错。

第二十四条　银行应当建立结售汇单证保存制度，区分业务类型分别保存有关单证，保存期限不得少于 5 年。

第二十五条　银行应当配合外汇局的监督检查，如实说明有关情况，提供有关文件、资料，不得拒绝、阻碍和隐瞒。

第二十六条　外汇局通过非现场监管和现场检查等方式，加强对银行结售汇业务的监督管理，建立健全银行结售汇业务监管信息档案。

第四章　罚　　则

第二十七条　银行未经批准擅自办理结售汇业务的，由外汇局或者有关主管部门依照《外汇管理条例》第四十六条第一款予以处罚。

第二十八条　银行有下列情形之一的，由外汇局依照《外汇管理条例》第四十七条予以处罚：

（一）办理结售汇业务，未按规定审核相关凭证或商业单据的；

（二）未按规定将结售汇综合头寸保持在核定限额内的；

（三）未按规定执行中国人民银行和国家外汇管理局汇价管理规定的。

第二十九条　银行未按规定向外汇局报送结售汇、综合头寸等数据以及国家外汇管理局规定的其他相关报表和资料的，由外汇局依照《外汇管理条例》第四十八条予以处罚。

第五章　附　　则

第三十条　未取得结售汇业务资格的银行因自身需要进行结售汇的，应当通过具有结售汇业务资格的银行办理。

第三十一条　非银行金融机构办理结售汇业务，参照本办法执行，国家外汇管理局另有规定的除外。

第三十二条　本办法由中国人民银行负责解释。

第三十三条　本办法自 2014 年 8 月 1 日起施行。此前规定与本办法不一致的，以本办法为准。《外汇指定银行办理结汇、售汇业务管理暂行办法》（中国人民银行令〔2002〕4 号发布）、《中国人民银行关于结售汇业务管理工作的通知》（银发〔2004〕62 号）同时废止。

银行办理结售汇业务管理办法实施细则

1. 2014 年 12 月 25 日国家外汇管理局发布

2. 汇发〔2014〕53 号

3. 根据 2023 年 3 月 23 日国家外汇管理局《关于废止和失效 15 件外汇管理规范性文件及调整 14 件外汇管理规范性文件条款的通知》（汇发〔2023〕8 号）修正

第一章　总　　则

第一条　为便利银行办理结售汇业务，根据《银行办理结售汇业务管理办法》，制订本实施细则。

第二条　银行办理结售汇业务，应当遵守本细则和其他有关结售汇业务的管理规定。

第三条　结售汇业务包括即期结售汇业务和人民币与外汇衍生产品（以下简称衍生产品）业务。衍生产品业务限于人民币外汇远期、掉期和期权业务。

第四条　银行办理结售汇业务，应当遵循“了解业务、了解客户、尽职审查”的原则。

（一）客户调查：对客户提供的身份证明、业务状况等资料的合法性、真实性和有效性进行认真核实，将核实过程和结果以书面形式记载。

（二）业务受理：执行但不限于国家外汇管理局的现有法规，对业务的真实性与合规性进行审核，了解业务的交易目的和交易性质。

（三）持续监控：及时监测客户的业务变化情况，对客户进行动态管理。

（四）问题业务：对于业务受理或后续监测中发现异常迹象的，应及时报告国家外汇管理局及其分支局（以下简称外汇局）。

第五条　银行应当建立与“了解业务、了解客户、尽职审查”原则相适应的内部管理制度。

（一）建立完整的审核政策、决策机制、管理信息系统和统一的业务操作程序，明确尽职要求。

（二）采取培训等各种有效方式和途径，使工作人员明确结售汇业务风险控制要求，熟悉工作职责和尽职要求。

（三）建立工作尽职问责制，明确规定各个部门、岗位的职责，对违法、违规造成的风险进行责任认定，并进行相应处理。

第二章　市场准入与退出

第六条　银行申请办理即期结售汇业务，应当具备下列条件：

（一）具有金融业务资格。

（二）具备完善的业务管理制度。

（三）具备办理业务所必需的软硬件设备。

（四）拥有具备相应业务工作经验的高级管理人员和业务人员。

银行需银行业监督管理部门批准外汇业务经营资格的，还应具备相应的外汇业务经营资格。

第七条　银行申请办理衍生产品业务，应当具备下列条件：

（一）取得即期结售汇业务资格。

（二）有健全的衍生产品交易风险管理制度和内部控制制度及适当的风险识别、计量、管理和交易系统，配备开展衍生产品业务所需要的专业人员。

（三）符合银行业监督管理部门有关金融衍生产品交易业务资格的规定。

第八条　银行可以根据自身经营需要一并申请即期结售汇业务和衍生产品业务资格。

（一）对于即期结售汇业务，可以分别或者一并申请对公和对私结售汇业务。开办对私结售汇业务的，应遵守以下规定：

1. 按照《个人外汇管理办法》及其实施细则的管理规定，具备与国家外汇管理局个人外汇业务监测系统的网络接入条件，依法合规办理个人结售汇业务。

2. 应在营业网点、自助外币兑换机等的醒目位置设置个人本外币兑换标识。个人本外币兑换标识式样由银行自行确定。

（二）对于衍生产品业务，可以一次申请开办全部衍生产品业务，或者分次申请远期和期权业务资格。取得远期业务资格后，银行可自行开办外汇掉期和货币掉期业务。

第九条　银行总行申请即期结售汇业务，应提交下列文件和资料：

（一）办理结售汇业务的申请报告。

（二）《金融许可证》复印件。

（三）办理结售汇业务的内部管理规章制度，应至少包括以下内容：结售汇业务操作规程、结售汇业务单证管理制度、结售汇业务统计报告制度、结售汇综合头寸管理制度、结售汇业务会计科目和核算办法、结售汇业务内部审计制度和从业人员岗位责任制度、结售汇业务授权管理制度。

（四）具备办理业务所必需的软硬件设备的说明材料。

（五）拥有具备相应业务工作经验的高级管理人员和业务人员的说明材料。

（六）需要经银行业监督管理部门批准外汇业务经营资格的，还应提交外汇业务许可文件的复印件。

第十条　银行总行申请衍生产品业务，应提交下列文件和资料：

（一）申请报告、可行性报告及业务计划书。

（二）衍生产品业务内部管理规章制度，应当至少包括以下内容：

1. 业务操作规程，包括交易受理、客户评估、单证审核等业务流程和操作标准；

2. 产品定价模型，包括定价方法和各项参数的选取标准及来源；

3. 风险管理制度，包括风险管理架构、风险模型指标及量化管理指标、风险缓释措施、头寸平盘机制；

4. 会计核算制度，包括科目设置和会计核算方法；

5. 统计报告制度，包括数据采集渠道和操作程序。

（三）主管人员和主要交易人员名单、履历。

（四）符合银行业监督管理部门有关金融衍生产品交易业务资格规定的证明文件。

银行应当根据拟开办各类衍生产品业务的实际特征,提交具有针对性与适用性的文件和资料。

第十一条　银行总行申请办理即期结售汇业务和衍生产品业务,按照下列程序申请和受理:

（一）政策性银行、全国性商业银行向国家外汇管理局直接申请,由国家外汇管理局审批。其他银行向所在地国家外汇管理局分局、外汇管理部（以下简称外汇分局）申请,如处于市（地、州、区）、县,应向所在地国家外汇管理局中心支局或支局申请,并逐级上报至外汇分局审批。

（二）外国银行分行视同总行管理。外国银行拟在境内两家以上分行开办衍生产品业务的,可由其境内管理行统一向该行所在地外汇分局提交申请材料,该外汇分局应将受理结果抄送该外国银行其他境内分行所在地外汇分局。

（三）外汇局受理结果应通过公文方式正式下达;仅涉及衍生产品业务的,可适当从简,通过备案通知书方式下达。

第十二条　银行分支机构申请办理即期结售汇业务,按照下列规定执行:

（一）银行总行及申请机构的上级分支行应具备完善的结售汇业务管理制度,即执行外汇管理规定情况考核等级最近一次为B级以上。

（二）银行分支机构应持下列材料履行事前备案手续:

1. 银行分行办理即期结售汇业务,持《银行办理即期结售汇业务备案表》（见附1）一式两份,总行及上级分行执行外汇管理规定情况考核等级证明材料,并按照第九条（一）、（二）、（四）、（五）提供材料,向所在地外汇局分支局备案。

2. 银行支行及下辖机构办理即期结售汇业务,持《银行办理即期结售汇业务备案表》一式两份,金融许可证复印件、总行及上级分支行执行外汇管理规定情况考核等级证明材料,向所在地外汇局分支局备案。其中,下辖机构可以由支行集中办理备案手续,但只能在下辖机构所在地外汇局分支局办理。

3. 外汇局分支局收到银行内容齐全的即期结售汇业务备案材料后,在《银行办理即期结售汇业务备案表》上加盖银行结售汇业务管理专用章予以确认,并将其中的一份备案表退还银行保存。

第十三条　银行分支机构开办衍生产品业务,经上级有权机构授权后,持授权文件和本级机构业务筹办情况说明（包括但不限于人员配备、业务培训、内部管理）,于开办业务前至少20个工作日向所在地外汇局书面报告并确认收到后即可开办业务。

银行应当加强对分支机构办理衍生产品业务的授权与管理。对于衍生产品经营能力较弱、风险防范及管理水平较低的分支机构,应当上收或取消其授权和交易权限。

第十四条　外汇局受理银行即期结售汇业务和衍生产品业务申请时,应按照行政许可的相关程序办理。其中,外汇局在受理银行总行申请及银行分行即期结售汇业务申请时,可以采取必要的措施核实其软硬件设备、人员情况。

第十五条　银行办理结售汇业务期间,发生合并或者分立,以及重要信息变更的,按照下列规定执行:

（一）发生合并或者分立的,新设立的银行总行应当向外汇局申请结售汇业务资格。吸收合并的,银行无需再申请结售汇业务资格,其各项外汇业务额度原则上合并计算,但结售汇综合头寸应执行本细则第五章的相关规定。

（二）发生名称变更、营业地址变更的,银行应持《银行办理结售汇业务机构信息变更备案表》（见附2）和变更后金融许可证复印件,在变更之日起30日内向批准其结售汇业务资格的外汇局备案。其中,涉及名称变更的,受理备案的外汇局应以适当方式告知银行下辖机构所在地外汇局;银行办理备案后,即可自然承继其在外汇局获得的各项业务资格和有关业务额度。

第十六条　银行分支机构办理结售汇业务期间,发生合并或者分立,以及重要信息变更的,按照下列规定执行:

（一）发生合并或者分立的,新设立的银行分支机构应当向外汇局申请结售汇业务资格。

（二）银行分行发生名称变更、营业地址变更的,应持《银行办理结售汇业务机构信息变更备案表》（见附2）和变更后金融许可证复印件,在变更之日起30日内向所在地外汇局备案。

（三）银行支行及下辖机构发生名称变更、营业地址变更的,在1—6月和7—12月期间的变更,分别于当年8月底前和次年2月底前经管辖行向所在地外汇局备案（见附3）。

第十七条　银行停止办理结售汇业务,应当自停办业务之日起30日内,由停办业务行或者其上级行持《银行停办结售汇业务备案表》（见附4）,向批准或备案其结售汇业务资格的外汇局履行停办备案手续。

第十八条　银行被依法撤销或者宣告破产的,其结售汇业务资格自动丧失。

第十九条　外汇局应根据本细则要求,按照操作简便、监管有效原则,完善即期结售汇业务和衍生产品业务市场准入管理的内部操作;并妥善保管银行申请、备案、报告等相关材料。

第三章　即期结售汇业务管理

第二十条　银行办理代客即期结售汇业务应遵守国家外汇管理局的有关规定；办理自身即期结售汇业务应遵守本章的相关规定，本章未明确规定的，参照境内其他机构办理。

第二十一条　银行经营业务中获得的外汇收入，扣除支付外汇开支和结汇支付境内外汇业务日常经营所需人民币开支，应统一纳入外汇利润管理，不得单独结汇。

第二十二条　外资银行结汇支付境内外汇业务日常经营所需人民币开支的，应自行审核并留存有关真实性单证后依法办理。结汇方式可选择按月预结或按照实际开支结汇。按月预结的，预结金额不得超过上月实际人民币开支的105%，不足部分可继续按照实际开支结汇；当月预结未使用部分应结转下月。

第二十三条　银行利润的本外币转换按照下列规定，由银行总行统一办理：

（一）当年外汇利润（包括境内机构外汇利润、境外分支机构分配的利润、参股境外机构分配的利润）可以在本年每季度后按照财务核算结果自行办理结汇，并应按经审计的年度会计决算结果自动调整。但往年有亏损的，应先冲抵亏损，方可办理结汇。

（二）外汇亏损可以挂账并使用以后年度外汇利润补充，或者以人民币利润购汇进行对冲。

（三）历年留存外汇利润结汇可在后续年度自行办理。

第二十四条　银行支付外方股东的股息、红利或外资银行利润汇出，可以用历年累积外汇利润或用人民币购汇后自行支付，并留存下列资料备查。

（一）资产负债表、损益表及本外币合并审计报告；

（二）税务备案表；

（三）董事会或股东大会的相关决议，或外资银行总行的划账通知。

第二十五条　银行资本金（或营运资金）本外币转换应按照如下规定，报所在地外汇分局批准后办理：

（一）银行申请本外币转换的金额应满足下列要求：

1. 完成本外币转换后的"（外汇所有者权益＋外汇营运资金）/外汇资产"与"（人民币所有者权益＋人民币营运资金）/人民币资产"基本相等。

2. 以上数据按银行境内机构的资产负债表计算，不包括境外关联行。计算外汇资产可扣除部分政策性因素形成的外汇资产；计算人民币资产，应对其中的存放同业和拆放同业取结汇申请前四个季度末的平均数。营运资金和所有者权益不重复计算；人民币营运资金是指外国银行向境内分行拨付的人民币营运资金（含结汇后人民币营运资金）；外汇营运资金是外国银行向境内分行拨付的外汇营运资金，以及境内法人银行以自有人民币购买并在外汇营运资金科目核算的资金。计算外汇所有者权益时应扣除未分配外汇利润，但未分配外汇利润为亏损的，不得扣除。

3. 新开办外汇业务的中资银行或新开办人民币业务的外资银行，首次可申请将不超过10%的资本金进行本外币转换。

4. 银行购买外汇资本金或外汇营运资金发展外汇业务的，可依据实际需要申请，不受前述第1和3项条件限制。

5. 银行业监督管理部门对资本金币种有明确要求或其他特殊情况的，可不受前述第1和3项条件限制。

（二）银行申请时应提供下列材料：

1. 申请报告。

2. 人民币和外币资产负债表。

3. 本外币转换金额的测算依据。

4. 相关交易需经银行业监督管理部门批准的，应提供相应批准文件的复印件。

（三）银行申请原则上每年不得超过一次。

（四）银行购汇用于境外直接投资按照境内银行境外直接投资相关外汇管理规定执行，不适用本条前述规定。

第二十六条　银行经营业务过程中收回资金（含利息）与原始发放资金本外币不匹配，满足下列条件的，可以自行代债务人结售汇（外汇局另有规定除外），并留存与债务人债权关系、结售汇资金来源等的书面证明材料备查。

（一）债务人因破产、倒闭、停业整顿、经营不善或与银行法律纠纷等而不能自行办理结售汇交易。

（二）银行从债务人或其担保人等处获得的资金来源合法，包括但不限于：法院判决、仲裁机构裁决；抵押或质押非货币资产变现（若自用应由相关评估部门评估价值）；扣收保证金等。

（三）不存在协助债务人规避外汇管理规定的情况。

境外银行境内追索贷款等发生资产币种与回收币种本外币不匹配的，可委托境内关联行按本条规定代债务人结售汇。关联行包括具有总分行关系、母子行关系的银行；同属一家机构的分行或子行；同一银团贷款项下具有合作关系的银行等。

银行依法转让境内股权发生本外币不匹配的，可参照本条办理相应的结售汇业务。

第二十七条　银行经营外汇贷款等业务，因无法回收或转让债权造成银行损失的，银行应按照有关会计制度用外汇呆账准备金或等值人民币呆账准备金自行购汇冲抵。

第二十八条　银行若以外币计提营业税、利息税或其他税款，且需要结汇为人民币缴纳税务部门，应当自行审核并留存有关真实性单证后办理。属于银行自身应缴纳的税收，计入自身结售汇；属于依法代扣代缴的税收，计入代客结售汇。

第二十九条　不具备结售汇业务资格银行的自身结售汇业务，必须通过其他具备结售汇业务资格的银行办理；具备结售汇业务资格银行的自身结售汇业务，不得通过其他银行办理。

第四章　衍生产品业务管理

第三十条　银行应当提高自主创新能力和交易管理能力，建立完善的风险管理制度和内部控制制度，审慎开展与自身风险管理水平相适应的衍生产品交易。

第三十一条　银行对客户办理衍生产品业务，应当坚持实需交易原则。客户办理衍生产品业务具有对冲外汇风险敞口的真实需求背景，并且作为交易基础所持有的外汇资产负债、预期未来的外汇收支按照外汇管理规定可以办理即期结售汇业务。

第三十二条　与客户达成衍生产品交易前，银行应确认客户办理衍生产品业务符合实需交易原则，并获取由客户提供的声明、确认函等能够证明其真实需求背景的书面材料，内容包括但不限于：

（一）与衍生产品交易直接相关的基础外汇资产负债或外汇收支的真实性与合规性。

（二）客户进行衍生产品交易的目的或目标。

（三）是否存在与本条第一款确认的基础外汇资产负债或外汇收支相关的尚未结清的衍生产品交易敞口。

第三十三条　远期业务应遵守以下规定：

（一）远期合约到期时，银行应比照即期结售汇管理规定为客户办理交割，交割方式为全额结算，不允许办理差额结算。

（二）远期合约到期前或到期时，如果客户因真实需求背景发生变更而无法履约，银行在获取由客户提供的声明、确认函等能够予以证明的书面材料后，可以为客户办理对应金额的平仓或按照客户实际需要进行展期，产生的损益按照商业原则处理，并以人民币结算。

第三十四条　期权业务应遵守以下规定：

（一）银行可以基于普通欧式期权基础，为客户办理买入或卖出期权业务，以及包含两个或多个期权的期权组合业务，期权费币种为人民币。银行可以为客户的期权合约办理反向平仓、全额或差额结算，反向平仓和差额结算的货币为人民币。

（二）银行对客户办理的单个期权或期权组合业务的主要风险特征，应当与客户真实需求背景具有合理的相关度。期权合约行权所产生的客户外汇收支，不得超出客户真实需求背景所支持的实际规模。

第三十五条　外汇掉期业务应遵守以下规定：

（一）对于近端结汇/远端购汇的外汇掉期业务，客户近端结汇的外汇资金应为按照外汇管理规定可以办理即期结汇的外汇资金。

（二）对于近端购汇/远端结汇的外汇掉期业务，客户近端可以直接以人民币购入外汇，并进入经常项目外汇账户留存或按照规定对外支付；远端结汇的外汇资金应为按照外汇管理规定可以办理即期结汇的外汇资金。因经常项目外汇账户留存的外汇资金所产生的利息，银行可以为客户办理结汇。

（三）外汇掉期业务中因客户远端无法履约而形成的银行外汇敞口，应纳入结售汇综合头寸统一管理。

第三十六条　货币掉期业务应遵守以下规定：

（一）货币掉期业务的本金交换包括合约生效日和到期日两次均实际交换本金、两次均不实际交换本金、仅一次交换本金等形式。

（二）货币掉期业务中客户在合约生效日和到期日两次均实际交换本金所涉及的结汇或购汇，遵照外汇掉期业务的管理规定。对于一次交换本金所涉及的结汇或购汇，遵照实需交易原则，银行由此形成的外汇敞口应纳入结售汇综合头寸统一管理。

（三）货币掉期业务的利率由银行与客户按照商业原则协商确定，但应符合中国人民银行的利率管理规定。

（四）货币掉期业务中银行从客户获得的外币利息应纳入本行外汇利润统一管理，不得单独结汇。

第三十七条　银行对客户办理衍生产品业务的币种、期限、价格等交易要素，由双方依据真实需求背景按照商业原则协商确定。

期权业务采用差额结算时，用于确定轧差金额使用的参考价应是境内真实、有效的市场汇率。

第三十八条　银行办理衍生产品业务的客户范围限于境内机构（暂不包括银行自身），个体工商户视同境内机构。

境内个人开展符合外汇管理规定的对外投资形成外汇风险敞口，银行可以按照实需交易原则为其办理衍生产品业务。

第三十九条　银行应当高度重视衍生产品业务的客户管理,在综合考虑衍生产品分类和客户分类的基础上,开展持续、充分的客户适合度评估和风险揭示。银行应确认客户进行衍生产品交易已获得内部有效授权及所必需的上级主管部门许可,并具备足够的风险承受能力。

对于虚构真实需求背景开展衍生产品业务、重复进行套期保值的客户,银行应依法终止已与其开展的交易,并通过信用评级等内部管理制度,限制此类客户后续开展衍生产品业务。

第四十条　银行开展衍生产品业务应遵守结售汇综合头寸管理规定,准确、合理计量和管理衍生产品交易头寸。银行分支机构办理代客衍生产品业务应由其总行(部)统一进行平盘、敞口管理和风险控制。

第四十一条　银行、境内机构参与境外市场衍生产品交易,应符合外汇管理规定。

第四十二条　国家外汇管理局组织银行等外汇市场参与者建立市场自律机制,完善衍生产品的客户管理、风险控制等行业规范,维护外汇市场公平竞争环境。

第五章　银行结售汇综合头寸管理

第四十三条　银行结售汇综合头寸按下列原则管理:

(一)法人统一核定。银行头寸按照法人监管原则统一核定,不对银行分支机构另行核定(外国银行分行除外)。

(二)限额管理。银行结售汇综合头寸实行正负区间限额管理。

(三)按权责发生制原则管理。银行应将对客户结售汇业务、自身结售汇业务和参与银行间外汇市场交易在交易订立日(而不是资金实际收付日)计入头寸。

(四)按周考核和监管。银行应按周(自然周)管理头寸,周内各个工作日的平均头寸应保持在外汇局核定限额内。

(五)头寸余额应定期与会计科目核对。对于两者之间的差额,银行可按年向外汇局申请调整。对于因汇率折算差异等合理原因导致的差额,外汇局可直接核准调整;对于因统计数据错报、漏报等其他原因导致的差额,外汇局可以核准调整,但应对银行违规的情况进行处理。

第四十四条　政策性银行、全国性银行以及在银行间外汇市场行使做市商职能的银行,由国家外汇管理局根据银行的结售汇业务规模和银行间市场交易规模等统一核定头寸限额,并按年度或定期调整。

第四十五条　第四十四条以外的银行由所在地外汇分局负责核定头寸限额,并按年度调整。

(一)上一年度结售汇业务量低于1亿美元,以及新取得结售汇业务资格的,结售汇综合头寸上限为5000万美元,下限为-300万美元。

(二)上一年度结售汇业务量介于1亿至10亿美元,结售汇综合头寸上限为3亿美元,下限为-500万美元。

(三)上一年度结售汇业务量10亿美元以上,结售汇综合头寸上限为10亿美元,下限为-1000万美元。

依照前述标准核定结售汇综合头寸上限无法满足银行实际需要的,可根据实际需要向外汇分局申请,外汇分局可适当提高上限。

第四十六条　国家外汇管理局因国际收支和外汇市场状况需要,对结售汇综合头寸限额临时调控的,应适用相关规定,暂停按照第四十四条、第四十五条核定的综合头寸限额。

第四十七条　新申请即期结售汇业务资格的银行(未开办人民币业务的外资银行除外),外汇局应同时核定其结售汇综合头寸限额。

已获得即期结售汇业务资格但新开办人民币业务的外资银行,应在经银监会批准办理人民币业务后30个工作日内向所在地外汇局申请核定银行结售汇综合头寸限额,申请时应提交银监会批准其办理人民币业务的许可文件。

第四十八条　银行主动申请停办结售汇业务或因违规经营被外汇局取消结售汇业务资格的,应在停办业务前将其结售汇业务综合头寸余额清零。

第四十九条　在境内有两家以上分行的外国银行,可由该外国银行总行或地区总部,授权一家境内分行(以下简称集中管理行),对境内各分行头寸实行集中管理。

(一)集中管理行及纳入集中管理的分支行,应在集中管理决定实施前10个工作日内分别向各自所在地外汇局报备。

(二)外国银行分行实行头寸集中管理后,境内所有分支行原有头寸纳入集中管理行的头寸管理,由集中管理行统一平盘和管理。若有新增外国银行分支行纳入头寸集中管理,集中管理行及新增分支行应在新增决定实施前10个工作日内分别向各自所在地外汇局报备。

(三)外国银行分行实行头寸集中管理后,按照第四十四条、第四十五条核定头寸限额并进行日常管理。其中,涉及业务数据测算的应使用该外国银行境内全部分支行的汇总数据。

(四)外国银行分行实行头寸集中管理后,若集中管理行和纳入集中管理的其他分支行均未开办人民币业务,则适用结售汇人民币专用账户的相关规定。若集中管理行已开办人民币业务，境内其他分支行尚未开办人民币业务，则未开办人民币业务的分支行仍适用结售汇人民币专用账户的相关规定，但其结售汇人民币专用账户余额应折算为美元以负值计入集中管理行的头寸。

第六章　附　　则

第五十条　银行应按照国家外汇管理局的规定报送银行结售汇统计、衍生产品业务统计、银行结售汇综合头寸等相关报表和资料，具体统计报告制度另行规定。

第五十一条　各外汇分局应按年以电子邮件方式向国家外汇管理局报送《（地区）结售汇业务金融机构信息表》（见附5）、《（地区）辖内金融机构结售汇综合头寸限额核定情况表》（见附6）。报送时间为每年1月底前。电子信箱为：manage@ bop. safe。

第五十二条　挂牌汇价、未开办人民币业务的外资银行结售汇人民币专用账户等管理规定，由中国人民银行或国家外汇管理局另行规范。

第五十三条　银行办理结售汇业务违反本细则相关规定的，外汇局将依据《中华人民共和国外汇管理条例》等相关规定予以处罚。

第五十四条　非银行金融机构办理结售汇业务，参照本细则执行，国家外汇管理局另有规定的除外。

第五十五条　本细则自2015年1月1日起实施。

附：1. 银行办理即期结售汇业务备案表（略）
2. 银行办理结售汇业务机构信息变更备案表（略）
3. 银行办理结售汇业务机构信息变更备案报表（略）
4. 银行停办结售汇业务备案表（略）
5. （地区）结售汇业务金融机构信息表（略）
6. （地区）辖内金融机构结售汇综合头寸限额核定情况表（略）

个人本外币兑换特许业务试点管理办法

1. 2020年2月13日国家外汇管理局发布
2. 汇发〔2020〕6号
3. 根据2023年3月23日国家外汇管理局《关于废止和失效15件外汇管理规范性文件及调整14件外汇管理规范性文件条款的通知》（汇发〔2023〕8号）修正

第一章　总　　则

第一条　为促进个人本外币兑换特许业务（以下简称兑换特许业务）合规经营，提升小额、便民、快捷兑换服务水平，国家外汇管理局根据《中华人民共和国外汇管理条例》《个人外汇管理办法》等规定制定本办法。

第二条　本办法所称兑换特许业务是指由国家外汇管理局及其分支机构（以下简称外汇局）负责监督管理，境内非金融机构经营的下列业务：

（一）个人兑换业务，指通过固定营业场所柜台、电子渠道（包括互联网站及移动终端应用程序等，下同）和自助兑换机具为境内外个人办理的人民币与外币间的小额兑换业务。

（二）批发调钞业务，指为符合条件的境内机构办理的外币现钞买卖及与此相关的调运外币现钞进出境业务。

第三条　兑换特许业务经营机构（以下简称兑换特许机构）需连接国家外汇管理局个人外汇业务系统（以下简称个人外汇系统）后方可办理相关业务。通过固定营业场所柜台和电子渠道办理的个人兑换业务应纳入个人结售汇年度便利化额度管理。

第四条　《个人本外币兑换特许业务经营许可证》（以下简称《兑换许可证》）是兑换特许机构获准经营业务的法定证明文件，不得转让、出租、出借。国家外汇管理局分局、外汇管理部（以下简称外汇分局）负责《兑换许可证》的颁发、换领、补办、注销等工作，具体规定见《个人本外币兑换特许业务经营许可证使用管理工作制度》（附1）。

第五条　兑换特许机构应严格遵守反洗钱法规，并在《兑换许可证》载明的范围内开展经营活动，不得将兑换特许业务外包。

第二章　市场准入

第六条　境内非金融机构应按本办法规定，向兑换特许业务试点地区外汇分局申请取得相应资格后，方可经营兑换特许业务。

第七条　境内非金融机构拟在注册地外汇分局辖内经营个人兑换业务，应具备以下条件：

（一）具有独立法人资格，且资信状况良好。

（二）拥有10%（含）以上的股权或控制权的机构与自然人，以及主要受益所有人的资信状况良好，且无犯罪记录。

（三）主要管理人员、业务人员资信状况良好，无犯罪记录，具有相关业务工作经验，熟悉个人外汇业务管理政策。

（四）经营外币代兑业务6个月以上，期间经营状况良好，未被外汇局和其他监管机构处罚；在申请资格前6个月内,办理代兑业务不少于2000笔,且兑换金额不少于等值100万美元。

（五）具有适合经营的固定场所及设施,完善的业务管理制度及兑换业务操作系统（以下简称操作系统）,操作系统需使用接口模式接入个人外汇系统。

（六）承诺办理个人兑换业务量和兑换笔数不少于市场准入最低标准。

第八条　境内非金融机构拟在注册地外汇分局辖内经营个人兑换业务,应首先向该外汇分局申请筹备,提交以下材料:

（一）申请报告。

（二）拥有10%（含）以上的股权或控制权的机构与自然人,以及主要受益所有人的资信状况良好,且无犯罪记录的说明材料。

（三）主要管理人员、业务人员资信状况良好,无犯罪记录,具有相关业务工作经验,熟悉个人外汇业务管理政策的说明材料。

（四）经营外币代兑业务6个月以上,在申请前6个月内办理代兑业务达到业务准入最低兑换笔数和兑换金额标准的证明材料。

（五）经营代兑业务期间未被外汇局和其他监管机构处罚的声明。

外汇分局应自收到完整申请材料之日起20个工作日内,做出是否批准其进入筹备期的决定。筹备期为自批准之日起3个月。

第九条　境内非金融机构在筹备期间满足开办业务条件的,应于筹备期届满前,向注册地外汇分局申请,提交下列材料:

（一）申请报告。

（二）适合经营兑换特许业务的场所及其他设施的说明材料,内容包括但不限于:营业场所所有权或使用权的证明材料,电脑硬件、数据库设备情况,能够实时、完整监测与记录兑换特许业务经营活动的高清录像设备情况,审核境内个人客户有效身份证件的设备情况,以醒目中英文双语展示兑换币种和牌价的设备情况等。

（三）操作系统说明材料,内容包括但不限于:实时办理兑换业务、备付金管理、会计核算、汇总统计、存储记录交易等功能情况,以及遵照个人结售汇相关规定对超限额及分拆等行为予以风险提示的功能情况等。

（四）业务管理制度,内容包括但不限于:业务操作规程,外币兑换牌价管理、备付金管理、现钞管理、会计核算、统计报告、风险及相关内控管理、凭证和档案印章管理等制度。

（五）操作系统满足以接口模式接入个人外汇系统技术条件的证明材料。

（六）《个人本外币兑换特许业务经营承诺书》（见附2）。

外汇分局应自收到完整申请材料之日起20个工作日内,对开办业务条件进行现场验收,做出是否批准的决定,并向获得批准的机构颁发《兑换许可证》。筹备期结束前未申请开办业务的,批准筹备文件失效。

第十条　境内非金融机构取得在注册地外汇分局辖内经营个人兑换业务资格后,其在注册地外汇分局辖内的分支机构拟经营个人兑换业务的,该分支机构应向外汇分局申请开办业务,提交以下材料:

（一）申请报告。

（二）境内非金融机构同意该分支机构经营个人兑换业务的授权文件。

（三）境内非金融机构及所辖兑换特许机构近2年内经营状况良好,且未被外汇局和其他监管机构处罚的声明。

（四）符合第八条（三）,第九条（二）至（五）要求的材料。

外汇分局应自收到完整申请材料之日起20个工作日内,对开办业务条件进行现场验收,做出是否批准的决定,并向获得批准的机构颁发《兑换许可证》。

第十一条　境内非金融机构拟在全国范围内经营个人兑换业务,应具备以下条件:

（一）取得在注册地外汇分局辖内经营个人兑换业务资格2年以上,且拥有不少于5家获准经营个人兑换业务的分支机构。

（二）自身及所辖兑换特许机构近2年内经营状况良好,未被外汇局和其他监管机构处罚,在申请之日前12个月内办理个人兑换业务金额不少于等值2000万美元。

（三）具备统一会计核算,集中管理营运资金、备付金,及时准确报送数据等能力,能实时监控所辖兑换特许机构业务办理情况。

（四）承诺办理个人兑换业务量不少于市场准入最低标准。

第十二条　境内非金融机构拟在全国范围内经营个人兑换业务,应向注册地外汇分局申请,提交以下材料:

（一）申请报告。

（二）取得在注册地外汇分局辖内经营个人兑换业务资格2年以上,且拥有不少于5家获准经营个人兑换业务的分支机构的证明材料。

（三）自身及所辖兑换特许机构近2年内经营状况良好,且未被外汇局和其他监管机构处罚的声明。

（四）在申请之日前12个月内办理个人兑换业务金额不少于等值2000万美元的证明材料，包括上一年度经会计师事务所审计的个人兑换业务财务会计报告。

（五）具备统一会计核算，集中管理营运资金、备付金，及时准确报送数据等能力，能实时监控所辖兑换特许机构业务办理情况的说明材料。

（六）《个人本外币兑换特许业务经营承诺书》。

外汇分局应自收到完整申请材料之日起20个工作日内对开办业务条件进行现场验收，做出是否批准的决定。外汇分局应向获得批准的机构换发新《兑换许可证》。

第十三条　境内非金融机构取得在全国范围内经营个人兑换业务资格后，其分支机构拟新增经营个人兑换特许业务的，该分支机构应向所在地外汇分局提交申请，提交材料及审批流程同第十条。负责审批的外汇分局应将批复文件抄送至该分支机构的法人注册地外汇分局。

第十四条　境内非金融机构拟经营批发调钞业务，应具备以下条件：

（一）取得在全国范围内经营个人兑换业务资格2年以上。

（二）所辖兑换特许机构在不少于3个外汇分局辖内经营个人兑换业务。

（三）自身及所辖兑换特许机构近2年内经营状况良好，且未被外汇局和其他监管机构处罚，在申请之日前12个月内办理个人兑换业务金额不少于等值4000万美元。

（四）具有适合经营批发调钞业务的设施、办理系统及管理制度。

（五）承诺办理个人兑换业务量不少于市场准入最低标准。

第十五条　境内非金融机构拟经营批发调钞业务，应向注册地外汇分局申请，提交以下材料：

（一）申请报告。

（二）取得在全国范围内经营个人兑换业务资格2年以上，所辖兑换特许机构在不少于3个外汇分局辖内经营个人兑换业务的证明材料。

（三）自身及所辖兑换特许机构近2年内经营状况良好，且未被外汇局和其他监管机构处罚的声明。

（四）在申请之日前12个月内办理个人兑换业务金额不少于等值4000万美元的证明材料。

（五）具有适合经营批发调钞业务的设施、办理系统及管理制度的说明材料。

（六）《个人本外币兑换特许业务经营承诺书》。

外汇分局应自收到完整申请材料之日起20个工作日内对开办业务条件进行现场验收，做出是否批准的决定。外汇分局应向获得批准的机构换发新《兑换许可证》。

第十六条　兑换特许机构涉以下事项的，应符合有关要求，并于事前向所在地外汇分局提交书面报告。

（一）变更拥有10%（含）以上的股权或控制权的机构与自然人、主要受益所有人的，变更经营场所的，应符合市场准入要求。

（二）通过电子渠道或自助兑换机具办理个人兑换业务，应对操作系统、业务管理制度等进行说明。

（三）开办电子旅行支票代售及兑回业务、新增或变更电子旅行支票发行方，应对其业务管理制度、发行方资质等进行说明。

外汇分局有异议的，应要求兑换特许机构进行调整。

第十七条　兑换特许机构涉以下事项的，外汇局可依法责令进行整顿或撤销兑换特许业务经营资格。

（一）未能履行《个人本外币兑换特许业务经营承诺书》中承诺内容。

（二）以欺骗等不正当手段取得兑换特许业务经营资格。

第十八条　境内非金融机构应在取得注册地外汇分局或全国范围内个人兑换业务经营资格后30个工作日内，在相应许可经营地区内与原外币代兑业务授权银行解约，终止外币代兑业务资格。

第十九条　原境内非金融机构发生分立，新设机构拟开展兑换特许业务经营的，应重新申请业务经营资格。原境内非金融机构发生合并的，合并后机构无需重新申请业务经营资格。

第二十条　兑换特许机构主动终止经营兑换特许业务的，应在终止业务后10个工作日内，向所在地外汇分局交回《兑换许可证》，由所在地外汇分局予以注销。

第二十一条　境内非金融机构及其分支机构申请兑换特许业务，因提供不实材料未获批准的，自收到不予批准决定之日起1年内不得再次申请；在筹备期截止后未达到开办条件的，自筹备期届满之日起1年内不得再次申请；兑换特许业务经营资格被撤销的，自撤销之日起3年内不得再次申请。

第三章　业务管理

第二十二条　兑换特许机构可通过以下渠道办理个人兑换业务：

（一）通过固定营业场所柜台为境内个人办理兑入、兑出、电子旅行支票代售及兑回业务，为境外个人办理兑入、未用完人民币的兑回业务。

（二）通过电子渠道为境内个人办理兑出、电子旅行支票代售及兑回业务。

（三）通过自助兑换机具为境内个人和境外个人办理兑入业务。

本办法所称兑入指兑换特许机构从个人客户收取外币资金，兑出指向个人客户交付外币资金，兑回指兑入或兑出后又办理回退。

第二十三条　兑换特许机构通过固定营业场所柜台和电子渠道办理的个人兑换业务，兑入与兑出上限均为每人每天等值5000美元，具体包括：

（一）境内个人在个人结售汇年度便利化额度以内办理的兑入与兑出业务。

（二）境外个人在个人结汇年度便利化额度以内办理的兑入业务。

（三）境外个人持原兑入未用完的人民币办理的兑回业务。

兑换特许机构通过自助兑换机具办理个人兑换业务，应遵守自助兑换机相关业务管理规定。

第二十四条　兑换特许机构可根据自身服务能力和市场需求自主选择挂牌兑换货币种类，并参照中国人民银行、国家外汇管理局对银行汇价管理的有关规定制定挂牌汇价。

第二十五条　兑换特许机构可受理个人客户支付的资金包括：本外币现钞、客户本人从本机构或同一法人其他兑换特许机构购买的电子旅行支票、客户本人名下的非现钞类人民币资金（不得使用银行贷记卡及任何其他机构提供的信用）；可向个人客户交付的资金包括：本外币现钞、电子旅行支票、电子旅行支票兑回项下的非现钞类人民币资金、办理个人兑换业务后又撤销而原路退回的非现钞类人民币资金，其中，电子旅行支票应保证在兑出后24小时内可以使用。

第二十六条　兑换特许机构应使用兑换水单（以下简称水单）办理个人兑换业务，有关规定如下：

（一）水单可采用纸质或电子形式，纸质水单至少一式两联：一联为兑换特许机构联，一联为客户联。

（二）水单应连续编号，不得重复使用；同本纸质水单不得跳号使用；空白纸质水单应妥善保管并对领用情况进行登记，不得转让、出售；作废纸质水单应剪角保存。

（三）水单应完整记录每笔交易的明细情况，包括但不限于：兑换特许机构网点名称、客户姓名、国籍、身份证件种类及号码、交易时间、业务办理渠道（柜台、电子渠道）、业务种类（兑入、兑出）、兑换币种及金额、兑换使用的牌价、收取资金类别（现钞、电子旅行支票、其他非现钞）、交付资金类别（现钞、电子旅行支票、其他非现钞）、交易流水号码、手续费等。

（四）水单应由客户亲笔签名确认。

第二十七条　兑换特许机构通过固定营业场所柜台办理个人兑换业务，应遵守以下规定：

（一）清晰展示个人本外币兑换标识、《兑换许可证》、经批准可办理的业务范围、兑换牌价等。依法单独收取手续费的应明示收费标准。

（二）严格审核客户有效身份证件，了解客户办理业务的目的，留存客户身份证件及核查结果的纸质或电子资料。其中，对境内个人，应对其持有的中华人民共和国居民身份证的真伪进行核验，确保人证一致。

（三）确保向个人外汇系统及时传输逐笔个人兑换业务办理信息，实时核对境内外个人客户结售汇限额的情况，不得为超过年度便利化额度的个人客户办理个人兑换业务。

（四）为境外个人办理未用完人民币兑回时，当日累计金额在等值1000（含）美元以下，可审核身份证件后直接办理；金额在等值1000至5000（含）美元时，还应审核本机构或同一法人其他兑换特许机构为其出具的兑换水单原件，并在水单上注明兑回金额，纸质水单留存复印件。境外个人办理原兑入再兑回的有效期为自原兑换日起24个月。

（五）在个人外汇系统处于非运行时段，办理兑入与兑出的上限均为每人等值500美元，且应在办理后24小时内完成交易信息补录工作。

（六）相关纸质业务办理资料保存5年备查，电子业务办理记录长期保存。

第二十八条　境内非金融机构通过电子渠道为境内个人办理个人兑换业务，应参照第二十七条有关要求，并遵守以下规定：

（一）向客户明确告知提供个人兑换业务服务的机构名称，及相关各方的责任和义务。

（二）向客户通过自取方式交付外币现钞和电子旅行支票的，自取网点限于本机构或同一法人其他兑换特许机构、非同一法人兑换特许机构、银行。获准在注册地外汇分局辖内经营个人兑换业务的，仅可在该外汇分局辖内开展网点自取；获准在全国范围内经营个人兑换业务的，可在全国范围内开展网点自取。以非同一法人兑换特许机构及银行作为自取网点的，境内非金融机构还应向自取网点所在地外汇分局进行书面报告。

（三）向客户交付外币现钞或电子旅行支票时，应对其持有的中华人民共和国居民身份证的真伪进行核验，确保电子渠道业务办理人与线下交付接收人身份一致、人证一致。如客户需要，应提供经客户签字确认的兑换水单。

第二十九条　兑换特许机构在办理个人兑换业务时，应使用高清监控录像设备清晰完整记录在通过固定营业场所柜台为客户办理业务的过程，及通过自取方式向客户交付资金环节的过程。监控记录保存 3 个月备查。

第三十条　兑换特许机构应严格执行国家外汇管理局个人外汇业务相关管理规定，建立有效的内部核对和纠错机制，加强对累计大额、可疑兑换业务的监测和真实性审核，加强对异常客户的管理，防止个人通过兑换特许业务实施分拆或使用虚假证件规避外汇管理。

第三十一条　取得批发调钞业务经营资格的境内非金融机构（以下简称批发调钞机构），可在全国范围内自主选择以下机构客户开展外币现钞买卖，并自主决定调运进出境的外币现钞币种：

（一）境内银行类金融机构。

（二）本法人内部经营个人兑换业务的部门（以下简称零售部门）。

（三）非同一法人兑换特许机构。

境内非金融机构的分支机构不得经营批发调钞业务。

第三十二条　境内非金融机构经营批发调钞业务，应遵守以下规定：

（一）个人兑换业务与批发调钞业务分账管理。

（二）业务办理系统应确保逐笔记录调钞批发业务办理信息。

（三）与境内银行类金融机构之间的外币现钞买卖，应通过外汇进行清算。

（四）参照调运外币现钞进出境业务的相关管理规定办理有关业务。

第三十三条　兑换特许机构应该按规定妥善保护业务办理过程中获得的个人与机构客户的信息，不得擅自对外提供有关信息，法规另有规定的除外。

第三十四条　兑换特许机构自身外汇业务按照一般企业外汇管理有关规定办理。

第四章　备付金管理

第三十五条　本办法所称备付金是指办理兑换特许业务所形成的库存现钞，以及在银行存储的用于办理兑换特许业务的资金。备付金包括人民币备付金和外币备付金。

第三十六条　兑换特许机构应使用备付金办理兑换特许业务，备付金应专款专用。

第三十七条　兑换特许机构可通过携带现钞或转账汇款的方式与下列对象调剂备付金余缺：

（一）同一法人其他兑换特许机构。

（二）同一外汇分局辖内的非同一法人兑换特许机构。

（三）批发调钞机构。

（四）备付金账户开户银行。

第三十八条　兑换特许机构可在所在地外汇分局辖内的银行开立人民币和外币备付金账户。批发调钞机构应指定独立的人民币和外币备付金账户（以下简称调钞户）专项用于批发调钞业务的资金清算。备付金账户管理细则见附 3。

第三十九条　兑换特许机构应加强对库存备付金现钞的管理，并遵守以下规定：

（一）库存备付金现钞来源包括：从备付金账户提取现钞；办理个人兑换业务时收到现钞；调剂备付金余缺时调入现钞；办理批发调钞机构业务时收到现钞。

（二）库存备付金现钞用途包括：向备付金账户存入现钞；办理个人兑换业务时支出现钞；调剂备付金余缺时调出现钞；办理批发调钞业务时支出现钞。

兑换特许机构不得将上述（一）以外的现钞作为库存备付金现钞，也不得将库存备付金现钞存入备付金账户以外的其他账户。

第四十条　兑换特许机构应建立备付金交易电子台账，完整记录备付金项下交易明细情况，电子记录长期保存，相关凭证保存 5 年备查。

（一）个人兑换业务备付金台账记录的内容应包括但不限于：交易性质（包括存钞或提钞、与基本存款账户间转入或转出、调剂），调入调出双方名称（交易性质为调剂时填写），交易时间，交易地点（以携带现钞方式调剂时填写，注明同外汇分局或异地）或交易账号，交易方式（现钞或转账），交易币种及金额，交易时所使用的汇率（涉及不同货币间转换时填写）。

（二）批发调钞业务备付金台账记录的内容应包括但不限于：交易性质（包括存钞或提钞，与基本存款账户间转入或转出），交易对象名称，交易时间，交易地点（存钞或提钞时填写，并注明同外汇分局或异地）或交易账号，交易方式（现钞或转账），交易币种及金额，交易时所使用的汇率（涉及不同货币间转换时填写）。

第四十一条　备付金账户开户银行应按本办法的规定为兑换特许机构办理现钞提存、资金划转、调剂等业务，并配合做好国际收支申报、结售汇统计、现钞存取报告等工作。

第五章　监督处罚

第四十二条　外汇局应加强对兑换特许机构经营活动的非现场和现场核查。兑换特许机构所在地外汇局应在3年内对所辖地区的全部兑换特许机构至少进行一次现场核查。兑换特许机构及其备付金开户银行应接受外汇局的核查,并如实提供有关资料。

第四十三条　兑换特许机构涉以下事项的,外汇局对其实施风险提示、责令整改等措施:

（一）外汇业务管理制度和政策落实存在问题。

（二）交易真实性、合法性审核能力不足。

（三）外汇备付金管理存在风险隐患。

（四）不配合合作银行审核、核查。

（五）频繁变更主要管理人员。

（六）其他可能危及兑换特许业务稳健运行、损害客户合法权益或危害外汇市场的事项。

第四十四条　备付金开户银行涉以下事项的,外汇局对其实施风险提示、责令整改等措施:

（一）审核兑换特许机构经营业务真实合规性能力不足。

（二）外汇备付金管理存在风险隐患。

（三）发现异常情况未督促兑换特许机构改正。

（四）兑换特许机构经营业务出现重大违规或纵容兑换特许机构开展违规交易。

（五）其他可能损害客户合法权益或危害外汇市场的事项。

第四十五条　境内非金融机构取得全国范围内经营兑换特许业务资格的,其注册地外汇分局应加强对该机构全国范围内经营情况的监督与指导,其他外汇分局应积极配合。

第四十六条　兑换特许机构应履行统计报告义务,指定专人负责业务统计工作,并于月初10个工作日内通过国家外汇管理局应用服务平台向所在地外汇局报送上月兑换特许业务统计报表。

第四十七条　经营兑换特许业务的境内非金融机构应于每年6月底前,向注册地外汇分局报送上一年度财务会计报告。

第四十八条　境内非金融机构及其分支机构未经分局批准,擅自从事或变相从事兑换特许业务,或从事非法买卖外汇,或兑换特许机构与备付金开户银行违反本办法及相关外汇管理规定的,按《中华人民共和国外汇管理条例》进行处罚;情节严重的,责令停业整顿或者吊销《兑换许可证》。

第四十九条　兑换特许机构涉及以下事项的,应制定相应的方案报所在地外汇分局初审后,报国家外汇管理局另行审批:

（一）本办法未规定的与兑换特许业务有关的其他创新业务。

（二）本办法未规定的其他备付金调剂渠道、方式等。

附件:(略)

国家外汇管理局关于规范银行外币卡管理的通知

1. 2010年10月11日发布

2. 汇发〔2010〕53号

3. 根据2017年12月29日国家外汇管理局《关于规范银行卡境外大额提取现金交易的通知》(汇发〔2017〕29号)修正

国家外汇管理局各省、自治区、直辖市分局、外汇管理部,深圳、大连、青岛、厦门、宁波市分局;中国银联股份有限公司;各中资外汇指定银行:

为规范银行外币卡管理工作,便于社会公众理解银行外币卡管理政策,国家外汇管理局对银行外币卡的有关外汇管理法规进行了梳理整合。现通知如下:

一、本通知中的银行外币卡包括境内外币卡和境外银行卡。前者指境内金融机构发行的外币卡(以下简称“境内卡”);后者指境外机构发行的银行卡,但不包括境外机构发行的人民币卡(以下简称“境外卡”)。

二、境内卡的分类

（一）按照发行对象,境内卡可以分为个人卡和单位卡。个人卡是向自然人发行的外币卡;单位卡是向法人或其他组织发行,由该单位指定人员使用的外币卡。

（二）按照是否给予持卡人授信额度,境内卡可以分为贷记卡和借记卡。贷记卡是允许持卡人在发卡金融机构给予的信用额度内先使用、后还款的外币卡;借记卡是持卡人先存款、后使用,没有信用额度的外币卡。

（三）按照发卡币种,境内卡可以分为外币卡和本外币卡。外币卡指单币种外币卡;本外币卡指人民币和外币的双币种或多币种卡。

三、境内卡的发行和使用

（一）境内金融机构可发行外币贷记单位卡,但卡内不能存有外汇资金;可以向在本行开有经常项目外汇账户的单位发行外币借记单位卡,卡内外汇资金应纳入经常项目外汇账户资金管理。

（二）个人卡在境内银行营业柜台可以提取人民币现钞,受理银行应将相应结汇信息实时录入个人结售汇管理信息系统;也可以到发卡金融机构营业柜台,在其对外挂牌兑换的币种范围内提取外币现钞，但不得透支提取外币现钞，也不得在自动柜员机上提取外币现钞。

（三）单位卡在境内不得提取外币现钞或人民币现钞。

（四）境内卡在境外可用于经常项目下的消费支付，不得用于其他交易的支付。具体管理要求参见本部分第（五）至（十）项。

（五）各发卡金融机构应当按照《境内银行卡在境外使用的商户类别码》（见附件1）列出的商户类别码（MCC）在系统内做好设置，严格控制脱机交易。

（六）附件1列出的商户类别码分为完全禁止、金额限制和完全放开三类。完全禁止类是指持卡人不得在此类代码项下进行交易。金额限制类是指除6010、6011两个商户类别码之外，其余代码项下持卡人单笔交易金额不得超过等值5000美元。完全放开类是指对交易金额没有限制。

（七）各发卡金融机构应将商户类别码6010（银行柜台提现）和6011（自动提款机提现）合并设置境外提现限额：一日内累计不得超过等值1000美元，一个月内累计不得超过等值5000美元，六个月内累计不得超过等值10000美元。[①]

（八）各发卡金融机构若通过国际卡组织进行代授权交易，应遵守本通知规定。

（九）各发卡金融机构若因技术等原因未及时完成系统设置，应按月逐笔向国家外汇管理局报送已发生的不合规交易。

（十）附件1列出的商户类别码包含威士（Visa）、万事达（MasterCard）、运通（American Express）、JCB四个银行卡组织。各发卡金融机构发行其他银行卡组织标识卡涉及的商户类别码，须报国家外汇管理局备案。

四、境外卡收单业务

（一）境外卡在境内可以提取人民币现钞。通过银行营业柜台办理，受理银行应将相应结汇信息实时录入个人结售汇管理信息系统；通过自动柜员机办理，每笔不得超过3000元人民币。

境外卡在境内可以到境内金融机构营业柜台提取外币现钞，但不得在自动柜员机上提取外币现钞。

（二）境外个人使用境外卡在境内提取人民币现钞未用完部分，可凭其原始交易凭证，如ATM或收单金融机构柜台的相应单据，在提现后6个月内，到银行营业柜台兑回不超过原提现金额的外币，并可按相关规定汇出或携带出境。

（三）境内金融机构为境外卡办理资金存入的，视同向境外汇款，应遵守国家外汇管理局的有关规定。

（四）境内尚未开办人民币业务的外资金融机构办理境外卡收单业务时，其银行卡项下人民币资金来源，应通过其经所在地中国人民银行分支行批准开立的结售汇人民币专用账户解决。

五、银行外币卡项下的清算、还款及购汇

（一）银行外币卡境内使用，应当遵守境内禁止外币计价结算的外汇管理规定。境内特约商户（包括免税店）受理的银行外币卡交易，其与收单金融机构之间必须以人民币清算。

（二）境内卡境内交易，扣除柜台提取外币现钞部分，应通过境内清算渠道以人民币完成清算；境内交易形成的透支，持卡人应以人民币偿还。

（三）境内卡境内交易若因特殊原因通过银行卡国际组织清算，发卡金融机构在以外币完成清算后，可用持卡人偿还的人民币购汇补充已垫付的外汇。通过银行卡国际组织清算是指两种情形：一是境内外币卡境内交易通过银行卡国际组织清算；二是“误抛”交易，即境内本外币卡在境内使用本应视同人民币卡，却被收单金融机构判为外币卡，抛至银行卡国际组织清算。

（四）收单金融机构因银行外币卡境内交易从银行卡国际组织收取的外汇，扣除柜台提取外币现钞部分，应及时结汇。

（五）经批准在境外受理银行外币卡的境内航空公司等特约商户，与收单金融机构之间可以用外汇清算，发卡金融机构可以支付外汇。

（六）境内卡在境外消费或提现形成的透支，持卡人可以用自有外汇资金偿还，也可在发卡金融机构购汇偿还。

（七）发卡金融机构办理上述售汇业务时，售汇额不得超过境内卡已形成的外币透支额，且必须直接用于偿还已形成的透支款。

（八）境内卡项下的各项费用，年费、换卡补卡费应以人民币计收；其他费用可以由银行直接从有外汇余额的卡中扣取，也可由持卡人以人民币支付。

（九）除外币卡（含境内卡和境外卡）境内消费结汇、境外卡通过自动柜员机提取人民币现钞和境内卡

---

① 《国家外汇管理局关于规范银行卡境外大额提取现金交易的通知》（汇发〔2017〕29号）：“七、本通知自2018年1月1日起实施。《国家外汇管理局关于规范银行外币卡管理的通知》（汇发〔2010〕53号）第三条第（七）款、《国家外汇管理局关于进一步加强银联人民币卡境外提现管理的通知》（汇发〔2015〕40号）自2018年4月1日起废止。”

境外使用购汇还款三项外，银行卡项个人结售汇业务均应按规定录入个人结售汇管理信息系统。

（十）境内和境外个人使用银行卡办理外汇业务时，应严格遵守《个人外汇管理办法》（中国人民银行令〔2006〕第3号）和《个人外汇管理办法实施细则》（汇发〔2007〕1号的附件）等个人外汇管理规定。

六、银行外币卡项下有关业务的统计及报备

（一）银行外币卡的结售汇统计应按属地管理原则，由收取外汇并结汇、扣收人民币并购汇的金融机构完成。

（二）银行外币卡的国际收支统计申报应按照《国家外汇管理局关于印发〈通过金融机构进行国际收支统计申报业务操作规程〉的通知》（汇发〔2010〕22号）执行。

（三）各发卡金融机构应按年度汇总向国家外汇管理局报送《境内外币卡交易和购汇信息统计表》（见附件2）。报送方式：纸质文件（加盖业务部门公章）。时间要求：年后一个月内。通讯地址：北京市海淀区阜成路18号华融大厦。收件单位：国家外汇管理局国际收支司银行外汇收支管理处。邮政编码：100048。

（四）对于银行外币卡项下发生的大额存款、提现或消费交易，境内金融机构应严格履行反洗钱报告等有关义务。

七、其他事项

（一）境内卡所有附属卡的消费、提现限额及大额报备等应与主卡纳入同一个账户管理。

（二）本文所涉及的时间，“一个月”指一个自然月，“六个月”按连续自然月计算。

（三）境内人民币卡清算组织应做好本外币卡境内交易的人民币清算工作。发卡金融机构必须将本外币卡的卡BIN上报境内人民币卡清算组织，供收单金融机构下载。收单金融机构应做好相应的银行卡系统设置，在判卡时，必须优先判人民币卡。

（四）人民币卡在境外使用，由负责信息转接的境内人民币卡清算组织参照附件1统一在系统内设置。境内人民币卡清算组织应将6010列入完全禁止类，以防止人民币卡在境外通过银行柜台提现；应对6011设置金额限制，每卡每日不超过等值10000元人民币。

（五）开展银行外币卡业务的金融机构应全面客观地向客户介绍银行外币卡的外汇管理政策，向公众说明银行外币卡使用范围和透支还款等项管理规定，防止片面宣传和误导。

（六）各地外汇局应对辖内金融机构银行外币卡项下的宣传、业务开展中外汇管理法规政策的执行情况及可疑信息进行跟踪检查。对金融机构片面和错误宣传的，应责令其改正。对违反外汇管理规定的金融机构、特约商户和个人，各地外汇局可依据《中华人民共和国外汇管理条例》等外汇管理法规进行处罚。

八、本通知自2010年11月1日起实施。《国家外汇管理局关于规范银行外币卡管理的通知》（汇发〔2004〕66号）、《国家外汇管理局关于下发境内银行卡在境外使用的禁止类和限制类商户类别码的通知》（汇函〔2004〕19号）、《国家外汇管理局关于更新境内银行卡在境外使用的商户类别码的通知》（汇发〔2004〕110号）和《国家外汇管理局关于规范部分新增境内银行卡在境外使用的商户类别码的通知》（汇发〔2007〕55号）同时废止。

请各分局、管理部接到本通知后，尽快向辖内中心支局、支局和中、外资金融机构转发。执行中如遇问题，请及时向国家外汇管理局国际收支司反馈。联系电话：010－68402313，传真：68402315。

附件：1. 境内银行卡在境外使用的商户类别码（略）

2. 境内外币卡交易和购汇信息统计表（略）

国家外汇管理局关于印发《银行外汇业务合规与审慎经营评估办法》的通知

1. 2019年5月15日发布

2. 汇发〔2019〕15号

国家外汇管理局各省、自治区、直辖市分局、外汇管理部，深圳、大连、青岛、厦门、宁波市分局；各全国性中资银行：

为进一步提高外汇管理水平，维护金融体系稳定，国家外汇管理局对《银行执行外汇管理规定情况考核办法》进行了修订，并将其更名为《银行外汇业务合规与审慎经营评估办法》（见附件，以下简称《办法》）。现就有关事项通知如下：

一、国家外汇管理局各分局、外汇管理部接到本通知后，应立即转发辖内中心支局、支局、城市商业银行、农村商业银行、外商独资银行、中外合资银行、外国银行分行以及农村合作金融机构，尽快完成对所辖中心支局、支局的业务操作培训，严格遵照《办法》规定，公平、公正地开展对辖内银行的外汇业务评估工作。

二、各全国性中资银行应尽快转发所辖分支机构，认真落实《办法》的相关要求，依法合规办理各项外汇业务。

三、本通知自印发之日起实施，《国家外汇管理局关于修订〈银行执行外汇管理规定情况考核办法〉相关事宜的通知》（汇发〔2015〕26 号）、《国家外汇管理局综合司关于印发〈银行执行外汇管理规定情况考核内容及评分标准（2018 年）〉的通知》同时废止。2019 年度银行外汇业务合规与审慎经营评估工作依照本《办法》执行。

执行中如遇问题，请及时向国家外汇管理局相关部门反馈。联系电话：010－68402278（综合司），010－68402593（国际收支司），010－68402104（经常项目管理司），010－68402125（资本项目管理司），010－68402456（管理检查司），010－68402134（外汇业务数据监测中心）。

特此通知。

附件：银行外汇业务合规与审慎经营评估办法

附件

银行外汇业务合规与审慎经营评估办法

第一条　为激励银行认真贯彻和实施外汇管理规定，促进合规与审慎经营，维护金融体系稳定，根据《中华人民共和国外汇管理条例》和《银行办理结售汇业务管理办法》等相关规定，制定本办法。

第二条　国家外汇管理局及其分支局（以下简称外汇局）对银行外汇业务合规与审慎经营情况按年度进行评估。评估周期为上年 10 月 1 日至本年 9 月 30 日。

第三条　评估内容、方法和标准由国家外汇管理局统一制定。外汇局设立评估工作小组，负责具体实施评估工作。

第四条　评估内容及分值：

（一）合规经营评估

评估银行日常外汇业务依法合规经营情况，具体包括两类指标：

1. 一般性评估指标，用于评估银行各级机构执行外汇管理规定的情况。

2. 总行单独评估指标，用于评估银行总行（外国银行分行头寸集中管理行、主报告行、外债宏观审慎管理行等视为总行，下同）在拥有单独管理权的相关业务方面执行外汇管理规定的情况，以及对全系统执行外汇管理规定的内部控制管理情况等。

（二）审慎经营评估

评估银行外汇业务经营稳健性及其对我国跨境资本流动宏观风险的影响情况。审慎经营评估指标以银行全行为主体进行评估，不作为对银行分支机构的评估内容。

合规与审慎经营评估的具体指标与分值设置情况详见《银行外汇业务合规与审慎经营评估内容及评分标准》（见附表）。

第五条　外汇局以日常监管中所发现银行存在的问题作为依据，对各项评估指标进行评分。对于银行主动发现并能够及时纠正，且未造成不良后果的问题，不予扣分。

第六条　对于评估期内发现的历史违规问题，相关检查或核查人员应在银行确认后及时通知评估工作小组，由评估工作小组组织相关业务部门进行记录并判定是否计入该银行当期的评估成绩。

判定的标准为：评估期内以及上一评估期内发生的违规问题，计入该银行当期的评估成绩，同一违规问题不重复录入；其他评估期内发生的违规问题，不计入当期的评估成绩。

第七条　对于银行没有开办相应业务的评估指标，不予评估。为保持与开办相应业务银行的可比性，在计算此类银行总分值时，该评估项目的得分按照全国或同一地区内其他开办此项业务的银行在该项目上的平均分予以调整。

开办业务的判定标准为：取得业务资格的，认定为该业务已开办；未取得业务资格的，则认定为该业务未开办。

第八条　外汇局按法人和属地相结合方式对银行进行评估。

（一）政策性银行和全国性商业银行总行由国家外汇管理局负责。

（二）上述银行的分支机构、城市商业银行、农村商业银行、外商独资银行、中外合资银行、外国银行分行以及农村合作金融机构等，由所在地外汇局负责。

（三）外汇管理权限下放的，由所在地外汇局负责评估。

第九条　评估成绩汇总方式：

（一）最终评估得分计算

外汇局辖内的被评估银行为银行总行的，银行最终评估得分＝合规经营评估指标汇总得分×（100－本评估期最终确定的审慎经营评估指标分值）%＋审慎经营评估指标得分

外汇局辖内的被评估银行为分支机构的，银行最终评估得分＝一般性评估指标得分

（二）合规经营评估指标得分计算

1. 合规经营评估指标汇总得分

合规经营评估指标汇总得分＝一般性评估指标得分＋总行单独评估指标得分

2. 一般性评估指标得分

一般性评估指标得分＝∑一般性评估单项指标

得分

一般性评估单项指标得分 =（下级行 1 得分 × 下级行 1 国际收支申报笔数 + 级行 2 得分 × 下级行 2 国际收支申报笔数 + ……）/（下级行 1 国际收支申报笔数 + 下级行 2 国际收支申报笔数 + ……）

对于上级管辖行和下级行共有的评估指标，将上级管辖行视为一家分支机构，与其他分支机构的得分一并汇总。

3. 总行单独评估指标得分

总行单独评估指标得分 = ∑总行单独评估单项指标得分

（三）审慎经营评估指标得分计算

为提高外汇管理有效性，国家外汇管理局将根据当期最新跨境资本流动风险状况，对审慎经营评估指标分值进行动态调整。具体情况将通过《银行外汇业务合规与审慎经营评估内容及评分标准》，或其他形式及时告知被评估银行。

第十条 外汇局根据银行最终评估得分，将被评估银行评定为 A、B + 、B、B - 、C 五类，并就银行外汇业务合规与审慎经营情况形成整体评估报告。在外汇局确定评级过程中，被评估银行存在影响评级结果公正性、严肃性行为的，最终评级结果为 C 类。

国家外汇管理局各分局、外汇管理部应于每年 10 月 31 日前，通过相关评估系统完成关于辖内被评估银行的评估信息录入、计算和提交工作，并于 11 月 30 日前向国家外汇管理局评估工作小组提交对辖内银行的年度评估报告。评估报告应包括但不限于以下内容：辖内银行外汇业务合规与审慎经营基本情况、评分及评级结果，评估中反映的主要问题等。

第十一条 外汇局应于每年 12 月 31 日前，将银行前一评估年度的评估结果和评定等级，以适当方式通知被评估银行，并视情况将银行外汇业务合规与审慎经营的整体评估情况予以公布。被评估银行应于次年 3 月 31 日前，结合年度评估结果向外汇局提交整改报告。

外汇局将综合考虑评估成绩与评定等级对银行进行监管，并将其作为判断银行是否享有外汇管理政策先行先试资格的重要参考。外汇局还将向中国人民银行、中国银行保险监督委员会提供年度评估成绩与评定等级结果，以供其在日常监管中参考。

第十二条 外汇局对银行进行评估，应及时将评估信息录入相关评估系统，同时留存相应业务记录。保留记录的期限为 24 个月。

第十三条 外汇局应在每个评估年度中期，向辖内银行通报评估中发现的问题。银行应根据通报情况及时制定整改措施并做好与外汇局的后续沟通。

第十四条 国家外汇管理局各业务部门应对下级外汇局的评估工作予以监督指导。

第十五条 新开设的银行自下一评估年度起参加评估。

第十六条 本办法由国家外汇管理局负责解释。

附表：（略）

6. 外债与对外担保

外债统计监测暂行规定

1. 1987 年 8 月 27 日国务院批准

2. 1987 年 8 月 27 日国家外汇管理局发布施行

3. 根据 2020 年 11 月 29 日国务院令第 732 号《关于修改和废止部分行政法规的决定》修订

第一条 为了准确、及时、全面地集中全国的外债信息，有效地控制对外借款规模，提高利用国外资金的效益，促进国民经济的发展，特制定本规定。

第二条 国家对外债实行登记管理制度。

国家外汇管理局负责建立和健全全国外债统计监测系统，对外公布外债数字。

第三条 本规定所称的外债是指中国境内的机关、团体、企业、事业单位、金融机构或者其他机构（以下统称借款单位）对中国境外的国际金融组织、外国政府、金融机构、企业或者其他机构用外国货币承担的具有契约性偿还义务的全部债务，包括：

（一）国际金融组织贷款；

（二）外国政府贷款；

（三）外国银行和金融机构贷款；

（四）买方信贷；

（五）外国企业贷款；

（六）发行外币债券；

（七）国际金融租赁；

（八）延期付款；

（九）补偿贸易中直接以现汇偿还的债务；

（十）其他形式的对外债务。

借款单位向在中国境内注册的外资银行借入的外汇资金视同外债。

在中国境内注册的外资银行向外借入的外汇资金不视为外债。

第四条 外债登记分为逐笔登记和定期登记。

国家外汇管理局统一制定和签发《外债登记证》。

第五条 外商投资企业的对外借款，借款单位应当在正式签订借款合同后 15 天内，持借款合同副本向所在地外汇管理局办理登记手续并领取逐笔登记的《外债登记证》。

国际金融组织贷款、外国政府贷款、中国银行或者经批准的其他银行和金融机构的对外借款，借款单位应当向所在地外汇管理局办理登记手续，领取定期登记的《外债登记证》。上述登记，不包括转贷款。

除上述两款规定以外的其他借款单位应当在正式签订借款合同后15天内，持对外借款批件和借款合同副本向所在地外汇管理局办理登记手续并领取逐笔登记的《外债登记证》。

第六条　借款单位调入国外借款时，凭《外债登记证》在中国银行或者经国家外汇管理局批准的其他银行（以下简称银行）开立外债专用现汇帐户。经批准将借款存放境外的借款单位以及其他非调入形式的外债的借款单位，凭《外债登记证》在银行开立还本付息外债专用现汇帐户。

对于未按规定领取《外债登记证》的借款单位，银行不得为其开立外债专用现汇帐户或者还本付息外债专用现汇帐户，其本息不准汇出境外。

第七条　实行逐笔登记的借款单位还本付息时，开户银行应当凭借款单位提供的外汇管理局的核准证件和《外债登记证》，通过外债专用现汇帐户或者还本付息外债专用现汇帐户办理收付。借款单位应当按照银行的收付凭证，将收付款项记入《外债变动反馈表》并将该表的副本报送签发《外债登记证》的外汇管理局。

实行定期登记的借款单位，应当按月向发证的外汇管理局报送其外债的签约、提款、使用和还本付息等情况。

经批准将借款存放境外的借款单位，应当定期向原批准的外汇管理局报送其存款的变动情况。

第八条　借款单位全部偿清《外债登记证》所载明的外债后，银行应即注销其外债专用现汇帐户或者还本付息外债专用现汇帐户，借款单位应当在15天内向发证的外汇管理局缴销《外债登记证》。

第九条　凡违反本规定有下列行为之一的，所在地外汇管理局可根据情节处以最高不超过所涉及外债金额3%的罚款：

（一）故意不办理或者拖延办理外债登记手续的；

（二）拒绝向外汇管理局报送或者隐瞒、虚报《外债变动反馈表》，或者并无特殊原因屡次迟报的；

（三）伪造、涂改《外债登记证》的；

（四）擅自开立、保留外债专用现汇帐户或者还本付息外债专用现汇帐户的。

当事人对外汇管理局的处罚决定不服的，可以向上一级外汇管理局提出申诉。

第十条　本规定由国家外汇管理局负责解释。

第十一条　本规定自发布之日起施行。

本规定发布时，已借外债尚未清偿完毕的借款单位，应当在本规定发布后30天内向所在地外汇管理局办理外债登记手续。

外债管理暂行办法

1. 2003年1月8日国家发展和改革委员会、财政部、国家外汇管理局令第28号发布

2. 根据2022年7月26日国家发展改革委令第51号《关于修改、废止部分规章、行政规范性文件和一般政策性文件的决定》修正

第一章　总　　则

第一条　为加强外债管理，规范举借外债行为，提高外债资金使用效益，防范外债风险，制定本办法。

第二条　本办法所称“外债”，是指境内机构对非居民承担的以外币表示的债务。

第三条　本办法所称“境内机构”，是指在中国境内依法设立的常设机构，包括但不限于政府机关、金融境内机构、企业、事业单位和社会团体。

第四条　本办法所称“非居民”，是指中国境外的机构、自然人及其在中国境内依法设立的非常设机构。

第五条　按照债务类型划分，外债分为外国政府贷款、国际金融组织贷款和国际商业贷款。

（一）外国政府贷款，是指中国政府向外国政府举借的官方信贷；

（二）国际金融组织贷款，是指中国政府向世界银行、亚洲开发银行、联合国农业发展基金会和其他国际性、地区性金融机构举借的非商业性信贷；

（三）国际商业贷款，是指境内机构向非居民举借的商业性信贷。包括：

1. 向境外银行和其他金融机构借款；

2. 向境外企业、其他机构和自然人借款；

3. 境外发行中长期债券（含可转换债券）和短期债券（含商业票据、大额可转让存单等）；

4. 买方信贷、延期付款和其它形式的贸易融资；

5. 国际融资租赁；

6. 非居民外币存款；

7. 补偿贸易中用现汇偿还的债务；

8. 其它种类国际商业贷款。

第六条　按照偿还责任划分，外债分为主权外债和非主权外债。

（一）主权外债，是指由国务院授权机构代表国家举借的、以国家信用保证对外偿还的外债。

（二）非主权外债，是指除主权外债以外的其它外债。

第七条 本办法所称"对外担保"，是指境内机构依据《中华人民共和国担保法》，以保证、抵押或质押方式向非居民提供的担保。

对外担保形成的潜在对外偿还义务为或有外债。

第八条 国家对各类外债和或有外债实行全口径管理。举借外债、对外担保、外债资金的使用和偿还须符合国家有关法律、法规和本办法的规定。

第九条 国家发展计划委员会、财政部和国家外汇管理局是外债管理部门。

第二章 举借外债和对外担保

第十条 国家发展计划委员会会同有关部门根据国民经济和社会发展需要，以及国际收支状况和外债承受能力，制定国家借用外债计划，合理确定全口径外债的总量和结构调控目标。

第十一条 国家根据外债类型、偿还责任和债务人性质，对举借外债实行分类管理。

第十二条 国际金融组织贷款和外国政府贷款由国家统一对外举借。

国家发展计划委员会会同财政部等有关部门制定世界银行、亚洲开发银行、联合国农业发展基金会和外国政府贷款备选项目规划，财政部根据规划组织对外谈判、磋商、签订借款协议和对国内债务人直接或通过有关金融机构转贷。其中，世界银行、亚洲开发银行、联合国农业发展基金会和重点国别外国政府贷款备选项目规划须经国务院批准。

第十三条 财政部代表国家在境外发行债券由财政部报国务院审批，并纳入国家借用外债计划。其他任何境内机构在境外发行中长期债券均由国家发展计划委员会会同国家外汇管理局审核后报国务院审批；在境外发行短期债券由国家外汇管理局审批，其中设定滚动发行的，由国家外汇管理局会同国家发展计划委员会审批。

第十四条 国家对国有商业银行举借中长期国际商业贷款实行余额管理，余额由国家发展计划委员会会同有关部门审核后报国务院审批。

第十五条 境内中资企业等机构举借中长期国际商业贷款，须经国家发展计划委员会批准。

第十六条 国家对境内中资机构举借短期国际商业贷款实行余额管理，余额由国家外汇管理局核定。

第十七条 国家对境内外资金融机构举借外债实行总量控制，具体办法另行制定。

第十八条 外商投资企业举借的中长期外债累计发生额和短期外债余额之和应当控制在审批部门批准的项目总投资和注册资本之间的差额以内。

在差额范围内，外商投资企业可自行举借外债。超出差额的，须经原审批部门重新核定项目总投资。

第十九条 境内机构对外担保应当遵守国家法律、法规和外汇管理部门的有关规定。

第二十条 境内机构不得为非经营性质的境外机构提供担保。

第二十一条 未经国务院批准，任何政府机关、社会团体、事业单位不得举借外债或对外担保。

第二十二条 境内机构对外签订借款合同或担保合同后，应当依据有关规定到外汇管理部门办理登记手续。国际商业贷款借款合同或担保合同须经登记后方能生效。

第三章 外债资金使用

第二十三条 外债资金应当主要用于经济发展和存量外债的结构调整。

第二十四条 国际金融组织贷款和外国政府贷款等中长期国外优惠贷款重点用于基础性和公益性建设项目，并向中西部地区倾斜。

第二十五条 中长期国际商业贷款重点用于引进先进技术和设备，以及产业结构和外债结构调整。

第二十六条 境内企业所借中长期外债资金，应当严格按照批准的用途合理使用，不得挪作他用。确需变更用途的，应当按照原程序报批。

第二十七条 境内企业所借短期外债资金主要用作流动资金，不得用于固定资产投资等中长期用途。

第二十八条 使用外债资金的固定资产投资项目应当实行项目法人责任制，由项目法人对外债资金的使用效益负责。

依据《中华人民共和国招标投标法》和国外贷款机构有关规定需要进行招标采购的，应当严格按照规定执行。

第二十九条 外债管理部门负责对外债资金使用进行管理和监督。

第三十条 国家发展计划委员会依法依规对使用外债资金的国家重大建设项目进行监督管理。

第四章 外债偿还和风险管理

第三十一条 主权外债由国家统一对外偿还。主权外债资金由财政部直接或通过金融机构转贷给国内债务人的，国内债务人应当对财政部或转贷金融机构承担偿还责任。

第三十二条 非主权外债由债务人自担风险、自行偿还。

第三十三条　债务人可以用自有外汇资金偿还外债，也可经外汇管理部门核准用人民币购汇偿还外债。

第三十四条　债务人无法偿还的外债，有担保人的，应当由担保人负责偿还。

第三十五条　担保人按照担保合同规定需要履行对外代偿义务时，应当到外汇管理部门办理对外担保履约核准手续。

第三十六条　债务人应当加强外债风险管理，适时调整和优化债务结构。

在不扩大原有外债规模的前提下，经国家发展计划委员会核准，债务人可以通过借入低成本外债、偿还高成本外债等方式，降低外债成本，优化债务结构，其中，涉及主权外债的，需经财政部核准。

第三十七条　债务人可以保值避险为目的，委托具有相关资格的金融机构运用金融工具规避外债的汇率和利率风险。

第五章　外 债 监 管

第三十八条　外债管理部门根据国家法律、法规和本办法有关规定，对外债和对外担保实施监管。

第三十九条　外债管理部门履行监管职责时，有权要求债务人和相关单位提供有关资料，检查有关帐目和资产。

第四十条　境内机构举借外债或对外担保时，未履行规定的审批手续或未按规定进行登记的，其对外签订的借款合同或担保合同不具有法律约束力。

第四十一条　不以借款合同或担保合同等形式体现，但在实质上构成对外偿还义务或潜在对外偿还义务的对外借款或担保，须按照本办法纳入外债监管。

第四十二条　禁止违反利益共享、风险共担原则，以保证外商直接投资固定回报等方式变相举借外债。

第四十三条　未经外债管理部门批准，境外中资企业不得将其自身承担的债务风险和偿债责任转移到境内。

第四十四条　经营外汇业务的金融机构在为境内机构开立外汇、外债帐户和处理外汇资金往来业务时，发现违反本办法规定的行为，应当及时向有关外债管理部门报告，并协助外债管理部门进行调查。

第四十五条　外债管理部门应当掌握外债动态，建立和完善全口径外债监测预警机制。

第四十六条　国家外汇管理局负责外债的统计监测，定期公布外债统计数据。

第四十七条　境内机构违反本办法规定举借外债或对外担保的，由其主管部门对直接负责的主管人员和其他直接责任人员依法给予相应的行政处分。构成犯罪的，依法追究刑事责任。

第四十八条　外债管理部门的工作人员徇私舞弊、滥用职权或玩忽职守，由其所在部门依法给予行政处分。构成犯罪的，依法追究刑事责任。

第六章　附　　则

第四十九条　境内机构向香港、澳门特别行政区和台湾地区的机构举借债务或提供担保，比照本办法进行管理。

第五十条　外债管理部门应当依据本办法，制定和完善有关实施细则。

第五十一条　本办法由国家发展计划委员会、财政部和国家外汇管理局负责解释。

第五十二条　本办法自2003年3月1日起施行。

境内外资银行外债管理办法

2004年5月27日国家发展和改革委员会、中国人民银行、中国银行业监督管理委员会令第9号公布

第一条　为促进境内中、外资银行公平竞争，有效控制外债规模，防范外债风险，根据《中华人民共和国外资金融机构管理条例》、《中华人民共和国外汇管理条例》和有关外债管理规定，制定本办法。

第二条　本办法所称外资银行是指按照《中华人民共和国外资金融机构管理条例》及相关法律法规在中国境内设立的外资独资银行、中外合资银行和外国银行分行。

第三条　国家对境内外资银行的外债实行总量控制。境内外资银行的外债包括境外借款、境外同业拆入、境外同业存款、境外联行和附属机构往来（负债方）、非居民存款和其他形式的对外负债。

第四条　国家发展和改革委员会（下称“国家发展改革委”）会同中国银行业监督管理委员会（下称“银监会”）、国家外汇管理局（下称“外汇局”），根据国民经济和社会发展需要、国际收支状况和外债承受能力，以及境内外资银行的资产负债状况和运营资金需求等，合理确定境内外资银行外债总量以及中长期和短期外债结构调控目标。

第五条　境内外资银行借用外债，签约期限在1年期以上（不含1年期）的中长期外债，由国家发展改革委按年度核定发生额；签约期限在1年期以下的短期外债，由外汇局核定余额。

第六条　每年2月底之前，境内外资银行须分别向国家发展改革委或外汇局提出关于本年度中长期外债发生额或短期外债余额的申请。其中，外资独资银行、中外合资银行分别通过商业注册所在地的发展改革委或外汇局的分支机构逐级向国家发展改革委或外汇局提出申请；外国银行分行由在中国境内的主报告行直接向国家发展改革委或外汇局提出申请。没有主报告行的，应通过商业注册所在地的发展改革委或外汇局的分支机构逐级向国家发展改革委或外汇局提出申请。

第七条　境内外资银行申请年度外债总额，需分别向国家发展改革委或外汇局提供下列材料：

（一）借用中长期或短期外债的申请报告，内容包括上年度的业务经营状况、资金来源和运用情况、所申请外债额度的依据和资金用途等。

（二）境外总行或地区管理部批准的对中国境内债务人的年度授信限额文件。

（三）外资独资银行、中外合资银行应提供报送银监会的上年度境内合并资产负债表和损益表。外国银行分行应提供报送银监会的分行上年度资产负债表和损益表，以及境内营业性分支机构上年度合并资产负债表和损益表。

（四）与申请人流动性需要或资金用途有关的证明材料。

第八条　国家发展改革委、外汇局根据境内外资银行的上年度外债借用情况、其境外总行或地区管理部批准的本年度对中国境内债务人的年度授信限额、境内贷款项目需求（中长期外债）及流动性需要（短期外债），分别核定境内外资银行本年度中长期外债发生额和短期外债余额。境内外资银行在本年度新借入的中长期外债不得超过国家发展改革委核定的额度；本年度内任一时点的短期外债余额不得超过外汇局核定的余额。

第九条　外债总额确定后，境内外资银行可以根据业务需要在年度内向国家发展改革委或外汇局申请进行一次调整。国家发展改革委或外汇局根据情况决定是否批准。

第十条　境内外资银行向境内机构发放外汇贷款按照国内外汇贷款方式管理。除出口押汇外，境内外资银行向境内机构发放的外汇贷款不得结汇。

第十一条　境内外资银行对外提供担保，按对外担保进行管理；境内机构为境内债务人向境内外资银行提供担保按国内担保进行管理。

第十二条　境内外资银行借用的外债资金不得结汇，还本付息不得购汇。境内外资银行办理其外债项下还本付息不需要外汇局核准。

经外汇局批准，境内机构可以选择境内外资银行开立外债项下专用账户。

第十三条　外汇局负责对境内外资银行外债和国内外汇贷款的统计、监测工作。境内外资银行应于每月初5个工作日内向注册地外汇局分支机构报送外债统计数据，并按照国内外汇贷款的有关规定向当地外汇局报送国内外汇贷款相关信息。

第十四条　外汇局对境内外资银行借用外债情况和发放外汇贷款情况进行定期和不定期现场或非现场检查。凡违反本办法规定的，外汇局可根据《中华人民共和国外汇管理条例》及相关法律法规进行处罚。

第十五条　本办法由国家发展改革委、人民银行负责解释。此前其他规定与本办法有抵触的，以本办法为准。

第十六条　本办法自颁布之日起30日后施行。

外债登记管理办法

1. 2013年4月28日国家外汇管理局发布
2. 汇发〔2013〕19号
3. 自2013年5月13日起施行

第一章　总　　则

第一条　为准确、及时、完整统计外债信息，规范外债资金流出入的管理，防范外债风险，根据《中华人民共和国外汇管理条例》（以下简称《外汇管理条例》）和《外债统计监测暂行规定》，制定本办法。

第二条　债务人应按照国家有关规定借用外债，并办理外债登记。

第三条　国家外汇管理局及其分支局（以下简称外汇局）负责外债的登记、账户、使用、偿还以及结售汇等管理、监督和检查，并对外债进行统计和监测。

国家外汇管理局负责全口径外债的统计监测，并定期公布外债情况。

第四条　国家外汇管理局根据国际统计标准，结合我国实际情况，确定外债统计范围和统计方法。

外债统计方法包括债务人登记和抽样调查等。

第五条　国家外汇管理局可根据国际收支变化情况，对外债登记范围和管理方式进行调整。

第二章　外 债 登 记

第六条　外债登记是指债务人按规定借用外债后，应按照规定方式向所在地外汇局登记或报送外债的签约、提款、偿还和结售汇等信息。根据债务人类型实行不同的外债登记方式。

外债借款合同发生变更时，债务人应按照规定到外汇局办理外债签约变更登记。

外债未偿余额为零且债务人不再发生提款时，债务人应按照规定到外汇局办理外债注销登记手续。

第七条 债务人为财政部门，应在每月初10个工作日内逐笔向所在地外汇局报送外债的签约、提款、结汇、购汇、偿还和账户变动等信息。

第八条 债务人为境内银行，应通过外汇局相关系统逐笔报送其借用外债信息。

第九条 债务人为财政部门、银行以外的其他境内债务人（以下简称非银行债务人），应在规定时间内到所在地外汇局办理外债签约逐笔登记或备案手续。

第十条 对于不通过境内银行办理资金收付的，非银行债务人在发生外债提款额、还本付息额和未偿余额变动后，持相关证明材料到所在地外汇局办理备案手续。

第三章 外债账户、资金使用和结售汇管理

第十一条 境内银行借用外债，可直接在境内、外银行开立相关账户，直接办理与其外债相关的提款和偿还等手续。

第十二条 非银行债务人在办理外债签约登记后，可直接向境内银行申请开立外债账户。

非银行债务人可开立用于办理提款和还款的外债专用账户，也可根据实际需要开立专门用于外债还款的还本付息专用账户。

第十三条 根据非银行债务人申请，银行在履行必要的审核程序后，可直接为其开立、关闭外债账户以及办理外债提款、结售汇和偿还等手续。

第十四条 外商投资企业借用的外债资金可以结汇使用。

除另有规定外，境内金融机构和中资企业借用的外债资金不得结汇使用。

第十五条 债务人在办理外债资金结汇时，应遵循实需原则，持规定的证明文件直接到银行办理。

银行应按照有关规定审核证明文件后，为债务人办理结汇手续。

第十六条 债务人借款合同中约定的外债资金用途应当符合外汇管理规定。

短期外债原则上只能用于流动资金，不得用于固定资产投资等中长期用途。

第十七条 债务人购汇偿还外债，应遵循实需原则。

银行应按照有关规定审核证明文件后，为债务人办理购付汇手续。

第四章 外保内贷外汇管理

第十八条 符合规定的债务人向境内金融机构借款时，可以接受境外机构或个人提供的担保（以下简称外保内贷）。

境内债权人应按相关规定向所在地外汇局报送相关数据。

发生境外担保履约的，债务人应到所在地外汇局办理外债登记。

第十九条 外商投资企业办理境内借款接受境外担保的，可直接与境外担保人、债权人签订担保合同。

发生境外担保履约的，其担保履约额应纳入外商投资企业外债规模管理。

第二十条 中资企业办理境内借款接受境外担保的，应事前向所在地外汇局申请外保内贷额度。

中资企业可在外汇局核定的额度内直接签订担保合同。

第五章 对外转让不良资产外汇管理

第二十一条 境内机构对外转让不良资产，应按规定获得批准。

第二十二条 对外转让不良资产获得批准后，境外投资者或其代理人应到外汇局办理对外转让不良资产备案手续。

第二十三条 受让不良资产的境外投资者或其代理人通过清收、再转让等方式取得的收益，经外汇局核准后可汇出。

第六章 罚 则

第二十四条 外债资金非法结汇的，依照《外汇管理条例》第四十一条进行处罚。

第二十五条 有擅自对外借款或在境外发行债券等违反外债管理行为的，依照《外汇管理条例》第四十三条进行处罚。

第二十六条 违反规定，擅自改变外债或外债结汇资金用途的，依照《外汇管理条例》第四十四条进行处罚。

第二十七条 有下列情形之一的，依照《外汇管理条例》第四十八条进行处罚：

（一）未按照规定进行涉及外债国际收支申报的；

（二）未按照规定报送外债统计报表等资料的；

（三）未按照规定提交外债业务有效单证或者提交的单证不真实的；

（四）违反外债账户管理规定的；

（五）违反外债登记管理规定的。

第二十八条 金融机构有下列情形之一的，依照《外汇管理条例》第四十七条进行处罚：

（一）违反规定办理外债资金收付的；

（二）违反规定办理外债项下结汇、售汇业务的。

第二十九条 其他违反本办法的行为，按《外汇管理条例》法律责任有关规定进行处罚。

第七章 附 则

第三十条 银行应按照外汇管理相关规定,将非银行债务人的外债账户、提款、使用、偿还及结售汇等信息报送外汇局。

第三十一条 外汇局利用抽样调查等方式,采集境内企业对外贸易中产生的预收货款、延期付款等企业间贸易信贷信息。

境内企业与境外企业间发生贸易信贷的,无需按照本办法规定办理外债登记。

第三十二条 债务人可按照有关规定签订以锁定外债还本付息风险为目的、与汇率或利率相关的保值交易合同,并直接到银行办理交割。

第三十三条 本办法由国家外汇管理局负责解释。

第三十四条 本办法自2013年5月13日起实施。

外债转贷款外汇管理规定

1. 2014年1月21日国家外汇管理局发布
2. 汇发〔2014〕5号

为完善外债转贷款的登记和汇兑管理,简化外汇管理程序,国家外汇管理局决定改革外债转贷款外汇管理方式。现就相关事项规定如下。

一、外债转贷款的范围

本规定所称外债转贷款,是指境内机构(以下简称转贷款债权人)从境外借用直接外债后,按照国家相关规定或者根据自身与境外债权人关于资金用途的约定,在对外承担第一性还款责任的前提下,向境内其他机构(以下简称转贷款债务人)继续发放的贷款资金。外债转贷款包括政策性外债转贷款和商业性外债转贷款。

境外机构委托境内机构向境内其他机构发放贷款,境内受托机构与境外债权人在法律上仅存在委托代理关系,不承担第一性还款责任或不需要承担境内其他机构信用风险的,不属于外债转贷款。

(一)政策性外债转贷款

政策性外债转贷款包括财政外债转贷款和财政性外债转贷款两类:

1. 财政外债转贷款是指国家财政部门代表中央政府对外谈判和签约,并由国家财政部门作为转贷款债权人(或直接外债的债务人)向下级财政部门或境内其他机构继续发放的贷款。

2. 财政性外债转贷款是指国家财政部门代表中央政府参与对外谈判和签约,并在其委托下根据政府协议等规定,由开展转贷款业务的政策性银行、国有商业银行和股份制商业银行作为转贷款债权人(或直接外债的债务人)向境内其他机构继续发放的贷款。

(二)商业性外债转贷款

商业性外债转贷款是指境内金融机构按照规定直接借用商业性外债后,按照国家外债主管部门的政策要求,使用该笔资金向特定境内机构继续发放的贷款。

二、转贷款债权人和转贷款债务人

(一)转贷款债权人为直接外债的债务人,承担直接外债合同下第一性还款责任。

(二)对转贷款债权人直接承担契约性还款责任的机构,为转贷款一级债务人;如果转贷款一级债务人继续向境内其他机构进行多层转贷的,境内其他机构分别为转贷款二级、三级或最终债务人(以上各级转贷款债务人统称为转贷款债务人)。

三、转贷款债权人集中登记

(一)外债转贷款实行债权人集中登记。转贷款债权人应当到所在地外汇局办理转贷款集中登记手续,转贷款各级债务人不再到外汇局办理外债转贷款逐笔登记手续。

(二)国家财政部门向省级(含副省级)财政部门或其他机构发放转贷款,由省级(含副省级)财政部门或其他机构代国家财政部门办理转贷款债权人集中登记。

四、外债转贷款账户

(一)转贷款债务人根据转贷款协议以自身名义开立外债转贷款专用账户或还本付息专用账户(以下合称为外债转贷款账户),可凭开户申请和转贷款协议直接向注册地或境内异地银行申请办理开户手续。转贷款债务人需在境外开立外债转贷款账户的,须经所在地外汇分局核准。

(二)外债转贷款专用账户的收入范围是:转贷款提款,转贷款下级债务人划入的用于偿还转贷款的资金,用人民币购买的用于偿还转贷款本金、利息、费用、罚息等的外汇,以及用于偿还转贷款的其他自有资金;支出范围是:向境内上级债权人偿还转贷款本金、利息、费用、罚息、退款等,向境内下级债务人划拨转贷款资金,按照转贷款合同约定的用途、用款进度及外汇管理规定办理结汇,按照转贷款合同约定用途办理经常项目支出和经批准的其他资本项目支出等。

外债转贷款还本付息专用账户的收入范围是:用于偿还转贷款的自有外汇资金或购汇资金;支出范围是:偿还转贷款。

(三)同一币种的同一笔外债转贷款,最多可开立两个外债转贷款专用账户或还本付息专用账户。多笔外债转贷款可以共用一个转贷款账户。

转贷款债务人可根据转贷款协议约定和开户银行的要求，适时关闭转贷款账户。

政策性转贷款和商业性转贷款应分户存放。

五、与外债转贷款有关的资金划转和结售汇

（一）转贷款债权人与一级债务人之间，或一级债务人与以下多级债务人之间办理提款、还款（包括本金、利息和费用）等相关资金划拨的，债权人、债务人或其授权机构可凭境内划拨贷款、还款资金的书面通知、转贷款协议或执行协议的原件或复印件，直接到开户银行办理相关资金划转。

（二）根据外债转贷款协议约定和转贷款下级债务人申请，转贷款债权人和多级债务人之间，可以跨级直接办理与提款和还款相关的资金划转手续。

（三）政策性外债转贷款债权人或境外债权人，可以按照转贷款协议约定，跨过债务人直接将资金支付给与转贷款资金用途相符的境内、外货物或服务供应商。

商业性外债转贷款债权人或境外债权人，可以按照转贷款合同的约定，跨过债务人直接将资金支付给与转贷款资金用途相符的境外或海关特殊监管区域内的货物或服务供应商。转贷款资金为人民币的，债权人可以直接支付给境内供应商；转贷款资金为外币的，除另有明确规定外，债权人不得支付给海关特殊监管区域以外的境内供应商。

（四）转贷款债务人可以通过外债转贷款专用账户或还本付息专用账户办理还款，也可以根据转贷款协议约定，直接办理还款。拟用于还款的购汇或自有外汇资金，转贷款债务人可以提前划入外债转贷款账户。未经外汇局核准，已存入外债转贷款账户用于还款的购汇或自有外汇资金，不得再次办理结汇手续。

（五）转贷款债务人获得的来源于政策性外债转贷款的外汇资金，可凭转贷款协议和结汇申请直接到开户银行办理结汇手续。境内供应商或承包商从境外债权人或转贷款债权人直接收取的来源于上述转贷款的外汇，在向银行证明外汇资金来源为政策性转贷款且相关交易背景合规、真实后，可在银行办理结汇。

债务人获得的来源于商业性外债转贷款的外汇资金，不得办理结汇。

（六）在自愿达成协议或授权的前提下，转贷款债权人或上一级债务人可在符合结售汇管理规定的前提下，持相关证明材料代下级债务人直接到银行统一办理结汇和购汇手续。

（七）债务人不得以转贷款还本付息的名义重复购汇并办理对外支付。

六、其他事项

（一）承担直接外债还款责任的转贷款债权人，应当遵守国家有关外债管理和登记的各项规定。

（二）政策性外债转贷款项下，经转贷款债权人或债务人授权的机构，可持书面授权书代为办理相关外汇管理手续。

（三）政策性外债转贷款项下，转贷款合同中含有贷款项目下出国培训、考察、参加国际会议和聘请外国专家等相关费用条款的，债务人如需提取外汇现钞，由财政部门根据相关规定审核明确，银行按照经常项目用汇管理相关规定办理。

（四）转贷款债权人、债务人办理外债转贷款债务保值业务，参照外债套期保值业务外汇收支相关规定办理。

（五）转贷款债务人应当遵守审批部门、境外债权人、转贷款协议关于账户开立、资金划转、结售汇、使用等方面的限制性规定。

政策性外债转贷款协议对转贷款账户收支范围、个数及资金划转路径有明确要求且与本规定不一致的，开户银行可凭相关协议直接办理。

（六）境内租赁公司对境内承租人办理融资租赁，外汇管理规定允许租赁公司向承租人收取外币租金的，承租人不需要到外汇局办理债务人逐笔登记手续。境内承租人可持租赁合同等凭证直接到银行办理外币租金的购汇和支付手续。

（七）转贷款债权人（或财政外债转贷款的一级债务人）应于每月初10个工作日内向所在地外汇分局填报《外债转贷款签约（协议变更）及变动情况月报表》（见附1）。

外债转贷款项下直接从境外办理支付的，如用于向境外供货商支付设备价款，或向国内供货商和承包商支付设备价款和劳务费用等，转贷款债权人向外汇局填报附1时应在“备注栏”注明“境外支付”字样。由财政部门统一扣款偿还财政或财政性转贷款的，转贷款债权人根据扣款偿还情况向外汇局填报附1。

（八）办理转贷款业务的银行应建立健全外债转贷款业务内部管理制度。银行应按照本规定及有关外汇管理法规审核转贷款债权人及多级债务人的开销户、提款、结汇、购汇、还本付息及相关外汇划转的真实性与合规性，并留存相关业务资料5年备查。银行为客户办理外债转贷款业务时，需要按本规定审核相关材料的，在初次受理业务时应要求提供完整材料，再次受理同一笔业务的，不应重复要求提供内容相同的证明材料。

银行应于每月初10个工作日内向所在地外汇分

支局填报《外债转贷款账户开(销)户、账户收支及汇兑情况月报表》(见附2)。

(九)外汇局应加强对银行的事后监管,定期或不定期的检查外债转贷款业务内部控制制度的执行情况、统计报告制度及业务合规性情况等。外汇局对银行和债务人办理转贷款项下结汇、购汇、开户和还本付息等业务进行管理和监督,对违反本规定的有关行为,外汇局将根据《中华人民共和国外汇管理条例》等规定进行处罚。

(十)本规定施行之日前已办理债务人登记但尚未了结的转贷款项目,均改按本规定要求办理相关手续。

附件:(略)

跨境担保外汇管理规定

1. 2014年5月12日国家外汇管理局发布

2. 汇发〔2014〕29号

第一章　总　　则

第一条　为完善跨境担保外汇管理,规范跨境担保项下收支行为,促进跨境担保业务健康有序发展,根据《中华人民共和国物权法》、《中华人民共和国担保法》及《中华人民共和国外汇管理条例》等法律法规,特制定本规定。

第二条　本规定所称的跨境担保是指担保人向债权人书面作出的、具有法律约束力、承诺按照担保合同约定履行相关付款义务并可能产生资金跨境收付或资产所有权跨境转移等国际收支交易的担保行为。

第三条　按照担保当事各方的注册地,跨境担保分为内保外贷、外保内贷和其他形式跨境担保。

内保外贷是指担保人注册地在境内、债务人和债权人注册地均在境外的跨境担保。

外保内贷是指担保人注册地在境外、债务人和债权人注册地均在境内的跨境担保。

其他形式跨境担保是指除前述内保外贷和外保内贷以外的其他跨境担保情形。

第四条　国家外汇管理局及其分支局(以下简称外汇局)负责规范跨境担保产生的各类国际收支交易。

第五条　境内机构提供或接受跨境担保,应当遵守国家法律法规和行业主管部门的规定,并按本规定办理相关外汇管理手续。

担保当事各方从事跨境担保业务,应当恪守商业道德,诚实守信。

第六条　外汇局对内保外贷和外保内贷实行登记管理。

境内机构办理内保外贷业务,应按本规定要求办理内保外贷登记;经外汇局登记的内保外贷,发生担保履约的,担保人可自行办理;担保履约后应按本规定要求办理对外债权登记。

境内机构办理外保内贷业务,应符合本规定明确的相关条件;经外汇局登记的外保内贷,债权人可自行办理与担保履约相关的收款;担保履约后境内债务人应按本规定要求办理外债登记手续。

第七条　境内机构提供或接受其他形式跨境担保,应符合相关外汇管理规定。

第二章　内 保 外 贷

第八条　担保人办理内保外贷业务,在遵守国家法律法规、行业主管部门规定及外汇管理规定的前提下,可自行签订内保外贷合同。

第九条　担保人签订内保外贷合同后,应按以下规定办理内保外贷登记。

担保人为银行的,由担保人通过数据接口程序或其他方式向外汇局报送内保外贷业务相关数据。

担保人为非银行金融机构或企业(以下简称非银行机构)的,应在签订担保合同后15个工作日内到所在地外汇局办理内保外贷签约登记手续。担保合同主要条款发生变更的,应当办理内保外贷签约变更登记手续。

外汇局按照真实、合规原则对非银行机构担保人的登记申请进行程序性审核并办理登记手续。

第十条　银行、非银行金融机构作为担保人提供内保外贷,按照行业主管部门规定,应具有相应担保业务经营资格。

第十一条　内保外贷项下资金用途应当符合以下规定:

(一)内保外贷项下资金仅用于债务人正常经营范围内的相关支出,不得用于支持债务人从事正常业务范围以外的相关交易,不得虚构贸易背景进行套利,或进行其他形式的投机性交易。

(二)未经外汇局批准,债务人不得通过向境内进行借贷、股权投资或证券投资等方式将担保项下资金直接或间接调回境内使用。

第十二条　担保人办理内保外贷业务时,应对债务人主体资格、担保项下资金用途、预计的还款资金来源、担保履约的可能性及相关交易背景进行审核,对是否符合境内外相关法律法规进行尽职调查,并以适当方式监督债务人按照其申明的用途使用担保项下资金。

第十三条　内保外贷项下担保人付款责任到期、债务人清偿担保项下债务或发生担保履约后,担保人应办理内保外贷登记注销手续。

第十四条　如发生内保外贷履约,担保人为银行的,可自行办理担保履约项下对外支付。

担保人为非银行机构的,可凭担保登记文件直接到银行办理担保履约项下购汇及对外支付。在境外债务人偿清因担保人履约而对境内担保人承担的债务之前,未经外汇局批准,担保人须暂停签订新的内保外贷合同。

第十五条　内保外贷业务发生担保履约的,成为对外债权人的境内担保人或反担保人应当按规定办理对外债权登记手续。

第十六条　境内个人可作为担保人并参照非银行机构办理内保外贷业务。

第三章　外保内贷

第十七条　境内非金融机构从境内金融机构借用贷款或获得授信额度,在同时满足以下条件的前提下,可以接受境外机构或个人提供的担保,并自行签订外保内贷合同:

(一)债务人为在境内注册经营的非金融机构;

(二)债权人为在境内注册经营的金融机构;

(三)担保标的为金融机构提供的本外币贷款(不包括委托贷款)或有约束力的授信额度;

(四)担保形式符合境内、外法律法规。

未经批准,境内机构不得超出上述范围办理外保内贷业务。

第十八条　境内债务人从事外保内贷业务,由发放贷款或提供授信额度的境内金融机构向外汇局集中报送外保内贷业务相关数据。

第十九条　外保内贷业务发生担保履约的,在境内债务人偿清其对境外担保人的债务之前,未经外汇局批准,境内债务人应暂停签订新的外保内贷合同;已经签订外保内贷合同但尚未提款或尚未全部提款的,未经所在地外汇局批准,境内债务人应暂停办理新的提款。

境内债务人因外保内贷项下担保履约形成的对外负债,其未偿本金余额不得超过其上年度末经审计的净资产数额。

境内债务人向债权人申请办理外保内贷业务时,应真实、完整地向债权人提供其已办理外保内贷业务的债务违约、外债登记及债务清偿情况。

第二十条　外保内贷业务发生境外担保履约的,境内债务人应到所在地外汇局办理短期外债签约登记及相关信息备案手续。外汇局在外债签约登记环节对债务人外保内贷业务的合规性进行事后核查。

第四章　物权担保的外汇管理

第二十一条　外汇局不对担保当事各方设定担保物权的合法性进行审查。担保当事各方应自行确认担保合同内容符合境内外相关法律法规和行业主管部门的规定。

第二十二条　担保人与债权人之间因提供抵押、质押等物权担保而产生的跨境收支和交易事项,已存在限制或程序性外汇管理规定的,应当符合规定。

第二十三条　当担保人与债权人分属境内、境外,或担保物权登记地(或财产所在地、收益来源地)与担保人、债权人的任意一方分属境内、境外时,境内担保人或境内债权人应按下列规定办理相关外汇管理手续:

(一)当担保人、债权人注册地或担保物权登记地(或财产所在地、收益来源地)至少有两项分属境内外时,担保人实现担保物权的方式应当符合相关法律规定。

(二)除另有明确规定外,担保人或债权人申请汇出或收取担保财产处置收益时,可直接向境内银行提出申请;在银行审核担保履约真实性、合规性并留存必要材料后,担保人或债权人可以办理相关购汇、结汇和跨境收支。

(三)相关担保财产所有权在担保人、债权人之间发生转让,按规定需要办理跨境投资外汇登记的,当事人应办理相关登记或变更手续。

第二十四条　担保人为第三方债务人向债权人提供物权担保,构成内保外贷或外保内贷的,应当按照内保外贷或外保内贷相关规定办理担保登记手续,并遵守相关规定。

经外汇局登记的物权担保因任何原因而未合法设立,担保人应到外汇局注销相关登记。

第五章　附　　则

第二十五条　境内机构提供或接受除内保外贷和外保内贷以外的其他形式跨境担保,在符合境内外法律法规和本规定的前提下,可自行签订跨境担保合同。除外汇局另有明确规定外,担保人、债务人不需要就其他形式跨境担保到外汇局办理登记或备案。

境内机构办理其他形式跨境担保,可自行办理担保履约。担保项下对外债权债务需要事前审批或核准,或因担保履约发生对外债权债务变动的,应按规定办理相关审批或登记手续。

第二十六条　境内债务人对外支付担保费,可按照服务贸易外汇管理有关规定直接向银行申请办理。

第二十七条　担保人、债务人不得在明知或者应知担保履约义务确定发生的情况下签订跨境担保合同。

第二十八条　担保人、债务人、债权人向境内银行申请办理与跨境担保相关的购付汇或收结汇业务时,境内银行应当对跨境担保交易的背景进行尽职审查，以确定该担保合同符合中国法律法规和本规定。

第二十九条　外汇局对跨境担保合同的核准、登记或备案情况以及本规定明确的其他管理事项与管理要求，不构成跨境担保合同的生效要件。

第三十条　外汇局定期分析内保外贷和外保内贷整体情况，密切关注跨境担保对国际收支的影响。

第三十一条　外汇局对境内机构跨境担保业务进行核查和检查，担保当事各方、境内银行应按照外汇局要求提供相关资料。对未按本规定及相关规定办理跨境担保业务的，外汇局根据《中华人民共和国外汇管理条例》进行处罚。

第三十二条　国家外汇管理局可出于保障国际收支平衡的目的，对跨境担保管理方式适时进行调整。

第三十三条　本规定由国家外汇管理局负责解释。

八、金融犯罪惩治

资料补充栏

中华人民共和国刑法（节录）

1. 1979年7月1日第五届全国人民代表大会第二次会议通过
2. 1997年3月14日第八届全国人民代表大会第五次会议修订
3. 根据1998年12月29日第九届全国人民代表大会常务委员会第六次会议通过的《关于惩治骗购外汇、逃汇和非法买卖外汇犯罪的决定》第一次修正
4. 根据1999年12月25日第九届全国人民代表大会常务委员会第十三次会议通过的《中华人民共和国刑法修正案》第二次修正
5. 根据2001年8月31日第九届全国人民代表大会常务委员会第二十三次会议通过的《中华人民共和国刑法修正案（二）》第三次修正
6. 根据2001年12月29日第九届全国人民代表大会常务委员会第二十五次会议通过的《中华人民共和国刑法修正案（三）》第四次修正
7. 根据2002年12月28日第九届全国人民代表大会常务委员会第三十一次会议通过的《中华人民共和国刑法修正案（四）》第五次修正
8. 根据2005年2月28日第十届全国人民代表大会常务委员会第十四次会议通过的《中华人民共和国刑法修正案（五）》第六次修正
9. 根据2006年6月29日第十届全国人民代表大会常务委员会第二十二次会议通过的《中华人民共和国刑法修正案（六）》第七次修正
10. 根据2009年2月28日第十一届全国人民代表大会常务委员会第七次会议通过的《中华人民共和国刑法修正案（七）》第八次修正
11. 根据2009年8月27日第十一届全国人民代表大会常务委员会第十次会议通过的《关于修改部分法律的决定》第九次修正
12. 根据2011年2月25日第十一届全国人民代表大会常务委员会第十九次会议通过的《中华人民共和国刑法修正案（八）》第十次修正
13. 根据2015年8月29日第十二届全国人民代表大会常务委员会第十六次会议通过的《中华人民共和国刑法修正案（九）》第十一次修正
14. 根据2017年11月4日第十二届全国人民代表大会常务委员会第三十次会议通过的《中华人民共和国刑法修正案（十）》第十二次修正
15. 根据2020年12月26日第十三届全国人民代表大会常务委员会第二十四次会议通过的《中华人民共和国刑法修正案（十一）》第十三次修正
16. 根据2023年12月29日第十四届全国人民代表大会常务委员会第七次会议通过的《中华人民共和国刑法修正案（十二）》第十四次修正

第四节　破坏金融管理秩序罪

第一百七十条　【伪造货币罪】伪造货币的，处三年以上十年以下有期徒刑，并处罚金；有下列情形之一的，处十年以上有期徒刑或者无期徒刑，并处罚金或者没收财产：

（一）伪造货币集团的首要分子；

（二）伪造货币数额特别巨大的；

（三）有其他特别严重情节的。

第一百七十一条　【出售、购买、运输假币罪】出售、购买伪造的货币或者明知是伪造的货币而运输，数额较大的，处三年以下有期徒刑或者拘役，并处二万元以上二十万元以下罚金；数额巨大的，处三年以上十年以下有期徒刑，并处五万元以上五十万元以下罚金；数额特别巨大的，处十年以上有期徒刑或者无期徒刑，并处五万元以上五十万元以下罚金或者没收财产。

【金融工作人员购买假币、以假币换取货币罪】银行或者其他金融机构的工作人员购买伪造的货币或者利用职务上的便利，以伪造的货币换取货币的，处三年以上十年以下有期徒刑，并处二万元以上二十万元以下罚金；数额巨大或者有其他严重情节的，处十年以上有期徒刑或者无期徒刑，并处二万元以上二十万元以下罚金或者没收财产；情节较轻的，处三年以下有期徒刑或者拘役，并处或者单处一万元以上十万元以下罚金。

【伪造货币罪】伪造货币并出售或者运输伪造的货币的，依照本法第一百七十条的规定定罪从重处罚。

第一百七十二条　【持有、使用假币罪】明知是伪造的货币而持有、使用，数额较大的，处三年以下有期徒刑或者拘役，并处或者单处一万元以上十万元以下罚金；数额巨大的，处三年以上十年以下有期徒刑，并处二万元以上二十万元以下罚金；数额特别巨大的，处十年以上有期徒刑，并处五万元以上五十万元以下罚金或者没收财产。

第一百七十三条　【变造货币罪】变造货币，数额较大的，处三年以下有期徒刑或者拘役，并处或者单处一万元以上十万元以下罚金；数额巨大的，处三年以上十年以下有期徒刑，并处二万元以上二十万元以下罚金。

第一百七十四条　【擅自设立金融机构罪】未经国家有关主管部门批准，擅自设立商业银行、证券交易所、期货交易所、证券公司、期货经纪公司、保险公司或者其他金融机构的，处三年以下有期徒刑或者拘役，并处或者单处二万元以上二十万元以下罚金；情节严重的，处三年以上十年以下有期徒刑，并处五万元以上五十万元以下罚金。

【伪造、变造、转让金融机构经营许可证、批准文件罪】伪造、变造、转让商业银行、证券交易所、期货交易所、证券公司、期货经纪公司、保险公司或者其他金融机构的经营许可证或者批准文件的，依照前款的规定处罚。

单位犯前两款罪的，对单位判处罚金，并对其直接负责的主管人员和其他直接责任人员，依照第一款的规定处罚。

第一百七十五条　【高利转贷罪】以转贷牟利为目的，套取金融机构信贷资金高利转贷他人，违法所得数额较大的，处三年以下有期徒刑或者拘役，并处违法所得一倍以上五倍以下罚金；数额巨大的，处三年以上七年以下有期徒刑，并处违法所得一倍以上五倍以下罚金。

单位犯前款罪的，对单位判处罚金，并对其直接负责的主管人员和其他直接责任人员，处三年以下有期徒刑或者拘役。

第一百七十五条之一　【骗取贷款、票据承兑、金融票证罪】以欺骗手段取得银行或者其他金融机构贷款、票据承兑、信用证、保函等，给银行或者其他金融机构造成重大损失的，处三年以下有期徒刑或者拘役，并处或者单处罚金；给银行或者其他金融机构造成特别重大损失或者有其他特别严重情节的，处三年以上七年以下有期徒刑，并处罚金。

单位犯前款罪的，对单位判处罚金，并对其直接负责的主管人员和其他直接责任人员，依照前款的规定处罚。

第一百七十六条　【非法吸收公众存款罪】非法吸收公众存款或者变相吸收公众存款，扰乱金融秩序的，处三年以下有期徒刑或者拘役，并处或者单处罚金；数额巨大或者有其他严重情节的，处三年以上十年以下有期徒刑，并处罚金；数额特别巨大或者有其他特别严重情节的，处十年以上有期徒刑，并处罚金。

单位犯前款罪的，对单位判处罚金，并对其直接负责的主管人员和其他直接责任人员，依照前款的规定处罚。

有前两款行为，在提起公诉前积极退赃退赔，减少损害结果发生的，可以从轻或者减轻处罚。

第一百七十七条　【伪造、变造金融票证罪】有下列情形之一，伪造、变造金融票证的，处五年以下有期徒刑或者拘役，并处或者单处二万元以上二十万元以下罚金；情节严重的，处五年以上十年以下有期徒刑，并处五万元以上五十万元以下罚金；情节特别严重的，处十年以上有期徒刑或者无期徒刑，并处五万元以上五十万元以下罚金或者没收财产：

（一）伪造、变造汇票、本票、支票的；

（二）伪造、变造委托收款凭证、汇款凭证、银行存单等其他银行结算凭证的；

（三）伪造、变造信用证或者附随的单据、文件的；

（四）伪造信用卡的。

单位犯前款罪的，对单位判处罚金，并对其直接负责的主管人员和其他直接责任人员，依照前款的规定处罚。

第一百七十七条之一　【妨害信用卡管理罪】有下列情形之一，妨害信用卡管理的，处三年以下有期徒刑或者拘役，并处或者单处一万元以上十万元以下罚金；数量巨大或者有其他严重情节的，处三年以上十年以下有期徒刑，并处二万元以上二十万元以下罚金：

（一）明知是伪造的信用卡而持有、运输的，或者明知是伪造的空白信用卡而持有、运输，数量较大的；

（二）非法持有他人信用卡，数量较大的；

（三）使用虚假的身份证明骗领信用卡的；

（四）出售、购买、为他人提供伪造的信用卡或者以虚假的身份证明骗领的信用卡的。

【窃取、收买、非法提供信用卡信息罪】窃取、收买或者非法提供他人信用卡信息资料的，依照前款规定处罚。

银行或者其他金融机构的工作人员利用职务上的便利，犯第二款罪的，从重处罚。

第一百七十八条　【伪造、变造国家有价证券罪】伪造、变造国库券或者国家发行的其他有价证券，数额较大的，处三年以下有期徒刑或者拘役，并处或者单处二万元以上二十万元以下罚金；数额巨大的，处三年以上十年以下有期徒刑，并处五万元以上五十万元以下罚金；数额特别巨大的，处十年以上有期徒刑或者无期徒刑，并处五万元以上五十万元以下罚金或者没收财产。

【伪造、变造股票、公司、企业债券罪】伪造、变造股票或者公司、企业债券，数额较大的，处三年以下有期徒刑或者拘役，并处或者单处一万元以上十万元以下罚金；数额巨大的，处三年以上十年以下有期徒刑，并处二万元以上二十万元以下罚金。

单位犯前两款罪的，对单位判处罚金，并对其直接负责的主管人员和其他直接责任人员，依照前两款的规定处罚。

第一百七十九条　【擅自发行股票、公司、企业债券罪】未经国家有关主管部门批准，擅自发行股票或者公司、企业债券，数额巨大、后果严重或者有其他严重情节的，处五年以下有期徒刑或者拘役，并处或者单处非法募集资金金额百分之一以上百分之五以下罚金。

单位犯前款罪的，对单位判处罚金，并对其直接负责的主管人员和其他直接责任人员，处五年以下有期徒刑或者拘役。

第一百八十条　【内幕交易、泄露内幕信息罪】证券、期货交易内幕信息的知情人员或者非法获取证券、期货交易内幕信息的人员，在涉及证券的发行，证券、期货交易或者其他对证券、期货交易价格有重大影响的信息尚未公开前，买入或者卖出该证券，或者从事与该内幕信息有关的期货交易，或者泄露该信息，或者明示、暗示他人从事上述交易活动，情节严重的，处五年以下有期徒刑或者拘役,并处或者单处违法所得一倍以上五倍以下罚金;情节特别严重的,处五年以上十年以下有期徒刑,并处违法所得一倍以上五倍以下罚金。

单位犯前款罪的,对单位判处罚金,并对其直接负责的主管人员和其他直接责任人员,处五年以下有期徒刑或者拘役。

内幕信息、知情人员的范围,依照法律、行政法规的规定确定。

【利用未公开信息交易罪】证券交易所、期货交易所、证券公司、期货经纪公司、基金管理公司、商业银行、保险公司等金融机构的从业人员以及有关监管部门或者行业协会的工作人员,利用因职务便利获取的内幕信息以外的其他未公开的信息,违反规定,从事与该信息相关的证券、期货交易活动,或者明示、暗示他人从事相关交易活动,情节严重的,依照第一款的规定处罚。

第一百八十一条　【编造并传播证券、期货交易虚假信息罪】编造并且传播影响证券、期货交易的虚假信息,扰乱证券、期货交易市场,造成严重后果的,处五年以下有期徒刑或者拘役,并处或者单处一万元以上十万元以下罚金。

【诱骗投资者买卖证券、期货合约罪】证券交易所、期货交易所、证券公司、期货经纪公司的从业人员,证券业协会、期货业协会或者证券期货监督管理部门的工作人员,故意提供虚假信息或者伪造、变造、销毁交易记录,诱骗投资者买卖证券、期货合约,造成严重后果的,处五年以下有期徒刑或者拘役,并处或者单处一万元以上十万元以下罚金;情节特别恶劣的,处五年以上十年以下有期徒刑,并处二万元以上二十万元以下罚金。

单位犯前两款罪的,对单位判处罚金,并对其直接负责的主管人员和其他直接责任人员,处五年以下有期徒刑或者拘役。

第一百八十二条　【操纵证券、期货市场罪】有下列情形之一,操纵证券、期货市场,影响证券、期货交易价格或者证券、期货交易量,情节严重的,处五年以下有期徒刑或者拘役,并处或者单处罚金;情节特别严重的,处五年以上十年以下有期徒刑,并处罚金:

(一)单独或者合谋,集中资金优势、持股或者持仓优势或者利用信息优势联合或者连续买卖的;

(二)与他人串通,以事先约定的时间、价格和方式相互进行证券、期货交易的;

(三)在自己实际控制的帐户之间进行证券交易,或者以自己为交易对象,自买自卖期货合约的;

(四)不以成交为目的,频繁或者大量申报买入、卖出证券、期货合约并撤销申报的;

(五)利用虚假或者不确定的重大信息,诱导投资者进行证券、期货交易的;

(六)对证券、证券发行人、期货交易标的公开作出评价、预测或者投资建议,同时进行反向证券交易或者相关期货交易的;

(七)以其他方法操纵证券、期货市场的。

单位犯前款罪的,对单位判处罚金,并对其直接负责的主管人员和其他直接责任人员,依照前款的规定处罚。

第一百八十三条　【职务侵占罪】保险公司的工作人员利用职务上的便利,故意编造未曾发生的保险事故进行虚假理赔,骗取保险金归自己所有的,依照本法第二百七十一条的规定定罪处罚。

【贪污罪】国有保险公司工作人员和国有保险公司委派到非国有保险公司从事公务的人员有前款行为的,依照本法第三百八十二条、第三百八十三条的规定定罪处罚。

第一百八十四条　【非国家工作人员受贿罪】银行或者其他金融机构的工作人员在金融业务活动中索取他人财物或者非法收受他人财物,为他人谋取利益的,或者违反国家规定,收受各种名义的回扣、手续费,归个人所有的,依照本法第一百六十三条的规定定罪处罚。

【受贿罪】国有金融机构工作人员和国有金融机构委派到非国有金融机构从事公务的人员有前款行为的,依照本法第三百八十五条、第三百八十六条的规定定罪处罚。

第一百八十五条　【挪用资金罪】商业银行、证券交易所、期货交易所、证券公司、期货经纪公司、保险公司或者其他金融机构的工作人员利用职务上的便利,挪用本单位或者客户资金的,依照本法第二百七十二条的规定定罪处罚。

【挪用公款罪】国有商业银行、证券交易所、期货交易所、证券公司、期货经纪公司、保险公司或者其他国有金融机构的工作人员和国有商业银行、证券交易所、期货交易所、证券公司、期货经纪公司、保险公司或者其他国有金融机构委派到前款规定中的非国有机构从事公务的人员有前款行为的,依照本法第三百八十四条的规定定罪处罚。

第一百八十五条之一　【背信运用受托财产罪】商业银行、证券交易所、期货交易所、证券公司、期货经纪公司、保险公司或者其他金融机构,违背受托义务,擅自运用客户资金或者其他委托、信托的财产,情节严重的,对单位判处罚金,并对其直接负责的主管人员和其他直接责任人员,处三年以下有期徒刑或者拘役,并处三万元以上三十万元以下罚金;情节特别严重的,处三年以上十年以下有期徒刑,并处五万元以上五十万元以下罚金。

【违法运用资金罪】社会保障基金管理机构、住房公积金管理机构等公众资金管理机构,以及保险公司、保险资产管理公司、证券投资基金管理公司,违反国家规定运用资金的,对其直接负责的主管人员和其他直接责任人员,依照前款的规定处罚。

第一百八十六条 【违法发放贷款罪】银行或者其他金融机构的工作人员违反国家规定发放贷款,数额巨大或者造成重大损失的,处五年以下有期徒刑或者拘役,并处一万元以上十万元以下罚金;数额特别巨大或者造成特别重大损失的,处五年以上有期徒刑,并处二万元以上二十万元以下罚金。

银行或者其他金融机构的工作人员违反国家规定,向关系人发放贷款的,依照前款的规定从重处罚。

单位犯前两款罪的,对单位判处罚金,并对其直接负责的主管人员和其他直接责任人员,依照前两款的规定处罚。

关系人的范围,依照《中华人民共和国商业银行法》和有关金融法规确定。

第一百八十七条 【吸收客户资金不入帐罪】银行或者其他金融机构的工作人员吸收客户资金不入帐,数额巨大或者造成重大损失的,处五年以下有期徒刑或者拘役,并处二万元以上二十万元以下罚金;数额特别巨大或者造成特别重大损失的,处五年以上有期徒刑,并处五万元以上五十万元以下罚金。

单位犯前款罪的,对单位判处罚金,并对其直接负责的主管人员和其他直接责任人员,依照前款的规定处罚。

第一百八十八条 【违规出具金融票证罪】银行或者其他金融机构的工作人员违反规定,为他人出具信用证或者其他保函、票据、存单、资信证明,情节严重的,处五年以下有期徒刑或者拘役;情节特别严重的,处五年以上有期徒刑。

单位犯前款罪的,对单位判处罚金,并对其直接负责的主管人员和其他直接责任人员,依照前款的规定处罚。

第一百八十九条 【对违法票据承兑、付款、保证罪】银行或者其他金融机构的工作人员在票据业务中,对违反票据法规定的票据予以承兑、付款或者保证,造成重大损失的,处五年以下有期徒刑或者拘役;造成特别重大损失的,处五年以上有期徒刑。

单位犯前款罪的,对单位判处罚金,并对其直接负责的主管人员和其他直接责任人员,依照前款的规定处罚。

第一百九十条 【逃汇罪】公司、企业或者其他单位,违反国家规定,擅自将外汇存放境外,或者将境内的外汇非法转移到境外,数额较大的,对单位判处逃汇数额百分之五以上百分之三十以下罚金,并对其直接负责的主管人员和其他直接责任人员处五年以下有期徒刑或者拘役;数额巨大或者有其他严重情节的,对单位判处逃汇数额百分之五以上百分之三十以下罚金,并对其直接负责的主管人员和其他直接责任人员处五年以上有期徒刑。

第一百九十一条 【洗钱罪】为掩饰、隐瞒毒品犯罪、黑社会性质的组织犯罪、恐怖活动犯罪、走私犯罪、贪污贿赂犯罪、破坏金融管理秩序犯罪、金融诈骗犯罪的所得及其产生的收益的来源和性质,有下列行为之一的,没收实施以上犯罪的所得及其产生的收益,处五年以下有期徒刑或者拘役,并处或者单处罚金;情节严重的,处五年以上十年以下有期徒刑,并处罚金:

(一)提供资金帐户的;

(二)将财产转换为现金、金融票据、有价证券的;

(三)通过转帐或者其他支付结算方式转移资金的;

(四)跨境转移资产的;

(五)以其他方法掩饰、隐瞒犯罪所得及其收益的来源和性质的。

单位犯前款罪的,对单位判处罚金,并对其直接负责的主管人员和其他直接责任人员,依照前款的规定处罚。

第五节 金融诈骗罪

第一百九十二条 【集资诈骗罪】以非法占有为目的,使用诈骗方法非法集资,数额较大的,处三年以上七年以下有期徒刑,并处罚金;数额巨大或者有其他严重情节的,处七年以上有期徒刑或者无期徒刑,并处罚金或者没收财产。

单位犯前款罪的,对单位判处罚金,并对其直接负责的主管人员和其他直接责任人员,依照前款的规定处罚。

第一百九十三条 【贷款诈骗罪】有下列情形之一,以非法占有为目的,诈骗银行或者其他金融机构的贷款,数额较大的,处五年以下有期徒刑或者拘役,并处二万元以上二十万元以下罚金;数额巨大或者有其他严重情节的,处五年以上十年以下有期徒刑,并处五万元以上五十万元以下罚金;数额特别巨大或者有其他特别严重情节的,处十年以上有期徒刑或者无期徒刑,并处五万元以上五十万元以下罚金或者没收财产:

（一）编造引进资金、项目等虚假理由的；

（二）使用虚假的经济合同的；

（三）使用虚假的证明文件的；

（四）使用虚假的产权证明作担保或者超出抵押物价值重复担保的；

（五）以其他方法诈骗贷款的。

第一百九十四条　【票据诈骗罪】有下列情形之一，进行金融票据诈骗活动，数额较大的，处五年以下有期徒刑或者拘役，并处二万元以上二十万元以下罚金；数额巨大或者有其他严重情节的，处五年以上十年以下有期徒刑，并处五万元以上五十万元以下罚金；数额特别巨大或者有其他特别严重情节的，处十年以上有期徒刑或者无期徒刑，并处五万元以上五十万元以下罚金或者没收财产：

（一）明知是伪造、变造的汇票、本票、支票而使用的；

（二）明知是作废的汇票、本票、支票而使用的；

（三）冒用他人的汇票、本票、支票的；

（四）签发空头支票或者与其预留印鉴不符的支票，骗取财物的；

（五）汇票、本票的出票人签发无资金保证的汇票、本票或者在出票时作虚假记载，骗取财物的。

【金融凭证诈骗罪】使用伪造、变造的委托收款凭证、汇款凭证、银行存单等其他银行结算凭证的，依照前款的规定处罚。

第一百九十五条　【信用证诈骗罪】有下列情形之一，进行信用证诈骗活动的，处五年以下有期徒刑或者拘役，并处二万元以上二十万元以下罚金；数额巨大或者有其他严重情节的，处五年以上十年以下有期徒刑，并处五万元以上五十万元以下罚金；数额特别巨大或者有其他特别严重情节的，处十年以上有期徒刑或者无期徒刑，并处五万元以上五十万元以下罚金或者没收财产：

（一）使用伪造、变造的信用证或者附随的单据、文件的；

（二）使用作废的信用证的；

（三）骗取信用证的；

（四）以其他方法进行信用证诈骗活动的。

第一百九十六条　【信用卡诈骗罪】有下列情形之一，进行信用卡诈骗活动，数额较大的，处五年以下有期徒刑或者拘役，并处二万元以上二十万元以下罚金；数额巨大或者有其他严重情节的，处五年以上十年以下有期徒刑，并处五万元以上五十万元以下罚金；数额特别巨大或者有其他特别严重情节的，处十年以上有期徒刑或者无期徒刑，并处五万元以上五十万元以下罚金或者没收财产：

（一）使用伪造的信用卡，或者使用以虚假的身份证明骗领的信用卡的；

（二）使用作废的信用卡的；

（三）冒用他人信用卡的；

（四）恶意透支的。

前款所称恶意透支，是指持卡人以非法占有为目的，超过规定限额或者规定期限透支，并且经发卡银行催收后仍不归还的行为。

【盗窃罪】盗窃信用卡并使用的，依照本法第二百六十四条的规定定罪处罚。

第一百九十七条　【有价证券诈骗罪】使用伪造、变造的国库券或者国家发行的其他有价证券，进行诈骗活动，数额较大的，处五年以下有期徒刑或者拘役，并处二万元以上二十万元以下罚金；数额巨大或者有其他严重情节的，处五年以上十年以下有期徒刑，并处五万元以上五十万元以下罚金；数额特别巨大或者有其他特别严重情节的，处十年以上有期徒刑或者无期徒刑，并处五万元以上五十万元以下罚金或者没收财产。

第一百九十八条　【保险诈骗罪】有下列情形之一，进行保险诈骗活动，数额较大的，处五年以下有期徒刑或者拘役，并处一万元以上十万元以下罚金；数额巨大或者有其他严重情节的，处五年以上十年以下有期徒刑，并处二万元以上二十万元以下罚金；数额特别巨大或者有其他特别严重情节的，处十年以上有期徒刑，并处二万元以上二十万元以下罚金或者没收财产：

（一）投保人故意虚构保险标的，骗取保险金的；

（二）投保人、被保险人或者受益人对发生的保险事故编造虚假的原因或者夸大损失的程度，骗取保险金的；

（三）投保人、被保险人或者受益人编造未曾发生的保险事故，骗取保险金的；

（四）投保人、被保险人故意造成财产损失的保险事故，骗取保险金的；

（五）投保人、受益人故意造成被保险人死亡、伤残或者疾病，骗取保险金的。

有前款第四项、第五项所列行为，同时构成其他犯罪的，依照数罪并罚的规定处罚。

单位犯第一款罪的，对单位判处罚金，并对其直接负责的主管人员和其他直接责任人员，处五年以下有期徒刑或者拘役；数额巨大或者有其他严重情节的，处五年以上十年以下有期徒刑；数额特别巨大或者有其他特别严重情节的，处十年以上有期徒刑。

保险事故的鉴定人、证明人、财产评估人故意提供虚假的证明文件,为他人诈骗提供条件的,以保险诈骗的共犯论处。

~~**第一百九十九条 【金融诈骗罪适用死刑和没收财产的规定】**犯本节第一百九十二条规定之罪,数额特别巨大并且给国家和人民利益造成特别重大损失的,处无期徒刑或者死刑,并处没收财产。~~(2015 年 8 月 29 日删除)

第二百条 【单位犯金融诈骗罪的处罚规定】单位犯本节第一百九十四条、第一百九十五条规定之罪的,对单位判处罚金,并对其直接负责的主管人员和其他直接责任人员,处五年以下有期徒刑或者拘役,可以并处罚金;数额巨大或者有其他严重情节的,处五年以上十年以下有期徒刑,并处罚金;数额特别巨大或者有其他特别严重情节的,处十年以上有期徒刑或者无期徒刑,并处罚金。

全国人民代表大会常务委员会关于惩治骗购外汇、逃汇和非法买卖外汇犯罪的决定

1. 1998年12月29日第九届全国人民代表大会常务委员会第六次会议通过
2. 1998年12月29日中华人民共和国主席令第14号公布
3. 自1998年12月29日起施行

为了惩治骗购外汇、逃汇和非法买卖外汇的犯罪行为,维护国家外汇管理秩序,对刑法作如下补充修改:

一、【骗购外汇罪】有下列情形之一,骗购外汇,数额较大的,处五年以下有期徒刑或者拘役,并处骗购外汇数额百分之五以上百分之三十以下罚金;数额巨大或者有其他严重情节的,处五年以上十年以下有期徒刑,并处骗购外汇数额百分之五以上百分之三十以下罚金;数额特别巨大或者有其他特别严重情节的,处十年以上有期徒刑或者无期徒刑,并处骗购外汇数额百分之五以上百分之三十以下罚金或者没收财产:

(一)使用伪造、变造的海关签发的报关单、进口证明、外汇管理部门核准件等凭证和单据的;

(二)重复使用海关签发的报关单、进口证明、外汇管理部门核准件等凭证和单据的;

(三)以其他方式骗购外汇的。

伪造、变造海关签发的报关单、进口证明、外汇管理部门核准件等凭证和单据,并用于骗购外汇的,依照前款的规定从重处罚。

明知用于骗购外汇而提供人民币资金的,以共犯论处。

单位犯前三款罪的,对单位依照第一款的规定判处罚金,并对其直接负责的主管人员和其他直接责任人员,处五年以下有期徒刑或者拘役;数额巨大或者有其他严重情节的,处五年以上十年以下有期徒刑;数额特别巨大或者有其他特别严重情节的,处十年以上有期徒刑或者无期徒刑。

二、【买卖国家机关公文、证件、印章罪】买卖伪造、变造的海关签发的报关单、进口证明、外汇管理部门核准件等凭证和单据或者国家机关的其他公文、证件、印章的,依照刑法第二百八十条的规定定罪处罚。

三、【逃汇罪】将刑法第一百九十条修改为:公司、企业或者其他单位,违反国家规定,擅自将外汇存放境外,或者将境内的外汇非法转移到境外,数额较大的,对单位判处逃汇数额百分之五以上百分之三十以下罚金,并对其直接负责的主管人员和其他直接责任人员,处五年以下有期徒刑或者拘役;数额巨大或者有其他严重情节的,对单位判处逃汇数额百分之五以上百分之三十以下罚金,并对其直接负责的主管人员和其他直接责任人员,处五年以上有期徒刑。

四、【非法经营罪】在国家规定的交易场所以外非法买卖外汇,扰乱市场秩序,情节严重的,依照刑法第二百二十五条的规定定罪处罚。

单位犯前款罪的,依照刑法第二百三十一条的规定处罚。

五、【骗购外汇罪;逃汇罪】海关、外汇管理部门以及金融机构、从事对外贸易经营活动的公司、企业或者其他单位的工作人员与骗购外汇或者逃汇的行为人通谋,为其提供购买外汇的有关凭证或者其他便利的,或者明知是伪造、变造的凭证和单据而售汇、付汇的,以共犯论,依照本决定从重处罚。

六、【玩忽职守罪】海关、外汇管理部门的工作人员严重不负责任,造成大量外汇被骗购或者逃汇,致使国家利益遭受重大损失的,依照刑法第三百九十七条的规定定罪处罚。

七、【签订、履行合同失职被骗罪】金融机构、从事对外贸易经营活动的公司、企业的工作人员严重不负责任,造成大量外汇被骗购或者逃汇,致使国家利益遭受重大损失的,依照刑法第一百六十七条的规定定罪处罚。

八、【缴物处理】犯本决定规定之罪,依法被追缴、没收的财物和罚金,一律上缴国库。

九、【施行日期】本决定自公布之日起施行。

全国人民代表大会常务委员会关于《中华人民共和国刑法》有关信用卡规定的解释

2004年12月29日第十届全国人民代表大会常务委员会第十三次会议通过

全国人民代表大会常务委员会根据司法实践中遇到的情况，讨论了刑法规定的“信用卡”的含义问题，解释如下：

刑法规定的“信用卡”，是指由商业银行或者其他金融机构发行的具有消费支付、信用贷款、转账结算、存取现金等全部功能或者部分功能的电子支付卡。

现予公告。

最高人民法院关于审理骗购外汇、非法买卖外汇刑事案件具体应用法律若干问题的解释

1. *1998年8月28日最高人民法院审判委员会第1018次会议通过*
2. *1998年8月28日公布*
3. *法释〔1998〕20号*
4. *自1998年9月1日起施行*

为依法惩处骗购外汇、非法买卖外汇的犯罪行为，根据刑法的有关规定，现对审理骗购外汇、非法买卖外汇案件具体应用法律的若干问题解释如下：

第一条　以进行走私、逃汇、洗钱、骗税等犯罪活动为目的，使用虚假、无效的凭证、商业单据或者采取其他手段向外汇指定银行骗购外汇的，应当分别按照刑法分则第三章第二节、第一百九十条、第一百九十一条和第二百零四条等规定定罪处罚。

非国有公司、企业或者其他单位，与国有公司、企业或者其他国有单位勾结逃汇的，以逃汇罪的共犯处罚。

第二条　伪造、变造、买卖海关签发的报关单、进口证明、外汇管理机关的核准件等凭证或者购买伪造、变造的上述凭证的，按照刑法第二百八十条第一款的规定定罪处罚。

第三条　在外汇指定银行和中国外汇交易中心及其分中心以外买卖外汇，扰乱金融市场秩序，具有下列情形之一的，按照刑法第二百二十五条第（三）项的规定定罪处罚：

（一）非法买卖外汇二十万美元以上的；

（二）违法所得五万元人民币以上的。

第四条　公司、企业或者其他单位，违反有关外贸代理业务的规定，采用非法手段，或者明知是伪造、变造的凭证、商业单据，为他人向外汇指定银行骗购外汇，数额在五百万美元以上或者违法所得五十万元人民币以上的，按照刑法第二百二十五条第（三）项的规定定罪处罚。

居间介绍骗购外汇一百万美元以上或者违法所得十万元人民币以上的，按照刑法第二百二十五条第（三）项的规定定罪处罚。

第五条　海关、银行、外汇管理机关工作人员与骗购外汇的行为人通谋，为其提供购买外汇的有关凭证，或者明知是伪造、变造的凭证和商业单据而出售外汇，构成犯罪的，按照刑法的有关规定从重处罚。

第六条　实施本解释规定的行为，同时触犯二个以上罪名的，择一重罪从重处罚。

第七条　根据刑法第六十四条规定，骗购外汇、非法买卖外汇的，其违法所得予以追缴，用于骗购外汇、非法买卖外汇的资金予以没收，上缴国库。

第八条　骗购、非法买卖不同币种的外汇的，以案发时国家外汇管理机关制定的统一折算率折合后依照本解释处罚。

最高人民法院关于审理伪造货币等案件具体应用法律若干问题的解释

1. *2000年4月20日最高人民法院审判委员会第1110次会议通过*
2. *2000年9月8日公布*
3. *法释〔2000〕26号*
4. *自2000年9月14日起施行*

为依法惩治伪造货币，出售、购买、运输假币等犯罪活动，根据刑法的有关规定，现就审理这类案件具体应用法律的若干问题解释如下：

第一条　伪造货币的总面额在二千元以上不满三万元或者币量在二百张（枚）以上不足三千张（枚）的，依照刑法第一百七十条的规定，处三年以上十年以下有期徒刑，并处五万元以上五十万元以下罚金。

伪造货币的总面额在三万元以上的，属于“伪造货币数额特别巨大”。

行为人制造货币版样或者与他人事前通谋，为他人伪造货币提供版样的，依照刑法第一百七十条的规定定罪处罚。

第二条　行为人购买假币后使用，构成犯罪的，依照刑法第一百七十一条的规定，以购买假币罪定罪，从重处罚。

行为人出售、运输假币构成犯罪，同时有使用假币行为的，依照刑法第一百七十一条、第一百七十二条的规定，实行数罪并罚。

第三条　出售、购买假币或者明知是假币而运输，总面额在四千元以上不满五万元的，属于"数额较大"；总面额在五万元以上不满二十万元的，属于"数额巨大"；总面额在二十万元以上的，属于"数额特别巨大"，依照刑法第一百七十一条第一款的规定定罪处罚。

第四条　银行或者其他金融机构的工作人员购买假币或者利用职务上的便利，以假币换取货币，总面额在四千元以上不满五万元或者币量在四百张（枚）以上不足五千张（枚）的，处三年以上十年以下有期徒刑，并处二万元以上二十万元以下罚金；总面额在五万元以上或者币量在五千张（枚）以上或者有其他严重情节的，处十年以上有期徒刑或者无期徒刑，并处二万元以上二十万元以下罚金或者没收财产；总面额不满人民币四千元或者币量不足四百张（枚）或者具有其他情节较轻情形的，处三年以下有期徒刑或者拘役，并处或者单处一万元以上十万元以下罚金。

第五条　明知是假币而持有、使用，总面额在四千元以上不满五万元的，属于"数额较大"；总面额在五万元以上不满二十万元的，属于"数额巨大"；总面额在二十万元以上的，属于"数额特别巨大"，依照刑法第一百七十二条的规定定罪处罚。

第六条　变造货币的总面额在二千元以上不满三万元的，属于"数额较大"；总面额在三万元以上的，属于"数额巨大"，依照刑法第一百七十三条的规定定罪处罚。

第七条　本解释所称"货币"是指可在国内市场流通或者兑换的人民币和境外货币。

货币面额应当以人民币计算，其他币种以案发时国家外汇管理机关公布的外汇牌价折算成人民币。

最高人民法院关于审理伪造货币等案件具体应用法律若干问题的解释（二）

1. 2010年10月11日最高人民法院审判委员会第1498次会议通过
2. 2010年10月20日公布
3. 法释〔2010〕14号
4. 自2010年11月3日起施行

为依法惩治伪造货币、变造货币等犯罪活动，根据刑法有关规定和近一个时期的司法实践，就审理此类刑事案件具体应用法律的若干问题解释如下：

第一条　仿照真货币的图案、形状、色彩等特征非法制造假币，冒充真币的行为，应当认定为刑法第一百七十条规定的"伪造货币"。

对真货币采用剪贴、挖补、揭层、涂改、移位、重印等方法加工处理，改变真币形态、价值的行为，应当认定为刑法第一百七十三条规定的"变造货币"。

第二条　同时采用伪造和变造手段，制造真伪拼凑货币的行为，依照刑法第一百七十条的规定，以伪造货币罪定罪处罚。

第三条　以正在流通的境外货币为对象的假币犯罪，依照刑法第一百七十条至第一百七十三条的规定定罪处罚。

假境外货币犯罪的数额，按照案发当日中国外汇交易中心或者中国人民银行授权机构公布的人民币对该货币的中间价折合成人民币计算。中国外汇交易中心或者中国人民银行授权机构未公布汇率中间价的境外货币，按照案发当日境内银行人民币对该货币的中间价折算成人民币，或者该货币在境内银行、国际外汇市场对美元汇率，与人民币对美元汇率中间价进行套算。

第四条　以中国人民银行发行的普通纪念币和贵金属纪念币为对象的假币犯罪，依照刑法第一百七十条至第一百七十三条的规定定罪处罚。

假普通纪念币犯罪的数额，以面额计算；假贵金属纪念币犯罪的数额，以贵金属纪念币的初始发售价格计算。

第五条　以使用为目的，伪造停止流通的货币，或者使用伪造的停止流通的货币的，依照刑法第二百六十六条的规定，以诈骗罪定罪处罚。

第六条　此前发布的司法解释与本解释不一致的，以本解释为准。

最高人民法院关于审理洗钱等刑事案件具体应用法律若干问题的解释

1. 2009年9月21日最高人民法院审判委员会第1474次会议通过
2. 2009年11月4日公布
3. 法释〔2009〕15号
4. 自2009年11月11日起施行

为依法惩治洗钱，掩饰、隐瞒犯罪所得、犯罪所得收益，资助恐怖活动等犯罪活动，根据刑法有关规定，现就审理此类刑事案件具体应用法律的若干问题解释如下：

第一条　刑法第一百九十一条、第三百一十二条规定的“明知”，应当结合被告人的认知能力，接触他人犯罪所得及其收益的情况，犯罪所得及其收益的种类、数额，犯罪所得及其收益的转换、转移方式以及被告人的供述等主、客观因素进行认定。

具有下列情形之一的，可以认定被告人明知系犯罪所得及其收益，但有证据证明确实不知道的除外：

（一）知道他人从事犯罪活动，协助转换或者转移财物的；

（二）没有正当理由，通过非法途径协助转换或者转移财物的；

（三）没有正当理由，以明显低于市场的价格收购财物的；

（四）没有正当理由，协助转换或者转移财物，收取明显高于市场的“手续费”的；

（五）没有正当理由，协助他人将巨额现金散存于多个银行账户或者在不同银行账户之间频繁划转的；

（六）协助近亲属或者其他关系密切的人转换或者转移与其职业或者财产状况明显不符的财物的；

（七）其他可以认定行为人明知的情形。

被告人将刑法第一百九十一条规定的某一上游犯罪的犯罪所得及其收益误认为刑法第一百九十一条规定的上游犯罪范围内的其他犯罪所得及其收益的，不影响刑法第一百九十一条规定的“明知”的认定。

第二条　具有下列情形之一的，可以认定为刑法第一百九十一条第一款第（五）项规定的“以其他方法掩饰、隐瞒犯罪所得及其收益的来源和性质”：

（一）通过典当、租赁、买卖、投资等方式，协助转移、转换犯罪所得及其收益的；

（二）通过与商场、饭店、娱乐场所等现金密集型场所的经营收入相混合的方式，协助转移、转换犯罪所得及其收益的；

（三）通过虚构交易、虚设债权债务、虚假担保、虚报收入等方式，协助将犯罪所得及其收益转换为“合法”财物的；

（四）通过买卖彩票、奖券等方式，协助转换犯罪所得及其收益的；

（五）通过赌博方式，协助将犯罪所得及其收益转换为赌博收益的；

（六）协助将犯罪所得及其收益携带、运输或者邮寄出入境的；

（七）通过前述规定以外的方式协助转移、转换犯罪所得及其收益的。

第三条　明知是犯罪所得及其产生的收益而予以掩饰、隐瞒，构成刑法第三百一十二条规定的犯罪，同时又构成刑法第一百九十一条或者第三百四十九条规定的犯罪的，依照处罚较重的规定定罪处罚。

第四条　刑法第一百九十一条、第三百一十二条、第三百四十九条规定的犯罪，应当以上游犯罪事实成立为认定前提。上游犯罪尚未依法裁判，但查证属实的，不影响刑法第一百九十一条、第三百一十二条、第三百四十九条规定的犯罪的审判。

上游犯罪事实可以确认，因行为人死亡等原因依法不予追究刑事责任的，不影响刑法第一百九十一条、第三百一十二条、第三百四十九条规定的犯罪的认定。

上游犯罪事实可以确认，依法以其他罪名定罪处罚的，不影响刑法第一百九十一条、第三百一十二条、第三百四十九条规定的犯罪的认定。

本条所称“上游犯罪”，是指产生刑法第一百九十一条、第三百一十二条、第三百四十九条规定的犯罪所得及其收益的各种犯罪行为。

第五条　刑法第一百二十条之一规定的“资助”，是指为恐怖活动组织或者实施恐怖活动的个人筹集、提供经费、物资或者提供场所以及其他物质便利的行为。

刑法第一百二十条之一规定的“实施恐怖活动的个人”，包括预谋实施、准备实施和实际实施恐怖活动的个人。

最高人民法院、最高人民检察院关于办理妨害信用卡管理刑事案件具体应用法律若干问题的解释

1. 2009年10月12日最高人民法院审判委员会第1475次会议、2009年11月12日最高人民检察院第十一届检察委员会第22次会议通过、2009年12月3日公布、自2009年12月16日起施行（法释〔2009〕19号）

2. 根据2018年7月30日最高人民法院审判委员会第1745次会议、2018年10月19日最高人民检察院第十三届检察委员会第7次会议通过、2018年11月28日公布、2018年12月1日起施行的《最高人民法院、最高人民检察院关于修改〈关于办理妨害信用卡管理刑事案件具体应用法律若干问题的解释〉的决定》（法释〔2018〕19号）修正

为依法惩治妨害信用卡管理犯罪活动，维护信用卡管理秩序和持卡人合法权益，根据《中华人民共和国刑法》规定，现就办理这类刑事案件具体应用法律

的若干问题解释如下：

第一条 复制他人信用卡、将他人信用卡信息资料写入磁条介质、芯片或者以其他方法伪造信用卡一张以上的，应当认定为刑法第一百七十七条第一款第四项规定的“伪造信用卡”，以伪造金融票证罪定罪处罚。

伪造空白信用卡十张以上的，应当认定为刑法第一百七十七条第一款第四项规定的“伪造信用卡”，以伪造金融票证罪定罪处罚。

伪造信用卡，有下列情形之一的，应当认定为刑法第一百七十七条规定的“情节严重”：

（一）伪造信用卡五张以上不满二十五张的；

（二）伪造的信用卡内存款余额、透支额度单独或者合计数额在二十万元以上不满一百万元的；

（三）伪造空白信用卡五十张以上不满二百五十张的；

（四）其他情节严重的情形。

伪造信用卡，有下列情形之一的，应当认定为刑法第一百七十七条规定的“情节特别严重”：

（一）伪造信用卡二十五张以上的；

（二）伪造的信用卡内存款余额、透支额度单独或者合计数额在一百万元以上的；

（三）伪造空白信用卡二百五十张以上的；

（四）其他情节特别严重的情形。

本条所称“信用卡内存款余额、透支额度”，以信用卡被伪造后发卡行记录的最高存款余额、可透支额度计算。

第二条 明知是伪造的空白信用卡而持有、运输十张以上不满一百张的，应当认定为刑法第一百七十七条之一第一款第一项规定的“数量较大”；非法持有他人信用卡五张以上不满五十张的，应当认定为刑法第一百七十七条之一第一款第二项规定的“数量较大”。

有下列情形之一的，应当认定为刑法第一百七十七条之一第一款规定的“数量巨大”：

（一）明知是伪造的信用卡而持有、运输十张以上的；

（二）明知是伪造的空白信用卡而持有、运输一百张以上的；

（三）非法持有他人信用卡五十张以上的；

（四）使用虚假的身份证明骗领信用卡十张以上的；

（五）出售、购买、为他人提供伪造的信用卡或者以虚假的身份证明骗领的信用卡十张以上的。

违背他人意愿，使用其居民身份证、军官证、士兵证、港澳居民往来内地通行证、台湾居民来往大陆通行证、护照等身份证明申领信用卡的，或者使用伪造、变造的身份证明申领信用卡的，应当认定为刑法第一百七十七条之一第一款第三项规定的“使用虚假的身份证明骗领信用卡”。

第三条 窃取、收买、非法提供他人信用卡信息资料，足以伪造可进行交易的信用卡，或者足以使他人以信用卡持卡人名义进行交易，涉及信用卡一张以上不满五张的，依照刑法第一百七十七条之一第二款的规定，以窃取、收买、非法提供信用卡信息罪定罪处罚；涉及信用卡五张以上的，应当认定为刑法第一百七十七条之一第一款规定的“数量巨大”。

第四条 为信用卡申请人制作、提供虚假的财产状况、收入、职务等资信证明材料，涉及伪造、变造、买卖国家机关公文、证件、印章，或者涉及伪造公司、企业、事业单位、人民团体印章，应当追究刑事责任的，依照刑法第二百八十条的规定，分别以伪造、变造、买卖国家机关公文、证件、印章罪和伪造公司、企业、事业单位、人民团体印章罪定罪处罚。

承担资产评估、验资、验证、会计、审计、法律服务等职责的中介组织或其人员，为信用卡申请人提供虚假的财产状况、收入、职务等资信证明材料，应当追究刑事责任的，依照刑法第二百二十九条的规定，分别以提供虚假证明文件罪和出具证明文件重大失实罪定罪处罚。

第五条 使用伪造的信用卡、以虚假的身份证明骗领的信用卡、作废的信用卡或者冒用他人信用卡，进行信用卡诈骗活动，数额在五千元以上不满五万元的，应当认定为刑法第一百九十六条规定的“数额较大”；数额在五万元以上不满五十万元的，应当认定为刑法第一百九十六条规定的“数额巨大”；数额在五十万元以上的，应当认定为刑法第一百九十六条规定的“数额特别巨大”。

刑法第一百九十六条第一款第三项所称“冒用他人信用卡”，包括以下情形：

（一）拾得他人信用卡并使用的；

（二）骗取他人信用卡并使用的；

（三）窃取、收买、骗取或者以其他非法方式获取他人信用卡信息资料，并通过互联网、通讯终端等使用的；

（四）其他冒用他人信用卡的情形。

第六条 持卡人以非法占有为目的，超过规定限额或者规定期限透支，经发卡银行两次有效催收后超过三个月仍不归还的，应当认定为刑法第一百九十六条规定的“恶意透支”。

对于是否以非法占有为目的，应当综合持卡人信用记录、还款能力和意愿、申领和透支信用卡的状况、透支资金的用途、透支后的表现、未按规定还款的原因等情节作出判断。不得单纯依据持卡人未按规定还款的事实认定非法占有目的。

具有以下情形之一的,应当认定为刑法第一百九十六条第二款规定的"以非法占有为目的",但有证据证明持卡人确实不具有非法占有目的的除外:

(一)明知没有还款能力而大量透支,无法归还的;

(二)使用虚假资信证明申领信用卡后透支,无法归还的;

(三)透支后通过逃匿、改变联系方式等手段,逃避银行催收的;

(四)抽逃、转移资金,隐匿财产,逃避还款的;

(五)使用透支的资金进行犯罪活动的;

(六)其他非法占有资金,拒不归还的情形。

第七条 催收同时符合下列条件的,应当认定为本解释第六条规定的"有效催收":

(一)在透支超过规定限额或者规定期限后进行;

(二)催收应当采用能够确认持卡人收悉的方式,但持卡人故意逃避催收的除外;

(三)两次催收至少间隔三十日;

(四)符合催收的有关规定或者约定。

对于是否属于有效催收,应当根据发卡银行提供的电话录音、信息送达记录、信函送达回执、电子邮件送达记录、持卡人或者其家属签字以及其他催收原始证据材料作出判断。

发卡银行提供的相关证据材料,应当有银行工作人员签名和银行公章。

第八条 恶意透支,数额在五万元以上不满五十万元的,应当认定为刑法第一百九十六条规定的"数额较大";数额在五十万元以上不满五百万元的,应当认定为刑法第一百九十六条规定的"数额巨大";数额在五百万元以上的,应当认定为刑法第一百九十六条规定的"数额特别巨大"。

第九条 恶意透支的数额,是指公安机关刑事立案时尚未归还的实际透支的本金数额,不包括利息、复利、滞纳金、手续费等发卡银行收取的费用。归还或者支付的数额,应当认定为归还实际透支的本金。

检察机关在审查起诉、提起公诉时,应当根据发卡银行提供的交易明细、分类账单(透支账单、还款账单)等证据材料,结合犯罪嫌疑人、被告人及其辩护人所提辩解、辩护意见及相关证据材料,审查认定恶意透支的数额;恶意透支的数额难以确定的,应当依据司法会计、审计报告,结合其他证据材料审查认定。人民法院在审判过程中,应当在对上述证据材料查证属实的基础上,对恶意透支的数额作出认定。

发卡银行提供的相关证据材料,应当有银行工作人员签名和银行公章。

第十条 恶意透支数额较大,在提起公诉前全部归还或者具有其他情节轻微情形的,可以不起诉;在一审判决前全部归还或者具有其他情节轻微情形的,可以免予刑事处罚。但是,曾因信用卡诈骗受过两次以上处罚的除外。

第十一条 发卡银行违规以信用卡透支形式变相发放贷款,持卡人未按规定归还的,不适用刑法第一百九十六条"恶意透支"的规定。构成其他犯罪的,以其他犯罪论处。

第十二条 违反国家规定,使用销售点终端机具(POS机)等方法,以虚构交易、虚开价格、现金退货等方式向信用卡持卡人直接支付现金,情节严重的,应当依据刑法第二百二十五条的规定,以非法经营罪定罪处罚。

实施前款行为,数额在一百万元以上的,或者造成金融机构资金二十万元以上逾期未还的,或者造成金融机构经济损失十万元以上的,应当认定为刑法第二百二十五条规定的"情节严重";数额在五百万元以上的,或者造成金融机构资金一百万元以上逾期未还的,或者造成金融机构经济损失五十万元以上的,应当认定为刑法第二百二十五条规定的"情节特别严重"。

持卡人以非法占有为目的,采用上述方式恶意透支,应当追究刑事责任的,依照刑法第一百九十六条的规定,以信用卡诈骗罪定罪处罚。

第十三条 单位实施本解释规定的行为,适用本解释规定的相应自然人犯罪的定罪量刑标准。

最高人民法院关于审理非法集资刑事案件具体应用法律若干问题的解释

1. *2010年11月22日最高人民法院审判委员会第1502次会议通过、2010年12月13日公布、自2011年1月4日起施行(法释〔2010〕18号)*
2. *根据2021年12月30日最高人民法院审判委员会第1860次会议通过、2022年2月23日公布、自2022年3月1日起施行的《最高人民法院关于修改〈最高人民法院关于审理非法集资刑事案件具体应用法律若干问题的解释〉的决定》(法释〔2022〕5号)修正*

为依法惩治非法吸收公众存款、集资诈骗等非法集资犯罪活动,根据《中华人民共和国刑法》的规定,现就审理此类刑事案件具体应用法律的若干问题解释如下：

第一条　违反国家金融管理法律规定，向社会公众（包括单位和个人）吸收资金的行为，同时具备下列四个条件的，除刑法另有规定的以外，应当认定为刑法第一百七十六条规定的“非法吸收公众存款或者变相吸收公众存款”：

（一）未经有关部门依法许可或者借用合法经营的形式吸收资金；

（二）通过网络、媒体、推介会、传单、手机信息等途径向社会公开宣传；

（三）承诺在一定期限内以货币、实物、股权等方式还本付息或者给付回报；

（四）向社会公众即社会不特定对象吸收资金。

未向社会公开宣传，在亲友或者单位内部针对特定对象吸收资金的，不属于非法吸收或者变相吸收公众存款。

第二条　实施下列行为之一，符合本解释第一条第一款规定的条件的，应当依照刑法第一百七十六条的规定，以非法吸收公众存款罪定罪处罚：

（一）不具有房产销售的真实内容或者不以房产销售为主要目的，以返本销售、售后包租、约定回购、销售房产份额等方式非法吸收资金的；

（二）以转让林权并代为管护等方式非法吸收资金的；

（三）以代种植（养殖）、租种植（养殖）、联合种植（养殖）等方式非法吸收资金的；

（四）不具有销售商品、提供服务的真实内容或者不以销售商品、提供服务为主要目的，以商品回购、寄存代售等方式非法吸收资金的；

（五）不具有发行股票、债券的真实内容，以虚假转让股权、发售虚构债券等方式非法吸收资金的；

（六）不具有募集基金的真实内容，以假借境外基金、发售虚构基金等方式非法吸收资金的；

（七）不具有销售保险的真实内容，以假冒保险公司、伪造保险单据等方式非法吸收资金的；

（八）以网络借贷、投资入股、虚拟币交易等方式非法吸收资金的；

（九）以委托理财、融资租赁等方式非法吸收资金的；

（十）以提供“养老服务”、投资“养老项目”、销售“老年产品”等方式非法吸收资金的；

（十一）利用民间“会”“社”等组织非法吸收资金的；

（十二）其他非法吸收资金的行为。

第三条　非法吸收或者变相吸收公众存款，具有下列情形之一的，应当依法追究刑事责任：

（一）非法吸收或者变相吸收公众存款数额在100万元以上的；

（二）非法吸收或者变相吸收公众存款对象150人以上的；

（三）非法吸收或者变相吸收公众存款，给存款人造成直接经济损失数额在50万元以上的。

非法吸收或者变相吸收公众存款数额在50万元以上或者给存款人造成直接经济损失数额在25万元以上，同时具有下列情节之一的，应当依法追究刑事责任：

（一）曾因非法集资受过刑事追究的；

（二）二年内曾因非法集资受过行政处罚的；

（三）造成恶劣社会影响或者其他严重后果的。

第四条　非法吸收或者变相吸收公众存款，具有下列情形之一的，应当认定为刑法第一百七十六条规定的“数额巨大或者有其他严重情节”：

（一）非法吸收或者变相吸收公众存款数额在500万元以上的；

（二）非法吸收或者变相吸收公众存款对象500人以上的；

（三）非法吸收或者变相吸收公众存款，给存款人造成直接经济损失数额在250万元以上的。

非法吸收或者变相吸收公众存款数额在250万元以上或者给存款人造成直接经济损失数额在150万元以上，同时具有本解释第三条第二款第三项情节的，应当认定为“其他严重情节”。

第五条　非法吸收或者变相吸收公众存款，具有下列情形之一的，应当认定为刑法第一百七十六条规定的“数额特别巨大或者有其他特别严重情节”：

（一）非法吸收或者变相吸收公众存款数额在5000万元以上的；

（二）非法吸收或者变相吸收公众存款对象5000人以上的；

（三）非法吸收或者变相吸收公众存款，给存款人造成直接经济损失数额在2500万元以上的。

非法吸收或者变相吸收公众存款数额在2500万元以上或者给存款人造成直接经济损失数额在1500万元以上，同时具有本解释第三条第二款第三项情节的，应当认定为“其他特别严重情节”。

第六条　非法吸收或者变相吸收公众存款的数额，以行为人所吸收的资金全额计算。在提起公诉前积极退赃退赔，减少损害结果发生的，可以从轻或者减轻处罚；在提起公诉后退赃退赔的，可以作为量刑情节酌情考虑。

非法吸收或者变相吸收公众存款，主要用于正常的生产经营活动，能够在提起公诉前清退所吸收资金，可以免予刑事处罚；情节显著轻微危害不大的，不作为犯罪处理。

对依法不需要追究刑事责任或者免予刑事处罚的，应当依法将案件移送有关行政机关。

第七条 以非法占有为目的，使用诈骗方法实施本解释第二条规定所列行为的，应当依照刑法第一百九十二条的规定，以集资诈骗罪定罪处罚。

使用诈骗方法非法集资，具有下列情形之一的，可以认定为“以非法占有为目的”：

（一）集资后不用于生产经营活动或者用于生产经营活动与筹集资金规模明显不成比例，致使集资款不能返还的；

（二）肆意挥霍集资款，致使集资款不能返还的；

（三）携带集资款逃匿的；

（四）将集资款用于违法犯罪活动的；

（五）抽逃、转移资金、隐匿财产，逃避返还资金的；

（六）隐匿、销毁账目，或者搞假破产、假倒闭，逃避返还资金的；

（七）拒不交代资金去向，逃避返还资金的；

（八）其他可以认定非法占有目的的情形。

集资诈骗罪中的非法占有目的，应当区分情形进行具体认定。行为人部分非法集资行为具有非法占有目的的，对该部分非法集资行为所涉集资款以集资诈骗罪定罪处罚；非法集资共同犯罪中部分行为人具有非法占有目的，其他行为人没有非法占有集资款的共同故意和行为的，对具有非法占有目的的行为人以集资诈骗罪定罪处罚。

第八条 集资诈骗数额在10万元以上的，应当认定为“数额较大”；数额在100万元以上的，应当认定为“数额巨大”。

集资诈骗数额在50万元以上，同时具有本解释第三条第二款第三项情节的，应当认定为刑法第一百九十二条规定的“其他严重情节”。

集资诈骗的数额以行为人实际骗取的数额计算，在案发前已归还的数额应予扣除。行为人为实施集资诈骗活动而支付的广告费、中介费、手续费、回扣，或者用于行贿、赠与等费用，不予扣除。行为人为实施集资诈骗活动而支付的利息，除本金未归还可予折抵本金以外，应当计入诈骗数额。

第九条 犯非法吸收公众存款罪，判处三年以下有期徒刑或者拘役，并处或者单处罚金的，处五万元以上一百万元以下罚金；判处三年以上十年以下有期徒刑的，并处十万元以上五百万元以下罚金；判处十年以上有期徒刑的，并处五十万元以上罚金。

犯集资诈骗罪，判处三年以上七年以下有期徒刑的，并处十万元以上五百万元以下罚金；判处七年以上有期徒刑或者无期徒刑的，并处五十万元以上罚金或者没收财产。

第十条 未经国家有关主管部门批准，向社会不特定对象发行、以转让股权等方式变相发行股票或者公司、企业债券，或者向特定对象发行、变相发行股票或者公司、企业债券累计超过200人的，应当认定为刑法第一百七十九条规定的“擅自发行股票或者公司、企业债券”。构成犯罪的，以擅自发行股票、公司、企业债券罪定罪处罚。

第十一条 违反国家规定，未经依法核准擅自发行基金份额募集基金，情节严重的，依照刑法第二百二十五条的规定，以非法经营罪定罪处罚。

第十二条 广告经营者、广告发布者违反国家规定，利用广告为非法集资活动相关的商品或者服务作虚假宣传，具有下列情形之一的，依照刑法第二百二十二条的规定，以虚假广告罪定罪处罚：

（一）违法所得数额在10万元以上的；

（二）造成严重危害后果或者恶劣社会影响的；

（三）二年内利用广告作虚假宣传，受过行政处罚二次以上的；

（四）其他情节严重的情形。

明知他人从事欺诈发行证券，非法吸收公众存款，擅自发行股票、公司、企业债券，集资诈骗或者组织、领导传销活动等集资犯罪活动，为其提供广告等宣传的，以相关犯罪的共犯论处。

第十三条 通过传销手段向社会公众非法吸收资金，构成非法吸收公众存款罪或者集资诈骗罪，同时又构成组织、领导传销活动罪的，依照处罚较重的规定定罪处罚。

第十四条 单位实施非法吸收公众存款、集资诈骗犯罪的，依照本解释规定的相应自然人犯罪的定罪量刑标准，对单位判处罚金，并对其直接负责的主管人员和其他直接责任人员定罪处罚。

第十五条 此前发布的司法解释与本解释不一致的，以本解释为准。

最高人民法院、最高人民检察院、公安部办理骗汇、逃汇犯罪案件联席会议纪要

1. *1999年6月7日发布*
2. *公通字〔1999〕39号*

中央部署开展打击骗汇犯罪专项斗争以来，在国

务院和中央政法委的统一领导和组织协调下，各级公安机关和人民检察院迅速行动起来，在全国范围内对骗汇犯罪开展了全面打击行动。1998年8月28日最高人民法院《关于审理骗购外汇、非法买卖外汇刑事案件具体应用法律若干问题的解释》发布，对司法机关运用法律武器准确、及时打击犯罪发挥了重要作用。但是，一些地方在办理此类案件过程中，在案件管辖、适用法律及政策把握等方面遇到一些问题，需要予以明确。为了进一步贯彻中央从重从快严厉打击骗汇犯罪的指示精神，准确适用法律，保障专项斗争深入开展，争取尽快起诉、宣判一批骗汇犯罪案件，打击和震慑骗汇犯罪活动，1999年3月16日，中央政法委、最高人民法院、最高人民检察院、公安部、中国人民银行、国家外汇管理局、解放军军事法院、军事检察院、总政保卫部等有关部门在北京昌平召开联席会议，共同研究解决打击骗汇犯罪斗争中出现的各种问题。会议纪要如下：

一、各级公安机关、人民检察院、人民法院和军队保卫、检、法部门在办理骗汇案件过程中，要从维护国家外汇管理秩序和国家经济安全的高度认识打击骗汇、逃汇犯罪专项斗争的重大意义，坚决贯彻党中央、国务院部署，积极参加专项斗争，各司其职，互相配合，加强协调，加快办案进度。

二、全国人大常委会《关于惩治骗购外汇、逃汇和非法买卖外汇犯罪的决定》（以下简称《决定》）公布施行后发生的犯罪行为，应当依照《决定》办理；对于《决定》公布施行前发生的公布后尚未处理或者正在处理的行为，依照修订后的刑法第十二条第一款规定的原则办理。

最高人民法院1998年8月28日发布的《关于审理骗购外汇、非法买卖外汇刑事案件具体应用法律若干问题的解释》（以下简称《解释》），是对具体应用修订后的刑法有关问题的司法解释，适用于依照修订后的刑法判处的案件。各执法部门对于《解释》应当准确理解，严格执行。

《解释》第四条规定：“公司、企业或者其他单位，违反有关外贸代理业务的规定，采用非法手段、或者明知是伪造、变造的凭证、商业单据，为他人向外汇指定银行骗购外汇，数额在500万美元以上或者违法所得50万元人民币以上的，按照刑法第二百二十五条第（三）项的规定定罪处罚；居间介绍骗购外汇100万美元以上或者违法所得10万元人民币以上的，按照刑法第二百二十五条第（三）项的规定定罪处罚。”上述所称“采用非法手段”，是指有国家批准的进出口经营权的外贸代理企业在经营代理进口业务时，不按国家经济主管部门有关规定履行职责，放任被代理方自带客户、自带货源、自带汇票、自行报关，在不见进口产品、不见供货货主、不见外商的情况下代理进口业务，或者采取法律、行政法规和部门规章禁止的其他手段代理进口业务。

认定《解释》第四条所称的“明知”，要结合案件的具体情节予以综合考虑，不能仅仅因为行为人不供述就不予认定。报关行为先于签订外贸代理协议的，或者委托方提供的购汇凭证明显与真实凭证、商业单据不符的，应当认定为明知。

《解释》第四条所称“居间介绍骗购外汇”，是指收取他人人民币、以虚假购汇凭证委托外贸公司、企业骗购外汇，获取非法收益的行为。

三、公安机关侦查骗汇、逃汇犯罪案件中涉及人民检察院管辖的贪污贿赂、渎职犯罪案件的，应当将贪污贿赂、渎职犯罪案件材料移送有管辖权的人民检察院审查。对管辖交叉的案件，可以分别立案，共同工作。如果涉嫌主罪属于公安机关管辖，由公安机关为主侦查，人民检察院予以配合；如果涉嫌主罪属于人民检察院管辖，由人民检察院为主侦查，公安机关予以配合。双方意见有较大分歧的，要协商解决，并及时向当地党委、政法委和上级主管机关请示。

四、公安机关侦查骗汇、逃汇犯罪案件，要及时全面收集和固定犯罪证据，抓紧缉捕犯罪分子。人民检察院和人民法院对正在办理的骗汇、逃汇犯罪案件，只要基本犯罪事实清楚，基本证据确实充分，应当及时依法起诉、审判。主犯在逃或者骗购外汇所需人民币资金的来源无法彻底查清，但证明在案的其他犯罪嫌疑人实施犯罪的基本证据确实充分的，为在法定时限内结案，可以对在案的其他犯罪嫌疑人先行处理。对于已收集到外汇指定银行汇出凭证和境外收汇银行收款凭证等证据，能够证明所骗购外汇确已汇至港澳台地区或国外的，应视为骗购外汇既遂。

五、坚持“惩办与宽大相结合”的政策。对骗购外汇共同犯罪的主犯，或者参与伪造、变造购汇凭证的骗汇人员，以及与骗购外汇的犯罪分子相勾结的国家工作人员，要从严惩处。对具有自首、立功或者其他法定从轻、减轻情节的，依法从轻、减轻处理。

六、各地在办理骗汇、逃汇犯罪案件中遇到的有关问题以及侦查、起诉、审判的信息要及时向各自上级主管机关报告。上级机关要加强对案件的督办、检查和指导协调工作。

全国法院审理金融犯罪案件工作座谈会纪要

1. 2001年1月21日最高人民法院发布
2. 法〔2001〕8号

为进一步加强人民法院对金融犯罪案件的审判工作，正确理解和适用刑法对金融犯罪的有关规定，更加准确有力地依法打击各种金融犯罪，最高人民法院于2000年9月20日至22日在湖南省长沙市召开了全国法院审理金融犯罪案件工作座谈会。各省、自治区、直辖市高级人民法院和解放军军事法院主管刑事审判工作的副院长、刑事审判庭庭长以及中国人民银行的代表参加了座谈会。最高人民法院副院长刘家琛在座谈会上做了重要讲话。

座谈会总结交流了全国法院审理金融犯罪案件工作的情况和经验，研究讨论了刑法修订以来审理金融犯罪案件中遇到的有关具体适用法律的若干问题，对当前和今后一个时期人民法院审理金融犯罪案件工作提出了明确的要求和意见。纪要如下：

一

座谈会认为，金融是现代经济的核心。随着改革开放的不断深入和社会主义市场经济体制的建立、完善，我国金融体制也发生了重大变革，金融业务大大扩展且日益多元化、国际化，各种现代化的金融手段和信用工具被普遍应用，金融已经广泛深刻地介入我国经济并在其中发挥着越来越重要的作用，成为国民经济的“血液循环系统”，是市场资源配置关系的主要形式和国家宏观调控经济的重要手段。金融的安全、有序、高效、稳健运行，对于经济发展、国家安全以及社会稳定至关重要。如果金融不稳定，势必会危及经济和社会的稳定，影响改革和发展的进程。保持金融的稳定和安全，必须加强金融法制建设，依法强化金融监管，规范金融秩序，依法打击金融领域内的各种违法犯罪活动。

近年来，人民法院充分发挥刑事审判职能，依法严惩了一大批严重破坏金融管理秩序和金融诈骗的犯罪分子，为保障金融安全，防范和化解金融风险，发挥了重要作用。但是，金融犯罪的情况仍然是严重的。从法院受理案件的情况看，金融犯罪的数量在逐年增加；涉案金额越来越大；金融机构工作人员作案和内外勾结共同作案的现象突出；单位犯罪和跨国（境）、跨区域作案增多；犯罪手段趋向专业化、智能化，新类型犯罪不断出现；犯罪分子作案后大肆挥霍、转移赃款或携款外逃的情况时有发生，危害后果越来越严重。金融犯罪严重破坏社会主义市场经济秩序，扰乱金融管理秩序，危害国家信用制度，侵害公私财产权益，造成国家金融资产大量流失，有的地方还由此引发了局部性的金融风波和群体性事件，直接影响了社会稳定。必须清醒地看到，目前，我国经济体制中长期存在的一些矛盾和困难已经或正在向金融领域转移并积聚，从即将到来的新世纪开始，我国将进入加快推进现代化的新的发展阶段，随着经济的快速发展、改革的不断深化以及对外开放的进一步扩大，我国金融业在获得更大发展机遇的同时，也面临着维护金融稳定更加严峻的形势。依法打击各种金融犯罪是人民法院刑事审判工作一项长期的重要任务。

座谈会认为，人民法院审理金融犯罪案件工作过去虽已取得了很大成绩，但由于修订后的刑法增加了不少金融犯罪的新罪名，审判实践中遇到了大量新情况和新问题，如何进一步提高适用法律的水平，依法审理好不断增多的金融犯罪案件，仍然是各级法院面临的新的课题。各级法院特别是法院的领导，一定要进一步提高打击金融犯罪对于维护金融秩序、防范金融风险、确保国家金融安全，对于保障改革、促进发展和维护稳定重要意义的认识，把审理金融犯罪案件作为当前和今后很长时期内刑事审判工作的重点，切实加强领导和指导，提高审判业务水平，加大审判工作力度，以更好地适应改革开放和现代化建设的新形势对人民法院刑事审判工作的要求。为此，必须做好以下几方面的工作：

首先，金融犯罪是严重破坏社会主义市场经济秩序的犯罪，审理金融犯罪案件要继续贯彻依法从严惩处严重经济犯罪分子的方针。修订后的刑法和全国人大常委会的有关决定，对危害严重的金融犯罪规定了更加严厉的刑罚，体现了对金融犯罪从严惩处的精神，为人民法院审判各种金融犯罪案件提供了有力的法律依据。各级法院要坚决贯彻立法精神，严格依法惩处破坏金融管理秩序和金融诈骗的犯罪单位和犯罪个人。

第二，进一步加强审理金融犯罪案件工作，促进金融制度的健全与完善。各级法院要切实加强对金融犯罪案件审判工作的组织领导，调整充实审判力量，确保起诉到法院的破坏金融管理秩序和金融诈骗犯罪案件依法及时审结。对于针对金融机构的抢劫、盗窃和发生在金融领域的贪污、侵占、挪用、受贿等其他刑事犯罪案件，也要抓紧依法审理，及时宣判。对于各种专项斗争中破获的金融犯罪案件，要集中力量抓紧审理，依法从严惩处。可选择典型案件到案发当地和案发单位公开宣判，并通过各种新闻媒体广泛宣传，形成对金融违法犯罪的强大威慑力，教育广大干部群众增强金融法制观念，维护金融安全，促进金融制度的不断健全与完善。

第三，要加强学习培训，不断提高审判水平。审理金融犯罪案件，是一项政策性很强的工作，而且涉及很多金融方面的专业知识。各级法院要重视对刑事法官的业务学习和培训，采取请进来、走出去等灵活多样的形式，组织刑事审判人员认真学习银行法、证券法、票据法、保险法等金融法律和公司法、担保法、会计法、审计法等相关法律，学习有关金融政策法规以及一些基本业务知识，以确保正确理解和适用刑法，处理好金融犯罪案件。

第四，要结合审判工作加强调查研究。金融犯罪案件比较复杂，新情况、新问题多，审理难度大，加强调查研究工作尤为必要。各级法院都要结合审理金融犯罪，有针对性地开展调查研究。对办案中发现的管理制度方面存在的漏洞和隐患，要及时提出司法建议。最高法院和高级法院要进一步加强对下级法院的工作指导，及时研究解决实践中遇到的适用法律上的新问题，需要通过制定司法解释加以明确的，要及时逐级报请最高法院研究。

二

座谈会重点研究讨论了人民法院审理金融犯罪案件中遇到的一些有关适用法律问题。与会同志认为，对于修订后的刑法实施过程中遇到的具体适用法律问题，在最高法院相应的新的司法解释出台前，原有司法解释与现行刑法不相冲突的仍然可以参照执行。对于法律和司法解释没有具体规定或规定不够明确，司法实践中又亟需解决的一些问题，与会同志结合审判实践进行了深入的探讨，并形成了一致意见：

（一）关于单位犯罪问题

根据刑法和《最高人民法院关于审理单位犯罪案件具体应用法律有关问题的解释》的规定，以单位名义实施犯罪，违法所得归单位所有的，是单位犯罪。

1. 单位的分支机构或者内设机构、部门实施犯罪行为的处理。以单位的分支机构或者内设机构、部门的名义实施犯罪，违法所得亦归分支机构或者内设机构、部门所有的，应认定为单位犯罪。不能因为单位的分支机构或者内设机构、部门没有可供执行罚金的财产，就不将其认定为单位犯罪，而按照个人犯罪处理。

2. 单位犯罪直接负责的主管人员和其他直接责任人员的认定。直接负责的主管人员，是在单位实施的犯罪中起决定、批准、授意、纵容、指挥等作用的人员，一般是单位的主管负责人，包括法定代表人。其他直接责任人员，是在单位犯罪中具体实施犯罪并起较大作用的人员，既可以是单位的经营管理人员，也可以是单位的职工，包括聘任、雇佣的人员。应当注意的是，在单位犯罪中，对于受单位领导指派或奉命而参与实施了一定犯罪行为的人员，一般不宜作为直接责任人员追究刑事责任。对单位犯罪中的直接负责的主管人员和其他直接责任人员，应根据其在单位犯罪中的地位、作用和犯罪情节，分别处以相应的刑罚，主管人员与直接责任人员，在个案中，不是当然的主、从犯关系，有的案件，主管人员与直接责任人员在实施犯罪行为的主从关系不明显的，可不分主、从犯。但具体案件可以分清主、从犯，且不分清主、从犯，在同一法定刑档次、幅度内量刑无法做到罪刑相适应的，应当分清主、从犯，依法处罚。

3. 对未作为单位犯罪起诉的单位犯罪案件的处理。对于应当认定为单位犯罪的案件，检察机关只作为自然人犯罪案件起诉的，人民法院应及时与检察机关协商，建议检察机关对犯罪单位补充起诉。如检察机关不补充起诉的，人民法院仍应依法审理，对被起诉的自然人根据指控的犯罪事实、证据及庭审查明的事实，依法按单位犯罪中的直接负责的主管人员或者其他直接责任人员追究刑事责任，并应引用刑罚分则关于单位犯罪追究直接负责的主管人员和其他直接责任人员刑事责任的有关条款。

4. 单位共同犯罪的处理。两个以上单位以共同故意实施的犯罪，应根据各单位在共同犯罪中的地位、作用大小，确定犯罪单位的主、从犯。

（二）关于破坏金融管理秩序罪

1. 非金融机构非法从事金融活动案件的处理

1998 年 7 月 13 日，国务院发布了《非法金融机构和非法金融业务活动取缔办法》。1998 年 8 月 11 日，国务院办公厅转发了中国人民银行整顿乱集资、乱批设金融机构和乱办金融业务实施方案，对整顿金融“三乱”工作的政策措施等问题做出了规定。各地根据整顿金融“三乱”工作实施方案的规定，对于未经中国人民银行批准，但是根据地方政府或有关部门文件设立并从事或变相从事金融业务的各类基金会、互助会、储金会等机构和组织，由各地人民政府和各有关部门限期进行清理整顿。超过实施方案规定期限继续从事非法金融业务活动的，依法予以取缔；情节严重、构成犯罪的，依法追究刑事责任。因此，上述非法从事金融活动的机构和组织只要在实施方案规定期限之前停止非法金融业务活动的，对有关单位和责任人员，不应以擅自设立金融机构罪处理；对其以前从事的非法金融活动，一般也不作犯罪处理；这些机构和组织的人员利用职务实施的个人犯罪，如贪污罪、职务侵占罪、挪用公款罪、挪用资金罪等，应当根据具体案情分别依法定罪处罚。

2. 关于假币犯罪

假币犯罪的认定。假币犯罪是一种严重破坏金融管理秩序的犯罪。只要有证据证明行为人实施了出售、购买、运输、使用假币行为，且数额较大，就构成犯罪。伪造货币的，只要实施了伪造行为，不论是否完成全部印制工序，即构成伪造货币罪；对于尚未制造出成品，无法计算伪造、销售假币面额的，或者制造、销售用于伪造货币的版样的，不认定犯罪数额，依据犯罪情节决定刑罚。明知是伪造的货币而持有，数额较大，根据现有证据不能认定行为人是为了进行其他假币犯罪的，以持有假币罪定罪处罚；如果有证据证明其持有的假币已构成其他假币犯罪的，应当以其他假币犯罪定罪处罚。

假币犯罪罪名的确定。假币犯罪案件中犯罪分子实施数个相关行为的，在确定罪名时应把握以下原则：(1)对同一宗假币实施了法律规定为选择性罪名的行为，应根据行为人所实施的数个行为，按相关罪名刑法规定的排列顺序并列确定罪名，数额不累计计算，不实行数罪并罚。(2)对不同宗假币实施法律规定为选择性罪名的行为，并列确定罪名，数额按全部假币面额累计计算，不实行数罪并罚。(3)对同一宗假币实施了刑法没有规定为选择性罪名的数个犯罪行为，择一重罪从重处罚。如伪造货币或者购买假币后使用的，以伪造货币罪或购买假币罪定罪，从重处罚。(4)对不同宗假币实施了刑法没有规定为选择性罪名的数个犯罪行为，分别定罪，数罪并罚。

出售假币被查获部分的处理。在出售假币时被抓获的，除现场查获的假币应认定为出售假币的犯罪数额外，现场之外在行为人住所或者其他藏匿地查获的假币，亦应认定为出售假币的犯罪数额。但有证据证实后者是行为人有实施其他假币犯罪的除外。

制造或者出售伪造的台币行为的处理。对于伪造台币的，应当以伪造货币罪定罪处罚；出售伪造的台币的，应当以出售假币罪定罪处罚。

3. 用账外客户资金非法拆借、发放贷款行为的认定和处罚

银行或者其他金融机构及其工作人员以牟利为目的，采取吸收客户资金不入账的方式，将客户资金用于非法拆借、发放贷款，造成重大损失的，构成用账外客户资金非法拆借、发放贷款罪。以牟利为目的，是指金融机构及其工作人员为本单位或者个人牟利，不具有这种目的，不构成该罪。这里的“牟利”，一般是指谋取用账外客户资金非法拆借、发放贷款所产生的非法收益，如利息、差价等。对于用款人为取得贷款而支付的回扣、手续费等，应根据具体情况分别处理：银行或者其他金融机构用账外客户资金非法拆借、发放贷款，收取的回扣、手续费等，应认定为“牟利”；银行或者其他金融机构的工作人员利用职务上的便利，用账外客户资金非法拆借、发放贷款，收取回扣、手续费等，数额较小的，以“牟利”论处；银行或者其他金融机构的工作人员将用款人支付给单位的回扣、手续费秘密占为己有，数额较大的，以贪污罪定罪处罚；银行或者其他金融机构的工作人员利用职务便利，用账外客户资金非法拆借、发放贷款，索取用款人的财物，或者非法收受其他财物，或者收取回扣、手续费等，数额较大的，以受贿罪定罪处罚。吸收客户资金不入账，是指不记入金融机构的法定存款账目，以逃避国家金融监管，至于是否记入法定账目以外设立的账目，不影响该罪成立。

审理银行或者其他金融机构及其工作人员用账外客户资金作法拆借、发放贷款案件，要注意将用账外客户资金非法拆借、发放贷款的行为与挪用公款罪和挪用资金罪区别开来。对于利用职务上的便利，挪用已经记入金融机构法定存款账户的客户资金归个人使用的，或者吸收客户资金不入账，却给客户开具银行存单，客户也认为将款已存入银行，该款却被行为人以个人名义借贷给他人的，均应认定为挪用公款罪或者挪用资金罪。

4. 破坏金融管理秩序相关犯罪数额和情节的认定

最高人民法院先后颁行了《关于审理伪造货币等案件具体应用法律若干问题的解释》、《关于审理走私刑事案件具体应用法律若干问题的解释》，对伪造货币，走私、出售、购买、运输假币等犯罪的定罪处刑标准以及相关适用法律问题作出了明确规定。为正确执行刑法，在其他有关的司法解释出台之前，对假币犯罪以外的破坏金融管理秩序犯罪的数额和情节，可参照以下标准掌握：

关于非法吸收公众存款罪。非法吸收或者变相吸收公众存款的，要从非法吸收公众存款的数额、范围以及给存款人造成的损失等方面来判定扰乱金融秩序造成危害的程度。根据司法实践，具有下列情形之一的，可以按非法吸收公众存款罪定罪处罚：(1)个人非法吸收或者变相吸收公众存款20万元以上的，单位非法吸收或者变相吸收公众存款100万元以上的；(2)个人非法吸收或者变相吸收公众存款30户以上的，单位非法吸收或者变相吸收公众存款150户以上的；(3)个人非法吸收或者变相吸收公众存款给存款人造成损失10万元以上的，单位非法吸收或者变相吸收公众存款给存款人造成损失50万元以上的，或者造成其他严重后果的。个人非法吸收或者变相吸收公众存款100万元以上，单位非法吸收或者变相吸收公众存款500万元以上的，可以认定为“数额巨大”。

关于违法向关系人发放贷款罪。银行或者其他金融机构工作人员违反法律、行政法规规定，向关系人发放信用贷款或者发放担保贷款的条件优于其他借款人同类贷款条件，造成10—30万元以上损失的，可以认定为“造成较大损失”；造成50—100万元以上损失的，可以认定为“造成重大损失”。

关于违法发放贷款罪。银行或者其他金融机构工作人员违反法律、行政法规规定，向关系人以外的其他人发放贷款，造成50—100万元以上损失的，可以认定为“造成重大损失”；造成300—500万元以上损失的，可以认定为“造成特别重大损失”。

关于用账外客户资金非法拆借、发放贷款罪。对于银行或者其他金融机构工作人员以牟利为目的，采取吸收客户资金不入账的方式，将资金用于非法拆借、发放贷款，造成50—100万元以上损失的，可以认定为“造成重大损失”；造成300—500万元以上损失的，可以认定为“造成特别重大损失”。

对于单位实施违法发放贷款和用账外客户资金非法拆借、发放贷款造成损失构成犯罪的数额标准，可按个人实施上述犯罪的数额标准二至四倍掌握。

由于各地经济发展不平衡，各省、自治区、直辖市高级人民法院可参照上述数额标准或幅度，根据本地的具体情况，确定在本地区掌握的具体标准。

（三）关于金融诈骗罪

1. 金融诈骗罪中非法占有目的的认定

金融诈骗犯罪都是以非法占有为目的的犯罪。在司法实践中，认定是否具有非法占有为目的，应当坚持主客观相一致的原则，既要避免单纯根据损失结果客观归罪，也不能仅凭被告人自己的供述，而应当根据案件具体情况具体分析。根据司法实践，对于行为人通过诈骗的方法非法获取资金，造成数额较大资金不能归还，并具有下列情形之一的，可以认定为具有非法占有的目的：(1)明知没有归还能力而大量骗取资金的；(2)非法获取资金后逃跑的；(3)肆意挥霍骗取资金的；(4)使用骗取的资金进行违法犯罪活动的；(5)抽逃、转移资金、隐匿财产，以逃避返还资金的；(6)隐匿、销毁账目，或者搞假破产、假倒闭，以逃避返还资金的；(7)其他非法占有资金、拒不返还的行为。但是，在处理具体案件的时候，对于有证据证明行为人不具有非法占有目的的，不能单纯以财产不能归还就按金融诈骗罪处罚。

2. 贷款诈骗罪的认定和处理

贷款诈骗犯罪是目前案发较多的金融诈骗犯罪之一。审理贷款诈骗犯罪案件，应当注意以下两个问题：

一是单位不能构成贷款诈骗罪。根据刑法第三十条和第一百九十三条的规定，单位不构成贷款诈骗罪。对于单位实施的贷款诈骗行为，不能以贷款诈骗罪定罪处罚，也不能以贷款诈骗罪追究直接负责的主管人员和其他直接责任人员的刑事责任。但是，在司法实践中，对于单位十分明显地以非法占有为目的，利用签订、履行借款合同诈骗银行或其他金融机构贷款，符合刑法第二百二十四条规定的合同诈骗罪构成要件的，应当以合同诈骗罪定罪处罚。

二是要严格区分贷款诈骗与贷款纠纷的界限。对于合法取得贷款后，没有按规定的用途使用贷款，到期没有归还贷款的，不能以贷款诈骗罪定罪处罚；对于确有证据证明行为人不具有非法占有的目的，因不具备贷款的条件而采取了欺骗手段获取贷款，案发时有能力履行还贷义务，或者案发时不能归还贷款是因为意志以外的原因，如因经营不善、被骗、市场风险等，不应以贷款诈骗罪定罪处罚。

3. 集资诈骗罪的认定和处理

集资诈骗罪和集诈发行股票、债券罪、非法吸收公众存款罪在客观上均表现为向社会公众非法募集资金。区别的关键在于行为人是否具有非法占有的目的。对于以非法占有为目的而非法集资，或者在非法集资过程中产生了非法占有他人资金的故意，均构成集资诈骗罪。但是，在处理具体案件时要注意以下两点：一是不能仅凭较大数额的非法集资款不能返还的结果，推定行为人具有非法占有的目的；二是行为人将大部分资金用于投资或生产经营活动，而将少量资金用于个人消费或挥霍的，不应仅以此便认定具有非法占有的目的。

4. 金融诈骗犯罪定罪量刑的数额标准和犯罪数额的计算

金融诈骗的数额不仅是定罪的重要标准，也是量刑的主要依据。在没有新的司法解释之前，可参照1996年《最高人民法院关于审理诈骗案件具体应用法律的若干问题的解释》的规定执行。在具体认定金融诈骗犯罪的数额时，应当以行为人实际骗取的数额计算。对于行为人为实施金融诈骗活动而支付的中介费、手续费、回扣等，或者用于行贿、赠与等费用，均应计入金融诈骗的犯罪数额。但应当将案发前已归还的数额扣除。

（四）死刑的适用

刑法对危害特别严重的金融诈骗犯罪规定了死刑。人民法院应当运用这一法律武器，有力地打击金融诈骗犯罪。对于罪行极其严重、依法该判定刑的犯罪分子，一定要坚决判处死刑。但需要强调的是，金融诈骗犯罪的数额特别巨大不是判处死刑的惟一标准，只有诈骗“数额特别巨大并且给国家和人民利益造成特别重大损失”的犯罪分子，才能依法选择适用死刑。对于犯罪数额特别巨大，但追缴、退赔后，挽回了损失或者损失不大的，一般不应当判处死刑立即执行；对具有法定从轻、减轻处罚情节的，一般不应判处死刑。

（五）财产刑的适用

金融犯罪是图利型犯罪，惩罚和预防此类犯罪，应当注重同时从经济上制裁犯罪分子。刑法对金融犯罪都规定了财产刑，人民法院应当严格依法判处。罚金的数额，应当根据被告人的犯罪情节，在法律规定的数额幅度内确定。对于具有从轻、减轻或者免除处罚情节的被告人，对于本应并处的罚金刑原则上也应当从轻、减轻或者免除。

单位金融犯罪中直接负责的主管人员和其他直接责任人员，是否适用罚金刑，应当根据刑法的具体规定。刑法分则条文规定有罚金刑，并规定对单位犯罪中直接负责的主管人员和其他直接责任人员依照自然人犯罪条款处罚的，应当判处罚金刑，但是对直接负责的主管人员和其他直接责任人员判处罚金的数额，应当低于对单位判处罚金的数额；刑法分则条文明确规定对单位犯罪中直接负责的主管人员和其他直接责任人员只判处自由刑的，不能附加判处罚金刑。

最高人民法院关于非法集资刑事案件性质认定问题的通知

1. 2011年8月18日发布
2. 法〔2011〕262号

各省、自治区、直辖市高级人民法院，解放军军事法院，新疆维吾尔自治区高级人民法院生产建设兵团分院：

为依法、准确、及时审理非法集资刑事案件，现就非法集资性质认定的有关问题通知如下：

一、行政部门对于非法集资的性质认定，不是非法集资案件进入刑事程序的必经程序。行政部门未对非法集资作出性质认定的，不影响非法集资刑事案件的审判。

二、人民法院应当依照刑法和最高人民法院《关于审理非法集资刑事案件具体应用法律若干问题的解释》等有关规定认定案件事实的性质，并认定相关行为是否构成犯罪。

三、对于案情复杂、性质认定疑难的案件，人民法院可以在有关部门关于是否符合行业技术标准的行政认定意见的基础上，根据案件事实和法律规定作出性质认定。

四、非法集资刑事案件的审判工作涉及领域广、专业性强，人民法院在审理此类案件当中要注意加强与有关行政主（监）管部门以及公安机关、人民检察院的配合。审判工作中遇到重大问题难以解决的，请及时报告最高人民法院。

中国人民银行关于进一步加强支付结算管理防范电信网络新型违法犯罪有关事项的通知

1. 2019年3月22日发布
2. 银发〔2019〕85号

中国人民银行上海总部，各分行、营业管理部，各省会（首府）城市中心支行，深圳市中心支行；国家开发银行，各政策性银行、国有商业银行、股份制商业银行，中国邮政储蓄银行；中国银联股份有限公司，中国支付清算协会，网联清算有限公司；各非银行支付机构：

为有效应对和防范电信网络新型违法犯罪新形势和新问题，保护人民群众财产安全和合法权益，现就进一步加强支付结算管理有关事项通知如下：

一、健全紧急止付和快速冻结机制

（一）准确反馈交易流水号。自2019年6月1日起，银行业金融机构（以下简称银行）和非银行支付机构（以下简称支付机构）在受理公安机关通过电信网络新型违法犯罪交易风险事件管理平台（以下简称管理平台）发起的查询业务时，应当执行下列规定：

1. 对于支付机构发起涉及银行账户的网络支付业务，银行应当按照管理平台报文要求，准确提供该笔业务对应的由清算机构发送的交易流水号（具体规则见附件）。

2. 支付机构应当支持根据清算机构发送的交易流水号查询对应业务的相关信息，并按照管理平台报文要求反馈。

（二）强化涉案账户查询、止付、冻结管理。对于公安机关通过管理平台发起的涉案账户查询、止付和冻结业务，符合法律法规和相关规定的，银行和支付机构应当立即办理并及时反馈。银行和支付机构应当建立涉案账户查询、止付、冻结7×24小时紧急联系人机制，设置AB角，并于2019年4月1日前将紧急联系人姓名、联系方式等信息报送法人所在地公安机关。紧急联系人发生变更的，应当于变更之日起1个工作日内重新报送。

二、加强账户实名制管理

（三）加强单位支付账户开户审核。支付机构为单位开立支付账户应当严格审核单位开户证明文件的真实性、完整性和合规性，开户申请人与开户证明文件所属人的一致性，并向单位法定代表人或负责人核实开户意愿，留存相关工作记录。支付机构可采取面对面、视频等方式向单位法定代表人或负责人核实开户意愿，具体方式由支付机构根据客户风险评级情况确定。

单位存在异常开户情形的，支付机构应当按照反洗钱等规定采取延长开户审核期限、强化客户尽职调查等措施，必要时应当拒绝开户。

（四）开展存量单位支付账户核实。支付机构应当按照本通知第三项规定的开户审核要求，开展全部存量单位支付账户实名制落实情况核实工作。核实中发现单位支付账户未落实实名制要求或者无法核实实名制落实情况的，应当中止其支付账户所有业务，且不得为其新开立支付账户；发现疑似电信网络新型违法犯罪涉案账户的，应当立即报告公安机关。支付机构应当于2019年4月1日前制定核实计划，于2019年6月30日前完成核实工作。

（五）完善支付账户密码安全管理。支付机构应当完善客户修改支付账户登录密码、支付密码等业务的安全管理，不得仅凭验证支付账号绑定银行账户信息即为客户办理修改支付账户登录密码、支付密码和预留手机号码等业务。

（六）健全单位客户风险管理。支付机构应当健全单位客户风险评级管理制度，根据单位客户风险评级，合理设置并动态调整同一单位所有支付账户余额付款总限额。

支付机构发现单位支付账户存在可疑交易特征的，应当采取面对面、视频等方式重新核实客户身份，甄别可疑交易行为，确属可疑的，应当按照反洗钱有关规定采取相关措施，无法核实的，应当中止该支付账户所有业务；对公安机关移送涉案账户的开户单位法定代表人或负责人、经办人员开立的其他单位支付账户，应当重点核实。

（七）优化个人银行账户变更和撤销服务。自2019年6月1日起，银行应当为个人提供境内分支机构跨网点办理账户变更和撤销服务。

（八）建立合法开立和使用账户承诺机制。自2019年6月1日起，银行和支付机构为客户开立账户时，应当在开户申请书、服务协议或开户申请信息填写界面醒目告知客户出租、出借、出售、购买账户的相关法律责任和惩戒措施，并载明以下语句："本人（单位）充分了解并清楚知晓出租、出借、出售、购买账户的相关法律责任和惩戒措施，承诺依法依规开立和使用本人（单位）账户"，由客户确认。

（九）加大买卖银行账户和支付账户、冒名开户惩戒力度。自2019年4月1日起，银行和支付机构对经设区的市级及以上公安机关认定的出租、出借、出售、购买银行账户（含银行卡）或者支付账户的单位和个人及相关组织者，假冒他人身份或者虚构代理关系开立银行账户或者支付账户的单位和个人，5年内暂停其银行账户非柜面业务、支付账户所有业务，并不得为其新开立账户。惩戒期满后，受惩戒的单位和个人办理新开立账户业务的，银行和支付机构应加大审核力度。人民银行将上述单位和个人信息移送金融信用信息基础数据库并向社会公布。

三、加强转账管理

（十）载明非实时到账信息。自2019年6月1日起，对于客户选择普通到账、次日到账等非实时到账的转账业务的，银行和支付机构应当在办理结果回执或界面明确载明该笔转账业务非实时到账。

（十一）改进自助柜员机转账管理。银行通过自助柜员机为个人办理业务时，可在转账受理界面（含外文界面）以中文显示收款人姓名、账号和转账金额等信息（姓名应当脱敏处理），并以中文明确提示该业务实时到账，由客户确认。符合上述要求的，可不再执行《中国人民银行关于加强支付结算管理 防范电信网络新型违法犯罪有关事项的通知》（银发〔2016〕261号）第八项关于自助柜员机转账24小时后到账的规定。鼓励银行在自助柜员机应用生物特征识别等多因素身份认证方式，积极探索兼顾安全与便捷的支付服务。

四、强化特约商户与受理终端管理

（十二）建立特约商户信息共享联防机制。自2019年6月1日起，收单机构拓展特约商户时，应当通过中国支付清算协会或银行卡清算机构的特约商户信息管理系统查询其签约、更换收单机构情况和黑名单信息。对于同一特约商户或者同一个人担任法定代表人（负责人）的特约商户存在频繁更换收单机构、被收单机构多次清退或同时签约多个收单机构等异常情形的，收单机构应当谨慎将其拓展为特约商户。对于黑名单中的单位以及相关个人担任法定代表人或负责人的单位，收单机构不得将其拓展为特约商户；已经拓展为特约商户的，应当自其被列入黑名单之日起10日内予以清退。

（十三）加强特约商户管理。收单机构应当严格按规定审核特约商户申请资料，采取有效措施核实其经营活动的真实性和合法性，不得仅凭特约商户主要负责人身份证件为其提供收单服务。不得直接或变相为互联网赌博、色情平台，互联网销售彩票平台，非法外汇、贵金属投资交易平台，非法证券期货类交易平台，代币发行融资及虚拟货币交易平台，未经监管部门批准通过互联网开展资产管理业务以及未取得省级政府批文的大宗商品交易场所等非法交易提供支付结算服务。

（十四）严格受理终端管理。自本通知发布之日起，对于受理终端应当执行下列规定：

1. 收单机构为特约商户安装可移动的银行卡、条码支付受理终端（以下简称移动受理终端）时，应当结合商户经营地址限定受理终端的使用地域范围。收单机构应当对移动受理终端所处位置持续开展实时监测，并逐笔记录交易位置信息，对于无法监测位置或与商户经营地址不符的交易，暂停办理资金结算并立即核实；确认存在移机等违规行为的，应当停止收单服务并收回受理机具。本通知发布前已安装的移动受理终端不符合上述要求的，收单机构应当于2019年6月30日前完成改造；逾期未完成改造的，暂停移动受理终端业务功能。

2. 对于连续3个月内未发生交易的受理终端或收款码，收单机构应当重新核实特约商户身份，无法核实的应当停止为其提供收款服务。对于连续12个月内未发生交易的受理终端或收款码，收单机构应当停止为其提供收款服务。

3. 清算机构应当强化受理终端入网管理，参照国家标准及金融行业标准制定受理终端入网管理制度；应当通过特约商户信息管理系统运用大数据分析技术，持续开展受理终端注册信息与交易信息监测校验，并向收单机构反馈校验结果。收单机构对异常校验结果应当及时采取措施核实、整改。

（十五）强化收单业务风险监测。收单机构、清算机构应当强化收单业务风险管理，持续监测和分析交易金额、笔数、类型、时间、频率和收款方、付款方等特征，完善可疑交易监测模型。收单机构发现交易金额、时间、频率与特约商户经营范围、规模不相符等异常情形的，应当对特约商户采取延迟资金结算、设置收款限额、暂停银行卡交易、收回受理终端（关闭网络支付接口）等措施；发现涉嫌电信网络新型违法犯罪的，应当立即向公安机关报告。收单机构应当与特约商户签订受理协议时明确上述规定。

（十六）健全特约商户分类巡检机制。收单机构应当根据特约商户风险评级确定其巡检方式和频率。对于具备固定经营场所的实体特约商户，收单机构应当每年独立开展至少一次现场巡检；对于不具备固定经营场所的实体特约商户，收单机构应当定期采集其经营影像或照片、开展受理终端定位监测；对于网络特约商户，收单机构应当定期登录其经营网页查看经营内容、开展网络支付接口技术监测和大数据分析。收单机构应当按照上述要求对存量实体特约商户和网络特约商户开展一次全面巡检，于2019年6月30日前形成检查报告备查。

（十七）准确展示交易信息。银行、支付机构应当按照清算机构报文规范要求准确、完整报送实际交易的特约商户信息和收款方、付款方信息，并向客户准确展示商户名称或收款方、付款方名称。

五、广泛宣传教育

（十八）全面设置防诈骗提示。自2019年4月1日起，银行应当在营业网点和柜台醒目位置张贴防范电信网络新型违法犯罪提示，并提醒客户阅知。自2019年6月1日起，银行和支付机构应当在所有电子渠道的转账操作界面设置防范电信网络新型违法犯罪提示。

（十九）开展集中宣传活动。2019年4月至12月，人民银行分支机构、银行、支付机构、清算机构和中国支付清算协会应当制定防范电信网络诈骗宣传方案，综合运用解读文章、海报、漫画等各种宣传方式，利用电视、广播、报纸、微博、微信、微视频等各种宣传渠道，持续向客户宣传普及电信网络新型违法犯罪典型手法及应对措施、转账汇款注意事项、买卖账户社会危害、个人金融信息保护和支付结算常识等内容。应当加强对在校学生、企业财务人员、老年人、农村居民等群体的宣传教育，针对性地开展防范电信网络新型违法犯罪知识进学校、进企业、进社区、进农村等宣传活动。

六、落实责任追究机制

（二十）建立通报约谈机制。对于被公安机关通报配合打击治理电信网络新型违法犯罪工作不力的银行和支付机构，人民银行及其分支机构将会同公安机关约谈相关负责人，根据公安机关移送线索倒查责任落实情况，列为执法检查随机抽查的重点检查对象。

（二十一）依法严格处罚。银行和支付机构违反相关制度以及本通知规定的，应当按照有关规定进行处罚；情节严重的，人民银行依据《中华人民共和国中国人民银行法》第四十六条的规定予以处罚。

各单位在执行中如遇问题，请及时向人民银行报告。人民银行以前发布的通知与本通知不一致的部分，以本通知为准。

请人民银行上海总部，各分行、营业管理部、省会（首府）城市中心支行，深圳市中心支行及时将该通知转发至辖区内各城市商业银行、农村商业银行、农村合作银行、村镇银行、城市信用社、农村信用社和外资银行等。

附件：

电信网络新型违法犯罪交易风险事件管理平台部分业务事项说明

一、查询反馈业务重点数据项说明

对公安机关通过电信网络新型违法犯罪交易风险事件管理平台发起的账户交易信息明细查询(银行对应报文类型编码为100301,支付机构对应报文类型编码为A00301),银行和支付机构应当在账户交易明细查询反馈报文(银行对应报文类型编码为100302,支付机构对应报文类型编码为A00302)中准确反馈下列信息:

(一)交易流水号。对于支付机构发起的涉及银行账户的交易,银行和支付机构应当按照以下规则反馈交易流水号和交易类型:

1.通过中国银联股份有限公司(以下简称银联)处理的业务。

(1)网银支付。反馈银联发送银行的交易订单号(唯一订单标识),交易类型字段填写“银联网银”。

(2)协议支付。反馈协议支付请求报文(报文类型1001)中的交易流水号字段(TrxId),交易类型字段填写“银联协议”。

(3)直接支付。反馈直接支付请求报文(报文类型1002)中的交易流水号字段(TrxId),交易类型字段填写“银联直接”。

(4)贷记付款。反馈贷记付款请求报文(报文类型2001)中的交易流水号字段(TrxId),交易类型字段填写“银联贷记”。

2.通过网联清算有限公司(以下简称网联)处理的业务。

(1)协议支付。反馈协议支付申请报文(epcc.201.001.01)中的交易流水号字段(TrxId),交易类型字段填写“网联协议”。

(2)网关支付。反馈网关支付跳转报文(epcc.242.001.01)中交易流水号字段(TrxId),交易类型字段填写“网联网关”。

(3)认证支付。反馈银行验证支付申请报文(epcc.231.001.01)中交易流水号字段(TrxId),交易类型字段填写“网联认证”。

(4)商业委托支付。反馈协议支付申请报文(epcc.201.001.01)中交易流水号字段(TrxId),交易类型字段填写“网联商业委托”。

(5)付款业务。反馈付款申请报文(epcc.211.001.01)中交易流水号字段(TrxId),交易类型字段填写“网联付款”。

(二)商户名称和交易发生地。对银行卡收单业务,银行和支付机构应当准确填写“商户名称”数据项。对于通过自动柜员机办理的业务,银行应当在“交易发生地”字段填写办理该笔业务的自动柜员机布放地址。

(三)备注。交易通过网联处理的,在备注中填写“网联”;交易通过银联处理的,在备注中填写“银联”。

(四)支付机构应当支持根据清算机构发送的交易流水号进行查询;同时支持根据银行卡号查询交易明细,在“支付账户交易明细查询”报文(报文类型编码A00301)中,当“明细查询操作的传入参数”<DataType> =01时,支付机构依据传入的支付账号,查询该账号下所有账户交易明细并反馈;当<DataType> =02时,支付机构依据传入的银行卡号,查询该银行卡号所绑定的支付账户交易明细并反馈。

二、交易查询要求

对于公安机关发起交易信息明细查询(银行对应报文类型编码为100301,支付机构对应报文类型编码为A00301),银行和支付机构应当支持查询近两年内的交易,同时支持查询当日交易。对于查询反馈结果超过1000笔交易信息的,反馈最近1000笔交易。对于已撤销账户,支持查询销户前交易明细。

最高人民法院、最高人民检察院、公安部关于办理非法集资刑事案件适用法律若干问题的意见

1. *2014年3月25日发布*
2. *公通字〔2004〕16号*

各省、自治区、直辖市高级人民法院,人民检察院,公安厅、局,解放军军事法院、军事检察院,新疆维吾尔自治区高级人民法院生产建设兵团分院,新疆生产建设兵团人民检察院、公安局:

为解决近年来公安机关、人民检察院、人民法院在办理非法集资刑事案件中遇到的问题,依法惩治非法吸收公众存款、集资诈骗等犯罪,根据刑法、刑事诉讼法的规定,结合司法实践,现就办理非法集资刑事案件适用法律问题提出以下意见:

一、关于行政认定的问题

行政部门对于非法集资的性质认定,不是非法集资刑事案件进入刑事诉讼程序的必经程序。行政部门

未对非法集资作出性质认定的，不影响非法集资刑事案件的侦查、起诉和审判。

公安机关、人民检察院、人民法院应当依法认定案件事实的性质，对于案情复杂、性质认定疑难的案件，可参考有关部门的认定意见，根据案件事实和法律规定作出性质认定。

二、关于“向社会公开宣传”的认定问题

《最高人民法院关于审理非法集资刑事案件具体应用法律若干问题的解释》第一条第一款第二项中的“向社会公开宣传”，包括以各种途径向社会公众传播吸收资金的信息，以及明知吸收资金的信息向社会公众扩散而予以放任等情形。

三、关于“社会公众”的认定问题

下列情形不属于《最高人民法院关于审理非法集资刑事案件具体应用法律若干问题的解释》第一条第二款规定的“针对特定对象吸收资金”的行为，应当认定为向社会公众吸收资金：

（一）在向亲友或者单位内部人员吸收资金的过程中，明知亲友或者单位内部人员向不特定对象吸收资金而予以放任的；

（二）以吸收资金为目的，将社会人员吸收为单位内部人员，并向其吸收资金的。

四、关于共同犯罪的处理问题

为他人向社会公众非法吸收资金提供帮助，从中收取代理费、好处费、返点费、佣金、提成等费用，构成非法集资共同犯罪的，应当依法追究刑事责任。能够及时退缴上述费用的，可依法从轻处罚；其中情节轻微的，可以免除处罚；情节显著轻微、危害不大的，不作为犯罪处理。

五、关于涉案财物的追缴和处置问题

向社会公众非法吸收的资金属于违法所得。以吸收的资金向集资参与人支付的利息、分红等回报，以及向帮助吸收资金人员支付的代理费、好处费、返点费、佣金、提成等费用，应当依法追缴。集资参与人本金尚未归还的，所支付的回报可予折抵本金。

将非法吸收的资金及其转换财物用于清偿债务或者转让给他人，有下列情形之一的，应当依法追缴：

（一）他人明知是上述资金及财物而收取的；

（二）他人无偿取得上述资金及财物的；

（三）他人以明显低于市场的价格取得上述资金及财物的；

（四）他人取得上述资金及财物系源于非法债务或者违法犯罪活动的；

（五）其他依法应当追缴的情形。

查封、扣押、冻结的易贬值及保管、养护成本较高的涉案财物，可以在诉讼终结前依照有关规定变卖、拍卖。所得价款由查封、扣押、冻结机关予以保管，待诉讼终结后一并处置。

查封、扣押、冻结的涉案财物，一般应在诉讼终结后，返还集资参与人。涉案财物不足全部返还的，按照集资参与人的集资额比例返还。

六、关于证据的收集问题

办理非法集资刑事案件中，确因客观条件的限制无法逐一收集集资参与人的言词证据的，可结合已收集的集资参与人的言词证据和依法收集并查证属实的书面合同、银行账户交易记录、会计凭证及会计账簿、资金收付凭证、审计报告、互联网电子数据等证据，综合认定非法集资对象人数和吸收资金数额等犯罪事实。

七、关于涉及民事案件的处理问题

对于公安机关、人民检察院、人民法院正在侦查、起诉、审理的非法集资刑事案件，有关单位或者个人就同一事实向人民法院提起民事诉讼或者申请执行涉案财物的，人民法院应当不予受理，并将有关材料移送公安机关或者检察机关。人民法院在审理民事案件或者执行过程中，发现有非法集资犯罪嫌疑的，应当裁定驳回起诉或者中止执行，并及时将有关材料移送公安机关或者检察机关。

公安机关、人民检察院、人民法院在侦查、起诉、审理非法集资刑事案件中，发现与人民法院正在审理的民事案件属同一事实，或者被申请执行的财物属于涉案财物的，应当及时通报相关人民法院。人民法院经审查认为确属涉嫌犯罪的，依照前款规定处理。

八、关于跨区域案件的处理问题

跨区域非法集资刑事案件，在查清犯罪事实的基础上，可以由不同地区的公安机关、人民检察院、人民法院分别处理。

对于分别处理的跨区域非法集资刑事案件，应当按照统一制定的方案处置涉案财物。

国家机关工作人员违反规定处置涉案财物，构成渎职等犯罪的，应当依法追究刑事责任。

最高人民法院关于进一步加强金融审判工作的若干意见

1. 2017年8月4日最高人民法院发布

2. 法发〔2017〕22号

3. 根据2021年3月24日《最高人民法院关于对部分规范性文件予以修改或废止的通知》（法发〔2021〕12号）修正

金融是国家重要的核心竞争力，金融安全是国家安全的重要组成部分，金融制度是经济社会发展中重要的基础性制度。为充分发挥人民法院金融审判职能作用，促进经济和金融良性循环、健康发展，现提出以下指导意见。

一、统一思想，提高认识，深入学习贯彻习近平总书记在全国金融工作会议上的重要讲话精神

习近平总书记在第五次全国金融工作会议上发表的重要讲话，科学回答了我国金融改革发展稳定中的重大理论和实践问题，具有很强的思想性、指导性、实践性，为做好新形势下金融工作提供了根本遵循，为人民法院金融审判工作指明了方向。全国各级人民法院要深入学习贯彻会议精神，切实把思想和行动统一到以习近平同志为核心的党中央对金融工作的形势分析判断和决策部署上来，牢牢坚持党对金融工作的统一领导，紧紧围绕服务实体经济、防控金融风险、深化金融改革三项任务，积极稳妥开展金融审判工作，切实维护国家金融安全，促进经济和金融良性循环、健康发展。

二、以服务实体经济作为出发点和落脚点，引导和规范金融交易

1. 遵循金融规律，依法审理金融案件。以金融服务实体经济为价值本源，依法审理各类金融案件。对于能够实际降低交易成本，实现普惠金融，合法合规的金融交易模式依法予以保护。对以金融创新为名掩盖金融风险、规避金融监管、进行制度套利的金融违规行为，要以其实际构成的法律关系确定其效力和各方的权利义务。对于以金融创新名义非法吸收公众存款或者集资诈骗，构成犯罪的，依法追究刑事责任。

2. 严格依法规制高利贷，有效降低实体经济的融资成本。金融借款合同的借款人以贷款人同时主张的利息、复利、罚息、违约金和其他费用过高，显著背离实际损失为由，请求对总计超过年利率24%的部分予以调减的，应予支持，以有效降低实体经济的融资成本。规范和引导民间融资秩序，依法否定民间借贷纠纷案件中预扣本金或者利息、变相高息等规避民间借贷利率司法保护上限的合同条款效力。

3. 依法认定新类型担保的法律效力，拓宽中小微企业的融资担保方式。丰富和拓展中小微企业的融资担保方式，除符合合同法第五十二条规定的合同无效情形外，应当依法认定新类型担保合同有效；符合物权法有关担保物权的规定的，还应当依法认定其物权效力，以增强中小微企业融资能力，有效缓解中小微企业融资难、融资贵问题。

4. 规范和促进直接服务实体经济的融资方式，拓宽金融对接实体经济的渠道。依法保护融资租赁、保理等金融资本与实体经济相结合的融资模式，支持和保障金融资本服务实体经济。对名为融资租赁合同、保理合同，实为借款合同的，应当按照实际构成的借款合同关系确定各方的权利义务，防范当事人以预扣租金、保证金等方式变相抬高实体经济融资成本。

5. 优化多层次资本市场体系的法治环境，满足多样化金融需求。依法审理证券、期货民商事纠纷案件，规范资本市场投融资秩序，引导把更多金融资源配置到经济社会发展的重点领域和薄弱环节，更好满足实体经济多样化的金融需求。

6. 准确适用保险法，促进保险业发挥长期稳健风险管理和保障的功能。妥善审理保险合同纠纷案件，依法保障各方当事人利益。充分发挥保险制度的核心功能，管理和分散实体经济运行中的自然灾害、意外事故、法律责任以及信用等风险。依法规范保险合同纠纷当事人、保险中介等各类市场主体行为，防范不同主体的道德风险，构建保险诚信法治体系。

7. 依法审理互联网金融纠纷案件，规范发展互联网金融。依法认定互联网金融所涉具体法律关系，据此确定各方当事人的权利义务。准确界定网络借贷信息中介机构与网络借贷合同当事人之间的居间合同关系。网络借贷信息中介机构与出借人以居间费用形式规避民间借贷利率司法保护上限规定的，应当认定无效。依法严厉打击涉互联网金融或者以互联网金融名义进行的违法犯罪行为，规范和保障互联网金融健康发展。

8. 加强新类型金融案件的研究和应对，统一裁判尺度。高度关注涉及私募股权投资、委托理财、资产管理等新类型金融交易的案件，严格按照合同法、公司法、合伙企业法、信托法等法律规范，确定各方当事人的权利义务。发布指导性案例，通过类案指导，统一裁判尺度。

9. 依法规制国有企业的贷款通道业务，防范无金融资质的国有企业变相从事金融业务。无金融资质的国有企业变相从事金融业务，套取金融机构信贷资金又高利转贷的，应当根据《最高人民法院关于审理民间借贷案件适用法律若干问题的规定》第十四条的规定，依法否定其放贷行为的法律效力，并通过向相应的主管部门提出司法建议等方式，遏制国有企业的贷款通道业务，引导其回归实体经济。

10. 依法打击资金掮客和资金融通中的违法犯罪行为，有效规范金融秩序。对于民间借贷中涉及商业银行工作人员内外勾结进行高利转贷、利益输送，或者金融机构工作人员违法发放贷款，以及公司、企业在申

请贷款过程中虚构事实、隐瞒真相骗取贷款、实施贷款诈骗构成犯罪的,依法追究刑事责任。

三、有效防范化解金融风险.切实维护金融安全

11. 依法处置"僵尸企业"推动经济去杠杆。加强破产审判工作和体制机制建设,充分发挥破产程序在依法处置"僵尸企业"中的制度功能。对于已不具备市场竞争力和营运价值的"僵尸企业",及时进行破产清算,有序退出市场,切实减少无效供给、化解过剩产能、释放生产要素、降低企业杠杆率,为深化供给侧结构性改革提供有力的司法服务和保障。

12. 充分发挥破产重整制度的拯救功能,促进有价值的危困企业再生。健全完善破产企业识别机制,对于虽然丧失清偿能力,但仍能适应市场需要、具有营运价值的企业,要综合运用破产重整、和解制度手段进行拯救,优化资源配置,实现企业再生。破产重整程序要坚持市场化导向,更加重视重整中的营业整合和资产重组,严格依法审慎适用重整计划强制批准权。

13. 积极预防破产案件引发金融风险,维护社会稳定。依法审慎处理可能引发金融风险、影响社会稳定的破产案件,特别是涉及相互、连环担保以及民间融资、非法集资的企业破产案件,避免引发区域性风险和群体性事件。进一步完善上市公司、金融机构等特定主体的破产制度设计,预防个案引发系统性金融风险。严格审查破产程序中的恶意逃废债务行为。依法适用关联企业合并破产、行使破产撤销权和取回权等手段,查找和追回债务人财产。对于隐匿、故意销毁会计账册、会计凭证,拒不执行法院判决、裁定等犯罪行为,依法追究刑事责任。

14. 依法保护金融债权,提升金融债权实现效率。依法打击逃废金融债权的行为,明确责任主体和责任范围,切实保护金融债权。根据具体金融借款合同纠纷案件的特点,分别适用普通程序、简易程序、特别程序、督促程序等不同程序,提高审判效率。有效发挥具有强制执行效力的公证书的作用,降低金融债权实现成本。

15. 依法审理票据纠纷案件,妥善化解票据风险。认真研究应对因违法票据融资行为可能引发的金融风险,准确适用票据法审理票据纠纷案件,有效防范和遏制票据风险,促进票据市场安全稳定发展。

16. 依法审理金融不良债权案件,保障金融不良债权依法处置。加强研究新形势下金融不良债权处置过程中出现的新情况新问题,统一裁判标准,促进金融不良债权处置的市场化、法治化进程。

17. 持续保持对非法集资犯罪打击的高压态势,有效维护社会稳定。依法公正高效审理非法集资案件,严厉打击非法集资犯罪行为。针对非法集资犯罪案件参与人数多、涉案金额大、波及面广、行业和区域相对集中的特点,加强与职能机关、地方政府的信息沟通和协调配合,提升处置效果,切实保障被害人的合法权益,有效维护社会稳定。

18. 依法保障房地产市场平稳健康发展,防范房地产市场的金融风险传导。高度重视房地产市场波动对金融债权的影响,依法妥善审理相关案件,有效防范房地产市场潜在风险对金融稳定和金融安全的传导与冲击。统一借名买房等规避国家房产限购政策的合同效力的裁判标准,引导房产交易回归居住属性。

19. 依法严厉惩治证券犯罪行为,维护资本市场秩序。依法审理欺诈发行股票、债券案件,违规披露、不披露重要信息案件,内幕交易案件,利用未公开信息交易案件和操纵证券、期货市场案件,防范和化解资本市场的系统性风险,促进资本市场的持续健康发展。

20. 加强投资者民事权益的司法保护,维护投资者的财产安全。依法审理证券市场虚假陈述、内幕交易、操纵市场的民事案件,保障证券投资者的合法权益。支持证券投资者保护机构以诉讼代表人的身份接受投资者委托提起诉讼或者提供专门法律服务,拓展投资者维权方式。探索建立证券侵权民事诉讼领域的律师调查令制度,提高投资者的举证能力。依法充分运用专家证人、专家陪审员制度,扩充证券案件审理的知识容量和审理深度,提高证券案件审判的专业性和公信力。引导金融产品提供者及服务提供者切实履行投资者适当性审查义务、信息披露义务和最大损失揭示义务,依法维护投资者的正当权益。

21. 规范整治地方交易场所的违法交易行为,防范和化解区域性金融风险。对地方交易场所未经许可或者超越经营许可范围开展的违法违规交易行为,要严格依照相关法律和行政法规的禁止性规定,否定其法律效力,明确交易场所的民事责任。切实加强涉地方交易场所案件的行政处置工作与司法审判工作的衔接,有效防范区域性金融风险。

22. 依法审理涉地方政府债务纠纷案件,防范地方政府债务风险。依法认定政府违法提供担保的法律责任,规范政府行为。依法认定地方政府利用平台公司融资、政府和社会资本合作(PPP)、投资基金、购买服务等方式变相举债作出的行政行为或者签订的行政协议的性质、效力和责任,明确裁判规则,划出责任边界,有效防范地方政府债务风险的集聚。

23. 依法审理涉外投资案件,加强外部金融风险的防范应对。加强对"一带一路"战略下跨境投资的金

融安全与金融风险问题的研究应对，准确认定规避国家外汇管制政策的跨境投资行为的法律效力。

四、依法服务和保障金融改革，建立和完善适应金融审判工作需要的新机制

24. 支持金融监管机构依法履职，监督和促进金融监管机构依法行政。紧密配合金融改革和金融监管机构调整的要求，维护金融监管机构依法履行监管职责。依法审理涉及金融监管机构履行行政许可和审批、作出行政处罚和处理、公开政府信息及不履行法定职责等方面的各类行政案件，积极推动、监督和支持金融监管机构依法行政。

25. 加强与金融监管机构的协调配合，推动完善金融法治体系。探索建立人民法院与金融监管机构之间的沟通机制，定期通报涉及金融风险防范与金融安全的重要案件情况，强化金融监管和金融审判的衔接配合，推动形成统一完善的金融法治体系。

26. 有效引入外部资源，探索完善金融案件的多元化纠纷解决机制。推广证券期货行业、保险行业的诉讼与调解对接机制的成功经验，联合相关金融监管机构、行业协会和投资者保护机构，发挥专业资源优势，防范和化解金融纠纷。进一步畅通当事人的诉求表达和权利救济渠道，通过立案前委派调解、立案后委托调解等方式，促进金融纠纷依法、公正、高效解决，有效维护各方当事人的合法权益。

27. 建立金融审判信息平台，不断提升金融审判的信息化水平。结合“智慧法院”建设，探索建立金融审判信息平台，研究建立以金融机构为当事人的民商事案件信息管理系统，实时反映金融机构涉诉信息。建立重大金融案件的信息专报制度，及时研究应对措施，有效防范金融风险的传导和扩大。充分挖掘运用司法大数据，加强对金融案件的审判管理和分析研判，定期形成金融审判大数据分析报告，研究解决具有普遍性、趋势性的法律问题，为区域性、行业性、系统性金融风险的防范预警和重大决策提供信息支持。

五、加强司法能力建设，不断提升金融审判的专业化水平

28. 根据金融机构分布和金融案件数量情况，在金融案件相对集中的地区选择部分法院探索实行金融案件的集中管辖。在其他金融案件较多的中级人民法院，可以根据案件情况设立专业化的金融审判团队或者金融审判合议庭。

29. 加强金融审判队伍的专业化建设，为金融审判提供人才保障。充实各级人民法院的金融审判队伍，完善与金融监管机构交流挂职、联合开展业务交流等金融审判专业人才的培养机制，有针对性地开展金融审判专题培训，努力造就一支既懂法律、又懂金融的高素质金融审判队伍，不断提升金融审判的专业化水平。

30. 加强金融司法研究，推动金融法治理论与金融审判实践的深度融合。加强与学术机构、高等院校的合作，围绕金融审判实务问题，深入开展金融审判的理论研究，为金融审判提供智力支持。